Utilize este código QR para se cadastrar de forma mais rápida:

Ou, se preferir, entre em:
www.moderna.com.br/ac/livroportal

e siga as instruções para ter acesso aos conteúdos exclusivos do Portal e Livro Digital

CÓDIGO DE ACESSO:
A 00039 VERDFIL2E U 58522

Faça apenas um cadastro. Ele será válido para:

Da semente ao livro,
sustentabilidade por todo o caminho

Plantar florestas
A madeira que serve de matéria-prima para nosso papel vem de plantio renovável, ou seja, não é fruto de desmatamento. Essa prática gera milhares de empregos para agricultores e ajuda a recuperar áreas ambientais degradadas.

Fabricar papel e imprimir livros
Toda a cadeia produtiva do papel, desde a produção de celulose até a encadernação do livro, é certificada, cumprindo padrões internacionais de processamento sustentável e boas práticas ambientais.

Criar conteúdos
Os profissionais envolvidos na elaboração de nossas soluções educacionais buscam uma educação para a vida pautada por curadoria editorial, diversidade de olhares e responsabilidade socioambiental.

Construir projetos de vida
Oferecer uma solução educacional Moderna é um ato de comprometimento com o futuro das novas gerações, possibilitando uma relação de parceria entre escolas e famílias na missão de educar!

Apoio: TWO SIDES
www.twosides.org.br

Fotografe o Código QR e conheça melhor esse caminho.
Saiba mais em moderna.com.br/sustentavel

Maria Lúcia de Arruda Aranha

Licenciada em Filosofia pela Pontifícia Universidade Católica de São Paulo.
Professora de Filosofia na rede particular de ensino de São Paulo.

FILOSOFAR COM TEXTOS:
TEMAS E HISTÓRIA DA FILOSOFIA

VOLUME ÚNICO

2ª edição

© Maria Lúcia de Arruda Aranha, 2017

Coordenação editorial: Ana Claudia Fernandes
Edição de texto: Ana Patricia Nicolette, Leonardo Canuto de Barros
Preparação de texto: Giseli A. Gobbo
Assistência editorial: Rosa Chadu Dalbem
Gerência de *design* e produção gráfica: Sandra Botelho de Carvalho Homma
Coordenação de produção: Everson de Paula
Suporte administrativo editorial: Maria de Lourdes Rodrigues (Coord.)
Coordenação de *design* e projetos visuais: Marta Cerqueira Leite
Projeto gráfico: Daniel Messias, Otávio dos Santos
Capa: Otávio dos Santos
   Ícone 3-D da capa: Diego Loza
Coordenação de arte: Wilson Gazzoni Agostinho
Edição de arte: Elaine Cristina da Silva
Editoração eletrônica: Flavia Maria Susi, Hurix System Private Limited
Edição de infografia: Luiz Iria, Priscilla Boffo, Otávio Cohen
Coordenação de revisão: Elaine C. del Nero
Revisão: Ana Cortazzo, Ana Paula Felippe, Barbara Arruda, Cárita Negromonte, Dirce Y. Yamamoto, Gloria Cunha, Márcia Leme, Marina Oliveira, Maristela S. Carrasco, Nancy H. Dias, Salete Brentan, Sandra G. Cortés, Tatiana Malheiro, Viviane T. Mendes, Willlians Calazans
Coordenação de pesquisa iconográfica: Luciano Baneza Gabarron
Pesquisa iconográfica: Vanessa Manna da Silva, Jaime Yamane
Coordenação de *bureau*: Rubens M. Rodrigues
Tratamento de imagens: Denise Feitoza Maciel, Joel Aparecido, Luiz Carlos Costa, Marina M. Buzzinaro
Pré-impressão: Alexandre Petreca, Denise Feitoza Maciel, Everton L. de Oliveira, Marcio H. Kamoto, Vitória Sousa
Coordenação de produção industrial: Wendell Monteiro
Impressão e acabamento: BMF Gráfica e Editora
Lote: 295459

Dados Internacionais de Catalogação na Publicação (CIP)
(Câmara Brasileira do Livro, SP, Brasil)

Aranha, Maria Lúcia de Arruda
   Filosofar com textos : temas e história da filosofia / Maria Lúcia de Arruda Aranha. — 2. ed. — São Paulo : Moderna, 2017.

   Bibliografia.

   1. Filosofia - História I. Título.

17-02905   CDD-109

Índices para catálogo sistemático:
1. Filosofia: História   109

ISBN 978-85-16-10707-9 (LA)
ISBN 978-85-16-10708-6 (LP)

Reprodução proibida. Art. 184 do Código Penal e Lei 9.610 de 19 de fevereiro de 1998.
Todos os direitos reservados
EDITORA MODERNA LTDA.
Rua Padre Adelino, 758 – Belenzinho
São Paulo – SP – Brasil – CEP 03303-904
Vendas e Atendimento: Tel. (0_ _11) 2602-5510
Fax (0_ _11) 2790-1501
www.moderna.com.br
2021
Impresso no Brasil

1 3 5 7 9 10 8 6 4 2

APRESENTAÇÃO

Prezado estudante

Todos nós sempre nos colocamos questões filosóficas: o que é justiça? Qual é o sentido da vida? Somos seres livres ou movidos pelo destino? Por que democracia e não ditadura? O que é poder? O que é o belo? E o feio? Essas indagações, contudo, podem ser enriquecidas se entrarmos em contato com o pensamento dos filósofos e nos familiarizarmos com o modo pelo qual eles problematizam o saber estabelecido.

Esta obra oferece a opção de estudar os grandes temas da Filosofia ou, se preferir, a sua história. O que não impede os alunos de, o tempo todo, consultarem por si mesmos uma parte ou a outra, sem perder de vista o contexto atual pleno de indagações, dúvidas e desafios, marcados por contrastes sociais e avanços tecnológicos.

Apresentamos uma variedade de imagens, propostas de atividades e textos filosóficos intercalados ao longo de cada capítulo, para verificar a compreensão dos conteúdos filosóficos e estimular a problematização dos conceitos, bem como propostas de dissertação para aprimorar a capacidade argumentativo-filosófica.

Além do livro impresso, professores e alunos terão à disposição conteúdos multimídia que oferecem recursos para aprofundar o estudo e compreender a pertinência das discussões filosóficas, abrindo novas janelas para perceber a relação entre filosofia e cotidiano. Incorporados ao material digital, incluem-se cadernos com questões do Enem (algumas delas comentadas) e de vestibulares, além de outras produzidas no formato dos exames nacionais.

Nosso esforço conjunto só valerá a pena se cada estudante perceber, durante o percurso, o que é filosofar por si mesmo e se torne também capaz de problematizar a realidade de seu tempo.

A autora

ORGANIZAÇÃO DO LIVRO

A obra *Filosofar com textos*: temas e história da Filosofia é organizada em volume único e o acompanhará durante todo o ensino médio. O conteúdo do livro é dividido em 23 capítulos, distribuídos em uma introdução e sete unidades. Essas unidades estão divididas em duas partes: "Grandes temas da filosofia" e "A filosofia e sua história". No final, além da bibliografia utilizada, há uma seção com biografias dos principais filósofos abordados e uma cronologia. Veja, a seguir, a organização interna da obra.

Abertura de parte
Cada parte está organizada em unidades, com seus respectivos capítulos.

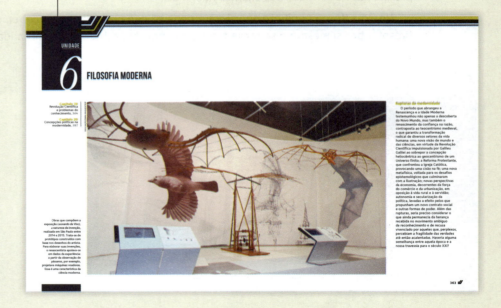

Abertura de unidade
Apresenta um sumário da unidade e uma reflexão por meio de texto e imagem, que encaminha para a discussão geral tratada no conjunto de capítulos.

Abertura de capítulo
É composta de uma citação ou de um texto da própria autora associado a alguma imagem e a uma proposta de reflexão relevante para o tema do capítulo. Essa proposta pode, ainda, ser retomada ao longo do estudo do capítulo e na seção final de atividades.

Conversando sobre
Traz questionamentos em que se propõe uma primeira conversa a respeito do tema do capítulo.

Leitura analítica
Traz trecho da obra de um pensador e questões que examinam seu conteúdo.

Biografias
O nome de um filósofo em destaque indica que, no final do livro, há uma pequena biografia a seu respeito.

Colóquio
Apresenta um debate filosófico por meio de dois textos com visões singulares a respeito do mesmo tema.

Infográfico
Facilita o entendimento de assuntos relevantes abordados em alguns capítulos, trazendo sempre uma visão reflexiva e contemporânea do tema.

ORGANIZAÇÃO DO LIVRO

Trocando ideias
Proposta de reflexão sobre alguma questão relacionada ao capítulo e ligada ao cotidiano do aluno, que pode ser usada como tema de debate.

Atividades
Boxe presente ao longo dos capítulos com questões que retomam os principais conceitos estudados.

Glossário
Apresenta o significado de alguns termos para melhor compreensão do texto.

Saiba mais
Amplia o entendimento de assuntos importantes do capítulo, trazendo informações complementares muitas vezes relacionadas à atualidade ou ao uso histórico de algum termo.

Atividades
A seção traz uma bateria de atividades relacionadas ao capítulo que inclui questões do Enem e de vestibulares recentes.

Sugestões
Seção de final de unidade com dicas de livros, filmes e *sites* que contribuem para ampliar as discussões propostas ao longo dos capítulos.

Biografias
Apresenta uma pequena biografia dos principais pensadores tratados nos capítulos, trazendo também indicações de obras de sua autoria.

Cronologia
Linha do tempo com os principais pensadores abordados na obra e uma pequena descrição dos períodos filosóficos.

Referências bibliográficas
Bibliografia básica utilizada e bibliografia por assunto.

Veja como estão indicados os materiais digitais no seu livro:

- **O ícone conteúdo digital**

Cultura *hip-hop* — Nome do material digital

Remissão para animações, trechos de vídeos e áudios que complementam o estudo de alguns temas dos capítulos.

Mais questões: no livro digital, em **Vereda Digital Aprova Enem** e **Vereda Digital Suplemento de revisão e vestibulares**; no *site*, em **AprovaMax**.

ORGANIZAÇÃO DOS MATERIAIS DIGITAIS

A Coleção *Vereda Digital* apresenta um *site* exclusivo com ferramentas diferenciadas e motivadoras para seu estudo. Tudo integrado com o livro-texto para tornar a experiência de aprendizagem mais intensa e significativa.

Site Vereda Digital – *Filosofar com textos: temas e história da Filosofia*
www.moderna.com.br/veredadigital

- LIVRO DIGITAL
  - Parte I / Parte II
    - OEDs
  - Técnicas de trabalho
  - *Aprova Enem*
  - *Suplemento de revisão e vestibulares*
- APROVAMAX Simulador de testes
- SERVIÇOS EDUCACIONAIS
- PROGRAMAS DE LEITURA

Livro digital
Com tecnologia HTML5 para garantir melhor usabilidade, enriquecido com objetos educacionais digitais que consolidam ou ampliam o aprendizado; ferramentas que possibilitam buscar termos, destacar trechos e fazer anotações para posterior consulta. No livro digital você encontra o livro com OEDs, o *Aprova Enem* e o *Suplemento de revisão e vestibulares*. Você pode acessá-lo de diversas maneiras: no seu *tablet* (Android ou iOS), no Desktop (Windows, MAC ou Linux) e *on-line* no *site* <www.moderna.com.br/veredadigital>.

OEDs
Objetos educacionais digitais que consolidam ou ampliam o aprendizado.

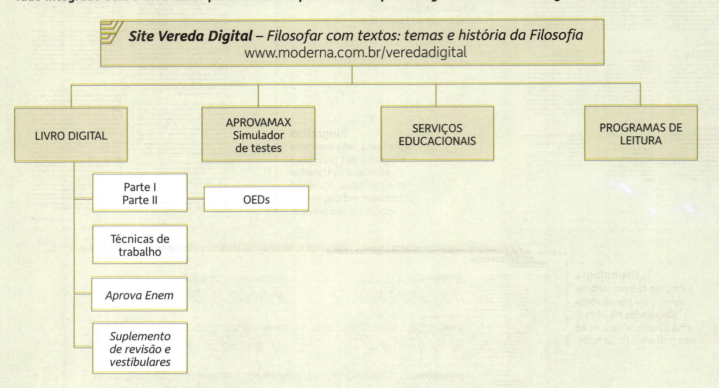

AprovaMax
Simulador de testes com os dois módulos de prática de estudo – atividade e simulado. Você pode gerar testes customizados para acompanhar seu desempenho e autoavaliar seu entendimento.

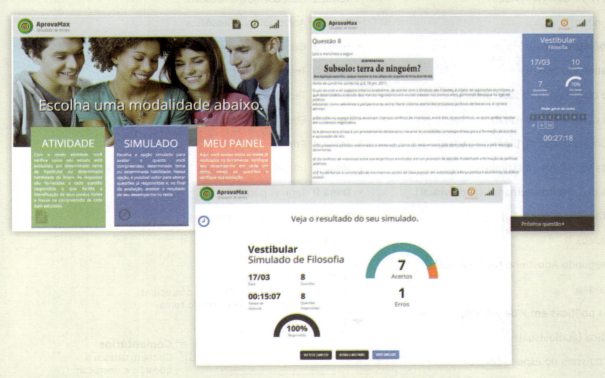

Aprova Enem
Caderno digital com questões comentadas do Enem e outras questões elaboradas de acordo com as especificações desse exame de avaliação. Nosso foco é que você se sinta preparado para os maiores desafios acadêmicos e para a continuidade dos estudos.

Suplemento de revisão e vestibulares
Síntese dos principais temas do curso, com questões de vestibulares de todo o país.

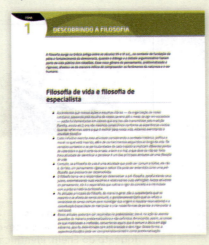

VEREDA APP
Aplicativo que permite a busca de termos e conceitos da disciplina e **simulações** com questões de vestibulares associadas. Você relembra o conceito e realiza uma **autoavaliação**. É uma ferramenta que auxilia você a desenvolver sua **autonomia**.

CONTEÚDO DOS MATERIAIS DIGITAIS

Conteúdo Digital

- **Capítulo 2** *O milagre de Anne Sullivan* (vídeo)
- **Capítulo 3** *O emprego* (vídeo)
- **Capítulo 4** Cultura *hip-hop* (multimídia)
- **Capítulo 7** O consumo alienado (vídeo)
- **Capítulo 8** As formas de conhecimento (audiovisual)
- **Capítulo 10** Filosofia da ciência (audiovisual)
- **Capítulo 11** Eutanásia: uma questão de bioética (vídeo)
- **Capítulo 12** Os pilares da sociedade (multimídia)
- **Capítulo 13** A conquista dos direitos humanos (audiovisual)
- **Capítulo 14** Origem da filosofia (animação)
- **Capítulo 15** *Sócrates* (vídeo)
- **Capítulo 17** Fé e razão segundo Agostinho (audiovisual)
- **Capítulo 19** *Descartes* (vídeo)
- **Capítulo 20** Concepções políticas em *V de Vingança* (vídeo)
- **Capítulo 22** A teoria crítica (audiovisual)
- **Capítulo 23** *2001, uma odisseia no espaço* (vídeo)
- **Técnicas de trabalho**

  Análise de matéria jornalística, realização de pesquisa, elaboração de esquemas para estudo, organização de seminário, elaboração de uma dissertação, análise de um filme.

Aprova Enem

- **Tema 1** Descobrindo a filosofia
- **Tema 2** Antropologia filosófica
- **Tema 3** Conhecimento e verdade
- **Tema 4** Teoria do conhecimento
- **Tema 5** Teoria do conhecimento a partir do Século das Luzes
- **Tema 6** Ética I
- **Tema 7** Ética II
- **Tema 8** Introdução à política
- **Tema 9** Teorias políticas
- **Tema 10** Filosofia das ciências I
- **Tema 11** Filosofia das ciências II

Questão comentada
Na correção da questão, são oferecidas informações para o estudo do tema.

Comentários
Contextualizam a questão e destacam elementos úteis para sua análise.

Dica!
Ao fim do item comentado, há uma dica para orientar seus estudos.

Questões propostas
Elaboradas de acordo com o formato do Enem, identificam a habilidade necessária para resolvê-las.

Gabarito
No final deste caderno, está disponível o gabarito de todas as questões inéditas para você conferir seu desempenho.

Suplemento de revisão e vestibulares

- **Tema 1** Descobrindo a filosofia
- **Tema 2** Antropologia filosófica
- **Tema 3** Conhecimento e verdade
- **Tema 4** Teoria do conhecimento
- **Tema 5** Teoria do conhecimento a partir do Século das Luzes

- **Tema 6** Ética I
- **Tema 7** Ética II
- **Tema 8** Introdução à política
- **Tema 9** Teorias políticas
- **Tema 10** Filosofia das ciências I
- **Tema 11** Filosofia das ciências II

Abertura do tema
Contém um pequeno texto com o resumo do tema a ser revisado.

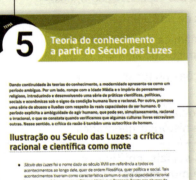

Síntese do conteúdo
Contém um texto organizado em tópicos para facilitar a revisão.

Testando
Ao fim de cada tema, há uma seleção de questões do Enem e de vestibulares de todo o país, com o objetivo de auxiliar na compreensão e na fixação dos conteúdos revisados.

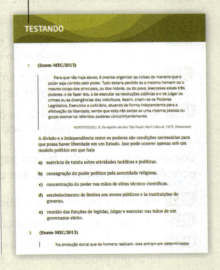

MATRIZ DE REFERÊNCIA DE CIÊNCIAS HUMANAS E SUAS TECNOLOGIAS

C1 — Competência de área 1
Compreender os elementos culturais que constituem as identidades.

- **H1** Interpretar historicamente e/ou geograficamente fontes documentais acerca de aspectos da cultura.
- **H2** Analisar a produção da memória pelas sociedades humanas.
- **H3** Associar as manifestações culturais do presente aos seus processos históricos.
- **H4** Comparar pontos de vista expressos em diferentes fontes sobre determinado aspecto da cultura.
- **H5** Identificar as manifestações ou representações da diversidade do patrimônio cultural e artístico em diferentes sociedades.

C2 — Competência de área 2
Compreender as transformações dos espaços geográficos como produto das relações socioeconômicas e culturais de poder.

- **H6** Interpretar diferentes representações gráficas e cartográficas dos espaços geográficos.
- **H7** Identificar os significados histórico-geográficos das relações de poder entre as nações.
- **H8** Analisar a ação dos estados nacionais no que se refere à dinâmica dos fluxos populacionais e no enfrentamento de problemas de ordem econômico-social.
- **H9** Comparar o significado histórico-geográfico das organizações políticas e socioeconômicas em escala local, regional ou mundial.
- **H10** Reconhecer a dinâmica da organização dos movimentos sociais e a importância da participação da coletividade na transformação da realidade histórico-geográfica.

C3 — Competência de área 3
Compreender a produção e o papel histórico das instituições sociais, políticas e econômicas, associando-as aos diferentes grupos, conflitos e movimentos sociais.

- **H11** Identificar registros de práticas de grupos sociais no tempo e no espaço.
- **H12** Analisar o papel da justiça como instituição na organização das sociedades.
- **H13** Analisar a atuação dos movimentos sociais que contribuíram para mudanças ou rupturas em processos de disputa pelo poder.
- **H14** Comparar diferentes pontos de vista, presentes em textos analíticos e interpretativos, sobre situação ou fatos de natureza histórico-geográfica acerca das instituições sociais, políticas e econômicas.
- **H15** Avaliar criticamente conflitos culturais, sociais, políticos, econômicos ou ambientais ao longo da história.

C4 Competência de área 4	**Entender as transformações técnicas e tecnológicas e seu impacto nos processos de produção, no desenvolvimento do conhecimento e na vida social.**

H16 Identificar registros sobre o papel das técnicas e tecnologias na organização do trabalho e/ou da vida social.

H17 Analisar fatores que explicam o impacto das novas tecnologias no processo de territorialização da produção.

H18 Analisar diferentes processos de produção ou circulação de riquezas e suas implicações socioespaciais.

H19 Reconhecer as transformações técnicas e tecnológicas que determinam as várias formas de uso e apropriação dos espaços rural e urbano.

H20 Selecionar argumentos favoráveis ou contrários às modificações impostas pelas novas tecnologias à vida social e ao mundo do trabalho.

C5 Competência de área 5	**Utilizar os conhecimentos históricos para compreender e valorizar os fundamentos da cidadania e da democracia, favorecendo uma atuação consciente do indivíduo na sociedade.**

H21 Identificar o papel dos meios de comunicação na construção da vida social.

H22 Analisar as lutas sociais e conquistas obtidas no que se refere às mudanças nas legislações ou nas políticas públicas.

H23 Analisar a importância dos valores éticos na estruturação política das sociedades.

H24 Relacionar cidadania e democracia na organização das sociedades.

H25 Identificar estratégias que promovam formas de inclusão social.

C6 Competência de área 6	**Compreender a sociedade e a natureza, reconhecendo suas interações no espaço em diferentes contextos históricos e geográficos.**

H26 Identificar em fontes diversas o processo de ocupação dos meios físicos e as relações da vida humana com a paisagem.

H27 Analisar de maneira crítica as interações da sociedade com o meio físico, levando em consideração aspectos históricos e/ou geográficos.

H28 Relacionar o uso das tecnologias com os impactos socioambientais em diferentes contextos histórico-geográficos.

H29 Reconhecer a função dos recursos naturais na produção do espaço geográfico, relacionando-os com as mudanças provocadas pelas ações humanas.

H30 Avaliar as relações entre preservação e degradação da vida no planeta nas diferentes escalas.

SUMÁRIO DO LIVRO

PARTE I — GRANDES TEMAS DA FILOSOFIA

INTRODUÇÃO, 20

CAPÍTULO 1 A experiência do pensar filosófico ... 22
1. É possível definir filosofia? ... 23
2. Informação, conhecimento e sabedoria ... 23

Colóquio: Autenticidade e liberdade ... 26
3. Aprender a filosofar ... 27
4. A reflexão filosófica ... 28
5. A filosofia por meio de conceitos e problemas ... 29
6. Para que serve a filosofia? ... 30

Leitura analítica: Luc Ferry
Aprender a viver ... 31
Atividades ... 32
Sugestões ... 33

UNIDADE 1
ANTROPOLOGIA FILOSÓFICA, 34

CAPÍTULO 2 A condição humana ... 36
1. Cultura: o conceito ... 37
2. Quem é você? ... 37
3. O comportamento animal ... 38
4. A linguagem ... 38

Leitura analítica: Ernst Cassirer
A experiência de Helen Keller ... 40
5. Cultura e educação ... 41
6. Cultura e diversidade ... 43

Leitura analítica: Claude Lévi-Strauss
O paradoxo do relativismo cultural ... 44
7. A sociedade da informação ... 45
Atividades ... 46

CAPÍTULO 3 Trabalho e lazer ... 48
1. Estágios da técnica ... 49
2. Trabalho e humanização ... 49
3. Ócio e negócio ... 50

Colóquio: Cidadania e *vita activa* ... 50
4. Teorias da modernidade ... 52

Leitura analítica: Friedrich Engels
O trabalho alienado ... 55
5. A era do olhar: a disciplina ... 56
6. As transformações no trabalho ... 57
7. Crítica à sociedade administrada ... 57
8. Da fábrica para o escritório ... 58
9. Uma civilização do lazer? ... 59

Infográfico: Como os *games* interagem com você e o mundo ... 60

Leitura analítica: Johan Huizinga
A crise do lúdico no esporte moderno ... 62
Atividades ... 63

CAPÍTULO 4 Estética: a reflexão sobre a arte ... 65
1. O que é estética? ... 66
2. O julgamento de gosto ... 66
3. Aprimoramento do gosto ... 68

Leitura analítica: Mikel Dufrenne
O belo ... 69
4. Arte e conhecimento ... 70
5. As primeiras rupturas ... 72

Leitura analítica: Fernando Savater
O calafrio da beleza ... 74
6. A arte na sociedade industrial ... 75
7. A arte na era da reprodutibilidade técnica ... 77
8. Reflexões sobre arte e poder ... 80

Leitura analítica: Walter Benjamin
A aura da obra de arte ... 81
Atividades ... 82

CAPÍTULO 5 As formas de crença ... 84
1. O que é crença? ... 85
2. O mito ... 85
3. Sagrado e profano ... 87

Leitura analítica: Bertrand Russell
A filosofia entre a religião e a ciência ... 88
4. O divino se dá a conhecer? ... 89
5. Deus existe? ... 91
6. O problema do mal ... 93

Colóquio: Dois modos de chegar a Deus ... 95
7. Religião e democracia ... 96

Leitura analítica: Adela Cortina; Emílio Martínez
Moral e religião ... 98
Atividades ... 99

CAPÍTULO 6 A morte ... 101
1. Aprender a morrer ... 102
2. O tabu da morte ... 102
3. A negação da morte ... 103
4. Aqueles que morrem mais cedo ... 104

Leitura analítica: Fernando Savater
A morte, para começar 105
  5. A morte no gerúndio 106
  6. Legitimidade da morte 106
  7. As mortes simbólicas 108

Leitura analítica: Leon Tolstoi
A morte de Ivan Ilitch 110
  8. Os filósofos e a morte 112
  9. Pensar na morte: refletir sobre a vida 114

Leitura analítica: Michel de Montaigne
De como filosofar é aprender a morrer 115
Atividades 116

CAPÍTULO 7 A felicidade 118
  1. O que significa ser feliz? 119
  2. A "experiência de ser" 120
  3. Tipos de amor 121
  4. Platão: Eros e a filosofia 122
  5. Amar é uma arte? 123
  6. O vínculo amoroso 124

Leitura analítica: Aristóteles
A felicidade 125
  7. Dualismo corpo e alma 126
  8. Novas concepções sobre o corpo 126

Colóquio: A relação corpo e mente 128
  9. Mutações contemporâneas 130
  10. Felicidade e autonomia 132

Leitura analítica: Gilles Lipovetsky
O pós-hiperconsumo 133
Atividades 134
Sugestões 136

UNIDADE 2
O CONHECIMENTO

CAPÍTULO 8 Conhecimento e verdade 140
  1. O conhecimento como problema 141
  2. O ato de conhecer 141
  3. Modos de conhecer 141
  4. O que é a verdade? 143

Leitura analítica: Danilo Marcondes
Por que a verdade? 144
  5. A possibilidade do conhecimento 145
  6. Verdade: absoluta ou relativa? 147

Leitura analítica: Friedrich Nietzsche
A vaidade do conhecer 148

  7. Concepções sobre a verdade 149
  8. A verdade como horizonte humano 150

Colóquio: Racionalismo filosófico e materialismo dialético 151
Atividades 152

CAPÍTULO 9 Introdução à lógica 154
  1. Como assumimos nossas opiniões? 155

Leitura analítica: Carlos Castilho
Pós-verdade 158
  2. As falácias de nosso cotidiano 160
  3. A lógica aristotélica 161
  4. Termo e proposição 162
  5. Quadrado de oposições 163
  6. Argumentação silogística 164

Leitura analítica: Wesley C. Salmon
Descoberta e justificação 166
  7. Tipos de argumentação 167
  8. Lógica simbólica 169
  9. Lógica proposicional 170
  10. Tabelas de verdade 171
  11. Simbolização e tradução de enunciados complexos 172
  12. Importância da lógica 173

Leitura analítica: Chaïm Perelman; Lucie Olbrechts-Tyteca
O debate argumentativo 174
Atividades 175

CAPÍTULO 10 Conhecimento científico 177
  1. Ciência e senso comum 178
  2. Método científico 179
  3. Comunidade científica 179

Leitura analítica: Alexandre Koyré
A ciência na Grécia antiga 180
  4. Caráter histórico das teorias científicas 181
  5. Método experimental 182
  6. Ciência como construção 185

Leitura analítica: Pierre Duhem
Reflexões acerca da física experimental 186
  7. Nascimento das ciências humanas 187
  8. Diversidade de métodos 188
  9. Ciência e valores 189
  10. Responsabilidade social do cientista 190

Leitura analítica: Gérard Fourez
O porquê da filosofia em um programa de ciências 191
Atividades 192
Sugestões 195

UNIDADE 3
ÉTICA E POLÍTICA, 196

CAPÍTULO 11 Moral, ética e ética aplicada 198
1. O que é moral? 199
2. Caráter histórico e social da moral 199
3. Autonomia do sujeito moral 200
4. Dever e liberdade 201
5. Valores: absolutos ou relativos? 202

Leitura analítica: Aristóteles
A virtude 204
6. A aspiração de liberdade 205
7. Um exemplo da difícil liberdade 206
8. Três concepções de liberdade 207

Colóquio: A liberdade 210
9. Ética aplicada 212
10. Bioética 212
11. Ética ambiental: ecoética 215
12. Ética dos negócios 217

Leitura analítica: Karl-Otto Apel
Ética na era da ciência 220
Atividades 221

CAPÍTULO 12 Poder e democracia 224
1. Política: para quê? 225
2. Poder e força 225
3. Institucionalização do poder do Estado 226
4. Estado e legitimidade do poder 226
5. O projeto democrático 227

Leitura analítica: Norberto Bobbio
Democracia e conhecimento 228
6. Vivemos em uma democracia? 229
7. Áreas de exercício democrático 230
8. Desafios da democracia contemporânea 233

Colóquio: Democracia sequestrada 236
9. Desvios do poder: totalitarismo e autoritarismo 238
10. Democracia e religião 240
11. Desafios da democracia 242

Leitura analítica: Fernando Savater
Nacionalismos exacerbados 243
Atividades 244

CAPÍTULO 13 Violência e direitos humanos 246
1. A violência que salta aos olhos 247
2. O que é violência? 247
3. Violência legítima do Estado 248
4. Violência psicológica 249
5. Violência estrutural 250
6. Violência extrema 250

Infográfico: Delegação de refugiados 252
7. Quem é bárbaro? 254
8. Paz como concórdia 254
9. Filosofia da não violência 255

Leitura analítica: Francis Wolff
Quem é bárbaro? 256
10. Direitos humanos: entre a vigência e a eficácia 257
11. Ofensas aos direitos humanos no cotidiano 258
12. Noção de justiça 260
13. Direito natural: jusnaturalismo 260
14. Teóricos da modernidade 261
15. Códigos e direitos sociais 263
16. Positivismo jurídico 263
17. Declaração Universal dos Direitos Humanos 263
18. Três gerações de direitos humanos 264
19. Características dos direitos humanos 264
20. Retomando a polêmica 265

Colóquio: Educação após a barbárie 266
Atividades 268
Sugestões 271

PARTE II A FILOSOFIA E SUA HISTÓRIA

UNIDADE 4
FILOSOFIA ANTIGA, 274

CAPÍTULO 14 Origens da filosofia 276
1. A filosofia nasceu no Ocidente 277

Leitura analítica: Julián Marías
A filosofia e sua história 278
2. Periodização da história da Grécia antiga 278
3. Pensamento mítico: períodos micênico e homérico 279
4. Período arcaico: uma nova ordem humana 280

Leitura analítica: Jean-Pierre Vernant
A pólis e o nascimento da filosofia 282
5. Primeiros filósofos: os pré-socráticos 283
6. Filósofos monistas 284
7. Heráclito e Parmênides 286
8. Avaliação do período dos pré-socráticos 287

Leitura analítica: Friedrich Nietzsche
Tales, o primeiro filósofo 288
Atividades 289

CAPÍTULO 15 Filosofia grega no período clássico ... 291
1. Atenas no período clássico ... 292
2. Sofistas: a arte de argumentar ... 292
Colóquio: A arte da persuasão ... 295
3. Sócrates e o método ... 296
4. O conceito ... 297
5. A Academia de Platão ... 298
6. O mundo das ideias ... 298
7. Ética platônica: teoria da alma ... 300
8. Teoria política de Platão ... 300
9. A herança de Platão ... 302
Leitura analítica: Platão
A alegoria da caverna ... 303
10. Filosofia de Aristóteles ... 304
11. Física e astronomia aristotélica ... 306
12. A ética aristotélica: a felicidade ... 308
13. A teoria política de Aristóteles ... 310
Infográfico: Filosofia da natureza e conhecimento científico ... 312
14. Conceito grego de bom governo ... 314
15. Reflexões finais ... 314
Leitura analítica: Francis Wolff
Da vida política à Política *de Aristóteles* ... 315
Atividades ... 316

CAPÍTULO 16 Filosofia helenística greco-romana ... 318
1. Contexto cultural ... 319
2. Helenismo: período grego ... 319
Leitura analítica: Epicuro
Carta sobre a felicidade ... 323
3. Escola de Alexandria ... 324
4. Helenismo: período romano ... 325
5. Outros estoicos ... 327
Leitura analítica: Lucius Sêneca
Como se portar na infelicidade ... 328
Atividades ... 329
Sugestões ... 331

UNIDADE 5
FILOSOFIA MEDIEVAL, 332

CAPÍTULO 17 Razão e fé ... 334
1. Uma nova religião ... 335
2. Primeiros tempos: os apologistas ... 335
3. Patrística ... 336
Leitura analítica: Agostinho
A origem do livre-arbítrio ... 339
4. Começa a Idade Média ... 340
5. Escolástica ... 341
6. A crise da Escolástica ... 344
Leitura analítica: Tomás de Aquino
As verdades da razão natural não contradizem as verdades da fé cristã ... 347
Atividades ... 348

CAPÍTULO 18 A ciência na Idade Média ... 349
1. A herança grega no Ocidente cristão ... 350
Colóquio: A importância da experiência para Guilherme de Ockham ... 352
2. A contribuição árabe ... 354
Leitura analítica: Inácio Araujo
O destino convida o Ocidente a aceitar o desconhecido ... 357
Atividades ... 358
Sugestões ... 360

UNIDADE 6
FILOSOFIA MODERNA, 362

CAPÍTULO 19 Revolução Científica e problemas do conhecimento ... 364
1. Renascimento e humanismo ... 365
2. Expressões do humanismo ... 365
3. Revolução Científica do século XVII ... 368
4. Síntese newtoniana ... 370
5. Novas ciências, novo mundo ... 370
Leitura analítica: Alexandre Koyré
Revolução Científica ... 371
6. O problema do conhecimento: racionalismo e empirismo ... 372
7. Racionalismo cartesiano: a dúvida metódica ... 372
8. Espinosa: conhecimento e liberdade ... 375
Leitura analítica: René Descartes
As quatro regras do método ... 377
9. Empirismo britânico ... 378
Leitura analítica: David Hume
Dúvidas céticas ... 381
10. Ilustração: o Século das Luzes ... 382
Leitura analítica: Immanuel Kant
Que é Esclarecimento? ... 385
Atividades ... 386

CAPÍTULO 20 Concepções políticas na modernidade ... 387
1. Formação do Estado nacional ... 388
2. A concepção política de Maquiavel ... 388
Leitura analítica: Nicolau Maquiavel
Confronto entre O príncipe *e Comentários* ... 391

3. Soberania e Estado moderno ... 392
4. Hobbes e o poder absoluto do Estado ... 392
5. Locke e a política liberal ... 393
6. Rousseau e a soberania inalienável ... 394

Colóquio: Os contratualistas ... 396

7. Montesquieu: a autonomia dos Poderes ... 397
8. Kant e a paz perpétua ... 398
9. Sobre a política da modernidade ... 399

Leitura analítica: Montesquieu
Das leis positivas ... 400
Atividades ... 401
Sugestões ... 403

UNIDADE 7
FILOSOFIA CONTEMPORÂNEA, 404

CAPÍTULO 21 Século XIX: teorias políticas e filosóficas ... 406
1. Contexto histórico ... 407
2. Conceito de liberalismo ... 407
3. Liberalismo inglês: o utilitarismo ... 408
4. Liberalismo francês ... 409
5. Hegel: idealismo dialético ... 410

Leitura analítica: Friedrich Hegel
A história como processo ... 413

6. Comte: o positivismo ... 414
7. Socialismo utópico ... 417
8. Marx e Engels: materialismo e dialética ... 417
9. Anarquismo: principais ideias ... 420

Leitura analítica: Karl Marx; Friedrich Engels
A ideologia alemã ... 421

10. A crítica ao racionalismo ... 422
11. Schopenhauer: o mundo como Vontade e representação ... 422
12. Kierkegaard: razão e fé ... 423
13. Nietzsche: o critério da vida ... 423
14. Contradições do século XIX ... 426

Leitura analítica: Friedrich Nietzsche
Das três metamorfoses ... 427
Atividades ... 428

CAPÍTULO 22 Tendências filosóficas contemporâneas ... 430
1. Panorama histórico do século XX ... 431
2. Freud: fundador da psicanálise ... 431

Leitura analítica: Sigmund Freud
Recalque e neurose ... 434

3. Fenomenologia de Husserl ... 435
4. Heidegger: fenomenologia existencial ... 436
5. Sartre e o existencialismo ... 437
6. Merleau-Ponty: a experiência vivida ... 439

Leitura analítica: Merleau-Ponty
A sexualidade ... 441

7. Pragmatismo e neopragmatismo ... 442
8. Filosofia analítica ... 443
9. Ludwig Wittgenstein ... 444
10. Socialismo do século XX ... 446
11. Escola de Frankfurt: teoria crítica ... 447

Infográfico: Tragédia de Mariana (MG) ... 448

12. Habermas: racionalidade e ação comunicativas ... 450
13. Fim da utopia socialista? ... 451

Leitura analítica: Max Horkheimer
Materialismo e moral ... 452

14. Pós-modernidade ... 452
15. Foucault: verdade e poder ... 454
16. Jacques Derrida: desconstrucionismo ... 456
17. Gilles Deleuze: a criação de conceitos ... 457
18. Os três filósofos da diferença ... 459

Leitura analítica: Gilles Lipovetsky
Um tempo marcado por inquietações ... 460
Atividades ... 461

CAPÍTULO 23 Ciências contemporâneas ... 463
1. Uma rápida mudança de mentalidade ... 464
2. Química ... 464
3. Ciências biológicas ... 465

Leitura analítica: *A política da atividade científica* ... 467

4. Crise da ciência moderna ... 468
5. Novas orientações epistemológicas ... 469
6. Ambiguidade do progresso científico ... 471

Leitura analítica: *O que é um 'paradigma'?* ... 472

7. Nascimento das ciências humanas ... 473
8. Sociologia ... 474
9. Antropologia ... 477
10. Psicologia ... 478
11. Tendência humanista na psicologia ... 480
12. Ciências cognitivas ... 482

Colóquio: Sociologia: entre o naturalismo e o humanismo ... 484
Atividades ... 486
Sugestões ... 488

BIOGRAFIAS ... 489

CRONOLOGIA ... 496

REFERÊNCIAS BIBLIOGRÁFICAS ... 498

PARTE I
GRANDES TEMAS DA FILOSOFIA

INTRODUÇÃO
Capítulo 1
A experiência do pensar filosófico, 22

UNIDADE 1
Antropologia filosófica

Capítulo 2
A condição humana, 36

Capítulo 3
Trabalho e lazer, 48

Capítulo 4
Estética: a reflexão sobre a arte, 65

Capítulo 5
As formas de crença, 84

Capítulo 6
A morte, 101

Capítulo 7
A felicidade, 118

UNIDADE 2
O conhecimento

Capítulo 8
Conhecimento e verdade, 140

Capítulo 9
Introdução à lógica, 154

Capítulo 10
Conhecimento científico, 177

UNIDADE 3
Ética e política

Capítulo 11
Moral, ética e ética aplicada, 198

Capítulo 12
Poder e democracia, 224

Capítulo 13
Violência e direitos humanos, 246

INTRODUÇÃO

Capítulo 1
A experiência do pensar filosófico, 22

Pessoas interagem com a obra *O começo do fim*, instalação com espelhos da artista Rachel Valdés Camejo localizada em Nova York. Foto de 2016. Da Antiguidade ao mundo contemporâneo, há um caleidoscópio de definições a respeito do que é filosofia, oferecendo visões multifacetadas da realidade.

O desafio de pensar por si mesmo

Qualquer tentativa de apresentar o tema tão multifacetado de definir *o que é filosofia* encontra-se de antemão prejudicada pela principal característica do filosofar: a de sempre colocar em questão nossos conhecimentos e a validade de nossas ações. Dizendo de outra maneira, o que levantamos nesta introdução – e nos demais capítulos desta obra – são tópicos que visam aproximá-lo de um material provocador que fornece ferramentas contundentes para colocar em questão as certezas e dar abertura a indagações que visam à autonomia do pensamento. Por isso, são apresentadas nas páginas a seguir diferentes formas de como os filósofos argumentaram ao problematizar o seu tempo, para que você realize essa experiência filosófica por si mesmo.

CAPÍTULO 1
A EXPERIÊNCIA DO PENSAR FILOSÓFICO

Participantes manejam suas criações no Campeonato de Futebol de Robôs realizado em João Pessoa (PB). Foto de 2014. Nesse caso, o saber teórico é conciliado à prática da construção de robôs.

"A filosofia [...] é unanimemente considerada uma disciplina 'teórica'. Todavia, tanto o trabalho filosófico como a aprendizagem da filosofia são modos de atividade: só se pode aprender filosofia 'fazendo-a'.

Ninguém frequenta uma academia acreditando poder 'definir' o abdome apenas por observar o professor fazer abdominais. Seria absurdo que alguém reclamasse do *trainer* pelo fato de já fazer seis meses que visita sua aula, olha atentamente seus movimentos e, mesmo assim, não obtém nenhum resultado. Pois bem, às vezes a situação em filosofia se torna tão absurda quanto na hipótese que acabamos de descrever. Ninguém pode esperar que somente pela mera presença física na sala de aula consiga um crescimento intelectual significativo. Ainda que possa receber vários subsídios para melhorar o resultado, há algo que só ele pode realizar. O momento da atividade é absolutamente insubstituível; sem ela não há apropriação."

PORTA, Mario Ariel González. *A filosofia a partir de seus problemas*. São Paulo: Edições Loyola, 2002. p. 97-98. (Coleção Leituras Filosóficas)

Conversando sobre

Comente em um parágrafo o que você imagina que seja a filosofia e, ao fim deste capítulo, retome essa questão e a debata com os colegas. No decorrer dos estudos, reflita sobre a definição da filosofia como uma atividade que se aprende com a prática.

1. É possível definir filosofia?

A pergunta que abre este tópico pode parecer estranha para alguns. Afinal, se nos propusemos a realizar esse percurso de reflexão filosófica, certamente teríamos a definição de filosofia na "ponta da língua".

A propósito, vale mencionar que mesmo o alemão Edmund Husserl (1859-1938), um dos mais importantes filósofos do mundo contemporâneo, declarou que *sabe o que é filosofia, ao mesmo tempo que não sabe*, uma vez que *esclarecer o que é a filosofia já é uma questão filosófica*. Nesse sentido, advertiu que apenas pensadores pouco exigentes se contentam com definições categóricas, pois o filósofo, de outro modo, é alguém que constantemente coloca em questão o seu próprio saber.

Basta examinarmos a história da filosofia para constatar que as definições de filosofia variaram de acordo com as concepções assumidas pelos filósofos e estes, por sua vez, se expressaram como pessoas do seu tempo. Por exemplo, na Antiguidade, a filosofia era considerada um saber universal, fundamento de todas as ciências, enquanto na Idade Média cristã tornou-se apenas uma "serva da teologia", cujos argumentos eram úteis para sustentar as verdades da fé, e não para questioná-las. Na Idade Moderna, alterou-se o papel que a filosofia assumira até aquele momento, em virtude do novo método das ciências da natureza, que até hoje desperta fecundas reflexões filosóficas.

Pode-se perceber, então, que a filosofia não constitui uma doutrina, um saber acabado ou um conjunto de conhecimentos estabelecidos de uma vez por todas. Ao contrário, a filosofia apresenta-se em constante disponibilidade para a indagação sempre que o filósofo encontre problemas nas teorias vigentes. Essa é a atitude *problematizadora* que a caracteriza. O questionamento das verdades dadas, típico da filosofia, faz com que ela se mostre como busca da verdade, e não como sua posse. A filosofia é procura, e não encontro; é aventura em busca de sentido e conhecimento, e não solo firme onde se estabelece a verdade de uma vez por todas.

Saiba mais

A palavra *filosofia* (do grego *philos-sophia*) significa "amor à sabedoria" ou "amizade pelo saber". Pitágoras (c. 570-497 a.C.), filósofo e matemático grego, teria sido o primeiro a usar o termo *filósofo*.

2. Informação, conhecimento e sabedoria

Para melhor entender a natureza da *experiência filosófica*, vamos primeiro tratar de outros tipos de saber com que nos defrontamos no cotidiano, recorrendo ao filósofo espanhol Fernando Savater*, que distingue três tipos de saber: a *informação*, o *conhecimento* e a *sabedoria*. Aproveitamos para, na sequência, comentá-los livremente.

Informação

Qualquer informação relata um fato divulgado de boca em boca, que, se for do interesse de muitos, pode tornar-se notícia veiculada pela mídia escrita e/ou digital, atingindo um maior contingente de pessoas. As notícias são de diversas naturezas, desde acontecimentos do cotidiano das cidades, da vida política até os do mundo das artes e dos esportes. Ficamos sabendo sobre o falecimento de um grande escritor, os *shows* em cartaz e que políticos serão candidatos nas próximas eleições.

A fim de exemplificar, transcrevemos a seguir uma reportagem sobre a gravidez de adolescentes no Brasil, selecionada em um dos *sites* da Organização das Nações Unidas (ONU). A notícia apresenta fatos e estatísticas, ao mesmo tempo que, rapidamente, faz juízos de valor (éticos e políticos) ao interpretar os acontecimentos como resultados de problemas relacionados à desigualdade social.

*SAVATER, Fernando. *As perguntas da vida*. São Paulo: Martins Fontes, 2001.

Mafalda (2003), tirinha do cartunista Quino. De acordo com os dois últimos quadrinhos da tira, os livros parecem não ter uma resposta definitiva para o que é filosofia, podendo apresentar uma multiplicidade de definições.

"Dados do Ministério da Saúde revelam que em 2014 nasceram 28.244 crianças filhos de meninas entre 10 e 14 anos e 534.364 crianças filhos de mães com idades compreendidas entre 15 e 19 anos. É nos estados do Norte do Brasil que as taxas de gravidez na adolescência são maiores. Dessas mães adolescentes, 7 de cada 10 eram pretas ou pardas, e 6 de cada 10 não estudavam nem trabalhavam, o que significa que a maternidade é, provavelmente, seu único projeto de vida.

Estima-se que uma em cada cinco mulheres será mãe antes de terminar a adolescência. Para o Fundo de População das Nações Unidas (UNFPA), a gravidez e a maternidade na adolescência é uma questão de **iniquidade** e desigualdade sociais que coloca as mães adolescentes, em comparação com seus pares, numa situação de vulnerabilidade.

O UNFPA tem um compromisso forte na prevenção da gravidez precoce. Na América Latina e Caribe a agência das Nações Unidas tem apoiado os governos na implementação de programas regionais que contribuíram largamente para a prevenção da gravidez não planejada na adolescência e para a promoção do direito à saúde sexual e reprodutiva de mulheres e adolescentes."

ALMEIDA, Tatiana. *Maternidade*: quase metade das gravidezes não são planejadas. UNFPA Brasil, Brasília, 19 jul. 2016. Disponível em <http://mod.lk/8CidK>. Acesso em 9 set. 2016.

> **Iniquidade:** termo formado por *in*, "não", + *equidade*, "respeito à igualdade de direito de cada um"; significa "injustiça".

Conhecimento

Para ampliar a compreensão da notícia selecionada sobre gravidez na adolescência, supomos os diferentes pontos de vista que profissionais de algumas ciências emitiriam ao analisá-la. Observe os exemplos:

Historiadores: podem descrever as transformações do comportamento sexual desde a década de 1960 e analisar as relações de causas e efeitos, mostrando o afrouxamento das regras que proibiam a atividade sexual antes do casamento, principalmente para as mulheres, diante de condições novas de trabalho feminino e de acesso a contraceptivos, além de mudanças na noção de "família" impulsionadas pelo abrandamento do patriarcalismo.

Sociólogos: podem investigar as condições precárias em determinado país para o atendimento adequado à mãe e à criança, assim como as decorrências desse fato na família conservadora que, muitas vezes, rejeita e expulsa a adolescente. Podem igualmente levantar dados de como a proibição do aborto é contornada com a prática realizada em situações inadequadas, o que aumenta os índices de mortalidade das jovens. Quando a maternidade é assumida, esses profissionais descrevem os desvios involuntários de projetos pessoais, como a interrupção dos estudos e da vida típica de qualquer jovem.

Médicos: descrevem os mecanismos da concepção, explicitam processos de contracepção, além de divulgarem os riscos da gravidez precoce para a saúde das mães muito jovens e para a dos bebês.

Psicólogos: investigam os conflitos emocionais de uma gravidez indesejada em uma adolescente, vividos no difícil confronto com a família e no enfrentamento das novas responsabilidades para as quais não se preparou; examinam, também, a reação do jovem futuro pai, muitas vezes desconhecido ou omisso; e analisam como em sociedades machistas o "deslize" culpabiliza mais a mulher do que seu parceiro.

Trocando ideias

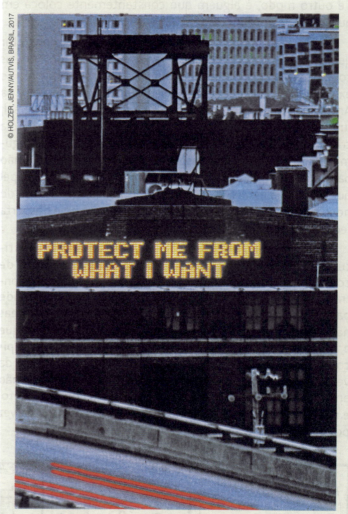

Proteja-me do que eu desejo (1988), intervenção de Jenny Holzer em Londres.

Jenny Holzer é uma artista conceitual que, ao final da década de 1970 e durante a década de 1980, fez intervenções em espaços públicos de diversas metrópoles ao redor do mundo, como a reproduzida na imagem acima.

- A frase instigante da artista propicia a reflexão filosófica: o que significa *Protect me from what I want* ("Proteja-me do que eu desejo")? Por que (ou quando) haveria eu de me proteger dos meus desejos?

Sabedoria ou filosofia de vida

Qualquer pessoa, mesmo não sendo especialista em alguma ciência, analisa a notícia da gravidez precoce com base em seus valores e crenças, porque a experiência de vida nos orienta para a *sabedoria do bem viver*.

Ao se referir à sabedoria, Aristóteles (c. 384-322 a.C.) recorre a dois conceitos: o de sabedoria teórica (*sophia*) e o de sabedoria prática ou prudência (*phrónesis*). São conceitos inseparáveis porque se completam: de nada adianta saber o que queremos da vida se não formos prudentes na ação. Podemos, portanto, com nossa razão e nossa sensibilidade, avaliar o que significa um índice tão elevado de jovens mães e quais seriam as consequências previsíveis dessa realidade.

Sob esse aspecto, a sabedoria identifica-se com o que chamamos de *filosofia de vida*, o filosofar espontâneo de todos nós, como explica o filósofo italiano Antonio Gramsci (1891-1937):

> "[...] há uma diferença entre o filósofo especialista e os outros especialistas: é que o filósofo especialista aproxima-se mais dos outros homens do que os outros especialistas. [...] Com efeito, pode imaginar-se um entomólogo especialista, sem que todos os outros homens sejam 'entomólogos' empíricos, um especialista da trigonometria, sem que a maior parte dos outros homens se ocupem de trigonometria etc., mas não se pode pensar em nenhum homem que não seja também filósofo, que não pense, precisamente porque o pensar é próprio do homem como tal."
>
> GRAMSCI, Antonio. *Obras escolhidas*. São Paulo: Martins Fontes, 1978. p. 44-45.

De fato, muitas vezes somos surpreendidos com situações práticas que nos instigam à reflexão filosófica, por exemplo, quando nos perguntamos sobre *o que é* o amor, a amizade, a fidelidade, a solidão, a morte. Ou ainda, quando *interpretamos como um problema ou uma questão* algumas convicções e comportamentos considerados óbvios, mas que merecem passar por questionamentos. Certamente, você não só já pensou sobre esses assuntos, como eventualmente discutiu a respeito deles com seus amigos, observando que às vezes os pontos de vista de vocês não coincidem.

Por isso, as questões filosóficas a respeito do tema da gravidez precoce são inúmeras: qual é o *sentido* desse acontecimento para a vida das jovens gestantes e dos jovens pais? O que *significa* para eles se descobrirem como futuros pais quando nem sequer haviam pensado nessa hipótese? Dúvida dramática, que envolve se posicionar em relação a uma série de questões éticas, entre elas, o alcance e os limites da liberdade e da responsabilidade quando atos não refletidos demandam posteriormente sérias e cuidadosas decisões.

Entomólogo: especialista do ramo da zoologia que estuda os insetos.

Cartaz do filme *A viagem de meu pai* (2015), do diretor Philippe Le Guay. O filme mostra de que modo a personagem Carole lida com a morte da irmã e o envelhecimento do pai. Questões filosóficas sobre temas como o amor, a morte e a solidão são constantes em narrativas ficcionais.

Frank & Ernest (2003), tirinha de Bob Thaves. A tira satiriza o uso indiscriminado de um buscador da *web*, instrumento que seria incapaz de dizer algo sobre o sentido da vida: essa pergunta fundamental não depende de uma informação qualquer, pois se trata de um problema filosófico associado à experiência de vida de cada um de nós, à nossa subjetividade.

Autenticidade e liberdade

Embora os textos dos filósofos franceses Simone de Beauvoir (1908-1986) e Georges Gusdorf (1912-2000) não tratem diretamente dos fatos examinados neste capítulo, ambos nos oferecem elementos para uma reflexão filosófica a respeito do universo dos jovens que viveram a experiência da gravidez precoce e não planejada.

Texto 1

"O que caracteriza a situação da criança é que ela se encontra jogada num universo que não contribuiu para constituir, que foi moldado sem ela e que lhe aparece como um absoluto ao qual não pode senão submeter-se. Aos seus olhos, as invenções humanas – as palavras, os costumes, os valores – são fatos consumados inelutáveis como o céu e as árvores [...]. [...] E é nisso que a condição da criança (ainda que possa ser, em outros aspectos, infeliz) é metafisicamente privilegiada: a criança escapa normalmente à angústia da liberdade; pode ser, a depender de sua vontade, indócil, preguiçosa; seus caprichos e suas faltas dizem respeito somente a ela, não pesam sobre a terra, não poderiam perturbar a ordem serena de um mundo que existia antes dela, sem ela, no qual está em segurança por sua própria insignificância; seus atos não comprometem nada, nem mesmo a si própria. [...] é muito raro que o mundo infantil se mantenha além da adolescência. [...]

É por isso que nenhuma questão moral se coloca para a criança, enquanto ela é incapaz de se reconhecer no passado, de se prever no futuro; é somente quando os momentos de sua vida começam a organizar-se em conduta que ela pode decidir e escolher. Concretamente, é através da paciência, da coragem, da fidelidade que se confirma o valor do fim escolhido e que, reciprocamente, manifesta-se a *autenticidade* da escolha. Se deixo para trás um ato que pratiquei, ao cair no passado ele se torna coisa; não é mais do que um fato estúpido e opaco. Para impedir essa metamorfose, é preciso que, sem cessar, eu o retome e o justifique na unidade do projeto em que estou *engajado*. [...] Assim, não poderia eu hoje desejar autenticamente um fim sem querê-lo através de minha existência inteira, como futuro deste momento presente, como passado superado dos dias a vir: querer é comprometer-me a perseverar na minha vontade."

BEAUVOIR, Simone de. *Moral da ambiguidade*. Rio de Janeiro: Paz e Terra, 1970. p. 20; 29-31.

Texto 2

"A liberdade é uma das maiores reivindicações da adolescência, mas a liberdade que ela reivindica é uma sombra da liberdade autêntica, tanto quanto a espontaneidade criadora que se imagina descobrir na criança não passa de uma sombra e o *simulacro* de um verdadeiro poder criador. A liberdade adolescente é uma adolescência da liberdade, uma liberdade de aspiração, uma aspiração à liberdade, sem conteúdo preciso, na onda das paixões e na confusão dos sentimentos e das ideias. [...] A juventude não é a idade da liberdade, mas o tempo de aprendizado da liberdade, a liberdade não sendo definível pela ausência e restrição, ou a revolta contra as restrições. O homem livre é aquele que, tendo feito a prova dos diversos aspectos, dos componentes da personalidade, chegou a pôr em ordem a consciência que tem de si mesmo, no projeto de sua afirmação no mundo. É absurdo imaginar que a criança, o rapaz, possa um belo dia entrar no gozo de sua liberdade, vinda a ele como uma dádiva do céu. A liberdade de um ser humano se faz dificilmente, ela se conquista dia a dia, ela é o desafio de uma conquista, ausente nos começos da vida, desenha-se no decorrer dos anos de formação que correspondem a um percurso através do labirinto mítico das significações e possibilidades da existência. Procura do sentido, procura do centro, tomada de consciência da autenticidade pessoal, não sem angústia nem sofrimento."

GUSDORF, Georges. *Impasses e progressos da liberdade*. São Paulo: Convívio, 1979. p. 107-108.

> **Autenticidade:** no contexto, característica de quem assume ser quem é.
> **Engajar-se:** no contexto, comprometer-se, dedicar-se; ter consciência de estar situado em uma realidade histórica e dela participar lucidamente.
> **Simulacro:** aparência enganosa, imitação.

QUESTÕES

1. Quais são os principais conceitos que fundamentam e definem o tema principal dos textos de Simone de Beauvoir e de Georges Gusdorf?

2. Com suas palavras, comente os principais argumentos utilizados pelos filósofos para justificar seus pontos de vista.

3. Relacione os dois textos, de Beauvoir e Gusdorf, à notícia sobre a gravidez de adolescentes que analisamos no tópico sobre informação.

3. Aprender a filosofar

Em citação muito conhecida, o filósofo alemão Imannuel Kant (1724-1804) assim se refere ao filosofar:

> "Não é possível aprender qualquer filosofia; [...] só é possível aprender a filosofar, ou seja, exercitar o talento da razão, fazendo-a seguir os seus princípios universais em certas tentativas filosóficas já existentes, mas sempre reservando à razão o direito de investigar aqueles princípios até mesmo em suas fontes, confirmando-os ou rejeitando-os."
>
> KANT, Immanuel. *Crítica da razão pura*. São Paulo: Abril Cultural, 1980. p. 407. (Coleção Os Pensadores)

Em que a citação de Kant pode facilitar o nosso contato com a filosofia? Em primeiro lugar, porque cabe a nós mesmos *aprender a filosofar*, exercer a capacidade de refletir, desde que nesse exercício não se desprezem conquistas anteriores do pensamento filosófico, seja para confirmá-las, seja para rejeitá-las. Quem da filosofia se ocupa, não a recebe passivamente como um *produto*, como algo acabado, mas a acolhe como *processo*, pois a filosofia está aberta à reflexão crítica e autônoma.

Filósofo em meditação (1632), pintura de Rembrandt. A filosofia é uma obra do pensamento. O filósofo encontra na realidade as questões que o instigam e dialoga com outros pensadores, mas, em última análise, a reflexão é algo que ele realiza intimamente, na relação do indivíduo consigo mesmo.

Ciência e filosofia

Sabemos que cientistas não precisam conhecer a história da ciência para realizar suas pesquisas; então, qual seria a explicação para a relação intríseca entre a filosofia e sua história? Um dos motivos decorre da diferença entre as metodologias que servem de base a estas duas áreas do saber, a ciência e a filosofia. Quando Galileu estabeleceu o método experimental das ciências da natureza, no século XVII, os cientistas posteriores procuraram adotar métodos comuns, aceitos pela comunidade científica durante determinado período. Por isso existem métodos para a física, a biologia ou a química. E, quando alguém propõe a alteração desses métodos, é necessária a aprovação dos demais cientistas. Foi o que aconteceu, por exemplo, quando o modelo da física de Newton foi confrontado com a teoria da relatividade universal proposta por Einstein no século XX.

O mesmo não ocorre com a filosofia, porque cada filósofo usa seu método e percorre até caminhos opostos, o que se verifica na diversidade de pensadores, como Platão, Descartes, Hegel, Heidegger, Foucault e tantos outros. Observando essa variedade, podemos concluir não haver *uma* filosofia, mas *filosofias*, bem como afirmar com segurança que filósofo algum se torna "fora de moda". Com métodos tão diferentes entre si, só podemos aprender a filosofar lendo textos de filósofos, tanto os clássicos quanto os contemporâneos, a fim de saber como se posicionaram diante dos problemas de seu tempo e a que tipos de argumentos recorreram para fundamentar suas teses.

Conhecimento objetivo × conhecimento filosófico

Outra diferença entre ciência e filosofia é que a primeira se empenha em dar uma explicação racional e objetiva da realidade, geralmente com base em observações, experimentos e generalizações teóricas, enquanto a filosofia depende da concepção que cada filósofo tem dos problemas que se propõe a analisar. De modo geral, as ciências explicam objetivamente a relação de causa e efeito dos fenômenos, ao passo que a filosofia indaga o que as coisas *significam* para nós, atribuindo a elas um sentido subjetivo, mesmo que estruturado logicamente.

Dessa atitude resulta o que chamamos *experiência filosófica*. Os filósofos delimitam os problemas que os intrigam, recusando-se a aceitar as certezas e as soluções que lhes são apresentadas sem investigação, mesmo quando parecem óbvias. Em virtude dessa familiaridade que todos temos com o ato de filosofar, parece claro ser proveitoso sabermos um pouco sobre como os filósofos se posicionaram a respeito de determinados temas. Isso não significa que devamos concordar sempre com eles, embora ofereçam a oportunidade de enriquecer nossa reflexão pessoal. Vejamos, então, como a discussão filosófica está sempre aberta à controvérsia.

Saiba mais

Os campos clássicos da investigação filosófica são: lógica, metafísica, teoria do conhecimento, epistemologia, filosofia política, ética e estética. Existem também inúmeras aplicações da filosofia a áreas específicas do conhecimento, por exemplo: filosofia da educação, filosofia da linguagem, filosofia do direito, filosofia da religião, filosofia de cada uma das ciências – filosofia da matemática, da história, da biologia etc. –, e assim por diante. Atualmente, algumas áreas do conhecimento abriram novos campos de reflexão para a filosofia, como as relacionadas à inteligência artificial e à ética aplicada.

4. A reflexão filosófica

A **reflexão** não é privilégio do filósofo. Ela é a capacidade intelectual pela qual o pensamento volta para si mesmo para se questionar. Trata-se de pensar o já pensado, para revê-lo de maneira crítica. Esse movimento de tomada de consciência faz parte do amadurecimento de todo ser humano.

O que, então, distingue a reflexão filosófica das demais? O filósofo brasileiro Dermeval Saviani conceitua a reflexão filosófica como *radical*, *rigorosa* e *de conjunto*.

> **Reflexão:** do latim *reflectere*, "curvar", "dobrar", "fazer retroceder", "voltar atrás".
> **Radical:** do latim, *radix*, *radicis*, "raiz", "fundamento", "base".

• Radical

A filosofia é radical no sentido de ir às raízes das questões, ao seu fundamento. Por exemplo, a filosofia das ciências examina os pressupostos do saber científico: é ela que reflete sobre o que a comunidade científica define como ciência; como a ciência se distingue da filosofia e de outros tipos de saber; quais são as características dos diversos métodos científicos; qual é a dimensão de verdade das teorias científicas, e assim por diante. Em outras áreas do saber e do agir, a postura do filósofo continuará questionando: se condenamos o comportamento de alguém que rouba ou mente, o filósofo pergunta o que é certo ou errado; se perguntamos o que é o belo na arte, o filósofo discorre sobre a estética.

• Rigorosa

O pensamento filosófico é rigoroso por usar conceitos bem explicitados, evitando expressões cotidianas ambíguas, de modo a permitir a interlocução com outros filósofos. Para tanto, criam-se expressões ou alteram-se o sentido de palavras usuais. Por exemplo, no grego arcaico, o termo *ideia* (*eidos*, "forma") significava a intuição sensível de uma coisa (aquilo que se vê ou é visto). Platão apropria-se do termo cotidiano e cria o conceito de *ideia* para se referir à concepção racional do conhecimento, à forma imaterial de uma coisa. Por exemplo, as pessoas e as coisas belas são percebidas pelos meus sentidos, mas a *beleza* é uma ideia pela qual compreendo a essência do belo. Ou seja, a ideia de beleza é aquilo que faz com que uma coisa seja bela. Do mesmo modo, o conceito de *ideia* seria reinventado ao longo da história da filosofia, assumindo conotações diferentes em Descartes, Kant, Hegel e em outros pensadores. É pelo rigor dos conceitos que são inovados os caminhos da reflexão. Isso não significa que um filósofo supere outro, porque qualquer um deles pode – e deve – ser revisitado sempre.

• De conjunto

A filosofia é um tipo de reflexão totalizante, de conjunto, porque examina os problemas relacionando os diversos aspectos entre si. O objeto de que trata a filosofia é *tudo*, porque nada escapa a seu interesse. Ao se debruçar sobre temas muito diferentes, como moral, política, ciência, mito, religião, comicidade, arte, técnica, educação e tantos outros, o filósofo estabelece um elo entre eles. Por exemplo, o avanço da engenharia genética desperta a discussão filosófica da bioética; a produção artística provoca a reflexão estética; a corrupção levanta questões sobre os limites entre o público e o privado, e assim por diante.

Maman (1999), escultura de Louise Bourgeois. Foto tirada em Ontário (Canadá), 2016. Essa obra, uma homenagem da artista à sua mãe, convida o espectador a percorrer, fora dos museus, a trama de sua teia. Louise Bourgeois parte da ideia de que a narrativa de uma obra de arte é tecida quando observada pelo público. Entre as perguntas feitas pela filosofia, "O que é belo na arte?" ajuda a desvendar o significado dessa escultura.

ATIVIDADES

1. Explique a aparente ambiguidade revelada por Edmund Husserl ao dizer que "sabe" e, ao mesmo tempo, "não sabe" o que é filosofia.

2. Para que o conteúdo de uma notícia seja verídico é necessário que ela seja fiel ao que de fato aconteceu. Recorrendo às noções de conhecimento, sabedoria e reflexão, explique como podemos reconhecer a veracidade dessa informação.

3. Que diferença existe entre ciência e filosofia?

4. De acordo com o senso comum, *radical* significa brusco e violento ou inflexível e extremado. Explique por que não é esse o sentido que se atribui à filosofia quando a consideramos uma reflexão radical.

5. A filosofia por meio de conceitos e problemas

Iniciamos este capítulo advertindo sobre a multiplicidade de abordagens e definições possíveis de filosofia. A seguir vejamos duas delas que complementam o quadro multifacetado de noções apresentado até aqui e que são igualmente importantes por continuarem colocando em questão o problema de definir a filosofia.

Para os filósofos contemporâneos Gilles Deleuze e Félix Guattari, a filosofia é a disciplina que consiste em criar conceitos, pois eles não existem inteiramente prontos, mas devem ser inventados para a defesa de argumentos e ideias. Assim, a filosofia se torna mais dependente da invenção rigorosa de conceitos e menos subordinada ao amplo exercício de refletir, o qual está pressuposto em qualquer área do saber, em vez de restrito à filosofia. Em outras palavras, a filosofia é mais a atividade de criação do que a de reflexão.

Outros estudiosos destacam como momento essencial do pensar filosófico a solução argumentada de um *problema* bem definido. A respeito disso, o professor González Porta nos apresenta a questão:

> "Estudar filosofia não é possuir um conjunto de 'saberes' a respeito de um autor. Posso ter muitos 'saberes' sobre Kant, Hegel ou Wittgenstein [...] e, não obstante, não ser capaz de fixar o problema desses autores; nesse caso, apesar de todos os meus esforços, simplesmente não os entendi. O estudo de filosofia não deve se dirigir a 'saber' o que os filósofos 'dizem', mas a entender o que dizem como solução (argumentada) a problemas bem definidos."
>
> PORTA, Mario Ariel González. *A filosofia a partir de seus problemas*. São Paulo: Edições Loyola, 2002. p. 27-28. (Coleção Leituras Filosóficas)

Para ficar mais claro, pincemos o seguinte exemplo no próprio texto de González Porta:

> "O problema de Nietzsche é evidenciar que da absoluta negação de toda **transcendência** não se segue o pessimismo ou o niilismo como consequência 'necessária' para a qual grande parte do esforço consiste em explicitar o que a transcendência significa. A impossibilidade de toda transcendência não tem que ser propriamente provada, senão explicitada. Na medida em que explicitamos, descobrimos o fenômeno da alienação e, com ele, o caminho para a resposta: justamente a negação da transcendência possibilita ao homem assumir seu caráter criador e, desse modo, dar a si mesmo valores e sentidos."
>
> PORTA, Mario Ariel González. *A filosofia a partir de seus problemas*. São Paulo: Edições Loyola, 2002. p. 27. (Coleção Leituras Filosóficas)

No fragmento acima, o autor tenta responder à questão: "Qual é o problema proposto pelo filósofo Friedrich Nietzsche?". A filosofia de Nietzsche seria o modo como ele soluciona por meio de argumentos o *problema* de recusar toda transcendência sem cair no pessimismo. Nesse caso, o professor González Porta sintetiza a solução apontada pelo filósofo alemão na possibilidade de o homem "assumir seu caráter criador".

Transcendência: conceito com vários significados, de acordo com as tendências filosóficas. No contexto, Nietzsche recusa um poder transcendente, isto é, que ultrapasse o poder propriamente humano, o único capaz de criar valores.

Cerimônia de abertura dos Jogos Olímpicos Rio 2016. O conceito de sujeito, construído na modernidade com a contribuição do filósofo René Descartes, permitiu o desenvolvimento de inúmeras teorias que visavam garantir os direitos individuais. Esse conceito foi ao longo dos séculos XIX e XX sendo desconstruído, dando lugar a um sujeito que depende do outro para se constituir como ser. Hoje, discute-se muito, por exemplo, a noção de identidade de um povo, como se vê em espetáculos desse gênero.

6. Para que serve a filosofia?

A opinião corriqueira de que a filosofia não serve para nada, no sentido de não ter utilidade prática, decorre do fato de vivermos num mundo pragmático, isto é, que valoriza as aplicações imediatas do conhecimento. De acordo com o senso comum, pesquisas científicas, a curto ou médio prazo, produzem efeitos valiosos para a cura de doenças como o câncer ou para a prevenção do Alzheimer; o aprendizado de matemática no ensino médio prepara o aluno para o vestibular, além de a continuidade de seus estudos servir de instrumento para estatísticas e negócios; a formação técnica do advogado, do engenheiro e do fisioterapeuta os prepara para o exercício dessas profissões. Diante disso, não é raro que alguém indague: "Para que estudar filosofia se não vou precisar dela na minha vida profissional?".

O par de sapatos (1886), pintura de Van Gogh. Nessa obra, Van Gogh não quer mostrar apenas a serventia do objeto. A importância do utensílio está além de sua utilidade e revela os passos de um camponês exausto após um longo dia de trabalho. O pintor parece representar até mesmo a umidade do solo no couro encharcado. A arte, assim como a filosofia, supera a utilidade prática que costumamos atribuir às coisas no cotidiano.

Seguindo essa linha de pensamento, a filosofia seria realmente "inútil", já que não serve para nenhuma alteração imediata de ordem prática no curso de nossas vidas. No entanto, podemos afirmar que a filosofia é necessária. Por meio daquele "olhar diferente", ela busca outra dimensão da realidade, além das necessidades imediatas nas quais nos encontramos mergulhados. O indivíduo abre-se para a mudança quando se torna, por exemplo, capaz de analisar criticamente como as pesquisas científicas estão subordinadas a interesses políticos ou como o orgulho de sermos "senhores da natureza" tem produzido frutos indesejáveis relacionados ao desequilíbrio ecológico. Serve também para questionar nossa vida pessoal e rever o prevalecimento de valores que, ao privilegiar o sucesso a qualquer custo, muitas vezes nos afastam de interesses vitais, como a amizade.

Ao filósofo incomoda o imobilismo das coisas prontas ou das "verdades" dadas e não questionadas, o que o leva a discutir os aspectos políticos, éticos e estéticos implicados na revisão crítica dos nossos pensamentos e ações. Em razão disso, a filosofia pode ser considerada por alguns como "perigosa". Por exemplo, quando desestabiliza o *status quo* ao se confrontar com o poder. É o que afirma o historiador da filosofia François Châtelet (1925-1985):

> "Desde que há Estado – da cidade grega às burocracias contemporâneas –, a ideia de verdade sempre se voltou, finalmente, para o lado dos poderes [...]. Por conseguinte, a contribuição específica da filosofia que se coloca a serviço da liberdade, de todas as liberdades, é a de minar, pelas análises que ela opera e pelas ações que desencadeia, as instituições repressivas e simplificadoras: quer se trate da ciência, do ensino, da tradução, da pesquisa, da medicina, da família, da polícia, do fato carcerário, dos sistemas burocráticos, o que importa é fazer aparecer a máscara, deslocá-la, arrancá-la [...]."
>
> CHÂTELET, François. *História da filosofia*: ideias, doutrinas – o século XX. Rio de Janeiro: Jorge Zahar, 1974. p. 309. v. 8.

Status quo: expressão latina que significa "estado atual das coisas", "situação vigente".

Trocando ideias

Sempre há os que ignoram os filósofos ou recusam sua importância dizendo que não ocupam uma função socialmente útil. No entanto, são os ditadores os primeiros a calar esses pensadores pela censura, porque bem sabem o quanto ameaçam seu poder. Alguns contradirão que sempre houve e ainda haverá filósofos que bajulam os poderosos ao emprestarem suas vozes e argumentos à defesa de tiranos. Nesse caso, porém, trata-se de fragilidades do ser humano, seja por estarem sujeitos a enganos ou a uma ideologia dominante, seja por sucumbirem ao temor da violência do poder arbitrário ou ao desejo de prestígio e glória.

- Por que os filósofos ameaçariam os poderosos ditadores?

Relevo em bronze representando a condenação do filósofo Giordano Bruno à fogueira (1889), esculpido por Ettore Ferrari. Giordano Bruno foi condenado à morte após ser acusado de panteísmo por defender a infinitude do Universo, contrariando os dogmas cristãos.

Aprender a viver

No texto abaixo, o filósofo francês Luc Ferry (1951) defende que a importância do estudo da filosofia encontra-se no ensinar a viver melhor, pois, segundo ele, a filosofia auxilia na compreensão do mundo e dos fenômenos da vida.

"[...] Adquiri, ao longo dos anos, a convicção de que para todo indivíduo, inclusive para os que não a veem como uma vocação, é valioso estudar ao menos um pouco de filosofia, nem que seja por dois motivos bem simples.

O primeiro é que, sem ela, nada podemos compreender do mundo em que vivemos. É uma formação das mais esclarecedoras, mais ainda do que a das ciências históricas. Por quê? Simplesmente porque a quase totalidade de nossos pensamentos, de nossas convicções, e também de nossos valores, se inscreve, sem que o saibamos, nas grandes visões do mundo já elaboradas e estruturadas ao longo da história das ideias. É indispensável compreendê-las para apreender sua lógica, seu alcance e suas implicações...

Algumas pessoas passam grande parte da vida antecipando a infelicidade, preparando-se para a catástrofe – a perda de um emprego, um acidente, uma doença, a morte de uma pessoa próxima etc. Outras, ao contrário, vivem aparentemente na mais total despreocupação. [...] Sabem elas que as duas atitudes mergulham suas raízes em visões do mundo cujas circunstâncias já foram exploradas com profundidade extraordinária pelos filósofos da Antiguidade grega? A escolha [...] de uma atitude de apego ou desapego às coisas e aos seres em face da morte, a adesão a ideologias políticas autoritárias ou liberais, o amor pela natureza e pelos animais mais do que pelos homens, pelo mundo selvagem mais do que pela civilização, todas essas opções e muitas outras foram inicialmente construções metafísicas antes de se tornarem opiniões oferecidas, como num mercado, ao consumo dos cidadãos. [...]

Além do que se ganha em compreensão, conhecimento de si e dos outros por intermédio das grandes obras da tradição, é preciso saber que elas podem simplesmente ajudar a viver melhor e mais livremente. [...]

Aprender a viver, aprender a não temer em vão as diferentes faces da morte, ou, simplesmente, a superar a banalidade da vida cotidiana, o tédio, o tempo que passa, já era o principal objetivo das escolas da Antiguidade grega. A mensagem delas merece ser ouvida, pois, diferentemente do que acontece na história das ciências, as filosofias do passado ainda nos falam. Eis um ponto importante que por si só merece reflexão.

Quando uma teoria científica se revela falsa, quando é refutada por outra visivelmente mais verdadeira, cai em desuso e não interessa a mais ninguém – à exceção de alguns eruditos. As grandes respostas filosóficas dadas desde os primórdios à interrogação sobre como se aprende a viver continuam, ao contrário, presentes. Desse ponto de vista seria preferível comparar a história da filosofia com a das artes, e não com a das ciências: assim como as obras de Braque e Kandinsky não são 'mais belas' do que as de Vermeer ou Manet, as reflexões de Kant ou Nietzsche sobre o sentido ou não sentido da vida não são superiores – nem, aliás, inferiores – às de Epiteto, Epicuro ou Buda. Nelas existem proposições de vida, atitudes em face da existência, que continuam a se dirigir a nós através dos séculos e que nada pode tornar obsoletas. As teorias científicas de Ptolomeu ou de Descartes estão radicalmente 'ultrapassadas' e não têm outro interesse senão histórico, ao passo que ainda podemos absorver as sabedorias antigas, assim como podemos gostar de um templo grego ou de uma caligrafia chinesa, mesmo vivendo em pleno século XXI."

FERRY, Luc. *Aprender a viver*: filosofia para os novos tempos. Rio de Janeiro: Objetiva, 2007. p. 15-17.

Erudito: que tem instrução vasta e variada, geralmente por meio de leituras.

QUESTÕES

1. Identifique qual é o tema desenvolvido pelo autor.
2. Luc Ferry indica dois motivos pelos quais todos deveriam estudar pelo menos um pouco de filosofia. Quais são eles?
3. Por que a história da filosofia é mais importante para filosofar do que a história da ciência para o cientista?
4. Por que é válido comparar a história da arte com a história da filosofia?

ATIVIDADES

1. Leia o texto abaixo e, retomando a pergunta da abertura, responda: na filosofia é mais importante a prática do filosofar ou a autoridade do filósofo?

> "O estudo da filosofia não é interessante porque a ela se dedicaram talentos extraordinários como Aristóteles ou Kant, mas esses talentos nos interessam porque se ocuparam dessas questões [...] tão importantes para nossa própria vida humana, racional e civilizada. Ou seja, o empenho de filosofar é muito mais importante do que qualquer uma das pessoas que bem ou mal se dedicaram a ele."
>
> SAVATER, Fernando. *As perguntas da vida*. São Paulo: Martins Fontes, 2001. p. 209.

2. **Trabalho em grupo.** Leia a citação abaixo, extraída de um relatório emitido pela organização Médicos Sem Fronteiras (MSF), e analise a charge. Em seguida, reúna-se com seus colegas para atender às questões.

> "Até o fim de 2015, estimava-se que havia cerca de 60 milhões de deslocados em todo o mundo [...]. Ao constatar que o número de pessoas que tentavam a perigosa travessia pelo Mediterrâneo crescia a cada dia, e ciente da falta de esforços para busca e resgate no mar, MSF decidiu que impedir que milhares delas se afogassem era uma prioridade humanitária."
>
> MÉDICOS SEM FRONTEIRAS. *Relatório anual 2015*. p. 30. Disponível em <http://mod.lk/EcOTH>. Acesso em 14 set. 2016.

Charge de Pavel (2015).

a) Em 2015, a morte do menino sírio Alan Kurdi chamou a atenção para a crise migratória na Europa. Pesquise a respeito e relacione as informações obtidas à citação e à charge.

b) Selecione temas políticos e éticos que possam surgir do relato dos acontecimentos pesquisados. Em seguida, escolha um deles para exercitar a argumentação filosófica.

3. **Dissertação.** Com base nas citações a seguir e nos conhecimentos construídos ao longo do capítulo, redija uma dissertação argumentando sobre **"O perder-se no mundo da impessoalidade"**.

> "*Perder a si mesmo.* – Uma vez que se tenha encontrado a si mesmo, é preciso saber, de tempo em tempo, *perder-se* – e depois reencontrar-se: pressuposto que se seja um pensador."
>
> NIETZSCHE, Friedrich Wilhelm. *Humano, demasiado humano*. São Paulo: Abril Cultural, 1983. p. 150. (Coleção Os Pensadores)

> "Assim nos divertimos e entretemos como *impessoalmente* se faz; lemos, vemos e julgamos sobre a literatura e a arte como *impessoalmente* se vê e julga; também nos retiramos das 'grandes multidões' como *impessoalmente* se retira; achamos 'revoltante' o que *impessoalmente* se considera revoltante. O impessoal, que não é nada determinado, mas que todos são, embora não como soma, prescreve o modo de ser da cotidianidade."
>
> HEIDEGGER, Martin. *Ser e tempo*. 4. ed. Petrópolis: Vozes, 2009. p. 184-185. (Coleção Pensamento Humano)

VESTIBULAR

4. (UEM-PR)

> "Na introdução ao *Princípios*, Berkeley lamenta: como garantir a credibilidade da filosofia se, ao invés de responder a esta demanda por fundamentos e satisfazer nossos anseios de paz de espírito, ela nos inunda com uma multiplicidade de teorias que geram disputas e dúvidas sem fim? Depois de fazer levantar uma espessa poeira de palavras, a própria filosofia reclama por não conseguir mais ver com clareza aquilo que aparece claro e sem problemas ao homem comum..."
>
> SKROCK, E. George Berkeley e a terra incógnita da filosofia. In: MARÇAL, J. (Org.). *Antologia de textos filosóficos*. Curitiba: SEED, 2009. p. 103.

A partir do exposto, é correto afirmar que a filosofia

01) identifica-se com o senso comum.

02) propõe questões insolúveis.

04) debate teorias diferentes entre si.

08) proporciona a paz de espírito.

16) estabelece verdades absolutas.

Mais questões: no livro digital, em **Vereda Digital Aprova Enem** e **Vereda Digital Suplemento de revisão e vestibulares**; no *site*, em **AprovaMax**.

Sugestões

Para ler

Apresentação da filosofia
André Comte-Sponville. São Paulo: Martins Fontes, 2002.
Uma porta de entrada para a filosofia, este livro permite descobrir na razão um instrumento contra todo tipo de fanatismo e obscurantismo. Nesse sentido, a ciência torna-se uma aliada da filosofia. O autor defende que sem filosofar não podemos pensar nossa vida e viver nosso pensamento, já que, para ele, isso é a própria filosofia.

Sócrates: o sorriso da razão
Francis Wolff. São Paulo: Brasiliense, 1982. (Coleção Encanto Radical)
O filósofo francês Francis Wolff, que já foi professor de filosofia no Brasil, contrapõe ao mito e à lenda de um Sócrates justiceiro e perseguido a imagem real e viva de um personagem Sócrates descrito por Platão. O autor une ao mesmo tempo a trajetória filosófica e a biográfica de Sócrates, num texto leve e fluido.

Explicando a filosofia com arte
Charles Feitosa. Rio de Janeiro: Ediouro, 2004.
Uma introdução à filosofia em que é feita uma parceria entre filosofia e arte: cada tema é abordado com base em obras de arte, em uma ampla abrangência que vai dos renascentistas ao desenho animado *Os Simpsons*, passando por elementos da cultura *pop* contemporânea, como o *rock* e filmes como *Matrix*.

Para assistir

O mundo de Sofia
Direção de Erik Gustavson. Noruega; Suécia, 1999.
Adaptação para o cinema do livro homônimo do escritor norueguês Jostein Gaarder, o filme conta a história de Sofia Amundsen, que, na véspera do seu aniversário de quinze anos, passa a receber mensagens anônimas com perguntas filosóficas e existenciais. A partir de então, a personagem embarca em uma viagem pela história da filosofia na companhia do professor Alberto Knox, passando pelos gregos, pela Idade Média, pelo Iluminismo, até os dias de hoje.

Utopia e barbárie
Direção de Silvio Tendler. Brasil, 2009.
O diretor brasileiro Silvio Tendler percorreu 15 países, inclusive o Brasil, em 19 anos para finalizar este documentário que mostra, entre outros acontecimentos, o ataque nuclear ao Japão, o Holocausto, as ditaduras sul-americanas, a luta pela independência da Argélia, o Maio de 1968, a Primavera de Praga e a Guerra do Vietnã, com depoimentos de cineastas, escritores, jornalistas e artistas.

O quarto de Jack
Direção de Lenny Abrahamson. Canadá; Irlanda, 2015.
O filme narra o drama vivido por uma mãe, Joy, e por seu filho Jack, que passam parte da vida presos em um quarto. Como a criança nasceu sem ter contato com o mundo exterior, ela acredita que o cativeiro é toda a realidade possível. Quando a mãe revela que o mundo é muito mais do que aquele ambiente restrito em que habitam, Jack se rebela contra a verdade. O enredo se desenvolve com a tentativa de fuga do cativeiro.

Para navegar

Plataforma de verbetes filosóficos do Departamento de Filosofia da Universidade de São Paulo
www.arethusa.fflch.usp.br
O *site* reúne verbetes que buscam uma caracterização rápida e sucinta dos principais temas da filosofia.

Só filosofia
www.filosofia.com.br
Este *site* reúne um amplo conteúdo abastecido por resenhas de obras, curiosidades filosóficas, biografias, exercícios comentados etc.

Olimpíada de Filosofia do Ensino Médio
www.olimpiadadefilosofia.com.br
O *site* da Olimpíada de Filosofia do Ensino Médio conta com programação de atividades e permite a inscrição no evento anual.

Olimpíada de Filosofia do Estado de São Paulo
www.olimpiadadefilosofiasp.wordpress.com
O *site* da Olimpíada de Filosofia do Estado de São Paulo conta com material de apoio para os alunos e permite a inscrição no evento anual.

UNIDADE 1

ANTROPOLOGIA FILOSÓFICA

Capítulo 2
A condição humana, 36

Capítulo 3
Trabalho e lazer, 48

Capítulo 4
Estética: a reflexão sobre a arte, 65

Capítulo 5
As formas de crença, 84

Capítulo 6
A morte, 101

Capítulo 7
A felicidade, 118

Fotomontagem da série *A persistência da memória* (2014), do artista chileno Andrés Cruzat. Ele uniu imagens da época do golpe militar do Chile, que teve início em 1973 e durou 17 anos, a fotografias da mesma paisagem em 2014. Trata-se de uma forma de refletir sobre as permanências e rupturas ao longo do tempo, perguntando-se quanto do passado subsiste no presente.

Admirável mundo novo?

Vivemos tempos de mudanças radicais, contudo, alguns contestam essa afirmação, que consideram exagerada, por entenderem que "mudar faz parte da condição humana". As transformações contemporâneas foram ocasionadas pelos avanços das ciências e da tecnologia, que, por sua vez, levaram à globalização e à sociedade da informação. Com distâncias encurtadas pela comunicação instantânea, algumas profissões desapareceram enquanto outras surgiram, atividades presenciais foram substituídas por virtuais, os relacionamentos, bem como as formas de diversão, não estão mais associados aos mesmos hábitos das gerações anteriores. Estaríamos hoje usufruindo das conquistas desse "admirável mundo novo"? Em cada capítulo desta unidade, propomos refletir por que essas mudanças serviram para estimular as relações humanas na busca do bem-estar comum ou, ainda, em que circunstâncias a justiça e a liberdade não têm sido compartilhadas de maneira igualitária.

CAPÍTULO 2
A CONDIÇÃO HUMANA

Instalação do artista Banksy em Weston-super-Mare (Inglaterra) representa a saga dos refugiados que partem do norte da África pelo Mar Mediterrâneo em direção à Europa. Foto de 2015.

"Não é possível imaginar uma globalização onde só as mercadorias, capitais e empresas circulem. A globalização implica necessariamente numa circulação de pessoas. A história da humanidade é uma longa caminhada, de todos nós, um pouco por todo o mundo. Não podemos ter a ilusão de que nos fixaremos definitivamente cada um no lugar onde estamos. Haverá imigrações enquanto houver humanidade. Temos é de ser capazes de regular essas migrações. Agora, está mais que provado que não há muro que bloqueie as migrações. Nós vemos as imagens dramáticas no [Mar] Mediterrâneo. Não é com barreiras que lidamos com imigração. Tratamos imigração se conseguirmos pacificar as zonas de conflito, se conseguirmos dar liberdade às pessoas que vêm buscar desenvolvimento econômico, que têm fome e não têm emprego. Essa é a primeira condição. A segunda é termos canais legais para permitir a imigração. A Europa tem de aprender a viver com a diversidade, que certamente teremos no futuro."

TRANCHES, Renata. Não há muro que bloqueie a imigração. Entrevista com António Costa, primeiro-ministro de Portugal. *O Estado de S. Paulo*, São Paulo, 7 set. 2016. Disponível em <http://mod.lk/aqmfx>. Acesso em 27 set. 2016.

Conversando sobre

No mundo atual, as transformações culturais têm favorecido a solução de conflitos com base no respeito, aproximando as pessoas ao invés de afastá-las? Comente essa questão com os colegas e a retome após o estudo do capítulo.

1. Cultura: o conceito

O conceito de cultura comportou numerosas interpretações ao longo do tempo. Vamos considerá-lo sob dois aspectos diferentes: o sentido amplo, antropológico, e o sentido restrito.

No sentido antropológico, somos todos seres culturais, produtores de obras materiais e de pensamento. Já o sentido restrito refere-se especificamente à produção das artes, das letras e de outras manifestações intelectuais.

A cultura exprime as variadas formas pelas quais se estabelecem relações de indivíduos e grupos entre si e com a natureza: por exemplo, como os homens constroem abrigos para se proteger das intempéries, inventam utensílios e instrumentos, organizam leis e instituições, definem o modo de se alimentar, casar, ter filhos, criam – e transformam – a língua, a moral, a política, a estética, como concebem o sagrado ou se comportam diante da morte.

> **Saiba mais**
>
> O termo *antropologia* origina-se da fusão das palavras gregas *anthropos*, "homem", e *lógos*, "teoria", "ciência". O conceito de antropologia refere-se tanto à ciência como à filosofia. A ciência da *antropologia* trata do estudo de diferentes culturas sob os mais diversos aspectos, por exemplo, tipos físicos e biológicos, organizações sociais e políticas, o comportamento humano em sociedade, além de investigar culturas de diferentes épocas e locais. Já a *antropologia filosófica* aborda temáticas como a possibilidade da definição de ser humano, o que o distingue de outras espécies, criaturas ou coisas, como ocorre o processo de tornar-se um ser cultural em suas variadas expressões, algumas delas abordadas nesta unidade.

Indígenas do Brasil, da Mongólia e das Filipinas participam de torneio de arqueria nos Jogos Mundiais dos Povos Indígenas em Palmas (TO). Foto de 2015. Os esportes expressam manifestações culturais no sentido antropológico.

2. Quem é você?

O existir humano não é apenas natural. É certo que recebemos uma herança genética e, sob esse aspecto, temos características **inatas**: não há como negar as semelhanças físicas e de temperamento entre filhos, pais e membros da mesma família. A esse **substrato** biológico herdado e não escolhido sobrepõe-se a cultura como construção de outra realidade que contribui para a formação de nossa identidade como *seres culturais*.

Por mais que nos consideremos indivíduos – o termo significa um organismo único, indivisível e separado de todos –, na verdade nada somos sem os outros, uma vez que nossa vida é tecida entre outros humanos, aqueles com quem convivemos, mediante valores já estabelecidos pelos que nos antecederam.

Um bebê dificilmente sobreviverá se for abandonado, por depender de cuidados essenciais por um período relativamente longo. Sabemos de casos raros de crianças que sobreviveram nas selvas entre animais, mas nessas situações elas não eram culturalmente humanas porque andavam, comiam e se comunicavam como bichos. Apenas quando acolhidas em instituições e no convívio com outras pessoas é que sua humanização pode ter início. Mesmo assim, o processo tardio ocorre lentamente e com dificuldades às vezes intransponíveis.

A descoberta de si não se separa, portanto, da descoberta do outro como um "outro-eu": esse é o movimento pelo qual cada um de nós toma consciência de si e do mundo, ao perceber que é separado dos outros, embora se faça por meio deles. Quando pensamos nas necessidades básicas, como reprodução e alimentação, ou nas tendências agressivas e sexuais que há em todos os indivíduos, descobrimos que não se expressam de modo estritamente biológico, mas por meio de condutas culturais herdadas na comunidade – ou reinventadas pela imaginação humana de acordo com as variações do contexto vivido.

Assim conclui o filósofo francês **Maurice Merleau-Ponty** (1908-1961):

> "É impossível sobrepor, no homem, uma primeira camada de comportamentos que chamaríamos de 'naturais' e um mundo cultural ou espiritual fabricado. No homem, tudo é natural e tudo é fabricado, como se quiser, no sentido em que não há uma só palavra, uma só conduta que não deva algo ao ser simplesmente biológico – e que ao mesmo tempo não se furte à simplicidade da vida animal."
>
> MERLEAU-PONTY, Maurice. *Fenomenologia da percepção*. 2. ed. São Paulo: Martins Fontes, 1999. p. 257.

Inato: o que nasce com o indivíduo.
Substrato: no contexto, base, fundamento.

3. O comportamento animal

Diferentemente das práticas humanas, a atividade dos animais é determinada por condições biológicas que lhes permitem adaptar-se ao meio em que vivem, sempre de acordo com sua própria natureza. Por exemplo, passarinhos novos, incapazes de voar até certa idade, realizam o primeiro voo sem grande hesitação; gatinhos não esboçam reação alguma diante de um rato, mas após o segundo mês de vida apresentam condutas típicas da espécie, como perseguição, captura, brincadeira com a presa, ronco, matança etc. Por essa razão, o comportamento de cada espécie animal é sempre idêntico, descontando-se as variações já comprovadas pela teoria da evolução de Charles Darwin.[1]

É verdade que animais de níveis mais altos na escala zoológica, como macacos e cães, são menos dependentes de reflexos e instintos e, portanto, capazes de respostas criativas e improvisadas. Trata-se, porém, de um tipo de inteligência concreta, prática, voltada para soluções imediatas. Quando um chimpanzé usa uma vara para alcançar uma banana, por exemplo, esse tipo de atividade não se compara à técnica humana, mesmo que a experiência seja repetida e repassada para os outros animais do grupo. Isso porque o ato humano é por excelência *consciente da finalidade do ato*, ou seja, ele existe antes como pensamento, como possibilidade, e a execução resulta da escolha – ou invenção – de meios necessários para atingir os fins propostos.

As diferenças entre humanos e animais não são apenas de grau, porque somos capazes de transformar a natureza em cultura. Nesse processo, a linguagem simbólica produz a cultura e é por ela constituída.

ATIVIDADES

1. Por que a humanização depende do contato com outros seres humanos? Explique.
2. Pode-se falar em instinto humano da mesma maneira como nos referimos a instinto animal? Justifique.

4. A linguagem

A linguagem é um sistema de signos. Os estudiosos de **semiótica** explicam que *signo* é qualquer coisa que está no lugar de outra e a representa. Em uma gradação do mais concreto ao mais abstrato, os signos podem ser de três tipos: ícones, índices ou símbolos.

> **Semiótica:** estudo dos fenômenos culturais considerados como sistemas de significação.

Ícones são signos que guardam uma relação de *semelhança* com a coisa representada. Por exemplo, fotos, desenhos, esculturas. Assim, costumamos identificar portas de banheiros com representações icônicas para distinguir o masculino do feminino; em placas de estrada sabemos que um restaurante está próximo pelo sinal de faca e garfo cruzados.

Índices mantêm uma relação de *contiguidade* com a coisa representada, funcionando como *indícios* de algo, como maneira de *indicar* aquilo que representam: se vejo pegadas na areia é sinal de que alguém acabou de passar por ali; se há fumaça, deve haver fogo; se as nuvens estão escuras, é sinal de chuva.

Os *símbolos* são muito mais complexos do que ícones e índices por não se restringirem a aspectos de semelhança e contiguidade. São definidos por convenções arbitrárias e variam, na medida em que resultam da criatividade humana e seus significados precisam ser interpretados, embora alguns símbolos sejam mantidos pela tradição.

A linguagem dos animais

Em que sentido a linguagem dos animais se distingue da humana? Comecemos com alguns exemplos: por meio de volteios parecidos com os de uma dança, as abelhas se comunicam com outras para transmitir informações sobre onde encontraram pólen. Já os golfinhos não só emitem sons instintivos para se comunicar, como revelam alto grau de compreensão da linguagem humana. Experiências com chimpanzés realizadas por psicólogos demonstraram que eles não só aprendem a reconhecer ícones e índices, como alguns deles constroem "frases" com esses signos.

A pesquisadora Sue Savage-Rumbaugh desenvolvendo a linguagem de sinais com o bonobo Kanzi em Des Moines (Estados Unidos). Foto de 2006. Quando ensinados, os primatas têm relativa facilidade para identificar sinais (imagens e gestos) que lhes permitam pedir comida, água ou brinquedos.

---

[1] Se necessário, para mais informações sobre Darwin, consulte, na parte II, o capítulo 23, "Ciências contemporâneas".

Os três exemplos dados indicam que a linguagem animal também se caracteriza por um sistema de *signos*: a dança das abelhas, os sons dos golfinhos, os sinais aprendidos pelos chimpanzés. Nos dois primeiros casos, estamos diante de ações instintivas, programadas biologicamente – embora a dos golfinhos desperte a atenção pela semelhança com a de humanos –, enquanto no caso dos chimpanzés existem várias experiências que demonstram êxito em sua aprendizagem. De modo semelhante, adestramos um cachorro com frases que devem ser sempre as mesmas e que funcionam como *índices* e *ícones* por indicarem alguma coisa muito específica, seja a ordem de dar uma pata, seja um convite para passear.

A conclusão até o momento é a de que os animais não adentram no mundo simbólico, exclusivo da condição humana.

Linguagem simbólica

Consideremos um objeto denominado "cadeira" em português, enquanto se diz *chair* em inglês e, em alemão, *Sthul*. A diferença de termos para indicar a mesma coisa decorre de estrita convenção social cuja origem se perde no tempo, lembrando que também existem línguas escritas em alfabetos distintos do latim, como o grego e o russo. Outros vocábulos mantêm a origem comum em diversas línguas, por exemplo, a palavra "cruz", do latim *crux, crucis*, que se tornou *croix*, em francês, e *cross*, em inglês. A linguagem tem rigor em sua gramática, mas se transforma com o tempo e pode até tornar-se "língua morta", como o latim ou os mais antigos hieróglifos egípcios.

A par da flexibilidade da escrita simbólica, tomemos novamente a palavra *cruz* para observar como nem sempre seu sentido é único e inequívoco. Desde a Antiguidade, o termo partilha numerosos significados: símbolo de orientação, não só com relação aos pontos cardeais, mas relativo à "direção" da conduta pessoal; objeto feito com troncos transversais usado para executar condenados à morte; posteriormente, por influência do cristianismo, ícone associado à morte de Cristo; sinal do falecimento de um cristão na cronologia de um jornal; e até mesmo insígnia dos nazistas, que se apropriaram da cruz gamada, a suástica.

Assim explica o filósofo alemão Ernst Cassirer (1874-1945):

> "Um símbolo não é apenas universal, porém extremamente variável. Posso expressar o mesmo significado em vários idiomas; e, até dentro dos limites de uma única língua, o mesmo pensamento ou ideia pode ser expresso em termos muito diferentes. Um sinal está relacionado com a coisa a que se refere, de forma fixa e única. Qualquer sinal concreto e individual se refere a certa coisa individual. [...] Um símbolo humano genuíno não se caracteriza pela uniformidade, mas pela versatilidade. Não é rígido nem inflexível, é móvel."
>
> CASSIRER, Ernst. *Antropologia filosófica*. São Paulo: Mestre Jou, 1972. p. 67.

Enquanto a linguagem animal visa à adequação a situações concretas, a linguagem humana intervém como expressão abstrata que distancia o homem da experiência vivida, tornando-o capaz de reorganizá-la em outra totalidade e de dar-lhe novo sentido. Pela palavra, somos capazes de nos situar no tempo, lembrando o passado e antecipando o futuro pelo pensamento, ao passo que o animal vive sempre no presente.

Ao distanciar-se da realidade imediata por meio da linguagem, o humano pode retornar ao mundo para transformá-lo. Como um instrumento fundante, é por meio da linguagem que recebemos e transmitimos os saberes e os ofícios, criamos o mito, a religião, a ciência e a arte, estabelecemos regras e constituímos sociedades.

Saiba mais

A linguagem simbólica é fundamental para a constituição do sujeito humano. Em situações nas quais são negadas as oportunidades para enriquecer a linguagem, a capacidade de compreender e agir sobre o mundo será drasticamente diminuída. É esse o resultado da miséria em que vive Fabiano, o retirante nordestino protagonista da bela obra de Graciliano Ramos *Vidas secas*. A intuição que ele tem da gravidade da sua situação não basta para a tomada de consciência da exploração a que é submetido, dada a dificuldade de argumentação e crítica decorrente da pobreza de vocabulário.

ATIVIDADE

Quais são os signos expressos na tirinha reproduzida abaixo?

Hugo Baracchini (1997), tirinha de Laerte. Ao nos referirmos à linguagem, geralmente a identificamos à linguagem verbal. No entanto, o signo é muito mais amplo e abarca expressões não verbais.

Leitura analítica

O milagre de Anne Sullivan

A experiência de Helen Keller

No texto abaixo, o filósofo alemão Ernst Cassirer analisa o caso da estadunidense Helen Keller, que aprendeu a linguagem simbólica somente aos sete anos, e argumenta que o mundo simbólico, com sua universalidade, funciona como acesso à realidade propriamente humana da cultura.

"Parece ser incontestável que pelo menos algumas reações dos animais superiores não são mero produto do acaso, senão guiadas pela visão mental. Se, por inteligência entendermos a adaptação ao meio ambiente ou a modificação adaptativa do meio, deveremos, por certo, atribuir aos animais uma inteligência relativamente bem desenvolvida. Cumpre reconhecer também que nem todas as ações animais são governadas pela presença de um estímulo imediato. O animal é capaz de toda sorte de rodeios em suas reações. Pode aprender não só a usar instrumentos mas também a inventá-los para seus propósitos. Por isso, alguns psicobiologistas não duvidam em falar de uma imaginação criadora ou construtiva dos animais. Mas nem essa inteligência nem essa imaginação são do tipo especificamente humano. Em suma, podemos dizer que o animal possui uma imaginação e uma inteligência práticas, ao passo que só o homem criou uma forma nova: uma *imaginação e uma inteligência simbólicas*.

Além disso, no desenvolvimento mental do espírito, é evidente a transição de uma forma a outra – de uma atitude meramente prática a uma atitude simbólica. Todavia, esse passo é o resultado final de um processo lento e contínuo. Não é fácil distinguir as etapas individuais desse complicado processo pelos métodos usuais da observação psicológica. Existe, porém, outro caminho de se obter plena visão do caráter geral e da extraordinária importância dessa transição. A própria natureza, por assim dizer, realizou uma experiência capaz de projetar luz inesperada sobre o assunto em questão. Temos os casos clássicos de Laura Bridgman e Helen Keller, duas crianças cegas e surdas-mudas que, por meio de métodos especiais, aprenderam a falar. Embora esses casos sejam bem conhecidos e tenham sido tratados com frequência na literatura psicológica, vejo importância em recordá-los mais uma vez por encerrarem, talvez, a melhor ilustração do problema geral de que nos ocupamos.

A sra. Sullivan, professora de Helen Keller, registrou a data exata em que a criança realmente principiou a compreender o sentido e a função da linguagem humana. Cito-lhe as próprias palavras:

'Preciso escrever-lhe uma linha hoje cedo porque algo muito importante aconteceu. Helen deu o segundo grande passo em sua educação. Aprendeu que tudo tem um nome, e que o alfabeto manual é a chave de tudo o que ela deseja saber.

[...] Hoje cedo, enquanto se lavava, ela quis saber o nome correspondente a água. Quando quer saber o nome de alguma coisa, aponta para essa coisa e dá umas palmadinhas na minha mão. Soletrei á-g-u-a e não pensei mais no assunto até depois do café... [Mais tarde] fomos à casa da bomba, e fiz que Helen segurasse sua caneca debaixo da bica, enquanto eu bombeava. Ao jorrar a água fria, enchendo a caneca, escrevi á-g-u-a na mão aberta de Helen. A palavra, que se juntava à sensação de água fria que lhe escorria pela mão, pareceu sobressaltá-la. Deixou cair a caneca e quedou como que paralisada. Nova luz iluminou-lhe o rosto. Soletrou água várias vezes. A seguir, inclinou-se até o solo e perguntou-me o nome, apontando para a bomba e para o caramanchão e, voltando-se de repente, perguntou o meu nome. Soletrei professora. Durante a volta para casa, mostrou-se excitadíssima, e aprendendo o nome de todo objeto que tocava, de modo que, em poucas horas, havia acrescentado trinta palavras novas ao seu vocabulário. Na manhã seguinte, levantou-se como uma fada radiosa. **Adejou** de um objeto a outro perguntando o nome de tudo e beijando-me alegremente. Tudo agora precisa ter um nome. Aonde quer que vamos, pergunta, ansiosa, os nomes das coisas que não aprendeu em casa. Espera, sôfrega, que os amigos soletrem e vive aflita por ensinar as letras a todas as pessoas que encontra. Abandona os sinais e a **pantomima** que antes empregava, uma vez que dispõe de palavras para substituí-los, e a aquisição de uma palavra nova lhe proporciona o mais intenso prazer. E notamos que seu rosto se torna cada dia mais expressivo.'[2]

O passo decisivo que leva do uso de sinais e pantomimas ao uso de palavras, isto é, de símbolos, não poderia ser descrito de maneira mais notável. Qual foi o verdadeiro descobrimento da criança nesse momento? Anteriormente, Helen Keller aprendera a combinar certa coisa ou acontecimento com certo sinal do alfabeto manual. Estabelecera-se entre essas coisas e certas impressões táteis uma associação fixa. Mas uma série de tais associações, embora repetidas e ampliadas, ainda não implica inteligência do que é o significado da linguagem humana. A fim de poder chegar a essa compreensão, a criança precisou fazer um novo descobrimento, muito mais importante. Precisou compreender que *tudo tem um nome* – que a função simbólica não se restringe a casos particulares, mas é um princípio da aplicabilidade *universal*,

---

[2] KELLER, Helen. *The story of my life*. Nova York: Doubleday, Page & Company, 1902-1903. Narrativa suplementar da vida e da educação de Helen Keller.

que abarca todo o campo do pensamento humano. No caso de Helen Keller, esse descobrimento veio como um choque súbito. Era uma menina de sete anos que, com exceção de defeitos no uso de certos órgãos dos sentidos, gozava de excelente saúde e possuía uma inteligência altamente desenvolvida. Pelo descuido de sua educação, muito se atrasara. Depois, de repente, ocorre o desenvolvimento crucial, operando como uma revolução intelectual. A menina principia a ver o mundo a uma nova luz. Aprende a empregar as palavras não apenas como símbolos ou sinais mecânicos, mas como um instrumento inteiramente novo de pensamento. [...]

[...] Com sua universalidade, sua validade e sua aplicabilidade geral, o princípio do simbolismo é a palavra mágica, o *Abre-te, Sésamo!*, que dá acesso ao mundo especificamente humano, ao mundo da cultura."

CASSIRER, Ernst. *Antropologia filosófica*. São Paulo: Mestre Jou, 1972. p. 62-65.

Adejar: literalmente, agitar as asas para se manter no ar durante voo; no contexto, "mover-se", "agitar-se".
Pantomima: no contexto, comunicação por gestos.
Abre-te, Sésamo!: expressão usada de modo figurado para indicar uma chave que abre a entrada para o desconhecido. A referência inicial encontra-se em um dos contos de *As mil e uma noites*: é a senha de Ali Babá para abrir o esconderijo dos 40 ladrões. E *sésamo* é o gergelim, planta que se abre lentamente para liberar suas sementes.

QUESTÕES

1. Identifique a principal ideia desenvolvida pelo autor.
2. Transcreva a frase na qual Cassirer justifica como a aprendizagem de Helen Keller era semelhante àquela de animais primatas. Em seguida, identifique o tipo de signo a que se refere essa aprendizagem inicial.
3. Transcreva e explique a frase do texto que identifica a conquista da linguagem simbólica alcançada por Helen Keller.

5. Cultura e educação

Até aqui, focamos a maneira pela qual a nossa subjetividade é individualizada com o acesso ao mundo simbólico, mesma condição que permite a construção da cultura humana. Assim explica o sociólogo francês Émile Durkheim (1858-1917):

"Se [o indivíduo] conseguiu superar o estágio em que os animais se detiveram, deve-se, primeiro, a que ele não é o fruto apenas de seus esforços pessoais, mas que coopera regularmente com seus semelhantes [...]. Em segundo lugar, e sobretudo, deve-se a que os produtos do trabalho de uma geração não se perdem para aquela que virá em seguida. De tudo que o animal pode aprender durante sua existência individual, quase nada sobrevive a ele. Ao contrário, os resultados da experiência humana conservam-se quase integralmente, até mesmo nos detalhes, graças a livros, monumentos, utensílios, instrumentos de toda espécie transmitidos de geração em geração [...]. Em vez de se dissipar toda vez que uma geração é substituída por outra, a sabedoria humana se acumula sem fim, e é essa acumulação que eleva o ser humano acima do animal e além de si mesmo."

DURKHEIM, Émile. Extraído do verbete "*Éducation*". In: BUISSON, Ferdinand. *Nouveau dictionnaire de pédagogie et d'instruction primaire*. 2. ed. Paris: Librairie Hachette, 1911. Disponível em <http://mod.lk/scchf>. Acesso em 27 set. 2016. (Tradução nossa)

Os saberes acumulados são transmitidos de uma geração a outra de diversas maneiras, seja de modo informal no seio das famílias e na convivência de lazer e trabalho, seja pela educação formal escolarizada. É a educação que mantém viva a memória de um povo, garantindo sua sobrevivência material e espiritual ao funcionar como *instância mediadora* entre indivíduo e sociedade, e ela não pode ser compreendida fora de um contexto histórico-social concreto, já que a condição humana não apresenta características universais e eternas, pois variam as respostas dadas socialmente aos desafios de realizar a existência.

Tradição e ruptura

A autoprodução humana por meio da cultura completa-se em dois movimentos contraditórios e inseparáveis: a sociedade exerce um efeito modelador sobre os indivíduos, ao mesmo tempo que cada um deles elabora e interpreta a herança recebida em sua perspectiva pessoal. Não há como separar esses dois polos opostos, o *social* e o *pessoal*.

É bem verdade que o teor dessas mudanças varia conforme o tipo de sociedade. No mundo contemporâneo urbanizado e em acelerada globalização, as alterações são muito mais velozes do que em comunidades tradicionais. Mesmo assim, não há sociedade estática: em maior ou menor grau, todas mudam, conforme uma dinâmica que resulta do embate entre social e pessoal, tradição e ruptura, herança e renovação. Não há como separar esses polos opostos nem estabelecer a anterioridade de um sobre o outro.

Capítulo 2 • A condição humana

A possibilidade de transgressão

Se admitirmos que a sociedade resulta da criação de normas que definem o que pode e o que não pode ser feito e de instituições que garantem a organização da convivência, nem por isso deixamos de reconhecer a possibilidade de *transgressão*. Não se entenda por transgressão a mera desobediência comum, pela qual descumprimos regras que nós mesmos consideramos válidas. A transgressão mais radical é a que rejeita fórmulas antigas e ultrapassadas quando se tornam inadequadas para resolver os problemas que surgem em novas circunstâncias. A transgressão decorre da capacidade humana de aceitar, rejeitar ou transformar suas próprias obras e pensamentos, por isso tradição e ruptura coexistem no mundo humano.

Ruptura: a emancipação feminina

A capacidade inventiva do ser humano tende a desalojá-lo do "já feito" em direção ao que "ainda não é". As transformações caracterizam-se como atos de liberdade, entendendo-se liberdade como a capacidade humana de compreender o mundo, projetar mudanças e realizar projetos. Esse movimento resulta da historicidade da cultura humana, ou seja, da recriação permanente da cultura.

Nesse sentido, afirma Cassirer:

> "Em todas as atividades humanas encontramos uma polaridade fundamental que pode ser descrita de várias formas. Podemos falar de uma tensão entre a estabilização e a evolução, entre uma tendência que leva a formas fixas e estáveis de vida e outra para romper esse plano rígido. O homem é dilacerado entre as duas, uma das quais procura preservar as velhas formas, ao passo que a outra forceja por produzir novas. Há uma luta que não cessa entre a tradição e a inovação, entre as forças reprodutoras e criadoras."

CASSIRER, Ernst. *Antropologia filosófica*. São Paulo: Mestre Jou, 1972. p. 350-351.

Nem sempre as mudanças ocorrem de maneira tranquila, sobretudo quando certos comportamentos se mantêm por séculos e se mostram resistentes diante de tentativas de renovação. Para dar um exemplo significativo dos tempos contemporâneos, lembremos da emancipação feminina, denominada "a maior das revoluções silenciosas de nossos tempos" pelo jurista e filósofo italiano Norberto Bobbio (1909-2004). Desde as reivindicações *sufragistas*, no final do século XIX, os movimentos se intensificaram, e em alguns momentos de modo turbulento: na década de 1920, mulheres da sociedade e trabalhadoras de lavanderias londrinas recorreram a atos de violência, como quebrar vitrines, estourar caixas de correio e realizar greves de fome, a fim de chamar atenção para o direito de participar de eleições e de serem eleitas. Houve também movimentos pacíficos, porém recorrentes, que resultaram na legalização do voto das mulheres em diversos países durante a primeira metade do século XX.

Nas décadas de 1960 e 1970, as conquistas que visavam libertar as mulheres da tradição patriarcal tornaram-se mais amplas e expressivas. Apesar disso, se antes elas viviam restritas às funções de mãe e dona de casa, ainda hoje muitas delas continuam lutando pelo acesso ao estudo e a condições igualitárias no mercado de trabalho – onde o índice de mulheres que ocupam altos cargos está abaixo do desejável –, garantias fundamentais para a autonomia, além de recusarem o enraizado machismo responsável por violências contra a mulher nos mais diversos ambientes.

Dados de 2015 mostram que o Brasil tem uma das taxas mais baixas do mundo de presença de mulheres no Congresso Nacional. Na Câmara Legislativa, elas representam apenas 9,9% e, no Senado, 13%, taxa inferior à média dos países do Oriente Médio, de 16%, por exemplo.

Transgressão: ato de transgredir, não cumprir, violar, desobedecer.
Sufragista: que defende o sufrágio, o direito de votar e ser votado.

A ativista paquistanesa Malala Yousafzai, defensora do acesso das mulheres à educação, discursa em Londres para homenagear a parlamentar britânica Jo Cox, assassinada durante um encontro com eleitores naquele ano. Foto de 2016. Apesar de conquistas, as mulheres ainda enfrentam muitas dificuldades, incluindo a violência e a desigualdade de participação política.

ATIVIDADES

1. Explique em que sentido os conceitos de *cultura*, *trabalho* e *educação* são inseparáveis, isto é, um não pode ser compreendido sem o outro.

2. Como é possível conciliar tradição e ruptura? Explique e dê exemplos.

6. Cultura e diversidade

Considerando a capacidade humana de "construir" seu hábitat, é preciso admitir que a diversidade das sociedades decorre das múltiplas possibilidades de convivência no esforço civilizatório. Será, porém, que somos capazes de aceitar a diversidade cultural? As respostas variam bastante e têm início na própria cultura em que se nasce. Há os que manifestam dificuldade em se defrontar com o diferente: estranham certas **idiossincrasias** dos vizinhos, não convivem bem com pessoas de outra classe social ou condenam crenças religiosas diferentes das que professam. Há ainda os que não aceitam os próprios filhos quando eles pensam ou agem fora dos padrões em que foram educados, como se os filhos devessem a vida inteira repetir os hábitos da geração de seus pais.

O estranhamento com o diferente não representa por si mesmo um empecilho para as relações humanas cordiais, a não ser quando se torna fonte de preconceitos que impedem a integração de todos os seres humanos como pertencentes à mesma humanidade.

A recusa da pluralidade e a posterior exclusão do diferente geralmente derivam do temor que o estrangeiro, o "estranho à minha cultura", provoca. Na Grécia antiga, o termo *bárbaro* designava os que pertenciam a outros povos e que, por falarem uma língua incompreensível para os gregos, eram ridicularizados em razão de seu idioma supostamente confuso e desorientado, que soava como "bar, bar, bar". Não por acaso, o significado de bárbaro em grego estava atrelado a "estrangeiro" e a "cruel", justamente por serem considerados pelos nativos como rudes, ignorantes, não civilizados e, portanto, ameaçadores.

Percebe-se, então, que o desconhecimento do outro leva a posições preconceituosas, no sentido de negar o valor da cultura alheia antes mesmo de compreendê-la melhor, ou, ainda, de desprezar o outro por ter costumes diferentes, tidos como "exóticos" ou simplesmente "atrasados". A história do neocolonialismo do século XIX, quando várias potências europeias se apossaram de territórios africanos e asiáticos a fim conseguir matéria-prima para expandir o comércio, explica – embora não justifique – o fato de os nativos das colônias serem vistos como "selvagens" que deveriam se adequar aos costumes "avançados" das sociedades "evoluídas". As aspas em alguns termos indicam o caráter **etnocêntrico** do olhar europeu sobre o colonizado, o que denota o não reconhecimento do diferente.

O medo do diferente tem consequências até mesmo na definição dos critérios, aparentemente irrelevantes, de beleza e feiura, pois costuma-se avaliar tais padrões com base na própria etnia ou em costumes particulares. Por exemplo, o movimento negro estadunidense lutou pelos direitos civis e pelo reconhecimento de sua etnia desde o início da segunda metade do século XX, destacando também a beleza da negritude. *Slogans* como "*Black is beautiful*" e o estilo *black power* para os cabelos não alisados representavam o desejo de encontro com a própria identidade, o que resulta em aumento de autoestima.

A cantora Beyoncé durante apresentação em um dos maiores eventos esportivos dos Estados Unidos. Foto de 2016. Na ocasião, a artista exaltou a beleza negra, fez referência aos Panteras Negras, grupo surgido na década de 1960 para lutar pelos direitos da população negra, e citou o movimento Black Lives Matter, que protesta contra o racismo da violência policial.

Ainda hoje, há comportamentos de recusa e exclusão de diversos tipos. Por exemplo, em decorrência dos atos terroristas comandados por facções muçulmanas radicais, o medo de sua repetição tem levado à indevida identificação de qualquer árabe a um possível terrorista. Com as ondas migratórias que chegam à Europa e a outras regiões do planeta, recrudesceram reações **xenófobas**, desde a construção de muros para impedir a entrada de refugiados nos países até a proibição de vestimentas típicas das culturas dos imigrantes, o que tem causado discussões acaloradas.

Movimentos emancipatórios em defesa de pessoas com necessidades especiais atingiram maior visibilidade nos últimos tempos, embora nem sempre de maneira eficaz e universal. Referimo-nos a pessoas com restrições físicas, sensoriais ou intelectuais, que nem por isso podem ser consideradas incapazes de, em todos os aspectos, conviver socialmente. A universalização da inclusão de indivíduos com necessidades especiais deve ser acompanhada da educação que possibilite não identificá-los como pessoas *diferentes* das demais, mas sim como sujeitos com algumas *necessidades* particulares. A infância e a velhice são exemplos de fases naturais da vida em que há necessidades específicas.

Idiossincrasia: característica peculiar de uma pessoa ou de um grupo.
Etnocentrismo: visão de mundo daqueles que consideram seu grupo étnico, nação e costumes mais importantes do que os demais.
Xenofobia: comportamento hostil e desconfiado com relação a estrangeiros.

Gênero e identidade de gênero

Até recentemente, o conceito de gênero restringia-se às características sexuais construídas para o desempenho dos papéis masculino e feminino em determinada cultura. Entretanto, inúmeros estudos desde os anos 1970 ampliaram significativamente a compreensão de uma realidade mais multifacetada do que se poderia supor, sobretudo em razão de preconceitos que silenciavam essa discussão. Criou-se, então, o conceito de transgênero, uma vez que muitas pessoas não se *reconhecem* dentro dos padrões de gênero estabelecidos socialmente.

Decorre dessa constatação a necessidade de respeitar a *identidade de gênero* para que seja assegurado o direito de pessoas transexuais circularem livremente, alterarem seu nome em registro civil e para que não sejam submetidas a formas de violência provocadas pela homofobia. Vale lembrar que a identidade de gênero não se confunde com a orientação sexual, que se refere à dimensão afetivo-sexual, nem com o papel sexual. Assim, indivíduos transexuais podem ser heterossexuais, homossexuais ou bissexuais.

Homofobia: rejeição ou aversão à homossexualidade. Consagrado pelo uso, o termo pode se estender à transfobia.

Saiba mais

Transgeneridade: o termo transgênero (ou "trans") reúne travestis e transexuais como sujeitos que realizam um trânsito de um gênero a outro.

Sexualidade: refere-se às elaborações culturais sobre os prazeres e os intercâmbios sociais e corporais que compreendem desde o erotismo, o desejo e o afeto até noções relativas à saúde, à reprodução, ao uso de tecnologias e ao exercício do poder na sociedade. As definições atuais da sexualidade abarcam, nas ciências sociais, significados, ideais, desejos, sensações, emoções, experiências, condutas, proibições, modelos e fantasias que são configurados de modos diversos em diferentes contextos sociais e períodos históricos. Trata-se, portanto, de um conceito dinâmico que evolui e está sujeito a múltiplas e contraditórias interpretações.

Leitura analítica

O paradoxo do relativismo cultural

No texto abaixo, o antropólogo francês  *Claude Lévi-Strauss (1908-2009) analisa a recorrência de comportamentos que consistem em repudiar elementos sociais, morais, religiosos etc. estranhos à própria cultura.*

"A atitude mais antiga e que repousa, sem dúvida, sobre fundamentos psicológicos sólidos, pois parece reaparecer em cada um de nós quando somos colocados numa situação inesperada, consiste em repudiar pura e simplesmente as formas culturais, morais, religiosas, sociais e estéticas mais afastadas daquelas com que nos identificamos. 'Costumes de selvagens', 'isso não é nosso', 'não deveríamos permitir isso' etc., um sem-número de reações grosseiras que traduzem esse mesmo calafrio, essa mesma repulsa, em presença de maneiras de viver, de crer ou de pensar que nos são estranhas. Desse modo a Antiguidade confundia tudo o que não participava da cultura grega (depois greco-romana) sob o nome de bárbaro; em seguida, a civilização ocidental utilizou o termo de selvagem no mesmo sentido. [...]

Sabemos, na verdade, que a noção de humanidade, englobando, sem distinção de raça ou de civilização, todas as formas da espécie humana, teve um aparecimento muito tardio e uma expansão limitada. [...] para vastas frações da espécie humana e durante dezenas de milênios, essa noção parece estar totalmente ausente. A humanidade acaba nas fronteiras da tribo, do grupo linguístico, por vezes mesmo, da aldeia, a tal ponto que um grande número de populações ditas primitivas se designa por um nome que significa os 'homens' (ou por vezes – digamos com mais discrição –, os 'bons', os 'excelentes', os 'perfeitos'), implicando assim que as outras tribos, grupos ou aldeias não participem das virtudes – ou mesmo da natureza – humanas, mas são, quando muito, compostos por 'maus', 'perversos', 'macacos terrestres'. [...] Nas Grandes Antilhas, alguns anos após a descoberta da América, enquanto os espanhóis enviavam comissões de investigação para indagar se os indígenas possuíam ou não alma, estes últimos dedicavam-se a afogar os brancos feitos prisioneiros para verificarem através de uma vigilância prolongada se o cadáver daqueles estava ou não sujeito à putrefação.

Essa anedota, simultaneamente barroca e trágica, ilustra bem o paradoxo do relativismo cultural [...]: é na própria medida em que pretendemos estabelecer uma discriminação entre as culturas e os costumes, que nos identificamos mais completamente com aqueles que tentamos negar. Recusando a humanidade àqueles que surgem como os mais 'selvagens' ou 'bárbaros' dos seus representantes, mais não fazemos que copiar-lhes as suas atitudes típicas."

LÉVI-STRAUSS, Claude. *Raça e história*. 2. ed. São Paulo: Abril Cultural, 1980. p. 53-54. (Coleção Os Pensadores)

Barroco: no contexto, extravagante.
Paradoxo: raciocínio aparentemente correto, mas contraditório.

QUESTÕES

1. Destaque os argumentos de Lévi-Strauss para justificar como os povos resistem em aceitar a diversidade.
2. Leia a citação e responda às questões.

> "Uma cultura específica é 'civilizada' quando, independentemente da riqueza ou pobreza de sua cultura científica, de seu nível de desenvolvimento técnico, ou da sofisticação de seus costumes, ela tolera em seu seio uma diversidade de crenças ou práticas (excluindo-se, evidentemente, práticas bárbaras). Uma cultura civilizada é sempre virtualmente mestiça. Em suma, uma civilização é enriquecida por uma pluralidade de culturas, enquanto uma cultura é bárbara quando é apenas ela mesma, só pode ser ela mesma, permanece centrada e, portanto, fechada sobre si mesma."
>
> WOLFF, Francis. Quem é bárbaro? In: NOVAES, Adauto (Org.). *Civilização e barbárie*. São Paulo: Companhia das Letras, 2004. p. 41-42.

a) Como o texto de Francis Wolff dá continuidade à conclusão do último parágrafo do texto de Lévi-Strauss?
b) Partindo de informações que você tem sobre acontecimentos contemporâneos, cite alguns exemplos do que se pode chamar de atos bárbaros de sociedades ditas civilizadas.

7. A sociedade da informação

Após a Revolução Industrial iniciada no final do século XVIII e o crescente desenvolvimento técnico-científico, notou-se mais rapidez em importantes transformações nas maneiras de pensar, valorar e agir, processo que se acelerou vertiginosamente na segunda metade do século XX.

A formidável revolução da informática e das tecnologias da informação tem provocado significativa influência na cultura contemporânea. Os textos que circulavam de forma isolada em livros, revistas e jornais se integraram às imagens e aos sons, primeiro pelo cinema e pela televisão, depois por todos os canais que as recentes tecnologias digitais tornaram disponíveis no campo da automação, robótica e microeletrônica.

Estamos vivendo a era da *sociedade da informação e do conhecimento*, que tem transformado de maneira radical todos os setores da vida humana. Essa realidade acelerou o processo de globalização a partir de uma rede de comunicação que, em segundos, nos coloca em contato com qualquer pessoa ou grupo em todos os lugares do planeta.

Observe, por exemplo, a rapidez de comunicação que representaram o rádio, o telégrafo e a televisão em comparação com o poder de informação de computadores pessoais, que hoje são verdadeiras janelas para o mundo. Essas máquinas possibilitam trocas de arquivos com os mais diversificados tipos de conteúdo (textos, vídeos, fotos), acesso a bancos de dados internacionais, divulgação de pesquisas, correio eletrônico, *blogs* e a discussão em tempo real de temas os mais variados.

A nova estrutura de informação atinge diversos tipos de grupos sociais, instituindo as redes de comunicação no comércio, nas finanças, no transporte, no entretenimento e na cultura, ao mesmo tempo que facilita a distribuição de drogas e a sustentação de diversas outras redes criminosas. Um dos desafios dos novos tempos é ser capaz de selecionar a informação e refletir com responsabilidade sobre seu significado.

Trocando ideias

Em um país onde o analfabetismo ainda apresenta índices elevados, em plena era da informação, é grande o número de pessoas que não têm acesso aos computadores e *smartphones*, "os analfabetos digitais".

- Discuta com seus colegas as possíveis consequências de o acesso às tecnologias da informação ainda ser restrito a algumas parcelas da população.

Malvados (2015), tirinha de André Dahmer. Segundo o personagem, a revolução tecnológica não teria significado um avanço nos costumes da sociedade.

ATIVIDADES

1. O trecho a seguir foi retirado de um artigo de jornal. Leia-o e responda às questões.

> "A revolução começou e não veio de graça. [...] Como uma escola, que deve transmitir tolerância [...] pode designar o que se deve ou não vestir?
>
> Começou há tempos nas escolas alternativas. Chegou agora ao mais tradicional de todos, ao Colégio Pedro II, fundado em 1837 [no Rio de Janeiro], e de uma forma burocrática, a edição de uma portaria: alunos poderão escolher se vêm de saia, *shorts* ou bermuda, independentemente do gênero.
>
> De acordo com o informe publicado no *site* da escola, 'a medida segue parâmetros da Resolução n. 12 do Conselho Nacional de Combate à Discriminação e Promoção dos Direitos de Lésbicas, Gays, Bissexuais, Travestis e Transexuais (CNCD/LGBT)'. [...]
>
> O reitor do colégio, Oscar Halac, [...] escreveu um texto que entra para a história:
>
> 'A escola pública precisa sinalizar que é hora de parar de odiar por odiar. Propositalmente, deixa-se a critério da identidade de gênero de cada um a escolha do uniforme que lhe couber. Estamos cumprindo a determinação de uma resolução vigente e procuramos de alguma maneira contribuir para que não haja sofrimento desnecessário entre aqueles que se colocam com uma identidade de gênero diferente daquela que a sociedade determina. Creio que a escola não deve estar desvinculada de seu tempo e momento histórico. A tradição não importa em **anacronia**, mas pode e deve significar nossa capacidade de evoluir e de inovar'."
>
> RUBENS PAIVA, Marcelo. Precisamos falar de saias. *O Estado de S. Paulo*, São Paulo, 24 set. 2016. Disponível em <http://mod.lk/ym7qp>. Acesso em 27 set. 2016.

a) Considerando a fala do reitor, qual é a relação entre tradição e ruptura?

b) Com base nas discussões sobre gênero levantadas no capítulo, opine sobre a atitude do Colégio Pedro II.

> **Anacronia:** atitude que não está de acordo com seu tempo.

2. Analise a tirinha a seguir e, considerando a relevância da linguagem para a dimensão humana, responda: por que a repetição da palavra "correr" se torna, no contexto, um elemento de desumanização?

Tirinha de Laerte (2009).

3. Pesquisa. Leia o texto a seguir, que tem por base uma pesquisa realizada pelo instituto Datafolha (<http://mod.lk/kkvpd>) sobre a percepção do estupro na sociedade brasileira. Em grupo, atenda às questões.

O instituto de pesquisa Datafolha, por encomenda do Fórum Brasileiro de Segurança Pública, entrevistou 3.625 brasileiros com 16 anos ou mais em agosto de 2016 para avaliar a frase: "A mulher que usa roupas provocativas não pode reclamar se for estuprada". Verificou-se que o índice de concordância sobe entre moradores de cidades de até 50 mil habitantes (37%), pessoas apenas com o ensino fundamental completo (41%) e com mais de 60 anos (44%). O índice cai entre aqueles com até 34 anos (23%) e com ensino superior (16%). Entre entrevistadas do sexo feminino, o índice de concordância com a frase cai para 32%. Entre homens, sobe para 42%. Segundo o estudo, 65% dos brasileiros temem ser vítimas de violência sexual. Quanto às mulheres, 85% têm medo de sofrer um estupro.

a) Entreviste conhecidos e familiares para identificar quais são os argumentos mais usados para justificar que a mulher é responsável quando sofre um estupro. Posicione-se contra ou a favor dessas justificativas.

b) Identifique as possíveis causas de índices tão altos de opiniões que responsabilizam a mulher pelo estupro sofrido.

4. Dissertação. Releia a citação de abertura deste capítulo com o entrevistado António Costa e leia o texto a seguir, escrito pelo filósofo Arthur Schopenhauer. Com base nas duas citações e nos conhecimentos construídos ao longo do estudo, redija uma dissertação argumentando sobre **"O singular e a pluralidade: a relação entre indivíduo e sociedade"**.

> "Num frio dia de inverno, alguns porcos-espinhos se juntaram estreitamente uns contra os outros, de modo que seu mútuo calor os protegesse do congelamento. Mas logo se ressentiram do efeito de seus espinhos que os picavam e que os fizeram se afastar. Quando a necessidade de se aquecer os levava a se aproximar novamente, o mesmo desconforto se repetia, de modo que eles se encontraram hesitantes entre dois males até acharem a distância conveniente com a qual pudessem melhor se tolerar.
>
> É assim que a necessidade de convivência social, nascida do vazio e da monotonia de seu eu interior, aproxima os homens. Mas suas inúmeras qualidades desagradáveis e seus vícios intoleráveis novamente os afastam. A distância média que eles terminam por descobrir e que lhes permite conviver melhor são a polidez e as boas maneiras."
>
> SCHOPENHAUER, Arthur. *Parerga et Paralipomena*. Paris: Éditions Coda, 2010. p. 930, § 396.
> (Tradução nossa).

ENEM E VESTIBULARES

5. (Enem/MEC-2015)

"Ninguém nasce mulher: torna-se mulher. Nenhum destino biológico, psíquico, econômico define a forma que a fêmea humana assume no seio da sociedade; é o conjunto da civilização que elabora esse produto intermediário entre o macho e o castrado que qualificam o feminino."

BEAUVOIR, S. *O segundo sexo*. Rio de Janeiro: Nova Fronteira, 1980.

Na década de 1960, a proposição de Simone de Beauvoir contribuiu para estruturar um movimento social que teve como marca o(a)

a) ação do Poder Judiciário para criminalizar a violência sexual.
b) pressão do Poder Legislativo para impedir a dupla jornada de trabalho.
c) organização de protestos públicos para garantir a igualdade de gênero.
d) oposição de grupos religiosos para impedir os casamentos homoafetivos.
e) estabelecimento de políticas governamentais para promover ações afirmativas.

6. (Enem/MEC-2013)

Vida social sem internet?

O blogueiro profissional (2009), tirinha de Alexandre Affonso.

A charge revela uma crítica aos meios de comunicação, em especial à internet, porque

a) questiona a integração das pessoas nas redes virtuais de relacionamento.
b) considera as relações sociais como menos importantes que as virtuais.
c) enaltece a pretensão do homem de estar em todos os lugares ao mesmo tempo.
d) descreve com precisão as sociedades humanas no mundo globalizado.
e) concebe a rede de computadores como o espaço mais eficaz para a construção de relações sociais.

7. (UEM-2016)

"'Bárbaro' é uma palavra de origem grega, por meio da qual os gregos da Antiguidade designavam aqueles que não eram gregos, isto é, os estrangeiros. Ao mesmo tempo, a palavra 'barbárie' costuma ser utilizada em oposição à 'civilização'. Juntando as duas coisas, seríamos conduzidos à conclusão de que o 'estrangeiro' é o 'não civilizado'. Toda questão recai, como se vê, sobre a relação que uma cultura assume diante dos indivíduos que não pertencem a ela. O termo 'barbarismo' designa o uso deliberado de palavras estrangeiras. Quando, por exemplo, digo que vou pegar minha '*bike*', isso caracteriza um barbarismo ou estrangeirismo."

FIGUEIREDO, V. *Filosofia*: temas e percursos. São Paulo: Berlendis & Vertecchia Editores, 2013, p. 30.

A partir do texto citado e das práticas linguísticas em nossa cultura, assinale o que for correto.

01) Barbarismo ou estrangeirismo são noções que dizem respeito apenas aos usos de termos em uma determinada comunidade linguística.
02) "Barbarizar" tem apenas uma conotação negativa, pois significa, em nossa comunidade linguística, destruição de algo.
04) Os termos situados no mesmo campo semântico de "bárbaro" (barbárie, não civilizado, estrangeiro) demonstram as várias conotações preconceituosas embutidas nessa noção.
08) Um dos dilemas do mundo contemporâneo é lidar com as trocas culturais entre os diferentes povos, nas quais esses povos buscam manter suas identidades sem perder os ganhos advindos de outras culturas.
16) O "bárbaro", na medida em que não conhece adequadamente a língua de uma comunidade, empobrece a cultura dessa comunidade na qual ele está inserido.

Mais questões: no livro digital, em **Vereda Digital Aprova Enem** e **Vereda Digital Suplemento de revisão e vestibulares**; no *site*, em **AprovaMax**.

CAPÍTULO 3
TRABALHO E LAZER

Jogos infantis (1560), pintura de Pieter Bruegel, o Velho. Nessa obra, para tratar de atividades lúdicas, o artista representou as crianças como pequenos adultos. Da brincadeira de criança, o lazer se transformou em direito na contemporaneidade.

As designações *Homo sapiens* ("homem que sabe") e *homo faber* ("homem que faz") são usadas em diversas teorias científicas e filosóficas para tratar do ser humano. Como *Homo sapiens*, o homem cria a linguagem, reflete sobre sua existência e desenvolve teorias. Como *homo faber*, transforma a natureza movido pela necessidade de sobrevivência ou para satisfazer aspirações e realizar projetos. Apesar de distintos, pensamento e ação constituem dois aspectos inseparáveis da mesma realidade humana. Um breve histórico de como o trabalho tece as relações humanas e é por elas tecido nos ajuda a entender a importância desse poder de criação ou... de sofrimento. Como elemento contrastante ao trabalho, embora a ele complementar, o lazer contemporâneo torna-se, com o surgimento de ferramentas e recursos antes não imaginados, um desafio a ser cuidadosamente pensado diante da possibilidade de modificar as fronteiras entre lazer e trabalho.

Conversando sobre

Seríamos suficientemente sábios para usufruir do trabalho e do lazer de maneira criativa? Após os estudos do capítulo, retome essa questão e a discuta com os colegas.

1. Estágios da técnica

Vimos no capítulo anterior que a ação humana distingue-se da animal por vários motivos: a linguagem simbólica, a capacidade de projetar a ação e aperfeiçoá-la, a aprendizagem compartilhada na comunidade e a acumulação do saber.

No entanto, vale destacar, entre os aspectos biológicos da evolução da espécie humana, o momento em que a posição ereta nos transformou em bípedes. Assim diz o filósofo Georges Gusdorf (1912-2000):

> "A invenção da mão corresponde ao momento em que a adoção da posição reta libera definitivamente duas das patas do novo bípede. [...] O polegar ganha a possibilidade de se opor aos outros dedos e completar sua intervenção por uma ação independente, que permite toda espécie de movimentos cada vez mais diferenciados. Assim constituída, a mão domina o real; ela é um instrumento de ataque e de defesa, um instrumento de trabalho [...]."
>
> GUSDORF, Georges. *A agonia da nossa civilização*. São Paulo: Convívio, 1978. p. 42.

Após esse momento crucial, podemos distinguir três etapas do desenvolvimento da técnica: *utensílio*, *máquina* e *automação*.

Na fase inicial, o utensílio é um prolongamento do corpo humano: o martelo aumenta a potência do braço e o arado funciona como a mão escavando o solo. No estágio das máquinas, as energias mecânica, hidráulica, elétrica ou atômica são vantajosas porque podem ser armazenadas. Em etapa mais recente, a automação imita o agir humano, pois possibilita a autorregulação. A grande flexibilidade de certos programas aproxima as máquinas "pensantes" do trabalho intelectual humano, por serem capazes de provocar, regular e controlar os próprios movimentos. A célula fotoelétrica instalada na porta do elevador impede que ela se feche sobre o usuário, o jogador de xadrez disputa com seu computador, o robô substitui o operário, e o médico consegue realizar uma cirurgia a distância com auxílio de braços robóticos.

2. Trabalho e humanização

A natureza se transforma mediante o esforço coletivo de arar a terra, colher seus frutos, domesticar animais, modificar paisagens e construir cidades. E não só, pois do trabalho humano resultam instituições como a família, o Estado e a escola, além de obras de pensamento como o mito, a ciência, a arte e a filosofia.

Ao mesmo tempo que produz coisas por meio do trabalho, o ser humano desenvolve a imaginação, relaciona-se com os demais, enfrenta conflitos e supera dificuldades. Em razão do trabalho, ninguém permanece igual, porque modifica e enriquece a percepção do mundo que o cerca e constrói sua subjetividade.

Nem sempre, porém, o trabalho corresponde a essa concepção otimista, sobretudo quando pessoas não têm a chance de escolhê-lo conforme suas preferências ou se encontram submetidas a relações de exploração. Nesse caso, enfrentamos um impasse: o trabalho é tortura ou emancipação?

A famosa cena do operário que cai do alto de um prédio e morre "atrapalhando o tráfego", narrada na canção "Construção", de Chico Buarque de Hollanda, remete a operários da construção civil, vítimas diárias de acidentes de trabalho. Poderia, também, se referir a qualquer tipo de morte – real ou simbólica – que permanece indiferente para os demais, preocupados apenas consigo mesmos. É nesse sentido que o acidente é percebido como algo que atrapalha o trânsito.

Trocando ideias

Ao observarmos a situação de muitos trabalhadores da construção civil, nos deparamos com realidades que colocam em risco a vida do profissional ao mesmo tempo que inviabilizam condições mínimas de existência.

- Lembrando a canção de Chico Buarque, sob que aspectos podemos dizer que a morte do operário é real, ao mesmo tempo que é simbólica? Ou seja, o que isso nos diz sobre a realidade vivida por esse tipo de trabalhador?

Cena do filme britânico *Eu, Daniel Blake* (2016), dirigido por Ken Loach. Nesse filme, o personagem Daniel Blake, muito doente e sem condições de trabalhar, vê-se desamparado pelo Estado, que não lhe concede nenhum tipo de auxílio ou aposentadoria. O filme trata de maneira crítica e questionadora da relação entre trabalho e humanização.

Capítulo 3 • Trabalho e lazer

3. Ócio e negócio

Poderemos entender melhor a contradição entre trabalho como humanização e trabalho como prisão se voltarmos a atenção para a história humana. Nas sociedades tribais, as tarefas são distribuídas de acordo com a força e a capacidade de cada um. Os homens caçam, derrubam árvores para preparar o terreno das plantações, enquanto as mulheres semeiam e fazem a coleta. Por serem fundadas em cooperação e complementação, em vez de na exploração, tanto a terra como os frutos do trabalho pertencem a toda a comunidade.

Por que esse estado de coisas se alterou? Para Jean-Jacques Rousseau, filósofo do século XVIII, a desigualdade surgiu quando alguém, ao cercar um terreno, lembrou-se de dizer "Isto é meu", criando assim a propriedade privada. Nesse momento, abriu-se o caminho para a divisão social, as relações de dominação e a desigual apropriação dos frutos do trabalho, conforme o filósofo afirma na obra *Discurso sobre a origem e os fundamentos da desigualdade entre os homens*.

A divisão entre aqueles que mandam e os que só obedecem e executam existe desde as mais antigas civilizações e caracteriza a ruptura entre concepção e execução do trabalho. A divisão de funções pode parecer natural para quem pensa ser a atividade de mando atributo do talento pessoal, ao passo que outros só teriam competência para atividades braçais. Um olhar mais crítico, no entanto, constata não se tratar da natureza dos indivíduos, mas sim de mecanismos que definem as funções de acordo com a classe.

Entre os gregos da Antiguidade, que viveram em sociedades escravagistas, a educação era uma instância que demarcava a divisão de papéis a desempenhar. Não por acaso, a palavra *escola* (do grego *skolé*) significava, literalmente, o "lugar do ócio", onde as crianças e jovens dedicavam-se à ginástica, jogos, música e retórica – a arte de bem falar. Preparavam-se, assim, para o "ócio digno", o tempo livre para se dedicar às funções nobres de pensar, decidir, guerrear e fazer política. Entre os romanos, a palavra *ócio* (do latim *otium*) manteve o sentido original grego, tanto é que o trabalho para sustentar a vida era identificado com a palavra *negócio* (*nec-otium*, "não ócio").

Para esclarecer melhor o que os gregos entendiam por "ócio digno", vale recorrer às noções de *labor*, *trabalho* e *ação*, conceituadas pela filósofa Hannah Arendt (1906-1975), como analisaremos a seguir, no segundo texto da seção "Colóquio".

Peça em mármore da Grécia antiga representa o ginásio, local onde os jovens atletas treinavam e realizavam exercícios intelectuais.

Colóquio

Cidadania e *vita activa*

Nos textos a seguir, de um lado, o filósofo grego Aristóteles (c. 384-322 a.C.) explica como a constituição física dos homens determina naturalmente quem terá direito ou não à cidadania, o que, do ponto de vista dos teóricos contemporâneos, é um pensamento inaceitável; de outro, Hannah Arendt argumenta que a cidadania depende da expressão do que a filósofa designa como vita activa.

Texto 1

"Da mesma forma que nas atividades diferenciadas os obreiros devem ter os instrumentos apropriados à execução de seu trabalho, o chefe de família deve ter seus próprios instrumentos; alguns instrumentos são inanimados, outros são vivos [...]; assim, os bens são um instrumento para assegurar a vida, a riqueza é um conjunto de tais instrumentos, o escravo é um bem vivo, e cada auxiliar é por assim dizer um instrumento que aciona os outros instrumentos. [...]

Estas considerações evidenciam a natureza do escravo e sua função; um ser humano pertencente por natureza não a si mesmo, mas a outra pessoa, é por natureza um escravo; uma pessoa é um ser humano pertencente a outro se, sendo um ser humano, ele é um bem [uma propriedade], e um bem é um instrumento de ação separável de seu dono. Em seguida deveremos investigar se existe, ou não, alguém que seja assim por natureza, e se é conveniente e justo para alguém ser um escravo ou se, ao contrário, toda escravidão é antinatural. Não é difícil atinar teoricamente com a resposta ou aferir-lhe a certeza pelo que realmente acontece. Mandar e obedecer são condições não somente inevitáveis mas também convenientes. Alguns seres, com efeito, desde a hora de seu nascimento, são marcados para ser mandados ou para mandar, e há muitas espécies de mandantes e de mandados [...].

É um escravo por natureza quem é suscetível de pertencer a outrem (e por isso é de outrem) e participa da razão somente até o ponto de apreender esta participação, mas não a usa além deste ponto (os outros animais não são capazes sequer desta apreensão, obedecendo somente a seus instintos).

Na verdade, a utilidade dos escravos pouco difere da dos animais; serviços corporais para atender às necessidades da vida são prestados por ambos, tanto pelos escravos quanto pelos animais domésticos. A intenção da natureza é fazer também os corpos dos homens livres e dos escravos diferentes – os últimos fortes para as atividades servis, os primeiros eretos, incapazes para tais trabalhos, mas aptos para a vida de cidadãos (esta se divide em ocupações militares e em ocupações pacíficas); embora aconteça frequentemente o oposto – escravos tendo corpos de homens livres e estes apenas a alma que lhes é própria, é evidente que, se os homens livres nascessem tão diferentes de corpo quanto as estátuas dos deuses, todos diriam que os inferiores mereceriam ser escravos de tais homens; se isso é verdade em relação ao corpo, há razões ainda mais justas para a aplicação desta regra no caso da alma, mas não se vê a beleza da alma tão facilmente quanto a do corpo. É claro, portanto, que há casos de pessoas livres e escravas por natureza, e para estas últimas a escravidão é uma instituição conveniente e justa.

Ao mesmo tempo não é difícil ver que os defensores do ponto de vista oposto estão também de certo modo com a razão. De fato, os termos 'escravidão' e 'escravo' são ambíguos, pois há escravos e escravidão até por força de lei; de fato, a lei de que falo é uma espécie de convenção segundo a qual tudo que é conquistado na guerra pertence aos conquistadores. Este direito convencional é contestado por muitos juristas por instituir uma lei contrária a outras."

ARISTÓTELES. *Política*. 3. ed. Brasília: Editora UnB, 1997. p. 17-20.

Texto 2

"Com a expressão *vita activa*, pretendo designar três atividades humanas fundamentais: labor, trabalho e ação. Trata-se de atividades fundamentais porque a cada uma delas corresponde uma das condições básicas mediante as quais a vida foi dada ao homem na Terra.

O labor é a atividade que corresponde ao processo biológico do corpo humano, cujos crescimento espontâneo, metabolismo e eventual declínio têm a ver com as necessidades vitais produzidas e introduzidas pelo labor no processo da vida. A condição humana do labor é a própria vida.

O trabalho é a atividade correspondente ao artificialismo da existência humana, existência esta não necessariamente contida no eterno ciclo vital da espécie, e cuja mortalidade não é compensada por este último. O trabalho produz um mundo 'artificial' de coisas, nitidamente diferente de qualquer ambiente natural. Dentro de suas fronteiras habita cada vida individual, embora esse mundo se destine a sobreviver e transcender todas as vidas individuais. A condição humana do trabalho é a mundanidade.

A ação, única atividade que se exerce diretamente entre os homens sem a mediação das coisas ou da matéria, corresponde à condição humana da pluralidade, ao fato de que homens, e não o Homem, vivem na Terra e habitam o mundo. Todos os aspectos da condição humana têm alguma relação com a política. Assim, o idioma dos romanos – talvez o povo mais político que conhecemos – empregava como sinônimas as expressões 'viver' e 'estar entre homens' (*inter homines esse*) ou 'morrer' e 'deixar de estar entre os homens' (*inter homines esse desinere*). [...]

As três atividades e suas respectivas condições têm íntima relação com as condições mais gerais da existência humana: o nascimento e a morte, a natalidade e a mortalidade. O labor assegura não apenas a sobrevivência do indivíduo, mas a vida da espécie. O trabalho e seu produto, o artefato humano, emprestam certa permanência e durabilidade à futilidade da vida mortal e ao caráter efêmero do tempo humano. A ação, na medida em que se empenha em fundar e preservar corpos políticos, cria a condição para a lembrança, ou seja, para a história."

ARENDT, Hannah. *A condição humana*. 9. ed. Rio de Janeiro: Forense Universitária, 1999. p. 15-17.

> ***Vita activa:*** do latim, "vida ativa". No contexto, vida dedicada aos assuntos públicos e políticos.

QUESTÕES

1. De acordo com Aristóteles, a escravidão é natural? Explique.
2. Indique quais são as atividades humanas fundamentais referidas por Hannah Arendt e quais as condições básicas a que cada uma delas se destina.
3. Ao analisar como os gregos entendiam as três atividades humanas em outras partes do seu livro, Hannah Arendt observa o mundo contemporâneo e constata que a evolução técnica libertou o homem do trabalho penoso (labor), mas houve um empobrecimento da vida política. De acordo com o exposto, atenda às atividades a seguir.

   a) Explique o que Hannah Arendt diz a respeito da "ação".
   b) Nas eleições municipais brasileiras ocorridas em outubro de 2016, vários candidatos a prefeito negaram sua condição de "políticos", enfatizando aspectos da vida pessoal como o fato de serem empresários ou simplesmente dizendo-se iniciante no meio político. Em que medida essas declarações indicam desconhecimento do significado da função política e da sua importância?

4. Teorias da modernidade

A modernidade ou a Idade Moderna é o período que se principia com a base cultural criada no Renascimento, consolidando importantes teorias científicas ao longo dos séculos XVII e XVIII. Os principais representantes desse período, que valorizavam o espírito crítico e a racionalidade da ciência, foram Francis Bacon, Galileu Galilei, René Descartes e John Locke.

Se na maior parte da Idade Média a riqueza significava a posse de terras e os proprietários pertenciam à nobreza ou ao alto clero, na Idade Moderna consolidou-se a monetarização da economia com as atividades mercantis e manufatureiras, de modo que a riqueza passou a significar também a posse do dinheiro. Esses acontecimentos resultaram na ascensão da burguesia enriquecida. Os burgueses constituíam um segmento oriundo dos antigos servos libertos que, por sua vez, emanciparam as cidades antes controladas por senhores feudais.

O banqueiro e sua esposa (1514), quadro de Quentin Metsys. No século XVI, Metsys retratou o cambista, precursor dos banqueiros que financiavam o desenvolvimento do comércio e da indústria.

Na obra *Novum organum*, conectado ao espírito científico de sua época, Francis Bacon (1561-1626) rejeitou as concepções tradicionais de pensadores gregos "sempre prontos para tagarelar", mas que são "incapazes de gerar, pois a sua sabedoria é farta de palavras, mas estéril em obras". Com seu lema "saber é poder", criticou a base metafísica da física grega e medieval ao realçar o papel histórico da ciência e do saber instrumental, capaz de dominar a natureza.

Em uma linha semelhante, René Descartes (1596-1650) afirmou:

> "Pois elas [as noções gerais da física] me fizeram ver que é possível chegar a conhecimentos que sejam muito úteis à vida, e que, em vez dessa filosofia especulativa que se ensina nas escolas, se pode encontrar uma outra prática, pela qual [...] poderíamos empregá-los da mesma maneira em todos os usos para os quais são próprios, e assim nos tornar como que senhores e possuidores da natureza."
>
> DESCARTES, René. *Discurso do método*. São Paulo: Abril Cultural, 1973. p. 71. (Coleção Os Pensadores)

Observe as expressões que se repetem no discurso dos dois filósofos mencionados: "saber é poder" (Bacon) e "senhores e possuidores da natureza" (Descartes). Ambos esperavam que, por meio da ciência e da técnica, a natureza fosse dominada: nascia o que chamamos de *ideal prometeico*. Essa expressão remete ao mito de Prometeu, que roubou o fogo dos deuses para entregá-lo aos homens e, em razão disso, foi condenado ao suplício eterno de ter seu fígado regenerado ao ser sempre comido por um abutre. O fogo simboliza a técnica e o trabalho humano, por isso representou o mito do progresso como um bem em si mesmo. Sabemos, nos tempos atuais, como essa promessa de felicidade se cumpre em parte, mas traz consigo os desastres do desequilíbrio ecológico.[1]

Corredores participam de prova utilizando máscaras para se protegerem da poluição em Nova Déli (Índia). Foto de 2016. O problema da poluição ambiental decorrente da industrialização mostra um dos aspectos negativos da técnica.

---

[1] Para saber mais sobre a tensão entre progresso técnico e meio ambiente, consulte o capítulo 11, "Moral, ética e ética aplicada".

Reconhecimento jurídico do trabalho

Se na Idade Média era privilegiado o **saber contemplativo** em detrimento da prática, no Renascimento e na Idade Moderna ocorreu a valorização da técnica e do conhecimento, alcançados por meio da prática.

Nos campos político e econômico estavam sendo elaborados os princípios do liberalismo e do capitalismo, que refletiriam em todos os domínios da vida humana. Quais foram as consequências das ideias liberais para o trabalho? Depois de superadas as relações de dominação entre senhores feudais e servos, institui-se o contrato de trabalho entre indivíduos livres, o que significou o reconhecimento do trabalhador no campo jurídico.

Uma das novidades das ideias liberais foi, portanto, a valorização do trabalho. Assim diz John Locke (1632-1704), filósofo inglês:

> "Embora a terra e todas as criaturas inferiores sejam comuns a todos os homens, cada homem tem propriedade em sua própria pessoa; a esta ninguém tem qualquer direito senão ele mesmo. O trabalho do seu corpo e a obra de suas mãos, pode-se dizer, são propriamente dele. [...] Desde que esse trabalho é propriedade exclusiva do trabalhador, nenhum outro homem pode ter direito ao que se juntou, pelo menos quando houver bastante e igualmente de boa qualidade em comum para **terceiros**."
>
> LOCKE, John. *Segundo tratado sobre o governo*. São Paulo: Abril Cultural, 1973. p. 51-52. (Coleção Os Pensadores)

O trabalho como mercadoria

No século XIX, o progresso alcançado pela Revolução Industrial não ocultava a grave questão social. A exploração dos operários era explícita: extensas jornadas de trabalho, péssimas instalações das fábricas, baixos salários, arregimentação de mulheres e crianças como mão de obra barata. Esse estado de coisas desencadeou os movimentos socialistas e anarquistas.

O economista e filósofo alemão **Karl Marx** (1818-1883) criticou a visão otimista do trabalho, embora não deixasse de considerá-lo condição de liberdade. Aliás, é justamente esse o ponto central de seu raciocínio: a pessoa deve trabalhar para si, no sentido de fazer-se a si mesma um ser humano. O que não significa trabalhar sem compromisso com os outros, pois todo trabalho é tarefa coletiva e, como tal, visa ao bem comum.

Marx negava que a nova ordem econômica do liberalismo fosse capaz de possibilitar a igualdade entre as partes nos novos contratos, porque nas relações de trabalho estabelecidas o trabalhador perde mais do que ganha, já que *produz para outro*: a posse do produto lhe escapa. Nesse caso, ele próprio deixa de ser o centro de si mesmo. Não escolhe o salário, pois este lhe foi imposto. Não escolhe o horário nem o ritmo de trabalho. É comandado de fora, por forças que não mais controla. O resultado é tornar-se "estranho", "alheio" a si próprio: é o fenômeno da **alienação**.

> **Saber contemplativo:** conceito com vários sentidos. No contexto, o saber puramente teórico, restrito à atividade da mente, ou seja, uma abordagem sem finalidade prática imediata.
>
> **Terceiro:** juridicamente, é a pessoa estranha a uma relação processual e que, a princípio, não tem poder para interferir nessa relação. No contexto, significa "terceira pessoa" ou, simplesmente, "outra pessoa".
>
> **Alienação:** do latim *alienare*, "afastar"; *alienus*, "que pertence a outro"; *alius*, "outro". Portanto, alienar, sob determinado aspecto, é tornar alheio, transferir para outrem o que é seu.

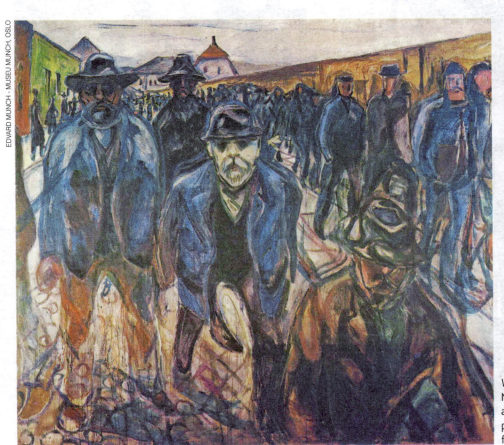

Voltando para casa (1913-1914), quadro de Edvard Munch. O pintor norueguês retrata a opressão e a ansiedade do trabalhador. No quadro, veem-se pessoas de rostos pálidos, que mais parecem fantasmas depois de um dia de trabalho exaustivo.

Alienação na produção

Para Marx, a alienação se manifesta na vida real quando o produto do trabalho deixa de pertencer a quem o produziu. Na economia capitalista, prevalece a lógica do mercado, em que tudo tem um preço, ou seja, adquire um *valor de troca*. Ao vender sua força de trabalho mediante pagamento de salário, o operário transforma-se em *mercadoria*. É o processo duplo que Marx chama de *fetichismo da mercadoria* e de *reificação do trabalhador*. Vejamos o que significam esses conceitos.

- **Fetichismo** é o processo pelo qual a mercadoria, um ser inanimado, adquire "vida". Ocorre uma inversão: os valores de troca tornam-se superiores aos valores de uso e determinam as relações humanas. Desse modo, a relação entre produtores não se faz entre eles próprios, mas entre os produtos de seu trabalho. Por exemplo, as relações não são entre alfaiate e carpinteiro, mas entre casaco e mesa, equiparados conforme uma medida comum de valor.

- **Reificação** é a transformação de seres humanos em coisas. Em outras palavras, a "humanização" da mercadoria leva à desumanização da pessoa, à sua coisificação, isto é, o indivíduo é transformado em mercadoria.

A alienação também se estende às formas de consumo e de lazer, como veremos adiante.

Ideologia

Por sua vez, o que faz com que a alienação não seja percebida é a ideologia. Segundo Marx, as ideias, condutas e valores que permeiam a concepção de mundo de determinada sociedade representam os interesses da classe dominante. Ao serem estendidos às classes dominadas, como se fossem universais, ajudam a manter a submissão e o *status quo*. Desse modo, a ideologia camufla a luta de classes quando representa a sociedade de forma ilusória, mostrando-a como una, harmônica, sem conflitos.

O emprego

ATIVIDADES

1. Distinga a concepção de trabalho na Antiguidade e na Idade Moderna.

2. Que tipo de relação de trabalho foi estabelecido com a Revolução Industrial?

3. Como a ideologia atua na sociedade?

Reificação: do latim *res*, "coisa"; significa "coisificação".
Status quo: expressão latina que significa "estado atual das coisas", "o que se encontra na mesma situação vigente".

Fabricação de motores (1928), litografia de Clive Gardiner. Nessa obra, os traços que compõem os operários são semelhantes aos das máquinas, como se o indivíduo se transformasse em um equipamento com força suficiente para produzir mercadorias em escala industrial.

Leitura analítica

O trabalho alienado

O texto abaixo, escrito por Friedrich Engels (1820-1895) e publicado num dos jornais dos Anuários Franco-Alemães, motivou Karl Marx a escrever a Contribuição à crítica da economia política *e suscitou um diálogo intenso e produtivo entre os dois pensadores. Neste fragmento, o autor argumenta que o trabalho é exterior ao operário, apresentando uma natureza alienante; por isso, o trabalho espoliaria o indivíduo de si mesmo e o levaria à negação do sujeito e à alienação.*

"Consideramos até aqui a alienação, a espoliação do operário, só sob um único aspecto, o de sua relação com os produtos de seu trabalho. Ora, a alienação não aparece somente no resultado, mas também no ato da produção, no interior da própria atividade produtora. Como o operário não seria estranho ao produto de sua atividade se, no próprio ato da produção, não se tornasse estranho a si mesmo? Com efeito, o produto é só o resumo da atividade da produção. Se o produto do trabalho é espoliação, a própria produção deve ser espoliação em ato, espoliação da atividade, da atividade que espolia. A alienação do objeto do trabalho é só o resumo da alienação, da espoliação, na própria atividade do trabalho.

Em que consiste a espoliação do trabalho?

Primeiro, no fato de que o trabalho é *exterior* ao operário, isto é, que não pertence a seu ser; que, no seu trabalho, o operário não se afirma, mas se nega; que ele não se sente satisfeito aí, mas infeliz; que ele não desdobra aí uma livre energia física e intelectual, mas mortifica seu corpo e arruína seu espírito. É por isso que o operário não tem o sentimento de estar em si senão fora do trabalho; no trabalho, sente-se exterior a si mesmo. É ele quando não trabalha e, quando trabalha, não é ele. Seu trabalho não é voluntário, mas imposto. *Trabalho forçado* não é a satisfação de uma necessidade, mas somente um meio de satisfazer necessidades fora do trabalho. A natureza alienada do trabalho aparece nitidamente no fato de que, desde que não exista imposição física ou outra, foge-se do trabalho como da peste. O trabalho alienado, o trabalho no qual o homem se espolia, é sacrifício de si, mortificação. Enfim, o operário ressente a natureza exterior do trabalho pelo fato de que não é seu bem próprio, mas o de outro, que não lhe pertence; que no trabalho o operário não pertence a si mesmo, mas a outro. Na religião, a atividade própria da imaginação, do cérebro, do coração humano, opera no indivíduo independentemente dele, isto é, como uma atividade estranha, divina ou diabólica. Do mesmo modo, a atividade do operário não é sua atividade própria; pertence a outro, é perda de si mesmo.

Chega-se então a esse resultado, que o homem (o operário) só tem espontaneidade nas suas funções animais: o comer, o beber e a procriação, talvez ainda na habitação, no adorno etc.; e que nas suas funções humanas, só sente a animalidade: o que é animal torna-se humano e o que é humano torna-se animal.

Sem dúvida, comer, beber, procriar etc. são também funções autenticamente humanas. Contudo, separadas do conjunto das atividades humanas, erigidas em fins últimos e exclusivos, não são mais que funções animais."

ENGELS, Friedrich. Ébauche d'une critique de l'économie politique (Esboço de uma crítica da economia política). In: *Os filósofos através dos textos*: de Platão a Sartre. São Paulo: Paulus, 1997. p. 250-252.

Espoliação: do latim *spoliatio*, "pilhagem", "roubo", "usurpação"; é o ato de privar alguém de algo que lhe pertence por meios diversos, como a fraude ou a violência.

QUESTÕES

1. Explique em que aspecto esse texto pretende ampliar o conceito de alienação como até então havia sido entendido.
2. De acordo com o que estudamos neste tópico do capítulo, quais são as decorrências do trabalho alienado na sociedade capitalista?
3. Partindo do texto, responda: o que poderia tornar o trabalho prazeroso?
4. Leia a citação a seguir e identifique as semelhanças entre o pensamento de Marx e a teoria desenvolvida por Engels.

"[...] se o produto do trabalho é a alienação, a produção em si tem de ser a alienação ativa. Na alienação do objeto do trabalho, resume-se apenas a alienação na própria atividade do trabalho."

MARX, Karl. Manuscritos econômicos filosóficos. In: SCHÜTZ, Rosalvo. *Religião e capitalismo*: uma reflexão a partir de Feuerbach e Marx. Porto Alegre: EDIPUCRS, 2001. p. 118. (Coleção Filosofia)

5. A era do olhar: a disciplina

Pensadores contemporâneos investigaram o surgimento das fábricas e as mudanças decorrentes do capitalismo, analisando-as sob o ângulo da instauração da era da disciplina. Para o filósofo francês Michel Foucault (1926-1984), a dominação do operário se exerceu mediante um novo tipo de disciplina que facilitou a "docilização" do corpo.

Para exemplificar, vamos recuar à França do século XVIII. A historiadora francesa contemporânea Michelle Perrot retoma o relato de um inspetor de manufaturas, no qual é descrita uma oficina têxtil com cerca de 100 metros de comprimento, pavimentada por lajes e iluminada por 50 janelas com tela branca:

> "No meio dessa sala [em] um canal coberto com lajes entreabertas cada fiandeira [vai], *em silêncio,* tirar a água de que precisa [para a fiação]. Essa oficina, à primeira vista, surpreende o visitante pela quantidade de pessoas aí empregadas, *pela ordem,* pela limpeza e *pela extrema subordinação* que aí reina... Contamos 50 rocas duplas [...] ocupadas por 100 fiandeiras e o mesmo tanto de dobradeiras, tão *disciplinadas como tropas.*"
>
> PERROT, Michelle. *Os excluídos da história*: operários, mulheres e prisioneiros. Rio de Janeiro: Paz e Terra, 1988. p. 57-58.

A historiadora destaca em itálico a nova maneira de trabalhar, representada por dois modelos disciplinares: o *religioso* (silêncio) e o *militar* (hierarquia, disposição em fileiras). A disciplina é mantida pelos supervisores, que avaliam a qualidade do serviço, evitam brigas e fazem cumprir os severos regulamentos por meio de proibições (não falar alto, não dizer palavrões, não cantar), de regras de horários (começa a "tirania" do relógio para a entrada, a saída e os intervalos) e de penalidades, como multas, advertências, suspensões, demissões, de acordo com a gravidade da falta.

Seguindo essa estrutura, o olhar vigilante sobressaía de maneira decisiva. A organização do tempo e do espaço imposta na fábrica não era, porém, um fenômeno isolado. Nos séculos XVII e XVIII, formou-se a chamada "sociedade disciplinar" com a criação de instituições fechadas, voltadas para o controle social, como prisões, orfanatos, reformatórios, asilos de miseráveis e "vagabundos", hospícios, quartéis e escolas.

Foucault aproveita o exemplo do *Panopticon* (literalmente, "ver tudo"), um projeto em que o filósofo e jurista inglês Jeremy Bentham (1748-1832) imaginava uma construção de vidro, em anel, para alojar loucos, doentes, prisioneiros, estudantes ou operários. De uma torre no centro, com absoluta visibilidade, os vigilantes não só controlariam cada indivíduo, como possibilitariam que eles mesmos interiorizassem o olhar que os vigiava, sem perceberem a própria sujeição.

Assim diz Michel Foucault:

> "Esses métodos que permitem o controle minucioso das operações do corpo, que realizam a sujeição constante de suas forças e lhes impõem uma relação de docilidade-utilidade, são o que podemos chamar as 'disciplinas'. Muitos processos disciplinares existiam há muito tempo [...]. Mas as disciplinas se tornaram no decorrer dos séculos XVII e XVIII fórmulas gerais de dominação. [...] O momento histórico das disciplinas é o momento em que nasce uma arte do corpo humano, que visa não unicamente o aumento de suas habilidades, nem tampouco aprofundar sua sujeição, mas a formação de uma relação que no mesmo mecanismo o torna tanto mais obediente quanto é mais útil, e inversamente. [...] A disciplina fabrica assim corpos submissos e exercitados, corpos 'dóceis'. A disciplina aumenta as forças do corpo (em termos econômicos de utilidade) e diminui essas mesmas forças (em termos políticos de obediência)."
>
> FOUCAULT, Michel. *Vigiar e punir*: história da violência nas prisões. Petrópolis: Vozes, 1987. p. 126-127.

Sala de controle localizada em São Petersburgo (Rússia). Foto de 2014. Uma versão contemporânea dos pan-ópticos é o sistema de vigilância por câmeras, que pode tanto elevar a segurança real ou a sensação de segurança como comprometer a privacidade.

6. As transformações no trabalho

No início do século XX, atenuaram-se as condições precárias das fábricas devido à organização de sindicatos, que promoviam greves para reivindicar melhores salários, diminuição da jornada de trabalho e benefícios trabalhistas.

Taylorismo e fordismo

O longo processo de adaptação do liberalismo aos novos tempos implicou aspectos bastante específicos, sobretudo em busca de maior produtividade e consumo. Por exemplo, o engenheiro estadunidense Frederick Taylor (1856-1915) criou um método de organização do trabalho conhecido como *taylorismo*, que visava a um controle científico de medição por meio de cronômetros para tornar a produção fabril cada vez mais simples e rápida.

A mesma intenção de aumentar a produtividade por meios científicos levou o também estadunidense Henry Ford (1863-1947) a introduzir o uso de esteira na linha de montagem e a padronização da produção em série na sua fábrica de automóveis. A divisão de tarefas reduz as atividades a gestos mínimos, aumentando a produção de maneira notável, o que causou grande impacto na época.

No entanto, no trabalho "em migalhas" cada operário passa a produzir cada vez mais apenas uma parte do produto. Um dos problemas desse processo é a fragmentação do conhecimento, além da monotonia existente no fato de reduzir a ação a operações simples. O antigo artesão cuidava de todas as etapas da confecção de um produto, ao passo que o operário perde a noção do todo e com isso o conhecimento prático da fabricação de um objeto.

A aparente neutralidade desse processo mascara um conteúdo ideológico eminentemente político: trata-se, na verdade, de uma *técnica social de dominação*. Com o taylorismo, a coação visível de um chefe é substituída por maneiras mais sutis de constrangimento que facilitam a submissão do operário, pois tornam impessoais as orientações vindas do setor de planejamento. Ao retirar o poder de iniciativa do operário, esse modelo controla seu corpo segundo critérios exteriores, "científicos", fazendo que o dominado interiorize a norma. A chamada *racionalização do processo de trabalho* desvaloriza o ritmo do corpo, o sentimento, a imaginação, a inventividade humana.

Aliada à lógica da produção em série, nascia a *sociedade de consumo*, com seus patrocinadores e anunciantes, com facilidades de crediário e campanhas publicitárias veiculadas sobretudo pelo rádio naquele tempo. Desse modo, as fábricas não só lançavam um produto na praça, mas também "produziam" o consumidor.

7. Crítica à sociedade administrada

As transformações no mundo do trabalho ocorridas na primeira metade do século XX estimularam a reflexão de filósofos entre os representantes da teoria crítica, criada pelos membros da Escola de Frankfurt[2], que surgiu na década de 1930, na Alemanha.

Para os frankfurtianos, com as inovações tecnológicas em curso na primeira metade do século XX, chegou-se a um impasse diante da supremacia da ciência e da técnica. Apresentadas de início como libertadoras, elas se converteram em artífices de uma ordem tecnocrática opressora. Na "sociedade da total administração", segundo a expressão de Max Horkheimer (1895-1973) e Theodor Adorno (1903-1969), os conflitos são dissimulados e a oposição desaparece.

Razão cognitiva e razão instrumental

Na obra *Eclipse da razão*, Max Horkheimer distingue dois tipos de razão: a *cognitiva* e a *instrumental*.

A razão cognitiva, como o nome diz, busca conhecer a verdade e diz respeito ao saber viver, à sabedoria. Essa razão regula as relações entre pessoas e entre pessoas e natureza.

A razão instrumental é operacional e tem por foco agir sobre a natureza e transformá-la. Por isso visa à eficácia, à produtividade e à competitividade. É a razão pragmática, que serve para qualquer fim, sem averiguar se traz benefícios ou malefícios aos indivíduos. Na sociedade capitalista, os interesses definem-se pelo critério da eficácia, uma vez que a organização das forças produtivas visa atingir níveis sempre mais altos de produtividade e de competitividade.

Frank & Ernest (1996), tirinha de Bob Thaves. Com o sistema de linha de montagem, a produção aumentou vertiginosamente, mas o operário foi submetido ao trabalho fracionado e repetitivo.

---

[2] A respeito da Escola de Frankfurt, consulte o capítulo 22, "Tendências filosóficas contemporâneas", na parte II.

Riscos da primazia da técnica

Quando a técnica é fator preponderante nas ações em sociedade, a pessoa deixa de ser fim para se tornar meio de qualquer coisa que se encontre fora dela, perde o exercício de suas características propriamente humanas e torna-se instrumento para a exploração desgovernada dos recursos ambientais. Portanto, a maneira pela qual se aplica a técnica ao trabalho tem provocado a alienação do trabalhador e o esgotamento dos recursos naturais. De fato, a exaltação do progresso indiscriminado não respeita o que hoje chamamos de desenvolvimento sustentável.

Horkheimer critica a razão pragmática que se explicita no projeto de dominação da natureza e adverte:

> "[...] a filosofia que há por trás disso, a ideia de que a razão, a mais alta faculdade humana, se relaciona exclusivamente com instrumentos, ou melhor, é um simples instrumento em si mesma, é formulada mais claramente e aceita mais geralmente hoje do que jamais o foi outrora. O princípio de dominação tornou-se o ídolo ao qual tudo é sacrificado.
>
> A história dos esforços humanos para subjugar a natureza é também a história da subjugação do homem pelo homem.
>
> [...] O conflito entre os homens na guerra e na paz é a chave da insaciabilidade da espécie e das atitudes práticas resultantes disso, bem como das categorias e métodos da inteligência científica nos quais a natureza aparece cada vez mais sob o aspecto de sua exploração eficaz. Essa forma de percepção determinou também o modo pelo qual os seres humanos se concebem reciprocamente nas suas relações econômicas e políticas."

HORKHEIMER, Max. *Eclipse da razão*. São Paulo: Centauro, 2002. p. 109; 113.

Essas críticas não negam a importância da razão instrumental e da técnica, mas visam advertir sobre os riscos de elas prevalecerem sobre a razão cognitiva e vital. Também não afirmam que o ser humano permaneça indefeso diante de um suposto determinismo inescapável. O cerne da questão está em destacar a importância da reflexão moral e política sobre os fins das ações humanas no trabalho, no consumo, no lazer, nas relações afetivas, para saber se estão a serviço do ser humano ou de sua alienação.

Trocando ideias

Ao longo da história posterior à consolidação do modo de produção capitalista, vemos que muitas condições precárias a que estavam submetidos os trabalhadores foram superadas com lutas por conquista de direitos.

- As greves promovem a desordem social ou representam um recurso legítimo de pressão do trabalhador?

8. Da fábrica para o escritório

A partir das décadas de 1970 e 1980, mudanças radicais no modo de trabalhar repercutiram tanto nas cidades como no campo. Novos padrões de produtividade surgiram em decorrência das revolucionárias tecnologias de automação, robótica e microeletrônica, que permitiram a implantação de sistemas mais flexíveis nas fábricas, quebrando a rigidez do fordismo e do taylorismo. Esse processo privilegia o trabalho em equipe, descentraliza a iniciativa, permite maior possibilidade de participação, além de exigir polivalência da mão de obra, já que o trabalhador passa a controlar diversas máquinas e processos ao mesmo tempo.

Como decorrência dos novos tempos na fábrica, ocorreu o enfraquecimento dos sindicatos desde o final da década de 1980, fato que, sem dúvida, afetou a manutenção das conquistas trabalhistas alcançadas até então e diminuiu a capacidade de reivindicação de novos direitos.

Na segunda metade do século XX, acentuou-se o deslocamento da mão de obra para o setor de serviços, de maneira que hoje há mais trabalhadores no comércio, no transporte e nos serviços de escritório em geral do que nas fábricas ou no campo. Ainda que tenham perdido espaço, as atividades agrícolas e industriais tornaram-se igualmente dependentes do desenvolvimento das técnicas de informação e de comunicação, típicas do setor de serviços. De fato, em nosso cotidiano consumimos serviços de comércio, finanças, saúde, educação, lazer, turismo, publicidade, pesquisa etc. Nos escritórios, a comunicação é ampliada e torna-se cada vez mais ágil. Quase instantaneamente, a informação é veiculada em âmbito mundial pela expansão das redes de telefonia e das **infovias**.

> **Infovia:** infraestrutura para transmitir voz, dados e imagens por fibra óptica.

ATIVIDADES

1. Aponte as mudanças ocorridas no trabalho com o surgimento das fábricas, de acordo com a historiadora Michelle Perrot.

2. O que é a "sociedade disciplinar" descrita por Michel Foucault?

3. Descreva o taylorismo e o fordismo.

4. Identifique as características da razão cognitiva e da razão instrumental.

5. Quais são os riscos da predominância da técnica no trabalho?

6. Descreva as mudanças ocorridas no mundo do trabalho a partir da década de 1970.

9. Uma civilização do lazer?

O lazer é uma criação da civilização industrial, expressão histórica da nossa época, um contraponto explícito ao período de trabalho e uma necessidade humana imprescindível de atividades livres, não obrigatórias.

As lutas contra as extensas jornadas de trabalho promoveram lentamente resultados significativos. O tempo para o lazer foi um deles. Com a garantia legal de diminuição da jornada de trabalho para oito horas, o descanso semanal remunerado e o direito a férias, os trabalhadores conquistaram mais tempo para repousar e se entreter. Iniciava-se assim uma nova era, a civilização com direito ao lazer.

Após o dia de trabalho, o *tempo liberado* é aquele que se gasta com transporte, obrigações familiares, sociais, políticas ou religiosas, enquanto o *tempo livre* é o que sobra após a realização de todas as funções que exigem obrigatoriedade e que poderá ser aproveitado para o lazer.

Características do lazer

O que é lazer? Vejamos o que diz o sociólogo francês Joffre Dumazedier (1915-2002):

> "[...] o lazer é um conjunto de ocupações às quais o indivíduo pode entregar-se de livre vontade, seja para repousar, seja para divertir-se, recrear-se e entreter-se ou, ainda, para desenvolver sua informação ou formação desinteressada, sua participação social voluntária ou sua livre capacidade criadora, após livrar-se ou desembaraçar-se das obrigações profissionais, familiares e sociais."
>
> DUMAZEDIER, Joffre. *Lazer e cultura popular*. São Paulo: Perspectiva, 1973. p. 34.

Podemos identificar três funções solidárias no lazer:

- descanso e, em decorrência, liberação da fadiga;
- equilíbrio psicológico – para compensar o esforço no trabalho – e o genuíno direito ao divertimento, à recreação, ao entretenimento. O lazer oferece a oportunidade de expansão da nossa vida imaginária, por meio da mudança de lugar, de ambiente, de ritmo;
- participação social mais livre e, com isso, o desenvolvimento pessoal; procura desinteressada de amigos e de aprendizagem voluntária.

O lazer ativo não é um simples "deixar passar o tempo livre", mas é aquele no qual a pessoa pode escolher algo prazeroso e que ao mesmo tempo a modifique como ser humano. Não se pretende com isso prescrever antecipadamente o que seria uma boa ou má ocupação do tempo livre: qualquer tipo de lazer é ativo quando somos seletivos, sensíveis aos estímulos recebidos e compreendemos de modo crítico o que vemos, sentimos e apreciamos.

Obstáculos ao lazer

O tempo de lazer tem adquirido importância cada vez maior, configurando-se como um dos grandes desafios do terceiro milênio. Essa é a aposta do sociólogo italiano Domenico de Masi (1938), quando lembra como foi terrível o longo período em que os empregados trabalhavam amontoados nas fábricas, separando de modo brutal *trabalho* e *vida*. Segundo ele, hoje nossa sociedade teria todas as condições de realizar o sonho do não trabalho e do ócio criativo, isto é, do ocupar-se com atividades sem a premência de tempo que permitissem "a elevação do espírito e a produção das ideias". Seria esse um sonho possível?

A questão apresenta inúmeros desafios. Que alternativas de escolhas a indústria cultural nos propicia? Que estímulos são dados para a produção e a fruição artísticas? De que infraestrutura pública – locais para ouvir música, praças, clubes populares, espaços para prática de esportes e de integração social – dispomos para usufruir do nosso tempo livre em atividades diversas?

Sabemos, porém, que a conquista plena do tempo de lazer ainda sofre muitas ameaças. Vejamos alguns motivos:

- severas reestruturações de empresas terceirizam tarefas, o que representa perda de benefícios antes conquistados;
- programas de diminuição do quadro de pessoal sobrecarregam os funcionários restantes, obrigados a cumprir jornadas fatigantes para atingir as metas de produtividade estabelecidas pelas empresas;
- *home office* ou trabalho remoto, apesar do aparente conforto de proporcionar o trabalho em casa, pode gerar confusão entre os horários de trabalho e de lazer, provocando estresse e frustração;
- flexibilização do contrato de trabalho que obriga o trabalhador a assumir vários empregos de jornadas curtas;
- enfraquecimento dos sindicatos, que sempre defenderam os interesses dos trabalhadores.

Seria possível reverter esse quadro, visto que a mecanização e a robotização até agora não cumpriram a função de ampliar o tempo de lazer das pessoas?

Saiba mais

O termo indústria cultural foi criado no século XX pelos filósofos da teoria crítica Theodor Adorno e Max Horkheimer para designar a situação da obra de arte na sociedade capitalista industrial. Na atualidade, podemos identificar um novo elemento que compõe essa indústria: as séries de tevê. Para alguns estudiosos, a migração dessas séries para a rede digital favoreceu uma espécie de comportamento compulsivo de assistir a diversos capítulos em sequência, lembrando a leitura de folhetins no século XIX.

Infográfico — Como os *games* interagem com você e o mundo

O videogame sempre foi coisa séria do ponto de vista econômico e tecnológico. Hoje, a medicina, a psicologia, a filosofia e outros campos do conhecimento buscam compreender melhor a relação entre jogos eletrônicos e jogadores. Por exemplo: como o hábito de viver uma aventura na dimensão virtual influencia a maneira de interagir com o mundo real? Conhecer como surgiu e se desenvolveu nas últimas décadas o mundo dos games *pode nos ajudar a responder a essa questão.*

OS JOGOS E A GUERRA

Durante a Guerra Fria, os Estados Unidos e a URSS investiram massivamente em tecnologia, o que, além de gerar avanços na engenharia e na computação, contribuiu para o surgimento dos jogos eletrônicos. Os primeiros *games* da história, nos anos 1950, usavam desafios de lógica e estratégias militares. O desenvolvimento da indústria aeroespacial inspirou um grupo de estudantes do Instituto de Tecnologia de Massachusetts (MIT) a criar o primeiro jogo de guerra no espaço, o Spacewar! (1962). Não é surpresa que *games* bélicos e espaciais sejam os prediletos das *lan houses*.

A INFLUÊNCIA DOS *GAMES*

Desde o lançamento do Magnavox Odyssey, em 1972, quando esse tipo de jogo se aparelha à tevê, o universo dos *games* se conecta a outras realidades. O sensor de movimentos Kinect, por exemplo, já foi usado por médicos em cirurgias. A realidade aumentada, tecnologia aprimorada por jogos, é útil em engenharia, geologia e estratégia militar. Até o cinema, que já influenciou *games*, hoje é influenciado por eles: características como a divisão em fases podem ser observadas em roteiros de filmes.

JOGADOR E PERSONAGEM

Os primeiros jogos eletrônicos testavam a percepção visual, a coordenação motora e o raciocínio rápido. A partir da década de 1990, os *games* trouxeram narrativas mais complexas, que estimulavam o jogador a tomar decisões e a participar da história. Boa parte dos *games* atuais permite a criação de avatares (representações gráficas dos personagens). Dessa maneira, quem joga pode transferir para o universo do jogo seus valores, referências e experiências do mundo real.

JOGOS DA VIDA REAL

Todo jogo precisa ter um sistema de recompensas e um aumento progressivo no grau de dificuldade. O empenho do jogador resulta em ganhos simbólicos, que o estimulam a continuar. É possível replicar essa estrutura em atividades da vida real, como métodos educacionais que recompensam o esforço dos alunos e dividem o conteúdo estudado em "fases" marcadas por desafios. Esse processo se chama "gamificação".

ILUSTRAÇÃO: PRISCILLA BOFFO

O MUNDO REAL E O VIRTUAL

Nos jogos de realidade aumentada e naqueles que usam sensores de movimentos, a relação entre o mundo real e o virtual é mais estreita. Os jogadores precisam fazer movimentos reais, como dançar ou caminhar em lugares públicos, para completar desafios e avançar. Esses avanços propõem experiências únicas, que fogem dos ciclos repetitivos presentes nas histórias dos jogos de décadas atrás.

QUESTÕES

1. O jogo pode se transformar em negócio? Justifique com exemplos que você encontra em seu dia a dia.

2. Suponha as seguintes situações: a operadora de uma plataforma de petróleo utiliza um simulador para aprender a utilizar guindastes; um jovem acessa as redes sociais para verificar as atualizações dos amigos e avaliá-las por meio de "curtidas", comentários e compartilhamentos; um consumidor solicita determinado motorista por aplicativo e, ao final da viagem, atribui pontos pelo serviço recebido. Explique por que podemos compreender cada uma dessas situações como exemplos de casos de gamificação.

3. Por que o conceito de gamificação compromete a ideia de que o jogo é uma fuga da vida real?

NEGÓCIO BILIONÁRIO

Em 2015, o faturamento do mercado de *games* no mundo foi de US$ 91,8 bilhões. Quase metade do mercado (47%) é dominada por países da Ásia, onde há investimento em tecnologia e incentivo para a formação de profissionais da área. Fora da Ásia, as maiores empresas do ramo estão nos Estados Unidos. Há, no entanto, outros países que se destacam graças a jogos muito populares.

Jogos mais vendidos da história (em número de cópias)

- 495 milhões | Tetris (URSS, 1984)
- 107,9 milhões | Minecraft (Suécia, 2009)
- 82,8 milhões | Wii Sports (Japão, 2006)
- 65 milhões | GTA V (Estados Unidos, 2013)
- 40,2 milhões | Super Mario Bros. (Japão, 1985)

OS JOGOS NO BRASIL

O Brasil é o 12º país que mais lucra com jogos. Em 2016, o faturamento dessa indústria chegou a US$ 1,2 bilhão e o público estimado foi de 54 milhões de jogadores. A plataforma preferida dos brasileiros é o *smartphone*. Segundo pesquisas, 87% das pessoas que usam o celular para *games* costumam jogar na rua ou nos meios de transporte. Vale destacar que o crescimento do setor no país estimula a criação de cursos superiores na área.

Gêneros mais populares no Brasil
1. Estratégia
2. Aventura
3. Corrida

Plataformas mais usadas no Brasil
1. Smartphone
2. Computador
3. Console

ILUSTRAÇÃO: LUIZ IRIA

Fontes: ALVES, Lynn Rosalina Gama. *Game over*: jogos eletrônicos e violência. Salvador, 2004. 211f. Tese (Doutorado em Educação) - Faculdade de Educação, Universidade Federal da Bahia; CARREIRO, Rodrigo. A influência dos videogames na linguagem cinematográfica: o caso "300" e a estética Playstation. *Cultura Midiática*, João Pessoa, ano 3, n. 1, jan./jun. 2010; The global games market reaches $99.6 billion in 2016. Disponível em <http://mod.lk/xórap>. Acesso em 19 jan. 2017.

Capítulo 3 • Trabalho e lazer 61

Leitura analítica

A crise do lúdico no esporte moderno

No texto a seguir, o historiador Johan Huizinga (1872-1945) explica a origem inglesa do futebol jogado com regras e argumenta sobre a perda do caráter lúdico das competições esportivas animadas pelo profissionalismo.

O que aqui nos interessa é a transição do divertimento ocasional para a existência dos clubes e da competição organizada. A pintura holandesa do século XVII nos mostra citadinos e camponeses entretidos em seu jogo de *kolf*, mas tanto quanto eu saiba não há notícia da organização desse jogo em clubes e competições expressamente marcadas. É evidente que uma organização regular surge mais facilmente quando há dois grupos que jogam um contra o outro. Sobretudo os grandes jogos de bola exigem a existência de equipes permanentes, o que constitui o ponto de partida do esporte moderno. O processo se desenvolve espontaneamente nos encontros entre aldeias ou escolas diferentes, ou entre dois bairros de uma mesma cidade etc. É compreensível até certo ponto que o processo se tenha iniciado na Inglaterra do século XIX, embora seja muito discutível se as tendências específicas do espírito anglo-saxão podem ou não ser consideradas sua causa eficiente. Todavia, não há dúvida de que a estrutura da vida social inglesa lhe foi altamente favorável, com os governos locais autônomos encorajando o espírito de associação e de solidariedade, e a ausência de serviço militar obrigatório fornecendo ocasião para o exercício físico, além de impor sua necessidade. As formas da organização escolar agiam no mesmo sentido, e finalmente a geografia do país e a natureza do terreno, predominantemente plano e oferecendo em toda a parte os melhores campos de jogo nos prados comunitários, os *commons*, também tiveram a maior importância. Foi assim que a Inglaterra se tornou o berço e o centro da moderna vida esportiva.

Desde o último quartel do século XIX que os jogos, sob a forma de esportes, vêm sendo tomados cada vez mais a sério. As regras se tornam cada vez mais rigorosas e complexas, são estabelecidos recordes de altura, de velocidade ou de resistência superiores a tudo quanto antes foi conseguido. Todo mundo conhece as deliciosas gravuras da primeira metade do século XIX que mostram os jogadores de *cricket* usando cartola. Este contraste dispensa comentários.

Ora, esta sistematização e regulamentação cada vez maior do esporte implica a perda de uma parte das características lúdicas mais puras. Isto se manifesta nitidamente na distinção oficial entre amadores e profissionais [...], que implica uma separação entre aqueles para quem o jogo já não é jogo e os outros, os quais por sua vez são considerados superiores apesar de sua competência inferior. O espírito do profissional não é mais o espírito lúdico, pois lhe falta a espontaneidade, a despreocupação. Isso afeta também os amadores, que começam a sofrer de um complexo de inferioridade. Uns e outros vão levando o esporte cada vez mais para longe da esfera lúdica propriamente dita, a ponto de transformá-lo numa coisa *sui generis*, que nem é jogo nem é seriedade. O esporte ocupa, na vida social moderna, um lugar que ao mesmo tempo acompanha o processo cultural e dele está separado, ao passo que nas civilizações arcaicas as grandes competições sempre fizeram parte das grandes festas, sendo indispensáveis para a saúde e a felicidade dos que delas participavam. Esta ligação com o ritual foi completamente eliminada, o esporte se tornou profano, foi 'dessacralizado' sob todos os aspectos e deixou de possuir qualquer ligação orgânica com a estrutura da sociedade, sobretudo quando é de iniciativa governamental. A capacidade das técnicas sociais modernas para organizar manifestações de massa com um máximo de efeito exterior no domínio do atletismo não impediu que nem as Olimpíadas, nem o esporte organizado das universidades estadunidenses, nem os campeonatos internacionais tenham contribuído um mínimo que fosse para elevar o esporte ao nível de uma atividade culturalmente criadora. Seja qual for sua importância para os jogadores e os espectadores, ele é sempre estéril, pois nele o velho fator lúdico sofreu uma atrofia quase completa."

HUIZINGA, Johan. *Homo ludens*. São Paulo: Perspectiva, 1996. p. 218-220.

Sui generis: único no seu gênero, original, singular, peculiar.

QUESTÕES

1. Segundo Huizinga, qual fator elementar acarreta o enfraquecimento do aspecto lúdico dos esportes?
2. Com base no texto de Huizinga, como poderíamos analisar os famosos dribles de Mané Garrincha, os belos gols de Pelé e os passes desconcertantes de Marta?
3. Pensando nos eventos esportivos atuais, você concorda que o "espírito profissional não é mais o espírito lúdico"?

ATIVIDADES

1. Releia o texto de abertura do capítulo, que apresenta a noção de *homo faber*, e compare-o ao texto da filósofa Hannah Arendt sobre *vita activa* apresentado na seção "Colóquio".

2. Na internet, qualquer pessoa pode bisbilhotar a vida dos outros usuários, assim como está sujeita a isso, uma vez que disponibiliza imagens e informações pessoais. A vida virtual de uma pessoa é também de interesse de empresas. Redes sociais, buscadores e outros serviços da internet lucram vendendo informações que coletam dos usuários. Até mesmo em sociedades democráticas, órgãos governamentais, como a Receita Federal, a polícia e os serviços secretos, investigam seus cidadãos. Explique quais são as vantagens e os riscos desse aparato de vigilância.

3. Leia o texto abaixo e responda às questões.

> "O *site* norte-americano Magnify, especializado no tratamento e armazenamento *on-line* de vídeos, divulgou em abril [de 2011] os resultados de uma pesquisa feita anualmente sobre os hábitos dos internautas. Do total de entrevistados, 76,7% responderam que leem *e-mails* e os respondem à noite ou no fim de semana, enquanto 57,4% disseram nunca desligar os telefones celulares. [...] E outros 35,2% costumam responder a demandas do trabalho quando estão com os filhos. Uma das conclusões dos autores é que 'o tempo pessoal e o período de trabalho se misturaram, tanto que nem o meio da noite ficou de fora dos limites'."
>
> SIQUEIRA, André. Jornada sem-fim. In: *Carta Capital*. São Paulo: Confiança, n. 646, 18 maio 2011. p. 52.

   a) De acordo com o artigo, estudos recentes equiparam os trabalhadores da era tecnológica aos proletários dos séculos XIX e XX. Em que sentido é possível fazer essa comparação?

   b) Quais são os prejuízos dessa nova situação para os trabalhadores?

4. Contraponha as três ordens de convivência humana, *trabalho*, *intimidade pessoal* e *vida pública*, considerando que, na primeira, prevalecem os valores econômicos, na segunda, os valores pessoais e, na terceira, os valores da coletividade. Analise como ocorrem conflitos entre essas ordens, de modo que alguns valores acabam prevalecendo indevidamente sobre outros.

5. Sísifo, personagem da mitologia grega, foi condenado pelos deuses a empurrar uma pedra até o alto de uma montanha, de onde ela tornava a cair sem cessar. Compare esse mito ao trabalho alienado.

6. Com um colega, faça um levantamento de tipos de lazer que mais atraem os jovens. Em seguida, discuta em que sentido a mesma atividade pode ser alienante para uns, mas significativa e enriquecedora para outros.

7. Leia a citação e comente a crítica feita por Hannah Arendt ao lazer na sociedade de massas.

> "A sociedade de massas [...] não precisa de cultura, mas de diversão, e os produtos oferecidos pela indústria de diversões são com efeito consumidos pela sociedade exatamente como quaisquer outros bens de consumo. Os produtos necessários à diversão servem ao processo vital da sociedade, ainda que possam não ser tão necessários para a vida como o pão e a carne. Servem, como reza a frase, para passar o tempo, e o tempo vago que é 'matado' não é tempo de lazer, estritamente falando [...] ele é antes um tempo de sobra, que sobrou depois que o trabalho e o sono receberam seu quinhão."
>
> ARENDT, Hannah. A crise da cultura. In: *Entre o passado e o futuro*. 2. ed. São Paulo: Perspectiva, 1972. p. 257-258.

8. **Dissertação.** Com base nas citações a seguir e nos conhecimentos construídos ao longo deste capítulo, redija uma dissertação argumentando sobre **"O capital humano e a coisificação do homem"**.

> "O uso do conceito de 'capital humano' [...] é com certeza uma iniciativa enriquecedora. Mas necessita realmente de suplementação. Pois os seres humanos não são meramente meios de produção, mas também a finalidade de todo o processo.
>
> [...] Importa ressaltar também o papel instrumental da expansão de capacidades na geração da mudança *social* (indo muito além da mudança *econômica*). De fato, o papel dos seres humanos, mesmo como instrumentos de mudança, pode ir muito além da produção econômica (para a qual comumente aponta a perspectiva do 'capital humano') e incluir o desenvolvimento social e político. Por exemplo, [...] a expansão da educação para as mulheres pode reduzir a desigualdade entre os sexos na distribuição intrafamiliar e também contribuir para a redução das taxas de fecundidade e de mortalidade infantil. A expansão da educação básica pode ainda melhorar a qualidade dos debates públicos. Essas realizações instrumentais podem ser, em última análise, importantíssimas – levando-nos muito além da produção de mercadorias convencionalmente definidas."
>
> SEN, Amartya. *Desenvolvimento como liberdade*. São Paulo: Companhia das Letras, 2000. p. 334-335.

> "O preço da dominação não é meramente a alienação dos homens com relação aos objetos dominados; com a coisificação do espírito, as próprias relações dos homens foram enfeitiçadas, inclusive as relações de cada indivíduo consigo mesmo. Ele se reduz a um ponto nodal das reações e funções convencionais que se esperam dele como algo objetivo. O animismo havia dotado as coisas de uma alma, o industrialismo coisifica as almas."
>
> ADORNO, Theodor; HORKHEIMER, Max. *Dialética do esclarecimento*. Rio de Janeiro: Jorge Zahar, 1985. p. 40.

Capítulo 3 • Trabalho e lazer **63**

ATIVIDADES

ENEM E VESTIBULARES

9. (Enem/MEC-2013)

"Um trabalhador em tempo flexível controla o local do trabalho, mas não adquire maior controle sobre o processo em si. A essa altura, vários estudos sugerem que a supervisão do trabalho é muitas vezes maior para os ausentes do escritório do que para os presentes. O trabalho é fisicamente descentralizado e o poder sobre o trabalhador, mais direto."

SENNETT, R. *A corrosão do caráter*: consequências pessoais do novo capitalismo. Rio de Janeiro: Record, 1999. (Adaptado)

Comparada à organização do trabalho característica do taylorismo e do fordismo, a concepção de tempo analisada no texto pressupõe que

a) as tecnologias de informação sejam usadas para democratizar as relações laborais.
b) as estruturas burocráticas sejam transferidas da empresa para o espaço doméstico.
c) os procedimentos de terceirização sejam aprimorados pela qualificação profissional.
d) as organizações sindicais sejam fortalecidas com a valorização da especialização funcional.
e) os mecanismos de controle sejam deslocados dos processos para os resultados do trabalho.

10. (Unesp-2016)

"O plano da Mattel de lançar uma boneca Hello Barbie conectada por Wi-Fi é uma grave violação da privacidade de crianças e famílias. A boneca usa um microfone embutido para captar tudo o que a criança diz a ela e tudo o que é dito por qualquer um ao alcance do microfone. Essas conversas serão transmitidas para servidores em nuvem para armazenamento e análise pela empresa. A Mattel diz que 'aprenderá tudo o que as crianças gostam e não gostam' e 'enviará dados' de volta às crianças, transmitidos via alto-falante embutido na boneca."

LINN, Susan. Agente Barbie. *O Estado de S.Paulo*, 22 mar. 2015. (Adaptado)

Sob aspectos filosóficos e éticos, o produto descrito apresenta como implicação

a) questionar estereótipos hegemônicos no campo da estética e do gênero.
b) valorizar aspectos positivos da inteligência artificial.
c) garantir a separação entre esfera pública e esfera privada na infância.
d) prejudicar o desenvolvimento cognitivo e intelectual da criança.
e) introduzir ferramentas de *marketing* no universo infantil.

11. (UFU-2016) Marx e Engels (http://www.culturabrasil.org/manifestocomunista.htm), em seu Manifesto do Partido Comunista, consideram que "a nossa época, a época da burguesia, caracteriza-se por ter simplificado os antagonismos de classes. A sociedade divide-se cada vez mais em dois vastos campos opostos, em duas grandes classes diametralmente opostas: a burguesia e o proletariado". Em vista disso, assinale a alternativa que define corretamente a burguesia e o proletariado.

a) Os burgueses utilizam o trabalho escravo para a produção, e o proletariado é desprovido de liberdade para vender sua força de trabalho.
b) Os burgueses são proprietários que utilizam da manufatura do proletariado para a produção de mercadorias, e o proletariado impulsiona o desenvolvimento da manufatura.
c) Os burgueses são os grandes proprietários de terras, e o proletariado detém o poder social e econômico.
d) Os burgueses são os detentores dos meios de produção, e o proletariado vende sua força de trabalho.

12. (UEG-2015) Para Marx, diante da tentativa humana de explicar a realidade e dar regras de ação, é preciso considerar as formas de conhecimento ilusório que mascaram os conflitos sociais. Nesse sentido, a ideologia adquire um caráter negativo, torna-se um instrumento de dominação na medida em que naturaliza o que deveria ser explicado como resultado da ação histórico-social dos homens, e universaliza os interesses de uma classe como interesse de todos. A partir de tal concepção de ideologia, constata-se que

a) a sociedade capitalista transforma todas as formas de consciência em representações ilusórias da realidade conforme os interesses da classe dominante.
b) ao mesmo tempo que Marx critica a ideologia ele a considera um elemento fundamental no processo de emancipação da classe trabalhadora.
c) a superação da cegueira coletiva imposta pela ideologia é um produto do esforço individual principalmente dos indivíduos da classe dominante.
d) a frase "o trabalho dignifica o homem" parte de uma noção genérica e abstrata de trabalho, mascarando as reais condições do trabalho alienado no modo de produção capitalista.

Mais questões: no livro digital, em **Vereda Digital Aprova Enem** e **Vereda Digital Suplemento de revisão e vestibulares**; no *site*, em **AprovaMax**.

CAPÍTULO 4
ESTÉTICA: A REFLEXÃO SOBRE A ARTE

Máscara africana (século XX) da etnia Kuba produzida no Zaire, atual República Democrática do Congo.

Manto Tupinambá (c. 1600) exposto no Museu Nacional da Dinamarca, em Copenhague.

No trecho a seguir, o crítico de arte Harold Osborne refere-se a acontecimentos do final do século XIX, quando a colonização europeia na África e na Ásia intensificou o contato dos europeus com outros povos e costumes.

"Só depois que os produtos da arte do mundo se mostraram isolados das culturas vivas que lhes deram origem puderam as pessoas principiar a vê-los, com madura consciência estética, como obras de arte divorciadas dos propósitos sociais ou religiosos para os quais foram feitos, despojados dos valores extraestéticos que outrora carregavam. Quando os objetos de arte do passado deixaram de ser objetos de culto ou símbolos sociais e se tornaram, para nós, produtos de 'belas' artes, já não sabíamos quais eram as funções a que eles se destinavam, se utilitárias, sociais ou mágico-religiosas, nem isso nos interessava muito."

OSBORNE, Harold. *Estética e teoria da arte*. São Paulo: Cultrix, 1970. p. 140.

Conversando sobre

Ao observar as duas imagens acima, é possível identificar o objetivo que orientou a criação dessas obras? Além de suas supostas funções, elas possuem características puramente estéticas, ou seja, independentes do uso ou de funções sociais, religiosas e morais? Comente essas questões com o colega e as retome após o estudo do capítulo.

1. O que é estética?

Quando você ouve uma música, lê um poema, observa um desenho ou contempla a aparência de um rosto, é inevitável que faça julgamentos de gosto. Às vezes, de maneiras superficiais e pouco esclarecedoras, usando expressões como "legal", ou qualquer outra gíria do momento, por exemplo, "maneiro", "da hora"; ou, ainda, "fantástico", "comovente", "eletrizante", "belo", "delicado", "inspirador", "criativo". Caso não goste, pode exclamar "péssimo", "não me diz nada", "feio", "antiquado", e assim por diante. É bem verdade que seria apropriado descrever também quais características provocaram o prazer ou o desprazer de sua apreciação.

Esses exemplos mostram que na vida cotidiana temos experiências estéticas frequentes, envolvendo julgamentos de gosto capazes de orientar nossas escolhas. Por isso, é importante ter maior clareza acerca de nossas preferências para aprimorar a sensibilidade estética.

Provavelmente você já tenha se perguntado o que é uma obra de arte, o que significa ser um artista, como identificar uma obra artística, se gosto se discute ou, ainda, como a arte, que visa à beleza, pode representar o feio, o trágico e a dor. Seriam os críticos unânimes ao identificar o que é ou não obra de arte?

Tantos questionamentos fazem parte do que chamamos de *estética*. Uma primeira pista para explicar esse conceito pode ser encontrada no sentido etimológico do termo grego *aisthesis*, que nos remete aos significados de "sensibilidade", "faculdade de sentir", "compreensão pelos sentidos". De fato, o objeto da estética é aquele que se apreende pelos sentidos e é capaz de provocar diversos tipos de sentimentos em quem o aprecia. Em outras palavras, estética é a reflexão filosófica sobre a arte e, mais propriamente, o estudo dos *julgamentos de beleza* a respeito da criação e da apreciação artísticas.

No século XVIII, o filósofo alemão Alexander Gottlieb Baumgarten introduziu o termo e o conceito moderno de *estética*, definindo-o como o conjunto das teorias da arte que discorrem sobre a pintura, a poesia, a escultura, a música e a dança. Como veremos ao longo do capítulo, a ideia do que é arte foi ampliada e modificada com o passar do tempo, do mesmo modo que variou o sentido do que se entende por beleza. Aliás, os dois conceitos – o *belo* e a *obra de arte* – têm sido construídos por aproximações e distanciamentos, envolvidos por discussões e controvérsias justamente porque a experiência estética não se exprime a partir de conceitos. O que não significa impossibilidade de elaborar teorias a respeito, mas que as definições de arte e de beleza são muito complexas e precisam ser cuidadosamente pensadas.

Nesse mesmo período surgiram várias teorias filosóficas que analisaram a obra de arte com mais profundidade, procurando distingui-la de todas as outras formas de criar, como a técnica, com a qual a arte esteve anteriormente ligada e que não atribuía ao artista a importância por ele conquistada, sobretudo, a partir do Renascimento.

Cena do filme *Edward Mãos de Tesoura* (1990), escrito e dirigido por Tim Burton. Tema de reflexão estética, a questão do feio e do grotesco está presente em muitas produções contemporâneas.

2. O julgamento de gosto

Os principais filósofos que deram elementos fundamentais para o estudo de estética, contribuindo até hoje para alimentar discussões contemporâneas, foram o escocês David Hume (1711-1776) e o alemão Immanuel Kant (1724-1804).

Para ambos, o juízo (ou julgamento) estético tem por base o gosto, uma resposta que damos ao objeto por meio da apreciação pessoal e intransferível, até porque essa resposta é de natureza emocional, estreitamente ligada a preferências e/ou aversões próprias de cada um. Com essa tese, os filósofos rejeitam as concepções de estéticas clássicas e racionalistas anteriores, segundo as quais as qualidades estéticas seriam objetivas, isto é, inerentes aos objetos.

A fim de evitar o relativismo estético, Hume admite existir um *padrão universal de gosto*, por meio do qual seria possível distinguir o bom e o mau gosto. Mesmo sustentando que a beleza e a feiura não são qualidades intrínsecas ao objeto, concorda que existe uma resposta comum dada pela natureza do espírito humano a partir do cultivo do gosto. O filósofo elaborou uma extensa lista de elementos para afastar as pessoas de constantes preconceitos, facilitando, assim, a formação da apreciação estética amadurecida.

Kant e o prazer da apreciação

Na obra *Crítica do juízo*, Kant retoma essa discussão, discordando de Hume sobre a crença na existência de um padrão universal de gosto que oriente as avaliações estéticas, porque regras ou princípios não desempenhariam nenhum papel no juízo estético. Ele teorizou sobre a capacidade de formular julgamentos, entre eles, o juízo estético de gosto. É pelo gosto que julgamos um objeto ou representação conforme o prazer ou desprazer que ele pode nos causar. Em outras palavras, o belo decorre da sensação de prazer provocada pelo objeto quando o apreciamos. Não existe, portanto, "beleza natural", do mesmo modo que não há objeto feio por natureza: não há regras para definir a beleza ou a feiura. O juízo do gosto se refere apenas aos nossos sentimentos de satisfação ou insatisfação na percepção do objeto.

Quando a avaliação visa especificamente uma obra de arte, coloca-se em foco não a representação de uma coisa bela, mas "a bela representação de uma coisa", por isso ela pode representar o que for, desde que atraia a nossa atenção, desperte em nós sensações desconhecidas ou adormecidas e nos faça perceber a realidade de outra maneira, ainda que de um modo chocante. De fato, ao nos referirmos à beleza, talvez alguns a associem apenas ao que é bonito, harmonioso, perfeito, completo. No entanto, há obras de arte que privilegiam o feio, o disforme, o dissonante, o horror. Como poderiam ser belas?

As telas do pintor irlandês Francis Bacon (1909-1992), por exemplo, retratam pessoas solitárias, deformadas e revelam um mundo sombrio. Sua arte é perturbadora por exprimir a dor e a violência, realidades que fazem parte da vida. Outro exemplo nesse sentido é a obra do artista mineiro Sebastião Salgado (1944), que retrata em suas fotografias a fome, a miséria, o terror da guerra e a luta exaustiva de refugiados para fugir de condições inseguras e precárias etc. O julgamento de gosto destina-se a avaliar se é bela a *representação* que o artista realiza dessa dor, na medida em que revela um sentimento de modo autêntico.

Para melhor explicitar seu pensamento, Kant distingue três características do prazer estético: a *apreciação desinteressada*, a *originalidade* e a *exemplaridade* da obra.

Apreciação desinteressada

A apreciação da obra de arte não tem fins pragmáticos: é desinteressada porque não visa à aplicação prática imediata, mas apenas ao deleite, à fruição. Isto é, a obra tem um fim em si mesma. Diante de uma igreja gótica, podemos apreciá-la pelo puro valor estético, independentemente de saber se ela serve ao culto religioso, se levou séculos para ser finalizada ou se exigiu o trabalho penoso e não reconhecido de milhares de artesãos anônimos. Nada disso interessa na contemplação estética, mas apenas o prazer ou desprazer que resulta de sua contemplação. Pode-se identificar esse tipo de experiência em uma citação de Kant:

> "Gosto é a faculdade de julgamento de um objeto ou de um modo de representação, por uma satisfação, sem nenhum interesse. O objeto de uma tal satisfação chama-se *belo*. [...]
>
> O belo é aquilo que, sem conceitos, é representado como objeto de uma satisfação universal."
>
> KANT, Immanuel. *Crítica do juízo*. São Paulo: Abril Cultural, 1980. p. 215. v. 2. (Coleção Os Pensadores)

O filósofo está afirmando que a percepção da beleza na arte é sentida como satisfação, prazer, fruição, mas essa fruição se apresenta pelos sentidos apenas como juízo de gosto, sem conceitos, porque não visa ao conhecimento lógico, racional. Diz, ainda, que o belo agrada universalmente, não que se deva apreciar a beleza de modo igual, mas sim porque há algo naquele objeto que poderia ser apreciado por todos. Quando lemos um poema que nos agrada, tendemos a mostrá-lo a outras pessoas, esperando que provoque nelas o mesmo prazer.

Originalidade

O talento do artista está em fazer algo novo, e não o já estabelecido por regra. Com os mesmos materiais usados no seu tempo – palavras, notas musicais, tintas –, o artista torna-se um criador de novas realidades. Com intuição, sentimento e imaginação, ele percebe a realidade de modo diferente ao usual, e a obra que ele produz, por sua vez, provoca uma nova experiência naqueles que a apreciam.

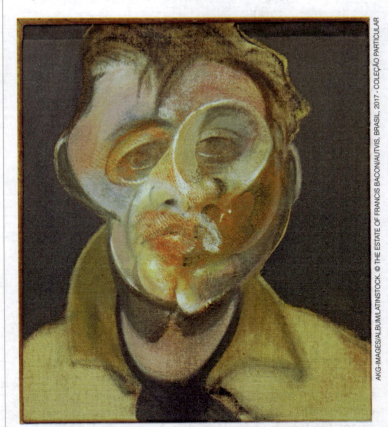

Autorretrato (1969), pintura de Francis Bacon. O pintor irlandês deforma intencionalmente as figuras, inclusive do próprio rosto.

Capítulo 4 • Estética: a reflexão sobre a arte

Exemplaridade

Quando a originalidade do artista é reconhecida, sua inovação servirá de modelo, de exemplo transformado em medida e regra de apreciação e será imitada por seguidores durante um certo período.

Transpondo essas ideias para os dias de hoje, percebemos a dinâmica da atividade artística, em que os artistas frequentam museus, leem obras de literatura, ouvem música erudita ou popular. Imitam inicialmente os mestres que os influenciaram, para só então criar um estilo próprio.

Por desafiarem a sensibilidade corrente em seu tempo, os artistas inovadores nem sempre são compreendidos ou aceitos em um primeiro momento. Seguindo o curso dessa dinâmica, o esgotamento de uma tendência exige outra renovação. Esse movimento ocorre também na produção de cada artista, ao passar por fases diferentes em sua vida.

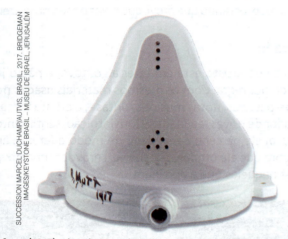

A fonte (1917), obra de Marcel Duchamp. A originalidade exemplar do artista está na criação de *ready-mades*, objetos industrializados reutilizados como arte.

"Esse discurso (sobre o objeto artístico) é o que proferem o crítico, o historiador da arte, o perito, o conservador de museu. São eles que conferem o estatuto de arte de um objeto. Nossa cultura prevê locais específicos onde a arte pode manifestar-se, quer dizer, locais que também dão estatuto de arte a um objeto. Num museu, numa galeria, sei de antemão que encontrarei obras de arte; num cinema 'de arte', filmes que escapam à banalidade dos circuitos normais; numa sala de concerto, música 'erudita' etc. Esses locais garantem-me assim o rótulo de 'arte' às coisas que apresentam, enobrecendo-as."

COLI, Jorge. *O que é arte*. São Paulo: Brasiliense, 1981. p. 10-11. (Coleção Primeiros Passos)

Portanto, o chamado **discurso autorizado** tem importância para que possamos entrar no universo artístico. Porém, teóricos e críticos não nos dão a chave da compreensão de uma obra, mesmo porque não existe, visto que não há regras para definir o que é ou não arte. Jorge Coli completa:

"[As elaborações teóricas] iluminam certos aspectos, chamam atenção para outros, constroem relações ligando obras entre si, ou à história, à sociologia, à psicologia, à filosofia. Mas tais análises são sempre parciais, porque a obra acaba sempre escapando do desvendamento total. Os textos nunca são transparências através das quais pode-se 'ver' melhor a obra, cuja riqueza zomba dos cientificismos: qualquer método de análise pode ser eficiente, trazer informações úteis, mas não esgota, nem traduz a 'verdade' da obra."

COLI, Jorge. *O que é arte*. São Paulo: Brasiliense, 1981. p. 120. (Coleção Primeiros Passos)

Fica claro que, além do acesso ao debate teórico, é fundamental a frequentação das obras que compõem a tradição e também das que estão surgindo no nosso tempo, a fim de aprimorar a percepção e a sensibilidade estéticas e desenvolver a apreciação das obras de arte por nós mesmos.

3. Aprimoramento do gosto

O refinamento do gosto estético se faz pela **frequentação** das obras. Nesse sentido, podemos responder à pergunta corriqueira: "Gosto se discute?".

Em primeiro lugar, existe um aprendizado da fruição estética, como aliás ocorre com muitas experiências no decorrer de nossa existência. Por exemplo, em um jogo de futebol, o espetáculo é tanto mais apreciado quanto mais as pessoas conhecem as regras e conseguem distinguir os bons jogadores dos medianos.

Com a obra de arte ocorre algo semelhante, só que se trata de algo muito mais complexo. Os objetos artísticos estão inseridos em uma cultura, da qual recebem influências e, ao mesmo tempo, são elementos constituintes dela. Para compreender essa ligação de polos opostos que não se excluem, teóricos de várias áreas do saber se debruçam sobre o assunto. O professor Jorge Coli explica:

> **Frequentação:** ato de frequentar com assiduidade locais; trato habitual com pessoas e coisas. No contexto, convivência continuada com objetos artísticos e com as teorias que buscam interpretá-los.
> **Discurso autorizado:** teoria elaborada por quem tem autoridade, reconhecido saber em determinado assunto, no caso, a arte.

ATIVIDADES

1. Podemos dizer, em estética, que "gosto não se discute"? Justifique.

2. Quais são as três características do prazer estético, de acordo com Kant? Explique de maneira sintética.

3. Em que sentido a representação do belo é "sem conceitos"?

Leitura analítica

O belo

Neste texto, o filósofo francês Mikel Dufrenne (1910-1995) contrapõe inteligência e afetividade para se aproximar do sentimento que caracteriza a experiência estética. Explica os aspectos subjetivos e objetivos da arte para entender por que ela é universal, e afirma que as obras "restituem o mundo" aos indivíduos, indo além do existente.

"Mas o que é, então, o belo? Não é uma ideia ou um modelo. É uma qualidade presente em certos objetos – sempre singulares – que nos são dados à percepção. É a plenitude, experimentada imediatamente pela percepção do ser percebido (mesmo se essa percepção requer longa aprendizagem e longa familiaridade com o objeto). Perfeição do sensível, antes de tudo, que se impõe com uma espécie de necessidade e logo desencoraja qualquer ideia de retoque. Mas é também **imanência** total de um sentido ao sensível, sem o que o objeto seria insignificante: agradável, decorativo ou deleitável, quando muito. O objeto belo me fala e ele só é belo se for verdadeiro. Mas o que me diz? Ele não se dirige à inteligência, como o objeto conceitual – algoritmo lógico ou raciocínio –, nem à vontade prática, como o objeto de uso – sinal ou ferramenta –, nem à afetividade, como o objeto agradável ou amável: primeiramente ele solicita a sensibilidade para arrebatá-la. E o sentido que ele propõe também não pode ser justificado nem por uma verificação lógica nem por uma verificação prática; é suficiente que ele seja experimentado, como presente e urgente, pelo sentimento. Esse sentido é a sugestão de um mundo. Um mundo que não pode ser definido nem em termos de coisa, nem em termos de estado de alma, mas promessa de ambos; e que só pode ser nomeado pelo nome do seu autor: o mundo de Mozart ou de Cézanne.

Esse mundo singular, entretanto, não é subjetivo. A autenticidade é o critério da veracidade estética. [...] Cada mundo singular é um possível do mundo real. E esse mundo real é, também, o mundo vivido pelos homens. Sartre[1], prefaciando uma [...] exposição de pinturas de [Robert] Lapoujade, cujo tema era a tortura e os tumultos, escrevia que 'a arte intima o artista para instalar o reino humano em toda a sua verdade sobre as telas, e a verdade desse reino, hoje, é que a espécie humana abrange carrascos, seus cúmplices e mártires'. Essa verdade, infelizmente, é a mais urgente para nós, hoje, no plano ético e político. Daí ser oportuno que a arte também a assuma.

Mas há outras verdades – inclusive a da compoteira na obra de Cézanne ou dos cavalos na obra de Lapique – que podem ser ditas sem traição pela arte e que podem, também, se ampliar nas dimensões de um mundo. Pois, como Carnap diz da lógica, não há moral na arte: nada de assunto imposto. A única tarefa, e Sartre também o dizia, é 'restituir o mundo'. E o mundo é o inesgotável: ele sempre excede aquilo que vivem – como sua principal solicitude e principal tarefa – os homens de uma época. Não se pode fazer justiça ao belo sem lhe reconhecer o direito de atualizar o não atual, de dizer os possíveis vividos ou capazes de serem vividos dos quais o mundo está pleno, pois não se daria à natureza – e isso no artista mesmo – a parte que lhe corresponde.

Mas, se dizemos que uma coisa é bela, atestamos a presença de um signo cuja significação é irredutível ao conceito e que, entretanto, nos atrai e nos empenha, falando-nos de uma natureza que nos fala. O gosto dá ouvidos a essa voz: é suficiente que a ouça, qualquer que seja a mensagem, para que julgue que o objeto estético é belo: belo porque realiza seu destino, porque é verdadeiramente segundo o modo de ser que convém a um objeto sensível e significante. É, então, baseado num justo título que meu juízo aspira à universalidade, pois a universalidade indica a objetividade e essa objetividade está assegurada pelo fato de ser o próprio objeto que se julga em mim desde que se impõe a mim com toda a força de sua presença radiosa."

DUFRENNE, Mikel. *Estética e filosofia*.
São Paulo: Perspectiva, 1972. p. 45-47. (Coleção Debates)

Imanência: no contexto, o que está circunscrito ao âmbito da experiência possível, excluindo tudo que não pode ser experimentável.

QUESTÕES

1. De acordo com o texto, qual é a importância do sentimento na obra de arte?

2. Em que medida pode-se dizer que a arte é subjetiva e ao mesmo tempo universal?

3. Como Dufrenne explica que uma obra de arte pode ser bela, mesmo quando seu tema é o sofrimento e o horror?

---

[1] Jean-Paul Sartre (1905-1980), filósofo existencialista francês. Para mais informações, consulte o capítulo 22, "Tendências filosóficas contemporâneas".

4. Arte e conhecimento

A arte é um tipo de conhecimento do mundo e de nós mesmos. Contudo, é um saber diferente da abordagem filosófica ou da científica, que apreendem a realidade pela razão, pelo pensamento discursivo, enquanto a arte organiza o mundo por meio do sentimento e de elementos simbólicos.

Ao percebermos que a obra de arte é fruto da imaginação, da ficção, e se oferece aos sentidos, poderíamos nos perguntar como então ela pode buscar o verdadeiro. Podemos lembrar que à arte agradam as metáforas, embora nem por isso estas a distanciem da realidade. Ao contrário, criam condições para entendê-la de outra maneira.

O escritor tcheco Franz Kafka (1883-1924), na novela *A metamorfose*, conta a história de Gregor Samsa, um sujeito como outro qualquer que, certo dia, ao acordar, vê-se transformado em um inseto. Absurdo? Inverossímil? Não, desde que possamos imaginar o que simboliza o processo de desumanização do indivíduo – transformado metaforicamente em animal –, seja pelo trabalho sem prazer e sem sentido, seja pela alienação e conformismo, pela insensibilidade das relações afetivas ou por qualquer outro motivo. Cabe ao leitor interpretar por que a obra de arte não é unívoca, e sim aberta a múltiplas interpretações. Basta lembrar como as tragédias gregas, escritas há mais de vinte e seis séculos, ainda são lidas e encenadas, lançando luz nova sobre problemas do nosso tempo.

Convém não entender de modo inadequado o que representa essa busca do verdadeiro. A arte não visa reproduzir a realidade como ela é, nem tem por objetivo a conscientização política ou moral. Para esclarecer melhor, veremos a seguir três possíveis funções da obra artística, de acordo com as concepções da história da arte: *naturalista*, *pragmática* e *formalista*.

Função naturalista

Desde os gregos, a arte aparece como imitação da realidade. Imitação que Platão (c. 428-347 a.C.) critica por estimular a ilusão e as paixões, desviar o ser humano da contemplação das ideias verdadeiras e da sobriedade necessária ao viver.

Para Aristóteles (c. 384-322 a.C.), a arte é uma invenção que idealiza a representação da realidade ao mostrá-la de modo mais nobre. Não por acaso, basta olhar as esculturas gregas para encontrar nelas as proporções ideais e perfeitas do corpo humano.

No final do século XIX, alguns movimentos artísticos provocaram a crise do naturalismo, entre outros motivos, em razão do desenvolvimento da técnica fotográfica, muito mais fiel à realidade, como veremos mais adiante. Desse modo, as obras de arte puderam se desligar da tirania da imitação do real.

Ainda hoje, pessoas que não estão habituadas a contatos com a arte contemporânea ressentem-se diante daquilo que atribuem ao malfeito, incompreensível, sem tentar desligar-se de convicções arraigadas e também de preconceitos.

Cópia em bronze da estátua *O Discóbolo* (c. 455 a.C.), produzida pelo escultor grego Míron. De acordo com Aristóteles, a arte não reproduz fielmente a realidade, mas a mostra de uma forma idealizada. Prova disso seriam os corpos exibidos pelas esculturas gregas.

Função pragmática

É comum as pessoas buscarem uma aplicação prática para a arte: um quadro para enfeitar a sala, um filme para entretenimento, um romance ficcional para defender uma ideia. Ao longo da história, pinturas com temática religiosa instruem os fiéis, templos criam ambientes que favorecem o recolhimento para a oração e a música adequada inspira a espiritualidade. Os governos constroem monumentos e esculturas para rememorar guerras vitoriosas; palácios e túmulos são erguidos para tornar o poder mais visível aos olhos do povo. Igualmente, artistas politizados recorrem à arte para envolver pessoas pelo que se chamou engajamento.

> **Unívoco:** o que permite apenas um significado, uma interpretação.
> **Engajamento:** ato de voltar-se para a análise da situação concreta em que se vive, com o objetivo de interferir em acontecimentos sociais e políticos de seu tempo.

O pragmatismo na arte não é criticável, com a condição de não desviá-la de sua característica principal, que é a apreciação estética e, portanto, desinteressada. Assim comenta o historiador da arte Harold Osborne:

> "Podemos apreciar as obras de arte como veículos de valores não estéticos – morais, sociais, religiosos, intelectuais e outros; a experiência será ainda mais rica por isso. Mas se respondermos diretamente a esses outros valores [...], não estaremos apreciando o objeto esteticamente como obra de arte."
>
> OSBORNE, Harold. *Estética e teoria da arte*. São Paulo: Cultrix, 1970. p. 145.

Saiba mais

A censura política de obras artísticas é uma sombra que acompanha os governos autoritários e totalitários. O regime stalinista na então União Soviética acusava artistas de estarem a serviço da burguesia, ao mesmo tempo que estimulava o "realismo socialista" para exaltar os valores revolucionários. Na Alemanha nazista, Hitler chamava de "arte degenerada" a produção artística contemporânea. No período da ditadura brasileira, era comum a proibição de livros, músicas, filmes e peças de teatro.

Amizade dos povos (c. 1923), pintura do artista russo Stepan Karpov. O realismo socialista, vigente no regime stalinista soviético, destacava o papel pragmático da arte, que deveria estar comprometida com os ideais revolucionários.

Função formalista: a autonomia da arte

Em sua teoria estética, Kant já havia percebido que a arte tem como característica a apreciação desinteressada, mas foi preciso esperar o final do século XIX para que a função formalista se tornasse predominante nas obras dos artistas. Ao mesmo tempo, a autonomia da arte é dada pela valorização dos aspectos estéticos, formais da obra.

A função formalista, portanto, parte do critério pelo qual a obra de arte não depende de ser "fiel à realidade" nem do questionamento sobre "para o que ela serve". Os interesses naturalistas e pragmáticos passam para um segundo plano, e o que vale são os aspectos formais: o modo de apresentação, a composição dos elementos e como eles se organizam internamente. Assim, mais do que dizer algo, interessa saber *como* o poeta dispõe das palavras de modo criativo e provocante ou como o escritor de narrativas se vale de escolhas gramaticais para transmitir as características que deseja. Ao pintor, mais do que a representação fiel da realidade, interessa o arranjo inovador de cores, formas, volumes. Ao músico, o jogo que faz com sons, ritmos e harmonia.

Sem dúvida, as transformações de cada época, incluindo os novos recursos disponíveis, estimulam a invenção e suscitam leituras surpreendentes. Assim como a tinta a óleo no Renascimento revolucionou a técnica pictórica, na época contemporânea os meios digitais desafiam a criação artística.

Nunca é demais reforçar que o processo de apreciação da arte supõe a educação da percepção tanto do artista como do fruidor que a contempla, o que ocorre pela convivência frequente com os objetos artísticos.

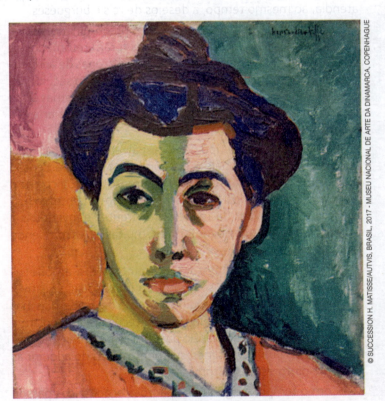

Madame Matisse (1905), pintura de Henri Matisse. Essa tela é bem representativa do movimento pictórico **fauvista**. As pinceladas largas e pastosas, as formas e cores intensas e audaciosas indicam o distanciamento da tendência naturalista.

Fauvismo: estilo de pintura que surgiu na França na virada dos séculos XIX e XX, tendo, entre outros, Henri Matisse como expoente. O termo deriva do francês *fauve*, "fera", atribuído pejorativamente por um crítico. Tem como uma das características principais a máxima expressão pictórica, com intensidade de cores.

5. As primeiras rupturas

Na Antiguidade e na Idade Média, o conceito de arte se encontrava estreitamente ligado ao do fazer artesanal. Tanto é que, em grego, o termo que designa a arte é *techné*, cujo significado é "técnica". Também em latim, *ars* remete à noção do "saber fazer". Nesse contexto, os artistas eram pouco mais que artesãos e, com raras exceções, suas obras permaneciam anônimas.

No Renascimento, as amarras e restrições ao fazer artístico se romperam e os artistas ganharam renome, individualidade, autonomia, além de receberem o apoio dos mecenas. A burguesia enriquecida favoreceu a ampliação do mercado de arte, constatada pelo esplendor renascentista nos mais diversos campos: arquitetura, escultura, pintura, teatro, literatura.

Criaram-se conservatórios e academias para o aprimoramento do fazer artístico, enquanto uma nova concepção de arte se delineava, inicialmente, pelo reconhecimento do talento especial do artista, capaz de atividade criadora. O artista passava a ser também reconhecido por sua capacidade de produzir algo que estimulava a apreciação da beleza e que atendia, ao mesmo tempo, a desejos de reis e burgueses.

Enquanto na Idade Média os temas predominantes eram de caráter religioso, na Idade Moderna foram retomados os assuntos míticos da Antiguidade, ao lado de cenas de ambientes da nobreza e da burguesia, até se voltarem, no século XIX, para o cotidiano das classes populares. Não só os temas eram outros, mas também se alteravam o significado da arte e a maneira de expressá-la.

Movimentos desse tipo não eram aleatórios, mas decorriam de mudanças sociais e econômicas, como a ascensão do sistema capitalista e depois o confronto ideológico entre burgueses e proletários. Os artistas refletiam o contexto histórico e expressavam de maneiras diferentes e inventivas a experiência vivida nos novos tempos, muitas vezes rompendo com o passado.

No século XVIII, a pintura, a escultura e a arquitetura – entre outras artes – sofreram um impulso significativo. O interesse pelas artes estimulou a criação de academias, nas quais os artistas conquistavam apuro técnico e aprendiam a contemplar as obras-primas do passado. Exposições frequentes atraíam o público burguês, segmento capaz de adquirir as obras de pintores e escultores.

Com o tempo, a rigidez dos padrões acadêmicos passou a impedir a criatividade artística, ao produzir uma "arte oficial", o que foi sendo aos poucos contestado. A propósito, o historiador da arte Ernst Gombrich analisa a tela *Bom dia, monsieur*, do pintor francês Gustave Courbet (1819-1877), na qual se contestam as convenções vigentes:

Mecenas: pessoa rica protetora de artistas. A origem da palavra deve-se a Mecenas, um político romano (século I a.C.) conhecido por proteger e financiar artistas.

"[Courbet] representou-se a si mesmo caminhando pelo campo com a mochila de pintor às costas, num momento em que era respeitosamente saudado por seu amigo e patrocinador. [...] Para quem estava habituado aos quadros espetaculares da arte acadêmica, essa tela deve ter parecido sobretudo pueril. Não há poses graciosas, linhas fluentes, cores impressionantes. [...] A ideia de um pintor representar-se em mangas de camisa e como uma espécie de andarilho deve ter parecido um ultraje aos artistas 'respeitáveis' e seus admiradores. De qualquer modo, era essa a impressão que Courbet queria causar. Pretendia que seus quadros fossem um protesto contra as convenções aceitas do seu tempo, 'chocassem a burguesia' para obrigá-la a sair da sua complacência e proclamassem o valor da intransigente sinceridade artística contra a manipulação hábil de clichês tradicionais."

GOMBRICH, Ernst. *A história da arte*.
Rio de Janeiro: Guanabara Koogan, 1993. p. 403.

Saiba mais

O termo *academia* surgiu com a escola de Platão, que reunia seus discípulos nos jardins do ateniense Academo. Academia é o local onde se ensina ou se discute um tema específico. Existem academias científicas, artísticas, esportivas, filosóficas etc.

Bom dia, monsieur (1854), pintura de Gustave Courbet. No século XIX, Courbet provocou uma revolução na arte ao apresentar temas prosaicos do cotidiano.

A caminho da arte contemporânea

No final do século XIX, depois de várias experiências similares, um grupo de artistas também se opôs às convenções da arte acadêmica, após as obras de Édouard Manet não serem aceitas no tradicional Salão de Paris. A recusa levou diversos pintores da mesma tendência, com destaque para Claude Monet, Pierre-Auguste Renoir, Georges Seurat e outros, a se reunirem no "Salão dos Recusados". Chamados pejorativamente de *impressionistas* – em alusão à tela de Monet *Impressão, nascer do sol* –, os artistas assumiram a denominação e abriram caminho para a arte contemporânea.

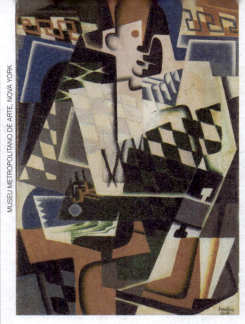

Arlequim com violão (1917), pintura cubista de Juan Gris. A invenção da máquina fotográfica levou os pintores a rever o modo de se expressar, abandonando a intenção de reproduzir o mundo real.

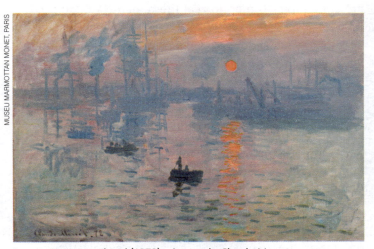

Impressão, nascer do sol (1872), pintura de Claude Monet. As pinceladas apenas sugerem a realidade que o pintor francês quer representar, uma das características do movimento impressionista.

A invenção da máquina fotográfica, na década de 1820, representou um acontecimento significativo para a efervescência do contexto artístico do início do século XIX. Até então, os pintores recebiam encomendas de retratos e registros de locais, o que a fotografia viria a fazer melhor, por ser mais fiel à realidade. Desse modo, as artes plásticas libertavam-se da marcante tendência naturalista: mais importante do que a semelhança com aquilo que se pintava ou esculpia era a maneira *como* se lidava com cores e formas.

No início do século XX, a desconstrução do naturalismo se expressou em inúmeras tendências, desde o cubismo até o abstracionismo. Daquele tempo para o atual, as linhas das manifestações artísticas se multiplicaram, sobretudo a partir de outros avanços tecnológicos, como veremos.

ATIVIDADES

1. Em que sentido a obra de arte não é unívoca?

2. Considerando a função formalista da arte, assinale a alternativa correta.

   a) Ela constitui um tipo de arte que se dirige apenas às elites, pois a dificuldade na compreensão das obras afasta o público.

   b) Ela desconsidera o conteúdo das obras, o que acarreta menor autonomia para o artista na escolha dos assuntos tratados.

   c) Ela contribui para a autonomia da arte na medida em que prioriza os elementos estéticos da obra, em detrimento do conteúdo.

   d) O formalismo desvaloriza a técnica do artista para criar algo belo, pois os critérios de semelhança com o modelo são abandonados.

   e) Essa função prioriza a mensagem que se transmite por meio das obras de arte, o que explica o sucesso que encontrou nos movimentos revolucionários.

3. Enuncie as funções da arte e explique por que a função formalista é a que mais caracteriza o fazer artístico.

4. Levando em conta a trajetória da arte da Antiguidade à contemporaneidade, assinale a alternativa correta.

   a) O impressionismo é herdeiro da característica apontada por Aristóteles na arte grega, pois procurava retratar a natureza de modo mais perfeito do que realmente era.

   b) A arte da Antiguidade grega tinha por fim exaltar o cidadão da pólis, e os artistas eram elevados à condição de ídolos, adorados pelo homem comum.

   c) A invenção da fotografia tornou obsoleta a atividade dos pintores, que sofreram com o desemprego e com a reprodutibilidade dos meios de produção.

   d) A burguesia do Renascimento transformou o artista em um funcionário entre os demais, o que provocou a desvalorização da profissão.

   e) A rigidez dos padrões artísticos a partir do século XVIII tornou-se uma amarra para a arte, que aos poucos se libertou de tais critérios.

O calafrio da beleza

No texto "O calafrio da beleza", o filósofo espanhol Fernando Savater (1947) trata da importância da arte para a formação humana. O autor explica a origem das críticas de Platão aos "poetas", ao mesmo tempo que identifica as qualidades da arte que a tornam fundamental à educação humana completa.

"Vamos começar esclarecendo que Platão desconfia dos artistas e nos previne contra eles porque está convencido de sua *força*, ou seja, de sua capacidade de sedução. Se a arte fosse apenas uma trivial perda de tempo, Platão provavelmente não lhe teria dedicado a menor atenção crítica. Onde reside a 'força' dos artistas? Sem dúvida em sua habilidade de produzir *prazer*, que, ao lado da dor [...], é o instrumento por excelência da formação social das pessoas. Quem é dono dos mecanismos de prazer também controla, pelo menos em grande parte, a *educação* da cidadania: portanto, é melhor que esses instrumentos estejam em boas mãos. [...]

Mas a pretensão platônica de opor a beleza do fingimento artístico à beleza da verdade filosófica não é de modo algum inatacável. Embora Platão tenha tido seguidores de destaque, Aristóteles e outros muitos filósofos também consideráveis pensaram de modo muito diferente, sustentando que as obras dos grandes artistas não são um obstáculo para se chegar ao verdadeiro conhecimento da realidade, mas, ao contrário, são imprescindíveis para desenvolvê-lo integralmente. [...]

Não é verdade que os melhores artistas pretendem apenas divertir ou agradar às paixões menos nobres do público: antes de tudo, aspiram a ajudá-lo a melhorar seu conhecimento. Leonardo da Vinci disse que a missão da pintura e da escultura era chegar a *saper verdere*, a saber ver melhor. E, por acaso, de fato, não descobrimos novos matizes das coisas, das formas e das cores graças ao próprio Leonardo, a Michelangelo, a Velázquez ou a Picasso? Por acaso os poetas, dramaturgos e romancistas não enriqueceram decisivamente a compreensão da vida humana, do que significa habitar como humanos a complexidade do mundo? Sem dúvida essa visão que eles nos proporcionam nem sempre é plácida e tranquilizadora, mas nisso mesmo reside seu maior mérito. Eles nos desassossegam porque nos abrem os olhos, não por simples desejo de nos ofuscar. Como observa Iris Murdoch[2], 'o bom artista nos ajuda a ver o lugar da necessidade na vida humana, o que se deve suportar, o que fazer e desfazer, e a purificar nossa imaginação até contemplar o mundo real (geralmente velado por medos e ansiedade), incluindo o terrível e o absurdo'. [...]

Talvez o pensador que se opôs mais decisivamente às teses platônicas [...] tenha sido Friedrich Schiller[3]. Em suas *Cartas sobre a educação estética do homem*, esse discípulo pouco ortodoxo de Kant reivindica com ardor romântico a importância de cultivar a sensibilidade estética para conseguir cidadãos autênticos, capazes de viver e participar numa sociedade moderna não autoritária. [...] Para Schiller, a formação estética complementa decisivamente o preparo moral e intelectual do cidadão e o dispõe para decidir livremente por si mesmo como possuidor não apenas de razão como também de sentidos corporais não menos nobres do que ela. A arte certamente não nos indica o que temos que fazer – nesse caso seria mera sucursal plástica ou narrativa da moral –, mas nos agita e purifica tonificantemente, para que sejamos o que queremos chegar a ser [...]. [E Schiller completa:] 'A cultura estética, pois, deixa na mais completa indeterminação o valor de um homem ou sua dignidade, na medida em que esta só pode depender dele mesmo; a única coisa que a cultura estética consegue é colocar o homem, *por natureza*, em situação de fazer por si mesmo o que queira, devolvendo-lhe completamente a liberdade de ser o que deva ser'. A função da beleza, quer provenha da admiração da natureza ou da criação artística (especialmente esta última), é puramente emancipadora: serve para *revelar* ao homem o que há de aberto e até o que há de terrível em sua liberdade."

SAVATER, Fernando. *As perguntas da vida.* São Paulo: Martins Fontes, 2001. p. 177; 179-181.

QUESTÕES

1. Qual é o motivo de Platão pretender expulsar os poetas de sua cidade ideal?
2. Como Schiller rebate a posição platônica?
3. Aprendemos que a arte "não serve para nada". Sob esse aspecto, qual é a semelhança entre a arte e a filosofia? E em que elas se distinguem?

---

[2] Iris Murdoch (1919-1999). Escritora e filósofa irlandesa.
[3] Friedrich Schiller (1759-1805). Poeta, filósofo, médico e historiador alemão. Amigo do escritor Goethe, com quem integrou o Romantismo.

6. A arte na sociedade industrial

Com a Revolução Industrial (iniciada no século XVIII), deu-se a passagem da manufatura para o sistema fabril. Aquilo que antes fora fruto do trabalho do artesão podia agora ser realizado mais rapidamente pelas máquinas, dando início à era da produção em série. Essa novidade exerceu forte influência na arte.

Vejamos algumas dessas mudanças.

Obras impressas

As primeiras expressões significativas da arte na sociedade industrial ocorreram na imprensa e na indústria editorial. No século XIX, embora já existissem livros, jornais e revistas, empresários cuidaram de expandir a distribuição. Em meio ao noticiário, publicavam-se capítulos de histórias, os chamados folhetins. Um dos mais famosos escritores de folhetins foi Alexandre Dumas, pai (1802-1870). Além de fecunda produção, Dumas montou um estúdio em que centenas de pequenas histórias muitas vezes foram supervisionadas por ele, mas escritas por outros. Entre os vários romances de sucesso de público, destacaram-se obras como *O conde de Monte Cristo* e *Os três mosqueteiros*.

A novidade daquele período era o artista popular, que satisfazia a fruição do gosto médio do público. Mesmo dependendo de empresários, havia maior liberdade em comparação com a cultura erudita, que tinha dificuldade de romper padrões conservadores.

Saiba mais

Os apostos "pai" e "filho" são usados aqui porque o filho de Alexandre Dumas também foi escritor. Embora com uma produção menos extensa que a do pai, Alexandre Dumas, filho (1824-1895), escreveu obras de sucesso, entre elas, o romance *A dama das camélias*, depois adaptado para o teatro e para a ópera *La traviata*, de Giuseppe Verdi.

Trocando ideias

Os folhetins representaram, no século XIX, um tipo de produção que pode ser vista como antecessora das novelas e séries contemporâneas. Já naquele tempo, estimulava a imaginação e abordava questões cotidianas, mesmo quando remetia a outras épocas. Seu valor estético tem graus variados de originalidade e ruptura com relação a linguagens tradicionais, mesmo porque visavam ao entretenimento e dependiam do interesse continuado de seus leitores. Por isso, procuravam se adequar ao gosto médio do espectador.

- Escolha uma telenovela ou série contemporânea que lhe despertou o interesse e discuta com seus colegas aspectos como temática, forma de abordagem, linguagem, qualidade dos diálogos, interpretação dos atores etc.

Surge o cinema

Quando os irmãos Auguste e Louis Lumière registraram a patente do cinematógrafo, em Paris, tinham a intenção de produzir imagens em movimento para pesquisas em um laboratório de física. No entanto, a primeira exibição pública de cinema, realizada em 1895, com pequenos filmes sem som e em preto e branco, causou grande impacto no público.

O aperfeiçoamento dos aparelhos de reprodução e composição deu início, portanto, a uma atividade artística inédita. A grande novidade da arte incipiente estava em não se tratar de uma obra realizada com as próprias mãos, mas por meio de uma máquina, e a magnitude do processo exigia o trabalho em equipe. A possibilidade de fazer cópias e atingir um público heterogêneo, em diversos lugares, indicava o nascimento de uma arte industrializada.

Nesse primeiro momento, o cinema procurou linguagens distintas daquelas de filmes comerciais, voltados para o entretenimento, abrindo caminho para o mundo da arte. O primeiro filme dessa categoria foi *O gabinete do dr. Caligari*, dirigido por Robert Wiene em 1920 e que deu início ao movimento estético do expressionismo alemão, que já tinha seguidores nas artes pictóricas.

Naquele período, a Alemanha acabara de ser derrotada na Primeira Guerra Mundial. Vivia-se um período de pessimismo e desamparo que transparece na atmosfera sombria desse filme de terror. Em um cenário estilizado que denota influência do cubismo, as figuras oblíquas parecem mais sinistras com o jogo de luz e sombra. Foram usados, ainda, recursos cinematográficos como o *flashback*, inédito naquela época. Outros cineastas também se destacaram, como o austríaco Fritz Lang, o francês Abel Gance, o espanhol Luis Buñuel, entre outros.

Flashback: do inglês, "instante anterior". Interrupção da sequência do filme para a inserção de eventos ocorridos anteriormente.

O gabinete do dr. Caligari (1920), dirigido por Robert Wiene, é considerado o primeiro filme de arte.

Trocando ideias

Em outubro de 2016 ocorreu na cidade de São Paulo o evento Aldeia SP, Bienal de Cinema Indígena, que teve como idealizador Ailton Krenak, ativista indígena dos direitos humanos. Foram 57 produções realizadas exclusivamente por indígenas e que mostraram com intensidade a força e a poesia de um cinema quase desconhecido. A estética das produções indígenas é múltipla, pois aborda as vivências de alguns dos muitos grupos indígenas brasileiros que habitam matas e zonas fronteiriças urbanas.

- Discuta com os seus colegas sobre o desconhecimento que temos a respeito das culturas indígenas brasileiras. Por que não há no país mais museus especializados que reservem espaço para manter vivas as memórias e também as criações contemporâneas desses povos?

O *design*

As chamadas "escolas de artes e ofícios", datadas do final do século XIX, se mostraram necessárias em razão da industrialização, que lançou no mercado a produção em massa de objetos até então manufaturados. Os artesãos, que perderam seu mercado, lamentaram a fabricação de objetos malformados e sem compromisso com a beleza decorrentes da produção em série. Mas, por causa de seu caráter incipiente, essas escolas nem sempre conseguiam bons resultados.

Diante dessa situação, em 1919, o arquiteto alemão Walter Gropius (1883-1969) fundou a **Bauhaus**, na Alemanha, com a proposta de integração da arte na indústria, criando assim a arte funcional, não restrita à função artística, mas também com a característica de ser utilitária, de uso. A escola constituiu, desse modo, um marco para a profissão de ***designer***, denominação para o projetista dotado de senso estético que trabalha para a indústria de objetos úteis de grande consumo.

O sucesso da Bauhaus se explica pela ousadia de superar a tradicional separação entre artes e ofícios, entre artesão e artista. Para tanto, seus cursos visavam oferecer aos alunos aulas de pintura, escultura, arquitetura, desenho industrial, sempre por meio da prática efetiva. Desse processo faziam parte artistas plásticos a quem mais tarde vieram se juntar figuras de destaque da vanguarda da arte moderna, como László Moholy-Nagy, Marcel Breuer, Wassily Kandinsky, Paul Klee.

A Bauhaus também exerceu influência marcante na renovação da arquitetura. A Revolução Industrial havia produzido novos materiais, como o ferro, o vidro, o cimento e o alumínio. A estrutura metálica que sustenta as construções garantiu a possibilidade de eliminar paredes, enquanto vidros maiores abriam a obra para o exterior e vice-versa. A simplicidade das formas, tanto na arquitetura como nos objetos do cotidiano, indica a recusa de simples ornamentos sem nenhuma função.

Em 1933, por pressão do nazismo, a Bauhaus encerrou suas atividades na Alemanha, mas sua influência foi decisiva não só para a história do *design* e da arquitetura como da própria arte, que a partir daí precisou repensar o seu conceito.

No Brasil, a Bauhaus inspirou o arquiteto Oscar Niemeyer (1907-2012), que com formas geométricas e a predominância da cor branca projetou Brasília, embora essa escola não tenha sido a fonte de todos os seus projetos. De modo bem contemporâneo, nota-se a influência da Bauhaus também na identidade visual de muitas bandas de *rock*.

Bauhaus: em alemão significa "casa de construção".

Design: termo inglês com vários significados: "desenho", "projeto", "propósito". No contexto, "arte industrial". O *designer* é o profissional que cuida da forma, como fica claro no termo equivalente em alemão *Gestalter* – *Gestalt* significa "forma".

Visitante observa cadeiras e mesas criadas pela Bauhaus durante exposição no Barbican Centre, em Londres. Foto de 2012. A escola uniu arte e utilitarismo.

7. A arte na era da reprodutibilidade técnica

As técnicas de reprodução não constituem novidade. Já existiam há muito tempo nas gravuras em madeira, metal ou pedra de datação remota, na cunhagem de moedas na Antiguidade, nos impressos desde a era de Gutenberg. A diferença é que as cópias realizadas naquelas épocas não alcançavam o volume e a rapidez predominante em reproduções do mundo contemporâneo, facilitadas pela industrialização.

Sempre que ocorre alguma revolução tecnológica, pessoas mais resistentes ao novo lamentam as "perdas" no que se refere ao já estabelecido. Foi o que aconteceu quando surgiram o rádio, o cinema e a televisão, de início considerados veículos utilitários de informação e entretenimento que certamente não poderiam ocupar espaço no mundo da arte.

Veja o exemplo neste texto, com teor de indignação, escrito em 1930 pelo francês Georges Duhamel:

> "Tanto o cinema quanto o rádio eliminam aquele fluido misterioso que emana indistintamente do público e do artista e que transforma *cada* concerto, *cada* conferência em uma experiência espiritual *única*. A voz humana alcançou *onipresença*, o gesto humano, *eternidade*, mas ao preço da alma. [...] É de fato o 'declínio do Ocidente'."
>
> DUHAMEL, Georges. In: COSTA LIMA, Luiz (Org.). *Teoria da cultura de massa*. Rio de Janeiro: Saga, s.d. p. 11-12. (Destaques nossos)

As palavras realçadas em itálico indicam de que se lamenta Duhamel: a perda da *unicidade* da obra. No lugar dela estaria a multiplicidade das coisas produzidas em série. O cinema, por exemplo, tornaria eternamente presente e disponível o ator que, ao apresentar-se em um teatro, seria sempre ele, único; o mesmo ocorreria com o músico, antigamente apenas ele em cada um de seus concertos, enquanto hoje poderíamos revê-lo em vídeos reproduzidos em diversos suportes digitais.

O impacto diante do novo impedia as pessoas de perceberem a configuração de um paradigma na arte. Seria, portanto, necessário um olhar aberto para o novo, não para ver o que lhes fora tirado, mas para entender uma realidade em vias de transformação.

Houve um tempo, nos primórdios do cinema, em que a mera projeção de imagens em movimento sobre uma tela branca era vista como um "efeito especial" escandalizador. Nesse tempo ainda afastado da tecnologia 3-D, todo o aparato de projeção parecia funcionar como uma caixa mágica, levando alguns à fascinação, mas também perturbando a visão de outros, mal-acostumados com uma sucessão precipitada de imagens. Foram necessárias algumas décadas para o novo se fazer hábito. A seguir, transcrevemos algumas impressões causadas pelas primeiras exibições em público dos filmes dos irmãos Lumière.

> "[...] uma tela de lona, uma centena de cadeiras, um aparelho de projeção sobre um banquinho e, à entrada, um cartaz anunciando: 'Cinema Lumière, entrada franca'. [...] em alguns dias, sem outra publicidade que o boca a boca, o público chegou em grande número. [...] Rapidamente, mais de 2 mil espectadores corriam a cada dia para as portas daquele salão, multidões se formavam, às vezes estourando em brigas. A polícia estabeleceu um serviço de segurança. Dentro da sala obscura, foi instalado um piano para cobrir o ruído crepitante do aparelho. A exibição de 20 minutos contava com uma dezena de filmes e os espectadores manifestavam todos as mesmas reações: céticos ou enfadados no início com uma projeção fotográfica estática, ficavam perplexos quando a imagem adquiria movimento, admiravam a projeção do vento nas árvores, a agitação das ondas, assustavam-se quando viam o trem entrando na estação em direção a eles e, finalmente, entusiasmavam-se."
>
> TOULET, Emmanuelle. *Cinématographe, invention du siècle*. Disponível em <http://mod.lk/rzk9r>. Acesso em 24 fev. 2017. (Tradução nossa)

Veremos adiante como o filósofo alemão ==Walter Benjamin== (1892-1940) não só aceitou a nova arte como explicou quais eram os motivos da rejeição da novidade trazida pelo cinema.

Frank & Ernest (2011), tirinha de Bob Thaves. O humor da tira está na inversão da ordem de expectativas: enquanto em 1930 um escritor lamentava a "intrusão" do cinema na arte, o garoto, acostumado com filmes em terceira dimensão (3-D) – para dar a ilusão de realidade –, está surpreso com a peça de teatro, em que tudo é "ao vivo".

Capítulo 4 • Estética: a reflexão sobre a arte

Valor de culto e valor de exposição

Para entender a passagem do valor de culto para o valor de exposição, vamos analisar o que acontece quando apreciamos objetos que anteriormente tiveram de modo predominante um valor de culto, por estarem vinculados a representações religiosas ou mágicas, tal como os registros rupestres preservados em sítios arqueológicos. Geralmente essas pinturas ficam em cavernas escuras, às vezes de difícil acesso, o que nos permite concluir que não serviam para ser vistos, para a fruição estética, mas se destinavam aos deuses como pedido de proteção em caçadas e lutas. Tratava-se, em suma, de um *valor de culto*.

Mesmo que fosse predominante o interesse religioso e ritualístico na elaboração dessas pinturas, não há como negar a habilidade dos "artistas" ao manejarem instrumentos rudimentares com traços firmes, rasgando a rocha enquanto preparavam as tintas, além da capacidade de observação e da expressividade do traço.

É o que se constata hoje, quando essas obras são contempladas por espectadores atentos como se estivessem em um museu. Nesse caso, aqueles desenhos e objetos se emanciparam do valor ritual, eventualmente mágico, para adquirirem *valor de exposição*: passam a existir para *serem vistos*. Ao perder o significado sagrado, podem ser fruídos como arte pelo espectador.

O mesmo ocorre quando, em um museu, observamos obras de artistas famosos, por exemplo, pintores renascentistas como Leonardo da Vinci ou Michelangelo. Nessa nova situação, porém, ocorre um fenômeno curioso: ressurgiu um forte "culto" em torno da obra, porque ela se dá à nossa percepção como *um objeto único*, realizado por *um artista especial* e apreciada por *um espectador único*. Mais ainda, a obra passa a exercer um fascínio sobre o fruidor, que é instigado a reconhecer a "genialidade" do artista. Na verdade, é como se a obra, embora profana – não religiosa –, provocasse atitudes típicas do culto religioso, bem expressas pela citação anterior de Duhamel, em que ele lamenta que o fator de reprodutibilidade tivesse levado à "perda da alma" da obra única.

A perda da aura

Diante dessas dificuldades iniciais para aceitar como arte o que pode ser reproduzido, o alemão Walter Benjamin, que participou da Escola de Frankfurt, fez uma análise para entender as transformações que ocorriam.

Em um ensaio denominado *A obra de arte na época de suas técnicas de reprodução*, publicado em 1936, observou como as novas técnicas, ao mesmo tempo que causavam impacto, estavam alterando o próprio conceito de arte ao criar uma nova perspectiva estética. Além disso, as mudanças no modo de percepção da arte expressavam as transformações sociais em curso.

Benjamin utiliza o conceito de aura, responsável pelas características de *unicidade*, de *originalidade* e de *autenticidade* do objeto de arte. Respectivamente, a obra é única por se encontrar em um determinado lugar e tempo: *aqui* e *agora*; apresenta originalidade por não se tratar de uma cópia; e é autêntica quando se pode verificar, por meio de técnicas reconhecidas, se foi realizada pelo artista ao qual é atribuída ou se é produto de um falsário. Apenas quando autêntica mereceria o "culto" criado em torno dela. Porém, a aura se dissolve com a possibilidade de reprodução decorrente das novas técnicas industriais, porque não mais se identifica o que é original e o que é cópia.

> **Rupestre:** do latim *rupes, is*, "rochedo". Refere-se à parede de rocha.
>
> **Genialidade:** refere-se à palavra "gênio", que na estética do romantismo serviu para designar aquele que é dotado de extraordinária e inexplicável capacidade criativa.
>
> **Aura:** do latim *aura*, "ar", "brisa", "halo". Conceito com significados místicos, religiosos e medicinais, entre outros. No contexto, significa um "halo" que envolve a obra de arte provocando um culto profano à beleza; uma espécie de admiração e estima do público voltadas para determinada obra ou pessoa.

Detalhe de pintura rupestre no teto da caverna de Altamira (Espanha), provavelmente produzida entre os séculos XV e XIII a.C. (Paleotítico Superior). Uma rocha teria fechado a entrada da gruta por volta de 11.000 a.C., até que a redescoberta no final do século XIX trouxe aos olhos admirados uma beleza intocada.

Assim diz Walter Benjamin:

> "Multiplicando as cópias, elas transformam o evento produzido apenas uma vez num fenômeno de massas. Permitindo ao objeto reproduzido oferecer-se à visão e à audição, em quaisquer circunstâncias, conferem-lhe atualidade permanente. Esses dois processos conduzem a um abalo considerável da realidade transmitida – a um abalo da tradição, que se constitui na contrapartida da crise por que passa a humanidade e a sua renovação atual. Estão em estreita correlação com os movimentos de massa hoje produzidos. Seu agente mais eficaz é o cinema."
>
> BENJAMIN, Walter. *A obra de arte na época de suas técnicas de reprodução*. São Paulo: Abril Cultural, 1980. p. 8. (Coleção Os Pensadores)

As mudanças sociais a que Benjamin se refere decorrem da proletarização crescente das cidades e da importância cada vez maior das massas. Por consequência, o filósofo reconhece as possibilidades de utilização dos novos meios ora para a conscientização, ora para a sua massificação, como fez o nazismo com as obras "grandiosas" e a espetacularização dos eventos políticos. Apesar disso, Benjamin manteve-se otimista ao reconhecer que a reprodutibilidade permitiria um relacionamento possível das massas com a arte, antes território de uma elite.

Como vimos, a novidade representada pelo cinema fez com que, de início, ele fosse menosprezado como simples diversão, por não convidar à contemplação, critério que pertencia à concepção tradicional – e aurática – de arte.

O filósofo francês contemporâneo Gérard Lebrun (1930-1999) defende as novas expressões artísticas:

> "[...] nada me parece mais contestável do que opor a 'civilização da imagem' à do intelecto. Seria melhor dizer que a prática das imagens (cinematográficas ou televisionadas) nos força a um exercício intelectual de outro tipo, a uma compreensão mais concisa, a uma leitura mais rápida e, talvez, a um melhor domínio do alusivo."
>
> LEBRUN, Gérard. A mutação da obra de arte. In: *A filosofia e sua história*. São Paulo: Cosac Naify, 2006. p. 336.

A indústria cultural

Os filósofos da primeira fase da Escola de Frankfurt, como Max Horkheimer (1895-1973) e Theodor Adorno (1903-1969), não se mostraram tão otimistas como Benjamin, e por isso, uma década depois, criaram o conceito de *indústria cultural*. Advertiam sobre os riscos da massificação, o que ocorre quando a chamada cultura de massa deixa de ter origem popular para vincular-se à produção empresarial. Desse modo, tudo se torna objeto de consumo, e, por depender do financiamento de empresas, reflete e difunde a ideologia capitalista.

A arte, que deveria provocar um efeito de conscientização e de humanização, permanece tolhida quando a indústria cultural oferece puro entretenimento, cuja superficialidade entorpece a consciência crítica. Por se tratar de um negócio, a pretensa arte se transforma em *mercadoria*. Reside aí o vínculo ambíguo de toda arte, cujo destino pode ser progressista ou retrógrado. Veja o que diz, nesse sentido, o professor Vladimir Safatle (1973):

> "[...] O crítico de arte Pierre Restany afirmou décadas atrás que os artistas se transformariam em 'engenheiros dos nossos lazeres'. [...] [A arte] paulatinamente assumiria a condição de uma engenharia de lazeres para turistas e pessoas à procura de alguma forma de sessão de beleza terapêutica capaz de nos retirar, por um momento, do universo cinza da vida ordinária e de seu tempo morto.
>
> Assim, por exemplo, a partir principalmente dos anos 1970, os museus se transformaram em centros de entretenimento, onde contemplar uma obra de arte era uma atividade equivalente a ir ao restaurante, descobrir a mais nova sensação arquitetônica ou fazer compras em lojas que ofereciam *design* para a classe média letrada."
>
> SAFATLE, Vladimir. Lugares do que não tem lugar. *Folha de S.Paulo*, São Paulo, 24 fev. 2017. Disponível em <http://mod.lk/wquiO>. Acesso em 24 fev. 2017.

Para que essa degradação não ocorra, a arte deve ser crítica e constituir um espaço de resistência à massificação. Essa advertência continua válida, para que possamos distinguir as produções ideológicas daquelas que buscam garantir a autonomia da arte.

Alusivo: alegórico, figurado, metafórico.

Releitura contemporânea da obra *Mona Lisa*, em que a famosa personagem come um pedaço de *pizza*, da artista China Jordan. Foto de 2016, tirada em galeria do Reino Unido. Apropriar-se de obras clássicas e transformá-las em mercadoria é também um dos mecanismos da indústria cultural.

Capítulo 4 • Estética: a reflexão sobre a arte

8. Reflexões sobre arte e poder

Chegamos a um ponto no qual é necessário refletir em que medida os poderes constituídos poderiam facilitar ou dificultar o acesso universal aos benefícios da arte, seja como fruidor dela ou como realizador de obras artísticas. Para começar, leia o comentário do sociólogo e crítico literário brasileiro Antonio Candido (1918-2017):

> "A organização da sociedade pode restringir ou ampliar a fruição desse bem humanizador [a literatura]. O que há de grave numa sociedade como a brasileira é que ela mantém com a maior dureza a estratificação das possibilidades, tratando como se fossem compressíveis muitos bens materiais e espirituais que são incompressíveis. Em nossa sociedade há fruição segundo as classes na medida em que um homem do povo está praticamente privado da possibilidade de conhecer e aproveitar a leitura de Machado de Assis ou Mário de Andrade. Para ele, ficam a literatura de massa, o folclore, a sabedoria espontânea, a canção popular, o provérbio. Essas modalidades são importantes e nobres, mas é grave considerá-las como suficientes para a grande maioria que, devido à pobreza e à ignorância, é impedida de chegar às obras eruditas."
>
> CANDIDO, Antonio. Direitos humanos e literatura. In: FESTER, Antonio Carlos Ribeiro (Org.). *Direitos humanos e...* São Paulo: Comissão Justiça e Paz; Brasiliense, 1989. p. 122.

Antonio Candido nos alerta sobre a importância do contato com a literatura, esse bem incompressível, ao mesmo tempo que reivindica a disponibilidade à totalidade de manifestações artísticas em qualquer sociedade que se queira chamar de democrática. A arte, esse alimento da alma, deveria ser um bem acessível a qualquer um, independentemente de suas posses, o que na verdade está longe de acontecer.

Após as denúncias feitas pelos frankfurtianos sobre os males da indústria cultural em meados do século XX, ainda hoje corremos o risco de nos ser negado o contato com expressões artísticas emancipadoras, tal é a força do mercado que dissemina obras de puro entretenimento. Isso sem falarmos da exclusão a que são relegados cidadãos que não têm oportunidade de assistir a filmes, peças de teatro ou *shows* de diversos tipos. A cultura em geral, tanto a *pop* como a erudita, deveria ter canais acessíveis a todos, bem como oferecer condições para qualquer artista produzir suas obras.

Cultura *hip-hop*

Estratificação: em sociologia, processo de divisão da sociedade em grupos distintos de acordo com o prestígio ou a posição social, podendo ser estabelecida também segundo o sexo, a idade etc.

Compressível: comprimível; o que é capaz de diminuir de volume sob compressão. No contexto, os bens compressíveis são os *não essenciais*, e os incompressíveis, os que *não podem faltar*, sob pena de desumanização.

Políticas e micropolíticas

Como a política vigente não tem aberto caminho para a universalização da arte, nos últimos tempos intensificou-se o fenômeno de micropolíticas, decorrentes da participação ativa de cidadãos na tentativa de reverter esse quadro pelo ativismo. Além de organizações não governamentais, atuam associações diversas que articulam novas ideias por meio de redes sociais, assim como coletivos, que surgem espontaneamente, sem exigir líderes, constituindo-se em ações solidárias, colaborativas. Geralmente nascem na periferia das grandes cidades, em comunidades pouco atendidas em suas necessidades.

Há exemplos de coletivos culturais que visam à formação de grupos musicais, produção literária popular, bibliotecas ou videotecas, abertura de salas de cinema e até espaços para a produção de filmes ou vídeos. Nesses casos, são os próprios moradores que montam festivais, exposições, festas, chamando a atenção para as necessidades culturais de qualquer ser humano. Alguns coletivos tornam-se tão importantes que se expandem para fora do circuito em que surgiram, alcançando outros estados ou países.

Convém reforçar a importância fundamental da arte na vida de cada um de nós e das comunidades em que vivemos. De fato, a arte é importante para que se possa, pela imaginação, explorar os sentidos, cultivar os sentimentos, abrir-se para a imaginação, aceitar o desafio da intuição e educar-se para a criatividade, para o novo. Tudo isso é o contrário do convencional, do definitivo, das formas impostas pela comodidade de toda rotina.

Do mesmo modo, ao se contrapor a uma civilização excessivamente tecnológica, burocratizada e voltada para a eficácia do útil, a arte recupera o prazer da fruição.

ATIVIDADES

1. Para o filósofo da Escola de Frankfurt Walter Benjamin, o que significa a perda da aura na obra de arte?

2. De acordo com o conceito de indústria cultural, qual é o perigo iminente para a arte?

3. O que significa dizer que a fruição da arte é um bem incompressível?

4. Relacione a citação de Antonio Candido com o tema do tópico "Aprimoramento do gosto".

5. Forme um grupo com seus colegas para relatar quais têm sido as experiências de cada um no campo artístico: se faz algum curso (desenho, pintura, cinema, música, literatura, teatro, dança, arte urbana etc.); se frequenta cinema ou teatro; se ouve rádio ou música; se visita museus ou exposições temporárias. Feito o relatório, discutam sobre o tipo de atividade no campo da arte de que gostariam de participar com sua classe.

Leitura analítica

A aura da obra de arte

Walter Benjamin publicou A obra de arte na época de suas técnicas de reprodução *em Paris, em 1936, quando buscava refúgio da perseguição nazista. A originalidade do seu pensamento ao analisar os novos meios de reprodução permitiu o reconhecimento do cinema e de outras obras como arte, apesar das críticas dirigidas aos novos meios. Para o filósofo marxista, a reprodutibilidade técnica das obras foi importante por significar a chance de democratizar a fruição da arte, que até então fora privilégio de uma classe.*

"Com o advento do século XX, as técnicas de reprodução atingiram tal nível que, em decorrência, ficaram em condições [...] de elas próprias se imporem, como formas originais de arte. Com respeito a isso, nada é mais esclarecedor do que o critério pelo qual duas de suas manifestações diferentes – a reprodução da obra de arte e a arte cinematográfica – reagiram sobre as formas tradicionais de arte.

À mais perfeita reprodução falta sempre algo: o *hic et nunc* da obra de arte, a unidade de sua presença no próprio local onde se encontra. É a essa presença, única, no entanto, e só a ela que se acha vinculada toda a sua história. [...]

O *hic et nunc* do original constitui aquilo que se chama de sua autenticidade. Para se estabelecer a autenticidade de um bronze, torna-se, às vezes, necessário recorrer a análises químicas da sua *pátina*; para demonstrar a autenticidade de um manuscrito medieval é preciso, às vezes, determinar a sua real proveniência de um depósito de arquivos do século XV. A própria noção de autenticidade não tem sentido para uma reprodução, seja técnica ou não. Mas, diante da reprodução feita pela mão do homem e, em princípio, considerada como uma falsificação, o original mantém a plena autoridade; não ocorre o mesmo no que concerne à reprodução técnica. E isso por dois motivos. De um lado, a reprodução técnica está mais independente do original. No caso da fotografia, é capaz de ressaltar aspectos do original que escapam ao olho e são apenas passíveis de serem apreendidos por uma objetiva que se desloque livremente [...]; graças a métodos, como a ampliação ou a desaceleração, podem-se atingir realidades ignoradas pela visão natural. Ao mesmo tempo, a técnica pode levar à reprodução de situações, onde o próprio original jamais seria encontrado. Sob a forma de fotografia ou de disco permite sobretudo a maior aproximação ao espectador ou ao ouvinte. A catedral abandona sua localização real a fim de se situar no estúdio de um amador; o musicômano pode escutar em domicílio o coro executado numa sala de concerto ou ao ar livre.

Pode ser que as novas condições assim criadas pelas técnicas de reprodução, em paralelo, deixem intacto o conteúdo da obra de arte; mas, de qualquer maneira, desvalorizam seu *hic et nunc*. Acontece o mesmo, sem dúvida, com outras coisas além da obra de arte, por exemplo, com a paisagem representada na película cinematográfica; porém, quando se trata da obra de arte, tal desvalorização atinge-a no ponto mais sensível, onde ela é vulnerável como não o são os objetos naturais: em sua autenticidade. O que caracteriza a autenticidade de uma coisa é tudo aquilo que ela contém e é originalmente transmissível, desde sua duração material até seu poder de testemunho histórico. Como este próprio testemunho baseia-se naquela duração, na hipótese da reprodução, onde o primeiro elemento (duração) escapa aos homens, o segundo – testemunho histórico da coisa – fica identicamente abalado. Nada demais certamente, mas o que fica assim abalado é a própria autoridade da coisa.

Poder-se-ia resumir todas essas falhas, recorrendo-se à noção de *aura*, e dizer: na época das técnicas de reprodução, o que é atingido na obra de arte é a sua *aura*. Esse processo tem valor de sintoma, sua significação vai além do terreno da arte. [...]

A fim de estudar a obra de arte na época das técnicas de reprodução, é preciso levar na maior conta esse conjunto de relações. Elas colocam em evidência um fato verdadeiramente decisivo e o qual vemos aqui aparecer pela primeira vez na história do mundo: a emancipação da obra de arte com relação à existência parasitária que lhe era imposta pelo seu papel ritualístico. [...] Mas, desde que o critério de autenticidade não é mais aplicável à produção artística, toda a função da arte fica subvertida. Em lugar de se basear sobre o ritual, ela se funda, doravante, sobre uma outra forma de *práxis*: a política."

BENJAMIN, Walter. *A obra de arte na época de suas técnicas de reprodução*. São Paulo: Abril Cultural, 1980. p. 6-8; 11. (Coleção Os Pensadores)

Hic et nunc: do latim, "aqui e agora".
Pátina: escurecimento do bronze ou cobre devido à exposição ao ar.

QUESTÕES

1. Explique a principal característica da aura na obra de arte.
2. Em que sentido a reprodução técnica quebra o aspecto aurático da obra de arte?
3. Para Walter Benjamin, sob que aspectos a quebra da aura da obra de arte apresenta um componente político importante?

ATIVIDADES

1. Leia a citação e responda às questões:

"*Vidas Secas* é um dos maiores expoentes da segunda fase modernista, a do regionalismo. O diferencial desse livro para os demais da época é o apuro técnico do autor. Graciliano Ramos, ao explorar a temática regionalista, utiliza vários expedientes formais – discurso indireto livre, narrativa não linear, nomes dos personagens – que confirmam literariamente a denúncia das mazelas sociais.

O livro consegue desde o título mostrar a desumanização que a seca promove nos personagens, cuja expressão verbal é tão estéril quanto o solo castigado da região. A miséria causada pela seca, como elemento natural, soma-se à miséria imposta pela influência social, representada pela exploração dos ricos proprietários da região."

Guia do Estudante. Disponível em <http://mod.lk/p8tzp>.
Acesso em 20 out. 2016.

a) Cite os exemplos dados para justificar o caráter formalista da obra.

b) Explique quais são os elementos pragmáticos e naturalistas que foram apropriados pelo escritor de maneira poética.

2. Observe a imagem e leia a citação. Em seguida, responda: qual é o conceito de arte expresso a partir da pintura e do texto?

Maçãs e laranjas (1895-1900), pintura de Paul Cézanne.

"De uma maçã pintada por um pintor vulgar, se diz: eu a comeria. De uma maçã de Cézanne, se diz: que bela!"

SÉRUSIER, Paul. In: GULLAR, Ferreira. *Relâmpagos*: dizer o ver. 2. ed. São Paulo: Cosac Naify, 2007. p. 61.

3. No trecho do romance a seguir, aborda-se a morte do poeta Vladimir Maiakovski, que viveu sob o regime stalinista. Leia-o e responda às questões.

"Alguma coisa demasiado maligna e repelente devia ter se desencadeado na sociedade soviética se seus mais fervorosos cantores começavam a se matar com tiros no coração, enojados [...]. Aquele suicídio era [...] uma confirmação dramática de que tinham começado tempos mais turbulentos, de que os últimos rescaldos do casamento de conveniência entre a Revolução e a arte tinham se apagado, com o sacrifício previsível da arte. Tempos em que um homem como Maiakovski, disciplinado até a autoaniquilação, podia sentir na nuca o desprezo dos donos do poder, para quem poetas e poesia eram aberrações de que, eventualmente, podiam valer-se para reafirmar sua grandeza e de que prescindiam quando não eram necessárias."

PADURA, Leonardo. *O homem que amava os cachorros*.
2. ed. São Paulo: Boitempo, 2015. p. 70.

a) O que significa a afirmação de que a arte e o poder mantinham um "casamento de conveniência"?

b) Quais são os riscos da submissão da arte a um poder a ela externo?

4. Trabalho em grupo. Reúna-se com seu grupo para discutir, com argumentos, as teses a seguir.

Depois, exponha a posição do grupo à classe.

a) A arte tem por função nos divertir e nos fazer esquecer as dificuldades e sofrimentos da vida.

b) A arte nos coloca diante da realidade, seja ela prazerosa, difícil ou até terrível.

5. Pesquisa. Em grupo, faça uma pesquisa sobre pichação e grafite (ou *graffiti*), este último como modo de expressão artística.

6. Dissertação. Releia a citação de abertura deste capítulo, escrita por Harold Osborne, e leia o texto a seguir, do filósofo Herbert Marcuse. Com base nas duas citações e nos conhecimentos construídos ao longo do estudo, redija uma dissertação argumentando sobre **"A autonomia da obra de arte"**.

"A arte reflete esta dinâmica na sua insistência na verdade de um mundo por ela criado, que não é o mundo da realidade social nem o tem por solo. A arte abre uma dimensão inacessível a outra experiência, uma dimensão em que os seres humanos, a natureza e as coisas deixam de se submeter à lei do princípio de realidade, hoje dominante. Sujeitos e objetos encontram a aparência dessa autonomia que lhes é negada na sua sociedade. O encontro com a verdade da arte acontece na linguagem e nas imagens distanciadoras, que tornam perceptível, visível e audível o que já não é ou ainda não é percebido, dito e ouvido na vida diária."

MARCUSE, Herbert. *A dimensão estética*.
Lisboa: Edições 70, 2007. p. 66.

ENEM E VESTIBULARES

7. (Enem/MEC-2015)

Máscara senufo, Mali. Madeira e fibra vegetal. Acervo do MAE/USP.

As formas plásticas nas produções africanas conduziram artistas modernos do início do século XX, como Pablo Picasso, a algumas proposições artísticas denominadas vanguardas. A máscara remete à

a) preservação da proporção.
b) idealização do movimento.
c) estruturação assimétrica.
d) sintetização das formas.
e) valorização estética.

8. (Enem/MEC-2015)

"Na exposição 'A artista está presente', no MoMA, em Nova Iorque, a *performer* Marina Abramovic fez uma retrospectiva de sua carreira. No meio desta, protagonizou uma *performance* marcante. Em 2010, de 14 de março a 31 de maio, seis dias por semana, num total de 736 horas, ela repetia a mesma postura. Sentada numa sala, recebia os visitantes, um a um, e trocava com cada um deles um longo olhar sem palavras. Ao redor, o público assistia a essas cenas recorrentes."

ZANIN, L. Marina Abramovic, ou a força do olhar.
Disponível em <http://mod.lk/9rvko>. Acesso em 24 fev. 2017.

O texto apresenta uma obra da artista Marina Abramovic, cuja *performance* se alinha a tendências contemporâneas e se caracteriza pela

a) inovação de uma proposta de arte relacional que adentra um museu.
b) abordagem educacional estabelecida na relação da artista com o público.
c) redistribuição do espaço do museu, que integra diversas linguagens artísticas.
d) negociação colaborativa de sentidos entre a artista e a pessoa com quem interage.
e) aproximação entre artista e público, o que rompe com a elitização dessa forma de arte.

9. (Enem/MEC-2015)

"O *rap* constitui-se em uma expressão artística por meio da qual os MCs relatam poeticamente a condição social em que vivem e retratam suas experiências cotidianas."

SOUZA, J.; FIALHO, V. M.; ARALDI, J. *Hip hop*: da rua para a escola.
Porto Alegre: Sulina, 2008.

O "relato poético" é uma característica fundamental desse gênero musical, em que o

a) MC canta de forma melodiosa as letras, que retratam a complexa realidade em que se encontra.
b) *rap* se limita a usar sons eletrônicos nas músicas, que seriam responsáveis por retratar a realidade da periferia.
c) *rap* se caracteriza pela proximidade das notas na melodia, em que a letra é mais recitada do que cantada, como em uma poesia.
d) MC canta enquanto outros músicos o acompanham com instrumentos, tais como o contrabaixo elétrico e o teclado.
e) MC canta poemas amplamente conhecidos, fundamentando sua atuação na memorização de suas letras.

10. (UEM-2015)

Sobre a relação entre arte e política, é correto afirmar:

01) Na Grécia, a arte tinha um importante papel pedagógico e era vista como atividade civil. Por meio da arte, estimulavam-se o patriotismo e a veneração pelos heróis gregos.
02) Na Idade Média, a arte ligava-se à Igreja Católica e à nobreza. As obras arquitetônicas inscreviam na paisagem a rígida hierarquia medieval.
04) A doutrina política socialista acreditava que a verdadeira arte deveria promover a conscientização do povo para a luta revolucionária.
08) Os regimes autoritários estabeleceram uma rigorosa censura às artes, cerceando a liberdade dos artistas, tentando eliminar a leitura crítica da realidade.
16) No Brasil, a censura às manifestações artísticas iniciou-se com o golpe militar de 1964, inaugurando o controle e a fiscalização da arte no país.

Mais questões: no livro digital, em **Vereda Digital Aprova Enem** e **Vereda Digital Suplemento de revisão e vestibulares**; no *site*, em **AprovaMax**.

CAPÍTULO 5
AS FORMAS DE CRENÇA

Indígenas da etnia Pancararu dançam durante ritual do Toré, cerimônia que mistura dança e música em celebração aos Encantados, seres sobrenaturais que protegem e aconselham. Município de Petrolândia (PE). Foto de 2014.

Até que ponto o medo da morte também não significaria o temor do pós-morte? Seria a imortalidade mera ilusão ou existe algo que nos espera além desta vida? A crença, alimentada desde a infância, impõe o comportamento regrado por normas divinas e traz o temor de não haver cumprido as prescrições com a fidelidade prometida ao longo da vida. Também pode ser difícil manter-se a todo momento fiel aos preceitos da própria crença e agir somente dentro de sua aquiescência. Quantas vezes não nos assaltou a dúvida ao perguntar se Deus é uma realidade possível, embora fugidia, enquanto, ao contrário, nos rituais congregamos a fé com nossos pares? A proximidade com outros crentes poderia abalar a fé ou fortalecê-la ainda mais? Como viver em um mundo com religiões cada vez mais diversificadas?

Vale perguntar por que as pessoas acreditam e no que elas creem; investigar os motivos que levam os indivíduos a aderir voluntariamente à convicção religiosa de uma verdade superior, submetendo-se aos preceitos dela. Mesmo aqueles que não partilham de alguma crença vivem em uma sociedade na qual muitos sujeitos professam diversos credos; por isso, a investigação das crenças e do crer revela aspectos importantes de nós e da realidade que nos circunda.

Conversando sobre

A crença pode interferir em nossas ações morais em função do bem ou do mal? Após os estudos do capítulo, retome essa questão e a discuta com os colegas.

1. O que é crença?

Bem sabemos como são complicadas as discussões sobre futebol, política ou religião. Cada um tem seu time do coração, opiniões sobre o governo e também suas crenças religiosas. Se não houver serenidade e uma certa disposição para ouvir, a discussão tende para a desavença. O importante é reconhecer que ninguém é dono da verdade e que trocar ideias é melhor do que tentar impor suas convicções aos outros. Do ponto de vista das religiões, ouvir significa reconhecer que a sua fé não é a única no mundo. E que, se as crenças e as religiões alheias forem respeitadas, haverá um futuro mais tolerante para a humanidade.

Neste capítulo, propomos uma abordagem de *filosofia da religião*. O objetivo é apresentar um leque plural de manifestações religiosas e suas principais características, sem a pretensão de fundamentá-las.

Tipos de crença

É comum pessoas associarem o conceito de crença exclusivamente à vida religiosa: o crente seria aquele que, por exemplo, crê em Deus, na imortalidade da alma, na revelação divina, e assim por diante. O conceito de crença, porém, pressupõe maior amplitude. A crença consiste na adesão a uma proposição que consideramos verdadeira, o que requer a disposição psicológica de aceitação, de confiança. Se confio em meu médico, tomarei o remédio prescrito, não porque compreenda como ele age no meu organismo, mas porque reconheço a competência do médico e espero que me faça bem.

Os diversos graus de crença dependem dos níveis de comprovação racional e objetiva de que dispomos. O senso comum, pelo qual emitimos opiniões, baseia-se em crenças que nos auxiliam a agir no cotidiano. A vida moral apoia-se em crenças, que submetemos a frequentes reavaliações a fim de mantê-las ou alterá-las. Mesmo a ciência, tão avançada atualmente, depende de crenças, embora as hipóteses científicas sejam mais rigorosas.

Neste capítulo, examinamos um tipo especial de crença, aquela que se refere ao sentido estrito de confiança na existência do sobrenatural, isto é, naquilo que ultrapassa as leis da natureza. É essa a instância do mistério, de tudo que não depende de compreensão racional e que previamente requer adesão pela fé.

> **Saiba mais**
>
> O termo "fé" vem do latim *fides* e tem a mesma raiz de "fiel" e de "fidelidade", conceitos que pressupõem a confiança. A fé abrange um campo mais amplo que o da religião, porque podemos depositar fé em um amigo ou nos valores que cultuamos. Por isso a "má-fé" é uma forma de hipocrisia, por enganar o outro demonstrando um sentimento que não é o seu.

2. O mito

O **mito** é a forma mais remota de crença, que predominou em sociedades tradicionais de um modo abrangente. Nelas, os mitos constituem tamanha expressão de poder que compreendem todas as esferas da realidade vivida. O *sagrado* – a relação entre o indivíduo e o sobrenatural – permeia todos os campos de atividade.

O mito vivo, enquanto serve para a compreensão do mundo em uma comunidade, não é lenda, mas uma verdade sustentada pela crença. A verdade do mito resulta de uma intuição compreensiva da realidade, cujas raízes se fundam na emoção e na afetividade. O mito expressa o que desejamos ou tememos e representa como somos atraídos pelas coisas ou como delas nos afastamos por temor.

Não se trata, porém, de uma intuição qualquer. O mito opera na dimensão do mistério, pois é sempre um enigma a ser decifrado, e como tal representa o espanto diante do mundo e das forças sobrenaturais que atuam nele.

O mito está impregnado do desejo humano de afugentar a insegurança, os temores e a angústia diante do desconhecido, do perigo e da morte. Para tanto, os relatos míticos se sustentam pela crença em forças superiores que protegem ou ameaçam, recompensam ou castigam. Sob esse aspecto, a função do mito não é, primordialmente, explicar a realidade, mas acomodar e tranquilizar o ser humano em um mundo que lhe parece assustador.

> **Mito:** do grego *mythos*, "palavra", "o que se diz", "narrativa". A consciência mítica predomina por mais tempo em culturas de tradição oral, em que ainda não há escrita.

Níquel Náusea (2013), tirinha do cartunista Fernando Gonsales. Há diversos tipos de crença que não se resumem à vida religiosa, como a crença em horóscopos.

Capítulo 5 • As formas de crença

Mito e tradições

É o mito que garante a manutenção cotidiana dos costumes e a sobrevivência dos povos tradicionais. Por exemplo, de acordo com um mito iorubá, o Rio Níger nasceu da paixão de Oiá por Xangô. Oiá teria sido aconselhada a seguir sempre ao lado de seu marido, Xangô. Enquanto o amasse, ela não poderia retornar ao lugar onde nascera, no qual permanecia toda a sua família. Afetivamente dividida, Oiá não respeitou as recomendações e regressou à sua terra natal, distanciando-se de Xangô. Passado algum tempo, recebeu a notícia da morte de seu amado; sentindo enorme tristeza, transformou-se no rio Odô Oiá, conhecido atualmente como Rio Níger. A importância desse rio para os iorubás explica o caráter sagrado de que é investido.

Resulta dessas crenças o caráter mágico de danças e inscrições, como vimos no capítulo 4, "Estética: a reflexão sobre a arte". Quando os homens pré-históricos pintavam as paredes das cavernas com representações da captura de animais, é provável que não tivessem a intenção de enfeitá-las, mas de imprimir um caráter mágico a essas ações, para garantir de antemão o sucesso das caçadas. As danças também possuem significado ritualístico, ora para assegurar a boa colheita, ora para homenagear os mortos, como é o caso da cerimônia Quarup, realizada pelos povos indígenas do Alto Xingu, no Brasil.

O mito hoje

Teria desaparecido o mito nas sociedades complexas do mundo contemporâneo? Para Augusto Comte, fundador do positivismo, o mito pertence a um passado remoto típico do estado teológico, que teria sido superado pelo conhecimento científico.

No entanto, ao criticar o mito e exaltar a ciência, contraditoriamente, o positivismo deu origem ao *mito do cientificismo*, que é a crença cega na ciência como única forma de saber possível. Trata-se de uma redução extrema do âmbito do nosso conhecimento, pois, ao lado da ciência, existem formas válidas de compreensão, como o senso comum, a filosofia, a arte e a religião, que não podem ser desprezadas.

Além disso, até hoje o mito permanece vivo na raiz da inteligibilidade humana. A função fabuladora persiste em contos populares e no folclore, mas não só. Por exemplo, palavras como *lar*, *amor*, *pai*, *mãe*, *paz*, *liberdade*, *morte* nos remetem a valores arquetípicos, modelos universais que existem na natureza inconsciente de todos nós.

Personalidades como artistas, políticos e esportistas, que os meios de comunicação se incumbem de transformar em imagens exemplares, costumam representar todo tipo de anseios: sucesso, poder, liderança, atração sexual etc. Por esses motivos, o imaginário das pessoas é exaltado por figuras mitificadas, como as do guerrilheiro Che Guevara, da princesa Diana, do velocista Usain Bolt. Hoje em dia, essas influências tornaram-se múltiplas e também mais fugazes.

Nosso comportamento cotidiano é igualmente permeado de rituais, mesmo que secularizados, isto é, não religiosos. Comemorações de nascimentos, casamentos e aniversários, entradas do Ano-Novo, festas de formatura e de debutantes, trotes de calouros etc. guardam semelhança com os ritos de passagem típicos de povos indígenas. Examinando as manifestações coletivas no cotidiano da vida urbana do brasileiro, descobrimos componentes míticos também no Carnaval e no futebol.

Não falta, porém, o lado sombrio dos mitos, quando se expressa sob o signo da morte. O governo totalitário de Hitler alimentou o mito ariano da raça pura, desencadeando perseguições que culminaram no genocídio de judeus, ciganos e homossexuais.

Iorubá: povo africano do Sudoeste da República Federal da Nigéria, com grupos espalhados também pela República de Benin e pelo Norte da República do Togo.

Arquétipo: do grego *arché*, "princípio", "origem"; também pode significar "modelo", "paradigma".

Cartaz do filme *Star Wars: o despertar da força* (2015), dirigido por J. J. Abrams. A luta representada pelos cavaleiros Jedi na defesa do bem contra o mal é de certa maneira a expressão de mitos arquetípicos.

Trocando ideias

Os arianos são um subgrupo indo-europeu oriundo das estepes da Ásia que se expandiu pela Europa. Segundo a concepção racista do nazismo, os alemães descenderiam desse subgrupo como elementos de "raça pura".

- Discuta o fato de teorias racistas tratarem como *inferiores* pessoas ou grupos que são apenas *diferentes*.

3. Sagrado e profano

O desenvolvimento da agricultura, do pastoreio e do comércio de excedentes permitiu que as sociedades se tornassem mais complexas em virtude da especialização das técnicas e dos ofícios, o que provocou a hierarquização de segmentos sociais, inclusive valendo-se de escravos.

Nas primeiras grandes civilizações, como as mesopotâmicas, egípcia, indiana, chinesa e hebraica, embora o mito fosse um componente importante da cultura, instituições religiosas mais elaboradas permitiram distinguir de modo mais nítido o espaço sagrado dos santuários e o espaço profano da vida cotidiana.

Tanto a civilização grega, que surgiu por volta do segundo milênio a.C., como aquelas que a antecederam professavam o politeísmo. Moradores do Olimpo, os deuses eram imortais, embora agissem de modo semelhante aos humanos. Às vezes eram benevolentes, mas moviam-se também por inveja, intriga ou vingança. Entre as obrigações a eles devidas, como oferendas, preces e sacrifícios, destacavam-se as peregrinações aos grandes santuários.

Delfos, dedicado ao deus Apolo, foi um dos mais famosos santuários gregos, por ser o local de consulta ao oráculo, isto é, à resposta de uma divindade, intermediada por uma pitonisa, sacerdotisa com o dom da profecia. Essas respostas, elaboradas com palavras sábias, muitas vezes ambíguas, eram ouvidas por pessoas que vinham de longe para consultas sobre questões pessoais, negócios ou política, enquanto traziam oferendas para o deus Apolo.

Hesíodo[1], poeta que teria vivido entre o final do século VIII e o início do século VII a.C., reuniu os mitos gregos na obra *Teogonia*, termo que significa "origem de deus". O sentido da palavra *teogonia* implica outro, o de *cosmogonia* (origem do Universo), já que os mitos relatam como todas as coisas surgiram do Caos – o vazio inicial – para compor a ordem do Cosmo.

Posteriormente, outras religiões de mistérios difundiram crenças de reencarnação, vida eterna e salvação pessoal, aspectos desconhecidos da religião grega oficial. Transmitidas pelo pitagorismo, escola filosófica inspirada no pensamento de Pitágoras (século VI a.C.) e que misturava misticismo às explicações da realidade, essas ideias influenciaram o pensamento de Platão (c. 428-347 a.C.).

[1] Para saber mais sobre Hesíodo, consulte o capítulo 14, "Origens da filosofia", na parte II.

Detalhe de pintura em vaso grego (c. 440 a.C.). Nessa representação, Zeus consulta uma pitonisa em Delfos.

Em meio às religiões politeístas, os filósofos gregos já desenvolviam teses sobre um Deus único. Outros povos aderiram a crenças monoteístas, como veremos mais à frente.

No entanto, há expressões do sagrado que não se baseiam na existência de Deus. Por exemplo, no budismo primitivo, o que se buscava era uma vida correta, fundamentada no afastamento dos desejos e em exercícios de aperfeiçoamento pessoal. Ao fechar o ciclo de reencarnações, a existência individual se aniquilaria no Nirvana, ou seja, na extinção do sofrimento, dissolvendo-se na existência universal.

Sagrado: relativo à divindade; mais propriamente, "local onde a divindade se manifesta".

Profano: do latim *profanus*, composto do prefixo *pro*, "defronte de", e *fanum*, "lugar consagrado", "templo"; o que se encontra defronte do templo, isto é, fora dele; o que não é sagrado.

Politeísmo: do grego *polýs*, "muitos", e *théos*, "deus"; crença em mais de um deus.

ATIVIDADES

1. Explique por que poderíamos afirmar que a investigação científica também está relacionada à crença. Considere, por exemplo, o esforço de convencimento por parte de alguns cientistas diante de teorias que já não bastam para resolver novos impasses e problemas.

2. É comum associarmos os mitos às lendas, destacando o aspecto inverossímil desses relatos. Como podemos criticar esse modo de compreender o mito?

3. É possível ainda se falar em mitos contemporâneos? Justifique.

Leitura analítica

A filosofia entre a religião e a ciência

Matemático, filósofo e lógico inglês, Bertrand Russell (1872-1970) destacou-se por inúmeros escritos e pela prolífica atuação cidadã na defesa da paz, contra as armas nucleares e a favor da tolerância religiosa, embora crítico severo das superstições. Neste texto, ele estabelece a distinção entre filosofia, religião e ciência, ressaltando que a filosofia permite dar um sentido humano e civilizado às duas outras áreas.

"Os conceitos da vida e do mundo que chamamos 'filosóficos' são produto de dois fatores: um, constituído de fatores religiosos e éticos herdados; o outro, pela espécie de investigação que podemos denominar 'científica', empregando a palavra em seu sentido mais amplo. Os filósofos, individualmente, têm diferido amplamente quanto às proporções em que esses dois fatores entraram em seu sistema, mas é a presença de ambos que, em certo grau, caracteriza a filosofia.

'Filosofia' é uma palavra que tem sido empregada de várias maneiras, umas mais amplas, outras mais restritas. Pretendo empregá-la em seu sentido mais amplo, como procurarei explicar adiante. A filosofia, conforme entendo a palavra, é algo intermediário entre a teologia e a ciência. Como a teologia, consiste de especulações sobre assuntos a que o conhecimento exato não conseguiu até agora chegar, mas, como ciência, apela mais à razão humana do que à autoridade, seja esta a da tradição ou a da revelação. Todo conhecimento definido – eu o afirmaria – pertence à ciência; e todo **dogma** quanto ao que ultrapassa o conhecimento definido pertence à teologia. Mas entre a teologia e a ciência existe uma terra de ninguém, exposta aos ataques de ambos os campos: essa terra de ninguém é a filosofia. Quase todas as questões do máximo interesse para os espíritos especulativos são de tal índole que a ciência não as pode responder, e as respostas confiantes dos teólogos já não nos parecem tão convincentes como o eram nos séculos passados. Acha-se o mundo dividido em espírito e matéria? E, supondo-se que assim seja, que é espírito e que é matéria? Acha-se o espírito sujeito à matéria, ou é ele dotado de forças independentes? Possui o Universo alguma unidade ou propósito? Está ele evoluindo rumo a alguma finalidade? Existem realmente leis da natureza, ou acreditamos nelas devido unicamente ao nosso amor inato pela ordem? [...] Existe uma maneira de viver que seja nobre e uma outra que seja baixa, ou todas as maneiras de viver são simplesmente inúteis? Se há um modo de vida nobre, em que consiste ele, e de que maneira realizá-lo? Deve o bem ser eterno, para merecer o valor que lhe atribuímos, ou vale a pena procurá-lo, mesmo que o Universo se mova, inexoravelmente, para a morte? Existe a sabedoria, ou aquilo que nos parece tal não passa do último refinamento da loucura? Tais questões não encontram resposta no laboratório. As teologias têm pretendido dar respostas, todas elas demasiado concludentes, mas a sua própria segurança faz com que o espírito moderno as encare com suspeita. O estudo de tais questões, mesmo que não se resolvam esses problemas, constitui o empenho da filosofia. [...]

A ciência diz-nos o que podemos saber, mas o que podemos saber é muito pouco e, se esquecemos quanto nos é impossível saber, tornamo-nos insensíveis a muitas coisas sumamente importantes. A teologia, por outro lado, nos induz à crença dogmática de que temos conhecimento de coisas que, na realidade, ignoramos e, por isso, gera uma espécie de insolência impertinente com respeito ao universo. A incerteza, na presença de grandes esperanças e receios, é dolorosa, mas temos de suportá-la. [...] Não devemos também esquecer as questões suscitadas pela filosofia, ou persuadir-nos de que encontramos, para elas, respostas indubitáveis. Ensinar a viver sem essa segurança e sem que se fique, não obstante, paralisado pela hesitação é talvez a coisa principal que a filosofia, em nossa época, pode proporcionar àqueles que a estudam."

RUSSELL, Bertrand. *A filosofia entre a religião e a ciência.* Disponível em <http://mod.lk/f2syq>. Acesso em 11 out. 2016.

Dogma: em teologia, tudo que é fundamental e deve ser aceito sem discussão.

QUESTÕES

1. Organize um esquema com as características da religião e da ciência.
2. Segundo o autor, a filosofia é algo intermediário entre a religião e a ciência. Explique o que a filosofia tem em comum com essas áreas e em que delas se distingue.
3. Você acabou de ler os primeiros tópicos deste capítulo, em que foram examinados tipos de crença, mitos antigos e atuais e a diferença entre sagrado e profano. Em que sentido essa abordagem é filosófica?

4. O divino se dá a conhecer?

Quando se deu a separação entre o sagrado e o profano, religiões constituíram-se com ritos e práticas institucionalizados. Contudo, variam entre elas as formas pelas quais compreendem o divino. Vejamos algumas delas, divididas em duas tendências: as que se baseiam na crença em Deus e as que negam a possibilidade de existir um ser divino ou as que se abstêm de se posicionar a respeito.

Saiba mais

O termo *religião* tem origem duvidosa. Para alguns, deriva do latim *religare*, que significa "religar", "unir de novo". Para outros, viria de *relegere*, "recolher" ou "reler" ("ler com recolhimento") ou, ainda, "congregar", "reunir". No primeiro sentido, a religião liga os seres humanos à divindade; no segundo, a religião congrega uma comunidade em torno da veneração ao divino.

Crença na divindade

Sem pretender esgotar as diversas expressões da crença em Deus, vamos analisar o *teísmo*, o *panteísmo* e o *deísmo*.

Teísmo

A maioria das religiões é **teísta**, isto é, sustenta sua fé na crença em Deus. O monoteísmo, a crença em um só Deus, é fruto de religiões mais prescritivas, como o judaísmo, o cristianismo e o islamismo. Não por acaso, essas religiões dispõem de um conjunto de doutrinas em seus livros sagrados, respectivamente, a *Torá*, a *Bíblia* e o *Corão* (ou *Alcorão*). Trata-se de livros sagrados, justamente por expressarem a revelação da palavra divina.

O teísmo pressupõe o conceito de transcendência, ou seja, além de Criador de todas as coisas, Deus é exterior e superior ao mundo, este sim composto de seres imanentes, por estar reduzido à condição concreta, material e dependente de Deus para existir.

Panteísmo

Para explicar o **panteísmo**, recorremos aos conceitos de *transcendência* e *imanência*. Os teístas creem em um Deus transcendente, isto é, possuidor de uma natureza diferente de todas as coisas e separado do mundo. Já o panteísta conclui pela imanência de Deus, ou seja, Deus está em tudo, Deus e o mundo são um só.

Teísta: do grego *théos*, "deus", refere-se à religião que admite a crença no divino.
Panteísmo: do grego *pan*, "tudo", e *théos*, "deus"; é a crença de que Deus está em tudo.

Para Zenão (c. 334-262 a.C.), filósofo estoico nascido em Cítio, na ilha de Chipre, a natureza encontra-se impregnada da razão divina. Portanto, Deus também é corpo, embora seja o mais puro dos corpos, perfeito e inteligente, pelo qual se dá o ordenamento do mundo. Assim comenta a professora Marilena Chaui sobre a concepção estoica de Deus:

> "Natureza, mundo, Deus, fogo são o mesmo: a natureza é divinizada e a divindade, naturalizada. Em outras palavras, a física afirma a imanência da natureza ao Deus ou, como dirá mais tarde Sêneca: *Natura sive Deus* – natureza, ou seja, Deus. Cosmologia e teologia são inseparáveis. É por isso que o homem pode estar em contato com o Deus e encontrar na ordem que o cerca a possibilidade de também ordenar sua vida e lhe dar um sentido."
>
> CHAUI, Marilena. *Introdução à história da filosofia*: as escolas helenísticas. São Paulo: Companhia das Letras, 2010. p. 140. v. 2.

Baruch Espinosa (1632-1677) concebe Deus como a substância que constitui o Universo inteiro e não se separa de tudo aquilo que produziu. Para ele, todas as coisas são *modos* da substância infinita, por isso, Deus é causa imanente dos seus modos, entre os quais se encontra o ser humano. De acordo com alguns intérpretes, Espinosa na verdade seria ateu, porque, ao "dissolver" Deus no mundo, acabaria por negá-lo. Outros discordam de que ele tenha sido panteísta ou ateu e defendem ter adotado o *panenteísmo*, conceito que traz uma sutileza: tudo está em Deus, sem, no entanto, ser Deus. Sob essa perspectiva, Espinosa teria mantido a diferença entre a substância divina e os seus modos.

Fiéis reunidas em celebração ao fim do jejum do Ramadã, o nono mês do calendário islâmico, em Bali (Indonésia). Foto de 2016.

Deísmo

O deísmo é a religião natural. Os deístas acreditam em Deus como um ser supremo e criador de todas as coisas, deixando-as em seguida à sua sorte: seria um "Deus ausente". Desse modo, não estabelecem vínculos com o divino, antes rejeitam os livros sagrados, os cultos e os sacerdotes. Essa concepção prevaleceu no Iluminismo, embora já houvesse defensores no século XVII, na Inglaterra. Entre os representantes do deísmo, destacam-se os filósofos John Locke, Voltaire e Jean-Jacques Rousseau, o que não significa que esses pensadores partilhassem experiências comuns, como nos explica o professor Gilbert Hottois (1946):

> "Voltaire e Rousseau eram deístas, mas diferiam em tudo. O Deus de Voltaire é uma inteligência racional que garante a ordem cósmica: ele é o relojoeiro do relógio do mundo. O Deus de Rousseau é interior, afetivo e sensível; ele fala à consciência moral e se manifesta não tanto na ordem, mas na majestade romântica de algumas paisagens. O que une os deístas é a tolerância em matéria de religião e a independência de sua experiência religiosa em relação à instituição religiosa."
>
> HOTTOIS, Gilbert. *Do Renascimento à pós-modernidade*: uma história da filosofia moderna e contemporânea. Aparecida: Ideias & Letras, 2008. p. 151.

Agnósticos e ateus

A posição assumida por agnósticos e ateus é a que provoca mais estranheza, já que a maioria das pessoas possui alguma crença religiosa.

Agnosticismo

De modo geral, o agnóstico abstém-se de concluir se Deus existe ou não, alegando falta de evidências e a impossibilidade racional de conhecê-lo, desobrigando-o de aderir a qualquer culto religioso. Ele não crê nem descrê. O filósofo francês André Comte-Sponville (1952) refere-se a essa postura com uma certa ironia: "Se essa posição é mais correta que outras, é o que nenhum saber garante. É preciso crer nela, e é por isso que o agnosticismo também é uma espécie de fé, só que negativa: é crer que não se crê".

Neste tópico, é interessante abrir um parêntese para Immanuel Kant (1724-1804), expressão filosófica do Iluminismo alemão. Na obra *Crítica da razão pura*, ao julgar a capacidade da razão para conhecer, Kant concluiu que todo conhecimento depende dos dados da experiência aliados às formas *a priori* da sensibilidade e do entendimento. Assim, os conceitos metafísicos – como as ideias de alma, mundo e Deus – não são acessíveis à razão por não pertencerem ao âmbito de nossa experiência possível. Consequentemente, o filósofo se abstém de argumentar sobre esses conceitos, porque tanto é possível defender a existência de Deus como negá-la, sem que se chegue a uma conclusão.

Seria apressado, porém, qualificar a posição kantiana como agnóstica, uma vez que o filósofo apenas criticava a metafísica, ao negar a possibilidade de conhecer aquelas verdades pela razão. No entanto, em outra obra, a *Crítica da razão prática*, os conceitos mencionados são recuperados como postulados, ou seja, como pressupostos que permitem explicar a lei moral e seu exercício.

Ateísmo

Diferentemente do agnóstico, o ateu opina: ele *acredita*, *crê* que Deus não existe. Trata-se de uma opinião sem provas, assim como a do crente, que acolhe uma fé sem poder provar sua verdade. Os motivos que levam ao ateísmo variam conforme as pessoas, ao alegarem a insuficiência das crenças vigentes ou por não aceitarem qualquer tipo de cerceamento da autonomia de pensar e de escolher seu destino. Há ainda justificativas encontradas por quem prefira relacionar-se com o mundo de uma maneira laica, suportando humanamente – com a razão e o sentimento – as angústias das escolhas, o sofrimento e o enfrentamento da morte.

Críticas frequentes a agnósticos e ateus

As posições de agnósticos e ateus nem sempre são bem recebidas e é fácil encontrar na história fatos que comprovem essa reprovação. Tanto o Tribunal da Santa Inquisição, na Idade Média, como o poder religioso das teocracias contemporâneas punem o ateísmo com severo rigor. Isso exigiu dos ateus uma atitude mais cautelosa. Vejamos um comentário do romancista francês André Gide (1869-1951) sobre o filósofo Montaigne, que viveu no século XVI:

> "Sempre que Montaigne alude ao cristianismo, o faz com mais estranha senão maliciosa impertinência. Ocupa-se amiúde com a religião, jamais com Cristo. Nem uma só vez cita-lhe a palavra. É de duvidar que jamais haja lido os Evangelhos, ou melhor, é certo que jamais os leu seriamente. Suas reverências ante o catolicismo exprimem evidentemente muita prudência. Não se devem esquecer as instruções dadas em 1572 por Catarina de Médici e Carlos IX e que provocaram o massacre dos protestantes em toda a França."
>
> GIDE, André. *O pensamento vivo de Montaigne*. São Paulo: Martins Editora; Edusp, 1975. p. 21.

Para sua reflexão, destacaremos duas críticas comuns dirigidas a agnósticos e ateus. A primeira afirma que sem Deus não há possibilidade de uma vida ética. A outra reprova agnósticos e ateus por não serem espiritualizados.

Agnóstico: do grego *a*, "não", e *gnôsis*, "conhecimento"; "aquele que ignora"; o termo *agnosticismo* foi criado no século XIX pelo biólogo Thomas Huxley.

Aludir: referir-se a.

Ateus e agnósticos não têm vida moral?

Recorremos novamente à filosofia de Kant, por ter rejeitado concepções éticas que norteiam a ação moral com base em condicionantes. Para o filósofo prussiano, a ação moral se impõe como dever, mas não se trata de um dever recebido de fora, seja dado por Deus, seja pela família. O dever é livremente assumido pelo sujeito capaz de se autodeterminar. O critério para identificar a lei moral é a sua universalidade, ou seja, ao decidir algo por mim mesmo, espero que essa decisão seja uma norma aceita por todos. Outro critério da validade da lei moral é o respeito tanto pela própria dignidade quanto pela dos outros, de modo a nunca tratar as pessoas como meio, mas sempre como fim.

Com base nesses argumentos, pode-se reconhecer que a razão e o sentimento são capazes de encontrar por si mesmos os caminhos para uma vida moral, que rejeite o egoísmo e a exploração, bem como garanta os direitos humanos. Esses são os valores consagrados pelo Iluminismo e que repercutem até hoje.

Ateus não têm espiritualidade?

Antes de tudo, é preciso saber o que se entende por **espírito**. Segundo algumas religiões, o espírito é algo imaterial, que se distingue da matéria e sobrevive a seu aniquilamento. No sentido religioso da palavra, a espiritualidade é a elevação a um estágio superior, o encontro com o divino e o eterno. Nesse caso, se a espiritualidade for a crença em seres sobrenaturais ou em espíritos separados do corpo, que sobrevivem após a morte, certamente os ateus e agnósticos não teriam espiritualidade.

Contudo, o termo *espiritualidade* é mais amplo. Abarca tanto a ideia religiosa de espírito imortal como a ideia laica de mente, pensamento, sentimento. Desse ponto de vista não religioso, espiritualidade é a capacidade de amar, de criar, de participar de uma comunidade e de defender os valores éticos, políticos e estéticos em que acredita.

Não cabe à filosofia a palavra final, mas identificar as divergências e problematizar a discussão, o que, aliás, é sempre desejável em uma sociedade democrática. O que os filósofos criticam é a intolerância religiosa, quando um grupo pretende impor suas convicções a outros, seja por professarem religiões diferentes, seja por se tratar de ateus ou agnósticos.

5. Deus existe?

Pelo que vimos no tópico anterior, a crença em Deus não é unânime, embora a maioria das pessoas seja teísta. Mesmo entre os teístas existem nuances que os filósofos tentam esclarecer pela razão, nem sempre com sucesso.

Por exemplo, um tema muito discutido refere-se aos atributos de Deus. Dizer que Deus é infinito, **onipotente**, **onisciente**, criador e bom tem sua origem na tradição herdada das religiões monoteístas mais conhecidas. No entanto, nem todos pensam o mesmo sobre a natureza divina.

Na cosmologia de **Aristóteles** (c. 384-322 a.C.), o Deus do filósofo é o Primeiro Motor Imóvel[2] que impulsiona o movimento do mundo. Por não ser movido por nenhum outro, o Primeiro Motor é, segundo Aristóteles, Ato Puro, Ser Necessário e Causa Primeira de todo existente. Se considerarmos que para os gregos a matéria é eterna, esse Deus não criou o mundo, apenas lhe deu movimento. Além disso, não se trata do Deus providente que atende a pedidos dos crentes e ama todos os seres individualmente, porque é "pensamento que se pensa a si mesmo" e, portanto, indiferente ao mundo.

Outra questão sujeita a muitas controvérsias diz respeito às provas da existência de Deus, cujos principais argumentos veremos a seguir.

[2] Para mais informações sobre a teoria do Primeiro Motor, de Aristóteles, consulte o capítulo 15, "Filosofia grega no período clássico", na parte II.

> **Espírito:** do latim *spiritus*, "sopro", "vida", "alma", "mente". Em grego, corresponde *psichê*, "alma", "princípio vital" (seja material ou espiritual).
> **Onipotente:** que tudo pode.
> **Onisciente:** que tudo sabe.

Paul Thiry e Charlote-Suzane d'Holbach (1766), desenho de Louis Carrogis Carmontelle. O filósofo Barão d'Holbach (1723-1789), autor da obra *Sistema da natureza*, defendeu a possibilidade de existir uma moral ateia, num período em que o poder da Igreja ainda exerce forte controle sobre a circulação de ideias e pensamentos.

Capítulo 5 • As formas de crença

Provas da existência de Deus

Vários teólogos e filósofos se debruçaram sobre argumentos para provar racionalmente a existência de Deus. Um argumento consiste no encadeamento de proposições que levam a uma conclusão.

Argumento ontológico

No século XI, Anselmo, arcebispo de Cantuária, Inglaterra, elaborou o mais antigo argumento de prova da existência divina, posteriormente denominado argumento ontológico. Segundo ele, da *ideia* que temos de Deus, pode-se deduzir a sua *existência*. Se concebemos Deus como um ser perfeito, tão perfeito que nada se pode conceber mais excelente do que ele, concluímos que deveria também ter a perfeição da existência, logo, Deus existe.

Esse argumento chama-se ontológico porque parte da *definição* de Deus – portanto, do plano do pensamento – e passa para o plano ontológico – ou seja, para a existência mesma de Deus. É também chamado de argumento *a priori*, por ser elaborado apenas pela razão e não depender de confirmação da experiência.

O argumento ontológico ressurgiu em outros momentos da história da filosofia com Descartes e Leibniz, entre outros pensadores, mas também sofreu duras críticas dos mais diversos filósofos. Para Kant, por exemplo, a conclusão é indevida porque a existência não pode estar contida no conceito ou na definição de um ser perfeito.

Argumento cosmológico

Enquanto o citado argumento ontológico é *a priori*, os próximos são *a posteriori*, porque partem de dados da experiência, de realidades do mundo (do Cosmos) para chegar a Deus. Esses argumentos, descritos nos tópicos a seguir, foram retomados por Tomás de Aquino, na Idade Média, e aceitos por um grande número de filósofos e teólogos da época.

- Relação entre *causa* e *efeito*. De acordo com este argumento, percebemos que todo efeito resulta de uma causa; como não podemos levar esse encadeamento ao infinito, é preciso concluir que deve haver um princípio, uma causa que por sua vez seja incausada e que dê início à sequência causal das coisas, ou seja, Deus.

- Outra variante é a do *movimento*. Nada se move por si mesmo, mas tudo que se move é movido por outro, por isso precisamos admitir um primeiro ser imóvel. Esses dois argumentos (o de causa e efeito e o de movimento) já aparecem em Aristóteles, ao se referir, no primeiro, a Deus como Primeiro Motor Imóvel e, neste, como Ato Puro (sem potência).

- Pela versão da *contingência*, cada ser depende de outro para existir. Só Deus é necessário, porque não depende de nenhum outro para existir e fundamenta a existência de todos os outros seres, que podem ser ou não ser.

Bertrand Russell critica as provas cosmológicas por existir uma contradição nesse tipo de argumento: a conclusão de que Deus é incausado e é causa de todas as coisas invalida o argumento porque nega a premissa de que "tudo que existe tem uma causa". Mais ainda, o argumento confunde acontecimentos sobrenaturais (Deus) com os naturais (causalidade, movimento e contingência).

Já vimos que, ao criticar a metafísica, Kant invalidou as tentativas de explicar a existência e a natureza de Deus pela razão. Para ele, a existência de Deus pode ser postulada, não demonstrada: por isso é objeto de fé.

O filósofo contemporâneo Simon Blackburn retoma uma crítica de David Hume (1711-1776), contrário aos argumentos cosmológicos, e a adapta às teorias de nosso tempo:

> "Quando pensamos retrocedendo até ao *big bang*, a nossa próxima questão é a de saber afinal por que razão se deu esse acontecimento. A resposta 'por nenhuma razão' não nos satisfaz [...]. Assim, postulamos a existência de algo diferente, outra causa para lá desta. Mas o ímpeto ameaça agora continuar para sempre. Se apelarmos para Deus neste momento, teremos de perguntar o que causou Deus ou de terminar arbitrariamente a regressão. Mas se exercermos um direito arbitrário de parar a regressão neste momento, poderíamos muito bem tê-lo feito antes, parando no cosmo físico."
>
> BLACKBURN, Simon. *Pense*: uma introdução à filosofia. Lisboa: Gradiva, 2001. p. 170. (Coleção Filosofia Aberta)

Ontologia: termo criado no século XVII, às vezes, como sinônimo de *metafísica*; no contexto, conhecimento do "ser" das coisas; nesse caso específico, o "ser" de Deus.

Big bang: literalmente, "grande estrondo"; segundo a teoria do *big bang*, anunciada em 1948, o Universo teria surgido de uma grande explosão.

Fotografia realizada com técnica *time-lapse* e tirada no observatório de La Silla (Chile). Foto de 2016. O movimento dos astros nos leva a perguntar sobre uma primeira causa dos movimentos que seja incausada, reflexão que pode basear um argumento cosmológico.

Argumento do desígnio

O argumento do **desígnio** é muito comum e tem força de convencimento. Trata-se de um tipo de explicação por **analogia**. Apesar da complexidade do mundo, é surpreendente o funcionamento do organismo dos seres vivos e a maneira como eles interagem, por isso sempre nos admiramos com a ordem e a perfeição do Universo, com seus planetas e a regularidade de seus movimentos. Vejam-se as leis ecológicas, de uma harmonia que não pode ser afetada sob pena de desequilíbrio, como bem temos constatado nos últimos tempos. Torna-se, portanto, impossível negar que tamanha harmonia tenha sido obra de Deus ou afirmar que esse mundo ordenado seja mero resultado de acaso.

Se comparássemos o Universo com um relógio, certamente indagaríamos sobre a capacidade do hábil relojoeiro, responsável por inventar aquele maquinismo. Do mesmo modo que o relojoeiro deve ter feito um projeto, também o Universo teria resultado do desígnio de uma inteligência superior, que é Deus.

O argumento do desígnio provoca adesões e críticas. As últimas são muito semelhantes às que se contrapõem aos argumentos cosmológicos: não há necessidade de ir além das explicações da própria natureza para buscar uma solução sobrenatural.

Outra objeção deriva da constatação de que o mundo não é tão maravilhoso assim, dada a inquestionável existência do mal. Como conciliar a bondade e a onipotência de Deus com o mal moral – o sofrimento causado pela injustiça – e com os males naturais, como catástrofes provocadas por fenômenos da natureza, epidemias, doenças? Essa questão é mais complexa, por isso trataremos dela no próximo tópico.

> **Desígnio:** intenção, propósito, ideia de realizar algo.
> **Analogia:** raciocínio por semelhança; resulta da comparação entre objetos ou fenômenos diferentes nos quais se identifica uma semelhança específica.

Saiba mais

A teoria maniqueísta que opõe os princípios do Bem e do Mal, de tão entranhada no imaginário humano, ressurge frequentemente em relatos de mitos, no embate entre forças antagônicas. O tema é replicado em contos infantis, nas novelas e seriados, nos *videogames*, em obras romanceadas de diversos tipos. Vale destacar a possibilidade de essa percepção rigidamente dicotômica se estender ao mundo adulto e infantilizar as relações humanas entre as nações, como costuma ocorrer nos casos de xenofobia, quando o "outro" – o diferente, o estrangeiro – é visto como ameaçador, ao passo que "nós" estaríamos do "lado do bem".

6. O problema do mal

A questão do mal sempre foi tema de debate entre os crentes, especialmente em razão da dificuldade em conciliar a bondade e a onipotência divinas com o mal moral e os males naturais. Inúmeras foram as explicações para justificar essa aparente contradição.

Algumas religiões optaram por aceitar dois princípios, um do *bem* e outro do *mal*. Foi assim com os maniqueus, seguidores do profeta persa Mani (Manes, ou ainda Maniqueu), que, por sua vez, já haviam reunido crenças de diversas religiões. Desse modo, o mal teria existência real, devido à existência dessa "antidivindade".

Algumas religiões trazem em suas doutrinas a crença em "anjos caídos", ou demônios, que se insurgiram contra Deus e têm como finalidade corromper os seres humanos. O cristianismo introduziu o conceito de *pecado original*, que se refere à desobediência de Adão e Eva a Deus, pecado punido com a expulsão do Paraíso e com a desventura do sofrimento, herdada por toda a humanidade.

Para outras, o mal moral seria decorrente do livre-arbítrio concedido por Deus. Por ser livre, o ser humano poderia preferir o mal e não o bem. Há ainda os que admitem ser o bem absoluto uma promessa para a vida após a morte, assim os fiéis suportariam os sofrimentos na esperança de vida eterna.

No entanto, a discussão sobre o mal físico levanta outro tipo de problema, aquele que vai além da transgressão pessoal a ser punida. Trata-se do mal que resulta de uma catástrofe, como o provocado por terremotos ou *tsunamis* e que atinge indiscriminadamente pessoas moralmente boas ou más. Do mesmo modo, doenças incuráveis acometem crianças e prolongam nelas o sofrimento. Nesses casos, seria justo que bons fossem vitimados por uma natureza que foi criada por Deus? Por isso, há quem veja esse tipo de mal como um castigo divino para penalizar faltas que elas mesmas desconhecem.

Painel direito de *As tentações de Santo Antão* (c. 1500), do pintor Hieronymus Bosch. Na pintura, o artista renascentista representa o mal por meio da cena do ermitão sendo tentado por criaturas demoníacas.

Capítulo 5 • As formas de crença 93

Teorias sobre o mal

São inúmeras as teorias que discutem as relações entre Deus e a existência do mal, muitas delas inconclusivas. Na sequência, daremos uma breve ideia dos debates já realizados em torno dessa questão.

Agostinho: o mal como *não ser*

Agostinho[3] (354-430), bispo de Hipona, desde o início de suas especulações esteve motivado pela questão do mal, o que o fez aderir à crença dos maniqueus, que admitiam dois princípios fundadores, o Bem e o Mal, que depois rejeitou ao se converter ao cristianismo. Aceitou, então, um Deus único, deparando-se novamente com o problema de explicar a aparente contradição entre a bondade de Deus e a existência do mal.

Na sua teoria sobre o mal, Agostinho concluiu que o mal é um *não ser*, isto é, ele não tem uma existência real, mas é uma carência, a ausência do bem. Argumentou que, se vemos algo que se corrompe, é porque antes era bom, senão não poderia se corromper. E, caso as coisas fossem privadas de todo o bem, deixariam totalmente de existir.

A doutrina do mal como *não ser* já fora defendida desde a Antiguidade e foi reforçada na Idade Média, inclusive por Tomás de Aquino, principal filósofo da Escolástica.

A teoria agostiniana do mal foi criticada por outros pensadores. Kant a rebateu, afirmando que, nos limites da razão, é impossível resolver essa contradição. Restaria a nós reconhecermos que o mal existe e, do ponto de vista prático, buscarmos maneiras de evitá-lo, quando possível.

Paul Ricoeur: espiritualizar da lamentação

No século XX, o filósofo francês Paul Ricoeur explicou a realidade do mal inicialmente sob três aspectos: nos planos do pensamento, da ação e do sentimento.

Sob o aspecto do pensamento, Ricoeur repassa as teorias teológicas e filosóficas anteriores, reconhecendo que esse enigma não pode ser solucionado. Do ponto de vista da ação, o mal surge como violência, portanto como objeto da moral: cabem à ética e à política as ações necessárias para a diminuição do mal. E, no plano do sentimento, o que nos resta é a resignação diante da condição humana.

É sobre este último aspecto que Ricoeur analisa as respostas que correspondem a três momentos diante da perplexidade que o mal provoca nas pessoas. Vale observar que a intenção do filósofo é destacar a mudança *qualitativa* da lamentação e da queixa que acompanham o indivíduo diante do sofrimento de uma perda afetiva.

A primeira resposta é a de ignorância diante do porquê do mal. A pessoa que foi vítima do mal tende a dizer: "Não sei por que as coisas acontecem assim!"; ou que o mal existe devido "ao acaso no mundo".

A segunda é a de lamentação contra Deus: "Por que Deus permitiu que isso ocorresse?"; "Até quando, Senhor?".

O terceiro estágio é o de espiritualizar a lamentação. Assim diz Ricoeur:

> "[Espiritualizar a lamentação] é descobrir que as razões de acreditar em Deus nada têm em comum com a necessidade de explicar a origem do sofrimento. O sofrimento é somente um escândalo para quem compreende Deus como a fonte de tudo o que é bom na criação, incluindo a indignação contra o mal, a coragem de suportá-lo e o *élan* de simpatia em relação às suas vítimas; então acreditamos em Deus *apesar* do mal."
>
> RICOEUR, Paul. *O mal*: um desafio à filosofia e à teologia. Campinas: Papirus, 1988. p. 51.

É evidente que esses questionamentos dizem respeito aos crentes, porque ateus e agnósticos não se debruçariam sobre eles. A não ser para tomá-los como prova de que Deus não existe, o que, na verdade, não teria condições de evidência, como vimos.

A reflexão sobre o mal, que intrigou teólogos e filósofos, reaparece no campo da ética, mais propriamente nas discussões sobre os atos morais, a fim de identificar as razões pelas quais esses atos são classificados como *bons* ou *maus*.

Élan: ou elã, impulso, movimento afetuoso, inspiração.

Escultura assíria representando o demônio Pazuzu, rei dos espíritos maus (século VIII a.C.). Nos relatos dos mitos e das religiões de todos os tempos e lugares encontramos seres malignos que justificam a existência do mal e assombram os humanos.

ATIVIDADES

1. Faça a distinção entre teísmo, deísmo e panteísmo.

2. Em que consiste o argumento cosmológico para provar a existência de Deus?

3. Explique a origem do mal para Agostinho.

---
[3] Para mais informações sobre Agostinho, consulte o capítulo 17, "Razão e fé", na parte II.

Colóquio

Dois modos de chegar a Deus

Blaise Pascal (1623-1662) e René Descartes viveram na mesma época, mas tinham algumas divergências filosóficas. O primeiro texto selecionado mostra a valorização da fé em Pascal, e o segundo expõe o racionalismo geometrizante que caracterizou a filosofia cartesiana, mesmo quando se refere a Deus.

Texto 1

"É o coração que sente Deus, e não a razão. Eis o que é a fé: Deus sensível ao coração, não à razão.

A fé é um dom de Deus; não imagineis que a consideramos um dom do raciocínio. As outras religiões não dizem isso de sua fé: só davam o raciocínio para atingi-la, o qual, entretanto, não a alcança.

Que distância entre o conhecimento de Deus e o amor de Deus! [...]

Conhecemos a verdade não só pela razão, mas também pelo coração; é desta última maneira que conhecemos os princípios, e é em vão que o raciocínio, que deles não participa, tenta combatê-los. [...] Sabemos que não sonhamos; por maior que seja a nossa impotência em prová-lo pela razão, essa impotência mostra-nos apenas a fraqueza da nossa razão, mas não a certeza de todos os nossos conhecimentos, como pretendem. Pois o conhecimento dos princípios, como o da existência de espaço, tempo, movimentos, números, é tão firme como nenhum dos que proporcionam os nossos raciocínios. É sobre esse conhecimento do coração e do instinto que a razão deve apoiar-se e basear todo o seu discurso. [...]

Eis por que aqueles a quem Deus deu a religião pelo sentimento do coração são bem felizes e se encontram legitimamente persuadidos. Mas aos que não têm, só [lha] podemos dar pelo raciocínio, à espera de que Deus [lha] dê pelo sentimento do coração, sem o que a fé é apenas humana e inútil para a salvação."

PASCAL, Blaise. *Pensamentos*. São Paulo: Abril Cultural, 1973. p. 111-112. (Coleção Os Pensadores)

Texto 2

"[...] tendo refletido sobre aquilo que eu duvidava, e que, por consequência, meu ser não era totalmente perfeito, pois via claramente que o conhecer é perfeição maior do que duvidar, deliberei procurar de onde aprendera a pensar em algo mais perfeito do que eu era; e conheci, com evidência, que deveria ser de alguma natureza que fosse de fato mais perfeita. No concernente aos pensamentos que tinha de muitas outras coisas fora de mim, como do céu, da terra, da luz, do calor e de mil outras, não me era tão difícil saber de onde vinham, porque, não advertindo neles nada que me parecesse torná-los superiores a mim, podia crer que, se fossem verdadeiros, eram dependências de minha natureza, na medida em que esta possuía alguma perfeição; e se não o eram, que eu os tinha do nada, isto é, que estavam em mim pelo que eu possuía de falho. Mas não podia acontecer o mesmo com a ideia de um ser mais perfeito do que o meu; pois tirá-la do nada era manifestamente impossível; e, visto que não há menos repugnância em que o mais perfeito seja uma consequência de uma dependência do menos perfeito do que admitir que do nada procede alguma coisa, eu não podia tirá-la tampouco de mim próprio. De forma que restava apenas que tivesse sido posta em mim por uma natureza que fosse verdadeiramente mais perfeita do que a minha, e que mesmo tivesse em si todas as perfeições de que eu poderia ter alguma ideia, isto é, para explicar-me numa palavra, que fosse Deus. A isso acrescentei que, dado que conhecia algumas perfeições que não possuía, eu não era o único ser que existia [...], mas que devia necessariamente haver algum outro mais perfeito, do qual eu dependesse e de quem eu tivesse recebido tudo o que possuía.

[...] voltando a examinar a ideia que tinha de um Ser perfeito, verificava que a existência estava aí inclusa, da mesma forma como na de um triângulo está incluso serem seus três ângulos iguais a dois retos, ou na de uma esfera serem todas as suas partes igualmente distantes do seu centro, ou mesmo, ainda mais evidentemente; e que, por conseguinte, é pelo menos tão certo que Deus, que é esse Ser perfeito, é ou existe, quanto sê-lo-ia qualquer demonstração de Geometria."

DESCARTES, René. *Discurso do método*. São Paulo: Abril Cultural, 1973. p. 55-57. (Coleção Os Pensadores)

QUESTÕES

1. Dentro do contexto, o que Pascal quer dizer com a exclamação: "Que distância entre o conhecimento de Deus e o amor de Deus!"?
2. Leia o texto de Descartes e elabore um esquema do encadeamento de ideias feito pelo filósofo.
3. Considerando o tópico em que foram analisados os diversos tipos de prova da existência de Deus, em qual deles se encaixa o pensamento de Descartes? Justifique sua resposta.
4. Sob que aspecto as posições de Pascal e de Descartes convergem e em que elas discordam?

Capítulo 5 • As formas de crença

7. Religião e democracia

A democracia é um regime que consente na ampla participação dos cidadãos e dela depende para ser verdadeira. Por ser também pluralista, respeita as diferenças entre seus membros e abre os debates para resolver pacificamente os conflitos, sempre inevitáveis. Inevitáveis porque, onde há pluralismo, há divergências, e estas não podem ser desprezadas, sob pena de descaracterizar seu viés democrático. Por isso mesmo, a democracia é o contrário da autocracia, regime em que as decisões ficam a cargo de uma minoria que faz calar os demais.

Sabemos por meio da história de governos que sucumbiram à tentação de exercer o poder pelo pensamento único, seja do ponto de vista ideológico, como o nazismo racista de Hitler, seja pela perseguição a dissidentes e críticos do sistema, como no stalinismo soviético. Outras vezes esse poder é exercido sob o aspecto religioso, em que prevalece a crença tida como verdadeira e imposta à revelia das demais. As crenças sufocadas passam a ser chamadas de *heréticas* e seus seguidores são perseguidos e punidos.

Os exemplos são inúmeros. Sócrates (c. 470-399 a.C.) foi acusado de *impiedade*. Esse termo, hoje impregnado pelo sentido de "maldade", significava o comportamento daqueles que são *ímpios*, isto é, que não creem na divindade. Sócrates, que viveu em uma civilização politeísta, foi condenado por não aceitar os deuses da cidade e por corromper os jovens, ao criticar os costumes e os governantes. Ou seja, ambas as denúncias configuram-se como crimes contra a consciência.

Na França do século XVI, o confronto entre seguidores de religiões diferentes culminou tristemente no massacre de protestantes por católicos. A data em que ocorreu este episódio, dedicada tradicionalmente a um santo católico, tornou-se conhecida como "Noite de São Bartolomeu".

Estado laico

O período da Ilustração, no século XVIII, foi importante para a discussão a respeito de governos *laicos*. Vimos no tópico anterior que os deístas disseminavam as ideias de que o pensamento é livre e de que qualquer cidadão pode ter a crença que quiser. Do mesmo modo, Kant acenava com a autonomia da moral: "Ousa pensar por si mesmo!". Embora essas expressões de liberdade não significassem o abandono de tentativas – muitas vezes efetivadas – de interferência do discurso religioso na política, eram sementes para o fortalecimento do Estado laico capaz de garantir a democracia.

A integração entre Igreja e Estado sempre representou um risco, porque a sociedade é plural, não sendo salutar que prevaleça uma só orientação religiosa. No entanto, isso não significa desprezar os religiosos que atuam em suas comunidades. Se algumas vezes religiosos foram coniventes com o poder autoritário, em outras, exerceram atuação relevante na oposição às ditaduras. O sociólogo francês Alain Touraine (1925), estudioso de movimentos sociais, confirma:

"Os defensores mais extremos da filosofia das Luzes pensam que somente o pensamento racional e científico poderá reforçar a democracia e que uma sociedade democrática deve ser transparente e natural, enquanto qualquer apelo a um povo, cultura ou história está repleto de nacionalismo e favorece um governo autoritário. Tal posição é contraditada pela história recente, em particular, da América Latina, na qual determinados movimentos populares urbanos de inspiração religiosa lutaram mais eficazmente contra as ditaduras militares do que as classes médias instruídas, mas quase sempre seduzidas pelas oportunidades de enriquecimento e promoção oferecidas por regimes autoritários que restabeleciam os direitos do mercado."

TOURAINE, Alain. *O que é a democracia?* 2. ed. Petrópolis: Vozes, 1996. p. 235.

Um exemplo brasileiro está na atuação de Frei Betto e de outros frades dominicanos durante a ditadura civil-militar (1964-1985), período em que acolheram perseguidos pelo regime, auxiliaram a fuga de militantes e possibilitaram que informações das torturas ocorridas no interior dos presídios fossem divulgadas em outros lugares, como na Europa. Frei Betto chegou a ser detido, e as suas memórias desse triste período estão descritas no livro *Batismo de sangue*, que foi adaptado para o cinema.

Trocando ideias

Há uma polêmica ainda hoje no Brasil sobre a retirada de crucifixos das repartições públicas.
- Discuta com seus colegas sobre argumentos favoráveis e contrários à medida. Em seguida, posicione-se.

O que é fundamentalismo?

Sempre que se fala em fundamentalismo religioso é comum a imediata relação com religiões islâmicas. No entanto, trata-se de uma parcialidade preconceituosa que oculta o fato de que outras religiões também assumiram comportamentos fundamentalistas em determinados períodos. Esse tipo de distorção encontra-se presente ao longo da história da humanidade e é representado por grupos radicais, que desejam impor a qualquer custo sua verdade a outros.

Assim, seriam fundamentalistas: entre os cristãos, os cruzados, que, na Idade Média, combatiam os "infiéis" árabes; os inquisidores, que queimavam livros e hereges; os incendiários de mesquitas hindus; os homens-bombas muçulmanos. Todos eles agem em nome de uma fé fanática.

Heresia: interpretação, doutrina ou sistema teológico rejeitado como falso pela Igreja.
Laico: leigo; que não pertence ao clero ou a uma ordem religiosa; não religioso.

Non Sequitur (1994), tirinha de Wiley Miller. A intolerância é o alimento do fundamentalismo.

Origem do termo fundamentalismo

O comportamento fundamentalista é antigo, mas o termo tem origem nos Estados Unidos, entre os anos de 1910 e 1915, quando foi publicada uma vasta coleção de estudos religiosos intitulada *The Fundamentals*, que reuniu textos sagrados de teólogos conservadores.

O fundamentalismo cristão evangélico manifestou-se negativamente naquele país em diversas ocasiões: na afirmação da teoria religiosa criacionista em oposição à teoria evolucionista científica de Darwin; na condenação de lutas libertárias de feministas e de homossexuais na década de 1960; na forte vertente conservadora presente nos períodos de 1980-1990 e que lutava contra uma suposta "desagregação familiar". Neste último exemplo, a intenção era reafirmar o patriarcalismo, recuperar a santidade do matrimônio, a autoridade do homem sobre a mulher, retomar o poder paterno sobre os filhos e o fortalecimento da ideia de que a vida sexual está voltada para a procriação.

Fundamentalismo hoje

Do mesmo modo que não podemos considerar fundamentalistas todos os cristãos, é preciso concluir igualmente que a acusação de fundamentalismo direcionada a adeptos do islamismo – ou de qualquer outra religião – aplica-se apenas a setores radicais.

O Afeganistão, país de maioria muçulmana, por exemplo, já havia atingido no século XX significativo avanço no processo de modernização. Mulheres frequentavam universidades, tinham direito de votar e de serem votadas e exerciam profissões liberais. Em 1996, contudo, o grupo fundamentalista dos Talebans assumiu o poder e introduziu a interpretação radical da religião islâmica para impor restrições e punições severas à população, como amputar mãos e pés de ladrões, exigir que mulheres retornassem às atividades domésticas e voltassem a usar a **burca**, fechar escolas que educassem meninas.

História semelhante já havia ocorrido no Irã, após a Revolução Islâmica de 1979, quando se instalou uma república teocrática no país, promovendo a integração entre religião e política. No Paquistão, em 2012, Malala Yousafzai, então com 15 anos, sofreu um atentado por redigir defesas ao direito das meninas de estudarem.

O que se observa no comportamento de fundamentalistas, seja no Ocidente, seja no Oriente, é que são invariavelmente reativos e conservadores. No caso de cristãos e judeus, a reação ocorre na defesa do que eles consideram valores morais e religiosos a serem recuperados. Os fundamentalistas islâmicos, por sua vez, buscam resgatar valores religiosos que estariam ameaçados pela ocidentalização dos costumes. Em todos os casos, há uma obsessão por retornar ao passado.

Diante de tantos avanços e retrocessos, é possível refletir sobre os percalços das democracias contemporâneas na tentativa de estimular a convivência pacífica entre fiéis de crenças tão diversas, nem sempre com disponibilidade para o diálogo.

A religião é uma dimensão humana relevante relacionada às crenças que ajudam a compreender a realidade, a orientar a ação e a esperar que a vida não termine com a morte, embora nem todas as religiões se enquadrem nessa estreita definição. Diante de um leque de expressões religiosas, a filosofia da religião busca tratar dessas questões de uma maneira tão isenta quanto possível. A filosofia não **proselitista**, em vez de impor conceitos, tem por objetivo discuti-los.

Essa reflexão nos leva a outra: a necessidade de, em uma sociedade pluralista e democrática, todos – crentes e descrentes – terem seu espaço de liberdade de expressão e de respeito mútuo.

Burca: vestimenta que as mulheres devem usar em público em alguns países muçulmanos e que cobre o corpo todo, inclusive os olhos, semiocultos por um tecido em tela; na Península Arábica, a exigência é do nicabe, semelhante à burca, mas com os olhos à mostra; já o xador (ou chador), usado no Irã, cobre o corpo e os cabelos, mas o rosto permanece descoberto.

Proselitismo: atividade ou esforço de converter alguém a uma religião ou doutrina.

ATIVIDADES

1. Por que a laicidade é um componente importante na política democrática?

2. O que é fundamentalismo religioso?

3. Qual é o objetivo da filosofia da religião?

Capítulo 5 • As formas de crença

Leitura analítica

Moral e religião

Neste texto, dos professores espanhóis Adela Cortina e Emilio Martínez, são desfeitas algumas confusões comuns estabelecidas nas relações entre moral e religião, ao mostrar que, se de fato as morais religiosas foram importantes em algum momento, no mundo contemporâneo existe, ao lado da moral confessional de cada religião, a moral laica, que qualquer pessoa pode alcançar pela sua própria consciência. Além disso, existe uma pluralidade de concepções morais que deveriam conviver de maneira pacífica.

"Qualquer crença religiosa implica uma determinada concepção de moral, pois as crenças em geral – não só as religiosas, mas também as concepções do mundo explicitamente ateias – contêm necessariamente considerações valorativas sob determinados aspectos da vida, considerações que, por sua vez, permitem formular princípios, normas e preceitos para orientar a ação. As religiões de grande tradição histórica, como o cristianismo, o islamismo ou o budismo, dispõem de doutrinas morais muito elaboradas, nas quais se detalham objetivos, ideais, virtudes, normas etc. Desse modo, o crente de determinada religião recebe – personalizando-a, aceitando-a em consciência como sua própria – a concepção moral do grupo religioso a que pertence, e com ela assimila também um determinado código de normas que para ele terá a dupla condição de código religioso [...] e de código moral. [...] Mas nesse ponto temos de advertir que, embora muitos crentes não tenham consciência da dupla dimensão (religiosa e moral) que possui o código pelo qual regem a sua conduta, de fato existe uma diferença entre a auto-obrigação que corresponde à aceitação de regras enquanto religiosas (auto-obrigação que desaparece se o crente abandona essa religião concreta ou qualquer tipo de religião) e a auto-obrigação que se baseia na mera racionalidade da prescrição (auto-obrigação que não desaparece mesmo que o crente abandone a religião, pois as regras que podem ser consideradas racionalmente exigíveis obtêm sua obrigatoriedade não da crença em uma autoridade divina, e sim da própria consciência humana).

Por outro lado, uma religião não é apenas um código moral, mas algo mais: é um determinado modo de compreender a transcendência e de se relacionar com ela. Nesse sentido, algumas das prescrições que pertencem ao código moral religioso possuem, na realidade, um caráter estritamente religioso, e, portanto, não podem ser consideradas prescrições morais propriamente ditas, mesmo que o crente possa sentir-se obrigado do mesmo modo tanto por umas quanto por outras [...]. Por exemplo, quando uma religião ordena a seus seguidores que participem de determinados ritos, ou que se dirijam à divindade com determinadas orações, está estabelecendo prescrições estritamente religiosas, pois tais exigências não são racionalmente exigíveis de toda pessoa enquanto tal.

Por fim, recordemos que nem toda concepção moral faz referência a crenças religiosas, nem tem o dever de fazê-lo. É verdade que, durante séculos, as questões morais costumavam ficar a cargo das religiões, e que seus respectivos **hierarcas** atuavam e atuam como moralistas para orientar as ações de seus seguidores e tentar influenciar também os que não o são. Mas, em rigor, os preceitos de uma moral religiosa só são obrigatórios para os fiéis da religião em questão. Portanto, uma moral comum exigível a todos, crentes e não crentes, não pode ser uma moral confessional, nem tampouco belicosamente laicista (isto é, oposta à livre existência dos tipos de moral de inspiração religiosa), mas precisa ser simplesmente laica, isto é, independente das crenças religiosas [...]. Desse modo, os diferentes tipos de moral presentes em uma sociedade pluralista podem sustentar – cada uma a partir de suas próprias crenças – uma moral cívica de princípios comumente compartilhados (igual respeito e consideração por todos, garantia de direitos e liberdade básicos para todos) que permita o clima apropriado para que as diferentes concepções morais de caráter geral e abrangente [...] possam convidar as pessoas a compartilhar seus respectivos ideais mediante argumentos e testemunhos que julguem pertinentes."

CORTINA, Adela; MARTÍNEZ, Emilio. *Ética*.
São Paulo: Loyola, 2005. p. 42-43.

Hierarca: autoridade superior em assuntos eclesiásticos.

QUESTÕES

1. Sob que aspecto religião e moral se acham vinculadas?
2. Em que sentido a moral não está necessariamente vinculada a uma religião?
3. Qual é a importância de garantir o pluralismo nas sociedades contemporâneas?

ATIVIDADES

1. Compare a crença descrita na legenda da foto apresentada na abertura deste capítulo ao mito exposto a seguir e explique em qual dos dois há uma cosmogonia.

> "Deus já foi mulher. Antes de se exilar para longe de sua criação e quando ainda não se chamava Nungu, o atual Senhor do Universo parecia-se com todas as mães deste mundo. Nesse outro tempo, falávamos a mesma língua dos mares, da terra e dos céus. [...] Todos sabemos, por exemplo, que o céu ainda não está acabado. São as mulheres que, desde há milênios, vão tecendo esse infinito véu. Quando os seus ventres se arredondam, uma porção de céu fica acrescentada. Ao inverso, quando perdem um filho, esse pedaço de firmamento volta a definhar."
>
> COUTO, Mia. *A confissão da leoa.*
> São Paulo: Companhia das Letras, 2012. p. 15.

2. Com base no que estudamos neste capítulo, comente a citação de Cassirer.

> "No desenvolvimento da cultura humana não podemos fixar um ponto onde termina o mito e a religião começa. Em todo o curso de sua história, a religião permanece indissoluvelmente ligada a elementos míticos e repassada deles. Por outro lado, [...] o mito é uma religião em potencial."
>
> CASSIRER, Ernst. *Antropologia filosófica.*
> São Paulo: Mestre Jou, 1972. p. 143.

3. Leia a citação de Montaigne e relacione-a com o que estudamos sobre a intolerância religiosa.

> "Não me parece excessivo julgar bárbaros tais atos de crueldade [a antropofagia de indígenas], mas que o fato de condenar tais defeitos não nos leve à cegueira acerca dos nossos. Estimo que é [...] pior esquartejar um homem entre suplícios e tormentos e o queimar aos poucos, ou entregá-lo a cães e porcos, a pretexto de devoção e fé, como [...] vimos ocorrer entre vizinhos nossos conterrâneos [...]."
>
> MONTAIGNE. *Ensaios.* São Paulo: Abril
> Cultural, 1972. p. 107. (Coleção Os Pensadores)

4. Leia o texto a seguir e atenda ao que se pede.

> "O que poderia haver nessa grande exposição dos saberes humanos que levou a obra [a *Enciclopédia* de Diderot e d'Alembert] a ser censurada pelos poderes instituídos? [...] Tomemos só um dos exemplos possíveis. O verbete 'Antropófagos' faz uma remissão à 'Eucaristia'. [...] O leitor vai então a 'Eucaristia', que é um verbete absolutamente conforme à ortodoxia, mas que remete a 'Sacrifício'. O que encontramos lá? Primeiro, uma descrição do sacrifício de Abel, que por si só é polêmico. O verbete remete então a 'Vítima', que contém um longo desenvolvimento sobre vítimas humanas ou sacrifícios humanos entre os pagãos e entre alguns povos da América. Até aqui, ao que parece, nada de suspeito. Os cristãos parecem sair ilesos da análise. Engano: o leitor é surpreendido, nos parágrafos finais, quando o autor afirma que há, sim, vítimas humanas na Europa cristã: são os condenados pela Inquisição."
>
> SOUZA, Maria das Graças de. "Círculo dos conhecimentos".
> In: DIDEROT; D'ALEMBERT. *Enciclopédia, ou dicionário razoado das ciências, das artes e dos ofícios.* São Paulo: Editora Unesp, 2015. p. 21. v. 1.

a) De acordo com o texto, qual o "perigo" escondido por trás do verbete "Antropófagos", da *Enciclopédia*?

b) Faça uma breve pesquisa sobre os conflitos religiosos atuais e compare-os às atrocidades cometidas durante a Inquisição. Aproveite para retomar a tirinha apresentada na página 97.

5. **Dissertação.** Extraído do romance *Os irmãos Karamázov*, do russo Fiódor Dostoiévski, a primeira citação é um trecho da fala de Ivan, o irmão ateu. O segundo texto é um trecho extraído do verbete "Moral" do *Dicionário filosófico* de Comte-Sponville. Leia os dois fragmentos e, com base nos conhecimentos construídos ao longo do estudo, redija uma dissertação respondendo à pergunta: **"Se Deus não existe, tudo é permitido?"**.

> "[...] a qualquer um que já hoje tenha consciência da verdade é permitido organizar-se sobre novos princípios a seu absoluto critério. Nesse sentido, a ele 'tudo é permitido'. E mais: [...] como Deus e a imortalidade todavia não existem, ao novo homem, ainda que seja um só no mundo inteiro, será permitido tornar-se homem-Deus e, claro que já na nova função, passar tranquilamente por cima de qualquer obstáculo moral imposto ao antigo homem-escravo, se isso for necessário. Para um Deus não existe lei! Onde Deus estiver, estará no lugar do Deus! Onde eu estiver, aí já será o primeiro lugar... 'tudo é permitido', e basta!"
>
> DOSTOIÉVSKI, Fiódor. *Os irmãos Karamázov.*
> São Paulo: Editora 34, 2008. p. 840-841. v. 2.

> "A moral, ao contrário do que se costuma crer, não tem nada a ver com a religião, menos ainda com o medo da polícia ou do escândalo. Ou, se esteve historicamente ligada às Igrejas, aos Estados e à opinião pública, só se torna verdadeiramente moral – esta é uma das contribuições decisivas das Luzes – na medida em que se liberta desses vínculos. Foi o que mostraram, cada qual a seu modo, Espinosa, Bayle e Kant. [...] O que é moral? É o conjunto das regras que eu imponho a mim mesmo, ou deveria impor, não com a esperança de recompensa ou o medo de um castigo, o que não passaria de egoísmo, não em função do olhar alheio, o que não passaria de hipocrisia, mas, ao contrário, de maneira desinteressada e livre: porque considero que elas se impõem universalmente (para todo ser razoável) e sem que tenhamos necessidade, para tanto, de esperar ou de temer o que quer que seja."
>
> COMTE-SPONVILLE, André. *Dicionário filosófico.* 2. ed.
> São Paulo: Martins Fontes, 2011. p. 399-400.

Capítulo 5 • As formas de crença

ATIVIDADES

ENEM E VESTIBULARES

6. (Enem/MEC-2015)

"Se os nossos adversários, que admitem a existência de uma natureza não criada por Deus, o Sumo Bem, quisessem admitir que essas considerações estão certas, deixariam de proferir tantas blasfêmias, como a de atribuir a Deus tanto a autoria dos bens quanto dos males. Pois sendo Ele fonte suprema da Bondade, nunca poderia ter criado aquilo que é contrário à sua natureza."

AGOSTINHO. *A natureza do Bem*. Rio de Janeiro: Sétimo Selo, 2005. (Adaptado)

Para Agostinho, não se deve atribuir a Deus a origem do mal porque

a) o surgimento do mal é anterior à existência de Deus.
b) o mal, enquanto princípio ontológico, independe de Deus.
c) Deus apenas transforma a matéria, que é, por natureza, má.
d) por ser bom, Deus não pode criar o que lhe é oposto, o mal.
e) Deus se limita a administrar a dialética existente entre o bem e o mal.

7. (Enem/MEC-2012)

Texto 1

"Anaxímenes de Mileto disse que o ar é o elemento originário de tudo o que existe, existiu e existirá, e que outras coisas provêm de sua descendência. Quando o ar se dilata, transforma-se em fogo, ao passo que os ventos são ar condensado. As nuvens formam-se a partir do ar por feltragem e, ainda mais condensadas, transformam-se em água. A água, quando mais condensada, transforma-se em terra, e quando condensada ao máximo possível, transforma-se em pedras."

BURNET, J. *A aurora da filosofia grega*. Rio de Janeiro: PUC-Rio, 2006. (Adaptado)

Texto 2

"Basílio Magno, filósofo medieval, escreveu: 'Deus, como criador de todas as coisas, está no princípio do mundo e dos tempos. Quão parcas de conteúdo se nos apresentam, em face desta concepção, as especulações contraditórias dos filósofos, para os quais o mundo se origina, ou de algum dos quatro elementos, como ensinam os Jônios, ou dos átomos, como julga Demócrito. Na verdade, dão a impressão de quererem ancorar o mundo numa teia de aranha'."

GILSON, E.; BOEHNER, P. *História da filosofia cristã*. São Paulo: Vozes, 1991. (Adaptado)

Filósofos dos diversos tempos históricos desenvolveram teses para explicar a origem do Universo, a partir de uma explicação racional. As teses de Anaxímenes, filósofo grego antigo, e de Basílio, filósofo medieval, têm em comum na sua fundamentação teorias que

a) eram baseadas nas ciências da natureza.
b) refutavam as teorias de filósofos da religião.
c) tinham origem nos mitos das civilizações antigas.
d) postulavam um princípio originário para o mundo.
e) defendiam que Deus é o princípio de todas as coisas.

8. (Unesp-2016)

"O mundo seria ordenado demais, harmonioso demais, para que se possa explicá-lo sem supor, na sua origem, uma inteligência benevolente e organizadora. Como o acaso poderia fabricar um mundo tão bonito? Se encontrassem um relógio num planeta qualquer, ninguém poderia acreditar que ele se explicasse unicamente pelas leis da natureza, qualquer um veria nele o resultado de uma ação deliberada e inteligente. Ora, qualquer ser vivo é infinitamente mais complexo do que o relógio mais sofisticado. Não há relógio sem relojoeiro, diziam Voltaire e Rousseau. Mas que relógio ruim o que contém terremotos, furacões, secas, animais carnívoros, um sem-número de doenças – e o homem! A história natural não é nem um pouco edificante. A história humana também não. Que Deus após Darwin? Que Deus após Auschwitz?"

COMTE-SPONVILLE, André. *Apresentação da filosofia*. São Paulo: Martins Fontes, 2002. (Adaptado)

Sobre os argumentos discorridos pelo autor, é correto afirmar que a existência de Deus é

a) defendida mediante um argumento de natureza estética, em oposição ao caráter ideológico e alienante das crenças religiosas.
b) tratada como um problema sobretudo metafísico e teológico, diante do qual são irrelevantes as questões empíricas e históricas.
c) abordada sob um ponto de vista bíblico-criacionista, em oposição a uma perspectiva romântica peculiar ao Iluminismo filosófico.
d) problematizada mediante um argumento de natureza mecanicista-causal, em oposição ao problema ético da existência do mal.
e) tratada como uma questão concernente ao livre-arbítrio da consciência, em detrimento de possíveis especulações filosóficas.

Mais questões: no livro digital, em **Vereda Digital Aprova Enem** e **Vereda Digital Suplemento de revisão e vestibulares**; no *site*, em **AprovaMax**.

CAPÍTULO 6

A MORTE

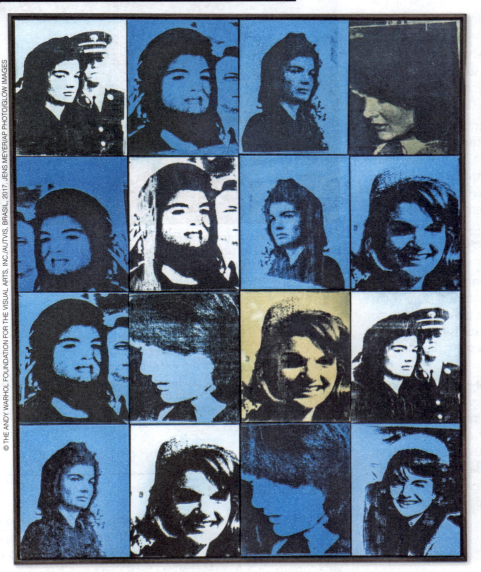

16 Jackies (1964), obra de Andy Warhol. O artista criou uma montagem com diferentes retratos de Jacqueline Kennedy, casada com o presidente John F. Kennedy, assassinado em 1963. Diante do fato trágico, a jovem feliz se viu, repentinamente, transformada em viúva enlutada, o que revela o caráter transitório da vida.

"O que é ela [a morte]? Não sabemos. Não podemos saber. Esse mistério derradeiro torna nossa vida misteriosa, como um caminho que não saberíamos aonde leva, ou antes, sabemos muitíssimo bem (à morte), mas sem saber porém o que há por trás – por trás da palavra, por trás da coisa –, nem mesmo se há alguma coisa.

[...] Em poucas palavras, o mistério da morte só autoriza dois tipos de resposta, e é por isso talvez que ele estruture tão fortemente a história da filosofia e da humanidade: há os que levam a morte a sério, como um nada definitivo (é nesse campo, notadamente, que encontraremos a quase totalidade dos ateus e dos materialistas), e há os que, ao contrário, não veem nela mais que uma passagem, que uma transição entre duas vidas, ou mesmo o começo da vida verdadeira (como anuncia a maior parte das religiões e, com elas, das filosofias espiritualistas ou idealistas). O mistério, claro, mesmo assim subsiste. Pensar a morte, dizia eu, é dissolvê-la. Mas isso nunca dispensou ninguém de morrer, nem esclareceu ninguém de antemão sobre o que morrer significava."

COMTE-SPONVILLE, André. A morte. In: *Apresentação da filosofia*. São Paulo: Martins Fontes, 2002. p. 48.

Conversando sobre

Diante da multiplicidade de pontos de vista a respeito da morte, há sentido em se perguntar pelo seu significado? Os modos de compreender a morte podem influenciar a maneira como se vive? Comente essas questões com o colega e, após a leitura do capítulo, reflita se houve ou não alguma mudança em sua maneira de pensar.

1. Aprender a morrer...

O título deste tópico, "Aprender a morrer...", seria um contrassenso? A morte, essa desconhecida, pode ser objeto de aprendizagem? Para Sócrates (c. 470-399 a.C.), a única ocupação do filósofo consistiria em preparar-se para morrer. Na mesma linha, Michel de Montaigne (1533-1592) cita o filósofo e orador romano: "Diz Cícero que filosofar não é outra coisa senão se preparar para a morte".

Não se trata de pensar continuamente na morte de forma mórbida, mas de considerar que, diante de sua inevitabilidade, possamos aceitá-la com serenidade, revendo os valores e a maneira pela qual vivemos, distinguindo o fútil do prioritário.

Há pessoas que só reavaliam a vida em situações-limite, como doença grave, sequestro ou qualquer ameaça que revele de modo contundente a fragilidade da vida. Outros preferem não pensar na morte porque a veem como aniquilamento depois do qual nada existiria. Mesmo assim, os que não esperam que haja um "além da morte" vivem de acordo com seus valores humanos, muito humanos, ou então decidem aproveitar a vida gozando o momento presente, conforme a exaltação do *carpe diem* romano.

De qualquer maneira, a morte é um enigma que sempre nos assombrou. Estudos a respeito dos primórdios da civilização relacionam o registro dos sinais de culto aos mortos ao aparecimento das primeiras angústias metafísicas: a morte seria a fronteira que não representa apenas o fim da vida, mas o limiar de outra realidade.

O recurso à fé religiosa aplaca o temor do desconhecido ao oferecer um conjunto de crenças que levam a convicções capazes de orientar o comportamento humano diante do mistério, prescrevendo maneiras de viver a fim de garantir melhor destino à alma. Desse modo, a angústia da morte leva à aceitação do sobrenatural, do sagrado, da imortalidade da alma. Com amparo da fé, a morte pode representar a passagem para a vida eterna no Paraíso, para outro tipo de vida humana ou animal, ou para o *Nirvana*.

Saiba mais

Teologia e filosofia são modos diferentes de compreender o mundo, mesmo quando chegam a conclusões comuns. A teologia (do grego *theos*, "deus", + *lógos*, "estudo") trata dos entes sobrenaturais que conhecemos pela fé, pela revelação divina, conforme visto no capítulo 5, "As formas de crença". A filosofia, como abordamos no capítulo 1, "A experiência do pensar filosófico", questiona, problematiza e utiliza conceitos explicitados por argumentos. Portanto, ela é uma reflexão dessacralizada, mesmo que o próprio filósofo seja uma pessoa religiosa. Refletir sobre como a religião atenua as angústias humanas não significa prender-se às verdades da fé, mas entender racionalmente os sentimentos mobilizados pela crença no sagrado.

Monte Fuji, localizado no Japão. Foto de 2015. Nas proximidades desse monte está localizada a floresta de Aokigahara, frequentada por indivíduos dispostos a repensar a própria vida e, por vezes, se decidir pela morte. Isso mostra que a maneira de lidar com a morte varia de acordo com a cultura.

Carpe diem: expressão do poeta romano Horácio (65-8 a.C.), literalmente, "colha o dia", "aproveite o momento"; assim ele começa o poema: "Colha o dia, confie o mínimo no amanhã".

Nirvana: do sânscrito, "perda do sopro", representado pela extinção do eu no Ser (em Buda ou em Brahma); não é um lugar, mas um estado da mente de "supremo apaziguamento", em que cessam o desejo, o sofrimento e a transmigração da alma.

2. O tabu da morte

Existem vários significados para o enfrentamento da morte não só em termos pessoais, como culturais. Por exemplo, as sociedades tradicionais são marcadas pela predominância da vida comunitária. Inseridas numa totalidade que lhes dá apoio, as pessoas recorrem a uma série de cerimônias e rituais típicos do grupo a que pertencem e que cercam acontecimentos como nascimento, casamento e morte. Não que isso torne fácil enfrentar o sofrimento da morte; faz, porém, que ela seja encarada de modo mais natural, como parte do cotidiano das pessoas.

É interessante lembrar que ainda na primeira metade do século XX o moribundo permanecia em casa, sua agonia era acompanhada por parentes, amigos e vizinhos e ele tinha consciência de estar morrendo, porque nada lhe ocultavam. Após o desenlace, o corpo era velado na própria casa, com a presença de crianças. A roupa dos parentes próximos indicava o luto: a viúva vestia roupas pretas por um ano inteiro e o viúvo exibia uma tarja preta no braço.

Os costumes começaram a mudar em meados do século XX, como resultado do processo de urbanização, de industrialização e da entrada da mulher no mercado de trabalho, motivo que a afastou por mais tempo dos cuidados do lar. No mundo urbano contemporâneo, o velório não mais se realiza em casa, mas em um espaço próximo ao cemitério. Por não ser costume levar crianças a velórios e cemitérios, elas crescem à margem dessa realidade da vida.

O historiador francês Philippe Ariès (1914-1984) aborda essas questões no clássico *História da morte no Ocidente*, no qual cita o antropólogo Geoffrey Gorer, responsável por um estudo com o provocativo título de *A pornografia da morte*. Gorer analisou uma intrigante inversão: se nas sociedades tradicionais era o sexo o principal interdito, posteriormente a morte é que se tornou um tabu:

> "Antigamente dizia-se às crianças que se nascia dentro de um repolho, mas elas assistiam à grande cena das despedidas, à cabeceira do moribundo. Hoje, são iniciadas desde a mais tenra idade na fisiologia do amor, mas, quando não veem mais o avô e se surpreendem, alguém lhes diz que ele repousa num belo jardim por entre as flores."
>
> ARIÈS, Philippe. *História da morte no Ocidente*. Rio de Janeiro: Francisco Alves, 1977. p. 56.

Nota-se que a "obscenidade" em falar da morte é mais grave quando se trata de doentes terminais. É comum parentes esconderem do paciente sua doença letal e o fim próximo. A tentativa de ocultar a morte iminente talvez explique o requinte de funerárias estadunidenses, que "tomam conta do morto" e o preparam para o velório com serviço de maquiagem, fotos dele jovem e até com gravações de sua voz. Esses costumes também se espalharam por outros países.

O que se percebe nessas mudanças é como a grande cidade cosmopolita fragmentou a comunidade tradicional em núcleos cada vez menores, acelerando o processo do individualismo.

3. A negação da morte

Atualmente, com o avanço da ciência, há aqueles que desejam driblar a doença e a morte, escolhendo pagar fortunas para congelar o corpo, na esperança de ser encontrada a cura para sua enfermidade letal e poder então "renascer".

Esses esperançosos da "imortalidade" recorrem à criogenia, processo de alta tecnologia usado para resfriar materiais a baixíssima temperatura. Com inúmeras aplicações em medicina, a mais conhecida do público é o congelamento de embriões em clínicas de fertilização. Depois de descongelados e implantados no útero, a gestação segue seu curso natural.

O congelamento de seres humanos começou a ser conhecido nos Estados Unidos na década de 1960, quando instituições de grande porte se especializaram em técnicas de preservação criogênica. Essas técnicas atraíram pessoas, sobretudo aquelas com doença incurável, que pagaram um preço alto para se submeterem ao processo, garantindo a manutenção do corpo pelo tempo necessário até a descoberta da cura da doença que causou sua morte.

Interdito: o que está sob interdição; proibido.
Obscenidade: para alguns, "o que é contrário ao pudor", que choca pela falta de decoro e conveniência; no contexto, do latim *obscenus*, "diante da cena", ou seja, "o que é mostrado", mas "que deveria ser ocultado".
Criogenia: do grego *kryos*, "frio", + *geneia*, "gerar"; significa "aquilo que gera o frio".

Saiba mais

Os gregos antigos usavam o termo "húbris" (do grego *hýbris*) para designar a desmesura, tudo o que é excessivo e ultrapassa a medida, ocasião em que os seres humanos se mostram insolentes e presunçosos, por desejarem mais do que lhe reserva seu destino e por tentarem igualar-se ao divino. A depender da posição sobre o assunto, pode-se usar esse conceito para qualificar a atitude de tentar "vencer" a morte por meio de métodos como a criogenia.

Celebração do Dia dos Mortos na Cidade do México. Foto de 2016. O país latino-americano mantém a tradição, que remonta ao período anterior à chegada dos espanhóis, de homenagear os mortos com festas, danças e oferendas.

4. Aqueles que morrem mais cedo

Costuma-se dizer que a morte é democrática por ser um acontecimento que atinge a todos: velhos, moços, crianças, ricos e pobres. No entanto, seria de fato democrática se decorresse de morte natural, o que não é o caso de assassinatos, suicídios, desastres devido à imprudência ou à penúria.

O último exemplo merece nossa atenção, porque penúria significa a extrema pobreza que atinge grande parte da população mundial, provocando fome e doenças endêmicas, embora muitos não a percebam como resultado de violência social. Referimo-nos às populações mais pobres de países com má distribuição de renda, com altas taxas de mortalidade infantil, alimentação inadequada, falta de saneamento básico e precariedade do sistema de saúde tanto para prevenir doenças como para tratá-las.

Além disso, a concentração fundiária gera disputas por terras envolvendo violência e assassinatos no campo. No Brasil, por exemplo, apesar do esforço para reduzir desigualdades, ainda não se implementou de modo satisfatório a reforma agrária prevista constitucionalmente.

Estatísticas revelam o crescimento de índices de homicídio de jovens de até 19 anos por causa do narcotráfico. Geralmente são pobres e negros, enquanto, bem sabemos, os grandes chefes de tais esquemas criminosos encontram-se em locais confortáveis e bem protegidos.

Guerras e massacres não nos deixam esquecer as pessoas que perderam a vida precocemente, algumas por ideais, outras obrigadas a lutar por causas que desconheciam ou nas quais nem sequer acreditavam.

Membros da ONG Rio de Paz seguram cartazes com nomes de crianças mortas pela polícia desde 2007, em protesto contra a morte do menino Eduardo de Jesus Ferreira, de 10 anos, no Complexo do Alemão, Rio de Janeiro. Foto de 2015.

Trocando ideias

De acordo com o Mapa da Violência, divulgado pelo Governo Federal em 2015, jovens entre 15 e 29 anos são as principais vítimas por armas de fogo no Brasil: no ano de 2012, por exemplo, 24.882 pessoas nessa faixa etária morreram em decorrência de disparos de armas de fogo, o que corresponde a 59% do número total de mortes causadas por esse motivo.

Um relatório da ONU elaborado em 2015 pelo Comitê para o Direito das Crianças aponta que o Brasil apresenta uma das maiores taxas de homicídio infantil do mundo, sobretudo de jovens homens e negros. Afirma ainda que a vulnerabilidade de menores de baixa renda, socialmente marginalizados, está permitindo uma ampliação do número de crianças e adolescentes envolvidos no crime organizado. Critica também a violência policial, apontando que o alto número de execuções ilícitas por parte das polícias civil, militar e das milícias notavelmente se volta contra crianças moradoras de rua e de favelas durante operações militares e de "pacificação", entre outras.[1]

▸ Discuta com seus colegas alternativas para a redução da mortandade de jovens de baixa renda no Brasil em situações como as acima citadas.

ATIVIDADES

1. O que explica o fato de a morte ser um tema filosófico tão recorrente? Assinale a alternativa correta.
   a) Uma doença letal nos faz pensar de maneira científica sobre os meios de contornar a morte.
   b) A morte está na origem dos dramas humanos, passando necessariamente por indagações teológicas.
   c) A morte é um enigma que assombra o ser humano universalmente, em todas as culturas e a qualquer tempo.
   d) Na perspectiva de enfrentar as angústias da morte, o homem cria teorias filosóficas para negá-la, como a criogenia.
   e) Por causar espanto imediato e trazer uma perspectiva metafísica, a morte torna-se tema comum nas investigações filosóficas.

2. Segundo Geoffrey Gorer, em que sentido o sexo foi um tabu até a metade do século XX e depois esse lugar foi ocupado pela morte?

3. Por que a extrema pobreza e a desigualdade social são temas possíveis no capítulo sobre a morte?

[1] Fontes: ONU Brasil. *Comitê da ONU sobre os Direitos das Crianças critica violência policial e discriminação "estrutural" no Brasil*. Disponível em <http://mod.lk/hqak8>. Acesso em 8 nov. 2016.
BRASIL. Ministério da Justiça e Cidadania: Secretaria Especial de Direitos Humanos. *Mapa da Violência*: jovens representam mais da metade das mortes por arma de fogo. Disponível em <http://mod.lk/hrdgy>. Acesso em 8 nov. 2016.

Leitura analítica

A morte, para começar

No livro As perguntas da vida, *do qual extraímos o trecho a seguir, Fernando Savater (1947) relaciona o filosofar com a consciência da morte, característica que nos confere humanidade, o que não ocorre com os animais, cuja morte é apenas fisiológica.*

"Aos dez anos, acreditamos que todas as coisas importantes só podem acontecer com os adultos: de repente revelou-se para mim a primeira grande coisa importante – de fato, a mais importante de todas – que sem dúvida nenhuma ia acontecer comigo. Eu ia morrer, naturalmente dentro de muitos, muitíssimos anos, depois que tivessem morrido meus entes queridos [...], mas de qualquer modo eu ia morrer. Ia morrer, eu, apesar de ser eu. A morte já não era um assunto alheio, um problema dos outros, nem uma lei geral que me atingiria quando fosse adulto, ou seja: quando fosse outro. [...]

Tenho certeza de que foi nesse momento que afinal comecei a *pensar*. Isto é, que compreendi a diferença entre aprender ou repetir pensamentos alheios e ter um pensamento verdadeiramente *meu*, um pensamento que me comprometesse pessoalmente, não um pensamento alugado ou emprestado como uma bicicleta que nos cedem para dar uma volta. Um pensamento que se apoderava de mim muito mais do que eu podia me apoderar dele. Um pensamento que eu não podia pegar ou largar à vontade, um pensamento com o qual eu não sabia o que fazer, mas com o qual era evidente que urgia fazer alguma coisa, pois não era possível ignorá-lo. Embora ainda conservasse sem crítica as crenças religiosas de minha educação piedosa, nem por um momento elas me pareceram alívios da certeza da morte. [...] E eu pensei: [...] 'Pode ser que estar no céu seja melhor do que estar vivo, mas não é a mesma coisa. Viver a gente vive neste mundo, com um corpo que fala e anda, cercado de gente como a gente, não entre os espíritos... por mais fantástico que seja ser espírito. Os espíritos também estão mortos, também tiveram que padecer a morte estranha e horrível, ainda a padecem'. [...]

[...] E acontece que a evidência da morte não só nos deixa pensativos como nos torna pensadores. Por um lado, a consciência da morte nos faz *amadurecer* pessoalmente: todas as crianças se acham imortais (as muito pequenas até pensam que são onipotentes e que o mundo gira em torno delas; salvo nos países ou nas famílias atrozes, em que as crianças vivem desde muito cedo ameaçadas pelo extermínio e os olhos infantis surpreendem por seu cansaço mortal, por sua *veteranice* anormal...), mas depois crescemos quando a ideia da morte cresce dentro de nós. Por outro lado, a certeza pessoal da morte nos *humaniza*, ou seja, nos transforma em verdadeiros humanos, em 'mortais'. Entre os gregos, 'humano' e 'mortal' se dizia com a mesma palavra, como deve ser.

As plantas e os animais não são mortais porque não sabem que vão morrer, não sabem que *têm* que morrer: eles morrem, no entanto sem nunca conhecer sua vinculação individual, a de cada um deles, com a morte. As feras pressentem o perigo, se entristecem com a doença ou a velhice, mas ignoram (ou parecem ignorar?) seu abraço essencial com a necessidade da morte. [...]

Sabemos mais uma coisa da morte: que além de ser certa ela é perpetuamente *iminente*. Morrer não é a coisa de velhos nem de doentes: desde o primeiro momento em que começamos a viver já estamos prontos para morrer. Como diz a sabedoria popular, ninguém é tão jovem que não possa morrer nem tão velho que não possa viver mais um dia. Por mais sadios que estejamos, a espreita da morte não nos abandona e não é raro alguém morrer – por acidente ou crime – em perfeito estado de saúde. E já disse muito bem Montaigne: não morremos porque estamos doentes, mas porque estamos vivos. Pensando bem, sempre estamos à *mesma distância da morte*. A diferença importante não é entre estar sadio ou doente, em segurança ou em perigo, mas entre estar vivo ou morto, ou seja, entre estar e não estar. [...] Enfim, o que caracteriza a morte é nunca podermos dizer que estamos resguardados dela ou que nos afastamos, ainda que momentaneamente, de seu império: mesmo que não seja *provável*, a morte é sempre *possível*. [...]

Seja temida ou desejada, em si mesma a morte é pura negação, avesso da vida que, portanto, de um modo ou de outro sempre nos remete à própria vida, tal como o negativo de uma fotografia está sempre pedindo para ser positivado para que o vejamos melhor. De modo que a morte serve para nos fazer pensar, mas não sobre a morte e sim sobre a vida."

SAVATER, Fernando. *As perguntas da vida*.
São Paulo: Martins Fontes, 2001. p. 13-26.

QUESTÕES

1. Os animais e as plantas são mortais no mesmo sentido em que nós o somos?

2. Explique em que sentido a consciência da morte nos humaniza.

5. A morte no gerúndio

Se a morte é uma sombra constante para qualquer ser vivente desde o nascimento, sua presença torna-se mais marcante com o envelhecimento. Portanto, são as pessoas mais idosas que percebem com mais nitidez a proximidade da morte.

Assim diz o poeta português Herberto Helder:

> "[...] octogenário apenas, e a morte só de pensá-la calo,
> é claro que a olhei de frente no capítulo vigésimo,
> mas não nunca nem jamais agora:
> agora sou olhado, e estremeço
> do incrível natural de ser olhado assim por ela."
>
> HELDER, Herberto. Servidões. In: FERRAZ MELLO, Heitor. A morte no gerúndio. Revista Cult, São Paulo, n. 193, p. 14, ago. 2014.

A propósito desses versos, o professor e também poeta Heitor Ferraz Mello comenta no mesmo artigo:

> "Ao ler os dois livros, na sequência [Servidões e A morte sem mestre], o que se percebe é o confronto do homem, cuja vitalidade não deixa de surpreender, com o seu fim, com os dias contados, a 'morte no gerúndio'. Não se sabe quando, nem como, mas a qualquer hora pode ser 'interrompida a canção ininterrupta'. Com o avanço da idade, o ponto de vista muda: não é mais o homem que vê a morte, mas a morte que passa a olhá-lo."
>
> FERRAZ MELLO, Heitor. A morte no gerúndio. Revista Cult, São Paulo, n. 193, p. 14, ago. 2014.

Mesmo que existam idosos ativos apesar da idade avançada, outros necessitam mais cedo de cuidados especiais, o que conflita com a situação real de grande parte das famílias. O ritmo acelerado imposto pelo sistema de produção e serviços nas últimas décadas do século XX obrigou trabalhadores a jornadas intensas fora de casa, o que dificulta o atendimento a idosos e doentes.

Com frequência marginalizados, porque reduzidos à improdutividade, os idosos recolhidos em "casas de repouso", ou em hospitais, no caso de doenças mais graves, usufruem dos avanços da medicina, cada vez mais especializada. Porém, mesmo aqueles que recorrem a técnicas avançadas e a ambientes assépticos que prolongam a vida não escapam à solidão e à impessoalidade do atendimento. Enfermeiros e médicos são eficientes, mas o moribundo frequentemente encontra-se afastado da mão amiga, da atenção sem pressa nem profissionalismo.

No entanto, sabemos que a maioria, constituída por população de baixa renda, não tem acesso a esses recursos. Acrescente-se o fato de que nas últimas décadas cresceu o número de idosos com necessidades especiais sem o correspondente atendimento público.

Este último caso não seria uma expressão concreta de morte em vida? Não seria uma espécie de morte simbólica antecedendo a morte fisiológica? Ou seria o aniquilamento da dignidade, que faz da pessoa humana? A morte social, que coloca a pessoa à margem e a inviabiliza, pode ser tão nociva quanto uma doença letal, causando não só o desenvolvimento de um mal-estar físico/mental, como podendo também levar à fragilidade e à morte do corpo.

6. Legitimidade da morte

Às vezes, a tecnologia é capaz de adiar a morte de quem não teria chance de sobreviver. Não faltam exemplos de pessoas que ficam meses ou anos em estado de vida precário e até vegetativo, sem que os aparelhos que as mantêm vivas possam ser desligados. Esse procedimento é chamado **distanásia**, também conhecido como "obstinação terapêutica", e tem se colocado como grande questão atual, decorrente dos índices mais altos de envelhecimento da população.

Para muitos, a assistência médica torna-se excessiva e desumana quando a vida é mantida artificialmente, prolongando o sofrimento de doentes terminais. As soluções propostas – e em alguns países colocadas em prática – têm despertado discussões apaixonadas e exigido reflexões éticas. Vejamos algumas delas.

> **Distanásia:** do grego *dusthánatos*, "que tem morte penosa, lenta".

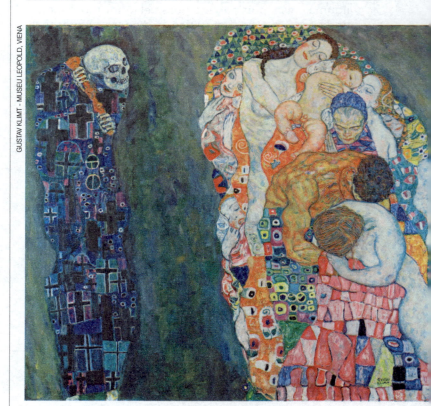

Morte e vida (1916), pintura de Gustav Klimt. O pintor austríaco representou as três idades da vida com a morte à espreita.

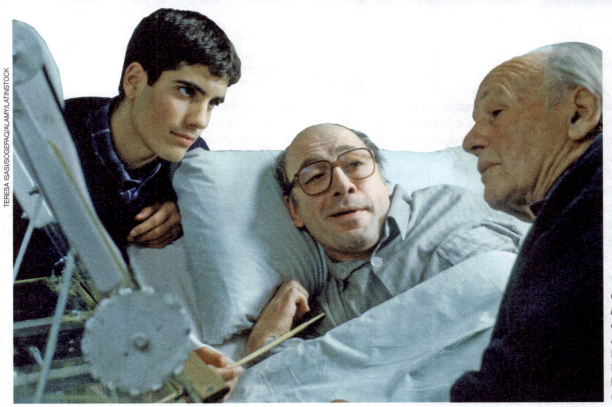

Cena do filme espanhol *Mar adentro* (2004), dirigido por Alejandro Amenábar. O ator Javier Bardem interpretou Ramón Sampedro, que lutava pelo direito de ter uma "morte digna".

Cuidados paliativos

Já existem instituições que adotam a medicina paliativa, um tipo de atendimento a pacientes incuráveis, também conhecido como ortotanásia. Quando a equipe médica constata que a cura é inviável, a medicação é suspensa, evita-se a terapêutica invasiva e os procedimentos se reduzem às formas adequadas de alimentação, ao alívio da dor, visando a um possível conforto do doente.

Portanto, o cuidado paliativo não apressa nem retarda a morte, apenas "deixa morrer", obedecendo à ordem da natureza. Alega-se que, pelos critérios de justiça e benevolência, aliados aos conhecimentos médicos, seria possível reconhecer o momento para esperar que a morte venha naturalmente, sem adiá-la inutilmente por meios artificiais.

Essa orientação tem provocado debates éticos entre médicos, parentes e pacientes (nos casos em que estes ainda se mantêm lúcidos).

Eutanásia: a boa morte

Diferentemente dos cuidados paliativos, a eutanásia é uma maneira de provocar a morte deliberadamente, seja de um doente terminal, seja de alguém que deseja morrer devido a uma doença crônica, que tornou a vida insuportável. Em ambos os casos, a motivação alegada para realizar a eutanásia é a compaixão, o não deixar sofrer, quando o padecimento é excessivo. Evidentemente, nos países em que foi legalizada, a eutanásia só é realizável após rigorosa avaliação médica ou de conselhos médicos, além da possibilidade de haver decisão jurídica, caso solicitada.

Costuma-se distinguir dois tipos de eutanásia, a *ativa* e a *passiva*: ativa, quando uma ação provoca a morte; passiva, ao serem interrompidos os cuidados médicos, desligando-se os aparelhos que mantinham o paciente vivo.

Como exemplo de eutanásia ativa lembramos o caso do espanhol Ramón Sampedro – relatado no filme *Mar adentro* –, que ficou tetraplégico durante 29 anos após sofrer um acidente ao mergulhar. Lutou judicialmente pela autorização da eutanásia, sem sucesso. Religiosos e a família eram contra a solução extrema, mas Ramón contou com a ajuda de uma amiga para consumar, em 1998, o que ele próprio chamava de "morte digna".

Já o caso da estadunidense Terri Schindler-Schiavo, vastamente divulgado pela mídia em 2005, tratava-se de eutanásia passiva. Com 41 anos de idade, havia 15 encontrava-se em coma vegetativo, ligada a sondas que a mantinham viva. A luta judicial foi conturbada, porque o pedido do marido para desligamento dos aparelhos chocou-se com a discordância dos pais dela. Finalmente, a justiça concedeu a autorização.

Outro tipo de recurso para a morte programada, além dos dois citados, é o *suicídio assistido* ou *morte medicamente assistida*. Após os trâmites legais exigidos para a aprovação, o médico prescreve a droga que o paciente ingere com as próprias mãos. Foi o caso da estadunidense Brittany Maynard, de 29 anos, que sofria de câncer cerebral agressivo e incurável. A fim de realizar o ato final em 2014, ela se mudou com o marido para Oregon, um dos cinco estados que haviam legalizado esse procedimento.

Paliativo: que atenua ou alivia um mal temporariamente.
Ortotanásia: do grego *orthós*, "correto", e *thánatos*, "morte"; significa literalmente "morte correta".
Eutanásia: do grego *eús*, "bom", e *thánatos*, "morte"; significa literalmente "boa morte"; termo introduzido pelo filósofo inglês Francis Bacon, no século XVII.

Prós e contras

Neste tópico, é preciso destacar que as considerações se restringem às de natureza argumentativa, porque as ponderações religiosas dependem dos princípios de suas doutrinas e da observância dos seus seguidores. Atualmente, a eutanásia tem suscitado questões éticas radicais, visto que o tema é complexo e exige a participação multidisciplinar de biólogos, médicos, juristas, filósofos, teólogos, intelectuais, cidadãos comuns, mas sobretudo dos protagonistas dessas situações dramáticas. O debate é sempre acirrado, especialmente em razão de antagonismos muitas vezes difíceis de conciliar.

Vamos citar alguns dos argumentos mais comumente usados.

- Os argumentos religiosos normalmente se opõem aos que recorrem apenas a critérios laicos de avaliação. Por exemplo, esperar por um milagre ou dizer que a vida é sagrada são teses evitadas pelos que reivindicam o direito de avaliar moralmente as perspectivas de futuro do doente terminal, caso estas sejam de sofrimento e dores insuportáveis.
- Alguns dizem que a morte é um mal e a vida é um bem, por isso não se pode escolher matar. Outros discordam, ao afirmar que, se a morte é um mal, passa a ser um bem, caso a vida tenha se tornado um mal por não oferecer condições de atividades elementares que fazem a vida boa.
- Para outros, a eutanásia, seja passiva, seja ativa, é sempre um crime, sujeito a julgamento. Porém, há os que distinguem a eutanásia do homicídio por considerá-la um ato que não se orienta pelo ódio, mas pela compaixão, com o intuito de evitar o prolongamento da dor em situações irreversíveis. Sobre esse argumento, é preciso lembrar que, atualmente, na maioria dos países, a eutanásia é de fato crime; na medicina brasileira está vetada pelo código **deontológico**.
- Ainda admitindo a aprovação da eutanásia, haveria o risco de não ser verdadeira a previsão de irreversibilidade da situação do paciente; por exemplo, há casos de pessoas que retornam de um coma profundo após um tempo. Em contraposição, argumenta-se que a opção pela eutanásia requer avaliações médicas rigorosas e responsáveis que descartariam essa hipótese.
- Resta lembrar que, para alguns, cada pessoa deveria ter o direito de decidir sobre sua morte diante de circunstâncias adversas irreversíveis.

Em que pesem esses confrontos, vale lembrar que os valores são construídos na cultura em que se vive e merecem ser discutidos de modo desapaixonado – se isso for possível em casos como esses, a fim de que os recursos da alta tecnologia médica sejam usados para o bem dos pacientes, e não para seu prejuízo.

> **Deontologia:** do grego, *deon*, *ontos*, "o que fazer", que sugere a ideia de "dever" diante de uma prática. Trata-se do conjunto de deveres ligados ao exercício de uma profissão, ou seja, seu código de ética.

Saiba mais

A eutanásia é admitida, de formas diversas, na Holanda, Bélgica, Suíça, em Luxemburgo, na Colômbia, no Uruguai e em alguns estados dos Estados Unidos, além de outros que a restringem a casos específicos. Os critérios para essa discriminação variam bastante conforme o país, mas em geral são bastante rigorosos, a fim de evitar abusos, desvios de intenção, oportunismo e má-fé. Muito recentemente, países como Alemanha e Canadá também aprovaram leis regulamentando o suicídio medicamente assistido. No caso alemão, o termo "eutanásia" é rejeitado por estar associado, na memória coletiva, ao passado de eugenia nazista.

No atual Código Penal brasileiro a prática da eutanásia não é mencionada, sendo considerada como homicídio pela justiça. O Projeto de Lei do Senado n. 236/2012, que objetiva a reforma do Código Penal, propõe a formalização da eutanásia como um crime:

> "Art. 122. Matar, por piedade ou compaixão, paciente em estado terminal, imputável e maior, a seu pedido, para abreviar-lhe sofrimento físico insuportável em razão de doença grave. Pena: prisão de dois a quatro anos."
>
> SENADO FEDERAL. *Projeto de Lei do Senado n. 236, de 2012*. Anteprojeto de Código Penal. Disponível em <http://mod.lk/ztsxk>. Acesso em 28 nov. 2016.

7. As mortes simbólicas

A morte, como clímax de um processo, é antecedida por diversos tipos de mortes simbólicas que permeiam continuamente a vida humana. Simbólicas por representarem de modos diversos o sentido que cada um lhes dá, embora todos representem formas de ruptura, de perda. O próprio nascimento é a primeira morte: rompido o cordão umbilical, a antiga e cálida simbiose do feto no útero materno é substituída pelo enfrentamento do novo ambiente.

Depois disso, inúmeras perdas e separações marcam a vida: à medida que cresce, a criança vê a relação com os pais modificar-se e vice-versa. A oposição entre velho e novo repete indefinidamente a primeira ruptura e explica a angústia humana diante de sua própria ambiguidade: ao mesmo tempo que anseia pelo novo, teme abandonar o conforto e a segurança da estrutura antiga a que já se habituou.

Os heróis, os santos, os artistas, os revolucionários são os que enfrentam o desafio da morte, tanto no sentido literal como no simbólico, por serem capazes de superar a velha ordem e de construir o novo. Portanto, nem toda perda é um mal. Apesar da dor, ela pode representar transformação, crescimento.

Fotografia de Denis Roche (1984). Nessa foto, a tensão entre presença e distanciamento da perda é representada por meio do reflexo do artista projetado sobre o contorno da namorada.

Amor e perda

As relações humanas, sobretudo as amorosas, oferecem um campo fértil para a reflexão sobre a morte. Mesmo nas relações duradouras, diversas "mortes" ou perdas permeiam nossas vidas, porque toda relação encontra-se em constante mudança e por isso perde, em cada momento, o que expressava o vínculo anterior do amor para criar novas configurações. Por sabermos disso é que temos ciúme, pois tememos a perda de quem amamos. Se esse alguém dá densidade à nossa emoção e nos enriquece a existência, sofremos até mesmo com a ideia da perda.

O risco do amor é a perda, seja pela morte de um dos parceiros, seja pela separação. Esta última é dolorosa e difícil, por ser a vivência da morte numa situação vital: a morte do outro em minha consciência e a minha morte na consciência do outro. Por exemplo, quando deixamos de amar ou não mais somos amados; ou, ainda, quando nos separamos devido a circunstâncias incontornáveis, apesar de o amor recíproco permanecer ainda vivo.

Quando a perda é sentida de forma intensa, surge a necessidade de um tempo para se reestruturar, porque o tecido do seu ser passa inevitavelmente pelo ser do outro. Há um período de "luto", para só buscar novo equilíbrio posteriormente. Uma característica dos indivíduos maduros é saber integrar a possibilidade da morte no cotidiano da sua vida.

Talvez por isso haja os que evitam o aprofundamento das relações: preferem não viver a experiência amorosa para não ter de *viver com a morte*. É nesse sentido que o pensador francês Edgar Morin afirma:

> "Nas sociedades burocratizadas e aburguesadas, considera-se adulto aquele que se conforma em viver menos para não ter que morrer muito. Entretanto, o segredo da juventude é este: viver significa arriscar-se a morrer; e fúria de viver significa viver a dificuldade."
>
> MORIN, Edgar. *Les stars*. Paris: Le Seuil, 1957. p. 127. (Tradução nossa)

Saiba mais

Um tipo de perda importante, mas nem sempre percebida, é o da progressiva destruição da natureza, correlata aos benefícios do progresso acelerado. Durante muito tempo os recursos naturais foram explorados visando às necessidades dos seres humanos, orgulhosos de dominar a natureza pela inteligência e pelo saber. Com o desenvolvimento das ciências e da industrialização, exacerbou-se o processo de exploração de recursos naturais.[2]

Ciúme: do grego *zelos*, significa "o medo de perder o afeto de alguém". Já o termo "zelo" indica o cuidado que dedicamos a alguém por quem temos afeição. Por isso, costuma-se dizer: "Quem ama, cuida!".

Piratas do Tietê (2016), tirinha de Laerte. Certas vezes, o término dos relacionamentos pode provocar um sentimento de "vazio" e de solidão, instaurando um processo de luto até que o indivíduo se recupere da perda do outro.

ATIVIDADES

1. Qual é a diferença entre cuidados paliativos e eutanásia? Posicione-se a respeito.

2. Explique o que são "mortes simbólicas", enfrentadas durante a vida, antes do desenlace final. Dê alguns exemplos.

---

[2] Trataremos dessas questões mais detidamente no capítulo 11, "Moral, ética e ética aplicada".

Leitura analítica

A morte de Ivan Ilitch

Em *A morte de Ivan Ilitch*, ao narrar os costumes da família de um juiz em São Petersburgo (Rússia), na verdade Leon Tolstoi (1828-1910) descreve uma sociedade conservadora em que todos pretendem viver bem, mas não percebem o mundo mesquinho e hipócrita que os cerca: relações de conveniência no casamento, escolhas interesseiras de relações sociais e tentativas de imitar o comportamento das elites. Quando advém a doença de Ivan com suas dores abdominais lancinantes, a família finge não perceber a gravidade da situação e a iminência da morte, enquanto o moribundo anseia por sinceridade e afeto, o que apenas o copeiro Guerássim soube lhe proporcionar. A seguir, apresentamos alguns trechos da obra acompanhados de sua contextualização prévia.

Surpreendendo dois juízes e um promotor, que conversam sobre casos jurídicos, Piotr Ivânovitch alerta os colegas sobre a morte de Ivan Ilitch.

"– Senhores! – disse ele. – Morreu Ivan Ilitch.

– Será possível? – Aqui está, leia – disse ele a Fiódor Vassílievitch, entregando-lhe o jornal fresco, ainda cheirando a tinta. [...]

Ivan Ilitch era colega dos cavalheiros ali reunidos, e todos gostavam dele. Estivera doente algumas semanas; dizia-se que a sua doença era incurável. Não fora substituído no cargo durante a moléstia, mas sugeria-se que, no caso da sua morte, seria provavelmente substituído por Aleksiéiev, e este, no seu cargo, por Vínikov ou Stábel. De modo que, ao ouvirem a notícia da morte de Ivan Ilitch, o primeiro pensamento de cada um dos que estavam reunidos no gabinete teve por objeto a influência que essa morte poderia ter sobre as transferências ou promoções tanto dos próprios juízes como dos seus conhecidos."

Pensamentos de colegas de trabalho, ao tomarem conhecimento da morte de Ivan Ilitch.

"Agora, certamente receberei o posto de Stábel ou de Vínikov – pensou Fiódor Vassílievitch. – Isto já me foi prometido há muito tempo, e esta promoção significa um aumento de oitocentos rublos, além da chancelaria.

Será preciso agora pleitear que meu cunhado seja transferido de Kaluga – pensou Piotr Ivânovitch –, minha mulher ficará muito contente. E não se poderá mais dizer que eu nunca fiz nada pelos parentes dela."

Considerações de Ivan Ilitch sobre sua decisão de se casar.

"Prascóvia Fiódorovna era de boa família nobre e nada feia; e havia ainda uma pecuniazinha. Ele podia contar com um partido mais brilhante, mas também este não era mau. Ivan Ilitch tinha seu ordenado, e ela, segundo esperado o noivo, teria outro tanto. A parentela era boa, e ela, uma mulher simpática, bonitinha, direita. Dizer que Ivan Ilitch casou-se porque se apaixonara pela noiva e encontrara nela compreensão para as suas concepções sobre a existência seria tão injusto como afirmar que se casou porque as pessoas das suas relações aprovaram aquele partido.

Ivan Ilitch casou-se de acordo com os seus próprios cálculos: conseguindo tal esposa, fazia o que era do seu próprio agrado e, ao mesmo tempo, executava aquilo que as pessoas mais altamente colocadas consideraram correto."

Sobre o apartamento mobiliado de acordo com o costume.

"Na realidade, havia ali o mesmo que há em casa de todas as pessoas não muito ricas, mas que desejam parecê-lo e por isto apenas se parecem entre si: damascos, pau-preto, flores, tapetes e bronzes, matizes escuros e brilhantes; enfim, aquilo que todas as pessoas de determinado tipo fazem para se parecer com todas as pessoas de determinado tipo."

Após consultar vários médicos inutilmente, percebe a gravidade da doença.

"A dor do lado não cessava de atormentá-lo, parecia cada vez mais forte, tornava-se permanente, o gosto na boca era cada vez mais esquisito, estava com a impressão de ter hálito asqueroso, e cada vez tinha menos apetite, menos forças. Não podia mentir a si mesmo: acontecia nele algo terrível, novo e muito significativo, o mais significativo que lhe acontecera na vida. E era o único a sabê-lo, todos os que o cercavam não compreendiam ou não queriam compreender isto, e pensavam que tudo no mundo estava como de costume. E isto atormentava Ivan Ilitch mais que tudo. As pessoas de casa (sobretudo a mulher e a filha, que estavam no mais aceso da vida social), ele via, não compreendiam nada e ficavam despeitadas porque ele estava tão triste e exigente, como se tivesse alguma culpa. Embora procurassem escondê-lo, ele via que constituía um estorvo, mas que a sua mulher elaborara determinada relação para com a sua doença e que a seguia independentemente do que ele dizia ou fazia."

Ao se acentuarem as dores, dão-lhe ópio e injetam morfina, enquanto o copeiro Guerássim o atende.

"Foram feitas também adaptações especiais para as suas excreções, e cada vez isto constituía um sofrimento. Sofrimento por causa da sujeira, da indecência e do cheiro, da consciência de que outra pessoa devia ter participação naquilo.

Mas foi justamente nessa desagradável ocupação que surgiu um consolo para Ivan Ilitch. Quem sempre vinha levar o vaso era o ajudante de copeiro Guerássim. [...]

De uma feita, ele se ergueu do vaso e, sem forças para levantar as calças, descaiu sobre a poltrona macia e ficou olhando horrorizado para as suas coxas nuas, impotentes, de músculos abruptamente destacados. [...]

– Guerássim – disse debilmente Ivan Ilitch.

Guerássim estremeceu, provavelmente assustado de ter cometido algum engano, e, com um movimento rápido, voltou para o doente seu rosto fresco, bondoso, singelo, jovem, em que a barba mal despontava.

– O que deseja?

– Isto é desagradável para você, penso eu. Desculpe. Eu não posso.

– Imagine! – Guerássim fez cintilar os olhos e arreganhou os dentes jovens e brancos. – Por que não me esforçar? O seu caso é de doença.

E, com mãos ágeis e vigorosas, executou a sua tarefa de sempre e saiu num passo ligeiro. Cinco minutos depois, voltou com o mesmo passo leve.

Ivan Ilitch estava como sempre sentado na sua poltrona.

– Guerássim – disse ele, quando o outro colocou ali o vaso limpo, lavado –, ajude-me por favor, venha cá. – Guerássim acercou-se. – Suspenda-me. Sozinho, é difícil para mim, eu mandei embora o Dmítri.

Guerássim aproximou-se; com a mesma habilidade que denotava o seu passo ligeiro, envolveu Ivan Ilitch com os braços robustos, suspendeu-o ágil e suavemente, sustentou-o assim um pouco, com a outra mão puxou-lhe as calças e quis sentá-lo. Mas o doente pediu que o levasse para o divã. Sem nenhum esforço e parecendo não fazer nenhuma pressão sobre ele, Guerássim conduziu-o, quase carregando-o, para o divã e sentou-o.

– Obrigado. Como você faz tudo... com agilidade, bem. [...]

A partir de então, Ivan Ilitch chamava às vezes Guerássim, fazendo-o segurar os seus pés sobre os ombros, e gostava de conversar com ele. Guerássim fazia isto com leveza, de bom grado, com simplicidade e uma bondade que deixava Ivan Ilitch comovido. A saúde, a força, a vitalidade de todas as demais pessoas ofendiam Ivan Ilitch; somente a força e a vitalidade de Guerássim não o entristeciam, e sim acalmavam-no.

O sofrimento maior de Ivan Ilitch provinha da mentira, aquela mentira por algum motivo aceita por todos, no sentido de que estava apenas doente e não moribundo, e que devia ficar tranquilo e tratar-se, para que sucedesse algo muito bom. Mas ele sabia que, por mais coisas que fizessem, nada resultaria disso, além de sofrimentos ainda mais penosos e morte. [...] Por meio daquela mesma 'decência' a que ele mesmo servira a vida inteira, todos os circunstantes rebaixavam o ato terrível, horroroso, da sua morte, ele via bem, ao nível de um acaso desagradável, quase uma inconveniência [...]; via que ninguém haveria de compadecer-se dele, porque ninguém queria sequer compreender sua situação. Guerássim era o único a compreendê-la e a compadecer-se dele. E por isso Ivan Ilitch sentia-se bem unicamente na presença de Guerássim."

Em certo momento, uma reflexão sobre momentos de sua vida no trabalho, no casamento, nas amizades.

"[...] E quanto mais avançava a existência, mais morto era tudo. 'Como se eu caminhasse pausadamente, descendo a montanha, e imaginasse que a estava subindo. Foi assim mesmo. Segundo a opinião pública, eu subia a montanha, e na mesma medida a vida saía de mim... E agora, pronto, morre!'

[...] 'Talvez eu não tenha vivido como se deve – acudia-lhe de súbito à mente. – Mas como não, se eu fiz tudo como é preciso?' – dizia de si para si, e no mesmo instante repelia esta única solução de todo o enigma da vida e da morte, como algo absolutamente impossível.

[...] Mas, por mais que pensasse, não encontrou resposta. E quando lhe vinha o pensamento, e vinha-lhe com frequência, de que tudo aquilo ocorria porque ele não vivera como se devia, lembrava no mesmo instante toda a correção da sua vida e repelia esse pensamento estranho."

TOLSTOI, Leon. *A morte de Ivan Ilitch*.
São Paulo: Editora 34, 2006. p. 7-68.

Pecúnia: dinheiro; no contexto, um dote, bens que a mulher transfere ao marido ao se casar.
Ordenado: salário.

QUESTÕES

1. Identifique no texto passagens indicativas de hipocrisia nos relacionamentos pessoais.
2. Explique por que, em sua agonia, Ilitch se debatia diante da percepção ambígua de que, mesmo pensando ter vivido corretamente, não vivera de fato como deveria.

8. Os filósofos e a morte

Como vimos no início do capítulo, o tema da morte fez parte, e ainda faz, das reflexões de muitos filósofos. Mesmo que a fé continue como um farol para muitas pessoas, também elas podem abordar essas questões do ponto de vista filosófico. A filosofia, como uma das expressões possíveis da transcendência humana, busca o sentido de nossa existência, portanto a morte não lhe pode ser estranha. Admiti-la como acontecimento inevitável nos leva à reflexão ética sobre "como devemos viver". Vejamos como a pensaram alguns filósofos.

Sócrates e Platão

O diálogo de Platão (c. 428-347 a.C.) *Fédon* ou *Da imortalidade da alma* relata os momentos finais da vida de Sócrates, enquanto aguarda que lhe tragam a taça de cicuta, o veneno que foi condenado a beber por, segundo a acusação, corromper a juventude e negar os deuses da cidade. Em meio à emoção de todos, contrasta a serenidade do mestre, a tal ponto que Fédon, um dos discípulos presentes, afirma não poder sentir compaixão, já que tem diante dos olhos um homem feliz. É o próprio Sócrates que lhe explica seu estado de espírito como uma questão de coerência, pois:

> "[...] quando uma pessoa se dedica à filosofia, no sentido correto do termo, os demais ignoram que sua única ocupação consiste em preparar-se para morrer e em estar morto! Se isso é verdadeiro, bem estranho seria que, assim pensando, durante toda sua vida, que não tendo presente ao espírito senão aquela preocupação, quando a morte vem, venha a irritar-se com a presença daquilo que até então tivera presente no pensamento e de que fizera sua ocupação!"
>
> PLATÃO. *Fédon*. São Paulo: Abril Cultural, 1972. p. 71. (Coleção Os Pensadores)

Como Sócrates preparou-se para a morte? Rejeitando os excessos do comer, do beber e do sexo, sem se deslumbrar com riqueza e honras, e buscando sempre a sabedoria. Conhecemos isso por meio de Platão, que fala pela boca do mestre, já que Sócrates nada escreveu. Nesse relato, compreendemos o caráter moral de sua exposição ao se esforçar para superar as limitações do mundo sensível em direção ao suprassensível. A libertação pela morte seria o sinal de outra vida, quando a alma se purificaria ao se separar do corpo.

É bem verdade, Sócrates não tem tanta certeza sobre o que diz a respeito do que viria após a morte, mas afirma a vantagem de aceitar as crenças vigentes e permanecer confiante sobre o destino da alma quando se vive conforme os valores da temperança, da justiça, da coragem, da liberdade e da verdade. Em outro diálogo de Platão, a *Defesa de Sócrates*, os últimos dizeres do filósofo são:

> "Vós também, senhores juízes, deveis bem esperar da morte e considerar particularmente esta verdade: não há, para o homem bom, nenhum mal, quer na vida, quer na morte, e os deuses não descuidam de seu destino. O meu não é efeito do acaso; vejo claramente que era melhor para mim morrer agora e ficar livre de fadigas. [...]
>
> [...] é chegada a hora de partirmos, eu para a morte, vós para a vida. Quem segue melhor rumo, se eu, se vós, é segredo para todos, menos para a divindade."
>
> PLATÃO. *Defesa de Sócrates*. São Paulo: Abril Cultural, 1972. p. 33. (Coleção Os Pensadores)

Saiba mais

Como elemento inseparável da realidade humana, a morte sempre foi um tema presente na arte. A gravura do renascentista Albrecht Dürer, por exemplo, exprime o *memento mori*, expressão latina que significa "lembra-te de que vais morrer". O artista compõe um casal de figuras contrastantes: uma jovem com a coroa e o vestido típicos de uma noiva no dia do seu casamento, ao lado de um personagem mítico das florestas impenetráveis dos Alpes, o qual simboliza a lascívia, a sensualidade extremada. À frente deles, a caveira: ou seja, o amor sagrado e o profano serão ambos inevitavelmente vencidos pela morte. *Memento mori* é uma advertência para que não nos esqueçamos da brevidade da vida.

Memento mori (1503), gravura de Albrecht Dürer.

Epicuro: não temer a morte

Para **Epicuro** (c. 270-241 a.C.), grego que viveu no período helenístico, a morte nada significa porque ela não existe para os vivos, e os mortos não estão mais aqui para explicá-la. De fato, quando pensamos em nossa própria morte, podemos nos imaginar mortos, mas não sabemos o que é a experiência do morrer. O filósofo lamenta que a maioria das pessoas fuja da morte como se fosse o maior dos males, porque para ele não há vantagem alguma em viver eternamente. Mais do que ter a alma imortal, vale a maneira pela qual escolhemos viver.

As considerações fazem sentido na concepção **hedonista** de Epicuro. Para ele, o bem encontra-se no prazer. Que tipo de prazer? Hoje costuma-se dizer que a civilização contemporânea é hedonista, por identificar a felicidade com a satisfação imediata dos prazeres, sobretudo pelo consumismo: ter uma bela casa, um carro possante, muitas roupas, boa comida. E, também, pela incapacidade de tolerar qualquer desconforto, seja uma simples dor de cabeça, seja o enfrentamento das doenças e da morte.

No entanto, não é esse o sentido do hedonismo grego. De acordo com a ética epicurista, os prazeres do corpo são causa de ansiedade e de sofrimento; portanto, para que a alma permaneça imperturbável, é preciso aprender a gozá-los com moderação. Essa atitude levou Epicuro ao cultivo dos prazeres espirituais, com destaque para a amizade e os prazeres refinados. E completa:

> "O sábio, porém, nem desdenha viver, nem teme deixar de viver; para ele, viver não é um fardo e não viver não é um mal. Assim como opta pela comida mais saborosa e não pela mais abundante, do mesmo modo ele colhe os doces frutos de um tempo bem vivido, ainda que breve."
>
> EPICURO. *Carta sobre a felicidade (a Meneceu)*. São Paulo: Editora Unesp, 2002. p. 31.

Montaigne: aprender a viver

No início do capítulo vimos que Montaigne cita Cícero, para quem filosofar é aprender a morrer. O tema da morte reaparece várias vezes em sua obra *Ensaios*. Para ele, meditar sobre a morte é meditar sobre a liberdade, porque quem aprendeu a morrer recusa-se a servir, a submeter-se. Viver bem, portanto, é preparar-se para morrer bem. E assegura:

> "A vida em si não é um bem nem um mal. Torna-se bem ou mal segundo o que dela fazeis."
>
> MONTAIGNE, Michel de. *Ensaios*. São Paulo: Abril Cultural, 1972. p. 53. (Coleção Os Pensadores)

Nesse sentido, morrer é apenas o fim de todos nós, mas não o objetivo da vida. É preciso ter em vista o esforço para conhecer-se melhor e aprender a não ter medo da morte.

Heidegger: o ser-para-a-morte

Para **Martin Heidegger** (1889-1976), o ser como possibilidade, como *projeto*, nos introduz na temporalidade. Isso não significa apenas ter um passado e um futuro em que os momentos se sucedem passivamente uns aos outros, mas que a existência é este ato de se projetar no futuro, ao mesmo tempo que transcende o passado. O existir humano consiste no lançar-se continuamente às possibilidades, entre as quais a situação-limite da morte. Esse fato inescapável do ser-para-a-morte provoca angústia por colocar-nos diante do nada, ou seja, do não sentido da existência.

O conceito de angústia diante da morte não se confunde com medo de morrer: trata-se do sentimento de um ser que sabe existir para seu fim. Para Heidegger, a existência autêntica supõe a aceitação da angústia e o reconhecimento de sua finitude, conduta que nos orienta para um olhar crítico sobre o cotidiano e nos leva a assumir a construção da vida.

Ao contrário, o ser humano *inautêntico* foge da angústia da morte, resguarda-se na impessoalidade, nega a transcendência e repete os gestos de "todo o mundo" nos atos cotidianos. Para esse tipo de indivíduo, a morte está sempre na terceira pessoa, ele percebe apenas *a morte dos outros*. A impessoalidade tranquiliza o indivíduo, porque o instala confortavelmente em um universo sem indagações, ao recusar-se a refletir sobre a morte como um acontecimento que atinge cada um de nós indistintamente.

Hedonismo: do grego *hedoné*, "prazer".

Golconda (1953), pintura de René Magritte. A multidão de homens de chapéu-coco, muito parecidos, tranquilamente caindo do céu, permite relacionar a tela à teoria de Heidegger. De acordo com o filósofo, o ser humano inautêntico vive na impessoalidade, apenas reproduzindo os gestos de todos os outros.

Capítulo 6 • A morte

Sartre: o absurdo

O filósofo francês **Jean-Paul Sartre** (1905-1980), influenciado por Heidegger, afirma que a morte é a certeza de que um nada nos espera e, por esse motivo, retira todo o sentido da vida, por ser a "nadificação" dos nossos projetos. Diferentemente de Heidegger, conclui pelo absurdo da morte e também da vida, que é uma "paixão inútil". Assim explica:

> "[...] a morte jamais é aquilo que dá à vida seu sentido: pelo contrário, é aquilo que, por princípio, suprime da vida toda significação. Se temos de morrer, nossa vida carece de sentido, porque seus problemas não recebem qualquer solução e a própria significação dos problemas permanece indeterminada."
>
> SARTRE, Jean-Paul. *O ser e o nada*: ensaio de ontologia fenomenológica. Petrópolis: Vozes, 1997. p. 652.

O conceito de *náusea*, a que Sartre recorre no romance de mesmo nome, exprime justamente o sentimento quando se toma consciência de que o real é absurdo, desprovido de razão de ser. Numa célebre passagem, Roquentin, a personagem principal do romance, ao olhar as raízes de um castanheiro, tem a impressão de existir à maneira de uma coisa, de um objeto, de ser-aí, como as coisas são. Nesse momento, tudo surge como pura contingência, gratuitamente, sem sentido. No entanto, a consciência do absurdo não significa para Sartre a perda da liberdade para criar projetos de vida, porque estes independem da morte, que não constitui obstáculo para a livre ação.

Cena da peça *Why the horse?* (2015), protagonizada por Maria Alice Vergueiro. Diagnosticada desde 2000 com Parkinson, uma doença degenerativa, a atriz encena a própria morte durante esse espetáculo, mostrando que suas limitações físicas não a impedem de celebrar a vida.

E por que a consciência da morte não impede o agir com liberdade? Ao explicar a condição humana, Sartre rejeita a ideia de que possuímos uma essência que defina a "natureza humana". Para ele não há essa natureza, porque inicialmente somos "nada" – sem essência – e vamos constituindo nosso ser por meio de projetos pelos quais damos sentido e criamos a verdade do nosso existir. Por ser livre, posso negar o que sou até agora e buscar um novo significado para minha existência.

O que significa a morte nesse contexto? Apenas um fato, exterior ao tempo humano e a respeito do qual a consciência nada pode.

9. Pensar na morte: refletir sobre a vida

No mundo atual, a tentativa de recuperar a consciência da morte, obscurecida pelo tabu que a cerca, não representa interesse doentio de viver obcecado pelo perecimento inevitável, atitude que seria pessimista e paralisante.

Ao contrário, reconhecer a finitude da vida nos permite reavaliar nosso comportamento e nossas escolhas. Por exemplo, se tomamos como valores absolutos o acúmulo de bens, a fama e o poder, a reflexão sobre a mortalidade torna menos importantes esses anseios diante de outros valores que nos proporcionam mais dignidade.

Cena do filme *A culpa é das estrelas* (2014), dirigido por Josh Boone. O pensamento sobre a morte e a sua proximidade ressignificam a vida dos adolescentes Hazel e Gus.

ATIVIDADES

1. Defina as principais características das concepções de Sócrates e de Epicuro sobre a morte e explique no que elas se distinguem.

2. O que significa afirmar que o ser humano é um ser-para-a-morte?

Leitura analítica

De como filosofar é aprender a morrer

Neste texto, extraído do livro Ensaios, *Montaigne discorre sobre a morte como um dos temas fundamentais da filosofia, pois afirma que meditar sobre a morte é refletir sobre a liberdade e insiste que o importante é a qualidade do viver, e não a quantidade de tempo vivido. No entanto, reconhece haver os que a temem e os que vivem como se a morte não fosse um acontecimento final incontornável.*

"Diz Cícero que filosofar não é outra coisa senão preparar-se para a morte. Isso, talvez, porque o estudo e a contemplação tiram a alma para fora de nós, separam-na do corpo, o que, em suma, se assemelha à morte e constitui como que um aprendizado em vista dela. Ou então é porque de toda sabedoria e inteligência resulta finalmente que aprendemos a não ter receio de morrer. [...]

Um dos principais benefícios da virtude está no desprezo que nos inspira pela morte, o que nos permite viver em doce quietude e faz [que] se desenrole agradavelmente e sem preocupações nossa existência. [...] Eis porque todos os sistemas filosóficos concordam nesse ponto e para ele convergem. Embora todos se entendam igualmente em nos recomendar o desprezo à dor, à pobreza e a outros acidentes a que está sujeita a vida humana, nem todos o fazem com igual cuidado, ou porque tais acidentes não nos atingem forçosamente [...] ou porque, na pior das hipóteses, pode a morte, quando quisermos, pôr fim aos nossos males. [...]

A meta de nossa existência é a morte: é este o nosso objetivo fatal. Se nos apavora, como poderemos dar um passo à frente sem temer? O remédio do homem **vulgar** consiste em não pensar na morte. Mas quanta estupidez será precisa para uma tal cegueira? [...]

Como essa palavra ressoava demasiado forte aos seus ouvidos e parecia de mau augúrio, tinham os romanos se habituado a adoçá-la ou a empregar **perífrases**. Em vez de dizer: morreu, diziam: parou de viver, viveu; bastava-lhes que se falasse em vida. Nós lhes tomamos de empréstimo esses **eufemismos** e dizemos: 'Mestre João se foi'. [...]

Não sabemos onde a morte nos aguarda, esperemo-la em toda parte. Meditar sobre a morte é meditar sobre a liberdade; quem aprendeu a morrer, desaprendeu de servir; nenhum mal atingirá quem na existência compreendeu que a privação da vida não é um mal: saber morrer nos **exime** de toda sujeição e constrangimento. [...]

Vamos agir, portanto, e prolonguemos os trabalhos da existência quanto pudermos, e que a morte nos encontre a plantar as nossas couves, mas indiferentes à sua chegada e mais ainda ante as nossas hortas inacabadas. [...]

Devemos desfazer-nos dessas preocupações vulgares e nocivas. Se se construíram cemitérios perto das igrejas e nos lugares mais frequentados da cidade, foi, diz **Licurgo**, para acostumar a plebe, as mulheres e as crianças a não se assustarem à vista de um morto e a fim de que o contínuo espetáculo de ossadas, túmulos, pompas funerárias, advirta todos do que os espera. [...]

A natureza nos ensina: saís deste mundo como nele entrastes. Passastes da morte à vida sem que fosse por efeito de vossa vontade e sem temores; tratai de vos conduzirdes de igual maneira ao passardes da vida à morte; vossa morte entra na própria organização do universo: é um fato que tem seu lugar assinalado no decurso dos séculos. [...] A vida em si não é um bem nem um mal. Torna-se bem ou mal segundo o que dela fazeis. [...]

Morto ou vivo, vós não lhe escapais: vivo, porque sois; morto, porque não sois mais. Por outro lado, ninguém morre antes da hora. O tempo que perdeis não vos pertence mais do que o que precedeu vosso nascimento e não vos interessa. [...] Qualquer que seja a duração de vossa vida, ela é completa. Sua utilidade não reside na duração e sim no emprego que lhe dais. Há quem viveu muito e não viveu. Meditais sobre isso enquanto o podeis fazer, pois depende de vós, e não do número de anos, terdes vivido bastante."

MONTAIGNE, Michel de. *Ensaios*.
São Paulo: Abril Cultural, 1972.
p. 48-54. (Coleção Os Pensadores)

Vulgar: no contexto, comum.
Perífrase: uso de diversas palavras para exprimir o que poderia ser dito com poucas; circunlóquio.
Eufemismo: palavra que suaviza ou minimiza um termo muito forte ou desagradável.
Eximir-se: livrar-se, escapar.
Licurgo: lendário legislador da pólis de Esparta, provavelmente do século V a.C.

QUESTÕES

1. Qual é, para Montaigne, a relação entre filosofia e consciência da morte?
2. Como agem as pessoas que têm medo da morte?
3. Que relação Montaigne estabelece entre liberdade e consciência da morte?

ATIVIDADES

1. Considerando as teorias dos filósofos estudados no capítulo, retome as perguntas da abertura e responda: por que refletir sobre a morte influencia na maneira como se vive? Justifique.

2. Releia o último parágrafo do texto de Montaigne transcrito na página anterior e localize a frase com a qual podemos interpretar a tira do Minduim. Justifique.

Minduim (1995), tira de Charles Schulz.

3. Sabe-se hoje que ainda está distante a técnica para "ressuscitar" o morto submetido à criogenia. Pensando do ponto de vista antropológico: que mundo uma pessoa congelada em 2016 encontraria em 2050, caso o procedimento fosse um sucesso? Faça com seu grupo um exercício de imaginação e descreva os primeiros dias dessa criatura "ressuscitada".

4. Com base nesta citação, atenda às questões.

> "O *trabalho do luto*, como diz Freud, é esse processo psíquico pelo qual a realidade prevalece, e cumpre que ela prevaleça, ensinando-nos a viver apesar de tudo. [...] A vida prevalece, a alegria prevalece, e é isso que distingue o luto da melancolia. Num caso, explica Freud, o indivíduo aceita o veredicto do real — "o objeto já não existe" —, e aprende a amar alhures, a desejar alhures. No outro, ele se identifica com aquilo mesmo que perdeu, há tanto tempo [...], e se encerra vivo no nada que o obceca. [...] Alguma coisa se inverte aqui; o luto (a aceitação da morte) pende para o lado da vida, quando a melancolia nos encerra na mesma morte que ela recusa."
>
> COMTE-SPONVILLE, André. *Bom dia, angústia!* São Paulo: Martins Fontes, 1997. p. 93-95.

a) Explique qual é a diferença entre luto e melancolia.

b) De que maneira, diante dessas "mortes", podemos passar pelo luto ou correr o risco de permanecer na melancolia? Explique e dê exemplos.

5. Leia a citação e responda às questões.

> "Ver a perda como uma fatalidade, ocultar os sentimentos, eliminar a dor, apontar o crescimento possível diante dela podem ser formas de negar os sentimentos que a morte provoca, para não sofrer. Sabe-se que a expressão de sentimentos nessas ocasiões é fundamental para o desenvolvimento do processo de luto. No entanto, as manifestações diante da perda e do luto sofreram alterações no decorrer dos tempos. [...] O século XX, segundo Ariès, traz a representação da 'morte invertida'. É a morte que se esconde e que é vergonhosa, o grande fracasso da humanidade. Há uma supressão da manifestação do luto, a sociedade condena a expressão e a vivência da dor, atribuindo-lhes uma qualidade de fraqueza. Há uma exigência de domínio e controle. A sociedade capitalista, centrada na produção, não suporta ver os sinais da morte. Os rituais do nosso tempo clamam pelo ocultamento e disfarce da morte, como se esta não existisse. As crianças devem ser afastadas do seu cenário, como se esta não ocorresse."
>
> KOVÁCS, Maria Julia. *Morte e desenvolvimento humano*. São Paulo: Casa do Psicólogo, 1992. p. 150-151.

a) Quais seriam, segundo a autora, as atitudes de negação do luto?

b) Explique o que é a "morte invertida", característica do século XX.

c) Por que a sociedade capitalista repele a morte e o luto? Justifique.

6. **Pesquisa e debate.** Neste capítulo abordamos a eutanásia. Faça com seu grupo uma pesquisa sobre outro tema polêmico: o aborto.

a) Qual é a atual legislação no Brasil sobre o tema?

b) Que países descriminalizaram o aborto?

c) Levantem argumentos a favor da descriminalização do aborto e contra ele.

d) Posicionem-se a respeito do assunto, identificando os argumentos mais convincentes.

7. **Dissertação.** Com base nas citações a seguir e no conhecimento construído ao longo do capítulo, redija uma dissertação sobre o tema **"A morte é a mesma para todos?"**.

> "Uma jovem de 21 anos morreu depois de ser atingida por uma bala perdida no Engenho da Rainha, Zona Norte do Rio, na tarde desta quarta-feira (26). Este foi o segundo caso semelhante ocorrido em menos de 24 horas na Região Metropolitana."
>
> Jovem morre após ser atingida por bala perdida dentro de casa no Rio. *G1 Rio*. Disponível em <http://mod.lk/kq3j7>. Acesso em 11 nov. 2016.

> "Todos morrem, mas nem todos concordam sobre o que é a morte. Alguns acreditam que sobreviverão após a morte dos seus corpos, indo parar no Céu ou no Inferno, ou em algum outro lugar, tornando-se um fantasma ou voltando à Terra num corpo diferente, talvez nem mesmo como ser humano. Outros acreditam que deixarão de existir – que o ser se extingue quando o corpo morre. E, entre os que acreditam que deixarão de existir, há os que consideram isso um fato terrível e outros que não."
>
> NAGEL, Thomas. *Uma breve introdução à filosofia*. São Paulo: Martins Fontes, 2001. p. 93.

ENEM E VESTIBULARES

8. (Enem/MEC-2016)

"Ser ou não ser – eis a questão.
Morrer – dormir – Dormir! Talvez sonhar. Aí está o obstáculo!
Os sonhos que hão de vir no sono da morte
Quando tivermos escapado ao tumulto vital
Nos obrigam a hesitar: e é essa a reflexão
Que dá à desventura uma vida tão longa."

SHAKESPEARE, W. *Hamlet*. Porto Alegre: L&PM, 2007.

Este solilóquio pode ser considerado um precursor do existencialismo ao enfatizar a tensão entre

a) consciência de si e angústia humana.
b) inevitabilidade do destino e incerteza moral.
c) tragicidade da personagem e ordem do mundo.
d) racionalidade argumentativa e loucura iminente.
e) dependência paterna e impossibilidade de ação.

9. (Enem/MEC-2015)

"Quanto ao 'choque de civilizações', é bom lembrar a carta de uma menina americana de sete anos cujo pai era piloto na Guerra do Afeganistão: ela escreveu que – embora amasse muito seu pai – estava pronta a deixá-lo morrer, a sacrificá-lo por seu país. Quando o presidente Bush citou suas palavras, elas foram entendidas como manifestação 'normal' de patriotismo americano; vamos conduzir uma experiência mental simples e imaginar uma menina árabe maometana pateticamente lendo para as câmeras as mesmas palavras a respeito do pai que lutava pelo Talibã – não é necessário pensar muito sobre qual teria sido a nossa reação."

ŽIŽEK, S. *Bem-vindo ao deserto do real*. São Paulo: Boitempo, 2003.

A situação imaginária proposta pelo autor explicita o desafio cultural do(a)

a) prática da diplomacia.
b) exercício da alteridade.
c) expansão da democracia.
d) universalização do progresso.
e) conquista da autodeterminação.

10. (Unimontes-2013)

Entre as possibilidades, a pessoa vislumbra uma delas, privilegiada e inexorável: a morte. O "ser-aí" é um "ser-para-a-morte". A partir do "ser-aí", Heidegger demonstra a especificidade humana, que é a existência. Se o indivíduo é lançado no mundo de maneira passiva, pode tomar a iniciativa de descobrir o sentido da existência e orientar suas ações nas mais diversas direções. Essa atitude pode ser denominada

a) transcendência.
b) isolamento.
c) destruição.
d) facticidade.

11. (UEM-2009)

A filosofia de Epicuro pode ser caracterizada por uma filosofia da natureza e uma antropologia materialista; por uma ética fundamentada na amizade e a busca da felicidade nos princípios de autarquia (autonomia e independência do sujeito) e de ataraxia (serenidade, ausência de perturbação, de inquietação da mente). Sobre a filosofia de Epicuro, assinale o que for correto.

01) A filosofia de Epicuro fundamenta-se no atomismo de Demócrito. Epicuro acredita que a alma humana é formada de um agrupamento de átomos que se desagregam depois da morte, mas que não se extinguem, pois são eternos, podendo reagrupar-se infinitamente.

02) Para Epicuro, a amizade se expressa, sobretudo, por meio do engajamento político como forma de amar todos os homens representados pela pátria.

04) Epicuro, como seu mestre Demócrito, foi ateu, considera que a crença nos deuses é resultado da fantasia humana produzida pelo medo da morte.

08) Epicuro critica os filósofos que ficavam reclusos no jardim de suas academias e ensinavam apenas para um grupo restrito de discípulos. Acredita que a filosofia deve ser ensinada nas praças públicas.

16) Para Epicuro, não devemos temer a morte, pois, enquanto vivemos, a morte está ausente e quando ela for presente nós não seremos mais; portanto, a vida e a morte não podem encontrar-se. Devemos exorcizar todo temor da morte e sermos capazes de gozar a finitude da nossa vida.

Mais questões: no livro digital, em **Vereda Digital Aprova Enem** e **Vereda Digital Suplemento de revisão e vestibulares**; no *site*, em **AprovaMax**.

CAPÍTULO 7

A FELICIDADE

Jump for fun ("Salto para a diversão"), fotografia de Zanariah Salam, Bali (Indonésia), 2015. Alguns modos de entender a felicidade consideram um erro procurá-la, pois ela viria em "acréscimo" nos momentos importantes da vida humana, como divertir-se ao lado dos amigos.

"A felicidade não é nem a saciedade (a satisfação de todas as nossas propensões), nem a bem-aventurança (uma alegria permanente), nem a beatitude (uma alegria eterna). Ela supõe a duração, como Aristóteles percebeu ('uma andorinha não faz verão, nem um só dia de felicidade'), logo também as flutuações, os altos e baixos, as intermitências, como no amor, do coração ou da alma... Ser feliz não é sempre ser alegre (quem pode ser?), tampouco nunca o ser: é *poder* sê-lo, sem que, para tanto, seja preciso que algo decisivo ocorra ou mude. O fato de se tratar apenas de *possibilidade* dá margem à esperança e ao temor, à carência, ao indefinido... que a distinguem da beatitude. A felicidade pertence ao tempo: é um estado da vida cotidiana. [...]

O erro, aliás, está em *procurá-la*, pura e simplesmente. Porque é esperá-la para amanhã, onde não estamos, e impedir-se de vivê-la hoje. Cuide antes do que verdadeiramente tem importância: o trabalho, a ação, o prazer, o amor – o mundo. A felicidade virá em acréscimo, se vier, e lhe faltará menos, se não vier. É mais fácil alcançá-la quando se deixa de exigi-la."

COMTE-SPONVILLE, André. *Dicionário filosófico*.
São Paulo: Martins Fontes, 2003. p. 243-244.

Conversando sobre

Todos buscamos a felicidade, mas como encontrá-la? Filósofos advertem para não a procurarmos por ela mesma, uma vez que a encontramos dependendo do modo como construímos nossa existência. Releia o final da citação acima e tente verificar, ao longo do capítulo, quais seriam os passos para viver melhor e, assim, alcançar alegrias, mesmo que não se esteja procurando deliberadamente a felicidade.

1. O que significa ser feliz?

"Feliz aniversário!", "Feliz ano-novo!". As saudações exprimem nossos votos para aqueles que estimamos e, em geral, são as mesmas expectativas destinadas a nós mesmos. Afinal, o que é a tão desejada felicidade?

Para alguns, mais pessimistas, a felicidade é um sonho impossível. Problemas do cotidiano, sofrimentos físicos e morais, fome, pobreza, violência, angústia, tédio são empecilhos severos para se seguir vivendo com alegria. Para outros, a felicidade "mora" distante do trabalho, nos momentos de consumo e ao usufruir de todo o conforto e prazer que o dinheiro pode proporcionar: carro, iate, roupas de marca, ausência de sofrimento... Por isso tantos esperam o final de semana, as férias, a aposentadoria ou o prêmio da loteria.

Para expressar essa felicidade fantasiosa, algumas revistas estampam os "famosos" com seus sorrisos, enquanto outras, com certa maldade, expõem o rompimento de relações amorosas malsucedidas, as internações para tratar dependência de drogas ou relatam os detalhes de mais uma cirurgia plástica na luta contra o envelhecimento.

Pelos consultórios médicos chegam muitas pessoas com estresse, a doença de nosso tempo. O enfrentamento da depressão banaliza o consumo de psicofármacos – as "pílulas da felicidade". Dessa perspectiva, a felicidade é buscada pelo seu avesso: a ausência de dor, de sofrimento, o não enfrentamento de perdas com suas próprias forças. A essa padronização de comportamentos, Friedrich Nietzsche (1844-1900) chamou de "felicidade de rebanho".

A felicidade não se revela como busca cega. Ela se encontra mais naquilo que o ser humano faz de si próprio e menos no que se consegue alcançar com bens materiais e sucesso. Por isso, Aristóteles (c. 384-322 a.C.) diz que podemos escolher o prazer, o sucesso e a riqueza na esperança de sermos felizes, embora apenas as posses não nos tornem felizes, porque a riqueza nunca é um bem em si mesmo, mas um meio para nos propiciar outras coisas. O que se percebe é que muitas vezes as pessoas se afastam da felicidade ao procurá-la onde ela não pode ser encontrada, pois a felicidade deve ser escolhida por ela mesma.

Assim, na ética aristotélica – designada pelo filósofo como eudemonismo – as ações humanas tendem para o bem, e o bem supremo é a felicidade; esta, por sua vez, consiste na realização da excelência (o melhor de si), que para Aristóteles é a natureza humana de ser racional.

Trocando ideias

No enredo do livro *Admirável mundo novo*, de Aldous Huxley, as pessoas permanecem sempre jovens e são "felizes" porque tomam o *soma*, uma droga que impede a manifestação da tristeza e do sofrimento.

- Seria isso a felicidade?

Eudemonismo: do grego *eudaimonía*, "felicidade". Segundo essa doutrina, a busca de uma vida feliz, tanto do ponto de vista individual quanto do coletivo, é o fundamento dos valores morais.

Celebração de ano-novo na Times Square, em Nova York. Foto de 2017. A cada início de ano, pessoas das mais diversas culturas costumam desejar "feliz ano-novo" para os indivíduos que lhe são próximos. Pode ser difícil, porém, definir o que seria um ano "feliz".

2. A "experiência de ser"

O filósofo francês Robert Misrahi identifica três aspectos que explicitam a felicidade.

Sentimento de satisfação

De maneira geral, a felicidade comporta um dado característico, que é o *sentimento de satisfação* em relação ao modo como vivemos, à possibilidade de sentirmos alegria, contentamento, prazer. Por experiência, sabemos que não se trata de uma plenitude, porque esse estado de espírito não ocorre o tempo todo, já que a vida feliz não exclui contratempos como dor, sofrimento, tristeza.

Autonomia de decisão

Apenas o sentimento de satisfação não é suficiente para explicar a felicidade, porque ela pressupõe a realização de desejos que, não raro, são conflitantes. Por exemplo, você pode ficar em dúvida entre assistir a um filme ou estudar. O filme pode ser um prazer, comparado com o esforço do estudo, mas talvez signifique a privação de outro prazer, tendo em vista um bem futuro, como a profissionalização, que dependeria do estudo. Em qualquer um dos casos, uma decisão satisfaz um desejo, mas frustra outro. A questão é saber escolher qual é a finalidade mais importante naquele momento e no conjunto de seus projetos, e os fatores determinantes dessa escolha devem ser avaliados livremente por você.

Vemos aí mais um componente da felicidade: a **autonomia** *de decisão*. Se ficamos sujeitos a impulsos ou a influências externas, o que ocorre com frequência nas sociedades massificadas, nas quais os comportamentos tendem à padronização, na verdade não seremos livres. Nesse caso, não realizamos nossos desejos, mas cedemos àqueles impostos pelo mercado.

> **Autonomia:** do grego *autós*, "si mesmo", e *nomos*, "lei". Capacidade de se guiar por si próprio.

Disponibilidade para a reflexão

A *disponibilidade para a reflexão* nos permite apreciar o que desejamos da vida como um todo, conforme projetos que dão sentido às nossas decisões. É o que Misrahi chama de "experiência de ser", expressão que muitas vezes ele designa pelo conceito de *alegria*.

E completa:

> "A alegria (mas não os prazeres e as alegrias instantâneas e limitadas a elas mesmas) é um ato porque ela implica a existência de um sujeito consciente que estabeleceu sua própria autonomia, indo além das ideias e valores simplesmente *recebidos* do exterior. O sujeito estabeleceu seus próprios valores, ele apreendeu a si mesmo como fonte e origem do sentido que quer dar à sua existência."
>
> MISRAHI, Robert. *A felicidade*: ensaio sobre a alegria. Rio de Janeiro: Difel, 2001. p. 84.

Ao nos referirmos à "experiência de ser" de um sujeito livre, consciente de sua individualidade, entramos no campo da ética. A reflexão sobre o que fazer da nossa vida para alcançar a felicidade nos coloca diante de escolhas morais. E a moral procura responder à questão: o que devo fazer para viver bem, para saber viver?

Pensar a felicidade depende da maneira pela qual nos relacionamos com as pessoas e dos afetos de amor e ódio que resultam desses encontros ou desencontros; da percepção de nosso próprio corpo, com suas emoções e paixões, e o que fazemos com elas; e depende, ainda, da maneira como enfrentamos as perdas e de como entendemos o sentido da morte, sobretudo de nossa própria morte.

Por fim, o que é a felicidade se não tivermos com quem compartilhar nossa alegria? Porque a felicidade é também a celebração da amizade, do amor e do erotismo. Veremos, a seguir, como os filósofos pensaram o amor, as paixões, o significado do corpo e, por consequência, como compreenderam a felicidade.

Fila de consumidores que aguardam o lançamento global de modelo de *smartphone*, em Dubai (Emirados Árabes). Foto de 2016. O mercado, muitas vezes, trabalha com a criação de desejos, o que pode padronizar os hábitos e trazer riscos à autonomia dos sujeitos.

3. Tipos de amor

O tópico anterior terminou por relacionar a felicidade à maneira pela qual compreendemos o amor e a paixão. Para esclarecer esses conceitos, recorremos aos três principais nomes com os quais os gregos antigos designavam o amor: *philía*, ágape e eros.

Philía

O termo grego *philía*, geralmente traduzido por "amizade", refere-se ao amor fraterno típico do cidadão, vivido entre membros de uma comunidade política. Os laços de afeto que o expressam são, em tese, a generosidade, o desprendimento e a reciprocidade, isto é, a estima mútua. Além desse sentido geral, distinguimos a amizade propriamente dita como um vínculo mais forte unindo pessoas que se escolheram pelo que cada um é. Por isso, Aristóteles explica que "os que desejam bem aos seus amigos por eles mesmos são os mais verdadeiramente amigos". E conclui:

> "Mas é natural que tais amizades não sejam muito frequentes, pois que tais homens são raros. Acresce que uma amizade dessa espécie exige tempo e familiaridade. Como diz o provérbio, os homens não podem conhecer-se mutuamente enquanto não houverem 'provado sal juntos'; e tampouco podem aceitar um ao outro como amigos enquanto cada um não parecer estimável ao outro e este não depositar confiança nele. Os que não tardam a mostrar mutuamente sinais de amizade desejam ser amigos, mas não o são a menos que ambos sejam estimáveis e o saibam; porque o desejo da amizade pode surgir depressa, mas a amizade não."
>
> ARISTÓTELES. *Ética a Nicômaco*. São Paulo: Abril Cultural, 1973. p. 382. (Coleção Os Pensadores)

O conceito de *philía* possui nuanças para englobar espécies de amizade além daquelas formadas com base na justiça e que pressupõem relações entre iguais – os cidadãos da pólis – representativas da amizade perfeita, de acordo com Aristóteles. Para abranger um campo maior de relações, refere-se às que são assimétricas por ocorrerem dentro da família grega, uma vez que o pai detém um poder absoluto sobre a mulher, os filhos, os escravos, em que todos lhe prestam obediência. Isso não impede a existência de afeto, sentimento possível entre desiguais. Nesses casos, utilizam-se outros termos como *storgé*, no sentido de "afeição".

Ágape

Ágape, do grego *agápe*, significa "amor fraterno". Mais que isso, trata-se do amor incondicional, que tem por base comportamentos e se dá por escolha, sem esperar nada em troca. Esse tipo de amor não pressupõe reciprocidade, porque se ama sem esperar retribuição, assim como independe do valor moral do indivíduo que é objeto de nossa atenção. Pode ser também entendido no sentido de benevolência universal, a fraternidade pela qual zelamos pelos outros. Trata-se de conceito tardio, que surgiu por influência do cristianismo: para os cristãos primitivos, designava as refeições fraternais entre ricos e pobres, daí o sentido de "caridade", de "amar ao próximo como a si mesmo".

Filósofos contemporâneos revisitaram o conceito, interpretando-o de maneira diversa. Para **Michel Foucault** (1926-1984), por exemplo, ele reaparece na ética dos prazeres como "cuidado de si", em que se prescreve o respeito ao prazer de si e do outro, com abertura para novas formas de relacionamento e sociabilidade. Ou seja, o reconhecimento de uma interação que não se restrinja a pessoas da mesma origem social e religiosa, mas que permita a coexistência da heterogeneidade e do **dissenso**. Essa ética implica uma certa **ascese**, um constante trabalho de mudança de si no sentido de não excluir o diferente de si mesmo. Como modo de ser que deve coexistir com outras formas costumeiramente aceitas na sociedade, Foucault destaca a questão da homossexualidade.

> **Provar sal juntos:** expressão que significa que só se conhece uma pessoa ao passar com ela momentos de muitas dificuldades, situações difíceis, provando juntos o "sal" dessas adversidades.
> **Dissenso:** falta de consenso, discordância.
> **Ascese:** no sentido geral, trata-se do exercício prático de formação de ofício ou de arte; do ponto de vista religioso, do conjunto de práticas austeras de comportamento para controle do corpo e do espírito. No contexto, refere-se à prática de autoformação não no sentido de austeridade ou renúncia, mas de construção de um novo modo de ser que não exclua o prazer.

Laocoonte e seus filhos (século I a.C.), escultura atribuída aos gregos Agesandro, Atenodoro e Polidoro. Na cultura grega, o afeto pelos familiares é definido pelo conceito de *philía*, embora se caracterize, nesse contexto, como uma relação assimétrica.

Eros

Eros, o amor-paixão, refere-se ao que entendemos por relações amorosas propriamente ditas. Diferentemente de outras expressões de amor, a paixão amorosa está associada à exclusividade e à reciprocidade. É de tal ordem a força desse impulso que foi necessário o controle dos instintos agressivos e sexuais para que a civilização pudesse existir. O mundo humano organizou-se com a *instauração da lei* e, consequentemente, com a *interdição*, pois as proibições estabelecem regras para tornar possível a vida em comum.

A sexualidade humana, porém, não é simplesmente biológica, não é fruto exclusivo do funcionamento glandular nem se submete à mera imposição de regras sociais. Embora a atividade sexual seja comum aos animais, apenas os humanos a vivenciam como *erotismo*, como busca psicológica, independente do fim natural dado pela reprodução. A sexualidade humana é a expressão do ser que deseja, escolhe, ama, que se comunica com o mundo e com o outro numa linguagem tanto mais humana quanto mais se exprime de maneira pessoal e única.

Por isso, ao contrário da tradição, que caracteriza o ser humano apenas como racional, poderíamos vê-lo também como "ser desejante", força que o impulsiona a buscar o prazer e a alegria de conquistar o amado. Esse desejo, porém, não visa apenas alcançar o outro como objeto. Mais que isso, procura o reconhecimento do amado, deseja capturar sua consciência, porque o apaixonado *deseja o desejo do outro*.

Saiba mais

Para melhor entender as relações familiares entre os gregos antigos, basta dizer que o termo *despótes* servia para designar o chefe de família – geralmente a família estendida, diferente do nosso conceito reduzido de família nuclear –, que tinha o direito de vida e morte sobre os que se encontravam sob seus cuidados. Não por acaso, quando aplicado à política, o termo assume o sentido de "déspota", aquele que governa sem leis.

4. Platão: Eros e a filosofia

No diálogo *O banquete*, Platão (c. 428-347 a.C.) relata um encontro em que os convivas discursam sobre o amor. Aqui destacamos apenas dois dos cinco discursos proferidos: o de Aristófanes (c. 445-385 a.C.), o maior comediógrafo da época, e o de Sócrates (c. 470-399 a.C.), mestre de Platão.

Aristófanes relata um mito sobre a origem do amor. No início, os seres humanos eram duplos e esféricos, e os sexos eram três: um deles constituído por duas metades masculinas; outro, por duas metades femininas; e o terceiro, andrógino, metade masculino, metade feminino. Por terem ousado desafiar os deuses, Zeus cortou-os de alto a baixo, pelo meio, para enfraquecê-los.

Desde a separação, porém, nasceu o desejo de cada ser humano completar-se no outro, o que leva à procura da metade perdida a fim de restaurar a unidade primitiva e gozar o amor recíproco. Como os seres iniciais não eram apenas bissexuais, foi valorizado o amor entre seres do mesmo sexo, sobretudo o masculino, como expressão possível desse encontro amoroso.

Sócrates, por sua vez, lembra de um diálogo com a sacerdotisa Diotima sobre a origem e a natureza de Eros. Segundo ela, durante o aniversário de Afrodite, Eros nasceu de Poros (Riqueza, Recurso ou Engenho) e de Pénia (Pobreza). Aos pais, Eros deve a inquietude de tentar sair da situação de pobreza, de falta, e, por meio de certos expedientes, alcançar o que deseja: por isso o amor é uma oscilação eterna entre o não possuir e o possuir, um desejo intenso de qualquer coisa que não se tem e se deseja ter. Daí se explica o fato de Eros ser instável, inventivo, caprichoso.

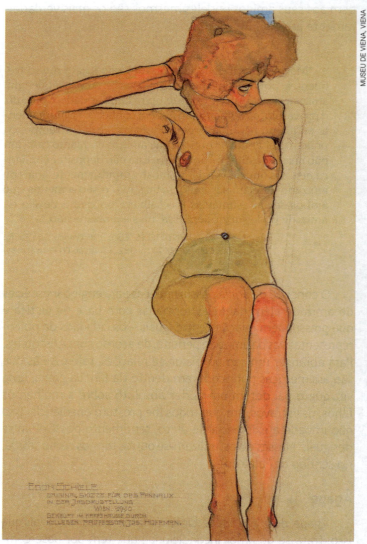

Nu feminino sentado com o braço direito levantado (1910), pintura de Egon Schiele. O artista retrata figuras que expressam com certa crueza um erotismo melancólico. A angústia da incompletude presente no erotismo se encontra também em processos humanos associados à nostalgia da completude, como a arte. De fato, a apreciação da obra de arte pressupõe uma conexão entre espectador e obra.

Interpretação platônica do mito de Eros

O relato de Aristófanes reforça uma das ilusões da vida amorosa, o desejo de encontrar a própria metade, aquela que irá nos completar e nos retirar da solidão: "ser apenas um, em vez de dois". O encontro amoroso seria a fusão, a completude e, portanto, a felicidade.

Platão, porém, está interessado na fala de seu mestre. Para Sócrates, o amor não é completude, mas falta: "o que deseja, deseja aquilo de que é carente". Portanto, o amor não é fusão, como queria Aristófanes, mas busca constante que nunca acaba, porque sempre desejamos aquilo que não temos. Eros é ânsia de ajudar o eu autêntico a se realizar, a se aperfeiçoar.

Nesse sentido, a vontade humana tende para o Bem e para o Belo, só que o faz de maneira gradual: começa atraído pelos belos corpos – a beleza física – até alcançar a beleza espiritual. No diálogo O *banquete*, defende-se que primeiro há o encantamento despertado pelos belos corpos, seguido pela contemplação das belas leis e dos belos ofícios para, então, passar à beleza da ciência e concluir a trajetória na beleza mesma. Veja o que disse Diotima ao personagem Sócrates, convencendo-o:

> "Eis, com efeito, em que consiste o proceder corretamente nos caminhos do amor ou por outro se deixar conduzir: em começar do que aqui é belo e, em vista daquele belo, subir sempre, como que servindo-se de degraus, de um só para dois e de dois para todos os belos corpos, e dos belos corpos para os belos ofícios, e dos ofícios para as belas ciências até que das ciências acabe naquela ciência, que de nada mais é senão daquele próprio belo, e conheça enfim o que em si é belo."
>
> PLATÃO. *O banquete*. São Paulo: Abril Cultural, 1972. p. 48. (Coleção Os Pensadores)

A sacerdotisa faz menção a uma ciência especial – a filosofia –, capaz de reconhecer o que é o Belo em si. Nesse estágio, o indivíduo desliga-se da paixão por determinada pessoa ou atividade, ocupando-se com a pura contemplação da beleza. O amor intelectual é, portanto, superior ao amor sensível. Se na juventude predomina a admiração pela beleza física, o verdadeiro discípulo de Eros amadurece com o tempo ao descobrir que a beleza da alma é mais preciosa que a do corpo.

As conclusões de Platão precisam ser compreendidas com base em sua teoria sobre as relações entre corpo e alma: enquanto a alma é superior ao corpo, este nada mais é do que a "prisão da alma".[1] Assim, Platão estabelece a ligação entre o amor físico e a busca da imortalidade: no encontro com o outro fecundam-se corpos, mas sobretudo ideias, e estas permanecem.

---

[1] A teoria da alma da ética platônica é abordada no capítulo 15, "Filosofia grega no período clássico", na parte II.

Saiba mais

O que é o tão falado *amor platônico*? É o amor em que não mais predominam a sensibilidade e as paixões, mas o prazer intelectual e espiritual. No entanto, isso não significa que Platão desprezasse o prazer erótico: no diálogo *Fedro* ele mostra como o amor sensual pode se tornar *amor de sabedoria*.

ATIVIDADES

1. O que significa "eudemonismo" e qual é a sua relação com a ética de acordo com Aristóteles?

2. Descreva as características da felicidade elencadas no tópico 2, "A 'experiência de ser'", e indique outra característica, além das citadas, que você considera importante, apesar de não ter sido contemplada no texto.

3. Descreva a distinção entre os três tipos de amor: *philía*, *ágape* e *eros*.

4. Para Platão, qual é a relação entre beleza e virtude?

5. Pensando do ponto de vista do corpo e da alma, que hierarquia há entre ambos na teoria do amor proposta por Platão?

5. Amar é uma arte?

É difícil definir o amor, se considerarmos as diversas conceituações que recebeu no correr da história, porque a especificidade desse sentimento sempre nos escapa.

Assim disse o filósofo francês Roland Barthes (1915-1980):

> "Que é que eu penso do amor? Em suma, não penso nada. Bem que eu gostaria de saber *o que é*, mas estando do lado de dentro, eu o vejo em existência, não em essência. [...] Mesmo que eu discorresse sobre o amor durante um ano, só poderia esperar pegar o conceito 'pelo rabo': por *flashes*, fórmulas, surpresas de expressão, dispersos pelo grande escoamento do Imaginário; estou no *mau lugar* do amor, que é seu lugar iluminado: 'O lugar mais sombrio, diz um provérbio chinês, é sempre embaixo da lâmpada'."
>
> BARTHES, Roland. *Fragmentos de um discurso amoroso*. Rio de Janeiro: Francisco Alves, 1981. p. 50.

Tentemos algumas delimitações do conceito. Na linguagem comum, *amor* é usado em diversas acepções, desde as materiais – o amor ao dinheiro –, até as religiosas, como o amor a Deus. Fala-se, também, do amor à pátria, ao trabalho e à justiça. É bem verdade que, dependendo do sentido, outros termos seriam mais apropriados, como *desejo de posse* do dinheiro, *interesse* ou *gosto* pelo trabalho, *empenho moral* na defesa da justiça, e assim por diante.

6. O vínculo amoroso

Nesta sequência, examinamos as dificuldades decorrentes das relações amorosas, capazes, em alguns momentos, de se tornar empecilhos para consolidar encontros felizes. O amor é um convite para sair de si, desde que a pessoa não esteja muito centrada nela mesma, incapaz de ouvir o apelo do outro. É certo que a criança procura com naturalidade quem melhor preencha suas necessidades, mas quando esse processo persiste na vida adulta torna-se impedimento do encontro verdadeiro, pois o amor é uma conquista da maturidade.

Por que seria tão difícil? Afinal, espera-se que adultos tenham sua personalidade, caracterizada pela autonomia e individualidade. O encontro amoroso, porém, pressupõe vínculos, o que pode parecer contraditório: como é possível um vínculo em que pessoas não se dissolvam na união nem sejam aprisionadas? Ou seja, como amar alguém e, ao mesmo tempo, manter a autonomia e a individualidade? Examinemos essas contradições.

Vínculo × liberdade

O fascínio amoroso é gerador de poder: o poder de atração de uma pessoa sobre outra. Os apaixonados solicitam a presença espontânea do outro, pois na união amorosa aquele que ama cativa para amar e ser amado livremente. Essa condição de liberdade enriquece a sensibilidade e a personalidade de ambos. No entanto, se o amor se manifesta na atração que um amante exerce sobre o amado, como saber quando esse poder ultrapassa os limites? Em que momento se transforma em controle e manipulação?

Muitas vezes, o desejo de controle resulta de ciúmes excessivos, que expressam o temor de perder o ser amado. Se é este ser que dá densidade à emoção e enriquece a existência, até a ideia da perda gera sofrimento. Nada justifica, porém, que a liberdade do outro seja tolhida quando o ciúme exacerbado se torna um desejo de posse que visa o domínio integral do outro.

Vínculo × alteridade

Outro desafio das relações amorosas é o de conciliar vínculo e **alteridade**. O amor deve ser uma união, com a condição de cada um preservar a própria integridade, de modo a permitir que dois seres estejam unidos e, contudo, permaneçam separados. Manter a alteridade é "permanecer outro" para evitar a fusão e respeitar a pessoa como ela é, e não como queremos que ela seja. O amor maduro é livre e generoso, portanto, funda-se na reciprocidade e recusa a exploração, pois o outro não é alguém de quem nos servimos.

A relação amorosa, como aspiração ao mesmo tempo de desejo de união e de preservação da alteridade, dimensiona a ambiguidade na qual o ser humano é lançado. Os sentimentos gerados também são ambíguos porque em todo vínculo, ainda quando livremente assumido, há o que se ganha, mas também o que se perde. Não conseguir viver essa ambivalência faz que alguns procurem a fusão com o outro, mesmo à custa da individualidade; ou, então, leva-os a evitar de antemão envolver-se por temer a perda de si mesmo.[2]

> **Alteridade:** do latim *alter*, "outro"; condição do que é outro, distinto.

Trocando ideias

Num relato da mitologia grega, um assaltante chamado Procusto aprisionava os viajantes e os adaptava a uma cama de ferro: se fossem pequenos, os alongava; se grandes, os mutilava para que diminuíssem de tamanho.

- Os namorados que pretendem adequar o parceiro à sua própria medida agem como o tirano Procusto? Seria possível estender essa metáfora a outros tipos de relacionamentos existentes em nossa sociedade? Justifique.

[2] Sobre as relações amorosas, consulte o capítulo 6, "A morte", mais especificamente o subitem "Amor e perda".

Tirinha de Benett (2016). O vínculo amoroso precisa enfrentar o desafio de ser compatível com a liberdade.

ATIVIDADES

1. O que é o amor platônico?

2. Por que a noção de vínculo amoroso traz em si uma aparente contradição?

Leitura analítica

A felicidade

O grego Aristóteles foi aluno de Platão, mas, em relação a seu mestre, desenvolveu um pensamento autônomo e ampliou a temática de reflexão filosófica. Na obra Ética a Nicômaco, *que recebeu o nome de seu filho para simbolicamente representar todos os jovens a quem seu livro se destinaria, o filósofo trata da felicidade, do amor, da amizade, da justiça, do prazer, entre tantos outros temas passíveis de abordagem filosófica.*

"Retomemos a nossa investigação e procuremos determinar, à luz deste fato de que todo conhecimento e todo trabalho visa a algum bem, quais afirmamos ser os objetivos da ciência política e qual é o mais alto de todos os bens que se podem alcançar pela ação. Verbalmente, quase todos estão de acordo, pois tanto o vulgo como os homens de cultura superior dizem ser esse fim a felicidade e identificam o bem viver e o bem agir como o ser feliz. Diferem, porém, quanto ao que seja a felicidade, e o vulgo não o concebe do mesmo modo que os sábios. [...]

Voltemos novamente ao bem que estamos procurando e indaguemos o que é ele, pois não se afigura igual nas distintas ações e artes; é diferente na medicina, na estratégia, e em todas as demais artes do mesmo modo. Que é, pois, o bem de cada uma delas? Evidentemente, aquilo em cujo interesse se fazem todas as outras coisas. Na medicina é a saúde, na estratégia a vitória, na arquitetura uma casa, em qualquer outra esfera uma coisa diferente, e em todas as ações e propósitos é ele a finalidade; pois é tendo-o em vista que os homens realizam o resto. Por conseguinte, se existe uma finalidade para tudo que fazemos, essa será o bem realizável mediante a ação; e, se há mais de uma, serão os bens realizáveis através dela.

[...] Mas procuremos expressar isto com mais clareza ainda. Já que, evidentemente, os fins são vários e nós escolhemos alguns dentre eles [...], segue-se que nem todos os fins são absolutos; mas o sumo bem é claramente algo de absoluto. Portanto, se só existe um fim absoluto, será o que estamos procurando; e, se existe mais de um, o mais absoluto de todos será o que buscamos. [...] chamamos de absoluto e incondicional aquilo que é sempre desejável em si mesmo e nunca no interesse de outra coisa.

Ora, esse é o conceito que preeminentemente fazemos da felicidade. É ela procurada sempre por si mesma e nunca com vistas em outra coisa, ao passo que à honra, ao prazer, à razão e a todas as virtudes nós de fato escolhemos por si mesmos (pois, ainda que nada resultasse daí, continuaríamos a escolher cada um deles); mas também os escolhemos no interesse da felicidade, pensando que a posse deles nos tornará felizes. A felicidade, todavia, ninguém a escolhe tendo em vista algum destes, nem, em geral, qualquer coisa que não seja ela própria. [...] A felicidade é, portanto, algo absoluto e autossuficiente, sendo também a finalidade da ação. [...]

Mas dizer que a felicidade é o sumo bem talvez pareça uma banalidade, e falta ainda explicar mais claramente o que ela seja. Tal explicação não ofereceria grande dificuldade se pudéssemos determinar primeiro a função do homem. Pois, assim como para um flautista, um escultor ou um pintor, e em geral para todas as coisas que têm uma função ou atividade, considera-se que o bem e o 'bem feito' residem na função, o mesmo ocorreria com o homem se ele tivesse uma função. [...]

Ora, se a função do homem é uma atividade da alma que segue ou que implica um princípio racional; [...] se realmente assim é, [...] o bem do homem nos aparece como uma atividade da alma em consonância com a virtude, com a melhor e mais completa.

Mas é preciso ajuntar 'numa vida completa'. Porquanto uma andorinha não faz verão, nem um dia tampouco; e da mesma forma um dia, ou um breve espaço de tempo, não faz um homem feliz e venturoso."

ARISTÓTELES. *Ética a Nicômaco*. São Paulo: Abril Cultural, 1973. p. 251-256. (Coleção Os Pensadores)

Vulgo: o povo, pessoas comuns.
Afigurar: no contexto, dar a impressão de; aparentar, parecer.

QUESTÕES

1. Aristóteles afirma que "chamamos de absoluto e incondicional aquilo que é sempre desejável em si mesmo e nunca no interesse de outra coisa"; em seguida, identifica esse bem à felicidade. Justifique essa ideia.

2. Qual é, segundo Aristóteles, a função do ser humano? Em que sentido a conclusão do filósofo faz com que ele relacione ética e felicidade?

7. Dualismo corpo e alma

Com base na interpretação platônica do mito de Eros, é possível perceber que, ao tratarmos do amor, reconhecemos o corpo como um protagonista importante. Durante muito tempo, filósofos explicaram o ser humano como composto de duas partes diferentes e separadas: a *alma* (espiritual e consciente) e o *corpo* (material). Chamamos de *dualismo psicofísico* essa dupla realidade da consciência separada do corpo.

As conclusões de Platão são decorrências de sua teoria sobre as relações entre corpo e alma: por ser inferior à consciência, para ele o corpo nada mais é do que "prisão da alma". Assim, Platão subordina as paixões à razão, Eros a logos, e estabelece uma hierarquia que perduraria por longo tempo nas interpretações filosóficas. Na Idade Média, o cristianismo fortaleceu a teoria dualista corpo-alma com regras rígidas em relação ao corpo, às paixões e, sobretudo, ao comportamento sexual.

Na Idade Moderna, René Descartes (1596-1650), influenciado pela Revolução Científica do século XVII, manteve a concepção dualista de corpo-alma. Embora haja semelhanças com o dualismo platônico, Descartes apresenta diferenças ao conceber um corpo-objeto associado à ideia mecanicista do ser humano-máquina. Para o filósofo, o nosso corpo age como máquina e funciona de acordo com leis universais da ciência. A semelhança com Platão deve-se à convicção de que cabe à alma submeter a vontade à razão e controlar as paixões que prejudicam a atividade intelectual.

Em *As paixões da alma*, Descartes afirma que podemos conhecer a força ou a fraqueza da alma pelos combates em que a vontade consegue vencer mais facilmente as paixões. O filósofo explica, porém, que, apesar de diferentes, corpo e alma são substâncias que se relacionam, porque a alma necessita do corpo: é pela imaginação que o corpo fornece à alma os elementos sensíveis do mundo para que possamos experimentar sentimentos e apetites.

8. Novas concepções sobre o corpo

A rara exceção dessa teoria na Idade Moderna nota-se no pensamento de Baruch Espinosa (1632-1677), que desafiou a tradição dualista greco-cristã ao propor a novidade da *teoria do paralelismo*: diferentemente de seus antecessores, que apontavam a superioridade da razão para dominar os afetos, Espinosa não hierarquiza corpo e alma, porque para ele a razão não é superior aos afetos, nem cabe a ela controlá-los. A relação entre corpo e alma não é de causalidade, mas de *expressão* e simples *correspondência*, pois o que se passa em um deles se exprime no outro: a alma e o corpo expressam a mesma coisa, cada um a seu modo próprio.

Para Espinosa, a razão não tem como controlar as paixões. Ao contrário, apetites e desejos jamais serão dominados por uma ideia ou uma vontade, mas apenas por outros afetos mais fortes, justamente aqueles que são capazes de nos trazer uma alegria mais intensa: só a alegria aumenta nossa possibilidade de agir.

No final do século XIX, Nietzsche criticou Sócrates por ter sido o primeiro a encaminhar a reflexão moral em direção ao controle racional das paixões. Para ele, a tendência de desconfiar dos instintos culminou com o ascetismo cristão, que faria o ser humano se sentir culpado e fraco. Orientou então suas teorias no sentido de recuperar as forças vitais, instintivas, subjugadas pela razão durante séculos.

Na mesma vertente posicionou-se Sigmund Freud (1856-1939), fundador da psicanálise. A hipótese do inconsciente, ideia mestra de sua teoria, colocou em questão as crenças racionalistas segundo as quais a consciência humana é o centro das decisões e do controle dos desejos. Diante das forças conflitantes dos impulsos, o indivíduo reage, mas desconhece os determinantes de sua ação. Caberia ao processo psicanalítico auxiliá-lo a recuperar o que foi silenciado pelo recalcamento dos desejos.

Afeto: do latim *affectus*, "tocar, comover o espírito". Para Espinosa, o termo expressa a transição de um estado para outro, que pode ser maléfica ou benéfica para o corpo afetado, a depender da diminuição ou do aumento da potência de agir desse corpo.

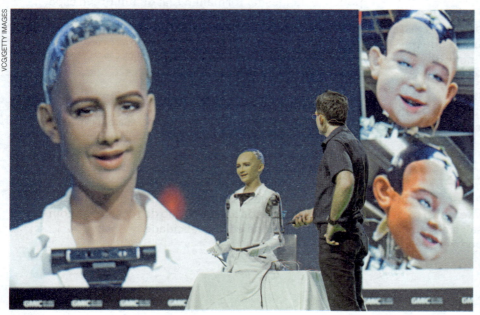

O robô humanoide ultrarrealista Sophia em apresentação em Pequim, China. Foto de 2016. Muitas das concepções costumeiras sobre robôs são orientadas pela ideia dualista de Descartes: eles seriam os puros corpos-máquinas, sem a dimensão humana que só a alma poderia proporcionar.

Merleau-Ponty: o corpo vivido

Além de Espinosa, Nietzsche e Freud, outra teoria filosófica – a fenomenologia[3] – contribuiu igualmente para rever as relações do corpo e de seus afetos. O postulado básico da fenomenologia é a noção de *intencionalidade*: toda consciência é intencional por sempre *tender* para algo, por *visar* algo fora de si. Contrariando as tendências anteriores, não existe pura consciência separada do mundo, do mesmo modo que não existe objeto "em si", pois o objeto é sempre *para* um sujeito que lhe dá significado.

Já se vê por esses princípios que não há corpo separado da consciência e vice-versa. Outro aspecto relevante da fenomenologia está em entender a consciência sem reduzi-la ao conhecimento intelectual, pois a consciência é fonte de intencionalidades não só cognitivas, mas afetivas e práticas. O nosso olhar é o ato pelo qual temos a experiência vivida da realidade, percebendo, imaginando, julgando, amando, temendo etc.

Maurice Merleau-Ponty (1908-1961)[4] foi o filósofo dessa tendência que mais se ocupou com o tema do corpo. Para ele, o corpo objetivo é o corpo material, fisiológico, quando estudado pela ciência, mas *meu corpo*, como o percebo e o experimento, não constitui algo "fora de mim", por ser um corpo vivo, situado no mundo. O corpo é o primeiro momento da experiência humana porque, antes de ser um "ser que conhece", o sujeito é um "ser que vive e sente". O corpo é nosso "ancoradouro em um mundo", como diz Merleau-Ponty. Não é um obstáculo nem uma coisa que eu *tenho*: eu *sou* meu corpo.

Do mesmo modo, para Merleau-Ponty, não há pura consciência separada do mundo, porque toda consciência tende para as coisas do mundo. Com o corpo nos engajamos na realidade de inúmeras maneiras possíveis: por meio do trabalho, da arte, do amor, do sexo, da ação em geral. Ao estabelecer contato com outra pessoa, revelo-me por gestos, atitudes, mímica, olhar, enfim, pelas manifestações corporais. Observando o movimento de alguém, não o vejo como uma máquina, mas como gesto expressivo: nunca apenas corporal, porque o gesto diz algo e nos remete à interioridade do sujeito. Um olhar pode significar raiva, desprezo, piedade, súplica, amor, entre outros sentimentos.

Sexualidade e erotismo

Tendo em vista a concepção da relação intrincada entre corpo e consciência, é possível admitir que a sexualidade humana não pode ser simplesmente biológica. Embora a atividade sexual seja comum aos animais e aos humanos, apenas estes a transformam em atividade erótica, já que o erotismo é busca psicológica, independentemente do fim natural dado pela reprodução, e se traduz em infinita riqueza de formas que o indivíduo empresta à sexualidade.

O erotismo é a expressão do ser que deseja, escolhe, ama, que se comunica com o mundo e com o outro. Portanto, Eros leva o indivíduo a sair de si para que, na intersubjetividade, na relação com o outro, possa realizar o encontro.

Trata-se, também, de uma linguagem tanto mais humana quanto mais se exprime de maneira pessoal e única: a carícia é a palavra do corpo. Por trazer tantos elementos ocultos à consciência e pressupor a intersubjetividade, a sexualidade pode tornar-se para alguns a expressão da violência.

Trocando ideias

A sexualidade feminina foi compreendida de formas diversas ao longo do tempo. Na década de 1950, por exemplo, o discurso dominante era de que a sexualidade da mulher deveria ser restrita ao casamento e aos desejos do marido, predominando também o sexo como função reprodutiva. A revolução sexual e a invenção de métodos contraceptivos a partir dos anos 1970 deram início a um processo de maior autonomia para a mulher exercer sua sexualidade com mais segurança e liberdade.

- Discuta com seus colegas sobre os tabus ainda existentes a respeito da sexualidade feminina, assim como os efeitos que eles podem provocar.

ATIVIDADES

1. O que é a teoria do dualismo psicofísico para Descartes?

2. Merleau-Ponty disse ser impróprio afirmar "eu tenho um corpo", pois, na verdade, "eu sou meu corpo". Explique o significado disso.

3. Sobre a compreensão das relações entre corpo e alma na história da filosofia, assinale a alternativa incorreta.
    a) A filosofia socrático-platônica, por separar o mundo sensível do mundo intelectual, o corpo da alma, está na origem da tradição do dualismo psicofísico.
    b) O dualismo corpo-alma surge na Idade Média reforçado pelos pensadores ligados às teorias cristãs, sobretudo Agostinho.
    c) Na Idade Moderna, Descartes, apesar de diferenciar o corpo da alma, está preocupado em também relacioná-los.
    d) Espinosa, diferenciando-se da tradição greco-cristã, rompe a hierarquia que concedia superioridade à alma.
    e) Na contemporaneidade, o olhar dirigido ao corpo permite pensá-lo para além de sua relação com a consciência.

---

[3] Sobre fenomenologia, consulte o capítulo 22, "Tendências filosóficas contemporâneas", na parte II.

[4] Sobre Nietzsche, Freud e Merleau-Ponty, consulte na parte II o capítulo 21, "Século XIX: teorias políticas e filosóficas", e o capítulo 22, "Tendências filosóficas contemporâneas".

A relação corpo e mente

Os dois textos que compõem o colóquio refletem momentos distintos do pensamento filosófico (século V a.C. e século XX). No primeiro, extraído do diálogo Fédon, *Platão relata os últimos momentos de Sócrates antes de ingerir a cicuta. O assunto principal do filósofo com seus discípulos é a imortalidade da alma. A posição de Sócrates/Platão sobre a relação hierárquica entre corpo e mente seria determinante no pensamento ocidental. Já o filósofo francês Merleau-Ponty, representante da corrente fenomenológica, pretende superar o dualismo tradicional e resgatar o corpo e a consciência como dimensões inseparáveis do existir humano.*

Texto 1

"*Sócrates* – E agora, dize-me: quando se trata de adquirir verdadeiramente a sabedoria, é ou não o corpo um entrave se na investigação lhe pedimos auxílio? Quero dizer com isso, mais ou menos, o seguinte: acaso alguma verdade é transmitida aos homens por intermédio da vista ou do ouvido, ou quem sabe, se pelo menos em relação a essas coisas não se passem como os poetas não se cansam de nô-lo repetir incessantemente, e que não vemos nem ouvimos com clareza? E se dentre as sensações corporais estas não possuem exatidão e são incertas, segue-se que não podemos esperar coisa melhor das outras que, segundo penso, são inferiores àquela. Não é também este o teu modo de ver?

Símias – É exatamente esse.

Sócrates – Quando é, pois, que a alma atinge a verdade? Temos de um lado que, quando ela deseja investigar com a ajuda do corpo qualquer questão que seja, o corpo, é claro, a engana radicalmente.

Símias – Dizes uma verdade.

Sócrates – Não é, por conseguinte, no ato de raciocinar, e não de outro modo, que a alma apreende, em parte, a realidade de um ser?

Símias – Sim.

Sócrates – E, sem dúvida alguma, ela raciocina melhor precisamente quando nenhum empecilho lhe advém de nenhuma parte, nem do ouvido, nem da vista, nem de um sofrimento, nem sobretudo de um prazer – mas sim quando se isola o mais que pode em si mesma, abandonando o corpo à sua sorte, quando, rompendo tanto quanto lhe é possível qualquer união, qualquer contato com ele, anseia pelo real?

Símias – É bem isso!

Sócrates – E não é, ademais, nessa ocasião que a alma do filósofo, alçando-se ao mais alto ponto, desdenha o corpo e dele foge, enquanto por outro lado procura isolar-se em si mesma?

Símias – Evidentemente! [...]

Sócrates – Assim, pois, todas essas considerações fazem necessariamente nascer no espírito do autêntico filósofo uma crença capaz de inspirar-lhe em suas palestras uma linguagem semelhante a esta: 'Sim, é possível que exista mesmo uma espécie de trilha que nos conduza de modo reto, quando o raciocínio nos acompanha na busca. E é este então o pensamento que nos guia: durante todo o tempo em que tivermos corpo, e nossa alma estiver misturada com essa coisa má, jamais possuiremos completamente o objeto de nossos desejos! Ora, este objeto é, como dizíamos, a verdade. Não somente mil e uma confusões nos são efetivamente suscitadas pelo corpo quando clamam as necessidades da vida, mas ainda somos acometidos pelas doenças – e eis-nos às voltas com novos entraves em nossa caça ao verdadeiro real! O corpo de tal modo nos inunda de amores, paixões, temores, imaginações de toda sorte, enfim, uma infinidade de bagatelas, que por seu intermédio (sim, verdadeiramente é o que se diz) não recebemos na verdade nenhum pensamento sensato. Não, nem uma vez sequer! Vede, pelo contrário, o que ele nos dá: nada como o corpo e suas concupiscências para provocar o aparecimento de guerras, dissensões, batalhas; com efeito, na posse de bens é que reside a origem de todas as guerras, e, se somos irresistivelmente impelidos a amontoar bens, fazemo-lo por causa do corpo, de quem somos míseros escravos! Por culpa sua ainda, e por causa de tudo isso, temos preguiça de filosofar. Mas o cúmulo dos cúmulos está em que, quando conseguimos de seu lado obter alguma tranquilidade, para voltar-nos então ao estudo de um objeto qualquer de reflexão, súbito nossos pensamentos são de novo agitados em todos os sentidos por esse intrujão que nos ensurdece, tonteia e desorganiza, ao ponto de tornar-nos incapazes de conhecer a verdade. Inversamente, obtivemos a prova de que, se alguma vez quisermos conhecer puramente os seres em si, ser-nos-á necessário separar-nos dele e encarar por intermédio da alma em si mesma os entes em si mesmos. Só então é que, segundo me parece, nos há de pertencer aquilo de que nos declaramos amantes: a sabedoria. Sim, quando estivermos mortos, tal como o indica o argumento, e não durante nossa vida! Se, com efeito, é impossível, enquanto perdura a união com o corpo, obter qualquer conhecimento puro, então, de duas uma: ou jamais nos será possível conseguir de nenhum modo a sabedoria, ou a conseguiremos apenas quando estivermos mortos, porque nesse momento a alma, separada do corpo, existirá em si mesma e por si mesma – mas nunca antes. Além disso, por todo o tempo que durar nossa vida, estaremos mais próximos do saber, parece-me, quando nos afastarmos o mais possível da sociedade e união com o corpo, salvo em situações de necessidade premente, quando, sobretudo, não estivermos mais contaminados por sua natureza, mas, pelo contrário, nos acharmos puros de seu contato, e assim até o dia em que o próprio Deus houver desfeito esses laços. E quando dessa maneira atingirmos a pureza, pois que então teremos sido separados da demência do corpo, deveremos mui verossimilmente ficar unidos a seres parecidos conosco [...]. [...] Com efeito, é lícito admitir que não seja permitido apossar-se do que é puro, quando não se é puro.' Tais devem ser necessariamente, segundo creio, meu caro Símias, as palavras e os juízos que proferirá todo aquele que, no correto sentido da palavra, for um amigo do saber."

PLATÃO. *Fédon*. São Paulo: Abril Cultural, 1972. p. 72-74. (Coleção Os Pensadores)

Texto 2

"A tradição cartesiana habituou-nos a desprender-nos do objeto: a atitude reflexiva purifica simultaneamente a noção comum do corpo e a da alma, definindo o corpo como uma soma de partes sem interior, e a alma como um ser inteiramente presente a si mesmo, sem distância. Essas definições correlativas estabelecem a clareza em nós e fora de nós: transparência de um objeto sem dobras, transparência de um sujeito que é apenas aquilo que pensa ser. O objeto é objeto do começo ao fim, e a consciência é consciência do começo ao fim. Há dois sentidos e apenas dois sentidos da palavra existir: existe-se como coisa ou existe-se como consciência. A experiência do corpo próprio, ao contrário, revela-nos um modo de existência ambíguo. Se tento pensá-lo como um conjunto de processos em terceira pessoa – 'visão', 'motricidade', 'sexualidade' – percebo que essas 'funções' não podem estar ligadas entre si e ao mundo exterior por relações de causalidade; todas elas estão confusamente retomadas e implicadas em um drama único. Portanto, o corpo não é um objeto. Pela mesma razão, a consciência que tenho dele não é um pensamento, quer dizer, não posso decompô-lo e recompô-lo para formar dele uma ideia clara. Sua unidade é sempre implícita e confusa. Ele é sempre outra coisa que aquilo que ele é, sempre sexualidade ao mesmo tempo que liberdade, enraizado na natureza no próprio momento em que se transforma pela cultura, nunca fechado em si mesmo e nunca ultrapassado. Quer se trate do corpo do outro ou de meu próprio corpo, não tenho outro meio de conhecer o corpo humano senão vivê-lo, quer dizer, retomar por minha conta o drama que o transpassa e confundir-me com ele. Portanto, sou meu corpo, exatamente na medida em que tenho um saber adquirido e, reciprocamente, meu corpo é como um sujeito natural, como um esboço provisório de meu ser total. Assim, a experiência do corpo próprio opõe-se ao movimento reflexivo que destaca o objeto do sujeito e o sujeito do objeto, e que nos dá apenas o pensamento do corpo ou o corpo em ideia, e não a experiência do corpo ou o corpo em realidade. Descartes o sabia muito bem, já que uma célebre carta a Elisabeth distingue o corpo tal como ele é concebido pelo uso da vida do corpo tal como ele é concebido pelo entendimento. Mas em Descartes esse singular saber que temos de nosso corpo apenas pelo fato de que somos um corpo permanece subordinado ao conhecimento por ideias porque, atrás do homem tal como de fato ele é, encontra-se Deus enquanto autor racional de nossa situação de fato. Apoiado nessa garantia transcendente, Descartes pode aceitar calmamente nossa condição irracional: não cabe a nós sustentar a razão e, uma vez que a reconhecemos no fundo das coisas, resta-nos apenas agir e pensar no mundo. Mas, se nossa união com o corpo é substancial, como poderíamos sentir em nós mesmos uma alma pura e dali ter acesso a um Espírito absoluto? [...] Ele [o corpo próprio] não é apenas um objeto entre todos, que resiste à reflexão e permanece, por assim dizer, colado ao sujeito. A obscuridade atinge todo o mundo percebido."

MERLEAU-PONTY, Maurice. *Fenomenologia da percepção*. 4. ed. São Paulo: Martins Fontes, 2011. p. 268-269.

Entrave: obstáculo, empecilho.
Concupiscência: cobiça por prazeres sensuais, terrenos.
Dissensão: desavença, conflito.
Cartesiana: relativa a Descartes, levando em conta seu nome latino "Cartesius".

QUESTÕES

1. Faça uma síntese da concepção socrático-platônica sobre a relação corpo-espírito.
2. Na primeira parte do texto de Merleau-Ponty, o filósofo critica as teorias em que prevalece o dualismo corpo e mente. Justifique.
3. Como Merleau-Ponty justifica que o corpo não é um objeto?
4. Na sua opinião, a concepção de Sócrates/Platão tem ainda hoje adeptos? Qual é a sua posição a respeito desse tema?

9. Mutações contemporâneas

As mudanças institucionais, que começaram a ocorrer nas décadas de 1980 e 1990, representaram complexas reações à antiga ordem da sociedade patriarcal, por exemplo, transformações sucedidas no modelo de família em razão de movimentos emancipatórios femininos, além de reivindicações de outras minorias, como homossexuais, negros e indígenas. Em virtude da prevalência do setor de serviços, da entrada na era da informática e da comunicação e da globalização, aceleraram-se de modo significativo as mudanças culturais.

Crianças e adolescentes daquele período passaram a ser educados com diferentes padrões de conduta. A família assumiu formatos plurais, como divorciados que se casam novamente, formação de núcleos monoparentais (constituídos apenas pela mãe ou pelo pai), uniões informais entre homem e mulher e entre pessoas do mesmo sexo etc. Por consequência, também os jovens passaram a se comportar com mais liberdade sexual que nas gerações que os antecederam.

Ao mesmo tempo, movimentos estimulados sobretudo por grupos religiosos reivindicam o retorno aos padrões da família tradicional, a indissolubilidade do casamento e a condenação de uniões homoafetivas. Esse estado de coisas multifacetado repercute na configuração das relações amorosas e nas expectativas em torno do que é ser feliz.

Será dentro dessa nova perspectiva que precisamos repensar nosso conceito de felicidade e examinar o que permanece de universal nessa busca e quais são os novos riscos que a ameaçam, afastando-nos de uma vida feliz.

Vejamos alguns obstáculos que se interpõem ao projeto de felicidade.

Individualismo e narcisismo

Um aspecto marcante da contemporaneidade encontra-se no fato de vivermos em uma época hedonista e individualista. Cada um se volta com mais intensidade para si mesmo, na busca da realização dos desejos aqui e agora. A procura pelo prazer imediato e a recusa em suportar frustrações são comportamentos que não se conciliam com o delicado trabalho das relações afetivas, porque estas se constroem ao longo da convivência entremeada por alegrias, dificuldades e contradições.

No mundo da satisfação imediata, do prazer aqui e agora, o desejo de emoções fortes substitui os amores cuja intensidade passional se atenua com o tempo, pois a paixão é fugaz por natureza. Se as pessoas cada vez mais têm medo da dor, do sofrimento, da perda, os chamados "amores breves", que resultam de relações superficiais, serão quase inevitáveis.

Após longa tradição de desvalorização do corpo e das paixões, de seu controle e normatização pelas inúmeras regras de comportamento, surgiu a tendência aparentemente transgressiva da liberação e do resgate do corpo. No final do século XX, disseminou-se o culto do corpo visando garantir bem-estar e beleza.

Não estaria sendo recolocada a antiga dicotomia corpo-mente, só que agora de maneira invertida? De fato, o cultivo do corpo de modo cada vez mais impositivo extrapola a mera preocupação com a saúde ou o bem-estar. O que se observa é a tirania das dietas alimentares, os exercícios modeladores e a "construção do corpo" (*body building*) por meio de cirurgias plásticas que nunca parecem satisfatórias. Descobre-se o culto da juventude e da beleza pelas gerações que têm medo de envelhecer e de morrer.

Cena do filme alemão *O retrato de Dorian Gray* (1970), dirigido por Massimo Dallamano. O filme foi inspirado no livro homônimo escrito por Oscar Wilde, romance que narra a história de um aristocrata que, receoso de perder a beleza, vende a alma para que seu retrato envelheça em seu lugar.

A febre das selfies

Sempre houve interesse de perpetuação da própria imagem, como constatamos na história humana com as máscaras mortuárias, além de pinturas e esculturas voltadas para perenizar a figura de uma personalidade. Também os próprios artistas sempre fizeram autorretratos. Com o advento da fotografia e sobretudo agora, na era do celular, ampliou-se a possibilidade da autorreprodução *ad infinitum* da própria imagem. Você já parou para pensar sobre esse fenômeno contemporâneo das *selfies*?

Sabemos que o termo *narcisismo* deriva do mito grego de Narciso, que, encantado pela própria imagem refletida nas águas de uma fonte, apaixona-se por si mesmo e nessa contemplação se consome e morre. Freud retomou esse mito, reconhecendo que o amor de si é importante para o desenvolvimento da criança, que necessita ser objeto de amor dos outros e também de si mesmo. O problema será não conseguir superar o enclausuramento que impede o contato com os outros e com a cultura da qual compartilha.

No caso das *selfies*, as pessoas procuram seu melhor ângulo – ou emolduram-se em um entorno que valoriza seu ego – e às vezes se esquecem de observar com os próprios olhos os locais e as exposições que visitam. Até mesmo em funerais de famosos há quem não resista à repetição do gesto. As *selfies* substituíram os autógrafos: o que haveria de mais convincente do que uma foto ao lado de alguma celebridade? Com todo esse ritual, constrói-se uma imagem de si mesmo (uma máscara?), imediatamente exibida nas redes sociais.

Evidentemente, não se trata de recusar o recurso das *selfies*, mas de refletir sobre esse costume ter sido exacerbado nos últimos tempos, tornando-se uma obsessão: *selfie* foi eleita a "palavra do ano" de 2013 pelo *Dicionário Oxford*. O risco, para alguns, seria a possibilidade de a nossa *self* ser reduzida à aparência das imagens que "construímos".

> **Ad infinitum:** até o infinito, na tradução do latim.
> **Selfie:** em inglês, significa "autorretrato". Deriva do termo *self*, "eu", "eu próprio", "eu mesmo".

Hiperconsumismo

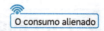 O consumo alienado

Consumir é um ato que nos permite atender a necessidades vitais, próprias da sobrevivência, como alimentar-se, vestir-se e ter onde morar. Mas não só. O consumo abrange também tudo o que estimula o crescimento humano em suas múltiplas e imprevisíveis direções, oferecendo condições para nos tornarmos melhores.

O consumo degenera em consumismo quando se torna um fim em si mesmo, e não um meio. Nesse caso, provoca desejos nunca satisfeitos, um sempre querer mais. A ânsia do consumo perde toda relação com as necessidades reais, o que leva pessoas a gastarem mais do que precisam e, às vezes, mais do que têm.

Os centros de compras se transformam em "catedrais do consumo", cujo apelo constante às novidades torna tudo descartável e rapidamente obsoleto. Com as facilidades da internet, compram-se e vendem-se coisas, serviços, ideias, sem precisar sair de casa. O sociólogo francês Gilles Lipovetsky (1944) afirma:

> "Com o capitalismo de consumo, o hedonismo se impôs como um valor supremo e as satisfações mercantis, como o caminho privilegiado da felicidade. Enquanto a cultura da vida cotidiana for dominada por esse sistema de referência, a menos que se enfrente um cataclismo ecológico ou econômico, a sociedade de hiperconsumo prosseguirá irresistivelmente em sua trajetória."
>
> LIPOVETSKY, Gilles. *A felicidade paradoxal*: ensaio sobre a sociedade do hiperconsumo. São Paulo: Companhia das Letras, 2007. p. 367.

Como evitar as piores consequências? O diagnóstico de Lipovetsky percorre ainda outros setores da vida, o que nos emaranha mais a essa condição. O sociólogo ressalta que a sociedade do hiperconsumo é também a do hiperindividualismo, do hipertexto, do hipermercado, do hiperterrorismo, da hiperclasse, em um contexto em que a modernização desenfreada e a desregulamentação econômica são escaladas a potências superlativas. Daí o sociólogo dizer que vivemos tempos *hipermodernos*.

Frank & Ernest (2016), tirinha de Bob Thaves. A tira ironiza a cultura das *selfies* em excesso, associando esse ato ao narcisismo.

Capítulo 7 • A felicidade

10. Felicidade e autonomia

Ao analisar o que é ser feliz, percorremos alguns momentos da história da filosofia. Pudemos ver que a felicidade não se separa do processo de constituição da identidade de cada um de nós, da consciência sobre o que queremos para nossa vida, da nossa "experiência de ser". Essa busca, porém, não é solitária, porque se realiza na intersubjetividade: depende das amizades, do amor, do erotismo e, nesse sentido, da experiência do nosso corpo, dos sentimentos e da relação com os outros.

A turbulência e a novidade das mudanças ocorridas a partir das últimas décadas do século XX modificaram de maneira drástica os padrões de comportamento. Se alguns veem com bons olhos as transformações, há os que denunciam o braço invisível da alienação em condutas aparentemente autônomas. Nessa ótica, concluem não haver propriamente autonomia, porque os mecanismos de repressão encontram-se na própria sociedade e são exercidos como instrumentos de controle dos desejos, estimulando-os ou reprimindo-os.

Outros encaram as mudanças de modo favorável e refletem sobre essas questões com mais otimismo. Apesar de indicarem os riscos, realçam aspectos positivos em razão da variedade de comportamentos alternativos que permitem maior autonomia e **personalização**. Para Lipovetsky, as mudanças do nosso tempo são inevitáveis. Na nova ordem coabitam fenômenos de massificação e de personalização, de individualismo exacerbado e de individualidade responsável.

Terminamos com a reflexão do filósofo e professor Franklin Leopoldo e Silva:

> "[...] quando as pessoas acalmam a ansiedade via consumo estimulado pelo capitalismo, seria justo dizer que elas encontram a felicidade? A escolha de uma profissão pelo único critério da quantidade de ganho a ser obtido significa felicidade? Quando indivíduos, grupos e nações se isolam para usufruir uma qualidade de vida cuja condição é a exclusão e/ou a exploração dos demais, pode-se dizer que vivem felizes?
>
> Essas perguntas poderiam ser respondidas dogmaticamente, pelo sim ou pelo não. Mas não se trata de resolver a questão e sim de considerar as dificuldades de toda ordem que se apresentam quando examinamos o desejo de felicidade. Essas dificuldades se mostram em toda **contundência** quando tentamos discernir os critérios da vida feliz e a relação ética entre os meios e os fins. Por isso, como deveria ser evidente, a questão da felicidade é eminentemente ética, até mesmo para aqueles que julgam possível obter a felicidade pessoal pela supressão da ética."
>
> LEOPOLDO E SILVA, Franklin. *Felicidade*: dos filósofos pré-socráticos aos contemporâneos. São Paulo: Claridade, 2007. p. 9. (Coleção Saber de Tudo)

Grafite do artista B. Berreni em rua de Túnis (Tunísia). Foto de 2012. A placa representada na obra indica a "liberdade". A busca pela vida feliz pressupõe uma relação de igualdade com os outros e a construção da autonomia, que só podem ocorrer em liberdade.

Personalização: no contexto, é o respeito às características e desejos individuais, como reivindica o direito que uma pessoa tem de "ser ela mesma".

Contundente: incisivo, forte, vivo.

ATIVIDADES

1. Pense nas rupturas e continuidades vivenciadas ao longo das últimas décadas e responda: que tipos de embates ocorreram entre os novos tipos de família que começaram a se constituir na segunda metade do século XX e as reivindicações dos defensores da família tradicional?

2. Quando os cuidados com o corpo se transformam em corpolatria? Explique.

3. Sob que aspectos o ato do consumo é importante para a felicidade e quando pode se tornar um empecilho para alcançá-la?

Leitura analítica

O pós-hiperconsumo

Neste texto, o filósofo Gilles Lipovetsky (1944) explicita o desafio contemporâneo diante do consumo desenfreado, cujas consequências poderão ser desastrosas, não só para cada indivíduo, mas sobretudo para o equilíbrio ecológico do planeta. Levanta algumas questões a respeito de um momento posterior a esse consumismo desmesurado e letal, mas de modo a não sacrificar o que ainda pode ter de relevante para garantir a rica diversidade humana.

"Com o capitalismo de consumo, o hedonismo se impôs como um valor supremo e as satisfações mercantis, como o caminho privilegiado da felicidade. Enquanto a cultura da vida cotidiana for dominada por esse sistema de referência, a menos que se enfrente um cataclismo ecológico ou econômico, a sociedade de hiperconsumo prosseguirá irresistivelmente em sua trajetória. Mas, se novas maneiras de avaliar os gozos materiais e os prazeres imediatos vierem à luz, se uma outra maneira de pensar a educação se impuser, a sociedade de hiperconsumo dará lugar a outro tipo de cultura. A mutação decorrente será produzida pela invenção de novos objetivos e sentidos, de novas perspectivas e prioridades na existência. Quando a felicidade for menos identificada à satisfação do maior número de necessidades e à renovação sem limite dos objetos e dos lazeres, o ciclo do hiperconsumo estará encerrado. Essa mudança sócio-histórica não implica nem renúncia ao bem-estar material, nem desaparecimento da organização mercantil dos modos de vida; ela supõe um novo pluralismo dos valores, uma nova apreciação da vida devorada pela ordem do consumo volúvel.

Quem poderá dizer quanto tempo será necessário para que uma consciência de outro tipo se levante, para que nasçam novos horizontes, novas maneiras de avaliar o avanço consumista? Se a resposta a essa pergunta está fora de nosso alcance, não é menos verdade que existem sinais que, por mais discordantes, indicam desejos de orientação inédita, buscas de uma 'outra coisa' em relação às miragens e à centralidade do consumo. [...]

Muitas são as razões que levam a pensar que a cultura da felicidade mercantil não pode ser considerada um modelo de vida boa. São suficientes, no entanto, para invalidar radicalmente seu princípio?

Porque o homem não é uno, a filosofia da felicidade tem o dever de fazer justiça a normas ou princípios de vida antitéticos. Temos de reconhecer a legitimidade da frivolidade hedonística ao mesmo tempo que a exigência da construção de si pelo pensamento e pelo agir.

A filosofia dos antigos procurava formar um homem sábio que permanecesse idêntico a si próprio, querendo sempre a mesma coisa na coerência consigo e na rejeição do supérfluo. Isso é de fato possível, de fato desejável? Não o creio. Se, como sublinha Pascal, o homem é um ser feito de 'contrariedades', a filosofia da felicidade não tem de excluir nem a superficialidade nem a 'profundidade', nem a distração fútil nem a difícil constituição de si mesmo. O homem muda ao longo da vida e não esperamos sempre as mesmas satisfações da existência. Significa dizer que não poderia haver outra filosofia da felicidade que não desunificada e pluralista: uma filosofia menos cética que eclética, menos definitiva que móvel.

No quadro de uma problemática 'dispersa', não é tanto o próprio consumismo que compete denunciar, mas sua excrescência ou seu imperialismo, constituindo obstáculo ao desenvolvimento da diversidade das potencialidades humanas. Assim, a sociedade hipermercantil deve ser corrigida e enquadrada em vez de posta no pelourinho. Nem tudo é para ser rejeitado, muito é para ser reajustado e reequilibrado a fim de que a ordem tentacular do hiperconsumo não esmague a multiplicidade dos horizontes da vida. Nesse domínio, nada está dado, tudo está por inventar e construir, sem modelo garantido. Tarefa árdua, necessariamente incerta e sem fim, a conquista da felicidade não pode ter prazo.

O que é verdade para a sociedade é verdade para o indivíduo: o homem caminha rumo a um horizonte que se evapora à medida que ele imagina estar próximo, toda solução trazendo consigo novos dilemas. A cada dia, a felicidade tem de ser reinventada e ninguém detém as chaves que abrem as portas da Terra Prometida: sabemos apenas pilotar sem instrumentos e retificar ponto por ponto, com mais ou menos sucesso. Lutamos por uma sociedade e uma vida melhor, buscamos incansavelmente os caminhos da felicidade, mas o que nos é mais precioso – a alegria de viver –, como ignorar que sempre nos será dada por acréscimo?"

LIPOVETSKY, Gilles. *A felicidade paradoxal*: ensaio sobre a sociedade do hiperconsumo. São Paulo: Companhia das Letras, 2007. p. 367-370.

QUESTÕES

1. Identifique no texto de Lipovetsky as características negativas e as positivas do que ele denomina cultura da felicidade mercantil.

2. O título "O pós-hiperconsumo" denota o otimismo de Lipovetsky. Explique por quê. Em seguida, posicione-se a respeito.

ATIVIDADES

1. Considerando o estudo realizado no capítulo, retome a pergunta da abertura e responda: é possível definir o que seria uma vida feliz e realizá-la de fato?

2. Comente a frase de Erich Fromm à luz do tópico 5, "O vínculo amoroso".

   "O amor infantil segue o princípio: 'Amo porque sou amado'. [...] O amor imaturo diz: 'Amo porque necessito de ti'. Diz o amor maduro: 'Necessito de ti porque te amo'."

   FROMM, Erich. *A arte de amar*. Belo Horizonte: Itatiaia, 1960. p. 65-66.

3. Com base na citação a seguir, discorra sobre a importância da originalidade na relação amorosa.

   "Diante da originalidade brilhante do outro, não me sinto nunca *atopos* [inclassificável], mas sim classificado (como um dossiê muito conhecido). Às vezes, entretanto, consigo sustar o jogo das imagens desiguais ('Posso ser tão original, tão forte quanto o outro!'), adivinho que o verdadeiro lugar da originalidade não é nem o outro nem eu, mas nossa própria relação. É a originalidade da relação que é preciso conquistar. A maior parte das mágoas me vem do estereótipo: sou obrigado a me apaixonar, como todo mundo: ser ciumento, rejeitado, frustrado, como todo mundo. Mas, quando a relação é original, o estereótipo é abalado, ultrapassado, evacuado, e o ciúme, por exemplo, não tem mais espaço nessa relação [...]."

   BARTHES, Roland. *Fragmentos de um discurso amoroso*. Rio de Janeiro: Francisco Alves, 1981. p. 26.

4. Leia o texto e, em seguida, responda às questões.

   "É em nome da felicidade que se desenvolve a sociedade de hiperconsumo. A produção de bens, os serviços, as mídias, os lazeres, a educação, a ordenação urbana, tudo é pensado, tudo é organizado, em princípio, com vista à nossa maior felicidade. Nesse contexto, guias e métodos para viver melhor fervilham, a televisão e os jornais destilam conselhos de saúde e de forma, os psicólogos ajudam os casais e os pais em dificuldade, os gurus que prometem a plenitude multiplicam-se. [...] Passamos do mundo fechado ao universo infinito das chaves da felicidade: eis o tempo do *treinamento* generalizado e da felicidade 'modo de usar' para todos."

   LIPOVETSKY, Gilles. *A felicidade paradoxal*: ensaio sobre a sociedade de hiperconsumo. São Paulo: Companhia das Letras, 2007. p. 336-337.

   a) O que é a felicidade "modo de usar" a que se refere o filósofo? Justifique.
   b) Quais críticas podem ser feitas a esse tipo de felicidade?

5. Relacione a citação a seguir com o fenômeno do alto número de amigos conquistados pelas redes sociais na *web*.

   "Não se pode ser amigo de muitas pessoas no sentido de ter com elas uma amizade perfeita, assim como não se pode amar muitas pessoas ao mesmo tempo (pois o amor é, de certo modo, um excesso de sentimento e está na sua natureza dirigir-se a uma pessoa só); e não sucede facilmente que muitas pessoas, ao mesmo tempo, agradem muito a um indivíduo só, ou mesmo, talvez, que pareçam boas aos seus olhos. É preciso, por outro lado, adquirir alguma experiência da outra pessoa e familiarizar-se com ela, e isso custa muito trabalho."

   ARISTÓTELES. *Ética a Nicômaco*. São Paulo: Abril Cultural, 1973. p. 384-385. (Coleção Os Pensadores)

6. **Pesquisa.** Com o seu grupo, realize uma pesquisa sobre a depressão e as "pílulas da felicidade", atendendo aos aspectos a seguir.

   a) Estatística dos casos de depressão no Brasil.
   b) Números relacionados aos medicamentos antidepressivos.
   c) Maneiras como a depressão é compreendida na sociedade do consumo.

7. **Dissertação.** Com base nos textos a seguir e no conhecimento construído ao longo do capítulo, redija uma dissertação sobre o tema **"Padrões corporais na era das *selfies*"**.

   "Pesquisas recentes revelam com uniformidade que em meio à maioria das mulheres que trabalham, têm sucesso, são atraentes e controladas no mundo ocidental, existe uma subvida secreta que envenena nossa liberdade: imersa em conceitos de beleza, ela é um escuro filão de ódio a nós mesmas, obsessões com o físico, pânico de envelhecer e pavor de perder o controle."

   WOLF, Naomi. *O mito da beleza*: como as imagens de beleza são usadas contra as mulheres. Rio de Janeiro: Rocco, 1992. p. 12.

   "Não que a cobrança pela beleza tenha necessariamente aumentado, mas teria se tornado mais exposta e disseminada, com a replicação instantânea de *selfies* [...]. Nosso olhar intolerante e discriminatório teria se desacostumado a enxergar os excessos da vida real, de tanto contemplar nas revistas os corpos esculpidos com *photoshop*."

   DUARTE, Letícia. Como os padrões de beleza estão se tornando mais exigentes e irreais. *Zero Hora*, Porto Alegre, 31 jan. 2015. Disponível em <http://mod.lk/zfmib>. Acesso em 2 dez. 2016.

ENEM E VESTIBULARES

8. (Enem/MEC–2016)

"Sentimos que toda satisfação de nossos desejos advinda do mundo assemelha-se à esmola que mantém hoje o mendigo vivo, porém prolonga amanhã a sua fome. A resignação, ao contrário, assemelha-se à fortuna herdada: livra o herdeiro para sempre de todas as preocupações."

SCHOPENHAUER, A. *Aforismos para a sabedoria da vida*.
São Paulo: Martins Fontes, 2005.

O trecho destaca uma ideia remanescente de uma tradição filosófica ocidental, segundo a qual a felicidade se mostra indissociavelmente ligada à

a) consagração de relacionamentos afetivos.
b) administração da independência interior.
c) fugacidade do conhecimento empírico.
d) liberdade de expressão religiosa.
e) busca de prazeres efêmeros.

9. (Enem/MEC–2015)

"Na sociedade contemporânea, onde as relações sociais tendem a reger-se por imagens midiáticas, a imagem de um indivíduo, principalmente na indústria do espetáculo, pode agregar valor econômico na medida de seu incremento técnico: amplitude do espelhamento e da atenção pública. Aparecer é então mais do que ser; o sujeito é famoso porque é falado. Nesse âmbito, a lógica circulatória do mercado, ao mesmo tempo que acena democraticamente para as massas com supostos 'ganhos distributivos' (a informação ilimitada, a quebra das supostas hierarquias culturais), afeta a velha cultura disseminada na esfera pública. A participação nas redes sociais, a obsessão dos *selfies*, tanto falar e ser falado quanto ser visto são índices do desejo de 'espelhamento'."

SODRÉ, M. Disponível em <http://alias.estadao.com.br>.
Acesso em 9 fev. 2015. (Adaptado)

A crítica contida no texto sobre a sociedade contemporânea enfatiza

a) a prática identitária autorreferente.
b) a dinâmica política democratizante.
c) a produção instantânea de notícias.
d) os processos difusores de informação.
e) os mecanismos de convergência tecnológica.

10. (Enem/MEC–2013)

"A felicidade é, portanto, a melhor, a mais nobre e a mais aprazível coisa do mundo, e esses atributos não devem estar separados como na inscrição existente em Delfos 'das coisas, a mais nobre é a mais justa, e a melhor é a saúde; porém a mais doce é ter o que amamos'. Todos estes atributos estão presentes nas mais excelentes atividades, e entre essas a melhor, nós a identificamos como felicidade."

ARISTÓTELES. *A Política*. São Paulo: Companhia das Letras, 2010.

Ao reconhecer na felicidade a reunião dos mais excelentes atributos, Aristóteles a identifica como

a) busca por bens materiais e títulos de nobreza.
b) plenitude espiritual e ascese pessoal.
c) finalidade das ações e condutas humanas.
d) conhecimento de verdades imutáveis e perfeitas.
e) expressão do sucesso individual e reconhecimento público.

11. (PUC/PR–2010)

Para Aristóteles, a felicidade é uma atividade da alma conforme a virtude perfeita. Esse é o tema principal do primeiro livro da obra *Ética a Nicômaco*. Sobre isso, é CORRETO afirmar que:

I. O bem em si mesmo só faz sentido se buscado na prática e não apenas conhecido como uma ideia abstrata, pois a função do homem é uma atividade da alma segundo a razão.
II. Para o autor, só o homem pode ser considerado feliz porque só ele partilha a condição política, ou seja, a felicidade só pode ser conquistada na convivência.
III. A felicidade de um homem depende unicamente do acúmulo de bens e honras.
IV. A felicidade pertence ao que é estimado e perfeito, por isso tem uma característica divina.

a) Apenas as assertivas I, II, IV estão corretas.
b) Apenas as assertivas I e II estão corretas.
c) Apenas a assertiva I está correta.
d) Todas as assertivas estão corretas.
e) Apenas a assertiva II está correta.

Mais questões: no livro digital, em **Vereda Digital Aprova Enem** e **Vereda Digital Suplemento de revisão e vestibulares**; no *site*, em **AprovaMax**.

Sugestões

Para ler

O apanhador no campo de centeio
J. D. Salinger. Rio de Janeiro: Editora do Autor, 2000.
Adolescente observa e relata com olhar crítico sua sociedade, a hipocrisia que percebe nela, os falsos valores, os objetivos de vida que não são os seus. Após a publicação da obra, que teve ampla repercussão, o autor passou a viver recluso, retirando-se do convívio social.

A liberdade
Alexandre de Oliveira Torres Carrasco. São Paulo: Martins Fontes, 2011. (Coleção Filosofias: o prazer de pensar)
O autor inicia sua abordagem pelas situações corriqueiras da liberdade, aprofunda sua reflexão tomando como base o pensamento estoico e a leitura de Montaigne e conclui com um contraponto entre Sartre e Merleau-Ponty.

A hora da estrela
Clarice Lispector. Rio de Janeiro: Rocco, 1998.
Macabéa, uma jovem imigrante nordestina, ingênua e semianalfabeta, sonha em ter uma vida melhor em São Paulo. Último romance de Clarice Lispector, a história mostra a experiência de ser diferente numa sociedade em que não se respeitam as diferenças. A história foi adaptada por Suzana Amaral para o cinema em 1986, tendo recebido vários prêmios no Brasil e no exterior.

A metamorfose
Franz Kafka. São Paulo: Companhia das Letras, 1997.
Certa manhã, um caixeiro-viajante descobre que se transformou em um monstruoso inseto. Obra clássica, aberta a múltiplas interpretações graças ao inusitado do relato do personagem metamorfoseado, traz implícita uma feroz crítica ao modo de vida do início do século XX, época em que o autor viveu.

A caverna
José Saramago. São Paulo: Companhia das Letras, 2000.
História de um oleiro, sua filha e seu genro. O romance é uma espécie de parábola que discorre sobre a passagem do trabalho artesanal para o mundo industrial: o oleiro, que se vê excluído do mundo do trabalho, e o genro, submetido à nova ordem social e econômica. A caverna é uma clara alusão ao mundo das sombras de Platão, relatado em seu "mito da caverna".

Persépolis
Marjane Satrapi. São Paulo: Companhia das Letras, 2007.
História em quadrinhos autobiográfica, ilustrada pela própria autora, uma iraniana filha de pais politizados num mundo em transição entre a república liberal e a república teocrática. Satrapi relata sua infância no Irã antes da queda do Xá Reza Pahlavi e durante a instalação da República Islâmica, em 1979. A partir dos dez anos, ela foi obrigada a usar o véu (chador) e vivenciou a crescente opressão do governo teocrático, até mudar-se para Paris.

O que é arte
Jorge Coli. São Paulo: Brasiliense, 1995. (Coleção Primeiros Passos)
Obra de iniciação, apresenta em linguagem acessível as principais características da arte, além de várias tentativas de conceituá-la por parte de teóricos e críticos. A referência a artistas de todas as épocas é recorrente ao longo do livro.

Questões de arte: o belo, a percepção estética e o fazer artístico
Cristina Costa. São Paulo: Moderna, 2008.
Introdução ao estudo da arte, a obra oferece um recorte sociológico em relação ao fazer artístico, num enfoque que dá especial atenção à relação entre o homem e a arte, sempre procurando contextualizá-la no cotidiano do leitor comum. Abrange as manifestações artísticas contemporâneas, com ênfase às que resultaram das transformações tecnológicas.

Explicando a filosofia com arte
Charles Feitosa. Rio de Janeiro: Ediouro, 2004.
Uma introdução à filosofia por meio da arte, abrangendo obras que vão dos renascentistas ao desenho *Os Simpsons*, passando por elementos da cultura *pop* contemporânea, como o *rock* ou filmes do gênero de *Matrix*.

Para assistir

O enigma de Kaspar Hauser
Direção de Werner Herzog. Alemanha, 1974.
Relata um fato verídico ocorrido na cidade alemã de Nuremberg, em 1828: numa praça da cidade, surge um dia um jovem que vivera afastado da convivência humana, provavelmente desde a infância, que não sabia sequer falar e trazia apenas uma carta na mão explicando sua história.

O milagre de Anne Sullivan
Direção de Arthur Penn. Estados Unidos, 1962.
Anne Sullivan é a professora que conseguiu trazer a menina Helen Keller, então com sete anos de idade e que havia nascido com deficiência visual e auditiva, para o mundo do conhecimento e dos símbolos, ou seja, para o universo da cultura.

O menino selvagem
Direção de François Truffaut. França, 1969.
No século XVIII, uma criança de doze anos é encontrada numa floresta da França. Não apresentava qualquer sinal de socialização, apenas mostrava ter no olfato seu sentido mais desenvolvido. Um professor toma o caso para si e resolve socializar o menino, dando início à sua educação.

Na natureza selvagem
Direção de Sean Penn. Estados Unidos, 2007.
Com base em fatos reais, conta a história de um rapaz de família rica que abandona tudo para ter uma vida livre, sem precisar sequer de dinheiro. Depois de circular pelos Estados Unidos, viaja para o Alasca, onde vivencia uma situação trágica.

Domésticas – O filme
Direção de Fernando Meirelles e Nando Olival. Brasil, 1997.
Filme em que cinco empregadas domésticas contam seu cotidiano, as dificuldades do trabalho, a relação sempre tumultuada com os patrões (embora estes não apareçam na história) e suas esperanças. Embora o tom seja muitas vezes de comédia, o filme acaba por mostrar uma brutal realidade, nem sempre visível.

A invenção de Hugo Cabret
Direção de Martin Scorsese. Estados Unidos, 2011.
Hugo é um menino de 12 anos de idade que vive na estação ferroviária de Montparnasse, em Paris, após ficar órfão. Sua tentativa de manter viva a memória do pai se une a um retrato da história do cinema – a paixão da família do garoto – desde os seus primórdios.

Basquiat – traços de uma vida
Direção de Julian Schnabel. Estados Unidos, 1996.
Jean-Michel Basquiat, artista pobre estadunidense que faz grafites nas ruas de Manhattan, é descoberto pelo ícone da cultura *pop*, Andy Warhol. A partir daí, o jovem grafiteiro conhece uma ascensão meteórica, sendo reconhecido internacionalmente. Esse processo, porém, não dura muito.

Cópia fiel
Direção de Abbas Kiarostami. França; Irã; Itália, 2010.
Um teórico de arte inglês vai à Toscana, na Itália, para lançar um livro sobre a cópia na arte, cujo título é *Cópia fiel*. Lá ele conhece a proprietária de uma galeria de arte. Saem para passear e começam a desenvolver um jogo de verdades e mentiras que, aos poucos, vai sendo revelado para o espectador.

Persepolis
Direção de Vincent Paronnaud e Marjane Satrapi. França, 2007.
Filme de animação, com base na história em quadrinhos homônima (ver comentário sobre a HQ).

Homens e deuses
Direção de Xavier Beauvois. França, 2010.
Com base em fatos verídicos, o filme relata a história de frades católicos franceses que construíram um mosteiro nas montanhas argelinas. Eles viviam em harmonia com os habitantes muçulmanos, aos quais prestavam assistência médica, mas a situação se complica quando surge um grupo de terroristas e os frades insistem em permanecer no mosteiro. O filme é uma reflexão sobre a coragem e a tolerância religiosa.

Rainha Margot
Direção de Patrice Chéreau. França; Itália; Alemanha, 1994.
No século XVI, na França, a jovem católica Marguerite, filha de Catarina de Médici, deve se casar com o protestante Henrique de Navarra, a fim de aproximar as duas igrejas. O casamento, realizado no dia de São Bartolomeu, desencadeou uma chacina em que os católicos mataram milhares de protestantes. O episódio ficou conhecido como "A noite de São Bartolomeu".

Santo forte
Direção de Eduardo Coutinho. Brasil, 1999.
Documentário sobre religião dirigido por Eduardo Coutinho, considerado o maior documentarista brasileiro. O diretor tomou o depoimento de pessoas de uma favela do Rio de Janeiro, estimulando-as a falar sobre sua religiosidade. O resultado é um rico mosaico em que católicos, evangélicos, umbandistas e membros de outras crenças falam espontaneamente sobre sua relação com o sagrado e com o sobrenatural.

Pequena *miss* Sunshine
Direção de Jonathan Dayton e Valerie Faris. Estados Unidos, 2006.
Comédia-drama que satiriza os costumes estadunidenses, sobretudo a busca do sucesso, da fama e de um padrão ideal de beleza.

Para navegar

Anistia Internacional
www.anistia.org.br
Site da Anistia Internacional, organização não governamental que defende os direitos humanos e tem mais de 7 milhões de membros em todo o mundo.

Museu de Arte Contemporânea da Universidade de São Paulo (MAC)
www.macvirtual.usp.br
Site de um dos mais importantes museus de arte moderna e contemporânea da América Latina, o Museu de Arte Contemporânea da USP, criado em 1963.

Museu de Arte Moderna de São Paulo (MAM)
www.mam.org.br
Site do Museu de Arte Moderna de São Paulo (MAM), um dos mais importantes museus da América Latina, fundado em 1948, com mais de 5 mil obras de expressivos artistas da arte moderna e contemporânea brasileira e uma programação de atividades culturais e educativas, com cursos, oficinas e visitas monitoradas.

Revista da Sociedade Brasileira para o Progresso da Ciência (SBPC)
www.comciencia.br
Revista eletrônica de jornalismo científico, publicada pela Sociedade Brasileira para o Progresso da Ciência (SBPC). Há notícias relacionadas a ciências humanas, exatas e biológicas, além de resenhas e reportagens especiais.

UNIDADE 2
O CONHECIMENTO

Capítulo 8
Conhecimento e verdade, 140

Capítulo 9
Introdução à lógica, 154

Capítulo 10
Conhecimento científico, 177

A nadadora Kathy Flicker em foto de 1962 tirada por George Silk. O fenômeno óptico de refração da luz na água ilude nossos sentidos, parecendo que uma parte da figura está maior e separada das demais partes.

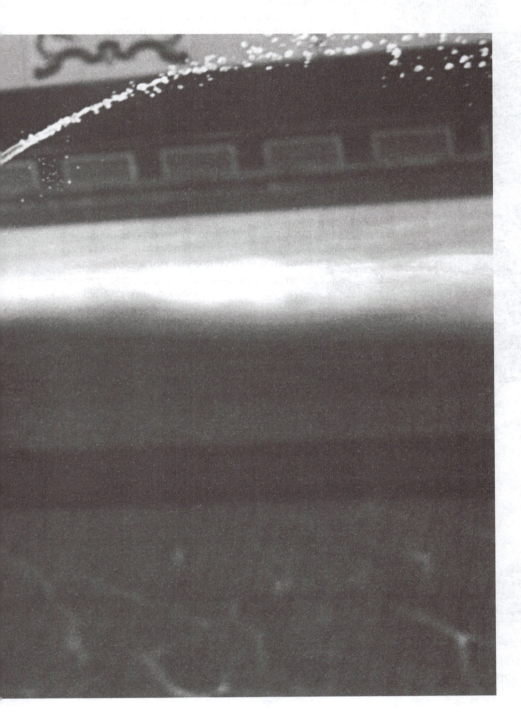

A dúvida deixa espaço para a certeza?

Será que tudo o que vejo é mesmo real? O que é o real? E se tudo for ilusão dos meus sentidos? Convivo com pessoas que pensam de modo diferente de mim, como se vivessem em outra realidade. Já tive certezas tão firmes e enraizadas em meu espírito, mas que mesmo assim se dissolveram com o tempo. E agora, estaria eu certo de alguma coisa? Talvez minhas verdades não sejam mais do que resultado do hábito, pois muitas delas me foram inculcadas desde a infância.
Que garantias tenho dessas certezas? Afinal, populações inteiras se enganam. Basta lembrar que, antes de Copérnico e Galileu, parecia óbvio que o Sol girasse em torno da Terra, enquanto nosso planeta permaneceria fixo no centro do Universo. Será que nem as ciências podem nos garantir certezas? E, se puderem, que tipo de convicção elas nos oferecem? Nos capítulos desta unidade, teremos elementos para refletir a respeito do conhecimento e da verdade, além de falarmos um pouco sobre a lógica, que nos fornece instrumentos para pensar corretamente, e sobre o conhecimento científico.

CAPÍTULO 8

CONHECIMENTO E VERDADE

O sono da razão produz monstros (1799), gravura de Francisco de Goya.

"Uma das séries de sátiras gravadas pelo pintor espanhol Goya tem por título *O sono da razão produz monstros*. Goya pensava que muitas das loucuras da humanidade resultavam do 'sono da razão'. Há sempre pessoas prontas a dizer-nos o que queremos, a explicar-nos como nos vão dar essas coisas e a mostrar-nos no que devemos acreditar. As convicções são contagiosas e é possível convencer as pessoas de praticamente tudo. Geralmente estamos dispostos a pensar que os *nossos* hábitos, as *nossas* convicções, a *nossa* religião e os *nossos* direitos dados por Deus anulam os direitos delas, ou que os *nossos* interesses exigem ataques defensivos ou **dissuasivos** contra elas. Em última análise, trata-se de ideias que fazem as pessoas matarem-se umas às outras. [...]

O **mote** completo de Goya para a sua gravura é o que segue: 'A imaginação abandonada pela razão produz monstros impossíveis; unida a ela, é a mãe das artes e a fonte dos seus encantos.' É assim que devemos encarar as coisas."

BLACKBURN, Simon. *Pense*: uma introdução à filosofia. Lisboa: Gradiva, 2001. p. 20-22. (Coleção Filosofia Aberta).

Dissuasivo: que serve para dissuadir; que tenta convencer a desistir de algo.
Mote: lema; palavra ou sentença breve que resume um ideal.

Conversando sobre

- Os comentários de Simon Blackburn pretendem esclarecer o título dado por Goya à sua gravura e o mote que o complementa, tendo em vista as convicções que as pessoas adquirem ao longo da vida. Pensando nisso, sob que aspectos você se sente desafiado a questionar suas próprias certezas? Após o estudo do capítulo, retome essa pergunta para discutir com um colega se ampliou a compreensão a respeito dos diversos tipos de conhecimento e se é capaz de posicionar-se diante das diversas teorias sobre a verdade.

1. O conhecimento como problema

Tanto a abertura da unidade como a citação que inicia este capítulo nos apresentam o conhecimento como um *problema filosófico*. Um problema que precisará ser enfrentado para esclarecer os conceitos que usamos no cotidiano, quando nos referimos aos nossos conhecimentos, dúvidas e certezas. Para tanto, recorreremos à *teoria do conhecimento*, área da filosofia que investiga o *fenômeno do conhecer*.

Veremos, então, quais são os modos de conhecer, o que é verdade e como podemos – ou não – alcançá-la. Nesse percurso, visitaremos alguns filósofos que focaram esse problema em suas discussões, já que foram criadas diversas teorias do conhecimento ao longo da história, embora apenas na Idade Moderna tenham se constituído teorias mais sistemáticas, que examinam mais detidamente a possibilidade, a origem, a essência, os tipos de conhecimento e os critérios da verdade.

Não faremos esse percurso, porém, como puro entretenimento intelectual. Enfrentaremos o problema do conhecimento por ser ele a chave de compreensão do ser humano no mundo, aquilo que o faz diferente de todos os seres vivos, instrumento esse que nos permite maior clareza para entender o que nos rodeia e as pessoas com quem nos relacionamos. Serve também para organizarmos adequadamente nossas ações, até porque as convicções fundamentam decisões que trazem consequências para nós e para os outros, além de, bem sabemos, estarmos às vezes sujeitos a cair no erro do conhecimento ilusório.

Vale a pena se deter para refletir a respeito.

2. O ato de conhecer

Costuma-se definir *conhecimento* como o modo pelo qual o *sujeito* se apropria do *objeto* por meio dos sentidos e da inteligência. Nessa definição, ficam explícitos dois aspectos do conhecimento: que ele resulta da relação recíproca entre sujeito e objeto; e, também, que o conhecimento é alcançado por meio dos sentidos (pela experiência) e por meio da inteligência (pela razão). A relação é recíproca porque o sujeito só existe para um objeto enquanto este é objeto para um sujeito. Como o sujeito é a parte consciente, cabe a ele apreender o objeto.

Podemos distinguir dois aspectos do conhecimento: o *produto* e o *ato*.

- O *produto do conhecimento* é o conjunto de saberes acumulados e recebidos pela cultura, bem como aqueles acrescentados à tradição: crenças, valores, ciências, religiões, técnicas, artes, filosofia etc. Pode-se ter por objeto de conhecimento também a própria mente, quando percebemos nossos afetos, desejos e ideias.
- O *ato do conhecimento* diz respeito à relação que se estabelece entre o *sujeito que conhece* e o *objeto a ser conhecido*.

Neste capítulo, privilegiamos o *ato de conhecer*.

Saiba mais

Epistemologia, do grego *episteme*, é a parte da filosofia que investiga o conhecimento, especialmente o conhecimento científico. Sob alguns aspectos identifica-se à teoria do conhecimento, que trata das relações entre sujeito e objeto no ato de conhecer.

3. Modos de conhecer

De que maneiras apreendemos o real? É costume entender o **conhecimento** como um *ato da* **razão**, pelo qual encadeamos ideias e juízos para chegar a uma conclusão. Essas etapas compõem o nosso *raciocínio*. Se formos ao capítulo 9, "Introdução à lógica", veremos que o raciocínio pode ser dedutivo ou indutivo: o primeiro privilegia o trabalho da razão, ao passo que o segundo nasce da experiência sensível. Ambos os procedimentos constituem um tipo de conhecimento **discursivo**. No entanto, conhecemos o real também pela intuição, como será examinado na sequência.

Conhecimento: do latim *cognoscere*, "ato de conhecer"; em português, derivaram termos como cognoscente, "o sujeito que conhece", e cognoscível, "o que pode ser conhecido".

Razão: em sentido geral, faculdade do conhecimento intelectual, do entendimento (em oposição à sensibilidade); faculdade do pensamento discursivo; faculdade de raciocinar, de alcançar o conhecimento universal.

Raciocínio: operação discursiva do pensamento que consiste em encadear logicamente juízos e deles tirar uma conclusão; em lógica, chama-se *argumentação*, que pode ser por dedução ou por indução.

Discurso: do latim *discursus*, significa literalmente "ação de correr para diversas partes, de tomar várias direções". Chamamos *discurso* à exposição verbal de um raciocínio.

Acabamento em móveis de marcenaria, Belo Horizonte (MG). Foto de 2017. Entre os produtos do conhecimento, estão os saberes técnicos aplicados no mundo do trabalho.

Capítulo 8 • Conhecimento e verdade

Conhecimento intuitivo

A *intuição* é um conhecimento imediato – alcançado sem intermediários –, um tipo de pensamento direto, uma visão súbita. Por isso a intuição é inexprimível: como poderíamos explicar em palavras a sensação do vermelho? Ou a intensidade do amor e do ódio? A intuição é também um tipo de conhecimento que não se demonstra, embora seja responsável por grandes saltos no saber humano, materializados em invenções e descobertas.

A intuição se expressa de diversas maneiras, entre as quais destacamos a *empírica*, a *inventiva* e a *intelectual*.

a) A *intuição empírica* é o conhecimento imediato com base em experiências que independem de qualquer *conceito*. Ela pode ser:

- sensível, quando a percebemos pelos órgãos dos sentidos: o calor do verão, as cores da primavera, o som do violino, o odor do café, o sabor doce do açúcar;
- psicológica, por meio da experiência interna imediata de nossas percepções, emoções, sentimentos e desejos.

b) A *intuição inventiva* refere-se às descobertas súbitas, como uma hipótese fecunda (na ciência) ou uma inspiração inovadora (para o matemático, o filósofo ou o artista). Na vida diária também enfrentamos situações que exigem verdadeiras invenções súbitas, como o diagnóstico de um médico ou a solução prática de um problema do dia a dia. O matemático e filósofo francês Henri Poincaré (1854-1912) ressalta que a lógica nos ajuda a demonstrar pelo raciocínio, mas a invenção resulta da intuição.

c) A *intuição intelectual* procura captar diretamente a essência do objeto. René Descartes (1596-1650), quando chegou à consciência do *cogito* – o eu pensante –, considerou tratar-se de uma *primeira verdade* que não podia ser provada, mas da qual não se poderia duvidar: *Cogito, ergo sum*, que em latim significa "Penso, logo existo". Foi com base nessa intuição primeira (a existência do eu como ser pensante) que o filósofo construiu sua teoria.

Além desses três tipos de intuição, há os pensadores que defendem a *intuição religiosa*, como os seguidores de Agostinho (354-430), bispo da Igreja católica que estimulou a convicção de que Deus só pode ser percebido pela experiência espiritual de vivências místicas e, portanto, subjetivas.

Para o filósofo francês Blaise Pascal (1623-1662), "o coração tem razões que a razão desconhece", o que significa admitir um tipo de conhecimento emocional. Mesmo o escocês David Hume (1711-1776), que era cético do ponto de vista do conhecimento racional, defendeu a crença (*belief*) como uma apreensão intuitiva e emocional que nos orienta na realidade do mundo exterior quando o entendimento teórico se torna insuficiente, como veremos mais adiante.

Conhecimento discursivo

Para compreender o mundo, a razão se atém a conceitos ou ideias gerais, indo além das informações concretas sensíveis e imediatas recebidas por percepção e intuição. Esses conceitos e ideias, devidamente articulados pelo encadeamento de raciocínios, levam a demonstrações e conclusões. Portanto, o conhecimento discursivo, ao contrário da intuição, precisa da linguagem.

Por ser mediado pelo *conceito*, o conhecimento discursivo é *abstrato*. Abstrair significa "isolar", "separar de". Fazemos abstração ao isolarmos um elemento que não está separado na realidade.

Vejamos alguns exemplos:

- Quando observamos um copo, temos a imagem dele, uma representação mental de natureza sensível, concreta e particular: por exemplo, um copo de cristal verde lapidado. Já a ideia de copo é abstrata, porque não se refere àquele copo em particular, mas a qualquer copo, independentemente da cor, da forma ou do material de que é feito. A noção abstrata de copo diz respeito a qualquer recipiente geralmente cilíndrico, sem asa e tampa e que facilita a ingestão de líquidos.

> **Intuição:** do latim *intuitio*, do verbo *intueor*, "olhar atentamente", "observar"; trata-se de uma percepção sem conceito.
> **Empírico:** no contexto, tudo que procede da experiência imediata, sem relação com a lógica ou com a ciência.
> **Conceito:** ideia abstrata e geral; apreensão intelectual do objeto.

Níquel Náusea (2002), tirinha de Fernando Gonsales. A personagem da tirinha caiu em uma armadilha criada pela intuição empírica.

- O número "2", na matemática, diz respeito apenas à quantidade, não importa se nos referimos a duas pessoas ou a duas frutas. A matemática abstrai ao reduzir à pura quantidade coisas que têm características particulares, como peso, dureza e cor.
- As leis científicas são abstrações: quando dizemos que o calor dilata os corpos, abstraímos as características que distinguem cada corpo para considerar apenas os aspectos comuns àqueles corpos. Em outras palavras, nos referimos ao "corpo em geral" enquanto submetido à ação do calor. Quanto mais abstrato o conceito, mais distante ele fica da realidade concreta. Esse artifício da razão é importante porque torna possível a elaboração de leis gerais explicativas.

Por que as abstrações são importantes? Porque, ao afastar-se do vivido, a razão enriquece o conhecimento pelas noções abstratas que permitem a interpretação e a crítica da realidade. Esse distanciamento, porém, como enfatizam alguns filósofos, ao mesmo tempo que oferece ganhos, pode representar um empobrecimento da experiência intuitiva subjetiva que temos do mundo e de nós mesmos. Por isso, o conhecimento se faz pela relação contínua entre *intuição* e *razão*, *vivência* e *teoria*, *concreto* e *abstrato*.

4. O que é a verdade?

Agora nos perguntamos: em que circunstâncias podemos considerar um conhecimento como verdadeiro? O que é a verdade? O que alguém quer dizer quando declara que uma afirmação é verdadeira?

Primeiramente, vamos comparar o conceito de *verdade* aos de *veracidade* e de *realidade*.

- *Verdade* e *veracidade*: suponhamos que alguém me diga que há um lado da Lua que nunca pode ser visto da Terra. Se eu lhe perguntar "Isso é verdade?", a indagação poderá ter dois sentidos. O primeiro é o de verificar se meu interlocutor está me dizendo uma verdade ou se está mentindo. Nesse caso, indago pela veracidade da frase, que nos coloca diante de uma constatação moral: o indivíduo veraz é o que não mente. O segundo sentido é propriamente epistemológico: quero saber se a afirmação de meu interlocutor é *verdadeira* ou *falsa*. Para tanto, indago se a afirmação (ou negação) corresponde à realidade, se já foi comprovada, se a fonte da informação é digna de crédito ou não. É esse tipo de verdade que discutiremos neste capítulo.
- *Verdade* e *realidade*: embora diferentes, esses dois conceitos são frequentemente confundidos na conversa cotidiana. O real é o que diz respeito às coisas existentes: um colar, um quadro, uma flor. Delas não dizemos se são verdadeiras ou falsas, elas simplesmente *são*, existem. Algo é verdadeiro quando expressa um fato do mundo. Assim, quando afirmamos "Este colar é de ouro", a proposição é verdadeira se, de fato, o material que compõe o objeto for ouro, e é falsa caso se trate de prata, por exemplo.

Portanto, o falso e o verdadeiro não estão na coisa em si, mas no **juízo** que estabelecemos a partir dela. Por exemplo, ao beber o líquido escuro que parecia café, emito os juízos: "Este líquido não é café" e "Este líquido é cevada". A verdade (ou falsidade) então se dá quando afirmamos ou negamos algo sobre uma coisa, e esses juízos correspondem (ou não) à realidade.

Estamos diante de um primeiro sentido de verdade: *um juízo verdadeiro é aquele que corresponde aos fatos*. Ainda que essa *definição* pareça óbvia e esteja de acordo com o senso comum, há outra questão que diz respeito ao *critério* de verdade: podemos mesmo *saber* como as coisas são de fato?

> **Juízo:** no contexto, ato mental de asseverar (afirmar ou negar) um conteúdo passível de ser sustentado; no sentido geral, ato de julgar ou de decidir sobre algo; capacidade de pensar ou de discernir.

À esquerda, foto de líderes mundiais em defesa da Marcha da Solidariedade em Paris, protesto realizado em janeiro de 2015 contra o terrorismo. À direita, a mesma imagem manipulada por jornal que omite ou apaga as líderes mundiais Ewa Kopacz, primeira-ministra da Polônia, Federica Mogherini, alta representante da União Europeia para Política Externa e Segurança, Anne Hidalgo, prefeita de Paris, e Angela Merkel, chanceler da Alemanha. Pode-se dizer que o segundo registro é falso por representar uma distorção sexista da realidade.

ATIVIDADES

1. Quais são as principais características do conhecimento intuitivo?
2. O que é conhecimento discursivo? Dê exemplos diferentes dos já citados.
3. Qual é a importância da relação contínua entre vivência e teoria, concreto e abstrato?
4. Explique o que é juízo e como ele se relaciona com a verdade.

Leitura analítica

Por que a verdade?

No texto a seguir, o professor Danilo Marcondes discute como Platão e Aristóteles refletiram sobre verdade e falsidade. O autor analisa o conceito de verdade sob a perspectiva epistemológica, ou seja, relativa ao conhecimento propriamente dito, e não sob a ótica moral ou jurídica, como esse conceito costuma ser examinado com mais frequência. Danilo Marcondes aproveita também para distinguir os conceitos de verdade e certeza, que muitas vezes se apresentam indevidamente como sinônimos.

"Em uma perspectiva epistemológica, a verdade está relacionada ao conhecimento da realidade, à representação correta, ou seja, verdadeira, dos fatos. Uma teoria científica, na definição clássica, estabelece verdades universais e necessárias sobre o real. O conceito de verdade está assim diretamente ligado ao de conhecimento científico desde a definição clássica discutida ao longo do diálogo de Platão chamado *Teeteto*: 'conhecimento é crença verdadeira justificada'. [...]

No diálogo intitulado *Sofista*, Platão define a verdade como propriedade da relação entre uma sentença, ou seja, uma afirmação (logos) e a realidade que a sentença pretende descrever. Uma lista aleatória de palavras não é exatamente uma sentença, e, portanto, nada diz sobre a realidade, não podendo ser nem verdadeira nem falsa. Uma sentença ou um logos resulta [...] de uma relação ou articulação entre dois tipos de termos, que exercem funções diferentes: o nome e o verbo, sujeito e predicado, diríamos hoje, e é essa relação entre os termos da sentença que deve retratar a relação, na realidade, entre um objeto e suas propriedades.

No exemplo do *Sofista*, a sentença 'Teeteto está sentado' é verdadeira porque retrata o que Teeteto efetivamente está fazendo, enquanto a sentença 'Teeteto voa' é falsa porque Teeteto não está voando, até mesmo porque não pode voar. O objetivo de Platão nesse diálogo é caracterizar o sofista como 'produtor do falso', refutando a tese paradoxal dos sofistas de que todo discurso é verdadeiro, já que todo discurso fala de algo existente e não seria possível falar do nada. Para tanto, Platão precisa introduzir a distinção entre verdadeiro e falso, o que faz com base na relação entre sentenças e fatos do mundo. Sentenças são verdadeiras quando descrevem os fatos tais como são, como no exemplo de 'Teeteto está sentado', e falsas quando o que descrevem não corresponde ao que ocorre, tal como em 'Teeteto voa'.

Aristóteles retoma essa concepção no *Tratado da interpretação* quando mantém que a verdade é uma propriedade da linguagem, ou seja, do logos *apophantikós*, da sentença que pretende descrever o real, tal como este é.

Com frequência, em nossa tradição ocidental, identificamos *verdade* e *certeza*, e atribuímos assim à verdade um valor positivo, tomando-a mesmo com um sentido normativo, não apenas descritivo, como quando alguém diz 'Tenho certeza!'. Contudo, o conceito de certeza refere-se mais a um estado subjetivo em que alguém crê que algo seja verdadeiro, podendo não sê-lo, do que à verdade no sentido de representação correta ou adequada do real. Posso estar convicto de uma crença falsa, mesmo honestamente. Portanto, certeza e verdade pertencem a categorias diferentes, e é importante distingui-las."

MARCONDES, Danilo. *A verdade*. São Paulo: WMF Martins Fontes, 2014. p. 13-16. (Coleção Filosofias: o prazer do pensar)

QUESTÕES

1. Platão já compreendia a verdade como resultante da relação entre uma sentença e a realidade que a sentença pretende descrever: qual é a exigência para que a sentença seja portadora de verdade?
2. Como Platão conceitua as sentenças verdadeiras? E as falsas?
3. Por que é inadequado identificar os conceitos de "verdade" e "certeza"?

5. A possibilidade do conhecimento

Para compreender como os filósofos se posicionaram ao indagar sobre as *possibilidades de conhecimento da verdade*, distinguiremos duas tendências principais: o *dogmatismo filosófico* e o *ceticismo*.

Dogmatismo

A palavra **dogmatismo** deriva de dogma, termo que inicialmente adquiriu um sentido religioso ao designar algum ponto de doutrina religiosa estabelecido como indiscutível. Há, contudo, vários significados não religiosos para o conceito de dogmatismo. Vejamos dois deles: o sentido do *senso comum* e o sentido *filosófico* do termo.

Dogmatismo no senso comum

De acordo com o senso comum, o dogmatismo designa certezas não questionadas em nosso cotidiano. De posse do que supõe verdadeiro, a pessoa fixa-se na certeza e abdica-se da dúvida. O mundo muda, os acontecimentos se sucedem e o dogmático permanece petrificado diante dos conhecimentos que recebeu como algo acabado. Resistindo ao diálogo, teme o novo e não raro tenta impor aos outros o seu ponto de vista, às vezes recorrendo à intransigência e à prepotência.

Em política, o dogmatismo nega o pluralismo – a possibilidade de conviver com pessoas de diferentes convicções – e abre caminho para a doutrina oficial do Estado ou do partido único. É o que ocorre nas ditaduras, com todas as decorrências desse regime, como censura e repressão.

Dogmatismo filosófico

A filosofia sempre respondeu criticamente às opiniões não refletidas. Como então falar em dogmatismo filosófico? O dogmatismo filosófico, porém, não tem o sentido pejorativo atribuído ao dogmatismo acrítico do senso comum. A filosofia dogmática serve para identificar os filósofos que estão convencidos de que a razão pode alcançar a certeza absoluta.

O filósofo escocês David Hume, ao colocar em questão nossa capacidade de atingir certezas absolutas, exerceu influência decisiva sobre o pensamento de **Immanuel Kant** (1724-1804), o qual, na obra *Crítica da razão pura*, faz da razão juíza e ré em um tribunal que definirá os limites e as possibilidades do conhecimento. Por isso, a filosofia kantiana é também denominada *criticismo*. Kant chega à conclusão de que podemos conhecer apenas os **fenômenos**, e não as coisas tal como são em si mesmas.

Embora fosse religioso, Kant concluiu sermos incapazes de conhecer racionalmente as *verdades metafísicas*, como a existência de Deus, o que é a alma e a liberdade, definições situadas para além da experiência sensível. Vale observar que não se trata propriamente de **ceticismo**, ainda que o criticismo kantiano tenha aberto caminho para posturas céticas posteriores.

À luz dessas conclusões, Kant chama de dogmáticos os filósofos anteriores a ele por não terem proposto, como discussão primeira, a crítica da faculdade de conhecer. Em outras palavras, aqueles filósofos não teriam acordado do "sono dogmático", no sentido de ainda confiarem de maneira inquestionável no poder que a razão teria de conhecer. Entre esses filósofos estaria Descartes, o qual, como vimos, tinha em vista alcançar a verdade indubitável.

Trocando ideias

Nas mais diferentes sociedades, ideias e comportamentos são reproduzidos como verdadeiros ao longo de várias gerações, sem que ocorra uma mudança profunda em percepções e posturas pouco ou nada razoáveis.

- Discuta com os colegas sobre algumas formas de dogmatismo no meio em que vocês vivem.

Dogmatismo: do grego *dogmatikós*, "o que se funda em princípios" ou "aquilo que é relativo a uma doutrina".

Fenômeno: do grego *phainómenon*, "o que aparece para nós", "a aparência".

Ceticismo: do grego *sképsis*, "investigação", "questionamento".

Liberdade armada com o cetro da razão golpeia a ignorância e o fanatismo (1793), gravura de Simon Louis Boizot. A firme confiança no poder da razão de conhecer os fenômenos é questionada por Kant, que faz dela ao mesmo tempo juíza e ré no tribunal proposto pela *Crítica da razão pura*.

Ceticismo

O cético, de tanto observar e ponderar, acaba concluindo ser impossível atingir o conhecimento certo e seguro. Essa conclusão diz respeito a casos mais radicais de ceticismo, que defendem a impossibilidade de se alcançar a certeza. Nas tendências moderadas, que são as mais comuns, o cético suspende provisoriamente qualquer juízo ou admite apenas uma forma restrita de conhecimento, reconhecendo os limites para a apreensão da verdade. Vejamos alguns representantes do ceticismo.

Górgias

Na Antiguidade grega, o filósofo sofista Górgias de Leontini (c. 483-375 a.C.), um mestre da retórica, desenvolveu três teses:

- o ser não existe;
- se existisse alguma coisa, não poderíamos conhecê-la;
- se a conhecêssemos, não poderíamos comunicá-la aos outros.

Nessas três teses, Górgias separa o *ser*, o *pensar* e o *dizer*. Desse modo, critica os pensadores que identificam o pensamento do real com a realidade das coisas. O seu ceticismo é uma maneira de dizer que o ser não se deixa desvelar pelo pensamento.

Denominamos Górgias de sofista em virtude das críticas que Sócrates e Platão dirigiram a esses pensadores de seu tempo. Para ambos, os sofistas usavam a retórica como instrumento não só de persuasão, mas de manipulação da verdade, defendendo até mesmo o que era falso. Apesar dessa visão, muitos historiadores da filosofia consideram o sofista Górgias, no entanto, um crítico da noção de verdade como desvelamento do real. Se para Górgias o ser não se deixa desvelar pelo pensamento, resta-lhe o caminho pelo qual a razão busca iluminar os fatos, sem chegar, contudo, a uma conclusão definitiva.

Retórica: conjunto de regras que constituem a arte do bem dizer, a arte da eloquência; oratória.

Trocando ideias

Construir um pensamento ou uma teoria passa por articular as palavras escolhidas rumo à conclusão a que se quer chegar. Esse uso das palavras pode ser rigoroso e honesto ou estar vinculado à má-fé.

- Discuta como a retórica é ainda hoje um instrumento ambíguo: tanto pode estar a serviço da conscientização quanto da manipulação de ideias. Justifique e cite exemplos.

Pirro

O grande representante do ceticismo foi outro grego, Pirro de Élida (c. 360-270 a.C.). Ao acompanhar o imperador macedônio Alexandre Magno em suas expedições de conquista, Pirro teve oportunidade de conhecer povos com valores e crenças diferentes. Como geralmente fazem os céticos, confrontou a diversidade de convicções e as filosofias contraditórias, abstendo-se, no entanto, de aderir a qualquer certeza.

Para Pirro, a atitude coerente do sábio é a suspensão do juízo e, como consequência prática, a aceitação com serenidade do fato de não poder discernir o verdadeiro do falso. Além do aspecto epistemológico, para o filósofo, essa postura tem um caráter ético, porque aqueles que se prendem a verdades indiscutíveis estão fadados à infelicidade, já que tudo é incerto e fugaz.

Outros céticos

No Renascimento, o filósofo francês Michel de Montaigne (1533-1592) assumiu posições céticas ao se opor ao pensamento medieval. Fez críticas às crenças arraigadas que se apresentavam como certezas e refletiu sobre as influências sociais e pessoais que relativizam a verdade.

Montaigne analisa, na obra *Ensaios* e em outros escritos, a influência de fatores pessoais, sociais e culturais na formação das opiniões, sempre tão instáveis e diversificadas. A perspectiva do filósofo denota uma característica da modernidade em vias de se estabelecer: a valorização da subjetividade, do "eu" que reage à imposição cega da tradição. Ao examinar as mais diversas possibilidades, a consciência prefere a dúvida à certeza.

É notável a posição de Montaigne, que, em pleno período pós-descoberta do denominado Novo Mundo, discorda das convicções daqueles que, numa visão etnocêntrica, chamavam os nativos americanos de bárbaros e selvagens por praticarem o canibalismo. Assim ele pondera:

> "Não vejo nada de bárbaro ou selvagem no que dizem daqueles povos; e, na verdade, cada qual considera bárbaro o que não se pratica em sua terra. E é natural, porque só podemos julgar da verdade e da razão de ser das coisas pelo exemplo e pela ideia dos usos e costumes do país em que vivemos. Neste a religião é sempre a melhor, a administração excelente, e tudo o mais perfeito. A essa gente chamamos selvagens como denominamos selvagens os frutos que a natureza produz sem intervenção do homem."
>
> MONTAIGNE, Michel de. *Ensaios*. São Paulo: Abril Cultural, 1972. p. 105. (Coleção Os Pensadores)

No século XVIII, o filósofo David Hume adotou um ceticismo atenuado ao referir-se às *crenças* que nos orientam no cotidiano. Elas são de natureza teórica ou prática e podem ser corretas ou incorretas. Assim, quando uma bola de bilhar bate em outra e a movimenta, tendemos a aceitar o princípio da causalidade: uma bola é a causa do movimento da outra (que é seu efeito). Trata-se, porém, de uma crença, resultante da conjunção habitual entre um objeto e outro.

Dentre os brasileiros, o filósofo Oswaldo Porchat Pereira (1933) representa o neopirronismo. Para ele, nossa visão do mundo não passa de uma racionalização precária, provisória, relativa. Assim diz Porchat:

> "Visão do mundo que se reconhece sujeita a uma evolução permanente, que exigirá por isso mesmo uma revisão constante. [...] Ao antigo conflito das verdades se substitui agora o diálogo desses pontos de vista e dessas perspectivas. Mantém-se a aposta no caráter intersubjetivo da racionalidade. Mercê de sua postura cética, a filosofia se pode pensar sob o prisma da comunicação, da conversa e... da relatividade. E, assim pensada, ela pode contribuir – e muito – para favorecer o entendimento entre os homens: tendo destruído as suas verdades, ela poderá eventualmente ensiná-los a conviver com as suas diferenças."
>
> PEREIRA, Oswaldo Porchat. *Vida comum e ceticismo*. São Paulo: Brasiliense, 1993. p. 252.

Saiba mais

Não confunda a noção de crença em Hume com crença religiosa. Para ele, a crença é qualquer conhecimento que não se pode comprovar racionalmente, mas é aceito com base na probabilidade. Já a crença religiosa depende de uma verdade revelada pela divindade e aceita sem contestação.

Crianças de monastério tibetano participam de festival de orações em Tongren (China). Foto de 2009. Em Lhasa (Tibete), alguns monges entendem o ato de mostrar a língua como sinal de cumprimento. A crença de que nossos costumes são os corretos ou os verdadeiros foi desconstruída por pensadores céticos como Montaigne.

6. Verdade: absoluta ou relativa?

Os céticos se recusam a aceitar a verdade absoluta. Os relativistas também a rejeitam, mas não chegam a negar a possibilidade do conhecimento certo, apenas reconhecem haver uma multiplicidade de posições que precisariam ser respeitadas.

Resta saber quais são os critérios para acolher algumas interpretações da verdade – mas não todas, pois, se tivéssemos que aceitar a totalidade de interpretações, correríamos o risco de destruir de vez a capacidade de conhecer, caindo no subjetivismo. A propósito, o dramaturgo italiano Luigi Pirandello (1867-1936) escreveu uma peça de teatro intitulada *Assim é (se lhe parece)*, em que ironiza um acontecimento de sua própria vida. Após conviver um longo tempo com sua esposa então acometida de transtorno mental, ao interná-la em uma clínica, sua decisão tornou-se objeto não só das mais diversas interpretações e julgamentos a respeito dos "verdadeiros" motivos da internação como também de diferentes avaliações morais. Um drama que o talento do artista transforma em comédia, ao conduzir o espectador à conclusão de que nunca existe uma versão única da realidade.

Nesse relato pitoresco, vemos ser possível haver dois tipos de relativismo, o cognitivo e o ético. No relativismo cognitivo, recusamos uma só verdade absoluta e admitimos possíveis interpretações da verdade. Já no relativismo ético, admite-se uma variedade de valores éticos.

Contudo, o extremo subjetivismo paralisa qualquer tentativa de crítica, pois leva a concluir a existência de tantas verdades quantos forem os indivíduos, o que implica a recusa de qualquer tentativa de conhecimento. Nesse caso, melhor seria admitir que não estamos diante de verdades, mas daquilo que "parece" ser verdade para cada um. Em outras palavras, o extremo subjetivismo deriva em niilismo, postura filosófica que, entre outras características, descrê da possibilidade da verdade.

As tentativas de sair da armadilha do relativismo estão em teorias contemporâneas que, por exemplo, buscam o consenso entre as pessoas, como veremos no próximo tópico. De acordo com seus seguidores, pode não existir verdades ou valores absolutos, mas as discussões podem buscar verdades e valores universalizáveis por certo período, tanto para explicar a realidade como para orientar a ação.

ATIVIDADES

1. O que é ceticismo?

2. O que é dogmatismo filosófico?

3. É possível recusar tanto o ceticismo como o dogmatismo? Justifique sua resposta.

4. Qual seria a saída para que o relativismo não derivasse em ceticismo ou até em niilismo?

Leitura analítica

A vaidade do conhecer

No texto abaixo, o filósofo alemão Friedrich Nietzsche (1844-1900) situa a história do conhecer dentro do que ele chama de "história universal", a fim de, em seguida, considerar o que o conhecimento significa para os seres humanos. Uma chave de compreensão para este fragmento é lê-lo à luz da postura cética, ou seja, ler desconfiando do poder racional de desvendar os fenômenos do mundo.

"Em algum remoto rincão do Universo cintilante que se derrama em um sem-número de sistemas solares, havia uma vez um astro, em que animais inteligentes inventaram o conhecimento. Foi o minuto mais soberbo e mais mentiroso da 'história universal': mas também foi somente um minuto. Passados poucos fôlegos da natureza congelou-se o astro, e os animais inteligentes tiveram de morrer. – Assim poderia alguém inventar uma fábula e nem por isso teria ilustrado suficientemente quão lamentável, quão fantasmagórico e fugaz, quão sem finalidade e gratuito fica o intelecto humano dentro da natureza. Houve eternidades, em que ele não estava: quando de novo ele tiver passado, nada terá acontecido. Pois não há para aquele intelecto nenhuma missão mais vasta, que conduzisse além da vida humana. Ao contrário, ele é humano, e somente seu possuidor e genitor o toma tão pateticamente, como se os gonzos do mundo girassem nele. Mas se pudéssemos entender-nos com a mosca, perceberíamos então que também ela boia no ar com esse **páthos** e sente em si o centro voante deste mundo. Não há nada tão desprezível e mesquinho na natureza que, com um pequeno sopro daquela força do conhecimento, não transbordasse logo como um **odre**; e como todo transportador de carga quer seu admirador, mesmo o mais orgulhoso dos homens, o filósofo, pensa ver por todos os lados os olhos do Universo telescopicamente em mira sobre seu agir e pensar. [...]

O intelecto, como um meio para a conservação do indivíduo, desdobra suas forças mestras no disfarce; pois este é o meio pelo qual os indivíduos mais fracos, menos robustos, se conservam, aqueles aos quais está vedado travar uma luta pela existência com chifres ou presas aguçadas. No homem essa arte do disfarce chega a seu ápice; aqui o engano, o lisonjear, mentir e ludibriar, o 'falar por trás das costas', o representar, o viver em glória de empréstimo, o mascarar-se, a convenção dissimulante, o jogo teatral diante de outros e diante de si mesmo, em suma, o constante bater de asas em torno dessa única chama que é a vaidade, é a tal ponto a regra e a lei que quase nada é mais inconcebível do que como pôde aparecer entre os homens um honesto e puro impulso à verdade. Eles estão profundamente imersos em ilusões e imagens de sonho, seu olho apenas resvala às tontas pela superfície das coisas e vê 'formas', sua sensação não conduz em parte alguma a verdade, mas contenta-se em receber estímulos e como que dedilhara um teclado às costas das coisas. Por isso o homem, à noite, através da vida, deixa que o sonho lhe minta, sem que seu sentimento moral jamais tentasse impedi-lo; no entanto, deve haver homens que pela força de vontade deixaram o hábito de roncar. O que sabe propriamente o homem sobre si mesmo! Sim, seria ele sequer capaz de alguma vez perceber-se completamente, como se estivesse em uma vitrina iluminada? Não lhe cala a natureza quase tudo, mesmo sobre seu corpo, para mantê-lo à parte das **circunvoluções** dos intestinos, do fluxo rápido das correntes sanguíneas, das intrincadas vibrações das fibras, exilado e trancado em uma consciência orgulhosa, charlatã! Ela atirou fora a chave: e ai da fatal curiosidade que através de uma fresta foi capaz de sair uma vez do cubículo da consciência e olhar para baixo, e agora pressentiu que sobre o implacável, o ávido, o insaciável, o assassino, repousa o homem, na indiferença de seu não saber, e como que pendente em sonhos sobre o dorso de um tigre, de onde neste mundo viria, nessa constelação, o impulso à verdade!"

NIETZSCHE, Friedrich. Sobre verdade e mentira no sentido extramoral. In: MARÇAL, Jairo (Org.). *Antologia de textos filosóficos*. Curitiba: SEED, 2009. p. 530-532.

Páthos: na experiência do espectador, leitor etc., sentimentos de dó, de compaixão ou de empatia criados por essa qualidade do texto, da música, da representação etc.

Odre: espécie de recipiente feito de pele para o transporte de líquidos.

Circunvolução: dobras ou contornos sinuosos.

QUESTÕES

1. Como Nietzsche caracteriza o conhecimento humano diante da natureza?
2. Por que, para Nietzsche, o conhecimento é uma ilusão da vaidade humana?
3. Em sua opinião, é possível encontrar uma verdade pura (isto é, livre dos interesses criados pelo orgulho humano)?

7. Concepções sobre a verdade

Que critério nos permite reconhecer a verdade e distingui-la do erro? Ou, ainda, que condições a verdade exige para ser aceita como tal? Quando podemos afirmar que algo é verdadeiro?

O critério de verdade mais frequentemente admitido entre os filósofos é o da *evidência*. Veremos os adeptos dessa teoria e aqueles que a criticaram.

Teoria da correspondência

Desde Platão e Aristóteles, passando por Tomás de Aquino (1225-1274), na Idade Média, predominou a *teoria da correspondência*, segundo a qual é verdadeira a proposição que corresponde a um fato da realidade. Ou seja, se houver adequação entre o que pensamos ou dizemos e a realidade da coisa, estaremos diante de um juízo verdadeiro. Trata-se de uma teoria realista, no sentido de podermos descrever o real tal como é. Contudo, o que nos garante essa conclusão? Qual é o *critério* que permite afirmar a adequação do intelecto ao real? Como saber se um juízo é verdadeiro ou falso?

A resposta mais frequente é a do *critério da evidência*, que se apresenta de modo claro quando identificamos cores. Ao dizermos que "Este é o amarelo" e "Este é o marrom", a constatação da evidência depende apenas de nossa percepção diante da presença de um objeto, até porque ela pode ser universalizada pela comparação com a percepção de outras pessoas. A avaliação se complica quando fazemos o juízo: "O amarelo é diferente do marrom", que se trata de uma autocerteza da consciência (e não apenas da percepção), capaz de estabelecer relações de diferença entre as duas afirmações. Examinando situações mais complexas, se estendemos esse critério para o conhecimento científico, por exemplo, expõe-se a fragilidade do critério da evidência, como diz Johannes Hessen:

> "Se alguém quisesse justificar a verdade das leis superiores do pensamento apontando para o sentimento de evidência que acompanha tais leis e dizendo algo como 'aqueles juízos são verdadeiros porque eu me sinto interiormente compelido a tomá-los por verdadeiros', isto significaria a renúncia à validade universal e, consequentemente, o fim da filosofia científica."
>
> HESSEN, Johannes. *Teoria do conhecimento*. São Paulo: WMF Martins Fontes, 2012. p. 126.

Embora tenha adeptos ainda hoje, a teoria da correspondência tem recebido muitas críticas pela dificuldade de explicar o que significa um juízo corresponder a um fato. Por isso, o questionamento: a verdade é a representação do mundo como ele realmente é ou como nos aparece? Se temos acesso aos fatos apenas pelas nossas crenças, e essas crenças não são verificadas por outros meios a não ser por elas mesmas, como garantir que nosso pensamento corresponda aos fatos?

Apesar de legítima, não pretendemos aqui prolongar essa discussão, por remeter a teorias controversas, desde os céticos da Antiguidade até os dias atuais, para aqueles que concordam sobre a inexistência de critérios para identificar o juízo verdadeiro.

Outras tentativas de definição

Vejamos agora as variações do tema da verdade de acordo com diversas tendências filosóficas.

O filósofo francês René Descartes[1] baseou-se no critério da evidência, porém, ao criticar a filosofia tradicional, inaugurou a metafísica da modernidade, centrada na noção de subjetividade. Tendo procedido por meio da dúvida metódica, o filósofo começou duvidando de tudo, até alcançar a verdade primeira, não mais a de um fato exterior, mas da realidade do seu próprio pensamento: "Penso, logo existo". Com base nessa constatação, construiu sua teoria filosófica. De acordo com o professor Franklin Leopoldo e Silva:

> "Dessas características que o método [cartesiano] impõe ao conhecimento verdadeiro decorre, como consequência, que tudo aquilo que a razão não reconhece como portador de tais características deve ser colocado em dúvida. Aquele que busca a verdade na evidência só pode aceitar o que aparece como claro e distinto usando única e exclusivamente a razão para determinar dessa forma o conhecimento."
>
> LEOPOLDO E SILVA, Franklin. *Descartes*: a metafísica da modernidade. São Paulo: Moderna, 2001. p. 32. (Coleção Logos)

Meme da internet criado para brincar com as noções de verdade e ilusão no texto publicitário. A publicidade enganosa, cujo conteúdo não corresponde à realidade, induz o consumidor ao erro, afetando sua capacidade de escolher um produto. Esse tipo de propaganda é expressamente proibido pelo Código de Defesa do Consumidor.

---

[1] Para saber mais sobre as concepções de Descartes, consulte o capítulo 19, "Revolução Científica e problemas do conhecimento", na parte II.

Mestres da suspeita

As formas de conhecimento

Diante desses questionamentos, o racionalismo, confiante de que existe um mundo objetivo a ser desvendado pela razão, começou a sofrer abalos. Vimos que Hume e Kant colocaram em questão o critério da verdade dos antigos. Foi na segunda metade do século XIX e no começo do XX, no entanto, que diversos filósofos intensificaram as críticas ao conceito de verdade como representação e correspondência.

O filósofo francês Paul Ricoeur (1913-2005) criou a expressão "mestres da suspeita" para designar os pensadores contemporâneos Karl Marx, Friedrich Nietzsche[2] e Sigmund Freud[3] como os que primeiramente suspeitaram das ilusões da consciência. Por consequência, para descobrir a verdade, seria preciso proceder à interpretação do que se considera conhecer, a fim de decifrar o sentido oculto por trás do sentido aparente.

Assim, Marx procedeu a uma crítica da razão ao denunciar a ideologia como conhecimento ilusório que mascara os conflitos sociais e mantém a dominação de uma classe sobre outra. Nietzsche propôs a genealogia como método de investigação da origem dos valores para descobrir por que os instintos vitais foram degenerados. Freud, fundador da psicanálise, levantou a hipótese do inconsciente, para questionar a centralidade da consciência no sujeito e defender que os significados ocultos de nossa conduta podem ser interpretados.

Teorias consensualistas da verdade

O termo *consenso* significa o entendimento entre membros de uma comunidade em determinado período histórico. A verdade por consenso, portanto, representa o acordo entre essas pessoas, não no sentido explícito de uma reunião para sacramentar a decisão, mas como resultado do diálogo provocado por questões que igualmente intrigam os participantes de um grupo, ao compartilharem indagações semelhantes.

Embora com diferenças entre suas interpretações, Charles Sanders Peirce (1839-1914) e Jürgen Habermas[4] (1929) mostraram manter afinidades com a teoria da verdade como consenso. No caso de Habermas, o filósofo desenvolveu sua *ética do discurso* para valorizar a fala entre interlocutores dispostos a ouvir e discutir entre si; não por acaso, também é conhecido pela *teoria do agir comunicativo*.

8. A verdade como horizonte humano

Ao longo da história, o ser humano buscou compreender o que é a verdade de diversas maneiras. O critério da evidência prevaleceu na Antiguidade e na Idade Média; sofreu alterações na Idade Moderna, com Descartes, que, embora não renunciasse à possibilidade do conhecimento, a princípio colocou em dúvida tudo o que era dado como evidente. Posteriormente, as posições conflitantes entre dogmáticos e céticos nos ensinaram a desconfiar das certezas, postura que se tornou mais aguda na contemporaneidade.

Aceitar o movimento contínuo entre certeza e incerteza significa recusar o ceticismo radical e o dogmatismo filosófico, para suportar melhor o espanto, a admiração, a controvérsia. Isso não significa renunciar à procura da verdade no conhecimento, porque conhecer é dar sentido ao mundo, interpretar a realidade e descobrir a melhor maneira de agir.

A verdade continua sendo um propósito humano necessário e vital, que exige liberdade de pensamento e diálogo, para que os indivíduos compartilhem interpretações possíveis do real.

Foto de vitrine em Nairóbi (Quênia), 1965. Ao observar essa foto, tirada em um país que só se tornou independente do império britânico na década de 1960, vale refletir sobre a hegemonia racial e ideológica do europeu imposta à população queniana, majoritariamente negra. Para Marx, a ideologia dominante mascara conflitos sociais e impõe a sua própria forma de pensar e agir ao dominado.

---

[2] Para saber mais sobre Marx e Nietzsche, consulte o capítulo 21, "Século XIX: teorias políticas e filosóficas", na parte II.
[3] Para saber mais sobre Freud, consulte o capítulo 23, "Ciências contemporâneas", na parte II.
[4] Para saber mais sobre Habermas, consulte o capítulo 22, "Tendências filosóficas contemporâneas", na parte II.

Colóquio

Racionalismo filosófico e materialismo dialético

Ao investigarem se a verdade pode ser alcançada, os dois textos a seguir apresentam posições diferentes. No primeiro fragmento, René Descartes admite a razão como única fonte de conhecimento válido. No segundo texto, Karl Marx e Friedrich Engels concebem a história com base nos conflitos entre classes antagônicas.

Texto 1

"Porque os nossos sentidos nos enganam às vezes, quis supor que não havia coisa alguma que fosse tal como eles nos fazem imaginar. E, porque há homens que se equivocam ao raciocinar, mesmo no tocante às mais simples matérias de Geometria, e cometem aí paralogismos, rejeitei como falsas, julgando que estava sujeito a falhar como qualquer outro, todas as razões que tomara até então por demonstrações. E, enfim, considerando que todos os mesmos pensamentos que temos quando despertos nos podem também ocorrer quando dormimos, sem que haja nenhum, nesse caso, que seja verdadeiro, resolvi fazer de conta que todas as coisas que até então haviam entrado no meu espírito não eram mais verdadeiras que as ilusões de meus sonhos. Mas, logo em seguida, adverti que, enquanto eu queria assim pensar que tudo era falso, cumpria necessariamente que eu, que pensava, fosse alguma coisa. E, notando que esta verdade: *eu penso, logo existo* era tão firme e tão certa que todas as mais extravagantes suposições dos céticos não seriam capazes de a abalar, julguei que podia aceitá-la, sem escrúpulo, como o primeiro princípio da Filosofia que procurava. [...]"

DESCARTES, René. *Discurso do método.*
São Paulo: Abril Cultural, 1973. p. 54-55.
(Coleção Os Pensadores)

Texto 2

"As ideias da classe dominante são, em cada época, as ideias dominantes; isto é, a classe que é a força *material* dominante da sociedade é, ao mesmo tempo, sua força *espiritual* dominante. A classe que tem à sua disposição os meios de produção material dispõe, ao mesmo tempo, dos meios de produção espiritual, o que faz com que a ela sejam submetidas, ao mesmo tempo e em média, as ideias daqueles aos quais faltam os meios de produção espiritual. [...]

A divisão do trabalho de que já tratamos [...], como uma das forças principais da história até aqui, expressa-se também no seio da classe dominante como divisão do trabalho espiritual e material, de tal modo que, no interior dessa classe, uma parte aparece como os pensadores dessa classe (seus ideólogos ativos, conceptivos, que fazem da formação de ilusões dessa classe a respeito de si mesma seu modo principal de subsistência), enquanto os outros relacionam-se com essas ideias e ilusões de maneira mais passiva e receptiva, pois são, na realidade, os membros ativos dessa classe e têm pouco tempo para produzir ideias e ilusões acerca de si próprios. [...]

Se, na concepção do decurso da história, separarmos as ideias da classe dominante da própria classe dominante e se as concebermos como autônomas, [...] sem nos preocuparmos com as condições de produção e com os produtores dessas ideias, [...] então podemos afirmar, por exemplo, que, na época em que a aristocracia dominou, os conceitos de honra, fidelidade etc. dominaram, ao passo que na época da dominação da burguesia dominaram os conceitos de liberdade, igualdade etc. [...] Com efeito, cada nova classe que toma o lugar da que dominava antes dela é obrigada, para alcançar os fins a que se propõe, a apresentar seus interesses como sendo o interesse comum de todos os membros da sociedade, isto é, para expressar isso mesmo em termos ideais: é obrigada a emprestar às suas ideias a forma de universalidade, a apresentá-las como sendo as únicas racionais, as únicas universalmente válidas."

MARX, Karl; ENGELS, Friedrich. *A ideologia alemã.*
4. ed. São Paulo: Hucitec, 1984. p. 72-74.

Paralogismo: raciocínio falso, sem intenção de enganar, no que se distingue de sofisma.

QUESTÕES

1. Descartes começa duvidando de tudo, mas pode-se dizer que sua dúvida é metódica. Justifique, com base no texto, por que ele não é um cético.

2. Na sequência do *Discurso do método*, Descartes constrói sua filosofia partindo da ideia do *cogito*, o ser pensante. Em seguida, prova a existência de Deus, certeza que, por sua vez, será garantia para afirmar que o mundo – e o meu corpo – existem de fato. Em que sentido o pensamento de Descartes representa um tipo de dogmatismo filosófico, pelo menos conforme a crítica de Kant?

3. Releia o texto de Marx e Engels e destaque suas principais ideias.

4. Com base no texto de Marx e Engels, explique por que esses filósofos são críticos da teoria da correspondência, que representava a posição de Descartes.

ATIVIDADES

1. Em 1938, além de ser cotado entre os possíveis laureados com o Prêmio Nobel da Paz – embora seu nome tenha sido recusado pelo comitê da premiação –, Adolf Hitler foi escolhido pela revista estadunidense *Time* o homem do ano. No século seguinte, em 2012, o então presidente dos Estados Unidos e Nobel da Paz de 2009, Barack Obama, estampou a capa da mesma revista por ter sido escolhido como personalidade do ano. Com base nisso e nas imagens abaixo, faça o que se pede.

À esquerda, revista *Time* concede a Obama o título de personalidade do ano em 2012. À direita, capa da mesma revista em 2016, mostrando o candidato então eleito à presidência dos Estados Unidos, Donald Trump, como a personalidade do ano.

a) É muito comum que jornais e revistas publiquem *rankings* e destaquem nomes de personalidades que esses mesmos veículos julgam merecedoras de algum prêmio. Explique esses títulos com base nos conceitos de verdade e veracidade.

b) Pensando nos conceitos de verdade e realidade, identifique o que podemos considerar como sendo real no destaque dado pela revista a essas três personalidades mencionadas, que são muito distintas.

2. Leia o texto abaixo e responda às questões.

"Para provar que a terra que vê é mesmo o continente e não outra ilha, Colombo faz o seguinte raciocínio (no diário da terceira viagem, transcrito por Las Casas): 'Estou convencido de que isto é uma terra firme, imensa, sobre a qual até hoje nada se soube. E o que me reforça a opinião é o fato deste rio tão grande, e do mar que é doce; em seguida, são as palavras de Esdras em seu livro IV, capítulo 6, onde ele diz que seis partes do mundo são de terra seca e uma de água, este livro tendo sido aprovado por Santo Ambrósio, em seu *Hexameron*, e por Santo Agostinho. Além disso, asseguraram-me as palavras de muitos índios canibais, que eu tinha apresado em outras ocasiões, os quais diziam que ao sul de seu país estava a terra firme'."

TODOROV, Tzvetan. *A questão do outro*.
São Paulo: Martins Fontes, 1982. p. 17.

a) Quais são os argumentos que apoiam a convicção de Colombo?

b) Nesse fragmento, a que tipo de autoridade Colombo recorre para defender sua convicção? Justifique.

3. Explique como Fernando Savater entende a verdade construída pela razão.

"A razão não está situada como um árbitro semidivino acima de nós para resolver nossas disputas; ela funciona *dentro de nós e entre nós*. Não só temos que ser capazes de exercer a razão em nossas argumentações como também – e isso é muito importante e, talvez, mais difícil ainda – devemos desenvolver a capacidade de ser *convencidos* pelas melhores razões, venham de quem vierem."

SAVATER, Fernando. *As perguntas da vida*.
São Paulo: Martins Fontes, 2001. p. 44.

4. Há uma célebre frase atribuída a Freud que diz não ter sido o objetivo dele suscitar convicções, mas estimular o pensamento e derrubar preconceitos. Explique em que medida essa ideia está de acordo com o fato de Freud ter sido considerado um "mestre da suspeita".

5. **Dissertação.** Leia as duas citações, compare-as e analise suas semelhanças. Em seguida, com base nos conhecimentos construídos ao longo deste capítulo, redija uma dissertação argumentando sobre **"A importância da discussão epistemológica da filosofia"**.

"Quando [pessoas] reencontram nas coisas, sob as coisas, por trás delas, algo que infelizmente nos é bem conhecido ou familiar, como nossa tabuada, a nossa lógica ou nosso querer e desejar, como ficam imediatamente felizes! Pois 'o que é familiar é conhecido': nisso estão de acordo. [...] Erro dos erros! O familiar é o habitual; e o habitual é o mais difícil de 'conhecer', isto é, de ver como problema, como alheio, distante, 'fora de nós'."

NIETZSCHE, Friedrich. *A gaia ciência*.
São Paulo: Companhia das Letras, 2001. p. 251.

"Pedimos somente um pouco de ordem para nos proteger do caos. Nada é mais doloroso, mais angustiante do que um pensamento que escapa a si mesmo, ideias que fogem, que desaparecem apenas esboçadas, já corroídas pelo esquecimento ou precipitadas em outras, que também não dominamos. [...] É por isso que queremos tanto agarrar-nos a opiniões prontas."

DELEUZE, Gilles; GUATTARI, Félix. *O que é a filosofia?*
São Paulo: Editora 34, 1992. p. 259.

ENEM E VESTIBULARES

6. (Enem/MEC-2016)

"Nunca nos tornaremos matemáticos, por exemplo, embora nossa memória possua todas as demonstrações feitas por outros, se nosso espírito não for capaz de resolver toda espécie de problemas; não nos tornaríamos filósofos, por ter lido os raciocínios de Platão e Aristóteles, sem poder formular um juízo sólido sobre o que nos é proposto. Assim, de fato, pareceríamos ter aprendido, não ciências, mas histórias."

DESCARTES, R. *Regras para a orientação do espírito*. São Paulo: Martins Fontes, 1999.

Em sua busca pelo saber verdadeiro, o autor considera o conhecimento, de modo crítico, como resultado da

a) investigação de natureza empírica.
b) retomada da tradição intelectual.
c) imposição de valores ortodoxos.
d) autonomia do sujeito pensante.
e) liberdade do agente moral.

7. (Enem/MEC-2016)

"Pirro afirmava que nada é nobre nem vergonhoso, justo ou injusto; e que, da mesma maneira, nada existe do ponto de vista da verdade; que os homens agem apenas segundo a lei e o costume, nada sendo mais isto do que aquilo. Ele levou uma vida de acordo com esta doutrina, nada procurando evitar e não se desviando do que quer que fosse, suportando tudo, carroças, por exemplo, precipícios, cães, nada deixando ao arbítrio dos sentidos."

LAÉRCIO, D. *Vidas e sentenças dos filósofos ilustres*. Brasília: Editora UnB, 1988.

O ceticismo, conforme sugerido no texto, caracteriza-se por

a) desprezar quaisquer convenções e obrigações da sociedade.
b) atingir o verdadeiro prazer como o princípio e o fim da vida feliz.
c) defender a indiferença e a impossibilidade de obter alguma certeza.
d) aceitar o determinismo e ocupar-se com a esperança transcendente.
e) agir de forma virtuosa e sábia a fim de enaltecer o homem bom e belo.

8. (Enem/MEC-2015)

"Colonizar, afirmava, em 1912, um eminente jurista, é relacionar-se com os países novos para tirar benefícios dos recursos de qualquer natureza desses países, aproveitá-los no interesse nacional, e ao mesmo tempo levar às populações primitivas as vantagens da cultura intelectual, social, científica, moral, artística, literária, comercial e industrial, apanágio das raças superiores. A colonização é, pois, um estabelecimento fundado em país novo por uma raça de civilização avançada, para realizar o duplo fim que acabamos de indicar."

MÉRIGNHAC. *Précis de législation et d´économie coloniales*. In: LINHARES, M. Y. *A luta contra a metrópole (Ásia e África)*. São Paulo: Brasiliense, 1981.

A definição de colonização apresentada no texto tinha a função ideológica de

a) dissimular a prática da exploração mediante a ideia de civilização.
b) compensar o saque das riquezas mediante a educação formal dos colonos.
c) formar uma identidade colonial mediante a recuperação de sua ancestralidade.
d) reparar o atraso da colônia mediante a incorporação dos hábitos da metrópole.
e) promover a elevação cultural da colônia mediante a incorporação de tradições metropolitanas.

9. (UEA-2016)

"Não ouvireis, cidadãos atenienses, discursos enfeitados de locuções e de palavras, ou adornados como os dos meus acusadores, mas coisas ditas simplesmente com as palavras que me vierem à boca; pois estou certo de que é justo o que digo. Considerai o seguinte, e só prestai atenção a isso: se o que digo é justo ou não: essa, de fato, é a virtude do juiz, do orador – dizer a verdade."

PLATÃO. *Apologia de Sócrates*. (Adaptado)

Sócrates defendeu-se de seus acusadores diante do tribunal de Atenas. Nota-se, pela leitura do excerto, que o filósofo pede aos seus juízes que prestem atenção no

a) caráter espontâneo de sua oratória, desvinculada da realidade dos fatos.
b) seu aspecto físico, comprobatório da inocência de seus propósitos.
c) argumento de sua retórica, composta por qualidades literárias.
d) seu desempenho político, dedicado à defesa da democracia.
e) conteúdo do seu discurso, desprovido de tentativas de seduções formais.

Mais questões: no livro digital, em **Vereda Digital Aprova Enem** e **Vereda Digital Suplemento de revisão e vestibulares**; no *site*, em **AprovaMax**.

CAPÍTULO 9
INTRODUÇÃO À LÓGICA

O bebedor de chá canhoto (1981), escultura de Frederick Edward McWilliam. Ao observarmos essa obra, saímos em busca de algum sentido lógico para a disposição dos elementos e podemos imaginar o tronco de um corpo humano preenchendo o quadrilátero vazio delimitado pelos membros.

As relações humanas costumam ser permeadas por discussões frequentes, embora em muitas delas o que interessa nem sempre seja o rigor e a correção do raciocínio, mas a pretensão de persuadir alguém a respeito de nossas posições. É assim que o político tenta convencer seu eleitor, o publicitário atrai o consumidor para comprar um produto, o advogado defende seu cliente. Para irmos além das intenções retóricas e organizar nossas ideias de modo mais rigoroso, veremos aqui o estudo de lógica como um instrumento relevante capaz de sustentar argumentos com base em regras que garantam sua validade. Assim como fazemos exercícios para garantir a saúde do corpo, vamos exercitar a lógica, que nos ajuda a obter maior destreza para argumentar, perceber ambiguidades e evitar raciocínios apressados. Por fim, essa ferramenta nos ajuda a manter a serenidade ao ouvir o que o oponente tem a dizer e, se for o caso, a contraditá-lo nos termos civilizados da exposição lógica que caracteriza o pensamento argumentativo.

Conversando sobre

As palavras e expressões "absurdo", "*nonsense*", "surreal", "sem noção" etc. costumam qualificar posturas, comentários e fatos que expressam um conteúdo fora de lógica, sem coerência ou razão. Pense em algumas dessas situações e explique como a lógica poderia contribuir para perceber suas incoerências. Após este estudo introdutório, retome tal proposta de reflexão.

1. Como assumimos nossas opiniões?

Antes de iniciar propriamente o estudo de lógica, façamos uma parada para refletir sobre como adquirimos um conhecimento básico, necessário para nossa comunicação. Chamemos de *opiniões* ou simplesmente de *bom senso* esse conjunto de convicções.

A esse respeito, disse o filósofo **René Descartes** (1596-1650):

> "O bom senso é a coisa do mundo melhor partilhada, pois cada qual pensa estar tão bem provido dele, que mesmo os que são mais difíceis de contentar em qualquer outra coisa não costumam desejar tê-lo mais do que o têm. E não é verossímil que todos se enganem a tal respeito; mas isso antes testemunha que o poder de bem julgar e distinguir o verdadeiro do falso, que é propriamente o que se denomina o bom senso ou a razão, é naturalmente igual em todos os homens; e, destarte, que a diversidade de nossas opiniões não provém do fato de serem uns mais racionais do que outros, mas somente de conduzirmos nossos pensamentos por vias diversas e não considerarmos as mesmas coisas. Pois não é suficiente ter o espírito bom, o principal é aplicá-lo bem. As maiores almas são capazes dos maiores vícios, tanto quanto das maiores virtudes, e os que só andam muito lentamente podem avançar muito mais, se seguirem sempre o caminho reto, do que aqueles que correm e dele se distanciam."
>
> DESCARTES, René. *Discurso do método*. São Paulo: Abril Cultural, 1973. p. 39. (Coleção Os Pensadores)

Aproveitando o que nos diz o filósofo, vale observar como o nosso bom senso se constitui hoje, inicialmente pela educação recebida em instituições como família, escola e Igreja ou nas relações entre amigos, conhecidos e demais pessoas com as quais interagimos. Por conta própria, lemos livros, jornais, revistas, assistimos à tevê, participamos de redes sociais e escolhemos entretenimentos que nos agradam. Essas são as fontes de conhecimentos, valores, informações e regras de vida, com o que dispomos de elementos para construir ou desfazer crenças e tecer *opiniões pessoais*.

Aqui nos interessa refletir sobre a real possibilidade de elaborar opiniões pessoais, uma vez que na sociedade atual predomina a *mídia de massa*, que nos bombardeia com grande volume de informações e nos constrange a uma certa passividade. Portanto, sempre existe o risco de sermos levados a aceitar sem crítica muito do que nos é oferecido como "verdades" indubitáveis. Continuemos, então, a analisar a mídia, principal fonte de nossas informações e crenças.

A mídia: o "quarto poder"

A imprensa escrita surgiu em finais do século XVIII na Europa e expandiu-se no século seguinte, alimentando o que se chamou de um "quarto poder" – interposto entre os Poderes do Executivo, do Judiciário e do Legislativo –, e foi capaz de regular os interesses da sociedade, dando voz aos cidadãos que não tinham como se expressar publicamente. Trata-se de uma conquista notável da democracia, tanto é que ditadores fazem calar a imprensa e perseguem jornalistas. À mídia impressa, representada sobretudo por jornais e revistas, agregaram-se o rádio e a televisão, nos quais predomina uma via de mão única, em que o receptor ainda não é um interlocutor, mas alguém que apenas lê, ouve ou é mero espectador e com reduzido espaço de intervenção.

Sabemos que os fatos não existem fora da interpretação que deles fazemos, portanto é comum os profissionais da mídia selecionarem eventos mais relevantes e destacar seus aspectos significativos. Esse trabalho exige extrema habilidade interpretativa para perceber um fato em sua relação com outros, buscando uma exposição isenta e transparente na medida do possível. Essa última ressalva se deve ao fato de profissionais já possuírem suas convicções pessoais, embora, em tese, não devam permitir que elas prejudiquem a veracidade da notícia.

Não há como negar que um jornal ou uma revista assuma determinada posição e a defenda abertamente em seus "artigos de fundo", o espaço editorial em que o veículo de notícias explicita sua orientação política. Meios de comunicação comprometidos com a verdade costumam contrapor suas próprias opiniões contratando articulistas de pensamento divergente, o que estimula a polêmica e enriquece o conteúdo oferecido a seus leitores. No entanto, constatamos que nem sempre predomina esse espírito de pluralismo de ideias, porque em épocas cruciais, sobretudo com respeito à política e à economia, há mídias que sonegam informações e direcionam olhares, enquanto meias verdades escondem interesses particulares.

O melhor de Calvin (1992), tirinha de Bill Watterson. A tirinha exemplifica a ação tendenciosa da mídia quando interessada em ocultar fatos e, desse modo, falsear a realidade.

Trocando ideias

No Brasil, uma dezena de grupos familiares empresariais, alguns associados a conglomerados multinacionais, controlam praticamente todo o fluxo da informação, do entretenimento, da publicidade e, mais recentemente, da telefonia fixa e móvel.

O quarto poder não representa mais – não em sua totalidade – o conceito de fiscalizar os demais Poderes e nortear os cidadãos. Por ele agora passam filtros que são geridos por interesses particulares, amputando informações, direcionando olhares, minando o funcionamento intelectual, em uma verdadeira democracia de faz de conta.

- Existem formas contemporâneas de entretenimento que atuam de maneira similar. Identifique-as e comente.

Redes sociais: para o bem e para o mal

Vivemos na chamada "era da comunicação", em que textos, imagens e sons encontram-se integrados no mesmo sistema, permitindo o acesso no tempo escolhido, seja instantâneo ou quando bem se entender. Além disso, o alcance das novas mídias é global e fortalecido pela formação de redes sociais disponíveis em computadores pessoais – posteriormente em celulares –, que deram origem a comunidades virtuais e, por consequência, a um novo tipo de cultura.

Entre as vantagens das redes sociais está o fato de que as pessoas não só recebem a informação – como nas mídias tradicionais –, mas podem também participar em tempo real das interações. Esse novo poder, até então impensável, manifestou-se em movimentos sociais de grande porte, capazes de reunir em pouco tempo uma multidão em praças públicas, por exemplo, para depor um ditador, como aconteceu em 2011, no Cairo (Egito). Depois disso, movimentos semelhantes aglutinaram cidadãos em várias cidades do mundo, em manifestações contra o recrudescimento do capitalismo financeiro, como o Occupy, iniciado em Wall Street (Nova York) e depois disseminado pelas grandes metrópoles mundiais. Em um processo de mobilização semelhante, a partir de 2013, as ruas brasileiras se tornaram palco de reivindicações as mais diversas, que culminaram com a deposição de um governo eleito.

Não fossem as dificuldades interpostas em qualquer tipo de comunicação, seria esse o panorama ideal para o acesso à informação e à imediata reflexão sobre o conteúdo transmitido, além de ocasião perfeita para a participação democrática. O advento da mídia digital assumiria o papel de um "quinto poder" em que o próprio cidadão dispensaria intermediários, por ser então capaz de motivar outras pessoas com suas opiniões e ao mesmo tempo receber influências.

As experiências de comunicação contemporâneas confirmam as vantagens destacadas, embora nos assustemos com outras constatações nada positivas. Para quem costuma ler, por exemplo, a sessão de "comentários" disponíveis na mídia digital, logo abaixo de notícias ou artigos, sem dúvida espera encontrar textos de aprovação ou discordância, com argumentos que justificam os pontos de vista de quem se posiciona. O que se constata, porém, é um número significativo de pessoas que reclamam e desqualificam o autor e abandonam o espaço do debate civilizado. O que resta é um confronto em que predomina a recusa da troca de ideias, do diálogo, e prioriza o discurso de ódio e de intolerância, o mesmo disseminado em redes sociais.

No entanto, essa crítica não atinge apenas os participantes do debate, mas também o conteúdo do que está sendo divulgado como notícia ou como interpretação dos fatos, como já comentamos a propósito das meias verdades da mídia tradicional. O que se tem constatado são distorções de diversos tipos que viciam a transmissão de notícias, o que se torna mais grave em virtude da rapidez e da multiplicação do número de pessoas que têm acesso a elas.

Em São Paulo, manifestantes protestam pró e contra o *impeachment* da então presidente Dilma Rousseff. Fotos de 2016. Boa parte das manifestações desse período ocorreu por meio de *flash mobs*, mobilizações instantâneas previamente combinadas por meio das redes sociais.

A era da pós-verdade

Alguns acontecimentos que provocaram um profundo mal-estar com relação à divulgação de notícias não verídicas, todas elas no ano de 2016, nos ajudam a entender um pouco o cenário descrito: o plebiscito para a saída do Reino Unido da União Europeia (Brexit); o plebiscito na Colômbia sobre o acordo de paz do governo com as FARC-EP (Forças Armadas Revolucionárias da Colômbia – Exército do Povo), a eleição de Donald Trump nos Estados Unidos.

Nos exemplos selecionados, o volume de *fake news* (notícias falsas) foi notável, embora constatado apenas posteriormente a situações criadas por decisões motivadas pelo medo. Por exemplo, lendas de que haveria uma invasão de refugiados no Reino Unido, ou de que tópicos do acordo com as FARC-EP promoveriam a dissolução da família, ou de que Barack Obama não seria estadunidense e teria fundado o Estado Islâmico. Já sobre as *fake news* referentes ao Brasil, deixamos para cada um refletir a respeito com base na experiência vivida.

Foi nesse panorama que o *Dicionário Oxford*, publicado pela prestigiada universidade britânica, resolveu introduzir o verbete *pós-verdade*, após constatar a amplitude da sua utilização em 2016. De acordo com a definição proposta, a palavra pós-verdade significa: "algo que denota circunstâncias nas quais fatos objetivos têm menos influência para definir a opinião pública do que o apelo à emoção ou a crenças pessoais". Ou seja, não nos orientamos pelos fatos, como se a verdade não tivesse importância maior que as convicções arraigadas ou provisórias.

Toda essa situação, embora tenha produzido um impacto, já vem de longe. Basta lembrar que a Guerra do Iraque, iniciada em 2003, eclodiu após a mídia estadunidense divulgar a existência de **armas de destruição em massa** no Iraque, o que foi posteriormente desmentido, apesar dos danos irreparáveis que ressoam até hoje. George W. Bush, presidente dos Estados Unidos à época, chegou a referir-se ao Iraque como parte de um "Eixo do Mal" que apoiaria terroristas.

Retomemos agora a citação de René Descartes do início do capítulo, para ler suas recomendações finais: "Pois não é suficiente ter o espírito bom, o principal é aplicá-lo bem. As maiores almas são capazes dos maiores vícios, tanto quanto das maiores virtudes, e os que só andam muito lentamente podem avançar muito mais, se seguirem sempre o caminho reto, do que aqueles que correm e dele se distanciam".

Caberá a você aplicar as regras da lógica, desde que esteja atento aos conteúdos que recebe – e muitas vezes repassa – sem a devida avaliação crítica.

Saiba mais

O termo *pós-verdade* surgiu em 1992 em um artigo do dramaturgo Steve Tesich na revista estadunidense *The Nation*. Foi retomado pelo escritor Ralph Keyes, em 2004, no título do livro em que discute a era da pós-verdade como sinal das atitudes de "desonestidade e engano na vida contemporânea". Em 2016, após constatação de seu uso crescente foi introduzido no léxico mundial no *Dicionário Oxford*, editado pela universidade britânica.

Arma de destruição em massa: arma capaz de provocar um número elevado de mortes com uma única utilização. Designação atribuída a armas químicas, nucleares e biológicas.

Eleitores estadunidenses usam dispositivo móvel para registrar campanha presidencial da candidata democrata Hillary Clinton, em Manchester (Nova Hampshire). Foto de 2016. Entre os episódios recentes que ilustram a era da pós-verdade, está a eleição presidencial de 2016 nos Estados Unidos, quando foram divulgadas inúmeras notícias falsas a respeito dos candidatos.

ATIVIDADES

1. Por que a mídia é chamada de "quarto poder"?
2. Qual seria o "quinto poder"?
3. Explique o que é pós-verdade.

Leitura analítica

Pós-verdade

Este artigo foi publicado no site do Observatório da Imprensa, que tem por finalidade avaliar criticamente a mídia. Trata da discussão a respeito da expressão pós-verdade, criada recentemente em virtude da disseminação de mentiras e meias verdades tanto nas redes sociais como na mídia tradicional e impressa. Diante da responsabilidade da mídia nesse processo, o autor Carlos Castilho reflete sobre a posição e o papel do jornalista em um cenário tão complexo.

"Pós-verdade parece mais uma expressão de impacto para chamar a atenção de um público saturado de informações e inclinado para a alienação noticiosa. Mas o fato é que estamos diante de um fenômeno que já começou a mudar nossos comportamentos e valores em relação aos conceitos tradicionais de verdade, mentira, honestidade e desonestidade, credibilidade e dúvida. [...]

As evidências desta nova era estão nas manchetes de jornais, em declarações como as do candidato republicano Donald Trump ou nas dos procuradores e acusados na Lava Jato. Se antes havia verdade e mentira, agora temos verdade, meias verdades, mentira e afirmações que podem ser verdadeiras, conforme afirma o escritor norte-americano Ralph Keyes [...].

Quando Trump afirmou num discurso que o presidente Barack Obama foi um dos fundadores do Estado Islâmico, até os ultraconservadores norte-americanos acharam que ele estava exagerando. Mas o candidato republicano não se abalou, nem mesmo na televisão, quando explicou que Obama permitiu o surgimento do grupo radical islâmico porque este cresceu no vácuo político deixado no Iraque pelo que Trump classificou de fracassos da diplomacia do presidente norte-americano. A polêmica criada em torno da afirmação gerou a percepção de que ela poderia ser verdadeira. Foi o suficiente para que Trump saísse ileso da discussão.

Os conservadores transformaram a insegurança pública num dos seus carros chefes na campanha pela implantação da doutrina do medo social, como forma de domesticar a população. Mas eles negam a evidência estatística de que na maioria dos grandes centros urbanos do planeta a incidência de crimes diminuiu em relação ao número de habitantes. A explicação para a discrepância entre a sensação de insegurança e as estatísticas criminais é complexa e exige uma boa dose de esforço e isenção. É mais fácil partir para aquilo que uma parte do público quer ouvir.

A 'cognição preguiçosa'

É um caso típico de aplicação da teoria da 'cognição preguiçosa', criada pelo psicólogo e prêmio Nobel Daniel Kahneman, para quem as pessoas tendem a ignorar fatos, dados e eventos que obriguem o cérebro a um esforço adicional.

Aqui no Brasil, a pós-verdade é nítida no caso das investigações da Lava Jato. Separar o joio do trigo no emaranhado de versões e contraversões produzidas pelas delações premiadas é bem complicado. Há poucas dúvidas sobre a existência de esquemas de propinas, caixa dois eleitoral, superfaturamento, formação de cartéis e enriquecimento de suspeitos, mas provar cada um deles com base em evidências é uma operação complexa e demorada. Em alguns casos até inviável dada a sofisticação dos esquemas adotados pelos suspeitos de corrupção. [...]

Segundo a revista *The Economist*, o mundo contemporâneo está substituindo os fatos por indícios, percepções por convicções, distorções por vieses. Estamos saindo da dicotomia tradicional entre certo ou errado, bom ou mau, justo ou injusto, fatos ou versões, verdade ou mentira, para ingressarmos numa era de avaliações fluidas, terminologias vagas ou juízos baseados mais em sensações do que em evidências. A verossimilhança ganhou mais peso que a comprovação.

A pós-verdade, um termo já incorporado ao vocabulário da mídia mundial, é parte de um processo inédito provocado essencialmente pela avalanche de informações gerada pelas novas tecnologias de informação e comunicação (TICs). Com tanta informação ao nosso redor é inevitável que surjam dezenas e até centenas de versões sobre um mesmo fato. A consequência também inevitável foi a relativização dos conceitos e sentenças.

Mas o que parecia ser um fenômeno positivo, ao eliminar os absurdos da dicotomia clássica num mundo cada vez mais complexo e diverso, acabou gerando uma face obscura na mesma moeda. Os especialistas em informação enviesada ou distorcida (*spin doctors*, no jargão norte-americano) aproveitaram-se das incertezas e inseguranças provocadas pela quebra dos paradigmas dicotômicos para criar a pós-verdade, ou seja, uma pseudoverdade apoiada em indícios e convicções, já que os fatos tornaram-se demasiado complexos.

A herança de Goebbels

Diante das dificuldades crescentes para materializar a verdade por conta da avalanche informativa, especialmente na política e na economia, criaram-se as pós-verdades, ou factoides (no jargão brasileiro), onde a repetição e a insistência passam a ocupar o espaço das evidências.

Na era da pós-verdade, as versões ganharam mais importância do que os fatos, o que não é bom e nem mau. É simplesmente uma realidade. O que chamamos de fatos, na verdade, são representações de um fato, dado ou evento desenvolvidas pela mente de cada indivíduo.

Assim, teoricamente, podemos ter um número de representações de um mesmo fato igual ao número de seres humanos no planeta Terra. E como as TICs permitem a disseminação massiva destas representações ou percepções, fica fácil intuir a complexidade da avaliação de fatos, dados ou eventos. 'Uma mentira repetida mil vezes vira verdade', a controvertida máxima cunhada pelo chefe da propaganda nazista, Joseph Goebbels, tornou-se preocupantemente atual.

Os meios de comunicação, principalmente a imprensa, ganharam um papel protagonista no fenômeno da pós-verdade, porque a circulação de mensagens passou a ser o principal mecanismo de produção de novos conhecimentos numa economia digital movida a inovação permanente. A relevância conquistada pelos meios de comunicação os transformou em agentes fundamentais no processo que prioriza uma forma de descrever a realidade. Quando a imprensa norte-americana endossou a tese da existência de armas de destruição massiva no Iraque de Saddam Hussein, ela deixou de lado a verificação dos fatos e foi decisiva na transformação de uma possibilidade em certeza acima de suspeitas.

Teoricamente a pós-verdade pode ser usada tanto pela esquerda como pela direita no terreno político, mas como a imprensa joga um papel fundamental no processo, os rumos obviamente serão determinados pela ação de jornais, revistas, meios audiovisuais e pelas redes sociais. A imprensa, portanto, não é uma observadora, mas uma protagonista do processo de transformação de mentiras ou meias verdades em fatos socialmente aceitos.

A pós-verdade e o jornalismo

A pós-verdade é apenas um dos itens da era digital que estão abalando nossas crenças e valores. Nós jornalistas e toda a sociedade estamos vivendo um momento de insegurança e incertezas porque estamos passando de um contexto social para outro. Esta insegurança não é um fenômeno inédito na humanidade porque já aconteceu antes quando grandes inovações tecnológicas alteraram radicalmente o contexto social da época. Basta ver o que ocorreu após a invenção da pólvora, dos tipos móveis por Gutenberg, da máquina a vapor e dos processos de produção industrial.

Um dos grandes, talvez o maior de todos, dilemas enfrentados pela sociedade atual é a necessidade de conviver com a complexidade do mundo contemporâneo. Tomemos o caso da polêmica científica sobre o meio ambiente. É um tema complexo em que o bombardeio informativo confunde as pessoas comuns com afirmações contraditórias entre cientistas e pesquisadores. Do ponto de vista dos cientistas, é natural que existam posicionamentos distintos, mas para o público, acostumado pela imprensa a esperar verdades absolutas, as contradições e divergências geram incertezas, que acabam conduzindo ao descrédito generalizado.

A pós-verdade coloca para nós jornalistas o desafio de repensar a credibilidade e os parâmetros profissionais para avaliar dados, fatos e eventos. Não é uma casualidade o fato de a credibilidade da imprensa, em países como os Estados Unidos, estar hoje num dos pontos mais baixos de sua história. O leitor está cada vez mais confuso e desconfiado em relação à imprensa. É uma resistência intuitiva ao fenômeno da complexidade informativa gerada pela internet.

A pós-verdade é talvez o maior desafio para o jornalismo contemporâneo, porque ela afeta a relação de credibilidade entre nós e o público. A nossa atividade está baseada na confiança das pessoas de que o que publicamos é verdadeiro. Quando uma nova conjuntura informativa interfere nesta confiabilidade, temos sérias razões para nos preocuparmos, e muito, sobre o futuro da profissão."

CASTILHO, Carlos. Apertem os cintos: estamos entrando na era da pós-verdade. *Observatório da Imprensa*. Disponível em <http://mod.lk/kwtfo>. Acesso em 5 jan. 2017.

QUESTÕES

1. Qual o fator positivo de eliminar a dicotomia entre verdade e mentira? Em que sentido a relativização das avaliações trouxe consequências indesejáveis?
2. Em 2016, viralizou na internet uma frase supostamente atribuída a determinado procurador – "Não temos provas, mas temos convicção" –; o enunciado, contudo, havia sido criado pela sobreposição de discursos. Identifique um trecho no texto que ajude a compreender a frase viralizada e outro que esclareça a manipulação do pronunciamento.
3. Em sua opinião, qual seria o novo papel assumido pelo jornalista?

2. As falácias de nosso cotidiano

Dando continuidade aos enganos muito comuns no nosso cotidiano, vejamos o que são falácias.

Falácias são argumentos não válidos. Se observarmos o significado do termo, perceberemos uma nuança entre "estar enganado" e "trapacear". Alguns teóricos identificam o primeiro caso como *paralogismo*, um raciocínio enganoso em que o erro não é intencional. Já o segundo seria o mesmo que *sofisma*, termo que destaca a intenção de enganar.

Existem diversos tipos de falácia, por isso nos restringimos a alguns poucos. Deixamos para depois as falácias formais, que surgirão ao aprendermos as regras da argumentação correta, pois tais falácias são identificadas aos argumentos que descumprem algumas dessas regras.

Na sequência, selecionamos alguns exemplos de falácias não formais. Algumas delas decorrem da irrelevância das premissas, que não estabelecem a conclusão; outras são generalizações apressadas, que partem de falsas causas ou se baseiam em preconceitos arraigados; algumas vezes exercem a função psicológica de convencer, ao mobilizar emoções como entusiasmo, medo, hostilidade ou reverência.

- O *argumento de autoridade* é um raciocínio aceitável, desde que a autoridade seja um especialista no assunto. Assim, ao consultarmos um médico, seguimos suas prescrições; ou, se o carro apresenta defeito, levamos a uma oficina mecânica de confiança. No entanto, o argumento de autoridade torna-se irrelevante se recorrermos à autoridade de um cientista para justificar posições religiosas ou políticas. Esse recurso é muito comum na publicidade, quando artistas famosos "vendem" desde sabonetes até ideias, como propostas políticas de candidatos às eleições.
- O *argumento contra o homem* é um tipo de argumento de autoridade "às avessas", no sentido de ser pejorativo e ofensivo. Ocorre quando não aceitamos uma conclusão por estar baseada no testemunho de alguém que depreciamos. Por exemplo, desvalorizar a filosofia de Francis Bacon (1561-1626) porque ele perdeu seu cargo de chanceler da Inglaterra depois de protagonizar atos de desonestidade; desmerecer o valor musical de Wagner por causa de sua suposta adesão a movimentos antissemitas; ou, ainda, desconsiderar a versão de um mendigo como testemunha de um crime. O argumento contra o homem é irrelevante porque o caráter de alguém nada diz sobre a validade do raciocínio: nos exemplos dados, a filosofia de Bacon, o talento musical de Wagner ou a possível veracidade do relato do mendigo.
- A *falácia de generalização apressada* consiste em chegar a conclusões tomando por base apenas um ou poucos fatos: concluir que nenhum médico é confiável devido a uma cirurgia malsucedida; desmerecer a política em geral porque alguns políticos são corruptos; partir do pressuposto de que todos os árabes são violentos e fanáticos religiosos com base em ataques terroristas.
- A *falácia de acidente* aplica uma regra geral em circunstâncias particulares e "acidentais" em que seria aplicável, como pessoas excessivamente legalistas que julgam pela letra fria das normas e das leis, independentemente da análise cuidadosa das circunstâncias específicas dos acontecimentos. É o caso de impedir um deficiente visual de entrar em um ônibus com o seu cão-guia por causa da proibição de entrada de animais.
- A *falácia da conclusão irrelevante* ou *ignorância da questão* consiste em se desviar da questão principal: um advogado habilidoso, não tendo como negar o crime do réu, enfatiza que ele é bom filho, bom marido, trabalhador etc.; um vereador acusado de realizar gastos sem autorização da Câmara põe em relevo a importância e a urgência das despesas; o deputado que defende o governo acusado de corrupção não se detém em fatos devidamente comprovados, mas discute questões formais do relatório da comissão de inquérito ou enfatiza o pretenso revanchismo dos deputados oposicionistas.
- A *falácia de petição de princípio*, também chamada de *círculo vicioso* ou *raciocínio circular*, supõe conhecido o que é objeto da questão. "Tal ação é injusta porque é condenável; e é condenável porque é injusta."; "A nudez pública é imoral, porque é uma ofensa à moralidade".
- Na *falácia de ambiguidade*, também chamada *semântica* ou *de equívoco*, os conceitos ou enunciados não são suficientemente esclarecidos ou os termos são empregados com sentidos diferentes nas diversas etapas da argumentação. Por exemplo: "O fim de uma coisa é a sua perfeição; a morte é o fim da vida; logo a morte é a perfeição da vida". Nesse exemplo, o termo "fim" é usado duas vezes, e, apesar de os sentidos serem diferentes em cada uma delas, o autor da frase o emprega como se o sentido do termo fosse o mesmo: "fim" como finalidade, objetivo, ou como término.
- A *falácia de falsa causa* ou **post hoc** é muito comum e representa as inúmeras inferências que fazemos no cotidiano ao tomarmos como causa o que não é a causa real. Por exemplo, um rapaz não leva a namorada ao estádio por ela ser "pé-frio", já que da última vez em que ela foi seu time perdeu. Ou então um estudante sempre usa a mesma camisa quando faz provas, para ter sorte. O raciocínio é o seguinte: o que veio antes – a companhia da namorada ou a camisa – são causas de, no primeiro caso, seu time ter perdido e, no segundo, ir bem na prova. A falácia de falsa causa é frequente e vem acompanhada de superstições, como uso de pé de coelho ou sair pela mesma porta pela qual se entrou: trata-se de falsas conexões de causalidade.

Falácia: do latim *fallacia*, "engano", "trapaça", "ardil", "estratagema".
Post hoc: do latim, "após isto". A expressão completa é: *post hoc ergo propter hoc*, "após isto, logo por causa disto".

ATIVIDADE

- Explique a que tipo de falácia correspondem os enunciados a seguir.

   a) A liberdade de pensamento é fundamental em uma democracia, porque a democracia depende da livre expressão das ideias.

   b) Vou usar a pasta de dentes X porque a atriz Z a recomenda para clarear os dentes.

   c) O candidato X será um bom prefeito porque é um empresário bem-sucedido.

   d) Sempre entro com o pé direito em um novo ambiente.

3. A lógica aristotélica

Vamos agora examinar as regras da *argumentação* rigorosa e identificar quando o raciocínio é correto e em que circunstâncias não é válido. **Aristóteles** (c. 384-322 a.C.) foi o primeiro filósofo a organizar o assunto de maneira sistemática e ampla, ao escrever seis obras sobre o que chamou de "ciência da demonstração e do saber demonstrativo". A denominação de *lógica* surgiu posteriormente entre os estoicos (séculos III e II a.C.) e já na Idade Média foi também conhecida como *Órganon*, que em grego significa "instrumento", isto é, recurso para proceder o pensamento correto.

Portanto, a lógica estuda os *métodos* e *princípios* da argumentação, estabelece as *regras* da forma correta das operações do pensamento e identifica as argumentações não válidas.

Escultura do personagem Sherlock Holmes erguida por John Doubleday em Baker Street, rua inglesa onde residia o investigador nos contos de Arthur Conan Doyle. Foto de 2015. O famoso detetive Sherlock Holmes adotava princípios lógicos para avaliar a validade das inferências dos casos por ele desvendados.

Conceitos básicos de lógica

Para facilitar a compreensão deste capítulo, agrupamos a seguir os principais conceitos que serão utilizados:

- O *termo* é um conceito, uma palavra ou expressão: "homem"; "animal racional";
- A *proposição* é o juízo ou sentença, uma frase em que se afirma ou se nega uma coisa de outra: "O homem é um animal racional", em que o termo "homem" afirma-se do termo "animal racional" (Todo H é R); "Nenhum homem é vegetal", em que o termo "homem" é excluído de "vegetal" (H não é V);
- A *argumentação* é o raciocínio, um encadeamento de proposições que nos levam a uma conclusão, processo denominado *inferência*, com destaque para o *silogismo*, que mereceu especial atenção de Aristóteles, segundo o qual o silogismo seria a argumentação lógica perfeita;
- As *premissas* são as proposições que antecedem e conduzem à conclusão.

Princípios da lógica

As relações entre as proposições verificadas no *quadrado de oposições* se sustentam com base nos *primeiros princípios da lógica*, assim chamados por serem anteriores a qualquer raciocínio. São de conhecimento imediato por serem princípios e, portanto, indemonstráveis.

Geralmente distinguem-se três princípios: *identidade*, *não contradição* e *terceiro excluído*.

- **Princípio de identidade**. Se um enunciado é verdadeiro, então ele é verdadeiro.
- **Princípio de não contradição**, também chamado simplesmente de *princípio de contradição*. Duas proposições contraditórias não podem ser ambas verdadeiras: se for verdadeiro que "Alguns seres humanos não são justos", é falso que "Todos os seres humanos são justos". Portanto, tais proposições se excluem mutuamente.
- **Princípio do terceiro excluído**, às vezes chamado de *princípio do meio excluído*. Todo enunciado é verdadeiro ou é falso: não há um terceiro valor. Exemplo: ou *p* ou *não p* (não há intermediários, como proposições meio certas ou mais ou menos certas). Como disse Aristóteles: "Entre os opostos contraditórios não existe um meio".
- Desse modo, percebemos que a lógica clássica é *bivalente*, ou seja, apresenta apenas dois valores: *verdadeiro* e *falso*.

Lógica: do grego *lógos*, "razão"; o sentido primeiro de *lógos* é "palavra", "linguagem", o que remete à linguagem como expressão do pensamento.

Inferência: do latim *inferre*, "levar para" (uma proposição leva a outra); inferir é concluir com base em proposições que a antecedem.

Silogismo: termo usado por Aristóteles para designar a dedução de uma conclusão a partir de duas premissas, por implicação lógica.

Premissa: do latim *praemissa*, "colocada antes".

> **Saiba mais**
>
> A lógica aristotélica e a lógica simbólica são bivalentes, mas contemporaneamente foram construídas lógicas trivalentes, em que além dos valores verdadeiro e falso pode ser considerado o "indeterminado", o qual nega o princípio do terceiro excluído. Foram elaboradas também lógicas polivalentes ou multivaloradas, a respeito das quais se destacam os trabalhos do filósofo polonês Jan Lukasiewicz, do matemático americano Emil Post e do filósofo alemão Hans Reichenbach. Sua aplicação inclui a criação de circuitos eletrônicos que possuem mais de dois tipos de sinais.

4. Termo e proposição

Vimos que a proposição é um enunciado no qual afirmamos ou negamos um termo de outro. No exemplo "Todo cão é mamífero" (Todo C é M), temos uma proposição em que o termo "mamífero" é atribuído ao termo "cão".

Na sequência, estudaremos a qualidade e a quantidade das proposições, assim como a extensão dos termos, sejam eles o sujeito ou o predicado de uma proposição.

a) Qualidade e quantidade das proposições

Quanto à *qualidade*, as proposições podem ser afirmativas ou negativas: "Todo C é M", e "Nenhum C é M".

Quanto à *quantidade*, são gerais (universais ou totais): "Todo C é M"; ou particulares: "Algum C é M"; estas últimas podem ser singulares, caso se refiram a um só indivíduo: "Este C é M".

Observe:
- "Todo cão é mamífero": proposição universal afirmativa;
- "Nenhum animal é mineral": proposição universal negativa;
- "Algum metal não é sólido": proposição particular negativa;
- "Sócrates é mortal": proposição singular afirmativa.

b) Extensão dos termos

A *extensão de um termo* é a sua amplitude, isto é, a coleção de todos os seres que o termo designa no contexto da proposição. É fácil identificar a extensão do sujeito. Exemplo: a flor (o artigo *a* pressupõe a totalidade das flores), alguma flor e esta flor.

Porém, a *extensão do predicado* exige maior atenção. Para visualizar melhor, representamos as proposições por meio dos *diagramas de Euler*, assim chamados em homenagem ao matemático suíço Leonhard Euler (1707-1783).

Observe a análise dos seguintes exemplos:

- **Todo paulista é brasileiro (Todo P é B).** Nesse exemplo, o termo "paulista" tem extensão total (refere-se a todos os paulistas); mas o termo "brasileiro" tem extensão particular, ou seja, apenas uma parte dos brasileiros é composta de paulistas.

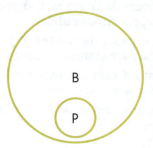

- **Nenhum brasileiro é argentino (Todo B não é A).** Aqui, o termo "brasileiro" é total, porque se refere a todos os brasileiros; e o termo "argentino" também é total, porque os brasileiros estão excluídos do conjunto de todos os argentinos.

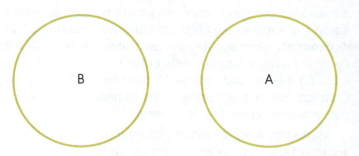

- **Algum paulista é solteiro (Algum P é S).** Nessa proposição, ambos os termos têm extensão particular.

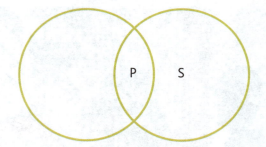

- **Alguma mulher não é jovem (Alguma M não é J).** Nessa proposição, o termo "mulher" tem extensão particular e o termo "jovem" tem extensão total, ou seja, existe uma mulher que não é nenhuma das pessoas jovens.

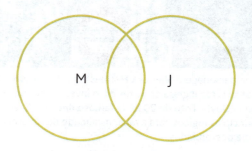

5. Quadrado de oposições

Com base na classificação das proposições conforme a quantidade e a qualidade, são possíveis diversas combinações, que podem ser visualizadas pelo chamado *quadrado de oposições*, diagrama que explicita as relações entre proposições contrárias, subcontrárias, contraditórias e subalternas.

Vamos identificar cada proposição com uma letra: **A** (gerais afirmativas), **E** (gerais negativas), **I** (particulares afirmativas) e **O** (particulares negativas). Para exemplificar, partimos da proposição geral afirmativa "Todo F é G":

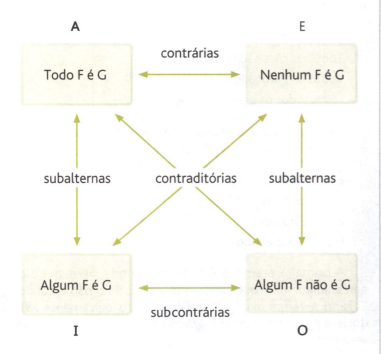

Agora observe:

- As proposições **contrárias** (**A** e **E**) não podem ser ambas verdadeiras, embora possam ser ambas falsas: se "Todo F é G" for verdadeira, "Nenhum F é G" será falsa. Já "Todo F é G" e "Nenhum F é G" podem ser ambas falsas.

- As proposições **subcontrárias** (**I** e **O**) não podem ser ambas falsas, mas ambas podem ser verdadeiras, ou uma verdadeira e a outra falsa: "Algum F é G" e "Algum F não é G" podem ser verdadeiras. Mas, se "Algum F é G" é falsa, então "Algum F não é G" é verdadeira.

- Quanto às **subalternas** (**A** e **I**) e (**E** e **O**), se **A** é verdadeira, **I** é verdadeira; se **A** é falsa, **I** pode ser verdadeira ou falsa; se **I** é verdadeira, **A** pode ser verdadeira ou falsa; se **I** é falsa, **A** é falsa. Se **E** é verdadeira, **O** é verdadeira; se **E** é falsa, **O** pode ser verdadeira ou falsa; se **O** é verdadeira, **E** pode ser verdadeira ou falsa; se **O** é falsa, **E** é falsa.

- As proposições **contraditórias** (**A** e **O**) e (**E** e **I**) não podem ser ambas verdadeiras ou ambas falsas. Se considerarmos verdadeira a proposição "Todo F é G", "Algum F não é G" será falsa.

Foto em infravermelho mostrando variação de calor entre o ambiente (menos aquecido) e o corpo dos lagartos teiús (mais aquecido).
A descoberta feita em 2016 por cientistas canadenses e brasileiros mostra que a proposição "Nenhum réptil produz calor internamente" é falsa, porque sua contraditória "Algum réptil produz calor internamente" é verdadeira.

ATIVIDADES

1. Represente as seguintes proposições pelos diagramas de Euler:

   a) Os professores dessa escola não são grevistas (P não é G).

   b) Alguns professores dessa escola são grevistas (Algum P é G).

2. Identifique as contrárias e as contraditórias da proposição: A baleia é um animal mamífero.

3. Utilize o quadrado de oposições para identificar as proposições contrárias, contraditórias, subalternas e subcontrárias referentes à proposição: "Todo vegetal é ser vivo".

4. A respeito da lógica aristotélica, assinale a alternativa correta.

   a) Como uma lógica bivalente, ela aceita outro valor além do verdadeiro e do falso.

   b) Um enunciado verdadeiro pode ser não verdadeiro, dependendo do contexto.

   c) A inferência é o processo pelo qual, a partir de uma conclusão, eu deduzo as premissas.

   d) Pelo princípio de contradição, admitem-se como verdadeiras uma proposição e o seu oposto.

   e) A argumentação depende de um encadeamento de proposições que levam à conclusão, processo denominado inferência.

6. Argumentação silogística

Na sequência, nos ocupamos com o silogismo e suas regras, tal como foi pensado por Aristóteles e ampliado pelos estoicos e medievais.

Observe um exemplo de **dedução** silogística e sua expressão pelo diagrama de Euler:

Nenhum C é B. (*premissa maior*)
Todos os D são C. (*premissa menor*)
Logo, nenhum D é B. (*conclusão*)

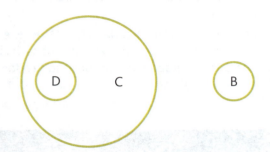

Estamos diante de uma argumentação composta de três proposições em que a última, a conclusão, deriva logicamente das duas anteriores, chamadas *premissas*.

No exemplo, há os termos "B", "C" e "D". Conforme a posição que ocupam na argumentação, os termos podem ser médio, maior e menor:

- **termo médio** é aquele que aparece nas premissas e faz a ligação entre os outros dois: "C" é o termo médio, que liga "D" e "B";
- **termo maior** é o termo predicado da conclusão: "B"; a premissa em que ele se encontra é chamada *premissa maior*;
- **termo menor** é o termo sujeito da conclusão: "D"; a premissa em que se encontra é chamada *premissa menor*.

Dedução: análise lógica usada para construir argumentos, utilizando premissas para obter uma conclusão. Do latim *de + ducere*, "conduzir a partir de".

Verdade e validade

É preciso muita atenção no uso de verdadeiro/falso, válido/não válido.

- Dizemos que as proposições podem ser verdadeiras ou falsas: uma proposição é verdadeira quando corresponde ao fato que expressa.
- Já os argumentos são válidos ou não válidos: um argumento é válido quando sua conclusão é consequência lógica de suas premissas.

A fim de melhor compreender essa questão, vamos examinar alguns silogismos:

Exemplo 1

Todos os cães são mamíferos.
Todos os gatos são mamíferos.
Logo, todos os gatos são cães.

Nesse silogismo as premissas são verdadeiras, a conclusão é falsa e a argumentação é inválida.

Exemplo 2

Todos os homens são louros.
Pedro é homem.
Logo, Pedro é louro.

A primeira premissa é falsa, a segunda, verdadeira e, apressadamente, concluímos que o raciocínio não é válido. Engano: estamos diante de um argumento logicamente válido, isto é, que não fere as regras do silogismo – mais adiante veremos por quê.

Exemplo 3

Todo inseto é invertebrado.
Todo inseto é hexápode (tem seis patas).
Logo, todo hexápode é invertebrado.

Nesse caso, todas as proposições são verdadeiras. No entanto, a inferência é inválida.

Veremos a seguir as regras com as quais identificamos os argumentos válidos e inválidos.

Níquel Náusea (2009), tirinha de Fernando Gonsales. A tira causa humor porque não existe nenhuma ligação silogística entre o enunciado do primeiro quadrinho e o do quarto, quando a gula interrompe o raciocínio.

Regras do silogismo

As oito regras do silogismo nos auxiliam a identificar se um argumento é válido ou inválido. Elas consideram as distinções entre proposições afirmativas e negativas, a distribuição e a função dos termos. Vejamos quais são elas:

1. O silogismo só deve ter três termos (o médio, o maior e o menor).
2. De duas premissas negativas nada resulta.
3. De duas premissas particulares nada resulta.
4. O termo médio nunca entra na conclusão.
5. O termo médio deve ser pelo menos uma vez total.
6. Nenhum termo pode ser total na conclusão sem ser total nas premissas.
7. De duas premissas afirmativas não se conclui uma negativa.
8. A conclusão segue sempre a premissa mais fraca (se nas premissas uma delas for negativa, a conclusão deve ser negativa; se uma for particular, a conclusão deve ser particular).

Examinemos agora os argumentos dos três exemplos dados anteriormente a fim de aplicar-lhes o que aprendemos. Vejamos por que os exemplos 1 e 3 são inválidos.

- **Exemplo 1** (Todos os cães...): o termo médio – que aparece na primeira e na segunda premissas – é "mamífero" e faz a ligação entre "cão" e "gato". Segundo a regra 5 do silogismo, o termo médio deve ter pelo menos uma vez extensão total, mas nas duas proposições ele é particular, ou seja, "Todos os cães são (alguns dentre os) mamíferos" e "Todos os gatos são (alguns dentre os) mamíferos".
- **Exemplo 3** (Todo inseto...): os três termos são "inseto", "hexápode" e "invertebrado". O termo menor, "hexápode", tem extensão particular na premissa menor: "Todo inseto é (algum) hexápode", mas na conclusão é tomado em toda extensão (todo hexápode). Portanto, fere a regra 6.

Aplicando o que aprendemos no tópico "As falácias de nosso cotidiano", podemos dizer que os exemplos 1 e 3 são falácias. Trata-se de falácias formais, justamente porque infringem as regras da dedução, enquanto aquelas que vimos no início do capítulo são falácias não formais, por decorrerem da irrelevância das premissas ou buscarem o convencimento.

Quanto ao **exemplo 2**, o argumento é válido formalmente, porque não fere nenhuma das regras do silogismo. No entanto, é uma falácia quanto à matéria, por ser um raciocínio correto que parte de premissa falsa. Esses enganos ocorrem sobretudo quando nossas conclusões se baseiam em preconceitos.

Alegoria do silogismo (1630-1635), pintura de Paulus Bor. Nessa tela, a figuração dada ao silogismo pelo pintor é curiosa: o pulso feminino é entrelaçado por uma serpente, animal bíblico que simboliza a inteligência, mostrando ao mesmo tempo vulnerabilidade e resistência.

ATIVIDADES

1. Leia o silogismo abaixo e identifique o termo médio, o termo maior e o termo menor.

   Alguns A são B.

   Todo C é A.

   Nenhum C é B

2. Observe o silogismo a seguir e analise-o conforme se pede.

   Toda violeta é roxa.

   Toda violeta é flor.

   Logo, toda flor é roxa.

   a) Identifique as premissas e a conclusão.
   b) Qualifique as proposições segundo a verdade ou a falsidade.
   c) Identifique a quantidade e a qualidade das proposições (geral ou particular, afirmativa ou negativa).
   d) Identifique a quantidade do predicado de cada proposição.
   e) Identifique os três termos que compõem o silogismo.
   f) Aplique as regras do silogismo para verificar se o argumento é válido ou não. Justifique sua resposta.

3. No silogismo seguinte, identifique a regra que foi transgredida e que o tornou inválido:

   Os pássaros voam.

   Os pássaros são animais.

   Todo animal voa.

Leitura analítica

Descoberta e justificação

O filósofo estadunidense Wesley Salmon refere-se neste texto ao personagem Sherlock Holmes, criado pelo escritor inglês Arthur Conan Doyle (1859-1930), com a intenção de distinguir a diferença entre a extrema habilidade de descoberta típica de Holmes e o papel da lógica, restrito à identificação do argumento correto.

"A distinção entre descoberta e justificação está intimamente relacionada à distinção entre inferência e argumento. A atividade psicológica desenvolvida na inferência é um processo de descoberta. A pessoa que infere deve pensar na conclusão; o problema da descoberta, no entanto, não se esgota aí. A pessoa deve, ainda, descobrir a evidência e descobrir a relação que existe entre a evidência e a conclusão. [...] Quando o processo de descoberta findou, a inferência pode ser transformada em argumento [...] e esse argumento pode ser examinado sob o prisma da correção lógica. O argumento resultante não é, de forma alguma, descrição dos processos mentais que conduziram à conclusão. [...]

Deve estar evidente, agora, que a lógica não visa descrever os modos de pensar. Mas seria sua tarefa o estabelecimento de regras segundo as quais se *deveria* pensar? A lógica não nos oferece um conjunto de regras para guiar-nos ao raciocinar, ao resolver problemas e ao obter conclusões? A lógica não nos indica os passos a dar ao inferir? A resposta afirmativa a tais questões é muito comum. Diz-se, mesmo, que as pessoas de raciocínio eficaz possuem um 'espírito lógico' e que raciocinam 'logicamente'.

Sherlock Holmes é um bom exemplo de pessoa com soberbos poderes de raciocínio. Sua habilidade ao inferir e chegar a conclusões é notável. Não obstante, a sua habilidade não depende da utilização de um conjunto de regras que norteiam o seu pensamento. Holmes é muito mais capaz de fazer inferências do que o seu amigo Watson. Holmes está disposto a transmitir seus métodos ao amigo, e Watson é um homem inteligente.

Infelizmente, contudo, não há regras que Holmes possa transmitir a Watson, capacitando-o a realizar os mesmos feitos do detetive. As habilidades de Holmes defluem de fatores como a sua aguda curiosidade, a sua grande inteligência, a sua fértil imaginação, seus poderes de percepção, a grande massa de informações acumuladas e a sua extrema sagacidade. Nenhum conjunto de regras pode substituir essas capacidades.

Se existissem regras para inferir, elas seriam regras para descobrir. Na realidade, o pensamento efetivo exige um constante jogo de imaginação e de pensamento. Prender-se a regras rígidas ou a métodos bem delineados equivale a bloquear o pensamento. As ideias mais frutíferas são, com frequência, justamente aquelas que as regras seriam incapazes de sugerir. É claro que as pessoas podem melhorar as suas capacidades de raciocínio pela educação, através da prática, mediante um treinamento intensivo; isso tudo, porém, está longe de ser equivalente à adoção de um conjunto de regras de pensamento. Seja como for, ao discutirmos as específicas regras da lógica veremos que elas não poderiam ser encaradas como adequados métodos de pensar. As regras da lógica, se fossem aceitas como orientadoras dos modos de pensar, transformar-se-iam numa verdadeira camisa de força.

O que acabamos de dizer pode causar certo desapontamento. Frisamos, de modo enfático, o lado negativo, esclarecendo aquilo que a lógica não pode fazer. [...] Mas, então, para que serve a lógica? A lógica oferece-nos métodos de crítica para a avaliação coerente das inferências. É nesse sentido, talvez, que a lógica está qualificada para dizer-nos de que modo deveríamos pensar. Completada uma inferência, é possível transformá-la em argumento, e a lógica pode ser utilizada a fim de determinar se o argumento é correto ou não. A lógica não nos ensina como inferir: indica-nos, porém, que inferências podemos aceitar. Procede ilogicamente a pessoa que aceita inferências incorretas.

Para poder apreciar o valor dos métodos lógicos, é preciso ter esperanças realistas quanto ao seu uso. Quem espera que um martelo possa efetuar o trabalho de uma chave de fenda está fadado a sofrer grandes desilusões; quem sabe servir-se de um martelo conhece sua utilidade.

A lógica interessa-se pela justificação, não pela descoberta. A lógica fornece métodos para a análise do discurso, e essa análise é indispensável para exprimir de modo inteligível o pensamento e para a boa compreensão daquilo que se comunica e se aprende."

SALMON, Wesley C. *Lógica*. Rio de Janeiro: Guanabara Koogan, 1987. p. 28-29.

QUESTÕES

1. É adequado recorrer ao personagem Sherlock Holmes para explicar o que a lógica não é? Justifique.

2. Explique como a metáfora do martelo e da chave de fenda serve para Salmon delimitar e explicitar o campo da lógica.

7. Tipos de argumentação

Vamos examinar as características de alguns tipos de argumentação: a dedução, a indução e a analogia.

> **Indução:** do latim *in + ducere*, "conduzir em determinada direção".
> **Analogia:** do grego *analogía*, "proporção, correspondência".

Dedução

Até aqui estudamos o silogismo, que é um tipo de dedução, e vimos suas características principais: uma argumentação em que a conclusão se segue das premissas, que são proposições de cujo conjunto se infere uma conclusão. Portanto, em um argumento dedutivo correto, o que está dito na conclusão é extraído das proposições que a antecedem, pois na verdade está implícito nelas. Na dedução lógica, o enunciado da conclusão não excede o conteúdo das premissas, isto é, não se diz mais na conclusão do que já tinha sido dito nas premissas.

A dedução é um raciocínio que parte de pelo menos uma proposição geral e cuja conclusão pode ser uma proposição geral ou particular (ou singular). Nos exemplos (válidos) a seguir, a primeira dedução parte de premissas gerais e chega a uma conclusão também geral; no segundo caso, a conclusão é particular:

Todo brasileiro é sul-americano.
Todo paulista é brasileiro.
Todo paulista é sul-americano.

Todo brasileiro é sul-americano.
Algum brasileiro é índio.
Algum índio é sul-americano.

A dedução é um modelo de rigor, mas é estéril, na medida em que não nos ensina nada de novo, apenas organiza o conhecimento já adquirido. Isso significa que a conclusão nada acrescenta àquilo que foi afirmado nas premissas. Condillac, filósofo francês do século XVIII, compara a lógica aos parapeitos das pontes, que apenas nos impedem de cair, mas não nos fazem ir adiante. Isso significa que a conclusão nada acrescenta àquilo que foi afirmado nas premissas. No entanto, se a dedução não inova, não quer dizer que não tenha valor algum, pois sempre fazemos deduções para extrair consequências e, certamente, é preciso investigar quando essas inferências são válidas ou não. De acordo com o filósofo Cezar Mortari:

> "[...] a lógica contemporânea é dedutiva. Afinal, estamos interessados, ao partir de proposições que sabemos ou supomos verdadeiras, em atingir conclusões das quais tenhamos uma garantia de que também sejam verdadeiras.

Nesse sentido, o ideal a ser alcançado é uma linha de argumentação dedutiva, em que a conclusão não pode ser falsa, caso tenhamos partido de premissas verdadeiras.

Porém, na vida real muitas vezes não temos esse tipo de garantia, e temos de fazer o melhor possível com o que dispomos. É aqui que se abre espaço para argumentos como os indutivos. Mas, ao contrário da lógica dedutiva [...], a lógica indutiva não foi igualmente tão desenvolvida."

MORTARI, Cezar. *Introdução à lógica*. São Paulo: Editora Unesp; Imprensa Oficial do Estado, 2001. p. 25-26.

Indução

Enquanto na dedução as premissas constituem razão suficiente para se derivar a conclusão, na indução, ao contrário, chega-se à conclusão a partir de evidências parciais.

A *indução por enumeração* é uma argumentação pela qual, com base em diversos dados singulares constatados, chegamos a proposições universais. Nesse tipo de argumento, ocorre uma *generalização indutiva*, que pode ser de dois tipos:

a) A *indução completa* é aquela que cria condições para o exame de cada um dos elementos de um conjunto, como neste caso: "A visão, o tato, a audição, o gosto, o olfato (que chamamos sentidos) têm um órgão corpóreo. Portanto, todo sentido tem um órgão corpóreo".

b) A *indução incompleta* é aquela em que de *alguns* elementos conclui a totalidade. Seguem dois exemplos: "Esta porção de água ferve a 100 °C, e esta outra, e esta outra...; logo, a água ferve a 100 °C"; "O cobre é condutor de eletricidade, e o ouro, o ferro, o zinco, a prata também. Logo, todo metal é condutor de eletricidade".

Como o conteúdo da conclusão da indução incompleta *excede* o das premissas, tem apenas *probabilidade* de ser correta. E é precária quando feita apressadamente e sem critérios. É preciso examinar se a amostragem é significativa e se existe número suficiente de casos que permita a passagem do particular para o geral.

Por exemplo: ao fazer uma pesquisa de intenção de voto, um instituto consulta amostras significativas de diversos segmentos sociais, conforme metodologia científica. Ao considerar que, entre os eleitores da amostra, 25% votarão no candidato X e 10%, no Y, o instituto conclui que a totalidade dos eleitores votará segundo a mesma proporção da amostragem pesquisada.

Apesar da aparente fragilidade da indução, trata-se de uma forma muito fecunda de pensar, responsável pela fundamentação de grande parte dos nossos conhecimentos na vida diária e de muita valia para as ciências experimentais. Além disso, a indução é utilizada em previsões, quando partimos de alguns casos da experiência presente e inferimos que ocorrerão com a mesma regularidade no futuro. Cabe ao lógico especificar as condições sob as quais devemos tomar a indução como correta.

Capítulo 9 • Introdução à lógica **167**

Analogia

Analogia (ou raciocínio por semelhança) é uma *indução parcial* ou imperfeita, na qual passamos de um ou de alguns fatos singulares não a uma conclusão universal, mas a outra enunciação singular ou particular. Da comparação entre objetos ou fenômenos diferentes, inferimos pontos de semelhança. Observe: "Paulo sarou de suas dores de cabeça com este remédio. Logo, João há de sarar de suas dores de cabeça com este mesmo remédio"; "O macaco foi curado da tuberculose com tal soro; logo, os seres humanos serão curados da tuberculose com o mesmo soro".

É claro que o raciocínio por semelhança fornece apenas probabilidade, e não certeza, mas desempenha papel importante na descoberta ou na invenção, tanto no cotidiano como na ciência, na tecnologia e na arte. Grande parte de nossas conclusões diárias baseia-se na analogia, como neste exemplo: "Li um bom livro de Graciliano Ramos. Vou ler outro desse autor, pois deve ser igualmente bom". Ou neste: "Fui bem atendido nessa loja. Voltarei a comprar aqui, pois serei bem atendido novamente". No campo jurídico, a lei é aplicada com base na analogia, comparando-se um caso com o outro. A partir disso, percebe-se a relevância da analogia para a tomada de decisões, entre outros.

Convém observar, porém, se os diferentes objetos comparados obedecem ao *critério de relevância* para chegar a uma conclusão. Assim, as analogias podem ser fortes ou fracas, dependendo da relevância das semelhanças estabelecidas.

Por exemplo: quando as conclusões de experiências biológicas feitas em cobaias são estendidas a seres humanos, geralmente a analogia é forte. Embora a fisiologia de ambos não seja idêntica, as semelhanças tornam a analogia adequada.

A analogia é fraca quando a conclusão se baseia em considerações irrelevantes. Se desejo comprar uma nova geladeira que funcione bem e com recursos sustentáveis, tal como a do meu vizinho, a analogia será fraca se eu levar em conta apenas as semelhanças de cor e espaço interno. Será forte se considerar a marca, o modelo e as especificações das garantias ecológicas

Saiba mais

O filósofo Charles Sanders Peirce (1839-1914) empregou o termo *abdução* (do latim *abductio*, "ação de levar") para indicar inferências que permitissem, com base em certos fatos, formular uma **hipótese** para explicá-los. Evidentemente, é um raciocínio que exige confirmação racional.

Hipótese: proposição antecipada provisoriamente como explicação de fatos, e que deve ser ulteriormente verificada pela dedução ou pela experiência.

O cientista Alexander Fleming (1881-1955) trabalhando em seu laboratório, em 1943. Quando Fleming cultivava colônia de bactérias, observou que elas morriam em torno de uma mancha de bolor que se formara. Se o bolor destruía as bactérias, supôs que aquele fungo poderia ser usado como medicamento: assim foi descoberta a penicilina. Trata-se de um raciocínio por analogia.

ATIVIDADE

- Leia com atenção os itens a seguir e identifique se os argumentos são indução, dedução ou analogia. Justifique a resposta usando os conceitos aprendidos.

a) Entrou em cartaz um novo filme de Pedro Almodóvar. Vou assistir, porque é bem provável que vou gostar, pois apreciei seu primeiro filme.

b) Diversos metais, tendo sido aquecidos, se dilataram, o que nos fez concluir que o calor dilata os corpos.

c) Aplicando a teoria da gravitação universal, podemos calcular a massa do Sol e dos planetas e explicar as marés.

d) O controle de qualidade de uma produção em série é feito selecionando-se algumas amostras e, por meio de análise detalhada delas, estende-se a avaliação para toda a série.

e) Se você passou no exame do Itamaraty é porque se preparou muito bem.

8. Lógica simbólica

Até o século XIX, a lógica aristotélica não passou por mudança essencial, apesar de ter sofrido as mais diversas críticas. Na Idade Moderna, Francis Bacon e René Descartes criticaram os procedimentos silogísticos da Escolástica medieval por serem estéreis. As grandes modificações introduzidas na lógica, porém, ocorreram a partir do final do século XIX, com os lógicos George Boole (1815-1864) e Gottlob Frege (1848-1925). A reflexão sobre a natureza da linguagem em geral foi responsável pelo surgimento da filosofia analítica, influenciando pensadores contemporâneos como Rudolf Carnap (1891-1970), Bertrand Russell (1872-1970) e Ludwig Wittgenstein (1889-1951).

As vantagens da lógica simbólica decorrem da criação de uma *linguagem artificial* que introduz maior rigor e se configura, portanto, como instrumento mais eficaz para a análise e a dedução formal. Ao desenvolver uma linguagem técnica específica, são evitadas conotações emocionais que perturbam o raciocínio e os equívocos que tanto se prestam à ambiguidade e à falta de clareza.

O lógico brasileiro Leônidas Hegenberg, no verbete "Variável" de seu *Dicionário de lógica*, dá exemplos dessa ambiguidade:

> "Comecemos observando que há frases (em vários idiomas) muito ambíguas. Por exemplo:
>
> *Ela falou a respeito dela com ela.*
> *Ele falou a respeito dela com ele.*
>
> A seguir, notemos que a ambiguidade pode ser levantada mediante apropriada marcação dos 'lugares' ocupados pelos pronomes. Se uma única pessoa está em foco – falando a seu respeito, consigo mesma –, temos:
>
> *x falou a respeito de x com x.*
>
> Se uma pessoa dialoga com outra, a respeito de uma terceira,
>
> *x falou a respeito de y com z.*
>
> Se uma pessoa discorre acerca de si mesma com outra,
>
> *x falou a respeito de x com y.*
>
> Mais possibilidades:
>
> *x falou a respeito de y com x.*
> *x falou a respeito de y com y.*"
>
> HEGENBERG, Leônidas. *Dicionário de lógica*. São Paulo: EPU, 1995. p. 216.

Com os símbolos, letras e outros recursos, podem-se expressar argumentos com uma série de premissas (e não apenas duas) e vários termos (além dos três do silogismo). Também é possível variar os tipos de proposições além daqueles clássicos propostos por Aristóteles.

A prevalência atual da lógica simbólica, porém, não significa que a lógica aristotélica tenha sido abandonada. Ao contrário, mantém-se como instrumento eficaz para a análise da validade dos argumentos e serve de base tanto para as novas lógicas que a complementam quanto para outras que a ela se opõem.

Na sequência, indicamos dois passos da lógica simbólica – a lógica proposicional e a lógica de predicados –, mas trataremos apenas da primeira.

- A *lógica proposicional* (ou cálculo proposicional) utiliza símbolos para representar as proposições e as conexões que se estabelecem entre elas. São usados números, letras do alfabeto, parênteses, chaves e sinais específicos. Por exemplo, as proposições podem ser ligadas por meio de conjunção (e...), disjunção (ou...), implicação (se..., então...), equivalência (se e somente se...).
- A *lógica de predicados* (ou cálculo de predicados) envolve os quantificadores, que podem ser universais e existenciais e se expressam pelas palavras "qualquer", "todo", "cada", "algum", "nenhum", "existe".

A vantagem das novas notações é a de expressar uma variedade de estruturas lógicas maior do que a lógica clássica seria capaz.

Cena do filme *Interestelar* (2014), dirigido por Christopher Nolan. O astronauta Cooper utiliza, entre outros, o código binário para se comunicar. Toda a computação e a linguagem informática se baseiam no sistema binário, formado por apenas dois elementos, usualmente representados com os números 0 e 1.

9. Lógica proposicional

A lógica proposicional (ou cálculo proposicional) é uma parte da lógica simbólica que estuda as formas de argumentos em uma linguagem artificial, como já vimos.

Distinguiremos as proposições simples das compostas, para entender como as sentenças podem ser formalizadas.

Proposições simples e compostas

As *proposições simples* não contêm outra proposição como seu componente: "O senador renunciou".

As *proposições compostas* são as que se unem mediante conectivos, assim chamados justamente porque fazem a conexão, a junção entre as proposições. Os conectivos lógicos variam conforme o tipo de proposição e para cada conectivo existe um símbolo que o identifica. Veja como:

a) A *negação* usa o conectivo "não", representado por um til "~".

b) A *conjunção* usa o conectivo "e", representado por um ponto ".". Outros preferem "&" ou "∧".

c) A *disjunção* usa o conectivo "ou", simbolizado por "v" ou por "w", porque a disjunção pode ser de dois tipos:
- O "v" indica a disjunção inclusiva, que admite ambas as alternativas: "Pedro alimenta-se de peixe ou salada". Nesse caso, ele costuma comer peixe, salada ou ambos os alimentos.
- O "w" indica a disjunção exclusiva. Nesse caso, trata-se de apenas um ou outro. Por exemplo, quando lemos o cardápio do restaurante: "Na oferta especial você pode escolher carne ou massa", isso significa que uma escolha exclui a outra.

d) A *implicação* é o enunciado *condicional*, que usa o conectivo "se..., então...", representado por "→". Outros preferem "⊃".

e) A *equivalência* (bicondicionalidade ou bi-implicação) usa o conectivo "... se e somente se...", representado pelo sinal "↔".

Exemplos

Nos exemplos seguintes, usamos as letras "p" e "q" para indicar as proposições.

a) Negação:
"Há água em Marte": p
"*Não* há água em Marte": ~ p

b) Conjunção:
"João tem febre *e* Antônio está bem de saúde": p . q

c) Disjunção:
"À tarde leio *ou* saio para andar" (supondo serem inclusivas): p v q
"Está chovendo *ou* o tempo está seco" (certamente são exclusivas): p w q

d) Implicação (condicional):
"*Se* João tem febre, *então* deve ficar em casa": p → q

e) Equivalência:
"João permanece em casa *se e somente se* estiver com febre": p ↔ q

20 anos de prontidão (1979), charge de Ziraldo ironizando um dos *slogans* mais utilizados pelos governos do período da ditadura civil-militar ("Brasil, ame-o ou deixe-o"). No contexto, o conectivo "ou" funciona como disjunção exclusiva.

Simbolização de sentenças

De posse dessa notação, voltemos aos exemplos das proposições simples e compostas para simbolizá-las. Para a simbolização de sentenças, usaremos como referência as letras destacadas em negrito.

a) **J**oão colou na prova. Resposta: (proposição simples) J

b) Não li o **l**ivro nem assisti ao **f**ilme. Resposta: (negação e conjunção) ~ L . ~ F

c) Você passará na **p**rova se e somente se **e**studar muito. Resposta: (equivalência) P ↔ E

d) Ou não **j**anto ou tomo uma **s**opa. Resposta: (negação e disjunção inclusiva) ~ J v S

e) Se for ao **c**inema, não conseguirei terminar o **t**rabalho. Resposta: (implicação/condicional e negação) C → ~ T

f) Ou **c**aso ou fico **s**olteiro. Resposta: (disjunção exclusiva) C w S

ATIVIDADE

- Simbolize as sentenças a seguir, observando as letras destacadas em negrito:

a) Maria irá se e somente se **v**ocê for.

b) Se **M**aria for, então **v**ocê não irá.

c) **M**aria irá e **v**ocê fica.

d) Aceita-se **d**inheiro ou **c**artão.

e) **M**aria não **t**rabalha.

10. Tabelas de verdade

As tabelas de verdade são usadas para identificar todas as atribuições possíveis de valores de verdade aos argumentos. Vimos que os valores de verdade são *bivalentes*, ou seja, toda proposição é verdadeira ou falsa, não havendo outro valor de verdade que ela possa tomar.

Dizemos então que:
- os enunciados verdadeiros têm o valor de verdade *verdadeiro* (V).
- os enunciados falsos têm o valor de verdade *falso* (F).

a) Negação

Uma proposição "p" qualquer pode ser verdadeira ou falsa. No caso de ser verdadeira, sua negação é falsa. No caso de ser falsa, sua negação é verdadeira.

p	~p
V	F
F	V

Ou seja, se é verdadeiro que "Há água em Marte" (p), é falso dizer que "Não há água em Marte" (~ p) e vice-versa.

b) Conjunção

Para duas proposições "p" e "q" quaisquer, seus valores de verdade podem ser combinados de quatro maneiras, conforme a tabela a seguir. A conjunção será verdadeira somente no caso de ambas as proposições serem verdadeiras.

Exemplo:
João alcançou nota (p).
João consegue o diploma (q).

p	q	p . q
V	V	V
V	F	F
F	V	F
F	F	F

Lê-se assim a primeira linha abaixo da risca: "Sendo 'p' verdadeiro e 'q' verdadeiro, 'p . q' é verdadeiro". E na segunda linha: "Sendo 'p' verdadeiro e 'q' falso, 'p . q' é falso" (e assim nas duas linhas seguintes). Após a observação das quatro linhas, ao examinar a terceira coluna, percebemos que somente na primeira hipótese (de ambas verdadeiras) a conjunção será verdadeira.

c) Disjunção

Como vimos, a disjunção pode ter dois sentidos diferentes: pode ser inclusiva ou exclusiva. Observe nestas duas tabelas que a diferença é notada na primeira linha abaixo da risca. A disjunção inclusiva é verdadeira quando ambas as proposições são verdadeiras; em caso semelhante, a disjunção exclusiva é falsa.

- **Disjunção inclusiva**

Exemplo: "Paula vai à aula de carro (p) ou de metrô (q)", ou seja, pode usar um ou outro meio de transporte.

p	q	p ∨ q
V	V	V
V	F	V
F	V	V
F	F	F

Lendo a primeira linha abaixo da risca, na disjunção inclusiva é verdadeiro que Paula vai à aula de carro (p), como é verdadeiro que ela possa ir de metrô (q); portanto, os dois enunciados são verdadeiros. O mesmo ocorre quando um é verdadeiro e o outro é falso. Mas se ambos forem falsos (se Paula não vai à aula de carro nem de metrô), os enunciados serão falsos.

- **Disjunção exclusiva**

Exemplo: "João estuda (p) ou João passeia (q)", ou seja, se João estuda, não passeia e vice-versa.

p	q	p w q
V	V	F
V	F	V
F	V	V
F	F	F

Lendo a primeira linha abaixo da risca, os dois enunciados da disjunção exclusiva não podem ser verdadeiros ao mesmo tempo, nem falsos ao mesmo tempo, como se vê também na última linha. Só é verdade quando um for verdadeiro e outro falso, como está na segunda e na terceira linhas.

d) Implicação (condicional)

Na implicação, também chamada condicional, afirma-se que uma sentença implica outra. Retomando o exemplo anterior: "Se João alcançou nota (p), então consegue o diploma (q)", a tabela de verdade para o enunciado condicional será a seguinte:

p	q	p → q
V	V	V
V	F	F
F	V	V
F	F	V

Nesse caso, observe a segunda linha: em um condicional verdadeiro não se pode ter o antecedente verdadeiro e o consequente falso.

e) Equivalência (ou bicondicionalidade)

Enquanto a sentença condicional estabelece uma relação de sentido único, a relação de equivalência é bicondicional, porque se dá nos dois sentidos.

Por exemplo: "João consegue o diploma (p) se e somente se alcançar a nota (q)".

p	q	p ↔ q
V	V	V
V	F	F
F	V	F
F	F	V

Nesse caso, o bicondicional é verdadeiro quando ambos os enunciados têm o mesmo valor de verdade (como na primeira linha abaixo da risca e na última), e falso quando têm valores de verdade diferentes.

11. Simbolização e tradução de enunciados complexos

Quando os enunciados são mais complexos do que os vistos até aqui, além dos símbolos de que já lançamos mão, precisamos de outros *sinais gráficos*, como parênteses e chaves, para os tornar inteligíveis e evitar ambiguidades. Trata-se do mesmo recurso usado em matemática. Por exemplo, a expressão 3 × 5 + 4 dará resultado diverso se agruparmos os números de maneiras diferentes: (3 × 5) + 4 ou ainda 3 × (5 + 4). No primeiro caso, o resultado é 19 e no segundo é 27. Daí a necessidade de parênteses ou chaves.

Já demos alguns enunciados simples e compostos para serem simbolizados e agora usaremos enunciados complexos que requerem outros sinais gráficos. Para exercitar, faremos a tradução das variações do enunciado a seguir (sem preocupação com a verdade ou a falsidade das sentenças), utilizando as letras sentenciais "**J**" e "**A**":

"**J**oão colou na prova e **A**ntônio contou para o professor".

Seguem as sentenças e as respostas com as respectivas traduções:

a) (~ J . ~ A) → (~ J)

Resposta: Se João não colou na prova e Antônio não contou para o professor, então João não colou na prova.

b) (J v A) . (~ J . A)

Resposta: João colou na prova ou Antônio contou para o professor. Além disso, João não colou na prova e Antônio contou para o professor.

Vamos exercitar usando os seguintes exemplos* (tente desenvolvê-los primeiro e só depois confira as respostas):

* Simbolize as sentenças usando como referência as letras em negrito:

a) Além da péssima **d**istribuição de renda no país, continua a **c**orrupção.

Resposta: D . C

b) Se hoje é **q**uinta-feira, então amanhã será **s**exta.

Resposta: Q → S

* Traduza as variações do enunciado a seguir usando os símbolos que aparecem na sequência (não se preocupe com a verdade ou a falsidade das sentenças). "A **l**inguagem da música é a partitura e os **m**úsicos leem partituras."

Resposta: L . M

a) ~ L

Resposta: A linguagem da música não é a partitura.

b) ~ (L . M)

Resposta: **Não é o caso**, ao mesmo tempo, que a "linguagem da música é a partitura" e que "os músicos leem partituras".

c) L ↔ M

Resposta: A linguagem da música é a partitura se e somente se os músicos lerem partituras.

> **Não é o caso:** em lógica, é comum usar essa expressão para substituir o *não*.

---

*Extraídos das obras *Introdução à lógica simbólica*, de Paulo Roberto Margutti Pinto, e *Introdução à lógica*, de Irving Copi. Consulte a bibliografia sobre lógica no final do livro.

d) (L . ~ M) → L

Resposta: Se a linguagem da música é a partitura e se os músicos não leem partituras, então a linguagem da música é a partitura.

e) (L v ~ M) . (~ L . M)

Resposta: Ou a linguagem da música é a partitura ou os músicos não leem partituras. Além disso, a linguagem da música não é a partitura e os músicos leem partituras.

12. Importância da lógica

Deixamos de abordar a lógica de predicados em virtude do caráter introdutório deste capítulo. Apenas destacamos a importância dessa descoberta, que contou com a participação efetiva do matemático e filósofo alemão Gottlob Frege, considerado um dos principais iniciadores da lógica matemática. Embora já houvesse tentativas anteriores, desde Gottfried Wilhelm Leibniz (1646-1716), Frege foi o primeiro a formular a diferença entre constante e variável. Também é dele o conceito de quantificador para ligar as variáveis, fundamento da lógica de predicados considerado por muitos uma das maiores invenções intelectuais. As descobertas sobre a linguagem matemática o levaram a refletir sobre a natureza da linguagem em geral, o que o tornou um dos iniciadores da filosofia analítica.

Em resumo, resta lembrar que a lógica aristotélica continua importante até hoje como instrumento da argumentação correta, da compreensão de diversos tipos de raciocínio e também na identificação de falácias.

O rápido esboço da lógica simbólica serve para despertar o interesse por uma área que tem ampliado significativamente seu campo de atuação, em decorrência do desenvolvimento da ciência e da tecnologia, tornando-se instrumento indispensável em filosofia, matemática, computação, direito, linguística, ciências da natureza e tecnologia em geral. Neste último quesito, mencionamos sua contribuição em setores os mais diversos: inteligência artificial, robótica, engenharia de produção, administração, controle de tráfego, criação de *games*, entre outros.

Enfim, a lógica simbólica nos proporciona inúmeras facilidades na vida cotidiana, algumas delas muitas vezes desconhecidas; por exemplo, retirar dinheiro em caixa eletrônico, digitar comandos no computador e nos distrairmos com joguinhos eletrônicos. Ao acionarmos um ícone na barra de ferramentas do computador, nem sempre temos consciência de estar ativando uma função matemática, que é um caso particular da lógica simbólica.

Além dos sistemas lógicos aqui indicados, existem ainda lógicas complementares, que ampliam aspectos da lógica clássica, e outras rivais ou alternativas, que contrariam alguns princípios da clássica. Entre os que se ocuparam delas, destacamos o brasileiro Newton da Costa (1929), matemático, lógico e filósofo de renome internacional em virtude da teoria da *lógica paraconsistente*. Enquanto a lógica tradicional recusa a contradição, o filósofo criou uma lógica alternativa que lida com dados incompatíveis. Interessado apenas na beleza matemática de sua descoberta, ele se diz surpreso em ver como sua teoria mostrou-se fecunda para as áreas de diagnóstico médico, finanças, gestão ambiental, controle de tráfego aéreo e de trens, entre outras aplicações.

Foto do professor Newton da Costa em seu apartamento em Florianópolis, 2016.

ATIVIDADES

1. Simbolize as sentenças a seguir usando como referências as letras em negrito.

   a) Venha com seu **p**arceiro ou venha **s**ó.

   b) Pague à **v**ista se e somente se **q**uiser.

   c) Lave a **r**oupa e estenda-a no **v**aral.

2. Identifique o tipo de proposição e aplique a tabela de verdade.

   a) p w q

   b) p ~ p

3. Traduza as variações do enunciado a seguir, com base nas letras em negrito (sem se preocupar com a verdade ou falsidade das sentenças): **J**oão lava a roupa e **M**aria a estende no varal.

   a) (~ J . M) ↔ (J)

   b) J → M

   c) ~ J . ~ M

Leitura analítica

O debate argumentativo

O texto abaixo, escrito em coautoria por Chaïm Perelman (1912-1984) e Lucie Olbrechts-Tyteca (1899-1987), começa pela importância de uma linguagem comum – instrumento do debate argumentativo – para a existência da comunicação, que, por sua vez, só é efetivada quando existe a adesão intelectual entre os interlocutores.

"A formação de uma comunidade efetiva dos espíritos exige um conjunto de condições.

O mínimo indispensável à argumentação parece ser a existência de uma linguagem em comum, de uma técnica que possibilite a comunicação.

Isto não basta. Ninguém o mostra melhor do que o autor de *Alice no País das Maravilhas*. Com efeito, os seres desse país compreendem um pouco a linguagem de Alice. Mas o problema dela é entrar em contato, entabular uma discussão, pois no País das Maravilhas não há razão alguma para as discussões começarem. Não se sabe por que um se dirigiria ao outro. Às vezes Alice toma a iniciativa e utiliza singelamente o vocativo: 'Ó camundongo'. Ela considera um sucesso ter conseguido trocar algumas palavras indiferentes com a duquesa. Em compensação, ao encetar um assunto com a lagarta, chegam imediatamente a um ponto morto: 'Acho que você deveria dizer-me, primeiro, quem é'. – 'Por quê?, pergunta a lagarta'. Em nosso mundo hierarquizado, ordenado, existem geralmente regras que estabelecem como a conversa pode iniciar-se, um acordo prévio resultante das próprias normas da vida social. Entre Alice e os habitantes do País das Maravilhas, não há nem hierarquia, nem direito de precedência, nem funções que façam com que um deva responder em vez do outro. Mesmo as conversas entabuladas costumam gorar, como a conversa com o papagaio. Este se prevalece de sua idade: Alice não podia admitir isso, sem antes saber qual a idade dele e, como o papagaio se recusasse a dizê-la, não havia mais nada a falar.

A única das condições prévias aqui realizada é o desejo de Alice de entabular conversa com os seres desse novo universo.

O conjunto daqueles aos quais desejamos dirigir-nos é muito variável. Está longe de abranger, para cada qual, todos os seres humanos. [...] Há seres com os quais qualquer contato pode parecer supérfluo ou pouco desejável. Há seres aos quais não nos preocupamos em dirigir a palavra, há outros também com quem não queremos discutir, mas aos quais nos contentamos em ordenar.

Com efeito, para argumentar, é preciso ter apreço pela adesão do interlocutor, pelo seu consentimento, pela sua participação mental. Portanto, às vezes é uma distinção apreciada ser uma pessoa com quem outros discutam. O racionalismo e o humanismo dos últimos séculos fazem parecer estranha a ideia de que seja uma qualidade ser alguém com cuja opinião outros se preocupem, mas, em muitas sociedades, não se dirige a palavra a qualquer um, como não se duelava com qualquer um. Cumpre observar, aliás, que querer convencer alguém implica sempre certa modéstia da parte de quem argumenta, o que ele diz não constitui uma 'palavra do Evangelho', ele não dispõe dessa autoridade que faz com que o que diz seja indiscutível e obtém imediatamente a convicção. Ele admite que deve persuadir, pensar nos argumentos que podem influenciar o interlocutor, preocupar-se com ele, interessar-se por seu estado de espírito. [...]

Não basta falar ou escrever, cumpre ainda ser ouvido, ser lido. Não é pouco ter a atenção de alguém, ter uma larga audiência, ser admitido a tomar a palavra em certas circunstâncias, em certas assembleias, em certos meios. Não esqueçamos que ouvir alguém é mostrar-se disposto a aceitar-lhes eventualmente o ponto de vista. [...]

Fazer parte de um mesmo meio, conviver, manter relações sociais, tudo isso facilita a realização das condições prévias para o contato dos espíritos. As discussões frívolas e sem interesse aparente nem sempre são desprovidas de importância, por contribuírem para o bom funcionamento de um mecanismo social indispensável."

PERELMAN, Chaïm; OLBRECHTS-TYTECA, Lucie. *Tratado da argumentação*: a nova retórica. São Paulo: Martins Fontes, 1996. p. 17-19.

QUESTÕES

1. Explique a frase do texto: "às vezes é uma distinção apreciada ser uma pessoa com quem outros discutem".

2. Localize no texto alguma passagem que justifique por que é tão difícil argumentar quando o assunto é religião, política ou futebol.

ATIVIDADES

1. De que conceito apresentado no capítulo o texto a seguir se aproxima? Explique.

> "Em meados dos anos 1930, o jovem Orson Welles irradiou por uma rádio de Nova York o romance de H. G. Wells *A guerra dos mundos*, que narra a invasão da Terra por marcianos. Orson Welles e sua turma não avisaram o público de que se tratava de uma obra de ficção, mas a apresentaram como se, de fato, Nova York estivesse sendo invadida por alienígenas. O pânico tomou conta da cidade, com pessoas fugindo de suas casas, procurando trens, ônibus, metrôs e automóveis para escapar à ameaça. E, a seguir, o pânico tomou conta do país, sendo necessário que o governo e o exército estadunidense interviessem para acalmar a população."
>
> CHAUI, Marilena. *Simulacro e poder*: uma análise da mídia.
> São Paulo: Fundação Perseu Abramo, 2006. p. 44.

2. Identifique o tipo de falácia dos argumentos e explique cada um.

  a) A atriz Fulana, que aprecio muito, decidiu apoiar o candidato Sicrano. Acho que vou votar no candidato que ela recomenda.

  b) Todos os homens são racionais. Ora, as mulheres não são homens, portanto, as mulheres não são racionais.

  c) Não confio em políticos. Tive um vizinho que foi vereador e saiu da Câmara enriquecido.

3. Utilize o quadrado de oposições para responder às questões a seguir, referentes à proposição: "Todo ser humano é mortal".

  a) Identifique suas proposições contrárias e contraditórias, subalternas e subcontrárias.

  b) Considerando que o enunciado "Todo ser humano é mortal" é verdadeiro, quais são os enunciados verdadeiros e falsos?

4. Observe o silogismo e analise-o conforme se pede.

  Alguns humanos são sábios.

  Alguns humanos não são inteligentes.

  Alguns sábios não são inteligentes.

  a) Identifique as premissas e a conclusão.

  b) Qualifique as proposições segundo a verdade ou a falsidade.

  c) Identifique a quantidade e a qualidade das proposições (geral ou particular, afirmativa ou negativa).

  d) Identifique a quantidade do predicado de cada proposição.

  e) Identifique os três termos que compõem o silogismo.

  f) Aplique as regras do silogismo para verificar se o argumento é válido ou não. Justifique sua resposta.

5. Leia com atenção os itens e identifique se os argumentos são indução, dedução ou analogia.

  a) Tenho observado vários erros cometidos por José e concluí que seria melhor mudá-lo para outra função.

  b) Antônia não pode ser locutora de rádio ou TV porque tem problemas de dicção.

  c) O cientista Bohr elaborou o modelo atômico à semelhança do modelo do Sistema Solar.

6. Simbolize as sentenças usando como referências as letras em negrito.

  a) Se Luiza é **d**ivorciada, então já foi **c**asada.

  b) Luiza não é **d**ivorciada.

  c) Luiza seria **d**ivorciada se e somente se já tivesse sido **c**asada.

7. Considerando "p" o enunciado "Os preços subiram" e "q" o enunciado "Os salários são justos", traduza para a linguagem corrente as seguintes proposições (sem se preocupar com o sentido).

  a) $p \cdot q$

  b) $\sim p \vee q$

  c) $p \rightarrow \sim q$

  d) $q \leftrightarrow p$

  e) $(p \cdot q) \rightarrow \sim q$

8. Identifique o tipo de proposição e aplique a tabela de verdade nas seguintes sentenças:

  a) $p \rightarrow q$

  b) $p \vee q$

9. Dissertação. Vimos na introdução deste capítulo como a lógica permeia o discurso político e as relações civilizadas. Com base nisso e nos fragmentos a seguir, redija uma dissertação discutindo **"A disposição para argumentar e o comportamento democrático"**.

> "Os seres que querem ser importantes para outrem, adultos ou crianças, desejam que não lhes ordenem mais, mas que lhes ponderem, que se preocupem com suas reações, que os considerem membros de uma sociedade mais ou menos igualitária. Quem não se incomoda com um contato assim com os outros será julgado arrogante, pouco simpático, ao contrário daqueles que, seja qual for a importância de suas funções, não hesitem em assinalar por seus discursos ao público o valor que dão à sua apreciação.
>
> Mas, foi dito muitas vezes, nem sempre é louvável querer persuadir alguém: as condições em que se efetua o contato dos espíritos podem, de fato, parecer pouco dignas."
>
> PERELMAN, Chaïm; OLBRECHTS-TYTECA, Lucie.
> *Tratado da argumentação*: a nova retórica.
> São Paulo: Martins Fontes, 1996. p. 18.

"A imprensa tem sido capaz de esclarecer os pontos que interessam no debate eleitoral? Ela investiga, escuta, apura e checa as propostas de cada candidato com independência e honestidade? Ela compara? Ela ajuda o eleitor a comparar? Ela está a serviço de que o cidadão forme livremente o seu ponto de vista ou se move apenas com o propósito de doutriná-lo a favor de um ou outro lado? Quando assumem uma posição, as publicações deixam claras as razões que as levaram a isso? Ou apenas disfarçam de informação objetiva as suas opiniões subjetivas? Lendo o noticiário, os artigos de opinião e os editoriais, o cidadão percebe que há boa-fé ou pressente agendas ocultas, não declaradas, que o deixam inseguro e desconfortável?"

BUCCI, Eugênio. O valor do pluralismo. *O Estado de S. Paulo*, São Paulo, 7 out. 2010. Disponível em <http://mod.lk/knk3g>. Acesso em 9 jan. 2017.

VESTIBULARES

10. (UPE-2016)

Sobre a lógica, leia o texto a seguir:

"Nosso tratado se propõe a encontrar um método de investigação, graças ao qual possamos raciocinar, partindo de opiniões geralmente aceitas, sobre qualquer problema que nos seja proposto, e sejamos também capazes, quando replicamos a um argumento, de evitar dizer alguma coisa que nos cause embaraços. Em primeiro lugar, pois, devemos explicar o que é o raciocínio e quais são as suas variedades."

Aristóteles. *Tópicos*. Porto Alegre: Globo, 1973. p. 11. v. 1.

Com relação a esse assunto, analise as afirmativas a seguir:

I. A dedução é um tipo de raciocínio, pelo qual se vai do geral ao particular.
II. A indução é, principalmente, o método das ciências físicas e naturais.
III. A dedução aplica-se, também, às outras ciências, mas sob diversos aspectos. Na matemática, por exemplo, emprega-se o método da dedução.
IV. O tipo de raciocínio empregado no método dedutivo é o silogismo.

Estão **CORRETAS**

a) apenas I, II e IV.
b) apenas II, III e IV.
c) apenas II e IV.
d) I, II, III e IV.
e) apenas I, III e IV.

11. (UPE-2013)

"A argumentação é a representação lógica do raciocínio. É um tipo de operação discursiva do pensamento, consistente em encadear logicamente juízos e deles tirar uma conclusão."

ARANHA, Maria Lúcia de Arruda; MARTINS, Maria Helena Pires. *Filosofando*. São Paulo: Moderna, 2001. p. 80.

Observe o seguinte tipo de argumentação:

A América é um continente habitado.
A Ásia é um continente habitado.
A África é um continente habitado.
A Europa é um continente habitado.
Logo, todos os continentes são habitados.
Ele expressa o raciocínio

a) enunciativo.
b) dedutivo.
c) indutivo.
d) falacioso.
e) relacional.

12. (UEM-2011)

A lógica formal aristotélica estuda a relação entre as premissas e a conclusão de inferências válidas e inválidas (segundo a forma), a partir de proposições falsas e verdadeiras (segundo o conteúdo). Chamamos de falácias ou sofismas as formas incorretas de inferência. Levando em conta a forma da inferência, assinale o que for correto.

01) A inferência "Fulano será um bom prefeito porque é um bom empresário" é uma falácia.
02) A inferência "Todos os homens são mortais. Sócrates é homem, logo Sócrates é mortal." é válida.
04) A inferência "Ou fulano dorme, ou trabalha. Fulano dorme, logo não trabalha." é uma falácia.
08) A inferência "Nenhum gato é pardo. Algum gato é branco, logo todos os gatos são brancos." é uma falácia.
16) A inferência "Todos que estudam grego aprendem a língua grega. Estudo grego, logo aprendo a língua grega." é válida.

Mais questões: no livro digital, em **Vereda Digital Aprova Enem** e **Vereda Digital Suplemento de revisão e vestibulares**; no *site*, em **AprovaMax**.

CAPÍTULO 10

CONHECIMENTO CIENTÍFICO

Cortina cinza (2008), fotomontagem da artista Martha Rosler. Por trás de todas as belezas que o mundo da técnica e da ciência parece ter nos proporcionado, pode estar escondido o horror de interesses e convicções que levam os homens a cometer atrocidades.

Nos últimos quatro séculos, a ciência e a tecnologia foram capazes de alterar a face do mundo, com mudanças tão radicais como nunca se teve notícia em qualquer outra época. Era inevitável que se criasse uma aura em torno desse saber e desse poder, como se apenas refletissem as luzes da razão, ocultando regiões sombrias ao disfarçarem a atroz destinação dada pelo ser humano a algumas de suas invenções. A expansão desse poder nos leva a indagar sobre a responsabilidade social envolvida nas aplicações e nas consequências das descobertas científicas, para não esquecermos que tanto as relações entre pessoas quanto a do ser humano com a natureza devem ser de harmonia, e não de dominação. O papel da filosofia é acompanhar de perto as condições em que se realizam as pesquisas, bem como avaliar suas prioridades e consequências, assinalando que a ciência e a técnica são apenas meios e devem estar a serviço de fins humanos.

Conversando sobre

Em que medida a ciência e a tecnologia podem transformar uma esperança de progresso em tragédia para os homens? Retome esse questionamento após o estudo do capítulo e reflita se sua perspectiva se mantém.

1. Ciência e senso comum

Neste capítulo trataremos da reflexão sobre o que é ciência e seus **métodos**, bem como questionaremos os aspectos éticos e políticos envolvidos.

Tradicionalmente, o conceito de ciência faz parte das culturas mais antigas, em geral para indicar algum tipo de conhecimento teórico especializado, embora este varie conforme a disponibilidade de recursos técnicos de cada época. Apenas no século XVII, porém, configurou-se o *conceito moderno de ciência*, em decorrência de novos métodos de investigação da física e da astronomia estabelecidos por Galileu Galilei (1564-1642).

Afirmar que a ciência é uma conquista recente da humanidade nos leva a indagar sobre que tipo de conhecimento prevaleceu antes da Revolução Científica ou, pelo menos, sobre quais seriam as características da ciência antiga, uma vez que reconhecemos inumeráveis conquistas técnicas das civilizações, em todos os tempos.

De fato, diversos povos já sabiam como flutuar embarcações, construir palácios, aquedutos, sistemas de irrigação etc. Antes de nascer a biologia como ciência, os médicos já identificavam inúmeras doenças e prescreviam seu tratamento; antes do surgimento da química, oficinas de metalurgia e tingimento aperfeiçoavam suas técnicas. Supomos que, às vezes por tentativa e erro, por dedução e indução, cada povo acumulava conhecimentos e técnicas, orientados pelo senso comum, com base no uso espontâneo da razão e da imaginação.

O *senso comum*, esse conjunto de opiniões e valores recebidos pela tradição de modo espontâneo e não crítico, integra as crenças partilhadas por uma sociedade, que tornam o mundo inteligível e a ação possível. Apesar de sofrer limitações, em virtude de imprecisões e por ser muitas vezes voltado para interesses práticos imediatos, não há por que desprezar o senso comum, esse conhecimento tão universal.

Método: do grego *meta*, "ao longo de", e *hodós*, "via", "caminho". Portanto, "caminho para chegar a um objetivo".

Distinção entre senso comum e ciência

Com base nos exemplos dados, vamos examinar algumas características que possam distinguir senso comum de ciência.[1]

Particular/geral

O conhecimento proporcionado pelo senso comum é *particular* por se restringir a uma pequena amostra da realidade, com base na qual são feitas generalizações muitas vezes apressadas e imprecisas. Os dados observados costumam ser selecionados de maneira pouco rigorosa, de modo que sejam atribuídos a todos os objetos o que vale para somente um ou para um grupo insuficiente de objetos observados.

As leis científicas, porém, são *gerais*: valem para todos os casos semelhantes aos observados, o que é possível porque as explicações da ciência são *sistemáticas e controláveis pela experiência*, permitindo chegar a conclusões gerais.

Afirmações como "O peso de qualquer objeto depende do campo de gravitação" ou "A cor de um objeto depende da luz que ele reflete" ou, ainda, "A água é uma substância composta de hidrogênio e oxigênio" são válidas para todos os corpos, todos os objetos coloridos ou qualquer porção de água, e não apenas para aqueles que foram objeto da experiência.

Fragmentário/unificador

O conhecimento espontâneo é *fragmentário*, pois nem sempre reconhece conexões em situações em que estas poderiam ser verificadas. Por exemplo: pelo senso comum não é possível perceber qualquer relação entre o orvalho da noite e o "suor" que aparece na garrafa retirada da geladeira; nem entre a combustão e a respiração, que é uma forma de combustão discreta relacionada à queima dos alimentos no processo digestivo para obter energia.

Já o conhecimento científico é *unificador*, por possibilitar conexões, às vezes de modo bastante abrangente, como ocorreu com Isaac Newton (1642-1727). Segundo relatos, Newton teria intuído a lei da gravitação universal ao associar a queda de uma maçã à "queda" da Lua. Ou seja, a Lua não cai sobre a Terra porque está a uma distância em que sofre a atração da Terra, mas não o suficiente para cair sobre ela: se por acaso se aproximasse, haveria de cair; se estivesse mais distante, haveria de perder a conexão. Essa é uma maneira simples de explicar o caráter unificador dessa teoria da gravitação universal, que nos permite associar fenômenos aparentemente tão díspares como o movimento da Lua, as marés e a trajetória de projéteis.

Círculos concêntricos no sítio arqueológico de Moray, em Maras (Peru). Foto de 2015. No período pré-colombiano, os incas detinham amplos conhecimentos de hidráulica e de cultivo de vegetais. Nos círculos concêntricos de Moray, pesquisadores encontraram inúmeros tipos de semente, o que garante a hipótese de ter havido uma espécie de laboratório agrícola para testar o cultivo de cereais e legumes.

---

[1] Adaptado de NAGEL, Ernest. *La estructura de la ciencia.* Buenos Aires: Paidós, 1978. p. 15-26.

Subjetivo/objetivo

O senso comum é frequentemente *subjetivo*, porque depende do ponto de vista individual e pessoal, isto é, pode ser condicionado por sentimentos ou afirmações arbitrárias. Por exemplo, quando não se reconhece o valor profissional de alguém que nos inspira antipatia. Ao observarmos o comportamento de povos com costumes diferentes dos nossos, tendemos a julgá-los com base em nossos valores e considerá-los estranhos, ignorantes ou até desagradáveis.

Já o mundo construído pela ciência aspira à objetividade. Chama-se *objetivo* o conhecimento imparcial, que não depende de preferências e valores individuais e permite confronto com pontos de vista de outros especialistas. Suas conclusões podem ser testadas por qualquer outro membro competente da comunidade científica.

Ambiguidade/rigor

Para ser precisa e objetiva, a ciência dispõe de uma *linguagem rigorosa* cujos conceitos são definidos para evitar *ambiguidades*, tornando-se cada vez mais precisa à medida que utiliza a matemática – linguagem universal e pouco afeita à polissemia (multiplicidade de sentidos de uma mesma expressão) –, para transformar qualidades em quantidades.

A matematização da ciência adquiriu grande importância no método de Galileu. Por exemplo, ao estabelecer a lei da queda dos corpos, Galileu mediu o espaço percorrido e o tempo que um corpo leva para descer um plano inclinado; ao final das observações, elaborou a lei por meio de uma formulação matemática. Instrumentos de medida, como balança, termômetro, dinamômetro, telescópio etc., também permitem ao cientista ultrapassar a percepção imediata, imprecisa e subjetiva da realidade.

Diferentemente do senso comum, as explicações científicas são formuladas em enunciados *gerais*, alcançados pelo exame das diferenças e semelhanças entre as propriedades dos fenômenos, de modo que um número pequeno de princípios explicativos possa *unificar* um grande número de fatos. É assim que a ciência se constrói de maneira mais *objetiva* e *rigorosa*.

2. Método científico

O conhecimento científico é conquista recente da humanidade, datando de cerca de 400 anos. Na Antiguidade grega, ciência e filosofia achavam-se ainda vinculadas e se separaram apenas no século XVII, com a Revolução Científica iniciada por Galileu.

A ciência moderna nasceu ao determinar seu objeto específico de investigação com métodos confiáveis capazes de estabelecer melhor controle desse conhecimento. O rigor dos métodos possibilita demarcar um conhecimento sistemático, preciso e objetivo que permita, entre outras coisas, a descoberta de relações universais entre os fenômenos, a previsão de acontecimentos e também a ação transformadora sobre a natureza de maneira mais segura e previsível.

Desde a modernidade, as ciências vêm-se multiplicando em busca de seu próprio caminho, ou seja, de seu método. Cada ciência tornou-se uma ciência particular ao delimitar seu campo de pesquisa e estabelecer procedimentos específicos restritos a setores distintos da realidade: a física trata do movimento dos corpos; a química, da transformação desses corpos; a biologia, do ser vivo etc. Desde o século XX, vêm se constituindo ciências híbridas, como bioquímica, biofísica, mecatrônica, a fim de resolver problemas que exigem, ao mesmo tempo, o concurso de mais de uma ciência.

3. Comunidade científica

Uma comunidade científica pode ser entendida como o conjunto de indivíduos que se reconhecem e são reconhecidos como possuidores de conhecimentos específicos na área da investigação científica. Membros dessa comunidade avaliam-se reciprocamente a respeito dos resultados de suas pesquisas, utilizando-se de diversos canais de comunicação, como congressos, revistas especializadas, conferências, além de constituírem sociedades científicas.

Até pouco tempo atrás, as grandes realizações científicas eram fruto de gênios individuais, mas atualmente a ciência resulta de trabalho em equipe, o que é relevante para estabelecer ou alterar o método científico e a produção da ciência.

É nesse sentido que o filósofo belga Gérard Fourez (1937) comenta:

> "Afinal, um laboratório terá uma boa *performance* tanto por seu pessoal ser bem organizado e ter acesso a aparelhos precisos como por raciocinar corretamente. A fim de produzir resultados científicos, é preciso também possuir recursos, acesso às revistas, às bibliotecas, a congressos etc. É preciso também que, nas unidades de pesquisa, a comunicação, o diálogo e a crítica circulem. O método de produção da ciência passa, portanto, pelos processos sociais que permitem a constituição de equipes estáveis e eficazes; subsídios, contratos, alianças sociopolíticas, gestão de equipes etc. Mais uma vez, a ciência aparece como um processo humano, feito por humanos, para humanos e com humanos."
>
> FOUREZ, Gérard. *A construção das ciências*: introdução à filosofia e à ética das ciências. São Paulo: Editora Unesp, 1995. p. 94-95.

Mesmo assim, não é possível considerar essas conclusões como indubitáveis. É preciso superar a falsa ideia de conhecimento científico como "certo" e "infalível", pois há muito de construção nos modelos científicos. Às vezes, até teorias incompatíveis entre si podem ser aceitas, por exemplo, tanto a teoria corpuscular como a teoria ondulatória permaneceram válidas por explicarem aspectos diferentes do fenômeno luminoso. Além disso, a ciência está em constante evolução e suas teorias são de certo modo provisórias, ainda que comprovadas pelos recursos de que dispõem até o momento.

ATIVIDADES

1. Faça um quadro comparando as características do senso comum com as do conhecimento científico.

2. Explique o que significa *objetividade científica*. Em seguida, dê exemplos com base em seus próprios estudos de diversas ciências.

3. Qual é o papel e a importância da comunidade científica?

4. Como a comunidade científica ajuda a superar a ideia de conhecimento infalível?

Leitura analítica

A ciência na Grécia antiga

No texto a seguir, Alexandre Koyré (1892-1964), filósofo da ciência, analisa um fato histórico específico: os gregos antigos não aplicaram a geometria em suas explicações sobre a natureza, tampouco recorreram a experimentações. A compreensão de um mundo físico não matematizável pode estar relacionada à concepção do Universo em que Céu e Terra são de naturezas diversas.

"A ciência grega [...] não constituiu uma tecnologia verdadeira porque não aperfeiçoou a física. Mas por que, ainda uma vez, ela não o fez? Pelo que parece, porque não procurou fazê-lo. E isso, sem dúvida, porque ela acreditava que não era **factível**.

De fato, fazer a física no nosso sentido do termo – e não naquele dado a esse vocábulo por Aristóteles – quer dizer aplicar ao real as noções rígidas, exatas e precisas das matemáticas, e, antes de tudo, da geometria. Uma tarefa **paradoxal**, caso houvesse, porque a realidade, aquela da vida cotidiana, no meio da qual nós vivemos, não é matemática. Nem mesmo matematizável. Ela é do domínio do movimento, do impreciso, do 'mais ou menos', do 'aproximado'. [...] Resulta disso que querer aplicar as matemáticas ao estudo da natureza é cometer um erro e um contrassenso. Não há na natureza círculos, elipses ou linhas retas. É ridículo querer medir com exatidão as dimensões de um ser natural: o cavalo é sem dúvida maior que o cão, e menor que o elefante, mas nem o cão, nem o cavalo, nem o elefante têm dimensões estrita e rigidamente determinadas: há em tudo uma margem de imprecisão, de 'jogo', de 'mais ou menos' e de 'aproximado'.

Essas são as ideias (ou atitudes) às quais o pensamento grego permaneceu obstinadamente fiel, quaisquer que tenham sido as filosofias das quais eles as deduziam; jamais ela [a ciência grega] quis admitir que a exatidão pudesse ser deste mundo, que a matéria deste mundo, de nosso mundo para nós, do **mundo sublunar** pudesse encarnar os entes matemáticos [...]. Ela admitia, em compensação, que a exatidão fosse apenas dos Céus, que os movimentos absolutos e perfeitamente regulares das esferas e dos astros fossem conforme as leis da mais estrita e da mais rígida geometria. Mas justamente os Céus, não a Terra. E por essa razão, a astronomia matemática é possível, mas a física matemática, não. Também a ciência grega [...] jamais tentou matematizar o movimento terrestre e [...] usar na Terra um instrumento de medida – e mesmo medir – o que quer que fosse além das distâncias. Ora, é por meio do instrumento de medida que a ideia de exatidão toma posse deste mundo, e o mundo da exatidão chega para substituir o mundo do 'mais ou menos'."

KOYRÉ, Alexandre. *Du monde de l'à-peu-près à l'univers de la précision.* In: *Études d'histoire de la pensée philosophique*. Paris: Gallimard, 1995. p. 342. (Tradução nossa.)

Factível: realizável.
Paradoxal: pensamento aparentemente correto, mas que apresenta uma contradição.
Mundo sublunar: literalmente, "mundo sob a Lua"; remete ao mundo terrestre imperfeito, ao passo que o mundo supralunar, o Céu, era perfeito e constituído pela Lua, pelos planetas e pelas estrelas. Para saber mais, consulte o capítulo 15, "Filosofia grega no período clássico", na parte II.

QUESTÕES

1. Com base no texto, explique por que, na Antiguidade, a física ainda não era uma ciência no sentido moderno.

2. Por que, para os gregos, só se poderia aplicar a geometria no estudo da astronomia, e não no da física?

3. Explique por que o autor qualifica a ciência grega com a expressão "mais ou menos" e por que, com a ciência moderna, a expressão deixou de ser aplicada.

4. Caráter histórico das teorias científicas

As ciências avançam de acordo com os problemas que desafiam a compreensão dos cientistas. Mesmo quando solucionados, surgem outros exigindo novas pesquisas, revelando o caráter histórico e provisório das conclusões.

O movimento da ciência, como já afirmamos, revela o caráter dinâmico das conclusões, mas como se dá esse processo? Em um primeiro momento, o que nos interessa é indagar sobre os procedimentos dos cientistas diante dos problemas. Ou seja, qual é o método (ou quais são os métodos) das ciências nascentes?

Para alcançar um objetivo determinado, seja uma ação, seja a explicação de um fenômeno, é preciso agir com método, um conjunto de procedimentos racionais, ordenados, que nos "encaminhem" em direção à verdade procurada ou à ação desejada.

Questões metodológicas já mereciam atenção desde a Antiguidade, mas somente a partir do século XVII é que se intensificou esse interesse, com destaque para pensadores como René Descartes, Francis Bacon, John Locke, David Hume e Baruch Espinosa. Um pouco antes, Galileu Galilei provocara uma revolução na ciência ao desenvolver o método da física, com recursos de matematização, observação e experimentação.

A definição rigorosa do método científico aproximou a possibilidade de conhecer segredos da natureza, com base na profunda confiança na ordem e na racionalidade do conhecimento do mundo. Inicialmente restrito à física e à astronomia, o método científico universalizou-se, servindo de modelo e inspiração para outras ciências particulares que se destacavam aos poucos do corpo da filosofia natural.

Classificação das ciências

À medida que as ciências se tornavam autônomas, surgia a necessidade de classificá-las. Atualmente, costuma-se considerar:

- *ciências formais*: matemática e lógica;
- *ciências da natureza* (ou *ciências naturais*): física, química, biologia, geologia, geografia física etc.;
- *ciências humanas* (ou *ciências culturais*): psicologia, sociologia, antropologia, economia, história, geografia humana, linguística, etnologia etc.

As classificações, embora ajudem a sistematizar e a organizar, são sempre provisórias e insuficientes, tanto é que, atualmente, pesquisadores tendem a ultrapassar os limites dessas ciências concebendo *ciências híbridas* – assim chamadas por romperem fronteiras clássicas ao reunir simultaneamente especialistas de engenharia, informática, medicina, biologia etc.

Assim diz o pesquisador e engenheiro brasileiro Isaac Epstein, pinçando o exemplo da bioengenharia:

> "A bioengenharia no seu sentido bioquímico estuda métodos para conseguir biossínteses de produtos animais e vegetais. No seu sentido médico, a bioengenharia provê meio artificial para corrigir funções morfológicas ou fisiológicas defeituosas. Os bioengenheiros são cientistas e técnicos interdisciplinares que usam a engenharia, a física e a química para desenvolver instrumentos ou engenhos que imitam as ações de seres vivos, próteses, órgãos artificiais etc."
>
> EPSTEIN, Isaac. *Divulgação científica*: 96 verbetes. Campinas: Pontes, 2002. p. 43.

Veremos a seguir o método das ciências da natureza implantado desde o início da modernidade.

Filósofo dando aula com um planetário (1766), pintura de Joseph Wright de Derby. Essa tela remonta ao período em que a nova ciência despertava interesse do público: um filósofo faz uma demonstração sobre o Sistema Solar utilizando um modelo mecânico para mostrar os movimentos da Terra e da Lua em torno do Sol, que é simulado por uma lâmpada de gás.

Saiba mais

Filosofia da ciência

Na Antiguidade, as reflexões de que se ocupavam os pensadores estavam mescladas à filosofia, à matemática, à astronomia e à história, sem que houvesse uma rígida separação entre esses conhecimentos. A partir do século XVII, essas formas de pensamento foram, contudo, se tornando mais autônomas. O filósofo contemporâneo Jürgen Habermas (1929) identificou que o projeto da modernidade, formulado pelos filósofos iluministas do século XVIII, permitiu que essa divisão se consolidasse, abrindo caminho para a especialização contínua da ciência, da arte e da moral.

5. Método experimental

O método experimental das ciências da natureza em tese seria constituído pelas etapas de observação, **hipótese**, experimentação, generalização (lei) e teoria. Porém, nem sempre essa ordem é cumprida, porque podem ocorrer variações no procedimento, dependendo da intuição do pesquisador ou do acaso.

Comecemos com um exemplo clássico que permite identificar as etapas do método científico realizado por Claude Bernard (1813-1878), médico e fisiólogo francês conhecido não só por suas experiências em biologia como também pelas reflexões sobre o método experimental. Trata-se de um experimento com coelhos:

a) Claude Bernard percebeu que coelhos trazidos do mercado tinham a urina clara e ácida, característica de animais carnívoros (*observação*).

b) Como sabia que a urina de coelhos é turva e alcalina, por serem herbívoros, supôs que aqueles coelhos não se alimentavam havia muito tempo e transformaram-se, pela abstinência, em verdadeiros carnívoros, vivendo do seu próprio sangue (*hipótese*).

c) Bernard variou o regime alimentar dos coelhos, dando alimentação herbívora a alguns e carnívora a outros; repetiu a experiência com um cavalo (*controle experimental*).

d) No final, enunciou que, "em jejum, todos os animais se alimentam de carne" (*generalização*).

A seguir, passamos à explicação de cada etapa da experiência de Bernard.

Observação

A observação comum que fazemos no cotidiano é com frequência fortuita, isto é, feita ao acaso, nem sempre orientada por propósitos específicos. A observação científica, ao contrário, é rigorosa, precisa, metódica, com a intenção de explicar os fatos e, mais do que isso, já orientada por uma teoria. No exemplo dos coelhos, o fato de a urina deles estar clara e ácida chamou a atenção de Claude Bernard, porque ele já sabia que os animais herbívoros têm urina turva e alcalina.

Perguntamos: será que a observação sempre tem por base apenas fatos? Mas quais fatos? Quando observamos, já privilegiamos alguns aspectos entre inúmeras informações caoticamente recebidas. Tanto é verdade que pessoas diante da mesma paisagem *tendem* a destacar certos pontos, e não outros, justamente porque o olhar humano é dirigido por uma *intenção*.

Com maior razão, a observação científica orienta-se por pressupostos que escapam ao leigo quando, por exemplo, observa uma lâmina ao microscópio e nota apenas cores e formas. Para um cientista, porém, os fatos nunca constituem o dado primeiro, já que ele se encontra inicialmente diante de um *problema* que se impõe e exige a *observação interpretativa*, com base em teorias que já conhece e que orientam a *interpretação* daquilo que é observado. Em outras palavras, a *observação científica está impregnada de teoria*.

Por fim, quando apenas nossos sentidos não são suficientes para a observação, o cientista recorre a instrumentos que lhe emprestem maior precisão e menos subjetividade. Por exemplo, é mais objetivo medir a temperatura pelo termômetro do que pelo tato.

> **Hipótese:** do grego *hypó*, "debaixo de", "sob", e *thésis*, "proposição". Hipótese é o que "está sob a tese": o que está suposto, o ponto de partida de uma demonstração.

Um grupo internacional de astrônomos, entre eles brasileiros, obteve, em 2016, imagens com a maior resolução conseguida até o momento do sistema estelar binário Eta Carinae, em que duas estrelas massivas orbitam uma em torno da outra. Investiga-se que os ventos produzidos por esses astros atinjam a velocidade de 10 milhões de km/h. Observações científicas mais detalhadas como essa são possíveis graças ao desenvolvimento de tecnologias apropriadas.

Trocando ideias

Ao voltarmos nossos olhos para o céu repetidas vezes, vemos o Sol adquirir múltiplas posições, o que nos leva a supor a movimentação ou de nosso planeta ou dessa estrela, mas é somente a observação científica que pode nos precisar o movimento descrito pela Terra no Sistema Solar.

- Reflita sobre uma observação cotidiana que já foi objeto da ciência e comente-a.

Hipótese

A hipótese é a explicação provisória dos fenômenos observados, uma interpretação antecipada que deverá ser ou não confirmada. Diante da interrogação sugerida pelo problema, a hipótese propõe uma solução, por isso desempenha o papel de reorganizar os fatos de acordo com uma ordem e de buscar meios para resolver o "problema" colocado pela observação.

Qual é a *fonte* da hipótese? Para ser formulada, não depende de procedimentos mecânicos, mas de engenhosidade. Em razão disso, nessa etapa do método científico, o cientista pode ser comparado ao artista que, inspirado, descobre uma nova maneira de expressar o fenômeno investigado. Muitas vezes a construção da hipótese resulta de um *insight*, processo *heurístico*, de invenção e descoberta.

Para mostrar que a hipótese não é algo que "salta aos olhos", lembremos como um problema no cotidiano de uma cidade permitiu a descoberta da pressão atmosférica. Em 1643, ao limpar os poços de água de Florença, percebeu-se que a água não subia mais de 10,33 metros. Evangelista Torricelli (1608-1647), físico e matemático discípulo de Galileu, elucidou o problema pela hipótese da pressão atmosférica, ao testá-la da seguinte maneira: encheu um tubo com mercúrio – que é cerca de 14 vezes mais pesado que a água –, mergulhou-o em um recipiente contendo também mercúrio e viu que o líquido do tubo desceu até a altura de 76 centímetros e não mais. Constatou que a parte livre do tubo era o vácuo.

Além dessa descoberta, Torricelli estabeleceu a lei do escoamento dos líquidos e inventou o barômetro – que mede a pressão atmosférica e as variações do clima. Assim podemos saber por que atletas que moram numa cidade praiana, por exemplo, precisam adaptar-se à altitude de uma cidade como La Paz, na Bolívia, situada a mais de 3.600 metros acima do nível do mar, onde o ar fica rarefeito.

Não convém, entretanto, mistificar a formulação da hipótese, apresentando-a como algo misterioso, pois a intuição adivinhadora depende de conhecimentos prévios, dos quais a descoberta representa apenas o momento culminante. Como disse Newton, por ocasião da concepção das leis básicas da mecânica: "Mantive o tema [movimento dos corpos celestes] constantemente diante de mim e esperei até que as primeiras centelhas se abrissem pouco a pouco até a luz total".[2]

Em 2016, cientistas brasileiros identificaram uma nova espécie de ameba, cujo nome, *Arcella gandalfi*, foi escolhido por sua carapaça similar ao chapéu do mago Gandalf, da série *O senhor dos anéis*. A real função da carapaça ainda não é conhecida, mas uma das hipóteses é de que protegeria o microrganismo contra a radiação ultravioleta.

Insight: termo inglês que significa "iluminação súbita", "clarão".
Heurístico: relativo ao verbo grego *heurísko*, "descobrir". É a mesma raiz da expressão *Heureca!*, "Descobri!".

Critérios de valor da hipótese

Passemos agora ao exame dos critérios usados para julgar o valor ou a aceitabilidade das hipóteses. Vejamos alguns deles.[3]

- *Relevância*: podemos inventar as mais mirabolantes hipóteses para explicar um fenômeno, mas apenas algumas serão relevantes, por apresentarem maior poder explicativo e de previsão que outras, pela sua abrangência e precisão.

- *Possibilidade de ser submetida a testes*: a hipótese deve ser passível de teste empírico, o que pode dificultar sua realização. Como observar radiações, elétrons, partículas e ondas, por exemplo? O astrônomo Urbain Le Verrier (1811-1877), ao observar o percurso de Urano, percebeu uma anomalia que apenas seria esclarecida se existisse um planeta ainda desconhecido. Com base nas leis de Newton, calculou não só a massa do planeta hipotético como também a distância em relação à Terra, o que permitiu a outro astrônomo, chamado Johann Galle (1812-1910), em 1846, confirmar a hipótese ao identificar Netuno.

- *Compatibilidade com hipóteses já confirmadas*: uma característica da ciência é a abrangência de diversas hipóteses compatíveis entre si, compondo um todo coerente, que exclui enunciados contraditórios. O exemplo de Le Verrier confirma essa coerência buscada pela ciência. No entanto, não convém superestimar o terceiro critério, porque às vezes a incompatibilidade com teorias anteriores pode indicar um novo caminho válido a ser investigado. Foi o caso da teoria da relatividade, quando conflitou com a teoria newtoniana.

---

[2] Citado em BRODY, David Eliot; BRODY, Arnold R. *As sete maiores descobertas científicas da história*. São Paulo: Companhia das Letras, 1999. p. 74.

[3] Adaptamos alguns exemplos de COPI, Irving. *Introdução à lógica*. São Paulo: Mestre Jou, 1978. p. 386-391.

Experimentação

A *experimentação* consiste em uma observação provocada para fim de controle da hipótese. Se a observação é o estudo de fenômenos como se apresentam naturalmente, a experimentação é o estudo dos fenômenos em condições determinadas pelo experimentador.

Um exemplo clássico de controle experimental – além do já citado de Claude Bernard – foi realizado por Louis Pasteur (1822-1895) com ovelhas, na França, quando criadores estavam sofrendo perdas no rebanho em razão do bacilo do carbúnculo (antraz), agente causador de doença infecciosa e letal. Pasteur preparou uma vacina com bactérias enfraquecidas de carbúnculo e levantou a hipótese da imunização. Para testá-la, preparou 60 ovelhas da seguinte maneira:

a) em 10, não aplicou tratamento algum;

b) vacinou 25, nas quais inoculou após alguns dias uma cultura contaminada pelo bacilo do carbúnculo;

c) não vacinou as 25 restantes, em que também inoculou a cultura contaminada.

Depois de algum tempo, verificou que as 25 ovelhas não vacinadas morreram e que as 25 vacinadas sobreviveram; comparadas às dez que não tinham sido submetidas a tratamento, constatou que não sofreram alteração de saúde.

A experimentação proporciona condições privilegiadas de observação, porque permite:

- repetir os fenômenos;
- variar as condições de experiência;
- tornar mais lentos os fenômenos muito rápidos: o plano inclinado de Galileu possibilitou observar a queda dos corpos;
- simplificar os fenômenos: por exemplo, para estudar a variação de volume, mantém-se constante a pressão dos gases.

Vimos que toda observação está impregnada de teoria, o que é igualmente verdadeiro para a experimentação. Por exemplo, apesar de ser impossível observar diretamente a evolução darwiniana, que se processou durante muitas gerações, mesmo assim trata-se de uma hipótese válida, na medida em que unifica e torna inteligível um grande número de dados.[4]

Contudo, quando a experimentação refuta a hipótese – o que acontece inúmeras vezes –, o cientista deve recomeçar com outra hipótese, e outra, e mais outra...

Generalização

Na fase de experimentação, são analisadas as variações dos fenômenos: observadas as relações constantes, torna-se possível generalizar, o que nos leva à formulação de *leis*, enunciados que descrevem regularidades ou normas. Por exemplo, se a temperatura de um gás aumentar, mantida a mesma pressão, então será possível descobrir aí uma *relação constante* entre os fenômenos: sempre que a temperatura do gás aumentar, o seu volume aumentará, e não poderá deixar de aumentar.

Tipos de generalização

As generalizações podem ser de dois tipos: as *leis empíricas* e as *leis teóricas*.

a) *Leis empíricas* (ou *leis particulares*) são inferidas de casos particulares, por exemplo: "O calor dilata os corpos" ou "Mamíferos produzem sua própria vitamina E". Como nem sempre é possível alcançar a universalidade rigorosa, *leis estatísticas* são criadas com base em *probabilidades*, procedimentos especialmente valiosos nos casos em que ocorre um grau acentuado de repetições. Por exemplo: em biologia, questões sobre mutação; em estudos sociais, o poder de compra de determinado segmento ou a escolha de candidatos em eleições.

b) *Leis teóricas* (ou *teorias propriamente ditas*) são leis mais gerais e abrangentes caracterizadas pelo seu caráter unificador e heurístico. Portanto, a teoria não só unifica o saber adquirido, articulando leis isoladas, como também é fecunda ao possibilitar novas investigações.

- *Caráter unificador*: consiste na abrangência da teoria ao reunir diversas leis particulares sob uma perspectiva mais ampla. Exemplo: a teoria da gravitação universal de Newton engloba leis referentes a domínios distintos, como as leis planetárias de Kepler e a lei da queda dos corpos de Galileu.

- *Caráter heurístico*: consiste no poder de descoberta. Exemplo: a teoria da gravitação universal permite calcular a massa do Sol e dos planetas, explicar as marés etc.

Níquel Náusea (2002), tirinha de Fernando Gonsales. A constatação da esfericidade da Terra é um tipo teórico de generalização.

---

[4] Sobre a teoria darwiniana, consulte o capítulo 23, "Ciências contemporâneas", da parte II.

6. Ciência como construção

Até aqui, distinguimos os passos da construção da ciência por meio das fases de hipótese, lei e teoria, mas, na verdade, todos esses passos são hipotéticos por admitirem diferentes graus de comprovação, dependendo dos testes a que foram submetidos. Ainda que haja grande diferença entre uma primeira hipótese não comprovada pelos fatos e outra suficientemente testada, esta última poderá ser constestada sob algum aspecto, como aconteceu com a teoria da gravitação universal de Isaac Newton diante da teoria de Albert Einstein (1879-1955).

A teoria da relatividade de Einstein partiu de pressupostos diferentes daqueles utilizados por Newton, por isso chegou a conclusões distintas das anteriores, o que não significa abandonar totalmente a teoria newtoniana, mas reconhecer os limites dela, já que se aplica a restrito setor da realidade. Quando se trata do microcosmo (interior do átomo) ou do macrocosmo (Universo), a teoria da relatividade mostra-se mais eficaz do que a teoria newtoniana.

Considerando, ainda, o exemplo da teoria da luz, Newton admitia a emissão corpuscular da luz, enquanto Augustin-Jean Fresnel, no século XIX, desenvolveu a teoria ondulatória. Qual teoria é aceita como verdadeira? Para aceitar uma delas, temos que sempre recusar a outra? Embora sejam incompatíveis entre si, as duas teorias explicam diversos fenômenos ópticos, como a refração, a reflexão e a interferência.

Afinal, o que podemos esperar de uma lei? O físico e filósofo Pierre Duhem (1861-1916) afirma:

> "Os termos simbólicos que ligam uma lei da física não são mais essas abstrações que brotam espontaneamente da realidade concreta; são abstrações produzidas por um trabalho de análise lento, complicado, consciente, o trabalho secular que elaborou as teorias físicas. É impossível compreender a lei, impossível aplicá-la, se não se fizer esse trabalho, se não se conhecer as teorias físicas. Segundo a adoção de uma ou outra teoria, a lei muda de sentido, de sorte que ela pode ser aceita por um físico que admite tal teoria e rejeitada por um outro físico que admite outra teoria. [...] uma lei da física é uma relação simbólica cuja aplicação à realidade concreta exige que se conheça e que se aceite todo um conjunto de teorias."
>
> DUHEM, Pierre. Algumas reflexões acerca da física experimental. In: *Ciência e filosofia*. São Paulo: Faculdade de Filosofia, Letras e Ciências Humanas da Universidade de São Paulo, 1989. n. 4. p. 109-110.

O sucessivo alternar de teorias que se completam, se contradizem ou são abandonadas indica que a ciência não é um conhecimento "certo", "infalível", tampouco as teorias são "reflexos" do real. Em discussões de filósofos das ciências, a teoria científica aparece como uma *construção da mente*, hipótese de trabalho, modelo, função **pragmática** que facilita a previsão e a ação, descrição de relações entre elementos, embora nunca garanta certeza definitiva. Entenda-se, porém, que não se trata de construção subjetiva, individual, mas de uma construção social, convencional, que, como vimos, depende de critérios aceitos pela comunidade científica.

> **Pragmático:** do grego *pragmatikós*, "que concerne à ação, próprio da ação", "eficaz". A palavra designa algo que seja voltado para objetivos práticos ou que contenha considerações de ordem prática.

A refração é um fenômeno óptico que encontrou explicação tanto na teoria de Newton como na teoria de Fresnel, embora ambas sejam incompatíveis entre si, o que evidencia a ciência como construção.

ATIVIDADES

1. Relacione a criação de uma hipótese científica com a atividade de um artista.
2. Distinga a observação científica da experimentação.
3. Qual é a semelhança e a diferença entre leis empíricas e leis teóricas?
4. Por que não se pode dizer que as pesquisas científicas nos oferecem um conhecimento certo e infalível?

Leitura analítica

Reflexões acerca da física experimental

No texto abaixo, o filósofo Pierre Duhem distingue o olhar desprevenido de um leigo em um laboratório de física da observação de um especialista, que interpreta com objetividade aquilo que vê.

"[...] Produzir um fenômeno físico dentro de condições tais que se possa observá-lo exata e minuciosamente, com o auxílio de instrumentos apropriados, não é essa a operação que todo o mundo designa por estas palavras: uma experiência da física?

Entremos em um laboratório; aproximemo-nos dessa mesa repleta de vários aparelhos: uma pilha elétrica, fios de cobre recobertos de seda, cadinhos cheios de mercúrio, bobinas, uma barra de ferro que sustenta um espelho. Um observador introduz em pequenos orifícios a haste metálica de uma ficha cuja extremidade é feita de ebonite; o ferro oscila e, pelo espelho ao qual está ligado, transmite-se sobre uma régua de celuloide uma faixa luminosa da qual o observador segue os movimentos. Isso é, sem dúvida, uma experiência: esse físico observa minuciosamente as oscilações do pedaço de ferro. Perguntemos agora o que ele faz; responderá: 'Estudo as oscilações da barra de ferro que sustenta o espelho'? Não; ele responderá que mede a resistência elétrica de uma bobina. Se nos surpreendermos, se lhe perguntarmos que sentido têm essas palavras e que relação elas têm com os fenômenos que ele constatou, que constatamos ao mesmo tempo que ele, responderá que esta questão necessitaria de explicações bastante longas e nos mandará fazer um curso de eletricidade.

Com efeito, a experiência que vimos ser feita, como toda experiência da física, comporta duas partes: consiste, em primeiro lugar, na observação de certos fenômenos; para fazer essa observação, basta estar atento e ter os sentidos suficientemente apurados; não é necessário saber física. Em segundo lugar, ela consiste na *interpretação* dos fatos observados; para poder fazer esta interpretação, não basta ter a atenção de sobreaviso e o olho exercitado, é preciso conhecer as teorias admitidas, é preciso saber aplicá-las, é necessário ser físico. Todo homem pode, se vê claramente, seguir os movimentos de uma mancha luminosa sobre uma régua transparente, ver se caminha para a direita ou para a esquerda, se se detém neste ou naquele ponto; não tem necessidade, para isso, de ser um grande cientista; mas se ignorar a eletrodinâmica, não poderá concluir a experiência, não poderá medir a resistência da bobina.

Tomemos um outro exemplo. Regnault estuda a compressibilidade dos gases; toma certa quantidade de gás; encerra-o num tubo de vidro; mantendo a temperatura constante, mede a pressão que o gás suporta e o volume que ele ocupa. Dir-se-á que temos aí a observação minuciosa e precisa de certos fenômenos, de certos fatos. Seguramente, diante de Regnault, nas suas mãos, nas mãos de seus auxiliares, os fatos se produzem. É o relato desses fatos que Regnault consignou para contribuir com o avanço da física? Não. Num visor, Regnault vê a imagem de uma certa superfície de mercúrio chegar até uma certa marca. É isso que ele inclui no relato de suas experiências? Não, ele conclui que o gás ocupa um volume com certo valor. Um auxiliar levanta e abaixa a lente de um catetômetro até que a imagem de um outro nível de mercúrio chegue a nivelar-se com a linha de uma retícula; ele observa, então, a disposição de certas marcas sobre o nônio do catetômetro. É isso o que encontramos na dissertação de Regnault? Não, o que lemos é que a pressão suportada pelo gás tem determinado valor. Um outro auxiliar vê, num termômetro, o mercúrio nivelar-se a uma certa marca invariável. É isso o que ele consigna? Não, registra-se que a temperatura era fixa e atingia certo grau. Ora, o que são o valor do volume ocupado pelo gás, o valor da pressão que ele suporta, o grau de temperatura ao qual ele é levado? São fatos? Não, são três abstrações. [...]

O que Regnault faz é o que faz necessariamente todo físico experimental; é por isso que podemos enunciar este princípio [...]: *Uma experiência da física é a observação precisa de um grupo de fenômenos, acompanhada da interpretação desses fenômenos. Essa interpretação substitui os dados concretos realmente recolhidos pela observação por representações abstratas e simbólicas que lhes correspondem em virtude das teorias físicas admitidas pelo observador.*"

DUHEM, Pierre. Algumas reflexões acerca da física experimental. In: *Ciência e filosofia*. São Paulo: Faculdade de Filosofia, Letras e Ciências Humanas da Universidade de São Paulo, n. 4, 1989. p. 87-89.

Cadinho: vaso de material resistente usado para realizar certas operações químicas que exigem altas temperaturas.
Ebonite: material que possui boas propriedades elétricas e é composto de borracha e de enxofre.
Catetômetro: instrumento para medir distâncias verticais.
Nônio: escala que se move ao longo de uma escala fixa, possibilitando a subdivisão na leitura dessa escala.

QUESTÕES

1. Relacione o texto de Pierre Duhem com a frase de Claude Bernard: "Experimenta-se com a razão".

2. Comente exemplos de experiências (de física, química ou biologia) que corroborem o texto de Duhem.

7. Nascimento das ciências humanas

Desde muito cedo, os assuntos referentes ao comportamento humano foram objeto de estudo da filosofia. No entanto, apenas no século XIX as ciências humanas começaram a buscar seu próprio método e um objeto que as diferenciasse. As dificuldades eram muitas: como abordar esse objeto de estudo com objetividade? Testando hipóteses pela experimentação? Generalizando observações até descobrir leis gerais? Não é necessário muito esforço para perceber quais seriam os desafios diante da especificidade desse novo objeto das ciências: o ser humano e seu comportamento.

Enquanto as ciências da natureza têm como objeto algo que se encontra fora do sujeito que conhece, as ciências humanas voltam-se para o próprio sujeito do conhecimento. Podemos, portanto, imaginar as dificuldades enfrentadas por cientistas de algumas áreas – como economia, sociologia, antropologia, psicologia, geografia humana e história – para pesquisar com isenção aquilo que diz respeito ao sujeito, que se torna propriamente o objeto de estudo.

Examinemos algumas das dificuldades para estabelecer o *método das ciências humanas*.

Dificuldades metodológicas das ciências humanas

Listamos a seguir algumas das principais dificuldades metodológicas encontradas pelas ciências humanas.

a) Complexidade

A complexidade dos fenômenos humanos, sejam psíquicos, sejam sociais ou econômicos, resiste às tentativas de simplificação. Em física, por exemplo, ao estudar as condições de pressão, volume e temperatura, é possível simplificar o fenômeno tornando constante um desses fatores. O comportamento humano, entretanto, resulta de múltiplas influências – hereditariedade, meio, impulsos, desejos, memória, bem como da ação da consciência e da vontade –, o que o torna extremamente complexo.

Note, por exemplo, o que representa estudar problemas como a motivação do voto de cidadãos numa eleição, explicar o fenômeno do linchamento e da vaia ou examinar a escolha da profissão.

b) Experimentação

É sempre difícil identificar e controlar por experimentos os diversos fatores que influenciam os atos humanos, por vários motivos: a natureza artificial dos experimentos pode falsear os resultados; a motivação varia conforme os sujeitos e as instruções dos experimentadores, que podem sugerir interpretações diferentes; a repetição do experimento talvez altere os efeitos, já que o indivíduo, como ser afetivo e consciente, nunca vive uma segunda situação de maneira idêntica à primeira.

Além disso, certos experimentos sofrem restrições de caráter ético, ao se indagar, por exemplo, se é lícito submeter pessoas a situações que coloquem em risco sua integridade física, psíquica ou moral. Assim, reações de pânico em um prédio em chamas só podem ser objeto de apreciação eventual após a ocorrência do acidente. Pela mesma razão, a avaliação do sofrimento de pessoas afligidas por atrocidades praticadas em guerra ou por governos tirânicos implica a discussão de normas éticas.

c) Matematização

A passagem da física aristotélica para a física clássica de Galileu deu-se pela transformação das *qualidades* em *quantidades*, ou seja, a ciência tornou-se mais rigorosa por utilizar a matemática em suas medidas. Ora, esse ideal torna-se problemático se pensarmos nas ciências humanas, que abordam fenômenos predominantemente qualitativos, embora seja possível aplicar a matemática recorrendo-se a técnicas estatísticas, com resultados sempre aproximativos e sujeitos à interpretação.

d) Subjetividade

A subjetividade refere-se às características do sujeito, àquilo que o torna pessoal e singular. Do ponto de vista do conhecimento, o subjetivismo é a projeção de sua visão de mundo na interpretação dos fatos, por isso os pesquisadores aspiram à objetividade, à avaliação aceita por todos os membros da comunidade científica. No caso das ciências humanas, dada a circunstância de ser o pesquisador o próprio objeto que se propõe conhecer, torna-se mais difícil alcançar a neutralidade, embora seja uma meta sempre desejada. Como exemplo de risco de subjetivismo, destaca-se o esforço do historiador de interpretar eventos históricos enquanto ainda estão sendo por ele vivenciados, ou de um sociólogo que analisa a instituição da família considerando que, como todos, pertence a uma.

O vice-campeão olímpico de 2016 na modalidade de salto com vara, o francês Renaud Lavillenie, se despede da competição sob vaias do público brasileiro. A investigação do fenômeno da vaia é dificultada pela complexidade para entender as motivações (psíquicas, sociais etc.) da ação humana.

Trocando ideias

Os gregos antigos não tinham consciência de viverem o período que hoje chamamos de Antiguidade. Do mesmo modo, os medievais não sabiam que o processo histórico pelo qual passavam seria posteriormente conhecido como Idade Média.

- Discuta exemplos de eventos que vivemos hoje e que talvez só possamos compreender efetivamente no futuro.

e) Liberdade

Nas leis das ciências da natureza, as experimentações buscam simplificar um fenômeno no enunciado da lei e da teoria, além de validar conclusões para todos os casos. De certo modo, pressupõem o *determinismo*, segundo o qual podemos encontrar uma causa na raiz de qualquer objeto analisado. As regularidades na natureza permitem estabelecer leis e, por meio elas, prever a incidência de um fenômeno. Como aceitar, porém, a previsão de comportamentos se admitirmos a liberdade humana? Mesmo se reconhecermos os condicionamentos sofridos pelo ser humano, seriam eles da mesma natureza e intensidade dos que ocorrem com os seres inertes?

O relato de algumas dificuldades das ciências humanas para constituírem seus métodos não tem a intenção de provar a inviabilidade de reconhecer as disciplinas humanas como ciências, afinal elas estão aí, algumas consolidadas, outras procurando seu espaço. Apenas serve para pontuar as diferenças entre as ciências da natureza e as ciências humanas, permitindo estabelecer o tipo de metodologia a ser adotado conforme a área investigada. Além disso, o método escolhido depende, de certa maneira, de pressupostos filosóficos que embasam a visão de mundo do cientista.

8. Diversidade de métodos

Diante das dificuldades indicadas para a constituição das ciências humanas, é compreensível nos depararmos com um número maior de métodos. A questão colocada pelos primeiros estudiosos era sobre o fundamento epistemológico: "O que é este objeto que se pretende conhecer?". E em seguida: "Que método usar para alcançar esse objetivo?". De modo geral, conforme as respostas dadas a essas questões, podemos identificar duas tendências mais marcantes: a *naturalista* e a *humanista*.

Tendência naturalista

De início, as ciências humanas sofreram influência da teoria **positivista** de **Auguste Comte** (1798-1857), o que representou a tentativa de adequar o método das ciências humanas ao modelo das ciências da natureza. Essa primeira orientação, chamada de *tendência naturalista*, enfatizou a experimentação e a medida, bem como a rejeição de aspectos qualitativos.

Como expressões da tendência naturalista, destacaram-se, na sociologia nascente, o francês Émile Durkheim (1858-1917) e, na psicologia, o estadunidense Burrhus Skinner (1904-1990), responsável por criar o método da ciência do comportamento, também conhecida como *behaviorismo*.[5]

Tendência humanista

Outros estudiosos argumentavam que a especificidade das ciências humanas exige um método diferente daquele das ciências da natureza, daí seu caráter humanista e **hermenêutico**. O filósofo alemão Wilhelm Dilthey (1833-1911) afirmava que explicamos a natureza, mas *compreendemos* a vida psíquica.

Em grande parte, a *explicação* busca as causas do fenômeno para estabelecer leis, como fez Galileu com a lei de queda dos corpos e Newton com a teoria da gravitação universal. A *compreensão*, por sua vez, depende da interpretação e encontra-se vinculada à intencionalidade dos atos humanos, sempre voltados para motivações diversas, valores e finalidades.

Assim, as ciências humanas procedem à interpretação a fim de decifrar o sentido oculto no sentido aparente. Para os representantes da tendência humanista, o estudo desse objeto – o ser humano – pressupõe reconhecer sua complexa individualidade, liberdade e consciência moral. Tal tendência, porém, não é homogênea, por abrigar pensadores de diferentes linhas teóricas.

Positivismo: filosofia criada por Auguste Comte, no século XIX, para definir que a humanidade teria atingido sua maioridade com as chamadas ciências positivas, caracterizadas pela precisão do método e pela objetividade conceitual.

Behaviorismo: do inglês *behavior*, "comportamento"; teoria e método de investigação psicológica que procura examinar objetivamente o comportamento humano e dos animais, com ênfase nos fatos objetivos (estímulos e reações), sem fazer recurso à introspecção.

Hermenêutica: teoria da interpretação; estudo da interpretação dos textos escritos.

ATIVIDADES

1. Explique por que os estudiosos das primeiras ciências humanas tentavam adequar o método das ciências da natureza aos seus procedimentos.

2. Redija em poucas linhas quais são as dificuldades de se constituírem as ciências humanas.

3. Como Wilhelm Dilthey distingue *explicação* e *compreensão* para designar as diferenças entre as ciências da natureza e as ciências humanas?

---

[5] Consulte mais sobre o positivismo no capítulo 21, "Século XIX: teorias políticas e filosóficas", na parte II. Já as referências a Durkheim e Skinner encontram-se no capítulo 23, "Ciências contemporâneas".

9. Ciência e valores

Que valores são importantes para o cientista? Em primeiro lugar, podemos dizer que a ciência visa ao valor *cognitivo*, isto é, o cientista quer conhecer, sem se preocupar com a aplicação prática do conhecimento. Isso não significa que ele não possa estar interessado em conceder utilidade a suas investigações desde que as iniciou. Por exemplo, era essa a intenção de Pasteur diante do problema das ovelhas infectadas com o bacilo do carbúnculo, mas sua pesquisa foi estritamente cognitiva enquanto pretendia descobrir as causas da doença e, posteriormente, produzir a vacina ou o medicamento para curar a doença.

Veremos, na sequência, como o trabalho científico envolve, além de valores *cognitivos*, valores *éticos* e *políticos*.

Valores cognitivos

Examinaremos inicialmente as três características relativas aos valores cognitivos da ciência: *imparcialidade, autonomia* e *neutralidade*.

a) Imparcialidade

A imparcialidade consiste em aceitar como científicas apenas as teorias que passaram pelo crivo de rigorosos padrões de avaliação. O método utilizado deve ser explicitado, e a série de dados empíricos que sustentam a conclusão pode ser verificada por qualquer membro da comunidade científica, para só então a teoria ser aceita ou rejeitada.

Já ocorreram situações em que a teoria derivou de uma fraude e não houve, por diversas circunstâncias, condições de desmascará-la. Um exemplo de parcialidade mal-intencionada foi atribuído, em 1911, na Inglaterra, ao arqueólogo Charles Dawson (1864-1916) por ter alegado a descoberta de um crânio e de uma mandíbula pertencentes a algum ancestral hominídeo. Na verdade, ele juntou um crânio humano relativamente recente à mandíbula de um símio, escureceu as peças para parecerem velhas e limou os dentes, o que foi aceito por quarenta anos, quando a fraude foi constatada por meio de novas técnicas de datação. Não se sabe os motivos da parcialidade do arqueólogo, que certamente feriu normas éticas, mas seu interesse não foi cognitivo, porque não visava conhecer a realidade como tal.

b) Autonomia

A autonomia depende da possibilidade de independência das investigações, para que instituições científicas fiquem livres de pressões externas e definam agendas voltadas para a produção de teorias imparciais e neutras.

Exemplo de perda de autonomia foi o caso de Galileu Galilei, julgado e condenado pela Inquisição porque levantou a hipótese heliocêntrica, em oposição ao geocentrismo vigente. Na primeira metade do século XX, na então União Soviética, Joseph Stálin (1878-1953) apoiou o biólogo Trofim Lysenko (1898-1976), que contraditava as leis de Gregor Mendel (1822-1884), até hoje considerado o "pai" da genética. Por questões ideológicas, cientistas mendelianos foram perseguidos e presos, um tipo de censura política à liberdade e à autonomia de cientistas.

c) Neutralidade

O conhecimento científico é neutro porque, em tese, não deve atender a nenhum outro valor a não ser o cognitivo. No processo de investigação propriamente dito, características e convicções pessoais no campo da economia, da moral e da política não devem interferir no andamento e nas conclusões científicas; ou seja, nacionalidade, etnia, religião e classe social do cientista são irrelevantes para se alcançar a verdade científica. No entanto, quando um desses fatores interfere na pesquisa, resulta em prejuízo à ciência por fazê-la perder a objetividade, conferindo maior peso a aspectos subjetivos e extrínsecos ao conhecimento, como interesses econômicos, políticos, religiosos etc.

> **Cognitivo:** do latim *cognitio*, "conhecimento"; relativo ao conhecimento, ao processo mental de percepção, memória, juízo e/ou raciocínio.

Cena da peça *Galileu Galilei*, inspirada em texto de Bertolt Brecht e interpretada pela atriz Denise Fraga. Foto de 2015, tirada em São Paulo (SP). A teoria heliocêntrica defendida por Galileu, por divergir da doutrina geocêntrica cristã, rendeu ao físico italiano uma dura perseguição da Igreja, que só o reabilitou em 1992, isto é, 350 anos após sua morte.

Valores éticos e políticos

Dissemos que o conhecimento científico deve ser neutro a fim de garantir racionalidade e objetividade nas observações e pesquisas, no entanto, sob outros aspectos, a neutralidade científica pode tornar-se uma ilusão. Não se trata de incoerência, mas de reconhecer que o poder da ciência e da tecnologia é ambíguo, já que pode estar a serviço do conjunto da humanidade ou apenas de uma parte dela. Por isso, toda atividade técnica e científica deve indagar quais são os fins que orientam os meios utilizados, o que exige reflexões de caráter moral e político, envolvendo a comunidade interessada.

Como exemplo, podemos citar as altas cifras destinadas a pesquisas que dependem de apoio financeiro de instituições públicas e privadas, desejosas de subvencionar trabalhos que mais lhes interessem, nem sempre focados na saúde e no bem-estar da maioria das pessoas. É o caso da "indústria da guerra", que, há muito, alimenta a corrida armamentista e exige constante avanço da ciência e da tecnologia no campo militar.

O risco de excessiva interferência econômica nas ciências pode ser ilustrado pelas conquistas obtidas na engenharia genética, que levam grandes corporações a buscar justificativas legais para patentear, por exemplo, as descobertas realizadas com a manipulação do código genético de sementes, os chamados alimentos transgênicos. Na mesma área de genética, o sucesso decorrente de possibilidades de clonagem de animais aumentou o temor de cientistas se encaminharem para a clonagem humana, o que tem desviado – e confundido – as discussões em torno de pesquisas com células-tronco, sobretudo aquelas que não são extraídas do embrião propriamente dito, mas da medula óssea ou do cordão umbilical. As vantagens dessas novas pesquisas estariam na prevenção e cura das mais diversas doenças.

10. Responsabilidade social do cientista

Pelo que vimos, não há como aceitar que a exigência de neutralidade da ciência se resuma à procura do "saber pelo saber", porque a construção científica se encontra permeada por indagações éticas e políticas, o que se configura pela *responsabilidade social*, da qual o cientista não pode abdicar.

Essas constatações nos obrigam a refletir sobre a sua formação, que não se restringe apenas ao aprendizado de conteúdos, metodologias e práticas de pesquisa. Mais do que isso, o futuro cientista adquire condições de examinar pressupostos de seu conhecimento e de sua atividade quando se descobre pertencente a uma comunidade e capaz de identificar valores subjacentes à sua prática.

O papel da filosofia com relação à ciência e suas aplicações está em investigar os fins e as prioridades a que a ciência se propõe, em analisar as condições de realização das pesquisas e as consequências das técnicas utilizadas.

Saiba mais

A tragédia ocorrida em 1986 na Usina de Tchernóbil, próxima da cidade de Pripyat (Ucrânia), é conhecida até hoje como o maior acidente nuclear da história. Sobre esse fato, leia o relato de um morador de Gomel, cidade bielorrussa a cerca de 100 quilômetros do foco do desastre:

"Eu lembro que nos primeiros dias depois do acidente, os livros sobre radiação desapareceram da biblioteca, e os livros sobre Hiroshima e Nagasaki, e até os que tratavam de raios X. [...] Não havia nenhuma recomendação médica, nenhuma informação. Alguns conseguiram pílulas de iodeto de potássio (elas não eram vendidas nas farmácias da nossa cidade, eram adquiridas fora e por uma fortuna). [...] Lembro de um dia em que voltava do serviço; ambos os lados da estrada eram uma autêntica paisagem lunar. Os campos, que se estendiam até o horizonte, estavam cobertos por dolomita branca. Haviam retirado e enterrado a camada superior contaminada da terra, e em seu lugar cobriram tudo com areia de dolomita. É como se não fosse a Terra, como se não fosse na Terra. [...] Apenas as formigas haviam restado, todo o resto, na terra e no céu, havia perecido."

ALEKSIÉVITCH, Svetlana. *Vozes de Tchernóbil*: a história oral do desastre nuclear. São Paulo: Companhia das Letras, 2016. p. 129-130.

Vista aérea da cidade de Pripyat (Ucrânia) abandonada, após 30 anos do acidente nuclear ocorrido na Usina de Tchernóbil. Foto de 2016.

ATIVIDADES

1. Explique o que são valores cognitivos da ciência e quais são suas características.

2. Qual é a importância dos valores éticos e políticos no trabalho dos cientistas?

Leitura analítica

O porquê da filosofia em um programa de ciências

Este texto, extraído de um livro do físico e matemático belga Gérard Fourez, trata de aspectos éticos e políticos entranhados em qualquer atividade científica. Defende por isso a necessidade de inserir a reflexão filosófica em cursos de formação científica. O autor considera ser irresponsável preparar estudantes de ciências sem promover o debate sobre valores humanos, uma vez que a produção da ciência se encontra no seio de determinada sociedade e deveria estar a serviço do bem-estar do ser humano. No entanto, depende da "política universitária" enfrentar essas questões, com frequência desprezadas.

"'Por que dar um lugar à filosofia na formação dos cientistas?'. Poderíamos perguntar também: 'Por que um curso de informática para um químico?', ou: 'Por que um curso de ciências naturais para um matemático?'. A essas questões não existe uma resposta científica: a resposta é do âmbito de uma *política* universitária. Impõem-se matérias em um programa porque 'se' (ou seja, aqueles que têm o poder de impor programas) considera que essas matérias são necessárias, seja para o bem do estudante, seja para o bem da sociedade; trata-se sempre do 'bem' do modo como os organizadores das formações o representam, de acordo com seus projetos e interesses próprios.

Em certos países, o legislador pensou que um universitário diplomado não pode ser pura e simplesmente identificado como um puro técnico. Considerou que os universitários, já que a sociedade lhes dará algum poder, devem também ser capazes de examinar com certo rigor questões que não sejam concernentes à sua técnica específica. Trata-se de uma escolha política e ética, no sentido de que aqueles que a fizeram julgaram que seria irresponsável formar 'cientistas' sem lhes dar uma formação nesse domínio humano (isso nos remete ao fato de que a universidade não forma 'matemáticos', 'físicos', 'químicos' etc. de maneira abstrata, mas seres humanos que cumprirão certo número de funções sociais, as quais os levarão a assumir responsabilidades).

Sem dúvida, também, além do interesse para a sociedade em ter cientistas capazes de refletir, alguns políticos da universidade consideraram que não seria 'ético' submeter pessoas jovens ao condicionamento que é uma formação científica sem lhes dar uma espécie de antídoto pelo viés das ciências humanas (dizer que consideramos que algo não é 'ético' equivale a dizer que não gostaríamos de um mundo onde essa coisa acontecesse).

A propósito dessas decisões políticas, assinalamos um fato empírico. Pesquisas mostraram [...] que, em nossa sociedade, há mais estudantes que se pretendem 'apolíticos', ou não interessados pelas questões que fujam ao campo de suas técnicas, entre aqueles que se destinam às ciências do que entre aqueles que escolhem outras áreas. Os que escolhem a ciência prefeririam ser menos implicados nas questões relativas à sociedade. Pode-se perguntar por quê? Talvez porque facilmente podemos imaginar os cientistas em uma espécie de torre de marfim!

De qualquer modo, a 'política' desta obra é constituir um contrapeso a essa tendência, propondo uma abordagem filosófica. Nasceu junto a uma decisão de política universitária inserindo no programa um curso de filosofia e outros cursos de formação humana. Essa prática de 'contrapeso' existe também, aliás, no interior das próprias disciplinas científicas. Desse modo, recusar-se-á a formar um físico teórico sem lhe dar ao menos alguns exercícios de laboratório; é igualmente uma decisão de política universitária. As decisões no campo da política universitária que elaboram os programas são sempre um agregado de compromissos tentando responder ao que diferentes grupos, muitas vezes opostos por suas concepções e/ou interesses, consideram 'bom' para aqueles que seguem a formação e/ou para a sociedade... e também – ainda que isso seja muitas vezes dissimulado – para os seus próprios interesses."

FOUREZ, Gérard. *A construção das ciências*: introdução à filosofia e à ética das ciências. São Paulo: Editora Unesp, 1995. p. 25-27.

QUESTÕES

1. Explique sob que aspecto Gérard Fourez reconhece a importância do estudo de filosofia em cursos de formação científica.
2. Explique por que, ao se perguntar sobre "O que é ciência?" ou "Qual é a importância da ciência?", a resposta do pesquisador certamente não será científica, mas filosófica.
3. Em grupo, escolham uma profissão que exija conhecimentos científicos e discutam que temas filosóficos de natureza ética e política seriam importantes nos cursos em que foram formados. Por exemplo, médico, advogado, agrônomo, economista, administrador de empresas etc.

ATIVIDADES

1. Leia o texto a seguir e atenda às questões.

   "A ciência [...] procura remover tudo o que for único no cientista, individualmente considerado: recordações, emoções e sentimentos estéticos despertados pelas disposições de átomos, as cores e os hábitos de pássaros, ou a imensidão da Via Láctea [...]. Poentes e cascatas são descritos em termos de frequências de raios luminosos, coeficientes de refração e forças gravitacionais ou hidrodinâmicas. Evidentemente, essa descrição, por mais elucidativa que seja, não é uma explicação completa daquilo que realmente experienciamos."

   KNELLER, George F. *A ciência como atividade humana*. Rio de Janeiro; São Paulo: Jorge Zahar; Edusp, 1980. p. 149.

   a) Com base na citação de George Kneller, identifique as vantagens e as limitações da ciência em relação a outros tipos de conhecimento.
   b) Identifique no texto elementos que indiquem o caráter objetivo da ciência.

2. Freud define a psicanálise como um procedimento de investigação dos processos psíquicos, os quais, de outra forma, dificilmente seriam acessíveis e que se fundem em uma nova disciplina científica. Outros pensadores discordam dessa visão, preferindo não associar a psicanálise à ciência, justificando que a hipótese do inconsciente não apresenta condições de ser comprovada, o que é imprescindível em qualquer teoria que se pretenda científica. Essas posições expressam duas tendências da configuração dos métodos das ciências humanas. Explique quais são elas.

3. Leia a citação e faça o que se pede.

   "Aqueles que pensam que a ciência é neutra do ponto de vista ético confudem as descobertas da ciência, que o são, com a atividade da ciência, que o não é."

   BRONOWSKI, Jacob. *Ciência e valores humanos*. Belo Horizonte; São Paulo: Itatiaia; Edusp, 1979. p. 69. (Coleção O homem e a ciência)

   a) Reescreva o texto de maneira mais clara.
   b) Explique qual é o sentido de neutralidade a que o texto se refere.

4. Identifique, na citação a seguir, as características da pesquisa científica contemporânea.

   "A descoberta de [Francis] Crick e [James] Watson [a estrutura da molécula do DNA, em 1953] foi o ponto culminante de 80 anos de pesquisas realizadas por numerosos cientistas. Durante seu trabalho conjunto de dezoito meses, Crick e Watson avançaram por trinta ou quarenta etapas discerníveis, umas bem-sucedidas, outras malogradas, no caminho para a solução decisiva, cada etapa derivando ou dependendo de um fato ou teoria científica existente, e cada qual atribuível a um predecessor ou contemporâneo – pessoas como Bragg, Chargaff, Pauling, Donohue, Wilkins e Franklin."

   BRODY, David Eliot; BRODY, Arnold R. *As sete maiores descobertas científicas da história*. São Paulo: Companhia das Letras, 1999. p. 373.

5. A lei da atração universal de Newton permite calcular a massa do Sol e dos planetas, explicar as marés, as variações da gravidade em função da latitude, tendo possibilitado, inclusive, a descoberta de Netuno, planeta até então desconhecido. De acordo com o exposto, atenda às questões.

   a) De que tipo é a lei da atração universal de Newton?
   b) De acordo com o exemplo dado, explique as funções dessa lei.

6. **Dissertação.** Leia as duas citações abaixo, compare-as e analise suas semelhanças. Em seguida, retome a discussão proposta na abertura do capítulo e redija uma dissertação argumentativa sobre o tema: **"Ciência: uma esperança de progresso ou uma tragédia para os homens?"**.

   "No momento atual, as práticas de controle da natureza estão nas mãos do neoliberalismo e, assim, servem a determinados valores e não a outros. Servem ao individualismo em vez de à solidariedade; à propriedade particular e ao lucro em vez de aos bens sociais; ao mercado em vez de ao bem-estar de todas as pessoas; à utilidade em vez de ao fortalecimento da pluralidade de valores; à liberdade individual e à eficácia econômica em vez de à libertação humana; aos interesses dos ricos em vez de aos direitos dos pobres; à democracia formal em vez de à democracia participativa; aos direitos civis e políticos sem qualquer relação dialética com os direitos sociais, econômicos e culturais. A primeira é uma lista de valores neoliberais; a segunda, de valores do movimento popular."

   LACEY, Hugh. *Valores e atividade científica*. São Paulo: Discurso Editorial, 1998. p. 32.

   "O saber que é poder não conhece nenhuma barreira, nem na escravização da criatura, nem na complacência em face dos senhores do mundo. Do mesmo modo que está a serviço de todos os fins da economia burguesa na fábrica e no campo de batalha, assim também está à disposição dos empresários, não importa sua origem [...]. A técnica é a essência desse saber, que não visa conceitos e imagens, nem o prazer do discernimento, mas o método, a utilização do trabalho de outros, o capital [...]. O que os homens querem apreender da natureza é como empregá-la para dominar completamente a ela e aos homens. Nada mais importa."

   ADORNO, Theodor W.; HORKHEIMER, Max. *Dialética do esclarecimento*: fragmentos filosóficos. Rio de Janeiro: Jorge Zahar, 1985. p. 20.

ENEM E VESTIBULARES

7. (Enem/MEC-2016)

"A sociologia ainda não ultrapassou a era das construções e das sínteses filosóficas. Em vez de assumir a tarefa de lançar luz sobre uma parcela restrita do campo social, ela prefere buscar as brilhantes generalidades em que todas as questões são levantadas sem que nenhuma seja expressamente tratada. Não é com exames sumários e por meio de intuições rápidas que se pode chegar a descobrir as leis de uma realidade tão complexa. Sobretudo, generalizações às vezes tão amplas e tão apressadas não são suscetíveis de nenhum tipo de prova."

DURKHEIM, E. *O suicídio*: estudo de sociologia.
São Paulo: Martins Fontes, 2000.

O texto expressa o esforço de Émile Durkheim em construir uma sociologia com base na

a) vinculação com a filosofia como saber unificado.
b) reunião de percepções intuitivas para demonstração.
c) formulação de hipóteses subjetivas sobre a vida social.
d) adesão aos padrões de investigação típicos das ciências naturais.
e) incorporação de um conhecimento alimentado pelo engajamento político.

8. (Enem/MEC-2014)

"A filosofia encontra-se escrita neste grande livro que continuamente se abre perante nossos olhos (isto é, o Universo), que não se pode compreender antes de entender a língua e conhecer os caracteres com os quais está escrito. Ele está escrito em língua matemática, os caracteres são triângulos, circunferências e outras figuras geométricas, sem cujos meios é impossível entender humanamente as palavras; sem eles, vagamos perdidos dentro de um obscuro labirinto."

GALILEI, Galileu. *O ensaiador*. São Paulo:
Abril Cultural, 1978. (Coleção Os pensadores)

No contexto da Revolução Científica do século XVII, assumir a posição de Galileu significava defender a

a) continuidade do vínculo entre ciência e fé dominante na Idade Média.
b) necessidade de o estudo linguístico ser acompanhado do exame matemático.
c) oposição da nova física quantitativa aos pressupostos da filosofia escolástica.
d) importância da independência da investigação científica pretendida pela Igreja.
e) inadequação da matemática para elaborar uma explicação racional da natureza.

9. (Enem/MEC-2013)

"Os produtos e seu consumo constituem a meta declarada do empreendimento tecnológico. Essa meta foi proposta pela primeira vez no início da modernidade, como expectativa de que o homem poderia dominar a natureza. No entanto, essa expectativa, convertida em programa anunciado por pensadores como Descartes e Bacon e impulsionado pelo Iluminismo, não surgiu 'de um prazer de poder', 'de um mero imperialismo humano', mas da aspiração de libertar o homem e de enriquecer sua vida, física e culturalmente."

CUPANI, A. A tecnologia como problema filosófico: três enfoques.
Scientiae Studia, São Paulo, v. 2, n. 4, 2004. (Adaptado)

Autores da filosofia moderna, notadamente Descartes e Bacon, e o projeto iluminista concebem a ciência como uma forma de saber que almeja libertar o homem das intempéries da natureza. Nesse contexto, a investigação científica consiste em

a) expor a essência da verdade e resolver definitivamente as disputas teóricas ainda existentes.
b) oferecer a última palavra acerca das coisas que existem e ocupar o lugar que outrora foi da filosofia.
c) ser a expressão da razão e servir de modelo para outras áreas do saber que almejam o progresso.
d) explicitar as leis gerais que permitem interpretar a natureza e eliminar os discursos éticos e religiosos.
e) explicar a dinâmica presente entre os fenômenos naturais e impor limites aos debates acadêmicos.

10. (UPE-2017) Leia o texto a seguir sobre o paradigma da modernidade e a liberdade humana.

"A ciência não nasceu do desejo de adquirir um poder sobre as coisas, mas do desejo de conhecer a verdade. O desejo de verdade, esta fonte de dignidade humana, está na origem da ciência moderna e explica seu caráter; conhecer é a soberana prerrogativa da liberdade humana."

JAPIASSU, Hilton. *Como nasceu a ciência
moderna e as razões da filosofia.*
Rio de Janeiro: Imago, 2007. p. 35.

No texto acima, o autor faz uma reflexão em torno da ciência moderna e da significância da problemática da liberdade humana. Nessa linha de pensamento, tem-se como **correto** que

a) o nascimento da ciência moderna fica compreensível sem o trabalho crítico dos filósofos.

ATIVIDADES

b) na ciência moderna, o conhecimento científico se impõe como saber experimental mediante o uso da técnica de manipulação dos fenômenos.

c) com um novo domínio técnico e físico do homem, a ciência não o torna dominador da natureza. A liberdade humana perde seu sentido nesse projeto de realização.

d) a dignidade humana com o início da ciência moderna, com os atributos da liberdade não fica maravilhada com o seu poder conferido por seu novo saber.

e) com a origem da ciência moderna, seu valor e seu espírito de liberdade começam a ser avaliados pelo critério de sua eficácia teórica.

11. (UEG-2015) Da época antiga até o início da modernidade nos séculos XVI e XVII a ciência estava ligada à filosofia, fazendo do filósofo um sábio que pensava e conhecia todas as coisas. Entretanto, a partir do nascimento da razão moderna com a Revolução Científica no século XVII, a ciência começou a se desligar da filosofia, constituindo campos e objetos de conhecimentos específicos com uso crescente do método experimental matemático. Esse desligamento da ciência e da filosofia contribuiu para uma nova concepção de homem, sociedade e natureza. Assim, verifica-se que

a) a filosofia continua tentando compreender o mundo humano e natural, que agora são objeto das diversas ciências, mas sem fazer recortes do real, como a ciência faz, já que a filosofia considera seu objeto sob o ponto de vista da totalidade.

b) as ciências, ao se separarem da filosofia, passam a lidar com juízos de valor, preocupando-se mais com o dever-ser, ao passo que a filosofia assume para si a tarefa de explicar o mundo tal como ele funciona, oferecendo meios de intervenção na realidade.

c) nesse processo de separação entre filosofia e ciências, as primeiras ciências a adquirirem autonomia foram as ciências humanas, sendo que as ciências naturais só surgem no século XIX com o avanço do pensamento matemático.

d) a separação entre filosofia e ciência, na realidade, decretou o fim da filosofia, já que o mundo natural e o humano passam a ser objeto do conhecimento científico que possui caráter pragmático e utilitário, dispensando a reflexão filosófica.

12. (Unesp-2014)

"A poderosa American Psychiatric Association (Associação Americana de Psiquiatria – APA) lançou neste final de semana a nova edição do que é conhecido como a 'Bíblia da Psiquiatria': o DSM-5. E, de imediato, virei doente mental. Não estou sozinha. Está cada vez mais difícil não se encaixar em uma ou várias doenças do manual. Se uma pesquisa já mostrou que quase metade dos adultos americanos teve pelo menos um transtorno psiquiátrico durante a vida, alguns críticos renomados desta quinta edição do manual têm afirmado que agora o número de pessoas com doenças mentais vai se multiplicar. E assim poderemos chegar a um impasse muito, mas muito fascinante, mas também muito perigoso: a psiquiatria conseguiria a façanha de transformar a 'normalidade' em 'anormalidade'. O 'normal' seria ser 'anormal'. Dá-se assim a um grupo de psiquiatras o poder – incomensurável – de definir o que é ser 'normal'. E assim interferir direta e indiretamente na vida de todos, assim como nas políticas governamentais de saúde pública, com consequências e implicações que ainda precisam ser muito melhor analisadas e compreendidas. Sem esquecer, em nenhum momento sequer, que a definição das doenças mentais está intrinsecamente ligada a uma das indústrias mais lucrativas do mundo atual."

BRUM, Eliane. Acordei doente mental.
Época, 20 maio 2013. (Adaptado)

No entender da autora do artigo, no âmbito psiquiátrico, a distinção entre comportamentos normais e anormais

a) apresenta independência frente a condicionamentos de natureza material, histórica ou social.

b) pressupõe o poder absoluto da ciência, em detrimento da relativização dos critérios de normalidade.

c) deriva sua autoridade e legitimidade científica de critérios empíricos e universais.

d) busca valorizar a necessidade de autonomia individual no que se refere à saúde mental.

e) estabelece normas essenciais para o progresso e aperfeiçoamento da espécie humana.

13. (UEA-2012) Filósofos gregos da Antiguidade, em sua busca de explicação da realidade, identificaram duas formas de conhecimento do homem sobre o mundo: o mito e a ciência. O mito foi considerado um produto intelectual inferior à ciência por

a) ser um tipo de conhecimento sistematizado.

b) buscar explicações sobrenaturais para a realidade.

c) trabalhar com relação de causa e efeito.

d) pretender ser uma forma objetiva de conhecimento.

e) ter como base o pensamento racional.

Mais questões: no livro digital, em **Vereda Digital Aprova Enem** e **Vereda Digital Suplemento de revisão e vestibulares**; no *site*, em **AprovaMax**.

Sugestões

Para ler

Ceticismo
Plínio Junqueira Smith. Rio de Janeiro: Jorge Zahar, 2004.
Obra que apresenta o ceticismo como é discutido na atualidade, explicando o desafio que essa corrente filosófica representa para o conhecimento humano e analisando as principais críticas que lhe foram dirigidas.

Os ensaios
Michel de Montaigne. São Paulo: Companhia das Letras, 2010.
Obra clássica, publicada em 1580, acessível e de leitura prazerosa, é uma das fundadoras da filosofia moderna, tendo alçado Montaigne à condição de "pai" do ceticismo moderno, e criadora de um novo gênero literário, o ensaio.

Montaigne
Marcelo Coelho. São Paulo: Publifolha, 2002. (Coleção Folha explica)
Esse livro, de caráter introdutório, apresenta a vida do filósofo e humanista francês Michel de Montaigne. Para o jornalista Marcelo Coelho, autor da obra, "antes que um pensamento, o que Montaigne oferece ao leitor é um *modo de pensar*".

Nietzsche
Oswaldo Giacoia Júnior. São Paulo: Publifolha, 2000. (Coleção Folha explica)
Obra que apresenta a vida de Nietzsche e mostra a importância de conhecer o pensamento do filósofo alemão, um dos pensadores mais inquietos da filosofia contemporânea.

Lógica
Abílio Rodrigues. São Paulo: Martins Fontes, 2011. v. 9. (Coleção Filosofias: o prazer do pensar)
Obra com abordagem didática em que o autor parte das noções mais elementares da lógica clássica até chegar à análise das chamadas lógicas "não clássicas".

O sujeito do conhecimento
Érico Andrade. São Paulo: Martins Fontes, 2012. v. 15. (Coleção Filosofias: o prazer do pensar)
Livro de caráter introdutório no qual o autor expõe o nascimento da noção de sujeito do conhecimento por meio do pensamento de Descartes e seus desdobramentos, como a crítica empirista, a reelaboração kantiana, a retomada fenomenológica e a mudança operada por Wittgenstein.

Para assistir

Westworld
Direção de Jonathan Nolan e Lisa Joy. Estados Unidos, 2016.
Série televisiva cujo enredo se passa num futuro tecnologicamente avançado em que androides convivem com seres humanos reais num parque temático denominado Westworld. A trama se desenvolve analisando a consciência sintética dos robôs.

Matrix (trilogia)
Direção de Andy e Larry Wachowski. Estados Unidos e Austrália, 1999.
Pleno de efeitos visuais, a trilogia *Matrix* é uma série de filmes de ficção científica em que as pessoas ficam conectadas a um computador e vivem em uma realidade virtual, o que leva ao questionamento sobre o que é o real.

O *show* de Truman: o *show* da vida
Direção de Peter Weir. Estados Unidos, 1998.
À semelhança dos programas do tipo *reality show*, em que os telespectadores acompanham o cotidiano dos "personagens", nessa história Truman não sabe que é televisionado nem que tudo na sua vida é ilusório.

Para navegar

Revista Pesquisa Fapesp
www.revistapesquisa.fapesp.br
O *site* apresenta as principais pesquisas desenvolvidas e financiadas pela Fundação de Amparo à Pesquisa do Estado de São Paulo (Fapesp). É também um canal de divulgação jornalística de importantes pesquisas ao redor do mundo em que brasileiros participam.

Jornal da Ciência
www.jornaldaciencia.org.br
Página da Sociedade Brasileira para o Progresso da Ciência (SBPC), em que são divulgadas notícias envolvendo o financiamento de pesquisas, bem como outros assuntos de interesse científico.

UNIDADE 3
ÉTICA E POLÍTICA

Capítulo 11
Moral, ética e ética aplicada, 198

Capítulo 12
Poder e democracia, 224

Capítulo 13
Violência e direitos humanos, 246

Os esquecidos (2012), instalação de Ramiro Gomez localizada em Tucson (Arizona). A obra é uma referência aos imigrantes, em grande parte mexicanos marginalizados, que desaparecem ao tentar atravessar a fronteira para os Estados Unidos.

O desafio da ética e da política

Desde os primórdios da história das sociedades humanas, sempre houve quem fosse privilegiado e quem fosse marginalizado. As lutas políticas e sociais travadas ao longo dos dois últimos séculos mostraram, contudo, que pessoa alguma está fadada a aceitar pacientemente o flagelo. Em razão disso, aos poucos, a voz dos mais fracos, sufocada pelos mais fortes, começou a vibrar de maneira cada vez mais potente, até que não mais pudesse ser reprimida. Daí vieram grandes conquistas: o voto feminino, a busca pela igualdade de condições entre brancos e negros, o reconhecimento das diversas expressões da sexualidade etc. Mas será que mesmo com as mudanças esses direitos foram plenamente adquiridos? Será que não sofremos constantemente com a possibilidade de regredirmos? As sociedades estão realmente seguras contra as vozes mais fortes que tentam silenciar aqueles que não foram inteiramente incorporados pelo sistema? Olhando ao redor, quem ainda hoje vive esquecido? Nos capítulos desta unidade, traremos elementos para refletirmos melhor sobre essas questões.

CAPÍTULO 11
MORAL, ÉTICA E ÉTICA APLICADA

Telhado ecológico em edifício da Universidade Tecnológica de Nanyang, em Cingapura. Foto de 2016. O uso dessa técnica, além de contribuir para a redução da temperatura no interior das construções, é uma alternativa sustentável em comparação aos telhados e coberturas tradicionais.

"A situação humana é um problema ético para o ser humano. O que se pensa aqui com 'situação do ser humano'? Poder-se-ia pensar na atual situação da humanidade, a saber, no desafio da razão moral, que está inerente ao perigo de uma guerra nuclear de extermínio, ou no perigo ainda maior de uma destruição da eco ou biosfera humana. [...] Aqui, por primeira vez na história mundial, transcorrida até agora, se torna visível uma situação na qual os homens, em face do perigo comum, são desafiados a assumir coletivamente a responsabilidade moral. Em todo caso, [...] poder-se-ia caracterizar o elemento novo da atual situação da humanidade: o novo problema consistiria, portanto, na necessidade de uma *macroética*. Nela – além da responsabilidade moral de cada um em face de seu próximo, e também além da responsabilidade do político, no sentido convencional da 'razão de Estado' – tratar-se-ia de organizar a responsabilidade da humanidade ante os efeitos principais e colaterais de suas ações coletivas em medida planetária."

APEL, Karl-Otto. *Estudos de moral moderna*. Petrópolis: Vozes, 1994. p. 193-194.

Conversando sobre

Em que sentido podemos dizer que a responsabilidade humana, ao se projetar para o futuro, garante também que o presente seja bem vivido? Após os estudos do capítulo, retome essa questão e discuta-a com os colegas.

1. O que é moral?

O que é ser moral? Para que ser moral? As respostas a essas duas questões são cruciais para orientar nossa conduta em relação aos outros e a nós mesmos. O que entendemos por *bem* ou por *mal* pode definir que tipo de pessoa queremos ser e que compromisso temos com os valores éticos e morais. Como ninguém nasce moral – mas se torna moral –, é preciso um esforço de *construção* do sujeito ético. Inicialmente herdamos valores, visto que nascemos em uma sociedade que já consolidou um sistema de regras e significados, com base nos quais são definidos nossos direitos e deveres. Posteriormente podemos acatar ou questionar tais valores, em um processo que caracteriza a formação do sujeito ético. Essa empreitada, porém, nem sempre atinge os níveis mais altos de amadurecimento, principalmente quando não existem condições sociais e políticas favoráveis para educar os mais jovens.

Comecemos por examinar as diferenças entre os conceitos de *moral* e *ética*.

Ética e moral

Os conceitos de moral e ética com frequência são usados como sinônimos, embora possamos estabelecer algumas diferenças entre eles, reconhecendo que essas definições variam conforme o uso adotado pelos filósofos.

- *Moral* é o conjunto de regras que determinam o comportamento dos indivíduos em um grupo social. Em um primeiro momento, o sujeito moral é aquele que age bem ou mal na medida em que acata ou transgride as regras morais admitidas em determinada época ou por um grupo de pessoas. No entanto, essa definição é incompleta, como veremos adiante. A moral diz respeito à *ação moral concreta* que resulta das indagações: como devo agir em determinada situação? Isso é correto ou é condenável? Por que roubar ou mentir são atos reprováveis? Por que a benevolência é uma virtude desejável?

- *Ética* ou *filosofia moral* é a *reflexão sobre as noções e os princípios* que fundamentam a vida moral e que dependem da concepção de ser humano tomada como ponto de partida. Por exemplo, à pergunta "O que são o bem e o mal?", respondemos diferentemente caso o fundamento da moral esteja na ordem cósmica, na vontade de Deus ou em nenhuma ordem exterior à própria consciência humana. Do ponto de vista da ética, podemos ainda perguntar: existe hierarquia de valores a obedecer? Se houver, qual seria o bem supremo: a felicidade, o prazer, a utilidade, o dever ou a justiça? Também é possível questionar: os valores têm conteúdo determinado, universal, válido em todos os tempos e lugares? Ou, ao contrário, são relativos: "verdade aquém dos Pireneus, erro além", como criticava Pascal?

2. Caráter histórico e social da moral

Observe que na distinção proposta entre os conceitos de moral e ética, a moral foi entendida sob a dimensão concreta da atuação moral cotidiana, ao passo que a ética seria a reflexão a respeito desses mesmos conceitos, muitas vezes aceitos sem crítica, para examiná-los em seus pressupostos.

Uma das questões éticas poderia ser: qual é a gênese da moral?

Em um primeiro momento, herdamos os valores morais. Desde o nascimento, encontramos um mundo cultural com um sistema de significados já estabelecido, de tal modo que aprendemos os costumes por meio de regras de comportamento aceitas na comunidade. Existe, portanto, uma *moral constituída*, pela qual aprendemos a distinguir o ato moral do imoral, com base em imperativos e interdições, que podem ter sua origem nos mitos e, posteriormente, nas religiões mais elaboradas. Nessa perspectiva, a educação moral visaria apenas inculcar a correta observância das regras e o medo às sanções caso ocorra o não cumprimento delas.

Já dissemos que a moral é o conjunto de regras que orientam o comportamento dos indivíduos de um grupo. É preciso acrescentar, porém, que a moral depende da *livre e consciente aceitação das normas*, movimento que se contrapõe à exterioridade da moral para valorizar a adesão mais íntima da decisão pessoal. É assim que nos tornamos adultos.

A ampliação do grau de consciência e de liberdade – e, portanto, de responsabilidade pessoal no comportamento moral – introduz um elemento contraditório entre a norma vigente e a escolha pessoal. Se aceitarmos unicamente o caráter social da moral, o ato moral reduz-se ao cumprimento da norma estabelecida e de valores dados, que não são discutidos.

Por sua vez, aceitar como predominante a interrogação do indivíduo que apenas tem em vista seus próprios interesses destrói a moral. O ser humano não é um Robinson Crusoé isolado em uma ilha deserta, mas "com/con-vive" com outras pessoas, certamente afetadas por atos praticados por aqueles que as cercam. Cabe ao sujeito moral viver as contradições entre os dois polos: o social e o pessoal, a tradição e a inovação. Não há como optar por apenas um desses aspectos, porque ambos constituem o próprio tecido da moral.

Moral: do latim *mos, moris*, "costume", "maneira de se comportar regulada pelo uso"; e *moralis, morale*, adjetivo referente ao que é "relativo aos costumes".

Ética: do grego *éthos*, "costume".

Imperativo: ordem, mando, o que se impõe como um dever.

Interdição: proibição imposta.

Sanção: no contexto, sanção social, pela qual um comportamento é objeto de aprovação ou reprovação (geralmente é mais usado para reprovação).

3. Autonomia do sujeito moral

O exercício da vida moral pressupõe a autonomia do agente, do *sujeito moral*. Para explicar o que isso significa, comecemos pela lenda do anel de Giges, relatada por Platão na obra *A República*. De acordo com esse mito, o pastor Giges, que vivia a serviço do rei da Lídia, região da atual Turquia, após se salvar de um terremoto, retirou o anel de um cadáver e passou a usá-lo, até perceber que podia tornar-se invisível quando quisesse, caso virasse o engaste, ou seja, a parte da joia em que se fixa a pedra preciosa, para dentro. Com esse estratagema entrou no castelo, seduziu a rainha, tramou com ela a morte do rei e obteve o poder.

Esse mito nos faz pensar sobre os motivos que estimulam ou coíbem uma ação. Se pudesse ficar invisível em uma loja, você roubaria um celular, por exemplo? Ou o que seria determinante para que, mesmo invisível, você não o roubasse? Caso você soubesse que se cometesse um ato ilegal não seria responsabilizado por ele, o cometeria do mesmo modo? Pois é assim que certas pessoas costumam se comportar: agem bem para ser recompensadas ou para parecer boas e justas ao olhar do outro. Ou, então, apenas para evitar punição, não cometendo, por exemplo, uma infração de trânsito se houver um policial por perto, mas transgredindo a lei quando ninguém as vigia. Tornar-se um *sujeito moral* significa ultrapassar o nível do comportamento infantil, descrito nos exemplos mencionados.

Chamamos de *heterônoma* a moral regulada exteriormente pelo meio social. À medida que a pessoa amadurece moralmente, passa a decidir por si mesma, isto é, a exercer sua *autonomia*, seja aceitando a norma por livre escolha, seja recusando-a.

Não se pense, porém, que autonomia signifique individualismo, porque o ato moral diz respeito à pessoa aberta ao outro, à intersubjetividade, isto é, àquele que é capaz de conviver em comunidade. Por isso, a moral pressupõe o movimento constante entre o que é bom para nós e o compromisso com os outros, o que exige uma espécie de *descentramento do eu* para superar o egocentrismo infantil. Assim afirma o professor e filósofo Franklin Leopoldo e Silva:

> "Não é a consciência de si que dá sentido ao mundo, mas a consciência do outro que constitui o critério diretor da existência de cada sujeito, que se forma em sua integridade não apenas em relação ao outro, mas em virtude da existência do outro.
>
> O alcance da transformação implicada nessa perspectiva mostra-se em toda a sua amplitude quando consideramos que esse *outro* não é, de forma alguma, o próximo e o familiar, mas o estranho que devo esforçar-me para compreender. Não devo esperar que o outro seja à minha imagem e semelhança. [...] A universalidade real aparece, segundo [Émmanuel] Lévinas, na *face* do outro, isto é, na presença concreta daquele que é a razão de minha existência no plano ético."
>
> LEOPOLDO E SILVA, Franklin. *O outro*. São Paulo: Martins Fontes, 2012. p. 33-34. (Filosofias: o prazer do pensar)

Heteronomia: do grego *héteros*, "outro", "diferente", e *nomos*, "lei". Ação determinada por outro.

Autonomia: do grego *autós*, "si mesmo", e *nomos*, "lei". Capacidade de se guiar por si próprio.

Voluntária consola refugiado após ele ter cruzado o Mar Egeu, na Turquia, em direção à Ilha de Lesbos, na Grécia. Foto de 2015. Compreender o outro, na sua força e fragilidade, e reconhecer suas necessidades, mesmo que diversas das nossas, é atitude que exige o descentramento do eu.

4. Dever e liberdade

Já vimos que o ato moral deve ser livre, consciente, intencional e solidário, por pressupor a reciprocidade com aqueles com os quais nos comprometemos. Esse *compromisso* não é superficial e exterior, mas revela-se como uma "promessa" que nos vincula à comunidade. Dessas características decorre a exigência da *responsabilidade*. Responsável é a pessoa consciente e livre que assume a autoria de seus atos, reconhece-os como seus e responde pelas consequências deles.

A responsabilidade cria um *dever*: o comportamento moral, por ser consciente, livre e responsável, é também obrigatório. A natureza da obrigatoriedade moral, porém, não está na exterioridade, porque depende apenas do próprio sujeito que se impõe o cumprimento da norma. Pode parecer paradoxal, mas a obediência à lei livremente escolhida não é **coerção**: ao contrário, é liberdade. Ao tomar decisões e julgar seus próprios atos, o compromisso humano torna a obediência uma decisão livremente assumida.

A noção de dever sempre existiu nas reflexões sobre moral, mas nem sempre com o mesmo significado ou tipo de obrigatoriedade. **Immanuel Kant** (1724-1804) criou uma moral do dever ao estabelecer os critérios do *imperativo categórico*, que se desprendia da orientação religiosa no sentido de conceder ao agente moral a capacidade de autolegislação, ou seja, o dever resultaria da autonomia do sujeito moral.

Para Kant, o dever é um *imperativo*, no sentido de ser uma ordem, e *categórico*, por ser incondicionado, isto é, a ação é boa em si e não por ter como objetivo outra coisa. Essa explicação ficará mais clara se dissermos que o dever kantiano não é *hipotético*, porque nesse caso a pessoa age bem visando alcançar outro fim, por exemplo, a aprovação de alguém ou não ser castigado.

Desse modo, a norma enraíza-se, para Kant, na própria natureza da razão, recusando a tradição que norteava a ação moral a partir de condicionantes, como alcançar o céu, ser feliz, evitar a dor ou por qualquer outro interesse. Nesse contexto, a decisão voluntária cria um *dever ser* que resulta da consciência da obrigação moral. O dever moral não se cumpre, então, por imposição externa, mas conforme a norma livremente assumida. Eis aí por que o ato moral autônomo pressupõe ao mesmo tempo dever e liberdade.

Observe o exemplo dado pelo historiador da filosofia Christian Descamps, que podemos tomar como uma forma de não agir de acordo com o imperativo categórico kantiano:

> "Basta um quase nada, um não-sei-quê para que o ato de generosidade se revele como cálculo **sórdido**. Se sou generoso para que louvem minha generosidade, se amo para que me amem, meus atos não possuem mais verdade."
>
> DESCAMPS, Christian. *As ideias filosóficas contemporâneas na França*. Rio de Janeiro: Jorge Zahar, 1991. p. 84.

É bem verdade, há críticas à aplicação rígida desse imperativo. O próprio Kant explicara que a mentira deve ser rejeitada porque, se essa máxima pessoal for elevada ao nível universal, haveria uma contradição, já que a comunicação humana ficaria prejudicada. É possível então perguntarmos, contrariando o pensamento kantiano, se não haveria situações em que seria preciso mentir ao ocultar alguém injustamente perseguido, como um judeu que foge da Gestapo alemã: pelo dever de não mentir deveria revelar seu paradeiro, mesmo sabendo que ele seria conduzido a um campo de extermínio?

Por esses motivos, outras correntes filosóficas apresentam diferentes concepções sobre o dever, como na chamada ética das virtudes.

Coerção: ato de induzir, pressionar ou compelir alguém a fazer algo por força, intimidação ou ameaça.
Sórdido: indigno, repugnante.

Cena do filme *O leitor* (2008), uma coprodução estadunidense e alemã cujo enredo conta a história de Hanna Schmitz, que para não ter descoberto seu maior segredo, o analfabetismo, confessa a autoria de relatórios que a envolveriam diretamente em um dos crimes nazistas, aceitando responder pelas consequências dessa farsa.

Capítulo 11 • Moral, ética e ética aplicada

Ética das virtudes

Costuma-se relacionar a pessoa virtuosa a alguém amável, dócil, capaz de renúncia e sempre disposto a servir aos outros. Trata-se, porém, de uma representação inadequada e algumas vezes perigosa. De acordo com Friedrich Nietzsche (1844-1900), a "moral de escravos" é aquela que funda as falsas virtudes na fraqueza, no servilismo, na renúncia do amor de si e, portanto, na negação de valores vitais.

Na *Ética a Nicômaco*, Aristóteles (c. 384-322 a.C.) definiu a virtude como disposição de caráter para querer o bem, o que exige a coragem de assumir os valores escolhidos e enfrentar os obstáculos que dificultam a ação. Por isso, a noção de virtude não se restringe a um ato ocasional e fortuito, mas resulta do *hábito*, que envolve a repetição e a continuidade do agir moral, pois, como ele próprio diz, "uma andorinha não faz verão" e "um breve espaço de tempo não faz um homem feliz e venturoso. Ou seja, a virtude é resultado de aprendizado ao longo da vida". Esse aprendizado da vida moral é que forja o caráter de uma pessoa.

No século XX, filósofos aderiram à teoria da ética das virtudes, tendência identificada com um neoaristotelismo, na tentativa de superar as referidas limitações da teoria kantiana do dever, que colocava em foco o *ato* moral, desviado agora para o *agente* moral. A alteração consiste em abandonar a visão formal e abstrata da regra kantiana para atribuir maior importância à sensibilidade do agente capaz de destacar as circunstâncias relevantes de uma situação concreta, a fim de agir com mais propriedade, como no exemplo do judeu perseguido pela Gestapo.

Mas como saber o que é mais relevante? Voltamos a lembrar que Aristóteles destacara o peso significativo do *hábito*, sendo que este, acrescenta-se agora, se adquire no *convívio*, condição para aprendermos a falar e a ouvir o que os outros têm para nos dizer. Trata-se de uma tentativa de buscar acordo diante do conflito de interesses tão comum nas relações sociais, para que possamos decidir com base em elementos cotidianos inseridos no contexto do tempo vivido por nós.

Resta dizer que essas discussões sobre normas morais não se resumem às tendências descritas, mas continuam em debate aberto.

Saiba mais

Entre os representantes da ética das virtudes, destacam-se Alasdair MacIntyre, Hans-Georg Gadamer, Philippa Foot, Martha Nussbaum. Tanto Philippa Foot como Martha Nussbaum redigiram estudos a respeito da filosofia aristotélica, sobre a qual fundaram suas reflexões éticas. O nome das duas filósofas figura entre as grandes intelectuais do século XXI. MacIntyre se concentrou nos estudos de moral, justiça e política, já Gadamer, além de representante da ética das virtudes, é conhecido como um dos maiores expoentes da hermenêutica.

Virtude: do latim *vir*, "homem", "varão". *Virtus* é "poder", "força", "capacidade". O termo grego para virtude é *areté*, que significa "excelência", "mérito".

Hermenêutica: do grego *hermeneuein*, "declarar", "interpretar", "esclarecer". É a filosofia que estuda a teoria da interpretação.

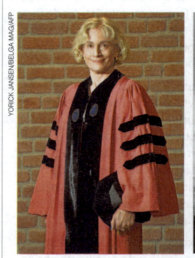 

Acima, à esquerda, a filósofa Martha Nussbaum, em foto de 2016. À direita, a filósofa Philippa Foot, em foto de cerca de 1980. Ambas representam a tendência neoaristotélica conhecida como ética das virtudes.

5. Valores: absolutos ou relativos?

Considerando o que vimos até aqui, alguém poderia estar tomado por uma dúvida: se os valores mudam com o tempo e o lugar, seriam eles *relativos*, e não *absolutos*? E se eles nos afetam, não nos deixando indiferentes, mas, ao contrário, mobilizam-nos em direção ao que desejamos, seriam eles *subjetivos*, e não *objetivos* e *universais*?

Para os filósofos clássicos, os valores se fundamentam na metafísica, por isso são aceitos como *universais* e *absolutos*, por existirem em si, independentemente do sujeito que avalia. É bem verdade que, ao lado dessa tradição, sempre houve posições favoráveis aos relativistas e aos céticos, como os sofistas Górgias e Protágoras, ou o francês Michel de Montaigne, no século XVI, cuja tolerância com que trata a diversidade revelava certo ceticismo. No trecho a seguir fica claro o relativismo de Montaigne:

> "Não vejo nada de bárbaro ou selvagem no que dizem daqueles povos [indígenas americanos]; e, na verdade, cada qual considera bárbaro o que não se pratica em sua terra. E é natural, porque só podemos julgar da verdade e da razão de ser das coisas pelo exemplo e pela ideia dos usos e costumes do país em que vivemos. Neste a religião é sempre a melhor, a administração excelente, e tudo o mais perfeito."
>
> MONTAIGNE, Michel de. *Ensaios*. São Paulo: Abril Cultural, 1972. p. 104. (Coleção Os Pensadores)

No século XVIII, o escocês David Hume assumiu posição inovadora, aproximando-se do relativismo e do ceticismo ao teorizar sobre a moral do *sentimento*, segundo a qual são as paixões que determinam a vontade, e não a razão. Além dessa avaliação ética, do ponto de vista da teoria do conhecimento, o filósofo se declarava um cético, o que o levou a reduzir as certezas a simples *probabilidades*.

As críticas à metafísica foram ampliadas no mesmo século por Kant, para quem, como vimos, cabe ao sujeito assumir o peso e a responsabilidade dos seus valores, como preconiza o imperativo categórico. É bem verdade que Kant não se referia a um sujeito individual, mas ao sujeito universal, que ele chama *sujeito transcendental*, capaz de *autonomia*, de julgar ao fazer juízos estéticos e morais.

Dessa maneira, a filosofia kantiana preparou o campo para as discussões axiológicas contemporâneas. Os filósofos que se seguiram deram destaque à noção de temporalidade e de vir a ser: nesse mundo em mudança, que está sempre "por se fazer", os valores adquirem dimensão própria.

A influência de Nietzsche foi marcante para a demolição de antigas crenças, ao considerar a escala de valores aceita como resultado do hábito e, sobretudo, como herança da tradição cristã. Ao indagar sobre o "valor dos valores", Nietzsche propôs a "transvaloração dos valores", concluindo que eles não existiram desde sempre. Ao contrário, os valores foram criados; são, portanto, "humanos, demasiado humanos". Conceitos como "bem" e "mal", que até então pareciam instituídos em um além, mostravam-se criados pelos homens quando questionados.

A essa altura, pode-se novamente perguntar se todas essas discussões contemporâneas não desembocam em relativismo moral. No entanto, a recusa dos valores dados como eternos e imutáveis pode não significar relativismo, desde que estejamos dispostos a examinar os *pressupostos* da avaliação moral, que permitem distinguir as razões pelas quais vale a pena aderir a determinados valores e não a outros. Ou então, indo mais a fundo na indagação, pode-se perguntar por que motivo deve haver uma moral em todo agrupamento humano; e por que é importante fazer juízos de valor.

Hoje, reconhecemos inúmeras possíveis éticas, mas o que importa é o fato de que qualquer uma delas precisa de fundamentações racionais abertas ao diálogo – à intersubjetividade – com os participantes do próprio grupo e, eventualmente, com outros que possuem ideias divergentes.

O respeito às pessoas com opiniões diferentes da nossa é uma virtude do *pluralismo democrático*, o que não significa impossibilidade de discordar delas pelo debate aberto. Mesmo quando as discussões não alcançam consenso, certamente nos enriquece a busca por argumentos, seja para mudar de ideia, seja para refiná-los. Pensando bem, será que tanto faz defender a coragem ou a covardia, a sinceridade ou a hipocrisia, o respeito pela vida ou o assassinato, a liberdade ou a escravidão?

> **Axiologia:** do grego *axios*, "digno de ser estimado", e *lógos*, "ciência", "teoria"; é a teoria dos valores em geral, especialmente dos valores morais.

Frank & Ernest (2011), tirinha de Bob Thaves. Para Nietzsche, a ruptura com os valores tradicionais, que negam nossa energia vital, acaba por nos fortalecer.

ATIVIDADES

1. Explique os conceitos de *heteronomia* e de *autonomia* como indicativos do desenvolvimento moral.

2. Explique essa afirmação: o ser humano, diferentemente do animal, é capaz de produzir interdições.

3. Por que não é contraditório afirmar que a vida moral tem um caráter histórico e social, ao mesmo tempo que pressupõe a aceitação livre das normas?

4. Como explicar que na moral convivem polos opostos como o dever (a obrigação) e a liberdade?

5. Qual é a diferença entre a concepção kantiana de dever e a concepção da ética das virtudes?

6. Como Nietzsche compreende os valores? Qual é a posição do filósofo na querela entre o absolutismo e o relativismo?

Leitura analítica

A virtude

Aristóteles traça, no livro 2 da obra Ética a Nicômaco, um dos principais conceitos de sua ética. Ao analisar as virtudes e vícios da alma, caracteriza as virtudes como "disposições de caráter", distinguindo-as tanto das paixões, que são os apetites, como das faculdades, pelas quais sentimos essas paixões. O exercício das virtudes, apoiado pela sabedoria prática, torna o homem capaz de encontrar o meio-termo de suas paixões e ações.

"Devemos considerar agora o que é a virtude. Visto que na alma se encontram três espécies de coisas – paixões, faculdades e disposições de caráter –, a virtude deve pertencer a uma destas.

Por paixões entendo os apetites, a cólera, o medo, a audácia, a inveja, a emulação, a compaixão, e em geral os sentimentos que são acompanhados de prazer ou dor; por faculdades, as coisas em virtude das quais se diz que somos capazes de sentir tudo isso, ou seja, de nos irarmos, de magoar-nos ou compadecer-nos; por disposições de caráter, as coisas em virtude das quais nossa posição com referência às paixões é boa ou má. Por exemplo, com referência à cólera, nossa posição é má se a sentimos de modo violento ou demasiado fraco, e boa se a sentimos moderamente; e da mesma forma no que se relaciona com as outras paixões.

Ora, nem as virtudes nem os vícios são *paixões*, porque ninguém nos chama bons ou maus devido às nossas paixões, e sim devido às nossas virtudes ou vícios, e porque não somos louvados nem censurados por causa de nossas paixões [...]; mas pelas nossas virtudes e vícios somos efetivamente louvados e censurados.

Por outro lado, sentimos cólera e medo sem nenhuma escolha de nossa parte, mas as virtudes são modalidades de escolha, ou envolvem escolha. Além disso, com respeito às paixões se diz que somos movidos, mas com respeito às virtudes e aos vícios não se diz que somos movidos, e sim que temos tal ou tal disposição.

Por estas mesmas razões, também não são faculdades, porquanto ninguém nos chama bons ou maus, nem nos louva ou censura pela simples capacidade de sentir as paixões. Acresce que possuímos as faculdades por natureza. [...]

Por conseguinte, se as virtudes não são paixões nem faculdades, só resta uma alternativa: a de que sejam *disposições de caráter*.

Não basta, contudo, definir a virtude como uma disposição de caráter; cumpre dizer que espécie de disposição é ela.

Observemos, pois, que toda virtude ou excelência não só coloca em boa condição a coisa de que é a excelência como também faz com que a função dessa coisa seja bem desempenhada. Por exemplo, a excelência do olho torna bons tanto o olho como a sua função, pois é graças à excelência do olho que vemos bem. [...]

Como isso vem a suceder, [...] a seguinte consideração da natureza específica da virtude lançará nova luz sobre o assunto. Em tudo que é contínuo e divisível pode-se tomar mais, menos ou uma quantidade igual, e isso quer em termos da própria coisa, quer relativamente a nós; e o igual é um meio-termo entre o excesso e a falta. [...]

Refiro-me à virtude moral, pois é ela que diz respeito às paixões e ações, nas quais existe excesso, carência e um meio-termo.

Por exemplo, tanto o medo como a confiança, o apetite, a ira, a compaixão, e em geral o prazer e a dor, podem ser sentidos em excesso ou em grau insuficiente; e num caso como no outro, isso é um mal. Mas senti-los na ocasião apropriada, com referência a objetos apropriados, para com as pessoas apropriadas, pelo motivo e da maneira conveniente, nisso consistem o meio-termo e a excelência característicos da virtude.

Analogamente, no que tange às ações também existe excesso, carência e um meio-termo. Ora, a virtude diz respeito às paixões e ações em que o excesso é uma forma de erro, assim como a carência, ao passo que o meio-termo é uma forma de acerto digna de louvor; e acertar e ser louvada são características da virtude. Em conclusão, a virtude é uma espécie de mediania, já que, como vimos, ela põe a sua mira no meio-termo. [...]

A virtude é, pois, uma disposição de caráter relacionada com a escolha e consiste numa mediania, isto é, a mediania relativa a nós, a qual é determinada por um princípio racional próprio do homem dotado de sabedoria prática. E é um meio-termo entre dois vícios, um por excesso e outro por falta; pois que, enquanto os vícios ou vão muito longe ou ficam aquém do que é conveniente no tocante às ações e paixões, a virtude encontra e escolhe o meio-termo. E assim, no que toca à sua substância e à definição que lhe estabelece a essência, a virtude é uma mediania; com referência ao sumo bem e ao mais justo é, porém, um extremo.

Mas nem toda ação e paixão admite um meio-termo, pois algumas têm nomes que já de si mesmos implicam maldade, como o despeito, o despudor, a inveja, e, no campo das ações, o adultério, o furto, o assassínio."

ARISTÓTELES. *Ética a Nicômaco*. São Paulo: Abril Cultural, 1973. p. 271-273. (Coleção Os Pensadores)

QUESTÕES

1. Qual é a distinção estabelecida por Aristótóteles entre paixões e faculdades da alma?
2. Identifique a distinção feita por Aristóteles a respeito da paixão e da virtude e explique quais são as possíveis avaliações que fazemos delas quando afirma que: "com respeito às paixões se diz que somos movidos, mas com respeito às virtudes e aos vícios não se diz que somos movidos, e sim que temos tal ou tal disposição".
3. Que relação Aristóteles estabelece entre a noção de mediania e a sabedoria prática?

6. A aspiração de liberdade

O tema da liberdade é um dos mais fascinantes da filosofia e, ao mesmo tempo, um dos mais complexos, por estar enraizado em tudo que pensamos, desejamos e fazemos. Por isso, usamos esse conceito sob diversas perspectivas no cotidiano, na família, na escola e no trabalho. Além disso, temos definições inúmeras a respeito da liberdade, tanto com base no senso comum como no pensamento articulado de filósofos ao longo do tempo.

Neste capítulo nos interessa o conceito ético de liberdade para entender em que medida o *agente moral* pode ser livre, uma vez que a liberdade é condição de possibilidade da vida moral. Ao agirem de acordo com seus instintos, os animais não são livres, em razão da incapacidade de escolher entre um ou outro comportamento com base em "deveres". Como vimos em tópicos anteriores, mesmo os humanos nascem como seres **amorais** e adquirem na comunidade em que vivem as normas morais que lhes servirão de guia até alcançarem a autonomia de decisão.

No percurso de nossas vidas, às vezes nos sentimos como seres livres e, em outras circunstâncias, como dependentes de forças que tememos não saber dominar, entre as quais se destacam as paixões humanas. Mas será que as paixões constituem algum empecilho para agir bem?

A história das ideias nos mostra como os temas das relações entre paixão/razão e corpo/espírito muitas vezes terminaram com a valorização do polo razão e espírito, em detrimento de paixão e corpo. Ainda hoje predominam argumentos que atribuem ao corpo e suas paixões os desvios de conduta e que caberia à mente dominar as paixões. Diante desse quadro, que representa uma herança do pensamento de **Platão**[1], a liberdade seria alcançada apenas pela subjugação do corpo e de suas paixões, sem que ao menos pudéssemos distinguir, entre as paixões, aquelas que fortalecem nosso ser, como a alegria e o amor. Em outras palavras, a liberdade residiria apenas na dimensão do espírito, ao passo que o corpo seria o campo da heteronomia.

Amoral: alguém destituído de senso moral; é também um adjetivo que designa o que é moralmente neutro (nem moral, nem imoral).

Saiba mais

Podemos "educar" um animal a seguir regras e a entender nossas ordens porque aqueles que se encontram em nível mais alto da escala zoológica dispõem de uma inteligência concreta. Porém, as regras que o animal aprende a obedecer resultam da domesticação por meio de reflexos condicionados, que não dependem de escolha livre. A capacidade de obedecer conscientemente a regras e depois traí-las é possível apenas no mundo humano da liberdade.

As três Parcas (1550), pintura de Francesco de' Rossi. As Parcas ou Moiras ("destino", em grego) são divindades da mitologia que controlam o destino humano: Cloto tece os fios, Láquesis os coloca no fuso e Átropos corta o fio que mede a vida de cada mortal.

---

[1] Para mais informações sobre a filosofia platônica, consulte o capítulo 7, "A felicidade", na parte I, e o capítulo 15, "Filosofia grega no período clássico", na parte II.

Superação da dicotomia paixão/razão

Em oposição a essas maneiras de compreender as relações entre paixão e razão, filósofos apresentaram teorias para superar as dicotomias, como veremos adiante. Ou seja, diferentemente da tradição platônica, reconhecem que são as paixões que nos impulsionam positivamente, além de serem elas responsáveis pela liberdade que nos encaminha para uma vida mais feliz. Ora, as paixões se expressam primeiramente pelos *desejos*, a que se aderem as emoções, inclinações e sentimentos. Afinal, Baruch Espinosa (1632-1677) já nos advertira não ser a razão que nos leva a agir, mas o *desejo*, como explica Comte-Sponville (1952):

> "O desejo, para Espinosa, é a única força motriz: é a força que somos e de que resultamos, que nos atravessa, que nos constitui, que nos anima. O desejo não é um acidente, nem uma faculdade entre outras. É nosso próprio ser, considerado em 'sua potência de agir ou sua força de existir' [...]. É dizer que seria absurdo ou mortífero querer suprimir o desejo. Só podemos transformá-lo, orientá-lo, sublimá-lo às vezes, e é essa a finalidade da educação. É também, e mais especialmente, a finalidade da ética."
>
> COMTE-SPONVILLE, André. *Dicionário filosófico*. São Paulo: Martins Fontes, 2003. p. 152.

A definição do desejo dada por Espinosa nos encaminha para o reconhecimento do papel da *vontade*, outra espécie de desejo, mas já transformado, como descreve Comte-Sponville no final da citação anterior. Para ficar mais claro, escolhemos o exemplo a seguir, relatado pelo filósofo espanhol Fernando Savater (1947):

> "Como saber, no entanto, se um ato é voluntário ou não? Porque, antes de realizá-lo, talvez eu delibere entre várias possibilidades e finalmente decida por uma delas. Claro que não é o mesmo 'decidir fazer alguma coisa' e 'fazê-la'. 'Decidir' é pôr fim a uma deliberação mental sobre o que eu realmente quero fazer. [...]
>
> A noção de 'voluntário' não é tão clara como parece. Em sua *Ética a Nicômano*, Aristóteles imagina o caso de um capitão de um navio que deve levar uma certa carga de um porto para outro. No meio da travessia despenca uma enorme tempestade. O capitão chega à conclusão de que só pode salvar o barco e a vida de seus tripulantes se jogar a carga pela borda para equilibrar a embarcação. De modo que ele a joga na água. Pois bem, ele a jogou porque quis? É evidente que sim, pois poderia não se ter livrado dela e arriscar-se a morrer. Mas é evidente que não, pois o que ele queria era levá-la até seu destino final, caso contrário teria ficado sossegado em casa, sem zarpar! De modo que a jogou querendo... mas sem querer.
>
> Não podemos dizer que a tenha jogado involuntariamente, nem que jogá-la fosse sua vontade. Às vezes poder-se-ia dizer que atuamos voluntariamente... contra a nossa vontade."
>
> SAVATER, Fernando. *As perguntas da vida*. São Paulo: Martins Fontes, 2001. p. 105-106.

Ao analisarmos, portanto, as dicotomias herdadas da filosofia clássica, percebemos que a elas se agregam questões complexas como as relações entre desejo e vontade, no sentido de buscar um encontro dessas duas instâncias em que nenhuma das duas seja prejudicada: nem com o desprezo do desejo nem com a valorização excessiva da vontade puramente racional.

O grupo Corpo se apresenta durante o fechamento dos Jogos Olímpicos Rio 2016. A dança pode ser vista como uma associação plena do corpo com a paixão, mas nem por isso deixa de evocar a razão no cuidado milimétrico que o dançarino tem ao efetuar cada movimento.

7. Um exemplo da difícil liberdade

A escritora inglesa Virginia Woolf (1882-1941), na obra *Um teto todo seu*, partiu de uma hipótese interessante para criar a história. Inventou uma irmã fictícia de Shakespeare, dramaturgo inglês que viveu no século XVI. Essa irmã seria tão talentosa quanto ele e desejava viajar para Londres, tornar-se atriz e escrever peças de teatro. Woolf sabe muito bem que naquela época tal empreitada seria impossível. Primeiramente, por se tratar de uma mulher que havia sido educada para os trabalhos do lar. Além disso, caso se rebelasse contra algum casamento acertado pelos pais, seria surrada e fechada em um quarto ou confinada em um convento. Se fugisse em busca do seu sonho, seria rejeitada, porque naquela época as mulheres estavam proibidas de ser atrizes e os homens ririam de seus projetos. Por fim, vivendo sozinha na cidade grande, sucumbiria a todos os perigos a que estaria exposta em uma sociedade e em um tempo que negava à mulher sua liberdade. Nesse cenário, Virginia Woolf sugere que, se a mulher não conseguir se sustentar com seu próprio dinheiro, não conseguirá ter "um teto todo seu", ou seja, não alcançará autonomia e liberdade. Refletindo sobre a sua profissão, Woolf pontua que as mulheres estariam sendo impedidas de escrever em razão de sua pobreza, pois a liberdade da escrita só viria com a liberdade econômica.

A filósofa estadunidense Angela Davis durante a Marcha das Mulheres em Washington. Foto de 2017. Angela Davis, além de filósofa, é conhecida por militar pelos direitos das mulheres e contra a discriminação racial nos Estados Unidos.

Durante os mais de trezentos anos que separam a morte de Shakespeare da segunda metade do século XX, quando ocorreram movimentos mais efetivos de emancipação feminina, muitas mulheres sofreram reveses ao tentarem desatar essas amarras. No século XVIII, em pleno momento da Declaração dos Direitos do Homem e do Cidadão, na França, a escritora autodidata Olympe de Gouges "ousou" redigir uma Declaração dos Direitos da Mulher e da Cidadã, na qual criticou o patriarcado da época e conclamou as mulheres para se rebelarem. Muito combativa, entusiasmara-se com a Revolução Francesa, mas, com o tempo, passou a criticar em artigos a violência e a pena de morte impostas pelos revolucionários a seus opositores. Morreu guilhotinada em 1793, para servir como advertência a todas as mulheres, que deveriam sustentar a posição restrita ao lar, sem se estender à vida pública.

Apesar de condições históricas adversas à experiência de liberdade de grupos discriminados, o exemplo de antigas lutas por emancipação feminina pode contribuir para novos embates no sentido de alterar esse cenário de subordinação da mulher.

8. Três concepções de liberdade

Para caminhar um pouco mais nessas questões, vejamos algumas teorias sobre a antiga controvérsia: afinal, somos livres ou determinados?

Dissemos de início que há muitas definições de liberdade que se aplicam a vários setores da ação humana. De modo geral, a liberdade é a capacidade de agir por si mesmo, portanto, é autodeterminação, autonomia. Também significa ausência de algum impedimento externo, como a coerção imposta por uma ameaça de violência, ou de algum impedimento interno, como uma patologia psíquica.

O determinismo é um princípio aceito nas ciências da natureza, segundo o qual tudo tem uma causa, o que garante a validade das leis científicas, que se sustentam pela forte probabilidade de certas causas produzirem sempre os mesmos efeitos. Por exemplo, ao aquecer uma barra de ferro, ela se dilata: a dilatação é um efeito inevitável, que não pode deixar de ocorrer. A questão que nos interessa aqui é a transposição desse princípio para o campo da ética ou da política, o que significa a negação da autodeterminação.

Esses conceitos permeiam as discussões sobre a liberdade humana e podem ser encontrados em diversas tendências filosóficas, dentre as quais selecionamos algumas.

Liberdade incondicional e livre-arbítrio

De acordo com uma antiga posição filosófica, que remonta a Aristóteles, tanto a virtude como o vício dependem da vontade do indivíduo. Trata-se do conceito de *liberdade incondicional*, pela qual podemos agir de uma maneira ou de outra, independentemente das forças que nos constrangem.

É bem verdade que, na Grécia antiga, a liberdade era exercida na vida pública, no espaço da pólis, em que os cidadãos livres faziam política. Portanto, não dizia respeito ao indivíduo na vida privada, doméstica, em que o chefe de família exerce poder inquestionável sobre mulheres, crianças e escravos.

O enfoque da liberdade interior, relacionada ao indivíduo, surgiu nas discussões dos primeiros teólogos cristãos, entre eles o bispo Agostinho de Hipona (354-430), responsável por introduzir o conceito de *livre-arbítrio* como faculdade da razão e da vontade. Ou seja, se a razão conhece, é a vontade que decide e escolhe.[2]

Veja o verbete sobre livre-arbítrio do dicionário de Japiassú e Marcondes:

> "*Livre-arbítrio* – Faculdade que tem o indivíduo de determinar, com base em sua consciência apenas, a sua própria conduta; [...] liberdade de autodeterminação que consiste numa decisão, independentemente de qualquer constrangimento externo, mas de acordo com os motivos e intenções do próprio indivíduo."
>
> JAPIASSÚ, Hilton; MARCONDES, Danilo. *Dicionário básico de filosofia*. 3. ed. Rio de Janeiro: Jorge Zahar, 1996. p. 165.

A noção de livre-arbítrio permaneceu na história, principalmente na tradição cristã. Na Idade Moderna, Descartes, Leibniz e Kant, embora de maneiras diferentes, reafirmaram a faculdade do indivíduo de se autodeterminar dirigido apenas pela sua consciência.

---

[2] Sobre o conceito de livre-arbítrio, consulte o capítulo 17, "Razão e fé", na parte II.

Determinismo: a influência positivista

Outra posição referente à liberdade, mas contrária ao livre-arbítrio, é a do determinismo. Como explicamos, este é um princípio fundamental para as ciências da natureza, na busca da relação de causalidade, a fim de validar as leis. Desde o século XIX, porém, esse princípio passou a ser usado para compreender os fenômenos humanos. Conforme o pensamento do filósofo francês Auguste Comte (1798-1857), principal expoente do positivismo, o espírito humano teria passado por diversas fases até atingir o estado positivo, que caracteriza o estágio de maturidade intelectual, capaz de elaborar o conhecimento científico, por ele considerado superior.

O termo *positivo* significa, para Comte, o conhecimento que pode ser comprovado pela experiência e que permite enunciar leis universais. Portanto, para que a ciência sociológica se tornasse positiva, deveria recorrer ao método das ciências experimentais.

Auguste Comte foi o responsável por criar o termo *sociologia* para designar a ciência que estuda a organização e o funcionamento das sociedades humanas, com a recomendação explícita de restringir-se a elementos que pudessem ser medidos, recusando explicações metafísicas. Um de seus discípulos, Hippolyte Taine (1828-1893), afirmou que toda vida humana social depende de três fatores: a *raça*, o *meio* e o *momento*, o que significa admitir que o ato humano não é livre, mas causado por esses fatores, dos quais não se pode escapar.

Além da sociologia nascente, a influência positivista se fez sentir na constituição inicial do método da psicologia comportamentalista estadunidense, que acatou a visão determinista, ao admitir que o ser humano apenas tem a ilusão de ser livre, porque, na verdade, desconhece as causas que atuam sobre ele.

Um dos principais representantes desse pensamento foi o psicólogo estadunidense Burrhus Skinner (1904-1990).[3] Ao lado de suas obras científicas, apoiadas em experimentos com animais, escreveu o romance *Walden II*, uma utopia em que todos os atos humanos seriam cientificamente planejados e controlados e em que o protagonista é uma espécie de *alter ego* do cientista. Assim ele diz:

> "Num certo sentido, Walden II é predeterminada, mas não como é determinado o comportamento de uma colmeia. A inteligência, não importa quanto seja modelada e ampliada por nosso sistema educacional, ainda funcionará como inteligência. Será usada para descobrir soluções para problemas, aos quais uma colmeia rapidamente sucumbiria. O que o plano faz é manter a inteligência no caminho certo, antes para o bem da sociedade do que para o indivíduo inteligente – ou antes para o bem possível do que para o bem imediato do indivíduo. [...]
>
> Eu nego que liberdade sequer exista. Devo negá-lo, ou meu programa seria absurdo. Não se pode ter uma ciência sobre um assunto que salte caprichosamente. Talvez não possamos nunca *provar* que o homem não é livre; é uma suposição. Mas o sucesso crescente de uma ciência do comportamento torna isso cada vez mais plausível."
>
> SKINNER, Burrhus. *Walden II*: uma sociedade do futuro. São Paulo: EPU, 1975. p. 252-255.

A consequência do positivismo para as ciências humanas foi, entre outras, a convicção de que não existe liberdade humana ou, no melhor dos casos, de que não faz sentido discutir esses assuntos por serem metafísicos. Essa concepção é conhecida como tendência naturalista, criticada pela tendência humanista a que se alinharam outras ciências, na tentativa de manter viva a presença humana com suas incertezas inerentes ao caráter livre e imprevisível de nossa conduta, como veremos na sequência.

> **Alter ego:** do latim, *alter*, "outro", e *ego*, "eu", significa o "outro eu"; expressão que em literatura indica a personagem alternativa de alguém; no exemplo, Skinner se autorrepresenta nas ideias do protagonista do romance.

Passageiros em voo que simula gravidade zero, na França. Foto de 2015. Graças às leis universais enunciadas por Newton, cientistas puderam simular a gravidade zero, situação em que pessoas e objetos flutuam.

---

[3] Consulte o capítulo 10, "Conhecimento científico", da parte I, para obter mais referências à tendência naturalista; e, na parte II, o capítulo 23, "Ciências contemporâneas", que aborda a psicologia comportamentalista.

Liberdade situada

Além das duas tendências, a do livre-arbítrio e a do determinismo, ainda é possível encontrar uma terceira posição, a de *liberdade situada* (ou de *liberdade em ação*), pela qual reconhecemos a possibilidade do exercício da liberdade, apesar de nossos condicionamentos. Como explicar essa aparente contradição?

É verdade que todos nós dependemos de condições não escolhidas: nascemos em uma determinada família, recebemos a herança genética, a língua materna, a classe social a que pertencemos, o momento histórico vivido, o local no qual passamos nossa infância, a escola que frequentamos (ou o que representa sua lacuna, se dela formos excluídos). Além disso, temos talentos ou limitações psicológicas e sofremos acasos benéficos e contrariedades, que podem orientar nossa vida em direção diversa à de nossas expectativas.

Admitir esses condicionamentos não significa, porém, determinismo absoluto, porque a consciência da nossa própria história e o interesse de examinar as causas que agem sobre nós é que nos possibilitam atuar de modo transformador. A liberdade é *construída* na prática de cada um, conforme os desafios que se apresentam, combinando os dados da situação vivida a soluções que não decorrem apenas da escolha entre as alternativas colocadas, mas dependem também da imaginação criadora.

O filósofo francês Alain – pseudônimo de Émile-Auguste Chartier (1868-1951) – usa a expressão "**ardis** da razão" para explicar a criatividade humana, como na habilidade de dirigir um barco a vela. Ele diz que, na infância, pensava que os barcos iam sempre para aonde o vento os empurrava, mas um velejador hábil os manobraria, e, fazendo zigue-zagues, avançaria contra o vento, pela própria força desse sopro. Assim, a causalidade não é ignorada, porque é justamente o conhecimento das causas que permite a ação livre concretizada no trabalho do indivíduo como ser consciente e prático. Desse modo, não somos totalmente determinados, embora condicionados por limites que contornamos pela ação.

Fenomenologia e liberdade

No século XX, diversos filósofos da corrente fenomenológica abordaram o tema da liberdade. Para eles, a discussão sobre liberdade não se completa no plano de uma liberdade abstrata nem conforme uma concepção racionalista, que privilegia apenas o trabalho da consciência, pois seria preciso considerar a liberdade do sujeito encarnado, situado e capaz de relacionar-se com o mundo e consigo mesmo.

Essa posição se sustenta com base na noção de intencionalidade, segundo a qual a consciência é sempre consciência *de* alguma coisa. Em outras palavras, não há pura consciência separada do mundo: toda consciência *visa ao mundo*. Desse modo, a **fenomenologia** tenta superar as dicotomias consciência-objeto e indivíduo-mundo, descobrindo nesses polos relações de reciprocidade.

Aplicando esses conceitos à compreensão da liberdade, a fenomenologia identifica o ser humano como um ser-no-mundo sempre aberto às possibilidades. Lançado na temporalidade, deve ser capaz de realizar um projeto histórico de construção de sua liberdade, sempre provisória, porque se realiza como projeto inserido na própria vivência.

A ação humana transita pelos polos determinismo-liberdade, que na linguagem da fenomenologia são traduzidos como *facticidade* (ou imanência) e *transcendência*. Esses polos são **antitéticos**, ou seja, contraditórios, mas estão indissoluvelmente ligados.

Facticidade

A *facticidade* é a dimensão de "coisa" que todo ser humano tem, é o conjunto das suas determinações. Na facticidade, encontramo-nos no mundo com um corpo, determinadas características psicológicas, pertencentes a uma família, a um grupo social, situados em um tempo e espaço não escolhido.

Transcendência

A *transcendência* é a dimensão pela qual o ser humano executa o movimento de ir além dessas determinações, não para negá-las, mas para lhes dar um sentido. É a dimensão da liberdade, já que não estamos no mundo como as "coisas" estão.

Entre os principais representantes dessa corrente, além de seu fundador, o alemão **Edmund Husserl** (1859-1938), destacaram-se **Martin Heidegger** (1889-1976), **Jean-Paul Sartre** (1905-1980) e **Maurice Merleau-Ponty** (1908-1961).[4]

Ardil: astúcia, sagacidade.

Fenomenologia: do grego *phainesthai*, "aquilo que se mostra", e *lógos*, "palavra", "expressão", "pensamento". É a reflexão sobre um fenômeno ou sobre aquilo que se mostra.

Antitético: relativo à *antítese*, que é a oposição entre dois termos ou duas proposições; para Hegel, a antítese é a negação da tese.

ATIVIDADES

1. O filósofo contemporâneo Comte-Sponville retoma o pensamento de Espinosa a propósito do conceito de desejo. Explique como aquele filósofo do século XVII elabora uma nova concepção de desejo distanciada da tradição estoico-cristã e qual seria o papel da vontade.

2. Contraponha em linhas gerais o livre-arbítrio e o determinismo.

3. Em que sentido os conceitos de facticidade e de transcendência pretendem superar as concepções de liberdade que têm por base o livre-arbítrio ou o determinismo?

---

[4] Para conhecer um pouco mais sobre esses autores, consulte, na parte II, o capítulo 22, "Tendências filosóficas contemporâneas".

A liberdade

Merleau-Ponty, autor do primeiro texto, é um dos representantes da fenomenologia, que destaca o papel da facticidade como solo sobre o qual se exerce a liberdade, sempre situada, de acordo com as condições dadas pelas circunstâncias de cada experiência de vida e do seu entorno. Para o filósofo, pela transcendência não se negam os determinismos, porque se atua por meio deles, para a eles reagir. Simone de Beauvoir (1908-1986), no segundo texto, expõe a questão da facticidade e da transcendência a partir da experiência do feminino em sociedade.

Texto 1

"O que é então a liberdade? Nascer é ao mesmo tempo nascer do mundo e nascer no mundo. O mundo está já constituído, mas também não está nunca completamente constituído. Sob o primeiro aspecto, somos solicitados, sob o segundo, somos abertos a uma infinidade de possíveis. Mas esta análise ainda é abstrata, pois existimos sob os dois aspectos *ao mesmo tempo*. Portanto, nunca há determinismo e nunca há escolha absoluta, nunca sou coisa e nunca sou consciência nua. Em particular, mesmo nossas iniciativas, mesmo as situações que escolhemos, uma vez assumidas, nos conduzem como que por benevolência. A generalidade do 'papel' e da situação vem em auxílio da decisão e, nesta troca entre a situação e aquele que a assume, é impossível delimitar a 'parte da situação' e a 'parte da liberdade'. Torturam um homem para fazê-lo falar. Se ele se recusa a dar os nomes e os endereços que querem arrancar-lhe, não é por uma decisão solitária e sem apoios; ele ainda se sente com seus camaradas e, engajado ainda na luta comum, está como que incapaz de falar; ou então, há meses ou anos, ele afrontou essa provação em pensamento e apostou toda a sua vida nela; ou enfim, ultrapassando-a, ele quer provar aquilo que sempre pensou e disse da liberdade. Esses motivos não anulam a liberdade, mas pelo menos fazem com que ela não esteja sem escoras no ser. Finalmente, não é uma consciência nua que resiste à dor, mas o prisioneiro com seus camaradas ou com aqueles que ele ama e sob cujo olhar ele vive, ou enfim a consciência com sua solidão orgulhosamente desejada [...]. E sem dúvida é o indivíduo, em sua prisão, quem revivifica a cada dia esses fantasmas, eles lhe restituem a força que ele lhes deu, mas, reciprocamente, se ele se envolveu nesta ação, se ele ligou a estes camaradas ou aderiu a esta moral, é porque a situação histórica, os camaradas, o mundo ao seu redor lhe parecem esperar dele aquela conduta. Assim, poderíamos continuar sem fim a análise. Escolhemos nosso mundo e o mundo nos escolhe. É certo em todo caso que nunca podemos reservar em nós mesmos um reduto no qual o ser não penetra, sem que no mesmo instante, pelo único fato de que é vivida, esta liberdade adquira figura de ser e se torne motivo e apoio. Concretamente considerada, a liberdade é sempre um encontro do exterior e do interior – mesmo a liberdade pré-humana e pré-histórica pela qual começamos –, e ela se degrada sem nunca tornar-se nula à medida que diminui a tolerância dos dados corporais e institucionais de nossa vida. Existe, como diz Husserl, um 'campo da liberdade' e uma 'liberdade condicionada', não que ela seja absoluta nos limites deste campo e nula no exterior – assim como o campo perceptivo, este não tem limites lineares –, mas porque tenho possibilidades próximas e possibilidades remotas.

[...] Sou uma estrutura psicológica e histórica. Com a existência recebi uma maneira de existir, um estilo. Todos os meus pensamentos e minhas ações estão em relação com essa estrutura, e mesmo o pensamento de um filósofo não é senão uma maneira de explicitar seu poder sobre o mundo, aquilo que ele é. E, todavia, sou livre, não a despeito ou aquém dessas motivações, mas por seu meio. Pois esta vida significante, esta certa significação da natureza e da história que sou eu, não limita meu acesso ao mundo, ao contrário ela é meu meio de comunicar-me com ele. É sendo sem restrições nem reservas aquilo que sou presentemente que tenho oportunidade de progredir, é vivendo meu tempo que posso compreender os outros tempos, é me entranhando no presente e no mundo, assumindo resolutamente aquilo que sou por acaso, querendo aquilo que quero, fazendo aquilo que faço que posso ir além. Só posso deixar a liberdade escapar se procuro ultrapassar minha situação natural e social recusando-me em primeiro lugar assumi-la, em vez de, através dela, encontrar o mundo natural e humano."

MERLEAU-PONTY, Maurice. *Fenomenologia da percepção*.
São Paulo: Martins Fontes, 1999. p. 608-611.

Texto 2

"Ninguém nasce mulher: torna-se mulher. Nenhum destino biológico, psíquico, econômico define a forma que a fêmea humana assume no seio da sociedade; é o conjunto da civilização que elabora esse produto intermediário entre o macho e o castrado que qualificam de feminino. Somente a mediação de outrem pode constituir um indivíduo como *outro*. [...]

[...] nenhum destino fisiológico impõe ao macho e à fêmea, como tais, uma eterna hostilidade; mesmo a famosa fêmea do louva-a-deus só devora o macho por falta de outros alimentos e no interesse da espécie; a esta é que, de alto a baixo da escala animal, todos os indivíduos se acham subordinados. Demais, a humanidade é coisa diferente de uma espécie: é um devir histórico; define-se pela maneira pela qual assume a facticidade natural. Em verdade, ainda que com a maior má-fé do mundo, é impossível denunciar uma rivalidade de ordem propriamente fisiológica entre o macho e a fêmea humana. Por isso mesmo situam, de preferência, sua hostilidade no terreno intermediário entre a biologia e a psicologia que é o da psicanálise. [...]

A disputa durará enquanto os homens e as mulheres não se reconhecerem como semelhantes, isto é, enquanto se perpetuar a feminilidade como tal; quem, dentre eles, mais se obstina em a manter? A mulher que se liberta dessa feminilidade quer contudo conservar-lhe as prerrogativas; e o homem exige então que lhe assuma as limitações. 'É mais fácil acusar um sexo do que desculpar o outro', diz Montaigne. É coisa vã distribuir censuras e prêmios. Em verdade, se o círculo vicioso é tão difícil de desfazer, é porque os dois sexos são vítimas ao mesmo tempo do outro e de si; entre dois adversários defrontando-se em sua pura liberdade um acordo poderia facilmente estabelecer-se: tanto mais quanto essa guerra não beneficia ninguém. Mas a complexidade de tudo isso provém do fato de que cada campo é cúmplice do inimigo; a mulher persegue um sonho de demissão, o homem um sonho de alienação; a inautenticidade não compensa: cada qual acusa o outro da desgraça que atraiu, cedendo às tentações da facilidade; o que o homem e a mulher odeiam um no outro, é o malogro retumbante de sua própria má-fé e de sua própria covardia.

Vimos por que, originalmente, os homens escravizaram a mulher; a desvalorização da feminilidade foi uma etapa necessária da evolução humana; mas teria podido engendrar uma colaboração dos dois sexos. A opressão explica-se pela tendência do existente para fugir de si, alienando-se no outro, que ele oprime para tal fim; hoje essa tendência se encontra em cada homem singular: e a imensa maioria a ela cede; o marido procura-se em sua esposa, o amante em sua amante sob a figura de uma estátua de pedra; ele visa nela o mito de sua virilidade, de sua soberania, de sua realidade imediata. [...]

Mas ele próprio é escravo de seu duplo; que trabalho para edificar uma imagem dentro da qual ele se encontre sempre em perigo! Ela se funda apesar de tudo na caprichosa liberdade das mulheres, que é preciso sem cessar tornar propícia; o homem é corroído pela preocupação de se mostrar macho, importante, superior; representa comédias, a fim de que lhe representem outras; é também agressivo, inquieto, tem hostilidade contra as mulheres porque tem medo delas, porque tem medo do personagem com quem se confunde. Quanto tempo e forças desperdiça para liquidar, sublimar, transferir complexos, falando das mulheres, seduzindo-as, temendo-as! Libertá-lo-iam, libertando-as. Mas é precisamente o que receia. Obstina-se nas mistificações destinadas a manter a mulher acorrentada." [...]

[...] Primeiramente, haverá sempre certas diferenças entre o homem e a mulher; tendo seu erotismo, logo seu mundo sexual, uma figura singular, não poderá deixar de engendrar nela uma sensualidade, uma sensibilidade singular: suas relações com seu corpo, o corpo do homem, o filho, nunca serão idênticas às que o homem mantém com seu corpo, o corpo feminino, o filho; os que tanto falam de 'igualdade na diferença' mostrar-se-iam de má-fé em não admitir que possam existir diferenças na igualdade. [...] Libertar a mulher é recusar encerrá-la nas relações que mantém com o homem, mas não as negar; ainda que ela se ponha a si, não deixará de existir também para ele: reconhecendo-se mutuamente como sujeito, cada um permanecerá entretanto um *outro* para o outro; a reciprocidade de suas relações não suprimirá os milagres que engendra a divisão dos seres humanos em duas categorias separadas: o desejo, a posse, o amor, o sonho, a aventura; e as palavras que nos comovem: dar, conquistar, unir-se conservarão seus sentidos. Ao contrário, é quando for abolida a escravidão de uma metade da humanidade e todo o sistema de hipocrisia que implica, que a 'seção' da humanidade revelará sua significação autêntica e que o casal humano encontrará sua forma verdadeira."

BEAUVOIR, Simone de. *O segundo sexo*: a experiência vivida. 2. ed. São Paulo: Difel, 1967. p. 9. 485. 488-489. 499-500.

QUESTÕES

1. Explique com suas palavras o que Merleau-Ponty quer dizer com as seguintes frases:
   a) "Nascer é ao mesmo tempo nascer *do* mundo e nascer *no* mundo."
   b) "[...] nunca há determinismo e nunca há escolha absoluta, nunca sou coisa e nunca sou consciência nua."
   c) "[...] sou livre, não a despeito ou aquém dessas motivações, mas por seu meio."

2. Explique as noções de facticidade e de transcendência com base nas passagens do segundo texto, de Simone de Beauvoir.

3. Em um parágrafo, posicione-se a respeito da seguinte frase: "[...] os que tanto falam de 'igualdade na diferença' mostrar-se-iam de má-fé em não admitir que possam existir diferenças na igualdade".

9. Ética aplicada

A ética aplicada é um ramo contemporâneo da filosofia que tem por objetivo deliberar eticamente sobre problemas práticos que exigem justificação racional tendo em vista decisões morais. Trata-se de um tipo de reflexão ligada à ação, decorrente de acontecimentos que marcaram o século XX: as duas guerras mundiais e os totalitarismos trouxeram o espectro do uso de armas de destruição em massa, de massacres e genocídios; as questões propostas pelas transformações culturais da década de 1960 estimularam discussões sobre a extensão dos direitos civis a minorias excluídas da sociedade, além de reivindicações de uma nova ética sexual. A possibilidade da manipulação genética, propiciada pelos avanços da biologia e da engenharia genética, apresenta questões éticas inéditas. Problemas como a degradação do ambiente, a pobreza, a injustiça social e a exploração do trabalho também estimularam o debate público e as polêmicas entre conservadores e radicais.

Nesse estado de coisas, algumas perguntas se destacam: como agir diante de questões tão radicalmente novas? Tudo que é tecnicamente possível seria ética e socialmente aceitável? O progresso é sempre desejável, sem que investiguemos suas aplicações e consequências? O trabalho do cientista pode ser neutro? Para responder a essas indagações, não bastam mais apenas o testemunho dos conhecedores do assunto e as teorizações dos filósofos. Torna-se urgente ampliar o debate para ouvir especialistas de diversas áreas e o público em geral.

Questões dessa natureza exigem o *diálogo multidisciplinar*, que inclui o posicionamento de profissionais de áreas diversas. Exigem a participação de especialistas de medicina, biologia, direito, teologia, filosofia, economia, sociologia, antropologia, política, psicologia etc. Além, evidentemente, de pessoas leigas, não especialistas, mas que sofrem o impacto desses problemas.

Nos debates contemporâneos, os teóricos da ética aplicada agruparam-se em vários ramos, como a ética da informação, a ética do direito etc. Aqui, destacaremos três deles: a *bioética*, a *ética ambiental* (ou *ecoética*) e a *ética dos negócios*, que correspondem aos três maiores desafios da sociedade contemporânea, decorrentes dos avanços da medicina, do futuro equilíbrio do planeta e das relações socioeconômicas.

10. Bioética

A bioética expandiu-se em razão da chamada "terceira revolução da biologia". A biologia molecular e a **biotecnologia** abriram um campo antes impensável para a engenharia genética, intensificando o debate de questões como: manipulação do genoma humano, escolha do sexo do filho, descarte de embriões humanos, clonagem reprodutiva e clonagem para fins terapêuticos, transgenia, vegetais e animais híbridos, biopirataria, os limites de experimentos com seres humanos e animais, entre inúmeros outros temas.

Nessas descobertas científicas, há aspectos positivos relacionados à melhoria da qualidade de vida, como a prevenção e cura de alguns cânceres ou a esperança de que doenças degenerativas se tornem curáveis. Por outro lado, em um cenário menos otimista, conhecimentos detalhados sobre a estrutura genética de uma pessoa dariam acesso a uma série de informações privilegiadas, cujo uso poderia estar subordinado a interesses impróprios. Por exemplo, se uma empresa tiver acesso à identidade genética de profissionais que deseja contratar, talvez dê preferência aos que geneticamente não estejam sujeitos a eventuais doenças graves.

Sabemos que os códigos de ética médica tradicionais apresentam normas genéricas a respeito do comportamento desejável de profissionais da saúde, mas como tratar de questões concretas, decorrentes do avanço da medicina e por isso mesmo inéditas?

Biotecnologia: conjunto de conhecimentos que permite a utilização de agentes biológicos (organismos, células, moléculas) para obter bens ou assegurar serviços.

Foto de trecho do Rio Amazonas na Reserva Natural Palmari, em Atalaia do Norte (AM), 2015. A diversidade da fauna e da flora brasileiras atrai a atenção para a biopirataria, que não é apenas o contrabando de formas de vida, mas também a apropriação dos conhecimentos de sociedades tradicionais sobre o uso dos recursos naturais. Já foram alvo de biopirataria: o cupuaçu, o açaí e o veneno da jararaca, que tem princípio ativo para remédios anti-hipertensivos.

Comitês de ética

Na década de 1970 surgiram os primeiros comitês de ética com o objetivo de reunir pessoas de diferentes áreas com disponibilidade para o diálogo e a formulação clara de dilemas médico-morais e suas implicações. Nas discussões sobre bioética, o diálogo estabelece-se em condições delicadas por causa do conflito de valores. Os horizontes ideológicos e culturais nunca são homogêneos, sobretudo em debates sobre aborto, eutanásia, descarte de embriões humanos, regulamentação de experiências com seres humanos e animais.

A propósito das primeiras iniciativas para discutir a necessidade de regulamentar pesquisas com seres humanos, o biólogo José Roberto Goldim e o médico Carlos Fernando Francisconi comentaram:

> "Em 1973, o senador Edward Kennedy propôs ao Congresso norte-americano a criação de uma Comissão sobre Qualidade da Assistência à Saúde – Experimentação em Humanos. Essa nova proposta foi desencadeada pelo impacto causado pela divulgação dos experimentos realizados em Tuskegee e no Hospital Geral da Universidade de Cincinnati. O primeiro foi um longo estudo – que durou 40 anos – de acompanhamento da evolução do quadro clínico de pacientes negros portadores de sífilis, que não receberam tratamento. O segundo, um estudo patrocinado pelo Departamento de Defesa dos Estados Unidos sobre os efeitos de radiações sobre seres humanos, realizado com pacientes **oncológicos**."

GOLDIM, José Roberto; FRANCISCONI, Carlos Fernando. Os comitês de ética hospitalar. *Revista Bioética*, Brasília, v. 6, n. 2, 1998. Disponível em <http://mod.lk/ychnl>. Acesso em 30 jan. 2017.

A iniciativa estendeu-se pouco a pouco para a maioria dos grandes hospitais, onde se formaram pequenos comitês de bioética com o intuito de discutir os problemas com que se deparavam seus profissionais. Em 2015, por exemplo, uma epidemia do vírus zika, que encontrou condições favoráveis para se espalhar no território brasileiro, tornou-se a principal suspeita do aumento nos casos de microcefalia, um tipo de má-formação congênita em bebês do qual antes pouco se ouvia falar no país. Isso levou comitês de bioética e órgãos jurídicos a discutirem a possibilidade de aborto no caso de infecção por vírus zika.

Temas de bioética

A *relação entre o paciente e seu médico* é permeada por vários dilemas: como comunicar ao paciente a verdade sobre sua doença? Como agir com doentes que se recusam a ser medicados ou com pais que, por questão religiosa, proíbem certos procedimentos em seus filhos, como a transfusão de sangue? São inúmeros os temas que interessam à reflexão bioética. Vejamos alguns deles.

Técnicas de procriação

Com o desenvolvimento da genética e da tecnologia, o ato de procriar tornou-se mais complexo sob muitos aspectos. O avanço de técnicas de reprodução assistida tem se tornado a esperança de mulheres com dificuldades para engravidar. Trata-se de um procedimento caro, portanto, de acesso restrito. No entanto, após o implante de mais de um embrião para assegurar a gravidez, é provável deparar-se com uma gravidez múltipla: seria válido abortar os "excedentes"? Qual o destino dos embriões não implantados: pode-se descartá-los ou usá-los em experiências científicas? Poderiam ser selecionados somente alguns fetos? De qualquer maneira, é certo que não se trata de questões éticas simples.

Ainda neste tópico de reprodução assistida, existe o recurso do aluguel de útero, situação em que o bebê é gestado em outra mulher. O risco de situações desse tipo é a imprevisibilidade dos laços afetivos que afloram durante a gestação: de quem será a criança caso a "mãe de aluguel" se recuse a entregar o recém-nascido ou se os pais genéticos desistirem dele por algum motivo? Ou, ainda, é lícito uma mulher cobrar pelo serviço de alugar sua barriga? Alguns países permitem a cobrança, mediante contrato legal e de acordo com regras explícitas.

Oncológico: relativo à oncologia (cancerologia), especialidade médica que se dedica ao estudo e tratamento da neoplasia (formação patológica de tumores).

No caso do Brasil, o que existe é a doação temporária de útero, regulamentada de tal modo que impede o caráter comercial vinculado à expressão "barriga de aluguel".

Aborto

No outro extremo do desejo de ter filhos, encontra-se o desafio de justificar a prática do aborto ou de rejeitá-la. No caso de admiti-la, resta saber até que período de gestação o aborto poderia ser realizado. Outra questão é decidir pelas circunstâncias do aborto terapêutico, seja para salvar a vida da gestante, seja para interromper a gestação de um feto malformado. No Brasil, após ampla discussão na mídia, chegou aos tribunais um pedido de interrupção de gravidez de um feto anencefálico (sem o cérebro).

Sabemos que muitos países já legalizaram o aborto, enquanto em outros, geralmente em razão das pressões de grupos religiosos, persiste a resistência à aprovação da lei. Daí decorre outro desafio ético: a constatação de que a proibição não impede a prática do aborto em clínicas clandestinas, nem sempre aparelhadas adequadamente para os procedimentos, o que é comprovado pelo alto índice de mortes ou de consequências adversas para a saúde da mulher. Vale lembrar que a maioria dos óbitos atinge segmentos mais pobres da população, o que remete a outras questões que também são objeto da bioética: a desigualdade de gênero e a vulnerabilidade de pessoas em sociedades com elevada desigualdade social.

Envelhecer e morrer

> Eutanásia: uma questão de bioética

Os avanços da medicina favoreceram o prolongamento da vida, de modo que os idosos necessitam de cuidados especiais da família. Quando os filhos trabalham e não têm tempo disponível para lhes dedicar, seriam necessárias casas de repouso adequadas para abrigá-los com dignidade, o que nem sempre é possível por causa dos altos custos.

Em situações de internação hospitalar, às vezes a assistência médica pode ser interpretada como prolongamento do sofrimento. Por isso, já existem instituições que adotam a *medicina paliativa*, um tipo de atendimento que, além de evitar qualquer tipo de terapêutica invasiva, apenas oferece o conforto possível ao doente e a medicação para alívio da dor. Não existe, porém, unanimidade em acatar essa orientação por parte de médicos e familiares. E mesmo quando é aceita, resulta de um debate ético entre médicos, parentes e o doente, quando este ainda se mantém lúcido. A Academia Nacional de Cuidados Paliativos (ANCP) aponta que, no Brasil, ainda há uma lacuna na formação de profissionais da saúde aptos a lidar com a medicina paliativa.

Para muitos, a assistência médica torna-se excessiva e desumana quando a vida é mantida artificialmente, prolongando o sofrimento de doentes terminais. As soluções propostas – e em alguns países colocadas em prática – têm despertado discussões apaixonadas e exigido reflexões éticas. Diferentemente dos cuidados paliativos, a eutanásia[5] é uma maneira de provocar a morte de modo deliberado, seja de um doente terminal, seja de alguém que deseja morrer em face da vida insuportável causada por doença crônica. Em ambos os casos, a motivação alegada para realizar a eutanásia é a compaixão, a atitude de não deixar sofrer quando o sofrimento é excessivo.

Atualmente, a eutanásia é criminalizada na maioria dos países, inclusive no Brasil. Ela é admitida, de formas diversas, em países como Holanda, Bélgica, Suíça, Colômbia, Uruguai e em alguns estados dos Estados Unidos. Os critérios para a aprovação são bastante rigorosos, a fim de evitar abusos, desvios de intenção, oportunismo e má-fé.

> **Paliativo:** que atenua ou alivia um mal temporariamente.
>
> **Eutanásia:** do grego *eús*, "bom", e *thánatos*, "morte", significa literalmente "boa morte"; termo introduzido pelo filósofo inglês Francis Bacon, no século XVII.

Obra da série *Vacuum dome* (2007), da artista Tania Blanco. Entre os temas sociais escolhidos pela artista está o da medicalização da vida, como revela essa pílula de conteúdo indesejável. A farmacodependência é uma das preocupações da bioética.

---

[5] Consulte o capítulo 6, "A morte", na parte I, que trata desses temas com mais amplitude.

11. Ética ambiental: ecoética

Ecoética (ou ética ambiental) é o ramo da ética aplicada que trata das relações do ser humano com a natureza. Ocupa-se das questões ligadas à sustentabilidade e das consequências nefastas da exploração predatória dos recursos naturais, como a poluição industrial e agrícola, o esgotamento de recursos e as agressões que provocam o desequilíbrio do ecossistema (chuva ácida, efeito estufa etc.) e colocam em risco o destino do planeta. Há muito tempo as ameaças climáticas – como o derretimento das calotas polares, as grandes nevascas no hemisfério Norte e verões escaldantes em todo o globo – parecem sinalizar esse desequilíbrio.

Igualmente fazem parte da ecologia aspectos sociais como a má distribuição de renda, que obriga grande parcela da população mundial a viver em estado de fome e de miséria.

Antecedentes

Lembremos a Revolução Científica do século XVII, quando surgiu uma nova maneira de compreender a realidade e de agir sobre ela. O nascimento da ciência moderna representou o ponto de partida para a transformação tecnológica que modificou a face da Terra e o nosso *modus vivendi*.

Naquele século, filósofos como Francis Bacon e René Descartes louvavam o novo saber que tornaria o ser humano "mestre e senhor da natureza". Ainda não se podia vislumbrar, porém, os efeitos danosos das primeiras chaminés de fábricas movidas a carvão, nos séculos XVIII e XIX.

Até a segunda metade do século XX, prevaleceu a ética antropocêntrica, assim chamada por se referir apenas ao indivíduo e à sua relação com os demais. A ética centrada no indivíduo concebe a natureza como algo a serviço do ser humano, podendo ser explorada de acordo com as conveniências humanas.

A ética aplicada veio alargar as discussões para além da estreita esfera dos indivíduos, comprometendo-se com a preservação da natureza e com o destino da humanidade. O filósofo alemão Karl-Otto Apel (1922), ao avaliar como danosos ao ambiente os efeitos da ciência aplicada em tecnologias, conclui pela necessidade de desdobrar a reflexão ética em três níveis: a microesfera, a mesoesfera e a macroesfera.

A microesfera trata de ações da esfera íntima, como família, matrimônio, vizinhança; a mesoesfera abrange o âmbito da política nacional; a macroesfera coloca questões relativas à vida em uma escala global, compondo uma dimensão ecológica que se entrelaça à bioética e aborda o destino da humanidade, estendendo-se à herança que será deixada para as futuras gerações. Estaria, portanto, no âmbito da macroesfera – ou da macroética – enfrentar problemas como o risco destruidor das ações bélicas e o progressivo desequilíbrio ambiental.

Ética da responsabilidade

Apesar de inúmeros sinais de alerta, há quem ainda duvide de um desastre ambiental sem retorno, como garantem os que aderem à tendência frequentemente chamada de "cética". Contudo, poderíamos arriscar? No final da década de 1960, a Alemanha adotou o *princípio da precaução* – como é explicado no verbete a seguir –, posteriormente difundido para outros países até ser incorporado ao direito internacional:

> "O princípio da precaução é um princípio de ação pública que autoriza os poderes públicos a tomar as medidas necessárias para enfrentar riscos eventuais, mesmo que não se disponha ainda dos conhecimentos científicos necessários para estabelecer a existência desses riscos."
>
> LARRÈRE, Catherine. Precaução. In: CANTO-SPERBER, Monique. *Dicionário de ética e filosofia moral*. São Leopoldo: Editora Unisinos, 2003. p. 388. v. 2.

Antropocêntrico: do grego *ánthropos*, "homem", e *kentron*, "centro", significa "centrado no ser humano".

Micro, meso, macro: do grego *mikrós*, "pequeno"; *mésos*, "meio"; *makrós*, "grande".

Crianças recolhem objetos recicláveis flutuando nas águas poluídas do porto de Karachi (Paquistão). Foto de 2016. Nesse registro, fica nítida a relação entre questões ecológicas e a má distribuição de renda.

A nova noção de responsabilidade, não mais restrita ao âmbito das relações intersubjetivas, estendeu-se às relações entre agentes coletivos – comunidades, empresas, administrações, governos –, dos quais é exigida responsabilidade com relação à sustentabilidade. O *princípio responsabilidade* foi cunhado pelo filósofo alemão Hans Jonas (1903-1993), que empregou o conceito como título de obra de sua autoria publicada em 1979.

Tendências atuais da filosofia africana impõem resistência ao pensamento hegemônico de exploração dos recursos naturais, postulado desde a modernidade com vistas ao desenvolvimento. À racionalidade ocidental exploratória, os teóricos da filosofia Ubuntu, tendo como um dos expoentes o filósofo congolês Jean-Bosco Kakozi Kashindi, opõem estratégias que enlaçam um sujeito ao outro e a humanidade à natureza por meio de conceitos includentes, entendendo a constituição de um ser como dependente do conjunto em seu entorno.

Ubuntu: sem tradução literal, exprime a consciência da relação entre o indivíduo e a comunidade.

Saiba mais

O tema das mudanças climáticas tem sido envolvido por muitas dúvidas concretizadas em tendências opostas, como a dos "alarmistas" e a dos "céticos", que apresentam, ambos os lados, argumentos convincentes apoiados em estudos e pesquisas científicas. No entanto, entre os céticos surgem aqueles nem sempre bem informados, além de mais afeitos a interesses econômicos atrelados ao petróleo. Estes se aproveitam de incertezas para recusar o cumprimento das regras definidas pelo Painel Intergovernamental sobre as Mudanças Climáticas (IPCC), revisado regularmente de acordo com novas constatações que exijam alteração de condutas. Em 2016, após vitória de Donald Trump nas eleições presidenciais dos Estados Unidos, a nomeação de Scott Pruitt – um representante da postura cética sobre as mudanças climáticas – para dirigir a Agência de Proteção Ambiental (EPA) revelou a tendência do novo governo em se unir aos céticos.

Desenvolvimento sustentável

A palavra de ordem da ética ambiental é *desenvolvimento sustentável*, o que exige a mudança na atuação predatória da economia contemporânea e a orientação para os cuidados com a preservação do meio ambiente.

Na página brasileira da associação World Wide Fund for Nature (WWF), voltada para os assuntos de preservação do meio ambiente, encontramos a definição do conceito de *desenvolvimento sustentável* aceita pela Organização das Nações Unidas (ONU):

> "[...] o desenvolvimento capaz de suprir as necessidades da geração atual, sem comprometer a capacidade de atender às necessidades das futuras gerações. É o desenvolvimento que não esgota os recursos para o futuro."
>
> WWF-Brasil. *O que é desenvolvimento sustentável?* Disponível em <http://mod.lk/7ua2g>. Acesso em 30 jan. 2017.

De acordo com o mesmo *site*, essa definição surgiu na Comissão Mundial sobre Meio Ambiente e Desenvolvimento, criada pelas Nações Unidas, para discutir e propor meios de harmonizar dois objetivos: o desenvolvimento econômico e a conservação ambiental.

O que nos importa aqui é investigar os motivos pelos quais chegamos a essa situação de desequilíbrio entre ser humano e natureza. Já apontamos o desenvolvimento tecnológico, cujos efeitos começaram a ser percebidos ainda no século XVIII. No entanto, não é essa a questão principal, caso contrário, estaríamos lamentando injustamente todo progresso da ciência e os benefícios indiscutíveis por ela conquistados para nosso bem-estar.

Assim dizem os filósofos espanhóis contemporâneos Adela Cortina e Emilio Martínez:

> "Existe um amplo acordo em que o problema ecológico, como ocorre também no problema da fome, não é de caráter técnico, mas moral. Sabemos em grande medida tudo o que é necessário para evitar a contaminação da ecosfera, assim como sabemos os meios adequados para fazê-lo. A questão, do ponto de vista ético, é bem clara: a consciência moral alcançada nas sociedades democráticas modernas (o que vimos chamando de *ética cívica*) inclui o imperativo moral de progredir no reconhecimento efetivo dos direitos humanos, incluído o direito a usufruir um meio ambiente saudável, que faz parte dos chamados 'direitos da terceira geração'."
>
> CORTINA, Adela; MARTÍNEZ, Emilio. *Ética*. São Paulo: Loyola, 2005. p. 169.

Após a assinatura da Declaração dos Direitos Humanos pelos Estados-membros da Assembleia Geral da ONU, em 1948, o debate sobre esse tema ampliou-se para grande parte da comunidade internacional, favorecendo a reflexão sobre o que se denominou de *direitos da terceira geração*.[6] Estes são os direitos coletivos, ecológicos, pela paz e pelo usufruto universal dos bens da civilização, temas estreitamente ligados às questões de má distribuição de renda e do compromisso cego com uma economia predatória que visa tão somente ao lucro.

---

[6] Consulte o capítulo 13, "Violência e direitos humanos".
A *primeira geração dos direitos humanos* teria sido as novas ideias de liberdade e autonomia individuais, ao passo que a *segunda geração* diz respeito às lutas políticas do século XIX de reivindicação à igualdade material e social de todos os indivíduos.

Documentos internacionais

As tentativas de superação do impasse se expressam nos encontros internacionais para debater os problemas e tentar um acordo sobre as metas a serem alcançadas e a definição de compromissos para realizá-las.

Em 1968 criou-se o Clube de Roma, composto de membros de diversos países, incluindo cientistas, intelectuais e políticos de relevância, a fim de examinar questões ambientais. Nos anos seguintes, várias conferências reuniram a ONU, outros organismos internacionais e representantes de Estados, que juntos propuseram diversos documentos e planos de ação sobre o tema: a Conferência de Estocolmo, na Suécia, em 1972; a Eco-92, realizada no Rio de Janeiro, em 1992; o Protocolo de Kyoto, em 1997, no Japão; e a Convenção de Estocolmo, em 2001. Vale lembrar que em 2012 ocorreu a Conferência das Nações Unidas sobre Desenvolvimento Natural (CNUDN), conhecida como Rio+20, que tinha o objetivo de discutir a renovação do compromisso político com a sustentabilidade. Ela contou com a participação de chefes de Estado de 193 nações, que propuseram mudanças na gestão dos recursos naturais em escala planetária. Discorreu-se também sobre questões de cunho social, como o emprego da "economia verde" para a erradicação da pobreza, o compromisso com o bem-estar econômico e os problemas de moradia.

A COP-21 (conferência do clima da ONU), realizada em dezembro de 2015, em Paris, alcançou um acordo inédito que tornou obrigatória a participação de todas as nações – e não apenas os países ricos – no combate às mudanças climáticas. Ao todo, 195 países-membros da Convenção do Clima da ONU e a União Europeia ratificaram o documento, que valerá a partir de 2020.

Como esses acordos não têm força de lei, é comum o descumprimento deles, sob a alegação de que o corte da emissão de gases afetaria as economias de seus países. Enquanto não for possível resolver o dilema entre lucro e proteção ambiental, estaremos impotentes diante das forças econômicas. Além do esforço das nações, vale reforçar o processo de educação de pessoas e empresas para assumirem a cidadania ativa e realizarem sua parte na defesa do ambiente.

12. Ética dos negócios

A ética dos negócios (ou ética empresarial) levanta questões sobre a responsabilidade social de empresas, sob aspectos que iremos examinar.

Você já deve ter ouvido frases assim: "Todo mundo tem seu preço", "O mundo dos negócios é uma selva", "Cada um por si, Deus por todos", "Toda empresa tem em vista apenas o lucro". Essas afirmações, e muitas outras, estigmatizam o mundo dos negócios, entendido como o espaço em que vence a força do dinheiro e no qual tudo é permitido.

Na empresa tradicional, o compromisso é principalmente focado no lucro e nos interesses dos acionistas, mas já existem empresas que admitem ser possível conciliar lucro e ganhos sociais, de modo que se estenda o *compromisso* a todos os que estão a ela vinculados.

Vejamos como se estabelecem os vínculos na empresa socialmente responsável.

a) Compromisso com os funcionários

A empresa assume o compromisso com os funcionários ao oferecer salários dignos, seleção sem discriminação, boas condições de trabalho, planos de saúde, creche etc.

Trocando ideias

Décadas atrás o uso de mão de obra em condições análogas às da escravidão era flagrado em regiões rurais, o que chamou a atenção dos investigadores para canaviais e carvoarias. Nos últimos anos, ampliando o horizonte de preocupação, esse tipo de trabalho passou a ser flagrado com surpreendente recorrência nas grandes metrópoles, sobretudo em trabalhos envolvendo a indústria têxtil e a mão de obra de imigrantes.

- Na sua opinião, por que esse tipo de trabalho, que antes parecia se esconder dos olhares da sociedade, se aproxima cada vez mais do cotidiano das pessoas?

Frank & Ernest (2008), tira de Bob Thaves. O cartunista ironiza os padrões de consumo gerados pelos baixos salários.

b) Compromisso com os consumidores

Para manter a credibilidade, a empresa precisa oferecer produtos confiáveis, sem ludibriar o consumidor no que diz respeito, por exemplo, a peso, data de validade, procedência da matéria-prima utilizada e riscos eventuais tanto a pessoas como a animais. Deve-se observar que, nos últimos anos, houve uma mudança de atitude do consumidor: o Instituto Brasileiro de Defesa do Consumidor (Idec) aponta que, além do preço e da qualidade dos produtos, o consumidor está atento a aspectos relacionados ao comportamento das empresas, como o respeito aos direitos humanos, a ética na publicidade e o compromisso com o bem-estar social.

Os direitos do consumidor são resguardados pelo Código de Defesa do Consumidor e pela Fundação de Proteção e Defesa do Consumidor (Procon), que atua em cada estado brasileiro; os abusos da publicidade enganosa ou desleal com a concorrência são combatidos pelo Conselho Nacional de Autorregulamentação Publicitária (Conar).

c) Compromisso com os concorrentes

A expansão de algumas indústrias deriva às vezes de concorrência desleal em procedimentos como *dumping*, caso em que a empresa reduz excessivamente o preço de um produto por algum tempo, até excluir do mercado as concorrentes menores ou levá-las à falência.

Outra restrição à concorrência é o *cartel*, que consiste em combinar com antecedência um preço comum com a intenção de beneficiar empresas do mesmo ramo e, ao mesmo tempo, prejudicar outras menores, o que restringe a concorrência e impede a inovação. Os dois procedimentos indicados, além de antiéticos, constituem crime.

d) Compromisso com os órgãos governamentais

O *lobby* (que em inglês significa literalmente "salão", "corredor") é uma prática pela qual pessoas ou grupos exercem pressão sobre o poder público a fim de influenciar decisões de seu interesse ou evitar que outras lhes sejam prejudiciais.

Não se trata de prática em si antiética quando exprime o esforço para esclarecer e pressionar políticos, em especial do Poder Legislativo, sobre determinado assunto, com o objetivo de promulgar leis adequadas ao bom funcionamento de um setor que atenda a interesses coletivos.

Como exemplo, a aprovação de experiências com células-tronco embrionárias é importante para a cura de diversas doenças degenerativas, como a de Alzheimer e Parkinson, e também para atenuar danos à saúde provocados por derrames e tumores cerebrais. O assunto é polêmico, porque pressupõe o uso de embriões humanos, por isso os cientistas interessados nas pesquisas se esforçam por esclarecer os parlamentares sobre os procedimentos, enquanto os que são contrários também expõem suas razões.

Os *lobbies* adquirem caráter perverso quando prevalecem interesses privados prejudiciais à coletividade. É o caso de poderosos grupos econômicos que, mediante corrupção de funcionários e legisladores, pressionam para a aprovação de projetos de lei ou para obter créditos que favoreçam grupos particulares. Uma grande pressão, por exemplo, é feita por latifundiários cujas monoculturas se alastram por meio da devastação de florestas. Também se observa a atuação de grandes conglomerados empresariais para que medidas econômicas capazes de favorecê-los sejam pautadas pelo Congresso.

Cegos (2016), *performance* do grupo Desvio Coletivo na Praça dos Três Poderes, em Brasília (DF). Na ocasião, os artistas protestaram contra grupos políticos que defendem interesses particulares, muitas vezes ligados a grandes empresas privadas.

e) Compromisso com o ambiente

As empresas deveriam se comprometer com a sustentabilidade, evitando impactos sobre o ambiente. Não é permitido, por exemplo, desmatar indiscriminadamente ou descartar resíduos tóxicos nas águas e na terra, assim como é obrigatório usar filtros de ar para impedir a emissão de gases nocivos e a expansão de odores que incomodem os moradores da região, entre outras ações.

Há empresas que desenvolvem práticas ecologicamente corretas a fim de economizar, o que é possível com o aproveitamento da luz natural e da água da chuva, ou com o tratamento adequado de água para reúso. Outras investem em pesquisas para reduzir a quantidade de agentes potencialmente tóxicos nos produtos ou no seu processo de fabricação. Alguns supermercados estimulam o uso de sacolas de papel ou tecido e oferecem grandes recipientes para coleta seletiva de lixo.

f) Compromisso com a comunidade

Já existem diversas ações que indicam respeito empresarial pela comunidade, por exemplo, uma empresa que investe em formar uma orquestra composta de crianças e jovens da periferia; outra que mantém uma praça ajardinada; um hospital privado que instala um posto de saúde para atender gratuitamente à população de regiões periféricas; uma escola que abre outra unidade para crianças carentes ou um curso de alfabetização de adultos.

Essas ações não dizem respeito diretamente a produtos ou ao atendimento a clientes de tais empresas, porque a finalidade estrita é atender às necessidades do entorno. É bem verdade que iniciativas desse tipo resultam em isenção de impostos para as companhias, além de credibilidade e reconhecimento, o que beneficia a imagem corporativa.

Não há receitas para o agir bem empresarial: o compromisso com os outros, inclusive com as gerações futuras, exige um estado de alerta constante. Viver moralmente não é simples nem fácil, não depende da introjeção irrefletida das normas herdadas nem da arbitrária decisão subjetiva, mas se enraíza na aprendizagem da solidariedade, do reconhecimento da dignidade de si mesmo e dos outros. Em resumo, ainda há muito a ser feito, pois a transformação de mentalidade não ocorre repentinamente, sobretudo quando se trata de concepções culturalmente arraigadas.

Os problemas éticos que presenciamos na atualidade não se resolvem apenas por tentativas isoladas de educação ética do indivíduo. É preciso também vontade política de alterar as condições sociais geradoras de doenças sociais, como a violência, a exploração, a corrupção, ao que acrescentamos a agressão à natureza. Os dois processos caminham juntos, pois formar o ser humano moral só é possível na sociedade que também se esforça para ser justa e democrática.

Após rompimento de barragem de mineradora em Mariana (MG), em novembro de 2015, lama tóxica passa por trecho do Rio Doce e chega ao mar em Linhares (ES). Mesmo que haja uma tendência global em direção à consciência ecológica, o compromisso desmedido com o lucro e a irresponsabilidade podem ainda causar desastres ambientais de grande magnitude.

ATIVIDADES

1. O que é ética aplicada e quais são seus ramos principais?

2. O que são *comitês de ética*? Quando e por que surgiram?

3. Que problemas éticos podem decorrer da aplicação de técnicas avançadas de procriação?

4. Explique por que o filósofo Karl-Otto Apel admite a necessidade de ampliar a reflexão ética além da tradicional visão antropocêntrica.

5. A tradição das atividades econômicas empresariais é focada no lucro e nos interesses dos acionistas: quais são as propostas para uma ética empresarial?

Leitura analítica

Ética na era da ciência

Filósofos contemporâneos se ocupam com as questões prementes de avaliar os prejuízos decorrentes do uso inadequado da tecnologia, o que fez nascer a ética aplicada. A fundamentação dessa nova ética pressupõe estender as discussões para além da esfera íntima dos indivíduos e de suas relações para incorporar a defesa do destino da humanidade, a macroesfera. No texto abaixo, Karl-Otto Apel, ao lado do estímulo a uma responsabilidade solidária, reforça uma discussão intersubjetiva a respeito das decisões.

"Quem reflete sobre a relação entre ciência e ética na moderna sociedade industrial planetária se defronta, a meu ver, com uma situação **paradoxal**. Pois, de um lado, a carência de uma ética universal, isto é, vinculadora para toda a sociedade humana, nunca foi tão premente como em nossa era, que se constituiu numa civilização unitária, em função das consequências tecnológicas promovidas pela ciência. De outro lado, a tarefa filosófica de uma fundamentação racional de uma ética universal jamais parece ter sido tão complexa, e mesmo sem perspectiva, do que na idade da ciência. Isso porque a ideia da **validez intersubjetiva** é, nesta era, igualmente prejudicada pela ciência: a saber, pela ideia cientificista da 'objetividade' normativamente neutra ou isenta de valoração.

[...] Se, em vista das consequências, hoje possíveis, de ações humanas, distinguirmos entre uma microesfera (família, matrimônio, vizinhança), uma mesoesfera (patamar da política nacional) e uma macroesfera (destino da humanidade), então será facilmente demonstrável que as normas morais, atualmente eficazes entre todos os povos, ainda estão sempre predominantemente concentradas na esfera íntima [...]; já na mesoesfera da política nacional elas estão, em larga escala, reduzidas ao impulso arcaico do egoísmo grupal e da identificação grupal, enquanto as decisões propriamente políticas valem como 'razão de estado' moralmente neutra. Mas, quando é atingida a macroesfera dos interesses humanos vitais, o cuidado por elas ainda parece estar confiado, primariamente, a relativamente poucos iniciados. A essa situação no setor da moral conservadora, no entanto, se contrapõe recentemente uma situação de natureza totalmente diversa, na esfera dos efeitos de ações humanas, sobretudo de seus riscos: como resultantes da expansão planetária e envolvimento internacional da civilização técnico-científica, os efeitos das ações humanas – por exemplo, no âmbito da produção industrial – devem ser localizados atualmente, em larga escala, na macroesfera dos interesses vitais comuns da humanidade. A dimensão, eticamente relevante, deste fenômeno se torna ainda mais nítida se tomarmos em consideração [...] a ameaça que paira sobre a vida humana. Se até pouco tempo atrás a guerra podia ser interpretada como instrumento [...] de expansão espacial da espécie humana, através do confinamento dos eventualmente mais fracos em regiões desabitadas, essa concepção está hoje definitivamente superada pela invenção da bomba atômica: desde então o risco destruidor das ações bélicas não se restringe mais à micro ou mesoesfera de possíveis consequências, mas ameaça a existência da humanidade no seu todo. O mesmo se dá hoje em dia com os efeitos principais e colaterais da técnica industrial. Isso se tornou gritantemente claro nos últimos anos com a descoberta da progressiva poluição ambiental. [...]

Pela primeira vez, na história da espécie humana, os homens foram praticamente colocados ante a tarefa de assumir a responsabilidade solidária pelos efeitos de suas ações em medida planetária. Deveríamos ser de opinião que, a essa compulsão por uma responsabilidade solidária, deveria corresponder a validez intersubjetiva das normas, ou pelo menos do princípio básico de uma ética da responsabilidade."

APEL, Karl-Otto. *Ética na era da ciência*. Petrópolis: Vozes, 1994. p. 71-74.

Paradoxal: pensamento ou argumento que, aparentemente correto, encontra-se em oposição a verdades aceitas.

Validez intersubjetiva: a validade de uma norma quando aceita pela relação entre os sujeitos.

QUESTÕES

1. No final do primeiro parágrafo, o autor explica que é comum prevalecer uma certa ideia cientificista (que ele condena), segundo a qual a ciência deveria ser objetiva e neutra (isenta de valoração). Explique qual seria a intenção do autor ao escrever essa frase.

2. Por que o autor lamenta o fato de que apenas uns poucos "iniciados" estão atentos à ética voltada para a macroesfera?

3. Com base no bloco de texto sobre a ética aplicada, dê exemplos que confirmem a tentativa contemporânea de um nascimento da consciência de responsabilidade solidária em termos universais.

ATIVIDADES

1. Como Kant compreende a relação entre a liberdade de pensamento e a de expressão?

> "Certamente podemos dizer: a liberdade de *falar* ou de *escrever* pode nos ser subtraída por um poder superior, mas não a de *pensar*. Entretanto, quais seriam a amplitude e a justeza de nosso *pensamento*, se nós não pensássemos em uma comunidade com outros aos quais *comunicaríamos* nossos pensamentos e que nos comunicariam os seus! Pode-se dizer que esse poder exterior, que rouba aos seres humanos a liberdade de *comunicar* em público seus pensamentos, lhe retira também a liberdade de *pensar*."
>
> KANT, Immanuel. *Que signifie s'orienter dans la pensée?* Paris: Éditions Garnier Flammarion, 1991. p. 69. (Tradução nossa)

2. Leia a citação e atenda às questões.

> "Ao contrário de outros seres, animados ou inanimados, nós homens podemos inventar e escolher, em parte, nossa forma de vida. Podemos optar pelo que nos parece bom, ou seja, conveniente para nós, em oposição ao que nos parece mau e inconveniente. Como podemos inventar e escolher, podemos nos enganar, o que não acontece com os castores, as abelhas e as térmitas [cupins]. De modo que parece prudente atentarmos bem para o que fazemos, procurando adquirir um certo saber-viver que nos permita acertar. Esse saber-viver, ou arte de viver, se você preferir, é o que se chama de ética."
>
> SAVATER, Fernando. *Ética para meu filho*. São Paulo: Martins Fontes, 1993. p. 31.

a) O autor diz que "podemos inventar e escolher, em parte, nossa forma de vida". Por que ele afirma que isso se dá em parte?

b) Explique por que a ética é a dimensão que separa a ação humana da animal.

c) Por que a escolha livre supõe responsabilidade ética?

3. Leia a tirinha a seguir e atenda às questões.

Tirinha de Laerte (2012).

a) Que tipo de pressão realizada sobre o Congresso é criticada pelos personagens?

b) De acordo com a tirinha, que tipo de influências pode determinar o conjunto de preceitos éticos seguidos pelos homens?

4. **Trabalho em grupo.** Reúna-se em grupo com seus colegas. Imaginem que vocês trabalham numa agência de publicidade encarregada de criar uma campanha para convencer empresários a:

a) eliminar os diversos tipos de poluição do ambiente provocados pelas empresas;

b) destinar verbas para atender às necessidades da população local;

c) conscientizar produtores agrícolas para o uso responsável dos agroquímicos;

d) incentivar os consumidores a comprar produtos orgânicos.

5. **Dissertação.** A partir da leitura das citações a seguir, redija um texto dissertativo-argumentativo sobre o tema **"O compromisso ético e a prática de *lobby*"**.

> "O *lobby* é a representação política de interesses em nome e em benefício de clientes identificáveis [...] que, em princípio, excluem a troca desonesta de favores. O próprio fato de que instituições de prestígio [...] recorram normalmente ao *lobby*, diretamente ou por intermédio das suas associações, reforça aos olhos do público a distinção entre a fisiologia e a patologia do *lobby*. De um modo geral, pode-se dizer que o *lobby* e a corrupção tendem a se excluir mutuamente. O *lobby* é um empreendimento caro e de resultados incertos. Não haveria necessidade de armar esquemas tão dispendiosos se houvesse disponibilidade de meios mais diretos e eficazes, embora talvez a custos comparáveis."
>
> GRAZIANO, Luigi. *O lobby e o interesse público*. Disponível em <http://mod.lk/7c6xg>. Acesso em 6 fev. 2017.

> "São lobistas, entre mil outros exemplos: o dirigente de entidade de classe que vai ao Congresso expor os problemas, dificuldades ou reivindicação de seu grupo; padres e bispos, organizados na CNBB, bem assim os representantes das igrejas evangélicas e outras crenças; indigenistas e ecologistas, a bem da preservação da cultura, da fauna e da flora; profissionais liberais, em busca de reconhecimento ou regulamentação de suas profissões; empresários e suas associações, que desejam apresentar seus pleitos em relação a projetos em curso perante as Casas ou comissões do Congresso Nacional, ou ante as repartições do Executivo que detêm o poder regulamentar; bancários; professores, interessados em promover regime especial de aposentadoria; representantes das empresas estatais, dos militares e dos funcionários civis [...] etc."
>
> FARHAT, Said. *Lobby*: o que é, como se faz. São Paulo: Editora Peirópolis, 2007. p. 145.

ATIVIDADES

ENEM E VESTIBULARES

6. (Enem/MEC-2016)

"A Justiça de São Paulo decidiu multar os supermercados que não fornecerem embalagens de papel ou material biodegradável. De acordo com a decisão, os estabelecimentos que descumprirem a norma terão de pagar multa diária de R$ 20 mil por ponto de venda. As embalagens deverão ser disponibilizadas de graça e em quantidade suficiente."

Disponível em <www.estadao.com.br>.
Acesso em 31 jul. 2012. (Adaptado)

A legislação e os atos normativos descritos estão ancorados na seguinte concepção

a) Implantação da ética comercial.
b) Manutenção da livre concorrência.
c) Garantia da liberdade de expressão.
d) Promoção da sustentabilidade ambiental.
e) Enfraquecimento dos direitos do consumidor.

7. (Enem/MEC-2015)

"Diante de ameaças surgidas com a engenharia genética de alimentos, vários grupos da sociedade civil conceberam o chamado 'princípio da precaução'. O fundamento desse princípio é: quando uma tecnologia ou produto comporta alguma ameaça à saúde ou ao ambiente, ainda que não se possa avaliar a natureza precisa ou a magnitude do dano que venha a ser causado por eles, deve-se evitá-los ou deixá-los de quarentena para maiores estudos e avaliações antes de sua liberação."

SEVCENKO, N. *A corrida para o século XXI*: no *loop* da montanha-russa. São Paulo: Companhia das Letras, 2001. (Adaptado)

O texto expõe uma tendência representativa do pensamento social contemporâneo, na qual o desenvolvimento de mecanismos de acautelamento ou administração de riscos tem como objetivo

a) priorizar os interesses econômicos em relação aos seres humanos e à natureza.
b) negar a perspectiva científica e suas conquistas por causa de riscos ecológicos.
c) instituir o diálogo público sobre mudanças tecnológicas e suas consequências.
d) combater a introdução de tecnologias para travar o curso das mudanças sociais.
e) romper o equilíbrio entre benefícios e riscos do avanço tecnológico e científico.

8. (Enem/MEC-2010)

"Na ética contemporânea, o sujeito não é mais um sujeito substancial, soberano e absolutamente livre, nem um sujeito empírico puramente natural. Ele é simultaneamente os dois, na medida em que é um sujeito histórico-social. Assim, a ética adquire um dimensionamento político, uma vez que a ação do sujeito não pode mais ser vista e avaliada fora da relação social coletiva. Desse modo, a ética se entrelaça, necessariamente, com a política, entendida esta como a área de avaliação dos valores que atravessam as relações sociais e que interliga os indivíduos entre si."

SEVERINO, A. J. *Filosofia*. São Paulo: Cortez, 1992. (Adaptado)

O texto, ao evocar a dimensão histórica do processo de formação da ética na sociedade contemporânea, ressalta

a) os conteúdos éticos decorrentes das ideologias político-partidárias.
b) o valor da ação humana derivada de preceitos metafísicos.
c) a sistematização de valores desassociados da cultura.
d) o sentido coletivo e político das ações humanas individuais.
e) o julgamento da ação ética pelos políticos eleitos democraticamente.

9. (Unesp-2017)

"Nossa felicidade depende daquilo que *somos*, de nossa individualidade; enquanto, na maior parte das vezes, levamos em conta apenas a nossa sorte, apenas aquilo que *temos* ou *representamos*. Pois, o que alguém é para si mesmo, o que o acompanha na solidão e ninguém lhe pode dar ou retirar, é manifestamente mais essencial para ele do que tudo quanto puder possuir ou ser aos olhos dos outros. Um homem espiritualmente rico, na mais absoluta solidão, consegue se divertir primorosamente com seus próprios pensamentos e fantasias, enquanto um obtuso, por mais que mude continuamente de sociedades, espetáculos, passeios e festas, não consegue afugentar o tédio que o martiriza."

SCHOPENHAUER, Arthur. *Aforismos sobre a sabedoria de vida*, 2015. (Adaptado)

Com base no texto, é correto afirmar que a ética de Schopenhauer

a) corrobora os padrões hegemônicos de comportamento da sociedade de consumo atual.
b) valoriza o aprimoramento formativo do espírito como campo mais relevante da vida humana.

c) valoriza preferencialmente a simplicidade e a humildade, em vez do cultivo de qualidades intelectuais.

d) prioriza a condição social e a riqueza material como as determinações mais relevantes da vida humana.

e) realiza um elogio à fé religiosa e à espiritualidade em detrimento da atração pelos bens materiais.

10. **(UFSM-2015)** O biólogo Edward Wilson sustenta que a teoria da evolução explica não apenas a evolução das características físicas predominantes em uma espécie, mas também a evolução de traços sociais (como a divisão social do trabalho, a evolução da linguagem e da moralidade). Se isso é verdade, então aquilo que hoje tendemos a considerar moralmente correto pode ser um produto de nosso passado evolutivo. Se nosso passado evolutivo tivesse sido diferente, é possível que nossa sensibilidade moral hoje também fosse diferente. Observe as afirmações a seguir, considerando as que são compatíveis com o enunciado da questão.

I. O fato de hoje tendermos a valorizar atos de bondade e compaixão e a desvalorizar atos de crueldade é um traço biológico de nossa espécie que deve ter trazido vantagens adaptativas aos nossos antepassados.

II. Há um conjunto de normas morais que não mudam e que sempre foram adotadas universalmente.

III. A evolução moral está correlacionada com a capacidade adaptativa dos indivíduos e grupos ao ambiente em que vivem.

Está(ão) correta(s):

a) apenas I.
b) apenas II.
c) apenas I e III.
d) apenas II e III.
e) I, II e III.

11. **(UFU-2012)** Leia o excerto abaixo e assinale a alternativa que relaciona corretamente duas das principais máximas do existencialismo de Jean-Paul Sartre, a saber:
I. "A existência precede a essência."
II. "Estamos condenados a ser livres."

"Com efeito, se a existência precede a essência, nada poderá jamais ser explicado por referência a uma natureza humana dada e definitiva; ou seja, não existe determinismo, o homem é livre, o homem é liberdade. Por outro lado, se Deus não existe, não encontramos já prontos valores ou ordens que possam legitimar a nossa conduta. [...] Estamos condenados a ser livres. Estamos sós, sem desculpas. É o que posso expressar dizendo que o homem está condenado a ser livre. Condenado, porque não se criou a si mesmo, e como, no entanto, é livre, uma vez que foi lançado no mundo, é responsável por tudo o que faz."

SARTRE, Jean-Paul. *O existencialismo é um humanismo*. São Paulo: Nova Cultural, 1987.

a) Se a essência do homem, para Sartre, é a liberdade, então jamais o homem pode ser, em sua existência, condenado a ser livre, o que seria, na verdade, uma contradição.

b) A liberdade, em Sartre, determina a essência da natureza humana que, concebida por Deus, precede necessariamente a sua existência.

c) Para Sartre, a liberdade é a escolha incondicional, à qual o homem, como existência já lançada no mundo, está condenado, e pela qual projeta o seu ser ou a sua essência.

d) O existencialismo é, para Sartre, um humanismo, porque a existência do homem depende da essência de sua natureza humana, que a precede e que é a liberdade.

12. **(UEG-2012)** Para Nietzsche, uma educação superior da humanidade exigiria uma transvaloração de todos os valores que têm como frente de combate a transvaloração platônico-cristã. Em relação à transvaloração proposta por Nietzsche, nota-se que

a) visa retirar o homem da alienação na qual se encontra, mostrando que tudo já está decidido e escolhido para nós.

b) sustenta uma visão metafísica que valoriza e postula uma possível realidade para além do mundo sensível.

c) implica uma valorização dos valores presentes eliminando a ideia de um mundo metafísico de verdades eternas.

d) visa aprofundar a cisão platônico-cristã entre esse mundo (o empírico) e o outro mundo (o mundo-verdade).

e) opera uma inversão de valores, na medida em que considera os valores vigentes como sintoma de decadência.

13. **(UEA-2012)** Existe uma diferença entre a reflexão sobre os princípios que fundamentam os valores de uma sociedade e o conjunto das regras de conduta assumidas por seus membros.

Assinale a alternativa que denomina de forma correta esses dois conceitos, respectivamente.

a) Filosofia e ética.
b) Moral e juízo de valor.
c) Estética e filosofia.
d) Juízo de realidade e estética.
e) Ética e moral.

Mais questões: no livro digital, em **Vereda Digital Aprova Enem** e **Vereda Digital Suplemento de revisão e vestibulares**; no *site*, em **AprovaMax**.

CAPÍTULO 12

PODER E DEMOCRACIA

Marcha de ativistas do Women Wage Peace ("Mulheres Pela Paz"), movimento de israelenses e palestinas em busca de uma solução pacífica para o conflito no Oriente Médio. Foto de 2016, tirada em Jericó (Cisjordânia). Ser politizado inclui questionar as políticas internas e externas do próprio país quando elas não parecem adequadas.

"O homem é um animal sociável: só pode viver e se desenvolver entre seus semelhantes.

Mas também é um animal egoísta. Sua 'insociável sociabilidade', como diz Kant, faz que ele não possa prescindir dos outros nem renunciar, por eles, à satisfação dos seus próprios desejos.

É por isso que necessitamos da política. Para que os conflitos de interesses se resolvam sem recurso à violência. Para que nossas forças se somem em vez de se oporem. Para escapar da guerra, do medo, da barbárie.

É por isso que precisamos de um Estado. Não porque os homens são bons ou justos, mas porque não são. Não porque são solidários, mas para que tenham uma oportunidade de, talvez, vir a sê-lo. Não 'por natureza' [...], mas por cultura, por história, e é isso a própria política: a história em via de se fazer, de se desfazer, de se refazer, de continuar, a história no presente, e é nossa história, e é a única história. Como não se interessar por política? Seria não se interessar por nada, pois que tudo depende dela.

O que é a política? É a gestão não guerreira dos conflitos, das alianças e das relações de força [...]."

COMTE-SPONVILLE, André. *Apresentação da filosofia.*
São Paulo: Martins Fontes, 2002. p. 27.

Conversando sobre

Vivemos momentos de grande descrença em relação à política. Por vezes, muitos atribuem a essa palavra até mesmo um caráter pejorativo. Como você encara essa situação? O texto de André Comte-Sponville pode fornecer elementos para se contrapor à tendência que enxerga a política como algo negativo? Comente essas questões com o colega e, após o estudo do capítulo, retome essa reflexão.

1. Política: para quê?

Na conversa diária, usamos a palavra *política* com diferentes sentidos. Para alguém muito intransigente, aconselhamos ser "mais político", ou seja, evitar a rigidez e aprender a negociar atitudes. Costumamos nos referir à "política" da empresa, da escola ou da Igreja, como alusão à estrutura de poder interno de diversos empreendimentos. Há também o sentido pejorativo de política, quando pessoas desencantadas associam indevidamente qualquer política à "politicagem", isto é, ao exercício equivocado do poder público, em que predominam interesses particulares sobre os coletivos, após denúncias de corrupção e violência.

Afinal, de que trata a política? *A política é a arte de governar, de gerir o destino da cidade*. Ao acompanharmos o movimento da história, constatamos que essa definição adquire diferentes nuances, conforme o contexto temporal/espacial e as especificidades de cada época e sociedade, bem como variam as expectativas a respeito da atitude do agente político.

Múltiplos são os caminhos se quisermos estabelecer a relação entre política e poder; entre poder, força e violência; entre autoridade, coerção e persuasão; entre Estado e governo etc. Por isso, é preciso delimitar as áreas de discussão.

Abordaremos algumas dessas questões neste capítulo à medida que tratarmos dos problemas com que se ocuparam os filósofos ao longo da história.

2. Poder e força

A política trata das relações de poder. Poder é a capacidade ou a possibilidade de agir, de produzir efeitos desejados sobre indivíduos ou grupos humanos. O poder supõe dois polos: o de quem o exerce e o daquele sobre o qual é exercido.

O poder é, portanto, uma relação ou um conjunto de relações pelas quais indivíduos ou grupos interferem na atividade de outros indivíduos ou grupos. Para que alguém exerça o poder, é preciso ter *força*, entendida como instrumento para o exercício dele. Quando falamos em força, é comum pensarmos imediatamente em força física, coerção ou violência, mas, na verdade, este é apenas um dos tipos de força. Sobre isso comenta o filósofo francês Gérard Lebrun (1930-1999):

"Se, numa democracia, um partido tem peso político, é porque tem força para mobilizar certo número de eleitores. Se um sindicato tem peso político, é porque tem *força* para deflagrar uma greve. Assim, força não significa necessariamente a posse de meios violentos de coerção, mas de meios que me permitam influir no comportamento de outra pessoa. A força não é sempre (ou melhor, é rarissimamente) um revólver apontado para alguém; pode ser o charme de um ser amado, quando me **extorque** alguma decisão (uma relação amorosa é, antes de mais nada, uma relação de forças; conferir as *Ligações perigosas*, de Laclos). Em suma, a força é a canalização da potência, é a sua determinação. E é graças a ela que se pode definir a potência na ordem nas relações sociais ou, mais especificamente, políticas."

LEBRUN, Gérard. *O que é poder*. São Paulo: Brasiliense, 1981. p. 11-12. (Coleção Primeiros Passos)

Trocando ideias

No romance *Ligações perigosas*, de Choderlos de Laclos, a história se passa nos ambientes luxuosos da nobreza francesa decadente, no período que antecedeu a Revolução Francesa, no século XVIII. Relata uma aposta feita entre dois nobres cujo desafio seria seduzir uma bela mulher casada, tímida e fiel ao marido. No entanto, uma vez desencadeado o jogo de sedução – um jogo de forças –, os acontecimentos fogem do controle dos "jogadores", porque, ainda que artificialmente provocada, da atração pode florescer o sentimento verdadeiro. O livro foi adaptado para o cinema em 1988, com direção de Stephen Frears.

- Por que, numa situação como a descrita acima, o uso do poder dos apostadores sobre a vítima é imoral? Em quais situações o exercício do poder é ético?

Política: do grego *pólis*, "cidade". É a arte ou a ciência de governar.

Extorquir: conseguir algo de alguém por meio de ardil, ameaça ou violência.

Ato no Dia Internacional da Mulher, 8 de março, reivindica a igualdade de gênero e o fim da violência contra a mulher. Foto de 2017, tirada em São Paulo (SP). Para que mobilizações como essa adquiram visibilidade e provoquem mudanças efetivas na sociedade, é necessário que elas sejam fortes, no sentido de força empregado por Lebrun.

Capítulo 12 • Poder e democracia **225**

3. Institucionalização do poder do Estado

Entre tantas formas de força e poder, neste capítulo nos interessam as exercidas pela política. Desde o início das discussões sobre o poder político na Antiguidade, os termos para designar as distintas formas de governo eram pólis, entre os gregos, e, para os romanos, *civitas* ("cidade") ou *res publica* ("coisa pública"). Embora exista o costume de usar o termo *Estado* para nomear diversos tipos de estrutura política, trata-se de um conceito que começou a surgir no final da Idade Média e consolidou-se na Idade Moderna. No século XVI, o italiano Nicolau Maquiavel foi um dos intelectuais que passaram a usá-lo com maior frequência, atribuindo ao termo o significado específico de "condição de posse permanente e exclusiva de um território e o comando sobre os respectivos habitantes".

A nova designação indicava uma mudança fundamental do conceito de política. Enquanto na maioria das nações medievais o poder do rei era até certo ponto nominal e simbólico, restrito às terras de sua propriedade, os senhores feudais dispunham de exército próprio, cunhavam moedas, estabeleciam tributos, decidiam a guerra e a paz e administravam a justiça, o que representava, no conjunto, mais poder para eles, em detrimento dos reis.

A fragmentação do poder dos senhores feudais colocava entraves à prosperidade comercial da burguesia nascente, o que explica seus esforços para fortalecer o poder central, concentrado na figura do rei. A formação de monarquias nacionais representou o surgimento do *Estado, entendido como a posse de um território sobre o qual se está apto a criar e aplicar leis, recolher impostos e montar um exército nacional*.

A transição para o novo Estado moderno também enfrentou lutas religiosas durante os séculos XVI e XVII que, uma vez superadas, abriram caminho para fundamentar a laicidade do Estado. De acordo com essa concepção, o poder político baseia-se exclusivamente nos interesses da ordem e do bem-estar da população, e não na fé.

De acordo com a interpretação do filósofo e sociólogo alemão Max Weber (1864-1920), o Estado moderno é reconhecido por dois elementos constitutivos: a presença do *aparato administrativo* para prestação de serviços públicos e o *monopólio legítimo da força*. Desse modo, retirava-se de indivíduos ou grupos o papel de "fazer justiça com as próprias mãos", o que representou um ganho no processo civilizatório.

No aperfeiçoamento desses atributos do Estado, nos séculos seguintes, chegou-se ao *princípio da legalidade*, que garante o poder legítimo como sendo aquele que depende do *estado de direito*, conceito segundo o qual todo julgamento só pode ser feito por leis estabelecidas: "Não há crime, nem pena, sem prévia definição legal". No século XVIII, esse princípio foi de grande importância no confronto do arbítrio de governos absolutos.

Saiba mais

O estado de direito faz parte das constituições ocidentais contemporâneas. No artigo 5º, inciso II, da Constituição da República Federativa do Brasil de 1988, consta que "Ninguém será obrigado a fazer ou deixar de fazer alguma coisa senão em virtude de lei".

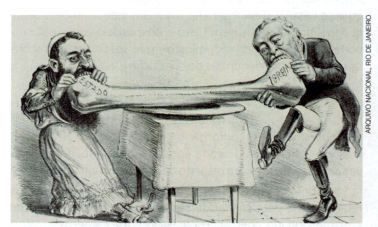

Charge publicada em 1875, no periódico *Vida Fluminense*, que aborda a questão da separação entre os poderes religioso e secular, uma discussão marcante durante o período do Segundo Reinado.

4. Estado e legitimidade do poder

Embora a força física seja condição necessária e exclusiva do Estado para o funcionamento da ordem na sociedade, não é condição suficiente para a manutenção do poder. Ele precisa ter *legitimidade*, ou seja, certo grau de consenso que assegure a obediência dos governados sem a necessidade de recurso à força.

A legitimação do poder pressupõe, portanto, um fundamento ético, pelo qual o poder possa ser validado como *justo*, o que leva também à justificação jurídica, pela formulação da lei.

Ao longo da história humana foram adotados os mais diversos *princípios de legitimidade do poder*:

- nos Estados teocráticos, o poder é legitimado pela crença e reflete a vontade de Deus;
- nas monarquias hereditárias, o poder é transmitido de geração a geração e mantido pela força das tradições;
- nos governos aristocráticos, apenas os melhores exercem funções de mando e o que se entende por melhores varia conforme o tipo de aristocracia – os mais ricos, os mais fortes, os de linhagem nobre ou, como desejava Platão, da elite do saber;
- na democracia, o poder legítimo tem origem na vontade do povo.

Laicidade: qualidade do que é laico; exclusão das instituições religiosas no processo político e/ou administrativo.
Consenso: concordância, uniformidade de opiniões.

A discussão a respeito do poder legítimo é importante na medida em que a obediência, nesse caso, se presta apenas ao poder consentido, situação na qual é voluntária e, portanto, livre. Caso contrário, o cidadão tem direito à **resistência**.

Nem sempre, porém, é clara a condição ideológica pela qual se firmou o consenso. Como exemplo, leia-se o relato de Agostinho de Hipona (354-430) sobre uma famosa troca de acusações entre Alexandre, o Grande, e um pirata:

> "Tendo-lhe perguntado o rei por qual motivo **infestava** o mar, o pirata respondeu com audaciosa liberdade: 'Pelo mesmo motivo pelo qual infestas a terra; mas como eu o faço com um pequeno navio sou chamado de pirata, enquanto tu, por fazê-lo com uma grande frota, és chamado imperador'".
>
> AGOSTINHO. De civitate Dei. In: BOBBIO, Norberto. *Estado, governo, sociedade*: para uma teoria geral da política. 2. ed. Rio de Janeiro: Paz e Terra, 1987. p. 87.

Na sequência deste livro, abordaremos as transformações sofridas na constituição do Estado, bem como as concepções filosóficas que ora criticaram o *status quo* – a situação vigente –, ora apresentaram conceitos para a sua recriação.

5. O projeto democrático

A palavra *democracia*[1] é de origem grega e significa "governo do povo", "governo de todos os cidadãos". A democracia foi uma invenção dos gregos da Antiguidade, que implantaram o regime democrático na pólis e elaboraram teoricamente esse conceito. Em Atenas, no século VI a.C., a ágora – praça pública – era o local de encontro dos cidadãos, onde se discutiam os problemas da cidade. Mas não só: nela estavam, além das instituições políticas, os tribunais, o templo e o mercado para transações comerciais.

A escolha de políticos era feita por sorteio, para que qualquer um pudesse ser alternadamente "governante e governado".

Resistência: recusa a submeter-se à vontade de outrem; oposição, reação.
Infestar: invadir, assolar, praticar atos de violência.

O regime grego caracterizou-se pela *democracia direta* – e não pela *representativa*, como é a nossa –, porque decisões eram tomadas diretamente pela assembleia popular. Prevalecia também o pressuposto de que todos são iguais perante a lei (*isonomia*) e têm o mesmo direito à palavra (*isegoria*).

Ao longo da história, essa primeira expressão de democracia encontrou teóricos e ativistas que desejaram revivê-la. Constituiu-se de maneira lenta e irregular, ora acentuando um valor, ora desprezando outro, diante das exigências de *liberdade*, *igualdade* e *participação*.

Recorremos aqui a um texto do jurista e filósofo italiano Norberto Bobbio (1909-2004) para uma definição provisória de democracia:

> "Por *democracia* se entende um conjunto de regras (as chamadas regras do jogo) que consentem a mais ampla e segura participação da maior parte dos cidadãos, em forma direta ou indireta, nas decisões que interessam a toda a coletividade."
>
> BOBBIO, Norberto. *Qual socialismo?* – discussão de uma alternativa. Rio de Janeiro: Paz e Terra, 1983. p. 55-56.

Saiba mais

Alguns menosprezam a novidade da democracia grega, diante da constatação de que em Atenas, no século V a.C., apenas cerca de 10% dos habitantes eram considerados cidadãos e autorizados a participar das assembleias, já que escravos, mulheres e estrangeiros eram delas excluídos. No entanto, é notável a invenção desse regime, em que a política aristocrática foi substituída pela participação de cidadãos, independentemente de sua classe social.

[1] Sobre democracia, consulte o capítulo 14, "Origens da filosofia", na parte II.

Milênios após a democracia ser criada em seu país, cidadãos gregos protestam contra as medidas de austeridade adotadas pelo governo democraticamente eleito. Tais medidas provocaram desemprego e pobreza, prejudicando a população. Foto de 2016, tirada em frente ao Parlamento grego, em Atenas.

Democracia e cidadania

Como o próprio nome indica, *cidadão* é quem pertence à *cidade*, independentemente da extensão que possamos dar ao termo. Não só: cidadão é também aquele que participa do poder. Trata-se da dimensão pública pela qual nos envolvemos na discussão de um destino comum. Para que interesses particulares não se sobreponham aos coletivos, o cidadão precisa aprender a distinguir entre *público* e *privado*, já que ele é um sujeito de direitos e obrigações, entre os quais podemos destacar:

- *Direitos civis*: vida, segurança, propriedade, igualdade perante a lei, liberdade de pensamento, expressão, religião, opinião e movimento, entre outros.
- *Direitos sociais*: saúde, educação, trabalho, lazer, acesso à cultura, proteção em caso de desemprego ou doença etc.
- *Obrigações*: pagamento de impostos, responsabilidade coletiva, solidariedade e participação efetiva no sentido de desempenho da cidadania, que vai muito além do importante ato de votar.

Na sociedade predominaria apatia ou risco de manipulação, caso os indivíduos não participassem da comunidade como cidadãos ativos, interessados nas questões políticas de diversas esferas de poder. Para tanto, é necessária a educação política, já que ninguém nasce cidadão. Como, porém, capacitar-se para o exercício da cidadania ativa?

A educação formal exerce um estímulo importante no indivíduo, embora o aprendizado seja possível nos mais diversos espaços: em casa, na rua, no trabalho, na escola. Sempre haverá o que criticar e melhorar em lugares onde prevaleçam relações autoritárias, falta de respeito, ausência de compromisso com o bem comum. A atuação coletiva pode ser condição de mútua aprendizagem.

ATIVIDADES

1. Qual é a importância da experiência grega de democracia para a reflexão contemporânea sobre esse conceito?
2. Qual é a diferença entre a democracia direta e a representativa? Como poderíamos introduzir, no sistema representativo, elementos da democracia direta?
3. A institucionalização do poder do Estado na Idade Moderna apoiou-se nos princípios de *legalidade* e de *legitimidade* do poder. Explique o significado desses conceitos.
4. Qual é a importância da laicidade para o melhor funcionamento do Estado?

Leitura analítica

Democracia e conhecimento

Entre as muitas definições de democracia, o jurista Norberto Bobbio realça a de democracia como o poder em público. Para justificá-la, relembra a ágora ateniense e, posteriormente, os riscos dos poderes autocráticos. *Resta saber qual é a qualidade do "público" e o que seria necessário para que este se torne exigente o suficiente para não ser enganado.*

"As definições de democracia, como todos sabem, são muitas. Entre todas, prefiro aquela que apresenta a democracia como o 'poder em público'. Uso essa expressão sintética para indicar todos aqueles expedientes institucionais que obrigam os governantes a tomarem as suas decisões às claras e permitem que os governados 'vejam' como e onde as tomam.

Na memória histórica dos povos europeus, a democracia apresenta-se pela primeira vez através da imagem da ágora ateniense, a assembleia ao ar livre onde se reúnem os cidadãos para ouvir os oradores e então expressar sua opinião erguendo a mão. Na passagem da democracia direta para a democracia representativa (da democracia dos antigos para a democracia dos modernos), desaparece a praça, mas não a exigência de 'visibilidade' do poder, que passa a ser satisfeita de outra maneira, com a publicidade das sessões do Parlamento, com a formação de uma opinião pública através do exercício da liberdade de imprensa, com a solicitação dirigida aos líderes políticos de que façam suas declarações através dos meios de comunicação de massa. [...]

A definição da democracia como poder em público não exclui naturalmente que ela possa e deva ser caracterizada também de outras maneiras. Mas essa definição capta muito bem um aspecto pelo qual a democracia representa uma antítese de todas as formas autocráticas de poder. O poder tem uma irresistível tendência a esconder-se. Elias Canetti escreveu de maneira lapidar: 'O segredo está no núcleo mais interno do poder'. É compreensível também porque: quem exerce o poder sente-se mais seguro de obter os efeitos desejados quanto mais se torna invisível àqueles aos quais pretende dominar. [...] A principal razão pela qual o poder tem necessidade de subtrair-se do olhar do público está no desprezo ao povo, considerado incapaz de entender os supremos interesses do Estado (que seriam, no julgamento dos poderosos, os seus próprios interesses) e presa fácil dos demagogos. [...]

À estratégia do poder autocrático pertence não apenas o não dizer, mas também o dizer em falso: além do silêncio, a mentira. Quando é obrigado a falar, o autocrata pode servir-se da palavra não para manifestar em público as suas próprias reais intenções, mas para escondê-las. Pode fazê-lo tanto mais impunemente quanto mais os súditos não têm à sua disposição os meios necessários para controlar a veracidade daquilo que lhes foi dito. Faz parte da preceptiva dos teóricos da razão de Estado a máxima de que ao soberano é lícito mentir. Que ao soberano fosse lícita a 'mentira útil' não foi dito apenas pelo 'diabólico' Maquiavel. Mas também por Platão, mas também por Aristóteles, mas também por Xenofonte. Sempre foi considerada uma das virtudes do soberano o saber simular, isto é, fazer parecer aquilo que não é, e saber dissimular, isto é, não fazer parecer aquilo que é. Jean Bodin, que, contudo, se confessa ardentemente antimaquiavélico, reconhece que Platão e Xenofonte permitiam aos magistrados mentir, como se faz 'com crianças e com os doentes'. A comparação dos súditos com crianças e com doentes fala por si só. As duas imagens mais frequentes nas quais se reconhece o governante autocrático são aquela do pai ou do médico: os súditos não são cidadãos livres e saudáveis. São ou menores de idade que devem ser educados, ou doentes que devem ser curados. Uma vez mais a ocultação de poder encontra sua própria justificação na insuficiência, quando não na completa indignidade do povo. O povo, ou não deve saber, porque não é capaz de entender, ou deve ser enganado, porque não suporta a luz da verdade. [...]

Comecei afirmando que se pode definir a democracia como o poder em público. Mas há público e público. Retomando a afirmativa desdenhosa de Hegel, segundo a qual o povo não sabe o que quer, poderíamos dizer que o público do qual precisa a democracia é o público composto por aqueles que sabem o que querem."

BOBBIO, Norberto. *Teoria geral da política*:
a filosofia política e as lições dos clássicos.
Rio de Janeiro: Campus, 2000. p. 386-389, 399.

Autocrático: regime que se caracteriza pelo autoritarismo.
Elias Canetti: (1905-1994) escritor búlgaro naturalizado britânico; na obra *Massa e poder*, reflete sobre a adesão crescente das massas populares ao nazifascismo na década de 1930.
Preceptivo: relativo a preceito, lição, recomendação.
Razão de Estado: conceito político segundo o qual a segurança do Estado deve ser garantida mesmo que sejam violadas as normas jurídicas, morais, políticas e econômicas. Surgiu no século XVI por ocasião da formação do Estado moderno.
Jean Bodin: (1530-1596) jurista francês.

QUESTÕES

1. Qual é a definição preferida de Norberto Bobbio para democracia?

2. Explique como as metáforas da criança e do doente se contrapõem à democracia praticada na ágora.

3. No texto, Bobbio afirma haver diversos significados do conceito de "público" e que a democracia prefere o público composto por "aqueles que sabem o que querem". De que maneira seria possível alcançar esse patamar?

6. Vivemos em uma democracia?

Será que o Brasil é um país democrático? Haverá quem responda afirmativamente sem titubear. Como justificativa, poderá argumentar que, após os anos sombrios da ditadura militar, iniciados com o golpe civil-militar de 1964, o Brasil recuperou liberdades perdidas: eleições livres; liberdade de pensamento e de expressão; liberdade de imprensa; ressurgimento de associações representativas, como partidos, sindicatos e diretórios estudantis; não repressão a reivindicações e greves.

No entanto, diante de tantas desigualdades, é possível afirmar que o Brasil é e *não* é uma democracia. Para entender essa aparente contradição, vamos nos apoiar no jurista e filósofo italiano Norberto Bobbio, que estabelece a distinção entre *democracia formal* e *democracia substancial*.

- *Democracia formal* consiste no conjunto das instituições características deste regime: voto secreto e universal, autonomia dos Poderes, pluripartidarismo, representatividade, ordem jurídica constituída, liberdade de pensamento e de expressão, pluralismo e assim por diante. Trata-se, propriamente, das "regras do jogo" democrático, que estabelecem os *meios* pelos quais a democracia é exercida.

- *Democracia substancial* diz respeito não aos meios, mas aos *fins*, aos resultados do processo. Entre esses valores, destaca-se a efetiva – e não apenas ideal – igualdade política, social, econômica e jurídica. Portanto, a democracia substancial avalia os conteúdos alcançados: se de fato todos têm igualdade perante as leis, acesso ao poder, moradia, educação, emprego, cultura etc.

Para e pelo povo

Ao se observar diversos países, constata-se que alguns apresentam conquistas de democracia formal sem que se tenha estendido a todos as promessas da democracia substancial: é o caso de países liberais, inclusive do Brasil.

Em outros, a democracia substancial é implantada sem que se dê atenção à democracia formal. É o caso de democracias *para o povo*, mas não *pelo povo*, como ocorreu em países socialistas, por exemplo, na antiga União Soviética (atual Rússia) e em Cuba. Nessas experiências políticas, a erradicação do analfabetismo e a ampliação do sistema de saúde caminharam ao lado da censura aos intelectuais e da perseguição aos dissidentes. Portanto, para garantir a democracia substancial, a democracia formal foi adiada, com a promessa – não cumprida – de ser provisória.

Bobbio completa:

> "O único ponto sobre o qual uns e outros poderiam convir é que a democracia perfeita – que até agora não foi realizada em nenhuma parte do mundo, sendo utópica, portanto – deveria ser simultaneamente formal e substancial."
>
> BOBBIO, Norberto et al. *Dicionário de política*. 2. ed. Brasília: Editora UnB, 1986. p. 329.

7. Áreas de exercício democrático

A fim de melhor compreender as contradições dos governos ditos democráticos, vejamos como os dois aspectos da democracia – formal e substancial – expressam-se em quatro áreas possíveis de exercício democrático: política, social, econômica e jurídica.

Democracia política

O coração da democracia encontra-se no reconhecimento do valor da coisa pública, separada de interesses particulares. Como foi dito anteriormente, ninguém é "proprietário" do poder, por isso o poder democrático deve ser rotativo e seus governantes escolhidos pelo voto.

O acesso ao poder na democracia política é, portanto, ascendente, por se exercer "de baixo para cima", pela escolha popular e com garantia de oposição efetiva. Por isso, é importante a regulamentação do sistema pluripartidário livre e do sufrágio universal e secreto, bem como a transparência da ação de políticos.

O voto em época de eleição, embora importante, não é suficiente. Nos últimos tempos os partidos políticos têm perdido o estofo ideológico e seguem ao sabor do casuísmo e de conchavos. Na mesma linha, profissionais de *marketing* influenciam a *performance* do candidato, desde a aparência física, gestos e entonação de voz até a seleção do que deve ou não ser dito, o que causa impacto entre eleitores e pode favorecer determinada candidatura em detrimento de outra. Esses aspectos, acrescidos de problemas relativos ao desequilíbrio de financiamento de campanhas eleitorais, têm estimulado o debate público na direção de urgente reforma política.

A Constituição brasileira de 1988 legisla sobre maneiras de ampliar o poder popular por mecanismos de participação de *democracia semidireta*, como o referendo, o plebiscito e a iniciativa popular. Um exemplo de referendo foi a aprovação do Estatuto do Desarmamento (2003); de plebiscito, a opção por manter o regime republicano e o sistema presidencialista (1993); de iniciativa popular, a Lei da Ficha Limpa (2010). Verifique a seguir uma forma de diferenciação desses mecanismos.

> "Nos plebiscitos, a população é convocada para opinar sobre o assunto em debate antes que qualquer medida tenha sido adotada, fazendo com que a opinião popular seja base para elaboração de lei posterior. No caso do referendo, o Congresso discute e aprova inicialmente uma lei e então os cidadãos são convocados a dizer se são contra ou favoráveis à nova legislação. [...] Na Iniciativa Popular de Lei, os eleitores têm o direito de apresentar projetos ao Congresso Nacional desde que reúnam assinaturas de pelo menos 1% do eleitorado nacional, localizado em pelo menos cinco estados brasileiros."
>
> PORTAL BRASIL. *Entenda a diferença entre plebiscito, referendo e leis de iniciativa popular*. Disponível em <http://mod.lk/UGpVO>. Acesso em 7 fev. 2017.

Outra maneira de ampliar a efetivação do exercício democrático ocorre paralelamente à multiplicação de entidades representativas da sociedade civil, de modo que seja ativada a participação dos cidadãos. Esses grupos tanto podem ser ocasionais como perenes. Alguns exemplos emblemáticos são: partidos políticos, sindicatos, organizações não governamentais (ONGs), associações de bairro, coletivos.

Todos esses órgãos visam a objetivos os mais diversos: definição de ideologias partidárias, defesa de trabalhadores de determinado setor econômico, proteção de interesses de uma comunidade ou bairro, combate à violência, luta pelos interesses da população sem-teto ou sem-terra, preservação do meio ambiente etc. Além dessas maneiras de ampliar a participação cidadã, reuniões em praça pública e movimentos de rua há muito são recursos para reivindicações populares de diversos segmentos, como veremos mais adiante.

Sufrágio universal: sistema em que os eleitores constituem a totalidade de cidadãos com capacidade legal para o voto. Concretamente, processo histórico de extensão do voto para inclusão de mulheres, segmentos mais pobres e analfabetos.

Casuísmo: no contexto, argumento fundamentado em raciocínio enganador ou falso, que não tem por base princípios fortemente estabelecidos, mas casos concretos.

Frank & Ernest (2016), tirinha de Bob Thaves. O *marketing* político e a disparidade de recursos para o financiamento de campanhas entre os candidatos podem favorecer alguns em detrimento de outros. Esse é um problema que incentiva a demanda por reforma política.

Democracia social

Numa democracia social, embora as pessoas sejam diferentes e participem de grupos diversos, ninguém pode ser discriminado devido à renda, ao gênero[2], à etnia, à sexualidade ou à crença.

Do ponto de vista formal, a Constituição brasileira de 1988 garante igualmente os direitos essenciais a todos (moradia, alimentação, saúde e educação), mas estamos muito longe de gozá-los na prática em toda sua extensão. As aflições da população carente são questões enfrentadas pelos países emergentes, o que revela a incapacidade de o capitalismo mundial resolver, por exemplo, o problema fundamental da fome.

Em relatório da Organização das Nações Unidas para a Alimentação e a Agricultura (FAO), divulgado em setembro de 2014, confirmou-se a tendência positiva global de diminuição do número de pessoas que passam fome. Mesmo assim, é preocupante a constatação de que 805 milhões de pessoas no mundo ainda sofram de insegurança alimentar, sendo variável o desempenho de cada país.

> "Dos países da América Latina e Caribe, o Brasil foi um dos que cumpriu tanto a meta de reduzir pela metade a proporção de pessoas que sofrem com a fome [...] quanto a meta de reduzir pela metade o número absoluto de pessoas com fome [...]. No período base (1990-1992), 14,8% das pessoas sofriam de fome. Para o período de 2012-2014, o Brasil reduziu a níveis inferiores a 5%."
>
> FAO. *Cai o número de pessoas que passam fome no mundo.* Disponível em <http://mod.lk/36qsv>. Acesso em 24 mar. 2017.

No Brasil e em outras partes do mundo ainda há muito o que fazer para que índices satisfatórios – de acordo com os direitos constitucionais – sejam atingidos em setores fundamentais para a manutenção de uma vida digna, como saneamento básico, atendimento médico eficiente e educação de qualidade.

Quanto aos bens materiais e culturais são igualmente mal distribuídos em países emergentes, apesar de melhorias alcançadas nas últimas décadas. No caso do Brasil, a redução da pobreza atribuída a políticas públicas fez crescer a classe C, mas sem ocorrer distribuição similar de oferta de cultura, entendida como toda produção ligada às diferentes práticas artísticas, sejam populares ou eruditas. Especialistas apontam ainda que, em decorrência da crise econômica a partir de 2014, em torno de 3,3 milhões de famílias da classe C migraram para as classes D e E.

Saiba mais

As discussões sobre o tema *transgênero* surgiram na década de 1970, período de movimentos libertários, e desde a década seguinte teorias acadêmicas (conhecidas, em seu conjunto, como "teoria *queer*") vêm suscitando o debate político. De algum modo, as influências já se notam em países que asseguram o direito de transexuais alterarem seu nome em registro civil, para que não sejam mais vítimas de constrangimentos sociais, dando mostras de que não cabe ao poder controlar a singularidade dos corpos. Aliás, no Brasil, os Parâmetros Curriculares Nacionais (PCN) orientam o estudo escolar articulado com os temas transversais, entre eles, a orientação sexual, desde o ensino fundamental.

Painel com decoração dos Jogos Olímpicos Rio 2016 separa a Linha Vermelha do Complexo da Maré, no Rio de Janeiro. Especulou-se que o painel serviria para esconder do olhar dos turistas o problema da desigualdade, o qual deve ser tratado com medidas sérias e efetivas.

---

[2] O conceito de gênero tem vários significados; no contexto, refere-se tradicionalmente aos gêneros masculino e feminino, sendo que a mulher é a vítima mais conhecida, embora tenham adquirido visibilidade outras identidades sexuais, como a dos transgêneros, ainda mais fortemente excluídas.

Democracia econômica

A democracia econômica consiste na justa distribuição de renda, oferta de iguais oportunidades de trabalho, contratos livres, sindicatos fortes. Esses aspectos formais podem levar ou não à efetivação da democracia substancial.

No capítulo 3, "Trabalho e lazer", constata-se que a relação entre empregados e empregadores sofreu variações ao longo do sistema capitalista e que a economia mundializou-se, fortalecendo as grandes empresas. A tecnologia cada vez mais refinada implantada nas fábricas alcançou também o campo, estimulou o agronegócio, com prejuízo para pequenos produtores.

Ao detalhar esse quadro, percebe-se que a expansão da economia nem sempre resultou no bem-estar global e na liberdade das pessoas. Com foco na produção de mercadoria, o mercado precisa de mão de obra qualificada, o que se costuma chamar de "investimento em capital humano". Essa curiosa – e indevida – denominação nos faz destacar a advertência do economista Amartya Sen (1933), para quem, onde o lucro é o principal interesse, prevalece a competição e a busca da eficácia, sobrepondo-se ao ideal de formação humana global.

Ampliando o desconforto diante da constatação da desigualdade, num estudo publicado em janeiro de 2017 pelo Comitê de Oxford de Combate à Fome (Oxfam), tomamos conhecimento de que desde 2015 os recursos acumulados pela parcela da população mundial composta do 1% mais rico ultrapassaram a riqueza dos outros 99%. Além disso, em 2017 a fortuna dos oito homens mais ricos do mundo mostrou-se equivalente à da metade mais pobre do mundo: oito homens têm, somados, a mesma riqueza que 3,6 bilhões de pessoas.

Durante quinze anos o economista francês Thomas Piketty (1971) pesquisou o crescimento da desigualdade global. Sua obra *O capital no século XXI*, publicada em 2013, tem provocado intensos debates. Apoiado em dados históricos e comparativos que abrangem três séculos e mais de vinte países, o autor concluiu que, diferentemente do que sempre se difundiu, o capitalismo não tem se encaminhado para uma sociedade em que enriquecer depende do mérito de cada um. Ao contrário, verificou a tendência de os ricos se tornarem cada vez mais ricos, enquanto **prognósticos** apontam que a desigualdade tende cada vez mais a aumentar. Em outras palavras, terminou o "**sonho americano**" de uma sociedade que permitiria grande flexibilidade para ascensão social.

Piketty adverte que suas conclusões se baseiam em constatações expostas em seu livro, mas reconhece que daqui para a frente a situação não está necessariamente determinada, sendo necessário fazer escolhas certas para mudar o quadro geral futuro. Uma das hipóteses sugeridas encontra-se na taxação dos mais ricos por meio de impostos progressivos, que aumentam conforme a renda ou a riqueza sobre a qual são aplicados. E acrescenta:

> "[...] a história da renda e da riqueza é sempre profundamente política, caótica e imprevisível. O modo como ela se desenrolará depende de como as diferentes sociedades encaram a desigualdade e que tipo de instituições e políticas públicas essas sociedades decidem adotar para remodelá-la e transformá-la. Ninguém pode saber como isso tudo há de evoluir nas próximas décadas. As lições do passado são, ainda assim, muito úteis, uma vez que nos ajudam a enxergar com mais clareza as escolhas com as quais talvez nos confrontemos no próximo século e o tipo de dinâmica que prevalecerá."
>
> PIKETTY, Thomas. *O capital no século XXI*. Rio de Janeiro: Intrínseca, 2014. p. 41.

Prognóstico: previsão, sinal de acontecimento futuro.

Sonho americano: conjunto de ideias desenvolvidas nos Estados Unidos desde a Declaração de Independência de 1776, que institucionalizou como inalienável o direito à vida, à liberdade e à busca da felicidade. Posteriormente, somaram-se a isso as noções de sucesso individual e de mobilidade social, segundo as quais o trabalho árduo bastaria para tirar o indivíduo da pobreza.

Tirinha de Laerte (2011). Pode-se interpretar a tirinha como uma crítica às democracias que concedem benefícios aos mais ricos (como isenção de impostos a grandes empresários), colaborando para a concentração de renda nas mãos de uma minoria da população.

Democracia jurídica

A democracia jurídica é uma das metas de países que defendem a igualdade perante a lei. Trata-se de processo relativamente recente na história, motivado pela luta da burguesia do século XVIII para derrubar privilégios da nobreza. Participar da elaboração de leis e defender interesses que até então eram desconsiderados foi decisivo para culminar na Revolução Francesa (1789).

Naquele momento histórico do Século das Luzes, a liberdade de pensamento e de ação estendida a todos foi celebrada com a assinatura da Declaração dos Direitos do Homem e do Cidadão, que inspirou a construção da ordem jurídica valorizada daí em diante. De acordo com o documento, ninguém mais poderia ser submetido à servidão, à escravidão nem a penas cruéis, além de ter assegurada a liberdade de locomoção, de pensamento e de agremiação, nos limites estabelecidos pela lei. O capítulo 13, "Violência e direitos humanos", aborda as repercussões contemporâneas dessas conquistas na elaboração e ampliação do conceito de *direitos humanos*.

Alguém poderia lembrar que a ação do Estado exerce o monopólio legítimo da violência, por atribuirmos a ele o poder de julgar atos dos cidadãos e, conforme o caso, cercear sua liberdade. No entanto, são as leis que permitem o ordenamento da sociedade e impedem a ação de grupos apoiados em interesses particulares. Ou seja, *se a lei limita a liberdade, ao mesmo tempo é ela que a garante*.

A democracia jurídica substancial depende do funcionamento efetivo das instituições. São aspectos importantes: elaboração de leis que representem interesses da população; respeito à Constituição; autonomia e agilidade do Poder Judiciário; eficiência da polícia, com estrutura e formação adequadas para coibir o crime sem desrespeitar a dignidade humana.

Apesar desses avanços, bem sabemos, permanecem entraves em diversas instâncias de poder. Por ocasião da Constituinte de 1988, questões sobre reforma agrária, aposentadoria e verbas para a educação pública, por exemplo, sofreram pressões as mais diversas, nem sempre voltadas para o interesse coletivo. Convém reconhecer, porém, que houve melhorias que positivaram valores sociais e estimularam decisões jurídicas para garanti-los. Na mesma linha, o Ministério Público, órgão que defende os interesses da sociedade, tornou-se mais atuante no exercício de suas novas funções.

A longa tradição dos porões da ditadura preserva ainda hoje focos de tortura e maus-tratos nos presídios, conforme denúncias de grupos de defesa dos direitos humanos, incluindo-se aí a Anistia Internacional. Além disso, no Brasil, a morosidade e o elevado custo de manutenção do Poder Judiciário prejudicam a plena efetivação da justiça.

Por fim, convém destacar que, mesmo se existirem leis injustas, só nas democracias caberá ao cidadão criticá-las e propor alterações. Aliás, é próprio da democracia ser reavaliada ou reformulada segundo as transformações sociais, adequando-se a novos contextos para garantir cada vez mais sua eficiência.

Assembleia Constituinte de 1988, no Congresso Nacional, em Brasília (DF). Na ocasião, a população indígena pressionou as autoridades para que fossem reconhecidos seus direitos territoriais e culturais. A observação desses direitos apenas no plano formal, entretanto, é insuficiente para torná-los efetivos.

8. Desafios da democracia contemporânea

Nas duas primeiras décadas do século XXI, acontecimentos sociais, econômicos e políticos foram importantes para alertar a respeito de uma crise que afeta a democracia contemporânea. Sabe-se que o conceito de *crise* pressupõe aspectos negativos e positivos. Os primeiros dizem respeito à sensação de "desordem", pela qual somos impelidos a nos desacomodar de uma estrutura aceita até então. Porém, uma crise também pode alertar para o nascimento de algo diferente que se manifesta com características que precisariam ser esclarecidas para a reinvenção de uma ordem. Neste capítulo, a intenção não é apontar soluções – elas ainda não existem –, mas destacar elementos que sinalizam a necessidade de mudança, a fim de preservar a democracia.

Representação política

Teorias de filósofos contratualistas como Thomas Hobbes (1588-1679), John Locke (1632-1704) e Jean-Jacques Rousseau (1712-1778), embora diferentes em seus aspectos, foram todas focadas no *pacto social*, na *legitimidade do poder* e nas novas propostas de *representação política*. Esses assuntos estão mais amplamente desenvolvidos no capítulo 20, "Concepções políticas na modernidade", ao abordar o nascimento do liberalismo no século XVII, que se contrapunha ao direito divino dos reis, defendido pela antiga ordem política aristocrática.

Vale ressaltar que Rousseau, além de algumas semelhanças com os demais contratualistas, recusava o modelo representativo e defendia a *soberania popular*, pela qual o povo não aliena sua liberdade e seu poder de legislar. A proposta, inexequível em sociedades civis populosas – diferentes de Genebra (Suíça), onde nasceu o filósofo –, tem reaparecido sob alguns aspectos com leis que garantem projetos de democracia semidireta, mesmo que ainda precários em razão de restrições e do controle do poder central.

Atualmente, porém, têm surgido novas críticas à legitimidade da representação política. Trata-se de avaliações de âmbito internacional, não restritas apenas à realidade brasileira, e que revelam a necessidade de *democratizar a democracia*: o que se observa é a demanda por maior participação popular. Melhor dizendo, a crise atual é inerente à expressão "democracia representativa", que desde o início tentou conciliar dois conceitos conflituosos: *democracia* e *representação*. Pois, se entendermos democracia como governo do povo, a representação consiste na seleção de apenas alguns que governam, e os critérios para conceder o poder a "alguns" nem sempre têm sido os mais democráticos. Basta conferir a longa luta pela igualdade, perseguida passo a passo pelos excluídos, geralmente considerados "inferiores", incapazes de assumir postos de poder.

A discrepância é revelada pelo simples exemplo do sufrágio universal: no início do Estado liberal, predominou o voto censitário, em que só votavam e podiam ser votados os que detinham posses. No mundo ocidental, muito lentamente ampliou-se o acesso ao voto, embora a inclusão de mulheres tenha ocorrido apenas a partir do século XX, além de a conquista desse direito ser bem mais recente para analfabetos.

A esse respeito, o filósofo franco-argelino Jacques Rancière (1940) comenta:

> "Essa ampliação significou historicamente duas coisas: conseguir que fosse reconhecida a qualidade de iguais e de sujeitos políticos àqueles que a lei do Estado repelia para a vida privada dos seres inferiores; conseguir que fosse reconhecido o caráter público de tipos de espaço e de relações que eram deixados à mercê do poder da riqueza. [...] Significou também lutas contra a lógica natural do sistema eleitoral, que transforma a representação em representação dos interesses dominantes e a eleição em dispositivo destinado ao consentimento."
>
> RANCIÈRE, Jacques. *O ódio à democracia*. São Paulo: Boitempo, 2014. p. 73.

De acordo com Rancière, as conquistas graduais da igualdade sempre correram riscos de regressão, porque nossas democracias se baseiam em Estados que encontram meios de dominação oligárquica e isso se deve ao "ódio à democracia", ou seja, à recusa obstinada de integrar os sempre considerados "inferiores". Isso nos faz lembrar de Platão, que desdenhava a democracia recém-nascida, embora sua proposta política para poucos escolhesse os melhores entre os mais sábios, e não entre os mais ricos.

Oligárquico: relativo à oligarquia, regime político em que o poder é exercido por poucos, pertencentes ao mesmo partido, classe ou família.

Estudantes secundaristas durante assembleia realizada em escola ocupada. Foto de 2015, tirada em São Paulo (SP). O movimento "Ocupa Escola" se alastrou pelo Brasil, trazendo reivindicações por mais investimento em educação, maior participação dos alunos na gestão escolar e contra as reformas do Ensino Médio. A partir desse fenômeno, é possível diagnosticar um maior desejo de participação nas decisões que envolvem a vida dos jovens.

Comunicação em rede

O que mudou no mundo contemporâneo e pede novas reflexões foi o recurso às redes sociais, poderosos instrumentos de mobilização. A "convocação" por via digital de grupos com ideologias diferentes consegue rapidamente reunir pessoas em locais específicos, para tornar públicas ideias e reivindicações.

Temos como exemplos clássicos as multidões reunidas em praça pública a partir de 2011, seja em países do Norte da África dominados por longas tiranias, seja em Nova York e em grandes centros do mundo ocidental impactados pelos efeitos da crise financeira de 2008. No Brasil, as mobilizações começaram em junho de 2013, focadas no Movimento Passe Livre (MPL), que criticava o aumento de tarifas de transporte público, reivindicando sua gratuidade. Outros movimentos surgiram com demandas específicas e, em 2015, assumiram caráter mais amplo, abrangendo a luta pela garantia de direitos sociais (educação, saúde, alimentação, trabalho, moradia, lazer, segurança etc.), além de críticas à corrupção. Os ânimos se acirraram de tal maneira que terminaram na deposição de Dilma Rousseff da presidência da República, assumindo o seu vice, Michel Temer.

Se concordarmos que a democracia se encontra em constante repensar e em reinvenção, será preciso refletir sobre a voz das ruas. Até mesmo estimular a multiplicidade de manifestações, apesar das inúmeras dificuldades que esse desafio representa, já que a massa costuma ser heterogênea e carregar ideologias opostas, disputando o mesmo espaço muitas vezes com confronto, o que prejudica o debate de ideias. Conflitos políticos pressupõem adversários, o que não significa "inimigos", embora seja esta a situação atual de muitos dos debates que ocorrem com mútuas agressões nos meios virtuais.

Destaca-se não só a necessidade de reconhecer o fenômeno das redes, contraposto à lentidão burocrática de representações partidárias, mas também o risco de disseminar ódio e preconceitos que impedem o diálogo. A violência não se restringe à depredação do patrimônio e às agressões físicas, mas se manifesta também em palavras que humilham e desrespeitam o interlocutor.

Por sua vez, a desilusão com a política pode levar à negação da própria cidadania, quando se apela à "ordem autoritária", atitude que sinaliza descaso ou pouco conhecimento a respeito dos trágicos períodos de ditaduras sul-americanas e, na Europa, dos totalitarismos de direita e de esquerda, como veremos a seguir. Importa, então, a ampla e universal educação para que se possa assumir a plena cidadania. Que venham os cidadãos para as ruas, mas que tragam consigo a memória histórica do seu país.

De acordo com estudiosos que analisam o contexto histórico e internacional da crise do neoliberalismo, tem ficado relativamente clara a necessidade de reformulação da *representação política,* sobretudo porque a era do capitalismo financeiro fortaleceu ainda mais a ligação entre dinheiro e poder. Entre os extremos do *laissez-faire* e do estatismo, devem existir fórmulas mais justas de fazer política.

A crise atual pode significar a exigência de alternativas, de novas estruturas políticas, sociais e econômicas que permitam a gestão dos patrimônios público e privado de maneira a impedir privilégios ou a exploração, oferecendo oportunidades de trabalho e de acesso aos bens produzidos pela sociedade de maneira mais justa.

> *Laissez-faire:* expressão francesa que significa literalmente "deixe fazer"; designa a predisposição do liberalismo de não permitir que o Estado interfira na economia.
>
> **Estatismo:** o termo tem significado oposto a *laissez-faire*; é a defesa da autoridade do Estado e da sua intervenção em atividades econômicas.

Saiba mais

A crise financeira de 2008 foi desencadeada pelo aquecimento do mercado imobiliário de agências financiadoras estadunidenses que ofereciam crédito sem exigir garantias para o cumprimento das dívidas. Ações financeiras artificiais – porque sem lastro, sem garantia real – criaram um "castelo de cartas" que ao desmoronar extrapolou os limites dos Estados Unidos, afetando a economia mundial. Com a quebra de instituições imobiliárias e agências de seguro, governos de diversos países precisaram intervir para nacionalizar bancos e injetar fortunas na economia. Medidas de austeridade impostas a diversos países atingidos pela crise colocaram em risco a União Europeia e a estabilidade do euro, fazendo com que Portugal, Espanha, Itália e Grécia, especialmente, enfrentassem dificuldades ampliadas por altos índices de desemprego. Nesses países, o drástico empobrecimento desencadeou protestos contra as severas medidas econômicas.

ATIVIDADES

1. Qual é a diferença entre *democracia formal* e *democracia substancial*?

2. Explique por que um país em que predomina a desigualdade de acesso à escola, à saúde e à moradia não pode ser considerado propriamente democrático, mesmo que tenha todas as instituições funcionando.

3. Por que a crise da política mundial se defronta com a necessidade de revisão dos conceitos de *legitimidade do poder* e de *representação política*?

4. Por trás dos discursos, dos desejos e do modo de fazer política adotado nas sociedades atuais, existe um sentimento antidemocrático que o filósofo Jacques Rancière escolheu designar como "ódio à democracia", título de uma de suas obras. Explique melhor esse fenômeno.

Democracia sequestrada

Nos textos a seguir, discutem-se algumas problemáticas que envolvem a democracia representativa. Rancière destaca inúmeros aspectos dos privilégios de uma oligarquia que mantém indefinidamente o poder para satisfazer interesses pessoais, enquanto o filósofo esloveno Slavoj Žižek (1949) destaca que, em um regime democrático liberal, temos apenas a ilusão da escolha.

Texto 1

"[...] O que queremos dizer exatamente quando dizemos que vivemos em democracias? Estritamente entendida, a democracia não é uma forma de Estado. Ela está sempre aquém e além dessas formas. Aquém, como fundamento igualitário necessário e necessariamente esquecido do Estado oligárquico. Além, como atividade pública que contraria a tendência de todo Estado de monopolizar e despolitizar a esfera comum. Todo Estado é oligárquico. O teórico da oposição entre democracia e totalitarismo concorda sem nenhuma dificuldade: 'Não se pode conceber regime que, em algum sentido, não seja oligárquico'. Mas a oligarquia dá à democracia mais ou menos espaço, é mais ou menos invadida por sua atividade. Nesse sentido, as formas constitucionais e as práticas dos governos oligárquicos podem ser denominadas mais ou menos democráticas. Toma-se usualmente a existência de um sistema representativo como critério pertinente de democracia. Mas esse sistema é ele próprio um compromisso instável, uma resultante de forças contrárias. Ele tende para a democracia na medida em que se aproxima do poder de qualquer um. Desse ponto de vista, podemos enumerar as regras que definem o mínimo necessário para um sistema representativo se declarar democrático: mandatos eleitorais curtos, não acumuláveis, não renováveis; monopólio dos representantes do povo sobre a elaboração das leis; proibição de que funcionários do Estado representem o povo; redução ao mínimo de campanhas e gastos com campanha e controle da ingerência das potências econômicas nos processos eleitorais. Essas regras não têm nada de extravagante e, no passado, muitos pensadores ou legisladores, pouco inclinados ao amor irrefletido pelo povo, examinaram-nas atentamente como meios para garantir o equilíbrio dos Poderes, dissociar a representação da vontade geral da representação dos interesses particulares e evitar o que consideraram o pior dos governos: o governo dos que amam o poder e são hábeis em se assenhorar dele. Contudo, basta enumerá-los hoje para provocar riso. E com toda razão, pois o que chamamos de democracia é um funcionamento estatal e governamental que é o exato contrário: eleitos eternos, que acumulam ou alternam funções municipais, estaduais, legislativas ou ministeriais, e veem a população como o elo fundamental da representação dos interesses locais; governos que fazem eles mesmos as leis; representantes do povo maciçamente formados em certa escola de administração; ministros ou assessores de ministros realocados em empresas públicas ou semipúblicas; partidos financiados por fraudes nos contratos públicos; empresários investindo uma quantidade colossal de dinheiro na busca de um mandato; donos de impérios midiáticos privados apoderando-se do império das mídias públicas por meio de suas funções públicas. Em resumo: apropriação da coisa pública por uma sólida aliança entre a oligarquia estatal e econômica. É compreensível que os depreciadores do 'individualismo democrático' não tenham o que censurar a esse sistema de predação da coisa e do bem públicos. De fato, essas formas de hiperconsumo dos empregos públicos não dizem respeito à democracia. Os males de que sofrem nossas 'democracias' estão ligados em primeiro lugar ao apetite insaciável dos oligarcas.

Não vivemos em democracias. [...] Vivemos em Estados de direito oligárquicos, isto é, em Estados em que o poder da oligarquia é limitado pelo duplo reconhecimento da soberania popular e das liberdades individuais. Conhecemos bem as vantagens desse tipo de Estado, assim como seus limites. As eleições são livres. Em essência, asseguram a reprodução, com legendas intercambiáveis, do mesmo pessoal dominante, mas as urnas não são fraudadas e qualquer um pode se certificar disso sem arriscar a vida. A administração não é corrompida, exceto na questão dos contratos públicos, em que eles se confundem com os interesses dos partidos dominantes. As liberdades dos indivíduos são respeitadas, à custa de notáveis exceções em tudo que diga respeito à proteção das fronteiras e à segurança do território. A imprensa é livre: quem quiser fundar um jornal ou uma emissora de televisão com capacidade para atingir o conjunto da população, sem a ajuda das potências financeiras, terá sérias dificuldades, mas não será preso. Os direitos de associação, reunião e manifestação permitem a organização de uma vida democrática, isto é, uma vida política independente da esfera estatal. Permitir é evidentemente uma palavra ambígua. Essas liberdades não são dádivas dos oligarcas. Foram conquistadas pela ação democrática e sua efetividade somente é mantida por meio dessa ação. Os 'direitos do homem e do cidadão' são os direitos daqueles que os tornam reais."

RANCIÈRE, Jacques. *O ódio à democracia*. São Paulo: Boitempo, 2014. p. 91-95.

Texto 2

"Walter Lippmann, ícone do jornalismo norte-americano do século XX, teve papel fundamental no autoentendimento da democracia dos Estados Unidos. Embora politicamente progressista (defendia uma política justa em relação à União Soviética etc.), propôs uma teoria dos meios de comunicação públicos que teve um arrepiante efeito de verdade. Cunhou a expressão 'fabricar consenso' [...]. Em *Public Opinion*, publicado em 1922, escreveu que a 'classe governante' deve se erguer para enfrentar o desafio – via o público como Platão, como a grande besta ou o rebanho desorientado, afundando no 'caos das opiniões locais'. Por isso, o rebanho de cidadãos tem de ser governado por 'uma classe especializada cujos interesses vão além do local'; essa elite deve agir como uma máquina de conhecimento que contorne o defeito primário da democracia, o ideal impossível do 'cidadão onicompetente'. É desse modo que nossas democracias funcionam, e com nosso consentimento. Não há mistério no que Lippmann dizia, é um fato óbvio; o mistério é que, sabendo disso, continuamos a jogar o jogo. Agimos como se fôssemos livres para escolher, enquanto silenciosamente não só aceitamos, como até exigimos que uma injunção invisível (inscrita na própria forma de nosso compromisso com a 'liberdade de expressão') nos diga o que fazer e o que pensar. Como Marx observou há muito tempo, o segredo está na própria forma.

Nesse sentido, na democracia, cada cidadão comum é de fato um rei – mas um rei numa democracia constitucional, um monarca que decide apenas formalmente, cuja função é apenas assinar as medidas propostas pelo governo executivo. É por isso que o problema dos rituais democráticos é semelhante ao grande problema da monarquia constitucional: como proteger a dignidade do rei? Como manter a aparência de que o rei toma as decisões, quando todos sabemos que isso não é verdade? [...] Por conseguinte, o que chamamos de 'crise da democracia' não ocorre quando os indivíduos deixam de acreditar em seu poder, mas, ao contrário, quando deixam de confiar nas elites, que supostamente sabem por eles e fornecem as diretrizes, quando vivenciam a angústia que acompanha o reconhecimento de que 'o (verdadeiro) trono está vazio', de que a decisão agora é realmente deles. É por isso que, nas 'eleições livres', há sempre um aspecto mínimo de boa educação: os que estão no poder fingem educadamente que não detêm de fato o poder e nos pedem para decidir livremente se queremos lhes dar o poder – num modo que imita a lógica do gesto feito para ser recusado.

Nos termos da vontade: a democracia representativa, em sua própria noção, envolve um apassivamento da vontade popular, sua transformação em não vontade – a vontade é transferida para um agente que representa o povo e a exerce em seu nome. Portanto, sempre que alguém é acusado de destruir a democracia, a resposta que deve dar é uma paráfrase daquela que Marx e Engels deram no *Manifesto Comunista* a uma crítica semelhante (de que o comunismo destrói a família, a propriedade, a liberdade etc.): a própria ordem dominante já faz toda a destruição necessária. Do mesmo modo que liberdade (de mercado) é falta de liberdade para os que vendem sua força de trabalho e a família é destruída pela família burguesa [...], a democracia é destruída pela forma parlamentar com o apassivamento concomitante da imensa maioria, assim como pelo crescente Poder Executivo implicado na lógica cada vez mais influente do estado de emergência.

Não há razão para desprezar as eleições democráticas; a questão é que devemos insistir que elas não são *per se* uma indicação da verdade; ao contrário, via de regra tendem a refletir a **doxa** predominante determinada pela ideologia hegemônica. [...] Podem ocorrer eleições democráticas que representam um evento de verdade, eleições em que, contra a inércia cínico-cética, a maioria 'acorda' por alguns instantes e vota contra a hegemonia da opinião ideológica. No entanto, a própria natureza excepcional dessa ocorrência prova que as eleições, como tais, não são veículo da verdade."

ŽIŽEK, Slavoj. *Primeiro como tragédia, depois como farsa*. São Paulo: Boitempo, 2011. p. 114-117.

Onicompetente: competente em tudo.
Per se: do latim, "em si mesmo".
Doxa: do grego, "opinião".

QUESTÕES

1. Os dois autores apontam características da democracia contemporânea em geral, discorrendo sobre as dificuldades de conciliar *representação* e *democracia*. Faça uma síntese dessa problemática abordando os principais aspectos.

2. Apesar da crítica contundente e de aparente descrença no efetivo enfrentamento de oligarquias, Rancière enumera várias conquistas de liberdades democráticas, mas sempre indica suas limitações. Explique por que há um otimismo no poder democrático quando afirma, no final, que "essas liberdades não são dádivas dos oligarcas".

3. O que seria, de acordo com Žižek, a verdadeira crise da democracia? Explique.

4. Dialogue com seu colega para levantar aspectos citados por Rancière e por Žižek com os quais vocês não concordem. Justifiquem.

9. Desvios do poder: totalitarismo e autoritarismo

A democracia não dispõe de um modelo a ser seguido por ser construída pelo enfrentamento de opiniões divergentes, com base em situações concretas e tendo em vista o bem comum. Em razão disso, o equilíbrio das forças políticas é sempre instável, o que exige atenção constante para evitar os riscos de desvio de poder.

Além disso, a democracia está sempre "por se fazer" e por isso é frágil. Sua fragilidade, porém, não é propriamente "fraqueza" ou "vulnerabilidade", porque ela não se move pela imposição e pelo autoritarismo, mas está aberta à discussão, ao pluralismo, ao conflito não violento, o que representa sua maturidade política.

Ao mesmo tempo, encontra-se sempre ameaçada pela intolerância dos que desejam se impor pela força. Sempre haverá aqueles que pretendem homogeneizar pensamentos e ações, favorecendo determinados grupos que se propõem a "restabelecer a ordem" e a hierarquia, impondo um governo autoritário. Foi o que ocorreu ao longo do século XX quando surgiram formas de poder que não se confundem com expressões tradicionais de despotismo e de tirania, por apresentarem características especiais. São os casos das experiências de totalitarismo vivenciadas após a Primeira Guerra Mundial.

Regimes totalitários

Os pilares da sociedade

O totalitarismo foi um fenômeno político do século XX que mobilizou, de modo significativo, grande parte da sociedade de alguns países. O totalitarismo instalou-se na Alemanha, com o regime nazista, e na Itália, com o regime fascista. Na União Soviética, o totalitarismo foi implementado com o stalinismo, e na China, com o maoísmo.

O nazismo alemão, o fascismo italiano, o stalinismo soviético e o maoísmo chinês apresentavam algumas características principais em comum:

- Interferência do Estado em todos os setores: na vida familiar, econômica, intelectual, religiosa e no lazer. Com a intenção de difundir a ideologia oficial, nada restava de privado e autônomo.
- Partido único: rigidamente organizado e burocratizado, promovia a identificação entre o poder e o povo, recusando o pluralismo partidário, característica básica da democracia liberal.
- Criação de organismos de massa sob a tutela do Estado: sindicatos de todos os tipos, agrupamentos de auxílio mútuo, associações culturais de trabalhadores de diversas categorias, organizações de jovens, crianças e mulheres, círculos de escritores, artistas e cientistas.
- Mistificação da figura do chefe.
- Censura de notícias e da produção artística e cultural.

Foto tirada em 1936 no porto de Hamburgo (Alemanha). Na cena, a multidão faz o cumprimento nazista enquanto um operário mantém os braços cruzados, recusando-se a fazer o gesto. O pensamento crítico é necessário para não sucumbir ao autoritarismo ou totalitarismo.

- Subordinação ao Executivo dos Poderes Legislativo e Judiciário.
- Concentração pelo Estado de todos os meios de propaganda: com o objetivo de veicular a ideologia oficial às massas, forjava convicções inabaláveis, manipulando a opinião pública para garantir a base de apoio popular.
- Formação da polícia política, que controlava enorme aparelho repressivo: Gestapo, na Alemanha; Organização para a Vigilância e a Repressão ao Antifascismo (Ovra), na Itália; e a Tcheka, na União Soviética.
- Campos de concentração e de extermínio como Auschwitz, na Polônia, e os de trabalho forçado, como os *gulags* soviéticos.
- Valorização de disciplinas de moral e cívica, visando à educação de crianças e jovens: estímulos à força de vontade, à disciplina, ao amor à pátria.
- O nazismo alemão teve conotação fortemente racista, fundamentada em teorias supostamente científicas para valorizar a "**raça**" ariana: pessoas brancas, altas, fortes e inteligentes constituiriam um grupo "mais puro" e superior. Desse modo, justificaram-se a perseguição e o genocídio de judeus e ciganos, considerados "raças" inferiores, e de homossexuais, adjetivados como "degenerados".

É importante ressaltar que o nazismo nasceu de uma concepção extremada de nacionalismo, decorrente do desejo de revanche pela humilhação sofrida com a derrota alemã na Primeira Guerra Mundial. Hitler tinha o propósito de construir a "Grande Alemanha" por meio de um Estado forte: "Um Povo, um Império, um Guia". Lamentavelmente, em meados da década de 2010, o nacionalismo ressurge em movimentos neonazistas que se opõem à entrada de imigrantes e refugiados em seus países.

> **Raça:** divisão arbitrária de grupos humanos com as mesmas características hereditárias. As aspas do texto indicam que o termo *raça* tornou-se inadequado. De acordo com estudos recentes de etnologia, antropologia e biologia, essa divisão não é científica, mas social e histórica, e tem ajudado a sustentar o preconceito.

> **Trocando ideias**
>
> Mussolini, conhecido como *Duce* ("aquele que conduz"), defendia o lema fascista "Crer, obedecer, combater". Hitler, denominado *mein Führer* ("meu Condutor", "meu Chefe"), costumava dizer: "Tu não és nada, o teu povo é tudo".
>
> - Como podemos perceber os sinais do totalitarismo nesses termos, *Duce* e *Führer*?

Banalidade do mal

Desde a publicação de sua obra *Origens do totalitarismo* (1951), a filósofa Hannah Arendt (1906-1975) se debruça sobre esse fenômeno na tentativa de compreendê-lo. Em 1961, foi a Jerusalém para assistir ao julgamento do carrasco alemão Adolf Eichmann, que durante o governo nazista tivera participação ativa no extermínio de judeus. Suas impressões e reflexões sobre o caso foram registradas no livro *Eichmann em Jerusalém: um relato sobre a banalidade do mal*, publicado em 1963.

O que ela interrogava era o contraste entre aquela figura aparentemente apagada e equilibrada de um homem comum que, no entanto, fora capaz de tantas atrocidades. O que levaria pessoas sem qualquer predileção para o atroz a se engajarem em uma política que exige obediência absoluta? O que as faz cumprir essas ordens? Arendt acredita que elas pertencem às massas politicamente neutras e indiferentes que constituem a maioria, fato que, por si só, não seria causa suficiente para desencadear o totalitarismo. No entanto, a situação modifica-se quando se sentem pressionadas por crises econômicas, como inflação e desemprego. Nesse caso, mesmo não comprometidas com a política, tornam-se insatisfeitas e caem na desesperança quanto ao futuro. Para Hannah Arendt, é fundamental compreender essa condição do aparecimento do "homem de massa" na Europa:

> "A principal característica do homem de massa não é a brutalidade nem a rudeza, mas o seu isolamento e a sua falta de relações sociais normais. [...]
>
> Os movimentos totalitários são organizações massivas de indivíduos atomizados e isolados. Distinguem-se dos outros partidos e movimentos pela exigência de lealdade total, irrestrita, incondicional e inalterável de cada membro individual."
>
> ARENDT, Hannah. *Origens do totalitarismo*: antissemitismo, imperialismo e totalitarismo. São Paulo: Companhia das Letras, 1989. p. 366-373.

É nesse sentido que Hannah Arendt criou o conceito de "banalidade do mal". Sua intenção não foi negar o horror do Holocausto ou de formas institucionalizadas do terror – pois nenhum mal é banal –, mas expor que o mal cometido pode aparecer como se fosse banal. Eichmann cumpria ordens como funcionário dedicado, com total submissão a valores externos, não questionados. Ou seja, quanto menos politizados e críticos forem os indivíduos, mais completamente se deixarão sujeitar às regras cujos fundamentos não buscam conhecer.

À esquerda, a filósofa Hannah Arendt durante palestra em Nova York. Foto de 1969. À direita, Adolf Eichmann depõe, em uma cabine à prova de balas, sobre a sua colaboração ativa com o regime nazista. Foto de 1961, tirada em Jerusalém.

Regimes autoritários

Regimes autoritários costumam ser indevidamente identificados com governos totalitários. O que há de comum entre eles é o cerceamento de liberdades individuais em nome da segurança nacional, o recurso à massiva propaganda política, a censura e um ativo aparelho repressor.

Nos regimes autoritários, porém, não há uma ideologia de base que sirva "para a construção da nova sociedade". Ao contrário, em vez de doutrinação política e incentivo ao engajamento ativista (ainda que dirigido), prevalece a despolitização, que leva à apatia política. Mesmo assim, o clima de repressão violenta gera medo e desestimula a atuação política independente. Sempre que possível, os governos autoritários procuram manter a aparência de democracia: permitem a existência de partidos de oposição, embora atuem apenas formalmente, enquanto o partido do governo figura como mero apêndice do Poder Executivo.

O governo autoritário também posiciona militares na burocracia estatal, e a elite econômica conta com oficiais das forças armadas nos postos-chave. Desse modo, os militares saem do quartel para integrar a instituição política mais importante da nação. Foi o que aconteceu por ocasião do golpe civil-militar de 1964, que impôs o regime autoritário no Brasil durante duas décadas. Na América Latina, outros países também passaram pela experiência autoritária, como Chile (1973-1990), Uruguai (1973-1985) e Argentina (1976-1983).

Esses regimes não têm legitimidade, uma vez que são impostos pela força e mantidos por ela, deixando em seus rastros inúmeros casos de violação de direitos dos cidadãos, como tortura, morte e desaparecimento. Muitos deles, ocultados pela rígida censura, têm vindo à luz pelo trabalho de comissões que investigam o período. A produção de livros e documentários revela os fatos e tenta manter viva a memória, ao mesmo tempo que se exige a punição legal daqueles que transgrediram a obrigação do Estado de garantir a segurança e a vida da população. Ao contrário dos demais países sul-americanos que conseguiram levar aos tribunais os responsáveis pelos crimes, no Brasil eles ainda permanecem livres.

Em Porto Alegre (RS), um adesivo altera o nome da Rua Duque de Caxias para Vladimir Herzog, jornalista assassinado na prisão em São Paulo por agentes da ditadura no ano de 1975. Foto de 2013, ano em que protestantes alteraram o nome de ruas da capital gaúcha que homenageavam militares, rebatizando-as com o nome de pessoas mortas e desaparecidas durante a ditadura.

10. Democracia e religião

Até aqui vimos como existiram riscos de o poder exacerbar-se por meio de governos tirânicos e autocráticos, até que em um passado muito recente ocorreu a experiência aterradora dos regimes totalitários. Contudo, as ameaças à democracia não se restringem a esses exemplos, o que percebemos quando o poder religioso prevalece e tenta impor a crença considerada verdadeira à revelia das demais.

Nesses casos, como se pode conferir no capítulo 5, "As formas de crença", a heresia era a denominação atribuída às doutrinas religiosas consideradas falsas por outra Igreja constituinte e dominante – e com esse argumento ela justificava perseguições. O que a história nos conta são as decorrências da fé fanática, apoiada em um pensamento fundamentalista, isto é, que faz uma leitura conservadora, rigorosa e literal dos livros sagrados.

Sempre que se fala em fundamentalismo religioso é comum a imediata identificação com religiões islâmicas. No entanto, trata-se de uma parcialidade preconceituosa que oculta o fato de que outras religiões também assumiram comportamentos fundamentalistas em determinados períodos. Esse tipo de distorção encontra-se presente ao longo da história da humanidade e é representado por grupos radicais, que desejam impor a qualquer custo sua verdade a outros. O fundamentalismo esteve presente na história entre cruzados cristãos que combatiam "infiéis" muçulmanos na Idade Média; eram fundamentalistas também os inquisidores do clero católico que queimavam livros e condenavam seus autores; do mesmo modo, é fundamentalista a ação de hindus e budistas que incendeiam mesquitas e perseguem a minoria muçulmana em países como Índia e Mianmar.

A experiência histórica nos confirma, portanto, que a integração entre Igreja e Estado sempre representou um risco – inclusive de lutas sangrentas –, o que nos faz valorizar a instauração de uma democracia laica, isto é, que não aderiu a nenhuma religião, aceitando a livre escolha de cada cidadão, mesmo porque a fé exige a adesão pessoal e íntima e nunca pode ser imposta. Por isso, a garantia da liberdade de pensamento gestada no século XVIII com as ideias iluministas representou uma importante conquista.

No mundo contemporâneo, com as crises sucessivas do modelo financeiro mundial, cresceram os índices de desemprego nos países ricos, ao mesmo tempo que o confronto com imigrantes tem despertado ódios que fortalecem movimentos de nacionalismo extremo e de intolerância religiosa. Além disso, alguns países muçulmanos que já foram democracias, como Irã e Afeganistão, voltaram a submeter-se a teocracias, ao lado de outros tradicionalmente teocráticos, como Arábia Saudita e Paquistão.

Fundamentalismo islâmico e terrorismo

Atualmente, o que mais se realça pela violência da atuação é o fundamentalismo islâmico. Como foi destacado, não se pode considerar fundamentalistas todos os cristãos, mas apenas aqueles que agiram ou agem de maneira impositiva, intolerante e fanática; do mesmo modo, entre adeptos do islamismo, a acusação se aplica *apenas* a certos setores responsáveis pela leitura mais rígida e radical do *Alcorão* e que recorrem à violência para impô-la aos demais. Não se pode, portanto, generalizar a acusação para todos aqueles que professam o islamismo.

Como é abordado com mais detalhes no capítulo 5, o que se observa no comportamento de fundamentalistas, seja no Ocidente ou no Oriente, seja no passado ou no presente, é que seus adeptos são invariavelmente reativos e conservadores. No caso dos cristãos, a reação se dá, ainda atualmente, na defesa do que consideram valores morais e religiosos a serem recuperados. Os fundamentalistas islâmicos, por sua vez, buscam resgatar valores que estariam ameaçados pela ocidentalização dos costumes.

Em relação ao *terrorismo*, trata-se de um tipo de violência extremada, realizada por meio de atentado. Ocorre em local e tempo limitados e visa atingir um alvo com grande impacto, explorando o efeito surpresa e a astúcia, o que rompe com qualquer sensação de segurança por ferir e matar indiscriminadamente inocentes que circulam pelo local do atentado. Uma vez efetivado, o terror paira como ameaça, desencadeando a síndrome do medo em toda a população.

Terroristas atuam em grupos em que os integrantes se envolvem em obrigações mútuas, pactos de fidelidade e segredo. Ao agirem em regiões específicas, reivindicam algum direito que alegam ter-lhes sido negado; por isso, o atentado terrorista se configura como ato político em que o agente se diz vítima de outra violência anterior. Porém, por mais que seus membros eventualmente aleguem razões políticas fundamentadas, não há como tolerar nem justificar o desfecho trágico dos atentados. Na Espanha, membros do grupo separatista ETA (em basco, "Pátria Basca e Liberdade") empenharam-se durante cinquenta anos pela autonomia basca até proclamarem o fim de suas atividades em 2011. Já na Palestina, homens e mulheres-bomba ainda lutam contra a ocupação israelense de seus territórios, enquanto outros lançam mão do terrorismo declarando-se "defensores da liberdade".

Assim o filósofo francês André Comte-Sponville avalia a ação terrorista:

> "Os terroristas são combatentes da sombra, que não respeitam as leis da guerra e não hesitam em atacar, se for o caso, civis ou inocentes. É um motivo suficiente, em todo Estado democrático, para rejeitá-lo e combatê-lo inclusive militarmente. Contra o fanatismo, a razão. Contra a violência cega, a força lúcida."
>
> COMTE-SPONVILLE, André. *Dicionário filosófico*. São Paulo: Martins Fontes, 2003. p. 593.

Teocracia: do grego *théos*, "deus", e *kratía*, "poder". Literalmente, "poder divino". Sistema de governo em que o poder político se encontra fundamentado no poder religioso.

Linda Sarsour, líder da Associação Árabe-Americana de Nova York, discursa em protesto contra a violência policial na cidade. Foto de 2017. Em entrevista, ela declarou: "Eu sou o maior pesadelo dos islamofóbicos – muçulmana, empoderada, barulhenta e orgulhosa". É preciso quebrar os estereótipos que o Ocidente construiu em relação aos islâmicos.

A *jihad*

No interior de governos autocráticos de países do Oriente Médio, grupos extremistas interpretaram de maneira radical o significado da *jihad* islâmica (literalmente, "luta em defesa da fé"), conceito ampliado pela ideia de imposição do islamismo. Promoveram atentados suicidas pontuais até o de maior impacto, em 2001, contra as torres do World Trade Center, em Nova York, e o Pentágono, sede do Departamento de Defesa dos Estados Unidos, em Washington. Esses e outros ataques foram assumidos pela Al-Qaeda, organização terrorista que teve origem no Afeganistão no final da década de 1980. Vale lembrar que a Al-Qaeda recebeu ajuda financeira e treinamento dos Estados Unidos para combater as forças russas no Afeganistão.

No complexo confronto entre Oriente e Ocidente, é preciso reconhecer que não se trata simplesmente de um "choque de civilizações", sendo necessário relembrar as investidas estadunidenses e de seus aliados no Afeganistão, na Guerra do Iraque e no Norte da África, o que de certa forma desencadeou o ódio de alguns grupos ao Ocidente. Nessas ocasiões, muitos daqueles que combateram em seus territórios ao lado das forças ocidentais foram por elas armados, voltando-se, posteriormente, contra os seus antigos aliados, então considerados invasores do Oriente Médio.

Se antes ouvia-se falar em Talibã e Al-Qaeda como principais grupos extremistas, surgiram outros, como o Boko Haram, na Nigéria. Em 1999, uma nova organização começou a expandir-se até que, em 2014, se autodenominou Estado Islâmico, também conhecido pelas siglas EI ou ISIS (Islamic State of Iraq and Syria). As ramificações do grupo estenderam-se com atuação intensa em diversos países: Iraque, Síria, Líbia e Iêmen, obrigando a população conquistada a se converter ao islamismo. A atuação bárbara e midiática, com registros em vídeo de prisioneiros imolados de forma cruel, impactou o mundo todo. Dando continuidade à teatralização da violência, o grupo extremista assaltou museus para queimar livros e obras de arte milenares, além de continuar treinando jovens e crianças para formar guerrilheiros, ao mesmo tempo que recruta ocidentais para suas fileiras.

Por sua vez, a Europa encontrou-se debilitada pela crise financeira global de 2008 e sob o regime de austeridade econômica imposto pela União Europeia, o que provocou aumento de desemprego acompanhado de descrença na democracia. A situação tornou-se fértil para que jovens árabes de segunda ou terceira geração de imigrantes – portanto já com nacionalidade de algum país europeu – se unissem a extremistas.

Nesse contexto, passaram a ocorrer violentos atentados que se caracterizam pela surpresa, atingindo diversos países europeus. A grande preocupação, além de tentar preveni-los, é impedir o êxodo de jovens árabes – oriundos não só da França, onde são mais numerosos, mas também de outros países – para compor exércitos extremistas. Por outro lado, há o acirramento do preconceito já existente contra a islamização da Europa, onde árabes vivem há gerações e são vítimas frequentes de xenofobia.

11. Desafios da democracia

A análise das características da democracia nos deixa entrever a força e a fragilidade desse regime político. Força, porque a democracia é condição de expressões humanas em sua plenitude, em virtude do caminho aberto pela liberdade e do esforço para alcançar a igualdade. Fragilidade, porque, ao defender a liberdade, a democracia convive com as ameaças destrutivas que surgem em seu interior e que já conseguiram se expressar em momentos de triste lembrança, como nos governos totalitários e no terrorismo.

Não há fórmula para explicar a derrocada de uma democracia, tampouco quais seriam as condições de mantê-la atuante. Entretanto, vale refletir sobre a importância da educação universal, voltada para a aceitação da diversidade e a convivência das culturas nas suas diferenças. Seria essa uma das maneiras de garantir a *civilização* contra a *barbárie*, embora seja importante lembrar que a barbárie não constitui prerrogativa de povos considerados "inferiores" por serem diferentes, mas que também os civilizados são capazes de atos bárbaros quando atentam sem compaixão contra a dignidade humana.

Marianne (2015), desenho do artista Liox. Marianne, símbolo da república francesa, aparece chorando em razão dos ataques terroristas provocados pelo Estado Islâmico em Paris, em novembro de 2015, que mataram mais de 180 pessoas.

ATIVIDADES

1. Por que é possível afirmar que as ditaduras desrespeitam os critérios de representatividade e de estado de direito?

2. Quais são as diferenças entre o autoritarismo e o totalitarismo?

3. Explique o que Hannah Arendt entende por "banalidade do mal".

4. Por que a existência do terrorismo islâmico não justifica a rejeição ocidental ao islamismo e, por consequência, às pessoas muçulmanas?

Leitura analítica

Nacionalismos exacerbados

O texto trata do nacionalismo, conceito com múltiplos sentidos, que vão desde o elemento que permite reunir comportamentos que identificam uma nação em estado nascente, até a ideologia que aceita as características desses comportamentos como "laços naturais", o que traz riscos de exacerbar o nacionalismo. Intensificado, este estará a um passo de soluções bélicas, além da xenofobia, que consiste na recusa de estrangeiros como "diferentes".

"O ruim do pertencimento fanático a uma comunidade sem outro argumento além de que é 'a nossa', de que 'nós, daqui, somos assim', é que esquecemos como os homens de cada grupo chegaram a adquirir sua forma de vida comum. [...]

Afinal de contas, o que importa não é o nosso pertencimento a determinada nação, determinada cultura, determinado contexto social ou ideológico (porque tudo isso, por mais influência que tenha em nossa vida, não passa de um conjunto de *casualidades*), mas sim nosso pertencimento à espécie humana, que compartilhamos necessariamente com os homens de todas as nações, culturas e camadas sociais. Daí provém a ideia de *direitos humanos*, uma série de regras universais para os homens se tratarem mutuamente, qualquer que seja sua posição histórica acidental. Os direitos humanos são uma aposta no que os homens [...] têm de fundamental em comum, por mais que seja o que casualmente nos separa. *Defender os direitos humanos universais supõe admitir que os homens reconhecem direitos iguais entre si, apesar das diferenças entre os grupos a que pertencem; supõe admitir, portanto, que é mais importante ser indivíduo humano do que pertencer a esta ou àquela raça, nação ou cultura.* Daí que apenas os indivíduos humanos podem ser sujeitos de tais direitos. Ao se reclamarem esses direitos para grupos especiais ou qualquer outra abstração (sejam 'povos', 'classes', 'religiões', 'línguas'), perverte-se seu sentido, ainda que com a melhor das intenções. [...]

Há fanatismos de pertencimento especialmente odiosos, porque instauram hierarquias entre os seres humanos ou querem fazer os homens viverem em compartimentos estanques, separados uns dos outros com alambrados, como se não pertencêssemos à mesma espécie. O *racismo* é sem dúvida a pior dessas abominações coletivas. Estabelece que a cor da pele, a forma do nariz ou qualquer outro traço caprichoso determinam que uma pessoa deve ter estes ou aqueles traços de caráter, morais ou intelectuais. Do ponto de vista científico, todas as doutrinas raciais são meras fantasias arbitrárias. [...]

A forma mais comum, porém não menos perigosa, dessas perversões do anseio de pertencer aos 'nossos' é o *nacionalismo*. Em sua origem, foi uma ideologia sustentadora dos Estados modernos, que permitia aos cidadãos, que já não estavam dispostos a se identificar com um rei de direito divino nem com uma nobreza de sangue, alcançar um novo ideal coletivo: a Nação, a Pátria, o Povo. Aproveitava o lógico apego que cada um tem pelos lugares e pelos costumes que lhe são mais familiares, assim como o interesse comum que todos nós temos em que as coisas andem da melhor maneira possível para o grupo a que pertencemos (e cujos benefícios ou desastres devemos compartilhar). Mas no século XX os nacionalismos se tornaram uma espécie de mística belicosa, que justificou tremendas guerras internacionais e discórdias civis atrozes. Afinal de contas, os nacionalistas sempre se definem *contra* alguém, contra outro país ou grupo dentro do próprio Estado ao qual atribuem a culpa por todas as suas insuficiências e problemas. O nacionalismo necessita sentir-se ameaçado por inimigos externos para funcionar: se só houvesse uma nação, ser nacionalista não teria nenhuma graça e teria muito pouco sentido. A doutrina nacionalista pretende que o Estado seja a consagração institucional de uma realidade 'espiritual' anterior e mais sublime, a Nação. Os Estados deveriam ser, assim, algo 'natural', que corresponde a uma unidade prévia de língua, cultura, forma de se comportar ou pensar, a um 'povo', enfim, já constituído antes do nascimento desse Estado. Na realidade, todos os Estados existentes são *convenções* brotadas de circunstâncias históricas (às vezes muito injustas e cruéis, outras vezes indiferentes). Os próprios Estados é que deram unidade prática a grupos e comunidades diferentes, inventando-lhes depois uma 'alma' política. [...] Mas nenhum Estado pode ter fundamentos 'naturais' em nenhuma realidade prévia: todos reúnem e recolhem como podem o diverso, todos são artificiais e discutíveis."

SAVATER, Fernando. *Política para meu filho*. São Paulo: Martins Fontes, 1996. p. 104-106; 110-112.

Mística: no contexto, adesão apaixonada, sectarismo.
Belicoso: relativo à guerra ou ao belicismo; que incita à guerra.

QUESTÕES

1. Segundo o autor, qual é a origem do nacionalismo?

2. Identifique alguns argumentos com os quais o autor critica o nacionalismo.

ATIVIDADES

1. Considerando o estudo realizado, retome a reflexão da abertura do capítulo e responda: por que o desinteresse pela política pode comprometer a democracia?

2. Pensando na fragilidade da democracia, discuta como a liberdade de imprensa e a formação da opinião pública são valores que podem ser corrompidos.

3. O trecho a seguir foi escrito por Hannah Arendt. Analise-o e explique por que a filósofa não reconhece poder nos atos violentos.

> "À violência é sempre dado destruir o poder; do cano de uma arma desponta o domínio mais eficaz, que resulta na mais perfeita e imediata obediência. O que jamais poderá florescer da violência é o poder."
>
> ARENDT, Hannah. *Da violência*. Brasília: Editora UnB, 1985. p. 29.

4. A partir da citação a seguir, explique por que a democracia subverte a concepção usual de poder.

> "A democracia é subversiva no sentido mais radical da palavra porque, onde chega, subverte a concepção tradicional de poder [...] segundo a qual o poder – político ou econômico, paterno ou sacerdotal – desce do alto para baixo."
>
> BOBBIO, Norberto. *Qual socialismo?* Discussão de uma alternativa. 2. ed. Rio de Janeiro: Paz e Terra, 1983. p. 64.

5. Analise o artigo da Constituição brasileira reproduzido a seguir e responda: os direitos formalmente garantidos são de fato realizados? Justifique sua resposta levando em conta, especialmente, a questão da propriedade.

> "Art. 5º Todos são iguais perante a lei, sem distinção de qualquer natureza, garantindo-se aos brasileiros e aos estrangeiros residentes no País a inviolabilidade do direito à vida, à liberdade, à segurança e à propriedade [...]."
>
> BRASIL. Constituição da República Federativa do Brasil de 1988. Disponível em <http://mod.lk/znxig>. Acesso em 10 fev. 2017.

6. Leia a citação a seguir, do historiador Gabriel Jackson, e atenda às questões propostas.

> "Uma das recordações mais vivas da minha infância é ter ouvido no rádio a segunda luta de boxe entre o negro estadunidense Joe Louis e o peso pesado alemão Max Schmeling. Schmeling tinha posto Louis fora de combate no primeiro assalto, e a imprensa nazista falou com eloquência da superioridade inata da raça branca. Na revanche, Louis pôs Schmeling fora de combate no primeiro assalto, se não me falha a memória. O árbitro pôs o microfone diante do vencedor e perguntou emocionado: 'Então, Joe, está orgulhoso de sua raça esta noite?' e Joe Louis respondeu com seu sotaque sulista: 'Sim, estou orgulhoso da minha raça, a raça humana, claro.'"
>
> JACKSON, Gabriel. La raza humana, claro. *El País*, 9 out. 1992. Disponível em <http://mod.lk/mtah1>. Acesso em 10 fev. 2017. (Tradução nossa)

a) Explique a relação entre o racismo e o nacionalismo nazista.

b) Identifique comportamentos nacionalistas similares, por exemplo, em letras de música, *slogans* etc., expressos durante o período da ditadura civil-militar no Brasil (1964-1985).

7. **Pesquisa.** Pesquise a letra completa da música "Cálice", composta por Chico Buarque de Hollanda e Gilberto Gil em 1973. Atente para o jogo com a palavra *cálice*, que pode ser ouvida como "cale-se". A partir desses indícios, identifique e explique que críticas ao regime militar estão presentes nessa canção. Fundamente sua resposta com argumentos e trechos da letra.

8. **Dissertação.** Com base nas citações a seguir e nas discussões desenvolvidas ao longo do capítulo, redija uma dissertação sobre o tema **"O problema dos discursos antidemocráticos na democracia"**.

> "Já no início da manifestação, dois dos quatro carros de som pediam 'intervenção militar já', com o *slogan* 'SOS Forças Armadas'. [...] no aniversário do golpe de 1964, talvez seja o momento de nos questionarmos como chegamos até aqui e o que fazer em seguida. Como algo impensável em vizinhos como Argentina, Chile ou Uruguai, aqui é dito sem constrangimento, de forma quase corriqueira, como quem diz preferir entre o candidato A, B ou C."
>
> KWEITEL, Juana. Ditadura militar: quem pede a volta sabe o que é? *El país*, 1º abr. 2015. Disponível em <http://mod.lk/xvq52>. Acesso em 10 fev. 2017.

> "No Brasil há um projeto de lei para punir quem pratica 'apologia ao retorno da ditadura'. [...] o projeto prevê prisão de três a seis meses ou multa a quem exaltar a volta do regime. 'A democracia e o estado de direito não combinam com a apologia a crimes pretéritos enquanto pregam crimes futuros. Crime dessa natureza é punido em qualquer grande democracia', justifica o texto.
>
> Países que têm na memória períodos de exceção aprovaram legislações para evitar que o ideário fascista ou nazista floresça novamente. Na Alemanha, é proibido promover ou praticar sob qualquer argumento ou meio as ideias, a doutrina ou as instituições adotadas pelo nazismo. Já no Chile, há um projeto de lei que defende a proibição de homenagens públicas à ditadura do general Augusto Pinochet."
>
> FREITAS, Ana. Por que a homenagem a torturadores e à ditadura militar não recebe punição. *Nexo*, 19 abr. 2016. Disponível em <http://mod.lk/cpfxi>. Acesso em 10 fev. 2017.

ENEM E VESTIBULARES

9. (Enem/MEC-2016)

"A democracia deliberativa afirma que as partes do conflito político devem deliberar entre si e, por meio de argumentação razoável, tentar chegar a um acordo sobre as políticas que seja satisfatório para todos. A democracia ativista desconfia das exortações à deliberação por acreditar que, no mundo real da política, onde as desigualdades estruturais influenciam procedimentos e resultados, processos democráticos que parecem cumprir as normas de deliberação geralmente tendem a beneficiar os agentes mais poderosos. Ela recomenda, portanto, que aqueles que se preocupam com a promoção de mais justiça devem realizar principalmente a atividade de oposição crítica, em vez de tentar chegar a um acordo com quem sustenta estruturas de poder existentes ou delas se beneficia."

YOUNG, I. M. Desafios ativistas à democracia deliberativa.
Revista Brasileira de Ciência Política, n. 13, jan.-abr. 2014.

As concepções de democracia deliberativa e de democracia ativista apresentadas no texto tratam como imprescindíveis, respectivamente,

a) a decisão da maioria e a uniformização de direitos.
b) a organização de eleições e o movimento anarquista.
c) a obtenção do consenso e a mobilização da maioria.
d) a fragmentação da participação e a desobediência civil.
e) a imposição de resistência e o monitoramento da liberdade.

10. (Enem/MEC-2015)

"Não nos resta a menor dúvida de que a principal contribuição dos diferentes tipos de movimentos sociais brasileiros nos últimos vinte anos foi no plano da reconstrução do processo de democratização do país. E não se trata apenas da reconstrução do regime político, da retomada da democracia e do fim do regime militar. Trata-se da reconstrução ou construção de novos rumos para a cultura do país, do preenchimento de vazios na condução da luta pela redemocratização, constituindo-se como agentes interlocutores que dialogam diretamente com a população e com o Estado."

GOHN, M. G. *Os sem-terras, ONGs e cidadania*.
São Paulo: Cortez, 2003. (Adaptado)

No processo da redemocratização brasileira, os novos movimentos sociais contribuíram para

a) diminuir a legitimidade dos novos partidos políticos então criados.
b) tornar a democracia um valor social que ultrapassa os momentos eleitorais.
c) difundir a democracia representativa como objetivo fundamental da luta política.
d) ampliar as disputas pela hegemonia das entidades de trabalhadores com os sindicatos.
e) fragmentar as lutas políticas dos diversos atores sociais frente ao Estado.

11. (Unesp-2017)

Texto 1

"Estamos em uma situação aterradora: dos lados da direita e da esquerda há ausência de pensamento. Você conversa com alguém da direita e vê que ele é capaz de dizer quatro frases contraditórias sem perceber as contradições. Você conversa com alguém da extrema esquerda e vê o totalitarismo que também opera com a ausência do pensamento. Então nós estamos ensanduichados entre duas maneiras de recusar o pensamento."

CHAUI, Marilena. Sociedade brasileira: violência e autoritarismo
por todos os lados. *Cult*, fev. 2016. (Adaptado)

Texto 2

"O fenômeno dos coletivos é um traço regressivo no embate com a solidão do homem moderno. É uma tentativa, canhestra e primitiva, de 'voltar ao útero materno' para ver se o ruído insuportável da realidade disforme do mundo se dissolve porque grito palavras de ordem ou faço coisas pelas quais eu mesmo não sou responsabilizado, mas sim o 'coletivo', essa 'pessoa' indiferenciada que não existe."

PONDÉ, Luiz Felipe. *Sapiens × abelhas*.
Folha de S.Paulo, 23 maio 2016. (Adaptado)

Sobre os textos, é correto afirmar que

a) os textos 1 e 2 criticam o individualismo moderno, enfatizando a importância da valorização das tradições populares e comunitárias.
b) os textos 1 e 2 criticam as tendências totalitárias no campo da consciência política, em seus aspectos irracionalistas e psicológicos.
c) os textos 1 e 2 analisam um fenômeno que espelha a realização dos ideais iluministas de autonomia do indivíduo e de emancipação da humanidade.
d) os textos 1 e 2 valorizam a importância do sentimento e das emoções como meios de agregação dos indivíduos no interior de coletividades políticas.
e) o texto 1 critica a alienação da consciência política, enquanto o texto 2 valoriza a inserção dos indivíduos em coletivos.

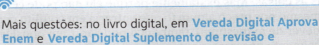

Mais questões: no livro digital, em **Vereda Digital Aprova Enem** e **Vereda Digital Suplemento de revisão e vestibulares**; no *site*, em **AprovaMax**.

CAPÍTULO 13
VIOLÊNCIA E DIREITOS HUMANOS

Trapeiro (2009), intervenção urbana produzida por Alfredo Maffei, em São Carlos (SP). Essa obra integra a série *Inconstâncias - olhares invisíveis*, na qual o artista utiliza paredes de construções abandonadas para representar o rosto de moradores de rua.

"Todo ser humano tem um direito legítimo ao respeito de seus semelhantes e está, por sua vez, obrigado a respeitar todos os demais. A humanidade ela mesma é uma dignidade, pois um ser humano não pode ser usado meramente como um meio por qualquer ser humano (quer por outros, quer, inclusive, por si mesmo), mas deve sempre ser usado ao mesmo tempo como um fim. É precisamente nisso que sua dignidade (personalidade) consiste, pelo que ele se eleva acima de todos os outros seres do mundo que não são seres humanos e, no entanto, podem ser usados e, assim, sobre todas as coisas. Mas exatamente porque ele não pode ceder a si mesmo por preço algum (o que entraria em conflito com seu dever de autoestima), tampouco pode agir em oposição à igualmente necessária autoestima dos outros, como seres humanos, isto é, ele se encontra na obrigação de reconhecer, de um modo prático, a dignidade da humanidade em todo outro ser humano. Por conseguinte, cabe-lhe um dever relativo ao respeito que deve ser demonstrado a todo outro ser humano."

KANT, Immanuel. *A metafísica dos costumes*. Bauru: Edipro, 2003. p. 306-307.

Conversando sobre

Reflita sobre pessoas que têm hoje sua dignidade violada por estarem submetidas a condições de vida desumanas. Muitas dessas pessoas são invisibilizadas pela sociedade e mantidas afastadas do olhar dos demais. Discuta sobre esse fato e, após os estudos do capítulo, retome a reflexão.

1. A violência que salta aos olhos

É comum as pessoas conversarem sobre um provável crescimento da violência, como se hoje tivesse aumentado a capacidade humana de destruição. Tomamos conhecimento da violência pela mídia ou amargamos a proximidade da dor. Reclama-se de falta de segurança, quando se trata de incidência de assassinatos, roubos, sequestros, estupros, brigas e outros infortúnios. Quase sempre, os acontecimentos que envolvem personalidades famosas ou pessoas do círculo restrito de convivência são os que mais aguçam os temores.

A violência é uma ameaça que nos cerca por todo lado. Ela não se restringe a assaltos, homicídios e, em casos mais extremos, a guerras e terrorismo, mas também a sociedades desiguais, com índices altos de exclusão, com pessoas reduzidas a uma existência sem dignidade. Igualmente a encontramos na intolerância, responsável por discriminação e preconceito. Hoje, mais do que nunca, descobre-se presente no sofrimento da natureza devastada pela mão humana.

Aqui vamos tratar desses e de outros tipos de violência, alguns deles silenciosos, mas que nos atingem igualmente de maneira brutal.

2. O que é violência?

O conceito de *violência* não tem definição simples, por depender de circunstâncias e até de valores de cada cultura, por isso a análise de diversas expressões de violência pode nos levar a uma compreensão mais ampla e clara.

É comum que tal conceito seja usado de maneira imprecisa, ao se atribuir a violência às ocorrências da natureza. Ao afirmar que "A cidade foi varrida por um violento *tsunami*" ou "A ação violenta do veneno impediu o atendimento médico a tempo de salvar a vítima", o conceito de violência é usado como metáfora. A morte de uma pessoa ou a destruição de uma cidade causam consternação, porém o *tsunami* em si não é violento, pois sua ação não é intencional nem envolve disputa, conflito. Esse fenômeno é natural e resulta da força das águas do mar, em razão de maremotos profundos que desencadeiam ondas gigantes. Igualmente, o veneno age no organismo vivo de acordo com leis naturais: ao se estudar a composição química da substância, é possível prever em que medida ela é letal aos seres vivos.

Nos dois exemplos, estamos diante de *determinismos* da natureza. O *tsunami* e o veneno não são bons ou maus, porque eles não "escolhem" destruir e matar; por isso apenas atos humanos, frutos de *deliberação*, podem ser julgados como bons ou maus: a violência é um atributo do ser humano livre e, como tal, constitui uma prática voluntária. Por sermos capazes de agir bem ou agir mal, a grande diferença entre eventos naturais e a agressividade humana é a possibilidade de escolha que envolve cada ato, pois existem meios tecnológicos para prever uma tempestade, mas nem sempre podemos antecipar o ato de um indivíduo, porque a liberdade é uma condição que torna a ação humana imprevisível.

O ato humano violento compõe-se, portanto, de um *agressor* e de sua *vítima*: ferir, matar, prender, ameaçar, impedir de agir, roubar, destruir bens, humilhar são ações que visam tirar a vida, a liberdade ou a propriedade, atingir a integridade do corpo ou perturbar o espírito e a dignidade de uma ou mais pessoas. Por meio desses exemplos, já se percebe que a violência pode ser física e/ou psicológica.

Existem atos humanos que, embora pareçam violentos, não podem ser considerados como tal, o que dificulta essa identificação. Por exemplo, se condenamos o infanticídio ou o abandono de idosos como atos criminosos e cruéis, certamente nos escandalizaremos com povos que matam bebês ao nascer ou abandonam seus pais para morrer, como ocorria em algumas tribos. Esses costumes resultam, porém, do estado de extrema pobreza e fome, geralmente em razão de imperativos religiosos que visam garantir a sobrevivência do grupo.

Floresta morta em Norilsk (Rússia). Foto de 2015. O vento carrega por milhares de quilômetros a poluição da queima de carvão e de petróleo, que, ao reagir com a água, provoca a chuva ácida, com prejuízos para a saúde humana, a flora e a fauna.
A violência está na agressão humana ao meio ambiente.

Violência ou tradição?

Em alguns rituais de passagem de tribos indígenas, os jovens permitem incisões em seu corpo e sofrem privações intensas durante algum período. Essas práticas não são julgadas violentas, mesmo que dolorosas, por decorrerem de rituais para a admissão ao mundo dos adultos. A situação se configura mais problemática quando condutas desse tipo permanecem ao longo do tempo, mesmo que o grupo já tenha sido inserido em outros contextos. Como exemplo, lembramos o costume da infibulação, realizada com diferentes tipos de mutilação genital feminina e que ainda subsiste em diversas regiões do continente africano como forma de controle social sobre a mulher.

Certas religiões não admitem a transfusão de sangue e seus seguidores consideram violência um médico tentar o procedimento à revelia do paciente ou do responsável por ele, ao mesmo tempo que o médico condena a decisão dos pais da criança. Como se vê, discutir sobre o que é ou não violência depende muito de tradições, circunstâncias e imperativos religiosos.

Sob outra ótica da questão, ninguém acusa o médico-cirurgião de cometer violência quando abre o ventre do paciente para extirpar um tumor, pois sua intenção não é ferir, mas salvar, além de contar com o consentimento do doente ou de seus familiares. Do mesmo modo, é o tatuado que decide suportar a dor, seja para pertencer a um grupo, por rebeldia ou simplesmente porque deseja um ornamento para o corpo.

Esportes agressivos, como boxe e corrida de automóveis, colocam em risco a integridade dos atletas. Nesses casos, porém, enfrentar o perigo faz parte do jogo, desde que obedecidas certas regras. Mesmo assim, o assunto levanta polêmicas, pois há casos de morte e de lesões definitivas em razão de acidentes ou da brutalidade explícita, no caso das lutas.

Neste tópico foram citados diferentes exemplos para mostrar como a violência pode se expressar de diversas maneiras e obter avaliações morais de consentimento divergente. Agora veremos outros tipos de violência mais específicas.

3. Violência legítima do Estado

O Estado moderno, desde o século XVII, centralizou o poder e assumiu o controle do aparelho repressivo constituído por tribunais, polícia, prisões e exército, tornando-se o único autorizado a usar a *violência legítima*, desde que mantenha as leis como suporte. Assim como o Estado deve agir conforme a legislação, ninguém está autorizado a "fazer justiça com as próprias mãos". Nesse caso, o ideal civilizatório que se configura é o de garantia do **estado de direito** em que os transgressores são obrigados a se submeter a procedimentos legais de julgamento.

Apesar de se aceitar a violência legítima do Estado com o objetivo de manter a ordem social, muitos se interrogam sobre os limites do recurso legal à violência, que não devem ferir valores como justiça, liberdade e dignidade, princípios fundamentais da democracia. Alguns desses aspectos serão abordados na parte final deste capítulo, a propósito dos direitos humanos. Aqui, ressaltamos um problema atual premente que veio à luz em 2017, com inúmeros motins em prisões brasileiras como resultado de facções criminosas em luta pela disputa de comando. Por trás desses eventos, há a questão do tráfico internacional de drogas.

Conforme depoimento de autoridades, entre as quais do ministro do Supremo Tribunal Federal (STF) Luís Roberto Barroso, "um dos grandes problemas que as drogas têm gerado no Brasil é a prisão de milhares de jovens, com frequência primários e de bons antecedentes, que são jogados no sistema penitenciário. Pessoas que não são perigosas quando entram, mas que se tornaram perigosas quando saem".[1]

Há muito se sabe da precariedade das instalações prisionais brasileiras, superlotadas, sem condições mínimas de higiene, contrariando os princípios de que a punição ao réu não inclui atrocidades que lhe retire a dignidade.

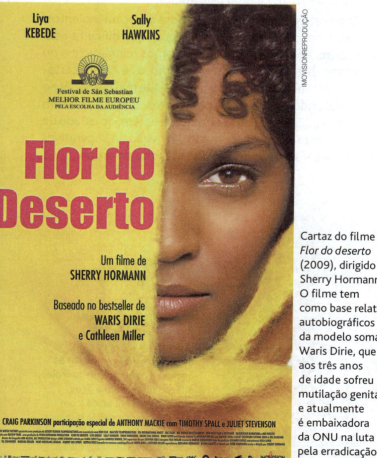

Cartaz do filme *Flor do deserto* (2009), dirigido por Sherry Hormann. O filme tem como base relatos autobiográficos da modelo somali Waris Dirie, que aos três anos de idade sofreu mutilação genital e atualmente é embaixadora da ONU na luta pela erradicação dessa prática.

Estado de direito: estado em que impera a lei, a separação dos Poderes e a garantia dos direitos fundamentais do indivíduo e dos direitos sociais e coletivos.

---

[1] Conforme entrevista disponível em <http://mod.lk/z1qgn>. Acesso em 8 fev. 2017.

4. Violência psicológica

A violência psicológica não recorre à força física, mas atua sobre a consciência para obrigar alguém a agir de determinado modo. É o caso de um chantagista que ameaça tornar público um segredo que alguém não deseja ser revelado.

A violência psicológica pode ser encontrada em diversas formas de preconceito pelas quais se expressam o racismo (contra negros, indígenas, migrantes, judeus etc.), o sexismo (que discrimina a mulher e as diversas orientações sexuais e identidades de gênero), o elitismo (que despreza a população mais carente e moradora da periferia), e assim por diante. Os grupos discriminados sofrem violência psicológica porque sua autoestima é ferida ao serem ridicularizados, inferiorizados, humilhados e tratados como objeto de desprezo. O preconceito muitas vezes leva à intolerância, podendo até gerar violência física, como ocorre com a violência doméstica, que atinge mulheres e crianças, bem como os assassínios de homossexuais, travestis e transexuais.

Formas de agressão física, verbal ou moral, muitas vezes de modo repetitivo, sempre estiveram presentes nos mais diversos lugares: no lar, na escola, na roda de amigos, no ambiente de trabalho. Por muito tempo não se deu importância a esses costumes, vistos como maneiras usuais de "amolar", "zoar" o amigo, o colega de classe ou de trabalho. Especialistas do comportamento humano e pedagogos há algum tempo se preocupam com esse tipo de conduta conhecido como *bullying*, termo derivado do inglês *bully*, um tipo de "valentão" que agride alguém física ou verbalmente de modo repetitivo, com intenção de humilhar ou intimidar.

O que nos faz classificar como expressão de violência costumes vistos como "brincadeiras"? Pois elas nunca são de fato ingênuas, ao esconderem, em graus diversos de maldade, a intenção de ferir o outro, geralmente mais inseguro, frágil ou simplesmente diferente. É assim que o aluno estudioso é zombado pelo que ele tem de melhor e o garoto desajeitado ou a menina gordinha recebem apelidos que denotam preconceitos apoiados em padrões fúteis de beleza.

Os exemplos parecem simples, mas criam um clima humilhante e perverso, acobertado quando se põe a culpa na própria vítima: fulano é que não leva nada "na boa". As consequências costumam ser danosas para crianças e jovens, que ficam inseguros, retraídos, adoecem e até abandonam a escola, sem que familiares descubram os motivos das alterações de comportamento.

Acontece que vivemos na era da *web*: pelos mais diversos meios tecnológicos (*smartphones*, *tablets*, computadores etc.), as redes sociais divulgam notícias com incrível rapidez, inclusive postando imagens ou comentários como se fossem brincadeiras divertidas ou fofocas, que, replicadas sem controle, podem "viralizar" quando despertam mais atenção do que o esperado. Estamos falando agora de *cyberbullying*, mais propriamente o *shaming*, do inglês *shame*, "vergonha". O rompimento de um namoro pode levar um dos parceiros à vingança com uma frase ou foto que exponha o outro ao ridículo ou revele sua intimidade. Nas duas hipóteses, a vítima sofre humilhação e vergonha, mas todos os que replicam com um comentário ou passam adiante a postagem são cúmplices da maldade... ou do crime, caso se trate de foto íntima, classificada como crime de "invasão de privacidade".

Comentários caluniosos, que instigam ódio ou pregam homofobia, racismo, intolerância religiosa estão entre os diversos crimes digitais que podem ser denunciados. Vale lembrar aos desavisados que xingar jogadores ou artistas negros, desmerecer nordestinos, emitir ou divulgar comentários machistas são atitudes que transformam a *web* em espaço de hostilidade. Mesmo os que se escondem sob pseudônimos podem ser identificados, pois a Polícia Federal dispõe de delegacias para investigar crimes cibernéticos, para que possam, assim, responder judicialmente. O Estatuto de Igualdade Racial, instituído em 2010, reforça o artigo 20 da Lei n. 7.716, de 5 de janeiro de 1989, segundo a qual "praticar, induzir ou incitar a discriminação ou preconceito de raça, cor, etnia, religião ou procedência nacional" é crime cuja pena está prevista em reclusão de um a três anos e multa. Destaca-se também que na Constituição brasileira de 1988 o racismo é crime inafiançável (a fiança é inadmissível) e imprescritível (a vítima pode reclamar de um crime cometido a qualquer tempo sem que perca os efeitos jurídicos).

Quadrinhos dos anos 10 (2014), tirinha de André Dahmer. Na internet, muitos discursos de ódio, por vezes criminosos, são veiculados como se fossem meras opiniões. Criou-se, por isso, a necessidade de normas e leis para regular o uso da *web*.

5. Violência estrutural

Ao caracterizar a violência no início deste capítulo, destacamos o conflito entre dois opositores: há sempre o autor e sua vítima, que podem ser constituídos individual ou coletivamente, e, nessa relação, um lado tem a nítida intenção de fazer mal ao outro. No entanto, nem sempre esse propósito se revela tão evidente. No caso da violência que não salta à vista, temos como exemplo a violência oculta que atinge os mais pobres, os que moram na periferia das grandes cidades e não dispõem de benefícios garantidos a segmentos sociais mais abastados. Mais propriamente, esse outro tipo de violência, tão disfarçada que mal tomamos consciência dela, é a que deriva da própria estrutura social.

A violência *estrutural* pertence a essa espécie difícil de ser identificada de imediato, por não ficar claro quem é o agressor. Geralmente também a vítima não sabe quem poderia ser o responsável pela sua situação e chega a concordar que todo sofrimento faz parte da "ordem natural das coisas", sem suspeitar de que resulta da ação ou do descaso humanos.

Por exemplo, a ausência de saneamento básico – obrigação do Estado para garantir a saúde da população – abandona crianças expostas a riscos de saúde. A falta de higiene e a fome prejudicam o desenvolvimento físico e intelectual da pessoa, além de expô-la a doenças e à morte precoce. Com frequência, trata-se da "fome oculta", resultante da ausência de proteínas e vitaminas na alimentação diária.

Não pode ser "natural" haver desigualdades tão acentuadas entre ricos e pobres, tampouco desemprego em massa, trabalho infantil, mendicância, altos índices de prostituição (inclusive de crianças). Essas distorções constituem "doenças da sociedade", falhas de um sistema econômico capaz de acumular riquezas, mas que não se dispõe a distribuí-las com justiça entre os cidadãos. Excluir grande parte da população de bens fundamentais a que tem o mais **estrito** direito para viver com dignidade cria um estado de violência.

Veja a situação do mundo, com sua riqueza tão mal distribuída. A distorção não é exclusiva do Brasil, porque desníveis desse tipo são comuns em vários países. Em 2014, um relatório das Nações Unidas calculou que cerca de 805 milhões de pessoas no mundo sofrem de desnutrição, embora na última década as taxas tenham reduzido de maneira significativa. No entanto, não houve melhoria no continente africano, onde a desigualdade permanece como um crime contra a humanidade. Ao mesmo tempo, os oito homens mais ricos do mundo acumulam fortuna equivalente ao que possui a metade mais pobre do planeta (isto é, 3,6 bilhões de pessoas), conforme divulgado em relatório de 2017 produzido pelo Comitê de Oxford de Combate à Fome (Oxfam).

O Brasil já esteve entre os países com pior distribuição de renda no mundo e com altos índices de famintos. Mas o levantamento de 2014, realizado pela Organização das Nações Unidas para a Alimentação e a Agricultura (FAO), revelou que o país alcançou níveis inferiores a 5%, cumprindo a meta de redução da proporção de pessoas que se encontravam em "estado de insegurança alimentar", ou seja, passando fome.

6. Violência extrema

A violência pode alcançar patamares inimagináveis quando, além do horror, do sofrimento e da morte, consideramos o número de vítimas. É o caso de guerras, massacres, genocídios e atos de terrorismo. Aqui deixaremos de abordar o terrorismo, assunto tratado no capítulo 12, "Poder e democracia".

Estrito: no contexto, absoluto, total.

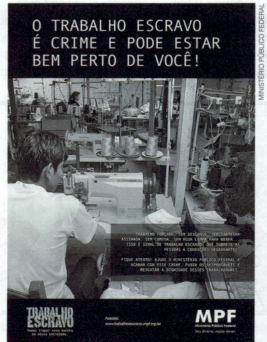

Cartazes para o público urbano e rural de campanha promovida pelo Ministério Público Federal (MPF) contra o trabalho escravo (2014). Vale notar que um dos oito homens mais ricos do mundo é dono de empresa varejista de roupas que já foi autuada por fazer uso de mão de obra em condições análogas à escravidão. O trabalho escravo, além de ser crime e um tipo de violência que salta aos olhos, é resultado da violência estrutural.

Guerra: a violência institucional

A guerra é uma violência institucionalizada entre unidades sociais organizadas, como grupos ou países que se confrontam de modo violento. É uma atividade militar que deve obedecer a regras, tais como a trégua, o respeito pela população civil e a garantia dos direitos dos prisioneiros, além de instaurar outra ordem jurídica, diferente daquela vigente em tempos de paz. *Guerra* é o confronto entre nações, enquanto o conflito entre segmentos de um mesmo país é chamado de *guerra civil*. Os crimes de guerra são definidos por acordos internacionais, como as Convenções de Genebra e o Estatuto de Roma. Enquadram-se nessa categoria atos como utilizar gás venenoso, atacar propositalmente civis ou fazê-los reféns, privar prisioneiros de guerra de um julgamento justo ou torturá-los.

Em tese, o conflito bélico se inicia apenas após o fracasso de tentativas diplomáticas, que pretendem resolver as pendências com diálogo e acordos pacíficos. A diplomacia pode não alcançar seus objetivos em virtude, por exemplo, da prepotência de países hegemônicos mobilizados por interesses econômicos. É o que acontece com os governos que disputam poços petrolíferos e outras riquezas do solo, ou ainda a saída para o mar e a procura por recursos hídricos, como acontece no Oriente Médio.

No mundo inteiro ocorrem movimentos pacifistas que atuam contra as guerras. O pacifismo extremado rejeita todo tipo de violência e classifica a guerra como injustificável em qualquer circunstância. Correntes mais moderadas aceitam – com restrições – a "guerra justa" como resposta à violação de um direito ou em defesa da liberdade e contra a servidão, embora reconheçam as dificuldades de explicitar esses limites.

Saiba mais

Em 1945, depois da Segunda Guerra Mundial, a Organização das Nações Unidas (ONU) foi criada para solucionar pacificamente conflitos que tendem a se internacionalizar. Apesar da importância desse organismo, nem sempre ele consegue evitar a pressão de países mais poderosos na defesa de seus interesses acima do bem público mundial.

Massacre e genocídio

Apesar de terrível, esperamos que a guerra, como instrumento institucionalizado com regras e leis, obedeça às normas e busque a paz. No entanto, passamos ao longo da história por alguns episódios abomináveis, como *massacres* e *genocídios*.

Os massacres ocorrem quando prisioneiros são exterminados e a população civil é atacada, durante a destruição e a pilhagem de cidades.

O genocídio visa ao extermínio deliberado de qualquer grupo étnico. De acordo com a ONU, *genocídio* é a "recusa do direito à existência de inteiros grupos humanos". A Convenção de Haia de 1907 estipulou o genocídio como *crime contra a humanidade*, portanto, sujeito a julgamento em tribunal internacional. É por isso que chefes e funcionários nazistas foram levados ao banco dos réus, como ocorreu com Adolf Eichmann[2], declarado culpado pelo genocídio de milhões de judeus e condenado à morte em 1962.

Em 2002, o ditador Slobodan Milošević, da extinta Iugoslávia, foi julgado por crimes de guerra e contra a humanidade, ao proceder a uma "limpeza étnica" de croatas e muçulmanos durante a guerra civil instaurada após a independência da Bósnia.

Os massacres, genocídios e outras violências institucionais estão entre as principais causas que levam as pessoas, na atualidade, a saírem de seus países em busca de refúgio seguro em outras nações.

Grafite de Banksy localizado em Belém (Cisjordânia). Foto de 2007. Essa obra, em que uma criança revista um militar, pode ser interpretada como crítica à violência institucionalizada que ameaça civis.

Destroços da cidade de Douma (Síria) após bombardeios de forças do governo sírio na cidade que é controlada por rebeldes. Foto de 2017.

[2] Consulte no capítulo 12, "Poder e democracia", o tópico sobre a banalidade do mal.

Infográfico: Delegação de refugiados

Em 2016, houve pela primeira vez uma delegação de refugiados nos Jogos Olímpicos, realizados no Rio de Janeiro. Os atletas desse grupo foram forçados a deixar seus países por causa de guerras e crises humanitárias. Sua presença nos jogos foi um ato simbólico, que teve como objetivo chamar a atenção do mundo para a grave questão dos refugiados. A cada 113 pessoas no mundo, uma é refugiada ou solicita refúgio em outro país. Muitos governos dificultam ou impedem a entrada de refugiados em seus territórios, o que agrava o problema e contribui para a marginalização dessas pessoas.

QUEM SÃO OS ATLETAS

O time de Atletas Olímpicos Refugiados dos Jogos Olímpicos Rio 2016 tinha dez esportistas, originários de quatro países que passam por crises humanitárias. Esses esportistas não tiveram o mesmo investimento e condições de treino de outros atletas olímpicos. No entanto, a presença deles nos jogos pode servir para criar uma imagem mais inspiradora dos refugiados, além de promover discussões sobre a situação das populações forçadas a abandonar os seus países ou territórios.

PAÍSES DE ORIGEM

Síria
A partir de 2011, uma série de protestos contra o governo deu início à tensão na Síria. Os conflitos armados e a intervenção internacional forçaram milhões de sírios a deixar o país.

República Democrática do Congo
Desde 1994, um conflito étnico na região já fez mais de 5 milhões de pessoas deixarem seus lares. A disputa por recursos naturais aumenta a tensão.

Etiópia
O clima árido, a enorme desigualdade social e as tensões políticas armadas no Chifre da África, onde está a Eitópia, agravam a crise humanitária que assola a região.

Sudão do Sul
Quando o Sudão do Sul declarou independência em 2011, conflitos armados já se arrastavam na região por mais de uma década. O motivo é a disputa por recursos naturais, agravada por diferenças étnicas.

RAMI ANIS
ORIGEM: Síria
PAÍS ACOLHEDOR: Bélgica
PROVAS EM QUE COMPETIU: 100 metros livre e 100 metros borboleta

Rami Anis já era nadador na Síria. Porém, para evitar ser convocado pelo exército, decidiu deixar o país em 2011. Viveu na Turquia e na Bélgica, onde se dedica ao esporte.

YUSRA MARDINI
ORIGEM: Síria
PAÍS ACOLHEDOR: Alemanha
PROVAS EM QUE COMPETIU: 100 metros livre e 100 metros borboleta

Yusra deixou a Síria de barco em 2015 e, após um naufrágio no Mar Egeu, conseguiu se salvar graças às habilidades como nadadora. Treina em Berlim, na Alemanha.

YONAS KINDE
ORIGEM: Etiópia
PAÍS ACOLHEDOR: Luxemburgo
PROVA EM QUE COMPETIU: Maratona

Yonas deixou a Etiópia em 2012 e passou a viver em Luxemburgo como exilado político. Em sua terra natal, já treinava corridas de longa distância.

POPOLE MISENGA
ORIGEM: República Democrática do Congo
PAÍS ACOLHEDOR: Brasil
PROVA EM QUE COMPETIU: Peso médio – 90 kg

Popole Misenga já treinava judô em seu país de origem. Como vivia em uma região afetada pela guerra civil, onde tinha dificuldade de treinar apropriadamente, buscou asilo no Brasil.

YOLANDE MABIKA
ORIGEM: República Democrática do Congo
PAÍS ACOLHEDOR: Brasil
PROVA EM QUE COMPETIU: Peso médio – 70 kg

O conflito armado em sua região separou Yolande dos pais ainda na infância. Em um centro para crianças, descobriu o judô. O Brasil acolheu a atleta e o seu compatriota Popole em 2013.

PESSOAS SEM NACIONALIDADE

O Alto Comissariado das Nações Unidas para Refugiados (Acnur) define a *apatridia* como a característica de uma pessoa que não tem nacionalidade. Ela ocorre quando o Estado nega os direitos ao cidadão, ou quando este não pode ou não quer assumir sua nacionalidade por outras razões. É o caso de refugiados, aos quais é negado acesso a direitos básicos, como educação e saúde.

QUESTÕES

1. Compare o número total de refugiados no mundo à quantidade de atletas de sua delegação. O que esse número indica? Lembre-se de que a Itália teve 292 atletas inscritos.
2. Na obra *As origens do totalitarismo*, Hannah Arendt afirma que os apátridas "haviam perdido aqueles direitos [...] definidos como inalienáveis, ou seja, os direitos do homem". Por que a situação dos refugiados levanta questões sobre os direitos humanos?

REFUGIADOS EM NÚMEROS

Segundo um relatório da ONU, em 2015 havia 65,3 milhões de refugiados no mundo. Esse número é superior à população total de países como a Itália (60,7 milhões). A ONU considera refugiadas tanto pessoas que encontraram abrigo em outros países como pessoas que foram forçadas a deixar suas casas, mas ainda vivem dentro das fronteiras de seus países de origem.

Estimativa de refugiados no mundo (em milhões):
- 24,5 — Refugiados que se encontram fora de seu país de origem
- 40,8 — Refugiados que deixaram suas casas, mas não seu país de origem

Principais origens de refugiados (em 2015):
- Síria: 4,9
- Afeganistão: 2,7
- Somália: 1,1

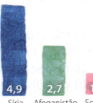

Países que acolheram mais refugiados (em 2015):
- Turquia: 2,5
- Paquistão: 1,6
- Líbano: 1,1

JAMES NYANG CHIENGJIEK
ORIGEM: Sudão do Sul
PAÍS ACOLHEDOR: Quênia
PROVA EM QUE COMPETIU: 400 metros

O atleta escapou do país aos 13 anos para evitar ser capturado por rebeldes e forçado a integrar a luta armada. Mudou-se para um campo de refugiados no Quênia, onde começou a treinar.

ROSE NATHIKE LOKONYEN
ORIGEM: Sudão do Sul
PAÍS ACOLHEDOR: Quênia
PROVA EM QUE COMPETIU: 800 metros

Outra vítima dos conflitos na região sul-sudanesa, Rose viveu no campo de refugiados de Kakuma, no Quênia, onde enfrentou condições de treino precárias.

PAULO AMOTUN LOKORO
ORIGEM: Sudão do Sul
PAÍS ACOLHEDOR: Quênia
PROVA EM QUE COMPETIU: 1500 metros

Sua trajetória é similar à de seus compatriotas: saiu do Sudão do Sul em direção ao Quênia e encontrou por lá sua vocação para o esporte.

ANJELINA NADAI LOHALITH
ORIGEM: Sudão do Sul
PAÍS ACOLHEDOR: Quênia
PROVA EM QUE COMPETIU: 1500 metros

Anjelina é uma das 750 mil pessoas que saíram do Sudão do Sul por causa dos conflitos da região. Chegou ao Quênia aos 6 anos e começou bem cedo a se destacar no atletismo.

YIECH PUR BIEL
ORIGEM: Sudão do Sul
PAÍS ACOLHEDOR: Quênia
PROVA EM QUE COMPETIU: 800 metros

Yiech deixou a terra natal aos 11 anos em plena crise humanitária. Teve o primeiro contato com o atletismo no Quênia, país com grande tradição nessa modalidade esportiva.

Fontes: Brasil. Ministério da Justiça, Comitê Nacional para os Refugiados. *Sistema de refúgio brasileiro*: desafios e perspectivas; ONU. Alto Comissariado das Nações Unidas para Refugiados. *O conceito de pessoa apátrida segundo o Direito Internacional*; COI. Sala de Imprensa do Comitê Olímpico Internacional. Disponível em <http://mod.lk/f4k1o>; COI. *Refugee Olympic Team to shine spotlight on worldwide refugee crisis*. Disponível em <http://mod.lk/grnl6>. Acessos em 24 nov. 2016.

3. Quais podem ser as causas de uma "guerra justa"?

5. Por que a não violência proposta por Gandhi não representa fraqueza diante da violência?

7. Quem é bárbaro?

8. Paz como concórdia

11. Ofensas aos direitos humanos no cotidiano

Quando falamos em violação dos direitos humanos é comum as pessoas associarem à ação de criminosos ou infratores. No entanto, há ofensas a esses direitos praticadas por pessoas comuns que muitas vezes nem consideram seus atos reprováveis. Esses desrespeitos podem ocorrer no meio familiar, escolar, universitário, profissional, virtual, em todos os lugares por onde circulamos ou manifestamos nossas opiniões. E são praticados por pessoas de todos os segmentos sociais.

A psicologia estuda um tipo de comportamento denominado *síndrome do pequeno poder*, que consiste em exorbitar a autoridade quando se possui alguma forma de poder. Vamos dar exemplos.

Como homens, de modo geral, têm constituição física mais forte do que as mulheres e muitas delas em diversas circunstâncias dependem, por imposição histórica e cultural, de maridos ou companheiros, elas se tornam vítimas frequentes de abusos e de violência explícita. A Lei n. 11.340, de 7 de agosto de 2006, conhecida como Lei Maria da Penha, criou instrumentos para coibir e punir atos de violência contra as mulheres. Mais recentemente, a Lei n. 13.104, de 9 de março de 2015, incluiu o **feminicídio** no rol de crimes hediondos.

Registramos abaixo dois trechos de uma entrevista realizada na data de comemoração do Dia Internacional da Mulher. A entrevistada é a desembargadora Maria Berenice Dias (1948), que, em 1973, tornou-se a primeira mulher a assumir o posto de juíza no Rio Grande do Sul. Ela relata a presença do preconceito contra a mulher nos exames para ingresso na magistratura e no decorrer de seu exercício. Com relação às causas que julgou, comenta:

"'Sempre foi muito barato bater em mulher', diz, ao lembrar os tempos pré-Maria da Penha. 'Esses casos ficavam diluídos no juizado especial ao lado de crimes de pequeno potencial ofensivo, briga com vizinho, roubo de bicicleta, virava cesta básica'. [...]

Em seguida, opina sobre o Dia da Mulher e a promulgação da lei que tornou hediondo o assassinato de mulheres quando resulta de violência doméstica ou de discriminação de gênero:

'Houve um desvirtuamento do Dia da Mulher. De um dia que marca a luta, a morte das mulheres, virou comemoração. Essa história de cumprimento, flor, levar para jantar, é horrorosa. Podemos comemorar essa lei do feminicídio, é um avanço. Ainda temos muito o que lutar. Os avanços acontecem, mas não na velocidade necessária.'"

BIANCHI, Paula. Entrevista com Maria Berenice Dias. *UOL Notícias*. Disponível em <http://mod.lk/koeid>. Acesso em 8 fev. 2017.

De acordo com a mesma lógica do pequeno poder, constatamos que nem sempre a relação entre pais e filhos é serena, fato confirmado por índices relativamente altos de crianças espancadas ou sujeitas a castigos humilhantes – com a falsa justificativa de educar com "severidade" – e também por casos de assassinato. Além das ocorrências no próprio lar, os excessos podem ter lugar nas escolas, quando alunos são maltratados e professores sofrem desrespeito e até violência física. Existem os casos de empresas que exploram mão de obra infantil, burlando os limites de idade mínima estipulados legalmente para o trabalho, e outras que abusam de trabalhadores em situação análoga à escravidão. Na realidade virtual da internet, o risco manifesta-se sobretudo por meio de redes de pedofilia. Vale frisar que o Estatuto da Criança e do Adolescente (ECA), promulgado em 1990, visa garantir direitos e deveres de crianças e jovens até 18 anos.

Feminicídio: homicídio qualificado contra a mulher por razões da condição de sexo feminino, como violência doméstica e familiar.

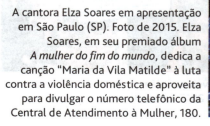

A cantora Elza Soares em apresentação em São Paulo (SP). Foto de 2015. Elza Soares, em seu premiado álbum *A mulher do fim do mundo*, dedica a canção "Maria da Vila Matilde" à luta contra a violência doméstica e aproveita para divulgar o número telefônico da Central de Atendimento à Mulher, 180.

PESSOAS SEM NACIONALIDADE

O Alto Comissariado das Nações Unidas para Refugiados (Acnur) define a *apatridia* como a característica de uma pessoa que não tem nacionalidade. Ela ocorre quando o Estado nega os direitos ao cidadão, ou quando este não pode ou não quer assumir sua nacionalidade por outras razões. É o caso de refugiados, aos quais é negado acesso a direitos básicos, como educação e saúde.

QUESTÕES

1. Compare o número total de refugiados no mundo à quantidade de atletas de sua delegação. O que esse número indica? Lembre-se de que a Itália teve 292 atletas inscritos.
2. Na obra *As origens do totalitarismo*, Hannah Arendt afirma que os apátridas "haviam perdido aqueles direitos [...] definidos como inalienáveis, ou seja, os direitos do homem". Por que a situação dos refugiados levanta questões sobre os direitos humanos?

REFUGIADOS EM NÚMEROS

Segundo um relatório da ONU, em 2015 havia 65,3 milhões de refugiados no mundo. Esse número é superior à população total de países como a Itália (60,7 milhões). A ONU considera refugiadas tanto pessoas que encontraram abrigo em outros países como pessoas que foram forçadas a deixar suas casas, mas ainda vivem dentro das fronteiras de seus países de origem.

Estimativa de refugiados no mundo (em milhões):

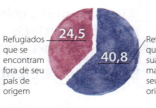

- Refugiados que se encontram fora de seu país de origem: 24,5
- Refugiados que deixaram suas casas, mas não seu país de origem: 40,8

Principais origens de refugiados (em 2015):

- Síria: 4,9
- Afeganistão: 2,7
- Somália: 1,1

Países que acolheram mais refugiados (em 2015):

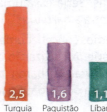

- Turquia: 2,5
- Paquistão: 1,6
- Líbano: 1,1

ILUSTRAÇÃO: LUIZ IRIA

JAMES NYANG CHIENGJIEK
ORIGEM: Sudão do Sul
PAÍS ACOLHEDOR: Quênia
PROVA EM QUE COMPETIU: 400 metros

O atleta escapou do país aos 13 anos para evitar ser capturado por rebeldes e forçado a integrar a luta armada. Mudou-se para um campo de refugiados no Quênia, onde começou a treinar.

ROSE NATHIKE LOKONYEN
ORIGEM: Sudão do Sul
PAÍS ACOLHEDOR: Quênia
PROVA EM QUE COMPETIU: 800 metros

Outra vítima dos conflitos na região sul-sudanesa, Rose viveu no campo de refugiados de Kakuma, no Quênia, onde enfrentou condições de treino precárias.

PAULO AMOTUN LOKORO
ORIGEM: Sudão do Sul
PAÍS ACOLHEDOR: Quênia
PROVA EM QUE COMPETIU: 1500 metros

Sua trajetória é similar à de seus compatriotas: saiu do Sudão do Sul em direção ao Quênia e encontrou por lá sua vocação para o esporte.

ANJELINA NADAI LOHALITH
ORIGEM: Sudão do Sul
PAÍS ACOLHEDOR: Quênia
PROVA EM QUE COMPETIU: 1500 metros

Anjelina é uma das 750 mil pessoas que saíram do Sudão do Sul por causa dos conflitos da região. Chegou ao Quênia aos 6 anos e começou bem cedo a se destacar no atletismo.

YIECH PUR BIEL
ORIGEM: Sudão do Sul
PAÍS ACOLHEDOR: Quênia
PROVA EM QUE COMPETIU: 800 metros

Yiech deixou a terra natal aos 11 anos em plena crise humanitária. Teve o primeiro contato com o atletismo no Quênia, país com grande tradição nessa modalidade esportiva.

Fontes: Brasil. Ministério da Justiça, Comitê Nacional para os Refugiados. *Sistema de refúgio brasileiro:* desafios e perspectivas; ONU. Alto Comissariado das Nações Unidas para Refugiados. *O conceito de pessoa apátrida segundo o Direito Internacional;* COI. Sala de Imprensa do Comitê Olímpico Internacional. Disponível em <http://mod.lk/f4k1o>; COI. *Refugee Olympic Team to shine spotlight on worldwide refugee crisis.* Disponível em <http://mod.lk/grnl6>. Acessos em 24 nov. 2016.

7. Quem é bárbaro?

No conflito entre islã e Ocidente, é evidente o **maniqueísmo**: para os partidários do fundamentalista islâmico Bin Laden, o islã é a única civilização e bárbaro é o Ocidente; enquanto isso, os ocidentais costumam afirmar "a supremacia da civilização ocidental sobre o islã".

Para evitar esse tipo de raciocínio tendencioso, lembramos que não há fórmulas para explicar a derrocada de uma democracia, tampouco para identificar quais seriam as condições de mantê-la atuante. Entretanto, vale refletir sobre a importância da educação universal, voltada para a aceitação da diversidade e a convivência das culturas nas suas diferenças. Seria essa uma das maneiras de garantir a *civilização contra a barbárie*?

Não podemos conceber uma noção absoluta de civilização nem de barbárie. A civilização deve permitir a existência de *diversidade cultural*. Bárbaro é quem não respeita essa ideia, conforme explica o filósofo Francis Wolff (1950):

> "Por isso o ataque de 11 de setembro é de fato um ataque *bárbaro*, e por ser bárbaro é que exige uma resposta civilizada. É bárbaro tanto na forma como no fundo, não por ser organizado por uma religião ou cultura bárbara, mas por ser organizado em nome da ideia do Bem absoluto. E ele exige uma resposta civilizada, ou seja, uma luta sem hipocrisia, não em nome da ideia do Bem ou da civilização, mas em nome da luta pela diversidade da humanidade, da qual todas as civilizações são garantia."
>
> WOLFF, Francis. Quem é bárbaro? In: NOVAES, Adauto (Org.). *Civilização e barbárie*. São Paulo: Companhia das Letras, 2004. p. 43.

Trocando ideias

Os atentados terroristas de 11 de setembro de 2001 às torres gêmeas do World Trade Center, em Nova York, e a outros pontos estratégicos de poder dos Estados Unidos foram atribuídos a fundamentalistas islâmicos da facção Al Qaeda, sob a liderança de Osama Bin Laden. No entanto, todos os muçulmanos, indiscriminadamente, acabaram sendo atingidos pela reação e pelo discurso do então presidente estadunidense George W. Bush, que chamou o islã de "eixo do mal". Como se a história nada tivesse ensinado aos ocidentais, em 2017, o recém-empossado presidente dos Estados Unidos, Donald Trump, baixou um decreto proibindo a entrada de residentes de sete países de origem muçulmana em território nacional. Aos que protestaram pelo mundo, respondeu em rede social: "Estão todos discutindo se é ou não um banimento. Chamem como quiserem, é sobre manter gente má fora do país".

- Discuta essas afirmações com seus colegas.

8. Paz como concórdia

Quando nos referimos à paz, advertimos não se tratar da "paz dos cemitérios", porque esta é alcançada com a destruição dos oponentes ou a imposição de uma retaliação humilhante aos vencidos. Não se trata, portanto, da paz *imposta* com uma ordem que mantém a injustiça. Por isso mesmo, o conceito de paz não deveria ser definido com base em negações, como "ausência de conflito" e "não guerra". Em sentido estrito, a paz é um tipo de ordenamento social em que os conflitos são resolvidos mediante discussão e diálogo. Em sentido bem amplo, a paz só é possível onde existe justiça, bem-estar e relações construtivas entre grupos. Ou seja, a paz resulta de uma intenção de harmonia que necessita ser construída em conjunto. A isso chamamos de *civilização*.

O conceito de *concórdia* adquire aqui um sentido positivo, por ser a paz compartilhada, construída pela ação comum com o propósito de não deixar prevalecer a violência no convívio humano.

Irenologia: a ciência da paz

A partir da segunda metade do século XX, o desenvolvimento tecnológico aumentou a capacidade destrutiva das armas, colocando em risco a vida no planeta. Estima-se que atualmente existam mais de 17 mil armas nucleares no mundo, a maior parte delas pertencente aos Estados Unidos e à Rússia (cada um deles tem de 7 a 8 mil armas). Outros países, como Reino Unido, França, Paquistão e Índia, também detêm armamentos desse tipo, que se caracterizam pelo alto poder destrutivo e pelas consequências a longo prazo para os indivíduos e o meio ambiente. O temor provocado pela radicalização das guerras gerou a atuação mais firme de grupos pacifistas.

Após a Segunda Guerra Mundial, alguns estudiosos dedicaram-se a enfocar a noção de paz sem defini-la pela negação, como não guerra. Assim nasceu a *ciência da paz*, ou *irenologia*, nome que aproveitou o termo grego *eirene*, que significa "paz".

A ciência da paz desenvolve pesquisas multidisciplinares, apoiadas na contribuição de intelectuais de diversas áreas do saber, como ciência política, sociologia, economia, psicologia, história, filosofia e direito internacional. Nasceu de iniciativa da Organização das Nações Unidas para a Educação, a Ciência e a Cultura (Unesco), da qual participaram também pensadores como Bertrand Russell (1872-1970) e grupos de várias orientações ideológicas no mundo todo.

Paralelamente aos organismos mundiais, grupos da sociedade civil estudam e debatem as causas da violência, além de proporem alternativas não violentas para solucionar conflitos. O grande obstáculo tem sido transformar teorias em práticas, o que pressupõe preparar as novas gerações por meio da educação para a paz.

Maniqueísmo: comportamento rígido que contrapõe o ser humano em duas categorias, bom ou mau, herói ou bandido, sem examinar os fatos em sua complexidade; o risco do maniqueísmo é a intolerância e a violência, quando os "adversários" se convertem em "inimigos".

9. Filosofia da não violência

Entre os defensores do pacifismo, destaca-se a figura de Mahatma Gandhi (1869-1948), líder da resistência indiana contra a dominação britânica. Suas principais estratégias eram: não colaboração, greve pacífica, jejum, boicote e desobediência civil. Por estarem ancoradas numa concepção filosófica da "não violência do forte", essas medidas representam algo além de meras táticas de resistência passiva. Por isso Gandhi preferia referir-se à sua doutrina como *satyagraha*, literalmente, "força da verdade".

Para Gandhi, o compromisso com a verdade exige denunciar todas as formas de injustiça, tornando transparentes as mentiras e os crimes dos violentos, mas nunca defender uma causa injusta. Significa também saber dialogar de modo objetivo e imparcial, disposto a negociar e a mudar de ideia quando preciso.

O líder indiano inspirou-se na obra *Desobediência civil*, do estadunidense Henry Thoreau (1817-1862). Gandhi conseguiu ampliar o conceito de Thoreau, restrito à ação individual, dando-lhe uma dimensão coletiva. Como advogado, Gandhi reconhecia a importância do respeito ao estado de direito, porém conclamava as pessoas a desobedecer a leis injustas e arcar com as consequências, mesmo quando envolviam risco de prisão. A intenção dessa desobediência civil era sensibilizar a opinião pública para denunciar injustiças.

O grande mérito de Gandhi foi conseguir mobilizar as massas. Na Marcha do Sal (1930), por exemplo, após caminhar a pé durante vários dias até o mar, milhares de indianos recolheram água e a deixaram secar para obter o sal. O propósito era desobedecer às ordens inglesas, que determinavam o monopólio do sal na Índia e proibiam a extração de sal para consumo interno, obrigando os indianos a comprar o produto industrializado. Centenas de pessoas foram presas, incluindo o líder, mas o povo conquistou seu objetivo: a alteração da lei. Outra vitória importante foi o boicote às roupas de origem britânica, o que promoveu o renascimento dos tecidos feitos à mão pelos indianos.

As ideias de Gandhi influenciaram inúmeros ativistas no mundo inteiro, entre eles Martin Luther King (1929-1968), líder negro estadunidense que na década de 1960 empreendeu uma luta contra o *apartheid* em seu país.

Participação coletiva e individual

O repúdio à violência e a construção da paz exigem compromissos que a sociedade democrática deve assumir em conjunto. A atuação de governos e de movimentos coletivos é importante para uma convivência não violenta. Do mesmo modo, é fundamental a conscientização individual para refletirmos sobre como cada um de nós se relaciona na família, com os amigos, na rua, no trabalho, com o ambiente. E sobre de que modo estamos engajados na construção de um mundo melhor.

Respeito pelos direitos humanos, comunicação participativa, tolerância e solidariedade, repúdio ao racismo e a qualquer tipo de discriminação: essas são algumas atitudes que podem contribuir para manter a concórdia.

Apartheid: palavra de origem africânder que significa "vidas separadas"; é o termo utilizado para designar o regime de segregação racial adotado na África do Sul entre 1948 e 1994, mas que também é estendido à discriminação racial praticada institucionalmente nos Estados Unidos durante a vigência das Leis Jim Crow, de 1876 a 1965.

Cena do filme *Estrelas além do tempo* (2016), do diretor Theodore Melfi. A obra narra a história de três brilhantes cientistas negras da Nasa, a agência espacial estadunidense, as quais, por meio do conhecimento, lutaram por igualdade quando vigoravam leis de segregação racial nos Estados Unidos.

ATIVIDADES

1. Qual é a vantagem da "violência legítima" do Estado e quais são os seus riscos?

2. Em que consiste a violência estrutural?

3. Quais podem ser as causas de uma "guerra justa"?

4. Explique por que a concórdia não significa ausência de conflitos e também não se identifica com o conceito comum de paz.

5. Por que a não violência proposta por Gandhi não representa fraqueza diante da violência?

Leitura analítica

Quem é bárbaro?

Este texto pretende distinguir civilização de barbárie com base em três características que abrangem os costumes, a cultura e a moral, de modo a entender que nenhum dos aspectos identificam inteiramente um povo como civilizado ou bárbaro. São os seus atos que poderão ser avaliados sob um ou outro prisma.

"Antes de procurar responder a essa pergunta [quem é bárbaro?] é preciso tentar resolver um problema de definição. O que chamamos bárbaro? O que é barbárie?

Consideremos três fatos, quase ao acaso:

1. Certos grupos étnicos na Nova Guiné recorrem à antropofagia e devoram seus prisioneiros. Um costume e um povo bárbaros.

2. No ano de 2001, o regime talibã destruiu, no Afeganistão, estátuas gigantescas e admiráveis que datavam da Idade Média, patrimônios da humanidade. Uma prática e uma cultura bárbaras.

3. Em 1975, depois que o Khmer Vermelho tomou o poder em Phnom Penh, houve um gigantesco massacre da população cambojana das cidades, que resultou em 1 milhão de mortos. Uma prática e um regime bárbaros.

Esses exemplos de costumes, culturas e regimes que podem com efeito ser qualificados de 'bárbaros' talvez nos remetam a três sentidos da palavra e, portanto, de seu antônimo: 'civilização'.

1. No primeiro, civilização designa um processo, supostamente progressivo, pelo qual os povos são libertados dos costumes grosseiros e rudimentares das sociedades tradicionais e fechadas para se 'civilizar', o que supõe que pertençam a uma sociedade maior, aberta e complexa e, portanto, *urbanizada*. A civilização designa esse processo de paulatino abrandamento dos costumes, de respeito aos modos, ao refinamento, à delicadeza, ao pudor, à elegância etc. [...]

2. No segundo sentido, a civilização designa as ciências, as letras e as artes, em suma, o patrimônio mais elevado de uma sociedade. Não se trata exatamente da cultura, de *toda* a cultura, e sim da parte mais 'desinteressada', mais 'liberal', da cultura humana. A 'civilização', compreendida nesse sentido, designa, portanto, menos as técnicas e os ofícios [...] do que a parte especulativa, contemplativa e *espiritual* da vida [...]. Os bárbaros são insensíveis ao saber ou à beleza pura, não respeitam o valor destes ou não compreendem seu sentido, só reconhecem valor no útil, na satisfação das necessidades vitais ou prazeres grosseiros. [...]

Nesse segundo sentido, supõe-se que o bárbaro pertença não apenas a um estágio anterior de socialização ou de história política, como também a um estágio anterior da *cultura* humana.

[...]

3. No terceiro sentido, ainda mais forte, menos técnico, mas muito mais comum, 'civilização' designa tudo aquilo que, nos costumes, em especial nas relações com outros homens e outras sociedades, parece humano, realmente humano – o que pressupõe respeito pelo outro, assistência, cooperação, compaixão, conciliação e pacificação das relações –, em oposição ao que se supõe natural ou bestial, a uma violência vista como primitiva ou arcaica, a uma luta impiedosa pela vida. Os bárbaros são descritos como bichos do mato, dotados de uma brutalidade feroz, cega e selvagem, sem motivo razoável e, sobretudo, sem limite racional. [...] Também são chamados de bárbaros os campos de extermínio do Khmer Vermelho ou do regime nazista. De modo geral, a barbárie, considerada nesse sentido, designa fenômenos essencialmente destruidores, manifestações de desumanidade incontrolada; fala-se em 'crime bárbaro' em referência a mutilações atrozes, assassinatos horríveis, sacrifícios humanos em massa, holocaustos, etnocídios, genocídios.

Em suma, no primeiro sentido, civilização é civilidade; no segundo, é a parte espiritual da cultura; no terceiro, é a humanidade do sentido moral. O primeiro tipo de bárbaro parece pertencer a um estágio arcaico de *socialização*; o segundo, a um estágio arcaico de *cultura*; e, mais grave ainda, é um estágio pré-humano a que o terceiro parece pertencer: é o homem que permaneceu em estado selvagem, que se tornou, ou tornou a ser, desumano."

WOLFF, Francis. Quem é bárbaro? In: NOVAES, Adauto (Org.). *Civilização e barbárie*. São Paulo: Companhia das Letras, 2004. p. 20-24.

Khmer Vermelho: partido comunista do Camboja de 1975 a 1979.

QUESTÕES

1. O filósofo francês Francis Wolff identifica três sentidos para a palavra barbárie e seu antônimo, civilização. Indique-os por esquema.
2. Com base no texto, identifique o tipo de barbárie que representou o lançamento das bombas atômicas pelas forças estadunidenses sobre as cidades de Hiroshima e Nagasaki, no Japão, durante a Segunda Guerra Mundial.
3. Por que não podemos atribuir aos árabes a denominação generalizada de povo bárbaro?

10. Direitos humanos: entre a vigência e a eficácia

Em dezembro de 2018, a Declaração Universal dos Direitos Humanos completa 70 anos de idade, mas basta olhar rapidamente ao redor para constatar que os direitos humanos são cotidianamente violados e uma expressiva parcela da população do planeta vive sem essas garantias, a começar pelo artigo 1º da Declaração: "Todos os seres humanos nascem livres e iguais em dignidade e em direitos. [...]".

Além de desrespeitados, os direitos humanos são vistos por muitos com enorme desconfiança: para uns não passam de "direitos de bandidos"; para outros, trata-se de uma invenção hipócrita do Ocidente, cujo verdadeiro objetivo não seria garantir direitos, mas expandir valores europeus e liberais, impondo-os arbitrariamente sem considerar a diversidade cultural e as diferentes tradições milenares.

A discussão sobre direitos humanos não pode ser reduzida a esses termos, sob o risco de ser empobrecida. Para tanto, será preciso examinar o amplo leque de conquistas realizadas em boa parte do planeta nos últimos 60 anos e, no Brasil, nas últimas três décadas. Sem esquecer, claro, dos direitos ainda a serem conquistados.

Direitos humanos para quem?

Direitos humanos para todos os seres humanos. No entanto, o que é o ser humano? Muitos já responderam de forma clássica: "Somos animais racionais". Essa definição nos coloca diante de dúvidas quanto à clareza e precisão, por causa da dificuldade de encontrar uma característica específica e definitiva que nos distinga de todos os outros seres. Vejamos o comentário do filósofo André Comte-Sponville (1952):

> "O que é o homem? Respostas é que não faltam na história da filosofia. É o homem um animal político, como queria Aristóteles? Um animal falante, como também ele dizia? Um animal de duas patas sem penas, como afirmava com graça Platão? Um animal razoável, como pensavam os estoicos e depois os escolásticos? Um ser que ri (Rabelais), que pensa (Descartes), que julga (Kant), que trabalha (Marx), que cria (Bergson)? Nenhuma dessas respostas, nem a soma delas, me parece totalmente satisfatória."

COMTE-SPONVILLE, André. *Apresentação da filosofia*. São Paulo: Martins Fontes, 2002. p. 125.

Não reconheceremos nossa natureza como claramente definível se considerarmos a incompletude humana, a ambiguidade dos desejos e a possibilidade aberta de decidir livremente. Posto isso, teremos de concluir que nosso comportamento também não é previsível.

Podemos acertar, mas também errar. Estamos disponíveis para construir um mundo melhor, mas igualmente para persistir nas ações movidas por egoísmo, inveja e cobiça. Neste último caso, seríamos menos humanos? Os corruptos, os assassinos, os traidores e os fracos não seriam seres humanos? Ninguém que pertença ao gênero humano pode ser excluído da noção de humanidade.

Essas questões nos remetem ao tema dos direitos humanos. Se nos basearmos no princípio de que cada pessoa é única e insubstituível, concluímos que todos devemos ter direitos iguais e somos dignos de respeito. Quando admitimos que todos somos igualmente cidadãos, reconhecemos também o que é intolerável: a escravidão, a tortura, a submissão doméstica da mulher ao homem, a inferiorização de etnias, a ridicularização de homossexuais, a corrupção, a calúnia etc.

Por que, então, se o crime é intolerável, há quem defenda o criminoso? Por esse motivo, organizações que têm como bandeira a preservação dos direitos humanos são com frequência acusadas de "defender bandidos". O que as organizações de direitos humanos defendem, porém, não é o crime ou a impunidade, mas que os acusados tenham direito à defesa legal que garanta julgamento justo e, no caso de condenados, sejam punidos de acordo com os termos da lei e em respeito à sua condição humana. Portanto, no estado de direito, os criminosos não devem ser tratados de modo cruel. Caso contrário, estaríamos assumindo a mesma atitude que deploramos neles.

À esquerda, mulheres saem às ruas contra o uso do *hijab*, véu muçulmano, no dia seguinte ao término da Revolução Islâmica de 1979, em Teerã (Irã). À direita, protesto em defesa dos direitos das mulheres realizado em Atenas (Grécia). Foto de 2017. Quase 40 anos depois, permanece a necessidade de lutar diariamente pelos direitos humanos.

11. Ofensas aos direitos humanos no cotidiano

Quando falamos em violação dos direitos humanos é comum as pessoas associarem à ação de criminosos ou infratores. No entanto, há ofensas a esses direitos praticadas por pessoas comuns que muitas vezes nem consideram seus atos reprováveis. Esses desrespeitos podem ocorrer no meio familiar, escolar, universitário, profissional, virtual, em todos os lugares por onde circulamos ou manifestamos nossas opiniões. E são praticados por pessoas de todos os segmentos sociais.

A psicologia estuda um tipo de comportamento denominado *síndrome do pequeno poder*, que consiste em exorbitar a autoridade quando se possui alguma forma de poder. Vamos dar exemplos.

Como homens, de modo geral, têm constituição física mais forte do que as mulheres e muitas delas em diversas circunstâncias dependem, por imposição histórica e cultural, de maridos ou companheiros, elas se tornam vítimas frequentes de abusos e de violência explícita. A Lei n. 11.340, de 7 de agosto de 2006, conhecida como Lei Maria da Penha, criou instrumentos para coibir e punir atos de violência contra as mulheres. Mais recentemente, a Lei n. 13.104, de 9 de março de 2015, incluiu o **feminicídio** no rol de crimes hediondos.

Registramos abaixo dois trechos de uma entrevista realizada na data de comemoração do Dia Internacional da Mulher. A entrevistada é a desembargadora Maria Berenice Dias (1948), que, em 1973, tornou-se a primeira mulher a assumir o posto de juíza no Rio Grande do Sul. Ela relata a presença do preconceito contra a mulher nos exames para ingresso na magistratura e no decorrer de seu exercício. Com relação às causas que julgou, comenta:

"'Sempre foi muito barato bater em mulher', diz, ao lembrar os tempos pré-Maria da Penha. 'Esses casos ficavam diluídos no juizado especial ao lado de crimes de pequeno potencial ofensivo, briga com vizinho, roubo de bicicleta, virava cesta básica'. [...]

Em seguida, opina sobre o Dia da Mulher e a promulgação da lei que tornou hediondo o assassinato de mulheres quando resulta de violência doméstica ou de discriminação de gênero:

'Houve um desvirtuamento do Dia da Mulher. De um dia que marca a luta, a morte das mulheres, virou comemoração. Essa história de cumprimento, flor, levar para jantar, é horrorosa. Podemos comemorar essa lei do feminicídio, é um avanço. Ainda temos muito o que lutar. Os avanços acontecem, mas não na velocidade necessária.'"

BIANCHI, Paula. Entrevista com Maria Berenice Dias. *UOL Notícias*. Disponível em <http://mod.lk/koeid>. Acesso em 8 fev. 2017.

De acordo com a mesma lógica do pequeno poder, constatamos que nem sempre a relação entre pais e filhos é serena, fato confirmado por índices relativamente altos de crianças espancadas ou sujeitas a castigos humilhantes – com a falsa justificativa de educar com "severidade" – e também por casos de assassinato. Além das ocorrências no próprio lar, os excessos podem ter lugar nas escolas, quando alunos são maltratados e professores sofrem desrespeito e até violência física. Existem os casos de empresas que exploram mão de obra infantil, burlando os limites de idade mínima estipulados legalmente para o trabalho, e outras que abusam de trabalhadores em situação análoga à escravidão. Na realidade virtual da internet, o risco manifesta-se sobretudo por meio de redes de pedofilia. Vale frisar que o Estatuto da Criança e do Adolescente (ECA), promulgado em 1990, visa garantir direitos e deveres de crianças e jovens até 18 anos.

Feminicídio: homicídio qualificado contra a mulher por razões da condição de sexo feminino, como violência doméstica e familiar.

A cantora Elza Soares em apresentação em São Paulo (SP). Foto de 2015. Elza Soares, em seu premiado álbum *A mulher do fim do mundo*, dedica a canção "Maria da Vila Matilde" à luta contra a violência doméstica e aproveita para divulgar o número telefônico da Central de Atendimento à Mulher, 180.

Em todos os locais, presenciamos ofensas aos direitos humanos, tais como manifestações de racismo e homofobia, demonstrando que muitos dos que se reconhecem como "pessoas de bem" – essa expressão maniqueísta de quem se vê como melhor do que os demais – são capazes de excluir os diferentes por meio de humilhações e agressões, inclusive fatais. Basta conferir o noticiário para perceber uma disseminada cultura da violência e do ódio.

O que dizer de torcidas organizadas que, no afã de vangloriar seu time, agridem criminosamente oponentes como se fossem inimigos? Ou em casos de linchamentos em que a turba leva cada um dos participantes a perder o controle de si mesmo, movida por preconceitos como racismo e homofobia ou mesmo de caráter religioso.

O caso específico do trote universitário

Outro exemplo marcante é o chamado "trote", evento que marca o início do ano letivo de cursos universitários e consiste no acolhimento de novatos, os "bixos", pelos "veteranos". O que deveria ser um congraçamento, torna-se ocasião de ofensas, humilhações, condutas vexatórias, selvagerias, com efeitos danosos, como a desistência dos estudos e, na pior das ocorrências, a morte.

O filósofo Theodor Adorno (1903-1969), testemunha dos tempos da Alemanha nazista, adverte sobre o perigo que representa a identificação cega com o "coletivo" e cita explicitamente a selvageria dos trotes como um dos precursores da violência nazista.

Se no Brasil não tivemos a experiência nefasta do nazismo, recebemos a herança escravocrata que ainda hoje motiva veteranos de universidades importantes a se portarem como senhores de escravos. Assim comenta o sociólogo José de Souza Martins (1938), professor da Universidade de São Paulo (USP):

"O trote, tal como o conhecemos, é o modo incivilizado de introduzir calouros na sociedade transitória e precária da vida de aluno da universidade. A via do deboche, da humilhação do outro, pode ser também indicativa de que os praticantes desses trotes perfilham e aplaudem o que há de pior na sociedade em que vivemos. Não apenas ironizam, mas de fato acreditam que o mundo deveria ser assim. No elenco dos trotes e festas inaugurais deste início de ano letivo [2015] destaco alguns que expressam a selvageria da mentalidade reacionária e ultradireitista dos que nesse agir mostram-se continuadores da cultura do capitão do mato. Os calouros de arquitetura da Universidade Federal da Bahia foram recebidos por um boneco enforcado, negro, recoberto com seus nomes. O negro vitimado pelo tronco e pela chibata ainda pena no imaginário de gente que, 127 anos depois da Abolição, pensa como pensava o senhor de escravos. [...] Tivemos mais de um século para aprender a respeitar as diferenças como legítimo direito de cada um e ainda há entre nós quem insista em tratar o outro como peça e mercadoria."

MARTINS, José de Souza. Ritual de moagem. *O Estado de S. Paulo*, São Paulo, 8 mar. 2015. Caderno Aliás, p. E2.

A lista de ofensas aos direitos humanos não termina com esses exemplos, que se espalham de norte a sul, e seria vã a tentativa de esgotá-la, mas já serve para mostrar que as organizações que tratam dos direitos humanos não têm como tarefa apenas "defender bandidos". Constatamos que intervenções a fim de assegurar a dignidade humana podem muito bem se estender para o território daqueles que se dizem "do bem" – os que não são socialmente marginalizados. Só que estes, tendo seus direitos garantidos com firmeza, contarão com o amparo da lei para defender-se.

A defesa dos direitos humanos é relativamente recente, se considerarmos o século XVIII como marco das ideias iluministas que até hoje estão presentes nos projetos civilizatórios. Vejamos como foi esse percurso.

Calouros pintam muros de escolas em trote solidário realizado em Curitiba (PR). Foto de 2017. O trote solidário é uma alternativa à tradição de trotes violentos por muito tempo cultivada entre veteranos e calouros.

12. Noção de justiça

A discussão a respeito das relações humanas nos leva a indagar sobre o significado de justiça. Entre seus diversos sentidos, a justiça pode ser compreendida como "dar a cada um o que é seu". Embora verdadeira, com base nessa primeira afirmação, pode-se chegar a conclusões diferentes do que hoje entendemos por justiça. Por exemplo, na época da aristocracia, os nobres eram vistos como superiores aos demais. Portanto, o que lhes cabia, por justiça, era um quinhão maior de benefícios e felicidade do que aos demais, que ali estavam para servi-los. A situação era ainda pior em sociedades escravagistas, nas quais a humanidade do escravo era reduzida à condição de "mercadoria" a ser comprada e vendida.

Para que não haja distorções ao se aplicar a ideia de justiça, há situações em que é preciso recorrer à **equidade**: ser justo é realizar a igual distribuição de benefícios e obrigações, para que todos recebam o que lhes é devido por justiça.

Assim Comte-Sponville define a equidade:

> "Virtude que permite aplicar a generalidade da lei à singularidade das situações concretas: é um 'corretivo da lei', escreve Aristóteles (*Ética a Nicômaco*, V, 10), que permite salvar o espírito desta quando a letra não basta para tanto. É a justiça aplicada, justiça em situação, justiça viva, e a única verdadeiramente justa."
>
> COMTE-SPONVILLE, André. *Dicionário filosófico*. São Paulo: Martins Fontes, 2003. p. 197.

De acordo com a concepção aristotélica, portanto, a equidade tem a missão de corrigir a justiça legal, indo além e acima da justiça a fim de sanar as falhas que esta apresenta em razão de sua generalidade. As alegações universais ou gerais da lei escrita seriam insuficientes para abarcar devidamente casos particulares. Mesmo que as leis fossem aperfeiçoadas ao longo do tempo, as suas correções sucessivas não minimizariam a importância e a necessidade de um olhar particularista, daí a superioridade do critério da equidade em relação ao conceito universalista de justiça.

Pensando em exemplos atuais, aqueles que têm necessidades especiais – de locomoção, audição, visão, entre outras – possuem direitos especiais: rampas de acesso para cadeirantes, permissão para deficiente visual circular com cães-guia em locais proibidos para animais; do mesmo modo, os casos de tributação em que se aplica o imposto proporcional (por exemplo, 5% para todos) seriam injustos quando comparados à aplicação progressiva, que taxa mais os mais ricos e menos os mais pobres.

Fazer justiça pressupõe igualmente o cumprimento de obrigações. O motorista deve obedecer às regras de trânsito, em respeito à segurança de si mesmo, das demais pessoas, passageiros e pedestres. Caso cometa uma contravenção, deve ser punido com multa ou, dependendo do caso, até com detenção e perda da autorização para dirigir.

Com os exemplos, percebemos que o conceito de justiça não se restringe apenas às relações éticas entre as pessoas, mas também estabelece conexões no âmbito das instituições políticas.

Trocando ideias

Entre os povos da Antiguidade oriental, a justiça baseava-se na Lei de Talião, cujos princípios eram resumidos pela expressão "Olho por olho, dente por dente". Ou seja, o culpado por um crime deveria ser condenado à pena equivalente ao dano causado por seu crime: cortar a mão de quem rouba, matar quem matou, castrar quem estupra. Dizer que naquele momento essa lei significou avanço pode hoje parecer estranho, mas representou a tentativa de interromper as vinganças desproporcionais entre as famílias, que faziam sucessivas vítimas.

- Atualmente a Lei de Talião seria um procedimento justificável? Dê sua opinião sobre esse tipo de punição.

13. Direito natural: jusnaturalismo

Quando os povos antigos começaram a discutir a noção de justiça, distinguiram *direito natural* de *direito positivo*: os gregos foram os primeiros a indagar se a justiça deriva da natureza ou se nasce da própria lei. Essas primeiras tentativas deram origem às teorias do **jusnaturalismo**, para as quais o direito natural prevalece sobre o direito positivo. Vejamos como se definem os dois tipos de direito.

O *direito natural* é eterno e imutável, válido em qualquer lugar e em todos os tempos, é anterior e eticamente superior ao direito positivo; segue uma longa tradição oral, portanto, não é escrito.

O *direito positivo* é criado pelo ser humano e instituído pelo costume ou pela norma escrita.

Na Idade Média, influenciados pelo cristianismo, os juristas entendiam o direito natural **transcendente**: a verdadeira justiça não é a humana, mas a divina; portanto, os textos legais deveriam harmonizar-se com as sagradas escrituras, optando-se sempre pela solução mais justa de acordo com a religião.

Equidade: do latim *aequitas*, "igualdade".
Jusnaturalismo: do latim *jus, juris*, "direito", de onde vem "direito natural".
Positivo: no contexto, o que é existente de fato, estabelecido; no direito, a lei instituída, o que se opõe à lei natural. Não confundir com o sentido de "fatos concretos", como no positivismo de Auguste Comte.
Transcendente: o que é de ordem superior. No caso dos cristãos, a justiça não é deste mundo, mas se encontra fora dele, em Deus. É o contrário de imanente: o que pertence a este mundo.

14. Teóricos da modernidade

As ideias de direito, poder e justiça passaram por mudanças na modernidade. Desde o século XVI, iniciou-se o processo de **dessacralização** das esferas do saber (arte, ciência, filosofia, política, direito), que reivindicavam autonomia em relação aos dogmas religiosos.

Com o surgimento das monarquias nacionais e o desenvolvimento do capitalismo, outras concepções de poder foram elaboradas para ajustar-se aos novos tempos. Destaca-se a reflexão de **Nicolau Maquiavel** (1469-1527), que inaugurou o pensamento político moderno ao analisar o tema do poder de modo inédito, recusando interpretações utópicas de um ideal do "bom governante" ou justificativas teológicas medievais. Para ele, o poder é forjado nas relações humanas e, como tal, visa à ação eficaz e imediata.

Apresentamos na sequência conceitos de **Hobbes**, **Locke**, **Rousseau** e **Kant**, cujas teorias levariam à nova percepção dos direitos humanos.

a) Thomas Hobbes

O filósofo inglês Thomas Hobbes (1588-1679) deu ao tema do poder o primeiro tratamento jurídico na modernidade. Para ele, o ser humano é movido por paixões naturais, portanto, seu objetivo não é fazer o bem para os outros nem salvar a própria alma, mas satisfazer seus próprios desejos e interesses, mesmo que para isso seja necessário prejudicar alguém ou atentar contra a sua integridade física.

A premissa hobbesiana não é propriamente pessimista. Pode ser considerada filosoficamente útil para pensar o tema do poder com realismo, sem ilusões: a hipótese do filósofo é que, na ausência de um Estado forte e centralizado, os indivíduos tenderiam a tratar cada um apenas em benefício de si mesmo, situação que tornaria a vida de todos precária, violenta, terrível e curta. Portanto, o desafio consiste em domar esse poder, controlando-o artificialmente.

O direito, encarado até então como atividade ética e prudencial, como fenômeno anterior e independente da noção de Estado, passou a identificar-se com o próprio Estado, que, na visão hobbesiana, deve ser o detentor exclusivo da produção jurídica. Nota-se aqui uma novidade: a construção artificial do Estado, que concomitantemente realiza a construção artificial do direito, transformado em instrumento com o objetivo de assegurar a paz. Para Hobbes, só assim é possível uma vida tranquila, protegida da agressão dos outros.

b) John Locke

Outra contribuição veio do filósofo inglês John Locke (1632-1704), um dos teóricos do liberalismo do século XVII. Para ele, a propriedade é "tudo o que pertence" a cada indivíduo, ou seja, sua vida, sua liberdade e seus bens. Portanto, mesmo quem não possui bens é proprietário de sua vida, de seu corpo, de seu trabalho e, por consequência, dos frutos desse empenho.

Essa reflexão representava o novo interesse pela autonomia do sujeito, não mais dominado por governos absolutos – no que se opunha a Hobbes –, e levava à condenação da escravidão e da servidão. A concepção de liberdade de Locke, contudo, não era ampla, pois apenas os que possuíam fortuna tinham condições de usufruir plena cidadania e, portanto, de votar ou de serem votados. Ressalta-se, desse modo, o elitismo que persistiu na raiz do liberalismo, já que a liberdade e a igualdade defendidas eram de natureza abstrata, geral e puramente formal.

Dessacralização: o que deixou de ser sagrado; o mesmo que laicização, isto é, tornar laico, sem interferência de dogmas religiosos.

Cena do filme *Ensaio sobre a cegueira* (2008), dirigido por Fernando Meirelles. Com base na obra homônima do escritor José Saramago, o filme se passa em um cenário catastrófico afetado por uma espécie de epidemia de cegueira. Desamparadas pelo Estado, algumas pessoas começam a agir violentamente para salvar a própria pele, descrição semelhante à hipótese hobbesiana.

c) Jean-Jacques Rousseau

No século XVIII, as noções de liberdade e igualdade avançaram com a original concepção política fundada na *vontade geral* (do povo), elaborada pelo cidadão de Genebra (Suíça) Jean-Jacques Rousseau (1712-1778). Aspectos avançados do pensamento de Rousseau decorrem do entendimento de que cada cidadão pode transferir sua liberdade e seus bens apenas para a comunidade (interpretada como um corpo único) que ele integra. O conceito-chave de vontade geral sustenta a ideia de *soberania popular* – que não se aliena –, da qual participam igualmente todos os cidadãos e não apenas os mais ricos, o que assegura a liberdade de cada um.

Até aqui, que conclusão podemos tirar de teorias tão diversificadas?

Na modernidade, discutiu-se um rol crescente de direitos considerados naturais e **inatos**, universais e atemporais, a começar pelos direitos à vida e à segurança (Hobbes), até chegarmos aos direitos à liberdade (Locke) e à igualdade (Rousseau).

d) Immanuel Kant

As teorias examinadas teciam os conceitos de liberdade e autonomia, que tiveram sua expressão mais clara sobretudo com o pensamento do filósofo Immanuel Kant (1724-1804), expoente do Iluminismo alemão, ao defender a dignidade humana, como constatamos no trecho de abertura do capítulo, em que ele esclarece um conceito fundamental para balizar a conduta do indivíduo autônomo nas relações sociais. Kant, porém, estendeu a importância dessa responsabilidade entre nações, em seu opúsculo *A paz perpétua: um projeto para hoje*, como prova um de seus artigos:

> "O estado de paz entre homens que vivem um ao lado do outro não é um estado de natureza (*status naturalis*), o qual é bem mais um estado de guerra, isto é, uma situação em que, embora nem sempre haja uma **irrupção** das hostilidades, existe no entanto uma constante ameaça de que estas ocorram. O estado de paz precisa portanto ser *instaurado*; pois a omissão de hostilidades não constitui ainda garantia disso e, se um vizinho não der a outro (o que só pode acontecer num estado legal), este pode tratar àquele, que lhe exigiu tal segurança, como inimigo."
>
> KANT, Imannuel. *A paz perpétua*: um projeto para hoje. São Paulo: Perspectiva, 2004. p. 37-39. (Elos)

Em nota de rodapé, acrescenta que toda constituição jurídica é estabelecida conforme o *direito público* dos homens, em um povo, e conforme o *direito internacional* dos Estados nas suas relações recíprocas (*ius gentium*), entre outros direitos por ele elencados.

Data também do século XVIII a obra do jurista italiano Cesare Beccaria (1738-1794) *Dos delitos e das penas*, que visa à aplicação de ideias iluministas ao direito. O autor manifesta-se contra penas muito comuns na história humana: tortura, infâmia, julgamento secreto, suplício. Declara-se também contra a pena de morte e a vingança. Aclamado pelos filósofos enciclopedistas quando esteve na França, ao voltar à sua terra, Milão, sofreu acusação de heresia e foi perseguido. É significativo refletir sobre como as ideias demoram para frutificar em função da intolerância e de preconceitos arraigados.

Vale lembrar que, durante o século XVII e parte do XVIII, a burguesia ainda não havia conquistado o poder político e lutava contra as pressões de regimes absolutistas, como era o caso da França, da Espanha e de Portugal.

Pensadores do século XVIII, especialmente liberais e iluministas, entendiam que os homens gozavam de direitos naturais, universais e absolutos. Esse teor é evidente na Declaração de Independência dos Estados Unidos (1776) e na Declaração dos Direitos do Homem e do Cidadão (1789), da França pós-revolucionária. Essas declarações e inúmeros outros discursos e documentos marcaram a ascensão definitiva da burguesia. Os reflexos dessas ideias se fizeram sentir no Brasil em várias tentativas locais de independência.

> **Inato:** o que nasce com o indivíduo; portanto, o que é natural no ser humano.
>
> **Irrupção:** ato ou efeito de irromper, surgir com violência.

Pintura do final do século XVIII estampando a Declaração dos Direitos do Homem e do Cidadão, de 1789, que está na base do que futuramente se compreenderá como direitos humanos.

15. Códigos e direitos sociais

Na passagem do século XVIII para o XIX, instalou-se uma nova fase política e jurídica, quando diversos países, sob a influência do pensamento iluminista, promulgaram sua Constituição. Foi nesse período que os três Poderes – Executivo, Legislativo e Judiciário – conquistaram autonomia, substituindo a antiga ordem, na qual o rei detinha em suas mãos o controle dos três Poderes.

Todo cidadão, mesmo sem título de nobreza, poderia reivindicar participação em um dos três Poderes, com a ressalva de que aquele que integrasse um deles ficaria impedido de participar dos outros dois. Desse modo, concretizava-se a proposta de divisão dos Poderes concebida por Montesquieu (1689-1755) na primeira metade do século XVIII. Constituía-se, então, a liberdade política ou liberdade positiva, garantida por leis.

Além da Constituição, alguns países promulgaram códigos de direito, que hierarquicamente estavam submetidos ao primeiro documento – a Constituição ou Carta Magna.

Na França, o Código Civil de 1804, também conhecido como Código de Napoleão, entrou para a história como um dos primeiros da era contemporânea, representando uma novidade jurídica significativa. Antes desse Código, ao avaliar um caso, os juízes invocavam costumes e valores morais da época, dispositivos legais de códigos antigos e obsoletos, como o Código de Justiniano (século VI d.C.), e o que entendiam ser as normas de direito natural. A consequência desse procedimento era tornar o direito vigente confuso, uma vez que o juiz não tinha elementos que fundamentassem sua decisão. Com a promulgação do Código de Napoleão, o juiz deveria julgar sempre com base na lei registrada em documento.

16. Positivismo jurídico

Com o advento de Constituições e códigos, o jurista assumiu novos desafios, porque a noção de direito natural tornou-se estranha ao mundo jurídico e ilegítima como fundamento de decisão: esboçava-se, assim, a substituição do direito natural (jusnaturalismo) pelo direito positivo, dando origem à teoria do *positivismo jurídico*.

No século XX, o filósofo e jurista Hans Kelsen (1881-1973) propôs a forma mais elaborada do *positivismo jurídico*, ao sustentar que a norma pode ser válida – porque baseada em lei – mesmo se for injusta. Ele justifica sua posição afirmando que a justiça é um valor relativo: por mudar de acordo com o tempo e o espaço, não pode ser usada como critério adequado para uma decisão. Com Kelsen configurou-se a ciência do direito, a garantia de um direito universalmente válido, independente de reflexões axiológicas, ou seja, com base em valores.

Capa da Constituição da República Federativa do Brasil de 1988. A positivação do direito permite que cada país elabore sua própria Constituição.

17. Declaração Universal dos Direitos Humanos

No século XX, o mundo sofreu os horrores de duas Grandes Guerras e a Alemanha foi palco da extrema barbárie do governo totalitário nazista contra milhões de seres humanos, confinados e executados em campos de extermínio.

Logo após essas atrocidades, em 1948, na recém-criada Assembleia Geral da ONU, os Estados-membros assinaram a Declaração Universal dos Direitos Humanos. Esse documento representou um verdadeiro marco na luta pelo respeito à dignidade humana, preconizando a igualdade de direitos, que deveriam ser inalienáveis.

Embora as decisões da ONU supostamente não tenham a mesma força que as normas jurídicas instituídas internamente em cada país, as nações participantes da Assembleia firmaram consenso e inspiraram outros tratados de direitos humanos. Qual foi a novidade? Expressar, pela primeira vez, a proteção dos direitos humanos em documento de alcance internacional. Em 1988, por exemplo, a Constituição brasileira determinou que "os tratados e convenções internacionais sobre direitos humanos que forem aprovados, em cada Casa do Congresso Nacional, em dois turnos, por três quintos dos votos dos respectivos membros, serão equivalentes às emendas constitucionais.

Desde 1948, portanto, a proteção dos direitos humanos deixou de ser matéria de exclusivo interesse interno de um Estado, tornando-se tema de interesse de grande parte da comunidade internacional. Aprendemos com o século XX que o Estado, por meio de governos autoritários, pode converter-se no grande violador dos direitos de seus próprios cidadãos.

Desenvolveu-se, então, um sistema jurídico internacional de proteção dos direitos humanos em que os Estados deficientes ou omissos em seu dever de proteger esses direitos passaram a ser juridicamente responsabilizados pelo Direito Internacional. Sabemos muito bem que acordos e leis não alteram costumes – nem preconceitos – em um passe de mágica, mas não há como negar que provocam mudanças, ainda que lentas.

Capítulo 13 • Violência e direitos humanos

18. Três gerações de direitos humanos

A conquista dos direitos humanos

Vamos esclarecer como os relatos feitos até aqui compõem a descrição das gerações (ou dimensões) dos direitos humanos.

A *primeira geração dos direitos humanos* ocorreu na época da Revolução Francesa, com as novas ideias de liberdade e autonomia individuais, lentamente gestadas desde o século XVII. No século seguinte, as ideias iluministas ampliaram as reivindicações com base na autonomia do sujeito e na garantia de sua dignidade. Estas foram as conquistas que havíamos examinado até aqui.

A *segunda geração dos direitos humanos* teve início no século XIX, período em que fervilhavam ideias anarquistas, comunistas e socialistas na Europa. Elas criticavam os ideais liberais e denunciavam como enganosa a alegação de que o povo teria participação na política. Para os revolucionários, a suposta liberdade burguesa só era possível à custa da miséria da classe operária, muitas vezes submetida a condições cruéis e desumanas de trabalho e sem acesso a nenhum dos três Poderes. Contra a liberdade burguesa, reivindicavam a igualdade material e social de todos os indivíduos.

A questão que tomava corpo era, portanto, o confronto entre liberdade e igualdade. As lutas que adentraram o século XX – e repercutiram na elaboração de novas constituições e leis comuns – trouxeram novidades, como a obrigação do Estado de assegurar a todo e qualquer cidadão direitos econômicos, sociais e culturais, entre eles, o acesso gratuito e de qualidade à educação e à saúde, além de fomentar o desenvolvimento cultural e artístico. Vários direitos sociais foram incorporados nos documentos, por exemplo: limitação da jornada de trabalho, garantias contra o desemprego, proteção da maternidade, estabelecimento de idade mínima para trabalhos industriais e noturnos etc.

A ampliação do conceito de cidadania teve em vista o direito de participação ativa no exercício dos Poderes estatais (Legislativo, Executivo, Judiciário). E mais, a liberdade de usufruir de uma gama de direitos, como liberdade de pensamento, de expressão, culto religioso, associação e iniciativa comercial, entre outros, e que, portanto, deveriam ser respeitados pelo Estado.

A *terceira geração dos direitos humanos* nasceu no século XX, com ênfase nos *direitos coletivos*. Assim explica a socióloga Maria Victoria Benevides Soares:

> "Referem-se esses [direitos coletivos] à defesa ecológica, à paz, ao desenvolvimento, à autodeterminação dos povos, à partilha do patrimônio científico, cultural e tecnológico. Direitos sem fronteiras, ditos de 'solidariedade planetária'. Assim sendo, testes nucleares, devastação florestal, poluição industrial e contaminação de fontes de água potável, além do controle exclusivo sobre patentes de remédios e das ameaças das nações ricas aos povos que se movimentam em fluxos migratórios (por motivos políticos ou econômicos), por exemplo, independentemente de onde ocorram, constituem ameaças aos direitos atuais e das gerações futuras."
>
> SOARES, Maria Victoria Benevides. Cidadania e direitos humanos. In: CARVALHO, José Sérgio (Org.). *Educação, cidadania e direitos humanos*. Petrópolis: Vozes, 2004. p. 61.

19. Características dos direitos humanos

A partir de 1948, a ordem internacional então criada apresenta algumas inovações, como os conceitos de *universalização*, *indivisibilidade* e *participação*, características dos direitos humanos.

a) Universalização

Os direitos humanos não são universais, pois não são eternos, imutáveis, cósmicos nem religiosos, como se acreditou ao longo da história. Ao contrário: os direitos humanos são valores históricos, por se tratar de invenção humana em constante processo de construção e reconstrução. No entanto, os direitos humanos são *universalizáveis* em determinada época, após debate e consenso; portanto, resultam de convenção de países que integram a ONU em determinado período. O que significa poderem ser alterados após novas discussões.

b) Indivisibilidade

Os direitos humanos são *indivisíveis*. Em outras palavras, os direitos civis e políticos, próprios do discurso liberal da cidadania, devem ser conjugados aos direitos econômicos, sociais e culturais, que defendem a igualdade.

Ativistas do grupo de proteção ambiental Greenpeace colocam máscara respiratória sobre monumento no centro de Berlim, em protesto contra a emissão de gases poluentes. Foto de 2017. A preocupação ecológica faz parte dos direitos de terceira geração.

Atualmente reivindica-se também o direito à paz, à preservação do ambiente e do patrimônio da humanidade etc. Como vimos, são direitos de terceira geração que não pertencem a este ou àquele indivíduo, mas ao gênero humano. Cada um desses direitos não se supera nem se exclui. Os direitos humanos, por serem indivisíveis, acumulam-se e são fortalecidos.

c) Participação

O *status* do indivíduo modificou-se na Nova Ordem Internacional. Os Estados assumiram a obrigação de garantir o respeito aos direitos humanos dentro de seu território. Porém, se falharem nessa tarefa, o indivíduo que tiver seus direitos violados poderá recorrer a organismos internacionais para se defender do próprio Estado em que nasceu.

É verdade que o acesso a tais organismos, como a Comissão Interamericana de Direitos Humanos (CIDH) é ainda tímido e deficiente. Mas é possível constatar avanços, pois durante a ditadura civil-militar no Brasil (1964-1985), por exemplo, o acesso era bem mais difícil do que nos últimos anos, quando o Estado brasileiro cumpriu decisão da CIDH de esclarecer os crimes contra a humanidade praticados pelos militares com o apoio de outras instituições. Aprovada em 2011 e oficialmente instalada em 2012, a Comissão Nacional da Verdade (CNV) investigou graves violações aos direitos humanos ocorridas no país e no exterior entre 1946 e 1988, cometidas por agentes públicos com o apoio ou o interesse do Estado brasileiro. A Comissão ouviu testemunhas e vítimas e convocou agentes da repressão para prestar depoimentos. Em seu relatório finalizado em dezembro de 2014, concluiu que, durante o período analisado, foram identificados 434 casos de mortes e desaparecimentos perpetrados pelo Estado.

A democratização da política interna dos países não apenas facilita como possibilita e estimula a participação da sociedade civil no palco da política internacional. Um dos objetivos desse engajamento é, sem dúvida, o aperfeiçoamento de mecanismos de proteção internacional dos direitos humanos.

Manifestação em São Paulo (SP) relembra os mortos e desaparecidos durante o período da ditadura civil-militar. Foto de 2014. A Corte Interamericana de Direitos Humanos, em decorrência da atuação do governo brasileiro para coibir a Guerrilha do Araguaia, condenou o Brasil por violar os direitos humanos previstos na Convenção Americana de Direitos Humanos.

20. Retomando a polêmica

Diante da gama de ofensas aos direitos humanos que foram abordadas no tópico "Ofensas aos direitos humanos no cotidiano", deve ficar claro que é inadequada e injusta a acusação de que os militantes dos direitos humanos são "defensores de bandidos". Este é apenas mais um campo possível de atuação e é válido porque aqueles que infringem a lei não perdem a condição de humanidade: mesmo que seus atos tenham sido bárbaros, permanecem na condição de sujeitos de direitos.

Os advogados não defendem a impunidade, mas visam garantir que os acusados sejam julgados de acordo com as leis, não sofram tortura e, quando devido, sejam penalizados. Por sua vez, a violência contra presos, muitas vezes infligida pelos que deveriam ser os guardiães do cumprimento da lei, também é condenável.

Costuma-se ainda afirmar que os defensores não têm compaixão pelas vítimas da violência urbana e criminal, o que é infundado. Basta verificar a atuação deles durante as ditaduras na América do Sul. Naquela época, eram atendidas vítimas de detenção arbitrária, tortura e assassinato, atos realizados por agentes do regime. As vítimas pertenciam geralmente à classe média, como advogados, jornalistas, estudantes e religiosos, além de operários que atuavam em movimentos sindicais, mas não excluíam camponeses e indígenas.

Com a recuperação da ordem democrática, as atuações a favor dos direitos humanos de civis se expandiram, exigindo soluções jurídicas para violências de vários tipos. Não só para aquelas praticadas pela polícia, mas também para as que ocorrem em outros setores da sociedade civil, como as relacionadas a racismo, trabalho infantil e escravo, educação, saúde, desigualdade de gênero, entre outras.

Hoje, quando alguém expressa num *blog* ou jornal alguma opinião contrária ao governo, quando uma pessoa sem recursos exige da prefeitura de sua cidade os remédios necessários para o tratamento de sua doença, quando alguém escolhe livremente a profissão que exerce, a cidade onde mora, a religião que professa, a escola que frequenta, ou acusa uma fábrica de poluir os rios, esse alguém em todos os casos age de acordo com os direitos humanos ou os reivindica.

No momento atual, podemos emitir nossa opinião política para apoiar ou divergir. Tivemos acesso ao sufrágio universal e, em parte, à emancipação feminina, à garantia dos direitos das minorias (negros, indígenas, homossexuais, portadores de deficiências). A criminalização da tortura e da violência contra a mulher também tem sido alcançada com muito esforço. Todos esses são exemplos do longo percurso de construção da justiça social.

No entanto, ainda há muito, muito mesmo, a ser conquistado – alguns temas, como a criminalização da homofobia, ainda exigem persistentes lutas para que se encontre amparo jurídico. E o principal empecilho é quase sempre a arrogância e a incapacidade de superar preconceitos.

ATIVIDADES

1. Qual é a diferença entre jusnaturalismo e positivismo jurídico?

2. Qual foi a importância de Rousseau e de Kant para a instauração dos direitos dos indivíduos?

3. Qual foi a importância dos códigos do século XIX?

4. Qual foi a importância da formação da ONU no final da década de 1940?

5. Identifique as três gerações de direitos humanos, localizando-as no tempo e conforme suas características principais.

Colóquio

Educação após a barbárie

Nos textos a seguir, encontramos críticas ao comportamento coletivo inclinado à violência. No primeiro texto, o filósofo Theodor Adorno traz a questão da brutalidade institucionalizada pelo nazismo e, ainda, um comentário sobre os trotes. No segundo texto, o sociólogo José de Souza Martins explica as estruturas sociais profundas que se escondem por trás dos linchamentos.

Texto 1

"A exigência de que Auschwitz não se repita é a primeira de todas para a educação. [...]

Como hoje em dia é extremamente limitada a possibilidade de mudar os pressupostos objetivos, isto é, sociais e políticos que geram tais acontecimentos, as tentativas de se contrapor à repetição de Auschwitz são impelidas necessariamente para o lado subjetivo. Com isto refiro-me sobretudo também à psicologia das pessoas que fazem coisas desse tipo. Não acredito que adianta muito apelar a valores eternos, acerca dos quais justamente os responsáveis por tais atos reagiriam com menosprezo; também não acredito que o esclarecimento acerca das qualidades positivas das minorias reprimidas seja de muita valia. É preciso buscar as raízes nos perseguidores e não nas vítimas, assassinadas sob os pretextos mais mesquinhos. Torna-se necessário o que a esse respeito uma vez denominei de inflexão em direção ao sujeito. É preciso reconhecer os mecanismos que tornam as pessoas capazes de cometer tais atos, é preciso revelar tais mecanismos a elas próprias, procurando impedir que se tornem novamente capazes de tais atos, na medida em que se desperta uma consciência geral acerca desses mecanismos. [...] A educação tem sentido unicamente como educação dirigida a uma autorreflexão crítica. Contudo, na medida em que, conforme os ensinamentos da psicologia profunda, todo caráter, inclusive daqueles que mais tarde praticam crimes, forma-se na primeira infância, a educação que tem por objetivo evitar a repetição precisa se concentrar na primeira infância. [...]

Facilmente os chamados compromissos convertem-se em passaporte moral – são assumidos com o objetivo de identificar-se como cidadão confiável – ou então produzem rancores raivosos psicologicamente contrários à sua destinação original. Eles significam uma heteronomia, um tornar-se dependente de mandamentos, de normas que não são assumidas pela razão própria do indivíduo. [...] Porém, justamente a disponibilidade em ficar do lado do poder, tomando exteriormente como norma curvar-se ao que é mais forte, constitui aquela índole de algozes que nunca mais deve ressurgir. Por isso a recomendação dos compromissos é tão fatal. As pessoas que os assumem mais ou menos livremente são colocadas numa espécie de permanente estado de exceção de comando. O único poder efetivo contra o princípio de Auschwitz seria autonomia, para usar a expressão kantiana; o poder para a reflexão, a autodeterminação, a não participação.

[...] Mas aquilo que gera Auschwitz, os tipos característicos ao mundo de Auschwitz, constituem presumivelmente algo de novo. Por um lado, eles representam a identificação cega com o coletivo. Por outro, são talhados para manipular massas, coletivos, tais como [os líderes nazistas] Himmler, Höss, Eichmann. Considero que o mais importante para enfrentar o perigo de que tudo se repita é contrapor-se ao poder cego de todos os coletivos, fortalecendo a resistência frente aos mesmos por meio do esclarecimento do problema da coletivização. Isso não é tão abstrato quanto possa parecer ao entusiasmo participativo, especialmente das pessoas jovens, de consciência progressista. O ponto de partida poderia estar no sofrimento que os coletivos infligem no começo a todos os indivíduos que se filiam a eles. Basta pensar nas primeiras experiências de cada um na escola. É preciso se opor àquele tipo de *folk-ways*, hábitos populares, ritos de iniciação de qualquer espécie, que infligem dor física – muitas vezes insuportável – a uma pessoa como preço do direito de ela se sentir um filiado, um membro do coletivo. A brutalidade de hábitos tais como os trotes de qualquer ordem, ou quaisquer outros costumes arraigados desse tipo, é precursora imediata da violência nazista. Não foi por acaso que os nazistas enalteceram e cultivaram tais barbaridades com o nome de 'costumes'. Eis aqui um campo muito atual para a ciência. Ela poderia inverter decididamente essa tendência da etnologia encampada com entusiasmo pelos nazistas, para refrear essa sobrevida simultaneamente brutal e fantasmagórica desses divertimentos populares."

ADORNO, Theodor W. Educação após Auschwitz. In: *Educação e emancipação*. Rio de Janeiro: Paz e Terra, 1995. p. 119-122, 125, 127-129.

Texto 2

"O justiçamento popular se desenrola num plano complexo. Há nele evidências da força do inconsciente coletivo e do que estou chamando aqui de estruturas sociais profundas, as quais permanecem como que adormecidas sob as referências de conduta social atuais e de algum modo presentes também no comportamento individual. As estruturas sociais profundas são as estruturas fundamentais remotas que, aparentemente vencidas pelo tempo histórico, permanecem como referência oculta de nossas ações e de nossas relações sociais. São estruturas supletivas de regeneração social, que se tornam visivelmente ativas quando a sociedade é ameaçada ou entra em crise e não dispõe de outra referência, acessível, para se reconstituir, fenômeno que se expressa nos linchamentos. Nesse sentido, os linchamentos podem ser remetidos à concepção de violência fundadora [...]. Sendo o linchado, via de regra, o estranho ou o que, por seus atos, é socialmente estranhado, isto é, repelido e excluído, mesmo no átimo de sua execução, preenche a função de 'quem vem de um outro lugar', do 'estrangeiro', cumpre a função ritual e sacrificial do bode expiatório.

Não é, portanto, estranho que encontremos nos linchamentos de hoje em dia formas de ação muito parecidas com aquelas já presentes nos primeiros linchamentos ocorridos no Brasil, ainda na Colônia. Antes mesmo que essa palavra surgisse na América inglesa, no século XVIII, e aqui chegasse, no século XIX, na conjuntura de tensões e linchamentos da proximidade da abolição da escravatura, quando essa palavra se tornou, aqui, de uso corrente. E ainda, não só as formas, mas também os significados que presidiram as condenações da Inquisição ao longo do período colonial. Os enforcamentos, sentença comum da Justiça brasileira até 1874, como aconteceu em outros lugares, tinha estrutura de espetáculo público, o que também acontecia nos autos de fé da Inquisição. Não lhes faltava nem mesmo a decapitação dos sentenciados e a decepação das mãos junto ao patíbulo, salgamento de cabeças e mãos e seu acondicionamento em caixas de madeira levadas, por capitães do mato, em excursões a lugares remotos das províncias para escarneamento dos povos, como se dizia. Verdadeiro funeral de horror. Espetáculo ainda visível nos linchamentos de hoje, no açulamento de executores, como se fazia com o carrasco de antigamente, não só homens adultos coadjuvando os mais ativos na execução, mas também mulheres e crianças. Nos linchamentos, a presença de mulheres e de crianças, **acolitando** e até participando das execuções, aparentemente confirma o caráter ritual que os linchadores querem dar à punição. [...]

Há uma demora cultural na mentalidade que permanece, ainda que impregnada de disfarces de uma atualidade que não é a do novo, mas a do persistente. A Justiça formal e oficial deixou de aplicar a pena de morte, ainda no Império, abolida por lei, mas o povo continuou a adotá-la em sua mesma forma antiga através dos linchamentos. Trágica expressão do divórcio entre o legal e o real que historicamente preside os impasses da sociedade brasileira, divórcio entre o poder e o povo, entre o Estado e a sociedade. Os linchamentos, de certo modo, são manifestações de agravamento dessa tensão constitutiva do que somos. Crescem numericamente quando aumenta a insegurança em relação à proteção que a sociedade deve receber do Estado, quando as instituições não se mostram eficazes no cumprimento de suas funções, quando há medo em relação ao que a sociedade é e ao lugar que cada um nela ocupa."

MARTINS, José de Souza. *Linchamentos*: a justiça popular no Brasil. São Paulo: Contexto, 2015. p. 9-11.

Auschwitz: cidade polonesa onde nazistas instalaram quatro campos de concentração para extermínio de judeus e outros detentos, em 1940.
Acolitar: acompanhar.

QUESTÕES

1. Explique qual é, para Adorno, o comportamento social que concorreu para a deformação da personalidade dos algozes de Auschwitz. Comparativamente, analise o comportamento social no caso dos linchamentos.

2. De acordo com Adorno, o que seria necessário para evitar que reapareçam novos Eichmanns, e que, de alguma forma poderia ser estendido ao caso dos linchamentos?

3. Explique por que, conforme o segundo texto, o divórcio entre o poder e o povo pode agravar a violência entre os cidadãos.

4. Por que Adorno critica os trotes? Posicione-se a respeito dos trotes de calouros, comuns em nossas universidades.

ATIVIDADES

1. A frase "uma mentira cem vezes dita torna-se verdade", atribuída a Joseph Goebbels, ministro do Povo e da Propaganda de Hitler, durante a implantação do nazismo, representa um tipo de violência. Explique qual e por quê.

2. Atos que negam às pessoas o direito à igualdade são violentos. Mas o motivo da violência também pode ser atribuído ao fato de não se reconhecer a diferença entre as pessoas. Nos itens a seguir, identifique sob que aspectos as pessoas são iguais e em que suas diferenças devem ser respeitadas.

    a) Criança, adulto e idoso.
    b) Crente e ateu.
    c) Heterossexual e homossexual.
    d) Um homem que caminha e um cadeirante.

3. A Lei n. 11.340, de 7 de agosto de 2006, conhecida como Lei da Maria da Penha, criou mecanismos para coibir e prevenir a violência doméstica e familiar contra a mulher. Leia o segundo artigo dessa lei e, com base nele, atenda às questões.

    > "Art. 2º Toda mulher, independentemente de classe, raça, etnia, orientação sexual, renda, cultura, nível educacional, idade e religião, goza dos direitos fundamentais inerentes à pessoa humana, sendo-lhe asseguradas as oportunidades e facilidades para viver sem violência, preservar sua saúde física e mental e seu aperfeiçoamento moral, intelectual e social."
    >
    > BRASIL. Lei n. 11.340, de 7 de agosto de 2006. Disponível em <http://mod.lk/y4foa>. Acesso em 9 fev. 2017.

    a) Pesquise sobre o significado do título "Lei Maria da Penha".
    b) Que motivos sociais e históricos justificariam esse tipo de lei?
    c) O que a lei identifica como violência psicológica? Comente como este tipo de violência nem sempre é reconhecido como tal.

4. Leia o texto abaixo e responda às questões.

    > "[...] pensar em direitos humanos tem um pressuposto: reconhecer que aquilo que consideramos indispensável para nós é também indispensável para o próximo. [...]
    >
    > Nesse ponto as pessoas são frequentemente vítimas de uma curiosa **obnubilação**. Elas afirmam que o próximo tem direito, sem dúvida, a certos bens fundamentais, como casa, comida, instrução, saúde, coisas que ninguém bem formado admite hoje em dia que sejam privilégio de minorias, como são no Brasil. Mas será que pensam que o seu semelhante pobre teria direito a ler Dostoiévski ou ouvir os quartetos de Beethoven? Apesar das boas intenções no outro setor, talvez isto não lhes passe pela cabeça. E não por mal, mas somente porque quando arrolam os seus direitos não estendem todos eles ao semelhante."
    >
    > CANDIDO, Antonio. Direitos humanos e literatura. In: *Vários escritos*. Rio de Janeiro: Ouro sobre Azul, 2011. p. 172.

    a) Segundo Antonio Candido, é possível dizer que os direitos humanos exigem menos empatia do que adesão a si mesmo? Justifique.
    b) Em 2017, a filha de uma operadora de caixa de supermercado seria a primeira de toda a sua família a frequentar a universidade, após aprovação na USP. Comentando sobre a aprovação, a estudante de 17 anos afirmou que sua ascensão social incomodaria os mais privilegiados. Em que essa declaração se aproxima do texto de Antonio Candido? Você concorda com essa declaração?

5. **Dissertação.** A partir da leitura das citações a seguir e com base nos conhecimentos construídos ao longo deste capítulo, redija texto dissertativo-argumentativo em modalidade escrita formal da língua portuguesa sobre o tema **"Direitos humanos e a aceitação do outro"**.

    > "Em qualquer dia do último ano podemos ler o relato nos jornais, talvez até na mesma página, a respeito de diversos acontecimentos. O que têm em comum entre si fenômenos como a luta contra o surto de uma nova epidemia, a resistência contra um pedido de extradição de um chefe de Estado estrangeiro, acusado de violação dos direitos humanos, o reforço das barreiras contra a imigração ilegal e as estratégias para neutralizar o ataque dos vírus de computador mais recentes? Nada, na medida em que os interpretamos dentro de seus respectivos âmbitos, separados entre si, como a medicina, o direito, a política social e a tecnologia da informática. Mas isso se modifica quando nos referimos a uma categoria interpretativa [...]. [...] proponho essa categoria como sendo a categoria da 'imunização'. [...] Os acontecimentos descritos acima, independente de sua desigualdade lexical, podem ser todos reduzidos a uma reação de proteção contra um [suposto] risco."
    >
    > ESPOSITO, Roberto. Immunitas: proteção e negação da vida. In: HAN, Byung-Chul. *Sociedade do cansaço*. Petrópolis: Vozes, 2015. p. 11-12.

    > "O secretário de Segurança Nacional dos Estados Unidos, John Kelly, disse nesta quinta-feira [2 de fevereiro de 2017] esperar que o muro na fronteira com o México esteja concluído em dois anos e que a construção deve começar nos próximos meses. [...] O presidente Donald Trump encarregou Kelly de supervisionar a construção da barreira, uma das principais promessas de campanha do republicano."
    >
    > AGÊNCIAS DE NOTÍCIAS. Secretário de Trump afirma que muro deve ficar pronto em dois anos. *Folha de S.Paulo*, São Paulo, 2 fev. 2017. Disponível em <http://mod.lk/wo2wx>. Acesso em 10 fev. 2017.

> **Obnubilação:** estado de perturbação da consciência, caracterizado por obscurecimento do pensamento.

ENEM E VESTIBULARES

6. (Enem/MEC-2016)

"A favela é vista como um lugar sem ordem, capaz de ameaçar os que nela não se incluem. Atribuir-lhe a ideia de perigo é o mesmo que reafirmar os valores e estruturas da sociedade que busca viver diferentemente do que se considera viver na favela. Alguns oficiantes do direito, ao defenderem ou acusarem réus moradores de favelas, usam em seus discursos representações previamente formuladas pela sociedade e incorporadas nesse campo profissional. Suas falas se fundamentam nas representações inventadas a respeito da favela e que acabam por marcar a identidade dos indivíduos que nela residem."

RINALDI. A. Marginais, delinquentes e vítimas: um estudo sobre a representação da categoria favelado no tribunal do júri da cidade do Rio de Janeiro. In: ZALUAR, A.; ALVITO, M. (Orgs.). *Um século de favela*. Rio de Janeiro: Editora FGV, 1998.

O estigma apontado no texto tem como consequência o(a)

a) aumento da impunidade criminal.
b) enfraquecimento dos direitos civis.
c) distorção na representação política.
d) crescimento dos índices de criminalidade.
e) ineficiência das medidas socioeducativas.

7. (UEL-2017)

"No nosso mundo globalizado, nenhum país é uma ilha. Os conflitos violentos criam problemas que se deslocam sem passaporte e não respeitam as fronteiras nacionais, mesmo quando estas são defendidas de maneira elaborada."

ONU-PNUD. *Relatório do desenvolvimento humano 2005*: racismo, pobreza e violência. Madri: Mundi-Prensa, 2005. p. 74.

Com base nos conhecimentos sobre as guerras civis na ordem global, atribua V (verdadeiro) ou F (falso) às afirmativas a seguir.

( ) Afetam as redes comerciais locais, os mercados e toda economia, aumentando a pobreza, a desnutrição e as enfermidades infecciosas.
( ) Afetam países ricos dotados de recursos tecnológicos de alto valor comercial, que são incapazes de regular seus recursos.
( ) Desestimulam os investimentos internos e estrangeiros, provocando fuga de capitais, reduzindo o crescimento.
( ) Geram infraestruturas precárias, baixo dinamismo econômico, perdas de vida, mutilação e sofrimento generalizado.
( ) Geram proteção às mulheres vulneráveis à violência sexual e às crianças expostas a traumas psicológicos.

Assinale a alternativa que contém, de cima para baixo, a sequência correta.

a) V, V, V, F, F.
b) V, F, V, V, F.
c) V, F, F, F, V.
d) F, V, V, F, V.
e) F, V, F, V, F.

8. (Unesp-2017)

"Em maio deste ano, a divulgação do vídeo de uma moça desacordada, vítima de um estupro coletivo, provocou grande indignação na população. Num primeiro momento, prevaleceu a revolta diante da barbárie e a percepção de que o machismo, base da chamada 'cultura do estupro', persiste na sociedade. Passado o primeiro momento, as opiniões divergentes começaram a surgir. Entre os que não veem o machismo como propulsor de crimes desse tipo estão aqueles (e aquelas!) que consideraram os autores do ato uns 'monstros', o que faz do episódio um caso isolado, perpetrado por pessoas más. Houve quem analisasse o fato do ponto de vista da psicologia, sugerindo que, num estupro coletivo, o que importa é o grupo, não a mulher (como ocorre nos trotes contra calouros e na agressão entre torcidas de futebol). Mais uma vez, temos uma reflexão que se propõe explicar os fatos à luz do indivíduo e seu psiquismo. Outros deslocam o problema para as classes sociais menos favorecidas. São os que costumam ficar horrorizados com a existência de favelas, ambientes onde meninas dançam com pouca roupa ao som das letras machistas do *funk*."

NICOLETI, Thaís. *Discursos em torno da "cultura do estupro"*. Disponível em <http://mod.lk/rucgd>. Acesso em 9 jun. 2016. (Adaptado)

Considerando o conjunto dos argumentos mobilizados no texto para explicar a violência contra a mulher na sociedade atual, é correto afirmar que

a) a "cultura do estupro" é um conceito educacional relacionado sobretudo com o baixo nível de escolarização da população.
b) as origens e responsabilidades por tais acontecimentos devem ser atribuídas tanto aos agentes quanto às vítimas da agressão.
c) a "cultura do estupro" é um conceito científico, relacionado com desvios comportamentais de natureza psiquiátrica.
d) os episódios de barbárie social são provocados exclusivamente pelas desigualdades materiais geradas pelo capitalismo.
e) a abordagem opõe um enfoque antropológico, baseado em questões de gênero, a argumentos de natureza moral, psicológica e social.

ATIVIDADES

9. (Unesp-2016)

Texto 1

"Cientistas americanos observaram, em um estudo recente, o motivo que pode tornar adolescentes impulsivos e infratores. Exames de neuroimagem em jovens mostraram que o córtex pré-frontal, região do cérebro ligada à tomada de decisão, ou seja, que nos faz pensar antes de agir, ainda está em formação nos adolescentes. Essa área do cérebro tende a ficar 'madura' somente aos 20 anos. Por outro lado, a região cerebral associada às emoções e à impulsividade, conhecida como sistema límbico, tem um pico de desenvolvimento durante essa fase da vida, o que aumenta a propensão dos jovens a agirem mais com a emoção do que com a razão. O aumento da emoticidade e da impulsividade seriam gatilhos naturais para atitudes extremadas, inclusive para cometer crimes."

NEUMAM, Camila. Estudo explica por que adolescentes são impulsivos e podem cometer crimes. *UOL Notícias*, São Paulo, 26 maio 2015. (Adaptado)

Texto 2

"A situação de vulnerabilidade aliada às turbulentas condições socioeconômicas de muitos países latino-americanos ocasiona uma grande tensão entre os jovens, o que agrava diretamente os processos de integração social e, em algumas situações, fomenta o aumento da violência e da criminalidade."

ABRAMOVAY, Miriam. *Juventude, violência e vulnerabilidade social na América Latina*, 2002. (Adaptado)

Os textos expõem abordagens sobre o comportamento agressivo na adolescência referidos, respectivamente, a

a) psicanálise e psicologia comportamental.
b) aspectos religiosos e aspectos materiais.
c) fatores emocionais e fatores morais.
d) ciência política e sociologia.
e) condicionamento biológico e condicionamento social.

10. (UEM-2016)

"A exigência de que Auschwitz [campo de concentração nazista na Segunda Guerra] não se repita é a primeira de todas para a educação. [...] Mesmo assim é preciso tentar, inclusive porque tanto a estrutura básica da sociedade como os seus membros, responsáveis por termos chegado onde estamos, não mudaram nesses vinte anos [1940-1965]. Milhões de pessoas inocentes – e só o simples fato de citar números já é humanamente indigno, quanto mais discutir quantidades – foram assassinadas de uma maneira planejada. Isto não pode ser minimizado por nenhuma pessoa viva como sendo um fenômeno superficial, como sendo uma aberração no curso da história, que não importa, em face da tendência dominante do progresso, do esclarecimento, do humanismo supostamente crescente. O simples fato de ter ocorrido já constitui por si só expressão de uma tendência social imperativa."

ADORNO, T. Educação após Auschwitz. In: ARANHA, M. *Filosofar com textos*: temas e história da Filosofia. São Paulo: Moderna, 2012. p. 243.

A partir do texto citado, assinale o que for correto.

01) Os campos de concentração mostraram ao mundo a que ponto pode chegar a banalização da vida humana, quando execuções em massa de seres humanos são planejadas.

02) O fato de tratar as mortes apenas do ponto de vista numérico é desumano, porque mesmo que fosse uma única morte injusta isto já seria trágico.

04) Para o filósofo, um dos problemas dos campos de concentração nazista foi o alto número de execuções de seres humanos, excessivo para os padrões estatísticos daquele contexto histórico.

08) O texto chama a atenção para o fato de que muitas pessoas morreram de modo planejado pela sociedade, ou seja, o massacre de pessoas revela a falta de humanidade por parte dos executores dessa ação.

16) Para o filósofo, um dos problemas que levaram ao absurdo dos extermínios nos campos de concentração nazistas foi a falta de preocupação com a vida humana em nome da valorização da ciência e do progresso.

11. (UEL-2015) Sobre violência e criminalidade no Brasil, assinale a alternativa correta.

a) As políticas repressivas contra o crime organizado são suficientes para erradicar a violência e a insegurança nas cidades.

b) As altas taxas de violência e de homicídios contra jovens em situação de pobreza têm sido revertidas com a eficácia do sistema prisional.

c) As desigualdades e assimetrias nas relações sociais, a discriminação e o racismo são fatores que acentuam a violência no Brasil.

d) A violência urbana contemporânea é resultado dos choques entre diferentes civilizações que se manifestam nas metrópoles brasileiras.

e) O rigor punitivo das agências oficiais no combate à criminalidade impede o surgimento de justiceiros e milícias.

Mais questões: no livro digital, em **Vereda Digital Aprova Enem** e **Vereda Digital Suplemento de revisão e vestibulares**; no *site*, em **AprovaMax**.

Sugestões

Para ler

O bem e o mal

Angelo Zanoni Ramos. São Paulo: Martins Fontes, 2011. (Coleção Filosofias: o prazer do pensar)

O autor faz uma reflexão filosófica instigante a respeito das relações entre o bem e o mal. Partindo dos filósofos antigos, chega a pensadores contemporâneos, como Hannah Arendt e Paul Ricoeur, num itinerário repleto de conceitos e escrito de forma clara e acessível para o estudante que se inicia em filosofia.

Ética para meu filho

Fernando Savater. São Paulo: Martins Fontes, 2005.

Livro escrito para os jovens, trata da relação entre pai e filho, ao mesmo tempo que procura estimular o desenvolvimento de livre pensadores.

O que é bioética

Débora Diniz e Dirce Guilhem. São Paulo: Brasiliense, 2011. (Coleção Primeiros Passos)

A partir de um panorama histórico e analítico, as autoras propõem uma introdução aos fundamentos teóricos da bioética. Assim, convidam todos a refletir sobre os conflitos morais envolvidos no campo da saúde.

Batismo de sangue

Frei Betto. São Paulo: Casa Amarela, 2001.

Frei Betto relata as torturas sofridas pelo dominicano Frei Tito em 1969, no DOI-CODI de São Paulo, que posteriormente o levaram ao desequilíbrio psicológico e ao suicídio. Existe o filme homônimo, dirigido por Helvécio Ratton, de 2007.

O senhor das moscas

William Golding. São Paulo: Publifolha, 2003. (Coleção Biblioteca Folha)

Após o naufrágio de um navio em que apenas os adolescentes se salvaram, eles tentam sobreviver em uma ilha onde são obrigados a enfrentar grupos com diferentes concepções de poder.

A revolução dos bichos

George Orwell. São Paulo: Companhia das Letras, 2013.

Nessa fábula, os animais se insurgem contra seus donos e instituem uma nova forma de governo. É uma explícita crítica aos regimes totalitários.

Política para meu filho

Fernando Savater. São Paulo: Martins Fontes, 1996.

De leitura acessível, o filósofo espanhol faz um apanhado sobre o conceito de política, como se conversasse com o próprio filho.

A democracia

Renato Janine Ribeiro. São Paulo: Publifolha, 2010. (Coleção Folha Explica)

A partir de uma revisão histórica, o filósofo discute o que é a democracia moderna e questiona se ainda pode haver democracia

A república

Renato Janine Ribeiro. São Paulo: Publifolha, 2008. (Coleção Folha Explica)

Nesse livro de iniciação ao assunto, o filósofo Renato Janine Ribeiro analisa os ideais republicanos originais cotejando-os com a monarquia, a corrupção e o patrimonialismo.

O outro

Franklin Leopoldo e Silva. São Paulo: Martins Fontes, 2011. (Coleção Filosofias: o prazer do pensar)

Franklin Leopoldo e Silva, experiente professor da Universidade de São Paulo (USP), parte de uma problemática muito comum em nossa experiência do mundo: tudo se apresenta como o mesmo e como o outro, como idêntico e como diferente. O autor percorre o pensamento de Platão, Santo Agostinho, Descartes, Sartre, Paul Ricoeur e Lévinas para refletir sobre quem é o outro.

Para assistir

Eu, Daniel Blake

Direção de Ken Loach. Reino Unido, França e Bélgica, 2016.

O filme narra o drama de Daniel Blake, um carpinteiro de 59 anos no nordeste da Inglaterra que, após sofrer um ataque cardíaco, necessita de subsídio do Estado para conseguir sobreviver. O filme constrói uma forte crítica à burocracia estatal.

Morango e chocolate

Direção de Tomás Gutiérrez Alea e Juan Carlos Tabío. Cuba, México e Espanha, 1994.

Primeiro filme cubano indicado ao Oscar, trata do tema da tolerância e da discriminação em relação à homossexualidade no regime cubano.

Crimes e pecados

Direção de Woody Allen. Estados Unidos, 1989.

O filme narra duas histórias que correm em paralelo e se entrelaçam no final: a de um oftalmologista acusado pela amante, que ameaça revelar seus atos ilícitos e o caso entre eles, e a de um produtor de documentários casado, mas que ama outra mulher.

Juno

Direção de Jason Reitman. Estados Unidos, Canadá e Hungria, 2007.

Uma adolescente engravida de seu colega de escola. Com o apoio de seus pais e de sua melhor amiga, ela conhece um casal disposto a adotar a criança.

Entre os muros da escola

Direção de Laurent Cantet. França, 2008.

Filme sobre uma escola pública de Paris que recebe alunos filhos de imigrantes.

Saneamento básico, o filme
Direção de Jorge Furtado.
Brasil, 2007.

Uma família do interior do Rio Grande do Sul consegue verba da prefeitura para fazer um filme em que denuncia a poluição de um rio e conscientiza as pessoas sobre o tratamento de esgoto.

Uma verdade inconveniente
Direção de Davis Guggenheim.
Estados Unidos, 2006.

Documentário com apresentação de Al Gore, ex-vice-presidente dos Estados Unidos, que pronunciou inúmeras palestras no mundo todo para alertar sobre os mitos e as verdades em torno das mudanças climáticas e os efeitos do aquecimento global.

Lixo extraordinário
Direção de Lucy Walker, João Jardim e Karen Harley. Brasil e Reino Unido, 2010.

Documentário que se passa em um lixão do Rio de Janeiro. Com alguns catadores de lixo, o artista plástico Vik Muniz desenvolve um trabalho de criação compartilhada com resultados surpreendentes.

Bicho de sete cabeças
Direção de Laís Bodanzky.
Brasil, 2001.

Inspirado em fatos reais, o personagem é indevidamente internado em um manicômio depois de o pai encontrar um cigarro de maconha em seu bolso. O relato testemunha as condições indignas a que os doentes mentais eram submetidos nos anos 1970.

O ano em que meus pais saíram de férias
Direção de Cao Hamburger.
Brasil, 2006.

O filme conta a vida de um garoto de doze anos que mora em São Paulo e tem a vida transformada de forma drástica após seus pais saírem de férias, deixando-o com o avô. O que ele não sabe é que os pais são militantes fugindo da perseguição da ditadura militar.

Trabalho interno
Direção de Charles Ferguson. Estados Unidos, 2010.

Documentário sobre a crise financeira de 2008 iniciada nos Estados Unidos e expandida para o mundo. Realizado a partir de entrevistas com economistas, políticos e jornalistas, põe a nu as relações promíscuas entre governantes, agentes reguladores e a academia, que, forjando uma série de mentiras e condutas criminosas, prejudicaram milhões de pessoas.

Ilha das flores
Direção de Jorge Furtado.
Brasil, 1989.

Partindo da trajetória de um tomate, desde o plantio até o destino final no lixão de Ilha das Flores, perto de Porto Alegre, o filme aborda a desigualdade social no Brasil. Esse curta-metragem ganhou prêmios no Festival de Gramado e no Festival de Berlim, entre outros.

A vida dos outros
Direção de Florian Henckel von Donnersmarck. Alemanha, 2006.

Na antiga Alemanha Oriental, Georg e sua companheira são observados pelo agente secreto Wiesler, da Stasi, a polícia secreta alemã. Ele quer encontrar evidências de que o casal conspira contra o governo. A rigidez com que exerce suas funções é completamente abalada durante sua missão.

Para navegar

Anistia Internacional
www.amnesty.org
Site oficial da Anistia Internacional, organização que promove a defesa dos direitos humanos em todo o mundo.

Associação Brasileira de Organizações Não Governamentais
www.abong.org.br
Site da Associação Brasileira de Organizações Não Governamentais, reúne informações sobre as ONGs nacionais.

Brasil
www.brasil.gov.br
Portal da República Federativa do Brasil.

Secretaria Especial de Políticas para as Mulheres
www.spm.gov.br
O *site* reúne vídeos, notícias e informações jurídicas que contribuem para o combate à violência contra a mulher.

Human Rights Watch
www.hrw.org
Site da organização Human Rights Watch, com notícias relacionadas a direitos humanos.

Unesco
www.unesco.org.br
Portal da Organização das Nações Unidas para a Educação, a Ciência e a Cultura (Unesco). O *site* serve como fonte de consulta para pesquisar a atuação dessa instituição no campo da paz.

Transparência Brasil
www.transparencia.org.br
A ONG Transparência Brasil tem em vista a denúncia e o combate à corrupção.

WWF-Brasil
www.wwf.org.br
Site dos representantes no Brasil da associação World Wide Fund for Nature (WWF). Sem fins lucrativos, a WWF é uma rede internacional voltada para a preservação do meio ambiente.

PARTE II
A FILOSOFIA E SUA HISTÓRIA

UNIDADE 4
Filosofia antiga

Capítulo 14
Origens da filosofia, 276

Capítulo 15
Filosofia grega no período clássico, 291

Capítulo 16
Filosofia helenística greco-romana, 318

UNIDADE 5
Filosofia medieval

Capítulo 17
Razão e fé, 334

Capítulo 18
A ciência na Idade Média, 349

UNIDADE 6
Filosofia moderna

Capítulo 19
Revolução Científica e problemas do conhecimento, 364

Capítulo 20
Concepções políticas na modernidade, 387

UNIDADE 7
Filosofia contemporânea

Capítulo 21
Século XIX: teorias políticas e filosóficas, 406

Capítulo 22
Tendências filosóficas contemporâneas, 430

Capítulo 23
Ciências contemporâneas, 463

Biografias, 489

Cronologia, 496

Referências bibliográficas, 498

UNIDADE 4

FILOSOFIA ANTIGA

Capítulo 14
Origens da filosofia, 276

Capítulo 15
Filosofia grega no período clássico, 291

Capítulo 16
Filosofia helenística greco-romana, 318

Mural do artista John Pugh localizado em Chico (Estados Unidos). Foto de 2009. As colunas gregas irrompem em um cenário urbano contemporâneo, provocando estranhamento. Uma analogia pode ser feita entre essa obra e a filosofia, que também retoma as reflexões dos antigos filósofos sob um novo contexto.

Por que história da filosofia?

Mais que um saber, a filosofia é uma atitude diante da vida, tanto em situações comuns como naquelas que exigem decisões cruciais. Por isso, é preferível não receber passivamente a tradição filosófica como algo superado pelo tempo, e sim como herança fecunda que ainda hoje estimula a reflexão crítica e autônoma, sempre aberta a reinterpretações. Desse modo, aproxime-se da história da filosofia para compreendê-la não como relato a ser memorizado, mas como indagações que fizeram sentido em seus contextos históricos e que ainda hoje produzem efeitos em nós, provocando novas perguntas sobre problemas do nosso tempo. A verdade filosófica nunca se dá de modo acabado, porque sua reflexão é fundamentalmente problematizadora. Nos três capítulos desta unidade, veremos momentos diferentes desse percurso: no período pré-socrático, o nascimento da filosofia ao se desligar do pensamento mítico em meio a transformações sociais e econômicas na Grécia antiga; no período clássico, a sistematização da filosofia por grandes pensadores; finalmente, no período pós-socrático, a fusão das culturas grega e oriental durante o helenismo, em um movimento de expansão cosmopolita.

CAPÍTULO 14
ORIGENS DA FILOSOFIA

Em 2004, na abertura dos Jogos Olímpicos de Atenas, o uso do cubo foi uma referência a Pitágoras, que o considerava uma das figuras mais perfeitas. Tal como Tales, Pitágoras se dedicou à geometria fazendo demonstrações racionais e abstratas. Essa foi uma inovação do pensamento grego.

"Um dos aspectos mais fundamentais do saber que se constitui nessas primeiras escolas de pensamento, sobretudo na Escola Jônica, é seu caráter crítico. Isto é, as teorias aí formuladas não o eram de forma dogmática, não eram apresentadas como verdades absolutas e definitivas, mas como passíveis de serem discutidas, de suscitarem divergências e discordâncias, de permitirem formulações e propostas alternativas. Como se trata de construções do pensamento humano, de ideias de um filósofo – e não de verdades reveladas, de caráter divino ou sobrenatural –, estão sempre abertas à discussão, à reformulação, a correções. O que pode ser ilustrado pelo fato de que, na Escola de Mileto, os dois principais seguidores de Tales, Anaxímenes e Anaximandro, não aceitaram a ideia do mestre de que a água seria o elemento primordial, postulando outros elementos, respectivamente o ar e o *ápeiron*, como tendo essa função. Isso pode ser tomado como sinal de que nessa escola filosófica o debate, a divergência e a formulação de novas hipóteses eram estimulados. A única exigência era que as propostas divergentes pudessem ser justificadas, explicadas e fundamentadas por seus autores, e que pudessem, por sua vez, ser submetidas à crítica."

MARCONDES, Danilo. *Iniciação à história da filosofia*: dos pré-socráticos a Wittgenstein. Rio de Janeiro: Jorge Zahar, 1997. p. 27.

Conversando sobre

A filosofia, desde seus primórdios, está atrelada à problematização e à reformulação das teorias, que não são apresentadas como verdades definitivas. Diante disso, é pertinente, ainda hoje, retomarmos as formulações dos filósofos da Grécia antiga? Discuta essa questão com os colegas e a retome ao fim do estudo.

1. A filosofia nasceu no Ocidente

As civilizações mais antigas foram as orientais, que se desenvolveram no norte da África e na Ásia. Entre as mais antigas, destacaram-se as do Egito e da Mesopotâmia, além de outras como a chinesa, a hindu, a hebraica e a japonesa. Essas civilizações possuíam Estado e religião organizados, escrita – embora de uso restrito e muitas vezes sagrado – e códigos de leis. No Ocidente, entre os séculos XX e XII a.C., diversos povos se estabeleceram na região da atual Grécia para formarem a Hélade, terra dos helenos, espaço em que se constituiu a civilização grega.

Saiba mais

O chamado *calendário gregoriano* foi adotado no século XVI de nossa era. Elaborado no seio da cultura cristã, definiu o nascimento de Cristo como marco divisório. O calendário vigora até hoje, mas algumas pessoas ainda se confundem com sua datação. Observe os exemplos:
3450 a.C.: metade do 4º milênio a.C. ou século XXXV a.C.
2940 a.C.: 3º milênio a.C. ou século XXX a.C.
970 a.C.: 1º milênio a.C. ou século X a.C.
510 a.C.: 1º milênio a.C. ou século VI a.C.
52 a.C.: século I a.C.
150 da nossa era: século II.
1543: século XVI.

Grécia, berço da filosofia

Origem da filosofia

Não deixa de ser intrigante a afirmação corrente de que a filosofia surgiu na Grécia, se considerarmos que na mesma época já havia sábios no extremo Oriente. No século VI a.C., por exemplo, viveram Confúcio e Lao-Tsé (China), Sidarta Gautama, o Buda (Índia), e Zaratustra (Pérsia, atual Irã).

Existem documentos históricos que comprovam contatos de gregos com esses povos, o que não significa terem sofrido influência deles, porque o pensamento oriental não era propriamente filosófico.

A diferença está no fato de que os sábios orientais se concentraram na formulação de doutrinas que estimulavam a boa conduta para facilitar o convívio harmônico. Em outras palavras, tratava-se de uma sabedoria vinculada a aspectos práticos do comportamento humano, e não propriamente teóricos ou argumentativos que exigissem o aprofundamento em questões abstratas. Além disso, muitas vezes esse saber não se desprendia do componente mítico-religioso.

Em contraposição, os primeiros filósofos gregos, mesmo quando sofriam influências religiosas, problematizavam a realidade: buscavam explicar o princípio constituinte das coisas. Questionavam, por exemplo: qual é o *ser* de todas as coisas? Quando as coisas mudam, existe algo que permanece idêntico? O que é o movimento? Que tipos de mudança existem? As respostas dadas a essas questões sustentavam-se pela razão (**logos**). O logos integra toda teoria que precisa ser fundamentada com argumentos. Por isso, dizemos que a Grécia foi o berço da filosofia.

É interessante observar que a primazia concedida pelos gregos ao racional ocorreu igualmente com a geometria. Foram os filósofos gregos Tales e Pitágoras que ampliaram e deram um sentido diferente a esse tipo de conhecimento, não apenas por interesse prático, mas para elaborar demonstrações racionais e abstratas. Povos egípcios, hindus e chineses de épocas anteriores, embora soubessem identificar diversas propriedades geométricas, aplicavam-nas apenas a conhecimentos empíricos – ou seja, apoiados na experiência –, visando construir estruturas muitas vezes grandiosas.

Logos: conceito com várias acepções: palavra, linguagem, razão, discurso, norma ou regra, aquilo que é fundamental. Termos derivados: diálogo, dialética, lógica.

Comemoração do aniversário de Confúcio, sábio chinês representado na escultura, em templo localizado em Nanquim (China). Foto de 2014. Em suas teorias, Confúcio centrava-se na questão da moralidade e destacava a justiça, a sinceridade e a correção nas relações pessoais.

Leitura analítica

A filosofia e sua história

O filósofo espanhol Julián Marías (1914-2005) discute sobre a diferença de enfoque entre a história da ciência e a história da filosofia: a primeira não interessa ao cientista, a não ser para ter conhecimento de progressos realizados até aquele momento, enquanto a segunda é crucial para a própria ação de filosofar. Neste caso, a apreensão do já pensado não significa erudição vazia, mas o ato de revisitar conceitos para criar outros.

"A relação da filosofia com sua história não coincide, por exemplo, com a relação entre a ciência e sua história. Neste último caso, são duas coisas distintas: por um lado, a ciência e, por outro, o que *foi* a ciência, ou seja, sua história. São independentes, e a ciência pode ser conhecida, cultivada e existir à parte da história do que foi. A ciência se constrói partindo de um objeto e do saber que num determinado momento se possui sobre ele. Na filosofia, o problema é ela mesma; além disso, esse problema se formula em cada caso segundo a situação histórica e pessoal em que se encontra o filósofo, e essa situação está, por sua vez, determinada em grande medida pela tradição filosófica em que se encontra inserido: todo o passado filosófico já está incluído em cada ação de filosofar; em terceiro lugar, o filósofo tem de se indagar sobre a totalidade do problema filosófico, e portanto sobre a própria filosofia, desde sua raiz originária: não pode partir de um estado existente de fato e aceitá-lo, mas tem de começar do princípio e, *simultaneamente*, da situação histórica em que se encontra. Ou seja, a filosofia tem de ser formulada e realizada integralmente em cada filósofo, não de qualquer modo, mas em cada um de um modo insubstituível: aquele que lhe vem imposto por toda a filosofia anterior. Portanto, em todo filosofar está incluída toda a história da filosofia, e sem esta nem é inteligível nem, sobretudo, poderia existir. E, ao mesmo tempo, a filosofia não tem outra realidade senão a que atinge historicamente em cada filósofo.

Há, portanto, uma inseparável conexão entre filosofia e história da filosofia. A filosofia é histórica, e sua história lhe pertence essencialmente. Por outro lado, a história da filosofia não é uma mera informação erudita a respeito das opiniões dos filósofos, e sim a exposição verdadeira do conteúdo real da filosofia. É, portanto, com todo rigor, filosofia."

MARÍAS, Julián. *História da filosofia*. São Paulo: Martins Fontes, 2004. p. 7.

QUESTÕES

1. O que significa dizer que a história da ciência não se confunde com a ciência, mas que fazer filosofia depende da história da filosofia?
2. Em que sentido o autor afirma que em filosofia o problema é ela mesma?
3. Explique como Julián Marías relaciona o problema do filosofar com a história da filosofia.

2. Periodização da história da Grécia antiga

Antes de tratar dos primeiros filósofos, vamos traçar um breve panorama histórico da formação dos povos helênicos a fim de entender quais circunstâncias históricas antecederam o evento do nascimento da filosofia.

- **Civilização micênica** (do século XX ao XII a.C.). Desenvolveu-se desde o início do segundo milênio a.C. O período leva esse nome pela importância da cidade de Micenas, região onde se estabeleceram vários povos, sobretudo os aqueus. Com o tempo, a figura do guerreiro adquiriu importância cada vez maior, formando uma aristocracia militar governada por Agamêmnon, que, de acordo com relatos míticos, teria partido em 1250 a.C. acompanhado por Aquiles e Ulisses para sitiar e conquistar Troia.
- **Período homérico** (do século XII ao VIII a.C.). Na transição de um mundo essencialmente rural, os senhores enriquecidos formaram a aristocracia proprietária de terras, que intensificou o sistema escravista. Nesse período teria vivido Homero (século IX ou VIII a.C.).
- **Período arcaico** (do século VIII ao VI a.C.). Com a formação das cidades-Estado (pólis), ocorreram grandes alterações sociais e políticas, bem como o desenvolvimento do comércio e a expansão da colonização grega. No início desse período teria vivido Hesíodo. Durante o século VI a.C., viveram os primeiros filósofos.

3. Pensamento mítico: períodos micênico e homérico

A passagem da consciência mítica para a filosofia deveu-se a um longo processo de transformações políticas, sociais e econômicas que culminaram no aparecimento dos primeiros sábios gregos no século VI a.C. Para entendermos melhor como ocorreu essa mudança, vamos investigar as características do pensamento mítico, que predominava antes do advento da filosofia na Grécia e que ainda permanece vivo nos costumes da maioria das sociedades atuais.

A civilização grega teve início por volta do século XX a.C. (entre 2000 e 1900 a.C.), quando invasores de origem indo-europeia ocuparam a Península Balcânica, entre o Mar Tirreno e a Ásia Menor. Por conta do terreno acidentado, a nova civilização espalhou-se por diversas regiões autônomas, mas que mantiveram a língua e uma certa unidade cultural. A religião dos gregos era politeísta. Os deuses, habitantes do monte Olimpo, eram imortais, embora se comportassem como os homens: ora benevolentes, ora invejosos e vingativos.

Na Grécia antiga, os mitos eram recitados de cor em praça pública pelos aedos e rapsodos, poetas e cantores ambulantes, respectivamente. Nem sempre é possível identificar a autoria desses poemas, por resultarem de produção coletiva e anônima. Homero e Hesíodo marcaram a história grega como dois representantes significativos da poesia mítica.

Homero

Os poemas épicos *Ilíada* e *Odisseia* são atribuídos a Homero, embora existam controvérsias a respeito da época em que o poeta teria vivido – século IX ou VIII a.C. – e até se ele realmente existiu. Segundo alguns intérpretes, a dúvida sobre sua existência se justifica pela diversidade de estilos dos dois poemas, o que indicaria terem sido recolhidos por diversos autores em períodos históricos diferentes.

Na vida dos gregos, as epopeias desempenharam um papel pedagógico significativo. Narravam episódios da história grega – o período da civilização micênica – e transmitiam os valores culturais mediante o relato das realizações dos deuses e dos antepassados. Por expressarem uma concepção de vida, desde cedo as crianças memorizavam passagens desses poemas.

As ações heroicas relatadas nas epopeias mostravam a constante intervenção dos deuses, ora para auxiliar o protegido, ora para perseguir o inimigo. Nessas histórias, o indivíduo é presa do destino, concebido como imutável.

Assim diz o troiano Heitor:

> "Nenhum homem me fará descer à casa de Hades contrariando o meu destino. Nenhum homem, afirmo, jamais escapou de seu destino, seja covarde ou bravo, depois de haver nascido."
>
> HOMERO. *Ilíada*. 9. ed. Rio de Janeiro: Ediouro, 1999. p. 72

O herói vivia, desse modo, na dependência dos deuses e do destino, faltando a ele a noção de vontade pessoal, de liberdade. Mas isso não o diminuía diante das pessoas comuns; ao contrário, ter sido escolhido pelos deuses era sinal de reconhecimento, indicando a posse da **virtude** do *guerreiro belo e bom*, que se manifestava pela coragem e pela força, sobretudo no campo de batalha.

Diferentemente do que hoje entendemos por virtude, para os gregos esse valor correspondia à excelência e à superioridade, objetivo supremo do herói guerreiro. Essa virtude se expressava igualmente na assembleia dos guerreiros, pelo poder de persuasão do discurso.

Hades: deus do mundo subterrâneo, designa também o mundo dos mortos; para os romanos, deus Plutão.

Virtude: do latim *vir*, *virtus*; em sua origem, *vir* significa "o homem viril", "forte", "corajoso".

Saiba mais

A obra *Ilíada* trata do último ano da guerra de Troia. Ilíada é a palavra aportuguesada da expressão *Ílion*, nome grego para a cidade de Troia. Segundo a tradição mítica, o conflito foi motivado pelo rapto da grega Helena por um príncipe troiano. Já a *Odisseia* narra o retorno de Ulisses ou Odisseu a sua terra natal, Ítaca. Essa viagem foi repleta de peripécias, por isso costumamos dizer que uma aventura mirabolante é uma odisseia.

Trocando ideias

O conceito de *virtude* variou entre os filósofos, mas em geral designa uma disposição ética para realizar o bem, o que supõe autonomia, e não mais imposição do destino.

- Indique algumas virtudes desejáveis para o convívio entre as pessoas nas sociedades contemporâneas.

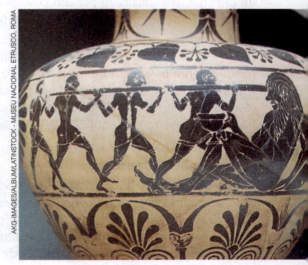

Detalhe de pintura em vaso etrusco (século V a.C.) representando o cegamento de Polifemo. Em relato na *Odisseia*, Ulisses enfrenta o ciclope Polifemo, gigante de um olho só, e consegue cegá-lo com a ajuda de seus companheiros.

Hesíodo

Hesíodo é outro poeta que teria vivido por volta do final do século VIII e princípios do século VII a.C. Na obra *Teogonia*, relatou as origens do mundo e dos deuses, em que as forças emergentes da natureza vão se transformando nas próprias divindades. De acordo com a narrativa, no princípio surgiu o Caos, que deu origem às divindades primordiais: Gaia ou Geia (a Terra) e Eros. Gaia e Eros se uniram e geraram os gigantes, ciclopes e titãs. Por isso, a teogonia é também uma cosmogonia, na medida em que narra como todas as coisas surgiram do Caos para compor a ordem do Cosmo. A partir da conquista da Grécia pelos romanos, no século II a.C., os deuses gregos foram apropriados e reelaborados pelos romanos. Por exemplo, a divindade grega Cronos foi identificada com Saturno, Zeus com Júpiter, Atena com Minerva, entre outros.

Ainda que suas obras refletissem o interesse pela crença nos mitos (de caráter geral), Hesíodo preocupou-se com particularidades que tendem a superar a poesia impessoal e coletiva das epopeias. Essas características novas são indicativas do período arcaico, que então se iniciava.

> **Teogonia:** do grego *théos*, "deus", e *gonos*, "origem"; significa "genealogia dos deuses".
> **Cosmogonia:** do grego *kósmos*, "universo", e *gonos*, "origem"; designação dada às teorias que têm por objeto explicar a formação do Universo.
> **Caos:** para os gregos, "o vazio inicial".

4. Período arcaico: uma nova ordem humana

Alguns autores chamaram de "milagre grego" a passagem da mentalidade mítica para o pensamento crítico racional e filosófico, destacando o caráter repentino e único desse processo. Outros estudiosos, porém, criticam essa visão simplista e afirmam que a filosofia na Grécia não foi fruto de um salto, de um "milagre" realizado por um povo privilegiado, mas o coroamento de um processo gestado ao longo do tempo.

No período arcaico, a Grécia passou por transformações muito específicas nas relações sociais e políticas, proporcionando a lenta passagem do mito para a reflexão filosófica. A nova visão do mundo e do indivíduo que então se esboçava resultou de numerosos fatores, analisados pelo estudioso francês Jean-Pierre Vernant (1914-2007), como apresentaremos na sequência.

a) Redescoberta da escrita

Na Grécia, a escrita já existira no período micênico, mas desapareceu no final desse período, no século XII a.C., para ressurgir apenas entre os séculos IX e VIII a.C., por influência dos fenícios. Nesse ressurgimento, a escrita assumiu uma nova função. Suficientemente desligada da influência religiosa, passou a ser utilizada para formas mais democráticas de exercício do poder. Enquanto os rituais eram cheios de fórmulas mágicas, os escritos passaram a ser divulgados em praça pública, sujeitos à discussão e à crítica. Isso não significava que a escrita se tornasse acessível a todos, já que a maioria da população era constituída de analfabetos. O que ocorria era a sua dessacralização, ou seja, sua desvinculação do sagrado.

A vantagem da escrita é que ela fixa a palavra para além de quem a proferiu – o que exige maior rigor e clareza – e estimula o pensamento crítico. Desse modo, a escrita traz a possibilidade de maior abstração e de aprimoramento da reflexão.

b) A moeda como convenção humana

Na época da aristocracia rural, a economia grega era pré-monetária, porque a riqueza estava atrelada a terras e rebanhos. As relações sociais, impregnadas de caráter sobrenatural, eram fortemente marcadas pela posição social de pessoas consideradas superiores em razão da origem divina de seus ancestrais. No entanto, o desenvolvimento do comércio marítimo favoreceu a expansão do mundo grego e a colonização da Magna Grécia (sul da Península Itálica e Sicília) e da Jônia (hoje litoral da Turquia). A moeda, surgida por volta do século VII a.C., facilitou os negócios e enriqueceu os comerciantes, o que acelerou a substituição dos valores aristocráticos por princípios da nova classe em ascensão.

Além desse efeito político de democratização de um valor, a moeda sobrepunha aos símbolos sagrados o caráter racional de sua concepção: é uma convenção humana, noção abstrata que estabelece a medida comum entre valores diferentes.

Em frente ao templo de Atenas, na antiga acrópole, grupo de manifestantes se posiciona contra as políticas de armamento nuclear. Foto de 2016. O direito de expressar publicamente ideias e pensamentos foi uma das inovações políticas da pólis.

c) A lei escrita e a reforma da legislação

Até então, a justiça dependera da interpretação da vontade divina ou da arbitrariedade dos reis, mas os legisladores Drácon, Sólon e Clístenes sinalizaram uma nova era, porque, com a lei escrita, a norma se tornava comum a todos e sujeita à discussão e à modificação.

As reformas da legislação fundaram a pólis sobre nova base, pois, ao expressar o ideal igualitário da democracia nascente, a unificação do corpo social enfraqueceu a hierarquia do poder aristocrático das famílias.

Assim afirma Jean-Pierre Vernant:

> "Os que compõem a cidade, por mais diferentes que sejam por sua origem, sua classe, sua função, aparecem de uma certa maneira 'semelhantes' uns aos outros. Esta semelhança cria a unidade da pólis. [...] O vínculo do homem com o homem vai tomar assim, no esquema da cidade, a forma de uma relação recíproca, reversível, substituindo as relações hierárquicas de submissão e de domínio."
>
> VERNANT, Jean-Pierre. *As origens do pensamento grego*. 2. ed. Rio de Janeiro; São Paulo: Difel, 1977. p. 42.

d) O cidadão da pólis

O nascimento da pólis (a cidade-Estado grega), na passagem do século VIII para o século VII a.C., foi um acontecimento decisivo. O fato de ter como centro a ágora (praça pública), espaço onde eram debatidos os assuntos de interesse comum, favorecia o desenvolvimento do discurso político. Elaborava-se, desse modo, o novo ideal de justiça, pelo qual todo cidadão tinha direito ao poder. A noção de justiça assumia caráter político, e não apenas moral, ou seja, não se referia apenas ao indivíduo e aos interesses da tradição familiar, mas à sua atuação na comunidade.

Assim ficava garantida a *isonomia*, a igualdade perante a lei, do mesmo modo que a *isegoria*, a igualdade do direito à palavra na *assembleia*. De fato, a pólis se construiu pela autonomia da palavra, não mais a palavra mágica e sobrenatural dos mitos, enunciada pelos deuses, mas a palavra humana do conflito, construída por meio da discussão, da argumentação e do consenso.

Expressar-se mediante o debate fez nascer a política, que permite ao indivíduo tecer seu destino em praça pública. Da instauração da ordem humana surgiu o *cidadão da pólis*, figura inexistente no mundo das sociedades tradicionais e das aristocracias rurais.

> **Isonomia:** do grego *ísos*, "igual", e *nómos*, "lei".
> **Isegoria:** do grego *ísos*, "igual", e *agoreúein*, "discursar em praça pública (ágora)".
> **Assembleia:** em grego se diz *ágora*; local de reunião para decidir assuntos do interesse de todos os cidadãos; designa também a praça principal da pólis, onde se instalavam o mercado e os prédios públicos.

e) Consolidação da democracia

Os regimes oligárquicos ainda não tinham sido extirpados, mas algumas das cidades-Estado gregas já estavam consolidando os ideais democráticos, inspiradas no modelo de Atenas. O apogeu da *democracia* ateniense ocorreu no século V a.C., quando Péricles governava. Os cidadãos livres, fossem ricos ou pobres, tinham acesso à assembleia. Tratava-se de uma *democracia direta*, em que não eram escolhidos representantes, mas cada cidadão participava diretamente das decisões de interesse comum.

É bom lembrar, porém, que a maior parte da população se achava excluída do processo político. Grupos como o de escravos, mulheres e estrangeiros (metecos), mesmo que estes últimos fossem prósperos comerciantes, não eram considerados cidadãos. Apesar disso, o que vale enfatizar é a mutação do ideal político e uma concepção inovadora de poder, a democracia.[1]

Ao se buscar a igualdade perante a lei e o igual direito à palavra na assembleia, nascia o conceito de *cidadania*. Tratava-se, portanto, de uma abertura para consolidar a democracia naquelas pólis que aspiravam a ela. Finalmente, uma das consequências dessas novidades foi o aparecimento do filósofo nas colônias gregas da Ásia Menor (atual Turquia) e da Magna Grécia (sul da Itália).

De acordo com essa tese, a filosofia surgiu na Grécia não como um "milagre", tampouco como algo que teria acontecido de repente, pois resultou de uma longa preparação decorrente de transformações econômicas, políticas e sociais, entre elas a fundação das primeiras pólis. A abertura para a discussão facilitou o exercício da reflexão e da divergência de ideias, terreno fértil para o nascimento da filosofia. É nesse sentido que Vernant afirmou que a filosofia é "filha da cidade".

Trocando ideias

O nascimento da pólis e o surgimento de um novo ideal de justiça, pelo qual todos os cidadãos teriam direito ao poder, garantiram os princípios da isonomia e da isegoria.

- Poderíamos dizer que atualmente a isonomia e a isegoria são extensivas a todos os cidadãos em nosso país?

ATIVIDADES

1. O que foram as epopeias e qual o seu significado cultural na Grécia antiga?

2. Considerando o pensamento grego, que transformação representou a passagem da cosmogonia para as explicações cosmológicas?

3. Nos relatos de Homero, os mortais estavam presos ao destino e tinham a vida regulada pelos deuses. Explique por que uma nova visão de mundo começa a ser construída no período arcaico.

---

[1] Sobre o projeto democrático, ver também o capítulo 12, "Poder e democracia".

Leitura analítica

A pólis e o nascimento da filosofia

Jean-Pierre Vernant estabelece uma relação intrínseca entre o advento da pólis grega e a figura do filósofo, não para aceitar a antiga tradição do "milagre grego", mas para identificar as transformações que permitiram a abertura para o pensamento autônomo, desligado do mito. Esse pensamento se associava estreitamente à política democrática que estava em vias de ser instaurada.

"Advento da pólis, nascimento da filosofia: entre as duas ordens de fenômenos os vínculos são demasiado estreitos para que o pensamento racional não apareça, em suas origens, solidário das estruturas sociais e mentais próprias da cidade grega. Assim recolocada na história, a filosofia despoja-se desse caráter de revelação absoluta que às vezes lhe foi atribuído, saudando, na jovem ciência dos jônios, a razão intemporal que veio encarnar-se no tempo. A Escola de Mileto não viu nascer a razão; ela construiu *uma* razão, uma primeira forma de racionalidade. Essa razão grega não é a razão experimental da ciência contemporânea, orientada para a exploração do meio físico e cujos métodos, instrumentos intelectuais e quadros mentais foram elaborados no curso dos últimos séculos, no esforço laboriosamente continuado para conhecer e dominar a natureza. [...]

De fato, é no plano político que a razão, na Grécia, primeiramente se exprimiu, constituiu-se e formou-se. A experiência social pôde tornar-se entre os gregos o objeto de uma reflexão positiva, porque se prestava, na cidade, a um debate público de argumentos. O declínio do mito data do dia em que os primeiros sábios puseram em discussão a ordem humana, procuraram defini-la em si mesma, traduzi-la em fórmulas acessíveis à sua inteligência, aplicar-lhe a norma do número e da medida. Assim se destacou e se definiu um pensamento propriamente político, exterior à religião, com seu vocabulário, seus conceitos, seus princípios, suas vistas teóricas. Esse pensamento marcou profundamente a mentalidade do homem antigo; caracteriza uma civilização que não deixou, enquanto permaneceu viva, de considerar a vida pública como o coroamento da atividade humana. Para o grego, o homem não se separa do cidadão; a *phrónesis*, a reflexão, é o privilégio dos homens livres que exercem correlativamente sua razão e seus direitos cívicos. Assim, ao fornecer aos cidadãos o quadro no qual concebiam suas relações recíprocas, o pensamento político orientou e estabeleceu simultaneamente os processos de seu espírito nos outros domínios.

Quando nasce em Mileto, a filosofia está enraizada nesse pensamento político cujas preocupações fundamentais traduz e do qual tira uma parte de seu vocabulário. É verdade que bem depressa se afirma com maior independência. Desde Parmênides, encontrou seu caminho próprio; explora um domínio novo, coloca problemas que só a ela pertencem. Os filósofos já se não interrogam, como o faziam os milésios, sobre o que é a ordem, como se formou, como se mantém, mas sim qual é a natureza do ser e do saber e quais são suas relações. Os gregos acrescentam assim uma nova dimensão à história do pensamento humano. Para resolver as dificuldades teóricas, as 'aporias', que o próprio progresso de seus processos fazia surgir, a filosofia teve de forjar para si uma linguagem, elaborar seus conceitos, edificar uma lógica, construir sua própria racionalidade. Mas nessa tarefa não se aproximou muito da realidade física; pouco tomou da observação dos fenômenos naturais; não fez experiência. A própria noção de experimentação foi-lhe sempre estranha. [...] A razão grega não se formou tanto no comércio humano com as coisas quanto nas relações dos homens entre si. Desenvolveu-se menos através das técnicas que operam no mundo que por aquelas que dão meios para domínio de outrem e cujo instrumento comum é a linguagem: a arte do político, do retor, do professor. A razão grega, dentro de seus limites como em suas inovações, é filha da cidade."

VERNANT, Jean-Pierre. *As origens do pensamento grego*. 2. ed. Rio de Janeiro; São Paulo: Difel, 1977. p. 94-95.

Despojar-se: pôr de lado; largar, abandonar, perder.

Phrónesis: termo grego sem correspondente exato no português, embora seja frequentemente traduzido por "prudência" ou "sabedoria prática".

Aporia: do grego, termo composto pelo prefixo negativo *a* e *póros*, palavra que significa "passagem", "caminho"; no contexto, "dificuldade de encontrar caminho, solução".

Retor: na antiga Grécia, designava os estudiosos de retórica, a arte de bem falar.

QUESTÕES

1. O que significa afirmar que "a filosofia despoja-se desse caráter de revelação absoluta que às vezes lhe foi atribuído"?

2. Como Vernant compreende a relação entre filosofia e política na pólis antiga?

5. Primeiros filósofos: os pré-socráticos

A filosofia grega antiga corresponde a um longo período que começou por volta do século VI a.C. e se estendeu até o século II d.C. Os primeiros filósofos foram chamados de *pré-socráticos* por conta de uma classificação posterior da filosofia antiga que destaca a figura de Sócrates, representante do pensamento clássico, o qual antecedeu e influenciou dois grandes filósofos: Platão e Aristóteles.

Perdeu-se grande parte das obras dos primeiros filósofos, restando-nos apenas fragmentos e comentários feitos por pensadores posteriores, ou seja, pela doxografia. O centro de suas investigações era a natureza, por isso são conhecidos como naturalistas, ou filósofos da *physis* (termo grego para "mundo físico", "natureza"). Sabemos também que geralmente escreviam em prosa, abandonando a forma poética característica das epopeias, dos relatos míticos.

Que novidades trouxeram os primeiros filósofos? Até então as explicações sobre a origem e a ordem do mundo tinham por base os mitos transmitidos por Homero e Hesíodo, que constituíam as teogonias e as cosmogonias. Nesse novo momento, em vez de explicar a ordem cósmica pela interferência divina, os filósofos buscavam respostas por si mesmos, por meio da razão. Portanto, as questões tornaram-se cosmológicas: o sufixo "logos" denota o predomínio da razão, da explicação argumentativa.

O princípio de todas as coisas

A principal indagação dos filósofos pré-socráticos era o *movimento*. Para os gregos, o conceito de movimento tem um sentido bem amplo, podendo significar mudança de lugar, aumento, diminuição, enfim, qualquer alteração substancial quando alguma coisa é gerada ou se deteriora. Então alguns se perguntavam: o que faz com que, apesar de toda mudança, haja algo na realidade que sempre permaneça o mesmo? Assim, sob a multiplicidade das coisas, eles buscavam a identidade, ou seja, um *princípio original e racional* (em grego, *arkhé*). Nesse contexto, o termo *princípio* pode ser entendido como "origem" ou "fundamento".

Observe como a filosofia nasce de um problema, de uma indagação nova, que procura ir além do já sabido. Por isso, existe uma ruptura entre mito e filosofia: o mito é uma narrativa cujo conteúdo não se questiona, enquanto a filosofia problematiza e convida à discussão. A filosofia rejeita explicações apoiadas no sobrenatural. Mais ainda, busca a coerência interna e a definição rigorosa dos conceitos, organizando-os em um pensamento abstrato.

Dissemos que todos os pré-socráticos buscavam o princípio de todas as coisas, mas que, por pensarem de modo autônomo, divergiam entre si a respeito do que seria tal princípio. Os mais antigos filósofos viveram na Jônia e, posteriormente, na Magna Grécia. Costuma-se classificá-los como monistas ou pluralistas, conforme o número de elementos constitutivos das coisas definido por eles: um ou vários.

Bailarinos executam a coreografia *Recados no labirinto*, de Martha Graham, inspirada nos personagens míticos Ariadne e Minotauro. Foto de 1997, tirada em Los Angeles. Na estrutura dos mitos, presente também nas tragédias gregas, os indivíduos estão completamente submetidos à vontade dos deuses. Os filósofos pré-socráticos, em contrapartida, privilegiavam a razão em suas explicações.

Doxografia: do grego *doxa*, "opinião", e *gráphein*, "escrever"; compilação de doutrinas, princípios e ideias de pensadores; doxógrafos são aqueles que coletam, compilam e comentam textos filosóficos gregos.

Saiba mais

Pré-socrático (século VI a.C.). Os primeiros filósofos ocupavam-se com questões cosmológicas, iniciando a separação entre filosofia e pensamento mítico.

Período clássico (séculos V e IV a.C.). Ampliação dos temas e maior sistematização do pensamento. Época dos sofistas, de Sócrates, Platão e Aristóteles.

Pós-socrático (do século III a.C. ao II d.C.). Durante o período helenístico, que caracterizou a cultura desenvolvida fora da Grécia por influência do pensamento grego após as conquistas de Alexandre Magno, preponderou o interesse pela física e pela ética. Surgiram as correntes filosóficas do estoicismo, do hedonismo e do ceticismo.

A filosofia na Grécia antiga

Observe no mapa os principais filósofos gregos que correspondem ao período pré-socrático. Identifique em que região (Jônia ou Magna Grécia) e em que cidade eles se estabeleceram. Em seguida, veja que os filósofos do período clássico Sócrates e Platão viviam em Atenas. Embora Aristóteles tenha nascido em Estagira, cidade da Macedônia, foi em Atenas que fundou sua escola. Também do período clássico, sofistas como Protágoras vinham de todos os lugares do mundo grego e, ensinando de forma itinerante, não se fixavam em um local específico. Localize também os filósofos gregos do helenismo, que se deslocaram da Grécia continental e se espalharam pelas ilhas.

6. Filósofos monistas

Os primeiros pré-socráticos, como Tales, Anaximandro, Anaxímenes e Heráclito, todos naturais da Jônia, são conhecidos como *monistas*, porque identificam apenas um elemento constitutivo de todas as coisas.

• **Tales: o princípio é a água**

Tales de Mileto (c. 640-548 a.C.), de origem fenícia, viveu em Mileto, na Jônia. Considerado o primeiro filósofo e um dos "sete sábios da Grécia", foi também matemático, responsável por transformar em conhecimento científico o saber empírico da geometria prática dos egípcios, além de ter sido capaz de calcular a altura de uma pirâmide comparando a sombra dela com a sombra de uma estaca de madeira. Como astrônomo, teria previsto um eclipse solar.

Talvez por ter viajado muito e conhecido as cheias do Rio Nilo, intuiu que a água deveria ser o princípio de tudo, por estar ligada à vida, à germinação, mas também à decomposição e à putrefação. Por considerar a água um "deus inteligente", concluiu que "todas as coisas estão cheias de deuses". Como não restou nada do que escreveu – se é que escreveu –, nem todos os relatos a seu respeito são confiáveis.

• **Anaximandro: o princípio é o indeterminado**

Anaximandro (c. 610-547 a.C.) representa um avanço em relação a Tales, por não recorrer a um princípio material como a água, mas ao *ápeiron* (termo grego que significa "indeterminado", "ilimitado"), o qual daria origem a todos os seres materiais. Desse modo, não se trata de algo que possamos conhecer pelos sentidos, mas pelo pensamento. Para explicar a mudança, Anaximandro recorre à luta dos contrários.

> "Como surge o mundo? Por um movimento circular turbilhonante que irrompe em diversos pontos do *ápeiron*. Nesse movimento, separam-se do ilimitado-indeterminado as duas primeiras determinações ou qualidades: o quente e o frio, dando origem ao fogo e ao ar; em seguida, separam-se o seco e o úmido, dando origem à terra e à água. Essas determinações combinam-se ao lutar entre si e os seres vão sendo formados como resultado dessa luta, quando um dos contrários domina os outros. O devir é esse movimento ininterrupto da luta entre os contrários e terminará quando forem todos reabsorvidos no *ápeiron*."
>
> CHAUI, Marilena. *Introdução à história da filosofia*: dos pré-socráticos a Aristóteles. São Paulo: Brasiliense, 1994. p. 52. v. 1.

• **Anaxímenes: o princípio é o ar**

Para Anaxímenes (c. 588-524 a.C.), o princípio é o ar, que, pela rarefação e condensação, faz nascer e transformar todas as coisas. Para ele, porém, o ar é mais do que o aspecto físico de um elemento, porque o termo grego para designar o ar é *pneuma*, que também significa respiração, sopro de vida, espírito: "Como nossa alma, que é ar, nos governa e sustém, assim também o sopro e o ar abraçam todo o cosmo".

- **Heráclito: tudo flui**

Heráclito (c. 544-484 a.C.) nasceu em Éfeso, na Jônia, e dizia que o fogo primordial, em eterna transformação, representa o movimento de todas as coisas. Para ele, tudo flui, nada permanece. Voltaremos à sua teoria no próximo tópico, para compará-lo a Parmênides.

- **Parmênides: o ser é imóvel**

Parmênides (c. 544-450 a.C.) viveu na Magna Grécia, na cidade de Eleia – por isso seus seguidores eram conhecidos como eleatas –, e defendia a imobilidade do ser. Segundo ele, o movimento é ilusão. Voltaremos a seu pensamento no próximo tópico.

Busto grego de Parmênides (século I a.C.). Esse filósofo defendia a imobilidade do ser, ao passo que Empédocles, ao contrário, sustentava que as coisas se compõem e se dissociam.

- **Pitágoras: o número é harmonia**

Pitágoras (c. 570-497 a.C.), nascido na Ilha de Samos, na Jônia, mudou-se para Crotona, na Magna Grécia. Para ele, o número é o princípio de tudo, desde que se entenda número como harmonia e proporção. Ou seja, o número representa uma *estrutura racional*. Quase nada se sabe sobre Pitágoras e suas obras, nem se teria de fato existido, embora haja documentos sobre a Escola Pitagórica, que, além de estudos de matemática e música, mantinha uma doutrina de cunho filosófico-religioso restrita a adeptos. Herdeira do *orfismo*, religião baseada nos mistérios **órficos** e no culto a Dioniso, a escola representou uma sensível mudança na religiosidade grega, até então centrada na tradição homérica e no culto dos deuses do Olimpo. A diferença se fez na passagem para um culto voltado para a interioridade, que acreditava na imortalidade das almas, na transmigração destas e na sua superioridade em relação aos corpos, o que exige *ascese* e *purificação*. Desse modo, a Escola Pitagórica não trata apenas dos aspectos físicos dos princípios do cosmo, mas constrói uma filosofia que visa orientar um determinado modo de vida. Vale lembrar que os pitagóricos exerceram influência sobre Platão.

Órfico: relativo a *orfismo*, nome que deriva de Orfeu, poeta mitológico. Trata-se de um conjunto de "mistérios", crenças e práticas voltadas para a interpretação da existência humana que influenciou filósofos como Pitágoras e Platão.

Pluralistas: há mais que um princípio

Para os pré-socráticos pluralistas, o princípio não é único, como diziam os monistas, mas há múltiplos princípios. Os principais representantes dessa tendência são Empédocles, Anaxágoras e os atomistas Leucipo e Demócrito.

- **Empédocles: os quatro elementos**

Terra, água, ar e fogo constituem os quatro elementos da teoria de Empédocles (c. 483-430 a.C.), nascido em Agrigento (atualmente na Sicília), na Magna Grécia. Tudo o que existe deriva da mistura do que ele chama de "raízes" (*rizómata*), movida pela força interna do amor e do ódio: enquanto o amor une, o ódio separa, num ciclo de repetição eterno. Em um de seus fragmentos, podemos ler:

> "Ainda outra coisa te direi. Não há nascimento para nenhuma das coisas mortais, como não há fim na morte funesta, mas somente composição e dissociação dos elementos compostos: nascimento não é mais do que um nome usado pelos homens."
>
> EMPÉDOCLES. In: BORNHEIM, Gerd. *Os filósofos pré-socráticos*. 3. ed. São Paulo: Cultrix, 1977. p. 69.

Empédocles discorda, portanto, de Parmênides, para quem o ser é imóvel, e também critica a crença de conhecer apenas pelo pensamento, desprezando os sentidos. A teoria dos quatro elementos perdurou por muito tempo, até que, no século XVIII, Lavoisier provou a falsidade daquela teoria clássica, ao realizar a decomposição da água em laboratório.

- **Anaxágoras: as sementes e o *noûs***

Anaxágoras (c. 499-428 a.C.), nascido em Clazômenas, mudou-se para Atenas, onde foi mestre de Péricles. Sustentava que o princípio de todas as coisas não é único, nem quádruplo, como dizia Empédocles, mas as coisas são formadas por minúsculas partículas, as "sementes" (homeomerias ou *spérmata*). Essas sementes foram ordenadas por um princípio inteligente, uma inteligência cósmica (*noûs*, em grego). Por motivos controversos, talvez por ter sido o primeiro a recorrer a um espírito superior que ordena o cosmo e por se recusar a prestar culto aos deuses gregos, foi preso e expulso, precisando abandonar a escola que fundara em Atenas. A teoria de Anaxágoras acrescenta às demais a concepção de um espírito ordenador, por isso alguns teóricos contemporâneos identificam nela as origens do monoteísmo grego. Aristóteles afirma na *Metafísica* (livro I, capítulo III) que, entre todos os pré-socráticos, Anaxágoras se destaca como o primeiro a apresentar a concepção de uma inteligência ordenadora, "em comparação aos que anteriormente afirmaram coisas vãs".

- **Leucipo e Demócrito: os átomos**

Leucipo (século V a.C.), fundador da Escola de Abdera, e Demócrito (c. 460-370 a.C.), seu principal seguidor, representam a corrente dos *atomistas*, por considerarem que o elemento primordial seria constituído por **átomos**, partículas indivisíveis, não criadas, indestrutíveis e imutáveis. Os átomos são dotados naturalmente de movimento e, dependendo dos diferentes modos de se agregarem, as coisas são geradas e se corrompem em uma alternância sem fim. A explicação de tudo depende, portanto, dos átomos, do vazio e do movimento. Não existe uma causa inteligente que organize o mundo, que resulte do encontro mecânico, "ao sabor do acaso". Em Leucipo, prevalecem os problemas cosmológicos, enquanto Demócrito desenvolveu também questões éticas, temática que adquiriu grande importância durante o período socrático, o que leva muitos a considerá-lo um filósofo de transição.

Átomo: termo composto pelo prefixo negativo *a* e *tómos*, "pedaço cortado"; ou seja, "o que não se pode cortar".

7. Heráclito e Parmênides

Entre os pré-socráticos citados, muitos deles foram fundamentais para a história da filosofia e ainda despertam o interesse de estudiosos e leigos, como Pitágoras e Demócrito. No entanto, optamos por destacar Heráclito e Parmênides graças à influência que exerceram no pensamento posterior, claramente percebida em Platão e Aristóteles. Essa importância decorre da maneira mais rigorosa com que levantaram e discutiram algumas questões, como o movimento ou a imobilidade e a multiplicidade ou a unidade do ser.

Heráclito

Heráclito procurou compreender a multiplicidade do real. Ao contrário de seus contemporâneos – como Parmênides –, ele não rejeitava as contradições e queria apreender a realidade na sua mudança, no seu devir. Todas as coisas mudam sem cessar, e o que temos diante de nós em dado momento é diferente do que foi há pouco e do que será depois: "Nunca nos banhamos duas vezes no mesmo rio", pois na segunda vez não somos os mesmos, e também as águas mudaram.

Para Heráclito, o ser é o múltiplo, não apenas no sentido de que há uma multiplicidade de coisas, mas por estar constituído de oposições internas. O que mantém o fluxo do movimento não é o simples aparecer de novos seres, mas a luta dos contrários, pois "A guerra é pai de todos, rei de todos". É da luta que nasce a harmonia, como síntese dos contrários.

A ponte de Heráclito (1935), pintura de René Magritte. Nessa tela, a ponte se interrompe ao tocar a névoa, mas seu reflexo a exibe na totalidade. A pintura parece apontar para a multiplicidade das coisas ao expor duas visões da mesma ponte.

Para ele, o dinamismo de todas as coisas pode ser explicado pelo fogo primordial, expressão visível da instabilidade e símbolo da eterna agitação do devir: "O fogo eterno e vivo, que ora se acende e ora se apaga".

Assim diz Marilena Chaui:

> "Não se trata do fogo (ou do quente ou do calor) que percebemos em nossa experiência. O fogo-quente-calor de nossa experiência é uma das qualidades determinadas e múltiplas do mundo, juntamente com o frio, o seco, o úmido. O fogo primordial – que Heráclito também chama de logos – é aquilo que, por sua própria natureza e força interna, se transforma em todas as outras e é nelas transformado sem cessar."
>
> CHAUI, Marilena. *Introdução à história da filosofia*: dos pré-socráticos a Aristóteles. São Paulo: Brasiliense, 1994. p. 68-69. v. 1.

Parmênides

Parmênides e Zenão atuaram na cidade de Eleia e eram conhecidos como filósofos *eleatas*. Porém, alguns estudiosos atribuíram a Xenófanes (c. 570-475 a.C.) a fundação da Escola Eleática, cuja principal característica estava em admitir a imobilidade do ser.

Nascido em Cólofon, na Jônia, Xenófanes viveu exilado na Magna Grécia como um sábio errante, um aedo, que recitava suas obras em vários lugares. Era conhecido pelas críticas à religião pública (de Homero e Hesíodo) e às convenções, o que o caracteriza também como um cético. De passagem por Eleia, teria dado impulso ao pensamento de Parmênides que, por sua vez, influenciou de modo decisivo o pensamento ocidental. Sua importância decorre da guinada em busca do princípio de todas as coisas: para ele, as coisas são *entes*, elas *são*.

Assim explica o filósofo espanhol Julián Marías:

> "As coisas [...] mostram aos sentidos múltiplos atributos ou propriedades. São coloridas, quentes ou frias, duras ou moles, grandes ou pequenas, animais, árvores, rochas, estrelas, fogo, barcos feitos pelo homem. Mas consideradas com outro órgão, com o pensamento (*noûs*), apresentam uma propriedade sumamente importante e comum a todas: antes de ser brancas ou vermelhas, ou quentes, *são*. São, simplesmente. Aparece o ser como uma propriedade essencial das coisas, [...] que só se manifesta para o *noûs*."
>
> MARÍAS, Julián. *História da filosofia*. São Paulo: Martins Fontes, 2004. p. 26.

Com esse pressuposto, Parmênides criticou a filosofia heraclitiana. Ao "tudo flui" de Heráclito, contrapôs a imobilidade do ser: é absurdo e impensável afirmar que uma coisa pode ser e não ser ao mesmo tempo. O ser é único, imutável, infinito e imóvel. À contradição, opõe o princípio segundo o qual "o ser é" e o "não ser não é".

Não há como negar, entretanto, a existência do movimento no mundo, pois as coisas nascem e morrem, mudam de lugar e se expõem em infinita multiplicidade. Segundo Parmênides, porém, o movimento existe apenas no *mundo sensível*, e a percepção pelos sentidos é ilusória, porque se apoia na opinião e, por isso mesmo, não é confiável. Só o *mundo inteligível* é verdadeiro.

Uma das consequências da teoria de Parmênides é a identidade entre o ser e o pensar: ao pensarmos, pensamos algo que é, e não conseguimos pensar algo que não é. Desse modo, os eleatas abriram caminho para a ontologia (estudo do ser), área da filosofia que se tornou objeto dos filósofos do período clássico.

8. Avaliação do período dos pré-socráticos

Os pré-socráticos deram impulso à atividade do filosofar: buscaram a unidade na multiplicidade, examinaram a relação entre o ser e o pensar, desenvolveram a dialética – a arte da discussão –, deram os primeiros passos para uma lógica e estimularam a argumentação.

Observe como as discussões dos filósofos foram assumindo um maior nível de elaboração e rigor, se comparadas às primeiras reflexões da filosofia nascente. Vale lembrar que os últimos filósofos pré-socráticos já adentravam o século V a.C. Tanto é que Anaxágoras foi mestre de Péricles e, pelos diálogos de Platão, sabemos que Sócrates, quando jovem, teria encontrado Parmênides.

O filósofo francês Michel Onfray[2] (1959) questiona o fato curioso de esses últimos pensadores citados permanecerem classificados como pré-socráticos, já que foram contemporâneos de Sócrates. Alguns deles, como Demócrito, por exemplo, continuaram como pensadores produtivos muito tempo após a morte de Sócrates. Onfray levanta a hipótese de o pensamento de Demócrito não ter sido bem aceito pelos filósofos do período clássico por ser **materialista**, o que contrariava a orientação vigente no século V a.C., sobretudo devido ao **idealismo** de Platão.

As controvérsias nos levam a reconhecer que Demócrito já era um filósofo de transição, sobretudo porque, além da ênfase no aspecto da *physis*, também escreveu sobre ética. É preciso reconhecer nesse interesse a característica antropológica típica do período clássico. Na época clássica, Platão e Aristóteles estudaram as obras desses filósofos e certamente foram por eles influenciados, ao mesmo tempo que os confrontaram. Um desses desafios consistiu em superar a oposição entre o pensamento de Heráclito e o de Parmênides, entre movimento e imobilidade, entre os sentidos e a razão.

> **Materialismo:** no contexto, concepção que considera o dado material como anterior ao espiritual e o determina.
>
> **Idealismo:** no contexto, nome genérico de diversos sistemas segundo os quais o ser ou a realidade são determinados pela consciência.

Trocando ideias

Justificável ou não, a concepção de Onfray nos faz pensar sobre a elaboração de uma **historiografia** da filosofia: quem seleciona as doutrinas de modo que se interprete algumas como mais relevantes do que outras? E por que, apesar disso, ao longo do tempo ainda tende a prevalecer a mesma seleção? Não por acaso, uma das obras de Onfray chama-se *Contra-história da filosofia*, na qual realça aqueles que a tradição ocultou.

- Você já refletiu a respeito desse aspecto da interpretação da história? É possível que alguns pensamentos sejam privilegiados em detrimento de outros ou a sua persistência no tempo mostra que eles são de fato mais relevantes? Explique.

> **Historiografia:** estudo e descrição da história.

ATIVIDADES

1. Como pode ser entendido o conceito de *princípio* (*arkhé*) para os filósofos pré-socráticos?
2. O que diferencia filósofos monistas de filósofos pluralistas? Explique.
3. Faça um paralelo entre as teorias de Heráclito e de Parmênides.

---

[2] ONFRAY, Michel. *Contra-história da filosofia*: as sabedorias antigas. São Paulo: Martins Fontes, 2008. p. 53-55. v. 1.

Tales, o primeiro filósofo

É importante lembrar que entre os primeiros filósofos – incluindo Tales – ainda predominava a consciência mítica, o que valoriza o esforço de se desligar dessa herança marcada pela fabulação e de saltar para uma reflexão metafísica, ao buscar o princípio racional de todas as coisas. Foi esse objetivo que mobilizou Tales a buscar a unidade de tudo, encontrada por ele na água.

"A filosofia grega parece começar com uma ideia absurda, com a proposição: a *água* é a origem e a matriz de *todas* as coisas. Será mesmo necessário determo-nos nela e levá-la a sério? Sim, e por três razões: em primeiro lugar, porque essa proposição enuncia algo sobre a origem das coisas; em segundo lugar, porque o faz sem imagem e fabulação; enfim, em terceiro lugar, porque nela, embora apenas em estado de **crisálida**, está contido o pensamento: 'Tudo é um'. A razão citada em primeiro lugar deixa Tales ainda em comunidade com os religiosos e supersticiosos, a segunda o tira dessa sociedade e no-lo mostra como investigador da natureza, mas, em virtude da terceira, Tales se torna o primeiro filósofo grego. Se tivesse dito: 'Da água provém a terra', teríamos apenas uma hipótese científica, falsa, mas dificilmente refutável. Mas ele foi além do científico. Ao expor essa representação da unidade através da hipótese da água, Tales não superou o estágio inferior das noções físicas da época, mas, no máximo, saltou sobre ele. As parcas e desordenadas observações de natureza empírica que Tales havia feito sobre a presença e as transformações da água ou, mais exatamente, do úmido, seriam o que menos permitiria ou mesmo aconselharia tão monstruosa generalização; o que o impeliu a esta foi um postulado **metafísico**, uma crença que tem sua origem em uma intuição mística e que encontramos em todos os filósofos, ao lado dos esforços sempre renovados para exprimi-la melhor – a proposição: 'Tudo é um'.

[...] Os gregos, entre os quais Tales subitamente se destacou tanto, eram o oposto de todos os realistas, pois propriamente só acreditavam na realidade dos homens e dos deuses e consideravam a natureza inteira como que apenas um disfarce, mascaramento e metamorfose desses homens-deuses. O homem era para eles a verdade e o núcleo dessas coisas, todo o resto apenas aparência e jogo ilusório. Justamente por isso era tão incrivelmente difícil para eles captar os conceitos como conceitos: e, ao inverso dos modernos, entre os quais mesmo o mais pessoal se sublima em abstrações, entre eles o mais abstrato sempre confluía de novo em uma pessoa. Mas Tales dizia: 'Não é o homem, mas a água, a realidade das coisas'; ele começa a acreditar na natureza, na medida em que, pelo menos, acredita na água. Como matemático e astrônomo, ele se havia tornado frio e insensível a todo o místico e o alegórico e, se não logrou alcançar a sobriedade da pura proposição 'Tudo é um' e se deteve em uma expressão física, ele era, contudo, entre os gregos de seu tempo, uma raridade. Talvez os admiráveis órficos possuíssem a capacidade de captar abstrações e de pensar sem imagens, em um grau ainda superior a ele: mas estes só chegaram a exprimi-lo na forma da alegoria. Também [o pré-socrático] Ferécides de Siros, que está próximo de Tales no tempo e em muitas das concepções físicas, oscila, ao exprimi-las, naquela região intermediária em que o mito se casa com a alegoria: de tal modo que, por exemplo, se aventura a comparar a Terra com um carvalho alado, suspenso no ar com as asas abertas, e que Zeus, depois de sobrepujar Kronos, reveste de um faustuoso manto de honra, onde bordou, com sua própria mão, as terras, águas e rios. Contraposto a esse filosofar obscuramente alegórico, que mal se deixa traduzir em imagens visuais, Tales é um mestre criador, que, sem fabulação fantástica, começou a ver a natureza em suas profundezas. Se para isso se serviu, sem dúvida, da ciência e do demonstrável, mas logo saltou por sobre eles, isso é igualmente um caráter típico da cabeça filosófica. [...]

[...] Quando Tales diz: 'Tudo é água', o homem [...] pressente a solução última das coisas e vence, com esse pressentimento, o acanhamento dos graus inferiores do conhecimento."

NIETZSCHE, Friedrich. *A filosofia na época trágica dos gregos*. São Paulo: Abril Cultural, 1973. p. 16. (Coleção Os Pensadores)

> **Crisálida:** casulo de alguns insetos. No contexto, sentido figurado de algo que se encontra em estado de preparação.
> **Metafísica:** campo da filosofia que trata do "ser enquanto ser", isto é, do ser independentemente de suas determinações particulares, do ser absoluto e dos primeiros princípios.

QUESTÕES

1. Identifique no trecho selecionado as três razões destacadas por Nietzsche segundo as quais podemos dar credibilidade à reflexão de Tales de Mileto, que conclui ser a água o princípio de tudo.

2. Com base nas palavras de Nietzsche, por que a reflexão de Tales é filosófica e, portanto, se distingue do mito e da ciência? Explique.

ATIVIDADES

1. Com base no estudo realizado, retome a reflexão da abertura do capítulo e responda: por que é importante estudar a história da filosofia?

2. Leia o trecho a seguir e identifique características que marcam a diferença entre o mito e a filosofia.

> "Em todas as literaturas, a prosa é posterior ao verso, como a reflexão o é à imaginação. A literatura grega não faz exceção à regra, antes a acentua, pois o desnível cronológico entre ambas deve importar uns três séculos. [...] No entanto, [...] há ainda filósofos que exprimem em verso [...], [como] Parmênides e Empédocles [...]."
>
> PEREIRA, Maria Helena Rocha. *Estudos de história da cultura clássica*. 3. ed. Lisboa: Fundação Calouste Gulbenkian, 1970. p. 199-200. v. 1.

3. Leia a citação a seguir e faça o que se pede.

> "Sem dúvida, o poeta, o adivinho, o sábio, as seitas de mistérios e de iniciação mágico-religiosa não desaparecem subitamente, mesmo porque a pólis não nasce subitamente. Tanto assim que os primeiros filósofos – como Tales de Mileto, Heráclito de Éfeso, Pitágoras de Samos e mesmo um clássico, como Platão – ainda aparecem ligados a grupos e seitas de mistérios religiosos, ao mesmo tempo em que estão envolvidos nas discussões e decisões políticas de suas cidades."
>
> CHAUI, Marilena. *Introdução à história da filosofia*: dos pré-socráticos a Aristóteles. São Paulo: Brasiliense, 1994. p. 37. v. 1.

a) Qual é a relação da filosofia com o mundo mítico-religioso?

b) Marilena Chaui declara que os primeiros filósofos envolviam-se em discussões políticas de suas cidades. Relacione esse enunciado à afirmação de Vernant de que a filosofia é "filha da cidade".

4. **Trabalho em grupo**. Retome a leitura analítica "Pós-verdade" (capítulo 9) e analise a tirinha. Em seguida, reúna-se com os colegas para atender às questões.

a) Qual é o tipo de relação com a verdade estabelecida pela geração de Calvin, de acordo com a tirinha? Ela se aproxima do conhecimento filosófico? Justifique.

b) Por que o questionamento filosófico se distingue do descrédito generalizado típico da era da pós-verdade? Explique.

5. **Dissertação**. Com base nas citações a seguir e nas discussões desenvolvidas ao longo do capítulo, redija uma dissertação sobre o tema **"O discurso racional e crítico como marca do nascimento da filosofia"**.

> "Quanto a Tales e Pitágoras, eles foram considerados pelos próprios gregos [...] como [...] um marco determinante no processo produtivo do saber. Desde seu tempo, são depositários da síntese de conhecimentos disponíveis em outras civilizações, em especial da egípcia, e representam igualmente o modo de ser do novo sábio: daqueles que, pressupondo a cultura ou a sabedoria estabelecida, orientaram a investigação para o exercício da vida ou do viver, e em vista disso se orientaram para o governo da natureza, pela observação de seus fenômenos. [...] tomaram emprestado da geometria e da aritmética o modelo de observação e de explicação racional de tais fenômenos."
>
> SPINELLI, Miguel. *Filósofos pré-socráticos*: primeiros mestres da filosofia e da ciência grega. 3. ed. Porto Alegre: EDIPUCRS, 2012. p. 11.

> "Tendemos a concordar [...] que a filosofia grega nasce apresentando um atributo que se mostraria essencial para o desenvolvimento intelectual do Ocidente: 'uma *pluralidade* de doutrinas, todas tentando perseguir a verdade por meio da discussão crítica'. Mais que saber identificar a natureza das contribuições substantivas dos primeiros filósofos é fundamental perceber a guinada de atitude que representam. A proliferação de óticas que deixam de ser endossadas acriticamente, por força da tradição ou da 'imposição religiosa', é o que mais merece ser destacado entre as propriedades que definem a *filosoficidade*."
>
> GUERREIRO, Mario; OLIVA, Alberto. *Pré-socráticos*: a invenção da filosofia. 2. ed. Campinas: Papirus, 2007. p. 24-25.

O melhor de Calvin (1993), tirinha de Bill Watterson.

ATIVIDADES

ENEM E VESTIBULARES

6. (Enem/MEC-2016)

Texto 1

"Fragmento B91: Não se pode banhar duas vezes no mesmo rio, nem substância mortal alcançar duas vezes a mesma condição; mas pela intensidade e rapidez da mudança, dispersa e de novo reúne."

HERÁCLITO. *Fragmentos (Sobre a natureza)*. São Paulo: Abril Cultural, 1996. (Adaptado)

Texto 2

"Fragmento B8: São muitos os sinais de que o ser é ingênito e indestrutível, pois é compacto, inabalável e sem fim; não foi nem será, pois é agora um todo homogêneo, uno, contínuo. Como poderia o que é perecer? Como poderia gerar-se?"

PARMÊNIDES. *Da natureza*. São Paulo: Loyola, 2002. (Adaptado)

Os fragmentos do pensamento pré-socrático expõem uma oposição que se insere no campo das

a) investigações do pensamento sistemático.
b) preocupações do período mitológico.
c) discussões de base ontológica.
d) habilidades da retórica sofística.
e) verdades do mundo sensível.

7. (Enem/MEC-2015)

"A filosofia grega parece começar com uma ideia absurda, com a proposição: a água é a origem e a matriz de todas as coisas. Será mesmo necessário deter-nos nela e levá-la a sério? Sim, e por três razões: em primeiro lugar, porque essa proposição enuncia algo sobre a origem das coisas; em segundo lugar, porque o faz sem imagem e fabulação; e enfim, em terceiro lugar, porque nela, embora apenas em estado de crisálida, está contido o pensamento: *Tudo é um*."

NIETZSCHE, F. *Os pré-socráticos*. São Paulo: Nova Cultural, 1999. (Coleção Os Pensadores)

O que, de acordo com Nietzsche, caracteriza o surgimento da filosofia entre os gregos?

a) O impulso para transformar, mediante justificativas, os elementos sensíveis em verdades racionais.
b) O desejo de explicar, usando metáforas, a origem dos seres e das coisas.
c) A necessidade de buscar, de forma racional, a causa primeira das coisas existentes.
d) A ambição de expor, de maneira metódica, as diferenças entre as coisas.
e) A tentativa de justificar, a partir de elementos empíricos, o que existe no real.

8. (UEA-2017) Pode-se definir o pensamento mítico como elaboração simbólica do mundo. Os mitos de sociedades distintas apresentam traços recorrentes, tais como

a) origem erudita, verossimilhança, conteúdo trágico.
b) animismo, descrença religiosa, antropocentrismo.
c) rituais de magia, ingenuidade cultural, desencantamento do mundo.
d) ausência de autores conhecidos, elaboração popular, durabilidade.
e) isolamento humano na natureza, racionalidade, cientificidade.

9. (UFU-2016) No período clássico, nenhum dos gregos – sejam eles historiadores ou filósofos – registra uma suposta derivação "oriental" da filosofia. De fato, a partir do momento em que nasce, ela representa uma nova forma de expressão espiritual, com elementos e inflexão únicos.

Sobre o nascimento da filosofia na Grécia e sua relação com o mito, assinale a alternativa INCORRETA.

a) Já em seu início, a filosofia pretende explicar a totalidade das coisas, sem exclusão de partes ou momentos, tal como registrado na investigação de Tales, que buscou o princípio de tudo o que existe.
b) A filosofia pretende ser, já em seu início, explicação puramente racional do(s) objeto(s) de sua investigação. Vale aqui o argumento lógico, a motivação razoável, o logos.
c) Os deuses das narrativas antropomórficas são representações, em plano religioso, dos princípios da filosofia naturalística, dispostos, segundo mitologia comum, à razão e ao mito.
d) A filosofia é busca pela verdade segundo impostação teórica, livre de qualquer submissão de natureza pragmática ou de vantagem prática, exercício de pura contemplação.

Mais questões: no livro digital, em **Vereda Digital Aprova Enem** e **Vereda Digital Suplemento de revisão e vestibulares**; no *site*, em **AprovaMax**.

CAPÍTULO 15
FILOSOFIA GREGA NO PERÍODO CLÁSSICO

Liberdade (2000), escultura de Zenos Frudakis instalada na Filadélfia (Estados Unidos). Desde a Antiguidade, o conhecimento é considerado um dos caminhos para a liberdade.

"Em geral este conceito [de racionalidade] é apreendido de um modo excessivamente estreito, como capacidade formal de pensar. Mas esta constitui uma limitação da inteligência, um caso especial da inteligência, de que certamente há necessidade. Mas aquilo que caracteriza propriamente a consciência é o pensar em relação à realidade, ao conteúdo – a relação entre as formas e estruturas de pensamento do sujeito e aquilo que este não é. Este sentido mais profundo de consciência ou faculdade de pensar não é apenas o desenvolvimento lógico formal, mas ele corresponde literalmente à capacidade de fazer experiências. Eu diria que pensar é o mesmo que fazer experiências intelectuais. Nesta medida e nos termos que procuramos expor, a educação para a experiência é idêntica à educação para a emancipação."

ADORNO, Theodor. *Educação e emancipação*. Rio de Janeiro: Paz e Terra, 1995. p. 151.

Conversando sobre

De acordo com as palavras de Theodor Adorno, a educação contribui para formar uma consciência autônoma, em direção à emancipação. Você concorda que a busca pela verdade pode libertar as pessoas? Em grupo, retome essa discussão após o estudo da alegoria da caverna, de Platão, segundo a qual o conhecimento pode nos libertar.

1. Atenas no período clássico

No período socrático ou clássico (séculos V e IV a.C.), o centro cultural grego deslocou-se das colônias da Jônia e da Magna Grécia para a cidade de Atenas, onde atuaram, além dos sofistas, Sócrates e seu discípulo Platão, que por sua vez foi mestre de Aristóteles. Embora ainda discutissem questões cosmológicas, os filósofos ampliaram os questionamentos para outras áreas, como a moral e a política.

Sabemos que a passagem dos tempos homéricos, conhecidos como a época rural e aristocrática da Grécia[1], para o período arcaico foi marcada por mudanças na estrutura social, política e econômica, culminadas pelo surgimento da pólis e da filosofia. Na cidade de Atenas, a atuação de legisladores como Drácon, Sólon e Clístenes destacou o caráter humano das leis, antes vinculadas ao poder divino, o que favoreceu a construção da ideia de cidadania, ao possibilitar a todos os atenienses livres a participação na assembleia do povo, na qual eram eleitos os funcionários do Estado.

Por serem os primeiros a filosofar, os gregos também foram os primeiros a refletir criticamente sobre política, assim, costuma-se afirmar que eles a "inventaram", ao inaugurarem o ato de refletir racionalmente sobre o poder e sobre a possibilidade de organização humana da vida coletiva, sem o recurso aos mitos. Dessas discussões resultou a elaboração do conceito de democracia, posto em prática no século V a.C., durante o governo de Péricles (c. 495-429 a.C.) em Atenas.

Na pólis destacavam-se dois locais importantes: a *acrópole* e a *ágora*. A acrópole constituía a parte elevada na qual era construído o templo e também servia de ponto de defesa da cidade. A ágora, ao pé da acrópole, era a praça central destinada às trocas comerciais, onde os cidadãos se reuniam para resolver problemas legais e debater os assuntos da cidade.

Embora pudessem participar da assembleia democrática desde o mais rico proprietário até o mais humilde artesão, nem todos os habitantes da pólis eram considerados cidadãos, pois estavam excluídos os estrangeiros, as mulheres, as crianças e os escravos. Apesar dessas contradições, o ideal democrático representou uma novidade em termos de proposta de poder, que iria orientar as aspirações humanas por sociedades mais justas ao longo dos tempos.

Saiba mais

Ao lado do esplendor cultural do período clássico, ocorreram diversos confrontos bélicos. Nas Guerras Médicas (499-479 a.C.), a vitória dos gregos sobre os persas fortaleceu o imperialismo de Atenas sobre as demais cidades-Estado. A revanche coube a Esparta, ao vencer Atenas na Guerra do Peloponeso (431-404 a.C.), dando início à decadência da democracia ateniense, até que, em 338 a.C., o rei Felipe da Macedônia conquistou a Grécia.

2. Sofistas: a arte de argumentar

No período clássico, destacaram-se inicialmente os filósofos sofistas, conhecidos pela habilidade de sua retórica, a arte de bem falar em público. Eles vinham de todas as partes do mundo grego e ocupavam-se de um ensino itinerante, sem o compromisso de se fixar em um lugar específico. Por deslumbrarem seus alunos com o brilhantismo de sua retórica, foram duramente criticados por Sócrates, Platão e Aristóteles, que os acusavam de não se importar com a verdade, pois, afeitos que eram à arte de persuadir, reduziam seus discursos a meras opiniões. Eram também acusados de "mercenários do saber" pelo costume de cobrar pelas aulas.

No entanto, geralmente os sofistas pertenciam à classe média e, por não serem suficientemente ricos, não podiam se dar ao luxo do "ócio digno". Esse termo era utilizado na sociedade grega para designar o tempo dedicado à atividade intelectual, costume da aristocracia liberada do trabalho de subsistência – ocupação destinada aos escravos.

---

[1] A respeito dos tempos homéricos, consulte o capítulo 14, "Origens da filosofia", na parte II.

Sofista: do grego *sophistés*, "sábio", "professor de sabedoria". Posteriormente, o termo adquiriu sentido pejorativo para denominar aquele que emprega sofismas, alguém que usa de raciocínio capcioso, de má-fé, com intenção de enganar. *Sóphisma* significa "sutileza de sofista".

Retórica: arte da oratória; técnica de argumentar de maneira persuasiva.

Em primeiro plano, a antiga ágora ateniense; ao fundo, o Templo de Hefesto, dedicado ao deus do fogo e da forja nos mitos gregos. Foto de 2015.

A visão pejorativa sobre os sofistas perdurou por longo tempo, até que no século XIX uma nova historiografia veio reabilitá-los, realçando suas principais contribuições. Segundo Werner Jaeger (1888-1961), historiador da filosofia, os sofistas exerceram influência muito forte no seu tempo, vinculando-se à tradição educativa dos poetas Homero e Hesíodo. Foi notável a contribuição dos sofistas para a sistematização do ensino pela elaboração de um currículo de estudos: gramática (da qual são os iniciadores), retórica e **dialética**; na tradição dos pitagóricos, desenvolveram a aritmética, a geometria, a astronomia e a música.

Além disso, os sofistas elaboraram o ideal teórico da democracia, valorizado pelos comerciantes em ascensão, cujos interesses passaram a se contrapor aos da aristocracia rural. Nessas circunstâncias, a exigência que os sofistas satisfazem na Grécia de seu tempo é de ordem essencialmente prática, voltada para a vida, pois iniciavam os jovens na arte da retórica, instrumento indispensável para que os cidadãos participassem da assembleia democrática.

Se os sofistas foram acusados pelos seus detratores de pronunciar discursos vazios, essa fama se deve ao fato de que alguns deles deram excessiva atenção ao aspecto formal da exposição e da defesa das ideias. E também porque em geral os sofistas estavam convencidos de que a persuasão é instrumento por excelência do cidadão na cidade democrática. Os melhores deles, no entanto, buscavam aperfeiçoar os instrumentos da razão, ou seja, a coerência e o rigor da argumentação. Pode-se dizer que aí se encontrava o embrião da lógica, mais tarde desenvolvida por Aristóteles.

Principais sofistas

Entre os sofistas mais famosos destacam-se Protágoras de Abdera, Górgias de Leontini, Hípias de Élis, Trasímaco, Pródico de Ceos e Hipódamos de Mileto, entre outros. Do mesmo modo que ocorreu com os pré-socráticos, dos sofistas só nos restam fragmentos de suas obras.

Examinemos dois dos mais importantes sofistas: Protágoras (c. 485-411 a.C.) e Górgias (c. 483-375 a.C.).

Protágoras

Protágoras de Abdera, assim chamado por ter nascido na cidade de Abdera, dizia que "O homem é a medida de todas as coisas, das coisas que são, enquanto são, das coisas que não são, enquanto não são", demonstrando que as coisas não seriam perenes. Descontextualizado, esse fragmento torna-se um tanto obscuro. Pode ser entendido de várias maneiras, mas frequentemente é interpretado como exaltação da capacidade humana de construir a verdade. Assim, o logos não é divino, mas resulta do exercício técnico da razão humana, responsável por confrontar as diversas concepções possíveis da verdade. Essa diversidade denota **relativismo** e subjetivismo, pois a verdade depende das circunstâncias e do lugar em que é discutida.

A teoria de Protágoras foi herdeira da polêmica dos pré-socráticos entre aparência e realidade, opinião e verdade. Nesse sentido, tendeu para os heraclitianos, que defendiam a mudança constante de todas as coisas, afastando-se das teorias eleáticas sobre a imobilidade do ser. Fazia sentido seu posicionamento, por viver em uma época de confrontos políticos e da necessária participação do cidadão no debate sobre os destinos da cidade. Em outras palavras, Protágoras defende que ninguém detém a verdade ou, pelo menos, que ela resulta da discussão entre iguais, como revela sua célebre frase.

Protágoras escreveu uma obra chamada *Antilogia* – palavra que significa "contradição" –, na qual ensina a defender posições opostas, usando argumentos para cada uma delas. Se, por esse motivo, alguns o acusaram de estimular a prática de sofismar, outros viam nele alguém que educava os cidadãos para o debate público.

> **Dialética:** conceito com diversos significados; no contexto dos sofistas, habilidade para discutir e argumentar.
> **Relativismo:** teoria na qual não existem verdades absolutas, porque qualquer afirmação é sempre relativa à pessoa, ao grupo ou ao tempo a que pertence.

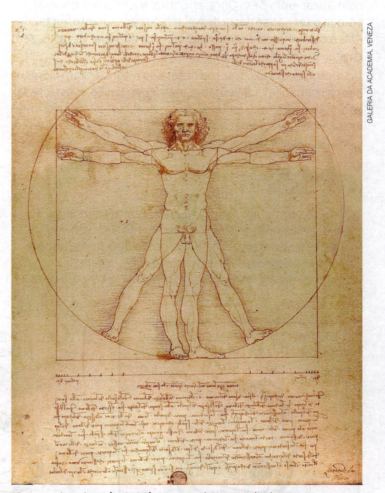

Homem vitruviano (c. 1492), gravura de Leonardo da Vinci. A ideia de homem como medida de todas as coisas reaparece durante o Renascimento, quando a filosofia passa por um novo período de valorização das coisas humanas.

Górgias

Górgias de Leontini, assim chamado por ter nascido nessa cidade da Sicília, foi um dos mais famosos oradores da Grécia. Percorreu diversas cidades, inclusive Atenas, e era muito procurado como mestre de retórica. Apesar disso, Platão o criticou no diálogo *Górgias*, em que Sócrates refuta suas teses.

Do ponto de vista do conhecimento, Górgias se declarava um cético; portanto, desinteressado do debate sobre verdade e opinião, tema predileto dos filósofos clássicos, que vieram depois dos sofistas. Admitiu que nada podemos conhecer, com base em três teses:

- o ser não existe;
- se existisse alguma coisa, não poderíamos conhecê-la;
- se a conhecêssemos, não poderíamos comunicá-la aos outros.

O que parece um jogo de palavras significa a separação entre o *ser*, o *pensar* e o *dizer*, aspectos que os filósofos anteriores – e também muitos dos que vieram depois – costumavam entrelaçar, ao identificar o pensamento acerca do real à realidade das coisas. Ao contrário, o dizer se faz pela palavra e ela é impotente para conhecer o real, servindo apenas para comunicar opiniões. Górgias critica o conceito de verdade porque o ser não se deixa desvelar pelo pensamento, restando-lhe o caminho pelo qual a razão busca iluminar os fatos, sem chegar a uma conclusão definitiva.

Como então explicar sua defesa da retórica? Para Górgias, a retórica não leva à verdade, mas à persuasão. E esta se faz não pela razão, mas pela emoção. Por isso, ao contrário de Protágoras, que destacava o aspecto racional da persuasão, Górgias realça e defende seu caráter emotivo.

> **Saiba mais**
>
> Verdade, em grego, se diz *alétheia*, termo formado por *a* (prefixo negativo), e *léthe* ("esquecimento"). Designa literalmente "o não esquecido", "o não oculto"; portanto, verdade é o que se desvela, o que é visto, o que é evidente. Como se percebe, não era essa a posição tomada pelo cético Górgias.

Contribuição dos sofistas

Não há como desprezar a contribuição dos sofistas. A sua atividade filosófica ampliou o próprio campo de investigação e deslocou o foco que orientara a filosofia pré-socrática – as questões cosmológicas, com a procura pelo princípio de todas as coisas – para a questão da linguagem e da retórica, abrindo caminho para as discussões **antropológicas**, incluindo a moral e a política, em que o ser humano se encontra no centro dos interesses. Se os sofistas pouco ou nada se interessaram pela discussão em torno da verdade, exerceram uma efetiva contribuição cultural, política e educacional, importante para fortalecer a democracia nascente.

Vimos que muitos motivos levaram à visão deturpada sobre os sofistas. É certo que havia enorme diversidade teórica entre os pensadores reunidos sob essa designação, mas sua má fama talvez se devesse a alguns que se excediam na atenção ao aspecto formal da exposição e da defesa das ideias. Os melhores deles, no entanto, buscavam aperfeiçoar os instrumentos da razão, a coerência e o rigor da argumentação. Não bastava dizer o que se considerava verdadeiro, era preciso demonstrá-lo pelo raciocínio. Pode-se dizer que aí se encontra o embrião da lógica, mais tarde desenvolvida por Aristóteles.

Antropológico: do grego *ánthropos*, "humano", no sentido de gênero humano.

ATIVIDADES

1. Quais são as diferenças temáticas entre os pré-socráticos e os filósofos do período clássico?

2. Por que os sofistas foram depreciados pelos filósofos seus contemporâneos, como Sócrates, Platão e Aristóteles?

3. Apesar das críticas de seus contemporâneos, qual foi o legado dos sofistas?

Garfield (2004), tirinha de Jim Davis. A tirinha causa humor porque mostra que o convencimento, nesse caso, não é suficiente para alterar a realidade.

Colóquio

A arte da persuasão

Persuadir, convencer, fazer mudar de ideia são atitudes que revelam o esforço de alterar convicções e comportamentos. A esse respeito, vamos examinar um texto de Platão sobre o sofista Górgias e um trecho de um artigo contemporâneo sobre a publicidade.

Texto 1

"*Górgias* – [Por retórica] refiro-me à capacidade de persuadir mediante discursos de juízes nos tribunais, políticos nas reuniões do conselho, o povo na assembleia ou um auditório em qualquer outra reunião política que possa realizar-se para tratar de assuntos públicos. E por força dessa capacidade terás o médico e o instrutor de ginástica como teus escravos; quanto ao especialista em finanças, passará a ganhar dinheiro não para si, mas para ti, que possuis a capacidade de discursar e persuadir as multidões. [...]

Sócrates – Bem, qual é o tipo de persuasão que a retórica cria nos tribunais ou em quaisquer reuniões públicas em torno do justo e do injusto? O tipo do qual extraímos crença sem conhecimento ou aquele do qual extraímos conhecimento?

Górgias – Parece-me óbvio, Sócrates, que é do tipo do qual extraímos crença.

Sócrates – Assim, a retórica, pelo que parece, é uma produtora de persuasão para a crença, e não para a instrução no que diz respeito ao justo e ao injusto.

Górgias – Sim.

Sócrates – Conclui-se que a função do orador não é instruir um tribunal ou uma reunião pública no tocante ao justo e injusto, mas somente levá-los à crença, pois não suponho que pudesse ensinar a uma massa de indivíduos matérias tão importantes em tempo tão curto."

PLATÃO. Górgias. In: *Diálogos II*. Bauru: Edipro, 2007. p. 50; 54.

Texto 2

"A publicidade serve para dar visibilidade aos produtos. É a ponte que une os dois extremos do mundo mercantilizado: de um lado a produção, de outro a recepção e o consumo. Por isso, Adorno e Horkheimer afirmam ser a publicidade o elixir da indústria cultural. Essa afirmação é tão mais verdadeira quanto mais abundam as mercadorias. A publicidade tem a tarefa de seduzir os consumidores para a aquisição dos mais variados produtos, transformando-os em bens de imediata necessidade. Seu objetivo é transformar em valor de uso uma mercadoria que só tem valor de troca, ou seja, que foi fabricada apenas para ser vendida e não para suprir determinada carência. Para isso ela se encarrega de criar uma identificação entre o produto e o comprador. Sua posição torna-se estratégica graças ao fato de cada vez mais se produzirem mercadorias que não se diferenciam quase nada entre si: marcas de carros, de telefones celulares, *hits* de um mesmo gênero musical, e assim por diante. O exemplo dos anúncios de marcas de cigarro, quando eram permitidos na mídia brasileira, ilustra muito bem o argumento em questão. Associar uma suposta particularidade de cada um desses produtos a um traço específico da personalidade é a forma pela qual ela logra seu intento.

Ao tentar estabelecer uma identificação entre produto e consumidor, a publicidade pretende realizar o indivíduo como tal. No entanto, como pilar da sociedade de consumo, ela consolida o processo inverso: a castração da individualidade. Não se define o indivíduo pelo incremento de sua capacidade de consumo; indivíduo e consumidor não são termos sinônimos. Na verdade, a publicidade sacrifica o indivíduo, porque **reitera** sua dependência em relação ao mundo das mercadorias. Em vez de fomentar as autênticas capacidades e qualidades humanas, a publicidade representa a conquista da alma."

SILVA, Rafael Cordeiro. Indústria cultural e manutenção do poder. *Revista Cult*, São Paulo, ano 14, n. 154, fev. 2011, p. 65.

Reiterar: dizer de novo, repetir.

QUESTÕES

1. Na fala de Górgias, qual é a função da retórica? A retórica visa ao conhecimento verdadeiro?
2. De acordo com o texto de Rafael Cordeiro Silva, para que serve a publicidade? Que desafios ela enfrenta diante de várias marcas que quase nada se diferenciam entre si?
3. Com base nessas definições, quais são as semelhanças entre o papel da retórica e o da publicidade?
4. Em grupo, faça a defesa da retórica bem como da importância da publicidade. Ao mesmo tempo, discuta sobre os riscos de cada uma delas.

3. Sócrates e o método

Sócrates (c. 470-399 a.C.) nada deixou escrito, mas suas ideias foram divulgadas por Xenofonte e Platão, dois de seus discípulos. Nos diálogos de Platão, Sócrates sempre figura como o principal interlocutor. Já o comediógrafo Aristófanes o ridiculariza na peça *As nuvens*, ao incluí-lo entre os sofistas.

Tratava-se de uma figura controvertida, a começar por ser de origem humilde e viver com dificuldades financeiras, apesar de se recusar a cobrar pelas aulas e criticar os sofistas como mercenários. Com base no pressuposto "Só sei que nada sei", que consiste justamente na sabedoria de reconhecer a própria ignorância, Sócrates inicia a busca pelo saber. Ele costumava conversar com todos, fossem velhos ou moços, nobres ou escravos, mas os métodos de indagação de Sócrates provocavam os poderosos de seu tempo, ao se verem contestados por aquele hábil indagador. Desse modo, criou inimigos que o levaram ao tribunal sob a acusação de não crer nos deuses da cidade e de corromper a mocidade; por essa razão, ele foi condenado à morte.

No diálogo de Platão *Defesa de Sócrates*, o filósofo acusado se refere às calúnias de que foi vítima. Apesar disso, em certa passagem, ele lembra quando esteve em Delfos, no Templo de Apolo, local em que as pessoas consultavam o oráculo para saber sobre assuntos religiosos, políticos ou, ainda, sobre o futuro. Lá, seu amigo Querofonte, ao indagar à pítia se havia alguém mais sábio do que seu mestre Sócrates, ouviu uma resposta negativa. Surpreendido com a resposta recebida, Sócrates resolveu investigar por si próprio quem se dizia sábio. Sua fala é assim relatada por Platão.

> "Fui ter com um dos que passam por sábios, porquanto, se havia lugar, era ali que, para rebater o oráculo, mostraria ao deus: 'Eis aqui um mais sábio que eu, quanto tu disseste que eu o era!'. Submeti a exame essa pessoa – é escusado dizer o seu nome: era um dos políticos. Eis, atenienses, a impressão que me ficou do exame e da conversa que tive com ele; achei que ele passava por sábio aos olhos de muita gente, principalmente aos seus próprios, mas não o era. Meti-me, então, a explicar-lhe que supunha ser sábio, mas não o era. A consequência foi tornar-me odiado dele e de muitos dos circunstantes. Ao retirar-me, ia concluindo de mim para comigo: 'Mais sábio do que esse homem eu sou; é bem provável que nenhum de nós saiba nada de bom, mas ele supõe saber alguma coisa e não sabe, enquanto eu, se não sei, tampouco suponho saber. Parece que sou um nadinha mais sábio que ele exatamente em não supor que saiba o que não sei'. Daí fui ter com outro, um dos que passam por ainda mais sábios e tive a mesmíssima impressão; também ali me tornei odiado dele e de muitos outros."
>
> PLATÃO. *Defesa de Sócrates*. São Paulo: Abril Cultural, 1972. p. 15. v. 2. (Coleção Os Pensadores)

Etapas do método socrático

Na verdade, Sócrates estava introduzindo uma novidade na discussão filosófica por meio de seu método, constituído de duas etapas, a ironia e a maiêutica.

- A *ironia*, termo que em grego significa "perguntar fingindo ignorar", é a fase "destrutiva". Diante do oponente, que se diz conhecedor de determinado assunto, Sócrates afirma inicialmente nada saber. Com hábeis perguntas, desmonta as certezas até que o outro reconheça a própria ignorância ou desista da discussão.
- A *maiêutica* (em grego, "parto") foi assim denominada em homenagem à sua mãe, que era parteira: enquanto ela fazia parto de corpos, Sócrates "dava à luz" novas ideias. Em diálogo com seu interlocutor, após destruir o saber meramente opinativo (a doxa), dava início à procura da definição do conceito, de modo que o conhecimento saísse "de dentro" de cada um. Esse processo está bem ilustrado nos diálogos de Platão, e é bom lembrar que, no final, nem sempre se chegava a uma conclusão definitiva: nesses casos, trata-se dos chamados diálogos aporéticos.

> **Oráculo:** resposta da divindade às perguntas feitas pelos devotos; também se refere ao local sagrado onde é feita a consulta.
>
> **Pítia:** ou pitonisa; sacerdotisa do deus Apolo, que, em Delfos, pronunciava os oráculos.
>
> **Aporético:** que diz respeito à aporia (do grego *póros*, "passagem", e o prefixo *a*, que indica negação; portanto, "impasse", "incerteza"). Os diálogos aporéticos não têm continuidade porque o oponente se retira ou não avança a discussão até solucioná-la, sobretudo se o interlocutor se esquiva do debate.

A morte de Sócrates (1787), pintura de Jacques-Louis David. A representação mostra o diálogo contínuo de Sócrates com seus discípulos, mantido mesmo antes de beber a cicuta, veneno que o levaria à morte.

Não faltaram pessoas para advertir Sócrates dos perigos que enfrentaria, caso continuasse com seus diálogos. É o que se vê no diálogo *Mênon*, em que Platão descreve a discussão entre Sócrates e Mênon – um jovem aristocrata – sobre "o que é virtude" e "se ela pode ser ensinada". Em dado momento, Mênon lhe diz:

> "Sócrates, mesmo antes de estabelecer relações contigo, já ouvia [dizer] que nada fazes senão caíres tu mesmo em aporia, e levares também outros a cair em aporia. E agora, está-me parecendo, me enfeitiças e drogas, e me tens simplesmente sob completo encanto, de tal modo que me encontro repleto de aporia. E, se também é permitida uma pequena troça, tu me pareces, inteiramente, ser semelhante, a mais não poder, tanto pelo aspecto como pelo mais, à raia elétrica, aquele peixe marinho achatado. Pois tanto ela entorpece quem dela se aproxima e a toca, quanto tu parece ter-me feito agora algo desse tipo. Pois verdadeiramente eu, de minha parte, estou entorpecido, na alma e na boca, e não sei o que te responder. E, no entanto, sim, miríades de vezes, sobre a virtude, pronunciei numerosos discursos para multidões, e muito bem, como pelo menos parecia. Mas agora, nem sequer o que ela é, absolutamente, sei dizer. Realmente, parece-me teres tomado uma boa resolução, não embarcando em alguma viagem marítima, e não te ausentando daqui. Pois se, como estrangeiro, fizesses coisas desse tipo em outra cidade, rapidamente serias levado ao tribunal como feiticeiro."
>
> PLATÃO. *Mênon*. Rio de Janeiro; São Paulo: PUC-RJ; Loyola, 2001. p. 47.

Curiosamente, além dessa advertência de Mênon, ao final desse mesmo diálogo, surgiu Ânito – mais tarde um dos políticos que o condenaram –, e que em seguida se retira, irritado com as perguntas de Sócrates, aconselhando-o a "ter mais cuidado" para "não fazer mais mal aos homens do que bem".

Troça: caçoada, zombaria.

4. O conceito

Em suas conversas, Sócrates privilegia as questões morais, por isso em muitos diálogos pergunta o que é a coragem, a covardia, a piedade, a virtude, a amizade, e assim por diante. Tomemos o exemplo da justiça: após enumerar as diversas expressões de justiça, o filósofo quer saber o que é a "justiça em si", o universal que a representa.

Desse modo, a filosofia nascente precisa inventar palavras novas ou usar as do cotidiano, atribuindo-lhes sentido diferente. Sócrates utiliza o termo logos (na linguagem comum, "palavra", "conversa"), que passa a significar a *razão* de algo, ou seja, aquilo que faz com que a justiça seja justiça.

No diálogo *Laques* (ou *Do valor*), também de Platão, os generais Laques e Nícias são convidados a discorrer sobre a importância do ensino de esgrima na formação dos jovens. Sócrates reorienta a discussão ao indagar a respeito de conceitos que antecedem essa discussão, ou seja, o que se entende por educação e, em seguida, sobre o que é virtude. Dentre as virtudes, Sócrates escolhe uma delas e indaga: "O que é a coragem?". Laques, famoso pela coragem nas guerras em que serviu ao exército ateniense, é apresentado como o indivíduo mais qualificado para definir a coragem, visto que ele seria notavelmente corajoso. À pergunta de Sócrates, ele responde com facilidade: "Aquele que enfrenta o inimigo e não foge no campo de batalha é o homem corajoso". Sócrates dá exemplos de guerreiros cuja tática consiste em recuar e forçar o inimigo a uma posição desvantajosa, mas nem por isso deixam de ser corajosos. Cita outros tipos de coragem que ultrapassam os atos de guerra, como a coragem dos marinheiros, dos que enfrentam a doença ou os perigos da política e dos que resistem aos impulsos das paixões. Enfim, o que Sócrates procura *não são exemplos* de casos corajosos, mas o *conceito de coragem*. A sua atuação filosófica consistiria num método de análise conceitual, por meio do qual se busca a definição de alguma coisa. Por isso, a pergunta "o que é?" é tão frequente nos diálogos socráticos.

O que aprendemos com Sócrates? Que o conhecimento resulta de uma busca contínua, enriquecida pelo diálogo. Desse modo, Sócrates parte de exemplos e casos particulares até chegar ao universal, ao conceito. Isso é filosofar.

Atletas do Brasil e da França disputam prova de esgrima durante as Olimpíadas Rio 2016. Sabemos que na esgrima, um dos jogos que os gregos antigos aprendiam nos ginásios, os opositores se confrontam a fim de ver quem é mais hábil. Por isso Platão utilizava a metáfora "esgrimir com palavras" ao tratar dos sofistas, que floreavam o discurso para dobrar o oponente.

ATIVIDADES

1. Explique quais são os dois momentos do método socrático e o que significam.

2. Em que sentido a busca do conceito é um passo importante no trabalho da reflexão filosófica?

Capítulo 15 • Filosofia grega no período clássico **297**

5. A Academia de Platão

Nascido de família aristocrática, Platão (c. 428-347 a.C.) era na verdade o apelido de Arístocles de Atenas, talvez porque tivesse ombros largos ou o corpo meio quadrado. Conheceu o esplendor da democracia ateniense que, no entanto, já entrava em seu período de decadência quando, em 404 a.C., a aristocracia assumiu o poder. A derrota de Atenas na guerra contra Esparta, a condenação e morte de Sócrates e as convulsões sociais que agitaram a cidade foram fatos que acentuaram em Platão o descrédito na democracia.

Após a condenação de seu mestre Sócrates, em 399 a.C., Platão viajou por vários lugares e tentou, em vão, aplicar seu projeto político no governo de Siracusa, na Sicília. Inicialmente bem recebido, após sérias desavenças foi vendido como escravo. Reconhecido e libertado por um rico armador, não desistiu de seu projeto político, retornando duas vezes à Sicília. Embora mais cauteloso, não obteve sucesso, e a amargura dessas tentativas frustradas transparece em *Leis*, sua última obra. Por fim, retornou a Atenas, onde fundou a Academia, assim denominada por estar situada nos jardins do herói ateniense Academo.

Os diálogos platônicos abrangem várias áreas da filosofia nascente, constituindo a primeira filosofia sistemática do pensamento ocidental. Nota-se a influência socrática nos primeiros diálogos, passando depois a elaborar suas próprias teorias.

6. O mundo das ideias

A importância de Platão deriva, sobretudo, da teoria do conhecimento, que serve de base para a construção do seu sistema filosófico. Costumava citar mitos e alegorias, no intuito de tornar mais concreta a exposição e preparar o terreno para a demonstração abstrata de suas ideias.

Comecemos pela alegoria da caverna, que consta do livro VII de *A República*.

Alegoria da caverna

Conforme descrição de Platão, pessoas estão acorrentadas desde a infância em uma caverna, de modo a enxergar apenas a parede ao fundo, na qual são projetadas sombras, que elas pensam ser a realidade. Trata-se, entretanto, da sombra de marionetes, empunhadas por pessoas atrás de um muro, que também esconde uma fogueira. Se um dos indivíduos conseguisse se soltar das correntes para contemplar à luz do dia os *verdadeiros objetos*, ao regressar à caverna seus antigos companheiros o tomariam por louco e não acreditariam em suas palavras.

A *alegoria da caverna* representa as etapas da educação de um filósofo ao sair do mundo das sombras (das aparências) para alcançar o conhecimento verdadeiro. Após essa experiência, ele deve voltar à caverna para orientar os demais e assumir o governo da cidade. Por isso a análise da alegoria pode ser feita sob dois pontos de vista:

- o *político*: com o retorno do filósofo-político que conhece a arte de governar;
- o *epistemológico*: quando o filósofo volta para despertar nos outros o conhecimento verdadeiro.

Platão distingue dois tipos de conhecimento: o sensível e o inteligível, que se subdividem em outros graus.

Observando a ilustração da caverna, identificamos quatro formas da realidade:

- as sombras: a aparência sensível das coisas;
- as marionetes: a representação de animais, objetos etc., ou seja, das próprias coisas sensíveis;
- o exterior da caverna: a realidade das ideias;
- o Sol: a suprema ideia do Bem.

O muro representa a separação de dois tipos de conhecimento: o sensível (que corresponde às duas primeiras formas de realidade) e o inteligível (correspondente às duas últimas).

Ilustração representando a alegoria da caverna, de Platão.

Dialética platônica

A alegoria da caverna é a metáfora que serve de base para Platão expor a **dialética** dos graus do conhecimento. Sair das sombras para a visão do Sol representa a passagem dos graus inferiores do conhecimento aos superiores: na *teoria das ideias*, Platão distingue o *mundo sensível*, o dos fenômenos, do *mundo inteligível*, o das ideias.

O mundo sensível, percebido pelos sentidos, é o local da multiplicidade, do movimento; é ilusório, pura sombra do verdadeiro mundo. Por exemplo, mesmo que existam inúmeras abelhas dos mais variados tipos, a ideia de abelha deve ser una, imutável, a verdadeira realidade. Trata-se, portanto, do conhecimento da opinião, relacionado estritamente para objetos sensíveis e para a imaginação de coisas sensíveis.

O mundo inteligível é alcançado pela dialética ascendente, que fará a alma elevar-se das coisas múltiplas e mutáveis às ideias unas e imutáveis. As ideias gerais são hierarquizadas, e no topo delas está a ideia do Bem, a mais elevada em perfeição e a mais geral de todas – na alegoria, corresponde à metáfora do Sol. Os seres em geral não existem senão enquanto participam do Bem. E o Bem supremo é também a Suprema Beleza: o Deus de Platão.

Como as ideias são a única verdade, o mundo dos fenômenos só existe na medida em que participa do mundo das ideias, do qual é apenas sombra ou cópia. Trata-se da *teoria da participação*, mais tarde severamente criticada por Aristóteles.

A ascensão dialética

- **Opinião (doxa)**
  - Imagens do sensível.
  - Realidades sensíveis, crença.
- **Ciência (episteme)**
  - Conhecimento matemático, raciocínio hipotético.
  - Conhecimento filosófico, intuição intelectiva.

Teoria da reminiscência

Como é possível ultrapassar o mundo das aparências ilusórias? Platão pressupõe que o puro espírito já teria contemplado o mundo das ideias, mas tudo esquece quando se degrada ao se tornar prisioneiro do corpo, considerado o "túmulo da alma". Pela *teoria da reminiscência*, o filósofo explica como os sentidos despertam na alma as lembranças adormecidas. Em outras palavras, conhecer é lembrar. A teoria da reminiscência pretende superar uma aporia que se colocara para Platão: como é possível buscar conhecer as ideias, já que não se pode procurar e tampouco reconhecer aquilo que não se conhece? Por outro lado, não tem sentido procurar o que já se conhece, pois ele já seria conhecido. Procurando sair desse impasse, o filósofo afirmará que o conhecimento é lembrança.

Assim explica Platão no diálogo *Mênon*:

> "Sendo a alma imortal e tendo nascido muitas vezes, e tendo visto tanto as coisas que estão aqui quanto as que estão no Hades [o mundo dos mortos], enfim todas as coisas, não há o que não tenha aprendido, de modo que não é nada de admirar, tanto com respeito à virtude quanto ao demais, ser possível a ela rememorar aquelas coisas justamente que já antes conhecia. Pois, sendo a natureza toda **congênere** e tendo a alma aprendido todas as coisas, nada impede que, tendo alguém rememorado uma só coisa – fato esse precisamente que os homens chamam aprendizado –, essa pessoa descubra todas as outras coisas, se for corajosa e não se cansar de procurar. Pois, pelo visto, o procurar e o aprender são, no seu total, uma rememoração."
>
> PLATÃO. *Mênon*. Rio de Janeiro; São Paulo: PUC-RJ; Loyola, 2001. p. 51-53.

A fala transcrita no texto é de Sócrates, que conversa com Mênon. Para ilustrar a teoria da reminiscência, chama um escravo e lhe pede que examine algumas figuras sensíveis e, por meio de perguntas, o estimula a "lembrar-se" das ideias e a descobrir uma verdade geométrica.

Por fim, se lembrarmos do que foi comentado a respeito dos pré-socráticos, podemos constatar que Platão procura superar a oposição entre o pensamento de Heráclito, que afirma a mutabilidade essencial do ser, e o de Parmênides, para quem o ser é imóvel. Platão resolve o problema com a teoria do mundo das ideias, que se refere ao ser parmenídeo, e o mundo dos fenômenos, referente ao devir heraclitiano. A filosofia platônica também foi estimulada pelos sofistas. No esforço de se contrapor criticamente a eles, Platão propôs uma dialética que conduz à verdade.

Dialética: no sentido comum, "discussão", "diálogo". Para Platão, é o método que consiste em distinguir as diferenças e contradições para descobrir a essência. Nos exemplos que seguem, Platão distingue *opinião* (doxa) de *ciência* (episteme).

Congênere: que é do mesmo gênero; similar.

7. Ética platônica: teoria da alma

Para compreender a ética de Platão, é preciso entender sua psicologia, ou seja, como ele desenvolve a teoria da alma. Como vimos na descrição da alegoria da caverna, Platão distingue o conhecimento sensível do intelectual, este último superior ao primeiro. Do mesmo modo, há uma nítida separação entre corpo (material) e alma (espiritual), dando origem à teoria do *dualismo psicofísico*.

De acordo com a teoria da reminiscência, a alma teria contemplado as ideias antes de encarnar, mas tudo esqueceu ao se unir ao corpo, momento em que ela se degrada e se torna prisioneira. Por isso, como já foi dito, aprender é rememorar.

Em decorrência da união, a alma por sua vez compõe-se de duas partes.

a) *Alma superior*, a alma intelectiva.
b) *Alma inferior* e irracional, a alma do corpo, que se biparte:
- alma irascível, impulsiva sede da coragem, localizada no peito;
- alma apetitiva, concupiscível, centrada no ventre e sede do desejo intenso de bens ou gozos materiais, inclusive o apetite sexual.

Escravizada pelo sensível, a alma inferior conduz à opinião e, consequentemente, ao erro, perturbando o conhecimento verdadeiro. Justamente aqui surge a ligação com a ética. O corpo é também ocasião de corrupção e decadência moral, caso a alma superior não saiba controlar as paixões e os desejos. Portanto, todo esforço moral humano consiste no domínio da alma superior sobre a inferior.

A fim de representar essa divisão, Platão recorre a uma analogia, descrita no diálogo *Fedro*:

> "Compararemos a alma à natureza composta de uma parelha de cavalos alados e um auriga [cocheiro]. Ora, os cavalos e aurigas dos deuses são todos bons e de boa ascendência, ao passo que todos os demais não são de raça pura, mas miscigenada. Para começar, nosso auriga tem sob sua responsabilidade um par de cavalos; em segundo lugar, um de seus cavalos é nobre e de nobre raça, enquanto o outro corresponde a absolutamente o contrário quanto à raça e ao caráter. O resultado, nesse caso, é a condução da biga [carro] revelar-se necessariamente difícil e problemática."
>
> PLATÃO. Fedro. In: *Diálogos III*. Bauru: Edipro, 2008. p. 59.

Mais adiante, no mesmo diálogo, pela voz de Sócrates, Platão explica que a dificuldade em dirigir o veículo decorre do fato de que um dos cavalos é bom e o outro é mau. Um deles, ereto e branco, não precisa do chicote e é guiado pelas palavras de comando e da razão. O outro é pesado e de cor preta, insolente e dificilmente obedece. Cabe ao cocheiro, símbolo da alma racional, fazer com que a força irascível e colérica do branco se torne coragem e prudência, e a força apetitiva do cavalo preto seja moderada e temperante.

A ênfase posta no papel da razão para dominar as paixões explica como, para Platão, a felicidade está ligada à atividade do sábio, aquele que é capaz de levar uma vida virtuosa e racional.

8. Teoria política de Platão

O pensamento político de Platão encontra-se sobretudo nas obras *A República* e *Leis*. Em estilo agradável, muitas vezes poético e com alegorias, Platão escreve diálogos em que seu mestre Sócrates é o principal interlocutor. No estudo a seguir, daremos mais ênfase em *A República*.

Utopia platônica: *A República*

No livro VII de *A República*, Platão ilustra seu pensamento com a famosa alegoria da caverna, já descrita no tópico "O mundo das ideias", em que se destaca como a análise pode ser feita de dois pontos de vista, epistemológico e político. De acordo com a alegoria, várias pessoas acorrentadas em uma caverna desde a infância tomam por realidade sombras projetadas na parede. Se um dos prisioneiros conseguir se desprender e contemplar lá fora o mundo à luz do Sol, ao retornar terá dificuldade em convencer os que ficaram de que o conhecimento deles é ilusório. A alegoria deu margem a interpretações diversas, entre as quais destacamos uma relativa ao conhecimento e outra à política.

No primeiro caso, aqueles que se libertaram das correntes elevam-se da opinião à ciência, alcançando o verdadeiro conhecimento. Tornam-se, então, filósofos, e por isso devem retornar ao meio das pessoas comuns para orientá-las no reto caminho do saber.

No segundo caso é possível uma interpretação política, que decorre da pergunta: "Como influenciar aqueles que não veem?". Cabe ao sábio ensinar, procedendo à educação política, pela transformação das pessoas e da sociedade, desde que essa ação se oriente pelo modelo ideal contemplado. Mais que isso, apenas o filósofo deve governar. Platão imagina, assim, a **utopia** da cidade de **Calípolis**, na qual cada cidadão exerceria o poder de acordo com as suas habilidades, e que deveria ser composta por legisladores, guerreiros e trabalhadores. Platão, porém, tem diversas oposições a artistas e poetas, excluindo-os da cidade.

> **Utopia:** do grego *oû*, "não", e *tópos*, "lugar": significa "em nenhum lugar"; designa aquilo que ainda não existe, mas pode vir a ser.
> **Calípolis:** do grego *kalós*, "belo", "beleza", e *pólis*, "cidade": significa "cidade bela".

O Estado ideal platônico

Platão baseia-se no princípio de que as pessoas ocupam lugares e funções diversas na sociedade por serem de naturezas diferentes. Propõe então que o Estado, e não a família, assuma a educação das crianças até os 7 anos, a fim de evitar a cobiça e os interesses decorrentes de laços afetivos e relações humanas inadequadas. O Estado orientaria para que não se consumassem casamentos entre desiguais, com o objetivo de alcançar melhores condições de reprodução e, ao mesmo tempo, criar instituições para a educação coletiva das crianças.

Essa educação teria em vista preparar e encaminhar indivíduos para exercerem funções fundamentais da vida coletiva em três classes de atividades: as de atendimento às necessidades materiais de subsistência (camponeses, artesãos, comerciantes), as de guarda e defesa da cidade (guerreiros) e as de governantes. Conforme o filósofo, cada classe corresponde a uma das três partes da alma: a apetitiva, a irascível e a racional.

Todos seriam educados da mesma maneira até os 20 anos e após a identificação do tipo de alma ocorreria a primeira seleção: aqueles que possuem "alma de bronze" dedicam-se à agricultura, ao artesanato e ao comércio.

Os demais continuariam os estudos por mais 10 anos, até a segunda seleção: aqueles que têm "alma de prata" são destinados à guarda do Estado, à defesa da cidade.

Os mais notáveis, que sobraram das seleções anteriores, por terem a "alma de ouro", são instruídos na arte de pensar a dois, ou seja, na arte de dialogar. Estudam filosofia, fonte de toda verdade, que eleva a alma até o conhecimento mais puro.

Aos 50 anos, aqueles que passaram com sucesso pela série de provas são admitidos no corpo supremo de magistrados. Cabe a eles o governo da cidade, por serem os únicos a ter a ciência da política. Como homens mais sábios, sua função é a de manter a cidade coesa. Também seriam os mais justos, uma vez que justo é aquele que conhece a justiça. Como virtude principal, a justiça constitui a condição de exercício das outras virtudes.

Sofocracia: o rei-filósofo

Para Platão, a *política* é a arte de governar pessoas com o seu consentimento e o *político* é aquele que conhece a difícil arte de governar. Portanto, só poderia ser chefe quem conhece a ciência política. Decorre desse raciocínio que a democracia é um regime inadequado, porque a igualdade só é possível na repartição dos bens, mas nunca no igual direito ao poder. Para o Estado ser bem governado, é preciso que "os filósofos se tornem reis, ou que os reis se tornem filósofos". Desse modo, Platão propõe um modelo aristocrático de poder, não de uma aristocracia da riqueza, mas daquela em que o poder é confiado aos mais sábios. Ou seja, trata-se de uma **sofocracia**.

A esse respeito, diz Platão:

> "Será então o momento de conduzir à consumação final aqueles que, aos 50 anos, tiverem saído ilesos das provas a que se submeteram. Os que tiverem distinguido em todos os atos de sua conduta e em todos os ramos do conhecimento serão compelidos a dirigir o olhar da alma para o ser que ilumina todas as coisas; a enxergar o Bem em si e a utilizá-lo como modelo para governar, cada um por sua vez, e durante o resto de sua vida, a Cidade, os particulares e a si próprios. Deverão consagrar à filosofia uma grande parte do seu tempo e, chegando a sua vez, carregar nos ombros o peso das funções políticas e da direção das questões públicas tendo em mira apenas o bem da Cidade, com a convicção, não de que executam uma função honrosa, mas de que cumprem um dever **iludível**."
>
> PLATÃO. *A República*: livro VII. Brasília: Editora UnB, 1985. p. 84.

O rigor do Estado concebido por Platão ultrapassa em muito a proposta de educação. Como para ele a virtude suprema é a obediência à lei, o legislador tem de conseguir seu cumprimento, em primeiro lugar, pela persuasão, aguardando a atuação consentida dos cidadãos livres e racionais. Caso não o consiga, deve recorrer à força: a prisão, o exílio ou a morte. Do mesmo modo, a censura é justificável quando visa à manutenção do Estado.

Sofocracia: do grego *sophós*, "sábio", e *kratía*, "poder"; designa o governo executado pelos sábios.
Iludível: que não admite dúvida.

Detalhe de mosaico romano representando Alexandre Magno, feito no século I a.C. (autoria desconhecida). A relação entre poder e saber ficou clara na trajetória de Alexandre Magno (356-323 a.C.), que, antes de se tornar rei, teve como preceptor Aristóteles, discípulo de Platão.

Formas de governo

Platão foi o primeiro pensador a refletir, na sua utopia, sobre a melhor forma de governo, a sofocracia. Observando a política real de seu tempo, ele alerta para o poder degenerado, em que o governo não respeita as leis nem visa à justiça coletiva, mas defende o interesse de pessoas ou grupos. O filósofo estava convencido de que, após uma série de governos justos, a tendência é decair, por causa da negligência dos magistrados das cidades, chegando à dissidência interna ou às guerras.

As formas de governos degenerados são quatro, descritas no livro VIII de *A República*:

- *timocracia*: governo que cultua o impulso guerreiro e o desejo de honrarias;
- *oligarquia*: exercício do poder destinado aos mais ricos;
- *democracia*: poder atribuído ao povo, entendido como os mais pobres. Para Platão, nessa forma democrática de governo prevalece a **demagogia**, característica do político que manipula e engana. No livro VIII de *A República*, critica a democracia porque, por definição, o povo é incapaz de adquirir a ciência política. A pretensão à igualdade democrática é falaciosa, porque a verdadeira igualdade baseia-se no valor pessoal, que é sempre desigual, já que uns são melhores do que outros;
- *tirania*: governo de um só, que assume todos os poderes, geralmente em decorrência dos abusos da democracia; com o tempo, o tirano age em proveito próprio, gerando a pior forma de governo, sem ter como objetivo o bem comum. O **tirano** é a antítese do magistrado-filósofo.

Se notarmos bem, as formas de governo examinadas por Platão baseiam-se no tipo de "alma" que predomina nos homens que governam. Daí os riscos de degeneração: os guerreiros, que são corajosos, podem tornar-se violentos; os oligarcas, por serem mais ricos, acentuariam sua cobiça; os pobres, desejosos de liberdade e igualdade, promoveriam a anarquia. Portanto, o bom governante é aquele que conhece a virtude e é capaz de agir segundo ela. É corajoso, moderado, justo, sábio.

9. A herança de Platão

Como vimos, a filosofia de Platão abrangeu uma gama de problemas, muitos deles provocados pelas polêmicas dos pré-socráticos, sobretudo as teses do imobilismo de Parmênides e o devir heraclitiano, que Platão pretendia superar. A filosofia platônica também foi estimulada pelos sofistas; e, no esforço de se contrapor criticamente a eles, propôs uma dialética que conduzisse à verdade.

A influência de Platão estendeu-se no helenismo sob a forma do neoplatonismo e foi adaptada à doutrina cristã por Plotino (205-270) e por Agostinho de Hipona (354-430). Até hoje vigoram muitas de suas ideias sobre a relação corpo-alma, a política aristocrática e a crença na superioridade do espírito sobre os sentidos.

Sobrevivência da gula (2002), escultura de Jens Galschiot e Lars Calmar. Uma das leituras possíveis dessa obra: imaginar um aparelho estatal, incluindo o Poder Judiciário, que funcione em benefício de poucos, os quais, por sua vez, exploram a maioria, o que se aproxima da noção de um Estado degenerado e oligárquico.

Timocracia: do grego *thymós*, termo vago que inclui diversos tipos de afetividade (para Platão, significa "irascibilidade", "cólera"; daí "honra", "coragem"), e *kratía*, "poder". É o governo de guerreiros.

Oligarquia: do grego *olygarkhía*; *olýgos*, "pouco", e *arkhé*, "governo". É o "governo de poucos".

Demagogia: do grego *dêmos*, "povo", e *agogós*, "conduzir": "o que conduz o povo".

Tirano: do grego *týrannos*, que tem dois sentidos: o soberano, aquele que é superior; ou, de acordo com a forma degenerada de governo, aquele que põe a força a serviço da injustiça.

ATIVIDADES

1. De que modo Platão pretende superar as teorias dos pré-socráticos Heráclito e Parmênides?

2. Interprete a alegoria da caverna do ponto de vista epistemológico e do político.

3. O que significa o dualismo psicofísico de Platão e por que essa concepção influenciou a ética pensada por ele?

Leitura analítica

A alegoria da caverna

A clássica alegoria da caverna encontra-se na obra A República, *que se caracteriza por enorme abrangência de temas filosóficos tratados por meio de diálogos e relatos, todos eles abertos a interpretações diversas. O trecho a seguir é parte da alegoria da caverna e apresenta um diálogo entre Sócrates e Glauco, irmão de Platão. As réplicas de Glauco estão indicadas em itálico.*

"Sócrates – Imagina agora o que sentiriam [os prisioneiros] se fossem liberados de seus grilhões e curados de sua ignorância, na hipótese de que lhes acontecesse, muito naturalmente, o seguinte: se um deles fosse libertado e subitamente forçado a se levantar, virar o pescoço, caminhar e enxergar a luz, sentiria dores intensas ao fazer todos esses movimentos e, com a vista ofuscada, seria incapaz de enxergar os objetos cujas sombras ele via antes. Que responderia ele, na tua opinião, se lhe fosse dito que o que via até então eram apenas sombras [...]. Quando, enfim, ao ser-lhe mostrado cada um dos objetos que passavam, fosse ele obrigado, diante de tantas perguntas, a definir o que eram, não supões que ele ficaria embaraçado e consideraria que o que contemplava antes era mais verdadeiro do que os objetos que lhe eram mostrados agora? *Muito mais verdadeiro.* [...]

– Mas, se o afastassem dali à força, obrigando-o a galgar a subida áspera e abrupta e não o deixassem antes que tivesse sido arrastado à presença do próprio Sol, não crês que ele sofreria e se indignaria de ter sido arrastado desse modo? Não crês que, uma vez diante da luz do dia, seus olhos ficariam ofuscados por ela, de modo a não poder discernir nenhum dos seres considerados agora verdadeiros? *Não poderia discerni-los, pelo menos no primeiro momento.*

– Penso que ele precisaria habituar-se, a fim de estar em condições de ver as coisas do alto de onde se encontrava. O que veria mais facilmente seriam, em primeiro lugar, as sombras; em seguida, as imagens dos homens e de outros seres refletidas na água e, finalmente, os próprios seres. Após, ele contemplaria, mais facilmente, durante a noite, os objetos celestes e o próprio Céu, ao elevar os olhos em direção à luz das estrelas e da Lua – vendo-o mais claramente do que ao Sol ou à sua luz durante o dia. *Sem dúvida.*

– Por fim, acredito, poderia enxergar o próprio Sol – não apenas sua imagem refletida na água ou em outro lugar –, em seu lugar, podendo vê-lo e contemplá-lo tal como é. *Necessariamente.* [...]

– Reflete sobre o seguinte: se esse homem retornasse à caverna e fosse colocado no mesmo lugar de onde saíra, não crês que seus olhos ficariam obscurecidos pelas trevas como os de quem foge bruscamente da luz do Sol? *Sim, completamente.*

– E se lhe fosse necessário reformular seu juízo sobre as sombras e competir com aqueles que lá permaneceram prisioneiros, [...] não lhe diriam que, tendo saído da caverna, a ela retornou cego e que não valeria a pena fazer semelhante experiência? E não matariam, se pudessem, a quem tentasse libertá-los e conduzi-los para a luz? *Certamente.*

– É preciso aplicar inteiramente esse quadro ao que foi dito anteriormente, isto é, assimilando-se o mundo visível à caverna e a luz do fogo aos raios solares. E se interpretares que a subida para o mundo que está acima da caverna e a contemplação das coisas existentes lá fora representam a ascensão da alma em direção ao mundo inteligível terás compreendido bem meus pensamentos, os quais desejas conhecer mas que só Deus sabe se são ou não verdadeiros. As coisas se me afiguram do seguinte modo: na extremidade do mundo inteligível encontra-se a ideia do Bem, que apenas pode ser contemplado, mas que não se pode ver sem concluir que constitui a causa de tudo quanto há de reto e de belo no mundo: no mundo visível, esta ideia gera a luz e sua fonte soberana e, no mundo inteligível, ela, soberana, dispensa a inteligência e a verdade. É ela que se deve ter em mente para agir com sabedoria na vida privada ou pública. *Concordo contigo, na medida em que consigo compreender-te.*"

PLATÃO. *A República*: livro VII. Brasília: Editora UnB, 1985. p. 48-51.

QUESTÕES

1. Qual é o significado da caverna e das pessoas amarradas pelas pernas e pelo pescoço? De acordo com a dialética platônica, a que tipo de conhecimento corresponde esse estágio?
2. De acordo com o que você aprendeu sobre a dialética do conhecimento, identifique as três etapas do conhecimento.
3. O que representa a metáfora do Sol?
4. Explique qual é o significado do trecho "E não matariam, se pudessem, a quem tentasse libertá-los e conduzi-los para a luz?", que remete a uma experiência dolorosa da vida de Platão e que ele a estende a todos os filósofos.

10. Filosofia de Aristóteles

Aristóteles (c. 384-322 a.C.) nasceu em Estagira, na Macedônia – por isso, às vezes, recebe a designação de estagirita. Em Atenas, desde os 17 anos Aristóteles frequentou a Academia de Platão. Em 335 a.C. fundou sua própria escola, o Liceu. No século IV a.C., a reflexão filosófica já se encontrava amadurecida e sistematizada em suas diversas áreas com a contribuição de Aristóteles. Mais ainda, foi ele que estabeleceu as linhas mestras da lógica[2], o principal instrumento do filosofar, ao estabelecer os primeiros princípios e as regras do silogismo.

A metafísica

Entre as diversas contribuições de Aristóteles, destacam-se os conceitos que explicam o "ser em geral", área da filosofia que hoje chamamos de *metafísica*, embora ele próprio usasse a denominação *filosofia primeira*.

Nas obras *Metafísica* e *Sobre a alma*, Aristóteles desenvolve sua teoria do conhecimento. O conhecimento sensível e o conhecimento racional são distintos, mas ambos dependem um do outro. Para Aristóteles, a origem das ideias é explicada pela abstração, por meio da qual o intelecto, partindo das imagens sensíveis das coisas particulares (conhecimento sensível), elabora os conceitos universais (conhecimento racional). Fica clara, portanto, a oposição de Aristóteles à teoria das ideias de Platão, pois, para ele, nada há no intelecto que não tenha passado primeiro pelos sentidos. A filosofia primeira não é primeira na ordem do conhecer, já que partimos do conhecimento sensível. Cabe a ela buscar as causas mais universais, e, portanto, as mais distantes dos sentidos. Trata-se da parte nuclear da filosofia, na qual se estuda "o ser enquanto ser", isto é, o ser independentemente de suas determinações particulares. É a metafísica que fornece a todas as outras ciências o fundamento comum, o objeto que elas investigam e os princípios dos quais dependem.

Por exemplo, podemos dizer de uma coisa que ela é: *diferente* de todas as outras; ou *semelhante* a algumas; ou que pertence a um determinado *gênero* ou *espécie*; que é uma *totalidade* ou apenas uma *parte*; que é *perfeita* ou *imperfeita*, e assim por diante. Esses são conceitos ligados ao ser, e cabe à metafísica examiná-los, ou seja, refletir sobre o ser e suas propriedades.

Saiba mais

O termo metafísica surgiu no século I a.C., quando Andrônico de Rodes, ao classificar as obras de Aristóteles, colocou a filosofia primeira após as obras de física: *metá phýsis*, ou seja, "depois da física". Posteriormente, esse "depois", puramente espacial, foi entendido como "além", por tratar de temas que transcendem a física, que estão além das questões relativas ao conhecimento do mundo sensível.

O conhecimento pelas causas

Aristóteles define a ciência como conhecimento verdadeiro, conhecimento pelas causas, por meio do qual é possível superar os enganos da opinião e compreender a natureza da mudança, do movimento. Desse modo, recusa a radicalidade da oposição platônica entre mundo sensível e mundo inteligível.

Para entender a teoria aristotélica, vamos descrever três distinções fundamentais realizadas pelo filósofo: substância-essência-acidente; matéria-forma; potência-ato. Esses conceitos, por sua vez, servem para compreender a teoria das quatro causas.

Substância: essência e acidente

Para rejeitar a teoria das ideias de Platão, Aristóteles reuniu o mundo sensível e o inteligível no conceito de *substância*: cada ser que existe é uma substância. A substância é "aquilo que é em si mesmo", o suporte dos atributos. Esses atributos podem ser essenciais ou acidentais:

- a *essência* é o atributo que convém à substância de tal modo que, se lhe faltasse, a substância não seria o que é.
- o *acidente* é o atributo que a substância pode ter ou não, sem deixar de ser o que é.

Por exemplo: a substância individual "esta pessoa" tem como características essenciais os atributos da humanidade (Aristóteles diria que a racionalidade é a essência do ser humano). Os acidentais são, entre outros, ser gordo, velho ou belo, atributos que não mudam o ser humano em sua essência.

Detalhe de *A escola de Atenas* (1506-1510), afresco de Rafael Sanzio. Nessa obra, Platão aparece apontando para o alto (o mundo das ideias), enquanto Aristóteles indica a realidade concreta com a palma da mão.

[2] Para mais informações sobre os princípios da lógica, consulte o capítulo 9, "Introdução à lógica", na parte I.

Matéria e forma

Além dos conceitos de essência e acidente, Aristóteles recorre às noções de *matéria* e *forma*. Todo ser é constituído de matéria e forma, princípios indissociáveis.

- *Matéria* é o princípio indeterminado de que o mundo físico é composto, é "aquilo de que é feito algo". Trata-se da matéria indeterminada. Quando nos referimos à matéria concreta, trata-se de *matéria segunda*.
- *Forma* é "aquilo que faz com que uma coisa seja o que é". Nesse sentido, a forma é geral (o que faz com que todo animal ou vegetal sejam o que são).

A forma é o princípio inteligível, a essência comum aos indivíduos da mesma espécie pela qual todos são o que são, enquanto a matéria é pura passividade e contém a forma em potência.

O movimento (devir) é explicado por meio das noções de substância e acidente, de matéria e forma. Para Aristóteles, todo ser tende a tornar atual a forma que tem em si como potência. Por exemplo, a semente, quando enterrada, tende a se desenvolver e a se transformar no carvalho que é em potência.

Potência e ato

Ao explicitar os conceitos de matéria e forma, é necessário recorrer aos de *potência* e *ato*, que explicam como dois seres diferentes podem entrar em relação, atuando um sobre o outro. Então:

- A *potência* é a capacidade de tornar-se alguma coisa, é aquilo que uma coisa poderá vir a ser. Para se atualizar, todo ser precisa sofrer a ação de outro já em ato. O conceito aristotélico de potência não se confunde com força: trata-se de uma potencialidade, a ausência de perfeição em um ser que pode vir a possuir essa perfeição.
- O *ato* é a essência (a forma) da coisa como é aqui e agora.

Não se trata de uma atualização de uma vez por todas, porque cada ser continua em movimento, recebendo novas formas: os seres vivos nascem e morrem, o feto se transforma em criança e, na sequência, em adolescente, jovem, idoso, e assim por diante.

Recapitulando os conceitos aristotélicos: todo ser é uma substância constituída de matéria e forma; a matéria é potência, o que tende a ser; a forma é o ato. O movimento é, portanto, a forma atualizando a matéria, é a passagem da potência ao ato, do possível ao real.

Trocando ideias

Até hoje costumamos nos referir às potencialidades de cada um de nós.

- Seguindo o critério aristotélico, reflita: quais são suas potencialidades essenciais? E as acidentais?

Teoria das quatro causas

As considerações anteriores tornam mais claro o *princípio de causalidade* de acordo com Aristóteles: "Tudo o que se move é necessariamente movido por outro". O devir consiste na tendência que todo ser tem de realizar a forma que lhe é própria.

Ao elaborar a teoria das quatro causas, Aristóteles fez um exame crítico das teses de seus predecessores, concluindo que nenhum deles teria tratado de causas diferentes daquelas a que ele se refere, embora tenham descrito tais causas de maneira confusa. Convencido de que não haveria causas além dessas quatro, ele trata de esclarecê-las. Seriam elas: material, eficiente, formal e final.

Por exemplo, numa estátua:

- a causa *material* é aquilo *de que* a coisa é feita (o mármore);
- a causa *eficiente* é aquela que dá impulso ao *movimento* (o escultor que a modela);
- a causa *formal* é aquilo que a coisa *tende* a ser (a forma que a estátua adquire);
- a causa *final* é aquilo *para o qual* a coisa é feita (a finalidade de fazer a estátua: a beleza, a glória, a devoção religiosa etc.).

Essas são as causas que explicam o movimento, que para Aristóteles é eterno.

Deus: Primeiro Motor Imóvel

A descrição das relações entre as coisas leva ao reconhecimento da existência de um ser superior e necessário, ou seja, Deus. Porque, se as coisas são contingentes – pois não têm em si mesmas a razão de sua existência –, é preciso concluir que são produzidas por causas exteriores a elas. Ou seja, todo ser contingente foi produzido por outro ser, que também é contingente, e assim por diante. Para não ir ao infinito na sequência de causas, é preciso admitir uma primeira causa, por sua vez não causada, um ser necessário (e não contingente).

Vale lembrar que, para os gregos antigos, a matéria é eterna; portanto, Deus não é criador. Segundo Aristóteles, Deus não conhece nem ama os seres individualmente. Ele é puro pensamento, que pensa a si mesmo, é "pensamento de pensamento". Por isso a teologia aristotélica é filosófica, e não religiosa.

O Primeiro Motor Imóvel – por não ser movido por nenhum outro – é também um puro ato (sem nenhuma potência). Segundo Aristóteles, Deus é Ato Puro, Ser Necessário, Causa Primeira de todo existente. No entanto, como Deus pode mover, sendo imóvel? Porque Deus não é o primeiro motor como causa eficiente, mas sim como causa final: Deus move por atração, ele tudo atrai, como "perfeição" que é.

Crítica de Aristóteles aos antecessores

Aristóteles criticou os filósofos que o antecederam, sobretudo Heráclito, Parmênides e Platão. Contra Heráclito, para quem tudo está em constante movimento, Aristóteles demonstra que em toda transformação há algo que muda e algo que permanece, como vimos em sua metafísica. Além de que, pelo princípio de contradição, um ser não pode ser e não ser ao mesmo tempo. Do mesmo modo critica Parmênides, por ter afirmado que o ser é imóvel, reduzindo o movimento ao mundo sensível. Igualmente, rejeitou a teoria das ideias de Platão. Para Aristóteles, se o conhecimento se faz com conceitos universais, esses mesmos conceitos são aplicados a cada coisa individual. Com isso, não seria preciso justificar a imobilidade do ser (como Parmênides) nem criar o mundo das essências imutáveis, como quis Platão.

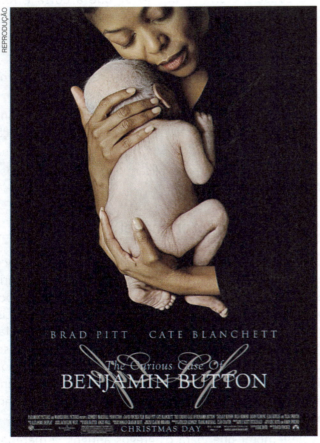

Cartaz do filme *O curioso caso de Benjamin Button* (2008), do diretor David Fincher. O filme narra a história de um homem que nasce com a aparência envelhecida e vai se tornando progressivamente mais jovem. Há algo que muda (condição física, situações de vida etc.) e que permanece (identidade humana do sujeito) nesse personagem ao longo do tempo.

11. Física e astronomia aristotélica

Aristóteles, ao recusar o mundo separado das ideias platônicas, voltou-se para a realidade concreta. Valorizou a observação, habilidade desenvolvida por ele nos estudos de zoologia, e aperfeiçoou a lógica, instrumento intelectual para garantir rigor na argumentação.

Física: teoria do lugar natural

O termo grego *physis*, que traduzimos por "física", significa propriamente "natureza", por isso não deve ser confundido com o que entendemos pela ciência de mesmo nome. Refere-se ao conjunto do que atualmente denominamos física, biologia, química, geologia etc., ou a todos os seres da natureza em movimento.

Como vimos ao tratarmos de sua metafísica, Aristóteles explica o movimento como a transição do corpo que busca o estado de repouso no seu *lugar natural*, determinado pela essência de cada objeto – o lugar natural da água seria sobre a terra, o do ar, sobre a água, e o das chamas, acima do ar. Para esclarecer como os corpos se encontram em constante movimento retilíneo em direção ao centro da Terra ou em sentido contrário a ele, recorre, portanto, à teoria dos quatro elementos de Empédocles (terra, água, ar e fogo).

Distingue então características intrínsecas aos corpos pesados e leves:

- corpos pesados (graves), como terra e água, tendem para baixo, pois esse é o seu lugar natural;
- corpos leves, como ar e fogo, tendem para cima.

Essa teoria permite a Aristóteles explicar a *queda dos corpos*: um corpo cai porque sua essência é tender para baixo e seu movimento só é interrompido se algo impedir seu deslocamento. Enquanto o movimento natural é o da pedra que cai, do fogo que sobe, o movimento violento é o da pedra lançada para cima, da flecha arremessada pelo arco, movimento que necessita, durante toda sua duração, de um motor unido ao móvel, já que, suprimido o motor, o movimento cessará.

Para os gregos, não havia necessidade de explicar o repouso, pois a própria natureza do corpo o justifica. O que precisaria ser explicado é o movimento violento (ou forçado), porque, nesse caso, a ordem natural – de tudo tender ao repouso – é alterada pela aplicação de uma força exterior.

Biologia: a zoologia

Embora a ciência de Aristóteles tenha sido mais valorizada pelas suas contribuições no campo da física e da astronomia, é preciso fazer justiça aos cuidadosos estudos de zoologia, resultantes de viagens em que observou atentamente considerável número de animais.

As descrições dos animais decorreram não só da observação, mas também de práticas de dissecação para estudar suas estruturas anatômicas. Aristóteles classificou cerca de 540 espécies de animais e estabeleceu relações entre elas. Devemos ao filósofo grego a descrição da evolução embrionária do filhote de galinha, os costumes das abelhas, o acasalamento dos insetos, além de inúmeras observações sobre a vida marinha, tendo concluído que a baleia é um animal mamífero.

Nessas investigações, Aristóteles recorre ao método indutivo-dedutivo, por ele próprio descrito de modo pioneiro na obra *Organon*, destinada à explicitação das regras da lógica. De acordo com sua metafísica, cada coisa é constituída de matéria e forma: a *matéria* é o aspecto particular de um indivíduo e a *forma* é o que o torna membro de uma classe de coisas semelhantes. Aplicando esses princípios em zoologia, percebe que cada ruminante observado com estômago de quatro câmaras não possuía dentes incisivos superiores, o que o fez concluir pela generalização desse fenômeno como característica dessa espécie de animais. Alcançado o conhecimento geral, é possível passar à fase dedutiva, em que a conclusão se transforma em uma premissa da qual podem ser tiradas novas conclusões, desde que não ultrapassem a amplitude da indução. Confira o exemplo de silogismo:

Todos os **r**uminantes com estômagos de quatro câmaras são **a**nimais sem os dentes incisivos superiores.

Todos os **b**ois são **r**uminantes dotados de estômagos de quatro câmaras.

Portanto, todos os **b**ois são **a**nimais privados dos incisivos superiores.

Considerando as expressões com as letras em negrito, podemos tornar mais claro o raciocínio dedutivo:

Todos os **R** são **A**.

Todos os **B** são **R**.

Logo, todos os **B** são **A**.

Embora os procedimentos aristotélicos sejam mais amplos do que nesse exemplo, existem limitações da ciência aristotélica decorrentes do fato de que, apesar da realização dos experimentos, o nível de *experimentação* não foi alcançado (procedimento para testar e provar as teorias). No entanto, seria exigir demais de uma ciência ainda nascente.

A ordem teleológica da natureza

Vimos que, de acordo com Aristóteles, há quatro causas – material, eficiente, formal e final –, sendo que a causa final é o objetivo que levou à sua criação, *o fim a que se destina*. Apesar de todas as quatro causas serem importantes, nos tratados de física a causa final tornou-se preponderante em decorrência da concepção metafísica que a fundamentava. Assim, a concepção aristotélica da ordem da natureza é teleológica, ou seja, todos os seres têm um fim, um desígnio. Por exemplo, os seres vivos tendem a atingir a forma que lhes é própria e o fim a que se destinam, do mesmo modo que a semente tem em potência a árvore que virá a ser, e as raízes adentram no solo com o fim de nutrir a planta.

Assim explica o professor Marco Zingano:

> "A teleologia, ou explicação por fins, é particularmente visível na biologia aristotélica. Pertence aos patos essencialmente a função de nadar. Por que eles têm os pés membranosos? Porque têm como fim nadar. O fim explica o meio. Em uma passagem premonitória, que se encontra no tratado *Das partes dos animais*, Aristóteles critica Anaxágoras (c. 498-428 a.C.), pois este afirmava que o homem era o animal mais inteligente porque tinha mãos. A explicação é inversa, retruca Aristóteles: nós temos mãos porque somos os mais inteligentes. É porque somos racionais que a natureza nos deu as mãos. O fim é dado antes e determina o meio. [...] No entanto, Anaxágoras estava certo; Aristóteles, errado."
>
> ZINGANO, Marco. *Platão & Aristóteles*: o fascínio da filosofia. São Paulo: Odysseus, 2002. p. 96. (Coleção Imortais da Ciência)

A concepção teleológica foi aceita até ser descartada no século XIX pelas descobertas da teoria evolucionista de Charles Darwin (1809-1882), que se apoia nas variações das espécies biológicas por meio do acaso e pela seleção natural.

Astronomia: o Universo finito

A observação do movimento dos astros é muito antiga. Povos como os babilônios já manifestavam esse interesse 2 ou 3 mil anos antes de Cristo, mas foram os gregos que, pela primeira vez, explicaram racionalmente o movimento dos astros e procuraram entender a natureza do cosmo.

Apesar da ênfase posta na razão, persistia ainda certa mística nas explicações, porque, ao associar a perfeição ao repouso, a cosmologia grega desenvolveu uma concepção estática do mundo. Diferentemente da física, na qual prevalecia a noção de movimento como imperfeição, os corpos celestes seriam perfeitos.

O círculo era privilegiado pelos gregos como forma perfeita, pois o movimento circular não tem início nem fim, volta sobre si mesmo e continua sempre, configurando um movimento sem mudança, que se distingue do movimento retilíneo dos imperfeitos corpos terrestres. Acrescente-se a isso a concepção do Universo finito, limitado pela esfera do Céu, fora do qual não há lugar, nem vácuo, nem tempo.

Vimos que, para Aristóteles, Deus é o Primeiro Motor Imóvel. Nessa linha de raciocínio, seria responsável por determinar o movimento da última esfera, a esfera das estrelas fixas, transmitido por atrito às esferas contíguas, até a Lua, na última esfera interna. No centro estaria a Terra, imóvel.

> **Premissa:** em geral, significa pressuposto ou ponto de partida. No contexto, as premissas são as proposições que antecedem a conclusão de um silogismo.
>
> **Silogismo:** tipo de raciocínio dedutivo que, de duas proposições categóricas, conclui uma terceira. Mais esclarecimentos podem ser encontrados no capítulo 9, "Introdução à lógica".
>
> **Teleologia:** do grego *télos*, "fim". No contexto, explicação pelos fins. Não confundir com teologia, "estudo de Deus".

Modelo geocêntrico e hierarquização do cosmo

Nas teorias astronômicas da Antiguidade e da Idade Média, prevaleceu o geocentrismo, modelo que concebe a Terra como imóvel no centro do Universo. Essa tradição teve início com Eudoxo (c. 408-355 a.C.), um dos discípulos de Platão, e foi confirmada por Aristóteles e, mais tarde, por Cláudio Ptolomeu (c. 90-168).

Outra característica importante na cosmologia aristotélica é a hierarquização do cosmo: o Céu tem uma natureza superior à da Terra. Sob essa perspectiva, o Universo está dividido em:

- *mundo supralunar* – constituído pelos Céus, que incluem, na ordem, Lua, Mercúrio, Vênus, Sol, Marte, Júpiter, Saturno e, finalmente, a esfera das estrelas fixas; os corpos celestes são constituídos pelo *éter* (que não se confunde com a substância química hoje conhecida); sua natureza é cristalina, inalterável, imperecível, transparente e imponderável; o éter é também chamado de "quinta-essência", em contraposição aos quatro elementos; os corpos celestes são incorruptíveis, perfeitos, não sendo passíveis de transformações; o movimento das esferas é circular, que é o movimento perfeito;

- *mundo sublunar* – corresponde à região da Terra que, embora imóvel, é o local dos corpos em constante mudança, portanto, perecíveis, corruptíveis, sujeitos a movimentos imperfeitos, como o retilíneo para baixo e para cima; os elementos constitutivos são os quatro elementos (terra, água, ar e fogo).

Mapa celeste, ou a harmonia do Universo (c. 1660), gravura de Andreas Cellarius. O mapa mostra o modelo geocêntrico de Ptolomeu: esférico, finito e contornado pela esfera das estrelas fixas.

Considerações sobre a ciência aristotélica

A física aristotélica é qualitativa, porque construída sobre princípios que definem as coisas, e dessas definições são deduzidas as consequências. Apesar disso, os gregos não matematizaram a física, com exceção de Arquimedes. É bem verdade que Aristóteles valorizou a indução em suas fartas observações biológicas. Embora suas observações fossem pertinentes, não recorreu à experimentação, fato que pode ser entendido pela resistência dos gregos em utilizar técnicas manuais em áreas de investigação, para eles restritas ao saber puramente teórico.

Ao procurar as causas, a ciência antiga desembocou na discussão da essência dos corpos. Por isso, trata-se de uma ciência filosófica, apoiada em princípios metafísicos e centrada na argumentação, que persistiria até a Revolução Científica no século XVII.

12. A ética aristotélica: a felicidade

Na obra *Ética a Nicômaco*, Aristóteles reflete sobre o fim último de todas as atividades humanas, uma vez que tudo o que fazemos visa alcançar um bem – ou o que nos parece ser um bem. Ao examinar os bens desejáveis, como os prazeres, a riqueza, a honra, a fama, observa que eles não são fruídos por si mesmos, mas visam sempre a outra coisa. Pergunta-se então qual seria o sumo bem, aquele que é um fim em si mesmo, e não um meio para o que quer que seja, e o encontra no conceito de "boa vida", de "vida feliz" (em grego, *eudaimonía*). Por isso, a filosofia moral de Aristóteles é uma eudemonia.

Os prazeres mencionados (riqueza, honra etc.) não constituem condições necessárias para nos conduzirem à felicidade, porque apenas as ações mais próximas daquilo que é essencialmente peculiar ao ser humano podem nos tornar felizes. E o que mais o caracteriza é a atividade da alma que segue um princípio racional, ou seja, o exercício da inteligência não apenas prática, mas teórica.

Assim como Platão, Aristóteles reservava ao filósofo o exercício mais complexo da racionalidade, mas reconhece que as pessoas comuns também aspiram ao saber e se deleitam com ele.

A virtude

A vida humana, porém, não se resume ao intelecto e encontra sua expressão na ação. Para Aristóteles, o bem é a atividade exercida de acordo com sua excelência ou **virtude**.

A função própria de um homem é a atividade de sua alma em conformidade com um princípio racional. Aristóteles dá o exemplo de um tocador de lira e um bom tocador de lira: embora genericamente ambos tenham a mesma função, um bom tocador de lira realiza sua função com excelência. E continua:

> **Virtude:** do latim *vir*, "homem", "varão", daí *virtus*, "poder", "potência" (ou possibilidade de passar ao ato).

"[...] se realmente assim é [...], o bem do homem nos aparece como uma atividade da alma em consonância com a virtude, e, se há mais de uma virtude, com a melhor e mais completa.

Mas é preciso ajuntar 'numa vida completa'. Porquanto uma andorinha não faz verão, nem um dia tampouco; e da mesma forma um dia, ou um breve espaço de tempo, não faz um homem feliz e venturoso."

ARISTÓTELES. *Ética a Nicômaco*. São Paulo: Abril Cultural, 1973. p. 256. (Coleção Os Pensadores)

É por isso que a vida moral não se resume a um só ato moral, mas à repetição do agir moral. Em outras palavras, o agir virtuoso não é ocasional e fortuito, mas um hábito, fundado no desejo e na capacidade de perseverar no bem. Do mesmo modo, a felicidade pressupõe uma vida inteira e não se reduz a um só momento.

O músico Jimi Hendrix em concerto em Londres. Foto de 1969. Um guitarrista que conhece bem seu instrumento e tem talento, se for um excelente intérprete, é chamado de *virtuose*.

O justo meio

A moral não é uma ciência exata, pois depende de elementos irracionais da alma, como os afetos fortes das paixões humanas, a fim de submetê-los à ordem da razão. A propósito, Aristóteles desenvolveu a teoria da mediania – ou *justo meio* –, pela qual toda virtude é boa quando é controlada no seu excesso e na sua falta. Em outras palavras, agir virtuosamente é encontrar a mediania entre dois extremos, que são chamados "vícios". Veja alguns exemplos:

- a virtude da coragem torna-se excessiva quando é temeridade (audácia excessiva) e deficiente quando é covardia;
- "gastar dinheiro" pode significar a virtude da generosidade, da prodigalidade, ao passo que seus extremos são a dissipação ou a avareza;
- a virtude da temperança é o meio-termo entre voluptuosidade e insensibilidade;
- no trato com os outros, a virtude é a afabilidade, ao passo que seus extremos são a subserviência e a grosseria.

Aristóteles conclui que a virtude é uma espécie de mediania, já que ela visa ao meio-termo:

"A virtude é, pois, uma disposição de caráter relacionada com a escolha e consistente numa mediania, isto é, a mediania relativa a nós, a qual é determinada por um princípio racional próprio do homem dotado de sabedoria prática. E é um meio-termo entre dois vícios, um por excesso e outro por falta; pois que, enquanto os vícios ou vão muito longe ou ficam aquém do que é conveniente no tocante às ações e paixões, a virtude encontra e escolhe o meio-termo."

ARISTÓTELES. *Ética a Nicômaco*. São Paulo: Abril Cultural, 1973. p. 273. (Coleção Os Pensadores)

Ao se referir a um "princípio racional próprio do homem dotado de sabedoria prática", Aristóteles reforça o papel relevante de cada um ao definir o que é excesso e o que é falta em uma virtude, porque "às vezes devemos inclinar-nos para o excesso e outras vezes para a deficiência". Por exemplo, a irascibilidade (ira, irritação) pode não ser avaliada como excesso em ocasiões nas quais não convém a apatia ou a tolerância. Por sua vez, alguém que costuma agir de modo temerário talvez classifique a prudência de um corajoso como covardia.

A fúria (c. 1530), estudo de Michelangelo Buonarroti. Observe como a fúria, para o artista, é capaz de distorcer a face, criando um aspecto assustador. Nesse caso, parece não haver controle do excesso de irascibilidade.

Justiça e amizade

De acordo com Aristóteles, o indivíduo bom é generoso porque não pensa apenas em si, mas orienta-se para atender às dificuldades e às necessidades dos outros. Nesse sentido, a justiça pode ser:

- individual, quando se refere às relações entre as pessoas, aplicada à própria pessoa e aos outros;
- social, quando se refere às relações entre os indivíduos e o governo, estabelecidas em leis.

Portanto, dependendo do caso, a justiça pode ser uma virtude moral ou política.

Aristóteles explica a justiça em termos de *proporção* e *igualdade*. Tratar as pessoas com justiça consiste em distribuir os bens em sua devida proporção, o que nos remete à teoria do justo meio: não se deve dar às pessoas nem demasiado nem de menos. Deve haver, portanto, a justa proporção entre o bem atribuído (ou prêmio) e o mérito demonstrado; ou, ainda, caso se trate de uma sanção, uma proporção entre o crime e sua pena.

A justiça deve ser distributiva também quando é preciso considerar a diferença entre as pessoas. Por exemplo, ao servir os filhos durante a refeição, a mãe oferece quantidades diferentes para cada um, de acordo com a idade, o apetite e as condições de saúde. Até o tipo de alimento varia, quando se trata, por exemplo, de um bebê ou de um adolescente.

Por fim, para Aristóteles, a amizade é o coroamento da vida virtuosa, possível apenas entre os prudentes e justos, já que a amizade pressupõe a justiça, a generosidade, a benevolência, a reciprocidade dos sentimentos. Amar a si e aos amigos de maneira generosa e desinteressada é, para Aristóteles, o que há de mais necessário para viver.

13. A teoria política de Aristóteles

Aristóteles elaborou uma filosofia política original, recusando o autoritarismo da utopia platônica por considerá-la impraticável e inumana. Fez críticas à sofocracia, por atribuir poder ilimitado a apenas uma parte do corpo social, os mais sábios, alegando que a exclusão hierarquiza demais a sociedade. Não aceitou que a família fosse dissolvida nem que a justiça, virtude por excelência do cidadão, pudesse desvincular-se da amizade, da *philía*.

Já vimos na ética aristotélica a existência de um vínculo entre a justiça e a amizade, consideradas do ponto de vista da ética e da política, seja quando se refere às relações dos indivíduos, seja dos cidadãos na comunidade. Aliás, para Aristóteles o termo *philía*, embora se traduza por "amizade", assume sentido mais amplo quando se refere à cidade: significa a concordância entre pessoas com ideias semelhantes e interesses comuns, que resulta na camaradagem, no companheirismo. Daí a importância da educação na formação ética dos indivíduos, por prepará-los para a vida em comunidade.

A amizade não se separa da justiça. Essas duas virtudes relacionam-se e se complementam, fundamentando a unidade que deve existir na cidade. Se a cidade é a associação de iguais, a justiça é o que garante o princípio da igualdade. Justo é o que se apodera da parte que lhe cabe, é o que distribui o que é devido a cada um. Repete-se, no plano da comunidade, a importância da *justiça distributiva* e da *justiça comutativa* (ou corretiva), como visto anteriormente, embora, no caso das cidades, deva-se impedir a má distribuição de riquezas e oportunidades, e, dependendo do caso, punir comportamentos injustos.

A justiça liga-se intimamente ao império da lei, pela qual a razão prevalece sobre as paixões cegas. Retomando a tradição grega, a lei é, para Aristóteles, o princípio que rege a ação dos cidadãos, é a expressão política da ordem natural, sejam elas as leis escritas, sejam as não escritas, trazidas pelo costume.

Quem é cidadão?

Na obra *Política*, Aristóteles discute o que se pode entender por *cidadania*. Assim ele afirma:

> "Um cidadão integral pode ser definido por nada mais nem nada menos que pelo direito de administrar justiça e exercer funções públicas; algumas destas, todavia, são limitadas quanto ao tempo de exercício, de tal modo que não podem de forma alguma ser exercidas duas vezes pela mesma pessoa, ou somente podem sê-lo depois de certos intervalos de tempo prefixados; para outros encargos não há limitações de tempo no exercício de funções públicas (por exemplo, os jurados e os membros da assembleia popular). Talvez se possa dizer que estas pessoas não são funcionários de modo algum, e que suas funções não lhes dão participação no governo, mas certamente seria ridículo negar a autoridade de quem exerce o poder supremo. Isto, porém, não faz qualquer diferença, pois se trata de uma questão puramente semântica, por não haver denominação comum ao jurado e ao membro da assembleia popular [...]."

ARISTÓTELES. *Política*. 3. ed. Brasília: Editora UnB, 1997. p. 78.

Aristóteles adverte que há outros tipos de cidadania, dependendo da constituição vigente na cidade, e que essa definição se aplica à cidadania em uma democracia constitucional (ou politeia, do grego *politeía*).

Ainda que na Atenas democrática os artesãos estivessem entre os cidadãos, caso fossem homens livres e nativos da cidade, Aristóteles prefere excluir da cidadania a classe dos artesãos, comerciantes e trabalhadores braçais em geral. Em primeiro lugar, porque a ocupação não lhes permite o tempo de ócio necessário para participar do governo; em segundo lugar, porque, reforçando o desprezo que os antigos tinham pelo trabalho manual, esse tipo de atividade embrutece a alma e torna quem o exerce incapaz da prática de uma virtude esclarecida.

Vale lembrar, ainda, a polêmica justificativa de Aristóteles para explicar a escravidão:

> "Se as lançadeiras tecessem e as palhetas tocassem cítaras por si mesmas, os construtores não teriam necessidade de auxiliares e os senhores não necessitariam de escravos."
>
> ARISTÓTELES. *Política*. 3. ed. Brasília: Editora UnB, 1997. p. 18.

Para Aristóteles, homens livres e concidadãos aprisionados em guerras não deveriam ser escravizados, mas sim os "bárbaros" – nome genérico atribuído aos não gregos –, que, por serem considerados "inferiores", possuíam "disposição natural" para a escravidão. Recomendava apenas que o tratamento do senhor ao escravo não fosse cruel e chegava a valorizar os laços afetivos, como nas antigas famílias dos tempos homéricos, quando os escravos pertenciam ao lar.

Trocando ideias

Observe na citação de Aristóteles da página anterior que uma das características exigidas por ele para o exercício de algumas funções públicas era a de serem limitadas ao tempo de exercício.

- Discuta com os colegas quais seriam as vantagens e os riscos de nosso sistema eleitoral, que permite reeleições sucessivas.

Detalhe de vaso grego originário de Erétria (c. 470-460 a.C.). A imagem mostra um escravo com uma criança nos braços. Os escravos eram prisioneiros de guerra ou pessoas que não conseguiram pagar suas dívidas.

Formas de governo

Do mesmo modo que adquiriu gosto pela observação e classificação dos seres na biologia, também na política Aristóteles recolheu informações sobre 158 constituições existentes, além de estabelecer uma *tipologia das formas de governo* que se tornou clássica.

Aristóteles usa os seguintes critérios de distinção:

a) segundo o critério de quantidade, o governo pode ser *monarquia* (governo de um só), *aristocracia* (governo de um pequeno grupo) ou *politeia* (governo constitucional da maioria);

b) conforme o critério axiológico (de valor), as três formas são boas se visam ao interesse comum; e são más, corrompidas, degeneradas, se objetivam o interesse particular. Portanto, a cada uma das três formas boas descritas correspondem, respectivamente, três formas degeneradas:

- tirania: governo de um só, visando ao interesse próprio;
- oligarquia: governo dos mais ricos ou nobres;
- democracia: governo em que a maioria pobre governa em detrimento da minoria rica.

O quadro esclarece a classificação:

Formas de governo			
		Critérios de valor	
		Boas	Corrompidas
Critérios de número	Um	Monarquia	Tirania
	Poucos	Aristocracia	Oligarquia
	Muitos	Politeia	Democracia

Para Aristóteles, a monarquia, a aristocracia e a politeia constituem igualmente formas corretas e adequadas de exercício do poder. Na monarquia, o monarca persegue o bem da pólis; na aristocracia, o governo é controlado pelos mais virtuosos; por fim, na politeia, o poder está nas mãos de muitos e depende da generalização das virtudes entre o povo. Embora prefira as duas primeiras, o filósofo reconhece que na politeia, um tipo de democracia constitucional, a tensão política que sempre deriva da luta entre ricos e pobres poderia ser mais bem controlada. Nesse aspecto, se um regime conseguir conciliar esses antagonismos, seria mais fácil assegurar a paz social.

Aristóteles retomou o critério já usado no campo da ética, segundo o qual a virtude sempre está no meio-termo. Aplicando o critério da mediania às classes que compõem a sociedade, descobre na *classe média* – constituída pelos indivíduos que não são muito ricos nem muito pobres – as condições de virtude para criar uma política estável, já que a possibilidade de ocorrência de revoltas seria menor.

Infográfico
Filosofia da natureza e conhecimento científico

Na história da filosofia, os filósofos antigos (sobretudo Aristóteles) se destacam pela multiplicidade de temas e assuntos investigados, abrangendo conhecimentos que na Idade Moderna começariam a ser divididos em áreas específicas do saber. Assim, o pensador que no século XVII se dedicava ao conhecimento da natureza (zoologia, física, astronomia etc.) deixava de se envolver em abordagens éticas, políticas, metafísicas, como o faziam os filósofos da Antiguidade. Com o passar dos anos, cada vez mais essa tendência de separação entre os campos do conhecimento se acentuou. Hoje, por exemplo, são reconhecidas as diferenças entre as investigações de um filósofo e as de um biólogo, sendo que, na Grécia antiga, a filosofia se ocupava também da zoologia. A seguir, veremos alguns dos caminhos tomados pelo saber ao longo do tempo.

Com o nascimento da filosofia...

Sábios gregos começaram a separar o estudo da natureza das explicações mitológicas, passo fundamental para o desenvolvimento da ciência. Surgia, assim, o pensamento naturalista, que tentava compreender os fenômenos naturais com base em fatos e processos da própria natureza, e não em termos místicos e sobrenaturais.

Aristóteles desenvolveu ampla teoria sobre a natureza, que incluiu desde investigações astronômicas e a respeito do movimento dos corpos até estudos sobre os seres vivos, sendo um dos primeiros a classificá-los. Além disso, é vasta a produção do filósofo, que englobava temas como ética, poética e política.

Francis Bacon criou, no século XVII, uma taxonomia dos saberes que ficou conhecida como "árvores do conhecimento", nas quais os diversos tipos de conhecimento estão classificados em troncos que se subdividem em diferentes ramos. A árvore que diz respeito ao saber humano – a outra se refere ao conhecimento divino – é dividida em memória (história), imaginação (arte poética) e razão (filosofia). Nesta última, encontra-se a filosofia natural, decomposta, por sua vez, em ciência (física e metafísica) e prudência.

O legado da filosofia natural avança rumo à decodificação da vida

350 a.C.	170	1663	1839	1858
Aristóteles apresentou uma das primeiras classificações dos animais.	Galeno descobriu que as artérias transportam sangue, e não ar, como se pensava.	Robert Hooke observou células de cortiça ao microscópio.	Schleiden e Schwann propuseram a teoria celular.	Charles Darwin elaborou uma teoria de evolução biológica baseada na seleção natural.

Fonte: DARNTON, Robert. *O grande massacre dos gatos*. Rio de Janeiro: Graal, 1986. p. 271-275.

Um novo modelo de mundo

Com a Revolução Científica operada por Galileu Galilei no século XVII, ocorreram mudanças radicais na maneira de encarar a natureza e foram lançadas as bases das concepções científicas modernas. Remonta a esse período a revolução que sobrepõe o modelo heliocêntrico (do Sol como centro do Sistema Solar) ao geocentrismo (a Terra como centro do Universo).

Ciências, separadas mas em diálogo

Atualmente, o conhecimento científico – alicerçado na modernidade como superação da filosofia natural – ultrapassa as fronteiras dos laboratórios e atinge toda a sociedade. As ciências têm papel decisivo nos muitos desafios que a humanidade deve enfrentar neste século e nos futuros; para tanto, elas necessitam do apoio de problematizações éticas e bioéticas.

No século XVIII, o matemático e físico **D'Alembert** se uniu ao filósofo **Diderot** em uma empreitada que resultou na organização da *Enciclopédia*, obra que ambicionava reunir todo o conhecimento acumulado até então. Para orientar esse desafio, os organizadores construíram uma árvore do conhecimento baseada na de Bacon, mas subordinaram a física (entendida como sinônima de filosofia natural) ao conhecimento da natureza, sendo este contido na filosofia, a qual, por sua vez, insere-se no tronco da razão.

Ernst Mayr foi um dos artífices da moderna teoria da evolução da vida e do conceito biológico de espécie. Como Aristóteles, o biólogo alemão também se debruçou sobre o estudo taxonômico dos seres vivos, mas, diferentemente do pensador grego, não é reconhecido tradicionalmente como "filósofo", apesar de a origem de suas investigações estar relacionada a uma das antigas atribuições da filosofia.

1865 — Gregor Mendel descobriu as leis básicas da hereditariedade.

1953 — Watson e Crick propuseram a estrutura em dupla-hélice do DNA.

2003 — O projeto Genoma Humano foi completado.

QUESTÕES

1. Por que as descobertas no campo da zoologia não impediram que Aristóteles se dedicasse com o mesmo empenho aos temas de ética e política?
2. Levando em conta a ramificação dos saberes, é correto dizer que os pensadores se tornaram mais (ou menos) especialistas? Justifique.
3. Na sua opinião, a que se deve a necessidade de dividir e classificar o conhecimento?

14. Conceito grego de bom governo

Como vimos, Platão e Aristóteles envolveram-se nas questões políticas de seu tempo e criticaram os maus governos. Platão tentou efetivamente implantar um governo justo na Sicília e idealizou em *A República* um modelo a ser alcançado. Aristóteles, mesmo recusando a utopia de seu mestre, aspirava igualmente a uma cidade justa e feliz. Assim ele afirma:

> "Se dissemos com razão na *Ética* [a Nicômaco] que a vida feliz é a vivida de acordo com os ditames da moralidade e sem impedimentos, e que a moralidade é um meio-termo, segue-se necessariamente que a vida segundo este meio-termo é a melhor – um meio-termo acessível a cada um dos homens. O mesmo critério deve necessariamente aplicar-se à boa ou má qualidade de uma cidade ou de uma constituição, pois a constituição é um certo modo de vida para uma cidade."
>
> ARISTÓTELES. *Política*. 3. ed. Brasília: Editora UnB, 1997. p. 143.

Nessa citação, percebe-se a característica comum às teorias políticas da Grécia antiga, que se orientava para a busca dos parâmetros de bom governo. De fato, existe uma ligação indissolúvel entre a vida moral e a política, na medida em que as questões do bom governo, do regime justo, da cidade boa dependem da virtude do bom governante. Em decorrência disso, o bom governante deve ter a virtude da *prudência* (*phrónesis*), pela qual será capaz de agir visando ao bem comum. Trata-se de virtude difícil, nem sempre alcançável.

Tanto Platão como Aristóteles elaboraram, portanto, teorias políticas de *natureza descritiva*, porque se trata de uma reflexão com base na descrição dos fatos, mas também de *natureza normativa* e *prescritiva*, porque pretende indicar quais são as boas formas de governo. E essas normas estão estreitamente ligadas à ideia do bom governante. É interessante adiantar que essa concepção do "bom governo" seria contestada no século XVI por Nicolau Maquiavel.

15. Reflexões finais

Neste capítulo, vimos como o período clássico da filosofia grega foi fértil em oferecer uma ampla gama de discussões, até então apenas esboçadas anteriormente pelos pré-socráticos. Os sofistas, mestres da retórica, forneceram o embrião da dialética, que seria revisitada por Platão e depois por Aristóteles, ao estabelecer os princípios da lógica formal.

Platão e Aristóteles retomaram a controvérsia entre Heráclito e Parmênides sobre a tensão entre o devir e a imobilidade: Platão com a teoria do mundo das ideias e Aristóteles com a noção de substância. Eles ampliaram as discussões sobre as diversas áreas da filosofia. Suas ideias ressurgiram na Idade Média, adaptadas às teses religiosas dos teólogos cristãos, inicialmente com o neoplatonismo e, depois, na filosofia aristotélico-tomista. Apesar das críticas que os filósofos gregos sofreram no Renascimento e na Idade Moderna, a herança grega permanece como referência, principalmente nas áreas de lógica, metafísica, política e ética.

Escultura de Platão, feita pelos artistas Leonidas Drosis e Attilio Picarelli, em frente à Academia de Atenas, na Grécia. Foto de 2017.

ATIVIDADES

1. Como a metafísica de Aristóteles representa uma crítica à teoria das ideias de Platão?

2. Em que sentido podemos dizer que a física aristotélica é qualitativa?

3. Explique por que a astronomia aristotélica apresenta uma concepção hierarquizada do Universo.

4. O que significa a teoria do justo meio para a ética de Aristóteles, e como ela se reflete na sua concepção de virtude?

5. Explique o que Aristóteles entende pela noção de "bom governo", concepção que marcou a teoria política grega, que se caracteriza por ser descritiva e prescritiva.

Leitura analítica

Da vida política à *Política* de Aristóteles

Muitos dos termos do vocabulário político têm origem grega e surgiram especialmente no período clássico da filosofia. Francis Wolff (1950) estabelece a importante relação entre o surgimento da teoria política e sua íntima atuação consciente nos cidadãos, tendo em vista objetivos claramente pré-avaliados: como ele diz, "a política é a prática da pólis que se tornou consciente de si própria". É preciso conhecer a vida política, discutir a respeito dela, para poder antecipar o que queremos que ela seja.

"Já se conseguiu dizer que a filosofia fala grego. É possível. Em todo caso, é certo que a política, sim, fale grego. Não se pode, com efeito, falar acerca de política sem a língua grega: 'tirania', 'monarquia', 'oligarquia', 'aristocracia', 'plutocracia', 'democracia'... todo o nosso vocabulário político saiu dela. E, em primeiro lugar, a própria palavra política. A palavra tanto quanto a coisa. A política, de fato, a própria ideia de política, é o produto de um momento singular em que se cruzaram, em nossa história, dois frutos da história grega: um novo modo de pensar surgido por volta do século VI antes de Cristo, fundado no livre exame e na interrogação sobre o fundamento de todas as coisas, encontrou um modo livre e novo de viver juntos, surgido no século VIII antes de Cristo, chamado pólis. Produto desse cruzamento, a política é a prática da pólis que se tornou consciente de si própria, ou, inversamente, a investigação sistemática aplicada à pólis. É, numa palavra, o livre pensamento de uma vida livre. 'Política' é, com efeito, uma dessas palavras curiosas (como a palavra 'história') que designam ao mesmo tempo uma 'ciência' e o seu objeto: entende-se efetivamente por ela um conjunto de práticas às quais os homens se dedicam para coexistir, e também o estudo objetivo dessas mesmas práticas. (Da mesma forma, a história é ao mesmo tempo o devir das sociedades e o seu estudo.) Ora, de certa maneira, um não anda sem o outro: enquanto o político não se deu ao olhar dos homens como um objeto que se possa estudar e interrogar por ele próprio, os homens 'não fizeram' política. Sem dúvida, antes do aparecimento da política, já existiam sociedades, e os homens se acomodavam a elas, bem ou mal, para viverem juntos. Mas, enquanto não *pensaram* aquilo que viviam como algo que pertencia a um domínio que chamamos de político, isto é, como *algo que dependia deles*, eles não poderiam, especificamente falando, fazer política (e a recíproca, *a fortiori*, é verdadeira): submetiam-se a um poder como a um destino, contra o qual nada se pode fazer, uma vez que não existe enquanto tal, tão próximo está daquilo que se é; um poder, frágil ou todo-poderoso, mas sempre vindo do alto, no qual mal se distinguem a autoridade do chefe, a irrecusabilidade da tradição e o temor aos deuses. E assim como um povo sem memória histórica não tem verdadeiramente história, uma vez que não pode agir sobre ela, da mesma forma um povo sem a consciência de um domínio próprio das coisas da cidade não pode agir politicamente, uma vez que não sabe que a política é aquilo que lhe pertence. Aquilo que a própria existência da pólis permitiu, na vertente das práticas (a política que se faz), a existência do pensamento racional o permitiu, na vertente da consciência reflexiva (a política que se estuda). E esta foi desde logo descritiva e normativa: pois poder pensar a maneira pela qual se vive politicamente, poder distanciar-se dela para tomá-la como objeto, já é simplesmente pensar que se poderia não viver assim (mas viver de outro modo). Se a política é aquilo que depende de nós, depende de nós também que ela seja outra, e, por que não?, perfeita. O pensamento político clássico se deu sempre esses três objetivos: pensar o que é a vida política, o que ela poderia ser e o que ela deveria ser.

[...] a política não é apenas uma reflexão sobre uma forma historicamente datada ou uma singularidade etnográfica, a cidade: ela tem escopo universal ou, ao menos, geral. E os 'negócios da cidade', para além das particularidades da pólis, têm uma extensão bem maior do que para nós, modernos. Com efeito, dizer 'política', para nós, é associar algumas imagens (campanhas eleitorais, lutas partidárias, ambições pessoais) [...]. Para os gregos, toda a esfera da vida pública é, num certo sentido, política, e a esfera privada é muito mais estreita do que para nós: nem a 'moral', nem a religião, nem a educação das crianças, por exemplo, estão fora do campo da política."

WOLFF, Francis. *Aristóteles e a política*. 2. ed. São Paulo: Discurso Editorial, 2001. p. 7-9. (Coleção Clássicos e Comentadores)

A fortiori: expressão latina que significa "com mais motivo", "com maior força", "com mais razão".

QUESTÕES

1. Que relação o filósofo francês contemporâneo Francis Wolff estabelece entre política e história?
2. Com base no texto, atenda às questões.
   a) Identifique quais são os três principais objetivos do pensamento clássico sobre a política.
   b) Explique por que esses objetivos são importantes ainda na atualidade.

ATIVIDADES

1. Examine os três comentários a seguir e responda às questões levando em conta as características das respectivas tendências filosóficas.

   - "O homem é a medida de todas as coisas." (Protágoras)
   - "Ora, para nós, é Deus que deverá ser a medida de todas as coisas, muito mais do que o homem, conforme se afirma por aí." (Platão, *As leis*)
   - No diálogo *Górgias*, de Platão, o sofista diz a Sócrates que o objetivo da retórica é "poder persuadir por meio de discursos os juízes nos tribunais, os senadores no conselho, o povo na assembleia do povo e em toda outra reunião que seja uma reunião de cidadãos". E completa que a habilidade do retórico consiste "em falar contra todo adversário e sobre qualquer assunto".

   a) Qual é a crítica que Platão faz aos sofistas Protágoras e Górgias?

   b) Explique por que os filósofos clássicos (Sócrates, Platão e Aristóteles) se opunham aos sofistas.

2. Analise a seguinte citação e explicite a concepção platônica sobre a relação entre corpo e alma.

   > "O corpo de tal modo nos inunda de amores, paixões, temores, imaginações de toda sorte, enfim, uma infinidade de bagatelas, que por seu intermédio [...] não recebemos na verdade nenhum pensamento sensato. [...] Inversamente, obtivemos a prova de que, se alguma vez quisermos conhecer os seres em si, ser-nos-á necessário separar-nos dele [do corpo] e encarar por intermédio da alma em si mesma os entes em si mesmos. Só então é que nos há de pertencer aquilo de que nos declaramos amantes: a sabedoria."
   >
   > PLATÃO. *Fédon*. São Paulo: Abril Cultural, 1973. p. 73-74. (Coleção Os Pensadores).

3. Identifique a que se refere Aristóteles neste trecho.

   > "[...] é evidente que existe um princípio primeiro e que as causas dos seres não são nem uma série infinita, nem um número infinito de espécies.
   >
   > Com efeito, quanto à causa material, não é possível derivar uma coisa de outra procedendo ao infinito: por exemplo, a carne da terra, a terra do ar, o ar do fogo, sem parar. E isso também não é possível quanto à causa motora: por exemplo, que o homem seja movido pelo ar, este pelo Sol, o Sol pela discórdia, sem que haja um termo desse processo."
   >
   > ARISTÓTELES. *Metafísica*. 2. ed. São Paulo: Loyola, 2005. p. 73.

4. Leia o texto abaixo e responda às questões.

   > "O que dissemos a propósito da cidade e de sua construção não é uma quimera vã. Sua execução é difícil, mas viável, como dissemos, de uma única maneira: quando assumirem o poder dos governantes – um ou vários – que, sendo verdadeiros filósofos, desprezam as honras que hoje disputam, por considerá-las indignas de um homem livre e despojado e têm na mais alta estima a retidão – e as honras que dela decorrer – assim como a justiça, que considerarão como a mais importante e a mais necessária de todas as coisas."
   >
   > PLATÃO. *A República*. Brasília: Editora UnB, 1985. p. 85.

   a) Explique em que sentido a afirmação de Platão fundamenta a concepção de sofocracia.

   b) Qual é a posição de Aristóteles a respeito?

   c) A concepção do governante justo faz parte do pensamento dos dois filósofos. Explique como esse aspecto constitui uma característica importante da concepção política antiga.

5. **Dissertação.** A partir da leitura das citações a seguir e com base nos conhecimentos construídos ao longo deste capítulo, redija texto dissertativo-argumentativo em modalidade escrita formal da língua portuguesa sobre o tema **"Cavernas contemporâneas: o real e o irreal na sociedade das imagens"**.

   > "[...] Hoje é que estamos a viver, de fato, na caverna de Platão, pois as imagens que nos são mostradas da realidade, de certa maneira, substituem a realidade. Estamos em um mundo que chamamos de audiovisual, estamos, efetivamente, a repetir a situação das pessoas que aprisionadas ou atadas na caverna de Platão, olhando para frente, viam somente sombras e acreditavam que essas sombras fossem a realidade. Foi preciso que se passassem todos esses séculos para que a caverna de Platão refletisse, finalmente, um momento da história da humanidade; e esse momento é hoje."
   >
   > Depoimento de José Saramago. In: COELHO, Cláudia. A caverna de Platão: quando a filosofia dialoga com as letras. *Revista Conhecimento Prático Literatura*, dez. 2013, n. 52. p. 50-55.

   > "Em todas as épocas o poder se faz representar em imagens; mas nossa época é a única capaz de produzir imagens em escala industrial, com possibilidade de difusão planetária. A única capaz de produzir imagens para todos os fenômenos da vida social, imagens simultâneas aos acontecimentos, traduções do real editadas e emitidas tão depressa que imagem e real, trauma e sentido se confundem na percepção do espectador. Em todas as épocas o poder se traduz em imagens, mas nossa época é a única em que o eixo central do poder, que já não é a política mas o capital, concentra-se sobretudo nos polos de produção e difusão de imagens."
   >
   > KEHL, Maria Rita. *Imagens da violência e violência das imagens*. Disponível em <http://mod.lk/bjyny>. Acesso em 6 mar. 2017.

ENEM E VESTIBULARES

6. (Enem/MEC-2016)

"Ninguém delibera sobre coisas que não podem ser de outro modo, nem sobre as que lhe é impossível fazer. Por conseguinte, como o conhecimento científico envolve demonstração, mas não há demonstração de coisas cujos primeiros princípios são variáveis (pois todas elas poderiam ser diferentemente), e como é impossível deliberar sobre coisas que são por necessidade, a sabedoria prática não pode ser ciência, nem arte: nem ciência, porque aquilo que se pode fazer é capaz de ser diferentemente, nem arte, porque o agir e o produzir são duas espécies diferentes de coisa. Resta, pois, a alternativa de ser ela uma capacidade verdadeira e raciocinada de agir com respeito às coisas que são boas ou más para o homem."

ARISTÓTELES. *Ética a Nicômaco*. São Paulo: Abril Cultural, 1980. (Coleção Os Pensadores)

Aristóteles considera a ética como pertencente ao campo do saber prático. Nesse sentido, ela se difere dos outros saberes porque é caracterizada como

a) conduta definida pela capacidade racional de escolha.

b) capacidade de escolher de acordo com padrões científicos.

c) conhecimento das coisas importantes para a vida do homem.

d) técnica que tem como resultado a produção de boas ações.

e) política estabelecida de acordo com padrões democráticos de deliberação.

7. (Enem/MEC-2016)

"Trasímaco estava impaciente porque Sócrates e os seus amigos presumiam que a justiça era algo real e importante. Trasímaco negava isso. Em seu entender, as pessoas acreditavam no certo e no errado apenas por terem sido ensinadas a obedecer às regras da sua sociedade. No entanto, essas regras não passavam de invenções humanas."

RACHELS, J. *Problemas da filosofia*. Lisboa: Gradiva, 2009.

O sofista Trasímaco, personagem imortalizado no diálogo *A República*, de Platão, sustentava que a correlação entre justiça e ética é resultado de

a) determinações biológicas impregnadas na natureza humana.

b) verdades objetivas com fundamento anterior aos interesses sociais.

c) mandamentos divinos inquestionáveis legados das tradições antigas.

d) convenções sociais resultantes de interesses humanos contingentes.

e) sentimentos experimentados diante de determinadas atitudes humanas.

8. (UEA-2014)

"O homem é a medida de todas as coisas, das que existem e de sua natureza; das que não existem e da explicação de sua não existência."

PROTÁGORAS. In: VOILQUIN, Jean (Org.). *Os pensadores gregos antes de Sócrates*, 1964.

O fragmento de Protágoras, um dos primeiros sofistas da Grécia antiga, apresenta um princípio essencial da filosofia grega, o

a) ceticismo.

b) hedonismo.

c) cientificismo.

d) antropocentrismo.

e) elitismo.

9. (UFG-2013) O surgimento da filosofia entre os gregos (sec. VII a.C.) é marcado por um crescente processo de racionalização da vida na cidade, em que o ser humano abandona a verdade revelada pela codificação mítica e passa a exigir uma explicação racional para a compreensão do mundo humano e do mundo natural. Dentre os legados da filosofia grega para o Ocidente, destaca-se:

a) a concepção política expressa em *A República*, de Platão, segundo a qual os mais fortes devem governar sob um regime político oligárquico.

b) a criação de instituições universitárias como a Academia, de Platão, e o Liceu, de Aristóteles.

c) a filosofia, tal como surgiu na Grécia, deixou-nos como legado a recusa de uma fé inabalável na razão humana e a crença de que sempre devemos acreditar nos sentimentos.

d) a recusa em apresentar explicações preestabelecidas mediante a exigência de que, para cada fato, ação ou discurso, seja encontrado um fundamento racional.

Mais questões: no livro digital, em **Vereda Digital Aprova Enem** e **Vereda Digital Suplemento de revisão e vestibulares**; no *site*, em **AprovaMax**.

CAPÍTULO 16
FILOSOFIA HELENÍSTICA GRECO-ROMANA

Refugiados sírios acampados na Ilha de Lesbos (Grécia). Foto de 2015. No mundo globalizado, o conceito de "cosmopolitismo" nos é familiar. Contudo, situações como a crise dos refugiados e o fechamento de fronteiras mostram que "fazer do mundo uma cidade" não é algo realizável para todos.

"As monarquias helenísticas, nascidas da dissolução do império de Alexandre, foram organismos instáveis. [...] De 'cidadão', no sentido clássico do termo, o homem grego torna-se 'súdito'. [...]

O que Alexandre sonhou, os romanos o realizaram de outra forma. E assim o pensamento grego, não vendo uma alternativa positiva à pólis, refugiou-se no ideal do 'cosmopolitismo', considerando o mundo inteiro uma cidade [...]. Desse modo, dissolve-se a antiga equação entre homem e cidadão e o homem é obrigado a buscar sua nova identidade. [...]

Como consequência da separação entre o homem e o cidadão, nasce a separação entre 'ética' e 'política'. [...] Pela primeira vez na história da filosofia moral, na época helenística, graças à descoberta do indivíduo, a ética se estrutura de maneira autônoma, baseando-se no homem como tal, na sua singularidade. As tentações e as concessões egoístas que assinalamos são precisamente a exasperação dessa descoberta."

REALE, Giovanni; ANTISERI, Dario. *História da filosofia*: filosofia pagã antiga. 3. ed. São Paulo: Paulus, 2007. p. 251. v. 1.

Conversando sobre

A conquista romana significou, para o mundo grego, o surgimento do ideal de cosmopolitismo, mas também a noção de separação entre o homem e o cidadão da pólis. Reflita e discuta com os colegas sobre os aspectos positivos e negativos dessas transformações.

1. Contexto cultural

Na Antiguidade, as cidades-Estado gregas rivalizavam-se em poder e influência desde a época clássica, até que, no século IV a.C., o rei Filipe da Macedônia aproveitou-se dessa situação para conquistar a Grécia. Em seguida, seu filho Alexandre Magno expandiu as conquistas pela Ásia e pelo continente africano, construindo um império.

Naquele momento tem início o período helenístico, caracterizado pela síntese das culturas grega e oriental promovida pela expansão do Império Macedônico de Alexandre, e, depois de sua queda, pela conquista romana, que se estendeu da Península Itálica para o sul da Europa, o norte da África e o Oriente próximo. O helenismo compreende, portanto, o período desde o final do século IV a.C. até o século II d.C., contendo em sua fase derradeira o estoicismo romano de Sêneca a Marco Aurélio.

O ideal cosmopolita

Certos historiadores compartilham a ideia de que o helenismo representou um longo momento de decadência em relação ao esplendor da filosofia grega clássica, enquanto outros estudiosos desfazem essa ótica depreciativa a respeito do helenismo, para identificá-lo a um novo modo de ver o mundo e a si mesmo. De fato, o helenismo ampliou o espaço restrito da pólis grega, trazendo uma perspectiva cosmopolita que valoriza outros tipos de solidariedade. Assim dizem os historiadores da filosofia Giovanni Reale (1931-2014) e Dario Antiseri (1940):

> "O ideal da pólis é substituído pelo ideal 'cosmopolita' (o mundo inteiro é uma pólis), e o homem-citadino é substituído pelo homem-indivíduo; a contraposição grego-bárbaro em larga medida é superada pela concepção do homem em uma dimensão de igualitarismo universal."
>
> REALE, Giovanni; ANTISERI, Dario. *História da filosofia*: filosofia pagã antiga. 3. ed. São Paulo: Paulus, 2007. p. 249. v. 1.

2. Helenismo: período grego

Inicialmente, o helenismo ainda manteve seu epicentro em Atenas. Destacaram-se as correntes do epicurismo, estoicismo, cinismo e ceticismo, que abordaram principalmente questões de física, ética e lógica. Das discussões realizadas em suas escolas, participavam não só assíduos discípulos, mas também ouvintes ocasionais, até porque, de acordo com a nova concepção de filosofia, esse tipo de reflexão deveria ser acessível, visto que a todos interessariam questões sobre a "saúde do espírito" e a busca da felicidade, com ênfase na discussão sobre a melhor maneira de viver, tanto na alegria como no infortúnio.

Vejamos as principais tendências do helenismo grego.

Epicurismo

Epicuro (c. 341-270 a.C.) nasceu na ilha de Samos, no litoral da atual Turquia; depois de ensinar em vários lugares, chegou a Atenas e conseguiu instalar sua escola por ser filho de grego imigrante. Reservou um local afastado onde reunia seus seguidores em um jardim – o que justificou a denominação dos epicuristas como "filósofos do jardim" – frequentado por todo tipo de pessoas, inclusive mulheres e escravos, sem preconceito e preservando a igualdade entre eles. Lá, viveu conforme as regras de sua filosofia até os 71 anos, quando faleceu após suportar com serenidade dores cruéis decorrentes de doença renal.

Para os epicuristas, também conhecidos como hedonistas, o bem encontra-se no prazer. De acordo com o senso comum, a civilização contemporânea seria adepta do hedonismo, porém em um sentido muito distante do pensamento de Epicuro de Samos, que desprezava os prazeres ligados aos anseios por riqueza, poder, fama ou movidos pela sensualidade desregrada.

> **Hedonismo:** do grego *hedoné*, "prazer". Corrente filosófica que entende o prazer como soberano bem. Logo, hedonista é o indivíduo partidário do hedonismo.

O jardim dos filósofos (1834), pintura de Antal Strohmayer. Os epicuristas eram conhecidos como os "filósofos do jardim", local em Atenas onde celebravam a amizade, aprendendo a cuidar da vida como de um belo jardim.

Os prazeres e a vida feliz

A visão errônea sobre o epicurismo, como muitas vezes chegou até nós, era também comum na época em que Epicuro viveu, sobretudo em razão de calúnias, divulgação de falsas cartas a ele atribuídas, além das críticas exacerbadas feitas pelos adeptos do estoicismo, o qual será abordado mais adiante. Os epicuristas também incomodavam em razão de aspectos materialistas de sua física, desencadeando suspeitas de ateísmo que se intensificaram desde o final do helenismo. Por isso, quando o cristianismo se fortaleceu, o estoicismo encontrou maior aceitação entre os adeptos da nova crença, ao mesmo tempo que a filosofia epicurista sofreu forte rejeição.

Aqueles que leram seus escritos autênticos, porém, sabem que Epicuro não era ateu e ensinava que os deuses são felizes por terem serenidade. Também aos humanos interessa essa imperturbabilidade para serem capazes de atingir a sabedoria prática, a qual permite distinguir os prazeres que podem ser fruídos sem provocar dor ou perturbação. O prazer supremo se encontra na ausência de dor do corpo (aponia) e na ausência de perturbação da alma (ataraxia), condições para se alcançar a felicidade (eudemonia).

Partindo dessa concepção, o filósofo distingue diferentes tipos de prazer: os *naturais e necessários*, como comer e beber quando se tem fome e sede ou repousar quando se está cansado, e os prazeres *naturais e não necessários*, como cultivar a amizade, saborear comida e bebida refinadas e vestir-se bem, desde que com comedimento. Haveria ainda os prazeres *não naturais e não necessários*, estes últimos criticados por Epicuro, visto que fatalmente provocariam instabilidade e sofrimento:

> "Embora o prazer seja nosso bem primeiro e inato, nem por isso escolhemos qualquer prazer: há ocasiões em que evitamos muitos prazeres, quando deles nos advêm efeitos o mais das vezes desagradáveis; ao passo que consideramos muitos sofrimentos preferíveis aos prazeres, se um prazer maior advier depois de suportarmos essas dores por muito tempo."
>
> EPICURO. *Carta sobre a felicidade (a Meneceu).* São Paulo: Editora Unesp, 2002. p. 37-39.

Epicuro também refletiu sobre a morte. Segundo ele, a morte nada significa porque não existe para os vivos, e os mortos não estão mais aqui para explicá-la. Lamenta que a maioria das pessoas fuja da morte como se fosse o maior dos males, quando na verdade não há vantagem alguma em viver eternamente, pois é mais importante a maneira pela qual escolhemos viver. Ferrenho crítico de mitos e superstições, Epicuro seguia o materialismo típico do atomismo de Demócrito e considerava que a alma, de natureza material (corpórea), desapareceria com a morte.

Para aprender a alcançar a felicidade, Epicuro destacou o "quádruplo remédio":

a) os deuses não são temíveis;
b) a morte não nos traz riscos;
c) o prazer, se entendido corretamente, pode ser um bem para todos;
d) a dor não dura ininterruptamente e é facilmente suportável.

Em resumo, para Epicuro o prazer é o começo e o fim da vida feliz, embora nem todo prazer deva ser procurado. Cabe ao indivíduo bastar-se a si mesmo, exercendo aquilo que os gregos chamavam de **autarquia**, ou seja, a capacidade de autossuficiência.

> **Autarquia:** forma de governo em que um indivíduo ou grupo tem poder absoluto; no contexto, capacidade do indivíduo de se autogovernar.

Trocando ideias

Fala-se atualmente de um império do hedonismo reforçado nas imagens e nos textos publicitários, fazendo uso de um termo que remonta ao helenismo grego.

- Dê exemplos de como hoje as aspirações de muitas pessoas têm uma base hedonista, mas no sentido que se afasta dos princípios que orientaram a filosofia de Epicuro.

Colegas celebram o Festival das Cores em Indore (Índia). Foto de 2015. Nessa celebração, com comida e música, os amigos se reúnem e jogam tintas coloridas uns nos outros. Epicuro não desprezava prazeres como a amizade e o comer bem, desde que houvesse comedimento.

Materialismo epicurista

O epicurismo era efetivamente materialista, como dissemos, em razão da influência de Demócrito e de seu conceito de átomo – partículas indivisíveis que constituiriam todos os seres, até a própria alma e os deuses. Embora aceitando a existência dos deuses, Epicuro admitia que a matéria não foi criada, porque é eterna, e os deuses permanecem indiferentes ao nosso mundo, ou seja, não existe providência divina, cabendo aos homens cuidarem de si mesmos. Como a alma é formada por átomos, ela se dissolve com o corpo, indicando que não há vida após a morte, não sendo necessário, portanto, temer falsas crendices sobre castigos infligidos pelos deuses.

Enfim, tudo é composto de corpos e do vazio, pois é ele que permite o movimento, que se realiza em todos os sentidos. O mundo se constitui por acaso, da junção dos átomos no seu movimento, formando combinações diferentes. Enquanto alguns, como os estoicos, admitiam o destino, Epicuro afirma que, à revelia do determinismo e do acaso da natureza, o ser humano é livre. Assim escreveu o filósofo:

> "[...] será que pode existir alguém mais feliz do que o sábio, [...] que nega o destino, apresentado por alguns como o senhor de tudo, já que as coisas acontecem ou por necessidade, ou por acaso, ou por vontade nossa; e que a necessidade é **incoercível**, o acaso, instável, enquanto nossa vontade é livre, razão pela qual nos acompanham a censura e o louvor?"
>
> EPICURO. *Carta sobre a felicidade (a Meneceu)*. São Paulo: Editora Unesp, 2002. p. 47-49.

Estoicismo

Zenão (c. 334-262 a.C.), nascido em Cítio, ilha do Chipre, foi o principal representante do estoicismo. Por não ser considerado cidadão ateniense, não podia comprar uma casa, e por isso se reunia com seus discípulos no pórtico de prédios que formavam uma galeria com colunas (em grego, *stoa*). Por esse motivo, ficaram conhecidos como estoicos (*stoikós*) ou *filósofos do pórtico*. Entre os estoicos, Cleanto (c. 330-230 a.C.) e Crisipo (c. 280-208 a.C.) sucederam a Zenão.

O estoicismo sofreu influência de Heráclito e apresenta semelhanças com o epicurismo, como a defesa do materialismo, a negação da transcendência divina e a concepção da filosofia como "arte de viver". No entanto, contrapunha-se ao epicurismo por desprezar qualquer tipo de prazer, que era considerado fonte de muitos males. Para alcançar a serenidade (ataraxia), os estoicos defendiam ser necessário eliminar as paixões – não apenas moderá-las –, pois elas só provocam sofrimento. Se o sábio vive de acordo com a natureza e a razão, não é o prazer que trará felicidade, mas a virtude. É assim que se torna possível atingir a apatia – estado marcado pela ausência de paixão.

Pórtico de Átalo reconstruído, localizado na antiga ágora de Atenas. Foto de 2016. Os pórticos eram o ambiente em que Zenão de Cítio se reunia com seus discípulos, chamados, por isso, de estoicos.

Outras divergências separam as duas escolas. Ao deus distante dos epicuristas, os estoicos contrapuseram uma concepção panteísta, em que a natureza se encontra impregnada da razão divina. Deus também seria corpo, mas o mais puro dos corpos, perfeito e inteligente, e por ele se daria o ordenamento do mundo, submetido ao destino. Para o indivíduo, isso não significa sucumbir inerte às forças externas, mas procurar entender em que consiste viver conforme a natureza.

Como é próprio do ser humano viver racionalmente, cabe à razão substituir o instinto pela vontade, a fim de alcançar a harmonia de vida e, portanto, a sabedoria. Para os estoicos, a melhor maneira de conservar o seu ser consiste na aceitação serena do destino. Para alguns, essa aceitação pode chegar a concepções fatalistas que obrigam à profunda resignação com as adversidades da vida. Outros analisam a relação entre destino e liberdade de uma maneira mais rigorosa, ao afirmarem que o homem é livre, mesmo quando encontra obstáculos à realização de suas vontades, desde que queira apenas aquilo que o destino permite; portanto, a verdadeira liberdade estaria em querer o que o destino quer. Esse tema será retomado mais adiante, quando tratarmos do estoico Sêneca.

Os estoicos foram importantes em estudos de lógica, porque trataram de questões de que Aristóteles não se ocupara, ao preferirem os silogismos hipotéticos e disjuntivos e o estudo das proposições, temas que vieram a se desenvolver mais amplamente apenas na atualidade, com o enfoque da lógica proposicional.

Incoercível: que não está sujeito a coerção; que não se pode refrear, impedir de ocorrer.

Cinismo

O termo *cinismo* atualmente adquiriu sentido pejorativo, atribuído ao indivíduo sem escrúpulos, hipócrita, sarcástico, despudorado. Não é bem esse o significado do movimento que teve início com Antístenes (c. 445-365 a.C.), discípulo de Sócrates. Antístenes foi seguido por Diógenes de Sinope (c. 400-323 a.C.), que viveu em Atenas, e tornou-se o representante mais famoso do movimento.

A palavra que denomina esse movimento deriva do grego *kyón* e do latim *cyno*, "cão". Variam as hipóteses sobre a procedência desse título. Conforme alguns, talvez se deva ao fato de a escola funcionar no Ginásio Cinosargo (*Kynosarges*, "o cão ágil"). Ou, então, porque os cínicos desejassem viver de forma simples e sem pudores, como um cão: tudo que é natural poderia ser feito em público, o que causava escândalo. Foram eles que mais próximo chegaram do afrontamento aos costumes, em razão do desprezo pelas riquezas, honras e convenções, consideradas apenas futilidades.

Como os demais filósofos helenistas, também os cínicos buscavam um novo modo de vida que levasse à felicidade. As maneiras despojadas de Diógenes foram objeto de numerosos relatos que testemunham como o filósofo colocou em prática sua teoria. Vivia em um tonel de vinho e alimentava-se do que recebia das pessoas. Diziam que ele andava com uma lanterna, à procura de alguém honesto, certamente como crítica à corrupção. Certa vez, tomava sol quando Alexandre Magno, que o admirava, disse-lhe para pedir o que quisesse. Ao que Diógenes respondeu: "Não me faças sombra. Devolva meu sol".

Ceticismo

O grande representante do ceticismo foi Pirro de Élida[1] (c. 360-270 a.C.). Ao acompanhar o imperador macedônio Alexandre Magno em suas expedições de conquista, Pirro teve a oportunidade de conhecer povos com valores e crenças diferentes. Conforme geralmente fazem os céticos, confrontou diversas convicções, bem como filosofias contraditórias, abstendo-se, no entanto, de aderir a qualquer certeza. Para ele, a atitude coerente do sábio é a suspensão do juízo (*epoché*) e, como consequência prática, a aceitação serena do fato de não poder discernir o verdadeiro do falso.

Além do aspecto epistemológico, essa postura tem um caráter ético. Como tudo é incerto e fugaz, aqueles que se prendem a verdades indiscutíveis estão fadados à infelicidade. Embora Pirro fosse crítico do epicurismo e do estoicismo, ele tinha em comum com aquelas escolas a questão da busca da felicidade por meio da imperturbabilidade (ataraxia).

Mais adiante, no período latino, veremos a continuidade do movimento cético com Sexto Empírico.

Público interage com instalação do artista Leandro Erlich, que mostra ilusões de ótica, localizada em Kanazawa (Japão). Foto de 2008. O ceticismo defende a impossibilidade de considerar que as nossas impressões a respeito do mundo são saberes.

[1] Há referências a Pirro no capítulo 8, "Conhecimento e verdade", na parte I.

ATIVIDADES

1. O que significa dizer que o helenismo se configurou com a passagem da pólis para a cosmópole?

2. Por que o sentido comum dado ao conceito de hedonismo nem sempre coincide com o espírito da filosofia epicurista? Explique.

3. Identifique as semelhanças e diferenças entre epicuristas e estoicos.

4. Por que o significado filosófico das práticas cínicas de Diógenes de Sinope não se confunde com o sentido comum atual do termo *cínico*? Explique.

5. Levando em conta o ceticismo de Pirro, assinale a alternativa correta.

a) A constante incerteza sobre as coisas provoca angústia e sofrimento, tornando a felicidade impossível.

b) Ele defende a ideia de que apenas a verdade leva à felicidade, no que mostra sua filiação aos filósofos socráticos.

c) É preciso, mesmo para os céticos, aderir a certezas provisórias a fim de manter a imperturbabilidade da alma (ataraxia).

d) A *epoché* cética só vale em relação à epistemologia, pois no campo ético permanece a necessidade de se haver princípios bem definidos.

e) Propõe a suspensão do juízo no campo epistemológico e a aceitação serena da impossibilidade de se distinguir o verdadeiro do falso.

Leitura analítica

Carta sobre a felicidade

No fragmento a seguir, Epicuro dirige saudações e conselhos a seu discípulo Meneceu. O caráter de ensinamento está sempre presente nos textos dos helenistas, uma vez que eles pretendem auxiliar as pessoas a viver bem para encontrar a felicidade. Com Epicuro, a questão do mestre que orienta é importante, pois os riscos de desvio de comportamento poderiam ser evitados pelo fortalecimento da vontade. Em todo ato, o filósofo busca a felicidade pela ataraxia, a imperturbabilidade da alma, escolhendo os melhores prazeres.

"Que ninguém hesite em se dedicar à filosofia enquanto jovem, nem se canse de fazê-lo depois de velho, porque ninguém jamais é demasiado jovem ou demasiado velho para alcançar a saúde do espírito. Quem afirma que a hora de dedicar-se à filosofia ainda não chegou, ou que ela já passou, é como se dissesse que ainda não chegou ou que já passou a hora de ser feliz. Desse modo, a filosofia é útil tanto ao jovem quanto ao velho: para quem está envelhecendo sentir-se rejuvenescer por meio da grata recordação das coisas que já se foram, e para o jovem poder envelhecer sem sentir medo das coisas que estão por vir: é necessário, portanto, cuidar das coisas que trazem a felicidade, já que, estando esta presente, tudo temos, e, sem ela, tudo fazemos para alcançá-la.

Pratica e cultiva então aqueles ensinamentos que sempre te transmiti, na certeza de que eles constituem os elementos fundamentais para uma vida feliz.

Em primeiro lugar, considerando a divindade como um ente imortal e bem-aventurado, como sugere a percepção comum de divindade, não atribuas a ela nada que seja incompatível com a sua imortalidade, nem inadequado à sua bem-aventurança; pensa a respeito dela tudo que for capaz de conservar-lhe felicidade e imortalidade.

[...] Com efeito, os juízos do povo a respeito dos deuses não se baseiam em noções inatas, mas em opiniões falsas. Daí a crença de que eles causam os maiores malefícios aos maus e os maiores benefícios aos bons. Irmanados pelas próprias virtudes, eles só aceitam a convivência com os seus semelhantes e consideram estranho tudo que seja diferente deles.

Acostuma-te à ideia de que a morte para nós não é nada, visto que todo bem e todo mal residem nas sensações, e a morte é justamente a privação das sensações. A consciência clara de que a morte não significa nada para nós proporciona a fruição da vida efêmera, sem querer acrescentar-lhe tempo infinito e eliminando o desejo de imortalidade. [...]

Então, o mais terrível dos males, a morte, não significa nada para nós, justamente porque, quando estamos vivos, é a morte que não está presente; ao contrário, quando a morte está presente, nós é que não estamos.

A morte, portanto, não é nada, nem para os vivos, nem para os mortos, já que para aqueles ela não existe, ao passo que estes não estão mais aqui. [...]

O sábio, porém, nem desdenha viver, nem teme deixar de viver; para ele, viver não é um fardo e não viver não é um mal.

Assim como opta pela comida mais saborosa e não pela mais abundante, do mesmo modo ele colhe os doces frutos de um tempo bem vivido, ainda que breve.

[...] Quando dizemos que o fim último é o prazer, não nos referimos aos prazeres dos **intemperantes** ou aos que consistem no gozo dos sentidos, como acreditam certas pessoas que ignoram nosso pensamento, ou não concordam com ele, ou o interpretam erroneamente, mas o prazer que é ausência de sofrimentos físicos e de perturbações da alma. Não são, pois, bebidas nem banquetes contínuos, nem a posse de mulheres e rapazes, nem o sabor dos peixes ou de outras iguarias de uma mesa farta que tornam doce uma vida, mas um exame cuidadoso que investigue as causas de toda escolha e de toda rejeição e que remova as opiniões falsas em virtude das quais uma imensa perturbação toma conta dos espíritos. De todas essas coisas, a prudência é o princípio e o supremo bem, razão pela qual ela é mais preciosa do que a própria filosofia; é dela que se originaram todas as demais virtudes; é ela que nos ensina que não existe vida feliz sem prudência, beleza e justiça sem felicidade. Porque as virtudes estão intimamente ligadas à felicidade, e a felicidade é inseparável delas."

EPICURO. *Carta sobre a felicidade (a Meneceu)*. São Paulo: Editora Unesp, 2002. p. 21-47.

Intemperante: imoderado, desregrado.

QUESTÕES

1. Identifique o trecho do texto que contempla o significado de ataraxia para Epicuro.
2. Como o autor do texto rebate as críticas às teorias epicuristas em relação à busca pelo prazer?
3. Quais são os cuidados necessários para que se escolham os melhores prazeres, aqueles que nos tornam mais felizes?

Capítulo 16 • Filosofia helenística greco-romana

3. Escola de Alexandria

Como afirmado anteriormente, quando a Grécia foi conquistada pelos macedônios, em 338 a.C., teve início um processo de interação cultural denominado *helenismo*. Ao expandir as fronteiras do Império, Alexandre levou a cultura grega para pontos distantes, ao mesmo tempo que possibilitou a assimilação de elementos orientais no Ocidente.

Com a morte de Alexandre e a divisão de seu império, foi fundado em Alexandria, na foz do Nilo, um avançado centro de estudos constituído por escolas de diversas ciências, um museu e a famosa biblioteca, que por muitos séculos atraiu intelectuais proeminentes de vários locais do mundo antigo.

Cena do filme *Alexandria* (2009), dirigido por Alejandro Amenábar. A obra é livremente inspirada na filósofa Hipátia, que viveu entre os séculos IV e V d.C. e foi chefe da escola platônica de Alexandria.

Euclides e Arquimedes: geometria e mecânica

No centro de estudos de Alexandria destacou-se a contribuição de Euclides, que, de 320 a 260 a.C., fundou e dirigiu a escola de matemática. Com a obra *Elementos*, sistematizou o conhecimento teórico, dando-lhe os fundamentos ao estabelecer princípios da geometria, conceitos primitivos e postulados.

Os *conceitos primitivos* são o ponto, a reta e o plano, que não se definem, enquanto os *postulados* são enunciados que devem ser aceitos sem demonstração, por exemplo: "uma linha reta pode ser traçada de um para outro ponto qualquer". Tais princípios constituem o fundamento sobre o qual se constrói o edifício teórico de qualquer demonstração.

Outra ciência desenvolvida no centro cultural de Alexandria foi a mecânica, que teve suas bases estabelecidas por Arquimedes (c. 287-212 a.C.), nascido na Sicília, e que teria passado um tempo em Alexandria. A fama de Arquimedes nos remete a acontecimentos interessantes, embora muitos deles envoltos em lendas. Para defender Siracusa, quando assediada pelos romanos, Arquimedes teria construído engenhos mecânicos (catapultas) para lançar pedras e também incendiado navios por meio de um sistema de lentes de grande alcance.

Os artefatos de Arquimedes passaram da dimensão puramente técnica ou prática para a especulação teórica e científica ao estabelecer o princípio da hidrostática (lei do empuxo), um dos princípios fundamentais da mecânica. Além disso, redigiu um tratado de estática, formulou a lei de equilíbrio das alavancas e fez estudos sobre o centro de gravidade dos corpos.

Galileu Galilei (1564-1642) reconheceu em Arquimedes o único cientista grego que mais se aproximou de aspectos fundamentais da experimentação moderna, por realizar medidas sistemáticas, determinar a influência de cada fator que atua no fenômeno e enunciar o resultado sob a forma de lei geral.

Vale ressaltar que a utilização de instrumentos na fase de investigação e a aplicação prática das ciências, levadas a efeito por Arquimedes e outros sábios atuantes em Alexandria, constituem exceção na produção científica grega, mais voltada para a especulação racional e desvinculada da técnica. No entanto, há algo diferente da tradição na ciência helenística, que se define pelo conceito de *especialização*, ou seja, pela divisão do saber em diversas partes distintas que seguem de modo autônomo e sem a necessidade de elaboração de uma base filosófica, como a preparada pelos filósofos na fase clássica. Ou seja, o cientista não precisaria fazer filosofia.

Apesar disso, ainda prevalecia o espírito teórico da ciência, embora eventualmente com aplicação prática dos resultados desses conhecimentos. Por que então, de posse de características mais tarde elogiadas por Galileu, os gregos não conseguiram dar destaque à utilização prática de suas teorias? Reale e Antiseri arriscam dizer que Arquimedes via esses resultados apenas como "distração", pois sua verdadeira atividade era a de matemático puro. E completam:

> "[...] a ciência helenística foi o que foi porque, embora mudando o *objeto* da investigação em relação à filosofia (concentrando-se nas 'partes' ao invés do 'todo'), *manteve* o *espírito da velha filosofia*, o espírito 'contemplativo' que os gregos chamavam de 'teorético'."
>
> REALE, Giovanni; ANTISERI, Dario. *História da filosofia*: filosofia pagã antiga. 3. ed. São Paulo: Paulus, 2007. p. 322. v. 1.

Saiba mais

No século XIX, alguns matemáticos construíram as chamadas "geometrias não euclidianas", cujos princípios contradizem os postulados da geometria plana de Euclides, assuntos abordados no capítulo 23, "Ciências contemporâneas", na parte II.

Ptolomeu e o geocentrismo

O matemático, geômetra e astrônomo Cláudio Ptolomeu foi uma das últimas grandes personalidades de Alexandria, já no século II d.C. Sua obra *Almagesto* representa o mais importante referencial da astronomia geocêntrica da Antiguidade, que exerceu influência durante toda a Idade Média até ser contestada por Copérnico e Galileu.

Saiba mais

Os modelos astronômicos dos gregos eram geocêntricos, exceto o de Aristarco de Samos (c. 310-230 a.C.), que propusera um revolucionário modelo heliocêntrico, nunca aceito e até considerado subversivo.

Galeno

Galeno (século II d.C.), nascido em Pérgamo, na Jônia, destacou-se em ciências médicas, aperfeiçoando seus estudos na Escola de Alexandria. Após atuar em diversos locais, foi convidado, em 168, a acompanhar como médico pessoal o imperador romano Marco Aurélio em expedição contra os germânicos. Ao retornar a Roma, tornou-se médico da corte, com tempo para realizar pesquisas que lhe permitiram empreender uma síntese da medicina antiga. Reuniu conhecimentos de anatomia aprendidos em Alexandria, a biologia e a zoologia de Aristóteles, as obras de Hipócrates, além de outras contribuições. Seu trabalho alcançou reconhecimento, sendo contestado apenas por Vesálio, que realizou, no século XVI, dissecações de seres humanos, até então proibidas.

Declínio da Escola de Alexandria

Além dos cientistas e pesquisadores citados, pela escola de Alexandria passaram diversos outros, inclusive Plotino (c. 204-270), que frequentou uma escola neoplatônica e adquiriu ensinamentos para escrever seus tratados. Uma vez em Roma, teve seus escritos reunidos na obra *Enéades*. Mais tarde, Aurélio Agostinho (354-430) seria um de seus leitores.

A obra de Plotino ainda era pagã, mas já havia, desde o século II, uma escola catequética de inspiração cristã, que começava pela integração da cultura grega com a mensagem cristã, preparando o terreno para a filosofia Patrística, como podemos ver no capítulo 17, "Razão e fé", na parte II.

É possível observar que muitos pensadores deixavam Alexandria em direção a Roma, que passou a ser o centro de estudos mais importante por exercer sua influência em todo o período Imperial. No século I a.C., a biblioteca era composta de cerca de setecentos mil livros, o que era uma quantidade considerável para a época, mas uma sequência de desastres acelerou a decadência de Alexandria, com vários incêndios. No século IV d.C., cristãos já criticavam os estudos científicos lá desenvolvidos, e, em 391, o bispo Teófilo saqueou a biblioteca, até que em 641 os muçulmanos acabaram por destruí-la.

4. Helenismo: período romano

Após o fim do Império Macedônico, chegou a vez de os romanos iniciarem sua expansão até que a Grécia fosse anexada a Roma em 146 a.C. No século II da nossa era, o Império Romano atingiu sua máxima extensão, abrangendo a Europa, o norte da África e o Oriente Médio, fato que tornou o Mar Mediterrâneo conhecido como *Mare nostrum* ("Nosso mar").

Em razão do contato com povos orientais, **helênicos** e de outras regiões, persistiu a cultura cosmopolita, então aliada à tradição latina. A fusão dessas culturas trouxe um elemento novo, o bilinguismo, pois desde cedo as crianças aprendiam o latim e o grego, sem contar que povos conquistados de outras origens mantinham também a língua local, havendo nessas situações um ensino trilíngue.

Na filosofia, a tradição grega permaneceu por longo tempo com marcante influência, sobretudo porque muitos jovens romanos eram enviados à Grécia para estudar, bem como gregos se dirigiam a Roma, inclusive aqueles mais cultos que, embora tenham se tornado escravos em razão da conquista, serviam como preceptores de jovens romanos. Entre esses, destacou-se o filósofo estoico Epicteto (c. 50-130). Por esse motivo, os pensadores romanos ora escreviam em latim, como Cícero, ora em grego, como Marco Aurélio.

> **Helênico:** relativo à Grécia antiga (Hélade) ou o seu natural ou habitante. Já helenístico ou helenista são termos relativos à história, cultura ou arte gregas depois de Alexandre Magno.

O Império Romano em sua máxima extensão (século II)

Fonte: DUBY, Georges. *Atlas historique mondial*. Paris: Larousse, 2003. p. 27.

Influência epicurista

O epicurismo permaneceu por pouco tempo e foi desaparecendo em função do crescimento da tendência estoica, que já era a preferida quando o cristianismo se tornou uma religião com significativa aceitação. Poucos representantes do epicurismo tiveram sua memória preservada. Sabe-se que no século I a.C. Filodemo de Gadara instalou uma escola em Herculano, cidade da Península Itálica que foi coberta pelas lavas do Vesúvio, mas alguns de seus papiros foram recuperados séculos mais tarde.

Outra referência significativa foi a de Lucrécio (c. 98-50 a.C.), conhecido pela sua obra *De rerum natura* ("Sobre a natureza das coisas"), poema didático com reflexões filosóficas que se reportam à física materialista e atomista de Demócrito e à moral de Epicuro. Com esses ensinamentos, Lucrécio desejava livrar os seres humanos de todos os medos, inclusive da religião e das superstições em geral. Cícero, senador de Roma que o admirava, teria ajudado a publicar sua obra.

As ideias epicuristas reapareceriam apenas no Renascimento, com os opositores ao aristotelismo decadente que inspirariam o humanismo daquele período.

Influência estoica

Como foi dito, o estoicismo teve vida mais longa e suas ideias de certa maneira persistiram no período da Roma Imperial, influenciando diversos pensadores, até aqueles que seguiam outras orientações e aproveitavam algumas de suas diretrizes, como Cícero, que veremos a seguir. Entre os filósofos que preservaram os ideais estoicos, destaca-se o trio estabelecido em Roma composto por Sêneca, Epicteto e Marco Aurélio, todos do século I d.C.

Cícero: o ecletismo como método

Marco Túlio Cícero (106-43 a.C.), advogado e senador de Roma, entremeou as atividades de trabalho e política, escrevendo uma obra que tratou de diversos temas relacionados a política, filosofia, retórica, entre outros, e exerceu grande influência não só em sua época como também na posteridade.

Do ponto de vista filosófico, sua obra não é propriamente original, por caracterizar-se pelo ecletismo, isto é, absorveu diversas influências de ideias do platonismo, do epicurismo e do estoicismo. Recusou o ceticismo e qualquer forma de dogmatismo, porque considerava possível chegar a algum tipo de conhecimento por discussão e eventual consenso, como afirmou:

> "Defenda cada qual o que pensa, pois os juízos são livres. Nós manteremos nossa posição e, não constrangidos pelas leis de nenhuma escola particular a que forçosamente obedeceríamos, sempre buscaremos, em filosofia, o que, em cada coisa, é o mais provável."
>
> CÍCERO. Tusculanas. In: CHAUI, Marilena. *Introdução à história da filosofia*: as escolas helenísticas. São Paulo: Companhia das Letras, 2010. p. 228. v. 2.

Cícero, apoiado em vasta erudição e larga experiência com o grego, escolheu o latim para sua escrita, tendo criado conceitos mais apropriados para a tradução dos textos gregos, o que ampliou significativamente o vocabulário latino. Homem culto e de amplo saber, valorizava a fundamentação filosófica do discurso. Famoso pela oratória brilhante e contundente, mais de uma vez interferiu nos rumos da política romana, atividade intensa que culminou com seu assassinato.

Como filósofo, Cícero refletiu a respeito da política nas obras *Sobre a República* e *Sobre as leis*, que tratam da política republicana; nas reflexões sobre moral, tendeu para o pensamento estoico, com adaptações típicas do seu ecletismo. Reconheceu a importância da autoconservação – o amor de si –, e destacou um aspecto que seria característico da cultura romana, a realização da *humanitas*, o ideal romano de educação, entendida como predominantemente humanística, cosmopolita e universal. Para ele, a educação integral do orador requer cultura geral, formação jurídica, aprendizagem da argumentação filosófica, bem como habilidades literárias e até teatrais, igualmente importantes para o exercício da persuasão. Não valorizava, porém, apenas o ideal do sábio, muitas vezes inalcançável, defendendo também a formação de qualquer indivíduo virtuoso como ser moral e político.

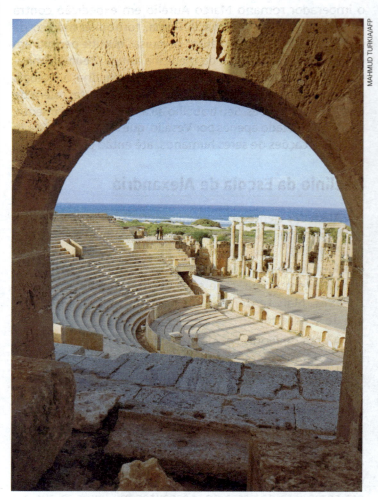

Teatro romano do século II, localizado na atual Líbia. Foto de 2016. As habilidades teatrais estavam incluídas naquilo que Cícero entendia como a educação humanística romana.

Sêneca, senador de Roma

Lucius Sêneca (c. 4 a.C.-65 d.C.) nasceu em Córdoba, na Espanha, e educou-se em Roma. Para ele, a educação deve preparar para o ideal estoico de vida, com base no domínio dos apetites pessoais, e por isso enfatiza a formação moral em detrimento do ensino de retórica, tradicionalmente valorizada, embora ele mesmo fosse excelente orador.

Entre sua produção intelectual fecunda, destacam-se *Consolação à minha mãe Hélvia* (quando no exílio pela primeira vez), *Da brevidade da vida*, *Da tranquilidade da alma* e todos os trabalhos voltados para a orientação da conduta estoica pela virtude e pelo controle de si. Próximo da morte, escreveu *Cartas a Lucílio*.

Preceptor de Nero, entrou para o Senado, onde sofreu grandes reveses, sendo acusado de conspiração e punido com o exílio. Ao obter perdão, tornou-se conselheiro de Nero, quando este já era imperador. Aposentado, sofreu injusta acusação de participar de um complô malogrado para assassinar Nero, que o condenou a cometer suicídio.

Na sua vida conturbada, aplicou as regras estoicas para suportar as adversidades e para compreendê-las como resultado do destino, diante do qual só resta aceitar, não de modo inerte, mas movido pela vontade que sabe como agir em cada situação, pois é guiada pela razão. Para exemplificar, Sêneca faz referência à nossa vontade em confronto ao destino com essa frase: "O destino guia quem o aceita e arrasta quem o rejeita".

5. Outros estoicos

O estoico Epicteto nasceu na Ásia Menor, no século I, e foi levado para Roma como escravo, onde se tornou professor de filosofia. Seu nome significa, em grego, "adquirido", "agregado", tendo sido escolhido por quem o comprou. Pouco se sabe de sua infância e são desconhecidas as circunstâncias que o conduziram a Roma, onde recebeu alforria e fundou uma escola, até ser exilado em razão de um edito do imperador Domiciano, que determinava a expulsão de todos os filósofos por considerá-los "perturbadores da ordem e inimigos do Estado". Seguiu então para uma cidade do oeste da Grécia, onde criou uma nova escola, na qual circularam alunos importantes. O principal discípulo de Epicteto – e depois historiógrafo – Flávio Arriano (92-175) incumbiu-se de reunir seus ensinamentos e suas aulas na obra conhecida como *Conversações*.

Marco Aurélio (121-180), também conhecido como Marco Aurélio Antonino, nasceu em Roma e era filho de um **pretor**. Quando seu pai faleceu, foi adotado pelo imperador Adriano, do qual obteve uma educação primorosa, incluindo professores de filosofia estoica e, entre as leituras, obras de Epitecto. Quando eleito cônsul, casou-se com a filha de Antonino Pio, o novo imperador, chegando a sucedê-lo em 161, após a morte do governante.

Viveu de acordo com aspirações estoicas de busca de serenidade diante de condições adversas, pois, como imperador, recebeu um reinado com dificuldades, permeado de guerras contra partos, gauleses, germanos e outros povos bárbaros, até falecer em 180, após contrair tifo em região próxima a Viena.

Mesmo nas campanhas de guerra, conseguia tempo para "escrever para si mesmo" reflexões de natureza estoica que depois foram reunidas na obra *Meditações*.

Pretor: no contexto, magistrado que administrava a justiça na antiga Roma.

Cena do filme *Melancolia* (2011), dirigido por Lars von Trier. Entre outros assuntos, o filme aborda como os indivíduos lidam com situações inescapáveis, aceitando-as ou opondo-se a elas. Os estoicos defendiam a serenidade diante da adversidade.

Outras tendências

Sexto Empírico (c. 150-220), filósofo grego que atuou em Alexandria e em Roma, e Enesidemo (c. 80-10 a.C.) foram os principais céticos que sofreram a influência pirrônica.

Há também o neoplatonismo de Plotino, ao qual já nos referimos ao tratarmos do período de decadência da Escola de Alexandria, quando o filósofo partiu de lá em direção a Roma. Plotino realizou a primeira grande síntese filosófica após Platão e Aristóteles, e produziu uma obra de difícil compreensão em que reúne influências do platonismo, do pitagorismo e também de pensamentos orientais, elaborando, porém, novos conceitos e releituras próprias.

ATIVIDADES

1. Explique por que Arquimedes representa uma exceção na mentalidade científica antiga, apesar de, em certo sentido, continuar fiel à concepção grega sobre ciência.

2. Que relação os filósofos helenísticos do período romano estabeleceram com o helenismo do período grego?

3. O que significa o ecletismo de Cícero?

4. Explique a frase de Sêneca: "O destino guia quem o aceita e arrasta quem o rejeita".

Leitura analítica

Como se portar na infelicidade

O estoicismo foi a teoria predominante durante o helenismo, tendo encontrado adeptos no neoestoicismo romano, que teve em Sêneca seu principal representante. Compartilhando da conduta comum aos helenistas, seus textos demonstram a disposição para ensinar a viver por meio da descrição de uma série de comportamentos que seriam capazes de evitar o sofrimento ou de ajudar a suportá-los.

"Todavia, eis que tombaste em qualquer situação difícil, sem que hajas feito nada para isso: a adversidade pública ou particular passou-te um laço pelo pescoço, laço que não podes mais nem desapertar nem arrebentar. Lembra-te de que os desventurados que são peados[2] começam por se revoltar contra os pesos e as cadeias de suas pernas; e que, desde que eles começam a se resignar, em lugar de se revoltar, a necessidade lhes ensina a suportar sua sorte com coragem e o hábito torna-a suportável. Encontrarás em qualquer situação divertimentos, descansos e prazeres, se te esforçares para julgar teus males leves, antes de considerá-los intoleráveis. O melhor título da natureza ao nosso reconhecimento é que, conhecendo todos os sofrimentos para os quais estávamos destinados na vida, para abrandar nossos padecimentos ela criou o hábito que nos familiariza em pouco tempo com os mais rudes tormentos. Pessoa alguma resistiria, se, ao continuar, a adversidade conservasse a mesma violência que tem na primeira desgraça.

Estamos todos ligados à fortuna: para uns a cadeia é de ouro e frouxa, para outros é apertada e grosseira; mas que importa? Todos os homens participam do mesmo cativeiro, e aqueles que encadeiam os outros não são menos algemados; pois tu não afirmarás, suponho eu, que os ferros são menos pesados quando levados no braço esquerdo[3]. As honras prendem este, a riqueza aquele outro; este leva o peso da nobreza, aquele o de sua obscuridade; um curva a cabeça sob a tirania de outrem, outro sob a própria tirania; a este sua permanência num lugar é imposta pelo exílio; àquele outro pelo sacerdócio. Toda a vida é uma escravidão. É preciso, pois, acostumar-se à sua condição, queixando-se o menos possível e não deixando escapar nenhuma das vantagens que ela possa oferecer: nenhum destino é tão insuportável que uma alma razoável não encontre qualquer coisa para consolo. Vê-se frequentemente um terreno diminuto prestar-se, graças ao talento do arquiteto, às mais diversas e incríveis aplicações, e um arranjo hábil torna habitável o menor canto. Para vencer os obstáculos, apela à razão: verás abrandar-se o que resistia, alargar-se o que era apertado e os fardos tornarem-se mais leves sobre os ombros que saberão suportá-los."

SÊNECA, Lucius. *Da tranquilidade da alma.*
São Paulo: Abril Cultural, 1973. p. 216. (Coleção Os Pensadores)

[2] Escravos que tinham as pernas ligadas por peias (corda, peça). (Nota do tradutor)

[3] De um costume militar é tirada essa metáfora: a *custodia militaris* consistia em ligar o braço direito do condenado ao braço esquerdo do seu guarda. (Nota do tradutor)

QUESTÕES

1. De acordo com o texto de Sêneca, quais são os passos para enfrentar com serenidade qualquer situação difícil?

2. Explique os conceitos de apatia, ataraxia, liberdade e destino e identifique exemplos dessas noções no texto.

ATIVIDADES

1. Retome o texto citado na abertura do capítulo e associe a separação entre o homem e o cidadão na antiga Grécia, ocorrida na fase do helenismo, ao mundo atual.

2. Leia as citações abaixo e identifique se elas se referem ao epicurismo, estoicismo, cinismo ou ceticismo. Justifique sua resposta.

   a) "Natureza, mundo, deus, fogo são a mesma coisa: a natureza é divinizada e a divindade, naturalizada."

   b) "De todas as coisas que nos oferece a sabedoria para a felicidade de toda a vida, a maior é a aquisição da amizade."

   c) "A vida virtuosa consiste na independência obtida através do domínio dos desejos e necessidades: a felicidade exige que nada se deseje, para que não se sinta a falta de coisa alguma. Para encorajar as pessoas a renunciar aos desejos criados pela civilização e pelas convenções, empreenderam uma cruzada de escárnio antissocial, na esperança de mostrar, pelo seu próprio exemplo, a frivolidade das ilusões da vida social."

   d) "Visto que as coisas são indiferentes ao ser e não ser e que nossas sensações e opiniões são indiferentes ao verdadeiro e ao falso e que não devemos dar-lhes nossa confiança, devemos permanecer sem opinião (*adoxastos*), ou seja, abster-nos do juízo ou, então, suspender o juízo (*epoché*)."

3. Leia a citação e, em seguida, responda às questões.

   "Entretanto, se abandonamos a filosofia, ela não aceita abandonar-nos tão facilmente. Ela vem desafiar-nos no seio mesmo da vida comum em que achamos abrigo, ela vem contestar nossas certezas cotidianas e nosso mesmo direito de tê-las. E ela contesta o direito de nossa visão comum do mundo a assumir-se, como esta de fato se assume, como um saber do mundo. Ora, é essa *contestação filosófica do saber humano e comum do mundo que define essencialmente o ceticismo*. Assim, de fato, ele se definiu historicamente, desde a Grécia antiga, conforme nos atestam os escritos de Sexto Empírico. O ceticismo [...] propõe a suspensão do juízo, a *epoché*, não apenas sobre os *dógmatas* das filosofias, mas sobre toda e qualquer opinião ou asserção que se pretenda verdadeira [...]."

   PEREIRA, Oswaldo Porchat. *Rumo ao ceticismo*. São Paulo: Editora Unesp, 2007. p. 74.

   a) Como se define o ceticismo?
   b) Por que a crítica cética não se restringe às demais teorias filosóficas? Justifique.

4. **Trabalho em grupo.** Observe a citação e a tirinha a seguir e, posteriormente, responda às perguntas com os colegas.

   "Parece-me que, no cinismo, na prática cínica, a exigência de uma forma de vida extremamente marcante – com regras, condições ou modos muito bem caracterizados, muito bem definidos – é fortemente articulada no princípio do dizer-a-verdade ilimitado e corajoso, do dizer-a-verdade que leva sua coragem e sua ousadia até se transformar em intolerável insolência. [...] [O cínico] é o homem da errância, é o homem do galope à frente da humanidade. E depois dessa errância [...] ele voltará para anunciar a verdade (*appaggeît talethê*), anunciar as coisas verdadeiras sem [...] se deixar paralisar pelo medo."

   FOUCAULT, Michel. *A coragem da verdade*: o governo de si e dos outros. São Paulo: Martins Fontes, 2014. p. 144-146. v. 2.

   O melhor de Calvin (1995), tirinha de Bill Watterson.

   a) Identifique as definições de cinismo desenvolvidas nos contextos da tirinha e da citação.
   b) Qual das definições se aproxima mais do cinismo desenvolvido por Diógenes? Justifique.
   c) Como é predominantemente compreendido o termo *cinismo* na atualidade?

5. **Dissertação.** Com base nas citações a seguir e nas discussões desenvolvidas ao longo do capítulo, redija uma dissertação sobre o tema **"O hedonismo hoje e na época dos antigos gregos"**.

   "Com o capitalismo de consumo, o hedonismo se impôs como um valor supremo e as satisfações mercantis, como o caminho privilegiado da felicidade. Enquanto a cultura da vida cotidiana for dominada por esse sistema de referência, a menos que se enfrente um cataclismo ecológico ou econômico, a sociedade de hiperconsumo prosseguirá irresistivelmente em sua trajetória."

   LIPOVETSKY, Gilles. *A felicidade paradoxal*: ensaio sobre a sociedade do hiperconsumo. São Paulo: Companhia das Letras, 2007. p. 367.

   "[...] na *Casa do Jardim*, Epicuro cultivava apenas a liberdade, fundada no dever ser e no fazer o que é natural e racionalmente devido, e não a vida dissoluta (a *asôtia*), a libertinagem e a desordem. Ali ele punha em prática, sobretudo, o grande ideal que forjou para si mesmo e para a sua comunidade: viva escondido (a *láthe biôsas*) e cuide de si mesmo (a *autárkeia*). [...] No jardim, Epicuro vivia como um ermitão, cumpria um regime de vida bem regular, próximo ao de um asceta."

   SPINELLI, Miguel. *Epicuro e as bases do epicurismo*. São Paulo: Paulus, 2013. p. 8-9. (Coleção Ensaios Filosóficos)

ATIVIDADES

ENEM E VESTIBULARES

6. (Enem/MEC-2016)

"Pirro afirmava que nada é nobre nem vergonhoso, justo ou injusto; e que, da mesma maneira, nada existe do ponto de vista da verdade; que os homens agem apenas segundo a lei e o costume, nada sendo mais isto do que aquilo. Ele levou uma vida de acordo com esta doutrina, nada procurando evitar e não se desviando do que quer que fosse, suportando tudo, carroças, por exemplo, precipícios, cães, nada deixando ao arbítrio dos sentidos."

LAÉRCIO, D. *Vida e sentenças dos filósofos ilustres*.
Brasília: Editora UnB, 1988.

O ceticismo, conforme sugerido no texto, caracteriza-se por:

a) Desprezar quaisquer convenções e obrigações da sociedade.
b) Atingir o verdadeiro prazer como o princípio e o fim da vida feliz.
c) Defender a indiferença e a impossibilidade de obter alguma certeza.
d) Aceitar o determinismo e ocupar-se com a esperança transcendente.
e) Agir de forma virtuosa e sábia a fim de enaltecer o homem bom e belo.

7. (Enem/MEC-2014)

"Alguns dos desejos são naturais e necessários; outros, naturais e não necessários; outros, nem naturais nem necessários, mas nascidos de vã opinião. Os desejos que não nos trazem dor se não satisfeitos não são necessários, mas o seu impulso pode ser facilmente desfeito, quando é difícil obter sua satisfação ou parecem geradores de dano."

EPICURO. Doutrinas principais. In: SANSON, V. F.
Textos de filosofia. Rio de Janeiro: Eduff, 1974.

No fragmento da obra filosófica de Epicuro, o homem tem como fim

a) alcançar o prazer moderado e a felicidade.
b) valorizar os deveres e as obrigações sociais.
c) aceitar o sofrimento e o rigorismo da vida com resignação.
d) refletir sobre os valores e as normas dadas pela divindade.
e) defender a indiferença e a impossibilidade de se atingir o saber.

8. (UEL-2017)

Leia o texto a seguir.

ODE XI do LIVRO I

"não me perguntes – é vedado saber –
o fim
que a mim
e a ti darão os deuses Leucônoe
nem babilônios
números consultes antes
o que for recebe
quer te atribua Júpiter muitos invernos
quer o último
que o mar tirreno debilita com abruptas
rochas
bebe o vinho sabe a vida e corta
a longa esperança
enquanto falamos
foge
invejoso
o tempo:
curte o dia
desamando amanhãs

HORÁCIO. Adaptado de: Trad. Augusto de Campos.
Disponível em <www.maxwell.vrac.puc-rio.br>. Acesso em 12 jun. 2016.

Esse poema de Horácio (65-8 a.C.) revela um valor ou *mores* romano, que é denominado hedonismo, o fundamento moral do cotidiano romano.

Sobre esse hábito, atribua V (verdadeiro) ou F (falso) às afirmativas a seguir.

( ) A influência grega sobre a cultura romana construiu o hábito do culto ao corpo e de regras dietéticas.
( ) A locução latina *Carpe diem*, que significa aproveite o dia, expressa a moral hedonista romana.
( ) O hedonismo implicava uma vida de comedimento e restrições, sobretudo em relação aos hábitos de higiene.
( ) O hedonismo preconizava a valorização do ócio e do prazer em detrimento de outras ocupações do cotidiano.
( ) O prazer dos romanos à mesa, com fartos banquetes e longas comemorações, era uma prática hedonista.

Assinale a alternativa que contém, de cima para baixo, a sequência correta.

a) V, V, V, F, F.
b) V, F, F, V, V.
c) V, F, F, F, V.
d) F, V, V, F, F.
e) F, V, F, V, V.

Mais questões: no livro digital, em **Vereda Digital Aprova Enem** e **Vereda Digital Suplemento de revisão e vestibulares**; no *site*, em **AprovaMax**.

Sugestões

Para ler

Boas-vindas à filosofia
Marilena Chaui. São Paulo: Martins Fontes, 2010. v. 1. (Coleção Filosofias: o prazer do pensar)
A filósofa Marilena Chaui mostra ao leitor o mundo dos filósofos, analisando a atividade filosófica e as diferentes definições de filosofia.

Epicuro: máximas principais
Epicuro. Notas de João Quartim de Moraes. São Paulo: Loyola, 2010. (Coleção Clássicos da Filosofia)
Este livro traz as opiniões de Epicuro transcritas pelo historiador Diógenes Laércio por meio de quarenta aforismos que sintetizam a ética epicurista.

Carta sobre a felicidade (a Meneceu)
Epicuro. São Paulo: Editora Unesp, 2002.
Esta carta de Epicuro, dirigida a Meneceu, um de seus discípulos, é mais conhecida como *Carta sobre a felicidade*, uma vez que versa sobre a conduta humana, tendo em vista alcançar a saúde do espírito.

Odisseia
Homero. São Paulo: Penguin; Companhia das Letras, 2011.
A narrativa do regresso de Odisseu (Ulisses) à sua terra natal é considerada uma obra de grande importância na tradição literária ocidental. Episódios da Guerra de Troia e do retorno de Odisseu a Ítaca são alguns dos fatos narrados na epopeia.

Ilíada
Homero. Rio de Janeiro: Ediouro, 2002.
Nove anos após o início da Guerra de Troia, provocada pelo rapto de Helena por Páris, os guerreiros Heitor, por Troia, e Aquiles, pela Grécia, lideram uma batalha épica cuja força narrativa atravessa os anos.

Édipo rei
Sófocles. Porto Alegre: L&PM, 2009. (Coleção L&PM Pocket)
Atormentado pela profecia de Delfos, de que iria matar o pai e desposar a mãe, Édipo tenta fugir de seu destino.

Antígona
Sófocles. Porto Alegre: L&PM, 1999. (Coleção L&PM Pocket)
Em uma das sete peças sobreviventes do grego Sófocles, Antígona, uma das mais memoráveis personagens femininas já criadas, luta sozinha contra um tirano e seus exércitos, abalando todo um governo.

A República, Livro VII
Platão. São Paulo: Martins Fontes, 2006.
Neste fragmento da obra, Platão expõe a alegoria da caverna em formato de diálogo, no qual Sócrates é um dos principais interlocutores.

Aristóteles, a plenitude como horizonte do ser
Maria do Carmo B. de Faria. São Paulo: Moderna, 2006. (Coleção Logos)
Após tantas críticas à metafísica, assistimos hoje ao renascimento do interesse pelo pensamento aristotélico. Voltar a Aristóteles significa debruçar-se sobre a própria origem da filosofia no Ocidente. O filósofo trabalhou temas que desafiam o homem até hoje, como a natureza, a política, a ética, os princípios fundadores do ser.

Para assistir

Sócrates
Direção de Roberto Rossellini. Itália; França; Espanha, 1971.
O cineasta italiano realizou diversos filmes sobre filósofos para a televisão italiana. Esta obra situa Sócrates nos últimos dias de sua vida e apresenta diversas falas com trechos de diálogos de Platão. O DVD tem a apresentação do professor Roberto Bolzani.

Iphigenia
Direção de Michael Cacoyannis. Grécia, 1977.
Adaptação da lenda heroica do rei Agamêmnon, que, segundo consta da literatura, quando os gregos estavam prestes a atacar Troia, teria matado um animal consagrado da deusa Ártemis para aplacar a fome que assolava os soldados. Como punição, ele teria sido obrigado a sacrificar sua filha Iphigenia.

Matrix
Direção de Lilly e Lana Wachowski. Estados Unidos, 1999.
Pleno de efeitos visuais, o filme é uma ficção científica em que as pessoas ficam conectadas a um computador e vivem em uma realidade virtual, o que leva ao questionamento sobre o que é real. É possível estabelecer uma relação com a alegoria da caverna, de Platão.

Para navegar

Revista de Filosofia Antiga da Universidade de São Paulo
www.revistas.usp.br/filosofiaantiga/index
Site da revista publicada pelo Departamento de Filosofia da Universidade de São Paulo, contém artigos sobre filosofia antiga grega e romana, além de traduções de publicações estrangeiras.

Portal Domínio Público
www.dominiopublico.gov.br
Site que disponibiliza acervo de textos, imagens, sons e vídeos já em domínio público, incluindo obras de filósofos como Platão e Aristóteles.

Anais de Filosofia Clássica da Universidade Federal do Rio de Janeiro
www.revistas.ufrj.br/index.php/FilosofiaClassica
Trata-se de uma revista do Programa de Pós-Graduação em Filosofia da UFRJ. Semestralmente, são publicados artigos nacionais e internacionais sobre filosofia clássica.

UNIDADE 5
FILOSOFIA MEDIEVAL

Capítulo 17
Razão e fé, 334

Capítulo 18
A ciência na Idade Média, 349

Cena do filme sueco *O sétimo selo* (1957), dirigido por Ingmar Bergman. Nessa cena, a morte disputa xadrez com um cavaleiro medieval que retorna de uma guerra religiosa. Só ao final da partida o cavaleiro entende que a força da razão é incapaz de vencer o poder da morte, associado à vontade divina.

Razão e fé, uma relação sempre revisitada

O longo período de mil anos abarcado pela Idade Média exige cuidado na avaliação de sua produção cultural, incluindo a filosófica. Após a fase conturbada de queda do Império Romano e a formação de reinos dos chamados povos bárbaros, o cristianismo se configurou como elemento aglutinador. Essa característica permitiu que sua influência permanecesse vigorosa e duradoura. Embora a ortodoxia do período tenha sido bastante criticada, também é verdade que, mesmo depois de muito tempo, aqueles conceitos criticados continuaram incorporados ao pensamento ocidental. E observando atualmente a força com que as religiões retornam ao seio das discussões sobre ética, política e até nas aplicações que resultaram dos avanços da ciência, novamente nos perguntamos qual é a importância de repensar as relações entre razão e fé.

CAPÍTULO 17

RAZÃO E FÉ

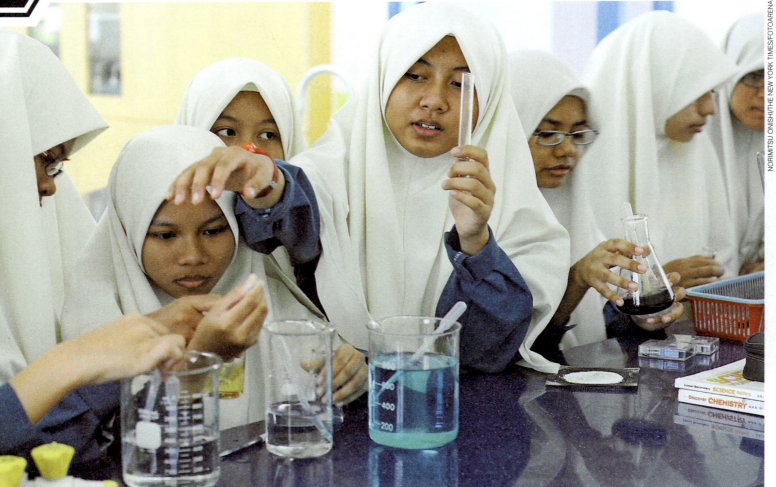

Adolescentes participam de aula de química em uma escola islâmica localizada em Singapura. Foto de 2009.

"A síntese agostiniana levanta um problema teórico e de princípio: é possível uma 'filosofia cristã'? Não existe uma contradição em querer reunir conceitualmente religião e filosofia? [...] Como salientamos [...], o pensamento religioso faz referência a textos fundadores (os Evangelhos, a *Bíblia*), considerados como sagrados porque de origem supra-humana (é a revelação ou a palavra de Deus dirigida aos homens). A base da religião aparece, assim, nos **antípodas** da fonte da filosofia, que é uma atividade e um produto da razão humana apenas (ou, mais geralmente, das faculdades humanas). A exegese (interpretação, hermenêutica) dos textos sagrados não é assimilável à discussão crítica dos escritos filosóficos: seu espírito é profundamente diferente, ainda que as técnicas sejam frequentemente comparáveis. [...]

O próprio da mensagem cristã não é, entretanto, intelectual: é uma mensagem de amor — amor pelo outro, seja ele qual for, e de amor a Deus —, um convite a resolver o 'problema' (o sofrimento, o mal-estar) da condição humana, fazendo apelo aos recursos emocionais e afetivos do ser humano, e não prioritariamente à sua razão. A integração dessa dimensão pela filosofia – que se faz por 'amor', mas amor pelo saber – é sem dúvida difícil e, talvez, impossível."

HOTTOIS, Gilbert. *Do Renascimento à pós-modernidade*: uma história da filosofia moderna e contemporânea. Aparecida: Ideias & Letras, 2008. p. 40-41.

Antípoda: quem ou o que tem características opostas.

Conversando sobre

- Agora é sua vez: pode existir uma "filosofia cristã"? Após o estudo do capítulo, retome esse questionamento e debata-o com os colegas.

1. Uma nova religião

A religião grega era politeísta e, apesar de os filósofos clássicos terem refletido sobre um princípio ordenador de todas as coisas, tratava-se de um reconhecimento puramente intelectual. De fato, para Platão (c. 428-347 a.C.), quem ordena o caos é o Demiurgo; para Aristóteles (c. 384-322 a.C.), é o Primeiro Motor Imóvel; para Plotino (c. 204-270), cabe ao princípio transcendente do Uno. Assim, ao reconhecerem algum princípio ordenador, os três filósofos antecipam de certo modo alguns aspectos da orientação monoteísta, embora a religião grega constituída permanecesse politeísta. Além disso, os gregos não tinham concepção de criação – acreditavam na eternidade da matéria – nem de providência, pois descreviam o divino como indiferente ao destino humano.

Como fator de diferenciação dessa cultura politeísta, vale destacar também que para os gregos a lei moral deriva da própria natureza, ao passo que para os cristãos a lei é um mandamento divino e sua desobediência constitui pecado. Trazendo um traço original, o cristianismo refere-se à "ressurreição dos mortos", pela qual, no fim dos tempos, corpo e alma teriam vida eterna no paraíso ou no inferno, como recompensa ou condenação por seus atos.

Foi nesse ambiente que surgiu o cristianismo, como uma das poucas religiões monoteístas da Antiguidade; além dele, houve o judaísmo, que o antecedeu, e o islamismo, que o sucedeu. A religião cristã surgiu em uma comunidade judaica e de lá se difundiu, inicialmente enfrentando perseguições e martírios. Como Jesus da Galileia, seu fundador, era judeu, a nova religião incorporou as leis judaicas, que constituem o que os cristãos passaram a chamar de Antigo Testamento, por anteceder o Novo Testamento, reservado para manter vivas as palavras de Jesus, inicialmente transmitidas oralmente pelos *evangelistas* e escritas apenas tardiamente. As duas obras constituem a *Bíblia* cristã, na qual se encontram as verdades canônicas, isto é, verdades que contêm a "regra" em que o crente deve se apoiar, com a convicção de que decorreram da revelação divina.

2. Primeiros tempos: os apologistas

Em razão de diferenças profundas de concepção de mundo em relação a toda a produção intelectual da Antiguidade, os cristãos classificavam como *pagã* a cultura greco-romana e seus adeptos. Inicialmente perseguido, o cristianismo conseguiu se expandir a fim de atrair seguidores para sua fé, chegando em determinado momento a designar sua Igreja como *católica*, termo usado até hoje.

No esforço de converter os pagãos, combater as *heresias* e justificar a fé, os primeiros teóricos cristãos escreveram obras de *apologética*. Além da *Bíblia*, os teólogos resolveram usar os textos dos filósofos pagãos, adaptando-os à nova fé. Os mais antigos são os apologistas gregos, entre os quais se destacou Justino (século II), que viveu na cidade de Antioquia, região da atual Síria.

Ainda no período helenístico, outro foco de estudo surgiu em Alexandria, com a Escola Catequética. Ela foi instituída em torno do ano 180 por um estoico convertido, que teve como aluno Clemente de Alexandria (c. 150-215), responsável por teorizar a respeito da harmonia entre fé e filosofia. Para ele, embora a fé seja o fundamento, o cristão aprofunda o conteúdo de sua fé por meio da razão, que serve para combater os argumentos daqueles contrários à expansão do cristianismo. Sua obra foi continuada pelo discípulo Orígenes (c. 185-254), que assumiu a direção da Escola a partir de 203.

Entre os apologistas latinos, destacou-se Tertuliano de Cartago (c. 155-240), teólogo conhecido por sua intransigência e fervor na defesa da fé, a ponto de desprezar a filosofia, referindo-se a ela como a "mãe de todas as heresias". Em outras palavras, Tertuliano não pretendia conciliar razão e fé, porque esta última deveria bastar.

Esses defensores recorriam, ainda, a fontes bastante variáveis, dependendo do que havia de disponível, como Cícero (106-43 a.C.), pensador do helenismo romano, e Plotino, neoplatônico. As teorias estoicas foram bem-aceitas ainda na época do Império Romano e fecundaram as ideias *ascéticas* do período medieval, que preconizavam o controle das paixões tendo em vista a vida futura, quando, de acordo com os teólogos, os seres humanos poderiam ser felizes.

Os apologistas se debruçaram sobre inúmeros temas, mas grande parte dos assuntos tratados se contrapunha à concepção grega de um deus indiferente. Afirmavam a certeza da ligação de Deus com sua criatura, o que levou à discussão sobre a natureza divina e da alma, sobre a vida futura, o confronto entre o bem e o mal e a noção de pecado, a fim de reorientar o comportamento moral humano conforme a ideia de salvação. De acordo com essa perspectiva, os valores são *transcendentes*, porque resultam de doação divina, o que torna o cristão um ser que teme o castigo divino.

Evangelista: no sentido estrito, autor de um dos quatro livros do Evangelho, um conjunto de ensinamentos de Cristo; etimologicamente, deriva do grego *euaggélion*, "boa mensagem".

Pagão: aquele que não foi batizado; assim eram chamados os não cristãos.

Católico: deriva do grego *katholikós*, "universal", "geral", "referente à totalidade".

Heresia: doutrina, interpretação ou sistema rejeitado como falso pela Igreja.

Apologética: próprio da apologia, "discurso para justificar, defender ou louvar"; parte da teologia que se dedica à defesa do catolicismo contra seus opositores.

Ascético: relativo ao ascetismo, doutrina moral que preconiza privações e mortificações para alcançar o domínio de si.

Transcendente: que ultrapassa, vai além. No contexto, os valores são transcendentes por não serem criados pelos humanos, mas por Deus.

Capítulo 17 • Razão e fé

3. Patrística

Os religiosos que elaboraram a doutrina cristã foram chamados *Padres da Igreja*, daí derivando a denominação de Patrística, que se estendeu, ainda na Antiguidade, do século II ao V, quando iniciava o período de decadência do Império Romano.

Distinguimos na Patrística dois momentos importantes:
- do século II ao IV, com os primeiros Padres da Igreja;
- nos séculos IV e V, o auge da Patrística, com **Agostinho de Hipona**.

Jerônimo escrevendo (1606), pintura de Caravaggio. A tela lembra o esforço de tradução da *Bíblia* para o latim feito pelo padre apologista Jerônimo (347-420).

Agostinho, bispo de Hipona

Fé e razão, segundo Agostinho

Aurélio Agostinho (354-430), o principal nome da Patrística, nasceu na cidade de Tagaste, hoje Souk Ahras, na Argélia, ao norte da África, vindo a ser bispo de Hipona e posteriormente canonizado pela Igreja Católica. É significativo o fato de ter vivido no findar do mundo antigo, quando os bárbaros avançavam sobre o Império Romano. Agostinho encontra-se, portanto, no eclipsar de um mundo que se extinguia e no limiar de outro que ele efetivamente ajudou a delinear.

Apesar de ter vivido no final da Antiguidade, suas teorias fertilizaram todo o primeiro período da Idade Média. Na juventude, interessou-se pela religião dos maniqueus, o que despertou sua curiosidade pelas questões sobre o bem e o mal e sobre a natureza de Deus. Famoso como orador, foi para Roma, onde ministrou aulas de retórica, ocasião em que conheceu o bispo Ambrósio (c. 337-397), experiência que o levou a abandonar o **maniqueísmo** e a aproximar-se das Escrituras cristãs.

Após um período conturbado, voltado para os prazeres mundanos, converteu-se ao cristianismo por influência de sua mãe, Mônica, igualmente canonizada. Adaptou o platonismo à fé católica e produziu obra vasta, com destaque para *Confissões*, *De magistro*, *A cidade de Deus* e *Sobre a Trindade*, muitas delas voltadas ao combate às heresias.

Teoria da iluminação

Agostinho retomou a filosofia de Platão por meio de seus comentadores, sobretudo Plotino, e adaptou-a ao cristianismo. Aceitou a dicotomia platônica entre "mundo sensível" e "mundo das ideias", mas substituiu este último pelas ideias divinas. Do mesmo modo, adaptou ao cristianismo a teoria da reminiscência, que em Platão significava a contemplação, antes da vida presente, das essências no mundo das ideias. Em contraposição, Agostinho desenvolveu a *teoria da iluminação*, segundo a qual possuímos as verdades eternas porque as recebemos de Deus: como o Sol, Deus ilumina a razão e torna possível o pensar correto.

De fato, ainda que imperfeito e inquieto, o ser humano é capaz de intuir verdades imutáveis e absolutas, superiores à sua capacidade porque elas derivam de Deus, que é a Verdade Absoluta. Ao mesmo tempo, concluiu que reside aí a prova da existência de Deus, pois se a mente, que é imperfeita, intui verdades imutáveis é porque existe a Verdade imutável, que é Deus.

Para o teólogo e filósofo Agostinho, a aliança entre fé e razão significava, na verdade, reconhecer a razão como *auxiliar* da fé e, portanto, a ela subordinada. Agostinho sintetiza essa tendência com a expressão latina "*Credo ut intelligam*" ("Creio para que possa entender"), como é explicado a seguir:

> "A fé não substitui nem elimina a inteligência; pelo contrário, a fé estimula e promove a inteligência. A fé é [...] um modo de pensar **assentindo**; por isso, sem pensamento não haveria fé. E analogamente, por seu turno, a inteligência não elimina a fé, mas a fortalece e, de certo modo, a clarifica. Em suma: fé e razão são *complementares*."
>
> REALE, Giovanni; ANTISERI, Dario. *História da filosofia*: Patrística e Escolástica. 2. ed. São Paulo: Paulus, 2005. p. 88. v. 2.

Maniqueísmo: no contexto, movimento religioso iniciado pelo sacerdote persa Mani, no século III, com a intenção de aperfeiçoar a doutrina cristã e que se constituiu com base em elementos gnósticos, cristão e orientais.

Assentir: concordar, consentir, aprovar.

O "homem interior"

Em seu livro *Confissões*, Agostinho relata a luta interna que culminou com sua conversão ao cristianismo. Pode-se dizer que foi a primeira obra autobiográfica, diferente de tudo que fora escrito até então. Nessa obra, porém, o filósofo não se restringe a descrever suas culpas, porque, antes de tudo, ela se configura como um louvor à graça e à sabedoria de Deus.

Ao descrever sua trajetória, Agostinho vai além dos fatos e realiza um mergulho em sua intimidade, resgatando desenganos, fraquezas e esperanças. Voltar-se para o "homem interior" representou um movimento de elaboração da noção de subjetividade como dimensão que se opõe à exterioridade do mundo.

A partir da concepção desse elemento subjetivo, Agostinho descobre a noção de *pessoa* e cria a metafísica da interioridade, ou seja, o problema para ele não é o do cosmo, mas o do homem, não o homem abstrato, mas o indivíduo concreto, o que é uma novidade na filosofia.

O confronto entre matéria e espírito, corpo e alma, constituiu um ponto novo e fundamental na doutrina cristã.

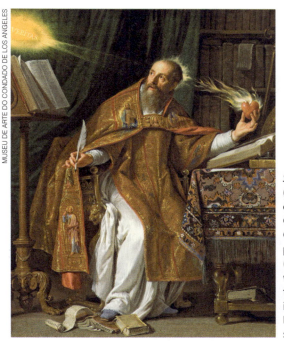

Santo Agostinho (c.1650), pintura de Philippe de Champagne. Observe a palavra verdade (em latim, *veritas*) no topo da tela, irradiando sua luz sobre o livro sagrado.

Livre-arbítrio

Os escritos de Agostinho sobre ética se apoiam em leituras diversas, sobretudo nas obras do romano Cícero e do estoico Sêneca (4 a.C.-65 d.C.). Além disso, a vivência pessoal dos conflitos de uma consciência atormentada pela noção do pecado fez Agostinho exaltar o poder da vontade. Pois, se a razão conhece, é a vontade que decide e escolhe, posição que caracteriza o voluntarismo da teoria agostiniana, com a qual o filósofo se distancia do intelectualismo moral dos gregos, já que, para ele, a liberdade é própria da autonomia da vontade, e não da razão.

Assim Agostinho descreve os conflitos da vontade:

> "Quando eu estava decidindo servir inteiramente ao Senhor meu Deus, como havia estabelecido há muito, era eu que queria e eu que não queria: era exatamente eu que nem queria plenamente, nem rejeitava plenamente. Por isso, lutava comigo mesmo e dilacerava-me a mim mesmo."
>
> Agostinho. In: REALE, Giovanni; ANTISERI, Dario. *História da filosofia*: Patrística e Escolástica. 2. ed. São Paulo: Paulus, 2005. p. 98. v. 2.

Em sua obra *Sobre a livre escolha da vontade*, foi o primeiro a usar o conceito de *livre-arbítrio* como faculdade da razão e da vontade ao explicar que, por mais que desejasse continuar desfrutando os prazeres mundanos, a vontade de mudar deveria prevalecer. Como cristão, porém, Agostinho realçava o poder da **graça** divina, que auxilia a escolher o bem e a rejeitar o mal. Nesse sentido, a vontade humana não é tão autônoma quanto o desejado, o que o leva a concluir que a ajuda divina é fundamental, porque quem a despreza será vencido pelo pecado.

Agostinho destacou o poder do amor como caridade – amor a Deus e ao próximo –, porque conhecemos pelo amor, já que "não se entra na verdade senão pela caridade". A propósito, explica o filósofo espanhol Julián Marías (1914-2005):

> "O amor bom, isto é, a caridade em seu sentido mais próprio, é o ponto central da ética agostiniana. Por isso, sua expressão mais densa e concisa é o famoso imperativo *ama e faz o que quiseres*."
>
> MARÍAS, Julián. *História da filosofia*. São Paulo: Martins Fontes, 2004. p. 129.

O bem e o mal

Quando Agostinho pertenceu à seita dos maniqueus, debruçou-se sobre a questão crucial de entender como um Deus sumamente bom poderia vir a ser a causa do mal.[1] Por isso os maniqueus afirmavam que o mundo resulta de dois princípios antagônicos: o Bem e o Mal.

Posteriormente, já convertido, Agostinho combateu o maniqueísmo como heresia e desenvolveu uma teoria para explicar o que antes parecia ser contraditório. Retomou a discussão sobre o mal, tema longamente debatido por Plotino, concluindo que o mal não tem existência real, mas é uma carência, a ausência do bem. Argumenta que, se vemos algo que se corrompe, é porque antes era bom, senão não poderia se corromper. E se as coisas fossem privadas de todo o bem, deixariam totalmente de existir. E conclui:

> "Portanto, todas as coisas que existem são boas, e aquele mal que eu procurava não é uma substância, pois, se fosse substância, seria um bem. [...] Vi, pois, e pareceu-me evidente que criastes boas todas as coisas, e que certissimamente não existe nenhuma substância que Vós não criásseis. E, porque as não criastes todas iguais, por esta razão, todas elas, ainda que *boas* em particular, tomadas conjuntamente são *muito boas*, pois o nosso Deus criou 'todas as coisas muito boas' [Velho Testamento, Gênesis, 1:31]."
>
> AGOSTINHO. *Confissões*. São Paulo: Abril Cultural, 1973. p. 140. (Coleção Os Pensadores)

Graça: no sentido religioso, significa "dádiva divina", "doação que permite a salvação da alma".

[1] Para conhecer as análises sobre o mal feitas por Agostinho e por outros filósofos, consulte o capítulo 5, "As formas de crença", na parte I, mais especificamente o tópico "O problema do mal".

Frank & Ernest (2001), tirinha de Bob Thaves. A tirinha causa humor pela forma como são enunciadas duas situações possíveis: a existência de um determinismo divino que define as atitudes humanas (como em um aparelho eletrônico controlado remotamente) ou a possibilidade do livre-arbítrio determinando as escolhas dos homens.

O tempo e a eternidade

Deus criou o mundo do nada. Portanto, se o mundo foi criado, não pode ser eterno. Teria havido, então, um "momento" em que Deus criou o mundo? E "antes" da criação, o que fazia Deus? Agostinho explica que Deus é imutável e eterno. O tempo, assim, não existe para Ele e só passa a existir para as criaturas no instante em que são criadas.

O que é, então, o tempo? O ser humano percebe o tempo como duração, porque as coisas mudam. Além disso, o passado já não existe, o futuro ainda não aconteceu e o presente é fugidio, fugaz. O tempo é percebido pela nossa consciência, pela qual, no momento presente, o passado existe como memória e o futuro, como expectativa, enquanto o presente é vivido como a visão das coisas presentes. O tempo, dessa forma, é a duração da alma.

A cidade de Deus

Não podemos esquecer que a obra *A cidade de Deus*, que trata da teologia e da filosofia da história, foi escrita quando o Império Romano desmoronava diante das invasões bárbaras. Nesse período, a religião cristã ainda não era aceita. Assim, nessa obra, Agostinho refuta as críticas mais comuns e prega a importância da conversão dos pagãos ao cristianismo.

Ao discutir sobre as relações entre política e religião, refere-se às duas cidades, a "cidade de Deus" e a "cidade terrena". À cidade terrena cabe zelar pelo bem-estar das pessoas e pela garantia de justiça. A cidade de Deus, ao contrário do que se poderia pensar, não é apenas o reino de Deus que se sucede à vida terrena, porque as duas cidades constituem dois planos de existência na vida de cada um. Todos vivem a dimensão terrena vinculada à sua história natural, à moral, às necessidades materiais e ao que diz respeito a tudo o que é perecível e temporal. Por sua vez, a dimensão celeste corresponde à comunidade dos cristãos, a qual vive da fé e se inspira no amor a Deus. A cidade terrena é o reino do pecado e será aniquilada no fim dos tempos. A cidade de Deus opõe a graça ao pecado e a eternidade à finitude.

Diante desse contraste, Agostinho conclui que o exercício da função política, por ter como base instituições exercidas por homens marcados pelo pecado, necessita da graça de Cristo, sem o que não se concretizariam a justiça e a felicidade. Veremos como essa questão adquiriu outros contornos no final da Idade Média.

Iluminura do século XV representando a cidade de Deus em página de edição francesa da obra *De civitate Dei* (*A cidade de Deus*), escrita por Agostinho.

ATIVIDADES

1. Qual foi a importância dos padres apologistas no início da Patrística?

2. Por que, para os filósofos cristãos da Idade Média, o papel da filosofia não era a busca da verdade?

3. Como justificar o fato de Agostinho aproveitar conceitos de Platão, uma vez que intelectuais cristãos criticavam as ideias pagãs?

4. Em que sentido a noção de "interioridade" de Agostinho foi inovadora?

5. Como Agostinho analisa as relações entre a "cidade de Deus" e a "cidade terrena"?

Leitura analítica

A origem do livre-arbítrio

Neste texto, que faz parte do diálogo sobre o livre-arbítrio, Agostinho debate com seu amigo Evódio, enfrentando a questão do mal moral ao investigar a razão por que Deus deu aos homens a liberdade de pecar. Vale mencionar que o fragmento a seguir, da obra O livre-arbítrio, é a introdução do segundo livro, que trata da prova da existência de Deus como fonte de todo bem (incluindo o livre-arbítrio), sendo que o primeiro livro, mencionado no texto, diz respeito à ideia de que o pecado provém do livre-arbítrio.

"*Evódio* – Se possível, explica-me agora a razão pela qual Deus concedeu ao homem o livre-arbítrio da vontade, já que, caso não o houvesse recebido, o homem certamente não teria podido pecar.

Agostinho – Logo, já é para ti uma certeza bem definida haver Deus concedido ao homem esse dom, o qual supões não dever ter sido dado.

Evódio – O quanto me parece ter compreendido no livro anterior, é que nós não só possuímos o livre-arbítrio da vontade, mas acontece ainda que é unicamente por ele que pecamos.

Agostinho – Também me recordo de termos chegado à evidência a respeito desse ponto. Mas, no momento, eu te pergunto o seguinte: esse dom que certamente possuímos e pelo qual pecamos, sabes que foi Deus quem no-lo concedeu?

Evódio – Na minha opinião, ninguém senão Ele, pois é por Ele que existimos. E é Dele que merecemos receber o castigo ou a recompensa, ao pecar ou ao proceder bem.

Agostinho – Mas o que eu desejo saber é se compreendes com evidência esse último ponto. Ou se, levado pelo argumento da autoridade, crês de bom grado, ainda que sem claro entendimento.

Evódio – Na verdade, devo afirmar que, sobre esse ponto, eu aceitei-o primeiramente dócil à autoridade. Mas o que poderia haver de mais verdadeiro do que as seguintes asserções: tudo o que é bom procede de Deus. E tudo o que é justo é bom. Ora, existe algo mais justo do que o castigo advir aos pecadores, e a recompensa aos que procedem bem? Donde a conclusão: é Deus que atribui o infortúnio aos pecadores e a felicidade aos que praticam o bem.

Agostinho – Nada tenho a opor. Mas apresento-te esta outra questão: Como sabes que existimos por virmos de Deus? Isso de fato não é o que acaba de explicar, mas sim que Dele nos vem o merecer, seja o castigo, seja a recompensa.

Evódio – Parece-me ser isso igualmente evidente, visto que não por outra razão, a não ser porque temos já por certo que Deus castiga os pecados, visto que toda justiça Dele procede. Ora, se é próprio da bondade fazer o bem a pessoas estranhas, não é próprio da mesma justiça infligir castigos a quem não são devidos. Por onde, ser evidente que nós Lhe pertencemos, posto que Ele é para conosco não somente cheio de bondade, concedendo-nos seus dons, mas ainda justíssimo, ao castigar-nos. Além de que, já o afirmei antes, e tu o aprovaste, todo bem procede de Deus. Porque o próprio homem, enquanto homem, é certo bem, pois tem a possibilidade, quando o quer, de viver retamente?

Agostinho – Realmente, e se é essa a questão por ti proposta, já está claramente resolvida. Pois, se é verdade que o homem em si seja certo bem, e que não poderia agir bem, a não ser querendo, seria preciso que gozasse de vontade livre, sem a qual não poderia proceder dessa maneira. Com efeito, não é pelo fato de uma pessoa poder se servir da vontade também para pecar, que é preciso supor que Deus no-la tenha concedido nessa intenção. Há, pois, uma razão suficiente para ter sido dada, já que sem ela o homem não poderia viver retamente. Ora, que ela tenha sido concedida para esse fim pode-se compreender logo, pela única consideração que se alguém se servir dela para pecar, recairão sobre ele os castigos da parte de Deus. Ora, seria isso uma injustiça, se a vontade livre fosse dada não somente para se viver retamente, mas igualmente para se pecar. Na verdade, como poderia ser castigado, com justiça, aquele que se servisse de sua vontade para o fim mesmo para o qual ela lhe fora dada? Assim, quando Deus castiga o pecador, o que te parece que ele diz senão estas palavras: 'Eu te castigo porque não usaste de tua vontade livre para aquilo a que eu a concedi a ti'? Isto é, para agires com retidão. Por outro lado, se o homem carecesse do livre-arbítrio da vontade, como poderia existir esse bem, que consiste em manifestar a justiça, condenando os pecados e premiando as boas ações? Visto que a conduta desse homem não seria pecado nem boa ação, caso não fosse voluntária. Igualmente o castigo, como a recompensa, seria injusto, se o homem não fosse dotado de vontade livre. Ora, era preciso que a justiça estivesse presente no castigo e na recompensa, porque aí está um dos bens cuja fonte é Deus.

Conclusão, era necessário que Deus desse ao homem vontade livre.

Evódio – Eu já admito que Deus nos concedeu a vontade livre. Mas não te parece, pergunto-te, que se ela nos foi dada para fazermos o bem, não deveria poder levar-nos a pecar? É o que acontece com a própria justiça dada ao homem para viver bem. Acaso alguém poderia viver mal, em virtude de sua retitude? Do mesmo modo, ninguém deveria pecar por meio de sua vontade, caso esta lhe tivesse sido dada para viver de modo honesto."

Agostinho. *O livre-arbítrio*. 2. ed. São Paulo: Paulus, 2015. p. 73-75.

QUESTÕES

1. Em que sentido o conceito de livre-arbítrio levanta uma questão ética?
2. Em que medida a conceituação de Agostinho leva a pensar que Deus concedeu ao homem a liberdade de pecar?
3. Lendo as palavras de Agostinho, é possível dizer que se trata de uma "filosofia cristã"?
4. Em que medida razão e fé estão articuladas nesse diálogo?

4. Começa a Idade Média

O período medieval estendeu-se do século V ao XV. Foram, portanto, mil anos. Torna-se difícil descrever as principais características de um tempo tão longo sem incorrer em simplificações. Embora houvesse retrocessos em diversos setores, dependendo da época e do lugar, não podemos classificar todo o período medieval como intelectualmente obscuro, como fizeram alguns pensadores que lhe atribuíram denominações depreciativas do gênero de "a grande noite de mil anos" ou "idade das trevas", fixando uma visão pessimista e tendenciosa divulgada durante o Renascimento.

A cultura medieval é um amálgama de elementos greco-romanos, germânicos e cristãos, sem nos esquecermos da civilização bizantina e da civilização islâmica, que fecundaram de modo brilhante a primeira fase da Idade Média.[2] Enquanto no Ocidente os bárbaros dividiram o antigo Império Romano em diversos reinos, entrando em um período de retração econômica, social e cultural, aqueles povos do Oriente mantiveram uma cultura viva e efervescente. Veja os principais marcos cronológicos do período medieval:

- Divisão do Império Romano em Império do Ocidente e Império do Oriente (395).
- Império Romano do Oriente ou Império Bizantino (395-1453).
- Idade Média: da queda do Império Romano do Ocidente (476) à tomada de Constantinopla pelos turcos (1453).
- Expansão islâmica: iniciou-se no século VII, estendeu-se em direção ao norte da África e à Península Ibérica, mas retrocedeu com a conquista, pelos cristãos, do último reduto em Granada, Espanha (1492).

Após a queda do Império Romano, teve início o período denominado Alta Idade Média – que se estendeu até por volta dos anos 1000 –, marcado por invasões e pela formação dos primeiros reinos germânicos. Lentamente nascia a ordem feudal, de natureza aristocrática, em cujo topo da pirâmide se encontravam os nobres e o clero. No novo contexto, a Igreja Católica consolidou-se como força espiritual e política.

Numa época em que a Europa estava bastante fragmentada, a Igreja representava um elemento agregador em diversos setores, manifestando-se tanto no plano espiritual quanto no político. Por exemplo, para contar com seu apoio, os reis germânicos convertiam-se ao cristianismo.

Do ponto de vista cultural, a herança greco-latina foi preservada nos mosteiros. Os monges eram os únicos letrados em um mundo em que nem os nobres sabiam ler, o que explica a impregnação religiosa nos princípios morais, políticos, filosóficos e jurídicos da sociedade medieval. Não por acaso, nos séculos VIII e IX, governantes da dinastia carolíngia (iniciada por Carlos Magno) promoveram o renascimento cultural de boa parte do Império Carolíngio, com a criação de diversos tipos de escolas em palácios, igrejas e mosteiros.

A Filosofia e as sete artes liberais (século XII), iluminura criada pela freira Herrad de Landsberg. Na alegoria, a Filosofia encontra-se no centro, rodeada pelas sete artes liberais que compunham o conteúdo do ensino medieval.

---

[2] Para mais informações sobre o desenvolvimento da civilização islâmica no período medieval, consulte o capítulo 18, "A ciência na Idade Média", na parte II.

O conteúdo do ensino era o estudo clássico das sete **artes liberais**, constituídas pelo *trivium* e pelo *quadrivium*.

- O *trivium* era composto de gramática (estudo das letras e da literatura), retórica (história e arte de bem falar) e dialética (lógica, a arte de raciocinar).
- O *quadrivium* compunha-se de geometria, aritmética, astronomia e música.

No segundo período medieval, conhecido como Baixa Idade Média, notavam-se mudanças fundamentais no campo da cultura já a partir do século XI, sobretudo em razão do renascimento urbano, da expansão do comércio e do aumento do intercâmbio entre os povos (iniciado com o movimento das Cruzadas), que possibilitaram aos europeus o contato com o conhecimento produzido pelos árabes nas áreas da medicina, astronomia e matemática. Ameaças de ruptura da unidade da Igreja e heresias anunciavam o novo tempo de contestação e debates em que a razão buscava sua autonomia. Fundamental nesse processo foi a criação por toda a Europa de inúmeras universidades, que se tornaram, por excelência, focos de fermentação intelectual.

No século XIV, porém, as universidades entraram em decadência, asfixiadas pelo dogmatismo decorrente da ausência de debate crítico.

Artes liberais: as artes liberais são assim denominadas por serem as disciplinas que formavam o homem livre, o qual não precisa se ocupar das artes mecânicas, voltadas para o mundo técnico.

5. Escolástica

Com as mudanças relatadas no tópico anterior, a Escolástica surgiu como nova expressão da filosofia cristã. Nesse período, ainda persistia a aliança entre razão e fé, em que a filosofia continuava "serva da teologia". Certos mestres, geralmente clérigos não ordenados, atraíam os alunos pelas discussões em que se exercitavam as artes da dialética, com debates de proposições controvertidas. O mais célebre deles foi Pedro Abelardo (1079-1142), filósofo e lógico francês conhecido pelo discurso caloroso e pelas polêmicas que enfrentou.

Em virtude do aumento das heresias, a partir do século XII, os tribunais da Inquisição ou Santo Ofício se espalharam pela Europa para apurar os "desvios da fé". Ordens religiosas, sobretudo a dos dominicanos, assumiram o controle, aplicando a censura a livros e determinando a punição dos dissidentes, até mesmo com a morte.

Trocando ideias

Na Idade Média, o Tribunal do Santo Ofício foi responsável pela censura e julgamento político de obras e ações consideradas heréticas.

- Em que medida ainda hoje a cultura está sujeita a riscos semelhantes?

Saiba mais

A palavra *universidade* significava, na Idade Média, qualquer assembleia corporativa, como a "universidade dos mestres e estudantes". Do século X ao XIV foram fundadas mais de 80 universidades na Europa, nas quais se estudavam teologia, filosofia, medicina, direito, física, astronomia e matemática. Talvez a mais antiga tenha sido a Universidade de Salerno (Itália), que oferecia, no século X, o curso de medicina; em seguida, espalharam-se às dezenas por todo o continente. Muitas construções daquela época existem até hoje, como o prédio da Universidade de Oxford, na Inglaterra, que data do século XII. Na América, em razão do longo período de colonização, foram fundadas apenas duas universidades no século XVI, uma no México e outra no Peru. As demais que estão entre as mais antigas surgiram apenas no século XIX: a primeira, em 1819, nos Estados Unidos. No Brasil, cursos superiores foram implantados no século XIX (médico-cirúrgicos, em 1808; jurídicos, em 1827; engenharia civil, em 1874), mas as primeiras universidades surgiram apenas no século XX, com a Escola Universitária Livre de Manaus (de duração efêmera), a Universidade do Paraná e a Universidade de São Paulo. Ainda assim, todas estas e as que se seguiram atendiam a um número restrito de alunos até sua expansão, ocorrida apenas na década de 1970.

Fonte: *Atlas historique*: de l'apparition de l'homme sur la Terre à l'ère atomique. Paris: Perrin, 1987. p. 176.

Universidades europeias (até o século XIV)

A questão dos universais

Desde o século XI até o XIV, uma polêmica marcou as discussões sobre a questão dos universais. O que são *universais*? O *universal* é o conceito, a ideia, a essência comum a todas as coisas. Por exemplo, o conceito de ser humano, animal, casa, bola, cadeira, círculo.

Em outras palavras, as perguntas eram as seguintes: os gêneros e as espécies têm existência separada dos objetos sensíveis? Ou seja: este cão existe, mas a espécie "canina" e o gênero "animal" teriam existência real? Seriam *realidades*, *ideias* ou apenas *palavras*?

As principais soluções apresentadas foram: realismo, realismo moderado, nominalismo e conceptualismo.

- Para os *realistas*, como Santo Anselmo (século XI) e Guilherme de Champeaux (século XII), o universal tem realidade objetiva (são *res*, ou seja, "coisa", em latim). Essa posição é claramente influenciada pela teoria das ideias de Platão.
- O *realismo moderado* é representado no século XIII por Tomás de Aquino (1225-1274). Como aristotélico, afirma que os universais só existem formalmente no espírito, embora tenham fundamento nas coisas.
- Para os *nominalistas*, como Roscelino (século XI), o universal é apenas o que é expresso em um nome. Ou seja, os universais são *palavras*, sem nenhuma realidade específica correspondente. No século XIV, a tendência nominalista reapareceu em nuances diferentes com o inglês Guilherme de Ockham (c. 1285-1347), franciscano que representa a reação à filosofia aristotélico-tomista.
- A posição do *conceptualismo* é intermediária, entre o realismo e o nominalismo, e teve como principal defensor Pedro Abelardo (século XII). Para ele, os universais são conceitos, entidades mentais, que existem somente no espírito.

As divergências sobre os universais podem ser analisadas valendo-se das contradições e fissuras que se instalaram na compreensão mística do mundo medieval. Nesse aspecto, os realistas são os partidários da tradição e, por isso, valorizavam o universal, a autoridade, a verdade eterna representada pela fé. Para os nominalistas, o individual é mais real, o que indica o deslocamento do critério de verdade da fé e da autoridade para a razão humana. Naquele momento histórico do final da Idade Média, o nominalismo representou o racionalismo burguês em oposição às forças feudais que desejava superar.

Saiba mais

A questão dos universais não é um problema restrito à Idade Média. Os filósofos empiristas (Thomas Hobbes, David Hume e Étienne Bonnot de Condillac) são nominalistas ao concluírem que as ideias não existem em si, pois só é possível conhecer algo por meio da experiência. Nas atuais filosofias contemporâneas, como na filosofia da linguagem, na qual se incluem pensadores como Gottlob Frege e Ludwig Wittgenstein, o que é posto em discussão é a relação entre linguagem e realidade.

Tomás de Aquino: apogeu da Escolástica

Vimos que desde o início do pensamento cristão os teólogos sofreram influência do neoplatonismo, até porque poucas obras de Aristóteles eram conhecidas. Quando os árabes fizeram as primeiras traduções e comentários a respeito do filósofo grego, eles foram rejeitados por conter interpretações consideradas perigosas para a fé cristã.

O monge dominicano Tomás de Aquino nasceu na Itália e foi canonizado pela Igreja Católica. Depois de passar por Nápoles e Colônia (atual Alemanha), ensinou em Paris, onde teve contato com o pensamento de Aristóteles por meio do árabe Averróis (1126-1198), a quem ele chamava de "O comentador". Seu interesse o aproximou de recentes traduções feitas diretamente do grego e, desse modo, realizou a mais fecunda síntese do aristotelismo, adequando-o à fé cristã. Sua obra principal, a *Suma teológica*, foi fundamental para caracterizar a Escolástica e por isso mesmo se tornou a expressão máxima da então chamada *filosofia aristotélico-tomista*. Escreveu também a *Suma contra os gentios* e *Questões disputadas sobre a alma*. O filósofo era, ainda, conhecido como "Doutor Angélico" e "Aquinate".

Cena do filme *O nome da rosa* (1986), dirigido por Jean-Jacques Annaud. No filme, que é uma adaptação do romance homônimo de Umberto Eco, o personagem Guilherme de Baskerville é inspirado no filósofo Guilherme de Ockham.

Gentio: o mesmo que pagão.

Teoria do conhecimento

Embora continuasse a valorizar a fé como instrumento de conhecimento, Tomás de Aquino não desconsiderou a importância do "conhecimento natural". De maneira semelhante a Aristóteles, Aquino reconheceu a participação dos sentidos e do intelecto: o conhecimento começa pelo contato com as coisas concretas, passa pelos sentidos internos da fantasia ou imaginação até a apreensão de formas abstratas. Desse modo, o conhecimento processa um salto qualitativo desde a apreensão da imagem, que é concreta e particular, até a elaboração da ideia, abstrata e universal.

Ao refletir sobre a relação corpo e alma, Tomás de Aquino retoma a teoria aristotélica da união entre a matéria-prima e a forma substancial: a alma é a forma substancial do corpo. Quando a alma se separa do corpo pela morte, essa união se desfaz. Nesse momento, prevalece a verdade teológica da imortalidade da alma, pois a natureza espiritual da alma deriva do fato de ter sido criada por Deus, o que garante sua capacidade de subsistir separadamente do corpo.

No entanto, se a razão não pode conhecer a essência de Deus, pode demonstrar sua existência ou a criação divina do mundo. Vejamos como se desenvolve a argumentação de Aquino.

Provas da existência de Deus

As chamadas "cinco vias" da prova da existência de Deus estão baseadas na obra *Metafísica*, de Aristóteles, na qual o filósofo grego explica o movimento do mundo pela existência necessária de uma causa primeira, que é o Primeiro Motor Imóvel.

Tomás de Aquino retoma esse tema quando escreve a *Suma teológica*. Vejamos quais são os argumentos racionais que fundamentam um dado que, para o filósofo, advém da fé.

- O *movimento*: conforme a teoria do ato e potência, só algo em ato pode mover o que existe em potência; portanto, tudo que se move deve ser movido por outro, pois nada se move por si mesmo. A fim de evitar uma regressão ao infinito, o que seria absurdo, é necessário concluir que existe um motor que move todas as coisas e não é movido, ou seja, Deus.
- A *causa eficiente*: nada pode ser causa de si mesmo, senão seria anterior a si mesmo; por não poder seguir um processo infinito, é preciso admitir uma causa primeira que não é causada – Deus.
- *Contingência* e *necessidade*: um ser contingente é aquele cuja existência depende de outro; mas, se todos fossem contingentes, nada existiria; portanto, deve haver um ser necessário, que é Deus.
- Os *graus de perfeição*: todos os seres têm graus diferentes de perfeição, qualidades que podem ser comparadas, mas só um ser teria o máximo de perfeição, ou seja, o máximo de realização de atributos e qualidades – Deus.
- A *causa final* (ou *argumento teleológico*): toda a natureza tem uma finalidade, um propósito, caso contrário não haveria ordem; deve haver uma inteligência ordenadora, que é Deus.

Essas cinco vias denotam o esforço de Tomás de Aquino para desenvolver uma "teologia natural", que mais tarde Leibniz (1646-1716) chamará de *teodiceia*, ou seja, o conhecimento racional de Deus.[3]

Cena do filme canadense *Uma viagem extraordinária* (2013), dirigido por Jean-Pierre Jeunet. O enredo gira em torno de T. S. Spivet, um garoto prodígio que aos 10 anos constrói um moto-contínuo, máquina autossuficiente capaz de se movimentar perpetuamente. O mecanismo idealizado pelo personagem contraria a teoria de ato e potência, segundo a qual nada se move por si mesmo.

Trocando ideias

As provas da existência de Deus sempre provocaram divergências de opiniões. O filósofo Bertrand Russell (1872-1970), reconhecidamente ateu, dizia que o argumento das cinco causas era contraditório por admitir que Deus é "incausado" e "causa de todas as coisas", o que invalida o argumento porque nega a premissa de que "tudo que existe tem uma causa". Mais ainda, o argumento confunde acontecimentos sobrenaturais (Deus) com os naturais (causalidade, movimento e contingência). Em uma análise sob outro ângulo, o professor de filosofia James Rachels (1941-2003) replica: "O fato de estes argumentos fracassarem não significa que Deus não possa existir – significa apenas que esses argumentos particulares não provam que exista. [...] Essa conclusão não surpreenderá as pessoas religiosas, que, em todo o caso, viram sempre as suas convicções como uma questão de fé, e não de lógica".[4] É o caso do filósofo **Blaise Pascal** (1623-1662), cristão devoto, ao dizer: "É o coração que sente Deus, e não a razão. Eis o que é a fé: Deus sensível ao coração, não à razão".[5]

- Como você se posiciona filosoficamente diante desses três depoimentos?

---

[3] Ao fazer a crítica da metafísica tradicional, Kant concluiu pela impossibilidade de demonstrar racionalmente a existência de Deus. Para mais informações, consulte o capítulo 19, "Revolução Científica e problemas do conhecimento".

[4] RACHELS, James. *Problemas de filosofia*. Lisboa: Gradiva, 2009. p. 52.

[5] PASCAL, Blaise. *Pensamentos*. São Paulo: Abril Cultural, 1973. p. 111. (Coleção Os Pensadores)

Ética e política

A ética de Tomás de Aquino segue de perto o pensamento aristotélico. Preserva-se a ideia de bem e de felicidade e a distinção entre os bens que devem ser desprezados e quais são os valorizados. Complementando com a visão cristã, Aquino destaca que toda criação tem origem em Deus e nele tem o seu fim. Portanto, com o auxílio da revelação e mediante a graça e a fé, pode-se alcançar uma felicidade mais elevada, mesmo na vida presente. Pode acontecer, contudo, que esses preceitos, percebidos pela razão e pela fé, não sejam cumpridos por ato da própria vontade. Nesse sentido, Aquino não está se referindo às punições que tradicionalmente são relatadas pelo vulgo, como o inferno, mas ao impedimento de desfrutar da natureza sobrenatural do seu destino, que é o conhecimento de Deus como é em si mesmo.

Do ponto de vista político e influenciado por Aristóteles, Tomás de Aquino debruçou-se sobre temas como o melhor governo e a natureza do poder e das leis. Como no século XIII os tempos já eram outros, Aquino ampliou as discussões sobre o direito internacional, ou seja, os princípios que deveriam presidir as relações entre os diversos Estados para garantir a paz. Esse tema iria adquirir importância no século XVI, principalmente com o filósofo e jurista Hugo Grócio.

No entanto, atento ao risco da tirania, entendia a paz social como resultado da unidade do Estado e valorizava a virtude do governante, dando continuidade à versão da política normativa grega que prescreve o comportamento virtuoso do governante, tema que seria contestado por Nicolau Maquiavel no século XVI.

Visão de Tomás de Aquino (c. 1720), pintura de Martino Altomonte. O filósofo Tomás de Aquino é representado ao centro, com o olhar voltado para a luminosidade trazida por um anjo. A ética tomista culmina com a contemplação de Deus.

Coerente com sua visão religiosa de mundo, Tomás de Aquino concluiu que o Estado conduz o ser humano até certo ponto, quando então necessita do auxílio de outra instituição, a Igreja Católica, para que o ser humano atinja seu fim último, a felicidade eterna.

Saiba mais

O pensamento de Tomás de Aquino ressurgiu no século XIX por obra do papa Leão XIII. O neotomismo representa o esforço de restauração da "filosofia cristã". No Brasil, durante o período colonial, os jesuítas ensinavam o tomismo e, em 1908, foi fundada no Mosteiro de São Bento, em São Paulo, a Faculdade Livre de Filosofia e Letras, na qual ministraram aulas filósofos belgas seguidores da tendência neotomista.

6. A crise da Escolástica

É certo que a recuperação do aristotelismo se revelou recurso fecundo no tempo de Tomás de Aquino. No final da Idade Média, porém, a Escolástica padecia com o autoritarismo de seus seguidores, o que provocou nefastas consequências para o pensamento filosófico e científico. Posturas dogmáticas, contrárias à reflexão, obstruíam as pesquisas e a livre investigação. O *princípio da autoridade*, ou seja, a aceitação cega das afirmações contidas nos textos bíblicos e nos livros dos grandes pensadores, sobretudo Aristóteles, impedia qualquer inovação.

Os tribunais da Inquisição, ao julgarem os chamados "desvios da fé", recorriam à delação anônima, ao julgamento sem advogados, à tortura. Conforme o caso, os livros eram colocados no *Index* (Índice), lista das obras proibidas, ou, quando aprovados, recebiam a chancela *nihil obstat* ("nada obsta", "nada contra"). Se a acusação fosse muito grave, instaurava-se o julgamento do autor. As condenações e penas incluíam a prisão perpétua e a morte, geralmente na fogueira.

No entanto, paralelamente às elaborações teóricas que justificavam o poder religioso sobre o poder secular, a sociedade medieval transformava-se, gerando anseios de laicização, isto é, de assumir uma orientação não religiosa.

Confronto de ideias

O tema do confronto entre o poder papal e o poder do imperador esteve presente nas polêmicas do final do século XIII e durante o século XIV. Até então, as diferentes funções das instituições do Estado e da Igreja podiam ser determinadas conforme a natureza dos poderes que exercem.

- A natureza do Estado seria secular, temporal, voltada para as necessidades mundanas, e sua atuação seria exercida pela força física.
- A Igreja, de natureza espiritual, estaria voltada para os interesses da salvação da alma, devendo encaminhar o rebanho para a religião por meio da educação e da persuasão.

No entanto, no período medieval, vimos como a ampliação do poder da Igreja disseminou a convicção de que, se toda autoridade vem de Deus, também o Estado deveria se sujeitar aos valores cristãos, além de apoiar a Igreja no cumprimento de sua missão. Com o estreitamento das relações entre política e religião, passou-se a exigir do governante que ele fosse justo, não tirânico, capaz de obrigar todos a obedecer aos princípios da moral cristã.

Agostinismo político

Na fase final da Idade Média, porém, a intervenção constante da Igreja nas funções do Estado começou a incomodar. Voltemos a Agostinho de Hipona e à teoria das duas cidades, a "cidade de Deus" e a "cidade terrena", para entender como, à revelia do autor, foi criada a doutrina chamada *agostinismo político*, que influenciou todo o pensamento político daquele período.

Ao definir as relações entre o poder do Estado e o da Igreja, concluiu-se pela superioridade do poder espiritual sobre o temporal. Essa situação espelhou-se em diversos conflitos entre reis e papas, agressivos de parte a parte. O papado venceu algumas vezes com o recurso da excomunhão, que afastava o rei das bênçãos da Igreja e ao mesmo tempo desobrigava os súditos de manter lealdade a ele, o que, afinal, obrigava o rei a se humilhar pedindo perdão.

A tensão entre os dois poderes assumiu diferentes expressões no decorrer do período, provocando inúmeros conflitos entre reis e papas, e gerou facções políticas, como veremos na sequência. Essa tensão foi explicitada por meio da figura da "luta das duas espadas", reivindicando, ainda, a superioridade do poder espiritual, como escreve o abade Bernardo de Claraval (1090-1153):

"A espada espiritual e a espada material pertencem, uma e outra, à Igreja; mas a segunda deve ser manejada a favor da Igreja e a primeira, pela própria Igreja; uma está na mão do padre, a outra na mão do soldado, mas à ordem do padre e sob o comando do imperador."

CLARAVAL, Bernardo de. In: TOUCHARD, Jean. *História das ideias políticas*. Lisboa: Europa-América, 1970. p. 81. v. 2.

Teóricos pré-renascentistas

No final da Idade Média, alguns pensadores, depois classificados como pré-renascentistas, elaboraram novas ideias que, embora não provocassem alterações imediatas, deram início à lenta e profunda transformação do pensamento filosófico. A amplitude dessas discussões abrangia desde a questão das relações entre fé e razão, a separação entre o poder civil e o religioso – com a valorização do poder do Estado em detrimento do poder pontifício –, até a superação da concepção de ciência predominante na Antiguidade.

Na imagem mais acima, detalhe do afresco *Alegoria do bom governo* (1338-1339); na outra, detalhe do afresco *Alegoria do mau governo* (1338-1340), ambos de Ambrogio Lorenzetti. Essas obras denotam a intenção pedagógica de distinguir as virtudes do bom governo dos vícios do mau governo, de acordo com a tradição teórica da política medieval que identificava o tirano com o próprio demônio.

Guilherme de Ockham

Figura importante do período de transição, Guilherme de Ockham, frade franciscano inglês, ao fazer a defesa do nominalismo, como vimos no tópico sobre a questão dos universais, já demonstrava a ruptura com a concepção tradicional, apegada ao realismo da metafísica de Platão e Aristóteles. Por afirmar que o universal não é real, mas apenas um termo de alcance lógico, provocou o que se pode chamar de uma "dissolução da síntese da Escolástica".

Ockham foi mais longe, ao defender a separação entre fé e razão:

> "Os artigos de fé não são princípios de demonstração nem conclusões, e nem mesmo prováveis, já que parecem falsos para todos, ou para a maioria ou para os sábios, entendendo por sábios os que se entregam à razão natural, já que só de tal modo se entende o sábio na ciência e na filosofia."
>
> OCKHAM, Guilherme de. In: REALE, Giovanni; ANTISERI, Dario. *História da filosofia*: Patrística e Escolástica. 2. ed. São Paulo: Paulus, 2005. p. 299. v. 2.

Dizendo de outro modo, Guilherme de Ockham critica o mundo das ideias de Platão e as noções aristotélicas de substância e de causa eficiente, o que significa também criticar o próprio tomismo, filosofia que costumou relacionar Deus e o mundo que se busca conhecer. Separar o plano da razão e o da fé não significa desprezar a existência de Deus, mas recusar a pretensão da razão de demonstrar verdades que só devem ser acessíveis pela fé.

Ao recusar abstrações metafísicas, por serem dispensáveis, Guilherme de Ockham tornou-se conhecido pela expressão "navalha de Ockham" ou "princípio da economia". De acordo com esse princípio, deve-se eliminar, em virtude de sua inutilidade, entidades admitidas pela Escolástica tradicional, ou seja, "não se deve multiplicar os entes se não for necessário". Desde a concepção do nominalismo até a recusa de abstrações inúteis, o pensamento de Ockham estava de acordo com a nova visão de ciência, que primava pela experiência ao valorizar o conhecimento dos seres individuais.

Do ponto de vista político, Guilherme de Ockham era contra a interferência da Igreja em assuntos seculares e defendia a autonomia do poder civil em relação ao poder religioso. Suspeito de heresia, Ockham refugiou-se no palácio do imperador Ludovico da Baviera, que, segundo consta, lhe teria dito: "Tu defendes minha espada, eu defendo tua pena (de escrever)", em que a espada representa a defesa do poder secular e a pena, a liberdade de expressão.

Dante e Marsílio

Na Baixa Idade Média, a Península Itálica encontrava-se dividida em inúmeros pequenos Estados independentes. Até 1250, esses Estados estiveram sob a tutela de imperadores alemães. A interferência da Igreja nos negócios políticos e o interesse dos imperadores alemães em recuperar seu antigo domínio desencadearam o conflito entre guelfos (partidários do papa) e gibelinos (partidários do imperador). Estes últimos representavam o ideal de secularização do poder em oposição à ação política da Igreja.

O contexto político italiano influenciou o pensamento de Dante Alighieri (1265-1321) e de Marsílio de Pádua (1275-1342), cujas teorias se destacaram naquele momento.

Dante Alighieri

Dante Alighieri foi um poeta italiano. Mais conhecido como autor de *A divina comédia*, também escreveu *A monarquia*, obra em que introduziu teses naturalistas e propôs a eliminação do papel mediador do papa no poder.

> "Ao duplo fim do homem é necessário um duplo poder diretivo: o do sumo pontífice, que, segundo a revelação, conduz o gênero humano à vida eterna, e o do imperador, que, segundo as lições da filosofia, dirige o gênero humano para a felicidade temporal. E como a este porto nenhuns ou poucos [...] podem chegar [...] o fim que mais deve procurar servir o curador do orbe, chamado príncipe dos romanos, é que nesta habitação mortal se viva livremente em paz.
>
> [...] Assim, torna-se evidente que a autoridade temporal do monarca desce sobre ele, sem qualquer intermediário."
>
> ALIGHIERI, Dante. *A monarquia*. São Paulo: Abril Cultural, 1973. p. 231. (Coleção Os Pensadores)

Ao desvencilhar a autoridade temporal e política da autoridade do papa e da Igreja, Dante admitia que o governante deveria depender diretamente de Deus. Esses pensadores do declínio da Idade Média prenunciavam as novas expressões de poder civil que se sobrepunham ao poder eclesiástico: o particularismo nacional predominando sobre o universalismo da Igreja.

O conjunto desses fatos e teorias contribuiu para a valorização dos poderes seculares. A noção de Estado soberano surgia no centro da formação das monarquias nacionais e se fortalecia com a aliança entre a burguesia e os reis.

Marsílio de Pádua

Marsílio de Pádua era italiano e foi reitor da Universidade de Paris, mas precisou fugir para a Alemanha por causa das polêmicas contra a interferência do poder papal na política secular. Marsílio desenvolveu suas ideias na obra *Defensor da paz*, na qual cabe ao povo o poder de escolher seus governantes, fazendo uso apenas de sua razão e experiência. O Estado deveria ser o resultado de uma construção humana, distinta dos valores religiosos. Mais que isso, era a Igreja que deveria se subordinar ao Estado.

Marsílio foi precursor das ideias republicanas, que defendem a soberania popular e o estado de direito, separando o que é de Deus e o que é dos homens.

ATIVIDADES

1. Explique a fundação de universidades a partir do século XI e para que transformações elas contribuíram.

2. Qual era o tema principal discutido no que se chamou de questão dos universais?

3. Sob que aspectos a ética de Tomás de Aquino assemelha-se à de Aristóteles e em que dela difere?

4. Compare a concepção política de Aquino à de Aristóteles e justifique por que o direito internacional inspirou, naquele momento, uma nova reflexão filosófica.

5. Quais são as principais características do período pré-renascentista, no final da Idade Média?

6. Explique o que é agostinismo político e por que Dante Alighieri e Marsílio de Pádua fizeram oposição a essa tendência.

Leitura analítica

As verdades da razão natural não contradizem as verdades da fé cristã

O texto a seguir, escrito por Tomás de Aquino, foi extraído da obra Suma contra os gentios, *que traz em tom apologético as teses fundamentais da teoria filosófica do monge dominicano.*

"Se é verdade que a verdade da fé cristã ultrapassa as capacidades da razão humana, nem por isso os princípios inatos naturalmente à razão podem estar em contradição com esta verdade sobrenatural.

É um fato que esses princípios naturalmente inatos à razão humana são absolutamente verdadeiros; são tão verdadeiros que chega a ser impossível pensar que possam ser falsos. Tampouco é permitido considerar falso aquilo que cremos pela fé, e que Deus confirmou de maneira tão evidente. Já que só o falso constitui o contrário do verdadeiro, como se conclui claramente da definição dos dois conceitos, é impossível que a verdade da fé seja contrária aos princípios que a razão humana conhece em virtude das suas forças naturais.

A mesma coisa que o mestre inculca no espírito do seu discípulo, a ciência do mestre a inclui, a menos que este ensinamento do mestre esteja imbuído de hipocrisia, o que não se pode supor em Deus. Ora, o conhecimento dos princípios que nos são conhecidos naturalmente nos é dado por Deus, uma vez que Deus é o autor da nossa natureza. Por conseguinte, tais princípios naturais estão incluídos também na sabedoria divina. Portanto, tudo aquilo que contradiz tais princípios, contradiz a sabedoria divina. Ora, isso não pode acontecer em Deus. Tudo o que a revelação divina nos manda crer é impossível que contrarie o conhecimento natural. [...]

Além disso, as propriedades naturais não podem alterar-se enquanto permanecer a natureza das coisas. Ora, no mesmo indivíduo é impossível coexistirem simultaneamente opiniões ou juízos contrários entre si. Consequentemente, Deus não pode infundir no homem opiniões ou uma fé que vão contra os dados do conhecimento adquirido pela razão natural.

É isso que faz o Apóstolo São Paulo escrever, na Epístola aos Romanos: 'A palavra está bem perto de ti, em teu coração e em teus lábios, ouve; a palavra da fé, que nós pregamos' (Romanos, capítulo 10, versículo 8). Todavia, já que a palavra de Deus ultrapassa o entendimento, alguns acreditam que ela esteja em contradição com ele. Isso não pode ocorrer.

Também a autoridade de Santo Agostinho o confirma. No segundo livro da obra *Sobre o Gênese comentado ao pé da letra*, o Santo afirma o seguinte: 'Aquilo que a verdade descobrir não pode contrariar os livros sagrados, quer do Antigo, quer do Novo Testamento'.

Do exposto se infere o seguinte: quaisquer que sejam os argumentos que se aleguem contra a fé cristã não procedem retamente dos primeiros princípios inatos à natureza e conhecidos por si mesmos. Por conseguinte, não possuem valor demonstrativo, não passando de razões de probabilidade ou sofismáticas. E não é difícil refutá-los."

AQUINO, Tomás de. *Suma contra os gentios*. São Paulo: Abril Cultural, 1973. p. 70. (Coleção Os Pensadores)

QUESTÕES

1. De acordo com Tomás de Aquino, a razão humana pode contrariar as verdades da fé?

2. As verdades da fé podem ser contrárias aos princípios da razão?

3. Qual é a hierarquia que se estabelece entre fé e razão?

4. Releia a citação de Gilbert Hottois que abre este capítulo e, partindo do pressuposto de quais são os métodos da filosofia, explique que reparo podemos fazer no texto de Tomás de Aquino, mesmo que o consideremos verdadeiro.

ATIVIDADES

1. O problema da relação entre as ideias e as coisas levou os filósofos a se perguntarem "onde estão as ideias das coisas", donde resultaram diversas soluções. Responda às questões.

   a) Quais foram as soluções apresentadas pelos filósofos medievais? Explique.

   b) De que maneira a divergência entre realistas e nominalistas pode ser interpretada pela análise das contradições que já existiam na sociedade medieval?

2. Relacione a recomendação do papa Pio XI, cujo papado foi de 1922 a 1939, com uma das cinco vias da prova da existência de Deus, de Tomás de Aquino.

   > "De fato, já que a educação consiste, essencialmente, na formação do homem, ensinando-lhe o que deve ser e como deve comportar-se nesta vida terrena para atingir o fim sublime para o qual foi criado, é claro que não pode haver verdadeira educação que não seja inteiramente voltada para esse fim derradeiro."
   >
   > Carta encíclica sobre a educação cristã, 1929.

3. Em *A divina comédia*, Dante relata o destino dos pecadores, mas seu poema, além das críticas morais que faz aos homens de seu tempo, também revela suas preocupações políticas. A seguir, leia um trecho do Canto XVI do purgatório. Observe que os "dois sóis" a que o eu lírico se refere são os dois poderes, o temporal e o espiritual, que na Roma antiga estariam separados. Em seguida, explique o que significam essas duas estrofes do ponto de vista da teoria política de Dante Alighieri e compare o teor desses versos com a posição de Agostinho.

   > "Bem haja Roma, que ao bom mundo, então,
   > ergueu dois sóis, por revelar a estrada
   > ali da terra, e aqui da salvação.
   >
   > Mas um o outro eclipsou, e uniu-se a espada
   > à pastoral; e, juntos, claramente,
   > não podem bem cumprir sua jornada."
   >
   > ALIGHIERI, Dante. *A divina comédia*. Belo Horizonte; São Paulo: Itatiaia; Edusp, 1979. p. 151.

4. **Dissertação.** Leia a passagem transcrita a seguir e depois volte à citação de abertura do capítulo; inspirado nelas, siga a proposta de redação. Considerando que as concepções filosóficas medievais incorporaram a herança grega, mas também a rejeitaram sob alguns aspectos, redija uma dissertação com o seguinte tema: "A filosofia é filha do seu tempo, do mesmo modo que mira o futuro".

   > "Paulo [o apóstolo] conhece a existência da sabedoria dos filósofos gregos, mas condena-a em nome de uma nova sabedoria, que é uma loucura para a razão: a fé em Jesus Cristo [...]. Essa denúncia da sabedoria grega não era, porém, uma condenação da razão. Subordinado à fé, o conhecimento natural não está excluído. Muito ao contrário, num texto que será citado sem cessar na Idade Média (Romanos, 1, 18-21) e de que o próprio Descartes se prevalecerá para legitimar sua empresa metafísica, São Paulo afirma que os homens têm de Deus um conhecimento natural suficiente para justificar a severidade deste para com eles [...]. [...] o que São Paulo quer provar aqui é que os pagãos são indesculpáveis, mas estabelece, em virtude desse princípio, que a razão pode conhecer a existência de Deus, seu eterno poder e ainda outros produtos que ele não nomeia, pela inteligência, a partir do espetáculo das obras de Deus."
   >
   > GILSON, Étienne. *A filosofia na Idade Média*. São Paulo: Martins Fontes, 2001. p. XIX; XX.

ENEM

5. (Enem/MEC-2015)

   > "Ora, em todas as coisas ordenadas a algum fim, é preciso haver algum dirigente, pelo qual se atinja diretamente o devido fim. Com efeito, um navio, que se move para diversos lados pelo impulso dos ventos contrários, não chegaria ao fim de destino, se por indústria do piloto não fosse dirigido ao porto; ora, tem o homem um fim, para o qual se ordenam toda a sua vida e ação. Acontece, porém, agirem os homens de modos diversos em vista do fim, o que a própria diversidade dos esforços e ações humanas comprova. Portanto, precisa o homem de um dirigente para o fim."
   >
   > AQUINO, T. Do reino ou do governo dos homens: ao rei do Chipre. *Escritos políticos de São Tomás de Aquino*. Petrópolis: Vozes, 1995. (Adaptado)

   No trecho citado, Tomás de Aquino justifica a monarquia como o regime de governo capaz de

   a) refrear os movimentos religiosos contestatórios.

   b) promover a atuação da sociedade civil na vida política.

   c) unir a sociedade tendo em vista a realização do bem comum.

   d) reformar a religião por meio do retorno à tradição helenística.

   e) dissociar a relação política entre os poderes temporal e espiritual.

Mais questões: no livro digital, em **Vereda Digital Aprova Enem** e **Vereda Digital Suplemento de revisão e vestibulares**; no *site*, em **AprovaMax**.

CAPÍTULO 18
A CIÊNCIA NA IDADE MÉDIA

Detalhe de *Ciência inútil ou o alquimista* (1958), pintura da artista surrealista espanhola Remedios Varo. Na obra, a vestimenta do alquimista se mistura com a matéria do laboratório, o que possibilita relacioná-la ao trabalho dos alquimistas medievais, que acreditavam na transmutação da matéria.

"A ciência é intrinsecamente histórica. Em virtude das limitações da mente humana, a missão científica – dar uma explicação completa para a ordem natural – levará muitos séculos e, de fato, talvez nunca venha a ser cumprida. Em todas as civilizações, alguns homens procuraram explicar essa ordem em termos naturalistas. Não obstante, até os tempos modernos, eles não se consideravam cientistas ou contribuintes para uma tradição supracultural. O conhecimento natural era difundido mais por acidente do que por **desígnio**. Por isso vemos, no passado, numerosos empreendimentos científicos, cada um deles evoluindo numa civilização diferente, em vez de um único movimento histórico em que todas as civilizações participassem."

KNELLER, George F. *A ciência como atividade humana.* Rio de Janeiro; São Paulo: Jorge Zahar; Edusp, 1980. p. 34.

Desígnio: intenção, propósito, ideia de realizar algo.

Conversando sobre

Desde a Antiguidade, as concepções científicas apresentavam-se isoladamente em cada civilização, situação que se alterou a partir da Revolução Científica do século XVII, quando a ciência passou a ter um corpo que superava as especificidades culturais, desenvolvendo-se como um todo. Discuta com os colegas sobre as possíveis características da ciência medieval, que deu início ao rompimento com a antiga tradição, criando condições para as novidades da modernidade. Retome essa questão após o estudo do capítulo.

1. A herança grega no Ocidente cristão

Além de sofrer influência de Platão (c. 428-347 a.C.) e Aristóteles (c. 384-322 a.C.), o pensamento da Idade Média pouco aproveitou da herança helenística de Alexandria. Por valorizar o conhecimento teórico em detrimento das atividades práticas, a ciência medieval continuou voltada para a discussão racional e permaneceu desligada da técnica e da pesquisa empírica, apesar de raras exceções.

Os instrumentos disponíveis eram rudimentares. Não havia sido inventado qualquer aparato para medir temperatura ou ampliar a visibilidade, e os dispositivos utilizados para medir o tempo não eram rigorosos, restringindo-se a ampulhetas, clepsidras (relógios de água) e relógios de Sol.

Pelo que pudemos observar até aqui, durante a Idade Média houve pouca disposição para incorporar a experimentação e a matemática nas ciências da natureza, mesmo porque os recursos disponíveis ainda eram incipientes para que se procedesse à matematização do mundo físico. No capítulo 15, "Filosofia grega no período clássico", foram destacadas as observações realizadas por Aristóteles no campo da zoologia, embora elas não tenham alcançado o nível de experimentação, que consiste em testar e provar as hipóteses. Essa foi uma constante no pensamento aristotélico, que também reforçou a concepção qualitativa da física. Além disso, a astronomia geocêntrica permaneceu como a última palavra até o século XVI.

Gravura de 1531 representando um agiota e seu ábaco. O ábaco – pranchetaprovida de bolas ou argolas usada para operações de cálculo – é um instrumento encontrado entre as mais antigas civilizações e que existe até hoje, com pequenas variações. Na Idade Média, questões aparentemente simples, como a notação dos números, recorriam ao uso de algarismos romanos, o que dificultava os cálculos, exigindo o auxílio do ábaco. Já os algarismos arábicos, apesar de conhecidos desde o século X, só tiveram seu uso generalizado após o Renascimento.

Exceções à tradição medieval: a Escola de Oxford

As questões religiosas afastavam filósofos de indagações sobre a natureza, mas algumas posições divergentes indicam pontos de ruptura que prepararam de certo modo a crise do modelo científico da tradição greco-medieval. Essas divergências podem ser compreendidas pela revitalização dos centros urbanos e pela expansão do comércio: a economia capitalista emergente iria necessitar de um outro saber, mais prático e menos contemplativo. De importância notável foram as universidades, que começaram a despontar no século XII, como a de Paris e a de Oxford, na Inglaterra.

A Escola de Oxford era constituída por frades franciscanos, acadêmicos da universidade de mesma denominação e voltada para os estudos escolásticos. Eram eles Robert Grosseteste (c. 1175-1253), Roger Bacon (c. 1214-1294) e, mais tarde, Guilherme de Ockham (c. 1285-1347), que representaram a renovação da filosofia e das ciências medievais. De acordo com alguns autores, a reintrodução das obras de Aristóteles, traduzidas pelos árabes, e de muitas outras no Ocidente deveu-se a Robert Grosseteste e a seus seguidores.

Grosseteste viveu na Inglaterra e estimulou a mentalidade científica experimental na primeira metade do século XIII. Como professor em diversas universidades, ensinou matemática e ciência natural e escreveu textos sobre astronomia, som e óptica, campo em que desenvolveu uma teoria original sobre a luz. É interessante observar a questão do intercâmbio com cientistas árabes, como ocorreu ao consultar trabalhos do iraquiano Al-Haytham, que vivera no século XI, para discutir detalhes do comportamento de raios luminosos. Estimulou a pesquisa, classificou as ciências e esboçou os passos do procedimento científico, como observação, levantamento de hipóteses e sua confirmação. Veja uma breve descrição de Grosseteste sobre lentes de aumento e de diminuição:

> "Essa parte da óptica, quando bem entendida, nos mostra como podemos fazer com que coisas situadas a grandes distâncias pareçam estar muito perto e coisas grandes e próximas pareçam muito pequenas, e como podemos fazer pequenas coisas colocadas a distância parecerem tão grandes quanto quisermos, de tal forma que nos é possível ler as menores letras a uma distância incrível, ou contar areia, grãos ou sementes ou qualquer espécie de objetos diminutos."
>
> GROSSETESTE, Robert. Sobre o arco-íris ou sobre refração e reflexo. In: RONAN, Colin A. *História ilustrada da ciência da Universidade de Cambridge*: Oriente, Roma e Idade Média. Rio de Janeiro: Jorge Zahar, 2001. p. 140. v. 2.

Roger Bacon, principal discípulo de Grosseteste em Oxford, lecionou para frades franciscanos e foi seguidor entusiasmado do mestre. Aplicou o método matemático à ciência da natureza e realizou diversas tentativas para torná-la experimental, sobretudo no campo da óptica.

Bacon foi crítico severo daqueles que colocavam obstáculos às experiências que começavam a ser realizadas, acusando-os de autoridade fraca, apoiada em hábitos antigos, de falta de instrução e de encobrirem a ignorância ao aparecerem como sábios. Nessas ocasiões, explicitou que, além da experiência mística, que é interior, existe a experiência realizada com o auxílio de instrumentos e voltada para a busca de precisão, que depende do uso da matemática.

Esse reconhecimento da experimentação não se concretizou de fato na época de Bacon, pois apenas faria sentido no século XVII, quando ocorreu a Revolução Científica. Do mesmo modo, é pouco provável que suas experiências com lentes o tivessem levado a criar o telescópio, em razão da inadequação das lentes disponíveis naquele período.

Ele participou de diversos conflitos com o frei Boaventura, superior da sua ordem – e posteriormente canonizado – em virtude de suas pesquisas em alquimia e astrologia, tidas como "novidades perigosas". Temerária era também a influência grega sobre suas teorias, porque, além de a cultura da Grécia antiga ser considerada pagã, o pensamento de Aristóteles e sua adequação à fé realizada por Tomás de Aquino (1225-1274) ainda não haviam sido divulgados, até porque se tratava de traduções recentíssimas dos textos gregos. Com crescente impopularidade entre os frades, Bacon acabou preso por alguns anos.

Apesar de argumentar que "ver com seus próprios olhos" não seria incompatível com a fé, não conseguiu demover os medievais da desconfiança gerada por qualquer tipo de experimentação.

Quanto a Guilherme de Ockham, os aspectos principais de seu pensamento consistiam na valorização da experiência e do conhecimento dos seres individuais, além da recusa de abstrações metafísicas. Tais teorias e discordâncias de certas orientações da Escolástica foram abordadas mais detalhadamente no capítulo 17, "Razão e fé".

Alquimistas: o prelúdio da química

A alquimia surgiu de especulações de artesãos metalúrgicos. Sua origem é remota tanto na China como no Egito. Na Escola de Alexandria teria surgido por volta do século III. No entanto, a denominação de alquimia e alambique – um de seus instrumentos – tem origem árabe, até porque eles foram seus grandes divulgadores, como veremos no próximo tópico.

Apesar da intolerância religiosa com que foi recebida, essa prática tornou-se muito conhecida no Ocidente cristão no século XIII. A alquimia foi responsável pelo desenvolvimento de noções sobre ácidos e seus derivados, pela descoberta de novas substâncias químicas, pelo processo para a extração de mercúrio e pelas fórmulas para preparar vidro e esmalte, procedimentos que mais tarde fariam parte da química.

Contudo, o saber oficial sempre desdenhou essa atividade, por estar vinculada às práticas manuais, além de seus aspectos misteriosos. As técnicas descobertas eram guardadas em segredo, e os documentos, de difícil leitura, envoltos em aura mística. Muitas vezes as explicações teóricas antropomórficas conferiam às substâncias inorgânicas características de seres vivos, como se fossem compostos de corpo e alma.

Exposição de artefatos utilizados em um laboratório de alquimia em Wittenberg, na Alemanha, no século XVI. Museu Estatal Pré-histórico de Halle, Alemanha. Foto de novembro de 2016. A alquimia até hoje mobiliza o imaginário das pessoas.

Os alquimistas acreditavam na transmutação, isto é, na transferência do espírito de um metal nobre para a matéria de metais comuns. Surgiu daí a busca da "pedra filosofal", que permitiria transformar qualquer substância em ouro. A procura do "elixir da longa vida" foi outro projeto da alquimia medieval. Para a Igreja, essas práticas tinham um caráter herético e foram proibidas pelo papa João XXII, em 1317. A Inquisição perseguia os infratores com rigor e muitas vezes condenava-os à fogueira sob acusação de bruxaria.

Mesmo com os aspectos místicos e as proibições da Igreja, não se pode negar a importância da alquimia na descoberta de substâncias químicas e no desenvolvimento de técnicas de laboratório que exigiam instrumentos experimentais úteis, como a bomba de água e o aperfeiçoamento de métodos de destilação.

Saiba mais

No século III, o imperador romano Diocleciano publicou um edito proibindo escritos dos alquimistas egípcios que tratavam da transmutação dos metais em ouro. Ele acreditava nessa possibilidade e temia a utilização disseminada da alquimia, que poderia desvalorizar a moeda, fabricada com ouro.

ATIVIDADES

1. Quais eram as características e limitações do estudo das ciências na Idade Média?
2. Sob que aspectos a Escola de Oxford representou uma divergência significativa com a tradição científica escolástica?
3. Explique por que as experiências dos alquimistas na Idade Média foram importantes.

A importância da experiência para Guilherme de Ockham

Os textos a seguir referem-se a aspectos da teoria do conhecimento de Guilherme de Ockham. No primeiro, retirado do romance O nome da rosa, *escrito pelo italiano Umberto Eco (1932-2016), lemos algumas falas do protagonista, um frade franciscano chamado Guilherme, com seu pupilo (o narrador) sobre um tipo de observação semelhante àquela que se tornou relevante para a noção de ciência experimental, que começava a despontar na Escola de Oxford. No segundo texto, a acadêmica italiana Paola Müller esclarece a importância da experiência direta para a construção do conhecimento, segundo a teoria de Ockham.*

Texto 1

"'Diante de alguns fatos inexplicáveis, deves tentar imaginar muitas leis gerais, em que não vês ainda a conexão com os fatos de que estás te ocupando: e de repente, na conexão imprevista de um resultado, um caso e uma lei, esboça-se um raciocínio que te parece mais convincente do que os outros. Experimentas aplicá-lo em todos os casos similares, usá-lo para daí obter previsões, e descobres que adivinhaste. Mas até o fim não ficarás nunca sabendo quais predicados introduzir no teu raciocínio e quais deixar de fora. E assim faço eu agora. Alinho muitos elementos desconexos e imagino as hipóteses. Mas preciso imaginar muitas delas, e numerosas delas são tão absurdas que me envergonharia de contá-las. Vê, no caso do cavalo Brunello, quando vi as pegadas, eu imaginei muitas hipóteses complementares e contraditórias: podia ser um cavalo em fuga, podia ser que montado naquele belo cavalo o Abade tivesse descido pelo declive, podia ser que um cavalo Brunello tivesse deixado os sinais sobre a neve e um outro, cavalo Favello, no dia anterior, as crinas na moita, e que os ramos tivessem sido partidos por homens. Eu não sabia qual era a hipótese correta até que vi o despenseiro e os servos que procuravam ansiosamente. Então compreendi que a hipótese de Brunello era a única boa, e tentei provar se era verdadeira, apostrofando os monges como fiz. Venci, mas também poderia ter perdido. Os outros consideraram-me sábio porque venci, mas não conheciam os muitos casos em que fui tolo porque perdi, e não sabiam que poucos segundos antes de vencer, eu não estava certo de não ter perdido. Agora, nos casos da abadia, tenho muitas belas hipóteses, mas não há nenhum ato evidente que me permita dizer qual seja a melhor. E então, para não parecer tolo mais tarde, renuncio a ser astuto agora. Deixa-me pensar mais, até amanhã, pelo menos.'

Entendi naquele momento qual era o modo de raciocinar do meu mestre, e pareceu-me demasiado diferente daquele do filósofo que raciocina sobre os princípios primeiros, tanto que o seu intelecto assume quase os modos do intelecto divino. Compreendi que, quando não tinha uma resposta, Guilherme se propunha muitas delas e muito diferentes entre si. Fiquei perplexo.

'Mas então', ousei comentar, 'estais ainda longe da solução...'

'Estou pertíssimo', disse Guilherme, 'mas não sei de qual.'

'Então não tendes uma única resposta para vossas perguntas?'

'Adso, se a tivesse ensinaria teologia em Paris.'

'Em Paris eles têm sempre a resposta verdadeira?'

'Nunca', disse Guilherme, 'mas são muito seguros de seus erros.'

'E vós', disse eu com impertinência infantil, 'nunca cometeis erros?'

'Frequentemente', respondeu. 'Mas ao invés de conceber um único erro, imagino muitos, assim não me torno escravo de nenhum.'"

ECO, Umberto. *O nome da rosa*. Rio de Janeiro: Nova Fronteira, 1983. p. 350-351.

Texto 2

"A rigorosa defesa da singularidade do real, do indivíduo como única realidade concreta, a tendência a fundamentar a validade do conhecimento sobre a experiência direta, a formulação e aplicação do princípio de economia, e ainda a separação entre o âmbito da experiência religiosa e o âmbito do saber racional, isto é, entre a fé e a razão, levaram Ockham a afirmar a autonomia e a independência do poder civil ante o espiritual e a exigir uma profunda transformação dentro da Igreja. [...]

Partindo do *Comentário às sentenças*, a primeira e fundamental obra de Ockham, podem ser encontradas as suas principais doutrinas filosóficas e teológicas. A primeira questão do 'Prólogo' – 'se a inteligência do homem, ainda não admitido à visão beatífica, pode ter um conhecimento evidente da verdade teológica' – permite enfrentar o problema do conhecimento.

O conhecimento humano, que tem origem no contato, direto ou indireto, com um dado da experiência, pode ser intuitivo ou abstrativo. O conhecimento intuitivo, segundo Ockham, indica o ato da intuição intelectiva, graças ao qual o intelecto se põe em contato com a realidade, referindo-se imediatamente à existência de um ser concreto. Tal conhecimento permite formular juízos de existência relativamente aos objetos conhecidos; é a apreensão imediata de um existente concreto e singular. Por exemplo, eu apanho intuitivamente um livro da escrivaninha e posso afirmar: 'O livro existe'. Isso implica que o conhecimento intuitivo precede qualquer outra forma de conhecimento e constitui inclusive a sua fonte. De fato, [...] não é possível ter ulteriores conhecimentos com respeito a um objeto, se antes não se teve conhecimento dele. O conhecimento intuitivo, que se refere tanto à realidade **extramental** quanto aos atos psíquicos, pode ser perfeito, quando tem por objeto uma realidade atual e presente, ou imperfeito, quando examina uma proposição ou objeto em relação ao passado, não implicando, pois, a presença atual do objeto conhecido. Além disso, o conhecimento pode ser sensível ou intelectual: o intelecto pode conhecer intuitivamente, sejam as realidades singulares que são objeto do conhecimento sensível – visto que, se não as conhecesse, não poderia formular nenhum juízo determinado –; sejam os próprios atos e todos os movimentos imediatos do espírito, como o prazer e a dor.

O conhecimento abstrativo, pelo contrário, apreende o objeto enquanto tal; prescindindo de sua existência ou não existência. Pode ser de duas espécies: é abstrato do primeiro tipo o conhecimento que vem acompanhado sempre de um conhecimento intuitivo: por exemplo, conheço intuitivamente que o livro está sobre a escrivaninha e sei que existe; mas, quando o livro não está mais sobre a escrivaninha, não tenho mais um conhecimento intuitivo; porém, se continuo a pensá-lo, tenho uma representação na mente, ou seja, tenho um conhecimento abstrativo do primeiro tipo. Conhecimento abstrativo do segundo tipo é o conhecimento conceitual ou do universal, ou seja, o ato do pensamento que significa uma multiplicidade de coisas.

Esses dois tipos de conhecimento, intuitivo e abstrativo, não diferem entre si pelo objeto, que é o mesmo, nem por suas causas – o primeiro é causado pelo objeto presente, o segundo o pressupõe e é posterior à sua apreensão –, mas são distintos intrinsecamente, pois o conhecimento intuitivo permite formular juízos evidentes em matéria contingente, enquanto o conhecimento abstrativo não o permite. A possibilidade para o homem de ter dois conhecimentos distintos leva a alguns pressupostos **gnosiológicos**: primeiramente, a distinção entre o ato com o qual o intelecto capta uma coisa, que pode ser um termo ou uma proposição, e o ato com o qual dá o seu assentimento, que, enquanto juízo, leva em conta só as proposições; em segundo lugar, a distinção entre os dois hábitos que predispõem o intelecto à apreensão ou ao juízo; ademais, o fato que o ato de julgar relativo a uma proposição pressupõe o ato de apreensão da proposição mesma, que por sua vez pressupõe a compreensão dos termos simples que a compõem; enfim, a existência de um conhecimento simples dos termos que pode dar lugar a um juízo (*notitia intuitiva*) e de um conhecimento simples dos mesmos termos que não é capaz de formular tal juízo (*notitia abstractiva*).

Qual é, porém, o objeto primeiro do intelecto?

Ockham afirma que o *primum cognitum* pode ser entendido de três maneiras: relativamente à prioridade de origem, com respeito à prioridade da adequação e em relação à prioridade de perfeição.

O objeto primeiro do intelecto quanto à origem é o singular, que é primariamente captado através da intuição. O conhecimento intuitivo, que precede qualquer outro conhecimento, inicia com uma intuição do particular. [...]

O objeto primeiro com respeito à adequação, isto é, à capacidade de um conceito de ser comum ao conjunto dos inteligíveis, é o ente, como conceito unívoco generalíssimo. A noção de ente permite ao intelecto entrar em contato com os demais objetos conhecíveis, sem que isso implique o necessário conhecimento de cada inteligível por parte do intelecto. [...]

O objeto primeiro do intelecto quanto à perfeição é Deus. [...]"

MÜLLER, Paola. Introdução. In: OCKHAM, Guilherme de. *Lógica dos termos*. Porto Alegre: EDIPUCRS, 1999. p. 17-19. (Coleção Pensamento Franciscano)

Extramental: que está fora da mente.
Gnosiológico: referente à gnosiologia, que é a teoria geral do conhecimento humano, voltada para uma reflexão em torno da origem, da natureza e dos limites do ato cognitivo.

QUESTÕES

1. Na obra ficcional do escritor italiano Umberto Eco, Guilherme é um frade franciscano. Tendo em vista o que estudamos no capítulo, qual seria a orientação dele no que diz respeito à ciência?

2. Guilherme responde a seu discípulo Adso que, se tivesse certezas, lecionaria teologia em Paris. Trata-se de uma ironia do franciscano e, portanto, de uma crítica endereçada à concepção escolástica de ciência. Explique por quê.

3. Explique a noção de conhecimento intuitivo para Guilherme de Ockham.

4. Aponte semelhanças entre o pensamento do personagem Guilherme, no texto de Umberto Eco, e as teorias de Guilherme de Ockham, expressas no segundo texto.

5. Em que sentido os modos de pensar do personagem frade Guilherme e de Guilherme de Ockham estão mais próximos do que hoje se entende por ciência?

2. A contribuição árabe

Os árabes exerceram longa e fecunda influência na Europa, e seu legado cultural, que teve início com a conquista de vastos territórios europeus a partir do século VIII, até hoje pode ser constatado. No entanto, vale a pena examinar como, anteriormente, os europeus que estiveram no Oriente conseguiram disseminar a cultura grega.

Difusão da cultura grega no Oriente

Se formos ao capítulo 16, "Filosofia helenística greco-romana", vemos que a difusão da cultura grega no Oriente ocorreu em virtude da expansão do Império de Alexandre Magno (século IV a.C.), pelo fato de seus exércitos terem chegado até a Índia. Após a morte precoce de Alexandre, seus sucessores criaram reinos no Egito, Síria e Pérsia, que constituíram polos de difusão da língua e da cultura gregas.

Posteriormente, já no período do fortalecimento do cristianismo na Europa, a perseguição aos hereges – por discordarem da ortodoxia cristã – fez com que muitos deles se refugiassem na Síria e na Mesopotâmia, o que ocorreu cerca de mil anos depois do reinado de Alexandre. Alguns criaram núcleos de estudo de filosofia e ciência gregas, bem como difundiram a língua grega, o que foi importante para muitos intelectuais árabes.

Árabes na Península Ibérica

A religião islâmica foi fundada na Península Arábica pelo profeta Maomé (c. 570-632), que assumiu a liderança da nova religião ao conquistar a cidade de Medina em 622. Os califas, seus seguidores, expandiram o islamismo por diversas regiões do Oriente Médio e, depois, em todo o norte da África, para então alcançar Portugal e Espanha, no início do século VIII.

Naquele período, a Espanha era um reino dominado pelos visigodos, grupo bárbaro de origem germânica que se encontrava enfraquecido internamente e não contava com o apreço da população nativa, circunstância que favoreceu a conquista islâmica do novo território. Do norte da África, os muçulmanos entraram pelo Estreito de Gibraltar e foram conquistando o território com relativa rapidez, até se estabelecerem em Córdoba, escolhida em 756 como capital do império hispano-muçulmano de Al-Andaluz – hoje, Andaluzia.

Assim explica o professor José Silveira da Costa:

> "O saneamento financeiro e a integração sociocultural de cristãos, árabes e judeus promoveram um desenvolvimento extraordinário tanto da economia quanto da cultura. O dirham cordobês tornou-se a moeda mais forte da Europa medieval, e a indústria artesanal e de construção foi totalmente dominada pelos árabes de Al-Andaluz. Tal fato é comprovado pelos vocábulos de origem árabe ainda hoje presentes no português e no espanhol designando ofícios e partes das habitações como, por exemplo, alfaiate, almoxarife, alcova, saguão etc."
>
> COSTA, José Silveira da. *Averróis*: o aristotelismo radical. São Paulo: Moderna, 1994. p. 8. (Coleção Logos)

Vale dizer que o saneamento financeiro e a integração sociocultural entre cristãos, árabes e judeus ocorreram em razão da reforma monetária e da política de tolerância religiosa no convívio das três religiões: cristianismo, islamismo e judaísmo.

A reconquista cristã se deu no período entre o século XI e o XV, na medida em que os reis cristãos do norte da Península Ibérica pressionaram pouco a pouco os invasores até expulsá-los de seu último reduto, o Reino de Granada, em 1492.

Interior da Mesquita de Córdoba, Andaluzia (Espanha). Foto de 2016. Essa mesquita impressiona pela arquitetura e pela beleza de ornamento. É tão grande que, no século XIII, após a Reconquista, uma pequena parte de suas colunas foi demolida para a construção de uma catedral gótica em seu interior.

A ciência árabe

Antes de os árabes se instalarem na Europa, ocorreu em Bagdá (Mesopotâmia) um renascimento cultural no século VIII, intensificado no século seguinte com a criação da Casa da Sabedoria, centro de estudos que agregou um corpo de sábios e tradutores de obras científicas vindas da China e da Índia. Esses literatos árabes também entraram em contato com os já referidos núcleos de cultura de origem grega e cristã instalados no Oriente, sobretudo na Pérsia, e que mantinham a herança de Alexandria e da Grécia clássica. Os árabes traduziram ainda Platão, Aristóteles e Plotino, criaram observatórios astronômicos, além de intensificarem os estudos de óptica, geografia, geologia, agronomia, matemática e meteorologia.

Na astronomia, aperfeiçoaram métodos trigonométricos para o cálculo das órbitas dos planetas, chegando a desenvolver o conceito de seno. Eles introduziram no Ocidente os algarismos arábicos – adaptados dos algarismos hindus –, como também foram os criadores da álgebra. Na medicina, divulgaram obras de Hipócrates e de Galeno, realizando um trabalho original de organização desses conhecimentos. Na alquimia, aceleraram a passagem do ocultismo para o estudo racional e cuidadoso de minerais e metais por meio da sistematização de fatos observados durante várias gerações e de trabalhos de observação e experiências.

Entre os árabes que se dedicaram à alquimia, um dos maiores estudiosos foi Jabir ibn Hayyan (c. 721-815), nascido na Pérsia, atual Irã, leitor de obras do período alexandrino, com elementos místicos do pitagorismo e alegorias persas. Esse amálgama de crenças sofreu críticas de alguns, que prefeririam apenas admirar os resultados práticos dessas pesquisas, indicativas do que seria posteriormente a química.

Nesse sentido, ao se estabelecerem na Europa dominada por bárbaros, os árabes trouxeram uma cultura mais refinada do que a vigente, como diz o professor Danilo Marcondes:

"Naquele momento seu conhecimento da filosofia e da ciência gregas, traduzidas para o siríaco e o árabe, era muito superior ao do mundo cristão latino da Europa Ocidental, que permanecia ainda fragmentado desde as invasões bárbaras. Na verdade, as hordas nórdicas (os normandos, 'homens do norte') ainda assolavam as costas do norte da França e a Inglaterra. Portanto, ao se estabelecerem na Europa Ocidental, os árabes possuíam e desenvolveram uma cultura indiscutivelmente superior à que lá encontraram. Não só superior, mas em grande parte herdeira da mesma tradição grega, ou helenística, de que se considerava herdeiro o mundo cristão ocidental. Na verdade, o grande desenvolvimento da filosofia escolástica a partir do século XIII é devido à influência do pensamento árabe."

MARCONDES, Danilo. *Iniciação à história da filosofia*: dos pré-socráticos a Wittgenstein. Rio de Janeiro: Jorge Zahar, 1997. p. 121.

Filosofia árabe

Retomando a importância da cultura árabe naquele momento histórico, realçamos uma influência muito forte na produção filosófica, pois, enquanto os cristãos medievais dispunham da obra de Platão e tinham pouco acesso à de Aristóteles, os árabes já haviam traduzido a maioria dos textos desse filósofo grego, o que permitiu que fosse interpretada por diversos comentadores. Lembrando a Casa da Sabedoria, destacada no tópico anterior, havia, além da influência na ciência, sábios liberais e influentes, como Abu Yusuf Al-Kindi (801-873), chamado o "primeiro filósofo árabe". Ele se debruçou sobre os clássicos Platão e Aristóteles, além de Plotino, já do período helenístico, o que caracterizou sua filosofia como neoplatônica. Al-Kindi não se ocupou apenas de filosofia, envolvendo-se em vários ramos da ciência.

O interesse por Aristóteles manteve-se no século XI com o persa Ibn Sina (Avicena), e a tradução de suas obras para o latim foi recebida com entusiasmo pelos cristãos, desde Tomás de Aquino a Duns Scoto (c. 1266-1308).

Horda: grupo numeroso de pessoas, multidão.

O cientista Ahmed Hassan Zewail (à esquerda) recebe o prêmio Nobel de Química, em 1999. Atuando em uma universidade estadunidense, ele foi o primeiro árabe a receber o prêmio no campo científico. A globalização facilita a troca de conhecimento; entretanto, medidas como o decreto anti-imigração assinado em 2017 pelo presidente Donald Trump, dificultam o trabalho dos cientistas muçulmanos nos Estados Unidos.

Averroísmo latino

No século XII, o foco cultural deslocou-se do Oriente para o mundo muçulmano ocidental, no Marrocos e na Espanha, onde despontou a figura de Abu Al-Walid Muhammad Ibn Ruchd (1126-1198), ou Averróis, como ficou conhecido na língua latina. Nasceu em Córdoba, viveu em Sevilha e em Marrocos, onde faleceu. Em Córdoba, recebeu educação religiosa tradicional do *Alcorão*, seguida pela formação jurídica e médica, tendo ocupado cargos importantes. Ao frequentar a corte de Abu Yaqub, conhecedor de Platão e Aristóteles, já traduzidos para o árabe, Averróis foi incumbido pelo sultão de tornar aqueles textos mais compreensíveis. Esse desafio o transformou no principal comentador de Aristóteles em sua época, permitindo aos teólogos do Ocidente cristão entrarem em contato com mais obras do filósofo grego, entre elas o *Organon*, de lógica. Além dessa atividade filosófica, exerceu a medicina na corte, sendo confirmado nessas funções por Al-Mansur, príncipe que sucedeu a Abu Yaqub em 1184.

Averróis admitia a eternidade do mundo – diferentemente da crença cristã na criação divina – e negava a imortalidade da alma. Além disso, sua confiança na razão era total e ilimitada, o que contrariava a concepção vigente de subordinação da razão às verdades da fé. De acordo com sua "doutrina da dupla verdade", a verdade filosófica não precisa coincidir com a verdade teológica:

> "[...] para Averróis, o filósofo, enquanto tal, não deve subordinar sua atividade científica aos dados da fé, pois só a razão e a experiência podem interferir para fundamentar as conclusões da filosofia. Por mais sublime, sincera e autêntica que seja a fé subjetiva do filósofo, este, em se tratando de fazer ciência, deve prescindir dela. Ora, essa era exatamente a reivindicação de professores da Faculdade de Artes da Universidade de Paris: fazer filosofia pura, sem interferência da teologia."
>
> COSTA, José Silveira da. *Averróis*: o aristotelismo radical. São Paulo: Moderna, 1994. p. 55. (Coleção Logos)

Averróis caiu em desgraça onze anos depois, quando Al-Mansur intensificou a Guerra Santa contra os cristãos, ocasião em que o filósofo não demonstrou entusiasmo pela empreitada, e, por esse motivo, foi condenado por "impiedade religiosa", o que deu início a uma fase de perseguição e exílio que lhe atingiu e a outros sábios. Os novos tempos indicavam uma mudança de orientação em que se restringiu a liberdade de pensamento, até então em vigor entre os árabes.

No século XIII, o chamado averroísmo latino conquistou adeptos liderados por Siger de Brabant (c. 1240-1284). No entanto, os seguidores dessa orientação foram duramente criticados em razão de divergências de interpretação, sobretudo do ponto de vista religioso, por defenderem uma filosofia voltada para o pensamento laico e uma sociedade separada da Igreja, como também passaram a admitir os filósofos pré-renascentistas Guilherme de Ockham, Marsílio de Pádua (c. 1275-1342) e Dante Alighieri (1265-1321).*

Detalhe do afresco *Triunfo de Santo Tomás* (c. 1365), de Andrea de Bonaiuto. Esse afresco celebra Tomás de Aquino, principal teólogo e filósofo da Escolástica. Na parte inferior destaca-se Averróis, que exerceu influência no pensamento escolástico.

Apesar de o averroísmo ter sido recusado pela Igreja e ter seus seguidores perseguidos, sua influência foi decisiva para o pensamento de Tomás de Aquino, embora o monge dominicano se resguardasse das interpretações contra a fé cristã, mantendo a crença nas revelações ainda que seu pensamento tivesse exigências racionais.

A cultura árabe exerceu indiscutível influência no desenvolvimento da ciência e da filosofia, inclusive no Ocidente, entre os séculos VIII e XII. Depois disso, a tensão que sempre existira entre pensamento racional e fé religiosa acabou pendendo para esta última, o que prejudicaria a pesquisa científica independente, retraindo a valiosa contribuição árabe.

Trocando ideias

O pensamento árabe foi um dos mais profícuos ao longo da Idade Média, desenvolvendo-se nos campos da ciência, da filosofia, da arte etc., e propondo interpretações laicas em um período no qual a Igreja tinha praticamente o monopólio do conhecimento no Ocidente.

- Levando esse fato em consideração, discuta e problematize com os colegas a respeito da visão que, atualmente, parte dos ocidentais tem a respeito dos islâmicos, considerando-os culturalmente "atrasados".

*Consultar no capítulo 17, "Razão e fé", na parte II, o tópico "Teóricos pré-renascentistas".

ATIVIDADES

1. O pensamento árabe influenciou a filosofia e a ciência europeias a partir do século XII. No entanto, os árabes mesmos já haviam acolhido pensadores gregos que lá deixaram sua marca. Explique este processo.

2. Por que o conhecimento de ciência e de filosofia dos sábios árabes era mais significativo que aquele encontrado no mundo cristão latino?

3. O que é a "doutrina da dupla verdade" de Averróis?

Leitura analítica

O destino convida o Ocidente a aceitar o desconhecido

Em sua análise do filme O destino, *dirigido pelo egípcio Youssef Chahine (1926-2008), o crítico de cinema Inácio Araujo vai além dos aspectos estéticos, tendo em vista que o filme estimula o debate sobre questões éticas e políticas relacionadas à censura do pensamento provocada pela violência fundamentalista. Essa história, que se passa no século XII, ainda nos diz muito a respeito do preconceito que o Ocidente mantém contra os muçulmanos ou qualquer povo com outros costumes.*

"Para o espectador brasileiro, *O destino* reserva pelo menos duas surpresas. A primeira é a descoberta de que existe cinema no Egito. A segunda é a de que esse cinema pode ser de altíssimo nível.

Ao longo da sessão, somos levados a uma terceira descoberta: a de que é possível conciliar a feitura de um filme sobre a vida e o pensamento de um filósofo do século XII – Averróis – com um raro sentido do espetáculo, de leveza, da música.

Talvez isso se deva ao fato de o diretor Youssef Chahine ter se formado em cinema na Califórnia, em 1948. Ou ao fato de, de lá até agora, ter realizado uma carreira comercialmente bem-sucedida em seu país ao mesmo tempo que obtinha o reconhecimento da crítica europeia.

A aliança entre sucesso comercial e reconhecimento crítico significa, não raro, pusilanimidade. Não é o que acontece, ao menos nesse filme.

Chahine tromba de frente com os fundamentalistas islâmicos, ao contar a saga do filósofo da Andaluzia, cujos livros o califa Al-Mansur – influenciado pelos radicais – manda queimar.

Segue-se a bela tentativa de seus discípulos de manter viva a sua obra, copiando e contrabandeando seus escritos.

Em princípio, uma tal história aplica-se a qualquer civilização em que a intolerância faz escola, inclusive a nossa. É evidente, porém, que as coisas estão mais quentes nos países islâmicos, onde os fundamentalistas não dão trégua.

Nesse sentido, *O destino* é um trabalho não só moral como político de primeira linha.

Mas seria um tanto mesquinho observá-lo apenas por esse ângulo. O filme se passa em um momento de apogeu da cultura islâmica, e o fato de a ação se passar na Andaluzia nos joga, de imediato, no coração de toda a beleza que essa cultura produziu.

Convida o espectador do Ocidente a meditar um pouco sobre os julgamentos sumários que hoje em dia costumam ser praticados sobre os muçulmanos em geral. Mas não apenas eles: tudo o que é o outro tende a nos assustar e a ser objeto de rejeição.

Antes de nos aproximar de uma história e de costumes que pouco conhecemos, *O destino* tem a virtude de nos interrogar sobre a preguiça que nos leva, com tanta facilidade, a negar o diferente, o desconhecido.

Nem é preciso ir muito longe: em termos de cinema, a primeira tendência é negar, de saída, um filme egípcio, como se fosse um objeto necessariamente estranho, uma espécie de caricatura.

Bem ao contrário: em Chahine, é como se a grande tradição clássica norte-americana ainda vivesse, aliando a tradição do grande espetáculo a uma história de sentido humano seguro."

ARAUJO, Inácio. Do egípcio, "O destino" convida o Ocidente a aceitar o desconhecido. *Folha de S.Paulo*, São Paulo, 14 ago. 1998. Ilustrada. Disponível em <http://mod.lk/dxewu>. Acesso em 27 mar. 2017.

QUESTÕES

1. Com a ajuda do texto citado, explique a importância do filósofo muçulmano Averróis na filosofia cristã medieval.

2. O filme *O destino* faz referência à perseguição de Al-Mansur a Averróis e sua obra, mas não tinha sido essa a característica dos primeiros contatos do califa com o filósofo. Explique.

3. O crítico Inácio Araujo menciona a atualidade do filme no que diz respeito à moral e às políticas contemporâneas. Explique.

ATIVIDADES

1. Relacione a citação a seguir à questão da abertura do capítulo e responda: é correta a ideia de que o conhecimento não se desenvolveu durante a Idade Média? Explique.

> "Para alguns historiadores, a alta Idade Média confunde-se com a chamada 'idade das trevas' – the Dark Ages. É tendencioso. É injusto. Somos forçados no entanto a reconhecer que, durante todos aqueles anos, os livros são raros e a cultura erudita pouco difundida."
>
> LIBERA, Alain de. *Pensar na Idade Média*.
> São Paulo: Editora 34, 1999. p. 97.
> (Coleção Trans)

2. Leia a citação e responda às questões.

> "Ernest Renan, filósofo francês do século XIX, foi quem primeiro detectou a influência de Averróis em Santo Tomás, afirmando: 'Santo Tomás é, ao mesmo tempo, o maior adversário e – pode-se afirmar sem paradoxo – o primeiro discípulo do grande comentador. Santo Alberto Magno deve tudo a Avicena; Santo Tomás, como filósofo, deve quase tudo a Averróis'."
>
> COSTA, José Silveira da. *Averróis*: o aristotelismo
> radical. São Paulo: Moderna, 1994.
> p. 57. (Coleção Logos)

a) Por que Tomás de Aquino é considerado o maior adversário e, ao mesmo tempo, o primeiro discípulo de Averróis?

b) Qual foi a importância dos árabes para a ciência ocidental?

3. Com base na citação a seguir, responda: como a fundação das universidades contribuiu para a organização do saber?

> "A passagem das escolas urbanas para as universidades acompanha a evolução, a compreensão e a aplicação da *licentia docendi* [permissão para ensinar], assim como a transformação do cargo de *scholasticus* [escolástico], que perde autoridade para o papado; o cerne dessa passagem está na autoridade capaz de outorgá-la. Entre os elementos que aceleram e definem essa mudança caberia destacar [...] a orientação e opção dos estudantes para as escolas livres; a ampliação e modificação progressiva dos programas no interior das próprias escolas; a emancipação progressiva dos homens de estudo que se profissionalizam."
>
> PEDRERO-SÁNCHEZ, Maria Guadalupe. O saber e os centros
> de saber nas "Sete partidas" de Alfonso X, o Sábio.
> In: DE BONI, Luis Alberto (Org.). *A ciência e a
> organização de saberes na Idade Média*.
> Porto Alegre: EDIPUCRS, 2000.
> p. 196. (Coleção Filosofia)

4. Analise a tirinha e, em seguida, responda às questões.

Prickly city (2007), tirinha de Scott Stantis.

a) Qual é a relação entre fé e razão estabelecida no contexto da tirinha?

b) O pensamento de Averróis a respeito da fé e da razão se identifica com a ideia expressa na tirinha? Justifique.

5. Dissertação. Com base nas citações a seguir e nas discussões desenvolvidas ao longo do capítulo, redija uma dissertação problematizando **"O desconhecimento da influência islâmica no saber ocidental"**.

> "Aos olhos de um medievalista, a escola leiga [...] deve a partir de agora assegurar um novo serviço: fazer conhecer a história da teologia e da filosofia na terra do islã. Um jovem magrebino – como todo adolescente, seja qual for seu credo ou sua ausência de credo – tem o direito de [...] descobrir o que foram Bagdá e a Andaluzia, [...] o direito de ouvir duas palavras acerca de Avicena ou Averróis [...].
>
> É lamentável que um colegial árabe da França não saiba que, no final do século XI, o autor da *Carta de adeus* e do *Regime do solitário*, Ibn Bajja, pregava uma separação – separação do filósofo e da sociedade, separação da filosofia e da religião –, e que, por esta simples razão [...] seus contemporâneos o consideraram 'uma calamidade', reprovando-lhe, entre outras coisas, 'furtar-se a tudo o que está prescrito na Lei divina [...], estudar apenas as matemáticas, meditar apenas sobre os corpos celestes [...] e desprezar a Deus'."
>
> LIBERA, Alain de. *Pensar na Idade Média*. São Paulo:
> Editora 34, 1999. p. 103-104. (Coleção Trans)

> "Ao longo de 150 anos, os árabes traduziram todos os livros gregos disponíveis de ciência e filosofia. O árabe substituiu o grego como língua universal da pesquisa científica. A educação superior ficou cada vez mais organizada no início do século IX e a maioria das cidades muçulmanas tinha algum tipo de universidade. Uma dessas instituições, o complexo da mesquita al-Azhar, no Cairo, foi sede de instrução ininterrupta por mais de mil anos. [...] essa atividade intelectual da época gerou séculos de pesquisas organizadas e ininterruptas, além de avanços constantes em matemática, filosofia, astronomia, medicina, óptica e outras áreas, criando um notável conjunto de obras que pode ser chamado certamente de ciência árabe."
>
> LYONS, Jonathan. *A casa da sabedoria*: como a valorização do
> conhecimento pelos árabes transformou a civilização ocidental.
> Rio de Janeiro: Jorge Zahar, 2011. p. 90-91.

ENEM E VESTIBULARES

6. (Enem/MEC-2016)

"No início foram as cidades. O intelectual da Idade Média – no Ocidente – nasceu com elas. Foi com o desenvolvimento urbano ligado às funções comercial e industrial – digamos modestamente artesanal – que ele apareceu, como um desses homens de ofício que se instalavam nas cidades nas quais se impôs a divisão do trabalho. Um homem cujo ofício é escrever ou ensinar, e de preferência as duas coisas a um só tempo, um homem que, profissionalmente, tem uma atividade de professor e erudito, em resumo, um intelectual – esse homem só aparecerá com as cidades."

LE GOFF, J. *Os intelectuais na Idade Média.*
Rio de Janeiro: José Olympio, 2010.

O surgimento da categoria mencionada no período em destaque no texto evidencia o (a)

a) apoio dado pela Igreja ao trabalho abstrato.
b) relação entre desenvolvimento urbano e divisão do trabalho.
c) importância organizacional das corporações de ofício.
d) progressiva expansão da educação escolar.
e) acúmulo do trabalho dos professores e eruditos.

7. (Enem/MEC-2009)

Apesar da ciência, ainda é possível acreditar no sopro divino – o momento em que o criador deu vida até ao mais insignificante dos micro-organismos?

Resposta de Dom Odilo Scherer, cardeal arcebispo de São Paulo, nomeado pelo papa Bento XVI em 2007:

"Claro que sim. Estaremos falando sempre que, em algum momento, começou a existir algo, para poder evoluir em seguida. O ato do criador precede a possibilidade de evolução: só evolui algo que existe. Do nada, nada surge e evolui."

LIMA, Eduardo. Testemunha de Deus. *Superinteressante*,
São Paulo, n. 263-A, p. 9, mar. 2009. (Adaptado)

Resposta de Daniel Dennett, filósofo americano, ateu e evolucionista radical, formado em Harvard e Doutor por Oxford:

"É claro que é possível, assim como se pode acreditar que um super-homem veio para a Terra há 530 milhões de anos e ajustou o DNA da fauna cambriana, provocando a explosão da vida daquele período. Mas não há razão para crer em fantasias desse tipo."

LIMA, Eduardo. Advogado do Diabo. *Superinteressante*,
São Paulo, n. 263-A, p. 11, mar. 2009. (Adaptado)

Os dois entrevistados responderam a questões idênticas, e as respostas a uma delas foram reproduzidas aqui. Tais respostas revelam opiniões opostas: um defende a existência de Deus e o outro não concorda com isso. Para defender seu ponto de vista,

a) o religioso ataca a ciência, desqualificando a teoria da evolução, e o ateu apresenta comprovações científicas dessa teoria para derrubar a ideia de que Deus existe.
b) Scherer impõe sua opinião, pela expressão "claro que sim", por se considerar autoridade competente para definir o assunto, enquanto Dennett expressa dúvida, com expressões como "é possível", assumindo não ter opinião formada.
c) o arcebispo critica a teoria do *design* inteligente, pondo em dúvida a existência de Deus, e o ateu argumenta com base no fato de que algo só pode evoluir se, antes, existir.
d) o arcebispo usa uma lacuna da ciência para defender a existência de Deus, enquanto o filósofo faz uma ironia, sugerindo que qualquer coisa inventada poderia preencher essa lacuna.
e) o filósofo utiliza dados históricos em sua argumentação, ao afirmar que a crença em Deus é algo primitivo, criado na época cambriana, enquanto o religioso baseia sua argumentação no fato de que algumas coisas podem "surgir do nada".

8. (UFU-2009)

Leia o texto a seguir sobre o problema dos universais.

"Ockham adota o nominalismo, posição inaugurada em uma versão mais radical por Roscelino (séc. XII), [que] afirma serem os universais apenas palavras, *flatus vocis*, sons emitidos, não havendo nenhuma entidade real correspondente a eles."

MARCONDES, D. *Iniciação à história da filosofia*: dos pré-socráticos
a Wittgenstein. Rio de Janeiro: Jorge Zahar, 2005. p. 132.

Marque a alternativa correta.

a) Segundo o texto acima, o termo "humanidade", aplicável a uma multiplicidade de indivíduos, indica um modo de ser das realidades extramentais.
b) Segundo o texto acima, o termo "humanidade", aplicável a uma multiplicidade de indivíduos, é apenas um conceito pelo qual nos referimos a esse conjunto.
c) Segundo o texto acima, o termo "humanidade", aplicável a uma multiplicidade de indivíduos, determina entidades metafísicas subsistentes.
d) Segundo o texto acima, o termo "humanidade", aplicável a uma multiplicidade de indivíduos, determina formas de substância individual existentes.

Mais questões: no livro digital, em **Vereda Digital Aprova Enem** e **Vereda Digital Suplemento de revisão e vestibulares**; no *site*, em **AprovaMax**.

Sugestões

Para ler

Religião
Juvenal Savian Filho. São Paulo: Martins Fontes, 2012. (Coleção Filosofias: o prazer do pensar)

Neste volume, Juvenal Savian Filho analisa as críticas e as defesas da religião, partindo da pergunta: por que dedicar um livro à religião em uma coleção de filosofia? Elas não seriam contraditórias? Se não são, o que faz um filósofo interessar-se pela experiência religiosa? Aborda-se, então, a vivência da fé, bem como seu sentido no conjunto da vida humana.

Deus
Francisco Catão. São Paulo: Martins Fontes, 2011. (Coleção Filosofias: o prazer do pensar)

Conforme o autor, para refletir sobre Deus na cultura ocidental é necessário partir de duas tradições distintas: a tradição filosófica iniciada pelos gregos e a tradição religiosa consagrada pelos textos bíblicos. Em linguagem acessível ao estudante, o livro reflete sobre essas tradições e seus cruzamentos, mostrando como se constituiu a questão de Deus.

O nome da rosa
Umberto Eco. Rio de Janeiro: Nova Fronteira, 1983.

O enredo da obra do italiano Umberto Eco tem como eixo principal uma investigação empreendida pelo frade Guilherme, que tenta solucionar uma série de assassinatos ocorridos em um mosteiro medieval. Nesse processo, aborda-se a questão da produção de conhecimentos durante a Idade Média.

Averróis: o aristotelismo radical
José Silveira da Costa. São Paulo: Moderna, 1994. (Coleção Logos)

Trata-se de uma introdução à obra de Averróis, filósofo muçulmano que, como comentador de Aristóteles, exerceu influência decisiva nos escolásticos cristãos. Seu pensamento foi perseguido por setores da Igreja, uma vez que defendia uma filosofia independente da teologia, o que parecia ameaçar os dogmas da fé cristã.

Tomás de Aquino: a razão a serviço da fé
José Silveira da Costa. São Paulo: Moderna, 1994. (Coleção Logos)

Nesta obra, o professor Silveira da Costa aborda, com linguagem didática, os principais pontos do pensamento de Tomás de Aquino, que tem como fio condutor a relação estabelecida entre razão e fé.

A casa da sabedoria: como os árabes transformaram a civilização ocidental
Jonathan Lyons. Rio de Janeiro: Jorge Zahar, 2011.

O autor conta a história da Casa da Sabedoria, localizada em Bagdá, e de como os califas apoiaram a iniciativa e as pessoas que nela trabalharam. No período medieval, houve um florescimento da cultura árabe, que desenvolveu setores como a filosofia, a astronomia e a matemática, entre outros.

O homem que calculava
Malba Tahan. São Paulo: Record, 2015.

Malba Tahan é o heterônimo do matemático e professor brasileiro Júlio César de Mello e Souza. Este livro é uma história de ficção que narra os feitos matemáticos do calculista persa Beremiz Samir, que viveu em Bagdá durante o século XIII, possibilitando um retrato do mundo islâmico medieval.

Filosofia medieval
Alfredo Storck. Rio de Janeiro: Jorge Zahar, 2003. (Coleção Passo a Passo)

Este livro, de caráter introdutório, oferece um panorama da filosofia no período medieval e analisa sua transmissão, as principais características e as formas literárias de expressão, mostrando que ela não se resume somente à filosofia cristã.

A filosofia na Idade Média
Étienne Gilson. São Paulo: Martins Fontes, 2001.

Filósofo e historiador da filosofia de origem francesa, Étienne Gilson foi um grande especialista no pensamento de Tomás de Aquino. Nesta obra que se tornou referência sobre a filosofia no período medieval, ele traça um grande panorama do pensamento do período, caracterizado pela associação entre a teologia e a filosofia.

Correspondência de Abelardo e Heloísa
Paul Zumthor. São Paulo: Martins Fontes, 2000.

A história do filósofo e teólogo Abelardo e de sua amante Heloísa é bastante conhecida e ultrapassa qualquer tentativa de classificação. É tragédia, no sentido medieval do termo, ação com final infeliz, mas também comédia, com conclusão regeneradora.

Para assistir

O nome da rosa
Direção de Jean-Jacques Annaud. Alemanha; França; Itália, 1986.

Com base no romance homônimo de Umberto Eco, o enredo se passa em um mosteiro medieval e faz referências a questões da nascente ciência do século XIV.

O destino
Direção de Youssef Chahine. Egito; França, 1997.

O filme trata da vida de Averróis e da perseguição que o filósofo sofreu por não concordar com o radicalismo do califa Al-Mansur.

Cruzada
Direção de Ridley Scott. Estados Unidos; Reino Unido; Alemanha, 2005.
Trata da reconquista de Jerusalém pelos muçulmanos em 1187. Anteriormente, a cidade fora, conquistada pelos cruzados latinos. A obra retrata os acordos entre cristãos e muçulmanos no processo de reconquista, assim como os dramas enfrentados por seus habitantes.

Joana D'Arc
Direção de Luc Besson. Estados Unidos, 1999.
No século XV, Joana D'Arc, a "donzela de Lorraine", comandou um exército para impedir que a França caísse nas mãos dos ingleses. Guiada por uma fé extrema, Joana foi condenada à fogueira pela Igreja, acusada de praticar bruxaria.

El Cid
Direção de Anthony Mann. Itália; Estados Unidos, 1961.
Filme épico sobre o histórico herói castelhano Rodrigo Diaz de Bivar, mais conhecido como "El Cid Campeador", que ganhou fama durante a guerra contra os muçulmanos na Península Ibérica, ocorrida no século XI. Ele chegou a formar um reino independente em Valência. As batalhas entre cristãos e muçulmanos são reconstituídas e mostra-se a relação que se estabeleceu entre essas duas culturas.

O incrível exército de Brancaleone
Direção de Mario Monicelli. Itália; França; Espanha, 1966.
Comédia do reconhecido diretor e cineasta italiano que relata as peripécias da cavalaria medieval e mostra as relações sociais do feudalismo e o poder da Igreja.

Ben-Hur
Direção de William Wyler. Estados Unidos, 1959.
Judah Ben-Hur, um mercador judeu que vive em Jerusalém durante o século I, é feito escravo por um amigo da juventude que agora é o chefe das legiões romanas na cidade. O ex-mercador passa a lutar para libertar-se da injusta condenação, numa história que revela a moral e os costumes medievais.

Giordano Bruno
Direção de Giuliano Montaldo. França; Itália, 1973.
O filme mostra o processo e a execução do astrônomo, matemático e filósofo italiano Giordano Bruno, um dos percursores da ciência moderna que, no ano 1600, foi queimado na fogueira pela Inquisição, em razão de suas teorias contrárias aos dogmas da Igreja Católica.

Excalibur
Direção de John Boorman. Estados Unidos; Reino Unido, 1981.
História da espada encantada Excalibur, que o jovem escudeiro Arthur arranca da pedra, o que lhe vale o trono da Inglaterra e a possibilidade de unir o reino, envolto em guerra entre senhores feudais.

Robin Hood
Direção de Ridley Scott. Estados Unidos; Reino Unido, 2010.
Após a morte de Ricardo Coração de Leão, a Inglaterra do século XIII enfrenta uma grave crise em razão do mau governo do príncipe João. A cidade de Nottingham sofre as consequências, constantemente saqueada e tiranizada pelo xerife local. Diante disso, Robin Longstride, que servia ao monarca anterior, cria um grupo de mercenários justiceiros para salvar a cidade da injustiça. Começa a nascer a lenda de Robin Hood, figura que saqueava os ricos para distribuir aos pobres.

A lenda da flauta mágica
Direção de Jacques Demy. Reino Unido; Estados Unidos, 1972.
Durante o verão de 1349, a peste negra, transmitida aos seres humanos por meio de pulgas que entraram em contato com roedores infectados, toma conta da cidade de Hamelin, na Alemanha. Um grupo de artistas chega à cidade para um casamento, e um flautista se oferece para atrair os ratos para fora da cidade com o auxílio de sua música. O prefeito, entretanto, não aceita a proposta. O filme mostra o declínio da cidade pela peste, as perseguições religiosas no período medieval, a corrupção dos governantes e traça um panorama do período. É inspirado na lenda do flautista de Hamelin.

Para navegar

Núcleo de Estudo e Pesquisa em Filosofia Medieval da Universidade Estadual da Paraíba
www.sites.uepb.edu.br/principium/
Site associado à Universidade Estadual da Paraíba, apresenta links com textos relacionados à filosofia medieval.

Grupo de Pesquisa de Filosofia Medieval Latina e de Filosofia Medieval em Árabe (Falsafa)
www.sites.google.com/site/medievalpucsp/Home
Site do grupo de pesquisa sediado na Pontifícia Universidade Católica de São Paulo (PUCSP), apresenta artigos, notícias e resenhas sobre obras e eventos relacionados à filosofia medieval no Brasil.

Associação Brasileira de Estudos Medievais
www.abrem.org.br/
O site da Associação Brasileira de Estudos Medievais, sediada na Universidade Federal de Goiás (UFG), apresenta uma biblioteca virtual com textos de filosofia medieval, links para diferentes bibliotecas virtuais com material relacionado à filosofia da Idade Média, indicações de livrarias e editoras, além de notícias relacionadas ao assunto.

UNIDADE 6
FILOSOFIA MODERNA

Capítulo 19
Revolução Científica e problemas do conhecimento, 364

Capítulo 20
Concepções políticas na modernidade, 387

Obras que compõem a exposição *Leonardo da Vinci, a natureza da invenção*, realizada em São Paulo entre 2014 e 2015. Trata-se de protótipos construídos com base nos desenhos do artista. Para elaborar suas invenções, o renascentista apoiava-se em dados da experiência: a partir da observação de pássaros, por exemplo, projetava máquinas voadoras. Essa é uma característica da ciência moderna.

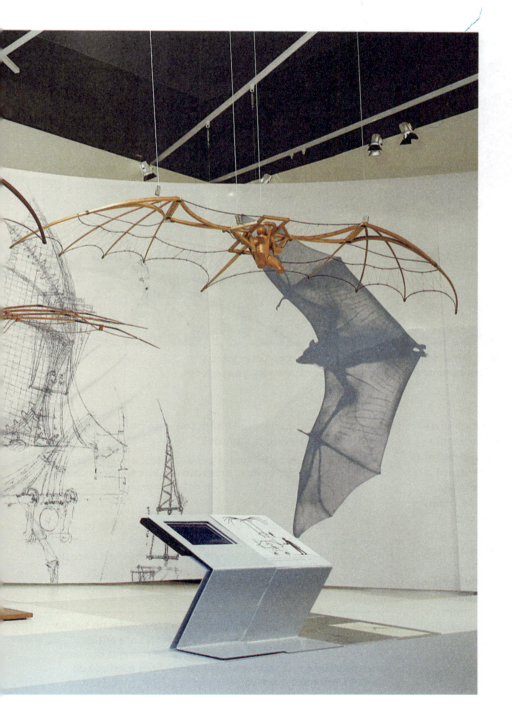

Rupturas da modernidade

O período que abrangeu a Renascença e a Idade Moderna testemunhou não apenas a descoberta do Novo Mundo, mas também o renascimento da confiança na razão, contraposta ao teocentrismo medieval, o que garantiu a transformação radical de diversos setores da vida humana: uma nova visão de mundo e das ciências, em virtude da Revolução Científica impulsionada por Galileu Galilei ao sobrepor a concepção heliocêntrica ao geocentrismo de um Universo finito; a Reforma Protestante, que confrontou a Igreja Católica, provocando uma cisão na fé; uma nova metafísica, voltada para os desafios epistemológicos que culminaram com a Ilustração; novas perspectivas da economia, decorrentes da força do comércio e da urbanização, em oposição à vida rural e à servidão; autonomia e secularização da política, levadas a efeito pelos que propunham um novo contrato social e outras formas de poder. Além das rupturas, seria preciso considerar o que ainda permanecia da herança recebida no movimento ambíguo de reconhecimento e de recusa vivenciado por aqueles que, perplexos, percebiam a fragilidade das verdades até então acalentadas. Haveria alguma semelhança entre aquela época e a nossa travessia para o século XXI?

CAPÍTULO 19
REVOLUÇÃO CIENTÍFICA E PROBLEMAS DO CONHECIMENTO

À caça de criaturas do mar (século XVI), gravura de Jan Collaert. O mundo pré-moderno apresentava concepções sobre a Terra que foram desmanteladas com as novas descobertas. Derrubar uma série de certezas levou os pensadores do período a uma avalanche de questionamentos.

"Quando se nos apresenta uma nova doutrina, temos boas razões para desconfiar e lembrar que, antes de ser formulada, estava em voga a doutrina oposta. Assim como esta foi derrubada pela atual, no futuro uma terceira substituirá a segunda. Antes que os princípios introduzidos por Aristóteles tivessem tido crédito, outros eram aceitos pela razão humana, como por sua vez hoje aceitamos ainda outros... Há mil anos era considerada uma atitude **pirrônica** colocar em dúvida a ciência da cosmografia e as opiniões aceitas por todos; era considerado heresia admitir os **antípodas**; e, contudo, nosso século [XVI] descobriu uma grandeza infinita de terra firme, não uma ilha ou uma região em particular, mas uma parte que acaba de ser descoberta e é mais ou menos igual em grandeza à que conhecemos. Os geógrafos daquele tempo insistiam em assegurar que tudo já havia sido descoberto e visto. [...] Como saber se, como Ptolomeu se enganou sobre os fundamentos de seu raciocínio, não é tolice confiar no que se diz agora e se não é mais verossímil que esse grande corpo que chamamos de mundo seja coisa bem diferente do que julgamos?"

MONTAIGNE, Michel de. Ensaios. In: MARCONDES, Danilo. *Textos básicos de filosofia e história das ciências*: a Revolução Científica. Rio de Janeiro: Jorge Zahar, 2016. p. 41.

Pirrônico: cético; adjetivo que remete a Pirro de Élida (c. 360--270 a.C.), filósofo grego cético.
Antípoda: que ou o que se situa em lugar diametralmente oposto.

Conversando sobre

Em seu texto, Montaigne cita descobertas realizadas no século XVI, que colocaram em dúvida teorias vigentes até então. Que relação existiria entre as novas descobertas e as correntes de pensamento que surgiram no período? Após o estudo do capítulo, retome a questão.

1. Renascimento e humanismo

Chamamos *modernidade* ao período que se esboçou no Renascimento, iniciado no século XIV, e atingiu seu auge na Ilustração, no século XVIII. O paradigma de racionalidade que então se delineava era de uma razão que buscava se libertar de crenças e superstições, fundando-se na própria subjetividade, e não mais na autoridade, fosse ela política ou religiosa. A modernidade representou, portanto, um processo que modificou a imagem do próprio ser humano e a concepção do mundo que o cercava.

Em sua obra *Pensamentos*, Blaise Pascal (1623-1662) escreveu: "O silêncio desses espaços infinitos me apavora", frase que explicita a angústia de quem, no século XVII, vivenciou a substituição da teoria geocêntrica – aceita durante mais de vinte séculos – pela teoria heliocêntrica. A nova concepção do mundo não apenas retirou a Terra do centro do Universo, como também desintegrou uma construção estética que ordenava os espaços e hierarquizava o "mundo superior dos Céus" e o "mundo inferior e corruptível da Terra", de acordo com a tradição aristotélica.

A questão, no entanto, não era apenas científica (decorrente da Revolução Científica que veremos adiante). Há algo mais que se quebra, além da ordem cósmica, entre as causas que antecedem esse período, assombrando a ordem social estabelecida.

Ao examinar o contexto histórico em que ocorreram transformações tão radicais, percebe-se que estas não se desligavam de outros processos igualmente marcantes: crescimento de atividades comerciais, o que propiciou maior circulação de valores e informações; novos centros urbanos e fortalecimento da burguesia; formação de Estados nacionais na Europa Ocidental, criando condições para movimentos reformistas que questionavam o poder centralizador da Igreja Católica; aperfeiçoamentos técnicos e inovações tecnológicas, o que modificava aos poucos a relação do homem com a natureza. Desse modo, surgia um novo indivíduo, confiante na razão e no poder de transformar o mundo.

Uma explicação possível para justificar a mudança ocorrida é que a nova classe comerciante, constituída pelos burgueses, impôs-se pela valorização do trabalho em oposição ao ócio da aristocracia. Além disso, inventos como a bússola, o papel, a imprensa e a máquina a vapor, o aperfeiçoamento de navios e as descobertas da época tornavam-se necessários para o comércio e a indústria em expansão.

Características do pensamento moderno

A valorização da razão e do pensamento crítico pelos renascentistas (séculos XIV ao XVI) e o questionamento da autoridade papal pelos movimentos reformistas religiosos (século XVI) possibilitaram a mudança de valores na Europa Ocidental. Entre as características decorrentes desse momento histórico destacam-se:

- *Antropocentrismo* – o indivíduo moderno coloca a si próprio no centro dos interesses e das decisões. Às certezas da fé, contrapõe-se a capacidade de livre exame. Até na religião adeptos da Reforma defendem o acesso direto ao texto bíblico, dando a cada um o direito de interpretá-lo.
- *Racionalismo* – o poder exclusivo da razão de discernir, distinguir e comparar opôs-se ao critério da fé e da revelação. A atitude polêmica perante a tradição revelava a recusa do dogmatismo.
- *Saber ativo* – o saber adquirido em razão da aliança entre ciência e técnica deve retornar à realidade para transformá-la.
- *Método* – o rompimento entre a ciência e a filosofia aristotélico-escolástica instigou intelectuais na busca de novos métodos de investigação filosófica e científica.

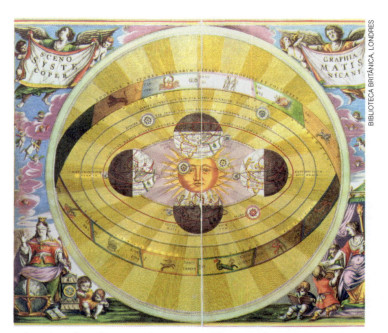

Atlas celeste (1660), gravura de Andreas Cellarius. Nessa representação, é possível identificar o sistema heliocêntrico copernicano. A nova concepção do espaço se contrapôs ao pensamento aristotélico, dominante até então.

2. Expressões do humanismo

O conceito de *humanismo* apresentou sentidos diferentes ao longo da história do pensamento. No Renascimento, significou um renovado interesse pelo humano, em contraposição ao foco dos medievais no sobrenatural, o que provocou forte reação à tradição escolástica, certamente por causa da necessidade de desvincular a filosofia da teologia. Do mesmo modo, o retorno ao estudo das obras clássicas greco-romanas realizou-se sem passar pela interpretação teológica medieval.

Capítulo 19 • Revolução Científica e problemas do conhecimento

> **Saiba mais**
>
> A crítica ao teocentrismo medieval não deve ser entendida como manifestação antirreligiosa, porque a questão da fé continuou vigente. A Inquisição, conduzida pela Igreja Católica, atuava com rigor em várias situações, e recrudesceram os confrontos religiosos, sobretudo entre católicos e protestantes – com destaque para estes últimos, os quais se rebelaram contra a autoridade papal, que reagiu com a Contrarreforma.

Artes e letras

O humanismo renascentista expressou-se de maneira representativa no florescimento das artes, das letras e do pensamento. Nas artes, a temática religiosa não foi abandonada por completo, mas o *naturalismo* e o *uso da perspectiva* denotavam um novo interesse pela representação do mundo. Pintores, arquitetos, escultores passaram a assinar suas criações, saindo do anonimato, e produziram vasta obra ainda hoje admirada. Entre outros, destacam-se os italianos Leonardo da Vinci, Botticelli, Michelangelo, Rafael Sanzio, o arquiteto e pintor Felipe Brunelleschi, além de Albrecht Dürer, na Alemanha e, nos Países Baixos, Jan van Eyck.

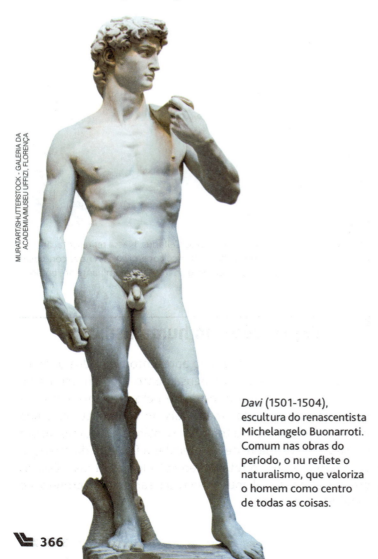

Davi (1501-1504), escultura do renascentista Michelangelo Buonarroti. Comum nas obras do período, o nu reflete o naturalismo, que valoriza o homem como centro de todas as coisas.

Nas letras, o latim ainda era aceito como língua culta e ensinado nas escolas; entretanto, lentamente deu lugar às *línguas vernáculas*, próprias de cada país, como o italiano, o francês, o alemão e o inglês. Destacam-se, na Itália, os poetas Dante Alighieri e Francesco Petrarca; na Inglaterra, o escritor William Shakespeare; na Espanha, Miguel de Cervantes; na França, François Rabelais, entre outros autores de obras representativas dos novos tempos.

Pensadores humanistas

Vários pensadores exprimiram de maneiras diversas as novas aspirações renascentistas. O italiano Pico della Mirandola (1463-1494) desenvolveu a doutrina sobre a dignidade humana, ao afirmar que apenas o ser humano é capaz de "se fazer", de ser "artífice de si próprio". Já o holandês Erasmo de Roterdã (1466-1536), embora religioso, criticou a Igreja, a Escolástica, a hipocrisia e a corrupção dos costumes no clero e na política. Escreveu *Elogio da loucura*, obra crítica e satírica da moral da época, protagonizada pela própria Loucura.

Outro pensamento que marcou o século XVI foi a teoria política de Nicolau Maquiavel, criador da moderna concepção de poder, contrária à tradição greco-cristã, conforme pode ser visto no capítulo 20, "Concepções políticas na modernidade".

Montaigne

Michel Eyquem de Montaigne (1533-1592), humanista e filósofo francês, autor de *Ensaios*, redigiu sua obra em primeira pessoa, refletindo sobre os mais diversos assuntos do cotidiano, o que representou uma novidade na literatura filosófica. O modo de escrever original expressava uma característica dos novos tempos, nos quais se destacava a descoberta da *subjetividade*: um olhar para dentro de si mesmo e o reconhecimento do uso autônomo da razão. O próprio Montaigne reconhece a singularidade de seu olhar:

> "A vida íntima do homem do povo é de resto um assunto filosófico e moral tão interessante quanto a do indivíduo mais brilhante; deparamos em qualquer homem com o Homem. Tratam os escritores em geral de assuntos estranhos à sua personalidade; fugindo à regra – e é a primeira vez que isso se verifica – falo de mim mesmo, de Michel de Montaigne, e não do gramático, poeta ou jurisconsulto, mas do homem. Se o mundo se queixar de que só fale de mim, eu me queixarei de que ele não pense somente em si."
>
> MONTAIGNE, Michel de. *Ensaios*. São Paulo: Abril Cultural, 1972. p. 372. (Coleção Os Pensadores)

Contra a tradição da Escolástica decadente, o filósofo criticou a "ciência puramente livresca" e estimulou as pessoas a pensarem por si mesmas, recorrendo à analogia das abelhas, que, após sugarem todo tipo de flores, transformam as diferentes substâncias em mel, sua "obra própria".

Em um período de sangrentas lutas religiosas, Montaigne criticou os fanatismos responsáveis pela violência. Denunciou com agudeza e ironia os costumes vigentes, a hipocrisia e as superstições; assumiu uma postura cética diante do lento desmoronar de verdades absolutas de seu tempo, como constatamos no trecho que abre este capítulo. A desconfiança de Montaigne a respeito do conhecimento humano, fragilizado diante de mudanças cruciais, permite-nos compreender como os pensadores renascentistas já assinalavam a importância de outro tipo de investigação filosófica e científica. Não por acaso, no século seguinte, Francis Bacon (1561-1626) e René Descartes (1596-1650) inauguraram a nova teoria do conhecimento e a metafísica que iriam se opor às teorias aristotélico-tomistas.

Utopias renascentistas

Uma *utopia* é um lugar imaginário. O termo designa uma sociedade ideal ou um modo ideal de se viver. No sentido pejorativo, significa algo irrealizável, sonho de visionários.

Desiludido com a democracia de Atenas, que condenara seu mestre à morte, Platão descreveu uma utopia na obra *A República*, em que imaginou sua Calípolis – a Cidade Bela – governada por filósofos. É bem verdade que Platão não atribuía a Calípolis essa denominação de utopia, termo criado somente no Renascimento, até porque ele realmente imaginava ser possível politicamente instituir aquele tipo de "comunismo" como garantia para uma vida social mais justa. Como sabemos, suas tentativas fracassaram.

Tomás Morus (1477-1535), chanceler do rei Henrique VIII da Inglaterra, no final de sua vida entrou em conflito com o rei, o que o levou a julgamento e à condenação à pena capital por decapitação. Tornou-se conhecido com a obra *Utopia, ou tratado da melhor forma de governo*, em que critica o absolutismo monárquico e imagina uma sociedade mais justa, livre do abuso de poder e da desigualdade social. Severo crítico do fanatismo religioso, Tomás Morus propôs em sua obra um tipo de culto ecumênico, em que as diversas crenças conviveriam em absoluta tolerância. Defendia a paz contra as guerras movidas por ambição de riquezas ou conquista de poder.

O dominicano italiano Tommaso Campanella (1568-1639) envolveu-se com política e, na tentativa de criar um mundo melhor, esteve preso por mais de duas décadas. Em 1602, escreveu *A cidade do Sol*, também uma utopia, uma "república filosófica", espécie de "comunismo" em que todos vivem em comunidade de bens, sem a posse de propriedades.

Outra utopia a destacar é a *Nova Atlântida*, de Francis Bacon, filósofo de que ainda trataremos neste capítulo. Essa obra inacabada, apresentada como fábula e publicada postumamente, descreve uma comunidade exemplar situada em uma ilha do Pacífico Norte, para onde ventos fortes e o acaso levaram um navio que saíra do Peru em direção ao Japão. Recolhidos pelos moradores, os tripulantes do navio conheceram a Casa de Salomão, local de sábios que governavam com base no senso de justiça e no amor ao próximo, além de se valerem de conhecimentos científicos e de tecnologia avançada. Esses sábios estimulavam a pesquisa coletiva, responsável por descobertas e inovações científicas constantes.

O gosto pelas utopias no Renascimento pode ser compreendido ressaltando-se a valorização da razão como instrumento capaz de organizar a cidade ideal, que seria igualitária e voltada para a felicidade de cada indivíduo, exemplo do ideal humanista típico daquele período. Ao contrário de seus antecessores, que procuravam repetir o passado, os utopistas examinam o que não deu certo e imaginam um futuro de esperanças, sobretudo em virtude da ação humana auxiliada pela técnica e pela ciência.

> **Utopia:** do grego *oû*, sufixo de negação, e *tópos*, "lugar"; portanto, "lugar que não existe".

Cena do clássico filme *1984* (1984), dirigido por Michael Radford e inspirado no romance homônimo de George Orwell. A obra retrata um futuro oposto do utópico, em que todos estão sob o controle máximo exercido pela figura do "Grande Irmão". Se no Renascimento proliferavam as utopias, na contemporaneidade há numerosas distopias, o que pode sinalizar descrença nos poderes da razão.

ATIVIDADES

1. O que representa o conceito de *humanismo* no Renascimento?

2. A respeito de Montaigne, responda às questões.
   a) Como Montaigne expressa a subjetividade, uma das características marcantes do Renascimento?
   b) As transformações vividas por Montaigne em sua época estimularam seu ceticismo? Explique.

3. Quais são as principais características das utopias de autores renascentistas?

3. Revolução Científica do século XVII

Ainda no século XVI, vale lembrar dois nomes que se destacaram em estudos de astronomia. Um deles, o monge polonês Nicolau Copérnico (1473-1543), que propôs o heliocentrismo (o Sol, e não a Terra, como centro) e cujo pensamento será abordado mais detalhadamente adiante, e o italiano Giordano Bruno (1548-1600), acusado de panteísmo pela Inquisição e queimado vivo por defender a teoria da infinitude do Universo, contrária à concepção católica de Universo finito, esférico e hierarquizado.

Saiba mais

Há uma discussão entre os filósofos da ciência com base em duas teses antagônicas: a tese *descontinuísta* concebe a passagem para a ciência moderna como uma ruptura da tradição científica da Antiguidade e da Idade Média, tendo como representante o filósofo da ciência Alexandre Koyré (1892-1964); ao passo que outros, como Pierre Duhem (1861-1916), realçam a influência e a importância do pensamento científico do final da Idade Média, ou seja, defendem a teoria do *continuísmo*.

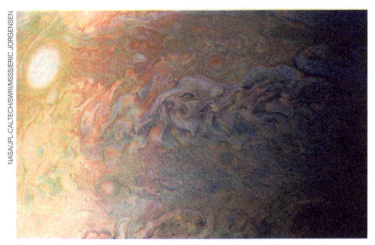

Imagem da superfície do planeta Júpiter, registrada pela sonda Juno. Lançada pela Nasa em 2011, a sonda entrou na órbita de Júpiter em 2016, revelando pela primeira vez como é o planeta sob as densas nuvens que o encobrem. Cinco séculos após os escritos de Copérnico, ainda há muitos aspectos do Universo para se desvendar.

Galileu e o método

Uma das expressões mais claras do racionalismo, que vigorou na Idade Moderna, foi o interesse pelo método como instrumento capaz de proporcionar conhecimento mais seguro. Destacaram-se as reflexões de René Descartes, Francis Bacon e John Locke (1632-1704), no âmbito da filosofia, e de Galileu Galilei (1564-1642), Johannes Kepler (1571-1630) e Isaac Newton (1642-1727), no campo das ciências.

A aplicação do método experimental na prática científica por Galileu representou verdadeira revolução: a ciência rompia com a filosofia aristotélico-escolástica e buscava novos caminhos. Com o método experimental, o renascimento das ciências no século XVII não significou uma simples evolução, mas uma verdadeira ruptura que implicou outra concepção de saber.

Veremos agora como Galileu relacionou a hipótese copernicana do heliocentrismo às leis da mecânica, ligando a ciência astronômica à física: nascia, então, a física moderna e uma nova concepção de astronomia. Não foi fácil o reconhecimento dessa novidade, tendo em vista a rigorosa censura da Igreja Católica, que identificava sinais de heresia na teoria galilaica, chegando a submeter Galileu a julgamento pela Inquisição, condenando-o à prisão domiciliar.

A nova física

Lembremos como era a explicação de Aristóteles (c. 384-322 a.C.) para o movimento: corpos pesados caem porque tendem para baixo, por ser este seu "lugar natural"; corpos leves tendem naturalmente para o alto. Desse modo, a física aristotélica era qualitativa, porque se baseava na compreensão de uma suposta "natureza" pesada ou leve dos corpos.

Galileu, porém, não se interessava em explicar *por que* os corpos caem, mas *como* eles caem. A fim de apurar a observação e facilitar a experiência, recorreu a técnicas e instrumentos que pudessem auxiliá-lo, dispondo, em sua oficina, de recursos como plano inclinado, termômetro, telescópio e relógio de água (clepsidra). Embora ainda fossem engenhocas um tanto primitivas, mostraram-se suficientes para abandonar a ciência especulativa e caminhar em direção à construção de uma ciência ativa.

Por meio do método experimental, Galileu elaborou a descrição quantitativa dos fenômenos. Desprezando aspectos de cor, odor e sabor, que são qualidades subjetivas, investigou o espaço físico nos seus aspectos objetivos, ou seja, naqueles em que se pode aplicar um tratamento matemático.

Galileu realizando a experiência do plano inclinado (1841), pintura de Giuseppe Bezzuoli. Com seus experimentos, Galileu introduziu a medida e a experimentação na física nascente.

Lei da queda dos corpos

Galileu descreveu a lei da queda dos corpos após repetidas experiências com uma esfera percorrendo um plano inclinado, a fim de medir as relações constantes e necessárias entre o tempo e o espaço percorrido. Em seguida, a lei foi traduzida numa forma geométrica, de modo que a união entre experimentação e matemática permitisse abrir caminho para a física moderna – fruto de uma verdadeira Revolução Científica.

Assim explica Galileu:

> "A filosofia encontra-se escrita neste grande livro que continuamente se abre perante nossos olhos (isto é, o Universo), que não se pode compreender antes de entender a língua e conhecer os caracteres com os quais está escrito. Ele está escrito em língua matemática, os caracteres são triângulos, circunferências e outras figuras geométricas, sem cujos meios é impossível entender humanamente as palavras: sem eles nós vagamos perdidos dentro de um obscuro labirinto."
>
> GALILEI, Galileu. *O ensaiador*. São Paulo: Abril Cultural, 1973. p. 119. (Coleção Os Pensadores)

Vale ressaltar que, em geral, o procedimento de Galileu era indutivo, isto é, partia dos fatos em direção às leis. Mas nem sempre foi assim, pois, em certas circunstâncias, realizou "experiências mentais" ao imaginar situações sem verificação empírica, das quais, contudo, seria possível tirar conclusões. Por exemplo, de acordo com o conceito de inércia de movimento, um objeto permanecerá indefinidamente em movimento retilíneo uniforme, a não ser que uma força como a de atrito atue sobre ele. Ora, isso não acontece de fato nos movimentos que observamos cotidianamente, pois o atrito sempre existe, mas não impede que o cientista suponha sua inexistência. O que garante a validade científica a processos intelectuais desse tipo é submeter situações hipotéticas à comprovação.

Astronomia e geometrização do espaço

A teoria geocêntrica encontra-se nas obras de Aristóteles, posteriormente completadas por Ptolomeu, no século II. Essa concepção, que perdurou durante toda a Antiguidade e a Idade Média, descreve um Universo finito, esférico, hierarquizado.

O geocentrismo era de certo modo confirmado pelo senso comum: percebemos que a Terra é imóvel e que o Sol gira à sua volta. No próprio texto bíblico, lê-se uma passagem em que Deus fez *parar o Sol* para que o povo eleito continuasse a luta enquanto houvesse luz, o que sugere *o Sol em movimento e a Terra fixa*.[1]

No século XVI, o monge Nicolau Copérnico publicou *Das revoluções dos corpos celestes*, obra em que expõe o heliocentrismo, mas que permaneceu praticamente ignorada até o início do século XVII, quando a hipótese ressurgiu com Galileu e Kepler.

[1] *Bíblia*, Josué 10: 13-14.

Telescópio de Galileu Galilei (c. 1610).

O telescópio proporcionou a Galileu descobertas valiosas: para além das estrelas fixas, haveria ainda infindáveis mundos; a superfície da Lua é rugosa e irregular; o Sol tem manchas; e em torno de Júpiter existem quatro luas! Como isso seria possível? O que os aristotélicos reconheciam até então era o Universo finito, a Lua e o Sol, compostos de substância incorruptível e perfeita, e Júpiter, engastado em uma esfera de cristal (dessa forma, não poderia ter luas que a perfurassem).

Os fenômenos da física e da astronomia, antes explicados de acordo com as diferenças de natureza de corpos perfeitos e imperfeitos, tornam-se homogêneos, já que não há mais como reconhecer a incorruptibilidade do mundo supralunar: desfaz-se, portanto, a diferença entre Terra e Céus. Além disso, à consciência medieval de um "mundo fechado", é contraposta a concepção moderna de "Universo infinito".

Em 1638, quando Galileu, já cego, ainda se encontrava em prisão domiciliar, um discípulo conseguiu que a obra *Discursos e demonstrações matemáticas sobre duas novas ciências* fosse publicada na Holanda à revelia da Inquisição. Após esse último e importante trabalho, em que ele ligou a ciência astronômica à física, pode-se dizer que nascia a física moderna e uma nova concepção de astronomia.

O filósofo contemporâneo Alexandre Koyré, ao explicar as grandes mudanças ocorridas no século XVII, diz que elas pareciam redutíveis a duas ações fundamentais e estreitamente relacionadas entre si, que ele caracterizou como a *destruição do cosmo* e a *geometrização do espaço*. Isso significa que o espaço heterogêneo dos lugares naturais se tornou homogêneo; despojado das qualidades, passou a ser quantitativo e, portanto, mensurável. Podemos dizer que houve uma "democratização" dos espaços, pois todos se tornam equivalentes, nenhum é superior ao outro. Negada a diferença entre a qualidade dos espaços celestes e terrestres, é possível admitir que as leis da física se aplicam igualmente a todos os corpos do Universo.

4. Síntese newtoniana

Os resultados obtidos por Galileu e Descartes na física e na astronomia, bem como os dados acumulados por Tycho Brahe (1546-1601) e as leis das órbitas celestes de Kepler, possibilitaram a Isaac Newton a elaboração da *teoria da gravitação universal*. As leis formuladas anteriormente referiram-se apenas a aspectos particulares dos fenômenos considerados. O sistema newtoniano cobre a totalidade de um certo setor da realidade e, portanto, realiza a maior síntese científica sobre a natureza do mundo físico.

Newton nasceu no ano em que morria Galileu. Em 1687, publicou a obra *Princípios matemáticos de filosofia natural* (conhecida pelo título latino *Principia*), que inicia com investigações no ramo da física denominado mecânica até chegar à demonstração de todo o Sistema Solar.

De acordo com relato não comprovado, Newton teria intuído a ideia da força de atração de todos os corpos do Universo ao observar a queda de uma maçã. Naquele momento, uma intuição o teria levado à elaboração da teoria da gravitação, segundo a qual "Duas partículas quaisquer do Universo se atraem gravitacionalmente por meio de uma força que é diretamente proporcional ao produto de suas massas e inversamente proporcional ao quadrado da distância que as separa".

A esse propósito, o escritor francês contemporâneo Paul Valéry (1871-1945) comenta:

> "O gênio de Newton consistiu em dizer que a Lua cai, enquanto todos bem veem que ela não cai!"
>
> VALÉRY, Paul. In: HUISMAN, Denis; VERGEZ, André. *Compêndio moderno de filosofia*: o conhecimento. 3. ed. Rio de Janeiro: Freitas Bastos, 1978. p. 182. v. 2.

Valéry queria dizer que, se a Lua saísse de sua órbita e se aproximasse da Terra, certamente cairia sobre ela, tal qual uma maçã atraída pela gravidade terrestre.

As teorias de Newton estimularam o desenvolvimento da ciência e permaneceram como parâmetros indiscutíveis durante duzentos anos, até que, na primeira metade do século XX, o **paradigma** newtoniano foi suplantado pela teoria da relatividade geral, de Albert Einstein (1879-1955), e pela física quântica, fruto do estudo de cientistas como Einstein e Werner Heisenberg (1901-1976), entre outros. Mas, como pode ser conferido no capítulo 23, "Ciências contemporâneas", as novas teorias não representam a recusa das anteriores, pois estas ainda funcionam, apesar de suas limitações para explicar fenômenos diferentes relacionados ao macrocosmo ou ao microcosmo.

Paradigma: do grego *paradeíknumi*, "pôr em relação, em paralelo", "mostrar". Significa: modelo; conjunto de teorias, técnicas, valores de determinada época que, de tempo em tempo, entram em crise. No contexto, segundo o filósofo Thomas Kuhn, é a visão de mundo assumida pela comunidade científica em determinado momento.

---

5. Novas ciências, novo mundo

É interessante observar o contraste entre a condenação de Galileu, em 1633, e o fato de Newton ter sido sagrado cavaleiro pelo governo inglês, em 1705, honraria que nunca fora concedida a um estudioso das ciências. Que revolução ocorrera em tão pouco tempo para se exaltar um cientista de tal maneira?

Em primeiro lugar, a visão religiosa do mundo viu-se ameaçada pela nova ciência, na qual não havia lugar para a causalidade divina. Ao separar a *razão* da *fé*, Galileu buscava a verdade científica independentemente das verdades reveladas, o que não significava pregar o ateísmo, mas reconhecer que a fé não era um elemento a se considerar na ciência.

Outro impacto decorreu da *descentralização do cosmo*. Essa subversão da ordem provocou inevitável ansiedade: a Terra havia se transformado em simples planeta na imensidão do espaço infinito. Também o lugar do ser humano no mundo era questionado.

Além disso, a ciência moderna compara a natureza e o próprio ser humano a uma máquina, um conjunto de mecanismos cujas leis precisam ser descobertas. Ficam excluídas da ciência todas as considerações a respeito do valor, da perfeição, do sentido e do fim. Em outras palavras, as causas formais e finais (ou teleológicas), tão caras à filosofia antiga, não mais serviam para explicar os fenômenos, pois apenas as *causas eficientes* interessavam à nova ciência.

A mudança na orientação dos governos em relação às pesquisas científicas justificava-se pelas numerosas conquistas no campo das ciências, obtidas tanto na formulação de leis naturais do ponto de vista teórico como no desenvolvimento da tecnologia.

Homens de negócios não ficaram de fora e passaram a investir na atividade científica. Os observatórios de Paris (1667) e de Greenwich (1675) foram criados com a intenção prática de ajudar a navegação e o comércio ultramarino, e proliferaram as academias de ciências na Itália, Inglaterra, França e Alemanha, voltadas para o estudo mais teórico da ciência.

ATIVIDADES

1. Faça uma comparação entre a física de Aristóteles e a física de Galileu.

2. Faça uma comparação entre a astronomia de Ptolomeu e a de Galileu.

3. Por qual razão homens de negócios passaram a investir na nova ciência?

4. A respeito de astronomia, explique sob que aspectos Galileu abandonou o mito do cosmo hierarquizado e o que significam "democratização" e geometrização do espaço físico.

Leitura analítica

Revolução Científica

No texto a seguir, o filósofo da ciência Alexandre Koyré defende a ideia de que o século XVII passou por uma revolução espiritual. Representante da teoria descontinuísta, ele afirma que a ciência moderna rompeu com a tradição científica da Antiguidade e da Idade Média, contrapondo-se ao continuísmo, que enxerga na ciência moderna traços do que se desenvolvia na tradição medieval.

"Admite-se de maneira geral que o século XVII sofreu, e realizou, uma radicalíssima revolução espiritual de que a ciência moderna é, ao mesmo tempo, a raiz e o fruto. Essa revolução pode ser descrita, e foi, de várias maneiras diferentes. Assim, por exemplo, alguns historiadores viram seu aspecto mais característico na secularização da consciência, seu afastamento de metas transcendentes para objetivos imanentes, ou seja, a substituição da preocupação pelo outro mundo e pela outra vida pela preocupação com esta vida e este mundo. Para outros autores, sua característica mais assinalada foi a descoberta, pela consciência humana, de sua subjetividade essencial e, por conseguinte, a substituição do objetivismo dos medievos e dos antigos pelo subjetivismo dos modernos; outros ainda creem que o aspecto mais destacado daquela revolução terá sido a mudança de relação entre teoria e práxis, o velho ideal da *vita contemplativa* [vida contemplativa] cedendo lugar ao da *vita activa*. Enquanto o homem medieval e o antigo visavam à pura contemplação da natureza e do ser, o moderno deseja a dominação e a subjugação.

Tais caracterizações não são de nenhum modo falsas, e certamente destacam alguns aspectos bastante importantes da revolução espiritual – ou crise – do século XVII, aspectos que nos são exemplificados e revelados, por exemplo, por Montaigne, Bacon, Descartes ou pela disseminação geral do ceticismo e do livre-pensamento.

Em minha opinião, no entanto, esses aspectos são concomitantes e expressões de um processo mais profundo e mais fundamental, em resultado do qual o homem, como às vezes se diz, perdeu seu lugar no mundo ou, dito talvez mais corretamente, perdeu o próprio mundo em que vivia e sobre o qual pensava, e teve de transformar e substituir não só seus conceitos e atributos fundamentais, mas até mesmo o quadro de referência de seu pensamento.

Pode-se dizer, aproximadamente, que essa Revolução Científica e filosófica – é de fato impossível separar o aspecto filosófico do puramente científico desse processo, pois um e outro se mostram interdependentes e estreitamente unidos – causou a destruição do cosmo, ou seja, o desaparecimento dos conceitos válidos, filosófica e cientificamente, da concepção do mundo como um todo finito, fechado e ordenado hierarquicamente (um todo no qual a hierarquia de valor determinava a hierarquia e a estrutura do ser, erguendo-se da Terra escura, pesada e imperfeita para a perfeição cada vez mais exaltada das estrelas e das esferas celestes), e a sua substituição por um Universo indefinido e até mesmo infinito que é mantido coeso pela identidade de seus componentes e leis fundamentais, e no qual todos esses componentes são colocados no mesmo nível de ser. Isto, por seu turno, implica o abandono, pelo pensamento científico, de todas as considerações baseadas em conceitos de valor, como perfeição, harmonia, significado e objetivo, e, finalmente, a completa desvalorização do ser, o divórcio do mundo do valor e do mundo dos fatos. [...]

Na realidade, a história completa e integral desse processo [de infinitização do Universo] exigiria uma narrativa longa, complexa e alentada. Teria de tratar da história da nova astronomia em sua passagem da concepção geocêntrica para a heliocêntrica e [...] da história da nova física em sua tendência coerente para a matematização da natureza [...]. Teria de discutir as opiniões e a obra de Bacon e Hobbes, de Pascal e Gassendi, de Tycho Brahe e Huygens, de Boyle e Guericke, assim como de muitíssimos outros.

No entanto, apesar desse tremendo número de elementos, descobertas, teorias e polêmicas que em suas interconexões formam os complexos e comoventes antecedentes e as sequelas da grande revolução, a linha principal do grande debate, os principais passos da estrada que leva do mundo fechado para o Universo infinito destacam-se de modo claro nas obras de alguns grandes pensadores que, compreendendo profundamente sua importância **basilar**, deram plena atenção ao problema fundamental da estrutura do mundo."

KOYRÉ, Alexandre. *Do mundo fechado ao Universo infinito*. Rio de Janeiro; São Paulo: Forense Universitária; Edusp, 1979. p. 13-15.

Basilar: que serve de base; básico; fundamental.

QUESTÕES

1. Explique o que significa dizer que a ciência moderna é, ao mesmo tempo, a raiz e o fruto da revolução espiritual ocorrida no século XVII.
2. Relacione a frase de Pascal transcrita no início do capítulo com o mal-estar do ser humano no século XVII, considerando a descrição feita por Alexandre Koyré.
3. No final do texto, Alexandre Koyré refere-se ao "divórcio do mundo do valor e do mundo dos fatos". Explique como isso representa o nascimento da ciência moderna.

6. O problema do conhecimento: racionalismo e empirismo

Vimos que Galileu introduziu o novo método científico, responsável por colocar em xeque a física aristotélica, quebrando o modelo de compreensão do mundo que prevalecera até então. O receio de novos enganos levou os filósofos a levantar o *problema do conhecimento*, o que os obrigou a uma revisão da metafísica aristotélico-tomista.

Lembramos que na Antiguidade e na Idade Média não havia propriamente uma *teoria do conhecimento*, pois aqueles filósofos antigos e medievais ocuparam-se, sobretudo, com o *problema do ser*, perguntando-se: "Existe alguma coisa?", "Isto que existe, o que é?". Com exceção dos céticos, entretanto, não questionavam a capacidade humana de conhecer – justamente o tema que se tornaria o principal dos filósofos da modernidade, ao se fazerem outras perguntas: "O que é possível conhecer?", "Qual é a origem do conhecimento?", "Qual é o critério de certeza do conhecimento verdadeiro?".

Essas questões epistemológicas, isto é, relativas ao conhecimento, deram origem a duas correntes filosóficas, uma com ênfase na razão, outra nos sentidos: o racionalismo e o **empirismo**.

- O *racionalismo* engloba as doutrinas que enfatizam o papel da razão no processo do conhecimento. Na Idade Moderna, destacam-se como racionalistas: René Descartes – seu principal representante –, Baruch Espinosa (1632-1677) e Gottfried Leibniz (1646-1716).
- O *empirismo* é a tendência filosófica que enfatiza o papel da experiência sensível no processo do conhecimento. Destacam-se no período moderno: Francis Bacon, John Locke, David Hume (1711-1776) e George Berkeley (1685-1753).

Veja como o filósofo alemão Johannes Hessen (1889-1971) explica a diferença entre as duas tendências:

> "Se formulo o juízo 'o sol aquece a pedra', eu o faço com base em determinadas experiências. Vejo como o sol bate sobre a pedra e, tocando-a, verifico que ela vai ficando cada vez mais quente. Em meu juízo, portanto, apoio-me nos dados da visão e do tato, ou, em poucas palavras, na experiência. Mas meu juízo contém um elemento que não está na experiência. Meu juízo não diz simplesmente que o sol bate na pedra e que ela, então, torna-se quente. Ele afirma que entre esses dois processos existe uma conexão interna, **causal**. A experiência mostra que um processo segue-se ao outro. Eu adiciono o pensamento de que um processo ocorre por meio de outro, é causado pelo outro. Meu juízo 'o sol aquece a pedra' exibe, pois, dois elementos, um deles proveniente da experiência, o outro proveniente do pensamento. A questão, agora, é saber qual dos dois é decisivo. A consciência **cognoscente** apoia-se de modo preponderante (ou mesmo exclusivo) na experiência ou no pensamento? De qual das duas fontes do conhecimento ela extrai seus conteúdos? Onde localizar a origem do conhecimento?"

HESSEN, Johannes. *Teoria do conhecimento*. 4. ed. São Paulo: Martins Fontes, 2012. p. 47.

Empirismo: do grego *empeiría*, "experiência".
Causal: relativo à causa.
Cognoscente: aquele que conhece.

7. Racionalismo cartesiano: a dúvida metódica

René Descartes é considerado o "pai" da filosofia moderna porque, ao tomar a *consciência* como ponto de partida, abriu caminho para a discussão sobre ciência e ética, sobretudo ao enfatizar a capacidade humana de conhecer.

O propósito inicial de Descartes era encontrar um método tão seguro que o conduzisse à verdade indubitável. Procurou-o, então, no ideal matemático, isto é, em uma ciência que fosse *mathesis universalis* (matemática universal), o que não significa aplicar a matemática ao conhecimento do mundo, mas usar o tipo de conhecimento que é peculiar à matemática – caracterizado pela evidência, pelo pensamento dedutivo, e que se expressa por "longas correntes de raciocínio".

Em outras palavras, o conhecimento da matemática é inteiramente dominado pela inteligência – e não pelos sentidos – e apoiado na ordem e na medida, o que lhe permite estabelecer cadeias de razões para deduzir uma coisa de outra.

Os sem-floresta (2017), de Michael Fry e T. Lewis. De maneira bem-humorada, a tirinha aborda a percepção da realidade e o seu conhecimento.

As quatro regras

Para realizar o propósito de encontrar um método seguro, Descartes estabelece quatro regras em seu raciocínio filosófico:

- da *evidência* – acolher apenas o que aparece ao espírito como ideia clara e distinta;
- da *análise* – dividir cada dificuldade em parcelas menores para resolvê-las por partes;
- da *ordem* – conduzir por ordem os pensamentos, começando pelos objetos mais simples e mais fáceis de conhecer para só depois lançar-se aos mais compostos;
- da *enumeração* – fazer revisões gerais para ter certeza de que nada foi omitido.

Vejamos como essas regras são aplicadas. Ao fundamentar sua filosofia, Descartes parte em busca de uma verdade primeira que não possa ser colocada em dúvida. Começa duvidando de tudo: do testemunho dos sentidos, das afirmações do senso comum, dos argumentos de autoridade, das informações da consciência, das verdades deduzidas pelo raciocínio, da realidade do mundo exterior e da realidade de seu próprio corpo.

Trata-se da *dúvida metódica*, porque é essa dúvida que o impele a indagar se não restaria algo que fosse inteiramente indubitável. Por isso Descartes não é um filósofo cético: ele busca alguma verdade.

Cogito, ergo sum

Descartes só interrompe a cadeia de dúvidas diante do seu próprio ser que duvida até alcançar sua primeira intuição: **cogito, ergo sum**.[2]

> "[...] enquanto eu queria assim pensar que tudo era falso, cumpria necessariamente que eu, que pensava, fosse alguma coisa. E, notando que esta verdade *eu penso, logo existo* era tão firme e tão certa que todas as mais extravagantes suposições dos céticos não seriam capazes de a abalar, julguei que podia aceitá-la, sem escrúpulo, como o primeiro princípio da filosofia que procurava."
>
> DESCARTES, René. *Discurso do método*. São Paulo: Abril Cultural, 1973. p. 54. (Coleção Os Pensadores)

Esse "eu" é puro pensamento, uma *res cogitans* (coisa pensante). Portanto, é como se dissesse: "Existo enquanto penso". Com essa primeira intuição, Descartes julga estar diante de uma ideia clara e distinta, com base na qual seria reconstruído todo o saber.

Embora o conceito de ideias claras e distintas resolva alguns problemas com relação à verdade de parte do nosso conhecimento, não dá garantia alguma de que o objeto pensado corresponda a uma realidade fora do pensamento. Como sair do próprio pensamento e recuperar o mundo do qual tinha duvidado? Considerando as regras do método, Descartes deveria passar gradativamente de noções já encontradas para outras igualmente indubitáveis. Para ir além dessa primeira intuição do *cogito*, Descartes examina se haveria no espírito outras ideias igualmente claras e distintas. Distingue então três tipos de ideias:

- as que "parecem ter nascido comigo" (inatas);
- as que "vieram de fora" (**adventícias**);
- as que foram "feitas e inventadas por mim mesmo" (**factícias**).

Ora, o *cogito* é uma ideia que não deriva do particular – não é do tipo das ideias que "vêm de fora", formadas pela ação dos sentidos –, tampouco é semelhante às que criamos pela imaginação. Ao contrário, ideias semelhantes já se encontram no espírito, como fundamento para a apreensão de outras verdades. Portanto, são inatas, verdadeiras, não sujeitas a erro, pois vêm da razão. Haveria outras ideias desse tipo além do *cogito*?

> **Cogito, ergo sum:** do latim, "penso, logo existo". Não se deve interpretar, porém, a conjunção *logo* como a conclusão de um raciocínio dedutivo. Para Descartes, trata-se de uma intuição pura, pela qual o ser pensante é percebido.
>
> **Adventício:** do latim *adventicius*, "aquilo que vem de fora". Em Descartes, "ideias que vieram de fora".
>
> **Factício:** do latim *facticius*, "artificial". Em Descartes, "ideias inventadas pelo espírito".

Cena da peça *Romeu e Julieta*, de William Shakespeare, adaptada por Justin Emeka e encenada em Nova York. Foto de 2014. Embora não se trate do "eu pensante" no sentido cartesiano, estudiosos apontam que Shakespeare, por meio da autorreflexão de seus personagens, foi um dos criadores do "eu" na modernidade.

[2] Sobre a primeira intuição de Descartes, consulte, no capítulo 8, "Conhecimento e verdade", o texto do filósofo na seção "Colóquio" de título "Racionalismo filosófico e materialismo dialético".

A ideia de Deus

Para Descartes, outra ideia inata é a de Deus. Ele afirma em sua obra *Discurso do método*:

> "Pelo nome de Deus entendo uma substância infinita, eterna, imutável, independente, onisciente, onipotente e pela qual eu próprio e todas as coisas que são (se é verdade que há coisas que existem) foram criadas e produzidas."
>
> DESCARTES, René. *Discurso do método*. São Paulo: Abril Cultural, 1973. p. 115. (Coleção Os Pensadores)

Mas se essa ideia de fato existe na mente, o que garante que represente algo real? Ou seja, Deus existe de fato? Ora, a ideia de um Deus infinito leva a pensar que a infinitude repousa na ideia de um ser perfeito. Como somos imperfeitos e finitos, não podemos ter a ideia de perfeição e infinitude, a menos que a causa dessa ideia seja justamente Deus, que imprime em nossa mente a ideia de perfeição e infinitude.

Descartes formula mais uma prova da existência de Deus, conhecida como *prova ontológica*[3]: o pensamento desse objeto – Deus – é a ideia de um ser perfeito; se um ser é perfeito, deve ter a perfeição da existência, caso contrário lhe faltaria algo para ser perfeito; portanto, ele existe. Uma vez estabelecida, por dedução, a ideia inata de Deus como ser perfeito, o passo seguinte seria indagar sobre a realidade das coisas materiais.

Onisciente: ser que tudo sabe.
Onipotente: ser que tudo pode.

Saiba mais

O termo *ontologia* vem do grego *óntos*, "ser", e *lógos*, "saber". É o estudo do ser. A prova cartesiana da existência de Deus é ontológica justamente porque busca provar o ser de Deus. O argumento ontológico foi utilizado anteriormente, no século XI, por Anselmo de Cantuária, filósofo e teólogo medieval. Retomado por Descartes, o argumento foi criticado por Kant, que o inverteu: só poderíamos afirmar que um ser é perfeito se ele existisse de fato.

O mundo

Retomando o caminho percorrido, vimos que Descartes começara duvidando da existência do mundo e de seu próprio corpo. Chegou a supor a hipótese de um *deus enganador*, um *gênio maligno*, que o fizesse perceber um mundo inexistente.

Quando atingimos a certeza de que Deus existe e é infinitamente perfeito, podemos concluir que não nos enganaria. A existência de Deus é garantia de que os objetos pensados por ideias claras e distintas são reais. Portanto, o mundo existe de fato. E, entre as coisas do mundo, o meu próprio corpo existe.

Os objetos do mundo externo, porém, chegam à consciência como ideias adventícias (que têm uma realidade externa), e Descartes aplica seu método para verificar quais dessas ideias são claras e distintas. Encontra a ideia de *extensão*, uma propriedade essencial do mundo material. Desse modo, são secundárias as propriedades como cor, sabor, peso, som, por serem subjetivas e delas não podermos ter ideias claras e distintas.

Ao intuir o *cogito*, Descartes já identificara a *res cogitans* (coisa pensante) e a ela une a *res extensa* (coisa extensa), o corpo, também atributo das coisas do mundo. À extensão, acrescenta a ideia de movimento, que Deus injetou no mundo quando o criou.

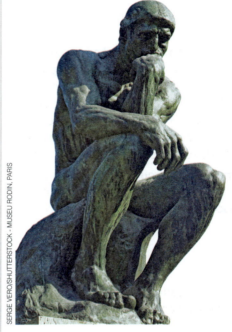

O pensador (1881), escultura de Auguste Rodin. Essa obra, universalmente usada para representar a reflexão filosófica, mostra um sujeito voltado para si mesmo. Descartes tira evidência da própria subjetividade para só depois recuperar as ideias de mundo e do corpo.

Dualismo corpo-consciência

No percurso realizado por Descartes, nota-se uma incontestável valorização da razão, do entendimento, do intelecto. Acentua-se nele o *caráter absoluto e universal da razão*, que, partindo do *cogito*, e apenas com suas próprias forças, descobre todas as verdades possíveis.

Uma consequência do *cogito* é o *dualismo corpo-consciência*, em que o ser humano é um ser duplo, composto de substância extensa e substância pensante. De fato, o corpo é uma realidade física e fisiológica – e, como tal, possui massa, extensão no espaço e movimento, bem como desenvolve atividades de alimentação, digestão etc. –, por isso, está sujeito às leis deterministas da natureza. Por outro lado, as principais atividades da mente, como recordar, raciocinar, conhecer e querer, não têm extensão no espaço nem localização. Nesse sentido, não se submetem às leis físicas, são antes a expressão da liberdade. Estabelecem-se, portanto, dois domínios diferentes: o corpo, objeto de estudo da ciência, e a mente, objeto apenas de reflexão filosófica.

---

[3] A respeito da prova ontológica, consulte, no capítulo 5, "As formas de crença", a seção "Colóquio" de título "Dois modos de chegar a Deus".

8. Espinosa: conhecimento e liberdade

O racionalista Baruch Espinosa, filósofo holandês de origem judaica, sofreu inúmeros reveses em sua vida, a começar pela acusação de heresia, que resultou em ser expulso da sinagoga da qual fazia parte. Ocupou-se como polidor de lentes, o que garantia sua sobrevivência, e dedicou-se à reflexão, tornando-se autor de uma teoria original que privilegiava a ética na construção do pensamento. Para entender como conhecemos e agimos, Espinosa analisa os afetos e apetites humanos "como se tratasse de linhas, de superfícies ou de volumes", construindo assim uma "geometria da afetividade humana". Desse modo, estrutura sua obra com definições, axiomas, demonstrações e formula corolários e teoremas.

Para ele, o conhecimento humano depende dos tipos de afetos que prevalecem no indivíduo. Vejamos como sua teoria parte de uma concepção inusitada das relações entre Deus e a natureza.

Deus, ou seja, natureza

A maior parte dos filósofos concebe Deus como um ser criador e superior ao mundo terreno e que oferece um conjunto de normas de conduta a serem seguidas mediante o controle das paixões. Espinosa não aceita essa tradição e propõe uma teoria panteísta.

Para Espinosa, Deus é a substância que constitui o Universo e não se separa de tudo aquilo que produziu: todas as coisas são *modos* da substância infinita. Por isso, Deus é *causa imanente* (e não transcendente) dos seus modos, entre os quais se encontra o ser humano. Daí a conhecida expressão latina referente ao pensamento espinosista: *Deus sive natura* ("Deus ou natureza").

Por construir uma espécie de geometria da afetividade, a teoria de Espinosa é com frequência interpretada como *determinista*, isto é, como negadora da liberdade humana. No entanto, as consequências que extraiu da sua ética seguem, no sentido inverso, na direção de uma concepção inovadora da relação corpo-mente e de uma ética da alegria e da liberdade, bem como de uma política de crítica à servidão.

Determinismo e liberdade

Espinosa não nega a causalidade interna (o determinismo), antes a considera adequada para que o ser humano atinja a própria essência. Como, então, entender sua defesa da liberdade como autodeterminação? Para explicar esse processo, Espinosa usa o conceito de *conatus*, termo latino que significa esforço físico ou moral, no sentido de uma *tendência natural e espontânea de autoconservação*. Assim diz Espinosa: "Toda a coisa se esforça, enquanto está em si, por perseverar no seu ser".[4]

Se é natural que toda coisa vise "perseverar no seu ser", isso significa que queremos existir de acordo com a natureza, e não contra ela. É o conhecimento racional que nos permite distinguir os desejos verdadeiros – próprios da nossa natureza – daqueles que nos afastam dela. Apenas se tivermos um *conhecimento adequado* de nós mesmos poderemos nos tornar livres.

Já os falsos desejos decorrem de um *conhecimento inadequado*, por serem estimulados exteriormente e constituírem fonte de fantasias e ilusões. Os afetos que nos escravizam são aqueles que nos tornam "estranhos a nós mesmos" e, dessa maneira, impedem a expressão plena de nossa natureza.

Quando a potência de existir – que é o desejo – se realiza conforme nossa natureza, sentimos *alegria*; mas, quando ele é contrariado, sentimos *tristeza*. Sentir alegria ou tristeza são dimensões de nossa afetividade. No caso da tristeza, quando nos orientamos por valores exteriores a nós mesmos, nos tornamos heterônomos. Ao contrário, a realização do desejo que atende a uma necessidade positiva nos permite agir para realizar nosso ser, o que nos traz alegria e libertação, porque aumenta nossa potência de ser.

[4] ESPINOSA, Baruch. *Ética*. São Paulo: Abril Cultural, 1973. p. 188. (Coleção Os Pensadores)

Panteísmo: doutrina filosófica segundo a qual "tudo é Deus". Para alguns estudiosos, Espinosa é *panenteísta*, conceito que traz uma sutileza: tudo está em Deus, sem, no entanto, ser Deus; no caso, haveria diferença entre a substância divina e as coisas do mundo, seus modos.
Imanência: de acordo com a teologia, significa que Deus faz parte do mundo, não é exterior à natureza.
Transcendência: em teologia, significa que Deus está separado do mundo que criou e é superior a ele.
Heteronomia: do grego *hetero*, "diferente", e *nomos*, "lei", ação comandada por outros. É o contrário de autonomia.

Rasgando (2014), escultura itinerante de Hervé-Lóránth Ervin, em Budapeste (Hungria). A figura humana emerge do solo, e é, em parte, formada da mesma substância que o compõe. Sob a perspectiva espinosista, todas as coisas existentes são modos de uma única substância.

Os afetos

Na história da filosofia, Espinosa foi inovador ao tentar superar a dicotomia corpo-consciência, pois foi um dos primeiros a restabelecer a unidade humana. Ao analisar as possibilidades de expressão da liberdade, desafiou a tradição vinda dos gregos, pois negou a relação de hierarquia entre corpo e espírito: nem o espírito é superior ao corpo, nem o corpo determina a consciência.

Vejamos como Espinosa concebe as **paixões** da alegria e da tristeza. Qual é a diferença entre elas?

- A alegria é a passagem do ser humano de uma perfeição menor para uma maior.
- A tristeza é a passagem do ser humano de uma perfeição maior para uma menor.

A alegria, ao aumentar o nosso ser e a nossa potência de agir (nosso *conatus*), aproxima-nos do ponto em que nos tornaremos senhores dela e, portanto, dignos de ação. Assim, o amor é a alegria do amante, fortificada pela presença do amado ou da coisa amada. Outras expressões da alegria são o contentamento, a admiração, a estima e a misericórdia.

A tristeza afasta-nos cada vez mais de nossa potência de agir, por ser geradora de ódio, aversão, temor, desespero, indignação, inveja, crueldade, ressentimento, melancolia, remorso, vingança etc.

Quanto à alma, qual é sua força e sua fraqueza? A virtude da alma, no sentido primitivo de força, de poder, consiste na atividade de pensar, de conhecer. Portanto, sua fraqueza é a ignorância. Quando a alma se reconhece capaz de produzir ideias, passa a uma perfeição maior e é afetada pela alegria. Mas, se em alguma situação a alma não alcança esse entendimento, a descoberta de sua impotência provoca o sentimento de diminuição do ser e, portanto, a tristeza. Nesse caso, a alma está passiva.

Paixão: do grego *páthos*, "padecer", "sofrer", no sentido de algo que ocorre no sujeito independentemente de sua vontade: "sofremos" a ação de uma causa exterior.

As paixões tristes

O que fazer para evitar a paixão triste e propiciar a paixão alegre? Para Espinosa, a alma não determina o movimento ou o repouso do corpo, nem o corpo leva a alma a pensar, por isso não cabe ao espírito combater as paixões tristes. O que as destruirá só pode ser uma paixão alegre, nas situações em que, de meros joguetes dos nossos afetos, podemos passar a senhores deles. Dessa forma, um afeto jamais é vencido por uma ideia, mas um afeto forte é capaz de destruir um afeto fraco.

As paixões alegres são as que permitem o desenvolvimento humano, facilitam o encontro das pessoas e nos tornam ativos, senhores de nossas ações. As paixões tristes impedem o crescimento, corrompem as relações e as orientam para as formas de exploração e destruição.

Trocando ideias

Quando somos obrigados a realizar um trabalho que não escolhemos, quando sofremos sob um governo autoritário que nos obriga a agir e a pensar de modo diferente do que gostaríamos, quando sucumbimos aos apelos consumistas, sentimos a "diminuição de nosso ser".

- Como a teoria de Espinosa explicaria esse fato?

ATIVIDADES

1. O que são *ideias inatas* para Descartes? Dê exemplos.
2. Por que não se pode dizer que a dúvida de Descartes o transforma em um filósofo cético?
3. Para Descartes, em que consiste a prova ontológica da existência de Deus?
4. Com base no que estudamos até aqui, identifique alguns aspectos que permitem classificar Descartes como um filósofo racionalista.
5. O que Espinosa entende por *conatus*, termo fundamental não só para a moral como para a sua epistemologia?
6. Em que sentido Espinosa foi um inovador ao refletir sobre a relação corpo-consciência?

Mulheres somalis caminham em campo de Dakamur (Somália). Foto de 2017. Atualmente enfrentando guerras e uma seca que provoca a fome e a explosão de doenças epidêmicas, os somalis precisam lidar com afetos tristes, que diminuem a potência de persistir na existência.

Leitura analítica

As quatro regras do método

Neste clássico texto, Descartes relata a inspiração que o levou a estabelecer o novo método que serviria para suas reflexões filosóficas, além de se destinar também a outras ciências. Trata-se de um trecho que demonstra o caráter racionalista de suas teorias.

"Mais jovem, eu estudara um pouco, entre os ramos da filosofia, a lógica, e, entre as matemáticas, a análise dos geômetras e a álgebra, três artes ou ciências que pareciam dever contribuir em algo para o meu projeto. Mas examinando-as, notei que, quanto à lógica, seus silogismos e a maior parte de seus preceitos servem mais para explicar a outrem as coisas que já se sabem, ou mesmo, como a arte de Lúlio, para falar, sem julgamento, daquelas que se ignoram, do que para aprendê-las. [...]

Por esta razão, pensei ser necessário procurar algum outro método que, reunindo as vantagens desses três, fosse isento de seus defeitos. E, como a multiplicidade de leis frequentemente oferece desculpas aos vícios, de modo que um Estado é mais bem dirigido quando, embora tendo muito poucas leis, são elas estritamente cumpridas; assim, em lugar desse grande número de preceitos de que se compõe a lógica, julguei que me bastariam os quatro a seguir, desde que eu tomasse a firme e constante resolução de jamais deixar de observá-los.

O primeiro preceito era o de jamais aceitar alguma coisa como verdadeira que não soubesse ser evidentemente como tal, isto é, de evitar cuidadosamente a precipitação e a prevenção, e de nada incluir em meus juízos que não se apresentasse tão clara e tão distintamente a meu espírito que eu não tivesse nenhuma chance de colocar em dúvida.

O segundo, o de dividir cada uma das dificuldades que eu examinasse em tantas partes quantas possíveis e quantas necessárias fossem para melhor resolvê-las.

O terceiro, o de conduzir por ordem meus pensamentos, a começar pelos objetos mais simples e mais fáceis de serem conhecidos para galgar, pouco a pouco, como que por graus, até o conhecimento dos mais complexos e, inclusive, pressupondo uma ordem entre os que não se precedem naturalmente uns aos outros.

E o último, o preceito de fazer em toda parte enumerações tão completas e revisões tão gerais que eu tivesse a certeza de nada ter omitido.

Essas longas cadeias de razões, todas simples e fáceis, de que os geômetras costumam se utilizar para chegar às demonstrações mais difíceis, haviam-me dado oportunidade de imaginar que todas as coisas passíveis de cair sob domínio do conhecimento dos homens seguem-se umas às outras da mesma maneira e que, contanto que nos abstenhamos somente de aceitar por verdadeira alguma que não o seja, e que observemos sempre a ordem necessária para deduzi-las umas das outras, não pode haver, quaisquer que sejam, tão distantes às quais não se chegue por fim, nem tão ocultas que não se descubram. E não me foi muito penoso procurar por quais devia começar, pois já sabia que haveria de ser pelas mais simples e pelas mais fáceis de conhecer; e, considerando que, entre todos os que precedentemente buscaram a verdade nas ciências, só os matemáticos puderam encontrar [...] algumas razões certas e evidentes, não duvidei de modo algum que não fosse pelas mesmas que eles examinaram [...].

Mas o que mais me satisfazia nesse método era o fato de que, por ele, estava seguro de usar em tudo minha razão, se não perfeitamente, pelo menos da melhor forma que eu pudesse; além disso, sentia, ao praticá-lo, que meu espírito se acostumava pouco a pouco a conceber seus objetos de forma mais nítida e mais distinta, e que, não o tendo submetido a qualquer matéria particular, prometia a mim mesmo aplicá-lo tão utilmente às dificuldades das outras ciências como o fizera com a álgebra."

DESCARTES, René. *Discurso do método.* Brasília; São Paulo: Editora UnB; Ática, 1989. p. 43-45; 47.

Lúlio: Raimundo Lúlio (c. 1232-1315), monge franciscano, autor de *Ars magna* (Grande arte), obra que, ao provar a verdade do cristianismo, deveria permitir a conversão dos infiéis.

QUESTÕES

1. Releia as quatro regras e atribua a elas os termos que passaram, segundo o costume, a identificá-las.
2. O que Descartes entende por *evidência*?
3. Para Descartes, qual é a relação entre evidência e verdade?
4. Como se nota a influência dos estudos matemáticos na elaboração das quatro regras do método cartesiano?
5. Cite uma frase do texto que identifique o caráter racionalista da filosofia cartesiana.

9. Empirismo britânico

A tendência empirista disseminou-se principalmente na Grã-Bretanha. De fato, a tradição britânica empirista remontava às pesquisas realizadas na Universidade de Oxford, no século XIII.[5] Veremos a seguir Francis Bacon, John Locke e David Hume, expoentes do pensamento empirista nos séculos XVII e XVIII.

Francis Bacon: saber é poder

Francis Bacon, nobre inglês, fez carreira política e chegou ao cargo de chanceler no governo do rei Jaime I. Como filósofo, planejou uma grande obra, *Instauratio magna* (Grande instauração), de que faz parte o *Novum organum* (Novo órgão), o qual, por sua vez, tem o significativo subtítulo "Verdadeiras indicações acerca da interpretação da natureza".

De acordo com o espírito da nova ciência moderna, Bacon aspirava a um saber instrumental que possibilitasse o controle da natureza e, por isso, foi um crítico severo da filosofia medieval, considerada por ele excessivamente contemplativa e abstrata, distante do mundo físico.

Na obra *Novum organum*, o termo "órgão" é entendido como instrumento do pensamento. Assim, critica a lógica aristotélica, por julgar a dedução um instrumento inadequado para o progresso da ciência, opondo a ela o estudo pormenorizado da indução como método mais eficiente de descoberta, insistindo na necessidade da experiência e da investigação de acordo com métodos precisos. No início deste capítulo, fizemos referência à obra *Nova Atlântida*, em que Bacon escreve uma utopia sobre uma comunidade governada por sábios cientistas.

Teko Mbarate (2008), instalação do artista Rigo 23. A obra representa um submarino e, por ser construída com materiais utilizados por comunidades indígenas brasileiras (fibras de tronco, sisal, lama etc.), propõe uma discussão sobre como nossa sociedade se relaciona com a natureza.

Quatro gêneros de ídolos

Bacon inicia sua reflexão pela denúncia de preconceitos e de noções falsas que dificultam a apreensão da realidade, aos quais chama de *ídolos*.

---

[5] Para mais informações, consulte, no capítulo 18, "A ciência na Idade Média", o tópico "Exceções à tradição medieval: a Escola de Oxford".

- Os *ídolos da tribo* "estão fundados na própria natureza humana, na própria tribo ou espécie humana". São os preconceitos que circulam na comunidade em que se vive, como expressões cômodas de verdades dadas e não questionadas. Essa postura contraria o espírito científico, cujas hipóteses devem ser confirmadas pelos fatos. Por exemplo, ele classifica a astrologia como uma falsa ciência, por causa de suas generalizações apressadas.

Esses ídolos também recorrem a explicações antropomórficas, ao atribuírem à natureza características propriamente humanas. Por exemplo, os antigos diziam que "a natureza tem horror ao vácuo", ou então que "os corpos caem porque eles tendem para baixo". Os alquimistas identificavam a natureza bruta com o comportamento humano ao se referir à simpatia e à antipatia de certos fenômenos.

- Os *ídolos da caverna* são os provenientes de cada pessoa como indivíduo. E completa:

> "Cada um [...] tem uma caverna ou uma cova que intercepta e corrompe a luz da natureza; seja devido à natureza própria singular de cada um; seja devido à educação ou conversação com os outros; seja pela leitura dos livros ou pela autoridade daqueles que se respeitam e admiram."
>
> BACON, Francis. *Novum organum*. São Paulo: Abril Cultural, 1973. p. 27. (Coleção Os Pensadores)

Alguns indivíduos observam as diferenças entre as coisas, enquanto outros analisam as semelhanças; uns são mais contemplativos e outros, mais práticos. Bacon concorda com o filósofo pré-socrático Heráclito, que criticava as pessoas por procurarem a ciência em seus pequenos mundos, e não no mundo maior, que seria o mesmo para todos.

- Os *ídolos do mercado* (ou do *foro*) são os que decorrem das relações comerciais, nas quais as pessoas se comunicam por meio das palavras, sem perceber o efeito perturbador da linguagem, que distorce a realidade e nos arrasta para inúteis controvérsias e fantasias. Por exemplo, palavras como "sorte" e expressões como "Primeiro Motor" referem-se a coisas inexistentes.

- Os *ídolos do teatro* são os "ídolos que imigraram para o espírito dos homens por meio das diversas doutrinas filosóficas e também pelas regras viciosas da demonstração". Por isso, compara os sistemas filosóficos a fábulas que poderiam ser representadas no palco. Muitas vezes essas doutrinas mesclam-se com a teologia, o saber comum ou as superstições arraigadas. Por esse motivo, mais do que teorias, valeria pesquisar as leis da natureza.

Ídolo: do latim *idolum* e do grego *eídolon*, que significam "imagem". Do ponto de vista religioso, é a imagem de uma divindade para ser cultuada. Para Bacon, significa "ideia falsa" e "ilusória".

Foro: do latim *forum*, "praça pública", "mercado".

De formigas, aranhas e abelhas

Para Bacon, somente após a depuração do pensamento desses ídolos que o corrompem é que o método indutivo poderia ser aplicado com rigor. Não se trata, porém, da indução aristotélica, mas de uma indução que se constitui como chave interpretativa. A indução baconiana visa estabelecer leis científicas, por isso deve proceder à enumeração exaustiva de manifestações de um fenômeno, registrar suas variações, para então testar os resultados por meio de experiências.

Nesse sentido, Bacon critica tanto os racionalistas quanto os empiristas, mostrando-se como alguém que parte dos sentidos e da experiência, mas vai além deles:

> "Os que se dedicaram às ciências foram ou empíricos ou dogmáticos. Os empíricos, à maneira das formigas, acumulam e usam as provisões; os racionalistas, à maneira das aranhas, de si mesmos extraem o que lhes serve para a teia. A abelha representa a posição intermediária: recolhe a matéria-prima das flores do jardim e do campo e com seus próprios recursos a transforma e digere."
>
> BACON, Francis. *Novum organum*. São Paulo: Abril Cultural, 1973. p. 69. (Coleção Os Pensadores)

A importância de Bacon decorre da valorização da experiência, fundamental para o desenvolvimento da ciência. Até hoje nos referimos ao *ideal baconiano* – segundo o qual "saber é poder" – para designar a esperança desmedida nos benefícios da ciência e do progresso.

Ninfeias azuis (1916-1919), pintura do impressionista Claude Monet. É possível relacionar o impressionismo ao empirismo, pois o pintor está interessado em transpor para a tela a primeira impressão que se forma em sua retina quando lança o olhar para a natureza.

John Locke: a *tabula rasa*

O filósofo inglês John Locke explicou e desenvolveu sua teoria do conhecimento na obra *Ensaio sobre o entendimento humano*, que tem por objetivo saber "qual é a essência, qual a origem, qual o alcance do conhecimento humano".

Locke critica a doutrina das ideias inatas de Descartes, afirmando que a alma é como uma *tabula rasa*, como um pedaço de cera em que não há qualquer impressão, um papel em branco. Por isso, o conhecimento começa apenas com a experiência sensível. De acordo com o filósofo, se houvesse ideias inatas, as crianças já as teriam. Outro argumento contra o inatismo consiste em verificar que a ideia de Deus não se encontra em toda parte, pois há povos sem essa representação ou, pelo menos, sem a representação de Deus como ser perfeito.

A origem das ideias

Ao contrário dos filósofos racionalistas, que privilegiam as verdades da razão – típicas da lógica e da matemática –, Locke preferiu o caminho psicológico ao indagar como se processa o conhecimento. Distingue, então, duas fontes possíveis para nossas ideias: a *sensação* e a *reflexão*.

- A *sensação*, cujo estímulo é externo, resulta da modificação provocada na mente por meio dos sentidos. Locke observa que, pela sensação, percebemos as qualidades e características das coisas, capazes de produzir ideias em nós. Essas qualidades são de dois tipos: primárias e secundárias.

  As *qualidades primárias* são objetivas, por existirem realmente nas coisas: a solidez, a extensão, a configuração, o movimento, o repouso e o número. Ao passo que as *qualidades secundárias* são em parte relativas e subjetivas, variando de sujeito para sujeito: calor, cor, som, odor, sabor etc.

- A *reflexão*, que se processa internamente, é a percepção que a alma tem daquilo que nela ocorre. Portanto, a reflexão fica reduzida à *experiência interna* do resultado da *experiência externa*, produzida pela sensação.

A razão reúne as ideias, as coordena, compara, distingue, compõe, ou seja, as ideias entram em conexão entre si por meio da racionalidade. Assim, as *ideias simples* que vêm da sensação combinam-se entre si, formando as *ideias complexas*, por exemplo, as ideias de identidade, existência, substância, causalidade etc.

Locke conclui que não podemos ter ideias inatas, como pensara Descartes. É o intelecto que "constrói" essas ideias, por isso não se pode dizer, como os antigos, que conhecemos a essência das coisas. Por serem formadas pelo intelecto, as ideias complexas não têm validade objetiva; são apenas nomes de que nos servimos para ordenar as coisas, ou seja, elas têm valor prático, em vez de cognitivo.

> **Tabula rasa:** do latim, "tábua sem inscrição"; é metáfora para uma consciência sem conhecimento inato.

A ideia de Deus

Se o intelecto sozinho não é capaz de inventar ideias, mas depende da experiência, que fornece o conteúdo do pensamento, como fica para Locke a ideia de Deus, já que todo conhecimento passa necessariamente pelos sentidos? Para ele, só estamos "menos certos" com relação à existência das coisas externas, mas o mesmo não ocorre quando se trata da existência de Deus. Por certeza intuitiva, sabemos que o *puro nada* não produz um ser real; ora, se os seres reais não existem desde a eternidade, eles devem ter tido um começo, e o que teve um começo deve ter sido produzido por algo. E conclui que deve existir um Ser eterno, que pode ser denominado Deus.

Desse modo, o empirista Locke recorre a um argumento metafísico para provar a existência de Deus. Veremos a seguir como Hume aprofunda o empirismo com mais vigor.

David Hume: o hábito e a crença

David Hume, filósofo escocês, levou mais adiante o empirismo de Francis Bacon e John Locke. Conforme a tradição empirista, em sua obra *Tratado da natureza humana*, Hume preconiza o método de investigação que consiste na observação e na generalização. Afirma que o conhecimento se inicia com as percepções individuais, que podem ser *impressões* ou *ideias*. A diferença entre elas depende apenas da força e da vivacidade pelas quais as percepções atingem a mente.

- As *impressões* são as percepções originárias que se apresentam à consciência com maior vivacidade, como as sensações (ouvir, ver, sentir dor ou prazer etc.).
- As *ideias* são as percepções derivadas, cópias pálidas das impressões e, portanto, mais fracas.

O sentir (impressão) distingue-se do pensar (ideia) apenas pelo grau de intensidade. Além de que a impressão é sempre anterior e a ideia é dela dependente. Desse modo, Hume rejeita as ideias inatas.

As ideias, por sua vez, podem ser complexas, quando pela imaginação as combinamos entre si fazendo uso de associações. Hume dá o exemplo de uma montanha de ouro e de um centauro, que unem as ideias de montanha e ouro, no primeiro caso, e de homem e cavalo, no segundo.

Relações de causalidade

A imaginação é um feixe de percepções unidas por associação com base na semelhança, na contiguidade (no espaço ou no tempo) e na relação de causa e efeito. No entanto, essas relações não podem ser observadas, pois não pertencem aos objetos. As relações são apenas modos pelos quais passamos de um objeto a outro, de um termo a outro, de uma ideia particular a outra, simples passagens externas que nos permitem associar os termos usando os princípios de causalidade, semelhança e contiguidade.

Por exemplo, quando uma bola de bilhar se choca contra outra, que então se põe em movimento, não há nada na experiência que justifique atribuir à primeira bola a causa do movimento da segunda. Do mesmo modo, ao associarmos calor e fogo, peso e solidez, ou concluirmos que o Sol surgirá amanhã porque surgiu ontem e hoje – em todos esses casos não há como efetuarmos uma associação **necessária**.

Hume nega, portanto, a validade universal do princípio de causalidade e da noção de necessidade a ele associada. O que observamos é a sucessão de fatos ou a sequência de eventos, e não o nexo causal entre esses mesmos fatos ou eventos. É o *hábito* criado pela observação de casos semelhantes que nos faz ultrapassar o dado e afirmar mais do que a experiência pode alcançar. A partir desses casos, supomos que o fato atual se comportará de forma análoga a fatos anteriores.

Ceticismo

O próprio Hume admitiu seu ceticismo ao reconhecer os limites muito estreitos do entendimento humano. Mais que isso, ponderou que estamos subjugados pelos sentidos e pelos hábitos, o que reduz as nossas certezas a simples probabilidades. Recusou a metafísica e, portanto, os *princípios* **a priori** a que certos filósofos recorreram para justificar o conhecimento.

Dizia-se, porém, adepto de um ceticismo atenuado, e não de um ceticismo extremado como o do grego Pirro. Para Hume, bastaria reconhecer "a limitação de nossas pesquisas aos assuntos que mais se adaptam à estreita capacidade do entendimento humano".[6]

Nesse sentido, referiu-se às crenças que nos orientam no cotidiano. Para Hume, a crença é o conhecimento que não se pode comprovar racionalmente, mas é aceito com base na probabilidade. Não se confunde com a crença religiosa, que depende de uma verdade revelada por Deus e aceita sem contestação.

Necessário: o que não pode ser de outro modo nem deixar de ser. Chama-se *condição necessária* aquela sem a qual o condicionado não se realiza. Termo oposto: *contingente* (tudo que é concebido como podendo ser ou não de um modo ou de outro).

A priori: expressão latina que designa algo estabelecido sem o auxílio da experiência.

ATIVIDADES

1. Qual é a principal diferença entre o racionalismo e o empirismo?
2. O que Bacon entende pelo conceito de *ídolos*?
3. Sob que aspectos Locke discorda de Descartes?
4. Qual é a crítica de Hume ao conceito de *princípio de causalidade* como o entendia a tradição filosófica?

---

[6] HUME, David. *Investigação sobre o entendimento humano*. São Paulo: Abril Cultural, 1973. p. 196-197. (Coleção Os Pensadores)

Leitura analítica

Dúvidas céticas

Neste texto, Hume analisa o princípio de causalidade por meio de argumentos que recusam a explicação tradicional a respeito da relação de causa e efeito. Fiel ao princípio do empirismo, aceita como fato apenas o que pode ser percebido pelos sentidos e pela experiência.

"35. Suponha-se que uma pessoa, embora dotada das mais vigorosas faculdades de razão e reflexão, seja trazida repentinamente a este mundo. É certo que tal pessoa observaria de imediato uma sucessão contínua de objetos e um fato sucedendo-se a outro; não seria, porém, capaz de descobrir nada mais. A princípio, não haveria raciocínio que a conduzisse à ideia de causa e efeito, já que os poderes particulares graças aos quais se realizam todas as operações naturais não se manifestam aos sentidos; nem é razoável concluir, simplesmente porque um acontecimento em determinado caso precede um outro, que o primeiro é a causa e o segundo é o efeito. A conjunção dos dois pode ser arbitrária e casual. Talvez não haja razão para inferir a existência de um do aparecimento do outro. Numa palavra: sem mais experiências, tal pessoa não poderia fazer uso de conjuntura ou de raciocínio a respeito de qualquer questão de fato ou ter certeza de qualquer coisa além do que estivesse imediatamente presente à sua memória e aos seus sentidos. [...]

Suponha-se, agora, que esse homem adquiriu mais experiência e viveu no mundo o tempo suficiente para ter observado uma conjunção constante entre objetos ou acontecimentos familiares: qual é o resultado dessa experiência? Ele infere imediatamente a existência de um objeto do aparecimento do outro. E, **sem embargo**, nem toda a sua experiência lhe deu qualquer ideia ou conhecimento do poder secreto pelo qual um objeto produz o outro; e tampouco é levado a fazer essa inferência por qualquer processo de raciocínio. No entanto, é levado a fazê-la; e, ainda que esteja convencido de que o seu raciocínio nada tem que ver com essa operação, persiste na mesma linha de pensamento. Há algum outro princípio que o determina a tirar essa conclusão.

36. Esse princípio é o *costume* ou *hábito*. Com efeito, sempre que a repetição de algum ato ou operação particular produz uma propensão de renovar o mesmo ato ou operação sem que sejamos impelidos por qualquer raciocínio ou processo do entendimento, dizemos que essa propensão é um efeito do *hábito*. [...] E é certo que aqui avançamos uma proposição muito inteligível, pelo menos, se não verdadeira, ao afirmar que após a conjunção constante de dois objetos – por exemplo, calor e chama, peso e solidez – somos levados tão somente pelo costume a esperar, após um deles, o aparecimento do outro. Esta hipótese parece ser, mesmo, a única que resolve a dificuldade: por que tiramos de mil exemplos uma inferência que não podemos tirar de um só exemplo, a todos os respeitos igual aos outros? A razão é incapaz de variar desse modo. As conclusões que tira da consideração de um círculo são as mesmas que tiraria da observação de todos os círculos do Universo. Mas ninguém, ao ver um único corpo mover-se depois de ser impelido por outro, poderia inferir que todos os corpos se moverão sob um impulso semelhante. Todas as inferências derivadas da experiência, por conseguinte, são efeitos do costume e não do raciocínio.

O *hábito* é, pois, o grande guia da vida humana. É aquele princípio único que faz com que nossa experiência nos seja útil e nos leve a esperar, no futuro, uma sequência de acontecimentos semelhante às que se verificaram no passado. Sem a ação do hábito, ignoraríamos completamente toda questão de fato além do que está imediatamente presente à memória ou aos sentidos. Jamais saberíamos como adequar os meios aos fins ou como utilizar os nossos poderes naturais na produção de um efeito qualquer. Seria o fim imediato de toda ação, assim como da maior parte da especulação.

37. Mas talvez venha a propósito observar aqui que, embora nossas conclusões derivadas da experiência nos transportem além de nossa memória e de nossos sentidos e nos deem certeza sobre fatos ocorridos nos mais distantes lugares e nas mais remotas épocas, é necessário que algum fato esteja sempre presente aos sentidos ou à memória para daí começarmos a tirar essas conclusões."

HUME, David. *Investigação sobre o entendimento humano*. São Paulo: Abril Cultural, 1973. p. 145-146. (Coleção Os Pensadores)

Sem embargo: entretanto, contudo, todavia.

QUESTÕES

1. Para o filósofo David Hume, qual é o papel do hábito no conhecimento?
2. De acordo com o texto, por que Hume discorda da relação necessária entre causa e efeito?
3. Identifique no texto elementos que caracterizem o empirismo de Hume.
4. Explique a relação entre a noção de *hábito* e o ceticismo de Hume.

10. Ilustração: o Século das Luzes

O século XVIII é o período conhecido como Século das Luzes, por causa do desenvolvimento do Iluminismo, Ilustração ou *Aufklärung* (em alemão, "Esclarecimento"). Como as designações sugerem, o século é otimista em reorganizar o mundo humano por meio das luzes da razão.

Desde o Renascimento desenrolava-se a luta contra o princípio da autoridade, na busca do reconhecimento dos poderes humanos capazes por si mesmos de orientar-se sem a tutela religiosa. Livre de qualquer controle externo, sabendo-se capaz de procurar soluções para seus problemas com base em princípios racionais, o ser humano estendeu o uso da razão a todos os domínios: político, econômico, moral e inclusive religioso.

A filosofia do Iluminismo também sofreu a influência da Revolução Científica levada a efeito por Galileu no século XVII. O método experimental recém-descoberto aliou-se à técnica, expediente que fez surgirem as chamadas *ciências modernas*. Posteriormente, a ciência seria responsável pelo aperfeiçoamento da tecnologia, o que provocou no ser humano o desejo de melhor conhecer a natureza a fim de dominá-la.

Na França, a *Enciclopédia*, obra de fôlego, é considerada um marco do movimento iluminista. Seu subtítulo – "Dicionário analítico de ciências, artes e ofícios" – revela o crescente interesse pelas artes e ofícios naquela época, o que representa a valorização do artesão e do trabalho.

Nesse grande projeto enciclopédico, destaca-se a esperança depositada nos benefícios do progresso da técnica e no poder da razão de combater o fanatismo, a intolerância (inclusive religiosa), a escravidão, a tortura e a guerra.

A *Enciclopédia*, composta de 28 volumes (17 de textos e 11 de estampas), foi organizada por Denis Diderot e Jean Le Ron D'Alembert, além de contar com mais de cem colaboradores. Entre eles, figuras importantes como Montesquieu (1698-1755), Voltaire (1694-1778), Jean-Jacques Rousseau (1712-1778), Condorcet (1743-1794), D'Holbach (1723-1789). A obra divide-se em três partes: História (Memória), Filosofia (Razão) e Poesia (Imaginação). A parte de filosofia inclui a física, conhecida também como "filosofia natural".

> **Enciclopédia:** do grego *egkuklopaideía*, literalmente "ensino circular" (panorâmico); por extensão, "educação completa".

Frontispício da *Enciclopédia* (1764), gravura de Charles-Nicolas Cochin, o Jovem. Ao centro, vemos a Verdade, envolta em intensa luz, ladeada à esquerda pela Imaginação (a poesia), prestes a enfeitá-la, e à direita pela Razão (a filosofia), que lhe retira o manto. Esse gesto faz alusão à palavra grega *alétheia*, "verdade", que etimologicamente significa "não oculto" e, portanto, "o que é desvelado", "descoberto", "trazido à luz" pela razão.

11. Kant: o criticismo

Vimos que, nos séculos XVII e XVIII, a questão epistemológica (ou da teoria do conhecimento) adquiriu interesse central no pensamento dos filósofos Descartes, Bacon, Locke e Hume, que estabeleceram métodos para investigar o alcance e os limites do conhecimento humano.

Por meio dessas reflexões deu-se o confronto entre as tendências opostas do racionalismo e do empirismo, o que levou a concepções diferentes da metafísica aceita na Antiguidade e na Idade Média, ainda que algumas de suas características tenham se mantido. Repercussões dessas filosofias foram sentidas no século XVIII, sobretudo pela crítica de Immanuel Kant à metafísica.

Naquele período, a ciência newtoniana já estava plenamente constituída e as questões relativas ao conhecimento ainda giravam em torno da controvérsia entre racionalistas e empiristas. Atento à natureza do nosso conhecimento, Kant debruçou-se sobre o assunto em sua obra *Crítica da razão pura*, mudando o rumo dessa discussão.

Sua filosofia é chamada *criticismo* porque, diante da pergunta "Qual é o verdadeiro valor de nossos conhecimentos e o que é conhecimento?", Kant coloca a razão em um tribunal para julgar o que pode ser conhecido legitimamente e que tipo de conhecimento é infundado. Segundo o próprio Kant, a leitura da obra de Hume o despertou do "sono dogmático" em que estavam mergulhados os filósofos que não questionavam se as ideias da razão correspondem mesmo à realidade.

Kant pretendia superar a dicotomia racionalismo-empirismo: condenou os empiristas (tudo que conhecemos vem dos sentidos) e não concordava com os racionalistas (tudo quanto pensamos vem de nossa reflexão interior). Do mesmo modo, não aceitava o ceticismo de Hume.

Sensibilidade e entendimento

Para superar a contradição entre racionalistas e empiristas, Kant explica que o conhecimento é constituído de algo que recebemos de fora, da experiência (*a posteriori*), e de algo que já existe em nós mesmos (*a priori*) e, portanto, anterior a qualquer experiência.

- O que vem de fora é a matéria do conhecimento: nisso concorda com os empiristas.
- O que vem de nós é a forma do conhecimento: com os racionalistas, admite que a razão não é uma "folha de papel em branco".

Qual é então a diferença entre Kant e os filósofos que o antecederam? É o fato de que matéria e forma *atuam ao mesmo tempo*. Para conhecer as coisas, precisamos da experiência sensível (matéria). Mas essa experiência não será nada se não for organizada por formas da sensibilidade e do entendimento, que, por sua vez, são *a priori* e *condição da própria experiência*.

A *sensibilidade* é a faculdade receptiva, pela qual obtemos as representações exteriores, enquanto o *entendimento* é a faculdade de pensar ou produzir conceitos. Em cada uma dessas faculdades, Kant identifica formas *a priori*.

- As *formas a priori da sensibilidade* ou intuições puras são o *espaço* e o *tempo*. Ou seja, o espaço e o tempo não existem como realidade externa, mas são formas *a priori* que já existem no sujeito e servem para organizar as coisas. Explicando de outra maneira, fora de nós estão as coisas, mas, quando as percebemos "em cima", "embaixo", "do lado" ou então "antes", "depois", "durante", é porque temos a intuição apriorística do espaço e do tempo. Caso contrário, não poderíamos percebê-las.
- As *formas a priori do entendimento* são as *categorias*. Como o entendimento é a faculdade de julgar, de unificar as múltiplas impressões dos sentidos, as categorias funcionam como conceitos puros, sem conteúdo, porque, antes de tudo, constituem a condição do conhecimento.

Kant identificou doze categorias, entre as quais destacaremos três: *substância*, *causalidade* e *existência*. Quando observamos a natureza e afirmamos que uma coisa "é isto", "tal coisa é causa de outra" ou "isto existe", temos, de um lado, coisas que percebemos pelos sentidos, mas, de outro, algo lhes escapa, como as categorias de substância, de causalidade e de existência. Essas categorias não vêm da experiência, mas são colocadas pelo próprio sujeito cognoscente. Portanto, para Kant:

> "Nenhum conhecimento em nós precede a experiência, e todo o conhecimento começa com ela. Mas embora todo o nosso conhecimento comece *com* a experiência, nem por isso todo ele se origina justamente *da* experiência. Pois poderia bem acontecer que mesmo o nosso conhecimento de experiência seja um composto daquilo que recebemos por impressões e daquilo que nossa própria faculdade de conhecimento [...] fornece de si mesma. [...] Tais conhecimentos denominam-se *a priori* e distinguem-se dos empíricos, que possuem suas fontes *a posteriori*, ou seja, na experiência."
>
> KANT, Immanuel. *Crítica da razão pura*. São Paulo: Abril Cultural, 1980. p. 23. (Coleção Os Pensadores)

Em seus comprimentos de onda, instalação interativa do artista Marcus Lyall localizada em Londres. Foto de 2017. Um sensor é colocado na cabeça do espectador, que, por meio da mente, controla as luzes e a música que compõem a instalação. Por meio da obra, pode-se estabelecer uma relação entre a realidade exterior e a mente, alvo de discussão para Kant.

As ideias da razão e a metafísica

Com sua teoria, Kant pretendia garantir a possibilidade do conhecimento científico como universal e necessário. No entanto, até aqui o filósofo abordara o conhecimento dos **fenômenos**, percebidos inicialmente pelos sentidos e pelo entendimento. Poderíamos, porém, conhecer a "coisa em si" (o *noumenon*)?

A coisa em si denomina as ideias da razão para as quais a experiência não nos fornece o conteúdo necessário, por exemplo, as ideias de alma, liberdade, mundo e Deus. Nesse sentido, o *noumenon* pode ser pensado, mas não pode ser conhecido efetivamente, porque, como vimos, o conhecimento humano limita-se ao campo da experiência. Como o ser humano deseja ir além da experiência, Kant examinou racionalmente cada uma das ideias metafísicas, chegando sempre a um impasse, que denominou de **antinomia**.

A posteriori: do latim *posterus*, *posterioris*, "posterior".
Fenômeno: do grego *phainómenon*, "aparência", "o que aparece para nós".
Noumenon: do grego, "o que é pensado"; particípio de *noeîn*, "pensar". Kant usa o termo para designar "a coisa em si", em oposição ao "fenômeno".
Antinomia: do grego *antinomía*, "contradição das leis", "conflito de leis".

Antinomias

Ao examinar as ideias metafísicas, Kant se deparou com as antinomias da razão pura, isto é, com argumentos contraditórios que se opõem em tese e antítese.

Veja alguns exemplos:

- Há argumentos a favor e contra a liberdade humana.
- Pode-se argumentar, por um lado, que o mundo tem um início e é limitado; por outro, é possível afirmar que é eterno e ilimitado.
- Tanto se argumenta que o mundo existe fundamentado em uma causa necessária, que é Deus, como não se pode afirmar uma causa necessária para sua existência.

Após essas argumentações, Kant concluiu não ser possível conhecer as coisas tais como são em si. Dessa constatação decorre a impossibilidade do conhecimento metafísico. Por isso, devemos nos abster de afirmar ou negar qualquer coisa a respeito dessas realidades. A crítica à metafísica levou, portanto, ao *agnosticismo*.

> **Agnosticismo:** Do grego *a*, prefixo de negação, e *gnôsis*, "conhecimento". Para um agnóstico, a razão é incapaz de afirmar ou negar a existência do mundo, da alma e de Deus.

Moral

Em outra obra, *Crítica da razão prática*, Kant analisou o mundo ético, recolocando as questões da liberdade humana, da imortalidade da alma e da existência de Deus.

Após concluir ser impossível conhecer as realidades da metafísica, Kant se volta para a razão prática, que só é possível porque os seres humanos podem agir mediante ato de vontade e autodeterminação. Assim Kant justificou-se: "Tive de suprimir o saber para encontrar lugar para a fé (filosófica)". Essa capacidade de o sujeito assumir livremente o dever e de se autodeterminar constitui a autonomia, que se contrapõe à heteronomia, característica dos que se deixam guiar por outros, o que nega a dignidade.

Herança kantiana

O próprio Kant descreveu sua filosofia crítica como uma "revolução copernicana". Essa expressão remete a Copérnico, que contrariou a teoria *geocêntrica* ao apresentar a hipótese da Terra girando em torno do Sol. Do mesmo modo, Kant contestou a metafísica anterior segundo a qual o conhecimento se regulava pelos objetos; para ele, ao contrário, são os objetos que devem regular-se pelo nosso conhecimento.

Apesar de ter realizado a crítica do racionalismo e do empirismo, o procedimento kantiano redundou em idealismo. Ainda que reconhecesse a experiência como fornecedora da matéria do conhecimento, não há como negar que é o nosso espírito, graças às estruturas *a priori*, que constrói a ordem do Universo.

Trocando ideias

A liberdade guiando o povo (1830), pintura de Eugène Delacroix.

No século XIX, época em que viveu Delacroix, ainda havia ressonâncias da Revolução Francesa, com seu ideal de liberdade. Após a derrota de Napoleão, a França viveu um período de restauração, em que os herdeiros de Luís XVI retomaram o poder, em 1814. Pintada em 1830, no ano da revolução que derrubou o rei Carlos X, a tela acima reflete os ideais traídos da Revolução Francesa, que havia deposto a nobreza. A liberdade é representada por uma mulher que ergue a bandeira tricolor da França e empunha um mosquete com baioneta. O menino armado simboliza a jovem República. A tela expressa diferentes níveis de tensão: entre classes, jovens e velhos, homens e mulheres, vivos e mortos.

- Observe a pintura com colegas e sugira um significado para essas representações humanas.

ATIVIDADES

1. Qual foi a importância da publicação da *Enciclopédia*?

2. O que Kant entende por formas *a priori*? Quais são as formas *a priori* da sensibilidade? E as formas *a priori* do entendimento?

3. Com as concepções de espaço, de tempo e das categorias, é possível compreender a tentativa de Kant para superar o racionalismo e o empirismo. Explique por quê.

4. Por que, para Kant, a coisa em si é inacessível ao conhecimento?

5. Hume e Kant analisaram o conceito de causalidade: em que os dois filósofos divergem?

Leitura analítica

Que é Esclarecimento?

Neste texto, Kant trata do conceito de Esclarecimento, que se refere ao período do Iluminismo, do qual ele foi um dos mais importantes representantes. O que Kant destaca é a capacidade humana de pensar por si mesmo, que exige do sujeito o uso de sua razão como condição de liberdade.

"O *Esclarecimento é a saída do homem da condição de menoridade autoimposta. Menoridade* é a incapacidade de servir-se de seu entendimento sem a orientação de um outro. Essa menoridade é autoimposta quando a sua causa reside na carência não de entendimento, mas de decisão e coragem em fazer uso de seu próprio entendimento sem a orientação alheia. *Sapere aude*! Tem coragem em servir-te de teu *próprio* entendimento! Este é o mote do Esclarecimento.

Preguiça e covardia são as causas que explicam por que uma grande parte dos seres humanos, mesmo muito após a natureza tê-los declarado livres da orientação alheia [...], ainda permanecem, com gosto e por toda a vida, na condição de menoridade. As mesmas causas explicam por que parece tão fácil outros afirmarem-se como seus tutores. É tão confortável ser menor! Tenho à disposição um livro que entende por mim, um pastor que tem consciência por mim, um médico que me prescreve uma dieta etc.: então não preciso me esforçar. Não me é necessário pensar, quando posso pagar; outros assumirão a tarefa espinhosa por mim; a maioria da humanidade (aí incluído todo o belo sexo) vê como muito perigoso, além de bastante difícil, o passo a ser dado rumo à maioridade, uma vez que tutores já tomaram para si de bom grado a sua supervisão. Após terem previamente embrutecido e cuidadosamente protegido seu gado, para que estas pacatas criaturas não ousem dar qualquer passo fora dos trilhos nos quais devem andar, tutores lhes mostram o perigo que as ameaça caso queiram andar por conta própria. Tal perigo, porém, não é assim tão grande, pois, após algumas quedas, aprenderiam finalmente a andar; basta, entretanto, o exemplo de um tombo para intimidá-las e aterrorizá-las por completo para que não façam novas tentativas.

É, porém, difícil para um indivíduo livrar-se de uma menoridade quase tornada natural. Ele até já criou afeição por ela, e, por suas próprias mãos, é efetivamente incapaz de servir-se do próprio entendimento porque nunca lhe foi dada a chance de tentar. Princípios e fórmulas, estas ferramentas mecânicas de uso racional, ou, antes, de abuso de seus dotes naturais, são os grilhões de uma menoridade permanente. Mesmo aquele que os arrebente não arriscaria mais que um salto sobre o menor dos fossos, pois não está acostumado a semelhante liberdade de movimentação. Por essa razão, há poucos que conseguem, através do aprimoramento do próprio espírito, desprender-se da menoridade e ainda caminhar com segurança.

Contudo, é possível que um público se esclareça a respeito de si mesmo. Na verdade, quando lhe é dada a liberdade, é algo quase inevitável. Pois aí encontrar-se-ão alguns capazes de pensar por si, até mesmo entre os tutores instituídos para a grande massa, que, após se libertarem do jugo da menoridade, espalharão em torno de si o espírito de uma apreciação racional do próprio valor e da tarefa de cada ser humano, que consiste em pensar por si mesmo. Saliente-se aqui que o público, que antes havia sido posto sob este jugo pelos tutores, posteriormente os obriga a tal sujeição quando é atiçado por alguns desses tutores, eles próprios incapazes de atingir o esclarecimento. [...]

Para o Esclarecimento, porém, nada é exigido além da *liberdade*; e mais especificamente a liberdade menos danosa de todas, a saber: utilizar *publicamente* sua razão em todas as dimensões. [...]

Mas o que o povo não consegue decidir para si mesmo, não deverá um monarca fazê-lo, pois sua legítima autoridade baseia-se no fato de que ele une a vontade geral do povo à sua. Quando ele se presta somente a observar que toda melhoria verdadeira ou presumida esteja de acordo com a ordem civil, então pode deixar seus súditos fazerem aquilo que consideram necessário para a salvação de suas almas; isso não lhe diz respeito. O que lhe cabe é evitar que um impeça violentamente o outro de trabalhar em seu estabelecimento e evolução pessoais."

KANT, Immanuel. Que é Esclarecimento? In: MARCONDES, Danilo. *Textos básicos de ética*: de Platão a Foucault. Rio de Janeiro: Jorge Zahar, 2007. p. 95-99.

Sapere aude: do latim, "ousa saber".

QUESTÕES

1. Explique o lema: "Tem coragem em servir-te de teu *próprio* entendimento!".
2. Por que a passagem para a maioridade é considerada difícil e perigosa?
3. A partir da leitura do texto, comente a relação que existe entre política e ética pessoal.
4. Quem são os tutores que, atualmente, impedem a humanidade de pensar por si?

ATIVIDADES

1. Releia a citação reproduzida na abertura do capítulo. Estabeleça semelhanças e diferenças entre as dúvidas levantadas por Michel de Montaigne e o pensamento de René Descartes.

2. Leia a citação a seguir e responda às questões.

   "A verdadeira causa e raiz de todos os males que afetam as ciências é uma única: enquanto admiramos e exaltamos de modo falso os poderes da mente humana, não lhe buscamos auxílios adequados."

   BACON, Francis. *Novum organum*. São Paulo: Abril Cultural, 1973. p. 20. (Coleção os Pensadores)

   a) O que Bacon critica nesse aforismo?
   b) Quais seriam os "auxílios adequados" que deveriam ser buscados?

3. Atribua as citações seguintes a Descartes ou a Locke e justifique sua resposta.

   a) "[...] penso não haver mais dúvida de que não há princípios práticos com os quais todos os homens concordam e, portanto, nenhum é inato."
   b) "Primeiro, considero haver em nós certas noções primitivas, as quais são como originais, sob cujo padrão formamos todos os nossos outros conhecimentos."

4. Leia a citação e explique quais são as questões que, segundo Kant, atormentam a razão e não podem ser respondidas por ultrapassarem suas possibilidades.

   "A razão humana, num determinado domínio dos seus conhecimentos, possui o singular destino de se ver atormentada por questões, que não pode evitar, pois lhe são impostas pela sua natureza, mas às quais também não pode dar respostas por ultrapassarem completamente as suas possibilidades."

   KANT, Immanuel. *Crítica da razão pura* (Prefácio da primeira edição, 1781). 2. ed. Lisboa: Fundação Calouste Gulbenkian, 1989. p. 3.

5. **Dissertação.** Com base nas citações a seguir e nas discussões desenvolvidas ao longo do capítulo, redija uma dissertação sobre o tema **"As promessas do Iluminismo foram cumpridas?"**.

   "O que talvez caracterize melhor o século XVIII francês é a efervescência de ideias. Uma efervescência generalizada da inteligência e da sensibilidade, que caminha junto com o uso liberado e confiante das faculdades do homem. A época é favorável à crítica e à imaginação, à polêmica, ao intercâmbio, à comunicação pública, porque é necessário que o humanismo se propague."

   HOTTOIS, Gilbert. *Do Renascimento à pós-modernidade*: uma história da filosofia moderna e contemporânea. Aparecida: Ideias & Letras, 2008. p. 149.

   "O ressurgimento, nos quatro cantos do planeta, do racismo e do nacionalismo étnico – que foram os principais ingredientes do nacional-socialismo hitlerista –, o reaparecimento dos fundamentalismos religiosos de toda ordem, por definição hostis à liberdade de pensamento, a proliferação de seitas, a explosão geral de credulidade e de irracionalismo, para não falar do risco que constitui a difusão, pela mídia audiovisual, de ideias estandardizadas que anestesiam o espírito crítico – todos esses fenômenos não fazem temer o triunfo, em escala mundial, de uma verdadeira regressão obscurantista?"

   DELACAMPAGNE, Christian. *História da filosofia no século XX*. Rio de Janeiro: Jorge Zahar, 1997. p. 287.

ENEM

6. (Enem/MEC-2016)

   "Pode-se admitir que a experiência passada dá somente uma informação direta e segura sobre determinados objetos em determinados períodos do tempo, dos quais ela teve conhecimento. Todavia, é esta a principal questão sobre a qual gostaria de insistir: por que esta experiência tem de ser estendida a tempos futuros e a outros objetos que, pelo que sabemos, unicamente são similares em aparência. O pão que outrora comi alimentou-me, isto é, um corpo dotado de tais qualidades sensíveis estava, a este tempo, dotado de tais poderes desconhecidos. Mas, segue-se daí que este outro pão deve também alimentar-me como ocorreu na outra vez, e que qualidades sensíveis semelhantes devem sempre ser acompanhadas de poderes ocultos semelhantes? A consequência não parece de nenhum modo necessária."

   HUME, D. *Investigação sobre o entendimento humano*. São Paulo: Abril Cultural, 1995.

   O problema descrito no texto tem como consequência a

   a) universabilidade do conjunto das proposições de observação.
   b) normatividade das teorias científicas que se valem da experiência.
   c) dificuldade de se fundamentar as leis científicas em bases empíricas.
   d) inviabilidade de se considerar a experiência na construção da ciência.
   e) correspondência entre afirmações singulares e afirmações universais.

Mais questões: no livro digital, em **Vereda Digital Aprova Enem** e **Vereda Digital Suplemento de revisão e vestibulares**; no *site*, em **AprovaMax**.

CAPÍTULO 20
CONCEPÇÕES POLÍTICAS NA MODERNIDADE

Homo homini lupus (2010), grafite de Franco Fasoli em parede de Buenos Aires. Para alguns filósofos, o estabelecimento de pactos na vida em sociedade preserva o homem de sua natureza competitiva.

"[Na Idade Moderna], a ordem estatal torna-se um projeto *racional* da humanidade em torno do próprio destino terreno: o contrato social que assinala simbolicamente a passagem do estado de natureza ao estado civil não é mais do que a tomada de consciência por parte do homem dos condicionamentos naturais a que está sujeita sua vida em sociedade e das capacidades de que dispõe para controlar, organizar, gerir e utilizar esses condicionamentos para sua sobrevivência e para seu crescente bem-estar. Mas, desde o momento em que tudo isso pressupõe a instauração da ordem política que visa à eliminação preventiva dos conflitos sociais, surge imediatamente o problema do lugar ocupado nessa estrutura pelos grupos sociais tradicionais e pelos grupos em vias de formação (camadas, classes), na sua pretensão de exercício de uma função de **hegemonia** sobre toda a comunidade. A partir do sucesso diferente e dos vários graus de domínio que tiveram as velhas e novas forças sociais, surgiram as diferenças verificadas em diversos países e em diversos momentos históricos em torno do modo geral de organização das relações sociais, como variantes do mesmo modelo geral de Estado, detentor do monopólio da força legítima."

SCHIERA, Pierangelo. O Estado moderno. In: *Curso de introdução à ciência política*. Brasília: Editora UnB, 1982. p. 14. v. 7.

Hegemonia: supremacia; influência preponderante exercida por cidade, povo ou classe social sobre outros.

Conversando sobre

O contrato social visa livrar os homens dos conflitos de força, mas em que medida esses enfrentamentos são de fato eliminados? Retome essa discussão após o estudo do capítulo, atentando para os diferentes pactos sociais analisados.

1. Formação do Estado nacional

Neste capítulo, veremos como foram fundamentadas teoricamente as diretrizes políticas da modernidade, começando pelo pensamento de Nicolau Maquiavel (1469-1527), responsável por criar uma nova concepção em que defende a autonomia da política. O Estado moderno configurou-se pelo monopólio de fazer e aplicar leis, cunhar moedas, recolher impostos, gerir a administração dos serviços públicos, ter um exército e ser o único a deter o uso legítimo da força. Essas mudanças já se implantavam desde o final do século XIV na maior parte das monarquias nacionais europeias com o fortalecimento do poder real. No século seguinte, os contratualistas Hobbes, Locke e Rousseau elaboraram os principais conceitos do liberalismo nascente, enquanto Montesquieu e Kant, já no Século das Luzes, ampliaram os conceitos da nova política.

> **Saiba mais**
>
> Deve-se a Maquiavel a divulgação do termo *Estado* na acepção moderna, que substitui o conceito de *pólis* grega e de *civitas* romana (também chamada *res publica*, como conjunto das instituições políticas). Não se trata, porém, apenas de um nome novo, porque o Estado nascido do esfacelamento da sociedade feudal tem características que o distinguem de todas as concepções anteriores, por compreender grandes extensões submetidas a um centro polarizador de poder.

2. A concepção política de Maquiavel

Ao contrário da maioria das nações europeias, a Alemanha e a Itália, no século XVI, permaneciam fragmentadas em inúmeros Estados sujeitos a disputas internas e a hostilidades entre cidades vizinhas e de outras nações. A Itália sofria especialmente com a ganância de países como Espanha e França, que assolavam a península recorrendo a ocupações intermináveis.

Na Itália dividida, o florentino Nicolau Maquiavel observava com apreensão a falta de estabilidade política de diversos principados e repúblicas, que dispunham cada um de sua própria milícia, geralmente formada por mercenários. Vale dizer que nem mesmo os Estados Pontifícios deixavam de formar seus exércitos.

Maquiavel republicano

Afirmar que Maquiavel foi um republicano talvez cause estranheza. A leitura apressada da obra *O príncipe* desencadeou o *mito do maquiavelismo*, pelo qual se atribuiu a Maquiavel a defesa do mais completo imoralismo político. Chamamos pejorativamente de "maquiavélica" a pessoa sem escrúpulos, traiçoeira, astuciosa, que, para atingir seus fins, usa de mentira e de má-fé e nos engana com tanta sutileza que não percebemos a manipulação da qual somos vítimas. Como expressão dessa conduta, a famosa máxima "Os fins justificam os meios" foi responsável pela interpretação descontextualizada – e, portanto, simplista – da obra maquiaveliana.

Para nos contrapormos àquela análise pejorativa, destacaremos algumas características de duas obras: *O príncipe*, a mais conhecida, e *Comentários sobre a primeira década de Tito Lívio*, na qual Maquiavel desenvolve ideias republicanas. Vale lembrar que não convém opor essas duas obras de maneira simplista, porque há muitos pontos de ligação entre ambas. Mesmo que nos *Comentários* fique mais clara sua preferência pelo regime republicano, também no capítulo IX de *O príncipe* é feito o elogio ao povo.

> **República:** do latim *res publica*, "coisa pública". Republicano é o governo voltado para o bem comum, que expressa a vontade popular.

Na imagem mais acima, detalhe do afresco *O cerco de Florença* (c. 1530), de Giorgio Vasari. Na sequência, vista da cidade de Florença em foto de 2016. Maquiavel passou sua juventude sob o esplendor político da República Florentina, desconstituída em 1532, quando se tornou um ducado hereditário comandado por Alexandre de Médici, duque nomeado pelo Papa Clemente VII.

O príncipe e Comentários

À primeira vista, na obra *O príncipe*, Maquiavel parece defender o absolutismo e o mais completo imoralismo. Após explicar que pretendia entender a verdade dos fatos e não criar utopias políticas, diz:

> "Muita gente imaginou repúblicas e principados que nunca se viram nem jamais foram reconhecidos como verdadeiros. Vai tanta diferença entre o como se vive e o modo por que se deveria viver, que quem se preocupar com o que se deveria fazer em vez do que se faz aprende antes a ruína própria do que o modo de se preservar; e um homem que quiser fazer profissão de bondade é natural que se arruíne entre tantos que são maus. Assim, é necessário a um príncipe, para se manter, que aprenda a poder ser mau e que se valha ou deixe de valer-se disso segundo a necessidade. [...]
>
> E ainda que não lhe importe [ao príncipe] incorrer na fama de ter certos defeitos, defeitos estes sem os quais dificilmente poderia salvar o governo, pois que, se se considerar bem tudo, encontrar-se-ão coisas que parecem virtudes e que, se fossem praticadas, lhe acarretariam a ruína, e outras que poderão parecer vícios e que, sendo seguidas, trazem a segurança e o bem-estar do governante."
>
> MAQUIAVEL, Nicolau. *O príncipe*. São Paulo: Abril Cultural, 1973. p. 69. (Coleção Os Pensadores)

Vamos agora comparar essa citação com um trecho de *Comentários sobre a primeira década de Tito Lívio*. Em meio a inúmeras manifestações de defesa do poder popular, Maquiavel diz:

> "Finalmente, lembrarei [...] que se as monarquias têm durado muitos séculos, o mesmo acontece com as repúblicas: mas umas e outras precisam ser governadas pelas leis: o príncipe que se pode conceder todos os caprichos é geralmente um insensato; e um povo que pode fazer tudo que quer comete com frequência erros imprudentes. Se se trata de um príncipe e de um povo submetido às leis, o povo demonstrará virtudes superiores às do príncipe. Se, neste paralelo, os considerarmos igualmente livres de qualquer restrição, ver-se-á que os erros cometidos pelo povo são menos frequentes, menos graves e mais fáceis de corrigir."
>
> MAQUIAVEL, Nicolau. *Comentários sobre a primeira década de Tito Lívio*. 2. ed. Brasília: Editora UnB, 1982. p. 182.

A diferença entre as duas obras não significa que Maquiavel tivesse "mudado de ideia", porque elas foram escritas concomitantemente. Podemos interpretar a aparente contradição entre elas como a tentativa de interpretar dois momentos diferentes da ação política, que dependem da boa percepção do governante:

- inicialmente, a ação do príncipe, na Itália dividida, visava à conquista do poder e a mantê-lo a qualquer custo;

- posteriormente, alcançada a estabilidade, seria possível e desejável a instalação do governo republicano. E mais: o conflito era reconhecido como parte inerente da atividade política, que se realiza pela conciliação de interesses divergentes. Não seria isso a democracia?

Virtù e fortuna

Para descrever a ação do príncipe, Maquiavel usa as expressões italianas *virtù* e *fortuna*.

O termo *virtù* significa "virtude", no sentido grego de força, valor, qualidade de lutador e guerreiro viril. *Príncipes de virtù* são governantes especiais, capazes de realizar grandes obras e provocar mudanças na história. Não se trata, portanto, do príncipe virtuoso conforme preceitos da moral cristã (bondade e justiça, por exemplo), mas daquele governante capaz de perceber o jogo de forças da política para então agir com energia, a fim de conquistar e manter o poder.

A palavra fortuna, em sentido comum, significa "acúmulo de bens, riqueza". Sua origem é a deusa romana Fortuna, que representa a abundância, mas também é a que move a roda da fortuna (ou roda da sorte). Especificamente no contexto de Maquiavel, *fortuna* significa "ocasião, acaso, sorte": para agir bem, o príncipe não deve deixar escapar a ocasião oportuna. De nada adiantaria ser virtuoso, se o príncipe não soubesse ser ousado, mas precavido para aguardar a ocasião propícia, aproveitando o acaso ou a sorte das circunstâncias, como observador atento do curso da história.

No entanto, a fortuna de pouco serve sem a *virtù*, pois pode transformar-se em mero oportunismo. Por isso, Maquiavel distingue entre o príncipe de *virtù*, que é forçado pela necessidade a usar da violência visando ao bem coletivo, e o tirano, que age por capricho ou interesse próprio.

Essa iluminura do século XV representa a roda da fortuna como símbolo da mutabilidade do poder: enquanto uns o alcançam, outros caem em desgraça.

Autonomia política

Maquiavel estabeleceu uma distinção entre *moral política* e *moral privada*, uma vez que a ação política não deve orientar-se por qualquer hierarquia de valores dada *a priori*, como até então era proposto na concepção grega e medieval do "bom governante", do "governante virtuoso" que atrelava a política à moral individual. Ao propor a secularização da política, Maquiavel desligou a política da tutela das normas *a priori* ou da moral religiosa, para inaugurar uma nova maneira de conceber a moral na política: nesse caso, os valores não são dados de antemão, mas dependem da realização de interesses coletivos.

Nessa perspectiva, a nova moral está centrada em critérios de avaliação *do que é útil à comunidade*: se o que define a moral na política é o bem da comunidade, no caso da Itália dividida, constituía dever do príncipe manter-se no poder a qualquer custo. Por isso, às vezes poderia ser legítimo o recurso ao mal (o emprego da força coercitiva do Estado, a guerra, a prática da espionagem, o método da violência etc.).

O pensamento de Maquiavel nos leva à reflexão sobre a situação dramática e ambivalente do governante: se aplicar de forma inflexível o código moral que rege sua vida pessoal à vida política, sem dúvida colherá fracassos sucessivos, tornando-se um político incompetente. Cabe, portanto, ao próprio governante inventar caminhos.

O presidente estadunidense John Kennedy, eleito em 1960, e sua esposa, a primeira-dama Jacqueline Kennedy. Foto de 1963. Separar a moral propriamente política da moral privada sempre foi um desafio a ser superado desde as campanhas eleitorais, como se nota na tradição que coloca sob holofotes a figura da primeira-dama e que lhe atribui, por vezes, algum papel político.

A história nos mostrou, porém, os riscos do poder abusivo: o governante absoluto, em circunstâncias críticas e extremamente graves, ao recorrer à "razão de Estado", corre o risco de se permitir violar normas jurídicas, morais, políticas e econômicas: nesse estágio, o poder depara-se com o tênue fio entre o uso legítimo da força e seu abuso. Por isso, atualmente, a razão de Estado é contestada pela exigência de transparência dos atos dos governantes em regimes democráticos.

Democracia e conflito

Outra novidade da teoria republicana de Maquiavel foi a elaboração da moderna concepção de ordem, não a ordem hierárquica, que cria a harmonia forçada, mas a que resulta do conflito. Trata-se de radical mudança de enfoque, uma vez que as utopias costumam valorizar a paz de uma sociedade sem antagonismos, o que significa não reconhecer a realidade do mundo humano em constante confronto.

Maquiavel percebeu que o conflito constitui fenômeno inerente à atividade política, e que esta se faz justamente com base na conciliação de interesses divergentes. A liberdade resulta de forças em luta, num processo que nunca cessa, já que a relação entre forças antagônicas é sempre de equilíbrio tenso.

> **A priori:** no contexto, algo que é dado como pressuposto, afirmado ou estabelecido sem verificação.
>
> **Razão de Estado:** prerrogativa do governante quando detém o imperativo de uso da força estatal e dos demais meios que forem necessários para a manutenção do poder.

Trocando ideias

Durante a ditadura militar no Brasil, o general Médici gabava-se de que em seu governo (1969-1974) não houve greves nem conflitos. No entanto, omitia que vigorava rigoroso controle para evitar confrontos e manifestações de descontentamento, com recurso à censura, tortura, prisão e execuções.

- Podemos dizer que esse tipo de "tranquilidade" significa ordem e paz?

ATIVIDADES

1. O que é maquiavelismo e por que esse mito não se aplica a Maquiavel?

2. O que mudou nas questões da relação entre moral e política no pensamento de Maquiavel?

3. Por que, para Maquiavel, o conceito de *virtù* não tem o mesmo sentido da virtude moral aristotélico-tomista?

Leitura analítica

Confronto entre *O príncipe* e *Comentários*

Confrontamos cinco trechos extraídos de duas das obras de Maquiavel, O príncipe *e* Comentários *sobre a primeira década de Tito Lívio, a fim de deixar mais claro o projeto teórico de cada uma delas, considerando dois contextos diferentes que inspiram condutas específicas do governante de virtù e atento à fortuna, à ocasião propícia.*

1. "[...] Quem se torna senhor de uma cidade tradicionalmente livre e não a destrói será destruído por ela. Tais cidades têm sempre por bandeira, nas rebeliões, a liberdade e suas antigas leis, que não esquecem nunca, nem com o correr do tempo, nem por influência dos benefícios recebidos. [...] Nas repúblicas, há mais vida, o ódio é mais poderoso, maior é o desejo de vingança. Não deixam nem podem deixar repousar a memória da antiga liberdade.

   Assim, para conservar uma república conquistada, o caminho mais seguro é destruí-la ou habitá-la pessoalmente."

2. "[...] cada príncipe deve desejar ser tido como piedoso e não como cruel: apesar disso, deve cuidar de empregar convenientemente essa piedade. César Bórgia era considerado cruel, e, contudo, sua crueldade havia reerguido a Romanha e conseguido uni-la e conduzi-la à paz e à fé. O que, bem considerado, mostrará que ele foi muito mais piedoso do que o povo florentino, o qual, para evitar a **pecha** de cruel, deixou que Pistoia fosse destruída. Não deve, portanto, importar ao príncipe a qualificação de cruel para manter os seus súditos unidos e com fé, porque, com raras exceções, é ele mais piedoso do que aqueles que por muita clemência deixam acontecer desordens, das quais podem nascer assassínios ou **rapinagem**. É que essas consequências prejudicam todo um povo, e as execuções que provêm do príncipe ofendem apenas um indivíduo. E, entre todos os príncipes, os novos são os que menos podem fugir à fama de cruéis, pois os Estados novos são cheios de perigo."

   MAQUIAVEL, Nicolau. *O príncipe*. São Paulo: Abril Cultural, 1973. p. 28; 75. (Coleção Os Pensadores)

3. "Não observar uma lei é dar mau exemplo, sobretudo quando quem a desrespeita é o seu autor; é muito perigoso para os governantes repetir a cada dia novas ofensas à ordem pública."

4. "[...] se as monarquias têm durado muitos séculos, o mesmo acontece com as repúblicas; mas umas e outras precisam ser governadas pelas leis: o príncipe que se pode conceder todos os caprichos é geralmente um insensato; e um povo que pode fazer tudo o que quer comete com frequência erros imprudentes. Se se trata de um príncipe e de um povo submetido às leis, o povo demonstrará virtudes superiores às do príncipe. Se, neste paralelo, os considerarmos igualmente livres de qualquer restrição, ver-se-á que os erros cometidos pelo povo são menos frequentes, menos graves e mais fáceis de corrigir."

5. "O legislador sábio, animado do desejo exclusivo de servir não os seus interesses pessoais, mas os do público, de trabalhar não em favor dos próprios herdeiros, mas para a pátria comum, não poupará esforços para reter em suas mãos toda a autoridade. E nenhum espírito esclarecido reprovará quem se tenha valido de uma ação extraordinária para instituir um reino ou uma república. Alguém pode ser acusado pelas ações que cometeu, e justificado pelos resultados destas. E quando o resultado for bom, [...] a justificação não faltará. Só devem ser reprovadas as ações cuja violência tem por objetivo destruir, em vez de reparar."

MAQUIAVEL, Nicolau. *Comentários sobre a primeira década de Tito Lívio*. 2. ed. Brasília: Editora UnB, 1982. p. 145; 182; 49.

Pecha: defeito moral, vício, falha, imperfeição.
Rapinagem: conjunto de roubos, espólio.

QUESTÕES

1. Que ação do príncipe é justificada no fragmento 1?
2. No fragmento 2, Maquiavel exemplifica em que circunstâncias a crueldade pode ser uma solução melhor que a piedade. Em que trecho Maquiavel expõe essa ideia?
3. Sabemos que o cumprimento da lei é um princípio de toda república. Explique como essa noção é desenvolvida nos fragmentos de 3 a 5.
4. Como explicar a aparente contradição entre as obras *O príncipe* e *Comentários*?

Capítulo 20 • Concepções políticas na modernidade   391

3. Soberania e Estado moderno

Vimos que, desde o século XVI, as monarquias nacionais da Inglaterra, da Espanha e da França fortaleceram-se fundamentadas pela teoria do direito divino dos reis. No século XVII, o absolutismo real já enfrentava inúmeros movimentos de oposição, apoiados em ideias liberais nascentes. No plano político, a *teoria do direito divino dos reis* recebia críticas cada vez mais intensas, revelando a tendência do pensamento à laicização e a outro tipo de representação política.

Direito natural e soberania

As teorias jusnaturalistas, também abordadas no capítulo 13, "Violência e direitos humanos", foram importantes no processo de oposição ao absolutismo. Jusnaturalismo é o mesmo que direito natural, conceito que já existia, consistindo na defesa de uma lei universal ditada pela razão humana, distinta do direito positivo, isto é, das leis produzidas por legisladores dependendo do lugar e do tempo e que, portanto, deveriam estar adequadas ao direito natural. Na Idade Moderna, o conceito de jusnaturalismo caracterizou-se pela laicidade, por desvencilhar-se dos preceitos religiosos, enfraquecendo, portanto, o direito divino dos reis.

O holandês Hugo Grócio (1583-1645), principal teórico do jusnaturalismo, defendeu um direito universalmente válido para todos os povos, ditado pela razão e independente da religião. O chamado "direito das gentes" forneceu as bases para o que viria a ser o direito internacional.

Outro conceito importante da modernidade foi o de *soberania*, desenvolvido pelo jurista francês Jean Bodin (1530-1596), para quem a soberania é responsável por manter a unidade dos membros e partes do corpo da república. O Estado soberano é o que tem a posse de um território no qual o comando sobre seus habitantes se faz pela centralização do poder, em que a força se torna poder legítimo e de direito.

> **Saiba mais**
>
> Como é possível verificar no capítulo 13, "Violência e direitos humanos", o jusnaturalismo foi substituído, no século XX, pela teoria do *positivismo jurídico* de Hans Kelsen (1881-1973), jurista que tornou o direito uma ciência autônoma, desligada dos juízos de valor típicos do direito natural, uma vez que a positivação permite que cada país elabore sua própria Constituição.

Teorias contratualistas

Thomas Hobbes, John Locke e Jean-Jacques Rousseau foram os pensadores que elaboraram uma vertente teórica derivada do jusnaturalismo: o *contrato social*. Com base na hipótese do *estado de natureza*, em que o indivíduo viveria como dono exclusivo de si e de seus poderes, os contratualistas se perguntavam sobre o motivo que teria levado as pessoas a se submeterem a um Estado.

Buscavam, desse modo, explicar a origem do Estado, ressaltando que, nesse contexto, o termo "origem" não significa "começo", no sentido cronológico, mas no sentido lógico, ou seja, como "razão de ser" ou princípio, no sentido de procurar o fundamento do Estado.

Ao se perguntarem sobre qual seria a base legal do Estado que lhe confere legitimidade de poder, esses filósofos afirmavam tratar-se da *representatividade* ou do *consenso unânime*. Vejamos como cada um deles chegou a diferentes conclusões.

Cena do filme *O enigma de Kaspar Hauser* (1974), dirigido por Werner Herzog. O filme narra a história de descoberta da sociedade por um indivíduo que passou a vida longe do convívio humano. Muitos dos filósofos contratualistas imaginaram um estado de natureza anterior à formação da sociedade civil.

4. Hobbes e o poder absoluto do Estado

Thomas Hobbes (1588-1679), inglês de família modesta, conviveu com pessoas da nobreza, recebendo apoio e condições de ampliação de sua cultura; teve, por exemplo, a oportunidade de contactar com René Descartes, Francis Bacon e Galileu Galilei. Dedicou-se, entre outros assuntos, ao problema do conhecimento, tema básico das reflexões do século XVII, representando a tendência empirista. Neste capítulo, veremos sua contribuição para o pensamento político, analisado nas obras *De cive* e *Leviatã*.

Vale lembrar que Hobbes viveu em um século turbulento, abalado por desavenças entre o Parlamento e os reis, bem como por guerras civis. Numa dessas guerras, houve a decapitação do rei Carlos I.

Vejamos agora como Thomas Hobbes entendeu o estado de natureza, que tipo de pacto preconizou e que soberania reivindicava.

Estado de natureza e contrato social

Para Hobbes, no estado de natureza, o ser humano tem direito a tudo:

> "O *direito de natureza*, a que os autores geralmente chamam *jus naturale*, é a liberdade que cada homem possui de usar seu próprio poder, da maneira que quiser, para a preservação de sua própria natureza, ou seja, de sua vida; e, consequentemente, de fazer tudo aquilo que seu próprio julgamento e razão lhe indiquem como meios adequados a esse fim."
>
> HOBBES, Thomas. *Leviatã*. São Paulo: Abril Cultural, 1974. p. 82. (Coleção Os Pensadores)

A situação de indivíduos deixados a si próprios é de anarquia, o que gera insegurança, angústia e medo, porque, onde predominam interesses egoístas, cada um torna-se lobo para outro lobo. As disputas provocam a guerra de todos contra todos, com graves prejuízos para a indústria, a agricultura, a navegação, o desenvolvimento da ciência e o conforto dos indivíduos.

Na sequência do raciocínio, Hobbes pondera que o indivíduo reconhece a necessidade de renunciar à liberdade total, contentando-se com a mesma liberdade de que os outros dispõem. A renúncia à liberdade só tem sentido com a transferência do poder por meio de um *contrato social*. A nova ordem é, portanto, celebrada mediante um pacto, pelo qual todos abdicam de sua vontade em favor de "um homem ou de uma assembleia de homens, como representantes de suas pessoas". Por não ser sociável por natureza, o ser humano o será por artifício: o medo e o desejo de paz levam os indivíduos a fundar um estado social e a autoridade política, abdicando de seus direitos em favor do soberano.

Soberania absoluta

Para Hobbes, o poder do soberano deve ser absoluto, isto é, total e ilimitado. Cabe a ele julgar sobre o bem e o mal, o justo e o injusto, não podendo ninguém discordar, pois tudo o que o soberano faz é investido da autoridade consentida pelo súdito. Por isso, é contraditório dizer que o governante abusa do poder: não há abuso quando o poder é ilimitado.

Alguns autores identificam Hobbes como defensor do absolutismo real. Vale aqui desfazer esse mal-entendido. Para Hobbes, o Estado tanto pode ser monárquico, quando constituído por apenas um governante, como formado por alguns ou muitos, por exemplo, uma assembleia. O importante é que, uma vez instituído, o Estado não seja contestado. Ser absoluto significa estar "absolvido" de qualquer constrangimento, portanto, o indivíduo abdica da liberdade ao dar plenos poderes ao Estado a fim de proteger sua própria vida e suas propriedades individuais.

O poder do Estado é exercido pela força, pois só a iminência do castigo atemoriza os indivíduos. É o soberano que prescreve leis, escolhe conselheiros, julga, faz a guerra e a paz, recompensa e pune, e ainda pode censurar as opiniões e doutrinas contrárias à paz. Quando, afinal, o próprio Hobbes pergunta se não é muito miserável a condição de súdito diante de tantas restrições, conclui que nada se compara à condição **dissoluta** de indivíduos sem senhor ou às misérias da guerra civil.

> **Dissoluto:** separado, desunido, decomposto. No contexto, de maus costumes, depravado.

Detalhe do frontispício de *Leviatã* (1651), gravura de Abraham Bosse. Essa figura bíblica de um monstro cruel e invencível representa o poder do Estado absoluto. Empunhando os símbolos do poder civil e do religioso, é um gigante cuja carne é a mesma de todos os que a ele delegaram a missão de os defender.

5. Locke e a política liberal

John Locke (1632-1704), filósofo inglês, era também médico e descendia de burgueses comerciantes. Refugiado na Holanda, após o envolvimento com acusados de conspirar contra a Coroa, retornou à Inglaterra no mesmo navio em que viajava Guilherme de Orange, responsável pela consolidação da monarquia parlamentar inglesa.

Do ponto de vista da teoria política, suas ideias, expressas na obra *Dois tratados sobre o governo civil*, fecundaram os fundamentos do liberalismo nascente e incentivaram as revoluções liberais ocorridas nas Américas e na Europa.

Locke ocupou-se também com epistemologia e representou a tendência empirista na discussão sobre a teoria do conhecimento, conforme podemos ver no capítulo 19, "Revolução Científica e problemas do conhecimento".

Estado de natureza e contrato social

Assim como Hobbes, Locke baseou-se nas dificuldades de viver em estado de natureza, o que exige a aceitação comum de um contrato social para constituir a *sociedade civil*.

Diferentemente de Hobbes, porém, Locke não descreve o estado de natureza como um ambiente de guerra e egoísmo. O que então levaria os indivíduos a abandonar essa situação, delegando o poder a outrem? Para Locke, os riscos das paixões e da parcialidade são muito grandes no estado de natureza e podem desestabilizar as relações entre os indivíduos; por isso, visando à segurança e tranquilidade necessárias ao gozo da propriedade, todos consentem em instituir o corpo político.

Como jusnaturalista, Locke estava convencido de que os direitos naturais humanos subsistem para limitar o poder do Estado. Em última instância, justificava o direito à insurreição, caso o governante traísse a confiança nele depositada.

Institucionalização do poder e da propriedade

O caráter liberal da política de Locke revela-se na distinção que estabeleceu entre público e privado, âmbitos que devem ser regidos por leis diferentes. Assim, o poder político não deve, em tese, ser determinado por condições de nascimento, bem como cabe ao Estado garantir e tutelar o livre exercício da propriedade, da palavra e da iniciativa econômica.

Desse modo, um aspecto progressista do pensamento liberal é a concepção *parlamentar* do poder político, que se acha nas instituições políticas, e não no arbítrio dos indivíduos. Para Locke, o Poder Legislativo é o poder supremo, ao qual devem subordinar-se todas as outras instituições.

Como representante de ideais burgueses, Locke enfatizou a preservação da propriedade, no sentido amplo de "tudo o que pertence" a cada indivíduo, ou seja, sua vida, sua liberdade e seus bens. Portanto, mesmo quem não possui bens seria proprietário de seu corpo, de sua vida, de seu trabalho.

A concepção de liberdade em Locke, entretanto, não é ampla no sentido de seu alcance, pois apenas os que possuem riqueza significativa poderiam ter plena cidadania, com direito a votar e ser votados. Ressalta-se, desse modo, o elitismo que persistia na raiz do liberalismo, já que a igualdade defendida era de natureza abstrata, geral e puramente formal.

> **Trocando ideias**
>
> Reconhecer que somos proprietários de nosso corpo representou um avanço naquele momento histórico, se pensarmos que servos e escravos não eram donos de si mesmos e que em ex-colônias, como o Brasil, existiu escravidão legal até o século XIX.
> - Na sua opinião, ainda hoje, que formas camufladas de trabalho escravo desafiam as conquistas do liberalismo?

6. Rousseau e a soberania inalienável

Jean-Jacques Rousseau (1712-1778), suíço que viveu na França no século XVIII, de certo modo seguiu a tendência iniciada no século anterior. Criticou o absolutismo real e fundamentou sua teoria com base no pacto social que legitima o governo. No entanto, a novidade do conceito de *vontade geral* constituiu uma diferença significativa.

O bom selvagem e contrato social

Como os contratualistas Hobbes e Locke, Rousseau examina o estado de natureza de maneira mais otimista: os indivíduos viveriam sadios, cuidando de sua própria sobrevivência, até o momento em que surge a propriedade e uns passam a trabalhar para outros, gerando escravidão e miséria.

Rousseau cria a hipótese de um homem que teria vivido tranquilamente antes de socializar-se, até ser introduzida a desigualdade, que corrompeu o indivíduo, esmagado pela violência das relações sociais. Esse homem hipotético é designado por Rousseau como "bom selvagem". Trata-se, portanto, de um enganoso pacto social que coloca as pessoas sob grilhões. Há que se considerar a possibilidade de outro contrato verdadeiro e legítimo, pelo qual o povo esteja reunido sob uma só vontade. O contrato social, para ser legítimo, origina-se do consentimento necessariamente unânime. Cada associado se aliena totalmente ao abdicar sem reservas de todos os seus direitos em favor da comunidade. Mas, como todos abdicam igualmente, na verdade cada um nada perde.

Foto da série *O heroísmo da mulher* (2009), do artista francês JR. Foto tirada no Morro da Providência, no Rio de Janeiro (RJ). Com o projeto, o artista torna visíveis pessoas esquecidas pela desigualdade. Ações como essa seriam desnecessárias no Estado legítimo pensado por Rousseau.

Soberano e governo

Para Rousseau, o indivíduo abdica de sua liberdade pelo pacto, mas como ele próprio é parte integrante e ativa do todo social, ao obedecer à lei, obedece a si mesmo e, portanto, é livre: "A obediência à lei que se estatuiu a si mesma é liberdade". Isso significa que com o contrato o povo não perde a soberania, porque o Estado criado não está separado dele mesmo.

Sob certo aspecto, essa teoria é inovadora por distinguir os conceitos de *soberano* e *governo*, atribuindo ao povo a *soberania inalienável*. Cada associado, mesmo quando se aliena totalmente em favor da comunidade, nada perde de fato, porque a soberania do povo, manifestada pelo Legislativo, é inalienável, isto é, não pode ser representada.

O ato pelo qual o *governo* é instituído pelo povo não submete este àquele. Ao contrário, não há um "superior", pois os depositários do poder não são senhores do povo, podendo ser eleitos ou destituídos conforme a conveniência. Os magistrados que constituem o governo estão subordinados ao poder de decisão do soberano e apenas *executam* as leis.

Conceito de vontade geral

Rousseau preconiza a participação de todos os cidadãos nas deliberações legislativas que dizem respeito à comunidade. Distingue também dois tipos de existência política no corpo social: como soberano, o povo é ativo e considerado *cidadão*, mas, ao exercer igualmente a soberania passiva, assume a qualidade de *súdito*. Então, o mesmo indivíduo é cidadão quando faz a lei e é súdito quando a ela obedece e se submete.

Na qualidade de povo incorporado, o soberano define a vontade geral, cuja expressão é a lei. O que vem a ser a *vontade geral*? É melhor antes distinguir entre *pessoa pública* (cidadão ou súdito) e *pessoa privada*.

- A pessoa privada tem uma vontade individual que geralmente visa ao interesse egoísta e à gestão de bens particulares. Se somarmos as decisões baseadas em *benefícios individuais*, teremos a *vontade de todos* (ou *vontade da maioria*).
- A pessoa pública é o indivíduo particular que também pertence ao espaço público, participando de um corpo coletivo movido por *interesses comuns*, expressos pela *vontade geral*.

Nem sempre, porém, o interesse da pessoa privada coincide com o interesse da pessoa pública, pois o que beneficia a pessoa privada pode ser prejudicial ao coletivo. A vontade de todos, portanto, não se confunde com a vontade geral, pois o somatório de interesses privados tem outra natureza que a do interesse comum.

Encontra-se aí o cerne do pensamento de Rousseau, aquilo que o faz reconhecer na pessoa um ser superior capaz de autonomia e liberdade, ao mesmo tempo que é capaz de se submeter a uma lei, erguida acima de si, mas por si mesmo. A pessoa é livre na medida em que dá o livre consentimento à lei. E consente por considerá-la válida e necessária, como salienta:

"Aquele que recusar obedecer à vontade geral a tanto será constrangido por todo um corpo, o que não significa senão que o forçarão a ser livre, pois é essa a condição que, entregando cada cidadão à pátria, o garante contra qualquer dependência pessoal."

ROUSSEAU, Jean-Jacques. *Do contrato social*. São Paulo: Abril Cutural, 1973. p. 42. (Coleção Os Pensadores)

A concepção política de Rousseau, por sua singularidade, não representa precisamente a tradição liberal. Embora seja contratualista e se posicione contra o absolutismo, ultrapassa o elitismo de Locke ao propor uma visão mais igualitária de poder, o que, sem dúvida, empolgou políticos como Robespierre (1758-1794) e até leitores como o jovem Karl Marx (1818-1883). Aspectos avançados do pensamento de Rousseau estão na denúncia da violência dos que abusam do poder conferido pela propriedade, bem como no questionamento da ideia de representatividade no poder, com base na *soberania popular* e no conceito-chave de *vontade geral*.

Saiba mais

Atualmente, no sistema misto da democracia semidireta, são usados mecanismos típicos de democracia direta que atuam como corretivos de distorções da representação política tradicional. São eles: os conselhos populares, assembleias, experiências de autogestão, organizações não governamentais (ONGs) e, na esfera do Legislativo, o plebiscito, o referendo e os projetos de iniciativa popular. Para complementar essa informação, pode-se consultar o capítulo 12, "Poder e democracia", mais especificamente o tópico "O projeto democrático".

ATIVIDADES

1. O que é jusnaturalismo? E em que medida essa teoria também representa o interesse de secularização do poder?

2. Em que sentido o "poder absoluto" da teoria hobbesiana não se confunde com o absolutismo real?

3. Quais são as características liberais (burguesas) da teoria política de Locke?

4. Considerando a teoria contratualista de Rousseau, responda às questões a seguir.
   a) Por que para Rousseau a soberania do povo é inalienável?
   b) Por que a vontade geral não se confunde com a vontade da maioria?

Capítulo 20 • Concepções políticas na modernidade

Os contratualistas

Os diversos filósofos que nos séculos XVII e XVIII trataram de política desenvolveram teorias contratualistas com base em teses jusnaturalistas. No entanto, as justificativas para o pacto social e os efeitos decorrentes dele variaram conforme o pensador. Vejamos abaixo o que defendem Thomas Hobbes, John Locke e Jean-Jacques Rousseau.

Texto 1

"Pois graças a esta autoridade que lhe é dada por cada indivíduo no Estado, é-lhe conferido o uso de tamanho poder e força que o teor assim inspirado o torna capaz de conformar as vontades de todos eles, no sentido da paz em seu próprio país, e da ajuda mútua contra os inimigos estrangeiros. É nele que consiste a essência do Estado, a qual pode ser assim definida: *uma pessoa de cujos atos uma grande multidão, mediante pactos recíprocos uns com os outros, foi instituída por cada um como autora, de modo a ela poder usar a força e os recursos de todos, da maneira que considerar conveniente, para assegurar a paz e a defesa comum.*

Aquele que é portador dessa pessoa se chama *soberano*, e dele se diz que possui *poder soberano*. Todos os restantes são *súditos*."

HOBBES, Thomas. *Leviatã*. São Paulo: Abril Cultural, 1974. p. 109-110. (Coleção Os Pensadores)

Texto 2

"Embora em uma comunidade constituída, erguida sobre a sua própria base e atuando de acordo com a sua própria natureza, isto é, agindo no sentido da preservação da comunidade, somente possa existir um poder supremo, que é o Legislativo, ao qual tudo mais deve ficar subordinado, contudo, sendo o Legislativo somente um **poder fiduciário** destinado a entrar em ação para certos fins, cabe ainda ao povo um poder supremo para afastar ou alterar o Legislativo quando é levado a verificar que age contrariamente ao encargo que lhe confiaram. Porque, sendo limitado qualquer poder concedido como encargo para se conseguir certo objetivo, por esse mesmo objetivo, sempre que se despreza ou contraria manifestamente esse objetivo, a ele se perde o direito necessariamente, e o poder retorna às mãos dos que o concederam, que poderão colocá-lo onde o julguem melhor para garantia e segurança próprias."

LOCKE, John. *Segundo tratado sobre o governo*. São Paulo: Abril Cultural, 1973. p. 99. (Coleção Os Pensadores)

Texto 3

"Deve-se compreender, nesse sentido, que, menos do que o número de votos, aquilo que generaliza a vontade é o interesse comum que os une, pois nessa instituição cada um necessariamente se submete às condições que impõe aos outros: admirável acordo entre o interesse e a justiça, que dá às deliberações comuns um caráter de **equidade** que vimos desaparecer na discussão de qualquer negócio particular, pela falta de um interesse comum que una e identifique a regra do juiz à da parte.

Por qualquer via que se remonte ao princípio, chega-se sempre à mesma conclusão, a saber: o pacto social estabelece entre os cidadãos uma tal igualdade, que eles se comprometem todos nas mesmas condições e devem todos gozar dos mesmos direitos. Igualmente, devido à natureza do pacto, todo ato de soberania, isto é, todo ato autêntico da vontade geral, obriga ou favorece igualmente todos os cidadãos, de modo que o soberano conhece unicamente o corpo da nação e não distingue nenhum dos que o compõem. Que será, pois, um ato de soberania? Não é uma convenção entre o superior e o inferior, mas uma convenção do corpo com cada um de seus membros: convenção legítima por ter como base o contrato social, equitativa por ser comum a todos, útil por não poder ter outro objetivo que não o bem geral, e sólida por ter como garantia a força pública e o poder supremo. [...]

Vê-se por aí que o poder soberano, por mais absoluto, sagrado e inviolável que seja, não passa nem pode passar dos limites das convenções gerais, e que todo homem pode dispor plenamente do que lhe foi deixado, por essas convenções, de seus bens e de sua liberdade, de sorte que o soberano jamais tem o direito de onerar mais a um cidadão do que a outro, porque, então, tornando-se particular a questão, seu poder não é mais competente."

ROUSSEAU, Jean-Jacques. *Do contrato social*. São Paulo: Abril Cultural, 1973. p. 56-57. (Coleção Os Pensadores)

Poder fiduciário: poder dado em confiança.
Equidade: igualdade.

QUESTÕES

1. Identifique nos textos de Hobbes e Locke o que neles diferencia o conceito de soberania.

2. Compare o trecho de Rousseau com os de Hobbes e Locke, explicando em que eles se distinguem.

7. Montesquieu: a autonomia dos Poderes

Montesquieu (1689-1755) nasceu na França, filho de família nobre. Seu nome era Charles-Louis de Secondat, barão de Montesquieu. Recebeu formação iluminista e cedo se tornou crítico severo e irônico da monarquia absolutista decadente, bem como do clero.

Em *Do espírito das leis* (1748), sua obra mais importante, trata das instituições e das leis, e começa recusando a concepção de *lei natural*, naquele período submetida a uma visão teológica na qual prevaleceria a "vontade divina", para introduzir a noção de lei como "relações necessárias que derivam da natureza das coisas". Ou seja, não derivam da natureza nem das divindades, mas das relações políticas. Mais propriamente, o filósofo refere-se às **leis positivas**, que são as leis e instituições criadas para reger as relações entre os homens e legitimadas pelas normas jurídicas.

Nesse sentido, o "espírito das leis" deriva das relações entre as leis positivas, ao passo que a "natureza das coisas" refere-se às dimensões do Estado, ao clima, à organização do comércio, à relação entre as classes. Por exemplo, Montesquieu observa a tendência de criação de governos despóticos em territórios extensos demais ou de solo infértil.

Ao analisar as relações das leis com a *natureza* e o *princípio* de cada governo, Montesquieu busca compreender a diversidade das legislações existentes em diferentes épocas e lugares. Desenvolveu uma *teoria do governo* que alimenta as ideias do *constitucionalismo*, pelo qual a autoridade é distribuída por meios legais, para evitar o arbítrio e a violência.

Com Montesquieu, tivemos uma melhor definição da separação ou *autonomia dos Poderes*, ainda hoje uma das pedras angulares do exercício do poder democrático. Refletindo sobre o abuso do poder dos reis, Montesquieu concluiu que "só o poder freia o poder", daí a necessidade de cada Poder – Executivo, Legislativo e Judiciário – manter-se autônomo e constituído por pessoas diferentes.

Assim afirma Montesquieu:

"Quando na mesma pessoa ou no mesmo corpo de magistratura o Poder Legislativo está reunido ao Poder Executivo, não existe liberdade, pois pode-se temer que o mesmo monarca ou o mesmo Senado apenas estabeleçam leis tirânicas para executá-las tiranicamente.

Não haverá também liberdade se o poder de julgar não estiver separado do Poder Legislativo e do Executivo. Se estivesse ligado ao Poder Legislativo, o poder sobre a vida e a liberdade dos cidadãos seria arbitrário, pois o juiz seria legislador. Se estivesse ligado ao Poder Executivo, o juiz poderia ter a força de um opressor.

Tudo estaria perdido se o mesmo homem ou o mesmo corpo dos principais, ou dos nobres, ou do povo exercesse esses três Poderes: o de fazer leis, o de executar as resoluções públicas e o de julgar os crimes ou as divergências dos indivíduos."

MONTESQUIEU. *Do espírito das leis*. São Paulo: Abril Cultural, 1973. p. 157. (Coleção Os Pensadores)

A proposta da divisão dos Poderes não se encontrava em Montesquieu com a clareza que se costumou posteriormente lhe atribuir. Em outras passagens de sua obra, ele não defende uma separação tão rígida, pois o que ele pretendia de fato era realçar a relação de forças e a necessidade de equilíbrio entre os três Poderes.

A concepção de Montesquieu influenciou a redação do artigo 16 da *Declaração dos Direitos do Homem e do Cidadão*, de 1789: "Toda sociedade em que não for assegurada a garantia dos direitos e determinada a separação dos Poderes não tem Constituição".

Embora seu pensamento tenha sido apropriado pelo liberalismo burguês, Montesquieu destacava os interesses dos ideais de uma *aristocracia liberal*. Ou seja, ele criticou toda forma de despotismo, mas preferia a monarquia moderada e não apreciava a ideia de ver o povo assumindo o poder.

Lei positiva: é criada pelo ser humano e instituída pelo costume ou pela norma escrita; ao contrário da lei natural, que é eterna e imutável.

À esquerda, o Palácio do Planalto, sede do Poder Executivo Federal no Brasil, onde está localizado o Gabinete Presidencial.
No centro, o Palácio Nereu Ramos, que abriga o Congresso Nacional brasileiro, sede do Poder Legislativo.
À direita, o Palácio do Supremo Tribunal Federal, sede do Poder Judiciário no Brasil. Fotos de 2017.

8. Kant e a paz perpétua

Sabemos que Immanuel Kant escreveu três críticas[1]: da razão pura, da razão prática e da faculdade de julgar. Nesta última, examina primeiramente a faculdade de juízo estética[2], enquanto na segunda parte trata da faculdade de juízo **teleológica**, na qual levanta a questão do *finalismo*, não mais como característica apenas das ações humanas, mas também da natureza.

O filósofo sabia, porém, que somente o ser humano é capaz de agir mediante finalidades, estabelecidas pela razão e livremente aceitas como metas de vida, o que não ocorre no mundo da natureza, regido pela causalidade mecanicista. Por exemplo, o olho é um sistema complexo que permite a visão, embora o próprio olho não "atue" tendo-a como objetivo, porque os órgãos não são "conscientes do fim", capacidade exclusiva da consciência humana. Com o mesmo raciocínio, Kant considera haver um "fim último na natureza", que seria a *humanidade*, finalidade esta a ser realizada pelo próprio ser humano, não apenas em sua breve vida, mas ao longo de diversas gerações. Ou seja, não basta que aprendamos a ser justos, pois é preciso estender essa intenção como projeto para nossa descendência e abarcando todas as nações.

Com base nessa perspectiva, Kant escreveu a obra *Ideia de uma história universal do ponto de vista cosmopolita*, em que compreende a realização desse projeto ao longo da evolução da espécie humana. Assim diz o professor Gilbert Hottois (1946):

> "A humanidade é convidada a se autorrealizar, ou seja, a ultrapassar a natureza, que não pode mecanicamente perfazer a humanidade e, com ela, o reino da liberdade e da razão. Essa continuidade da evolução natural, que é, ao mesmo tempo, ultrapassagem desta, constitui a evolução propriamente humana, ou seja, a *história*.
>
> Essa história é uma *história progressiva e social e política*. O sentido ou a finalidade do progresso histórico é a constituição de uma sociedade colocada sob o signo da razão e da liberdade, isto é, uma *sociedade universal*. Estabelecer '*uma constituição civil* perfeitamente *justa* é a tarefa suprema da natureza para a espécie humana'.
>
> Essa sociedade universal pode ser uma sociedade das nações, com a condição de que reine entre estas uma paz perpétua e de que cada uma tenha a preocupação de aplicar uma constituição civil perfeitamente justa."
>
> HOTTOIS, Gilbert. *Do Renascimento à pós-modernidade*: uma história da filosofia moderna e contemporânea. Aparecida: Ideias & Letras, 2008. p. 189-190.

Essa temática reaparece em 1795, no final da vida de Kant, em um opúsculo denominado *À paz perpétua*, uma obra-prima da ética kantiana e que ainda tem o que nos dizer na atualidade. Imbuído dos ideais iluministas, que ele próprio foi responsável pela sua fundamentação filosófica, Kant expande a busca pela concórdia, na esperança de perdurar o convívio civilizado. Essas ideias frutificaram no século XX com o direito internacional e suas instituições representativas, como a Liga das Nações, criada após a Primeira Guerra, e, posteriormente, a Organização das Nações Unidas (ONU), que a substituiu após a Segunda Guerra. Ainda que muitas vezes depreciadas, até por suas decisões não terem força de lei, essas instituições internacionais são importantes pelo esforço da diplomacia e pelo estímulo à assinatura de documentos que resguardem valores já conquistados e confirmem outros.

Teleologia: do grego *télos*, "fim", "finalidade", e *lógos*, "estudo", "razão"; estudo que trata da questão do *finalismo* como característica não apenas das ações humanas, mas também da natureza. Não confundir com "teologia", estudo sobre Deus.

Líder da Autoridade Nacional Palestina, Mahmoud Abbas, discursa na Assembleia Geral das Nações Unidas, em Nova York. Foto de 2016. Criada em outubro de 1945, a ONU tem como objetivo promover a cooperação internacional e prover ajuda humanitária.

---

[1] Para saber mais sobre o criticismo de Kant, consulte o capítulo 19, "Revolução Científica e problemas do conhecimento", mais especificamente o tópico "Kant: o criticismo".

[2] Para saber mais sobre a teoria estética de Kant, consulte, na parte I, o capítulo 4, "Estética: a reflexão sobre a arte", mais especificamente o tópico "O julgamento do gosto".

Derrida sobre À paz perpétua

Em comentário à obra *À paz perpétua*, o filósofo Jacques Derrida (1930-2004) faz sua interpretação a partir da seguinte temática: "O direito à filosofia do ponto de vista cosmopolítico", ou seja, de uma política universal. Nesse sentido, para Derrida, a Unesco (Organização das Nações Unidas para a Educação, a Ciência e a Cultura) seria o lugar privilegiado, por já ter uma *história filosófica* que se encontra inscrita na Carta ou na sua Constituição. E completa:

> "[...] e por isso mesmo, tais instituições implicam na partilha de uma cultura e de uma linguagem filosófica, incitando por conseguinte a tornar possível, e em primeiro lugar pela educação, o acesso a essa linguagem e a essa cultura. Todos os Estados que aderem às Cartas dessas instituições internacionais se comprometem, em princípio, *filosoficamente,* a reconhecer e a pôr em prática de maneira efetiva algo como a filosofia e uma certa filosofia do direito, dos direitos do homem, da história universal etc."
>
> DERRIDA, Jacques. O direito à filosofia do ponto de vista cosmopolítico. In: GUINSBURG, J. (Org.). *A paz perpétua*: um projeto para hoje. São Paulo: Perspectiva, 2004. p. 13-14.

Na sequência dessas palavras, Derrida lamenta os limites impostos que reduzem ou negam o desejo de pôr em prática um direito à filosofia. Além de motivos políticos ou religiosos, ocorrem proibições – ainda que muitas vezes não de modo explícito – estendidas a determinada classe social, às mulheres, aos adolescentes, a especialistas de algumas áreas do conhecimento.

Derrida diz também não concordar que existam formas dominantes de se fazer filosofia. Se a reflexão filosófica ocorre em língua grega, alemã, inglesa ou francesa, isso não impede que se possa filosofar em qualquer outra língua. Além desse ponto de vista universal a respeito de quem escreve filosofia, Derrida propõe ainda que todos possam, como leitores, ter acesso ao patrimônio filosófico da humanidade.

9. Sobre a política da modernidade

O novo paradigma da política elaborado nos tempos modernos rompeu com a ideia de bom governo que predominou durante a Antiguidade e a Idade Média. Com base em uma postura realista, pensadores como Maquiavel deram realce ao sistema de forças que atua de fato no seio da sociedade e do poder. Na sequência, Hobbes e Locke, em oposição à visão religiosa medieval, procuraram a ordem racional e laica nos conceitos de soberania e contrato social, consentimento e obediência política, tendo em vista a coesão do Estado e a segurança dos indivíduos. Alguns ousaram mais, como Rousseau, cujas convicções igualitárias fecundariam o século XIX, enquanto Montesquieu preconizou a autonomia dos Poderes como garantia da democracia e Kant pensava sobre a harmonia das nações.

Em meio a posições muitas vezes divergentes, na modernidade foram esboçadas as novas linhas que orientariam daí em diante as ideias liberais e os primeiros passos em direção à conquista da cidadania e da democracia.

Encontro anual dos donos do mundo (2012), tirinha de André Dahmer. Teóricos modernos como Hobbes associaram o medo à constituição do Estado. Com o fortalecimento das democracias, vê-se, no entanto, o potencial corrosivo desse sentimento, muito ligado aos mecanismos de sustentação de ditaduras.

Concepções políticas em *V de Vingança*

ATIVIDADES

1. Explique em que consiste a autonomia dos Poderes para Montesquieu.

2. O que Kant quis dizer com relação ao finalismo da natureza e da história?

3. Qual foi a importância da reflexão de Kant sobre a "paz perpétua"?

4. A respeito das teorias políticas da modernidade, assinale a alternativa incorreta.
   a) No decorrer da modernidade, a teoria política se desligou cada vez mais de concepções de Estado atreladas à Igreja.
   b) Locke, fundador do liberalismo, contribui para o desenvolvimento de teses e leis que garantem o direito à propriedade individual.
   c) Montesquieu argumentou sobre a autonomia dos Poderes Executivo, Legislativo e Judiciário, exercidos por pessoas diferentes.
   d) Hobbes vislumbrou um estado de natureza em que a constituição egoísta dos homens criaria um cenário de guerra de todos contra todos.
   e) O pensamento de Rousseau é conhecido por seu aspecto igualitário e pela defesa de um governo que represente legitimamente o povo soberano.

Leitura analítica

Das leis positivas

Em Do espírito das leis, *Montesquieu argumenta como o legislador tem diante de si a tarefa complexa de examinar, antes de qualquer elaboração, desde o aspecto físico de um país até o tipo de vida dos diversos segmentos que o compõem (as crenças, o modo de vida e as relações entre as pessoas). Esse exame é feito com o intuito de identificar, no seu conjunto, o que o filósofo chama de "espírito das leis".*

"Assim que os homens se encontram em sociedade, perdem o sentimento de sua fraqueza; a igualdade que havia entre eles deixa de existir, e o estado de guerra tem início.

Cada sociedade particular passa a sentir a própria força; e isso produz um estado de guerra entre as nações. Os particulares, dentro de cada sociedade, começam a sentir a própria força; procuram desviar em benefício próprio as principais vantagens dessa sociedade; o que produz, entre eles, um estado de guerra.

Essas duas espécies de estado de guerra levam ao estabelecimento das leis entre os homens. Considerados como habitantes de um planeta tão grande, que é necessário haver diferentes povos, eles possuem leis nas relações que esses povos mantêm entre si; esse é o **direito das gentes**. Considerados enquanto vivendo numa sociedade que deve ser mantida, possuem leis na relação que os que governam mantêm com os que são governados; esse é o *direito político*. E também possuem leis nas relações que todos os cidadãos mantêm entre si; esse é o *direito civil*.

O direito das gentes é fundado, naturalmente, sobre o seguinte princípio: as diversas nações devem, na paz, e com maior razão, na guerra, fazer a si próprias o menor mal possível, sem prejudicar seus verdadeiros interesses.

O objetivo da guerra é a vitória; o da vitória, a conquista; o da conquista, a conservação. Deste princípio e do precedente devem derivar todas as leis que formam o direito das gentes. [...]

Além do direito das gentes, que existe em todas as sociedades, há um direito político para cada uma delas. Uma sociedade não seria capaz de subsistir sem um governo. A *reunião de todas as forças particulares*, diz muito bem Gravina, *forma o que se chama de estado político*. [...]

O poder político compreende necessariamente a união de muitas famílias. É melhor dizer que o governo mais conforme à natureza é aquele cuja disposição particular se relaciona melhor com a disposição do povo para o qual foi estabelecido.

As forças particulares não podem se reunir sem que todas as vontades se reúnam. A *reunião dessas vontades*, diz ainda muito bem Gravina, *é o que se chama de estado civil*. [...]

Elas [as leis] devem ser relativas ao *físico* do país; ao clima frio, quente ou temperado; à qualidade do terreno, à sua situação e à sua grandeza; ao gênero de vida dos povos, trabalhadores, caçadores ou pastores; elas devem se relacionar ao grau de liberdade que a constituição pode sofrer; à religião de seus habitantes, às suas inclinações, riquezas, número, comércio, costumes, maneiras. Elas têm, enfim, relações entre si; têm relações com sua origem, com o objetivo do legislador, com a ordem das coisas sobre as quais são estabelecidas. É em todos esses pontos de vista que precisamos considerá-las.

É isso o que pretendo fazer nesta obra [Do espírito das leis]. Examinarei todas as relações: em conjunto, elas formam isso que se chama o *espírito das leis*."

MONTESQUIEU. Do espírito das leis. In: WEFFORT, Francisco (Org.). *Os clássicos da política*. São Paulo: Ática, 1989. p. 124-126. v. 1.

Direito das gentes: do latim *jus*, "justiça", e *gentium*, "da gente"; no contexto, o direito comum às nações.
Gian Vincenzo Gravina (1664-1718): jurista italiano.

QUESTÕES

1. Explique que tipo de lei deve ser estabelecido para as relações entre indivíduos, entre governantes e governados e entre nações.
2. Em que sentido a necessidade de leis positivas é decorrente das conquistas da modernidade?
3. Reúna-se com seus colegas. Em seguida, escolham um dos temas sugeridos para realizar uma pesquisa sobre alguns organismos internacionais que atualmente visam ao entendimento entre diferentes nações.
    a) Organização das Nações Unidas (ONU).
    b) Organização dos Estados Americanos (OEA).
    c) Direito Internacional dos Direitos Humanos (DIDH).

ATIVIDADES

1. Leia o trecho de Maquiavel e atenda às questões.

> "Era necessário que Ciro encontrasse os persas descontentes do império dos medas e os medas muito efeminados e amolecidos por uma longa paz. Teseu não teria podido revelar suas virtudes se não tivesse encontrado os atenienses dispersos. Tais oportunidades, portanto, tornaram felizes a esses homens; e foram as suas virtudes que lhes deram o conhecimento daquelas oportunidades. Graças a isso, a sua pátria se honrou e se tornou feliz."
>
> MAQUIAVEL, Nicolau. *O príncipe*. São Paulo: Abril Cultural, 1973. p. 30. (Coleção Os Pensadores)

a) Explique os fatos descritos usando os conceitos de *virtù* e fortuna.

b) Em que o sentido de virtude para Maquiavel não se confunde com o conceito de virtude moral?

2. Leia a citação de Locke e atenda às questões.

> "Poderão afirmar que, sendo a idolatria um pecado, não pode ser tolerada. Se disserem que a idolatria é um pecado e, portanto, deve ser escrupulosamente evitada, esta inferência é correta; mas não será correta se disserem que é um pecado e, portanto, deve ser punida pelo magistrado. Não cabe nas funções do magistrado punir com leis e reprimir com a espada tudo o que acredita ser um pecado contra Deus."
>
> LOCKE, John. *Carta acerca da tolerância*. São Paulo: Abril Cultural, 1973. p. 24. (Coleção Os Pensadores)

a) Que característica do liberalismo pode ser identificada nessa citação de Locke?

b) Comente exemplos de fatos que ainda ocorrem na política do mundo contemporâneo que contrariam esse princípio.

3. Leia a citação e faça o que se pede.

> "Encontra-se a liberdade política unicamente nos governos moderados. Porém, ela nem sempre existe nos Estados moderados: só existe nestes últimos quando não se abusa do poder; mas a experiência eterna mostra que todo homem que tem poder é tentado a abusar dele; vai até onde encontra limites. Quem o diria! A própria virtude tem necessidade de limites. Para que não se possa abusar do poder é preciso que, pela disposição das coisas, o poder freie o poder."
>
> MONTESQUIEU. *Do espírito das leis*. São Paulo: Abril Cultural, 1973. p. 156. (Coleção Os Pensadores)

a) Explique qual é o significado e a importância da citação de Montesquieu.

b) Discuta com um colega se o conteúdo da citação ainda é atual.

4. É comum as pessoas identificarem Hobbes como defensor do absolutismo real. Com base na frase a seguir, refute essa crença e explique o que o filósofo entende por poder "absoluto".

> "Isto é mais do que consentimento, ou concórdia, é uma verdadeira unidade de todos eles, numa só e mesma pessoa, realizada por um pacto de cada homem com todos os homens, de modo que é como se cada homem dissesse a cada homem: 'Cedo e transfiro meu direito de governar-me a mim mesmo a este homem, ou a esta assembleia de homens, com a condição de transferires a ele teu direito, autorizando de maneira semelhante todas as suas ações'."
>
> HOBBES, Thomas. *Leviatã*. São Paulo: Abril Cultural, 1974. p. 111. (Coleção Os Pensadores)

5. Trabalho em grupo. Na Constituição brasileira de 1988, alguns artigos se referem a formas de democracia semidireta, como plebiscito, referendo e projeto de iniciativa popular. Reúnam-se em grupos e consultem o artigo 18 ("Da organização do Estado"), § 3º e § 4º; o artigo 49 ("Das atribuições do Congresso Nacional"), item XV; o artigo 61 ("Das leis"), § 2º (disponível em <www.planalto.gov.br>). Em seguida, respondam às questões.

a) Que relação pode ser estabelecida entre esses artigos e a teoria política de Rousseau?

b) Pesquisem exemplos de aplicação de alguns desses artigos na política brasileira.

6. Dissertação. Retome a citação de abertura, de Pierangelo Schiera, e leia o fragmento a seguir. Com base nesses dois trechos e nos conhecimentos construídos ao longo deste capítulo, redija texto dissertativo-argumentativo em modalidade escrita formal da língua portuguesa sobre o tema **"Hegemonia ou desejo por desigualdade?"**.

> "[...] a ambição devoradora, a gana de aumentar sua fortuna relativa, menos por verdadeira necessidade do que para ficar acima dos outros, inspiram a todos os homens uma nefanda inclinação para se prejudicarem mutuamente, uma inveja secreta tanto mais perigosa quanto, para aplicar seu golpe com maior segurança, frequentemente assume a máscara da benevolência; em suma, concorrência e rivalidade de um lado, oposição de interesses do outro e sempre o desejo oculto de tirar proveito à custa de outrem; todos esses males constituem o primeiro efeito da propriedade e o cortejo inseparável da desigualdade nascente."
>
> ROUSSEAU, Jean-Jacques. *Discurso sobre a origem e os fundamentos da desigualdade entre os homens*. São Paulo: Martins Fontes, 1999. p. 218.

Capítulo 20 • Concepções políticas na modernidade

ATIVIDADES

ENEM E VESTIBULARES

7. (Enem/MEC-2016)

"A justiça e a conformidade ao contrato consistem em algo com que a maioria dos homens parece concordar. Constitui um princípio julgado estender-se até os esconderijos dos ladrões e às confederações dos maiores vilões; até os que se afastaram a tal ponto da própria humanidade conservam entre si a fé e as regras da justiça."

LOCKE, J. *Ensaio acerca do entendimento humano.* São Paulo: Nova Cultural, 2000. (Adaptado)

De acordo com Locke, até a mais precária coletividade depende de uma noção de justiça, pois tal noção

a) identifica indivíduos despreparados para a vida em comum.

b) contribui com a manutenção da ordem e do equilíbrio social.

c) estabelece um conjunto de regras para a formação da sociedade.

d) determina o que é certo ou errado num contexto de interesses conflitantes.

e) representa os interesses da coletividade, expressos pela vontade da maioria.

8. (Unesp-2014)

"A China é a segunda maior economia do mundo. Quer garantir a hegemonia no seu quintal, como fizeram os Estados Unidos no Caribe depois da Guerra Civil. As Filipinas temem por um atol de rochas desabitado que disputam com a China. O Japão está de plantão por umas ilhotas de pedra e vento, que a China diz que lhe pertencem. Mesmo o Vietnã desconfia mais da China do que dos Estados Unidos. As autoridades de Hanói gostam de lembrar que o gigante americano invadiu o México uma vez. O gigante chinês invadiu o Vietnã dezessete."

PETRY, André. O século do Pacífico. *Veja*, 24 abr. 2013. (Adaptado)

A persistência histórica dos conflitos geopolíticos descritos na reportagem pode ser filosoficamente compreendida pela teoria

a) iluminista, que preconiza a possibilidade de um estado de emancipação racional da humanidade.

b) maquiavélica, que postula o encontro da virtude com a fortuna como princípios básicos da geopolítica.

c) política de Rousseau, para quem a submissão à vontade geral é condição para experiências de liberdade.

d) teológica de Santo Agostinho, que considera que o processo de iluminação divina afasta os homens do pecado.

e) política de Hobbes, que conceitua a competição e a desconfiança como condições básicas da natureza humana.

9. (Unicamp-2012)

"O homem nasce livre, e por toda a parte encontra-se a ferros. O que se crê senhor dos demais não deixa de ser mais escravo do que eles. [...] A ordem social, porém, é um direito sagrado que serve de base a todos os outros. [...] Haverá sempre uma grande diferença entre subjugar uma multidão e reger uma sociedade. Sejam homens isolados, quantos possam ser submetidos sucessivamente a um só, e não verei nisso senão um senhor e escravos, de modo algum considerando-os um povo e seu chefe. Trata-se, caso se queira, de uma agregação, mas não de uma associação; nela não existe bem público, nem corpo político."

ROUSSEAU, Jean-Jacques. *Do contrato social.* São Paulo: Abril Cultural, 1973. p. 28; 36. (Coleção Os Pensadores)

No trecho apresentado, o autor

a) reconhece os direitos sagrados como base para os direitos políticos e sociais.

b) defende a necessidade de os homens se unirem em agregações, em busca de seus direitos políticos.

c) denuncia a prática da escravidão nas Américas, que obrigava multidões de homens a se submeterem a um único senhor.

d) argumenta que um corpo político existe quando os homens encontram-se associados em estado de igualdade política.

10. (Unicamp-2012)

Sobre *Do contrato social*, publicado em 1762, e seu autor, é correto afirmar que

a) a obra inspirou os ideais da Revolução Francesa, ao explicar o nascimento da sociedade pelo contrato social e pregar a soberania do povo.

b) Rousseau, um dos grandes autores do Iluminismo, defende a necessidade de o Estado francês substituir os impostos por contratos comerciais com os cidadãos.

c) Rousseau defendia a necessidade de o homem voltar a seu estado natural, para assim garantir a sobrevivência da sociedade.

d) o livro, inspirado pelos acontecimentos da Independência Americana, chegou a ser proibido e queimado em solo francês.

Mais questões: no livro digital, em **Vereda Digital Aprova Enem** e **Vereda Digital Suplemento de revisão e vestibulares**; no *site*, em **AprovaMax**.

Sugestões

Para ler

Maquiavel: a lógica da força
Maria Lúcia de Arruda Aranha. São Paulo: Moderna. (Coleção Logos)
O livro traz informações de vida e obra e do contexto no qual vivia Maquiavel, além de explicações sobre seus principais conceitos e os trechos mais significativos de alguns de seus escritos.

O Iluminismo e os reis filósofos
Luiz Roberto Salinas Fortes. São Paulo: FTD.
De fácil leitura, o livro traça um panorama do século XVIII, conhecido como Século das Luzes, identificando os principais pensadores do período e expondo algumas de suas ideias.

A vida de Galileu
Bertolt Brecht. In: *Bertolt Brecht*: teatro completo. Rio de Janeiro: Paz e Terra.
Nesta peça de teatro, acompanhamos as vicissitudes de Galileu desde suas descobertas, que contrariavam a astronomia ptolomaica aceita pelos aristotélicos, até sua condenação pela Inquisição.

Para assistir

Descartes (Cartesius)
Direção de Roberto Rossellini. França; Itália, 1974.
O pensamento de René Descartes encontra-se situado em seu tempo, e as falas giram em torno de suas ideias como filósofo e matemático. No DVD, há uma introdução feita pelo professor Franklin Leopoldo e Silva.

O homem que não vendeu sua alma
Direção de Fred Zinnemann. Inglaterra, 1966.
O filme mostra o processo que culminou com a punição e morte do filósofo Tomás Morus, perseguido pelo rei Henrique VIII na Inglaterra do século XVI, sob a acusação de alta traição.

Blaise Pascal
Direção de Roberto Rossellini. França; Itália, 1972.
O filme trata da vida e da filosofia de Blaise Pascal, mostrando seus estudos de matemática, geometria, experiências de física, incluindo a criação da calculadora mecânica. No DVD, há uma introdução feita pelo professor Franklin Leopoldo e Silva.

Danton, o processo da Revolução
Direção de Andrzej Wajda. França; Polônia; Alemanha Ocidental, 1982.
Durante o período do Terror, na França, as posições dos jacobinos foram expostas até o confronto final entre Danton e Robespierre.

Maria Antonieta
Direção de Sofia Coppola. França; Japão; Estados Unidos, 2006.
Neste filme, a diretora optou por mostrar a vida da rainha Maria Antonieta, esposa do rei Luís XVI, com todo luxo e frivolidade da corte francesa, até a chegada da Revolução Francesa às portas do Palácio de Versalhes.

Amadeus
Direção de Miloš Forman. Estados Unidos, 1984.
Ao tratar da vida brilhante e da personalidade controversa do compositor clássico Wolfgang Amadeus Mozart, pode-se conferir o estilo de vida da nobreza em Viena (Áustria) no século XVIII.

Sombras de Goya
Direção de Miloš Forman. Estados Unidos; Espanha, 2006.
O filme retrata as convulsões sociais do final do século XVIII. No cenário das perseguições religiosas pela Inquisição católica, a musa do pintor Goya é torturada e mantida presa.

Vatel, um banquete para o rei
Direção de Roland Joffé. França; Reino Unido; Bélgica, 2000.
O filme se passa na França governada pelo rei Luís XIV, no século XVII, e mostra bem a realidade da sociedade do Antigo Regime, com todas suas injustiças e desigualdades.

Para navegar

Palácio do Planalto
www.planalto.gov.br
Por meio do *site* do Palácio do Planalto, é possível acompanhar notícias oficiais sobre projetos que vêm sendo implementados e defendidos no país, além de uma série de informações históricas a respeito do Poder Executivo brasileiro.

Congresso Nacional
www.congressonacional.leg.br/portal
O *site* permite acompanhar a atividade legislativa, tanto da Câmara dos Deputados quanto do Senado Federal, além de traçar um breve histórico do Poder Legislativo no país e direcionar para canais de transmissão ao vivo das deliberações feitas por deputados e senadores.

Supremo Tribunal Federal
www.stf.jus.br/portal/principal/principal.asp
O *site* do Supremo Tribunal Federal dá informações gerais sobre o funcionamento do Poder Judiciário e permite acompanhar notícias oficiais relacionadas às atividades de seus ministros.

UNIDADE 7

FILOSOFIA CONTEMPORÂNEA

Capítulo 21
Século XIX: teorias políticas e filosóficas, 406

Capítulo 22
Tendências filosóficas contemporâneas, 430

Capítulo 23
Ciências contemporâneas, 463

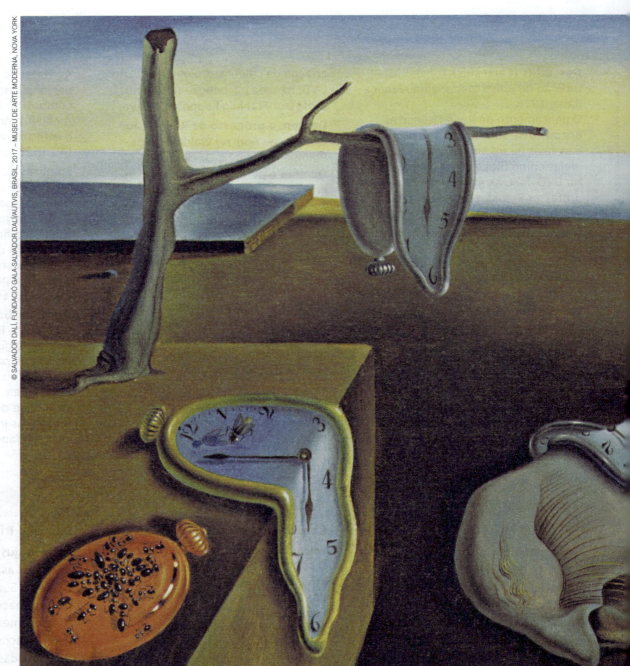

A persistência da memória (1931), pintura do surrealista Salvador Dalí. Por um lado, os relógios que parecem "derreter" sugerem um distanciamento em relação às rápidas transformações de nossa época. Por outro, eles remetem à preocupação com o tempo, com a memória e com a história, temas recorrentes nas investigações contemporâneas.

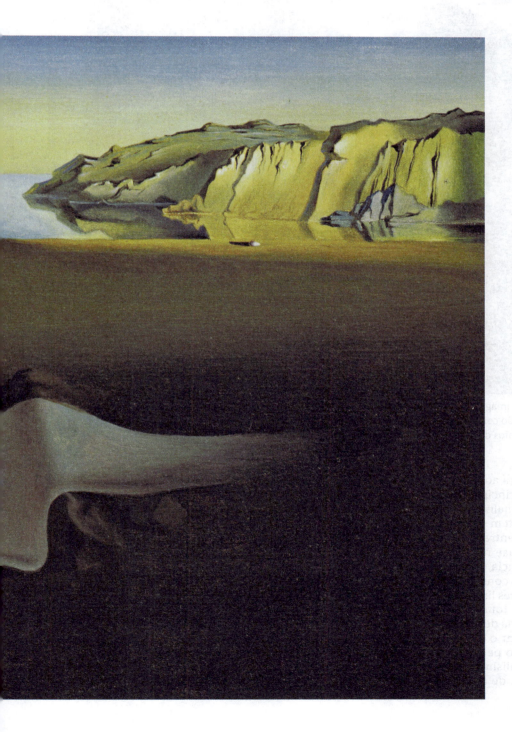

Uma era de transformações

O período que abrange o século XIX até a segunda década do século XXI foi palco de transformações que se caracterizaram pela rapidez e pela renovação de natureza e intensidade inéditas. Os movimentos do proletariado no século XIX, concomitantes às ideias socialistas, cobravam a igualdade – não realizada – que fora defendida pelas revoluções burguesas. Nos séculos seguintes, as teorias filosóficas multiplicaram-se de tal maneira que selecionamos alguns poucos filósofos diante de uma gama imensa de pensadores de diferentes tendências. Paralelamente, nasceram as ciências humanas e aperfeiçoaram-se as descobertas das ciências da natureza, proporcionando avanços tecnológicos responsáveis por alterar de maneira sem precedentes a configuração das relações humanas em todos os setores.

CAPÍTULO 21
SÉCULO XIX: TEORIAS POLÍTICAS E FILOSÓFICAS

Exército (2012), fotografia digital de Tommy Ingberg. A imagem leva à reflexão sobre a situação atual dos trabalhadores e sua despersonalização no mundo contemporâneo. A situação concreta dos seres humanos, como a atuação no mundo do trabalho, ganhou importância nas reflexões de filósofos do século XIX.

"No desenvolvimento da discussão filosófica ao longo do século XIX encontramos como um de seus principais eixos um movimento de ruptura com a tradição racionalista moderna inaugurada pela filosofia cartesiana e que tem seu ponto culminante nos sistemas de Kant e Hegel. A centralidade da razão, a valorização do conhecimento, a ênfase na problemática do método e da fundamentação da ciência, o recurso à lógica, a preocupação com a crítica vão ser considerados por muitos desses filósofos do século XIX fatores limitadores e mesmo aprisionantes, não dando conta da totalidade da experiência humana e não sendo a melhor forma de entender a relação do homem com o real e de considerar o desenvolvimento da sociedade e da cultura. Esse novo pensamento resulta assim de uma reação contra o racionalismo e a filosofia crítica, em busca de outras alternativas, de uma nova forma de expressão. [...]

É claro que o racionalismo, a filosofia crítica e mesmo a tradição empirista terão também seus seguidores, que continuarão a trabalhar na linha das questões que indicamos, sobretudo acerca do conhecimento e da ciência."

MARCONDES, Danilo. *Iniciação à história da filosofia*: dos pré-socráticos a Wittgenstein. 5. ed. Rio de Janeiro: Jorge Zahar, 1997. p. 237.

Conversando sobre

De acordo com o texto de Danilo Marcondes, uma parte dos filósofos do século XIX realizou um movimento de ruptura com a tradição racionalista moderna, voltando-se mais para a vida concreta do ser humano. O que esse movimento pode significar para as teorias filosóficas do período? Ao fim do estudo do capítulo, retome essa reflexão.

1. Contexto histórico

A Revolução Gloriosa (1688-1689), na Inglaterra, foi uma conquista da burguesia, que exigiu do rei a convocação regular do Parlamento, sem o que ele não podia fazer leis ou revogá-las, cobrar impostos ou manter um exército. O *habeas corpus*, instituído poucos anos antes dessa revolução a fim de evitar prisões arbitrárias, tentou impedir que qualquer cidadão permanecesse preso indefinidamente sem ser acusado diante dos tribunais, a não ser por meio de denúncia bem definida. Essas ideias subverteram as concepções políticas nos séculos XVII e XVIII.

O século XVIII destacou-se pelo conjunto de ideias do movimento conhecido como *Ilustração*, que se espalhou por toda a Europa. A explosão das "luzes" foi preparada nos séculos anteriores com o racionalismo cartesiano, a Revolução Científica e o processo de laicização da política e da moral. As esperanças depositadas na ciência e na técnica, instrumentos capazes de dominar a natureza, baseavam-se na convicção de que a razão seria fonte de progresso material, intelectual e moral, o que levou à crença e à confiança na sua perfectibilidade. A difusão das ideias iluministas na França foi facilitada pela ampla produção intelectual de pensadores conhecidos como *enciclopedistas*.[1]

Ao ampliar o sistema fabril e aumentar a produção, a Revolução Industrial tornou as relações de trabalho cada vez mais complexas. O capitalismo industrial se desenvolvia, acompanhado da expansão do liberalismo. A burguesia consolidou-se no poder na Europa a partir de 1848, apesar de ter sido ameaçada pelas forças da nobreza que desejavam restaurar a monarquia na primeira metade do século.

> **Habeas corpus:** termo latino que significa, literalmente, "possuir seu corpo". Juridicamente, é a proteção ao direito de liberdade de locomoção, quando ameaçado por autoridade.

2. Conceito de liberalismo

Na linguagem comum, entendemos como "liberal" a pessoa tolerante e generosa, tanto no sentido de não ser autoritária ou até de não controlar gastos. Chamamos também de liberais os profissionais como médicos, dentistas e advogados quando trabalham por conta própria. Neste capítulo, não abordaremos esses significados, mas o *conjunto de ideias éticas, políticas e econômicas da burguesia*, em oposição à visão de mundo da nobreza feudal.

Interessava à burguesia separar Estado e sociedade, constituída esta última pelo conjunto de atividades particulares dos indivíduos, sobretudo aquelas de natureza econômica.

---

[1] Para mais informações sobre o Iluminismo, consulte o tópico "Ilustração: o Século das Luzes", no capítulo 19, "Revolução Científica e problemas do conhecimento".

Essa separação reduziria igualmente a interferência de interesses privados no âmbito da atuação pública, já que o poder buscava outra fonte de legitimidade diferente da tradição e das linhagens de nobreza.

Liberalismo: três aspectos

O liberalismo pode ser entendido com base em pelo menos três aspectos: político, ético e econômico.

O *liberalismo político* constituiu-se contra o absolutismo real e buscou nas teorias do contratualismo a legitimação do poder, não mais fundado no direito divino dos reis nem na tradição e na herança, mas no *consentimento* dos cidadãos. Dessa maneira de pensar, decorreram o aperfeiçoamento das instituições do voto e da representação, a autonomia dos poderes e a limitação do poder central.

O *liberalismo ético* pressupõe o prevalecimento do estado de direito, que rejeita o arbítrio, as prisões sem culpa formada, a tortura, as penas cruéis e estimula a tolerância às crenças religiosas; para tanto, defende os direitos individuais, como liberdade de pensamento, expressão e religião.

O *liberalismo econômico* opôs-se inicialmente à intervenção do poder do rei nos negócios, exercida por meio de procedimentos típicos da economia mercantilista, como concessão de monopólios e privilégios. A teoria da economia liberal consolidou-se com o escocês Adam Smith (1723-1790) e o inglês David Ricardo (1772-1823), que defendiam a propriedade privada dos meios de produção e a economia de mercado baseada na livre iniciativa e competição.

Desempregados aguardam em fila para se candidatar a vaga de emprego no Rio de Janeiro (RJ). Foto de 2016. O liberalista Adam Smith defendia que uma "mão invisível" regularia o mercado, opondo-se à intervenção do Estado na economia. Porém, em situações de crise econômica, governos neoliberais propõem medidas de intervenção nem sempre benéficas para parcela da população.

Burgueses e proletários

As exigências democráticas não partiam apenas de burgueses, mas constituíam também anseios de operários, já que a Revolução Industrial, iniciada no século XVIII, fizera crescer em número sua participação, aumentando a concentração urbana. Organizados em sindicatos e influenciados por ideias socialistas e anarquistas, os proletários reivindicavam melhores condições de trabalho e moradia.

O impacto das organizações de massa deu os caminhos e princípios do pensamento político do século XIX. O liberalismo democrático configurou-se diante das novas exigências de igualdade, que consistiam em estender a liberdade a um número cada vez maior de pessoas por meio da legislação e de garantias jurídicas.

Reivindicações de igualdade manifestaram-se das mais variadas maneiras:

- defesa do sufrágio universal contra o voto censitário, que excluía os não proprietários das esferas de decisão, e pressões para reformas eleitorais;
- ampliação de formas de representação (partidos, sindicatos);
- exigência de liberdade de imprensa;
- implantação da escola elementar universal, leiga, gratuita e obrigatória, cuja luta fora bem-sucedida na Europa e nos Estados Unidos.

Desse modo, os polos de liberdade e de igualdade representavam um confronto que ficou claro no século XIX, mas que até hoje dilacera o pensamento liberal. Duas tendências principais resultaram desse embate:

- o *liberalismo conservador*, que defende a liberdade, mas não a democracia, razão pela qual nele não prevalecem aspirações igualitárias;
- o *liberalismo radical*, que, além da liberdade, defende a igualdade, ou seja, a extensão dos benefícios a todos, sem que ninguém fique excluído.

Vejamos como essas ideias se desenvolveram nas tendências do liberalismo na Inglaterra e na França.

3. Liberalismo inglês: o utilitarismo

No século XIX, a Inglaterra era considerada o país mais poderoso do mundo, pois o império colonial britânico expandira-se pelos diversos continentes. Vivia-se o apogeu da Revolução Industrial, que criou uma ordem propriamente contemporânea, com novos parâmetros econômicos e sociais.

O florescimento do capitalismo industrial prometia a era do conforto e do bem-estar. As discrepâncias entre riqueza e pobreza, entretanto, estavam longe de ser superadas. Esses fatores explicam as discussões a respeito de reforma social, entre liberais, e de revolução, entre socialistas.

Nesse contexto, desenvolveu-se a teoria do utilitarismo, com a intenção de estender aqueles benefícios a todas as pessoas. Seus principais representantes foram Jeremy Bentham (1748-1832) e John Stuart Mill (1806-1873).

Na busca por um instrumento de renovação social, Jeremy Bentham criticou as resoluções liberais que levariam ao egoísmo e elaborou a teoria utilitarista. De acordo com o "princípio de utilidade", o único critério para orientar o legislador é criar leis que promovam a felicidade para o maior número de cidadãos. Para favorecer a igualdade, Bentham afirmava ser importante garantir subsistência, abundância e segurança, assim como eleições periódicas, o sufrágio livre e universal e a liberdade de contrato.

John Stuart Mill foi introduzido na corrente utilitarista por seu pai, James Mill. No entanto, modificou-a profundamente, interpretando o liberalismo de acordo com uma aspiração mais democrática. Atento ao sofrimento das massas oprimidas, defendeu a coparticipação dos trabalhadores nos lucros da indústria, bem como a representação proporcional na política a fim de permitir a expressão de opiniões minoritárias. Acirrado defensor da absoluta liberdade de expressão, do pluralismo e da diversidade, valorizava o debate de teorias conflitantes.

Do ponto de vista moral, o utilitarismo representou uma expressão atualizada do hedonismo grego. Ao destacar a busca do prazer e tomar o "princípio de utilidade" como critério para avaliar o ato moral, conclui que o bem é o que possibilita a felicidade e reduz a dor e o sofrimento. Mas, como o utilitarismo enfatiza o caráter social, esse bem deve beneficiar o maior número de pessoas. Ou seja, o ideal utilitarista é a felicidade geral, e não a felicidade pessoal.

Cena do filme *As sufragistas* (2015), de Sarah Gavron. O filme trata da luta travada por britânicas que saíram às ruas para reivindicar a igualdade de direitos ao sufrágio, no início do século XX.

Assim diz Stuart Mill:

"O credo que aceita como fundamento da moral o Útil ou Princípio da Máxima Felicidade considera que uma ação é correta na medida em que tende a promover a felicidade, e errada quando tende a gerar o oposto da felicidade. Por felicidade entende-se o prazer e a ausência da dor; por infelicidade, dor, ou privação do prazer. Para proporcionar uma visão mais clara do padrão moral estabelecido por essa teoria, é preciso dizer muito mais; em particular, o que as ideias de dor e prazer incluem e até que ponto essa questão fica em aberto."

STUART MILL, John. O utilitarismo. In: MARCONDES, Danilo. *Textos básicos de ética*: de Platão a Foucault. Rio de Janeiro: Jorge Zahar, 2007. p. 129.

Muito aceito no século XIX, o utilitarismo suscitou, no entanto, inúmeras controvérsias. Uma delas seria o critério para decidir quais são os prazeres superiores, quais devem ser desprezados e como conciliar o interesse pessoal com o coletivo.

Saiba mais

Para os utilitaristas, a verdade depende dos resultados práticos alcançados pela ação, o que não significa reduzir grosseiramente a verdade à utilidade. Uma proposição é verdadeira quando "funciona", isto é, quando permite que nos orientemos na realidade, levando-nos de uma experiência a outra. O utilitarismo influenciou as teorias pragmatistas no século XX. Para mais informações, consulte o capítulo 22, "Tendências filosóficas contemporâneas".

4. Liberalismo francês

Enquanto na Inglaterra e nos Estados Unidos as instituições políticas e sociais consolidavam os ideais liberais, a França enfrentou nos séculos XVIII e XIX experiências difíceis e contraditórias, após a esperança de "liberdade, igualdade e fraternidade" representada pela Revolução Francesa, ocorrida em 1789.

Vejamos:

- o governo **jacobino**, declaradamente ultrademocrático, radicalizou-se instalando o Terror (1793-1794);
- Napoleão Bonaparte foi coroado imperador (1804);
- com Napoleão III, a França entrou no Segundo Império (1852-1870), distanciando-se cada vez mais dos ideais democráticos anteriormente defendidos.

Tendo esses fatos diante dos olhos, era natural que alguns liberais conservadores temessem a tênue separação entre *igualdade/democracia* e *liberdade/tirania*.

Napoleão cruzando os Alpes (1802), pintura de Jacques-Louis David. Em 1799, o líder militar cometeu um golpe de Estado contra a República, sendo proclamado imperador em 1804. O Império representou uma traição aos ideais da Revolução Francesa.

Tocqueville: riscos do igualitarismo

Alexis de Tocqueville (1805-1859), aristocrata de nascimento e conhecido como o "Montesquieu do século XIX", analisou com lucidez as contradições de seu tempo. Esteve nos Estados Unidos, onde recolheu informações para sua obra mais famosa, *Democracia na América*.

Tocqueville tinha plena consciência de que a implantação da democracia seria inevitável, mas seu grande desafio consistia em conciliar liberdade e igualdade. Ele temia a excessiva concentração de poderes no Estado, cujo resultado seria a tirania ou o surgimento de uma sociedade de massa, que anularia as diferenças individuais, levando ao conformismo da opinião e à "tirania da maioria".

Para evitar desequilíbrios, o pensador julgava importante a promulgação de leis que garantissem liberdades fundamentais e a vigilância constante por meio do exercício da cidadania. Ao examinar sua ênfase nos temores quanto aos riscos do igualitarismo, alguns autores destacam o traço aristocrático de tal visão de mundo. A propósito da tensão entre liberdade e igualdade, Norberto Bobbio (1909-2004) comenta a respeito de Tocqueville:

"[...] dividido como estava entre admiração-inquietude pela democracia e a devoção-solicitude pela liberdade individual, trazia dentro de si o **dissídio** entre liberdade e igualdade. Lembram-se da célebre frase com que ele encerra sua obra maior? 'As nações modernas não podem evitar que as condições se tornem iguais; mas depende delas que a igualdade as leve à escravidão ou à liberdade, à civilização ou à barbárie, à prosperidade ou à miséria.'"

BOBBIO, Norberto. *Teoria geral da política*: a filosofia política e as lições dos clássicos. Rio de Janeiro: Campus, 2000. p. 270-271.

Jacobino: no período da Revolução Francesa, os jacobinos eram os representantes do Terceiro Estado e inspiraram o período do Terror no governo de Robespierre.

Dissídio: controvérsia, divergência.

5. Hegel: idealismo dialético

O século XIX foi marcado pelo movimento romântico, que influenciou as artes e a literatura. Na Alemanha, caracterizou-se pelo nacionalismo e pela exaltação da natureza, do gênio, do sentimento e da fantasia. Tratava-se de uma reação ao excessivo racionalismo do período anterior. Mesmo assim, em sua fase final, o movimento recuperou a cultura clássica e o gosto pela arte e pela filosofia gregas, cujo equilíbrio se contrapôs à impetuosidade do período inicial do romantismo. Nesse ambiente cultural, surgiu o idealismo filosófico, representado por Johann Gottlieb Fichte (1762-1814), Friedrich Schelling (1775-1854) e Georg W. F. Hegel (1770-1831).

A forte influência que Hegel exerceu nas correntes filosóficas posteriores mostra a importância de seu pensamento. Esse filósofo criticou a filosofia transcendental de Immanuel Kant (1724-1804) por ser muito abstrata e alheia às etapas da formação da autoconsciência do indivíduo e deste na sua cultura. Atribuiu sentidos radicalmente novos a conceitos tradicionais do pensamento ocidental, como *ser*, *lógica*, *absoluto* e *dialética*, o que tornou a filosofia hegeliana às vezes hermética, de difícil interpretação. Por exemplo: o conceito de *ser* não é o *ser* da metafísica tradicional, mas designa uma realidade em processo, uma estrutura dinâmica. Além disso, nenhum conceito é examinado por si mesmo, mas sempre em relação ao seu contrário: ser-nada, corpo-mente, liberdade-determinismo, universal-particular, Estado-indivíduo. Dizendo de outra maneira, o ser está em constante mudança: essa é a dialética hegeliana.

Conceito de dialética

Hegel introduziu a noção de que a razão é histórica, ou seja, a verdade é construída no tempo. Trata-se de uma *filosofia do devir*, do ser como processo, movimento, vir a ser. Desse ponto de vista, para dar conta da dinâmica do real, surgiu a necessidade de criar uma nova lógica que não se fundasse no princípio de identidade – que é estático –, mas no princípio de contradição. A nova lógica é a dialética.

O conceito de história é igualmente dialético: a história não é a simples acumulação e justaposição de fatos ocorridos no tempo, mas resulta de um processo cujo motor interno é a contradição dialética, que conduz ao autoconhecimento do espírito no tempo.

Em sua principal obra, *Fenomenologia do espírito*, o termo *fenomenologia* remete à noção de fenômeno como aquilo que nos aparece, que se manifesta, na medida em que é um objeto distinto de si, porque nele descobrimos a contradição, que por sua vez será superada em um terceiro momento. Hegel exemplifica as três etapas da dialética com o desenvolvimento da planta, que passa por botão, flor e fruto:

- o botão é a afirmação;
- a flor é a contradição ou a negação do botão;
- o fruto é uma categoria superior, isto é, a superação da contradição entre botão e flor.

Contudo, se a flor "nega" o botão, de certa maneira o "conserva", porque essa flor deve seu *ser* ao botão; o mesmo ocorre com o fruto, que nega a flor, mas não a exclui. Ou seja, na superação dialética, o que é negado é ao mesmo tempo mantido. O processo não termina com a síntese do fruto, porque também este deixa de ser o que é quando apodrece.

O que se nota é que Hegel não usa a dialética apenas como um método, e sim como uma concepção do próprio real, que se constitui por tríades, pois os conceitos se apresentam em dois opostos que se superam em uma síntese: à tese se opõe a contradição (a antítese), enquanto o terceiro termo é a superação ou síntese de dois opostos. De acordo com o dicionarista Michael Inwood, "Hegel não aplica os termos 'tese', 'antítese' e 'síntese' às suas próprias tríades, e só os usa juntos em sua descrição das tríades de Kant".[2]

> **Dialética:** do grego *dialektiké*: *dia*, "por meio de", e *lego*, "falar". Entre os gregos, significa diálogo, arte da discussão. Em Hegel, é um movimento racional que nos permite superar uma contradição.

[2] Ver INWOOD, Michael. *Dicionário Hegel*. Rio de Janeiro: Jorge Zahar, 1997. p. 311-313. (Coleção Dicionários de Filósofos)

Adolescentes reunidos em praia no Rio de Janeiro (RJ). Foto de 2015. O que seria a crise da adolescência senão a contradição entre aquilo que fomos na infância e o que negamos dela? Por isso, confrontamos nossos pais e seus valores, ao mesmo tempo que esses valores fazem parte de nós.

Idealismo hegeliano

Conhecer a gênese, o processo de constituição pelas mediações contraditórias, é conhecer o real. Por esse movimento, a razão passa por todos os graus, desde o da natureza inorgânica até a natureza viva; da vida humana individual até a vida social.

Vejamos como ocorre esse processo.

Para explicar o devir, Hegel não parte da natureza, da matéria, mas da *ideia pura*:

- a *ideia*, para se desenvolver, cria um objeto oposto a si, a natureza;
- a *natureza* é a ideia alienada, o mundo privado de consciência; da luta desses dois princípios opostos surge o espírito;
- o *espírito* é, ao mesmo tempo, pensamento e matéria, isto é, a ideia que toma consciência de si por meio da natureza.

O que Hegel entende por *espírito*? Num sentido geral, *espírito* (*Geist*, em alemão) é uma atividade da consciência que se manifesta no tempo e se expressa em três momentos distintos:

- o *espírito subjetivo* é o espírito individual, ainda encerrado na sua subjetividade (como ser de emoção, desejo, imaginação);
- o *espírito objetivo* opõe-se ao espírito subjetivo e, como tal, é o espírito exterior como expressão da vontade coletiva por meio da moral, do direito, da política, realizando-se naquilo que se chama *mundo da cultura*;
- o *espírito absoluto*, ao superar o espírito objetivo, realiza a síntese final em que o espírito, terminando seu trabalho, compreende-o como sua realização. O espírito absoluto é o mais complexo, porque é a totalidade ou a síntese que resulta de todo o percurso anterior de autoconhecimento do espírito.

A mais alta manifestação do espírito absoluto é a filosofia, saber de todos os saberes, quando o espírito, depois de ter passado pela arte e pela religião, atinge a absoluta autoconsciência. Por isso, no prefácio à obra *Princípios da filosofia do direito*, Hegel chama a filosofia de "**pássaro de Minerva** que chega ao anoitecer", ou seja, a crítica filosófica é feita ao final do trabalho realizado.

Ao explicar o movimento gerador da realidade, Hegel desenvolveu uma dialética *idealista*: a racionalidade não é mais um modelo a ser aplicado, mas é o próprio tecido do real e do pensamento. Na já citada obra *Princípios da filosofia do direito*, Hegel diz que o mundo é a manifestação da ideia: "O real é racional e o racional é real". A verdade, nesse caso, deixa de ser um fato para ser resultado do desenvolvimento do espírito.

Essa maneira de pensar é um idealismo porque os seres humanos pensam sobre si mesmos, mas também sobre a natureza, que inicialmente surge como um "outro", diferente de mim, o que é superado quando ela é "idealizada" pela razão.

As férias de Hegel (1958), pintura de René Magritte. Perceba que o pintor reúne dois elementos cuja função é contrária. Enquanto o guarda-chuva repele a água e impede que as pessoas se molhem, o copo a contém e permite a ingestão da bebida. Ao compor esses dois objetos juntos, Magritte parece realizar o movimento sintético proposto por Hegel.

Dialética do senhor e do escravo

Na obra *Fenomenologia do espírito*, há uma passagem importante para compreender a maneira dialética pela qual Hegel explica como a consciência torna-se autoconsciência. Ao examinar o conceito de *consciência de si*, o filósofo descobre que a consciência é movida pelo desejo de exteriorização e, portanto, tende para fora de si, para um "outro", do qual precisa se "apropriar", "dominar": cada eu precisa de outra consciência que o reconheça. E isso se faz pelo confronto, pela luta, pela dominação. Aquele que se arriscou e venceu torna-se o senhor; e o que se intimidou aceita a servidão e trabalha para o senhor.

Aos poucos, inverte-se o processo. O senhor, que era forte e dono de si, passa a depender em tudo do servo. Ao se descobrir capaz e independente pelo trabalho, o servo se fortalece. No entanto, seria melhor que não se perpetuasse a relação de confronto e que o reconhecimento fosse mútuo e recíproco.

Pássaro de Minerva: a expressão remete à coruja de Minerva, que é símbolo da filosofia. Minerva é o nome latino de Atena, a deusa da razão conforme os mitos gregos.

Crítica ao contratualismo: uma nova concepção de Estado

Hegel acompanhou apaixonadamente os acontecimentos que marcaram um ponto de ruptura da história: a derrocada do mundo feudal e o fortalecimento da ordem burguesa. A resolução dessa contradição dialética é apontada por Hegel como uma tarefa da razão.

A concepção hegeliana de Estado nega a tese contratualista vigente nos dois séculos anteriores porque o indivíduo não escolhe o Estado, mas é por este constituído. Ou seja, não há como pensar o indivíduo em estado de natureza, porque ele é sempre um indivíduo social.

Segundo a concepção dialética hegeliana, o Estado sintetiza, numa realidade coletiva, a totalidade dos interesses contraditórios entre os indivíduos. Vejamos como ocorrem as contradições:

- A *família* é a síntese dos interesses contraditórios entre seus membros.
- A *sociedade civil* é a síntese que supera as divergências entre as diversas famílias. Hegel foi o primeiro a usar a expressão "sociedade civil" dando-lhe um sentido novo, que corresponde à esfera intermediária entre a família e o Estado. Esse espaço é o lugar das atividades econômicas e, portanto, nele prevalecem os interesses privados, sempre antagônicos entre si; por isso, é também o lugar das diferenças sociais entre ricos e pobres e da rivalidade dos profissionais entre si. Conforme o movimento dialético, as esferas da família e da sociedade civil não devem ser entendidas como formas anteriores ou exteriores ao Estado, pois na verdade só existem e se desenvolvem dentro dele.
- O *Estado* representa a unidade final, a síntese mais perfeita que supera as contradições existentes entre o privado e o público e que põem em perigo a coletividade. No Estado, cada um tem a clara consciência de agir em busca do bem coletivo, sendo por excelência a esfera dos interesses públicos e universais.

A importância do Estado na filosofia política de Hegel provocou interpretações diversas, inclusive a de ter sido ele um teórico do absolutismo prussiano, concepção que, em última análise, tenderia a justificar o totalitarismo. Vários filósofos insurgiram-se contra essa simplificação deformadora de seu pensamento, desde Karl Marx (1818-1883) até Eric Weil (1904-1977).

Hegel exerceu grande influência na política posterior, e seus seguidores dividiram-se em dois grupos opostos, denominados direita e esquerda hegeliana. Entre esses últimos situam-se Marx e Friedrich Engels (1820-1895).

A respeito da importância de Hegel, comenta o professor Gildo Marçal Brandão:

> "Com Hegel, completa-se o movimento iniciado por Maquiavel, voltado para apreender o Estado tal como ele é, uma realidade histórica, inteiramente mundana, produzida pela ação dos homens. Nesse percurso foram definitivamente arquivadas as teorias da origem natural ou divina do poder político; afirmada a absoluta soberania e excelência do Estado; reconhecida a modernidade e centralidade da questão da liberdade e, sobretudo – pois é esta a principal contribuição de Hegel –, resolvido o Estado num processo histórico, inteiramente **imanente**.
>
> [...] A preocupação de Hegel não é, como vimos, apenas construir uma teoria do Estado legítimo, uma nova justificação racional do Estado."
>
> BRANDÃO, Gildo Marçal. Hegel: o Estado como realização histórica da liberdade. In: WEFFORT, Francisco C. (Org.). *Os clássicos da política*. São Paulo: Ática, 1989. p. 111-112. v. 2. (Série Fundamentos)

Imanente: qualidade daquilo que está compreendido em um ser e não resulta de uma ação exterior. No contexto, o Estado não resulta de ação externa (como um pacto), mas do movimento dialético que supera a contradição entre privado e público.

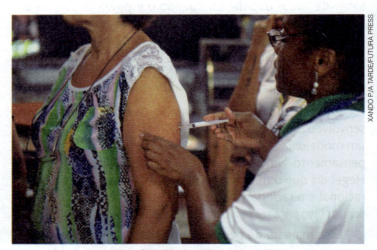

À esquerda, agente de saúde visita um casal para falar de saúde da mulher em Dakar (Senegal). Foto de 2014. À direita, agente de saúde aplica vacina contra a febre amarela em Salvador (BA). Foto de 2017. No primeiro caso, trata-se de um trabalho apoiado por uma organização não governamental (ONG), sendo, portanto, uma ação da sociedade civil. Já a campanha de vacinação, no segundo caso, é promovida pelo Estado.

ATIVIDADES

1. Quais são os três aspectos do liberalismo clássico?
2. Explique o conceito de utilitarismo na teoria de Jeremy Bentham e Stuart Mill.
3. Compare Stuart Mill e Tocqueville, considerando a distinção entre as duas concepções de liberalismo e a relação entre liberdade e igualdade.
4. Por que a filosofia hegeliana é também designada como uma *filosofia do devir*?
5. Sob que aspecto a concepção de política e o conceito de Estado de Hegel são inovadores?
6. Levando em conta o processo dialético, explique que síntese ocorre na sociedade civil.

Leitura analítica

A história como processo

Retirado da obra Fenomenologia do espírito, *o texto a seguir expressa a concepção de Hegel a respeito do devir do espírito que, em constante movimento, nunca estaria em repouso. O filósofo assinala, ainda, a imperfeição de qualquer ciência em seu começo, já que necessita de um trabalho exaustivo ao longo do tempo para ser aperfeiçoada.*

"De resto, não é difícil ver que o nosso tempo é um tempo de nascimento e passagem para um novo período. O espírito rompeu com o mundo de seu existir e do seu representar que até agora subsistia e, no trabalho da sua transformação, está para mergulhar esse existir e representar no passado. Na verdade, o espírito nunca está em repouso, mas é concebido sempre num movimento progressivo. Mas, assim como na criança, depois de um longo e tranquilo tempo de nutrição, a primeira respiração – um salto qualitativo – quebra essa continuidade de um progresso apenas quantitativo e nasce então a criança, assim o espírito que se cultiva cresce lenta e silenciosamente até a nova figura e desintegra pedaço por pedaço seu mundo precedente. Apenas sintomas isolados revelam seu abalo. A frivolidade e o tédio que tomam conta do que ainda subsiste, o pressentimento indeterminado de algo desconhecido, são os sinais precursores de que qualquer coisa diferente se aproxima. Esse lento desmoronar-se, que não alterava os traços fisionômicos do todo, é interrompido pela aurora que, num clarão, descobre de uma só vez a estrutura do novo mundo.

No entanto, esse mundo novo não tem, como não a tem a criança recém-nascida, uma realidade efetiva acabada. E é essencial não deixar de lado esse ponto. O primeiro surgir é, inicialmente, a imediatidade ou o conceito daquele mundo novo. Assim como um edifício não está pronto quando foram postos seus alicerces, assim o conceito do todo que se conseguiu alcançar não é o próprio todo. Se quisermos ver um carvalho na força do seu tronco, na extensão dos seus ramos e na massa da sua folhagem, não nos contentaremos se, em seu lugar, nos for mostrada uma **bolota**. Desta sorte a ciência, que é a coroa de um mundo do espírito, não está perfeita no seu começo. O começo do novo espírito é o produto de um amplo revolvimento de variadas formas de cultura, o preço de um caminho extremamente intrincado e, igualmente, de muito trabalho e esforço."

HEGEL, Friedrich. *Fenomenologia do espírito*.
São Paulo: Abril Cultural, 1974. p. 16.
(Coleção Os Pensadores)

Bolota: fruto do carvalho.

QUESTÕES

1. Explique por que para Hegel o espírito nunca está em repouso.
2. Usando o conceito de dialética, explique o que Hegel quer dizer com "salto qualitativo".
3. Relacione a frase final "O começo do novo espírito é [...] o preço de um caminho extremamente intrincado e, igualmente, de muito trabalho e esforço" com os versos do poeta alemão Goethe reproduzidos ao lado.

"Sim, entrego-me todo a este pensamento
Que é a conclusão suprema da sabedoria:
Só merece a liberdade e a vida
Aquele que tem de a conquistar todos os dias."

GOETHE, Johann Wolfgang von. In: GARAUDY, Roger.
O pensamento de Hegel. Lisboa:
Moraes Editores, 1971. p. 161.

6. Comte: o positivismo

Após a Revolução Industrial no século XVIII, ciência e técnica tornaram-se aliadas, provocando mudanças jamais suspeitadas. Basta lembrar que, antes da máquina a vapor, era usada apenas a energia natural (força humana, das águas, dos ventos, dos animais). Por mais que tenha havido avanços nas técnicas adotadas pelos diversos povos no decorrer dos tempos, nunca um novo modo de produzir energia foi tão crucial como o obtido pelo vapor.

A exaltação diante dos novos saberes levou à concepção do *cientificismo*, que se caracteriza pela excessiva valorização da ciência, admirada como único conhecimento possível. Pensava-se até que o rigor do método das ciências da natureza deveria se estender a todos os campos de conhecimento e da atividade humana.

A doutrina positivista teve como principal representante o francês Auguste Comte (1798-1857). Nascido nesse ambiente cientificista, o próprio filósofo ajudou a exacerbar a valorização da ciência. Em sua obra *Curso de filosofia positiva*, examina como teria ocorrido o desenvolvimento da inteligência humana desde os primórdios, a fim de estabelecer diretrizes para melhor pensar, valendo-se do progresso da ciência.

O engenheiro escocês James Nasmyth ao lado de sua invenção, o martelo a vapor. Foto de 1856. Inovações como a máquina a vapor incentivaram o cientificismo do século XIX.

A lei dos três estados

Comte diz ter descoberto uma grande lei fundamental, segundo a qual o espírito humano teria passado por três estados históricos diferentes: *teológico*, *metafísico* e *positivo*. No fragmento transcrito a seguir, o positivista explica como os indivíduos dirigem seu espírito na busca por conhecimento em cada um desses estados, sugerindo uma espécie de progressão entre eles.

> "No estado teológico, o espírito humano, dirigindo essencialmente suas investigações para a natureza íntima dos seres, as causas primeiras e finais de todos os efeitos que o tocam, numa palavra, para os conhecimentos absolutos, apresenta os fenômenos como produzidos pela ação direta e contínua de agentes sobrenaturais mais ou menos numerosos, cuja intervenção arbitrária explica todas as anomalias aparentes do Universo.
>
> No estado metafísico, que no fundo nada mais é do que simples modificação geral do primeiro, os agentes sobrenaturais são substituídos por forças abstratas, verdadeiras entidades (abstrações personificadas) inerentes aos diversos seres do mundo, e concebidas como capazes de engendrar por elas próprias todos os fenômenos observados, cuja explicação consiste, então, em determinar para cada um uma entidade correspondente.
>
> Enfim, no estado positivo, o espírito humano, reconhecendo a impossibilidade de obter noções absolutas, renuncia a procurar a origem e o destino do Universo, a conhecer as causas íntimas dos fenômenos, para preocupar-se unicamente em descobrir, graças ao uso bem combinado do raciocínio e da observação, suas leis efetivas, a saber, suas relações invariáveis de sucessão e de similitude. A explicação dos fatos, reduzida então a seus termos reais, se resume de agora em diante na ligação estabelecida entre os diversos fenômenos particulares e alguns fatos gerais, cujo número o progresso da ciência tende cada vez mais a diminuir."
>
> COMTE, Auguste. *Curso de filosofia positiva*. São Paulo: Abril Cultural, 1973. p. 9-11. (Coleção Os Pensadores)

O positivismo retomou a crítica feita por Kant à metafísica no século XVIII e levou às últimas consequências o papel reservado à razão de descobrir as relações constantes e necessárias entre os fenômenos, ou seja, as leis invariáveis que os regem.

Sociologia, ciência soberana

O positivismo desconsiderou as expressões míticas, religiosas e metafísicas. E à filosofia, que papel lhe foi reservado? Segundo Comte, cabe a ela a sistematização das ciências, a generalização dos mais importantes resultados da física, da química, da história natural. O filósofo reconhece que a matemática, pela simplicidade de seu objeto, constitui uma espécie de instrumento de todas as outras ciências e desde a Antiguidade teria atingido o estado positivo.

Cinco foram as ciências classificadas por Comte: astronomia, física, química, fisiologia (biologia) e sociologia. Essa classificação parte da ciência mais simples, mais geral e mais afastada do humano, que é a astronomia, até a mais complexa e concreta, a sociologia.

Comte afirmava ser o fundador da sociologia, por ter sido ele quem lhe deu o nome e o estatuto de ciência. Definiu-a como *física social*, mas na verdade tomou os modelos da biologia e explicou a sociedade como um organismo coletivo. Entusiasmou-se por teorias que analisavam a inteligência humana pela sua origem orgânica e que buscavam delimitar a localização das faculdades mentais no cérebro.

Com base nesses estudos, Comte concluiu que apenas uma elite seria capaz de desenvolver a parte frontal do cérebro, sede da faculdade superior, ou seja, da inteligência e dos sentimentos morais. Já a maioria das pessoas seria dominada pela afetividade, causadora da instabilidade social. Caberia àquela elite assumir o poder para, em nome da harmonia e da ordem social, garantir o "progresso dentro da ordem".

Para alguns intérpretes, a filosofia comtiana seria uma reação conservadora à Revolução Francesa (1789), enquanto para outros Comte não pensava em uma volta ao passado, à realeza e ao catolicismo a fim de conservar a ordem abalada pela revolução burguesa. Ele não pretendia eliminar o progresso, mas queria participar da reconstrução, instituindo a ordem de maneira soberana.

Essa ideia de ordem dominou seu trabalho de sistematização da filosofia, levando-o a classificar as ciências e todo o conhecimento em quadros fechados, estanques. Vale observar que a palavra *ordem* significa ao mesmo tempo "arranjo" e "mando". É o próprio Comte que afirma: "Nenhum grande *progresso* pode efetivamente se realizar se não tende finalmente para a evidente consolidação da *ordem*".

A história não é mais pensada como vir a ser, como propusera Hegel, mas como sequência congelada de estados definitivos. A evolução seria a realização, no tempo, daquilo que já existia em forma embrionária e que se desenvolveria até alcançar seu ponto final. O conceito de ciência comtiano é o de um saber acabado, que se mostra sob a forma de resultados e receitas. Ao colocar a ciência positiva como o ápice da vida e do conhecimento humanos, Comte estabeleceu uma série de postulados aos quais a ciência deveria se conformar. O principal deles seria assegurar a marcha normal e regular da sociedade industrial. Ora, ao fazer isso, Comte trocou a teoria filosófica do conhecimento por uma forma de ideologia.

> **Trocando ideias**
>
> Existe criminoso nato? Há quem pense que sim. O médico criminalista italiano Cesare Lombroso (1835-1909) desenvolveu uma teoria para "identificar" os sinais da delinquência na formação craniana e nos traços de fisionomia. Essas conclusões, de orientação positivista, tiveram larga aceitação por certo período. Sua influência teria desaparecido? Talvez você já tenha percebido que no relato de notícias policiais, sobretudo quando ocorre um crime bárbaro, é comum algumas pessoas tentarem explicar as ações criminosas com base em condicionantes psicológicos (distúrbios mentais, comportamento antissocial nato) ou fisiológicos (biológicos), que determinariam de modo incontrolável aqueles atos.
>
> ▪ Qual é seu ponto de vista? Para você, as teorias de Lombroso para explicar o comportamento criminoso continuam válidas ou não? Justifique sua resposta.

Cena do filme *Escritores da liberdade* (2007), dirigido por Richard LaGravenese. Na história desse filme, os alunos são representados como vítimas do meio onde cresceram, apresentando comportamento violento, até serem encorajados pela professora a mudar de atitude. Muitas narrativas ficcionais (filmes, romances etc.) têm enredos que se identificam com aspectos do positivismo.

A religião da humanidade

A rígida construção teórica de Comte culminou com a concepção da religião positivista. Não deixa de parecer incoerente a criação de uma religião, pois, no contexto do seu pensamento, o estado teológico é o mais arcaico e infantil da humanidade. No entanto, desde seus primeiros escritos já aparecia essa noção de espiritualidade, que não se confundia com as características de qualquer religião tradicional. Diante do poder espiritual arruinado de seu tempo, Comte via a necessidade de refundá-lo em princípios não teológicos por meio da criação de uma Igreja Positivista, principalmente para convencer o **proletariado** a abandonar o projeto revolucionário.

A religião do positivismo integra a sociedade dos vivos na comunidade dos mortos, na trindade formada pelo Grande Ser (a humanidade), pelo Grande Feitiço (a Terra) e pelo Grande Meio (o Universo). Caberia à religião da humanidade estabelecer o enquadramento da sociedade, que abrigaria os indivíduos protegendo-os das convulsões históricas, e promoveria, portanto, o milagre da harmonia social.

Positivismo no Brasil

O positivismo exerceu grande influência no pensamento latino-americano. Em 1876, foi criada a Sociedade Positivista do Brasil e, em 1881, Miguel Lemos e Teixeira Mendes fundaram a Igreja e o Apostolado Positivista do Brasil, com templo situado na cidade do Rio de Janeiro, e cujo acervo tem relevância em razão do papel atuante de seus membros na vida política brasileira, em especial no período que abrangia do final do Império ao final da República Velha (1889-1930). Foram eles também os idealizadores do dístico "Ordem e Progresso" da bandeira brasileira. Curiosamente, em maio de 2016, foi criado o *slogan* do novo governo: "Governo Federal: Ordem e Progresso", na véspera de o vice-presidente da República, Michel Temer, assumir **interinamente** a presidência após o afastamento da governante Dilma Rousseff.

Fachada da Igreja Positivista no Brasil, localizada no Rio de Janeiro (RJ). Foto de 2010. O templo positivista foi construído de acordo com orientações expressas de Auguste Comte.

Os adeptos do positivismo eram geralmente jovens da pequena burguesia comercial de cidades em crescimento, cujo anseio pela industrialização se contrapunha aos interesses dos proprietários de terra. Muitos positivistas eram militares, médicos e engenheiros, o que denotava a valorização do conhecimento científico, em oposição à educação predominantemente humanista então vigente.

Herança positivista

A orientação positivista marcou a epistemologia das ciências humanas no início do século XX, influenciando a sociologia de Émile Durkheim (1858-1917), que pretendia examinar os fatos sociais como "coisas", a fim de transformá-la em ciência objetiva. Na mesma linha metodológica, a psicologia teve início na Alemanha com médicos voltados para o exame de questões relativas à percepção. Para tanto, eles realizavam experiências controladas em laboratórios, deixando de lado indagações que não pudessem ser observadas.[3] Exemplo dessa tendência é a psicologia comportamentalista de Burrhus F. Skinner (1904-1990).

A literatura naturalista do século XIX exemplifica bem a tendência determinista de separar mente e corpo. São comuns as descrições de personagens agindo como simples joguete do meio, da raça, do momento. Nos romances *O mulato* e *O cortiço*, de Aluísio Azevedo, o negro e o pobre seriam condicionados pelas circunstâncias, das quais não conseguiriam escapar.

Proletariado: do latim *proletarius*, "do povo", "das classes desfavorecidas". Por sua vez, *proletarius* vem de *proles*, "prole", "descendência", "filhos". Unindo esses dois sentidos, teríamos que os pobres são "ricos" de filhos.

Interinamente: exercer função ou cargo público de modo provisório, temporário, passageiro, tendo em vista que o titular da função ou cargo público está ausente ou impossibilitado de exercê-lo.

ATIVIDADES

1. Por que a doutrina de Comte é conhecida como positivismo?

2. Analise e justifique por que o dístico "Ordem e Progresso" da bandeira brasileira é fruto da filosofia positivista.

3. Comte afirmava ser o fundador da sociologia por lhe ter dado o nome e o estatuto de ciência. Explique também por que ele a definiu como *física social*.

4. Qual era o sentido da religião da humanidade criada por Comte, já que não se confundia com qualquer religião tradicional?

---

[3] A respeito das ciências humanas, consulte o capítulo 23, "Ciências contemporâneas", sobretudo a partir do tópico "Nascimento das ciências humanas".

7. Socialismo utópico

As teorias marxistas foram precedidas pelas discussões de diversos pensadores posteriormente classificados como *socialistas utópicos*. Os principais socialistas utópicos foram:

- Robert Owen (1771-1858), industrial e reformador social galês que tentou pôr em prática as concepções socialistas, organizando colônias cooperativas onde a propriedade privada seria totalmente excluída.
- Henri de Saint-Simon (1760-1825), francês de origem aristocrática que estabeleceu o plano de uma sociedade industrial dirigida pelos produtores, categoria que compreendia não só a classe operária, mas todos os capazes de criar, fossem banqueiros, empresários, sábios ou artistas. Seu objetivo era melhorar a sorte da classe mais numerosa e mais pobre. Aderiu, por um período, ao positivismo de Auguste Comte.
- Charles Fourier (1772-1837), filósofo e economista francês que, além de criticar o sistema capitalista, pretendia reunir os operários em comunidades de associação voluntária, os *falanstérios*.
- Pierre-Joseph Proudhon (1809-1865), filósofo francês, foi um deputado influente. A desconfiança em relação ao Estado (e a qualquer outra autoridade, como a Igreja) tornou Proudhon um crítico da centralização do poder e da burocracia. Sob esse aspecto, tornou-se inspirador da sociedade anárquica, em que o poder político seria substituído por livres associações entre trabalhadores.

A denominação de *socialismo utópico* foi dada por Karl Marx e Friedrich Engels, que a esse socialismo contrapuseram sua própria teoria, designada de *socialismo científico*. Apesar de reconhecerem a importância das teorias utópicas como precursoras, não lhes pouparam severas críticas, por não verem nelas nenhuma condição de reverter o quadro de injustiça e exploração vigentes. Consideravam essas teorias como paternalistas, por elas não atribuírem autonomia aos proletários, sem a qual estes não poderiam se constituir em classe por si mesmos e agir de modo organizado para a ação revolucionária. Marx e Engels criticavam, portanto, o caráter ingênuo e pacífico de tais propostas.

Apesar dessas críticas, os primeiros socialistas exerceram influência no seu tempo e foram importantes para fundamentar a conscientização do proletariado.

8. Marx e Engels: materialismo e dialética

Os alemães Karl Marx e Friedrich Engels escreveram juntos algumas obras e sempre estiveram um ao lado do outro por amizade e por convicções de pensamento. Engels, rico industrial, muitas vezes atendeu Marx e a família em momentos de dificuldades financeiras.

Atentos ao seu tempo, observaram que o avanço técnico aumentara o poder humano sobre a natureza e fora responsável por riquezas e progresso, mas, contraditoriamente, trouxera a exploração crescente da classe operária, cada vez mais empobrecida. Aproveitaram de Hegel o conceito de dialética, porém, perceberam que a teoria hegeliana do desenvolvimento geral do espírito humano não conseguia explicar a vida social. Dando sequência às críticas feitas por Ludwig Feuerbach ao idealismo, Marx e Engels realizaram uma inversão, assentando as bases do *materialismo dialético*. Engels afirma que:

> "[...] a dialética de Hegel foi colocada com a cabeça para cima ou, dizendo melhor, ela, que se tinha apoiado exclusivamente sobre sua cabeça, foi de novo reposta sobre seus pés."
>
> ENGELS, Friedrich. Ludwig Feuerbach e o fim da filosofia clássica alemã. In: MARX, Karl; ENGELS, Friedrich. *Antologia filosófica*. Lisboa: Estampa, 1971. p. 136.

Ou seja, de acordo com o materialismo, o movimento é a propriedade fundamental da matéria e existe independentemente da consciência. A matéria, como dado primário, é a fonte da consciência, e esta é um dado secundário, derivado, pois é reflexo da matéria. No contexto dialético, porém, a consciência humana, mesmo historicamente situada, não é pura passividade: o conhecimento das relações determinantes possibilita ao ser humano agir sobre o mundo, até mesmo no sentido de uma ação revolucionária.

O materialismo é dialético por reconhecer a estrutura contraditória do real, que no seu movimento constitutivo passa por três fases: a *tese*, a *antítese* e a *síntese*. Ou seja, explica-se o movimento da realidade pelo antagonismo entre o momento da tese e o da antítese, cuja contradição deve ser superada pela síntese. Desse modo, todos os fenômenos da natureza ou do pensamento encontram-se em constante relação recíproca, não podendo ser compreendidos isoladamente fora dos fenômenos que os rodeiam. Os fatos pertencem a um todo dialético e, como tal, fazem parte de uma estrutura.

O vagão da terceira classe (1862), pintura de Honoré Daumier. A situação da classe operária despertou diversas críticas durante o século XIX.

Materialismo histórico

O *materialismo histórico* é a aplicação dos princípios do materialismo dialético ao campo da história. Como o próprio nome indica, é a explicação da história por meio de fatores materiais, ou seja, econômicos e técnicos. A história não se explica pela ação dos indivíduos, como até então era admitido. Por exemplo, costuma-se explicar a história pela atuação de grandes figuras, como César, Carlos Magno, Luís XIV, ou de grandes ideias, como o helenismo, o positivismo, o cristianismo, ou, ainda, pela intervenção divina. Marx inverte esse processo: no lugar das ideias, estão os *fatos materiais*; no lugar dos heróis, a *luta de classes*.

Em razão disso, para Marx, a sociedade estrutura-se em dois níveis: a *infraestrutura* e a *superestrutura*.

- A **infraestrutura** constitui a *base econômica* e engloba as relações do ser humano com a natureza no esforço de produzir a própria existência. Assim, de acordo com o clima (árido ou chuvoso) e os instrumentos de trabalho (pedra, madeira, metal ou eletrônicos), desenvolvem-se certas técnicas que influenciam as relações de produção, ou seja, o modo pelo qual os seres humanos se organizam na divisão do trabalho social. É nesse sentido que, na história, encontramos relações de senhores e servos e de capitalistas e proletários.

- A **superestrutura** constitui o caráter *político-ideológico* de uma sociedade, isto é, a forma como os indivíduos se organizam por meio de crenças religiosas, leis, literatura, artes, filosofia, concepções de ciência etc. Para Marx, essas expressões culturais refletem as ideias e os valores da classe dominante e, desse modo, tornam-se instrumentos de dominação.

Se o marxismo explica a realidade valendo-se da estrutura material, a ideia é algo secundário, não no sentido de ser menos importante, mas por derivar de condições materiais. Em outras palavras, as ideias do direito, da literatura, da filosofia, das artes ou da moral estão diretamente ligadas ao modo de produção econômico.

Por exemplo: a moral medieval valorizava a coragem e a ociosidade da nobreza ocupada com a guerra, bem como a fidelidade, base do sistema de suserania e vassalagem. Do ponto de vista do direito, o empréstimo a juros era considerado ilegal e imoral em um mundo cuja riqueza era calculada de acordo com a posse de terras. Já na Idade Moderna, com a ascensão da burguesia, o trabalho foi valorizado e, consequentemente, criticava-se a ociosidade. A legalização do sistema bancário, por sua vez, exigiu a revisão das restrições morais aos empréstimos.

Os exemplos dados dizem respeito à passagem do sistema feudal para o sistema capitalista, que determinou transformações da moral, do direito e das concepções religiosas. Portanto, para estudar a sociedade não se deve, segundo Marx, partir do que os indivíduos dizem, imaginam ou pensam, e sim do modo pelo qual produzem os bens materiais necessários à vida.

Assim dizem Marx e Engels em *A ideologia alemã*:

> "Não é a consciência que determina a vida, mas a vida que determina a consciência."
>
> MARX, Karl; ENGELS, Friedrich. *A ideologia alemã*. 4. ed. São Paulo: Hucitec, 1984. p. 37.

E Marx, em *Teses sobre Feuerbach*:

> "Os filósofos se limitaram a interpretar o mundo de diferentes maneiras; o que importa é transformá-lo."
>
> MARX, Karl. Teses sobre Feuerbach. In: MARX, Karl; ENGELS, Friedrich. *A ideologia alemã*. 4. ed. São Paulo: Hucitec, 1984. p. 14.

O que os dois filósofos querem nos dizer? Que não basta teorizar, se não partirmos da vida concreta e a ela voltarmos em busca de transformação. O movimento dialético entre teoria e prática chama-se *práxis*. Mas não se entenda a teoria uma atividade anterior à prática e que a determina, nem vice-versa, uma vez que ambas se encontram dialeticamente envolvidas. No mesmo texto sobre Feuerbach (Tese II), Marx diz:

> "A questão de saber se cabe ao pensamento humano uma verdade objetiva não é uma questão teórica, mas prática. É na práxis que o homem deve demonstrar a verdade, isto é, a realidade e o poder, o caráter terreno de seu pensamento. A disputa sobre a realidade ou não realidade do pensamento isolado da práxis é uma questão puramente **escolástica**."
>
> MARX, Karl. Teses sobre Feuerbach. In: MARX, Karl; ENGELS, Friedrich. *A ideologia alemã*. 4. ed. São Paulo: Hucitec, 1984. p. 12.

Escolástico: com esse termo, Marx ironiza a tradição aristotélico-tomista, que para ele é idealista, contemplativa e, portanto, desligada dos reais interesses humanos.

Gravura de 1888 sobre a Lei Áurea. Ao contrário do que insinua a gravura, que camufla a situação desigual entre brancos e negros no período, a abolição da escravidão ocorreu mais por motivos econômicos que ideológicos: encarecimento da mão de obra escrava e fortalecimento dos fazendeiros do oeste paulista, que contratavam trabalhadores livres.

A ideologia

Vimos que, para o materialismo histórico-dialético, as ideias devem ser compreendidas no contexto histórico vivido. No entanto, Marx e Engels vão além, ao discutir o conceito de *ideologia* no texto *A ideologia alemã*, de publicação póstuma. Aqui, deixemos de lado o significado possível de ideologia como conjunto de ideias, crenças ou opiniões sobre algum ponto sujeito a discussão e que costumamos usar, por exemplo, com referência à ideologia de uma escola ou de um partido político. Para os marxistas, a ideologia passa a ser entendida como *o conjunto de representações e ideias, bem como normas de conduta, por meio das quais os indivíduos de uma determinada sociedade são levados a pensar, sentir e agir da maneira que convém à classe que detém o poder*.

Mais precisamente, numa sociedade dividida em classes, com interesses antagônicos, muitas vezes as representações ideológicas aparecem de maneira distorcida, como *conhecimento ilusório* que mascara conflitos sociais para apresentar a sociedade como una e harmônica. Dessa maneira, a ideologia constitui-se como *instrumento de dominação de uma classe sobre outra*.

Alienação no trabalho

A tarefa do filósofo consiste em distinguir aparência de realidade, identificando os elementos da falsa consciência, por exemplo, desmascarando a alienação do trabalho. Para entender o que é **alienação**, convém lembrar que Marx retoma a temática hegeliana do trabalho como condição de liberdade, pois é pelo trabalho que o ser humano se confronta com a natureza e, ao mesmo tempo que a modifica, também transforma a si mesmo, humanizando-se.

No entanto, na obra *O capital*, Marx explica que a relação de contrato de trabalho entre capitalista e proletário é livre só na aparência, porque, como o operário fica disponível todo o tempo, ele pode ser obrigado a produzir mais do que foi previsto, enquanto a parte do *trabalho excedente* não é paga ao operário e serve para aumentar cada vez mais o capital. Denomina-se *mais-valia* o valor gerado pelo operário que excede o valor de sua força de trabalho e é apropriado pelo capitalista.

Marx nega que a ordem econômica do capitalismo seja capaz de possibilitar a igualdade entre as partes, porque o trabalhador perde mais do que ganha. O produto do seu trabalho é apropriado pelo proprietário, que determina o salário, o horário e o ritmo de trabalho. Nesse caso, o trabalhador deixa de ser o centro de si mesmo para ser comandado de fora, por forças que não mais controla. O resultado é tornar-se estranho, alheio a si próprio: é o fenômeno da alienação.

A alienação do proletário também é acompanhada de sua desumanização. Ao vender sua força de trabalho mediante salário, o proletário não só se transforma em mercadoria, mas também as mercadorias se tornam mais valiosas que o trabalhador. De imediato, o operário não é capaz de perceber e reverter esse quadro porque se encontra alienado.

Por meio da ideologia, estendem-se para o proletariado as concepções filosóficas, éticas, políticas, estéticas e religiosas da burguesia, perpetuando os valores a elas subjacentes como verdades universais, camuflando a luta de classes. Essas ideias exercem então o papel de manter a dominação e o *status quo*, o que impede que a classe submetida desenvolva uma visão de mundo mais universal e lute por sua autonomia.

Se levarmos às últimas consequências a ideia de que, sob a perspectiva dialética, a consciência nunca é cegamente determinada, pode-se concluir que cabe à classe dominada desenvolver o discurso não ideológico, portador de universalidade e não mais restrito aos interesses de uma classe dominante.

> **Alienação:** do latim *alienare*, *alienus*, "tornar alheio", "que pertence a outro". No contexto, "transferir para outrem o que é seu", "perder a posse de um bem".

Quadrinhos dos anos 10 (2012), tirinha de André Dahmer. Nessa tirinha, fica clara a intenção do cartunista de destacar a alienação do trabalhador.

Capítulo 21 • Século XIX: teorias políticas e filosóficas

Crítica marxista ao Estado

Ao analisar a concepção de Estado, Marx argumenta que a ideologia esconde o fato de que essa instituição é burguesa e expressa os interesses da classe dominante. Trata-se de uma concepção negativa, segundo a qual o Estado perpetua as contradições sociais e só aparentemente visaria ao bem comum. Portanto, na teoria marxista o Estado surge como um mal a ser extirpado.

A proposta de Marx é radical, ao estimular o proletariado a lutar inclusive pela revolução, entendida como transformação radical do ser humano e da sociedade. Para tanto, após a revolução, ocorreria um Estado provisório, a *ditadura do proletariado*, período de fortalecimento da classe operária e de enfraquecimento da burguesia. Essa primeira fase corresponde ao *socialismo*. A segunda fase, chamada *comunismo*, define-se pela supressão da sociedade de classes e, finalmente, pelo desaparecimento do Estado.

9. Anarquismo: principais ideias

É comum as pessoas identificarem *anarquismo* com "caos", "bagunça". Na verdade, não se trata disso. O princípio que rege o anarquismo é a preferência pela organização voluntária do poder em oposição ao Estado, considerado nocivo e desnecessário. Para os anarquistas, o Estado e a propriedade podem ter contribuído em determinado momento histórico para o desenvolvimento humano, mas depois passaram a restringir sua emancipação. Além do Estado, os anarquistas repudiam a estrutura hierárquica da Igreja e defendem o ateísmo como condição de autonomia moral do ser humano, liberto dos dogmas e da noção de pecado.

O anarquismo defende uma organização não coercitiva, regida pela cooperação e pela aceitação dos membros da comunidade, pois, na ausência de instituições autoritárias, as tendências cooperativas humanas não encontrariam impedimentos para florescer, desenvolver-se e realizar a ordem social.

Na sociedade estatal, ao contrário, a ordem social é artificial, já que estabelecida sobre uma pirâmide de poder, cuja estrutura da sociedade se apoia em decisões hierárquicas, impostas de cima para baixo, enquanto na sociedade anarquista, com autodisciplina e cooperação voluntária, a ordem social expressa-se naturalmente. Os anarquistas repudiam a criação de partidos, por prejudicarem a espontaneidade de ação, pois tendem a se burocratizar e a centralizar o poder, assim como temem as estruturas teóricas, por isso seus representantes apreciam o movimento vivo e não tanto a doutrina.

A intenção dos movimentos anarquistas está em inverter a pirâmide de poder do Estado por meio do princípio da *descentralização*, possível nas formas mais diretas de relação, como o contato "cara a cara". As decisões seriam tomadas nos núcleos vitais das relações sociais, como os bairros e locais de trabalho. Quando esse encontro não for possível, por envolver outros segmentos, devem ser criadas federações para manter contínua participação, colaboração e consulta direta entre as pessoas envolvidas.

Os anarquistas foram contemporâneos de Marx, mas dele se distanciaram por conta da teoria da ditadura do proletariado, que, segundo eles, criaria uma rígida oligarquia de funcionários públicos e tecnocratas perpetuados no poder – o que, na história posterior do "socialismo real" soviético confirmou-se. O mais brilhante anarquista, Mikhail Bakunin (1814-1876), filho de ricos aristocratas russos, tornou-se revolucionário graças à influência do francês Pierre-Joseph Proudhon, que já vimos entre os chamados socialistas utópicos. Bakunin participou de rebeliões e esteve preso por um tempo na Sibéria. Sua obra é vigorosa e apaixonada, porém mal organizada, pois ele era sobretudo um ativista.

O anarquismo ressurgiu timidamente depois da Segunda Guerra Mundial e recrudesceu na década de 1960 com jovens de vários países da Europa e da América, inclusive no movimento estudantil de 1968, em Paris.

Anarquismo: do grego *an*, "sem", e *arkhé*, "princípio", "origem", "poder"; ou seja, "sem governantes".

Foto atual da Colônia Cecília, comuna anarquista fundada em 1890 no município de Palmeira (PR) pelo italiano Giovanni Rossi. A pobreza material e a hostilidade dos vizinhos, entre outros motivos, fizeram com que o experimento acabasse em 1893.

ATIVIDADES

1. Que inversão Marx e Engels realizaram no conceito hegeliano de dialética?

2. Por que a concepção do materialismo dialético de Marx e Engels alterou a noção de história?

3. Explique o que é ideologia para Marx e qual a importância deste conceito em sua teoria.

4. Qual é a crítica que os anarquistas fazem à teoria da ditadura do proletariado, proposta por Marx?

Leitura analítica

A ideologia alemã

A obra A ideologia alemã, *escrita por Marx e Engels, teve publicação póstuma. Neste trecho, são apresentados de modo sintético diversos conceitos marxistas, como a oposição ao idealismo hegeliano, que reforça o materialismo da nova teoria, além do processo ideológico, responsável pelo conhecimento ilusório difundido para a classe trabalhadora.*

"A produção de ideias, de representações, da consciência está, de início, diretamente entrelaçada com a atividade material e com o intercâmbio material dos homens, como a linguagem da vida real. O representar, o pensar, o intercâmbio espiritual dos homens aparecem aqui como emanação direta de seu comportamento material. O mesmo ocorre com a produção espiritual, tal como aparece na linguagem da política, das leis, da moral, da religião, da metafísica etc. de um povo. Os homens são os produtores de suas representações, de suas ideias etc., mas os homens reais e ativos, tal como se acham condicionados por um determinado desenvolvimento de suas forças produtivas e pelo intercâmbio que a ele corresponde até chegar às suas formações mais amplas. A consciência jamais pode ser outra coisa do que o ser consciente, e o ser dos homens é o seu processo de vida real. [...]

Totalmente ao contrário do que ocorre na filosofia alemã, que desce do céu à terra, aqui se ascende da terra ao céu. Ou, em outras palavras: não se parte daquilo que os homens dizem, imaginam ou representam, e tampouco dos homens pensados, imaginados e representados para, a partir daí, chegar aos homens em carne e osso; parte-se dos homens realmente ativos e, a partir de seu processo de vida real, expõe-se também o desenvolvimento dos reflexos ideológicos e dos ecos desse processo de vida. [...]

Não é a consciência que determina a vida, mas a vida que determina a consciência. Na primeira maneira de considerar as coisas, parte-se da consciência como do próprio indivíduo vivo; na segunda, que é a que corresponde à vida real, parte-se dos próprios indivíduos reais e vivos, e se considera a consciência unicamente como *sua* consciência. [...]

As ideias da classe dominante são, em cada época, as ideias dominantes; isto é, a classe que é a *força material* dominante da sociedade é, ao mesmo tempo, sua força *espiritual* dominante. A classe que tem à sua disposição os meios de produção material dispõe, ao mesmo tempo, dos meios de produção espiritual, o que faz com que a ela sejam submetidas, ao mesmo tempo e em média, as ideias daqueles aos quais faltam os meios de produção espiritual. [...]

A divisão do trabalho, [...] como uma das forças principais da história até aqui, expressa-se também no seio da classe dominante como divisão do trabalho espiritual e material, de tal modo que, no interior dessa classe, uma parte aparece como os pensadores dessa classe (seus ideólogos ativos, conceptivos, que fazem da formação de ilusões dessa classe a respeito de si mesma seu modo principal de subsistência), enquanto que os outros relacionam-se com essas ideias e ilusões de maneira mais passiva e receptiva, pois são, na realidade, os membros ativos dessa classe e têm pouco tempo para produzir ideias e ilusões acerca de si próprios."

MARX, Karl; ENGELS, Friedrich. *A ideologia alemã*. 4. ed. São Paulo: Hucitec, 1984. p. 36-38; 72-73.

QUESTÕES

1. A afirmação de que a filosofia alemã "desce do céu à terra" faz referência a qual filósofo? O que significa dizer que "aqui se ascende da terra ao céu"?

2. Identifique no texto outra passagem que reforce a ideia de que a teoria de Marx e Engels "ascende da terra ao céu".

3. Reescreva os dois últimos parágrafos com suas próprias palavras, mostrando como Marx explica o surgimento da ideologia.

10. A crítica ao racionalismo

As primeiras críticas às filosofias racionalistas surgiram no século XVIII com o ceticismo de David Hume (1711-1776) e tornaram-se mais agudas com o criticismo de Kant, que abalou a metafísica tradicional. Porém, a partir do final do século XIX, ocorreu o que se chamou de *crise da razão*, que resultou do pensamento de Karl Marx, Friedrich Nietzsche (1844-1900) e Sigmund Freud (1856-1939), ao introduzirem elementos de desconfiança na capacidade humana de conhecer a realidade objetiva e de ter acesso transparente a si mesmo. Por esse motivo, tornaram-se conhecidos como "mestres da suspeita", expressão cunhada pelo filósofo francês Paul Ricoeur (1913-2005).

A reação ao racionalismo iluminista – isto é, à crença de que a razão seria capaz de alcançar a verdade e de que a ciência, por meio da tecnologia, nos tornaria "mestres e senhores da natureza" – manifestava-se também com o movimento romântico, que irrompera no século XIX. Os românticos valorizavam o ser humano integral e enfatizavam as emoções, daí a importância das artes.

No mesmo século, Arthur Schopenhauer (1788-1860) e Sören Kierkegaard (1813-1855) foram alguns dos que submeteram à prova os alicerces da razão, além de Friedrich Nietzsche, como veremos mais à frente.

11. Schopenhauer: o mundo como Vontade e representação

Para Schopenhauer, o mundo efetivo (ou a realidade) só existe para quem o representa. Ele concorda com Kant ao admitir que entendemos as imagens por meio de formas puras (espaço, tempo e causalidade) e que, portanto, o mundo é "fenômeno", ou seja, aquilo que aparece para nós. Acrescenta, porém, que conhecer os fenômenos por meio da razão não nos faz encontrar o sentido destes, e tampouco o do próprio sujeito que conhece. Suas reflexões sobre o inconsciente foram consideradas significativas por Sigmund Freud, criador da psicanálise.

Schopenhauer considera a necessidade de buscar, além do princípio da razão, outro caminho: o do sentimento. Ao se aprofundar na subjetividade, ele encontra seu corpo submetido às leis da causalidade, assim como todos os corpos. No entanto, o corpo humano é instrumento de conhecimento e nos permite investigar as causas de nossas ações. Descobre então algo que designa como Vontade, terreno em que se encontra tudo o que mobiliza qualquer ação. Trata-se de uma Vontade cósmica, um "ímpeto cego", que faz agir desde o mundo inorgânico, passando pelos vegetais e animais, até os seres humanos. Nestes últimos, a Vontade deixa de ser cega para tornar-se consciente. E o que resulta dessa Vontade? A discórdia e o sofrimento.

O grito (1910), pintura de Edvard Munch. Na tela, o personagem se desfigura pelo sofrimento, o qual, de acordo com Schopenhauer, seria provocado pela Vontade.

Uma filosofia do pessimismo?

Para muitos leitores, a filosofia de Schopenhauer incorre em um inevitável *pessimismo metafísico*. No entanto, para o filósofo, ainda que do ponto de vista particular haja o conflito, no conjunto da realidade existe um equilíbrio das espécies. No que diz respeito ao indivíduo, este pode desfrutar de momentos de extremo prazer, proporcionados pela arte. Por meio da intuição artística, ele pode desvelar verdades, na medida em que a experiência estética é capaz de atingir o *ser* das coisas, e não apenas seu *aparecer*.

Em sua ética, Schopenhauer discorre sobre o sentimento de *compaixão*, pelo qual nos colocamos no lugar do outro, como se ele fosse um *outro-eu*. Não apenas como sentimento, mas como orientação para agir, minorando o sofrimento alheio. A compaixão se dirige também aos animais e à natureza em geral. Essa teoria conduz a um ascetismo do agir e a uma mística, decerto influenciada pelos estudos sobre o budismo, que sempre estiveram no horizonte das indagações de Schopenhauer. É com a sabedoria de vida que o filósofo descobre a possibilidade de nos tornarmos menos infelizes.

Compaixão: mais do que "ter pena", é "sentir com", "sofrer junto", "compadecer-se".

Saiba mais

Literatos como os brasileiros Machado de Assis (1839-1908) e Augusto dos Anjos (1884-1914) sofreram influência da filosofia de Schopenhauer, emprestando a voz "pessimista" do filósofo a seus personagens ou ao eu lírico do poeta.

12. Kierkegaard: razão e fé

O pensador dinamarquês Sören Kierkegaard é um dos precursores do existencialismo contemporâneo. Severo crítico da filosofia moderna, Kierkegaard afirma que, desde Descartes (1596-1650) até Hegel, o ser humano não é visto como ser existente, mas como abstração, reduzido ao conhecimento objetivo. Para ele, porém, a existência subjetiva é irredutível ao pensamento racional, e por isso mesmo possui valor filosófico fundamental.

A esse respeito, o professor Benedito Nunes (1929-2011) completa:

> "Não se diga, porém, que ela [a existência] é incognoscível. Ao contrário, dada a imediatidade, para o homem, entre ser e existir, o conhecimento que temos da existência é fundamental, prioritário. O homem se conhece a si mesmo como existente. Esse conhecimento, inseparável da experiência individual, não transforma a existência num objeto exterior ao sujeito que conhece."

NUNES, Benedito. *A filosofia contemporânea*: trajetos iniciais. 2. ed. São Paulo: Ática, 1991. p. 47. (Série Fundamentos)

A fé religiosa

Para Kierkegaard, a existência é permeada por contradições que a razão é incapaz de solucionar. Ele critica o sistema hegeliano, que explica o dinamismo da dialética por meio do conceito, quando deveria fazê-lo pela paixão, sem a qual o espírito não receberia o impulso para o salto qualitativo, entendido como decisão, ou seja, como ato de liberdade. Por isso, na filosofia de Kierkegaard é importante refletir sobre a *angústia* que precede o *ato livre*.

A consciência das paixões leva o filósofo – e também teólogo – a meditar sobre a fé religiosa como estágio superior da vida espiritual. Para ele, a mais alta paixão humana é a fé. É ela que nos permite o "salto no escuro", o qual consiste no "salto da fé". Mas ela é, também, uma paixão plena de paradoxos.

Como exemplo, o filósofo cita Abraão, personagem do Antigo Testamento. Para obedecer à ordem divina, Abraão se dispõe a sacrificar o próprio filho, não porque compreendesse essa ordem, mas porque tinha fé. Kierkegaard defende que o estágio religioso é superior até mesmo à dimensão puramente ética e revela-se como o derradeiro caminho a ser percorrido na existência.

13. Nietzsche: o critério da vida

O filósofo Friedrich Nietzsche, nascido na Prússia (Alemanha), após estudar filologia e teologia, tornou-se professor de filologia grega na cidade de Basileia, na Suíça, mas abandonou a vida acadêmica devido à saúde frágil, que se deteriorou ao longo do tempo. Publicou seu primeiro livro, *O nascimento da tragédia no espírito da música*, em 1872, seguido por: *O nascimento da tragédia, ou helenismo e pessimismo*; *Humano, demasiado humano*; *A gaia ciência*; *Assim falou Zaratustra*; *Para além do bem e do mal*; *A genealogia da moral*; entre outros.

A obra de Nietzsche não é sistemática, o que explica a preferência por aforismos, alusões e metáforas, numa escrita muitas vezes poética, embora contundente e crítica, como ocorre em *Assim falou Zaratustra*.

> **Aforismo:** estilo fragmentário e assistemático composto de textos curtos que exprimem de forma concisa um pensamento filosófico.
> **Alusão:** referência indireta a uma pessoa, fato ou pensamento.
> **Metáfora:** do grego *metaphorá*, "mudança", "transposição". Figura de linguagem que transpõe o sentido próprio de uma palavra ao sentido figurado, para estabelecer comparação. Exemplos: estar com "uma fome de leão" ou suportar a contrariedade com "nervos de aço".

Trocando ideias

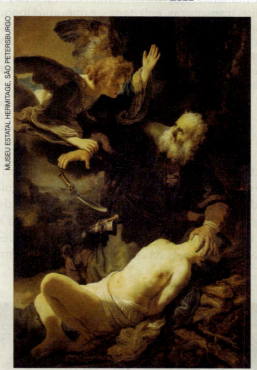

Sacrifício de Isaac (1635), pintura de Rembrandt.

A história de Abraão é relatada no livro Gênesis, da *Bíblia*. Kierkegaard, em *Temor e tremor*, pergunta-se o que teria levado Abraão a transgredir sua virtude de pai, que "deve amar o filho mais do que a si mesmo". Ele o faz não para salvar um povo ou apaziguar a ira divina, mas porque Deus lhe exigiu essa prova de fé, que ele aceita, apesar do absurdo e do seu conflito entre o dever para com o filho e o dever para com Deus. Com seu ato, transcendeu a ética. No momento final, um anjo deteve sua mão.

- Reflita com um colega a respeito da hierarquia entre ética e religião. Quais poderiam ser as consequências éticas de uma fé que se sobrepõe à razão?

Capítulo 21 • Século XIX: teorias políticas e filosóficas

Como conhecemos?

Nietzsche procedeu a um deslocamento do problema do conhecimento, alterando o papel da filosofia. Para ele, o conhecimento não passa de interpretação, de atribuição de *sentidos*, sem jamais ser uma explicação da realidade. Atribuir sentidos é, também, atribuir valores, ou seja, os sentidos são construídos com base em determinada escala de valores que se quer promover ou ocultar.

Se na linguagem comum a metáfora é um ornamento e como tal não tem significado de conhecimento propriamente dito, para o filósofo assume um caráter cognitivo. Só ela consegue perceber as coisas no seu devir permanente, porque cada metáfora intuitiva é individual e, por isso, escapa ao "grande edifício dos conceitos". O conceito, por sua vez, nada mais é do que "o resíduo de uma metáfora". Assim diz Nietzsche:

> "O que é a verdade, portanto? Um batalhão móvel de metáforas, [...] antropomorfismos, enfim, uma soma de relações humanas, que foram enfatizadas poética e retoricamente, transpostas, enfeitadas, e que, após longo uso, parecem a um povo sólidas, **canônicas** e obrigatórias: as verdades são ilusões, das quais se esqueceu que o são, metáforas que se tornaram gastas e sem força sensível, moedas que perderam sua **efígie** e agora só entram em consideração como metal, não mais como moedas."
>
> NIETZSCHE, Friedrich. *Sobre verdade e mentira no sentido extramoral*. 3. ed. São Paulo: Abril Cultural, 1983. p. 48. (Coleção Os Pensadores)

Outro aspecto do caráter interpretativo de todo conhecimento é a *teoria do perspectivismo*, que consiste em perseguir uma ideia sob diferentes perspectivas. Não existe verdade absoluta, pois essa pluralidade de ângulos não nos leva a conhecer o que as coisas são em si mesmas, mas é enriquecedora por nos aproximar mais da complexidade da vida em seu movimento.

Genealogia

A **genealogia** é o método de decifração proposto por Nietzsche que permite desmascarar o modo pelo qual os valores são construídos. Por esse método, ele descobre lacunas, os espaços em branco mais significativos, o que não foi dito ou foi reprimido. Com isso, identifica como determinados conceitos foram transformados em verdades absolutas e eternas.

Como a vida é um devir – está sempre em movimento –, não é possível reduzi-la a conceitos abstratos, a significados estáveis e definitivos. Portanto, esse método visa resgatar o conhecimento primeiro, que foi transformado em verdade metafísica, estável e intemporal. Ao compreender a avaliação que foi feita dos instintos, Nietzsche descobre que *o único critério que se impõe é a vida*, e não o ressentimento. Por isso, pergunta-se que sentidos atribuídos às coisas fortalecem nosso "querer viver" e quais o degeneram.

Por exemplo, nada sabemos da natureza ou da essência da *honestidade*, mas conhecemos numerosas ações individualizadas consideradas honestas, portanto, diferentes entre si: ao reunir todas elas sob o *conceito* de honestidade, estamos diante de uma abstração. O que se perde nesse processo é que, ao colocar seu agir sob a regência das abstrações, as intuições são desprezadas para privilegiar apenas o conceito.

A transvaloração dos valores

Para Nietzsche, a tendência de desconfiar dos instintos culminou com o cristianismo, que acelerou a domesticação do ser humano. Em diversas obras, com seu estilo apaixonado e mordaz, Nietzsche fez uma análise histórica da moral para mostrar em que circunstâncias o ser humano se enfraqueceu, tornando-se doentio e culpado.

Ao criticar a moral tradicional, Nietzsche preconiza a transvaloração de todos os valores, ou seja, outros valores deverão ser criados. Assim diz a professora Scarlett Marton (1951):

> **Canônico:** do latim *canon, canonis*, "lei", "regra", "padrão".
> **Efígie:** representação da imagem de um personagem real ou simbólico.
> **Genealogia:** do grego *génos*, "origem", "nascimento", "descendência", e *lógos*, "estudo", "razão". Em Nietzsche, significa o questionamento da *origem* dos valores.

Caleidoscópio gigante instalado em Londres. Foto de 2015. Qual ponto de vista nos oferece a percepção mais verdadeira da realidade? Para Nietzsche, o conhecimento não passa de atribuição de sentidos.

"A noção nietzschiana de valor opera uma subversão crítica: ela põe de imediato a questão do valor dos valores e esta, ao ser colocada, levanta a pergunta pela criação dos valores. Se até agora não se pôs em causa o valor dos valores 'bem' e 'mal', é porque se supôs que existiram desde sempre; instituídos num além, encontravam legitimidade num mundo suprassensível. No entanto, uma vez questionados, revelam-se apenas 'humanos, demasiado humanos'; em algum momento e em algum lugar, simplesmente foram criados. Assim o valor dos valores está em relação com a perspectiva a partir da qual ganharam existência. Não basta, contudo, relacioná-los com os pontos de vista que os engendraram; é preciso ainda investigar de que valor estes partiram para criá-los.

É esta a tarefa que Nietzsche se propõe: 'Precisamos de uma crítica dos valores morais, devemos começar por colocar em questão o valor mesmo desses valores', afirma em *Para a genealogia da moral*, 'isto supõe o conhecimento das condições e circunstâncias de seu nascimento, de seu desenvolvimento, de sua modificação [...]'."

MARTON, Scarlett. *Nietzsche*: a transvaloração dos valores. São Paulo: Moderna, 1993. p. 50. (Coleção Logos)

Pelo método da genealogia, Nietzsche denuncia a falsa moral "decadente", "de rebanho", "de escravos", cujos valores seriam a bondade, a humildade, a piedade e o amor ao próximo. Distingue, então, a *moral de escravos* e a *moral de senhores*.

Moral de escravos

De acordo com Nietzsche, a moral de escravos é herdeira do pensamento socrático-platônico e da tradição da religião judaico-cristã, porque está baseada na tentativa de subjugação dos instintos pela razão. O homem-fera, animal de rapina, é transformado em animal doméstico ou cordeiro. A moral plebeia estabelece um sistema de juízos que considera o bem e o mal valores metafísicos transcendentes, isto é, independentes da situação concreta vivida.

Negando os valores vitais, a moral de escravos procura a paz e o repouso, o que provoca passividade e diminuição de sua potência. Na conduta humana, orientada pelo ideal ascético, a alegria é transformada em ódio à vida, o ódio dos impotentes, tornando-se vítima do ressentimento e da má consciência, ou seja, com sentimento de culpa. Desse modo, ao negar a alegria da vida, coloca a mortificação como meio para alcançar a outra vida do além, num mundo superior.

Moral de senhores

A moral de senhores é a moral positiva que visa à conservação da vida e de seus instintos fundamentais. É positiva porque apoiada no *sim* à vida e por se configurar sob o signo da plenitude, do acréscimo. Funda-se na capacidade de criação, de invenção, cujo resultado é a alegria, consequência da afirmação da potência. O indivíduo que consegue se superar é o que atingiu o além-do-homem. O sujeito **além-do-homem** consegue reavaliar os valores, desprezar os que o diminuem e criar outros que estejam comprometidos com a vida.

Niilismo e vontade de potência

Com o que foi exposto, talvez se pense que Nietzsche chegue ao extremo individualismo e amoralismo. Muitos inclusive o chamaram de **niilista**, para acusá-lo de não acreditar em nada e negar os valores, o que é impreciso. Ao contrário, o filósofo atribuía o niilismo aos valores tradicionais de uma moral decadente, que acomodou o ser humano na mediocridade que tudo uniformiza.

Melhor dizendo, para o filósofo prussiano, o conceito de niilismo pode ser *passivo* ou *ativo*. O passivo exprime o declínio da *vontade de potência*[4], expressão que não se confunde com a potência que visa dominar os outros, mas designa as forças vitais, que se encontravam entorpecidas e podem ser recuperadas pelo indivíduo dentro de si "num dionisíaco dizer-sim ao mundo". Nesse sentido, a potência é virtude compreendida como força, vigor, capacidade, autorrealização. Se essa moral valoriza a individualidade, o faz tanto para si como para os outros, pois cada um pode ser ele mesmo.

Em um primeiro momento, o niilismo consiste em identificar os valores aceitos desde sempre, mas que são falsos valores morais, por negarem a vida real, concreta e sensível. Destruir esses valores é a condição para que possam nascer os valores novos do além-do-homem, o que só se alcança pela vontade de potência. Esse segundo momento constitui o niilismo ativo, criador de valores novos, o que provoca a "alegria do espírito" que consegue ultrapassar a si mesmo.

Assim diz o professor Gilbert Hottois (1946):

"O super-homem é o homem do niilismo afirmativo, aquele que rompeu com a angústia mortífera da religião e da metafísica. Ele é o indivíduo capaz de pensar e de viver o *movimento incessante e múltiplo da vontade de poder*. De pensar e de viver *como criador, como poeta, como dançarino e como artista*."

HOTTOIS, Gilbert. *Do Renascimento à pós-modernidade*: uma história da filosofia moderna e contemporânea. Aparecida: Ideias & Letras, 2008. p. 302-303.

Após a morte de Nietzsche, seu pensamento foi desvirtuado e associado ao **antissemitismo**. A filosofia de Nietzsche era claramente contrária ao racismo e ao nacionalismo germânico, mas sua irmã Elisabeth difundiu as obras com passagens descontextualizadas, além de sonegar outros trechos que melhor explicitavam sua posição, causando distorções que levaram às acusações de inspiração de ideias nazistas.

> **Além-do-homem:** do alemão *Übermensch*, "sobre-humano", "que transpõe os limites do humano". Costuma ser usado também "super-homem", embora o termo possa dar margem a mal-entendidos.
> **Niilismo:** do latim *nihil*, "nada".
> **Antissemitismo:** corrente ou atitude política adversa a judeus.

[4] Pode-se usar o termo "vontade de potência" ou "vontade de poder".

14. Contradições do século XIX

Em comparação com as teorias liberais do século anterior, pensadores do século XIX representaram um avanço em direção às ideias de liberdade e igualdade. No entanto, nesse período ainda persistiram inúmeras contradições: nem sempre a implantação das aspirações liberais conciliou interesses econômicos a aspectos éticos e intelectuais, além de permanecerem sem solução questões econômicas e sociais que afligiam a crescente massa de operários nos grandes centros da Europa – pobreza, jornada de trabalho de 14 a 16 horas, mão de obra mal remunerada de mulheres e crianças.

A expansão do capitalismo estimulou ideias imperialistas que justificaram a colonização e, por essa razão, países "democráticos" não abriram mão do controle econômico e político sobre suas colônias. O próprio John Stuart Mill argumentava que a ideia de governo democrático se ajustava apenas aos hábitos dos povos avançados, sobretudo dos brancos.

Confirmando esse modo de pensar, os primeiros estudos de antropologia[5] como ciência nascente explicavam a diversidade de culturas com base no conceito de *evolução* social, segundo o princípio de que os "povos tribais" constituiriam um estágio primitivo já ultrapassado por todas as sociedades "evoluídas". Enquanto durou, essa interpretação **etnocêntrica** forneceu elementos para que muitos justificassem a colonização com o argumento equivocado de levar a "civilização" a povos ditos bárbaros. O mesmo argumento valeu para lhes impor a língua, a religião, a moral, enfim, a própria cultura europeia, considerada "superior". Isso fica claro na declaração do médico francês Jules Harmand (1845-1921):

> "É necessário, pois, aceitar como princípio e ponto de partida o fato de que existe uma hierarquia de raças e civilizações, e que nós pertencemos à raça e civilização superior, reconhecendo ainda que a superioridade confere direitos, mas, em contrapartida, impõe obrigações estritas. A legitimação básica da conquista de povos nativos é a convicção de nossa superioridade, não simplesmente nossa superioridade mecânica, econômica e militar, mas nossa superioridade moral. Nossa dignidade se baseia nessa qualidade, e ela funda nosso direito de dirigir o resto da humanidade."
>
> Declaração de Jules Harmand. In: SAID, Edward. *Cultura e imperialismo*. São Paulo: Companhia das Letras, 1995. p. 48.

Etnocêntrico: relativo à visão de mundo de quem considera seu grupo étnico, nação ou nacionalidade socialmente mais importante do que os demais.

Dançarinas javanesas na Exposição Universal de Paris (1889). Habitantes de Java (Indonésia) levados a essa exposição foram exibidos ao público europeu como exemplares do "exótico". O olhar ocidental lançado para as sociedades do Oriente justificava sua meta imperialista.

ATIVIDADES

1. Neste capítulo, o que se entende por "crítica ao racionalismo" ou "crise da razão"?

2. Aponte temáticas do pensamento de Schopenhauer que caracterizam a crítica ao racionalismo.

3. O que significa a experiência religiosa para Kierkegaard?

4. Em que consiste o procedimento genealógico realizado por Nietzsche?

5. O que é vontade de potência para Nietzsche?

6. Do ponto de vista social, quais foram as principais contradições do século XIX em relação aos conceitos de liberdade e de igualdade?

---

[5] Sobre o nascimento da antropologia, consulte o capítulo 23, "Ciências contemporâneas".

Leitura analítica

Das três metamorfoses

Na obra Assim falou Zaratustra, *Nietzsche escreve um poema remetendo à vida do persa Zaratustra (século VII a.C.), profeta de uma religião que admitia o Bem e o Mal como princípios criadores e em luta entre si, no mundo e em cada um de nós. Esse dualismo seria rejeitado por Nietzsche em sua obra que explicita os movimentos para reverter os falsos valores e alcançar a superação. No entanto, a empreitada do filósofo não tem sucesso diante de uma civilização que prefere uma felicidade apoiada em conforto e segurança materiais. O texto extraído para discussão encontra-se na primeira parte da obra.*

"Três metamorfoses do espírito menciono para vós: de como o espírito se torna camelo, o camelo se torna leão e o leão, por fim, criança.

Há muitas coisas pesadas para o espírito, para o forte, resistente espírito em que habita a reverência: sua força requer o pesado, o mais pesado.

O que é o pesado? assim pergunta o espírito resistente, e se ajoelha, como um camelo, e quer ser bem carregado.

O que é o mais pesado, ó heróis? – pergunta o espírito resistente, para que eu o tome sobre mim e me alegre de minha força.

Não é isso: rebaixar-se, a fim de machucar sua altivez? Fazer brilhar sua tolice, para zombar de sua sabedoria? [...]

Todas essas coisas mais que pesadas o espírito resistente toma sobre si: semelhante ao camelo que ruma carregado para o deserto, assim ruma ele para seu deserto.

Mas no mais solitário deserto acontece a segunda metamorfose: o espírito se torna leão, quer capturar a liberdade e ser senhor em seu próprio deserto.

Ali procura o seu derradeiro senhor; quer se tornar seu inimigo e derradeiro deus, quer lutar e vencer o grande dragão.

Qual é o grande dragão, que o espírito não deseja chamar de senhor e deus? 'Não-farás' chama-se o grande dragão. Mas o espírito do leão diz 'Eu quero'.

'Não-farás' está no seu caminho, reluzindo em ouro, um animal de escamas, e em cada escama brilha um dourado 'Não-farás!'.

Valores milenares brilham nessas escamas, e assim fala o mais poderoso dos dragões: 'Todo o valor das coisas brilha em mim'.

'Todo o valor já foi criado, e todo o valor criado – sou eu. Em verdade, não deve mais haver *Eu quero*!' Assim fala o dragão.

Meus irmãos, para que é necessário o leão no espírito? Por que não basta o animal de carga, que renuncia e é reverente?

Criar novos valores – tampouco o leão pode fazer isso; mas criar a liberdade para nova criação – isso está no poder do leão.

Criar liberdade para si e um sagrado 'Não' também ante o dever: para isso, meus irmãos, é necessário o leão.

Adquirir o direito a novos valores – eis a mais terrível aquisição para um espírito resistente e reverente. Em verdade, é para ele uma rapina e coisa de um animal de rapina.

Ele amou outrora, como o que lhe era mais sagrado, o 'Tu-deves'; agora tem de achar delírio e arbítrio até mesmo no mais sagrado, de modo a capturar a liberdade em relação a seu amor: é necessário o leão para essa captura.

Mas dizei-me, irmãos, que pode fazer a criança, que nem o leão pôde fazer? Por que o leão **rapace** ainda tem de se tornar criança?

Inocência é a criança, e esquecimento; um novo começo, um jogo, uma roda a girar por si mesma, um primeiro movimento, um sagrado dizer-sim.

Sim, para o jogo da criação, meus irmãos, é preciso um sagrado dizer-sim: o espírito quer agora sua vontade, o perdido para o mundo conquista seu mundo.

Três metamorfoses do espírito eu vos mencionei: como o espírito se tornou camelo, o camelo se tornou leão e o leão, por fim, criança."

NIETZSCHE, Friedrich. *Assim falou Zaratustra*. São Paulo: Companhia das Letras, 2011. p. 27-29.

Rapace: equivalente a ave de rapina.

QUESTÕES

1. Explique que tipo de transmutação representa cada uma das metáforas (do camelo, do leão e da criança).
2. Quando ocorre a segunda transmutação, o leão exprime que deseja "ser senhor em seu próprio deserto"; e ao "tu-deves" contrapõe o "eu quero". Como explicar essas metáforas de acordo com o pensamento de Nietzsche?
3. O que representa a metáfora da criança?

ATIVIDADES

1. Analise o significado das duas citações de Stuart Mill, explicando por que são contraditórias.

   "Cada um é o único guardião autêntico da própria saúde, tanto física quanto mental e espiritual."

   "O despotismo é uma forma legítima de governo quando se está na presença de bárbaros, desde que o fim seja o progresso deles e os meios sejam adequados para sua efetiva obtenção."

   STUART MILL, John. In: BOBBIO, Norberto. *Liberalismo e democracia*. 3. ed. São Paulo: Brasiliense, 1990. p. 67.

2. Leia a citação abaixo e identifique dois filósofos estudados no capítulo aos quais o texto se aplica. Justifique sua resposta.

   "A razão, longe de ser uma forma definitivamente fixa do pensamento, é uma incessante conquista. Em perpétua concorrência com as atitudes ditas irracionais, ela constitui em cada época uma figura de equilíbrio provisório da imaginação criadora, e, enquanto tal, através de mil vicissitudes permanecerá como uma das forças mais vivas de nossa civilização."

   GRANGER, Gilles-Gaston. *A razão*. São Paulo: Difel, 1962. p. 127-128.

3. Leia o trecho e atenda às questões.

   "'O mundo é minha representação'. Esta é uma verdade que vale em relação a cada ser que vive e conhece, embora apenas o homem possa trazê-la à consciência refletida e abstrata. [...] Verdade alguma é, portanto, mais certa, mais independente de todas as outras e menos necessitada de uma prova do que esta: o que existe para o conhecimento, portanto o mundo inteiro, é tão somente objeto com relação ao sujeito, intuição de quem intui, numa palavra, representação."

   SCHOPENHAUER, Arthur. *O mundo como Vontade e como representação*. São Paulo: Editora Unesp, 2005. p. 43. v. 1.

   a) Aponte semelhanças entre a tese defendida no trecho e a teoria do conhecimento kantiana.
   b) No que a teoria de Schopenhauer se diferencia da de Kant, seu predecessor?

4. Leia a citação e faça o que se pede.

   "A maneira nobre de avaliar ressalta o sentimento de plenitude e excesso da própria força. Tomando-se como único ponto de referência, o forte não necessita de aprovação e dispensa qualquer termo de comparação – sabe-se criador de valores. Num primeiro momento, confere valores unicamente a homens; só mais tarde, por extensão, vai atribuí-los aos atos."

   MARTON, Scarlett. *Nietzsche*: a transvaloração dos valores. São Paulo: Moderna, 1993. p. 54. (Coleção Logos)

   a) Destaque o trecho da citação que contraria a ideia de transcendência dos valores. Justifique.
   b) Diferencie a moral dos senhores da moral dos escravos.

5. Analise a tirinha de Laerte e a relacione ao conceito de etnocentrismo.

Tirinha de Laerte (2003).

6. **Dissertação.** Retome a citação da abertura do capítulo e leia o trecho a seguir. Com base nas citações e no estudo realizado ao longo do capítulo, redija uma dissertação sobre o tema **"A filosofia no século XIX e sua preocupação com a situação concreta do homem"**.

   "Nessa abordagem, como crítica à concepção metafísica da realidade, está incluída toda uma reflexão que, a partir da análise da alienação do trabalho, leva-nos a pensar a teoria da ideologia como uma reflexão sobre paradigmas da modernidade – a crise de paradigmas metafísicos –, principalmente a noção de Esclarecimento, pois o ideológico é o que é refletido, invertido, por meio de representações. O mundo da representação (re-apresentação como ideologia) opõe-se ao mundo histórico, e Marx quer levar avante o ideal iluminista de Esclarecimento. Esclarecer é inverter a inversão ideológica, demonstrando que o mundo histórico é a história das necessidades, da produção, a história do processo da vida real, é a necessidade de sair da filosofia da consciência, como na ideologia alemã que nosso autor critica."

   LIMA, Walter Matias. *A questão da metafísica e da subjetividade e sua crise na modernidade*. Disponível em <http://mod.lk/x54ae>. Acesso em 10 maio 2017.

ENEM E VESTIBULARES

7. (Enem/MEC-2016)

"Vi os homens sumirem-se numa grande tristeza. Os melhores cansaram-se das suas obras. Proclamou-se uma doutrina e com ela circulou uma crença: tudo é oco, tudo é igual, tudo passou! O nosso trabalho foi inútil; o nosso vinho tornou-se veneno; o mau olhado amareleceu-nos os campos e os corações. Secamos de todo, e se caísse fogo em cima de nós, as nossas cinzas voariam em pó. Sim; cansamos o próprio fogo. Todas as fontes secaram para nós, e o mar retirou-se. Todos os solos se querem abrir, mas os abismos não nos querem tragar!"

NIETZSCHE, F. *Assim falou Zaratustra.*
Rio de Janeiro: Ediouro, 1977.

O texto exprime uma construção alegórica, que traduz um entendimento da doutrina niilista, uma vez que

a) reforça a liberdade do cidadão.
b) desvela os valores do cotidiano.
c) exorta as relações de produção.
d) destaca a decadência da cultura.
e) amplifica o sentimento de ansiedade.

8. (Unesp-2017)

"A genuína e própria filosofia começa no Ocidente. Só no Ocidente se ergue a liberdade da autoconsciência. No esplendor do Oriente desaparece o indivíduo; só no Ocidente a luz se torna a lâmpada do pensamento que se ilumina a si própria, criando por si o seu mundo. Que um povo se reconheça livre, eis o que constitui o seu ser, o princípio de toda a sua vida moral e civil. Temos a noção do nosso ser essencial no sentido de que a liberdade pessoal é a sua condição fundamental, e de que nós, por conseguinte, não podemos ser escravos. O estar às ordens de outro não constitui o nosso ser essencial, mas sim o não ser escravo. Assim, no Ocidente, estamos no terreno da verdadeira e própria filosofia."

HEGEL, G. F. *Estética*, 2000. (Adaptado)

De acordo com o texto de Hegel, a filosofia

a) visa ao estabelecimento de consciências servis e representações homogêneas.
b) é compatível com regimes políticos baseados na censura e na opressão.
c) valoriza as paixões e os sentimentos em detrimento da racionalidade.
d) é inseparável da realização e expansão de potenciais de razão e liberdade.
e) fundamenta-se na inexistência de padrões universais de julgamento.

9. (UEL-2016) A ordem e o progresso constituem partes fundamentais da sociologia de Auguste Comte.

Com base nas ideias comtianas, assinale a alternativa correta.

a) A ordem social total se estabelece de acordo com as leis da natureza, e as possíveis deficiências existentes podem ser retificadas mediante a intervenção racional dos seres humanos.
b) A liberdade de opinião e a diferença entre os indivíduos são fundamentos da solidariedade na formação da estática social; essa diversidade produz vantagens para a evolução, em comparação com a homogeneidade.
c) O desenvolvimento das forças produtivas é a base para o progresso e segue uma linha reta, sem oscilações e, portanto, a interferência humana é incapaz de alterar sua direção ou velocidade.
d) O progresso da sociedade, em conformidade com as leis naturais, é resultado da competição entre os indivíduos, com base no princípio de justiça de que os mais aptos recebem as maiores recompensas.
e) O progresso da sociedade é a lei natural da dinâmica social e, considerado em sua fase intelectual, é expresso pela evolução de três estados básicos e sucessivos: o doméstico, o coletivo e o universal.

10. (UEA-2016)

"Se existe uma verdade, é a de que a verdade é um campo de luta; mas essa luta só pode conduzir à verdade quando ela obedece a uma lógica, segundo a qual a vitória sobre os adversários no campo da luta exige que se empreguem contra eles as armas e os rigores da ciência, concorrendo-se, assim, para o progresso da verdade."

BOURDIEU, Pierre. *Aula sobre a aula*, 1982. (Adaptado)

O texto destaca um princípio do conhecimento filosófico, a saber,

a) a lógica matemática dispensa a demonstração dos argumentos.
b) o debate como meio de fundamentação rigorosa dos argumentos.
c) a pesquisa empírica como comprovação quantitativa dos argumentos.
d) a intuição intelectual como demonstração imediata da justeza dos argumentos.
e) o caráter privado da reflexão como condição necessária para a difusão dos argumentos.

Mais questões: no livro digital, em **Vereda Digital Aprova Enem** e **Vereda Digital Suplemento de revisão e vestibulares**; no *site*, em **AprovaMax**.

CAPÍTULO 22
TENDÊNCIAS FILOSÓFICAS CONTEMPORÂNEAS

TV Rodin (1976-1978), instalação de Nam June Paik. Nessa instalação, a cópia da escultura *O pensador*, de Rodin, é posicionada diante de uma TV que reproduz instantaneamente a imagem captada. Uma interpretação possível para a obra é a de que a velocidade acelerada de circulação das informações se choca com a necessidade de tempo para o amadurecimento do pensar.

"Com uma expressão tão esclarecedora quanto **lapidar**, [o filósofo alemão] Peter Sloterdijk define a era moderna como sendo regida pelo 'culto da combustão rápida' – como sendo a época da superabundância energética, do crescimento permanente e da 'epopeia dos motores'. Teremos realmente saído deste mundo? Moderno, pós-moderno, altermoderno… Termos que servem, antes de mais nada, para periodizar – ou seja, em última instância, tomar partido dentro da história, enunciando nosso pertencimento a este ou aquele relato da contemporaneidade. De acordo com Sloterdijk, porém, seríamos ainda hoje 'fanáticos da explosão, adoradores dessa liberação rápida de uma grande quantidade de energia. Acho que os filmes de aventura dos nossos dias', prossegue ele, 'os *action movies*, agrupam-se todos em torno dessa segunda cena primitiva da modernidade: a explosão de um carro, de um avião. Ou, melhor ainda, a de um grande tanque de gasolina, **arquétipo** do movimento divino de nossa época'. A primeira dessas 'cenas primitivas' se passa em 1859, na Pensilvânia: no dia em que é erigido o primeiro poço de petróleo, nas proximidades de Titusville."

BOURRIAUD, Nicolas. *Radicante*: por uma estética da globalização. São Paulo: Martins Fontes, 2011. p. 181.

Lapidar: no contexto, primoroso, perfeito.
Arquétipo: palavra derivada do grego *arkhé*, que significa "princípio", "origem". No contexto, tem o sentido de princípio explicativo ou de conteúdo simbólico que serve de modelo.

Conversando sobre

A velocidade explosiva das relações na sociedade contemporânea coloca novas questões para a filosofia, que exigem outras maneiras de pensar. Com base no texto e na imagem, comente alguns desses novos problemas. Após o estudo do capítulo, retome a discussão partindo dos pontos levantados por filósofos contemporâneos.

1. Panorama histórico do século XX

No mundo contemporâneo, diversos fatores produziram transformações, muitas vezes radicais, com desconcertante rapidez. As grandes descobertas tecnológicas no campo da automação, da robótica e da microeletrônica provocaram mudanças nas fábricas e no setor de serviços, alteraram a relação entre cidade e campo, afetaram a maneira de morar e de se comunicar, tanto em relações interpessoais como em termos planetários.

Vivemos a era da globalização, como se o mundo fosse uma grande aldeia. Em época alguma se atingiu tão elevado nível de inter-relacionamento que nos permitisse até mesmo falar em um mercado mundial determinando a produção, a distribuição e o consumo de bens, e em uma cultura da "virtualidade real", que liga todos os pontos do globo e influencia comportamentos.

No turbulento século XX, vivemos duas guerras mundiais e inúmeros conflitos, embora também tenha sido o século das reivindicações de muitas bandeiras – do feminismo, do poder jovem, das minorias silenciadas por milênios –, o que revolucionou ideias e atitudes.

Crise da subjetividade

O que denominamos "crise da razão"[1] é também uma crise da ideia de subjetividade. Vimos que a herança mais grata da modernidade, desde René Descartes, foi a descoberta de que o sujeito era capaz de conhecer e de chegar à verdade indubitável do *cogito*, tornando-se o autor de seus atos pela vontade livre.

Porém, no final do século XIX, os chamados "mestres da suspeita" – Marx, Nietzsche e Freud, que veremos a seguir – provocaram desconfiança na capacidade humana de conhecer a realidade exterior e de ter acesso transparente a si mesmo. Nas décadas que se abriram para o século XX, vários pensadores debruçaram-se sobre a questão da "morte do sujeito", que significa a desconstrução do conceito de subjetividade como fora "construído" na Idade Moderna. De que modo, então, contornar o impasse da descrença na possibilidade do conhecimento como algo que dependeria da pessoa, do lugar e do tempo?

Veremos de que modo diferentes correntes filosóficas do século XX enfrentaram os novos questionamentos.

2. Freud: fundador da psicanálise

O médico austríaco Sigmund Freud (1856-1939) viveu em Viena e trabalhou com o neurologista francês Jean-Martin Charcot (1825-1893), que tratava mulheres histéricas por meio de hipnose. Posteriormente, aperfeiçoou sua compreensão a respeito das doenças psíquicas até criar a *teoria psicanalítica* com base na *hipótese do inconsciente*. Para a psicanálise, todos os nossos atos têm uma realidade exterior representada na conduta externa, mas também carregam significados ocultos que podem ser interpretados. Usando uma metáfora, pode-se dizer que a vida consciente é apenas a ponta de um *iceberg*, cuja parte submersa (de maior volume) simboliza o inconsciente.

Outra inovação da psicanálise encontra-se na compreensão da *natureza sexual da conduta humana*. A energia que preside os atos humanos é de natureza pulsional, que Freud denomina libido, embora a sexualidade não se reduza à genitalidade – isto é, aos atos que se referem explicitamente à atividade sexual propriamente dita –, porque seu significado é muito mais amplo, ao abranger toda e qualquer forma de gratificação ou busca do prazer.

---

[1] Para mais informações sobre a "crise da razão", consulte o capítulo 21, "Século XIX: teorias políticas e filosóficas".

Histeria: manifestação psíquica ligada aos impulsos libidinais recalcados, traduzida em sintomas corporais. O termo deriva do grego *histeros*, "útero", por associar-se ao feminino, embora possa ocorrer em homens.

Pulsional: relativo à pulsão, do alemão *Trieb*. Na psicanálise, as pulsões são forças internas que provocam tensões. Entre os diversos tipos de pulsão, destacam-se a de natureza sexual e a de autoconservação.

Libido: do latim *libitus*, "desejo", "vontade". Na psicanálise, conceito de complexa definição, entendido como manifestação dinâmica da pulsão sexual na vida psíquica.

O mundo (1998), pintura de Paula Scher. A cartografia escolhida pela artista contemporânea desenha o nome de inúmeras cidades ao redor do mundo, mostrando a preocupação de destacar as relações multiculturais, em vez de percursos subjetivos e individuais.

Saiba mais

A desconfiança na capacidade humana de conhecer a realidade e de ter acesso transparente a si mesmo levou Sigmund Freud a cunhar a expressão *feridas narcísicas*, referindo-se à humilhação sofrida pelo indivíduo em momentos diferentes da história: no século XVI, Copérnico retirou a Terra do centro do Universo; no século XIX, a teoria da evolução de Darwin tirou o sujeito do centro do reino animal; com a teoria do inconsciente, o próprio Freud retirou o ser humano do centro de si mesmo. A essas feridas, costuma-se acrescentar uma quarta, a de Karl Marx, em que a subjetividade livre e autônoma deixou de ser o centro da história, substituída pela luta de classes.

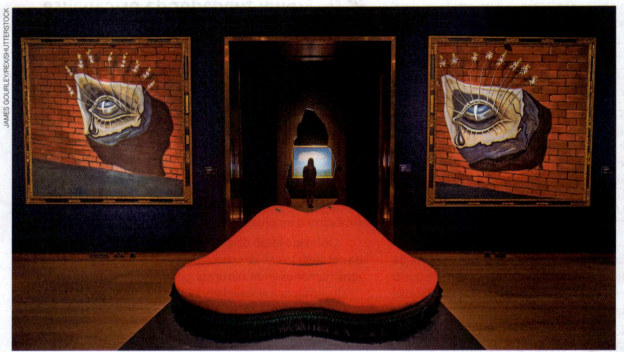

Sofá lábios de Mae West (1938), obra de Salvador Dalí e Edward James. Ao fundo, *O olho ornamentado* (1944), duas pinturas surrealistas de Dalí. O surrealismo foi uma das vanguardas modernas que incorporaram de maneira mais intensa a psicanálise freudiana, mostrando como o inconsciente se manifesta na atividade criativa.

As três instâncias do aparelho psíquico

Ao descrever o aparelho psíquico, Freud delimita três instâncias diferenciadas: id, ego e superego.

- O *id* (do latim, "isto") constitui o polo pulsional da personalidade, o reservatório primitivo da energia psíquica; seus conteúdos são inconscientes, alguns inatos e outros recalcados.
- O *ego* (do latim, "eu") é a instância que age como intermediária entre o id e o mundo externo; em contraste com o id, que contém as pulsões, o ego enfrenta conflitos para adequá-las pela razão às circunstâncias. Por isso o ego é também a sede do superego.
- O *superego* (ou "supereu") é o que resulta da internalização das proibições impostas pela educação, de acordo com os padrões da sociedade em que se vive.

As forças antagônicas que agem no ego exigem do indivíduo um ajuste regulador, o *princípio de realidade*, pelo qual equaciona a satisfação imediata dos desejos, adequando o *princípio do prazer* às condições impostas pelo mundo exterior.

Quando o conflito é muito grande e o ego não suporta a consciência do desejo, este é rejeitado, o que provoca o *recalque* (ou recalcamento), processo que ocorre inconscientemente e não se confunde com a repressão, como veremos adiante neste capítulo.

No entanto, o que foi recalcado não permanece no inconsciente, pois, sendo energia, precisa ser expandido. Reaparece, então, na forma de sintomas, que podem ser decifrados na sua linguagem simbólica. Caso os sintomas permaneçam obscurecidos pelo desconhecimento das causas, as consequências são as neuroses ou até desordens mais graves. Caberia à prática psicanalítica aplicar seu método para que o próprio paciente faça essa descoberta por meio da associação livre.

Um dos conceitos importantes da psicanálise encontra-se no *complexo de Édipo* – inspirado no mito grego, em que Édipo mata o pai e se casa com a mãe –, que consiste no desejo do menino pela mãe e sua rivalidade em relação ao pai, processo que ocorreria dos três aos cinco anos de idade da criança. Porém, por ser incestuosa, essa pulsão primária entra em conflito com os **interditos** e o desejo edipiano é suprimido ou recalcado. Para Freud, esse complexo desempenha um papel fundamental na estruturação da personalidade e na orientação do desejo humano.

Interdito: proibição; o que está proibido, interditado.

O melhor de Calvin (1995), tirinha de Bill Watterson. Nessa tira, Calvin festeja a satisfação da força do id (trancar sua amiga Suzi no armário); a mãe de Calvin representa o superego, que impõe os padrões de convívio social; e o tigre Haroldo simboliza o princípio de realidade do ego consciente (a certeza de um castigo).

Associação livre

Há várias maneiras de sondagem do inconsciente e, para Freud, os sonhos são "a via régia para o inconsciente", conforme seu livro *A interpretação dos sonhos*, publicado em 1900. O que recordamos de um sonho é seu *conteúdo manifesto*, que às vezes nos parece incoerente e absurdo, mas essas deformações decorrem da *resistência*, conceito criado para identificar as forças defensivas do ego que, na vigília, impedem a tomada de consciência dos desejos recalcados no inconsciente. No entanto, todo sonho oculta um *conteúdo latente*, a ser descoberto pela decifração do simbolismo do recalcado.

Algumas pessoas costumam procurar significados fixos para os sonhos, como se houvesse símbolos universais, mas, para Freud, tudo se inicia das *associações livres* feitas pelo próprio sujeito que sonha. Seguindo o fluxo espontâneo das ideias, ele dá pistas para que se descubra o sentido oculto, enquanto o profissional que o assiste, apoiado pelas regras da prática terapêutica psicanalítica, auxilia-o a chegar aos pensamentos latentes do sonho.

Além dos sonhos, atos falhos e chistes são fenômenos psíquicos que fornecem elementos adequados à interpretação. Os atos falhos são pequenos deslizes, como esquecimentos, trocas de nomes ou lapsos de linguagem aparentemente involuntários, mas que podem ser interpretados porque "traem" algum segredo. O chiste consiste em gracejos feitos sem aparente intenção de ofender ou seduzir, mas que revelam forças agressivas ou eróticas reprimidas.

Sublimação e repressão

Quando o ego se defronta com conflitos, reage de diversas maneiras. Uma delas é a *sublimação*, que consiste na busca de modos socialmente aceitáveis de realização das pulsões do id, ou de pelo menos parte delas. É o que ocorre quando o indivíduo realiza desejos que não visam explicitamente a sexualidade, mas que podem lhe dar prazer, como a criação artística, a investigação intelectual ou quando se dedica a atividades valorizadas pela cultura em que vive, seja no trabalho, seja na religião etc.

Já a *repressão* não se confunde com o *recalque*, apesar de esses conceitos serem muitas vezes usados como sinônimos. No entanto, vimos que o recalque é um processo inconsciente, enquanto a repressão resulta de um ato consciente, seja do próprio indivíduo – quando reprime seus desejos por considerá-los contrários a seus valores ou simplesmente impróprios –, seja o ato de uma autoridade externa, como pais, professores, polícia etc. Ou seja, por ser consciente, é o sujeito que de modo autônomo "censura" o desejo em razão de motivações morais, é ele que obedece a agentes externos "repressores".

Psicanálise e cultura

Em *O mal-estar na cultura* – que alguns traduzem como *O mal-estar na civilização* –, Freud reflete sobre o efeito da repressão dos instintos agressivos e sexuais e seus resultados na cultura, capazes de provocar perigoso estado de frustração. Ao observar que as forças agressivas e egoístas precisam ser controladas para permitir o convívio humano e a vida moral, Freud se pergunta em que medida essa renúncia pode ser autodestrutiva a ponto de comprometer a felicidade. Conclui com pessimismo que é alto o preço pago pelo indivíduo para tornar-se civilizado. Mas pondera:

> "O programa que o princípio do prazer nos impõe, o de sermos felizes, não é realizável, mas não nos é permitido – ou melhor, não nos é possível – renunciar aos esforços de tentar realizá-lo de alguma maneira. Para tanto, pode-se escolher caminhos muito diversos, colocando em primeiro lugar o conteúdo positivo da meta, o ganho de prazer, ou o negativo, o de evitar o desprazer."
>
> FREUD, Sigmund. *O mal-estar na cultura*. Porto Alegre: L&PM, 2010. p. 76. (Coleção L&PM Pocket)

ATIVIDADES

1. O que se entende por "crise da razão"?
2. No aparelho psíquico, qual é a função do ego?
3. Qual é a importância dos sonhos para Freud e de que maneira é possível decifrar o significado deles?
4. Qual é a diferença entre recalque e repressão?

Leitura analítica

Recalque e neurose

A seguir, apresentamos um trecho das conferências realizadas por Freud para divulgar a nova teoria de psicanálise nos Estados Unidos, no qual esboçou seus principais conceitos, entre eles, o de recalque – mecanismo pelo qual o desejo inconciliável com a moral é expulso da consciência – e o de neurose.

"Nessa ideia de resistência alicercei então minha concepção acerca dos processos psíquicos na histeria. Para o restabelecimento do doente mostrou-se indispensável suprimir essas resistências. Partindo do mecanismo da cura, podia-se formar ideia muito precisa da gênese da doença. As mesmas forças que hoje, como resistência, se opõem a que o esquecido volte à consciência deveriam ser as que antes tinham agido, expulsando da consciência os acidentes **patogênicos** correspondentes. A esse processo, por mim formulado, dei o nome de 'recalque' e julguei-o demonstrado pela presença inegável da resistência.

Podia-se ainda perguntar, sem dúvida, que força era essa e quais as condições do recalque, em que reconhecemos agora o mecanismo patogênico da histeria. Um exame comparativo das situações patogênicas, conhecidas graças ao tratamento **catártico**, permitia dar a conveniente resposta. Tratava-se em todos os casos do aparecimento de um desejo violento mas em contraste com os demais desejos do indivíduo e incompatível com as aspirações morais e estéticas da própria personalidade. Produzia-se um rápido conflito e o desfecho dessa luta interna era sucumbir ao recalque a representação que aparecia na consciência trazendo em si o desejo inconciliável, sendo a mesma expulsa da consciência e esquecida, juntamente com as respectivas lembranças. Era, portanto, a incompatibilidade entre a ideia e o ego do doente o motivo do recalque; as aspirações individuais, éticas e outras, eram as forças recalcantes. A aceitação do impulso desejoso incompatível ou o prolongamento do conflito teriam despertado intenso desprazer; o recalque evitava o desprazer, revelando-se desse modo um meio de proteção da personalidade psíquica. [...]

[...] Agora, para dizê-lo **sem rebuços**: chegamos à convicção, pelo exame dos doentes histéricos e outros neuróticos, de que o recalque das ideias, a que o desejo insuportável está **apenso**, malogrou. Expeliram-nas da consciência e da lembrança; com isso os pacientes se livraram aparentemente de grande soma de dissabores. Mas o impulso desejoso continua a existir no inconsciente à espreita de oportunidade para se revelar, concebe a formação de um substituto do recalcado, disfarçado e irreconhecível, para lançar à consciência, substituto ao qual logo se liga a mesma sensação de desprazer que se julgava evitada pelo recalque. Essa substituição da ideia recalcada – o sintoma – é protegida contra as forças defensivas do ego, e, em lugar do breve conflito, começa então um sofrimento interminável. No sintoma, a par dos sinais do disfarce, podem reconhecer-se traços de semelhança com a ideia primitivamente recalcada. Pelo tratamento psicanalítico desvenda-se o trajeto ao longo do qual se realizou a substituição, e para a recuperação é necessário que o sintoma seja reconduzido pelo mesmo caminho até a ideia recalcada.

Uma vez restituído à atividade psíquica consciente aquilo que fora recalcado – e isso pressupõe que consideráveis resistências tenham sido desfeitas –, o conflito psíquico que desse modo se originara e que o doente quis evitar alcança, orientado pelo médico, uma solução mais feliz do que a oferecida pelo recalque. Há várias dessas soluções para rematar satisfatoriamente conflito e neurose, as quais, em determinados casos, podem combinar-se entre si. Ou a personalidade do doente se convence de que repelira sem razão o desejo e consente em aceitá-lo total ou parcialmente, ou este mesmo desejo é dirigido para um alvo irrepreensível e mais elevado (o que se chama 'sublimação' do desejo), ou, finalmente, reconhece como justa a repulsa. Nesta última hipótese o mecanismo do recalque, automático, por isso mesmo insuficiente, é substituído por um julgamento de condenação com a ajuda das mais altas funções mentais do homem – o controle consciente do desejo é atingido."

FREUD, Sigmund. *Cinco lições de psicanálise*.
Disponível em <http://mod.lk/kwhcm>.
Acesso em 16 maio 2017.

Patogênico: que provoca ou pode provocar uma doença.
Catarse: operação de trazer à consciência estados afetivos e lembranças recalcadas no inconsciente, liberando o paciente de sintomas e neuroses associadas a este bloqueio.
Sem rebuços: abertamente, com franqueza, sem rodeios.
Apenso: anexo, junto a.

QUESTÕES

1. De acordo com o texto, que situação psíquica pode acionar o mecanismo do recalcamento?
2. O que ocorre com o desejo recalcado?
3. Diante do sintoma, qual deve ser o trabalho da psicanálise?
4. O que ocorre após o desejo recalcado ser desvelado?

3. Fenomenologia de Husserl

A fenomenologia é um método e uma filosofia que surgiu com o alemão Edmund Husserl (1859-1938), cujas principais obras são *Investigações lógicas, A filosofia como ciência rigorosa, Ideias para uma fenomenologia pura e uma filosofia fenomenológica* e *Meditações cartesianas*, entre outras.

Husserl entende por *fenomenologia* o processo pelo qual examina o fluxo da consciência, ao mesmo tempo que é capaz de representar um objeto fora de si. Podemos compreender esse processo se examinarmos o conceito de *fenômeno* como "aquilo que aparece", isto é, como se apresenta imediatamente à consciência.

A fenomenologia opõe-se à filosofia tradicional por considerar que esta se apoia em uma metafísica vazia e abstrata, voltada para a explicação, ao passo que o próprio ser humano é o ponto de partida da reflexão no novo método. Ao buscar o que é dado na experiência, aquele que vive determinada situação concreta descreve "o que se passa" efetivamente do seu ponto de vista, processo que valoriza a intuição e a afetividade.

A filosofia de Husserl critica o positivismo e o cientificismo, que, ao se aterem apenas aos fatos, reduziram a ciência ao conhecimento de fatos objetivos e das relações entre eles, até reduzir o conhecimento científico a uma neutralidade despojada de subjetividade. Propôs-se, então, ressaltar as relações entre consciência e objeto, retornando às próprias coisas sem desprendê-las da subjetividade.

Saiba mais

O conceito de *fenômeno* tem vários sentidos. O termo é usado nas ciências contemporâneas, tanto nas humanas como nas experimentais, para designar não as coisas, mas o processo, por exemplo, o fenômeno biológico da digestão ou, na psicanálise, o fenômeno da repressão. Já na filosofia de Kant (século XVIII), fenômeno significa "o que se opõe ao número", isto é, à coisa em si, designando o objeto de nossa experiência, que resulta de nossas sensações. No século XIX, Hegel explica a fenomenologia como o processo dialético de constituição da consciência, em que cada um de seus momentos nega parcialmente o precedente para ascender a um grau de realidade superior até às formas mais elaboradas da consciência de si. No século XX, tratado neste capítulo, o conceito de fenomenologia varia conforme a posição de cada filósofo.

Intencionalidade

Para estabelecer a relação entre sujeito e objeto, Husserl parte de um postulado básico, a noção de *intencionalidade*, que significa "dirigir-se para", "visar a alguma coisa". Toda consciência é intencional por sempre tender para algo, por *visar* a algo fora de si. Contrariando o que afirmaram os racionalistas (como Descartes), não há pura consciência separada do mundo, porque toda consciência é consciência de alguma coisa. Contra os empiristas (como John Locke), a fenomenologia afirma que não há objeto em si, já que o objeto é sempre *para* um sujeito que lhe dá significado. Dessa maneira, seria resolvida a contradição entre corpo-mente e sujeito-objeto, que perdurou na tradição (com exceção de Baruch Espinosa[2]).

Em oposição ao positivismo, a fenomenologia visa à "humanização" da ciência, apoiada em uma nova relação entre sujeito e objeto, ser humano e mundo, considerados polos inseparáveis. Como a consciência é doadora de sentido, fonte de significado, o processo de conhecer nunca termina: é uma exploração exaustiva do mundo. Vale lembrar que a consciência do mundo não se reduz ao conhecimento intelectual, pois a consciência também é fonte de intencionalidades afetivas e práticas. O nosso olhar é o ato pelo qual temos a experiência vivida da realidade, percebendo, imaginando, julgando, amando, temendo etc.

A teoria fenomenológica influenciou filósofos importantes que seguiram percursos autônomos, porque a herança de Husserl não prosseguiu como pensava o filósofo, adquirindo variantes que tornam bastante difícil definir em que consiste o método fenomenológico, o que cada um entende por subjetividade ou intencionalidade. Entre os principais seguidores, destacam-se Martin Heidegger, Jean-Paul Sartre e Maurice Merleau-Ponty, que veremos na sequência.

Apresentação da banda Metallica em festival realizado na cidade de São Paulo, 2017. Em meio à diversidade de instrumentos, podemos visar intencionalmente à *performance* de apenas um dos músicos.

---

[2] Para mais informações sobre a relação corpo-consciência em Espinosa, consulte o capítulo 19, "Revolução Científica e problemas do conhecimento".

4. Heidegger: fenomenologia existencial

No século XIX, diversos filósofos voltaram-se para temas que questionavam o racionalismo excessivo da tradição filosófica. O filósofo dinamarquês **Sören Kierkegaard** (1813-1855) foi o primeiro a descrever a angústia como experiência fundamental do ser livre ao se colocar em situação de escolha. No século seguinte, os existencialistas buscaram compreender a singularidade da escolha livre.

O filósofo alemão Martin Heidegger (1889-1976) às vezes é enquadrado entre os existencialistas, embora ele próprio recusasse a filiação, argumentando que, na sua filosofia, as reflexões acerca da *existência* não tratam propriamente da existência pessoal, mas constituem análise introdutória ao problema do *ser*, termo que deve ser compreendido em seu sentido ontológico.

Discípulo de Edmund Husserl, Heidegger adotou o método fenomenológico, apesar de, nele, assumir diferenças significativas por ser de natureza hermenêutica (interpretativa), o que lhe permitiu uma nova concepção da relação entre consciência e mundo, entre sujeito e objeto.

O "ser-aí"

Na obra *Ser e tempo*, Heidegger segue o método fenomenológico para discutir e elaborar uma teoria do ser. Desde logo, percebe que o ser humano não é como as coisas e os animais porque ele *existe*. Esse existir é por ele denominado *Dasein*, expressão alemã de difícil tradução que significa algo como "ser-aí", isto é, o ser-no-mundo, porque o ser humano não constitui uma consciência separada do mundo. *Ser* é "estourar", "eclodir" no mundo.

O *Dasein*, como "ser-aí", é um ser "lançado" no mundo; no entanto, o ser humano não se reduz a uma "coisa". Por isso, distinguem-se na existência humana dois aspectos inseparáveis: **facticidade** e transcendência.

- A *facticidade* é o conjunto das determinações humanas: encontramo-nos no mundo possuindo um corpo com determinadas características psicológicas, pertencemos a uma família, a um grupo social, estamos situados em um tempo e espaço que não escolhemos. Vivemos em um mundo que não criamos e ao qual nos encontramos submetidos em um primeiro instante.

- A *transcendência* é a ação pela qual o ser humano executa o movimento de ir além dessas determinações. Não para negá-las, mas para lhes dar sentido e orientar suas ações nas mais diversas direções. A transcendência é a dimensão da liberdade humana.

Portanto, para Heidegger o existir não se assemelha ao estar das coisas, mas é projetar-se, inventar-se e, sobretudo, *escolher-se*, como ser de liberdade que é.

Temporalidade

Apenas o *Dasein*, o "ser-aí", é um ser no tempo, porque é um ser como possibilidade, como projeto, o que o introduz na dimensão da temporalidade. Isso não significa apenas ter um passado e um futuro em que os momentos se sucedem passivamente uns aos outros, mas que a existência é esse ato de se projetar no futuro e, ao mesmo tempo, transcender o passado, o que não ocorre sem dificuldade. Mergulhado na facticidade, o ser humano tende a recusar seu próprio ser, cujo sentido se anuncia, mas que ainda se acha oculto.

A angústia decorre da tensão entre o que o indivíduo é e aquilo que poderá vir a ser, como dono de seu próprio destino. Portanto, a angústia retira o indivíduo do cotidiano e o reconduz ao encontro de si mesmo.

> "Na angústia – dizemos nós – 'a gente sente-se estranho'. O que suscita tal estranheza e quem é por ela afetado? [...] Todas as coisas e nós mesmos afundamo-nos numa indiferença. Isto, entretanto, não no sentido de um simples desaparecer, mas em se afastando elas se voltam para nós. Este afastar-se do ente em sua totalidade, que nos assedia na angústia, nos oprime."
>
> HEIDEGGER, Martin. *Que é metafísica?* São Paulo: Abril Cultural, 1983. p. 39. (Coleção Os Pensadores)

O impessoal

O conceito de impessoalidade, para Heidegger, refere-se à existência inautêntica da pessoa que se degrada ao viver de acordo com verdades e normas dadas. A despersonalização a faz mergulhar no anonimato, que anula qualquer originalidade. É o que o filósofo chama de mundo do "se" (do "a gente") ao designar a impessoalidade da ação: come-se, bebe-se, vive-se, como todos comem, bebem e vivem. Ao contrário, a pessoa autêntica é a que se projeta no tempo, sempre em direção ao futuro. A existência é o lançar-se contínuo às possibilidades sempre renovadas.

Entre as possibilidades, destaca-se a de ser-com-o-outro, desde que se estabeleça uma relação de **solicitude** e favoreça a consciência de minha liberdade, sem se esquecer, porém, que geralmente é do outro que podem vir as respostas inautênticas, que reforçam as ações impessoais.

Outra possibilidade, privilegiada e inexorável, é a morte[3]. O "ser-aí" é um "ser-para-a-morte". É a consciência da própria morte que possibilita o olhar crítico sobre a existência. Ao contrário, é característica da inautenticidade abordar a morte como "morte na terceira pessoa", ou seja, a morte dos outros, evitando tematizar a própria finitude e, portanto, sem questionar a própria existência.

Facticidade: do latim *factum*, "fato".
Solicitude: zelo, atenção, cuidado pelo outro.

---

[3] Consulte, na parte I, o capítulo 6, "A morte", mais especificamente o tópico referente a Heidegger.

A questão da técnica

Heidegger critica o que chamou de *triunfo da técnica*, ao deixar de ser um meio para se transformar em um fim. No entanto, a técnica, sem a reflexão sobre os fins a que se destina, resulta em destrutividade e dominação. Para ele, no mundo contemporâneo, a técnica promoveu "o arquivamento do passado e a apologia do presente", ao valorizar de modo excessivo o progresso, em que só o novo é reconhecido como bom.

Assim comentam Reale e Antiseri:

> "A técnica não é instrumento neutro nas mãos do homem, que pode usá-la para o bem ou para o mal, nem constitui acontecimento acidental no Ocidente. Para Heidegger, [...] a técnica é o resultado natural daquele desenvolvimento pelo qual, esquecendo do *ser*, o homem se deixou arrastar pelas coisas, tornando a realidade puro objeto a dominar e a desfrutar.
>
> E esse comportamento, que não se deterá sequer quando chega, como acontece hoje, a ameaçar as bases da própria vida, é comportamento que se tornou **onívoro**; trata-se de uma fé, a fé na técnica como domínio sobre tudo."
>
> REALE, Giovanni; ANTISERI, Dario. *História da filosofia*: de Nietzsche à Escola de Frankfurt. São Paulo: Paulus, 2006. p. 210. v. 6.

Essas questões, levantadas em 1950, antecipam as preocupações atuais com relação à destruição da natureza, tema retomado pelos filósofos frankfurtianos, como veremos adiante.

5. Sartre e o existencialismo

Jean-Paul Sartre (1905-1980) escreveu *O ser e o nada*, sua principal obra filosófica, em 1943. Sofreu forte influência da fenomenologia de Husserl e da filosofia de Heidegger. Sua teoria gerou uma "moda existencialista", pelo fato de ter se tornado renomado romancista e teatrólogo, além de sua atuação política como cidadão.

A produção intelectual sartriana foi marcada pela Segunda Guerra Mundial e pela ocupação nazista da França. Podemos dizer que há um Sartre de antes da guerra e outro do pós-guerra, tão grande o impacto que a Resistência Francesa exerceu sobre sua concepção política de engajamento. *Engajamento* significa a necessidade de se voltar para a análise da situação concreta, como responsável pelas mudanças sociais e políticas de seu tempo. Sob esse aspecto, a liberdade deixaria de ser apenas imaginária porque o indivíduo compromete-se na ação.

O envolvimento com a política do seu tempo também repercutiu na discussão da moral do sujeito concreto. Por isso, para Sartre, não é possível prever o conteúdo da moral, mas apenas indagar se o que fazemos é ou não em nome da liberdade.

> **Onívoro:** do latim *omnivorus*, "que come tudo ou de tudo"; metaforicamente, "que absorve, consome ou devora tudo".

Saiba mais

A peça de teatro sartriana *Entre quatro paredes* – em francês, *Huis clos*, que significa algo como "à porta fechada", "sem saída" – representa a morte em vida, quando as pessoas renegam a própria liberdade e se recusam a aceitar a liberdade alheia. A ação transcorre no inferno – ambientado em uma sala pouco mobiliada. Trata-se de uma alegoria em que os "mortos", um homem e duas mulheres, em desespero, se agridem e acusam um ao outro o tempo todo, situação que foi resumida na frase "O inferno são os outros".

Encenação da peça *Huis clos*, de Jean-Paul Sartre. Foto de 1946, tirada em Paris.

A existência precede a essência

Para melhor entendermos a concepção de liberdade sartriana, comecemos pela análise de uma ideia fundamental do existencialismo: *a existência precede a essência*. Segundo as concepções tradicionais, o ser humano possui uma essência, uma natureza humana universal, do mesmo modo que todas as coisas têm igualmente uma essência. Por exemplo, a essência de uma mesa é aquilo que faz que ela seja mesa e não cadeira, ou seja, é o *ser* mesmo da mesa, não importa que ela seja de madeira, fórmica ou vidro, grande ou pequena, mas que tenha as características que nos permitam reconhecê-la e usá-la como mesa.

Já no caso do ser humano, Sartre destaca uma situação radicalmente diferente, porque, para ele, a existência precede a essência, ao contrário do que ocorre com as coisas e os animais. O que isso significa? Assim ele diz:

> "[...] o homem primeiramente existe, se descobre, surge no mundo; e [...] só depois se define. O homem, tal como o concebe o existencialista, se não é definível, é porque primeiramente não é nada. Só depois será alguma coisa e tal como a si próprio se fizer. Assim, não há natureza humana, visto que não há Deus para a conceber. O homem é, não apenas como ele se concebe, mas como ele quer que seja, como ele se concebe depois da existência, como ele se deseja após este impulso para a existência; o homem não é mais que o que ele faz. Tal é o primeiro princípio do existencialismo."
>
> SARTRE, Jean-Paul. *O existencialismo é um humanismo*. 3. ed. Lisboa: Presença, 1970. p. 216.

Qual é a diferença entre o ser humano e as coisas? É que só ele é livre, porque nada mais é do que seu **projeto**, ou seja, o ser que age tendo em vista o que virá. Portanto, só o ser humano **existe** (*ex-siste*): uma vez consciente, é um ser-para-si, já que a consciência é autorreflexiva, pensa sobre si mesma, é capaz de pôr-se *fora* de si. É a consciência que distingue o ser humano das coisas e dos animais, que são em-si, ou seja, não são capazes de se colocar *do lado de fora* para se autoexaminarem.

O que acontece ao indivíduo quando se percebe para-si, aberto à possibilidade de construir ele próprio sua existência? Descobre que não há essência ou modelo para orientar seu caminho e, por isso, seu futuro encontra-se disponível e aberto; portanto, está irremediavelmente "condenado a ser livre". Sartre cita a frase de Dostoiévski em *Os irmãos Karamazov*: "Se Deus não existe, então tudo é permitido", para lembrar que os valores não são dados nem por Deus nem pela tradição – só ao próprio indivíduo cabe inventá-los.

> **Projeto:** do latim *projectus*, "lançado para a frente"; o prefixo *pro* indica "diante de".
>
> **Existir:** do latim *exsistere*, que no sentido primitivo é "elevar-se para fora de".

A angústia da escolha e a má-fé

Eis que, ao experimentar a liberdade e ao sentir-se como um vazio – a consciência é nada –, o indivíduo vive a angústia da escolha. Muitas pessoas não suportam essa angústia, fogem dela, aninhando-se na *má-fé*.

A má-fé é a atitude característica de quem finge escolher, sem na verdade escolher, é uma forma de "autoengano" daquele que imagina já ter seu destino traçado, que aceita as verdades exteriores, "mente" para si mesmo e simula ser ele próprio o autor dos seus atos, já que aceitou sem críticas os valores dados. Não se trata de uma mentira propriamente, pois esta supõe outros para quem mentimos, ao passo que na má-fé o indivíduo dissimula para si mesmo, com o objetivo de evitar fazer uma escolha pela qual deva se responsabilizar.

Aquele que recusa a liberdade torna-se desonesto, desprezível, pois nesse processo recusa a dimensão do para-si e torna-se em-si, semelhante às coisas. Perde a transcendência, que lhe daria autenticidade, e reduz-se à facticidade. Sartre chama de *espírito de seriedade* o comportamento de recusa da liberdade para viver o conformismo e a "respeitabilidade" da ordem estabelecida e da tradição. Esse processo é exemplificado no conto *A infância de um chefe*.

Liberdade e responsabilidade

Com base no que foi dito a respeito do existencialismo, poderíamos supor que Sartre defende o individualismo, cada um preocupando-se apenas com a própria liberdade e ação. Contra esse mal-entendido, adverte:

> "Mas se verdadeiramente a existência precede a essência, o homem é responsável por aquilo que é. Assim, o primeiro esforço do existencialismo é o de pôr todo o homem no domínio do que ele é e de lhe atribuir a total responsabilidade da sua existência. E, quando dizemos que o homem é responsável por si próprio, não queremos dizer que o homem é responsável pela sua restrita individualidade, mas que é responsável por todos os homens. [...] Quando dizemos que o homem se escolhe a si, queremos dizer que cada um de nós se escolhe a si próprio; mas com isso queremos também dizer que, ao escolher-se a si próprio, ele escolhe todos os homens. Com efeito, não há dos nossos atos um sequer que, ao criar o homem que desejamos ser, não crie ao mesmo tempo uma imagem do homem como julgamos que deve ser. Escolher ser isto ou aquilo, é afirmar ao mesmo tempo o valor daquilo que escolhemos [...].
>
> Se a existência, por outro lado, precede a essência e se quisermos existir, ao mesmo tempo que construímos a nossa imagem, esta imagem é válida para todos e para toda a nossa época. Assim, a nossa responsabilidade é muito maior do que poderíamos supor, porque ela envolve toda a humanidade."
>
> SARTRE, Jean-Paul. *O existencialismo é um humanismo*. 3. ed. Lisboa: Presença, 1970. p. 218-219.

De acordo com alguns autores, a filosofia de Sartre provocou questões diversas, decorrentes da concepção pela qual a consciência humana é livre e capaz de criar valores, mas, ao mesmo tempo, deve se responsabilizar por toda a humanidade, o que parece gerar uma contradição indissolúvel. Essa teoria o colocou nos limites da ambiguidade, pois, se por um lado a realização humana apoiada na liberdade exige o comportamento moral, por outro, a moral é impossível, visto que os princípios não podem ser os mesmos para todos os homens. Sartre sempre prometeu escrever um livro sobre moral, mas não realizou seu projeto.

6. Merleau-Ponty: a experiência vivida

Maurice Merleau-Ponty (1908-1961), filósofo francês, escreveu *Humanismo e terror*, *A estrutura do comportamento*, *Fenomenologia da percepção*, *As aventuras da dialética*, *O visível e o invisível*. Participou também da fundação da revista *Os tempos modernos*, com diversos intelectuais franceses, entre eles, Sartre e Simone de Beauvoir, tendo estabelecido laços de amizade com o criador do existencialismo, até se separarem por divergências ideológicas: enquanto Sartre era filiado ao Partido Comunista Francês, Merleau-Ponty acusava a União Soviética como responsável pelos campos de concentração para dissidentes, pela invasão da Hungria, atitude que denotava uma política imperialista, entre outras críticas que o levaram a se posicionar na esquerda não comunista.

O filósofo apropriou-se do método fenomenológico de Husserl, dando-lhe contornos originais, na medida em que critica seu criador por prender-se à discussão das essências. É certo que a fenomenologia é o estudo das essências, mas ela é também "uma filosofia que repõe as essências na existência, e não pensa que se possa compreender o homem e o mundo de outra maneira senão a partir de sua facticidade"[4].

A filosofia do corpo

Deve-se a Merleau-Ponty a primeira reflexão mais densa sobre o *corpo vivido*, em oposição à clássica divisão entre *sujeito* e *objeto*. Foi por meio da filosofia do corpo que o filósofo se dedicou às discussões de temas como conhecimento, liberdade, linguagem, política, estética, intersubjetividade.

Com base no conceito de *intencionalidade*, propôs-se a compreender melhor as relações entre consciência e natureza, entre interior e exterior. Nesse sentido, o corpo é condição de nossa experiência no mundo, porque não *temos* um corpo, mas *somos* nosso corpo: o corpo não é uma "coisa" que está no espaço e no tempo, porque ele "*habita* o espaço e o tempo". Ou seja, o corpo humano é aquilo pelo qual o mundo existe para cada um de nós.

Merleau-Ponty desfez a ideia tradicional de que, de um lado, existe o mundo dos objetos, do corpo, da pura facticidade e, de outro, o mundo da consciência e da subjetividade, da transcendência. O que ele pretende é compreender melhor essas relações, que se apresentam por meio de ambiguidade e de sobreposição.

A realidade não aparece da mesma maneira à percepção das pessoas, mas se dá a partir da vivência de cada um. Não surge por meio de uma consciência clara, mas por um modo de existir e de dar sentido ao mundo, entendendo-se *sentido* como o núcleo de significação que decorre do homem e de sua existência no mundo.[5]

Vejamos um exemplo sobre a fadiga, com que o filósofo nos esclarece a importância do *sentido* pessoal que cada um dá às suas ações:

> "A fadiga não detém meu companheiro porque ele gosta de seu corpo suado, do calor do caminho e do Sol e, enfim, porque ele gosta de sentir-se no meio das coisas, de concentrar-lhes a irradiação, de fazer-se olhar para esta luz, tato para esta superfície. Minha fadiga me detém porque não gosto dela, porque escolhi de outra maneira o meu modo de ser no mundo, e porque, por exemplo, não procuro estar na natureza, mas antes fazer-me reconhecer pelos outros."
>
> MERLEAU-PONTY, Maurice. *Fenomenologia da percepção*. 2. ed. São Paulo: Martins Fontes, 1999. p. 591.

Escultura esquelética (1947), obra de Alberto Giacometti. O artista suíço se distinguiu pelas esculturas que mostram a desmaterialização do corpo, levando ao questionamento sobre a desmaterialização da arte e o empobrecimento das experiências vividas.

---

[4] MERLEAU-PONTY, Maurice. *Fenomenologia da percepção*. 2. ed. São Paulo: Martins Fontes, 1999. p. 1.

[5] Consulte, no capítulo 7, "A felicidade", da parte I, o colóquio "A relação corpo e mente", em que são confrontados um trecho de diálogo platônico e um texto de Merleau-Ponty.

A liberdade

De que modo essas questões se relacionam com a liberdade, entendida como um plano de ação de transformação da realidade vivida? Comecemos pelo exemplo de um operário que toma consciência da exploração a que está submetida sua classe e que se engaja na revolução. Para Merleau-Ponty, essa consciência não brota de um esforço intelectual de conhecimento, nem de uma escolha racional após o exame de diversas alternativas de ação, porque, antes disso, o indivíduo viveu as dificuldades de sobrevivência, o medo do desemprego, os sonhos abortados. Ora, enquanto para alguns essa situação aparece como uma fatalidade a que não teriam meios de se opor, outros reagem diante dos fatos pelas reivindicações, pelas greves, e em razão de eventuais conquistas.

A adesão ao movimento operário ocorre antes de ter a consciência explícita da situação e amadurece na coexistência com os outros. A crítica às interpretações tradicionais decorre, portanto, do fato de desconsiderarem o projeto existencial, já que a liberdade só se realiza se formos capazes de assumir nossa situação natural e social.

Assim o filósofo explica:

> "O que é então a liberdade? Nascer é ao mesmo tempo nascer *do* mundo e nascer *no* mundo. O mundo está já constituído, mas também não está nunca completamente constituído. Sob o primeiro aspecto, somos solicitados, sob o segundo, somos abertos a uma infinidade de possíveis. Mas esta análise ainda é abstrata, pois existimos sob os dois aspectos ao *mesmo tempo*. Portanto, nunca há determinismo e nunca há escolha absoluta, nunca sou coisa e nunca sou consciência nua. [...]
>
> Só posso deixar a liberdade escapar se procuro ultrapassar minha situação natural e social recusando-me a em primeiro lugar assumi-la, em vez de, através dela, encontrar o mundo natural e humano. Nada me determina do exterior [...] porque de um só golpe estou fora de mim e aberto ao mundo."
>
> MERLEAU-PONTY, Maurice. *Fenomenologia da percepção*. 2. ed. São Paulo: Martins Fontes, 1999. 608-611.

O que entender com essas afirmações? Nascer *do* mundo constitui nossa facticidade, o determinismo que não podemos evitar, porque pertencemos a um mundo já constituído. Mas será a partir dessa realidade dada – e não escolhida – que atuamos para tecer o mundo humano no qual pretendemos viver: esta será nossa dimensão de transcendência.

No mesmo trecho, Merleau-Ponty refere-se à advertência de que não se alcançará a liberdade recusando a realidade em que vivemos, porque é a partir dela, e por meio dela, que desvendamos o que foi recebido e que decidimos livremente como transformá-lo. É verdade que se trata muitas vezes de um salto no desconhecido, mas este é o desafio de qualquer projeto humano, já que para Merleau-Ponty estamos diante de uma "liberdade situada", e não de um livre-arbítrio sem condicionamentos.

Que conclusão podemos tirar do conceito de intencionalidade, tão caro à fenomenologia? A compreensão que temos do corpo e da consciência, dos afetos, da liberdade, enfim, do mundo e dos outros, nunca resulta da pura intelecção, mas depende do sentido que descobrimos em cada experiência, dos significados que deciframos ao pensar o mundo, o outro e nós mesmos.

Fios que tecem a memória (2017), instalação de Chiharu Shiota. Para Merleau-Ponty, em nossas ações nunca há determinismo nem escolha absoluta.

ATIVIDADES

1. Com base no conceito de intencionalidade, a fenomenologia contrapôs-se à teoria do conhecimento tradicional. Explique.

2. Explique o significado de facticidade e transcendência e por que, segundo a fenomenologia, esses polos são indissociáveis.

3. Qual é a relação estabelecida por Sartre entre angústia e má-fé?

4. Explique e dê um exemplo de como os filósofos da corrente fenomenológica reagem à tradição que aceita a dicotomia corpo-consciência.

5. Explique com suas palavras o que Merleau-Ponty quer dizer com as seguintes frases.
   a) "Nascer é ao mesmo tempo nascer *do mundo* e nascer *no mundo*."
   b) "[...] nunca há determinismo e nunca há escolha absoluta, nunca sou coisa e nunca sou consciência nua."

Leitura analítica

A sexualidade

Merleau-Ponty recorre ao exemplo da sexualidade para demonstrar que entre os humanos ela não representa uma atividade puramente biológica e mecânica, porque todo ato humano tem um sentido; portanto, ela também se explica pelo conceito de intencionalidade, já que une corpo e consciência. O erotismo se traduz pela linguagem dos gestos, que têm significados e não resultam de meros impulsos. Para o filósofo, a história sexual de um ser humano oferece a chave de sua própria vida.

"Mesmo com a sexualidade, que todavia durante muito tempo passou pelo tipo da função corporal, nós lidamos não com um automatismo periférico, mas com uma intencionalidade que segue o movimento geral da existência e que **inflete** com ela. [...]

Quaisquer que tenham sido as declarações de princípio de Freud, as investigações psicanalíticas resultam de fato não em explicar o homem pela infraestrutura sexual, mas em reencontrar na sexualidade as relações e as atitudes que anteriormente passavam por relações e atitudes *de consciência*, e a significação da psicanálise não é tanto a de tornar biológica a psicologia quanto a de descobrir um **movimento dialético** em funções que se acreditavam 'puramente corporais', e reintegrar a sexualidade no ser humano. Um discípulo dissidente de Freud [Wilhelm Steckel] mostra, por exemplo, que a frigidez quase nunca está ligada a condições anatômicas ou fisiológicas, que mais frequentemente ela traduz a recusa do orgasmo, da condição feminina ou da condição de ser sexuado, e esta por sua vez traduz a recusa do parceiro sexual e do destino que ele representa. Mesmo em Freud seria um erro acreditar que a psicanálise exclui a descrição dos motivos psicológicos e se opõe ao método fenomenológico: ao contrário, ela (sem o saber) contribuiu para desenvolvê-lo ao afirmar, segundo a expressão de Freud, que todo ato humano 'tem um sentido', e ao procurar em todas as partes compreender o acontecimento, em lugar de relacioná-lo a condições mecânicas. No próprio Freud, o sexual não é o genital, a vida sexual não é um simples efeito de processos dos quais os órgãos genitais são o lugar, a libido não é um instinto, quer dizer, uma atividade naturalmente orientada a fins determinados, ela é o poder geral que o sujeito psicofísico tem de aderir a diferentes ambientes, de fixar-se por diferentes experiências, de adquirir estruturas de conduta. É a sexualidade que faz com que um homem tenha uma história. Se a história sexual de um homem oferece a chave de sua vida, é porque na sexualidade do homem projeta-se sua maneira de ser a respeito do mundo, quer dizer, a respeito do tempo e a respeito dos outros homens. Existem sintomas sexuais na origem de todas as neuroses, mas esses sintomas, se os lemos bem, simbolizam toda uma atitude, seja por exemplo uma atitude de conquista, seja uma atitude de fuga. Na história sexual, concebida como a elaboração de uma forma geral de vida, podem introduzir-se todos os motivos psicológicos, porque não há mais interferência de duas causalidades e porque a vida genital está engrenada na vida total do sujeito.

[...] Não basta que dois sujeitos conscientes tenham os mesmos órgãos e o mesmo sistema nervoso para que em ambos as mesmas emoções se representem pelos mesmos signos. O que importa é a maneira pela qual eles fazem uso de seu corpo. [...] O uso que um homem fará de seu corpo é transcendente em relação a esse corpo enquanto ser simplesmente biológico. Gritar na cólera ou abraçar no amor não é mais natural ou menos convencional do que chamar uma mesa de mesa. Os sentimentos e as condutas passionais são inventados, assim como as palavras. Mesmo aqueles sentimentos que, como a paternidade, parecem inscritos no corpo humano são, na realidade, instituições. No homem, tudo é natural e tudo é fabricado, como se quiser, no sentido em que não há uma só palavra, uma só conduta que não deva algo ao ser simplesmente biológico – e que ao mesmo tempo não se furte à simplicidade da vida animal."

MERLEAU-PONTY, Maurice. *Fenomenologia da percepção*. 2. ed. São Paulo: Martins Fontes, 1999. p. 217-219; 256-257.

Infletir (ou inflectir): no contexto, incidir, coincidir.
Movimento dialético: no contexto, movimento que interliga dois aspectos aparentemente opostos – corpo e consciência.

QUESTÕES

1. Muitas pessoas identificam a sexualidade humana exclusivamente à atividade genital. Como Merleau-Ponty critica essa posição?
2. Aplicando o que você entendeu do texto, explique por que a frigidez feminina ou a impotência masculina às vezes não decorrem de problemas fisiológicos.
3. Com base no texto, qual é a diferença entre a sexualidade humana e a animal?

7. Pragmatismo e neopragmatismo

Enquanto os filósofos do continente europeu tendem a seguir a tradição cartesiana, os filósofos estadunidenses geralmente seguiram a tradição empirista da Inglaterra, que valoriza a experiência. No entanto, essa orientação primeira passou por revisões no final do século XIX e no século XX com o **pragmatismo** estadunidense.

O pragmatismo desenvolveu-se a partir do final do século XIX, orientando-se em diferentes tendências no século seguinte. Herdeiro da tradição do empirismo britânico de John Locke, David Hume e John Stuart Mill, o pragmatismo buscou libertar-se da metafísica racionalista. No entanto, isso não significa sua adesão ao empirismo.

> **Pragmatismo:** do grego *prágma*, "ato", "ação"; donde *pragmatikós*, "relativo aos fatos, aos negócios". Na linguagem comum, pragmático é o que é suscetível de aplicação prática, o que visa ao útil; não é este, porém, o sentido do pragmatismo filosófico.

Crítica ao fundacionismo

Denomina-se *fundacionismo* ou *fundacionalismo* a tendência epistemológica que entende a verdade como "crença justificada", ou seja, o conhecimento é entendido como uma estrutura. A base dessa estrutura é constituída de fundamentos certos e seguros, como na metafísica tradicional.

Essa é a característica de filósofos tradicionais que justificam uma crença com base em outra, em outra e mais outra, até chegar a uma que constitua o ponto de partida capaz de sustentar as demais, ou seja, algo que funciona como uma "fundação". Se usarmos a metáfora de um edifício, todas as colunas se sustentam pela fundação. É assim que Platão chegou à noção de Bem ou Descartes à ideia clara e distinta do *cogito*, para em seguida construir o edifício de sua teoria.

O pragmatismo recusa a perspectiva rígida da filosofia tradicional, que nos leva, na verdade, a um "beco sem saída", propondo discutir a noção de *experiência*, entendida como um conjunto de relações que os seres humanos estabelecem entre si e com o entorno. A experiência seria então uma atividade conceptual capaz de guiar as ações futuras na nossa relação com o ambiente e que estabelece o critério para distinguir o que é verdadeiro, apresentando uma visão de conhecimento em que os conceitos não são ideias abstratas, mas instrumentos que orientam a ação.

A verdade depende, portanto, dos resultados práticos alcançados pela ação. Vale lembrar que o pragmatismo filosófico não reduz grosseiramente a verdade à utilidade. Para William James, um importante pragmatista, uma proposição é verdadeira quando "funciona", isto é, permite que nos orientemos na realidade, levando-nos de uma experiência a outra. Dessa maneira, fica claro que para a nova teoria a verdade é relativa, pois pode variar conforme mudem os interesses e necessidades dos indivíduos e do ambiente.

A definição de experiência, embora varie entre os pragmatistas, teria algo em comum, como diz o historiador da filosofia Nicola Abbagnano:

> "Para o pragmatismo, a experiência é substancialmente abertura para o futuro: uma característica básica será a possibilidade de fundamentar uma previsão. [...] Nesse sentido, a tese fundamental do pragmatismo é a de que toda a verdade é uma regra de ação, uma norma para a conduta futura."
>
> ABBAGNANO, Nicola. *História de filosofia*. Lisboa: Editorial Presença, 1976. p. 7. v. 11.

Representantes do pragmatismo

Charles Sanders Peirce (1839-1914), estudioso de lógica simbólica e semiótica (teoria dos signos), foi o iniciador do pragmatismo.

Peirce propõe o conceito de *falibilismo* – que mais tarde seria usado pelo neopositivista Karl Popper. Observe que o termo indica em sua raiz a noção de algo "falível" – característica do que é incerto, que pode "falhar". Portanto, segundo o falibilismo, não podemos estar absolutamente certos de nada. Como saber algo, então? Ao analisar a linguagem, Peirce observa que o pensamento produz "hábitos de ação" e estes derivam de crenças, as quais, por sua vez, tranquilizam nossas dúvidas. Mas como saber se essas crenças são válidas?

Nem todas as crenças nos levam a bons resultados, apenas aquelas que conduzem à ação de forma eficaz. Entre estas, as mais sólidas são as que se originam da ciência e podem ser confirmadas pela experiência. Mesmo assim, nenhuma prova científica é "para sempre", porque a qualquer momento poderá ser contestada por algum "fato surpreendente", ou seja, por um fato problemático que exigirá novas experiências. Não por acaso, Pierce define sua filosofia como "uma filosofia da pesquisa e da experimentação continuada".

William James (1842-1910) disseminou as ideias pragmatistas, tornando-as conhecidas. Muito culto, no sentido eclético de suas leituras, James era bom orador e fez inúmeras conferências para divulgar o pragmatismo, tornando-se responsável inclusive pela escolha do termo pragmatismo, que identifica a nova teoria.

Entre suas obras, destacam-se: *Princípios de psicologia*, *A vontade de crer*, *As variedades de experiência religiosa*, *Pragmatismo* e *O significado da verdade*. Em que pese a influência empirista, em sua filosofia ainda predominam aspectos metafísicos que fundamentam seu espiritualismo, voltado para a moral e a religião.

Assim, no campo da moral, o bem e o mal distinguem-se em função da utilidade e da importância para a vida. Em *A vontade de crer*, William James afirma que se pode crer em tudo o que se queira, mesmo nas verdades que não foram demonstradas, como ocorre na fé religiosa.

John Dewey (1859-1952), seguidor de James, foi filósofo e educador. Sua vasta produção intelectual compreende artigos, ensaios, conferências e obras como: *Escola e sociedade*, *Democracia e educação*, *Experiência e educação* e *Ensaios de lógica experimental*.

O pragmatismo de Dewey é uma espécie de instrumentalismo. Por defender que as ideias estejam ligadas à prática, elas são propriamente instrumentos para resolver problemas: a relevância (ou não) e a eficácia para alcançar este fim garantem sua validade. Por isso, as ideias não são verdades ou falsidades absolutas, podendo ser corrigidas ou aperfeiçoadas.

Neopragmatismo

Aqui já adentramos em um momento posterior da tradição filosófica estadunidense, no qual se configurou o neopragmatismo com Richard Rorty (1931-2007), seu principal expoente. Herdeiro intelectual de John Dewey e de Martin Heidegger, recebeu influência da filosofia analítica e seu pensamento se fertilizou em debates com filósofos de diversas tendências, como Ludwig Wittgenstein, Donald Davidson e Jürgen Habermas, sobretudo abordando temas de epistemologia.

A trajetória de Rorty distingue-se por duas fases, separadas por um divisor de águas, a publicação de *A filosofia e o espelho da natureza*, embora a separação entre as duas fases não represente propriamente ruptura.

- Na primeira fase, o filósofo alinha-se à tradição analítica e, entre diversos artigos, é representativa a publicação em 1967 da obra *The linguistic turn* (*A virada linguística*), com inserções posteriores.
- Na segunda fase, assume uma filosofia por ele sistematizada ao integrar conceitos dos filósofos com os quais dialogou para desenvolver as ideias mais importantes de sua teoria. Escreveu, nesse período, as obras *Contingência, ironia e solidariedade*, *Objetividade, relativismo e verdade*, *Filosofia e esperança social*, entre outras.

Richard Rorty continua essa tradição de crítica à epistemologia ao recusar a busca da "verdade objetiva" típica da teoria do conhecimento tradicional, segundo a qual a mente humana teria a capacidade de espelhar a natureza e atingir sua representação precisa. Como os demais pragmatistas, rejeitou o fundacionismo e propôs uma nova concepção de filosofia, nem essencialista nem sistemática.

Enquanto a "experiência" era a principal referência para os pragmatistas clássicos, os contemporâneos deslocaram sua atenção para a *linguagem*. Só que não se trata da linguagem que, na concepção tradicional, é um véu que se interpõe entre nós e o objeto, mas a linguagem como um meio de ligar objetos uns aos outros. Por exemplo: não podemos saber o que é uma mesa sem ligá-la a conceitos, como ser de madeira, castanha, velha ou dura (esbarrar nela pode nos machucar); do mesmo modo, o número 10 só tem sentido na sua relação com outros: está entre o 9 e o 11, é a soma de 6 e 4, é divisível por 2.

Rorty abandonou de vez a tentativa de atribuir à noção de verdade um papel explicativo. Para ele, a racionalidade aperfeiçoa-se na comunidade, pela troca de versões e de crenças, e o significado está sempre em aberto, mantendo-se por meio da reflexão que não dispensa o diálogo permanente.

A conversação científica

Um exemplo de que não se pode jamais "colocar fim" na conversação humana está na ciência[6], que não dá espaço para fatos objetivos e "indiscutíveis". A ciência pode ser considerada uma prática cultural ou social como quaisquer outros acordos entre os homens, ou seja, também ela se trata de um jogo de linguagem. Assim explica o professor Gilbert Hottois (1946):

> "Ela [a ciência] é assunto de consenso, de argumentação, de justificação, de discussão, de solidariedade, da mesma forma que as outras atividades humanas [...], e jamais é legítimo pôr fim a um debate referindo-se a uma entidade fora de debate, quer se trate da autoridade de um *fato* chamado de 'objetivo' ou de uma *revelação* chamada de 'transcendente'. As discussões só podem ser legitimamente fechadas porque os interlocutores estão de acordo sobre os motivos (que são também enunciados) para encerrá-las, em todo caso provisoriamente."
>
> HOTTOIS, Gilbert. *Do Renascimento à pós-modernidade*: uma história da filosofia moderna e contemporânea. Aparecida: Ideias & Letras, 2008. p. 593.

Para Rorty, essa disposição para a conversação que nunca tem fim é tão importante que o filósofo chega a criticar a tentação de "sair da linguagem", de colocar-se "fora-de-debate", pois esse comportamento sempre visou encontrar enunciados "indiscutíveis", "verdadeiros", independentes de discussão anterior, o que resulta em posturas dogmáticas, totalitárias e repressivas. Em última análise, "sair da linguagem" seria o mesmo que "sair da condição humana".

8. Filosofia analítica

A filosofia analítica não constitui propriamente uma "escola", na medida em que é representada por diversas tendências. De maneira simples, pode-se dizer que, apesar das diferenças, a filosofia analítica se ocupa da análise do *significado*. A tarefa básica do filósofo consiste em analisar logicamente as sentenças, possibilitando uma abordagem objetiva dos problemas tradicionais da filosofia. A acurada análise da linguagem evitaria os enganos da metafísica tradicional.

> **Significado:** no sentido comum, é uma representação mental que permite a compreensão e a comunicação. Na filosofia analítica, esse conceito pode assumir diferentes acepções, conforme o filósofo que o discute, como veremos.

---

[6] Consulte, na parte I, o capítulo 10, "Conhecimento científico", em que se destacam o aspecto de "construção" da ciência e a importância da "comunidade científica" para aceitar as alterações de paradigmas científicos.

A "virada linguística"

Chama-se "virada linguística" (ou "giro linguístico") a revolução que representou o novo paradigma filosófico da epistemologia. A filosofia analítica privilegia a análise conceitual, utilizando os novos recursos da linguística à sua disposição e os da lógica simbólica, que permitem o estudo lógico das sentenças.

Desse modo, a filosofia analítica representa a posição mais radical de recusa da possibilidade de se atingir a verdade com base na subjetividade. Abandona as noções do "sujeito que conhece" para se limitar à investigação da linguagem: nossa relação com o mundo é como uma relação de significação.

Entre os diversos representantes da filosofia analítica, escolhemos tratar de Ludwig Wittgenstein.

9. Ludwig Wittgenstein

O austríaco Ludwig Wittgenstein (1889-1951) cresceu no seio de uma rica família vienense, em cuja residência circulava a elite intelectual de seu tempo. Considerado um dos principais filósofos do século XX, o impacto de suas obras foi notável para o encaminhamento de discussões a respeito das relações entre linguagem e pensamento.

Primeira fase: *Tractatus logico-philosophicus*

No prefácio de *Tractatus logico-philosophicus* (publicado em 1921), Wittgenstein declara que seu propósito é tratar dos problemas da filosofia, com base na compreensão da lógica de nossa linguagem e nos limites dela: "O que é de todo exprimível, é exprimível claramente; e aquilo de que não se pode falar, guarda-se em silêncio". Qual a proposta do filósofo com essas palavras?

Para Wittgenstein, nada pode ser conhecido fora da linguagem, o que representa sua opção metodológica pelo "giro linguístico" (ou "virada linguística"). É por meio da linguagem que os fatos são representados. Wittgenstein menciona fatos, e não coisas, porque "O mundo é a totalidade dos fatos, não das coisas", ou seja, o "fato" difere da "coisa" por se tratar de algo que ocorre, de uma relação entre objetos. Enquanto os objetos são simples, os fatos são complexos, e é por meio destes que temos acesso ao mundo.

Por exemplo, nada diremos diante do conceito "água"[7], somente quando se tratar de uma proposição: "A água é límpida", "A água ferve a 100 °C", que indicam fatos do mundo. Se dissermos "A água ferve a 20 °C", embora saibamos que isso não ocorre, não há uma impossibilidade lógica de ocorrer. Já a proposição "Chove e não chove" indica algo contraditório que não ocorre nem pode ocorrer. Portanto, só compreendemos proposições com sentido, ainda quando não correspondam a nenhum fato.

Na proposição 4.112 do *Tractatus*, assim Wittgenstein define o papel da filosofia:

> "O objetivo da filosofia é a clarificação lógica dos pensamentos. A filosofia não é uma doutrina, mas uma atividade. Um trabalho filosófico consiste essencialmente em elucidações. O resultado da filosofia não é 'proposições filosóficas', mas o esclarecimento de proposições. A filosofia deve tornar claros e delimitar rigorosamente os pensamentos, que de outro modo são como que turvos e vagos."
>
> WITTGENSTEIN, Ludwig. *Tractatus logico-philosophicus*. Lisboa: Fundação Calouste Gulbenkian, 1995. p. 62-63.

Nessa citação, está posto o propósito da filosofia de depurar a linguagem daquilo que a "enfeitiçava" e que fora o objetivo malsucedido de filósofos anteriores, ou seja, de buscar a essência da linguagem. Wittgenstein abandona qualquer pretensão metafísica do conhecimento e restringe-se a ver como a linguagem funciona.

E sobre o que se deve calar? Ora, como vimos, só a ciência trata dos fatos, enquanto cabe à filosofia apenas examinar o mecanismo lógico da linguagem como expressão do pensamento. Por isso, a filosofia nada poderia dizer sobre os fundamentos da ética, da estética e da religião. Apesar de relevantes, esses assuntos estão no campo do inefável, daquilo que não se pode exprimir: deles nada podemos dizer, apenas mostrar.

Urso polar nada na costa do Canadá. Foto de 2016. Ao dizermos que "os ursos polares nadam", estamos proferindo uma proposição com sentido.

---

[7] Os exemplos sobre a água foram adaptados de MORENO, Arley R. *Wittgenstein, os labirintos da linguagem*: ensaio introdutório. São Paulo: Moderna, 2000. p. 21. (Coleção Logos)

Segunda fase: *Investigações filosóficas*

Wittgenstein ficou muito tempo sem escrever, pois supunha não ter mais nada a dizer depois do *Tractatus*. A partir de 1929, entretanto, repensou sua filosofia e reformulou-a em muitos aspectos, processo que culminou com a elaboração de *Investigações filosóficas*.

Como anteriormente, continuou ocupando-se do significado das expressões linguísticas, não mais se atentando ao que elas se referem, mas ao *modo como elas são usadas*. Wittgenstein percebeu que geralmente buscamos nas proposições o que elas explicam ou descrevem. Retomando o exemplo anterior, "A água é límpida", damos uma característica da água. Mas, se dissermos simplesmente "Água!", isso poderá ter vários significados, dependendo das circunstâncias: tenho sede; rendo-me ao adversário; preciso apagar o incêndio; ensino uma criança a falar etc. Portanto, não se trata mais de uma representação, mas de uma hipótese cuja adequação à realidade precisa ser conferida. E certamente terá várias, daí ter criado a expressão "jogos de linguagem". De que se trata? É o que nos explica o professor Arley Moreno:

> "Essa expressão procura salientar, com a palavra 'jogo', a importância da práxis da linguagem, isto é, procura colocar em evidência, a título de elemento constitutivo, a multiplicidade de atividades nas quais se insere a linguagem; concomitantemente, essa expressão salienta o elemento essencialmente dinâmico da linguagem – por oposição, como vemos, à fixidez da forma lógica."
>
> MORENO, Arley R. *Wittgenstein, os labirintos da linguagem*: ensaio introdutório. São Paulo: Moderna, 2000. p. 55. (Coleção Logos)

Talvez se pense que o novo enfoque estivesse levando a análise da linguagem à incerteza das coisas vagas demais. Tal não é a convicção do filósofo, pois a consistência e o sentido são relativos aos usos que pretendemos fazer dos conceitos: a correção conceitual é um atributo do uso, mesmo que de fato nos comuniquemos com conceitos vagos, ambíguos.

Os jogos de linguagem são inúmeros. Alguns são recriados, enquanto outros são esquecidos. Em cada jogo específico, a palavra assume um significado determinado pelo uso, pois a linguagem muda conforme o contexto, como pedir, ordenar, aconselhar, xingar, narrar etc.

E a filosofia, para que serve? É preciso, antes, curar a cegueira do filósofo, acostumado com abstrações e generalizações, para que olhe os antigos fenômenos estudados sob uma nova ótica, prestando atenção às formas de vida e à multiplicidade de sentidos. Cabe à filosofia apenas descrever, analisar, elucidar a linguagem, como sugerira anteriormente. Agora, porém, a elucidação filosófica recai sobre as regras do uso dos jogos de linguagem, além de prosseguir a batalha "contra o enfeitiçamento de nossa inteligência por meio da linguagem".

Uma e três cadeiras (1965), instalação de Joseph Kosuth. Ao mostrar a cadeira três vezes – a própria cadeira, a fotografia dela e o verbete de um dicionário –, é como se Joseph Kosuth perguntasse ao espectador: qual das três é a verdadeira cadeira? Portanto, a realidade não está na coisa mesma, como pensavam os filósofos, mas depende do uso que fazemos da linguagem, o que Wittgenstein chamava "jogos de linguagem".

ATIVIDADES

1. Por que os pragmatistas se opõem ao conceito de fundacionismo?
2. O que significa *falibilismo* para Pierce?
3. O que Rorty entende por conversação e qual é a importância desse conceito para sua filosofia?
4. O que é "giro linguístico" e quais foram seus principais representantes? Como Wittgenstein posiciona-se diante dessa questão?
5. Explique em que consistem os jogos de linguagem para Wittgenstein.

10. Socialismo do século XX

A Revolução de 1917 ocorreu na Rússia, país de monarquia absolutista (czarismo) e de economia semifeudal que começara a industrializar-se apenas no final do século XIX. Entre os teóricos que repensaram os escritos de Marx e Engels no início do século XX, destacou-se Lênin (1870-1924), pseudônimo de Vladimir Ilitch Uliánov. Sob seu comando, em 1922, formou-se a União das Repúblicas Socialistas Soviéticas (URSS), com a unificação da Rússia, Ucrânia, Bielorrússia e Transcaucásia. O marxismo-leninismo tornou-se doutrina oficial com a supressão da propriedade privada dos meios de produção, a planificação econômica, a reforma agrária e a nacionalização dos bancos e das fábricas.

Após a morte de Lênin, seu sucessor, Joseph Stálin (1879-1953), dirigiu a URSS durante quase 30 anos com mão de ferro. Nesse período, o Estado foi de tal modo fortalecido que se transformou em Estado totalitário, como pode ser conferido no capítulo 12, "Poder e democracia".

Gramsci: intelectuais orgânicos

O filósofo italiano Antonio Gramsci (1891-1937), além de teórico socialista, ativista político e jornalista atuante, foi preso por dez anos sob o regime fascista de Benito Mussolini. Escreveu várias obras, entre elas, *Cadernos do cárcere*, durante a prisão. Desenvolveu conceitos que evitavam a orientação mecanicista daqueles que percebiam a classe dominada como joguete das forças produtivas. Sem negar a dominação, fortaleceu a concepção de um proletariado atuante na luta para assumir seus próprios valores, estratégia para evitar a submissão.

Gramsci criticou o marxismo tradicional expresso na interpretação rígida da relação entre infraestrutura e superestrutura. Ao analisar o papel dos intelectuais, sua teoria tornou mais flexível a relação entre os âmbitos econômico e ideológico-político. Para ele, o Estado capitalista não se impõe apenas pela coerção e violência explícitas, mas também por consenso, por persuasão. Esse é o papel das instituições da sociedade civil, como Igreja, escolas, partidos políticos, imprensa, por meio das quais a ideologia da classe dominante é difundida e preservada.

Aprimorou o conceito de ideologia ao definir que, em um primeiro momento, a ideologia tem a função positiva de atuar como *cimento* da estrutura social porque, incorporada ao senso comum, ajuda a estabelecer o consenso, conferindo **hegemonia** a uma determinada classe, que passará a ser dominante. Sob esse aspecto, as ideologias são orgânicas e historicamente necessárias quando "organizam as massas humanas, formam o terreno sobre o qual os homens se movimentam, adquirem consciência de sua posição, lutam etc.". Desse modo, a ideologia tem "o significado mais alto de uma concepção de mundo que se manifesta implicitamente na arte, no direito, na atividade econômica, em todas as manifestações de vida individuais e coletivas"[8] e que tem por função conservar a unidade de todo o bloco social.

Uma classe social é, portanto, considerada hegemônica quando for capaz de elaborar sua própria visão de mundo, ou seja, um sistema convincente de ideias pelas quais se conquista a adesão dos membros da comunidade. No entanto, a classe dominada permanece desorganizada e passiva, e mesmo eventuais rebeliões não modificam a situação de dependência enquanto não for construída sua própria consciência de classe. O proletariado necessita, então, de *intelectuais orgânicos*, assim denominados porque surgem "organicamente" de suas próprias fileiras e contrapõem-se aos *intelectuais tradicionais*. Ao constituírem coerentemente a concepção de mundo dos dominados, esses intelectuais expressam "a consciência da missão histórica" do proletariado.

Gramsci valoriza a atuação do partido como organizador das massas, a fim de tornar possível a unificação da teoria com a prática, ou seja, da ação revolucionária com a transformação intelectual. Ele destacou também o papel da escola como democratização da cultura e do saber, desenvolvendo vários estudos sobre o tema. Propôs a educação centrada no valor do trabalho e com a tarefa de superar as dicotomias entre o fazer e o pensar, entre cultura erudita e cultura popular. Para tanto, a escola classista burguesa precisaria ser substituída pela *escola unitária*, assim intitulada por oferecer educação idêntica para todas as crianças, a fim de desenvolver nelas habilidades tanto de trabalho manual como de intelectual.

> **Hegemonia:** do grego *hegemon*, "chefe", e *hegesthai*, "comandar". Tem o sentido de "supremacia", "liderança".

Vagas operárias (2004), tirinha de Laerte. A formiga dispensada parece ser uma "intelectual orgânica". Saída da massa operária, é recusada pelo seu potencial de conscientização.

---

[8]GRAMSCI, Antonio. *Concepção dialética da história*. 6. ed. Rio de Janeiro: Civilização Brasileira, 1986. p. 16.

11. Escola de Frankfurt: teoria crítica

A teoria crítica

A Escola de Frankfurt[9] surgiu na Alemanha em 1925. Os principais representantes foram Max Horkheimer, Theodor Adorno, Herbert Marcuse, Walter Benjamin, Erich Fromm e Jürgen Habermas, este último pertencente à "segunda geração" da Escola. Eles trataram de temas de natureza sociológico-filosófica, como autoridade, autoritarismo, totalitarismo, família, cultura de massa, liberdade, o papel da ciência e da técnica.

A filosofia dos frankfurtianos é conhecida como *teoria crítica*, em oposição à *teoria tradicional*. Nela, incluem a herança marxista e as diversas interpretações desse pensamento. Embora o ponto de partida desses autores seja marxista, fizeram críticas tanto ao dogmatismo de leninistas e stalinistas como à concepção naturalista da história, por serem teorias deterministas e evolucionistas, posição típica do positivismo predominante no final do século XIX. De acordo com a visão determinista, em dado momento o capitalismo produziria de maneira irreversível a alienação e a pauperização crescente da classe operária, até que explodiria a revolução e a vitória inevitável do socialismo. Desse modo, a violência seria elemento necessário e constitutivo do progresso, com a qual passaríamos de um estágio "inferior" para outro necessariamente "melhor".

No entanto, os frankfurtianos criticam a noção de progresso e condenam a violência. Analisando as sociedades tecnocráticas, altamente tecnicizadas e racionalizadas, denunciam a perda de autonomia do sujeito, docilizado tanto pela sociedade industrial totalmente administrada como pelas extremas regressões à barbárie representada pelos Estados totalitários na Alemanha e na União Soviética. Sob esse aspecto vale lembrar que era essa a pressão vivida pelos frankfurtianos, que precisaram exilar-se para escapar do totalitarismo nazista, ameaça que ainda hoje não pode ser descartada.

[9] Consulte, se necessário, na parte I, o capítulo 3, "Trabalho e lazer", mais especificamente o tópico 7, "Crítica à sociedade administrada".

No processo de recuperação da razão, os frankfurtianos reformulam o conceito de indivíduo e reivindicam a autonomia e o direito à felicidade. Nesse sentido, dizem "não" ao sacrifício individual das gerações presentes e criticam o revolucionário que exalta o sofrimento do povo ao mesmo tempo que o submete à mais cruel opressão, como é o caso de Robespierre, que instaurou o Terror entre 1793 e 1794 na Revolução Francesa, e de todos os revolucionários que, contraditoriamente, se dizem "democráticos". Por tudo isso, o indivíduo autônomo, consciente de seus fins, deve ser recuperado. Sua emancipação só será possível no âmbito individual, quando for resolvido o conflito entre a autonomia da razão e as forças obscuras e inconscientes que invadem essa mesma razão.

Razão instrumental

Retomando o conceito de *sociedade administrada*, vejamos como Max Horkheimer (1895-1973) distingue dois tipos de razão, a *cognitiva* e a *instrumental*, em sua obra *Eclipse da razão*:

- A razão cognitiva busca conhecer a verdade. Diz respeito ao saber viver, aos fins propriamente humanos, à sabedoria. Essa razão regula as relações entre as pessoas e entre as pessoas e a natureza.
- A razão instrumental propõe agir sobre a natureza e transformá-la, por isso visa à eficácia, à produtividade e à competitividade.

Para Horkheimer, os dois tipos de racionalidade coexistem, embora o desenvolvimento das ciências e sua aplicação à técnica tenha levado o progresso da tecnologia a patamares jamais alcançados, de maneira que a razão instrumental tomou tal vulto que se sobrepôs à razão cognitiva.

Para os frankfurtianos, a origem do irracional deve-se ao predomínio da razão instrumental e ao descaso pela razão cognitiva. Em última análise, a proposta desse tipo de racionalidade é a dominação da natureza para fins lucrativos, colocando a ciência e a técnica a serviço do capital.

Instalação artística feita pelo Greenpeace com lixo retirado do mar em praia de Cavite (Filipinas). Foto de 2017. Os pensadores da Escola de Frankfurt produziram grande parte de suas obras na primeira metade do século XX e nelas já denunciavam o "sofrimento da natureza", que hoje identificamos como problemas ecológicos, o que contrasta com o ideal do "saber é poder", usado por Bacon na modernidade a fim de celebrar o futuro de uma ciência capaz de dominar a natureza.

Infográfico — Tragédia de Mariana (MG)

Em novembro de 2015, uma barragem de rejeitos de minério da Samarco Mineração S.A. se rompeu e despejou mais de 60 milhões de metros cúbicos de lama sobre cidades, rios e o Oceano Atlântico, do interior de Minas Gerais até o litoral do Espírito Santo, mostrando a perversidade da negligência técnica quando há o predomínio da racionalidade com fins lucrativos. As atividades da empresa foram suspensas e medidas de reparo se mostram paliativas ou insuficientes. Mas a tragédia não acabou: o maior crime ambiental da história do Brasil continua a impactar negativamente o modo de vida de muitas pessoas.

A tragédia ocorrida em Mariana não se limitou à cidade mineira: do interior de Minas Gerais ao litoral do Espírito Santo, 39 municípios e distritos foram diretamente afetados.

BARRAGEM DO FUNDÃO

BENTO RODRIGUES
PARACATU DE BAIXO
GESTEIRA
MARIANA
Rio Gualaxo do Norte
Rio Doce
Rio Piranga
Rio do Carmo

BENTO RODRIGUES, PARACATU DE BAIXO E GESTEIRA

O distrito de Bento Rodrigues foi soterrado minutos depois do rompimento da barragem: 19 pessoas morreram e todos os moradores da região (cerca de 600) ficaram desabrigados. A lama também destruiu parcialmente os distritos de Paracatu de Baixo e de Gesteira, em Barra Longa, deixando 1,5 mil pessoas sem moradia. Forçados a migrar para a cidade de Mariana, os moradores desses povoados tornaram-se vítimas de discriminação, por serem considerados culpados pelo impacto econômico negativo na cidade, dada a suspensão das atividades da mineradora Samarco.

CONSEQUÊNCIAS ECONÔMICAS

Segundo a Prefeitura de Mariana, cerca de 90% da economia da cidade é ligada à mineração. A suspensão das atividades da Samarco afetou empregos, consumo e arrecadação de impostos na cidade.

Arrecadação de ICMS no município de Mariana (em milhões de reais)
- 2015 (jan.-nov.): 118,6
- 2016 (jan.-nov.): 42,2

Taxa de desemprego, em 2016
- Brasil: 11,5%
- Mariana (MG): 22%

Pessoas que deixaram de trabalhar na Samarco em Mariana, em 2016
- 4.337 — Dispensados sem justa causa
- 14 — Dispensados por justa causa
- 1.009 — Dispensados por outros motivos (fim de contrato, aposentadoria, transferência etc.)

Fontes: Secretaria Municipal de Cultura e Turismo de Mariana; Coordenação Geral de Estatísticas de Trabalho, Ministério do Trabalho e Previdência Social.

Fontes: ALVES, Cida; SANTOS, Wagner. Após a lama, tribo Krenak deixou de fazer rituais e festas no Rio Doce. Disponível em <http://mod.lk/zgdq9>; FERNANDES, Vilmara. Contaminação de peixes do Rio Doce é 140 vezes maior que limite. Disponível em <http://mod.lk/w6bnz>; MENDONÇA, Heloísa. Preconceito e espera em Mariana, epicentro da dependência da mineração. Disponível em <http://mod.lk/webti>; ORGANON, Núcleo de Estudo, Pesquisa e Extensão em Mobilizações Sociais. Impactos socioambientais no Espírito Santo da ruptura da barragem de rejeitos da Samarco – relatório preliminar. Nov.-dez. 2015; RODRIGUES, Léo. Mariana vive desafio de diversificar receitas, mas retorno da Samarco é plano A. Disponível em <http://mod.lk/l5avp>; RODRIGUES, Léo. MPF cobra R$ 155 bi para reparar danos do rompimento da barragem da Samarco. Disponível em <http://mod.lk/6b0ys>. Acessos em 10 maio 2017.

GOVERNADOR VALADARES

É a maior cidade na rota percorrida pela lama. Abastecida pelo Rio Doce, Governador Valadares ficou sem água por uma semana após o episódio – caos que resultou em cerca de 40 mil ações judiciais. Os reflexos persistem: em 2016, houve racionamento nas estações de tratamento para a prevenção de possíveis problemas em função dos rejeitos minerais acumulados no leito e nas margens do rio; em 2017, surtos de febre amarela e chikungunya na região foram associados à destruição do meio ambiente e à decisão da população de estocar água.

Pescadores de Baixo Guandu (ES) tiveram dificuldade em vender até os peixes estocados antes da lama. Naor Lopes da Silva teve prejuízo de R$ 40 mil.

RESPLENDOR, BAIXO GUANDU E RESERVA KRENAK

Entre os Krenak, povo indígena que vive em uma reserva no município de Resplendor, a contaminação representou a "morte" do Rio Doce. Não é mais possível tomar banho nas águas, realizar rituais e festas, pescar ou caçar os animais do ecossistema do rio. Em Baixo Guandu, a cultura ribeirinha foi afetada: pescadores ficaram sem trabalho e não podem ensinar o ofício aos filhos. Em 2016, a contaminação dos peixes do rio estava 140 vezes maior que o permitido pela legislação brasileira. A previsão para que a situação se reverta é de pelo menos 10 anos.

REGÊNCIA

A chegada da lama na foz do Rio Doce atingiu um dos principais pontos turísticos do litoral do Espírito Santo, a Praia de Regência, no município de Linhares. Com as praias consideradas impróprias para banho, a ausência do surfe deixou pousadas e hotéis vazios e eliminou postos de trabalho. O Projeto Tamar, outra atração local, foi obrigado a transferir ninhos e ovos das tartarugas que se reproduzem na área para outro ambiente, a fim de proteger as espécies.

REPARAÇÃO

Depois da tragédia, acordos entre a Samarco e os governos federal e estaduais de MG e ES estabeleceram ações de reparação de danos.

Cálculo e reparação de prejuízos
O investimento estimado pelo acordo entre a mineradora e os governos para reparação de danos e despoluição do meio ambiente é de R$ 20 bilhões. Já o Ministério Público Federal calcula um prejuízo quase oito vezes maior: R$ 155 bilhões.

Indenizações
Até o fim de 2016, não havia prazo definido para o pagamento das indenizações. É incerto que o valor cubra a totalidade dos prejuízos dos habitantes que perderam tudo na lama: alguns deles, por exemplo, não tinham acesso a bancos e guardavam em casa todas as economias.

Reconstrução das comunidades destruídas
A Samarco concordou em construir até 2019 novos vilarejos para abrigar as famílias que perderam suas casas. Porém, a reconstrução do senso de comunidade, que é imaterial, pode levar mais tempo.

QUESTÕES

1. Aponte consequências da tragédia que dificilmente podem ser revertidas, mesmo que haja reparação financeira por parte da empresa.
2. Com base na análise dos dados do infográfico, argumente como a relação exploratória com a natureza visando ao lucro pode, ao longo do tempo, prejudicar a economia local.
3. Relacione a tragédia ocorrida em Mariana ao conceito de razão instrumental.

12. Habermas: racionalidade e ação comunicativas

Jürgen Habermas (1929), filósofo alemão, é um dos principais representantes daquela que ficou conhecida como segunda geração da Escola de Frankfurt. Foi assistente de Adorno antes de trilhar os próprios caminhos de investigação filosófica. Escreveu *Conhecimento e interesse*, *A teoria do agir comunicativo* e *O discurso filosófico da modernidade*, entre outros.

Habermas continuou a discussão a respeito da razão instrumental, iniciada pelos frankfurtianos. Vivendo em época posterior a eles, encontrou-se diante de uma realidade diferente, representada pela sociedade industrial do capitalismo tardio – o capitalismo contemporâneo de tecnologia avançada, produção em escala e consumo em massa. Esse novo contexto o levou a elaborar uma teoria social baseada no conceito de *racionalidade comunicativa*, que se contrapõe à razão instrumental.

Consumidoras em *fast-food* de Teerã (Irã). Foto de 2001. O capitalismo tardio rompeu de modo acelerado as fronteiras da informação e do consumo, massificando alguns comportamentos.

O agir comunicativo

Vejamos como Habermas distingue o agir instrumental da ação comunicativa.

- O *agir instrumental* diz respeito ao *mundo do trabalho*. Nesse setor, aprendemos a desenvolver habilidades baseadas em regras segundo o que Habermas chama de "agir racional-com-respeito-a-fins", ou seja, um saber empírico que visa a objetivos específicos e bem definidos, orientados para o sucesso e a eficácia da ação. Desse modo, na economia, o valor é o dinheiro; na política, o poder; na técnica, a eficácia.

- O *agir comunicativo* diz respeito ao *mundo da vida* e se baseia nas regras de sociabilidade. As tarefas e as habilidades repousam principalmente sobre regras morais de interação. Por meio da comunicação isenta de dominação, as pessoas buscam o consenso, o entendimento mútuo (diálogo), expressando sentimentos, expectativas, concordâncias e discordâncias e visando ao bem-estar de cada um. Trata-se do modo que deveria reger as relações em esferas como família, comunidades, organizações artísticas, científicas, culturais etc.

Essa "pluralidade de vozes" não paralisa a razão no relativismo, uma vez que, por meio do procedimento argumentativo, o grupo busca o consenso em princípios que visam assegurar sua validade. Portanto, a verdade não resulta da reflexão isolada, no interior de uma consciência solitária, mas é exercida por meio do diálogo orientado por regras estabelecidas pelos membros do grupo, numa situação dialógica ideal. A *situação ideal de fala* consiste em evitar a coerção e dar condições para todos os participantes do discurso exercerem os atos de fala.

Interlocutor ativo dos teóricos da filosofia analítica da linguagem, para Habermas, o critério da verdade não se fundamenta na correspondência do enunciado com os fatos, mas no *consenso discursivo*. Essa postura o encaminha para elaborar a *ética do discurso*, tendência da qual também fazem parte Karl-Otto Apel (1922-2017) e Ernst Tugendhat (1930).

O problema surge quando a racionalidade instrumental se estende para outros domínios da vida pessoal nos quais deveria prevalecer a ação comunicativa. Nesses casos, ocorre o empobrecimento da subjetividade humana e das relações afetivas. Isso porque a razão instrumental não avalia as ações por serem justas ou injustas, mas pela sua eficácia. As ações orientam-se pela competição, pelo individualismo, pela obtenção de rendimento máximo.

A saída, porém, não está em recusar a ciência e a técnica, mas em recuperar o agir comunicativo naqueles espaços em que ele foi "colonizado" pelo agir instrumental. Do ponto de vista político isso significa, para Habermas, que a emancipação não mais depende da revolução, como propôs Marx, mas do aperfeiçoamento dos instrumentos de participação dentro da sociedade, respeitando-se o estado de direito.

Os oponentes da teoria habermasiana criticam a impossibilidade de se alcançar esse ideal, apesar de tê-lo como horizonte do discurso. Se pensarmos nas discussões atuais sobre ética aplicada, diante dos problemas comuns a todos os que habitam este planeta, é possível compreender como cada vez mais torna-se necessário rever comportamentos e buscar soluções, ainda que as conclusões sejam reavaliadas com frequência.

Trocando ideias

O agir instrumental e o agir comunicativo atravessam nossa realidade frequentemente.

- Discuta com seus colegas a respeito e comente exemplos do cotidiano que possam se relacionar às proposições de Habermas.

13. Fim da utopia socialista?

Sabemos que na segunda metade da década de 1980, desmoronou-se a União Soviética, interrompendo-se a experiência do chamado "socialismo real". Os diversos países que compunham a chamada "Cortina de Ferro" foram libertando-se da sua tutela da União Soviética, voltando a ser denominada Rússia.

No entanto, ao contrário dos que afirmam o esgotamento do marxismo, foram inúmeras as tentativas de correntes filosóficas posteriores de retomar os conceitos do marxismo clássico para adequá-los à nova realidade do mundo. A título de exemplo, destacamos as aproximações feitas por Maurice Merleau-Ponty entre fenomenologia e marxismo, por Jean-Paul Sartre entre existencialismo e engajamento político marxista e maoista. Wilhelm Reich, Herbert Marcuse e Erich Fromm aproximaram o marxismo da psicanálise.

As ideias marxistas, expurgadas de seu ateísmo, serviram de base teórica para correntes cristãs, como a Teologia da Libertação, que desenvolveram uma ação evangélica centrada na população de menor renda dos países em desenvolvimento. No Brasil, foi representativa a participação do educador Paulo Freire (1921-1997), com seu projeto de alfabetização de adultos em que o próprio trabalhador, ao aprender a ler, tomava consciência da exploração sofrida. Por ter atuado na época da ditadura militar, foi exilado.

Mais recentemente, intelectuais contemporâneos influentes procuram adequar o marxismo à nova realidade do mundo globalizado e submetido ao neoliberalismo, a fim de criticar o capitalismo financeiro. Entre eles, destacam-se: Perry Anderson (1938), Pierre Bourdieu (1930-2002), Noam Chomsky (1928), Giorgio Agamben (1942), István Mészáros (1930), Slavoj Žižek (1949) e Antonio Negri (1933).

O rápido desencadeamento dos fatos históricos que marcaram o final do século XX provocou espanto para todos os segmentos. Para os socialistas, porém, o sonho da sociedade igualitária não acabou, mesmo porque o chamado "socialismo real" nunca foi de fato o socialismo esperado, e muitos o acusaram de degenerar a proposta inicial.

Quanto ao capitalismo, não consegue esconder suas contradições, obrigado a enfrentar diversas crises, porque, embora tenha conseguido produzir conforto e riqueza, não soube distribuí-los com equidade: a injusta repartição das riquezas que a sociedade produz é revelada por altos índices de miséria no mundo inteiro.[10]

Nesse sentido, o economista francês Thomas Piketty (1971), na obra *O capital no século XXI*, identifica o fenômeno da desigualdade crescente e adverte que ela não cessará de aumentar caso não sejam alteradas as bases da economia atual, excessivamente elitista e complacente com a cobrança de tributos.

ATIVIDADES

1. O que Gramsci entende por "intelectuais orgânicos"?

2. Em que consiste a razão instrumental para os filósofos frankfurtianos e quais os riscos de sua predominância na sociedade contemporânea?

3. Quais são as características da ética do discurso de Jürgen Habermas?

---

[10] A respeito da desigualdade econômica, consulte, na parte I, o capítulo 12, "Poder e democracia", mais especificamente o tópico "Democracia econômica".

A Amazonas Jazz Band se apresenta no Teatro Amazonas, em Manaus. Foto de 2016. No texto *O direito à literatura*, o professor Antonio Candido (1918-2017) indica como consequência da desigualdade imposta pelo capitalismo a restrição econômica e social do acesso às obras da cultura erudita.

Leitura analítica

Materialismo e moral

Max Horkheimer reconhece a influência de Nietzsche na crítica que realiza ao mundo capitalista marcado por interesses econômicos, na tentativa de recuperar o quinhão de felicidade a que cada indivíduo teria direito. Em seguida, exemplifica a forma prepotente com que a razão instrumental se sobrepõe às necessidades propriamente humanas.

"O sentimento moral tem algo a ver com amor; pois 'na finalidade está o amor, a adoração, a visão da perfeição, a saudade' (Nietzsche). Entretanto, esse amor (o sentimento moral) não se refere à pessoa como sujeito econômico ou como um cargo na situação financeira de quem ama, mas como o possível membro de uma humanidade feliz. Não tem em mira a função e o prestígio de um determinado indivíduo na vida burguesa, mas a sua necessidade e as forças orientadas para o futuro.

[...] A luta em escala mundial dos grandes grupos econômicos se trava através da atrofia de talentos humanos de valor, do uso de mentiras interna e externamente e do desenvolvimento de ódios imensos. A humanidade alcançou, no período burguês, tal riqueza, comanda forças auxiliares naturais e humanas tão grandes que poderia existir unida sob objetivos dignos. A necessidade de ocultar esse fato que transparece em toda parte determina uma esfera de hipocrisia que não se estende apenas às relações internacionais, mas insinua-se nas relações mais particulares, determina também uma redução de esforços culturais, inclusive da ciência, um embrutecimento da vida privada e pública, de tal forma que à miséria material se junta também a miséria espiritual. Nunca a pobreza dos homens se viu num contraste mais gritante com a sua possível riqueza como nos dias de hoje, nunca todas as forças estiveram mais cruelmente algemadas como nessas gerações onde as crianças passam fome e as mãos dos pais fabricam bombas. O mundo parece caminhar para um desastre, ou melhor, já está no meio de um desastre, que, dentro da história que nos é familiar, só pode ser comparado à decadência da Antiguidade. O absurdo do destino individual, que antes já era determinado pela falta de razão, pela mera naturalidade do processo de produção, cresceu na fase atual, para converter-se na marca mais característica da existência. Quem é feliz poderia, por seu valor interior, encontrar-se também no lugar do mais infeliz e vice-versa. Cada um está entregue ao acaso cego. O desenrolar de sua existência não guarda qualquer proporção com as suas possibilidades interiores, seu papel na sociedade atual não tem, na maioria das vezes, qualquer relação com aquilo que ele poderia produzir numa sociedade racional. [...] Percebemos os homens não como sujeitos de seu destino, mas como objetos de um acidente cego da natureza, e a resposta do sentimento moral a isso é a compaixão."

HORKHEIMER, Max. Teoria crítica I. In: MATOS, Olgária Chain Féres. *A Escola de Frankfurt*: luzes e sombras do Iluminismo. São Paulo: Moderna, 2001. p. 82-83. (Coleção Logos)

QUESTÕES

1. Identifique no texto as referências à razão instrumental.
2. Quais seriam as necessidades propriamente humanas?
3. Em que circunstâncias a razão instrumental tem sido prejudicial à humanidade?

14. Pós-modernidade

Não é fácil a definição do conceito de pós-modernidade, pois há diferentes explicações para o fenômeno. Geralmente, refere-se a pensadores que se destacaram no debate a partir de meados do século XX, abrangendo vários campos do saber. De comum, há o estado de espírito que desconfia da herança do Século das Luzes: não existe mais a esperança depositada no progresso, tampouco faz sentido a ilusão de que a razão haveria de nos orientar em direção a uma sociedade mais harmônica. Tudo parece envelhecido e ultrapassado, cada vez mais distante do sonho iluminista da libertação humana pelo conhecimento.

Os motivos da descrença na razão iluminista encontram-se em exemplos como os da Alemanha letrada, de onde emergiu o Holocausto, e na constatação de que o mais alto conhecimento da física contemporânea foi capaz de gestar a bomba que destruiu Hiroshima e Nagasaki; ou, ainda, na constatação de como os princípios morais absolutos e universais se dissolveram na diversidade de valores relativos e subjetivos.

O pós-modernismo também promoveu mudanças no campo da arte: as vanguardas artísticas perderam sua força de escândalo. A crítica à austeridade do modernismo é percebida na arquitetura pós-moderna, que ironiza as teorias da funcionalidade na arquitetura – tese da tendência alemã da Bauhaus – e propõe criações com referências ecléticas ao passado.

Filosofia pós-moderna

Na filosofia, o pensamento "pós-moderno" sofreu influência do perspectivismo de Friedrich Nietzsche (1844-1900) e de vários filósofos que desvendaram as ilusões do conhecimento, denunciaram a razão emancipadora, incapaz de ocultar sua face de dominação, e questionaram a possibilidade de alcançar a verdade. No entanto, a partir da década de 1980, outros expressaram de maneira significativa essas rupturas, por meio de um processo de "desconstrução" da metafísica tradicional, principalmente do conceito de sujeito e de sua pretensa autonomia.

Será preciso, porém, advertir não ser tranquila a inserção de filósofos contemporâneos como pós-modernos, uma vez que ainda não há distanciamento suficiente no tempo para conclusões mais seguras. Mesmo porque alguns deles não são propriamente pós-modernos, embora se ocupem de analisar as características desse novo modo de pensar e agir.

Há ainda os que recusam explicitamente a concepção de pós-modernidade, como Jürgen Habermas. Em *A modernidade, um projeto inacabado*, colocou-se contra o movimento pós-moderno porque, para ele, a tarefa iniciada por Immanuel Kant, de superação da incapacidade humana de se servir de seu próprio entendimento e ousar servir-se da própria razão, ainda deverá ser completada, como tarefa a ser refeita a cada momento, com base no exercício da *razão crítica*.

Já o francês Jean-François Lyotard (1924-1998) tematizou a questão da pós-modernidade na obra *A condição pós-moderna* (1979). Para ele, o pós-moderno representa a incredulidade diante das grandes narrativas, que se dizem capazes de explicar a realidade de modo absoluto e universal. Tinha sido esse o sonho de Descartes e de todas as teorias radicais, globalizantes, como as construídas por Hegel, Marx, Freud e até pelas grandes religiões. Contrariando-os, a pós-modernidade aceita o fragmentário, o descontínuo, o caótico.

Outros filósofos como Michel Foucault, Jacques Derrida, Gilles Deleuze serão objeto de atenção na sequência deste capítulo, ainda que deixando de lado muitos outros que, de certa maneira, representam as perplexidades desse período. Entre eles, citamos os italianos Gianni Vattimo (1936) e Giorgio Agamben; os franceses Jean Baudrillard (1929-2007) e Gilles Lipovetsky (1944); o esloveno Slavoj Žižek.

> **Bauhaus:** do alemão "construindo uma casa"; nome de uma escola de arquitetura e desenho industrial da Alemanha que vigorou na década de 1920. O estilo era geométrico e austero, mas refinado e funcional.
>
> **Eclético:** no contexto, o que mistura um pouco de cada estilo.

À esquerda, *Pequena cadeira elétrica* (1964-1965), pintura de Andy Warhol. O nada envolvido pela morte é representado nessa obra por meio de uma crítica à violência da sociedade estadunidense. À direita, *Cão-balão* (1994), escultura de Jeff Koons. A obra é intensa do ponto de vista visual, mas, do ponto de vista crítico, é vazia de significados. As duas obras mostram o descontínuo do pós-moderno por meio de representações completamente distintas a respeito do nada.

Capítulo 22 • Tendências filosóficas contemporâneas **453**

15. Foucault: verdade e poder

O filósofo francês Michel Foucault (1926-1984) desenvolveu um método de investigação histórica e filosófica. O ponto de partida de sua pesquisa foi a mudança de comportamentos ocorrida na Idade Moderna, a partir da segunda metade do século XVII, sobretudo nas instituições prisionais e nos hospícios. Suas principais obras são *Arqueologia do saber*, *História da loucura na era clássica*, *As palavras e as coisas*, *Vigiar e punir*, *História da sexualidade* e *Microfísica do poder*.

Foucault pretendia entender como as ideias de loucura, disciplina e sexualidade foram construídas historicamente em um período que se estendeu do século XVII ao XIX. Suas reflexões o levaram a apresentar uma nova teoria em que estabelece um nexo entre saber e poder. Segundo a tradição da modernidade, o saber antecede o poder: primeiro busca-se a verdade essencial, da qual decorre a ação. Para Foucault, porém, o saber não se encontra separado do poder e é justamente o poder que gera o que se passa a considerar como verdade.

Não por acaso, é com o avanço das ciências médicas e psiquiátricas que o aprofundamento do conhecimento do corpo humano é correlato à vontade de regular, de controlar: as estratégias de poder são imanentes à *vontade de saber*. O resultado disso é que o poder se encontra em todo lugar e serve para dizer o que é saúde e doença, o normal e a "perversão".

Sua teoria inicia-se pelo processo de **arqueologia** e se completa com a tática genealógica.

- O processo arqueológico identifica, em determinado período, quais são as maneiras de pensar e certas regras de conduta que constituem um "sistema de pensamento".
- A tática genealógica é posterior e completa a investigação, na tentativa de explicar as mudanças ocorridas, para saber como a verdade foi produzida no âmbito das relações de poder.

> **Arqueologia:** do grego *arkhé*, "princípio", "causa original", e *lógos*, "estudo". É a ciência que estuda os costumes de povos antigos por meio de materiais coletados.

As instituições fechadas

Foucault examinou as condições do nascimento da psiquiatria e levantou a hipótese de que o saber psiquiátrico não se constituiu para entender o que é a loucura, mas como instrumento de poder que propiciou a dominação do louco e seu confinamento em instituições fechadas. Não por acaso, também os mendigos eram recolhidos em asilos, o que representou uma tática de "exclusão que separa o louco do não louco, o perigoso do inofensivo, o normal do anormal".

Segundo o filósofo, a mudança deveu-se à ascensão da burguesia. Ao se constituir como classe dominante, precisou de uma disciplina que excluísse os que eram considerados "incapazes" e "inúteis para o trabalho" (loucos e mendigos, entre outros).

Com o desenvolvimento do processo de produção industrial, a nova classe interessou-se por mecanismos de controle mais eficazes, a fim de tornar os corpos dóceis e os comportamentos e sentimentos adequados ao novo modo de produção.

Em *História da loucura*, Foucault relata que, entre os séculos XV e XVI, uma das mais recorrentes expressões literárias e pictóricas sobre a loucura foi a da "nau dos loucos" (ou "nau dos insensatos"). Transportados para lugares distantes ou deixados à deriva, assombravam a imaginação das pessoas. No entanto, na Idade Moderna, aos poucos a loucura foi reduzida ao silêncio, para não mais comprometer as relações entre a subjetividade e a verdade. Além de expulsa por uma razão dominadora, a loucura passa a ser vista como doença e a ser controlada em instituições fechadas que se espalharam pela Europa nos séculos XVII e XVIII: a nau transformara-se em hospício. O mesmo tratamento foi dado aos mais pobres e aos desocupados.

Trocando ideias

Até hoje "pessoas diferentes" têm sido objeto de preconceitos ou mesmo excluídas do padrão aceito socialmente.
- Que "naus-preconceito" ainda navegam em nossos mares?

A nau dos loucos (c. 1500), detalhe de pintura de Hieronymus Bosch.

A sociedade disciplinar

Nos séculos XVII e XVIII, os processos disciplinares assumiram a fórmula geral de dominação exercida em diversos espaços, além do já referido hospício: nos colégios, nos hospitais, na organização militar, nas oficinas, na família. Exerceu-se também pela medicalização da sexualidade. O controle do espaço, do tempo, dos movimentos foi submetido ao olhar vigilante, que, por sua vez, introjetou-se no próprio indivíduo.

A extensão progressiva dos dispositivos de disciplina ao longo daqueles séculos e sua multiplicação no corpo social configuram o que se chama "sociedade disciplinar". Desse modo, segundo uma "microfísica do poder", Foucault identifica que o poder não se exerce de um ponto central como qualquer instância do Estado, mas se encontra disseminado em uma rede de instituições disciplinares. São as próprias pessoas, nas relações recíprocas (pai, professor, médico), que fazem o poder circular. Cabe à genealogia do saber investigar como e por que esses discursos se constituíram, que poderes estão na origem deles, ou seja, *como o poder produz o saber*.

O controle da sexualidade

Em *História da sexualidade*, Foucault destacou que na civilização contemporânea fala-se muito sobre sexualidade, sobretudo para proibi-la, o que o filósofo caracteriza como *biopoder*. Isso ocorre nas instâncias da família, da religião, da comunidade. Quanto à ciência, são estabelecidos padrões de normalidade e patologia, bem como classificações de tipos de comportamento. A palavra do "especialista competente" aprisiona os indivíduos, submetendo-os à vigilância e regulação do sexo. Desse modo, o discurso científico naturaliza o sexo, isto é, apresenta-o como algo natural – e não cultural –, reduzindo-o a uma visão biologizante.

Por exemplo, durante muito tempo a mulher ficou reduzida em sua sexualidade: ora por estar submetida ao desejo masculino, ora, no polo oposto, como aquela que gera filhos, presa a um destino biológico. Outro caso é o da homossexualidade. A respeito do discurso construído pela ciência sobre mulheres e homossexuais, Foucault comenta:

> "Foi por volta de 1870 que os psiquiatras começaram a constituí-la [a homossexualidade] como objeto de análise médica: ponto de partida, certamente de toda uma série de intervenções e de controles novos. É o início tanto do internamento dos homossexuais nos asilos quanto da determinação de curá-los. Antes eles eram percebidos como libertinos e às vezes como delinquentes (daí as condenações que podiam ser bastante severas – às vezes o fogo, ainda no século XVIII –, mas eram inevitavelmente raras). A partir de então, todos serão percebidos no interior de um parentesco global com os loucos, como doentes do instinto sexual.
>
> [...] Durante muito tempo se tentou fixar as mulheres à sua sexualidade. 'Vocês são apenas o seu sexo', dizia-se a elas há séculos. E este sexo, acrescentaram os médicos, é frágil, quase sempre doente e sempre indutor de doença. 'Vocês são a doença do homem'. E este movimento muito antigo se acelerou no século XVIII, chegando à patologização da mulher: o corpo da mulher torna-se objeto médico por excelência. [...] Ora, os movimentos feministas aceitaram o desafio. Somos sexo por natureza? Muito bem, sejamos sexo mas em sua singularidade e especificidade irredutíveis. Tiremos disto as consequências e reinventemos nosso próprio tipo de existência, política, econômica, cultural..."
>
> FOUCAULT, Michel. *Microfísica do poder*. Rio de Janeiro: Edições Graal, 1979. p. 233-234.

Como podemos constatar, a noção de verdade para Foucault encontra-se ligada a práticas de poder disseminadas no tecido social (os micropoderes). Esse poder não é exercido pela violência aparente nem pela força física, mas pelo adestramento do corpo e do comportamento, a fim de "fabricar" o indivíduo normatizado ou o tipo de trabalhador adequado para a sociedade industrial capitalista.

Maud Wagner, a primeira mulher tatuadora profissional nos Estados Unidos de que se tem conhecimento, em foto de 1907. O micropoder está presente no adestramento do corpo, que impõe proibições e normatiza comportamentos. Atitudes como a de Maud Wagner subverteram esse tipo de controle em seu tempo.

16. Jacques Derrida: desconstrucionismo

Para o franco-argelino Jacques Derrida (1930-2004), o modelo totalizante da filosofia se esgotara, o que exigia novas formas de filosofar. Além disso, o risco de considerar que a teoria de cada um é a verdadeira fez que muitos sistemas filosóficos se estendessem no tempo sem que seus pressupostos fossem examinados. Por isso Derrida se distancia das grandes sínteses, como a hegeliana, e se esforça para se desfazer dos sentidos múltiplos.

Um dos seus principais focos concentrou-se na *desconstrução* da metafísica tradicional, que tem por base a *ideia de fundamento* e de *identidade*. A desconstrução estende-se a vários campos do saber, pois em toda teoria há elementos ficcionais que nem sempre são percebidos como tal. Isso significa identificar o que está dissimulado, oculto nas entrelinhas, processo que enriquece a filosofia, sem destruí-la. Aliás, estaria aí justamente a possibilidade de sua renovação.

Recebemos da tradição metafísica um conjunto de oposições (alma-corpo, voz-escrita, voz-pensamento, razão-desrazão), dicotomias ou "pares conceituais" que tecem hierarquias: alma superior ao corpo; valorização da voz em detrimento da escrita; a razão que exclui a loucura. Nessas oposições, Derrida não descobre normas lógicas e neutras, mas hierarquias de valores que geram violência, pela exclusão de um dos lados. A proposta do filósofo é questionar as oposições, negando a exclusão e mostrando que cada noção só tem sentido em relação à outra.

Nas obras *Gramatologia* e *A escritura e a diferença*, publicadas na década de 1960, o filósofo destaca que a tradição filosófica é *logocêntrica*, por privilegiar o logos (a razão) como base de toda verdade, e é *fonocêntrica*, por valorizar a voz e a presença em detrimento da escrita, que seria apenas um substituto, uma auxiliar delas. Diante da desvalorização da escritura em relação à voz, Derrida propõe uma desconstrução para identificar a seleção realizada por quem escreve, ao mesmo tempo que revela o que foi omitido, o que está explícito e o que permanece oculto. A leitura rigorosa é a que se empenha em interpretar as metáforas e trazer à tona as lacunas.

Por isso mesmo, desconstruir não é reabilitar a escrita contra a fala, mas recusar a oposição entre as duas, o que ocorre quando nos valemos da ideia de *anterioridade* ou de *superioridade* de uma em relação à outra. Tanto é que, para ele, mesmo nas sociedades sem escrita há formas de **arquiescritas**, por exemplo, maneiras de registrar o número de escravos ou de bens produzidos.

Derrida cria o neologismo *différance*, termo francês que tem sido traduzido de diversas maneiras – "diferança", "diferância" ou mesmo mantendo a grafia usual "diferença". A alteração do termo original "*différence*" (diferença) faz sentido em francês porque, apesar de grafia diversa, as duas palavras são pronunciadas de maneira idêntica.

> **Arquiescrita:** neologismo cujo prefixo, do grego *arkhé*, significa "causa original", "realidade primeira". No contexto, uma "escrita primeira", ou seja, "antes da escrita".

Quipo inca do século XV. Para Derrida, não é fecundo discutir se a voz é anterior à escrita ou vice-versa. Na verdade, os dois polos não são opostos, mas fazem parte de uma mesma realidade. Por exemplo, em comunidades sem escrita, como é o caso dos incas, povos pré-colombianos oriundos da atual região do Peru, as informações sobre o volume das colheitas eram "registradas" em um artefato de cordas chamado "quipo".

Por que, então, utilizar letras diferentes para expressar uma palavra com a mesma pronúncia? Pode-se dizer que o filósofo pretende indicar uma mudança na formulação que o novo conceito traz em si. Ou seja, o conceito de *diferância* acusa o princípio de *identidade* de ser responsável por sistematizar o saber numa totalidade racional, coerente e fechada. Ao contrário, a diferância representa o movimento que produz as "diferenças".

Exemplificando, Derrida condena a subordinação de um polo a outro quando se valoriza a voz em detrimento da escrita, assim como costuma ocorrer em outras oposições, como sujeito-objeto, espírito-corpo, razão-sensibilidade etc.

Desconstrução na ética e na política

É importante realçar o fato de Derrida ter nascido na Argélia, então colônia francesa, e pertencer a uma família de judeus argelinos, situação que o expôs à segregação devido ao antissemitismo. Na adolescência, já na França, encontrou empecilhos para ingressar na Escola Normal[11], devido à redução de cotas para judeus. Mais tarde, concluídos seus estudos, tornou-se professor na Sorbonne, em Paris, e em universidades estadunidenses.

A própria experiência de exclusão marcou o pensamento e o olhar de Derrida para situações de recusa da **alteridade**, como as que atingem o estrangeiro, o imigrante, a mulher, a criança, o idoso e o animal. Ele observa que toda exclusão é a negação do diferente, que gera o sentimento de pária – pessoa à margem de uma comunidade – naquele que é negado. Como um não cidadão, a relação com o outro não passa de um "traço" do outro em mim.

Assim explica a professora Olgária Matos:

> "Quando Derrida afirma ter uma única língua e que ela não é a sua mas de um outro, dá sequência, deslocando-a, à interpretação de Freud sobre a questão da identidade e da origem.
>
> Nessa refiguração da língua encontra-se o sentimento 'perturbante', a situação próxima à do pária, no paradoxo da impossível inclusão e da impossível exclusão. Derrida elabora a condição daquele que está à margem, sem uma referência a uma comunidade política. Na sequência da Primeira Guerra Mundial, a queda do Império Russo, do Império Austro-Húngaro e do Otomano, bem como os reordenamentos políticos do Leste Europeu, as leis raciais sob o nazismo e a Guerra Civil Espanhola disseminaram na Europa uma população de refugiados como fenômeno de massa contínuo. O **apátrida** e o refugiado, embora comportem diferenças com respeito aos pertencimentos legais e simbólicos, dizem respeito, nos Estados industrializados, a 'residentes não estáveis' e não cidadãos, que não podem nem ser naturalizados nem repatriados."
>
> MATOS, Olgária. Derrida e a língua do outro. *Revista Cult*, São Paulo, n. 195, out. 2014. p. 32.

[11] Na França, a *École Normale* é um nome genérico para qualquer estabelecimento de formação de professores e pesquisadores.

Derrida sempre desenvolveu significativa atuação política, como a defesa dos direitos de imigrantes argelinos na França ou seu ataque contra o *apartheid* na África do Sul, além ter auxiliado dissidentes intelectuais da antiga Tchecoslováquia que exigiam do governo respeito aos direitos humanos.

17. Gilles Deleuze: a criação de conceitos

O filósofo francês Gilles Deleuze (1925-1995) foi professor em diversas universidades, inclusive na Sorbonne. Escreveu monografias sobre filósofos como Espinosa, Kant, Nietzsche e Bergson, nas quais identificamos suas preferências e reinterpretações. São de sua autoria as obras *Lógica do sentido*, *Diferença e repetição* e, em parceria com o psicanalista Félix Guattari: *O anti-Édipo*, *Capitalismo e esquizofrenia*, *O que é a filosofia?* e *Mil platôs*.

Para Deleuze, a vida e o mundo encontram-se em constante processo de criação do novo: a vida é acontecimento, devir, um fazer-se contínuo. Por isso ele critica a noção metafísica de *conceito*. Como podemos ver no capítulo 1, "A experiência do pensar filosófico", Deleuze recusa as definições tradicionais de filosofia como contemplação, reflexão, diálogo ou comunicação para considerá-la "a arte de formar, de inventar, de *criar* conceitos". Em obra com Guattari, os autores acrescentam, citando Nietzsche:

> "Nietzsche determinou a tarefa da filosofia quando escreveu: 'os filósofos não devem mais contentar-se em aceitar os conceitos que lhes são dados, para somente limpá-los e fazê-los reluzir, mas é necessário que eles comecem por fabricá-los, criá-los, afirmá-los, persuadindo os homens a utilizá-los'."
>
> DELEUZE, Gilles; GUATTARI, Félix. *O que é a filosofia?* Rio de Janeiro: Editora 34, 1992. p. 13-14. (Coleção Trans)

Aos filósofos não interessam modelos estáticos nem o comportamento passivo de seguidores. Compreende-se, com essas afirmações, que os conceitos mudam e recebem constantes reinterpretações, pois, ao escrever sobre determinado filósofo, Deleuze identifica e clarifica os conceitos criados e explicita o problema que o levou a inventar aquele conceito: ou seja, "fazer filosofia é problematizar". Com a noção de *multiplicidade*, ele acentua o *movimento* em contraposição às *essências*, que caracteriza o *ser* constituído de uma vez por todas.

> **Alteridade:** do latim *alter*, "outro". Qualidade do que é outro; o outro é aquele que não sou eu.
>
> **Apátrida:** aquele que perdeu a nacionalidade de origem e não adquiriu outra; sem pátria.

Capítulo 22 • Tendências filosóficas contemporâneas **457**

Ordenar o caos

Segundo Deleuze e Guattari, quando refletimos, procuramos ordenar nosso pensamento para nos proteger do caos, das ideias fugidias. No entanto, a arte, a ciência e a filosofia exigem mais do que isso, pois elas não buscam certezas definitivas. Baseando-se em um texto do escritor David-Herbert Lawrence, *O caos e a poesia*, os autores afirmam:

> "[...] os homens não deixam de fabricar um guarda-sol que os abriga, por baixo do qual traçam um firmamento e escrevem suas convenções, suas opiniões; mas o poeta, o artista abre uma fenda no guarda-sol, rasga até o firmamento, para fazer passar um pouco do caos livre e tempestuoso e enquadrar, numa luz brusca, uma visão que aparece através da fenda. [...] Então, segue a massa dos imitadores, que remendam o guarda-sol, com uma peça que parece vagamente com a visão; e a massa dos glosadores que preenchem a fenda com opiniões: comunicação. Será preciso sempre outros artistas para fazer outras fendas, operar as necessárias destruições, talvez cada vez maiores, e restituir assim, a seus predecessores, a incomunicável novidade que não mais se podia ver. Significa dizer que o artista se debate menos contra o caos (que ele invoca em todos os seus votos, de uma certa maneira) que contra os 'clichês' da opinião."
>
> DELEUZE, Gilles; GUATTARI, Félix. *O que é a filosofia?* Rio de Janeiro: Editora 34, 1992. p. 261-262. (Coleção Trans)

Os autores nos dizem que, do mesmo modo que a *filosofia* ordena o caos com o *conceito*, a *arte* é capaz de romper com as convenções (rasgar o céu) e, ao nos desacomodar, nos convida a ordenar o caos pela *sensação* (afectos e perceptos) e a apreciar o novo. Os perfectos não são entendidos simplesmente como percepções, mas como um conjunto de percepções e sensações que vão além daquele que as sente: trata-se de dar duração ou eternidade a um complexo de sensações que não pertence mais a apenas um indivíduo, sendo transmitido a outros por meio da arte. Já os afectos são os chamados devires, que excedem as forças daquele que passa por eles, levando-o para potências além de sua própria compreensão: é o que acontece quando nos deparamos com alguma obra de arte que nos toca, por exemplo.

A *ciência*, por sua vez, tem por objeto as *funções* para conhecer o real, por meio de mensurações. Por provocar tais fissuras, a filosofia, a arte e a ciência são chamadas de "caoides", realidades produzidas em planos que recortam o caos. Por ser um estado caoide por excelência, o *pensar* se compara sem cessar com o caos. Ou seja, a filosofia é uma atividade contínua de criação de conceitos para enfrentar os problemas com que se depara, mas que sempre reaparecem com outras configurações.

Ao dizer que os conceitos são criados de acordo com os problemas, Deleuze reforça que essa criação se faz no *plano da imanência*, ou seja, não se busca *transcendência* alguma, mas apenas situar os elementos no tempo e no lugar onde se vive. Por exemplo, quando o próprio filósofo escreve sobre Foucault, Bergson e Espinosa, apropria-se de conceitos, mas os ressignifica, processo que chama de *desterritorialização* de um plano e sua *reterritorialização* em outro (ou seja, no tempo e no espaço do próprio Deleuze).

Ao contrário da noção de *conceito metafísico*, que aspira à verdade, o que Deleuze chama de *conceito* é apenas expressão de sentidos e está enraizado na experiência presente e sempre transitória, porque sujeita ao caos.

Caos: conforme as tradições mitológicas, o vazio primordial. No contexto, não se trata do sentido comum de desordem, confusão, mas de uma aceleração constante de todas as formas que surgem e desaparecem logo em seguida.

Glosador: comentador; no contexto, alguém que não é criador.

Imanência: qualidade que pertence ao interior do ser, que está na realidade ou na natureza.

Transcendência: situação do que se encontra em um plano superior da realidade; propriedade de um objeto que ultrapassa os limites da experiência atual.

Deleuze e Guattari fixando o rizoma (2008), instalação de Carlos Garaicoa. Deleuze e Guattari desterritorializaram o conceito de rizoma, extraído da botânica (caule de crescimento horizontal, sem direção clara), atribuindo-lhe um novo significado, a fim de subverter a ordem epistemológica assumida pela modernidade com a noção de uma organizada "árvore do conhecimento".

A educação e a diferença

A influência de Espinosa e de Nietzsche pode ser notada nas análises pontuais de Deleuze sobre a educação. De fato, há todo um movimento de descoberta da "pedagogia" deleuziana, o que contradiria o pensamento do filósofo caso fosse apresentada como um "modelo" a ser seguido. Suas observações esparsas, mas incisivas, denotam a prevalência da vida, da alegria, da invenção, ou seja, a defesa de uma educação capaz de desenvolver as forças afirmativas sem sucumbir a um poder externo.

Esse poder emanaria dos modelos de "bom professor" e de "bom aluno", que instauram uma identidade e anulam as diferenças. Ao contrário, Deleuze, em sua filosofia da *diferença*, aponta para a multiplicidade.

A professora Sandra Mara Corazza, estudiosa de Deleuze, qualifica o verbo "artistar" para designar o fazer didático:

> "Para artistar a infância e sua educação, é necessário fazer uma docência à altura, isto é, uma docência artística. Modificar a formação do intelectual da educação, constituindo-o menos como pedagogo, e mais como analista da cultura, como um artista cultural, que já tem condições de pensar, dizer e fazer algo diferente [...]. Docência que, ao exercer-se, inventa. Re-escreve os roteiros rotineiros de outras épocas. [...] Dispersa a mesmice e faz diferença ao educar as diferenças infantis."
>
> CORAZZA, Sandra Mara. Pistas em repentes: pela reinvenção artística da educação, da infância e da docência. In: GALLO, Silvio; SOUZA, Regina Maria de (Orgs.). *Educação do preconceito*: ensaios sobre poder e resistência. Campinas: Alínea, 2004. p. 184.

É a constatação da diferença que nos leva a estabelecer a relação entre o sentir e o pensar, pois é a experiência do *encontro* que força a pensar a diferença: "O pensamento nada é sem algo que force a pensar, que faça violência ao pensamento". O encontro se dá com algo que vem de fora do pensamento, a que Deleuze designa como *intercessor*: por exemplo, o conceito de outro filósofo, um artista (cinema, teatro, pintura, música), um cientista. Muitos foram seus intercessores: na literatura, Proust, Kafka; na pintura, Francis Bacon; no cinema, Jean-Luc Godard. Todos esses encontros liberam a criação de conceitos.

O desejo

A questão sobre o que é o desejo tem sido objeto de reflexão desde sempre. De *O banquete*, de Platão, à teoria do inconsciente de Freud, o desejo instiga sua decifração. Sócrates, no diálogo de Platão, vê o amor como a oscilação eterna entre o não possuir e o possuir, e o desejo como qualquer coisa que não se tem e se deseja ter, ou seja, como carência. Freud, após estabelecer a hipótese do inconsciente, formulou a teoria do complexo de Édipo, cuja resolução se faz pela repressão do desejo pela mãe, libertando o sujeito para outros focos de seu desejo.

Deleuze e Guattari, na obra *O anti-Édipo*, criticam a psicanálise por conceber o desejo como carência e entender que a superação da fase edipiana seria importante para estabelecer a ordem familiar e a autoridade do pai. Para eles, essa "edipianização" representa uma "castração do desejo" e seu empobrecimento. Ao contrário, reafirmam a primazia do desejo e de sua força pulsional criadora. Isso porque os autores não reduzem o desejo à sexualidade, mas o ampliam ao ressignificar a vontade de poder de Nietzsche e a força de existir que caracteriza o *conatus* de Espinosa, entendido como o esforço do homem para perseverar no seu ser. Para eles, o desejo é uma força imanente capaz de conexões que podem produzir *bons* e *maus encontros*, conforme sejam estimulados por paixões alegres ou pelas tristes, de acordo com o dizer espinosano. Eles desenvolvem o conceito de *máquinas desejantes* como forma de pensar o desejo fora do registro freudiano:

> "Tudo funciona ao mesmo tempo nas máquinas desejantes, nos hiatos e rupturas, nas avarias e falhas, nas intermitências e curtos-circuitos, nas distâncias e fragmentações, numa soma que nunca reúne suas partes num todo. É que, nelas, os cortes são produtivos, e são, eles próprios, reuniões. As disjunções, enquanto disjunções, são inclusivas. Os próprios consumos são passagens, devires e revires. [...] Só a categoria de multiplicidade, empregada como substantivo e superando tanto o múltiplo quanto o uno, superando a relação predicativa do uno e do múltiplo, é capaz de dar conta da produção desejante: a produção desejante é multiplicidade pura, isto é, afirmação irredutível à unidade."
>
> DELEUZE, Gilles; GUATTARI, Félix. *O anti-Édipo*. Rio de Janeiro: Editora 34, 2010. p. 61-62. (Coleção Trans)

18. Os três filósofos da diferença

Apesar das divergências existentes entre os três filósofos franceses analisados – Foucault, Derrida e Deleuze –, é possível reuni-los sob a marca da "diferença" em relação a tudo que a eles antecedeu. Contestaram a filosofia tradicional pelo seu apego à razão e às noções de sujeito, essência, objetividade e criticaram toda forma de poder, posicionando-se contra as oposições binárias que perpetuam a hierarquização, como as distinções entre inferior e superior, normal e desviante, sujeito e objeto, voz e escrita.

Como não poderia deixar de ser, eles sofrem críticas de diversos setores do pensamento contemporâneo.

ATIVIDADES

1. O que Foucault entende por "sociedade disciplinar"?
2. Em que sentido o desconstrucionismo de Derrida não significa uma destruição?
3. Por que Deleuze chamou a arte, a ciência e a filosofia de disciplinas *caoides*?

Leitura analítica

Um tempo marcado por inquietações

No fragmento a seguir, o filósofo francês Gilles Lipovetsky investiga as causas que levaram, na contemporaneidade, a uma mudança de foco das preocupações, que passam a se concentrar no futuro, em vez de no presente.

"Com a precarização do emprego e do desemprego persistente, aumentam os sentimentos de vulnerabilidade, a insegurança profissional e material, o temor da desvalorização dos diplomas, as atividades subqualificadas, a degradação social. Os mais jovens têm medo de não encontrar um lugar no universo do trabalho e os mais velhos de perder definitivamente o seu. Donde a necessidade de matizar com muita sensibilidade os diagnósticos que se fazem de uma cultura **neodionisíaca** sustentada numa preocupação exclusivamente presentista e no desejo de fruir o aqui e agora. Na realidade, não é tanto o *carpe diem* que caracteriza o espírito do tempo, mas a inquietação perante um futuro dominado por incertezas e riscos. Neste contexto, viver o dia a dia já não significa tanto a conquista de uma vida por si liberta das grilhetas coletivas, quanto os constrangimentos impostos pela desestruturação do mercado de trabalho. A febre consumista das satisfações imediatas e as aspirações lúdico-**hedonistas** não desapareceram certamente, elas desencadeiam-se mais do que nunca, mas estão, no entanto, envolvidas por um halo de temores e inquietações. [...]

Hoje, os jovens mostram-se, muito cedo, inquietos com a escolha dos seus estudos e com as oportunidades que lhes são oferecidas. A **espada de Dâmocles** do desemprego leva os estudantes a optar pelas formações prolongadas e escolher cursos cujos diplomas sejam considerados uma segurança para o futuro. De mesmo modo, os pais assimilam ameaças ligadas às desregulamentações hipermodernas. Raros são aqueles que consideram que a escola tenha por objetivo principal a satisfação imediata dos desejos dos filhos: é a formação com os olhos postos no futuro que se torna prioritária; donde o grande crescimento, nomeadamente, do consumismo escolar, dos cursos particulares, das atividades extracurriculares. Preparar a juventude para a vida adulta, mas também, no outro extremo da cadeia, encontrar soluções para financiar a longo prazo as reformas. No momento presente, a reforma do sistema de aposentadorias e o prolongamento do período de contribuição figuram entre os grandes projetos de envergadura que os governos democráticos enfrentam e levam às ruas milhares de manifestantes. Será que a nossa cultura tirou um período de férias em relação ao futuro? Pelo contrário, ei-lo aqui, no centro das inquietações e dos debates contemporâneos, cada vez mais como algo a prever e reorganizar. [...]

As novas atitudes em relação à saúde ilustram de maneira impressionante a vingança do futuro. Numa época em que a normalização médica invade cada vez mais os territórios do campo social, a saúde torna-se uma preocupação onipresente para um número crescente de indivíduos de todas as idades. Assim, os ideais hedonistas foram suplantados pela ideologia da saúde e da longevidade. Em seu nome, os indivíduos renunciam massivamente às satisfações imediatas, corrigem e reorientam os seus comportamentos quotidianos. A medicina já não se contenta em tratar os doentes, esta intervém antes do aparecimento dos sintomas, informa sobre os riscos em que se incorre, incita ao controle da saúde, às despistagens de problemas, à modificação dos estilos de vida. Encerrou-se um capítulo: a moral do instante deu passagem ao culto da saúde, à ideologia da prevenção, à vigilância sanitária, à medicalização da existência. Prever, antecipar, projetar, prevenir, é uma consciência que lança permanentemente pontes para o amanhã e para o depois de amanhã que toma conta das nossas vidas industrializadas."

LIPOVETSKY, Gilles. Tempo contra tempo, ou a sociedade hipermoderna. In: CHARLES, Sébastien; LIPOVETSKY, Gilles. *Os tempos hipermodernos*. Lisboa: Edições 70, 2011. p. 74-77.

Neodionisíaco: refere-se ao deus grego do vinho e do êxtase, Dionísio, que representa também o excesso e a exaltação da vida.
Carpe diem: expressão latina com o sentido de "aproveite o momento".
Hedonismo: doutrina que considera o prazer como bem supremo.
Espada de Dâmocles: no contexto, é uma metáfora sobre o perigo a que está sujeito quem procura por poder.

QUESTÕES

1. De acordo com Lipovetsky, que sentimento contribui para a mudança de nossa relação com o presente? Explique.

2. Você concorda com os argumentos do autor? Em relação a gerações anteriores, os jovens estão hoje muito mais preocupados com o futuro do que em viver o presente? Justifique.

ATIVIDADES

1. Retorne à citação do início do capítulo e explique a que tipo de racionalidade (cognitiva ou instrumental) o "culto da combustão rápida" está relacionado.

2. Tendo em vista que a citação se refere ao pensamento pragmatista, atenda às questões.

   > "A verdade não deve ser concebida como uma cópia fiel de um real imutável. A verdade é relativa: é verdadeiro aquilo que se revela útil em função dos interesses de uma forma de vida. Se tais interesses mudam, o que era verdadeiro pode tornar-se falso, ou seja, não vital, até não viável. A verdade é instrumental e operatória em função dos projetos e das necessidades dos indivíduos e do meio, que evoluem."
   >
   > HOTTOIS, Gilbert. *Do Renascimento à pós-modernidade*: uma história da filosofia moderna e contemporânea. Aparecida: Ideias & Letras, 2008. p. 336-337.

   a) Identifique os trechos que deixam claro tratar-se do pensamento pragmatista.
   b) Que elemento em comum o pragmatismo tem com diversas filosofias contemporâneas?

3. Leia a citação de Gramsci e responda às questões.

   > "Se a filosofia da práxis afirma teoricamente que toda verdade tida como eterna e absoluta teve origens práticas e representou um valor provisório (historicidade de toda concepção do mundo e da vida), é muito difícil fazer compreender praticamente que uma tal interpretação seja válida também para a própria filosofia da práxis, sem com isso abalar as convicções que são necessárias para a ação. [...] Por isso, ocorre também que a própria filosofia da práxis tenda a se tornar uma ideologia no sentido pejorativo, isto é, um sistema dogmático de verdades absolutas e eternas."
   >
   > GRAMSCI, Antonio. *Concepção dialética da história*. 6. ed. Rio de Janeiro: Civilização Brasileira, 1986. p. 116-117.

   a) Explique qual foi a mudança realizada por Gramsci no conceito marxista de ideologia.
   b) Em que sentido podemos usar o final das afirmações de Gramsci para fazer uma crítica ao socialismo implantado por Stálin na União Soviética?

4. Com base no trecho a seguir, atenda às questões.

   > "Historicamente, o processo pelo qual a burguesia tornou-se no decorrer do século XVIII a classe politicamente dominante abrigou-se atrás da instalação de um quadro jurídico explícito, codificado, formalmente igualitário, e através da organização de um regime de tipo parlamentar e representativo. Mas o desenvolvimento e a generalização dos dispositivos disciplinares constituíram a outra vertente, obscura, desse processo."
   >
   > FOUCAULT, Michel. *Vigiar e punir*: história da violência nas prisões. Petrópolis: Vozes, 1987. p. 194.

   a) Qual é a contradição a que Foucault faz referência no texto?
   b) Quais são os dispositivos disciplinares a que o filósofo se refere?
   c) Justifique com um exemplo o fato de que, para Foucault, o poder antecede o saber.

5. Com base nos dois trechos a seguir e nos conhecimentos construídos ao longo deste capítulo, redija um texto dissertativo-argumentativo em modalidade de escrita formal da língua portuguesa sobre o tema **"Utopias e distopias"**.

   > "O 'lugar nenhum' da utopia pode tornar-se pretexto para fugir, uma maneira de escapar às contradições e à ambiguidade do uso do poder e do exercício da autoridade em uma dada situação. Em tais condutas de fuga, a utopia obedece a uma lógica do tudo ou nada. Não existe mais passagem possível entre o 'aqui e agora' de tal realidade social e o 'alhures' da utopia. Tal disjunção autoriza a utopia a evitar toda confrontação com as dificuldades reais de uma dada sociedade. Todos os traços regressivos, tão frequentemente denunciados pelos pensadores utópicos – tais como a nostalgia do passado, a busca de um paraíso perdido –, procedem desse desvio do 'nenhum lugar' frente ao 'aqui e agora'."
   >
   > RICOEUR, Paul. *A ideologia e a utopia*. Belo Horizonte: Autêntica, 2015. p. 34. (Coleção Filô)

   > "[...] me arrisco à hipótese de que o futuro nunca teve uma repercussão tão profunda como neste presente expandido. Talvez a frase que melhor expresse isso na ficção é a da série de TV *Game of thrones* (HBO), baseada nos livros de George R. R. Martin: *The winter is coming*. O inverno está chegando...
   >
   > O futuro de hoje é uma distopia. O que será de fato ninguém pode dizer que sabe. Mas sabemos que uma ideia distópica de futuro move esse presente. [...]
   >
   > Alguns, entre os quais me reconheço, temem acordar de uma noite de vigília com o anúncio: 'O inverno chegou'. Ainda assim, penso que é necessário enfrentar a tarefa de inventar um futuro no presente que não seja apenas distopia. O desafio deste momento talvez seja o de descobrir como é possível criar uma utopia a partir do excesso de lucidez."
   >
   > BRUM, Eliane. O amanhã não pode ser apenas inverno. *El País Brasil*, São Paulo, 9 nov. 2016. Disponível em <http://mod.lk/3s0bk>. Acesso em 17 maio 2017.

ATIVIDADES

ENEM

6. (Enem/MEC-2014)

"Uma norma só deve pretender validez quando todos os que possam ser concernidos por ela cheguem (ou possam chegar), enquanto participantes de um discurso prático, a um acordo quanto à validade dessa norma."

HABERMAS, J. *Consciência moral e agir comunicativo*. Rio de Janeiro: Tempo Brasileiro, 1989.

Segundo Habermas, a validez de uma norma deve ser estabelecida pelo(a)

a) liberdade humana, que consagra a vontade.
b) razão comunicativa, que requer um consenso.
c) conhecimento filosófico, que expressa a verdade.
d) técnica científica, que aumenta o poder do homem.
e) poder político, que se concentra no sistema partidário.

7. (Enem/MEC-2012)

"Na regulação de matérias culturalmente delicadas, como, por exemplo, a linguagem oficial, os currículos da educação pública, o *status* das Igrejas e das comunidades religiosas, as normas do direito penal (por exemplo, quanto ao aborto), mas também em assuntos menos chamativos, como, por exemplo, a posição da família e dos consórcios semelhantes ao matrimônio, a aceitação de normas de segurança ou a delimitação das esferas pública e privada – em tudo isso reflete-se amiúde apenas o autoentendimento ético-político de uma cultura majoritária, dominante por motivos históricos. Por causa de tais regras, implicitamente repressivas, mesmo dentro de uma comunidade republicana que garanta formalmente a igualdade de direitos para todos, pode eclodir um conflito cultural movido pelas minorias desprezadas contra a cultura da maioria."

HABERMAS, J. *A inclusão do outro*: estudos de teoria política. São Paulo: Loyola, 2002.

A reivindicação dos direitos culturais das minorias, como exposto por Habermas, encontra amparo nas democracias contemporâneas, na medida em que se alcança

a) a secessão, pela qual a minoria discriminada obteria a igualdade de direitos na condição da sua concentração espacial, num tipo de independência nacional.
b) a reunificação da sociedade que se encontra fragmentada em grupos de diferentes comunidades étnicas, confissões religiosas e formas de vida, em torno da coesão de uma cultura política nacional.
c) a coexistência das diferenças, considerando a possibilidade de os discursos de autoentendimento se submeterem ao debate público, cientes de que estarão vinculados à coerção do melhor argumento.
d) a autonomia dos indivíduos que, ao chegarem à vida adulta, tenham condições de se libertar das tradições de suas origens em nome da harmonia da política nacional.
e) o desaparecimento de quaisquer limitações, tais como linguagem política ou distintas convenções de comportamento, para compor a arena política a ser compartilhada.

8. (Enem/MEC-2012)

"Nossa cultura lipofóbica muito contribui para a distorção da imagem corporal, gerando gordos que se veem magros e magros que se veem gordos, numa quase unanimidade de que todos se sentem ou se veem 'distorcidos'.

Engordamos quando somos gulosos. É pecado da gula que controla a relação do homem com a balança. Todo obeso declarou, um dia, guerra à balança. Para emagrecer é preciso fazer as pazes com a dita-cuja, visando adequar-se às necessidades para as quais ela aponta."

FREIRE, D. S. *Obesidade não pode ser pré-requisito*. Disponível em <http//gnt.globo.com>. Acesso em 3 abr. 2012. (Adaptado)

O texto apresenta um discurso de disciplinarização dos corpos, que tem como consequência

a) a ampliação dos tratamentos médicos alternativos, reduzindo os gastos com remédios.
b) a democratização do padrão de beleza, tornando-o acessível pelo esforço individual.
c) o controle do consumo, impulsionando uma crise econômica na indústria de alimentos.
d) a culpabilização individual, associando obesidade à fraqueza de caráter.
e) o aumento da longevidade, resultando no crescimento populacional.

Mais questões: no livro digital, em **Vereda Digital Aprova Enem** e **Vereda Digital Suplemento de revisão e vestibulares**; no *site*, em **AprovaMax**.

CAPÍTULO 23
CIÊNCIAS CONTEMPORÂNEAS

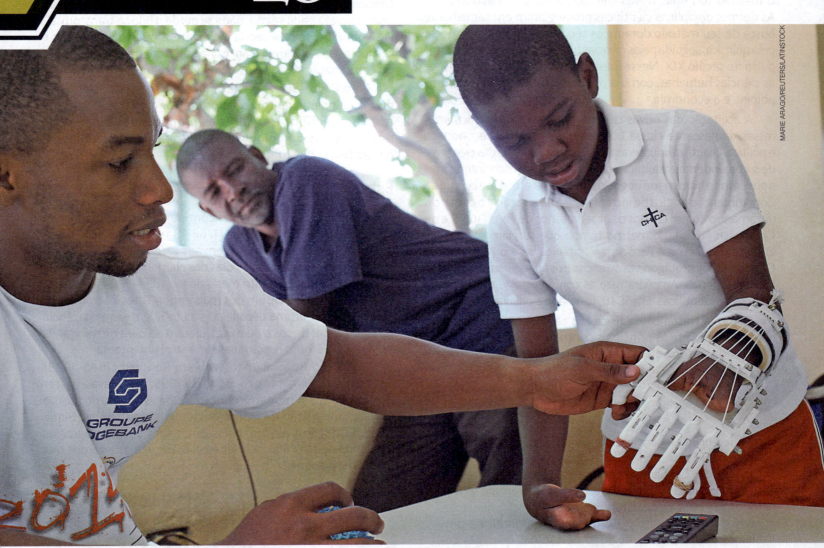

Prótese de mão fabricada em impressora 3-D é usada por adolescente em Porto Príncipe (Haiti). Foto de 2014. O emprego do conhecimento científico pode ter impactos positivos nos modos de vida da sociedade.

"Assim como a história da humanidade, a ciência também é um processo dinâmico e inacabado, que promove constantes mudanças de valores, crenças, conceitos e ideias. Nesse sentido, é notória a dificuldade de se acompanhar tal processo. O que seria da sociedade hoje se a ciência não tivesse passado por tantas transformações? Se a forma como concebemos a verdade ainda estivesse calcada nas origens sobrenaturais, religiosas, ou até mesmo na descrição matemática dos fenômenos? Como perceberíamos nossa constituição no contato com o outro? Como explicaríamos nossas incertezas, inseguranças e angústias frente às imprevisibilidades da vida contemporânea? [...]

A ciência é uma das formas, não a única, do conhecimento produzido pelo homem no decorrer de sua história, sendo, portanto, determinada pelas condições materiais do homem. Nas sociedades mais remotas, a ciência caracteriza-se por ser a tentativa de o homem compreender e explicar racionalmente a natureza. Esta forma de compreender e explicar é que muda de tempos em tempos."

ARAUJO, Renata Rodrigues de. *Os paradigmas da ciência e sua influência na constituição do sujeito*: a intersubjetividade na construção do conhecimento. Disponível em <http://mod.lk/lma7v>. Acesso em 7 jun. 2017.

Conversando sobre

O trecho acima estabelece que as transformações da ciência promovem mudanças de valores, crenças e conceitos, havendo, portanto, uma estreita relação entre ciência e sociedade. Como a ciência contemporânea modificou os modos de vida atuais? Discuta o tema com colegas e, ao fim do estudo, retome a reflexão.

1. Uma rápida mudança de mentalidade

A Revolução Científica do século XVII concluiu a separação entre ciência e filosofia quando Galileu Galilei estabeleceu o método das duas novas ciências, a física e a astronomia. As demais disciplinas científicas prosseguiram em semelhante busca de seu método durante os séculos seguintes, a começar pela química, seguida pelas ciências biológicas, que tomaram impulso no século XIX. Nesse mesmo período, desenvolveram-se as ciências humanas, como a psicologia, a sociologia, a antropologia e a economia.

A aceitação das novas ciências também foi fruto dos interesses da nascente classe burguesa, em ascensão econômica e política. Diante de inúmeras conquistas no campo das ciências e de surpreendentes resultados da tecnologia aplicada, interessava a governos e homens de negócios investir na atividade científica. Com a intenção prática de incrementar a navegação e o comércio ultramarino, foram criados os observatórios de Paris (1667) e de Greenwich (1675), ao mesmo tempo que surgiam sociedades importantes, como a Associação Britânica para o Progresso da Ciência (1831), protagonista de encontros anuais para a discussão das descobertas. Ampliaram-se as conferências e a publicação de revistas científicas. Em 1840, foi criada a palavra "cientista".

Como já tratamos da física em capítulos anteriores, damos continuidade às principais contribuições do método das ciências da natureza enfocando o nascimento da química e das ciências biológicas.

Saiba mais

As referências ao conceito de ciência e às transformações desde o início da modernidade podem ser consultadas no capítulo 10, "Conhecimento científico", que explicita o que se entende hoje por ciência e como se caracterizam os métodos das ciências da natureza e os das ciências humanas. Além disso, no capítulo 19, "Revolução Científica e problemas do conhecimento", são destacadas questões como o interesse pelo método no início da Idade Moderna e a Revolução Científica iniciada por Galileu Galilei, ocasião em que se consolidaram as principais características do método científico e a aceitação da teoria heliocêntrica, hipótese apresentada anteriormente por Copérnico. Há ainda alusões ao interesse despertado pelas experiências na área da física, com as descobertas de Isaac Newton, entre outros.

2. Química

Apesar das perseguições sofridas pelos alquimistas medievais, eles realizaram significativas observações sobre a natureza química dos corpos, além da inegável contribuição com trabalhos de laboratório, apoiados no estudo racional e cuidadoso de minerais e metais.

O francês Antoine Lavoisier (1743-1794) é considerado o "pai" da química por desenvolver um trabalho fecundo e de rigorosa experimentação, aperfeiçoando o seu método ao basear-se em medidas exatas por meio de inúmeros instrumentos de precisão, como termômetro, barômetro e outros que aprimorou. Ao verificar a constância dos pesos das substâncias, teve a intuição do *princípio de conservação da massa*: "Na natureza nada se cria, nada se perde, tudo se transforma". Descobriu ser falsa a teoria clássica dos quatro elementos e comunicou à Academia Francesa de Ciências que a água resulta da combinação de átomos de oxigênio e hidrogênio.

Com Pierre-Simon Laplace (1749-1827), Lavoisier estudou o calor e inventou o calorímetro, além de revelar de maneira científica e racional as propriedades do oxigênio nos processos de combustão e respiração, suplantando a antiga teoria do flogisto.

Estudos sobre o átomo

Diversos químicos deram continuidade ao trabalho de Lavoisier. O inglês John Dalton (1766-1844) foi o primeiro a usar o termo *átomo* – em homenagem aos gregos Leucipo e Demócrito – para designar as partículas dos elementos supostamente indivisíveis. O russo Dimitri Mendeleiev (1834-1907) estabeleceu a tabela periódica, um dos mais importantes instrumentos da química. Na última década do século XIX, o salto da ciência foi gigantesco: físicos e químicos uniram-se para desvendar os segredos do átomo e examinar sua estrutura interna.

Quando o físico alemão Wilhelm Röntgen (1845-1923) descobriu casualmente os raios X, em 1895, começava a nascer a física nuclear. A moderna concepção da estrutura do átomo teve a contribuição de inúmeros cientistas, entre eles, Marie Curie, Ernest Rutherford, Niels Bohr, sem desconsiderar os trabalhos de Max Planck e Albert Einstein – a que vamos nos referir mais adiante.

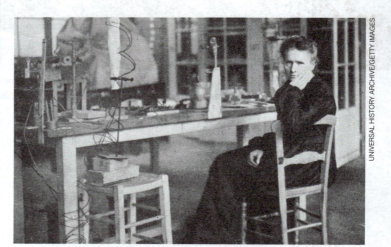

Marie Curie (1867-1934) em seu laboratório, localizado em Paris. Foto de 1912. A cientista foi laureada com dois prêmios Nobel: o de Física, em 1903, e o de Química, em 1911.

Flogisto: ou flogístico, seria um fluido que, segundo se pensava, explicava a combustão; em grego, o termo significa "inflamável".

3. Ciências biológicas

Ainda no século XVIII, o sueco Carl von Linné (1707-1778) realizara um trabalho de sistematização dos seres vivos, ao elaborar detalhada classificação, mas foi no século seguinte que as ciências biológicas alcançaram significativo impulso.

O cientista francês Louis Pasteur (1822-1895) salvou um rebanho de ovelhas por meio de rigorosa pesquisa experimental. Em 1875, num memorável ataque à teoria da geração espontânea, ele lançou as bases da ciência da bacteriologia ao descobrir que as moléstias são causadas por germes. Contribuiu, assim, para avanços da medicina, desenvolvendo técnicas eficazes, como a vacina contra a raiva, e métodos de higiene necessários para evitar a febre puerperal (após o parto), causadora de mortes frequentes de mães e bebês. Além disso, estudos sobre fermentação contribuíram para aumentar a durabilidade dos vinhos, técnica estendida a outros líquidos e conhecida ainda hoje como "pasteurização".

Na fisiologia, destacou-se o médico e filósofo da ciência Claude Bernard (1813-1878), por explicitar e aplicar o método experimental da física e da química ao relatar a alteração da urina de coelhos, quando comprados em mercado.

Darwin: evolução das espécies

O trabalho de Charles Darwin (1809-1882), naturalista inglês, foi um marco na biologia do século XIX. Ele reuniu e organizou os conceitos que já circulavam no período e, com suas pesquisas, acumulou evidências para fundamentar a *teoria da evolução das espécies*.

Em 1831, Darwin participou de uma viagem ao redor da Terra a bordo do navio Beagle, passando a maior parte dos cinco anos de viagem em terra firme, para realizar observações e coletas de material biológico e geológico. Com esse material, ele percebeu que indivíduos da mesma espécie apresentam variações entre si, já que determinadas características diferenciadas podem torná-los mais adaptados ao ambiente do que outros da mesma espécie. Seres adaptados teriam mais chances de deixar descendentes, de modo que, se as características herdadas pela geração seguinte tornarem os indivíduos que as possuem mais aptos ao ambiente, eles acabarão tornando-se mais comuns naquela população. Darwin chamou esse processo de *seleção natural*.

O resultado de suas investigações foi apresentado na obra *A origem das espécies*, publicada em 1859. A teoria evolucionista abrange todos os animais, inclusive os seres humanos, constatação que só foi amplamente esclarecida em estudos posteriores, nos quais mostra que descendemos originalmente de algum ancestral simiesco há muito extinto, provavelmente o mesmo antepassado de antropoides ainda existentes.

A conclusão de Darwin tornou-se possível após ler uma obra do economista Thomas Malthus (1766-1834), como ele próprio relata no trecho:

> "Em outubro de 1838, isto é, quinze meses após ter iniciado minha pesquisa sistemática, aconteceu estar lendo, por entretenimento, a obra de Malthus sobre a população. Estando bem preparado para apreciar a luta pela sobrevivência que se trava em todo lugar, surgiu-me a ideia de que, sob tais circunstâncias, variações favoráveis seriam preservadas e as não favoráveis, destruídas. O resultado deste mecanismo seria a formação de novas espécies. Daí em diante tinha finalmente uma teoria em que trabalhar."
>
> DARWIN, Charles. Autobiografia. In: EPSTEIN, Isaac. *Divulgação científica*: 96 verbetes. São Paulo: Pontes, 2002. p. 139.

Até as descobertas de Darwin, prevalecera a concepção estática do mundo e dos seres que nele existiam. Essa convicção era reforçada por diversas crenças religiosas que atribuem a Deus a criação de todas as coisas. Por essa razão, a obra de Darwin enfrentou críticas apaixonadas e acusações de heresia.

Simiesco: relativo a símio, macaco.

Antropoide: que tem o formato de homem. Pode se referir a macacos destituídos de cauda e anatomicamente semelhantes ao ser humano, como os orangotangos, chimpanzés e gorilas.

Atobás-de-nazca em Galápagos (Equador). Foto de 2016. A viagem ao arquipélago de Galápagos foi fundamental para o desenvolvimento da teoria de Darwin. Ele observou que as condições ambientais variavam pouco de uma ilha para a outra, mas o tamanho do bico dos pássaros de uma mesma espécie se alterava a depender dos tipos de semente encontrados em cada local.

Evolucionismo ou criacionismo?

Ainda hoje, grupos de inspiração religiosa adeptos do criacionismo opõem-se ao darwinismo, sobretudo entre os que não descartam a fé na criação divina. Os seguidores mais radicais do criacionismo são os antievolucionistas, que, embasados na versão bíblica, rejeitam a origem humana de um ancestral simiesco. Outros, mais moderados, reconhecem as evidências científicas da evolução de plantas e animais, mas atribuem a Deus uma ação contínua nessa evolução.

Em contraposição aos criacionistas, os cientistas argumentam que a fé não deve ser tomada como critério de avaliação de uma teoria científica. Desde a Idade Moderna, a ciência separou-se da religião para tornar-se laica, admitindo apenas fatos que podem ser testados de maneira objetiva e amplamente discutidos na comunidade científica.

A postura do cientista não significa desrespeito ou negação de crenças pessoais, mas não aceita a fé como critério de fundamento para teorias científicas, por não se coadunar com a exigência de evidência empírica e de rigor do método científico. As verdades da fé são irrefutáveis, porque derivam de revelação divina e devem ser aceitas sem crítica, o que contraria a possibilidade de revisão comum a toda conclusão científica.

Trocando ideias

Eventualmente, grupos religiosos reivindicam a obrigatoriedade do ensino do criacionismo nas escolas, em detrimento da teoria da evolução.

- Como você se posiciona diante da polêmica do que deve ser ensinado nas escolas – teoria da evolução ou criacionismo? Discuta com seus colegas e justifique sua opinião.

Charge de Thomas Nast, em 1871, satirizando a teoria da evolução de Charles Darwin. Na sátira, um gorila pede a proteção de Henry Bergh, fundador da Sociedade Americana para a Prevenção da Crueldade contra os Animais. O impacto da teoria evolucionista inspirou inúmeras caricaturas, geralmente para ironizar o cientista.

Genética

Apenas seis anos após a publicação de *A origem das espécies*, o monge austríaco Gregor Mendel (1822-1884) apresentou os resultados de uma experiência com ervilhas. Ele procedeu ao cruzamento sucessivo de sementes com a combinação de sete caracteres, como cor, forma, altura etc., chegando a resultados estatísticos importantes para elucidar fatores de hereditariedade. Note-se que, pela primeira vez, um biólogo usava a matemática em um campo que aparentemente a dispensava.

Curiosamente, o trabalho de Mendel permaneceu quase desconhecido, até que, em 1900, Hugo de Vries (1848-1935) baseou-se nele para explicar que a evolução resultava de saltos repentinos, por *mutações*. Pouco depois, em 1909, Thomas Hunt Morgan (1866-1945) incorporou o termo "gene" para referir-se aos "fatores hereditários" mendelianos.

Tomavam impulso os estudos de genética, cujo pico se deu com a grande descoberta da molécula do DNA, o ácido desoxirribonucleico, em 1953, pelo inglês Francis Crick (1916--2004) e pelo estadunidense James Watson (1928). Mas, para chegar a essa descoberta e entender a estrutura molecular dos genes e como eles controlam as células, foi preciso reunir, na primeira metade do século XX, cientistas de diversas disciplinas, como a bioquímica, a biofísica e a microbiologia.

Outros pesquisadores já sabiam que as moléculas de DNA eram longas cadeias de átomos com largura constante em todo o comprimento. Crick e Watson conseguiram explicar como os átomos se organizavam e se duplicavam, concebendo o que passou a ser conhecido como o *modelo da dupla hélice*. Segundo esse modelo, a molécula de DNA consiste em duas hélices enroladas uma na outra, como uma escada em espiral, com "degraus" compostos de pares de grupos de átomos químicos.

A descoberta da molécula de DNA esclareceu o fenômeno da hereditariedade ao explicar como os ácidos nucleicos dirigem a produção de proteínas, cuja sequência é única em cada pessoa. Vislumbrada a possibilidade de interpretar o plano genético de qualquer organismo vivo, na década de 1990 o governo dos Estados Unidos começou a destinar vultoso financiamento ao Projeto Genoma.

Algumas vantagens da descoberta estão na prevenção de doenças e no seu tratamento, ao mesmo tempo que levantou polêmicas provocadas por aspectos éticos e legais que exigem discussão. A estes se juntam os mais diversos temores e mitos, sobretudo no que se refere ao uso de transgênicos, clonagem humana e utilização de células-tronco.

ATIVIDADES

1. Qual foi a importância de Antoine Lavoisier para a constituição da química como ciência?

2. Que novidade Gregor Mendel introduziu na biologia?

3. Em que sentido a descoberta da molécula do DNA foi importante para esclarecer o fenômeno da hereditariedade?

Leitura analítica

A política da atividade científica

Por meio de um exemplo trabalhado pelo sociólogo Bruno Latour (1947), o filósofo da ciência Alan Chalmers (1939) discute o papel do cientista, muito além da pesquisa pura em laboratório. Atualmente, a necessidade de captar recursos materiais para a realização de pesquisas faz com que a atividade científica dependa de contatos e de ampla divulgação.

"Os fatores que se ocultam por trás da satisfação das condições materiais necessárias para o trabalho científico envolvem uma ampla série de interesses outros que não a produção do conhecimento científico. Esse ponto é graficamente ilustrado por Bruno Latour (1987, p. 153-7) num trecho impressionante, em que ele compara a atividade cotidiana de uma cientista num importante laboratório californiano com o diretor do laboratório, a quem se refere como 'o chefe'. A cientista se considera interessada no desenvolvimento da ciência pura e desinteressada das questões políticas ou sociais. Procura distanciar-se do governo e do setor privado, para concentrar-se em sua pesquisa pura. Em compensação, o chefe está sempre envolvido em atividades políticas em todos os níveis, o que muitas vezes lhe vale a zombaria da cientista.

O exemplo de Latour trata da pesquisa de uma nova substância, o pandorin, que promete ter grande significado na fisiologia. Na lista das atividades em que o chefe se envolve numa semana comum, estão as seguintes, entre outras: negociações com as grandes companhias farmacêuticas a respeito do possível patenteamento do pandorin; um encontro com o ministro da saúde francês, onde será discutida a possibilidade de abertura de um novo laboratório na França; uma reunião na Academia Nacional de Ciência, em que o chefe defende a necessidade de mais um subdepartamento; reunião da diretoria da revista médica *Endocrinology*, onde pede mais espaço para sua área e reclama de conselheiros que pouco sabem sobre a disciplina; uma visita ao matadouro local, em que discute a possibilidade de decapitar ovelhas de modo a causar menos danos ao hipotálamo; reunião na universidade, onde propõe um novo programa de curso contendo mais biologia nuclear e informática; discussão com um cientista sueco sobre os instrumentos recentemente criados por ele para detectar peptídeos e possíveis estratégias para desenvolvê-los; e discurso na Associação dos Diabéticos.

Continuemos acompanhando Latour, voltando nossa atenção para o trabalho da cientista no laboratório pouco depois. Descobrimos que ela conseguiu empregar um novo técnico, o que foi possível graças a uma bolsa recebida da Associação dos Diabéticos; há também dois novos estudantes já formados que entraram no campo através dos novos cursos criados pelo chefe. Sua pesquisa beneficiou-se com amostras mais limpas de hipotálamo, que são agora recebidas do matadouro, e com um novo instrumento de grande sensibilidade, recentemente adquirido da Suécia, que aumenta sua capacidade de detectar traços insignificantes de pandorin no cérebro. Os resultados preliminares de sua pesquisa serão publicados numa nova seção de *Endocrinology*. Ela está refletindo sobre um novo cargo que lhe foi oferecido pelo governo francês, para a implantação de um laboratório na França.

Se a cientista da história muito realista de Latour considera-se envolvida na ciência pura, que não é perturbada por questões políticas e sociais mais amplas, ela está muito enganada. A satisfação das condições materiais, que é um pré-requisito para a realização de sua pesquisa, só pode ser obtida como resultado da atividade política, que encerra uma série de interesses sociais, como ilustram as atividades do chefe."

CHALMERS, Alan. *A fabricação da ciência*. São Paulo: Editora Unesp, 1994. p. 157-159.

QUESTÕES

1. O físico e filósofo Alan Chalmers narra o caso de uma cientista que trabalha em um grande laboratório e que se considera interessada em ciência pura, desligada de interesses políticos e econômicos. Com base no texto, responda por que Chalmers e Latour consideram que o interesse da cientista não é realista.

2. Leia o texto a seguir, apresentado pela Fiocruz, e responda às questões.

   "Um estudo [...] sobre o financiamento mundial de inovação para doenças negligenciadas (G-Finder2, na sigla em inglês) revelou que menos de 5% deste financiamento foi investido no grupo das doenças extremamente negligenciadas, ou seja, doença do sono, leishmaniose visceral e doença de Chagas, ainda que mais de 500 milhões de pessoas sejam ameaçadas por estas três doenças parasitárias."

   VALVERDE, Ricardo. *Doenças negligenciadas*. Disponível em <http://mod.lk/kd2ok>. Acesso em 5 jun. 2017.

   a) Relacione a notícia com o relato de Chalmers e Latour.
   b) Com base nos dados da Fiocruz, importante instituição em tecnologia e saúde da América Latina, analise as consequências sociais e econômicas para os países emergentes ou para os de extrema pobreza.

4. Crise da ciência moderna

O desenvolvimento da ciência tinha sido tão significativo até o século XIX que não era possível negar a excelência de seu método. Filosofias como o positivismo de **Auguste Comte** (1798-1857) e o evolucionismo de Herbert Spencer (1820-1903) traduziam o otimismo generalizado que exaltava a capacidade de transformação humana em direção a um mundo melhor.

Algumas novidades, no entanto, golpearam rudemente as concepções clássicas, originando o que se chamou de *crise da ciência moderna*. São elas as geometrias não euclidianas e a física não newtoniana.

Geometrias não euclidianas

As geometrias não euclidianas são assim chamadas por se tratar de modelos fundados em axiomas que contradizem os clássicos postulados de Euclides. Elas surgiram no século XIX, quando matemáticos colocaram em questão o quinto postulado de Euclides, conhecido de maneira simplificada como postulado das paralelas: "Por um ponto fora de determinada reta passa uma e só uma paralela a essa reta". Ao tentarem provar que o quinto não era um postulado, mas um teorema, eles acabaram construindo as bases de outras geometrias.

O russo Nikolai Lobachevsky (1792-1856) não considerou o espaço plano (bidimensional) euclidiano, mas pressupôs um espaço de curvatura negativa, concluindo que seria possível traçar infinitas paralelas a essa reta (geometria hiperbólica). No final da década de 1850, o matemático alemão Bernhard Riemann (1826-1866) construiu sua geometria em espaço de curvatura positiva, na qual não existem paralelas (geometria elíptica).

Os novos modelos não anulavam a geometria euclidiana, mas desmoronaram o critério de evidência em que os postulados euclidianos pareciam repousar. Como consequência, seria preciso repensar a "verdade" na matemática, que dependia do sistema de axiomas postos de início e tomados como verdadeiros por convenção, assim poderiam ser construídas geometrias igualmente coerentes e rigorosas.

Se esses estudos se mostraram inicialmente desinteressados, voltados apenas para a busca teórica de fundamentos da geometria, mais tarde permitiram avanços, como a elaboração da teoria da relatividade de Albert Einstein (1879-1955).

Pensando na aplicação prática e cotidiana, que evolve problemas com medidas de baixa escala, a geometria euclidiana preserva sua eficácia:

> "A geometria de Euclides é a mais conveniente e, em consequência, a que continuaremos a usar para construir nossas pontes, túneis, edifícios e rodovias. As geometrias de Lobachevsky, ou de Riemann, se devidamente utilizadas, serviriam da mesma forma. Nossos arranha-céus se manteriam, assim como nossas pontes, túneis e rodovias [...]."
>
> KASNER, Edward; NEWMAN, James. *Matemática e imaginação*. Rio de Janeiro: Jorge Zahar, 1968. p. 149.

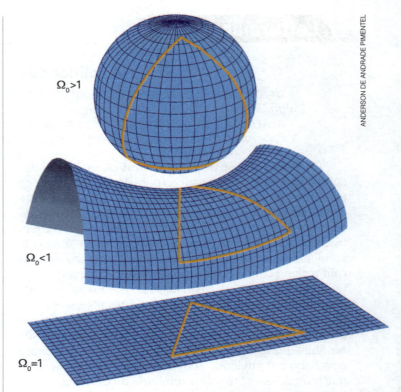

Visualizando a imagem de cima para baixo, temos o triângulo na geometria elíptica de Riemann, na geometria hiperbólica de Lobachevsky e na geometria plana de Euclides.

Física não newtoniana

A física newtoniana tem por base os pressupostos do mecanicismo e do determinismo; contudo, no início do século XX, a teoria da relatividade de Einstein subverteu a concepção clássica de Universo, sobretudo por causa de descobertas como a curvatura da luz das estrelas. Mais ainda, com o conceito de uma quarta dimensão – o espaço-tempo –, o ritmo da passagem do tempo não é certo nem absoluto: tempo e espaço deixam de ser entidades separadas.

Outra instigante constatação confrontou o princípio do determinismo. Ao lidar com corpos muito pequenos, como elétrons, não se pode recorrer a cálculos da mecânica clássica, por isso a teoria quântica e o estudo do fóton permitiram a Werner Heisenberg (1901-1976) formular o *princípio da incerteza*. Como o nome diz, reconheceu-se no campo da ciência uma indeterminação, ou seja, que é impossível medir e conhecer simultaneamente a posição e a velocidade de uma partícula como o elétron, por exemplo.

Saiba mais

O cubismo, movimento artístico iniciado em 1907 por Georges Braque (1882-1963) e Pablo Picasso (1881-1973), introduziu na arte conceitos emprestados das geometrias não euclidianas do século XIX e da teoria da relatividade de Einstein: o espaço da pintura passa a ser fragmentado e articulado com o tempo.

À esquerda, *Nu descendo a escada* (1912), pintura de Marcel Duchamp. À direita, *Duchamp descendo a escada* (1952), foto de Eliot Elisofon. O espaço está completamente fragmentado, e o homem descendo a escada realiza movimento contínuo. Trata-se de um recurso adotado pela pintura cubista e emprestado das geometrias não euclidianas e da teoria da relatividade de Einstein.

Cosmologia contemporânea

Questões epistemológicas levantadas no início do século XX intensificaram-se com o avanço tecnológico, que permitiu não só investigar o microcosmo do átomo como o macrocosmo de um Universo em expansão, teoria apresentada por Edwin Hubble (1889-1953) na década de 1930. Em 1990, a National Aeronautics and Space Administration (Nasa) lançou o telescópio Hubble, em homenagem ao cientista, o que permitiu constatar a vastidão do Universo, no qual se estima a existência de 100 bilhões de galáxias.

Vejamos a definição de cosmologia, de acordo com o professor Isaac Epstein:

> "A cosmologia estuda o Universo na sua escala mais ampla, tanto espacial como temporal. Este estudo inclui a proposição de teorias concernentes à sua origem, natureza, estrutura e evolução. Na atualidade, predominam os modelos cosmológicos científicos baseados na **astrofísica** e **física das partículas**."
>
> EPSTEIN, Isaac. *Divulgação científica*: 96 verbetes. Campinas: Pontes, 2002. p. 102.

Neste capítulo, examinamos diversas cosmologias amplamente aceitas desde a Antiguidade grega, embora sempre houvesse hipóteses contestadoras. A situação atual é, ao contrário, um campo fecundo de descobertas, criando a necessidade de se falar em cosmologias, tantas são as teorias, constantemente revisitadas por novos modelos para interpretar dados cada vez mais rigorosos.

5. Novas orientações epistemológicas

As crises da ciência no final do século XIX e começo do século XX exigiram uma revisão da concepção de ciência e da sua metodologia. Em outras palavras, a **epistemologia** contemporânea precisava reavaliar o conceito de ciência, os critérios de certeza, a relação entre ciência e realidade, a validade dos modelos científicos. O matemático e filósofo Henri Poincaré (1854-1912) afirmou que as teorias não são nem verdadeiras, nem falsas, mas úteis, querendo significar que a confiança na infalibilidade da ciência é uma ilusão.

Com a intensificação das discussões contemporâneas em torno da ciência, o termo *epistemologia* passou a designar o estudo do conhecimento científico do ponto de vista crítico, isto é, do seu valor. Assim, cabe à epistemologia examinar o valor objetivo dos princípios, das hipóteses e das conclusões das diferentes ciências.

Lógica simbólica

Do mesmo modo que a ciência contemporânea criou uma nova epistemologia, recorreu também a uma nova linguagem, expressa pela lógica simbólica ou matemática.

Muitos dos problemas enfrentados pelos lógicos desde Aristóteles decorriam de equívocos da linguagem que, além de se prestarem a ambiguidades e à falta de clareza, deixavam prevalecer conotações emocionais que perturbavam o raciocínio. A lógica simbólica ou matemática não difere, em essência, da clássica, mas se distingue dela de maneira notável. Como o nome diz, a lógica simbólica utiliza símbolos para representar proposições e as conexões que se estabelecem entre elas. Por exemplo, são usadas letras do alfabeto, números, parênteses, chaves e outros sinais específicos. Por criar uma linguagem artificial, introduz maior rigor e se configura, portanto, como instrumento eficaz para a análise e a dedução formal. Esse tema é aprofundado no capítulo 9, "Introdução à lógica".

Os lógicos George Boole (1815-1864) e Gottlob Frege (1848-1925) foram os responsáveis pelas modificações introduzidas nessa direção. Depois outros se destacaram, como Bertrand Russell (1872-1970) e Kurt Gödel (1906-1978).

> **Astrofísica:** física cósmica; ramo da física que estuda a constituição material, as propriedades físicas, a origem e a evolução dos astros.
> **Física das partículas:** ramo da física que estuda as propriedades e a estrutura das partículas elementares, assim como as interações entre partículas e campos.
> **Epistemologia:** do grego *episteme*, "ciência", e *lógos*, "teoria".

Círculo de Viena

O Círculo de Viena foi fundado no final da década de 1920 por um grupo de cientistas, lógicos e filósofos da ciência, liderado por Rudolf Carnap, Otto Neurath e Moritz Schlick. Sofreram influência de Einstein, Russell e Ludwig Wittgenstein, considerados os principais representantes da concepção científica do mundo.

Os filósofos do Círculo de Viena pertenciam ao movimento filosófico do *positivismo lógico* ou *empirismo lógico*. Segundo essa tendência, o saber científico deve ser expurgado de conceitos vazios e de falsos problemas metafísicos, submetendo-se ao *critério da verificabilidade*. Isso significa que tudo que não tiver possibilidade de verificação é desprovido de sentido, por exemplo, enunciados metafísicos, religiosos, estéticos ou qualquer coisa que seja subjetiva.

A verificação é feita por demonstração ou por experiência. No primeiro caso, trata-se da aplicação da lógica e da matemática, com o objetivo de buscar a coerência interna, enquanto a experiência diz respeito à verificação empírica pela qual chegamos aos enunciados das ciências da natureza. Portanto, as leis científicas são sempre *a posteriori*, porque dependem da experiência, de constatações. Nesse processo, destaca-se o sistema de convenções – os símbolos a que já nos referimos –, pelo qual a lógica simbólica permite a clarificação da linguagem científica.

Uma das conclusões dos filósofos do Círculo de Viena foi a irrelevância teórica da filosofia, já que se trata de conhecimento não empírico e, portanto, não científico. Caberia a ela a função de analisar e clarificar o discurso científico.

Popper e a "falseabilidade"

O filósofo austríaco Karl Popper (1902-1994) sofreu inicialmente a influência do Círculo de Viena, para depois criticar esses filósofos, o que explica sua classificação por alguns estudiosos como pós-positivista.

Popper rejeitou o princípio de verificabilidade, porque, segundo ele, a indução apresenta sempre inúmeras dificuldades. Para ele, não há observação pura, porque esta já se encontra orientada por uma teoria prévia, ainda que incipiente; ou seja, toda observação científica supõe uma atividade seletiva dos fenômenos que serão investigados. Nesse sentido, não basta que a teoria seja verificável, mesmo porque nem sempre esse procedimento é viável. Popper propõe, então, a crítica da teoria por meio do princípio da *falseabilidade* ou da *refutabilidade*.

De acordo com esse critério, o cientista imagina uma hipótese e a submete ao levantamento de possíveis maneiras de falseá-la ou de refutá-la pela experiência. Não conseguimos provar que uma teoria universal é verdadeira, mas podemos tentar provar que é falsa, e, quando uma teoria resiste à refutação pela experiência, dizemos que está corroborada, ou seja, confirmada como verdadeira.

Portanto, os cientistas avançam quando determinam os limites das conjecturas que utilizam, tentando mostrar que são "falsas", para então substituí-las.

O professor Gérard Fourez (1937) explica, citando Popper, que "um discurso falseável não é um discurso necessariamente 'falso'", mas um discurso que "pode ser testado e o resultado poderia não ser positivo". Oferece, assim, alguns exemplos:

> "Se digo que 'a aceleração de um objeto que cai é constante', trata-se de uma proposição que poderia se revelar falsa por ocasião de uma experiência para a qual se utilizassem critérios precisos; é portanto 'falseável'; a proposição 'ajo assim porque é do meu interesse agir assim' pode ser compreendida como uma proposição não falseável, na medida em que posso inventar para mim múltiplos interesses que farão com que esses interesses sejam sempre a causa da minha ação. Por exemplo, se não existem interesses financeiros, poderei dizer que há um interesse político, ou afetivo etc., de modo que se agirá sempre por interesse."
>
> FOUREZ, Gérard. *A construção das ciências*: introdução à filosofia e à ética das ciências. São Paulo: Editora Unesp, 1995. p. 72-73.

Por meio desse critério, Popper critica a psicanálise e o marxismo, cujos universos teóricos restringem-se às explicações de seus idealizadores e não dão condições de refutabilidade empírica.

Cientistas brasileiros trabalham próximo à Estação Comandante Ferraz, na Antártida. Foto de 2014. A estação de pesquisa sofreu um incêndio que a destruiu parcialmente em 2012, e desde então vem sendo reconstruída. O Círculo de Viena reforçou a ideia de que os métodos científicos devem excluir o que não for passível de verificabilidade.

Kuhn e o conceito de paradigma

Na obra *A estrutura das revoluções científicas*, o filósofo estadunidense Thomas Kuhn (1922-1996) desenvolve uma nova noção de paradigma para a ciência. Para ele, o *paradigma* é a visão de mundo assumida pela comunidade científica, que levanta problemas e apresenta soluções exemplares para a pesquisa futura. Ou seja, a ciência progride pela tradição intelectual de seu tempo. Não se trata de um conceito simples, mesmo porque o próprio Kuhn o define de diferentes modos em sua obra. O importante é fixar que o trabalho científico desenvolve-se com base no modelo consensual adotado pelos cientistas.

Kuhn distingue três momentos de uma ciência:

a) no período *pré-paradigmático* ou *imaturo*, problemas originados no cotidiano pedem explicações que ainda não apresentam consenso;

b) a *ciência normal* consiste no consenso alcançado e o trabalho científico passa a se desenvolver com base no paradigma adotado, que dirige a resolução dos problemas e a acumulação de descobertas;

c) o *momento de crise* ocorre quando o paradigma é questionado porque já não resolve uma série de anomalias acumuladas, processo que pode levar a alguma *revolução científica*.

Por exemplo, o paradigma ptolomaico sustentou o geocentrismo e foi aceito até Copérnico, que colaborou para que surgisse um novo paradigma, o da ciência normal, estabelecido por Galileu e Newton. O paradigma newtoniano e a atividade científica que decorria dele, contudo, foram colocados em xeque pela teoria da relatividade de Einstein.

Em oposição à tradição positivista, que via a ciência de maneira abstrata, rígida e mecânica, a importância de Kuhn consiste em identificar em cada momento histórico dificuldades enfrentadas por teorias tradicionalmente aceitas.

Feyerabend: contra o método

Enquanto Popper afirmava a racionalidade da ciência na medida em que atendia ao ideal de refutabilidade, Kuhn argumentava que uma teoria, como paradigma, na maior parte do tempo deve ser desenvolvida em vez de criticada. Por sua vez, o filósofo Paul Feyerabend (1924-1994) radicalizou ao questionar a própria racionalidade científica. Abandonando cedo o empirismo, classificou-se como "anarquista epistemológico" e criticou as posições positivistas por considerar que as metodologias normativas não constituem instrumentos adequados de investigação, defendendo, assim, o pluralismo metodológico.

Por uma questão democrática, o filósofo argumenta que, assim como há pluralidade de ideias e formas de vida, a ciência não deve submeter-se à imposição de métodos. Não por acaso, o sugestivo título do livro *Contra o método* indica sua posição, de acordo com a famosa afirmação de que "O único princípio que não inibe o progresso é: *tudo vale*".

Para Feyerabend, o cientista pode fazer aquilo que lhe agrada mais, porque não existe norma de pesquisa que não tenha sido violada. O cientista deve tornar persuasiva a teoria utilizando-se de recursos retóricos por meio de propaganda, a fim de melhor convencer a comunidade científica. Feyerabend cita Galileu como exemplo, que procedeu desse modo para convencer seus pares acerca da hipótese do movimento relativo.

O filósofo Gilles-Gaston Granger (1920-2016) destaca o duplo significado dessa teoria provocadora:

> "O aspecto positivo deste anarquismo consiste, sem dúvida, numa crítica violenta ao conservadorismo e ao dogmatismo, sublinhando a mobilidade do conhecimento científico e sua abertura às novidades. Seu aspecto negativo vem da insistência em considerar a diversidade, ou até a incoerência, como um valor em si, e a indiferença em procurar critérios de decisão e de escolha entre as teorias, exagero este que, a meu ver, desqualifica a doutrina."
>
> GRANGER, Gilles-Gaston. *A ciência e as ciências*. São Paulo: Editora Unesp, 1994. p. 43.

6. Ambiguidade do progresso científico

No esboço sobre o desenvolvimento da ciência, iniciado na Idade Moderna, ficou patente o impulso adquirido por ela durante o século XX. Além de inúmeras descobertas, ocorreu avanço sem precedentes em conquistas tecnológicas.

Contudo, é importante acrescentar: se a ciência tem proporcionado maior conhecimento do mundo e ampliado os poderes humanos, não há como negar o risco de seus efeitos maléficos, como a guerra, a desigualdade social ou o desequilíbrio ecológico. Esses problemas não se devem propriamente à ciência ou à tecnologia, mas ao uso que delas fazemos, seja individualmente, seja por meio de empresas privadas ou do poder público.

ATIVIDADES

1. O que se entende por "crise da ciência" no século XIX?

2. Explique em que medida a crise da ciência provocou novas orientações epistemológicas e a necessidade de renovação de sua linguagem.

3. Em que consiste o critério da verificabilidade de acordo com o positivismo lógico (ou empirismo lógico)?

4. O que significa o conceito de *falseabilidade*, criado por Karl Popper?

5. Explique os três momentos de uma ciência de acordo com Thomas Kuhn.

Leitura analítica

O que é um "paradigma"?

No texto a seguir, Thomas Kuhn analisa o conceito de paradigma e descreve a resistência da comunidade científica em considerar novas descobertas quando elas são capazes de abalar suas teorias explicativas.

"A ciência normal, atividade na qual a maioria dos cientistas emprega inevitavelmente quase todo seu tempo, é baseada no pressuposto de que a comunidade científica sabe como é o mundo. Grande parte do sucesso do empreendimento deriva da disposição da comunidade para defender esse pressuposto – com custos consideráveis, se necessário. Por exemplo, a ciência normal frequentemente suprime novidades fundamentais, porque essas subvertem necessariamente seus compromissos básicos. Não obstante, na medida em que esses compromissos retêm um elemento de arbitrariedade, a própria natureza da pesquisa normal assegura que a novidade não será suprimida por muito tempo. Algumas vezes um problema comum, que deveria ser resolvido por meio de regras e procedimentos conhecidos, resiste ao ataque violento e reiterado dos membros mais hábeis do grupo em cuja área de competência ele ocorre. Em outras ocasiões, uma peça de equipamento, projetada e construída para fins de pesquisa normal, não funciona segundo a maneira antecipada, revelando uma anomalia que não pode ser ajustada às expectativas profissionais, não obstante esforços repetidos. Dessas e de outras maneiras, a ciência natural desorienta-se seguidamente. E quando isso ocorre – isto é, quando os membros da profissão não podem mais esquivar-se das anomalias que subvertem a tradição existente da prática científica –, então começam as investigações extraordinárias que finalmente conduzem a profissão a um novo conjunto de compromissos, a uma nova base para a prática da ciência. Neste ensaio, são denominados de revoluções científicas os episódios extraordinários nos quais ocorre essa alteração de compromissos profissionais. As revoluções científicas são os complementos desintegradores da tradição à qual a atividade da ciência normal está ligada.

Os exemplos mais óbvios de revoluções científicas são aqueles episódios famosos do desenvolvimento científico que, no passado, foram frequentemente rotulados de revoluções. [...] Mais claramente que muitos outros, estes episódios exibem aquilo que constitui todas as revoluções científicas, pelo menos no que concerne à história das ciências físicas. Cada um deles forçou a comunidade a rejeitar a teoria científica anteriormente aceita em favor de uma outra incompatível com aquela. Como consequência, cada um desses episódios produziu uma alteração nos problemas à disposição do escrutínio científico e nos padrões pelos quais a profissão determinava o que deveria ser considerado como um problema ou como uma solução de problema legítimo. Precisaremos descrever as maneiras pelas quais cada um desses episódios transformou a imaginação científica, apresentando-os como uma transformação do mundo no interior do qual era realizado o trabalho científico. Tais mudanças, juntamente com as controvérsias que quase sempre as acompanham, são características definidoras das revoluções científicas.

Tais características aparecem com particular clareza no estudo das revoluções newtoniana e química. Contudo, uma tese fundamental deste ensaio é que essas características podem ser igualmente recuperadas através do estudo de muitos outros episódios que não foram tão obviamente revolucionários. As equações de Maxwell, que afetaram um grupo profissional bem mais reduzido do que as de Einstein, foram consideradas revolucionárias como estas, e como tal encontraram resistência. Regularmente e de maneira apropriada, a invenção de novas teorias evoca a mesma resposta por parte de alguns especialistas que veem sua área de competência infringida por essas teorias. [...] É por isso que uma nova teoria, por mais particular que seja seu âmbito de aplicação, nunca ou quase nunca é um mero incremento ao que já é conhecido. Sua assimilação requer a reconstrução da teoria precedente e a reavaliação dos fatos anteriores."

KUHN, Thomas. *A estrutura das revoluções científicas*. São Paulo: Perspectiva, 1998. p. 24-26. (Coleção Debates)

Escrutínio: exame que se faz minuciosamente.
Infringir: violar, desrespeitar.
Incremento: acréscimo.

QUESTÕES

1. Para Kuhn, o que significa ciência normal e qual a relação com o conceito de paradigma?
2. Por que não é fácil ser aceito um novo paradigma?
3. Relate as dificuldades enfrentadas por Charles Darwin ao apresentar a teoria evolucionista, relacionando-as ao exposto por Kuhn.

7. Nascimento das ciências humanas

Desde muito cedo, assuntos referentes ao comportamento humano foram objeto de estudo da filosofia, até que no final do século XIX as ciências humanas começaram a buscar seu próprio método e um objeto que as diferenciasse entre si.

O caráter relativamente tardio da constituição das ciências humanas deveu-se a diversos fatores. Um deles foi a demora em se reconhecer a importância das próprias ciências da natureza, o que ocorreu posteriormente em virtude dos frutos do avanço tecnológico. Mas não só. O século XIX foi palco de transformações em diversos setores, tais como o fortalecimento do capitalismo industrial e a consolidação da burguesia no poder. O crescente êxodo rural e a urbanização decorrentes do novo modo de produção instaurado pelas atividades fabris criaram a figura do operário. Em outras frentes, o capitalismo expandia o mercado, dando início a um novo processo da colonização europeia – o chamado *neocolonialismo* (o colonialismo anterior havia ocorrido no século XVI) –, agora em extensas regiões da África e da Ásia.

Os contatos entre burgueses e operários, de um lado, e colonizadores e povos colonizados, de outro, sinalizavam o confronto latente, prestes a eclodir, de interesses opostos. A intenção de expandir o capitalismo entrava em choque com as culturas subjugadas. Nesse contexto, surgiram as ciências humanas, expressão da necessidade de compreender não só as relações entre os indivíduos, mas também entre as diferentes culturas.

Tendências naturalista e humanista

Para que as ciências humanas se constituíssem, seria preciso definir com rigor o método e o objeto específico de cada uma delas. Nas primeiras tentativas, notou-se profunda influência do método utilizado pelas ciências da natureza. A aproximação é compreensível, visto que a aliança entre ciências da natureza e técnica rapidamente apresentara resultados surpreendentes.

Contudo, como aplicar o método da física ao elemento humano, considerando tratar-se de procedimentos subjetivos, tanto do ponto de vista do sujeito investigado como do investigador? E não só: os experimentos com humanos exigem cautelas de natureza moral, em razão de restrições àqueles que eventualmente causariam danos ao sujeito investigado; por se tratar de seres livres, os resultados teriam mais chances de serem falseados, visto que não se apoiam no determinismo da natureza; pelo caráter qualitativo de seus comportamentos, dificultariam a matematização; além de se tratar de fenômenos extremamente complexos.[1]

Apesar dessas dificuldades, as ciências humanas foram constituindo seus métodos de acordo com tendências diferentes. Conforme exposto no capítulo 10, "Conhecimento científico", de um modo geral podemos notar dois tipos de orientação: a *naturalista* e a *humanista*, embora não se trate de uma dicotomia rígida entre essas duas tendências.

• Tendência naturalista

A *tendência naturalista* foi influenciada pelo positivismo[2], teoria criada por Auguste Comte, cujas ideias repercutiram inicialmente em ciências como a sociologia, ao enfatizar a experimentação e a medida com o objetivo de estabelecer leis e rejeitar aspectos qualitativos comprometidos com a subjetividade. A intenção do método seria *explanar* sobre eventos, considerando-os sempre previsíveis e resultantes de "leis causais", recuperando, portanto, o suporte determinista das ciências da natureza, apoiado em fenômenos que se repetem de maneira necessária e constante.

Como resgatar então a ideia de ser humano livre, já que pelo determinismo tudo resultaria de causas que antecedem as ações? Os representantes dessa corrente recorrem a resultados probabilísticos estabelecidos por meio de estatística, a fim de quantificar os fenômenos, o que ocorre, por exemplo, ao tentar identificar os motivos que levam um segmento social a votar em x e não em y.

[1] Consulte, no capítulo 10, "Conhecimento científico", o tópico "Dificuldades metodológicas das ciências humanas".

[2] Consulte, no capítulo 21, "Século XIX: teorias políticas e filosóficas", o tópico "Comte: o positivismo".

Roda de capoeira c. 1946, fotografia de Pierre Verger tirada em Salvador (BA). Verger dedicou-se a registrar costumes culturais e religiosos do Brasil e da África, destacando-se no que ficou conhecido como antropologia visual.

- **Tendência humanista**

A *tendência humanista* busca um método distanciado das preocupações de exatidão, por reconhecer o caráter complexo da realidade humana, o que pede uma *compreensão interpretativa*, em razão de seu objeto – a natureza humana – ser constituída de individualidade, consciência e liberdade. Por isso, o filósofo Wilhelm Dilthey (1833-1911) vale-se do conceito de *significado*, entendido como "categoria peculiar à vida e ao mundo histórico", compreensíveis apenas pela aplicação de conceitos como *finalidade* e *valor*, ausentes no mundo físico.

Para exemplificar, recorremos ao professor britânico Martin Hollis, o qual afirma que a maneira mais nítida de tornar o significado algo central é propor o problema da mente alheia. Como saber o que se passa na mente dos outros? Hollis explica que esse desafio implica uma "dupla **hermenêutica**", uma para identificar o comportamento e outra para atribuir significado à ação. E completa com um exemplo:

> "Considere-se, por exemplo, pestanejar e piscar. Não há uma diferença física óbvia ou imediata. No entanto, o pestanejar pertence inteiramente a um gênero de resposta fisiológica a estímulos, ao passo que o ato de piscar constitui um veículo de informação – insinuações, ressalvas, conspiração, avisos; eles são, em suma, atos-de-fala. Como distinguimos um pestanejar de uma piscada, e como identificamos exatamente o que uma piscada transmite?".
>
> HOLLIS, Martin. Filosofia das ciências sociais. In: BUNNIN, Nicholas; TSUI-JAMES, E. P. (Orgs.). *Compêndio de filosofia*. 2. ed. São Paulo: Loyola, 2007. p. 412-413.

Na sequência, veremos os novos métodos de três das novas ciências: a sociologia, a antropologia e a psicologia, além das tendências a que se filiaram os cientistas que as representam.

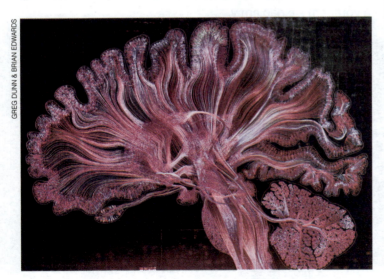

Autorreflexão (2017), obra dos artistas Greg Dunn e Brian Edwards, que misturam arte com neurociência. Para a tendência humanista das ciências humanas, interpretar a mente e os atos humanos não é como analisar um fenômeno da natureza.

8. Sociologia

Os principais responsáveis pelo nascimento das ciências sociais na segunda metade do século XIX e no início do século XX foram Émile Durkheim (1858-1917), **Karl Marx** (1818-1883) e Max Weber (1864-1920). Esses pensadores, sem exceção, dedicaram grande esforço às novas metodologias.

De início, destacou-se a influência positivista, lembrando que foi Comte o responsável por dar o nome de *sociologia* a uma nova ciência que ele próprio caracterizou inicialmente como "física social", pois, à semelhança da física, a nova ciência deveria se realizar apoiada em leis comprovadas por fatos concretos. Do ponto de vista social, se queremos entender os problemas da sociedade, precisamos ter como modelo o método das ciências naturais, isto é, descobrir suas leis, o que só é possível por meio da observação, do experimento e do método comparativo.

O posicionamento comtiano referia-se também à psicologia, como constatamos no seguinte trecho:

> "É perceptível que, por uma necessidade invencível, o espírito humano pode observar diretamente todos os fenômenos, exceto os seus próprios. Pois quem faria a observação? [...] Ainda que cada um tivesse a ocasião de fazer sobre si tais observações, estas, evidentemente, nunca poderiam ter grande importância científica. Constitui o melhor meio de conhecer as paixões sempre observá-las de fora. Porquanto todo estado de paixão muito pronunciado, a saber, precisamente aquele que será mais essencial examinar, necessariamente é incompatível com o estado de observação."
>
> COMTE, Auguste. *Curso de filosofia positiva*. São Paulo: Abril Cultural, 1973. p. 19-20. (Coleção Os Pensadores)

Émile Durkheim

O sociólogo francês Émile Durkheim iniciou suas reflexões inspirando-se no pensamento de Comte, convicto de que um método realmente adequado exigiria o contato com os fatos sociais por meio de observação e experimentação indireta, isto é, pela comparação. Dessa maneira, o método constituiria a prática efetiva do pesquisador.

Por exemplo, às vezes ele recorre ao método estatístico, outras vezes manipula dados **etnográficos** e da história para estudar as "relações necessárias" que se estabelecem entre grupos diferentes, a fim de alcançar generalizações seguras. A etnografia é utilizada, sobretudo, por antropólogos, mas Durkheim também aproveitou esse recurso fecundo.

> **Hermenêutica:** do grego *hermeneus*, "arte de interpretar"; no caso, refere-se à interpretação de textos e do sentido das palavras.
>
> **Etnografia:** estudo que tem por base a descrição da vida social e da cultura de um povo por meio da observação do que de fato as pessoas fazem.

O caráter naturalista do método sociológico ficou claro na proposta de estudar a sociologia como ciência objetiva que examinasse os fatos sociais como "coisas", afirmação que causou polêmica. Durkheim argumentou, porém, que não se tratava de reduzir fatos sociais a coisas materiais, mas que, na sociologia que se quer científica, os fatos sociais devem ser abordados com os mesmos procedimentos das ciências da natureza. E completa:

> "Em que consiste, então, uma coisa? A coisa opõe-se à ideia como o que conhecemos do exterior se opõe ao que conhecemos do interior. É coisa todo objeto de conhecimento que não é naturalmente compenetrável pela inteligência, tudo aquilo de que não podemos ter uma noção adequada por um simples procedimento de análise mental, tudo o que o espírito só consegue compreender na condição de se extroverter por meio de observações e de experimentações [...]. Tratar certos fatos como coisas [...] é ter para com eles uma certa atitude mental; é abordar o seu estudo partindo do princípio de que se desconhecem por completo e que as suas propriedades características, tal como as causas de que dependem, não podem ser descobertas pela introspecção, por mais atenta que seja."
> DURKHEIM, Émile. Prefácio da segunda edição. *As regras do método sociológico*. São Paulo: Abril Cultural, 1973. p. 378. (Coleção Os Pensadores)

Em seu livro *O suicídio*, apesar de se tratar de um fato marcado por elementos psicológicos, Durkheim preferiu enfatizar aspectos de pressões sociais, o que tornaria o fenômeno sociologicamente determinado. Em suas reflexões sobre educação, prevaleceu do mesmo modo a concepção determinista pela qual a sociedade impõe padrões de comportamento.

Introspecção: observação e descrição do conteúdo da própria mente, como pensamentos e sentimentos.

Karl Marx

Cientista social, filósofo e revolucionário, Karl Marx inspirou-se na filosofia de Georg W. F. Hegel (1770-1831) e dos economistas do liberalismo inglês Adam Smith (1723-1790) e David Ricardo (1772-1823) para elaborar sua teoria. Escreveu várias obras, algumas delas em parceria com seu amigo Friedrich Engels (1820-1895), e exerceu forte influência em movimentos socialistas. Sua intenção era compreender a contradição entre burgueses e proletários e apontar soluções efetivas para essa contradição.

Marx contrapôs ao idealismo hegeliano uma concepção materialista da história: enquanto para Hegel o mundo é a manifestação da ideia, da razão, para Marx, a história é analisada com base na *infraestrutura*, ou seja, em fatores materiais, econômicos, técnicos e na luta de classes. Se o motor da história é a luta de classes, a história não deve partir do que os indivíduos pensam, imaginam ou valoram – isto é, da superestrutura –, e sim da maneira pela qual produzem os bens materiais necessários à vida. Somente nesse campo percebemos o embate das forças contraditórias entre proprietários e não proprietários e é possível compreender o conflito de interesses antagônicos entre senhor × escravo (na Antiguidade), senhor feudal × servo (na Idade Média), capitalista × proletário (a partir da modernidade).

Com esses exemplos, percebe-se que a tendência naturalista poderia se encaminhar para uma concepção determinista, como ocorre na seguinte análise:

> "O modo de produção da vida material condiciona o desenvolvimento da vida social, política e intelectual em geral. Não é a consciência dos homens que determina o seu ser; é o seu ser social que, inversamente, determina a sua consciência."
> MARX, Karl. *Contribuição à crítica da economia política*. São Paulo: Martins Fontes, 1977. p. 23.

No entanto, embora a frase pareça negar a liberdade humana, em outras obras Marx destaca a importância de os próprios indivíduos construírem sua história, mesmo quando as condições dadas não forem por eles escolhidas, pois, além de visar à compreensão dos conflitos de classe, o marxismo teve por fim último o objetivo revolucionário da tomada de poder pelo proletariado, como Marx sintetizou nas *Teses sobre Feuerbach* (Tese XI): "Os filósofos se limitaram a *interpretar* o mundo de diferentes maneiras; o que importa é *transformá-lo*".[3]

Esta última observação configura a dificuldade de se separar, de maneira dicotômica e inconciliável, a oposição entre as tendências naturalista e humanista.

Homenagem da cidade de Liverpool (Reino Unido) a trabalhadores locais que atuaram em diferentes momentos, inclusive durante a Revolução Industrial. De acordo com Marx, a história deve partir da maneira como são produzidos os bens materiais.

---

[3] Marx redigiu as teses sobre Feuerbach para criticar o tipo de materialismo do filósofo alemão Ludwig Feuerbach. Elas foram inseridas na abertura de outra obra escrita em parceria com Engels, *A ideologia alemã*, publicada postumamente.

Max Weber

O sociólogo e economista alemão Max Weber realizou estudos sobre direito e urbanização, bem como pesquisou os fatores culturais que influenciaram o fortalecimento do capitalismo. Sob este último aspecto, sua principal obra, *A ética protestante e o espírito do capitalismo*, não se restringe à análise econômica, para destacar o papel da religião e da ética nesse processo. O que ele observou foram as restrições tradicionais do catolicismo aos juros, enquanto a religião protestante possuía maior identificação com a produção de riquezas, ao valorizar o mérito pessoal e o trabalho como um meio de valorização espiritual.

Na obra *Economia e sociedade*, Weber oferece a base metodológica e conceitual da sociologia, distanciando-se do positivismo ao afirmar que "a ciência da sociedade tem por objetivo a compreensão interpretativa da ação social". Ele começa definindo *ação* como toda conduta humana à qual sujeitos vinculem um sentido subjetivo, enquanto a expressão *ação social* é reservada à ação cuja intenção é a que se refere ao comportamento em relação aos outros, orientando-se de acordo com ela.

Por exemplo, a colisão de um ciclista contra outro inicialmente é apenas uma ação, por se tratar de um acidente natural, mas passa a ser uma ação social se houver tentativas de um deles de evitar esse tipo de choque, ou se, consumado o desastre, ocorrerem brigas e insultos ou mesmo uma discussão pacífica sobre os prejuízos.

Ao buscar conceitos que permitissem entender os fenômenos sociais em sua complexidade, Weber utiliza o modelo abstrato de *tipo ideal* que, tomado como padrão, permite observar aspectos do mundo real de uma forma mais clara e sistemática. Não se entenda o adjetivo *ideal* no sentido comum de desejável ou bom, mas sim na acepção de puro e abstrato: bem conhecemos os horrores do modelo de Estado totalitário, mas o tipo ideal do totalitarismo é o que permite compreendê-lo como tal. Do mesmo modo, o que caracteriza o socialismo ou o capitalismo de livre mercado como tipos ideais nem sempre se confirma na realidade concreta, às vezes adequando-se ou afastando-se do tipo ideal, como constatamos a seguir:

> "Estados socialistas têm sido em geral autoritários e indiferentes aos interesses dos trabalhadores, da mesma maneira que os mercados capitalistas são cada vez mais controlados por **oligopólios**, em vez de ser livremente competitivos."
>
> JOHNSON, Allan G. *Dicionário de sociologia*: guia prático da linguagem sociológica. Rio de Janeiro: Jorge Zahar, 1997. p. 240.

Como se vê, o conceito de tipos ideais permite a comparação entre o modelo e a realidade, revelando seus ajustes ou suas discrepâncias.

Oligopólio: situação de mercado em que poucas empresas detêm o controle da maior parcela de bens produzidos ou de serviços oferecidos.

Integrantes da Semana de Arte Moderna de 1922, realizada em São Paulo (SP). A reação do público, que foi hostil às novidades formais das obras do grupo, é um exemplo de ação social de tipo afetivo de acordo com a teoria de Weber, pois é determinada por estados emotivos.

O mundo desencantado

Como leitor de Immanuel Kant (1724-1804), Karl Marx e Friedrich Nietzsche (1844-1900), Weber atenuou em suas teorias sociológicas os aspectos causais "objetivos" ao aceitar nuances importantes de crenças que também podem ter seus motivos considerados. Sob outro aspecto, ele procurou entender como os processos sociais se tornaram "racionalizados" ao provocar o "desencantamento do mundo", expressão com a qual explica como no ambiente urbano passava a predominar o valor do dinheiro, fazendo com que as relações humanas girassem em torno da valorização da mercadoria, da ciência e da tecnologia. Desse modo, perdiam-se os valores tradicionais, com seus aspectos místicos, sagrados, enquanto o operário assumia uma postura mecânica diante da máquina, bem diversa daquela do camponês em seu trabalho no campo ou do artesão em sua oficina.

Com base nessa análise, Weber via com pessimismo a maneira pela qual a razão e o progresso estavam construindo um mundo ordenado e burocratizado que haveria de prejudicar a liberdade humana.

Saiba mais

O pensamento de Max Weber influenciou os sociólogos e filósofos da *teoria crítica* (Escola de Frankfurt). Vimos no capítulo 22, "Tendências filosóficas contemporâneas", como os frankfurtianos criticam a "racionalidade instrumental", que resultou do "desencantamento do mundo" gerado pelo sistema capitalista, que privilegia a eficácia e o lucro em detrimento de valores humanos. O infográfico "Tragédia de Mariana (MG)" nos fornece um exemplo dramático com o desastre provocado pelo rompimento das barragens da mineradora Samarco em Mariana.

9. Antropologia

A colonização expôs os contrastes entre hábitos e costumes de culturas bastante diversificadas, o que instigou estudiosos das nascentes ciências sociais a centrarem o foco de suas pesquisas em povos não europeus. Desse modo nasceu a antropologia, o estudo de diferentes agrupamentos humanos em seus mais variados aspectos: tipos físicos e biológicos, comportamentos, instituições, costumes, tanto em suas formas atuais como ao longo do tempo.

Darwinismo social

De início, a antropologia sofreu influência das ideias darwinistas do evolucionismo, corrente conhecida como *darwinismo social*, embora o próprio Darwin rejeitasse a aplicação de sua teoria às sociedades humanas.

Para representantes dessa tendência, como o antropólogo Edward Burnett Tylor (1832-1917) e o filósofo Herbert Spencer (1820-1903), a diversidade de culturas seria explicada pela evolução da sociedade, de modo que os povos tribais constituiriam um estágio primitivo pelo qual já teriam passado todas as sociedades "evoluídas". Veremos adiante como esse conceito já foi rejeitado.

Enquanto durou, o *darwinismo social* forneceu elementos para que muitos justificassem a colonização com o argumento equivocado de se levar a "civilização" a povos ditos bárbaros. A mesma alegação valia para lhes impor a língua, a religião, a moral, enfim, a própria cultura "superior".

Críticas ao darwinismo social

O antropólogo alemão Franz Boas (1858-1942) se opôs à teoria evolucionista, rejeitando as ideias de progresso, evolução e superioridade como parâmetro para avaliar o estágio de uma cultura. Para ele, cada cultura tem a sua especificidade, em razão da complexidade dos sistemas de parentesco, crenças e rituais.

Essas conclusões basearam-se em *pesquisa de campo*, ou seja, no contato direto com a cultura investigada, em área geográfica pequena e bem definida. Desse modo, a antropologia adquiria um método para se distanciar de "teorias" que não passavam de elucubrações fantasiosas. Não por outro motivo, Franz Boas é considerado o fundador da antropologia cultural.

Mais tarde, com base no pensamento de Franz Boas, seus alunos forjaram o conceito de *relativismo cultural*, justamente para que fossem respeitadas as especificidades de cada cultura. Esse conceito teve importância para a crítica ao *eurocentrismo* que então vigorava entre os pensadores, pelo qual os costumes de outros povos eram interpretados com base no modelo de valores europeus. Por decorrência, a desvalorização dos demais povos, considerados "exóticos" e "inferiores", justificava indevidamente a dominação.

O mesmo ocorre com o *etnocentrismo*, tendência que interpreta as diferenças entre os povos de acordo com a etnia a que pertencem a fim de hierarquizar as "raças", distinguindo a "superior".[4]

Grupo de congada durante a Festa de São Benedito em Vila Bela da Santíssima Trindade (MT). Foto de 2014. O relativismo cultural parte do pressuposto de que cada cultura se manifesta de maneira diferente.

O funcionalismo de Malinowski

Surgido no início do século XX, o *funcionalismo* teve o antropólogo polonês Bronislaw Malinowski (1884-1942) como um de seus principais representantes. Atuante pesquisador, ele viveu por quatro anos entre os nativos das Ilhas Trobriand, em Papua-Nova Guiné, no norte da Austrália.

O método da escola funcionalista sofreu influência das ciências biológicas, por comparar a sociedade a um organismo vivo, no qual as partes estão integradas no todo. Desse modo, ao examinar os costumes de uma sociedade, esse método procurou compreender a *função* exercida por determinados comportamentos, tendo em vista a boa integração social e a sobrevivência do todo.

Por exemplo, as relações conjugais e de paternidade têm como função reproduzir a cultura, constituindo assim importante elemento de interação e manutenção da integridade do grupo. Os mitos teriam o mesmo sentido funcional de manter a tradição: as danças e inscrições em pedras e cavernas assumiriam um caráter mágico de atuação sobre a realidade, seja para garantir a boa caçada, seja para a colheita satisfatória.

A importância do funcionalismo foi a de retirar os estudiosos de seus gabinetes para estabelecer contato direto com os povos que pretendiam estudar. A metodologia e a disposição para confirmar ou não suas hipóteses com base empírica forneciam os elementos típicos do conhecimento científico.

[4] Sobre o etnocentrismo, consulte no capítulo 2, "A condição humana", a leitura analítica de título "O paradoxo do relativismo cultural".

Estruturalismo: Lévi-Strauss

Claude Lévi-Strauss (1908-2009), antropólogo e filósofo, nasceu na Bélgica e viveu na França. Na década de 1930, foi professor da Universidade de São Paulo e pesquisou povos indígenas do Brasil Central. Representante da corrente estruturalista, Lévi-Strauss procurava a estrutura básica que explicaria os mais diversos mitos, procedimento pelo qual o *sistema* é mais valorizado do que os elementos que o compõem. Por serem relativos, os elementos só têm valor de acordo com a posição que encontram na estrutura a que pertencem, ou seja, isoladamente um fato ou um mito não possuem significado em si.

Enquanto outros teóricos – como Malinowski – interpretavam os mitos pela sua funcionalidade, com base em elementos particulares, na pura subjetividade ou na história de um determinado povo, Lévi-Strauss buscou elementos invariantes que persistem sob diferenças superficiais. Para tanto, interessavam-lhe os sistemas de relações de parentesco, filiação, comunicação linguística, modos de preparar alimentos, trocas econômicas etc., comuns a todas as sociedades. Por exemplo, a proibição do incesto é uma regra universal que possui o lado positivo de garantir a exogamia, ou seja, a união com pessoas de outro grupo.

Segundo Lévi-Strauss, o mito não é, como se costuma dizer, o lugar da fantasia e do arbitrário, mas pode ser compreendido com base na estrutura lógico-formal subjacente pelo lugar que cada elemento ocupa em determinada estrutura. Assim ele explica:

> "Não pretendemos mostrar como os homens pensam nos mitos, mas como os mitos [por meio das estruturas] se pensam nos homens, e à sua revelia."
>
> LÉVI-STRAUSS, Claude. *O cru e o cozido*. São Paulo: Cosac Naify, 2004. p. 31. (Coleção Mitológicas)

ATIVIDADES

1. Cite algumas características das duas tendências metodológicas das ciências humanas.
2. Sob que aspectos o nascimento da sociologia sofreu influência de Auguste Comte, considerado o fundador do positivismo?
3. Em que medida a concepção materialista de história de Karl Marx apresenta elementos das tendências naturalista e humanista?
4. O que Weber entende por "mundo desencantado"?
5. Qual foi a importância de Franz Boas ao inovar o método antropológico?

10. Psicologia

Dando continuidade à análise anteriormente desenvolvida, retomamos aqui mais uma ciência humana, começando pela psicologia comportamentalista estadunidense, de orientação naturalista. Em seguida, veremos os métodos da *Gestalt* e da psicanálise, representantes da tendência humanista.

A psicologia como ciência surgiu, como as demais ciências humanas, no final do século XIX, na Alemanha, com o trabalho de diversos médicos empenhados em questões relativas ao fenômeno da percepção. Os métodos da nova ciência configuraram-se de acordo com a influência positivista, predominante naquele período. Tratava-se mais propriamente de uma *psicofísica*, cujo método quantificava e generalizava a relação entre mudanças de estímulo a fim de verificar os efeitos sensoriais correspondentes.

Entre os pesquisadores destacou-se Wilhelm Wundt (1832-1920), fundador do primeiro laboratório de psicologia em 1879, onde realizou processos de controle experimental. No livro *Elementos de psicologia fisiológica*, Wundt expõe o conceito de método, no qual a psicologia imita claramente a fisiologia, por isso ele não se aventura na investigação de processos mais complexos do pensamento, considerados inacessíveis ao controle experimental. Volta-se para a observação da percepção sensorial, principalmente a visão, estabelecendo relações entre fenômenos psíquicos e seu substrato orgânico, sobretudo cerebral.

De maneira diferente, mas com resultado semelhante, o médico russo Ivan Pavlov (1849-1936) encontrava-se mais interessado no funcionamento dos fenômenos de digestão e salivação, quando suas experiências com cães o levaram à descoberta de um fenômeno psicológico que ele reconheceu posteriormente como *reflexo condicionado*.

Pavlov sabia que a visão ou o aroma do alimento provoca salivação, do mesmo modo que o som de uma campainha faz o cão ficar com as orelhas em pé: em ambos os casos, trata-se de *reflexo simples*, portanto *incondicionado*, porque não aprendido. Por acaso, percebeu que a salivação também ocorria em situações que antes não provocavam salivação, o que o levou a realizar experimentos controlados em laboratório.

Resolveu, então, associar o alimento ao som de uma campainha sempre que o cão fosse alimentado, e, após algumas repetições, observou que bastava soar a campainha para o cão salivar. Isso significa que o som, antes um estímulo *neutro* para a salivação, tornou-se um estímulo eficaz: criou-se o *reflexo condicionado* clássico, depois denominado *respondente* por resultar da associação entre um estímulo externo ao qual se segue uma resposta.

O estímulo alimento é chamado *reforço positivo*, pois é ele que torna a reação mais frequente, garantindo a manutenção da resposta. Se o reforço não for mais apresentado, a tendência será a *extinção* da resposta, isto é, desfazer-se o reflexo condicionado.

Psicologia comportamental

No início do século XX, ampliaram-se os estudos de psicologia nos Estados Unidos, sobretudo com a psicologia comportamental ou **behaviorismo**, nome escolhido pelo precursor John B. Watson (1878-1958). A fim de atingir o ideal positivista de objetividade focado no comportamento, Watson abandonou discussões a respeito da *consciência*, conceito filosófico considerado impróprio para uso científico, por considerá-la inatingível mediante observação e experimento. Rejeitou igualmente os dados recolhidos por **introspecção**.

> **Behaviorismo:** do inglês *behavior*, "conduta"; estudo do comportamento.
> **Introspecção:** no contexto, observação e descrição do que ocorre na própria mente (como pensamentos, sentimentos).

Skinner e o condicionamento operante

A teoria behaviorista alcançou novo impulso com Burrhus Frederic Skinner (1904-1990), que continuou a aceitar como objeto de investigação apenas dados comportamentais. Apoiou-se inicialmente na experiência sobre *reflexo condicionado* realizada por Pavlov, embora tenha ampliado a técnica com pesquisas sobre o *reflexo condicionado operante*, mais complexo que o respondente. Trata-se do *condicionamento instrumental*, também chamado *skinneriano* ou *operante*, por ser determinado por suas consequências – e não por um estímulo que o precede.

Um animal faminto é colocado na "caixa de Skinner". Depois de, casualmente, esbarrar diversas vezes em uma alavanca, percebe que o alimento aparece sempre que a aciona; assim, realiza a associação entre alavanca e alimento. Apertar a alavanca é a resposta dada *antes* do estímulo, que é o alimento. Skinner criou inúmeras variantes dessas caixas, inclusive aquelas em que o animal age visando evitar uma punição, como saltar para outro local depois de "avisado" por um sinal luminoso ou sonoro, antes que um choque elétrico seja acionado.

Campos de aplicação

As descobertas de Skinner foram amplamente utilizadas nos Estados Unidos em diversos campos da atividade humana. Na instrução programada, por exemplo, o aluno recebe um texto com uma série de espaços em branco para que preencha em nível crescente de dificuldade. Partindo do princípio de que o reforço deve ser dado a cada passo do processo e imediatamente após o ato, o aluno pode conferir o erro ou o acerto de sua resposta passo a passo. O processo foi aperfeiçoado na "máquina de ensinar", com a qual Skinner pensava substituir o professor em várias etapas da aprendizagem.

Técnicas skinnerianas também podem ser utilizadas na educação infantil, visando criar bons hábitos e corrigir comportamentos inadequados. Por exemplo, no tratamento psicológico de certos comportamentos, a terapia comportamental ou reflexologia tem por objetivo descondicionar maus hábitos. Processos semelhantes podem ajudar pessoas que têm medo de voar de avião ou dirigir veículos. Um alcoólatra, por exemplo, pode ser levado a deixar de ingerir bebida alcoólica, aplicando-se também a outros vícios. Quando utilizados em empresas, tais métodos têm o intuito de estimular o aumento da produção, ao atribuir pontos ao funcionário por cada meta atingida, de modo a transformar os pontos acumulados em benefícios.

Assim afirma Skinner:

> "Treinar um soldado é em parte condicionar respostas emocionais. Se retratos do inimigo, sua bandeira etc. forem associados a histórias ou fotografias de atrocidades, uma reação agressiva semelhante provavelmente ocorrerá quando o inimigo for encontrado. As razões favoráveis são obtidas em geral da mesma maneira. Respostas a alimentos apetecíveis são facilmente transferidas para outros objetos. [...] O vendedor bem-sucedido é aquele que convida [seu cliente] para jantar. O vendedor não está apenas interessado nas reações gástricas, mas sim na predisposição favorável do cliente a seu respeito e com relação ao seu produto."
>
> SKINNER, Burrhus F. *Ciência e comportamento humano*. São Paulo: Martins Fontes, 1985. p. 62.

Veremos adiante que os defensores da fenomenologia criticam a psicologia comportamentalista de Skinner pelo fato de estudar o comportamento humano predominantemente por meio de reflexos condicionados operantes – sobretudo em grande parte do período inicial de suas pesquisas –, deixando de se ocupar com os comportamentos mais complexos.

Em oposição aos defensores da fenomenologia, os teóricos e terapeutas do comportamentalismo argumentam que geralmente usam o condicionamento operante, mais complexo que o respondente (pavloviano) de estímulo-resposta, por oferecer uma base experimental que permite a verificabilidade e a falseabilidade – conforme exigência da concepção empirista de Popper. Quanto aos tratamentos, dizem preferir soluções pragmáticas e de resultados em curto prazo, e criticam as teorias hermenêuticas, enredadas em conceitos metafísicos e teorias abstratas.

Níquel Náusea (2002), tirinha de Fernando Gonsales. Por condicionamento, os animais representados na tirinha associam um ruído específico à hora de se alimentar.

11. Tendência humanista na psicologia

Vimos que os primeiros estudiosos da psicologia se restringiram a fenômenos concretos – como a percepção visual –, por serem mensuráveis. Os adeptos da corrente humanista seguiram em outra direção, sobretudo aqueles influenciados pelos pensadores da teoria fenomenológica, para os quais não há fatos objetivos, pois não percebemos o mundo como um dado bruto, desprovido de significados.[5] Ao contrário, o que cada um percebe é um mundo para ele, daí a importância do sentido, da rede de significações que envolve os objetos percebidos: a consciência "vive" imediatamente como doadora de sentido.

Para a fenomenologia, não há pura consciência, separada do mundo, porque *toda consciência é intencional*, isto é, visa ao mundo. Do mesmo modo, não há objeto em si, independente da consciência que o percebe, porque o objeto é um *fenômeno* – etimologicamente, "algo que aparece" para uma consciência.

Por exemplo, os fenomenólogos criticam o uso da terapia reflexológica na reeducação de uma criança manhosa porque a manha *não é*, ela *significa*, ou seja, é pela emoção que a criança se exprime na totalidade do seu ser. Ela quer dizer coisas com o choro, e esse choro precisa ser interpretado. Do mesmo modo, sabemos que certos estímulos externos produzem respostas que nem sempre são as mesmas para todas as pessoas. Em cada uma, exercem influência de maneira singular. À relação mecânica estímulo-resposta, estabelecida pelo comportamentalismo, a fenomenologia contrapõe o sinal e o símbolo. Enquanto o sinal faz parte do mundo físico do ser, o símbolo é parte do mundo humano do sentido.

Entre as expressões da tendência humanista, destacaremos na sequência a psicologia da forma, ou *Gestalt*, e a psicanálise.

Psicologia da forma

Teóricos da psicologia da forma, ou *Gestalt*, foram explicitamente influenciados pela fenomenologia e, como tal, opuseram-se às psicologias de tendência positivista. Entre os principais representantes estão os alemães Wolfgang Köhler (1887-1967) e Kurt Koffka (1886-1941).

Veremos na sequência como a *Gestalt* descreve a *percepção* e o *comportamento*.

> **Gestalt:** do alemão, "forma", "configuração". No contexto, é a teoria que considera os fenômenos psicológicos como totalidades organizadas, ou seja, como configurações.

[5] Para mais informações sobre a teoria fenomenológica, consulte o capítulo 22, "Tendências filosóficas contemporâneas", a partir do tópico "Fenomenologia de Husserl".

A percepção

De acordo com algumas teorias empiristas antigas, o mundo percebido seria inicialmente uma grande confusão de *sensações*, cujos fragmentos se organizariam pelo processo de *associação*, por meio da qual resultam as *percepções* e depois as ideias.

Em oposição a essa explicação, o gestaltismo afirma que não há excitação sensorial isolada, porque o objeto não é percebido em suas partes, para depois ser organizado mentalmente, mas se apresenta primeiramente na totalidade, na sua configuração, e só depois os detalhes são percebidos. No dia a dia encontramos inúmeros exemplos da tendência à configuração: sempre vemos formas nas nuvens (rosto, gato, colinas); as constelações representam a cruz, o escorpião.

De acordo com a teoria da forma, o conjunto é mais que a soma das partes, e cada elemento depende da estrutura a que pertence. Quando ouvimos uma melodia, não percebemos inicialmente as notas que a compõem, no entanto, se uma só nota for alterada, altera-se o todo. Na transposição para outro tom, será fácil reconhecê-la caso a estrutura da melodia permaneça a mesma.

A *Gestalt* estudou figuras ambíguas em que, dependendo da função dada às linhas, como apresentado na figura a seguir, altera-se a relação entre figura e fundo. Isso depende da *pregnância* – a estabilidade de uma percepção –, ou seja, de qual figura nosso olhar destaca naquele momento. O conceito de figura e fundo ocorre, por exemplo, ao se observar uma sala repleta de gente. O ambiente é percebido como uma unidade, mas alguns aspectos sobressaem, enquanto outros ficam em segundo plano. Essa perspectiva pode ser alterada se outros aspectos passarem a ser pregnantes, situação em que a forma do ambiente se altera, dependendo do interesse despertado em nós.

Nessa figura, a imagem é ambígua: cria a ilusão de que vemos um cálice ou duas faces frente a frente.

O comportamento

Toda a abordagem sobre a percepção vale para o comportamento de animais e pessoas. A ação depende da correlação entre o organismo e o meio, de tal modo que o ambiente se apresenta como um campo total. Assim, um mesmo espaço estrutura-se de modo diferente se a pessoa o percorre como faminta, fugitiva ou artista.

Exemplificamos com uma experiência dos alemães Wolfgang Köhler e Kurt Koffka, entre diversas feitas com chimpanzés. O desafio para alcançar uma banana inacessível é resolvido pelo chimpanzé quando ele sobe em um caixote para pegar a fruta, ou quando usa um bambu para derrubá-la. Segundo Köhler, o chimpanzé percebe o campo onde se situa como um todo, ou seja, ele só tem o *insight* quando estabelece a relação fruta-caixote ou fruta-bambu. Dá-se então o "fechamento", ou seja, a predominância de determinada forma sobre outras.

Gestalt terapia

O psicanalista alemão Friederich Perls (1893-1970), mais conhecido como Fritz Perls, foi o principal representante da *Gestalt* terapia, por volta dos anos 1940-1950, ao lado de sua mulher, Laura Perls, e de outros teóricos de diversas tendências. Reuniram-se em Nova York para desenvolver a nova terapia, influenciada por teorias como a fenomenologia, o existencialismo, além da psicologia da forma, entre outras.

O próprio Fritz Perls atuou como psicanalista, mas rompeu com essa prática. Atento em privilegiar o que acontece "aqui e agora", não fazia, como Sigmund Freud (1856-1939), um retorno à história passada; Perls focava na experiência de viver no presente, porque a ação humana é entendida como uma totalidade, em que ações mentais e físicas estão entrelaçadas, assim como o organismo e o ambiente que o circunda. O ser humano é, portanto, um ser de relação. Ciente de que o neurótico não se sente como uma pessoa total, a terapia visa recuperar seu sentido de totalidade, já que o equilíbrio psíquico é quebrado pela neurose, impedindo que o indivíduo se autorregule. O tratamento gestáltico consiste em encaminhá-lo à integração com os outros e o ambiente, restabelecendo a sua capacidade de discriminar, ao facilitar que *Gestalts* inacabadas emerjam à consciência e possam ser completadas.

No Brasil, um dos importantes representantes da *Gestalt* terapia foi o psiquiatra e escritor Roberto Freire (1927-2008). A técnica ainda tem seguidores em várias partes do mundo.

Freud: fundador da psicanálise

Já nos referimos a Freud no capítulo 22, "Tendências filosóficas contemporâneas", no qual analisamos como a psicanálise apoiou-se na hipótese do inconsciente para construir sua teoria. Ao retomarmos a contribuição freudiana para a psicologia neste tópico, que trata da metodologia das ciências humanas e, mais especificamente, da tendência humanista, será preciso fazer algumas ressalvas. Em razão de sua formação médica, encontramos nas primeiras obras de Freud elementos que denotam influências das tendências naturalistas na constituição da nova ciência, sobretudo pela proximidade conceitual com a biologia e a fisiologia. Conceitos de aparelho psíquico semelhantes a aparelhos fisiológicos e as ideias de força, atração e repulsão, inspiradas pelo princípio da conservação da energia, bem como a busca de causas que comprovassem certas reações psíquicas, são elementos indicativos desse alinhamento às ciências naturais, como ocorria em outros estudos da psicologia.

Embora tivesse sido aluno de Franz Brentano (1838-1917), psicólogo que influenciou o movimento que deu início à fenomenologia, Freud cercou-se de estudiosos de outras áreas, como cientistas da natureza e neurologistas. Além disso, ideias positivistas permeavam o ambiente intelectual do final do século XIX, o que orientou a adequação da nova ciência à metodologia das ciências da natureza, condição várias vezes explicitada – e desejada – pelo fundador da psicanálise como maneira de aceitação da cientificidade de sua teoria.

Insight: termo inglês que significa "iluminação súbita", "clarão".

Casa de vidro projetada pela arquiteta ítalo-brasileira Lina Bo Bardi e construída entre 1950 e 1951 em São Paulo (SP). Foto de 2006. Pode-se fazer um paralelo entre a arquitetura moderna, que incorpora fortemente o uso do vidro, e a psicanálise freudiana: o vidro deixa difuso o limite entre o interior e o exterior do ambiente, assim como a psicanálise vinha discutir as barreiras entre inconsciente e consciente.

A interpretação dos sonhos

Um elemento destoante da orientação naturalista de Freud aparece, de modo evidente, com a publicação de *A interpretação dos sonhos*, em que o termo *interpretação* já configura o elemento hermenêutico da psicanálise, centrada na busca do "sentido" do sonho. O mesmo ocorre quando Freud desenvolve o conceito de sintoma neurótico, cujo sentido será preciso interpretar, bem como nas referências à sexualidade, em nenhum momento entendida como puramente biológica.

A esse respeito, comenta o filósofo Michel Foucault (1926-1984):

> "Mas nenhuma forma de psicologia deu mais importância à significação do que a psicanálise. Sem dúvida, ela ainda permanece, no pensamento de Freud, ligada às suas origens naturalistas e aos preconceitos metafísicos ou morais, que não deixam de marcá-la. [...] A importância histórica de Freud vem, sem dúvida, da impureza mesma de seus conceitos: foi no interior do sistema freudiano que se produziu essa reviravolta da psicologia; foi no decorrer da reflexão freudiana que a análise causal transformou-se em gênese das significações, que a evolução cede seu lugar à história, e que o apelo à natureza é substituído pela exigência de analisar o meio cultural."
>
> FOUCAULT, Michel. *Problematização do sujeito*: psicologia, psiquiatria e psicanálise. Rio de Janeiro: Forense Universitária, 1999. p. 129-130.

A citação de Foucault, embora pareça sua adesão à psicanálise, apenas indica que, ao visitar várias vezes a obra freudiana, ele manteve desde sempre uma atitude ao mesmo tempo receptiva e elogiosa ao reconhecer a novidade de sua teoria, mas também profundamente crítica do que chamou de elementos retrógrados de sua obra, como a vinculação às teorias naturalistas.

A obra de Freud também despertou o interesse do então psiquiatra francês Jacques Lacan (1901-1981), que se dedicou à prática psicanalítica após uma transformação dela com base na linguística estruturalista de Ferdinand de Saussure (1857-1913). Para Lacan, o inconsciente não representa uma instância do indivíduo porque o sujeito encontra-se inserido em uma estrutura social que precisa ser considerada. Para ele, são as estruturas da linguagem – e não o sujeito – que falam por meio dos sintomas da neurose, conceito resumido na frase "O inconsciente é estruturado como uma linguagem".

12. Ciências cognitivas

As ciências cognitivas nasceram na década de 1950, embora houvesse pesquisas anteriores desse tipo. Constituíram-se de modo multidisciplinar, de início com a participação da psicologia, da linguística e de estudos sobre inteligência artificial. Na sequência, outras áreas contribuíram para esclarecer como ocorre o conhecimento: etologia, sobre o pensamento animal; antropologia, pela comparação de diversas culturas; psiquiatria, com o estudo de transtornos mentais; neurociências, com o mapeamento do cérebro.

Inteligência artificial

A invenção do computador nos anos 1940 provocou uma notável revolução ao estimular a comparação da mente humana com tarefas que a máquina conseguia realizar, levantando-se a hipótese de que talvez nós pensássemos como um computador, ou, então, que o computador pudesse vir a pensar como um ser humano. De fato, com variados programas de informática, computadores podem calcular, classificar, memorizar dados, resolver problemas, tomar decisões, jogar xadrez, ou seja, realizar comportamentos "inteligentes". Quais seriam as possibilidades e os limites de um computador?

Para o filósofo estadunidense Daniel Dennett (1942), defensor da inteligência artificial, os computadores poderiam vir a possuir consciência, apenas dependendo de tempo e de desenvolvimento da técnica para que se crie na máquina o equivalente ao pensamento humano.

Há os que contra-argumentam recorrendo ao conceito de intencionalidade, caro à fenomenologia, tendência que restringe ao ser humano a capacidade de agir de maneira intencional, ou seja, de uma ação orientada por uma ideia que a antecede. Além disso, todo ser humano é um agente moral, capaz de deliberar e escolher, o que não ocorre com a máquina.

John Searle (1932), outro filósofo estadunidense, refutou as teses daqueles que defendem a inteligência artificial, exemplificando com as noções de *software* (o programa) e *hardware* (o sistema físico que executa o programa) para concluir que "a mente está para o cérebro como o programa está para o *hardware*".

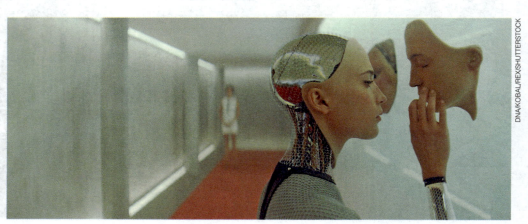

Cena do filme *Ex machina* (2015), dirigido por Alex Garland. O filme discute a possibilidade de uma inteligência artificial idêntica à inteligência humana.

O filósofo John Searle completa:

> "Mentes não podem ser equivalentes a programas, porque programas são definidos de maneira puramente formal ou sintática, enquanto as mentes possuem conteúdos mentais. A maneira mais fácil de perceber a força dessa refutação é examinar se um sistema, digamos o nosso próprio, poderia aprender a manipular os símbolos formais para decifrar uma linguagem natural sem de fato compreender essa linguagem. Posso ter um programa que me capacite a responder questões em chinês simplesmente comparando os símbolos que me são enviados com auxílio do processamento apropriado, e desse modo produzir outros símbolos, mas ainda assim não teria compreendido chinês."
>
> SEARLE, R. John. Filosofia contemporânea nos Estados Unidos. In: BUNNIN, Nicholas; TSUI-JAMES, E. P. (Orgs.). *Compêndio de filosofia*. 2. ed. São Paulo: Loyola, 2007. p. 14.

De modo geral, a ênfase em questões sobre inteligência artificial diminuiu a partir da década de 1980, pois elas não conseguiram superar os limites com que se depararam: a impossibilidade de uma real aprendizagem diante da complexidade da linguagem humana.

Trocando ideias

2001, uma odisseia no espaço

Em livros ou filmes, a ficção científica tem explorado o tema dos robôs humanizados. Desde a obra *Frankenstein* (1818), da escritora inglesa Mary Shelley, ao clássico filme de Stanley Kubrick *2001, uma odisseia no espaço* (1968), a relação entre criador e criatura desafia a imaginação – e os temores – do ser humano.

- Os produtos que criamos com auxílio da técnica seriam maravilhas ou artefatos perigosos? Como poderiam ser interpretadas as produções que abordam essa temática?

Neurociências

Ainda no final do século XIX, pesquisas de diversos cientistas levaram à descoberta dos neurônios e à descrição de seu funcionamento, o que descortinou a dinâmica do sistema nervoso. Muitos estudos sobre visão e localização de áreas cerebrais específicas foram realizados ao longo do século seguinte.

Na década de 1980, o avanço tecnológico na área médica, sobretudo o desenvolvimento de novas técnicas de diagnóstico por imagem, como ressonância magnética e tomografia, tornou possível conhecer melhor o funcionamento cerebral. Se de início a neurociência era um estudo para biólogos e médicos, transformou-se em uma *ciência interdisciplinar*, com a participação de áreas as mais diversas, como psicologia, filosofia, física, química, engenharia, antropologia, ciências da computação e muitas outras.

Pode-se dizer que, dessa maneira, as neurociências refinaram discussões que vinham de longa data. Com as descobertas, teorias antigas foram consideradas reducionistas por relacionarem fenômenos mentais exclusivamente a processos neurológicos, quando na verdade constatava-se que o funcionamento do psiquismo é mais plástico e flexível do que se pensara.

Em outras palavras, não há como negar o suporte cerebral da atividade intelectual, mas ela depende da aprendizagem e, consequentemente, de fatores culturais e sociais.

Vários neurocientistas têm realizado experiências de que participam pesquisadores estadunidenses, suíços e brasileiros, a fim de tentar controlar membros artificiais com a atividade cerebral. Experiências similares já tinham sido feitas com macacos – que conseguiram acionar um braço robótico para alcançar uma banana – e foram realizadas pela equipe do cientista brasileiro Miguel Nicolelis (1961), responsável pelo centro de referência em neurociência em Natal (RN), além de realizar pesquisas na Universidade de Duke (Estados Unidos).

Indagado em uma entrevista sobre a possibilidade de um computador simular o cérebro humano, Miguel Nicolelis afirmou:

> "Nunca. Não há como reduzir a nossa mente, que é o produto de uma infinidade de eventos aleatórios, a um simples **algoritmo**. Existe um conceito, de número ômega, que é o número mais aleatório que se pode criar. O processo evolutivo humano é exatamente isso."
>
> Entrevista com Miguel Nicolelis. *O Estado de S. Paulo*, São Paulo, 10 maio 2011. Disponível em <http://mod.lk/9rvko>. Acesso em 7 jun. 2017.

Algoritmo: em informática, conjunto de regras e procedimentos lógicos perfeitamente definidos, que levam à solução de um problema em um número finito de etapas.

Cientista Miguel Nicolelis durante testes com exoesqueleto, estrutura que permite que pacientes paraplégicos possam andar a partir de comandos cerebrais. Foto de 2014, tirada em São Paulo (SP).

ATIVIDADES

1. Qual é a diferença entre reflexo condicionado respondente e reflexo condicionado operante?
2. Qual é a crítica que as teorias hermenêuticas fazem aos comportamentalistas?
3. Quais são os aspectos naturalistas da psicanálise freudiana levantados por seus críticos?
4. A invenção do computador levantou a hipótese de que o aperfeiçoamento dessa máquina pudesse levá-la a pensar como um ser humano. Como John Searle refutou essa possibilidade?

Sociologia: entre o naturalismo e o humanismo

Émile Durkheim foi um dos primeiros teóricos a explicitar as características da nova ciência da sociologia tendo por modelo o método das ciências da natureza, ao passo que Max Weber aproximou-se da corrente do método humanista.

Texto 1

"Quando este livro [*As regras do método sociológico*] surgiu pela primeira vez, provocou acesas controvérsias. [...]

Nossa afirmação de que os fatos sociais devem ser tratados como coisas – afirmação que constitui a base do nosso método – é, talvez, a que tem encontrado, entre todas, a maior oposição. Considerou-se paradoxal e indigna a assimilação das realidades do mundo social às realidades do mundo exterior. E, no entanto, tudo isso era um novo equívoco sobre o sentido e o alcance dessa semelhança, cujo objeto não é rebaixar as formas superiores do ser às suas formas inferiores, mas, pelo contrário, reivindicar para as primeiras um grau de realidade pelo menos igual àquele que toda gente reconhece nas segundas. Nós não dizemos, com efeito, que os fatos sociais são coisas materiais, mas sim coisas com o mesmo direito que as coisas materiais, ainda que de modo diferente.

Que é uma coisa? A coisa se opõe à ideia, como o que se conhece exteriormente ao que se conhece interiormente. É coisa todo objeto de conhecimento que não é naturalmente compenetrável à inteligência; tudo aquilo de que não podemos ter uma noção adequada por um simples processo de análise mental; tudo aquilo que o espírito só pode compreender sob a condição de sair de si mesmo por meio de observações e experiências, passando progressivamente dos caracteres mais exteriores e imediatamente acessíveis, aos menos visíveis e mais profundos. Tratar fatos de uma certa ordem como coisas não é, pois, classificá-los nesta ou naquela categoria do real, mas sim observar para com eles uma certa atitude mental. É abordar o seu estudo, partindo do princípio de que se ignore completamente o que são, e que suas propriedades características, do mesmo modo que as coisas desconhecidas de que dependem, não podem ser descobertas nem sequer pela introspecção mais atenta.

Definidos os termos, dessa maneira, longe de ser a nossa proposição um paradoxo, poderia passar por verdadeiro **truísmo**, se não fosse, todavia, tão esquecida pelas ciências que tratam do homem, e especialmente pela sociologia. Com efeito, nesse sentido se pode afirmar que todo objeto de ciência é uma coisa, com exceção, quiçá, dos objetos matemáticos; pois pelo que se refere a estes últimos, como somos nós mesmos quem os constrói, desde os mais simples aos mais complexos, para saber o que são, basta olharmos em nosso eu e analisar interiormente o processo mental donde provêm. Mas, desde o momento em que se trata de fatos propriamente ditos, quando necessitamos deles para a ciência, são necessariamente para nós incógnitos, coisas ignoradas, pois as representações que se hajam podido ter deles, na vida, como se formaram sem método nem crítica, carecem de todo valor científico e não devem ser tidas em conta. Até os fatos da psicologia individual apresentam esse caráter e devem ser considerados sob o mesmo ponto de vista.

Efetivamente, ainda que sejam interiores por definição, a consciência que deles temos não nos revela nem a sua natureza interna, nem a sua gênese. A consciência no-los dá a conhecer até certo ponto, mas da mesma maneira que as sensações nos fazem conhecer o calor, a luz, o som ou a eletricidade; recebemos impressões confusas, passageiras, subjetivas, mas não noções claras e distintas, conceitos explicativos. Precisamente por essa razão, fundou-se no século XIX uma psicologia objetiva, cuja regra fundamental é estudar os fatos mentais no exterior, quer dizer, como coisas. Com maior razão deve suceder o mesmo com os fatos sociais, pois a consciência não pode ter mais competência para conhecer esses fatos do que para conhecer a sua própria vida. [...]

Nossa regra não implica, pois, nenhuma concepção metafísica, nenhuma especulação sobre o fundo dos seres. Apenas ela reclama que o sociólogo tenha o espírito idêntico ao do físico, do químico, do fisiologista, quando se aventuram em uma região, ainda inexplorada, do seu domínio científico. É preciso que, ao ingressar no mundo social, se compenetre de que pisa um terreno desconhecido; é necessário que se sinta em presença de fatos cujas leis são tão pouco suspeitadas, como poderiam ser as da vida, quando a biologia não estava ainda constituída; é preciso que se prepare para realizar descobrimentos que o surpreenderão e desconcertarão. É necessário que a sociologia alcance esse grau de maturidade intelectual. Enquanto o sábio que estuda a natureza física reconhece a resistência que esta lhe opõe, e se capacita do que lhe vai custar o triunfo, parece que o sociólogo move-se em meio de coisas imediatamente transparentes ao espírito; chegamos a essa conclusão depois de observar a facilidade com que resolve a questão mais obscura."

DURKHEIM, Émile. Prefácio da segunda edição de "As regras do método sociológico". In: OLIVEIRA, Paulo de Salles (Org.). *Metodologia das ciências humanas*. São Paulo: Hucitec; Editora Unesp, 1998. p. 31-34.

Texto 2

"Não existe nenhuma análise científica totalmente 'objetivada' da vida cultural ou [...] dos 'fenômenos sociais', que seja independente de determinadas perspectivas especiais e parciais, graças às quais estas manifestações possam ser, explícita ou implicitamente, consciente ou inconscientemente, selecionadas, analisadas e organizadas na exposição, enquanto objeto de pesquisa. Isso se deve ao caráter particular da meta do conhecimento de qualquer trabalho das ciências sociais que se proponha ir além de um estudo meramente formal das normas – legais ou convencionais – da convivência social.

A ciência social que pretendemos exercitar é uma ciência da realidade. Procuramos entender na realidade que está ao nosso redor, e na qual nos encontramos situados, aquilo que ela tem de específico; por um lado, as conexões e a significação cultural das nossas diversas manifestações na sua configuração atual e, por outro, as causas pelas quais ela se desenvolveu historicamente de uma forma e não de outra. Acontece que, tão logo tentamos tomar consciência do modo como se nos apresenta imediatamente a vida, verificamos que ela se nos manifesta 'dentro' e 'fora' de nós, sob uma quase infinita diversidade de eventos que aparecem e desaparecem sucessiva e simultaneamente. E a absoluta infinitude dessa diversidade subsiste, sem qualquer atenuante do seu caráter intensivo, mesmo quando voltamos a nossa atenção, isoladamente, a um único 'objeto' – por exemplo, uma transação concreta – e isso tão logo tentamos descrever de forma exaustiva essa 'singularidade' em todos os componentes individuais, e, ainda muito mais, quando tentamos captá-la naquilo que tem de causalmente determinado. Assim, todo o conhecimento da realidade infinita, realizado pelo espírito humano finito, baseia-se na premissa **tácita** de que apenas um fragmento limitado dessa realidade poderá constituir de cada vez o objeto da compreensão científica e de que só ele será 'essencial' no sentido de 'digno de ser conhecido'.

[...] Devemos ainda acrescentar que, nas ciências sociais, se trata da intervenção de fenômenos espirituais, cuja 'compreensão' por 'revivência' constitui uma tarefa especificamente diferente da que poderiam ou quereriam resolver as fórmulas do conhecimento exato da natureza. [...]

É preciso não darmos a tudo isso uma falsa interpretação no sentido de considerarmos que a autêntica tarefa das ciências sociais consiste numa perpétua caça a novos pontos de vista e construções conceituais. Pelo contrário, convém insistir mais do que nunca no seguinte: servir o conhecimento da significação cultural de complexos históricos e concretos constitui o fim último e exclusivo ao qual, juntamente com outros meios, é dedicado também o trabalho da construção e crítica de conceitos. Utilizando os termos de Friedrich Theodor Vischer[6], concluiremos que, em nossa disciplina, também existem cientistas que 'cultivam a matéria' e outros que 'cultivam o espírito'. O apetite dos primeiros, ávidos de fatos, apenas se sacia com grandes volumes de documentos, com tabelas estatísticas e sondagens, mas revela-se insensível aos delicados manjares da ideia nova. O requinte gustativo dos segundos chega a perder o sabor dos fatos através de constantes destilações de novos pensamentos. O virtuosismo legítimo que, entre os historiadores, Ranke[7] possuía em tão elevado grau, costuma manifestar-se precisamente pelo poder de criar algo de novo através da referência de certos fatos conhecidos a determinados pontos de vista, igualmente conhecidos."

WEBER, Max. A "objetividade" do conhecimento na ciência social e na ciência política. In: OLIVEIRA, Paulo de Salles (Org.). *Metodologia das ciências humanas.* 2. ed. São Paulo: Hucitec; Editora Unesp, 2001. p. 101-103; 136-137.

Truísmo: conhecimento óbvio, banalidade.
Tácito: saber implícito ou subentendido.

---

[6]Friedrich Theodor Vischer (1807-1887), filósofo hegeliano estudioso de estética.
[7]Leopold von Ranke (1795-1886), historiador alemão considerado "pai" da história científica.

QUESTÕES

1. Como Durkheim rebate a interpretação incorreta provocada pela afirmação de que os fatos sociais devem ser tratados como coisas?
2. Identifique no texto as passagens que assinalam os pressupostos positivistas de Durkheim.
3. Por que, para Weber, o método das ciências sociais difere do método das ciências da natureza?
4. Weber desconsidera completamente os fatos para a construção das ciências sociais? Explique.

ATIVIDADES

1. A citação a seguir aborda a contraposição da teoria de Darwin à tradição. Leia-a e responda às questões.

> "A versão [do teólogo William] Paley do **argumento teleológico** usava o exemplo de um relógio encontrado no deserto. A intrincada perfeição de suas peças mecânicas com certeza convenceria quem o encontrasse da existência de um hábil relojoeiro. Quão mais perfeito era o projeto do olho humano, com suas lentes e sua retina colocadas com precisão, formando uma imagem exata, clara e imediatamente transmitida pelo nervo óptico precisamente para a parte exata do cérebro! O olho humano era perfeitamente adaptado ao meio e às exigências a ele feitas [...].
>
> A teoria de Darwin atacava esse argumento em seus próprios alicerces. Nenhum organismo – da célula mais simples à 'perfeição' dos seres humanos – era perfeitamente adaptado ao seu meio ambiente. Se fosse, não teria necessidade de lutar. Em vez disso, a vida consistia numa luta ininterrupta interespécies e intraespécies."
>
> STRATHERN, Paul. *Darwin e a evolução*. Rio de Janeiro: Jorge Zahar, 2001. p. 30-31. (Coleção 90 minutos)

a) Como o argumento teleológico explicava as características dos seres vivos?

b) No que consiste a inovação do pensamento de Darwin em relação ao argumento teleológico?

> **Argumento teleológico:** argumento que identifica a presença de metas, fins ou objetivos últimos guiando a natureza e a humanidade, considerando a finalidade como o princípio explicativo fundamental na organização e nas transformações de todos os seres da realidade.

2. Identifique o autor da citação a seguir e justifique sua resposta.

> "[...] testes sistemáticos controlam cuidadosa e seriamente essas nossas conjecturas ou 'antecipações' maravilhosamente imaginativas e audazes. Uma vez propostas, não sustentamos dogmaticamente nenhuma de nossas 'antecipações'. Nosso método de pesquisa não consiste em defendê-las para provar que estávamos certos. Pelo contrário, tentamos contestá-las. Empregando todas as armas de nosso arsenal lógico, matemático e técnico, tentamos provar que nossas antecipações eram falsas."

3. Gilles-Gaston Granger afirma que a ciência tem um campo de investigação ilimitado, mas faz uma distinção importante. Explique essa distinção, tomando como base a citação.

> "É limitado o campo em que a visão científica de conhecimento pode legitimamente se exercer? Devemos traçar fronteiras à ciência? A resposta é não, no sentido de que nenhuma razão derivada da natureza da ciência obrigue a se delimitar seu campo de investigação. No entanto, nem toda espécie de fenômeno lhe é igualmente acessível. O obstáculo único, mas radical, me parece ser a realidade individual dos acontecimentos e dos seres. O conhecimento científico exerce-se plenamente quando pode neutralizar essa individuação, sem alterar gravemente seu objeto, como acontece em geral nas ciências da natureza. No caso dos fatos humanos, ela [a ciência] se empenha por envolver cada vez mais estreitamente o individual em redes de conceitos, sem esperar um dia poder atingi-lo."
>
> GRANGER, Gilles-Gaston. *A ciência e as ciências*. São Paulo: Editora Unesp, 1994. p. 113.

4. Considerando a citação, explique em que aspecto o exemplo dado por Lévi-Strauss explicita o método estruturalista.

> "Partiremos de *um* mito, proveniente de *uma* sociedade, e o analisaremos recorrendo inicialmente ao contexto etnográfico e em seguida a outros mitos de uma mesma sociedade. Ampliando progressivamente o âmbito da investigação, passaremos a mitos provenientes de sociedades vizinhas, situando-os igualmente em seu contexto etnográfico particular. Pouco a pouco, chegaremos a sociedades mais afastadas, mas sempre com a condição de que ligações reais de ordem histórica ou geográfica possam ser verificadas ou justificadamente postuladas entre elas."
>
> LÉVI-STRAUSS, Claude. *O cru e o cozido*. São Paulo: Cosac Naify, 2004. p. 19-20.

5. Com base na citação, identifique se a psicanálise freudiana se alinha à tendência humanista ou naturalista. Justifique sua resposta.

> "Mesmo em Freud seria um erro acreditar que a psicanálise exclui a descrição dos motivos psicológicos e se opõe ao método fenomenológico: ao contrário, ela (sem o saber) contribuiu para desenvolvê-lo ao afirmar, segundo a expressão de Freud, que todo ato humano 'tem um sentido', e ao procurar em todas as partes compreender o acontecimento, em lugar de relacioná-lo a condições mecânicas."
>
> MERLEAU-PONTY, Maurice. *Fenomenologia da percepção*. São Paulo: Martins Fontes, 1999. p. 218.

6. Dissertação. Retome a citação da abertura do capítulo e leia o texto a seguir. Com base neles e nos conteúdos estudados, elabore um texto dissertativo sobre o tema **"A ciência como forma de conhecimento inacabada, em constante transformação"**.

> "Diante da ciência, não devemos ostentar nem um ceticismo desconfiado, nem uma fé cega, e sim uma admiração profunda e uma confiança razoável."
>
> GRANGER, Gilles-Gaston. *A ciência e as ciências*. São Paulo: Editora Unesp, 1994. p. 114.

ENEM E VESTIBULARES

7. (Enem/MEC-2016) Darwin, em viagem às Ilhas Galápagos, observou que os tentilhões apresentavam bicos com formatos diferentes em cada ilha, de acordo com o tipo de alimentação disponível. Lamarck, ao explicar que o pescoço da girafa teria esticado para colher folhas e frutos no alto das árvores, elaborou ideias importantes sobre a evolução dos seres vivos.

O texto aponta que uma ideia comum às teorias da evolução propostas por Darwin e por Lamarck refere-se à interação entre os organismos e seus ambientes, que é denominada de

a) mutação.
b) adaptação.
c) seleção natural.
d) recombinação gênica.
e) variabilidade genética.

8. (Enem/MEC-2015)

"A crescente intelectualização e racionalização não indicam um conhecimento maior e geral das condições sob as quais vivemos. Significa a crença em que, se quiséssemos, poderíamos ter esse conhecimento a qualquer momento. Não há forças misteriosas incalculáveis; podemos dominar todas as coisas pelo cálculo."

WEBER, M. A ciência como vocação. In: GHERT, H.; MILLS, W. (Orgs.). *Max Weber*: ensaios de sociologia. Rio de Janeiro: Jorge Zahar, 1979. (Adaptado)

Tal como apresentada no texto, a posição de Max Weber a respeito do processo de desencantamento do mundo evidencia o(a)

a) progresso civilizatório como decorrência da expansão do industrialismo.
b) extinção do pensamento mítico como um desdobramento do capitalismo.
c) emancipação como consequência do processo de racionalização da vida.
d) afastamento de crenças tradicionais como uma característica da modernidade.
e) fim do monoteísmo como condição para a consolidação da ciência.

9. (Enem/MEC-2013)

"A África também já serviu como ponto de partida para comédias bem vulgares, mas de muito sucesso, como *Um príncipe em Nova York* e *Ace Ventura: um maluco na África*; em ambas, a África parece um lugar cheio de tribos doidas e rituais de desenho animado. A animação *O rei leão*, da Disney, o mais bem-sucedido filme americano ambientado na África, não chegava a contar com elenco de seres humanos."

LEIBOWITZ, E. *Filmes de Hollywood sobre África ficam no clichê*.
Disponível em <http://noticias.uol.com.br>. Acesso em 17 abr. 2010.

A produção cinematográfica referida no texto contribui para a constituição de uma memória sobre a África e seus habitantes. Essa memória enfatiza e negligencia, respectivamente, os seguintes aspectos do continente africano:

a) A história e a natureza.
b) O exotismo e a cultura.
c) A sociedade e a economia.
d) O comércio e o ambiente.
e) A diversidade e a política.

10. (UFSM-2015) Há muitas razões para valorizar a ciência. A importância de prever e explicar fenômenos naturais e facilitar nosso controle de ambientes hostis, facilitando nossa adaptação, é uma delas. Em função do sucesso que a ciência tem em explicar muitos fenômenos, a maioria das pessoas não diretamente envolvidas com atividades científicas tende a pensar que uma teoria científica é um conjunto de leis verdadeiras e infalíveis sobre o mundo natural. Mudanças teóricas radicais na história da ciência (como a substituição de um modelo geocêntrico por um modelo heliocêntrico de explicação do movimento planetário) levaram filósofos a suspeitar dessa imagem das teorias científicas. A teoria da ciência do físico e filósofo austríaco Karl Popper se caracterizou por sustentar que as leis científicas possuem um caráter

I. hipotético e provisório.
II. assistemático e irracional.
III. matemático e formal.
IV. contraditório e tautológico.

É/São verdadeira(s) a(s) assertiva(s)

a) I apenas.
b) I e II apenas.
c) III apenas.
d) II e IV apenas.
e) III e IV apenas.

Mais questões: no livro digital, em **Vereda Digital Aprova Enem** e **Vereda Digital Suplemento de revisão e vestibulares**; no *site*, em **AprovaMax**.

Sugestões

Para ler

Admirável mundo novo
Aldous Huxley. São Paulo: Biblioteca Azul, 2014.

A distopia criada por Aldous Huxley narra um futuro marcado por experimentos genéticos, substâncias que manipulam os sentimentos humanos e pela violência do Estado representada pelo totalitarismo.

Corpo e mente
Silvana de Souza Ramos. São Paulo: Martins Fontes, 2011. (Coleção Filosofias: o prazer do pensar)

A autora se baseia no pensamento de dois grandes filósofos, René Descartes e Maurice Merleau-Ponty, para investigar o que é o ser humano. Com base na discussão sobre as relações entre pensamento e percepção, ela traça as linhas mestras da herança cartesiana, esclarecendo as formulações de Merleau-Ponty sobre uma possível fenomenologia da percepção. Ao longo do percurso, são desvendadas as concepções de homem defendidas pelos dois filósofos. Assim, a resposta à pergunta "O que somos?" chega a um resultado instigante: o ser humano é corpo e mente.

Percepção e imaginação
Silvia Faustino de Assis Saes. São Paulo: Martins Fontes, 2011. (Coleção Filosofias: o prazer do pensar)

Com linguagem clara e acessível ao iniciante em filosofia, a autora parte da diferença entre perceber e imaginar e percorre um itinerário reflexivo por algumas das mais influentes definições dadas aos conceitos de percepção e imaginação.

As sete maiores descobertas científicas da história
David E. Brody e Arnold R. Brody. São Paulo: Companhia das Letras, 2000.

Os professores David e Arnold Brody explicam, em linguagem acessível, descobertas como as leis de Newton, a relatividade, a estrutura do átomo, a seleção natural, o *big bang*, a descoberta da molécula de DNA e questões da genética.

A fazenda africana
Karen Blixen. São Paulo: Cosac Naify, 2005.

Romance autobiográfico da dinamarquesa Karen Blixen, o livro apresenta um caráter etnográfico ao narrar a vida de uma proeminente baronesa europeia em uma fazenda na África no contexto do neocolonialismo. Podemos ver a sua recusa em assumir o papel dominante nas terras africanas e suas observações sobre os elementos culturais do local.

Para assistir

Melancolia
Direção de Lars von Trier. França, Dinamarca, Suécia e Alemanha, 2011.

Um asteroide chamado Melancolia está prestes a se chocar com a Terra, o que resultaria na sua destruição. Duas irmãs afastadas pelo tempo, mas que se reúnem em razão do casamento de uma delas, têm reações completamente distintas ao saber do desastre iminente. O filme toca diretamente na questão do sentido da vida e no fim da saga humana.

Freud, além da alma
Direção de John Huston. Estados Unidos, 1962.

Trata-se de uma biografia romanceada de Sigmund Freud, reconstruindo as vivências do "pai" da psicanálise e os seus tratamentos mais célebres.

Um método perigoso
Direção de David Cronenberg. Canadá, Reino Unido, Alemanha e Suíça, 2011.

A obra tem como personagens Sigmund Freud e Carl Jung, que fizeram uma parceria capaz de revolucionar o entendimento da mente humana. Posteriormente, começariam a ter divergências que seriam acentuadas com o aparecimento da paciente Sabina Spielrein.

2001, uma odisseia no espaço
Direção de Stanley Kubrick. Reino Unido, 1968.

Clássico da ficção científica que mostra a evolução do ser humano até conseguir realizar viagens espaciais e a rebeldia de um computador que assume o controle de uma nave.

Para navegar

Scientific American Brasil
www2.uol.com.br/sciam/
Site da versão brasileira da revista Scientific American, mundialmente reconhecida. Há multimídias, notícias, artigos e reportagens sobre os principais tópicos de ciência da atualidade.

Revista Galileu
revistagalileu.globo.com/
O *site* da revista *Galileu* traz uma série de notícias e reportagens sobre assuntos relativos às ciências da natureza e às ciências humanas.

Inovação Tecnológica
www.inovacaotecnologica.com.br
Site que possui traduções de notícias científicas publicadas em veículos internacionais e matérias de autoria própria, centrando-se em assuntos como nanotecnologia, robótica, meio ambiente e informática.

BIOGRAFIAS

A

ADORNO, Theodor (1903-1969). Filósofo de origem judaica, nasceu em Frankfurt, na Alemanha. Estudou filosofia, psicologia, sociologia e música na Universidade de Frankfurt. Com Max Horkheimer, fundou o Instituto de Pesquisas Sociais, conhecido como Escola de Frankfurt. Com o advento do nazismo, imigrou para a Inglaterra e posteriormente para os Estados Unidos, retornando à Alemanha após o fim da Segunda Guerra. Suas produções são, em grande parte, voltadas para a área de estética. Trabalhou o conceito de indústria cultural, segundo o qual a obra de arte teria se tornado um negócio, instrumento de trabalho e de consumo e portador da ideologia dominante. Com Horkheimer, escreveu *Dialética do esclarecimento*. Publicou ainda *Minima moralia* e *Teoria estética*, entre outras obras.

AGOSTINHO, Aurélio (354-430). Nasceu na cidade de Tagaste, hoje Souk Ahras, na Argélia, norte da África, vindo a ser bispo de Hipona e posteriormente canonizado pela Igreja Católica. Apesar de ter vivido no final da Antiguidade, suas teorias fertilizaram todo o primeiro período da Idade Média. Na juventude, interessou-se pela religião dos maniqueus, o que despertou sua curiosidade pelas questões sobre o bem e o mal. Em seguida, converteu-se ao cristianismo e adaptou o platonismo à fé católica. Entre suas obras, destacam-se *Confissões*, *De magistro*, *A cidade de Deus* e *Sobre a Trindade*.

AQUINO, Tomás de (1225-1274). Nasceu na Itália, tornou-se monge dominicano e foi canonizado pela Igreja Católica. Estudou em Nápoles e Colônia (na atual Alemanha) e ensinou em Paris. Aquino realizou a mais completa adequação do pensamento aristotélico ao cristianismo, não só em suas obras, mas pelo debate intenso sobre as relações entre razão e fé, reforçando a tradição da filosofia como "serva da teologia". Tratou de temas variados, como as provas da existência de Deus, a criação do mundo, a verdade, a ética, a imortalidade da alma e a política. Escreveu extensa obra em que se destacam *Suma teológica*, *Suma contra os gentios* e *Questões disputadas*.

ARENDT, Hannah (1906-1975). Nasceu em Hanover, na Alemanha. Estudou nas universidades de Marburgo e Friburgo, tendo se doutorado em Heidelberg (Alemanha), onde foi aluna de Martin Heidegger e de Karl Jaspers. De origem judaica, precisou fugir do nazismo em 1933, exilando-se na França e depois nos Estados Unidos. Suas aulas e obras focaram questões políticas da atualidade, com destaque para os movimentos revolucionários modernos, a questão da democracia e do totalitarismo. As principais publicações são *As origens do totalitarismo*, *A condição humana*, *Entre o passado e o futuro*, *A dignidade da política*.

ARISTÓTELES (c. 384-322 a.C.). Nasceu em Estagira, na Macedônia. Desde os dezessete anos, frequentou a Academia de Platão, em Atenas. A fidelidade ao mestre foi entremeada por críticas que mais tarde justificou: "Sou amigo de Platão, porém mais amigo da verdade". Após a morte de Platão, em 347 a.C., Aristóteles viajou por diversos lugares, inclusive a Macedônia, onde foi preceptor do jovem que se tornaria Alexandre, o Grande. De volta a Atenas, fundou o Liceu em 340 a.C. A filosofia aristotélica às vezes é designada como peripatética (do grego *peri*, "à volta de", e *patéo*, "caminhar"), pois Aristóteles e seus discípulos caminhavam pelo jardim do Liceu. Suas principais obras são *Metafísica*, *Organon* (conjunto dos escritos de lógica), *Física*, *Política* e *Ética a Nicômaco*.

AVERRÓIS (1126-1198). Filósofo árabe, nasceu em Córdoba, na Espanha. Viveu também em Sevilha e Marrocos. Em suas investigações, conservou a mente aberta na discussão sobre os embates entre fé e razão. Averróis foi um respeitado comentarista do pensamento de Aristóteles, permitindo que os teólogos do Ocidente cristão entrassem em contato com a obra do filósofo grego. Dedicou-se ainda à medicina, à astronomia e ao direito canônico muçulmano. Entre suas obras, destacam-se *Discurso decisivo*, *Comentário sobre a República*, *Exposição sobre a substância do orbe*.

B

BACON, Francis (1561-1626). Nasceu em Londres, na Inglaterra. Foi filósofo e político, exercendo o cargo de chanceler no governo do rei Jaime I. Com seu lema "Saber é poder", criticou o conteúdo metafísico da física grega e medieval, que, segundo ele, não apresentaria resultado prático ao homem. Defendia que a ciência deveria ser um saber instrumental, capaz de agir sobre a natureza e controlá-la. Por suas teorias a respeito da ciência e do método científico, é considerado o "pai" do método experimental. Suas principais ideias constam na obra *Novum organum*.

BEAUVOIR, Simone de (1908-1986). Filósofa e romancista, nasceu em Paris, na França, em uma família de aristocratas decadentes. Durante todo o ensino básico, estudou no Curso Désir, de rigorosa orientação católica. Desde a adolescência, já demonstrava a intenção de ser escritora. Formou-se em filosofia pela Universidade de Sorbonne, onde entrou em contato com figuras como Maurice Merleau-Ponty e Jean-Paul Sartre, que seria o seu companheiro. Com o lançamento de *O segundo sexo*, em 1949, Simone tornou-se uma figura pioneira na luta pelos direitos das mulheres. Na obra, a filósofa argumenta que não são os fatores biológicos que determinam como a mulher é compreendida no interior da sociedade, mas aspectos culturais. Entre a sua produção, destacam-se ainda os romances *A convidada* e *Os mandarins*, além dos volumes autobiográficos *Memórias de uma moça bem-comportada*, *A força da idade*, *A força das coisas* e *Balanço final*.

BENJAMIN, Walter (1892-1940). De família judaica, nasceu em Berlim, na Alemanha. Aproximou-se do marxismo, sofrendo grande influência de Bertolt Brecht. Renunciou à carreira acadêmica após sua tese de livre-docência ser recusada pela Universidade de Frankfurt. Em 1939, com Hitler no poder, exilou-se em Paris, de onde fugiu após se intensificar a perseguição aos judeus. Morreu tentando sair ilegalmente da França. Membro da Escola de Frankfurt, inovou o pensamento crítico sobre a relação entre arte, cultura, técnica e sociedade. Suas principais obras são *O conceito de arte no romantismo alemão*, *Origem do drama barroco alemão* e *A obra de arte na era de sua reprodutibilidade técnica*.

C

COMTE, Auguste (1798-1857). Filósofo e sociólogo, nasceu em Montpellier, na França. Na juventude, frequentou a Escola Politécnica de Paris, por ele considerada o modelo de ciência e técnica. Fundador do positivismo, Comte acreditava que a história tinha caráter progressivo, e pretendia organizar a sociedade por meio do desenvolvimento científico. Seu pensamento influenciou o nascimento das ciências humanas de tendência naturalista. Suas principais obras são *Curso de filosofia positiva*, *Discurso sobre o espírito positivo* e *Catecismo positivista*.

D

DELEUZE, Gilles (1925-1995). Nasceu em Paris, na França. Estudou filosofia na Universidade de Sorbonne, onde também atuou como professor, e lecionou ainda nas universidades de Lyon e de Paris-Vincennes. Segundo ele, a filosofia, por sua característica problematizadora, consiste na criação de conceitos, os quais mudam e são constantemente reinterpretados. Suas obras voltam-se tanto para a análise de filósofos – por exemplo, Espinosa, Hume, Leibniz, Kant e Nietzsche – como para a investigação do cinema, da pintura e de artistas, incluídos os escritores Proust e Kafka e o pintor Francis Bacon. Desenvolveu uma intensa parceria com o psicanalista Félix Guattari, junto do qual publicou *O anti-Édipo*, *Capitalismo e esquizofrenia*, *O que é filosofia?* e *Mil platôs*. Sozinho, escreveu *Lógica do sentido*, *Diferença e repetição*, entre outras obras.

DERRIDA, Jacques (1930-2004). Filósofo argelino, mudou-se para a França, onde estudou na Escola Normal Superior, na qual lecionavam autores como Michel Foucault e Louis Althusser. Posteriormente, foi para a Bélgica, onde completou sua formação. Criticava o lugar central que o discurso racional ocuparia em nossa tradição intelectual e propôs o método da desconstrução, que consiste em desfazer um texto a partir do modo como foi organizado para revelar seus múltiplos significados. Os instrumentos da desconstrução são a repetição, a polissemia e a diferença, com influência sobre a crítica literária contemporânea. Escreveu diversas obras, entre as quais se destacam *Gramatologia*, *A estrutura, o signo e o jogo no discurso das ciências humanas*, *A escritura e a diferença* e *O animal que logo sou*.

DESCARTES, René (1596-1650). Filósofo francês, é também conhecido pelo nome latino de Cartesius, por isso seu pensamento é dito "cartesiano". Desde muito jovem, o filósofo interessou-se por matemática, geometria e álgebra. Entre os estudos que desenvolveu, estão a geometria analítica e as chamadas coordenadas cartesianas. Ao propor a reconstrução do saber, inaugurou um novo modo de pensar que influenciou o racionalismo, teoria a que se opuseram as correntes empiristas. Viveu em um período conturbado e, por temor da Inquisição após a condenação de Galileu, aceitou o convite da rainha Cristina para morar na Suécia, onde veio a falecer, talvez devido ao rigoroso inverno. Entre suas obras, destacam-se *Discurso do método*, *Meditações metafísicas* e *Regras para a direção do espírito*.

E

ENGELS, Friedrich (1820-1895). Nasceu em Barmen, na Alemanha. Filósofo, criou a teoria marxista junto com Karl Marx. Era industrial e pôde, por diversas vezes, ajudar Marx financeiramente nos momentos mais críticos de sua vida pessoal. Ambos escreveram obras em parceria, como *A sagrada família*, *A ideologia alemã* e *O manifesto comunista*, e exerceram papel-chave na Primeira Internacional (Associação Internacional dos Trabalhadores), que tinha em vista aglutinar as ações dos trabalhadores e coordenar suas reivindicações. Entre as obras que escreveu sozinho, destaca-se *A origem da família, da propriedade privada e do Estado*.

EPICURO (c. 341-270 a.C.). Filósofo, nasceu na ilha de Samos, na Ásia menor. Percorreu diversas cidades gregas antes de se estabelecer em Atenas, onde fundou sua escola, cujas teorias representaram a busca de uma filosofia prática, capaz de servir às necessidades dos indivíduos. A ética epicurista afirmava que a felicidade – que consistiria na ausência de dor física e num estado de ânimo livre de perturbações – poderia ser alcançada por meio da satisfação de poucas necessidades naturais. Apesar de Epicuro possuir uma obra profusa, poucas chegaram até nós. Destacam-se *Carta sobre a felicidade (a Meneceu)* e *Máximas*.

ESPINOSA, Baruch (1632-1677). Filósofo judeu holandês, sofreu inúmeros reveses em sua vida. Acusado de heresia, foi expulso da sinagoga da qual fazia parte. Ocupou-se como polidor de lentes, o que garantia sua sobrevivência, e dedicou-se à reflexão filosófica. Sofreu acusações ora de ateísmo, ora de panteísmo. Espinosa criticou toda forma de poder, quer político, quer religioso, ao esclarecer quais são os obstáculos à vida, ao pensamento e à política livres. Investigou o que nos leva à servidão e à obediência, o que permite e o que impede o exercício da liberdade. Escreveu, entre outras obras, *Tratado da reforma do entendimento*, *Tratado teológico-político* e *Ética*.

F

FOUCAULT, Michel (1926-1984). Filósofo francês, desenvolveu um método de investigação histórica e filosófica que chamou de *arqueologia do saber*, visando compreender os processos de produção dos saberes no início da Idade Moderna. Em seguida, procede à *genealogia do poder*, ao examinar as práticas de dominação pela disciplina e pelo adestramento que provocaram a mudança dos comportamentos, sobretudo nas instituições prisionais e nos hospícios. Estendendo suas investigações às relações humanas em geral, conclui ser possível o controle por meio do que chamou de *microfísica do poder*, que, no âmbito do corpo e da sexualidade, representa o biopoder. Suas principais obras são *História da loucura na Idade Clássica*, *As palavras e as coisas*, *História da sexualidade*, *Vigiar e punir*, *Microfísica do poder*.

FREUD, Sigmund (1856-1939). Nasceu em Freiberg, na Morávia (atualmente República Tcheca), região que pertencia ao Império Austro-Húngaro. Fez medicina em Viena e trabalhou um tempo com o neurologista francês Jean-Martin Charcot, que tratava mulheres com neuroses histéricas por meio de hipnose. Com o médico Joseph Breuer, escreveu *Estudo sobre histeria*. Abandonou a hipnose pela técnica da associação livre e desenvolveu a teoria psicanalítica, com base na noção de inconsciente. Em 1899, publicou *A interpretação dos sonhos*. Escreveu ainda *Psicopatologia da vida cotidiana*, *O chiste e sua relação com o inconsciente*, *Cinco lições de psicanálise*, *O futuro de uma ilusão*, *Mal-estar na civilização*.

G

GALILEI, Galileu (1564-1642). Físico, astrônomo e filósofo italiano, retomou as críticas de Copérnico ao geocentrismo, consolidando por meio de métodos matemáticos o heliocentrismo, tese que abriu caminho para a física e a astronomia modernas e revolucionou a concepção de mundo da época. Escreveu *O ensaiador*, *Diálogo sobre os dois máximos sistemas do mundo*, *Discursos e demonstrações matemáticas sobre duas novas ciências*.

H

HABERMAS, Jürgen (1929). Filósofo e teórico social alemão, inicialmente sofreu influência da Escola de Frankfurt, para depois seguir caminho próprio, constituindo o que se chamou de "segunda geração" da Escola de Frankfurt. De formação marxista, nem por isso deixou de fazer uma revisão crítica tendo em vista o capitalismo avançado da sociedade industrial contemporânea. Ao analisar as relações entre ciência, técnica e economia política, desenvolveu a teoria do agir comunicativo, que contém os conceitos básicos da ética do discurso. Escreveu *Teoria e práxis*, *Técnica e ciência como "ideologia"*, *Conhecimento e interesse*, *Consciência moral e agir comunicativo* e *O discurso filosófico da modernidade*, entre outras obras e conferências.

HEGEL, Georg Wilhelm Friedrich (1770-1831). Nasceu em Stuttgart, na Alemanha. Foi professor nas universidades de Jena, Heidelberg e Berlim. A produção filosófica de Hegel representa o último exemplo de teoria sistemática que forma um todo acabado cujas partes se interligam de maneira coesa. Sua influência foi marcante em todo o século XIX. Escreveu inúmeras obras, entre as quais *Fenomenologia do espírito*, *Ciência da lógica*, *Enciclopédia das ciências filosóficas*, *Introdução à história da filosofia* e *Princípios da filosofia do direito*. Outros livros resultaram das anotações de seus alunos na Universidade de Jena.

HEIDEGGER, Martin (1889-1976). Filósofo alemão, embora tenha sofrido a influência da fenomenologia de Edmund Husserl, criou conceitos originais, tornando-se um dos grandes pensadores do século XX. Em sua obra principal, *Ser e tempo*, busca o sentido profundo do existir humano pelo conceito de *Dasein* (em alemão, o ser-aí), que distingue o homem de todos os outros entes. Examina a consciência que as pessoas têm do seu lugar no mundo e o significado que o mundo tem para elas. Embora rejeitasse para si a classificação de existencialista, influenciou com suas ideias essa tendência filosófica, cujo principal representante foi Jean-Paul Sartre. Além de *Ser e tempo*, escreveu obras importantes, como *Sobre a essência da verdade* e *Introdução à metafísica*.

HOBBES, Thomas (1588-1679). Nascido na Inglaterra, estudou filosofia na universidade de Oxford. Posteriormente, exilou-se em Paris, fugindo das guerras civis que ocorriam em território inglês. Seus estudos abordam, sobretudo, a organização da sociedade política. Segundo ele, no estado de natureza não há segurança, que só pode ser garantida por um governo forte. Entre suas obras, destacam-se *Leviatã*, *Do cidadão* e *Os elementos da lei natural e política*.

BIOGRAFIAS

HORKHEIMER, Max (1895-1973). Filósofo, nasceu em Stuttgart, na Alemanha. Participou da Primeira Guerra, ao fim da qual terminou os estudos, obtendo o título de doutor em filosofia. Nesse período, conheceu o filósofo Theodor Adorno, com quem desenvolveu a chamada *teoria crítica* e fundou o Instituto de Pesquisas Sociais, conhecido como Escola de Frankfurt. Com a ascensão nazista, o Instituto transferiu-se para a Universidade de Columbia, em Nova York. Em 1949, Horkheimer voltou para a Alemanha, lecionando na Universidade de Frankfurt. Ele defendia que, no capitalismo, a razão instrumental, que visaria à produtividade e à competitividade, se sobrepôs à razão cognitiva, que teria fins humanos. Escreveu *Eclipse da razão*, entre outras obras e, junto a Adorno, *Dialética do esclarecimento*.

HUME, David (1711-1776). Filósofo e historiador escocês, foi um estudioso precoce, leitor de obras dos mais diversos teores. Seu pensamento crítico e naturalista é representativo do Iluminismo, sobretudo pela sua significativa presença na França, onde teve contato com os enciclopedistas. Empirista convicto e conhecedor da evolução científica de sua época, Hume insistiu sobre a impossibilidade de o conhecimento ir além da experiência. A crítica à religião e a postura cética lhe valeram a acusação de ateísmo. A novidade do seu pensamento influenciou decisivamente os filósofos posteriores, seja para rejeitá-lo, seja para levar em conta sua crítica à metafísica. Suas principais obras são *Tratado da natureza humana*, *Investigação sobre o entendimento humano*, *História da Inglaterra* e *A história natural da religião*.

HUSSERL, Edmund (1859-1938). Filósofo e matemático, nasceu na Morávia (atual República Tcheca). Fundou a fenomenologia, orientação filosófica que tem por base a noção de intencionalidade, ou seja, a ideia de que a consciência é sempre direcionada para algo. Suas teorias influenciaram diversos filósofos ao longo do século XX, como Martin Heidegger, Maurice Merleau-Ponty e Jean-Paul Sartre. Suas principais obras são *Investigações lógicas*, *Ideias para uma fenomenologia pura e uma filosofia fenomenológica* e *Meditações cartesianas*.

K

KANT, Immanuel (1724-1804). Nasceu na Prússia (atual Alemanha), em Königsberg, cidade de onde nunca saiu. Foi um dos maiores expoentes do Iluminismo. Alertado pelo ceticismo de Hume, examinou as possibilidades e limites da razão em sua obra *Crítica da razão pura*, na qual indagou sobre "o que podemos conhecer". Em *Crítica da razão prática*, tratou das possibilidades do ato moral ao perguntar "o que devemos fazer". Finalmente, em *Crítica da faculdade do juízo*, investigou os juízos estéticos, distinguindo o belo do agradável e do útil. Defendeu, sobretudo, a autonomia moral do sujeito, a liberdade de pensamento e a "paz perpétua", título de um famoso texto. Publicou também *Fundamentos da metafísica dos costumes* e *A religião dentro dos limites da simples razão*, entre outras obras.

KIERKEGAARD, Sören (1813-1855). Filósofo e teólogo, nasceu em Copenhague, na Dinamarca. Crítico da filosofia moderna, afirmava que, desde Descartes até Hegel, o ser humano foi visto como uma abstração, e não como um sujeito existente. Diante disso, defendeu a necessidade de a filosofia ter como centro de atenção a existência humana, voltando-se para seus aspectos subjetivos. É considerado um dos precursores do existencialismo contemporâneo. Algumas de suas principais obras são *Temor e tremor*, *O conceito de angústia* e *Migalhas filosóficas*.

L

LÉVI-STRAUSS, Claude (1908-2009). Nascido em Bruxelas, na Bélgica, é considerado o "pai" da antropologia estrutural. Cursou filosofia na Universidade de Sorbonne, em Paris, tendo dedicado seus estudos à compreensão das estruturas elementares do parentesco. Lévi-Strauss deu à etnologia – ou seja, o estudo de fatos e documentos de diversas etnias e culturas – o mesmo estatuto de ciência rigorosa conquistado pela linguística. Desenvolveu parte de suas pesquisas no Brasil, onde lecionou de 1935 a 1938 na Universidade de São Paulo (USP). Suas expedições pelo interior do país foram relatadas em diversos ensaios, como na obra *Tristes trópicos*. Com o apoio de Maurice Merleau-Ponty, tornou-se professor do Collège de France em 1959. Entre as principais obras de Lévi-Strauss, destacam-se: *Antropologia estrutural*, *Pensamento selvagem*, *O totêmico hoje*, *O cru e o cozido*, *O homem nu* etc.

LOCKE, John (1632-1704). Filósofo, médico e político, nasceu em Wrington, na Inglaterra. Defendia a liberdade de consciência religiosa, argumentando que o Estado deveria cuidar apenas do bem-estar dos cidadãos, não tomando o partido de uma religião. Afirmava também que o consentimento dos cidadãos seria a fonte de legitimidade do Estado. Um dos precursores do empirismo, criticou a crença em ideias inatas, defendendo que o conhecimento dependeria da experiência. Entre suas obras, destacam-se *Carta sobre a tolerância*, *Dois tratados sobre o governo civil* e *Ensaio sobre o entendimento humano*.

M

MAQUIAVEL, Nicolau (1469-1527). Nasceu em Florença, na Itália. Como intelectual, teorizou a respeito do Estado de maneira inovadora, dando início à concepção moderna de política. Como político, viveu na prática a luta de poder em Florença. A cidade esteve tradicionalmente sob a influência da família Médici, mas encontrava-se por uma década governada pelo republicano Soderini, que o convidou para ocupar a Segunda Chancelaria do governo. Maquiavel desempenhou missões diplomáticas na França, na Alemanha e nos diversos Estados italianos, quando entrou em contato direto com reis, papas e nobres, encontrando no comandante César Bórgia o modelo de príncipe de que a Itália precisava para ser unificada. Após a deposição de Soderini, os Médici voltaram à cena política. Acusado de se opor ao novo governo, Maquiavel foi preso e torturado, recolhendo-se, em seguida, para escrever as obras que o consagraram: *O príncipe*, *Comentários sobre a primeira década de Tito Lívio* e *A arte da guerra*.

MARX, Karl (1818-1883). Filósofo, cientista social, historiador e revolucionário alemão, nasceu em Trier, de uma família judia convertida ao protestantismo. Junto a Friedrich Engels, fundamentou seu pensamento na tese da luta de classes, trazendo à luz uma interpretação original da história baseada no materialismo histórico e no materialismo dialético. Militou pelo socialismo, pois defendia que as transformações da realidade deveriam ser buscadas também na prática política. Com Engels, escreveu *Manifesto comunista* (marco para a constituição do socialismo, escrito em 1848), *A ideologia alemã* e *A sagrada família*. Marx escreveu sozinho *A miséria da filosofia*, *Crítica da economia política* e *O capital*, entre outras obras.

MERLEAU-PONTY, Maurice (1908-1961). Filósofo francês, baseou-se na fenomenologia de Edmund Husserl, dando-lhe contornos originais. Deve-se a ele a primeira reflexão mais densa sobre o corpo vivido, em oposição à clássica divisão entre sujeito e objeto. Foi por meio da filosofia do corpo que estendeu as discussões para temas como conhecimento, liberdade, linguagem, política, estética e intersubjetividade. Escreveu *Humanismo e terror*, *A estrutura do comportamento*, *Fenomenologia da percepção*, *As aventuras da dialética* e *O visível e o invisível*.

MONTAIGNE, Michel de (1533-1592). Filósofo humanista francês, é considerado o criador de um novo gênero literário, o ensaio, inaugurando um caminho posteriormente seguido por grandes nomes, como Bacon, Locke, Montesquieu, Voltaire etc. Foi membro do parlamento de Bordeaux, onde se tornou profundo amigo de outro importante magistrado, Étienne de La Boétie, autor do *Discurso da servidão voluntária*. A amizade, uma espécie de comunhão virtuosa, é um tema caro para Montaigne, como se verifica em sua principal obra, *Ensaios*.

MONTESQUIEU (1689-1755). Charles-Louis de Secondat, mais conhecido como Montesquieu, foi um filósofo iluminista nascido em Bordeaux, na França, numa família aristocrática. Foi um crítico severo da monarquia absolutista e do clero, caracterizando-se como o primeiro teórico a defender a divisão dos três Poderes (Legislativo, Executivo e Judiciário), que se controlariam mutuamente, em contraposição ao poder absoluto da monarquia francesa. Junto a Diderot e D'Alembert, contribuiu com verbetes para a *Enciclopédia*. Suas principais obras foram *Do espírito das leis*, *Cartas persas* e *Considerações sobre as causas da grandeza dos romanos e da sua decadência*.

N

NEWTON, Isaac (1642-1727). Matemático e físico, nasceu na Inglaterra. A partir do estudo de diversos cientistas, especialmente de Johannes Kepler e Galileu Galilei, criou uma teoria física capaz de explicar sistematicamente os movimentos dos planetas. Defendia que a ciência tinha por função descobrir leis universais e enunciá-las de forma racional. Importantes princípios metodológicos das ciências moderna e contemporânea tiveram por base as suas investigações. Sua principal obra é *Princípios matemáticos da filosofia natural*.

NIETZSCHE, Friedrich (1844-1900). Nasceu na Prússia (Alemanha), em uma família de pastores protestantes. Estudou filologia na Universidade de Leipzig e, aluno brilhante, tornou-se professor aos 24 anos na Universidade da Basileia, na Suíça. Durante esse período, redigiu suas primeiras obras, que já tratavam dos assuntos que marcariam seu pensamento: a crítica à imposição de normas de comportamento e de maneiras de pensar e a investigação sobre o papel do direito, da moral, da tradição e dos costumes na vida em sociedade. Com problemas de saúde, aposentou-se do cargo de professor. Após um período de grande tensão psíquica, foi internado em uma clínica psiquiátrica. Passou o restante de sua vida sob a tutela da família. No controle de suas obras, Elizabeth, irmã do filósofo, incentivou o uso deturpado da filosofia nietzschiana pelos nazistas. Publicou, entre outras obras, *O nascimento da tragédia*, *Humano, demasiado humano*, *Para além do bem e do mal*, *A gaia ciência*, *Para a genealogia da moral* e *Assim falou Zaratustra*.

P

PASCAL, Blaise (1623-1662). Filósofo francês, foi educado pelo pai, que lhe ensinou línguas e algumas noções sobre as leis naturais. Desde criança demonstrava grande curiosidade, pesquisando sobre fenômenos cuja explicação desconhecia. Viveu o chamado "século do Grande Racionalismo", no qual a atividade do cientista deixou de ser contemplativa para tornar-se ativa, levando o ser humano a acreditar-se senhor da natureza. Noções como a de geometrização do espaço e a busca por um método que permitisse ordenar as ideias numa cadeia de razões surgiram nesse contexto. Pascal foi um defensor da razão, ao passo que sustentou a importância da fé mesmo para o conhecimento científico. Também recusou a existência de um método universal, destacando que os métodos seriam particulares. Entre suas obras, destaca-se *Pensamentos*.

BIOGRAFIAS

PLATÃO (c. 428-347 a.C.). Era na verdade o apelido de Arístocles de Atenas (o apelido "Platão" talvez se devesse aos seus ombros largos ou ao corpo meio quadrado). Nascido de família aristocrática, após a condenação de seu mestre Sócrates, viajou por vários lugares até retornar a Atenas, onde fundou a escola denominada Academia. Seus diálogos – que, em sua maior parte, trazem Sócrates como interlocutor principal – abrangem as várias áreas da filosofia nascente, e por isso é o primeiro filósofo sistemático do pensamento ocidental. Sua influência foi sentida no helenismo (neoplatonismo) e adaptada à doutrina cristã inicialmente por Agostinho de Hipona. Até hoje vigoram muitas de suas ideias sobre a relação corpo-alma, a política aristocrática e a crença na superioridade do espírito em detrimento dos sentidos. Entre suas obras, destacam-se os diálogos *A República*, *O banquete* e *Defesa de Sócrates*.

R

RICOEUR, Paul (1913-2005). Nasceu numa família protestante em Valence, na França. Na Universidade de Rennes, onde iniciou os estudos de filosofia, recebeu influência do neotomismo, mas, após transferir-se para a Universidade de Sorbonne, em Paris, entrou em contato com a fenomenologia de Edmund Husserl, decisiva para a constituição de sua filosofia hermenêutica. Após um breve período de docência na Alsácia, Ricoeur foi convocado para servir o exército francês na Segunda Guerra Mundial. Seu percurso filosófico passou pelo estudo de linguística, psicanálise, literatura, teoria do conhecimento etc. Dialogou em suas obras com Agostinho, Aristóteles, Heidegger, Hannah Arendt, Nietzsche, Freud, Thomas Mann, Robert Musil, Virginia Woolf e tantos outros nomes das tradições filosófica e literária. Entre seus principais livros, destacam-se: *O si-mesmo como outro*, *A memória, a história e o esquecimento*, *Percurso do reconhecimento*, *Tempo e narrativa* (em 3 volumes) e *Da interpretação: ensaios sobre Freud*.

RORTY, Richard (1931-2007). Nascido em Nova York, ingressou na Universidade de Chicago com apenas 15 anos. Segundo o filósofo neopragmatista, nesse período, ele queria unir sua paixão pelas orquídeas à leitura das obras de Trotsky, conjugando a realidade dos momentos inspiradores nos bosques ao desejo de justiça, entendida como a liberação dos fracos da opressão dos fortes, como relata no ensaio autobiográfico *Trotsky e as orquídeas silvestres*. Rorty preocupava-se, então, em traçar um caminho que fosse ao mesmo tempo o do intelectual e o do amigo da humanidade. Teve como influências decisivas para a constituição de sua própria teoria alguns nomes como William James, John Dewey, Willard van Orman Quine e Wilfrid Sellars. Entre seus livros mais importantes, estão: *Filosofia e espelho da natureza*, *Contingência, ironia e solidariedade* e *Objetivismo, relativismo e verdade*.

ROUSSEAU, Jean-Jacques (1712-1778). Filho de um relojoeiro de poucas posses, nasceu em Genebra, na Suíça, e viveu em Paris a partir de 1742, onde fervilhavam as ideias liberais. Ao participar de um concurso da Academia de Dijon, ganhou o prêmio ao responder pela negativa ao tema proposto: "O restabelecimento das ciências e das artes terá contribuído para aprimorar os costumes?". Na contramão do movimento iluminista, que depositava no poder da razão humana as esperanças pela construção de um mundo melhor, Rousseau não via com otimismo o desenvolvimento da técnica e do progresso. Foi convidado a escrever os verbetes sobre música para a *Enciclopédia*, mas circulava nesse meio como elemento destoante. Ao contrário de seus contemporâneos contratualistas, não admitia a alienação da liberdade do povo nas mãos de um representante. Considerado por alguns estudiosos como precursor do romantismo, Rousseau produziu ideias que revelavam a carga emocional decorrente de sua sensibilidade exacerbada. Suas principais ideias políticas estão nas obras *Discurso sobre a origem e os fundamentos da desigualdade entre os homens* e *Do contrato social*.

S

SARTRE, Jean-Paul (1905-1980). Filósofo, nasceu em Paris, na França. Fez os estudos superiores na Escola Normal Superior de Paris, onde foi influenciado pelas ideias de Kant, Hegel e Heidegger. Em 1929, conheceu a também filósofa Simone de Beauvoir, com quem se relacionou pelo resto da vida. Durante a Segunda Guerra, foi convocado a servir no exército francês e, capturado pelos alemães, ficou preso durante nove meses. Esteve ligado à corrente filosófica existencialista, segundo a qual a existência é anterior à essência e o ser humano é livre para constituir-se, sendo responsável pelo que se torna. Escreveu obras de filosofia, peças de teatro e romances. Em 1964, ganhou o Prêmio Nobel, o qual recusou, alegando que sempre recusara distinções oficiais. Foi politicamente engajado e apoiou diversos movimentos de esquerda. Entre suas obras, destacam-se *O existencialismo é um humanismo*, *O ser e o nada*, a peça de teatro *Entre quatro paredes* e os romances *A náusea* e *Os caminhos da liberdade*.

SCHOPENHAUER, Arthur (1788-1860). Nasceu em Danzig, na Prússia (em região atualmente pertencente à Polônia). Seu pensamento é marcado por um pessimismo metafísico – as coisas existentes seriam governadas por uma Vontade irracional –, ao mesmo tempo que admite momentos de felicidade, alcançados pela fruição estética. Lecionou na Universidade de Berlim, mas suas aulas eram ofuscadas pelas de Hegel, levando-o a abandonar a carreira de professor. Entretanto, fora do ambiente universitário, suas ideias já influenciavam Nietzsche – com suas teorias sobre o apolíneo e o dionisíaco – e posteriormente seriam muito relevantes para a psicanálise de Freud. Sua obra de maior destaque é *O mundo como Vontade e representação*.

SÓCRATES (c. 470-399 a.C.). Filho de escultor e de parteira, nasceu e viveu em Atenas, na Grécia. Sócrates conhecia a doutrina dos filósofos que o antecederam e a de seus contemporâneos. Participou da vida política e discutia em praça pública sem nada cobrar, diferentemente dos sofistas, que foram alvo de suas críticas. Não deixou livros, por isso conhecemos suas ideias por meio de seus discípulos, como Xenofonte e sobretudo Platão, cujos primeiros diálogos são mais fiéis ao pensamento do mestre. Acusado de corromper a mocidade e negar os deuses oficiais da cidade, Sócrates foi condenado à morte. Esses acontecimentos finais são relatados no diálogo *Defesa de Sócrates*, de Platão. Em outra obra platônica, *Fédon*, Sócrates discute com os discípulos sobre a imortalidade da alma, enquanto aguarda o momento de beber a cicuta.

V

VOLTAIRE (1694-1778). François Marie Arouet, mais conhecido como Voltaire, foi um filósofo iluminista, escritor e poeta nascido em Paris, em uma família da pequena nobreza. Sofreu perseguições e prisões ao longo de toda a vida, sobretudo pelo seu combate à ignorância e à superstição. Exilado na Inglaterra por um período de três anos, entusiasmou-se com a tolerância religiosa e com a relativa igualdade entre burgueses e nobres que observou no país, o que foi fundamental para seu pensamento. Suas obras eram voltadas para a análise das teorias desenvolvidas por pensadores como Newton, Locke e Pascal. Crítico da metafísica e de hipóteses especulativas, tinha também preocupações éticas e sociais. Seus principais escritos, além de artigos para a *Enciclopédia*, são *Cartas filosóficas* e *Dicionário filosófico*.

W

WITTGENSTEIN, Ludwig (1889-1951). Nasceu em uma rica família vienense. Estudou engenharia mecânica, matemática e lógica e alistou-se como voluntário no exército austríaco durante a Primeira Guerra. Foi professor em Cambridge, onde teve como interlocutor o filósofo Bertrand Russell. Sua carreira universitária foi alternada com períodos de isolamento numa cabana que possuía na Noruega e experiências como professor secundário para camponeses em vilarejos pobres da Áustria. Suas obras mais importantes são *Tractatus logico-philosophicus* e *Investigações filosóficas*. A elaboração de *Investigações filosóficas* representou uma guinada no curso de suas ideias, sempre na busca do rigor para entender a capacidade e os limites da linguagem.

CRONOLOGIA

ANTIGUIDADE
FILOSOFIA GREGA

A filosofia ocidental nasceu na pólis grega em um contexto de desenvolvimento econômico, político e cultural. De início, as indagações filosóficas se voltaram para a natureza, mas, posteriormente, o homem e a sociedade se tornaram o principal tema dos grandes pensadores.

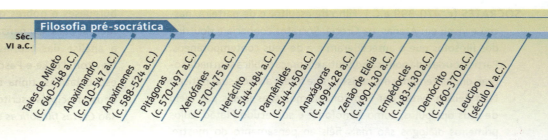

Filosofia pré-socrática — Séc. VI a.C.: Tales de Mileto (c. 640-548 a.C.); Anaximandro (c. 610-547 a.C.); Anaxímenes (c. 588-524 a.C.); Pitágoras (c. 570-497 a.C.); Xenófanes (c. 570-475 a.C.); Heráclito (c. 544-484 a.C.); Parmênides (c. 544-450 a.C.); Anaxágoras (c. 499-428 a.C.); Zenão de Eleia (c. 490-430 a.C.); Empédocles (c. 483-430 a.C.); Demócrito (c. 460-370 a.C.); Leucipo (século V a.C.)

IDADE MÉDIA
FILOSOFIA MEDIEVAL

A filosofia medieval herdou alguns dos argumentos discutidos ainda na Antiguidade. Os pensadores medievais se dedicaram, sobretudo, à metafísica e à ética. O principal tema de reflexão do período foi a relação entre fé e razão, sendo esta subordinada àquela.

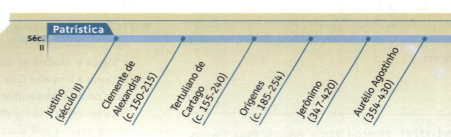

Patrística — Séc. II: Justino (século II); Clemente de Alexandria (c. 150-215); Tertuliano de Cartago (c. 155-240); Orígenes (c. 185-254); Jerônimo (347-420); Aurélio Agostinho (354-430)

IDADE MODERNA
FILOSOFIA MODERNA

A filosofia da modernidade concentrou-se na capacidade humana de conhecer, nos métodos de investigação da natureza, nas formas de organização social e política, além de exaltar a razão autônoma como o grande instrumento para o progresso da humanidade.

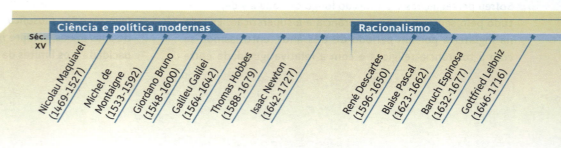

Ciência e política modernas — Séc. XV: Nicolau Maquiavel (1469-1527); Michel de Montaigne (1533-1592); Giordano Bruno (1548-1600); Galileu Galilei (1564-1642); Thomas Hobbes (1588-1679); Isaac Newton (1642-1727)

Racionalismo: René Descartes (1596-1650); Blaise Pascal (1623-1662); Baruch Espinosa (1632-1677); Gottfried Leibniz (1646-1716)

IDADE CONTEMPORÂNEA
FILOSOFIA CONTEMPORÂNEA I

O século XIX, marcado pela consolidação do poder da burguesia, teve inúmeros pensadores que se dedicaram à reflexão sobre a existência humana e a vida na sociedade capitalista. Também foi o momento de se debruçar sobre assuntos que extrapolam os limites da consciência racional. No século posterior, o avanço da ciência como ferramenta fundamental de conhecimento da natureza se articulou a outros interesses.

Idealismo alemão, positivismo e marxismo — Séc. XIX: Johann Gottlieb Fichte (1762-1814); Georg Wilhelm Friedrich Hegel (1770-1831); Friedrich Schelling (1775-1854); Auguste Comte (1798-1857); Karl Marx (1818-1883); Friedrich Engels (1820-1895)

IDADE CONTEMPORÂNEA
FILOSOFIA CONTEMPORÂNEA II

As contradições sociais, guerras e o avanço técnico-científico do século XX provocaram inúmeros questionamentos. Nesse período, a reflexão filosófica ocupou-se dos mecanismos da linguagem e de seu sentido, da crítica ao progresso da humanidade com base na técnica e na ciência, além de investigar a interpretação que os homens têm dos fenômenos e o modo como compreendem a própria existência.

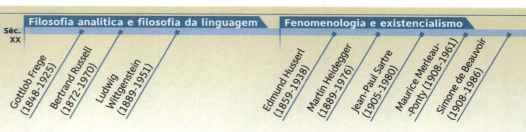

Filosofia analítica e filosofia da linguagem — Séc. XX: Gottlob Frege (1848-1925); Bertrand Russell (1872-1970); Ludwig Wittgenstein (1889-1951)

Fenomenologia e existencialismo: Edmund Husserl (1859-1938); Martin Heidegger (1889-1976); Jean-Paul Sartre (1905-1980); Maurice Merleau-Ponty (1908-1961); Simone de Beauvoir (1908-1986)

Cronologia representada sem escala temporal.

REFERÊNCIAS BIBLIOGRÁFICAS

BIBLIOGRAFIA BÁSICA

Dicionários de filosofia

ABBAGNANO, Nicola. *Dicionário de filosofia*. 4. ed. São Paulo: Martins Fontes, 2000.

AUDI, Robert (Org.). *Dicionário de filosofia de Cambridge*. São Paulo: Paulus, 2006.

BLACKBURN, Simon. *Dicionário Oxford de filosofia*. Rio de Janeiro: Jorge Zahar, 1997.

BOBBIO, Norberto et al. *Dicionário de política*. Brasília: Editora UnB, 2000. 2 v.

CANTO-SPERBER, Monique (Org.). *Dicionário de ética e filosofia moral*. São Leopoldo: Unisinos, 2003. 2 v.

COMTE-SPONVILLE, André. *Dicionário filosófico*. São Paulo: Martins Fontes, 2011.

HUISMAN, Denis. *Dicionário dos filósofos*. São Paulo: Martins Fontes, 2001. 2 v.

JAPIASSÚ, Hilton; MARCONDES, Danilo. *Dicionário básico de filosofia*. Rio de Janeiro: Jorge Zahar, 1990.

LALANDE, André. *Vocabulário técnico e crítico da filosofia*. 3. ed. São Paulo: Martins Fontes, 1999.

MORA, José Ferrater. *Dicionário de filosofia*. São Paulo: Loyola, 2000. 4 v.

História da filosofia

ABBAGNANO, Nicola. *História da filosofia*. Lisboa: Editorial Presença, 1996-2000. 11 v.

ABRÃO, Bernadete Siqueira et al. *Enciclopédia do estudante*. História da filosofia: da Antiguidade aos pensadores do século XXI. São Paulo: Moderna, 2008. v. XII.

BRÉHIER, Émile. *História da filosofia*. São Paulo: Mestre Jou, 1977-1981.

CHAUI, Marilena. *Introdução à história da filosofia*: dos pré-socráticos a Aristóteles. 2. ed. São Paulo: Companhia das Letras, 2002. v. 1.

_____. *Introdução à história da filosofia*: as escolas helenísticas. São Paulo: Companhia das Letras, 2010. v. 2.

HOTTOIS, Gilbert. *Do Renascimento à pós-modernidade*: uma história da filosofia moderna e contemporânea. Aparecida: Ideias & Letras, 2008.

JAEGER, Werner. *Paideia*. São Paulo: Martins Fontes, 2001.

JAIME, Jorge. *História da filosofia no Brasil*. Petrópolis; São Paulo: Vozes; Faculdades Salesianas, 2002. 4 v.

MARCONDES, Danilo. *Iniciação à história da filosofia*: dos pré-socráticos a Wittgenstein. Rio de Janeiro: Jorge Zahar, 1997.

MARÍAS, Julián. *História da filosofia*. São Paulo: Martins Fontes, 2004.

PECORARO, Rossano (Org.). *Os filósofos*: clássicos da filosofia. Petrópolis; Rio de Janeiro: Vozes; PUC-Rio, 2008. v. I: De Sócrates a Rousseau; v. II: De Kant a Popper; v. III: De Ortega y Gasset a Vattimo.

REALE, Giovanni; ANTISERI, Dario. *História da filosofia*. São Paulo: Paulus, 7 v.: Filosofia pagã antiga (2003); Patrística e Escolástica (2003); Do humanismo a Descartes (2004); De Spinoza a Kant (2004); Do romantismo ao empiriocriticismo (2005); De Nietzsche à Escola de Frankfurt (2006); De Freud à atualidade (2006).

RUSS, Jacqueline. *Filosofia: os autores, as obras*. Petrópolis: Vozes, 2015.

SEVERINO, Antônio Joaquim. *A filosofia contemporânea no Brasil*: conhecimento, política e educação. Petrópolis: Vozes, 1997.

Introdução à filosofia

BLACKBURN, Simon. *Pense*: uma introdução à filosofia. Lisboa: Gradiva, 2001. (Coleção Filosofia Aberta)

CASSIRER, Ernst. *Antropologia filosófica*. São Paulo: Mestre Jou, 2000.

COMTE-SPONVILLE, André. *Apresentação da filosofia*. São Paulo: Martins Fontes, 2002.

DELEUZE, Gilles; GUATTARI, Félix. *O que é a filosofia?* São Paulo: Editora 34, 1992.

GARCÍA MORENTE, Manuel. *Fundamentos de filosofia*: lições preliminares. 8. ed. São Paulo: Mestre Jou, 1980.

NAGEL, Thomas. *Uma breve introdução à filosofia*. São Paulo: Martins Fontes, 2001.

SAVATER, Fernando. *As perguntas da vida*. São Paulo: Martins Fontes, 2001.

Coleções

Clássicos & Comentadores. São Paulo: Discurso Editorial.

Filosofias: o prazer do pensar. São Paulo: Martins Fontes.

Folha Explica. São Paulo: Publifolha.

Logos. São Paulo: Moderna.

Os Pensadores. São Paulo: Abril Cultural (algumas reedições pela Nova Cultural).

Primeiros Passos. São Paulo: Brasiliense.

Revistas

Bioética. Brasília: Conselho Federal de Medicina.

Cadernos de História e Filosofia da Ciência. Campinas: Centro de Lógica, Epistemologia e História da Ciência da Unicamp.

Conjectura: filosofia e educação. Caxias do Sul: Departamento de Filosofia da UCS.

Cult. Revista Brasileira de Cultura. São Paulo: Editora Bregantini.

Discurso. São Paulo: Departamento de Filosofia da USP.

Filosofia. Curitiba: Departamento de Filosofia da PUC-PR.

Kriterion: revista de filosofia. Belo Horizonte: Departamento de Filosofia da UFMG.

Manuscrito. Campinas: Centro de Lógica, Epistemologia e História da Ciência da Unicamp.

Novos Estudos Cebrap. São Paulo: Centro Brasileiro de Análise e Planejamento.

Pesquisa Fapesp. São Paulo: Fundação de Amparo à Pesquisa do Estado de São Paulo.

Rapsódia. São Paulo: Departamento de Filosofia da USP.

Reflexão. Campinas: Instituto de Filosofia da PUC-Campinas.

Revista Brasileira de Filosofia. São Paulo: Instituto Brasileiro de Filosofia.

Revista Filosófica Brasileira. Rio de Janeiro: Departamento de Filosofia da UFRJ.

Revista Tempo Brasileiro. Rio de Janeiro: Tempo Brasileiro.

Revista USP. São Paulo: Coordenadoria de Comunicação Social da USP.

REFERÊNCIAS BIBLIOGRÁFICAS

BIBLIOGRAFIA POR ASSUNTO

Lógica

COPI, Irving. *Introdução à lógica*. 2. ed. São Paulo: Mestre Jou, 1978.

FLEW, Antony. *Pensar direito*. São Paulo: Cultrix; Edusp, 1979.

HAACK, Susan. *Filosofia das lógicas*. São Paulo: Editora Unesp, 2002.

HEGENBERG, Leônidas. *Dicionário de lógica*. São Paulo: EPU, 1995.

KONDER, Leandro. *O que é dialética*. São Paulo: Brasiliense, 1997. (Coleção Primeiros Passos)

MORTARI, Cezar. *Introdução à lógica*. São Paulo: Editora Unesp; Imprensa Oficial do Estado, 2001.

NOLT, John; ROHATYN, Dennis. *Lógica*. São Paulo: McGraw-Hill, 1991.

PERELMAN, Chaïm; OLBRECHTS-TYTECA, Lucie. *Tratado da argumentação*: a nova retórica. São Paulo: Martins Fontes, 1996.

PINTO, Paulo Roberto Margutti. *Introdução à lógica simbólica*. Belo Horizonte: Editora UFMG, 2001.

SALMON, Wesley. *Lógica*. Rio de Janeiro: Guanabara Koogan, 1987.

Ética

APEL, Karl-Otto. *Estudos de moral moderna*. Petrópolis: Vozes, 1994.

_____. *Ética na era da ciência*. Petrópolis: Vozes, 1994.

BEAUVOIR, Simone de. *Moral da ambiguidade*. Rio de Janeiro: Paz e Terra, 1970.

_____. *O segundo sexo*: a experiência vivida. 2. ed. São Paulo: Difel, 1967.

BIAGGIO, Angela M. Brasil. *Lawrence Kohlberg*: ética e educação moral. São Paulo: Moderna, 2002. (Coleção Logos)

CORTINA, Adela; MARTÍNEZ, Emilio. *Ética*. São Paulo: Loyola, 2005.

EPICURO. *Carta sobre a felicidade (a Meneceu)*. São Paulo: Editora Unesp, 2002.

FARHAT, Said. *Lobby*: o que é, como se faz. São Paulo: Editora Peirópolis, 2007.

HABERMAS, Jürgen. *Consciência moral e agir comunicativo*. Rio de Janeiro: Tempo Brasileiro, 1989.

KANT, Immanuel. *A metafísica dos costumes*. Bauru: Edipro, 2003.

LEOPOLDO E SILVA, Franklin. *Felicidade*: dos filósofos pré-socráticos aos contemporâneos. São Paulo: Claridade, 2007. (Coleção Saber de Tudo)

_____. *O outro*. São Paulo: Martins Fontes, 2012. (Coleção Filosofias: o prazer do pensar)

LIPOVETSKY, Gilles. *A felicidade paradoxal*: ensaio sobre a sociedade do hiperconsumo. São Paulo: Companhia das Letras, 2007.

MISRAHI, Robert. *A felicidade*: ensaio sobre a alegria. Rio de Janeiro: Difel, 2001.

RICOEUR, Paul. *O mal*: um desafio à filosofia e à teologia. Campinas: Papirus, 1988.

SÁNCHEZ VÁZQUEZ, Adolfo. *Ética*. 20. ed. Rio de Janeiro: Civilização Brasileira, 2000.

SAVATER, Fernando. *Ética para meu filho*. 4. ed. São Paulo: Martins Fontes, 1993.

SKINNER, Burrhus. *Walden II*: uma sociedade do futuro. São Paulo: EPU, 1975.

TODOROV, Tzvetan. *A questão do outro*. São Paulo: Martins Fontes, 1982.

TUGENDHAT, Ernst. *Lições sobre ética*. Petrópolis: Vozes, 1997.

WILLIAMS, Bernard. *Moral*: uma introdução à ética. São Paulo: Martins Fontes, 2005.

Política

ARANHA, Maria Lúcia de Arruda. *Maquiavel*: a lógica da força. 2. ed. São Paulo: Moderna, 2006. (Coleção Logos)

ARENDT, Hannah. *A condição humana*. 9. ed. Rio de Janeiro: Forense Universitária, 1999.

_____. *Entre o passado e o futuro*. 2. ed. São Paulo: Perspectiva, 1972.

_____. *Da violência*. Brasília: Editora UnB, 1985.

_____. *Origens do totalitarismo*: antissemitismo, imperialismo e totalitarismo. São Paulo: Companhia das Letras, 1989.

ARISTÓTELES. *Política*. 3. ed. Brasília: Editora UnB, 1997.

BOBBIO, Norberto. *A teoria das formas de governo*. 4. ed. Brasília: Editora UnB, 1995.

_____. *Estado, governo, sociedade*: para uma teoria geral da política. 2. ed. Rio de Janeiro: Paz e Terra, 1987.

_____. *O futuro da democracia* – uma defesa das regras do jogo. Rio de Janeiro: Paz e Terra, 2000.

_____. *Qual socialismo?* – discussão de uma alternativa. 3. ed. Rio de Janeiro: Paz e Terra, 1983.

_____. *Teoria geral da política*: a filosofia política e as lições dos clássicos. Rio de Janeiro: Campus, 2000.

CARVALHO, José Sérgio (Org.). *Educação, cidadania e direitos humanos*. Petrópolis: Vozes, 2004.

CASSIRER, Ernst. *O mito do Estado*. Rio de Janeiro: Jorge Zahar, 1976.

CHÂTELET, François; PISIER-KOUCHNER, Évelyne. *As concepções políticas do século XX* – história do pensamento político. Rio de Janeiro: Jorge Zahar, 1983.

CHAUI, Marilena. *O que é ideologia*. São Paulo: Brasiliense, 1997. (Coleção Primeiros Passos)

_____. *Simulacro e poder*: uma análise da mídia. São Paulo: Fundação Perseu Abramo, 2006.

CHEVALLIER, Jean-Jacques. *As grandes obras políticas de Maquiavel a nossos dias*. 7. ed. Rio de Janeiro: Agir, 1995.

_____. *História do pensamento político*. Rio de Janeiro: Guanabara-Koogan, 1983. 2 v.

FESTER, Antonio Carlos Ribeiro (Org.). *Direitos humanos e...* São Paulo: Comissão Justiça e Paz; Brasiliense, 1989.

GUSDORF, Georges. *Impasses e progressos da liberdade*. São Paulo: Convívio, 1979.

HAN, Byung-Chul. *Sociedade do cansaço*. Petrópolis: Vozes, 2015.

KANT, Imannuel. *A paz perpétua*: um projeto para hoje. São Paulo: Perspectiva, 2004. (Elos)

LEBRUN, Gérard. *O que é poder*. 14. ed. São Paulo: Brasiliense, 1994. (Coleção Primeiros Passos)

MARTINS, José de Souza. *Linchamentos*: a justiça popular no Brasil. São Paulo: Contexto, 2015.

MERQUIOR, José Guilherme. *O liberalismo*: antigo e moderno. Rio de Janeiro: Nova Fronteira, 1991.

REFERÊNCIAS BIBLIOGRÁFICAS

NOVAES, Adauto (Org.). *Civilização e barbárie*. São Paulo: Companhia das Letras, 2004.

RANCIÈRE, Jacques. *O ódio à democracia*. São Paulo: Boitempo, 2014.

SAVATER, Fernando. *Política para meu filho*. São Paulo: Martins Fontes, 1996.

SEN, Amartya. *Desenvolvimento como liberdade*. São Paulo: Companhia das Letras, 2000.

TOURAINE, Alain. *O que é a democracia?* 2. ed. Petrópolis: Vozes, 1996.

WEFFORT, Francisco C. (Org.). *Os clássicos da política*. São Paulo: Ática, 1998. 2 v.

Filosofia da ciência

BRODY, David Eliot; BRODY, Arnold R. *As sete maiores descobertas científicas da história*. São Paulo: Companhia das Letras, 1999.

BRONOWSKI, Jacob. *Ciência e valores humanos*. Belo Horizonte; São Paulo: Itatiaia; Edusp, 1979. (Coleção O homem e a ciência)

CHALMERS, Alan. *A fabricação da ciência*. São Paulo: Editora Unesp, 1994.

_____. *O que é ciência, afinal?* São Paulo: Brasiliense, 1993.

EPSTEIN, Isaac. *Divulgação científica*: 96 verbetes. Campinas: Pontes, 2002.

FOUREZ, Gérard. *A construção das ciências*: introdução à filosofia e à ética das ciências. São Paulo: Editora Unesp, 1995.

FREUD, Sigmund. *Cinco lições de psicanálise*. São Paulo: Abril Cultural, 1974. (Coleção Os Pensadores)

JAPIASSÚ, Hilton. *Introdução à epistemologia da psicologia*. São Paulo: Letras & Letras, 1995.

KNELLER, George F. *A ciência como atividade humana*. Rio de Janeiro; São Paulo: Jorge Zahar; Edusp, 1980.

KOYRÉ, Alexandre. *Do mundo fechado ao universo infinito*. Rio de Janeiro: Forense Universitária, 2001.

LACEY, Hugh. *Valores e atividade científica*. São Paulo: Discurso Editorial, 1998.

MERLEAU-PONTY, Maurice. *A estrutura do comportamento*. Belo Horizonte: Interlivros, 1975.

MORIN, Edgar. *Ciência com consciência*. 6. ed. Rio de Janeiro: Bertrand Brasil, 2002.

OMNÈS, Roland. *Filosofia da ciência contemporânea*. São Paulo: Editora Unesp, 1996.

RONAN, Colin A. *História ilustrada da ciência da Universidade de Cambridge*. Rio de Janeiro: Jorge Zahar, 2001. v. I: Das origens à Grécia; v. II: Oriente, Roma e Idade Média; v. III: Da Renascença à Revolução Científica; v. IV: A ciência nos séculos XIX e XX.

STRATHERN, Paul. *Darwin e a evolução*. Rio de Janeiro: Jorge Zahar, 2001. (Coleção 90 minutos)

Estética

BENJAMIN, Walter. A obra de arte na época de suas técnicas de reprodução. In: *Textos escolhidos*: Walter Benjamin, Max Horkheimer, Theodor W. Adorno, Jürgen Habermas. São Paulo: Abril Cultural, 1980. (Coleção Os Pensadores)

CASSIRER, Ernst. *Linguagem e mito*. São Paulo: Perspectiva, 1972.

COLI, Jorge. *O que é arte*. São Paulo: Brasiliense, 1981. (Coleção Primeiros Passos)

COSTA LIMA, Luiz (Org.). *Teoria da cultura de massa*. Rio de Janeiro: Saga, s.d.

DUFRENNE, Mikel. *Estética e filosofia*. São Paulo: Perspectiva, 1972.

_____. *O poético*. Porto Alegre: Globo, 1969.

ECO, Umberto. *Apocalípticos e integrados*. São Paulo: Perspectiva, 2000.

FERRY, Luc. *Homo aestheticus*: a invenção do gosto na era democrática. São Paulo: Ensaio, 1994.

FISCHER, Ernst. *A necessidade da arte*. 9. ed. Rio de Janeiro: Jorge Zahar, 1983.

GOMBRICH, Ernst. *A história da arte*. Rio de Janeiro: Guanabara Koogan, 1993.

HAUSER, Arnold. *Teoria social da literatura e da arte*. São Paulo: Martins Fontes, 2000.

HUISMAN, Denis. *A estética*. Lisboa: Edições 70, s.d.

KANT, Immanuel. *Crítica do juízo*. São Paulo: Abril Cultural, 1980. (Coleção Os Pensadores)

LANGER, Susanne K. *Filosofia em nova chave*. São Paulo: Perspectiva, 1971.

_____. *Sentimento e forma*. São Paulo: Perspectiva, 1980.

LEBRUN, Gérard. *A filosofia e sua história*. São Paulo: Cosac Naify, 2006.

MARCUSE, Herbert. *A dimensão estética*. Lisboa: Edições 70, 2007.

OSBORNE, Harold. *Estética e teoria da arte*. São Paulo: Cultrix, 1970.

READ, Herbert. *O sentido da arte*. São Paulo: Ibrasa, 1978.

SONTAG, Susan. *Contra a interpretação*. Porto Alegre: L&PM, 1987.

Diversos

ADORNO, Theodor W; HORKHEIMER, Max. *Dialética do esclarecimento*. Rio de Janeiro: Jorge Zahar, 1985.

ARIÈS, Philippe. *História da morte no Ocidente*. Rio de Janeiro: Francisco Alves, 1977.

BARTHES, Roland. *Fragmentos de um discurso amoroso*. Rio de Janeiro: Francisco Alves, 1981.

CHÂTELET, François. *História da filosofia*: ideias, doutrinas – o século XX. Rio de Janeiro: Jorge Zahar, 1974. v. 8.

CHAUI, Marilena. *Espinosa*: uma filosofia da liberdade. São Paulo: Moderna, 1995. (Coleção Logos)

DELEUZE, Gilles; GUATTARI, Félix. *O anti-Édipo*. Rio de Janeiro: Editora 34, 2010. (Coleção Trans)

DESCAMPS, Christian. *As ideias filosóficas contemporâneas na França*. Rio de Janeiro: Jorge Zahar, 1991.

DIDEROT; D'ALEMBERT. *Enciclopédia, ou dicionário razoado das ciências, das artes e dos ofícios*. São Paulo: Editora Unesp, 2015. 5 v.

DUMAZEDIER, Joffre. *Lazer e cultura popular*. São Paulo: Perspectiva, 1973.

ELIADE, Mircea. *O sagrado e o profano*. São Paulo: Martins Fontes, 2001.

FERRY, Luc. *Aprender a viver*: filosofia para os novos tempos. Rio de Janeiro: Objetiva, 2007.

FOUCAULT, Michel. *Microfísica do poder*. Rio de Janeiro: Graal, 1996.

_____. *Vigiar e punir*: história da violência nas prisões. Petrópolis: Vozes, 1987.

FROMM, Erich. *A arte de amar*. Belo Horizonte: Itatiaia, 1960.

GIDE, André. *O pensamento vivo de Montaigne*. São Paulo: Martins Editora; Edusp, 1975.

GRAMSCI, Antonio. *Obras escolhidas*. São Paulo: Martins Fontes, 1978.

REFERÊNCIAS BIBLIOGRÁFICAS

GRIMAL, Pierre. *A mitologia grega*. São Paulo: Brasiliense, 1987.

HEIDEGGER, Martin. *Que é metafísica?* São Paulo: Abril Cultural, 1983. (Coleção Os Pensadores)

_____. *Ser e tempo*. 4. ed. Petrópolis: Vozes, 2009. (Coleção Pensamento Humano)

HESSEN, Johannes. *Teoria do conhecimento*. São Paulo: Martins Fontes, 2012.

HORKHEIMER, Max. *Eclipse da razão*. São Paulo: Centauro, 2002.

HUIZINGA, Johan. *Homo ludens*. São Paulo: Perspectiva, 1996.

LEOPOLDO E SILVA, Franklin. *Descartes*: a metafísica da modernidade. São Paulo: Moderna, 1993. (Coleção Logos)

MARCONDES, Danilo. *Filosofia, linguagem e comunicação*. 3. ed. São Paulo: Cortez, 2000.

MARTON, Scarlett. *Nietzsche*: a transvaloração dos valores. São Paulo: Moderna, 1993. (Coleção Logos)

MATOS, Olgária C. F. *A Escola de Frankfurt*: luzes e sombras do Iluminismo. São Paulo: Moderna, 1995. (Coleção Logos)

MERLEAU-PONTY, Maurice. *Elogio da filosofia*. Lisboa: Guimarães, 1998.

_____. *Fenomenologia da percepção*. São Paulo: Martins Fontes, 1999.

MORENO, Arley. *Wittgenstein*: os labirintos da linguagem, ensaio introdutório. São Paulo: Moderna, 2000. (Coleção Logos)

PEREIRA, Oswaldo Porchat. *Vida comum e ceticismo*. São Paulo: Brasiliense, 1993.

PORTA, Mario Ariel González. *A filosofia a partir de seus problemas*. São Paulo: Edições Loyola, 2002. (Coleção Leituras Filosóficas)

SARTRE, Jean-Paul. *O ser e o nada*: ensaio de ontologia fenomenológica. Petrópolis: Vozes, 1997.

VERNANT, Jean-Pierre. *As origens do pensamento grego*. São Paulo: Difel, 2002.

_____. *Mito e pensamento entre os gregos*. Rio de Janeiro: Paz e Terra, 2002.

VIDAL-NAQUET, Pierre; VERNANT, Jean-Pierre. *Mito e tragédia na Grécia antiga*. São Paulo: Perspectiva, 1999.

GEOGRAFIA
Geral e do Brasil
5ª edição

Caro leitor: Visite o site **harbradigital.com.br** e tenha acesso aos **objetos digitais** especialmente desenvolvidos para esta obra. Para isso, siga os passos abaixo:

- acesse o endereço eletrônico **www.harbradigital.com.br**
- clique em **Cadastre-se** e preencha os **dados** solicitados
- inclua seu **código de acesso**:

```
CE735466F2AB113AF9E6
```

Seu cadastro já está feito! Agora, você poderá desfrutar de vídeos, animações, textos complementares, banco de dados, galeria de imagens, entre outros conteúdos especialmente desenvolvidos para tornar seu estudo ainda mais agradável.

Requisitos do sistema

- O Portal é multiplataforma e foi desenvolvido para ser acessível em *tablets*, celulares, *laptops* e PCs.
- Resolução de vídeo mais adequada: 1024 × 768.
- É necessário ter acesso à internet, bem como saídas de áudio.
- Navegadores: Google Chrome, Mozilla Firefox, Internet Explorer 9+, Safari ou Edge.

Acesso

Seu código de acesso é válido por 3 anos a partir da data de seu cadastro no portal HARBRADIGITAL.

GEOGRAFIA
Geral e do Brasil
5ª edição

PAULO ROBERTO MORAES

Doutor e Mestre em Geografia Física pela
Universidade de São Paulo

Professor da Pontifícia Universidade Católica de São Paulo

Membro do Instituto Histórico e Geográfico de São Paulo
e da Royal Geographical Society (Inglaterra).

Professor de cursos pré-vestibulares

Direção Geral:	Julio E. Emöd
Supervisão Editorial:	Maria Pia Castiglia
Programação Visual:	Mônica Roberta Suguiyama
	Grasiele Lacerda Favatto Cortez
Cartografia e Iconografia:	Mário Yoshida
	Stella Bellicanta Ribas
	Mônica Roberta Suguiyama
Auxiliares de Produção:	Letícia Socchi de Mello
	Camila C. Diasas
	Ana Olívia Pires Justo
Editoração Eletrônica e Capa:	Mônica Roberta Suguiyama
Fotografia da Capa:	Shutterstock
Impressão e Acabamento:	Gráfica Forma Certa

CIP-BRASIL. CATALOGAÇÃO NA PUBLICAÇÃO
SINDICATO NACIONAL DOS EDITORES DE LIVROS, RJ

M823g
5. ed.

Moraes, Paulo Roberto
    Geografia geral e do Brasil / Paulo Roberto Moraes. - 5. ed. - São Paulo : HARBRA, 2017.
    708 p. : il. ; 28 cm.

    Inclui bibliografia
    ISBN 978-85-294-0490-5

    1. Geografia - Estudo e ensino (Ensino Médio) I. Título.

16-37661
                                          CDD: 910
                                          CDU: 910

GEOGRAFIA GERAL E DO BRASIL – volume único – 5ª edição
Copyright © 2017 por editora HARBRA ltda.
Rua Mauro, 400 – Saúde
04055-041 – São Paulo – SP
Tel.: (0.xx.11) 5084-2482
Site: www.harbra.com.br

Todos os direitos reservados. Nenhuma parte desta edição pode ser utilizada ou reproduzida – em qualquer meio ou forma, seja mecânico ou eletrônico, fotocópia, gravação etc. – nem apropriada ou estocada em sistema de banco de dados, sem a expressa autorização da editora.

ISBN 978-85-294-0490-5

Impresso no Brasil   *Printed in Brazil*

APRESENTAÇÃO

Em 2001, foi lançada a primeira edição do nosso *Geografia Geral e do Brasil*, que agora chega a sua 5ª edição. Quanto tempo se passou! Já se foram 16 anos colaborando na formação de jovens para que possam atuar de maneira crítica e consciente na sociedade.

Durante esses anos, o mundo mudou. O início do século XXI foi marcado por profundas e rápidas transformações socioeconômico-ambientais. A sociedade de consumo ganhou nova dimensão, consequência dos mercados consumidores, da oferta de produtos e da expansão de uma cultura consumista. Para atender tal demanda, foram usadas, cada vez mais, fontes de energia e matérias-primas. As concepções trazidas pela revolução técnica-científica-informacional mudaram a dinâmica das sociedades e sua relação na construção do espaço geográfico. O avanço dos sistemas de transportes permitiu que se criasse uma mobilidade constante e intensa pela superfície da Terra. As distâncias temporais foram diminuídas. As redes imateriais interligaram o mundo, quebrando os isolamentos geográficos do planeta. Tempo e espaço passaram a ganhar um novo significado. Um novo mundo passou a ser construído. Entretanto, toda essa metamorfose econômica, social e tecnológica trouxe altos custos à população e ao meio ambiente.

Você deve estar pensando... quanta mudança! Sim. É a pura verdade. E, acredite, o nosso *Geografia Geral e do Brasil* acompanhou todas essas transformações. Seu formato foi alterado, novos conteúdos foram introduzidos, seus dados atualizados, os conceitos revistos, tudo visando o aprimoramento e a modernização da obra.

Nesta 5ª edição, *objetos digitais* estão disponíveis para tornar o aprendizado ainda mais prazeroso; *questões* ao longo do texto principal estimulam o aluno à reflexão, relacionando informações representadas em diferentes formas. Permeando cada capítulo, *diferentes tipos de imagens e de quadros* permitem que o leitor interprete fenômenos naturais, socioeconômicos e culturais. Entre os objetivos desta nova edição está integrar os temas em estudo com o cotidiano e com diferentes ciências, assim como chamar a atenção do aluno para as grandes questões ambientais contemporâneas. Espera-se desenvolver no leitor a habilidade de avaliar criticamente a utilização econômica dos recursos naturais, de elaborar propostas de intervenção solidária na realidade, respeitando os valores humanos e a diversidade sociocultural.

Acompanha a obra um Caderno de Exercícios com questões do ENEM e dos principais processos seletivos brasileiros. Ao todo, esta nova edição do *Geografia Geral e do Brasil* contém mais de 1.700 atividades para o aluno aplicar e avaliar seu conhecimento.

Vale destacar que – apesar de todas as mudanças – a essência do nosso "GGB" foi mantida: ensinar a ciência geográfica de maneira didática e moderna, integrando conhecimentos, analisando as características dos processos físicos, humanos e sociais, proporcionando uma visão crítica dos fatos e conceitos abordados, e desenvolvendo a responsabilidade com as questões do meio ambiente e sustentabilidade do planeta.

Em um país com sérios problemas na área educacional, ter uma obra didática em sua 5ª edição é uma grande vitória, e o sucesso dela devemos a vocês, professores e alunos, que sempre acreditaram na proposta pedagógica e científica deste livro. E por tudo isso queremos lhes agradecer.

Esperamos continuar atendendo às suas expectativas nos próximos anos, fazendo com que nossa relação se torne cada vez mais sólida.

Vamos agora começar nossa viagem pelo mundo geográfico. Sigam-me!

Um grande abraço,

Prof. Dr. Paulo Roberto Moraes

SUMÁRIO

PARTE I

UNIDADE 1 – A Geografia   15

Capítulo 1 – Um pouco da Ciência Geográfica   16

O que é Geografia e qual é a sua finalidade?   16
Uma viagem no tempo   17
   Século XX: um século de muitas mudanças   19
   Quatro conceitos fundamentais   21
Passo a passo   22
Imagem & Informação   22
Teste seus conhecimentos   23

Capítulo 2 – A Aplicação da Cartografia nos Estudos Geográficos   25

Cartografia e poder   26
Representações cartográficas   28
A leitura de um mapa   30
Orientação   30
Coordenadas geográficas   30
Projeções cartográficas   32
Escalas   34
Grafismos, linhas e cores   36
Curvas de nível   36
Tecnologia: fundamental para a Cartografia   37
   Sensoriamento remoto   37
   Sistema de Posicionamento Global – GPS   38
   SIG ou GIS   39
Fusos horários   39
   Horário de verão   41
A leitura de gráficos   42
Passo a passo   45
Imagem & Informação   45
Teste seus conhecimentos   46

UNIDADE 2 – Planeta Azul   51

Capítulo 3 – Terra   52

A origem do Universo   52
Nosso lugar no Universo   53
Terra – de centro do Universo a um ponto perdido na galáxia   56
   A Terra e a Lua   58
   As fases da Lua   58
   Eclipses   59
O planeta desvendado   59
Os movimentos da Terra   60
   Rotação   61
   Translação   61
Passo a passo   63
Imagem & Informação   63
Teste seus conhecimentos   64

Capítulo 4 – A Evolução Geológica da Terra   66

O tempo geológico   66
   O início   66
O planeta por dentro   69

As camadas da Terra 70
A litosfera fragmentada e suas dinâmicas 72
   A teoria da deriva dos continentes 72
   Novas descobertas levam a uma nova teoria 73
   Tectônica de placas 74
   Consequências do tectonismo 78
   Vulcanismo 80
   Terremotos 81
Rochas e minerais da litosfera 84
   Ciclo das rochas 86
Arcabouço geológico e recursos minerais 86
   Recursos minerais 87
O subsolo brasileiro 88
   Principais áreas produtoras de minérios no Brasil 89
Passo a passo 92
Imagem & Informação 92
Teste seus conhecimentos 93

Capítulo 5 – As Formas da Superfície Terrestre 96

O relevo e a ocupação do espaço terrestre 97
Gênese e dinâmica do relevo terrestre 98
   Forças endógenas 98
   Forças exógenas 100
   A influência do arcabouço geológico nas formas de relevo 101
As características e formas da superfície brasileira 102
   Principais formas do relevo brasileiro 102
   Classificações do relevo brasileiro 104
Relevo submarino 107
   Primeiro patamar – margem continental 107
   Segundo patamar – bacias oceânicas, fossas e cordilheiras marinhas 107
As formas do litoral 108
Passo a passo 111
Imagem & Informação 111
Teste seus conhecimentos 112

Capítulo 6 – Solos 116

O que é solo? 116
   Origem e formação dos solos 116
Tipos de solo 118
   Quanto à origem 118
   Quanto à formação 119
   Solos férteis 120
A degradação dos solos 122
Arenização (desertificação ecológica) que afeta o Rio Grande do Sul 124
   Técnicas de conservação dos solos 125
Passo a passo 127
Imagem & Informação 128
Teste seus conhecimentos 128

Capítulo 7 – O Planeta Água 131

Água – elemento fundamental à vida 131
   Distribuição das águas 132
Origem da água na Terra 132
   O ciclo hidrológico 133
As águas oceânicas 134
   As águas se movimentam 134
   O litoral brasileiro 136
   A importância dos oceanos 138
   Degradação e poluição marinhas 141
Águas continentais 142
   Águas subterrâneas 142
   Rios – características gerais 143
   Lagos – características gerais 146
Os recursos hídricos no Brasil 148
   Características da hidrografia brasileira 148
   As grandes bacias 149
   A poluição nos rios brasileiros 152
Gestão dos recursos hídricos – água como fonte de conflitos no futuro 153
Novas tecnologias 153
Passo a passo 156
Imagem & Informação 156
Teste seus conhecimentos 157

Capítulo 8 – Clima 160

A diferença entre clima e tempo 160
Mudanças climáticas 161
A atmosfera 162
   As camadas da atmosfera 162
   Aquecimento terrestre 163
Fatores climáticos 166
   Fatores astronômicos 166
   Fatores geográficos 166
   Fatores meteorológicos (sistemas atmosféricos) 171
As chuvas 171
   Nuvens 172
   Tipos de chuva 172
   Tufões e furacões 174
Mudanças atmosféricas naturais 174
   El Niño – fenômeno regional de influência planetária 175

La Niña – influência planetária que se contrapõe ao *El Niño*   175
Efeito estufa – um fenômeno natural   176
Aquecimento global   177
Clima no mundo   180
Brasil – um país tropical   183
   Posição geográfica e latitude   185
   Configuração do território   185
   Sistemas atmosféricos   186
Tipos de clima do Brasil   188
Passo a passo   191
Imagem & Informação   192
Teste seus conhecimentos   192

Capítulo 9 – Biogeografia   196

Estudos biogeográficos e biomas   196
Principais biomas do planeta   197
   Tundra   198
   Taiga ou floresta boreal   198
   Floresta temperada decídua   199
   Pradaria e estepe   199
   Floresta tropical   200
   Savana   201
   Deserto   202
   Vegetação mediterrânea   203
   Vegetação de alta montanha   204
Biodiversidade e biopirataria   204
   Biomas saqueados   207

A devastação vegetal   208
   Consequências do desmatamento   209
Brasil – um país megadiverso   211
Fitogeografia brasileira   211
   Floresta equatorial (Floresta Amazônica)   212
   Floresta tropical (Mata Atlântica)   213
   Floresta subtropical (Mata de Araucárias ou dos Pinhais)   213
   Cerrado   214
   Mata dos Cocais – floresta de transição   214
   Pantanal   215
   Caatinga   215
   Campos   216
   Vegetação litorânea   217
O desmatamento brasileiro   218
Unidades de Conservação   219
   O Sistema Nacional de Unidades de Conservação (SNUC)   219
Domínios morfoclimáticos   224
   Domínio Amazônico   225
   Domínio do Cerrado   225
   Domínio da Caatinga   225
   Domínio de Mares de Morros   225
   Domínio das Araucárias   225
   Domínio das Pradarias   226
Passo a passo   226
Imagem & Informação   226
Teste seus conhecimentos   227

Gabarito das questões objetivas – Parte I   231

PARTE II

UNIDADE 3 – População   233

Capítulo 10 – A População Mundial   234

Evolução da população   234
   A atual diminuição no crescimento natural   236
Distribuição da população no planeta   236
Conceitos demográficos   238
   População absoluta e população relativa   239
   Taxa de natalidade   240
   Taxa de mortalidade   240
   Taxa de fecundidade e crescimento populacional   242
   Transição demográfica   244
As diferenças no crescimento populacional   245

Teorias demográficas   248
   Teoria de Malthus   248
   Teoria neomalthusiana   249
   Teoria reformista ou antimalthusiana   249
Movimentos populacionais   250
Rumo ao Norte   251
   A fuga de cérebros   254
Passo a passo   254
Imagem & Informação   255
Teste seus conhecimentos   256

Capítulo 11 – A Estrutura da População   258

Estrutura etária   258

A parcela jovem da população 261
Estrutura econômica da população 262
  População Economicamente Ativa 262
  A era dos serviços 263
  Índice de Desenvolvimento Humano (IDH) 264
  Ranking do IDH mundial 266
Passo a passo 268
Imagem & Informação 268
Teste seus conhecimentos 269

Capítulo 12 – A População Brasileira 273

Crescimento da população 273
  Crescimento natural 274
  Esperança de vida 275
  Mortalidade infantil 275
  Diminuição da taxa de fecundidade 277
Deslocamentos populacionais no Brasil 279
  Movimentos imigratórios 279
  Emigração brasileira 286
  Re-emigração 287
  Movimentos inter-regionais 287
Como somos? A estrutura da população 288
  População Economicamente Ativa (PEA) 291
Desigualdade de gênero, de etnia e de minorias 291

A participação feminina no mercado de trabalho 291
A inserção desigual dos afrodescendentes 293
Indígenas 295
O trabalho infantojuvenil 297
O Brasil e o IDH 298
Passo a passo 300
Imagem & Informação 300
Teste seus conhecimentos 301

Capítulo 13 – Geografia da Saúde 306

O avanço das doenças no mundo 306
  A devastação das florestas tropicais e as doenças 308
Brasil – quadro atual 309
O atendimento à saúde 311
  Assistência médica-odontológica supletiva 312
Emergência e reemergência de doenças no Brasil 312
  Malária 312
  AIDS 313
  Dengue 315
  Zika e chikungunya 315
  Febre amarela 316
Passo a passo 320
Imagem & Informação 320
Teste seus conhecimentos 321

UNIDADE 4 – O Urbano e o Rural 325

Capítulo 14 – Urbanização e Metropolização 326

A urbanização moderna 326
Os feudos, as rotas comerciais e o desenvolvimento das cidades 327
  A Revolução Industrial e a nova função das cidades 327
A expansão urbana mundial 329
  A urbanização nos países em desenvolvimento e menos desenvolvidos 331
Rede urbana e a hierarquia das cidades 335
As cidades na era da globalização 337
  Metropolização e conurbação 337
  As megalópoles 338
  A relatividade das grandes metrópoles e megalópoles 340
As cidades globais e as megacidades 341

As cidades tecnopolos 345
As cidades-dormitórios 347
A vida nas grandes cidades 347
  Os problemas sociais 347
O meio ambiente nas grandes cidades 348
  Consumo, desperdício e meio ambiente 349
  A questão do lixo 349
  As águas poluídas 353
  Enchentes 354
  Poluição do ar 354
  Inversão térmica 356
  Ilhas de calor 358
Cidades brasileiras 359
  A passagem do rural para o urbano 359
  As metrópoles nacionais e regionais 361
  A rurbanização ou a urbanização do campo 363
Os grandes problemas urbanos brasileiros 364
  A violência 364

A falta de moradias   364
Transporte público e congestionamento   365
As cidades no século XXI   365
Passo a passo   367
Imagem & Informação   368
Teste seus conhecimentos   369

Capítulo 15 – Indústria   370

Conceito e origem   370
A indústria modificando o espaço   371
Da Primeira à Terceira
   Revolução Industrial   372
Modelos industriais   374
   Taylorismo   374
   Fordismo   374
   Toyotismo   375
   A Terceira Revolução Industrial   375
Indústrias transnacionais   377
A indústria hoje   377
   As áreas industriais no mundo   378
   As grandes indústrias globais   381
Brasil – um país industrializado   382
   Quase um século de atividade industrial   383
   A distribuição espacial da indústria   387
   Novos vetores industriais   388
   Os tecnopolos brasileiros   390
Passo a passo   390
Imagem & Informação   391
Teste seus conhecimentos   391

Capítulo 16 – Fontes de Energia   395

As fontes de energia ao longo da história   395
O consumo mundial de energia   397
Uma questão estratégica   399
Fontes não renováveis   399
   O império dos combustíveis fósseis   399
   Energia nuclear: politicamente incorreta?   413
Fontes renováveis   416
   Energia hidrelétrica   416
Fontes alternativas renováveis   419
   Biocombustíveis   420
   Proálcool – um programa brasileiro   421
Passo a passo   423
Imagem & Informação   424
Teste seus conhecimentos   425

Capítulo 17 – O Mundo Rural   427

A relação campo e cidade   428

Explorando a terra   429
A agropecuária intensiva   429
   Propriedade patronal e familiar   431
   As agroindústrias, a concentração de terras
      e o mercado internacional   432
   Agropecuária para exportação   434
   Protecionismo   434
   O Brasil e a OMC   436
   Organismos geneticamente modificados
      (transgênicos)   436
A agropecuária extensiva   439
   O mundo agrário pobre   440
   A utilização de agrotóxicos   442
Os jardins da Ásia   443
   Plantations   444
A realidade rural brasileira   444
   A evolução do espaço agrário
      brasileiro   446
   A pecuária brasileira   448
   Muitas terras, poucos donos   449
   O Estatuto da Terra   451
   A reforma agrária   452
   Os produtores rurais   455
   O campo no início do século XXI   456
Passo a passo   457
Imagem & Informação   457
Teste seus conhecimentos   458

Capítulo 18 – Século XXI – a Seara da Tecnologia   461

O mundo não para   461
As redes materiais e imateriais   462
A intensificação das trocas internacionais –
   comércio   463
   A questão do protecionismo   463
   O comércio internacional dos países pobres   464
Redes de transportes e telecomunicações   465
   Transporte ferroviário   466
   Transporte rodoviário   466
   Transporte marítimo   466
   Transporte aéreo   468
   Transporte fluvial   468
   Transporte por dutos e tubulações   469
   As telecomunicações e a sociedade da
      informação   469
Finanças   474
   A crise financeira mundial   475
A explosão dos serviços   475
Turismo   476
   Turismo no Brasil   477

Patrimônio Cultural da Humanidade   481
Passo a passo   483
Imagem & Informação   483
Teste seus conhecimentos   484

Gabarito das questões objetivas – Parte II   486

PARTE III

UNIDADE 5 – Geopolítica   487

Capítulo 19 – A Construção do Espaço   488

Ocupando a superfície terrestre   489
   Os clãs   489
   A cidade-estado   489
   Roma: o maior império da Antiguidade   490
   A Idade Média e a organização em feudos   491
   As grandes navegações   492
Nação, estado e território   494
   Divisão regional e regionalizações do espaço brasileiro   496
A Revolução Industrial   499
O turbulento século XX   501
Passo a passo   506
Imagem & Informação   506
Teste seus conhecimentos   507

Capítulo 20 – 1945: Início de uma Nova Era   509

O sistema capitalista   510
   A acumulação primitiva de capital   510
   A Revolução Industrial   511
   O capitalismo industrial   511
   O capitalismo monopolista   513
   A crise do capitalismo   515
   A divisão do trabalho   516
   O agronegócio   518
As ideias socialistas   519
A bipolarização da Europa   521
A Guerra Fria   524
   O Plano Marshall   525
O Japão   526
O auge da competição   526
   As alianças militares: OTAN e o Pacto de Varsóvia   527
   A separação física e ideológica: o muro de Berlim   528
   A expansão do socialismo fora da Europa   529
O intricado Sudeste Asiático   529
   A Guerra da Coreia (1950-1953)   530
   A Guerra do Vietnã (1960-1975)   530
Cuba   530
A descolonização da África e da Ásia durante a Guerra Fria   532
   A descolonização africana   532
O colapso do socialismo e o fim da Guerra Fria   534
A nova organização dos anos 1990   536
Passo a passo   539
Imagem & Informação   539
Teste seus conhecimentos   540

Capítulo 21 – A Globalização   542

O mundo globalizado   543
   A lógica espacial da globalização   546
   A exclusão na globalização   547
Os blocos econômicos   550
   União Europeia   550
   NAFTA   554
   APEC   555
   ASEAN   556
   Mercosul   556
   BRICS   558
Regulando a economia mundial   559
   O acordo de Bretton Woods   559
   Fundo Monetário Internacional (FMI)   561
   Banco Mundial (*World Bank*)   562
   Organização Mundial do Comércio (OMC)   562
   O Grupo dos Oito (G-8)   564
   O Grupo dos Vinte (G-20)   564
A geopolítica ambiental: uma nova ordem mundial   565
   O nascimento da consciência ambiental   566
   Tratado de Kyoto   568
   Rio+20 e o impasse nas discussões sobre desenvolvimento sustentável   569
Passo a passo   571
Imagem & Informação   571
Teste seus conhecimentos   572

Capítulo 22 – Conflitos e Tensões 574
Principais focos de tensão 575
   África 575
   Américas 580
   Ásia 584
   Europa 601
   Ásia Meridional 609
Um problema planetário –
   o crime organizado 610
Passo a passo 612
Imagem & Informação 612
Teste seus conhecimentos 613

UNIDADE 6 – Os Principais Atores   617

Capítulo 23 – Estados Unidos da América 618
Uma colônia diferente 620
A nação mais poderosa do mundo 621
   Manufacturing Belt 622
   Sun Belt 622
Indústrias "estrangeiras"? 623
   A mais forte economia 624
Agricultura 625
   Os cinturões 627
População 629
   Um país urbano 630
Passo a passo 631
Imagem & Informação 632
Teste seus conhecimentos 632

Capítulo 24 – União Europeia 635
Indústria 636
Agricultura 639
Grande centro comercial 640
   O coração da UE, a Europa Renana 640
   União Europeia, um espaço desigual 640
Uma população de cabelos brancos 641
   Imigração: um fato incontestável 642
Passo a passo 643
Imagem & Informação 643
Teste seus conhecimentos 644

Capítulo 25 – Japão 648
Uma sociedade tradicional 649
As novas fronteiras 651
Uma sociedade tecnológica 652
A agricultura e a pesca 654
A pequena área disponível 654
População 656
Passo a passo 658
Imagem & Informação 658
Teste seus conhecimentos 658

Capítulo 26 – Rússia 660
Século XX, palco de mudanças radicais 661
   Uma economia em destaque 662
A indústria russa 663
A agricultura 664
População 667
Passo a passo 667
Imagem & Informação 667
Teste seus conhecimentos 668

Capítulo 27 – China, Índia e África do Sul 670
China 670
   Tempos turbulentos 671
   A agricultura 673
   Hong Kong é da China 676
   A potência emergente 678
Índia 679
   Antiga civilização 681
   O rural predomina 683
   A modernização da Índia 684
   Indústria 684
   Um bilhão de pessoas 685
África do Sul 687
   Uma história de muitas lutas 689
   População 691
   Economia 693
Passo a passo 694
Imagem & Informação 694
Teste seus conhecimentos 695

Gabarito das questões objetivas – Parte III   699

SUMÁRIO PARTE I

Unidade 1 – A Geografia   15
Capítulo 1 – Um pouco da Ciência Geográfica   16
Capítulo 2 – A Aplicação da Cartografia nos Estudos Geográficos   25

Unidade 2 – Planeta Azul   51
Capítulo 3 – Terra   52
Capítulo 4 – A Evolução Geológica da Terra   66
Capítulo 5 – As Formas da Superfície Terrestre   96
Capítulo 6 – Solos   116
Capítulo 7 – O Planeta Água   131
Capítulo 8 – Clima   160
Capítulo 9 – Biogeografia   196

Gabarito das questões objetivas – Parte I   231

MAPA-MÚNDI – POLÍTICO

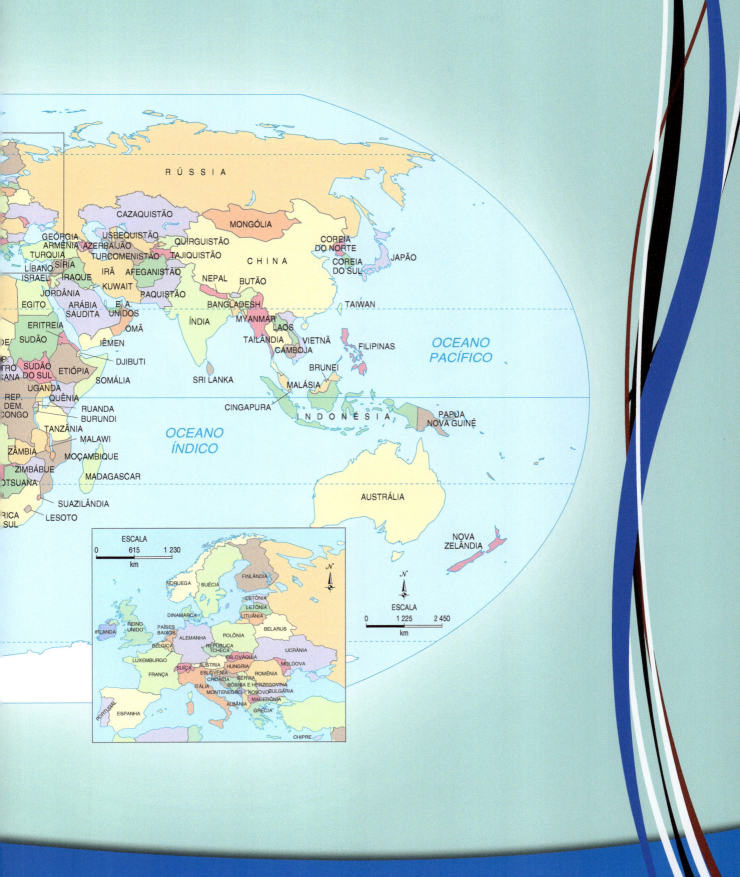

A GEOGRAFIA

UNIDADE 1

CAPÍTULO 1
Um pouco da Ciência Geográfica

Neste começo do século XXI, a Terra passa por rápidas e profundas transformações. Alterações ambientais planetárias, modificações no quadro demográfico mundial, mudanças nas condições socioeconômicas de diversos países e a revolução técnica-científica-informacional, que interligou o mundo, criaram um cenário único e complexo.

A complexidade do mundo atual obriga o cidadão do século XXI a se posicionar de maneira consciente, crítica e criativa perante o meio em que vive, não como um simples espectador do que ocorre à sua volta, mas sim como um sujeito ativo na transformação do mundo. Nesse contexto, a **Geografia**, que contempla estudos em diferentes escalas, é um importante instrumento no processo de conhecimento e compreensão da realidade e de construção da cidadania.

O QUE É GEOGRAFIA E QUAL É A SUA FINALIDADE?

Infelizmente, muitos ainda consideram a Geografia uma matéria do currículo escolar que serve para fazer o aluno "decorar" nomes de lugares, cidades, países.

Não é nada disso. Hoje o processo de ensino-aprendizagem da Geografia é muito mais complexo e significativo. Por meio dessa disciplina, são estudados fenômenos naturais e questões sociais, seus processos, dinâmicas e relações espaçotemporais locais, regionais, nacionais e mun-

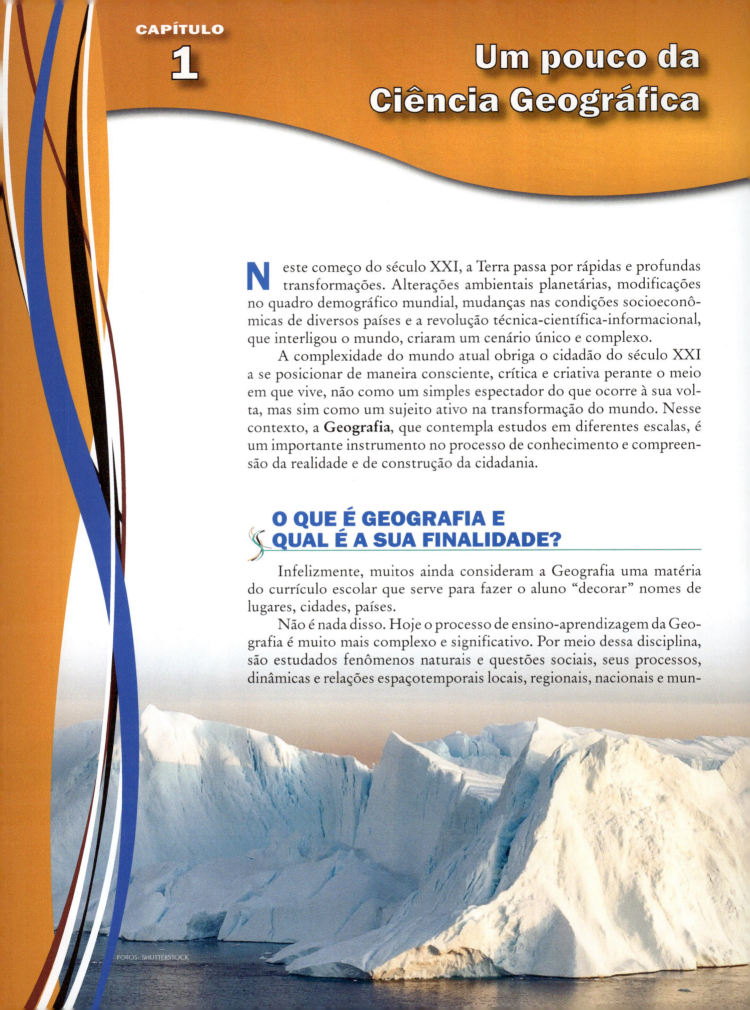

FOTOS: SHUTTERSTOCK

diais. Os conhecimentos que o aluno já possui são relacionados a novos conhecimentos. Essa relação é mediada pelo professor, com base na exploração de eixos temáticos e na aplicação de atividades desafiadoras, que promovem a discussão e a interação, e estimulam a curiosidade que leva à pesquisa, o senso crítico e estético, e a sensibilidade às questões alheias ao cotidiano do aluno. Dessa forma, pretende-se contribuir para a formação de cidadãos conscientes e ativos, que baseiam suas ações em seus conhecimentos sobre o mundo e em princípios éticos fundamentais, como o respeito à diversidade e a defesa dos direitos humanos.

No Ensino Médio, o estudo da disciplina Geografia está pautado na exploração de conceitos, representações gráficas e mapas. Competências e habilidades do aluno são engajadas quando ele é convidado a decodificar o que vê e lê, e a interpretar, analisar e organizar informações, relacionando-as aos conhecimentos abordados pela ciência geográfica e por outras disciplinas das áreas de ciências sociais, exatas e tecnológicas. Com isso, a realidade é estudada de forma integrada, ampliando as possibilidades para a produção do conhecimento.

UMA VIAGEM NO TEMPO

A origem da Geografia remonta à Grécia Antiga. Com a expansão dos domínios gregos, vários estudiosos passaram a se deslocar pelos novos territórios e a descrevê-los, assim como às paisagens e aos povos. Entre eles está o historiador grego Heródoto (484-420 a.C.), conhecido como o pai da História e da Geografia, um dos primeiros viajantes a descrever os territórios que visitou.

Com o passar do tempo, muitas foram as contribuições para o aumento do conhecimento geográfico. Porém, só podemos dizer que a Geografia foi tratada como ciência a partir do século XIX, com a sistematização do conhecimento e a introdução de princípios científicos. Naquela época, a Revolução Industrial – que teve início na Inglaterra na segunda metade do século XVIII – alastrou-se pela Europa e impulsionou o desenvolvimento científico, principalmente na Alemanha e na França.

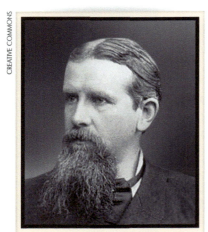

Friedrich Ratzel (1844-1904), geógrafo alemão.

Nesse ambiente, onde as condições favoreciam os estudos científicos, surgiram duas escolas geográficas diferentes, que tinham o propósito de legitimar as práticas dos Estados a que serviam – a **escola alemã** e a **francesa**. Essas escolas, conhecidas nos estudos da ciência geográfica como sendo de **Geografia Tradicional**, contavam com grandes nomes. Seus principais expoentes foram Friedrich Ratzel (pela escola alemã) e Vidal de La Blache (pela escola francesa).

Ratzel, sob a influência de filósofos alemães e da escola naturalista de Alexander von Humboldt e Karl Ritter, modelou um poderoso discurso geográfico relacionando Estado e território. Segundo ele: "... não é possível conceber um Estado sem território e sem fronteiras... uma teoria do Estado que fizesse abstração do território não poderia jamais, contudo, ter qualquer fundamento seguro".

As ideias de Ratzel, traduzidas pela sua frase máxima "Espaço é poder", influenciaram profundamente o pensamento geopolítico alemão do século XIX e início do século XX. Todavia, ao longo dos anos, suas ideias foram muito alteradas e radicalizadas por vários seguidores, levando ao que se denominou de doutrina do **determinismo geográfico** ou **escola determinista**.

Os seguidores da escola determinista desenvolveram seus trabalhos sobre a base de que a natureza determina o ser humano e, para alguns, a própria história. Na visão de alguns cientistas políticos, esses fundamentos serviram como justificativa para as ideias expansionistas de Hitler.

Já a escola francesa, surgida ainda no século XIX e liderada por La Blache, pregava uma geografia essencialmente científica, sem ecos políticos, em que um Estado deve planejar o uso do território considerando e conhecendo todas as características naturais e humanas. Na visão de La Blache o ser humano é ativo, ou seja, sofre a influência do meio, porém atua de maneira intensa sobre ele, modificando-o. Essa corrente geográfica foi denominada de **possibilista** ou **escola possibilista**.

Paul Vidal de La Blache (1845-1918), geógrafo francês.

Explorando o tema

Ideias simplificadas – visões erradas

O historiador francês Lucien Febvre (1878-1956) criou em sua obra uma visão reducionista do conflito teórico-ideológico entre as escolas francesa e alemã, denominadas por ele de escolas possibilista e determinista, respectivamente. Essa visão simplista criou imagens erradas sobre La Blache e Ratzel. O primeiro ficou associado somente ao possibilismo geográfico, enquanto Ratzel foi tratado como um mero determinista. Hoje, essa concepção foi superada e o recorte abstrato de Febvre foi relativizado, na medida em que nenhum dos dois geógrafos se enquadrava completamente nas escolas a eles atribuídas.

Século XX: um século de muitas mudanças

Ao longo do século XX, surgiram novos enfoques sobre a Geografia, ampliando a visão da ciência geográfica. O objeto e os objetivos dessa ciência foram ganhando diferentes definições, conforme o momento e a visão ideológica dos estudiosos.

Na década de 1970, as bases geográficas passaram por processos renovadores tanto na teoria como no método. Todavia, os caminhos seguidos pela Europa e pelos Estados Unidos foram diferentes. Na Europa, desenvolve-se a chamada **Geografia Crítica**, sob forte influência das ideias de "esquerda", do geógrafo francês Yves Lacoste, um de seus expoentes. Nos Estados Unidos, a ciência geográfica sofre influência de ideias pragmáticas e técnicas, traduzidas no que ficou conhecido como **Geografia Quantitativa**, em que as ferramentas matemáticas foram supervalorizadas.

pragmática: objetiva, positiva, prática

Nos últimos anos, com as alterações políticas e ideológicas sofridas no mundo, a nossa "velha ciência" mais uma vez sofre transformações. A controvérsia ocorre em função das diferentes visões do objeto de estudo da Geografia. Geógrafos contemporâneos afirmam não existir uma só Geografia, mas várias.

Disseram a respeito...

Geografia Cultural

A Geografia Cultural pode ser definida como o subcampo da Geografia que analisa a dimensão espacial da cultura. (...)

A cultura diz respeito às coisas correntes, comuns, apreendidas na vida cotidiana, no seio da família e no ambiente local. Ideias, habilidades, linguagem, relações em geral, propósitos e significados comuns a um grupo social são elaborados e reelaborados a partir da experiência, contatos e descobertas – tudo isto é cultura.

Fonte: CORRÊA, R. L.; ROSENDAHL, Z. (Org.). *Introdução à Geografia Cultural.* Rio de Janeiro: Bertrand Brasil, 2003.

➤ Que temas da sua região podem ser estudados pela Geografia Cultural?
➤ Com base em seus conhecimentos, responda ao item acima, supondo que você vivesse em uma oca ou taba.

taba: habitação indígena menor que a oca. A palavra também pode ser usada para designar aldeamento indígena

Tribo indígena Kalapalo – Aldeia Aiha. Parque Indígena do Xingu-MT, 2011.

O objeto de estudo da Geografia

Prof. Dr. José Bueno Conti, titular do Departamento de Geografia da USP e um dos geógrafos mais respeitados do Brasil, define a ciência geográfica como "o estudo das relações entre sociedade e natureza e dos arranjos espaciais que derivam desse processo interativo".

Geografia é uma ciência altamente dinâmica e de interface, que se caracteriza pela interação entre as ciências naturais e humanas.

Pode-se dizer que a Geografia é uma ciência que tem como objeto de estudo o espaço geográfico em suas várias escalas, resultante das relações entre sociedade e natureza.

Didaticamente, entende-se como **espaço geográfico** o espaço produzido e modificado permanentemente pelo ser humano por meio de seu trabalho e das técnicas por ele utilizadas. Cabe à Geografia o estudo do espaço natural e sua evolução, das modificações por ele sofridas, provocadas pela ação do ser humano, e das relações humanas existentes nesse espaço.

Disseram a respeito...

A visão de Milton Santos

O Prof. Dr. Milton Santos (1926-2001), nascido em Brotas de Macaúbas, na Bahia, é considerado um dos maiores geógrafos do seu tempo. Professor *Honoris Causa* por diversas universidades, foi autor de mais de 40 livros. Lecionou em várias universidades no exterior e no Brasil como, por exemplo, nas Universidades de São Paulo, Estadual de Campinas (Unicamp), Sorbonne, na França, Toronto, no Canadá, e Dar es Salaam, na Tanzânia. Ganhador em 1994 do Prêmio Internacional de Geografia Vautrin Lud, a maior distinção nesse campo científico, ele define espaço geográfico como sendo o

"conjunto indissociável de sistemas de objetos (redes, técnicas, prédios, ruas) e de sistemas de ações (organização do trabalho, produção, circulação, consumo de mercadorias, relações familiares e cotidianas) que procura revelar as práticas sociais dos diferentes grupos que nele produzem, lutam, sonham, vivem e fazem a vida caminhar".

Milton Santos traduz de maneira bem didática a diferença entre os grupos quando utiliza como exemplo uma tragédia que a possível utilização da bomba de nêutrons poderia provocar. Essa bomba seria capaz de aniquilar toda a vida humana em uma dada área, mas mantendo as construções. Se essa bomba fosse utilizada, teríamos antes o espaço e após a explosão somente a paisagem. Para ele

"a paisagem é um conjunto de formas que, num dado momento, exprime as heranças que representam as sucessivas relações localizadas entre homem e natureza. O espaço são as formas mais a vida que as anima".

Fonte: SANTOS, M. Natureza do espaço. São Paulo: Hucitec, 2002.

➢ Além do exemplo da bomba de nêutrons, a distinção feita por Milton Santos entre espaço geográfico e paisagem também pode ser pensada em termos de uma analogia (semelhança) com a diferença entre uma foto e um filme. Nesse caso, o espaço geográfico se aproximaria mais da foto ou do vídeo? E a paisagem? Pesquise a respeito e apresente suas conclusões.

Quatro conceitos fundamentais

Para o adequado estudo referente ao espaço geográfico, é importante destacar o significado dos seguintes conceitos:

- **paisagem** – segundo o geógrafo francês G. Bertrand, "paisagem não é a simples adição de elementos geográficos díspares. É, em determinada porção do espaço, o resultado da combinação dinâmica, portanto instável, de elementos físicos, biológicos e antrópicos, que, reagindo dialeticamente uns sobre os outros, fazem da paisagem um conjunto único e indissociável em perpétua evolução";
- **lugar** – uma parte do espaço vivenciado por seres humanos, que estabelecem para com ele relações de identidade. Pode ser um bairro, uma comunidade, um povoado ou uma aldeia, por exemplo;
- **território** – conceito relacionado à política. Corresponde a uma porção do espaço definida pelas relações de poder, ou seja, trata-se de uma área delimitada por fronteiras e que está sujeita a um poder político;
- **região** – porção do espaço que constitui um conjunto relativamente homogêneo quanto a determinados aspectos selecionados da realidade. Tradicionalmente, esse conceito esteve muito ligado ao de paisagem: a região seria a superfície em que predomina uma mesma paisagem. Hoje, porém, já se admite uma variedade de critérios – naturais, sociais e econômicos – para a regionalização, sem que os aspectos selecionados sejam necessariamente visíveis na paisagem.

> **antrópico**: relativo ou pertencente ao ser humano ou à sua permanência na Terra e suas ações

> **dialeticamente**: em oposição, porém em um processo cujas partes contraditórias darão origem a novas construções de pensamentos e conceitos

Disseram a respeito...

Princípios científicos da Geografia

Para a realização de estudos e pesquisas geográficas, alguns estudiosos, como o Prof. Dr. Manuel Correia de Andrade, defendem a necessidade de se utilizar de princípios científicos da Geografia. Esses princípios devem ser enriquecidos com novas reflexões metodológicas, além de técnicas modernas oferecidas pela tecnologia.

Prof. Dr. Manuel Correia, pernambucano, formou-se em Geografia, História e Direito. Conhecido internacionalmente, o Prof. Manuel Correia de Andrade realizou uma das maiores produções científicas geográficas do Brasil. Foram mais de cem livros e duzentos e cinquenta artigos publicados.

Apaixonado por sua terra, tornou-se um divulgador do universo nordestino em suas produções. Defendeu, durante sua vida, um Brasil mais justo e menos desigual, principalmente para o Nordeste.

Segundo o Prof. Dr. Manuel Correia de Andrade, os princípios definidos a seguir nos auxiliam no estudo dos fatos geográficos.

> **fato geográfico**: aquilo que existe e pode espacialmente ser localizado e analisado

- **Princípio da Extensão** – ao se estudar um fato geográfico ou uma área, deve-se, inicialmente, procurar localizá-la e estabelecer os seus limites, ou seja, delimitar e localizar os fatos estudados.
- **Princípio da Analogia** – a área em estudo pode ser comparada com o que se observa em outras áreas, estabelecendo-se semelhanças e diferenças.
- **Princípio da Causalidade** – observados os fatos, devem-se procurar as causas que os

Manuel Correia de Oliveira Andrade (1922-2007).

determinaram, estabelecendo-se relações de causa e efeito.

- **Princípio da Conexidade (ou de Conexão)** – os fatos geográficos (físicos e humanos) não agem sozinhos e separadamente na formação da paisagem. Há uma interligação entre os fatores que explicam esses fatos. A ideia de interdisciplinaridade aparece neste princípio.

- **Princípio da Atividade** – o fato geográfico é dinâmico; o espaço geográfico está em perpétua reorganização, em constante transformação, graças à ação ininterrupta de vários fatores. A compreensão do presente depende de uma análise do passado, ou seja, do estudo auxiliar da História.

Fonte: ANDRADE, M. C. de. Geografia econômica. 7. ed. São Paulo: Atlas, 1981. p. 18.

➤ São inúmeros os problemas decorrentes da seca em determinadas regiões de nosso país. Como você faria o encadeamento ou sequência da aplicação desses princípios no estudo do fenômeno e de sua solução?

ATIVIDADES

PASSO A PASSO

1. Cite e explique quais são as diferentes escolas geográficas mencionadas no capítulo.
2. Faça uma análise da concepção de espaço geográfico apresentada no capítulo.
3. Diferencie as noções de paisagem, lugar, região e território.
4. Qual é o papel da Geografia na compreensão de mundo de um cidadão?
5. A partir de quando podemos dizer que a Geografia é uma ciência?
6. Aplique os princípios científicos da Geografia no estudo do deslizamento de encostas.

IMAGEM & INFORMAÇÃO

1. Observe a imagem ao lado e explique com base nos conceitos de Geografia os diversos elementos que compõem essa paisagem.

Baía de Guanabara, no Estado do Rio de Janeiro, com destaque para o Pão de Açúcar e Morro da Urca [s.d].

2. Analise a cena retratada na imagem ao lado e cite os elementos antrópicos presentes.

Praça da Sé, na cidade de São Paulo, SP (jan. 2016).

TESTE SEUS CONHECIMENTOS

1. (MACKENZIE – SP) O que significa estudar geograficamente o mundo ou parte do mundo? A Geografia se propõe a algo mais que descrever paisagens, pois a simples descrição não nos fornece elementos suficientes para uma compreensão global daquilo que pretendemos conhecer geograficamente. As paisagens que vemos são apenas manifestações aparentes de relações estabelecidas (...).

Pereira, Santos e Carvalho.
Geografia – ciência do espaço.

Sobre o conceito geográfico de paisagem é INCORRETO afirmar que:

a) as paisagens que vemos são as manifestações físicas dos movimentos da natureza, e o elemento determinante das paisagens de hoje é a sociedade humana.

b) as paisagens resultam da complexa relação dos homens entre si e desses com todos os elementos da natureza.

c) o estudo da Geografia deve responder por que a paisagem que vemos é tal qual se apresenta.

d) a Geografia tem na paisagem a mera aparência: a descrição da paisagem não é suficiente para o entendimento do espaço.

e) paisagens, em diferentes lugares, nunca fazem parte de um mesmo espaço, mesmo que sejam integradas no mesmo processo.

2. (UnB – DF) Geografia é muito mais do que localizar rios, desertos e a tundra em um mapa que na verdade distorce a configuração dos sete continentes e dos quatro oceanos e que certamente estará desatualizado em muitos de seus aspectos.

George J. Demko (com adaptações).

Com relação à temática do texto acima, julgue os itens que se seguem.

1. A Geografia procura compreender o estabelecimento de padrões e processos espaciais, o que envolve estudo sobre a revitalização de cidades, a disseminação de epidemias, o mercado de drogas, a tecnologia e as transformações econômicas.
2. A Geografia contempla as conexões e as subordinações que transformam ininterruptamente o espaço e fazem com que os mapas se desatualizem muito rapidamente.
3. A Geografia se restringe às áreas do globo onde o fluxo de transformações antrópicas é constante.
4. O objeto de estudo da Geografia é a investigação de como a natureza se subordina e se adapta às atividades humanas, cada vez mais intensivas e causadoras de impactos.

3. (UNIMONTES – MG) Para o entendimento dessa categoria geográfica, Santos (1986) sugere que deve ser considerada "como um conjunto de relações realizadas através de funções e de formas que se apresentam como testemunho de uma história escrita por processos do passado e do presente".

SANTOS, M. Por uma Geografia Nova.
São Paulo: Hucitec, 1986.

A qual categoria geográfica se refere o texto?

a) Lugar.
b) Espaço.
c) Território.
d) Paisagem.

4. (UECE) A partir da citação de E. Huntington: "Os climas temperados são excelentes para a civilização... o calor excessivo, debilita... e o frio excessivo, estupidifica", pode-se ter ideia da concepção do pensamento geográfico:

a) geopolítico.
b) crítico.
c) possibilista.
d) determinista.

5. (UFSC) Antônio Carlos Robert Moraes, em seu livro *Geografia: pequena história crítica*, estabeleceu uma distinção, na história do pensamento geográfico, que acabou sendo muito difundida na Geografia acadêmica e escolar. A percepção desta distinção entre "deterministas" versus "possibilistas", atualmente pode ser encarada como um(a):

a) distinção ainda extremamente válida, pois marcante nos dias de hoje nos estudos de Geografia, tanto no Brasil quanto no exterior.

b) "determinismo" onde as estruturas sociais têm um peso fortíssimo, uma enorme influência na forma da sociedade se organizar no espaço.

c) "possibilismo" que é responsável em mostrar que somente as estruturas naturais podem superar os condicionamentos impostos pela natureza.

d) reducionismo que por um determinado período foi importante na formação dos futuros geógrafos e professores de Geografia, mas que é pouco explicativa no momento atual.

e) mesma premissa foi a fonte de "deterministas" e "possibilistas": a de que as sociedades estão submetidas a uma idêntica história linear.

6. (UEA – AM) O debate sobre a organização do espaço feito pela Geografia é auxiliado por uma categoria que está ligada à ideia de domínio ou gestão de determinada área. Estas características correspondem à categoria:
a) região.
b) paisagem.
c) espaço.
d) lugar.
e) território.

7. (UECE) Atente para os excertos abaixo.
(1) "Seus defensores afirmam que as condições naturais, especialmente as climáticas, interferem na sua capacidade de progredir. Estabeleceu-se uma relação causal entre o comportamento humano e a natureza na qual tiveram esteio as teorias darwinistas sobre a sobrevivência e a adaptação dos indivíduos ao meio circundante."
CORREA, R. L. *Região e Organização Espacial*. São Paulo: Ática, 2007.

(2) "Neste processo de trocas mútuas com a natureza, o homem transforma a matéria natural, cria formas sobre a superfície terrestre. Nesta concepção o homem é um ser ativo que sofre a influência do meio, porém que atua sobre este transformando-o."
MORAES, A. C. R. *Geografia*: pequena história crítica. São Paulo: HUCITEC, 1986.

Os excertos acima estão relacionados às correntes do pensamento geográfico. Assim, pode-se afirmar corretamente que os excertos 1 e 2 representam respectivamente
a) a Geografia Crítica e o Possibilismo.
b) o Determinismo e a Geografia Teórico-quantitativa.
c) o Determinismo e o Possibilismo.
d) o Determinismo e a Geografia Humanista.

8. (UEPG – PR) Sobre espaço geográfico, paisagem e lugar, indique as alternativas corretas e dê sua soma ao final.
(01) O ser humano transforma a paisagem natural em paisagem artificial, ou seja, ele modifica e organiza o espaço.
(02) O espaço geográfico se apresenta como um conjunto indissolúvel resultante de fenômenos naturais e ações humanas, que implica uma série de ações e relações naturais e sociais.
(04) Lugar é o que se conhece como porção do espaço onde vivemos, onde se desenvolve nossa real existência e onde se define nosso cotidiano.
(08) Fruto da evolução da própria natureza pela ação de fenômenos naturais, aparece à paisagem natural, cada vez mais reduzida, cedendo espaço para as paisagens artificiais.
(16) O arranjo espacial que nossa percepção distingue é a paisagem, resultante do espaço transformado pelas atividades sociais, ou seja, caracterizada pela relação que se estabelece das diferentes sociedades com a natureza. São paisagens humanizadas como rodovias, ferrovias, campos cultivados, barragens de usinas hidrelétricas, cidades etc.

9. (UFPE) "Os fatos da realidade geográfica estão intimamente ligados entre si e devem ser estudados em suas múltiplas relações. Não basta estudar isoladamente os diversos fenômenos que compõem a realidade; eles estão ligados uns aos outros." Este é o princípio geográfico conhecido como:
a) Princípio da Conexão.
b) Princípio do Atualismo.
c) Princípio da Atividade.
d) Princípio do Criticismo.
e) Princípio da Complexidade Crescente.

10. (SSA – UPE) Desde a segunda metade do século XIX até as primeiras décadas do século XX, o método geográfico apoia-se em, basicamente, cinco princípios. Um desses princípios defende que: "O geógrafo, ao investigar um dos fatores geográficos ou uma área, deveria, inicialmente, procurar localizá-lo e estabelecer os seus limites, utilizando mapas disponíveis e o conhecimento da área". Qual é esse princípio?
a) Princípio da Geograficidade.
b) Princípio da Atividade.
c) Princípio das Causas Atuais.
d) Princípio da Analogia.
e) Princípio da Extensão.

CAPÍTULO 2
A Aplicação da Cartografia nos Estudos Geográficos

As técnicas de confecção e leitura de mapas e correlatos são o objeto de estudo da **cartografia** (do grego, *chartis* = gráfico + + *grapheín* = escrita), área de conhecimento que exerce um papel importante na Geografia, pois oferece ferramentas fundamentais para o estudo do espaço, das regiões, dos territórios e das paisagens.

O processo de produção cartográfica envolve coleta de dados, estudo, análise, composição e representação de fatos, de fenômenos e de elementos pertinentes a diversas áreas de estudo associadas à superfície terrestre.

Apesar de, há muitos séculos, conhecimentos cartográficos serem utilizados pelos seres humanos para os mais diversos fins, somente em 1966 o conceito "cartografia" foi estabelecido pela Associação Cartográfica Internacional (ACI) e ratificado pela Organização das Nações Unidas para a Educação, a Ciência e a Cultura (Unesco). Segundo a ACI, "a cartografia apresenta-se como o conjunto de estudos e operações científicas, técnicas e artísticas que, tendo por base os resultados de observações diretas ou da análise de documentação, se voltam para a elaboração de mapas, cartas e outras formas de expressão ou representação de objetos, elementos, fenômenos e ambientes físicos e socioeconômicos, bem como a sua utilização".

O avanço das tecnologias – sensoriamento remoto, radares, fotos aéreas etc. – permite que os mapas fiquem cada vez mais precisos, trazendo uma nova dimensão à cartografia.

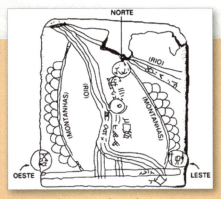

Fonte: Semitic Museum at Harvard University. Disponível em: <www.henry-davis.com/mapws/AncientwebPages/100D.html>. Acesso em: 9 abr. 2014.

Os primeiros mapas conhecidos eram bastante rudimentares. Com o passar do tempo, eles sofreram grandes e impressionantes mudanças. O mais antigo mapa conhecido é o de Ga-Sur. Ele foi confeccionado em uma pequena placa de argila (à esquerda) há mais de 4.500 anos no atual Iraque, antiga Mesopotâmia. À direita da foto, interpretação do que representaria o mapa.

CARTOGRAFIA E PODER

Mapas e outras representações cartográficas são recursos de grande valia para o estudo do espaço geográfico.

As informações sobre o espaço geográfico, aliadas a outros conhecimentos, são fortes ferramentas de **poder**, muitas vezes restritas a um grupo ou a pequenos grupos de pessoas, que as utilizam segundo seus interesses e necessidades.

Ao longo da História verificamos inúmeras vezes a íntima relação entre cartografia e poder: das conquistas do Império Romano às Grandes Navegações, das grandes Guerras Mundiais à Guerra Fria, conhecimentos cartográficos sempre estiveram presentes. A precisão nas informações de determinadas áreas permite o desenvolvimento de estratégias militares e políticas. Durante a Guerra do Golfo (1990), no ataque militar americano ao Afeganistão (2001) e, ainda, na invasão do Iraque (2003), por exemplo, percebemos a importância de ter informações detalhadas e precisas obtidas por meio de imagens de satélites para a realização de bombardeios e manobras militares. Infelizmente, presenciamos nesses casos a utilização da tecnologia para a destruição de povos.

Apesar de todas as inovações tecnológicas aplicadas à cartografia, vale destacar que não existe uma representação perfeita, que traduza fielmente o real. Toda representação em duas dimensões apresenta problemas técnicos como, por exemplo, distorção da área cartografada.

Mapa elaborado por Cornelis Claesz, Jodocus Hondius, Gerardus Mercator e Petrrus Montanus, em 1606. Gravação em metal, aquarelada, 37,5 × 50,5 cm.

Disponível em: <http://www.mapashistoricos.usp.br/index.php?option=com_jumi&fileid=14&Itemid=99&idMapa=568&lang=br>. Acesso em: 20 maio 2016.

Fonte: ATLAS Geográfico Escolar. 6. ed. Rio de Janeiro: IBGE, 2012. p. 88. Adaptação.

➡ Compare os mapas acima, prestando atenção ao traçado da costa brasileira. O que você pode concluir?

Integrando conhecimentos

Estudando os mapas antigos

Além de serem importantes ferramentas para a análise geográfica, os mapas também oferecem possibilidades para os historiadores que buscam entender a visão de mundo das sociedades do passado. Isso acontece porque qualquer mapa só pode ser interpretado dentro do contexto em que foi criado: uma representação cartográfica sempre carregará traços das técnicas, dos valores e das formas de pensar o espaço da sociedade que a produziu.

O campo que combina conhecimentos de História e de Geografia para interpretar os mapas antigos como documentos históricos é chamado de **Cartografia Histórica**. Os especialistas nesse assunto procuram compreender o contexto dos cartógrafos que produziram determinada representação.

Quem foram os autores do mapa? Quais outros mapas eles fizeram? Quem financiou a confecção desse mapa em particular? A que uso ele seria destinado? Quais foram as técnicas de representação e de impressão utilizadas? O mapa pertence a uma tradição cartográfica? Quais são suas inovações? Quais áreas recebem destaque no mapa? Quais foram mapeadas em mais detalhes e com mais precisão? Essas são apenas algumas das perguntas que interessam para o estudo de um mapa enquanto documento histórico.

Há várias técnicas que podem ser utilizadas pelo cartógrafo histórico para realizar o estudo de um mapa antigo. É comum a comparação com outros mapas que representem o mesmo espaço, mas feitos em épocas diferentes, por cartógrafos diferentes, em escalas diferentes ou com objetivos diferentes. É possível utilizar modernos programas de computador para diferenciar esses mapas no que se refere ao traçado de rios e estradas e das localidades e dos acidentes geográficos que são representados. Outros elementos também costumam ser de grande importância na análise dos mapas do passado, como os desenhos e ícones que aparecem ao redor ou dentro do mapa. Até a caligrafia, as técnicas do desenho ou a escolha da área enquadrada podem ajudar a revelar um processo de construção do conhecimento do espaço geográfico.

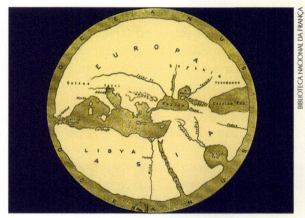

Mapa do século VII a.C., elaborado pelo filósofo grego Anaximandro. O Mar Mediterrâneo, onde os gregos mantinham intensas atividades comerciais e implantavam colônias, é representado no centro do mundo e tem seus contornos precisamente definidos. Nota-se que um grande oceano cerca as terras conhecidas dos dois continentes representados: "Ásia" (Norte da África e Oriente Médio) e "Europa" (Europa Mediterrânea).

Mapa Brasil. Xilogravura de G. Gastaldi, color. 29,8 x 39,2 cm, 1556, aquarelada à mão. (In: RAMUSIO, G. B. *Delle navigationi et viaggi*. República de Veneza: Nella Stamperia de Giunti, 1565. p. 427-428).

O destaque do mapa são as representações de indígenas retirando madeiras e as embarcações navegando em direção ao litoral brasileiro. Trata-se de uma referência à exploração de pau-brasil, primeira atividade econômica implantada após a chegada dos europeus.

REPRESENTAÇÕES CARTOGRÁFICAS

Podemos dizer que, nos dias atuais, existem dois tipos de representações cartográficas: por **imagem** e por **desenho** (traço).

As mais modernas imagens cartográficas são as obtidas por sensores colocados em aeronaves, espaçonaves e satélites artificiais.

Os sensores captam e registram a radiação eletromagnética refletida ou emitida pela superfície terrestre.

As representações desenhadas (por traços) podem ser de vários tipos, como **globos**, **mapas**, **cartas** e **plantas**.

As imagens obtidas a partir de satélites artificiais deram uma nova dimensão às representações cartográficas. Na imagem abaixo, à direita, região de Angra dos Reis fotografada pelo satélite CB2B em 17 de julho de 2013 e, à esquerda, representação cartográfica dessa região por traço, na forma de mapa.

Fonte: MAPA rodoviário Estadual. Adaptação. Disponível em: <http://www.der.rj.gov.br/mapas_n/mapasdow/mapas2006-A0.pdf>. Acesso em: 23 maio 2016.

Fonte: Instituto Nacional de Pesquisas Espaciais (INPE). Disponível em: <http://www.cbers.inpe.br/imagens/152_126.jpg>. Acesso em: 8 abr. 2014.

➡ Compare a imagem de satélite com o mapa e verifique a localização de cada um dos locais representados.

Explorando o tema

Fonte: ATLAS Geográfico Escolar. 6. ed. Rio de Janeiro: IBGE, 2012. p. 32. Adaptação.

Segundo o IBGE,

- **mapa** é a representação no plano de grandes espaços geográficos, como uma cidade, um país ou continente. Os mapas podem apresentar diversas informações geográficas, como aspectos naturais e culturais da área representada;

Globo terrestre.

- **globo** é a representação cartográfica, sobre uma superfície esférica, dos aspectos naturais e artificiais de uma figura planetária, com finalidade cultural e ilustrativa. Ele é considerado a representação mais fidedigna de Terra, pois sua forma é próxima à do planeta;

- **carta** é a representação no plano de uma área geográfica em escala média ou grande. A carta geográfica, pelo fato de abranger um espaço geográfico menor que o do mapa, consegue passar informações mais detalhadas desse espaço;

- **planta** – as plantas cartográficas abrangem uma área menor que as cartas geográficas, como algumas ruas de uma cidade ou mesmo um quarteirão, por exemplo. Nas plantas é possível representar as particularidades de um sítio, uma praça ou um loteamento residencial;

Fonte: Atlas Geográfico Escolar. 6. ed. Rio de Janeiro: IBGE, 2012. p. 25. Adaptação.

- **anamorfose** – palavra de origem grega (*an* + *morphé*) que significa *sem forma* ou *deformada*. Corresponde a uma representação cartográfica que apresenta territórios com áreas e formas modificadas para destacar determinados dados quantitativos.

Em uma anamorfose, os países são representados com tamanhos proporcionais aos dados que estão sendo analisados. No mapa ao lado, por exemplo, os países mais populosos são aqueles que aparecem com tamanho maior.

Fonte: DORLING, D.; NEWMAN, M.; BARFORD, A. *The atlas of the real world* – Mapping the way we live. London: Thames & Hudson, 2008. Adaptação.

A LEITURA DE UM MAPA

Decodificar e interpretar um mapa, ou simplesmente lê-lo, como se diz popularmente, requer noções básicas de alguns conceitos cartográficos. Esses são muitas vezes deixados de lado pelo usuário, comprometendo a interpretação do mapa. Vejamos agora os conceitos fundamentais para realizarmos de forma correta a leitura de um mapa.

Orientação

O ser humano, ao longo de sua história, foi descobrindo e ocupando áreas cada vez mais extensas da superfície terrestre. Inicialmente, os acidentes geográficos eram os principais elementos utilizados como referência para a localização e orientação espacial. Porém, com o aumento da área conhecida do planeta, a utilização desses pontos tornou-se insuficiente. Isso levou à criação de uma série de noções espaciais para orientar e localizar qualquer ponto na superfície do globo. Esses pontos de orientação, ao todo 32, são conhecidos como **pontos cardeais**, **colaterais**, **subcolaterais** e **intermediários**.

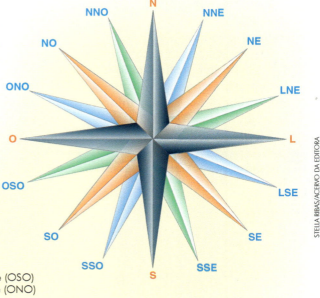

Pontos cardeais
Norte (N)
Sul (S)
Leste (L)
Oeste (O)

Pontos colaterais
Noroeste (NO)
Nordeste (NE)
Sudoeste (SO)
Sudeste (SE)

Pontos subcolaterais
Norte-nordeste (NNE)   Leste-sudeste (LSE)   Oeste-sudoeste (OSO)
Norte-noroeste (NNO)   Sul-sudeste (SSE)   Oeste-noroeste (ONO)
Leste-nordeste (LNE)   Sul-sudoeste (SSO)

Pontos intermediários
Sem notação específica, em um total de dezesseis pontos, são representados da seguinte maneira: *ponto intermediário entre S e SSO*, por exemplo.

Na metade do arco entre dois pontos cardeais subsequentes são estabelecidos os pontos colaterais.

Coordenadas geográficas

Para melhor localizar um ponto qualquer na superfície da Terra, foi criado um sistema de coordenadas, estruturado por meio da combinação de *linhas imaginárias* traçadas sobre a superfície terrestre.

Esse sistema de **coordenadas geográficas** é um importante instrumento para a elaboração e interpretação de globos e mapas.

Entre linhas e planos *imaginários* mais relevantes, destacam-se:

- **Plano equatorial** – é um plano perpendicular ao eixo imaginário da Terra, equidistante dos polos Norte e Sul, cujo traçado passa pelo centro da esfera. Seu nome vem do latim *equales*, que significa iguais, pois corta a Terra em duas partes iguais.

- **Equador** – é uma linha imaginária (círculo máximo) que surge da intersecção entre a superfície da Terra e o plano equatorial, dividindo o globo terrestre em dois hemisférios: norte (também chamado *boreal* ou *setentrional*) e sul (também chamado *austral* ou *meridional*).

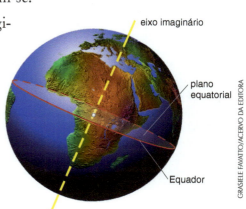

- **Paralelos** – são circunferências imaginárias, paralelas à linha do equador (círculo máximo), que surgem da intersecção de seus planos com a superfície da Terra.

- **Latitude** – é a distância, medida em graus, entre um ponto qualquer da superfície terrestre e a linha imaginária do Equador. Varia de 0° a 90°, nas direções norte ou sul.

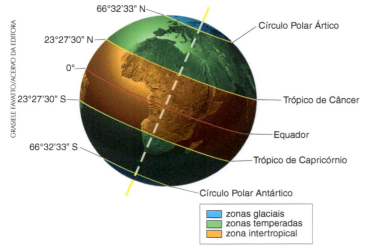

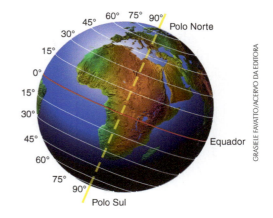

- **Meridianos** – são semicircunferências imaginárias na superfície da Terra, cujos extremos coincidem com os polos Norte e Sul. O meridiano inicial corresponde ao meridiano de Greenwich. *Atenção:* um meridiano é somente a semicircunferência de círculo máximo.

- **Longitude** – é a distância, também medida em graus, entre um ponto qualquer da superfície terrestre e o meridiano inicial, ou seja, o de Greenwich. A longitude varia de 0° a 180°, tanto na direção leste como na direção oeste.

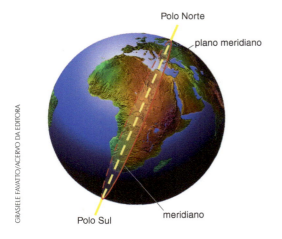

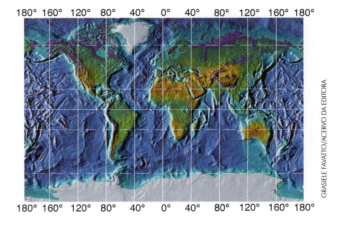

Explorando o tema

Meridiano de Greenwich

O meridiano de Greenwich tornou-se aceito como meridiano principal, ou meridiano de referência, a partir de um acordo internacional firmado em Washington, em 1884, sobre a hora a ser adotada em todo o mundo. Esse meridiano foi escolhido por passar pelo Observatório Astronômico Real, em Greenwich, um distrito urbano a leste de Londres. Construído em 1794, por ordem de Carlos II, o Observatório Astronômico Real precisou ser transferido, em 1946, para outra localidade, devido à grande quantidade de poluição existente na área, o que muito dificultava a realização dos trabalhos.

Projeções cartográficas

Com o objetivo de tornar possível a representação da superfície terrestre (que é esférica) em um mapa ou outra representação cartográfica plana, foram criadas diversas **projeções cartográficas**.

Não existe só *uma* projeção. Na realidade, existem vários tipos de projeções, cada um atendendo a uma necessidade cartográfica. As três projeções mais utilizadas, quanto à superfície de projeção, são a **cilíndrica**, a **cônica** e a **plana**.

- **Projeção cilíndrica** – é produzida a partir da projeção dos paralelos e meridianos geográficos em um cilindro que tangencia a Terra, como você pode observar na figura abaixo. Trata-se da projeção mais utilizada para produção de mapas-múndi e cartas de navegação.

Fonte: ATLAS Geográfico Escolar. 6. ed. Rio de Janeiro: IBGE, 2012. p. 21. Adaptação.

- **Projeção cônica** – assemelha-se à cilíndrica, porém no lugar de um cilindro envolvendo a Terra temos um cone, conforme podemos observar na ilustração a seguir. Meridianos e paralelos geográficos são projetados em um cone tangente à superfície da Terra. É mais utilizada para a representação de áreas pertencentes à zona temperada.

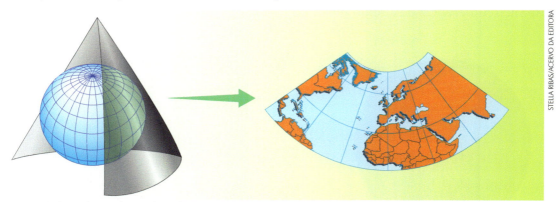

Fonte: ATLAS Geográfico Escolar. 6. ed. Rio de Janeiro: IBGE, 2012. p. 21. Adaptação.

- **Projeção plana** – conhecida também como azimutal ou polar, essa projeção é feita a partir do contato de um plano com a superfície. É muito utilizada em análises geopolíticas e para a navegação aérea.

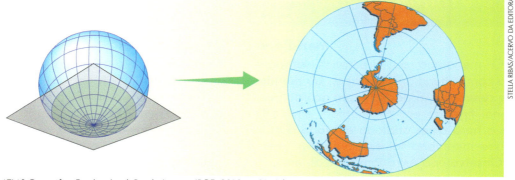

Fonte: ATLAS Geográfico Escolar. 6. ed. Rio de Janeiro: IBGE, 2012. p. 21. Adaptação.

Independente da projeção que utilizarmos, sempre haverá alguma distorção, pois, como vimos, estamos representando em duas dimensões corpos que são tridimensionais. Podemos classificar as projeções segundo as deformações que minimizam: a projeção **conforme** mantém os mesmos ângulos, a projeção **equivalente** minimiza a deformação das áreas, e a projeção **equidistante** conserva as distâncias. As projeções que não minimizam nenhuma das três deformações em particular são chamadas de **afiláticas**. Nenhuma, no entanto, consegue eliminar totalmente o problema da deformação.

Explorando o tema

As projeções cilíndricas de Mercator e Peters

Vamos observar os dois mapas a seguir. Por que são diferentes?

MAPA-MÚNDI – PROJEÇÃO DE MERCATOR

Fonte: Atlas Geográfico Escolar. 6. ed. Rio de Janeiro: IBGE, 2012. Adaptação.

MAPA-MÚNDI – PROJEÇÃO DE PETERS

Fonte: DUARTE, p. A. Cartografia Temática. Florianópolis : UFSC, 1991. p. 32-33. Adaptação.

A representação de uma esfera ou de parte dela em um plano nunca é exata: ela sofre distorções. Os dois planisférios acima estão corretos e foram construídos com o mesmo tipo de projeção, a cilíndrica, porém os dois cartógrafos levaram em conta parâmetros diferentes.

Na projeção de Mercator, as formas são preservadas, e as áreas estão distorcidas. Nesse planisfério, há um aumento da área relativa, conforme nos afastamos do Equador. Assim, as regiões de altas latitudes apresentam dimensões maiores que as reais. Observe a Groenlândia e a Europa no mapa e compare-as com a América do Sul: parece que possuem quase a mesma dimensão. Na realidade, a Groenlândia é oito vezes menor que a América do Sul, e a Europa tem aproximadamente 60% de sua área. Já na projeção de Peters as áreas são preservadas, porém as formas são distorcidas; veja como os continentes se apresentam bastante alongados.

A utilização de uma projeção ou outra pode priorizar e valorizar certas áreas do globo, demonstrando um caráter político e ideológico. Essa valorização está presente na projeção de Mercator.

Elaborada no século XVI pelo holandês Gerhard Kramer (1512-1594), a projeção de Mercator valorizou as terras do continente europeu no momento da expansão mercantil e colonial europeia, e durante alguns séculos serviu à visão da Europa como centro do mundo, ou ao eurocentrismo.

A projeção de Peters, elaborada pelo professor alemão Arno Peters no século XX (1973), por manter a proporcionalidade das áreas, passa, segundo alguns analistas, uma ideia de igualdade, valorizando as nações pobres e "quebrando" a visão de superioridade das nações ricas situadas no hemisfério norte. Essa interpretação do planisfério ficou conhecida como terceiro-mundista.

Escalas

Segundo o *Dicionário Cartográfico*, de Cêurio de Oliveira, publicado pelo IBGE, escala é "a relação entre as dimensões dos elementos representados em um mapa e as correspondentes dimensões na natureza". Na confecção de um mapa, podemos utilizar dois tipos de escala: a **numérica** ou a **gráfica**.

Escala numérica

É expressa por uma fração (1/1.000.000) ou por uma razão (1 : 1.000.000). Assim, o numerador corresponde à unidade de distância do mapa, e o denominador, à unidade de distância da superfície real. A unidade de medida, tanto no numerador quanto no denominador, é a mesma. Por exemplo, 1 : 500.000 ou 1/500.000 (lê-se "1 por 500.000"), significa que cada centímetro no mapa corresponde a 500.000 cm da área real mapeada.

Agora, suponha as escalas 1 : 50.000 e 1 : 5.000. Qual delas apresentará informações mais detalhadas sobre uma mesma área? Certamente, a escala de 1 : 5.000, pois cada centímetro do mapa corresponderá a 5.000 cm da realidade representada, ou seja, um número maior de detalhes será representado.

Importante: em uma escala numérica, quanto menor o denominador, menor a área mapeada, mais detalhes serão destacados da área (escala grande). Quanto maior o denominador, maior será a área mapeada e menos detalhes serão destacados (escala pequena).

> **numerador:** em uma fração, o número ou a expressão algébrica que se encontra na parte superior do traço. O número localizado na parte inferior desse traço na fração é chamado denominador

Fonte: ATLAS Geográfico Escolar. 6. ed. Rio de Janeiro: IBGE, 2012. p. 25. Adaptação.

Fonte: Dados cartográficos © 2016 Google, MapLink. Vila Mariana, São Paulo. Adaptação.

Como trabalhar com a escala numérica

Suponha que você queira calcular qual é a distância real entre dois pontos indicados em um mapa. Por exemplo, qual é a distância entre a capital de seu estado e Brasília? (Caso você more em Brasília, escolha outro ponto para fazer esse cálculo.) Para determinar essa distância, siga os seguintes passos:

1º Verifique qual é a escala assinalada no mapa. Vamos supor que a escala do mapa seja de 1 : 200.000.

2º A seguir, meça a distância entre a capital de seu estado e Brasília (ou, então, o outro ponto escolhido se você morar em Brasília). Suponha que a distância no mapa seja de 15 cm. Agora, calcule a distância entre as duas cidades (com o auxílio da regra de três): se para cada 1 cm de distância no mapa temos 200.000 cm na realidade, então, para 15 cm de distância no mapa temos x cm na realidade.

$$1 \longrightarrow 200.000$$
$$15 \longrightarrow x$$

$$x = \frac{15 \times 200.000}{1} \rightarrow x = 3.000.000 \text{ cm}$$

Como para grandes distâncias usamos outras unidades (metros ou quilômetros) que não o centímetro, podemos converter esse número para 30.000 m ou 30 km, que seria a distância entre os dois pontos procurados.

Escala gráfica

É a representação gráfica da escala numérica. Expressa, por meio de uma linha graduada, a relação entre o mapa e a área cartografada. Observe: . Nesse exemplo, cada unidade da escala (1 cm) corresponde, na realidade, a 350 km da área mapeada.

Agora, observe as diferentes escalas e o grau de detalhamento nas várias representações cartográficas desta página.

➡ Transforme em escala numérica a escala gráfica de cada uma das representações cartográficas desta página. Depois indique qual dos mapas tem maior e qual tem menor escala.

Fonte: ATLAS Geográfico Escolar. 6. ed. Rio de Janeiro: IBGE, 2012. p. 32, 90, 180. Adaptação.

Grafismos, linhas e cores

A quantidade de informações nas representações cartográficas é muito grande e elas são indicadas por grafismos, figuras, linhas e cores. Como entender essa simbologia? Por meio da **legenda**, que tem a função de traduzir os símbolos.

Linhas, cores e grafismos são os elementos mais comuns no simbolismo dos mapas. Eles podem representar fenômenos de várias ordens.

Fonte: ATLAS Geográfico Escolar. 6. ed. Rio de Janeiro: IBGE, 2012. p. 143, 167. Adaptação.

Curvas de nível

Quando falamos em **curvas de nível** estamos nos referindo às linhas altimétricas ou isoípsas. São linhas imaginárias que unem pontos de mesma altitude em determinada superfície. Esse método é um dos mais indicados para representar o relevo terrestre. As linhas indicam se o terreno é ondulado, plano, montanhoso, muito ou pouco íngreme etc. Assim, as formas das curvas de nível serão determinadas pelas características da topografia do terreno.

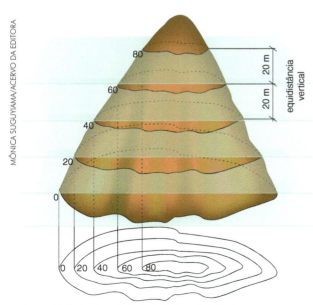

Fonte: COONEY, T. M.; PASACHOFF, J. M.; PASACHOFF, N. Earth Science. Glenview: Scott, Foresman, 1990. p. 39.

Representação de curvas de nível. Observe que as curvas de nível nunca se cruzam, são fechadas em si mesmas e apresentam equidistância vertical.

TECNOLOGIA: FUNDAMENTAL PARA A CARTOGRAFIA

As novas tecnologias trouxeram grandes e positivas mudanças no que diz respeito à coleta e interpretação de informações espaciais e no desenvolvimento de sistemas de localização e orientação.

A evolução da informática, o desenvolvimento de técnicas de sensoriamento remoto com o uso de fotos aéreas e imagens de satélites artificiais, e a evolução do sistema de posicionamento global (GPS) foram alguns dos fatores que fizeram com que a cartografia tivesse um importante aprimoramento.

Sensoriamento remoto

De acordo com as definições mais atuais, sensoriamento remoto corresponde a um conjunto de técnicas pelas quais são utilizados equipamentos modernos e variados (satélites, aeronaves, espaçonaves, radares, entre outros), visando pesquisar e monitorar os ambientes planetários, por meio de imagens e dados. Essas informações são obtidas sem o contato físico com o que está sendo analisado. Os equipamentos captam e interpretam a radiação eletromagnética refletida ou emitida pela superfície da Terra.

Satélites artificiais

Especialmente construídos para orbitar em torno da Terra ou de outro corpo celeste, os satélites artificiais são módulos que carregam equipamentos que enviam para nosso planeta dados dos mais diversos tipos: meteorológicos,

Concepção artística (a) do satélite sino-brasileiro CBERS-2 em órbita e (b) sequência de seu lançamento.

fotográficos, de distância, de velocidade, de comunicação etc.

Por estarem no espaço, onde não há força de resistência ao deslocamento, eles não precisam de um "motor" para mantê-los em órbita. No entanto, para levá-los ao espaço é necessário um grande dispêndio de energia sendo carregado por foguetes ou ônibus espaciais.

Imagem obtida a partir do satélite sino-brasileiro CBERS-2B, em 29 de setembro de 2007. O município de Cacoal, em Rondônia, que aparece na parte central da imagem é cortado pela rodovia BR-364. É um dos municípios que se caracteriza por um acelerado processo de ocupação agrícola. As áreas em verde são remanescentes de cerrados, florestas ou áreas em regeneração. Áreas em vermelho são solos expostos ou pastagens. As imagens CCD/CBERS-2B darão suporte aos monitoramentos e medições de desflorestados na Amazônia, e também ao monitoramento da ocupação do solo.

Disponível em: <http://www.dgi.inpe.br/CDSR>. Acesso em: 30 nov. 2012.

Aerofotogrametria

Os termos *fotointerpretação* e *aerofotogrametria* referem-se a determinadas técnicas que se utilizam de fotos aéreas para a produção de mapas.

As fotos aéreas são obtidas acoplando-se câmeras fotográficas de alta resolução a uma aeronave, uma na parte inferior de cada asa. A aeronave percorre, então, um trajeto de acordo com a área que se quer fotografar, e com as câmeras registrando imagens a uma frequência tal que seja possível sobrepor as bordas de uma fotografia com as bordas das fotografias de áreas vizinhas. Essa sobreposição é importante para corrigir as deformações das imagens, maiores nas bordas.

Foto aérea, cidade de sacramento na Califórnia, Estados Unidos.

Sistema de Posicionamento Global – GPS

A partir das novas tecnologias disponíveis, criou-se um sistema de navegação baseado em satélites que tornou a navegação em terra, água, mar, e no próprio espaço, muito mais precisa. Tal sistema, conhecido como **GPS** (*Global Positioning System* – Sistema de Posicionamento Global), foi desenvolvido pelo Departamento de Defesa estadunidense e seu uso civil intensificou-se na década de 1990; porém, países como França, China e Rússia também possuem seus próprios sistemas.

GPS é um sistema que possui 24 satélites em operação, a uma altitude aproximada de 20.000 km da superfície da Terra. Com ele é possível saber o posicionamento geográfico de um ponto em qualquer local do globo terrestre.

Esses satélites enviam continuamente sinais de rádio contendo cálculos de posições e dados do relógio de cada satélite, que são captados por aparelhos conhecidos como receptores GPS. Um receptor GPS procura os sinais de rádio, localiza os satélites "visíveis" naquele momento e, medindo os tempos que as ondas eletromagnéticas necessitam até atingir a antena, calcula por triangulação a posição no globo terrestre. Os dados obtidos, além de indicarem o posicionamento do objeto por meio das coordenadas geográficas, também revelam altitude, velocidade, tempo de deslocamento, entre outras informações.

O sistema GPS, embora tenha sido criado com fins militares, é bastante usado na atualidade não só na navegação marítima e aérea, mas também na navegação terrestre e no rastreamento de veículos.

SIG ou GIS

Os avanços da informática facilitaram o tratamento dos dados obtidos no terreno e sua representação em mapas e cartas. A sigla SIG (Sistema de Informações Geográficas) ou GIS (*Geographic Information System*) é utilizada para sistemas computacionais desenvolvidos para o tratamento de dados geográficos.

Com os SIG, torna-se possível correlacionar rapidamente valores (por exemplo, de altitude, população, renda) medidos em determinado local ao respectivo ponto captado por uma imagem de satélite ou fotografia aérea. Basta informar ao sistema as coordenadas geográficas de alguns pontos da superfície terrestre (obtidas com um GPS) para que ele integre as informações levantadas sobre eles (no caso, os pontos da superfície terrestre) às da imagem digital, processo denominado *georreferenciamento* ou *registro da imagem*. Os dados, então, são apresentados em uma representação cartográfica.

Há várias opções de SIG disponíveis, adequadas a diferentes usos. A grande importância dessa tecnologia foi conferir aos profissionais de empresas e órgãos públicos um meio rápido e prático de organizar as informações de grandes bancos de dados em mapas mais fáceis de manejar. As aplicações são inúmeras e vão desde a demarcação de fazendas e unidades de conservação, até o planejamento urbano ou a realização de grandes obras de engenharia.

MAPA PREVISIONAL PARA OURO PROVÍNCIA MINERAL DO TAPAJÓS

Legenda
Favorabilidade
alta
baixa

Fonte: JACQUES, P. D. et al. Mapa previsional para ouro em sistema de informação geográfica (SIG). In: COUTINHO, M. G. da N. (Ed). Província mineral do Tapajós: geologia, metalogenia e mapa previsional para ouro em SIG. Rio de Janeiro: CPRM, 2008. Disponível em: <http://www.cprm.gov.br/publique/media/Cap11_Mapa_Previsional.pdf>. Acesso em: 30 maio 2016. Adaptação.

Mapeamento pelo Sistema de Informações Geográficas (SIG).

FUSOS HORÁRIOS

Para entendermos os fusos horários, precisamos antes rever alguns dados sobre o movimento de rotação da Terra. O nosso planeta leva aproximadamente 24 horas para completar uma volta em torno de si mesmo, ou seja, girar 360° em torno do eixo polar. Com base nessa informação, podemos concluir:

- em qualquer momento, teremos sempre 24 horas distintas no planeta;
- dividindo os 360° da esfera terrestre pelas 24 horas de duração do movimento de rotação, teremos 1 hora para cada 15° da esfera. A esse espaço denominamos **fuso horário**. Assim, cada fuso horário equivale a 1 hora e corresponde a 15° da esfera terrestre.

Os fusos têm sua hora definida pelo **meridiano de Greenwich** (0°) ou **GMT** (*Greenwich Mean Time*). Esse meridiano indica o "meio" do fuso inicial. Observe no desenho à direita.

O sentido do movimento de rotação da Terra se dá de oeste para leste. Dessa forma, por convenção, ficou acertado que as áreas a leste do fuso de Greenwich terão sempre horas adiantadas em relação a ele, enquanto as que estiverem a oeste apresentarão horas atrasadas em relação a esse mesmo fuso.

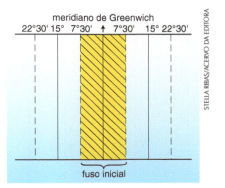

Delimita-se o primeiro fuso a partir do meridiano de Greenwich (0°), contando 7°30' a leste e a oeste.

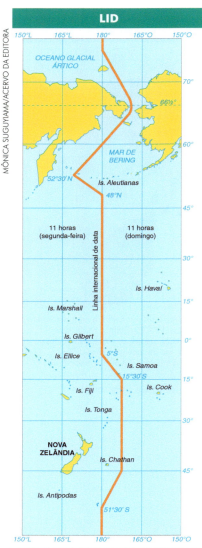

O meridiano oposto a Greenwich (180°) também corresponde ao meio de um fuso horário. Esse meridiano é conhecido como Linha Internacional de Data (LID); nesse fuso, a hora é a mesma, porém em dias subsequentes.

O Brasil apresenta, no sentido leste-oeste, extensão territorial muito grande (4.319,4 km) e, em decorrência disso, durante muitos anos adotou-se em nosso país quatro fusos horários diferentes. Em 2008, no entanto, foi aprovada uma lei que reduziu um fuso horário na Região Norte, passando o Brasil a apresentar três fusos horários. No entanto, em setembro de 2013, uma nova alteração fez com que o Brasil voltasse a ter 4 fusos horários, conforme mostra o mapa da página seguinte.

A determinação das horas brasileiras, por motivos políticos, não segue estritamente os meridianos que determinam tais fusos. O segundo fuso brasileiro, localizado a menos três horas do fuso de Greenwich, é o oficial do país, pois corresponde à hora do Distrito Federal.

Por motivos econômicos e políticos,
a Conferência de Washington, em 1884,
convencionou que a Linha Internacional de Data,
também chamada de Linha Internacional de Mudança de Data,
não coincidiria exatamente com o meridiano de 180°.
Isso facilitou a mudança de data pelos países
por onde essa linha imaginária passa.

Viajando de oeste para leste,
teremos a mudança de data para o dia seguinte
e se o deslocamento for no sentido leste para oeste
ocorrerá mudança de data para o dia anterior.

Fonte: ATLAS Geográfico Escolar. 6. ed. Rio de Janeiro: IBGE, 2012. p. 35. Adaptação.

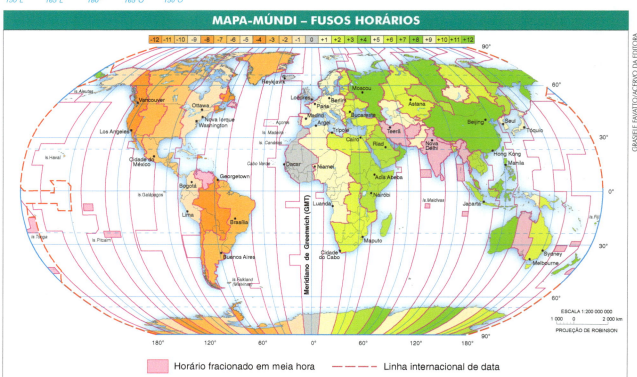

Fonte: ATLAS Geográfico Escolar. 6. ed. Rio de Janeiro: IBGE, 2012. p. 35. Adaptação.

Horário de verão

O princípio básico do horário de verão é simples: adiantar os relógios em determinadas regiões, durante o período do ano em que os dias (período do dia com claridade) têm maior duração do que as noites (período do dia sem claridade).

O primeiro a propor o horário de verão foi William Willett, em 1907, membro da Sociedade Astronômica Real, que iniciou uma campanha para que a Inglaterra o adotasse. O argumento na época era que as pessoas teriam mais tempo para lazer, haveria menor criminalidade e redução do consumo de luz. Todavia a campanha de Willett não deu resultado. Posteriormente, o primeiro país a adotar o horário de verão foi a Alemanha, em 1916.

Disponível em: <7a12ibge.gov.br/images/7a12/mapas/Brasil/brasil_fusos_horarios.pdf>. Acesso em: 30 maio 2016.

Questão socioambiental

SUSTENTABILIDADE

**Horário de verão no Brasil:
histórico do horário de verão e sua importância**

No Brasil, o horário de verão foi adotado pela primeira vez em 1931, visando à economia de energia elétrica e chamava-se "hora de economia de luz no verão".

O uso da hora chamada "de verão" foi instituído pelo decreto 20.166, de 1º de outubro de 1931:

"O Chefe do Governo Provisório da República dos Estados Unidos do Brasil,

Considerando que a hora de economia de luz no verão poder ser adotada com grande proveito para o erário público;

erário: tesouro público, conjunto dos recursos financeiros de um país

Considerando que a prática dessa medida, já universal, traz igualmente grandes benefícios ao público, em consequência da natural economia da luz artificial;

Considerando que a execução dessa providência consiste apenas em avançar em uma hora os ponteiros do relógio,

DECRETA:

Artigo único – Fica adotado em todo o território nacional a hora de economia de luz no período de 3 de outubro de 1931 a 31 de março de 1932".

Apesar de a economia que o horário de verão proporcionava em termos nacionais, pois no horário de pico de consumo de energia (final da tarde) ainda estava claro e, portanto, não havendo necessidade de acender luzes em grande parte do país, o horário de verão foi adotado de forma precária até 1967, quando caiu em desuso. Foi somente em 1º de novembro de 1985 que esse horário especial foi novamente adotado e prevaleceu até a meia-noite do dia 14 de março de

Os estados do Sul, Sudeste e Centro-Oeste aderem sistematicamente ao "horário de verão". As outras regiões, no entanto, não assumem uma posição comum para os seus estados. A Bahia e o Tocantins, por exemplo, já aderiram ao "horário de verão", porém optaram não mais participar a partir de 2014.

Fonte: ATLAS Geográfico Escolar. 6. ed. Rio de Janeiro: IBGE, 2012. p. 90. Adaptação.

1986, quando os relógios foram novamente atrasados em uma hora. A partir dessa data, tem sido adotado de forma sistemática a cada ano.

As razões que levaram o governo federal a adotá-lo novamente foram:

- a diminuição de chuvas, que provoca o baixo nível dos reservatórios nas Regiões Sul e Sudeste, afetando a geração de energia elétrica;
- o crescimento da economia, que acarreta um forte aumento da demanda de energia elétrica.

Entre os inúmeros benefícios que o horário de verão traz, devemos destacar a economia de energia elétrica no horário de pico entre as 17h e 21h (que varia de 1,5% a 5% de toda a energia gerada no país) e a geração de empregos (só o Estado do Rio de Janeiro cria cerca de 20.000 empregos diretos nas praias durante esse período).

Os estados brasileiros que adotam o horário de verão são os que estão localizados predominantemente no centro-sul do país em virtude de:

- ser essa região a de maior consumo de energia do país, exigindo medidas que visem a redução do consumo no período mais crítico do ano, garantindo, assim, o fornecimento contínuo de energia e evitando apagões;
- estarem esses estados localizados mais distantes da linha do equador. Como resultado de sua posição geográfica são eles os que apresentam as maiores diferenças de fotoperíodo no dia, ou seja, maiores diferenças entre o número de horas claras e escuras.

Prof. Carlos Geraldo Gaetano Barletta Júnior
Graduado em Geografia pela PUC-SP

> ➤ Brasileiros das Regiões Sul, Sudeste e Centro-Oeste, de outubro a fevereiro, adiantam seus relógios em 1 hora. Por que isso acontece? Qual é a importância disso?
> ➤ Produza um texto sobre o desperdício em geral e sobre o de energia em particular ou ilustre, dramatize, crie *slogans* ou cartazes a esse respeito e faça, com seus colegas de grupo, um painel para expor aos colegas de classe.

A LEITURA DE GRÁFICOS

A estatística é uma poderosa ferramenta para a interpretação, análise e compreensão da realidade do espaço geográfico. "Mas como?", você deve estar se perguntando.

Dados de determinada área ou tema são levantados e analisados por meio das ferramentas estatísticas. Desse estudo, podemos perceber a extensão e as interrelações possíveis entre as diferentes variáveis.

Os três elementos essenciais para a produção estatística são:

- a **variável**, que corresponde a determinado fenômeno;
- a **área**, ou seja, os locais onde são coletados os dados referentes à variável; e
- o **tempo**, isto é, o período determinado em que são levantados os dados de forma controlada e sistematizada.

A mensuração numérica para a análise da realidade é cada vez mais importante. Qualquer que seja a instância de governos, organismos internacionais, empresas, centros de pesquisa voltados para planejamento, todos trabalham com dados estatísticos.

instância: jurisdição; território sobre o qual uma autoridade exerce seu poder

Os dados coletados são tabulados e os resultados são apresentados na forma de **tabelas** e **gráficos**.

Gráficos são representações de dados físicos, econômicos ou outros, por meio de grandezas geométricas ou figuras. A partir deles conseguimos visualizar as quantidades das variáveis e perceber os dados estatísticos apresentados de uma maneira rápida e simples.

Há diversos tipos de gráficos: de **linhas**, de **barras** ou de **colunas**, **setoriais** (também chamados de **setor**) etc.

Para montar um gráfico de **linha**, partimos do sistema *cartesiano*, em que duas variáveis são colocadas em dois eixos distintos: x (abscissa) e y (ordenada). Esse sistema de coordenadas permite representar no plano as relações entre essas duas variáveis.

Gráficos de **barras** ou de **colunas** (estes também chamados de **histogramas**) são especialmente usados para representar valores e quantidades dos fenômenos em determinado período de tempo.

Fonte: IBGE, Censo Demográfico de 2010.

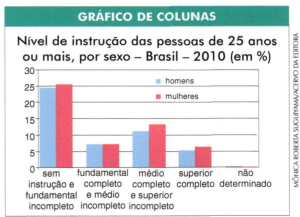

Fonte: IBGE, Censo Demográfico de 2010.

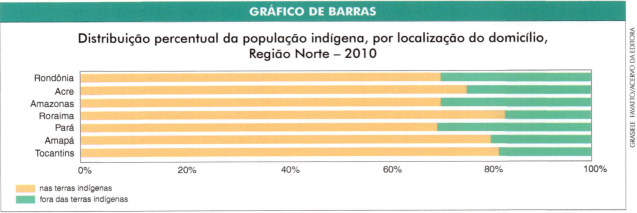

Fonte: IBGE, Censo Demográfico de 2010.

Outra forma de representação gráfica é por meio de gráficos **setoriais**, denominados popularmente de "pizzas", bastante usados para representar fenômenos categorizados. Os dados são apresentados em um círculo, dividido em pedaços que representam, de forma proporcional, os dados do fenômeno em estudo.

Fonte: CONAB. Disponível em: <http://www.conab.gov.br/OlalaCMS/uploads/arquivos/16_05_27_09_24_04_boletim_graos_maio_2016_-_final.pdf>. Acesso em: 30 maio 2016.

Ainda há gráficos especiais, como, por exemplo, as pirâmides etárias, que se constituem em representações gráficas de determinada população, considerando-se sexo e idade em determinado período. Cada pirâmide é constituída por *base* (crianças e jovens de 0 a 19 anos), *corpo* (adultos de 20 a 59 anos) e *vértice* (idosos de 60 anos ou mais), estabelecendo-se grupos de indivíduos categorizados por faixa etária – de maneira geral, a idade é contada por grupos de 5 em 5 anos.

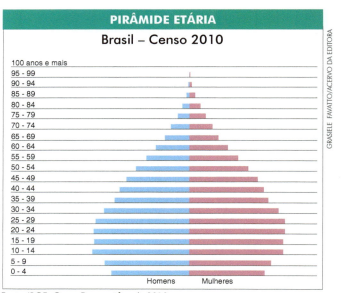

Fonte: IBGE, Censo Demográfico de 2010.

Muito utilizados para apresentar o clima de determinado lugar ou região, os **climogramas** representam, em um mesmo sistema de coordenadas, a variação anual da temperatura e do índice pluviométrico. Nesse gráfico duplo, há um gráfico de barras, representando a quantidade de chuvas (distribuídas pelos meses dos anos), e um gráfico de linha, apresentando a temperatura ao longo desse mesmo ano.

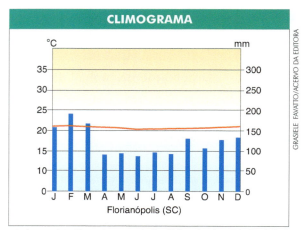

Fonte: INMET. Disponível em: <http://www.inmet.gov.br/html/clima/graficos/plotGraf.php?chklist=4%2C2%2C&capita=florianopolis%2C&peri=99%2C&per6190=99&precipitacao=2&tempmed=4&florianopolis=21&Enviar=Visualizar>. Acesso em: 30 maio 2016.

ATIVIDADES

PASSO A PASSO

1. Leia o texto a seguir e discuta a relação entre mapa e poder.

   A história dos mapas, como a de outros símbolos culturais, pode ser interpretada como uma forma de discurso.

   HARLEY, B. Mapas, saber e poder. Tradução de Mônica Balestrin Nunes. In: GOULD, P., BAILLY, A. (Org.). *Le Pouvoir des Cartes*: Brian Harley et la cartographie. Paris: Anthropes, 1995.

2. Quais são as diferenças e semelhanças entre as projeções de Peters e Mercator?

3. Quais são as diferenças entre a projeção plana, a cilíndrica e a cônica?

4. Que tipo de mapa pode ser utilizado para traçar o trajeto de sua casa até a escola? Qual escala é a mais adequada?

5. A utilização do GPS no cotidiano tem se popularizado cada vez mais. O que é o GPS? Qual é a sua relação com a latitude e a longitude?

6. Por que é importante conhecer os sistemas de horários do país e do mundo?

7. Uma pessoa vai realizar uma viagem de avião de São Paulo a Londres. Em sua passagem está escrito que ela sairá de São Paulo às 8h.

   Tendo em vista que o voo tem 10 horas de duração, que horas serão em Londres quando essa pessoa chegar a esse destino?

8. O que é o horário de verão e como ele foi adotado no Brasil?

IMAGEM & INFORMAÇÃO

1. Observe o gráfico ao lado.

   Analise essa imagem e descreva a distribuição etária da população brasileira pelo Censo 2010.

   Fonte: IBGE, Censo Demográfico de 2010.

2. A escala de um mapa é a relação constante que existe entre as distâncias lineares medidas sobre o mapa e as distâncias lineares correspondentes, medidas sobre o terreno.

   JOLY, F. *A cartografia*, 1990.

   Considerando a definição de escala acima e o mapa ao lado, calcule a distância entre:
   a) o Distrito Federal e a cidade do Rio de Janeiro;
   b) Rio Branco e Macapá;
   c) São Luís do Maranhão e Salvador.

   Fonte: ATLAS escolar IBGE. 5. ed. Rio de Janeiro: IBGE, 2009. p. 90. Adaptação.

3. Observe as representações abaixo.

Fonte: ATLAS escolar IBGE. 6. ed.
Rio de Janeiro: IBGE, 2012. p. 90. Adaptação.

Disponível em: <http://geology.com/world/brazil-satellite-image.shtml#satellite>. Acesso em: 14 nov. 2012.

a) Qual é a diferença entre essas imagens?
b) Explique como as inovações tecnológicas são empregadas na cartografia.

TESTE SEUS CONHECIMENTOS

1. (UERJ) De acordo com as anotações no diário de bordo, presume-se que o padre Caspar calculou sua localização a partir do meridiano que passa sobre a Ilha do Ferro, 18° a oeste de Greenwich. Para ele, seu navio estava no meridiano 180°.

Adaptado de: ECO, U. A ilha do dia anterior. Rio de Janeiro: Record, 2006.

Adaptado de: <www.nationalgeographic.com>.

O romance *A ilha do dia anterior*, de Umberto Eco, conta a história de um nobre europeu e de um padre, chamado Caspar, que participaram de duas expedições marítimas em meados do século XVII. O objetivo das expedições era tornar preciso o cálculo das longitudes. Tendo como referência o meridiano de Greenwich, a longitude do navio do padre Caspar corresponde a:

a) 158° Leste
b) 158° Oeste
c) 162° Leste
d) 162° Oeste

2. (UNICAMP – SP) Abaixo, é reproduzido um mapa-múndi na projeção de Mercator.

Fonte: ATLAS Geográfico Escolar. 6. ed. Rio de Janeiro: IBGE, 2012. Adaptação.

É possível afirmar que, nesta projeção:

a) os meridianos e paralelos não se cruzam formando ângulos de 90°, o que promove um aumento das massas continentais em latitudes elevadas.
b) os meridianos e paralelos se cruzam formando ângulos de 90°, o que distorce mais as porções terrestres próximas aos polos e menos as porções próximas ao equador.

c) não há distorções nas massas continentais e oceanos em nenhuma latitude, possibilitando o uso deste mapa para a navegação marítima até os dias atuais.

d) os meridianos e paralelos se cruzam formando ângulos perfeitos de 90°, o que possibilita a representação da Terra sem deformações.

3. (UNESP) Observe os mapas.

VASCONCELOS, R.; ALVES FILHO, A. P. *Novo atlas geográfico.* São Paulo: FTD, 1999. Adaptado.

A respeito destas projeções cartográficas é correto afirmar que:

a) na projeção de Mercator, os meridianos e os paralelos são linhas retas, que se cortam em ângulos retos, provocando distorções mais acentuadas nas áreas continentais de baixas latitudes.

b) a de Peters é frequentemente apontada como uma projeção que expressa o poderio do Norte sobre o Sul, visto que superdimensiona as terras do Norte.

c) a de Peters é muito útil na navegação, pois respeita as distâncias e os ângulos, embora não faça o mesmo com o tamanho das superfícies.

d) a projeção de Mercator é, comumente, utilizada em cartas topográficas e, no Brasil, é adotada como base do sistema cartográfico nacional.

e) a projeção de Peters utiliza a técnica de anamorfose, o que explica o alongamento dos continentes no sentido Norte-Sul, mantendo a fidelidade à proporção de áreas.

4. (UEMG) Analise as informações e as ilustrações abaixo:

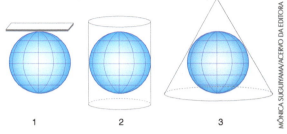

BOCHICCHIO, V. R. *Atlas mundo atual.* São Paulo: Atual, 2003.

"A transferência de uma imagem da superfície curva da esfera terrestre para o plano da carta sempre produz deformações, isoladas ou conjuntas, de várias naturezas: na forma, em área, em distâncias e em ângulo. As projeções cartográficas foram desenvolvidas para tentar oferecer uma solução conveniente para essas dicotomias".

Considere os conceitos, a seguir, que relacionam as informações do texto com as ilustrações 1, 2 e 3. Depois, indique a alternativa que aponta a sequência correta dessa relação.

( ) os meridianos convergem para os polos e os paralelos são arcos concêntricos situados a igual distância uns dos outros.

( ) a projeção deforma as superfícies nas altas latitudes, mantendo as baixas latitudes em forma e dimensão mais próximas do real.

( ) a construção se organiza em volta de um ponto central chamado "centro de projeção".

Está correta a relação sequencial indicada em:

a) 1 – 2 – 3.   c) 3 – 1 – 2.
b) 2 – 3 – 1.   d) 3 – 2 – 1.

5. (UFPR – adaptado) Para a produção dos mapas de uma determinada localidade, optou-se por utilizar as escalas 1 : 2.000 e 1 : 10.000, a projeção UTM (Universal Transversa de Mercator) e o Datum SIRGAS 2000. Nesse sentido, considere as seguintes afirmativas:

1. Os mapas deverão ser feitos na escala 1 : 10.000 e depois reduzidos para a escala 1 : 2.000.

2. Os mapas produzidos na escala 1 : 2.000 apresentam maior riqueza de detalhes que os produzidos na escala 1 : 10.000.

3. Uma estrada desenhada no mapa de escala 1 : 10.000 com 4 cm de extensão aparecerá representada no mapa com escala 1 : 2.000 por uma linha com 20 cm de extensão.
4. Uma quadra com área de 10 m x 10 m (100 m²) desenhada no mapa de escala 1 : 10.000 medirá 500 m² no mapa de escala 1 : 2.000.

Assinale a alternativa correta.
a) Somente o que se afirma em 2 é verdadeira.
b) Somente o que se afirma em 2 e 4 são verdadeiras.
c) Somente o que se afirma em 1, 2 e 3 são verdadeiras.
d) Somente o que se afirma em 2 e 3 são verdadeiras.
e) As afirmativas 1, 2, 3 e 4 são verdadeiras.

6. (FUVEST – SP) Observe a carta topográfica abaixo, que representa a área adquirida por um produtor rural.

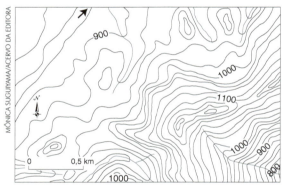

IBGE, 1983. Adaptado.

Em parte da área representada, onde predominam menores declividades, o produtor rural pretende desenvolver uma atividade agrícola mecanizada. Em outra parte, com maiores declividades, esse produtor deseja plantar eucalipto.

Considerando os objetivos desse produtor rural, as áreas que apresentam, respectivamente, características mais apropriadas a uma atividade mecanizada e ao plantio de eucaliptos estão nos quadrantes:

a) sudeste e nordeste.
b) nordeste e noroeste.
c) noroeste e sudeste.
d) sudeste e sudoeste.
e) sudoeste e noroeste.

7. (FUVEST – SP)

IMAGEM DE SATÉLITE  FOTOGRAFIA AÉREA

INPE/LANDSAT/CBERS-2.   Base Aerofotogrametria

Considere os exemplos das figuras e analise as frases abaixo, relativas às imagens de satélite e às fotografias aéreas.

I. Um dos usos das imagens de satélites refere-se à confecção de mapas temáticos de escala pequena, enquanto as fotografias aéreas servem de base à confecção de cartas topográficas de escala grande.
II. Embora os produtos de sensoriamento remoto estejam, hoje, disseminados pelo mundo, nem todos eles são disponibilizados para uso civil.
III. Pelo fato de poderem ser obtidas com intervalos regulares de tempo, dentre outras características, as imagens de satélite constituem-se em ferramentas de monitoramento ambiental e instrumental geopolítico valioso.

Está correto o que se afirma em:
a) I, apenas.
b) II, apenas.
c) II e III, apenas.
d) I e III, apenas.
e) I, II e III.

8. (ENEM) O sistema de fusos horários foi proposto na Conferência Internacional do Meridiano, realizada em Washington, em 1884. Cada fuso corresponde a uma faixa de 15° entre dois meridianos. O meridiano de Greenwich foi escolhido para ser a linha mediana do fuso zero. Passando-se o meridiano pela linha mediana de cada fuso, enumeram-se 12 fusos para leste e 12 fusos para oeste do fuso zero, obtendo-se, assim, os 24 fusos e o sistema de zonas de horas. Para cada fuso a leste do fuso zero, soma-se 1 hora, e, para cada fuso a oeste do fuso zero, subtrai-se 1 hora.

A partir da Lei n. 11.662/2008, o Brasil, que fica a oeste de Greenwich e tinha quatro fusos, passa a ter somente 3 fusos horários. Em relação ao fuso zero, o Brasil abrange os fusos 2, 3 e 4. Por exemplo, Fernando de Noronha está no fuso 2, o Estado do Amapá está no fuso 3 e o Acre, no fuso 4.

A cidade de Pequim, que sediou os XXIX Jogos Olímpicos de Verão, fica a leste de Greenwich, no fuso 8. Considerando-se que a cerimônia de abertura dos jogos tenha ocorrido às 20h08min, no horário de Pequim, do dia 8 de agosto de 2008, a que horas os brasileiros que moram no Estado do Amapá devem ter ligado seus televisores para assistir ao início da cerimônia de abertura?

a) 9h08min, do dia 8 de agosto.
b) 12h08min, do dia 8 de agosto.
c) 15h08min, do dia 8 de agosto.
d) 01h08min, do dia 9 de agosto.
e) 04h08min, do dia 9 de agosto.

9. (UFPB) O sistema de coordenadas geográficas possibilita localizar os lugares no espaço geográfico, bem como definir os seus diferentes fusos horários.

Nesse sentido, tome por base a situação hipotética da localização de dois pontos, A e B, admitindo que:

- o ponto A localiza-se a 45° de longitude Oeste de Greenwich, tendo 21h como a hora de referência, tratando-se de uma cidade brasileira;
- o ponto B localiza-se a 60° de longitude Leste de Greenwich, com o horário normal.

A partir do exposto, é correto afirmar que, no ponto B, são:

a) 4h do dia seguinte.   d) 2h do dia anterior.
b) 13h do mesmo dia.   e) 14h do mesmo dia.
c) 3h do dia seguinte.

10. (PASUSP) O mapa abaixo utiliza o recurso da anamorfose, ou seja, distorção do tamanho dos países representados para, nesse caso, demonstrar a importância relativa de seus respectivos níveis de emissão de CO_2.

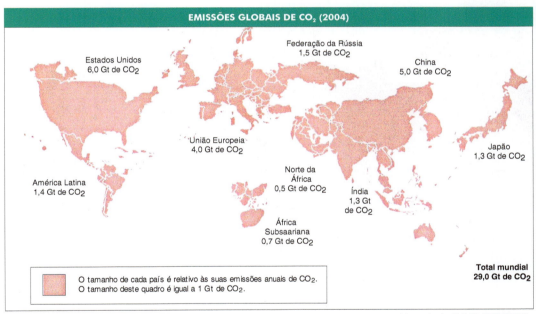

Adaptado de: PNUD, 2007/2008.

De acordo com esse mapa, é possível verificar que, em 2004, as emissões de CO_2
a) do Brasil são equivalentes às da Índia e às da França somadas.
b) do Reino Unido são equiparáveis às da Alemanha.
c) dos países da África são muito baixas e, por isso, não constam nesse mapa.
d) do Japão são inexpressivas quando comparadas às da Espanha.
e) da Itália são inexpressivas quando comparadas às dos países escandinavos.

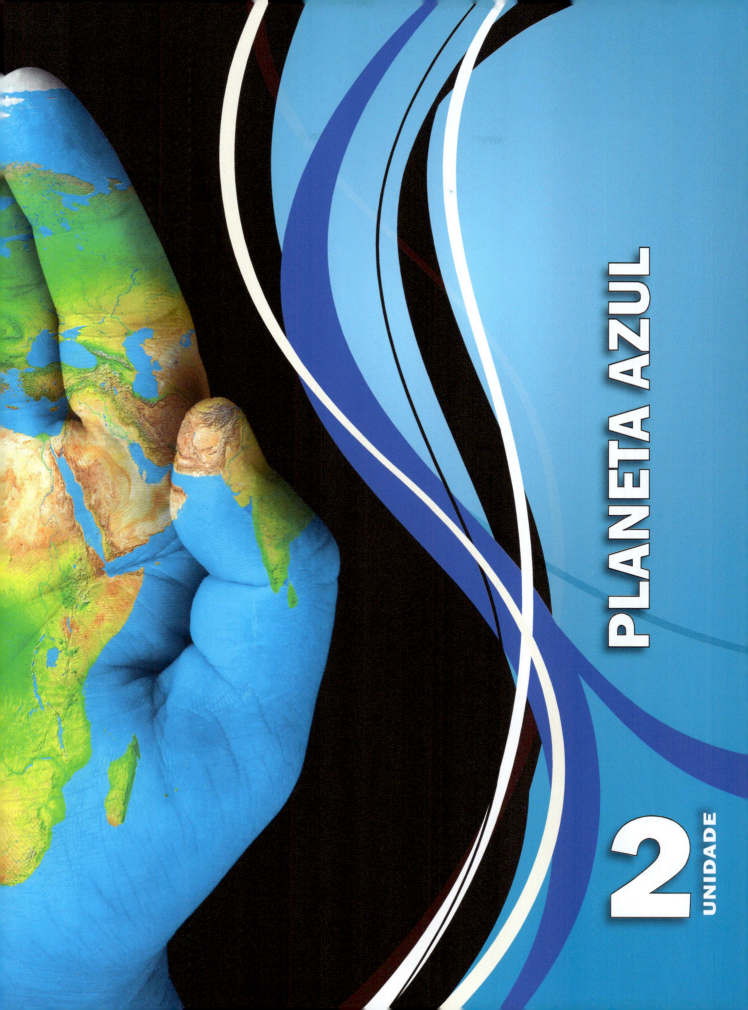

PLANETA AZUL

UNIDADE 2

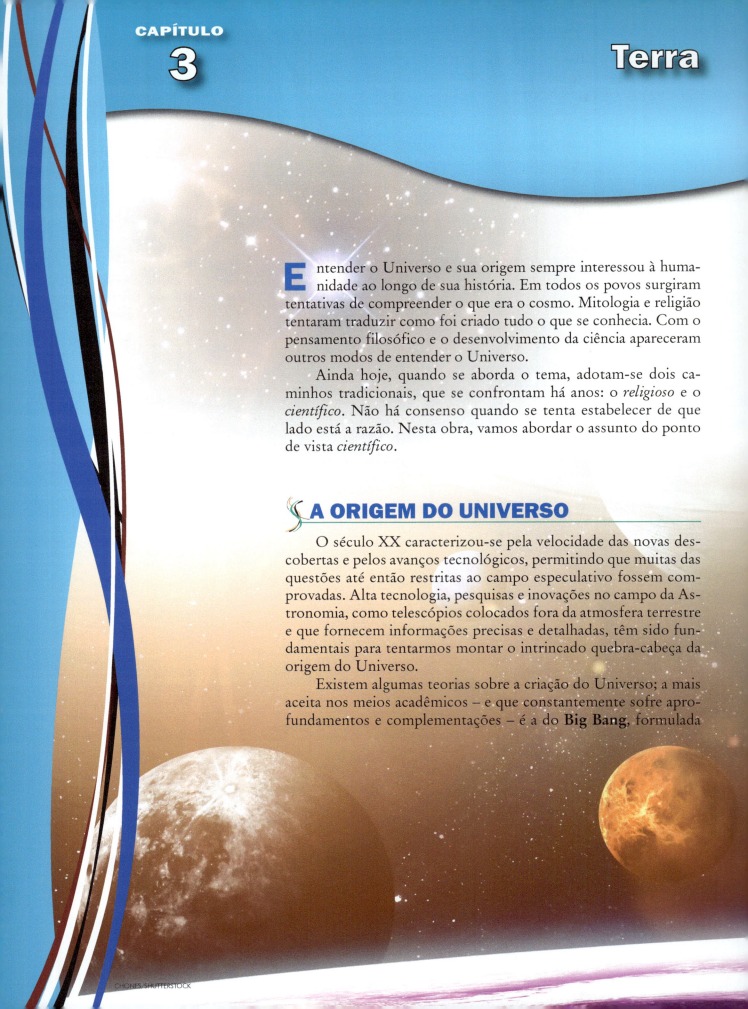

CAPÍTULO 3
Terra

Entender o Universo e sua origem sempre interessou à humanidade ao longo de sua história. Em todos os povos surgiram tentativas de compreender o que era o cosmo. Mitologia e religião tentaram traduzir como foi criado tudo o que se conhecia. Com o pensamento filosófico e o desenvolvimento da ciência apareceram outros modos de entender o Universo.

Ainda hoje, quando se aborda o tema, adotam-se dois caminhos tradicionais, que se confrontam há anos: o *religioso* e o *científico*. Não há consenso quando se tenta estabelecer de que lado está a razão. Nesta obra, vamos abordar o assunto do ponto de vista *científico*.

A ORIGEM DO UNIVERSO

O século XX caracterizou-se pela velocidade das novas descobertas e pelos avanços tecnológicos, permitindo que muitas das questões até então restritas ao campo especulativo fossem comprovadas. Alta tecnologia, pesquisas e inovações no campo da Astronomia, como telescópios colocados fora da atmosfera terrestre e que fornecem informações precisas e detalhadas, têm sido fundamentais para tentarmos montar o intrincado quebra-cabeça da origem do Universo.

Existem algumas teorias sobre a criação do Universo; a mais aceita nos meios acadêmicos – e que constantemente sofre aprofundamentos e complementações – é a do **Big Bang**, formulada por astrônomos e físicos no princípio do século XX. Segundo essa teoria, o Universo surgiu devido a uma enorme "explosão" ocorrida entre 13 e 15 bilhões de anos atrás.

Segundo esse modelo, o Universo, em sua origem, seria pequeno e quente. Depois, as características físicas existentes no começo foram se modificando e a queda da temperatura associada à expansão do Universo (espaço) levou a uma estabilização dos átomos. Os primeiros a serem formados foram o hidrogênio e o hélio. Com o tempo, houve a formação de novos átomos e de moléculas; uma infinidade de matéria fragmentada começou a se aglomerar; gradativamente formaram-se as galáxias e outros corpos celestes. Segundo esse modelo, o Universo ainda está se expandindo e essa "expansão em andamento" seria uma das provas de sua origem a partir de um ponto inicial.

Os modelos existentes ainda não respondem a todas as perguntas, porém, com a evolução do conhecimento, os modelos vão se aprimorando e esclarecendo as dúvidas que ainda possam pairar sobre o tema.

NOSSO LUGAR NO UNIVERSO

No Universo existem bilhões de galáxias, formadas por bilhões de estrelas. A nossa galáxia (**Via Láctea**) não foge à regra, e também é formada por bilhões de estrelas. A Terra é um ínfimo planeta que orbita ao redor de uma delas, o Sol. Mas não somos o único corpo celeste na órbita do Sol: existem outros planetas, satélites, asteroides, cometas, meteoroides, que juntos formam o **Sistema Solar**.

Existem muitas teorias que tentam explicar a origem do Sistema Solar, porém a mais aceita é a de que uma gigantesca nebulosa, formada por nuvens de gases e poeira cósmica, em certo momento começou a se contrair. Em sua parte central, teria ocorrido a concentração de grande quantidade de matéria e energia, que atingiu temperaturas elevadíssimas, dando origem ao Sol.

Mas nem toda essa nuvem de gases e poeira cósmica se concentrou nesse único corpo celeste: o restante da matéria fragmentada começou a se deslocar e a girar. Nesse movimento desordenado, teriam ocorrido choques e, com eles, junção de matéria e a consequente formação de corpos maiores, que se transformaram nos **planetas** do Sistema Solar.

Concepção artística da Via Láctea.
O Sistema Solar localiza-se em um dos braços da espiral na nossa galáxia.

Infográfico

SISTEMA SOLAR

SOL
MERCÚRIO
VÊNUS
TERRA
MARTE
JÚPITER

TAMANHO RELATIVO DOS PLANETAS

MERCÚRIO VÊNUS TERRA MARTE JÚPITER SATURNO URANO NETUNO

IAN/NASA

SISTEMA SOLAR EM NÚMEROS (2016)

1 estrela
(Sol)

5 planetas-anões
Eris • Plutão • Caronte
Makemake • Haumea

8 planetas
Mercúrio • Vênus • Terra • Marte
Júpiter • Saturno • Urano • Netuno

178 luas conhecidas

3.319 cometas

670.452 asteroides

Massa do Sistema Solar

0,2% planetas
98,8% Sol

TEMPERATURA MÉDIA DOS PLANETAS

°C	
470	VÊNUS
340	MERCÚRIO
14	TERRA
−89,5	MARTE
−148	JÚPITER
−178	SATURNO
−214	NETUNO
−216	URANO

MOVIMENTOS DO SISTEMA SOLAR

	Rotação	Translação
Mercúrio	59 dias	88 dias
Vênus	243 dias	225 dias
Terra	24 horas	365 dias
Marte	24 horas	687 dias
Júpiter	10 horas	12 anos
Saturno	10,5 horas	30 anos
Urano	17 horas	84 anos
Netuno	16 horas	165 anos

Fonte: NASA. Our Solar System. Disponível em: <www.nasa.gov>. Acesso em: 8 jul. 2015.

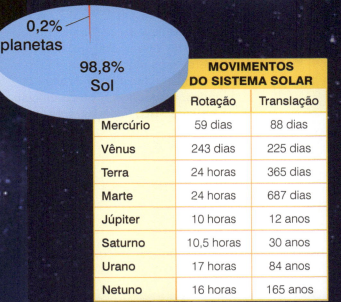

TERRA – DE CENTRO DO UNIVERSO A UM PONTO PERDIDO NA GALÁXIA

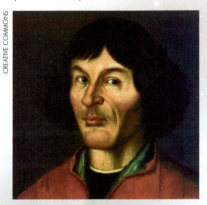

Cláudio Ptolomeu.
Retrato atribuído a Andre Thevet (1502-1590).

Foi na Grécia Antiga que os estudos astronômicos passaram a se desenvolver com bases racionais.

Cláudio Ptolomeu, astrônomo grego nascido em cerca de 90 d.C., propôs uma teoria baseada nas ideias de Aristóteles, afirmando que a Terra era o centro do Universo (**geocentrismo**). Segundo essa teoria, tanto o Sol como a Lua e os demais planetas conhecidos orbitariam em torno dela. Essa teoria vigorou por mais de 1.500 anos, tendo influenciado o pensamento cristão europeu medieval e sendo defendida pela poderosa Igreja Católica da época.

No século XVI, o monge polonês Nicolau Copérnico (1473-1543) levantou hipóteses sobre o cosmo contrárias aos ensinamentos e dogmas religiosos. Copérnico resgatou o **heliocentrismo** proposto pelo astrônomo grego Aristarco de Samos (310-230 a.C.) e o defendeu junto com algumas inovações em *De Revolutionibus Orbium Coelestium*.

Em princípio, Copérnico relutou em publicar sua obra, pois sabia que a reação contrária seria fortíssima. Porém, estimulado por amigos, acabou por publicá-la no ano de sua morte. Como previra, o livro causou forte impacto. Temendo a propagação de tais ideias, consideradas altamente subversivas para a época, a Igreja baniu a obra e incluiu-a no famoso *Index Librorum Prohibitorum* ou simplesmente *Index*, que continha uma relação de obras cuja leitura era proibida aos católicos. Essa proibição só foi suspensa em 1835.

Detalhe do retrato de Nicolau Copérnico. Têmpora sobre madeira, de autor desconhecido, 50,8 × 40,5 cm, 1585. Museu de Torun, Polônia.

Explorando o tema

A teoria heliocentrista já havia sido proposta na Grécia antiga, porém muito provavelmente não foi aceita. Aproximadamente em 270 a.C., o astrônomo Aristarco de Samos formulou a hipótese de que o Sol era o centro do Universo e os planetas circundavam à sua volta, obedecendo a órbitas determinadas. Essa teoria ficou conhecida como **heliocêntrica** (*helios* = sol – o Sol no centro).

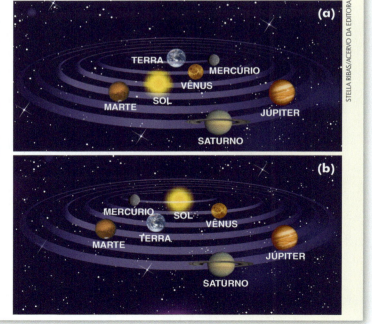

(a) Sistema geocêntrico de Ptolomeu e
(b) sistema heliocêntrico de Copérnico.

Foi o matemático, astrônomo e físico italiano Galileu Galilei (1564-1642) quem retomou as ideias de Copérnico e desenvolveu muitas teorias sobre a mecânica celeste. Em 1632, a publicação em italiano, e não em latim, de sua obra *Diálogo sobre os Dois Principais Sistemas do Mundo* causou um tumulto incalculável e acendeu a ira da Igreja.

Galileu foi julgado pela Inquisição. Sob a ameaça de tortura, viu-se obrigado a renegar suas teorias que contrariavam o geocentrismo, escapando de um final trágico como o do físico e astrônomo Giordano Bruno (1548-1600), condenado pela mesma Inquisição a morrer na fogueira, acusado de ser herege por combater violentamente o geocentrismo.

Hoje, sabemos que a Terra orbita o Sol, e que este é apenas mais uma das estrelas da Via Láctea.

Muitos desses conhecimentos e diversas outras questões sobre o nosso planeta só puderam ter registros precisos e comprovados recentemente, com as missões espaciais que forneceram dados e imagens até então só obtidos por cálculos matemáticos.

Galileu Galilei, retratado por Justus Sustermans.
Óleo sobre tela,
86,7 × 68,6 cm, 1636.
National Maritime Museum, Greenwich.

Disseram a respeito...

Reflexão – O ser humano e o Universo

Quanto mais aprendemos sobre o Universo, maior se torna a nossa insignificância. E mais significativa se torna a nossa presença nesse vasto cosmo. Afinal, a Terra já foi considerada o centro do cosmos, até ser removida para uma das órbitas em torno do Sol, tal qual qualquer outro planeta. Depois disso, o Sol foi removido do centro, sendo deslocado para a periferia de nossa galáxia, a Via Láctea. Mas em 1924, o astrônomo americano Edwin Hubble comprovou que a própria Via Láctea era apenas uma entre inúmeras outras galáxias, cada uma delas com milhões ou mesmo centenas de bilhões de estrelas. Hoje sabemos que existem centenas de bilhões de galáxias espalhadas pelo Universo, separadas por milhões de anos-luz.

Em pouco mais de 400 anos de ciência, passamos do centro do Universo a um planeta orbitando uma humilde estrela em meio a bilhões de outras. O que essa visão tem de humilhante, ela tem de magnífica. Temos consciência de que nossa insignificância cósmica é, talvez, um dos nossos maiores motivos de orgulho; ao mesmo tempo, aprendemos a celebrar a enormidade do cosmo e a nossa capacidade de compreendê-la. (...)

Fonte: GLEISER, M. O homem, esse ser improvável. *Folha de S.Paulo*, São Paulo, 16 jun. 2002. Caderno Mais.

Imagens do Universo, nunca vistas anteriormente, têm sido captadas pelo telescópio espacial Hubble (em homenagem ao astrônomo de mesmo nome).

➢ Quais foram as transformações do pensamento científico a respeito do lugar da Terra no Universo?

➢ Em sua opinião, por que o autor diz que a visão atual a respeito de nossa posição no Universo é "humilhante", mas também "magnífica"?

A Terra e a Lua

A Terra possui apenas um satélite natural: a Lua. Localizada a uma distância média de 348.321 km, é o corpo celeste mais próximo da Terra e possui um volume 49 vezes menor do que esta. Seu movimento de translação ao redor do nosso planeta demora 27 dias e 7 horas, e é feito a uma velocidade média de 1 km/s.

As fases da Lua

A Lua apresenta em seu ciclo quatro fases: **cheia, minguante, nova** e **crescente**. Essas fases referem-se às partes da Lua iluminadas pelo Sol que podem ser vistas da Terra, ou seja, a "aparência" da Lua depende das posições relativas entre ela, o Sol e a Terra.

O ciclo lunar completo é chamado **lunação** e corresponde ao espaço de tempo entre duas luas novas consecutivas. Esse ciclo é de aproximadamente 29 dias (mês lunar).

Observe o esquema abaixo:

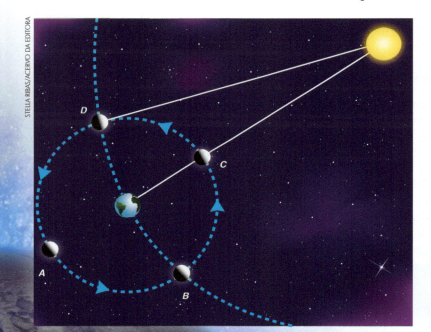

Ciclo lunar completo.

Na posição A, a Lua está com todo o hemisfério iluminado voltado para a Terra, determinando a chamada lua cheia. Já na posição C, a Lua encontra-se entre a Terra e o Sol, o que faz com que o seu hemisfério não iluminado fique voltado para a Terra, determinando a lua nova. Nas posições B e D, a Lua encontra-se nas posições intermediárias entre A e C. Nesses pontos, apenas metade do hemisfério iluminado da Lua pode ser visto da Terra. São as fases da Lua chamadas quarto minguante e quarto crescente, respectivamente.

Eclipses

Os eclipses, envoltos em mistérios e lendas, são um dos fenômenos naturais mais temidos por muitos povos. Porém, nada mais são do que sombras da Terra e da Lua, projetadas sobre esses astros.

Um dos mais fantásticos eclipses, o *eclipse solar*, ocorre quando a *Lua encobre* total ou parcialmente o Sol e projeta sua sombra na Terra. Outro fenômeno bem conhecido é o *eclipse lunar* que ocorre quando a Lua atravessa *o cone de sombra da Terra*. Ao longo de um ano acontecem no mínimo dois eclipses lunares e no máximo cinco eclipses solares.

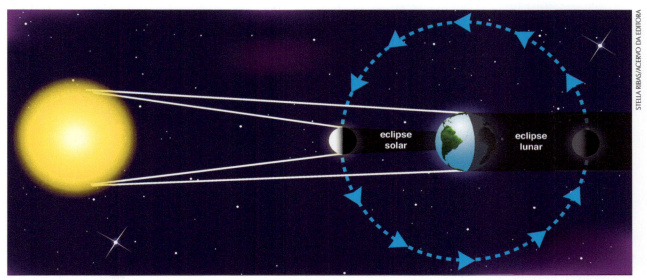

Esquema dos eclipses solar e lunar.

O PLANETA DESVENDADO

A exploração espacial tomou vulto no início dos anos 1960, quando as duas superpotências do pós-guerra, Estados Unidos e União Soviética, ideologicamente opostas, disputavam a supremacia e a vanguarda da conquista espacial.

Com o incremento das viagens e do lançamento de satélites artificiais, foi possível fotografar o planeta de maneira inédita, em uma perspectiva tridimensional.

O PLANETA TERRA	
Raio equatorial	6.371,00 km
Circunferência equatorial	40.0302 km
Volume	1.083.206.916.846 km³
Massa	5.972.190.000.000.000.000.000.000 kg (ou $5,9722 \times 10^{24}$ kg)
Densidade	5,513 g/cm³

Fonte: NASA. *Earth*: Facts and Figures.
Disponível em: <http://solarsystem.nasa.gov/planets/profile.cfm?Object=Earth&Display=Facts>.
Acesso em: 29 set. 2016.

A partir daí, as imagens de satélites deram aos geofísicos bases para que estabelecessem, com precisão, o contorno dos continentes e o formato da Terra, que é muito menos simétrico do que se imaginava.

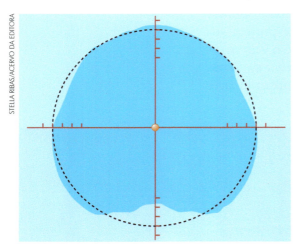

A forma da Terra não é a de uma esfera perfeita, pois possui um achatamento nos pólos e um ligeiro abaulamento na linha do Equador. A forma conhecida da Terra com todas as suas irregularidades é chamada de **geoide**.

A visão tridimensional do nosso planeta é recente, conseguida graças às viagens espaciais.

OS MOVIMENTOS DA TERRA

Para você compreender melhor os movimentos realizados pela Terra e suas consequências, vamos apresentar a posição da Terra perante o seu plano de órbita.

Os movimentos da Terra se realizam de forma constante e simultânea. Os movimentos mais conhecidos são os de **rotação** e de **translação**. Estes podem ser explicados pela força de atração do Sol e dos planetas que orbitam à sua volta, e também pela própria origem do nosso planeta.

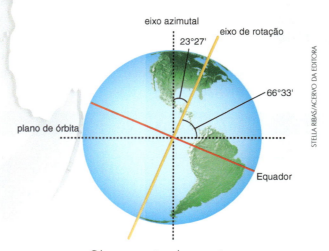

Observe o eixo de rotação terrestre, que se encontra inclinado 23°27' em relação ao eixo azimutal, e 66°33' em relação ao plano da órbita.

Rotação

É o movimento da Terra ao redor do eixo polar no sentido oeste-leste. Uma volta completa (360°) leva exatamente 23 horas, 56 minutos e 4,09 segundos ou, popularmente, um dia inteiro.

Esse movimento é responsável pela alternância entre dia e noite e pela circulação dos ventos e das correntes marítimas.

Ilustração artística do movimento de rotação da Terra. Observe que o movimento é de oeste para leste.

Translação

É o movimento orbital da Terra ao redor do Sol, obedecendo a um trajeto elíptico. A distância da Terra em relação ao Sol varia durante o ano, dado o fato de a órbita ser elíptica, como podemos ver na ilustração.

No ponto mais distante (o **afélio**), a Terra fica a uma distância aproximada de 152.100.000 km do Sol, enquanto no ponto mais próximo (o **periélio**), fica aproximadamente a 147.100.000 km. A duração desse movimento é de 365 dias, 5 horas e 48 minutos ou um ano.

Representação artística do movimento de translação da Terra (fora de escala para fins didáticos). Na realidade, a órbita elíptica traçada pela Terra é de pequena excentricidade, tornando a imagem quase uma circunferência.

A principal consequência do movimento de translação é a existência das estações do ano. Porém, é importante ressaltar que a ocorrência das estações não está associada apenas ao movimento de translação, mas também, e principalmente, à inclinação de 66°33' apresentada pelo eixo de rotação da Terra em relação ao plano da órbita.

Integrando conhecimentos

Construindo uma elipse

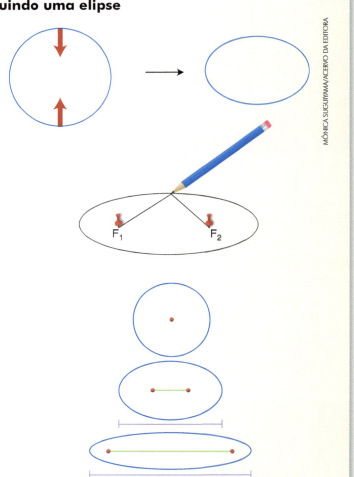

À primeira vista, a elipse parece uma "circunferência achatada". Claro que essa observação não é suficiente para descrever a figura, mas por meio de um simples experimento podemos entender um pouco melhor o seu formato.

Imagine que fixemos dois percevejos sobre uma tábua, amarrando ambas as extremidades de um barbante em cada um deles. Em seguida, com a ponta de um lápis encostada na tábua, mantemos o barbante totalmente esticado e "damos a volta" com o lápis na tábua, desenhando um traço. A figura resultante é a elipse, e cada um dos percevejos que utilizamos se localiza em um **foco**.

Note, na figura ao lado, que quanto mais próximos estiverem os focos, mais a elipse se assemelha a uma circunferência. Ou seja, podemos pensar que a circunferência é um caso particular da elipse, em que ambos os focos coincidem.

Quando estudamos o movimento de translação da Terra ao redor do Sol, observa-se que nosso planeta realiza uma trajetória na forma de elipse, estando o Sol situado em um dos focos.

Equinócios e solstícios

Devido ao movimento de translação e à inclinação constante (66°33') no eixo de rotação da Terra em relação ao plano de sua órbita, teremos em determinados meses do ano um hemisfério recebendo mais calor e luz que o outro, ocasionando os verões e os invernos do planeta. Em outros períodos, os dois hemisférios recebem aproximadamente a mesma quantidade de calor e luz, provocando os outonos e as primaveras.

Os dias em que os dois hemisférios recebem igualmente luz e calor denominam-se dias do **equinócio** (do latim medieval *equinoxium* = noites iguais), o que corresponde aos dias 20 ou 21 de março (equinócio de outono no hemisfério sul e de primavera no hemisfério norte) e 22 ou 23 de setembro (equinócio de primavera no hemisfério sul e de outono no hemisfério norte).

Os dias em que a desigualdade no recebimento de luz e calor entre os hemisférios está em seu extremo são denominados dias do **solstício** (do latim, *sols titiuni* = parada do Sol), o que corresponde aos dias 20 ou 21 de junho (solstício de inverno no hemisfério sul e de verão no hemisfério norte) e 21 ou 22 de dezembro (solstício de verão no hemisfério sul e de inverno no hemisfério norte).

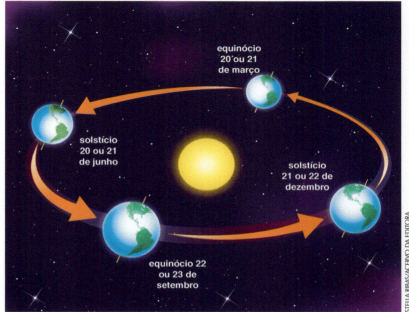

Adaptado de: STRAHLER, A. N.; STRAHLER, A. H. *Modern Physical Geography*. 4. ed. New York: John Wiley & Sons, 1992.

As estações do ano, os equinócios e os solstícios.

ATIVIDADES

PASSO A PASSO

1. Explique a importância do movimento de translação da Terra para a existência das estações do ano. Existe algum outro fator que interfira nesse processo?

2. Qual o nome que se dá à noite mais longa do ano? Em que data isso ocorre no hemisfério sul? E no hemisfério norte?

3. Qual o nome que se dá ao dia mais longo do ano? Em que data isso ocorre no hemisfério sul? E no hemisfério norte?

4. Existe um dia em que a diferença entre a duração da noite e do dia é quase nula. Que nome esse dia recebe?

5. Em que consiste as fases da Lua?

6. Como ocorrem os eclipses lunares?

IMAGEM & INFORMAÇÃO

1. A foto ao lado mostra a Pedra da Cabeleira, um monumento próximo à Freguesia dos Chãs, em Portugal. O arco no centro da rocha está alinhado em determinada direção capaz de, durante os equinócios, conter, em sua totalidade, a imagem do Sol.

   Com base nessas informações, indique a direção em que está alinhado o monumento.

2. Com base na ilustração ao lado, descreva a importância de se levar em conta a orientação antes de iniciar a construção de uma casa.

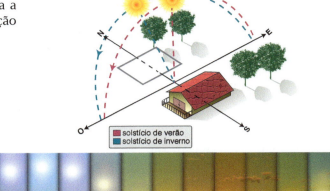

3. Ao lado, temos uma sobreposição de imagens que representam o fenômeno conhecido por "Sol da meia-noite", que acontece durante cerca de 70 dias, em regiões com latitudes elevadas, tanto no hemisfério norte como no sul. Explique por que o Sol não chega a se pôr no horizonte durante esse período.

Adaptado de: STRAHLER, A. N.; STRAHLER, A. H. *Modern Physical Geography*. 4. ed. New York: John Wiley & Sons, 1992.

TESTE SEUS CONHECIMENTOS

1. (UFPR) Sobre os conhecimentos científicos e das populações tradicionais, ligados à astronomia, ao clima, às fases da Lua, às estações do ano e à agricultura, é correto afirmar:
   a) atualmente, esses conhecimentos têm pouca relevância para a agricultura, porque o desenvolvimento tecnológico tornou as atividades agrícolas independentes deles.
   b) os saberes científicos passam a ter baixa correlação entre si quando são aprofundados, o que diminuiu a capacidade de domínio humano sobre a natureza.
   c) os saberes tradicionais possuem alta relevância por tornar a agricultura uma atividade imune a eventos climáticos catastróficos.
   d) as populações tradicionais, cujo modo de vida está ligado à agricultura, possuem amplo e refinado conhecimento desses elementos.
   e) a correlação entre esses elementos e a agricultura desaparece na medida em que os conhecimentos científicos e tecnológicos se ampliam, isentando a agricultura de suas influências.

2. (UFRGS – RS) Leia o enunciado abaixo.
   Bolívar Cambará viajará, na próxima semana, de ônibus de Porto Alegre a São Paulo pela BR-101. Ao comprar sua passagem, conseguiu com a vendedora um assento junto à janela do ônibus para receber diretamente os raios solares no turno da manhã.
   Com base nesses dados, considere as seguintes afirmações.
   I. A viagem de Bolívar Cambará representará um deslocamento no país no sentido sul-norte.
   II. Bolívar Cambará ocupará um assento no lado direito do ônibus.
   III. O assento de Bolívar Cambará ficará junto a uma janela voltada para o leste.
   Quais estão corretas?
   a) Apenas I.
   b) Apenas II.
   c) Apenas I e III.
   d) Apenas II e III.
   e) I, II e III.

3. (UFRN) A insolação se distribui de forma desigual na superfície da Terra, conferindo faixas climáticas diferenciadas ao planeta.

Sobre essas condições naturais, que interferem no desenvolvimento de atividades econômicas, pode-se afirmar:

a) nas médias latitudes, prevalecem as baixas temperaturas, impedindo o turismo nas áreas montanhosas.

b) nas médias latitudes, a preponderância das elevadas temperaturas beneficia a prática agrícola comercial.

c) nas baixas latitudes, predominam as médias térmicas elevadas, favorecendo o turismo de praia.

d) nas baixas latitudes, a predominância do frio excessivo inviabiliza a agricultura de subsistência.

4. (PUC – RS) Responder à questão considerando o desenho que representa parte do traçado urbano de uma cidade no dia 21 de dezembro.

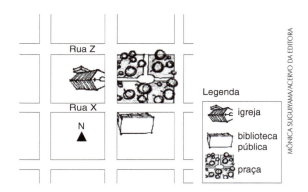

Analisando o desenho e sabendo que o paralelo 23°27' S passa pelo centro da praça, é correto afirmar:

a) pela manhã, ao nascer do sol, a sombra da biblioteca será projetada no sentido da Rua Z.

b) pela manhã, ao nascer do sol, a sombra da igreja será projetada no sentido da Rua X.

c) ao meio dia solar, a sombra, tanto da igreja quanto da biblioteca pública, provavelmente será projetada no sentido norte.

d) ao meio dia solar, provavelmente não haverá a formação de sombra da igreja.

e) ao pôr do sol, a sombra da igreja será projetada no sentido da Rua Z.

5. (UNICAMP – SP – adaptada) Sobre o Trópico de Capricórnio podemos afirmar que:

a) é a linha imaginária ao sul do Equador, onde os raios solares incidem sobre a superfície de forma perpendicular, o que ocorre em um único dia no ano.

b) os raios solares incidem perpendicularmente nessa linha imaginária durante o solstício de inverno, o que ocorre duas vezes por ano.

c) durante o equinócio, os raios solares atingem de forma perpendicular a superfície no Trópico de Capricórnio, marcando o início do verão.

d) no início do verão (21 ou 22 de dezembro), as noites têm a mesma duração que os dias no Trópico de Capricórnio.

6. (UFPR) As estações do ano estão associadas ao movimento de translação da Terra em torno do Sol, juntamente com a inclinação do eixo de rotação. No Brasil, as estações, como as conhecemos (outono, inverno, primavera e verão), só são claramente notadas no centro-sul do país. Nas outras regiões, a percepção prática é outra. Com relação ao texto acima e com os conhecimentos de Geografia, considere as seguintes afirmativas:

1. no Nordeste brasileiro, em função da sua localização próxima ao círculo do Equador, tem-se apenas duas estações durante o ano: a chuvosa, de janeiro a julho, e a seca, de agosto a dezembro.

2. a população rural da Amazônia vive em função das duas estações do ano: o verão, de maio a setembro, que é a estação das chuvas, e o inverno, de outubro a abril, que é a estação sem chuvas e de baixo nível das águas.

3. quando a Terra se encontra em sua órbita próxima do periélio, a sua velocidade é maior do que quando ela se encontra próxima do afélio, e isso se reflete na desigualdade da duração entre as estações do ano.

4. os fenômenos do "Sol da meia-noite" e das auroras polares nos países da península da Escandinávia ocorrem durante o solstício de 21 de dezembro.

5. da mesma forma que o movimento de rotação da Terra serve de base para definir a duração do dia e o de translação para definir o ano, a translação da Lua em torno da Terra serve de base para definir o mês.

Assinale a alternativa correta.

a) Somente 1, 3 e 5 são verdadeiras.

b) Somente 2, 3 e 4 são verdadeiras.

c) Somente 1, 2, 3 e 4 são verdadeiras.

d) Somente 2 e 4 são verdadeiras.

e) Somente 1, 4 e 5 são verdadeiras.

CAPÍTULO 4

A Evolução Geológica da Terra

O TEMPO GEOLÓGICO

Para a maioria das pessoas, ter uma noção precisa do tempo geológico da Terra não é uma tarefa fácil. Não raro se acredita que o ser humano e os dinossauros foram contemporâneos, incorrendo em um equívoco brutal: os dinossauros desapareceram há aproximadamente 65 milhões de anos e o aparecimento do *Homo sapiens* se deu há cerca de 200 mil anos, conforme alguns estudiosos.

O início

Calcula-se que a idade da Terra seja de aproximadamente 4,6 bilhões de anos. Você deve estar se perguntando como podemos afirmar qual é a verdadeira idade da Terra, se sua origem aconteceu em período tão remoto. Isso é possível por meio da medição de elementos radioativos presentes em minerais e rochas. A partir daí, começou-se a desvendar a origem e a história do nosso planeta.

Os cientistas acreditam que a formação dos planetas, meteoros e cometas encontrados no Sistema Solar tenha acontecido em um mesmo período.

elementos radioativos: elementos químicos cujos núcleos são instáveis, podendo liberar partículas de energia

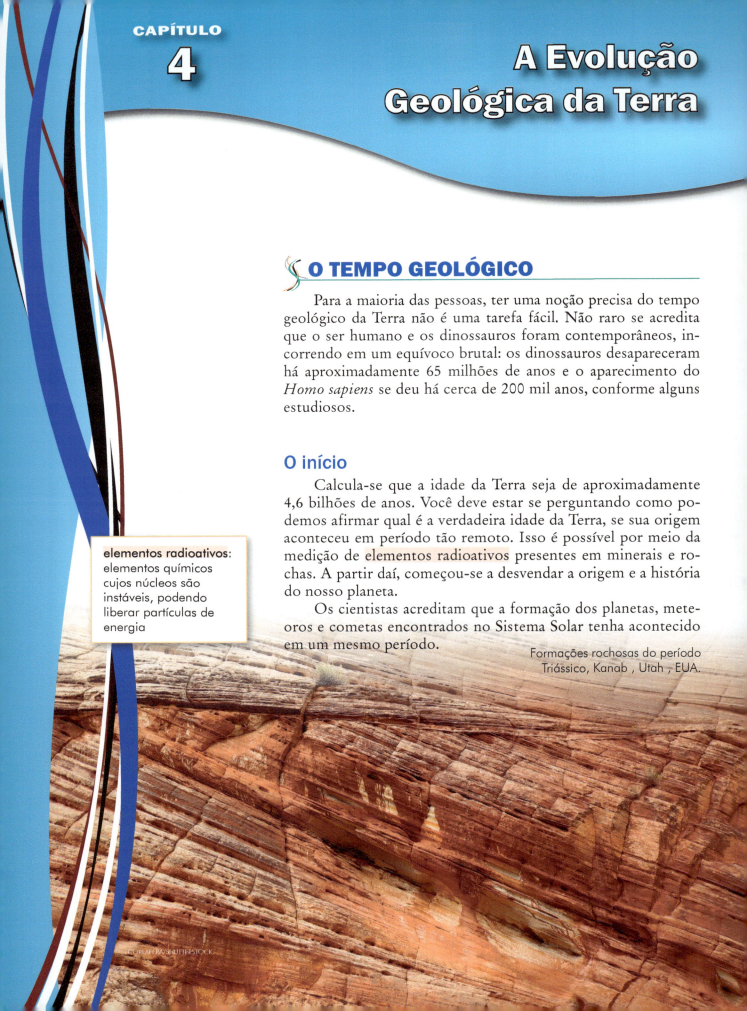

Formações rochosas do período Triássico, Kanab, Utah, EUA.

O estudo de meteoritos que caíram na Terra permitiu que os pesquisadores chegassem à conclusão sobre a idade do nosso planeta.

As mais antigas rochas terrestres foram descobertas no norte da província de Quebec, Canadá, em 2008, com idade estimada de 4,28 bilhões de anos. Acredita-se que essas rochas possam ser remanescentes da crosta primitiva da Terra, que se formou quando houve o resfriamento do planeta. No Brasil, as rochas mais antigas encontradas possuem idades da ordem de 3,4 a 3,45 bilhões de anos e estão situadas na Bahia e no Rio Grande do Norte.

Para estudar a evolução da história da Terra, os geólogos criaram uma tabela, que ficou conhecida como **tabela geológica**. Nela, o tempo foi dividido em **eons, eras, períodos** e **épocas** segundo as grandes alterações ocorridas no globo terrestre. Em cada uma dessas divisões há o registro de uma série de acontecimentos de fundamental importância que marcaram a história de nosso planeta. Veja na página seguinte um modelo da escala do tempo da Terra.

A nomenclatura utilizada pelos geólogos para designar os momentos da história da Terra na tabela geológica traduzem acontecimentos marcantes, regiões etc. Veja, por exemplo, a palavra "paleozoica", nome de uma era: o radical *zoica* significa "relativo à vida"; *paleo* significa "antigo" – assim, essa palavra é uma referência aos estudos que apontam que nessa era teriam se desenvolvido as plantas e os vertebrados primitivos. Mais um exemplo: "carbonífero", um dos períodos da Era Paleozoica, é uma palavra derivada de carvão e essa denominação indica que esse período está relacionado ao momento da formação de grandes reservas desse recurso.

Disseram a respeito...

A extinção dos dinossauros

Sem dúvida, uma das catástrofes mais marcantes na evolução da vida na Terra foi o desaparecimento dos dinossauros. Nas bacias sedimentares, a derradeira camada do Mesozoico é um fino leito argiloso que contém uma quantidade acima da média de dois metais muito raros: ósmio e irídio. Esses metais são encontrados especialmente nos meteoritos. A descoberta dessa camada levou os cientistas a presumirem que houve, naquele tempo, o impacto de um enorme meteoro na Terra, podendo ter desencadeado diversos processos catastróficos.

Por ocasião do impacto entre meteoro e nosso planeta, há milhões de anos, uma grande quantidade de poeira, lançada às camadas mais altas da atmosfera, deve ter impedido a luz solar de chegar à superfície da Terra. Com isso, a temperatura entrou em declínio e as plantas pararam de crescer. A duração desse "período escuro" é incerta, mas estima-se que ele deva ter sido longo o suficiente para que as plantas parassem de crescer e os dinossauros, sem terem com que se alimentar, sucumbiram ao frio e à fome.

Os cientistas calcularam que o meteoro, para produzir os efeitos que extinguiram os dinossauros, devia ter um diâmetro entre 6 km e 14 km, tendo atingido a Terra com uma velocidade estimada de 20 km/s e produzido uma cratera de aproximadamente 200 km de diâmetro. O provável local de impacto foi apon-

EON	ERA	PERÍODO	ÉPOCA	INÍCIO (MILHÕES DE ANOS)	PRINCIPAIS EVENTOS
Fanerozoico	Cenozoica	Quaternário	Holoceno	0,01	homem moderno
			Pleistoceno	1,75	última glaciação
		Neogeno	Plioceno	5,30	primeiros hominídeos
			Mioceno	23,5	expansão das pradarias e de outras formas de vegetação aberta, novos mamíferos e aves
		Terciário (Paleogeno)	Oligoceno	33,7	primeiras gramíneas
			Eoceno	53	surge o ancestral do cavalo
			Paleoceno	65	mamíferos começam a se diferenciar e ocupar espaços deixados pelos dinossauros
	EXTINÇÃO DOS DINOSSAUROS					
	Mesozoica	Cretáceo		135	início da abertura do Oceano Atlântico, surgem as angiospermas
		Jurássico		203	primeiras aves
		Triássico		250	primeiros dinossauros, primeiros mamíferos
	EXTINÇÃO DE MAIS DE 90% DAS ESPÉCIES VIVAS				
	Paleozoica	Permiano		295	uma única massa continental – Pangeia e um oceano – Pantalassa
		Carbonífero		355	formação de muitas jazidas de carvão mineral; primeiros répteis, primeiras coníferas, primeiros insetos voadores
		Devoniano		410	primeiros insetos, primeiros anfíbios, primeiras samambaias e plantas com sementes
		Siluriano		435	primeiras plantas terrestres
		Ordoviciano		500	primeiros peixes
		Cambriano		540	primeiras esponjas, vermes, equinodermos, moluscos, artrópodes e cordados
EXPLOSÃO DE VIDA MULTICELULAR NOS OCEANOS					
Proterozoico*	Neoproterozoica			1.000	primeiros animais multicelulares marinhos
	Mesoproterozoica			1.600	formação de um supercontinente – Rodínia
	Paleoproterozoica			2.500	oceanos habitados por algas e bactérias
SURGIMENTO DE OXIGÊNIO LIVRE NA ATMOSFERA					
Arqueano*				3.800	bactérias e cianobactérias, primeiras evidências de vida, rochas mais antigas conhecidas na Terra (3,8 bilhões de anos)
Hadeano				4.600	origem da Terra

*Eons Proterozoico e Arqueano são reunidos sob a denominação Pré-Cambriano.

Fonte: *Geological History*. Disponível em: <http://www.fossilmuseum.net/GeologicalTime Machine.htm>. Acesso em: 20 jun. 2016.

tado como próximo à localidade de Chicxulub, no México, onde se identificou uma cratera com 180 km de diâmetro.

Existem, no entanto, outras teorias para explicar a extinção dos dinossauros.

Fonte: ENS, H. H.; MORAES, P. R. *A História da Terra*. São Paulo: HARBRA, 1997. (Coleção Conhecendo a Terra).

Fonte: ATLAS escolar IBGE. 6. ed. Rio de Janeiro: IBGE, 2012. p. 39. Adaptação.

Fonte: SRTM TEAM/NASA/JPL/NIMA. Adaptação.

Essa imagem de satélite da Península de Yucatán, no México, mostra a marca deixada pelo impacto do meteoro (o pontilhado em amarelo foi acrescentado para facilitar a visualização).
Muitos cientistas acreditam que, como consequência desse impacto, ocorreu a extinção dos dinossauros há 65 milhões de anos.

➢ O impacto de meteoros de grandes dimensões, como o que pode ter provocado a extinção dos dinossauros, pode vir a se repetir em algum momento da história da Terra. Quais seriam as consequências desse impacto para a fauna e a flora? E para a vida humana?

O PLANETA POR DENTRO

O interior do planeta sempre foi – e continua sendo – um enigma para o ser humano. No campo científico avançamos muito mais nos conhecimentos sobre o espaço do que nos mecanismos internos da Terra.

Os gregos tinham noção de que o interior da Terra era muito quente. Aristóteles (384-322 a.C.), um dos maiores filósofos da Grécia Antiga, acreditava na existência de enormes fogueiras nas camadas sob a superfície terrestre que, quando insufladas pelos ventos, provocavam erupções vulcânicas e terremotos.

Até pouco tempo, o máximo de contato que tínhamos com o interior de nosso planeta era devido a fenômenos naturais, como uma erupção vulcânica, por exemplo, ocasião em que fragmentos

insuflada: inflada; alimentada com ar por meio de sopro

entrave: obstáculo, algo que dificulta ou impede

das camadas internas (sob a forma de lava) são levados para a superfície.

A extrema dificuldade em conseguir perfurar a crosta terrestre e recolher amostras dela para estudo é um sério entrave ao processo investigativo. Mesmo contando com aparelhos altamente sofisticados de perfuração, a maior profundidade atingida até hoje é de, aproximadamente, 13 km. Apesar dessas dificuldades, podemos descrever as camadas interiores da Terra. Mas como isso é possível?

Aparelhos bastante sensíveis medem as vibrações que atravessam o interior do planeta, conhecidas como **ondas sísmicas**. A partir das informações obtidas, é possível distinguir as diferentes densidades e a composição dos materiais encontrados no interior da superfície terrestre.

As camadas da Terra

Dois modelos representam as camadas interiores da Terra. Um deles foi elaborado conforme a composição química dos materiais; o outro, segundo o comportamento físico deles.

Composição química

Quanto à composição química da Terra, temos apenas três camadas: **crosta**, **manto** e **núcleo**.

- **Núcleo** – a camada mais profunda, é provavelmente constituída de minério de ferro e um pouco de níquel. Sua temperatura e pressão são altíssimas, 5.000 °C e 3,5 milhões de atmosferas, respectivamente.
- **Manto** – uma espessa camada constituída por minerais ricos em silício, ferro e magnésio.
- **Crosta** – é a fina camada que envolve o planeta, composta principalmente de basalto nos oceanos e de granito nos continentes. A vida se desenvolve na superfície dessa camada, que, por sua vez, pode ser dividida em:
  – **crosta continental**: camada menos densa e geologicamente mais antiga e complexa. Normalmente apresenta um estrato superior formado por rochas graníticas e um inferior, de rochas basálticas. Sua espessura varia de 30 a 70 km.
  – **crosta oceânica**: comparativamente mais densa e mais jovem que a continental. Em geral, é formada por um estrato homogêneo de rochas basálticas. Sua espessura varia de 5 a 10 km.

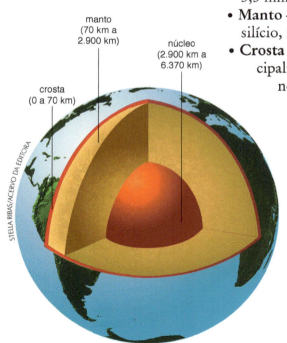

Camadas da Terra, segundo sua composição química.

Fontes: *Inside the Earth*. Disponível em: <pubs.usgs.gov/gip/dynamic/inside.html>. Acesso em: 20 jun. 2016.
JORDAN, T. H. Structural Geology of the Earth's Interior. *Proc. Natl. Acad. Sci.*, USA, v. 76, n. 9, Sept. 1979. p. 4192-4200.

Comportamento físico

Quanto às características físicas de nosso planeta, podemos distinguir as seguintes camadas: **litosfera**, **astenosfera**, **mesosfera**, **núcleo externo** e **núcleo interno**.

- **Litosfera** – é formada pela crosta e pela parte superior do manto. Tem consistência sólida e flutua sobre a **astenosfera**, em virtude da presença de rochas fundidas dentro dessa estrutura predominantemente sólida.
- **Mesosfera** – é uma espessa camada sólida com densidade muito superior à das rochas encontradas na superfície terrestre.
- **Núcleo** – a maior parte do núcleo é chamada de núcleo externo e tem consistência líquida. A outra parte, conhecida como núcleo interno, apresenta minerais sólidos.

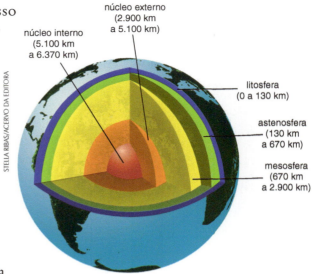

Fontes: Inside the Earth. Disponível em: <pubs.usgs.gov/gip/dynamic/inside.html>. Acesso em: 20 jun. 2016.
JORDAN, T. H. Structural Geology of the Earth's Interior. *Proc. Natl. Acad. Sci.*, USA, v. 76, n. 9, Sept. 1979. p. 4192-4200.

Camadas da Terra, segundo seu comportamento físico.

Disseram a respeito...

A Terra: um planeta heterogêneo e dinâmico

(...) A sismologia é o estudo do comportamento das ondas sísmicas ao atravessar as diversas partes internas do planeta. Essas ondas elásticas propagam-se gerando deformação, sendo geradas por explosões artificiais e, sobretudo, pelos terremotos; as ondas sísmicas mudam de velocidade e de direção de propagação com a variação das características do meio que atravessam. (...) As informações sobre a velocidade das ondas sísmicas no interior da Terra permitiram reconhecer três camadas principais (crosta, manto e núcleo), que têm suas próprias características de densidade, estado físico, temperatura, pressão e espessura. (...)

Dentre os materiais sólidos, os mais pesados se concentraram no núcleo, os menos pesados na periferia, formando a crosta, e os intermediários no manto. (...)

É importante ressaltar que todo o material no interior da Terra é sólido, com exceção apenas do núcleo externo, onde o material líquido metálico se movimenta, gerando correntes elétricas e o campo magnético da Terra. A uma dada temperatura, o estado físico dos materiais depende da pressão. Às temperaturas que ocorrem no manto, os silicatos seriam líquidos, não fossem as pressões tão altas que lá ocorrem (milhares de atmosferas).

Assim, o material do manto, ao contrário do que muitos crêem, é sólido, e só se torna líquido se uma ruptura na crosta alivia a pressão a que está submetido. Somente nesta situação é que o material silicático do manto se liquefaz, e pode, então, ser chamado de magma. (...)

Fonte: TOLEDO, M. C. M. de. Disponível em: <http://www.igc.usp.br/index.php?id=165>. Acesso em: 20 jun. 2016..

➢ Uma confusão comum com relação à estrutura interna da Terra é pensar que todo o interior do planeta é composto por materiais no estado físico líquido. A partir do texto, explique por que essa ideia é incorreta.

A LITOSFERA FRAGMENTADA E SUAS DINÂMICAS

A teoria da deriva dos continentes

Somente no século XX descobrimos que a litosfera não era algo tão estático quanto se imaginava: ela se encontra totalmente fragmentada e em constante mudança.

O primeiro a mencionar uma dinâmica da litosfera foi um jovem meteorologista alemão, Alfred Wegener, no início do século XX. Wegener levantou uma hipótese polêmica que foi rejeitada pela comunidade científica da época: segundo ele, "há 220 milhões de anos os continentes formavam uma só massa, a **Pangeia**, que, em grego, quer dizer toda a terra, rodeada por um oceano contínuo, chamado de **Pantalassa**. Essa grande massa continental se partiu, formando dois blocos – **Laurásia** e **Gondwana** – que se separaram vagarosamente, deslizando sobre um subsolo oceânico de basalto. Após centenas de milhares de anos, os continentes chegaram às posições que conhecemos hoje".

A teoria de Wegener baseou-se nos contornos da costa africana e brasileira que pareciam encaixar-se perfeitamente, remetendo a uma possível união das áreas continentais em um passado muito remoto. Mas só essa observação não seria suficiente para dar sustentação científica à sua hipótese. Existiam, no entanto, outras evidências que corroboravam a tese de Wegener: fósseis de animais da mesma espécie que foram encontrados no Brasil e na África. A fragilidade desses pequenos animais atestava a impossibilidade de que algum dia tivessem cruzado o Atlântico. Não havia como contestar: esses animais tinham vivido, há muitos milhões de anos, em uma mesma região, em um mesmo continente que, por algum motivo, se dividiu.

Mesmo diante de tais evidências, a teoria de Wegener foi seriamente criticada pela comunidade científica durante muitos anos. Em 1930, ele faleceu sem conseguir provar suas ideias.

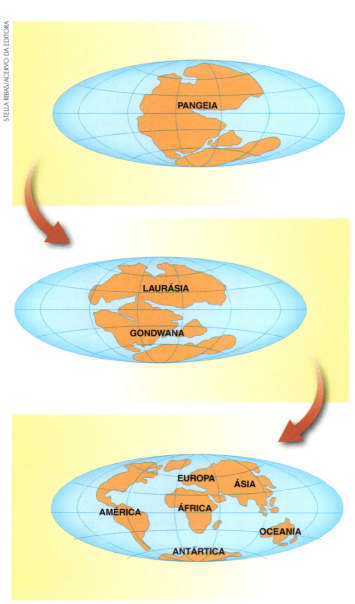

Fonte: TEIXEIRA, W. (Org.). *Decifrando a Terra*. São Paulo: Oficina de Textos, 2000.

Segundo Wegener, na formação dos continentes, a massa continental única teria se partido e os blocos resultantes teriam se deslocado vagarosamente.

Novas descobertas levam a uma nova teoria

Algumas descobertas geológicas durante o século XX indicaram que, de alguma maneira, Wegener não estava errado.

A bordo de navios oceanográficos, equipes de cientistas se dedicaram a coletar informações sobre o leito dos oceanos e a conhecer melhor as grandes profundezas. No Atlântico, os cientistas se depararam com a presença da Dorsal Mesoatlântica, que se estende por 78.000 km, desde a Groenlândia até o sul da América do Sul, contrariando a noção da existência de uma monótona planície submersa.

Ao lado da cordilheira submersa descobriu-se uma enorme fenda. Dessa fenda emergiam lavas incandescentes, rapidamente resfriadas e solidificadas, dando origem a novas rochas basálticas. A descoberta era surpreendente! Significava uma abertura na crosta e a formação de novas rochas nas bordas dessa fenda.

Até aquela época, acreditava-se que o leito dos oceanos deveria conter sedimentos extremamente antigos das áreas continentais. Para surpresa dos cientistas, a análise de sedimentos retirados do assoalho oceânico revelou que eles tinham "apenas" 200 milhões de anos.

Essa intrigante e espantosa descoberta provocou outras questões: como era possível não encontrar no assoalho oceânico os sedimentos dos primórdios da Terra? Onde estavam as rochas mais antigas? Elas haviam sido retiradas de alguma forma, mas qual?

Diante dessas constatações, a comunidade científica se agitou, havendo uma intensificação das pesquisas. À medida que elas avançavam, resultados surpreendentes foram aparecendo. Rochas sedimentares muito antigas, de origem marinha, foram encontradas no topo de altas cadeias montanhosas continentais. Além disso, essas camadas sedimentares apresentavam-se muito deformadas, com dobras e falhas.

Essas descobertas permitiram que o grande quebra-cabeça geológico fosse finalmente desvendado. Deduziu-se que o soerguimento de grandes extensões de terrenos era provocado pela ação de forças incalculavelmente poderosas sobre o assoalho dos oceanos.

Diante dessas e de outras descobertas, os cientistas, durante a década de 1960, formularam a **teoria da tectônica de placas.**

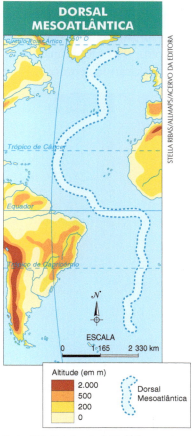

Fonte: BLIJ, H. J. de. et. al. World Geography. Glenview: Scott, Foresman, 1989. p. 21.

soerguimento: o mesmo que levantamento

Em várias áreas da cordilheira dos Andes encontramos rochas sedimentares de origem marinha. Peru, [s/d].

Tectônica de placas

Hoje sabemos que Wegener estava certo. Porém, não são apenas os continentes que estão se deslocando, como pensava o cientista. Toda a litosfera se movimenta, pois essa se apresenta seccionada em placas, conhecidas como **placas tectônicas**, que flutuam e deslizam sobre a astenosfera, carregando massas continentais e oceânicas.

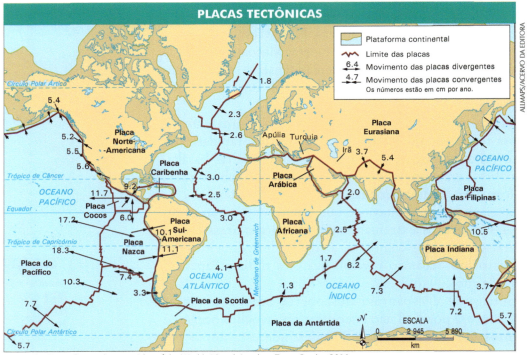

Fonte: The Times Comprehensive Atlas of the World. 13. ed. London: Times Books, 2011.

Você deve estar se perguntando: quais seriam as forças que movem as placas tectônicas? Muitas teorias foram elaboradas para tentar explicar tais movimentos. Só recentemente descobriu-se a resposta para essa pergunta. A explicação está relacionada aos movimentos das correntes de convecção que ocorrem no interior do planeta, junto à litosfera. As correntes de convecção, ao atingirem as placas, provocam o seu deslocamento.

corrente de convecção: movimento de massas líquidas submetidas a diferenças de temperatura, transportando energia térmica da parte inferior do recipiente, mais quente, para a superior, mais fria

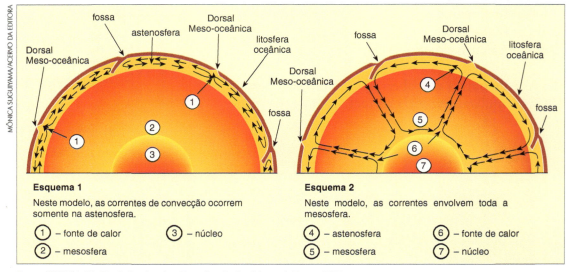

Fontes: TEIXEIRA, W. (Org.). Decifrando a Terra. São Paulo: Oficina de Textos, 2000.
USGS. Some unanswered questions. Disponível em: <http://pubs.usgs.gov/gip/dynamic/unanswered.html>. Acesso em: 13 jul. 2016.

Princípio da isostasia

Como é que a litosfera, com suas montanhas e oceanos, se mantém em relativo equilíbrio e não "afunda" no manto?

A explicação vem do princípio da isostasia (do grego, *ísos* = igual em força + *stásis* = parada), que se baseia no conceito de Arquimedes. De acordo com este princípio, a camada superficial da Terra flutua sobre um substrato mais denso.

Segundo a professora da Universidade do Rio Grande do Sul Carla C. Porcher, "o Princípio da Isostasia foi formulado separadamente por dois cientistas, Airy e Pratt, em 1855, cada um dos quais considerando um aspecto principal. Segundo Pratt, a ausência de massa das cadeias de montanhas poderia ser explicada pela existência de uma profunda raiz de material pouco denso, proporcional à altura da montanha, flutuando sobre um material mais denso. Já Airy demonstrou que se a camada superficial da Terra estivesse flutuando sobre um material mais denso, a sua altitude seria proporcional à espessura do material. Assim, as cadeias de montanhas seriam como *icebergs*, cuja altura é proporcional à massa de gelo submersa.

Conjuntamente, as duas proposições explicaram toda a grande topologia da superfície da Terra, considerando que a camada superficial estivesse flutuando sobre um material mais denso: os continentes são mais elevados porque são compostos por material menos denso (e também porque essa camada é mais espessa) que os dos fundos oceânicos e as grandes cadeias de montanhas são mais altas porque apresentam uma raiz proporcionalmente profunda de material pouco denso. Já as dorsais mesoceânicas são elevações em relação ao fundo oceânico porque, devido ao alto fluxo térmico localizado nesta região, as rochas oceânicas apresentam densidade menor naquela região que nas demais regiões".

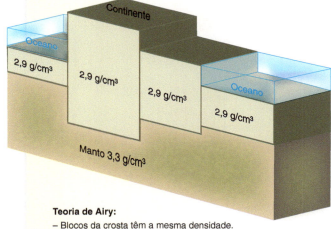

Teoria de Airy:
– Blocos da crosta têm a mesma densidade.
– Blocos da crosta têm diferentes espessuras.
– Os blocos continentais são mais elevados que os blocos oceânicos, porque são mais espessos.

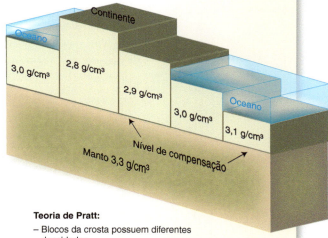

Teoria de Pratt:
– Blocos da crosta possuem diferentes densidades.
– Todos os blocos da crosta afundam no mesmo nível (nível de compensação).
– Os blocos continentais são mais elevados e menos densos do que os blocos oceânicos.

Fonte: PORCHER, C. C. *Movimentos verticais e a teoria da isostasia de Airy-Pratt.* Disponível em: <http://www.ufrgs.br>. Acesso em: 5 abr. 2012.

A teoria da isostasia mostra que existe um equilíbrio da litosfera sobre a astenosfera, refletido pelas altitudes relativas dos diversos segmentos da litosfera, dependendo de sua espessura e densidade do material que a compõe.

Estudos mostraram que os processos de aglutinação e de fragmentação das massas continentais ocorreram por diversas vezes ao longo da história do planeta. A Pangeia foi a última grande aglutinação dos continentes.

Observe as figuras abaixo, que representam a configuração das massas continentais de 2 bilhões de anos até 100 milhões de anos atrás.

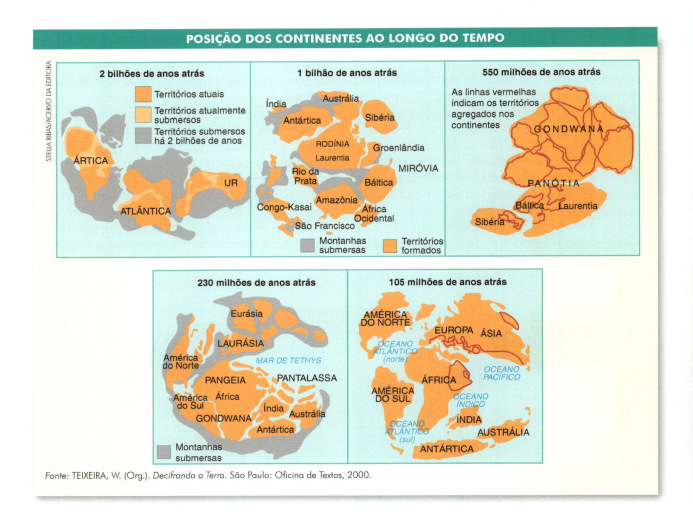

Fonte: TEIXEIRA, W. (Org.). *Decifrando a Terra*. São Paulo: Oficina de Textos, 2000.

Os deslocamentos gerais apresentados pela litosfera são chamados de **movimentos tectônicos** e são responsáveis pela:

- renovação do leito dos oceanos;
- **orogênese**, movimento horizontal da litosfera, que provoca o aparecimento de cadeias montanhosas;
- **epirogênese**, movimento vertical da litosfera, que provoca o soerguimento e o rebaixamento de porções dessa camada;
- maior parte das atividades vulcânicas e sísmicas (terremotos) que ocorrem no globo.

Muitas dessas ocorrências geológicas acontecem nas bordas das placas, que são áreas de tensão entre estas. Encontramos três tipos de bordas:

- **bordas construtivas** ou **divergentes** – adjacentes às cordilheiras submarinas. O afastamento entre elas permite que o material magmático extravase, dando origem a novas rochas basálticas que são agregadas às bordas das placas. Assim, as formações das bordas são muito mais recentes do que as partes interiores das placas;

Bordas construtivas de placas tectônicas. Nas áreas de separação das placas, bordas estão permanentemente sendo construídas.

A Islândia está situada no limite entre as placas Norte-Americana e Eurásia, que estão lentamente se separando. Na foto, fiorde que separa essas placas tectônicas no Parque Nacional de Thingvellir, Islândia.

Fonte: <http://pubs.usgs.gov/gip/dynamic/understanding.html>. Acesso em: 20 jun. 2016. Adaptação.

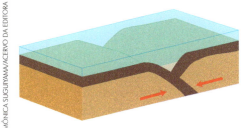

Placa tectônica – borda destrutiva.

- **bordas destrutivas** ou **convergentes** – a pressão entre as placas faz com que uma delas mergulhe debaixo da outra (fenômeno conhecido como **subducção**), havendo reabsorção dessa área pelo manto. Esse processo permite que o assoalho dos oceanos seja constantemente renovado. Nessas áreas de contato há intenso vulcanismo e terremotos;

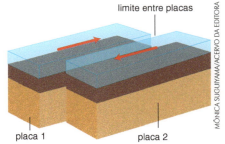

- **bordas conservativas** ou **transformantes** – uma placa desliza ao longo da outra, não ocorrendo formação nem destruição da crosta.

Região dos Estados Unidos onde se encontra a falha de San Andreas, limite entre duas placas tectônicas.

Um bom exemplo é a placa do Pacífico, que desliza ao longo da placa Americana, no hemisfério norte. A falha de San Andreas, na Califórnia, marca o limite entre elas. Nessa região da costa ocidental norte-americana ocorrem terremotos frequentes e intensos.

Falha de San Andreas, Califórnia, EUA, [s/d].

Consequências do tectonismo

Dobras (ou **dobramentos**) e **falhas** (ou **falhamentos**) são fenômenos geológicos consequentes do tectonismo produzido pelas forças do interior da Terra.

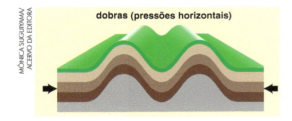

Dobramentos

A origem dos dobramentos está relacionada aos movimentos de compressão lateral sofridos por determinada área, geralmente de estrutura sedimentar (podem também ocorrer em estruturas metamórficas).

Dobramentos modernos

É impossível imaginar a força do choque entre as placas tectônicas. Porém, temos alguns exemplos fantásticos do resultado dessas pressões. As grandes cadeias montanhosas continentais surgiram pela pressão de uma placa sobre outra, provocando um lentíssimo dobramento nos terrenos de uma delas.

A cordilheira dos Andes, por exemplo, na costa ocidental da América do Sul, é um dobramento considerado recente em termos geológicos (do Terciário). Surgiu em decorrência do choque constante entre a placa de Nazca, que não tem grande espessura, e a placa Sul-Americana. A borda da placa de Nazca afunda lentamente no manto, enquanto a borda da Sul-Americana, não tendo para onde se expandir, se dobra, formando uma enorme elevação em sua porção oeste.

A cordilheira do Himalaia, onde se localizam as montanhas mais altas do planeta, é outro dobramento recente que também está em processo de soerguimento. Sua formação foi diferente da dos Andes, pois a crosta oceânica foi totalmente consumida, gerando a colisão das duas porções continentais atuais. Assim houve o choque da Índia com a Ásia, provocando esse grande soerguimento do terreno. O mesmo processo deu origem aos Alpes, que se formaram a partir do choque entre as porções continentais das placas da Europa e da África, no lugar que antes era ocupado por um oceano.

Fonte: <http://pubs.usgs.gov/gip/dynamic/understanding.html>. Acesso em 20 jun. 2016. Adaptação.

Formação genérica, no caso do Himalaia.

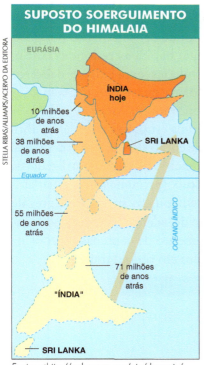

Fonte: <http://pubs.usgs.gov/gip/dynamic/understanding.html>. Acesso em 20 jun. 2016. Adaptação.

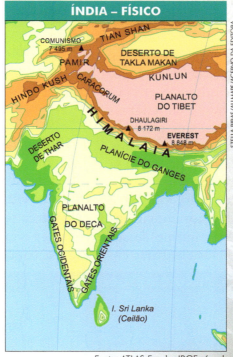

Fonte: ATLAS Escolar IBGE. 6. ed. Rio de Janeiro: IBGE, 2012. p. 46. Adaptação.

Falhamentos

As falhas também resultam, como as dobras, da ação de forças internas do planeta sobre a litosfera, originando-se, geralmente, do processo de isostasia existente. Essas forças são, em geral, verticais ou inclinadas. As áreas de materiais rochosos mais resistentes, ao sofrerem a ação das forças verticais ou inclinadas, acabam sendo fraturadas, formando as falhas.

fraturada: quebrada, rompida

A partir do momento em que ocorre a fratura, os blocos se deslocam, criando diferentes tipos de estrutura, sendo as estruturas falhadas de **Horst** e as de **Graben** os conjuntos mais comuns de falhamentos.

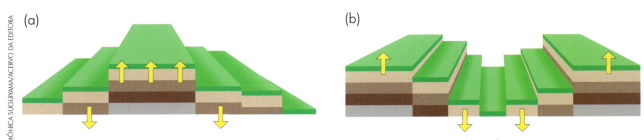

Estruturas falhadas de (a) Horst e (b) de Graben. Na primeira, observe uma porção elevada, delimitada lateralmente por duas falhas ou por degraus de falhas. Na de Graben, ocorre o inverso: temos uma porção da crosta afundada entre falhas ou degraus de falhas.

Vulcanismo

Dada sua capacidade destrutiva, vulcões e terremotos sempre causaram medo. Diversos povos criaram explicações míticas para justificar suas ocorrências. Por exemplo, na época do império romano, acreditava-se que os vulcões cuspiam lavas porque Vulcano, deus do fogo, vivia sob o monte Etna, um vulcão localizado na Sicília, sul da Itália, provocando tal fenômeno. No Japão antigo supunha-se que os terremotos fossem fruto da ira de um peixe gigante, o namazu, que vivia abaixo da superfície e, ao se movimentar, provocava os tremores.

Deixando a mitologia de lado, vulcões e terremotos estão relacionados aos movimentos tectônicos da crosta. O mecanismo desses fenômenos só foi decifrado pelos cientistas em meados do século XX, embora ainda não se possa prever suas ocorrências. Muitos dos vulcões causam violentas explosões sem terem dado qualquer sinal anterior de atividade. O "despertar" de um vulcão pode ser altamente perigoso para a população que habita as redondezas. Em outros casos, os vulcões expelem verdadeiros "rios de lava" de forma quase perene, sem causar perigo para os moradores locais.

Neste século, uma erupção ocorrida em abril de 2010 chamou a atenção do mundo em virtude das graves consequências. O vulcão localizado na geleira Eyjafjallajökull (pronuncia-se eiafiatlaiocuck), na Islândia, entrou em atividade depois de quase dois séculos de silêncio, acarretando enchentes e o cancelamento de centenas de voos na Europa, com impacto em todo o mundo.

Existem cerca de 500 vulcões ativos no planeta, a maioria concentrada no litoral do Pacífico, formando o Círculo de Fogo do Pacífico.

Fonte: STROBACH, K. *Von "Urknall" Zur Erde.* Stuttgart: Newman-Neudamm, 1983.

Terremotos

O movimento das placas tectônicas faz com que tensões se acumulem em vários pontos das placas, principalmente perto de suas bordas. Essas pressões podem ser **compressivas** ou **distensivas**, dependendo da direção do movimento das placas. Quando tais tensões chegam a um determinado nível, ocorre a liberação da energia acumulada, que chega à superfície manifestando-se como verdadeiros solavancos. Esses movimentos são sentidos como terremotos, intensas vibrações na litosfera, de proporções variáveis.

O ponto onde ocorre a liberação das tensões acumuladas é chamado de **hipocentro** ou **foco**. Sua projeção na superfície terrestre é o **epicentro**, e a distância do foco à superfície é a profundidade focal.

Alguns abalos sísmicos podem ser violentíssimos, trazendo grande destruição. Por isso, nas áreas sujeitas a terremotos, são empregadas técnicas que visam, ao máximo, fazer com que as edificações resistam aos tremores.

Essas precauções para evitar a destruição de cidades inteiras são perfeitamente exequíveis em países ricos. No entanto, o custo de construções especiais é altíssimo, estando longe do alcance das pessoas menos favorecidas dos países pobres.

solavanco: abalo imprevisto e violento

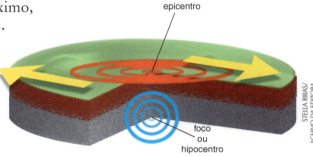

Esquema ilustrativo de propagação de um terremoto.

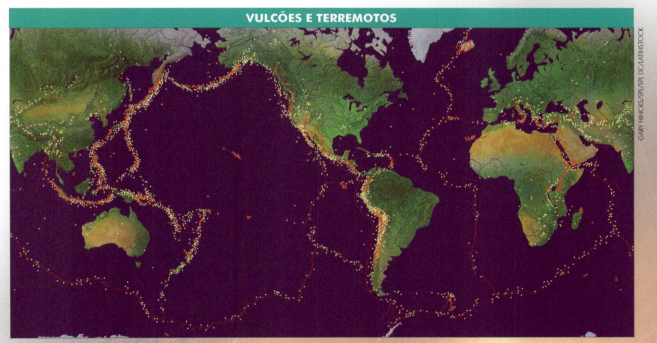

Imagem de satélite sobre a qual estão assinalados os locais de terremoto (pontos amarelos) e de vulcões (triângulos vermelhos).

A escala Richter

Em 1934, o sismólogo norte-americano Charles F. Richter apresentou um modelo para se medir a magnitude de um terremoto. Conhecido como "escala Richter", ele calcula a magnitude de um terremoto pela amplitude da maior onda sísmica. Como essa escala é logarítmica, cada ponto indica uma intensidade 10 vezes maior que o anterior.

ESCALA RICHTER (EM PONTOS)	EFEITO DO TERREMOTO	ESTIMATIVA DE OCORRÊNCIA (AO ANO)
até 2,5	Geralmente não é percebido, mas pode ser registrado por sismógrafos.	900.000
de 2,5 a 5,4	Frequentemente é percebido, mas causa pequenos danos.	30.000
de 5,5 a 6,0	Ocasiona danos de pequena monta a edifícios e outras estruturas.	500
6,1 a 6,9	Pode acarretar muitos prejuízos em áreas densamente povoadas.	100
7,0 a 7,9	Terremoto importante. Acarreta sérios danos.	20
igual ou acima de 8,0	Terremoto de grandes proporções. Pode destruir totalmente comunidades que estejam próximas ao epicentro.	Ocorre uma vez, em média, a cada 5 ou 10 anos.

Fonte: Earthquake Magnitude Scale. Disponível em: <http://www.geo.mtu.edu/UPSeis/magnitude.html>. Acesso em: 20 jun. 2016.

Disseram a respeito...

Brasil e os terremotos

A atividade sísmica do Brasil é menor do que a dos países da região dos Andes, porque nosso território localiza-se no interior de uma placa tectônica. Nas bordas ou limites dessas placas, a atividade sísmica é mais forte, mas é normalmente mais fraca no seu interior. A história tem mostrado que mesmo em regiões de baixa atividade sísmica (região intraplaca) podem ocorrer tremores de terra.

No Brasil, o maior sismo já registrado, com magnitude 6,6, ocorreu no Mato Grosso em 31 de janeiro de 1955, e um mês depois outro tremor, com magnitude 6,3, aconteceu no Oceano Atlântico, a cerca de 300 quilômetros do litoral do Espírito Santo. Depois disso, pelo menos sete outros eventos, com magnitudes variando de 5,0 a 5,5, ocorreram em diferentes partes do país. É bem provável que se algum desses sismos tivesse epicentro próximo de uma grande cidade, teria ocasionado danos significativos. Sabe-se que não é preciso que um sismo atinja magnitude elevada para tornar-se destrutivo. A localização do epicentro, a profundidade do foco, a geologia da área afetada e a qualidade das construções são alguns dos fatores determinantes do poder arrasador (intensidade) de um terremoto.

Apesar de não ser alarmante, o nível de sismicidade brasileira precisa ser considerado em determinados projetos de engenharia, como centrais nucleares, grandes barragens e outras obras de porte. É necessário dar atenção especial ao padrão das construções situadas nas áreas de maior risco sísmico, preocupando-se com a qualidade das edificações para garantir maior segurança contra os abalos sísmicos.

Os tremores de terra são fenômenos normais na história brasileira. Em maior ou menor intensidade, acontecem abalos sísmicos em todas as regiões do país. O Nordeste é uma das áreas mais ativas, principalmente nos estados do Ceará, Rio Grande do Norte e Pernambuco. No Estado do Ceará, em 20 de novembro de 1980, foi registrado o maior terremoto da Região Nordeste; esse evento foi da ordem de 5,2 e sua região epicentral está situada entre as localidades de Brito, no município de Cascavel, e Timbaúba dos Marinheiros, no município de Chorozinho. Esse tremor de terra é conhecido como "O Terremoto de Pacajus", pois, na época, o município mais próximo e mais populoso era Pacajus.

Os tremores de terra que afetam nosso território normalmente são superficiais e possuem baixa magnitude; são sentidos em áreas restritas e quase nunca produzem danos materiais graves. Os sismos podem acontecer em qualquer lugar e a qualquer hora.

Disponível em: <http://www.defesacivil.ce.gov.br>. Acesso em: 13 jul. 2016.

O primeiro caso registrado de morte em decorrência de um terremoto no Brasil ocorreu em 2007 em um distrito do município de Itacarambi, norte de Minas Gerais, e envolveu uma menina de cinco anos. O abalo de 4,9 graus na escala Richter deixou ainda seis feridos e dezenas de casas destruídas, e foi sentido também nos municípios vizinhos. Mais do que a intensidade, o que contribuiu para sua letalidade foi a origem próxima à superfície.

> ➤ A localização do Brasil no centro de uma placa tectônica deixa o país em uma posição de risco sísmico relativamente baixo. Pelo que você leu no texto, é possível afirmar que a atividade sísmica não causa danos em nosso país?
> ➤ Apesar da situação privilegiada do Brasil, na hipotética situação de um tremor de terra de elevada magnitude em nosso país, seriam graves suas consequências? Por quê?

Tsunami, uma enorme tragédia

Tsu (porto) e *nami* (onda) são duas palavras, em japonês, que nomeiam as imensas ondas que chegam às praias com extrema energia.

Sequenciais e muito diferentes daquelas ocasionadas pela movimentação atmosférica, os tsunamis podem se originar da movimentação do subsolo submarino, e de atividades sísmicas e dos vulcões. A energia liberada por esses movimentos gera um deslocamento vertical de grandes quantidades de água, resultando em ondas muito grandes tanto em altura quanto em extensão.

Em águas profundas, essas ondas não ultrapassam um metro de altura e percorrem distâncias em altas velocidades. Na superfície, também se propagam em altas velocidades, cruzam oceanos e podem ocasionar estragos a quilômetros de seu epicentro (ponto de origem da atividade sísmica). Quando chegam à linha da costa, sua velocidade se reduz, mas sua altura aumenta, atingindo muitos metros, causando um impacto incalculável no litoral.

Na história, há registro de vários tsunamis que provocaram mortes e muitos danos materiais. Como exemplo, em 1755, um terremoto sacudiu Lisboa e os sobreviventes, em sua maioria, foram vítimas fatais de um tsunami surgido logo em seguida.

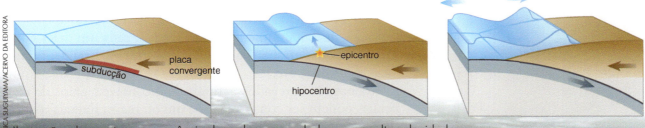

Ilustrações demonstram a sequência de ondas que se deslocam em alta velocidade, decorrentes da movimentação do subsolo submarino.

O terremoto de 8,9 graus na escala Richter, seguido de tsunami, devastou várias cidades do Japão em março de 2011.

A ilha grega de Santorini também traz em sua história arqueológica a passagem desse fenômeno. Uma erupção vulcânica, nos idos de 1650-1600 a.C., ocasionou um tsunami com muitos metros de altura. Sua propagação foi de tal intensidade que adentrou 70 km ao norte da ilha de Creta, devastando tudo. Segundo pesquisadores, foi esse tsunami, provavelmente, que sumiu com a fabulosa civilização minoica governada pelo rei Minos, na cidade de Cnossos.

Os tsunamis são mais frequentes no oceano Pacífico, em virtude da concentração de vulcões que abrange a região conhecida como Círculo do Fogo. Nessa região, em maio de 1960, por exemplo, um grande terremoto na costa central do Chile provocou a formação de ondas que atingiram o litoral desse país.

Na história, inúmeras vezes ocorreram tsunamis, porém o de 11 de março de 2011, no Japão, ainda está muito presente em nossas memórias. Nesse dia um tsunami deixou um rastro imenso de destruição e um saldo de milhares de vítimas fatais. O episódio serviu de alerta e desencadeou uma maior atenção ao "sistema de advertência sobre tsunami".

Instalado no oceano Pacífico, esse sistema de advertência é composto por equipamentos que detectam a atividade sísmica no nível do mar, permitindo, em geral, avisar às populações que se encontram na rota de colisão de um tsunami para evacuarem as áreas. Mas essas enormes ondas são muito velozes e o fenômeno é muito intenso, trazendo destruição apesar dos recursos de alta tecnologia.

No Brasil, com seu subsolo geologicamente estável, é improvável ocorrer um movimento sísmico de tal magnitude que provoque um tsunami. Mas embora muito remota, não está descartada a hipótese de sermos atingidos por essas ondas, caso esses fenômenos endógenos aconteçam em outras áreas e se propaguem em nossa direção.

ROCHAS E MINERAIS DA LITOSFERA

Minerais são substâncias sólidas não orgânicas, com composição química definida, encontrados naturalmente na crosta terrestre.

Existem mais de 3.500 minerais identificados, cada um deles com características bem definidas, como cor, estrutura cristalina, transparência, densidade etc.

Rochas são agregados naturais de incontáveis grãos de minerais (podem ser constituídas de um ou mais minerais) ou de mineraloides – substâncias amorfas de ocorrência natural ou, em alguns casos, de elementos de origem orgânica.

Cristal de quartzo – um mineral.

Há diferentes tipos de rocha. Cada um deles é formado por processos bem distintos:

- **rochas ígneas** ou **magmáticas** – formam-se pelo resfriamento e cristalização do **magma**, material fundido encontrado no interior da Terra. Quando a cristalização ocorre na superfície, as rochas são chamadas de **vulcânicas** ou **extrusivas**, como o basalto; se o material magmático se cristaliza dentro da crosta, as rochas são chamadas de **plutônicas** ou **intrusivas**, como o granito;
- **rochas sedimentares** – formam-se pelo depósito, acúmulo e compactação de detritos de outras rochas ou de origem orgânica. A maioria delas apresenta estrutura em camadas sobrepostas;
- **rochas metamórficas** – formam-se pela transformação de outras rochas existentes no interior da Terra, submetidas a enormes pressões e altas temperaturas.

ígneo: relativo ao fogo

Granito – uma rocha magmática.

Rocha sedimentar.

Mármore – uma rocha metamórfica.

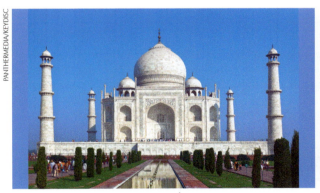

Monumento às Bandeiras, obra do artista Victor Brecheret, inaugurada em 1954 por ocasião do aniversário da cidade de São Paulo, SP. Foram utilizados 240 blocos de granito branco, cada um pesando aproximadamente 50 toneladas.

As famosas pirâmides do Egito (as maiores da foto são as de Quéfren, Quéops e Miquerinos) foram construídas com rochas sedimentares, dentre elas o calcário, por volta de 2500 a.C. A maior delas, Quéops, tem atualmente 137 m..

Taj Mahal, na cidade de Agra, Índia. Considerado Patrimônio da Humanidade pela Unesco, esse monumento em mármore branco foi construído no século XVII (por volta de 1630).

➡ Pesquise com qual finalidade foi construído o monumento do Taj Mahal.
Com base em seu conhecimento, que outras edificações foram construídas com essa mesma finalidade?

O mármore tem sido utilizado não só na arquitetura, mas também em obras de arte. Uma das mais famosas esculturas de todos os tempos é a *Pietà* (em português, Piedade), de Michelangelo Buonarroti, em mármore. (174 x 195 cm, 1499, Basílica de São Pedro, Vaticano.)

➡ Compare as esculturas de Brecheret e de Michelangelo. Observe os detalhes das expressões faciais, o estilo das esculturas e os temas de cada obra.

Explorando o tema

Mineral e minério

É comum haver confusão entre o significado de *mineral* e *minério*. Você sabe qual é a diferença entre esses termos?

Já vimos, neste capítulo, a definição de mineral.

Usamos o termo *minério* ao nos referirmos aos minerais de onde podem ser extraídas substâncias de valor econômico. Assim, a noção de minério está associada ao seu *rendimento econômico*.

Ciclo das rochas

As rochas fazem parte de um sistema dinâmico, interligado e em constante alteração, denominado **ciclo das rochas**. Veja abaixo o esquema desse ciclo e suas respectivas etapas.

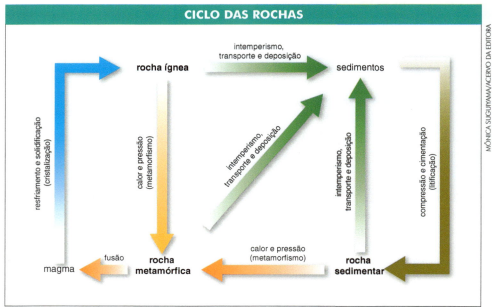

Fonte: IGC. Disponível em: <www.igc.usp.br/index.php?id=306>. Acesso em: 17 maio 2013. Adaptação.

Qualquer tipo de rocha (magmática, sedimentar ou metamórfica), ao ser levada para o manto por subducção, sofre aumento de temperatura e pressão, fundindo-se e voltando a ser magma, permitindo a formação de uma nova rocha magmática e dando início a um novo ciclo.

ARCABOUÇO GEOLÓGICO E RECURSOS MINERAIS

A distribuição dos recursos minerais não é aleatória na superfície terrestre; ao contrário, tem uma correspondência direta com o **arcabouço geológico**.

Arcabouço geológico é o conjunto de diferentes rochas de uma região e dos processos geológicos que aí ocorrem e que determinam a configuração dos terrenos dessa área. Esse arcabouço também é chamado de **estrutura geológica**.

Nos continentes, aparecem três tipos de arcabouço geológico (ou seja, de conjuntos básicos de rochas), chamados de **segmentos da crosta**.

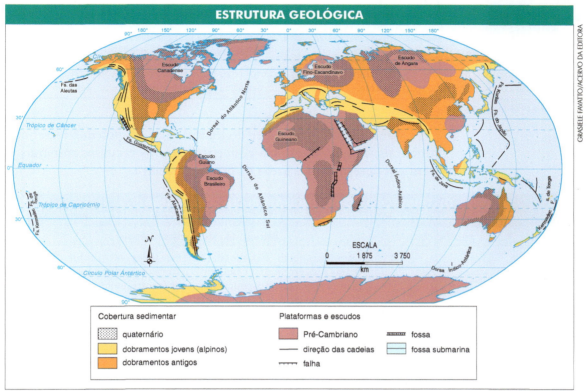

Fonte: ATLAS Escolar IBGE. 6. ed. Rio de Janeiro: IBGE, 2012. p. 57. Adaptação.

- **Blocos ou núcleos cratônicos** – são muito antigos, datados do Pré-Cambriano. Representam os núcleos primitivos do que viriam a ser os continentes. Nessas áreas encontramos as rochas mais antigas do planeta. Extensas áreas da superfície do globo expõem esses blocos rochosos. Os terrenos do Arqueano concentram minerais não metálicos, enquanto naqueles formados em períodos geológicos mais recentes (Proterozoico e início da era Paleozoica) encontramos minerais metálicos (níquel, manganês, ferro, ouro, urânio, entre outros).
- **Faixas móveis** ou **cinturões móveis** – dominam áreas continentais extensas e normalmente alongadas, onde se registra uma movimentação tectônica ativa. A movimentação tectônica pode ser temporária, persistente e/ou recorrente. Em determinadas regiões, se formaram grandes cadeias montanhosas conhecidas como **dobramentos modernos** ou **dobramentos terciários**. Caracterizam-se pelas grandes altitudes e forte movimentação tectônica. Nesses terrenos recentes (em termos geológicos), onde predominam os terrenos soerguidos, podemos encontrar minerais metálicos e não metálicos; entre as cadeias mais recentes estão as Rochosas e os Andes (costa oeste da América do Norte e Sul, respectivamente), os Alpes (Europa) e o Himalaia (Ásia).
- **Bacias sedimentares** – são áreas rebaixadas em relação aos terrenos vizinhos que recebem e acumulam sedimentos vindos de áreas próximas, sendo constituídas basicamente por rochas sedimentares.

> **recorrente**: aquele ou aquilo que torna a aparecer de tempos em tempos

Recursos minerais

É comum encontrarmos em artigos de revistas ou mesmo de jornais a expressão **recursos minerais**.

Você saberia dizer o que é um recurso mineral? A palavra recurso, nesse contexto, significa um suprimento que vem atender às necessidades do ser humano. Um recurso mineral representa esse suprimento obtido de um ou mais minerais, bem como das rochas.

Podemos dividir os recursos minerais em dois grupos: os **metálicos** e os **não metálicos**.

ALGUNS RECURSOS MINERAIS METÁLICOS E NÃO METÁLICOS	
Recursos minerais metálicos	**Recursos minerais não metálicos**
ferro, alumínio, manganês, titânio, cobre, chumbo, zinco, ouro, estanho, prata, urânio	cloreto de sódio, fosfato, nitratos, enxofre, areia, calcário, petróleo, carvão mineral, água

Dados compilados pelo autor.

Por causa da formação e do histórico geológico dos terrenos continentais, a distribuição e a concentração dos recursos minerais ocorrem em determinadas áreas da crosta terrestre.

DISTRIBUIÇÃO DOS PRINCIPAIS RECURSOS MINERAIS SEGUNDO AS PROVÍNCIAS OU SEGMENTOS DA CROSTA TERRESTRE	
Áreas geológicas	**Principais recursos minerais**
núcleos cratônicos	ouro (Au), ferro (Fe), níquel (Ni), manganês (Mn), cobre (Cu), prata (Ag), cromo (Cr), urânio (U), tungstênio (W), tântalo (Ta), platina (Pt), amianto, pedras preciosas (gemas, incluindo diamantes), pedras ornamentais, bauxita (Al)
faixas móveis	mercúrio (Hg), zinco (Zn), chumbo (Pb), ouro (Au), estanho (Sn), ferro (Fe), manganês (Mn)
bacias sedimentares	arenitos e cascalhos, argilitos, calcário, turfas, carvão, petróleo, diatomitos, bauxita

Dados compilados pelo autor.

O SUBSOLO BRASILEIRO

Como visto anteriormente, a ocorrência de recursos minerais está diretamente ligada ao arcabouço geológico de determinada região. No Brasil, a situação não é diferente. O país se destaca mundialmente pela quantidade e diversidade dos recursos minerais encontrados em seu subsolo: ferro (hematita), estanho (cassiterita), alumínio (bauxita), manganês (pirolusita), ouro, nióbio, titânio, urânio, sal, calcário, barita, areia, caulim, níquel, chumbo, cobre, zinco, entre outros.

A exploração de tais recursos tornou o Brasil um importante produtor de bens minerais. Essa exploração é realizada principalmente por grandes empresas, não só de capital nacional, mas também estrangeiro, devido aos altos investimentos exigidos.

Fonte: SCHOBBENHAUS, C. et al. Geologia do Brasil. In: CAMPANHA, V. A.; MORAES, P. R. Recursos Minerais. São Paulo: HARBRA, 1997. (Coleção Conhecendo a Terra).

CAPÍTULO 4 – A Evolução Geológica da Terra • **89**

Principais áreas produtoras de minérios no Brasil

Serra dos Carajás (PA)

Representa uma das maiores reservas mineralógicas do mundo. Possui em seu território concentrações dos mais diversos minerais, com destaque para: minério de ferro, manganês, cobre, bauxita, cassiterita e expressiva ocorrência de ouro.

Para a exploração e industrialização de minérios, bem como a implantação de atividades agropecuárias e madeireiras, foi criado pelo governo federal, na década de 1970, o Projeto Carajás.

Para a implementação do Projeto Carajás, foi necessária a realização de grandes e complexas obras de infraestrutura. Dentre elas, destacam-se:

- a Usina Hidrelétrica de Tucuruí – situada no rio Tocantins;
- a Estrada de Ferro de Carajás (EFC) – uma das estradas de ferro mais modernas do país, com 892 km de extensão, ligando a Serra de Carajás (PA) a São Luís (MA).
- o Porto Ponta da Madeira e Itaqui – em São Luís (MA), responsável pelo embarque do minério;
- os núcleos urbanos.

Fonte: Ministério de Minas e Energia; Confederação Nacional do Transporte. Adaptação.

A área de abrangência do programa, englobando partes dos Estados do Pará, Maranhão e Tocantins, é de 770.000 km², o que representa 9% da superfície territorial do país.

Extração de minério de ferro na Serra dos Carajás, próximo ao município de Eldorado dos Carajás, PA.

Quadrilátero Ferrífero ou Central (MG)

Nessa região é extraído cerca de 72% de todo o minério de ferro do país. Ela também apresenta grande produção de manganês e ouro.

A produção do Quadrilátero Ferrífero visa abastecer o mercado interno e externo. É a maior região exportadora de ferro do país. A produção é escoada pela Estrada de Ferro Vitória a Minas para o Vale do Aço e para o porto de Tubarão (ES) e pela Estrada de Ferro Central do Brasil para os Estados do Rio de Janeiro e São Paulo.

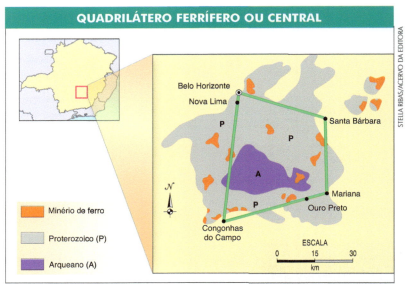

Fontes: Atlas Geográfico Escolar. 6. ed. Rio de Janeiro: IBGE, 2012. p. 171. Adaptação.
Atlas Nacional do Brasil Milton Santos. Rio de Janeiro: IBGE, 2010. p. 64. Adaptação.

O Quadrilátero Ferrífero se estende por uma área aproximada de 7.000 km² na porção central do Estado de Minas Gerais, e representa uma região geologicamente importante do Pré-Cambriano brasileiro devido a suas riquezas minerais, principalmente ouro, ferro e manganês.

Maciço do Urucum (MS)

Possui grandes reservas de ferro e manganês, porém pouco exploradas. A produção de ferro da região é quase toda exportada para a Argentina, enquanto a de manganês destina-se 60% para o mercado interno e 40% para a exportação. O escoamento da produção para a Argentina e demais países se dá pelo rio Paraguai, pelo porto de Corumbá, enquanto para o mercado interno se dá por ferrovias e rodovias.

No maciço do Urucum situam-se grandes jazidas de manganês e de ferro. Todo manganês é extraído de minas subterrâneas, e o ferro de mina a céu aberto.

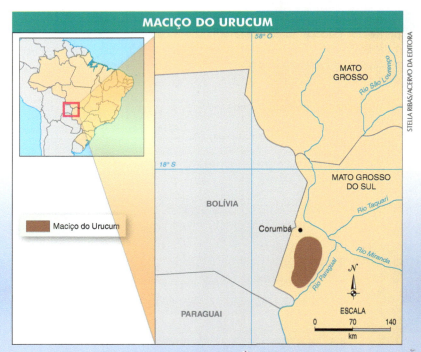

Fontes: Atlas Geográfico Escolar. 6. ed. Rio de Janeiro: IBGE, 2012. p. 90. Adaptação.
Atlas Nacional do Brasil Milton Santos. Rio de Janeiro: IBGE, 2010. p. 64. Adaptação.

Na foto, Porto de Sobramil, por onde os minérios extraídos da Serra do Urucum são escoados.
MAURICIO SIMONETTI/PULSAR IMAGES

Vale do Trombetas (PA)

Na região de Oriximiná, no vale do rio Trombetas, encontra-se a maior reserva de bauxita do Brasil e uma das maiores do mundo. A produção dessa área corresponde a, aproximadamente, 80% da produção nacional, abastecendo o mercado externo e as indústrias de alumínio que se instalaram na Região Norte e na Região Nordeste.

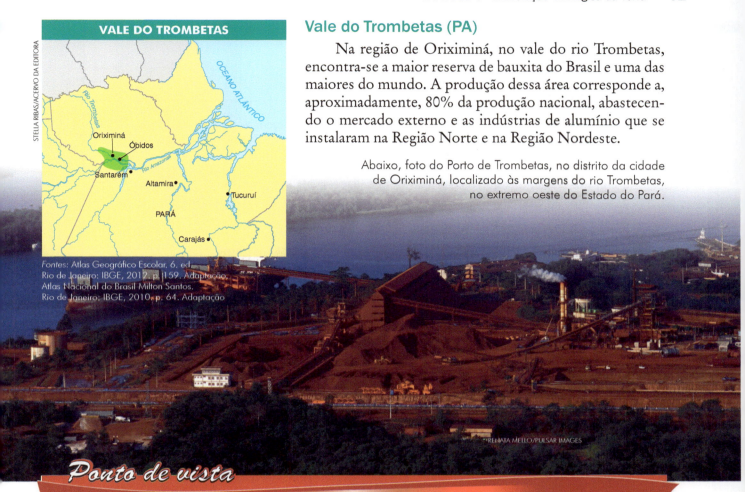

Abaixo, foto do Porto de Trombetas, no distrito da cidade de Oriximiná, localizado às margens do rio Trombetas, no extremo oeste do Estado do Pará.

Fontes: Atlas Geográfico Escolar. 6. ed. Rio de Janeiro: IBGE, 2012. p. 159. Adaptação.
Atlas Nacional do Brasil Milton Santos. Rio de Janeiro: IBGE, 2010. p. 64. Adaptação.

Ponto de vista

Os efeitos ambientais da mineração

A mineração e o garimpo são atividades que (...) exercem forte interferência no ambiente natural e contribuem para sua deterioração. Trata-se da extração de recursos naturais do solo e do subsolo, dos mais variados tipos e usos. Os recursos minerais, como o carvão e o petróleo, tanto são usados como fontes energéticas quanto como matérias-primas. (...) É praticamente impossível para a sociedade industrial privar-se do uso dos recursos minerais. Foram os múltiplos usos desses recursos que possibilitaram o grande desenvolvimento industrial.

Minerais de grande valor comercial como ouro, diamante e até cassiterita são muito explorados no Brasil através do garimpo. Esse trabalho de mineração é feito nos leitos fluviais e nos depósitos de sedimentos dos terraços e das planícies fluviais, principalmente dos rios da bacia hidrográfica amazônica e no alto rio Paraguai-Cuiabá. (...)

A operação de garimpo mecanizado movimenta um volume enorme de detritos ao destruir as margens dos leitos fluviais e na dragagem dos depósitos de fundos dos leitos fluviais. Alteram a qualidade das águas dos rios com sedimentos em suspensão e com o uso do mercúrio para aumentar o aproveitamento das partículas finas de ouro. A garimpagem, tal como tem sido praticada no Brasil, gera grande desperdício por extrair apenas cerca de 50% dos minerais disponíveis nos sedimentos. Além disso, altera totalmente a paisagem e afeta a qualidade das águas dos rios e com isso interfere na vida da fauna [da flora] e na saúde do ser humano.

Fonte: ROSS, J. L. S. R. (Org.). *Geografia do Brasil*. 6. ed. São Paulo: Edusp, 2009.

➤ Mineração e garimpo são atividades necessárias para a sociedade da forma como está constituída, porém alteram o meio ambiente muitas vezes de forma drástica. Sugira uma medida que pudesse ser implantada no sentido de minimizar o impacto ambiental dessas atividades.

ATIVIDADES

PASSO A PASSO

1. "Ao contrário do idealizado por Júlio Verne em sua obra *Viagem ao Centro da Terra*, o interior mais profundo da Terra é inacessível às observações diretas feitas pelo homem."

   Fonte: TEIXEIRA, W. (Org.). *Decifrando a Terra*. São Paulo: Oficina de Textos, 2000.

   a) Por que o autor diz que o centro da Terra é inacessível ao homem?
   b) Explique a composição química e o comportamento físico das camadas da Terra.

2. Qual é a diferença entre rocha e mineral?

3. Explique o que é arcabouço geológico e como ele se manifesta na Terra.

4. O que é o princípio da isostasia?

5. Observa-se que nas bordas das placas tectônicas estão concentradas as maiores atividades geológicas do planeta.
   a) Como são caracterizados os três tipos existentes de limites das placas tectônicas?
   b) Quais são as principais consequências do tectonismo?

6. Por que se diz que o território brasileiro está sob baixo risco de ocorrência de grandes terremotos?

7. A imagem ao lado mostra uma mina de ferro no Brasil. A partir da observação dessa figura e de seus conhecimentos, discuta os efeitos ambientais da mineração.

Mina de ferro em Parauapebas, PA.

IMAGEM & INFORMAÇÃO

1. Observe o mapa ao lado.
   a) Levando em conta os assuntos tratados neste capítulo, qual é a área assinalada no mapa?
   b) Descreva as principais atividades que se realizam nesse local.

2. Observe a figura abaixo e descreva o fenômeno retratado.

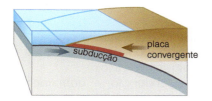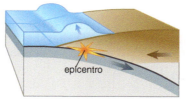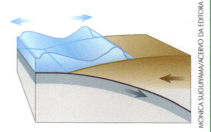

3. A imagem abaixo ilustra uma teoria formulada para explicar a formação dos continentes. Identifique e comente essa teoria.

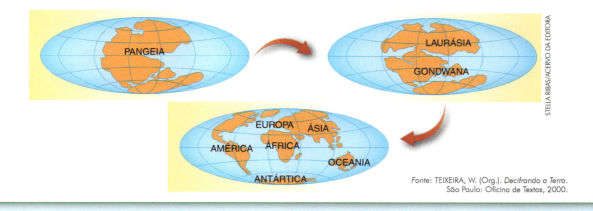

Fonte: TEIXEIRA, W. (Org.). *Decifrando a Terra*. São Paulo: Oficina de Textos, 2000.

TESTE SEUS CONHECIMENTOS

1. (UFG – GO) As rochas são formadas por um mineral ou um conjunto de minerais consolidados. O granito, uma rocha resistente e ornamental, utilizada em fachadas, pisos, bancadas etc., tem como característica em sua formação a:

a) transformação de rochas magmáticas quando submetidas à alta temperatura e elevada pressão no interior da Terra.
b) cristalização do magma após o resfriamento sofrido no interior da crosta terrestre.
c) transformação de rochas sedimentares e metamórficas quando submetidas a temperatura e pressão elevadas no interior da crosta terrestre.
d) compactação de detritos de rochas preexistentes oriundos de processos de erosão, transporte, decomposição e compactação.
e) decomposição de sedimentos por processos químicos ou pelo acúmulo de detritos orgânicos.

2. (UFRGS – RS) Observe a figura ao lado, que representa a disposição das placas litosféricas.

Assinale a alternativa correta a respeito desta figura.

a) A letra C indica o limite entre as placas litosféricas convergentes.
b) O número 3 indica a placa litosférica denominada Nazca.
c) O número 1 indica a placa litosférica denominada Pacífica.
d) O número 2 indica a placa litosférica denominada Americana.
e) A letra D indica o limite entre placas litosféricas divergentes.

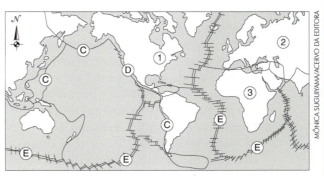

BAUD, P.; BOURGEAT, S.; BRAS, C. *Dicionário de Geografia*. Lisboa (Portugal): 1999. p. 402.

3. (UFRGS – RS) A figura a seguir representa processos associados à tectônica de placas.

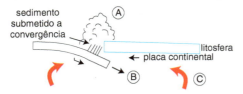

Adaptado de: CASSETI, V. Elementos de geomorfologia. Goiânia: IFG, 1994.

Identifique os processos destacados pelas letras A, B e C, respectivamente:

a) orogenia – subducção – movimentos convectivos.
b) orogenia – erosão – subducção.
c) dobramentos modernos – orogenia – movimentos convectivos.
d) erosão – subducção – dobramentos modernos.
e) dobramentos modernos – erosão – subducção.

4. (UFPB) Observe o mapa que apresenta a distribuição das placas litosféricas. As setas indicam o sentido do movimento, e os números, as velocidades relativas, em cm/ano, entre as placas.

Devido à erupção do vulcão Eyjafjallajökull na Islândia e o consequente lançamento de toneladas de cinzas vulcânicas na atmosfera, muitos aeroportos na Europa tiveram de interromper suas atividades cancelando pousos e decolagens de aviões, o que gerou transtornos aos passageiros e enormes prejuízos às companhias aéreas.

Com relação a esse vulcão, é correto afirmar que se localiza em uma região de limites:

a) divergentes e convergentes de placas litosféricas.
b) convergentes de placas litosféricas.
c) conservativos de placas litosféricas.
d) divergentes de placas litosféricas.
e) conservativos e convergentes de placas litosféricas.

5. (UEM – PR) Sobre o planeta Terra, sua idade e evolução, indique as alternativas corretas e dê sua soma ao final.

(01) A Terra se originou há, aproximadamente, 9,6 bilhões de anos, juntamente com o início da formação do Universo. As primeiras formas de vida na Terra surgiram na Era Mesozoica. Atualmente, nos encontramos na Era Paleozoica, no período Cretáceo.

(02) O método de datação realizado a partir do carbono quatorze (C14), que é um elemento radioativo absorvido pelos seres vivos, é muito utilizado para a investigação da idade de achados arqueológicos mais recentes, de origem orgânica, pois sua meia-vida é de 5.700 anos.

(04) O tempo geológico é dividido em eons, eras, períodos e épocas. A sua sistematização cronológica é conhecida como escala de tempo geológico. A partir dessa sistematização, foi possível estabelecer uma sucessão de eventos desde o presente até a formação da Terra.

(08) A deriva dos continentes se iniciou na Era Cenozoica, por volta de 100 mil anos atrás, quando só existia um único continente chamado de Gondwana. Posteriormente, no Holoceno, este continente se dividiu em cinco outros continentes, chegando à configuração atual.

(16) Geocronologia são as diferentes formas de investigação da escala de tempo das rochas, da evolução da vida e da própria

Terra. O método de datação mais utilizado na Geocronologia envolve a medição da quantidade de energia emitida pelos elementos radioativos presentes nas rochas e minerais.

6. (UnB – DF) A história geológica, o grande território, a extensa costa marinha e o clima tropical viabilizaram a presença e a concentração de diversas substâncias minerais na atmosfera, hidrosfera, biosfera, crosta continental e oceânica do Brasil. No entanto, mesmo que as características físicas do território sejam importantes, o fator determinante para se conseguir aproveitar os bens minerais é o investimento em pesquisa e inovação tecnológica.

SCLIAR, C. *Mineração, base material da aventura humana.* Belo Horizonte: Geoartelivros, 2004. p. 67 (com adaptações).

São necessárias ações específicas para que, da atividade mineradora, resultem ganhos sociais para o Brasil. Para alcançar tal resultado, a ação mais importante a ser adotada é:

a) fomentar a dinamização entre a utilização de recursos minerais e a ampliação do consumo.
b) desenvolver a articulação entre o uso do território, a educação e a cidadania.
c) articular as políticas públicas com as modernas formas de gestão.
d) estabelecer ambiente propício à economia mundializada.

7. (SSA – UPE) Um grupo de alunos do Ensino Médio, realizando uma excursão pelo Estado de Pernambuco, coordenada por um professor de Geografia, encontrou uma faixa de terrenos sedimentares aluviais que, segundo o coordenador, têm uma idade de 6.000 anos e foram ali abandonados por um rio.

Isso significa dizer que esses aluviões são do(a):
a) Mesozoico.
b) Holoceno.
c) Pleistoceno.
d) Era Paleozoica.
e) Cretáceo.

8. (PAES – Unimontes – MG) Analise a figura abaixo.

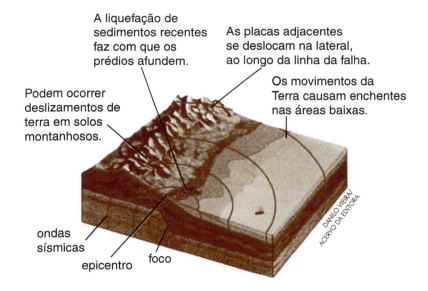

Ela representa:
a) as principais características e efeitos de um terremoto.
b) a formação de um maremoto e o consequente tsunami.
c) a erupção de um vulcão que gera movimentos de terra.
d) as camadas do interior da terra.

CAPÍTULO 5

As Formas da Superfície Terrestre

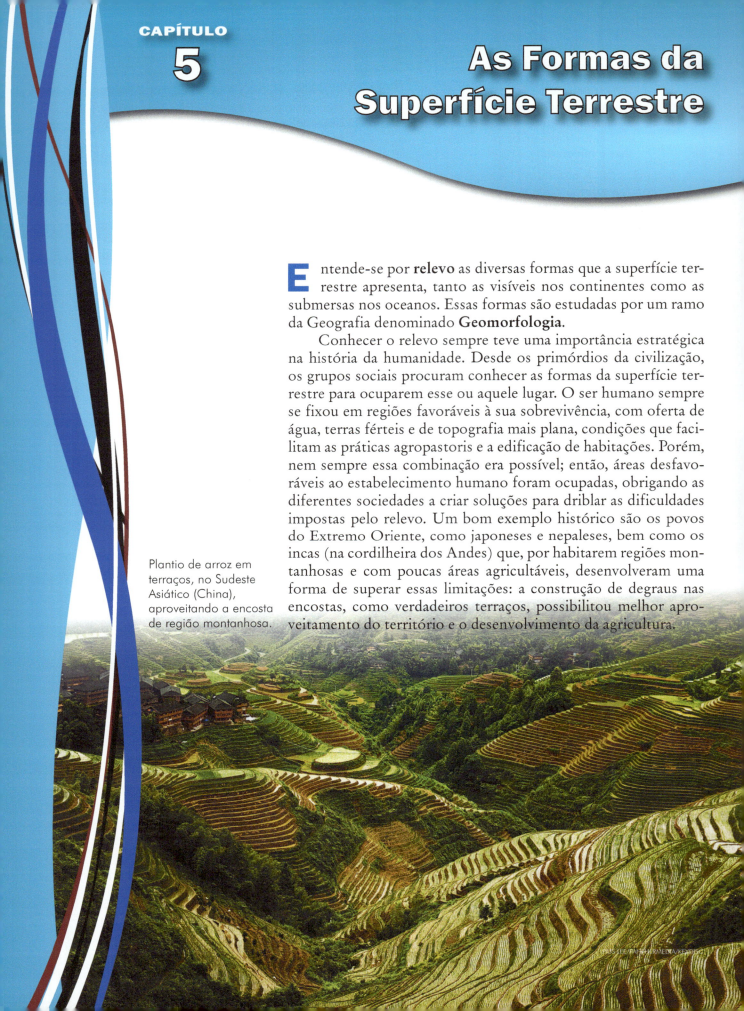

Entende-se por **relevo** as diversas formas que a superfície terrestre apresenta, tanto as visíveis nos continentes como as submersas nos oceanos. Essas formas são estudadas por um ramo da Geografia denominado **Geomorfologia**.

Conhecer o relevo sempre teve uma importância estratégica na história da humanidade. Desde os primórdios da civilização, os grupos sociais procuram conhecer as formas da superfície terrestre para ocuparem esse ou aquele lugar. O ser humano sempre se fixou em regiões favoráveis à sua sobrevivência, com oferta de água, terras férteis e de topografia mais plana, condições que facilitam as práticas agropastoris e a edificação de habitações. Porém, nem sempre essa combinação era possível; então, áreas desfavoráveis ao estabelecimento humano foram ocupadas, obrigando as diferentes sociedades a criar soluções para driblar as dificuldades impostas pelo relevo. Um bom exemplo histórico são os povos do Extremo Oriente, como japoneses e nepaleses, bem como os incas (na cordilheira dos Andes) que, por habitarem regiões montanhosas e com poucas áreas agricultáveis, desenvolveram uma forma de superar essas limitações: a construção de degraus nas encostas, como verdadeiros terraços, possibilitou melhor aproveitamento do território e o desenvolvimento da agricultura.

Plantio de arroz em terraços, no Sudeste Asiático (China), aproveitando a encosta de região montanhosa.

Disseram a respeito...

Montanha sagrada no Brasil

Em todas as partes do planeta, desde as épocas mais remotas, seres humanos das mais variadas culturas atribuíram a algumas montanhas e formações rochosas uma condição de sacralidade; muitas delas continuam atraindo pessoas, sobretudo crentes e devotos, em grande número até os dias de hoje: Monte Agung (Indonésia), Monte Croagh Patrick (Irlanda), Monte Fuji (Japão), Monte Kailash (Tibet), Monte Nebo (Jordânia), Monte Shasta (EUA), Monte Sinai (Egito), Monte Tai (China) e Ayers Rock/Uluru (Austrália) são alguns exemplos.

Poucos sabem, no entanto, que o Brasil é o mais novo guardião geográfico de uma montanha sagrada de tradição budista, localizada na Chapada dos Guimarães (MT), uma das mais antigas placas geológicas do planeta. [A montanha escolhida corresponde ao Morro do Japão, um dos montes dos "Morros do Testemunho" existentes na região.] (...)

Uma montanha, assim como uma catedral, são símbolos do *Axis Mundi*, o eixo do mundo, o centro, que une o céu à terra. (...) [Isso] fica explícito quando ficamos sabendo que os Morros do Testemunho localizam-se no centro geodésico do continente sul-americano e que o Morro do Japão, ali situado, é a única montanha sagrada localizada no centro de um dos cinco continentes.

NOGUEIRA. P. C. G. *O Peregrino da Montanha Sagrada*: uma experiência budista no cerrado brasileiro. Revista *Território Geográfico Online* (www.territoriogeograficoonline.com.br).

Morro do Japão, Chapada dos Guimarães, MT.

➢ Refletindo sobre o texto acima, você acha que a importância da natureza se restringe ao uso econômico de seus recursos?

O RELEVO E A OCUPAÇÃO DO ESPAÇO TERRESTRE

Hoje, o conhecimento do relevo é fundamental para se planejar a ocupação do espaço terrestre, tanto nas áreas urbanas – ordenando o crescimento das cidades, a ocupação das áreas de encostas de forma a evitar deslizamentos na época das chuvas – como nas áreas rurais – visando desenvolver uma agropecuária ambientalmente correta e não potencialmente causadora de erosão ou, ainda, possibilitar a construção de rodovias e hidrovias, entre outras obras, de maneira mais racional.

Para essas atividades de planejamento darem certo, em geral não basta conhecer o relevo em escala micro (conhecer apenas um bairro, por exemplo) ou em escala meso (a cidade toda ou uma região com as mesmas características). Muitas vezes, como na construção de uma hidrovia que abrange mais de uma bacia hidrográfica, por exemplo, precisamos conhecer o relevo em escala macro, para se ter a visão integrada dos vários elementos que compõem esse relevo.

erosão: ação resultante de desgaste ou arrastamento de solos causado por água e vento, entre outros fatores

Explorando o tema

Deslizamento de encostas

A tropicalidade brasileira, caracterizada pela elevada umidade, faz com que naturalmente as áreas de encostas sejam locais de risco à ocupação humana, pois são sujeitas a deslizamento de terras.

A água precipitada é, em parte, absorvida pelo solo e, em parte, escoada superficialmente. A parte infiltrada encontra rochas impermeáveis e passa a se concentrar cada vez mais no local, até que o acúmulo de água provoque o rompimento do equilíbrio de retenção do solo. Nesse momento, grandes quantidades de terra deslizam até o sopé dos morros.

A ocupação humana associada à devastação vegetal local acelera tal processo, tornando essas áreas de encosta de alto risco.

No Brasil, principalmente nas áreas urbanas, a população de baixa renda é a que mais sofre com esse fenômeno, já que as possibilidades de escolha do local para residir são restritas, devido a seu baixo poder aquisitivo. Em períodos de chuvas intensas, costumam ocorrer deslizamentos nesses terrenos, ocasionando perdas de bens materiais e, muitas vezes, de vidas.

Para evitar que isso aconteça em áreas ocupadas, é necessário realizar obras de **contenção de encosta** e promover o reflorestamento local.

Vista aérea da destruição na cidade de Teresópolis provocada por deslizamento de terra das encostas.

GÊNESE E DINÂMICA DO RELEVO TERRESTRE

O relevo terrestre encontra-se em constante transformação, em uma dinâmica permanente de construção e destruição. Essa contínua dinâmica resulta da ação de forças ou **agentes internos** (endógenos) e **externos** (exógenos) sobre a superfície terrestre.

Forças endógenas

Como vimos no capítulo anterior, as forças endógenas são consequência da dinâmica interna da litosfera e são responsáveis pela **estrutura do relevo**.

Os principais agentes são:

- **tectonismo** – movimento das placas tectônicas que leva à formação do relevo;
- **vulcanismo** – também conhecido como erupção vulcânica; trata-se do derramamento de magma sobre a superfície da Terra e sua consequente solidificação em contato com a atmosfera; e
- **terremotos** – tremores de terra que podem levar à modificação do relevo.

> **endógeno**: que tem origem no interior da Terra, resultante de fatores internos
>
> **exógeno**: externo; que se origina ou ocorre na superfície terrestre

Explorando o tema

Tipos de movimento das placas tectônicas e sua influência na formação do relevo

Temos três importantes tipos de movimento das placas tectônicas que levam à formação do relevo – **orogenia**, **epirogenia** e **falhamento**:

- **orogenia** – conjunto de processos (dobramentos, falhas, atividades vulcânicas) que levam à formação das montanhas ou cadeias de montanhas. Reflete as várias ações das forças endógenas. Existem três tipos principais de montanhas: as *de dobramentos*, *por falhamento* e de *origem vulcânica*;
- **epirogenia** – movimento muito lento de subida e descida de grandes partes da crosta da Terra; são acomodações isostáticas existentes na crosta;
- **falhamento** – relevo formado a partir de fraturas na crosta terrestre, com deslocamento de grandes blocos de rocha em sentido vertical ou horizontal.

As grandes cadeias montanhosas continentais, também chamadas de cordilheiras, são formadas a partir da colisão entre placas tectônicas.

Quando essa colisão ocorre entre uma placa tectônica continental e outra oceânica, a segunda sofrerá uma **subducção** sob a primeira, levando à deformação das rochas e seu **metamorfismo**, como ocorre na formação da cordilheira dos Andes, na América do Sul. Quando a colisão se dá entre placas continentais, também ocorre a subducção de uma sob a outra. Exemplos desse caso são os Alpes e o Himalaia.

> **subducção:** convergência de placas tectônicas, em que uma das placas desliza para debaixo da outra

> **metamorfismo:** transformação, mudança de aspecto ou de estado

Formam-se em áreas onde as placas tectônicas se chocam, provocando dobramentos e soerguimento das rochas.

Formam-se quando há o soerguimento de um bloco rochoso entre duas falhas.

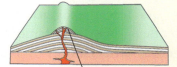

Formam-se, em geral, ao longo das áreas de contato das placas tectônicas. O acúmulo de lavas ao redor da chaminé do vulcão leva, quase sempre, ao aparecimento desse tipo de montanha.

Alguns dos picos mais elevados do mundo são:

- **Monte Everest** – é a montanha mais alta do mundo, com 8.848 m de altitude. Está situado no Nepal, na cordilheira do Himalaia.
- **Monte Aconcágua** – localizado na Argentina, possui uma altitude de 6.962 m. É a maior montanha das Américas e também de todo o hemisfério sul.
- **Monte Quilimanjaro** – Situa-se no norte da Tanzânia, junto à fronteira com o Quênia. É o ponto mais alto da África, com uma altitude de 5.892 m.
- **Monte Elbrus** – Com 5.642 m de altitude, localiza-se na parte ocidental da cordilheira do Cáucaso, na Rússia, perto da fronteira com a Geórgia.

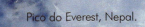

Pico do Everest, Nepal.

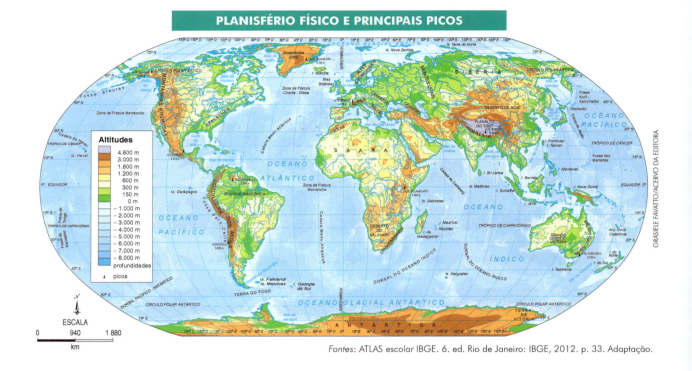

Fontes: ATLAS escolar IBGE. 6. ed. Rio de Janeiro: IBGE, 2012. p. 33. Adaptação.

Forças exógenas

As forças exógenas modelam as formas do relevo – por isso, também são chamadas de **agentes modeladores** do relevo – provocando erosão e, consequentemente, o desgaste das superfícies. Em geral, tais modificações sofridas pela crosta terrestre ocorrem lentamente.

Entre as principais forças exógenas estão:

- a **chuva** – é responsável pelo fraturamento das rochas e posterior alteração das propriedades químicas dos minerais que as compõem, levando à sua decomposição;
- o **vento** – promove o desgaste mecânico das rochas e a varredura de superfícies terrestres, principalmente das porções que apresentam cobertura vegetal pobre ou inexistente;
- os **rios** – responsáveis pela escavação do canal fluvial e transporte de sedimentos;
- os **oceanos** – desgastam e modelam as áreas litorâneas;
- as **geleiras** – a formação e o degelo das geleiras levam ao desgaste do relevo e à formação de depósitos de sedimentos;
- o **ser humano** – ao aplainar terrenos para a construção de estradas, promover a retirada de minerais e rochas dos solos e subsolos ou aterrar áreas antes ocupadas pelos mares para ampliar a superfície habitável, também pode ser considerado um agente modelador do relevo.

Explorando o tema

Uma questão de escala

As dimensões majestosas e gigantescas de muitas formas do relevo são dadas pela nossa perspectiva, ou seja, pelo nosso tamanho (escala humana).

Se compararmos as dimensões dessas formas com o tamanho do planeta, veremos que elas são absolutamente desprezíveis: o raio da Terra, por exemplo, mede aproximadamente 6.300 km. A diferença entre o ponto mais alto do planeta, o Monte Everest (8.848 m), e o ponto mais profundo dos oceanos, encontrado no oceano Pacífico, na fossa das Marianas, com 11.033 m, é de 19,88 km, o que é insignificante face ao diâmetro terrestre.

A influência do arcabouço geológico nas formas de relevo

O arcabouço geológico de uma região sofre a ação de agentes físicos, químicos e biológicos, levando à desagregação das partículas rochosas. Esse fenômeno é conhecido como **intemperismo**. Como exemplo de intemperismo **físico**, citamos as *dilatações* e *contrações* das rochas devidas às variações de temperatura, que provocam desagregação de seus elementos.

A desagregação também pode se dar pela *dissolução* de certos minerais encontrados em algumas rochas, sendo bastante pronunciada a ação intempérica nas regiões mais úmidas. Esse processo recebe o nome de intemperismo **químico**. Já o intemperismo **biológico** ocorre, por exemplo, devido à ação das raízes das plantas nas rochas, que vão penetrando e destruindo a massa rochosa.

As partículas que se desprendem das rochas recebem o nome de **sedimentos**. A estrutura do arcabouço geológico é um dos elementos que determinam a velocidade e a intensidade do processo erosivo ou de desgaste. Por exemplo: os arcabouços formados por rochas ígneas ou magmáticas, graças à sua composição e resistência, são desgastados muito mais lentamente do que os de origem sedimentar.

ígnea: referente ou própria do fogo

Os agentes erosivos não alteram apenas o relevo; também são responsáveis pelo transporte e depósito de bilhões de toneladas de sedimentos que se separam das rochas e são acumulados em bacias sedimentares.

É difícil visualizarmos o transporte contínuo dessa infinidade de sedimentos. Você já viu um rio barrento depois das chuvas? A água barrenta indica que há uma grande concentração de sedimentos em suspensão sendo transportados pelo rio. Esses sedimentos foram retirados de diversas áreas por diferentes agentes e se encontram em suspensão nas águas. Serão depositados nos leitos, nas margens ou na foz do rio ou, ainda, no leito dos oceanos.

O acúmulo de sedimentos nos leitos dos rios recebe o nome de **assoreamento**. A ocorrência desse fenômeno cria sérios problemas, pois diminui a profundidade dos rios, comprometendo a navegação e também aumentando a inundação nas margens. A ação antrópica, como, por exemplo, o desmatamento das margens e das nascentes, acelera o assoreamento, agravando as consequências desse fenômeno natural.

Assoreamento na margem do Rio Xingu, próximo à aldeia Aiha Kalapalo, em Querência (MT).

AS CARACTERÍSTICAS E FORMAS DA SUPERFÍCIE BRASILEIRA

altimétrico: referente à altitude

Ao analisarmos o mapa altimétrico do Brasil, percebemos que o país apresenta altitudes bastante modestas. Somente cerca de 3% do nosso território tem altitudes acima de 900 m. Mas por que essas altitudes são tão baixas?

Fonte: ATLAS escolar IBGE. 6. ed. Rio de Janeiro: IBGE, 2012. p. 88. Adaptação.

Há milhões de anos os agentes endógenos não promovem grandes soerguimentos em nosso país. A não ocorrência desses fenômenos está ligada à nossa atual posição sobre a placa tectônica, afastada das bordas. Assim, sofremos a ação dos agentes exógenos, que provocam desgaste da superfície, sem a contrapartida de grandes soerguimentos.

As maiores altitudes do país estão localizadas na serra do Imeri, na fronteira com a Venezuela. Nelas encontramos o pico da Neblina (ponto culminante do Brasil) e o pico 31 de Março. Outra região com altitudes significativas (para os padrões brasileiros) é a dos planaltos e serras do Atlântico Leste e Sudeste, onde se encontram o pico da Bandeira, a Pedra da Mina e o pico das Agulhas Negras.

Principais formas do relevo brasileiro

Existem no país três grandes unidades de relevo: os **planaltos**, as **planícies** e as **depressões**.

O estudo dos agentes endógenos e exógenos é de fundamental importância para a compreensão da existência dessas formações.

Os picos culminantes no Brasil

Nos últimos anos, o avanço tecnológico fez com que novos métodos de medição de altitudes fossem adotados. A partir dessas novas técnicas, muitos dos pontos culminantes do país tiveram suas altitudes revistas. O IBGE continua com esse trabalho com o objetivo de revisar a dimensão de todos os picos.

PICO	LOCALIDADE	ALTITUDES ANTIGAS (m)*	ALTITUDES NOVAS (m)**
da Neblina	Serra Imeri (Região Norte)	3.014,10	2.993,8
31 de Março	Serra Imeri (Região Norte)	2.992,40	2.972,7
da Bandeira	Serra do Caparaó (Sudeste)	2.889,80	2.892,0
Pedra da Mina	Serra da Mantiqueira (Sudeste)	2.770,00	2.798,4
Agulhas Negras	Serra do Itatiaia (Sudeste)	2.787,00	2.791,5
do Cristal	Serra do Caparaó (Sudeste)	2.780,00	2.769,8

IBGE. *Anuário Estatístico do Brasil.* 2001*, p. 34 e 2012**, v. 72, p. XXIX.

Planaltos

São formas de relevo mais ou menos planas, que apresentam irregularidades, onde o processo de erosão é mais intenso do que o de sedimentação. São exemplos dessas irregularidades as serras na superfície dos planaltos, superfícies acidentadas que apresentam grandes desníveis; as chapadas, que apresentam topos aplainados e encosta escarpada; e as escarpas, vertentes com declive muito acentuado.

Chapada Diamantina, BA.

Planícies

São áreas planas onde predomina o processo de sedimentação sobre o erosivo. É importante lembrar que as áreas de planície, dependendo da escala em que se trabalha, podem ser encontradas em qualquer altitude. Um bom exemplo disso são as várzeas de rios, que sempre são áreas de planície, independentemente da altitude em que se encontram.

Planície do Pantanal, MS.

Depressões

São áreas de relevo rebaixado, mais ou menos planas, sem apresentar irregularidades, com suaves inclinações, formadas por prolongados processos de erosão e, na maioria das vezes, circundadas por planaltos elevados. O processo de erosão também supera o de sedimentação. Essa forma ocorre geralmente em áreas de bacias sedimentares.

Depressão cuiabana, Parque Nacional da Chapada dos Guimarães (MT).

Classificações do relevo brasileiro

Nas últimas décadas foram feitas várias classificações do relevo brasileiro, tornando-as cada vez mais precisas. A evolução das classificações mostra o avanço tecnológico a serviço da ciência. Fotografias aéreas, imagens de satélites e de radares permitiram um levantamento cada vez mais detalhado de nosso território.

Na década de 1940, o professor Aroldo de Azevedo classificou o relevo brasileiro a partir de esboços preexistentes. O pequeno nível de detalhamento apresentado em sua classificação se deve às limitações tecnológicas e de informações sistematizadas da época.

Fonte: SIMIELLI, Maria Elena. Geoatlas. 33. ed. São Paulo: Ática, 2009. p. 105. Adaptação.

Explorando o tema

Quem foi Aroldo de Azevedo

Aroldo de Azevedo (1910-1974), geógrafo paulista de Lorena, muito contribuiu para o ensino e o desenvolvimento da Geografia como ciência. Licenciou-se em Geografia e História pela Universidade de São Paulo – USP, tornando-se um de seus principais professores. Discorreu em livros didáticos a Geografia do Brasil e do mundo, com mais de trinta títulos publicados. Influenciou toda uma geração de profissionais. Foi o autor da primeira classificação do relevo brasileiro, ainda hoje conhecida pelos alunos, reformulada por Aziz Ab'Saber e mais tarde pelo professor Jurandyr Ross, ambos docentes da mesma universidade.

Aroldo de Azevedo.

Nas décadas de 1950 e 1960, o professor Aziz Ab'Saber reelaborou a classificação do relevo brasileiro, a partir da proposta feita pelo professor Aroldo de Azevedo e com o auxílio de fotografias aéreas que possibilitaram um maior detalhamento à classificação.

Fonte: SIMIELLI, Maria Elena. *Geoatlas*. 33. ed. São Paulo: Ática, 2009. p. 105. Adaptação.

Explorando o tema

Aziz Ab'Saber, um geógrafo em sua essência

Descendente de libaneses e portugueses, Aziz Ab'Saber (1924-2012) nasceu na pequena São Luiz do Paraitinga, interior de São Paulo. Cientista e humanista, especialista em geografia física e referência em assuntos como meio ambiente e impactos ambientais decorrentes das atividades humanas, concluiu bacharelado e licenciatura em Geografia e História pela Universidade de São Paulo, onde trabalhou por anos como técnico de laboratório e professor. Teve extensa produção intelectual, com mais de 400 trabalhos. Suas pesquisas sobre as transformações sofridas pelo atual território brasileiro ao longo do tempo geológico introduziram uma nova forma de ver o relevo do país.

A partir de sua vasta experiência em trabalhos de campo e pesquisas sobre relevo, Ab'Saber apresentou, em 1967, sua proposta de divisão do relevo do Brasil, aperfeiçoando a classificação anteriormente apresentada por Aroldo de Azevedo.

Aziz Ab'Saber.

Na década de 1980, o professor Jurandyr L. S. Ross, com base nas classificações anteriores e nas informações obtidas pelo projeto RADAMBRASIL, realizou uma nova classificação do relevo brasileiro, baseado em três pilares:

1. morfoestrutura – analisou a influência da estrutura geológica e das rochas nas formas de relevo;
2. morfoescultura – analisou a influência dos climas passados nas atuais formas;
3. morfoclimática – analisou a influência dos climas atuais sobre a dinâmica da superfície.

Nessa nova classificação, o Brasil apresenta 28 unidades de relevo divididas da seguinte maneira: 11 planaltos, com altitudes acima de 300 m; 11 depressões, com altitudes variando de 100 a 500 m; e 6 grandes planícies, que não ultrapassam os 300 m de altitude. Essa nova classificação mostrou que o Brasil possui uma área de planície muito menor do que se supunha (um bom exemplo é a Planície Amazônica) e muitas das áreas anteriormente classificadas como regiões de planícies passaram a ser classificadas como depressões.

Compare a classificação atual com as mais antigas e veja as diferenças.

Fonte: ROSS, J. L. S. (Org.). *Geografia do Brasil*. 6. ed. São Paulo: Edusp, 2005. p. 53. Adaptação.

Alguns perfis do relevo brasileiro

Os perfis topográficos a seguir foram produzidos a partir do mapeamento proposto por Jurandyr Ross. Observando-os, podemos entender melhor o que representam as unidades de relevo apresentadas no mapa.

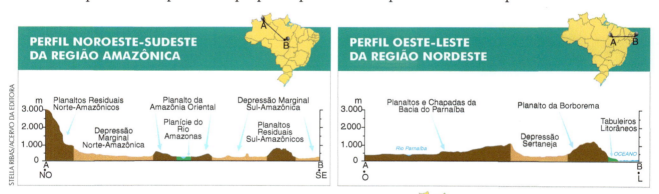

Fonte: ROSS, J. L. S. (Org.). *Geografia do Brasil*. 6. ed. São Paulo: Edusp, 2005. p. 54, 55, 63. Adaptação.

RELEVO SUBMARINO

Durante muito tempo o relevo submarino foi um enigma. Porém, com o uso de sonares, foi possível desvendá-lo. Descobriu-se que ele é muito diferente do que se imaginava: uma planície salpicada por alguns pontos mais elevados. Na realidade, pudemos identificar dois patamares bem definidos: o primeiro, a margem continental; o segundo patamar atinge as profundezas oceânicas, onde encontramos grandes elevações – as cordilheiras submersas –, as bacias oceânicas, além de profundas e enormes fossas marinhas.

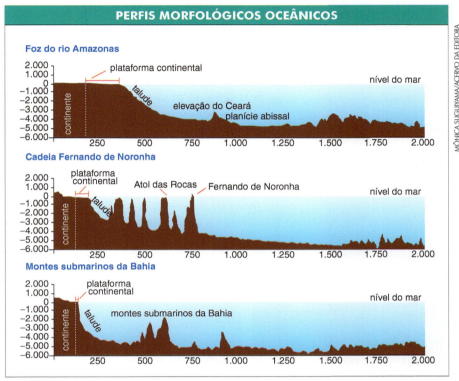

Fonte: IBGE. MARINHA DO BRASIL. Atlas Geográfico das Zonas Costeiras e Oceânicas do Brasil. Rio de Janeiro, 2011. p. 36. Adaptação.

Primeiro patamar – margem continental

- **Plataforma continental** – é uma extensão submersa dos continentes, apresentando pequena declividade em direção ao alto-mar. Na verdade, trata-se da continuação geológica e geomorfológica dos continentes. Em geral, a profundidade das plataformas não ultrapassa os 200 m e sua largura é variável.

    A combinação da pequena profundidade com a incidência solar permite a formação de ambientes com grande biodiversidade (flora e fauna marinhas ricas).

    A exploração econômica da plataforma continental, tanto no que diz respeito à pesca como à exploração de petróleo, é bastante relevante para diversos países como, por exemplo, o Brasil.

- **Talude continental** – corresponde à passagem da plataforma continental para os fundos oceânicos. Essa forma de relevo apresenta grande declividade, muitas vezes interrompida por cânions e vales submersos. Os desníveis podem atingir até 4.000 metros.

Segundo patamar – bacias oceânicas, fossas e cordilheiras marinhas

- **Bacias oceânicas** – são áreas submarinas extensas e profundas com relevo relativamente plano. Iniciam-se a partir da base da margem continental e não incluem as grandes cordilheiras e as fossas marinhas.
- **Fossas marinhas** – são depressões alongadas e estreitas com laterais muito íngremes. Surgem em áreas de contato de placas tectônicas e podem atingir grande profundidade.
- **Cordilheiras marinhas** ou **dorsais oceânicas** – são cadeias montanhosas submersas com feições longas e contínuas. Podem atingir grandes extensões como, por exemplo, a Dorsal Atlântica, que vai das costas da Groenlândia até o sul da América do Sul.

AS FORMAS DO LITORAL

As costas dos continentes apresentam diferentes recortes, também resultantes da ação das forças endógenas e exógenas que modelam toda a superfície terrestre. Todavia, a erosão e sedimentação produzidas pelas águas oceânicas (conhecidas, respectivamente, como **abrasão marinha** e **sedimentação marinha**), pelas águas dos rios que deságuam nos oceanos e pela ação do gelo marcam profundamente essas formas. Entre as várias formas existentes no litoral merecem destaque: penínsulas, cabos, pontas, golfos, baías, enseadas, recifes, fiordes, restingas e falésias.

- **Península**, **cabo** e **ponta** – são porções do continente que se projetam para os oceanos em forma de quina. Diferem entre si basicamente pelas dimensões: as penínsulas são as maiores, os cabos são intermediários e as pontas, as menores.

(a) Península do Sinai; (b) Cabo da Boa Esperança, África; (c) Praia das Conchas, Cabo Frio, Rio de Janeiro e (d) Ponta do Seixas, Paraíba.

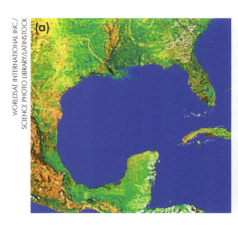
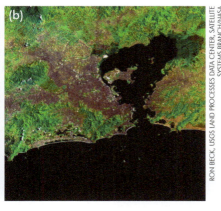

- **Golfo, baía e enseada** – são reentrâncias da costa com formato aproximadamente circular. Diferem entre si basicamente pelas dimensões: os golfos são os maiores, as baías são de tamanho intermediário e as enseadas são as menores.

(a) Golfo do México;
(b) Baía da Guanabara, Rio de Janeiro e
(c) Praia da Enseada, Guarujá, São Paulo.

- **Recifes** – formações rochosas que aparecem junto ao litoral. Podem ser classificados, segundo sua origem, em recifes de corais ou de arenitos.

- **Fiordes** – corredores sinuosos, estreitos e profundos, cercados de paredões laterais. São antigos vales escavados por geleiras. A diminuição das geleiras associada ao rebaixamento do continente permitiu a penetração das águas do mar.

Grande barreira de coral na Austrália.

Fiorde Naeroyfjord, considerado Patrimônio Mundial da UNESCO, na Noruega. Observe o leito sinuoso percorrido pelas águas.

- **Restinga** – corresponde a uma faixa de areia, depositada paralelamente ao litoral em consequência do processo destrutivo e construtivo do oceano. O litoral de restingas possui características típicas: **faixas de areia paralelas, lagoas** resultantes do confinamento de antigas baías – como acontece no norte do RJ e no litoral do RS – e **dunas**.

- **Falésias** – são formas abruptas ou escarpadas do relevo litorâneo. No Brasil, muitas vezes esse termo é utilizado de maneira errônea. Deve-se usá-lo para designar somente esse tipo de costa, em que o relevo possui fortes abruptos onde o mar desgasta sua base.

Área de restinga no Estado do Rio de Janeiro. Observe os três aspectos característicos: dunas, lagoas e faixas de areia paralelas. Praia e Lagoa de Maricá.

As falésias são encontradas tanto no litoral do Nordeste como do Sul do Brasil. Essa forma de relevo representa principalmente o resultado da ação do mar sobre a encosta. Falésia na Praia da Barreira do Inferno, Parnamirim, RN.

Integrando conhecimentos

Recifes de corais são ameaçados pela acidez dos oceanos

Os recifes de corais, que abrigam um terço das espécies marinhas e protegem as costas dos maremotos, estão ameaçados pelo aumento da acidez dos oceanos e pelas atividades humanas, alertaram os cientistas (...).

O aumento da acidez é uma consequência das crescentes emissões de CO_2 na atmosfera, parte da qual se recicla nos oceanos. Assim, na água do mar, o pH, uma medida para calcular a acidez, passou de 8,2 antes da Revolução Industrial para 8,1 atualmente e pode cair a 7,9 ou 7,8 no fim do século. (...)

O aumento de dois ou três graus centígrados da temperatura da água, que acontece em fenômenos climáticos como o "El Niño", que afeta o oceano Pacífico, embranquece o coral por uma ruptura da associação com as algas unicelulares que vivem em simbiose.

Branqueamento em coral. Efeito causado pelo "El Niño" no oceano Índico, Ilhas Maldivas, na Ásia.

"A incidência e a gravidade dos fenômenos de embranquecimento não pararam de aumentar nos últimos 20 anos", advertiu Marina Duarte, do Centro Nacional de Oceanos do Havaí.

No total, 40% dos recifes de corais, sobretudo no oceano Índico e no Caribe, já estão deteriorados e 10% foram perdidos. Os 50% restantes estão em risco de extinção a curto ou longo prazo por culpa do aquecimento global.

Antes da Segunda Guerra Mundial, os corais eram destruídos por ciclones, mas não pelas atividades humanas.

Disponível em: <http://www1.folha.uol.com.br/folha/ambiente>.
Acesso em: 26 jul. 2016.

ATIVIDADES

PASSO A PASSO

1. O que é relevo e qual a sua importância para a humanidade?

2. "Penck percebeu que o entendimento das atuais formas de relevo da superfície da terra são produtos do antagonismo das forças motoras dos processos endógenos e exógenos."

ROSS, 1992, p. 18.

Com base na leitura deste capítulo, quais são essas "forças motoras" citadas no texto? Explique-as.

3. Explique o processo de intemperismo e suas variadas formas de ação na rocha.

4. O Brasil é um país caracterizado pelas baixas altitudes. Por quê?

5. Explique os três tipos de relevo presentes no Brasil.

6. Leia o texto abaixo e responda ao que se pede.

"A análise da configuração atual do relevo da crosta terrestre presente sob a coluna de água dos oceanos tem possibilitado a compartimentação dos fundos marinhos atuais em grandes unidades de relevo, moldadas tanto pelos processos tectônicos globais como pelos eventos relacionados à dinâmica sedimentar atuante nos últimos milhares de anos."

Fonte: TEIXEIRA, W. (Org.) Decifrando a Terra.
São Paulo: Oficina de Textos, 2009, cap. 14, p. 378.

O que são e como se dividem essas "unidades de relevo" referentes aos fundos marinhos citadas?

IMAGEM & INFORMAÇÃO

1. A imagem ao lado retrata um deslizamento de terra. Discuta e explique esse fenômeno.

Deslizamento de terra causado pela chuva nas encostas das montanhas da cidade de Nova Friburgo, Rio de Janeiro, em junho de 2011.

2. Observe o mapa abaixo e responda:

Fonte: ROSS, J. L. S. (Org.). *Geografia do Brasil*. 6. ed. São Paulo: Edusp, 2005. p. 53. Adaptação.

a) Quais os elementos que serviram de base para essa classificação?
b) Identifique o tipo de relevo da região em que você vive.

3. A imagem ao lado representa as diferentes formas do litoral. Escolha duas e explique como elas são.

① enseada ⑥ laguna
② cabo ⑦ delta
③ duna ⑧ plataforma continental
④ praia ⑨ talude continental
⑤ restinga ⑩ sopé continental

TESTE SEUS CONHECIMENTOS

1. (FUVEST – SP) Do ponto de vista tectônico, núcleos rochosos mais antigos, em áreas continentais mais interiorizadas, tendem a ser os mais estáveis, ou seja, menos sujeitos a abalos sísmicos e deformações.

Em termos geomorfológicos, a maior estabilidade tectônica dessas áreas faz com que elas apresentem uma forte tendência à ocorrência, ao longo do tempo geológico, de um processo de:

a) aplainamento das formas de relevo, decorrente do intemperismo e da erosão.
b) formação de depressões absolutas, geradas por acomodação de blocos rochosos.
c) formação de cânions, decorrente de intensa erosão eólica.
d) produção de desníveis topográficos acentuados, resultante da contínua sedimentação dos rios.
e) geração de relevo serrano, associada a fatores climáticos ligados à glaciação.

2. (UEG – GO) A superfície da Terra não é homogênea, apresentando uma grande diversidade de desníveis, seja na crosta continental ou na oceânica. No decorrer do tempo, esses desníveis sofrem alterações exercidas por forças endógenas e exógenas. Sobre o assunto, é correto afirmar:

a) as forças endógenas, como temperatura, ventos, chuvas, cobertura vegetal e ação antrópica, entre outras, modelam o relevo terrestre, dando-lhe o aspecto que apresenta hoje.
b) aterros, desmatamentos, terraplanagens, canais e represas são exemplos da ação exógena provocada pela força das enchentes e dos tsunamis, independente da ação do homem.
c) a forma inicial do relevo terrestre tem sua origem na ação de forças exógenas, enquanto o modelamento feito ao longo de milhões de anos é produto de forças endógenas que atuam na superfície.
d) vulcanismo, terremotos e maremotos são movimentos provocados pelo tectonismo proveniente da ação das forças endógenas que também constituíram as cadeias orogênicas e os escudos cristalinos.

3. (PUC – RS) Com base no desenho do perfil topográfico e no mapa do Brasil a seguir, responda ao que se pede.

É provável que o perfil topográfico seja a representação do território por onde passa a linha identificada pelo número:

a) 1. c) 3. e) 5.
b) 2. d) 4.

---

4. (UNIOESTE – PR) As modernas técnicas cartográficas e de sensoriamento remoto permitiram realizar levantamentos mais detalhados sobre as características fisiográficas (geologia, relevo, solo, hidrografia, clima e vegetação) do Brasil. No final da década de 1980, o professor Jurandyr Ross, do Departamento de Geografia da Universidade de São Paulo, propôs uma divisão mais detalhada do relevo brasileiro do que as anteriores.

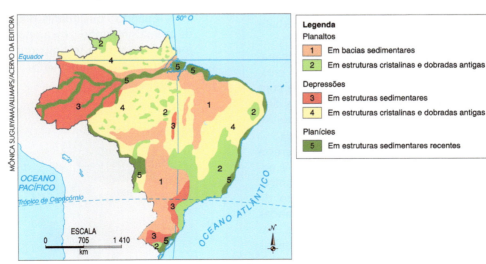

Adaptado de ROSS, J. L. S. *Relevo Brasileiro: uma proposta de classificação.* Revista do Departamento de Geografia. São Paulo, n.4, 1990.

Sobre o relevo e as unidades estruturais do território nacional representados na figura da página anterior, assinale a alternativa INCORRETA.

a) A maioria dos planaltos, também denominados de "formas residuais", é considerada como vestígios de antigas superfícies erodidas pelos agentes externos, os quais atuam continuamente nas paisagens.

b) Os planaltos e as chapadas da Bacia Sedimentar do Paraná englobam terrenos sedimentares e de rochas vulcânicas e o seu contato com as depressões circundantes é feito por meio do talude continental.

c) Nos limites das bacias sedimentares com os maciços antigos, os processos erosivos formaram áreas rebaixadas, denominadas de depressões. As depressões periféricas são aquelas formadas nas regiões de contato entre as estruturas sedimentares e as cristalinas, como, por exemplo, a depressão Sul-Rio-Grandense.

d) As planícies em estruturas sedimentares recentes formam as planícies costeiras, também conhecidas como planícies litorâneas e as planícies continentais situadas no interior do país como, por exemplo, a planície do Pantanal.

e) Em sua classificação para as formas do relevo brasileiro, Jurandyr Ross baseou-se em três critérios: o morfoestrutural, que considera a estrutura geológica; o morfoclimático, que considera o clima e o relevo, e o morfoescultural, que considera a ação de agentes externos.

5. (UNICAMP– SP) Para compreender as características geomorfológicas de um terreno, é necessário entender a influência dos agentes internos ou endógenos, que definem a estrutura e geram as formas do relevo, e dos agentes externos ou exógenos, que modelam as feições do relevo. O modelamento das feições do relevo é realizado pelos processos de intemperismo físico e químico.

a) Aponte a ação de quatro fenômenos naturais responsáveis pela alteração do relevo de determinada área: dois que correspondem aos agentes internos e dois que correspondem aos agentes externos.

b) Explique o que são os processos de intemperismo físico e químico.

6. (UEM – PR) Com relação ao relevo submarino e à morfologia litorânea, indique as alternativas corretas e dê sua soma ao final.

(01) Na margem continental sul-americana, no oceano Pacífico, o encontro das crostas oceânica e continental coincide com o encontro convergente das placas Sul-Americana e de Nazca. Nessa borda, ocorre a formação de fossas marinhas.

(02) A região pelágica corresponde à crosta continental propriamente dita, que é geologicamente distinta da crosta oceânica. Nessa região, onde ocorre encontro de placas transcorrentes, surgem as grandes cordilheiras nas bordas continentais, entre elas podem-se destacar as cordilheiras dos Andes e do Himalaia.

(04) A plataforma continental é relativamente plana e constitui a continuação da estrutura geológica do continente abaixo do nível do mar. Por apresentar profundidade média de 200 metros, recebe luz solar, propiciando o desenvolvimento de vegetação marinha, bem como a concentração de cardumes, o que favorece a pesca.

(08) O fiorde é a mais notável ação erosiva do movimento das águas oceânicas no litoral. Sua origem está relacionada aos impactos das ondas, diretamente contra formações rochosas cristalinas ou sedimentares, muito comuns no Nordeste brasileiro e no litoral do Rio Grande do Sul.

(16) As barras são barreiras próximas à praia que diminuem ou bloqueiam o movimento das ondas. Sua origem pode ser biológica, quando constituídas por carapaças de animais marinhos, ou arenosa, quando formadas por uma restinga que se consolida em rochas sedimentares.

7. (MACKENZIE – SP)

Observando o mapa, é correto afirmar que o fenômeno apresentado pela foto corresponde:

a) ao processo de desmatamento para a expansão da agropecuária, sobretudo soja e criação de bovinos, que ocorre na Amazônia Legal, identificado no mapa pelo número 1.

b) a uma das consequências que se pode notar com o desmatamento da Floresta de Araucárias para a produção de papel, identificado no mapa pelo número 5.

c) aos deslizamentos ou escorregamentos de solos, decorrentes de formas inadequadas de ocupação, frequentemente observados na região identificada pelo número 4.

d) ao processo de devastação dos Cerrados em função da expansão de cultivos mecanizados de grãos para exportação, verificados na região identificada pelo número 3.

e) ao processo de "arenização", decorrente do uso inadequado dos solos para pastagens, típicos das áreas identificadas pelos números 2 e 6.

8. (PASES – UFV – MG) Observe o mapa dos domínios no território brasileiro, de Ab'Saber (1969), e assinale a alternativa que indica CORRETAMENTE o(s) critério(s) utilizado(s) pelo autor para a delimitação das áreas representadas:

a) por macrorregiões políticas, econômicas e populacionais.
b) por conjunto de ecossistemas, que formam biomas.
c) por condições físicas de relevo, clima, vegetação e hidrografia.
d) por renda média dos domicílios brasileiros.

9. (PAS – UnB – DF) A construção da hidrelétrica de Balbina foi considerada um grande desastre ecológico. Com o fechamento de suas comportas, formou-se um lago com área igual a 2.360 km², e foi inundada, aproximadamente, a mesma extensão de área de floresta inundada para a construção da usina de Tucuruí. No entanto, a hidrelétrica de Balbina produz 31 vezes menos energia elétrica que a de Tucuruí.

Com base nessas informações, para que a construção de uma usina hidrelétrica não se torne um desastre como o da construção de Balbina, deve-se considerar principalmente:

a) o regime pluviométrico da região, pois a distribuição temporal de chuva determina o volume de água do reservatório.
b) a declividade do terreno, já que, para a geração de energia, é necessária a força da água.
c) o tipo de vegetação predominante na região, uma vez que será inundada uma grande área.
d) o uso da terra atual, dado que será destruído tudo que se encontra na área a ser inundada.

CAPÍTULO 6

Solos

§ O QUE É SOLO?

Trata-se de um **recurso natural não renovável**. Formado por partículas minerais e orgânicas, encobre grande parte das rochas da superfície terrestre e apresenta espessura variável, podendo ter centímetros ou metros de profundidade. Suporta a cobertura vegetal (natural ou plantada) e tem papel de destaque no ciclo hidrológico.

Origem e formação dos solos

As camadas do solo resultam da combinação de fatores químicos, físicos e biológicos. Dependendo dessa combinação, elas terão aspectos e formações distintas. São fatores que interferem na formação e evolução dos solos a **estrutura rochosa**, o **clima**, os **organismos vivos**, o **tempo de exposição à ação da natureza** e o **relevo local**.

A ação do intemperismo (também chamada **meteorização**) nas rochas cria um ambiente que facilita a penetração de água e a maior infiltração de ar. Estabelece-se, assim, um ambiente muito propício ao desenvolvimento de microrganismos na porção mais próxima à superfície, que atuam na decomposição de restos de vegetais e animais (matéria orgânica). O material resultante desse processo recebe o nome de **húmus**. O clima e o relevo locais atuam tanto no processo de intemperismo como no deslocamento dos materiais particulados.

Os solos apresentam-se em camadas horizontais com características próprias. As diferenças entre as camadas podem ser bem observadas em áreas expostas, onde o solo mostra sua estrutura-

intemperismo: conjunto de processos que ocasionam alterações físicas (desagregação) e químicas (decomposição) nas rochas e minerais em geral, graças à ação de agentes atmosféricos e biológicos

ção. O perfil de um solo completo e bem desenvolvido possui quatro tipos de horizonte, que, tradicionalmente, são chamados de "horizontes principais" e são identificados pelas letras maiúsculas O, A, B e C. Os tipos de solo são definidos pela sequência das camadas e por suas características.

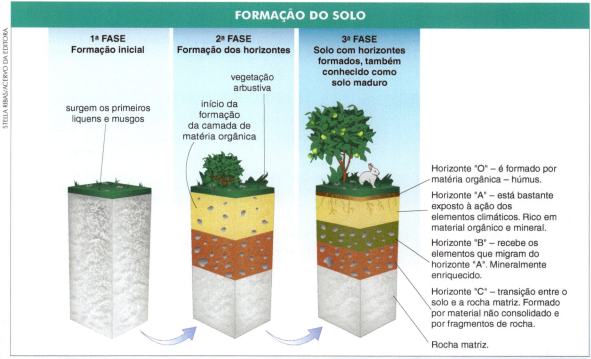

Fonte: GREENLAND, D.; BLIJ, H. J. de. *The Earth in Profile*: a Physical Geography. New York: Harper & Row, Publisherrs, Inc. 1977. Adaptação.

A ideia de *qualidade do solo* está diretamente relacionada à capacidade que esse solo tem de cumprir suas funções no ambiente. Mudanças em sua estrutura alteram suas características e, consequentemente, suas funções. O ramo da ciência que estuda os solos é a **pedologia**, enquanto a **edafologia** dedica-se ao estudo dos solos aráveis.

Disseram a respeito...

Formação dos solos

Segundo o professor Jurandyr Ross, "o solo não é apenas um substrato para o desenvolvimento da biosfera. O solo é um dos determinantes das características da biosfera e é modificado por elas [por meio] dos processos interativos que mantém com os seres vivos. O solo é onde boa parte da vida está ancorada. É o elo de transferência do alimento e da água para as plantas, fechando o ciclo por onde flui a energia. Os solos se desenvolvem a partir de uma matriz rochosa que, por ação do clima, dos seres vivos e da força da gravidade, se diversifica em muitos tipos. Estes se formam por processos lentos e são agrupados pelos especialistas conforme uma série de atributos (...). Essa lentidão é tal que 2,5 cm de solo pode levar de cem a 2 mil anos para se formar. Esse tempo pode ser ainda maior conforme o tipo de solo".

Fonte: ROSS, J. L. S. (Org.). *Geografia do Brasil*. 5. ed. rev. e ampl. São Paulo: Edusp, 2005. p. 22.

➤ Todo solo se origina a partir de determinado substrato. Que substrato é esse?

TIPOS DE SOLO

A nomenclatura oficial dos diferentes tipos de solo segue um sistema de classificação chamado SBCS (Sistema Brasileiro de Classificação de Solos), desenvolvido pela EMBRAPA (Empresa Brasileira de Pesquisas Agropecuárias). O solo, além de ter um nome oficial, que leva em conta suas características específicas, pode ser classificado de acordo com características gerais, como sua origem ou, ainda, os fatores que influenciaram sua formação. Existem, também, solos conhecidos por seus nomes regionais e que ficaram famosos por sua fertilidade.

Quanto à origem

Em termos de origem, os solos podem ser **eluviais**, **aluviais** e **orgânicos**.

Solos eluviais

São depósitos de argila e cascalho deixados por águas fluviais (dos rios) ou pluviais (das chuvas). Formam-se basicamente pela ação do intemperismo químico e, portanto, guardam características dos elementos componentes da rocha que lhes deu origem. Um exemplo de solo eluvial é o solo muito fértil, avermelhado, encontrado na Região Sul, oeste de São Paulo, Mato Grosso do Sul, Minas Gerais e Goiás. Conhecido como **terra roxa** (nitossolo vermelho), é fruto da decomposição do basalto e do diabásio, rochas magmáticas que cobriram essas regiões em eras passadas.

Terra roxa (nitossolo vermelho) após colheita de milho em Maracaju, MS.

Solos aluviais

Identificados em todos os pontos do Brasil, os solos aluviais são formados pelo depósito de sedimentos minerais e orgânicos em áreas de planícies costeiras, várzeas, vales e lagoas, sendo muito férteis. Detritos das rochas são levados pelas águas das chuvas e dos rios e também pelo vento, sendo depositados em outras áreas e dando origem a novos tipos de solo.

Os solos aluviais, devido a sua fertilidade, foram utilizados ao longo da história por diversas civilizações para o desenvolvimento de extensas áreas agrícolas.

Solos orgânicos

São de cor escura e odor característico, encontrados nos depósitos litorâneos, nas várzeas e córregos. Apresentam uma camada superficial rica em material orgânico de origem animal e vegetal em decomposição, além de areia e argila. Estão diretamente relacionados à ação do clima local, por exemplo, nos ambientes quentes e úmidos das florestas pluviais, propícios à formação desse tipo de solo. Devido a suas características, esses ambientes facilitam a proliferação de microrganismos que agem intensamente sobre o solo, ajudando na sua formação.

Solos orgânicos ou biológicos são geralmente frágeis, sendo susceptíveis a mudanças nos ambientes que os abrigam.

Quanto à formação

Os solos podem ser classificados em **zonais**, **azonais** e **interzonais**, dependendo dos fatores que atuam em sua formação, como o clima e a rocha matriz, por exemplo.

Solos zonais

São solos bem desenvolvidos. Refletem a influência do clima local e dos organismos ativos em sua formação. Desenvolvem-se em terrenos com boa drenagem, declives suaves e sobre as rochas de origem.

Solos azonais

São mal desenvolvidos. Isso ocorre por serem solos com pouco tempo de formação (neossolos) ou devido à composição do material rochoso e do relevo, que acabam determinando o tipo de solo pois influenciam-no mais que o clima da região.

Solos interzonais

São solos que refletem pouco a influência dos organismos e do clima. Sofrem influência principalmente do material de origem e do relevo. Formam-se a partir da erosão local e de sedimentos de outros locais.

Explorando o tema

Latossolo – um solo de áreas tropicais

Típicos de áreas tropicais, os latossolos possuem coloração vermelho-alaranjada em virtude da maior ou menor presença de óxidos de ferro. Geralmente são profundos, com espessura de mais de 2 m, e porosos, o que permite sua aeração. Não apresentam grande diferenciação entre suas camadas, a não ser a mais superficial que, geralmente, é recoberta por farta quantidade de material orgânico que garante sua fertilidade. Por causa da intensa pluviosidade, eles são constantemente lixiviados ("lavados"). Às vezes, a falta de nutrientes não permite sustentar uma vegetação densa como florestas, favorecendo o aparecimento de cerrados (Brasil) e savanas (África).

A acidez é uma característica comum nos latossolos. O solo do cerrado brasileiro foi por muitos anos considerado impróprio para as práticas agrícolas pelo seu alto nível de acidez. Na década de 1970, agrônomos passaram a corrigir a acidez dos solos do cerrado por meio da técnica da calagem, permitindo que o cultivo seja feito de forma intensiva.

calagem: correção da acidez do solo por meio de adição de calcário

A cor dos latossolos varia de vermelho-escuro a amarelado, dependendo da combinação mineral presente. Sua baixa fertilidade pode ser corrigida com adubação e outros corretivos.

Solos férteis

Entre os solos mais férteis, aqueles mais apropriados para o desenvolvimento da agricultura, destacam-se: **loess**, **tchernozion**, **podzol**, **terra roxa** (nitossolo vermelho) e **massapé**.

Loess

Fruto da ação eólica, é formado por grânulos finos compostos por argila, quartzo e cálcio. Apresenta uma coloração amarela e é típico de áreas de relevo suave e de clima subúmido. É considerado um dos mais férteis existentes e aparece em extensas áreas na China, ao longo do rio Amarelo, na Europa, no Nordeste brasileiro nos EUA, no Nordeste brasileiro, entre outros lugares.

Loess no vale Wachau, Áustria.

Tchernozion

Solo escuro, com espessura média de 1 m, que aparece em áreas de clima temperado (invernos frios e verões quentes e úmidos). Encontrado em pradarias, pampas e estepes, é rico em material orgânico, possibilitando a existência de húmus. Nos invernos rigorosos, a cobertura vegetal, composta por gramíneas, morre. Essa camada de material orgânico em decomposição, com as chuvas e o clima quente dos verões, é incorporada ao solo, trazendo fertilidade. Aparece, dentre outros locais, na Rússia, na Ucrânia e nas pradarias do meio-oeste dos Estados Unidos.

Podzol

Aparece em áreas recobertas por florestas boreais ou taiga das áreas de médias e altas latitudes, como no norte da Rússia e Canadá. É arenoso, ácido e conta com grande quantidade de óxidos de ferro e húmus no horizonte B.

Podzol.

Terra roxa (nitossolo vermelho)

Como já visto, a terra roxa (*rossa*, em italiano, quer dizer vermelho) é um tipo de solo muito fértil oriundo da decomposição do basalto e do diabásio.

O "Derrame de Trapp", um grande derramamento vulcânico que ocorreu durante a Era Mesozoica onde atualmente está situado o território brasileiro, deu origem a esse tipo de solo, que é um dos mais férteis do país. Ele aparece no centro-sul do Brasil (Mato Grosso do Sul, Goiás, Minas Gerais, oeste de São Paulo, Paraná, Santa Catarina e Rio Grande do Sul) e é próprio para o cultivo de produtos como soja, café, algodão e cana-de-açúcar.

No início do século XX, a cafeicultura desempenhou importante papel na economia, sendo o plantio do grão preferencialmente realizado em solos de terra roxa.

Massapé

Solo de cor escura, com alto teor de argila, formado basicamente pela decomposição, entre outras rochas, de gnaisse, granito e calcário, em áreas tropicais sob intensa ação de duas estações bem definidas (seca e úmida). A forte presença da umidade lhe dá uma consistência pegajosa. Na época das secas, a escassez de água torna este solo enrijecido e pouco maleável. No Brasil, aparece no litoral nordestino, na Zona da Mata, no Recôncavo Baiano e no sul da Bahia, tendo sido explorado desde os primórdios da colonização pela lavoura canavieira.

Integrando conhecimentos

Fertilidade dos solos

As plantas são seres vivos capazes de produzir seu próprio alimento por meio da fotossíntese. Nesse processo, os átomos de carbono presentes no CO_2 atmosférico são fixados em moléculas orgânicas, por meio de reações que se costuma representar, simplificadamente, como:

$$6\ CO_2 + 6\ H_2O \rightarrow C_6H_{12}O_6 + 6\ O_2$$

No entanto, nem todas as substâncias de que a planta necessita para sua sobrevivência podem ser produzidas por meio da fotossíntese. Alguns cátions de metais alcalinos e alcalinos-terrosos, como o potássio (K^+), o cálcio (Ca^{2+}) e o magnésio (Mg^{2+}), essenciais para o crescimento das plantas, só são absorvidos por meio das raízes fixadas no solo. Outros íons presentes no solo, os chamados "micronutrientes", são necessários em quantidades menores, mas também desempenham funções importantes. Ao todo, entre macro e micronutrientes, são conhecidos 17 elementos químicos fundamentais para a vida vegetal, além de outros cátions "benéficos", como o sódio, o níquel e o cobalto.

cátion: íon de carga elétrica positiva

Os solos que apresentam esses nutrientes em quantidades adequadas são aqueles que permitem o aparecimento de uma vegetação mais exuberante e a prática de uma agricultura mais rentável. Por isso, costuma-se utilizar o conceito de fertilidade química do solo para diferenciar os solos conforme sua maior ou menor propensão ao crescimento vegetal. A fertilidade química depende de vários fatores naturais, como o material original a partir do qual se formou o solo, a intensidade das chuvas e da evaporação e as condições de drenagem. Solos submetidos a chuvas muito intensas, por exemplo, costumam ter as bases presentes na rocha original rapidamente lixiviadas, levando a uma perda dos cátions alcalinos e alcalinos-terrosos e a um abaixamento do pH do solo.

base lixiviada: base da qual foram retiradas substâncias solúveis por meio de dissolução

No Brasil, a maior parte dos solos tem seus nutrientes lixiviados pelas chuvas frequentes. Pode parecer um contrassenso, mas o solo da Amazônia, por exemplo, é extremamente pobre, só sendo capaz de sustentar uma floresta de grande porte graças à rápida reciclagem de materiais orgânicos por meio da decomposição. O solo do cerrado também é bastante pobre e ácido, sendo necessário o emprego de corretivos alcalinos para realizar a agricultura com bons rendimentos. Apenas a terra roxa, na bacia do Paraná, e o massapé, no litoral da Região Nordeste, podem ser considerados de especial fertilidade no território nacional, devido a particularidades dos materiais a partir dos quais foram formados.

A DEGRADAÇÃO DOS SOLOS

Entende-se por **degradação dos solos** a redução da qualidade desse recurso natural devido a ações naturais e/ou humanas.

A **erosão** e o **esgotamento** dos solos são problemas bastante agudos e comuns nos países pobres. Perdem-se milhões de toneladas de solo fértil todos os anos por causa da falta de cuidados. A escassez de recursos financeiros e o uso de técnicas arcaicas fazem com que os lavradores plantem e replantem nos mesmos campos as mesmas culturas, por anos seguidos, até ocorrer o esgotamento completo dos solos. Mesmo com o avanço tecnológico, tais práticas, utilizadas em larga escala, ainda são as principais responsáveis pela degradação dos solos em grandes áreas do planeta.

Nas áreas tropicais em geral, como no Brasil, o manejo inadequado dos solos vem comprometendo muitos deles. Vejamos alguns fatores de empobrecimento dos solos:

- **voçorocas** – correspondem a profundos sulcos ou rasgões no solo, provocados pelo processo de erosão, que podem atingir dezenas de metros de comprimento e tendem a se aprofundar cada vez mais com as chuvas. Quase todas são resultado de atividades humanas que alteram a cobertura do solo, aumentando o escoamento superficial de chuvas concentradas. As áreas de voçorocas tornam-se praticamente estéreis, não permitindo seu aproveitamento agrícola ou para ocupação urbana. Porém, podem ser evitadas e controladas com o plantio de vegetação rasteira (gramíneas) ou com a construção de degraus (taludes) nas encostas de morros, que diminuem a velocidade das águas e o escoamento superficial;
- **aceleração da erosão, com esgotamento dos solos** – formas de plantio inadequadas provocam a aceleração do processo de erosão, levando ao rápido esgotamento dos solos. Esse processo torna as áreas cultiváveis praticamente estéreis;

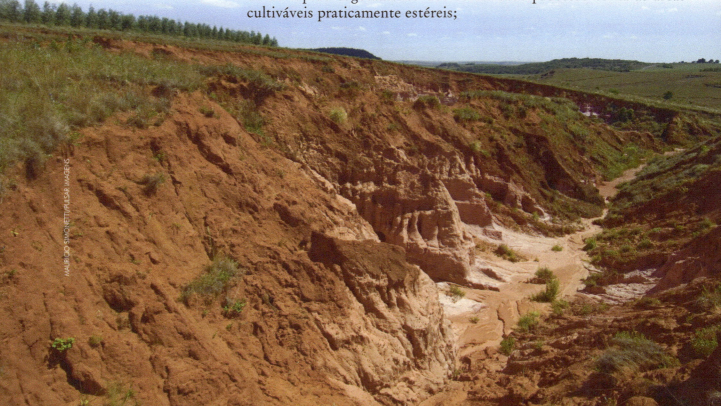

Áreas atingidas por voçorocas tornam-se improdutivas e de difícil recuperação. Na foto, voçoroca em área rural de Manoel Viana, RS.

- **lixiviação** – corresponde à "lavagem" dos solos pelas águas pluviais. É um processo típico de regiões tropicais onde áreas de densa vegetação formam uma rica camada de húmus a partir dos restos vegetais e de animais. Com as chuvas intensas, os nutrientes das camadas superficiais são levados pelas enxurradas ou penetram no subsolo, o que deixa as camadas superficiais muito pobres.

  Na região amazônica, o solo pobre é fertilizado pelo material orgânico proveniente da própria floresta. Com o desmatamento, a formação dessa camada de húmus desaparece, intensificando o processo de lixiviação;

- **laterização** – nas regiões quentes e úmidas, com pluviosidade acentuada, ocorre, por causa da "lavagem" ou lixiviação, uma concentração de hidróxido de ferro e alumínio no solo. A partir dessa concentração, forma-se uma crosta dura de ferrugem, chamada **laterita**, que dificulta o manuseio da terra;

- **assoreamento de rios, ribeirões, córregos, lagos, lagoas e nascentes** – outro problema grave causado pelos desmatamentos, tanto das matas ciliares como das demais coberturas vegetais, ocasionando a perda do solo. A falta de cobertura vegetal faz com que as chuvas carreguem maior quantidade de sedimentos, que são depositados no fundo de rios e em áreas de nascentes, diminuindo a vazão dos cursos fluviais. Desse modo, afetam a navegabilidade, gerando necessidade da realização de dragagens e de outros atos corretivos, e aumentam as enchentes e as inundações. Cursos d'água têm de ser preservados e são objetivo das APPs (Áreas de Preservação Permanente) do Código Florestal;

- **deslizamento de encostas** – está associado à perda de solos nas áreas de encostas. A vegetação de morros e encostas melhora a qualidade do ar e do solo, mantém o que resta da biodiversidade, evita o deslizamento de encostas e, consequentemente, diminui as possibilidades de ocorrência de tragédias;

- **salinização dos solos irrigados** – em áreas tropicais e quentes, a evaporação da água se dá rapidamente e os sais nela contidos vão sendo acumulados no solo. Com o passar do tempo, essa concentração de sais atinge um nível que, além de salgar a terra, pode endurecê-la, tornando-a improdutiva.

> **mata ciliar**: mata situada às margens de rios, lagos, lagoas e represas

Assoreamento de rio em Quaticuru, PA (Floresta Amazônica ao fundo).

Ponto de vista

Desenvolvimento agrícola sustentável

O conceito de sustentabilidade ligado à preservação do meio ambiente é uma ideia recente, visto que nos países desenvolvidos o ambientalismo somente tomou corpo a partir da década de 1950. Isto se deve ao fato de que, a partir dessa época, ficaram evidentes os danos que o crescimento econômico e a industrialização causaram ao meio ambiente, fazendo prever as dificuldades de se manter o desenvolvimento de uma nação com o esgotamento de seus recursos naturais (...).

Devido ao progressivo esgotamento dos recursos naturais e aos efeitos visíveis da deterioração ambiental, o conceito de desenvolvimento sustentável refere-se à capacidade de se obter maiores níveis de bem-estar, sem comprometer a base que sustenta a população atual, mas satisfazendo a necessidade das gerações futuras (...).

O ponto crítico da sustentabilidade não é se deve haver crescimento agrícola ou o quanto deve ele ser, mas como empreender este crescimento, de tal maneira que a base do recurso natural não seja degradada. Se se degrada a base dos recursos que sustentam o bem-estar humano e, sem conservação ou recuperação, a pobreza será inevitável (...). É necessário, portanto, uma mudança de enfoque sobre o uso indiscriminado do capital natural para a sua conservação e aproveitamento em equilíbrio com o meio ambiente.

No Brasil, a questão ambiental está tomando novos rumos, superando a fase heroica e resistente, na qual o ambientalismo e o desenvolvimento eram tidos como adversários. Neste sentido, com a introdução de novos conceitos de desenvolvimento sustentado iniciou-se um novo ciclo, baseado na elaboração e implementação de políticas ambientais, na busca da negociação e do entendimento entre a preservação do meio ambiente e os processos de produção. Os avanços podem ser notadamente verificados com o novo estatuto das águas (Lei Federal 9.433/97), Protocolo Verde (dispositivo institucional de introdução da variável ambiental como critério relevante nas decisões de política econômica e de financiamento de projetos) e outros dispositivos de dimensão ambiental inseridos nas decisões de políticas públicas. Medidas específicas de manejo racional de áreas irrigadas e cobrança pelo uso da água já estão estabelecidas em lei.

Desafortunadamente, o desenvolvimento econômico e social atual contrapõe-se à conservação do meio ambiente. O planejamento e as tomadas de decisões relativas ao desenvolvimento sustentado requerem o entendimento e a integração das considerações ambientais e dos fatores sociais e econômicos. A situação atual revela uma crescente e precária utilização dos recursos naturais pelo homem, depreciando-os quantitativa e qualitativamente.

PAZ, V. P. da S.; TEODORO, R. E. F.; MENDONCA, F. C. Recursos hídricos, agricultura irrigada e meio ambiente. *Rev. bras. eng. agríc. ambient.*, Campina Grande, v. 4, n. 3, p. 465-473, dez. 2000. Disponível em: <http://www.scielo.br/scielo.php?script=sci_arttext&pid=S141543662000000300025&lng=en&nrm=iso>. Acesso em: 27 jun. 2016. <http://dx.doi.org/10.1590/S1415-43662000000300025>.

➢ Sugira uma forma de fazer com que a população saiba como manejar o solo de modo a preservá-lo o mais possível para as próximas gerações.

ARENIZAÇÃO (DESERTIFICAÇÃO ECOLÓGICA) QUE AFETA O RIO GRANDE DO SUL

No sudoeste do Rio Grande do Sul está ocorrendo um processo de desertificação aparentemente provocado pela ação antrópica. A paisagem atual se assemelha a um deserto árido, com solos arenosos e formação de dunas. Por esse aspecto, muitos acreditam que está ocorrendo uma desertificação climática na região. Grande engano! As precipitações pluviométricas locais são bem distribuídas ao longo do ano, com média de 1.000 mm por ano, índice bem superior ao dos desertos, não tendo apresentado alterações nas últimas décadas.

Esse fenômeno é, na verdade, uma desertificação ecológica ou uma arenização, como denominou a professora Dra. Dirce Suertegaray, da Universidade Federal do Rio Grande do Sul (UFRGS). Trata-se, segundo ela, de uma "deficiência da cobertura vegetal devido à intensa mobilidade dos sedimentos por ação das águas e ventos". Acredita-se que o pastoreio e a introdução de plantios recentes, como o da soja, sejam os responsáveis pelo escasseamento da cobertura vegetal nativa (campos). Tal acontecimento expôs os arenitos encontrados no subsolo, que passaram a sofrer intensa erosão eólica devido aos fortes ventos que sopram na região. Essa combinação de fatores fez com que o solo se tornasse arenoso, marcando a paisagem local.

No entanto, a atividade humana pode não ser a única causa do fenômeno. "Os areais fazem parte da dinâmica da paisagem do estado", afirma a professora Suertegaray, que realizou um estudo para determinar as causas do fenômeno. Segundo essa pesquisa, parece que a formação de areais antecede a ocupação humana da região.

Fonte: SEPLAG. *A qualidade do solo, do ar e das águas, no Rio Grande do Sul, deverá melhorar.* Disponível em: <http://seplag.rs.gov.br/trilhas/conteudo.asp?cod_conteudo=576>. Acesso em: 13 fev. 2013.

Técnicas de conservação dos solos

Existem medidas que podem prevenir ou reverter a degradação dos solos, como, por exemplo, a **rotação de culturas**, o **terraceamento** e as **plantações em curva de nível**.

Na Idade Média, os europeus já tinham descoberto o sistema de **rotação de culturas,** que consiste em alternar (em um mesmo campo) o plantio de uma cultura com outra, para evitar que sempre sejam retirados os mesmos componentes do solo.

Na rotação de culturas, muitas vezes deixa-se um campo por um período sem cultivar, para que ele "descanse", enquanto outros campos vão sendo ocupados. Quando houver nova semeadura, haverá o plantio de uma cultura diferente da que havia anteriormente naquele solo. Essa prática é uma forma eficiente de evitar o esgotamento dos solos. Na foto, plantação de milho e soja em fases distintas em Panambi, RS.

Em terrenos íngremes, é possível fazer cortes na encosta de modo a formar verdadeiros terraços. Além de proteger a encosta, esses platôs podem ser cultivados com arroz, por exemplo, aumentando assim a área agricultável. Na foto, plantação de arroz na China.

vertente: encosta, declive

O **terraceamento** (também conhecido como **terraços em patamar**) diz respeito à feitura de cortes nas vertentes das montanhas, formando degraus. Além de evitar a intensificação da erosão, em muitos lugares, como no Sudeste Asiático e no Japão, essa técnica é usada para expandir as áreas agrícolas, pois esses "terraços" são também cultivados. Os primeiros terraços foram feitos pelos fenícios, no atual Líbano, mas tem-se notícias de que também os gregos, já no século V a.C., terraceavam encostas onde eram plantadas oliveiras. Sabe-se também que os terraços em patamar são de uso milenar na China e muito comuns nas montanhas da Indonésia e das Filipinas. Nas Américas, essa técnica, usada até hoje, já era adotada pelos incas antes da chegada dos europeus (no final do século XV).

As plantações em **curvas de nível** também são empregadas para reduzir a velocidade de escoamento das chuvas em áreas devastadas. Essa técnica consiste em cultivar seguindo as cotas altimétricas do relevo.

No plantio em curvas de nível, o cultivo acompanha a altimetria e o traçado do terreno. Compare essa técnica com a do terraceamento. Qual a principal diferença entre elas? Na foto, plantação de café em Londrina, PR.

Disseram a respeito...

Manejo e conservação dos solos

A finalidade da conservação do solo é proteger o recurso solo, assegurando a manutenção de sua qualidade. Entende-se por práticas conservacionistas aquelas medidas que visem conservar, restaurar ou melhorar a qualidade do solo. A adequação da fertilidade e o controle da erosão estão entre as mais importantes práticas para conservação dos solos brasileiros. Atualmente, o sistema de plantio direto, que se expande por todas as regiões agrícolas do país, é a tecnologia mais adequada para reduzir a erosão e manter a matéria orgânica e a fertilidade do solo. Essa é uma das tecnologias reconhecidas pela FAO (do inglês, Organização das Nações Unidas para a Alimentação e Agricultura) como um dos mais eficazes esforços direcionados à sustentabilidade e à competitividade da agricultura em zonas tropicais e subtropicais.

Fonte: RICARDO, B.; CAMPANILI, M. (Eds.). *Almanaque Brasil Socioambiental* – 2008. São Paulo: ISA, 2008.

➢ Elabore, com base em pesquisas sobre manejo e conservação do solo, um plano de uso sustentável desse recurso natural, que contemple a preservação da hidrografia da região e o melhor aproveitamento das águas da chuva.

ATIVIDADES

PASSO A PASSO

1. Quais são os fatores que interferem na formação e evolução do solo?

2. "Classificar um solo é importante, tanto do ponto de vista acadêmico, pois permite, pela sua ordenação, auxiliar o estudo de sua gênese e funcionamento, como do ponto de vista prático, de aplicação, pois permite seu manejo e utilização, para fins agrícolas ou outros."
   TAIOLI, F. et al. (Org.). *Decifrando a Terra*. 2 ed. São Paulo: Companhia Editora Nacional, 2009. p. 230.

   a) Qual é a classificação do solo em relação a sua origem? Explique-a.
   b) E quanto a sua formação? Explique-a.

3. O que é latossolo?

4. Quais são os solos férteis presentes no Brasil?

5. Explique os processos de degradação do solo.

6. "Hoje, um grande esforço é feito para serem desenvolvidos sistemas de uso adequado do solo. Essas práticas de manejo sustentável seriam aquelas que assegurassem uma contínua produção de alimentos, fibras e combustíveis, sem causar danos ao meio ambiente. Isso é possível com o uso integrado das denominadas práticas de conservação do solo."
   LEPSCH, I. F. *Formação e Conservação dos Solos*. São Paulo: Oficina de Textos, 2002.

   Quais são as práticas de conservação citadas no texto? Explique-as.

7. Há uma preocupação crescente em relação ao processo de desertificação climática e suas consequências para o solo. Explique melhor esse fenômeno.

IMAGEM & INFORMAÇÃO

1. Observe a foto ao lado e relacione com o conteúdo deste capítulo. Que fenômeno está retratado? Explique sua formação.

2. A imagem ao lado está representando uma técnica de conservação do solo.
   a) Identifique essa prática.
   b) Explique seu funcionamento.

TESTE SEUS CONHECIMENTOS

1. (UNIOESTE – PR) O solo é a camada superficial da crosta terrestre que resulta da ação simultânea e integrada do clima e organismos sobre um material de origem que ocupa determinada paisagem ou relevo, durante certo período de tempo. Sobre esse tema assinale a alternativa correta.
   a) A argila, o silte e a areia são as partículas minerais que formam a maioria dos solos brasileiros. Nos latossolos vermelhos da região oeste do Paraná, formados a partir das rochas magmáticas extrusivas básicas, a fração areia é a partícula mais comum.
   b) Na formação do solo, a ação do intemperismo químico, físico e biológico é simultânea e uniforme em profundidade, distinguindo-se os diferentes horizontes dos solos.
   c) A ação e os efeitos do intemperismo sobre as rochas e os solos na superfície terrestre não variam mediante as diferentes zonas climáticas, altitude e formas de relevo.
   d) Os solos são formados por uma série de camadas sobrepostas, de aspecto e constituição diferentes, aproximadamente paralelas à superfície e denominadas de regolito.
   e) O material de origem é a matéria-prima a partir da qual os solos se desenvolvem, podendo ser de natureza mineral ou orgânica. Os latossolos são solos profundos, de origem mineral e correspondem aos solos de maior ocorrência no Brasil.

2. (UDESC) Os solos podem ser classificados, de forma simplificada, em três tipos. Analise as proposições sobre os tipos de solo.
   I. Solos arenosos: muito porosos e permeáveis, permitem o escoamento da água com rapidez, por isso eles secam logo. Geralmente são pobres em nutrientes, fruto da lixiviação.
   II. Solos argilosos: os grãos, por estarem bem próximos uns aos outros, retêm água e sais minerais necessários à fertilização das plantas. Quando em excesso, a água pode dificultar a circulação de ar, prejudicando o desenvolvimento das plantas.
   III. Solos humíferos: férteis, pois, embora porosos, facilitam a circulação do ar, retendo boa quantidade de água no solo.

   Assinale a alternativa correta.
   a) Somente a afirmativa I é verdadeira.
   b) Somente a afirmativa II é verdadeira.
   c) Somente as afirmativas I e II são verdadeiras.
   d) Somente as afirmativas II e III são verdadeiras.
   e) Todas as afirmativas são verdadeiras.

3. (UNICAMP – SP) Ao considerar a influência da infiltração da água no solo e o escoamento superficial em topos e encostas, é correto afirmar que:

a) a maior infiltração e o menor escoamento superficial retardam o processo de intemperismo físico e aceleram a erosão.
b) a menor infiltração e o menor escoamento superficial inibem a erosão e favorecem o intemperismo químico.
c) a menor infiltração e o maior escoamento superficial aceleram o intemperismo físico e químico e retardam o processo de erosão.
d) a infiltração e o escoamento superficial aceleram, respectivamente, os processos de intemperismo químico e de erosão.

4. (UPE) No mundo tropical, os estudos geográficos relacionados aos solos se voltam, em geral, para um tema básico, a "lixiviação", que:

a) consiste na retirada dos nutrientes dos solos provocados pelas raízes dos vegetais, sobretudo de florestas ombrófilas e de matas ciliares.
b) é um processo pedogenético que se restringe às áreas mais elevadas dos ambientes quentes e secos do mundo tropical e se caracteriza pelo acréscimo de velocidade do desenvolvimento dos solos.
c) aumenta consideravelmente o poder de reestruturação dos solos, enriquecendo-os; esse fato é comum nas áreas de matas ciliares que não foram degradadas.
d) é um processo pedogenético comum nas áreas equatoriais, que favorece o empobrecimento dos solos, à medida que diminui os nutrientes minerais.
e) é um fator pedogenético típico do trópico semiárido que interfere nos processos erosivos das encostas ocupadas por caatingas hiperxerófilas densas.

5. (UERJ) A erosão de solos causa prejuízos econômicos e sociais em várias partes do Brasil e do mundo. Seu controle é um desafio que se impõe de forma crescente, principalmente em países pobres.

Observe a ilustração abaixo, que indica a intensidade da erosão anual do solo em diferentes áreas:

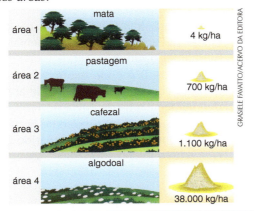

Explique por que a área 1 apresenta menores perdas de solo em função da erosão. No contexto das práticas agrícolas, cite duas técnicas de plantio que diminuem a ação erosiva nos solos.

6. (UFG – GO) Leia os textos a seguir.

Os rios "(...) são fundamentais para o escoamento das águas das chuvas (...) e o homem sempre se beneficiou dessas águas superficiais para sua preservação e sua manutenção".
RICCOMINI, C. et al. Processos fluviais e lacustres e seus registros. In: TEIXEIRA, W. et al. (Org.). Decifrando a Terra. São Paulo, Companhia Editora Nacional, 2009. p. 306.

Em Goiânia (...) "o Corpo de Bombeiros registrou 17 pontos de alagamento principalmente na região norte da cidade. (...) Ruas se transformaram em rios. (...) Os moradores perderam quase tudo".
SASSINE, V. J. Meia Ponte invade casas na capital. O Popular, Goiânia, 5 abr. 2010. In: Ministério Público do Estado de Goiás. Disponível em: <http://www.mp.go.gov.br/portalweb/1/noticia/bd5482456bf06a1062c6daa0b78b5e6f.html>. Acesso em: 17 set. 2011. [Adaptado].

Estes dois textos tratam de processos associados à dinâmica do escoamento das águas e à apropriação do solo urbano, gerando modificações, com alterações significativas nas vazões desses mananciais. Considerando o exposto, as inundações:

a) são advindas da saturação do solo pelo aumento da infiltração das águas das chuvas, em vertentes com baixas declividades.
b) são intensificadas pela diminuição da infiltração e pelo aumento da quantidade e da velocidade das águas de escoamento superficial na vertente.
c) originam-se na alteração topográfica, advinda da intervenção humana em terrenos inclinados, em solos pouco profundos.
d) evoluem em consequência do aumento do peso sobre solos lixiviados pela água da chuva, em terrenos com altas inclinações.
e) decorrem de chuvas bem distribuídas ao longo do tempo, o que acarreta a diminuição da velocidade de chegada da água ao curso fluvial.

7. (UFPE) A desertificação é um dos temas exaustivamente abordados na atualidade pela Geografia. Trata-se de fato originado pela intensa pressão exercida pelas atividades humanas sobre ecossistemas frágeis de baixa capacidade de regeneração. No Nordeste brasileiro, existem diversas áreas onde esse fenômeno já se manifesta. Em geral, nessas áreas observam-se os seguintes problemas:

( ) baixos índices de evapotranspiração e elevada insolação, o que acarreta sérios prejuízos às atividades agrícolas.
( ) desmatamentos resultantes da pecuária extensiva e do uso de madeiras para fins energéticos.
( ) salinização dos solos decorrentes do manejo inadequado no pastoreio e na agricultura.
( ) fraca capacidade de reorganizar a estrutura produtiva das áreas semiáridas.
( ) forte imigração, em decorrência da pressão demográfica existente nesses espaços secos e improdutivos.

8. (PASUSP) A tabela mostra as características principais de três tipos de solo (primeira coluna), três produtos agrícolas predominantes (segunda coluna) e três estados produtores/período histórico em que a cultura desses produtos se estabeleceu (terceira coluna).

TIPO DE SOLO	PRODUTO AGRÍCOLA PREDOMINANTE	ESTADO PRODUTOR/ PERÍODO HISTÓRICO
S1: vermelho-amarelo e amarelo; boa fertilidade; derivado de rochas diversas.	Soja (SO)	Paraná (PR), a partir da primeira metade do século XX.
S2: vermelho-amarelo; baixa fertilidade; ácido; derivado de rochas diversas.	Cana-de-açúcar (CA)	Goiás (GO), a partir de 1960.
S3: vermelho e vermelho-escuro; férrico; boa fertilidade natural derivado de rochas básicas e ultrabásicas.	Café (CF)	Pernambuco (PE), nos séculos XVI e XVII.

A associação correta entre tipo de solo, produto agrícola predominante e estado produtor, considerando os dados da tabela, é aquela expressa em:

a) S1–SO–GO.
b) S1–CF–PE.
c) S2–CA–PR.
d) S3–CF–PR.
e) S3–CA–GO.

9. (SSA – UPE) De acordo com a formação e a evolução, os solos apresentam vários tipos de horizontes. Sobre esse assunto, é CORRETO afirmar que:

a) os solos de ambientes quentes e úmidos são mais delgados do que os que se formam em ambientes semiáridos.
b) o horizonte orgânico encontra-se na camada mais profunda do solo, próximo à rocha consolidada.
c) os solos brasileiros, em face das condições climáticas ambientais, só apresentam três horizontes distintos.
d) o horizonte B é onde ocorre, em geral, a máxima concentração relativa de argila na denominada zona de iluviação.
e) praticamente não existe solo no Sertão pernambucano, pois o clima semiárido provoca a erosão total do horizonte A.

O Planeta Água

CAPÍTULO 7

ÁGUA – ELEMENTO FUNDAMENTAL À VIDA

A água é o mais importante recurso natural existente na Terra, pois, sem ela, não haveria vida como a conhecemos. Desde a Antiguidade o ser humano se preocupa com esse elemento natural, seja para o abastecimento de comunidades ou para usá-lo na agricultura.

Além de essencial à vida, a água é importante regulador térmico da atmosfera terrestre e agente modelador do relevo. Todavia, mesmo diante da importância desse bem, a degradação ambiental produzida pelo ser humano está comprometendo cada vez a qualidade da água existente no planeta, tanto na porção continental como na porção oceânica. E apenas metade da população mundial tem acesso à água potável, o que já provoca desavenças político-religiosas.

O processo de devastação, o crescimento urbano, a falta de sistemas sanitários eficientes, o lançamento de detritos nas águas, a utilização de agrotóxicos pela agricultura, entre outros fatores, contribuem para o comprometimento das águas. Dessa forma, aumenta a escassez de água potável em muitas regiões do planeta.

Comunidades urbanas, de países pobres ou ricos, são obrigadas a procurar novas fontes de captação em locais cada vez mais distantes ou em lençóis subterrâneos, com custos infinitamente maiores.

Vários países já começaram a sentir os efeitos da ação humana sobre as águas. Países africanos que têm territórios em áreas desérticas são os que se encontram em situação mais crítica em relação à disponibilidade de água. Entre eles estão Mali, Chade e Namíbia.

Outros países, como Índia, China e Arábia Saudita, também são exemplos de países com deficiência de água.

Distribuição das águas

A água existente no planeta encontra-se distribuída de maneira desigual. Veja, por exemplo, na imagem abaixo a representação da quantidade de água doce armazenada em rios e lagos: parece abundante, porém é apenas uma pequena parte do total de água do planeta. Se enchermos de água uma garrafa *pet* de 2 L, o conteúdo da tampa corresponde à água potável do planeta.

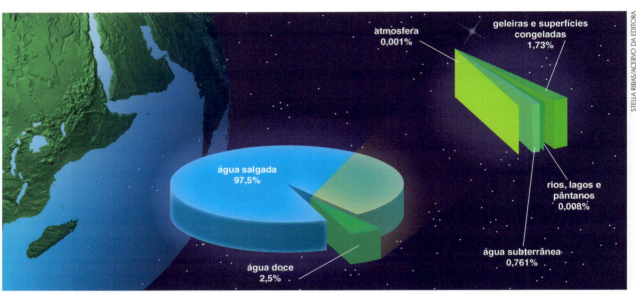

Fonte: GLEICK, P. H. 1996: Water resources. In: SCHNEIDER, S. H. (Ed.). *Encyclopedia of Climate and Weather.* New York: Oxford University Press, 1996. p. 817-823. v. 2. Adaptação.

Os oceanos concentram 97,5% do total da água existente no planeta e recobrem dois terços da superfície terrestre. Nas áreas continentais, a maior parte da água se encontra solidificada nas geleiras; os rios, os lagos, os lençóis subterrâneos e o vapor-d'água existente na atmosfera representam uma parcela pequena de toda a água no mundo, porém essencial para a sobrevivência das espécies.

ORIGEM DA ÁGUA NA TERRA

Você já parou para pensar em como surgiu essa imensa quantidade de água no planeta?

As teorias mais modernas afirmam que o surgimento da água está intrinsecamente ligado ao processo de formação da crosta terrestre.

Durante o processo de solidificação do nosso planeta, as moléculas de H_2O existentes nos silicatos e em outros minerais hidratados foram liberadas para a superfície terrestre. Essa teoria é conhecida como teoria de **desgaseificação** e possui duas vertentes para explicar a liberação de moléculas de água sob a forma de vapor na superfície. Uma delas, a da **desgaseificação primitiva**, afirma que durante a solidificação da crosta houve uma mudança de temperatura de tal ordem que provocou abruptamente a liberação de elementos voláteis (gasosos), que deram origem à hidrosfera.

A outra teoria (atualmente com mais adeptos) aponta para uma **desgaseificação contínua**, provocada por intensa atividade vulcânica que assolou o planeta por um longo período e permitiu o constante aumento de elementos gasosos na superfície.

Embora no meio acadêmico ambas as teorias sejam aceitas, acreditamos que elas não são excludentes e que o somatório desses dois processos, com temporalidades distintas, seja o responsável pelo aparecimento da água, da atmosfera e, em última instância, da vida na Terra.

temporalidade: qualidade do que é temporário, do que dura só algum tempo

O ciclo hidrológico

A água existente na natureza pode ser encontrada em três estados: **sólido**, **líquido** e **gasoso**.

Os vários reservatórios de água do planeta – atmosfera, oceanos, rios, lagos, geleiras etc. – estão permanentemente interligados pelos processos de evaporação, precipitação, infiltração e escoamento, criando uma eterna circulação da água, conhecida como **ciclo hidrológico**. Nesse ciclo, a água percorre vários caminhos, movimentando-se fisicamente por meio das transformações de estado. A energia responsável por essa movimentação é a irradiação solar.

Em termos da velocidade com que se dá o ciclo da água, podemos classificá-lo como **lento**, o que se refere à água na estrutura geológica (rochas magmáticas e metamórficas) que por vezes sobe até a superfície por meio de fontes hidrotermais e gêiseres (no caso de rochas sedimentares, essa água pode se alojar em aquíferos), ou **rápido**, o que se refere à água que circula na superfície, que em parte evapora, pode se infiltrar no solo e nas camadas superficiais da rocha, e, por vezes, é absorvida pela vegetação.

O ciclo hidrológico é vital para a existência e manutenção de todos os tipos de vida no planeta. Qualquer desequilíbrio nesse ciclo provocaria profundas alterações nas paisagens atuais do globo, podendo levar à extinção de muitas espécies e até da vida na Terra.

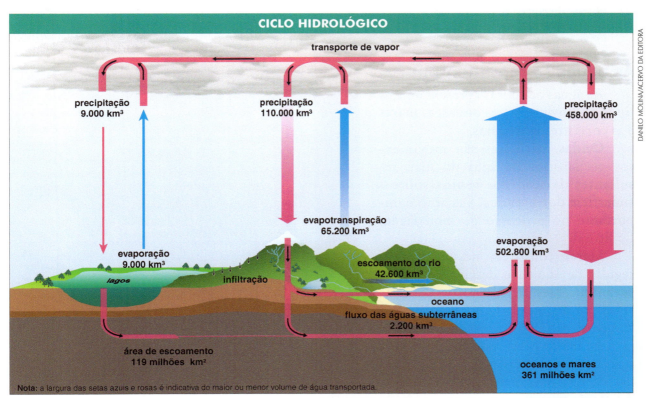

Fonte: SHILDOMANOV, I. A. et al. In: *United Nations Environmental Programme*. Disponível em: <http://oceanworld.tamu.edu/resources/environmental=book/hydrocycle.html>. Acesso em: 15 fev. 2013.

O conceito de ciclo hidrológico está associado ao movimento e à troca de água em seus diferentes estados físicos, o que ocorre nos oceanos, nas calotas de gelo, nas águas superficiais e subterrâneas, e na atmosfera.

AS ÁGUAS OCEÂNICAS

Os oceanos fascinam as pessoas, e o imaginário sobre eles sempre foi muito rico: os gregos acreditavam que fossem governados por deuses; os europeus da Idade Média, que fossem povoados por monstros e que abismos ou enormes buracos tragavam as embarcações. Hoje, já conhecemos muito do que ocorre nos oceanos, inclusive nas grandes profundidades.

A atual superfície do planeta Terra é coberta em 70,8% de sua área (360,2 milhões de km²) por um único e gigantesco oceano, que rodeia as quatro grandes massas continentais (América, Oceania, Antártida e Afro-Eurásia). Essa enorme massa de água, que contém mais de 97% da água da hidrosfera, vital para a manutenção da vida na Terra, acabou sendo dividida pelo homem, com base histórica, física e usual, em quatro grandes oceanos: Pacífico, Atlântico, Índico e Ártico.

O oceano Pacífico, compreendido entre a América, Ásia e Oceania, apresenta uma área de aproximadamente 165,3 milhões de km² e uma profundidade média de 4.000 m.

Além de ser o maior de todos, o oceano Pacífico possui também aquele que é considerado o mais profundo ponto batimétrico do mundo – a fossa das Marianas, com 11.033 m. O oceano Atlântico, que separa a Europa e a África da América, é o segundo maior em área, com aproximadamente 82,2 milhões de km² e uma profundidade média de 3.300 m. O Índico, conhecido no passado como mar das Índias, situa-se entre a África, a Oceania e a Ásia, e é o terceiro maior em área, com aproximadamente 73 milhões de km² e uma profundidade média de 4.000 m. O oceano Ártico, também conhecido como oceano Glacial Ártico, situa-se na região polar Norte e possui a menor área, comparado aos outros oceanos. Com cerca de 14 milhões de km², esse oceano apresenta grande parte de sua superfície congelada o ano todo.

> **batimétrico**: relativo a profundidade

Essa divisão não é, entretanto, a única existente. Há quem cite um quinto oceano: o Antártico, que seria formado por partes do Atlântico, Pacífico e Índico que circundam a Antártida. Essa divisão, porém, é pouco utilizada e considerada por muitos como imprecisa, por causa da falta de limites claros desse oceano.

As águas se movimentam

As águas oceânicas apresentam três tipos de movimento: as **ondas**, as **marés** e as **correntes marítimas**.

Ondas marítimas são movimentos oscilatórios da água do mar, resultantes da ação dos ventos sobre a superfície dos oceanos. Sua ação é importante no processo de modelagem do litoral.

Marés consistem no movimento regular de subida e descida das águas oceânicas. Esse fenômeno ocorre duas vezes por dia, a cada 12 horas aproximadamente.

As marés decorrem da inércia e da ação das forças gravitacionais conjugadas da Lua (em maior grau) e do Sol. As marés provocam o atrito das águas na superfície sólida do planeta e isso gera, como consequência, uma lenta diminuição na velocidade do movimento de rotação da Terra.

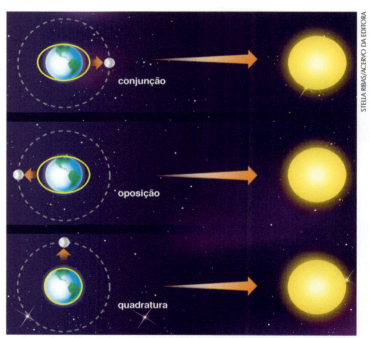

Quando a Terra, a Lua e o Sol se encontram em conjunção ou em oposição, ocorrem marés muito altas, conhecidas como **sizígias** ou **marés vivas**; quando se encontram em quadratura (ângulo de 90°) ocorrem marés muito pequenas, conhecidas como **marés mortas**.

Na ilustração, o movimento das marés encontra-se representado pela linha amarela contínua ao redor da Terra.

Correntes marítimas são porções das águas oceânicas com características próprias quanto a temperatura, salinidade, velocidade e direção de deslocamento, formando verdadeiros "rios" dentro dos oceanos.

Os ventos e o movimento de rotação da Terra são os grandes responsáveis pela existência dessas correntes, mas não são os únicos: diferenças de salinidade e temperatura das águas e as linhas das costas continentais também são responsáveis. As correntes marítimas influenciam o clima do planeta e a piscosidade de áreas oceânicas.

piscosidade: ocorrência de peixes

Correntes quentes, como a do Golfo (que passa pelo Golfo do México), amenizam os invernos das ilhas britânicas e de parte da Escandinávia.

Observe o mapa das correntes marítimas e de alguns grandes desertos do mundo. Observe também as correntes frias que se aproximam da costa do Chile, dos EUA e da África. O que elas provocam?

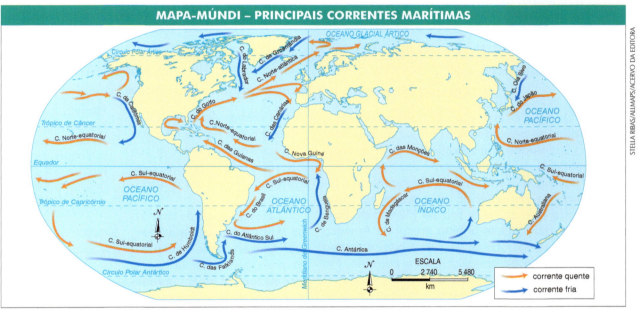

Fonte: ATLAS nacional do Brasil, Milton Santos. Rio de Janeiro: IBGE, 2010. p. 19. Adaptação.

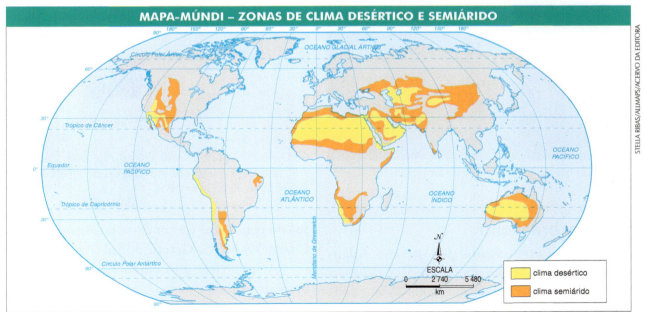

Fonte: ATLAS escolar IBGE. 6. ed. Rio de Janeiro: IBGE, 2012. p. 58. Adaptação.

Correntes frias, como as de Humboldt na costa oeste da América do Sul ou de Benguela na costa oeste africana, são responsáveis pela formação de desertos nos continentes próximos aos litorais, como o de Atacama, no norte do Chile, e o de Kalahari, na Namíbia.

Essas correntes, por serem frias, resfriam a atmosfera junto ao oceano, fazendo com que haja a condensação da água existente nela e ocorra a precipitação sobre os mares. Tradicionalmente, essas áreas são locais de formação de fortes nevoeiros, prejudicando muito a navegação local. Tendo descarregado sua umidade no oceano, as massas de ar chegam aos continentes secas, levando à formação de desertos nesses locais.

Muitas pessoas desconhecem que a circulação de correntes frias e quentes entre a superfície e as profundezas dos oceanos, fenômeno conhecido como **ressurgência**, é responsável pela grande concentração de vida nessas águas, decorrente do afloramento de uma enorme quantidade de nutrientes trazidos de partes mais profundas dos oceanos.

Integrando conhecimentos

Corrente de Humboldt e o fenômeno de ressurgência

O Peru é um dos grandes produtores mundiais de pescado. Suas costas apresentam alta piscosidade, fato explicado pela enorme quantidade de nutrientes em suas águas.

Essa alta piscosidade é decorrente do fenômeno da ressurgência que ocorre no litoral banhado pela corrente fria de Humboldt. Essa corrente marítima se origina no sul da América do Sul e se desloca no sentido norte, em uma linha paralela ao litoral chileno e peruano. Na costa peruana, as águas superficiais se aquecem, tornam-se mais densas e afundam. A massa de água fria que se encontrava nas profundezas aflora. Ao deslocar-se para cima, a massa de água traz consigo nutrientes, o que beneficia o fitoplâncton, que, com mais nutrientes à disposição, prolifera.

Esse aumento de biomassa favorece o zooplâncton, que também serve de alimento para os peixes, os quais, por sua vez, também aumentarão em número, beneficiando a atividade pesqueira.

fitoplâncton: organismos produtores de alimento em geral, algas microscópicas e cianobactéricas), considerados a base da cadeia alimentar

zooplâncton: protozoários, pequenas larvas e animais que se alimentam do fitoplâncton

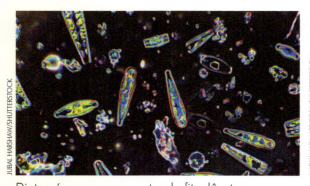
Diatomáceas, componentes do fitoplâncton.

Krill, pequenos crustáceos semelhantes a camarões, fazem parte do zooplâncton.

O litoral brasileiro

Dos países banhados pelo oceano Atlântico, o Brasil, é o que apresenta o litoral mais extenso. São aproximadamente 7.400 km; contando as reentrâncias, essa extensão salta para aproximadamente 9.200 km. Pouco recortado, o litoral brasileiro não apresenta grandes golfos ou penínsulas e estende-se do Amapá (Cabo Orange) até o Rio Grande do Sul (Arroio Chuí).

A influência do oceano no quadro físico brasileiro é muito forte. Além de modelar nossa costa, age sobre algumas massas de ar que atuam no país e ainda ajuda a determinar os ecossistemas costeiros.

Três correntes marítimas atuam sobre a costa (veja o mapa ao lado):

- **Corrente das Guianas** – de característica quente, passa pela nossa costa setentrional em direção ao Golfo do México;

- **Corrente do Brasil** – de característica quente, acompanha a costa oriental e meridional do país. Na área do Rio Grande do Sul encontra-se com a corrente das Falklands (fria), seguindo rumo ao Leste;

- **Corrente das Falklands** – de característica fria, esta corrente proveniente do polo Sul passa por pequeno trecho do litoral da Região Sul, fazendo com que suas águas sejam mais frias que as do Nordeste e Norte brasileiros.

Fonte: ATLAS escolar IBGE. 6. ed. Rio de Janeiro: IBGE, 2012. p. 58. Adaptação.

As correntes marítimas que banham a costa brasileira se originam da Sul-equatorial Atlântica que, por sua vez, procede da costa africana.

Os ventos desempenham um importante papel no que diz respeito à dinâmica das correntes oceânicas superficiais, pois quanto maior a sua velocidade, maior a força com que agem sobre a superfície dos oceanos. Quando os ventos mudam de direção ou de velocidade, as correntes superficiais oceânicas também têm suas características alteradas. Veja nos mapas abaixo os campos de vento na costa do Brasil. Observe que há variação dos ventos conforme a estação do ano.

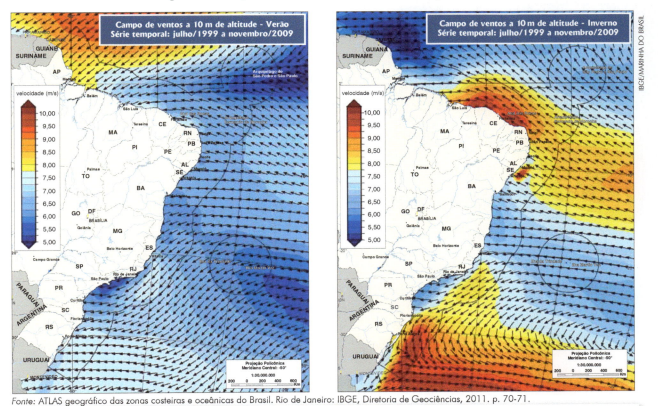

Fonte: ATLAS geográfico das zonas costeiras e oceânicas do Brasil. Rio de Janeiro: IBGE, Diretoria de Geociências, 2011. p. 70-71.

➡ Compare os mapas acima e identifique se há variação na velocidade dos ventos conforme a estação do ano. Em caso afirmativo, em que região(ões) isso acontece?

A importância dos oceanos

Os mares e oceanos têm uma importância inestimável para o nosso planeta. Os oceanos são importantes reguladores dos mecanismos climáticos graças à sua capacidade de reter calor por muito mais tempo do que as áreas continentais. Além disso, exercem um papel muito importante em termos econômicos.

Nações com áreas costeiras são favorecidas nas trocas comerciais. Pense em países, como Bolívia, Paraguai, Suíça, Áustria e Afeganistão, que não possuem saída para os oceanos; países sem litoral, como esses, são obrigados a contar com a "boa vontade" de seus vizinhos para terem acesso ao mar.

O aproveitamento econômico dos oceanos se dá em sua maior parte na plataforma continental, sendo as atividades mais importantes a pesca industrial (fonte de riquezas para diversos países, como, por exemplo, Peru, Portugal, Japão) e a descoberta e exploração de petróleo em bacias da plataforma continental, como no Brasil.

Embora o ser humano consiga a cada dia conhecer mais e melhor o espaço terrestre, a exploração e o conhecimento dos mares que nos circundam são muito restritos. Conhecemos mais profundamente as áreas da plataforma, principalmente em virtude de suas riquezas que podem ter aproveitamento econômico.

As plataformas de petróleo podem ser fixas (ancoradas no subsolo do oceano, em geral em águas rasas) ou flutuantes, adequadas para a extração de petróleo localizado em poços muito abaixo da superfície oceânica.

Delimitação do espaço marinho

A descoberta de recursos naturais de importância econômica para a humanidade nos oceanos (águas, leito e subsolo marinhos) tornou necessária a delimitação dos espaços marítimos em relação aos quais os países costeiros exercem soberania e jurisdição. Assim, na década de 1950, as Nações Unidas começaram a discutir a elaboração do que viria a ser, anos mais tarde, a Convenção das Nações Unidas sobre o Direito do Mar (CNUDM). O Brasil participou ativamente das discussões sobre o tema.

A CNUDM está em vigor desde novembro de 1982 e legisla sobre os espaços marítimos, com o correspondente estabelecimento de direitos e deveres dos Estados que têm o mar como fronteira. Atualmente, a Convenção é ratificada por 156 países, dentre os quais o Brasil.

Os conceitos de **mar territorial**, **zona contígua**, **Zona Econômica Exclusiva (ZEE)** e **plataforma continental** muitas vezes são utilizados de maneira errada. Segundo a CNUDM, essas quatro áreas são definidas como:

- **mar territorial** – faixa de mar junto ao continente, com dimensão de até 12 milhas marítimas, ou seja, cerca de 22,2 km (cada milha marítima, também conhecida por milha náutica, tem cerca de 1.852 metros), pertencente ao Estado costeiro adjacente. Este exerce soberania ou controle pleno sobre a massa líquida e o espaço aéreo sobrejacente, bem como sobre o leito e subsolo desse mar;
- **zona contígua** – é a faixa em que o Estado executa as medidas de fiscalização, policiamento e repressão para evitar infrações às leis e aos regulamentos aduaneiros, fiscais, de imigração ou sanitários, no seu território ou no seu mar territorial. Compreende uma faixa que se estende de 12 a 24 milhas marítimas (44,4 km), contadas a partir das linhas de base que servem para medir a largura do mar territorial;
- **Zona Econômica Exclusiva (ZEE)** – corresponde a uma faixa do mar junto ao continente que se estende até 200 milhas marítimas. Nessa faixa, o Estado costeiro adjacente possui o direito de soberania para fins de exploração e aproveitamento, conservação e gestão dos recursos naturais, vivos ou não vivos das águas sobrejacentes ao leito do mar, do leito do mar propriamente dito e de seu subsolo;
- **plataforma continental** – a definição de plataforma continental não é tão clara como as anteriores. Pela Convenção das Nações Unidas sobre o Direito do Mar, ela é o prolongamento natural da massa terrestre de um Estado costeiro. Em alguns casos, ela ultrapassa a distância de 200 milhas da ZEE. Segundo a CNUDM, o país costeiro pode pleitear a extensão da sua plataforma até o limite de 350 milhas náuticas (648,2 km), observando-se alguns parâmetros técnicos. É o caso do Brasil, que apresentou, em setembro de 2004, o seu pleito de extensão da plataforma continental brasileira às Nações Unidas.

Porém, há um problema com essa última definição, pois ela tem um enfoque jurídico e não geomorfológico. Pela definição fisiográfica, a plataforma continental é uma continuação do continente, submersa, plana, com relevo muito suave e que se estende até, aproximadamente, 200 metros de profundidade. Pela definição fisiográfica, plataforma não tem nada a ver com extensão. O conceito jurídico não se aplica à massa líquida sobrejacente ao leito do mar, mas apenas ao leito e subsolo desse mar.

> **fisiográfica:** baseada nas formas

Fonte: MARINHA DO BRASIL. *O direito do mar*. In: Amazônia Azul. Disponível em: <http://www.marinha.mil.br/sites/default/files/hotsites/amz_azul/html/importancia.html>. Acesso em: 7 jun. 2014. Adaptação.

ATLAS geográfico das zonas costeiras e oceânicas do Brasil. Rio de Janeiro: IBGE, Diretoria de Geociências, 2011. p. 29. Adaptação.

Disseram a respeito...

Amazônia azul

Os espaços marítimos brasileiros atingem aproximadamente 3,5 milhões de km². O Brasil está pleiteando, junto à Comissão de Limites da Plataforma Continental (CLPC) da Convenção das Nações Unidas sobre o Direito do Mar (CNUDM), a extensão dos limites de sua plataforma continental, além das 200 milhas náuticas (370 km), correspondente a uma área de 963 mil km². Após serem aceitas as recomendações da CLPC pelo Brasil, os espaços marítimos brasileiros poderão atingir aproximadamente 4,5 milhões de km². Uma área maior do que a Amazônia verde.

Uma outra Amazônia em pleno mar, assim chamada não por sua localização geográfica, mas pelos seus incomensuráveis recursos naturais e grandes dimensões.

Fonte: A Amazônia Azul. O patrimônio brasileiro do mar. Disponível em: <https://www1.mar.mil.br/ivcniei/pt-br/amazonia-azul>. Acesso em 31 ago. 2016.

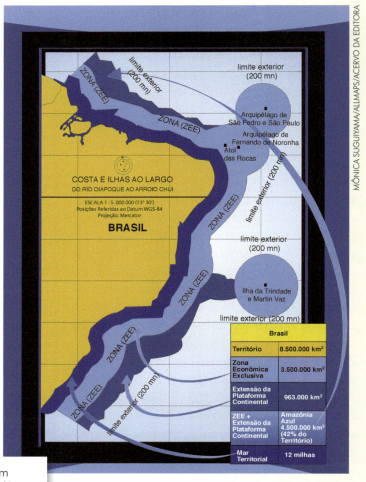

➡ Por que você acha que o Brasil tem interesse em ampliar os limites de sua plataforma continental?

Riquezas diluídas

À medida que o conhecimento sobre as águas oceânicas foi ampliado, fatos surpreendentes foram revelados, tais como a presença de todos os elementos químicos nessas águas, o que representa, teoricamente, a possibilidade de extrair uma gama surpreendente de riquezas que se encontram dissolvidas nos oceanos.

Uma das riquezas mais importantes que se obtém dos oceanos é o sal. Para cada litro de água do mar encontramos cerca de 35 g de sais dissolvidos, quantidade que se mantém mais ou menos constante nos oceanos junto à costa.

A salinidade dos oceanos é definida como o número de gramas de sais dissolvidos em 1.000 g de água do mar. Pode variar conforme a quantidade de água doce recebida dos rios ou pelos processos de evaporação associados à profundidade da plataforma continental. Também nos mares internos ocorrem variações de salinidade como, por exemplo, no mar Morto, cuja concentração é de 250 g por litro. Mas qual a origem desses sais?

A origem dessa grande massa de sal ainda é discutida. A hipótese mais aceita atualmente é que seria de origem magmática e estaria relacionada a dois fenômenos:

- a um processo de "lavagem" da crosta feito pelas águas ao longo da história do planeta e que levaria os sais para as partes mais profundas, ficando estes retidos nos oceanos;
- às atividades vulcânicas no fundo dos oceanos que trouxeram do interior do planeta lavas e águas carregadas de sais.

A pesca

A produção de pescado no mundo atingiu cerca de 167 milhões de toneladas (2014), segundo a FAO (Organização das Nações Unidas para a Agricultura e a Alimentação).

Na Ásia, principalmente na China, na Índia, no Vietnã, na Indonésia, em Bangladesh e nas Filipinas, essa atividade econômica apresenta crescimento graças ao aumento de suas frotas pesqueiras. Nos últimos anos, diversos países menos desenvolvidos fizeram investimentos para modernizar e industrializar suas frotas, conseguindo aumentar a produtividade. Embora esses países tenham conseguido mais eficiência, ainda há um enorme fosso entre eles e as nações pesqueiras ricas, que têm na pesca uma atividade totalmente industrializada com seus superequipados navios-frigoríficos, com alta capacidade de processamento industrial e de armazenamento.

A pesca predatória, a que não respeita os períodos de reprodução das diferentes espécies, está pondo em risco a sobrevivência de muitos elementos da fauna marinha. Segundo a FAO, cerca de 30% das reservas mundiais de peixes estão próximas da superexploração e muitos deles têm sua reprodução seriamente ameaçada. Os grandes navios pesqueiros, com suas técnicas modernas de pesca, como o uso de sonares, arrastam para a embarcação todos os tipos de peixe, grandes e pequenos. Diante desse tipo de pesca, que põe em risco a sobrevivência de muitas espécies, tratados internacionais vêm restringindo a atividade pesqueira em áreas sujeitas à superexploração.

Outro problema que também afeta a atividade pesqueira é a poluição, principalmente nas costas dos países europeus industrializados e no litoral japonês, fator que diminui a piscosidade dessas áreas. No Japão, a situação é crítica, pois esses dois problemas conjugados (superexploração e poluição) interferem na intensa atividade pesqueira do país.

MAIORES PRODUTORES DE PESCADO MARINHO DO MUNDO (2014)

País	Produção (em toneladas)
1º China	14.811.390
2º Indonésia	6.016.525
3º Estados Unidos	4.954.467
4º Rússia	4.000.702
5º Japão	3.630.364
6º Peru	3.548.689
7º Índia	3.418.821
8º Vietnã	2.711.100
9º Mianmar	2.702.240
10º Noruega	2.301.288

Fonte: FAO – Food and Agriculture Organization of the United States. *The state of world fisheries and aquaculture* (2016). Disponível em: <www.fao.org/3/a-i5555e.pdf>. Acesso em: 2 set. 2016.

Degradação e poluição marinhas

Os mares e oceanos são os grandes receptores de esgotos, poluentes químicos e minerais, e de parte do lixo sólido levados pelos rios. Estima-se que 14 bilhões de toneladas de lixo e esgotos cheguem aos oceanos todos os anos. Essa grande quantidade de material despejada em áreas litorâneas altera o ambiente, destruindo a fauna marinha, dificultando a reprodução e contaminando diferentes espécies aquáticas.

Outro problema são os vazamentos de óleo de navios petroleiros, oleodutos e plataformas de petróleo. O

Derramamento de óleo na ilha de Samet, em Rayong, Tailândia, em julho de 2013. Trabalhadores usam sucção de alta pressão na tentativa de sugar o petróleo bruto na praia.

óleo não se dissolve na água e forma uma fina película na superfície marinha, originando grandes manchas de petróleo que se alastram rapidamente. Esse fenômeno, que ficou conhecido como "maré negra", impede a entrada de luz nos oceanos, atrapalhando a fotossíntese das algas e asfixiando diversos animais, já que ocorre a proliferação de organismos anaeróbios e a diminuição da quantidade de oxigênio dissolvido. As aves marinhas são extremamente prejudicadas, e a capacidade de autodepuração das águas e os processos relativos ao ciclo da água e ao regime de precipitações também são impactados. Não raro, esse fenômeno atinge as praias e outras regiões costeiras, matando a flora e a fauna e tornando os ambientes atingidos estéreis por vários anos.

Do ponto de vista econômico, a poluição marinha gera muitos prejuízos, já que os turistas evitam praias sujas e os pescadores têm sua atividade comprometida devido à contaminação dos peixes e outros animais aquáticos. Os banhistas ficam suscetíveis a diversas doenças, principalmente as de pele, causadas pelos produtos químicos e outras impurezas que se encontram dissolvidos nas águas.

ÁGUAS CONTINENTAIS

Como já dissemos, uma pequena parte de toda a água que existe no mundo aparece nas áreas continentais.

Mesmo participando com uma pequena parte do total das águas continentais, os rios sempre foram um elemento importante na vida do ser humano. Porém, a maioria das pessoas não consegue imaginar qual a origem, trajeto dos rios e onde eles deságuam.

Águas subterrâneas

Parte das águas continentais não se encontra na superfície do planeta, mas sim abaixo dela, preenchendo espaços e fissuras entre rochas. Essas águas são oriundas das chuvas que percolam no subsolo em virtude da porosidade e permeabilidade do terreno.

Entre os corpos hídricos subterrâneos, também chamados de **aquíferos**, o maior deles é o aquífero Guarani, ocupando cerca de 1,2 milhão de km² na bacia do Paraná e parte da bacia do Chaco-Paraná, área equivalente aos territórios da Inglaterra, França e Espanha juntos. Sua maior ocorrência se dá em território brasileiro (2/3 da área total), abrangendo os Estados de Goiás, Mato Grosso do Sul, Minas Gerais, São Paulo, Paraná, Santa Catarina e Rio Grande do Sul.

O aquífero pode atender à demanda de água de 500 milhões de pessoas, mas estudos apon-

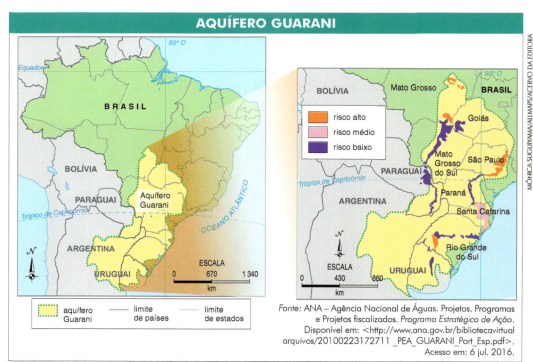

AQUÍFERO GUARANI

Fonte: ANA – Agência Nacional de Águas. Projetos. Programas e Projetos fiscalizados. *Programa Estratégico de Ação*. Disponível em: <http://www.ana.gov.br/bibliotecavirtual/arquivos/20100223172711_PEA_GUARANI_Port_Esp.pdf>. Acesso em: 6 jul. 2016.

tam que essa imensa reserva de água pode ser comprometida pela poluição (falta de controle de lixões, restos de pesticidas, metais liberados pela indústria e outras fontes), em especial no Estado de São Paulo, onde 16% da recarga natural acontece.

Rios – características gerais

Você sabe onde nasce pelo menos um rio próximo à sua cidade? Como ele se forma? Em que condições ele se encontra? O que fazer para adequá-lo às necessidades da população?

Para sabermos qual a origem da maioria dos rios, precisamos entender o que acontece com as águas superficiais. Parte das águas das chuvas se infiltra nos solos e, ao encontrar camadas de solo impermeáveis, se acumula formando os chamados **lençóis freáticos** ou **lençóis-d'água subterrâneos**. Quando esses lençóis atingem a superfície, dão origem às nascentes dos rios. Porém, nem todos os rios têm essa origem. Alguns deles são formados em decorrência do degelo das neves de regiões montanhosas em virtude da elevação da temperatura; outros nascem em regiões lacustres, ou seja, a partir de um lago.

Os rios podem ser **perenes** – que nunca secam –, mantendo seu curso-d'água durante o ano todo, mesmo sob forte estiagem, ou **temporários**, também denominados **intermitentes**. Estes últimos desaparecem nas épocas de seca.

A utilização dos rios perenes em regiões áridas e semiáridas vem mudando a feição de várias regiões do mundo, inclusive a do Sertão nordestino, permitindo a irrigação e o aumento da produtividade das lavouras e da pecuária em áreas adjacentes ao seu leito.

A variação do volume de água dos rios durante o ano recebe o nome de **regime fluvial**. Essa variação está relacionada à origem de parte de suas águas: se suas enchentes e vazantes são consequência das águas das chuvas, dizemos que ele é determinado pelo seu regime **pluvial**; se o volume de água varia em função do degelo da neve nas altas montanhas, o seu regime é **nival**. Algumas vezes podemos ter um regime misto, em que os rios têm seu volume de águas aumentado pela ação das chuvas e da neve derretida, como é o caso do rio Amazonas em sua cabeceira.

fluvial: do latim, *fluvius*, rio

pluvial: do latim, *pluvia*, chuva

nival: do latim, *neveus*, neve

Leito do rio de Pedras em período de seca, município de Uauá, BA.

Existem outros fatores que interferem no comportamento de um rio, como o relevo, a existência ou não de cobertura vegetal ao longo de sua bacia hidrográfica e a natureza do solo. Terrenos com relevo acidentado, com fortes declives e solos pouco permeáveis influem para que o regime dos rios seja irregular, com violentas cheias e grandes vazantes.

Os rios podem desaguar em outros rios. Quando isso acontece, são chamados de **afluentes**. Também podem despejar suas águas em lagos, mares e oceanos. O ponto onde termina o curso de um rio recebe o nome de **foz**.

Com certeza você já ouviu falar em foz do tipo estuário ou delta. Você sabe estabelecer a diferença entre essas duas formas de foz de um rio?

Estuário é a foz do rio que se abre em um único e muito amplo canal, sem que haja acúmulo de sedimentos na desembocadura das águas.

É um ambiente de transição entre rio e mar onde a água doce do continente se mistura com a água do oceano tornando as águas salobras em sua foz.

Rio Cetina, em Omis na Croácia, desaguando no mar Adriático.

Já no **delta** há um intenso acúmulo de sedimentos e detritos junto à foz com a consequente formação de ilhas muito próximas umas das outras, criando uma série de ramais por onde as águas são escoadas.

Os deltas são assim chamados porque os gregos, ao depararem com o delta do Nilo, acharam que os seus braços lembravam muito a letra grega delta maiúscula (Δ).

Delta do rio Nilo.

Explorando o tema

Você sabe a diferença?

Você já ouviu falar em bacia hidrográfica e em rede hidrográfica? Sabe distinguir uma da outra?

Rede hidrográfica corresponde ao conjunto de rios de uma bacia. **Bacia hidrográfica** corresponde à rede hidrográfica mais a sua área de captação de água.

Muitas bacias drenam suas águas em direção ao mar, outras correm para o interior. Assim, podemos classificá-las conforme a direção da drenagem:

- **exorreica** – a drenagem da bacia está voltada para o oceano, e os rios correm para o mar;
- **endorreica** – a drenagem da bacia se dá internamente no continente, desaguando, por exemplo, em um lago.

Ainda podemos encontrar drenagens do tipo:

- **arreica** – drenagem característica de áreas desérticas; e
- **criptorreica** – bacia com drenagem subterrânea, típica de áreas de cavernas.

Trabalhando em silêncio, modelando o relevo

Os rios realizam um trabalho ininterrupto de destruição, transporte e sedimentação, que chamamos de **ciclo de erosão fluvial**.

Os rios escavam seu próprio leito e a maior ou menor velocidade de suas águas está associada à declividade dos terrenos que eles cortam. Ao mesmo tempo que os rios cavam seu leito, o processo erosivo em suas margens forma as vertentes dos vales por onde eles correm.

Os sedimentos são transportados pelas águas e depositados em outros locais. A deposição desses sedimentos dá origem às chamadas **planícies de aluvião**, em áreas contíguas, adjacentes ou próximas aos leitos e à foz dos rios.

Em regiões planas, os rios apresentam uma velocidade muito mais baixa e o leito apresenta meandros, curvas que o rio faz em terrenos pouco acidentados (veja a foto).

Os rios com meandros aparecem em áreas muito planas e apresentam, nesses trechos, águas com baixas velocidades de deslocamento. Na foto, vista aérea da região amazônica.

Lagos – características gerais

Lagos correspondem a depressões de origem natural localizadas na superfície terrestre e preenchidas por águas provenientes de rios, mananciais, chuvas e gelo. Frequentes em áreas montanhosas, os lagos possuem características muito váriaveis quanto a extensão e a profundidade.

Quanto à origem, os lagos são classificados como: **vulcânicos, tectônicos, residuais, de erosão, de barragem**, entre outros.

- **Lagos vulcânicos** – correspondem a antigas crateras vulcânicas preenchidas por água. Um dos melhores exemplos corresponde ao lago Crater, no Oregon, Estados Unidos.
- **Lagos tectônicos** – surgem em grandes fossas criadas a partir de desabamento ou fraturas da crosta. São exemplos o Tanganica e o Niassa, na África Oriental.
- **Lagos residuais** – formados a partir de antigos mares, bem mais extensos no passado. Podemos citar como exemplo o Balaton, na Europa, e o Balcasch, na Ásia.
- **Lagos de erosão** – são pouco profundos e resultam da erosão de um rio ou de uma geleira. Aparecem em vários países, como na Austrália e na Finlândia.
- **Lagos de barragem** – podem ser formados a partir do aparecimento de uma restinga (faixa de areia depositada junto ao litoral). Como exemplo podem-se citar os localizados no litoral do Rio de Janeiro e do Rio Grande do Sul.

Lago Crater, Oregon, Estados Unidos.

Explorando o tema

Lagos, lagoas e lagunas

Tradicionalmente, é comum confundir os termos **lago**, **lagoa** e **laguna**. Em muitos casos, o próprio nome do local não é correto. A palavra lagoa é utilizada geralmente para designar lagos de pequena extensão e profundidade, e muitas vezes serve para nomear erroneamente lagunas. Estas são espécies de lagos encontrados nas bordas litorâneas e que possuem águas salobras ou salgadas devido à sua ligação com as águas do mar.

Questão socioambiental

MEIO AMBIENTE

Água

Desde o início da Revolução Industrial, em meados do século 19, iniciou-se uma profunda alteração nos ciclos hidrológicos, que afetou quantidades e qualidades de água nas várias regiões do planeta. Essas mudanças se deveram ao aumento do uso, aos impactos em zonas rurais e urbanas e à manipulação de rios, canais e áreas alagadas do planeta, em larga escala. Os principais impactos resultam de desmatamento acelerado, uso excessivo do solo para atividades agrícolas e urbanização acelerada. Quando se faz um balanço das atividades humanas e seu impacto nos últimos 150 anos, verifica-se a enorme gama de atividades humanas que afetam os ecossistemas aquáticos e os riscos produzidos nos valores e serviços.

As atividades humanas e o acúmulo de usos múltiplos da água provocam diferentes ameaças, como à sua disponibilidade, e problemas.

ATIVIDADE HUMANA	IMPACTO NOS ECOSSISTEMAS AQUÁTICOS	VALORES/SERVIÇOS EM RISCO
construção de represas	• altera fluxo nos rios e o transporte de nutrientes e sedimentos • interfere na migração e reprodução dos peixes	• altera *habitats* e a pesca comercial e esportiva • altera os deltas e suas economias
construção de diques e canais	• destrói a conexão do rio com as áreas inundáveis	• afeta a fertilidade natural das várzeas e os controles das enchentes
alteração do canal natural dos rios	• danifica ecologicamente os rios • modifica os fluxos dos rios	• afeta os *habitats* e a pesca comercial e esportiva • afeta a produção de hidreletricidade e transporte
drenagem de áreas alagadas	• elimina um componente-chave dos ecossistemas aquáticos	• perda de biodiversidade • perda de funções naturais de filtragem e reciclagem de nutrientes • perda de *habitats* para peixes e aves aquáticas
desmatamento/ uso do solo	• altera padrões de drenagem • inibe a recarga natural dos aquíferos • aumenta a sedimentação	• altera a qualidade e a quantidade da água, pesca comercial, biodiversidade e controle de enchentes
poluição não controlada	• diminui a qualidade da água	• altera o suprimento de água • aumenta os custos de tratamento • altera a pesca comercial • diminui a biodiversidade • afeta a saúde humana
remoção excessiva de biomassa	• diminui os recursos vivos e a biodiversidade	• altera a pesca comercial e esportiva • diminui a biodiversidade • altera os ciclos naturais dos organismos
introdução de espécies exóticas	• elimina as espécies nativas • altera ciclos de nutrientes e ciclos biológicos	• perda de *habitats* e alteração da pesca comercial • perda de biodiversidade natural e estoques genéticos
poluentes do ar (chuva ácida) e metais pesados	• alteram a composição química de rios e lagos	• altera a pesca comercial • afeta o biota aquático • afeta a recreação • afeta a saúde humana • afeta a agricultura
mudanças globais no clima	• afetam drasticamente o volume dos recursos hídricos • alteram padrões de distribuição, precipitação e evaporação	• afetam o suprimento de água, transporte, produção de energia elétrica, produção agrícola e pesca • aumentam enchentes e fluxo d'água em rios
crescimento da população e padrões gerais do consumo humano	• aumenta a pressão para construção de hidrelétricas • aumenta a poluição da água e acidificação de lagos e rios • altera ciclos hidrológicos	• afeta praticamente todas as atividades econômicas que dependem dos serviços dos ecossistemas aquáticos

Fonte: TUNDISI, J. G. *Água no Século XXI* – enfrentando a escassez. 2. ed. São Carlos: RiMa Editora, 2003.

➢ Dentre as atividades humanas relacionadas na tabela acima, cite a que você considera estarem presentes em seu município e dê exemplo(s) que confirme(m) sua opinião.

OS RECURSOS HÍDRICOS NO BRASIL

O Brasil apresenta rica hidrografia. Estima-se que o país concentre entre 12% e 16% da água doce do planeta. Apesar de abundantes, as águas estão distribuídas de maneira desigual pelo território brasileiro. O volume de água *per capita* varia bastante, considerando-se a distribuição da água e a densidade demográfica de cada local. Por exemplo, a disponibilidade *per capita* no Estado do Amazonas é 773.000 m³ por hab./ano e a do Estado de São Paulo é de 2.209 m³ por hab./ano.

A abundância de recursos hídricos em nosso território, exceção feita ao Sertão nordestino, torna o Brasil um país pouco preocupado com a escassez de água que se delineia e ameaça boa parte dos habitantes do planeta. Somos um país **perdulário** em relação ao consumo de água e ao tratamento que damos à maioria dos rios que cortam as zonas urbanas.

perdulário: gastador, dissipador, esbanjador

Características da hidrografia brasileira

- Predomínio de rios caudalosos (com grande volume de água) e perenes, consequência do clima úmido do país;
- existência de rios temporários no Sertão nordestino;
- predomínio de foz do tipo estuário e poucos rios com foz do tipo delta;
- os regimes fluviais das bacias hidrográficas são predominantemente do tipo pluvial. Em poucos casos, há também a ocorrência de regimes nivais, como nas bacias Amazônica e do Paraguai;
- pobre em lagos;

Explorando o tema

Para facilitar o gerenciamento dos rios brasileiros, o Conselho Nacional de Recursos Hídricos, órgão do governo federal, elaborou em 2003 uma divisão do país em **regiões hidrográficas**. Os limites dessas regiões coincidem, em geral, com os limites entre as bacias hidrográficas, permitindo a formulação de políticas e a criação de mecanismos de administração que considerem as bacias como unidades integradas – e não mais fragmentadas por limites estaduais e municipais. Essa regionalização tornou viável o surgimento dos Comitês de Bacia Hidrográfica, responsáveis por planejar e fiscalizar o uso racional dos recursos hídricos de uma bacia.

Fonte: ATLAS escolar IBGE. 6. ed. Rio de Janeiro: IBGE, 2012. p. 105. Adaptação.

- os rios possuem predominantemente drenagem exorreica;
- os rios correm principalmente sobre planaltos e depressões, o que justifica o grande potencial hidráulico.

As grandes bacias
Bacia Amazônica

É a maior bacia hidrográfica do mundo, com rios muito volumosos. O principal deles é o Amazonas, que nasce na Cordilheira dos Andes, em terras peruanas. Ao longo de seu percurso recebe diversos nomes. Ao entrar no Brasil é chamado de Solimões, e quando encontra o rio Negro passa a ser denominado rio Amazonas.

Nessa bacia encontramos o maior potencial hidráulico do país, localizado nos afluentes do Amazonas. Ela abrange extensas áreas com pouca declividade, por isso a navegação fluvial é favorecida, sendo praticada em larga escala. O rio Amazonas é navegável em toda sua extensão, como também grande parte de seus afluentes.

Desde o início da ocupação, os rios amazônicos serviram como canais de entrada para a região. Até hoje, a população que aí vive faz deles a principal via de transporte e fonte de sobrevivência.

A baixa ocupação humana da região explica o aproveitamento energético historicamente pequeno da bacia Amazônica. Porém, com a relativa exaustão do potencial hidrelétrico aproveitável nas bacias próximas às regiões mais densamente povoadas, há tendência de aproveitamento cada vez maior dos rios amazônicos para a produção de energia, apesar dos altos custos envolvidos com o transporte da eletricidade para os grandes centros consumidores.

Fonte: ATLAS escolar IBGE. 6. ed. Rio de Janeiro: IBGE, 2012. p. 105. Adaptação.

Vista do rio Amazonas, no encontro do rio Solimões e rio Negro, AM.

Bacia do Tocantins-Araguaia

O rio Tocantins e seus afluentes drenam cerca de 9,5% das terras brasileiras. Eles atravessam regiões pouco povoadas e são importantes vias de transporte para as populações locais. Nem todos os seus trechos são navegáveis.

Há um projeto para a construção da hidrovia Tocantins-Araguaia que vem sendo profundamente criticado devido, entre outros problemas, ao impacto ambiental que poderá produzir por atravessar áreas de proteção ambiental e reservas indígenas.

A usina hidrelétrica de Tucuruí, localizada no rio Tocantins, a segunda maior do país, integra o conjunto de infraestrutura dos projetos minerais e industriais da região. Para sua implantação, foi necessário inundar uma grande área de floresta que deu origem ao lago de Tucuruí.

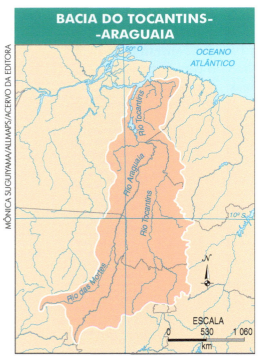

Fonte: ATLAS escolar IBGE. 6. ed. Rio de Janeiro: IBGE, 2012. p. 152. Adaptação.

Rio Tocantins. À esquerda cidade de Marobá, PA.

Bacia do São Francisco

Esta bacia tem como rio principal o São Francisco, que nasce em Minas Gerais, na serra da Canastra, corta o sertão da Bahia, faz a divisa entre Bahia e Pernambuco e entre Alagoas e Sergipe, desaguando no Atlântico.

O Velho Chico atravessa o sertão semiárido e possui trechos que nunca secam, mesmo em períodos de forte estiagem, quando suas águas atingem baixos níveis. Possui grande importância para a população local.

A bacia é utilizada para navegação, irrigação e produção de energia.

Fonte: ATLAS escolar IBGE. 6. ed. Rio de Janeiro: IBGE, 2012. p. 152. Adaptação.

Rio São Francisco. Juazeiro, BA.

Bacia Platina

A bacia Platina é formada pelas bacias dos rios Paraguai, Paraná e Uruguai. Ela tem grande importância econômica por abranger a área mais desenvolvida e urbanizada do país, além de nos unir aos países platinos.

Bacia do Paraná

A bacia do Paraná é a que apresenta o maior potencial hidrelétrico instalado do país (70%), garantindo o abastecimento de energia elétrica da Região Sudeste, a mais industrializada e populosa do Brasil, além da Região Sul e de parte do Centro-Oeste. A proximidade com os grandes centros urbanos e as características físicas locais determinam o seu grande aproveitamento.

Vale ressaltar que dada a grande utilização de seu potencial, a bacia se encontra praticamente esgotada. Nesta bacia encontramos diversas hidrelétricas, entre elas Itaipu, a maior do país, na fronteira entre Brasil e Paraguai, responsável por 20% de toda a produção de energia elétrica brasileira.

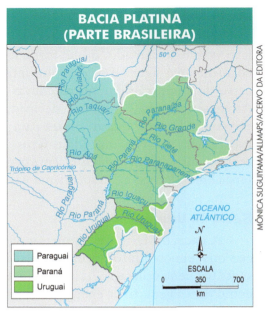

Fonte: ATLAS escolar IBGE. 6. ed. Rio de Janeiro: IBGE, 2012. p. 152. Adaptação.

Explorando o tema

Hidrovia Tietê-Paraná

Há muito sabemos que o transporte fluvial tem muitas vantagens sobre o rodoviário, o mais utilizado no país. Sua capacidade de carga é muito maior do que a realizada por caminhões, cujos custos por quilômetro rodado são altos e cuja manutenção também é bastante cara. Diante de uma rede hidrográfica tão extensa como a nossa, os últimos governos vêm investindo nessa alternativa de transporte – que, muitas vezes, requer grandes obras de engenharia, como eclusas e canais, para tornar diversos trechos de rios totalmente navegáveis – e implementando hidrovias.

A hidrovia Tietê-Paraná é um importante escoadouro para o Mercosul. Parte da produção agrícola avança fronteiras por essa admirável via fluvial. Também os produtos voltados para a exportação alcançam com mais facilidade o principal porto brasileiro, o de Santos, em São Paulo.

Barcaça de transporte de grãos saindo de eclusa na hidrovia Tietê-Paraná. Barbosa, SP.

Bacia do Paraguai

A bacia do Paraguai atravessa regiões de relevo pouco acidentado, o que torna lento o escoamento das águas e produz um intenso processo de inundação durante as chuvas de verão. As águas, devido à pequena declividade local, chegam a demorar quatro meses para percorrer toda a área do Pantanal Mato-Grossense. Por essa mesma razão, a bacia apresenta pequeno potencial hidrelétrico e é amplamente navegável.

Bacia do Uruguai

A bacia do Uruguai é a menor das três bacias que, em conjunto, formam a Platina. Apresenta pequena utilização, tanto para a navegação como para a geração de energia. Trata-se de uma bacia fronteiriça (Brasil e Argentina), o que exige acordos internacionais para a realização de determinados projetos.

A poluição nos rios brasileiros

A poluição e o assoreamento dos rios têm apresentado níveis crescentes. As causas são o desmatamento, as queimadas, a ocupação desordenada de áreas antes florestadas e de áreas de mananciais, a expansão urbana e o crescimento populacional, que aumentaram enormemente a quantidade de sedimentos, efluentes industriais e, principalmente, esgotos domésticos, que são transportados para os cursos-d'água.

Essa realidade se espalha pelo país todo, até pela Amazônia, onde a crescente urbanização tem sido responsável pela poluição de rios e igarapés, que antes de chegar às cidades drenam áreas de florestas.

Além dos problemas puramente ambientais, a poluição dos rios causa o aumento da contaminação e da possibilidade de se contrair doenças, como amebíase, cólera, dengue, esquistossomose, febre amarela, febre tifoide, hepatite, leptospirose, malária, entre outras.

Ao falar da poluição dos rios brasileiros, é impossível ignorar o maior desastre ambiental que já ocorreu em nosso país: em novembro de 2015, o rompimento de duas barragens localizadas na cidade histórica de Mariana (MG) lançou no meio ambiente mais de 60 milhões de metros cúbicos de rejeitos provenientes da atividade de produção de minério de ferro realizada na região pelas empresas Samarco (brasileira) e BHP Billiton (britânica).

Os impactos ambientais e humanos desse desastre são enormes e difíceis de avaliar. A cidade de Bento Rodrigues foi a mais prejudicada, mas diversas outras localidades, principalmente as situadas às margens do rio Doce, foram atingidas.

Segundo o governo brasileiro, seiscentos e sessenta e três quilômetros de rios e córregos foram atingidos, cerca de 1.500 hectares de vegetação foram comprometidos, dezenove pessoas morreram, um número incontável de construções foi soterrado e mais de 600 famílias foram desabrigadas. Além disso, a enxurrada de rejeitos assoreou os cursos d'água, matou milhares de peixes devido à contaminação e ao aumento da turbidez da água, afetou diversos microrganismos e uma infinidade de outros seres vivos; o abastecimento de água da região ficou comprometido e os pescadores perderam seus meios de trabalho.

Vista de cima do rio Doce poluído com dejetos de mineração após rompimento da barragem de Fundão, em novembro de 2015, situada em Mariana.

Entre as causas do acidente, são apontadas falhas no monitoramento das barragens, uso de equipamentos com defeito e acúmulo de água (drenagem ineficaz) na barragem do Fundão. Até hoje, não foi possível estimar um prazo de retorno da fauna local e o reequilíbrio das espécies da bacia. O valor estimado para a reposição das perdas causadas pelo desastre é muito alto.

O acidente volta a nossa atenção para os sérios impactos ambientais que a atividade mineradora pode causar no ambiente, como a poluição hídrica, a contaminação dos solos e o consumo excessivo de água. A fiscalização eficiente da atividade é necessária para que ocorram menos impactos ambientais como os ocorridos em Mariana.

GESTÃO DOS RECURSOS HÍDRICOS – ÁGUA COMO FONTE DE CONFLITOS NO FUTURO

Diante da importância e da desigual distribuição da água na Terra, cientistas têm feito projeções bastante sombrias e alarmantes sobre a disponibilidade de água potável em um futuro próximo. Alguns vão longe e acreditam que a disputa pelo precioso líquido poderá ultrapassar fronteiras, gerando conflitos armados para garantir a posse de mananciais e reservatórios de água potável. Mesmo já ocorrendo pequenas disputas por água na África e no Oriente Médio, por enquanto conflitos de grandes proporções são apenas previsões.

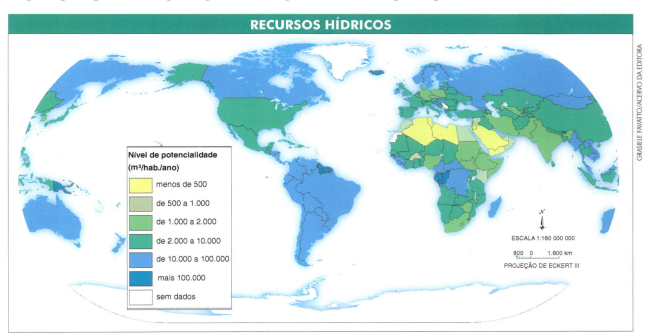

Fonte: ATLAS Escolar IBGE. 6. ed. Rio de Janeiro: IBGE, 2012. Adaptação.

NOVAS TECNOLOGIAS

Atualmente, estão em desenvolvimento novas tecnologias que procuram resolver ou minimizar os problemas que já começam a se manifestar com relação à disponibilidade de água.

Uma dessas novas tecnologias é o processo de **reutilização de águas residuais**. Esse processo exige uma grande infraestrutura, composta por estações de tratamento, que por diversas etapas transformam as águas residuais (provenientes de domicílios e indústrias) em águas utilizáveis para atividades que não envolvam o consumo direto, como irrigação e lavagens em geral. Em Portugal, uma grande quantidade de água já passa por esse processo e é utilizada para irrigar campos de golfe.

Outra tecnologia, essa mais polêmica, é o processo de **dessalinização**. A tese de que esse processo pode ser a solução para todos os problemas de abastecimento de água – afinal, existe uma quantidade imensa de água salgada na Terra, cerca de 40 vezes maior que a de água doce, e cerca de 120 vezes maior que a de água disponível atualmente para nosso uso – é alvo de muita discussão.

Existem basicamente dois processos de dessalinização sendo utilizados: o de *destilação de água salgada* e o de *osmose reversa*.

A destilação é um processo simples e conhecido pelo homem desde a Antiguidade, e consiste na evaporação da água – e consequente separação do sal e outras impurezas, uma vez que esses não evaporam –, seguida de sua condensação, agora potável.

A osmose reversa é bem mais atual, sendo empregada de forma significativa somente a partir da década de 1970 por alguns países. Pode ser entendida como uma filtragem da água salgada, que é forçada através de "superfiltros" que retêm o sal e outras impurezas, permitindo a passagem basicamente de moléculas de água. É necessária uma pressão muito grande para forçar a passagem da água, e os filtros são muito complicados de se produzir, por isso existe a necessidade de uso de alta tecnologia.

Os principais problemas que tornam inviável o nosso abastecimento por esses processos são os altos custos e consumo de energia. Devido à complexidade dos processos, à utilização de tecnologia avançada e à infraestrutura necessária, o custo de produção torna-se muito alto, apesar de ter caído vertiginosamente nos últimos anos. Além disso, a utilização de muita energia no processo contribui para o aumento do custo e da emissão de gás carbônico e outros poluentes para a atmosfera.

Especialistas dizem que a dessalinização não poderá resolver o problema de abastecimento em escala global, porém poderá resolver problemas pontuais e servir de ajuda em casos de seca ou situações adversas esporádicas.

Integrando conhecimentos

Osmose reversa

Em Biologia, estudamos os mecanismos de entrada e saída de substâncias através da membrana plasmática das células. Um desses processos é a osmose, em que uma membrana semipermeável (no caso das células, a membrana plasmática) separa dois meios, em que a concentração de soluto de um lado da membrana é maior do que do outro. Por ser semipermeável, essa membrana permite a passagem de algumas substâncias, porém bloqueia a de outras. Por exemplo, suponha dois recipientes separados por uma membrana semipermeável, em que de um lado temos apenas água e do outro uma solução muito concentrada de água e açúcar. Como a água é menos concentrada do que a solução, o fluxo de água através da membrana será em direção à solução mais concentrada, até que se atinja um equilíbrio.

No caso da osmose reversa, como o próprio nome indica, haverá uma alteração do fluxo natural através da membrana. Essa mudança de direção ocorre em consequência da aplicação de uma pressão, que faz com que a água da solução mais concentrada seja forçada a passar através da membrana, que, no entanto, retém o soluto.

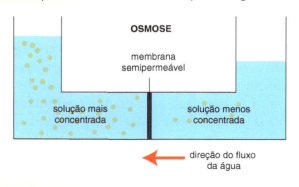
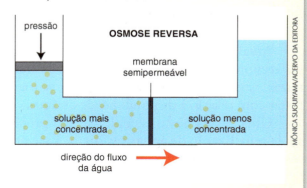

CAPÍTULO 7 – O Planeta Água

Questão socioambiental
SOCIEDADE & ÉTICA

Água e saúde

O mundo do século 21 traz consigo muitas coisas erradas. O maior escândalo talvez seja o fato de mais de 1 bilhão de pessoas não terem acesso fácil a nenhum suprimento seguro de água doce. (...)

A maioria da população mundial não possui uma torneira de água em casa e tem de caminhar para buscar água em baldes ou latas, quase sempre diversas vezes por dia. As mulheres carregam cerca de 15 litros de cada vez, num trabalho árduo que consome muitas horas todos os dias.

Os governos e as instituições de ajuda fizeram esforços significativos para melhorar o acesso à água doce. Embora o número de pessoas servidas por algum tipo de suprimento de água pura tenha aumentado de mais de 4 bilhões, em 1990, para quase 5 bilhões, em 2000, isso significa que, com o aumento populacional, o número de pessoas sem acesso ao suprimento de água pura permaneceu em mais de 1 bilhão. A maior parte dessas pessoas vive na Ásia e na África, e os serviços rurais estão muito mais defasados em relação aos das áreas urbanas.

Onde a água tem de ser carregada para as casas, as pessoas a utilizam com parcimônia, o que resulta em higiene e saúde precárias. Na Suazilândia, por exemplo, as pessoas em domicílios com água encanada usam de 30 a 100 litros por dia, ao passo que as que pagam pela entrega de água utilizam apenas 13 litros diários. As pessoas que precisam carregar água para casa consomem apenas 5 litros por dia – menos do que o consumo de uma descarga de vaso sanitário moderno. Cinco litros são suficientes para beber, mas não bastam para a higiene do corpo e das roupas, para a cozinha e a limpeza de louças e panelas.

Fonte: CLARKE, R.; KING, J. *O atlas da água.* São Paulo: Publifolha, 2005. p. 47-48

> Prover para que as próximas gerações não tenham carência de água potável não é um problema apenas para os governos. Também diz respeito a cada um de nós. Suponha que estivesse sob sua responsabilidade promover a conscientização da população a respeito da importância da diminuição do consumo de água; proponha *uma* atitude a ser implementada, informando qual a quantidade de água que seria poupada com essa medida.

ATIVIDADES

PASSO A PASSO

1. Quais são as teorias que explicam o surgimento da água no planeta Terra?
2. Explique os tipos de movimento da água oceânica.
3. Explique os processos que estão envolvidos dentro do ciclo hidrológico
4. Cite a importância do ciclo hidrológico para os diversos tipos de vida existente em nosso planeta.
5. Qual é a influência das correntes marítimas sobre o litoral brasileiro?

IMAGEM & INFORMAÇÃO

1. Observe as imagens abaixo. Elas representam duas formas de foz de um rio. Identifique-as e explique suas diferenças.

2. No mapa ao lado, está representada a Corrente de Humboldt. Explique as consequências econômicas dessa corrente para o Peru.

3. Analise o gráfico abaixo e comente o resultado econômico do setor pesqueiro do Brasil no período 2000-2010.

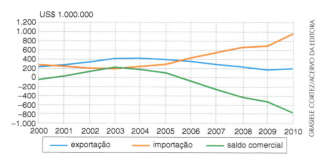

Fonte: ATLAS geográfico das zonas costeiras e oceânicas do Brasil. Rio de Janeiro: IBGE, Diretoria de Geociências. 2011. p. 145. Adaptação.

Fonte: ATLAS nacional do Brasil, Milton Santos. Rio de Janeiro: IBGE, 2010. p. 19. Adaptação.

TESTE SEUS CONHECIMENTOS

1. (UFPB) As correntes marítimas, apresentadas no mapa a seguir, são extensas porções de água com características próprias que se deslocam pelo oceano, movimentadas pela rotação da Terra e pela ação dos ventos. Influenciam fortemente o clima da região por onde passam, dando características peculiares aos litorais adjacentes.

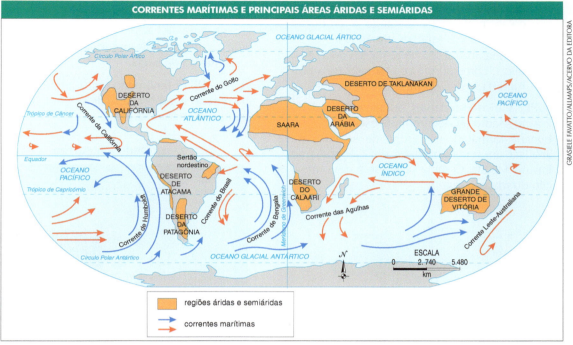

Adaptado de: ROSS, Jurandyr L. S. (Org.). Geografia do Brasil. São Paulo: Edusp, 2011. p. 98.

Com base no mapa e na literatura sobre o tema, é correto afirmar:

a) Tanto o litoral ocidental como o oriental da América do Sul são banhados por correntes marítimas quentes, fazendo com que esses litorais sejam considerados úmidos.

b) O litoral oriental da América do Sul e o litoral ocidental do continente africano apresentam similaridades: ambos são banhados por correntes quentes.

c) A ocorrência de desertos no litoral ocidental da América do Sul e no litoral ocidental do continente africano é influenciada pelas correntes frias que margeiam esses litorais.

d) As correntes marítimas, devido à rotação da Terra, circulam, preferencialmente, no sentido horário no hemisfério sul e anti-horário no hemisfério norte.

e) O litoral brasileiro é banhado por uma corrente quente na sua maior parte e, por uma corrente fria na porção setentrional do Nordeste, o que implica a formação de uma porção semiárida.

2. (UFPR) "As áreas costeiras representam, na realidade, uma zona de intercâmbio de energia e de matéria, por processos naturais e antrópicos, entre os continentes e os oceanos. Essa troca ocorre pela interação de vários fenômenos naturais, que são muito suscetíveis às mudanças."

SUGUIO, K. *Geologia do Quaternário e Mudanças Ambientais*: passado + presente = futuro? São Paulo: Paulo's Comunicação e Artes Gráficas, 1999. p. 335.

Sobre o tema, indique as alternativas corretas e dê sua soma ao final.

(01) As marés, que influenciam a vida das populações das regiões costeiras, são resultantes da combinação de forças que o Sol e principalmente a Lua exercem sobre as águas do mar. Quando a Terra está alinhada em relação ao Sol e à Lua, ocorrem as marés de sizígia ou marés vivas.

(02) As correntes marinhas influem nos climas do mundo. A Corrente do Golfo, por exemplo, ameniza o inverno nas áreas litorâneas ocidentais da Irlanda, da Noruega e da Grã-Bretanha.

(04) As áreas costeiras exercem uma grande atração sobre as populações. Nessas áreas, fatores antrópicos comumente se sobrepõem às forças naturais, resultando, por exemplo, na modificação de áreas como os manguezais, que constituem

uma formação vegetal presente em reentrâncias litorâneas baixas.

(08) Em sua maioria, os rios que têm no litoral o seu nível final de erosão carregam para o mar resíduos químicos de indústrias e agrotóxicos e fertilizantes das áreas agrícolas, poluindo e afetando a produção pesqueira dos espaços litorâneos.

(16) A zona abissal, como parte das áreas costeiras, corresponde ao mar raso até a profundidade de 200 m.

3. (UPE) Vários estudantes do terceiro ano do Ensino Médio de determinada escola pernambucana formaram um grupo de estudo para analisar um tema abordado em Geografia no Ensino Médio. O tema refere-se à denominação do mapa a seguir:

Assinale a alternativa que contém esse tema.
a) bacias hidrográficas do Brasil
b) áreas climáticas do Brasil
c) áreas de produção agrícola do Brasil
d) domínios morfoclimáticos do Brasil
e) recursos minerais do Brasil

4. (ESPM – SP) Na bacia hidrográfica, indicada no mapa abaixo, está sendo construída aquela que será a segunda maior usina hidrelétrica do país e uma das maiores do mundo, tendo gerado forte debate nacional.

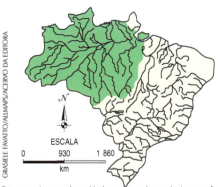

Disponível em: <http://educacao.uol.com.br/geografia/bacia-amazonica.jhtm>. Acesso em: 13 out. 2011.

A usina será construída:
a) no alto curso do rio principal da bacia.
b) junto à foz do principal rio da bacia.
c) em um afluente da margem direita do principal rio da bacia.
d) à montante do mais extenso rio da margem esquerda da bacia.
e) à jusante do mais importante rio da margem esquerda da bacia.

5. (UFF – RJ) O fenômeno registrado na fotografia remete à importância de se conhecer a dinâmica da natureza.

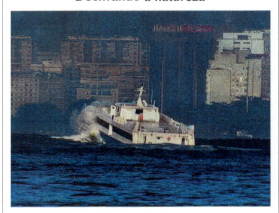

Decifrando a natureza

Entre o Rio e Niterói, onda de 3 metros atinge catamarã.

Jornal *Extra*, 25 de abril 2008.

O principal fator de formação das ondas e a causa específica do fenômeno apresentado estão corretamente associados em:

a) corrente marítima, vinculada à diferença de temperatura.
b) vento, provocado por ciclone extratropical no oceano.
c) salinidade, produto do variável índice pluviométrico.
d) abalo sísmico, decorrente de acomodações na crosta terrestre.
e) relevo litorâneo, resultante da formação geológica no continente.

6. (EsPCex-AMAN – SP) Sobre as reservas e a utilização dos recursos hídricos no Brasil e no mundo, podemos afirmar que:

I. A água doce dos rios e dos lagos de todo o planeta é responsável pela maior parte da água doce da Terra.
II. No mundo inteiro, mais de 1,5 bilhão de pessoas depende principalmente da água

de reservas subterrâneas para suprir suas necessidades básicas.

III. Apesar de grande parte do estado de São Paulo situar-se sobre o Aquífero Guarani, o sistema de abastecimento do estado não utiliza fontes subterrâneas.

IV. As calotas polares e as geleiras são as mais importantes, em termos quantitativos, reservas de água doce de nosso planeta.

Assinale a alternativa que apresenta todas as afirmativas corretas.

a) I e II
b) I, II e III
c) I, III e IV
d) II e IV
e) III e IV

7. (UFPB) As águas subterrâneas são importantes reservatórios encontrados abaixo da superfície terrestre, em rochas porosas e permeáveis. Esses reservatórios, denominados de aquíferos, encontram-se em diferentes profundidades e sua exploração vem aumentando consideravelmente nos últimos anos. Considerando o exposto e a literatura sobre as águas subterrâneas, é correto afirmar:

a) As águas subterrâneas são sempre potáveis e livres de qualquer tipo de contaminação oriunda da superfície.
b) O uso excessivo da água subterrânea na agricultura pode elevar o nível do aquífero e comprometer a fertilidade do solo.
c) Os aquíferos podem ser explorados, sem a necessidade de autorização do órgão competente, por qualquer cidadão, desde que seja o proprietário do terreno.
d) O rompimento de tanques de combustíveis e de fossas residenciais é incapaz de contaminar os aquíferos, pois a profundidade impede o contato desses contaminantes.
e) As atividades agrícolas desenvolvidas na superfície, como a adubação excessiva e o uso de agrotóxicos, podem contaminar os aquíferos.

8. (UFMS) Segundo a ONU, a Etiópia é o país que sobrevive com a menor taxa de consumo de água *per capita* do mundo – apenas 15 litros/dia. Já os EUA consomem, aproximadamente, 1.400/dia. A ONU estima que, em 2030, a falta de água para consumo atingirá cerca de 5,5 bilhões de pessoas. Diante dessa problemática, indique a(s) proposição(ões) que corretamente aponta(m) as causas de tal disparidade no consumo de água.

(01) Devido às suas heranças culturais, os países africanos consomem menor quantidade de água que outros povos, em especial os ocidentais.

(02) A agricultura moderna baseia-se no cultivo irrigado. Prova disso é que mais de 70% da água consumida no Brasil é utilizada para a irrigação.

(04) A água não é consumida apenas na alimentação e na higiene, mas também na produção agrícola, industrial e no setor de serviços.

(08) A água não se encontra distribuída na natureza na mesma proporção que a população, havendo grandes reservas de água doce muito distantes dos centros consumidores.

(16) A água é um bem renovável e inesgotável, porém seu uso está diretamente ligado ao avanço tecnológico das sociedades.

9. (PAES – UNIMONTES – MG) Leia o texto.

Estudo revela aumento de zonas mortas nos mares do mundo

(...) Segundo cientistas do instituto de Ciências Marinhas da Universidade William and Mary, na Virgínia, e da Universidade de Gotemburgo, na Suécia, as zonas mortas nos oceanos do mundo, onde a ausência de oxigênio impede o desenvolvimento de vida marinha, aumentaram mais de um terço entre 1995 e 2007. O estudo foi divulgado hoje na revista americana "Science".

Adaptado de: G1 Globo.com, 15 ago. 2008.

Podemos citar como um dos principais fatores responsáveis pelo problema mencionado no texto:

a) a inversão térmica.
b) o aquecimento global.
c) o depósito de lixo radioativo.
d) a contaminação por fertilizantes.

CAPÍTULO 8 — Clima

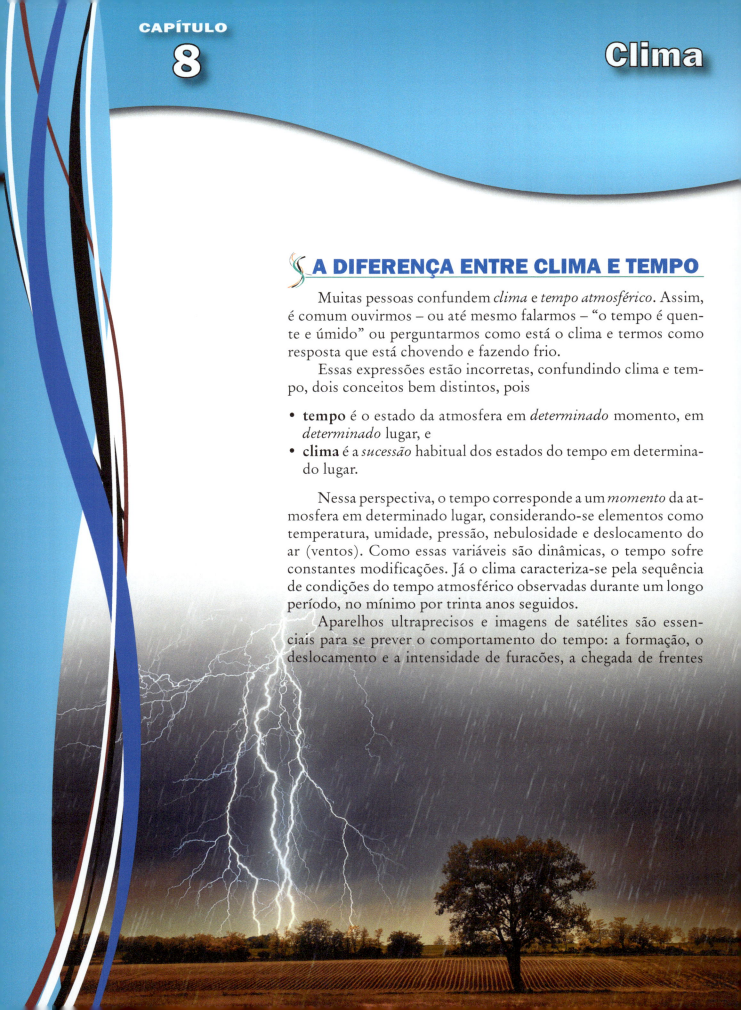

A DIFERENÇA ENTRE CLIMA E TEMPO

Muitas pessoas confundem *clima* e *tempo atmosférico*. Assim, é comum ouvirmos – ou até mesmo falarmos – "o tempo é quente e úmido" ou perguntarmos como está o clima e termos como resposta que está chovendo e fazendo frio.

Essas expressões estão incorretas, confundindo clima e tempo, dois conceitos bem distintos, pois

- **tempo** é o estado da atmosfera em *determinado* momento, em *determinado* lugar, e
- **clima** é a *sucessão* habitual dos estados do tempo em determinado lugar.

Nessa perspectiva, o tempo corresponde a um *momento* da atmosfera em determinado lugar, considerando-se elementos como temperatura, umidade, pressão, nebulosidade e deslocamento do ar (ventos). Como essas variáveis são dinâmicas, o tempo sofre constantes modificações. Já o clima caracteriza-se pela sequência de condições do tempo atmosférico observadas durante um longo período, no mínimo por trinta anos seguidos.

Aparelhos ultraprecisos e imagens de satélites são essenciais para se prever o comportamento do tempo: a formação, o deslocamento e a intensidade de furacões, a chegada de frentes frias, as tempestades de neve, os períodos de estiagem ou de chuvas intensas, as geadas etc., permitindo, quando possível, que se tomem atitudes preventivas para minimizar os efeitos de tais fenômenos. Os elementos que caracterizam o tempo, que por sua vez determinam certo tipo climático, sofrem ações de fatores naturais, como latitude, altitude, maritimidade, continentalidade, correntes marítimas, relevo, vegetação e massas de ar, como veremos mais adiante.

MUDANÇAS CLIMÁTICAS

A cada dia, mediante o avanço dos estudos científicos da meteorologia e da climatologia, como a ampliação do alcance histórico dos registros do clima e o aprimoramento de modelos que explicam o funcionamento e as alterações dos sistemas climáticos, fica mais evidente que estão ocorrendo mudanças climáticas globais.

Mudanças climáticas não são novidade na história do planeta. O clima mundial mudou constantemente ao longo dos 4,6 bilhões de anos e essas mudanças se devem, em grande parte, a fatores cujas alterações fazem parte da dinâmica natural da Terra. Entretanto, recentemente têm se notado alterações nos padrões climáticos mundiais devido a fatores não naturais.

Os cientistas hoje estão certos de que a humanidade tem interferido no clima. Segundo a comunidade científica, a principal causa das mudanças climáticas recentes é a emissão de determinados tipos de gases produzidos por atividades humanas, como a queima de combustíveis fósseis, fato que estaria provocando o aquecimento global.

combustível fóssil: fonte de energia não renovável formada a partir da decomposição de matéria orgânica; os três grandes grupos são carvão, gás natural e petróleo

As previsões são pouco otimistas sobre o futuro. Segundo elas, o mundo sofrerá com o impacto das mudanças climáticas até a metade deste século. Em decorrência do aquecimento global, se prevê que os padrões de chuva mudarão em todo o planeta, que haverá o derretimento de parte das calotas polares e que ocorrerá elevação do nível dos oceanos. Ainda esperam-se aumentos na incidência de eventos climáticos extremos, como, por exemplo, inundações, secas, ondas de calor, ciclones tropicais etc. Inúmeras espécies de seres vivos ficarão ameaçadas por não conseguirem se adaptar às mudanças rápidas e a população humana sofrerá por depender, entre outros elementos, da pesca e da agricultura para a sobrevivência.

Embora os países ricos sejam os principais responsáveis pelas mudanças previstas, serão os países pobres os que mais sofrerão com elas, pois têm menor capacidade de investimentos para minimizar os efeitos dessas transformações sobre seu território.

A queima de combustíveis fósseis, o desmatamento sem controle, a urbanização sem planejamento, e os gases poluentes expelidos pelas indústrias são alguns fatores de ação antrópica que podem estar afetando o clima do planeta.

A ATMOSFERA

O nosso planeta está envolvido pela **atmosfera**. Ela é formada por diversas camadas gasosas que se sobrepõem por quase 1.000 km de altitude. Cerca de 97% da massa total da atmosfera se concentra nos primeiros 30 km contados a partir da superfície terrestre.

A atmosfera seca, ou seja, sem considerar o vapor-d'água, é composta essencialmente por nitrogênio (78%) e oxigênio (21%). Apenas 1% dela é formada por outros gases, entre eles gás carbônico. A quantidade de água na atmosfera, em forma de vapor, varia bastante ao redor do globo, chegando a um máximo de 4% do volume desta. À medida que nos afastamos da superfície terrestre, vai diminuindo a densidade de gases, deixando o ar rarefeito. Assim, quanto maior for a altitude, mais rarefeito será o ar.

As camadas da atmosfera

Não existe uma divisão precisa em relação à altitude das camadas que compõem a atmosfera. Essa *variação* decorre da influência das condições climáticas, estações do ano e latitudes, que mudam de região para região em nosso planeta.

A partir da superfície terrestre, temos as seguintes camadas da atmosfera: **troposfera**, **estratosfera**, **mesosfera**, **termosfera** e **exosfera**. A **troposfera** é a camada onde vivem as pessoas e diversos outros seres vivos. Com aproximadamente 11 km de altitude, é nela que se formam as nuvens. Com o aumento da altitude, a temperatura nessa camada pode cair a –50 °C.

Acima da troposfera temos a **estratosfera**, cujo limite superior pode atingir aproximadamente 50 km de altitude. Nela, o ar é rarefeito e essa condição é aproveitada por muitas aeronaves, que voam na porção inferior dessa camada para aproveitar a pequena resistência do ar. Nessa porção da atmosfera ocorre uma elevação da temperatura com o aumento da altitude. Entre os gases presentes na estratosfera temos o ozônio.

Entre 50 e 80 km de altitude, temos a **mesosfera**. Nessa camada, caracterizada por também possuir ozônio, a temperatura volta a diminuir conforme a altitude aumenta.

As duas camadas mais externas são a **termosfera** – entre aproximadamente 80 e 400 km de altitude – e a última, a **exosfera**, acima de 400 km. Elas correspondem às porções mais elevadas da atmosfera, compostas por camadas sucessivas de íons, responsáveis por refletirem os sinais de rádio ao redor do nosso planeta. É por esse motivo que também chamamos a essas duas camadas de **ionosfera**. Da mesma forma que na estratosfera, a temperatura nessas camadas aumenta conforme se eleva a altitude.

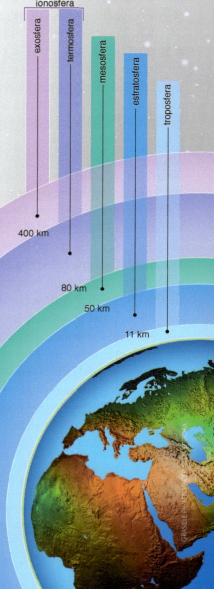

A atmosfera não é homogênea. Ela possui camadas com características diferentes.

Fonte: NASA/GODDARD. Disponível em: <http://www.nasa.gov/mission_pages/sunearth/science/atmosphere-layers2.html>. Acesso em: 21 jul. 2016. Adaptação.

Aquecimento terrestre

O Sol fornece a luz e o calor essenciais à vida, mas apenas 51% do total dos raios solares emitidos chegam à superfície terrestre. O restante é absorvido na atmosfera, pelas nuvens, e uma pequena parte é refletida pelos gases. A quantidade de calor e luz dos raios solares que chega à Terra é conhecida como **insolação**.

A Terra possui formato semelhante a uma esfera, o que provoca variações quanto ao recebimento de energia solar. Devido à curvatura da Terra, conforme nos afastamos do Equador em direção aos polos, a mesma quantidade de insolação se espalha por uma área cada vez maior da superfície terrestre. Nas regiões tropicais, os raios solares incidem perpendicularmente à superfície terrestre duas vezes ao ano (sobre os trópicos limites, Câncer e Capricórnio, apenas uma vez), enquanto nas áreas temperadas e polares os raios são mais inclinados, portanto aquecem e iluminam com menor intensidade.

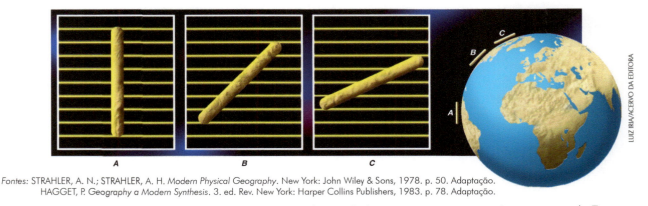

Fontes: STRAHLER, A. N.; STRAHLER, A. H. *Modern Physical Geography*. New York: John Wiley & Sons, 1978. p. 50. Adaptação.
HAGGET, P. *Geography a Modern Synthesis*. 3. ed. Rev. New York: Harper Collins Publishers, 1983. p. 78. Adaptação.

A energia solar recebida não é a mesma em todos os pontos da Terra. Conforme nos afastamos do Equador, os raios solares atingem nosso planeta com ângulos cada vez menores. Para ter uma noção da diferença de intensidade da energia solar recebida, suponha que as linhas horizontais nos quadros acima sejam os raios solares e as barras sejam as posições assinaladas no planeta. A quantidade relativa de energia solar recebida por A, B e C pode ser avaliada contando-se o número de linhas horizontais (ou seja, raios solares) que atravessam cada barra.

Os raios solares que atingem a superfície terrestre são absorvidos pelas águas, pelo solo e por outros elementos, como construções e plantas, que liberam parte dessa energia recebida aquecendo a atmosfera. A esse fenômeno damos o nome de **irradiação**.

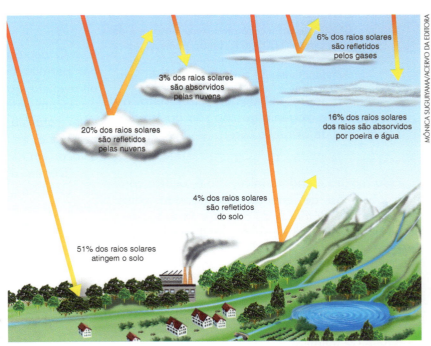

Absorção e reflexão da radiação solar na atmosfera terrestre.

Fonte: GREENLAND, D.; BLIJ, H. J. de. *The Earth in Profile*: A Physical Geography. São Francisco: Canfield Press, 1977. p. 174. Adaptação.

A rarefação da camada de ozônio

O ozônio é um gás incolor e extremamente reativo. Em contato com outras substâncias próximo à superfície terrestre, esse gás pode acarretar danos aos organismos vivos. No entanto, a camada de ozônio situada na estratosfera é de fundamental importância para a existência da vida no planeta, pois ela desempenha o papel de filtro natural da Terra, na medida em que retém parte dos raios ultravioleta (UV), impedindo-os de chegar à superfície terrestre.

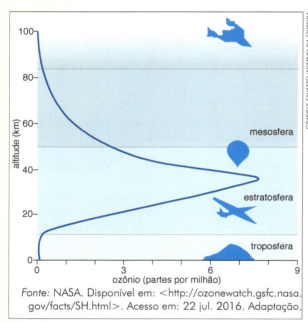

Fonte: NASA. Disponível em: <http://ozonewatch.gsfc.nasa.gov/facts/SH.html>. Acesso em: 22 jul. 2016. Adaptação.

O total de ozônio na atmosfera terrestre é de apenas 0,00006%, sendo que sua maior concentração se encontra a uma altitude de, aproximadamente, 32 km da superfície da Terra.

Nas grandes altitudes da estratosfera, as moléculas de oxigênio gasoso são quebradas em átomos de oxigênio livre:

$$O_2 \rightarrow 2\,[O]$$

Essa reação é endotérmica, isto é, ocorre com a absorção da energia transportada pelos raios UV. Os átomos de oxigênio livre podem, então, reagir com parte das moléculas restantes de O_2:

$$O_2 + [O] \rightarrow O_3$$

No entanto, a reação também ocorre no sentido inverso, com a decomposição exotérmica (liberando energia) do ozônio, gerando um equilíbrio químico:

$$O_3 \rightleftarrows O_2 + [O]$$

Por volta de 1930, foi criado o gás CFC (clorofluorcarbono) para fins industriais. Nas décadas seguintes seu uso se expandiu, principalmente nos países industrializados, para produtos de bens de consumo, como aparelhos de ar-condicionado, geladeiras, sprays etc.

Durante décadas, o uso do CFC pareceu inofensivo ao ambiente. Porém, no final dos anos 1970, estudos revelaram uma significativa alteração na camada de ozônio sobre a Antártida. Por meio de imagens e informações fornecidas por satélites, os cientistas descobriram uma redução de 60% do ozônio dessa área. O aprofundamento desses estudos apontou a relação direta entre a destruição parcial da camada de ozônio e o clorofluorcarbono.

O CFC liberado na superfície desloca-se para as camadas mais altas da atmosfera, onde passa a sofrer a ação intensa dos raios ultravioleta. A partir dessa ação, o CFC decompõe-se, liberando átomos de cloro livres. O cloro funciona como um catalisador para a reação de decomposição do O_3, provocando a rarefação da camada de ozônio:

$$[Cl] + O_3 \rightarrow ClO + O_2$$
$$ClO + [O] \rightarrow O_2 + [Cl]$$
$$\overline{O_3 + [O] \rightarrow 2\,O_2}$$

O decréscimo da concentração de ozônio permite uma maior passagem de raios ultravioleta que, em um primeiro momento, provocam uma incidência maior de câncer de pele, catarata e deficiência imunológica nas pessoas e, em um segundo momento, podem colocar em risco a vida no planeta.

Diante do agravamento do problema, em 1987 os principais países industrializados reuniram-se na cidade de Montreal, Canadá, e assinaram um documento conhecido como Protocolo de Montreal, pelo qual se comprometeram a reduzir a utilização do gás CFC e, em uma segunda etapa, a substituí-lo completamente.

Devido às medidas adotadas, o processo de rarefação na camada de ozônio sobre a Antártida estabilizou-se a partir do ano 2000.

CAPÍTULO 8 – Clima • **165**

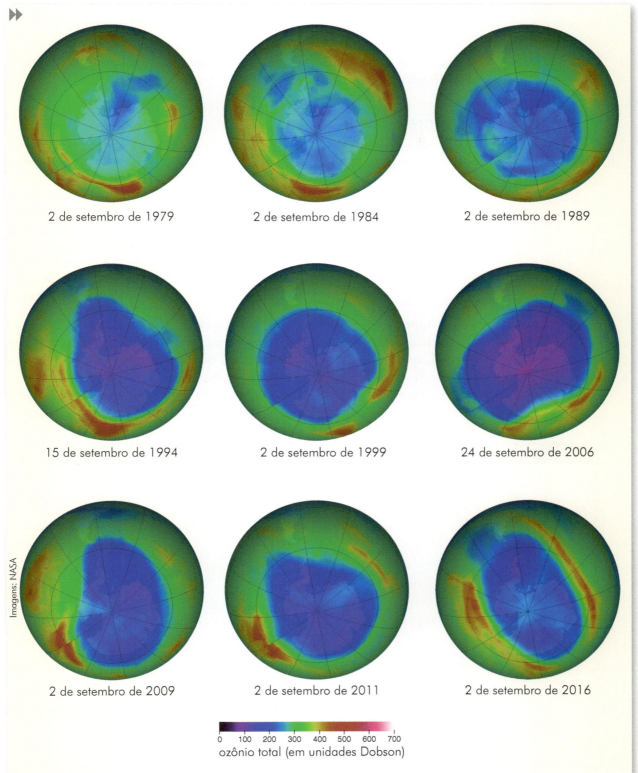

Fonte: NASA, Ozone Watch. Disponível em: <http://ozonewatch.gsfc.nasa.gov/>. Acesso em: 20 jul. 2016.

Evolução do buraco na camada de ozônio sobre a Antártida. As imagens foram coloridas artificialmente para melhor identificação: o intervalo de cores roxa a azul indicam locais com menor quantidade de ozônio e as faixas de cores amarela a vermelha, maior quantidade de ozônio. Note que o período mais crítico de rarefação da camada ocorreu em 2006. Em 2011, a camada de ozônio ainda pedia vigilância.
Até 2060, medidas para a recuperação da camada de ozônio devem ser intensificadas.
Dobson é a unidade de medida criada para indicar a espessura da camada de ozônio total na atmosfera.

FATORES CLIMÁTICOS

Os elementos que caracterizam o tempo atmosférico sofrem a ação de fatores naturais. Eles podem ser de três tipos: **astronômicos**, **geográficos** e **meteorológicos**.

Fatores astronômicos

São aqueles devidos aos movimentos da Terra e à inclinação de seu eixo (já estudados).

Fatores geográficos

São aqueles relacionados a características geográficas, como **latitude**, **altitude**, **relevo**, **continentalidade** e **maritimidade**, **correntes marítimas** e **vegetação**.

Latitude

Como já vimos, devido à curvatura da Terra e à consequente incidência diferenciada dos raios solares, podemos afirmar, de maneira geral, que quanto mais próximo do Equador, ou seja, quanto *menor* a latitude, mais altas serão as temperaturas médias. O raciocínio inverso também é verdadeiro: quanto *maior* a latitude, menores as temperaturas médias. A variação latitudinal é o fato mais importante na diferenciação das **zonas climáticas** da Terra (**polar**, **temperada** e **tropical**).

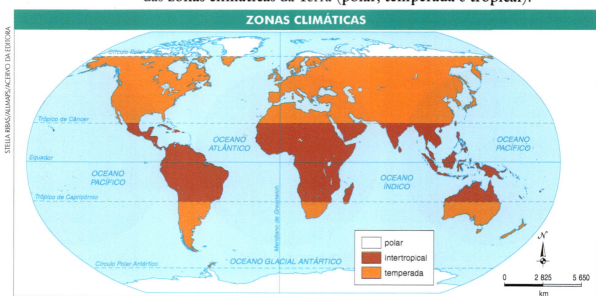

Fonte: ATLAS escolar IBGE. 6. ed. Rio de Janeiro: IBGE, 2012. p. 58. Adaptação.

▸ Apesar de o Brasil não ter terras em zonas polares, a diferença entre a duração dos dias e das noites ao longo do ano também pode ser sentida no país, especialmente em determinadas partes do seu território. Sabendo disso, como você explica o fato de apenas os estados do centro-sul adotarem o horário de verão durante uma parte do ano?

Outro dado importante é que quanto maior a latitude, maior a **amplitude térmica**, isto é, maior a variação entre as temperaturas máxima e mínima de determinada região. A amplitude térmica é medida durante determinado período de tempo, em geral, um ano.

Observe, na tabela a seguir, que a amplitude térmica de algumas capitais brasileiras é maior quanto maior a latitude em que se encontra a cidade.

AMPLITUDE TÉRMICA DE ALGUMAS CAPITAIS BRASILEIRAS E SUAS RESPECTIVAS LATITUDES*				
Cidade	Latitude	Temperatura mínima no ano (média mensal)	Temperatura máxima no ano (média mensal)	Amplitude térmica anual
São Luís	2°31'	22,3	31,4	8,6
Salvador	12°58'	21,0	30,0	9,0
Rio de Janeiro	22°54'	18,2	30,2	12,0
Florianópolis	27°35'	13,5	28,5	15,0

* Dados compilados pelo autor.

Explorando o tema

O sol da meia-noite

No verão das zonas polares, acontece um fenômeno conhecido popularmente como "sol da meia-noite". Trata-se de períodos claros ininterruptos que acontecem nessas regiões. Isso ocorre devido ao movimento de rotação da Terra, à inclinação do eixo de rotação e ao movimento de translação. Observe a figura abaixo.

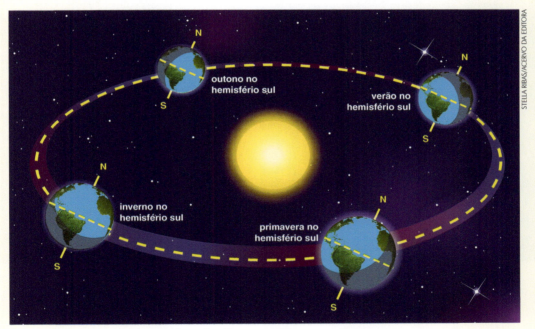

Fonte: BLIJ, H. J. et al. *World Geography*. Illinois: Scott Foresman and Company. p. 48. Adaptação.

Em dezembro, o hemisfério sul é mais iluminado que o hemisfério norte por causa da inclinação do eixo de rotação da Terra. No mês de junho, a situação se inverte. Com isso, enquanto uma região polar recebe iluminação constante, a outra permanece no escuro durante parte do ano.

As regiões polares passam aproximadamente oito meses claros e quatro meses na escuridão. Em seis desses oito meses "claros", o Sol fica visível, e durante os outros dois meses não é possível enxergá-lo, pois ele fica abaixo da linha do horizonte, embora haja claridade.

Relevo e altitude

A configuração do relevo continental e suas altitudes influenciam os elementos do tempo como a **pressão** e a **temperatura**. À medida que a altitude aumenta (a cada 180 m, aproximadamente), a temperatura diminui (cerca de 1 °C, em média).

Pelo fato de a temperatura ser consequência da irradiação do calor liberado pela superfície terrestre, as regiões de menores altitudes são, naturalmente, mais quentes do que as que se encontram em maiores altitudes.

A configuração do relevo pode dificultar ou facilitar a circulação de massas de ar. Um bom exemplo é a cadeia das Montanhas Rochosas na costa oeste dos Estados Unidos e do Canadá, que atuam como uma barreira aos ventos úmidos vindos do oceano Pacífico. Na porção ocidental há maior precipitação, enquanto na porção oriental a falta de umidade provoca aridez na região.

Cadeia das Montanhas Rochosas.

Maritimidade/Continentalidade

Os oceanos funcionam como um verdadeiro regulador térmico devido à sua capacidade de se aquecer e perder calor muito mais lentamente do que as áreas continentais. Essas diferenças de temperatura entre as massas de água oceânicas e continentais e a velocidade com que se dão o aquecimento e o resfriamento dessas massas são importantíssimas para a mecânica de movimentação do ar na atmosfera.

Nas áreas costeiras, normalmente regiões muito úmidas, as amplitudes térmicas (diferença entre a menor e a maior temperatura) tendem a variar pouco, pois a proximidade com o mar ameniza os extremos de temperatura. À medida que vamos nos afastando da costa em direção ao interior dos continentes, a amplitude térmica aumenta.

Brisa marítima (esquerda) e brisa terrestre (direita). A diferença de temperatura entre o mar e a porção da terra adjacente gera uma diferença de pressão e, por consequência, movimentação do ar.

Explorando o tema

Monções

Em países do Sul e do Sudeste Asiático, como Índia, Laos e Vietnã, a vida e as atividades econômicas, principalmente a cultura de arroz, são muito influenciadas pelos ventos de **monções**. Esses ventos são uma consequência da configuração do relevo e das diferenças de aquecimento e resfriamento entre o continente e o oceano Índico. Nessa região, as zonas de alta e baixa pressão se invertem durante o inverno e o verão.

No período de verão do hemisfério norte, de junho a setembro, o ar sobre o oceano Índico apresenta temperaturas mais baixas que o ar sobre o Sul e o Sudeste Asiático. Esse fato torna a região sobre o Índico uma zona anticiclonal (de maior pressão), dispersando os ventos carregados de umidade. Nessa época do ano, as chuvas são torrenciais e causam gigantescas inundações sobre a porção continental. No inverno, o centro de alta pressão está sobre o continente, que passa a apresentar temperaturas menores que a área oceânica. Nesse período, os ventos sopram da terra para o mar, causando estiagem (secas) nessa região.

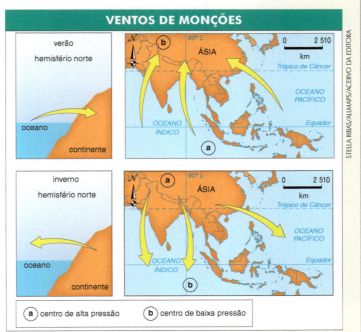

Fonte: National Geographic Education. Disponível em: < http://education.nationalgeographic.com/education/encyclopedia/monsoon/?ar_a=1>. Acesso em: 20 jul. 2016.

Correntes marítimas

As correntes marítimas, deslocamentos de massas de água oceânicas gerados pelo movimento de rotação do planeta, pelos ventos, temperatura e densidade, apresentam características próprias de temperatura, salinidade e direção. As correntes se movimentam por todos os oceanos do mundo, transportando calor e, por isso, influem diretamente no clima. Sua presença traz alterações significativas na temperatura.

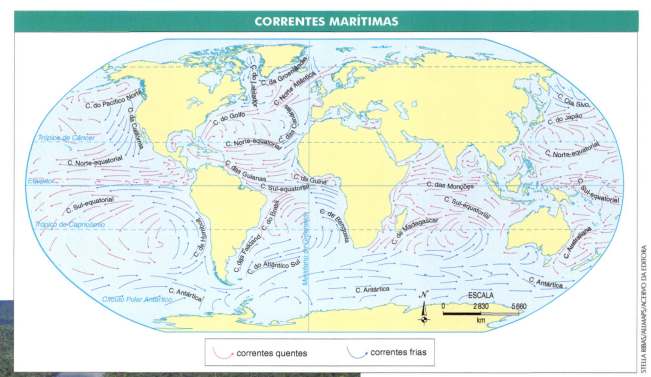

Fonte: ATLAS escolar IBGE. 6. ed. Rio de Janeiro: IBGE, 2012. p. 58. Adaptação.

Vegetação

A cobertura vegetal tem um papel importante na absorção e irradiação dos raios solares. Quanto mais densa for a vegetação, maior a dificuldade de os raios solares chegarem à superfície do solo e menor será sua absorção e a retenção de calor.

A transpiração dos vegetais aumenta a quantidade de vapor na atmosfera. Se a cobertura vegetal for retirada de determinada área, essa condição primária se alterará e ocorrerá maior absorção de calor pelo solo.

Áreas como a Floresta Amazônica, muito densas, têm maior quantidade de água em suspensão na atmosfera.

Fatores meteorológicos (sistemas atmosféricos)

De todos os fatores que influenciam o clima, os sistemas atmosféricos são os mais importantes para explicar a dinâmica do tempo e dos climas.

Você sabe o que são **sistemas atmosféricos**? São aqueles formados basicamente pela dinâmica das **massas de ar** e **frentes**.

As *massas de ar* são partes da atmosfera (grandes bolsões de ar) que se formam em regiões de relativa homogeneidade e que podem se movimentar carregando as características de temperatura e de umidade de suas regiões de origem.

À medida que elas se deslocam, perdem suas características iniciais e vão se dissipando. A área de transição entre diferentes massas de ar é chamada de *frente*.

O deslocamento e a circulação intensa das massas de ar se devem às diferenças de pressão atmosférica entre diferentes regiões do planeta, conhecidas como centros de alta pressão (anticiclonais) e de baixa pressão (ciclonais).

O encontro de uma massa de ar frio com uma de ar quente normalmente resulta em chuva.

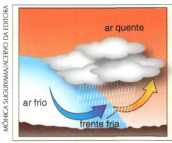
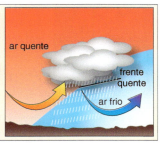

Esquema representativo das frentes fria e quente.
Fonte: BARBER M.; KISSAMIS K. S. *Earth Science.* Illinois: Scott Foresman. Adaptação.

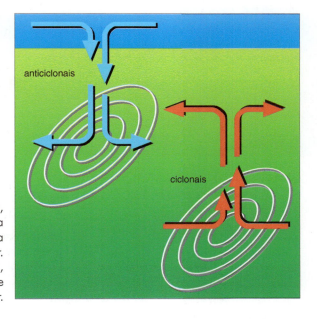

Nas áreas anticiclonais (de alta pressão), a pressão atmosférica é mais elevada que em seu entorno, sendo a superfície da Terra uma região de divergência do ar. Já nas áreas ciclonais (de baixa pressão), as características são opostas, sendo a superfície da Terra uma região de convergência do ar.

AS CHUVAS

Muitas redes de televisão mostram a previsão do tempo para diferentes regiões do país e ou do mundo com a animação de imagens de satélite. Por meio dessa animação observamos o deslocamento de imensas áreas brancas, formadas por nuvens, sobre os oceanos e os continentes.

Se acompanharmos a previsão do tempo durante alguns dias, veremos que as massas de ar perdem força e acabam se dissipando.

Como o mecanismo de movimentação das massas de ar é dinâmico, há sempre novas massas se formando e se deslocando.

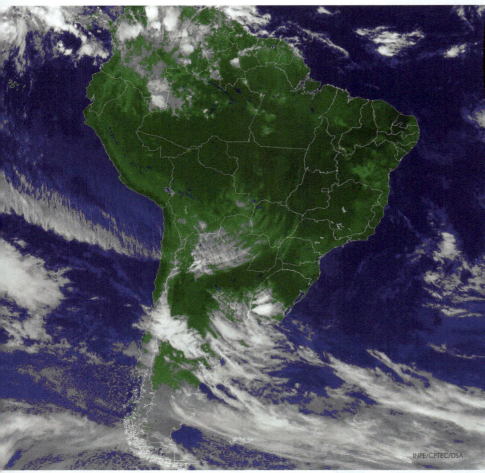

Observe a imagem de satélite acima, em que se veem manchas brancas sobre os oceanos e a América do Sul. Você sabe o que são elas e como se formam? (Imagem capturada pelo satélite GOES-12.)

Nuvens

Uma nuvem é uma coleção de gotículas de água condensada ou cristais de gelo que são pequenos o suficiente para se manterem suspensos no ar.

O aspecto de uma nuvem depende essencialmente da natureza, dimensão, número e distribuição no espaço das partículas que a constituem. Depende também da intensidade e da cor da luz que a nuvem recebe, bem como das posições relativas do observador e da fonte de luz (Sol ou Lua) em relação à nuvem.

Formação de nuvens

As nuvens são formadas pelo resfriamento do ar até a condensação do vapor-d'água, devido à subida e expansão desse ar.

Quando uma porção de ar sobe para níveis onde a pressão atmosférica é cada vez menor, o volume desse ar se expande e sua temperatura diminui em virtude dessa expansão. Esse fenômeno é conhecido por **resfriamento adiabático**.

> **adiabático**: processo em que não há troca de calor com o meio externo

Uma vez formada, a nuvem poderá aumentar de tamanho até o ponto em que ocorre a precipitação ou sua dissipação. Esta última resulta da evaporação das gotículas de água que compõem a nuvem em virtude de um aumento de temperatura ocasionado pela mistura do ar com outra massa de ar mais aquecida, ou, ainda, pela mistura com uma massa de ar seco.

Uma nuvem também pode surgir quando certa massa de ar é forçada a deslocar-se para cima, acompanhando o relevo do terreno. Essas nuvens, ditas de "origem orográfica", também decorrem da condensação do vapor-d'água devido ao resfriamento adiabático do ar.

Tipos de chuva

Quando o vapor-d'água presente na atmosfera chega ao seu nível de saturação, ocorrem as **precipitações** ou **chuvas**, que são essenciais no ciclo hidrológico.

As chuvas são classificadas em **orográficas**, de **convecção** e **frontais**.

Chuvas orográficas

São também chamadas **chuvas de relevo**. Quando as massas de ar úmidas encontram uma barreira natural formada pelo relevo, elas se elevam e o vapor-d'água existente nelas se condensa, ocasionando as precipitações. As chuvas orográficas no Brasil são tradicionais nas regiões serranas do Sudeste e no agreste pernambucano.

Fonte: STRAHLER, A. N.; STRAHLER, A. H. *Modern Physical Geography*. 4. ed. New York: John Wiley & Sons, 1992. Adaptação.

As massas de ar úmidas provenientes do oceano, ao entrarem em contato com as barreiras produzidas pelo relevo, descarregam grande quantidade de chuvas nas encostas, determinando muitas vezes a ocorrência de paisagens vegetais muito exuberantes.

Chuvas de convecção

Em dias de intensa evaporação, o movimento vertical do ar carrega o vapor-d'água para cima, que se esfria com a altitude, seguindo-se de precipitação. As chuvas torrenciais e rápidas da Amazônia e os temporais de verão da Região Sudeste são exemplos desse tipo de chuva.

Fonte: STRAHLER, A. N.; STRAHLER, A. H. *Modern Physical Geography*. 4. ed. New York: John Wiley & Sons, 1992. Adaptação.

Quanto maior a altitude em que ocorre o encontro das nuvens produzidas pelas correntes de convecção, mais vapor-d'água será condensado e mais intensa será a chuva.

Chuvas frontais

Ocorrem em decorrência do choque entre uma massa de ar frio e outra de ar quente. Na realidade, trata-se das frentes frias e quentes.

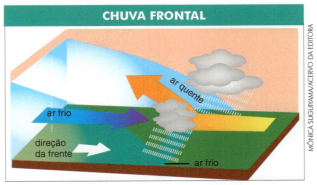

Fonte: STRAHLER, A. N.; STRAHLER, A. H. *Modern Physical Geography*. 4. ed. New York: John Wiley & Sons, 1992. Adaptação.

No centro-sul brasileiro, as frentes frias agem o ano todo, porém quedas acentuadas de temperatura, devido a sua entrada, ocorrem principalmente no período do inverno.

Tufões e furacões

Tempestades tropicais de grande magnitude são comuns no hemisfério norte, no fim do verão e no começo do outono, em consequência das fortes mudanças no aquecimento das águas dos oceanos e no continente.

Tufões e furacões são o mesmo fenômeno atmosférico (também conhecidos como **ciclones tropicais**), que pode se formar nas águas quentes (temperatura acima de 27 °C) dos oceanos tropicais. Esse fenômeno se inicia nos oceanos quando ventos, soprando em direções opostas sobre densas nuvens, as fazem girar. Esse movimento de rotação vai se tornando cada vez mais rápido, podendo atingir velocidade superior a 160 km por hora.

Esses sistemas de tempestades se desenvolvem de maneira circular, com diâmetros que podem variar de 450 a 650 km. No centro dessas tempestades há o "olho", região de ventos muito leves e em que, praticamente, não há nuvens.

Ciclone tropical (visto de cima). Repare que as nuvens estão dispostas formando um grande círculo e, em sua região central, há uma área com ausência de nuvens, conhecida como o "olho". Na foto, furacão Célia sobre o oceano Pacífico.

Explorando o tema

É tufão ou é furacão?

A questão da terminologia é bastante discutível. O **ciclone tropical** recebe nomes regionais: *baguio* nas Filipinas, *kona* no Havaí, *willie-willie* na Austrália, *huracan* na América Central e no Caribe (originando *furacane* no português e espanhol antigos e *hurricane* em inglês). Em Cuba, prefere-se o termo *ciclón*. No Pacífico Sul e Índico, é chamado simplesmente de ciclone. No Pacífico Norte ocidental, tufão. No Atlântico Sul seria mais adequado o termo furacão, aceitando-se como sinônimo ciclone, desde que subentendida a variedade tropical.

MUDANÇAS ATMOSFÉRICAS NATURAIS

O planeta vem sofrendo profundas e dramáticas mudanças climáticas há milhões de anos. Alguns fenômenos parecem cíclicos, como o das glaciações.

Atualmente, podemos detectar fenômenos naturais que alteram o clima do planeta como, por exemplo, o *El Niño*, que pode explicar a intensificação de algumas "catástrofes naturais", como mudanças no regime de chuvas em diversas regiões do globo, que trazem enchentes, secas etc.

El Niño – fenômeno regional de influência planetária

Existem fenômenos naturais regionais com a capacidade de produzir mudanças nas condições do tempo atmosférico em escala planetária. O mais conhecido é o fenômeno *El Niño*. Em espanhol quer dizer "O Menino", veja o porquê.

De tempos em tempos, as águas equatoriais do Pacífico se aquecem de maneira anormal, alterando profundamente o clima em escala planetária. Esse aquecimento se inicia nos meses de agosto-outubro. Em dezembro, essa porção de água oceânica aquecida chega à costa peruana. Pelo fato de o fenômeno ocorrer na costa da América do Sul na época do Natal, recebeu o nome de "O Menino", em uma referência ao Menino Jesus.

Para os pescadores peruanos, a ocorrência do *El Niño* é um grande problema, pois o aquecimento das águas costeiras próximas ao Peru e ao Chile dificulta a ocorrência de outro fenômeno, já estudado, a ressurgência. Como resultado, há uma diminuição da piscosidade local.

Fonte: INPE. Disponível em: <http://enos.cptec.inpe.br/imgDJF_el.jpg>. Acesso em: 20 jul. 2016. Adaptação.

As causas que levam ao aparecimento do *El Niño* ainda são desconhecidas. Diversas hipóteses já tentaram explicar o fenômeno, sem resultado.

No Brasil, os efeitos do *El Niño* são sentidos em diferentes regiões: no Nordeste intensifica secas, enquanto na Região Sul contribui para a ocorrência de enchentes.

La Niña – fenômeno que se contrapõe ao *El Niño*

La Niña também é um fenômeno cíclico e sua manifestação é oposta à do *El Niño*. Acontece quando ocorre um resfriamento maior que o normal das águas do Pacífico.

Esse fenômeno ocorre, em média, a cada 2 a 7 anos, e pode durar aproximadamente um ano.

Estudos indicam que as consequências do *La Niña* não seguem padrões regulares: os regimes de chuvas podem variar para mais ou para menos em todo o planeta.

Fonte: INPE. Disponível em: <http://enos.cptec.inpe.br/img/DJF_el.jpg>. Acesso em: 20 jul. 2016.

Efeito estufa – um fenômeno natural

O **efeito estufa** é um fenômeno natural, ou seja, que ocorre independentemente da ação do ser humano. Ele é ocasionado pela presença de determinados gases na atmosfera terrestre, tais como dióxido de carbono (CO_2), metano (CH_4), clorofluorcarbonos (CFC), óxido nitroso (N_2O) e ozônio (O_3), além de vapor-d'água. Esses gases, dispostos em uma camada ao redor da Terra, bloqueiam parcialmente a saída da radiação infravermelha proveniente da superfície terrestre. Com isso, há um aumento da temperatura do planeta (veja a ilustração ao lado).

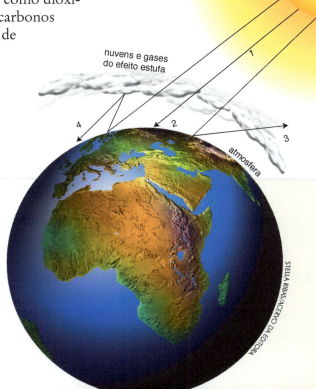

Modelo representativo do efeito estufa.
(1) A radiação proveniente do Sol atravessa as camadas da atmosfera e atinge o nosso planeta.
(2) Parte dela é absorvida pela superfície terrestre e parte é (3) reenviada para a atmosfera.
(4) Os gases de efeito estufa, devido a sua ação absorvedora associada à característica refletora da nebulosidade, fazem com que parte da radiação refletida fique retida, levando ao aumento da temperatura nas proximidades da superfície da Terra.

Sem o efeito estufa natural, a irradiação solar não conseguiria aquecer a Terra o suficiente para dar suporte à vida como a conhecemos – a temperatura média de nosso planeta, que atualmente é de cerca de 15 °C positivos, seria de aproximadamente 17 °C negativos. Nosso planeta seria coberto de gelo e as temperaturas entre o dia e a noite variariam muito.

AQUECIMENTO GLOBAL

As temperaturas na Terra variam no tempo e no espaço. As oscilações naturais da temperatura média do planeta ao longo dos últimos 10.000 anos têm sido de aproximadamente 1 °C. Entretanto, estudos divulgados recentemente mostraram que a temperatura média terrestre elevou-se em 0,6 °C ao longo do século XX.

Trata-se de uma elevação rápida de acordo com o documento *Climate Change*, divulgado pelo IPCC (do inglês, Painel Intergovernamental sobre Mudanças Climáticas) – veja gráficos na página seguinte. De 1995 até agora foram registrados os anos mais quentes desde que se iniciaram as medições regulares de temperaturas, em meados do século XIX. E as projeções para o futuro são, no mínimo, preocupantes. Até 2020, estima-se que a temperatura do planeta subirá, pelo menos, 2,4 graus Celsius e, segundo o mesmo documento, até 2100 o aumento da temperatura média da Terra poderá passar de 1,1 °C a 6,4 °C, causando, além de catástrofes naturais mais intensas e frequentes, muita sede e fome.

Apontar as causas do aquecimento global não é uma tarefa fácil. O mundo científico não apresenta unanimidade sobre o assunto. A maioria dos cientistas afirma que o aquecimento é resultado da intensificação do efeito estufa devido às atividades dos 7 bilhões de seres humanos. Não se pode afirmar que o modelo de desenvolvimento aplicado pela humanidade pós-Revolução Industrial seja o único elemento responsável pela situação atual. Todavia, todos os indícios apontam que ele tem sido um forte agente modificador do clima.

Apesar de o aquecimento terrestre ser natural, pesquisadores consideram, baseados em modelagens detalhadas, que a ação humana está acelerando o processo.

Há claros sinais de que as atividades humanas estão aumentando a emissão de gases e, consequentemente, intensificando o efeito estufa. No caso do dióxido de carbono, principal agente do aquecimento global, seu aumento ocorre principalmente devido ao uso de combustíveis fósseis (carvão mineral, petróleo e gás natural) e às grandes queimadas. Começamos a liberar CO_2 na atmosfera por meio da queima de combustíveis fósseis há mais de 200 anos e, desde então, sua concentração na atmosfera cresceu mais de um terço. Além do CO_2, outros gases do efeito estufa, incluindo o metano, o óxido nitroso (N_2O – gerado por atividades como a decomposição do lixo, a pecuária e o uso de fertilizantes) e os clorofluorcarbonos (CFC), tiveram aumento de quantidade na atmosfera.

Queimada na Floresta Amazônica.

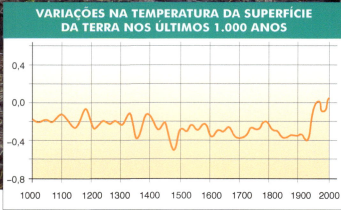

Fonte: MOBERG, A. et al. Nature, London, v. 433, Feb. 10, 2005.

Fonte: IPCC. Climate Change 2007 – synthesis report, p. 31. Adaptação.

Fonte: ATLAS Nacional do Brasil Milton Santos. Rio de Janeiro: IBGE, 2010. p. 20. Adaptação.

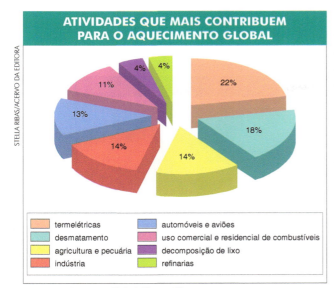

Fonte: Pew Center on Global Climate Change.

Nos países desenvolvidos e industrializados, queimam-se muito mais combustíveis fósseis do que nos outros países. A concentração de gases de efeito estufa na atmosfera aumenta toda vez que dirigimos um automóvel, tomamos um avião ou queimamos madeira.

Bilhões de toneladas de CO_2 da atmosfera são utilizados pelas florestas do planeta que ajudam a estabilizar o clima mundial. Quando florestas são queimadas, é liberada grande quantidade desse gás para a atmosfera.

À medida que o planeta esquenta, parte da cobertura de gelo dos polos Sul e Norte derrete. O aquecimento global também pode provocar mais evaporação de água dos oceanos, levando a uma maior concentração de vapor-d'água na atmosfera. Como o vapor-d'água é um gás do efeito estufa, o problema tende a se agravar.

PRINCIPAIS PAÍSES EMISSORES DE DIÓXIDO DE CARBONO (CO_2), EM MILHARES DE TONELADAS			
País	1990	2000	2010
China	2.460.744	3.405.180	8.286.892
Estados Unidos	4.768.138	5.713.560	5.433.057
Índia	690.577	1.186.663	2.008.823
Rússia	–	1.558.112	1.740.776
Japão	1.094.834	1.219.589	1.170.715
Alemanha	–	829.978	745.384
Irã	211.135	372.703	571.612
Coreia	246.943	447.561	567.567
Canadá	450.077	534.484	499.137
Reino Unido	571.051	543.662	493.505

Fonte: UNITED NATIONS, Statistics Division, 2014. Disponível em: <http://mdgs.un.org/unsd/mdgData.aspx>. Acesso em: 20 jul. 2016.

Disseram a respeito...

Energias renováveis contra o aquecimento global

O aquecimento do planeta é uma realidade e, se nada for feito, ele trará consequências catastróficas para a biodiversidade e para o ser humano. Por isso, pressionamos empresas e governos a abandonarem fontes fósseis de geração de energia, como o petróleo e o carvão, e substituí-las pelas novas renováveis, como solar e eólica. Essa é uma estratégia não só para reduzir as emissões de gases-estufa, mas para consolidar um crescimento econômico baseado em tecnologias que não prejudicam o planeta.

Disponível em: <http://www.greenpeace.org/brasil/pt/O-que-fazemos/Clima-e-Energia/?gclid=COexksDnj78CFSwS7Aod7k0AiA>. Acesso em: 20 jul. 2016.

CLIMA NO MUNDO

Os climas variam em diferentes regiões da Terra. Veja no mapa a seguir quais são os dez principais climas do mundo.

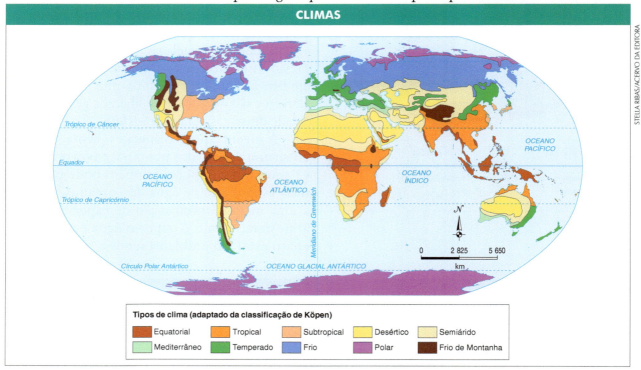

Fonte: ATLAS Nacional do Brasil Milton Santos. Rio de Janeiro: IBGE, 2010. p. 19. Adaptação.

- **Equatorial** – clima quente e úmido; pequena amplitude térmica anual, com temperaturas médias acima de 25 °C. Índices pluviométricos anuais acima de 2.000 mm.

  O gráfico ao lado, chamado **climograma**, apresenta as variações de temperatura e de chuvas que ocorrem no clima equatorial. Em um climograma, as colunas apresentadas mostram o total da quantidade de chuva por mês, durante um ano; a linha une os pontos das temperaturas médias registradas nos meses.

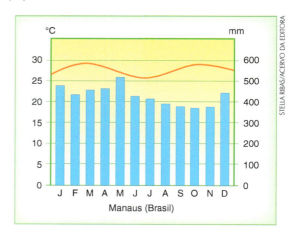

- **Tropical** – índices pluviométricos que variam de 1.000 a 2.000 mm por ano. Há duas estações bem definidas: uma seca e outra chuvosa. No inverno, as médias de temperatura ficam acima dos 20 °C e, no verão, são superiores a 25 °C.

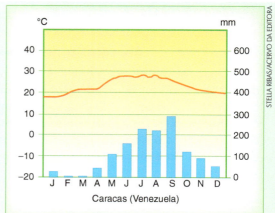

- **Subtropical** – grandes amplitudes térmicas durante o ano. Apresenta temperaturas médias entre 15 °C e 20 °C nos meses de verão, e no inverno as médias variam entre 0 °C a 10 °C. Chuvas distribuídas durante todo o ano com pequeno aumento no verão.

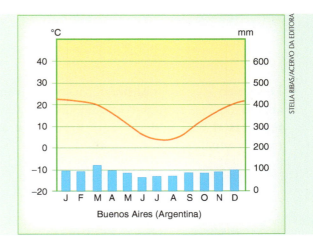
Buenos Aires (Argentina)

- **Temperado** – divide-se em dois tipos:
  - *oceânico* – sofre influência das águas oceânicas, o que diminui os rigores do inverno e possibilita a ocorrência de verões amenos;

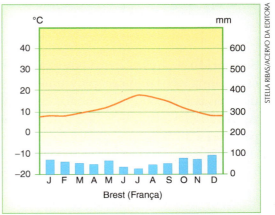
Brest (França)

  - *continental* – a influência dos mares é menor e apresenta grandes amplitudes térmicas entre verão e inverno, sendo ambos bastante rigorosos.

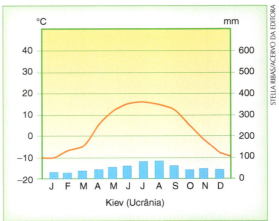
Kiev (Ucrânia)

- **Mediterrâneo** – apresenta as quatro estações do ano bem definidas, com verões quentes e secos e invernos chuvosos.

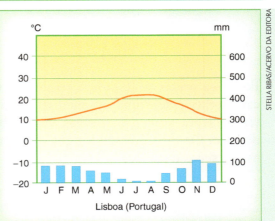
Lisboa (Portugal)

- **Desértico** – os índices pluviométricos ficam abaixo de 250 mm por ano. As amplitudes térmicas diárias são bastante grandes, e as médias anuais situam-se entre 15 °C e 40 °C.

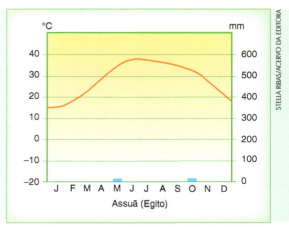
Assuã (Egito)

- **Semiárido** – chuvas irregulares caracterizam este clima e os índices pluviométricos não ultrapassam os 600 mm anuais. As temperaturas são elevadas e em alguns locais são superiores a 30 °C.

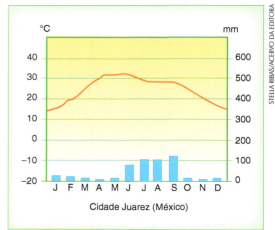
Cidade Juarez (México)

- **Frio (subpolar)** – no inverno, as temperaturas médias são negativas e próximas de zero; nos meses de verão situam-se em torno de 10 °C. Os índices pluviométricos variam, dependendo da região, entre 200 mm e 500 mm e entre 500 mm e 1.000 mm.

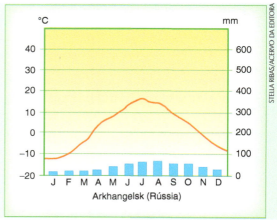
Arkhangelsk (Rússia)

- **Polar** – a presença de neve e gelo o ano todo caracteriza esse clima; as médias anuais de temperatura situam-se muitas vezes abaixo de zero. Os invernos são longos e os verões, muito secos e curtos.

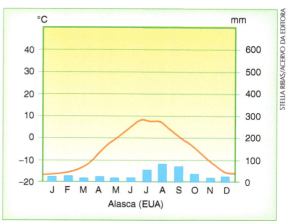
Alasca (EUA)

Fonte: World Climate. Disponível em: <http://www.worldclimate.com>. Acesso em: 22 jul. 2016.

CAPÍTULO 8 – Clima **183**

Alpes (Suíça)

- **Frio de montanha** – as temperaturas diminuem conforme aumenta a altitude. Mesmo em regiões tropicais, a configuração do relevo determina esse clima.

BRASIL – UM PAÍS TROPICAL

Devido à grande extensão territorial, nosso país se caracteriza pela diversificação climática. Contribuem ainda para essa diversificação outros fatores:

- posição geográfica e latitude;
- configuração do território;
- sistemas atmosféricos.

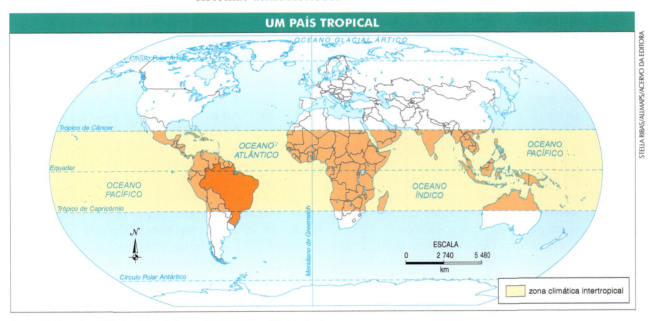

Fonte: ATLAS escolar IBGE. 6. ed. Rio de Janeiro: IBGE, 2012. p. 58. Adaptação.

Disseram a respeito...

O mundo tropical

Durante muito tempo as baixas latitudes alimentaram o imaginário europeu produzindo mitos e lendas, sem qualquer consistência científica, a maior parte com forte carga negativa, sobretudo no que diz respeito aos trópicos úmidos, acusados de serem regiões insalubres e cujas condições naturais eram incompatíveis com o desenvolvimento de uma civilização avançada. Mesmo na esfera da Geografia, tais distorções eram frequentes, revelando uma visão incorreta e carregada de subjetividade. Os exemplos são inúmeros. O pioneiro foi o francês Pierre Gourou, importante estudioso do Sudeste Asiático e do Extremo Oriente, que em seu trabalho *Les Pays Tropicaux*, publicado em 1948, afirma serem as regiões quentes e chuvosas muito pouco favoráveis à adaptação do homem branco da zona temperada. Somente vários anos depois apresentaria outro texto reconhecendo o erro. Da mesma forma ainda um autor francês, Pierre Birot, em sua obra *Géographie Physique Générale de La Zone Intertropicale*, assegura que as regiões com temperatura média anual superior a 25 °C seriam muito desestimulantes para o organismo de um europeu. O mesmo discurso se encontra no autor inglês H. T. Buckle, em *History of Civilization in England*, em que chega ao extremo de insinuar que as populações dos trópicos seriam necessariamente ignorantes e praticantes do barbarismo.

Na realidade, até a época dos Descobrimentos (séculos XIV e XV) pouco se conhecia, de fato, sobre essa parte do globo. Os gregos da Antiguidade supunham que, ali, as temperaturas seriam tão elevadas que os oceanos estariam em permanente ebulição, tornando impossíveis as condições de vida humana tal como eles conheciam. Contudo, foram também os gregos, das escolas Jônica e Alexandrina, os primeiros a reconhecer a divisão da Terra em *zonas*, ou seja, em faixas de latitude, compondo três grandes categorias (baixas, médias e altas), dando início ao conhecimento objetivo do globo em macroescala.

A inclinação do eixo de rotação do planeta sobre o plano de translação, ou da eclíptica, configurando um ângulo de 23°27'33'', define a posição dos trópicos (Câncer, no hemisfério norte, e Capricórnio, no sul) e estes, por sua vez, limitam, astronomicamente, o que se denomina de *Zona Intertropical*. Sua primeira particularidade é que, aí, o sol está muito presente o ano todo, fazendo uma "varredura", a cada solstício ou intervalo de seis meses, entre um trópico e outro dotando, por isso mesmo, essa área de um enorme excedente energético. Disso derivam importantes consequências naturais, como, por exemplo, uma riquíssima biodiversidade e as características superlativas de sua natureza. A estas devem se acrescentar as consequências econômicas, pois aí os fatores ambientais são muito propícios à produção de combustíveis renováveis, além de favorecerem o aproveitamento direto da abundante energia solar.

As elevadas temperaturas médias (com exceção das regiões de alta montanha) constituem outra peculiaridade dessa faixa, porém o dado mais significativo é sua pequena variação ao longo do ano, a *isotermia* (amplitude inferior a 6 °C), marca indissociável da tropicalidade. Se, do ponto de vista térmico, a oscilação é pouco expressiva, o oposto ocorre com a pluviosidade, não só quanto aos totais como também quanto os regimes. Na faixa intertropical existem imensas áreas onde o total pluviométrico anual é muito elevado (acima de 2.500 mm), como, por exemplo, a Região Amazônica ou a Ásia das Monções, mas também vastíssimas extensões de desertos rigorosamente áridos, como o Saara, no norte da África, ou o Atacama, na região setentrional do Chile, explicadas, seja pela ocorrência de células de alta pressão semipermanente, seja pela atuação de correntes oceânicas frias que inibem o processo de formação das chuvas. Portanto, a zona intertropical está longe de ser homogênea.

Os trópicos, porém, não são somente natureza. Quase metade da população do mundo habita as baixas latitudes e aí estão algumas das maiores áreas metropolitanas da atualidade, duas das quais em nosso país: São Paulo e Rio de Janeiro que juntas somam quase 30.000.000 de habitantes. Em outros continentes destacam-se Mumbai (Índia), 18.000.000 de habs., Calcutá (Índia), 14.000.000 de habs., Jacarta (Indonésia), 13.000.000 de habs. e Lagos (Nigéria), com 13.000.000 de habs. Tais aglomerações, todas no trópico úmido, transformaram radicalmente o meio ambiente onde se instalaram, derrubando matas, impermeabilizando o solo, alterando, artificialmente, o traçado da hidrografia e criando microclimas específicos, com a configuração de "ilhas" de calor e mudanças nas características da pluviometria. A grande expansão urbana, a remoção de vastas extensões de florestas para a prática da agricultura, pecuária ou mineração, agravaram os processos de degradação ambiental e esses fatores, somados às condições socioeconômicas marcadas pela pobreza e subnutrição, aumentaram, em alguns pontos, a incidência de doenças infecciosas como, por exemplo, a dengue e a febre amarela, entre outras.

É preciso enfatizar, porém, que a deterioração do ambiente tropical, desencadeada pela ação antrópica predatória não conduz, necessariamente, a um processo sem retorno. A alta concentração energética que aí se registra, ao mesmo tempo em que provoca desequilíbrios acentuados, pode concorrer, também, para a reorganização do ambiente desde que sejam tomadas medidas eficientes de combate aos danos. A delimitação de reservas naturais protegidas é, hoje, uma prática bem-sucedida em inúmeros países da baixa latitude.

O trópico, para quem o estuda em toda sua abrangência, exibe seus aspectos contrastantes. De um lado, é o território de graves calamidades naturais, como os furacões que se originam nos mares quentes e avançam sobre as linhas de costa, provocando mortes e devastação, como ocorreu com o Katrina, que castigou Nova Orleans (EUA), no Golfo do México, em 2005. Por outro lado, porém, o trópico alto (acima de 1.000 m sobre o nível do mar) apresenta excepcionais condições de salubridade, oferecendo centros de lazer e repouso em níveis de excelência. Em nosso país, Campos do Jordão e Poços de Caldas são exemplos expressivos. Da mesma forma, o turismo de praia é muito favorecido e alguns nomes, por si só, evocam um imaginário paradisíaco, como Polinésia, Caribe, Galápagos e tantos outros.

O trópico é uma apaixonante área de estudo para a Geografia, pois ainda é insuficientemente conhecido nos seus mecanismos mais complexos. Revela, porém, uma forte identidade, constituindo um permanente estímulo à pesquisa a fim de se compreender toda a multivariada expressão de suas paisagens, tarefa que os geógrafos devem estar preparados para realizá-la.

Prof. Dr. José Bueno Conti. Faculdade de Filosofia, Letras e Ciências Humanas da Universidade de São Paulo (USP).

> ➤ Para o autor do texto, o trópico revela "uma forte identidade". Você é capaz de dar exemplos de como essa identidade tropical se traduz nos símbolos nacionais brasileiros?

Posição geográfica e latitude

A maior parte do território brasileiro está situada na zona intertropical. Apenas 8% dele está localizado na zona temperada do sul.

A tropicalidade é uma característica predominante no clima brasileiro, sendo, por isso, quente. Mas, dada a sua extensão latitudinal (Norte-Sul), há uma grande variação de temperaturas médias, que pode ser observada mais claramente no inverno.

A influência de massas de ar úmidas garante índices pluviométricos elevados na maior parte do país.

Configuração do território

O relevo brasileiro apresenta verdadeiros "corredores" que facilitam a penetração de massas de ar. Esses corredores são formados por planícies situadas entre a Cordilheira dos Andes e os planaltos Brasileiro e da Guiana, respectivamente.

As altitudes do relevo brasileiro são modestas. Nas áreas mais elevadas das Regiões Sudeste e Sul, a altitude influencia as temperaturas médias anuais, que são menores do que nas áreas mais baixas.

Sistemas atmosféricos

O Brasil sofre influência de cinco tipos de massa de ar. Conforme a época do ano, elas atuam com maior ou menor intensidade. Isso ocorre devido à variação das zonas de alta e baixa pressão provocada pelas diferenças de aquecimento dos oceanos e dos continentes no decorrer das estações do ano.

Os principais tipos de massa de ar que atuam no Brasil são:

- **Massa Equatorial Atlântica (mEa)** – forma-se ao norte do Equador em pleno oceano Atlântico, na área do anticiclone dos Açores. É quente e úmida.

> **anticiclone**: zona de pressão atmosférica alta que faz com que os ventos se movimentem em espiral

- **Massa Equatorial Continental (mEc)** – forma-se a noroeste da Amazônia brasileira. É quente e muito úmida.
- **Massa Tropical Atlântica (mTa)** – forma-se ao sul do Trópico de Capricórnio, em pleno oceano Atlântico. É quente e úmida.
- **Massa Tropical Continental (mTc)** – forma-se na depressão do Chaco (Paraguai e Bolívia). É quente e seca.
- **Massa Polar Atlântica (mPa)** – forma-se a partir do acúmulo de ar polar sobre o oceano Atlântico na latitude equivalente à Patagônia. É fria e úmida.

Disseram a respeito...

Massa Polar – úmida ou seca?

A atuação da Massa Polar Atlântica (mPa) no centro-sul do Brasil influencia significativamente os totais pluviométricos nesta região. Em sua borda, no contato com os sistemas atmosféricos tropicais, configuram-se extensas zonas de pressão relativamente baixa e intensa convergência, usualmente chamada de frente polar. Estas frentes comportam-se como verdadeiros rios atmosféricos, canalizando importantes volumes de ar em fluxo concentrado em direção a centros de baixa pressão, que normalmente atingem seu máximo aprofundamento e atividade sobre o oceano Atlântico.

A passagem do sistema frontal, que antecede a chegada do ar polar propriamente dito, promove condições de forte instabilidade, gerando chuvas antes, durante e depois da passagem da frente em várias áreas do território paulista. O ar frio que vem na retaguarda, alimentando esse sistema, por ser ligeiramente mais denso, avança pelo continente sul-americano em forma de cunha, elevando o ar mais quente do sistema tropical que se encontra em sua trajetória. O excedente de vapor, associado à presença de núcleos higroscópicos, passa para a fase líquida formando as nuvens. Caso as gotículas atinjam tamanho suficientemente grande, a força de gravidade as arrasta para o solo vencendo a força de ascensão que as mantém em suspensão, dando origem a chuvas e eventualmente chuviscos. Portanto, a massa polar atlântica não transporta umidade, mas seu deslocamento em direção aos trópicos, sim, gera condições necessárias para a ocorrência de chuvas. Boa parte da umidade que resulta em chuva, de fato, estava presente no ar do sistema tropical "invadido" pelo ar polar. Este fato pode ser verificado pouco depois da passagem da frente polar. Com a hegemonia do ar de origem polar, predomina um tipo de tempo caracterizado pelo aumento progressivo da pressão atmosférica, céu limpo, ar relativamente frio e umidade mais baixa que antes.

As chuvas resultantes da atuação da frente situada na borda da massa polar, ou do anticiclone migratório polar, numa terminologia diferente, são denominadas de chuvas frontais. A chuva oriunda de cúmulos-nimbos resultante da instabilidade gerada pela aproximação da frente, mas que não é oriunda da frente propriamente dita, é chamada de pré-frontal. Depois da passagem da frente, é comum que ocorra precipitação, muitas vezes na forma de chuvisco e/ou chuva leve, oriunda do manto de nuvens estratiformes que chegam a cobrir integralmente o céu, sobretudo no período de outono/inverno. Esta precipitação é chamada de pós-frontal. Como as séries históricas se constituem por registros de totais pluviométricos diários, não há como distinguir a gênese exata da chuva com tal detalhamento a partir de registros tão grosseiros. Por isto, habitualmente, toda esta precipitação é tratada em conjunto como oriunda ou derivada da passagem da frente polar.

Prof. Dr. Emerson Galvani e Prof. Dr. Tarik Rezende de Azevedo.
Faculdade de Filosofia, Letras e Ciências Humanas
da Universidade de São Paulo (USP).

> Durante o inverno, é frequente a queda de temperatura no centro-sul do país devido à ação da massa de ar polar. As populações que vivem nas ruas sofrem muito nas noites frias. Todos os anos são divulgados casos de pessoas que morreram de frio. Quais medidas emergenciais são adotadas pelo poder público para contornar a situação?

MASSA POLAR ATLÂNTICA

Fonte: ATLAS escolar IBGE. 5. ed. Rio de Janeiro: IBGE, 2009. p. 90. Adaptação.

A ação da Massa Polar Atlântica (mPa)

Durante o inverno, a mPa penetra no Brasil (veja a figura ao lado) com muita força, provocando – em sua entrada – queda na temperatura local e chuvas. Ela segue três caminhos diferentes. A porção que segue para o sul da Amazônia (A) acaba provocando a queda brusca da temperatura na região. Esse fenômeno denomina-se **friagem**. Nos últimos anos, devido ao desmatamento na porção sul da Amazônia, a friagem vem se acentuando, agindo em latitudes muito baixas. Já foram registradas temperaturas mínimas diárias abaixo de 8 °C na região. A porção que segue pelas Regiões Sul e Sudeste (B) provoca diminuição da temperatura nessas áreas, levando à ocorrência em determinados pontos de geadas e até de neve. A porção que segue pelo litoral (C) chega até a costa oriental nordestina, provocando chuvas nessa região.

TIPOS DE CLIMA DO BRASIL

Observe o mapa abaixo em que estão representados os diferentes tipos de clima do Brasil.

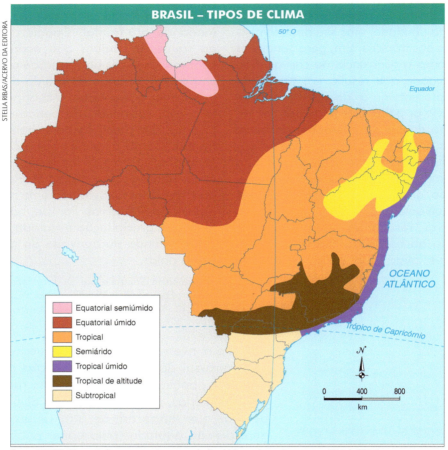

Fonte: INMET. Disponível em: <www.inmet.gov.br/html/clima.php>. Acesso em: 21 jul. 2016.

Podemos classificar os climas brasileiros em seis grandes tipos:

- **Equatorial (úmido e semiúmido)** – quente e úmido, com temperaturas variando muito pouco durante o ano, com média térmica entre 24 °C e 26 °C. Registra altos índices pluviométricos anuais, acima de 2.000 mm, não havendo estação seca definida. Esse é o clima predominante na Amazônia.

> **índice pluviométrico:** índice de distribuição de chuvas por épocas e regiões

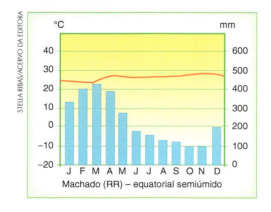

Machado (RR) – equatorial semiúmido

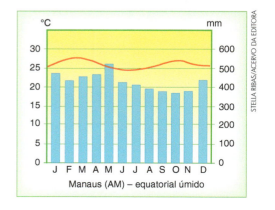

Manaus (AM) – equatorial úmido

- **Tropical** – com duas estações bem-definidas, a chuvosa (verão) e a seca (inverno). A temperatura média anual é de 22 °C, com índices pluviométricos anuais médios por volta de 1.500 mm. Boa parte do Brasil está sob o domínio desse clima.

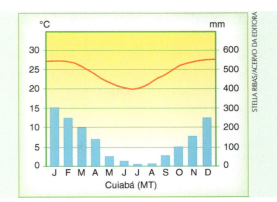
Cuiabá (MT)

- **Tropical de altitude** – o relevo é o fator preponderante para explicar as temperaturas amenas, com médias térmicas entre 17 °C e 22 °C e índices pluviométricos por volta de 1.500 mm anuais. Predomina em regiões mais altas do Sudeste.

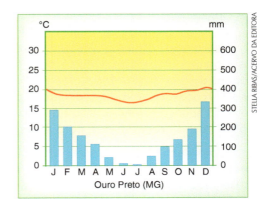
Ouro Preto (MG)

- **Tropical úmido** – quente e úmido, com temperaturas médias anuais em torno de 25 °C e pluviosidade média anual entre 1.250 mm e 2.000 mm. As chuvas concentram-se no outono-inverno no litoral nordestino e na primavera-verão no litoral do Sudeste.

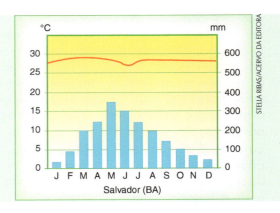
Salvador (BA)

- **Semiárido** – típico do interior nordestino, das áreas sertanejas. Quente e seco, as temperaturas variam pouco durante o ano, apresentando médias térmicas entre 26 °C e 28 °C. As chuvas são irregulares e mal distribuídas, com pluviosidade média inferior a 750 mm, havendo uma concentração das chuvas no verão.

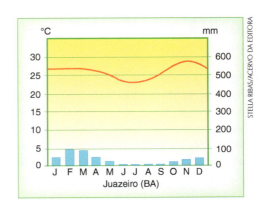
Juazeiro (BA)

- **Subtropical** – típico da Região Sul do país, apresenta chuvas que se distribuem pelo ano todo. Apresenta índices pluviométricos superiores a 1.250 mm anuais e as maiores amplitudes térmicas do país. A temperatura média anual fica em torno de 18 °C.

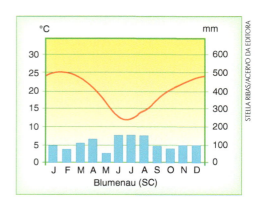

Fonte: INMET. Disponível em: <www.inmet.gov.br/html/clima.php>. Acesso em: 21 jun. 2016.

Disseram a respeito...

Um problema político?

A seca que costumeiramente ocorre em regiões extremamente pobres do Sertão nordestino é usada como "bode expiatório" para perpetuar o domínio econômico e político de uma elite. Imagens dolorosas são veiculadas pela mídia, mostrando crianças famélicas, plantações destruídas e carcaças de animais espalhadas pela terra rachada.

Essa situação já era crítica há mais de um século. Leia o relato de um viajante europeu em 1859 e trecho da renomada obra *A Bagaceira*, de José Américo de Almeida.

"Uma seca de sete meses destruíra realmente tudo o que era mortal no sertão. Quase todo gado morrera por falta de pasto e de água para beber. Um ou outro cavalo nalguns lugares, mas tão magros, tão fracos, que mal podiam carregar-se, quanto mais a um cavaleiro. Além disso, as chuvas, caídas muito recentemente, tornaram os caminhos intransitáveis, algumas lagoas muito cheias e os riachos, dantes inteiramente secos, deviam estar transbordando, sendo muito perigosa a travessia a cavalo, dado o volume d'água, porquanto em pontes ou alpondras não se podia falar. Na realidade, nessas regiões, onde o homem, pela sua inatividade, deixa tudo à Natureza, deparam-se dificuldades de que não pode o europeu fazer ideia. (...)

Aproveitei no entanto o domingo para ver o Pão de Açúcar. Um lugar como esse contava com apenas de 2.000 a 3.000 habitantes, e como viviam! (...) a maioria dessa gente pode dizer-se realmente mendigos e pouco resistentes, dada a falta de boa alimentação e outras condições necessárias à vida. Por ocasião de doenças, sucumbem muito facilmente; contaram-me que, por ocasião da cólera, enterraram-se lá 471 cadáveres. (...) leva o vaqueiro do sertão uma vida precária, solitária, miserável (...) além do seu gado, das suas moléstias e acidentes, nada emociona essa raça de homens na maioria fuscos."

Fonte: AVÉ-LALLEMANT, R. *Viagens pelas províncias da Bahia, Pernambuco, Alagoas e Sergipe*. Belo Horizonte: Itatiaia, 1980.

alpondras: pedras que servem de passadeiras para se atravessar um rio

"Era o êxodo da seca de 1898. Uma ressurreição de cemitérios antigos – esqueletos redivivos, com o aspecto terroso e o fedor das covas podres. (...)

Andavam devagar, olhando para trás, como quem quer voltar. Não tinham pressa em chegar, porque não sabiam aonde iam. Expulsos do seu paraíso por espadas de fogo, iam, ao acaso, em descaminhos, no arrastão dos maus fados.

Fugiam do sol, e o sol guiava-os nesse forçado nomadismo.

Adelgaçados na magreira cômica, cresciam, como se o vento os levantasse. E os braços afinados desciam-lhes aos joelhos, de mãos abanando. (...)

Não tinham sexo, nem idade, nem condição nenhuma. Eram os retirantes, nada mais."

Fonte: ALMEIDA, J. A. *A Bagaceira*. Rio de Janeiro: José Olympio, 1991.

nomadismo: modo de vida nômade, isto é, que se desloca de um lugar para o outro

➢ Tendo em vista as considerações dos textos acima, proponha soluções para lidar com o problema da seca sem "perpetuar o domínio econômico e político de uma elite".

Ponto de vista

As secas no semiárido nordestino

A explicação para a semiaridez encontrada no Nordeste e seus longos períodos de seca não é muito simples. O quadro apresentado pela região é resultado da combinação de diversos fatores. Entre eles, podemos destacar: a localização da região; a ação de um sistema atmosférico complexo sobre a área; as mudanças na temperatura dos oceanos Pacífico e Atlântico, em determinadas épocas, provocando alterações na circulação atmosférica local; a ocorrência de solos, relevo e vegetação peculiares. Cabe, assim, ao sistema atmosférico da região e à sua dinâmica o papel preponderante da ocorrência de tal situação.

O fenômeno da seca no Nordeste não é apenas natural, mas também social e político. A pobreza da população localizada nas áreas do semiárido não pode ser atribuída exclusivamente ao quadro natural, mas também aos problemas estruturais (sociais e econômicos) encontrados na região. É bom lembrar que a Califórnia, nos Estados Unidos, possui um clima muito mais seco que o do sertão nordestino e, mesmo assim, é uma das regiões mais ricas do planeta.

O tamanho real das áreas afetadas pelas secas ainda é muito questionado. A diferença entre os números apresentados decorre da existência de grupos políticos e econômicos que têm o intuito de tirar proveito da situação. Para tanto, acabam divulgando de maneira distorcida e exagerada o quadro real, na tentativa de conseguir mais verbas governamentais para a utilização em benefício próprio.

As ações desses grupos, conhecidas há muito tempo, são popularmente denominadas de ações da "indústria da seca".

> Se as ações da "indústria da seca" são de conhecimento público, o que impede o seu fim?

ATIVIDADES

PASSO A PASSO

1. O deserto do Atacama na América do Sul e o deserto de Kalahari na África são exemplos dos efeitos que as correntes marítimas podem exercer sobre o clima e, consequentemente, sobre a vegetação de determinada área. Determine o clima de um deserto e explique a formação das áreas acima citadas.

2. Atualmente, há uma grande preocupação da humanidade quanto ao aumento das temperaturas médias da Terra. Nesse contexto, muitas pessoas confundem os conceitos de efeito estufa e aquecimento global. Compare os dois fenômenos e aponte as influências das ações antrópicas sobre eles.

3. Explique a formação de furacões.

4. Por que a região sul dos Estados Unidos é afetada pela intensa presença de furacões?

5. Aponte e caracterize os diferentes tipos de clima existentes no Brasil.

6. Diferencie as chuvas orográficas de chuvas de convecção e frontais.

UNIDADE 2 – PLANETA AZUL

IMAGEM & INFORMAÇÃO

1. Explique as diferenças observadas entre as curvas apresentadas ao lado:

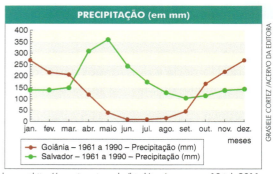

Disponível em: <http://www.inmet.gov.br/html/>. Acesso em: 19 jul. 2011.

2. Observe o mapa ao lado.
   a) a qual tipo de clima correspondem as regiões com temperaturas máximas mais baixas registradas no mapa? E as regiões com temperaturas máximas mais altas?
   b) a partir do mapa, caracterize os tipos climáticos relacionados às temperaturas máximas observadas no Estado de São Paulo.

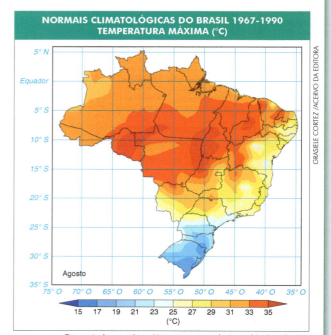

Disponível em: <http://www.inmet.gov.br/portal/index.php/>. Acesso em: 21 jul. 2016.

TESTE SEUS CONHECIMENTOS

1. (UNICAMP – SP) Na figura a seguir podem ser observadas médias térmicas mensais de algumas cidades indicadas no mapa-múndi.

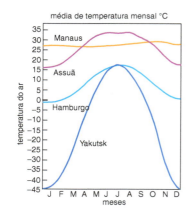

Entre as cidades há uma significativa diferença entre temperaturas máximas e mínimas mensais. É correto afirmar que:

a) apesar de estarem em latitudes similares, Yakutsk apresenta uma amplitude térmica muito maior que Hamburgo, pois em Yakutsk a radiação anual é significativamente maior que em Hamburgo.

b) a média de temperatura é praticamente constante em Manaus, porque apesar das grandes variações de insolação durante inverno e verão, a umidade e a Floresta Amazônica permitem a maior conservação da energia.

c) Assuã apresenta uma amplitude térmica menor que Manaus, pois está situada no deserto do Saara (Egito), onde as temperaturas durante o dia são muito elevadas, mas, à noite, sofrem quedas bruscas.

d) apesar de estarem em latitudes similares, Yakutsk apresenta uma amplitude térmica muito maior que Hamburgo, pois em Yakutsk o efeito da continentalidade é mais pronunciado que em Hamburgo, onde predomina a ação da maritimidade.

---

2. (UFF – RJ) O fragmento da notícia e a letra da canção referem-se às mesmas áreas da Região Nordeste, nas quais se verificou uma mudança brusca nas condições climáticas habituais, devido ao excesso de chuva numa região marcada pela sua falta.

Moradores navegam em rua inundada pelo rio Poti, em Teresina (PI), onde 180 mil alunos ficaram sem aula por causa das chuvas.
Folha de S.Paulo, 6 maio 2009.

Último pau-de-arara

A vida aqui só é ruim
Quando não chove no chão
Mas se chover dá de tudo
Fartura tem de montão
Tomara que chova logo
Tomara, meu Deus, tomara
Só deixo o meu Cariri
No último pau-de-arara
Só deixo o meu Cariri
No último pau-de-arara

Venâncio/Corumbá/J. Guimarães

É possível identificar diversos fatores relacionados a essa mudança ambiental. Identifique o fator principal.

a) A intensificação das chuvas ácidas regionais.
b) A redução da camada de ozônio da estratosfera.
c) A ocorrência do fenômeno climático *La Niña*.
d) A redução das emissões de gás carbônico.
e) A diminuição da influência da Corrente do Golfo.

3. (UFRGS – RS) No Brasil, o fenômeno *El Niño* provoca o desvio da massa de ar equatorial continental, úmida, que se forma sobre a Amazônia, para o sul do país.

As consequências do *El Niño* no território brasileiro são:

a) enchentes no Brasil meridional e seca no extremo sul do país.
b) secas no Brasil meridional e enchentes no extremo sul do país.
c) enchentes no Brasil meridional e secas no sertão nordestino e no extremo sul do país.
d) enchentes no sudeste do Brasil, em decorrência de invernos rigorosos no sul do país.
e) enchentes no sudeste do Brasil e secas no extremo sul do país.

4. (FGV – SP – adaptada) Considere os climogramas a seguir.

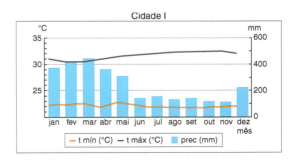

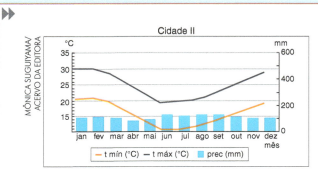

Disponível em: <http>//jornaldotempo.uol.com.br/previsaodotempo.html/brasil/>.

Os dados climatológicos representam uma média do período de trinta anos.

A leitura e a interpretação dos climogramas permitem afirmar que a cidade I

a) sofre os efeitos da continentalidade, o que não ocorre com a cidade II.
b) está localizada em mais baixa latitude que a cidade II.
c) apresenta maior altitude que a cidade II.
d) situa-se junto ao mar, o que não ocorre com a cidade II.
e) sofre mais os efeitos dos ventos alísios do que a cidade II.

5. (FUVEST – SP) Considerando as massas de ar que atuam no território brasileiro e alguns de seus efeitos, analise o quadro abaixo e escolha a associação correta.

	MASSA DE AR	CARACTERÍSTICAS	PRINCIPAIS REGIÕES ATINGIDAS	EFEITOS
a)	Equatorial Atlântica (mEa)	Quente e úmida	Litoral Norte e Nordeste	Formação de chuvas e aumento dos ventos
b)	Equatorial continental (mEc)	Quente e seca	Interior das regiões Norte, centro-oeste e Sul	Formação de ventos e diminuição da umidade relativa do ar
c)	Tropical Atlântica (mTa)	Quente e úmida	Faixa litorânea das regiões Norte e Nordeste.	Formação de chuvas e diminuição das temperaturas
d)	Tropical Continental (mTc)	Quente e seca	Sudeste, Sul, parte do Nordeste e Norte	Aumento das temperaturas e dos ventos
e)	Polar Atlântica (mPa)	Fria e seca	Sudeste, Sul e Norte	Diminuição das temperaturas e da umidade relativa do ar

6. (UFC – CE) Os diferentes tipos de clima resultam da combinação de vários fatores, tais como latitude, altitude, penetração de sistemas frontais, taxas de evapotranspiração, linhas de instabilidade, existência de superfícies líquidas. Em relação ao quadro climático da Amazônia, é correto afirmar que:

a) a temperatura média é elevada porque se trata de uma região de baixas latitudes.
b) o clima da região sofreu variações muito reduzidas ao longo do tempo geológico.
c) as brisas fluviais formam-se nos setores em que os cursos fluviais são mais estreitos.
d) a possibilidade de ocorrência de chuvas na região é menor que em áreas de altas latitudes.
e) o norte da região, entre os meses de dezembro e março, sofre o fenômeno da friagem em função da invasão de ar polar.

7. (UNISC – RS) O domínio dos planaltos de araucárias apresenta, como clima predominante, o _____. As chuvas ocorrem durante o ano todo; durante o verão, são provocadas pela massa de ar Tropical Atlântica. No inverno, é frequente a penetração da massa Polar Atlântica, ocasionando _____, precipitação causada pelo encontro da massa quente (mTa) com a fria (mPa). Os índices pluviométricos variam de 1.250 a 2.000 mm anuais.

Assinale a alternativa que preenche, correta e respectivamente, as lacunas do texto.

a) tropical úmido; chuvas convectivas
b) subtropical úmido; chuvas orográficas
c) tropical seco-úmido; chuvas de relevo
d) subtropical úmido; chuvas frontais
e) equatorial úmido; chuvas térmicas

---

8. (PAS – UnB – DF) Suponha que a partida decisiva de um campeonato de futebol será realizada entre os meses de junho e julho de determinado ano e que, portanto, se deve escolher uma cidade adequada para sediar esse evento, a fim de serem evitados, ao máximo, escorregões dos jogadores em gramado encharcado e danificado pelas chuvas. Para esse contexto, são apresentados, nas opções a seguir, gráficos meteorológicos referentes a locais distintos. Assinale a opção cujo gráfico representa situação meteorológica que torna o local a que ela corresponde o mais apropriado, entre os apresentados, à realização dessa partida de futebol, nas condições mencionadas.

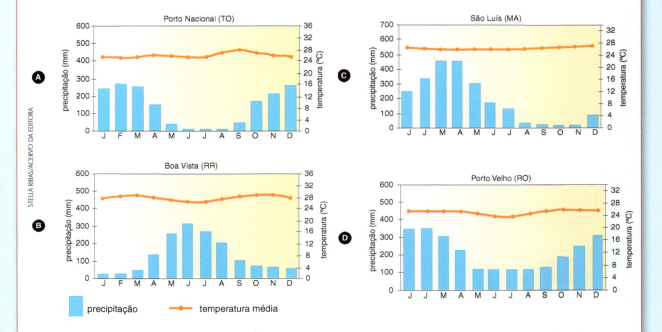

CAPÍTULO 9

Biogeografia

ESTUDOS BIOGEOGRÁFICOS E BIOMAS

Entre os vários campos de estudo ligados à ciência geográfica está o da **Biogeografia**. Você sabe o que é isso?

A Biogeografia é o ramo da ciência geográfica que estuda a distribuição dos seres vivos em nosso planeta, bem como as causas que determinam e modificam essa distribuição.

Dentre os elementos estudados por esse ramo da Geografia, destaque deve ser dado aos **biomas**. Biomas são regiões da biosfera que apresentam características semelhantes de clima, solos e relevo e, como resultado da interação desses elementos da natureza, um *tipo principal de vegetação*.

Integrando conhecimentos

Cobertura vegetal

Ao procurarmos nos dicionários o significado da palavra *vegetação*, encontraremos, de maneira geral, a seguinte definição: *conjunto de plantas de certa área ou região cuja* composição e fisionomia são determinadas pelos diversos fatores ambientais.

Nos estudos geográficos, é comum aparecer o termo *paisagem vegetal* para se referir à vegetação de determinada área. Essa paisagem vegetal é resultado da combinação de vários fatores, tais como luz, calor, umidade, tipo de solo, presença e quantidade de água.

A combinação desses fatores definirá as características da vegetação, que poderá ser classificada quanto à adaptação às variações térmicas ou quanto à relação com a umidade do ambiente ou outro elemento natural.

Clima e solo são os mais importantes fatores para determinar a riqueza de espécies, bem como a densidade e o porte das formações vegetais. Como exemplo, podemos citar as áreas muito úmidas e quentes, que apresentam formações florestais exuberantes e muito densas, com árvores altas e de copas largas.

Em relação à umidade, podemos distinguir os seguintes tipos de vegetação:

- **hidrófitas** ou **hidrófilas** – vivem na água;
- **higrófitas** ou **higrófilas** – vivem em ambientes muito úmidos;
- **xerófitas** ou **xerófilas** – vivem em ambientes com muito pouca umidade;
- **tropófitas** ou **tropófilas** – vivem e são adaptadas a regiões que têm duas estações bem definidas (seca e chuvosa);
- **halófitas** ou **halófilas** – vivem em meio salino, típicas das áreas litorâneas.

A cobertura vegetal está entre os elementos da paisagem mais suscetíveis à ação humana. Em fração de dias, o homem pode destruir hectares de coberturas naturais que demoraram anos para se formarem.

PRINCIPAIS BIOMAS DO PLANETA

A distribuição espacial dos biomas cria um mosaico de paisagens naturais sobre a superfície do planeta conforme mostra o mapa a seguir.

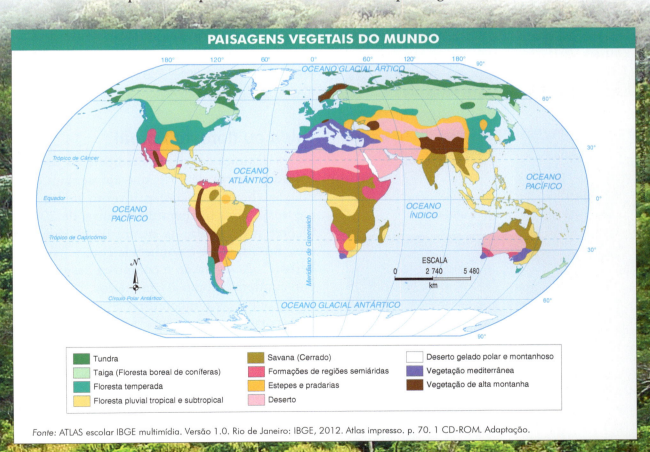

Fonte: ATLAS escolar IBGE multimídia. Versão 1.0. Rio de Janeiro: IBGE, 2012. Atlas impresso. p. 70. 1 CD-ROM. Adaptação.

Tundra

É encontrada em áreas muito frias na porção setentrional do planeta. Formada por liquens, plantas herbáceas de pequeno porte e musgos, é a vegetação típica do Círculo Polar Ártico. Recobrindo os solos permanentemente congelados (*permafrost*) da região, essa vegetação se desenvolve sobre uma pequena camada de solo que não congela. É relativamente rasa (com poucos centímetros de profundidade), o que impede o desenvolvimento de raízes profundas que são muitas vezes a base de sustentação de vegetais de grande porte. No curto verão (de até dois meses), quando há degelo de parte da neve, ocorre na região uma explosão de vida

A fauna local encontra-se adaptada ao rigor climático, no entanto a severidade do clima e a baixa insolação dificultam a ocupação desses territórios pelos seres humanos.

O subsolo de algumas dessas áreas tem-se revelado bastante rico. Nos últimos anos, foram descobertas grandes e importantes jazidas de minérios e de petróleo, levando à instalação de uma infraestrutura necessária para sua exploração e, consequentemente, à ocupação dessas áreas.

No hemisfério sul, no continente antártico, não encontramos tundra, mesmo existindo liquens e musgos nessa região.

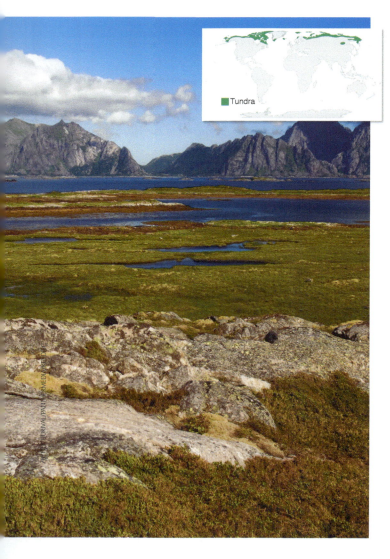

Tundra, na Noruega.

Taiga ou floresta boreal

É típica das regiões temperadas de altas latitudes (acima de 45°), que apresentam duas estações bem definidas: o inverno muito frio e o verão com temperaturas abaixo de 20 °C. Ocorre no Canadá, na península escandinava e na Rússia, onde é conhecida como "taiga siberiana". A vegetação é composta basicamente por coníferas, como os pinheiros, capazes de suportar baixas temperaturas e neve, que acaba escorrendo sobre suas folhas pontiagudas (aciculifoliadas). Com árvores de 40 metros de altura, as florestas boreais apresentam poucos estratos e seu interior é muito escuro.

A exploração comercial de madeira para abastecer a indústria do papel e celulose tem sido intensa, levando a uma forte degradação desse bioma.

Taiga ou floresta boreal, caracterizada pela presença de coníferas.

Floresta temperada decídua

Bioma típico das áreas temperadas do planeta, com latitudes mais baixas do que aquelas onde predomina a taiga. O clima dessas regiões apresenta as quatro estações bem definidas, com invernos rigorosos e geralmente com neve. As chuvas são bem distribuídas durante o ano.

As florestas temperadas são *caducifólias*, assim chamadas porque perdem suas folhas com a proximidade do inverno, que só voltam a renascer na primavera.

Formadas por árvores de grande porte, como nogueiras, faias e carvalhos, não são muito densas e nem muito exuberantes em espécies quando comparadas às florestas tropicais. No outono, as árvores repletas de folhas vermelhas, alaranjadas e amarelas formam uma das mais belas paisagens da zona temperada.

Essa formação florestal recobria grande parte da Europa, da costa nordeste dos Estados Unidos e do sudeste do Canadá, mas foi sendo reduzida ao longo dos séculos pela extração da madeira e ocupação humana. Hoje restam algumas áreas de floresta nativa que estão sob rigorosa preservação ambiental.

Floresta temperada, em Ontário, Canadá.

Pradaria e estepe

Estão presentes tanto na América do Norte e Eurásia como ao sul da América do Sul, em áreas de clima temperado continental com invernos rigorosos e verões brandos.

Pradarias são formações campestres compostas basicamente por gramíneas. As **estepes**, mesmo sendo similares às pradarias, ocorrem em regiões mais secas e apresentam tanto gramíneas como arbustos esparsos.

As pradarias são excelentes pastagens naturais; entretanto, o uso intensivo do solo pela pecuária tem levado ao seu desaparecimento e ao esgotamento do solo. A introdução de outras espécies de gramíneas visando aumentar a rentabilidade da pecuária também colabora para o desaparecimento da cobertura original e o comprometimento ambiental desses biomas.

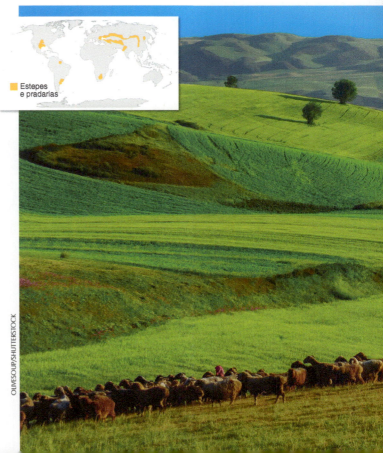

Pradaria no interior da China.

Floresta tropical

As florestas tropicais localizam-se na zona intertropical, em ambientes com índices pluviométricos bastante altos durante o ano todo. O calor constante e a forte umidade são fatores primordiais para a existência dessas densas e exuberantes florestas. A vegetação local caracteriza-se por formações higrófitas (adaptadas a muita umidade) e latifoliadas (folhas grandes e largas). Nessas formações florestais, encontramos uma enorme biodiversidade vegetal, pois a umidade e o calor são condições ideais para a proliferação de grande variedade de espécies. As árvores são altas, com copas largas, entrelaçadas, formando um dossel que dificulta a passagem dos raios solares.

O solo dessas áreas apresenta, em sua parte superior, uma camada muito rica de material orgânico, conhecida como **húmus**. Essa camada é formada a partir da decomposição de matéria orgânica proveniente da própria floresta, como folhas e galhos, por exemplo. A umidade e o calor propiciam a ação de bactérias, fungos e outros organismos, como minhocas e insetos, que decompõem essa matéria orgânica.

A exuberância dessas florestas pode levar à conclusão de que o solo em que elas se assentam é muito rico. Entretanto, em algumas áreas cobertas por essa vegetação, a camada fértil é muito fina, com poucos centímetros; nesses casos, abaixo dela, encontramos um solo pobre, muitas vezes arenoso e ácido.

A pobreza do solo ainda é agravada pela ação antrópica com a derrubada indiscriminada da mata. O solo descoberto e os altos índices pluviométricos existentes nessas áreas, associados a determinadas características pedológicas, permitem um intenso processo de lixiviação – as águas das chuvas "lavam" o solo e carregam consigo muitos dos nutrientes existentes nas camadas superiores e, consequentemente, a fertilidade do solo diminui ainda mais.

Para recuperar essas áreas e torná-las aproveitáveis economicamente, é necessário o uso de técnicas que corrijam as consequências do desmatamento e devolvam ao solo os nutrientes perdidos.

> **copa**: porção mais alta das árvores, formada pelos ramos
>
> **dossel**: cobertura formada pelas copas das árvores

Floresta pluvial tropical e subtropical

Floresta tropical, Brasil.

Savana

As savanas ocupam 20% das terras do planeta e ocorrem na África, Austrália e América do Sul.

À medida que nos afastamos da linha equatorial, a distribuição das chuvas se altera, predominando duas estações bem definidas: a das chuvas e a da seca, com amplitudes térmicas anuais maiores que nas áreas de latitudes mais baixas.

A vegetação que se desenvolve nessas áreas está adaptada a esse clima, em que as estações apresentam índices pluviométricos opostos: no verão, época das chuvas, apresenta-se verdejante e no inverno, ressequida. Caracteriza-se, ainda, por apresentar dois estratos: arbóreo-arbustivo e herbáceo. Suas árvores e arbustos estão espaçados, com caules grossos e raízes profundas, permitindo que a vegetação enfrente o período de seca. Basta caírem as primeiras chuvas para que o verde recubra toda a paisagem acastanhada em consequência da estiagem.

As savanas apresentam uma fauna muito rica e bem diversificada. O período seco é muito importante para as relações comportamentais e reprodutivas das espécies locais.

Savana na Tanzânia, no continente africano.

Explorando o tema

O fogo nas savanas

O efeito do fogo sobre as savanas é um assunto polêmico entre os cientistas. O fogo é um agente controlador e direcionador do desenvolvimento de muitas plantas das savanas.

Para o estrato arbóreo, o fogo é um fator limitante ao seu desenvolvimento, enquanto para muitas espécies do estrato herbáceo é um estimulante para o seu rebrotamento e floração.

Na ausência do fogo, as savanas tendem a formar bosques; sob sua ação, o bioma tende a assumir uma fisionomia de campo. O fogo, segundo demonstram alguns pesquisadores, é um evento tão antigo nas savanas que selecionou a adaptação de muitas plantas herbáceas.

Queimada na savana, Quênia, continente africano.

Deserto

O clima desértico caracteriza-se pela escassez e irregularidade de chuvas, com índices pluviométricos inferiores a 500 mm anuais (em alguns locais não atinge 250 mm no ano). A falta de umidade é um dos elementos responsáveis pelas significativas amplitudes térmicas diárias. As diferenças entre as temperaturas diurna e noturna podem ser superiores a 40 °C. No deserto de Gobi, na China, por exemplo, pela influência da continentalidade, a temperatura pode oscilar entre 35 °C e −40 °C.

Fontes: ATLAS escolar IBGE multimídia. Versão 1.0. Rio de Janeiro: IBGE, 2004. Atlas impresso. p. 70. 1 CD-ROM. Adaptação;
ATLAS escolar IBGE. 5. ed. Rio de Janeiro: IBGE, 2009. p. 56. Adaptação.

Os solos das regiões desérticas podem ser arenosos, pedregosos ou rochosos. São muito pobres e muitas vezes possuem alta salinidade devido à forte evaporação.

Os vegetais estão adaptados à escassez de água e encontramos espécies xerófitas, ou seja, aquelas adaptadas a regiões com pouca umidade, como os cactos. Suas raízes vão buscar água em camadas mais profundas, enquanto suas folhas e seus caules grossos estão adaptados para uma menor transpiração e evaporação.

Mesmo com uma rigorosa aridez, existem algumas regiões mais úmidas, nos desertos, os **oásis**. Na realidade, oásis são ilhas de vegetação na paisagem do deserto. Esses núcleos verdes só existem porque ali os lençóis subterrâneos de água afloram, garantindo umidade suficiente para o desenvolvimento dessa paisagem. Muitos habitantes destas regiões desérticas no Oriente Médio e do Saara utilizam essas áreas para praticar agricultura de subsistência.

Atualmente, extensas áreas áridas (desérticas) – como, por exemplo, em Israel e nos Estados Unidos – se transformaram em áreas agrícolas produtivas, alcançando resultados altamente satisfatórios. Para isso, foi necessário implantar grandes projetos de irrigação combinados com a utilização de técnicas de correção dos solos. Esses projetos modificaram a paisagem e a vida dos habitantes dessas áreas inóspitas.

A irrigação normalmente requer investimentos muito altos, o que impede a sua larga utilização nos países pobres, normalmente aqueles que apresentam baixos índices de produtividade agrícola e que necessitariam expandir suas fronteiras agrícolas. A água precisa ser captada em locais distantes ou sugada de lençóis subterrâneos.

Região de dunas no deserto do Saara, em Marrocos, na África.

Questão socioambiental
MEIO AMBIENTE

O processo de desertificação no Sahel – África

Ao sul do Saara, na região do Sahel, o problema da desertificação aumenta assustadoramente. Esta ocorre basicamente por ação antrópica, ou seja, pela intervenção do ser humano no ambiente.

Ao sul do maior deserto do planeta estão alguns dos países mais pobres do mundo, entre eles Mali, Níger, Burkina-Fasso, Chade e Sudão. Nas áreas que bordejam o deserto, a devastação vegetal, principalmente para se fazer carvão vegetal e se retirar lenha, as intensas práticas agrícolas de subsistência realizadas sem nenhum tipo de cuidado com os solos, e o assoreamento de rios, lagoas e lagos estão contribuindo para que o deserto avance rapidamente em direção a áreas até então férteis.

A desertificação é um problema gravíssimo. Para ser revertida, são necessários altos investimentos, tecnologia de ponta e vontade política, condições inexistentes nessas nações extremamente carentes. O problema está atingindo grandes proporções, ameaçando também países mais afastados do Saara, como a Guiné-Bissau, em que a porção norte de seu território já apresenta sinais de desertificação. Esse avanço significativo traz, necessariamente, mais miséria, mais fome e mais exclusão social, em uma área onde os indicadores sociais e econômicos estão entre os piores do mundo.

Vegetação mediterrânea

É a formação vegetal tradicional do sul da Europa e norte da África. Ocorre também em outros pontos do planeta, como Chile, Austrália, África do Sul e na porção oeste dos Estados Unidos. Apresenta-se rarefeita e é composta por arbustos, herbáceas e poucas árvores. Sob influência do clima mediterrâneo (verões quentes e secos e invernos chuvosos com temperaturas amenas), essa formação, nas porções mais úmidas, passa a ter um número bem maior de árvores como o cedro e o pinho. Esse tipo de vegetação foi profundamente alterado devido à ação humana.

Vegetação mediterrânea no sul de Córsega, França.

Vegetação de alta montanha

Em áreas montanhosas como a Cordilheira dos Andes, os Alpes e o Himalaia, é comum a vegetação apresentar-se escalonada. A altitude, que exerce influência na temperatura, e a variação da profundidade dos solos determinam quadros muitos variados de vegetação sobre as montanhas. Nas áreas tropicais montanhosas, por exemplo, é comum a ocorrência de florestas tropicais nas partes de menores altitudes, florestas de transição nas partes intermediárias e vegetação de campos de altitude nas porções mais elevadas. Se as altitudes forem muito elevadas, os cumes das montanhas acabam ficando recobertos por neve mesmo estando em áreas tropicais.

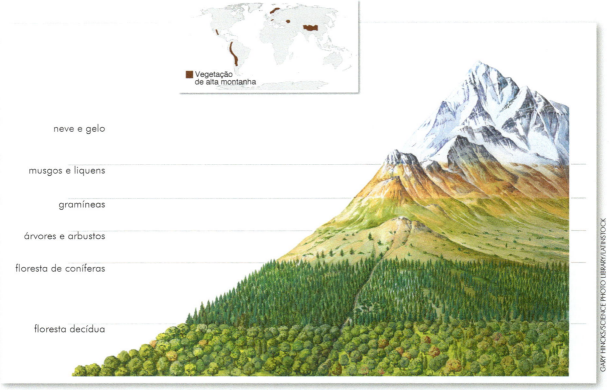

Ilustração artística de vegetação de altas montanhas de regiões temperadas, em que se notam diferentes tipos de vegetação conforme aumenta a altitude.

BIODIVERSIDADE E BIOPIRATARIA

A noção de variedade da vida existe desde a Antiguidade: os gregos e os romanos, por exemplo, já pensavam sobre a diversidade biológica, chegando a elaborar esquemas para classificar os vários tipos de "vida".

Nos últimos anos, entretanto, a ideia de diversidade biológica foi atropelada pela noção de **biodiversidade** (de *bio* = vida), que surgiu há não muito tempo e difundiu-se na década de 1980, quando o ecólogo Edward O. Wilson, da Universidade de Harvard, organizou um livro com os trabalhos apresentados em uma reunião ambiental ocorrida nos Estados Unidos. Sua inserção no relatório Brundtland (1987), mencionando-se a biodiversidade como um bem em si mes-

> **relatório Brundtland:** um dos principais documentos que serviram como base para a elaboração da Agenda 21 (com procedimentos a serem tomados para garantir a sustentabilidade do planeta)

mo, foi outro fator de propagação desse termo. Desde então foram formuladas várias definições para o termo biodiversidade, dentre as quais muitas ressaltam que não se trata apenas de uma coleção de organismos, em vários níveis: tão importantes quanto os organismos são a forma como eles estão organizados e a maneira como interagem, isto é, as interações e processos que fazem os organismos, as populações e os ecossistemas preservarem sua estrutura e funcionarem em conjunto.

A Convenção da Diversidade Biológica, apresentada no Rio de Janeiro na reunião das Nações Unidas sobre o Meio Ambiente (Eco-92), assim definiu biodiversidade em seu Artigo 2: *"variabilidade de organismos vivos de todas as origens, compreendendo, dentre outros, os ecossistemas terrestres, marinhos e outros ecossistemas aquáticos e os complexos ecológicos de que fazem parte; compreendendo ainda a diversidade dentro de espécies, entre espécies e de ecossistemas".*

O conceito moderno de biodiversidade inclui todos os níveis de variação natural, desde o nível molecular até o nível das espécies, em seus ambientes.

Nas áreas tropicais úmidas encontram-se mais de 50% das espécies do planeta. Nessas regiões, a biodiversidade constitui a grande característica das florestas do **trópico úmido**. Nos vários estratos dessas florestas criam-se diferentes *habitats*, onde um elevado número das mais variadas espécies vegetais, animais e de microrganismos convivem em estreita simbiose. Toda essa biodiversidade leva, invariavelmente, a uma pergunta:

> Por que essas áreas apresentam uma biodiversidade dessa magnitude?

Certamente, as condições físicas atuais de luminosidade, umidade e temperatura são fundamentais; todavia, o processo evolutivo das espécies e das paisagens tem enorme colaboração, favorecendo o aparecimento de um nível de biodiversidade extraordinariamente elevado. Quando este é muito elevado, dizemos que se trata de uma área com uma **megadiversidade**.

Assim, podemos resumir as causas da elevada biodiversidade das florestas tropicais como sendo:
- elevada temperatura média;
- elevada umidade;
- elevada luminosidade;
- processo de evolução natural.

Uma parte da biodiversidade do planeta encontra-se ameaçada. Segundo os cientistas, os anfíbios são um dos grupos que sofrerão maior impacto diante das mudanças ambientais pelas quais o planeta passa.

Integrando conhecimentos

Darwin e a diversidade biológica na Terra

Por que há tanta variação nas espécies da fauna e da flora ao redor do globo? A pergunta intriga pensadores há séculos, senão milênios. No entanto, a teoria atualmente aceita para explicar a razão de tamanha diversidade só veio a público no século XIX, com a publicação do *On the Origin of Species by Means of Nature Selection*, de Charles R. Darwin.

Em suas viagens pelo mundo, o naturalista inglês observou a variedade de espécies de seres vivos e notou que as populações tinham potencial infinito de crescer, embora nunca o fizessem, pois o meio não dispunha de recursos suficientes para sustentar tal aumento. Consequentemente, alguns indivíduos deveriam ser mais bem-sucedidos do que outros em termos de reprodução. Esses indivíduos seriam justamente aqueles que, dentro da variabilidade naturalmente existente em qualquer população, tivessem as características mais adaptadas àquele meio específico. Como parte dos descendentes desses indivíduos herdariam as características responsáveis pelo sucesso reprodutivo, também eles teriam mais descendentes do que os demais. Logo, com o passar do tempo, esses caracteres se tornariam mais e mais frequentes na população como um todo.

O raciocínio de Darwin ajuda a explicar porque, em cada bioma, encontramos espécies tão bem adaptadas às condições locais – cactos com pouca perda de água e raízes profundas nos desertos quentes, pinheiros com formatos que dificultam o acúmulo de neve nas latitudes altas a médias, animais que hibernam durante a estação fria na zona temperada... Ao longo da evolução, foram mais bem-sucedidos em passar suas características adiante os indivíduos (e as espécies, no caso de competição de diferentes espécies por recursos semelhantes) mais bem adaptados às condições locais. É o que se denomina de *seleção natural*.

Finalmente, a ideia de uma seleção natural também ajuda a explicar porque há tamanha diferença de biodiversidade entre os biomas. A Floresta de Coníferas, por exemplo, ganha da Floresta Amazônica em tamanho, mas apresenta uma diversidade de espécies incomparavelmente menor. Na Floresta de Coníferas, a existência de condições naturais mais rigorosas – o inverno com neve e as grandes variações de insolação e temperatura ao longo do ano – exerceram, ao longo da evolução, uma pressão seletiva intensa que levou à reprodução apenas dos poucos indivíduos e espécies com características apropriadas ao meio mais hostil, criando populações e comunidades mais homogêneas. Na Floresta Amazônica, por outro lado, a pressão seletiva era muito menos intensa, graças às condições de insolação e precipitação mais favoráveis, de modo que houve grande número de espécies adaptadas ao meio. O mesmo vale para explicar a pequena biodiversidade de qualquer ambiente com condições extremas, em comparação com ambientes menos rigorosos.

Biomas saqueados

Nos últimos anos, com os avanços da engenharia genética e da biotecnologia, o preço da vida silvestre tornou-se incalculável para as grandes corporações multinacionais, que buscam em determinados ambientes as matrizes para muitos de seus produtos, as quais, depois de alteradas geneticamente, são comercializadas por valores elevadíssimos.

O Brasil e outras nações privilegiadas em termos de biodiversidade passaram a ser alvos da ação da **biopirataria**, praticada principalmente por grandes conglomerados transnacionais das nações ricas.

Entende-se por *biopirataria simples* o envio ilegal de elementos da fauna e da flora nativa para o estrangeiro, com fins industriais ou medicinais, sem qualquer pagamento ao país produtor ou à população local, que muitas vezes já conhece as propriedades curativas de espécies subtraídas sem autorização.

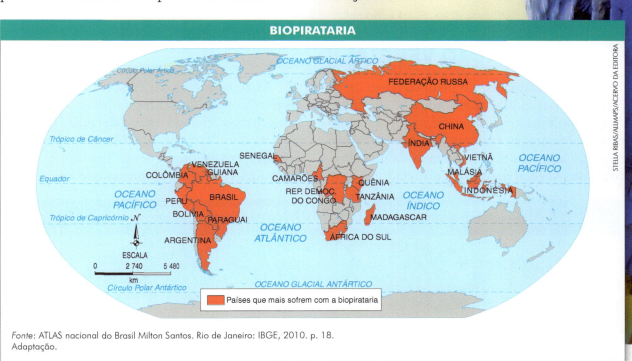

BIOPIRATARIA

Países que mais sofrem com a biopirataria

Fonte: ATLAS nacional do Brasil Milton Santos. Rio de Janeiro: IBGE, 2010. p. 18. Adaptação.

O termo biopirataria foi lançado em 1993 para alertar sobre o fato de que recursos biológicos e conhecimentos indígenas estavam sendo roubados e patenteados por empresas multinacionais, sem que as comunidades nativas, que há séculos usam tais recursos e geraram os conhecimentos, participassem nos lucros.

Calcula-se que esse comércio ilegal movimente cerca de 10 bilhões de dólares por ano. O Brasil responde por 10% desse tráfico (principalmente de animais silvestres), em razão da grande biodiversidade que apresenta.

O Brasil possui um imenso potencial genético a ser explorado, e estima-se que seu patrimônio vegetal represente cerca de 16,5 bilhões de genes. Sendo tão rico em substâncias biologicamente ativas, tornou-se comprovadamente alvo de biopirataria: são frequentes as denúncias de casos de pirataria genética envolvendo instituições oficiais de ensino e pesquisa, cientistas e laboratórios estrangeiros, que simplesmente saem do país levando riquezas biológicas para, posteriormente, registrar patentes e gozar de vantagens econômicas obtidas à custa de produtos gerados com nossas plantas e animais.

Também há casos de biopirataria praticada no Brasil por instituições filantrópicas, que entram em nosso território alegando a intenção de promover o atendimento a populações carentes e remetem clandestinamente material genético, *in natura* e em grandes quantidades, para seus países de origem, principalmente Estados Unidos, Inglaterra, França, Alemanha, Suíça e Japão. O restante da retirada irregular é praticado por instituições científicas legalmente instaladas. Apesar de o volume exportado ser menor, o dano por elas causado é maior, pois a alta tecnologia que aplicam nas pesquisas realizadas aqui mesmo permite o envio, para suas sedes, de material já sintetizado.

Retirar material biológico clandestinamente de um país não exige muita criatividade. Existem diversas maneiras de esconder fragmentos de tecidos, culturas de microrganismos ou minúsculas sementes sem a necessidade de grandes aparatos.

A ação dos biopiratas ocorre, assim, em vários níveis, dos mais simples aos mais sofisticados.

A DEVASTAÇÃO VEGETAL

O desmatamento no planeta, fruto da expansão das atividades econômicas e do crescimento populacional mundial, vem afetando, principalmente, as áreas de florestas. Nos últimos 300 anos já destruímos mais da metade da cobertura vegetal natural do planeta.

As áreas devastadas crescem a uma incrível proporção por ano. Entre os principais fatores desse ritmo acelerado estão a derrubada das matas para abrir campos agrícolas ou novas áreas de pastagens, o crescimento urbano, e a ação das madeireiras e das empresas que extraem es-

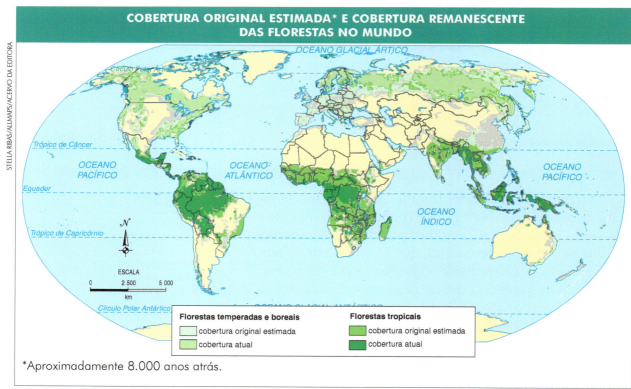

Fonte: ATLAS escolar IBGE. 6. ed. Rio de Janeiro: IBGE, 2012. p. 63. Adaptação.

pécies vegetais. Para se ter uma ideia, as grandes madeireiras asiáticas já puseram abaixo cerca de 60% de suas florestas nativas. O Brasil aparece como o país com a maior área de desmatamento atual do planeta.

As perdas ambientais trazidas pelo desmatamento são de grandes proporções, ameaçando e trazendo prejuízos para a biodiversidade, acelerando a degradação dos solos e aumentando a erosão. Além disso, ocasionam alterações climáticas – em alguns locais do planeta, as densas coberturas vegetais regulam a temperatura e influenciam o regime de ventos e de chuvas –, além de comprometer as áreas de mananciais e das bacias hidrográficas pelo seu assoreamento.

As **queimadas** têm um papel significativo nas áreas rurais dos países pobres, sendo a técnica mais barata para limpar e preparar o solo para o plantio. Porém, como já vimos, essa técnica arcaica e perversa é extremamente nociva ao ambiente, pois empobrece o solo, destruindo parte dos nutrientes das camadas superficiais, além de liberar dióxido de carbono na atmosfera, contribuindo, assim, com o efeito estufa.

Consequências do desmatamento

- As queimadas ou desmatamentos retiram os micronutrientes do solo, desprotegendo-o, diminuindo a sua fertilidade e predispondo-o a erosões.
- O solo sem cobertura causa o assoreamento de rios e lagos, favorecendo inundações.
- As represas e os rios recebem grande quantidade de terra, sofrendo contínuo processo de assoreamento e prejudicando a vida aquática.
- Formam-se novas ilhas nos estuários dos rios, impedindo o transporte fluvial e também que os peixes subam até a cabeceira dos rios para a desova.

PRINCIPAIS AGENTES DEVASTADORES DAS FLORESTAS TROPICAIS	
Agente	**Causas que acarretam a devastação**
Agricultura de roça e queimada	Devastam-se as florestas para implantar cultivo de subsistência ou para pequena comercialização.
Agricultura comercial	Devastam-se as florestas para o plantio de culturas comerciais.
Pecuária	Devastam-se as florestas para formação de pastos.
Pecuária de pequeno porte	A intensificação dessa atividade também pode levar à devastação.
Madeireiros	Retiram madeiras comerciais; os caminhos abertos pelas madeireiras permitem o acesso a outros usuários da terra.
Silvicultura	Substituem-se as florestas originais por outros tipos de árvores plantadas de maneira homogênea, visando fornecer o produto da extração ao setor industrial. Ex.: produção de celulose para a indústria de papel.
Extrativismo vegetal	Retira-se madeira visando à utilização direta ou pequena comercialização. Ex.: produção de carvão vegetal e lenha.
Indústrias mineradoras e petrolíferas	Provocam devastação pontual.
Programa de Colonização Rural	Retira a floresta para a introdução de novos e grandes assentamentos, desprezando o potencial local, com intuito, principalmente, de promover a agricultura de subsistência.
Instalação de infraestrutura	As obras e os caminhos abertos na floresta servem de acesso ou beneficiam outras regiões. Ex.: implantação de estradas de rodagem; construção de hidrelétricas.

Adaptado de: RAFA – Red de Asesores Forestales de la ACDI, 2006.

➡ Você considera possível conciliar as atividades humanas com a preservação da natureza? Justifique sua resposta.

Explorando o tema

Os hotspots

O conceito de *hotspot* foi criado pelo ecólogo inglês Norman Myers em 1988 para definir áreas prioritárias para conservação. Elas possuem como características uma elevada biodiversidade e o fato de estarem altamente ameaçadas. É considerada *hotspot* uma área com pelo menos 1.500 espécies endêmicas de plantas e que tenha perdido mais de 3/4 de sua vegetação original. Hoje são 34 *hotspots* pelo mundo. Veja no mapa a seguir.

endêmico: pertencente a determinada região

HOTSPOTS

- 1 Mata Atlântica (Brasil, Paraguai e Argentina)
- 2 Província Florística da Califórnia
- 3 Província Florística do Cabo (África do Sul)
- 4 Ilhas do Caribe
- 5 Cáucaso
- 6 Cerrado (Brasil)
- 7 Chile Central – Florestas Valdívias
- 8 Florestas costeiras da África Oriental
- 9 Ilhas da Melanésia Oriental
- 10 Montanhas do Arco Oriental
- 11 Floresta da Guiné (África Ocidental)
- 12 Himalaia
- 13 Chifre da África
- 14 Regiões da Indo-Birmânia
- 15 Região Irano-Anatólico
- 16 Japão
- 17 Madagascar e ilhas do Oceano Índico
- 18 Floresta de Pinho-Encino de Sierra Madre (México, EUA)
- 19 Maputaland-Pondoland-Albany (África do Sul, Suazilândia, Moçambique)
- 20 Bacia do Mediterrâneo
- 21 Mesoamérica (Costa Rica, Nicarágua, México Honduras, El Salvador, Guatemala, Belize)
- 22 Montanhas da Ásia Central
- 23 Montanhas do Centro-Sul da China
- 24 Nova Caledônia
- 25 Nova Zelândia
- 26 Filipinas
- 27 Ilhas da Polinésia e Micronésia (incluindo Hawai)
- 28 Sudeste da Austrália
- 29 Karoo das Plantas Suculentas (África do Sul, Namíbia)
- 30 Sunda (Indonésia, Malásia e Brunei)
- 31 Andes tropicais
- 32 Tumbes-Chocó-Magdalena (Panamá, Colômbia, Equador e Peru)
- 33 Wallacea (Indonésia)
- 34 Ghats Ocidentais (Índia e Sri Lanka)

Fonte: Conservation International do Brasil. Disponível em: <http://www.conservation.org.br/arquivos/Mapa%20Hotspots%202005.pdf>. Acesso em: 21 jul. 2016.

BRASIL – UM PAÍS MEGADIVERSO

O Brasil possui a maior biodiversidade do mundo. Seu número inigualável de espécies de plantas, peixes, anfíbios, pássaros, primatas e insetos, muitos deles ainda não descritos pela ciência, o inclui em um seleto grupo de países notórios por sua megadiversidade biológica.

Detentor de 23% da biodiversidade do planeta, de acordo com cálculos do Instituto de Pesquisa Econômica Aplicada (IPEA), o Brasil conta com um patrimônio genético cujo valor potencial é estimado em US$ 2 trilhões. Tentando promover um levantamento no país, o governo, por meio da Empresa Brasileira de Pesquisa Agropecuária (Embrapa), criou o Banco de Germoplasma para recolher e catalogar as plantas brasileiras que possam interessar à engenharia genética, no esforço de preservar esse inestimável patrimônio.

FITOGEOGRAFIA BRASILEIRA

Ao analisarmos o mapa abaixo, percebemos a grande variedade de paisagens vegetais existentes em nosso território. Essa diversificação é consequência da nossa grande extensão territorial que determina variação latitudinal e morfoclimática. Veja a seguir as principais formações vegetais do Brasil e suas mais importantes características.

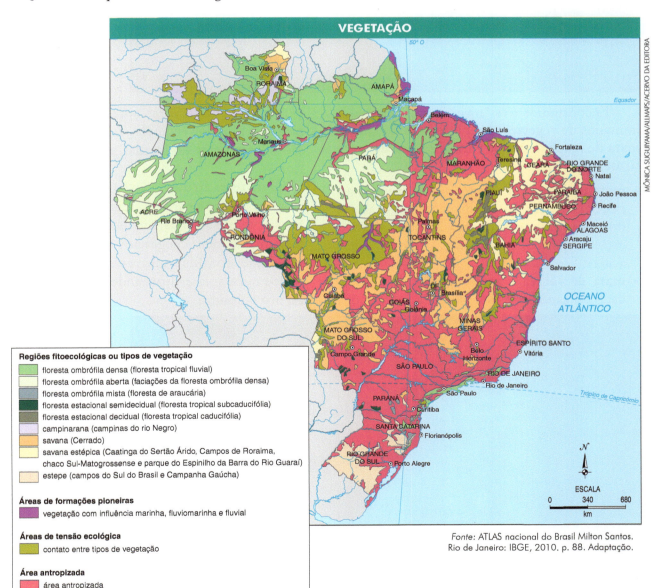

Fonte: ATLAS nacional do Brasil Milton Santos. Rio de Janeiro: IBGE, 2010. p. 88. Adaptação.

Floresta equatorial (Floresta Amazônica)

Ao contrário do que muitos imaginam, a Floresta Amazônica não é homogênea. Trata-se, na verdade, de um mosaico de florestas. Suas principais características são ser heterogênea, megadiversa, higrófita, perene, densa e latifoliada com árvores altas e de copas largas. O entrelaçamento das copas quase não permite a passagem dos raios solares.

A floresta recobre praticamente toda a região amazônica, ocupando cerca de 4 milhões de km².

Vista aérea da Floresta Amazônica e do rio Negro. Manaus, AM.

Encontramos três "níveis" muito bem-delimitados de vegetação na Floresta Amazônica: **mata de igapó**, **mata de várzea** e **mata de terra firme**.

- **mata de igapó ou caiapó** – situada junto ao rio, ocorre em solos permanentemente alagados. Suas árvores chegam a 20 m de altura e estão associadas geralmente a solos e águas ácidas;
- **mata de várzea** – apresenta grande diversidade de espécies e está sujeita a inundações periódicas. Suas árvores apresentam grande porte, como, por exemplo, as seringueiras, e são muitas vezes exploradas pelos povos das florestas;
- **mata de terra firme** – não sofre inundações e ocupa a maior parte da região amazônica. Suas árvores são altas, em média 60 m de altura, mas podem chegar aos 80 m. Formam um dossel contínuo que retém a maior parte dos raios solares, tornando o seu interior escuro e úmido.

Mata de igapó, na Floresta Amazônica. Manaus, AM.

Floresta tropical (Mata Atlântica)

Ocupava uma faixa que ia do litoral do Rio Grande do Norte até o Rio Grande do Sul, além de áreas interiores de São Paulo, Minas Gerais e Paraná. Foi sendo devastada desde os tempos coloniais e hoje resta muito pouco da mata nativa, apenas 7% do total, estando praticamente extinta em várias partes do país. As áreas não devastadas encontram-se em regiões de difícil acesso ou em áreas de pouco interesse econômico no passado. Sua biodiversidade é gigantesca e possui ecossistemas variados.

Suas características principais são ser heterogênea, higrófita, latifoliada, perene e menos densa que a Floresta Amazônica.

Vista aérea de Mata Atlântica na Ilha do Cardoso, Cananeia, SP.

Floresta subtropical (Mata de Araucárias ou dos Pinhais)

Floresta aciculifoliada, originalmente recobria grande parte da Região Sul do país, estando associada ao clima subtropical. As árvores atingem mais de 30 m de altura e predomina a espécie *Araucaria angustifolia*, da família das coníferas.

O ecossistema dessa paisagem está altamente comprometido, à beira da extinção, como resultado da exploração econômica da madeira e da ocupação dessa área para a agricultura. Restam menos de 2% da formação vegetal nativa.

Mata de Araucária na cidade de Passo Fundo, RS.

Cerrado

Pertence ao bioma das savanas e é típico da Região Centro-Oeste do Brasil. Formado por espécies tropófitas, plantas adaptadas a uma estação seca e outra úmida, é encontrado também, em menor escala, em outras regiões do Brasil.

Sua vegetação é predominantemente arbustiva, com galhos retorcidos, cascas grossas, folhas cobertas por pelos e com raízes profundas, que ajudam a suportar os períodos de seca. Essa paisagem apresenta-se subdividida em: *cerradão*, com predomínio de árvores; *cerrados típicos*, com árvores espaçadas, arbustos e vegetação rasteira; e *campos de cerrado*, com predomínio de arbustos e vegetação rasteira.

A cobertura original do Cerrado no Brasil ocupava 2 milhões de km²; hoje o Cerrado está reduzido a menos de 800 mil km² em virtude da ação antrópica.

Os solos que recobrem essas áreas são pobres e ácidos, pouco propícios para a exploração agrícola. Entretanto, nos últimos anos, com a correção química (calagem) e a adubação, o Cerrado vem sendo ocupado por grandes projetos agropastoris, destacando-se a lavoura de soja e a criação de gado para corte.

Paisagem do Cerrado em Pirenópolis, GO.

Mata dos Cocais – floresta de transição

Está situada em uma região de transição entre a floresta equatorial (úmida), a Caatinga do Sertão nordestino (seca), e o Cerrado do Brasil Central. Abrange parte do Maranhão e do Piauí, região conhecida como Meio-Norte. É formada por palmáceas, predominando o babaçu e, em menor número, a carnaúba. Nela, encontram-se também o buriti e a oiticica.

A população dessas áreas tem na mata uma importante fonte de renda. O extrativismo do coco do babaçu é a principal atividade econômica da região. Sua semente é usada pela indústria de cosméticos e alimentícia.

Plantação de Babaçu em Pedreiras, MA.

Pantanal

Na realidade, não há um tipo exclusivo de vegetação que caracterize essa área. No Pantanal Mato-Grossense, aparecem campos que são inundados no verão, áreas de floresta tropical e equatorial, como também cerrado em regiões mais elevadas. O Complexo do Pantanal é formado pelo agrupamento dessas diferentes formações vegetais. Ele abrange boa parte da porção oeste dos Estados do Mato Grosso e Mato Grosso do Sul, em uma área de aproximadamente 170 mil km², ocupando uma das maiores planícies inundáveis do mundo. Nessa região encontra-se uma enorme biodiversidade, sendo, por isso, considerado um verdadeiro "santuário ecológico". Os ecossistemas aí presentes são frágeis, sendo muito fácil romper o seu equilíbrio.

Pantanal em Barão de Melgaço, MT.

Caatinga

Recobre o Sertão nordestino. É uma formação vegetal xerófita heterogênea, que está associada ao clima semiárido, com a presença de vegetais com folhas atrofiadas, caules grossos e raízes profundas, adaptadas para suportar os longos períodos de estiagem. São exemplos tradicionais dessa formação algumas cactáceas como o xiquexique e o mandacaru. Nos períodos de seca, parte da vegetação perde as folhas como forma de evitar a transpiração. Nesse período, a paisagem ganha um colorido cinza-esbranquiçado, que explica o nome "caatinga" – designação indígena que significa mata branca. Hoje, essa paisagem está reduzida à metade de sua cobertura original.

Existem evidências da ocorrência de áreas de desertificação no Semiárido (Caatinga), onde a degradação da cobertura vegetal e do solo atingiu condições de irreversibilidade. Essas áreas aparecem como pequenos "desertos" dentro do sistema original. Elas possuem dinâmica própria, pela qual os processos de desertificação tendem a se tornar cada vez mais acentuados e a se alastrar para as áreas vizinhas.

Caatinga, mostrando cactos conhecidos como xiquexique, em Carnaúbas dos Dantas, RN.

Mata ciliar ou de galeria

É a vegetação que margeia o leito dos rios e está protegida por lei devido à sua importância na manutenção da qualidade das águas dos rios, dos mananciais e dos reservatórios, e na proteção das margens do processo de erosão.

Mata ciliar ao longo de trecho do rio Canoas em Urubici, SC.

Campos

Vegetação rasteira, pertencente ao bioma das pradarias, é formada por herbáceas e pequenos arbustos. Os campos aparecem em diversas áreas do país e caracterizam-se por ser uma excelente pastagem natural. Apresentam variações que estão associadas às características físicas locais, como clima, solo e relevo. As maiores extensões estão no Rio Grande do Sul, em uma área conhecida como *pampa* ou *campanha gaúcha*. Nessa área aparecem **campos limpos**, com predomínio de gramíneas, e **campos sujos**, com a presença de gramíneas, árvores e arbustos.

Campos no Parque Nacional da serra da Canastra, MG.

Vegetação litorânea

Manguezais

São formações vegetais típicas das áreas litorâneas. Situam-se em áreas alagadiças e salobras. As plantas e árvores possuem raízes aéreas que permitem maior absorção de oxigênio e auxiliam na fixação no solo.

Formados por arbustos e espécies arbóreas, podem ser divididos, segundo o predomínio das espécies vegetais, em *mangue-vermelho*, *mangue-branco* e *mangue-siriúba*.

Os manguezais são importantes áreas para a reprodução de muitas espécies de animais.

Nas últimas décadas, o processo de urbanização, associado à especulação imobiliária e à exploração da madeira, levou à destruição de grandes extensões dessa paisagem.

Mangue no delta do rio Parnaíba em Araioses, MA.

Restingas

Encontram-se na faixa litorânea, em solo arenoso e salino, e são formadas basicamente por plantas herbáceas, arbustivas e arbóreas. O cajueiro é representante economicamente mais importante desse tipo de vegetação.

Cajueiro em Fortaleza, CE. No detalhe, exemplares de caju.

O Instituto Brasileiro de Geografia e Estatística (IBGE) publicou o mapa dos biomas do Brasil (veja abaixo). Observe que alguns biomas, em virtude da sua degradação, deixaram de ser mencionados, como é o caso da Mata dos Pinhais e da Mata dos Cocais.

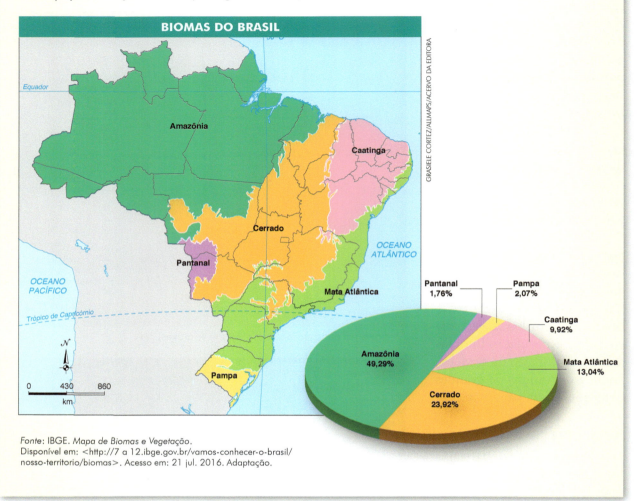

Fonte: IBGE. Mapa de Biomas e Vegetação. Disponível em: <http://7 a 12.ibge.gov.br/vamos-conhecer-o-brasil/nosso-territorio/biomas>. Acesso em: 21 jul. 2016. Adaptação.

O DESMATAMENTO BRASILEIRO

O desmatamento da cobertura vegetal original começou logo após a chegada dos portugueses ao Brasil. O primeiro bioma a ser explorado foi a Mata Atlântica com a retirada do pau-brasil. Desde então, o desmatamento foi constante. A exploração de pau-brasil, a implantação de lavouras de cana-de-açúcar e de café e a expansão urbana estão entre os principais fatores históricos dessa devastação. Hoje, sobrou muito pouco dessa mata (aproximadamente 7% da cobertura original), que está restrita a poucas áreas, como a serra do Mar nas Regiões Sudeste e Sul do Brasil. Segundo algumas organizações não governamentais, trata-se do segundo bioma mais ameaçado da Terra, perdendo só para as florestas de Madagascar. Devido a esse quadro e a sua enorme biodiversidade, a Mata Atlântica é classificada como *hotspot*.

Em termos da cobertura vegetal original total do Brasil, restam apenas 55%. Alguns biomas sofreram profundas alterações, chegando quase que praticamente à extinção, como a Mata dos Pinhais (araucárias) e a Mata Atlântica, enquanto outros foram, ainda, pouco alterados, como o Pantanal.

A devastação atinge também outras áreas de formação vegetal, como o Cerrado (classificado também como *hotspot*), a Caatinga, os manguezais e a Mata de Araucárias, comprometendo seriamente o meio ambiente e ameaçando as espécies de extinção.

O Brasil está entre os países que mais devastaram suas florestas tropicais nos últimos anos. Entre os vários fatores responsáveis por esse quadro, três merecem destaques:

- a introdução e expansão da agropecuária;
- a exploração econômica predatória da vegetação nativa;
- o crescimento urbano.

Fonte: ATLAS escolar IBGE. 6. ed. Rio de Janeiro: IBGE, 2012. p. 102. Adaptação.

O desmatamento da Amazônia Legal atinge cifras espantosas mesmo tendo apresentado uma pequena melhora durante a primeira década do século XXI. Segundo o Instituto Nacional de Pesquisas Espaciais (INPE), a devastação florestal dessa região já atinge uma área muito maior que a da França.

UNIDADES DE CONSERVAÇÃO

As pessoas que resolvem enveredar pelos temas relativos ao meio ambiente e às políticas ambientais no Brasil, deparam com centenas de órgãos públicos, um gigantesco número de siglas, ONGs que proliferam ano após ano, inúmeras leis ambientais e vários tipos de áreas de conservação – como parques e florestas nacionais, reservas extrativistas etc.

A legislação ambiental brasileira nos últimos anos vem se desenvolvendo e se aprimorando, porém, muitas vezes, lamentavelmente, não tem sido incorporada à prática. O que vemos, assim, são dois mundos: o do "papel", por diversas vezes elogiado internacionalmente como modelo, e o "real", em que as leis dos mais poderosos acabam prevalecendo. É importante destacar que tal quadro, mesmo em ritmo lento, vem sendo alterado, deixando-nos otimistas com relação ao futuro.

O Sistema Nacional de Unidades de Conservação (SNUC)

Dentro do aprimoramento da legislação ambiental que o país tem promovido, o governo federal, no ano 2000, por intermédio do presidente da República, sancionou a Lei 9.985, que instituiu o **Sistema Nacional de Unidades de Conservação** da natureza, conhecido pela sigla **SNUC**. Esse sistema veio cobrir uma lacuna existente na legislação ambiental de nosso país, estabelecendo critérios e normas para a criação, a implantação e a gestão das unidades de conservação. Além de normatizar o setor nas diversas esferas de poder e perante a sociedade civil, a implantação do SNUC trouxe à tona discussões das mais variadas sobre o que são as Unidades de Conservação (UC).

Segundo o artigo I da referida lei, entende-se por **Unidade de Conservação** um "espaço territorial e seus recursos ambientais, incluindo as águas jurisdicionais, com características naturais relevantes, legalmente instituído pelo Poder Público, com objetivos de conservação e limites definidos, sob regime especial de administração, ao qual se aplicam garantias adequadas de proteção".

Podemos dizer que as Unidades de Conservação exercem função importante na preservação da vida dos animais e plantas, pois podem proporcionar uma revitalização de áreas degradadas.

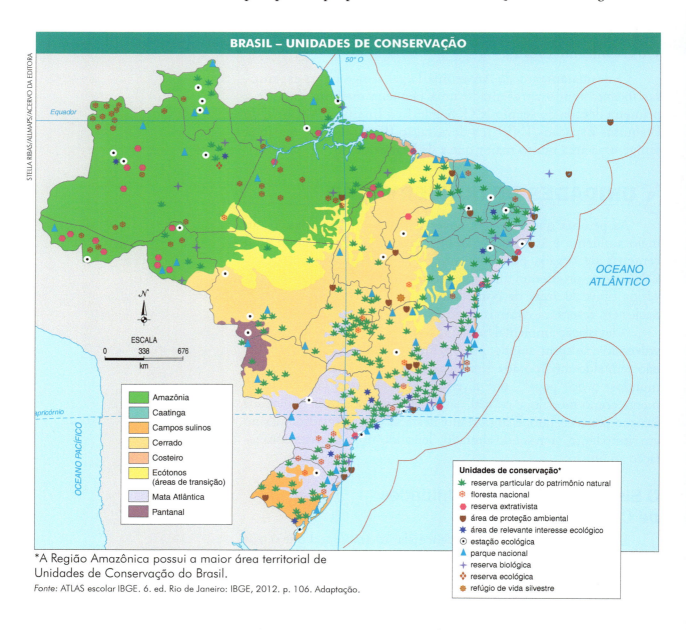

*A Região Amazônica possui a maior área territorial de Unidades de Conservação do Brasil.

Fonte: ATLAS escolar IBGE. 6. ed. Rio de Janeiro: IBGE, 2012. p. 106. Adaptação.

As Unidades de Conservação podem ser legalmente criadas pelo governo em suas três esferas de poder: federal, estadual e municipal.

A ideia de Unidades de Conservação no mundo e no Brasil não é nova. Ela surgiu em 1872 com a criação do primeiro parque nacional, o de Yellowstone, nos Estados Unidos. Embora este inicialmente se destinasse ao lazer e ao turismo, outros países, no mesmo período, adotaram a ideia, adaptando-a à meta de conservar os recursos naturais.

Na Inglaterra, surgiram as Reservas da Natureza (*Nature Reserve*), cujo objetivo principal consistia na conservação de *habitats* naturais contra a transformação que vinha ocorrendo naquele país desde o início da Revolução Industrial.

Esse modelo introduziu também uma nova proposta: a de unidades privadas de conservação, que se contrapôs às unidades de conservação públicas baseadas na instalação de Yellowstone. Esses modelos de unidades de conservação não tiveram a mesma importância mundial. As públicas tornaram-se muito mais comuns que as particulares, muitas vezes mal vistas. Somente nos últimos anos essa situação mudou.

No Brasil, o modelo de Reservas Particulares existe desde o antigo Código Florestal de 1934, que já previa o estabelecimento de áreas particulares protegidas. Naquela época, tais áreas, que eram chamadas de **Florestas Protetoras**, permaneciam de posse e domínio do proprietário e eram inalienáveis. Em 1965, foi instituído um novo Código Florestal e a categoria Florestas Protetoras desapareceu.

Em 1977, alguns fazendeiros, principalmente do Rio Grande do Sul, sentiram a necessidade de dar proteção oficial às suas propriedades rurais, face à pressão que sofriam. Graças ao movimento empreendido por eles, foram criadas algumas categorias de reservas, incluindo a **Reserva Particular do Patrimônio Natural (RPPN)**.

Definem-se as RPPN como áreas de conservação da natureza em terras privadas, em que o proprietário é quem decide se quer fazer de seu imóvel rural uma reserva, integral ou parcialmente, sem que isso acarrete perda do direito de propriedade. A área deve possuir atributos importantes para o meio ambiente ou, na ausência de vegetação significativa, a viabilização de recuperação da área. Em 2000, com a nova lei do Sistema Nacional de Unidade de Conservação — SNUC, as RPPN passaram a ser consideradas Unidades de Conservação.

No estabelecimento do SNUC, as Unidades de Conservação foram divididas em dois grupos distintos, de acordo com suas diferentes formas de proteção. O primeiro, denominado **Unidades de Proteção Integral**, é constituído por aquelas que precisam de maiores cuidados devido a sua fragilidade e particularidades; o segundo, batizado **Unidades de Uso Sustentável**, constitui-se daquelas cuja situação permite conservação e utilização de forma sustentável concomitantemente.

Parque Nacional do Iguaçu, no Estado do Paraná.

Em função desses dois grupamentos, foram distribuídas as doze categorias de unidades que seguem:

UNIDADES DE PROTEÇÃO INTEGRAL
Estação Ecológica
Reserva Biológica
Parque Nacional
Monumento Natural
Refúgio de Vida Silvestre

UNIDADES DE USO SUSTENTÁVEL
Área de Proteção Ambiental
Área de Relevante Interesse Ecológico
Floresta Nacional
Reserva Extrativista
Reserva de Fauna
Reserva de Desenvolvimento Sustentável
Reserva Particular do Patrimônio Natural

Explorando o tema

Alguns termos que devemos conhecer

- **Reserva Florestal** – Área extensa, desabitada, de difícil acesso e em estado natural. Dela se carece de conhecimento e tecnologia para o uso racional dos recursos e então as prioridades nacionais, em matéria de recursos humanos e financeiros, impedem investigação de campo, avaliação e desenvolvimento, no momento. É uma categoria de manejo transitória. Tem por objetivo a proteção dos recursos naturais para uso futuro e o impedimento de atividades de desenvolvimento até que sejam estabelecidos outros objetivos de manejo.

- **Reserva Biológica** – Área essencialmente não perturbada por atividades humanas que compreende características e/ou espécies da flora ou fauna de significado científico e tem por objetivo a proteção de amostras ecológicas do ambiente natural para estudos científicos, monitoramento ambiental, educação científica e manutenção dos recursos genéticos em estágio dinâmico e evolucionário.

- **Reserva Extrativista** – Área destinadas à exploração autossustentável e à conservação de recursos naturais renováveis por população extrativista. É criada pelo Poder Público em espaços territoriais de interesse ecológico e social.

Fonte: IBAMA. Reservas Extrativistas – CNPT. Disponível em: <www.ibama.gov.br/resex/reserx/htm>. Acesso em: 27 fev. 2013. Adaptação.

Com as reservas extrativistas implantadas pelo país, está sendo criada uma nova realidade organizacional e comercial para as populações que sobrevivem das atividades extrativistas.

- **Parques Nacionais Brasileiros** – Segundo o Ministério do Meio Ambiente, "são áreas geográficas extensas e delimitadas, dotadas de atributos naturais excepcionais, objeto de preservação permanente, submetidas à condição de inalienabilidade e indisponibilidade de seu todo". Em 2016, haviam sido estabelecidos no território nacional 64 parques nacionais, com proposta de 69 para 2020.

Fontes: ATLAS escolar IBGE. 6. ed. Rio de Janeiro: IBGE, 2012. p. 106. Adaptação; Ministério do Meio Ambiente.

➡ O Parque Nacional de Itatiaia foi o primeiro instalado no país. Com o auxílio de um atlas ou de outros materiais de apoio, identifique no mapa acima onde se situa esse parque e aponte suas características.

➡ Pesquise se há algum Parque Nacional em seu estado e localize, no mapa acima, o número que identifica esse(s) parque(s).

- **Código Florestal Brasileiro** – Uma peça fundamental da legislação criada no Brasil para proteger o meio ambiente é o Código Florestal. Trata-se de um conjunto de dispositivos legais que estabelecem as normas gerais para a preservação e o uso sustentável da vegetação nativa presente no território nacional.

O primeiro conjunto de leis feito no Brasil especificamente para proteger as áreas de mata fechada foi criado em 1934, no primeiro governo de Getúlio Vargas. Seria esse o primeiro Código Florestal do país, criado para garantir a continuidade dos serviços que as florestas realizam para a sociedade: a proteção de nascentes e leitos de cursos d'água, a manutenção dos solos, a regulação da umidade, o controle de pragas, entre outros.

Em seu primeiro artigo, o Código de 1934 definia as florestas e as demais formas de vegetação do território nacional como "bens de interesse comum a todos os habitantes do país". Em nome de tais "bens de interesse comum", o Código assumia uma postura intervencionista, garantindo ao Estado o poder de regular questões relacionadas às florestas, mesmo dentro das propriedades privadas. Um exemplo dessa abordagem era a limitação a 3/4 a fração que um proprietário poderia retirar da mata existente em um imóvel rural – ideia precursora do conceito de Reserva Legal, uma fração de mata nativa que deve ser preservada em cada propriedade rural.

O Código Florestal sofreria algumas mudanças importantes ao longo dos anos. Em 1965, uma nova versão dele definia em 50% a área de Reserva Legal em propriedades na Amazônia e em 20% nos demais biomas, além de criar o conceito de Área de Preservação Permanente (APP). As APPs são áreas sensíveis (topos de morro, encostas muito inclinadas, margens de rios, entornos de nascentes etc.) cuja vegetação deveria ser mantida intocada pelos proprietários, sem que essa extensão conte como parte da Reserva Legal. Em 1989, o Congresso Nacional aumentou a largura das APPs no leito de cursos d'água. Em 1996, uma medida aumentou a área das Reservas Legais para 80% na Amazônia e 35% no Cerrado.

Porém, todas essas restrições legais não tinham praticamente nenhuma aplicação prática, pois o desrespeito ao Código Florestal não era tratado como crime até 1998, quando foi editada a Lei de Crimes Ambientais. Com a aplicação das severas penas previstas nessa lei e, a partir de 2008, com a restrição do financiamento para proprietários que não cumprissem o Código, parlamentares e entidades ligadas aos interesses da produção agropecuária começaram a enviar ao Congresso Nacional diversas propostas de modificação do Código Florestal para torná-lo mais flexível.

Em 2009, foi criada uma comissão parlamentar para reunir essas propostas e elaborar um novo Código Florestal para o país. A modificação do Código mobilizou então, em setores opostos, os "ambientalistas", que apoiam a manutenção e o aperfeiçoamento das restrições do antigo Código, e os "ruralistas", que defendem a redução das limitações que a legislação impõe aos produtores rurais. Defendendo propostas como a redução das Reservas Legais, a diminuição do tamanho das APPs e a anistia aos desmatamentos realizados antes de 2008, os ruralistas conseguiram fazer avançar um projeto de Código Florestal mais favorável aos interesses dos produtores rurais. Apesar da polêmica levantada por ambientalistas e por setores da sociedade civil, que não se sentiram devidamente ouvidos no processo de elaboração da lei, prevaleceu nas votações no Congresso Nacional o entendimento de que era preciso tornar mais flexível a legislação ambiental para aumentar as áreas destinadas ao cultivo. Por fim, pressionado, o Poder Executivo acabou vetando os pontos mais radicais do texto, buscando uma solução de consenso. Os resultados das mudanças no Código Florestal, no entanto, só começarão a aparecer nos próximos anos.

DOMÍNIOS MORFOCLIMÁTICOS

Há vários critérios para classificarmos as paisagens, dependendo dos elementos analisados pelos pesquisadores.

No que diz respeito ao nosso país, o professor Aziz Ab'Saber, um dos maiores geógrafos brasileiros, propôs uma classificação das paisagens naturais brasileiras com base no conjunto do quadro natural, composto pelo relevo, clima, solo, vegetação e hidrografia.

Essas paisagens naturais foram classificadas com base em sua relativa homogeneidade por áreas contínuas e de grande extensão territorial, e foram denominadas pelo professor Ab'Saber de **Domínios Morfoclimáticos**. Ao todo, são seis domínios mais as **faixas de transição**, que correspondem a áreas de gradual mudança paisagística entre os domínios.

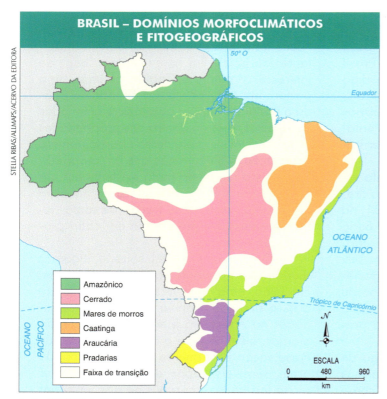

Fonte: AB'SABER, A. Os Domínios de Natureza no Brasil – potencialidades paisagísticas. 5. ed. São Paulo: Ateliê Editorial, 2008.

Domínio Amazônico

Ocupa boa parte da Região Norte e trechos da Região Centro-Oeste (norte do MT) e Nordeste (oeste do MA).

A floresta equatorial, com sua diversidade de ecossistemas, é a principal paisagem vegetal desse domínio, onde predomina o clima quente e úmido com elevada pluviosidade e pequena amplitude térmica.

Localizado predominantemente em áreas de terras baixas, contém a planície amazônica, depressões e planaltos. Os solos predominantes são de baixa fertilidade, entretanto manchas de solos ricos também existem, porém em pequenas quantidades.

Rico em rios, possui em sua área a maior bacia hidrográfica do mundo, a Bacia Amazônica.

Domínio do Cerrado

Esse domínio, que ocorre principalmente na Região Centro-Oeste, também ocupa parte das Regiões Norte, Nordeste e Sudeste.

Caracterizado principalmente pelo clima tropical, apresenta uma estação de seca (inverno) e outra de chuvas (verão) com elevada temperatura média anual.

Seus solos são originalmente pouco férteis, devido à sua acidez, sendo recobertos de maneira geral pela vegetação de cerrado. Tendo nos planaltos e nas depressões as formas de relevo predominantes, possui como características a ocorrência de grandes chapadas, como a dos Guimarães.

Esse domínio é um grande dispersor de águas do país, abastecendo grandes bacias, como a Amazônica, a do São Francisco, a do Araguaia-Tocantins e a do Paraná.

Domínio da Caatinga

O Domínio da Caatinga encontra-se na Região Nordeste e também ocupa parte do Sudeste (norte de Minas Gerais).

Apresenta grande homogeneidade ecológica e fisiográfica. Tendo o clima semiárido como característica, apresenta temperaturas médias elevadas o ano todo e baixa pluviosidade. Como consequência da pequena quantidade de chuvas que cai anualmente na região, a hidrografia local caracteriza-se pela presença de rios intermitentes.

A vegetação predominante corresponde à caatinga, que ocupa extensas áreas de depressão.

Seus solos, muitas vezes de pouca profundidade, possuem uma quantidade de minerais essenciais que permite a sua utilização pela agricultura.

Domínio de Mares de Morros

Conhecido também como Domínio Tropical Atlântico e Chapadões Florestados, ocorre na porção próxima ao litoral oriental do país, indo do Nordeste até o Sul, e adentrando para o interior na Região Sudeste.

Ocupado em sua maioria pela Mata Atlântica, destaca-se como o segundo maior complexo de floresta com maior biodiversidade do país.

O relevo é o grande elemento dessa paisagem. Formado por serras como a do Mar, a da Mantiqueira, a do Espinhaço, a Geral, entre outras, esse domínio é afetado por uma forte erosão causada pelas chuvas locais que dão origem a formas policonvexas, lembrando um mar de morros.

Os solos têm no processo de erosão intenso seu grande agente destruidor, isso devido ao clima úmido e às grandes declividades presentes no local.

Domínio das Araucárias

O Domínio das Araucárias está presente predominantemente nas partes planálticas da Região Sul. Estende-se do Rio Grande do Sul ao Paraná. Cobrindo originalmente essa área, que possui solos muito diversificados, ocorria uma floresta subtropical conhecida popularmente como Mata de Araucárias ou Mata dos Pinhais, que, como já dissemos, hoje se encontra profundamente devastada.

Esse domínio está sob influência de um clima subtropical, que se caracteriza pelas grandes amplitudes térmicas anuais.

Os rios, perenes, não apresentam grandes variações de seu regime fluvial ao longo do ano, uma vez que as chuvas ocorrem o ano todo de maneira bem distribuída.

Domínio das Pradarias

Ocupando a porção meridional do Estado do Rio Grande do Sul, essa área também é conhecida como Campanha Gaúcha ou Pampas.

Com um relevo de planalto muito aplainado, apresenta leves ondulações, conhecidas de maneira popular como "coxilhas". No período de inverno, esse domínio sofre a ação de ventos muito frios provenientes do sul, conhecidos como minuano.

Recoberta por uma vegetação herbácea, é nesse domínio que aparecem os campos limpos (predomínio de gramíneas) e os sujos (gramíneas, árvores e arbustos).

Seus rios correm principalmente em terrenos planos, formando traçados meândricos.

ATIVIDADES

PASSO A PASSO

1. Aponte as semelhanças e diferenças entre os biomas tundra e taiga.
2. Biomas como florestas tropicais e savanas apresentam elevado grau de biodiversidade. Quais fatores propiciam, em cada um deles, a diversidade biológica?
3. Qual é a relação entre o processo de desertificação que atinge a Caatinga e as características naturais desse bioma?
4. A instituição do Sistema Nacional de Unidades de Conservação atende a uma demanda por aprimoramento da legislação ambiental brasileira. Quais interesses geraram tal demanda?
5. A partir da classificação dos domínios morfoclimáticos do professor Aziz Ab'Saber, como caracterizar o Complexo do Pantanal?

IMAGEM & INFORMAÇÃO

1. Observe a imagem ao lado e faça o que se pede.
   a) Indique a que tipo de bioma pertence a vegetação representada.
   b) Descreva suas principais características.
   c) Localize onde se encontra esse bioma no Brasil.
   d) Aponte os principais problemas ambientais existentes dentro desse bioma.

2.

Fonte: Sistema Prodes/INPE. Disponível em: <g1.globo.com/Amazonia/0,,MUL882868-16052,00-DESMATAMENTO+ANUAL+DA+AMAZONIA+E+UM+DOS+MENORES+JA+REGISTRADOS.htm>. Acesso em: 21 jul. 2016. Adaptação.

O gráfico acima representa o desmatamento da Amazônia no período entre os anos de 1988 e 2008.

a) Aponte os anos em que ocorreram, respectivamente, o maior e o menor desmatamento na Amazônia.

b) Seguindo os dados do gráfico, faça uma análise sobre a evolução do desmatamento da Amazônia no período destacado.

TESTE SEUS CONHECIMENTOS

1. (UEM – PR) Sobre os grandes biomas do mundo, identifique as alternativas **corretas** e dê sua soma ao final.

    (01) As pradarias são compostas, basicamente, por gramíneas e são encontradas, principalmente, em regiões de clima temperado. Esse bioma recebe o nome de pradaria, na América do Norte, e de pampa, na América do Sul. Um dos solos mais férteis do mundo, denominado *tchernozion*, é encontrado sob as pradarias da Rússia e da Ucrânia.

    (02) A floresta boreal ou taiga ocorre apenas nas altas latitudes do Hemisfério Norte, em regiões de clima temperado continental, como Canadá, Suécia, Finlândia e Rússia. É um bioma que apresenta uma formação homogênea, na qual predominam coníferas do tipo pinheiro, resistentes ao frio.

    (04) Os desertos são biomas cujas espécies estão adaptadas à escassez de água em regiões com índice pluviométrico muito baixo. Os solos são sempre muito pedregosos ou arenosos. Nessas áreas, são encontradas plantas xerófitas e em lugares onde a água aflora à superfície surgem os oásis.

    (08) Nas regiões de montanhas, há uma grande variação da altitude. À medida que aumenta a altitude e diminui a temperatura, os solos ficam mais rasos e aparecem as plantas orófilas, que são plantas adaptadas a grandes altitudes.

    (16) A tundra é um bioma seco e frio, com dois estratos de vegetação: um mais alto, formado por árvores, e outro, mais baixo, composto por gramíneas. A tundra é encontrada, geralmente, na faixa de transição entre os desertos e as florestas. Grandes extensões de tundra são encontradas na África, na América do Sul e no México.

2. (UEL – PR) Bioma é conceituado no mapa como um conjunto de vida (vegetal e animal) constituído pelo agrupamento de tipos de vegetação contíguos e identificáveis em escala regional, com condições geoclimá-

ticas similares e história compartilhada de mudanças, o que resulta em uma diversidade biológica própria.

Disponível em: <www.ibge.com.br>.
Acesso em: 10 jul. 2007.

Com base no texto, no mapa e nos conhecimentos sobre o tema, considere as afirmativas a seguir.

I. A Mata Atlântica e a Amazônia são exemplos de biomas florestais em que as chamadas plantas epífitas e os cipós convivem com as demais plantas, tanto em relações simbiônticas quanto em relações parasitárias, disputando as partes mais altas da floresta em busca de luz solar.

II. O bioma do Cerrado é uma formação vegetal complexa na qual estão presentes o estrato arbóreo, composto, em grande parte, por árvores de pequena altura, troncos retorcidos e recobertos com cascas grossas e abundante vegetação herbácea.

III. O bioma da Mata Atlântica é composto apenas por florestas tropicais latifoliadas nas quais predomina o estrato herbáceo onde se instalam as bromélias epífitas e as orquídeas.

IV. O bioma da Caatinga apresenta plantas com atividade decidual, raízes profundas e mecanismos de adaptação que minimizam a evapotranspiração, permitindo maior capacidade de sobrevivência em face do solo e do clima desse bioma.

Assinale a alternativa correta.
a) Somente as afirmativas I e II são corretas.
b) Somente as afirmativas I e III são corretas.
c) Somente as afirmativas III e IV são corretas.
d) Somente as afirmativas I, II e IV são corretas.
e) Somente as afirmativas II, III e IV são corretas.

3. (FUVEST – SP) No mapa atual do Brasil, reproduzido a seguir, foram indicadas as rotas percorridas por algumas bandeiras paulistas no século XVII.

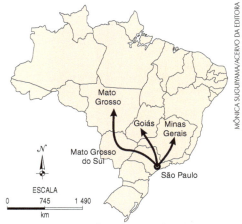

José Jobson de A. Arruda. *Atlas Histórico*.
Editora Ática. 1898. Adaptado.

Nas rotas indicadas no mapa, os bandeirantes:
a) mantinham-se, desde a partida e durante o trajeto, em áreas não florestais. No percurso, enfrentavam períodos de seca, alternados com outros de chuva intensa.
b) mantinham-se, desde a partida e durante o trajeto, em ambientes de florestas densas. No percurso, enfrentavam chuva frequente e muito abundante o ano todo.
c) deixavam ambientes florestais, adentrando áreas de campos. No percurso, enfrentavam períodos muito longos de seca, com chuvas apenas ocasionais.
d) deixavam ambientes de florestas densas, adentrando áreas de campos e matas mais esparsas. No percurso, enfrentavam períodos de seca, alternados com outros de chuva intensa.
e) deixavam áreas de matas mais esparsas, adentrando ambientes de florestas densas. No percurso, enfrentavam períodos muito longos de chuva, com seca apenas ocasional.

4. (UFTM – MG) (...) podem ser considerados verdadeiros santuários ecológicos, uma vez que a água regula o ritmo de reprodução de inúmeras espécies. Entretanto, são afetados pela ação agressiva da sociedade humana. No primeiro caso, a agressão vem da erosão nas cabeceiras dos rios que correm na direção da planície, além dos agrotóxicos. Quanto à outra área, a especulação imobiliária, juntamente com o lançamento dos esgotos urbanos, coloca em risco a manutenção de importante *habitat* para inúmeras espécies de peixes e crustáceos (...).

FILIZOLA, R. *Geografia*, 2005. Adaptado.

Assinale a alternativa que indica, respectivamente, as duas áreas brasileiras descritas.

a) Pantanal e Amazônia.
b) Pantanal e Zona Costeira.
c) Zona Costeira e Pantanal.
d) Amazônia e Zona Costeira.
e) Zona Costeira e Amazônia.

5. (FUVEST – SP) Considere as afirmações abaixo, relativas à ocupação do Centro-Oeste brasileiro, onde originalmente predominava a vegetação do Cerrado.

I. A vegetação nativa do Cerrado encontra-se, hoje, quase completamente dizimada, principalmente em função do processo de expansão da fronteira agrícola, que avança agora na Amazônia.

II. O desenvolvimento de tecnologia apropriada permitiu que o problema da baixa fertilidade natural dos solos no Centro-Oeste fosse, em grande parte, resolvido.

III. O modelo fundiário predominante na ocupação da área do Cerrado imitou aquele vigente no oeste gaúcho, de onde saiu a maioria dos migrantes que chegaram ao Centro-Oeste nos últimos 30 anos.

Está correto o que se afirma em:

a) I, apenas.
b) II, apenas.
c) III, apenas.
d) I e II, apenas.
e) I, II e III.

6. (FUVEST – SP) Há mais de 40 anos, a Lei n. 4.771, de 15 de setembro de 1965, conhecida como Código Florestal, estabeleceu no seu Artigo 1º: "As florestas existentes no território nacional e as demais formas de vegetação, reconhecidas de utilidade às terras que revestem, são bens de interesse comum a todos os habitantes do País, exercendo-se os direitos de propriedade, com as limitações que a legislação em geral e especialmente esta Lei estabelecem". Em pesquisa realizada pelo Instituto Datafolha, em junho de 2011, para saber a opinião do cidadão brasileiro sobre a proposta de mudanças no Código Florestal, 85% dos entrevistados optaram por "priorizar a proteção das florestas e dos rios, mesmo que, em alguns casos, isto prejudique a produção agropecuária"; para 10%, deve-se "priorizar a produção agropecuária mesmo que, em alguns casos, isto prejudique a proteção das florestas e dos rios"; 5% não sabem.

a) O Artigo 1º da Lei n. 4.771 indica a existência de um conflito, de natureza social, que justifica a necessidade da norma legal. Que conflito é esse? Explique.

b) Analise os resultados da pesquisa feita pelo Instituto Datafolha, acima expostos, relacionando-os com o Artigo 1º da Lei n. 4.771.

7. (Unicamp – SP) Os climogramas abaixo representam dois tipos climáticos que ocorrem em território brasileiro. Observe-os e responda:

a) A que tipos climáticos se referem as figuras 1 e 2, respectivamente?
b) Qual é a vegetação característica das respectivas regiões?

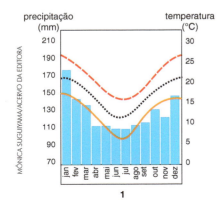
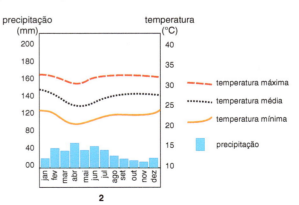

Adaptado de: http://www.climabrasileiro.hpg.ig.com.br

8. (UFC – CE) As florestas equatoriais, na atualidade, sofrem grande pressão ambiental, principalmente porque se mantiveram relativamente preservadas até o século XIX, quando se intensificou a sua exploração por empresas madeireiras, mineradoras e agropecuárias, entre outras. Nesse contexto, a Floresta Amazônica sofre particularmente em razão de atividades que produzem desmatamento.

Em relação ao desmatamento que ocorre na região, é correto afirmar que:

a) diminuiu nas duas últimas décadas em decorrência da pressão internacional.
b) traz consequências graves, restritas ao espaço da floresta.
c) decorre principalmente da atividade madeireira legal.
d) altera a biodiversidade animal e vegetal.
e) é um problema eminentemente nacional.

9. (FATEC – SP) Analise o mapa abaixo para responder à questão.

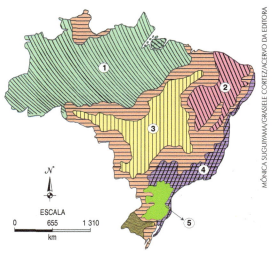

(http://www.altamontanha.com/news/50/atividades/RTE/my_documents/my_pictures/741-6112010_fig2.jpg. Acesso em: 06.09.11. Adaptado)

Indique a alternativa que identifica corretamente as características de um dos domínios morfoclimáticos numerados no mapa.

a) 1 – predomínio de um tipo de clima com estações definidas: uma seca e outra úmida; cerca de 50% da vegetação original já desapareceu.
b) 2 – ocorrência de extensa área com solos rasos, mas férteis, o que explica a grande variedade de vegetação que recobre as planícies fluviais.
c) 3 – recoberto por densa vegetação florestal devido ao clima sempre úmido; a ocupação recente ainda provoca pouco impacto ambiental.
d) 4 – destaque para morros com aspecto mamelonar; a ocupação humana antiga e predatória destruiu grande parte da mata original.
e) 5 – concentra nascentes de vários rios do Centro-Oeste; a vegetação arbustivo-herbácea foi fator favorável à expansão da criação de ovinos.

10. (PASES – UFV – MG) O clima e a vegetação variam de acordo com a latitude, constituindo fatores, entre outros, que regulam a distribuição da temperatura do ar e da pluviosidade no planeta Terra, que agem conjuntamente limitando a existência ou não de biomas terrestres.

Assinale a alternativa que indica CORRETAMENTE as características dos biomas terrestres.

a) A floresta tropical é dominada por plantas perenifólias [sempre-verdes], que mantêm a maioria das folhas durante o ano todo, encontradas na zona intertropical.
b) As florestas de coníferas perenes, também chamadas tundra, são localizadas ao sul da taiga nas regiões do norte da Ásia, Europa e América do Norte.
c) As pradarias são formações vegetacionais, onde predominam plantas herbáceas, localizadas essencialmente nas latitudes temperadas.
d) Os ecossistemas montanhosos, localizados na Europa Central, apresentam durante todo o ano a presença de neves eternas e florestas latifoliadas, em sua grande maioria.

Gabarito das Questões Objetivas Parte I

Capítulo 1 – Um pouco da Ciência Geográfica

1. e
2. V V F F
3. d
4. d
5. d
6. e
7. c
8. Estão corretas 01, 02, 04, 08 e 16; portanto, soma = 31.
9. a
10. e

Capítulo 2 – A Aplicação da Cartografia nos Estudos Geográficos

1. c
2. b
3. d
4. d
5. d
6. c
7. e
8. a
9. a
10. b

Capítulo 3 – Terra

1. d
2. e
3. c
4. d
5. a
6. a

Capítulo 4 – A Evolução Geológica da Terra

1. d
2. a
3. a
4. d
5. Estão corretas 02, 04 e 16; portanto, soma = 22.
6. b
7. b
8. a

Capítulo 5 – As Formas da Superfície Terrestre

1. a
2. d
3. e
4. b
5. Estão corretas 01 e 04; portanto, soma = 05.
7. c
8. c
9. b

Capítulo 6 – Solos

1. e
2. e
3. d
4. d
5. b
7. F V V V F
8. d
9. d

Capítulo 7 – O Planeta Água

1. c
2. Estão corretas 01, 02, 04, 08; portanto, soma = 15
3. a
4. c
5. b
6. d
7. e
8. Estão corretas 02, 04 e 08.
9. d

Capítulo 8 – Clima

1. d
2. c
3. c
4. b
5. a
6. a
7. d
8. a

Capítulo 9 – Biogeografia

1. Estão corretas 01, 02, 04 e 08; portanto, soma = 15.
2. d
3. d
4. b
5. d
8. d
9. d
10. a

GEOGRAFIA
Geral e do Brasil
5ª edição

PAULO ROBERTO MORAES

PARTE I

editora HARBRA

SUMÁRIO PARTE II

Unidade 3 – População   233
Capítulo 10 – A População Mundial   234
Capítulo 11 – A Estrutura da População   258
Capítulo 12 – A População Brasileira   273
Capítulo 13 – Geografia da Saúde   306

Unidade 4 – O Urbano e o Rural   325
Capítulo 14 – Urbanização e Metropolização   326
Capítulo 15 – Indústria   370
Capítulo 16 – Fontes de Energia   395
Capítulo 17 – O Mundo Rural   427
Capítulo 18 – Século XXI –
   a Seara da Tecnologia   461

Gabarito das questões objetivas – Parte II   486

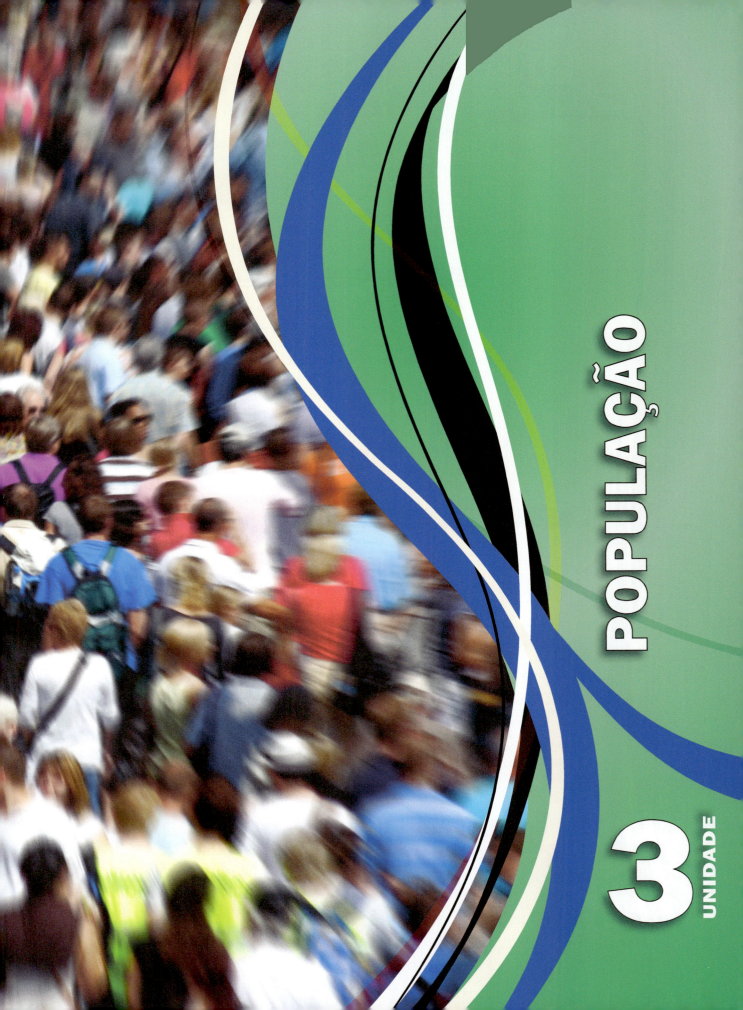

POPULAÇÃO

UNIDADE 3

CAPÍTULO 10
A População Mundial

EVOLUÇÃO DA POPULAÇÃO

O primeiro bilhão de habitantes da Terra só foi atingido em 1800. De lá para cá, a população mundial cresceu de forma intensa e rápida.

A partir do século XIX e principalmente no século XX, grandes transformações na situação sanitária e uma verdadeira revolução na medicina permitiram que as pessoas vivessem mais. Antibióticos e vacinas foram desenvolvidos no século passado e largamente difundidos desde então, alcançando grupos cada vez maiores de pessoas.

Para se ter uma ideia, doenças facilmente curáveis na atualidade dizimaram centenas de milhões de pessoas ao longo da história. Epidemias de varíola, sarampo e peste bubônica tinham um alto grau de letalidade. Por isso, a esperança (ou expectativa) de vida, ou seja, o número de anos que uma pessoa pode esperar viver ao nascer, era baixa comparada à de hoje.

Estima-se que na Europa, durante a Idade Média, a esperança de vida ao nascer era menor que 40 anos. Observe no mapa a seguir como essa situação foi positivamente alterada, visto que em 2012 a esperança de vida ao nascer, não só em vários países da Europa, mas também de outros continentes, já era superior a 70 anos.

POPULAÇÃO MUNDIAL

1950: 2,5 bi; 1960: 3 bi; 1970: 3,5 bi; 1980: 4,5 bi; 1990: 5,5 bi; 2000: 6 bi; 2010: 7 bi; 2020: 8 bi; 2030: 8,5 bi; 2040: 9 bi; 2050: 9,5 bi; 2060: 10 bi; 2070: 10,5 bi; 2080: 10,7 bi; 2090: 11 bi; 2100: 11,2 bi.

Fontes: UNITED NATIONS DEPARTMENT OF ECONOMIC AND SOCIAL AFFAIRS/POPULATION DIVISION. World Population Prospects: The 2015 Revision. Key Findings and Advance Tables. New York, 2015. p. 2. Disponível em: <https://esa.un.org/unpd/wpp/publications/files/key_findings_wpp_2015.pdf>. Acesso em: 14 jul. 2016.

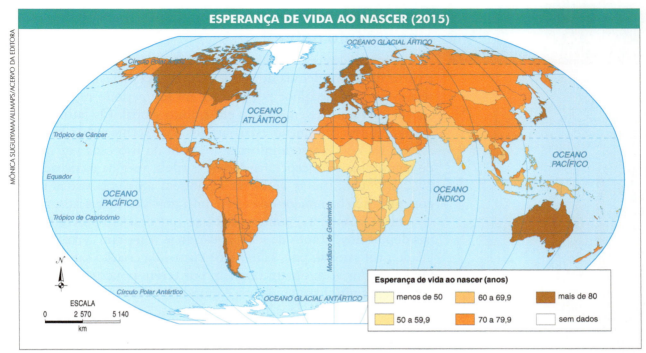

Fonte: WORLD HEALTH ORGANIZATION. *Life expectancy at birth* – 2000-2015. Geneva, 2015.
Disponível em: <http://gamapserver.who.int/gho/interactive_charts/mbd/life_expectancy/atlas.html>.
Acesso em: 14 jul. 2016.

Em 2011, a população mundial era estimada em cerca de 7 bilhões de pessoas e teria ultrapassado a marca dos 7,2 bilhões menos de dois anos depois. Segundo previsões da ONU, esse número chegará a 9,5 bilhões na primeira metade da década de 2050. Esse aumento de mais de 2 bilhões de pessoas é quase equivalente ao total da população existente na década de 1950. A maior parte do crescimento deverá ocorrer nas regiões menos desenvolvidas, que deverão passar dos 7 bilhões de habitantes em 2010 para cerca de 9,5 bilhões no início da década de 2050.

Integrando conhecimentos

Algumas doenças marcaram períodos da história por terem se alastrado de tal forma que dizimaram, em um curto período de tempo, milhões de pessoas.

Na Idade Média, entre 1346 e 1352, a Europa teve sua população reduzida em um terço em consequência da peste negra (ou peste bubônica). Na época, não se sabia que a doença era causada pela bactéria *Yersinia pestis* e transmitida por pulgas e percevejos que mordiam ratos infectados, nos quais a doença não se manifestava, e a transmitiam aos humanos.

As péssimas condições de higiene, esgoto a céu aberto e lixo acumulado facilitaram a propagação da doença, que virou epidemia.

O famoso quadro *O Triunfo da Morte* (1562), do pintor belga Pieter Brueghel (1525-1569), retrata a tragédia que a peste negra causou na Europa durante a Idade Média. Óleo sobre tela, 117 cm × 162 cm. Museu do Prado, Madri, Espanha.

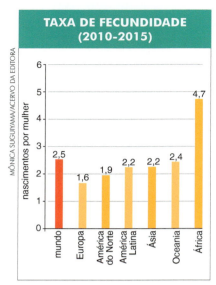

Fonte: UNITED NATIONS FERTILITY PATTERNS. Word Fertility Patterns. Data Booklet: The 2015 Revision. New York, 2015. p. 3. Disponível em: <http://www.un.org/en/development/desa/population/publications/pdf/fertility/world-fertility-patterns-2015.pdf>. Acesso em: 14 jul. 2016.

A atual diminuição no crescimento natural

A média de crescimento da população mundial começou a cair a partir da última década do século XX. A taxa de fecundidade, ou seja, o número de filhos por mulher em seu período reprodutivo (de 15 a 49 anos), vem caindo em âmbito global. Os fatores que levaram a esse fenômeno estão ligados à crescente urbanização e à ampliação do acesso à informação, além do uso cada vez maior de métodos anticoncepcionais como a pílula, surgida na década de 1960, que permitiu às mulheres manterem uma vida sexual ativa com um risco bem menor de terem uma gravidez indesejada.

Hoje, aumenta o número de casais que desejam procriar apenas depois dos 30 anos de idade, quando já atingiram certa estabilidade profissional, pois sabem dos custos da criação saudável de um filho. Por isso, optam também por terem poucos filhos, não raro apenas um. Essa tendência é mundial, porém mais acentuada nos países ricos, onde o nível de informação das pessoas sobre procriação é muito elevado e grande parte dos casais têm plena consciência da responsabilidade de se criar um filho.

DISTRIBUIÇÃO DA POPULAÇÃO NO PLANETA

A enorme população mundial não se distribui de maneira equivalente nos espaços continentais: a Ásia é o continente mais populoso, com 4,39 bilhões (cerca de 60% da população mundial) e a Oceania tem a menor população, com 39 milhões de habitantes (cerca de 0,5% do total), desconsiderando-se a Antártida, que é despovoada, apresentando apenas bases científicas.

Existem grandes vazios demográficos no planeta, que são áreas com baixa densidade demográfica, tais como áreas desérticas, muito frias ou de florestas. Há também áreas extremamente povoadas, que geralmente correspondem a grandes cidades. Além disso, há desigualdades na distribuição espacial da população dentro dos países.

As dinâmicas populacionais são afetadas por diferentes fatores, incluindo condições de saúde, migrações, nível de urbanização, questões de gênero, entre outros.

demográfico: que se refere à população de determinada região, país etc. ou que é próprio dela; populacional

densidade demográfica: relação entre o total de habitantes de uma determinada região (cidade, estado, país etc.) e a área abrangida por ela. Geralmente é expressa em habitantes por quilômetro quadrado (hab./km²)

| POPULAÇÃO MUNDIAL ||
Continente	População em 2015
Mundo	7,349 bilhões
Ásia	4,393 bilhões
África	1,186 bilhão
América do Norte	358 milhões
América Latina	634 milhões
Europa	738 milhões
Oceania	39 milhões

Fonte: UNITED NATIONS DEPARTMENT OF ECONOMIC AND SOCIAL AFFAIRS/POPULATION DIVISION. World Prospects: The 2015 Revision. Key Findings and Advance Tables. New York, 2015. p. 7. Disponível em: <https://esa.un.org/unpd/wpp/publications/files/key_findings_wpp_2015.pdf.> Acesso em: 14 jul. 2016.

Disseram a respeito...

Utilizando as ferramentas demográficas

O campo da população é vital à compreensão das necessidades e à criação de soluções para as regiões urbanas. Mesmo na ausência de uma entidade administrativa apropriada, que cubra uma região inteira, os formuladores de políticas podem usar imagens de satélite e Sistemas de Informação Geográfica (SIG), aliados a dados demográficos, de modo a fornecer informações precisas sobre o tamanho e a densidade da população, e também sobre áreas de expansão, crescimento de comunidades e sobre as necessidades de proteção ambiental.

No Equador e em Honduras, o Fundo de População das Nações Unidas (UNFPA) tem apoiado o treinamento técnico pós-censo, de modo que os órgãos locais possam melhorar a análise dos dados desagregados do censo para fins de planejamento. Isso inclui a utilização de dados da área de recenseamento, combinados a projeções populacionais simples para melhorar a estimativa de demanda futura por vários tipos de serviços. Pequenos e médios municípios e áreas descentralizadas de crescimento tendem a apresentar maior necessidade de apoio técnico para aplicar tais ferramentas.

Tais dados podem ser usados juntamente com informações sobre altitude, declividade, solos, cobertura do solo, ecossistemas críticos e riscos de acidentes para identificar áreas em que futuros assentamentos devem ser promovidos ou evitados. A fim de serem úteis no contexto de um SIG, os dados censitários devem ser processados e disponibilizados com a maior desagregação espacial possível, de modo que possam ser utilizados em uma variedade de escalas, desde a regional até a local.

[Tudo isso colabora para que aqueles incumbidos de tomar decisões incluam estes assuntos em seus planos e políticas públicas para o desenvolvimento sustentável.]

> **dados desagregados**: em Estatística, é a soma de todos os valores observados dividida pelo número de observações

Fonte: UNFPA. *Situação da População Mundial 2007*. Desencadeando o potencial do crescimento urbano. New York, 2007.

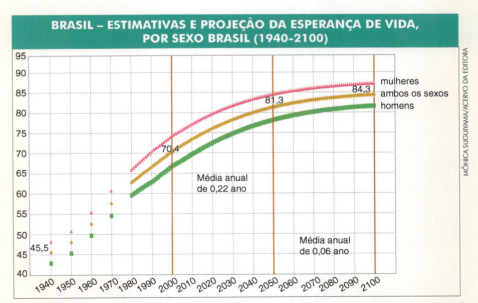

Fonte: IBGE, Censo Demográfico 1940/2000; Diretoria de Pesquisas, Coordenação de População e Indicadores Sociais, Projeção da População do Brasil por Sexo e Idade para o Período 1980-2050 – Revisão 2008. Disponível em: <www.ibge.gov.br/home/estatística/populacao/projecao-da-populacao/2008/projecao.pdf>. Acesso em: 20 jul. 2016.

> ➢ Quais tecnologias geográficas são mencionadas no texto como sendo importantes ferramentas para os estudos demográficos? Como essas ferramentas são utilizadas?

CONCEITOS DEMOGRÁFICOS

Para entendermos a questão demográfica, é necessário o conhecimento de alguns conceitos básicos sobre esse tema.

É importante definir o conceito de população e diferenciá-lo dos conceitos de povo e etnia, com os quais costuma ser confundido.

População se refere à totalidade do conjunto de indivíduos da mesma espécie que habitam um mesmo espaço. No contexto das ciências humanas, o conjunto estudado e genericamente caracterizado é o dos seres humanos que vivem em uma mesma municipalidade, província, Estado-nação, região do mundo ou até na totalidade das terras emersas do planeta.

Por sua vez, o conceito de **povo** tem aplicações mais restritas, sendo estreitamente relacionado às ideologias nacionalistas e regionalistas e se referindo a um conjunto de indivíduos que se reconhecem como partes de uma comunidade histórica e territorial, vista como unidade internamente coesa e distinta, por diversas razões, do restante da população mundial.

Finalmente, **etnia** se refere a outra maneira de separar os humanos em grandes grupos, geralmente por semelhanças culturais, linguísticas e de aparência física, porém sem as implicações do conceito de povo em termos de auto-identificação e de vínculos de solidariedade entre os membros do grupo.

Uma etnia muitas vezes se distribui em diversos povos e nações, enquanto um mesmo povo pode ter origens étnicas variadas. Esse é o caso do chamado "povo brasileiro", formado por indivíduos de muitas etnias (bantos, iorubás, ticunas, guaranis, tamoios, tupiniquins, ticunas, latinos, germânicos...), que se reconhecem como parte de uma mesma comunidade, isto é, a nação brasileira. Todos eles constituem ainda a população brasileira, formada por todas as pessoas que residem dentro das fronteiras do território da República Federativa do Brasil.

Professora ensina artesanato (cestaria) para aluna, na escola da Aldeia Guarani Tenonde Porã, da Etnia Guarani Mbyá, em Parelheiros, São Paulo, SP.

População absoluta e população relativa

Entende-se por **população absoluta** o número total de habitantes de determinada área, e por **população relativa** a densidade demográfica (D), ou seja, a relação entre o total de habitantes de determinada região e a área abrangida por ela. Veja a seguinte fórmula:

$$D = \frac{n^{\underline{o}} \text{ total de habitantes}}{\text{área}}$$

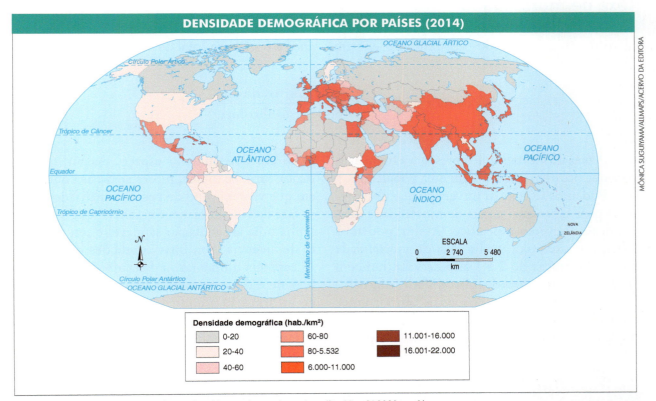

Fonte: CIA World Factbook. Disponível em: <http://www.indexmundi.com/map/?t=0&v=21000&r=xx&l=en>. Acesso em: 14 jul. 2016.

A análise da tabela ao lado leva-nos a perceber que o Japão, a Índia e o Brasil têm um elevado número de habitantes. Dizemos que são países populosos, pois estamos considerando suas populações absolutas (o número total de habitantes), ao contrário do Canadá e da Nova Zelândia. Também podemos analisar esses dados pela óptica da população relativa (número de habitantes por quilômetro quadrado), classificando-os como muito ou pouco povoados. Nesse segundo caso, Japão e Índia são bastante povoados, o que não acontece com Canadá, Nova Zelândia e Brasil (embora sejamos um país muito populoso).

PAÍS	POPULAÇÃO (milhões)	ÁREA (km²)	DENSIDADE (hab./km²)
Japão	127,6	377.947	337
Índia	1.267,4	3.287.263	385,6
Brasil	202,0	8.514.877	23,7
Canadá	35,5	9.984.670	3,6
Nova Zelândia	4,55	275.042	16,8

Fontes: UNITED NATIONS DATA. *World Statistics Pocket Book.* United Nations Statistic Division. New York, 2014. Disponível em: <http://data.un.org>. Acesso em: 27 jul. 2016.

Taxa de natalidade

Taxa de natalidade é a relação entre o número de nascidos vivos em um local em um determinado período de tempo (geralmente um ano) e o número total de habitantes desse local. A taxa de natalidade representa a frequência com que ocorrem os nascimentos em uma população.

$$\text{taxa de natalidade} = \frac{n^o \text{ de nascidos vivos no ano}}{\text{população absoluta}} \times 1.000$$

Taxa de mortalidade

Taxa de mortalidade é a relação entre o número de óbitos ocorridos em um local em um determinado período de tempo (geralmente um ano) e o número total de habitantes desse local.

$$\text{taxa de mortalidade} = \frac{n^o \text{ de mortos no ano}}{\text{população absoluta}} \times 1.000$$

A taxa de mortalidade representa a frequência com que ocorrem os óbitos em uma população.

Podemos selecionar um grupo que nos interesse para saber qual a taxa de mortalidade dentro desse universo específico. Assim, podemos saber, por exemplo, qual a taxa de mortalidade entre as crianças de 0 a 1 ano de vida, também conhecida como **taxa de mortalidade infantil**.

Essa taxa é um dos mais importantes indicadores sociais, revelando muito das condições socioeconômicas de determinada população em determinado espaço. Assim, quanto maior for esse índice, piores serão as condições em que vive o grupo de pessoas analisado. Nessa fase da vida humana, é essencial que a criança tenha uma alimentação saudável e um ambiente de vivência com boas condições de higiene. A carência alimentar, a falta de condições de higiene e de saneamento básico, aliadas à falta de informação e conhecimento, características de regiões muito pobres, são fatores que elevam as taxas de mortalidade infantil.

Explorando o tema

Mortalidade infantil entre 1950 e 2050 por regiões

A mortalidade infantil é um importante indicador de desenvolvimento humano e de qualidade de vida das crianças. Ele encontra-se em queda no mundo todo. Entre 1950 e 1995, cerca de 224 crianças nascidas vivas (por mil) não completavam cinco anos. Entre 2005 e 2010, essa taxa caiu para 86 por mil. Na África Subsaariana são encontradas as mais altas taxas de mortes de crianças.

O gráfico ao lado compara a mortalidade infantil na região sub-

Fonte: UNITED NATIONS DEPARTMENT OF ECONOMIC AND SOCIAL AFFAIRS/POPULATION DIVISION. *World Population Prospects*: The 2010 Revision. Highlights and Advance Tables. New York, 2011. p. 22.

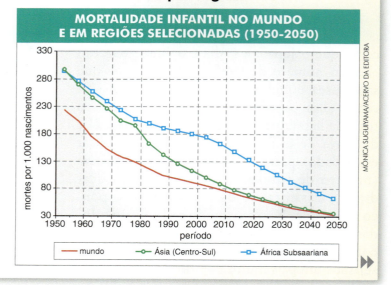

saariana com a mortalidade de crianças na Ásia do Sul e Central. Essas áreas tinham taxas similares em 1950. Entre 2005 e 2010, a mortalidade de crianças menores do que cinco anos caiu para 98 por mil na Ásia do Sul e Central e na África Subsaariana para 173 por mil.

PAÍSES COM ALTA TAXA DE MORTALIDADE INFANTIL	
País	Mortalidade infantil (por mil crianças nascidas vivas em 2015)
Mali	102,23
Guiné-Bissau	89,21
Chade	88,69
Níger	84,59
Angola	78,26
Serra Leoa	71,68
República Democrática do Congo	71,47
Guiné Equatorial	69,17
Costa do Marfim	58,70

EXPECTATIVA DE VIDA AO NASCER (NÚMERO DE ANOS, EM 2015)	
Mundo	70
África	50-59
Ásia	70
Europa	70-78
América Latina e Caribe	65-69
América do Norte	65-69
Oceania	70-78

Fonte: WORLD HEALTH ORGANIZATION. *Healthy Life Expectancy at birth*. Geneva, 2015
Disponível em: <http://gamapserver.who.int/gho/interactive_charts/mbd/hale_1/atlas.html>.
Acesso: 15 jul. 2016.

Taxa de fecundidade e crescimento populacional

A estimativa que se faz do número de filhos que cada mulher tem, em média, durante seu período reprodutivo, considerando-se o número de filhos nascidos vivos e o total de mulheres entre 15 e 49 anos, denomina-se **taxa de fecundidade**. Nos países ricos, a média é de 1,5 filho por mulher, enquanto nos países mais pobres chega a mais de 5 filhos por mulher.

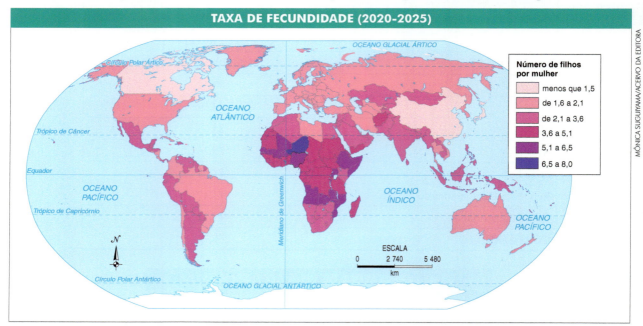

Fonte: UNITED NATIONS DEPARTMENT OF ECONOMIC AND SOCIAL AFFAIRS/POPULATION DIVISION. World Prospects: The 2015 Revision. Key Findings and Advance Tables. New York, 2015. Disponível em: <https://esa.un.org/unpd/wpp/Maps/>. Acesso em: 15 jul. 2016.

O **crescimento populacional** ocorre devido à migração e ao crescimento natural, que é medido por uma taxa conhecida como **crescimento vegetativo**. Esta última corresponde à diferença entre a taxa de natalidade e a taxa de mortalidade ocorrida durante um dado período (geralmente um ano).

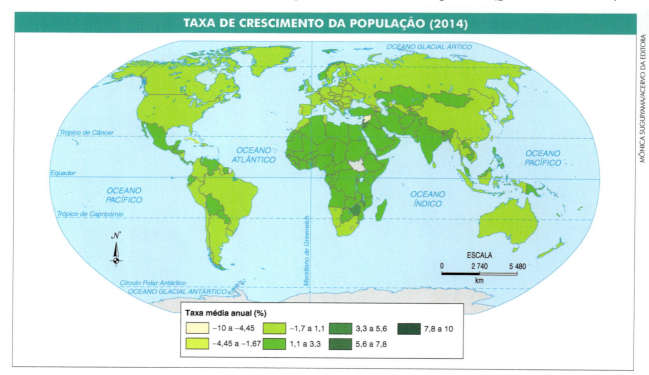

Fonte: CIA World Factbook. Population Growth rate by Country. Virginia, 2015. Disponível em: <http://www.indexmundi.com/map/?v=24>. Acesso em: 15 jul. 2016.

A taxa de migração é representada pela diferença entre o número de pessoas que se dirigem para o país com o intuito de se estabelecer em seu território (imigrantes) e o número de pessoas que deixam esse país (emigrantes).

Observe na tabela abaixo que temos um fato bastante preocupante: entre os dez países mais populosos do mundo em 2050, a maioria será composta por países em desenvolvimento e países pobres, o que significa que a população está crescendo de forma mais acelerada em países onde a qualidade de vida é pior, ocorrendo uma relação direta entre as baixas condições socioeconômicas e o crescimento populacional. A essa realidade soma-se o fato de que o crescimento populacional acelerado não encontra correspondência no ritmo, mais lento, do crescimento econômico nesses países. Com isso, para as próximas décadas prevê-se a exclusão de milhões de pessoas do mercado de trabalho.

imigrante: pessoa que entra em uma região ou país

emigrante: pessoa que sai de uma região ou país

OS DEZ PAÍSES MAIS POPULOSOS DO MUNDO		
País	População em 2015	Projeção para 2050
China	1,367 bilhão	1,4 bilhão
Índia	1,2 bilhão	1,5 bilhão
Estados Unidos	321 milhões	408 milhões
Indonésia	255 milhões	293 milhões
Brasil	204 milhões	233 milhões
Paquistão	199 milhões	348 milhões
Nigéria	181 milhões	258 milhões
Bangladesh	168 milhões	254 milhões
Federação Russa	143 milhões	139 milhões
Japão	126 milhões	123 milhões

Fonte: CIA World Factbook. *Coutry Conparison: Population*. Virginia, 2015.
Disponível em: <https://www.cia.gov/library/publications/the-world-factbook/rankorder/2119rank.html>. Acesso em: 18 jul. 2016.

As perspectivas não são nada animadoras, pois esses enormes contingentes de pessoas à margem do mercado de trabalho e excluídos econômica e socialmente estão bastante sujeitos a ser os principais atores de conflitos internos, de explosões urbanas e de migrações ilegais para outros países, principalmente para os países ricos.

De um lado, temos a perspectiva de crescimento acelerado na América Latina, África e Ásia, a chamada "explosão demográfica". E, na maioria dos países ricos, a tendência é diminuir o ritmo de crescimento populacional, prevendo-se, nesse mesmo período, estagnação e até mesmo crescimento negativo da população. Essa segunda hipótese também é preocupante, pois a população pode diminuir em termos absolutos, isto é, o número de habitantes de um país pode decrescer.

Transição demográfica

A **transição demográfica** se dá quando há mudança no perfil demográfico de determinada população. Isso acontece quando se passa de uma situação em que ocorrem altas taxas de natalidade e mortalidade para outra com crescimento moderado e baixas taxas de mortalidade e fecundidade. Durante esse processo, as taxas de mortalidade decrescem rapidamente antes do mesmo acontecer em relação às taxas de fecundidade, havendo maior crescimento da população durante certo período. Os países desenvolvidos encontram-se em etapas mais avançadas do processo da transição demográfica, América Latina e Ásia em situação intermediária e África no início desse processo.

Disseram a respeito...

O conceito de transição demográfica foi introduzido por Frank Notestein, em 1929, e elaborado a partir da interpretação das transformações demográficas sofridas pelos países que participaram da Revolução Industrial nos séculos 18 e 19 até os dias atuais. A partir da análise destas mudanças demográficas foi estabelecido um padrão que, segundo alguns demógrafos, pode ser aplicado aos demais países do mundo, embora em momentos históricos e contextos econômicos diferentes.

Ela explica que, durante uma longa fase da história, a natalidade e a mortalidade mantiveram-se elevadas e próximas, caracterizando um crescimento lento. Guerras, epidemias e fome dizimavam comunidades inteiras. A partir da Revolução Industrial teve início a primeira fase, das três que caracterizam o modelo de transição demográfica.

1ª fase – transição da mortalidade

A Revolução Industrial, o processo de urbanização e de modernização da sociedade foram responsáveis, num primeiro momento, por um crescimento populacional acelerado nos países europeus e posteriormente nos Estados Unidos, Japão, Austrália e outros.

Apesar das péssimas condições de moradia e saúde das cidades industriais, até pelo menos o final do século 19, a elevação da produtividade e da oferta de bens de subsistência propiciaram progressiva melhora no padrão de vida da população. Conquistas sanitárias e médicas, associadas a esta fase de desenvolvimento científico e tecnológico, tiveram impactos diretos na saúde pública e, consequentemente, na queda das taxas de mortalidade. Portanto, a primeira fase de transição demográfica é marcada pelo rápido crescimento da população, favorecido pela queda da mortalidade, já que as taxas de natalidade ainda permaneceram algum tempo elevadas.

2ª fase – transição da fecundidade

A segunda fase caracteriza-se pela diminuição das taxas de fecundidade (ou seja, o número médio de filhos por mulher em idade de procriar, entre 15 e 49 anos), provocando queda da taxa de natalidade mais acentuada que a de mortalidade e desacelerando o ritmo de crescimento da população.

Aos poucos foram sendo rompidos os padrões culturais e históricos que se caracterizavam pela formação de famílias numerosas. Mas estas transformações culturais foram mais lentas. Levou um certo tempo para que os hábitos e costumes comunitários da sociedade anterior, baseados na organização de um outro padrão familiar, fossem rompidos. A mortalidade infantil elevada induzia as famílias a terem muitos filhos, contando com o fato de que nem todos eles sobreviveriam. Os efeitos sociais das conquistas sanitárias na qualidade de vida permitiram que a mortalidade infantil também diminuísse e as famílias pudessem planejar o que consideravam o número ideal de filhos, numa sociedade que se modernizava.

3ª fase – a estabilização demográfica

Na terceira fase da transição demográfica as taxas de crescimento ficam próximas de 0%. Ela é o resultado da tendência iniciada na segunda fase: o declínio da fecundidade e a ampliação da expectativa média de vida que acentuou o envelhecimento da população. As taxas de natalidade e de mortalidade se aproximaram a tal ponto que uma praticamente anula o efeito da outra. Esta é a situação encontrada há pouco mais de uma década em diversos países europeus e é denominada de fase de estabilização demográfica.

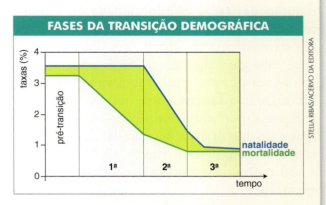

Fonte: MENDONÇA, C. Demografia: transição demográfica e crescimento populacional. Disponível em: <http://educacao.uol.com.br/disciplinas/geografia/demografia-transicao-demografica-e-crescimento-populacional.htm>. Acesso em: 27 jul. 2016.

➤ Praticamente todos os países do mundo já iniciaram ou completaram sua transição demográfica. Qual é a relação entre esse fato e o processo de rápido crescimento da população mundial, discutido anteriormente? O que deve acontecer com a tendência de crescimento demográfico mundial ao longo das próximas décadas?

AS DIFERENÇAS NO CRESCIMENTO POPULACIONAL

Desde os primórdios da civilização até o início do século XIX, o crescimento da população mundial ocorreu de forma lenta. A partir daí, diversos fatores levaram a um rápido crescimento demográfico, concentrado no século XX.

primórdios: início, começo

CRESCIMENTO POPULACIONAL (2000-2100)	
Ano	Porcentagem de crescimento
2000	1,4%
2010	1,3%
2040	1,1%
2080	0,5%
2100	0,3%

Fonte: UNITED NATIONS DEPARTMENT OF ECONOMIC AND SOCIAL AFFAIRS/POPULATION DIVISION. World Prospects: The 2015 Revision. Key Findings and Advance Tables. New York, 2015. p. 9
Disponível em: <https://esa.un.org/unpd/wpp/publications/files/key_findings_wpp_2015.pdf>. Acesso em: 18 jul. 2016.

Mas por que será que houve esse crescimento fantástico? Porque houve um aumento significativo do crescimento vegetativo em âmbito mundial, decorrente, sobretudo, da redução drástica das taxas de mortalidade.

crescimento vegetativo: diferença entre as taxas de natalidade e de mortalidade da população de determinado local

Um dos principais aspectos que levou à redução das taxas de mortalidade no mundo foi, sem dúvida, a sobrevida trazida pelos avanços da medicina no século XX. Com certeza você sabe que algumas doenças endêmicas e epidêmicas, como a tuberculose, as infecções bacterianas, a varíola, entre outras, foram responsáveis por muitos milhões de óbitos ao longo da história da humanidade, e só tiveram suas curas descobertas no século XX, com a utilização de vacinas ou antibióticos, por exemplo.

Mas o avanço da medicina não foi o único fator responsável pela diminuição das taxas de mortalidade. As populações em geral passaram a ter maior acesso à rede hospitalar e a programas de saúde. O crescimento urbano e a melhoria das condições de vida nas cidades também contribuíram. Cresceu significativamente o acesso a redes de água e esgoto, a grande volume de informação sobre questões de higiene e saúde e também a uma alimentação mais rica e nutritiva. Consequentemente, ocorreu um aumento na expectativa de vida.

Ponto de vista

A base de dados sobre a Carga Global da Doença da Organização Mundial da Saúde revela algumas conclusões surpreendentes sobre as repercussões dos fatores ambientais, como a de que a água não potável e as condições de saneamento e higiene deficientes encontram-se entre as dez principais causas de doenças em nível mundial. Todos os anos, doenças relacionadas com o ambiente, incluindo infecções respiratórias agudas e diarreia, matam pelo menos três milhões de crianças com menos de cinco anos – mais do que as populações totais com menos de cinco anos da Áustria, Bélgica, Países Baixos, Portugal e Suíça em conjunto.

A degradação ambiental e as alterações climáticas afetam os ambientes físicos e sociais, os conhecimentos, os ativos e os comportamentos. As dimensões do desfavorecimento podem interagir, intensificando os impactos negativos – por exemplo, a intensidade dos riscos para a saúde é mais elevada quando a água e o saneamento são deficientes, privações que frequentemente coincidem. Dos dez países com as taxas mais elevadas de morte por catástrofe ambiental, seis figuram também nas dez primeiras posições da lista do Índice de Pobreza Multidimensional (IPM)*, incluindo o Níger, o Mali e Angola.

Fonte: PNUD. *Relatório do Desenvolvimento Humano 2011. Sustentabilidade e equidade: um futuro melhor para todos.* New York, 2011. p. 6-7.

*IPM: indicador que identifica carências em termos de educação, saúde e padrão de vida dos domicílios.

➢ Você é um agente transformador de sua história/realidade e da história/realidade mundial, podendo contribuir para o desenvolvimento em qualquer escala (local, regional, nacional). Para isso, basta fazer a sua parte, pois se cada um colaborar um pouquinho poderemos, juntos, modificar para melhor o mundo a nossa volta. Reflita e, com base em seus conhecimentos sobre o assunto, responda por que as crianças ainda morrem, em vários países do mundo, de doenças simples, que poderiam ser evitadas?

A explosão demográfica do século XX se concentrou principalmente nos países pobres, tendo alcançado o nível mais alto entre 1950 e 1970, ficando a média do crescimento demográfico em torno de 2,5% ao ano. As razões para esse fato são as altas taxas de natalidade e os baixos níveis socioeconômicos, de urbanização e de acesso à informação desses países.

Precisamos, entretanto, tomar cuidado ao analisar essas premissas, pois podemos desenvolver o raciocínio falso de que a diminuição das taxas de natalidade nos países pobres é a solução para seus problemas econômicos e sociais. Na realidade, o crescimento econômico associado à melhora da qualidade de vida é que traz reduções significativas no crescimento populacional.

Nos países ricos, a população tem mais informações, e geralmente conhece e desenvolve o planejamento familiar, utilizando-se de métodos contraceptivos. Grande parte dos casais limitam o número de filhos ou resolvem tê-los mais tarde, pensando nos custos inerentes ao sustento deles dentro de certos parâmetros tidos como satisfatórios e capazes de garantir uma boa qualidade de vida. Além desses fatores, o trabalho feminino fora do lar também contribui para reduzir as taxas de natalidade.

contraceptivo: anticoncepcional

Com o planejamento familiar, as nações desenvolvidas se defrontam com um grande problema: em determinados países da União Europeia (UE), as taxas de natalidade estão próximas de zero, causando uma verdadeira estagnação demográfica ou crescimento negativo.

CRESCIMENTO DEMOGRÁFICO NOS CONTINENTES (EM %)					
Continente	2000-2010	2010-2020*	2050-2060	2070-2080*	2090-2100*
África	2,5	2,6	2,0	1,5	1,0
Ásia	1,3	1,3	0,2	–0,2	–0,2
Europa	0,3	0,1	–0,3	–0,3	–0,4
América Latina e Caribe	1,3	1,2	0,1	–0,1	–0,4
América do Norte	1,0	1,4	0,5	0,3	0,2
Oceania	1,7	1,5	0,8	0,5	0,5
Mundo	1,3	1,35	0,5	0,3	0,2

*Estimativa.
Fonte: UNITED NATIONS DEPARTMENT OF ECONOMIC AND SOCIAL AFFAIRS/POPULATION DIVISION. World Population Prospects: The 2015 Revision. Key Findings and Advance Tables. New York, 2015. p. 3. Disponível em: <https://esa.un.org/unpd/wpp/publications/files/key_findings_wpp_2015.pdf>. Acesso em: 19 jul. 2016.

Os dados estimados da Ásia, Europa, América Latina e Caribe mostram que na segunda metade deste século, a população desses continentes começará a diminuir. Isso se deve, em grande parte, à intensa urbanização dos países desses continentes (os dados confirmam que, em geral, as taxas de natalidade nas cidades são menores que nas zonas rurais) e à difusão de métodos anticoncepcionais. O crescimento populacional negativo pode trazer graves consequências para os países, principalmente para a economia e a infraestrutura, já que pode faltar mão de obra.

No Brasil, conforme dados do IBGE, de 2000 a 2010, a taxa de mortalidade infantil passou de 29,7 crianças mortas por 1.000 nascidas vivas para 15,6.

TAXA DE MORTALIDADE INFANTIL, SEGUNDO AS GRANDES REGIÕES (2000-2010)		
Grandes regiões	Taxa de mortalidade infantil (‰)	
	2000	2010
Brasil	29,7	15,6
Norte	29,5	18,1
Nordeste	44,7	18,5
Sudeste	21,3	13,1
Sul	18,9	12,6
Centro-Oeste	21,6	14,2

Fonte: IBGE. Censo Demográfico 2000, 2010.

A ONU (Organização das Nações Unidas) tem um importante papel no apoio e controle da população dos países menos desenvolvidos ou mais pobres. Ela incentiva programas de planejamento familiar, com o intuito de fazer os casais decidirem o número de filhos que desejam ter.

TEORIAS DEMOGRÁFICAS

Teoria de Malthus

No final do século XVIII, com a Revolução Industrial, houve uma forte migração do campo para a cidade em parte da Europa. Embora ainda precárias, as condições de higiene e saneamento das zonas urbanas eram melhores do que as encontradas no campo, provocando uma queda nas taxas de mortalidade.

Com essa redução houve um incremento no crescimento natural, fazendo com que algumas pessoas se dedicassem ao estudo do crescimento da população. Entre elas, destacou-se o trabalho de um pastor da igreja anglicana, Thomas Robert Malthus, que publicou em 1798 uma obra conhecida como *Um ensaio sobre o princípio da população*, no qual ele expôs sua teoria demográfica.

Thomas Robert Malthus (1766-1834), economista britânico. Gravura de J. Linnell, cerca de 1830.

Baseando-se em estudos que realizou sobre a evolução do crescimento da população e a produção de alimentos, concluiu que o crescimento da população do globo se daria em ritmo mais acelerado que o da produção alimentar.

Malthus acreditava que se não houvesse fatos anômalos, tais como guerras, epidemias e catástrofes naturais, que fizessem subir as taxas de mortalidade, a população dobraria a cada 25 anos. Segundo ele, esse crescimento se daria em progressão geométrica (por exemplo: 2, 4, 8, 16, 32...). Em compensação, a produção de alimentos se daria em progressão aritmética (por exemplo: 2, 4, 6, 8, 10, 12...), pois os espaços agrários não poderiam ser expandidos, limitando a capacidade de produção.

Dessa forma, as perspectivas eram sombrias para o futuro da humanidade, pois, em determinado momento, a quantidade de alimentos produzida seria insuficiente para alimentar a população crescente, gerando fome e miséria.

Para contornar o caos futuro, Malthus, que era visceralmente contrário ao uso de métodos contraceptivos, propôs que os mais pobres limitassem o número de filhos pela abstenção sexual e que só fosse permitida a procriação àqueles que tivessem condições de alimentar seus filhos, o que também é conhecido como sujeição moral.

Segundo Malthus, a diferença entre a velocidade do crescimento populacional e a de produção de alimentos levaria a crises sociais, doenças, fome e mortes.

Segundo alguns demógrafos, o grande crescimento populacional de determinada região ocorre no período de transição demográfica. O século XIX, na Inglaterra, foi marcado por um forte crescimento demográfico, tendo sua população saltado de 9 para 40 milhões de habitantes. Contrariando as previsões catastróficas de Malthus, esse enorme contingente populacional não enfrentou o quadro de penúria e fome traçado por ele. Na verdade, o consumo de itens básicos de alimentação, como carne e açúcar, cresceu duas e quatro vezes, respectivamente.

O grande equívoco de Malthus foi não ter considerado que a tecnologia aumentaria a produtividade das glebas, gerando aumentos reais da produção agropecuária. Muitos dos críticos de Malthus acusam-no de ser simplista e de propor soluções da mesma ordem, que penalizariam os mais pobres em sua decisão de procriar.

Explorando o tema

Malthus teve grande influência na teoria desenvolvida por Charles Darwin sobre a evolução das espécies. De volta de sua viagem pelo mundo a bordo do navio *Beagle*, Charles Darwin buscava organizar suas descobertas quando teve conhecimento da obra de Malthus, *Um ensaio sobre o princípio da população*. Nessa obra Darwin percebeu que a luta pela existência citada por Malthus deveria ocorrer com todos os seres vivos, incluindo a espécie humana.

Para Darwin, as populações sofreriam constantemente modificações e haveria um mecanismo natural que selecionaria os mais adaptados.

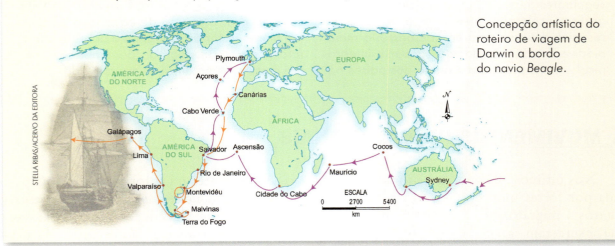

Concepção artística do roteiro de viagem de Darwin a bordo do navio *Beagle*.

Teoria neomalthusiana

Depois da Segunda Guerra Mundial, os índices de crescimento populacional atingiram patamares muito elevados em escala global. A diminuição das taxas de mortalidade provocada pela revolução médico-sanitária (vacinas, atendimento às populações mais carentes em postos de saúde, distribuição de remédios etc.) levou a esse intenso aumento da população mundial.

Nesse período, resgataram-se teorias e propostas sobre o crescimento demográfico baseadas nas ideias de Malthus, dando origem à teoria neomalthusiana.

Segundo essa corrente, a pobreza, a fome e a miséria se explicam pela existência de uma população numerosa. Dessa forma, a solução para o fim da pobreza estaria no controle demográfico. Para os neomalthusianos, os gastos feitos com uma população crescente impedem o crescimento econômico e a possibilidade de uma melhora global da situação de vida e da renda *per capita* dos países pobres, condenando-os a uma eterna pobreza.

Por causa dessa premissa neomalthusiana, foram implantados rigorosos programas de controle de natalidade, apoiados ou instituídos por entidades internacionais e aplicados pelos governos dos países pobres. A grande crítica que se faz aos seguidores dessa linha é o superdimensionamento do crescimento demográfico, cabendo exclusivamente a esse fator toda a culpa pela pobreza e a fome. Se assim fosse, as relações de dependência econômica e tecnológica dos países pobres em relação aos ricos não teriam importância, o que absolutamente não é verdade.

Teoria reformista ou antimalthusiana

Contrapondo-se à visão neomalthusiana, surgiu a teoria reformista, que propõe exatamente o inverso: os países pobres, por serem pobres, contam com uma elevada população jovem. Assim, a dinâmica demográfica dos países pobres deveria ser entendida dentro da complexidade das estruturas e relações socioeconômicas que marcam essas sociedades. Os enormes contingentes de excluídos, alijados do mercado de trabalho qualificado e com melhor remuneração pela falta de acesso a programas mínimos de educação e saúde, só diminuirão o ritmo de crescimento populacional no momento em que tiverem melhor qualidade de vida, o que só se dará quando houver elevação do padrão de vida.

Integrando conhecimentos

Os ecomalthusianos

Recentemente, vem crescendo uma vertente neomalthusiana de caráter ecológico, conhecida como ecomalthusiana. Segundo os seguidores dessa teoria, o crescimento demográfico acelerado pressiona a retirada de recursos naturais da área que possui a maior biodiversidade no planeta, a zona intertropical – onde se situa a maioria dos países pobres –, causando danos sérios ao ambiente, alguns de forma irreversível. Assim, controlar o crescimento populacional seria uma forma de se preservar a natureza. É preciso ter muito cuidado com esse tipo de colocação porque, em última instância, acusa-se a pobreza como fato gerador da degradação ambiental, em um determinismo difícil de ser rompido.

MOVIMENTOS POPULACIONAIS

Nos últimos 500 anos, a história foi marcada por fortes movimentos migratórios, que exerceram grande influência na atual configuração da população de muitos países, bem como em suas economias, sociedades e culturas.

migratório: ação ou resultado de migrar, isto é, passar de uma região para outra

Mas o que será que desencadeia uma onda migratória? Os motivos estão ligados à pobreza, crises econômicas, instabilidade política, catástrofes naturais, conflitos, perseguições e guerras.

Os países americanos foram povoados por imigrantes, pessoas que deixaram a terra natal para ir viver em outra, advindos principalmente da Europa, tais como irlandeses, ingleses, portugueses, espanhóis, franceses, alemães e escandinavos, que se fixaram no Novo Mundo. Também os negros africanos, embora obrigados a deixar a África, tiveram contribuição importante na composição da população das Américas.

As correntes migratórias de um país para outro ocorriam, no século XIX, em larga escala e os entraves para alguém deixar o país e se fixar em outro normalmente não existiam. As pessoas escolhiam os países que estavam recebendo imigrantes e para lá se dirigiam, acreditando que teriam melhores oportunidades de emprego e uma vida melhor. Os Estados Unidos, a Nova Zelândia e o Brasil são exemplos de países que receberam grande número de imigrantes.

No século XX, essa situação de facilidade de transferência de população foi sendo modificada e diversos países colocaram barreiras à entrada de imigrantes.

A adoção de barreiras à imigração se deu por diferentes motivos, entre os quais estão as crises econômicas e a diminuição da oferta de trabalho e de terras, ou, ainda, o surgimento de economias com crescimento moderado ou em desaceleração. Fechar suas fronteiras aos imigrantes representa uma tentativa, por parte dos governos, de proteger sua população da concorrência da mão de obra estrangeira.

Explorando o tema

Além dos deslocamentos populacionais que cruzam fronteiras, existem outros tão importantes quanto esses, que ocorrem envolvendo as cidades e o campo. Assim, podemos classificar quatro grandes movimentos migratórios de motivação principalmente econômica, como mostra o diagrama abaixo.

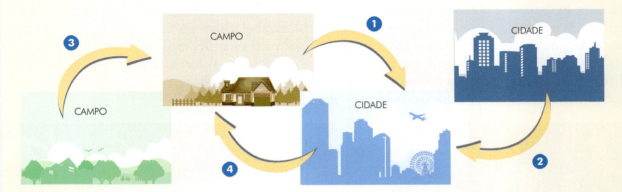

1. **campo-cidade**: a população rural deixa o campo e vai se estabelecer nas zonas urbanas, movimento conhecido como *êxodo rural*. Esse tipo de migração altera o perfil populacional de um país ou região, pois há uma transferência de grandes contingentes populacionais até então fixados no campo para o espaço urbano;

2. **cidade-cidade**: populações tipicamente urbanas passam a ocupar outros espaços urbanos. Na maioria das vezes, a opção pela transferência está ligada ao desenvolvimento de novos polos de atração de população ou à mudança e obsolescência das atividades econômicas. No noroeste dos Estados Unidos, as cidades de Seattle e Portland, novos centros industriais de alta tecnologia, são fortes polos de atração de populações advindas de regiões industriais mais antigas;

3. **campo-campo**: as populações rurais deixam suas terras e vão se fixar em outras regiões campestres devido, por exemplo, à expansão da fronteira agrícola em direção a terras ainda inexploradas. No Brasil, esse tipo de expansão provocou, nas décadas de 1970 e 1980, uma forte corrente migratória da Região Sul para as Regiões Norte e Centro-Oeste;

4. **cidade-campo**: na maioria das vezes, trata-se de um movimento pendular, ou seja, diário. Habitantes urbanos deslocam-se diariamente para o campo, onde trabalham. No Brasil, muitos trabalhadores rurais moram nas periferias das cidades e se deslocam para o campo a fim de realizar tarefas ligadas a atividades agrícolas. É o caso dos boias-frias brasileiros que vivem nas áreas mais periféricas das cidades e trabalham em fazendas na época das colheitas.

RUMO AO NORTE

Hoje, as migrações ainda são muito importantes ou são apenas restritas a pequenos movimentos migratórios?

O período pós Segunda Guerra Mundial assistiu a um intenso fluxo de migração pelo mundo. O desenvolvimento das economias capitalistas dos Estados Unidos e da Europa Ocidental foi, sem dúvida, o grande polo de atração das populações na segunda metade do século XX e início do século XXI. Entre 1960 e 1989, cerca de 25 milhões de pessoas – a maioria vinda de países pobres – tinham deixado seus países para se estabelecer nessas duas regiões que figuram entre as mais industrializadas do planeta.

Durante o período 2000 a 2010, estima-se que 39% do total das migrações para países mais desenvolvidos tenham se destinado aos Estados Unidos, o que corresponde a cerca de 1,33 milhão de pessoas. As principais portas de entrada naquele país são a fronteira mexicana para os latinos e a costa oeste para os asiáticos. A imigração ilegal é hoje um problema sério para os estadunidenses, que tentam barrá-la, sem, no entanto, conseguir grande sucesso. Esses imigrantes tendem a morar em cidades como Nova York, São Francisco e Boston, onde se encontram colônias já formadas, normalmente concentradas em determinados bairros. A cidade de Miami é, com certeza, a mais latina das cidades norte-americanas, devido à concentração da colônia hispânica, em especial a cubana, formada por pessoas que fugiram do regime socialista de Cuba. No entanto, os hispânicos já estabelecidos no território norte-americano formam uma poderosa comunidade, e embora inicialmente sofressem preconceito por parte da população local, esta situação já está sendo superada.

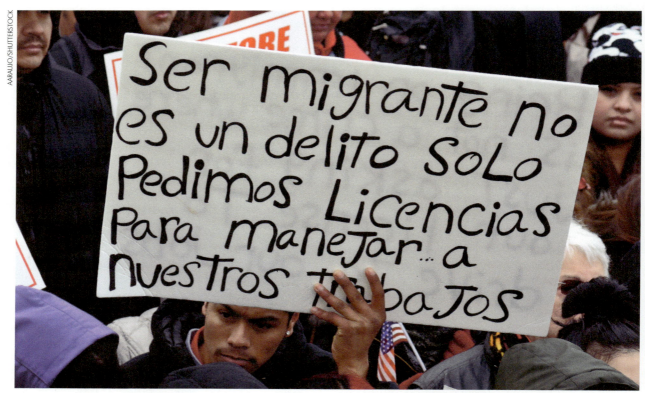

Imigrantes manifestam-se pacificamente em prol de legalização para todos, igualdade e pleno emprego, entre outros direitos. Madison, Estados Unidos (18 fev. 2016).

Nos anos de 2015 e 2016, a Europa recebeu enorme fluxo migratório, jamais visto desde a Segunda Guerra Mundial. Esse grande contingente de refugiados era composto por pessoas vindas principalmente da Síria, em guerra civil e sob ataque do Estado Islâmico, e de outros países em instabilidade no Oriente Médio.

A maioria desses imigrantes que pediram refúgio buscaram chegar à Europa cruzando o Mediterrâneo em embarcações superlotadas e frágeis.

Estado Islâmico: grupo radical que busca estabelecer um califado no Oriente Médio, regime político-religioso que siga a *sharia* (particular lei islâmica)

À semelhança dos "coiotes", que tentam fazer com que imigrantes ilegais cruzem a fronteira do México em direção aos Estados Unidos, no Norte da África os refugiados que buscam chegar à Europa também estão sob o controle de "traficantes" de pessoas.

Estima-se que, somente em 2015, 1.015.078 refugiados chegaram à Europa. Cerca de 3.770 estão desaparecidos ou morreram na travessia pelo mar.

CAPÍTULO 10 – A População Mundial • 253

Refugiados, saídos da Turquia, chegam à Grécia em um bote inflável.
Voluntários vão em seu socorro para levá-los em segurança à terra firme (29 set. 2015).

Em 2015, a situação dos que fugiram da guerra e do terror por terra também era dramática.
Na foto, refugiados sírios caminham em direção à Alemanha depois que a Eslovênia
bloqueou a fronteira e os trens vindos da Croácia.

A ONU, por meio do Alto Comissariado das Nações Unidas, reconhece como refugiados todos aqueles que temem perseguição por causa de sua fé, raça, religião ou nacionalidade, por pertencerem a certo grupo social ou por causa de suas opiniões políticas, e que se encontrem fora de seu território natal. Em fins de 2015, o total de refugiados, solicitantes de refúgio, deslocados internos, apátridas e outras pessoas sob responsabilidade do ACNUR (agência da ONU para refugiados) era de 65,3 milhões de pessoas. Desses, 4,9 milhões vieram da Síria, 2,7 milhões do Afeganistão e 1,1 milhão da Somália.

apátrida: pessoa que não tem pátria

A fuga de cérebros

Deparamos, em entrevistas na tevê, na internet, nas revistas ou mesmo em filmes e documentários, com outro tipo de fluxo migratório, fruto de um fenômeno típico do novo milênio: o *brain drain* ou fuga de cérebros. Nesse movimento migratório, pessoas altamente qualificadas em seu campo de atuação ou grandes especialistas e cientistas são atraídos por altos salários e mais benefícios indiretos para se fixar em outros países, principalmente nas áreas de biotecnologia, farmácia, medicina aplicada, telecomunicações e informática.

Estados Unidos, Europa Ocidental e Japão são polos simultâneos de emigração e imigração. Aí se concentram as mais importantes universidades e há pleno domínio da produção de alta tecnologia. Esses polos apresentam-se como verdadeiros celeiros de mão de obra altamente qualificada e especializada. Apesar da excelência de seus quadros, buscam os melhores profissionais dos demais países para integrar suas equipes de trabalho.

ATIVIDADES

PASSO A PASSO

1. Estabeleça a diferença entre os conceitos de população absoluta e população relativa.
2. Segundo Malthus, o crescimento populacional superaria a produção alimentar, gerando uma escassez de comida; no entanto, o passar dos anos mostrou, ao menos até agora, que a teoria de Malthus estava equivocada. Aponte, levando em consideração a época em que a teoria foi publicada, quais os pontos que não foram considerados por Malthus.
3. Aponte os fatores que podem alterar o crescimento populacional de determinado país.
4. Defina crescimento vegetativo.
5. Explique o significado de "perfil demográfico".
6. Reconhecendo a existência de diferentes teorias a respeito do crescimento demográfico e suas implicações socioeconômicas e ambientais:
    a) Quais são as razões que fazem com que os países pobres da zona intertropical apresentem maiores taxas de crescimento econômico?
    b) Quais medidas – que não a imposição de controle de natalidade – poderiam ser adotadas para evitar que um aumento da população pressione ainda mais os recursos naturais?

IMAGEM & INFORMAÇÃO

1. Faça uma análise do gráfico ao lado e aponte:
   a) O momento em que as taxas de natalidade e mortalidade se igualam.
   b) Uma possível explicação para a queda da taxa de mortalidade.
   c) Por que há, no período 5, um decréscimo do crescimento populacional.

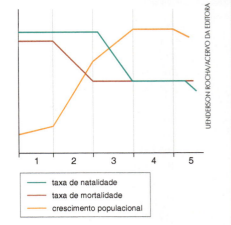

Disponível em: <http://vestgeo.blogspot.com/2009/11/2-transicao-demografica-populacao.html>. Acesso em: 2 ago. 2016.

— taxa de natalidade
— taxa de mortalidade
— crescimento populacional

2. O mapa abaixo representa, graficamente, as densidades populacionais no mundo e, logo abaixo dele, há uma tabela com as 10 maiores populações absolutas do mundo.

   Observe as diferentes informações e faça uma relação entre elas.

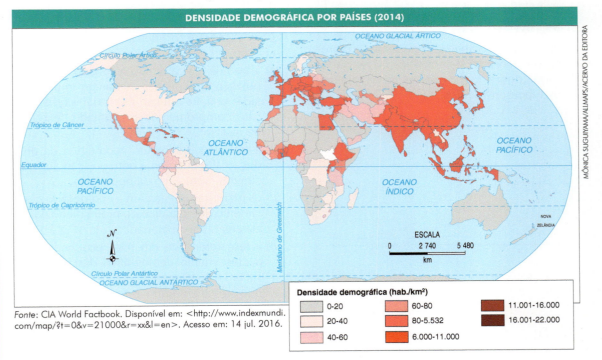

Fonte: CIA World Factbook. Disponível em: <http://www.indexmundi.com/map/?t=0&v=21000&r=xx&l=en>. Acesso em: 14 jul. 2016.

POSIÇÃO	PAÍS	POPULAÇÃO
1	China	1.367.485.388
2	Índia	1.251.695.584
3	Estados Unidos	321.368.364
4	Indonésia	255.993.674
5	Brasil	204.259.812
6	Paquistão	199.085.847
7	Nigéria	181.562.056
8	Bangladesh	168.957.745
9	Rússia	142.423.773
10	Japão	126.919.659

Fonte: CIA World Factbook. Disponível em: <http://www.indexmundi.com map/?t=0&v=21000&r=xx&l=en>. Acesso em: 29 jul. 2016.

TESTE SEUS CONHECIMENTOS

1. (SSA – UPE) Existem diversos tipos de migrações humanas observadas nos países e nas regiões. Diz-se que uma migração é pendular, quando o migrante
   a) por perseguições políticas sofridas, sai do país e se desloca para outro país que legalmente o receba.
   b) por imposição climática, é forçado a migrar; um bom exemplo é a migração de pessoas do Agreste para a Zona da Mata nordestina.
   c) numa região metropolitana, sai do seu município, durante o dia, e se desloca para a capital e retorna à noite, após o trabalho.
   d) se desloca do campo para a cidade em busca de um emprego melhor e retorna após vários anos.
   e) por motivos econômicos ou políticos, se desloca para outro continente, retornando após décadas.

2. (UERJ) No gráfico abaixo, representa-se o processo de transição demográfica, vivenciado, de forma diferente, nos países desenvolvidos e nos subdesenvolvidos.

Adaptado de www.prb.org

Identifique, a partir do gráfico, uma fase em que há reduzido índice de crescimento vegetativo e outra em que ocorre a elevação desse índice. Em seguida, apresente dois fatores que justificam, em países subdesenvolvidos, a queda da mortalidade na fase 2.

3. (FGV) O declínio da fertilidade no mundo é surpreendente. Em 1970, o índice de fertilidade total era de 4,45 e a família típica no mundo tinha quatro ou cinco filhos. Hoje é de 2,435 em todo o mundo, e menor em alguns lugares surpreendentes. O índice de Bangladesh é de 2,16, uma queda de 50% em 20 anos. A fertilidade no Irã caiu de 7, em 1984, para 1,9, em 2006. Grande parte da Europa e do Extremo Oriente tem índices de fertilidade abaixo dos níveis de reposição.

Carta Capital. 2 nov. 2011.

A queda da fertilidade em um país é responsável por novos arranjos demográficos, dentre eles
   a) o forte aumento das taxas de urbanização.
   b) a emergência de padrões de vida mais elevados.
   c) a mudança na composição etária da população.
   d) o aumento da expectativa de vida.
   e) a estabilização da densidade demográfica.

4. (ESPM – SP) Observe a afirmação:
Há somente um homem excedente na Terra: Malthus.

P. J. Proudhon

Com essa frase, o líder anarquista procurava criticar:
   a) a tese de que a diminuição gradual da população, a partir das mudanças implementadas pela Revolução Industrial e urbanização, comprometeria o chamado "exército de reserva".
   b) a tese do crescimento geométrico da produção alimentar em contraposição ao crescimento aritmético da população.
   c) os marxistas que faziam a apologia do crescimento demográfico do proletariado como estratégia revolucionária.
   d) a tese reformista em não reconhecer que o crescimento demográfico descontrolado supera e compromete a produção alimentar que cresce em ritmo aritmético.
   e) a tese demográfica proposta por Thomas Malthus em atribuir ao crescimento demográfico a responsabilidade pelas mazelas sociais.

5. (UFSM – RS) Leia o texto:

Fome de ar, água e comida.

Os donos do mundo e seus sábios reunidos em Copenhague ainda não se entenderam sobre como salvar o planeta. A COP15 já funcionou, porém como uma martelada na cabeça dos líderes, alertando-os para a superpopulação da Terra e a dramática escassez de recursos naturais.

A ideia contida no texto é de um cenário desafiador para a espécie humana: a superpopulação da Terra. Relacionando-a com as teorias demográficas, é correto afirmar:

I. Desde que Malthus apresentou sua teoria demográfica, são comuns os discursos que relacionam, de forma simplista, a ocorrência da fome no planeta com o crescimento populacional.

II. A teoria neomalthusiana, defendida por setores da população e por governos de países desenvolvidos, busca explicar a ocorrência do atraso nos países subdesenvolvidos, tomando como base uma argumentação demográfica.

III. Diferentemente da ideia do texto, a teoria reformista enfatiza que as elevadas taxas de natalidade não são causa, mas consequência do subdesenvolvimento.

Está(ão) correta(s)
a) apenas I.
b) apenas II.
c) apenas I e II.
d) apenas III.
e) I, II e III.

6. (FGV – RJ) De acordo com o jornal argelino *Liberté*, uma embarcação com espanhóis foi interceptada, em abril, ao tentar atracar irregularmente na Argélia. Segundo a reportagem, quatro jovens imigrantes tinham perdido seus empregos na Espanha e se dirigiram a Orã, cidade no litoral mediterrâneo da Argélia, em busca de novas fontes de trabalho. Com o pedido de visto negado, o grupo foi interceptado pela guarda costeira argelina, durante uma tentativa de entrada irregular no país africano.

Disponível em: <http://operamundi.uol.com.br/conteudo/noticias/23124/guarda+costeira+da+argelia+interceptou+barco+com+imigrantes+espanhois+diz+jornal.shtml>.

Sobre o assunto da reportagem, é CORRETO afirmar:

a) A crise europeia, que repercute intensamente na Espanha, vem gerando uma nova tendência nos movimentos migratórios: a fuga de mão de obra da zona do euro.
b) Dentre todas as ex-colônias africanas da Espanha, a Argélia é a que mais recebe imigrantes europeus.
c) A interceptação do bote espanhol é inusitada, posto que a entrada de imigrantes africanos em território espanhol vem aumentando significativamente nos últimos meses.
d) A reportagem trata de um incidente isolado, pois a Espanha registra uma das mais baixas taxas de desemprego da Europa.
e) Na maior parte dos casos, os jovens espanhóis que deixam o país não possui educação formal ou qualquer tipo de qualificação.

7. (PUC – RS) O planisfério retrata um fenômeno muito significativo e cada vez mais preocupante no mundo globalizado. O movimento representado pelo sentido das flechas se concretiza por razões diversas, mas com repercussões importantes em grandes extensões do espaço geográfico. É mais provável que a situação representada no mapa seja

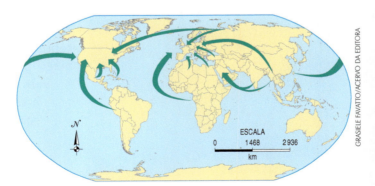

a) o movimento de terroristas responsáveis por atentados em áreas urbanas no hemisfério norte.
b) a transferência de tecnologia referente ao uso de células tronco.
c) os fluxos migratórios atuais.
d) o comércio ilegal de armamentos nucleares.
e) a produção e consumo de biogás.

CAPÍTULO
11

A Estrutura da População

ESTRUTURA ETÁRIA

O aumento da expectativa de vida no século XX trouxe um fato inédito para a história da Humanidade: o número de idosos no planeta nunca foi tão grande como atualmente. Porém, esse envelhecimento da população não se deu de maneira uniforme, havendo profunda diferença, neste aspecto, entre países ricos e pobres.

Já vimos anteriormente diferentes tipos de gráfico e um deles, em especial, nos ajuda a representar de forma bem clara determinados aspectos da população: as **pirâmides etárias**. Com elas podemos representar a estrutura da população conforme o gênero e a idade.

Ao analisarmos as pirâmides etárias de vários países, observamos que elas são bastante diferentes entre si: tradicionalmente, a dos países ricos, por exemplo, apresenta bases mais estreitas e topos mais largos que a dos países pobres, que se caracterizam por terem bases largas e topos estreitos. Quais as causas que determinam as diferenças entre essas pirâmides?

O fator determinante é a discrepância na qualidade de vida. Nos países pobres, a precariedade dos serviços de saúde e educação, aliada à falta de saneamento básico e à alimentação deficiente, é responsável pela menor longevidade da população, comparativamente aos países ricos.

Dos mais de 780 milhões de idosos em 2015, a maioria está na Europa. Em 2050, cerca de 43% da população europeia será de idosos, contra os 26% de hoje, segundo dados da ONU.

No mundo contemporâneo, as diversas economias apresentam programas de seguridade social, isto é, diferentes benefícios aos trabalhadores, entre eles o da aposentadoria. Esses fundos de pensão ou os institutos de previdência que desembolsam os recursos das aposentadorias são sustentados pelos trabalhadores economicamente ativos. Se há envelhecimento da população, há diminuição do número daqueles que contribuem, gerando grandes pressões sobre essas instituições. Em outras palavras, cresce o número dos que recebem o benefício (não se esqueça de que eles também já contribuíram), mas não aumenta, na mesma proporção, o número de contribuintes. Esse raciocínio pode ser transposto para outros segmentos da economia e da assistência social, como, por exemplo, o aumento da demanda por serviços de assistência hospitalar.

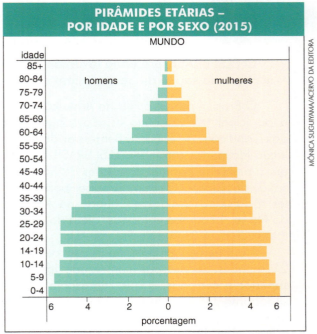

Fonte: UNITED NATIONS DEPARTMENT OF ECONOMIC AND SOCIAL AFFAIRS, Population Division (2015). *World Population Prospects*: The 2015 Revision, Key Findings and Advance Tables. New York, 2015. p. 8. Disponível em: <https://esa.un.org/unpd/wpp/publications/files/key_findings_wpp_2015.pdf>. Acesso em: 28 jul. 2016.

PAÍSES COM POPULAÇÃO MAIS JOVEM E MAIS IDOSA (2015)			
Mais jovens		Mais idosos	
Países	% < de 15 anos	Países	% > de 65 anos
Níger	52	Japão	26
Angola	47	Mônaco	24
Uganda	48	Alemanha	21
Mali	47	Itália	22
Afeganistão	45	Bulgária	20
Burundi	46	Grécia	21
Chade	48	Portugal	19
Malaui	44	Suécia	20
Rep. Dem. Congo	46	Áustria	18
Zâmbia	46	Finlândia	20

Fonte: POPULATION REFERENCE BUREAU. *2015 World Population Data Sheet*. Washington, 2015. Disponível em: <http://www.prb.org/DataFinder/Topic/Rankings.aspx?ind=10&loc=268,294,290,266,377,274,297,281,299,291>. Acesso em: 28 jul. 2016.

Ponto de vista

Brasil integrará pesquisa internacional sobre idoso

O ELSI BRASIL pretende levantar dados sobre as condições de vida e o acesso aos serviços de saúde de pessoas com mais de 60 anos e ajudar a definir políticas públicas

O Brasil é primeiro País da América do Sul a participar do consórcio Estudo Longitudinal das Condições de Saúde e Bem-Estar da População Idosa – denominado ELSI BRASIL. A pesquisa pretende levantar condições de vida e de saúde dos idosos. Os demais países participantes são Estados Unidos e Canadá na América do Norte, 11 países europeus, além do Japão, Índia, China e Coreia do Sul, na Ásia.

Atualmente, existem no Brasil cerca de 21 milhões de pessoas com idade igual ou superior a 60 anos, o que representa, aproximadamente, 11% do total da população, de acordo com o Instituto Brasileiro de Geografia e Estatística (IBGE). Estimativas da Organização Mundial da Saúde (OMS) apontam que de 1950 a 2025 a quantidade de idosos no País aumentará 15 vezes. Com isso, o Brasil ocupará o sexto lugar no total de idosos, alcançando, em 2025, aproximadamente 32 milhões de pessoas com 60 anos ou mais de idade.

O objetivo principal do estudo é investigar a evolução e a realidade das condições de saúde, capacidade funcional e do uso dos serviços de saúde entre os idosos. A coordenadora do ELSI BRASIL, a médica e pesquisadora Maria Fernanda Lima e Costa, afirma que esta é uma pesquisa importante ao se levar em conta dados das Nações Unidas sobre envelhecimento populacional: em 2020, (...) a população com mais de 65 anos será superior a de crianças com menos de cinco anos. Ela revela outro número impactante sobre o cenário atual. No Brasil, 36,5% das pessoas com mais de 50 anos apresentam algum tipo de incapacidade funcional ou dificuldades para realizar uma tarefa, seja atravessar a rua, subir escadas ou ouvir. Na Inglaterra, este número é de 23%.

Os tópicos mais importantes dizem respeito à aposentadoria e suas consequências para a saúde, situação socioeconômica, estrutura domiciliar e familiar, situações comuns aos vários países participantes, o que possibilita comparações internacionais. No Brasil, o primeiro ciclo do estudo terá uma duração de seis anos, com entrevistas de 15 mil pessoas. O investimento do Ministério da Saúde para esse estudo é de R$ 6,5 milhões.

O Ministério da Saúde também desenvolve o projeto piloto Observatório Nacional do Idoso. O objetivo é o de garantir subsídios para a construção de uma linha de cuidado para a pessoa idosa articulada com as redes de atenção já existentes. A iniciativa é uma parceria entre o Ministério da Saúde, o Hospital Alemão Oswaldo Cruz (São Paulo) e a Secretaria Municipal da Saúde de Curitiba (PR).

A coordenadora da Saúde do Idoso do Ministério da Saúde, Cristina Hoffmann, explica que o processo de envelhecimento ativo e saudável começa na juventude, antes da pessoa chegar aos 60 anos. "É o processo de melhoria das oportunidades de saúde, participação e segurança para aumentar a qualidade de vida à medida que as pessoas envelhecem". Segundo ela, o conceito emerge como modelo para as políticas públicas por ampliar o foco de atenção para dimensões positivas da saúde, para além do controle de doenças. Cristina afirma que programas do Ministério, como Academias da Saúde e Saúde da Família, são essenciais à meta Envelhecimento Ativo assumido pelo governo brasileiro junto a Organização Mundial da Saúde.

VITÓRIA, M. Disponível em: <http://brasil.gov.br/saude/2012/10/brasil-fara-parte-de-pesquisa-internacional-sobre-idoso>. Acesso em: 28 jul. 2016.

> Em 2015, segundo a OMS (Organização Mundial de Saúde), viviam no Brasil cerca de 23 milhões de pessoas acima de 60 anos. Em 2050, esse número deverá atingir 64 milhões. Segundo o IBGE, a expectativa de vida no país era de 75,44 anos em 2015, número que deverá crescer significativamente até a metade deste século. Na sua opinião, quais podem ser os efeitos da ampliação do número de idosos na população brasileira sobre a economia e a sociedade? Como você pretende programar sua vida de modo a ter uma velhice digna e com conforto?

A parcela jovem da população

Nunca o número de jovens na população foi tão grande como agora. O fato de um país ter uma população predominantemente jovem também acarreta uma série de obrigações aos governos. Os investimentos na área de saúde e educação precisam ser bastante altos, o que, na maioria das vezes, não acontece. Os governos não conseguem atender toda a população ou o fazem de forma precária. Assim, milhares de jovens são excluídos social e economicamente, não recebendo educação e treinamento profissional adequados para concorrer no mercado de trabalho.

Normalmente, as economias nos países pobres não conseguem crescer em um ritmo que permita absorver grandes contingentes de mão de obra, mesmo desqualificada, gerando desemprego, subemprego, miséria e graves problemas sociais. Nesses países, famílias numerosas têm seu orçamento familiar comprometido. Nessas unidades familiares, a educação formal (ir à escola, alfabetizar as crianças) muitas vezes é preterida em função do atendimento às necessidades mais básicas, como alimentação, por exemplo. Em alguns locais é alta a prática do trabalho infantil, em que as crianças, em vez de se dedicarem ao estudo e ao lazer, precisam trabalhar para ajudar financeiramente a família.

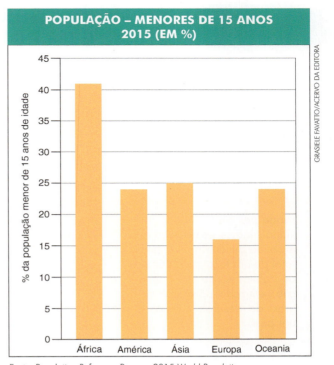

Fonte: Population Reference Bureau. 2015 *World Population Data Sheet*. Washington, 2015.
Disponível em: <http://www.prb.org/DataFinder/Topic/Bars.aspx?ind=10&fmt=10&tf=77&loc=246%2c309%2c355%2c412%2c463%2c241&sortBy=value&p=1>.
Acesso em: 28 jul. 2016.

Criança vendendo alho no trânsito da cidade de São Paulo, SP.

ESTRUTURA ECONÔMICA DA POPULAÇÃO

População Economicamente Ativa

Parte dos trabalhadores mantém vínculos empregatícios com empresas ou outras instituições, tendo direito a uma série de benefícios previstos pela legislação trabalhista. Nessa situação, tanto os empregados como as empresas recolhem impostos e taxas. Esses trabalhadores estão incluídos no setor **formal** da economia, aquele que é contabilizado e fornece os dados para as grandes contas nacionais as quais permitem a determinação do Produto Interno Bruto (PIB) – e da renda *per capita*, entre outros indicadores econômicos.

Assim, quando falamos em População Economicamente Ativa (PEA), estamos nos referindo somente àqueles que trabalham na economia formal, além dos desempregados há menos de um ano, pois teoricamente estes retornarão ao mercado de trabalho, ocupando novos postos.

Porém, há uma parcela da população que exerce diferentes atividades, tais como os vendedores ambulantes, os camelôs, os vendedores de doces e chicletes nos semáforos das cidades, que, embora recebam por seu trabalho, não têm vínculos empregatícios nem pagam taxas e impostos, não sendo contabilizada sua renda auferida. Esses trabalhadores sem carteira assinada transitam na chamada economia **informal**, que não é taxada.

A População Economicamete Inativa (PEI) é aquela constituída pelos que estão na economia informal, os desempregados há mais de um ano, os aposentados, as donas de casa e os muito jovens. Nos países pobres, há um enorme contingente de pessoas que trabalham sem vínculos empregatícios. Em épocas de crise econômica, quando aumentam as taxas de desemprego, o setor informal abriga milhões de pessoas egressas da economia formal por não conseguirem recolocação no mercado de trabalho.

> **renda *per capita***: renda individual; índice econômico que é obtido dividindo-se a renda total de um local pelo número de habitantes de sua população; utilizado para avaliar o grau de desenvolvimento de um país

> **egresso**: que saiu

Camelô vendendo espiga de milho assado entre caminhões na BR 116, em Poções, Bahia.

A era dos serviços

A População Economicamente Ativa distribui-se pelos setores da economia, que são:

- **setor primário** – abrange atividades ligadas a agricultura, pecuária e extrativismo (mineral, vegetal e animal), ou seja, atividades que tratam da exploração de recursos naturais e produção de matéria-prima para outro setor da economia, o secundário;
- **setor secundário** – contempla atividades industriais, de bens de produção e de consumo, de construção civil e de geração de energia e mineração;
- **setor terciário** – abrange atividades de prestação de serviços e de comércio.

Nos dias de hoje, mudanças na economia levaram a alterações na distribuição da população por setores, com crescimento significativo do setor terciário. Nos países ricos, os estudos apontam para uma enorme redução das populações rurais, concentrando-se nas áreas urbanas nos setores secundário e terciário da economia.

O comércio mundial apresenta crescimento com taxas superiores às do PIB em escala global. Os serviços estão cada vez mais sofisticados, especializados e eficientes, e as atividades ligadas a turismo, telecomunicações, informática e conglomerados financeiros, entre outros, empregam um número de pessoas cada vez maior.

A distribuição da População Economicamente Ativa de um país pelos três setores revela a sua estrutura econômica, o grau de desenvolvimento de sua economia e o grau de urbanização em que se encontra. Um setor terciário desenvolvido é sinônimo de grande quantidade de serviços oferecidos à população.

EVOLUÇÃO DO PIB POR HABITANTE NO MUNDO (EM DÓLARES)						
	1950	1962	1973	1990	2001	2015
Europa Ocidental	4.594	7.512	11.534	15.988	19.196	24.226
América do Norte, Austrália e Nova Zelândia	9.288	11.537	16.172	22.356	27.892	36.400
Japão	1.926	4.778	11.439	18.789	20.722	23.472
Ocidente	5.663	8.466	13.141	18.798	22.832	29.156
Europa do Leste	2.120	3.250	4.985	5.437	5.875	8.886
Ex-URSS	2.834	4.130	6.058	6.871	4.634	6.450
América Latina	2.554	3.268	4.531	5.055	5.815	7.163
Ásia (exceto Japão)	635	837	1.231	2.117	3.219	5.487
África	852	1.038	1.365	1.385	1.410	1.620
Demais países	1.091	1.478	2.073	2.707	3.339	5.101

Fonte: *Problèmes Économiques*, août 2002.

Nos países pobres e nas economias emergentes há um crescimento exagerado no setor terciário, porém esse setor apresenta-se "inchado" e não desenvolvido, como aparentemente pode parecer. Isso porque as estruturas arcaicas desses países ainda guardam a antiga distribuição, com grande parte da população ainda ligada principalmente ao setor primário e, em menor número, ao secundário.

Índice de Desenvolvimento Humano (IDH)

Até alguns anos atrás, os indicadores econômicos de um país, tais como PIB e renda *per capita*, eram os instrumentos usados para medir o grau de desenvolvimento de uma nação. Porém, nem sempre esses indicadores refletem a realidade socioeconômica do país. Os países do Golfo Pérsico, por exemplo, grandes produtores de petróleo, têm renda *per capita* altíssima. A análise fria desses números pode levar a interpretações errôneas, como a de que esses países são altamente desenvolvidos. Na realidade, a riqueza trazida pelas exportações de petróleo fica concentrada nas mãos de uma pequena minoria, enquanto a maior parcela da população é extremamente pobre.

Então, como podemos medir de forma mais precisa o grau de desenvolvimento de um país? Para evitar distorções, atualmente também são considerados nos indicadores fatores sociais e culturais, que ampliam a noção de riqueza.

O Programa das Nações Unidas para o Desenvolvimento, PNUD, calcula o Índice de Desenvolvimento Humano (IDH), que reúne aspectos econômicos, sociais e culturais para medir o grau de desenvolvimento da população de um país. Assim, o IDH considera três aspectos: *saúde* (vida longa e saudável, medida pela expectativa de vida ao nascer); *educação* (medida pela média de escolaridade dos adultos e pela expectativa do número de anos de estudo para as crianças entrando em idade escolar) e *renda* (ou seja, padrão de vida, medido pela Renda Nacional Bruta *per capita* em dólares PPC – Paridade de Poder de Compra, método utilizado devido às diferenças de custo de vida entre os países). O IDH é uma média ponderada desses três componentes, variando em uma escala de 0 (desenvolvimento humano nulo) a 1 (desenvolvimento humano máximo).

As crianças da aldeia Millenium, das Nações Unidas. É uma vila dos retornados – vindos de volta para Ruanda depois do genocídio de 1994.

Explorando o tema

Para se medir a riqueza e a pobreza de um país utiliza-se o critério de padrão de renda ou de consumo.

Para que se tornasse possível a comparação de moedas em âmbito mundial, uma nova teoria aponta para a chamada **Paridade do Poder de Compra**. Por esse conceito, dois países podem ser comparados em termos de suas moedas, quando elas compram a mesma quantidade de bens e de serviços. Nesse indicador, toma-se como base a economia norte-americana, atribuindo-se a ela o índice 1 ou 100%.

Países cujo PPC é 1,2 ou 120%, por exemplo, têm um custo de vida 20% maior do que o dos Estados Unidos.

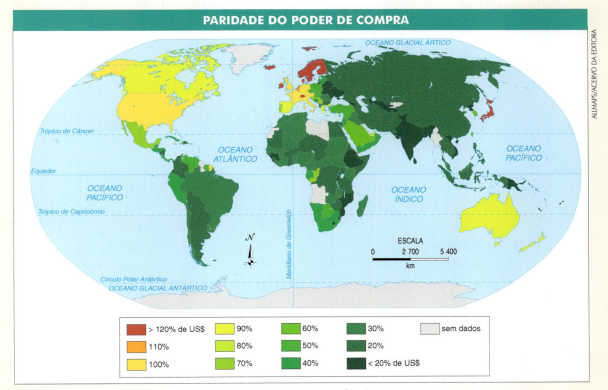

Fonte: HESTON, A.; SUMMERS, R.; ATEN, B. Center for International Comparisons of Production, Income and Prices at the University of Pennsylvania, August 2009.

A partir desses dados, criaram-se dois níveis para caracterizar a pobreza: os pobres, que ganham abaixo de 2 dólares PPC por dia, e os muito pobres, que ganham menos de 1 dólar PPC por dia. Dados do Banco Mundial mostram que 1 bilhão de pessoas em todo o mundo recebe menos de 1 dólar PPC por dia e 2,5 bilhões recebem até 2 dólares PPC por dia.

Embora venha se registrando diminuição da pobreza no mundo, as desigualdades entre ricos e pobres têm crescido nas últimas décadas. Segundo o PNUD, 1% da população mais rica do mundo tem renda igual à dos 57% mais pobres.

O Japão, por exemplo, antes um dos países industrializados mais igualitários do mundo, depois das reformas econômicas aumentou sua desigualdade social. Em 2013, ricos ganhavam 7 vezes mais, revelando que a diferença de renda cresceu 30%, alertando para uma fragmentação social.

➢ Outro índice que serve para medir a paridade do poder de compra é chamado "Índice Big Mac". Faça uma breve pesquisa para entender como é calculado esse índice e como ele mostra os diferentes custos de vida em países com moedas distintas.

Ranking do IDH mundial

O Relatório do Desenvolvimento Humano classifica os países conforme a pontuação obtida.

Por esse relatório, em 2015 o Brasil ocupou a 75ª posição entre 187 países, com IDH de 0,755. Em relação aos países emergentes líderes, conhecidos como BRICS (Brasil, Rússia, Índia, China e África do Sul), o Brasil só perde no IDH para a Rússia (0,798).

No topo da lista, como o país que tem o desenvolvimento mais alto, está a Noruega (0,944), seguida da Austrália (0,935) e da Suíça (0,930).

POSIÇÃO	PAÍS	IDH 2015
DESENVOLVIMENTO HUMANO MUITO ELEVADO		
1	Noruega	0,944
2	Austrália	0,935
3	Suíça	0,930
4	Dinamarca	0,923
5	Países Baixos	0,922
6	Alemanha	0,916
6	Irlanda	0,916
8	Estados Unidos	0,915
9	Canadá	0,913
9	Nova Zelândia	0,913
11	Cingapura	0,912
12	Hong Kong	0,910
13	Leichtenstein	0,908
⋮	⋮	⋮
46	Letônia	0,819
47	Croácia	0,818

POSIÇÃO	PAÍS	IDH 2015
DESENVOLVIMENTO HUMANO ELEVADO		
48	Kwait	0,816
49	Montenegro	0,802
50	Bielorrússia	0,798
50	Rússia	0,798
52	Omã	0,793
52	Romênia	0,793
52	Uruguai	0,793
⋮	⋮	⋮
73	Sri Lanka	0,757
74	México	0,756
75	**Brasil**	**0,755**
76	Geórgia	0,754
87	São Cristóvão e Nevis	0,752
⋮	⋮	⋮
93	Tailândia	0,726
94	Dominica	0,724

POSIÇÃO	PAÍS	IDH 2015
DESENVOLVIMENTO HUMANO MÉDIO		
106	Botsuana	0,698
107	República da Moldova	0,693
108	Egito	0,690
109	Turcomenistão	0,688
110	Gabão	0,684
110	Indonésia	0,684
112	Paraguai	0,679
113	Estado da Palestina	0,677
114	Usbequistão	0,675
115	Filipinas	0,668
116	El Salvador	0,666
116	África do Sul	0,666
116	Vietnã	0,666
⋮	⋮	⋮
140	Gana	0,579
141	Laos	0,575

POSIÇÃO	PAÍS	IDH 2015
DESENVOLVIMENTO HUMANO BAIXO		
145	Quênia	0,548
145	Nepal	0,548
147	Paquistão	0,538
148	Mianmar	0,536
149	Angola	0,532
150	Suazilândia	0,531
151	Tanzânia	0,521
152	Nigéria	0,514
153	Camarões	0,512
154	Madagáscar	0,510
155	Zimbabue	0,509
156	Maritânia	0,506
156	Ilhas Salomão	0,506
⋮	⋮	⋮
186	Burundi	0,400
187	Chade	0,392

Fonte: UNITED NATIONS DEVELOPMENT PROGRAMME. *Human Development Report: 2015*, Work for human development. New York, 2015. p. 222. Disponível em: <http://hdr.undp.org/sites/default/files/2015_human_development_report.pdf>. Acesso em: 28 jul. 2016.

Disseram a respeito...

O Relatório do Desenvolvimento Humano (...) de 2013 debruça-se sobre a evolução da geopolítica dos nossos tempos, analisando as questões e tendências emergentes, bem como os novos atores que moldam o panorama do desenvolvimento.

O Relatório defende que a notável transformação de um elevado número de países em desenvolvimento em grandes economias dinâmicas com crescente influência política produz um impacto significativo no progresso do desenvolvimento humano. (...)

Embora a maioria dos países em desenvolvimento tenha tido um bom desempenho, um grande número realizou progressos particularmente significativos – o que se pode apelidar de "ascensão do Sul". Registraram-se rápidos avanços em alguns dos países de maior dimensão, nomeadamente Brasil, China, Índia, Indonésia, África do Sul e Turquia. Contudo, verificaram-se também progressos substanciais em economias [menores], como Bangladesh, Chile, Gana, Maurício, Ruanda e Tunísia.

A ascensão do Sul tem decorrido a uma velocidade e escala sem precedentes. Por exemplo, a China e a Índia iniciaram a sua atual fase de crescimento econômico com cerca de mil milhões de habitantes cada, tendo duplicado o seu produto *per capita* em menos de 20 anos – uma força econômica que repercutiu sobre uma população muito mais numerosa do que na Revolução Industrial. Até 2050, prevê-se que, em termos de paridade de poder de compra, o Brasil, a China e a Índia, em conjunto, sejam responsáveis por 40% do produto mundial.

Nestes tempos de incerteza, os países do Sul têm vindo, em conjunto, estimular o crescimento econômico mundial, contribuindo para o crescimento de outras economias em desenvolvimento, reduzindo a pobreza e aumentando a riqueza em grande escala. Estes países enfrentam ainda fortes desafios, e neles residem muitos dos pobres do mundo. Têm, contudo, demonstrado que políticas pragmáticas e um forte empenho no desenvolvimento humano podem abrir caminho às oportunidades latentes nas suas economias, facilitadas pela globalização. (...)

Fonte: PNUD. *Relatório do Desenvolvimento Humano 2013. A Ascensão do Sul: Progresso Humano num Mundo Diversificado.* New York, 2013. p. iv, 1.

➤ As desigualdades de renda são um antigo problema brasileiro. Quais são as razões históricas que ajudam a explicar essa realidade? Que tipo de políticas públicas podem ser tomadas para enfrentá-la?

Um catador de reciclagem nas ruas de São Paulo, Brasil.

ATIVIDADES

PASSO A PASSO

1. Aponte e explique as principais diferenças encontradas, na maioria dos casos, entre pirâmides etárias de regiões desenvolvidas e de regiões em desenvolvimento.

2. Cite e detalhe os principais setores nos quais se dividem a População Economicamente Ativa (PEA) de um país.

3. Leia a reportagem abaixo e responda àsquestões.

Medidas de incentivo à natalidade são "muito positivas"

No programa entregue na terça-feira no Parlamento, o Governo propõe avançar com decisões que reforcem o apoio à natalidade, em particular com medidas de natureza fiscal, que "estimulem casais a ter mais do que dois filhos, majorando as deduções fiscais e outros incentivos aplicáveis".

Disponível em: <http://www.dn.pt/inicio/ecomia/interior.aspx?content_id=1891835>. Acesso em: 3 ago. 2016.

a) Explique por que as medidas de incentivo à natalidade podem ser consideradas "muito positivas".
b) Faça uma descrição da provável pirâmide etária desse país.

4. "Devo reconhecer que não via no início muito mérito no IDH em si, embora tivesse tido o privilégio de ajudar a idealizá-lo. A princípio, demonstrei bastante ceticismo ao criador do Relatório de Desenvolvimento Humano, Mahbub ul Haq, sobre a tentativa de focalizar, em um índice bruto deste tipo – apenas um número –, a realidade complexa do desenvolvimento e da privação humanos. (...) Mas, após a primeira hesitação, Mahbub convenceu-se de que a hegemonia do PIB (índice demasiadamente utilizado e valorizado que ele queria suplantar) não seria quebrada por nenhum conjunto de tabelas. As pessoas olhariam para elas com respeito, disse ele, mas quando chegasse a hora de utilizar uma medida sucinta de desenvolvimento, recorreriam ao pouco atraente PIB, pois apesar de bruto era conveniente. (...) Devo admitir que Mahbub entendeu isso muito bem. E estou muito contente por não termos conseguido desviá-lo de sua busca por uma medida crua. Mediante a utilização habilidosa do poder de atração do IDH, Mahbub conseguiu que os leitores se interessassem pela grande categoria de tabelas sistemáticas e pelas análises críticas detalhadas que fazem parte do Relatório de Desenvolvimento Humano."

Amartya Sen, Prêmio Nobel da Economia em 1998, no prefácio do RDH de 1999. Disponível em: <hdr.undp.org/en/media/hdr_1999_front.pdf>. p. 23.

a) Explique o que significa IDH, apontando quais os indicadores utilizados para compor esse índice.
b) Faça uma reflexão e responda: o IDH é a melhor maneira de se avaliar a qualidade de vida de uma população? Justifique sua resposta.

5. Tradicionalmente, utiliza-se a renda *per capita* para comparar economias de diferentes países, porém há um novo indicador, o PPC, criado para essa finalidade. Compare os dois indicadores e justifique o motivo pelo qual foi necessária a criação de um novo índice.

IMAGEM & INFORMAÇÃO

1. Analise o gráfico ao lado.
   a) Que nome é dado a esse tipo de gráfico?
   b) Identifique a faixa etária (0 a 15 anos; de 15 a 60 anos; acima de 60 anos) em que há maior concentração populacional no país.
   c) É possível prever como será a estrutura etária da população dentro de 30 anos? Justifique sua resposta.

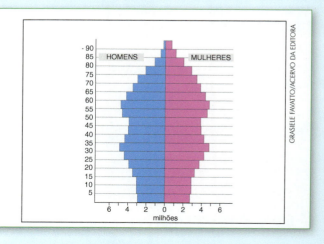

2. O gráfico ao lado apresenta três períodos da população brasileira.
   a) Aponte as principais transformações ocorridas entre os períodos apresentados.
   b) É possível haver alguma relação entre desenvolvimento econômico e mudanças na estrutura da população? Justifique.

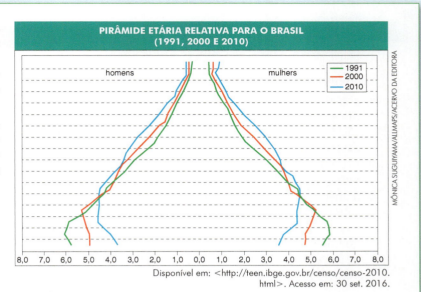

Disponível em: <http://teen.ibge.gov.br/censo/censo-2010.html>. Acesso em: 30 set. 2016.

TESTE SEUS CONHECIMENTOS

1. (UEG – GO) Observe as pirâmides etárias dos dois países a seguir.

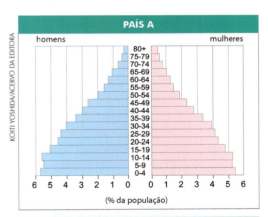

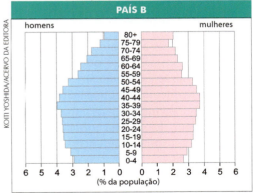

Fonte: Atlas escolar IBGE. 2. ed. Rio de Janeiro: IBGE, 2004. p. 81.

Explique que tipo de países essas pirâmides podem retratar, justificando sua resposta com a análise das referidas pirâmides.

2. (UFT – TO – adaptada) Observe os gráficos:

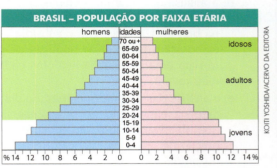

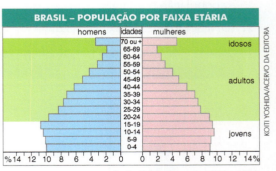

Fonte: IBGE. Censo de 1980 e 2000.

Os gráficos dizem respeito às pirâmides etárias brasileiras organizadas de acordo com os dados divulgados em censos realizados pelo IBGE. Na comparação, observa-se que a base da pirâmide etária da população brasileira está se tornando cada vez mais estreita e o ápice mais largo. Verifica-se também que o corpo está cada vez maior, o que reflete a diminuição das taxas de crescimento vegetativo, o que provocou uma mudança no perfil da pirâmide etária brasileira nessa comparação.

A respeito da análise das pirâmides etárias apresentadas acima, é correto afirmar que

a) a analise das pirâmides etárias permite verificar a composição etária de uma população e seu reflexo na estrutura da População Economicamente Ativa (PEA), a qual é formada por pessoas que exercem atividades remuneradas.
b) a análise das pirâmides etárias serve como subsídio para a elaboração de políticas previdenciárias e influencia diretamente em questões que dizem respeito à concessão de benefícios, na medida em que diminui o número de pessoas aposentadas.
c) a análise das pirâmides etárias subsidia o Estado na elaboração de políticas públicas nas áreas de educação, saúde, saneamento e cultura, de modo que possam ser elaboradas ações que atendam às expectativas de uma população cada vez mais jovem.
d) a análise das pirâmides etárias permite verificar a composição da população feminina brasileira e serve como subsídio para a elaboração de políticas públicas de gênero para uma população feminina cada vez mais jovem.
e) a análise das pirâmides etárias auxilia o Estado na elaboração de programas sociais que objetivam a inclusão social e a distribuição de renda na intenção de corrigir as distorções do crescimento desigual entre a população brasileira.

3. (UNESP) Analise a figura a seguir.

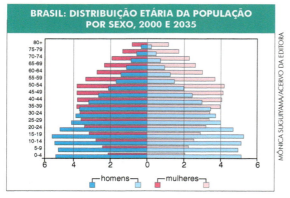

Sobre as causas e os possíveis efeitos da previsão de mudança da estrutura etária brasileira entre 2000 e 2035, pode-se afirmar que

a) a expansão do topo da pirâmide está associada à tendência de crescimento da expectativa de vida no Brasil e um de seus efeitos deverá ser a diminuição de demanda por serviços de saúde dirigidos à população idosa do país.
b) a redução do topo da pirâmide etária está associada à tendência de crescimento da expectativa de vida no Brasil e um de seus efeitos deverá ser o aumento dos serviços turísticos destinados especialmente à população idosa do país.
c) a redução da base da pirâmide está associada à queda da taxa de natalidade e um dos seus efeitos deverá ser a diminuição do número de jovens em idade escolar no país.
d) a redução da base da pirâmide está associada ao aumento da taxa de fecundidade e um dos seus efeitos deverá ser o aumento total do número de jovens em idade escolar no país.
e) o aumento proporcional da população adulta no país está associado ao aumento da taxa de natalidade e um dos seus efeitos deverá ser a constituição de uma situação de pleno emprego junto à população adulta do país.

4. (UEG – GO) Quando se analisa a População Economicamente Ativa (PEA) de países desenvolvidos, verifica-se um elevado porcentual de ativos com baixos índices de desemprego. Por outro lado, a situação dos países subdesenvolvidos apresenta uma realidade oposta, com uma considerável parcela da população dedicada ao subemprego e, portanto, ligada à economia informal. A esse respeito, é correto afirmar que:

a) o crescimento da economia informal nos países desenvolvidos está diretamente ligado ao processo de globalização que gerou o desemprego estrutural.
b) o Estatuto da Criança e do Adolescente proíbe, no Brasil, o trabalho de menores de 18 anos, mesmo na condição de aprendizes.
c) os vendedores ambulantes, guardadores de carros, diaristas, entre outros, fazem parte da População Economicamente Ativa, pois não têm vínculos empregatícios.
d) na economia informal, os trabalhadores não participam do sistema tributário, não têm carteira assinada e nem acesso aos direitos trabalhistas.

5. (UEG – GO) A divisão do trabalho entre indivíduos e grupos é universal e baseia-se em critérios como sexo, idade e educação, dentre outros. A PEA (População Economicamente Ativa) apresenta uma distorção entre os países desenvolvidos e subdesenvolvidos, em função da predominância dos diferentes setores da economia e da divisão social do trabalho. Com base nessa proposição, é correto afirmar:

a) as pessoas ocupadas (PEA) são aquelas ligadas ao trabalho formal com registro de carteira de trabalho, além dos profissionais liberais, com recolhimento de impostos e prestação de serviços em geral.
b) a partir da década de 1970, a maioria dos trabalhadores da área industrial brasileira atua nas indústrias de ponta, mais avançadas tecnologicamente, com elevados índices de robotização e informação.
c) atualmente, exige-se tanto do homem quanto da mulher habilidade manual e força muscular, incluindo-se também o trabalho da criança quando as atividades da empresa necessitam de menor esforço em suas operações.
d) o desenvolvimento tecnológico, com a utilização de máquinas cada vez mais complexas, leva à exigência de qualificação e especialização da mão de obra; a divisão do trabalho, na sociedade industrial, repousa cada vez mais em habilidades especiais.

6. (FGV – SP) As discussões sobre a migração começam tipicamente com uma descrição dos fluxos entre países em desenvolvimento e países desenvolvidos, ou aquilo que por vezes é livremente – e inadequadamente – designado por fluxos de "Sul-Norte".

Fonte: PNUD. Relatório de Desenvolvimento Humano 2009. Ultrapassar Fronteiras: Mobilidade e Desenvolvimento Humano.

Sobre as migrações no mundo contemporâneo, assinale a alternativa correta.

I. Como resultado da globalização, as migrações internacionais se tornaram mais numerosas do que as migrações internas.
II. A maior parte das migrações internacionais ocorre entre países que possuem níveis semelhantes de desenvolvimento econômico, considerando-se os critérios da Organização das Nações Unidas (ONU).
III. As taxas de emigração entre países de IDH muito elevado são, em média, superiores àquelas vigentes entre países de IDH baixo.

Estão corretas
a) apenas as afirmativas I e II.
b) apenas as afirmativas I e III.
c) apenas as afirmativas II e III.
d) apenas a afirmativa II.
e) todas as afirmativas.

7. (PUC – RS) Responda à questão, considerando a tabela que apresenta dados referentes ao Índice de Desenvolvimento Humano do Programa das Nações Unidas para o Desenvolvimento (PNUD).

PAÍS	IDH
França	0,932
Tailândia	0,768
Bangladesh	0,509
Ruanda	0,431
Noruega	0,956

A partir das informações da tabela, é correto afirmar que:

a) A expectativa de vida em Bangladesh deve ser inferior à da França, embora a renda *per capita* e os índices de escolarização possam ser os mesmos nos dois países.
b) Tanto a Tailândia como Ruanda são países considerados de IDH insatisfatório ou baixo, portanto com expectativa de vida para homens e mulheres inferior aos 50 anos.
c) A França e a Noruega são consideradas como países de IDH elevado, portanto autossuficientes quanto à produção de energia.
d) A Tailândia, por apresentar um IDH considerado médio, deve possuir taxas de analfabetismo próximas a zero.
e) O contraste entre os países da tabela evidencia a relação que existe entre IDH e a situação econômica e tecnológica dos países.

8. (UFPB) A distribuição da população mundial é extremamente heterogênea, apresentando áreas densamente povoadas e outras com grandes vazios demográficos. O mesmo ocorre com o Índice de Desenvolvimento Humano (IDH), que apresenta algumas áreas com altos índices e outras com níveis mais baixos.

Considerando o exposto e a literatura sobre o assunto abordado, identifique as afirmativas corretas.

( ) O Canadá é um país pouco populoso, cuja população encontra-se homogeneamente distribuída pelo seu território, fazendo com que esse país apresente um alto IDH.
( ) Os Estados Unidos são um país populoso e apresentam elevada renda *per capita*, além de possuírem o maior PIB do mundo e um alto IDH.
( ) A Índia é o segundo país mais populoso do mundo, porém apresenta renda *per capita*

baixa e mal distribuída, tendo como consequência um baixo IDH.

( ) A China é o país mais populoso do mundo e sua economia vem crescendo fortemente nos últimos anos, o que determina seu alto IDH.

( ) O Brasil é um dos países mais populosos do mundo e com significativo crescimento econômico nos últimos anos, apesar de ainda apresentar má distribuição de renda e um médio IDH.

9. (PAES – Unimontes – MG – adaptada) Analise a tabela.

| ENVELHECIMENTO DA POPULAÇÃO |||||||
| Proporção de idosos por grupo de 100 crianças (%) |||||||
	Brasil	Norte	Nordeste	Sudeste	Sul	Centro-Oeste
1980	10,49	6,09	10,01	12,27	10,58	6,35
1991	13,90	7,08	12,84	16,46	15,57	9,27
2000	19,77	9,77	17,73	23,88	22,60	14,29

Fonte: IBGE. OESP 2001.

Os dados sobre o envelhecimento da população brasileira, por regiões, mostram que

a) a desigualdade na distribuição da população idosa foi reduzida bruscamente ao longo dos últimos três censos demográficos.

b) a Região Nordeste foi, no período analisado, a que apresentou o menor percentual de idosos por grupo de 100 crianças.

c) a Região Sul, devido às condições socioeconômicas da população, possui o maior número de idosos.

d) o maior aumento no número de idosos, entre 1980 e 2000, foi nas Regiões Sul e Sudeste, respectivamente.

A População Brasileira

CAPÍTULO 12

CRESCIMENTO DA POPULAÇÃO

Entre 2000 e 2010, a população brasileira cresceu de forma pouco acelerada, em uma média anual de 1,17%. Em 2000, a população brasileira era composta por 169.590.693 pessoas e em 2010 totalizávamos 190.755.799 habitantes (estimativas de 2016 apontam para superação dos 205 milhões de habitantes). O crescimento demográfico brasileiro não é homogêneo. Tomando-se como base a população dos censos de 2000 e 2010, a Região Sul foi a que apresentou o menor crescimento populacional percentual no período (9,16%), sendo o Rio Grande do Sul o estado com menor aumento populacional no período (5,03%). Os maiores índices de crescimento populacional estão nas Regiões Norte e Centro-Oeste, 23,04% e 21,02%, respectivamente, registrando-se no Amapá o maior incremento populacional percentual (40,70%).

Os primeiros dados recenseados da nossa população datam do século XIX, em 1872, quando foi realizado o primeiro censo, que contabilizou 9.930.478 brasileiros, sendo 8.419.672 homens livres e 1.510.806 escravos. A partir daí, começamos a ter dados sistematizados para estudar e conhecer a população deste imenso país, suas características e as mudanças pelas quais passou.

BRASIL – CRESCIMENTO POPULACIONAL (2000-2010)			
Regiões	Número de habitantes		Aumento
	Censo 2000	Censo 2010	
Sul	25.089.783	27.386.891	9,16%
Norte	12.893.561	15.864.454	23,04%
Nordeste	47.693.253	53.081.950	11,30%
Sudeste	72.297.351	80.364.410	11,16%
Centro-Oeste	11.616.745	14.058.094	21,02%
Brasil	169.590.693	190.755.799	12,48%

Fonte: IBGE. Censo Demográfico 2010.

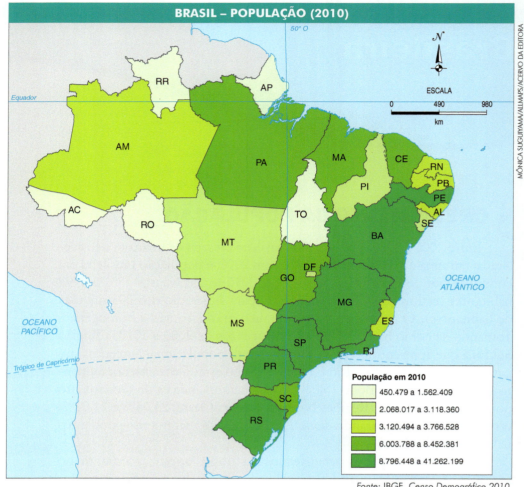

Fonte: IBGE. Censo Demográfico 2010.

Fontes: IBGE. Censos Demográficos 1872-2010. Disponível em: <http://www.ibge.gov.br/home/estatistica/indicadores/trabalhoerendimento/pnad_continua/default_comentarios_sinteticos.shtm>. Acesso em: 10 nov. 2016.

O crescimento populacional brasileiro está calcado no crescimento natural, também chamado de crescimento vegetativo. Existe uma visão muito difundida de que a taxa de migração foi a grande responsável por nosso crescimento demográfico. No entanto, em nenhum momento da nossa história a taxa de migração foi maior que o crescimento vegetativo registrado. Assim, pode-se dizer que o crescimento vegetativo é a mola propulsora do nosso crescimento.

Crescimento natural

O Brasil foi um país essencialmente agrário até 1930, com população predominantemente rural. A partir desse momento, iniciou-se o processo de industrialização e urbanização, que trouxe mudanças significativas no nosso crescimento demográfico.

agrário: diz respeito à agricultura

Os anos 1950, chamados "anos dourados", revelaram o lado urbano crescente do Brasil. As populações deixaram o campo, migrando para as cidades, principalmente para a Região Sudeste, que passava por um intenso processo de industrialização.

O processo de urbanização levou a uma melhoria dos padrões de vida, pois os serviços oferecidos nas cidades, como os de saúde pública (vacinações, facilidade de acesso a hospitais e postos de saúde, exames diagnósticos etc.) eram muito mais eficientes do que os encontrados eventualmente na zona rural. Além disso, a proliferação de redes de saneamento básico e de água tratada e a difusão de hábitos de higiene e limpeza provocaram a redução das taxas de mortalidade nos centros urbanos.

Esse quadro provocou o aumento do crescimento vegetativo, devido à redução da mortalidade e à manutenção das taxas de natalidade.

Esperança de vida

Apesar dos grandes problemas socioeconômicos que afetam a população brasileira e das grandes disparidades regionais, houve um aumento da esperança de vida em âmbito nacional.

A expectativa de vida do brasileiro ao nascer passou de 70,7 anos, em 2002, para 75,1 anos, em 2015. A expectativa de vida das mulheres é de 77,7 anos e dos homens, 70,6 anos. Entre as causas desse aumento estão os avanços da medicina, a ampliação do acesso à rede hospitalar e de serviços de saúde, as vacinações em massa, a ampliação do saneamento básico, entre outras.

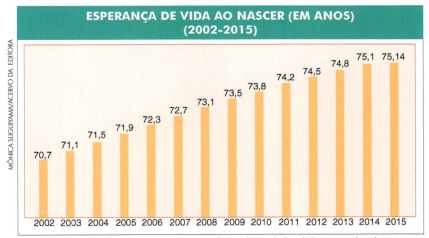

Fonte: IBGE. *Brasil em síntese*. Projeção da População do Brasil: Esperança de vida ao nascer, 2000-2015. Rio de Janeiro, 2016. Disponível em: <http://brasilemsintese.ibge.gov.br/populacao/esperancas-de-vida-ao-nascer.html>. Acesso em: 2 jul. 2016.

Mortalidade infantil

A taxa de mortalidade infantil brasileira, embora em forte declínio, ainda é, segundo o IBGE, de 13,8 por mil crianças nascidas.

Atribui-se essa significativa melhoria à ampliação de domicílios servidos por saneamento básico, ao maior número de mulheres que fazem exames pré-natal, às campanhas de vacinação e o acesso a informações.

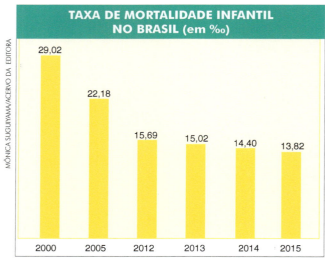

Fonte: IBGE. Brasil em síntese. Projeção da População do Brasil: taxa de mortalidade infantil por mil nascidos vivos, 2000-2015. Rio de Janeiro, 2016. Disponível em: <http://brasilemsintese.ibge.gov.br/populacao/taxas-de-mortalidade-infantil.html>. Acesso em: 29 jul. 2016.

Fonte: IBGE. Censo Demográfico 2010.

Segundo dados do Fundo das Nações Unidas para a Infância, em inglês United Nations Children's Fund (UNICEF), sobre a mortalidade infantil, os índices estão diretamente ligados à condição socioeconômica das famílias na qual a criança nasce, pois as chances de uma criança pobre morrer antes dos 5 anos são duas vezes maiores do que crianças que desfrutam de melhores condições de vida.

As reduções nas taxas de mortalidade não se deram de forma homogênea nem na mesma velocidade pelo Brasil inteiro.

Os maiores índices de mortalidade infantil, no Brasil, estão nas Regiões Norte e Nordeste, e a menor taxa de mortalidade é registrada em estados do Sul e Sudeste. Esses dados refletem a estrutura econômica e social brasileira.

A Organização Mundial da Saúde (OMS) estabelece um padrão universal de desenvolvimento para as crianças e afirma que uma vida saudável nos 5 primeiros anos – incluindo aleitamento materno no primeiro ano de vida, mães não fumantes, vacinação em dia – é mais relevante que características genéticas ou étnicas. Segundo essa organização, problemas comuns que afetam o crescimento – como subnutrição e obesidade – podem ser corrigidos nos primeiros anos de vida.

Diminuição da taxa de fecundidade

Em 1960, as mulheres brasileiras tinham, em média, seis filhos nascidos vivos. Famílias com dois filhos eram raras. Em contrapartida, eram encontradas, principalmente na zona rural, famílias com mais de uma dúzia de filhos nascidos vivos.

A tendência de aumento do crescimento vegetativo foi revertida a partir da década 1960 (veja o gráfico abaixo), com a introdução e a popularização da pílula anticoncepcional, que provocou uma revolução nos costumes, pois o uso desse método contraceptivo afastava o medo de uma gravidez indesejada.

TAXA DE FECUNDIDADE TOTAL DA POPULAÇÃO BRASILEIRA (2003-2015)

Fonte: IBGE. Brasil em síntese. Projeção da População do Brasil: Taxa de Fecundidade - Brasil, 2000-2015. Rio de Janeiro, 2016. Disponível em: <http://brasilemsintese.ibge.gov.br/populacao/taxas-de-fecundidade-total.html>. Acesso em: 29 jul. 2016.

Nessa época, difundiram-se também outros métodos anticoncepcionais, alguns esterilizantes, como o ligamento de trompas e a vasectomia, e os casais puderam controlar o tamanho de sua prole. Embora a disseminação de métodos contraceptivos tenha sido um elemento importante para a redução das taxas de natalidade no Brasil, não podemos creditar tal fato só a eles.

vasectomia: pequena cirurgia para interrupção parcial ou total dos canais deferentes para a esterilização no homem

Na realidade, a queda nas nossas taxas de natalidade foi determinada por um conjunto de fatores, além do uso de métodos anticoncepcionais, como a mudança de comportamento da mulher, que passou a integrar o mercado de trabalho, os maiores índices de escolaridade, entre outros.

TAXA DE FECUNDIDADE, SEGUNDO AS GRANDES REGIÕES (2010)

Região	Taxa
Região Norte	2,3
Região Nordeste	1,09
Região Sudeste	1,6
Região Sul	1,6
Região Centro-Oeste	1,8
Brasil	**1,8**

Fonte: IBGE/MS/SVS. Disponível em: <http://tabnet.datasus.gov.br/cgi/idb2011/a05b.htm>. Acesso em: 29 jul. 2016.

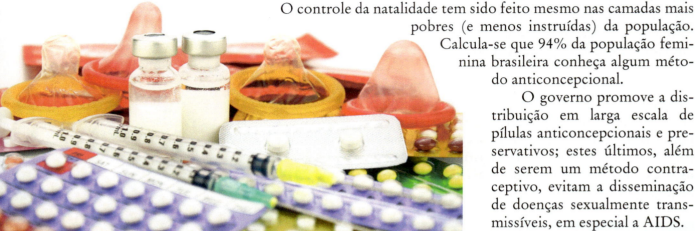

Hoje, não vemos mais, principalmente nas zonas urbanas, famílias numerosas (todos filhos de um mesmo casal). Em 2010, as mulheres brasileiras, tinham, em média, 1,8 filho nascido vivo. O controle da natalidade tem sido feito mesmo nas camadas mais pobres (e menos instruídas) da população. Calcula-se que 94% da população feminina brasileira conheça algum método anticoncepcional.

O governo promove a distribuição em larga escala de pílulas anticoncepcionais e preservativos; estes últimos, além de serem um método contraceptivo, evitam a disseminação de doenças sexualmente transmissíveis, em especial a AIDS.

AREEYA_ANN/SHUTTERSTOCK

Explorando o tema

As manifestações de sexualidade afloram em todas as idades, e ignorar, ocultar ou reprimir o tema, por ter dificuldade para abordá-lo fizeram com que houvesse a inclusão de Orientação Sexual nos currículos escolares tanto da rede pública como da rede privada de ensino. Questões como contaminação pela AIDS e DST, gravidez precoce e outras questões são trazidas pelos alunos para dentro da escola. Cabe a ela desenvolver ação reflexiva e educativa. O projeto pedagógico hoje trabalha com a interdisciplinaridade, neste caso, com Ciências Naturais, Biologia, Educação Física e História.

Disseram a respeito...

Bônus demográfico

Para o demógrafo José Eustáquio Diniz Alves, da Escola Nacional de Ciências Estatísticas do IBGE, há pontos positivos e negativos na queda mais intensa da fecundidade. Uma das vantagens é o chamado bônus demográfico. Com uma proporção maior de jovens e adultos e menor de crianças e idosos, há, em tese, mais espaço para aumento da produtividade, desde que sejam dadas oportunidades à população em idade ativa. Esse período, porém, tem prazo para acabar, já que a população idosa será proporcionalmente cada vez maior, o que terá impacto nos gastos públicos na saúde e Previdência. Para Alves, o bônus demográfico deve acabar entre 2050 e 2055 dependendo do comportamento da fecundidade.

Fonte: GOIS, A. População brasileira encolhe a partir de 2039, afirma IBGE. *Folha de S.Paulo*, São Paulo, 28 nov. 2008. Caderno Cotidiano. Disponível em: <http://www1.folha.uol.com.br/fps/cotidian/ff2811200825.htm>. Acesso em: 29 jul. 2016.

➤ Alguns autores apontam que "o Brasil tem poucas décadas para ficar rico".
➤ A partir do conceito de bônus demográfico, como você explica essa afirmação?

DESLOCAMENTOS POPULACIONAIS NO BRASIL

"Esta graciosa cidadezinha composta de casas ajardinadas chama-se Joinville. É o ponto central de toda a colônia, a residência da nova Alemanha que está se formando em volta da mata virgem. (...) No ano de 1850 foi abatida aqui a primeira árvore para abrir espaço para uma casa de recepção para os esperados colonos; em março de 1851 chegaram os primeiros colonos."

Fonte: AVÉ-LALLEMANT, R. *Viagens pelas Províncias de Santa Catarina, Paraná e São Paulo* (1858). Belo Horizonte: Itatiaia, 1980.

"Depois de cerca de meia hora de viagem a cavalo chega-se a um velho portão, onde termina a propriedade do senhor Rudge ou onde, querendo Deus, breve começará a bela propriedade a despertar, com trabalho de braços livres, para uma cultura mais vigorosa e completo desenvolvimento. Com a diminuição do número de escravos e a futura falta de tráfico de negros da África para aqui, o trabalho livre terá, pois, cada vez mais oportunidade, reputação e possibilidade, embora o velho hábito da escravidão e o lucro do trabalho negro pareça sempre um Eldorado para os exploradores do trabalho negro. (...)

Podem, pois, braços diligentes, mesmo quando o terreno é limitado, levar existência boa e honrada em solo limitado."

diligentes: ativos, aplicados na realização de uma tarefa

Fonte: AVÉ-LALLEMANT, R. *Viagens pelas Províncias de Santa Catarina, Paraná e São Paulo* (1858). Belo Horizonte: Itatiaia, 1980.

Nos textos que acabamos de ver, o viajante europeu, em 1858, captou as duas situações que trouxeram milhões de imigrantes para o Brasil: a ocupação e colonização do Sul e do Sudeste brasileiro – os primeiros colonos vieram no início do século XIX – e a substituição da mão de obra escrava pela assalariada livre no período de 1850 até 1930.

Movimentos imigratórios

Durante parte do século XIX e do século XX, o Brasil foi um dos países que mais receberam imigrantes, vindos de várias partes do mundo, principalmente da Europa. Entraram aproximadamente 5,5 milhões de pessoas entre 1850 e 1960, sendo que, destes, portugueses, italianos, espanhóis, alemães e japoneses somavam mais de 4,5 milhões.

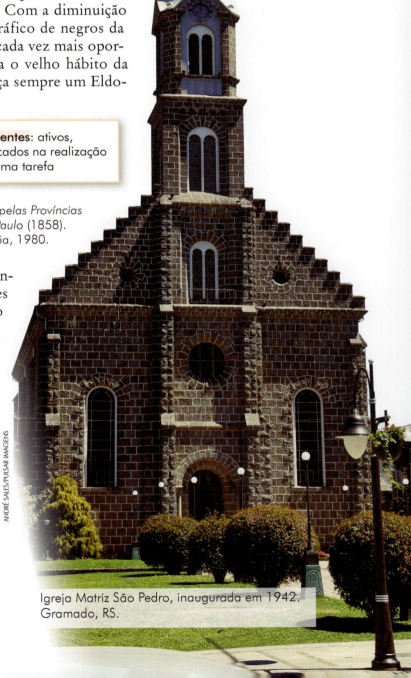

Igreja Matriz São Pedro, inaugurada em 1942. Gramado, RS.

DISTRIBUIÇÃO DOS PRINCIPAIS GRUPOS IMIGRATÓRIOS POR PERÍODO DE ENTRADA (EM MILHARES)						
Período	Portugueses	Italianos	Espanhóis	Alemães	Japoneses	Total
1851-1885	237	128	17	59	—	441
1886-1900	278	911	187	23	—	1.399
1901-1915	462	323	258	39	14	1.096
1916-1930	365	128	118	81	85	777
1931-1945	105	19	10	25	88	247
1946-1960	285	110	104	23	42	564
Total	1.732	1.619	694	250	229	4.524

Fonte: RIBEIRO, D. O Povo Brasileiro – a formação e o sentido do Brasil. São Paulo: Companhia das Letras, 1995. p. 242.

A imigração para a Região Sul

Os imigrantes que se dirigiram para o Sul do país vieram com um motivo definido pelo governo brasileiro: ocupar e colonizar a porção meridional, até então praticamente desocupada, para desestimular qualquer pretensão dos nossos vizinhos de se apossar dessa região. Na década de 1820, o império estimulou a vinda de famílias europeias (italianos, alemães, eslavos e açoreanos) que foram assentadas em pequenas propriedades doadas pelo governo. Dessa forma, essas glebas passaram a produzir alimentos voltados para o consumo interno, diferentemente do resto do país calcado na grande propriedade monocultora. Essa organização da distribuição da terra permitiu que se formasse um sólido mercado interno e uma estrutura agrária baseada na pequena propriedade produtora familiar. No final do século XIX, a imigração para o Sul passou a ser estimulada não só pelo governo central, mas também pelas autoridades provinciais e por companhias particulares.

Explorando o tema

A primeira leva de alemães chegou ao Rio Grande do Sul em 1824. Fugindo de problemas econômicos e políticos em seu país de origem, muitos agricultores e artesãos procuraram o Brasil como alternativa para a conturbada Alemanha, atraídos pelas facilidades oferecidas em se tornar proprietários de pequenas glebas de terras no Sul do país. Dessa forma, se instalaram na região que deu origem a Novo Hamburgo e São Leopoldo. Em Santa Catarina ocuparam a região do vale do Itajaí, onde fundaram Joinville e Blumenau, caracterizando a vida e a cultura dessa região.

Os eslavos, principalmente os poloneses, vieram ao Brasil por razões basicamente políticas, em virtude da anexação pela Prússia das regiões da Pomerânia, Posnânia e Silésia (hoje Polônia).

Em 1871 chegaram os primeiros imigrantes poloneses na atual Curitiba, trazidos pelo governo paranaense.

Estima-se que 100.000 poloneses tenham entrado no país até a década de 1920. Esses imigrantes, a maioria de origem camponesa, também organizaram-se em pequenas unidades produtoras familiares.

➤ Como a influência da imigração alemã pode ser percebida nas cidades do Sul do Brasil?
➤ Em sua região, qual ou quais tipos de imigração ocorreram? Quais são as heranças culturais que deixaram esses primeiros imigrantes quanto à língua, música, culinária, arquitetura e decoração, técnicas agrícolas, farmacologia, artesanato, música, dança etc.?

A imigração para a Região Sudeste

Em 1850, o tráfico negreiro foi efetivamente proibido no Brasil e, com isso, começaram a escassear braços para a lavoura, principalmente a cafeeira, que se expandia pelo Oeste Paulista. O preço do escravo internamente se elevava e a mão de obra imigrante europeia se tornou a alternativa mais atraente para as fazendas de café.

O café mudava o perfil econômico, social, político e cultural do país. Embora calcado na monocultura exportadora, foi responsável pela introdução da mão de obra estrangeira assalariada e livre, pela expansão da fronteira agrícola para o Oeste Paulista, pela introdução das ferrovias das vilas e povoados que se formaram ao longo dos eixos ferroviários, pelo porto de Santos no Estado de São Paulo, pelo crescimento urbano do Sudeste, com destaque para a cidade de São Paulo, além do incremento das manufaturas e de pequenas indústrias.

monocultura: cultivo de um único produto agrícola

A imigração italiana

A Itália passou pela sua unificação política em meados do século XIX. Nesse conturbado processo político, houve a concentração de terras e a expulsão de pequenos agricultores que viram na *emigração* uma alternativa melhor de vida.

Entre 1870 e 1920, desembarcaram no porto de Santos, São Paulo, com destino às fazendas do interior paulista, mais de 1.000.000 de italianos.

Os imigrantes mantinham um contrato de trabalho com os fazendeiros, calcado no sistema de colonato, onde era estipulado o quanto deviam entregar da produção ao proprietário das terras e qual seria a sua remuneração. Porém, muitos fazendeiros, acostumados com a escravidão, não os tratavam como trabalhadores livres. Não raro, eles ficavam "dependentes" do patrão, por terem de comprar mantimentos e produtos básicos nas vendas das fazendas, com uma contabilidade muito generosa para o proprietário e uma dívida impossível de ser saldada pelo imigrante, muitas vezes transferida de pai para filho. Com o passar do tempo, os imigrantes e seus descendentes, com muito esforço, foram adquirindo terras e tornaram-se pequenos proprietários rurais.

Nem todos os imigrantes foram para as fazendas de café ou lá permaneceram. Muitos se dirigiram às cidades em desenvolvimento, em especial a cidade de São Paulo, no Estado de São Paulo, concentrando-se em alguns bairros, onde configuraram a paisagem e o modo de vida. Entre eles, o Brás, a Mooca, o Bexiga e a Barra Funda. No início do século XX, essa massa imigrante formou a base da nascente classe operária brasileira, nos complexos industriais alimentício, de tecidos etc., também originados pela imigração italiana, que propulsionaram a indústria paulista a partir de suas economias acumuladas.

Bisneto de imigrante italiano colhendo uvas em Silveira Martins, RS.

A imigração japonesa

No início do século XX, a situação política e econômica europeia deixou de ser um fator de repulsão de população. A lavoura cafeeira, embora já desse sinais de superprodução, ainda necessitava de grandes contingentes de mão de obra. Dessa forma, abriram-se as portas para a vinda de japoneses, que enfrentavam problemas econômicos e uma acelerada industrialização, fato que desorganizou a produção agrária tradicional, além de seu país já ser, na época, populoso.

Em 1908 desembarcaram no porto de Santos os primeiros imigrantes vindos do Japão, cerca de 790 ao todo. Os imigrantes tinham suas passagens pagas pelo governo brasileiro, mas fazia parte do contrato de trabalho que estas deveriam ser reembolsadas.

Muitos outros navios aportaram, trazendo imigrantes japoneses com destino ao interior paulista cafeeiro. Com muita dificuldade de adaptação, não só pela língua, mas por terem cultura completamente diferente da brasileira e europeia, foram se fechando em suas colônias e concentraram-se nas regiões paulistas de Marília, Tupã, Presidente Prudente, Suzano, Mogi das Cruzes e, mais tarde, seguindo a marcha do café, em Londrina, no norte do Paraná. Com o passar do tempo, alguns deles se tornaram pequenos proprietários rurais, com base na produção familiar. Dedicaram-se à policultura e aos hortifrutigranjeiros.

policultura: plantação ou cultivo de vários produtos agrícolas

Disseram a respeito...

Hospedaria dos Imigrantes (1885)

No final do século XIX, a cidade de São Paulo atraiu grandes levas de imigrantes: italianos, portugueses, espanhóis, alemães, belgas, sírios, libaneses, japoneses, entre outros. Isso porque, a partir de 1870, a mão de obra escrava foi sendo substituída pelo trabalho assalariado no Brasil.

A Hospedaria dos Imigrantes foi construída justamente para receber os imigrantes que chegavam ao Estado de São Paulo para trabalhar na lavoura ou nas indústrias paulistas. Foi inaugurada em 1885 no bairro do Brás com capacidade para acomodar 1.200 imigrantes. Durante os 91 anos de funcionamento, quase 3 milhões de pessoas passaram pelo estabelecimento.

Quando um grupo de imigrantes chegava ao porto de Santos, depois de uma viagem cansativa de navio, que durava, em média, 30 dias, o telégrafo enviava uma mensagem de aviso à hospedaria. Os estrangeiros subiam a Serra do Mar nos trens da São Paulo Railway, desembarcando na estação ferroviária junto à plataforma da hospedaria. Em seguida, eram levados ao refeitório para fazer uma refeição composta de: pão, carne, feijão, arroz, batata ou verdura, café ou açúcar. Se fosse necessário, os recém-chegados recebiam assistência médica. Depois, o regulamento interno da hospedaria, impresso em seis línguas e afixado nas dependências do estabelecimento, era comunicado e explicado. Os estrangeiros eram então distribuídos pelos dormitórios que, segundo um relatório de 1908, "consistem em vastos salões perfeitamente arejados, com divisões para famílias e solteiros, servidos de confortáveis camas de ferro, com lastros de arame e instaladas recentemente por um sistema cômodo e higiênico; possuindo também os salões, compartimentos com lavatórios e privadas para serem utilizadas à noite. Existem 8 desses salões-dormitórios, sendo

6 no pavimento superior e 2 no térreo, acomodando cada um deles, em casos normais, 150 imigrantes. Tem havido casos em que na Hospedaria se alojaram comodamente 6 mil pessoas".

No dia seguinte, logo pela manhã, os estrangeiros eram levados ao gabinete de vacinação. Passavam por um enorme salão, onde procediam a uma rigorosa verificação dos documentos e das condições de saúde. Cada imigrante recebia um "cartão de rancho" que lhe dava o direito de permanecer pelo prazo de seis dias na hospedaria. Se fosse constatada alguma moléstia, era possível estender o prazo de permanência.

Os imigrantes dirigiam-se ao anexo da hospedaria, a Agência Oficial de Colonização e Trabalho, onde eram firmados contratos de trabalho para a lavoura de café ou para outros núcleos. Feito isso, as famílias realizavam os preparativos e seguiam seu destino.

Entre 1882 e 1978 passaram mais de 60 nacionalidades e etnias pela hospedaria, num total de 2,5 milhões de pessoas.

Fonte: SÃO PAULO 450 ANOS. *A Cidade no Tempo do Império* (1822-1889). Hospedaria dos Imigrantes (1885). Disponível em: <http://www.aprenda450anos.com.br/450 anos/vila_metropole/2-2_hospedaria_imigrantes.asp>. Acesso em: 15 jul. 2013.

> Por que, no final do século XIX e começo do século XX, havia interesse na construção de uma grande hospedaria para receber os imigrantes em São Paulo?

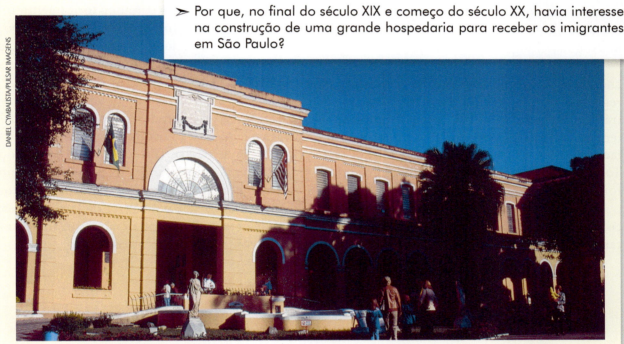

Hospedaria dos Imigrantes, no Brás, em São Paulo. Nesse local, os imigrantes ficavam hospedados até partirem para as fazendas no interior de São Paulo.

A imigração portuguesa

O segundo maior grupo de imigrantes que o Brasil recebeu desde o período colonial foi o dos portugueses (o maior grupo foi o de africanos, que aportaram no Brasil sob a condição de escravos).

Mesmo depois de nossa independência em 1822, continuou sendo significativa a entrada de lusitanos em nosso país. Na primeira metade do século XX imigraram para o Brasil cerca de 25.000 portugueses anualmente.

Dados sobre a imigração portuguesa indicam que, no século XX, a maioria dos portugueses que chegavam ao Brasil eram agricultores sem terras em seu país de origem.

A herança africana

Parte importante da composição da população brasileira, a população negra, descende principalmente dos africanos trazidos à força para a América Portuguesa, a fim de serem utilizados como mão de obra escrava nas atividades desenvolvidas pelos colonizadores. Por se tratar de uma imigração forçada, a vinda de africanos para o atual Brasil se distingue claramente da imigração europeia posterior: alemães, italianos, outros europeus e japoneses vinham para o Brasil acreditando ter aqui uma chance de prosperar em uma terra nova e promissora. Os africanos, por sua vez, eram transportados para cá após serem capturados em guerras e vendidos como mercadorias a traficantes portugueses na costa do Golfo da Guiné e dos atuais territórios de Angola, Congo e Moçambique.

É difícil precisar o número de cativos que chegaram ao litoral brasileiro devido à falta de registros (especialmente após a proibição do tráfico de escravos, em 1850), mas estima-se que tenham sido cerca de 4 milhões só entre a metade do século XVI e a metade do século XIX. Todo esse contingente deixaria fortes marcas na formação da população brasileira.

A contribuição da herança africana para a cultura brasileira é imensa, desde a música (o caso do samba é o mais conhecido, mas outros ritmos e danças, como o afoxé e o jongo, também têm raízes africanas) até aspectos da língua, passando por demonstrações de resistência, sincretismo religioso (umbanda) e a capoeira.

A importância da população de origem africana para a história não se restringe apenas ao domínio da cultura. Raramente se coloca explicitamente que os escravos trazidos da África e seus descendentes nascidos na América Portuguesa foram, por mais de três séculos, a principal – muitas vezes, praticamente a única – força de trabalho que movimentou as atividades econômicas do que hoje se conhece como Brasil. No entanto, em vez de se exaltar essa contribuição, o que ocorreu historicamente foi que os negros não foram alvo de qualquer política pública de inclusão quando da abolição, e acabaram estigmatizados por sua ligação com a escravidão. Mas essa situação está mudando e, atualmente, se percebe uma significativa melhora na inserção dos afrodescendentes na sociedade brasileira. Isso se reflete em um aumento da proporção de negros (pretos e pardos, segundo a classificação do IBGE) em postos-chave no mercado de trabalho, nas universidades, nas comissões, nos cargos públicos, nos Três Poderes, além de uma melhor remuneração quando comparada com valores históricos.

Disseram a respeito...

Quilombos

Local isolado, formado por escravos negros fugidos... Esta talvez seja a primeira ideia que vem à mente quando se pensa em quilombo. Se pedirem um exemplo, o Quilombo de Palmares, com seu herói Zumbi, será certamente a referência mais imediata.

Essa noção remete-nos a um passado remoto de nossa História, ligado exclusivamente ao período no qual houve escravidão no País. Quilombo seria, pois, uma forma de se rebelar contra esse sistema, seria onde os negros iriam se esconder e se isolar do restante da população.

Consagrada pela "História oficial", essa visão ainda permanece arraigada no senso comum. Por isso o espanto quando se fala sobre comunidades quilombolas presentes e atuantes nos dias de hoje, passados mais de cem anos do fim do sistema escravocrata.

Foi principalmente com a Constituição Federal de 1988 que a questão quilombola entrou na agenda das políticas públicas. Fruto da mobilização do movimento negro, o Artigo 68 do Ato das Disposições Constitucionais Transitórias (ADCT) diz que: "Aos remanescentes das comunidades dos quilombos que estejam ocupando suas terras é reconhecida a propriedade definitiva, devendo o Estado emitir-lhes os respectivos títulos".

A concretização desse direito suscitou logo de início um acalorado debate sobre o conceito de quilombo e de remanescente de quilombo. Trabalhar com uma conceituação adequada fazia-se fundamental, já que era isso o que definiria quem teria ou não o direito à propriedade da terra.

No texto constitucional, utiliza-se o termo "remanescente de quilombo", que remete à noção de resíduo, de algo que já se foi e do qual sobraram apenas algumas lembranças. Esse termo não corresponde à maneira que os próprios grupos utilizavam para se autodenominar nem tampouco ao conceito empregado pela antropologia e pela História. (...) comunidades remanescentes de quilombo são grupos sociais cuja identidade étnica os distingue do restante da sociedade.

É importante deixar claro que, quando se fala em identidade étnica, trata-se de um processo de autoidentificação bastante dinâmico, e que não se reduz a elementos materiais ou traços biológicos distintivos, como cor da pele, por exemplo.

A identidade étnica de um grupo é a base para sua forma de organização, de sua relação com os demais grupos e de sua ação política. A maneira pela qual os grupos sociais definem a própria identidade é resultado de uma confluência de fatores, escolhidos por eles mesmos: de uma ancestralidade comum, formas de organização política e social a elementos linguísticos e religiosos.

Esta discussão fundamentou-se também nos novos estudos históricos que reviram o período escravocrata brasileiro, constatando que os quilombos existentes nessa época não eram frutos apenas de negros rebeldes fugidos. Eram inúmeros e não necessariamente se encontravam isolados e distantes de grandes centros urbanos ou de fazendas. (...)

O que caracterizava o quilombo, portanto, não era o isolamento e a fuga e sim a resistência e a autonomia. O que define o quilombo é o movimento de transição da condição de escravo para a de camponês livre.

Tudo isso demonstra que a classificação de comunidade como quilombola não se baseia em provas de um passado de rebelião e isolamento, mas depende antes de tudo de como aquele grupo se compreende, se define. (...)

Disponível em: <http://www.quilombo.org.br/#!blank-4/wjqyy>.
Acesso em: 29 jul. 2016.

> A partir do que você leu no texto sobre a definição de "quilombo", qual é a importância do direito à propriedade da terra, garantido aos "remanescentes de quilombo" pela Constituição de 1988?

1930 – Uma nova realidade

Em 1929, o *crash* da Bolsa de Nova York afetou seriamente as exportações brasileiras, levando os cafeicultores – que mantinham artificialmente os preços do café no mercado internacional – ao desespero e à bancarrota; outros produtos agrícolas voltados para a exportação também entraram em colapso, como o cacau baiano e o açúcar do litoral nordestino. O modelo agrário-exportador, vigente desde os tempos coloniais, se esgotara.

crash: quebra

bancarrota: cessação de pagamentos por parte de um negociante; falência; quebra

A partir de 1930 teve início o processo de industrialização brasileiro, centrado na Região Sudeste, mais precisamente em São Paulo e Rio de Janeiro. A industrialização levou a uma rápida urbanização e ao crescimento das cidades, a construção civil viveu um momento de explosão, necessitando de muitos operários para suas obras, assim como as fábricas para suas linhas de produção. Nesse período, iniciou-se um movimento de migração populacional interna, do Nordeste para o Sudeste.

O enorme excedente de mão de obra gerado pela crise econômica nas atividades agrárias, que se alastrava pelo país, levou o governo brasileiro a barrar em 1934 a imigração. Esperava, com isso, não agravar ainda mais a situação interna. Para tal, foi promulgada a Lei de Cota de Imigração, com caráter nitidamente protecionista, limitando a imigração a 2% do total de imigrantes registrados (por nacionalidade) que tivessem entrado no país nos 50 anos anteriores, exceção feita aos portugueses. A lei surtiu os efeitos desejados, reduzindo drasticamente a imigração durante anos.

Depois da Segunda Guerra Mundial, o Brasil voltou a receber um grande número de imigrantes europeus, que vieram em busca de uma nova vida, diante das dificuldades enfrentadas em seus países de origem. Essa leva migratória se dirigiu basicamente para as maiores cidades da Região Sudeste, com destaque para São Paulo, e não mais para o campo, como nos períodos anteriores.

Emigração brasileira

Nas décadas de 1980 e 1990, milhares de brasileiros, pressionados pela crise econômica, deixaram o Brasil para tentar sobreviver em outros países. Apenas três países concentram 80% dos emigrados brasileiros: Estados Unidos (799.000), Paraguai (454.000) e Japão (224.000).

Neste último, o governo japonês abriu suas portas, na década de 1980, para descendentes diretos de japoneses que viviam em outros países, pois necessitava de mão de obra barata e semiqualificada, principalmente para as indústrias. Embora a jornada de trabalho fosse muito dura, a remuneração permitia aos *dekasseguis* juntar dinheiro e voltar ao seu país de origem com capital para investir em negócio próprio ou ajudar a família.

dekassegui: descendentes de japoneses que vai trabalhar temporariamente no Japão

No Paraguai, outro país de grande concentração de brasileiros, vivem 350.000 *brasiguaios* que se dedicam principalmente à produção de soja. Grande parte deles são proprietários de terras ou arrendatários com um nível de vida considerado bom. Muito recentemente, os brasileiros têm buscado a Bolívia, para suas plantações de soja. Dados apontam para mais de 1.000 famílias vivendo em território boliviano.

EMIGRAÇÃO BRASILEIRA 2010	
País de destino	Emigrantes (em milhares)
1. Estados Unidos	117.104
2. Portugal	65.969
3. Espanha	46.330
4. Japão	36.202
5. Itália	34.652
6. Reino Unido	32.270
7. França	17.743
8. Alemanha	16.637
9. Suíça	12.120
10. Austrália	10.836
11. Canadá	10.450
12. Argentina	8.631
13. Bolívia	7.919
14. Irlanda	6.202
15. Bélgica	5.563
16. Holanda	5.250

Fonte: IBGE, Censo Demográfico 2010.

Ao longo do tempo, milhares de brasileiros foram viver nos Estados Unidos, a maioria exercendo profissões e funções relacionadas à mão de obra menos qualificada.

Re-emigração

A recessão econômica mundial a partir da primeira década do século XXI trouxe instabilidade e desemprego em muitos países da Europa, além dos Estados Unidos e do Japão. Com isso, os brasileiros que haviam emigrado para essas localidades em busca de melhores condições de vida, e que atuavam principalmente como mão de obra operária nas indústrias dessas regiões, encontraram-se em situação de instabilidade financeira, muitos perdendo seus empregos e não mais conseguindo se manter. Essa situação e a forte valorização da moeda real nesse período foram fatores importantes para que uma significativa parcela dos brasileiros no exterior voltasse para o Brasil.

O retorno, no entanto, não é uma situação confortável em virtude da dificuldade de reinserção no mercado de trabalho dos re-emigrados. Para auxiliá-los, o Itamaraty criou o Portal do Retorno (http://retorno.itamaraty.gov.br) com informações que possam interessar aos brasileiros que queiram retornar em definitivo para nosso país.

Movimentos inter-regionais

Nos 500 anos da nossa História, registramos grandes movimentos migratórios no país. Muitos deles foram espontâneos, outros foram incentivados pelo governo.

O primeiro grande movimento migratório de nossa história ocorreu por volta de 1700, quando na região das Minas Gerais foi encontrado ouro. Com o deslocamento populacional para essa região, em poucos anos surgiram cidades como Ouro Preto, Sabará, Mariana (MG), Vila Boa (GO), que abrigavam numerosas famílias e seus escravos, homens livres, escravos libertos e aventureiros vindos de norte a sul da colônia e mesmo de Portugal.

As principais migrações no século XX
Nordeste-Sudeste

Com a industrialização do Sudeste tem início, a partir de 1940, um intenso fluxo migratório do Nordeste para essa área em expansão econômica. Vindos inicialmente nos caminhões conhecidos como paus de arara, os migrantes descem no centro de São Paulo e Rio de Janeiro embalados na ideia de que a vida seria mais fácil do que no pobre sertão nordestino. Porém, as coisas nem sempre saíam da forma imaginada e muitos migrantes passaram a ocupar áreas da periferia, trabalhando pesado nas indústrias, ou na construção civil.

Na década de 1980, o fluxo migratório nordestino rumo ao Sudeste, em especial para a Grande São Paulo, sofreu uma redução, em virtude do desaquecimento da própria economia e do redirecionamento parcial dessa corrente migratória para outros polos regionais nordestinos.

A ocupação e a expansão das fronteiras agrícolas do Centro-Oeste e Norte

Durante o primeiro governo Getúlio Vargas nasceu a Marcha para o Oeste, uma iniciativa governamental de povoar e ocupar a porção Centro-Oeste do país, até então um verdadeiro vazio demográfico. Foram distribuídos títulos de posse das terras aos migrantes que para lá se dirigiram, vindos principalmente do Nordeste. Com o passar do tempo, a maioria vendeu ou perdeu a posse da terra, levando a um processo de concentração de terras. Ao mesmo tempo, a ocupação dessas áreas centrais criou sérias disputas entre os posseiros e os grandes fazendeiros, que perduram até hoje.

A construção de Brasília foi o grande polo de atração de população a partir de 1956, época em que milhares de "candangos", os operários da construção civil, dirigiram-se principalmente do Nordeste para o Centro-Oeste.

Em 1970, devido a ações governamentais com a finalidade de ocupar a região, tivemos a expansão da fronteira agrícola para as Regiões Centro-Oeste e Norte do país. A distribuição de terras para pequenos proprietários e a introdução das agroindústrias exportadoras (por exemplo, de soja) e da pecuária extensiva criam um novo vetor migratório: do sul do país para Rondônia e Mato Grosso, e na década de 1980 em diante para o restante do sul da Amazônia.

A migração hoje

O Nordeste, celeiro de migrantes para o resto do Brasil, apresenta alguns indicadores socioeconômicos que estão conseguindo diminuir o êxodo de sua população, se bem que ainda apresenta migração regional para as áreas metropolitanas – Salvador, Recife, Fortaleza – ou para novos polos agrícolas irrigados – como o Vale do São Francisco (Petrolina e Juazeiro), onde se desenvolve a fruticultura para exportação – ou, ainda, para novos distritos industriais, como Sobral, no Ceará.

Nos últimos anos, a **migração de retorno** é um fenômeno importante no território nacional: os brasileiros que migraram de suas cidades em busca de melhores condições de vida estão retornando a seus locais de origem. Isso em virtude do desenvolvimento destas regiões e também por não verem plenamente atingidos seus objetivos nas cidades de destino, tanto em termos de emprego como de renda. Pesquisas apontam que esse migrante que retorna tem, em média, seis anos de estudo e é jovem.

Na tabela a seguir temos a migração de retorno nos quinquênios 1995--2000 e 2005-2010, bem como o saldo migratório líquido.

IMIGRANTES, EMIGRANTES E SALDO MIGRATÓRIO LÍQUIDO, SEGUNDO AS GRANDES REGIÕES (1995-2000 E 2005-2010)						
Grandes regiões	**1995-2000**			**2005-2010**		
	Imigrantes	Emigrantes	Saldo migratório líquido	Imigrantes	Emigrantes	Saldo migratório líquido
Brasil	3.363.546	3.363.546	0	2.981.294	2.981.294	0
Norte	355.436	292.751	62.685	297.152	260.670	36.482
Nordeste	647.373	1.411.421	(-) 764.048	571.335	1.272.413	(-) 701.077
Sudeste	1.404.873	946.286	458.587	1.163.575	838.080	325.496
Sul	330.618	349.813	(-) 19.195	345.194	268.892	76.292
Centro-Oeste	625.246	363.275	261.971	604.048	341.240	262.808

Fonte: IBGE. *Censos Demográficos 2000/2010.*

Nota: Exclusive as pessoas que declaram residir em algum país estrangeiro há cinco anos antes da data de referência das respectivas pesquisas.

COMO SOMOS? A ESTRUTURA DA POPULAÇÃO

Pelo Censo 2010, ficamos sabendo que no Brasil o número de mulheres é superior ao total dos homens e que elas vivem mais que eles.

Também constatamos que o número de pessoas de 60 anos ou mais cresceu 47,8% na última década, um crescimento bastante superior aos 21,6% da população brasileira total no mesmo período. Hoje, elas representam 10,5% da população total e 83% vivem nas cidades.

Nas últimas décadas, a pirâmide etária brasileira sofreu transformações. A base da pirâmide demográfica está diminuindo, em função da queda das taxas de natalidade, e cresce o número de adultos e idosos.

Fonte: IBGE, Resultados do Censo 2010.

Isso significa que o Brasil ainda possui uma pirâmide triangular, mas já se aproxima dos países desenvolvidos, que possuem uma pirâmide cilíndrica.

A partir da década de 1990, a participação do número de crianças entre 0 e 5 anos passou a ser inferior ao número de crianças entre 5 e 10 anos. Esses dados apontam para um processo de **envelhecimento da população**.

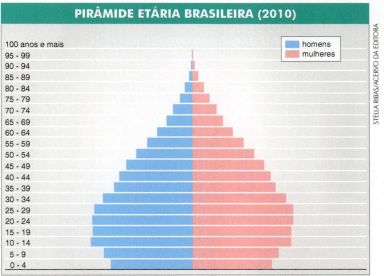

Disponível em: <http://www.censo2010.ibge.gov.br/sinopse/webservice/default.php?cod1=1&cod2=&cod3=&frm=>. Acesso em: 29 jul. 2016.

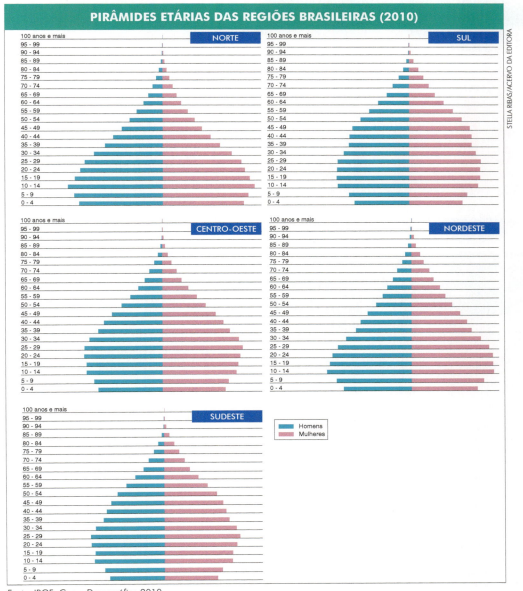

Fonte: IBGE, Censo Demográfico 2010.

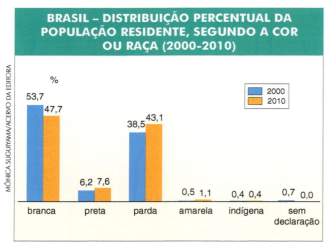

Fonte: IBGE, Censo Demográfico 2000/2010.

As taxas de crescimento correspondentes aos brasileiros de 0 a 14 anos já mostram que este segmento vem diminuindo em valor absoluto desde o período 1990-2000. Em contrapartida, as correspondentes ao contingente de 60 anos ou mais, embora oscilem, são as mais elevadas, podendo superar os 4% ao ano entre 2025 e 2030.

Diferentemente dos Censos de 1980, 1991 e 2000, em que houve uma amostragem no que respeita a cor ou raça, o Censo Demográfico de 2010 investigou a cor ou raça na totalidade da população brasileira, em virtude da importância de conhecermos os principais detalhes dos habitantes de nosso país (sexo, idade, cor). Como resultado, encontramos pela primeira vez que a população que se considera parda ou negra chega a 50,7% do total, além de uma diminuição percentual do número de habitantes que se consideram brancos.

No que diz respeito à educação, pelos resultados do Censo Demográfico 2010 havia 14,6 milhões de pessoas de 10 anos ou mais de idade que não sabiam ler nem escrever um bilhete simples. No entanto, em termos de série histórica, nota-se uma acentuada diminuição na taxa de analfabetismo no país, tanto na área urbana quanto na rural, se bem que na área rural continuou um pouco mais alto do que na área urbana.

Fonte: IBGE, Censo Demográfico 1940/2010.

Em termos de gênero, a maior escolarização feminina fez com que a taxa de analfabetismo das mulheres de 10 anos ou mais de idade ficasse um pouco abaixo da dos homens, caindo de 12,5% em 2000 para 8,7% em 2010, enquanto a taxa dos homens caiu de 13,2% em 2000 para 9,4% em 2010. Analise os dados da tabela ao lado e observe que houve queda na taxa de analfabetismo em todas as faixas etárias.

TAXA DE ANALFABETISMO DAS PESSOAS DE 10 ANOS OU MAIS DE IDADE E DE 15 ANOS OU MAIS DE IDADE, POR SEXO, SITUAÇÃO DO DOMICÍLIO E OS GRUPOS DE IDADE
BRASIL (2000-2010)

Ano	Taxa de analfabetismo (%)				
	Total	Sexo		Situação do domicílio	
		Homens	Mulheres	Urbana	Rural
10 anos ou mais de idade					
2000	12,8	13,2	12,5	9,6	27,7
2010	9,0	9,4	8,7	6,8	21,2
10 a 14 anos de idade					
2000	7,3	9,1	5,3	4,6	16,6
2010	3,9	5,0	2,7	2,9	8,4
15 anos ou mais de idade					
2000	13,6	13,8	13,5	10,2	29,8
2010	9,6	9,9	9,3	7,3	23,2

Fonte: IBGE, Censo Demográfico 2000/2010.

População Economicamente Ativa (PEA)

Até meados do século XX, o Brasil era um país exportador de produtos primários. A distribuição da população pelos setores da economia estava concentrada no setor primário. Com a industrialização e urbanização houve um crescimento dos setores secundário e terciário.

Mais da metade da nossa População Economicamente Ativa (PEA), estimada em 96,7 milhões de pessoas no final da primeira década do século XXI, encontra-se no setor terciário. Porém, ao contrário dos países ricos, no setor terciário brasileiro não predominam os serviços especializados e sofisticados, realizados por mão de obra qualificada. Nesse caso, dizemos que não houve crescimento efetivo do setor terciário, mas que ele se apresenta "inchado".

Nas zonas urbanas convivem serviços altamente especializados ao lado de outros que são prestados por pessoas com pouco ou nenhum preparo profissional.

Fonte: IBGE. Censo Demográfico, 2010.

No Brasil é muito grande a parcela da população que trabalha informalmente. Caracteriza-se o trabalho informal como o conjunto dos assalariados sem carteira assinada, empregadores e trabalhadores autônomos que não contribuem à Previdência Social, trabalhadores familiares sem remuneração e trabalhadores domésticos sem carteira de trabalho assinada.

Segundo o Censo Demográfico 2010, está ocorrendo o aumento da idade média da população como consequência do envelhecimento da estrutura etária. Esse é um dado preocupante na medida em que, em um futuro não muito distante, poderá ocorrer um descompasso nos recursos da Previdência Social, tendo em vista o número de possíveis aposentados *versus* o de contribuintes.

Previdência Social: sistema que garante uma renda ao contribuinte e seus familiares em casos de gravidez, doença, aposentadoria e morte, entre outros.

DESIGUALDADE DE GÊNERO, DE ETNIAS E DE MINORIAS

A desigualdade social pode se dar em vários aspectos, mas as que mais frequentemente se encontram são a econômica, de gênero e de raça ou cor.

A participação feminina no mercado de trabalho

Você sabe que a propaganda é produzida e orientada pelos anseios e valores do público para o qual ela é dirigida. Se virmos anúncios antigos da década de 1960, impressos ou veiculados pela tevê, constataremos que a maioria das propagandas voltadas para o público feminino retratava a dona de casa tendo seu universo centrado no lar e nas atividades ligadas ao zelo da família.

Se você reparar na publicidade atual voltada para o público feminino, verá que ela mostra uma mulher muito mais independente, com outras preocupações, que extrapolou seu lar e sua família.

Épocas atrás, pouquíssimas mulheres trabalhavam. O provimento da família era uma tarefa exclusivamente masculina, enquanto a mulher permanecia em casa, cuidando dos filhos e realizando tarefas domésticas.

Essa situação mudou radicalmente desde a década de 1960. As mulheres começaram a ter uma participação crescente no mercado de trabalho, constituindo já 45,4% da população ocupada, segundo o IBGE. Ao mesmo tempo, as responsabilidades da organização e gerência do lar continuam, quase sempre, recaindo sobre suas costas. Por isso, se diz que as mulheres enfrentam duas jornadas de trabalho: uma no serviço e outra em casa.

A falta de creches e de escolas de Educação Infantil pública dificulta a vida de grande parte das mulheres trabalhadoras de baixa renda. Sem condições financeiras de colocar seus filhos pequenos em berçários ou escolas particulares, essas mulheres se veem obrigadas a deixá-los sob a responsabilidade de um filho mais velho que, muitas vezes, também é uma criança ou tendo de pagar para alguém cuidar deles em sua ausência, comprometendo ainda mais sua baixa renda.

A discriminação profissional das mulheres é um fato incontestável. Essa diferença aos poucos vem caindo, porém um sinal claro de que falta muito para superar completamente as desigualdades de gênero é que as mulheres ainda são minoria não só nos cargos de comando de companhias privadas, mas também nos cargos políticos e na direção de empresas estatais.

O Censo Demográfico de 2010 apontou que o rendimento médio das mulheres é cerca de 30% menor do que o dos homens em todas as regiões (veja a tabela abaixo).

BRASIL – RENDIMENTO NOMINAL MÉDIO MENSAL DAS PESSOAS DE 10 ANOS OU MAIS DE IDADE, POR SEXO, SEGUNDO AS GRANDES REGIÕES (2010)				
Grandes regiões	Total (R$)	Homens (R$)	Mulheres (R$)	% do rendimento das mulheres em Relação ao dos homens
Brasil	1.202	1.392	983	70,6
Norte	957	1.072	809	75,5
Nordeste	806	935	673	72,0
Sudeste	1.396	1.611	1.142	70,9
Sul	1.282	1.486	1.045	70,3
Centro-Oeste	1.422	1.614	1.180	73,1

Nota: 1. Os dados de rendimento são preliminares.
2. Exclusive as informações das pessoas sem declaração de rendimento nominal mensal.
Fonte: IBGE. Censo Demográfico 2010.

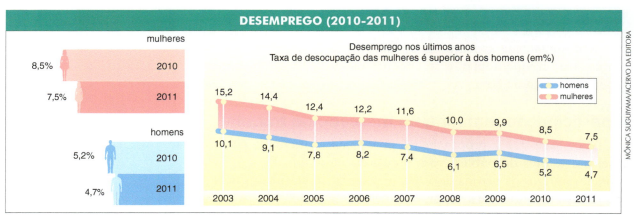

Fonte: IBGE. Disponível em: <http://www.brasil.gov.br/secoes/mulher/atuacao-feminina/mercado-de-trabalho>. Acesso em: 29 jul. 2016.

Integrando conhecimentos

Mulheres e imprensa

Não deixa de ser interessante verificar a situação do outro grande contingente excluído, o das mulheres. Embora não possuíssem o direito de voto e não fossem consideradas cidadãs plenas, o novo clima gerado pelos acontecimentos de 1820 fez com que surgissem na imprensa, de maneira um tanto surpreendente, discussões sobre os direitos políticos das mulheres, considerados até mesmo no próprio plenário das Cortes de Lisboa. Nele, Domingos Borges de Barros, deputado brasileiro pela Província da Bahia, (...) não deixou de levantar outros aspectos bastante modernos para a época. (...) o sexo frágil, segundo ele, não apresentava defeito algum que o privasse daquele direito, embora os homens, ciosos de mandar e temendo a superioridade das mulheres, preferissem conservá-las na ignorância. Ao contrário, as mulheres rivalizavam com os homens, ou mesmo os excediam, em talentos e virtudes. Contudo, nem todos pensavam como ele. O deputado português Borges Carneiro defendeu que a proposta não fosse admitida à discussão, pois se tratava do exercício de um direito político, e dele são as mulheres incapazes, já que elas não têm voz na sociedade pública, posição esta que, colocada em votação, foi acatada pela maioria, como registra o *Diário das Cortes*. (...)

Fonte: NEVES, L. M. B. P. *Cidadania e Participação Política na Época da Independência do Brasil*. CEDES, Campinas, v. 22, n. 58, dez. 2002.

A inserção desigual dos afrodescendentes

No Brasil, os dados apontam a permanência de condições menos favoráveis de estudo, de trabalho e, consequentemente, de ascensão social para a população afrodescendente. Pelo Censo Demográfico 2010, entre os quase 20 milhões de analfabetos brasileiros, mais de 11 milhões são negros e pardos. Dentre os brasileiros mais pobres (com 10 anos ou mais de idade), que recebem até dois salários mínimos mensais, 25% são negros ou pardos. Esse fato está ligado à herança escravista, pois a libertação dos escravos, em 1888, não significou a tomada de ações no sentido de mudar a situação econômica e social da massa escravizada.

A sociedade tem se manifestado, nos últimos anos, no sentido de eliminar as desigualdades. O racismo hoje é crime inafiançável e vêm sendo testadas diversas ações afirmativas para tentar reduzir a histórica marginalização da população afrodescendente. Um exemplo de ação afirmativa que já foi adotado em alguns setores (instituições de ensino técnico ou superior, empresas, por exemplo) foi a reserva de vagas para o preenchimento por afrodescendentes. No entanto, ainda há muito a ser feito.

Integrando conhecimentos

Trecho do editorial do jornal *O Paiz*, em 14 de maio de 1888, do Rio de Janeiro

O jornal O Paiz descreve a abolição da escravatura como um momento histórico para o Brasil, enfatizando que ela foi proclamada de maneira pacífica. Nesse documento não aparece qualquer conflito. É preciso lembrar que se trata de um documento escrito pela elite letrada branca simpática à abolição e a leitura histórica nele exposta era interessante para esse grupo.

Está extinta a escravidão no Brasil. Desde ontem, 13 de maio de 1888, entramos para a comunhão dos povos livres. Está apagada a nódoa da nossa pátria. Já não fazemos exceção no mundo. Por uma série de circunstâncias felizes fizemos em uma semana uma lei que em outros países levaria anos. Fizemos sem demora e sem uma gota de sangue. (...) Para o grande resultado de ontem concorreram todas as classes da comunhão social, todos os partidos, todos os centros de atividade intelectual, moral, social do país.

A glória mais pura da abolição ficará de certo pertencendo ao movimento abolicionista, cuja história não é este o momento de escrever, mas que (...) nunca de outra coisa se preocupou senão dos escravos, inundando de luz a consciência nacional. (...)

Logo que se publicou a notícia da assinatura do decreto, as bandas de música estacionadas em frente ao palácio executaram o hino nacional, e as manifestações festivas mais se acentuaram prolongando-se até a noite. O entusiasmo popular cresceu e avigorou-se rapidamente, e a instâncias do povo Sua Alteza a Princesa Imperial assomou a uma das janelas do palácio, em meio de ruídos e unânime saudação de mais de 10.000 pessoas que enchiam a praça D. Pedro II. (...)

Disponível em: <http://www1.uol.com.br/rionosjornais/rjo1.htm>. Acesso em: 28 jul. 2016.

Ponto de vista

A educação como meio de transpor os limites da miséria

Sabemos que um dos principais fatores para se vencer a miséria e a pobreza é o investimento em educação. O binômio baixa escolaridade e baixa renda continua válido. E como a prole era vista no passado nas unidades familiares mais pobres como complementação do orçamento familiar, a educação formal era relegada a segundo plano. Em 1980, cerca de 80% das crianças brasileiras em idade escolar estavam matriculadas regularmente nas escolas. Vinte anos depois, esse número cresceu para 99%, um fato que merece destaque. Hoje, o Ensino Médio é o segmento que apresenta maior pressão por vagas. Esse fato se deve à diminuição da repetência e da evasão escolar, havendo um contingente maior de jovens que terminam o Ensino Fundamental em um período menor de tempo, embora ainda acima dos nove anos regulares.

relegar: preterir; abandonar

O aumento da escolarização do brasileiro precisa ser acompanhado pela melhoria do nível do ensino, que tem se revelado de má qualidade. Investimentos em educação fundamental nem sempre são vistos pelos governantes como prioridade, porque há obras mais visíveis que marcam a atuação dos políticos, rendendo-lhes votos. Mas se o caminho da melhoria da educação não for seguido, dificilmente os índices econômicos e sociais apresentarão melhoras significativas.

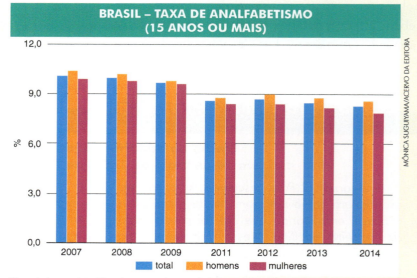

Disponível em: <http://brasilemsintese.ibge.gov.br/educacao/taxa-de-analfabetismo-das-pessoas-de-15-anos-ou-mais.html>. Acesso em: 21 nov. 2016.

➤ Considerando a sua região, quais são os pontos que deveriam ser atacados para se reverter o problema educacional brasileiro?

Indígenas

Diferentemente dos dados apresentados pelos censos de 1991 e 2000, o Censo Demográfico de 2010 nos permite conhecer com melhor detalhamento o grupo populacional que se autodeclarou indígena. Para isso, foram incluídas perguntas adequadas para aquelas pessoas que se declaravam indígenas, como, por exemplo, a que povo ou etnia pertenciam, que língua falavam, sua localização domiciliar (se dentro ou fora das terras indígenas).

Apesar de a população indígena ter aumentado em termos numéricos, percentualmente ela se manteve estável quando se comparam os censos de 2000 e 2010 (0,43% dos habitantes) e pouco mais do que o dobro do percentual de 1991 (0,20% da população total). Esse aparente crescimento anual de 1991 a 2000, de 10,8% ao ano dentre os que se denominam indígenas, é considerado pelos demógrafos como sendo atípico – mais provavelmente, ele é resultante em 2000 de um momento de nossa história em que os indígenas estavam "saindo da invisibilidade" em busca de condições de vida melhores, principalmente em decorrência da melhora nas políticas públicas com esse segmento da população.

A atual população indígena do Brasil encontra-se domiciliada principalmente na área rural (61,47%), diferentemente do que se observa na população brasileira em geral, cujo contingente que habita as áreas urbanas é de 84,56%.

BRASIL – POPULAÇÃO RESIDENTE, SEGUNDO A SITUAÇÃO DO DOMICÍLIO E CONDIÇÃO DE INDÍGENA (1991/2010)			
	1991	2000	2010
Total[1]	146.815.790	169.872.856	190.755.799
Não indígena	145.986.780	167.932.053	189.931.228
Indígena	294.131	734.127	817.963
Urbana[1]	110.996.829	137.925.238	160.925.792
Não indígena	110.494.732	136.620.255	160.605.299
Indígena	71.026	383.298	315.180
Rural[1]	35.818.961	31.947.618	29.830.007
Não indígena	35.492.049	31.311.798	29.325.929
Indígena	223.105	350.829	502.783

[1] Inclusive sem declaração de cor ou raça.

Fonte: IBGE, Censo Demográfico 1991/2010.

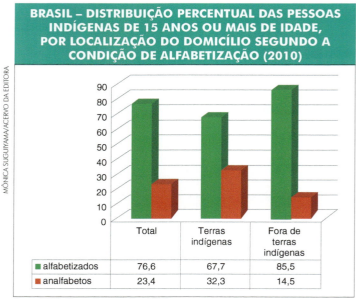

Quanto ao nível instrucional, o percentual de indígenas alfabetizados (taxa de alfabetização) de 15 anos ou mais de idade está abaixo da média nacional, que é de 90,4%. Segundo o Censo Demográfico 2010, nas terras indígenas cerca de 32,3% dos habitantes são analfabetos.

O trabalho infantojuvenil

Com relação às crianças em países pobres – e em desenvolvimento, como no Brasil –, uma triste realidade se impõe a uma grande parcela delas: a utilização em larga escala da mão de obra infantil. Cerca de 2,5% dos brasileiros, crianças e adolescentes de 5 a 13 anos ainda trabalham em nosso país para complementar a renda familiar.

Nas zonas urbanas, o número de crianças que trabalham ilegalmente com idade entre 10 e 13 anos é bastante elevado (615 mil; 497 mil meninos); porém, a maioria não recebe salários, pois são vendedores ambulantes, engraxates, "flanelinhas"etc. Mais da metade (63%) dos casos se encontram na zona rural onde a fiscalização é mais precária. Apesar de a Constituição brasileira proibir o trabalho de menores de 16 anos – salvo na condição de aprendizes com idade a partir de 14 anos –, esse preceito constitucional não é respeitado. As crianças que trabalham abandonam a escola ou têm o rendimento escolar muito prejudicado, afetando a eventual possibilidade de obterem uma melhor qualificação profissional, o que lhes permitiria almejar melhores condições no mercado de trabalho.

> **"flanelinhas":** guardadores de carros; pessoas que limpam os vidros dos automóveis enquanto parados nos semáforos

Em uma sociedade como a nossa, com concentração de renda, disparidades socioeconômicas, o trabalho infantil aparece como a principal saída para aumentar os ganhos das famílias de baixa renda.

Apesar disso, os números mostram que o trabalho infantil vem caindo nos últimos anos. Hoje há maior fiscalização e a lei brasileira é tida como uma das mais abrangentes na proteção ao trabalho infantil. O número de crianças de 5 a 13 anos que trabalham no Brasil caiu 23,5% entre 2009 e 2011, mas mesmo assim é alto: 704 mil crianças em todo o país, segundo o PNAD – Pesquisa Nacional de Amostra de Domicílios, 2011, divulgada pelo IBGE.

Entre as regiões brasileiras, o Nordeste concentra o maior número de crianças trabalhadoras entre 5 e 13 anos (336 mil). No Sul, 80 mil por fator cultural: os pais ensinam o ofício aos filhos. Entre os adolescentes de 14 a 17 anos, idade em que o trabalho é permitido com algumas condições, houve queda, passando de 3,35 milhões em 2009 para 2,97 milhões em 2011. A maioria é formada por jovens negros ou pardos (60,9%), do sexo masculino (67,7%), oriundos de famílias de baixa renda.

Entre os trabalhadores jovens com mais de 16 anos, a maioria trabalha em áreas urbanas (80,9%). A jornada semanal média é igual ou superior a 40 horas. A proporção de afrodescendentes (55,4%) do sexo masculino (63,5%), embora seja grande, vem caindo.

A Organização Internacional do Trabalho (OIT) vem desenvolvendo campanhas em âmbito mundial pela não utilização da mão de obra infantil nos países em desenvolvimento e pobres.

BRASIL – TAXA DE TRABALHO INFANTIL (%) POR UNIDADE DA FEDERAÇÃO (2010)

Unidade da federação	Taxa de trabalho infantil (%)
Rondônia	14,28
Acre	11,26
Amazonas	11,97
Roraima	11,68
Pará	11,96
Amapá	8,94
Tocantins	10,31
Maranhão	10,78
Piauí	10,50
Ceará	9,39
Rio Grande do Norte	7,19
Paraíba	10,21
Pernambuco	9,53
Alagoas	10,44
Sergipe	9,10
Bahia	11,91
Minas Gerais	9,29
Espírito Santo	10,28
Rio de Janeiro	5,10
São Paulo	6,97
Paraná	11,25
Santa Catarina	11,92
Rio Grande do Sul	10,19
Mato Grosso do Sul	9,58
Mato Grosso	11,51
Goiás	11,79
Distrito Federal	6,59
Total	9,42

Nota: Taxa de trabalho infantil = percentual da população de 10 a 15 anos ocupada.
Fonte: IBGE. Censos demográficos 1991, 2000 e 2010.

Uma das formas que as nações desenvolvidas têm de pressionar os países que se recusam a deixar de usar a mão de obra infantil é proibir a importação de produtos que, de alguma forma, incorporem o trabalho de crianças.

No Brasil, a fundação ABRINQ confere um selo às empresas que não utilizam mão de obra infantil, e as identifica como "Empresa Amiga da Criança".

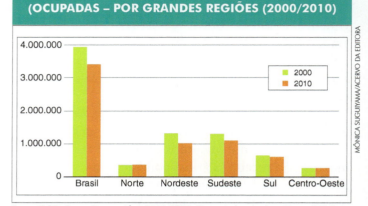

Fonte: IBGE. Censo Demográfico 2000/2010. Disponível em: <http://censo2010.ibge.gov.br/trabalhoinfantil/outros/graficos.html>. Acesso em: 29 jul. 2016.

Fonte: IBGE. Censo Demográfico 2000/2010. Disponível em: <http://censo2010.ibge.gov.br/trabalhoinfantil/outros/graficos.html>. Acesso em: 29 jul. 2016.

O BRASIL E O IDH

Em 2014, o Brasil obteve um IDH de 0,730, ocupando a 55ª posição no *ranking* do IDH mundial.

Essa mudança no *ranking* do IDH se deu por melhoras na expectativa de vida, pelo aumento da renda *per capita* no mesmo período, além de a taxa de matrícula escolar de jovens e crianças ter crescido, chegando perto da universalização da educação. O maior problema do Brasil é a concentração de renda, que privilegia poucos e exclui muitos.

No que diz respeito ao desempenho brasileiro comparado ao da América Latina, apesar de ter entrado para o grupo de países de elevado desenvolvimento humano, o Brasil continua com IDH abaixo da média latino-americana e caribenha (observe o mapa na página seguinte).

O IDH brasileiro não é homogêneo. Em 2010, o estado com pior IDH era é o de Alagoas. Essa diferença é explicada pelos desníveis de desenvolvimento entre as regiões brasileiras. Observe o mapa ao lado.

Em novembro de 2010, a ONU, utilizando os novos critérios de cálculo, divulgou uma lista de IDH dos países. Porém, esse novo método ainda não foi aplicado para os estados brasileiros. Então o *ranking* nacional segue o modelo e dados divulgados em 2010 pelo PNUD.

As Regiões Sul, Sudeste e Centro-Oeste são as que possuem melhores Índices de Desenvolvimento Humano. Para sanar as diferenças entre as regiões com melhores índices e as com índices piores são necessárias políticas públicas efetivas para adequar as condições socioeconômicas da população do Norte e do Nordeste.

Fonte: UNITED NATIONS DEVELOPMENT PROGRAMME. *Human Development Report: 2015*, Work for human development. New York, 2015. p. 222. Disponível em: <http://hdr.undp.org/sites/default/files/2015_human_development_report.pdf>. Acesso em: 29 jul. 2016.

Fonte: PNUD.

\multicolumn{6}{c}{ÍNDICE DE DESENVOLVIMENTO HUMANO*}
Posição	Estado	2015	2010	2000	1991
1º	Distrito Federal	0,864	0,824	0,725	0,616
2º	Santa Catarina	0,819	0,774	0,674	0,543
3º	São Paulo	0,818	0,783	0,702	0,578
4º	Paraná	0,794	0,749	0,650	0,507
5º	Rio de Janeiro	0,791	0,761	0,664	0,573
6º	Espírito Santo	0,785	0,740	0,640	0,505
7º	Goiás	0,785	0,735	0,615	0,487
8º	Rio Grande do Sul	0,781	0,746	0,664	0,542
9º	Minas Gerais	0,781	0,731	0,624	0,478
10º	Mato Grosso	0,780	0,725	0,601	0,449
11º	Mato Grosso do Sul	0,774	0,729	0,613	0,488
12º	Tocantins	0,769	0,699	0,525	0,369
13º	Roraima	0,757	0,707	0,598	0,459
14º	Amapá	0,753	0,708	0,577	0,472
15º	Rondônia	0,745	0,690	0,537	0,407
16º	Ceará	0,737	0,682	0,541	0,405
17º	Rio Grande do Norte	0,734	0,684	0,552	0,428
18º	Amazonas	0,719	0,674	0,515	0,430
19º	Pernambuco	0,718	0,673	0,544	0,440
20º	Sergipe	0,715	0,665	0,518	0,408
21º	Bahia	0,715	0,660	0,512	0,386
22º	Acre	0,713	0,663	0,517	0,402
23º	Paraíba	0,713	0,658	0,506	0,382
24º	Piauí	0,701	0,646	0,484	0,362
24º	Maranhão	0,694	0,639	0,476	0,357
26º	Pará	0,691	0,646	0,518	0,413
27º	Alagoas	0,681	0,631	0,471	0,370
	Brasil	0,752	0,727	0,612	0,493

Fonte: Estimativa 2015. Disponível em: <http://tudolistasmais.blogspot.com.br/2016/01/estimativa-idh-dos-estados-brasileiros.html>. Acesso em: 10 nov. 2016.

*Classificação do IDH: *muito elevado* (de 0,800 a 1), *elevado* (de 0,700 a 0,799), *médio* (de 0,555 a 0,699), *baixo* (menos de 0,555).

ATIVIDADES

PASSO A PASSO

1. Ocorreu, em meados do século XX no Brasil, uma série de transformações que favoreceram o crescimento natural da população brasileira. Explique o quadro em que se encontrava o país, as mudanças ocorridas e em que estas colaboraram para o aumento do crescimento populacional.

2. Como se caracteriza a pirâmide etária brasileira hoje?

3. O Brasil é um país de território bastante extenso, com culturas e costumes diferentes ao longo de suas 5 regiões. Existe, dentro dessas regiões, uma disparidade significativa no que diz respeito às suas pirâmides etárias? Cite uma característica principal de cada uma delas.

4. Quais foram os dois principais grupos imigratórios que vieram ao Brasil na primeira metade do século XX?

5. Apesar da grande quantidade de imigrantes que o Brasil recebeu ao longo dos anos, há um movimento de emigração ocorrendo desde o fim do século XX. Aponte os possíveis motivos desse deslocamento e seus principais destinos.

6. Faça uma breve análise sobre os fluxos migratórios internos que ocorreram no Brasil ao longo dos anos.

IMAGEM & INFORMAÇÃO

1. As pirâmides etárias abaixo apresentam a situação do quadro populacional do Brasil no ano de 2010 e uma projeção para o ano de 2035.

Disponível em: <http://www.censo2010.ibge.gov.br/sinopse/webservice/default.php?cod1=1&cod2=&cod3=&frm=>. Acesso em: 29 jul. 2016.

Disponível em: <http://www.ibge.gov.br/home/estatistica/populacao/projecao_da_populacao/2008/piramide/piramide.shtm>. Acesso em: 29 jul. 2016. Adaptação.

Observe os gráficos e explique, usando o conteúdo dos capítulos desta unidade, por que é possível fazer essa projeção.

2. A imagem abaixo aponta os movimentos internos de migração no Brasil durante o período 2005/2010.

Faça uma interpretação do mapa para responder às perguntas:
a) Qual região do Brasil recebe a maior quantidade de migrantes?
b) Em que região há um maior êxodo de migrantes?

TESTE SEUS CONHECIMENTOS

1. (FGV – RJ) Examine o gráfico ao lado.

Sobre os fatores que explicam as variações no ritmo de crescimento da população brasileira entre 1872 e 2010, reveladas pelo gráfico, é CORRETO afirmar:

a) A elevada taxa de incremento populacional registrada entre 1900 e 1920 resultou do aumento da natalidade, associado ao processo de urbanização.

b) Na década de 1960, o crescimento da população pode ser associado à revolução sexual, que provocou um aumento substancial das taxas de fecundidade.

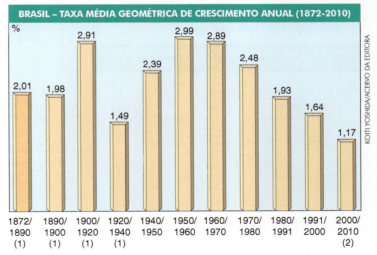

c) Se persistirem as taxas registradas entre 2000 e 2010, a população brasileira deve parar de crescer na próxima década.
d) Na década de 1940, o crescimento da população resultou da combinação entre a baixa fecundidade e a baixa mortalidade.
e) Desde a década de 1960, registra-se uma tendência de queda do ritmo de crescimento da população, devido ao recuo da fecundidade.

2. (FGV – RJ) Analise o gráfico demográfico do Brasil entre os anos de 1920 e 2000. Considerando que o crescimento vegetativo de uma população resulta das taxas de natalidade e mortalidade, responda:

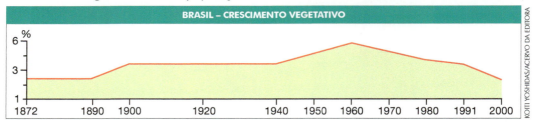

Fonte: IBGE, Censo 2000. Disponível em: http://www.ibge.gov.br

a) O que pode explicar o aumento do crescimento vegetativo do país entre 1940 e 1960? E o que pode explicar a queda desse índice após 1960? Justifique.
b) Como se explica o crescimento absoluto da população brasileira, a partir de 1960, concomitantemente à queda no crescimento vegetativo?

3. (FUVEST – SP)

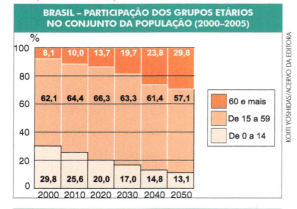

Com base nos gráficos e em seus conhecimentos,
a) caracterize o processo de transição demográfica em curso no Brasil;
b) cite e explique dois possíveis impactos da transição demográfica brasileira sobre políticas públicas.

4. (ESPM – SP) Observe o quadro abaixo e assinale a afirmação correta.

a) Trata-se da obra "Operários" de Tarsila Amaral e faz referência à diversidade cultural brasileira.
b) Obra surrealista de Salvador Dalí intitulada "Poesia das Américas", ilustra o processo multicultural na colonização americana.
c) Trata-se da obra "Os imigrantes" de Anita Malfatti que retrata a importância dos imigrantes na formação do povo brasileiro.
d) Trata-se da obra "Os retirantes" de Cândido Portinari e faz uma referência ao êxodo rural ocorrido na segunda metade do século XX, auge da industrialização brasileira.
e) Trata-se da obra "Navio de imigrantes" de Lasar Segall, momento em que o artista homenageou a saga do imigrante brasileiro que veio trabalhar na indústria incipiente.

5. (UFPB – adaptada) Observe o mapa a seguir:

Fonte: ATLAS Geográfico Escolar. 6. ed. Rio de Janeiro: IBGE, 2012. p. 114. Adaptação.

A ocupação do território brasileiro guarda uma série de fatos históricos e fenômenos naturais que podem explicar a distribuição da população no período contemporâneo. Considerando a interpretação do mapa e a literatura sobre o tema, assinale V, quando verdadeiro, e F, quando falso.

( ) A concentração da população próxima à faixa litorânea explica-se devido a heranças históricas de ocupação do território por empreendimentos econômicos, efetivada desde o período da colonização.

( ) O aumento da densidade populacional no Distrito Federal ocorreu devido a heranças históricas, tais como a extração do ouro e de outros minerais e, posteriormente, à construção de Brasília.

( ) A concentração da população brasileira distante da faixa litorânea está condicionada, principalmente, à localização das capitais dos estados.

( ) O interior do Brasil, particularmente a Amazônia e o Centro-Oeste, comparado ao litoral, aparenta constituir um vazio demográfico, apesar de estar em constante processo de ocupação econômica e populacional.

( ) O semiárido brasileiro constitui uma região com os mais altos índices de vazio demográfico, devido às suas limitações climáticas e, consequentemente, à migração populacional para o sul do país.

6. (UFPR) Os gráficos abaixo representam as pirâmides etárias da população brasileira das décadas de 1980 e 2000 e projeções para 2020 e 2040.

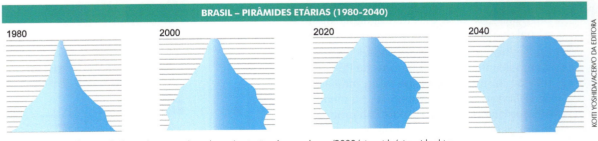

Fonte: http://www.ibge.gov.br/home/estatistica/populacao/projeção_da_populacao/2008/pirmaide/piramide.shtm

Com base nessas pirâmides etárias, considere as seguintes afirmativas:

1. Nas ordenadas estão o contingente populacional e nas abscissas os grupos de idade.
2. A base larga da pirâmide em todo o período analisado revela que o Brasil continuará a ser um país de jovens e reforça a necessidade do incremento de políticas públicas de atenção a tais camadas da população brasileira.
3. A estrutura etária da população representada nos gráficos tem relação com a economia e mostra a transformação da população economicamente ativa, definida como aquela que compreende o potencial de mão de obra com que pode contar o setor produtivo, isto é, a população ocupada e a população desocupada.
4. As transformações nas pirâmides no Brasil ao longo do tempo revelam a transição demográfica, explicada pela combinação de fatores como baixas taxas de natalidade, redução das taxas de mortalidade, elevação na expectativa de vida, redução na taxa de fecundidade e maior acesso e assistência à saúde.

Assinale a alternativa correta.
a) Somente a afirmativa 3 é verdadeira.
b) Somente as afirmativas 1 e 4 são verdadeiras.
c) Somente as afirmativas 3 e 4 são verdadeiras.
d) Somente as afirmativas 2, 3 e 4 são verdadeiras.
e) As afirmativas 1, 2, 3 e 4 são verdadeiras.

7. (FGV) Analise a distribuição da PEA (População Economicamente Ativa) por setor de atividade e assinale a alternativa que melhor explique seu significado.

a) Com maior contingente de trabalhadores no setor primário do que no secundário, pode-se afirmar que o Brasil, a despeito do crescimento econômico, ainda se mantém como uma economia agroexportadora.
b) O setor secundário emprega cerca de um terço do que emprega o setor terciário, o que indica que a economia brasileira é assentada mais pelo capital especulativo do que pelo capital produtivo.
c) O grande contingente de trabalhadores no setor terciário é típico de um país urbanizado, dado que as atividades deste setor são mais intensas em cidades.
d) O setor primário emprega 20,9% da PEA, o que indica que seu desenvolvimento é orientado por uma estrutura agrícola tradicional que demanda mão de obra numerosa.
e) Os setores primário e secundário empregam percentuais bem inferiores da PEA, em relação ao terciário, o que é um indicador de *deficit* na balança comercial, na medida em que demonstra que o país não produz a maior parte dos produtos industriais e agrícolas para atender à demanda interna.

8. (UFJF – adaptada) Leia o texto a seguir.
O Índice de Desenvolvimento Humano (IDH) é um relatório anual divulgado pelo Programa das Nações Unidas para o Desenvolvimento (PNUD).
a) Antes do IDH, utilizava-se o cálculo da renda *per capita* para avaliação do bem-estar das populações. Por que o cálculo da renda *per capita* não representa a real situação social de uma nação?
b) O cálculo do IDH é obtido a partir da média de três indicadores para medir o bem-estar. Quais são indicadores?
c) De acordo com o Censo 2010, 10% dos brasileiros mais ricos detêm 44,5% da renda nacional. Como esses dados provocam as debilidades do país?

9. (FGV) O mapa a seguir apresenta o número de migrantes que entraram em cada uma das regiões brasileiras e os que delas saíram em 2009.
Sobre esse fenômeno e suas causas, assinale a alternativa correta:

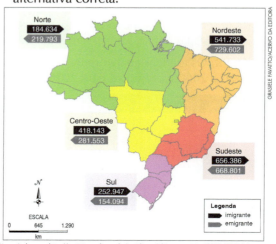

Disponível em: <http://noticias.uol.com.br/cotidiano/ultimas-noticias/2011/07/15/centro-oeste-e-a-regiao-que-mais-retem-imigrantes-aponta-ibge.htm>. Acesso em: 20 jul. 2013.

a) Uma parcela significativa dos migrantes que chegam à Região Nordeste é constituída por nordestinos que haviam migrado para outras regiões em períodos anteriores.

b) O elevado saldo migratório registrado na Região Centro-Oeste pode ser explicado pela grande demanda por trabalhadores agrícolas, já que a agricultura da região caracteriza-se pela baixa intensidade tecnológica.

c) A Região Sul apresenta saldo migratório positivo, em grande parte resultante da atração exercida pelas metrópoles nacionais que polarizam a região.

d) A Região Norte apresenta saldo migratório negativo, reflexo da crise demográfica que se instalou no Amazonas após o fim da Superintendência da Zona Franca de Manaus (SUFRAMA).

e) A Região Sudeste deixou de figurar como polo de atração de imigrantes, devido à estagnação dos espaços industriais nela situados.

10. (PASES – UFV – MG) Leia o texto abaixo:

"Até a década de 1980, a saída de brasileiros para viver em outros países era bastante restrita, sendo significativa apenas a migração para o Paraguai, nos anos 1970, em busca de terra e trabalho no campo. A crise econômica da década de 1980 promoveu o incremento da migração de brasileiros para o exterior, fenômeno que continua em pleno curso neste início de século XXI. Segundo estimativas do Ministério das Relações Exteriores, em 1997 havia 1.496.476 brasileiros vivendo no exterior. No ano de 2002, os migrantes já somariam 1.964.498. Dados recentes do IBGE assinalam a estimativa de 2 milhões de brasileiros vivendo fora do território nacional. Se de um lado esse processo é revelador de uma maior capacidade de mobilidade da mão de obra, o aumento do fluxo tanto nos países de saída como nos receptores vem gerando sérios problemas de ordem política e social."

Adaptado de: AZEVEDO, Deborah Bilhia de. Brasileiros no Exterior. Portal da Câmara dos Deputados. 22 jul. 2004. Disponível em: <http://www2.camara.gov.br>. Acesso em: 25 ago. 2009.

Considerando as informações do texto, é INCORRETO afirmar que uma das consequências do crescente processo de emigração no Brasil é:

a) o aumento das exigências de ingresso dos brasileiros nos países receptores.

b) a absorção de grande parte desse contingente em redes ilegais de trabalho.

c) a elaboração de legislação mais restritiva ao repatriamento.

d) o aumento da oferta de emprego no Brasil.

CAPÍTULO 13

Geografia da Saúde

O AVANÇO DAS DOENÇAS NO MUNDO

Ao longo da história da humanidade, incluindo os dias atuais, as doenças infecciosas estiveram sempre presentes, fazendo muitas vezes o papel de algozes do ser humano. Peste negra, gripe espanhola, cólera, varíola, malária, entre outras, dizimaram milhões de pessoas.

Com a chegada do século XX e o avanço da medicina e da bioquímica, muitos passaram a acreditar que a humanidade caminhava para um controle ou mesmo para a erradicação dessas doenças. As vacinas e os antibióticos foram responsáveis por uma verdadeira revolução na taxa de mortalidade e na diminuição dessas enfermidades. A partir das últimas décadas do século XX, as informações sobre o aparecimento de novas doenças (**emergência**) e o ressurgimento de outras (**reemergência**) ou mesmo a expansão da área de ocorrência no mundo, e consequentemente no Brasil, marcaram novas características do perfil de doenças, fazendo os meios científicos reverem suas previsões.

O final do século XX e início do século XXI foram marcados por profundas transformações científicas e tecnológicas. Hoje já se encontra ao alcance da humanidade experimentos com células-tronco embrionárias, mapeamento genético, transplante de órgãos, produtos transgênicos, tecnologias conceptivas (reprodução artificial humana e animal), entre outras inovações.

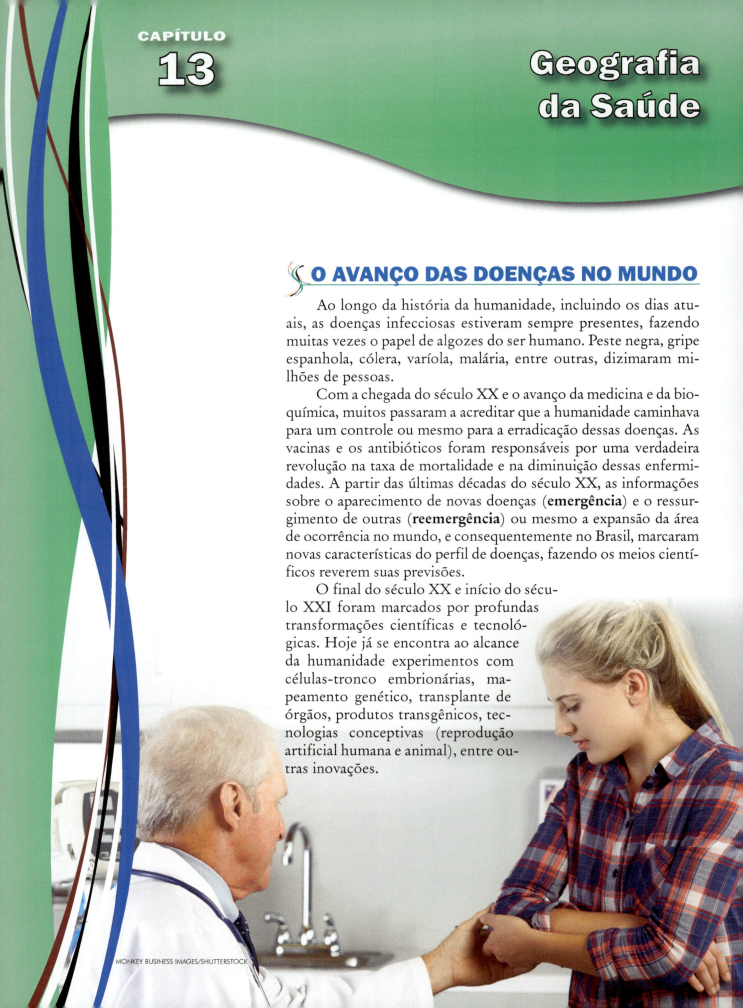
MONKEY BUSINESS IMAGES/SHUTTERSTOCK

O Brasil conta com tudo isso, mas os desafios ainda estão na base: acesso a água potável, ao saneamento básico, à saúde e à educação, moradia digna, emprego e segurança.

Nesse início de século XXI, a febre do Nilo ocidental espalhou-se pelo mundo, em especial nos Estados Unidos. Na Europa, a encefalite espongiforme transmissível, com suas variantes bovina, ovina e humana, ganhou o continente. A gripe aviária avançou pelos países, produzindo o medo de uma nova pandemia de *influenza*. A SARS (Síndrome Respiratória Aguda Severa) apareceu na China. No mundo tropical, o avanço de doenças tornou-se alarmante. O ebola e o marburg voltaram a agir nos países africanos. Os casos de dengue e de dengue hemorrágica aumentaram numérica e espacialmente. O zika vírus e o chikungunya, antes restritos ao continente africano, nos últimos anos se espalharam pelo mundo. A malária e a febre amarela voltaram a reincidir de maneira significativa. Acredita-se que tais quadros estão diretamente relacionados às alterações que o ser humano produziu no planeta.

Alterações ambientais associadas ao quadro demográfico do mundo contemporâneo, às condições socioeconômicas e à revolução técnico-científico-informacional que interligou o mundo, acabaram criando um cenário nunca vivenciado pela humanidade. Não sendo pessimista, mas sim realista, criamos um cenário preocupante para a saúde ambiental da Terra e, consequentemente, para a saúde humana. Se de um lado essa situação, montada principalmente sobre os ombros do avanço tecnológico, trouxe uma verdadeira revolução nas taxas de mortalidade e na esperança de vida, de outro criou-se um ambiente que vem facilitando a emergência e a reemergência de doenças pelo mundo, podendo comprometer o próprio futuro.

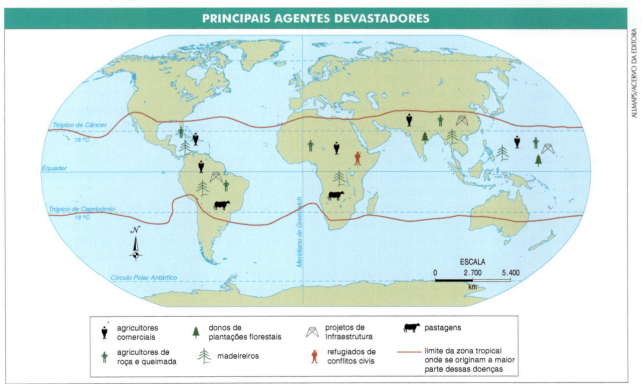

Fonte: MORAES, P. R. *As Áreas Tropicais Úmidas e as Febres Hemorrágicas Virais*. São Paulo: FAPESP/Humanitas, 2008. p. 94.

A devastação das florestas tropicais e as doenças

A devastação das florestas tropicais ocorre em todos os continentes em graus maiores ou menores, pois é um fenômeno global. O desmatamento sem o mínimo de planejamento e de estudos leva à redução drástica da biodiversidade local. Contendo a maior biodiversidade do globo, a floresta tropical está sujeita a desaparecer sem que a conheçamos por inteiro, assim como suas possíveis potencialidades e periculosidades.

A devastação ambiental causada pelo ser humano acaba desencadeando uma série de reações na natureza, em um verdadeiro "efeito dominó". A redução das florestas acaba comprometendo as condições climáticas, assim como sua dinâmica. Estudos científicos afirmam que a devastação dessas áreas acaba provocando o aumento da temperatura média local, a diminuição da pluviosidade, alterações das pressões atmosféricas locais e, consequentemente, das circulações do ar.

O desmatamento leva a uma mudança na dinâmica da natureza. O equilíbrio entre os nichos é quebrado bruscamente, podendo o meio dar respostas imprevisíveis. O homem pode passar a entrar em contato com microrganismos desconhecidos, levando ao surgimento de novas doenças, em consequência da ocupação de áreas até então isoladas do interior da floresta.

Integrando conhecimentos

A população indígena e as doenças

Ficar doente é, no mínimo, um incômodo para qualquer pessoa. Em alguns casos, o incômodo pode dar lugar a uma ameaça séria à integridade, chegando até a causar a morte do portador da doença. No entanto, há ocasiões em que o potencial destruidor de um microrganismo causador de doenças em seres humanos é ainda maior, chegando a ameaçar a existência de toda uma população durante um surto rápido de contágio em massa – as chamadas epidemias. Esse foi, provavelmente, o caso que levou à redução drástica das populações indígenas da América a partir de finais do século XV e, consequentemente, à dita "conquista" do continente pelos europeus nos séculos seguintes.

A chegada dos europeus à América, em 1492, significou também a vinda de um grande número de organismos causadores de doenças procedentes do "Velho Mundo" e até então desconhecidos pelas populações nativas.

Enquanto a arte e as crônicas europeias da época retratavam o processo de dominação da América como resultado de feitos supostamente heroicos de um ou outro conquistador, o mais provável é que a dizimação das populações ameríndias tenha ocorrido mais pela contaminação (por gripe, tuberculose, sarampo, varíola, e outras doenças) do que pelo confronto direto com os conquistadores propriamente dito.

Houve casos em que os europeus já encontraram povoações inteiras dizimadas por epidemias antes mesmo de sua penetração no interior do continente – o estabelecimento dos europeus no litoral já foi suficiente para que as doenças por eles trazidas contaminassem os índios do litoral e estes as levassem para as populações do interior.

Ao mesmo tempo, a imensa mortalidade dos indígenas americanos por doenças conhecidas dos europeus se explica pelo fato de que as populações indígenas não haviam tido contato e, portanto, possuíam pouca ou nenhuma resistência imunológica a elas. Além disso, as doenças infecciosas – aquelas que ocorrem em epidemias, e que causaram grande mortalidade de indígenas – costumam ser combatidas pelo sistema imunológico humano de forma rápida e que não permita novas infecções por um bom tempo, mas eles não tinham como.

O Primeiro Desembarque de Cristóvão Colombo na América, 1862. Óleo sobre tela de Puebla Tolin, Dioscoro Teofilo (1832-1901). Cidade de Coruña, Espanha.

BRASIL – QUADRO ATUAL

A saúde é direito de todos e dever do Estado, garantido mediante políticas sociais e econômicas que visem à redução do risco de doença e de outros agravos e ao acesso universal e igualitário às ações e serviços para sua promoção, proteção e recuperação.

Constituição da República Federativa do Brasil de 1988, art. 196.

Segundo a OMS (Organização Mundial da Saúde), no mundo, a cada mil crianças nascidas vivas, 37 morrem antes de completar 1 ano. As principais causas da mortalidade das crianças estão diretamente associadas a doenças que poderiam ser evitadas, como infecções respiratórias, diarreia, sarampo e malária. A fome que provoca a desnutrição e as péssimas condições de higiene são fatores-chaves para que as crianças morram cedo entre as populações mais pobres.

TAXA DE MORTALIDADE INFANTIL (2014)	
Continentes e mundo	Taxa de mortalidade infantil (‰)
Mundo	37
África	59
Ásia	33
Oceania	22
América Latina e Caribe	17
Europa	6
América do Norte (exceto México)	6

Fonte: POPULATION REFERENCE BUREAU. Infant Mortality Rate. Infant Deaths per 1000 live births: 1970–2014. New York, 2015. Acesso em: 29 jul. 2016.

No Brasil, apesar de o texto constitucional garantir o direito à saúde, ainda estamos muito distante de cumpri-lo, correspondendo a um dos grandes desafios a serem vencidos nos próximos anos pelo governo.

BRASIL – TAXA DE MORTALIDADE		
	Infantil*	Na infância**
2010	16,7‰	19,4‰
2011	16,1‰	18,7‰

*Óbitos até um ano de idade.
**Óbitos até cinco anos de idade.

Fonte: IBGE, Censo Demográfico 2010.
In: Tábua completa de mortalidade para o Brasil – 2011.
Rio de Janeiro: IBGE, 2012.

Nas últimas décadas, os indicadores de saúde nacional apresentaram grandes progressos. A taxa de mortalidade infantil, mesmo não estando nos patamares das nações ricas, apresentou queda significativa. Vale lembrar que, apesar da melhoria desses índices, o país ainda mostra diferenças nos indicadores de mortalidade conforme o tipo de esgotamento sanitário nos domicílios (veja tabelas).

PANTHERMEDIA/KEYDISC

TAXA DE MORTALIDADE INFANTIL E NA INFÂNCIA SEGUNDO O TIPO DE ESGOTAMENTO SANITÁRIO NOS DOMICÍLIOS PARTICULARES PERMANENTEMENTE OCUPADOS – BRASIL (2010)		
Esgotamento sanitário	Taxa de mortalidade infantil (‰)	Taxa de mortalidade na infância (‰)
Total	16,7	19,4
Fossa rudimentar	18,0	21,0
Fossa séptica	16,1	18,6
Rede geral de esgoto ou pluvial	14,6	16,8
Rio, lago ou mar	18,4	21,4
Vala	21,0	24,8
Outro	23,3	28,3

Fonte: IBGE, Censo Demográfico 2010.
In: Tábua completa de mortalidade para o Brasil – 2011.
Rio de Janeiro: IBGE, 2012. p. 20.

▶ Analise os dados da tabela. Que relação pode ser feita entre tipo de esgotamento sanitário e taxa de mortalidade?

Ao mesmo tempo em que se observa decréscimo na taxa de mortalidade, indicadores apontam um aumento na esperança de vida ao nascer (veja a tabela ao lado). Esse aumento é observado para ambos os sexos. Veja a seguir a evolução da taxa de esperança de vida ao nascer entre 1960 e 2011.

ESPERANÇA DE VIDA AO NASCER E TAXA DE MORTALIDADE INFANTIL PARA AMBOS OS SEXOS – BRASIL (1980-2011)		
	Esperança de vida ao nascer	Taxa de mortalidade infantil (‰)
1980	62,5	69,1
1991	66,9	45,1
2000	70,4	30,1
2010	73,8	16,7
2011	74,1	6,1

Fonte: IBGE, Censo Demográfico 2010.
Rio de Janeiro: IBGE, 2012. p. 20.

BRASIL – ESPERANÇA DE VIDA AO NASCER (1960-2011)				
	AS*	H	M	Diferença M – H
1960	54,6	53,1	56,1	3,0
1980	62,5	59,7	65,8	6,1
1991	66,9	63,2	70,9	7,8
2000	70,5	66,7	74,4	7,6
2010	73,8	70,2	77,4	7,2
2011	74,1	70,6	77,7	7,10

*Ambos os sexos.

Fonte: IBGE, Censo Demográfico 2010.

O ATENDIMENTO À SAÚDE

No Brasil, o atendimento à saúde é feito tanto pelo setor público como pelo privado. A Constituição de 1988 instituiu o SUS (Sistema Único de Saúde), que passou a ter como meta a cobertura universal de toda a população brasileira, nos moldes dos tradicionais sistemas de proteção social existentes nos países europeus. Mais de 70% dos brasileiros utilizam o SUS, administrado pelo Ministério da Saúde. Assim, o Estado é responsável por grande parte da saúde do brasileiro. O sistema criado tem se esforçado para apresentar resultados satisfatórios, sendo necessárias mudanças significativas em sua estrutura e operacionalização para melhor atendimento à população.

Alguns dos problemas existentes no sistema, e constantemente noticiados pela imprensa, são:

- filas frequentes de pacientes aguardando nos postos de serviço;
- falta de leitos hospitalares para atender à demanda da população;
- escassez de recursos financeiros, materiais e humanos para manter os serviços de saúde operando com eficácia e eficiência;
- atraso no repasse dos pagamentos do Ministério da Saúde para os serviços conveniados;
- baixos valores pagos pelo SUS pelos diversos procedimentos médico-hospitalares.

A descentralização e o aumento da autonomia dos estados e municípios na montagem de estruturas de prestação de serviços adequadas a cada realidade são medidas que vêm sendo adotadas, porém estas teriam de ser mais ágeis e eficazes.

Segundo o próprio Ministério da Saúde, 10 milhões de pessoas, a maior parte delas da zona rural, não têm acesso a nenhum tipo de assistência médico-hospitalar. Os gastos no setor de saúde vêm aumentando para atender nossa realidade e as necessidades de cobrir os propósitos de universalização, integralidade e equidade.

A questão da saúde não se resume apenas à quantidade e qualidade dos médicos e hospitais do país. Evitar as doenças pode ser tão importante quanto tratá-las. As condições sanitárias, tais como água tratada e rede de coleta de esgotos, são fundamentais para o combate a doenças no Brasil.

Segundo dados governamentais, de universidades e de ONGs, mais de 10 milhões de brasileiros não têm acesso a redes de distribuição de água. Isso obriga muitos cidadãos a retirar água de poços, fontes, rios e lagos. Se a qualidade da água for ruim, esta trará doenças graves para a população. Outro sério problema sanitário é a falta de rede de coleta de esgotos. Aproximadamente 36% das moradias brasileiras não têm rede de coleta de esgotos ou fossas sépticas, e os dejetos são lançados diretamente nas ruas, nos lagos, rios e mares. Isso contribui para a poluição ambiental e para a disseminação de várias doenças.

---

cobertura universal: na área de saúde, significa dar completo atendimento médico, hospitalar e laboratorial ao paciente, visando o restabelecimento de sua saúde física (incluindo a bucal) e mental

eficácia: capacidade de produzir o efeito esperado

eficiência: capacidade de realizar bem determinada tarefa

equidade: igualdade, implica imparcialidade no trato e moderação ao estabelecer as condições ou o preço de determinado serviço

Assistência médico-odontológica supletiva

O sistema privado de medicina supletiva (cooperativas, medicina de grupo, autogestão e seguradoras) se expandiu a taxas bastante elevadas a partir de 1960. Hoje, esses sistemas cobrem mais de 40 milhões de pessoas, notadamente trabalhadores inseridos nas empresas de maior porte e famílias de classes média e alta.

A partir da década de 1990, a popularização desse sistema passou a atender populações mais carentes que aderiram a planos muito simples, que muitas vezes criam mais problemas do que soluções. Com a expansão do atendimento, o número de reclamações passou de 35,2 milhões em 2002 para 67,1 milhões em 2012. Isso representa quase o dobro de queixas em 10 anos e mais de 300 planos já foram suspensos.

Para promover a defesa do interesse público na assistência suplementar à saúde foi criada, no ano 2000, a **ANS** (Agência Nacional de Saúde Suplementar). Essa Agência tem por finalidade regular as operadoras do setor – inclusive quanto às suas relações com prestadores e consumidores – e contribuir para o desenvolvimento das ações de saúde no país.

prestadores: aqueles que realizam um serviço; em nosso texto, seriam os trabalhadores na área de saúde, como, por exemplo, médicos, enfermeiros, dentistas

Explorando o tema

Outra agência ligada à área da saúde é a **ANVISA** (Agência Nacional de Vigilância Sanitária). Criada em 1999, tem por finalidade promover a proteção da saúde da população por intermédio do controle sanitário da produção e da comercialização de produtos e serviços submetidos à vigilância sanitária, inclusive dos ambientes, dos processos, dos insumos e das tecnologias a eles relacionados.

EMERGÊNCIA E REEMERGÊNCIA DE DOENÇAS NO BRASIL

O quadro da emergência e reemergência de doenças no Brasil não é diferente da situação mundial.

O surgimento de doenças como a AIDS, o retorno de endemias antes erradicadas do país, como o cólera, e a ocorrência de epidemias como a de dengue, com a morte de vários cidadãos, estão relacionadas a alterações ambientais e transformações das condições socioeconômicas e culturais das populações locais, revelando um delicado quadro da saúde, que deverá ser enfrentado nos próximos anos, exigindo dos órgãos responsáveis uma nova forma de pensar e agir diante desta nova realidade.

Malária

A transmissão da malária no Brasil está concentrada na Amazônia Legal, onde são registrados a maioria dos casos. Essa região é composta pelos Estados da Região Norte (Acre, Amazonas, Amapá, Pará, Rondônia, Roraima e Tocantins), o

Estado do Mato Grosso e parte do Estado do Maranhão à oeste do meridiano 44° O. A partir da década de 1970 houve um aumento no número de casos nessa região, culminando, no ano de 1999, com o registro de 635.644 casos. A partir dessa data, o número de casos começou a diminuir até 2002, quando voltou a aumentar, colocando em discussão as políticas adotadas pelo governo para reverter a situação.

Como pode ser observado no gráfico a seguir, desde 2005 o número de casos tem apresentado uma tendência de queda.

Fonte: Ministério da Saúde/Serviço de Vigilância em Saúde.

AIDS

Segundo o Ministério da Saúde, de 1980 a 2015 foram notificados 798.366 casos de AIDS no país – de 2003 a 2014 a taxa por 100 mil habitantes caiu no Sudeste de 27,4 para 18,6, no Centro-Oeste de 20,9 para 18,4 e no Sul de 33,4 para 28,7. Nas outras regiões, aumentou nesse período: no Norte passou de 11,6 para 25,7 e no Nordeste, de 9,7 para 15,2.

Segundo critérios da OMS (Organização Mundial de Saúde), o Brasil tem uma epidemia concentrada, com uma proporção de infectados em torno de 6,5/1.000 indivíduos de 15 a 49 anos.

CASOS DE AIDS NOTIFICADOS, SEGUNDO A REGIÃO GEOGRÁFICA (1980-2015)						
	1980-2000	2001-2005	2006-2010	2014	2015	TOTAL
Brasil	253.413	180.013	159.488	39.947	15.181	798.366
Norte	5.024	8.042	11.679	4.436	1.748	45.355
Nordeste	22.609	23.319	28.436	8.534	3.164	116.769
Sudeste	173.135	98.754	72.261	15.840	5.888	429.227
Sul	40.065	38.712	36.821	8.331	3.422	159.898
Centro-Oeste	12.580	11.186	10.291	2.806	959	47.049

Fonte: MINISTÉRIO DA SAÚDE. Secretaria de vigilância em saúde. Boletim Epidemiológico – AIDS e DST, 2015. Brasília, 2015. p. 23.
Disponível em: <http://www.aids.gov.br/sites/default/files/anexos/publicacao/2015/58534/boletim_aids_11_2015_web_pdf_19105.pdf>.
Acesso em: 2 ago. 2016.

Disseram a respeito...

O Programa Conjunto das Nações Unidas sobre HIV/AIDS (Unaids) alertou em um relatório divulgado nesta terça-feira que, embora o número de novas infecções tenha declinado, ainda é necessário tomar ações para evitar a retomada de uma epidemia global.

Estima-se que 1,9 milhão de adultos são infectados por HIV a cada ano, de acordo com observações realizadas nos últimos cinco anos. Em todo o mundo há cerca de 36,7 milhões infectados.

Os novos registros de HIV entre adultos (pessoas com mais de 15 anos de idade, segundo o relatório) estão subindo em diversas regiões: Leste Europeu, Ásia Central, Caribe, Oriente Médio e Norte da África. (...)

Desde o seu início, há 35 anos, a epidemia de HIV matou cerca de 35 milhões de pessoas com doenças relacionadas à AIDS e aproximadamente 78 milhões foram infectadas com o vírus. O grupo mais vulnerável, que responde por 20% dos novos registros anuais, é de mulheres entre 15 e 24 anos. (...)

No Leste Europeu e na Ásia Central, o índice anual de novas infecções por HIV amentou 57% nos últimos cinco anos. Cerca de metade das ocorrências foi entre pessoas que injetam drogas.

Na Rússia e na Ucrânia são registrados nove entre cada dez novos casos destas duas regiões. (...) a epidemia está se movendo vagarosamente dos grupos de risco para toda a população.

De acordo com a OMS, todas as pessoas diagnosticadas com HIV devem ter acesso imediato a medicamentos antirretrovirais, que mantêm o vírus sob controle e dão aos pacientes uma boa chance de ter uma vida longa e relativamente saudável.

Mas o declínio nas novas infecções entre adultos estagnou, num momento em que o financiamento dos doadores para a luta contra a AIDS caiu para seu nível mais baixo desde 2010. Em 2013, as doações internacionais somaram US$ 9,7 bilhões. [Em 2015], foram US$ 8,1 bilhões.

Fonte: O Globo. ONU alerta para risco de nova epidemia de Aids. 12 jul. 2016. Disponível em: <http://oglobo.globo.com/sociedade/saude/onu-alerta-para-risco-de-nova-epidemia-de-aids-19694832#ixzz4OLQiYtgq>. Acesso em: 2 out. 2016.

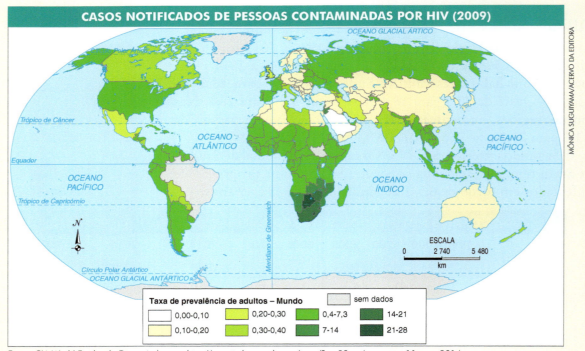

Fonte: CIA World Factbook. Disponível em: <http://www.indexmundi.com/map/?v=32>. Acesso em 11 ago. 2014.

➤ Que tipos de programas e investimentos o poder público precisa fazer para controlar e combater a epidemia de AIDS e DST? Por que a África Subsaariana concentra a maior parte dos casos de infecção por HIV?

Dengue

O mosquito transmissor da dengue, o *Aedes aegypti*, que havia sido erradicado de vários países do continente americano nas décadas de 1950 e 1960, retorna na década de 1970, por falhas na vigilância epidemiológica e pelas alterações socioambientais propiciadas pela urbanização acelerada dessa época.

Atualmente, o mosquito transmissor é encontrado em uma larga faixa do continente americano, que se estende desde o Uruguai até o sul dos Estados Unidos, com registro de surtos importantes de dengue em vários países, dentre eles podemos mencionar Venezuela, Cuba, Brasil e Paraguai.

CASOS DE DENGUE NOTIFICADOS, SEGUNDO A REGIÃO GEOGRÁFICA (1990-2016*)								
	1990-1995	1996-2000	2001-2005	2006-2008	2010	2015	2016	TOTAL
Brasil	347.747	1.352.737	1.584.791	1.320.550	1.011.548	994.205	1.054.127	7.665.705
Norte	5.433	97.853	145.833	111.129	98.632	16.801	30.315	505.996
Nordeste	133.778	777.851	667.210	371.682	176.854	124.663	205.423	2.457.461
Sudeste	167.195	381.325	622.004	615.688	478.003	702.103	625.470	3.618.788
Sul	3.116	15.098	22.157	31.963	42.008	35.392	79.010	228.744
Centro-Oeste	38.225	80.610	127.587	190.088	216.051	115.246	113.909	881.716

Fonte: MINISTÉRIO DA SAÚDE. Secretaria de Vigilância e Saúde. *Boletim Epidemiológico*, 2016. Casos Prováveis de dengue em 2015 e 2016. Brasília, 2016. p. 2. Disponível em: <http://combateaedes.saude.gov.br/images/boletins-epidemiologicos/2016-013-Dengue-SE16.pdf>. Acesso em: 2 ago. 2016.

Zika e chikungunya

O zika vírus, assim como a dengue, é uma infecção viral transmitida pela picada do mosquito *Aedes aegypti*. Esse vírus é originário da Floresta Zika, em Uganda, na África, tendo sido detectado pela primeira vez em 1947. No entanto, somente no início do século XXI houve um surto de zika fora do continente africano: em 2007, nas ilhas da Micronésia, no oceano Pacífico, em 2013 e 2014, na Polinésia Francesa, e em 2014 na Ilha de Páscoa, no Chile. Em 2015 foi a vez do Brasil sofrer uma epidemia de zika e de chikungunya – outras doenças infecciosas transmitidas pelo mesmo mosquito.

O chikungunya foi detectado pela primeira vez em 1950, na Tanzânia, na África. No Brasil, as primeiras ocorrências foram registradas em 2014. Diferentemente do chikungynya, que causa febre alta e dores fortes nas articulações, além de dores de cabeça, dores musculares e manchas vermelhas na pele, o vírus zika, na maioria dos casos (80%) é assintomático – embora também possa causar febre baixa, dor de cabeça, dor nas articulações e manchas vermelhas no corpo, entre outros sintomas

Explorando o tema

De acordo com a Lei Orgânica da Saúde (Lei nº 8.080, de 19 set. 1990), "entende-se por **vigilância epidemiológica** um conjunto de ações que proporcionam o conhecimento, a detecção ou prevenção de qualquer mudança nos fatores determinantes e condicionantes de saúde individual ou coletiva, com a finalidade de recomendar e adotar as medidas de prevenção e controle das doenças ou agravos".

Integrando conhecimentos

Ao infectar um ser humano, o vírus da dengue invade células de determinados órgãos, como o fígado e o baço, onde se reproduz. Em seguida, há o rompimento (lise) das células infectadas. Após um período de incubação de três a sete dias, o vírus passa a se reproduzir em células do sangue e atinge até a medula óssea, comprometendo a produção de plaquetas – estruturas essenciais para a coagulação do sangue. É nesse período que começam a se manifestar os sintomas da doença: febre alta; dor de cabeça; dor no abdômen, nas costas, nas articulações e no fundo do olho; náuseas e vômitos; insônia; perda de apetite; cansaço; manchas vermelhas na pele e coceira.

Após cerca de cinco dias das primeiras manifestações, a febre começa a ceder e, na maioria dos casos, a doença evolui até o desaparecimento completo dos sintomas nos dez dias seguintes. Em alguns casos, porém, o fim do período febril acompanha uma aceleração da perda da parte líquida do sangue, levando a uma diminuição da pressão arterial e ao surgimento ou intensificação de sintomas como sangramentos, vômitos frequentes e com sangue, manchas vermelhas na pele e dores abdominais fortes. Trata-se da forma mais grave da doença, a dengue hemorrágica, que pode levar à morte se não houver acompanhamento médico para evitar que a perda de plasma comprometa a circulação sanguínea.

A dengue hemorrágica, assim como a ocorrência de epidemias de dengue, parece estar associada à existência de diferentes variações do vírus. A introdução de uma nova variação em uma população costuma causar transtornos, pois a contaminação confere imunidade permanente apenas contra o tipo de vírus da dengue que a causou.

Na verdade, a infecção por dois tipos distintos do vírus aumenta os riscos da ocorrência de febre hemorrágica, obrigando os órgãos de saúde a manter uma vigilância permanente em relação ao aparecimento de novas variedades do vírus em um território. Além disso, parece haver diferenças nas características das epidemias por cada tipo de vírus da dengue: tipo 3 costuma causar casos mais graves da doença, ao passo que o tipo 1 apresenta maior capacidade de alcançar uma grande população em um pequeno período de tempo.

Como a transmissão da dengue depende da existência de um mosquito vetor, a distribuição geográfica da doença coincide em grande medida com a distribuição do vetor. O principal transmissor da doença é o *Aedes aegypti*, mosquito de origem no continente africano e que deve ter sido trazido para as Américas a bordo de navios negreiros, além de estar presente também no Sudeste da Ásia. A dengue ocorre principalmente nas áreas tropicais úmidas, onde as temperaturas altas e as chuvas abundantes garantem as melhores condições de sobrevivência para as populações do *A. aegypti*, cujo ciclo de vida depende da deposição de ovos em água limpa e parada. Isso explica não só a concentração dos casos de dengue nas estações chuvosas, bem como sua ocorrência na extensa área do território brasileiro com características tropicais. É por essa razão também que as autoridades de saúde pública brasileiras mantêm programas de acompanhamento dos casos de dengue e de prevenção a epidemias, contando com a população local para acabar com os criadouros do mosquito – pratos de plantas, pneus de carro, tonéis, caixas d'água destampadas e todo tipo de recipientes que possam acumular água parada.

> ➤ Quais são as ações que podem ser tomadas pelas autoridades de saúde locais para a prevenção da dengue no Brasil? Qual é a importância da participação da população nesse esforço?

Febre amarela

A febre amarela tem caráter sazonal. Entre os meses de janeiro e abril (meses de chuvas no país) ocorre o maior número de casos, quando fatores ambientais propiciam o aumento da densidade de mosquitos transmissores.

A febre amarela silvestre é endêmica em boa parte do território brasileiro. Veja o mapa a seguir. Ocasionalmente, ocorrem surtos, como em 1984, 1993, 1999/2000, 2003 e, o último, com início em dezembro de 2007. Chama a atenção nessa doença o alto índice de mortalidade.

> fala-se em dois tipos de **febre amarela**: a **silvestre** e a **urbana**. Ambas apresentam os mesmos sintomas, sendo que a diferença está no mosquito que propaga a doença e quais animais são afetados: na silvestre os transmissores são mosquitos contaminados do gênero *Haemagogus*; na urbana, o *Aedes aegypti* (o mosquito da dengue) é um dos transmissores.

Fonte: <http://portalsaude.saude.gov.br/index.php/situacao-epidemiologica-dados-febreamarela>. Acesso em: out. 2016.

CASOS DE FEBRE AMARELA NOTIFICADOS, SEGUNDO A REGIÃO GEOGRÁFICA (1990-2014)

	1990-1995	1996-2000	2001-2005	2006-2008	2010-2014	TOTAL
Brasil	135	213	128	61	10	547
Norte	25	119	25	8	2	179
Nordeste	90	10	0	0	0	100
Sudeste	3	4	96	3	1	107
Sul	0	0	0	7	0	7
Centro-Oeste	17	80	7	43	7	148

Fonte: MINISTÉRIO DA SAÚDE. Secretaria de Vigilância em Saúde. *Boletim Epidemiológico*, 2015. Brasília, 2015. p. 2. Disponível em: <http://portalsaude.saude.gov.br/images/pdf/2015/outubro/19/2015-032---FA-ok.pdf>. Acesso em: 2 ago. 2016.

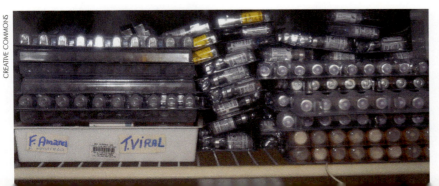

Reforço da vacina contra a febre amarela é importante para quem viajar para áreas rurais e silvestres próximas à Amazônia e ao Pantanal.

Infográfico

ZIKA

O QUE É ZIKA?
Zika é o nome de uma doença causada pelo vírus de mesmo nome. O agente transmissor do vírus zika é o mosquito **Aedes aegypti**, e os primeiros casos da doença no Brasil foram diagnosticados em abril de 2015. Esse vírus foi identificado a primeira vez em macacos *Rhesus* da Floresta Zika, Uganda (África), em 1947.

PAÍSES AF

Fonte: OMS (Organização Mundial da Saúde)

QUAIS SÃO OS SINTOMAS?

Febre	febre baixa (até 38°C) com duração de 1 a 2 dias
Cefaleia	dor de cabeça de intensidade moderada
Dores muscular e articular	dores muscular e articular moderadas, porém, persistentes (aproximadamente um mês), vermelhidão nos olhos e dor de garganta
Evolução da infecção	formas graves atípicas são raras, mas quando ocorrem podem levar a óbito

COMO É O TRATAMENTO?
Não existe tratamento específico para a infecção pelo vírus zika e também não há vacina contra ele. O tratamento recomendado para os casos sintomáticos faz uso de acetaminofeno (paracetamol) ou dipirona para o controle da febre e manejo da dor. No caso de erupções pruriginosas, os anti-histamínicos podem ser considerados.

CUIDADOS
➤ Caso observe o aparecimento de manchas vermelhas na pele, olhos avermelhados ou febre, busque um serviço de saúde para atendimento.

➤ Não tome qualquer medicamento por conta própria.

➤ Procure orientação sobre planejamento reprodutivo e os métodos contraceptivos nas Unidades Básicas de Saúde.

INFORMAÇÕES ÚTEIS
➤ Utilize informações dos *sites* institucionais, como o do Ministério da Saúde e das Secretarias de Saúde.

➤ Se deseja engravidar: busque orientação com um profissional de saúde e tire todas as dúvidas para avaliar sua decisão.

➤ Se não deseja engravidar: busque métodos contraceptivos em uma Unidade Básica de Saúde.

Fonte: <http://combateaedes.saude.gov.br/pt/tira-duvidas#zika>.

ELA ZIKA

- CASOS IMPORTADOS
- TRANSMISSÃO LOCAL
- NÃO ESPECIFICADO
- SUSPEITA DE CIRCULAÇÃO DO VÍRUS
- SURTO ENCERRADO

Prevenção/Proteção

➢ Proteger o ambiente com telas em janelas e portas, e procurar manter o bebê com uso contínuo de roupas compridas – calças e blusas.

➢ Manter o bebê em locais com telas de proteção, mosquiteiros ou outras barreiras disponíveis.

➢ A amamentação é indicada até o segundo ano de vida ou mais, devendo ser exclusiva nos primeiros 6 meses.

➢ Caso se observem manchas vermelhas na pele, olhos avermelhados ou febre, procurar um serviço de saúde.

➢ Não dar ao bebê qualquer medicamento por conta própria.

➢ Leve seu bebê a uma Unidade Básica de Saúde para o acompanhamento do crescimento e desenvolvimento conforme o calendário de consulta de puericultura.

➢ Mantenha a vacinação em dia, de acordo com o calendário vacinal da Caderneta da Criança.

➢ Caso o bebê apresente alterações ou complicações (neurológicas, motoras ou respiratórias, entre outras), o acompanhamento por diferentes especialistas poderá ser necessário, a depender de cada caso.

➢ Utilize telas em janelas e portas, use roupas compridas – calças e blusas – e, se vestir roupas que deixem áreas do corpo expostas, aplique repelente nessas áreas.

➢ Fique, preferencialmente, em locais com telas de proteção, mosquiteiros ou outras barreiras disponíveis.

➢ Pratique sexo seguro.

Prevenção/Proteção

➢ Após o nascimento, o bebê será avaliado pelo profissional de saúde na maternidade. A medição da cabeça do bebê (perímetro cefálico) faz parte dessa avaliação.

➢ Além dos testes de Triagem Neonatal de Rotina (teste da orelhinha, teste do pezinho e teste do olhinho), poderão ser realizados outros exames.

➢ Leve seu bebê a uma Unidade Básica de Saúde para o acompanhamento do crescimento e desenvolvimento conforme o calendário de consulta de puericultura.

➢ Mantenha a vacinação em dia, de acordo com o calendário vacinal da Caderneta da Criança.

Questão socioambiental

SOCIEDADE & ÉTICA

Século XXI – febre amarela no Brasil

Conhecido há décadas, bem como sua vacina, o vírus da febre amarela aparece em boa parte do território brasileiro de maneira endêmica. Consequentemente, você deve estar pensando: sendo a febre amarela endêmica, é normal que a tenhamos em algumas áreas do país. Resposta errada!

Um programa contínuo, a longo prazo, que unisse processos de vacinações, acompanhamento da saúde das pessoas e campanhas de esclarecimento da doença teria mudado a situação da doença no país.

Conhecemos todo o processo de desenvolvimento da febre amarela (hospedeiro, vetor de transmissão, ambientes etc.) e desde a década de 1930 aplicamos a vacina contra essa doença. Como é possível que pessoas ainda morram da febre amarela?

➤ Pesquise os dados epidemiológicos de febre amarela de sua região no portal do Ministério da Saúde. De que forma você e sua comunidade poderiam auxiliar na prevenção dessa doença?

ATIVIDADES

PASSO A PASSO

1. Diferencie o acesso a serviços relacionados à saúde nas zonas urbanas e rurais do Brasil.

2. O Brasil é um dos 62 países que alcançaram a meta de redução da mortalidade infantil, estipulada pela Organização das Nações Unidas (ONU), por meio dos Objetivos do Milênio. É o que confirma o relatório *Níveis e Tendências da Mortalidade Infantil 2015*, divulgado nesta quarta-feira (9 set. 2015), por Unicef, Organização Mundial de Saúde (OMS), Banco Mundial e o Departamento da ONU para Questões Econômicas e Sociais (Undesa).

   A meta estipulada pela ONU por meio dos Objetivos do Milênio, apontou a necessidade de diminuição em dois terços no índice. De 1990 a 2015, o Brasil reduziu em 73% a mortalidade infantil. Há 25 anos eram registradas 61 mortes para cada mil crianças menores de cinco anos. O número caiu para 16 mortes (a cada cem mil) após esse período. (...)

   Fonte: ONU: Brasil cumpre meta de redução da mortalidade infantil. PORTAL BRASIL, 9 set. 2015. Disponível em: <www.brasil.gov.br/cidadania-e-justica/2015/09/onu-brasil-cumpre-meta-de-reducao-da-mortalidade-infantil>. Acesso em: 14. out. 2016.

   Vimos, neste capítulo, que uma das principais causas da mortalidade infantil são doenças passíveis de tratamento. A queda dessa taxa indica, necessariamente, uma alta qualidade nos serviços de atendimento à saúde? Justifique.

3. Aponte em que região do Brasil existe uma maior concentração dos casos de transmissão de malária.

4. Explique por que a febre amarela tem uma maior incidência nos meses de janeiro a abril.

5. Usando o conteúdo deste capítulo e seus conhecimentos, busque analisar por que o Sudeste brasileiro, com maior quantidade de recursos médicos, tinha, entre 2006 e 2008, o maior número de casos de dengue do Brasil.

IMAGEM & INFORMAÇÃO

1. Observe a charge e, com base nas informações deste capítulo, responda ao que se pede.

   De que doença esse mosquito é transmissor? Por que as chuvas garantem seu "emprego"?

Disponível em: <http://www.leoquintino.com.br/index.php/2009/01/29/charge-dengue-com-emprego-garantido>. Acesso em: 11 ago. 2016.

2. O mapa abaixo mostra a estimativa da taxa de inoculação por *Plasmodium falciparum*, mosquito transmissor da malária. Essa taxa está representada pelo número esperado de picadas do mosquito infectado por pessoa por ano. A escala é logarítmica para melhor representar a diferença de taxa entre as regiões.

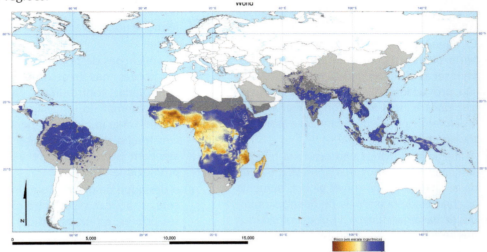

Fonte: Malaria Atlas Project. Disponível em: <http://www.map.ox.ac.uk/browse-resources/entomological-innoculation-rate/Pf_EIR/world/>. Acesso em: 2 ago. 2016.

Faça uma breve análise e responda: Quais são as áreas do planeta onde ocorre maior taxa de transmissão da malária? O que há de comum entre elas?

3. a) Indique as regiões que possuem maiores taxa de incidência da AIDS por 100.000 habitantes.
   b) Faça uma análise do quadro no período representado.

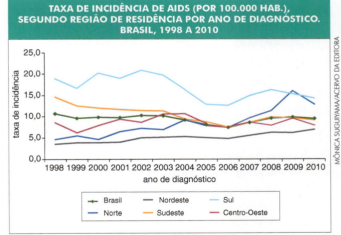

Fonte: MS/SVS/Departamento de DST, AIDS e hepatites virais. Disponível em: <http://www.datasus.gov.br>.

TESTE SEUS CONHECIMENTOS

1. (PUC – PR) Avalie as afirmativas a seguir sobre geografia e saúde. Em seguida, indique a alternativa CORRETA:
   I. A situação de saúde-doença da população está associada ao modo de transformação do processo produtivo, ao modo de desenvolvimento científico-tecnológico, às políticas públicas e ao espaço geográfico.
   II. A saúde pode ser agravada pelos fatores ambientais. Há doenças que são mais prevalentes em regiões geográficas de clima temperado. As florestas tropicais, quentes

e úmidas, são locais facilitadores da proliferação da malária e febre amarela. Nos centros urbanos, encontramos mais amiúde doenças infecciosas transmitidas entre os homens, como a meningite, a gripe e a AIDS.

III. O aquecimento global e o fenômeno El Niño alteram o clima mundial e promovem secas ou inundações. Muitas doenças são provocadas ou transmitidas por insetos, ratos e pela água contaminada, principalmente em regiões afetadas por essa transformação ambiental.

IV. A alteração climática não ocasiona reflexos somente na vida dos humanos. A elevação de temperaturas, em nível global, aumenta as chances de ocorrência de doenças oriundas de bactérias, fungos, vírus e protozoários que se estabelecem em hospedeiros de todas as espécies, distribuídos em todo o planeta, sejam animais aquáticos ou terrestres.

a) Apenas as assertivas I, II e III estão corretas.
b) Apenas as assertivas I e II estão corretas.
c) Apenas a assertiva I está correta.
d) Apenas a assertiva II está correta.
e) Todas as assertivas estão corretas.

2. (UEPA) "O surgimento de grandes centros urbanos com crescimento desordenado, as migrações de populações inteiras provocadas pela escassez de alimentos e por guerras, a poluição e o desemprego resultaram em aumento da mortalidade nos países mais pobres e no agravamento de problemas de saúde."

Geopolítica das doenças. Atualidades Vestibular, São Paulo, p.196, 2008.

A partir da leitura do texto e de seus conhecimentos geográficos sobre o desenvolvimento urbano-industrial e a dinâmica populacional, é correto afirmar que:

a) a presença dos programas de prevenção e tratamento instituídos pelo sistema público de saúde, em países pobres, reduz as taxas de doenças crônicas na infância e baixa os níveis da mortalidade infantil para 0%.
b) nos últimos anos tem ocorrido uma diminuição entre a esperança de vida dos países desenvolvidos e os subdesenvolvidos devido às melhorias infraestruturais: como o acesso à água potável, a uma alimentação adequada e a eficiência dos programas de saúde pública para toda a população.
c) a ocorrência das epidemias, das guerras civis, as condições socioeconômicas das pessoas, bem como a deficiência na qualidade e quantidade de serviços públicos existentes (hospitais, escolas e saneamento básico) em países pobres, interferem diretamente no IDH (Índice de Desenvolvimento Humano) e no agravamento das desigualdades sociais.
d) as aplicações de políticas públicas em países pobres, nas áreas de urbanização descontrolada, contribuíram para solucionar os problemas de infraestrutura urbana dos bairros degradados das periferias, com a construção de condomínios fechados que atendem prioritariamente à classe menos privilegiada.
e) o destaque da produção mundial de grãos, cereais, açúcar, café, entre outros, nos países pobres, reduz os índices da fome e da mortalidade infantil, visto que o lucro das exportações desses produtos é revertido em políticas públicas que atendem, principalmente, à população de baixa renda.

3. (UNESP – adaptada) O Brasil tem pouco mais da metade de seus municípios com esgotamento sanitário.

GRANDES REGIÕES	PROPORÇÃO DE MUNICÍPIOS POR CONDIÇÃO DE ESGOTAMENTO SANITÁRIO (em % – 2013)	
	Com coleta	Coleta e trata
Norte	10,69	14,4
Nordeste	21,14	28,8
Sudeste	68,11	43,9
Sul	35,32	43,9
Centro-Oeste	47,43	46,7

Fonte: Trata Brasil. Adaptado.

A partir da análise da tabela e de seus conhecimentos, pode-se afirmar que:

a) a região com menor porcentagem de municípios que só coletam esgoto é a Norte e a com maior é a Sudeste.
b) as regiões com maior e menor porcentagens de municípios que só coletam esgoto são, respectivamente, a Sul e a Centro-Oeste.
c) a pior porcentagem de municípios sem coleta de esgoto é a da Região Sudeste,

que supera os dados da Região Centro-Oeste.

d) a tabela expressa porcentagens de esgotamento sanitário excelentes, que se refletem na boa qualidade de nossas águas.

e) as Regiões Norte e Centro-Oeste, juntas, totalizam valores maiores nas porcentagens de municípios que só coletam esgoto, quando comparadas à Região Sudeste.

4. (UEG – GO – adaptada) Considere o quadro a seguir.

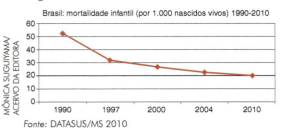

Fonte: DATASUS/MS 2010

Parte da queda da taxa de mortalidade infantil observada no quadro é resultado:

a) da adoção de políticas públicas de saneamento básico e de um conjunto de programas sociais, visando à saúde da população, como as campanhas de vacinação e aleitamento materno, além da melhoria na qualidade de vida das famílias.

b) de altos investimentos na saúde pública através da construção de creches e hospitais, os quais passaram a atender toda a população, além de inserir a mulher no mercado de trabalho.

c) do processo de migração da população do campo para a cidade, o que possibilitou a esta população acesso a mais emprego, melhoria das condições de vida e aumento salarial.

d) do aumento da produção de alimentos, sobretudo da soja, que foi incorporada à dieta das populações de baixa renda, eliminando assim a fome e a desnutrição.

5. (FUVEST – SP) Doenças tropicais surgem graças a um conjunto de fatores biológicos, ecológicos e evolutivos que condicionam a sua ocorrência exclusivamente nas proximidades do Equador, entre os Trópicos de Câncer e Capricórnio. Porém, a perpetuação das doenças tropicais em países aí situados depende, fundamentalmente, da precária situação econômica vigente e é consequência direta do subdesenvolvimento.

CAMARGO, E. P. *Doenças tropicais*. 2008. Adaptado.

Disponível em: <http://www.map.ox.ac.uk>.
Acesso em: ago. 2010.
Adaptado.

Com base no mapa e em seus conhecimentos, indique a afirmação correta.

a) O recente desenvolvimento econômico alcançado pela Índia e pela Indonésia favoreceu a erradicação da malária desses países, apesar da tropicalidade.

b) O clima tropical, quente e úmido, permite a rápida proliferação da malária em países como Peru, Chile e Colômbia.

c) A concentração da malária, no Nordeste do Brasil, deve-se à precariedade do saneamento básico na região semiárida.

d) Na África subsaariana, nota-se alta concentração da malária, fruto da tropicalidade e da miséria que assola a região.

e) Na Amazônia brasileira, a morte por malária foi erradicada, fruto de consecutivas campanhas de vacinação.

6. (PUC – PR) Em relação à dengue, **NÃO** é correto afirmar:

a) As pesquisas indicam que existe uma forte relação entre o fenômeno climático do aquecimento global e a expansão da área de incidência da dengue no mundo.

b) A dengue é uma doença infecciosa típica de regiões subtropicais, não ocorrendo nas demais regiões do planeta.

c) O mosquito *Aedis aegypti* é o vetor da dengue, uma doença que atinge principalmente os países pobres.

d) Os "criadouros" de mosquitos da dengue são encontrados em particular nos bairros de cidades de países mais pobres, que apresentam fornecimento de água e tratamento de lixo precários.

e) A globalização e o consequente aumento na mobilidade de pessoas beneficiam a propagação da dengue pelo mundo.

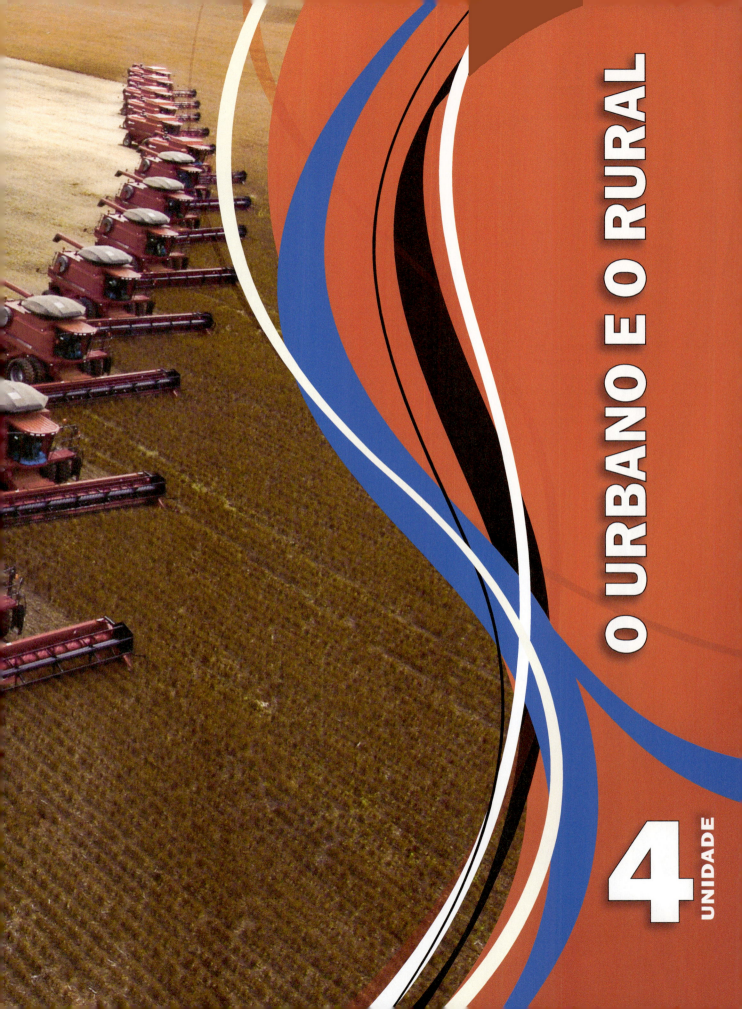

UNIDADE 4
O URBANO E O RURAL

CAPÍTULO 14

Urbanização e Metropolização

urbanização: é o aumento proporcional da população urbana em relação à população rural

Nesse início de século XXI, vivemos um momento histórico. Pela primeira vez a população urbana mundial é maior que a rural. Nos países mais desenvolvidos, o processo de transição demográfica já está praticamente finalizado. Nos países em desenvolvimento, como é o caso do Brasil, as taxas de urbanização já são altas, muitas delas impulsionadas pela industrialização ocorrida na segunda metade do século XX. No entanto, em países menos desenvolvidos, principalmente nos da Ásia e África, o processo de saída da população do campo para as cidades é mais recente e apresenta um crescimento acelerado.

Nesse mundo em constante transformação, observa-se atualmente um fenômeno interessante: ao mesmo tempo em que algumas cidades dos países mais ricos se consolidam como importantes centros que controlam os fluxos globais, proliferam, nos países pobres, grandes cidades que abrigam milhões de pessoas e que são seus polos econômicos, a partir dos quais o espaço desses países se estrutura.

A URBANIZAÇÃO MODERNA

O processo de urbanização, pelo qual o mundo passa hoje, é relativamente recente, tendo se iniciado na Revolução Industrial inglesa, em meados do século XVIII.

A Inglaterra foi o berço da Revolução Industrial e, portanto, suas cidades, as primeiras a abrigarem atividades industriais. Por várias partes do país, surgiram indústrias que faziam uso da máquina a vapor e tinham o carvão mineral como fonte de energia. Essas unidades fabris foram instaladas próximas às grandes jazidas carboníferas inglesas. Os pequenos povoados começaram a receber milhares de pessoas que deixavam o campo em busca de trabalho nas fábricas.

A Revolução Industrial, iniciada há cerca de 300 anos, estendeu-se pelo mundo e foi o divisor de águas entre o mundo rural e o mundo urbano que conhecemos hoje. Até então, o campo determinava o modo de produzir, o modo de vida e as relações entre os homens, a cultura, a política e a sociedade. "É importante destacar que a urbanização é um processo não somente relacionado ao número de habitantes de uma cidade superior ao número de habitantes no campo mas, sim, uma mudança referente às técnicas de produção e às relações sociais; é a passagem para um modo de vida distinto do campo. Dessa forma, a urbanização ocorre antes mesmo de haver uma maioria da população na cidade em detrimento do campo

OS FEUDOS, AS ROTAS COMERCIAIS E O DESENVOLVIMENTO DAS CIDADES

Antes da Revolução Industrial no século XVIII, a Europa viveu um período conhecido como Idade Média, do século V ao XV, no qual ocorreu a ruralização desse continente. O continente europeu era organizado a partir do **feudo**, unidade de produção agrícola autossuficiente, que foi a base das relações econômicas, sociais, políticas e culturais desse período. O campo garantia a subsistência dos proprietários de terras, de seus exércitos e daqueles que nele trabalhavam. A nobreza feudal tinha no campo sua fonte de poder econômico e político, sendo sua riqueza medida pela extensão das terras que possuía.

No período medieval, as cidades existentes funcionaram como centros de poder político local dos senhores feudais, e como sede dos castelos dos nobres. Normalmente, eram fortificadas e abrigavam os habitantes do feudo em época de guerras ou de ameaça de invasões. O rural predominava sobre o urbano.

Algumas cidades se mantiveram ativas como centros financeiros e comerciais de destaque. É o caso de Florença, Gênova e Veneza, na Itália, que faziam a ponte comercial entre o Oriente e o Ocidente.

Com o desenvolvimento do capitalismo comercial na Europa no início da Idade Moderna (entre os séculos XV e XVIII) e o incremento do comércio, as cidades começaram a se desenvolver e novas surgiram. Isto ocorreu principalmente junto às rotas comerciais terrestres (entroncamentos, hospedarias, mercados) e aos burgos.

A Revolução Industrial e a nova função das cidades

A Revolução Industrial redirecionou as funções do campo e das cidades com uma força avassaladora. A crescente população urbana pressionou o campo para o aumento da produção de alimentos e de matérias-primas, que seriam utilizadas nas nascentes unidades fabris, tais como a lã e o algodão para tecidos.

O campo começou a ser regulado pelas necessidades das zonas urbanas, por suas atividades industriais e comerciais, caracterizando novas relações: a zona rural passou a ser produtora de matéria-prima, e as cidades desenvolviam atividades secundárias e terciárias. Essas novas relações acabaram por transformar as relações culturais e sociais existentes no campo até então.

Implantou-se uma nova forma de organização da produção: alguns fabricavam certos produtos que eram consumidos por terceiros, que, por sua vez, também produziam outros bens, que também seriam consumidos por uma parcela da população, e assim por diante.

Desenvolvia-se e difundia-se a ideia de **mercado**, a produção voltada para um mercado consumidor específico e a divisão social do trabalho. As cidades passaram a acumular a riqueza, e o capital passou a ser reinvestido nos próprios negócios para gerar ainda mais lucros. A burguesia industrial detinha a riqueza nacional, passando a controlar a maior parte dos recursos advindos da zona urbana, marcada pela presença das fábricas. Na Inglaterra do século XIX, além da capital Londres, muitas outras cidades industriais surgiram, principalmente junto às áreas carboníferas, como Liverpool, Bristol, New Castle, Manchester, entre outras.

Na virada do século XX, o modo de vida urbano era a tônica europeia e já se alastrava pelo mundo, em especial pela Costa Leste americana. Nessa época, Londres e Nova York já eram consideradas grandes cidades pelo número de habitantes e por sua infraestrutura urbana.

Disseram a respeito...

Definindo o que é cidade

Em seu livro "O que é cidade", Raquel Rolnik faz um paralelismo entre o ato de empilhar tijolos, que dão forma às cidades, e o ato de agrupar letras, formando palavras. Assim, a construção das cidades seria uma forma de escrita. Leia:

A cidade, enquanto local permanente de moradia e trabalho, se implanta quando a produção gera um excedente, uma quantidade de produtos para além das necessidades de consumo imediato.

O excedente é, ao mesmo tempo, a possibilidade de existência da cidade – na medida em que seus moradores são consumidores e não produtores agrícolas – e seu resultado – na medida em que é a partir da cidade que a produção agrícola é impulsionada. Ali são concebidas e administradas as grandes obras de drenagem e irrigação que incrementam a produtividade da terra; ali se produzem as novas tecnologias do trabalho e da guerra. Enfim, é na cidade, e através da escrita, que se registra a acumulação de riquezas, de conhecimentos.

Na cidade-escrita, habitar ganha uma dimensão completamente nova, uma vez que se fixa em uma memória que, ao contrário da lembrança, não se dissipa com a morte. Não são somente os textos que a cidade produz e contém (documentos, ordens, inventários) que fixam esta memória, a própria arquitetura urbana cumpre também esse papel.

O desenho das ruas, das casas, das praças e dos templos, além de conter a experiência daqueles que os construíram, denota o seu mundo. É por isso que as formas e tipologias arquitetônicas, desde quando se definiram enquanto *habitat* permanente, podem ser lidas e decifradas, como se lê um texto.

Fonte: ROLNIK, R. *O que É Cidade*. São Paulo: Brasiliense, 2004.

➤ No texto que você leu, a autora afirma que a arquitetura urbana cumpre o papel de memória. Você é capaz de dar exemplos próximos ao seu cotidiano que confirmem essa ideia?

A EXPANSÃO URBANA MUNDIAL

Em 1950, logo após a Segunda Guerra Mundial, apenas 29,1% da população do mundo vivia em cidades. Foi nessa época que a expansão urbana irradiou-se por diversos países, não mais, necessariamente, atrelada à industrialização. Países ricos e pobres viram suas populações rurais dirigindo-se para os centros urbanos.

Atualmente, segundo dados da ONU, a população urbana passou de 50% da população mundial. E esse número deve elevar-se nas próximas décadas, chegando a 58,3% em 2025. Em 2050, o percentual deve alcançar 70%.

Nos países ricos, a urbanização passou a se desenvolver, principalmente, no século XIX, o que fez com que as cidades crescessem de maneira mais planejada, podendo oferecer serviços de infraestrutura pública para seus habitantes. Nas últimas décadas, a estrutura das grandes metrópoles dessas nações passou por grande transformação. Muitas empresas fabris de grande porte, ligadas aos setores de siderurgia, metalurgia, química, entre outros, deixaram o centro dessas aglomerações urbanas e instalaram-se em locais mais distantes.

POPULAÇÃO URBANA (%)				
	1950	1975	2014	2025
Mundo	29,4	37,7	53,6	58,0
África	14,4	25,6	40	45,3
Ásia	17,5	25,0	47,5	53,1
Europa	51,3	65,2	73,4	76,1
América Latina e Caribe	41,4	60,7	79,5	82,5
Brasil	36,2	60,8	80,0	87,7
Oceania	62,4	71,9	70,8	71,1

Fonte: UNITED NATIONS DEPARTMENT OS ECONOMIC AND SOCIAL AFFAIRS/POPULATION DIVISION. World Urbanization Prospects: The 2014 Revision. New York, 2014. p. 34.
Disponível em: <https://esa.un.org/unpd/wup/Publications/Files/WUP2014-Report.pdf>. Acesso em: 3 ago. 2016.

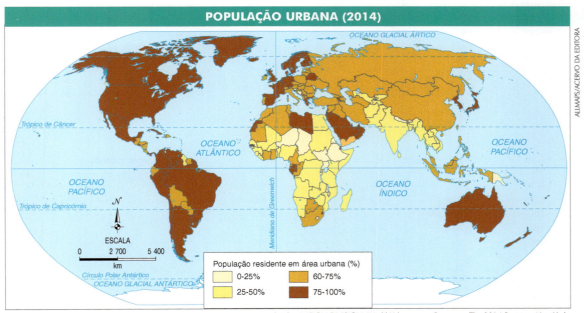

Fonte: UNITED NATIONS DEPARTMENT OS ECONOMIC AND SOCIAL AFFAIRS/POPULATION DIVISION. World Urbanization Prospects: The 2014 Revision. New York, 2014. p. 32. Disponível em: <https://esa.un.org/unpd/wup/Publications/Files/WUP2014-Report.pdf>. Acesso em: 3 ago. 2016.

As áreas centrais foram ocupadas pelo setor de serviços e são conhecidas como *Central Business District – CBD*, ou *Downtown*, nos Estados Unidos. Nessas áreas concentram-se grandes escritórios, *shoppings*, igrejas, bares, casas noturnas, cinemas e teatros. Muitas das principais ruas e avenidas da cidade cruzam essa região, onde também se encontram estações de trem e de ônibus.

Nesses locais, os terrenos são muito valorizados, os edifícios de escritórios são muito altos, e os congestionamentos nos horários de pico são inevitáveis.

As cidades dos países industrializados e ricos possuem taxas de urbanização muito altas, e essa é a tendência dos países pobres. Assim, o que vemos são as taxas de crescimento da população urbana dos países menos desenvolvidos aumentarem. Segundo a ONU, na Europa a taxa de crescimento urbano é de 0,2%, e de 1,3% na América do Norte e Oceania. Na América Latina e Caribe, onde se encontram grandes centros urbanos como São Paulo, Rio de Janeiro e Buenos Aires, a taxa é de 1,7%. Já nos países da Ásia e da África essa taxa chega a 2,5% e 3,3%, respectivamente.

Os gráficos abaixo mostram a evolução do crescimento da população urbana e rural em números absolutos.

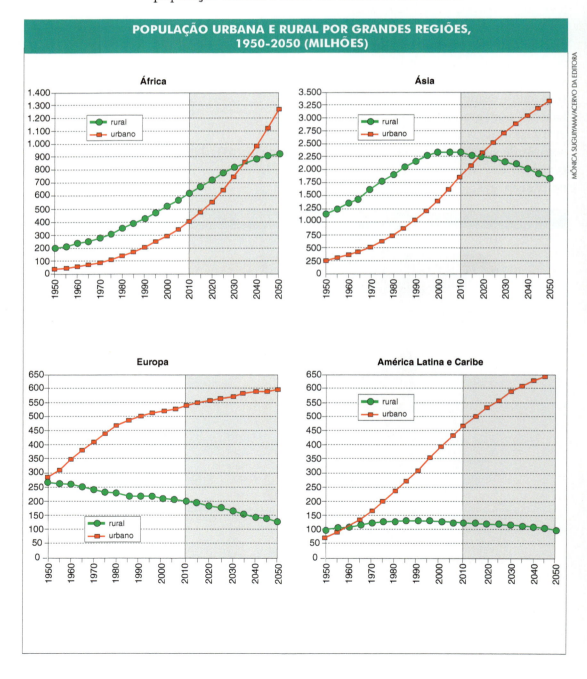

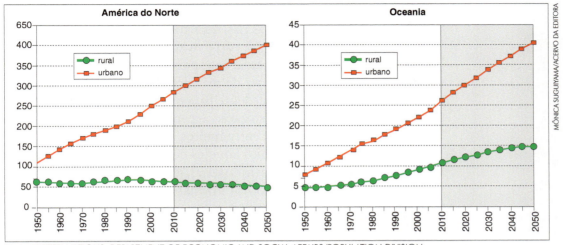

Fonte: UNITED NATIONS, DEPARTMENT OF ECONOMIC AND SOCIAL AFFAIRS/POPULATION DIVISION:
World Urbanization Prospects: The 2011 Revision. New York, 2012

A urbanização nos países em desenvolvimento e menos desenvolvidos

Na América Latina e na Ásia, foram poucos os países que tiveram o crescimento da urbanização ligado à industrialização. Entre eles estão o Brasil e a Coreia do Sul, que desenvolveram fortes parques industriais, fato que abriu inúmeros postos de trabalho nas áreas urbanas em expansão. Hoje, a taxa de urbanização de grande parte da América Latina é comparada à dos países ricos, em que se destacam Argentina, Uruguai e Venezuela, todos com mais de 90% de urbanização, segundo a ONU. Mas, nas áreas mais pobres do mundo, como África e grande parte da Ásia, esse número fica em torno de 40%.

O que atraía (e atrai) as pessoas para que saíssem do campo e se dirigissem às cidades? Cada vez mais, em um mundo globalizado e interligado, o modelo urbano de vida se sobrepõe ao rural. Mesmo nas comunidades mais distantes, a televisão, o rádio e os meios de transporte, entre outros, levam o meio de vida urbano ao campo. Para as pessoas que viviam no campo (e grande parte das que ainda vivem), a cidade oferece a possibilidade de emprego basicamente nas indústrias e atividades correlatas, como os serviços. Além disso, as cidades passaram a oferecer uma série de facilidades e de possibilidades praticamente inexistentes na zona rural, como confortos trazidos pela tecnologia, rede de transportes, maior disponibilidade de acesso à rede escolar e hospitalar, entre muitos outros.

Concomitantemente ao desenvolvimento industrial deu-se o desenvolvimento tecnológico, que também chegou às zonas rurais, seja na mecanização agrícola, que libera mão de obra na medida em que as máquinas substituem o trabalho humano, ou mesmo pela implantação de relações de produção nos moldes capitalistas, o que colaborou para dificultar ou mesmo impedir a fixação dos camponeses e trabalhadores agrícolas no meio rural.

Nos países pobres, de baixa industrialização e com pouca disponibilidade de serviços, ocorre um intenso êxodo rural – a saída

PAÍSES NÃO INDUSTRIALIZADOS – TAXA DE URBANIZAÇÃO – 2014	
Kuwait	98,3%
Venezuela	89%
Líbano	88%
Gabão	87%
Arábia Saudita	83%
Jordânia	83%
Líbia	78%
Colômbia	76%

Fonte: UNITED NATIONS DEPARTMENT OS ECONOMIC AND SOCIAL AFFAIRS/POPULATION DIVISION. World Urbanization Prospects: The 2014 Revision. New York, 2014. p. 220 - 226. Disponível em: <https://esa.un.org/unpd/wup/Publications/Files/WUP2014-Report.pdf>. Acesso em: 3 ago. 2016.

concomitantemente: ao mesmo tempo

do campo para a cidade. Isso se dá basicamente pelas precárias condições de vida encontradas nas áreas rurais. Na imensa maioria das vezes, nessas nações, a terra não é distribuída de forma equitativa, sendo altamente concentrada, com poucas oportunidades de que o camponês consiga produzir de maneira a garantir sua sobrevivência e, ainda, conseguir excedente para que este seja comercializado. Também o grau de modernização agropecuária tende a ser baixíssimo, os salários irrisórios, entre muitos e graves problemas.

Nesses países, mesmo aqueles com pequena ou com quase nenhuma infraestrutura industrial, também ocorreu aumento das taxas de urbanização nas últimas décadas. As cidades crescem sem planejamento, sem a contrapartida dos serviços urbanos mínimos essenciais, oferecendo uma qualidade de vida ruim para grande parte de sua população.

Explorando o tema

Distribuição da população urbana

Segundo dados da ONU de 2014, mais de 50% da população mundial vive em cidades. Estima-se que a população urbana deverá duplicar de 2007 a 2050, passando de 3,1 bilhões para 6,4 bilhões e estará concentrada nos países em desenvolvimento, prevendo-se um aumento de 1,8 bilhão de habitantes na Ásia. Porém, se engana quem pensa que a maior parte da população se concentra nos grandes centros urbanos.

Os gráficos a seguir mostram justamente o contrário.

Exceção feita à Oceania e à América do Norte, onde a maior parte da população vive em cidades com mais de 1 milhão de habitantes, nos demais continentes a maior parte da população se concentra em cidades com menos de 1 milhão de habitantes. Na Europa, por exemplo, quase 70% da população vive em centros urbanos com até 500 mil moradores.

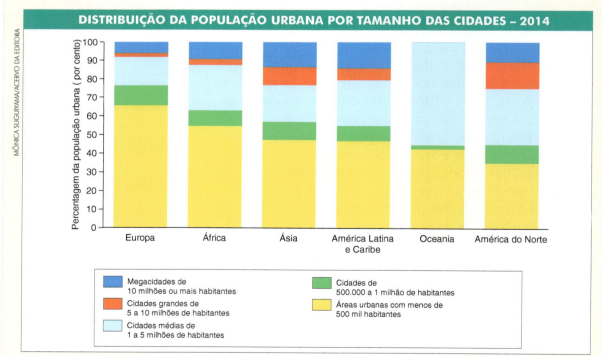

Fonte: UNITED NATIONS DEPARTMENT OF ECONOMIC AND SOCIAL AFFAIRS. Urban Agglomerations: The 2014 Revision. New York, 2014. p. 18. Disponível em: <https://esa.un.org/unpd/wup/Publications/Files/WUP2014-Highlights.pdf>. Acesso em: 5 ago. 2016.

➢ A partir da leitura do texto e do gráfico, justifique se é verdadeira a associação (bastante comum) entre desenvolvimento e a existência de centros urbanos muito grandes.

O crescimento urbano nos países pobres acaba acentuando as desigualdades sociais e criando ambientes extremamente problemáticos, pois as cidades passam a concentrar, em determinados pontos, todas as diferenças apresentadas por essas sociedades. A velocidade das transformações associada à falta de planejamento altera as paisagens urbanas, tornando-as degradadas e difíceis de serem administradas, carentes de investimentos em políticas públicas.

O crescimento acelerado não é acompanhado pelo aumento de serviços de saúde, escolas, transportes e de infraestrutura urbana, como arruamentos e calçamentos, água encanada e esgotos, coleta e reciclagem de lixo etc., além de aliar a falta de empregos ao alto custo de vida, o que obriga uma grande parte da população a se instalar em estruturas precárias de moradia As favelas e os subúrbios violentos contrastam com "ilhas" de alto padrão dentro da área metropolitana, que nada ficam a dever às cidades europeias e norte-americanas com excelente qualidade de vida.

Mais da metade da população mundial (de 3 a 4 bilhões de pessoas) ainda não tem acesso sustentável à água potável nem a saneamento básico (esgotos correm a céu aberto, contaminando os recursos hídricos e solos): 40% da população mundial não tem acesso a banheiro, constatou a ONU. Temos, na realidade, um sério problema conhecido como **segregação espacial**. Nessas "ilhas" as classes média e alta se segregam, cercadas por populações pobres e miseráveis. Normalmente, essa pequena parcela da população, mas de grande poder aquisitivo, está integrada ao mundo globalizado, dele fazendo parte ativamente em termos econômicos e culturais, usufruindo de seus benefícios, enquanto a maior parte da população é social e economicamente excluída.

Nesses países, a carência de políticas de conscientização coletiva e a fragilidade de leis ambientais, fazem com que as ações que agridem o meio ambiente sejam mais frequentes. Não raro, a cidade avança e polui as áreas de mananciais, resultando em uma dificuldade ainda maior para captar água.

Triste realidade brasileira, em que estão presentes enormes diferenças sociais: ao lado de pessoas que lutam pela sobrevivência e por uma moradia digna vivem as de classe abastada, com excelente padrão de vida, em que não raro o supérfluo está presente. Na foto, limite da favela Paraisópolis, localizada no Bairro do Morumbi (São Paulo), famoso por suas mansões e prédios de luxo.

Nas nações pobres, o crescimento desordenado das áreas da periferia tem sido um dos maiores problemas causados pela urbanização desordenada. Nelas, as condições de vida são precárias, principalmente se comparadas às áreas centrais das cidades. Os terrenos muitas vezes são ocupados de forma clandestina, ocorrendo o processo de favelização. Já nas partes centrais, é comum o aparecimento de cortiços, habitações precárias divididas por muitas famílias, onde geralmente a cozinha e o sanitário são comuns. A ONU admite que mais de 1 bilhão de pessoas vivem em favelas e as projeções apontam que se for mantida a atual taxa de crescimento urbano, em 2030 aproximadamente 2 bilhões de pessoas poderão estar vivendo em favelas e abrigos temporários.

Muitas dessas favelas são quase "cidades", e alguns países, diante desse quadro irreversível, estão implantando em determinadas regiões programas de reurbanização dessas áreas, dotando-as de serviços de infraestrutura urbana, como rede de água encanada, esgotos, energia elétrica, pavimentação de ruas, como forma de melhorar a qualidade de vida nas favelas. Assim mesmo, constantemente vemos na mídia ou em lugares por onde passamos "barracos" feitos de papelão, plástico, restos de madeiras, que servem de moradia para milhões e milhões de pessoas.

As grandes aglomerações urbanas no século XX foram se deslocando dos países ricos para os países pobres, sendo Tóquio, no Japão, a grande exceção.

Observe a tabela ao lado, que destaca em vermelho as cidades que se encontram em países desenvolvidos.

CIDADES COM MAIS DE 10 MILHÕES DE HABITANTES			
Ano/cidade	População (em milhões)	Ano/cidade	População (em milhões)
1970		2030 (previsão)	
Tóquio	23,3	Tóquio	37,2
Nova York	16,2	Xangai	30,7
1990		Delhi	24,9
Tóquio	32,5	Bombaim	27,7
Nova York	16,1	Beijing	27,7
Cidade do México	15,6	Daca	27,3
São Paulo	14,8	Karachi	24,8
2014		Cairo	24,5
Tóquio	37,8	Lagos	24,2
Delhi	24,9	Cidade do México	23,8
Xangai	22,9	São Paulo	23,4
Cidade do México	20,8	Kinshasa	19,9
São Paulo	20,8	Nova York	19,8
Bombaim	20,7	Calcutá	19,0
Pequim	19,5	Guangzhou	17,5
Nova York	18,5	Chongqing	17,5
Daca	16,9	Buenos Aires	16,9
Karachi	16,1	Manila	16,7
Buenos Aires	15	Istambul	16,6
Calcutá	14,7	Bangalore	14,7
Istambul	13,9	Rio de Janeiro	14,1
Rio de Janeiro	12,8	Chennai	13,9
Manila	12,7	Jacarta	13,8
Los Angeles	12,3	Los Angeles	13,2
Moscou	12,0	Shenzhen	12,6
Lagos	12,6	Moscou	12,2
Paris	10,7	Paris	11,8

Fonte: UNITED NATIONS DEPARTMENT OS ECONOMIC AND SOCIAL AFFAIRS/POPULATION DIVISION. World Urbanization Prospects: The 2014 Revision. New York, 2014. p. 117. Disponível em: <https://esa.un.org/unpd/wup/Publications/Files/WUP2014-Report.pdf>. Acesso em: 3 ago. 2016.

Ponto de vista

Planejar com antecedência o crescimento das cidades

Nos últimos 10 anos, a parcela da população urbana que vive em [comunidades], no mundo em desenvolvimento, caiu de 39%, em 2000, para 33%, em 2010. O fato de que mais de 200 milhões de favelados tiveram acesso à água de melhor qualidade e aos sistemas sanitários ou moradias menos apinhadas demonstra que os governos centrais e municipais fizeram sérias tentativas para melhorar as condições de vida nessas áreas, ampliando dessa forma as perspectivas de milhões de pessoas de escapar da pobreza, da doença e do analfabetismo. Entretanto, em termos absolutos, o número de favelados no mundo em desenvolvimento de fato vem aumentando e continuará a aumentar no futuro próximo. No mundo em desenvolvimento, o número de moradores urbanos que vivem em condições precárias é estimado atualmente em cerca de 828 milhões. (...)

Sem planejamento, as cidades podem crescer desordenadamente, estender-se sobre todo e qualquer espaço vazio disponível e suplantar a capacidade dos serviços públicos, quando existem, de atendimento à demanda ou ao crescimento das favelas. Incorporadoras imobiliárias, empresas, trabalhadores migrantes, a máquina burocrática do governo e as instituições públicas em busca de espaço para se expandir todos têm um papel no crescimento, no novo traçado ou, como tem ocorrido em vários países, no encolhimento das cidades. E enquanto muitas delas enfrentam enormes desafios, outras têm potencial para trazer os benefícios da vida urbana aos seus moradores. (...)

A maneira como planejadores e políticos tratam a urbanização (...) espelha diferentes políticas e programas destinados a fazer frente ao rápido crescimento urbano, ou corrigir erros que permitiram o crescimento sem um bom planejamento ou preparo. Mas, embora as cidades possam ter histórias e desafios que diferem entre si, os objetivos dos funcionários dos governos de quase todos os lugares são semelhantes. Eles afirmam que pretendem criar um ambiente melhor e mais seguro, com níveis aceitáveis de serviços públicos e infraestrutura, e atender à explosão do tráfego veicular e de pedestres. (...)

Fonte: Objetivos de Desenvolvimento do Milênio: Relatório 2010. In: UNFPA. Relatório sobre a Situação da População Mundial 2011 – Pessoas e possibilidades em um mundo de 7 bilhões.

> A simples reurbanização de favelas resolverá os problemas socioestruturais da população local?

REDE URBANA E A HIERARQUIA DAS CIDADES

Nem todas as cidades tiveram o mesmo desenvolvimento e algumas cidades cresceram mais do que outras. Esse fenômeno ocorreu não só em termos do aumento da população, mas também em relação à quantidade de serviços que passaram a oferecer. Além disso, houve uma intensificação de trocas entre elas, e as maiores passaram a ter uma crescente influência sobre as menores.

Diante dessa nova realidade, geógrafos e urbanistas começaram a trabalhar com o conceito de **rede urbana**, considerando a distribuição espacial das cidades e as trocas e relações mantidas entre elas. As redes urbanas são mais complexas em áreas com economias mais desenvolvidas e dinâmicas. Nessas regiões, o fluxo de trocas se intensifica e a interligação entre elas aumenta. Em países com economia fraca, normalmente a rede urbana é tímida, pois suas cidades são distribuídas de forma irregular no território, havendo pequena interconexão entre elas. Dentro das redes ou da rede, as cidades, em função dos serviços que oferecem, acabaram exercendo influências (econômica, política, cultural) umas sobre as outras, criando uma **hierarquia urbana.**

Existem vários níveis de hierarquização urbana. Vamos destacar cinco grandes grupos, que veremos a seguir:

- **metrópole mundial ou cidade global** – exerce influência não só em seu país, mas no mundo todo ou em parte dele; por exemplo, Nova York e Londres;
- **metrópole nacional** – exerce influência em todo o território nacional, sendo muitas vezes identificada como a própria capital do país; situa-se no topo da hierarquia urbana e comanda a rede urbana nacional;
- **metrópole regional** – exerce influência sobre diversas cidades de determinada região, apresenta serviços mais especializados que atraem população de localidades as quais ultrapassam o limite territorial estadual ou provincial;
- **capital regional** – serve de polo para diversos centros regionais menores, normalmente seu raio de ação não ultrapassa os limites estaduais ou provinciais;
- **centro regional** – tem sob sua influência cidades menores e vilas dentro de um limite que é determinado pela influência de outros centros regionais.

Atualmente, a hierarquização urbana está mais flexível. Nos últimos anos, a revolução tecnológica permitiu uma rapidez inacreditável nas comunicações. A ampliação e o aperfeiçoamento dos serviços de telefonia, os serviços *on-line* e a intensificação das trocas de informações, com novos meios de comunicação contribuíram em muito para a relativização da noção de distância, promovendo a interligação entre as cidades, independentemente de seu porte. A interação entre as cidades é muito mais flexível e permeável do que trinta ou quarenta anos atrás (veja diagrama ao lado).

Fonte: SANTOS, M. *Metamorfoses do espaço habitado.* 5. ed. São Paulo: Hucitec, 1997. p. 55.

Esquemas da hierarquia urbana. À esquerda, a hierarquia urbana clássica, em que cada nível da hierarquia se comunica com os níveis imediatamente acima e abaixo. À direita, uma hierarquia urbana mais flexível, em que centros urbanos na base da hierarquia se relacionam diretamente com os níveis mais altos.

Londres é considerada uma cidade global por exercer influência econômica, política e cultural sobre outros países do mundo. Na foto, o centro comercial da capital inglesa.

Hoje em dia, muitas pessoas e empresas optam por se instalar em cidades de pequeno porte, ou mesmo em áreas rurais. Embora fiquem afastadas dos grandes centros, mantêm conexões com eles pelos modernos meios de comunicação e de transporte. Além disso, essas áreas mais afastadas são contempladas com inúmeros serviços que permitem o desenvolvimento normal das atividades.

contempladas: premiadas

Um olhar mais crítico revela, entretanto, que essas facilidades estão disponíveis apenas para aqueles de renda mais alta, que podem adquirir esses bens e têm à sua disposição os serviços de comunicação.

O contato direto entre cidades de diferentes portes dá uma nova dinâmica à relação e à interação entre elas, porém há sempre um denominador comum que é a influência preponderante da grande metrópole nacional, mesmo com a flexibilização do fluxo de relações entre as cidades de menor porte.

A economia mundial está centrada e organizada em torno das grandes metrópoles mundiais que são concorrentes e, ao mesmo tempo, têm um caráter de complementaridade. As que têm maior importância em escala mundial são Londres, Nova York, Hong Kong, Cingapura, Paris, Berlim, Xangai, Moscou, Roma, Dubai, Vancouver e Tóquio. Nelas encontramos as sedes de grandes e importantes empresas transnacionais, das principais bolsas de valores, dos mais importantes centros financeiros, organismos internacionais etc. Podemos dizer que se trata de cidades globais por excelência.

AS CIDADES NA ERA DA GLOBALIZAÇÃO

Metropolização e conurbação

No fim dos anos 1960 assistimos a uma importante modificação no caráter das cidades, especialmente nos países ricos. As cidades passaram por um processo de **metropolização**, ou seja, uma cidade principal passa a centralizar e a concentrar população e atividades, configurando-se como polo de funções essenciais para os diversos segmentos econômicos, sociais e culturais, e de serviços, em uma escala que pode ser regional, nacional ou mundial.

Nesse processo de expansão das cidades que resultou na metropolização, há também a **conurbação**, quando ocorre a junção física das cidades, não sendo mais visualmente possível distinguir os limites físicos entre elas. Isso não significa necessariamente que em áreas conurbadas não existam zonas rurais. Muitas vezes encontramos pequenas zonas agrícolas normalmente voltadas para a poliagricultura (hortifrutigranjeiros), visando ao abastecimento dessas cidades.

A cidade de Nova York cresceu tanto que já não se notam os limites entre ela e algumas cidades vizinhas, que aparecem ao fundo.

A metropolização foi acompanhada também pelo aumento dos serviços e das funções tipicamente urbanas. As cidades foram perdendo sua característica marcantemente industrial, pois estas, em virtude de muitos fatores – como a grande valorização dos terrenos, das construções e aluguéis, além de impostos mais altos, menores incentivos fiscais etc. – foram se deslocando para áreas periféricas, ou mesmo para locais mais distantes. Dessa forma, os serviços passaram a ser a característica mais importante dessas cidades, tais como os financeiros, comerciais, bancários, de seguros e de profissionais liberais. Essas grandes aglomerações passaram a abrigar também a sede de grandes empresas e nelas se desenvolvem atividades de pesquisa de alta tecnologia, por exemplo.

Com a verdadeira revolução que ocorreu nos transportes e nas comunicações, as metrópoles passaram também a ser polos de meios de transporte, entroncamento aéreo, ferroviário, rodoviário, marítimo ou fluvial, a imensa maioria interligados, facilitando as trocas e o deslocamento de pessoas.

O crescimento e a expansão das cidades deram origem às metrópoles, cidades interligadas com serviços de infraestrutura urbana comuns, onde uma delas exerce uma fortíssima influência sobre as demais, sendo chamada de cidade central. São exemplos de metrópoles do mundo contemporâneo Nova York, Londres, Paris, Tóquio, Osaka, Cidade do México, São Paulo e Cairo, retratada na foto.

As megalópoles

As áreas metropolitanas continuam em expansão, algumas num ritmo mais acelerado do que outras. Assim, o espaço ocupado pelas áreas metropolitanas muitas vezes acaba incorrendo num fenômeno que resulta no surgimento de **megalópoles**, ou seja, a conurbação de metrópoles.

Na primeira metade do século XX, só Londres e Nova York tinham mais de 10 milhões de habitantes. No século XXI, existem 16 cidades no planeta com esse número ou o superam. E a perspectiva é de que até 2025 existirão pelo menos 25 megalópoles.

As diferenças entre metrópole e megalópole: metrópole é a cidade de maior influência sobre o espaço geográfico em diversas áreas – regional, nacional, global – por meio de estruturas econômicas, tecnologias, transportes, como, por exemplo, Nova York (global), Brasília (nacional) e São Paulo (global); megalópole é o conjunto de duas ou mais regiões metropolitanas interligadas, conurbadas, por intenso fluxo de pessoas, mercadorias e serviços.

A questão do crescimento das metrópoles e do aparecimento das megalópoles impõe-se como uma realidade bastante complexa para o século XXI. Os administradores têm de avaliar os problemas e pensar em soluções que não se destinem apenas a esta ou àquela cidade, mas que englobam extensas áreas, ocupadas por diversas cidades. Por exemplo, devem tentar equacionar a expansão das redes de transporte, a distribuição de água e o saneamento básico ou a modernização de portos para atender a uma megalópole.

As principais megalópoles do mundo:

- *Boswash*, no Nordeste americano, estende-se de Washington até Boston, na região dos Grandes Lagos, com 50 milhões de habitantes;
- *Chipitts*, nos Grandes Lagos dos Estados Unidos, abriga mais de 50 milhões de habitantes, de Chicago até Pittsburgh;
- *San-San*, na Califórnia (Estados Unidos), abriga a maior parte da população do estado e estende-se de San Francisco a San Diego. Dois terços dessa população reside na Grande Los Angeles;
- *Japonesa*, de Tóquio a Nagasaki, com mais de 100 milhões de habitantes;
- *Renana*, desde Amsterdã, na Holanda, até Stuttgart, no Sudoeste da Alemanha, com população de cerca de 35 milhões de habitantes.

A relatividade das grandes metrópoles e megalópoles

As grandes metrópoles do mundo devem ser vistas e analisadas não só pelo número absoluto de sua população, mas também pelo que esta significa em relação ao número de habitantes total do país. Observe a tabela a seguir.

METRÓPOLES RELATIVAMENTE GRANDES EM COMPARAÇÃO À POPULAÇÃO TOTAL DO PAÍS (2014)				
Metrópole	País	População da metrópole	População total do país	Porcentagem da população residente na cidade em relação ao total do país
Buenos Aires	Argentina	15.024.000	43.847.000	34,2
Lima	Peru	9.722.000	31.774.000	30,5
Tóquio	Japão	37.833.000	126.324.000	29,9
Cairo	Egito	18.419.000	93.384.000	19,7
Bogotá	Colômbia	9.558.000	48.654.000	19,6
Istambul	Turquia	13.954.000	79.622.000	17,5
Paris	França	10.764.000	64.668.000	16,6
Cidade do México	México	20.843.000	128.632.000	16,2
Londres	Inglaterra	10.189.000	65.111.000	15,6
Kinshara	R. Dem. do Congo	11.116.000	79.723.000	13,9

Fonte: UNITED NATIONS DEPARTMENT OS ECONOMIC AND SOCIAL AFFAIRS/POPULATION DIVISION. World Urbanization Prospects: The 2014 Revision. New York, 2014. p. 117. Disponível em: <https://esa.un.org/unpd/wup/Publications/Files/WUP2014-Report.pdf>. Acesso em: 3 ago. 2016.

Em outras grandes metrópoles, o número de habitantes é baixo se considerada a população absoluta do país e a que vive nesses grandes aglomerados urbanos. Esse é o caso das metrópoles que aparecem na tabela a seguir.

METRÓPOLES RELATIVAMENTE PEQUENAS EM COMPARAÇÃO À POPULAÇÃO TOTAL DO PAÍS (2014)				
Metrópole	País	População da metrópole	População total do país	Porcentagem da população residente na cidade em relação ao total do país
Guangzhou	China	11.843.000	1.382.323.000	0,8
Calcutá	Índia	14.766.000	1.326.802.000	1,1
Pequim	China	19.520.000	1.382.323.000	1,4
Bombaim	Índia	20.741.000	1.326.802.000	1,5
Xangai	China	22.991.000	1.382.323.000	1,6
Nova Delhi	Índia	24.953.000	1.326.802.000	1,8
Los Angeles	EUA	12.308.000	324.119.000	3,7
Jacarta	Indonésia	10.176.000	260.581.000	3,9
Nova York	EUA	18.591.000	324.119.000	5,7
Rio de Janeiro	Brasil	12.825.000	209.568.000	6,1

Fonte: UNITED NATIONS DEPARTMENT OS ECONOMIC AND SOCIAL AFFAIRS/POPULATION DIVISION. World Urbanization Prospects: The 2014 Revision. New York, 2014. p. 117. Disponível em: <https://esa.un.org/unpd/wup/Publications/Files/WUP2014-Report.pdf>. Acesso em: 3 ago. 2016.

Essa diferença entre o número de habitantes das metrópoles e a população total do país pode ser relacionada com o fato de os países com uma maior extensão territorial apresentarem propensão a abrigar mais capitais ou centros regionais que ajudam a distribuir a população em seu entorno, formando polos que auxiliam no desenvolvimento de outras regiões do país e, assim, acabam contribuindo para uma certa desconcentração populacional.

AS CIDADES GLOBAIS E AS MEGACIDADES

A crescente globalização e internacionalização a que o mundo chegou no final do século XX fez com que certas cidades se destacassem no cenário global. Tratam-se de cidades que são sede de grandes empresas e que apresentam alta densidade de elementos técnicos conectando-as a uma série de fluxos globalizados. São as chamadas **cidades globais**.

O conceito de cidade global foi utilizado pela primeira vez em 1996 por Saskia Sassen, em seu livro *A Cidade Global: Nova York, Londres e Tóquio*. Por sua importância econômico-financeira e técnica, e por serem grandes prestadoras de serviços especializados – e não pelo tamanho de sua população –, as cidades globais exercem influência nacional e também supranacional.

Em 2013, mais de 50 cidades globais no planeta foram divididas em três grupos, conforme o grau de influência e importância mundial. A Europa é o continente que mais possui cidades globais.

As cidades mais influentes do mundo foram classificadas em três diferentes classes: alfa, beta e gama, sendo a classe alfa as cidades de maior influência no planeta; a beta, intermediária; e a gama, correspondendo às cidades globais de menor expressão mundial.

- Grupo alfa – esse grupo é representado por cidades como: Londres, Nova York, Paris, Tóquio, Los Angeles, Chicago, Frankfurt, Milão, São Paulo;
- Grupo beta – entre as cidades desse grupo podemos destacar: Roma, Santiago, Lima, Houston;
- Grupo gama – é o grupo que possui a maior quantidade de cidades, atualmente são 59 cidades, entre elas estão: Guaiaquil, Osaka, Glasgow, Guadalajara.

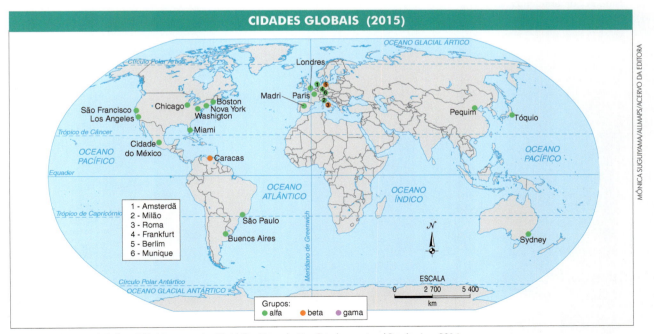

Fonte: *GaWC Research Bulletin 300*. Measuring the World City Network: New Development and Results. Jan. 2014.
Disponível em: <http://www.lboro.ac.uk/gawc/world2012t.html>. Acesso em: 5 ago. 2016.

Essas cidades são os centros vitais da dinâmica capitalista atual, de onde partem as diretrizes da economia mundial. Nesses poucos centros com influência mundial traça-se o destino de bilhões de pessoas, pois nelas concentra-se o fluxo internacional do capital e, consequentemente, da economia planetária. A grande maioria das cidades globais está situada nos países ricos.

Segundo levantamento feito pelo GaWC (*Globalization and World Cities*), importante grupo de estudos sobre globalização e cidades globais, Londres e Nova Iorque são as cidades mais integradas à rede de cidades globais. Ao longo da década de 2000, Pequim, Xangai, Dubai e Sydney se tornaram mais conectadas aos fluxos globais, chegando à categoria imediatamente abaixo da ocupada pelas duas cidades mais globalizadas, na qual já estavam Hong Kong, Paris, Tóquio e Cingapura. Até o levantamento de 2000, São Paulo era a única representante de mercados emergentes fora da Bacia do Pacífico a aparecer na categoria das cidades que ligam grandes regiões econômicas à economia global. Na lista feita doze anos depois, São Paulo já aparecia acompanhada por cidades como Mumbai, Moscou, Cidade do México e Buenos Aires.

Além de Londres e Paris, outras cidades globais da Europa Ocidental que se destacavam no levantamento de 2012 do GaWC eram Madri, Barcelona, Amsterdã, Bruxelas, Dublin, Zurique, Frankfurt, Munique, Viena e Milão. No restante da Europa, Varsóvia, Praga e Istambul também são consideradas cidades alfa. No topo da lista, pode-se apontar ainda Toronto, São Francisco, Los Angeles, Chicago, Cidade do México, Buenos Aires, Joanesburgo, Moscou, Mumbai, Nova Delhi, Seul, Kuala Lumpur, Jacarta e Melburne como cidades que conectam grandes estados e regiões aos fluxos globais.

Cingapura, localizada no Sudeste Asiático, cidade-Estado altamente urbanizada.

Além das cidades globais, temos as **megacidades**, que segundo a ONU são as que têm mais de 10 milhões de habitantes. Hoje muitas megacidades correspondem às cidades globais, mas uma não é sinônimo da outra. Muitas delas localizam-se em países pobres. Atualmente, existem quatro megacidades na América Latina e Caribe (duas brasileiras): São Paulo, Cidade do México, Buenos Aires e Rio de Janeiro. As projeções apontam que dentro de poucas décadas, entretanto, deveremos ter mais megacidades nas nações pobres que nas ricas. Isso significa que as megacidades deixarão de ser as mais ricas do planeta; com certeza, serão aquelas que apresentarão maiores problemas sociais e econômicos (desemprego, favelização, violência, entre outros).

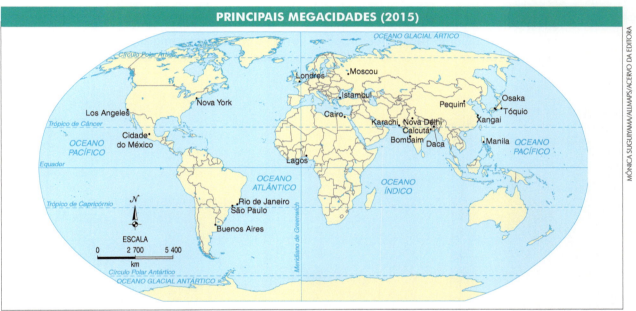

Fonte: UNITED NATIONS DEPARTMENT OF ECONOMIC AND SOCIAL AFFAIRS/POPULATION DIVISION. *Urban Agglomerations*: The 2014 Revision. New York, 2014. Disponível em: <https://esa.un.org/unpd/wup/cd-rom>. Acesso em: 5 ago. 2016.

Explorando o tema

As cidades globais no início do século XXI

As cidades globais destacam-se para além dos países onde se encontram e pertencem a uma rede hierarquizada onde competição e cooperação são palavras de ordem. Independente de serem capitais de países, essas cidades influenciam o restante do mundo com suas decisões.

Mais do que simples atividades econômicas, essas cidades produzem riquezas e controlam a produção mundial.

Mesmo habitadas por "apenas" 4% da população do mundo, as 30 cidades mais globalizadas do planeta eram responsáveis, na primeira década do século XXI, por 16% do produto bruto global. Tal feito se deve à diversidade e força do setor de serviços, que tende a crescer nos próximos anos. Destacam-se nas cidades globais os mercados financeiros e as sedes corporativas, junto com uma série de serviços, como escritórios de contabilidade e de advocacia, empresas de tecnologia e conglomerados de mídia. Mas tudo isso não é suficiente para caracterizar uma cidade global. Para ser verdadeiramente global, a cidade precisa também investir em educação (escolas e universidades), saúde (hospitais etc.), cultura (museus, orquestras, teatros etc.), e infraestrutura para hospedagem e lazer (lojas, restaurantes e hotéis).

Segundo especialistas, a difusão de ideias é uma das principais características das cidades globais. Em pleno século XXI, a capacidade de transmissão de dados via internet se tornou fundamental para medir o nível de globalização de uma cidade.

Além da capacidade de transmissão de dados, as empresas de consultoria levam em conta uma série de fatores para classificar as cidades globais. Os critérios podem variar, mas geralmente observa-se a estabilidade econômica, a infraestrutura urbana, a facilidade de se fazer negócios, a legislação local, a abertura e integração com outras metrópoles.

São Paulo desponta entre uma das principais cidades globais. Como região metropolitana, de acordo com dados do SEADE (2013), responde por quase 20% do PIB nacional e tem em seu favor a facilidade de acesso ao mercado de capitais, a capacidade de inovar nas finanças e a grande concentração de empresas. Mas a infraestrutura deixa a desejar. Problemas como congestionamentos, poluição e os altos índices de criminalidade são os principais pontos negativos.

Para se consolidar como cidade global e aumentar sua competitividade, São Paulo precisa cuidar da qualidade de vida, investindo em transporte público e educação, evitando, assim, a fuga de mão de obra qualificada. Mas é preciso que o restante do país acompanhe esse crescimento, de forma que não haja novo movimento migratório interno, como ocorrido em décadas passadas.

O planejamento da cidade de São Paulo inclui atenção especial para diferentes modais de transporte.

| ALGUMAS DAS PRINCIPAIS CIDADES GLOBAIS (2014) ||||
Cidade	População	PIB (em dólares)	Destaques
Londres (Inglaterra)	10,2 milhões	731 bilhões	- abertura econômica; - eficiência do sistema financeiro; - infraestrutura impecável.
Nova York (Estados Unidos)	18,5 milhões	1,4 trilhão	- Wall Street; - conglomerados de mídia; - indústria do turismo.
Hong Kong	7,2 milhões	309 bilhões	- grande população de executivos transnacionais; - o maior número de filiais asiáticas das maiores firmas globais.
Paris (França)	10,7 milhões	669 bilhões	- maior destino turístico do planeta; - sede de empresas de alta tecnologia.
Tóquio (Japão)	37,8 milhões	1,5 trilhão	- cidade mais populosa do mundo; - maior mercado consumidor da Ásia; - maior centro financeiro e de negócios da Ásia.
Cingapura	5,5 milhões	462 bilhões	- economia baseada em serviços, na indústria *high-tech* e no porto, um dos mais eficientes do mundo.
Toronto (Canadá)	6,2 milhões	304 bilhões	- qualidade de vida; - principal polo empresarial do Canadá; - atrai muitos estrangeiros, que compõem metade de sua população.
Chicago (Estados Unidos)	2,7 milhões	524 bilhões	- localização estratégica no Meio-Oeste americano; - referência mundial em *commodities*; - sede de empresas de tecnologia.
Madri (Espanha)	6,1 milhões	227 milhões	- porta de entrada de grupos latino-americanos na Europa; - maior, mais rica e etnicamente mais diversa metrópole da região ibérica.
Milão (Itália)	2,7 milhões	115 bilhões	- tradicional centro industrial, financeiro e tecnológico; - capital mundial do *design*.
Amsterdã (Holanda)	1,6 milhão	39 bilhões	- sede de corporações holandesas; - maior mercado do norte europeu (comercialização de produtos agrícolas a diamantes); - famosa pela liberdade de costumes.
Bruxelas (Bélgica)	2 milhões	40 bilhões	- capital da União Europeia; - sede da OTAN.
São Paulo (Brasil)	20,8 milhões	390 bilhões	- cidade mais populosa do hemisfério sul; - principal motor econômico-financeiro do país; - centro de decisões corporativas da América Latina.

Fonte: UNITED NATIONS DEPARTMENT OS ECONOMIC AND SOCIAL AFFAIRS/POPULATION DIVISION. *World Urbanization Prospect:* The 2014 Revision. New York, 2014. p. 390. Disponível em: <https://esa.un.org/unpd/wup/Publications/Files/WUP2014-Report.pdf>. Acesso em: 4 ago. 2016.

As cidades tecnopolos

A revolução tecnocientífica que marcou o século XX, em especial a segunda metade, trouxe consequências também na organização espacial das cidades, dando origem àquelas conhecidas como **tecnopolos**.

Hoje a tecnologia é vital, e o principal subsídio para as relações econômicas. A pesquisa e os institutos de tecnologia de ponta passaram a ser os centros nervosos para a própria dinâmica capitalista num mundo que vive sob a égide desse sistema. Nas últimas décadas tem ocorrido um fenômeno importante: antigos centros universitários de pesquisa avançada passaram a ter

uma inter-relação ativa com empresas de alta tecnologia, como por exemplo, de informática, telecomunicações e biotecnologia. Esses centros de excelência tornaram-se polos de atração para indústrias dessas áreas. Os tecnopolos situam-se, normalmente, próximos a grandes centros urbanos. Um dos mais importantes tecnopolos norte-americanos se encontra na cidade de Boston, no estado de Massachusetts, onde estão duas das mais importantes universidades do mundo, Harvard e o MIT (*Massachusetts Institute of Technology*), e seus laboratórios. Nessa área, além da indústria bélica, encontramos muitas companhias de tecnologia de ponta.

Os tecnopolos apoiam-se, com frequência, na infraestrutura urbana das grandes cidades próximas. Embora esse tipo de aglomeração urbana seja típico de países ricos (dados os altíssimos investimentos em pesquisa que a tecnologia de ponta necessita), a Índia e a Coreia do Sul têm investido em educação e em pesquisa para desenvolver seus tecnopolos. A Índia sobressai-se mundialmente pela sua indústria de informática de ponta, sendo exportadora desse tipo de tecnologia, como no extremo norte (Punjab) e ao sul do país (Tâmil).

Não podemos falar de tecnopolos sem citar o mais antigo deles: o **Vale do Silício**, na Califórnia, costa oeste norte-americana. Nessa região, que tem como centro as cidades de São Francisco, Palo Alto e Santa Clara, desenvolveu-se principalmente no pós-guerra a indústria da microeletrônica, fundamental no auge da Guerra Fria, para abastecer com componentes, como transistores, o arsenal militar norte-americano. Não devemos nos esquecer de que naquele momento a ex-URSS e os Estados Unidos estavam a pleno vapor na corrida armamentista e na disputa pelo domínio da vanguarda aeroespacial.

O governo norte-americano incentivou a implantação de indústrias nessa área, como também as pesquisas, e foi, simultaneamente, o maior comprador dos produtos por elas fabricados. No início da década de 1950, próximo à universidade de Stanford, em Palo Alto, uma das mais respeitadas do país, surgiu o *Stanford Industrial Park*, apoiando-se na própria universidade. Logo, muitas empresas de tecnologia de ponta aí se instalaram. Além de Stanford, outros centros de excelência universitária, como a Universidade da Califórnia (UCLA), em Berkeley, São Francisco, foram fundamentais para a expansão desse importante tecnopolo.

Com o passar dos anos, a indústria da microinformática também se estabeleceu na região, tornando o Vale do Silício a área de vanguarda da indústria norte-americana. Hoje, esta ainda é a mais importante área de produção de informática e microeletrônica do planeta.

Também merecem destaque Cambridge, na Inglaterra, Tsukuba e Kansai, no Japão, Taedok, na Coreia do Sul, Paris Axe Sud (em torno de Paris), na França, e Munique, no sul da Alemanha.

Fonte: ONU. *Urban Agglomerations 2014*. United Nations Publication: New York, 2014.

As cidades-dormitórios

Cada vez mais, em todo o mundo, próximas às grandes cidades, encontramos as cidades-dormitórios, assim chamadas por abrigarem uma população que trabalha em grandes centros urbanos não distantes delas. Essas comunidades urbanas não apresentam grande rede de serviços, áreas industriais ou centros comerciais importantes e estão ligadas a áreas economicamente dinâmicas por rede ferroviária (principalmente) ou rodoviária. Sua população desloca-se diariamente para ir trabalhar nas grandes cidades vizinhas, voltando apenas para "dormir" em casa. Elas, por vezes, têm uma população considerável, pelo fato de o custo de moradia ser mais barato do que nas áreas mais centrais e economicamente dinâmicas. São exemplos desse tipo de cidade Caravaggio, próximo a Milão, na Itália, como também Arujá e Itaquaquecetuba, próximas a São Paulo.

A VIDA NAS GRANDES CIDADES

Os problemas sociais

Viver nas grandes cidades do planeta significa ter de enfrentar uma série de problemas, como o tráfego intenso, a falta de áreas de lazer e de espaço para crescer horizontalmente, além de graves efeitos da poluição, em especial a da atmosfera e do lixo sólido. Há, entretanto, uma diferença brutal na maneira como tais problemas atingem as populações das nações ricas e pobres. Normalmente eles são muito mais graves e de difícil solução nos países pobres, com severas limitações de recursos, onde o crescimento acontece de forma acelerada e desigual, permitindo apenas a uma minoria usufruir de melhor qualidade de vida.

O crescimento acelerado das cidades nos países pobres é fruto de uma equação onde a pressão demográfica é maior do que o crescimento econômico e, portanto, a demanda por empregos é maior do que a oferta de colocações profissionais no mercado. Dessa maneira, dizemos que as cidades "incham". As consequên-

Comunidades e edifícios em espaços contíguos são mostras das desigualdades que aparecem nas grandes cidades.

cias diretas são o aumento dos problemas sociais e a exclusão de grande parte de seus habitantes. Cresce a exclusão social e econômica.

Os migrantes que chegam às cidades grandes dos países pobres são atraídos, normalmente, por melhores condições de vida e pelas maiores oportunidades de trabalho. Eles têm de se fixar nos bairros periféricos onde a moradia é mais barata, os serviços urbanos são precários ou inexistentes (por exemplo, ruas sem asfaltamento, rede de transporte incipiente etc.). As construções não obedecem aos padrões urbanísticos. Se não se dirigem à periferia, os migrantes vão se alojar em áreas públicas, ou em litígio, onde se multiplicam os barracos que formam as **comunidades** com qualidade de vida muito ruim. Outras vezes, as populações carentes, sem ter opção de moradia, instalam-se em áreas centrais decadentes, em velhas construções, dividindo o espaço com outras famílias, vivendo em péssimas condições nos chamados **cortiços**.

litígio: área de conflito de interesses ou judicial

Numa economia instável, a busca por empregos bem remunerados nem sempre é satisfatória e, assim, muitos são obrigados a se submeter ao subemprego, à falta de registro em carteira ou, pior, ficam desempregados. O déficit de estrutura e políticas públicas atinge a educação, a saúde e o lazer para essas famílias, comprometendo a qualidade de vida dos mesmos e, assim, as péssimas condições e a falta de perspectivas agravam as tensões sociais, sendo elementos que propiciam o aumento da violência urbana.

Esse quadro caótico vem produzindo alguns paradoxos de difícil solução: as classes média e alta, sentindo-se ameaçadas pelos índices alarmantes de violência, vivem reclusas em verdadeiras "ilhas-fortalezas", onde usufruem de serviços de bom nível e de uma boa qualidade de vida. São os condomínios de luxo, que podem ser centrais ou periféricos. A grande maioria da população, entretanto, vive à mercê de sua própria sorte, sobrevivendo dentro desse caos urbano e social.

O MEIO AMBIENTE NAS GRANDES CIDADES

Não faz muito tempo, pouco importava o destino final daquilo que consumíamos. Ninguém parava para pensar onde ia parar o lixo produzido em cada moradia. Ainda hoje, toneladas de lixo entopem bueiros e boiam nos rios das maiores cidades do mundo. Mas a questão ambiental tornou-se um dos maiores desafios do século XXI. Além de preservar as florestas, é preciso dar atenção especial à poluição da atmosfera, dos rios e do solo nas grandes cidades, que vêm se agravando nos últimos anos.

Consumo, desperdício e meio ambiente

Vivemos em uma sociedade de consumo, onde impera o desperdício. Quantas vezes as pessoas compram coisas por impulso, sem perceber a sua inutilidade? Ou adquirem um produto novo, recém-lançado, descartando precocemente aquele que ainda era útil e estava em perfeitas condições de uso? A própria dinâmica do capitalismo nos impõe a rápida obsolescência e substituição dos bens. A inovação tecnológica é um fator preponderante para que isso aconteça.

A maior parte dos habitantes de grandes áreas urbanas, principalmente nos países pobres, acredita que o problema de poluição ambiental seja culpa das indústrias ou do governo, que não impõe (ou não cobra de forma eficiente) regras e normas, tais como filtros industriais e tratamento de esgotos, para diminuir a poluição do ambiente no qual se vive.

Um dado interessante é que a consciência ecológica tende a se manifestar de forma coletiva, apoiando reivindicações e ações propostas por terceiros. A maioria das pessoas apoia, por exemplo, a redução da emissão de dióxido de carbono na atmosfera. Porém, a ação individual que contribui para a diminuição dos níveis de poluição e do desperdício não é considerada ou é praticada eventualmente. Talvez você mesmo pratique algumas ações que ajudem a poluir o ambiente e sejam puro desperdício. Você joga lixo na rua? Talvez você não saiba, mas o lixo que é jogado nas vias públicas entope bueiros que não dão vazão às águas das chuvas, provocando enchentes. Você sabe se na sua cidade existe coleta seletiva de lixo? Quando você vai à praia, preocupa-se em não jogar lixo na areia, colocando-o em locais apropriados como lixeiras ou mesmo em sacos para depois pô-los fora? Você (ou seus amigos e parentes) abre mão do uso do automóvel mesmo que seja para pequenos deslocamentos? Ao escovar os dentes, você se preocupa em fechar a torneira, evitando desperdiçar litros d'água?

Essas ações são aparentemente inócuas, mas imagine se a maioria fizer esses pequenos esforços, quanto não se poderá economizar e ajudar a preservar o meio ambiente?

inócuo: que não surte efeito

A questão do lixo

O lixo sólido pode ser produzido pelas residências, pelo comércio, pelos hospitais, pelas indústrias, além da construção civil e tecnológica (pilhas, computadores etc). O fato é que ele se tornou um dos maiores problemas que afetam as áreas urbanas, independentemente do tamanho da cidade.

Os volumes gerados são absurdamente altos, principalmente nos países ricos. Quanto mais desenvolvido o país, maior a quantidade de lixo gerado.

A composição do lixo pode nos dar uma ideia da sociedade que o produz. Nos países da América do Sul pode-se constatar desperdício de alimentos, devido à grande quantidade de matéria orgânica presente no lixo. O fato de metade do lixo brasileiro, por exemplo, ser composto por matéria orgânica demonstra um desperdício de alimentos que não é compatível com a carência da população. Nos países europeus, nos Estados Unidos e no Japão a composição do lixo é diferente, com a presença de muito menos matéria orgânica. A conclusão, nesse caso, não é tão simples, devido às diferentes metodologias utilizadas pelos diferentes países para caracterizar a composição do lixo. Mas pode-se pensar em algumas hipóteses, como fatores culturais que, entre outros, privilegiam o uso intensivo de embalagens.

A solução para esse crescente problema é a diminuição do uso de materiais descartáveis e a reciclagem de lixo. Você já ouviu falar na ideia conhecida como a "política dos 3 Rs": *reduzir*; *reutilizar* e *reciclar*? Na prática, ela ajuda a diminuir o volume do lixo e a evitar a contaminação do solo e da água. Hoje já há quem fale na "política dos 5 Rs", veja só:

- **Repensar** – mudar suas atitudes e hábitos diários e de consumo.
- **Reduzir** – evitar o desperdício de material descartável, isto é, produzir menos lixo.
- **Reutilizar** – aproveitar objetos usados, dando-lhes nova utilidade.
- **Reciclar** – reutilizar materiais usados que podem ser transformados novamente em matéria-prima. Só pode ocorrer se houver um processo seletivo, com a separação dos materiais usados conforme sua origem: papel, plástico, vidro, alumínio e material orgânico.
- **Recusar** – não adquirir produtos que, de alguma forma, agravem problemas ambientais e possam prejudicar a saúde da população.

Muitos municípios do Brasil já adotam parcerias com cooperativas e associações de coletores de materiais reciclados. O objetivo é implementar programas de coleta seletiva de lixo que promovam a inclusão social e a geração de renda.

Fonte: CEMPRE. Disponível em: <http://cempre.org.br/ciclosoft/id/8>. Acesso em: 15 out. 2016.

Segundo pesquisa realizada pelo Compromisso Empresarial para Reciclagem (CEMPRE), o número de municípios com coleta seletiva no Brasil subiu de 766 para 1.055 e a porcentagem de brasileiros atendidos pelo serviço de coleta seletiva subiu de 14% para 15%.

O alumínio é o material com o maior índice de reciclagem, mesmo que seja responsável por menos de 1% da composição da coleta seletiva. Em 2011, cerca de 98,3% da produção de latas de alumínio foi reciclada, índice superior ao de países industrializados como Japão e Estados Unidos. A maior parte da sucata de alumínio é fornecida à indústria por intermediários que revendem o material coletado comprado de catadores. O restante é fornecido diretamente por cooperativas de catadores ou por supermercados, escolas, empresas e entidades filantrópicas que também recolhem o material.

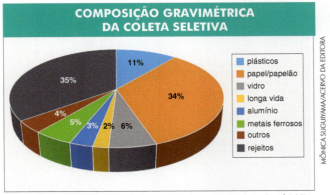

Fonte: CEMPRE. Disponível em: <http://cempre.org.br/ciclosoft/id/8>.
Acesso em: 15 out. 2016.

Procure se informar sobre as cooperativas e associações que atuam na sua cidade. Quem sabe esse não é o primeiro passo para que você e sua família começem a participar da coleta seletiva, contribuindo para a diminuição do volume de lixo produzido!

ÍNDICE DE RECICLAGEM DAS LATAS DE ALUMÍNIO (%)								
	2004	2005	2006	2007	2008	2009	2010	2014
Argentina	78	88,1	89,6	90,5	90,8	92	91,1	98,4
Brasil	95,7	96,2	94,4	96,5	91,5	98,2	98	91,1
Europa	48	52	57,7	N/D	62,0	n.d	64,3	69,5
EUA	51,2	52	51,6	53,8	54,2	57,4	58,1	66,5
Japão	86,1	91,7	90,9	92,7	87,3	93,4	92,6	87,4

Fonte: ABAL; Associação Brasileira dos Fabricantes de Latas de Alta Reciclabilidade. 2014.
Disponível em: <http://www.sapagroup.com/upload/Gr%C3%A1fico%20-%20Reciclagem%20de%20Alum%C3%ADnio.jpg>.
Acesso em: 4 ago. 2016.

Uma questão de saúde

Os países pobres obviamente acumulam menos quantidade de lixo, dado o poder aquisitivo mais baixo da população. Mas, embora o volume seja menor, esse problema se agrava, pois uma grande percentagem dele não é recolhida, e a maior parte do que é coletado vai parar em "lixões", áreas onde se deposita o lixo a céu aberto. Esses depósitos são foco permanente de transmissão de uma série de doenças. Além disso, exalam um odor bastante forte, devido à decomposição de material orgânico, e produzem um líquido escuro e ácido – o **chorume** – que se infiltra no subsolo, contaminando os lençóis freáticos.

TEMPO PARA A DECOMPOSIÇÃO DE ALGUNS MATERIAIS	
Material	Decomposição em
Papel	3 meses ou mais
Fósforos	6 meses
Frutas	6 a 12 meses
Cigarros	1 a 2 anos
Chiclete mascado	5 anos
Lata de aço	10 anos
Plástico	mais de 100 anos
Garrafa de vidro	milhares de anos
Lata de alumínio	mais de 1.000 anos

Disponível em: <http://www.lixo.com.br>. Acesso em: 4 ago. 2016.

Nesses depósitos encontramos, além da matéria orgânica, uma série de materiais não biodegradáveis, que descartamos e que fazem parte do nosso cotidiano, como plásticos, vidros, pneus de borracha, metais etc. O tempo de degradação desses diferentes materiais varia muitíssimo. As garrafas plásticas ou de vidro, por exemplo, levam centenas ou milhares de anos para desaparecer. Portanto, o lixo que acumulamos hoje já é um problema para as gerações futuras.

Ponto de vista

Logística reversa

Além de reduzir os riscos à saúde humana e ao meio ambiente, a destinação adequada de resíduos sólidos também pode ser importante geradora de renda.

Segundo estimativa do MMA, o Brasil joga no lixo, a cada ano, cerca de R$ 10 bilhões por falta de reciclagem ou reutilização de resíduos sólidos que poderiam voltar à indústria.

(...) Pela Lei 12.305/2010, que instituiu a Política Nacional de Resíduos Sólidos, a **logística reversa** é um instrumento de desenvolvimento econômico e social, caracterizado pelo conjunto de ações, procedimentos e meios destinados a viabilizar a coleta e a restituição dos resíduos sólidos ao setor empresarial, para reaproveitamento e reciclagem, em seu ciclo ou em outros ciclos produtivos, ou outra destinação final ambientalmente adequada. A Lei prevê ainda a responsabilidade compartilhada do poder público e do setor produtivo sobre o manejo destes resíduos.

A Política Nacional de Resíduos Sólidos também cria metas importantes que irão contribuir para a eliminação dos lixões e institui instrumentos de planejamento nos níveis nacional, estadual, microrregional, intermunicipal, metropolitano e municipal; além de impor que os particulares elaborem seus Planos de Gerenciamento de Resíduos Sólidos.

O primeiro acordo setorial do tipo foi para as embalagens plásticas de óleos lubrificantes, assinado entre governo e setor produtivo em dezembro de 2012.

Fonte: Portal Brasil, Ministério do Meio Ambiente. *Setor produtivo tem 120 dias para apresentar propostas de reciclagem de eletrônicos.* Disponível em: <http://www.portalfederativo.gov.br/noticias/destaques/setor-produtivo-tem-120-dias-para-apresentar-propostas-de-reciclagem-de-eletronicos>. Acesso em: 4 ago. 2016.

➤ Verifique se em sua comunidade ou bairro já existe um sistema de logística reversa, ou seja, uma coleta do descarte de baterias, pilhas, eletrônicos, óleo, entre outros produtos, por parte dos fabricantes. Como é feita essa coleta?

➤ Caso ainda não exista, que destinação é dada a esses produtos?

As águas poluídas

As indústrias, principalmente químicas e de metais, produzem esgoto industrial. Nem sempre o esgoto recebe tratamento adequado e é despejado nos rios e represas que cortam ou abastecem zonas urbanas, poluindo suas águas. Com isso, cai a oferta de água potável para a população.

Aliado a esse fato temos o esgoto residencial que, principalmente nos países pobres, não recebe tratamento e também é lançado nos rios e represas. Imagine uma cidade como São Paulo, com mais de 10 milhões de habitantes, que consegue tratar apenas uma parcela desse esgoto. O rio Tietê, que corta a cidade, não suporta essa avalanche de sujeira, o que justifica a condição de rio morto em alguns dos seus trechos, tendo se tornado um verdadeiro canal de esgoto a céu aberto.

De acordo com os dados mais recentes divulgados pelo IBGE, a rede coletora de esgoto abrange apenas 57,6% dos domicílios no país, sendo a Região Norte a que possui menos tratamento, abrangendo apenas 12,9% dos domicílios, e a Região Sudeste a que possui mais redes de coleta, totalizando 85,4% dos domicílios.

Poluição do rio Tietê, Estado de São Paulo.

Fonte: ATLAS Geográfico Escolar. 6. ed. Rio de Janeiro: IBGE, 2012. p. 149. Adaptação.

Enchentes

Quando há enchentes em centros urbanos, normalmente elas são devastadoras: a água invadindo residências e empresas, pessoas tentando salvar alguns dos seus bens, desabrigados, veículos boiando, enormes prejuízos materiais e, muitas vezes, mortes.

As enchentes são um fenômeno natural, porém elas vêm tomando grandes proporções em áreas muito urbanizadas. Nesses locais, a cobertura vegetal natural foi retirada, dando lugar a construções, ruas, avenidas etc. O solo passou a ser recoberto por asfalto, concreto e outros materiais impermeabilizantes que diminuem sensivelmente a sua capacidade de infiltrar e reter água, aumentando o escoamento superficial e a velocidade em que ele se dá. Além disso, os resíduos sólidos, não devidamente condicionados, ou mesmo descartados pela população, entopem as galerias de águas pluviais, redes construídas especialmente para escoar água até os rios ou reservatórios, diminuindo a capacidade de vazão das águas pluviais. Os resultados são enchentes periódicas, de proporções cada vez maiores, causando transtornos também cada vez maiores. Elas não se restringem às dificuldades de acesso e problemas de trânsito, perdas materiais dos que têm suas casas inundadas, mas também provocam o aumento de doenças, como, por exemplo, a leptospirose.

O governo do Acre gastou, até 2012, mais de R$ 1 bilhão com enchentes em Rio Branco. Esses alagamentos causaram danos humanos, sociais, econômicos e ambientais. As atividades antrópicas vêm provocando alterações e impactos na região, como o assoreamento do leito dos rios, impermeabilização de áreas de infiltração na bacia de drenagem, causando a degradação ambiental e esgotamento dos recursos naturais.

Mas será que as enchentes são insolúveis? Vamos conhecer algumas atitudes que podemos tomar a fim de evitar enchentes e inundações. Tudo deve começar pela nossa casa, para depois passar para o bairro e para a cidade onde vivemos:

- é preciso permitir a infiltração da água das chuvas e a retenção desta nas folhas das árvores, além de manter os córregos limpos e abertos para facilitar a passagem da água. Assim, é importante manter áreas verdes e arborizadas, evitando cimentar quintais e outras áreas que possam reter a água das chuvas;
- é fundamental que o esgoto doméstico seja tratado. Se o seu bairro não possui rede de esgoto, solicite uma providência do órgão responsável. Enquanto isso, uma fossa pode ajudar a tratar os efluentes;
- não jogue lixo no chão, pois são levados até os bueiros, que entopem e não conseguem dar vazão à água que corre pelas ruas;
- áreas de mananciais e próximas a rios e córregos devem ser preservadas. Além das questões ambientais, nesses locais ocorrem enchentes constantes; quando o rio transborda, pode causar enormes prejuízos a quem tiver construído em suas margens;
- deve-se evitar a construção de moradias em encostas de morros. O desmatamento e a impermeabilização dessas áreas agrava o problemas de enchentes nas áreas baixas. Além disso, construções mal planejadas podem estar em risco, devido aos deslizamentos dessas encostas.

Poluição do ar

Os problemas urbanos não se restringem ao lixo proveniente do consumo da população. Os resíduos industriais (sólidos, líquidos e gasosos), gerados pelas fábricas ao processar matérias-primas, poluem o ambiente.

Muitas indústrias liberam gases tóxicos, como o monóxido de carbono (CO), dióxido de enxofre (SO_2), material particulado e dióxido de carbono (CO_2), substância já existente no ar.

A grande emissão desses gases e partículas desequilibra a composição da atmosfera, afetando a qualidade do ar e a vida dos habitantes das cidades. Além das indústrias, os veículos automotores e as usinas termoelétricas (que geram energia elétrica graças à combustão de carvão mineral ou petróleo) são grandes emissores de gases poluentes.

Em virtude disso, uma série de alterações da atmosfera vêm acontecendo, fruto da poluição.

A poluição atmosférica, resultado da queima de combustíveis por veículos e da liberação de gases poluentes pelas indústrias, pode afetar seriamente a qualidade de vida dos seres humanos. Na foto, cidade de Xangai, China.

Questão socioambiental

MEIO AMBIENTE

É possível reverter o quadro de alta poluição

No final da década de 1970, muito antes das mudanças climáticas serem o centro das preocupações dos países, uma cidade brasileira ficou conhecida como *Capital Mundial da Poluição*. Estamos falando de Cubatão, na Baixada Santista, litoral paulista. A cidade é um dos mais importantes polos petroquímicos e siderúrgicos do país e, naquela época, a intensa atividade industrial gerava muita poluição, principalmente atmosférica.

O nível de poluição chegou a um grau tão alto que passou a afetar seriamente a saúde da população. Além de doenças respiratórias graves, crianças passaram a nascer com anencefalia (sem cérebro). A situação ambiental foi se agravando. Passaram a ocorrer chuvas ácidas nas encostas da Serra do Mar, que começaram a provocar a morte da vegetação das áreas atingidas e criaram condições para que ocorressem deslizamentos de terras, podendo vir a comprometer o parque industrial da área.

Diante de tal quadro, as grandes empresas sentiram-se ameaçadas pelo problema gerado por elas mesmas, na medida em que não tomavam providências contra a poluição crescente, provocada pela eliminação de gases tóxicos. Medidas emergenciais foram adotadas para tentar reverter o perigo iminente. Filtros antipoluentes foram instalados, além de outras ações tomadas para reduzir drasticamente o nível de poluição. Deu certo.

Decidiu-se, então, reflorestar as áreas atingidas pela chuva ácida, sem se ter certeza do sucesso da empreitada. Sementes de árvores selecionadas foram revestidas com um gel especial e jogadas de helicóptero sobre a encosta da Serra do Mar. As sementes germinaram e a área foi recuperada.

Hoje, pode-se dizer que Cubatão é um exemplo de recuperação ambiental. Autoridades governamentais garantem que os índices de partículas emitidas pelas indústrias estão abaixo de muitas cidades e que os rios já estão sendo utilizados para a pesca. Cogita-se, inclusive, a implantação do Turismo Industrial na cidade, deixando para trás a imagem ruim do passado, servindo de inspiração no futuro.

Cubatão, o exemplo onde a integração de esforços da ação governamental, particular e da população surtiu efeito. À esquerda, a cidade em 1996 e, abaixo, atualmente.

➤ Em Cubatão foram tomadas medidas emergenciais a fim de evitar a perda econômica das empresas locais. No entanto, de acordo com o texto, tais medidas foram tomadas pois havia perigo de comprometimento do parque industrial. Ou seja, não foram medidas pensadas para evitar o aparecimento de doenças ligadas ao alto índice de poluição, que se alastravam pela população, ou mesmo um dos maiores desastres ambientais e sociais ocorrido na cidade: o incêndio causado pelo vazamento de um oleoduto na Vila Socó, em 1984. A partir do que foi visto no capítulo, explique que medidas podem ser tomadas para evitar casos como o de Cubatão.

Inversão térmica

Na maioria das vezes, o fenômeno conhecido como inversão térmica é apresentado na mídia como sendo um problema ambiental. Isto não é verdade: trata-se de um fenômeno natural. O problema ambiental relacionado à inversão térmica está na concentração crescente de poluentes em suspensão na atmosfera.

Mas o que é inversão térmica? É uma alteração da circulação normal das camadas de ar próximas à superfície (quente e fria).

A inversão térmica é a condição climática que ocorre quando uma camada de ar quente se sobrepõe a uma camada de ar frio, impedindo o movimento ascendente do ar atmosférico. Em ambientes industrializados, ou grandes centros urbanos, a inversão térmica leva à retenção dos poluentes nas camadas mais baixas, próximas ao solo, podendo ocasionar problemas de saúde em casos de alta concentração e período de duração excessivo. É um fenômeno que ocorre durante o ano todo, porém no inverno se apresenta de maneira mais intensa. Com a ascensão da camada de ar quente localizada nas partes mais baixas, as camadas de ar mais frias encontradas nas maiores altitudes descem rapidamente e se alojam nos fundos de vale. Assim, ocorre uma estagnação atmosférica, em que as camadas frias e quentes não conseguem circular. Os poluentes, então, se concentram e a falta de movimento das camadas de ar impede sua dispersão. Esta condição só se altera quando ocorrem perturbações atmosféricas (entradas de massas de ar) ou mudanças nas temperaturas das camadas, que permitem a volta da circulação normal.

Diante disso, cidades erguidas em regiões rodeadas por montanhas, como São Paulo e a Cidade do México, que são altamente urbanizadas e industrializadas e, portanto, emitem grande quantidade de poluentes, são áreas onde a inversão térmica deixa de ser um simples fenômeno natural e cria condições para que ocorra esse grave problema.

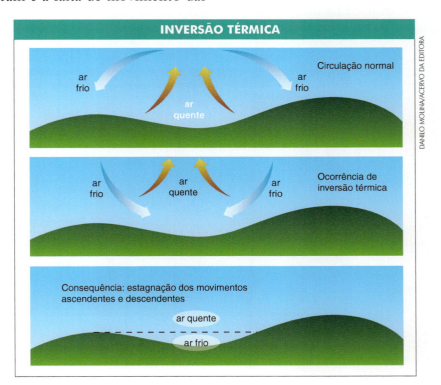

Integrando conhecimentos

Chuva ácida

A chuva ácida forma-se pela reação de alguns gases, como os óxidos de nitrogênio (especialmente o NO_2, dióxido de nitrogênio) e de enxofre (com destaque para o SO_2, dióxido de enxofre) com o vapor-d'água presente na atmosfera.

Embora esses gases possam ser liberados pela natureza, como, por exemplo, em erupções vulcânicas, hoje encontramos concentrações muito maiores deles na atmosfera, principalmente nas regiões industrializadas, resultantes da queima de combustíveis fósseis – petróleo, carvão mineral, gás natural.

Em virtude disso, a água das chuvas tem as suas propriedades químicas alteradas, tornando-se mais ácidas do que o normal. Tomando o caso do dióxido de nitrogênio como exemplo, observa-se a reação (simplificada) de ionização:

$$NO_2 + H_2O \rightarrow H^+ + NO_3^-$$

A reação que ocorre com os demais óxidos de nitrogênio e de enxofre são semelhantes e têm como produtos alguns ácidos fortes, como o HNO_3 e o H_2SO_4. O resultado é uma redução do potencial hidrogeniônico (pH) das águas pluviais, pelo aumento da quantidade de H^+ livre – o pH normal da água da chuva é quase neutro, entre 6 e 7, mas pode chegar a 3 onde a poluição é muito intensa. Isso causa diversos transtornos à vida e ao meio ambiente das áreas atingidas, matando árvores, alterando as condição de sobrevivência nos lagos, afetando a fauna e a flora, além de corroer monumentos e algumas edificações.

A chuva ácida acontece principalmente nas cidades, em áreas mais industrializadas, sobretudo na Europa Ocidental, Estados Unidos e Canadá, em especial a porção oriental e a região dos Grandes Lagos, situada na fronteira dos dois países.

Um dos maiores problemas da chuva ácida é que sua ocorrência não se restringe às áreas onde há maior emissão de gases poluentes. Os ventos e a própria circulação atmosférica levam essa chuva para locais muito distantes, prejudicando áreas que não têm nenhuma responsabilidade por esse tipo de fenômeno (como regiões florestais ou o polo Norte).

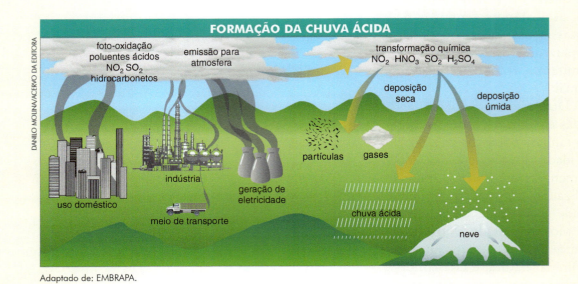

Adaptado de: EMBRAPA.

Ilhas de calor

O clima das regiões urbanas sofreu várias mudanças com o crescimento das cidades. As áreas mais urbanizadas apresentam normalmente uma temperatura média mais elevada que as áreas vizinhas e um índice pluviométrico maior. Tais alterações são decorrentes da forte ação do homem nas áreas urbanizadas.

O aumento da pluviosidade em áreas urbanas está relacionado à poluição atmosférica local: o aumento do número de micropartículas no ar facilita a condensação da água e a formação de nuvens.

Já o aumento de temperatura nos centros urbanos ocorre devido à presença de asfalto, concreto, poluição e falta de áreas verdes, bem como à existência de aglomerados de edifícios que dificultam a microcirculação do ar local.

Essas alterações acabam criando ambientes com sensações climáticas desagradáveis, sendo a mais conhecida delas o desconforto térmico. Assim, os grandes centros urbanos parecem "ilhas térmicas", quando os comparamos com áreas vizinhas.

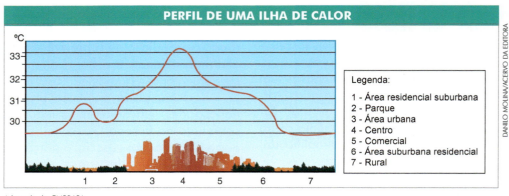

Adaptado de: EMBRAPA.

CIDADES BRASILEIRAS

A passagem do rural para o urbano

As cidades brasileiras conheceram, nos últimos 80 anos, um acelerado processo de expansão. Como se deu esse processo? O Brasil foi um país essencialmente agrícola até 1930, quando o café, sustentáculo de nossa economia, e em fase de superprodução, foi duramente atingido pela quebra da Bolsa de Nova York, em outubro de 1929, despencando a sua cotação internacional. A partir desse momento, novos vetores direcionaram os investimentos do capital nacional, migrando da agricultura para a indústria. Com o passar do tempo, a inversão de capital também foi feita pelo Estado intervencionista brasileiro e por estrangeiros, estes últimos investindo, principalmente, na produção de bens de consumo duráveis.

Os grandes polos urbanos industriais foram São Paulo e Rio de Janeiro, que além de concentrarem o capital produtivo e financeiro, passaram a ser o mais importante eixo brasileiro, recebendo os maiores investimentos, quer na ampliação da malha rodoviária, quer nas comunicações, e em outros serviços de infraestrutura. Consequentemente, houve, nessas cidades, um aumento da oferta de empregos.

Em 1970, a nossa população urbana já era maior que a população rural, como mostra a tabela ao lado.

POPULAÇÃO URBANA NO BRASIL			
Ano	População Total	População urbana	Urbanização (em %)
1950	51.944.397	18.782.891	36,16
1960	70.992.343	32.004.817	45,08
1970	94.508.583	52.904.744	55,98
1980	121.150.573	82.013.375	67,7
1991	146.917.459	110.875.826	75,47
2000	169.590.693	137.755.550	81,23
2010	190.755.799	160.925.792	84,36

Fonte: IBGE, Censo Demográfico 1950/2010. Até 1991, dados extraídos de Estatísticas do Século XX. Rio de Janeiro: IBGE, 2007 no Anuário Estatístico do Brasil, 1993, v. 53. Disponível em: <http://serieestatisticas.ibge.gov.br>.

Avenida Brasil, Rio de Janeiro, com 58 km de extensão, corta 26 bairros e é local de tráfego intenso.

Em meados dessa década, a chegada das relações capitalistas no campo, com a introdução das leis trabalhistas para os empregados rurais, provocou uma evasão da população em direção às cidades. Esse fenômeno de deslocamento de população do campo para a cidade intensificou-se com a mecanização e com o processo de concentração de terras, expulsando os pequenos produtores. O resultado foi caótico. As cidades cresceram aceleradamente, sem qualquer planejamento. As economias regionais não foram capazes de gerar tantos novos empregos e, assim, as cidades brasileiras ficaram **inchadas**, com problemas gigantescos, entre eles o déficit de moradias e a favelização das zonas periféricas; a exploração imobiliária nas zonas mais afastadas e no centro urbano, onerando os preços dos terrenos, muitas vezes grilados ou adquiridos pela expulsão de seus antigos moradores; a precariedade de serviços básicos tais como transportes, coleta de lixo, escolas, hospitais e de infraestrutura, como saneamento básico.

O sonho da cidade grande, para a maioria dos migrantes rurais, não se concretizou da maneira esperada. Muitos deles, e também seus descendentes, foram habitar em regiões longínquas; nem sempre foi fácil conseguir trabalho e, muitas vezes, as únicas ofertas disponíveis envolviam atividades duras e pesadas, com remunerações muito menores do que almejavam.

O resultado é que no início do século XXI mais de 5 milhões de pessoas moram no Brasil em favelas, sendo a maioria em São Paulo e no Rio de Janeiro; os cortiços também são residência de outros milhares de brasileiros, principalmente em território paulista e fluminense. A degradação dos espaços urbanos, a poluição, a miséria, o desemprego e a precariedade dos transportes são alguns dos problemas que se agravam com o desenvolvimento urbano, e de maneira exponencial nas grandes metrópoles.

O processo de urbanização brasileiro foi extremamente acelerado, se compararmos com a Inglaterra, que demorou mais de 250 anos para ter 97% de sua população vivendo nas cidades. Em apenas 80 anos o Brasil passou de país rural a urbano, pois quase 85% de nossa população mora nas cidades. Rio de Janeiro, Distrito Federal e São Paulo são as Unidades da Federação com as maiores taxas de urbanização – em torno de 96% –, indicando que o processo de urbanização está próximo do fim; no restante do Brasil, a urbanização ainda é acelerada. Cabe ressaltar que, pelo Censo 2010, o Distrito Federal apresentou a segunda maior taxa de urbanização, com 96,62% de seus habitantes vivendo em área urbana.

Edifício Altino Arantes, no centro da cidade de São Paulo, o terceiro mais alto da capital (161,22 m).

Fonte: População e demografia. População por situação de domicílio. Censo Demográfico 1940/2000. In: IBGE. Séries Estatísticas & Séries Históricas. Rio de Janeiro, 2012

Fonte: População e demografia. População por situação de domicílio. Censo Demográfico 1940/2000.
In: IBGE. Séries Estatísticas & Séries Históricas. Rio de Janeiro, 2012.

As metrópoles nacionais e regionais

Até a década de 1970, São Paulo e Rio de Janeiro eram as únicas grandes metrópoles do país. Porém, com o desenvolvimento da malha rodoviária que possibilitou a integração regional, as capitais estaduais e algumas cidades do interior dos estados mais desenvolvidos economicamente começaram a ser polos de atração da população, não só pela possibilidade de emprego, mas também pelos serviços e comércio existentes, que alteraram os vetores do fluxo interurbano.

Metrópoles regionais exercem influência na macrorregião onde se encontram, tais como Belém, Belo Horizonte, Curitiba, Fortaleza, Goiânia, Manaus, Porto Alegre, Recife, Salvador.

Fonte: ATLAS Geográfico Escolar. 6. ed. Rio de Janeiro: IBGE, 2012. Adaptação.

O desenvolvimento urbano levou ao aumento da mancha urbana, com a integração de várias cidades no entorno de uma central, criando novas áreas metropolitanas, entretanto, com influência regional. São Paulo, Brasília e Rio de Janeiro continuaram a ser as maiores e mais importantes metrópoles do país, com influência nacional.

Esse processo de **conurbação** e **metropolização** redirecionou o fluxo migratório a partir dos anos 1980, havendo um decréscimo percentual do contingente populacional que se dirige para as metrópoles nacionais, e um aumento do deslocamento intrarregional.

As regiões metropolitanas

Em meados da década de 1970, o Congresso Nacional aprovou uma lei que instituiu as regiões metropolitanas brasileiras, definidas como "um conjunto de municípios contíguos e integrados socioeconomicamente a uma cidade central, com serviços públicos e infraestrutura comum". Em 1988, a Constituição brasileira prevê no seu artigo 25 que os estados podem, por leis complementares, instituir regiões metropolitanas, agregando municípios limítrofes para integrar a organização, o planejamento e a execução de funções públicas de interesse comum. As áreas metropolitanas concentram não só os polos econômicos, como também a maior quantidade de serviços.

Em 1998, foi criada a RIDE (Região Integrada de Desenvolvimento do Entorno) que, além de Brasília, é formado por mais 19 municípios goianos e dois mineiros, caracterizando mais uma área metropolitana.

No Censo de 2010, o IBGE reconhecia 36 regiões metropolitanas e três RIDEs no Brasil, que juntas somavam quase 90 milhões de habitantes, ou cerca de 47% da população total do país. Veja o mapa a seguir:

Congresso Nacional, Brasília, sede do Poder Legislativo.

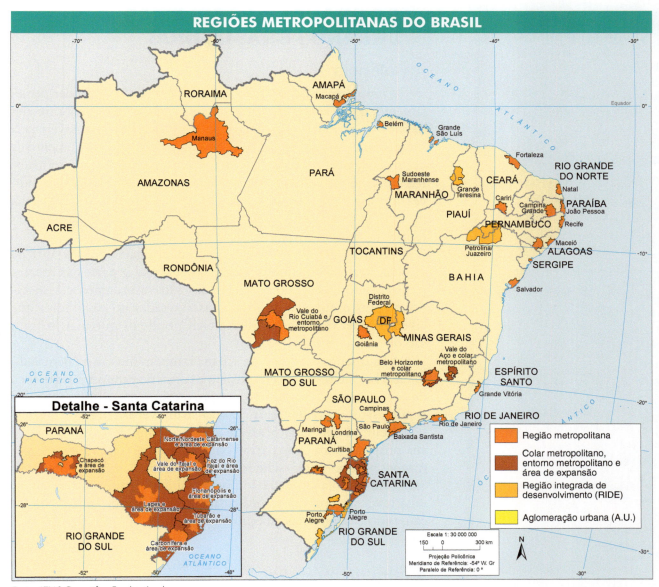

Fonte: ATLAS Geográfico Escolar. 6. ed.
Rio de Janeiro: IBGE, 2012. p. 147. Adaptação.

A rurbanização ou a urbanização do campo

A urbanização do campo é um fenômeno que vem ganhando destaque no nosso país. Entende-se por rurbanização o processo de pessoas que trabalham no campo em atividades não agrícolas, como aquelas ligadas à indústria do lazer e do turismo, por exemplo, em hotéis-fazenda, parques temáticos etc. Além disso, muitas indústrias têm feito a opção de sair das áreas metropolitanas muito valorizadas e se instalar em áreas rurais, próximas aos grandes centros, onde os custos industriais são muito mais baixos.

Fonte: IBGE, Resultados do Censo 2010.

OS GRANDES PROBLEMAS URBANOS BRASILEIROS

A violência

O rápido crescimento das cidades se deu sem qualquer planejamento, o que acarretou uma série de graves problemas. Entre eles destaca-se a violência urbana, uma das maiores responsáveis pela mortalidade entre jovens no país. Nos últimos anos, o crescimento da criminalidade, embora seja um fenômeno nacional, foi muito maior nas áreas metropolitanas. Nessas áreas encontramos os maiores índices de pobreza, desemprego, redes escolar e hospitalar precárias, falta de serviços de estrutura urbana, e de segurança pública. Todos esses fatores favorecem o aumento da marginalidade e da violência.

As áreas periféricas das metrópoles abrigam cerca de 35% da população brasileira, mas respondem pela maior parte das mortes por agressão e homicídios. Os dados são absurdamente assustadores, pois o número de vítimas assassinadas no país indica que vivemos uma verdadeira "guerra civil", onde os que mais sofrem são os mais carentes.

O aumento da violência urbana também mostra a falência do Estado brasileiro no setor, que não é capaz de garantir a segurança de seus cidadãos. Ao mesmo tempo, o crime organizado vai crescendo assustadoramente, tornando-se um verdadeiro poder paralelo, delimitando territórios de atuação e impondo suas regras e sua própria "ética". Nas áreas controladas pelas quadrilhas organizadas, muitas vezes os líderes determinam a "ajuda" à população local, suprindo a ausência do poder público, o que é, no mínimo, uma inversão dos valores de cidadania, desafiando autoridades e causando divergências na opinião pública.

A falta de moradias

Embora a maioria dos brasileiros, aproximadamente 74% da população, more em residências próprias, sejam elas quitadas ou em aquisição, muitos deles têm uma moradia precária, sem os serviços básicos urbanos, como, por exemplo, saneamento básico e coleta de lixo. Entretanto, os números do IBGE de 2010 mostram que a situação tem melhorado.

Paralelamente à melhora das condições das moradias existentes, nas áreas urbanas ainda há um déficit habitacional, fruto da rápida e desordenada urbanização dos últimos 80 anos.

O IBGE define como favela um conjunto de, no mínimo, 51 unidades habitacionais que ocupam ou ocupavam, até período recente, um terreno de propriedade alheia (pública ou particular), com falta de serviços públicos básicos. Normalmente as favelas aparecem em áreas mais periféricas e menos valorizadas. Mas isso não impede, por exemplo, que a desigualdade social se manifeste de forma gritante em áreas de determinada cidade, ou mesmo em vários pontos dela, quando convivem literalmente lado a lado favelas e bairros de classe média alta.

As populações mais carentes são aquelas que se veem obrigadas a procurar moradias baratas, portanto, normalmente longe dos centros urbanos, e acabam "adquirindo" terreno ou casas em áreas que foram ocupadas de maneira irregular e de loteamentos clandestinos. Esses loteamentos surgem em regiões pouco favoráveis à habitação, como encostas de morros ou locais sujeitos a grande erosão, além de não contarem minimamente com serviços públicos urbanos.

Em Recife, as áreas de mangue estão sendo ocupadas por loteamentos clandestinos, pondo em risco esse importante ecossistema. No litoral paulista, além das áreas de mangue, aparecem loteamentos nas escarpas da Serra do Mar, próximo a Santos.

Transporte público e congestionamento

Foi-se o tempo, e não faz tanto tempo assim, que o trânsito nas metrópoles era tranquilo, com ruas com pouco tráfego, grande oferta de locais para estacionar, e os bondes elétricos eram parte importante dos transportes coletivos. Hoje, o trânsito intenso, congestionamentos e a precariedade dos transportes públicos são problemas que atingem muitas cidades brasileiras.

Em São Paulo, ninguém está livre de marcar um compromisso e não conseguir chegar no horário, mesmo que tenha saído com grande antecedência. O excesso de veículos, a malha viária que não se expande há anos e o transporte público muitas vezes inadequado obrigam as pessoas a perder horas no trânsito diariamente, que vive engarrafado. Não raro, um dia chuvoso, um acidente de trânsito em uma artéria importante, a véspera de um feriado, entre outros motivos, tornam o trânsito ainda mais caótico.

O uso do transporte individual vem crescendo rapidamente nas últimas décadas, superando muitas vezes os meios de transporte coletivos. Isso se deve ao próprio modelo econômico no qual vivemos, que estimula a aquisição de carros, um símbolo de *status* –, e pela precariedade dos transportes públicos.

O aumento e a implantação de linhas de metrô, uma solução ideal para grandes cidades, é caro e requer grandes investimentos, e não está se expandindo com a velocidade que se faz necessária no Brasil.

Uma alternativa são as ciclovias, que estão sendo vistas como uma excelente alternativa ao caos do trânsito nas grandes cidades como São Paulo. Muitas pessoas têm substituído o carro pela bicicleta para evitar o tráfego intenso no trajeto para o trabalho ou lazer. Mas para que a ideia siga adiante, é necessário um planejamento urbano, já que nem todas as cidades tem a estrutura para esse tipo de transporte. Por outro lado, é inegável que a construção de ciclovias revela-se positiva, não só para a diminuição no número de carros nas ruas e de pessoas utilizando os transportes coletivos, como também para uma nova forma de interagir com a cidade.

As longas distâncias a serem percorridas nas grandes cidades, associadas à falta de transporte público adequado e suficiente, tornam os veículos particulares uma necessidade. Quando desregulados, são fonte poluidora. Na foto, Av. 23 de Maio, São Paulo (SP).

AS CIDADES NO SÉCULO XXI

Apesar das projeções pouco otimistas acerca do futuro das grandes cidades, alguns indicadores apontam para mudanças que talvez possam trazer outras formas de ocupação e reaproveitamento dos espaços urbanos. As inovações trazidas pela revolução nas telecomunicações e pela modernização dos transportes introduziram novas formas na instalação física das empresas. Hoje, muitas delas não precisam mais de grandes áreas construídas para locar seu pessoal e equipamentos, concentrando em pequenos escritórios altamente informatizados as equipes que se comunicam *on-line* com o mundo.

Nos países ricos, o processo de urbanização está no final. Pelo fato de as cidades terem crescido de forma mais lenta e organizada, com uma distribuição melhor da rede urbana e menos sobrecarga a uma única metrópole nacional, contando com vários polos que concentram as atividades industriais, estas acabam por oferecer projeções menos desiguais de expansão urbana, e com menores desequilíbrios internos.

Em compensação, nas nações pobres a explosão urbana deve continuar e isto significa que elas terão seus problemas ligados a esse processo multiplicados em um curto espaço de tempo, agravando ainda mais as dificuldades já existentes.

Disseram a respeito...

Brasília: seu nascimento, sua função e seus problemas

Você sabe como nasceu sua cidade? Provavelmente foi de uma forma espontânea, pois poucas cidades brasileiras foram planejadas.

Entre as que foram erguidas graças a um planejamento prévio estão Belo Horizonte, Goiânia e Brasília, a capital federal, situada na porção central do país. Dentre elas, Brasília é a mais famosa e sua importância como conjunto arquitetônico e projeto urbanista são reconhecidos mundialmente.

A ocupação do nosso território desde os tempos coloniais deu-se principalmente na faixa litorânea, onde encontramos hoje a maior parte das capitais dos estados brasileiros. O interior do Brasil só começou a ser efetivamente povoado no século XX.

Em 1823, o atuante político José Bonifácio de Andrada e Silva elaborou um projeto para a mudança da capital do Brasil do Rio de Janeiro para o interior do Brasil. Os motivos alegados para tal eram inclusive estratégicos, de segurança nacional, visto que a interiorização da capital a deixaria menos vulnerável do que no litoral. Nesse projeto, apresentado aos Constituintes de 1823, também se sugeria o nome "Brasília" para a nova cidade. Contudo, a Assembleia Constituinte foi dissolvida por D. Pedro I antes que se pudesse aprovar tal proposta.

A transferência da capital tornou-se matéria constitucional na Carta republicana de 1891. Em 1892, foi criada uma comissão com o objetivo de demarcar, no Planalto Central, uma área equivalente a 14.400 km² para a construção da futura capital. Essa comissão foi chefiada pelo astrônomo Luis Cruls e a área escolhida ficou conhecida como "Quadrilátero Cruls". No entanto, somente em 1922, nas proximidades do atual Distrito Federal, próxima à cidade de Planaltina, foi depositada a pedra fundamental da futura capital do Brasil.

Passaram-se os anos e a proposta de transferência da capital não se concretizou. A Era Vargas (1930-1945, 1951-1954) trouxe a promessa de modernização do Brasil e da Integração Nacional. Em 1933 foi inaugurada Goiânia, capital de Goiás, uma cidade planejada que se tornou símbolo do início da ocupação do interior, conhecida como Marcha para o Oeste. Apesar disso, o governo de Getúlio não conseguiu realizar a transferência da capital brasileira.

Em 1955, em Jataí, pequena cidade do interior de Goiás, Juscelino Kubitscheck – o então candidato à presidência da República – em resposta a um morador local, Antônio Soares Neto, sobre o que dizia a Constituição (1946) a respeito da mudança da capital, prometeu publicamente que iria mudá-la para o Planalto Central. Já empossado, em 1956, o presidente Juscelino Kubitscheck iniciou a construção da nova capital. O local escolhido foi uma área de 6.000 km² no Estado de Goiás, desmembrando parte dos municípios goianos de Luziânia, Formosa e Planaltina. Foi realizado um concurso público e o projeto urbanístico vencedor foi o do arquiteto Lúcio Costa, enquanto o projeto das edificações ficou a cargo do arquiteto Oscar Niemeyer.

Os arquitetos desenvolveram o projeto pensando no bem-estar coletivo e na preservação da individualidade de seus futuros habitantes. A partir do plano-piloto cortado por dois grandes eixos onde se encontram a

Esplanada dos Ministérios, o Palácio da Alvorada e o Congresso Nacional, entre outros edifícios públicos, as embaixadas, os apartamentos funcionais (para os funcionários públicos) e o setor de serviços. Ao seu redor, na época distantes no mínimo 10 km, estão as cidades-satélites como Ceilândia, Gama, Guará e Planaltina.

A cidade, declarada Patrimônio Cultural da Humanidade pela UNESCO, foi construída pelos "candangos", nome dado aos operários da construção civil vindos principalmente do Nordeste.

Em abril de 1960, JK inaugurou a nova capital.

Os reais motivos da mudança da capital sempre suscitaram polêmica. Dentre as muitas ideias apresentadas, podemos destacar: motivos geopolíticos (avaliar a ideia de separação entre o Poder Público e as multidões populares que se organizavam no Sudeste, uma vez que ali estava e está toda a engrenagem econômica e social que move o Brasil); a proposta de ocupação do interior do país, forçando o deslocamento de pessoas para a região; questão estratégica, visando proteger militarmente a capital; a megalomania de um presidente – que queria registrar para sempre seu nome na história do país – ou a de um visionário – que queria a modernização nacional. Todavia, a construção de Brasília é resultado de um momento histórico.

Não demorou muito tempo e a nova capital se tornou uma cidade problemática como as demais grandes cidades do país. As camadas mais pobres da população foram lançadas para núcleos satélites, que muitas vezes não estavam equipados para comportar o contingente populacional. As primeiras cidades-satélites (Núcleo Bandeirante, Taguatinga, Sobradinho e Planaltina) surgiram para abrigar os trabalhadores que migraram de todo o Brasil, principalmente do Nordeste, para trabalhar na construção da nova capital e que ali permaneceram mesmo depois da obra concluída. O processo de favelização, a violência urbana e a hipertrofia do setor terciário passaram a fazer parte da vida da cidade. O plano urbanístico de Brasília não eliminou a clássica estruturação espacial das grandes cidades brasileiras – as áreas reservadas às elites e as áreas pobres e desestruturadas. Talvez por ser uma cidade projetada, por ter aberto um enorme vazio entre a área central (Plano Piloto) e a periferia (cidades-satélites), esta contiguidade venha a ser mais ressaltada em nossa capital do que em outras áreas urbanas.

Brasília, hoje, é uma unidade metropolitana composta por cidades de diferentes tamanhos, funções e estruturas. Em virtude disso, faz-se necessário formar um consórcio metropolitano entre as unidades federativas (DF e GO) para disponibilizar e otimizar os serviços comuns. Brasília tornou-se o conjunto urbano do DF, cujo centro é o Plano Piloto. Assim, pode-se dizer que a Capital Federal transformou-se em uma cidade polinucleada (uma única aglomeração urbana dispersa territorialmente em diversos núcleos separados), com uma unidade social e econômica entre o Plano Piloto e os Núcleos Satélites.

Prof. Marcelo Segurado Graduado em Geografia pela UCG.

> Alguns analistas apontam que os problemas de Brasília são fruto de uma falta de planejamento. Após ler o texto, como você explica essas afirmações, considerando que a capital federal foi uma cidade planejada?

ATIVIDADES

PASSO A PASSO

1. O processo de expansão urbana se deu de maneira homogênea entre os países do globo? Explique sua resposta, apontando as principais consequências desse processo.
2. Caracterize o processo de formação de megalópoles.
3. Aponte semelhanças e diferenças entre os conceitos de tecnopolo e cidade global.
4. As extensas áreas cobertas por asfalto e concreto em grandes cidades podem gerar dificuldades para a vida de seus habitantes, em função de desequilíbrios ambientais. Por quê?

5. Uma redução significativa da emissão de gases poluentes na atmosfera poderia extinguir o fenômeno chamado de inversão térmica? Justifique sua resposta e explicite os riscos trazidos por tal fenômeno às populações urbanas.

6. Relacione os problemas de violência em áreas periféricas de metrópoles com o processo de urbanização no Brasil.

7. Caracterize a formação de uma hierarquia urbana brasileira.

IMAGEM & INFORMAÇÃO

1. A imagem ao lado é do bairro periférico Jardim Pantanal, na zona leste da cidade de São Paulo. Construído sobre uma área de várzea do Rio Tietê, a região é conhecida por sofrer intensos alagamentos em períodos chuvosos.

   Analisando a fotografia e as informações dadas neste capítulo, discorra sobre os problemas estruturais urbanos e a distribuição populacional nas grandes cidades brasileiras.

Disponível em: <http://noticias.r7.com/sao-paulo/fotos/temporal-deixa-pessoas-ilhadas-em-sao-paulo-20110111-37.html#fotos>. Acesso em: 26 ago. 2016.

2. Segundo o projeto de expansão urbana de Copenhague, capital da Dinamarca, mostrado ao lado, será construída uma extensão da região portuária de Nordhavnen sobre o mar, para que a cidade não tenha que desmatar áreas verdes com o crescimento populacional.

   A partir das informações mostradas nos mapas e gráficos, caracterize a cidade de Copenhague.

Disponível em: <http://www1.folha.uol.com.br/ambiente/939653-capital-da-dinamarca-pode-ter-bairro-em-cima-do-oceano.shtml>. Acesso em: 26 ago. 2016.

TESTE SEUS CONHECIMENTOS

1. (PASES – UFV – MG – adaptada) As favelas constituem um traço marcante na paisagem das cidades brasileiras. Se antes eram restritas às metrópoles, hoje se estendem por cidades médias e pequenas. O fenômeno é complexo e resulta da associação perversa entre:
   a) crescimento demográfico e baixos índices de desemprego.
   b) processo de globalização e eficiente política de moradia.
   c) urbanização acelerada e reforma agrária.
   d) baixa renda e falta de políticas públicas.
   e) custo alto da habitação e planejamento familiar.

2. (PISM – UFJF – MG – adaptada) A sete quilômetros do Centro está a maior concentração de riqueza industrial e a principal rota de atração de novos negócios de Juiz de Fora. A Zona Norte concentra 85% do Produto Interno Bruto (PIB) Industrial da cidade, ou R$ 1,2 bilhão, segundo a Fiemg Regional Zona da Mata, com base nos dados do IBGE de 2006. Observe o infográfico abaixo:

   a) Com base no infográfico, cite um fator que contribui para a atração de novos negócios para a Zona Norte de Juiz de Fora.
   b) Qual é a função de um distrito industrial na organização do espaço urbano?

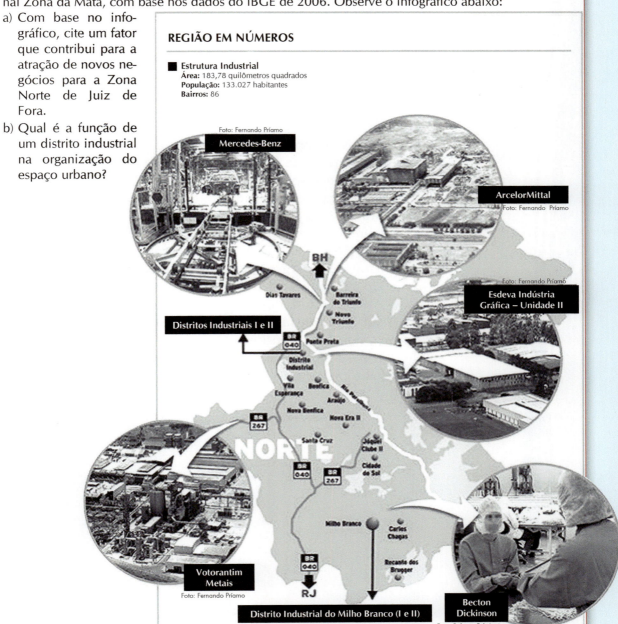

*Algumas das empresas com grande impacto na arrecadação do município. Fonte: Beneficianet.com, com base em dados do IBGE, SPGE e UFJF. Disponível em: <http://www.tribunademinas.com.br/economia/eco10.php>. Acesso em: 20 nov. 2009.

CAPÍTULO 15

Indústria

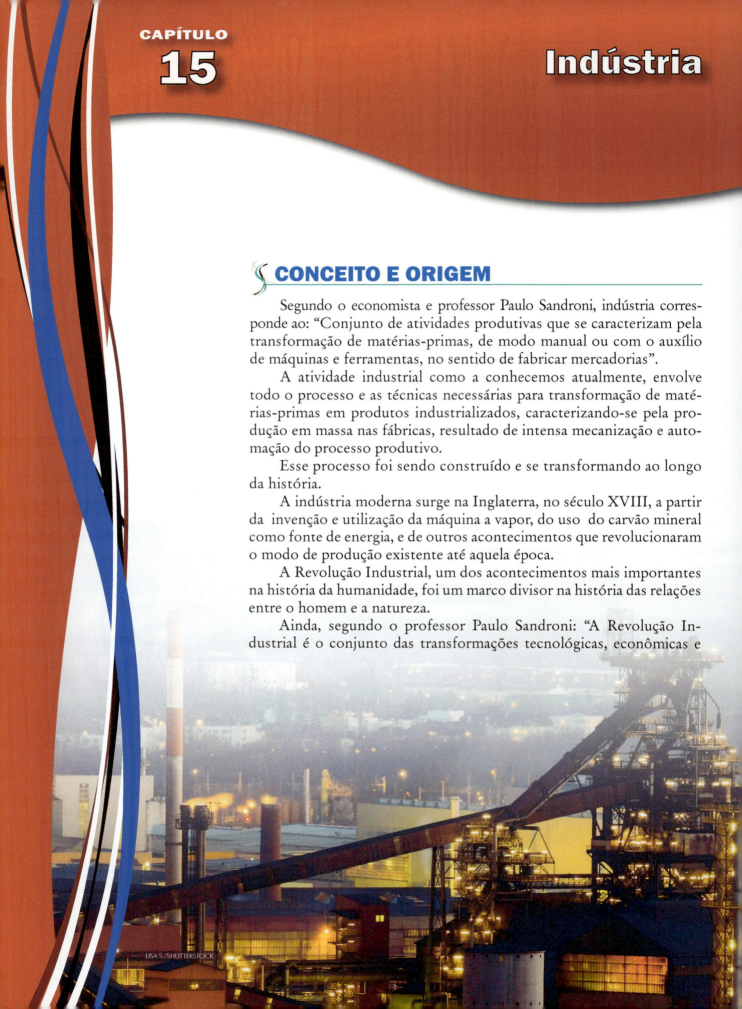

CONCEITO E ORIGEM

Segundo o economista e professor Paulo Sandroni, indústria corresponde ao: "Conjunto de atividades produtivas que se caracterizam pela transformação de matérias-primas, de modo manual ou com o auxílio de máquinas e ferramentas, no sentido de fabricar mercadorias".

A atividade industrial como a conhecemos atualmente, envolve todo o processo e as técnicas necessárias para transformação de matérias-primas em produtos industrializados, caracterizando-se pela produção em massa nas fábricas, resultado de intensa mecanização e automação do processo produtivo.

Esse processo foi sendo construído e se transformando ao longo da história.

A indústria moderna surge na Inglaterra, no século XVIII, a partir da invenção e utilização da máquina a vapor, do uso do carvão mineral como fonte de energia, e de outros acontecimentos que revolucionaram o modo de produção existente até aquela época.

A Revolução Industrial, um dos acontecimentos mais importantes na história da humanidade, foi um marco divisor na história das relações entre o homem e a natureza.

Ainda, segundo o professor Paulo Sandroni: "A Revolução Industrial é o conjunto das transformações tecnológicas, econômicas e sociais ocorridas na Europa, e particularmente na Inglaterra nos séculos XVIII e XIX, e que resultaram na instalação do sistema fabril e na difusão do modo de produção capitalista".

Os avanços que se seguiram decorrentes da Revolução Industrial foram fundamentais para que o homem estendesse as fronteiras do conhecimento e quebrasse paradigmas. Surgia assim um novo mundo.

A atividade industrial, que se apresenta hoje com bases totalmente diferentes daquelas que tinha nos seus primórdios, é causa e efeito, ao mesmo tempo, das transformações por ela mesmo criadas.

A INDÚSTRIA MODIFICANDO O ESPAÇO

A Revolução Industrial criou uma nova organização do espaço mundial, impôs novas formas de produção e mudou a relação do ser humano com o planeta. Nessa nova forma de organização, baseada na produção fabril em larga escala, na divisão do trabalho e no uso crescente da energia (carvão mineral e petróleo), o capital e os bens de produção concentraram-se nas mãos de poucos.

Na Inglaterra do século XVIII, ainda predominantemente rural, a utilização do carvão como fonte de energia para mover as máquinas a vapor significou uma mudança de paradigma. As fábricas, que no início se localizavam junto aos recursos hídricos devido aos teares mecânicos e hidráulicos, passaram a se instalar próximo às jazidas carboníferas. Nesses locais se desenvolveram grandes centros industriais e urbanos, como afirma Leo Huberman, reconhecido jornalista e escritor: "Com o advento da máquina a vapor, já não era necessário às fábricas se localizarem junto a reservas de água como antes. A indústria mudou-se para as áreas de minas de carvão, e quase que da noite para o dia lugares sem importância se tornaram cidades, e antigas vilas passaram a cidades".

Com o avanço espacial da industrial pelo mundo, as transformações do espaço, antes restritas à Inglaterra, passaram a ocorrer em vários pontos do planeta, como em outros países da Europa (Alemanha, França, Itália, por exemplo), nos Estados Unidos e no Japão.

Com o advento dos trens e dos grandes navios a vapor, elevou-se de maneira inacreditável a capacidade de transporte de pessoas e mercadorias a longas distâncias, num menor espaço de tempo. Dessa forma, a localização das unidades fabris passa a ganhar uma nova dimensão, deixando de ser imperioso determinados elementos, como a proximidade dos mercados consumidores.

As cidades crescem e se transformam com a industrialização. A população começa a migrar para elas dando um novo significado ao urbano.

No século XX, o petróleo se tornou a principal fonte de energia industrial. O uso da eletricidade não só transformava a vida do homem comum, como também abria infinitas portas no mundo das máquinas e da produção.

A "nova" Revolução Industrial ganhou importância no Japão, Estados Unidos, "Tigres Asiáticos" (Coreia do Sul, Cingapura, Hong Kong e Taiwan), China, Inglaterra, Alemanha, França, Brasil e outros países industrializados. Na globalização da indústria, as transnacionais se instalam em locais diferentes e complementam suas produções, como na indústria automobilística, em que cada peça pode vir de um lugar do mundo. Essa nova lógica se propaga provocando a descontinuidade geográfica e a articulação em redes globais.

O fato é que as indústrias passaram a ser determinantes na construção do espaço geográfico, permitindo um desenvolvimento acelerado das regiões onde se instalaram. Direta ou indiretamente as indústrias fazem com que toda a infraestrutura receba elevados investimentos. São criadas centenas de vagas de emprego e, com isso, cresce o mercado consumidor que movimenta a economia local. São construídas moradias, escolas, hospitais e postos de saúde. Surgem estabelecimentos comerciais, como lojas de roupas e alimentos industrializados, gerando novos mercados de trabalho e a necessidade de novos investimentos em infraestrutura. Assim, sob influência das indústrias, o espaço geográfico vai se configurando e se transformando, em um eterno processo de construção.

DA PRIMEIRA À TERCEIRA REVOLUÇÃO INDUSTRIAL

Na sua primeira etapa, ocorrida na Inglaterra, a **Revolução Industrial** baseou-se na máquina a vapor, movida a carvão mineral.

As unidades fabris, que contavam com máquinas de fiação e teares mecânicos, passaram a utilizar as máquinas a vapor, que deram grande impulso à indústria têxtil. As locomotivas e os navios a vapor trouxeram uma nova dinâmica para o transporte de pessoas e mercadorias. As fábricas passaram a ocupar os operários com funções distintas. O objetivo das unidades fabris era a produção em maior escala, para atingir um mercado consumidor crescente, tendo sempre em vista a remuneração do capital e a geração de lucros.

> **unidade fabril:** fábrica (local) onde a matéria-prima é transformada

Na segunda metade do século XIX teve início a **Segunda Revolução Industrial**, quando houve a expansão da atividade industrial para outros países da Europa (França, Alemanha, Bélgica), para a Ásia (Japão) e para a América (EUA). O que marcou esse segundo momento foi a introdução de novas fontes de energia, como petróleo, a utilização de energia elétrica, além de uma série de inovações que permitiram o aumento e a diversificação da produção, como a introdução da fabricação em série, além de um rigor ainda maior na divisão do trabalho.

Nesse período, segmentos da indústria, como a de automóveis, passaram a ocupar papel de destaque no cenário industrial. O petróleo, além de fonte de energia também passou a ter larga utilização como matéria-prima, permitindo o desenvolvimento da indústria petroquímica.

A diversificação da produção necessitava de grande quantidade de matérias-primas e, também, de novos mercados consumidores. A alternativa dos países industrializados europeus foi ocupar territórios na África e Ásia para prover suas necessidades econômicas, caracterizando o imperialismo europeu que se estendeu até a Segunda Guerra Mundial.

A economia capitalista do pós-guerra fortaleceu-se, não só nos Estados Unidos, como também na Europa do Plano Marshall e no Japão. Houve um forte incremento da produção com a popularização de muitos produtos, como os televisores. Por outro lado, a diversificação da produção levou à segmentação e ao desenvolvimento de mercados mais sofisticados e exigentes. Essas mudanças trouxeram o acirramento da concorrência, que passou a ser enfrentada pelas empresas com a busca da melhoria nos seus índices de produtividade. Nos anos que seguiram o fim da Segunda Guerra, as relações econômicas e os fluxos de troca tornaram-se mais complexos.

Explorando o tema

Tipos de indústria

A industrialização nos países europeus ocidentais, no Japão, no Canadá e nos EUA, deu-se de forma muito mais consistente do que no resto do mundo. Nesses países desenvolveu-se uma poderosa **indústria de base** associada a uma forte **indústria de bens de consumo**, o que lhes garantiu a supremacia no processo de desenvolvimento industrial.

Mas você sabe quais as diferenças entre esses tipos de indústria? Existem diversas classificações a respeito.

Vejamos uma delas.

NATUREZA (matéria-prima bruta) → **SETOR EXTRATIVO** (animal, vegetal, mineral)

SETOR DE TRANSFORMAÇÃO:
- **SETOR DE BASE**: produção de bens de capital (ex.: metalurgia/siderurgia/máquinas); infraestrutura (ex.: energia)
- **SETOR INTERMEDIÁRIO**: bens intermediários
- **SETOR DE BENS DE CONSUMO**: duráveis (ex.: automobilístico); não duráveis (ex.: têxtil)

→ **MERCADO CONSUMIDOR**

- **Setor de base** ou **indústria de base** é aquele que fornece bens e equipamentos que alimentam outras indústrias. A indústria de **bens de capital** ou **produção** (siderurgia, metalurgia, matéria-prima beneficiada, máquinas e equipamentos) e a de **produção de energia elétrica** incluem-se no setor de base.

- **Setor intermediário** é aquele que fornece equipamentos e peças para a indústria de bens de consumo.

- **Setor** ou **indústria de bens de consumo** é o que abastece o mercado consumidor com produtos que podem ser **duráveis**, como por exemplo automóveis, eletrodomésticos, e **não duráveis**, como produtos alimentícios, têxteis, calçados etc.

MODELOS INDUSTRIAIS

O século XX começou em meio à segunda Revolução Industrial. Nesse período, enquanto o engenheiro norte-americano Frederick Winslow **Taylor** (1856-1915) estudava os tempos e movimentos nas produções, era introduzida no processo industrial a linha de montagem proposta por Henry **Ford**, também conhecida como **fordismo**.

Taylorismo

Visando aumentar a eficiência do trabalho, Frederick Winslow Taylor, no final do século XIX, estudou tempos e movimentos de operários e de máquinas na linha de produção. Suas conclusões propuseram uma série de normas a serem adotadas para se alcançar o máximo de eficiência, entre elas a remuneração extra pelo aumento da produtividade, conforme o número de peças produzidas.

Esse conjunto de ideias sobre o aumento da produtividade ficou conhecido como **taylorismo**. Essas ideias tiveram grande repercussão no empresariado e foram amplamente adotadas como forma de racionalizar e controlar o trabalho fabril. Porém, elas também receberam duras críticas, principalmente do meio sindical, pois a racionalização leva à superexploração do trabalhador e à automação do trabalho humano na linha de produção.

O taylorismo, em última instância, propunha mudanças organizacionais internas às unidades fabris como forma de alcançar o máximo de eficiência dentro da dinâmica capitalista.

Fordismo

O **fordismo** corresponde a uma série de normas e métodos de racionalização da produção elaborados pelo industrial norte-americano Henry Ford, empresário do setor automobilístico que implantou a produção em série, fabricando o automóvel Ford T. Para Ford, uma empresa fabril deveria se dedicar somente à produção de determinado produto. Dentro desse preceito, a empresa deveria verticalizar a produção, ou seja, controlar o processo industrial desde a produção de matérias-primas até a distribuição e os sistemas de transporte de mercadorias. Na linha de produção, cada operário deveria ser altamente especializado, cabendo-lhe uma única e específica tarefa. Ford também propunha que o horário de trabalho não deveria ser muito longo, pois a produtividade depois de um número de horas de trabalho repetitivo cai vertiginosamente. Em outras palavras, no fordismo a produção deve ser em massa, para o consumo também em massa (ampliação horizontal do mercado consumidor). Para isso, era necessário baratear os custos de produção, reduzindo assim o preço final, e aumentar os salários. Com o fordismo houve um aumento da divisão técnica do trabalho e o uso intenso de mão de obra pouco qualificada.

O filme *Tempos Modernos*, de Charles Chaplin, retrata de modo brilhante o fordismo, a especialização na produção.

O fordismo teve grande repercussão na produção fabril, conseguindo aumentar a produtividade, os salários e reduzir a jornada de trabalho. Esse modelo de produção criou as bases da economia industrial em escala e da sociedade de consumo – a base capitalista do século XX. Rapidamente tornou-se o modelo internacional de produção industrial.

Mas na década de 1970 o modelo fordista começou a apresentar sinais de esgotamento, quando os índices de produtividade não mostravam mais o vigor anterior. A euforia do pós-guerra havia passado. O capitalismo já havia se reacomodado e sua dinâmica mostrava novas facetas. As massas operárias sindicalizadas pressionavam os donos do capital por aumento de salários e por melhores condições de trabalho. Porém, não havia mais como atendê-las, pois as margens de lucratividade e rentabilidade estavam em queda.

Toyotismo

Implantado nos anos de 1950 no Japão, o toyotismo é uma nova maneira de organizar a indústria. No lugar da linha de produção fordista, são inseridas células de trabalho e equipes que respondem por todo o processo de produção. O mentor do toyotismo foi o engenheiro Tiichi Ohno, o então vice-presidente da empresa japonesa Toyota Motors. Por essa proposta, os operários controlam também a qualidade dos bens produzidos, diminuindo sensivelmente o número de peças que saem defeituosas. Além disso, para tarefas muito repetitivas ou perigosas, foram introduzidos robôs que, ao longo do tempo, foram tomando lugar dos trabalhadores, pois seu uso intensivo baixa os custos de produção. Nesse sistema, a linha de montagem é muito mais flexível, podendo ser alterada quantas vezes forem necessárias.

Essa flexibilização da linha de montagem visa atender às necessidades e desejos dos clientes. A evolução do sistema flexível incorporou a redução de custos na estocagem de matérias-primas e de outros insumos industriais. O sistema **just-in-time** (tempo exato, em inglês) reduz o volume dos estoques, pois as peças são requisitadas na medida em que há necessidade delas, havendo uma perfeita interação entre fornecedor e cliente produtor. Dessa forma, temos a **"peça certa, no lugar certo, na hora certa"**.

Segundo o professor Bernard Balestri, "o toyotismo utiliza menos da metade do trabalho na fábrica, metade do espaço, metade dos investimentos em máquinas, metade das horas de trabalho no escritório para desenvolvimento de um novo produto, em metade do tempo".

Segundo ele, as principais inovações em matéria de organização do trabalho são:

- as distâncias e hierarquias sociais são reduzidas;
- a questão da **qualidade total** permite aos trabalhadores apresentarem suas sugestões;
- a hierarquia intermediária efetua tarefas de produção;
- a organização do trabalho é coletiva e repousa na polivalência dos trabalhadores assalariados;
- a flexibilidade não é mais assegurada pelos estoques de matérias-primas ou de produtos acabados, mas pelos próprios trabalhadores (é o *tempo exato*);
- as diversas atividades necessárias à realização do lucro (desde a pesquisa até os serviços de assistência ao cliente, passando pela concepção da produção e a comercialização) são mais integradas e articuladas no seio da empresa;
- as comunicações com os fornecedores, subcontratantes e clientes são mais diretas e mais permanentes;
- é sobretudo o fundamento do sistema que é objeto de um melhoramento contínuo e permanente, realizado graças às sugestões dos funcionários envolvidos no processo.

A Terceira Revolução Industrial

Na segunda metade do século XX, a alta tecnologia mudou não só os meios de produção, mas a própria relação da produção industrial, além de introduzir transformações significativas nas relações sociais e políticas. Os computadores pessoais, o desenvolvimento e a velocidade dos meios de transporte e comunicação, além da busca de mão de obra barata, incentivos fiscais e mercado consumidor pelas indústrias, deram início ao que chamamos de **Terceira Revolução Industrial**.

A dinâmica capitalista foi sofrendo transformações, incorporando novas tecnologias nos meios de produção, sendo a revolução tecnológica o grande diferencial nesse novo estágio da produção industrial.

Os investimentos em pesquisa pura e aplicada foram se multiplicando, acelerando a descoberta de novas tecnologias. Desenvolveu-se a informática, a robótica, a biotecnologia e as telecomunicações. O incremento nessas áreas exigiu também maciços investimentos na qualificação da mão de obra. Novas tecnologias foram incorporadas com uma rapidez incrível. Essa mesma velocidade foi, e continua sendo, também responsável pela obsolescência do recém-incorporado.

Nos anos de 1980, os países ricos abraçaram a política neoliberal e os investimentos em pesquisa tecnológica avolumaram-se. Era hora de reduzir custos, de reorganizar a produção e as relações de trabalho. O velho paradigma fordista foi sendo substituído pela **produção flexível** ou **pós-fordismo**.

O conceito de produção em série e do abastecimento em massa dos mercados por bens padronizados foi perdendo terreno. As inovações tecnológicas tornavam a **produção flexível** para atender a mercados específicos, com bens particularizados. Esse reordenamento econômico e a tecnologia trouxeram um novo tipo de unidade fabril, conhecida como **indústria de ponta**. Elas estão assentadas na tecnologia, na mão de obra especializada, na microinformática, na simultaneidade das trocas de informação e na produção e distribuição dos produtos em âmbito mundial. A competitividade, a diminuição de custos e a racionalização da produção passaram a ser as novas palavras de ordem para atender ao mercado global, com produtos feitos segundo padrões específicos, fabricados por empresas mundiais. O professor Paulo Sandroni define como "indústria de ponta a empresa ou setor industrial que realiza a montagem final de um conjunto de peças fornecidas por outras fábricas, concluindo assim um processo fabril que abrange várias unidades produtoras" e "tecnologia de ponta o conjunto de métodos industriais e inovações tecnológicas que permitem maior rendimento e produtividade à indústria de ponta".

Dessa forma, as indústrias de ponta contemporâneas estão remodelando o espaço industrial. A decisão de instalação de uma indústria em determinado lugar depende da combinação muito mais flexível em termos espaciais dessas novas necessidades industriais.

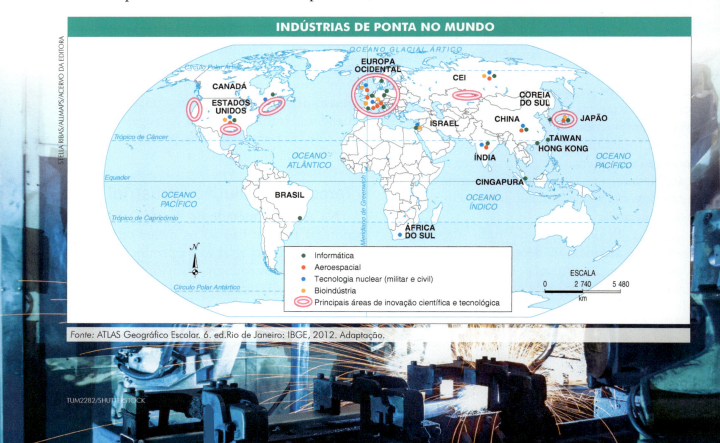

Fonte: ATLAS Geográfico Escolar. 6. ed. Rio de Janeiro: IBGE, 2012. Adaptação.

Explorando o tema

A Revolução Industrial é dividida em três etapas com características distintas: Primeira, Segunda e Terceira Revolução Industrial. Vejamos as principais características dessas etapas.

Primeira Revolução Industrial (início em 1750)
- Área de ocorrência: Inglaterra
- Fonte de energia: carvão
- Introdução dos teares mecânicos e da máquina a vapor, ferrovias e navios a vapor

Segunda Revolução Industrial (segunda metade do século XIX)
- Área de ocorrência: países europeus, EUA e Japão
- Fonte de energia: petróleo e energia elétrica
- Expansão dos mercados, necessidade de novas fontes de matérias-primas
- Colonialismo europeu
- Expansão das indústrias de base
- Linha de montagem e especialização do trabalho
- Maior divisão do trabalho

Terceira Revolução Industrial (1970-)
- revolução tecnocientífica que engloba mudanças que vão além das transformações industriais
- Área de ocorrência: países ricos
- Modernização da atividade industrial, maciços investimentos em pesquisa
- Revolução tecnológica, concentrada nas telecomunicações e nos transportes
- Introdução de novos materiais: fibra óptica, cerâmicas etc.
- Desenvolvimento de novos segmentos fabris: informática, microeletrônica, biotecnologia, química fina
- Robotização da produção
- Especialização e qualificação da mão de obra

INDÚSTRIAS TRANSNACIONAIS

Após 1945, as grandes indústrias não se restringiam mais a importar matérias-primas e a transformá-las em bens de consumo para o mercado externo. Passaram a exportar os meios de produção, para que fossem instaladas unidades fabris preferencialmente nos países pobres que apresentassem três "qualidades" básicas: deveriam ser fornecedores de matérias-primas, ter mão de obra barata e abundante e, ainda, deveriam servir como mercado consumidor. Desenvolviam-se as grandes empresas transnacionais, com sede nos países ricos e que deslocavam os bens de produção e capitais pelos continentes.

Altíssimos investimentos foram feitos pelas matrizes em diversos países pobres que tinham nessas inversões de capital a chave para o seu próprio desenvolvimento industrial e uma forma de garantir a geração de emprego. Para tal, ofereciam vantagens fiscais, inclusive nas remessas de lucros, como forma de atrair investimentos estrangeiros e assegurar a presença dessas grandes corporações em seus territórios.

Os lucros obtidos pelas transnacionais eram imensos e elas não corriam riscos de ter o seu *know-how* apropriado, pois as inovações tecnológicas se davam nas matrizes e eram apenas repassadas para suas diversas unidades, nos mais distantes pontos do planeta. Caso elas fossem obrigadas a deixar um país – por exemplo, pela nacionalização imposta por governos contrários a suas ações –, os resultados a médio prazo da unidade nacionalizada não seriam os melhores, pois a tecnologia, a modernização dos equipamentos e o treinamento de mão de obra deixariam de ser transferidos.

A INDÚSTRIA HOJE

A tecnologia é hoje o grande diferencial no setor industrial, e aqueles que não acompanharem as evoluções nesse campo correm sérios riscos de ficar à margem dos mercados, ou simplesmente deixarem de existir. A nova organização industrial está levando a uma nova divisão internacional do trabalho, resultando em especialização dos países, ou de determinadas regiões, em atividades onde eles se destacam ou têm alguma tradição.

As quinze maiores empresas transnacionais do mundo faturaram cerca de 2,6 trilhões de dólares estadunidenses em 2012, valor que corresponde a 3,7% do PIB mundial calculado para esse ano pelo Banco Mundial.

Mas, nem tudo são flores para a indústria mundial. A revolução tecnológica acarretou um seriíssimo problema social que não atinge só os países ricos: o desemprego estrutural na indústria, causado pela robótica que substitui a mão de obra tradicional, eliminando postos de trabalho. As fusões de gigantes dos setores trazem maior eficiência, mas também contam com a redução de custos, ocasionando, inclusive, a dispensa de pessoal. Também a facilidade em transferir unidades fabris para se obter redução de custos pode levar à desorganização econômica, gerando desemprego, queda de receitas etc. nas áreas de tradição industrial. Cada vez mais a indústria mundial procura locais onde possa baixar os custos de produção, havendo uma forte migração das indústrias tradicionais para áreas de economia emergente.

As áreas industriais do mundo

No início do século XXI, a produção industrial está concentrada principalmente nas nações ricas. Vejamos as regiões mais importantes.

Fonte: ATLAS Geográfico Escolar. 6. ed. Rio de Janeiro: IBGE, 2012. Adaptação.

Estados Unidos da América

A indústria norte-americana é a mais importante do mundo. Sua história remete ao século XIX, quando as primeiras indústrias de bens de consumo começaram a se desenvolver na região Nordeste do país.

No pós-guerra, outras áreas passaram a receber investimentos, atraídas pela presença de grandes reservas de petróleo no Texas, das reservas de alguns minérios nas Montanhas Rochosas e pelo intercâmbio crescente com a economia japonesa em recuperação (Costa Oeste). Dessa forma, apareceram polos industriais na **Costa Oeste** e no **Golfo do México**.

Nos últimos anos, a indústria norte-americana vem sendo marcada por uma estratégia para se manter competitiva frente aos seus concorrentes internacionais, baixando seus custos de produção e utilizando cada vez mais mão de obra barata (imigrante). Esses dois fatores conjugados vêm mudando o espaço industrial norte-americano.

Japão

O Japão é um país pobre em recursos minerais, sendo altamente dependente da importação de matérias-primas e fontes de energia.

A industrialização japonesa iniciou-se em 1868, com a centralização política imperial (Era Meiji) e maciços investimentos em educação e infraestrutura. Por dependerem tanto das importações, os principais centros urbano-industriais se desenvolveram em torno de áreas portuárias.

A mais importante região industrial japonesa está concentrada na megalópole formada por Tóquio e Osaka, com cerca de 85% da produção industrial japonesa.

União Europeia

A produção manufatureira de todos os países da União Europeia juntos supera a produção japonesa e disputa o primeiro lugar no *ranking* dos maiores produtores industriais com a China e os Estados Unidos. A adesão de novos países, em especial os do Leste Europeu, significou um impulso para a indústria do bloco, ao acrescentar novos mercados consumidores e estoques de mão de obra mais barata. Destacam-se países como o Reino Unido (região central), a França (noroeste e sudeste), a Itália (norte), a Alemanha, a Bélgica, os Países Baixos, a Polônia, a República Tcheca e a Eslováquia, que apresentam, em conjunto, uma produção bastante diversificada.

China

A liberalização econômica das últimas décadas colocou a China como um dos maiores exportadores de produtos manufaturados, conseguindo vencer a concorrência com preços abaixo do mercado internacional. Essa vantagem relativa está diretamente associada ao emprego da numerosíssima e barata mão de obra chinesa.

Os dirigentes chineses, sentindo as dificuldades de gerar emprego para sua enorme população, decidiram se associar com o capital estrangeiro, por meio de *joint-ventures*, criando Zonas Econômicas Especiais (ZEE), verdadeiras plataformas de exportação. Essas áreas industriais exportadoras concentram-se no litoral chinês. A combinação resultante da convivência entre um sistema político fechado e uma economia cada vez mais aberta e capitalista ficou conhecida como **socialismo de mercado**.

Tigres Asiáticos

Desde a década de 1970, alguns países do Sudeste Asiático vêm se industrializando tendo em vista o modelo japonês, a ponto de passarem a ocupar uma posição de destaque no cenário industrial atual. Os primeiros foram Cingapura, Hong Kong (China), Taiwan e Coreia do Sul, que ficaram conhecidos como "Tigres Asiáticos". Eles foram seguidos pelos "Novos Tigres Asiáticos": Malásia, Tailândia e Indonésia.

A outrora tradicional Hong Kong transformou-se em uma região dinâmica de economia pujante.

Com incentivos fiscais oferecidos pelos governos e mão de obra barata e abundante, esses países atraíram empresas para se instalarem em seus territórios. Assim, conseguiram se inserir no mercado internacional de forma competitiva, absorvendo parte do processo produtivo antes localizado na Europa e no Japão. Em Taiwan e Cingapura encontram-se indústrias de alta tecnologia; na Coreia do Sul floresce a indústria pesada e automobilística; e em Hong Kong destaca-se a indústria eletrônica.

Brasil

O Brasil é um dos países mais industrializados do mundo, sendo um caso característico de industrialização pela via da substituição de importações. Alguns setores da produção industrial brasileira se destacam pelo alto grau de desenvolvimento tecnológico e pela competitividade a nível mundial. Alguns exemplos são a indústria de aeronaves de pequeno porte, a indústria de biocombustíveis (etanol) e as atividades relacionadas à exploração de petróleo em águas profundas. Porém, de modo mais geral, a indústria brasileira se caracteriza por um nível tecnológico muito inferior ao das indústrias europeias, estadunidenses ou japonesas, apresentando regiões com maior concentração de empresas e outras onde a atividade industrial é inexpressiva. Ao longo da história, a Região Sudeste foi a que recebeu o maior número de indústrias. Destacam-se as localizadas nas regiões metropolitanas de São Paulo, Rio de Janeiro e Belo Horizonte. A Região Sul, com suas modernas indústrias, aparece em segundo lugar no cenário nacional.

No Nordeste, Recife, Salvador e Fortaleza são os principais polos industriais da região; nas Regiões Norte e Centro-Oeste, destacam-se Belém, Manaus com a Zona Franca e a indústria de bens de consumo em Campo Grande, Corumbá, Goiânia e Anápolis.

Explorando o tema

O surgimento dos Tigres Asiáticos – plataformas de exportação

Na década de 1980, os países do Sudeste Asiático surpreenderam o mundo ao apresentarem taxas de crescimento muito maiores do que a média mundial. Esse sucesso econômico esteve ligado à rígida conduta dos governos de Cingapura, Hong Kong, Coreia do Sul e Taiwan, que investiram maciçamente na educação (melhoria da mão de obra), no fortalecimento da poupança interna – restringindo importações e elevando impostos – e em obras de infraestrutura. Aliado a isso está o fato de que esses países receberam grande ajuda financeira dos Estados Unidos, que desejavam fortalecer as economias capitalistas do Sudeste Asiático no intricado jogo da Guerra Fria. Esses países passaram a produzir para a exportação bens manufaturados subsidiados, com mão de obra barata, conseguindo preços altamente competitivos no mercado internacional. Os superávits comerciais foram sendo reinvestidos no aperfeiçoamento tecnológico e na qualificação profissional. Em pouco tempo se tornaram grandes **plataformas de exportação**.

Fonte: BUSINESS INSIDER. *China and the Asian tigers are going to hit a massive economic roadblock next year.* London, 2015. Disponível em: <http://uk.businessinsider.com>. Acesso em: 8 ago. 2016.

Posteriormente, uniram-se a eles Malásia, Tailândia, Indonésia, Filipinas e Vietnã, constituindo os Novos Tigres Asiáticos.

As grandes indústrias globais

A questão da localização espacial da indústria sofreu grande alteração nas últimas décadas, havendo a descentralização física das unidades fabris de uma mesma corporação. É muito comum as grandes corporações terem sua matriz em países ricos, seu centro de informática em uma nação de economia emergente, como México, Índia, Coreia do Sul, e suas linhas de montagem no Brasil, Malásia, Tailândia, entre outros. Os produtos, por sua vez, são vendidos no mundo todo. Dessa forma, os países emergentes recebem tecnologia, mas não conseguem se apropriar do processo de inovação tecnológica, na medida em que desconhecem o processo de concepção do bem e são parte da engrenagem da linha de montagem, sem a visão da produção como um todo. Estão subordinados às matrizes, polos de atualização e inovação tecnocientífica. Mesmo que haja apropriação da tecnologia, a substituição do aparato tecnológico se dá em altíssima velocidade, o que gera obsolescência em um curto período de tempo.

Nos dias atuais, é imperioso que as indústrias se mantenham competitivas no mercado mundial, marcado pela concorrência acirrada. Baixar custos é uma questão de sobrevivência para manter as taxas de lucratividade. Dentro dessa perspectiva, muitas delas procuram instalar unidades produtoras em países com níveis industriais muito aquém das nações ricas, onde a mão de obra é menos organizada e com menor capacidade de reivindicação. Um bom exemplo são as empresas norte-americanas que se instalam no lado mexicano da fronteira entre os dois países, conhecidas como empresas *maquilladoras* (pois maquiam os produtos, dando a impressão de não serem mexicanos, e sim estadunidenses). Os salários nessas unidades fabris podem ser até 20% menores do que os pagos aos trabalhadores nos Estados Unidos.

O escoamento da produção depende cada vez menos da distância entre local de fabricação e local de consumo, pois os custos de transporte caíram vertiginosamente nas últimas décadas. Isto ocorreu por serem estes, hoje, muito mais eficientes e rápidos, podendo transportar maiores quantidades de carga em menos tempo. Houve também o aumento da capacidade de armazenamento e a distribuição passou a ter como base um conjunto de técnicas científicas e de planejamento, conhecidas como **logística**.

As grifes internacionais de grande prestígio, que são vendidas nos quatro cantos do planeta, são fabricadas em diversos locais, principalmente do Sudeste Asiático. Desta forma, a linha de produção pode ser segmentada, estando as diferentes unidades a milhares de quilômetros de distância umas das outras. Os equipamentos de informática e os componentes dos computadores que temos em casa ou na escola podem ter sido fabricados em países diferentes, tais como Cingapura, Taiwan e Malásia, e a montagem de monitores e das placas pode ser feita em países diferentes dos que produzem os condutores, *chips* etc.

Vale do Silício.

BRASIL – UM PAÍS INDUSTRIALIZADO

O Brasil é um dos países mais industrializados do mundo e destaca-se internacionalmente nesse setor. A indústria nacional é bastante diversificada e produz não só gêneros ligados aos setores agrícolas e minerais, como também atua nos segmentos aeronáutico, automobilístico e de componentes eletrônicos. No entanto, o baixo nível tecnológico o torna um país dependente da tecnologia e também dos investimentos internacionais. Em contraposição ao enorme parque industrial e a um dos maiores PIB do mundo (9º em 2015, com US$ 1,77 trilhão), o Brasil não possui um bom desempenho no que diz respeito aos indicadores sociais, o que o coloca na categoria de país emergente ou subdesenvolvido industrializado.

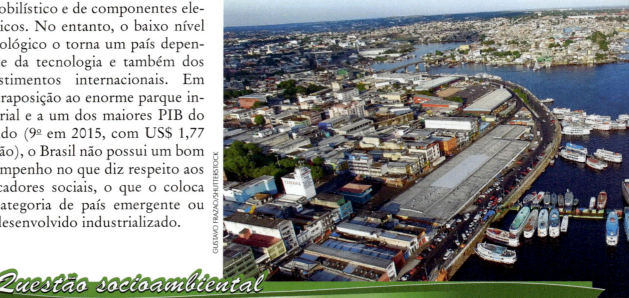

Vista aérea do Porto de Manaus, Amazonas, Brasil.

Questão socioambiental

SUSTENTABILIDADE

Falta de investimento em pesquisa deixa país em desvantagem competitiva na criação de tecnologias e produtos inovadores

O Brasil é considerado um país de industrialização retardatária. Isso significa que o processo de desenvolvimento científico-tecnológico teve início quando a industrialização já estava consolidada internacionalmente e apta a atender às necessidades de manufaturados dos mercados. Com isso, o país ficou em desvantagem competitiva na criação de produtos inovadores (sem concorrentes) ou produzidos por tecnologias inovadoras (mais produtivas ou eficientes que as concorrentes).

Mesmo assim, o Brasil teve um enorme sucesso em sua capacidade de produzir manufaturas. Conseguiu implantar um parque industrial com um nível de diversificação, complexidade e integração alcançado por poucos países no mundo. Esse processo de industrialização foi o principal responsável pelo Brasil ter sido o país que mais cresceu no mundo entre 1900 e 1980, o que significou competitividade no mercado externo.

Um dos maiores problemas (...) é que grande parte da competitividade brasileira continua assentada no uso intensivo de recursos naturais e baixa remuneração da mão de obra. Além disso, podem ser apontadas a baixa escolaridade do brasileiro e a má qualidade do ensino. Esse quadro é observado num momento de forte concentração de conhecimento no mundo, com os países industrializados respondendo por 95% das novas patentes concedidas. Isso decerto é resultado de 84% dos gastos mundiais em pesquisa e desenvolvimento serem realizados por países desenvolvidos.

Fonte: RICARDO, B.; CAMAPNILI, M. (Orgs.) *Almanaque Brasil Socioambiental*. São Paulo: Instituto Socioambiental, 2007.

➤ Segundo o texto, a desvantagem competitiva do Brasil na criação de produtos e tecnologias inovadores traz problemas para o desenvolvimento da indústria brasileira. Pensando nisso, proponha algumas ações que podem ser tomadas para reduzir essa condição.

Quase um século de atividade industrial

Para entendermos melhor a situação da indústria brasileira hoje, é necessário retroceder no tempo e ir até suas origens, na década de 1930.

O colapso da economia exportadora cafeeira em 1930 foi o marco para o início efetivo do nosso processo de industrialização. O capital migrou das atividades agrário-exportadoras para investimentos na indústria, principalmente as indústrias têxteis e alimentícias, concentradas em São Paulo e no Rio de Janeiro.

Durante a Segunda Guerra Mundial, estávamos sob a ditadura de Getúlio Vargas, num período que ficou conhecido como **Estado Novo** (1937-1945).

A tomada de posição do governo brasileiro a favor dos Aliados trouxe em troca, em 1942, o financiamento americano para a primeira grande indústria de base brasileira, a CSN – Companhia Siderúrgica Nacional –, estrategicamente localizada em Volta Redonda (RJ), entre os dois maiores centros industriais, São Paulo e Rio de Janeiro.

Durante os anos da guerra, as economias europeias estavam desorganizadas, abrindo espaço para o crescimento das exportações brasileiras, principalmente com a venda de produtos metalúrgicos, artefatos de borracha e minerais não metálicos. Terminado o conflito, ficou claro que a nossa indústria não tinha base suficiente para sustentar o surto exportador manufatureiro que aconteceu no período. O frágil capital nacional não tinha condições de implantar uma forte indústria de base, sustentáculo para um processo efetivo de industrialização.

Dessa forma, teve início nessa época uma importante intervenção do Estado na economia, como planejador macroeconômico e executor de políticas voltadas para o desenvolvimento do parque industrial brasileiro. O **Estado intervencionista** foi uma das principais características da economia brasileira durante as décadas seguintes.

A década de 1950 marcou a implantação do modelo desenvolvimentista de Juscelino Kubitschek, presidente do Brasil de 1956 a 1961, que objetivava o crescimento rápido do país com bases industriais, sendo o seu lema "50 anos em 5 anos". Grandes investimentos estatais foram dirigidos para obras de infraestrutura nos setores energéticos e de transportes, sendo, neste último, voltados para a ampliação e melhoria da malha rodoviária, ferroviária e dos serviços portuários. Esses investimentos permitiram o aumento da capacidade geradora de energia (hidrelétrica, térmica), além de incentivar a prospecção e o refino de petróleo nacional.

O Brasil, com a associação do capital nacional e estrangeiro, cristalizava o **modelo de substituição de importações**, ou seja, passava a produzir de forma sustentada e contínua bens de consumo que antes eram importados. Nesse período tivemos uma forte entrada de capital estrangeiro no país, com a implantação de unidades industriais, principalmente as montadoras de automóveis, que se instalaram em cidades vizinhas a São Paulo, no ABCD paulista, além de indústrias de eletrodomésticos e químico-farmacêutica. O período JK foi caracterizado também por uma alta inflação e aumento da dívida interna e externa.

Com o golpe de 1964 e a implementação da ditadura militar, houve um redirecionamento no modelo econômico brasileiro, que passou a visar ao "crescimento do bolo" (aumento da renda) para depois dividi-lo (distribuição da

Juscelino Kubitschek.

renda). Houve uma clara opção pelo *capitalismo de Estado* e pelo *modelo manufatureiro exportador*, aumentando a dependência financeira e tecnológica internacional. O Estado passou a ocupar setores estratégicos da nossa economia, historicamente áreas de atuação do setor privado, pois este se mostrava incapaz de financiar projetos dessa envergadura. Empresas estatais foram criadas para atender às demandas dos setores básicos de infraestrutura urbana e industrial. Alguns segmentos foram altamente beneficiados e deram sustentação à modernização e ao desenvolvimento econômico, tais como as telecomunicações, os transportes (metrô, ferrovias, portos), a exploração de minérios, a construção de hidrelétricas, o setor bancário etc. Nesse período, o parque industrial instalado cresceu de forma significativa, e houve uma modernização dos setores básicos (energia, transportes, financeiro e comunicações).

Entretanto, a economia interna não era capaz de gerar recursos suficientes para bancar sozinha a expansão estatal. O crédito era abundante no exterior e a "solução" foi captar recursos em outros países, o que levou a um crescimento vertiginoso da nossa dívida externa, atingindo a casa de muitos bilhões de dólares.

Parte desse dinheiro foi consumido por projetos megalômanos que nunca chegaram a termo, como a construção da rodovia Transamazônica, uma estrada que deveria cortar toda a Amazônia brasileira no sentido leste-oeste. Milhões de dólares esvaíram-se em virtude das dificuldades não previstas de manter a estrada aberta diante dos altos índices de pluviosidade e do crescimento acelerado da vegetação.

No final dos anos de 1970, com a crise do petróleo e o aumento dos juros internacionais, o dinheiro estrangeiro passou a ficar escasso. Era a hora de pagar a conta pelos empréstimos com juros flutuantes, oferecidos pelo capital internacional. Os empréstimos minguaram, o acelerado crescimento econômico da década anterior (milagre econômico) tinha se diluído. O governo recorreu às exportações como meta salvadora, tentando afastar o perigo de não saldarmos nossas dívidas.

O modelo manufatureiro exportador adotado trouxe um incremento na atividade industrial, porém, a competitividade brasileira perante a concorrência internacional sustentava-se mais pelo forte arrocho salarial imposto aos trabalhadores do que por investimentos na modernização do parque industrial. Essa faceta gerou uma enorme concentração de renda nas mãos da elite econômica nacional. O dinheiro de empréstimos internacionais financiava o setor exportador, e medidas protecionistas, como as altas taxas de importação para produtos manufaturados e a reserva de mercado no setor da informática, afastavam a indústria brasileira do desenvolvimento tecnológico.

A Companhia Siderúrgica Nacional (CSN), em Volta Redonda (RJ). Inaugurada na década de 1940 durante o Governo Vargas, é um dos maiores complexos siderúrgicos do Brasil.

Integrando conhecimentos

Durante a segunda metade do século XX, o Brasil passou por uma intensa industrialização. O país deixou as características de uma economia essencialmente agrária, assumindo, o que seria o início, de uma faceta urbana ordenada por indústrias e por um mercado, ainda em crescimento, de serviços.

Uma das fases mais importantes deste período de industrialização são os anos entendidos como "milagre econômico" (1969-1973) quando a inflação, que havia sofrido grandes altas no governo Juscelino Kubitscheck, teve um momento de estabilidade acompanhada de um significativo crescimento econômico; no entanto, todo o processo envolvia uma grande dependência de investimentos e apoios de capital estrangeiro, incluindo, uma necessidade de obter produtos importados entre os quais, o petróleo, se destacava pela importação em abundância.

Em outubro de 1973, no final do governo Médici, aconteceu a 1ª crise internacional do petróleo. A Guerra do Yom Kippur (entre Estados Árabes e Israel) contribuiu para que os principais produtores de petróleo se reunissem, formando um dos mais significativos carteis da história, triplicando o valor do barril. A medida afetou, em diferentes escalas, toda a economia mundial, provocando maiores efeitos nos países importadores do produto. No caso do Brasil, a dependência era de mais de 80%.

O governo brasileiro, então, optou por responder à crise com uma estratégia que recebeu o nome de "desaceleração progressiva", temendo possíveis consequências de romper de maneira mais drástica com a política econômica vigente, o país manteve elevadas as importações de petróleo; intensificou a pesquisa e o desenvolvimento de fontes alternativas de energia e estimulou as exportações visando manter a balança comercial favorável.

> ➤ Por que é possível dizer que a "desaceleração progressiva" da economia, adotada pelos governos militares ao longo da década de 1970, era uma estratégia não só econômica, mas também política?

Em meados da década de 1980 – a *década perdida*, segundo alguns jornalistas e economistas, levando-se em conta os ínfimos índices de crescimento econômico e de produtividade alcançados –, os militares voltaram para os quartéis. Porém, o sucateamento e a falta de competitividade da indústria nacional eram patentes, além da herança de uma dívida externa de mais de uma centena de bilhões de dólares.

O Estado intervencionista mostrava-se paquidérmico e inoperante, estrangulado na sua capacidade de investimentos. Esse Estado era respaldado no inchaço das empresas estatais que consumiam milhões e milhões, na maioria das vezes com realizações medíocres. Nesse período, vimos acontecer o sucateamento de setores importantes da infraestrutura produtiva (energia, telecomunicações e transportes). Mas o pior era a inflação, que chegou aos estratosféricos índices de 80% ao mês, depauperando toda e qualquer chance de aumentar o nível de renda da população brasileira.

Paralisado pelas dívidas, pela falta de crescimento econômico, não restavam grandes alternativas ao Estado senão repassar à iniciativa privada o aparelho produtivo estatal.

A década de 1990 iniciou-se com o governo Fernando Collor, que chegou ao poder propalando a necessidade de modernizar a economia brasileira, em particular a indústria. O presidente Fernando Collor declarou que os automóveis brasileiros eram *verdadeiras carroças*, acenando com a abertura para importações de produtos industrializados e com o fim das tarifas alfandegárias protecionistas.

A opção pelo neoliberalismo ficou clara, privilegiando o fim da intervenção estatal na economia (desestatização) e a entrada de capital estrangeiro. A abertura econômica teve início nesse período e foi concretizada em meados da mesma década, no primeiro governo Fernando Henrique Cardoso.

Em 1994, o Plano Real, idealizado pelo então Ministro da Fazenda, Fernando Henrique

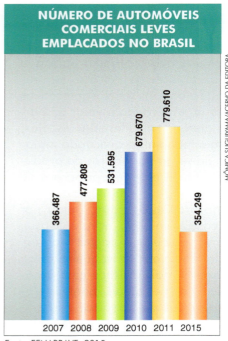

NÚMERO DE AUTOMÓVEIS COMERCIAIS LEVES EMPLACADOS NO BRASIL

- 2007: 366.487
- 2008: 477.808
- 2009: 531.595
- 2010: 679.670
- 2011: 779.610
- 2015: 354.249

Fonte: FENABRAVE, 2015.
Disponível em: <http://www3.fenabrave.org.br:8082/plus/modulos/listas/index.php?tac=indices-e-numeros&idtipo=1&id=149&layout=indices-e-numeros>. Acesso em: 8 ago. 2016.

Cardoso, trouxe estabilidade à moeda, baixando os níveis de inflação e deixando-os na casa de um dígito ao ano.

A proposta neoliberal do governo teve como metas a modernização do Estado brasileiro e o redirecionamento do seu papel na economia, passando de **Estado Empresário** a **Estado Gerenciador**.

As privatizações e as entregas de concessões ao setor privado trouxeram novos investimentos e o crescimento nos segmentos onde elas ocorreram maciçamente, como nas telecomunicações e energia elétrica.

A abertura do mercado aos produtos importados e o fim da política protecionista industrial acarretaram problemas na produtividade e na rentabilidade em segmentos da indústria de bens de consumo. Assim, muitas empresas tiveram dificuldades para enfrentar a concorrência, havendo crises setoriais. Um dos segmentos fabris mais afetados foi o têxtil. Em meados da década de 1990, tecidos sul-coreanos e chineses entravam no Brasil a preços baixíssimos. A nossa indústria têxtil, tradicional e arcaica, sem equipamentos modernos, pouco preocupada com a concorrência internacional, quase foi à falência. Muitas empresas fecharam ou foram compradas por preços irrisórios.

Porém, a catástrofe preconizada de falência e de inadimplência irrestrita não se concretizou, pois houve a reacomodação desses setores mais duramente atingidos. A concorrência acirrada matou muitas empresas. Entretanto, uma parcela significativa foi obrigada a se remodelar e a modernizar a produção, tornando-se atraente nas trocas internacionais e no mercado interno. Inegavelmente, as últimas duas décadas trouxeram um salto quantitativo e qualitativo no parque industrial brasileiro.

Durante o governo Lula, a política industrial do país continuou num processo de valorização, chegando a números muito positivos, principalmente durante o segundo mandato (2007-2010). Entretanto, a presença do Estado, muitas vezes de maneira indireta, voltou a ser sentida em determinadas situações e setores, porém não como no passado, como agente produtor. Medidas econômicas estimulando o consumo fizeram com que a produção nacional atingisse recordes em vários setores, como o automobilístico e o de telefonia móvel.

O governo de Dilma Rousseff, iniciado em 2011, procurou dar continuidade às políticas industriais na agenda nacional. No entanto, os resultados na economia e na indústria deixaram a desejar. O PIB brasileiro passou a crescer menos que na década anterior, chegando a fechar o ano de 2015 negativo em 3,8%. Por sua vez, a indústria também apresentou queda: no início de 2016 sofreu redução de aproximadamente 7%, refletindo a contínua perda de dinamismo da economia brasileira. Atualmente, a indústria representa cerca de 10% do PIB do Brasil, valor menor que os 15% de 2010 e muito inferior aos 35% que chegou a representar em seu pico, em 1985.

Ponto de vista

Sustentabilidade industrial

A sustentabilidade industrial tem sido foco das discussões sobre a temática que envolve questões não apenas ambientais, mas que também visam o crescente lucro, ou de condições favoráveis às indústrias.

Uma das perguntas centrais das discussões em torno do desenvolvimento sustentável das indústrias é: como é possível torná-las ecologicamente éticas e ao mesmo tempo produtivas (que gerem lucros rápidos)?

A forma mais utilizada para tornar a indústria sustentável é, sem dúvida, a adoção de projetos sustentáveis com vistas na geração de energia limpa e renovável, além de medidas de ordens sociais e ambientais que possam ser vantajosas, como, por exemplo, as atitudes que permitam uma geração de emprego sustentável nas comunidades que extraiam a matéria-prima utilizada pela indústria em questão; um outro exemplo de atitude sustentável é a reeducação dos funcionários e o treinamento destes para tornar a produção mais ecologicamente ética. Há também medidas internacionais, como os provenientes do protocolo de Kyoto que debatem a viabilidade das indústrias utilizarem a intervenção financeira como meio de redução da emissão de gases danosos ao ambiente, por exemplo.

Quando as indústrias já são sustentáveis, tem-se o cuidado de manter tais medidas e de sempre utilizar um investimento reservado a aplicação de novas técnicas nas suas produções. Um exemplo de indústria sustentável são as que produzem açúcar e que utilizam o bagaço de cana para a geração de energia, ou as que produzem cosméticos e celulose que incentivam não somente o replantio da vegetação utilizada, mas que também criam áreas de reservas intocáveis. A reciclagem e o aproveitamento de todos os materiais, como a utilização hídrica, também representam um interesse comum da sustentabilidade industrial.

A adoção da sustentabilidade industrial além de ser uma medida ética e produtiva, também ganha um espaço cada vez maior em questão de aceitabilidade dos consumidores.

Disponível em: <http://www.atitudessustentaveis.com.br/sustentabilidade/sustentabilidade-industrial-aplicando-sustentabilidade-industria/>. Acesso em: 8 ago. 2016.

➤ Qual é a importância de se aplicar o conceito de sustentabilidade na indústria?

A distribuição espacial da indústria

O Sudeste brasileiro sempre foi e é a região mais industrializada do país, e também aquela que recebeu mais investimentos em infraestrutura desde o início do processo de industrialização, a partir de 1930.

Na década de 1970, áreas até então marginalizadas em questão de infraestrutura passaram a receber investimentos estatais, criando um ambiente mais favorável à implantação de indústrias. Nessa época, foram construídas usinas hidrelétricas no Nordeste, como Sobradinho, no Rio São Francisco; houve a modernização de portos exportadores de minérios, como o de Tubarão (ES); ampliação da malha rodoviária, integrando estados mais distantes ao complexo econômico-financeiro do Sudeste, entre outros empreendimentos. Essas transformações trouxeram maior flexibilidade ao espaço industrial brasileiro, tendo início um processo de **dispersão industrial**.

Nesse contexto, a Sudene – Superintendência do Desenvolvimento do Nordeste – executou programas de incentivos fiscais para o desenvolvimento econômico do Nordeste. Uma das medidas foi a criação de polos industriais em torno das principais capitais, como Recife, Salvador e Fortaleza. Embora a Sudene não tenha conseguido atingir integralmente seus objetivos, dado o uso político e particular que dela foi feito, algumas ações frutificaram, como o polo petroquímico de Camaçari e o distrito industrial de Aratu, a indústria de bens de consumo no Grande Recife, e uma significativa indústria têxtil ao redor de Fortaleza.

Embora hajam sido criadas condições de dispersão industrial, esta só ocorreu de forma limitada. Ao mesmo tempo, as principais cidades industriais do país apresentam sinais de "esgotamento" na locação dos espaços industriais, já intensamente ocupados. Com a forte concentração industrial e a atração que as unidades fabris exercem sobre indústrias complementares a elas – como, por exemplo, montadoras de automóveis e indústrias de autopeças –, os espaços vazios vão se tornando escassos, o valor dos impostos tende a crescer, os aluguéis comerciais vão ficando mais caros; por outro lado, a mão de obra é mais organizada, recebe maiores salários e tem maior poder de reivindicação. Esse encarecimento tem um efeito imediato na composição dos custos industriais globais.

Mas a decisão de transferência de instalação de uma unidade industrial precisa ponderar uma série de elementos, e no balanço final deve preponderar os prós.

Devemos considerar que nos principais polos industriais, como a região do eixo Rio-São Paulo, já existe a infraestrutura industrial e urbana necessária para a instalação de novas fábricas ou a expansão das existentes, tais como redes de água e esgoto, arruamento, rede de transportes e telecomunicações, terminais rodoferroviários para o escoamento da produção etc. A descentralização está pautada na redução de custos diretos e indiretos advinda de vantagens fiscais oferecidas pelos governos municipais e estaduais, como a isenção de impostos por alguns anos, a doação de terrenos, as linhas especiais de crédito e, também, a abundância de mão de obra barata, embora menos qualificada. A contrapartida para os estados e municípios é a geração de novos empregos e o incremento da atividade industrial. Com o passar do tempo, essas novas áreas fabris recebem indústrias complementares, e o consequente crescimento do setor terciário.

Novos vetores industriais

Nos últimos anos, os vetores do crescimento industrial apontavam (e apontam) no sentido intra-estado (dentro do próprio estado) ou interestadual. Os mais importantes polos industriais do país, as áreas metropolitanas de São Paulo e Rio de Janeiro, estão perdendo empresas fabris para regiões interioranas e para outros estados da federação, como também têm sido preteridos na decisão de instalação de novas unidades industriais. Porém, isso não significa "a morte" desses grandes centros. Pelo contrário, esses locais constituem o maior parque industrial instalado do Brasil, mantêm a liderança do emprego industrial nacional e neles ocorre com maior intensidade o processo de inovação tecnológica.

A descentralização vem ocorrendo, com mais frequência, para o interior desses estados, para locais da Região Sul do país, e também para Minas Gerais, gerando muitas vezes verdadeiras *guerras fiscais* entre estados. Os grandes eixos rodoviários estaduais, principalmente paulistas, têm se mostrado atraentes na instalação de indústrias. Os estados do Sul do país têm atraído montadoras de automóveis, pois contam com mão de obra mais qualificada, boa infraestrutura e mercado interno consolidado, além de vantagens fiscais. Por outro lado, a participação do Nordeste nesse processo vem se intensificando, e a interiorização tem criado novos polos industriais, como o centro industrial de Sobral, no Ceará, e grandes transnacionais se fixaram na região. O segmento da indústria têxtil também

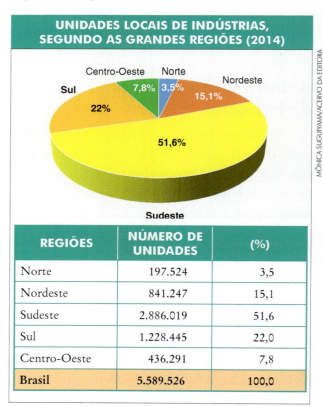

UNIDADES LOCAIS DE INDÚSTRIAS, SEGUNDO AS GRANDES REGIÕES (2014)

REGIÕES	NÚMERO DE UNIDADES	(%)
Norte	197.524	3,5
Nordeste	841.247	15,1
Sudeste	2.886.019	51,6
Sul	1.228.445	22,0
Centro-Oeste	436.291	7,8
Brasil	5.589.526	100,0

Fonte: IBGE. Cadastro Central de Empresas 2014. Disponível em: <http://biblioteca.ibge.gov.br/visualizacao/livros/liv97205.pdf>. Acesso em: nov. 2016.

vem se deslocando do Sul/Sudeste para o Nordeste e o Programa Governamental de Apoio ao Desenvolvimento Industrial (Proadi) instalou no Rio Grande do Norte um centro industrial, que vem fortalecendo o setor de agroindústria e extrativismo mineral.

Por outro lado, algumas áreas que estão perdendo indústrias não conseguem atrair na proporção anterior novas empresas fabris, ou apresentam maiores índices de desemprego e queda na arrecadação de impostos, o que leva a menores investimentos por parte dos governos.

Explorando o tema

No Estado de São Paulo estão instaladas indústrias dos setores de base e de bens de consumo duráveis e não duráveis. Inicialmente localizadas na capital paulista e em sua região metropolitana, as indústrias passaram a buscar em cidades menores vantagens para se instalar. Assim, encontramos hoje em São Paulo quatro eixos rodoviários que podemos chamar de eixos industriais, são eles: Eixo Castelo Branco-Raposo Tavares; Anhanguera-Bandeirantes-Washington Luís; Anchieta-Imigrantes; Via Dutra. Observe o mapa:

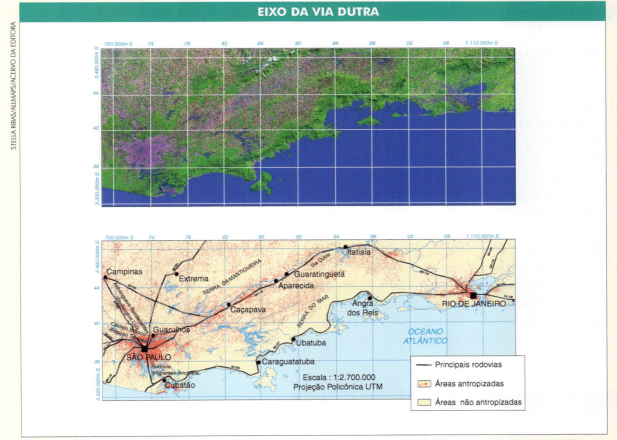

Fontes: ENGESAT Imagens de Satélite; Cenas do LANDSAT-5, sensor Thematic Mapper, bandas 5, 4 e 3-RGB, datas de passagem 24.07.1994 e 29.07.1997; Censo demográfico 2000. Características da população e dos domicílios: resultados do universo. Rio de Janeiro: IBGE, 2001.

➡ Por que é vantajoso para as indústrias paulistas se instalarem em cidades menores, em vez de na Região Metropolitana de São Paulo? Por que essas indústrias se localizam preferencialmente à beira de grandes eixos rodoviários?

Ponto de vista

(...) Desde há muito tempo no Brasil a mídia vem trabalhando com padrões estéticos importados. A sedução do produto passou a ser um instrumento de colonização cultural, infiltrando constantemente estilos de vida e de consumo estranhos aos padrões brasileiros. Publicidade de cigarros e bebidas, formas de vestir etc., além de estimular o consumismo, reforçam a colonização cultural do brasileiro, reforçando uma dependência econômica.

A atividade industrial está intimamente ligada aos padrões estéticos. Arte e técnica sempre caminharam de forma inseparável. Ao desenhar um produto a ser industrializado e colocado no mercado, o produtor tem que levar em consideração o gosto do consumidor em relação aos aspectos estéticos do produto. Portanto, o processo de industrialização tem implicações muito mais amplas do que as de natureza econômica. (...)

Fonte: SCARLATO, F. C. O espaço industrial brasileiro. In: *Geografia do Brasil*. 4. ed. São Paulo: Editora da Universidade de São Paulo, 2001.

➤ Muitos dos gostos e padrões estéticos dos brasileiros nos foram trazidos como influência estrangeira, e não estavam presentes na população do país há poucas gerações. Você é capaz de citar exemplos de alguns gostos ou produtos que não são tradicionais do Brasil, mas sim importados?

Os tecnopolos brasileiros

Como já vimos, o Brasil é um país bastante desenvolvido industrialmente, embora ainda seja dependente do ponto de vista tecnológico. No entanto, já é possível encontrar centros industriais que se formam junto a universidades e centros de pesquisa, nos quais o intercâmbio permite a pesquisa e o desenvolvimento de tecnologias de ponta. Essas áreas recebem o nome de **tecnopolos**. Um exemplo é a cidade de São José dos Campos, no Vale do Paraíba, Estado de São Paulo, que concentra diversas empresas multinacionais e centros de pesquisa, como o INPE (Instituto Nacional de Pesquisas Espaciais), ITA (Instituto Tecnológico de Aeronáutica), IAE (Instituto de Aeronáutica e Espaço), IEAV (Instituto de Estudos Avançados) e CTA (Comando-Geral de Tecnologia Aeroespacial). Trata-se do maior complexo aeroespacial da América Latina, onde se encontra a sede da Embraer. Também no Estado de São Paulo, merecem destaque os tecnopolos de São Carlos e Campinas, enquanto, fora dele, há parques tecnológicos importantes no Vale dos Sinos (Rio Grande do Sul) e no chamado "Vale do Software" de Blumenau (Santa Catarina).

O conceito de tecnopolo tem origem no Vale do Silício norte-americano, situado na Califórnia, onde se encontra a Universidade de Stanford. Nos tecnopolos são criados e aprimorados produtos e técnicas a serem absorvidos pela indústria. Há quem diga que eles representam hoje o que as grandes regiões industriais representavam no início da industrialização inglesa. Além do Vale do Silício, há também Bangalore, na Índia; Cambridge, no Reino Unido; Munique, na Alemanha; Paris, na França; Isukuba e Kansai, no Japão.

ATIVIDADES

PASSO A PASSO

1. Estabeleça as principais diferenças entre as três etapas mais marcantes da Revolução Industrial.
2. Especifique as características de cada um dos modelos industriais apresentados neste capítulo.
3. O que são indústrias de bens de consumo?

4. O que define uma indústria transnacional? Dê exemplos.
5. Explique, com suas palavras, o início do processo de industrialização no Brasil.
6. Por que vemos, hoje, um movimento de desconcentração das indústrias nas grandes metrópoles?

IMAGEM & INFORMAÇÃO

1. Qual modelo industrial está representado na imagem ao lado? Explique.

2. Observe o mapa ao lado.
   a) Em qual região está a maior concentração de indústrias no Brasil?
   b) Por que há uma maior concentração nas áreas que possuem um custo maior para as indústrias?

Fonte: DOMIGUES, E. P.; RUIZ, R. M. Os Desafios Ao Desenvolvimento Regional Brasileiro. Cienc. Cult., Campinas, v. 58, n.1, jan./mar. 2006. Disponível em: <http://cienciaecultura.bvs.br/scielo>. Acesso em: 8 ago. 2016.

TESTE SEUS CONHECIMENTOS

1. (UESPI) Nos primórdios do século XX, surgiram, nos Estados Unidos, o "taylorismo" e o "fordismo", que são assuntos amplamente estudados pela Geografia. Esses assuntos se referem diretamente à:
   a) repressão aos movimentos sindicais nas grandes indústrias do país.
   b) adoção de uma rígida política de substituição de importações.
   c) implantação de novos métodos de organização do trabalho.
   d) política de utilização da máquina a vapor na indústria de tecidos.
   e) política de abolição da rotatividade de trabalhadores frequente nas indústrias.

2. (UERJ) Quando os auditores do Ministério do Trabalho entraram na casa de paredes descascadas num bairro residencial da capital paulista, parecia improvável que dali sairiam peças costuradas para uma das maiores redes de varejo do país. Não fossem as etiquetas da loja coladas aos casacos, seria difícil acreditar que,

através de uma empresa terceirizada, a rede pagava 20 centavos por peça a imigrantes bolivianos que costuravam das 8 da manhã às 10 da noite.

Os 16 trabalhadores suavam em dois cômodos sem janelas, de 6 metros quadrados cada um. Costurando casacos da marca da rede, havia dois menores de idade e dois jovens que completaram 18 anos na oficina.

Adaptado de *Época*, 4 abr. 2011.

A comparação entre modelos produtivos permite compreender a organização do modo de produção capitalista a cada momento de sua história. Contudo, é comum verificar a coexistência de características de modelos produtivos de épocas diferentes.

Na situação descrita na reportagem, identifica-se o seguinte par de características de modelos distintos do capitalismo:

a) organização fabril do taylorismo – legislação social fordista

b) nível de tecnologia do neofordismo – perfil artesanal manchesteriano

c) estratégia empresarial do toyotismo – relação de trabalho pré-fordista

d) regulação estatal do pós-fordismo – padrão técnico sistêmico-flexível

3. (FGV) Analise o gráfico a seguir para responder à questão.

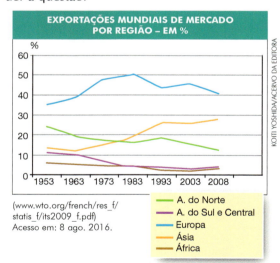

(www.wto.org/french/res_f/statis_f/its2009_f.pdf)
Acesso em: 8 ago. 2016.

A análise do gráfico e os conhecimentos sobre o comércio mundial permitem afirmar que, entre 1953 e 2008,

a) as exportações norte-americanas de produtos de baixa tecnologia perderam importância no mundo devido à concorrência com os produtos europeus.

b) os países da América do Sul e Central reduziram o percentual de exportações porque encontraram dificuldades para se integrarem em blocos econômicos.

c) o comércio exterior europeu sofreu oscilações e entrou em declínio quando os países do leste da Europa iniciaram a transição para o sistema capitalista.

d) o crescimento das exportações asiáticas foi expressivo devido à ascensão econômico-industrial dos Tigres Asiáticos e, posteriormente, da China.

e) o continente africano, exportador de *commodities* agrícolas, vem reduzindo a participação no comércio mundial devido aos sérios problemas ambientais que enfrenta.

4. (UFPA) A atividade industrial e a industrialização brasileira estão desigualmente distribuídas pelas regiões do país. Construídas predominantemente no século XX, elas são componentes da modernização urbana que reinventa nossa sociedade e dinâmica espacial. Sobre a indústria e industrialização brasileira, é correto afirmar:

a) A industrialização tem suas raízes fincadas na economia da cana-de-açúcar e do café, que possibilitou a acumulação de capital necessária para a diversificação em investimentos no setor industrial, e esse fato permitiu a produção de bens de consumo duráveis, sobretudo automóveis e eletrodomésticos.

b) A indústria nasce dos capitais restantes do declínio da economia da cana-de-açúcar e do café. Esses capitais impulsionaram uma diversidade de pequenas indústrias de produção de bens de consumo não duráveis, tais como perfumaria, cosméticos, bebidas, cigarros, que apoiadas pelo Estado se difundiram pelo país.

c) A ação do Estado foi fundamental para desencadear o processo de industrialização brasileira, por exemplo, criando empresas estatais, como a antiga Companhia Vale do Rio Doce e a Companhia Siderúrgica Nacional, para investir na indústria de base. Sem elas não seria possível a implantação de indústria de bens de consumo duráveis.

d) A industrialização brasileira é fruto da capacidade inovadora do Estado e do empresariado nacional. Este último não mediu esforços para construir em todo o território nacional sistemas de transporte, comunicação, energia e portos, necessários à circulação de bens, serviços e pessoas por todas as regiões.

e) A industrialização brasileira se tornou possível a partir de investimentos do capital internacional, que não mediu esforços para construir em todo o território nacional sistemas de transporte, comunicação, energia e portos, necessários à circulação de bens, serviços e pessoas por todas as regiões.

5. (UNESP) É possível afirmar por meio de uma visão de síntese do processo histórico da industrialização no Brasil entre 1880 e 1980, que esta foi retardatária cerca de 100 anos em relação aos centros mundiais do capitalismo. Podemos identificar cinco fases que definem o panorama brasileiro de seu desenvolvimento industrial: 1880 a 1930, 1930 a 1955, 1956 a 1961, 1962 a 1964 e 1964 a 1980.

Leia com atenção as afirmações a seguir, identificando-as com a sua fase de desenvolvimento industrial.

I. Modelo de desenvolvimento associado ao capital estrangeiro, sem descentralizar a indústria do Sudeste de forma significativa em direção a outras regiões brasileiras; corresponde ao período de Juscelino Kubitschek, com incremento da indústria de bens de consumo duráveis e de setores básicos.

II. Modelo de política nacionalista da Era Vargas, com o desenvolvimento autônomo da base industrial demonstrado através da construção da Companhia Siderúrgica Nacional (CSN).

Ressalta-se que, neste período, a Segunda Guerra Mundial impulsionou a industrialização.

III. Período de desaceleração da economia e do processo industrial motivado pela instabilidade e tensão política no Brasil.

IV. Implantação dos principais setores da indústria de bens de consumo não duráveis ou indústria leve, mantendo-se a dependência brasileira em relação aos países mais industrializados. O Brasil não possuía indústrias de bens de capital ou de produção.

V. Período em que o Brasil esteve submetido a constrangimentos econômicos, financeiros e sociais devido a seu endividamento no exterior com o objetivo de atingir o crescimento econômico de 10% ao ano. Mesmo assim, não houve muitos avanços na área social. Modernização conservadora com o Governo Militar.

Secretaria da Educação. Geografia,
Ensino Médio. São Paulo, 2008.
Adaptado.

A sequência das fases do desenvolvimento industrial brasileiro descrita nas afirmações é:

a) IV, II, I, III, V.   d) I, III, II, V, IV.
b) I, II, V, IV, III.   e) III, IV, II, V, I.
c) III, IV, V, I, II.

6. (UFTM – MG) Analise o mapa, que representa as concentrações industriais no Brasil.

A partir da análise do mapa e de seus conhecimentos, assinale a alternativa correta.

a) As economias de aglomeração, no sul do país, impulsionaram o crescimento das pequenas cidades.

b) As fábricas instalaram-se em regiões de baixa densidade demográfica.

c) Os centros industriais pioneiros provocaram o declínio financeiro das grandes cidades administrativas do sudeste.

IBGE, 1992. Adaptado.

d) Os processos de industrialização do Brasil promoveram a concentração espacial da riqueza.

e) As concentrações industriais no Brasil acompanharam as linhas de fronteiras agrícolas.

7. (ESPM – SP) Bangalore, na Índia, Campinas, no Brasil e São Francisco, nos Estados Unidos, têm em comum:
a) o fato de serem importantes centros tecnológicos.
b) a condição de "cidades globais".
c) a presença da indústria bélica.
d) o fato de serem importantes centros cinematográficos.
e) a condição de capitais internacionais de movimentos antiglobalização.

8. (ESPM – SP) Observe os dados:

| OS PRINCIPAIS SETORES DA INDÚSTRIA BRASILEIRA POR REGIÃO ||
Região	Tipo de indústria
I	a mais diversificada do país: siderurgia, metalurgia, automobilística, máquinas e equipamentos, elétrica, eletrônica, papel e papelão, têxtil, química, farmacêutica, materiais plásticos, alta tecnologia.
II	a que apresenta o maior crescimento nos últimos anos: madeira, papel, mecânica, alimentícia, têxtil, calçados e automobilística.
III	predomínio das indústrias tradicionais, como bebidas e alimentícia, surgindo ainda a farmacêutica, petroquímica, automobilística e, recentemente, naval.
IV	agroindústria, mineração.
V	destaque para as empresas tributárias da Zona Franca de Manaus, como a eletrônica e automobilística leve (motocicletas), mas com baixa participação no conjunto nacional

Corresponde, respectivamente, às Regiões Sudeste, Sul e Nordeste os números:
a) I, II e III.
b) I, II e IV.
c) I, III e IV.
d) II, III e V.
e) III, IV e V.

9. (PASES – UFV – MG – adaptada) Sobre o desenvolvimento da industrialização no Brasil, é fato que o Estado brasileiro adotou várias medidas importantes, dentre as quais podem-se destacar a elevação dos juros para o setor agrário, o confisco parcial dos lucros do café, subsídios e créditos diretos na atividade industrial e investimentos em infraestrutura e na indústria de base.

Em relação às implicações dessas medidas na transformação do espaço brasileiro, assinale a afirmativa CORRETA.
a) As medidas adotadas pelo Estado proporcionaram as bases para um maior desenvolvimento das atividades agrárias em relação aos outros segmentos da economia.
b) As medidas possibilitaram o alicerce para uma acumulação capitalista de base urbano-industrial no Centro-Sul do país, principalmente após 1930.
c) As medidas tomadas conduziram a uma progressiva diminuição das disparidades inter-regionais, podendo-se destacar aquela entre o Nordeste e o Centro-Sul.
d) As medidas efetuadas representaram uma melhor distribuição espacial da renda no Brasil, proporcionando uma retração progressiva da concentração fundiária.

Fontes de Energia

CAPÍTULO 16

AS FONTES DE ENERGIA AO LONGO DA HISTÓRIA

Desde os primórdios da humanidade, o ser humano buscou fontes de energia para melhorar o desempenho de suas ações e do seu trabalho. Depois que ele descobriu o fogo, a lenha obtida nas matas passou a ser queimada para aquecer, cozinhar alimentos, queimar a cerâmica, entre outras coisas. Com o passar do tempo, o ser humano domesticou animais e a tração animal passou a ajudá-lo a arar o campo, a transportar as colheitas, a facilitar o transporte e o deslocamento de pessoas. Aprendemos também que, com os moinhos, podíamos usar a energia da água (hidráulica) e do vento (eólica).

Com a Revolução Industrial, o **carvão mineral** passou a ser utilizado em larga escala, tendo sido sua força-motriz. A partir desse período, tornou-se a fonte de energia mais consumida, movendo máquinas a vapor.

No século XX outras fontes de energia foram sendo progressivamente utilizadas. Entre elas está o **petróleo**, que passou a mover veículos, máquinas e motores e disputou com o carvão a primazia de ser a fonte de energia mais consumida do planeta. Também cresceu a utilização do gás natural e, depois que se conseguiu a fissão nuclear, a energia nuclear também foi incorporada e passou a gerar, por exemplo, eletricidade.

> **primazia:** importância, preferência

Hoje, é impossível conceber o mundo sem a utilização dessas fontes de energia, sustentáculos do desenvolvimento econômico global e fundamentais para o nosso conforto. A utilização das fontes de energia cresceu exponencialmente nos últimos 300 anos! Os volumes dessas fontes de energia retiradas da natureza são enormes!

O grande problema é que as fontes de energia consumidas atualmente são, em sua maior parte, **não renováveis**, ou seja, não ocorre sua reposição na natureza ou se dá de forma muito mais lenta que o consumo. Para exemplificar melhor, o processo natural de formação do carvão mineral e do petróleo se dá ao longo de milhões de anos, sob determinadas condições. Assim, as quantidades existentes na crosta terrestre, dentro da perspectiva de vida humana, podem ser finitas! Entre as fontes de energia não renováveis estão as de origem fóssil – como carvão mineral, petróleo, gás natural, xisto betuminoso – e os minerais radioativos, como o urânio. Também existem as fontes de energia **renováveis**, aquelas que se recompõem na natureza, em um período relativamente curto de tempo. Entre elas podemos citar a biomassa (cana-de-açúcar e madeira, por exemplo), a energia hidráulica, a energia solar e a energia eólica.

Dados da ONU demonstram que 86% da energia produzida e consumida no mundo hoje são de fontes não renováveis – o carvão mineral, o petróleo e o gás natural – e da energia nuclear que utiliza o urânio. Nos 14% restantes da produção de energia, são utilizados recursos renováveis, como a energia hidrelétrica, eólica, das marés, lenha etc.

Uma das fontes de energia não renováveis que vem ganhando crescente importância recentemente é o lítio, que é um metal branco usado em dispositivos eletrônicos como baterias de celulares, *notebooks* e carros elétricos, fazendo dele o potencial petróleo do século XXI. O fato atrai atenções para a Bolívia, dona de mais de 50% das reservas mundiais, além de Chile, China, Austrália e Argentina. O Brasil também figura entre os dez maiores produtores de lítio do mundo.

Células captoras de energia solar.

FONTES DE ENERGIA NÃO RENOVÁVEIS	FONTES DE ENERGIA RENOVÁVEIS
carvão mineral	biomassa (de matéria orgânica)
petróleo	hidráulica (de rios e correntes de água doce)
gás natural	solar (do Sol)
xisto betuminoso	eólica (do vento)
lítio	maremotriz (das marés)
nuclear	geotérmica (energia do interior da Terra)

Fonte: UNITED NATION STATISTIC DIVISION. Renewable vs. non-renewable energy sources, forms and technologies. Oslo, 2009. p. 3. Disponível em: <http://unstats.un.org>. Acesso em: 10 ago. 2016.

Explorando o tema

A **biomassa** caracteriza todo material de origem orgânica, que pode ser diretamente queimado ou convertido em **combustível**.

Essa fonte energética, que tem na madeira o seu principal componente, apresenta-se como uma das mais antigas utilizadas pela humanidade, e ainda nos dias atuais aparece como uma das principais fontes para as áreas mais pobres do planeta.

Segundo dados da ONU, no começo do século XXI, aproximadamente 2,4 bilhões de habitantes dependerão da madeira como principal fonte energética. O grande problema desse quadro está na exploração, muitas vezes insustentável, das matas naturais, fazendo com que grandes porções da superfície terrestre fiquem devastadas, passando a sofrer graves problemas ambientais, como, por exemplo:

- aumento do processo de erosão;
- mudanças climáticas locais, com aumento da temperatura e redução da umidade do ar;
- comprometimento da biodiversidade local;
- desertificação ecológica.

Por ser a biomassa uma fonte renovável, muitos cientistas estão tentando, com novas tecnologias, transformar lixo, excrementos e plantas, por exemplo, em combustíveis mais eficientes, visando a um futuro energético melhor.

Se pararmos para pensar, esses dados são assustadores e uma pergunta torna-se inevitável: quanto tempo as reservas conhecidas demorarão para se esgotar? Os estudos não são muito otimistas, algumas previsões falam em um ou dois séculos. Diante dessa situação, pesquisas intensas buscam novas alternativas energéticas, como o uso mais intenso de energias renováveis.

Até bem pouco tempo atrás, os seres humanos agiam como se as fontes de energia fossem eternas, como se a natureza tivesse sido criada para nos apropriarmos dela e para nos servir dela para sempre. Porém, esses posicionamentos estão sendo repensados.

As fontes de energia podem ser classificadas como primárias e secundárias. As **primárias** são os produtos energéticos gerados pela natureza na sua forma direta, como petróleo, gás natural, carvão mineral, urânio; as **secundárias** são produtos de uso direto, obtidas de uma fonte primária. Exemplos: gasolina, óleo diesel e querosene são classificados como fontes de energia secundária, obtidos do petróleo, que é considerado fonte de energia primária.

Explorando o tema

Matriz energética é a combinação de todas as fontes de energia disponíveis numa economia ou país; envolve também as tecnologias de geração e formas de consumo. Já as fontes de energia elétrica são as que geram apenas energia elétrica e, naturalmente, fazem parte da matriz energética.

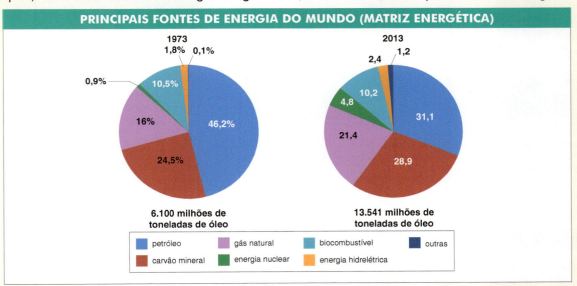

Fonte: IEA (Agência Internacional de Energia). Disponível em: <http://www.iea.org/publications/freepublications/publication/KeyWorld_Statistics_2015.pdf>. Acesso em: 10 ago. 2016.

O CONSUMO MUNDIAL DE ENERGIA

Nos últimos anos a questão energética se tornou central para o planejamento das mais diferentes nações, em especial as mais industrializadas e as emergentes. O preço do barril de petróleo tem apresentado oscilações de preço consideráveis; no início do século XXI houve um aumento do preço significativo, mas no fim da primeira década ocorreu uma queda intensa nos preços. Essa variação gera uma instabilidade na economia mundial já que essa fonte de energia é a mais usada na atualidade. Quando o barril sofre elevação de preço, ocorre uma pressão inflacionária e o perigo de recessão econômica global. Os fatores que causam os aumentos estão ligados a fatores geopolíticos, como a instabilidade no Oriente Médio, à explosão do aumento de consumo asiático, especialmente na China, entre outros. Já a queda do preço no fim da década de 2000 foi ocasionada pela grande crise financeira internacional, que reprimiu o consumo no mundo todo, afetando diretamente o consumo do petróleo.

Os combustíveis fósseis dominam o consumo de energia mundial (petróleo, carvão mineral e gás natural), sendo a queima destes a grande fonte poluidora da atmosfera, principalmente a do petróleo e do carvão mineral. A produção de eletricidade mostra-se, de maneira geral, muito poluidora, em virtude do uso de termelétricas tradicionais que usam carvão mineral e petróleo para gerar energia.

A energia hidráulica afeta o meio ambiente na medida em que, para sua geração, são construídas grandes usinas, o que requer a formação de represas que alagam extensas áreas encobrindo a fauna e a flora locais. A energia nuclear não deixa de oferecer riscos importantes, no caso de haver acidentes, à saúde das populações, já que pode ocorrer a contaminação pela radioatividade. Apesar disso, o uso de energia nuclear está em expansão na Ásia e na Europa oriental. Na Europa ocidental percebe-se um movimento nesse sentido, notadamente na Finlândia e França, depois de anos em que se condenou e se restringiu o uso da energia nuclear como fonte de energia.

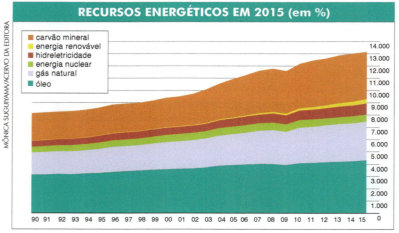

Fonte: BP Statistical Review, 2016. p. 42. Disponível em: <https://www.bp.com/content/dam/bp/pdf/energy-economics/statistical-review-2016/bp-statistical-review-of-world-energy-2016-full-report.pdf>. Acesso em: 12 ago. 2016.

PRINCIPAIS CONSUMIDORES DE PETRÓLEO (2015)

Região	Consumo (em milhares de barris diários)	% do mundo
1. Estados Unidos	851,6	19,7
2. China	559,7	12,9
3. Índia	195,5	4,5
4. Japão	189,6	4,4
5. Arábia Saudita	168,1	3,9
6. Federação Russa	143	3,3
7. Brasil	137,3	3,2
8. Coreia do Sul	113,7	2,6
9. Alemanha	110,2	2,5
10. Canadá	100,3	2,3
11. México	84,3	1,9
Total	4.331	56,7

Fonte: BP Statistical Review, 2016. p. 11. Disponível em: <https://www.bp.com>. Acesso em: 12 ago. 2016.

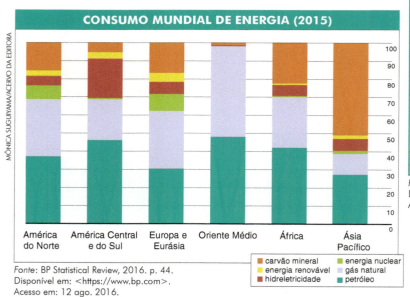

Fonte: BP Statistical Review, 2016. p. 44. Disponível em: <https://www.bp.com>. Acesso em: 12 ago. 2016.

Com 14% da população mundial, a África consome 3,1% da energia do planeta. Já a América do Norte, com cerca da metade da população africana, é responsável por 22,6% do gasto energético mundial.

Após anos de crescimento econômico acelerado, a China tornou-se o maior consumidor mundial de energia, ultrapassando os Estados Unidos, país que manteve o posto até 2008. Em 2013, a China contribuía com 22,3% do consumo mundial de energia, principalmente de carvão mineral enquanto os Estados Unidos eram responsáveis por 16,1% do total.

UMA QUESTÃO ESTRATÉGICA

A questão energética tem hoje um papel fundamental nas relações entre os países. Muitos deles são pobres em recursos energéticos, como petróleo e carvão mineral, vitais para suas economias, e são obrigados a importá-los em grandes quantidades, o que os torna dependentes dos grandes produtores estrangeiros. Qualquer oscilação nos preços desses produtos no mercado internacional traz reflexos imediatos para sua economia. A procura de autossuficiência ou de alternativas energéticas tem sido a estratégia de muitos países para diminuir a danosa dependência externa.

Além dessas intricadas relações político-econômicas, a queima de combustíveis fósseis vem provocando sérios problemas ambientais, tornando essa questão uma das grandes preocupações mundiais.

FONTES NÃO RENOVÁVEIS

O império dos combustíveis fósseis

O petróleo: sua majestade, o rei negro

Se o século XIX teve no carvão a sua força-motriz, o século XX e início de século XXI rendeu-se ao **petróleo** retirado das áreas sedimentares da crosta terrestre, que se tornou a fonte de energia e matéria-prima mais importante do mundo contemporâneo, embora já seja conhecido desde a Antiguidade.

Mas como se forma o petróleo?

O petróleo é um combustível fóssil, fruto da acumulação de restos orgânicos (plâncton), em algumas regiões sedimentares da crosta terrestre. Esses resíduos orgânicos foram soterrados em antigos mares e lagos, graças aos movimentos da crosta terrestre, e com o passar do tempo sofreram a pressão das rochas e a ação do calor da Terra. Em um processo lentíssimo, aquele antigo material orgânico sob pressão e calor transformou-se – pela combinação de carbono e hidrogênio – em um óleo inflamável e de cor escura, também conhecido genericamente como betume líquido.

Vamos tentar imaginar o que aconteceria se dentro de pouquíssimo tempo essa fonte de energia não renovável se extinguisse. Teríamos o caos! Aviões, carros, trens, navios, deixariam de circular, pois são movidos a produtos derivados de petróleo, como **querosene, gasolina** e **diesel**. Não só os meios de transporte parariam, mas também a maioria dos motores e das máquinas nas fábricas, além de muitas usinas termelétricas, que usam o óleo combustível para gerar energia elétrica. Caso não houvesse mais petróleo, os plásticos deixariam de ser fabricados, como também os tecidos sintéticos, e cessariam suas atividades as indústrias petroquímicas que nos fornecem desde fertilizantes até defensivos agrícolas!

Como você pode constatar, a nossa dependência desse produto único é quase que total. A sociedade de consumo, retrato do modelo capitalista industrial, tem no petróleo sua base inquestionável. Este, sem dúvida, é um dos pontos mais vulneráveis do sistema no qual vivemos, pois, em última instância, nos tornamos reféns deste produto. Na década de 1970, o mundo percebeu o quanto suas economias eram dependentes dessa fonte de energia, época em que o petróleo foi usado como arma política e seu preço disparou no mercado internacional.

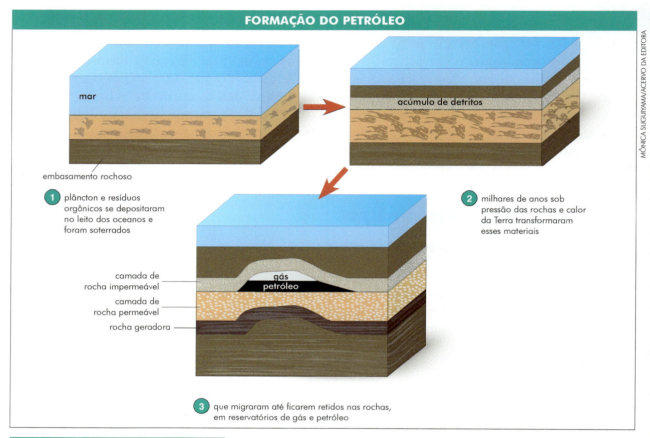

MEMBROS DA OPEP (A PARTIR DE 2016)	
África	Angola
	Argélia
	Gabão
	Líbia
	Nigéria
América do Sul	Equador
	Venezuela
Oriente Médio	Arábia Saudita
	Emirados Árabes Unidos
	Irã
	Iraque
	Kuwait
	Qatar
Ásia	Indonésia

Fonte: Organization of the Petroleum Exporting Countries.

Os choques do petróleo

O petróleo era controlado desde o início do século XX por grandes companhias transnacionais, que agiam de forma cartelizada (comandando o preço). Essas empresas controlavam desde a prospecção até a comercialização, gerando lucros altíssimos, apropriando-se praticamente de sua totalidade, alijando os países produtores dos bilionários negócios do petróleo.

Em 1960, alguns países produtores de petróleo reuniram-se e criaram a OPEP – Organização dos Países Produtores de Petróleo, formada por Arábia Saudita, Irã, Iraque, Kuwait, Venezuela (1960); Qatar (1961), Líbia (1962); Emirados Árabes (1967), Argélia (1969), Nigéria (1971) e Angola (2007). O Equador foi país-membro de 1973 a 1992 e retornou no final de 2007, o Gabão, de 1975 a 1994 e a Indonésia, de 1962 a 2009. A OPEP tem como objetivo administrar a atividade petroleira no mundo, bem como controlar o preço e o volume da produção mundial.

Em 1973, o mundo acompanhou os aumentos do preço do barril de petróleo pela OPEP, de US$ 2,70 para US$ 11,20, em menos de um ano. Tal elevação ficou conhecida como o **primeiro choque do petróleo**.

Você deve estar pensando: por que esse aumento? Para entendermos, temos de analisar os acontecimentos da época.

Desde a criação do Estado de Israel, em 1948, por determinação da ONU, o conflito árabe-israelense era um permanente foco de tensão no Oriente Médio. Guerras entre os dois lados sucederam-se, mesmo com a vitória dos israelenses, que conseguiram ampliar significativamente suas fronteiras, principalmente depois da "Guerra dos Seis Dias", em 1967. Em 1973, a tensão cresceu vertiginosamente com um novo conflito, a Guerra do Yom Kippur. O mundo árabe (de produtores de petróleo) revoltou-se com o apoio americano dado a Israel e, numa atitude inédita, agindo em bloco, decidiu usar o petróleo como "arma política" internacional, aumentando o preço do barril. Apesar das enormes diferenças desse grupo de nações, a atitude comum e a convergência de ações constituiu-se em uma arma poderosa.

Diante do acirramento das tensões, esperava-se uma reação das grandes empresas petrolíferas, o que não aconteceu. Elas se calaram diante do aumento e apoiaram tal medida tacitamente. Na lógica delas haveria um rápido e brutal aumento nas suas margens de lucro. Dessa forma, estariam viabilizando a prospecção e a produção em novas áreas, não ficando tão dependentes dos campos do Oriente Médio, que se tornava a cada dia mais instável politicamente.

Porém, o poder de fogo da OPEP mostrou-se maior do que o imaginado e, assim, os grandes produtores passaram a reger o fluxo e o preço internacional do petróleo, abalando consideravelmente a economia mundial, que tinha uma dependência perigosa do petróleo do Oriente Médio. Em 1979 irrompeu a Guerra do Irã e Iraque, gerando maior instabilidade no tenso Oriente Médio e pressionando o preço do barril, que saltou para US$ 34,00. Essa elevação passou a ser conhecida como o **segundo choque do petróleo**.

Com esse aumento, muitos países viram suas economias se desarticularem por completo. Diante do impasse, houve um redirecionamento de grande parte das nações, visando à diminuição da dependência do petróleo como principal fonte de energia, calcado na prospecção interna e na pesquisa de fontes alternativas de energia. Os resultados desses esforços foram positivos, com um aumento considerável das reservas petrolíferas mundiais conhecidas, e ainda com a substituição, em vários segmentos, do petróleo por outras fontes de energia.

Essa nova realidade provocou a queda do preço do barril no mercado internacional, a partir de 1983, que foi denominada por alguns analistas como sendo o **terceiro choque do petróleo**. A partir de 1986, o preço do barril se estabilizou na casa dos US$ 17,00 e passou a sofrer pequenas alterações durante esse período, conforme os interesses econômicos e políticos do momento, como por exemplo na Guerra do Golfo (1990) ou na superprodução em meados dos anos 1990, ou ainda na redução da produção imposta pela OPEP no fim da década de 1990.

Em meados da década de 2000, os preços do petróleo aumentaram significativamente, ultrapassando a casa dos US$ 40,00 em 2004. Em setembro de 2005, o barril do petróleo ultrapassou os US$ 67,00, já no fim da década atingiu

PRINCIPAIS PRODUTORES DE PETRÓLEO (2015)		
Região	Produção (em milhares de barris diários)	% do mundo
1. Estados Unidos	12.704	13
2. Arábia Saudita	12.014	13
3. Rússia	10.980	12,4
4. Canadá	4.385	4,9
5. China	4.309	4,9
6. Iraque	4.031	4,5
7. Irã	3.920	4,2
8. Emirados Árabes Unidos	3.902	4,0
9. Kuwait	3.096	3,4
10. Venezuela	2.626	3,1
11. México	2.588	2,9
12. Brasil	2.527	2,8
13. Nigéria	2.352	2,6
14. Noruega	1.948	2,0
Total	71.382	78

Fonte: BP Statistical Review 2016. p. 8.
Disponível em: <https://www.bp.com>.
Acesso em: 11 ago. 2016.

o preço histórico de US$ 147,00, em meados de 2008. Entre as razões estavam a instabilidade no Oriente Médio, na Venezuela e Nigéria, e o crescimento da demanda chinesa, que depois dos Estados Unidos é o segundo maior consumidor de petróleo do mundo, com um consumo médio de 10 milhões de barris/dia. A escalada de alta só foi interrompida no fim de 2008 e início de 2009, por causa da crise financeira internacional, que gerou uma desaceleração da economia mundial, diminuindo o consumo desse recurso e fazendo seu preço recuar para a casa dos US$ 40,00. Após um período de turbulências no mundo árabe, o preço se estabilizou em torno de US$ 90,00 até o fim de 2014, quando sofreu nova queda e voltou para a casa dos US$ 30,00 no início de 2016.

Na realidade, há outros fatores estruturais que pressionam os preços do barril para cima, entre eles estão o superdimensionamento das reservas de petróleo, a alta especulação no setor que muitos acreditam contar com a benevolência das maiores empresas petrolíferas e a insuficiência de refinarias, pois muitas operam com sua capacidade máxima.

Mudanças na produção provocam alterações significativas nesse sensível e estratégico mercado.

O petróleo brasileiro

O petróleo brasileiro tem uma história de exploração relativamente recente. A primeira perfuração em busca de petróleo em nosso território se deu em 1939, no Recôncavo Baiano.

Em 1953, aos brados de o "Petróleo é nosso", nasceu a estatal Petrobras, recebendo o monopólio da pesquisa, extração, transporte, refino e importação de petróleo e seus derivados, e também da exportação do óleo extraído em território nacional, menos a distribuição dos derivados.

O monopólio manteve-se sólido por mais de 40 anos. Em 1997 foi sancionada a lei que acabava com o monopólio global da Petrobras e permitiu que empresas privadas participassem ativamente de setores até então sob seu controle exclusivo. A nova legislação, porém, estabeleceu que a Petrobras terá prioridade sobre as eventuais concorrentes na escolha de áreas de atuação.

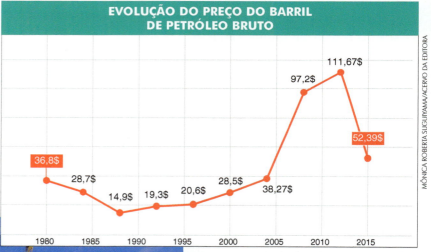

Fonte: BP Statistical Review 2016. p. 14. Disponível em: <https://www.bp.com>. Acesso em: 11 ago. 2016.

A exploração do petróleo no mar, na plataforma continental, é mais cara, complexa e difícil que no continente. Os choques do petróleo fizeram dessa alternativa de exploração uma das mais usadas na atualidade.
A Inglaterra, por exemplo, descobriu (e passou a explorar) grandes jazidas do óleo no Mar do Norte.

A quebra do monopólio em um setor altamente estratégico como esse requer amplo controle, pois as empresas que atuam no ramo são transnacionais poderosíssimas. Diante disso, o governo criou a ANP – Agência Nacional de Petróleo – para fiscalizar as atividades do setor.

As nossas importações de petróleo já foram muito maiores do que são hoje. Para você ter uma ideia, em 1973, produzíamos o equivalente a 14% do que consumíamos; em 2006 chegamos a um equlíbrio entre produção e consumo. Isso significa que em pouco mais de 30 anos a produção cresceu significativamente, evitando que se repita o sufoco de 1973 e 1979, decorrente do disparo no preço do barril no mercado internacional.

Entre 2007 e 2013, o Brasil conseguiu produzir mais do que consumia de petróleo por dia, com uma produção média de 2 milhões de barris/dia. Em 2015, após um período em que o aumento do consumo foi maior que o aumento da produção, o país reconquistou essa autossuficiência em volume de óleo bruto, quando passou a produzir cerca de 2,6 milhões de barris/dia. Ainda assim, importamos, sendo a América do Sul (Argentina e Venezuela) a grande parceira nesse comércio, seguida pela África (Argélia e Nigéria) e, numa posição menor, o Oriente Médio (Arábia Saudita e Iraque).

No Brasil, retiramos a maior parte do petróleo de bacias sedimentares localizadas na plataforma continental, sendo a Bacia de Campos, no litoral do Rio de Janeiro, uma das maiores e responsável, atualmente, por cerca de 95% da extração submarina e de 80% da produção nacional. A tabela ao lado mostra a distribuição do volume de petróleo produzido por dia, em setembro de 2016.

DISTRIBUIÇÃO DA PRODUÇÃO DE PETRÓLEO POR BACIA	
Unidades da federação	Barris/dia
São Paulo	316.251
Amazonas	22.337
Bahia	36.381
Sergipe e Alagoas	32.929
Rio Grande do Norte e Ceará	61.318
Espírito Santo	416.322
Rio de Janeiro	1.785.809
Total Brasil	**2.671.347**

Fonte: Agência Nacional do Petróleo. Boletim da Produção de Petróleo e Gás Natural, 2016. p. 9. Disponível em: <www.anp.gov.br/?dw=79001>. Acesso em: 25 nov. 2016.

Disponível em: <htttp://www.petrobras.com.br/pt/nossa s-atividades/principais-operacoes/bacias>. Acesso em: 28 nov. 2016.

Produzir na plataforma continental não é nada fácil. Exige investimentos e tecnologia avançada como, por exemplo, equipamentos especializados, plataformas petrolíferas flutuantes ou fixas e todo um corpo técnico altamente qualificado. A Petrobras é uma das empresas que apresentam a melhor tecnologia *off-shore* no mundo e desenvolveu, na década de 1980, o Programa de Capacitação de Tecnologia (PROCAP), com o intuito de explorar reservas e poços com profundidade superior a 600 m. Daí para a frente foi uma questão de tempo para que essa tecnologia evoluísse.

Como resultado de investimentos, a descoberta da existência de petróleo em uma camada geológica muito profunda, mais precisamente na plataforma continental, conhecida como *Pré-sal*, foi oficialmente confirmada pela Petrobras em 2007. Localizada na região litorânea dos Estados de Espírito Santo, Rio de Janeiro, São Paulo, Paraná e Santa Catarina, a região possui aproximadamente 800 km de extensão e 200 km de largura, inserida nas bacias sedimentares do Espírito Santo, Campos (RJ) e Santos (SP). Essas reservas estão dentro da Zona Econômica Exclusiva brasileira (de 200 milhas marítimas).

> **milha marítima**: o mesmo que milha náutica, equivale a cerca de 1.852 metros

A camada do Pré-sal

Trata-se de uma camada geológica com grande potencial de acúmulo de petróleo, localizada abaixo de uma camada de sal existente na plataforma continental. Está situada a uma profundidade superior a 5.000 m, podendo em alguns trechos chegar a 8.000 m, o que torna a exploração de petróleo nessa área um grande desafio.

Fonte: Petrobras.

A deposição de sal nessa região ocorreu há milhões de anos, durante a abertura do oceano Atlântico. No início da separação dos continentes, formaram-se entre eles vários mares rasos (salgados) e muitos ambientes salobros. Mudanças climáticas provocadas pelas glaciações produziram a subida e a descida das águas oceânicas e, muitas vezes, a evaporação das águas desses mares rasos ou das regiões salobras, formando grandes depósitos de sal. Durante esse processo geológico, microrganismos foram se depositando e sendo soterrados por sedimentos, sofrendo ações físicas e químicas, levando à formação de petróleo.

> **reservas totais de petróleo**: soma das reservas provadas, prováveis e possíveis

Estudos otimistas previam, em 2007, que em toda a área constituída pelo Pré-sal haveria um acúmulo total de petróleo que poderia chegar a 14 bilhões de barris, dobrando as reservas do Brasil, estimadas em 11,4 bilhões de barris na época. Nesse sentido, no final de 2015 as reservas totais de petróleo chegaram a

24,4 bilhões de barris, sendo 30% encontrado no Pré-sal. Por sua vez, as reservas provadas totalizavam 13 bilhões de barris, colocando o país na 15ª posição no *ranking* mundial de países com as maiores reservas provadas de petróleo.

Em meados de 2016, a produção de petróleo no Pré-sal superou 1 milhão de barris por dia, correspondendo a cerca de 40% da produção total, de 2,5 milhões de barris/dia, o que alçou o Brasil a 12ª colocação no *ranking* mundial de produtores de petróleo. A estatal destaca que essa marca foi alcançada menos de dez anos após a descoberta das jazidas, em 2006, tendo dobrado a produção dois anos após ter sido atingido o volume de 500 mil barris por dia em meados de 2014. Para isso, contribuíram a viabilidade técnica e econômica de exploração do pré-sal, assim como a sua alta produtividade. Os números

Fonte: BP Statistical Review, 2016. p. 8. Disponível em: <http://www.brasil.gov.br/economia-e-emprego/2016/03/brasil-produziu-2-353-milhoes-de-barris-de-petroleo-por-dia-em-janeiro>. Acesso em: 12 ago. 2016.

dão suporte para a continuidade dos projetos de produção nessas áreas, que são, atualmente, a principal aposta e foco de investimentos da Petrobras, devido à sua importância estratégica e alta rentabilidade.

Em 2017, o Brasil deve colocar em operação sete novas plataformas da Petrobras, na Bacia de Santos, fazendo com que o país apresente o maior crescimento na produção de petróleo entre as nações que não pertencem à OPEP, chegando a produzir 3,4 milhões de barris por dia.

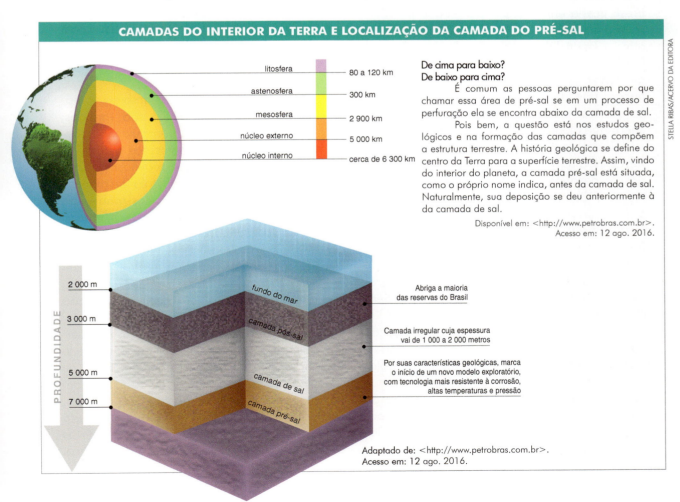

Adaptado de: <http://www.petrobras.com.br>. Acesso em: 12 ago. 2016.

Disseram a respeito...

O Brasil parou a oferta de novas áreas para exploração desde 2008 com a descoberta do pré-sal, e a Petrobras passou a empreender a produção de petróleo e derivados nos primeiros campos descobertos a todo vapor. O país possui cerca de 29 bacias sedimentares onde, das reservas de petróleo identificadas, 90% estão no mar. Em 2013, a Petrobras reduziu a importação de derivados de petróleo por conta do aumento do refino em patamares recordes: a produção total na camada do pré-sal, incluindo a Bacia de Campos e a de Santos, foi de 230 mil barris diários, quase 12% da produção total da estatal, de 1,94 milhão de barris diários.

Em 2016, a previsão é que a produção no pré-sal, só com os campos já descobertos, represente 31% do total produzido no país, já que entrou em operação mais três plataformas no pré-sal, com capacidade total de 320 mil barris diários, e o Brasil consome 90% de petróleo no setor de transportes. Estima-se que a camada do pré-sal contenha o equivalente a cerca de 1,6 trilhão de metros cúbicos de gás e óleo, e o Brasil ficaria entre os seis países que possuem as maiores reservas de petróleo do mundo, atrás somente de Arábia Saudita, Irã, Iraque, Kuwait e Emirados Árabes. Mas a produção exige tecnologia para a extração e o Brasil ainda não dispõe de todos os recursos necessários para retirar o óleo de camadas tão profundas e terá que alugar ou comprar de outros países.

Testes realizados pela Petrobras mostraram que ainda não estão totalmente superados os desafios tecnológicos para explorar a riqueza. Os recursos obtidos pela União com a renda do petróleo serão destinados ao Novo Fundo Social (NFS), que fará investimentos no Brasil e no exterior. Parte das receitas advindas dos investimentos do fundo irá retornar à União, que aplicará os recursos em programas de combate à pobreza, em inovação científica e tecnológica e em educação.

Para 2017, acredita-se, que a produção no pré-sal chegue a 1 milhão de barris diários, com investimentos de 236,7 bilhões de dólares, de acordo com o Relatório Petrobras, que afirma ser viável economicamente a produção no pré-sal por causa da alta produtividade por poço, cujo óleo é leve e de excelente qualidade. No pré-sal da Bacia de Santos, a produção média por poço supera 20 mil barris/dia, e na de Campos passa de 10 mil barris diários.

Para a Petrobras, em 2020, a produção na área do pré-sal será de 1,87 milhão de barris, ou 47% da produção total prevista para a data, que é de 4,2 milhões de barris diários.

Polêmicas à parte, essa riqueza provoca disputa na distribuição de *royalties* entre estados e municípios produtores e não produtores.

royalties: compensações pela exploração de um recurso natural

Disponível em:<http://www.petrobras.com.br/pt/energia-e-tecnologia/fontes-de-energia/petroleo/presal/?gclid=COqVpe-nwLYCFQ6nnQodcXoAyg>. Acesso em:12 ago. 2016.

O crescimento da empresa está diretamente relacionado ao respeito pelo meio ambiente e ao compromisso com a sociedade. O petróleo está no dia a dia de todos nós: no pneu do carro, no batom, no chiclete, no combustível. Nossa atividade interfere diretamente na sociedade e, por isso, estamos sempre ligados a ela. Agir com responsabilidade social e ambiental é, para nós, um compromisso com as pessoas e com o planeta.

Disponível em:<http://www.petrobras.com.br/pt/meio-ambiente-e-sociedade/>. Acesso em:12 ago. 2016.

Observação: Os impactos ambientais potenciais da indústria petrolífera são variados, sendo os mais conhecidos da população aqueles associados aos vazamentos nos petroleiros e terminais de petróleo, que provocam a contaminação e degradação ambiental de mares e praias. Entretanto, outros impactos ambientais são inerentes à atividade, que pode provocar: alterações da qualidade da água e contaminação de sedimentos marítimos, interferência com rotas de migração e período reprodutivo de cetáceos, quelônios, sirênios e grandes pelágicos; interferência em áreas coralíneas, manguezais e na atividade pesqueira artesanal.

E se o Brasil estiver usando todas as reservas estimadas do pré-sal, estaremos emitindo ao longo dos próximos 40 anos em torno de 1,3 bilhão de toneladas de CO_2 por ano só com refino, abastecimento e queima de petróleo. Uma alternativa, talvez a mais relevante, está justamente onde ele será explorado: no mar: os oceanos são um importante regulador climático.

A Petrobras respondeu ao Greenpeace* que pretendia usar a tecnologia de Captura e Armazenamento em Carbono, conhecida a partir de sua sigla em inglês, CCS, para impedir a emissão das milhões de toneladas contidas nos poços do pré-sal.

Disponível em: <http://www.greenpeace.org/brasil/pt/Noticias/o-pre-sal-e-nosso-e-a-sua-pol/>. Acesso em:12 ago. 2016.

---

* O Greenpeace é uma organização global, está em 43 países, cuja missão é proteger o meio ambiente, promover a paz e inspirar mudanças de atitudes que garantam um futuro mais verde e limpo para esta e para as futuras gerações. Atua sobre problemas ambientais que desafiam o mundo atual. As campanhas envolvem: mudanças climáticas, proteção às florestas, oceanos, agricultura sustentável, poluição e energia nuclear. No Brasil, as principais frentes de trabalho são a proteção à Amazônia e a campanha de climas e energia.

➤ A partir dos textos sobre a trajetória da Petrobras e da afirmação acima, consulte *sites* para elaborar o que o crescimento econômico tem a ver com sustentabilidade ambiental, já que o mundo está voltado para a meta de modificar as formas de obtenção de energia, por meios menos agressivos ao meio ambiente, como, por exemplo, a energia eólica e a solar. Depois, responda às perguntas:

1. O que é o pré-sal e onde está situado?
2. Qual é o potencial de exploração do pré-sal no Brasil?
3. Como o Brasil pode explorar o pré-sal?
4. O que são *royalties* e como o valor arrecadado é distribuído entre as unidades da federação?

O gás natural

Muitas vezes em uma mesma jazida petrolífera encontramos o **gás natural**, que tem no metano o seu principal componente. Podemos encontrá-lo dissolvido no óleo ou formando uma grande cobertura gasosa. Outras vezes ele é encontrado em verdadeiros bolsões gasosos isolados, próximo à superfície terrestre.

Hoje gás natural é um combustível largamente utilizado, respondendo por entre um quinto e um quarto do total da energia primária consumida no mundo. A tendência é de que essa participação cresça ainda mais, com grande aumento de consumo até 2020. Entre as vantagens que justificam uso desse combustível, estão as grandes reservas existentes no planeta e a possibilidade de utilizá-lo nas formas líquida ou gasosa. Outra vantagem está na menor poluição atmosférica causada na sua queima, em comparação a do petróleo e a do carvão.

Nos Estados Unidos, por exemplo, o gás natural vem sendo cada vez mais utilizado como fonte energética, embora sua exploração imponha maiores desafios quanto à tecnologia de extração e aos custos dos investimentos. Outra dificuldade existente em muitas áreas produtoras é a necessidade de construir gasodutos atravessando longas distâncias ou muitos países para escoar o gás explorado. Esse é o caso das reservas próximas ao Mar Cáspio, no norte da África e na Rússia, que são as maiores do mundo, mas que são bastante distantes das principais economias mundiais, dificultando e encarecendo o uso dessa fonte de energia.

OS CINCO MAIORES PRODUTORES DE GÁS DO MUNDO (EM BILHÕES DE m³)			
Produtor	2011 (10^9 m³)	2015 (10^9 m³)	% sobre o total mundial em 2015
Estados Unidos	648,5	767,3	22,0
Rússia	607,0	573,3	16,1
Irã	159,7	192,5	5,4
Catar	159,9	181,4	5,1
Canadá	145,3	163,5	4,6

Fonte: BP Statistical Review, 2016. p. 22.
Disponível em: <https://www.bp.com>. Acesso em: 12 ago. 2016.

MAIORES RESERVAS COMPROVADAS DE GÁS NATURAL (2015)	
País	% das reservas comprovadas
Irã	18,2
Rússia	17,3
Catar	13,1
Turcomenistão	9,4
Estados Unidos	5,6
Arábia Saudita	4,5

Fonte: BP Statistical Review, 2016. p. 20.
Disponível em: <https://www.bp.com>. Acesso em: 12 ago. 2016.

Integrando conhecimentos

O gás natural pode ser usado como combustível de automóvel, na produção de eletricidade em usinas termoelétricas e até como gás de cozinha, substituindo o gás de cozinha comum (Gás Liquefeito de Petróleo). Em parte graças a essa versatilidade, ele vem sendo cada vez mais utilizado como fonte energética em países como os Estados Unidos. Frequentemente, tal aumento da participação do gás natural na matriz energética é justificado pelo argumento de que ele seria "mais limpo" do que combustíveis como o petróleo e o carvão mineral.

O principal componente do gás natural é o metano (CH_4), hidrocarboneto de geometria tetraédrica e baixo ponto de ebulição (gasoso em temperatura ambiente) que se forma na decomposição de matéria orgânica em condições anaeróbias (sem oxigênio). Embora não seja uma condição absolutamente necessária, é comum encontrar reservas de metano associadas a jazidas de petróleo e carvão mineral, pois ele se forma como resultado da decomposição de parte da mesma matéria orgânica vegetal ou animal que dá origem a esses combustíveis. Porém, também em lixões e aterros, locais de deposição de resíduos orgânicos, se forma o metano, que é chamado por isso de "gás do lixo".

De qualquer forma, é importante ressaltar que o metano – assim como o gás natural, de modo geral – tem origem no soterramento a grandes pressões de matéria orgânica depositada em eras geológicas passadas. Em outras palavras, trata-se de um combustível fóssil, tal qual o petróleo ou o carvão vegetal. Também tal qual os demais combustíveis fósseis, a sua retirada dos depósitos subterrâneos e posterior queima para aproveitamento energético implica a devolução à atmosfera de carbono que esteve por muito tempo armazenado no subsolo. A queima do gás natural também libera dióxido de carbono (CO_2), gás do efeito estufa que é apontado como principal responsável pela aceleração do aquecimento global.

Por que, então, o gás natural é considerado um combustível mais limpo que o petróleo e o carvão mineral? A resposta está na entalpia de combustão, medida da energia liberada na queima de certa quantidade de combustível. As entalpias de combustão (ΔH_C) do CH_4, do C (carbono, principal componente do carvão mineral) e do C_8H_{18} (octano, principal componente da gasolina) estão relacionadas abaixo, ao lado das respectivas reações de combustão:

$$CH_{4(g)} + 2\ O_{2(g)} \rightarrow CO_{2\,(g)} + 2\ H_2O_{(g)}$$
$$\Delta H_C = -890\ kcal/mol$$

$$C_{(s)} + O_{2(g)} \rightarrow CO_{2(g)}$$
$$\Delta H_C = -394\ kcal/mol$$

$$C_8H_{18(l)} + 12{,}5\ O_{2(g)} \rightarrow 8\ CO_{2(g)} + 9\ H_2O_{(g)}$$
$$\Delta H_C = -5.470\ kcal/mol$$

Dentre as três reações, a que apresenta a maior entalpia de combustão por mol de combustível é a do octano. No entanto, se a energia liberada for medida em termos de CO_2 emitido, tem-se para o metano 890 kcal/mol de CO_2; para o carbono, 394 kcal/1mol de CO_2; e, para o octano, 5.470 kcal/8 mol de CO_2 = 683,75 kcal/mol de CO_2. Logo, vê-se que o metano, que compõe o gás natural, é o combustível com a maior capacidade de liberar calor para uma mesma quantidade de CO_2 emitida.

Consequentemente, o gás natural consegue atender a uma demanda por energia com uma liberação significativamente menor de CO_2 do que o carvão mineral ou os derivados de petróleo, constituindo-se, por isso, uma alternativa de combustível fóssil mais limpa do que as demais.

> ➤ Além da retirada de gás natural de reservatórios subterrâneos para a queima e geração de energia, outra forma de aproveitar o metano é retirando-o de aterros sanitários, onde se forma pela decomposição de resíduos orgânicos. Explique por que a queima do metano obtido por essa técnica pode ser vantajosa como alternativa ao uso de combustíveis fósseis como o petróleo e o carvão.

O gás natural no Brasil

No Brasil, também cresce o uso de gás natural, que representava em 2015 aproximadamente 13,7% do consumo total de energia primária. A maior parte do gás natural brasileiro é retirada da bacia de Campos, onde se encontra a nossa maior reserva dessa fonte de energia.

Gasoduto Bolívia-Brasil

O funcionamento do gasoduto Bolívia-Brasil foi muito importante para o setor energético brasileiro, gerando um considerável aumento na oferta de gás natural no país. Operado pela Transportadora Brasileira Gasoduto Bolívia-Brasil S.A. – TBG, esse gasoduto tem 2.593 km de extensão em território nacional e 557 km na Bolívia, e custou aproximadamente US$ 2 bilhões. A rede de dutos atravessa os Estados de Mato Grosso do Sul, São Paulo, Paraná, Santa Catarina e Rio Grande do Sul e beneficia indiretamente Rio de Janeiro e Minas Gerais. O município de Corumbá é a porta de entrada do Gasoduto Bolívia-Brasil no país. O gás natural boliviano percorre no estado 717 km de duto e colabora diretamente para a autossuficiência energética da região ao contribuir para a construção de termelétricas. O Estado de São Paulo recebe cerca de 75% do gás natural boliviano. Os principais setores beneficiados diretamente pelo gás são os de química e petroquímica, papel e celulose, metalurgia e de alimentos e bebidas, além de ser o combustível também utilizado em veículos, em diversas regiões do estado. A oferta de gás vem proporcionando novos e maiores investimentos nos segmentos termelétrico e industrial de São Paulo. No Rio Grande do Sul,

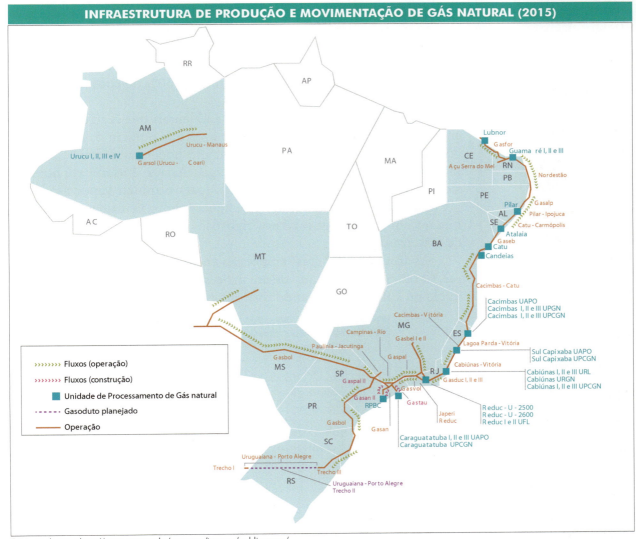

INFRAESTRUTURA DE PRODUÇÃO E MOVIMENTAÇÃO DE GÁS NATURAL (2015)

Disponível em: <http://www.anp.gov.br/wwwanp/images/publicacoes/Anuario_Estatistico_ANP_2016.pdf>. Acesso em: 28 nov. 2016.

a Estação de Medição de Canoas é o ponto final do Gasoduto Bolívia-Brasil. São 184,3 km do gasoduto em território gaúcho, integrando uma rede de gasodutos de 320 km que distribui o gás natural vindo do Gasoduto Bolívia-Brasil em todo o estado.

A meta para que o Gasoduto Bolívia-Brasil estivesse operando com capacidade máxima foi atingida em setembro de 2006, gerando diariamente 31,5 milhões de m³, metade da necessidade nacional. O contrato assinado com a Bolívia garantiria o fornecimento de gás até 2019.

O presidente boliviano eleito em 2006, Evo Morales, declarou o Decreto Supremo, em que nacionaliza as reservas de gás natural e aumenta os impostos sobre a produção de 50% para 82% e dá seis meses às companhias de petróleo para que regularizem a situação com novos contratos de exploração.

Para assegurar o fornecimento contínuo, foi lançado no Brasil o Plano de Antecipação da Produção de Gás Natural, o Plangás, que possibilitou ao país alcançar, em 2015, uma produção anual de 35,1 milhões de m³/dia. Paralelamente, a importação de gás natural da Bolívia caiu para 11,6 milhões de m³/dia.

O carvão: passando o cetro

Embora o **carvão mineral**, uma rocha sedimentar combustível, de cor preta ou marrom, tenha sido superado pelo petróleo como principal fonte de energia no século XX, ele ainda é a segunda fonte de energia mais usada no planeta, representando mais de 30% do consumo mundial de energia.

O carvão, apesar dos problemas ambientais que acarreta – polui o ar com CO_2, produz fuligem, deixa cinzas que poluem os rios –, é um combustível muito eficiente, pois tem alto poder calorífico e, ao queimar, libera grande quantidade de energia. Assim, é usado até hoje em siderúrgicas e em usinas termelétricas (para produzir vapor usado em geradores de energia elétrica), para aquecimento de caldeiras e de ambientes em países com invernos rigorosos, como também na indústria de fertilizantes.

As áreas carboníferas sempre são encontradas em áreas sedimentares. O carvão é o resultado de um processo de milhões de anos que teve início no Paleozoico, quando formações florestais foram soterradas.

TIPOS DE CARVÃO	
Turfa	**Linhito**
Carbono – 60%	Carbono – 65% e 75%
Hidrogênio – 5%	Hidrogênio – 5%
Oxigênio – 32%	Oxigênio – 16% a 25%
Hulha (carvão betuminoso)	**Antracito**
Carbono – 80% a 85%	Carbono – 90%
Hidrogênio – 4,5% e 5,5%	Hidrogênio – 3% a 4%
Oxigênio – 12% a 21%	Oxigênio – 4% a 5%

Fonte: Serviço Geológico do Brasil. Disponível em: <http://www.cprm.gov.br/publique/Redes-Institucionais/Rede-de-Bibliotecas-Rede-Ametista/Canal-Escola/Carvao-Mineral-2558.html>. Acesso em: 12 ago. 2016.

Podemos encontrar jazidas de carvão com diferentes teores de carbono. Quanto mais carbono o carvão possui, mais puro é, e quando o teor de carbono chega a 90% recebe o nome de **antracito**; o carvão mineral mais comum é a **hulha**, com menor teor de carbono. A maior parte das jazidas do planeta apresenta o carvão nesse estágio. Ainda encontramos a **turfa** – que é o estágio inicial da transformação do carvão – e o **linhito**, um estágio posterior à turfa, quando esta perde oxigênio e hidrogênio e vai aumentando o teor de carbono.

matéria vegetal → turfa → linhito →
→ carvão betuminoso (hulha) → antracito

Formação do carvão

1.º Estágio: Formação da turfa

Restos vegetais são depositados em bacias sedimentares, geralmente em áreas pantanosas. Passam a sofrer decomposição por bactérias, transformando as partes lenhosas dos vegetais em *turfa* gelatinosa e amorfa. Começa o processo de carbonificação. Novos sedimentos e novas plantas mortas vão, com o passar do tempo, comprimindo essa massa.

2.º Estágio: Formação do linhito

Depois de passados muitos milhares de anos, a turfa soterrada vai perdendo oxigênio e hidrogênio, e aumentando o teor de carbono. Nessa fase, a turfa passa para *linhito*, encontrado em sedimentos do Período Terciário (65 milhões de anos), e nunca em idades mais recentes.

3.º Estágio: Formação do carvão betuminoso e do antracito

Com o correr do tempo geológico, as condições de pressão e temperatura vão lentamente aumentando: a pressão é dada pela carga de sedimentos que sepulta o linhito e a temperatura aumenta como consequência do *grau geotérmico* da região. Sob tais condições, o linhito vai se transformando lentamente em carvão betuminoso ("carvão-de-pedra") ou hulha.

PRODUTORES	CARVÃO-HULHA[1]	% DO MUNDO (2015)
1. China	1.827,0	47,7
2. Estados Unidos	455,2	11,9
3. Índia	283,9	7,4
4. Austrália	275,0	7,2
5. Indonésia	241,1	6,3
6. Federação Russa	184,5	4,8
7. África do Sul	142,9	3,7
Total	3.409,6	89

[1] Em milhares de toneladas equivalentes de petróleo.

Fonte: BP Statistical Review, 2016. p. 34.
Disponível em: <https://www.bp.com>. Acesso em: 12 ago. 2016.

Salvo algumas exceções locais, a **hulha** aparece na natureza sempre associada a sedimentos carboníferos e permianos, isto é, sedimentos formados há cerca de 200 milhões de anos. Passando-se mais anos, e com a continuação das condições de aumento de pressão e temperatura, dá-se a transformação do carvão betuminoso em **antracito**.

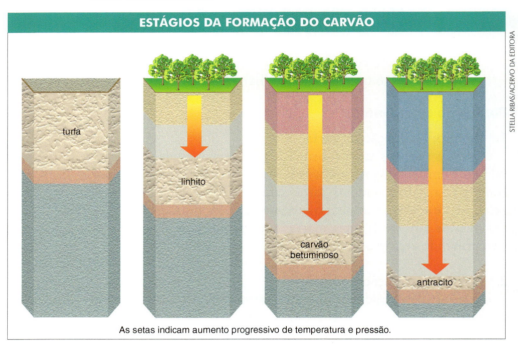

As setas indicam aumento progressivo de temperatura e pressão.

Fonte: CAMPANHA, V. A. et al. Op. cit.

Explorando o tema

Carvão vegetal

Não confunda o **carvão vegetal**, aquele que usamos em churrasqueiras, produzido pelo ser humano, com o **carvão mineral**, encontrado em áreas sedimentares, fruto da transformação por milhões de anos de antigas reservas florestais.

Os dois tipos de carvão são usados nas indústrias siderúrgicas **na produção do aço e do ferro-gusa**, que são essenciais para o desenvolvimento industrial. Nos fornos das siderúrgicas utiliza-se o **carvão coque**. Este é obtido do carvão mineral do tipo metalúrgico, através de um processo conhecido por pirólise da hulha.

A utilização da madeira, mesmo sendo um recurso renovável, vem se mostrando problemática devido a sua relação com a questão do desmatamento.

Em muitos países, principalmente os pobres, não se obedece a nenhum programa de reflorestamento, e a devastação de matas nativas é o método mais utilizado como fonte de energia.

O carvão mineral e a China

Na China, cerca de 70% da energia do país é proveniente do carvão mineral, fonte energética muito poluidora. Em 2009, uma gigantesca nuvem tóxica cobriu a China por semanas e produziu as chamadas "Vilas do Câncer", com 100 cidades com níveis anormais de ocorrência da doença.

Caso se mantenha o ritmo de consumo das últimas décadas, o carvão mineral, por ser não renovável, acabará em menos de 200 anos.

O carvão brasileiro

Se dependêssemos das nossas reservas carboníferas para o desenvolvimento do nosso processo industrial, teríamos tido muitos problemas, pois além de não termos extensas jazidas, o carvão energético brasileiro não é de boa qualidade, ou seja, o seu teor calorífico não é alto.

As bacias carboníferas estão concentradas em Santa Catarina, no Rio Grande do Sul e no Paraná. Anualmente, temos de recorrer à importação para atender à demanda interna das metalúrgicas e siderúrgicas.

As jazidas carboníferas de Santa Catarina são as que apresentam melhor qualidade e, portanto, maior aproveitamento industrial. Apesar disso, esse carvão precisa passar por um processo de purificação e ser misturado ao carvão importado, antes que as usinas siderúrgicas o possam utilizar.

Energia nuclear: politicamente incorreta?

Embora o uso da energia nuclear seja um questão controversa, ela é usada em larga escala nos países europeus, onde a maior parte da eletricidade é gerada por usinas termonucleares. No mundo como um todo, a energia nuclear corresponde a aproximadamente 5% do total da energia consumida.

Muitos associam a energia nuclear somente às bombas atômicas, que têm um poder terrível de destruição em massa. Porém, isso é um erro. Diante das necessidades de energia, o uso pacífico da tecnologia nuclear voltou a estar em evidência. Segundo a Agência Internacional de Energia Atômica, órgão ligado às Nações Unidas, havia em 2013 um total de 437 reatores nucleares em operação em 30 países. O aumento na procura por esse tipo de energia está ligado ao crescimento do consumo de energia elétrica, a grandes panes nos sobrecarregados sistemas geradores de eletricidade dos Estados Unidos e da Itália, ao provável aumento do efeito estufa pela queima de combustíveis fósseis, à lentidão no desenvolvimento de fontes alternativas de energia e às instabilidades no Oriente Médio, principal região fornecedora de petróleo no mundo.

Pós desastre atômico em Fukushima: este foi considerado o pior desastre desde o vazamento em Chernobyl, em 1986. Antes da catástrofe nuclear em 2011, o Japão planejava elevar a proporção da energia atômica de 30% para 53% da matriz energética total até 2030.

PRODUÇÃO MUNDIAL DE ENERGIA NUCLEAR		
Produtores	% em relação ao mundo	% da energia nuclear na produção de energia elétrica
Estados Unidos	30,4	19,3
França	15,6	75,9
Japão	10,4	26,0
Rússia	6,2	16,5
Coreia do Sul	5,4	29,9
Alemanha	5,1	22,6
Canadá	3,3	14,9
Ucrânia	3,2	47,3
China	2,7	1,8
Reino Unido	2,2	16,4
Outros países	15,5	12,2
Mundo	100,0	12,9

Fonte: IEA e Commissariat à l'Énergie Atomique et aux Energies Alternatives (França), 2010.

Alemanha e Suíça anunciaram metas para o fechamento de todas as usinas nucleares até 2022 e 2034, respectivamente. Japão e Bélgica também aderiram ao fim do uso da energia nuclear e a França anunciou que irá reduzir drasticamente seu uso até 2025.

Prós e contras

A polêmica sobre a construção de usinas nucleares é forte, mesmo em países que têm poucos recursos para gerar energia elétrica. A construção e o funcionamento de usinas nucleares requerem grandes investimentos, além de uma alta tecnologia, encontrada basicamente nos países ricos, o que restringe sua instalação em países pobres.

Mas, as usinas nucleares não são seguras? Claro que são, porém há fatores que fogem ao controle, como falhas humanas, sabotagens, defeitos de ordem técnica etc. Você pode achar que isso é um exagero, mas não é. Em 1986, um terrível acidente na Ucrânia, na usina de Chernobyl, matou 5.000 pessoas, provocou câncer em outras e deformações genéticas em crianças que nasceram depois do acidente. O ar foi contaminado com uma nuvem radioativa que avançou pelo continente europeu, causando apreensão e perigo de contaminação em vários países que nada tinham a ver com o ocorrido, a milhares de quilômetros de distância.

Apesar de o combustível nuclear não ser poluente, os resíduos radioativos o são, em um grau elevadíssimo, podendo contaminar o ambiente se eles não forem tratados e armazenados de maneira correta. Poucos países estão dispostos a ficar com o lixo atômico e muitos deles não querem correr o risco de ver seu solo, rios e mares com problemas de contaminação. O que fazer?

Na Europa, há um intenso movimento pela desativação das usinas nucleares, por causa do perigo possível que elas oferecem. Os movimentos ecológicos são fortes opositores da geração e uso da energia nuclear, propondo o fechamento definitivo delas.

A questão nuclear do Brasil

Angra I e II

Você talvez nunca tenha ouvido falar que no Brasil, mais precisamente no município de Angra dos Reis, no Rio de Janeiro, temos duas usinas nucleares, Angra I e II, pertencentes à Eletronuclear. Hoje elas são responsáveis pela geração de uma parte significativa do total de energia elétrica consumida no estado fluminense.

A produção de energia nuclear no Brasil remonta aos tempos da ditadura militar, no fim da década de 1960, quando o Brasil instalou o seu programa nuclear. Nele previa-se a construção de usinas nucleares, submarinos nucleares, o uso medicinal etc.

Em um primeiro momento houve um acordo com os Estados Unidos para a construção de Angra I, o que ocasionou a negociação da construção, pelos Estados Unidos, da primeira usina nuclear brasileira. Porém, em meados da década de 1970 o governo brasileiro estava muito interessado em adquirir a tecnologia de enriquecimento do urânio, passo importante para a construção de um arsenal nuclear *made in Brazil*. Para concretizar suas intenções assinou um acordo com a Alemanha, visando a transferência de tecnologia nuclear e a construção de usinas atômicas (Angra II e III e mais cinco em Iguape, no litoral de São Paulo) para geração de energia elétrica.

Como em uma ópera-bufa, com muito esforço (e dinheiro), atrasos no cronograma, infinitos problemas de ordem técnica e ingerências políticas, conseguiu-se operar Angra I a partir de 1985. Mesmo depois do início de suas operações, a usina apresentou diversos problemas técnicos que impediam a geração regular e contínua de energia. Somente nas últimas décadas é que a situação se regularizou e Angra I começou a operar normalmente. Angra II, adquirida da Alemanha, entrou em operação em 2000, depois de 24 anos de construção.

Em 2010, a produção das duas usinas do complexo Angra foi de 14,54 TWh e sua 3.ª usina, Angra III, teve suas obras iniciadas no mesmo ano após longas negociações com a prefeitura de Angra dos Reis sobre licenças ambientais e com investimento inicial de R$ 317 milhões. Nesse ano, o Brasil ocupava o 10.º lugar entre os maiores consumidores de energia nuclear.

O cronograma do complexo de Angra previa para 2016 a entrada em funcionamento de Angra III, que seria capaz de gerar boa parte do total de energia elétrica consumida no Estado do Rio de Janeiro. No entanto, as obras foram paralisadas em meados de 2015, devendo ser reiniciadas somente em 2017.

> **ópera-bufa**: ópera, isto é, obra dramática com orquestra em que as falas das personagens são cantadas; bufa porque é satírica, zombeteira, irônica, como *O barbeiro de Sevilha*, de Rossini, e *As bodas de Fígaro*, de Mozart

Usina nuclear de Angra dos Reis.

FONTES RENOVÁVEIS

Energia hidrelétrica

Essa fonte energética é considerada "limpa" comparativamente à produzida pelos combustíveis fósseis, pois não provoca resíduos que poluam o meio ambiente. Você talvez esteja pensando que essa fonte de energia seja a ideal por não agredir o meio ambiente. Pelo fato de não provocar resíduos, sim; porém, a construção das hidrelétricas exige uma série de obras de engenharia para contornar problemas tais como os desníveis que não são suficientemente altos para dar a vazão necessária, obrigando à construção de grandes lagos ou reservatórios. Extensas áreas são inundadas, cobrindo a vegetação, matando animais silvestres, impedindo a migração de peixes e cobrindo tudo o mais na paisagem que o homem transformou.

Um bom exemplo disso foi a construção da hidrelétrica de Balbina, no Amazonas. Na área do lago há parte da floresta equatorial submersa, com grande impacto na fauna e na flora da região.

Energia hidrelétrica no Brasil

A maior parte da energia elétrica consumida no Brasil (89%) provém de usinas hidrelétricas, pois as características hidrográficas do país – rios com grandes extensões, caudalosos e correndo sobre planaltos e depressões principalmente – determinam um alto potencial hidráulico. Porém, os dados apontam para uma situação preocupante, pois o sistema de geração de energia elétrica opera quase no limite instalado.

Os investimentos no setor sempre foram pesados, com obras de grande porte, principalmente para abastecer a Região Sudeste, a mais industrializada e a que mais consome energia elétrica. Nos anos 1970, a ditadura militar investiu pesadamente na construção de hidrelétricas, como a de Tucuruí, no Pará, e a de Itaipu binacional, principal responsável pela geração de energia elétrica para o Sul e Sudeste, construída em parceria e na fronteira com o Paraguai, representando as águas do Rio Paraná, próximo à cidade de Foz do Iguaçu (PR).

Porém, atualmente, o nosso maior problema está no fato de que o grande potencial hidrelétrico se encontra na região da Amazônia, bastante afastada dos principais centros consumidores.

Até 1995, as hidrelétricas estavam totalmente nas mãos do governo, que as controlava por meio de empresas estatais. Com a aprovação da Lei de Concessões houve diversas privatizações, com a promessa de que as companhias investissem pesadamente no setor para evitar o colapso na produção de energia elétrica, pois a tendência é de aumento de consumo nos próximos anos. Para regular o setor, o governo criou a ANEEL, Agência Nacional de Energia e Eletricidade.

POTENCIAL HIDRELÉTRICO BRASILEIRO (2015)	
Bacia hidrográfica	Total geral
Amazonas	96.638,02
Paraná	62.335,68
Tocantins	26.894,55
São Francisco	22.614,51
Atlântico Leste	14.169,69
Uruguai	11.718,41
Atlântico Sudeste	10.204,97
Atlântico Norte/Nordeste	2.889,15
Total	247.464,98

Fonte: SIPOT/Eletrobrás. Disponível em: <https://www.eletrobras.com/elb/data/Pages/LUMIS21D128D3PTBRIE.htm>. Acesso em: 12 ago. 2016.

A crise energética brasileira teve seu ápice em 2001. A falta de investimentos no setor deixou o país sob a grave ameaça de desabastecimento. Em 2001, apagões ocorreram em virtude da precariedade do abastecimento e pela longa estiagem na Região Sudeste. O resultado foi a implantação do racionamento nos estados onde a situação era mais crítica.

Os anos 2011 e 2012 ficaram marcados como os anos dos apagões. Para minimizar o problema, o Plano Decenal de energia 2013-2022 terá mais usinas térmicas, assegurou a Empresa de Pesquisa Energética (EPE). Contudo, por se tratar de uma energia cara, é usado apenas na ocasião de queda acentuada do nível dos reservatórios das principais usinas hidrelétricas, portanto em caráter complementar.

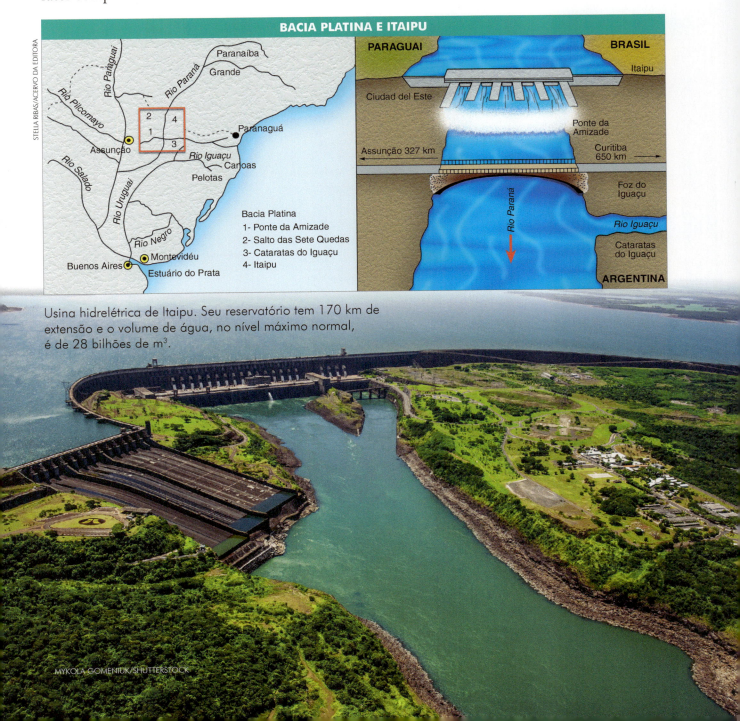

Usina hidrelétrica de Itaipu. Seu reservatório tem 170 km de extensão e o volume de água, no nível máximo normal, é de 28 bilhões de m³.

Fonte: IBGE. Disponível em: <http://mapas.ibge.gov.br/images/pdf/mapas/mappag99.pdf>.
Acesso em: 12 ago. 2016.

Disseram a respeito...

Usina hidrelétrica de Belo Monte

Mesmo estando distante dos principais centros de consumo de energia elétrica, a Bacia Amazônica passou a despertar interesse por seu potencial ainda pouco explorado de produção hidroelétrica. Em um contexto de demanda crescente por eletricidade, foram resgatados antigos projetos de aproveitamento dos rios amazônicos para a criação de usinas. Um desses projetos é a usina de Belo Monte, localizada no Pará, na chamada "Volta Grande" do Rio Xingu, afluente do Rio Amazonas.

A ideia de construir uma usina na Volta Grande remonta à década de 1970. Segundo o projeto definitivo, finalizado entre 2005 e 2009, a Usina Hidrelétrica de Belo Monte terá capacidade instalada de mais de 11,2 MW, tornando-se a terceira maior do mundo nesse critério. A área total inundada é de 516 quilômetros quadrados, o equivalente a cerca de 5.160 campos de futebol.

O projeto de Belo Monte tem sido duramente criticado por ambientalistas e pela sociedade civil. Ainda que o governo considere a obra fundamental para garantir o abastecimento energético do país de forma renovável nos próximos anos, esses setores apontam uma série de danos sociais e ambientais na área de influência do projeto. A área inundada, por exemplo, terá que ser desmatada, comprometendo a flora e a fauna locais. Além disso, a obra atrai migrantes para as cidades próximas (Altamira e Vitória do Xingu), gerando um "inchaço" urbano, com maior demanda por bens e serviços. Em resposta a essas críticas, foram realizados extensos estudos que levaram a modificações no projeto original, reduzindo a área inundada e propondo soluções para minimizar os danos sociais causados pela construção.

O Projeto Básico Ambiental (PBA) prevê o tratamento de 100% do esgoto da zona urbana de Altamira, mas, ao que parece, o reservatório no Xingu pode se transformar em lago de esgoto.

As críticas a Belo Monte continuaram, pois muitos acreditavam que os estudos realizados ainda eram incompletos e que ainda haveria danos irreversíveis para as cidades próximas e para as comunidades tradicionais de ribeirinhos e índios que vivem no trecho do rio que terá sua vazão reduzida para a construção do reservatório. Apesar da polêmica, em 2011 o consórcio que administra a obra conseguiu do IBAMA uma licença definitiva de instalação para a usina. Com isso, a obra deve prosseguir, tendo sua conclusão prevista para o início da década de 2020.

> A construção da Usina Hidrelétrica de Belo Monte provocou um grande debate na sociedade civil, com manifestações contra e a favor do prosseguimento das obras. Faça uma pesquisa que complemente as informações do texto sobre os principais argumentos de cada um desses lados. Quais foram as suas conclusões a respeito?

FONTES ALTERNATIVAS RENOVÁVEIS

As principais fontes de energia, além de poderem um dia se esgotar, são altamente poluidoras.

É cada vez mais intensa a busca de fontes alternativas de energia e o uso de outras fontes de energia "limpa", aquelas que não poluem, como a queima de combustíveis fósseis. As pesquisas nesse campo avançam lentamente. Mas isso não impede que países como a Alemanha estejam expandindo suas fontes de energia renováveis, em especial a eólica e, no caso do Japão, a solar. No entanto, esses dois exemplos são exceções.

Entre as fontes alternativas de energia destacamos biomassa, energia solar, energia eólica, energia dos oceanos, energia geotérmica (originada pelo calor interno da Terra). Porém, o custo para obtê-las em grandes quantidades é muito alto, o que inviabiliza seu uso em larga escala.

Questão socioambiental

SUSTENTABILIDADE

A energia do futuro

O século XX foi marcado pelo uso crescente de veículos automotores. Desde então observam-se com maior frequência episódios críticos de poluição do ar. Com o aumento alarmante da poluição e a ameaça de escassez das reservas de petróleo, estudiosos de vários países investem esforços na procura de novas fontes alternativas de energia, como hidrogênio e biomassa. De acordo com pesquisadores, a mudança definitiva de século pode ser representada pela revolução nos transportes, por meio de tecnologias que já existem e que poderão estar acessíveis em menos de 20 anos.

Os impactos socioambientais causados pelos mais de 800 milhões de veículos que existem em circulação em todo o mundo, dos quais seis milhões na região metropolitana de São Paulo, são objetos de estudo de fundamental importância hoje e pelo menos nos próximos 45 anos, uma vez que a estimativa para 2050 é que a frota mundial atinja dois bilhões de automóveis. Diminuir ou eliminar a emissão de poluentes produzida pelos veículos movidos a combustíveis fósseis é, portanto, o principal objetivo das pesquisas, associado à substituição dos motores de ignição por compressão ou centelha pelos combustíveis limpos como células de hidrogênio, biodiesel, gás natural e eletricidade. Os testes acontecem em todo o mundo, inclusive no Brasil.

(...) a tecnologia em si não é nova, mas a possibilidade de uso em veículos e a alteração das frotas urbanas representam uma revolução mundial, possível somente nas próximas décadas e de forma gradativa. O carro movido a hidrogênio deixa de ter motor a combustão, não faz barulho e possui um gerador de energia elétrica com, no mínimo, 10 kW. Porém, essas vantagens ambientais e a geração de eletricidade deverão resultar em um carro mais caro para o consumidor final.

Desenvolvido primeiramente nos Estados Unidos, o carro a hidrogênio está sendo apresentado por esse país como alternativa ao Protocolo de Kyoto. Por ser o maior causador do efeito estufa e por não ter assinado o acordo mundial (...), os Estados Unidos encontraram na tecnologia do hidrogênio uma justificativa para a não adesão ao protocolo. (...)

As grandes montadoras de veículos já criaram seus protótipos com tanques de hidrogênio e motor elétrico, segundo o pesquisador. (...) Aviões a hidrogênio, testados nos Estados Unidos e Rússia, só não circulam ainda por falta de estrutura de abastecimento nos aeroportos. Essas células já têm também uso militar em submarinos. Em grande escala, os ônibus e os caminhões a diesel ganhariam muito usando essa tecnologia. "Todo o sistema de energia elétrica pode ser transformado. Estaríamos mudando definitivamente de século. Teríamos a casa do futuro, toda eletrificada, com garagem adaptada ao carro de hidrogênio que pode ser um gerador de energia (...)."

Disponível em: <http://www.comciencia.br/200404/reportagens/09.shtml>. Acesso em: 12 ago. 2016.

> ➤ O texto que você leu apresenta o uso de novas tecnologias, como as células de hidrogênio, como forma de reduzir os impactos do aumento no número de automóveis em circulação ao longo das próximas décadas. Quais são os problemas que essas novas tecnologias podem evitar? Quais outros custos sociais e ambientais do uso do transporte privado motorizado não são resolvidos por tais inovações?

Biocombustíveis

Com a preocupação crescente sobre o aquecimento global, a necessidade de fontes alternativas menos poluentes e renováveis é cada vez maior. Neste cenário problemático, gerado pela queima dos combustíveis fósseis, o Brasil acena para o mundo com uma solução que atenua em parte essa preocupação mundial. Tanto o etanol, mais conhecido como álcool, que no Brasil é extraído da cana-de-açúcar, quanto o biodiesel, produzido a partir de plantas oleaginosas (mamona, soja, dendê, girassol, algodão e babaçu), atendem os requisitos mundiais tanto por serem menos poluentes como por serem fontes renováveis. Além disso, substituem dois dos derivados de petróleo consumidos em larga escala, a gasolina e o óleo diesel, diminuindo a dependência desse recurso finito.

Mas é importante ressaltar que essa crescente demanda mundial por biocombustíveis pode acarretar alguns problemas. Teme-se que áreas destinadas a culturas alimentares e pecuária sejam ocupadas por plantações de matéria-prima para a produção dos biocombustíveis, o que resultaria em redução da oferta de comida e, consequentemente, elevaria os preços dos alimentos. Igualmente preocupante é o risco de novas plantações empurrarem a fronteira agrícola em direção a áreas com biomas pouco afetados pela ação humana.

Proálcool – um programa brasileiro

No Brasil tivemos um grande programa de uso de biomassa que pretendia ser uma alternativa para o uso de combustível para veículos automotores, conhecido como Proálcool.

Por meio de estudos desenvolvidos pela iniciativa privada, surgiu a recomendação para a criação de um programa de energia alternativa, baseado no álcool carburante. Em 1975 foi lançado o Programa Nacional do Álcool (Proálcool), primeira iniciativa mundial para produção de energia alternativa em larga escala. A proposta do Proálcool não se restringia apenas à redução da dependência externa de combustível e economia de divisas, mas também à interiorização do desenvolvimento, evolução da tecnologia nacional e crescimento da produção nacional de bens de capital, gerando rendas e elevando o número de empregos.

A implantação do Proálcool pode ser dividida em duas fases distintas: 1) a primeira, iniciada em 1975, baseou-se na utilização da infraestrutura já existente e caracterizou-se pela produção de álcool anidro a ser adicionado na gasolina; 2) a segunda, marcada por outra crise do petróleo em 1979, além de produzir o álcool anidro, passou a fabricar álcool hidratado que serviria para consumo em veículos projetados para uso exclusivo do álcool como combustível.

O álcool é hoje adicionado à gasolina e as montadoras de automóveis colocaram no mercado opções de modelos de automóveis que podem ser movidos tanto a gasolina quanto álcool, conhecidos como *flex*.

Explorando o tema

Biodiesel

A introdução ao uso do biodiesel brasileiro foi instituída pelo Programa Nacional de Produção e Uso de Biodiesel (PNPB), criado pelo governo federal em dezembro de 2004. Atualmente, o óleo de soja responde por em torno de 72,24% da produção de biodiesel brasileiro, mas a pesquisa para a produção com base em outras culturas é constante nesse segmento. Algumas culturas são muito valorizadas em outras áreas de consumo, o que dificulta sua utilização para a produção de biodiesel, como é o caso do óleo de mamona, utilizado na fabricação de lubrificantes e outros produtos de química final. Outros óleos, como o de girassol e canola, são utilizados em grande escala para o consumo humano. De qualquer forma, a obrigatoriedade de adição de biodiesel à mistura do óleo diesel – inicialmente 3% em 2008, mas com aumentos na proporção nos anos seguintes – deve criar uma demanda compulsória e estimular a produção de biodiesel de todas as origens.

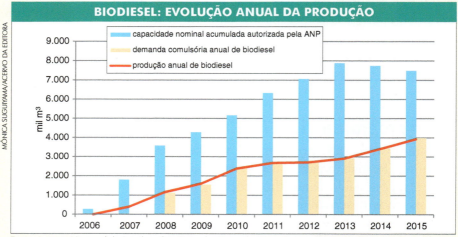

Fonte: Agência Nacional do Petróleo, Gás Natural e Biocombustíveis. *Boletim Biodiesel*, 2016. Rio de Janeiro, 2016. p. 8. Disponível em: <http://www.anp.gov.br/?dw=60484>. Acesso em: 12 ago. 2016.

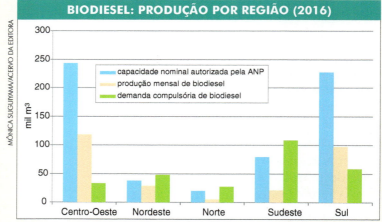

Fonte: Agência Nacional do Petróleo, Gás Natural e Biocombustíveis. *Boletim Biodiesel*, 2016. Rio de Janeiro, 2016. p. 9. Disponível em: <http://www.anp.gov.br/?dw=60484>. Acesso em: 12 ago. 2016.

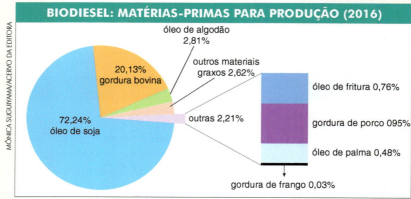

Fonte: Agência Nacional do Petróleo, Gás Natural e Biocombustíveis. *Boletim Biodiesel*, 2016. Rio de Janeiro, 2016. p. 10. Disponível em: <http://www.anp.gov.br/?dw=60484>. Acesso em: 12 ago. 2016.

ATIVIDADES

PASSO A PASSO

1. Estabeleça a diferença entre fonte de energia elétrica e matriz energética.

2. Aponte fontes de energia renováveis e fontes de energia não renováveis.

3. (...) um ano após o terremoto seguido de tsunami que atingiu o Japão, algumas áreas muito afetadas foram reconstruídas enquanto outras ainda enfrentam problemas como o excesso de entulho. A tragédia (...) deixou 20 mil mortos ou desaparecidos. Além disso, provocou uma crise nuclear na usina de Fukushima, na qual três dos seis reatores nucleares derreteram depois que o tsunami e o terremoto de magnitude 9 danificaram os sistemas de resfriamento. É o maior acidente nuclear em uma geração.

   Disponível em: <http://ultimosegundo.ig.com.br/mundo/um-ano-do-tsunami-do-japao-veja-antes-e-depois-da-reconstrucao/n1597665100883.html>. Acesso em: 12 ago. 2016.

   Como funciona um reator nuclear
   1. Rede externa de energia alimenta o sistema de bombeamento de água da usina nuclear.
   2. Sistema de bombeamento injeta água no reator e no sistema de resfriamento.
   3. Núcleo do reator aquece a água a altas temperaturas e gera vapor que é enviado à turbina.
   4. Vapor move a turbina e seu movimento gera eletricidade.
   5. Após movimentar a turbina, o vapor é direcionado ao sistema de resfriamento onde volta ao estado líquido, reiniciando o processo.

   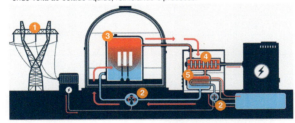

   O que aconteceu em algumas usinas nucleares no Japão
   6. Em consequência do terremoto seguido do tsunami, o fornecimento de energia foi interrompido.
   7. Sem energia, os sistemas de bombeamento de água e do resfriamento pararam de funcionar.
   8. A usina desligou o reator, mas seu núcleo continua em atividade até ser totalmente resfriado.
   9. Sem resfriamento, a pressão do vapor e os níveis de radioatividade continuam a aumentar, gerando risco de explosões.

   O terremoto não causou danos diretos às usinas nucleares japonesas. Como elas estão em uma região suscetível a terremotos, já foram construídas de acordo com os parâmetros internacionais de segurança. O reator nuclear fica dentro de uma cápsula de aço, onde recebe água que, aquecida a altas temperaturas, gera vapor e produz a energia elétrica. O conjunto de equipamentos que alimentam o reator também fica dentro de um prédio com paredes de concreto de até um metro de espessura. Segundo especialistas, essas usinas são preparadas para suportar até mesmo quedas de avião. Contudo, as redes de transmissão de energia elétrica do Japão não são à prova de desastres naturais. Com os tremores, algumas delas interromperam o fornecimento e diversas cidades ficaram sem energia elétrica. A maior parte das usinas já é antiga e utiliza um sistema de bombeamento elétrico à água para alimentar o reator, mas também para resfriá-lo. Com o blecaute de energia causado pelo terremoto, o sistema parou de funcionar, conforme mostra o infográfico: o reator superaqueceu e liberou vapor, aumentando a pressão dentro da cápsula.

Com isso, o reator começou a fundir, o que elevou os níveis de radiação em mil vezes. "O urânio começou a virar gás e uma parte dele vazou", disse o físico José Goldemberg, especialistas em produção de energia.

Disponível em: <http://ultimosegundo.ig.com.br/mundo/entenda-como-funciona-uma-usina-nuclear/n1238161873387.html>. Acesso em: 12 ago. 2016.

Os acontecimentos recentes no Japão demonstraram alguns dos perigos da energia nuclear. Aponte quais são os pontos positivos e negativos dessa energia.

4. O Brasil utiliza, em sua maioria, fontes de energia consideradas "limpas". Explique que características do país permitem esse uso.

5. Qual é o principal "problema" encontrado nas fontes de energia alternativas? Justifique.

6. Os biocombustíveis tornaram-se uma grande inovação nos combustíveis, principalmente no Brasil. É possível afirmar que a produção de carros *flex* é, necessariamente, benéfica ao meio ambiente? Por quê?

IMAGEM & INFORMAÇÃO

1. Observe a tabela abaixo sobre 5 diferentes usinas elétricas brasileiras:

USINA	ÁREA ALAGADA (km²)	POTÊNCIA (MW)	SISTEMA HIDROGRÁFICO
Tucuruí	2.430	4.240	Rio Tocantins
Sobradinho	4.214	1.050	Rio São Francisco
Itaipu	1.350	12.600	Rio Paraná
Ilha Solteira	1.077	3.230	Rio Paraná
Furnas	1.450	1.312	Rio Grande

Fonte: ENEM 1999.

a) Qual das usinas possui a maior área alagada?
b) Qual usina possui maior produção elétrica?
c) Necessariamente, maior área alagada tem maior potencial elétrico? Explique.

2. Observe o canavial mostrado na foto.

Diante de tamanha extensão de área empregada ao plantio de cana-de-açúcar, destinada ao biodiesel, muitas pessoas se posicionam contrariamente a esse tipo de combustível. Analise brevemente a imagem e indique pontos positivos e negativos a respeito da produção de biocombustíveis.

Disponível em: <http://www.agrocim.com.br/noticia/Empresa-de-biotecnologia-dos-USA-produzira-diesel-de-cana.html>. Acesso em: 16 ago. 2016.

TESTE SEUS CONHECIMENTOS

1. (UFPR) Recursos naturais são definidos como bens produzidos pela natureza e podem ser classificados em dois grupos: renováveis e não renováveis. Elabore textos que esclareçam:

   a) o que são os recursos renováveis e não renováveis, exemplificando-os;

   b) as consequências ambientais e sociais da exploração desses recursos.

2. (UEPB) **O acidente nuclear do Japão**

   Existem hoje cerca de 450 reatores nucleares, que produzem aproximadamente 15% da energia elétrica mundial. A maioria deles está nos Estados Unidos, na França, no Japão e nos países da ex-União Soviética. Somente no Japão há 55 deles. A "idade de ouro" da energia nuclear foi a década de 1970, em que cerca de 30 reatores novos eram postos em funcionamento por ano. A partir da década de 1980, a energia nuclear estagnou após os acidentes nucleares de Three Mile Island, nos Estados Unidos, em 1979, e de Chernobyl, na Ucrânia, em 1986. Uma das razões para essa estagnação foi o aumento do custo dos reatores, provocado pela necessidade de melhorar a sua segurança. (...) Temos agora o terceiro grande acidente nuclear, desta vez no Japão (...).

   GOLDEMBERG, J. *O Estado de S. Paulo*, 21 mar. 2011. Disponível em: <http://www.estadao.com.br/estadaodehoje/20110321/not_ imp694870,0.php>.

   A partir do histórico de problemas já causados pelo uso de energia nuclear e mais precisamente com o referido acidente podemos concluir que:

   I. A polêmica acerca das vantagens e desvantagens, bem como dos riscos de se utilizar reatores nucleares, que estava um tanto esquecida, certamente voltará a ser tema de preocupação e discussão da comunidade internacional.

   II. A energia nuclear não é totalmente segura, como afirmavam seus defensores, e mesmo com os investimentos na segurança, é impossível prever toda e qualquer espécie de acidente com reatores.

   III. A política nuclear em nada deve ser alterada, pois o aquecimento global justifica sua utilização e ampliação, visto ser menos danosa ao ambiente do que a queima de carvão e petróleo, a qual produz dióxido de carbono, o vilão do efeito estufa.

   IV. A reavaliação na escolha da matriz energética é importante para os países que dispõem de outras opções menos perigosas que a energia nuclear para a produção de eletricidade, tais como as energias renováveis, a exemplo da hidrelétrica, da eólica e da energia de biomassa.

   Está(ão) correta(s) apenas a(s) proposição(ões):
   a) II e IV.
   b) III.
   c) IV.
   d) I, II e IV.
   e) III e IV.

3. (UFJF – MG) A economia mundial é fortemente dependente de fontes de energia não renováveis.

   a) Cerca de 80% de toda a energia do planeta vem das reservas de: _____.

   b) A exploração e o uso de fontes não renováveis provocam grandes danos ao meio ambiente. Cite e explique um impacto provocado pelo uso de fontes não renováveis de energia.

   c) As fontes renováveis de energia também têm limitações na sua exploração. Cite e explique por que uma das fontes alternativas de energia não pode ser utilizada em todos os lugares.

4. (UFPE) Os recursos energéticos constituem um importante subsídio à expansão do capital, integrando o capital constante circulante. Nesse sentido, constituem ingredientes centrais da geoeconomia e da geopolítica do capitalismo contemporâneo. O petróleo representa papel proeminente dentro dessa matriz energética mundial, estando sempre em questão a ampliação do consumo e a capacidade de suporte das reservas petrolíferas existentes. A localização das suas principais reservas e estruturas de escoamento em áreas de instabilidade política, bem como o fator concorrencial desafiam pesquisas e estudos acerca do descobrimento e ou desenvolvimento de outras fontes alternativas de energia.

   LINS, H. N. *Geoeconomia e Geopolítica dos Recursos Energéticos na Primeira Década do Século XXI*.

   Sobre as questões tratadas no texto, é correto afirmar que:

   ( ) as principais reservas de petróleo se encontram localizadas no Oriente Médio, em especial no Golfo Pérsico. Esse fato vincula a Guerra do Golfo em 1990 com a energia, a geoeconomia, a geopolítica e a guerra no cenário mundial.

   ( ) a atualidade registra mudanças na espacialidade da acumulação de riqueza global, especialmente com o desempenho econômico da Índia e da China; isso repercute no aumento e na intensificação de consumo de recursos energéticos.

( ) o petróleo brasileiro da camada "pré-sal", fonte de intensas pesquisas geológicas, foi originado de materiais orgânicos depositados no subsolo oceânico, em terrenos magmáticos, ricos em hidrocarbonetos. Essa reserva de petróleo vai tornar o país autossuficiente em petróleo e gás natural.

( ) a justificativa para o predomínio da matriz energética contemporânea remete ao fato de que ela não exige uma ampla e complexa infraestrutura, tampouco articulações de interesses diversos.

( ) a Rússia exerce historicamente grande controle sobre as rotas de exportação dos recursos energéticos produzidos na Eurásia (Região do Cáucaso e Ásia Central), uma vez que partes do seu território funcionam como corredores em relação a ex-repúblicas soviéticas, tradicionais espaços de influência russa.

5. (UECE) Materiais como a lenha, o bagaço de cana e outros resíduos agrícolas, além de restos florestais e excrementos de animais, podem ser utilizados como fontes de energia renovável. Outras fontes de energia que podem ser consideradas renováveis são

a) eólica e gás natural.
b) hidrelétrica e maremotriz.
c) carvão mineral e solar.
d) nuclear e termelétrica.

6. (PASES – UFV – MG) Leia o texto abaixo:

Em março de 2007, quando da visita do presidente estadunidense George W. Bush ao Brasil havia uma euforia do governo brasileiro em torno da possibilidade de o país tornar-se a ponta de lança no processo de substituição da matriz energética, sendo o maior produtor de agrocombustíveis menos poluentes e com fontes renováveis.

Em contrapartida ao entusiasmo, movimentos sociais e personalidades internacionais, como o então presidente cubano Fidel Castro, se opuseram à transformação do Brasil num "imenso canavial", com argumentos que ressaltavam as péssimas condições de trabalho e o aumento do preço dos alimentos, em função do plantio de cana-de-açúcar ter prioridade em relação à plantação de feijão, arroz, milho etc.

Agora, com as recentes descobertas de imensos campos do Pré-sal, a euforia tem outro foco: a possibilidade real de o Brasil tornar-se um dos maiores produtores de petróleo, combustível poluente e não renovável.

TOLEDO, R. G. de. Entre o pré-sal e a agroenergia –
DEBATE. Seminário debate novos campos
de petróleo e a produção de agrocombustíveis.
Brasil de Fato, Ed. 291, 25 set. 2008.
Disponível em: <http://www.brasildefato.com.br>.
Acesso em: 12 ago. 2016.

Baseado no texto e em conhecimentos sobre política energética, assinale a afirmativa CORRETA:

a) O Brasil, ao apostar na produção de biocombustíveis, encerrará as atividades de extração do petróleo no litoral fluminense nos próximos 5 anos.

b) Atualmente, os EUA e o Brasil assumem a liderança no combate às mudanças climáticas em função da descoberta do petróleo no Pré-sal.

c) A política atual do governo brasileiro é reduzir os conflitos no campo através da substituição de biocombustíveis pelo petróleo oriundo do Pré-sal.

d) A expansão de biocombustíveis poderá causar problemas sociais no campo e a queima do petróleo do Pré-sal poderá agravar o efeito estufa.

7. (PASES – UFV – MG) Nos últimos anos, os problemas com o meio ambiente vêm tomando espaço nos meios acadêmicos e nos meios de comunicação de forma intensa. Os países que compõem o G-8, em recente reunião na Alemanha, discutiram um conjunto de alternativas para minimizar os impactos ambientais em nível mundial.

Das alternativas abaixo, assinale aquela que apresenta CORRETAMENTE uma medida capaz de atenuar esses impactos.

a) A manutenção da matriz energética com base nos combustíveis fósseis, em virtude dos investimentos na melhoria e difusão das técnicas de controle da poluição.

b) A diminuição da produção industrial nos principais países poluidores do mundo desenvolvido e dos países de economia emergente.

c) A retomada tecnicamente mais segura de investimentos na produção de energia nuclear sob forte controle do Estado e da sociedade.

d) A adoção de políticas para substituição gradativa da matriz energética atual com investimentos dirigidos principalmente para o biodiesel.

O Mundo Rural

CAPÍTULO 17

Na maior parte dos países, o mundo rural passou por enormes transformações ao longo do século XX e início do século XXI. Foram tantas as mudanças que pouco restou do modo de viver e produzir do passado. As nações ricas contam hoje com a ajuda de sofisticados maquinários e da biotecnologia. Alguns países de economia emergente também fazem uso da tecnologia moderna em sua produção rural. Mas é importante lembrar que tais avanços não se deram de forma homogênea e linear em todo o globo: muitas nações ainda não têm acesso à maquinários modernos.

A realidade rural está condicionada não só ao estágio, à finalidade e ao desenvolvimento da produção agrícola dos diferentes países, como também depende de seu nível de desenvolvimento econômico.

Em países ricos e em algumas regiões de países em desenvolvimento, encontramos agricultores que plantam e colhem grandes quantidades de diferentes produtos de excelente qualidade. As safras colhidas têm mercado comprador certo. A pecuária tem excelentes rebanhos que são criados com alta tecnologia (ordenhadeiras mecânicas, dados informatizados sobre a criação etc.), com cuidados especiais (vacinações, suplemento alimentar) e com o uso da biotecnologia (melhoria genética dos rebanhos).

Por outro lado, essa descrição está infinitamente distante de outras regiões rurais, como a do sertão nordestino brasileiro ou de países pobres africanos e asiáticos, onde os solos são cultivados com técnicas rudimentares, a agricultura é voltada para o próprio consumo e à mercê das intempéries climáticas, enquanto os rebanhos sobrevivem soltos, sem nenhum tipo de cuidado.

rudimentar: aquilo que não se desenvolveu ou se aperfeiçoou

A RELAÇÃO CAMPO E CIDADE

A introdução das relações capitalistas no campo fez com que a composição socioeconômica de diferentes sociedades fosse alterada. Nos dois últimos séculos, o que se viu foi a desarticulação das antigas bases da sociedade rural à medida que a cidade e o modo de vida urbano foram ocupando as áreas rurais. Não demorou muito para que a separação entre campo e cidade desse lugar a uma relação de interdependência: o campo passou a fornecer matérias-primas para a indústria e gêneros alimentícios para consumo dos habitantes das cidades, que aumentavam a cada dia. Dentro dessa nova relação, o campo se viu obrigado a adquirir bens produzidos no meio urbano, como insumos, sementes, rações, máquinas e equipamentos. É importante lembrar que, sem esses bens que promovem o melhoramento na produção, países como o Brasil não poderiam concorrer com nações mais desenvolvidas na produção agrícola, participando ativamente do crescimento econômico do país, como faz atualmente.

Não são apenas as máquinas produzidas nas áreas urbanas que passam a compor a paisagem do campo. O modo de vida urbano também se impõe nessas áreas, aproveitando o impulso das telecomunicações.

A relação entre campo e cidade, que a princípio era uma complementação das atividades rurais e urbanas, alcançou tal grau de interdependência que hoje as produções rurais são, de forma geral, comandadas pelas necessidades urbanas.

Assim, podemos dizer que o desenvolvimento tecnológico, o aumento da industrialização e a exportação de produtos agropecuários foram os fatores que concorreram e concorrem para o aumento da interdependência entre o campo e a cidade.

Por meio da biotecnologia, as lavouras sofreram grandes transformações.

Atualmente os produtores rurais têm acesso a tecnologias às quais não tinham no passado. Assim, os valores culturais e sociais urbanos se impõem ao homem do campo em todo o planeta, mesmo em sociedades rurais que praticamente desconhecem a "sociedade de consumo". Mas é importante lembrar que, na prática, todos estão produzindo para ela.

Essas tecnologias permitem fazer a previsão do tempo, demarcar as áreas produtivas das fazendas através de imagens de satélite, fazer controles de queimadas e se prevenir de contratempos antes imprevisíveis, que poderiam acabar com a lavoura e trazer um grande prejuízo ao produtor.

Com o aumento da produção agropecuária em países pobres, muitos países ricos deixam de investir nesse setor, procurando diversificar os investimentos nos setores secundário e terciário da economia. As superproduções de alguns produtos os tornam mais baratos no mercado internacional e menos atraentes para a produção, o que leva algumas vezes a um fenômeno peculiar: as áreas cultivadas em alguns países pobres vêm crescendo, enquanto em alguns países ricos vêm decrescendo.

Explorando a terra

Quando analisamos as formas de exploração da terra, podemos classificá-las de duas maneiras: **extensiva** e **intensiva**.

De acordo com o economista Paulo Sandroni, quando se fala de produção agrícola devem ser levados em consideração três fatores básicos: o trabalho, a terra e o capital. Em determinada unidade agrícola, quando o emprego de capital é o fator predominante, diz-se que se trata de agricultura intensiva. No caso de ser a terra o fundamental, trata-se, então, de agricultura extensiva.

A predominância do fator capital, típico da agricultura moderna, permite alta produtividade por área cultivada e é encontrada, sobretudo, nos países industrializados (no Brasil, ocorre principalmente na região Centro-Sul). A agricultura extensiva, no entanto, com utilização abundante de terras, é característica dos países pobres, onde a grande propriedade é a marca da estrutura fundiária.. A predominância do fator terra, aliás, marcou até recentemente a história da agricultura, alterando-se a relação com o trabalho e o capital somente a partir da Revolução Industrial, cujas técnicas se estenderam ao setor agrícola.

A relação entre esses três fatores está ligada ao papel que a agricultura de um país cumpre no conjunto da organização social e econômica: 1) o de fornecedora de alimentos para o mercado interno; 2) o de fornecedora de um excedente agrícola capaz de ser exportado e proporcionar divisas; 3) o de geradora de poupanças para a implantação ou desenvolvimento do setor industrial; 4) ou, ainda, de acordo com o regime de propriedade vigente (grande, média ou pequena), o papel de fornecedora de mão de obra para as atividades urbano-industriais.

A AGROPECUÁRIA INTENSIVA

O desenvolvimento de uma agropecuária de forma intensiva está desassociado ao tamanho da propriedade onde ocorre o plantio ou a criação. A capitalização e a produtividade da área são os itens responsáveis por esta classificação.

As propriedades que trabalham a terra de maneira intensiva têm como objetivo a alta produtividade de suas produções. Para tanto, os cuidados começam no preparo do solo, no plantio, na colheita e na armazenagem. Técnicas modernas são aplicadas, como o uso de insumos químicos (adubos e pesticidas) e de biotecnologia, que permite a seleção de sementes até o desenvolvimento de transgênicos e o melhoramento dos rebanhos por meio da manipulação genética. O uso de máquinas agrícolas como tratores, semeadeiras, colheitadeiras etc., associado à assistência constante de agrônomos, engenheiros, administradores, e de técnicas de irrigação (se necessário), faz com que se garantam bons índices de produtividade e de rentabilidade.

Nos países ricos ou em regiões desenvolvidas de países em desenvolvimento, as atividades agrícolas, por serem na sua maioria feitas de maneira intensiva, atingem volumes de safras altíssimos. A produção especializada e em larga escala pode tanto ser voltada para o mercado interno quanto externo, ou para os dois ao mesmo tempo. É o caso do milho americano, obtido na sua maioria em propriedades denominadas de **Empresas Agrícolas**.

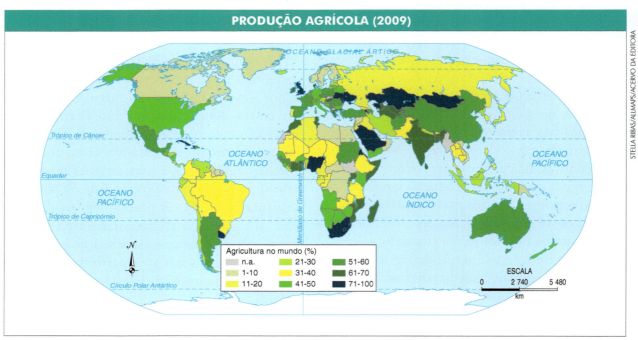

Fonte: Banco Mundial. Disponível em: <http://www.mapsofworld.com/thematic-maps/world-agricultural-production-2009.jpg>. Acesso em: 19 out. 2016.

Explorando o tema

Commodities

O termo *commodity* (plural *commodities*), que em inglês significa mercadoria, está relacionado aos produtos de base primária, principalmente agrícolas e de extração mineral, produzidos em larga escala comercial e negociados em bolsas de valores em todo o planeta. São matérias-primas essenciais que não possuem valor agregado, pois não passaram pelo processo industrial. Assim, o fator determinante para o seu preço é a oferta e procura. Dependendo da *commodity*, pode ser estocada por longos períodos de tempo à espera de melhores ofertas no mercado internacional.

O Brasil é um dos maiores produtores e exportadores de *commodities* do mundo, especialmente daquelas ligadas à produção agrícola, como soja, milho e café, e também de produtos minerais, como o ferro, o manganês e o alumínio. Por depender de demandas internacionais, as empresas desses setores ficam vulneráveis a momentos de crise financeira global, o que prejudica os lucros. Apesar disso, algumas empresas do setor conseguem alta lucratividade, por se tratarem de produtos fundamentais ao processo industrial em todo o mundo.

Fonte: Ministério do Desenvolvimento, Indústria e Comércio Exterior, Secretaria de Comércio Exterior (MDIC/Sedex). Disponível em: <http://www.mdic.gov.br/index.php/comercio-exterior/estatisticas-de-comercio-exterior/balanca-comercial-brasileira-semanal>. Acesso em: 17 ago. 2016.

Propriedade patronal e familiar

Entende-se por propriedade patronal aquela de cunho empresarial, com a predominância de trabalhadores contratados, sem que haja vínculos com os proprietários da terra. Elas aparecem nas áreas desenvolvidas do globo, em particular, Europa e Estados Unidos, como também em regiões desenvolvidas das economias emergentes. Caracterizam-se por apresentar grandes complexos agroindustriais, onde estão presentes de forma maciça a tecnologia e alto investimento de capital. A produtividade é alta em virtude do imenso aparato tecnológico e do uso da biotecnologia nas sementes e dos insumos agrícolas, como fertilizantes. Prevalecem as relações capitalistas de produção voltadas para o abastecimento das indústrias e dos mercados consumidores diretos. Há uma perfeita integração entre a produção agrícola e as indústrias alimentícias e de serviços. Cada vez mais, empresas urbanas são fornecedoras dessas verdadeiras empresas agrícolas, provendo-lhes maquinários, produtos veterinários, sementes e outros insumos agrícolas. Por sua vez, o campo fornece matérias-primas diretamente para indústrias.

insumo: cada um das elementos envolvidos na produção de um bem, como matérias-primas, máquinas e equipamentos, energia e mão de obra

Nestas áreas mais ricas e mais desenvolvidas, os produtores rurais chegam a gerenciar suas produções por meio de computadores, podendo obter na internet a cotação *on-line* do preço de suas mercadorias e acompanhar o comportamento do mercado nas bolsas de mercadorias das mais diversas partes do mundo, como a Bolsa de Chicago, onde são estabelecidas as cotações internacionais do preço de diversos tipos de grãos.

Além disso, os produtores podem calcular seus custos e investimentos com precisão, programar a semeadura, obter índices de aproveitamento das lavouras, acessar *sites* meteorológicos confiáveis prevenindo-se contra geadas, períodos mais longos de seca ou de maior pluviosidade etc. Para grandes produtores, com capital para investimentos nessa área, até mesmo o monitoramento e o controle operacional de máquinas agrícolas através de programas computacionais já é uma realidade.

Todos esses aspectos podem ser classificados, de modo simplificado, como agricultura de precisão, na qual são utilizados satélites, computadores e *softwares* para processar e interpretar os dados de uma propriedade. Com o uso dessa tecnologia, os produtores rurais podem georreferenciar a propriedade, utilizar racionalmente os insumos agrícolas, minimizar custos e impactos ambientais e melhorar a qualidade dos seus produtos, assim como aumentar a sua rentabilidade.

As produções especializadas, como a de hortifrutigranjeiros, cultivadas em pequenas propriedades ao redor das grandes concentrações urbanas, áreas denominadas de **cinturão verde**, também contam com lavouras modernizadas de alto rendimento.

Porém, mesmo nos países desenvolvidos, o agronegócio e a proliferação de complexos agroindustriais tendem a levar à concentração de terras.

As agroindústrias, a concentração de terras e o mercado internacional

A agricultura e a pecuária modernas são desenvolvidas de modo intimamente ligado à indústria. Os produtores já plantam ou criam seus rebanhos (gado bovino, ovino, caprino, suíno, equino, asinino) com sua produção voltada para as agroindústrias, que compram e industrializam as mercadorias, deixando-as prontas para o mercado consumidor final.

Nesse contexto, cada vez mais os agricultores e pecuaristas vão se tornando uma peça na engrenagem de produção nos moldes capitalistas. Assim, a produção tem de obedecer a normas do mercado, normalmente regulado pelas grandes corporações alimentícias ou pelo mercado consumidor direto. Entre essas normas estão o alto grau de qualidade, a homogeneização dos produtos e a adaptação a especificações técnicas como, por exemplo, peso e tamanho mínimo, aparência etc. Essas especificações são feitas para que haja maior aproveitamento na indústria, diminuição de custos de produção, produção em escala, possibilitando preços finais mais baixos. As grandes empresas compram muito e de muitos produtores, que cultivam (ou criam) determinado produto em uma região e tornam-se fornecedores exclusivos delas.

Para conseguir cumprir as metas estabelecidas, o produtor precisa investir pesadamente em maquinários, na qualidade das sementes (ou do seu rebanho) e em cuidados que possam dar maior retorno ao capital investido. Nem sempre ele tem disponível o montante de dinheiro necessário, recorrendo, assim, a financiamentos. Muitas vezes esses investimentos são financiados pelas próprias agroindústrias que dão suporte técnico aos produtores. Estes costumam recorrer também aos bancos para financiar sua produção. Por outro lado, para poder ter economia de escala, algumas agroindústrias não recorrem aos pequenos produtores, visto que estes não conseguem produzir com a qualidade esperada dentro dos custos desejados. Dessa forma, muitas vezes, eles são obrigados a vender suas propriedades, levando à concentração de terras.

Vale lembrar que essas características também se aplicam à pecuária. Nas áreas mais desenvolvidas, as criações são feitas normalmente de maneira confinada, em pastagens plantadas e com complementação alimentar, de forma a proporcionar uma alimentação equilibrada ao gado. Os rebanhos são vacinados e recebem assistência cons-

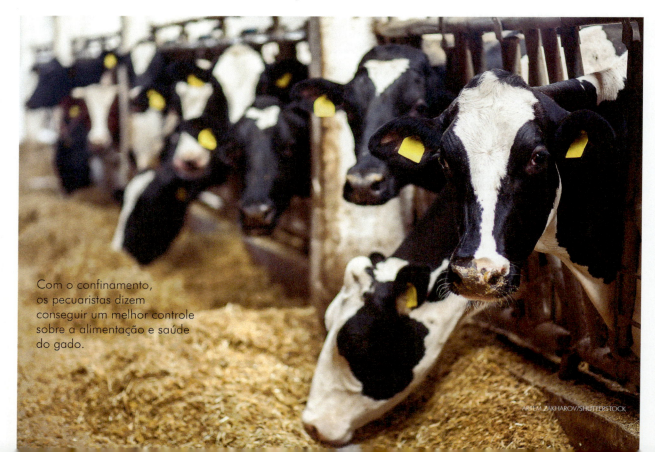

Com o confinamento, os pecuaristas dizem conseguir um melhor controle sobre a alimentação e saúde do gado.

tante de veterinários. São empregadas também técnicas de manipulação genética e cruzamentos com sêmen selecionado, visando o aprimoramento da qualidade do rebanho. Desta forma, o gado atinge o peso muito mais rápido do que se fosse criado solto.

Mesmo com todos esses cuidados alguns países impõem outras restrições para a importação da carne. Os países da União Europeia fiscalizam as áreas produtoras de carne e emitem um certificado para os fornecedores autorizados, na tentativa de livrar esses países de problemas sanitários e fitossanitários. Os fornecedores de carne bovina para a União Europeia devem, obrigatoriamente, identificar cada animal para saber a procedência do alimento que chega a esses países, garantindo qualidade, segurança e sustentabilidade nas produções.

Apenas o gado rastreado pode ser exportado para a Europa. Como o custo da produção aumenta, nem todos os produtores de um país serão certificados, por não terem capital para investir. Aqueles que conseguem a certificação têm custos mais elevados na produção, mas recebem valores maiores pela arroba do gado.

Todas as vezes que um problema é detectado nas áreas produtoras, esses países cancelam a compra, prejudicando os produtores. Muitas críticas são feitas a esse sistema, uma vez que ele pode ser usado como forma de retaliação por parte dos países da UE, por qualquer motivo, ou apenas por protecionismo, favorecendo seus produtores em detrimento dos produtores estrangeiros.

O Brasil tem o segundo maior rebanho do mundo com 212 milhões de cabeças em 2014.

Fonte: Pesquisa Pecuária Municipal (PPM) – IBGE.
Disponível em: <http://www.ibge.gov.br/home/estatistica/indicadores/agropecuaria/producaoagropecuaria/abate-leite-couro-ovos_201504comentarios.pdf>.
Acesso em: 15 ago. 2016.

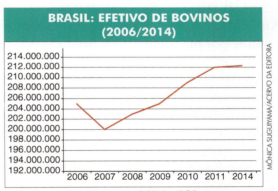

Fonte: Pesquisa Pecuária Municipal (PPM) – IBGE.
Disponível em: http://www.sidra.ibge.gov.br/bda/pecua/default.asp?t=2. Acesso em: 15 ago. 2016.

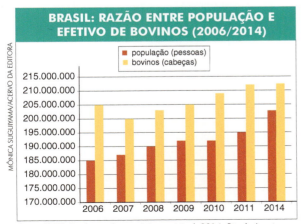

Fonte: IBGE. Produção da pecuária municipal, 2014. Rio de Janeiro, 2014. p. 16.
Disponível em: <http://biblioteca.ibge.gov.br/visualizacao/periodicos/84/ppm_2014_v42_br.pdf>. Acesso em: 16 ago. 2016.

*No caso da Índia, são considerados bovinos e bubolinos (búfalos indianos). Fonte: USDA.

Agropecuária para exportação

A agropecuária tem recebido investimentos fantásticos em pesquisas feitas principalmente por gigantescas transnacionais, como a americana Monsanto. O grau de mecanização e de tecnologia aplicadas à produção agrária permite que a produtividade por hectare dispare e que a utilização de mão de obra seja ínfima. Dessa forma, muitos países ricos e algumas economias emergentes, além de conseguirem suprir suas necessidades internas, são grandes exportadores de produtos agropecuários.

Entre as grandes regiões do mundo, a tendência mundial de crescimento da produção de cereais só não foi acompanhada pela América Central e pela Europa Ocidental, que apresentaram reduções no total produzido entre 2001 e 2011. As regiões mais desenvolvidas continuam dominando o mercado de forma desproporcional ao tamanho das suas populações, com a América do Norte, por exemplo, respondendo sozinha por mais de 16% da produção de cereais. No entanto, essa realidade está mudando, pois a América do Sul, a África e a Ásia tiveram crescimentos expressivos no período – respectivamente, 40,5%, 34,9% e 28,9%, contra 17,8% da América do Norte e meros 7,9% da Europa tomada como um todo.

Segundo dados da FAO, em 2015 a produção mundial de cereais chegou a 2.531 milhões de toneladas. Esse total é um pouco menor que o volume produzido no início da década quando, em 2011, a produção atingiu 2.587 milhões

Fonte: FAOSTAT, 2014. Disponível em: <http://faostat.fao.org/site/567/DesktopDefault.aspx?PageID=567#ancor>. Acesso em: 15 ago. 2016.

de toneladas, representando um crescimento de 22,6% em relação a 2001. O cereal mais produzido é o milho, seguido pelo trigo e o arroz. Para os próximos anos, prevê-se alta de produção de trigo no Canadá e na Rússia, de milho na China, no Canadá e no Paraguai, e arroz na China, Vietnã e Estados Unidos. O aumento de produção de cereais deve-se, em grande parte, ao maior consumo de trigo por animais em países desenvolvidos.

A dominação do mercado de cereais pelas nações desenvolvidas faz com que qualquer oscilação na produção desses países reflita na cotação internacional desses produtos. Além disso, as cotações são estabelecidas nas bolsas de mercadorias, sendo as mais importantes a de Chicago, nos Estados Unidos e a de Londres, na Inglaterra.

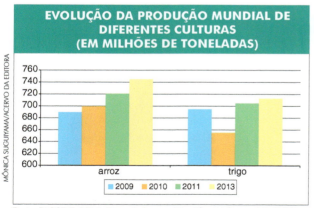

Fonte: FAOSTAT, 2014. Disponível em: <http://faostat.fao.org/site/567/DesktopDefault.aspx?PageID=567#ancor>. Acesso em: 15 ago. 2016.

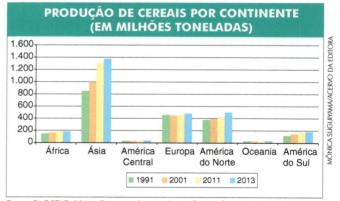

Fonte: FAOSTAT, 2014. Disponível em: <http://faostat.fao.org/site/567/DesktopDefault.aspx?PageID=567#ancor>. Acesso em: 15 ago. 2016.

Protecionismo

O desempenho dos produtos agropecuários e das agriculturas modernas e desenvolvidas no mercado internacional não é resultado exclusivo da enorme produtividade que elas alcançam. Nessa composição também entram os incentivos e subsídios recebidos pelos produtores agrícolas de diversos países, em especial os ricos.

Apesar de não haver informações precisas, levantamentos da Organização para a Cooperação e Desenvolvimento Econômico (OCDE) estimavam que seus Estados-membros – em sua maioria desenvolvidos – tinham ultrapassado no início da década de 2010 os 400 bilhões de dólares estadunidenses em subsídios e incentivos voltados para o setor agropecuário. Ou seja, o governo dessas nações banca parte dos custos de produção, permitindo, assim, que os produtos sejam vendidos por preços mais baixos. Os países da União Europeia, integrantes da Política Agrícola Comum (PAC), vinculam os subsídios à produção, ou seja, os produtores rurais são remunerados por aquilo que colhem ou abatem. Se produzem mais do que o mercado é capaz de absorver, são remunerados da mesma forma, independentemente da cotação que os preços terão no mercado internacional. Estados Unidos, Japão e Coreia do Sul também gastam muito dinheiro para remunerar as suas produções agropecuárias. Para se ter uma ideia, entre 1991 e 2011, a OCDE estima que somente os Estados Unidos investiram quase US$ 1,947 trilhões em incentivos agrícolas.

Essa prática protecionista é condenada pela OMC e também pelos países pobres que se sentem prejudicados e com dificuldades de concorrer na exportação de produtos similares. O Brasil é um dos países que mais sente os efeitos dessa política protecionista, já que pesam muito na nossa balança comercial os produtos agropecuários. A União Europeia (UE), com uma política nitidamente protecionista, além de subvencionar suas exportações, é alvo de críticas brasileiras. Por isso, o Brasil vem lutando, ao lado de outras nações pobres, para a reformulação da Política Agrícola Comum (PAC) da União Europeia e das leis protecionistas norte-americanas que dificultam enormemente as exportações para esses países. A política de subvenção dos países-membros da UE está gerando excessos de produção, tornando-se um problema para esse bloco econômico.

Uma outra prática comum, principalmente nos Estados Unidos, é a compra de estoques reguladores dos países pobres, conseguindo dessa maneira manter os preços de seus produtos no mercado mundial.

Questão socioambiental

SOCIEDADE & ÉTICA

Protecionismo e produção agrícola mundial

A Rodada Doha é uma série de reuniões realizadas entre os países que detêm a maior parte do comércio internacional. Foi estabelecida em 2001, durante a 4.ª Conferência Mundial da OMC, na cidade de Doha, no Qatar. Seu principal objetivo é proporcionar o desenvolvimento dos países pobres para, assim, combater a fome.

As negociações realizadas tentaram definir melhor os critérios para o comércio mundial, diminuindo as barreiras comerciais e promovendo maiores aberturas de mercado. No entanto, até o momento prevalece a visão protecionista dos países ricos e, mesmo depois de negociações em Cancun, Genebra, Paris, Hong Kong e Potsdam, nenhuma grande resolução foi tomada.

Na visão dos países ricos, os emergentes devem promover a abertura econômica para seus produtos industrializados. Já os emergentes querem que os países ricos parem ou ao menos diminuam os pagamentos de subsídios aos seus produtores. Pede-se também que os países ricos diminuam as tarifas alfandegárias, que tiram dos produtos importados a competitividade necessária no mercado externo.

Pode-se dizer que esta negociação tem tudo para durar ainda por um longo tempo. Afinal, nenhum dos lados parece disposto a ceder ao outro, por temerem que tal abertura prejudique mais do que beneficie o mercado interno e os seus próprios produtores.

> ➤ Imagine que você estivesse na mesa de negociações, tendo as visões antagônicas entre países ricos e os emergentes. Proponha uma solução que pudesse contribuir para eliminar o impasse.

O Brasil e a OMC

As relações entre Brasil e OMC (Organização Mundial do Comércio) não são recentes. O país é um dos membros fundadores do Acordo Geral para Comércio e Tarifas (GATT, sigla em inglês), de 1948. Nessa época, o Brasil tinha pouco peso na economia mundial e, assim como outros países subdesenvolvidos, tinha papel limitado nas negociações.

Com o desenrolar das diversas rodadas de negociações, o GATT evoluiu até ser substituído pela OMC, em janeiro de 1995, como consequência da Rodada Uruguai. O Brasil faz parte da OMC desde a sua fundação.

Como tem desenvolvido a sua agropecuária e aumentado a produção, o Brasil tem adquirido cada vez mais importância no comércio exterior desses produtos. No entanto, a concorrência com os subsídios agrícolas pagos pelos países ricos dificulta muito esse crescimento, que podia ser maior. Para enfrentar essa situação e ganhar mais peso nas rodadas de negociação, o Brasil ajudou a fundar em 2003 o G-20, grupo de países emergentes que visa modificar as regras do comércio mundial, concentrado na agricultura. O início de uma articulação nas ações do Brasil, África do Sul, Rússia, Índia e China (BRICS), também ajudou a aumentar a importância e o peso do país nas negociações.

Desde que iniciou a sua participação na OMC, o Brasil já obteve vitórias muito importantes na área agrícola. Contra os Estados Unidos, venceu no painel relacionado aos subsídios dados por esse país aos produtores de algodão e venceu também no painel em que atuou contra os produtores de açúcar da União Europeia. Alguns cálculos de associações de produtores chegam a estimar um lucro de 1 bilhão de dólares por ano para a economia brasileira no caso da eliminação desses subsídios.

O maior problema nesses casos é que, apesar das vitórias serem importantes, elas não significam necessariamente que os incentivos fiscais irão cessar. Isso porque a OMC não pode impor penalidades aos países infratores e, consequentemente, eles não são obrigados a eliminar os subsídios. Para os vencedores, esperar e torcer é o que se pode fazer, pois, além de vencer o processo, é necessário que o país infrator cumpra as determinações mesmo não sendo obrigatórias.

Como consequência da crise imobiliária dos Estados Unidos, que deflagrou uma crise na economia mundial no ano de 2008, vários países divulgaram pacotes econômicos com ajudas milionárias para diversos setores das atividades produtivas, incluindo o setor primário. Os países emergentes temem que essa ajuda tome a forma de políticas protecionistas, o que acarretaria ainda mais prejuízo para suas economias.

Organismos geneticamente modificados (transgênicos)

A biotecnologia, bancada por gigantes transnacionais, tem buscado desenvolver variedades de plantas mais resistentes a insetos, a herbicidas, a escassez de água, a acidez do solo e a intempéries climáticas, considerados os principais empecilhos na produção agrícola em larga escala.

Os Organismos Geneticamente Modificados (OGM) ou transgênicos, como são comumente chamados, são plantas e outros organismos que sofreram alterações em seus(s) gene(s) com vistas ao aumento da produtividade no campo.

Além da maior produção, o uso de plantas geneticamente modificadas pode reduzir o uso de inseticidas e os custos de produção, pela maior resistência às pragas, por aumentar o valor nutritivo das plantas e ainda adaptá-las a condições ambientais adversas. De acordo com os defensores do uso dos transgênicos, todos esses fatores aumentam a produtividade agrícola e combatem a fome no mundo.

Por outro lado, os ambientalistas alegam que muitas consequências indesejáveis podem advir do uso dos transgênicos. Entre elas, a alteração do sabor ou aroma dos produtos, a morte de espécies não alvo e de polinizadores pelas toxinas produzidas por algumas dessas plantas, a transmissão horizontal de material genético, que poderia gerar pragas mais resistentes, o prejuízo à fixação de nitrogênio no solo, além dos riscos de reações alérgicas e alterações imunológicas nos seres humanos. A questão dos alimentos transgênicos ainda provoca grande polêmica no mundo todo.

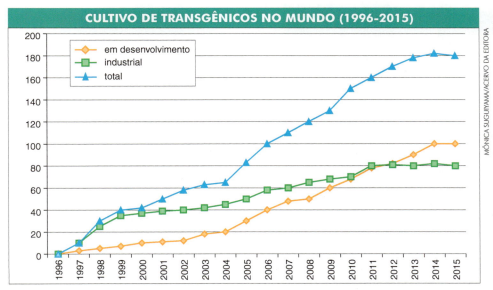

Fonte: International Service for The Acquisition of Agri-biotech Applications (ISAAA).
Disponível em: <http://www.isaaa.org/siteimages/pk16-fig02.jpg>.Acesso em: 16 ago. 2016.

Em âmbito mundial, as lavouras que mais utilizam transgênicos, são a soja, o milho, o algodão e a canola, nessa ordem. Em alguns países como os Estados Unidos, a China e o Brasil a comercialização desses produtos avança rapidamente. De acordo com as informações da ONG ISAAA (Serviço Internacional para a Aquisição de Aplicações em Agrobiotecnologia), em 2012 o Brasil liderava pela quarta vez seguida a lista dos países que mais haviam expandido suas áreas cultivadas com transgênicos, estando atrás apenas dos Estados Unidos no número de hectares ocupados pelas sementes transgênicas. Ainda de acordo com a instituição, os maiores produtores mundiais de transgênicos em 2014 foram Estados Unidos, Brasil, Argentina, Canadá, Índia, China e África do Sul. Em todo o globo, a área de produção vem aumentando significativamente, chegando a cerca de 181,5 milhões de hectares cultivados em 2014.

Em termos de área cultivada com transgênicos, em 2014 o Brasil só perdia para os Estados Unidos, com uma área cultivada de 42,2 milhões de hectares. As principais variedades transgênicas plantadas em solo nacional são soja, milho e algodão.

Muitas pessoas temem possíveis efeitos negativos para a saúde e o meio ambiente, mas a OMS (Organização Mundial da Saúde) e a FAO (Organização na Nações Unidas para a Alimentação e Agricultura) afirmam não haver riscos para a saúde.

Nos Estados Unidos, 73,1 milhões de hectares são plantados com transgênicos, principalmente soja, milho, algodão, canola, abóbora, papaia, alfafa e beterraba.

Em compensação, na Europa um número elevado de consumidores rejeita os alimentos geneticamente modificados, o que leva os produtores a adotar políticas de não utilização de transgênicos, atendendo à legislação europeia de rotulagem.

De acordo com a lei, que vigora desde 2004, as empresas são obrigadas a rastrear todo o processo produtivo e todos os produtos finais que tenham sido fabricados com ingredientes transgênicos devem ser rotulados como tal. Antes disso, a rotulagem era obrigatória apenas para produtos finais nos quais os transgênicos pudessem ser detectados.

Questão socioambiental

SUSTENTABILIDADE

Os transgênicos e os pequenos produtores rurais

No Brasil, três culturas agrícolas têm liberação do governo federal para produção de transgênicos: soja, milho e algodão. No entanto, essa não é uma discussão terminada. Grupos que lutam pelo acesso à terra e pela reforma agrária, como o MST e a Via Campesina, acreditam que essas produções impõem uma situação que favorece os grandes produtores, impedindo os pequenos de competir no mercado.

Foi aprovada em 2005 após muita discussão e polêmica a Lei n.° 11.105 que regulamenta a utilização de transgenia.

Todas as manifestações aliam as exigências pela reforma agrária, a defesa do pequeno proprietário e o questionamento sobre a produção de transgênicos, que poderiam transformar a agricultura em um produto do capitalismo financeiro e industrial. As empresas se defendem, alegando que têm autorização para realização de pesquisas e que estão rigorosamente dentro da Lei de Biossegurança brasileira.

Representantes de sete países africanos (Egito, Moçambique, Quênia, Gana, Uganda, Nigéria e Malawi) que elaboravam suas leis sobre produção e consumo de alimentos transgênicos vieram em 2013 ao Brasil para conhecer a experiência brasileira com palestras na EMBRAPA.

Ao que parece, as organizações sociais de luta pelo acesso à terra ganharam outra bandeira: a luta contra os transgênicos. Enquanto um lado defende a legalidade de suas pesquisas e os benefícios advindos dela, o outro se preocupa com os resultados práticos desse processo de substituição dos cultivares. Está aí uma discussão que parece que vai durar muito tempo.

> ➤ Qual é o seu posicionamento sobre a discussão apresentada no texto? Que argumentos apoiam o seu ponto de vista?

SCIENCE PHOTO/SHUTTERSTOCK

A agropecuária extensiva

Os estabelecimentos agrários que desenvolvem este tipo de agropecuária se caracterizam por realizar pouco ou nenhum investimento, utilizando técnicas rudimentares de produção em grandes extensões de terra, obtendo, em sua maioria, baixa produtividade.

A pecuária extensiva requer pouca mão de obra, uma vez que os grandes rebanhos ficam soltos no pasto, buscando seu próprio alimento e sem receber tratamentos especiais. A qualidade da carne obtida nesse sistema é geralmente baixa, o que proporciona menor remuneração ao criador.

Em regiões muito pobres do globo, pequenos produtores praticam um tipo de agricultura que envolve o uso de recursos técnicos pouco desenvolvidos e quase nenhum uso de maquinário agrícola. A produção é diversificada e visa a atender às necessidades alimentares do agricultor e sua família. Praticamente não há excedentes e quando parte da produção sobra, ela é trocada ou vendida para a aquisição de bens que não são produzidos na propriedade. Esse tipo de agricultura é chamada de **agricultura de subsistência**.

Na agricultura de subsistência, o produto advindo da agricultura é suficiente apenas para o sustento do trabalhador e de sua família.

A produção para a subsistência não deve ser confundida com a **agricultura familiar**. Diferentemente da primeira, que necessariamente visa à alimentação da família, a agricultura familiar pode ter como objetivo a produção de excedentes para o mercado consumidor, seja ele industrial ou não. Dependendo da região e da tecnologia disponível, esses produtores familiares conseguem dispor de técnicas mais modernas e de maquinário e insumos agrícolas, o que aumenta a produtividade e os lucros.

Os agricultores familiares são a grande maioria dos produtores rurais do Brasil, sendo responsáveis pelo abastecimento do mercado interno. Além disso, têm papel fundamental na geração de empregos e nas economias das pequenas cidades brasileiras.

Ponto de vista

A agricultura itinerante e a coivara

A agricultura itinerante, também conhecida como "roça tropical", caracteriza-se pelo fato de ser um sistema agropecuário que tem a terra como fator determinante. As áreas verdes, antes sem ocupação, passam por desmatamentos e queimadas para abertura de novas lavouras. Durante o processo de produção, técnicas arcaicas são predominantes, sendo que a queimada é realizada todas as vezes que se renova o plantio. Como consequência, os solos se esgotam rapidamente fazendo com que os agricultores abandonem as terras, se mudem para novas áreas e reiniciem o processo.

É preciso lembrar que o uso das queimadas para limpeza das áreas de cultivo não desembarcou no litoral brasileiro com os colonizadores europeus. Muito antes disso, os índios que habitavam a Mata Atlântica já se utilizavam desse expediente para aumentar a produtividade dos cultivares. De acordo com Warren Dean, a técnica utilizada por eles, chamada **coivara**, era extremamente simples e consistia em cortar e deixar secar uma área de aproximadamente um hectare de floresta. Pouco antes da chegada das chuvas, o material seco era queimado para que os nutrientes, em forma de cinzas, fertilizassem o solo. Além do aumento de fertilidade, a queimada também livrava os solos das sementes das ervas daninhas, diminuindo o trabalho no trato da lavoura. Após duas ou três temporadas a faixa era abandonada e permitia-se que voltasse a ser floresta, o que geralmente era causado pela invasão de pragas, sobre as quais os índios não tinham controle.

Depois de abandonadas, as áreas ficavam em repouso por um longo período de tempo. Estima-se que na Mata Atlântica o pousio variava de vinte a quarenta anos. Apesar de também ser um tipo de agricultura itinerante, é bem menos prejudicial à floresta por limitar a escala natural de perturbação, uma vez que queimadas naturais também podem ocorrer nas florestas. Apesar de também promover a perda de biomassa e possivelmente a perda de biodiversidade no processo, a coivara ainda pode ser considerada uma técnica menos agressiva de produção. Atualmente, a produção de alimentos precisa atingir um volume cada vez maior e, para isso, utilizam-se técnicas mais modernas e eficientes e, portanto, mais produtivas e lucrativas.

➤ Além da coivara, cite outra prática agrícola que pode apresentar uma menor alteração no meio ambiente.

POPULAÇÃO QUE VIVE EM ÁREAS RURAIS

País	Percentual (%)	Localização
Trinidad e Tobago	91,6	América Central (Caribe)
Burundi	87,5	África Oriental
Papua Nova Guiné	87,0	Oceania (Melanésia)
Liechtenstein	85,7	Europa Central
Uganda	83,6	África Oriental
Malawi	83,5	África Oriental
Sri Lanka	81,6	Ásia Central Sul
Santa Lucia	81,5	América Central (Caribe)
Nepal	81	Ásia Central Sul
Níger	81	África Ocidental
Sudão do Sul	81	Nordeste da África
Etiópia	80,1	África Oriental

Fonte: Divisão de Estatísticas das Nações Unidas, 2014. Disponível em: <https://esa.un.org/unpd/wup/CD-ROM/>. Acesso em: 17 ago. 2016.

O mundo agrário pobre

A maioria absoluta dos países pobres tem no setor primário sua principal geração de riquezas e a mais importante fonte de divisas. Muitas nações latino-americanas, asiáticas e africanas têm suas economias calcadas na produção agropecuária.

O **PIB** agropecuário atinge altos patamares, como também a PEA empregada nessas atividades. Segundo estimativas da FAO, em 2012 havia no Camboja, por exemplo, mais de 79% da população vivendo em áreas rurais; na Tailândia, esse número era estimado em 65% e, na Etiópia, em quase 83%. Confira outros exemplos na tabela ao lado.

A falta de capital e de investimentos em maquinário, em insumos agrícolas e em inovações

> **PIB**: abreviatura de Produto Interno Bruto, é a soma de todos os bens e serviços produzidos no país em determinado ano.

tecnológicas determinam práticas agrárias com ferramentas primitivas (enxadas, arados com tração animal etc.). Nesses locais, são praticamente inexistentes os cuidados com as lavouras e o solo. Os resultados são perdas significativas na safra e esgotamento do solo, além de graves problemas de erosão graças ao uso intensivo das mesmas áreas, baixa produtividade e produtos de má qualidade, incapazes de concorrer em mercados consumidores mais exigentes.

As causas da degradação do solo incluem o excesso de pastagens (35%), o desmatamento (30%), as atividades agrícolas (27%), a exploração excessiva da vegetação (7%) e as atividades industriais (1%).

As abordagens quanto à conservação do solo têm se modificado muito desde a década de 1970. Esse trabalho costumava estar concentrado na proteção mecânica, como muros de contenção e terraços, em grande parte para controlar o escoamento da superfície. Essa prática foi complementada por uma nova abordagem que chama maior atenção aos métodos biológicos de conservação, por meio de melhor gestão das relações entre o solo, a vegetação e a água. Apesar desses avanços, não há uma indicação clara de que a taxa de degradação da terra tenha diminuído. Até agora não foram desenvolvidos indicadores das condições do solo continuamente monitorados, que permitiriam avaliações quantitativas das mudanças ocorridas com o passar do tempo, comparáveis ao controle do desmatamento.

Nos países pobres, a estrutura agrária é muito desigual, convivendo grandes latifúndios improdutivos, ou pouco produtivos, com a agricultura de subsistência em pequenos pedaços de terra.

Essas nações, por não suprirem as necessidades de consumo alimentar de seus habitantes, que muitas vezes passam fome e apresentam elevados índices de subnutrição, são obrigadas a importar alimentos básicos, principalmente grãos (trigo, milho, aveia), gastando suas preciosas divisas.

Não podemos nos esquecer de que nas economias emergentes convivem áreas agrícolas modernas ao lado de outras, onde a população pratica a agricultura de subsistência. Nas áreas bastante produtivas aparecem agroindústrias que se desenvolvem dentro de padrões tecnológicos e com índices de rentabilidade iguais aos dos países industrializados. Em compensação, em outras regiões a falta de capital é responsável pelo quadro de penúria de famílias inteiras que tiram da terra apenas o suficiente para a própria subsistência.

O Brasil é um bom exemplo disso: pujantes agroindústrias voltadas para o mercado externo contrastam com os problemas agrários, principalmente a agricultura de subsistência de determinadas regiões, em especial no Nordeste.

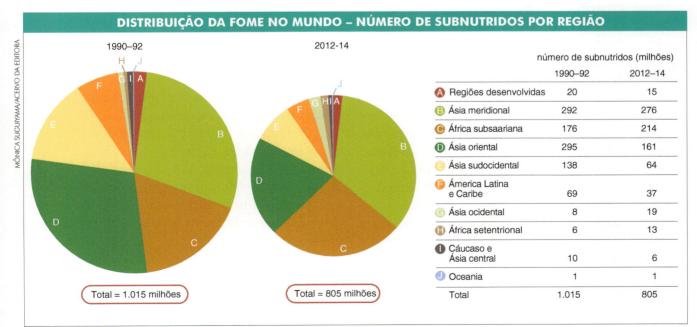

DISTRIBUIÇÃO DA FOME NO MUNDO – NÚMERO DE SUBNUTRIDOS POR REGIÃO

		número de subnutridos (milhões)	
		1990–92	2012–14
A	Regiões desenvolvidas	20	15
B	Ásia meridional	292	276
C	África subsaariana	176	214
D	Ásia oriental	295	161
E	Ásia sudocidental	138	64
F	América Latina e Caribe	69	37
G	Ásia ocidental	8	19
H	África setentrional	6	13
I	Cáucaso e Ásia central	10	6
J	Oceania	1	1
	Total	1.015	805

Fonte: FAO. Disponível em: <http://www.fao.org/3/a-i4037o.pdf>. Acesso em: 15 ago. 2016.

Vacinação de gado contra a febre aftosa. O controle sanitário do gado é fundamental para as exportações.

Nos países pobres, a falta de capital também faz com que a criação de gado seja feita de forma extensiva. Como o gado não recebe alimentação balanceada, nem é vacinado de maneira adequada, apresenta qualidade inferior ao gado criado de forma intensiva. Nesses países, os criadores empregam produtos que nas economias desenvolvidas são condenados, pois fazem mal à saúde humana. É o caso do uso de hormônios para engordar os animais rapidamente e, assim, abatê-los em um período de tempo mais curto. Assim, as exportações são prejudicadas, pois a carne é rejeitada pelo controle sanitário das nações importadoras.

A utilização de agrotóxicos

Os agrotóxicos são produtos químicos biocidas, ou seja, são produtos utilizados no combate às pragas e doenças das plantas. Porém, também podem causar danos à saúde das pessoas, dos animais e ao meio ambiente. No Brasil, os agrotóxicos passaram a ser usados mais intensamente na agricultura a partir da década de 1960. Segundo dados do Ministério do Meio Ambiente (2016), o Brasil é o maior consumidor mundial desse tipo de insumo.

Os agrotóxicos podem causar sérios danos à saúde e a intoxicação por esses produtos pode ocorrer por contato direto – no preparo, aplicação ou em seu manuseio – ou indireto – pela contaminação da água e alimentos ingeridos. Assim, os "venenos" entram no corpo por contato com a pele, mucosas, pela respiração e pela ingestão de alimentos com agrotóxicos. As consequências dessa intoxicação são doenças e lesões no sistema nervoso, respiratório, hematopoiético (sangue), pele, rins, fígado etc. Também são comprovados os seus efeitos teratogênicos (nascituros com deformações), mutagênicos (alterações genéticas) e carcinogênicos (surgimento de diferentes tipos de câncer na população exposta).

A utilização maciça dos agrotóxicos trouxe graves problemas ambientais, como degradação e poluição da água, dos solos e do ar e também pela contaminação dos alimentos.

O agrotóxico elimina pragas, mas junto com elas pode eliminar diversos organismos, animais e vegetais, reduzindo a biodiversidade, e levar à resistência certas pragas. Os agrotóxicos "sistêmicos" possuem a capacidade de se instalar no interior dos vegetais, sendo ingeridos pelo consumidor. Assim, alguns métodos como lavar as verduras e deixá-las de molho em água com vinagre ou retirar a casca podem diminuir os riscos, mas não eliminá-los.

O fracasso das políticas e práticas agrícolas inadequadas contribui para uma maior pressão sobre a terra. Entre o final do século XX e início do XXI, o uso global de fertilizantes aumentou para uma média anual de 3,5%, ou mais de 4 milhões de toneladas por ano segundo a FAO.

Até a década de 1990, a manutenção e o aperfeiçoamento da fertilidade eram considerados principalmente em termos de adição de fertilizantes minerais, e os subsídios agrícolas aumentaram ainda mais seu uso.

Questão socioambiental

MEIO AMBIENTE

Produção de orgânicos como alternativa aos pesticidas e agrotóxicos

O uso de agrotóxicos e pesticidas sempre gerou muita polêmica, apesar de ser considerado pelos seus defensores como a única forma de garantir a produção de alimentos suficiente para o crescente número de habitantes do planeta. Na verdade, nenhuma forma de combate às pragas até hoje pôde substituí-los. As grandes críticas se referem ao uso intensivo de pesticidas e herbicidas em grandes áreas monocultoras, que degradam os recursos naturais. Mas já há opções.

De acordo com a Organização das Nações Unidas para a Agricultura e a Alimentação (FAO, sigla em inglês), a agroecologia tem crescido em todo o mundo em taxa de cerca de 30% ao ano, o que representa, aproximadamente, US$ 30 bilhões. A produção de orgânicos é uma alternativa ao modo tradicional de produção, especialmente porque visa a produção sem o uso de agrotóxicos ou adubos químicos, mantendo o máximo da produtividade, rentabilidade e qualidade dos produtos.

Além desses aspectos favoráveis, a produção orgânica também aumenta a renda dos produtores sendo, portanto, uma forma de geração de empregos e de fixação do agricultor no campo. Alia, portanto, valorização do trabalhador rural com preservação do meio ambiente, hoje preocupações de mercados consumidores mais exigentes.

Ainda segundo a FAO, o Brasil representa um mercado de aproximadamente US$ 250 milhões anuais, com potencial de crescimento entre 25% e 30%. Pelo elevado potencial de produção e reserva de terras agricultáveis, espera-se que a área cultivada com produtos orgânicos cresça e que o país detenha, em 2010, 10% do mercado mundial de orgânicos. Como o preço desses produtos é mais elevado e o mercado consumidor nacional ainda tem baixo poder aquisitivo, ao menos 60% da produção é exportada. Os principais produtos orgânicos produzidos e exportados pelo Brasil são café, hortaliças, goiaba, mamão, maracujá, manga, uva, banana, morango e frutas cítricas.

> ➤ A partir do que você leu, quais são as vantagens da agricultura orgânica para o produtor agrícola? E para o meio ambiente?

OS JARDINS DA ÁSIA

O Sudeste Asiático apresenta uma forma de agricultura muito peculiar presente tanto em países pobres, como Vietnã, Laos, Camboja, como em países ricos, como Japão e Taiwan. Com certeza você já viu em filmes, na TV ou na mídia impressa, imagens dos arrozais asiáticos, onde camponeses com seus imensos e característicos chapéus trabalham nos campos de arroz das planícies inundáveis.

Cultivado em grande escala, geralmente em pequenas e médias propriedades por unidades produtoras familiares, o arroz é o alimento principal dessas populações. Os cuidados com o solo e com as lavouras resultam em alta produtividade e rentabilidade. Essa agricultura recebe o nome de **agricultura de jardinagem**, pois é tratada como se fosse um jardim. Essas regiões produtoras de arroz são densamente povoadas e muitas das propriedades de cunho familiar não ultrapassam um hectare. Quando há excedentes, eles são ínfimos, o que impede a sua reinversão na própria atividade para conseguir melhores índices de produtividade e rentabilidade.

PRINCIPAIS PAÍSES PRODUTORES DE ARROZ BENEFICIADO – 2016 (MILHÕES DE TON.)	
1. China	145,7
2. Índia	103,5
3. Indonésia	35,3
4. Vietnã	28,1
5. Tailândia	15,8
6. Filipinas	11,3
7. Mianmar	11,0
8. Japão	7,6
9. Brasil	7,1
10. Estados Unidos	6,1
Mundo	371,5

Fonte: USDA, jul. de 2016.

Plantations

Plantação de algodão.

empresa multinacional: também dita transnacional, é a empresa que ultrapassou os limites de seu país de origem e criou filiais (ou subsidiárias) em outros países do mundo

Talvez você nunca tenha ouvido falar na "República de Bananas", mas essa expressão pejorativa denominava países latino-americanos, basicamente da América Central, que eram grandes plantadores de bananas, voltados para a exportação. Nesses países de economia agrário-exportadora de produtos tropicais, o poder político era muito fácil de ser manipulado pelas grandes empresas multinacionais, que controlavam desde o plantio até a comercialização e distribuição dos produtos, contando com o apoio e a conivência das oligarquias locais.

Essa tradição agrária voltada para o mercado externo remonta aos tempos coloniais, quando o Novo Mundo abastecia a Europa com produtos tropicais, como o café, o algodão, o açúcar derivado de cana etc. Nessa época, implantou-se esse sistema agrícola exportador conhecido como *plantations*. O sistema calcou-se na produção agrícola instalada em grandes extensões de terra, na mão de obra escrava (depois substituída por mão de obra abundante e barata), em poucos cuidados com o solo, no uso de técnicas arcaicas e no cultivo de um único produto (monocultura) voltado para a exportação.

Essa forma de organização do espaço agrário espalhou-se pelo mundo, alcançando o sul da Ásia e a África, sobrevivendo há séculos. O sistema de *plantations* propiciou grande concentração de terras nas mãos de poucos, pois a baixa produtividade era compensada pelo grande volume de produção, em grandes extensões de terra.

A REALIDADE RURAL BRASILEIRA

A agricultura foi o sustentáculo da economia brasileira até os anos de 1930, quando se iniciou a nossa industrialização. Nessa época, começou a se romper o modelo agrário-exportador monocultor que foi introduzido desde o início da ocupação da colônia e se exauriu quatro séculos depois.

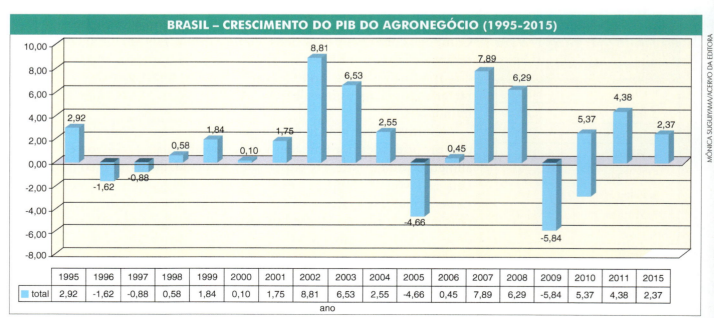

BRASIL – CRESCIMENTO DO PIB DO AGRONEGÓCIO (1995-2015)

ano	1995	1996	1997	1998	1999	2000	2001	2002	2003	2004	2005	2006	2007	2008	2009	2010	2011	2015
total	2,92	-1,62	-0,88	0,58	1,84	0,10	1,75	8,81	6,53	2,55	-4,66	0,45	7,89	6,29	-5,84	5,37	4,38	2,37

Fonte: CEPEA. Relatório PibaBrasil, 2016. São Paulo, 2016. p. 3.
Disponível em: <http://www.cepea.esalq.usp.br/comunicacao/Cepea_PIB_BR_abr16.pdf>.
Acesso em: 15 ago. 2016.

Mas isso não significou a substituição total das atividades agropecuárias e a pauta de exportação brasileira ainda tem nesses produtos um peso importante, representando 23% do PIB em 2015, segundo a Confederação da Agricultura e Pecuária (CNA) do Brasil.

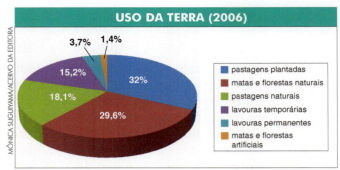

Fonte: Censo agropecuário 2006: Brasil, Grandes Regiões e Unidades da Federação. Rio de Janeiro: IBGE, 2009. Disponível em: <http://www.ibge.gov.br/home economia/agropecuaria/censoagro/default.shtm>. Acesso em: 15 ago. 2016.

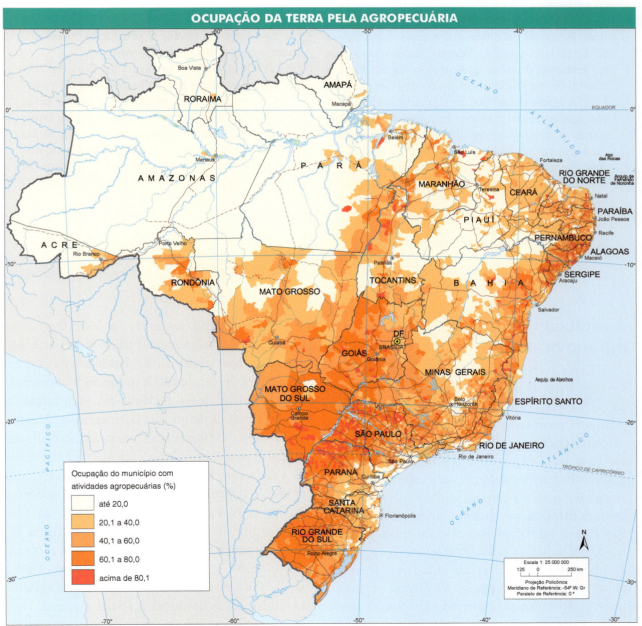

Fonte: Censo agropecuário 2006: Brasil, Grandes Regiões e Unidades da Federação. Rio de Janeiro: IBGE, 2009. Disponível em: <http://www.ibge.gov.br/home economia/agropecuaria/censoagro/default.shtm>. Acesso em: 15 ago. 2016.

Integrando conhecimentos

O Brasil, a quebra da bolsa de NY, o café e a industrialização

O café sempre foi importante na história das produções agrícolas brasileiras. Durante aproximadamente um século o café foi o principal produto de exportação. No entanto, como todo produto de exportação, suas vendas dependem da conjuntura econômica internacional e, nesse sentido, o ano de 1929 foi desastroso para os produtores brasileiros.

A crise da Bolsa de New York provocou enormes prejuízos à economia dos Estados Unidos e do mundo. Some a isso o recorde de produção de café nesse mesmo ano e será possível vislumbrar o cenário de crise, com elevados estoques e nenhum comprador. Em uma tentativa de amenizar a crise, o presidente brasileiro Getúlio Vargas determinou que os estoques fossem queimados, diminuindo a oferta no mercado e elevando os preços.

A partir de então, os agricultores brasileiros começaram a tomar atitudes preventivas, como a diversificação da produção agrícola. Esse pensamento levou o país a se tornar um dos maiores produtores mundiais de alimentos, quadro que persiste até os dias atuais. Veja na tabela abaixo que, mesmo passando

PRINCIPAIS PRODUTORES DE CAFÉ DO MUNDO, SAFRAS (2014-2015)		
Países	Produção*	Crescimento 2014/15
Brasil	43.235	–5,3%
Vietnã	27.500	3,8%
Indonésia	12.317	7,9%
Colômbia	13.500	1,3%
Etiópia	6.700	1,1%

*Em mil sacas de 60 kg.

Fonte: ICO, 2015.

por períodos de revés, a produção brasileira de café ainda é a maior do mundo.

Foi também no governo de Getúlio Vargas que o governo brasileiro começou a investir pesadamente na industrialização do país. Os reflexos foram sentidos mais tarde no campo, com o grande número de agroindústrias no território nacional, o uso de tecnologias para a produção e até mesmo a exportação de maquinários pesados com vistas à produção agrícola em outros países.

➤ Por que a diversificação da produção agrícola e das atividades econômicas em geral ajuda a proteger o país das flutuações do mercado mundial?

A evolução do espaço agrário brasileiro

Com a chegada dos portugueses ao nosso território, o modelo implantado de ocupação do espaço foi o agrário-exportador, num primeiro momento caracterizado pela lavoura canavieira, com o uso de mão de obra escrava. Para isso, o governo metropolitano doava grandes extensões de terras aos interessados em colonizar o novo território. No século XIX a lavoura cafeeira, no Sudeste, principalmente em São Paulo, também se calcou no modelo agrário-exportador, substituindo, entretanto, a mão de obra escrava pela assalariada livre, formada pelos imigrantes europeus. O café se tornou o mais importante produto de exportação brasileiro, sustentando nossa economia quase que totalmente até os anos 1930.

Nas décadas seguintes, a industrialização foi ocupando cada vez mais pessoas e a participação da agropecuária na PEA brasileira entrou em uma curva descendente. A urbanização acelerada do país consolidou o mercado interno, forçando uma diversificação de sua base agrícola. Mesmo as lavouras exportadoras passaram a produzir também para o consumo nacional que aumentava a cada ano. Hoje, o mercado interno é muito grande e consumimos grande parte do que produzimos. Nas décadas de 1970 e 1980, as relações capitalistas de produção na agricultura foram se intensificando no Brasil, e com isso foram introduzidas as relações trabalhistas no campo, articulando e subordinando a produção agrícola às indústrias. A modernização das lavouras, com o desenvolvimento da agroindústria exportadora, principalmente da laranja, da soja, da cana-de-

-açúcar e do café, fazia parte de uma estratégia para aumentar nossas exportações de produtos primários, principalmente grãos.

Assim, as atividades agropecuárias desenvolveram os **agronegócios** (*agrobusiness*) que englobam o conjunto de atividades ligadas ao cultivo, à tecnologia agrária, à industrialização e à comercialização, abrangendo desde as fábricas de insumos agrícolas até o produto chegar ao consumidor final, seja ele direto ou via exportação.

Os financiamentos favoreceram a modernização da grande propriedade, introduzindo-se maquinários, como colheitadeiras, ceifadeiras e tratores, além do uso de fertilizantes, herbicidas, sementes selecionadas etc. A redução e racionalização dos custos incrementaram os índices de produtividade, o que nos permitiu praticar preços compatíveis com a concorrência internacional.

Extensas áreas foram tomadas por monoculturas exportadoras, muitas delas ocupando o lugar de lavouras tradicionais voltadas para o consumo interno. Outras áreas até então inexploradas, como as do Cerrado da Região Centro-Oeste, tiveram seu solo, pobre e ácido, corrigido. Em pouco tempo, a soja, até então plantada predominantemente na Região Sul, foi responsável pela expansão da fronteira agrícola sobre o Cerrado. Também cresceram significativamente as fazendas abertas para a criação extensiva de gado.

O interior de São Paulo, em grande parte, foi tomado pelos laranjais, cuja produção passou a atender as indústrias fabricantes de suco, exportado principalmente para os Estados Unidos e a Europa.

A cana-de-açúcar substituiu antigas culturas tradicionais, como por exemplo a de café, também no interior paulista, recebendo enormes incentivos para viabilizar o Pró-álcool, programa brasileiro de combustível alternativo para veículos automotores.

Essas lavouras com vocação exportadora, por necessitarem de grandes áreas para alcançar os volumes de produção compatíveis com a rentabilidade esperada, foram se ampliando, expulsando os pequenos proprietários, o que gerou concentração de terras.

A expansão da fronteira agrícola trouxe também a figura do capitalista investidor que empregava seu capital nas atividades agropecuárias.

A partir da década de 1970, a fronteira agrícola se expandiu em direção a Rondônia e Pará, ocorrendo o início da ocupação da última fronteira agrícola do Brasil: a Amazônia.

A exportação de grãos, como a soja, e de suco de laranja provocou a modernização e a especialização de portos e dos grandes navios que os transportam.

A pecuária brasileira

O Brasil possui um dos maiores rebanhos do mundo. Possuímos o segundo maior rebanho bovino e o terceiro de suínos e frangos. Observe o efetivo dos rebanhos nos gráficos:

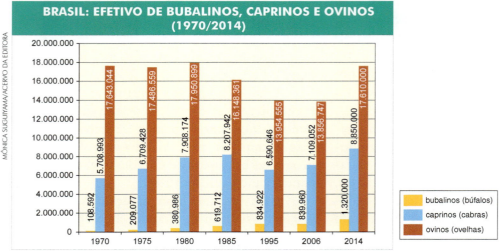

Fonte: IBGE. *Produção da pecuária municipal*, 2014. Rio de Janeiro, 2014. p. 17. Disponível em: <http://biblioteca.ibge.gov.br/visualizacao/periodicos/84/ppm_2014_v42_br.pdf>. Acesso em: 16 ago. 2016.

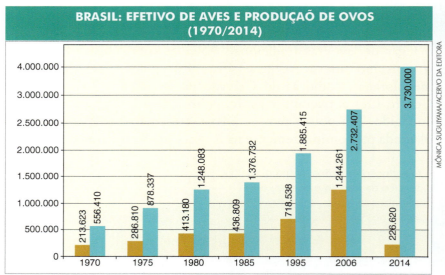

Fonte: IBGE. *Produção da pecuária municipal*, 2014. Rio de Janeiro, 2014. p. 19. Disponível em: <http://biblioteca.ibge.gov.br/visualizacao/periodicos/84/ppm_2014_v42_br.pdf>. Acesso em: 16 ago. 2016.

Fonte: IBGE. *Produção da pecuária municipal*, 2014. Rio de Janeiro, 2014. p. 17. Disponível em: <http://biblioteca.ibge.gov.br/visualizacao/periodicos/84/ppm_2014_v42_br.pdf>. Acesso em: 16 ago. 2016.

Rebanho brasileiro

Atualmente a criação de gado no Brasil faz parte da pauta de exportações, principalmente de carne industrializada para os países ricos, o que confere grande lucro para o setor. Mas em nosso país a criação é feita em sistemas diferentes, dependendo da área de criação e recursos do produtor. Em muitas regiões do país ainda predomina a pecuária extensiva, praticada com poucos cuidados, fazendo com que a qualidade de parte do nosso rebanho não seja das melhores.

Quando a criação é de pecuária extensiva, o gado bovino não é criado confinado e ingere menos nutrientes do que é necessário, alimentando-se em pastagens naturais, sem complementação alimentar. Além disso, por vezes não é vacinado regularmente e também não recebe o acompanhamento de veterinários com a frequência adequada. Assim, a alta taxa de mortalidade entre os animais aliada à demora para conseguir o peso necessário para o abate fazem com que a rentabilidade do setor seja baixa.

Por outro lado, temos a pecuária intensiva, que serve para a produção de gado de corte e leiteiro. Nessas fazendas, utilizam-se técnicas modernas de produção para garantir a qualidade e atender aos importadores estrangeiros, o que tem elevado a qualidade do rebanho brasileiro. Como se pode ver nos gráficos a seguir, o Brasil tem atualmente papel de destaque na produção e exportação de carne bovina.

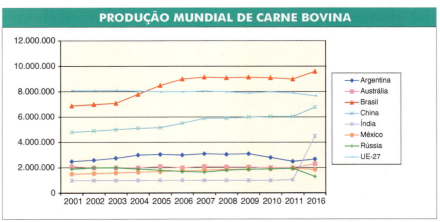

Fonte: USDA. Foreign Agricultural Service. *Livestock and Poultry: Worl Market and Trade*. Washington, 2016. p. 14.
Disponível em: <http://apps.fas.usda.gov/psdonline/circulars/livestock_poultry.PDF>. Acesso em: 15 ago. 2016.

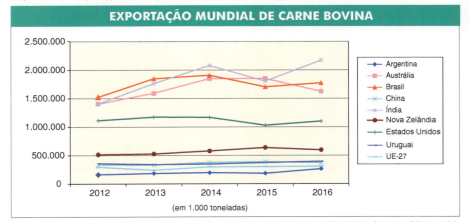

Fonte: USDA. Foreign Agricultural Service. *Livestock and Poultry: Worl Market and Trade*. Washington, 2016. p. 15.
Disponível em: <http://apps.fas.usda.gov/psdonline/circulars/livestock_poultry.PDF>. Acesso em: 16 ago. 2016.

Muitas terras, poucos donos

As causas da concentração

Historicamente a nossa formação e organização fundiária tendeu para a grande propriedade, pela nossa característica agroexportadora de produtos tropicais, que necessitavam de grandes extensões de terras para se tornarem economicamente viáveis (economia de escala).

Nos tempos coloniais, cabia à Coroa Portuguesa doar terras para os interessados em ocupar e colonizar o Brasil. Dessa forma, o governo português doava grandes extensões de terra para donatários, que deviam cultivá-las conforme os interesses mercantis portugueses. Manter essas extensas propriedades era para os poucos que faziam fortuna. Com o tempo eles iam agregando mais terras e legavam-nas aos seus descendentes. Eram as chamadas Capitanias Hereditárias.

Essa situação só foi modificada a partir de 1850, com **a Lei das Terras**. Por ela, as terras deveriam ser compradas e pagas em espécie (dinheiro), o que privilegiava os grandes proprietários, os detentores do capital. Dessa forma, esses fazendeiros passaram a concentrar mais terras em suas mãos.

No século XX, com a ocupação do interior do Brasil, a questão da "posse" das áreas devolutas (terras pertencentes ao governo) tornou-se um grave problema, gerando sérios conflitos. Lavradores instalavam-se em uma área, doada ou não pelo governo, mas não conseguiam legalizar a posse das terras, receber a escritura definitiva, o documento oficial que lhes garantia a titularidade e posse da propriedade. Grandes fazendeiros, através de ameaças e outros tipos de violência, expulsavam os posseiros ou arrematavam as terras por preços irrisórios, incorporando-as ao seu patrimônio, aumentando assim suas propriedades.

Os "coronéis", grandes proprietários e chefes políticos locais, tinham nos latifúndios a base de seu domínio e na força e violência a maneira de obrigar a população a obedecer às suas determinações. Eles exerciam poder de polícia, substituindo o poder do Estado. Este se omitia, garantindo, assim, os privilégios e a base da riqueza e do poder dos coronéis: a grande propriedade.

A estrutura fundiária calcada na grande propriedade (latifúndios) ainda tem um aspecto bastante perverso, na medida em que muitas dessas extensas propriedades são improdutivas, ou seja, as terras nada produzem, normalmente esperando a valorização imobiliária ou a afirmação do poder político de muitas gerações.

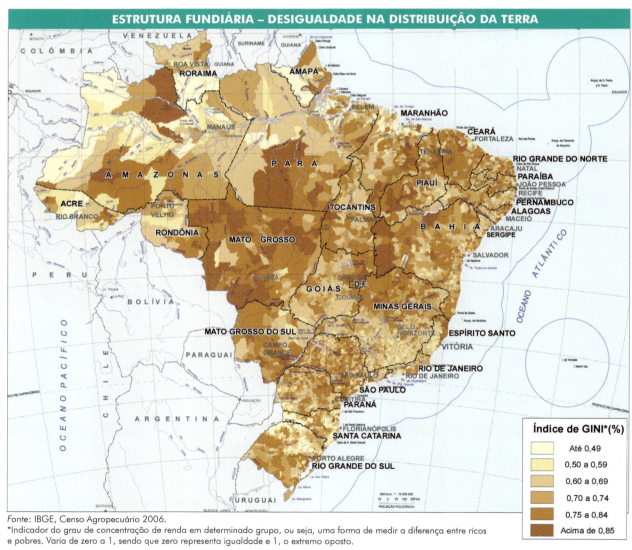

Fonte: IBGE, Censo Agropecuário 2006.
*Indicador do grau de concentração de renda em determinado grupo, ou seja, uma forma de medir a diferença entre ricos e pobres. Varia de zero a 1, sendo que zero representa igualdade e 1, o extremo oposto.

O Estatuto da Terra

Em 1964, preocupado com os focos de tensão que a concentração poderia provocar, o governo militar implantado naquele ano decidiu mapear a situação agrária nacional para, a partir daí, planejar uma reforma agrária. Dessa forma, foi promulgada uma série de leis conhecidas como **Estatuto da Terra**. Para se pensar em reforma agrária havia a necessidade de classificar as propriedades rurais segundo sua dimensão. Foi assim que surgiu o conceito de **módulo rural**. Entende-se por módulo rural "área explorável que, em determinada porção do país, direta e pessoalmente explorada por um conjunto familiar equivalente a quatro pessoas adultas, correspondendo a 1.000 jornadas anuais, lhe absorva toda força de trabalho em face do nível tecnológico naquela posição geográfica e, conforme o tipo de exploração considerado, proporcione um rendimento capaz de lhe assegurar a subsistência e o progresso social e econômico". O conceito de módulo rural é derivado, segundo o INCRA (Instituto Nacional de Reforma Agrária), do conceito de propriedade familiar, sendo "uma unidade de medida, expressa em hectares, que busca exprimir a interdependência entre a dimensão, a situação geográfica dos imóveis rurais e a forma e as condições do seu aproveitamento econômico".

O texto da lei propunha que o módulo rural, que variava conforme a região do país, fosse capaz de proporcionar a uma família de quatro pessoas uma sobrevivência digna, seja numa pequena propriedade ao redor da área metropolitana de São Paulo, seja numa maior, no interior da Amazônia.

Utilizando como base o módulo rural, a lei n.º 8.629, sancionada em 1993 pelo presidente Itamar Franco, definiu que a classificação dos imóveis rurais, segundo sua dimensão, passaria a ser realizada com base no módulo fiscal, conceito este derivado do módulo rural. Trata-se na realidade do módulo rural médio do município a ser classificado. Este pode variar de 5 a 110 hectares pelo país.

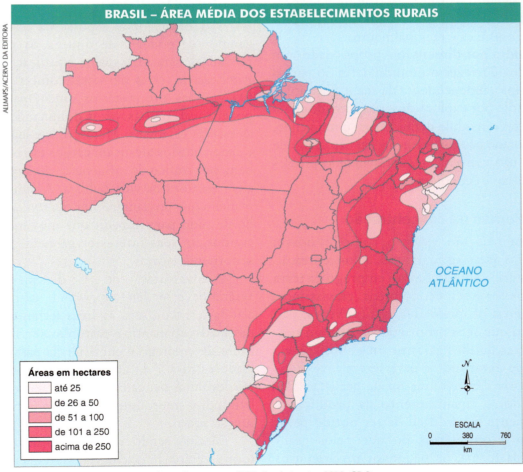

Fonte: Centro Agropecuário 2006 – Segunda apuração. IBGE: Rio de Janeiro, 2012. CD Rom.

A partir dessa nova definição, os imóveis rurais passaram a ser classificados por tamanho, da seguinte maneira:

- **minifúndio** – imóvel rural menor que o módulo fiscal estipulado para o respectivo município;
- **pequena propriedade** – imóvel rural que tem sua área entre 1 e 4 módulos fiscais;
- **média propriedade** – imóvel rural que tem sua área entre 4 e 15 módulos fiscais;
- **grande propriedade** – imóvel rural que tem sua área acima de 15 módulos fiscais.

Essas unidades são critérios para que se promova a reforma agrária, com a desapropriação de grandes propriedades improdutivas e que não cumpram sua função social.

Mas os imóveis rurais também podem ser classificados pelo uso que é feito deles, assim:

- **minifúndio** – qualquer propriedade de tamanho inferior ao módulo, independente do tipo de uso;
- **empresa rural** – propriedade de até 600 vezes o módulo definido para o município, explorada econômica e racionalmente;
- **latifúndio por dimensão** – propriedade com mais de 600 vezes o módulo definido para o município, independente da sua utilização;
- **latifúndio por exploração** – propriedade de até 600 vezes o módulo definido para o município, inexplorado economicamente ou explorado de forma não conveniente, apresentando problemas sociais e econômicos.

Os problemas da concentração

Num país tão extenso como o nosso, com tantas áreas agricultáveis, a concentração de terras criou distorções no emprego da terra com reflexos socioeconômicos gravíssimos. As pequenas propriedades, muitas vezes, não permitem que seus proprietários aufiram rendas capazes de lhes garantir uma subsistência digna e de gerar lucros para serem investidos na melhoria das lavouras ou da pecuária. Por outro lado, o financiamento da produção é infinitamente mais difícil de ser obtido pelos pequenos proprietários do que pelos grandes. Dessa forma, os pequenos proprietários tratam suas lavouras e criações de forma tão precária que não contam com qualquer maquinário, como revela o censo agropecuário, que constatou não haver sequer um trator na maioria dos estabelecimentos rurais do país. A tecnologia que modernizou parte da agricultura brasileira passa longe desses estabelecimentos, aprofundando as características arcaicas de produção e deixando os pequenos produtores sem alternativas.

Os pequenos proprietários, cada vez com mais dificuldade em produzir e conseguir retorno de seus investimentos, sofrem pressões constantes dos grandes fazendeiros ou mesmo de grandes empresas industriais que investem no setor agrícola, para que vendam suas propriedades. Nas Regiões Sul e Sudeste do país está ocorrendo um movimento nesse sentido. Os últimos censos agropecuários apontaram que nos últimos anos diminuiu o número de pequenas propriedade, principalmente aquelas com área menor do que 100 hectares.

A reforma agrária

No Brasil, onde a posse da terra é fator gerador de poder e de riqueza, as reações às mudanças para uma maior equalização da distribuição de terras são vistas como *subversivas*. Os grandes proprietários ainda mantêm seu poder local, muitas vezes dominando também as esferas estaduais. Membros de suas famílias e apadrinhados alcançam cargos eletivos e também, por tráfico de influência, são lançados nos altos escalões da vida pública. Assim, agem de maneira que possam manter o *status quo*, fazendo de tudo para impedir que movimentos que contrariem seus interesses ganhem projeção e se tornem ameaças.

A Constituição de 1988 diz que a reforma agrária deve ser feita em virtude da função social da terra, ou seja, as áreas férteis devem ser destinadas ao plantio e pastoreio, servindo como fonte de emprego e subsistência para os trabalhadores rurais. As áreas prioritárias são as terras devolutas ocupadas ilegalmente e os grandes latifúndios improdutivos que não cumprem sua função social.

Mesmo sendo texto constitucional, a reforma agrária brasileira não se concretizou da maneira esperada, em razão da posição contrária dos grandes proprietários que recorriam judicialmente das ações de desapropriação em um processo extremamente moroso.

Entende-se hoje que não basta distribuir a terra para os que não têm seu pedaço de chão para ser cultivado. Mais do que nunca, o agricultor que recebe seu lote de terra precisa ser inserido na cadeia produtiva, para ter condições de produzir e gerar excedentes comercializáveis. Para tanto, é necessário que a eletricidade esteja disponível, como também créditos agrícolas, sistema de transportes e armazenagem etc. O que se vê, no entanto, é que essa inserção não se dá e, muitas vezes, os assentados desistem de plantar em suas terras pela falta de condições para tal. O problema é muito mais grave do que aparenta, pois a ação de assentamento requer a vontade política de dar condições ao agricultor para tornar sua propriedade produtiva, podendo, assim, concorrer dentro da lógica capitalista rural na qual vivemos, voltada para a maximização da produção e redução de custos.

Questão socioambiental

SOCIEDADE & ÉTICA

A Constituição Federal Brasileira

Em seus três primeiros artigos, o texto da Constituição Federal Brasileira que trata da Reforma Agrária expõe as situações em que as terras podem ser desapropriadas para essa finalidade. Pode-se perceber que o conteúdo, apesar de bastante claro, dá margem a muitas discussões e indefinições, como a definição para "propriedade produtiva" ou "uso racional da terra".

**CAPÍTULO III
DA POLÍTICA AGRÍCOLA E FUNDIÁRIA
E DA REFORMA AGRÁRIA**

Art. 184. Compete à União desapropriar por interesse social, para fins de reforma agrária, o imóvel rural que não esteja cumprindo sua função social, mediante prévia e justa indenização em títulos da dívida agrária, com cláusula de preservação do valor real, resgatáveis no prazo de até vinte anos, a partir do segundo ano de sua emissão, e cuja utilização será definida em lei.

§1.º – As benfeitorias úteis e necessárias serão indenizadas em dinheiro.
§2.º – O decreto que declarar o imóvel como de interesse social, para fins de reforma agrária, autoriza a União a propor a ação de desapropriação.
§3.º – Cabe à lei complementar estabelecer procedimento contraditório especial, de rito sumário, para o processo judicial de desapropriação.
§4.º – O orçamento fixará anualmente o volume total de títulos da dívida agrária, assim como o montante de recursos para atender ao programa de reforma agrária no exercício.
§5.º – São isentas de impostos federais, estaduais e municipais as operações de transferência de imóveis desapropriados para fins de reforma agrária.

Art. 185. São insuscetíveis de desapropriação para fins de reforma agrária:

I – a pequena e média propriedade rural, assim definida em lei, desde que seu proprietário não possua outra;
II – a propriedade produtiva.

Parágrafo único. A lei garantirá tratamento especial à propriedade produtiva e fixará normas para o cumprimento dos requisitos relativos a sua função social.

Art. 186. A função social é cumprida quando a propriedade rural atende, simultaneamente, segundo critérios e graus de exigência estabelecidos em lei, aos seguintes requisitos:

I – aproveitamento racional e adequado;
II – utilização adequada dos recursos naturais disponíveis e preservação do meio ambiente;
III – observância das disposições que regulam as relações de trabalho;
IV – exploração que favoreça o bem-estar dos proprietários e dos trabalhadores.

> ➤ A partir da leitura desse texto e de seus conhecimentos, faça um pequeno texto sobre a eficiência da reforma agrária e por qual motivo ela ainda não saiu do papel.

Os Sem-Terra e os produtores rurais

Diante desse quadro fundiário, em que muitos não têm terras e poucos têm muitas, cresce o MST, o Movimento dos Trabalhadores Rurais Sem-Terra, e outros movimentos de trabalhadores rurais sem-terra, que reivindicam a aceleração da reforma agrária. Entre as formas de luta desses trabalhadores estão as ocupações de fazendas já estabelecidas, as marchas e os acampamentos onde vivem seus membros: suas famílias entram na fazenda e erguem acampamento. Os critérios para as ocupações sob a ótica da produtividade são estabelecidos pelo movimento, que escolhem as propriedades que não exercem a função social da terra instituída na Constituição de 1988, portanto, considerados latifúndios improdutivos.

Na realidade, essa complexa questão envolve problemas estruturais da organização econômica e política desse imenso país e grande vontade política de enfrentar o problema, necessariamente mexendo com a oligarquia rural.

O problema da terra, entretanto, extravasa os gabinetes e os ministérios do governo. Os conflitos pela posse da terra prosseguem pelo país, com o enfrentamento dos sem-terra e os proprietários, que se defendem das invasões com jagunços armados. Mortes, emboscadas e desaparecimentos acontecem muitas vezes nesses confrontos.

O movimento dos trabalhadores Sem-Terra tem hoje caráter nacional.

Ponto de vista

Origem do MST e da UDR

O período que precedeu a Assembleia Constituinte de 1988 foi extremamente importante para a questão da propriedade rural no Brasil. Dois grupos lutavam por direitos constitucionais e se organizaram para essa disputa.

De um lado, os proprietários rurais queriam preservar o seu direito: a propriedade e a manutenção da ordem e respeito às leis do país. Para isso, ajudaram a eleger deputados e senadores que pudessem garantir que a nova Constituição mantivesse esses direitos. Como forma de organização fundaram a União Democrática Ruralista (UDR), em 1985. Na visão dos proprietários de terras, uma ala política de esquerda radical queria acabar com o direito à propriedade e implantar um sistema socialista no Brasil.

Do outro lado, o MST, fundado no mesmo período, lutava para reverter um processo histórico de concentração fundiária que se iniciou quando os primeiros europeus aportaram em nossas terras. O MST também lutava contra as leis que nunca saíam do papel, o que significava o não assentamento de trabalhadores rurais sem-terra. Ainda hoje não conseguiram seu intento, pois existem enormes conflitos de interesses na realização da reforma agrária.

No histórico das duas instituições, muitas acusações. Para o MST, a UDR é o braço armado que defende os grandes latifundiários do país, elege representantes para compor a bancada ruralista e usa a mídia como aliada. Para a UDR, o MST desrespeita as leis do país, destrói propriedades particulares e também usa de violência para alcançar seus objetivos. O MST considera que o processo de desapropriação é lento demais e protege os donos de terras improdutivas. Os proprietários usam a lei e geralmente expulsam os ocupantes depois das reintegrações de posse.

Parece mesmo ser uma discussão que só poderia chegar ao fim com o cumprimento das leis existentes e com a criação de leis que garantissem o direito à propriedade e o acesso a terra.

➢ Por que a grande discussão em torno da questão da propriedade da terra no Brasil coincide com o período da reabertura democrática?
➢ Qual é a importância da democracia para resolução de conflitos como esse?

Os produtores rurais

No Brasil, a parcela da população economicamente ativa ocupada nos estabelecimentos agropecuários é de aproximadamente 24% do total (2015). Essas pessoas contribuem com cerca de 23% do nosso PIB.

Mas quem são esses produtores rurais? Existem na agropecuária brasileira dois grandes grupos de produtores rurais: os que se enquadram dentro das relações capitalistas de produção, que gerenciam suas atividades nos moldes empresariais e, de outro lado, os pequenos produtores. No primeiro grupo, estão os que utilizam a tecnologia como diferencial para o aumento da produtividade e com apoio creditício do sistema financeiro. É o caso das lavouras agroexportadoras de soja, de usineiros de açúcar, de grandes criadores de gado bovino etc.

Ao lado desses empresários rurais temos os pequenos produtores que abastecem agroindústrias na região onde se encontram. Assim, por exemplo, as grandes indústrias de laticínios, normalmente compram a produção de leite de centenas ou milhares de pequenos e médios produtores para abastecer a sua produção industrial. Nesse tipo de propriedade predomina o trabalho familiar.

Para garantir a qualidade do fornecimento, a empresa estabelece padrões de qualidade para o leite, condições sanitárias e de higiene no estabelecimento, produtividade esperada, além de oferecer assessoria técnica a esses fornecedores.

Também opera com sistema de crédito para alavancar a produção ou para modernizá-la. Em algumas regiões, os produtores reúnem-se em cooperativas também ligadas à agroindústria. A cooperativa, entretanto, é que organiza a produção em âmbito global e a comercialização da safra ou do abate.

Explorando o tema

Formas de exploração da terra e relações rurais de trabalho

As relações de trabalho no campo brasileiro estão ultrapassadas e não atendem às expectativas da maioria da população que vive e trabalha nele. Com a aprovação do Estatuto do Trabalhador Rural, em 1963, os direitos e benefícios da Consolidação das Leis do Trabalho (1943), que só valiam para os trabalhadores urbanos, foram estendidos a todos os trabalhadores rurais. Como consequência, muitos fazendeiros dispensaram os trabalhadores e investiram na mecanização e modernização da agricultura, o que levou ao êxodo rural.

No Brasil, predominam as pequenas e médias propriedades familiares. No entanto, milhões de famílias são obrigadas a trabalhar em terras alheias, sob condições precárias. Assim, podemos dividir as formas de exploração da terra entre diretas e indiretas. Vejamos a seguir.

Dentre as formas de exploração indireta da terra, ou seja, não realizada pelo proprietário das terras, destacam-se o **arrendamento**, no qual as terras são exploradas e paga-se para o proprietário em dinheiro o valor do aluguel, e a **parceria**, na qual dono e parceiro entram em acordo pelo uso das terras e o parceiro paga em espécie para o proprietário das terras. A forma mais comum de divisão é de 50% para cada um e, por ser a metade da produção, o parceiro nesse caso é chamado de meeiro.

Na exploração direta temos o **trabalho assalariado**, no qual o trabalhador é contratado segundo as leis vigentes, e o **trabalhador temporário**, também conhecido como *boia-fria*. Como é necessário complementar o trabalho, em épocas de colheita e plantio são contratados esses trabalhadores temporários, que costumam viver nas periferias de cidades próximas.

Além desses modos, não se pode esquecer dos **grileiros**, que se apossam das terras de outros por meio de falsas escrituras de propriedade, e os **posseiros**, que constroem em terrenos que julgam não pertencer a ninguém. No geral, abrem terras devolutas (pertencentes ao governo) e desenvolvem as suas atividades. No interior do Brasil é muito comum o confronto entre grileiros e posseiros pelo uso das terras.

O campo no início do século XXI

Como foi possível verificar ao longo do capítulo, o mundo rural brasileiro deste início de século XXI enfrenta muitos desafios, mas também recebe o reconhecimento internacional devido a sua atuação no mercado externo.

Se, por um lado, temos lavouras que contam com aparatos tecnológicos modernos e sofisticados, como o monitoramento da produção por satélite, e que atingem altíssima produtividade e qualidade para exportação, por outro encontramos um país onde as lavouras voltadas para abastecimento do mercado interno não acompanharam tal modernização.

Entre os desafios está o aumento da competitividade, não só para exportação dos produtos nacionais, como também para abastecimento interno. Pequenos e médios produtores ainda encontram dificuldades para obtenção de crédito, o que atrasa e desestimula o investimento em modernização.

No que diz respeito à agricultura voltada para a exportação, os desafios são as barreiras impostas pelos países ricos. Embora o país consiga obter vantagens em virtude da abundância de terras, da mão de obra barata e da diversificação climática, aumentando a competitividade, esta é perdida diante de sobretaxas, cotas de importação e barreiras sanitárias, como aquelas impostas por estadunidenses e europeus à importação de laranja, banana e gado brasileiros.

As medidas protecionistas tomadas pelos países ricos prejudicam os produtores brasileiros. Mesmo assim, o Brasil figura entre os maiores exportadores mundiais de itens como café, soja, e suco de laranja.

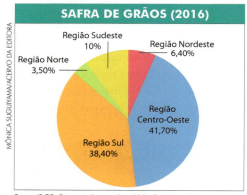

Fonte: IBGE. Disponível em: <http://s2.glbimg.com/Xp99CuN-4M9uuau2aBYv UbkhOU8=/s.glbimg.com/jo/g1/f/original/2016/06/09/agro.jpg>. Acesso em: 17 ago. 2016.

BRASIL – ÁREA PLANTADA, ÁREA COLHIDA, QUANTIDADE PRODUZIDA E VALOR DA PRODUÇÃO DA LAVOURA TEMPORÁRIA (2014)			
Lavoura temporária	Área plantada (hectares)	Quantidade produzida (toneladas)	Valor da produção (mil reais)
Arroz (em casca)	2.347.460	12.175.602	8.365.685
Cana-de-açúcar	10.472.169	737.155.724	42.175.583
Feijão (em grão)	3.401.466	3.294.586	5.173.995
Mandioca	1.592.287	23.242.064	9.552.969
Milho (em grão)	15.841.921	79.877.714	25.997.304
Soja (em grão)	30.308.231	86.760.520	84.387.834
Trigo (em grão)	2.836.786	6.261.895	3.048.005

Fonte: IBGE – Banco de Dados Agregados. Disponível em: <http://www.sidra.ibge.gov.br/bda/tabela/protabl.asp?c=1612&z=t&o=1&i=P>. Acesso em: 16 ago. 2016.

BRASIL – ÁREA PLANTADA, ÁREA COLHIDA, QUANTIDADE PRODUZIDA E VALOR DA PRODUÇÃO DA LAVOURA PERMANENTE (2014)			
Lavoura permanente	Área destinada à colheita (hectares)	Quantidade produzida (toneladas)	Valor da produção (mil reais)
Banana (cacho)	482.708	6.946.567	5.574.268
Cacau (em amêndoa)	707.106	273.793	1.589.535
Café (em grão)	2.002.151	2.804.070	15.683.922
Castanha de caju	638.515	107.713	185.361
Laranja	689.047	16.927.637	5.535.436

Fonte: IBGE – Banco de Dados Agregados. Disponível em: http://www.sidra.ibge gov.br/bda/tabela/protabl.asp?c=1613&z=t&o=3&i=P> Acesso em: 16 ago. 2016.

ATIVIDADES

PASSO A PASSO

1. Qual é a diferença entre a pecuária extensiva e intensiva?
2. O que são alimentos transgênicos?
3. Qual é a importância da OMC para o comércio exterior de produtos agropecuários?
4. O Brasil possui uma distribuição de terras bastante desigual. A reforma agrária como simples redistribuição de terras para a população é a solução para o problema? Por quê?
5. Estabeleça a definição de latifúndio.
6. Quais são os 5 principais produtos agrícolas cultivados no Brasil?

IMAGEM & INFORMAÇÃO

1. Faça uma análise do mapa abaixo, sobre o crescimento do rebanho bovino no Brasil.

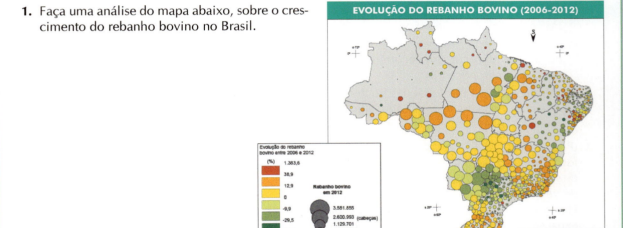

Disponível em: <http://www.cbg2014.agb.org.br/site/capa>.
Acesso em: 19 out. 2016.

2. Analise a imagem ao lado.
   a) Qual foi o principal produto dos estados destacados dentro do período assinalado?
   b) Esses produtos são, em sua maioria, direcionados para o mercado interno ou externo?

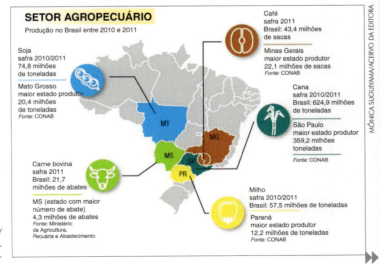

Disponível em: <http://www.brasil.gov.br/sobre/economia/setores-da-economia>.
Acesso em: 10 ago. 2016. Adaptado.

TESTE SEUS CONHECIMENTOS

1. (PAES – Unimontes – MG) Analise a charge abaixo. Ela faz uma crítica à

Disponível em: <http//triviaveg.blogspot.com/2008/06/12-ambiente-etc-rasuralivreblogspotcom.html>.

a) inoperância das forças armadas na região que atuam de forma desarticulada, por causa da falta de agentes.
b) falta de uma política eficaz de proteção do bioma equatorial, entendido como um sistema.
c) destruição da floresta equatorial predominante na Amazônia, em decorrência da expansão da agropecuária.
d) grande extensão territorial das fronteiras da Amazônia brasileira, fator que dificulta a fiscalização ambiental.

2. (PAS – UnB – DF) Um agricultor, buscando formas de uso racional do patrimônio natural de sua propriedade, deseja recuperar uma área de vegetação nativa adjacente a um córrego. Essa área foi desmatada anteriormente para expansão da área agrícola da propriedade e está sendo erodida pelas chuvas. Esse agricultor, visando conter a erosão do solo, evitando, assim, o assoreamento do córrego, pretende recompor a vegetação nativa com espécies que forneçam frutos comestíveis e sementes, como forma de reflorestar outras áreas degradadas e de atrair a fauna silvestre. Considerando essa situação, faça o que se pede a seguir.

Aliar o crescimento econômico à conservação de recursos naturais, como na situação apresentada, é um grande desafio para toda a humanidade. Assinale a opção que apresenta o termo que corresponde ao conjunto de ideias que, além de expressar a busca da promoção do desenvolvimento socioeconômico sem o comprometimento do ecossistema local, prioriza a melhoria da qualidade ambiental e da vida da população por meio de atividades de educação ambiental.

a) preservacionismo
b) conservacionismo
c) socioambientalismo
d) desenvolvimentismo

3. (UEM – PR) Sobre o meio rural e suas transformações, assinale o que for correto.

(01) A partir do século XVIII, no período da revolução industrial, o aperfeiçoamento de instrumentos e técnicas de cultivo, tais como, arado de aço e adubos, permitiu o aumento da produtividade agrícola, originando a agricultura moderna.

(02) Ainda que a inovação tecnológica tenha determinado ganhos de produtividade com o crescimento da produção por área e ampliado os limites das áreas agrícolas, o desenvolvimento da produção rural ainda hoje necessita de grandes extensões de terras com condições climáticas e solos favoráveis.

(04) Procedimentos técnicos, como a adubação e a irrigação e drenagem, têm diminuído a dependência da agricultura do meio natural. Entretanto, a difusão dessas inovações pelo espaço mundial é irregular, tornando o meio rural muito diversificado.

(08) Na agropecuária extensiva, são utilizadas pequenas extensões de terras, podendo ser mantidas vastas áreas naturais preservadas. Há o predomínio do capital, uma vez que apresenta grande mecanização e a mão de obra utilizada é bem qualificada.

(16) O *plantation* é um sistema agrícola típico de países desenvolvidos. As suas características atuais são: o minifúndio (pequenas propriedades rurais), policultura (cultivo de vários produtos agrícolas) e mão de obra qualificada.

4. (UEPB) (...) a Fazenda Tamanduá [no Sertão da Paraíba produz] mangas para exportação, gado de leite da raça pardo suíço e criação de abelhas. Estas três atividades não foram escolhidas aleatoriamente; elas são integradas para diminuir custos. Assim, as abelhas polinizam as mangueiras, que periodicamente são podadas e seus galhos, junto ao estrume das vacas e outros componentes, são utilizados para a elaboração do composto, a matéria fertilizante do solo e pastagens.

Disponível em: <http://www.sna.agr.br/congresso/outros/ 5cong_106_anos.pdf>.

Com base no recorte do artigo transcrito acima podemos afirmar que a referida produção agrícola é do tipo:

a) transgênico, que revolucionou a produção agropecuária realizando a melhoria genética através da seleção planejada, e do cruzamento controlado das sementes.

b) jardinagem, que utiliza técnicas de terraceamento para preservar o solo evitando a erosão, mantendo a sua fertilidade.

c) *plantation*, que emprega grandes capitais para garantir a produção em larga escala de gêneros tropicais para exportação.

d) itinerante, ainda muito empregado nas regiões mais pobres do mundo, onde os agricultores não dispõem de capitais e técnicas sofisticadas.

e) orgânico, que se baseia em métodos sustentáveis para o meio ambiente e a sociedade.

5. (UPE) No Brasil e em boa parte da América Latina, o crescimento da produção agrícola foi baseado na expansão da fronteira, ou seja, o crescimento sempre foi feito a partir da exploração contínua de terras e recursos naturais, que eram percebidos como infinitos. O problema continua até hoje. E a questão fundiária está intimamente ligada a esse processo, em que a terra dá *status* e poder, com o decorrente avanço da fronteira da produção agrícola, que rumou para a Amazônia, nos últimos anos.

Berta Becker, IPEA, 2012.

Com base no texto e no conhecimento sobre a expansão da fronteira agrícola no Brasil, é CORRETO afirmar que:

a) a agropecuária modernizada no Brasil priorizou a produção de alimentos em detrimento dos gêneros agrícolas de exportação. Esse fato contribuiu para o avanço das fronteiras agrícolas em parte da Amazônia localizada no Meio-Norte.

b) houve grande destruição tanto das florestas como da biodiversidade genética, ambas causadas pelas transformações da produção agrícola monocultora, além de complexos impactos socioeconômicos determinados pelo modelo agroexportador.

c) a maior parte das terras ocupadas no Brasil concentra-se nas mãos de pequeno número de proprietários os quais vêm desenvolvendo mecanismos tecnológicos para evitar os impactos ambientais causados pelo avanço do cinturão verde, sobretudo no Sul do Piauí.

d) as atividades do *agrobusiness* no Brasil, com destaque para a produção de soja, vêm provocando uma rápida expansão agrícola do Rio Grande do Sul até o Vale do São Francisco, sem causarem prejuízo aos seus recursos naturais.

e) com o aumento da concentração fundiária nas últimas décadas, a expansão das terras cultivadas obteve uma grande retração agropecuária em decorrência das inovações tecnológicas, desenvolvidas no campo brasileiro, apesar dos impactos ambientais.

6. (UFU – MG) A agricultura tem grande importância na economia brasileira. Além de gerar empregos e fornecer alimentos, é fonte de matérias-primas industriais e geradora de receitas obtidas com as exportações.

Sobre a agricultura brasileira assinale a alternativa INCORRETA.

a) As práticas agrícolas adotadas desencadearam uma série de problemas ambientais, como a exaustão do solo, a proliferação de pragas e a poluição das águas.

b) A agropecuária moderna convive, lado a lado, com áreas de práticas seculares de produção, como ocorre, por exemplo, no Centro-Sul do país.

c) A estrutura fundiária brasileira caracteriza-se pelo predomínio de pequenas propriedades muito produtivas que utilizam pouca mão de obra.

d) O modelo de desenvolvimento agrícola, adotado em boa parte do país, tem elevado a ocupação de áreas cada vez maiores, com lavouras monoculturas e pastagens.

7. (UNESP) Se, até a década de 1980, o conjunto da agropecuária nordestina permaneceu quase inalterado, a partir de então se vislumbra a ocupação de novas fronteiras pelo agronegócio globalizado, tomando alguns lugares específicos dessa região, que passam a receber vultosos investimentos de algumas importantes empresas do setor, difundindo-se a agricultura científica e o agronegócio. Existe hoje no Nordeste, assim como de resto em todo o país, uma dicotomia entre uma agricultura tradicional e uma agricultura científica, apresentando-se esta em algumas partes bem delimitadas do território nordestino, constituindo verdadeiros pontos luminosos.

ELIAS, D. Globalização e fragmentação do espaço agrícola do Brasil. *Scripta Nova*, ago. 2006. Adaptado.

É exemplo de espaço nordestino "luminoso", incorporado aos circuitos produtivos globalizados do agronegócio, a região produtora de:

a) soja, na Zona da Mata.
b) mandioca, na Chapada Diamantina.
c) cacau, no Agreste.
d) cana-de-açúcar, no Sertão.
e) frutas, no vale do São Francisco.

8. (UECE) A organização do território brasileiro ocorreu a partir da expansão do capitalismo comercial europeu no qual foram estabelecidos fluxos mercantis, definindo em seu início uma paisagem colonial que envolvia a criação de novas estruturas econômicas.

Com base na afirmativa acima, assinale a opção cujos elementos indicam corretamente a área e a forma de exploração no contexto da geografia colonial brasileira.

a) Zona da Mata Nordestina – *plantation* açucareira.
b) Depressão sertaneja – atividade mineradora.
c) Tabuleiros sublitorâneos – pecuária extensiva.
d) Depressão sanfranciscana – exploração extrativista.

9. (FUVEST – SP) Considere os gráficos sobre a urbanização no Brasil.

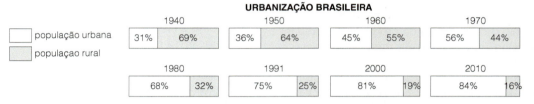

<http://www.ibge.gov.br>. Acesso em: 15 ago. 2013.

Com base nos gráficos e em seus conhecimentos, explique:
a) a mudança do predomínio da população rural para o da população urbana;
b) o fenômeno da urbanização, na última década acima representada, comparando as Regiões Nordeste e Sudeste.

Século XXI – A Seara da Tecnologia

CAPÍTULO 18

O MUNDO NÃO PARA

O século XXI trouxe consigo o aumento da velocidade das transformações e das inovações tecnológicas. No entanto, quem imaginava, décadas atrás, que no ano 2000 estaríamos vivendo no espaço, se enganou. O ser humano chegou à Lua na década de 1960, depois construiu estações espaciais na órbita da Terra e até chegou a enviar um robô para desvendar os mistérios de Marte. Mas a cada dia o futuro da humanidade parece mesmo estar aqui, no nosso planeta e a tecnologia deverá ser a mola mestra da nossa trajetória.

Alguns setores parecem ter chegado, como os meios de transportes tradicionais, no seu teto de inovações, havendo apenas o aperfeiçoamento das máquinas e o aumento da capacidade de transporte. Porém, acredita-se que no futuro poderá haver um meio novo de transportar coisas e pessoas, o teletransporte (atenção: não pense que é ficção). Laboratórios na Dinamarca conseguiram resultados positivos em 2006, nesse campo. Mas, caso algum dia o teletransporte se concretize no nosso cotidiano, ele estará numa esfera totalmente diferente do transporte que conhecemos hoje. Crê-se também que fontes de energia alternativas, como o hidrogênio, deverão estar entre as mais usadas, poupando, assim, recursos naturais e agredindo menos o meio ambiente. Atualmente a busca e a transmissão do conhecimento já se dão dentro de novos paradigmas. É o mundo virtual determinando um novo espaço geográfico.

A fibra óptica, a digitalização, a banda larga, satélites, entre outros, aumentaram a velocidade e a capacidade de transmissão de dados. Assim, a rede mundial de computadores, a internet, conecta pessoas e empresas, que se comunicam em tempo real. Em outras palavras, temos a impressão de que as distâncias parecem ter se encurtado e que o tempo foi acelerado.

A realidade virtual integra o nosso cotidiano nas transações financeiras, nos bate-papos virtuais, na busca de informações pela internet.

Hoje já é possível falar em um só aparelho para telefonar, assistir televisão, acessar a internet, realizar transações bancárias, pagar contas, ouvir música, gravar dados, tirar fotos e fazer vídeos com alta definição.

Atualmente, assistimos ao aumento brutal do fluxo das trocas em âmbito global, entre pessoas e nações, e na transmissão de informações. Segundo o geógrafo Milton Santos, "vivemos a era do despotismo da informação, pois a sua geração e transmissão são controladas por poucos agentes, que as subordinam a seus interesses econômicos e políticos, influenciando a formação de valores, ideologias e modo de vida. Os pontos do espaço geográfico onde se concentram essas tecnologias são os espaços do mandar, enquanto as áreas populosas pobres e de economia tradicional são os espaços do fazer".

AS REDES MATERIAIS E IMATERIAIS

A melhor forma de compreender o mundo atual é analisá-lo sob a ótica das redes, sejam elas materiais ou imateriais. Para começar, circulamos pelas redes rodoviárias, acessamos a rede mundial de computadores, assistimos aos programas das redes de televisão e até as bolsas de valores operam em rede.

Entendemos por **redes materiais** aquelas pelas quais trafegam mercadorias e bens concretos, como cargas e passageiros. Ao mesmo tempo temos as **redes imateriais**, que transportam coisas virtualmente, pelas quais circulam informações e é por onde nos comunicamos.

Muitas vezes as redes imateriais, como as de telefonia, necessitam de sustentação física, como cabos e antenas, para funcionar. Em outros casos, elas podem ser operacionalizadas apenas por meio de centros emissores e receptores, ou de satélites, como as redes de rádio e televisão, pois são acionadas por ondas.

As redes de comunicações superaram as limitações físicas para conectar pessoas, e também para transmitir informações. Dessa forma, bilhões de dólares fomentam diariamente as bolsas de valores de todo o mundo, onde as transações financeiras são feitas por rede de computadores *on-line*, entre dois ou mais pontos do planeta.

As videoconferências estão cada dia mais presentes no cotidiano das empresas, pois permitem que pessoas falem ao vivo umas com as outras sem ter que se deslocar, poupando gastos com transporte e acomodação, além do tempo da viagem. Ordens e normas de uma matriz atingem simultaneamente seus escritórios e filiais, independentemente de onde eles estejam situados e da distância que os separa.

A INTENSIFICAÇÃO DAS TROCAS INTERNACIONAIS – COMÉRCIO

Os blocos econômicos regem hoje o comércio mundial, caracterizado por um nível de trocas de bens e serviços jamais encontrado na História. Há uma tendência de queda de barreiras alfandegárias entre países ou blocos, encorajada pela Organização Mundial do Comércio – OMC. Para que você possa melhor avaliar, em 1950 a soma dos valores de todas as exportações do mundo era da ordem de US$ 62 bilhões, contra mais de US$ 15,2 trilhões em 2010. Na primeira década do século XXI, a soma das exportações no mundo cresceu a taxas médias de quase 9,9% ao ano, enquanto o PIB mundial cresceu apenas a uma taxa média de 2,5% ao ano no mesmo período. A OMC diz que 25% de toda a produção mundial não fica em seus países de origem, sendo, portanto, exportada.

O comércio mundial está concentrado na Europa, na Ásia e na América do Norte, que, juntas, respondem por quase 84% do fluxo mundial de trocas de mercadorias. Os grandes polos comerciais do globo são: União Europeia (especialmente Alemanha), Estados Unidos e Canadá, Japão, Sudeste Asiático e China.

A participação chinesa no comércio mundial, depois da liberalização econômica e da criação das ZEEs, cresceu significativamente, abalando com a economia mundial. Sua entrada na OMC em 2001 obrigou-a a fazer concessões, diminuindo as suas taxas de importações para, assim, facilitá-las. A participação da América Latina é pequena e dirigida principalmente para Estados Unidos, China e União Europeia. A África tem participação tímida no comércio mundial.

A questão do protecionismo

Os países ricos querem a ampliação ainda maior do comércio em âmbito mundial, mas, apesar de seu discurso liberalizante, a prática demonstra que eles estão usando cada vez mais tarifas alfandegárias para proteger suas economias, quer nos produtos industriais ou nos produtos agrícolas. Os países ricos se defendem, acusando as nações pobres de usarem mão de obra barata e, assim, colocarem seus produtos no mercado internacional a preços mais baixos. As tarifas protecionistas abalam profundamente as economias emergentes, em especial no setor de produtos manufaturados e agrícolas.

A ESTRUTURA DAS EXPORTAÇÕES MUNDIAIS EM 2014 (% SOBRE O VALOR TOTAL)		
	1981	2014
Bens e mercadorias	82,5	80,6
Produtos agrícolas	12,6	9,5
Combustíveis e minerais	23,3	16,6
Produtos industrializados	46,6	69,8
Serviços	17,5	19,4

Fonte: OMC, 2015. Disponível em: <https://www.wto.org/english/res_e/statis_e/its2015_e/its2015_e.pdf>. Acesso em: 25 ago. 2016.

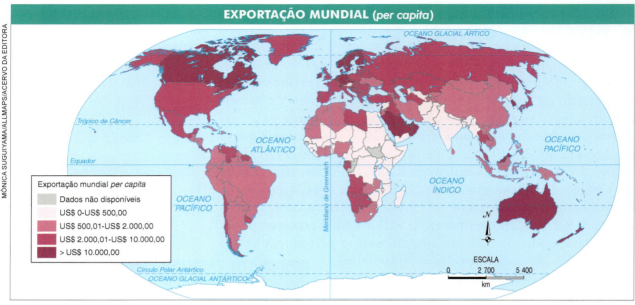

Fonte: Nation Master. Disponível em: <http://www.nationmaster.com/country-info/stats/Economy/Exports-per-capita>. Acesso em: 25 ago. 16.

O comércio internacional dos países pobres

A divisão internacional do trabalho caracterizou as economias de países pobres como exportadoras de produtos primários (minérios e agropecuários) que abasteciam as economias industriais. Porém, no pós-guerra, com a industrialização de algumas nações, os NPIs – Novos Países Industrializados – passaram a produzir manufaturados e a exportá-los. Esse processo, entretanto, não significou o fim da relação de dependência de capital e técnica, e muito menos o "pulo" para que o fosso entre nações ricas e pobres pudesse ser superado. Não devemos nos esquecer de que o valor agregado a essas exportações de manufaturas é pequeno, não tendo, por isso, um valor alto de troca.

Atualmente, se compararmos as pautas de exportações do bloco dos países ricos e dos NPIs, vemos que os primeiros exportam tecnologia aplicada, capitais que serão remunerados e matérias-primas industrializadas com alto valor agregado.

Os países pobres, por sua vez, exportam produtos primários, manufaturados, com baixo valor agregado e, como resultado da relação de dependência, são generosos na remessa de lucros e pagam o serviço de suas dívidas externas.

As nações pobres, em especial os NPIs, buscam manter superávit em suas balanças comerciais, ou seja, exportar mais do que importar. Nem sempre isso é possível, pois exportam barato e compram produtos com alto valor de troca. Dessa forma, as reservas em moeda estrangeira caem e os pagamentos da dívida têm de ser feitos, fazendo com que as **balanças de pagamentos** sejam deficitárias.

Disseram a respeito...

Balança de pagamentos

É a contagem das relações econômicas do país com o resto do mundo.

O balanço de pagamentos é constituído por 4 contas ou balanças: balança comercial, balança de serviços, transferências unilaterais que compõem as transações correntes, e a conta capital constituída pelo movimento de capitais.

Fonte: SANDRONI, P. Op. cit.

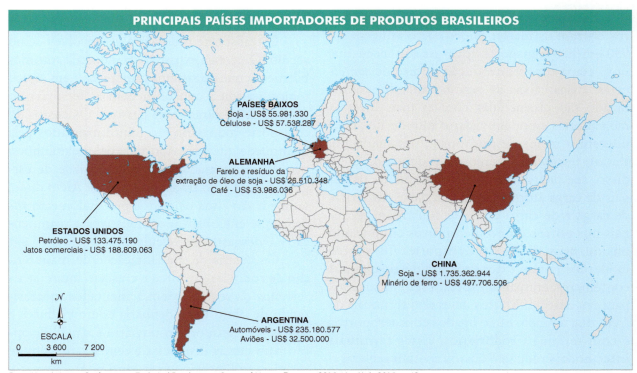

Fonte: United Nations Conference on Trade And Development. *Review of MaritimeTransport*, 2015. New York, 2015. p. 49. Disponível em: <http://unctad.org/en/PublicationsLibrary/rmt2015_en.pdf>. Acesso em: 22 ago. 2016.

REDES DE TRANSPORTES E TELECOMUNICAÇÕES

A intensificação das trocas em âmbito global provocou a modernização e a ampliação das malhas rodoviárias e ferroviárias, bem como dos portos e aeroportos. Essa verdadeira revolução possibilitou o aumento da velocidade e segurança dos meios de transporte, além do aumento da capacidade de transporte de cargas, e provocou o barateamento nos seus custos.

CRH, o trem chinês que atinge até 350 km/h.

Enormes navios graneleiros e petroleiros cruzam os mares; aviões a jato atingem até 950 km/h; o transporte de cargas conheceu uma nova etapa com a introdução do uso de *contêineres*. Essas caixas de aço de tamanho padronizado são preenchidas com as mais diversas mercadorias e podem viajar o mundo nos mais diferentes meios de transporte, seja marítimo, fluvial, ferroviário, aéreo ou rodoviário. Além disso, sua padronização permite que os terminais de carga automatizem boa parte das tarifas de carga e descarga e que se construam terminais nos portos ou nos aeroportos conjugando um ou mais meios de transporte. Os portos modernos já têm extensas áreas destinadas aos contêineres, enquanto esperam ser embarcados para seu destino. Muitos deles têm terminais de trens que também estão ligados com aeroportos e com terminais rodoviários. Esses **terminais intermodais** reduzem custos e visam acelerar o escoamento e o fluxo das mercadorias.

Precisamos lembrar, entretanto, que embora o barateamento nos custos de transportes também tenha beneficiado os países pobres, a falta de investimentos em serviços de infraestrutura nesta área compromete o escoamento da produção e chega a pôr em risco a perda de boa parte dela.

Transporte ferroviário

Esse meio de transporte nasceu na Europa, no século XIX, puxado por locomotivas a vapor, e espalhou-se pelo mundo, aumentando enormemente a capacidade de transporte de cargas e de deslocamento das pessoas. Os trens evoluíram de tal forma que chegam a se deslocar a até 350 km/h, como o sistema de trens chinês CRH.

Até hoje, as ferrovias são muito utilizadas no transporte de cargas, dado o alto volume que os trens podem transportar de uma só vez, por longas distâncias. Porém, o custo de implantação e conservação das ferrovias é muito alto. Em países com grande extensão, como Estados Unidos e Rússia, o transporte ferroviário é o meio de transporte que leva grande parte das cargas. Na Europa Ocidental, a rede ferroviária é moderna, transporta cargas e é um meio de transporte muito usado pela população.

Transporte rodoviário

O transporte rodoviário desenvolveu-se no século XX, com a expansão da indústria automobilística, ícone do sistema capitalista, e em pouco tempo passou a concorrer com as ferrovias no transporte de cargas e de pessoas. Os custos do transporte rodoviário são muito mais altos pela quantidade que é transportada pelos caminhões, pequena comparadamente à capacidade de carga dos trens e do transporte fluvial. Além disso, também são altos os custos por quilômetro rodado que englobam o combustível, a manutenção e o desgaste dos veículos.

Os custos de implantação e de manutenção de rodovias são altos e crescem muito se os terrenos da região forem acidentados, necessitando de obras de engenharia como viadutos e túneis. O transporte rodoviário é a melhor opção para curtas distâncias e tem a vantagem de ser mais ágil, podendo ser feito ponto a ponto. Cresce na Europa o uso combinado de ferrovias e de transporte rodoviário. Nesse caso, os caminhões são transportados, em parte do percurso, por via férrea.

Transporte marítimo

Desde a Antiguidade, o transporte marítimo é utilizado. Porém, seu uso cresceu muito no pós-guerra, fruto das inovações tecnológicas que permitiram o aumento da capacidade de carga das embarcações e a especialização delas. Dessa forma, surgiram os grandes graneleiros, os superpetroleiros etc.

O transporte marítimo é responsável hoje por mais de 75% da carga transportada no mundo, dada a grande capacidade de carga que tem por unidade de transporte, sendo o mais indicado para longas distâncias.

Hoje, os principais e mais movimentados portos contam com terminais intermodais, com o uso intensivo da logística, de maquinários e centros de armazenagem.

Atualmente os portos de Xangai e Cingapura são os mais movimentados do mundo, tanto em volume de mercadorias como em números de contêineres. Na Europa, se destaca o de Roterdã, na Holanda, por onde é escoada grande parte da produção dos países mais industrializados da União Europeia, e dá entrada a uma porção significativa das importações desse bloco econômico. Nos Estados Unidos, destacam-se pela importância e volume de carga os portos de Nova York, Houston e Nova Orleans.

PAÍSES COM AS MAIORES FROTAS MERCANTES DO MUNDO (2015)	
Grécia	16,1%
Japão	13,3%
China	9,08%
Alemanha	7,04%
Cingapura	4,8%
República da Coreia	4,62%

Fonte: United Nations Conference on Trade And Development. *Review of MaritimeTransport*, 2015. New York, 2015. p. 49. Disponível em: <http://unctad.org/en/PublicationsLibrary/rmt2015_en.pdf>. Acesso em: 22 ago. 2016.

OS DEZ MAIORES PORTOS DO MUNDO POR VOLUME TOTAL DE CARGA			
Ranking	Porto	País	Toneladas (milhares)
1	Xangai	China	678
2	Cingapura	Cingapura	581
3	Guangzhou	China	500
4	Qingdao	Holanda	465
5	Port Hedland	Austrália	466
6	Tianjin	China	445
7	Roterdã	Holanda	444
8	Ningbo	China	429
9	Dalian	China	337
10	Busan	Coreia do Sul	335

Fonte: AAPA – American Association of Port Authorities. Disponível em: <http://www.aapa-ports.org/unifying/content.aspx?ItemNumber=21048>. Acesso em: 22 ago. 2016.

Explorando o tema

Roterdã, o principal porto da Europa

Roterdã é o porto marítimo e fluvial mais importante da Europa e um dos mais movimentados do mundo. Situado na foz do rio Reno, é o principal centro intermodal de transportes que se estende por mais de 30 km. A origem da cidade portuária de Roterdã remete ao século XIV e sua importância foi aumentando à medida que a Holanda crescia no comércio internacional.

Hoje, no espaço portuário, além da infraestrutura de transporte (interligação com rodovias, vias férreas e aeroporto) há refinarias de petróleo, indústria química, indústrias agroalimentares, terminais de estocagem, subestações de eletricidade e terminais de gás e petróleo.

A indústria química vem se tornando cada vez mais importante em Roterdã, graças à importação de petróleo e à transformação deste em muitos produtos que já são distribuídos a partir do porto em que entram na Europa.

Porto de Roterdã.

Transporte aéreo

O transporte aéreo cresceu significativamente nos últimos trinta anos, principalmente o de pessoas, graças à intensificação das trocas, à modernização das aeronaves e ao barateamento dos custos globais de translado. As principais empresas fabricantes de aviões de grande porte lançaram nos últimos anos aeronaves com capacidade de transporte de 850 passageiros por avião, com uma autonomia de voo de 2.000 km, o que reduz sensivelmente os custos.

O transporte de cargas aéreo é caro, pela limitação do volume que os aviões podem levar e pelo custo operacional de manutenção das aeronaves, combustível etc. Assim, são transportadas cargas leves ou perecíveis, ou ainda, aquelas que têm urgência de chegar ao destino, compondo uma pequena porcentagem do total transportado.

Entretanto, apesar do crescimento do setor, a aviação vem enfrentando alguns problemas, apesar das fusões para tentar contornar a forte concorrência, baixar custos e aumentar a rentabilidade. A tendência é o barateamento das passagens por meio de campanhas promocionais que dão descontos a quem compra as passagens com antecedência e com data marcada. Assim, as empresas aéreas procuram aumentar suas taxas de ocupação.

OS DEZ MAIORES AEROPORTOS DO MUNDO (2015)	
Aeroporto	Número de passageiros (em milhões)
1. Hartsfield Jackson Atlanta (Estados Unidos)	101.489
2. Beijing Capital (China)	89.938
3. Dubai (Emirados Árabes Unidos)	78.010
4. Chicago O'Hare (Estados Unidos)	79.942
5. Tóquio (Japão)	75.316
6. London Heathrow (Reino Unido)	74.989
7. Los Angeles (Estados Unidos)	74.704
8. Hong Kong Internacional Kai Tak	68.342
9. Charles de Gaulle (Paris, França)	65.771
10. Dallas Fort Worth (Estados Unidos)	64.072

Fonte: World airports code. Disponível em: <https://www.world-airport-codes.com/world-top-30-airports.html>. Acesso em: 22 ago. 2016.

Transporte fluvial

Os rios são importantes vias de transporte de cargas e passageiros. O transporte fluvial é desenvolvido atualmente ao longo de diversos rios navegáveis ao redor do mundo, dentre eles o Amazonas, no Brasil; o Mississippi, nos Estados Unidos; o Danúbio, na Europa; o Congo, na África e o Indo e o Ganges, na Ásia. Além de uma alternativa às rodovias, o transporte fluvial tem se mostrado muito econômico e pouco poluente.

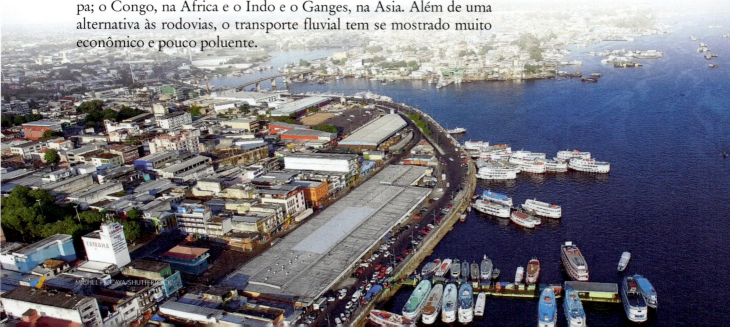

Vista aérea do Porto de Manaus, Estado do Amazonas.

Alguns fatores devem ser avaliados para a criação de hidrovia. O regime de cheias dos rios, o volume da sua vazão, o tamanho dos navios que circularão ali e a frequência do transporte de cargas são alguns dos fatores importantes. Além disso, para que uma hidrovia seja economicamente viável, o ideal é que ela seja feita em rios de planície, evitando, assim, a necessidade da construção de eclusas. As eclusas permitem a navegação mesmo em rios de planalto, com maiores desníveis, mas sua construção aumenta o gasto com a implantação da hidrovia. Assim, as hidrovias em rios de planalto costumam só ter seus custos compensados em um prazo mais longo, a depender da quantidade de carga transportada.

Transporte por dutos e tubulações

Cresce no mundo todo o transporte feito por tubulações e dutos que atravessam grandes distâncias das áreas produtoras aos centros consumidores ou portos especialmente adaptados para recebê-los. Os dutos transportam principalmente petróleo, gás natural e minérios. É o caso do gasoduto Bolívia-Brasil, que liga as áreas produtoras bolivianas ao nosso país. Esse meio de transporte tem um custo caro de implantação, mas o seu uso amortiza rapidamente o investimento, além de agredir pouco o meio ambiente.

As telecomunicações e a sociedade da informação

No final da década de 1980, a mídia divulgava o surgimento das antenas parabólicas, que estariam provocando uma "revolução" nas comunicações. Na época, já se falava que a possibilidade de captar os sinais de tevê no mundo todo iria abrir espaço para mudanças culturais na sociedade do futuro, e foi o que ocorreu.

Vivemos em um mundo onde o computador e as pesquisas na internet fazem parte do nosso dia a dia, bem como o acesso a *sites* sobre os mais diversos assuntos, troca de *e-mails*, imagens e vídeos com pessoas de todos os cantos do mundo.

Mesmo a tevê ganhou novos contornos, sendo acessível pela internet e até mesmo pelo celular.

Mas se a década de 1980 já trazia ou previa algumas novidades, o fato é que os avanços nas comunicações se deram em uma velocidade muito rápida, especialmente a partir da década de 1990. Na década de 1960, por exemplo, as ligações telefônicas internacionais eram feitas via telefonista, através de cabos que provocavam grande lentidão no sistema. Atualmente, o uso de satélites nas comunicações interliga os mais distantes lugares. O fax, a internet, os *e-mails* e a telefonia celular tomaram o lugar que antes era ocupado somente pelos correios e telégrafos.

Embora a revolução nas telecomunicações afete o mundo todo, ela é mais visível e perceptível nos países ricos, onde as populações têm alto poder aquisitivo e são feitos fortes investimentos em infraestrutura. Estes investimentos são necessários para dar suporte a essas redes de informação e de comunicações.

Nos países pobres, faltam investimentos ou capital para investir nas novas tecnologias e na manutenção delas.

Assim, as redes nessas nações carentes tendem a ser limitadas, com equipamentos e tecnologia obsoletos.

Nos últimos anos, o setor de telefonia fixa e móvel foi um dos segmentos que mais apresentou crescimento em âmbito global.

As telecomunicações são um dos sustentáculos da economia globalizada atual, na medida em que os fluxos financeiros se dirigem aos quatro cantos do mundo pelas comunicações *on-line*. A transmissão de informações em tempo real permite a tomada de medidas e a imposição de ações para que o fluxo de decisões empresariais e econômicas tornem-se mais ágeis e, com isso, gerem mais produtividade.

Integrando conhecimentos

A fibra óptica e o transporte de dados

Muitas vezes, os satélites são tidos como a principal inovação tecnológica que passou a permitir o avanço das telecomunicações desde as últimas décadas do século XX. É verdade que a comunicação por satélites representou um grande salto tecnológico e um impulso para a globalização dos fluxos de informação. Porém, o que frequentemente não se menciona é que a maior parte dos dados trocados no mundo hoje não é transmitida por satélites, mas sim por outra tecnologia igualmente importante: a fibra óptica.

A fibra óptica é um tipo de cabo flexível e de cerca de 0,05 milímetros de diâmetro que transmite dados por meio de sinais codificados de ondas eletromagnéticas do espectro do infravermelho. Essa tecnologia se aproveita de um fenômeno óptico denominado "reflexão total". A reflexão total ocorre quando uma onda eletromagnética atinge o limite entre um meio mais refringente (onde sua velocidade de deslocamento é menor) para um meio menos refringente (onde se propaga com maior velocidade), em um ângulo maior do que certo limite.

De modo geral, toda passagem de uma onda eletromagnética entre diferentes meios físicos resulta em uma mudança na direção de propagação, devido à mudança na velocidade de deslocamento da onda. Esse fenômeno é denominado *refração* e define uma propriedade física denominada refringência ou índice de refração absoluta (**n**) de um meio físico:

$$n = \frac{c}{v}$$

onde **c** é a velocidade da luz no vácuo e **v** é a velocidade da luz naquele meio. O índice de refração do ar é quase igual ao do vácuo, isto é, $n = 1$.

Um caso particular na passagem de uma onda eletromagnética de um meio para outro ocorre quando o raio incidente é perpendicular à interface entre os meios. Nesse caso, não ocorre mudança de direção, como mostra a figura a seguir.

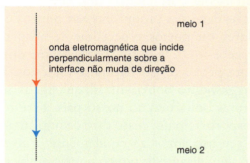

A partir do índice de refração, é possível determinar o ângulo de desvio na direção de propagação das ondas eletromagnéticas, segundo a chamada Lei de Snell-Descartes:

$$n_1 \times \text{sen } \hat{i} = n_2 \times \text{sen } \hat{r}$$

em que n_1 e n_2 são os índices de refração de dois meios, 1 e 2, e sen $\hat{i}$ e sen $\hat{r}$ são os senos dos ângulos de incidência e de refração – respectivamente – com a normal da interface entre os dois meios.

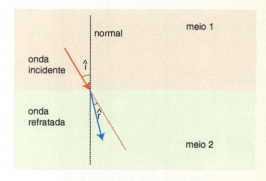

A partir dessa lei, sabe-se que, quando a refringência do meio 1 (n_1) é maior que a do meio 2 (n_2), o seno do ângulo de refração – e, consequentemente, seu valor em graus – será maior do que o de incidência, de modo que a direção se afasta da normal.

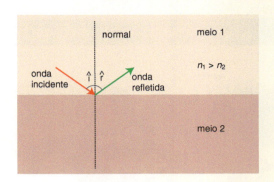

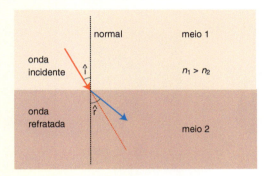

O que acontece, porém, se o ângulo de incidência e os índices de refração forem tais que o ângulo de refração chegue a 90°? Nesse caso, diz-se que foi atingido o "ângulo limite" ou "ângulo máximo".

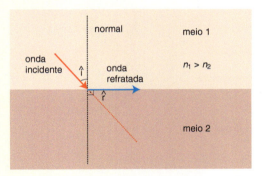

Para ângulos de incidência maiores do que o ângulo limite haverá reflexão total, ou seja, nenhuma parcela das ondas incidentes passa para o meio menos refringente.

Esse é justamente o caso nas fibras ópticas, feitas a partir de um núcleo mais refringente (geralmente de sílica muito pura e transparente) envolto por um revestimento com índice de refração mais baixo (plástico ou vidro) e por uma capa de plástico para proteger do ambiente externo.

Nesses cabos, os sinais luminosos codificados são enviados e sofrem reflexão total ao longo de toda a extensão do fio, permanecendo confinados até chegarem à extremidade, onde um aparelho decodifica os sinais enviados.

Há várias vantagens no uso dessa tecnologia, em relação, por exemplo, ao cabos de cobre. Em primeiro lugar, não há perda significativa de energia ao longo da transmissão, enquanto nos fios de cobre há grande dissipação de energia por efeito Joule (aquecimento pela passagem de corrente elétrica).

Além disso, há a vantagem de poderem ser transmitidos vários sinais simultaneamente nas fibras ópticas, pois a interferência nas ondes eletromagnéticas usadas é desprezível. Finalmente, a fibra óptica ainda é mais barata que os fios de cobre, para o volume de dados transmitido.

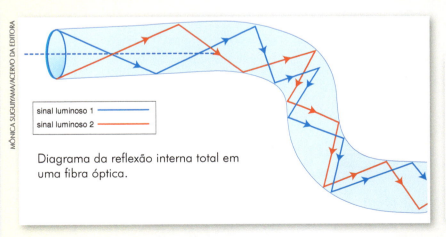

Diagrama da reflexão interna total em uma fibra óptica.

➤ A partir do mapa dos cabos submarinos de fibras ópticas no mundo (página seguinte), você consegue identificar onde estão as maiores concentrações desses cabos? Como você explica essa distribuição?

Infográfico

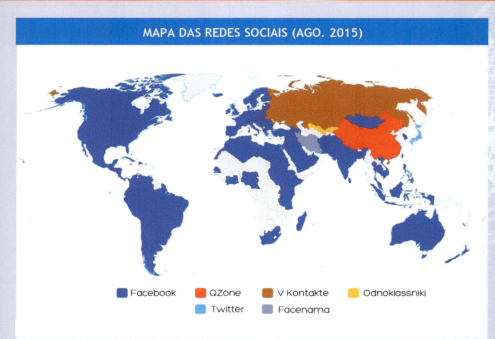

Fonte: Alexa.

Fonte: Telebrasil e Teleco.

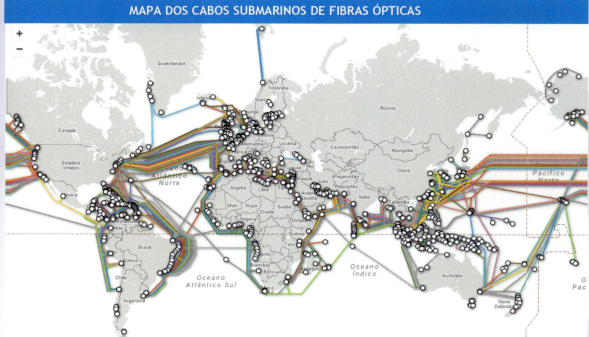

Fonte: TeleGraphy. Submarine Cable Map.

Telecomunicações

EUROPA*
assinaturas de celular: 754
assinaturas de linhas telefônicas: 231

AMÉRICAS*
assinaturas de celular: 1.110
assinaturas de linhas telefônicas: 241

ÁSIA*
assinaturas de celular: 3.872
assinaturas de linhas telefônicas: 425

ÁFRICA*
assinaturas de celular: 772
assinaturas de linhas telefônicas: 11

BRASIL
assinaturas de celular: 253,4**
assinaturas de linhas telefônicas: 42,7**

OCEANIA*
assinaturas de celular: 405
assinaturas de linhas telefônicas: 60

* em milhões (2015)   ** em milhões (jun. 2016)

Fonte: ITU – The Telecommunication Development Sector. Disponível em: <http://www.itu.int/en/ITU-D/Statistics/Pages/stat/default.aspx>. Acesso em: 22 ago. 2016.

RECEITA LÍQUIDA E TRIBUTOS SOBRE SERVIÇOS DE TELECOMUNICAÇÕES NO BRASIL

FINANÇAS

O sistema financeiro internacional está cada vez mais dinâmico e integrado; o capital volátil e especulativo, que movimenta somas astronômicas nas principais bolsas de valores do mundo, fragiliza a economia mundial com suas bruscas movimentações, sempre à procura de melhores remunerações. O fluxo de capitais toma algumas outras direções, desviando-se um pouco do riquíssimo círculo Tóquio, Frankfurt, Londres e Nova York, onde realmente se concentra o fluxo financeiro, para economias emergentes, como Brasil, Índia, México, Rússia etc.

O crescimento das atividades financeiras desde a década de 1990 tem sido enorme. As principais agências financiadoras internacionais, juntamente com os grandes conglomerados financeiros, intensificaram os empréstimos não somente a governos, mas também a instituições privadas, financiando grandes projetos de infraestrutura – como, por exemplo, a construção ou expansão de malhas rodoviárias ou ferroviárias, de metrôs, de usinas termelétricas ou hidrelétricas –, como também exportações, remodelamento e modernização de equipamentos industriais, entre milhares de outros exemplos, o que aumentou significativamente a circulação de capital no mundo.

Se por um lado a atividade bancária conseguiu maior lucratividade graças ao aumento de tomadores de capital, por outro os riscos na taxa de retorno cresceram, o que fez aumentar as taxas de juros como precaução diante de possíveis prejuízos advindos de "calotes" por parte de empresas ou governos.

Sem dúvida, a maior disponibilidade de capital internacional levou os países pobres a tomar empréstimos vultosos, e o resultado foi o alto endividamento dessas nações, com cifras sempre na casa dos bilhões de dólares. A fragilização das economias e a necessidade de renegociar dívidas abriram espaço para que organismos internacionais, como o FMI, passassem a ter grande ingerência nas economias dependentes e endividadas das nações pobres.

Muitas das grandes empresas também resolveram fazer investimentos diretos nos países que lhes interessavam. Para garantir melhor rentabilidade e aumentar a margem de segurança de seus investimentos, tentando não ficar tão vulneráveis às crises financeiras inerentes ao risco de grande parte do capital estar em países com dificuldade em honrar seus compromissos, as poderosas corporações passaram a ser sociedades industriais, comerciais e financeiras, controlando a produção, a distribuição, a comercialização e também o capital, com seus bancos, corretoras de valores etc. Numa época em que a concorrência pode inviabilizar a produção diante dos custos operacionais, fusões e acordos entre empresas resultam em associações fortíssimas ou em empresas gigantescas que garantem as reduções necessárias e aumentam as margens através de uma ampliação da economia de escala.

Nesse mercado financeiro globalizado ainda há outro fator que favorece os países ricos, com moedas fortes e estáveis. O dólar americano, apesar da crise dos Estados Unidos em 2008, é a referência para qualquer transação comercial internacional, bem como para a tomada de empréstimos, além de ser parâmetro para as cotações de produtos agropecuários etc.

A crise financeira mundial

Afirmam os especialistas que os primeiros sinais da crise financeira mundial de 2008 surgiram em 2004, quando houve um aumento da inadimplência no mercado imobiliário estadunidense, devido à alta dos juros no país. A crise tem relação direta com a inadimplência em empréstimos do tipo *subprime* (crédito de risco hipotecário), concedido por diversas instituições financeiras que quebraram.

Com a falência dessas instituições, houve uma crise de confiança no mercado e os bancos congelaram os empréstimos para evitar calotes. Assim, a crise prosseguiu, com a desvalorização dos títulos ligados às hipotecas.

No início de setembro de 2008, as empresas hipotecárias americanas Fannie Mae e Freddie Mac revelaram que poderiam quebrar e, então, o Tesouro Americano deu uma ajuda financeira, procurando contornar a situação. Em seguida, o banco Lehman Brothers, que não obteve a ajuda do governo estadunidense, abriu concordata. A crise foi devidamente caracterizada com a ajuda bilionária à seguradora AIG, a venda do Merrill Lynch ao Bank of America, e a venda do Wachovia ao Citigroup.

Quedas expressivas no mercado financeiro mundial e no índice Dow-Jones revelaram a gravidade da situação do sistema financeiro. Foi quando o então presidente George W. Bush reconheceu que seria necessária uma ajuda do Tesouro Americano para acabar com os efeitos prejudiciais da crise. A rejeição pelo Congresso dos Estados Unidos do pacote de US$ 700 bilhões para ajudar ao sistema financeiro parecia mostrar que a solução não iria ser tão simples. Após apelos do presidente Bush e dos candidatos à presidência dos Estados Unidos, o pacote foi aprovado, mas as perdas nos mercados financeiros mundiais continuaram a ocorrer em 2009.

falência: perda das condições para continuar em um negócio, uma empresa ou uma pessoa por falta de dinheiro; quebra. Interrupção de funcionamento

concordata: recurso que uma empresa pode usar para evitar a falência, pedindo ao judiciário um prazo para reestruturar suas finanças, adiando o pagamento de dívidas, mas sem que suas atividades fiquem paralisadas

índice Dow-Jones: indicador dos comportamentos no mercado financeiro, calculado a partir do valor das ações de 30 grandes empresas industriais (e transnacionais) na bolsa de Nova Iorque

A EXPLOSÃO DOS SERVIÇOS

Até meados do século XX, a indústria era a líder das atividades econômicas nos países ricos, concentrando a maior parte dos investimentos e oferecendo a maior quantidade de empregos, enquanto os países pobres tinham sua população centrada no setor primário.

Essa realidade sofreu grandes alterações nas duas últimas décadas, embora nas nações pobres a maior parte da população ainda se encontre no setor primário.

Nesse período, o setor secundário – as indústrias – foi absorvendo menor quantidade de mão de obra, não só nas economias mais desenvolvidas. Em contraposição, o setor terciário apresentou contínuos índices de crescimento e acentuada tendência de expansão. Os segmentos que mais se desenvolveram foram os ligados à informática, lazer e turismo, finanças, cultura, saúde e prestação de serviços em geral, como também à intensificação do comércio.

Quanto mais desenvolvida a economia, mais diversificados e sofisticados são os serviços prestados por mão de obra qualificada e com bom preparo intelectual, atendendo não só a uma necessidade de mercado, mas também às exigências de uma população com alto poder aquisitivo.

TURISMO

Até alguns anos atrás, fazer viagens internacionais era bastante caro, luxo reservado aos ricos e muito ricos. Porém, ultimamente, o turismo vem se firmando como uma atividade em franca expansão, tendo aumentado significativamente o número de pessoas que viajam por lazer em todo o mundo. Com o aumento do fluxo de turistas em escala planetária, complexos turísticos hoteleiros ocupam a população de países pobres e ricos até então sem grande tradição nesse ramo, modificando as paisagens e o modo de vida dos lugares.

Em face de uma demanda cada vez maior, foi necessária a profissionalização do setor, criando-se a infraestrutura necessária e uma mão de obra especializada para atender aos turistas nacionais e estrangeiros.

PAÍSES QUE MAIS RECEBERAM TURISTAS – 2000-2014 (EM MILHÕES)					
Países	**2000**	**2003**	**2006**	**2007**	**2014**
França	75,6	75	78,9	81,9	81,7
Espanha	47,9	52,5	58,2	59,2	65
Estados Unidos	50,9	40,4	51	56	74,8
China	41,2	39,6	49,9	54,7	55,6
Itália	31,2	33	41,1	43,7	48,6
...					
Brasil	5,3	4,1	5,0	5,0	5,8

Fonte: WORLD TOURISM ORGANIZATION. *Tourism Highlights*, the 2015 edition. Madrid, 2015. p. 6. Disponível em: <http://www.e-unwto.org/doi/pdf/10.18111/9789284416899>. Acesso em: 22 ago. 2016.

O turismo gera milhões de dólares e empregos diretos e indiretos, tornando-se cada vez mais uma importante fonte de renda para diversas nações.

O faturamento desse setor cresce ano a ano, conforme os dados da Organização Mundial de Turismo. Os investimentos para a ampliação e diversificação hoteleira são da ordem de centenas de bilhões de dólares. Os Estados Unidos e os países ocidentais da União Europeia são os que recebem maior fluxo de turistas. Os europeus são os que mais fazem turismo no planeta, seguidos pelos estadunidenses e canadenses. Porém, não podemos esquecer que o turismo internacional é uma atividade de lazer das classes média e alta.

\ TURISMO – MAIORES ARRECADAÇÕES EM 2014	
País	Receita (US$ bilhões)
Estados Unidos	1.772
Espanha	65,2
China	56,9
França	55,4
China (Macao)	50,8

Fonte: WORLD TOURISM ORGANIZATION. *Tourism Highlights*, the 2015 edition. Madrid, 2015. p. 6. Disponível em: <http://www.e-unwto.org/doi/pdf/10.18111/9789284416899>. Acesso em: 22 ago. 2016.

Fonte: WORLD TOURISM ORGANIZATION. *Tourism Highlights*, the 2015 edition. Madrid, 2015. p. 12. Disponível em: <http://www.e-unwto.org/doi/pdf/10.18111/9789284416899>. Acesso em: 22 ago. 2016.

Turismo no Brasil

O turismo no Brasil é um setor com enorme potencial, ainda relativamente pouco explorado, representando menos de 1% do turismo mundial. Em 2014, cerca de 5,8 milhões de estrangeiros entraram no país, de um total mundial de aproximadamente 900 milhões.

No Brasil, o turismo, segundo o IBGE, tem grande capacidade multiplicadora na geração de empregos indiretos. Assim, ele repercute em muitos segmentos da nossa economia e emprega grande contingente de mão de obra.

O turismo requer investimentos pesados não só nos complexos hoteleiros, mas na infraestrutura dos aeroportos, nos meios de comunicação, nas áreas de lazer, na modernização de estradas e conservação do patrimônio histórico, que, no Brasil, muitas vezes são relegados a segundo plano.

PRINCIPAIS TURISTAS QUE VIERAM AO BRASIL EM 2015			
	Nº de turistas	%	Ranking
Argentinos	2.079.823	33	1
Norte-americanos	575.796	9,1	2
Chilenos	306.331	4,9	3
Paraguaios	301.831	4,8	4
Uruguaios	267.321	4,2	5
Franceses	261.075	4,1	6
Alemães	224.549	3,6	7
Italianos	202.015	3,2	8
Ingleses	189.269	3	9
Portugueses	162.305	2,6	10

Fonte: Ministério do Turismo.
Disponível em: <http://www.dadosefatos.turismo.gov.br/export/sites/default/dadosefatos/anuario/downloads_anuario/Anuario_Estatistico_Turismo_2016_Ano_base_2015_2.pdf>.
Acesso em: 22 ago. 2016.

O Rio de Janeiro é a cidade do país que mais recebe turistas em viagens de lazer. O turismo pode modificar enormemente regiões até então voltadas para atividades primárias ou para a subsistência, como é o caso dos *resorts* e complexos hoteleiros que aumentaram significativamente no litoral nordestino brasileiro.

Os jogos olímpicos de 2016 trouxeram modificações importantes para a cidade do Rio de Janeiro, como o Museu do Amanhã, uma das obras de revitalização da zona portuária.

Outra obra de revitalização da zona portuária carioca é o gigantesco painel *Etnias*, do artista Eduardo Kobra, de 3 mil metros quadrados, a maior obra no gênero até 2016. Nela estão presentes cinco rostos, cada um deles representativo de um continente. À frente do painel na foto pode ser visto o VLT – Veículo Leve sobre Trilhos –, novo meio de transporte que se estima deva transportar cerca de 300 mil passageiros por dia, quando todas as linhas estiverem em operação.

CAPÍTULO 18 – Século XXI – A Seara da Tecnologia • **479**

Arena Carioca 3

Centro Olímpico de Tênis

Área destinada ao campo de golfe.

Foram muitas as novas construções para as Olimpíadas, que sem dúvida foram positivas para a cidade do Rio de Janeiro, porém lgumas construções foram objeto de muitos questionamentos por parte de ambientalistas, como a devastação de parte da Área de Proteção Ambiental de Marapendi para a construção de um campo de golfe para os jogos olímpicos de 2016.

A um custo de R$ 2,9 bilhões, para a Vila Olímpica Rio 2016 foram construídos 31 prédios, com 3.604 apartamentos no total.

Campeão paralímpico Daniel Dias (Brasil) (acima). Campeã olímpica Simone Biles (EUA) (ao lado). Tanto os jogos olímpicos como os paralímpicos 2016 movimentaram a economia nacional e transmitiram uma visão criativa e organizada da cidade e dos eventos.

Ponto de vista

Turismo sexual é mais intenso no litoral

O turismo sexual se caracteriza pelo deslocamento de homens de países ricos para países pobres ou em desenvolvimento, em busca de aventuras eróticas. Assim, é considerado turista sexual o estrangeiro que vem ao Brasil com o objetivo específico de encontrar mulheres jovens ou adultas com as quais possa realizar fantasias sexuais. Mas esses homens não procuram profissionais do sexo, e sim garotas ou mulheres que os acompanhem durante sua permanência no país, não apenas atendendo sua expectativa sexual, mas servindo como guias, indicando desde pontos turísticos até os locais mais seguros para que eles circulem sem que sejam explorados. Desse modo, o turismo sexual em geral vem acompanhado de outras condições, o que dá ao turista uma temporada no Brasil mais barata (porque não pagam guias turísticos, por exemplo), e livre de problemas (porque se sentem mais seguros).

Quando estudamos o turismo sexual estamos nos referindo a esses casos, que algumas vezes são uma porta aberta para o tráfico de mulheres. A migração feminina se configura como tráfico quando as mulheres são envolvidas emocionalmente para concordarem com sua saída do país e, ao chegarem no exterior, têm seus documentos apreendidos e são impedidas de deixarem os locais em que se encontram; enfim, quando sua liberdade de ir e vir é tolhida e a mulher permanece "presa" a uma pessoa ou a um grupo de pessoas.

Alguns argumentam que o fato de a mulher ter decidido livremente deixar seu país não caracteriza o tráfico. Entretanto, ao afirmarem isso, as pessoas não consideram um ponto importante: as circunstâncias em que a mulher concordou. Ou seja, de um modo geral ela desconhece, antes de sair do Brasil, as condições de vida que terá no país de destino e só ao chegar lá se defrontará com a dura realidade, que envolve discriminação, violência e abuso sexual, trabalho ilegal, escravidão, dentre outros. Há ainda um outro fator que também é decisivo nessa decisão: acalentamos o "sonho" de que o casamento com um estrangeiro, as perspectivas de um trabalho e a vida no exterior constituem excelentes oportunidades para melhorar as condições de vida. É evidente que esse sonho é alimentado pelo total desconhecimento das reais condições em que se vive como migrante em outro país, em especial em um país desenvolvido. (...)

O turismo sexual no Brasil é realmente muito mais frequente nas cidades litorâneas. Em parte isso se deve exatamente a uma espécie de pacote turístico que as agências de turismo divulgam e que coloca o conjunto praia, sol e mulheres brasileiras. O corpo seminu da mulher é frequentemente veiculado nessas propagandas, até mesmo quando estão divulgando o turismo ecológico.

Esse conjunto é a imagem do Brasil que é passada no exterior. Fica claro para o turista que aqui ele vai encontrar sol, mar, comidas exóticas e muitas mulheres à sua disposição. (...)

No que se refere ao envolvimento de meninas com o turismo sexual, é um crime caracterizado na legislação brasileira como pedofilia e os envolvidos nessa prática são devidamente enquadrados na lei. Para tanto, é indispensável a denúncia, para que a polícia instaure o inquérito que apurará os fatos e dê prosseguimento à ação condenatória dos responsáveis. Esta, inclusive, tem sido uma preocupação constante dos órgãos governamentais, no sentido de abolir definitivamente esse tipo de ação, seja ela praticada por estrangeiros ou brasileiros.

Fonte: BACELAR, M. J. G. Turismo sexual é mais intenso no litoral. Disponível em: <http://www.comciencia.br> Acesso em: 22 ago. 2016.

➤ Quais são os argumentos levantados pelo autor para defender certo tipo de migração feminina como tráfico? Quais são os riscos a que ficam expostas as mulheres envolvidas nesses casos?

Patrimônio Cultural da Humanidade

Nos últimos anos, um grande número de turistas tem se deslocado para visitar os locais que foram considerados pela Unesco, um organismo da ONU, como Patrimônio Cultural da Humanidade. No Brasil, foram considerados como Patrimônio

- a cidade histórica de Ouro Preto (1980);
- o centro histórico de Olinda (1982);
- as ruínas jesuítico-guaranis de São Miguel das Missões (1983);
- o centro histórico de Salvador (1985);
- o Santuário do Bom Jesus de Matosinhos, em Congonhas (1985);
- Brasília – Plano Piloto (1987);
- o Parque Nacional da Serra da Capivara (1991);
- o centro histórico de São Luís (1997);
- o centro histórico de Diamantina (1999);
- o centro histórico da Cidade de Goiás (2001).

Ouro Preto.

Olinda.

São Miguel das Missões.

Disseram a respeito...

Um olhar geográfico sobre o patrimônio cultural da humanidade

Agentes públicos e privados, na contemporaneidade, somam forças no acelerado processo de mercantilização de cidades históricas e da natureza, em todo o mundo, de forma imediatista, classista, descompromissada e não participativa, desconsiderando as diretrizes das cartas patrimoniais de preservação dos bens culturais, sobretudo no que diz respeito ao Patrimônio Cultural da Humanidade, consagrado por meio da **Convenção Relativa à Proteção do Patrimônio Mundial Cultural e Natural**, adotada em 1972 pela Organização das Nações Unidas para a Educação, a Ciência e a Cultura (UNESCO), que reconhece o valor excepcional universal dos bens culturais do mundo, que divulga, a partir de então, uma **Lista do Patrimônio Mundial**.

A Lista do Patrimônio Mundial recebe, todos os anos, novas inscrições de bens dos países signatários da Convenção do Patrimônio Mundial. Com base na *Liste des Etats Parties la Convention du Patrimoine Mondial* de junho de 2016, identifica-se a existência de 192 países signatários e nada menos que 1.052 bens incluídos na Lista e distribuídos entre 165 dos países, uma distribuição que se apresenta, geograficamente, desigual, em que determinadas regiões do mundo são "privilegiadas" em relação a outras.

É indubitável, nesse sentido, a existência de uma corrida, um verdadeiro *frénésie*, pela inscrição de bens culturais ou naturais na Lista do Patrimônio Mundial. Muitos países buscam, nessa lógica, a inserção de seu patrimônio na mundialização dos lugares, no circuito global de cidades, por meio da atividade turística, que requer a acumulação e reafirmação tanto de um "capital simbólico", para usar um termo do geógrafo David Harvey, como de marcos de distinção nos lugares. A partir da inscrição na Lista do Patrimônio Mundial, promove-se um bombardeio de imagens "valorativas" que produzem simulacros da história, da tradição e da cultura local, onde o *marketing*, a respeito de realizações artísticas relacionadas a esses valores, presta um apoio necessário à formulação desse processo de valorização do espaço. Coroa-se, assim, o encontro da economia com a cultura, nos lugares, de forma que uma análise da geografia do Patrimônio Mundial mostra-nos um desequilíbrio no tocante às regiões do globo contempladas, em especial para a América Latina e o Oriente Médio.

Torna-se premente questionar até que ponto o Patrimônio Cultural da Humanidade pode ou deve se constituir em uma razão turística e até que ponto o turismo pode conservar, transformar ou afetar seriamente esses bens, além de indagarmos o porquê do desequilíbrio da Lista do Patrimônio Mundial. Fato é que o Patrimônio Cultural da Humanidade revela-nos a riqueza histórica da mesma humanidade em constituição permanente, uma riqueza que, dialeticamente, vive um processo de "construção destrutiva", através das ações de preservação mediadas pelas necessidades de sobrevivência econômica da sociedade contemporânea (simultaneidade da "preservação" e da "mercantilização"), quer dizer, é uma preservação que se converte em mecanismo primeiro do desenvolvimento econômico local, por via do turismo.

Logo, nossas cidades históricas e o meio ambiente mercantilizados devem se estabelecer, em realidade, como lugares de homens desalienados, espaços em que todos se unam para o trabalho e não se separem em classes antagônicas conflitantes; a cidade histórica e a natureza mercantilizadas só se estabelecerão como espaço coletivo, de toda gente, quando a luta for pelo resgate de seu valor de uso civilizatório, em detrimento ao seu valor de troca tão em voga.

Prof. Everaldo Batista da Costa
Doutor em Geografia Humana pela Universidade de São Paulo (USP)

simulacro: representação falsa, aparência enganosa

dialeticamente: de modo bastante genérico, em oposição

Referência Bibliográfica
HARVEY, D. *A Produção Capitalista do Espaço*. São Paulo: Annablume, 2005.
COSTA, E. B. *A Dialética da Construção Destrutiva na Consagração do Patrimônio Mundial*: o caso de Diamantina (MG). São Paulo: DG/USP, Dissertação de Mestrado – FFLCH, 2009.
SANTOS, M. *Por uma Geografia Nova*. São Paulo: EdUSP, 2004.

ATIVIDADES

PASSO A PASSO

1. O que são redes materiais e imateriais?
2. As novas tecnologias propiciaram um avanço significativo nas diferentes redes de transportes para cargas; no entanto, nem sempre é possível utilizar a melhor maneira devido a elevados custos, falta de infraestrutura etc. Aponte os principais pontos positivos e negativos de três diferentes tipos de transporte.
3. É muito comum ouvir que a internet aproximou o mundo. Sabemos, todavia, que a distância entre os lugares não sofreu alterações. Explique por que a internet permite essa sensação.
4. Qual é a atual importância dos diferentes meios de comunicação para a economia global?
5. Que países recebem a maior quantidade de turistas? O que permite que esses números continuem crescendo?
6. Como está o atual quadro do turismo brasileiro?

IMAGEM & INFORMAÇÃO

1. O mapa ao lado indica o fluxo de informações e notícias via internet e as regiões pelas quais elas não podem circular. Aponte uma possível explicação para que esses países neguem essa permissão.

Disponível em: <http://adsoftheworld.com/media/print/reporters_without_borders_the_internets_black_holes?size=_original>. Acesso em: 22 ago. 2016.

2. Segundo estudo em divulgado em 6 de abril de 2016, a internet chegou pela primeira vez a 50% da casa dos brasileiros em 2014. Mas será que isso se traduz em qualidade do uso? Analise o mapa ao lado e identifique os estados com maior acesso a computador com internet. Dê uma possível causa para essa ocorrência.

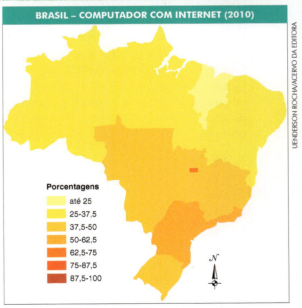

Disponível em: <http://www.cps.fgv.br/cps/bd/mid2012/MID_sumario.pdf>. Acesso em: 3 dez. 2016.

TESTE SEUS CONHECIMENTOS

1. (UERN)

> Antes mundo era pequeno
> Porque Terra era grande
> Hoje mundo é muito grande
> Porque Terra é pequena
> Do tamanho da antena
> Parabolicamará.
>
> *Gilberto Gil – Parabolicamará*

De acordo com o trecho da música de Gilberto Gil, o mundo está interligado:
a) devido ao avanço dos meios de comunicação, como a internet.
b) totalmente, porque todos têm acesso à tecnologia.
c) em parte, mas com a tecnologia digital disponível para todos.
d) graças ao avanço da tecnologia analógica.

2. (UPF – RS) Assinale V para as alternativas verdadeiras e F para as alternativas falsas.
( ) Até a década de 1970, a economia mundial continuou organizada sobre o complexo de tecnologias baseadas no petróleo, na eletricidade, na eletrônica e na indústria química.
( ) Após 1970, esboçou-se um novo ciclo de inovações, conhecidas como Revolução Tecnocientífica, que tinha seus fundamentos na revolução de inovação.
( ) O meio técnico caracteriza-se pelo predomínio da indústria e da transferência de matérias por meio de rede de transporte, como ferrovias e rodovias.
( ) O predomínio das finanças e de transferência de capital e informação por meio de redes de comunicações e de alta tecnologia, é inerente ao meio tecnocientífico.
( ) Esquematicamente, a rede é um sistema integrado de fluxos, constituída por pontos de acesso, arcos de transmissão e nós ou polos de bifurcação.

É correta:
a) F, V, V, F, F
b) F, F, F, F, F.
c) V, V, V, V, V.
d) F, F, F, V, V.
e) V, F, V, V, F.

3. (UFU – MG) O desenvolvimento científico e tecnológico vem possibilitando, nos últimos anos, o aumento de confiabilidade no tráfego de informações entre pessoas, corporações e governo em todo o mundo. Os satélites artificiais, a telefonia e a informática são os principais exemplos desse desenvolvimento.

Em termos econômicos, esse desenvolvimento é importante porque:
a) o incremento tecnológico está sendo lucrativo, principalmente para os países em desenvolvimento, como o Brasil, que consegue atrair para o seu território a instalação de empresas de alta tecnologia, causando sérios prejuízos financeiros aos países sedes.
b) o avanço tecnológico possibilitou a criação do "dinheiro eletrônico" e do "mercado computadorizado", que funciona 24 horas por dia, movimentando bilhões de dólares no mercado nacional e internacional.
c) o volume de negócios feitos tem crescido de forma significativa em todo planeta, sendo mais lucrativo para as nações menos desenvolvidas que tinham dificuldades para divulgar e comercializar seus produtos.
d) o comércio virtual, considerado o de maior crescimento nos últimos anos no mundo, atualmente vem sendo a forma mais utilizada de compra de produtos que circulam entre países e entre regiões de países capitalistas.

4. (UECE) As indústrias que possuem várias filiais espalhadas por diversos países são as chamadas indústrias globais ou mundiais. Estes conglomerados industriais têm, dentre as suas características,
a) um pequeno investimento em pesquisa, alta produtividade e elevada lucratividade.
b) o desenvolvimento de tecnologias acessíveis para os países nos quais estão instalados.
c) a garantia do desenvolvimento tecnológico dos países subdesenvolvidos.
d) a atuação em diversos setores da economia, como os setores financeiro e comercial, além do industrial.

5. (FATEC – SP) O tipo de colonização mercantilista e exploradora deixou marcas profundas nas sociedades latino-americanas. Algumas dessas marcas permanecem até hoje. Como exemplo, podemos mencionar a utilização dos melhores solos agrícolas para o cultivo de gêneros de exportação, ficando os piores para a produção dos alimentos consumidos pelos próprios habitantes. Ou ainda a concentração da população predominantemente perto do litoral e dos portos que davam acesso às metrópoles e que, hoje, dão acesso aos mercados estrangeiros.

VESENTINI, J. W.; VLACH, V. *Geografia Crítica*, 7.ª série. 3. ed. São Paulo: Ática, 2007. p. 76. Adaptado.

Outra dessas marcas sociais características da colonização de exploração nos países latino-americanos é:

a) a independência tecnológica dos países latino-americanos.

b) a enorme concentração de terras em territórios e em reservas indígenas.

c) as elevadas taxas de natalidade causadas pela seca nas regiões desérticas.

d) a grande desigualdade social e econômica entre as várias regiões nacionais.

e) o imperialismo norte-americano exercido sobre suas colônias latino-americanas.

6. (UFRJ) Os avanços tecnológicos nos meios de transporte e os grandes adensamentos urbanos alteraram as relações espaço-tempo. Hoje em dia, nem sempre o meio de transporte mais veloz é aquele que minimiza o tempo de deslocamento entre os centros urbanos. Por exemplo: a distância entre Paris e Lyon é de cerca de 550 km.

O tempo médio de deslocamento entre as áreas centrais das duas cidades é de 2 horas quando se utiliza o trem de alta velocidade e de 3 horas quando a viagem é feita de avião.

Explique por que, em relação ao uso do avião, o trem de alta velocidade permite uma redução no tempo médio de deslocamento entre grandes cidades como Paris e Lyon.

7. (UEPA) Hoje, na sociedade globalizada, vivemos um tempo de expectativas, de crises políticas, econômicas e de outras origens e de extrema violência. É um momento cheio de possibilidades, de desafios para se refletir e praticar um novo saber e de apresentar novas ideias. Estas questões estão presentes no cotidiano contemporâneo ao lado de um arrojado desenvolvimento tecnocientífico, que muitas vezes perde a função de busca do sentido para a vida, o destino humano, da utilização do conhecimento para benefício da humanidade. Nesse sentido, é verdadeiro afirmar que:

a) o avanço das inovações tecnológicas e modificações no desempenho das relações de produção, o papel desempenhado pela ciência e pela tecnologia passou a ser mais significativo, elevando a produtividade e melhorando a qualidade de vida das populações dos países periféricos, contribuindo também para a diminuição das divergências étnicas e políticas antes intensas nessas populações.

b) os investimentos maciços em novas tecnologias atingiu de forma intensa a indústria bélica tornando mais cruéis e violentas as guerras entre povos e/ou nações rivais em diferentes locais, fato evidenciado nos conflitos que têm ocorrido no Oriente Médio, Região do Cáucaso e norte da África.

c) no panorama mundial, os recentes avanços tecnológicos e o controle de novas técnicas por uma pequena parcela da sociedade estão gerando uma nova configuração, um novo recorte, no jogo de poder entre as nações plenamente capitalistas. Neste aspecto, nota-se a emergência e consolidação tecnológica e econômica de alguns países asiáticos a exemplo da China e Índia, ambos considerados líderes no avanço informacional.

d) ocorre maior oferta de empregos nos países europeus tecnologicamente desenvolvidos, absorvendo grande parte da massa dos imigrantes africanos, antes considerados excluídos do mercado de trabalho com eliminação do forte e violento movimento xenofóbico que reinava em grande parte da Europa.

e) o avanço das inovações tecnológicas provocou o surgimento dos excluídos digitais, pessoas que não têm noção do que é internet e grande dificuldade de absorção no mercado de trabalho, embora tal fato tenha diminuído significativamente nos últimos anos, notadamente na África subsaariana.

8. (UFRGS – RS) O desenvolvimento tecnológico dos séculos XIX e XX alterou as formas de trabalho, as paisagens geográficas, os hábitos e os costumes das populações. Assinale a alternativa correta em relação a essas alterações.

a) A produção de elevadores e automóveis, no final do século XIX e início do século XX, contribuiu para a verticalização e a intensificação da estrutura viária no espaço urbano.

b) O conhecimento técnico-científico, nos séculos XIX e XX, contribuiu para reduzir a degradação ambiental.

c) A criação de equipamentos agrícolas modernos viabilizou o cultivo de grandes extensões de terras e o aumento da demanda por trabalhadores no campo.

d) O desenvolvimento econômico, tecnológico e social, que transformou as paisagens geográficas, tem sua origem nas políticas nacionalistas, implantadas pelos regimes autoritários, no final do século XIX.

e) Tecnologias avançadas, direcionadas para a automação da produção, proporcionaram o aumento da produtividade, exigindo maior esforço físico e mental dos trabalhadores para realizar as atividades.

Gabarito das Questões Objetivas Parte II

Capítulo 10 – A População Mundial
1. c
3. c
4. e
5. e
6. a
7. c

Capítulo 11 – A Estrutura da População
2. a
3. c
4. d
5. d
6. c
7. e
8. F V V F V
9. d

Capítulo 12 – A População Brasileira
1. e
4. a
5. V F V V F
6. c
7. c
9. a
10. d

Capítulo 13 – Geografia da Saúde
1. d
2. c
3. a
4. a
5. d
6. b

Capítulo 14 – Urbanização e Metropolização
1. e

Capítulo 15 – Indústria
1. c
2. c
3. d
4. c
5. a
6. d
7. a
8. a
9. b

Capítulo 16 – Fontes de Energia
2. d
4. V V F F V
5. b
6. d
7. d

Capítulo 17 – O Mundo Rural
1. c
2. c
3. 01, 02, 04
4. e
5. b
6. c
7. e
8. a

Capítulo 18 – Século XXI – a Seara da Tecnologia
1. a
2. c
3. b
4. d
5. d
7. b
8. a

SUMÁRIO PARTE III

Unidade 5 – Geopolítica   487

Capítulo 19 – **A Construção do Espaço**   488
Capítulo 20 – **1945: Início de uma Nova Era**   509
Capítulo 21 – **A Globalização**   542
Capítulo 22 – **Conflitos e Tensões**   574

Unidade 6 – Os Principais Atores   617

Capítulo 23 – **Estados Unidos da América**   618
Capítulo 24 – **União Europeia**   635
Capítulo 25 – **Japão**   648
Capítulo 26 – **Rússia**   660
Capítulo 27 – **China, Índia e África do Sul**   670

Gabarito das questões objetivas – Parte III   699

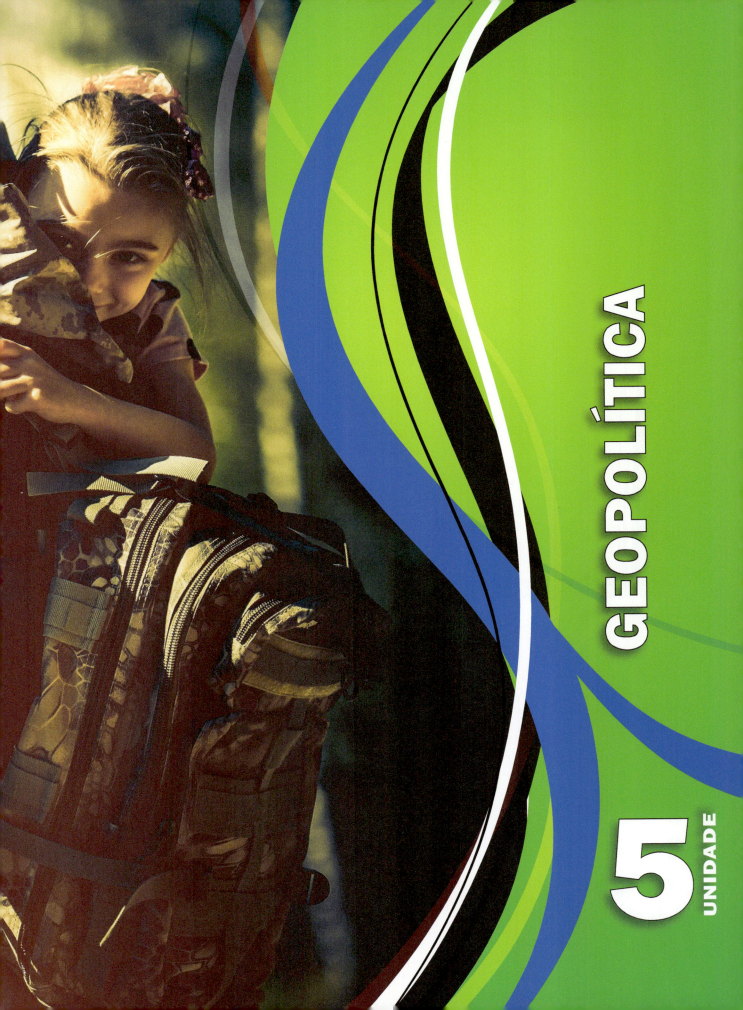

GEOPOLÍTICA

UNIDADE 5

CAPÍTULO 19

A Construção do Espaço

O ser humano sempre modificou o espaço político, impondo, implantando e derrubando fronteiras, ou seja, provocando mudanças nos limites territoriais que se materializaram por meio de guerras, acordos e tratados, invasões e proclamações de independência. Porém, nunca o homem tinha assistido a tantas transformações no espaço político mundial, em um período tão curto de tempo, como as que ocorreram nos três últimos séculos, tendo como fator determinante e primordial a Revolução Industrial, que transformou as relações econômicas, sociais e políticas do mundo.

Para você compreender melhor as divisões do espaço político atual, é necessário entender que houve uma trajetória de mudanças desde que o homem se sedentarizou até o dinâmico século XXI. Faremos a seguir um breve apanhado desse longo período.

sedentarizar: tornar-se sedentário, (no texto, deixar de ser nômade; fixar-se a determinado lugar

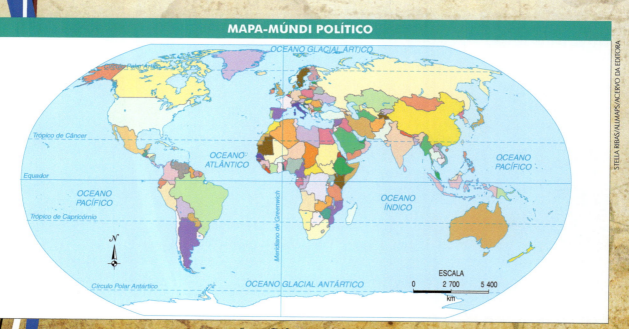

MAPA-MÚNDI POLÍTICO

Fonte: ATLAS nacional do Brasil Milton Santos. Rio de Janeiro: IBGE, 2010. p. 18. Adaptação.

OCUPANDO A SUPERFÍCIE TERRESTRE

Estudos mostram que o ser humano surgiu na África. Do continente africano nossos ancestrais foram para a Ásia. Com o tempo, eles aprenderam a cultivar a terra e a domesticar animais. Tinha início a revolução agrícola e a sedentarização do homem.

As antigas hordas foram, gradativamente, estabelecendo relações sociais mais estáveis e ocupando o espaço de forma permanente, transformando as paisagens naturais com seu trabalho. As novas descobertas e o uso de ferramentas permitiam uma interferência cada vez maior no espaço ocupado.

Com a sedentarização, aos poucos foram surgindo núcleos populacionais que deram origem às cidades, acompanhados pelo progressivo aumento das relações sociais, políticas e econômicas. Nessas cidades havia uma divisão maior do trabalho, e a estrutura de poder passou a se configurar de maneira mais centralizada, além de mais estável e definida.

Os clãs

Nessas comunidades apareceram os **clãs**, que podem ser definidos como grupos de pessoas unidas por parentesco e linhagem com um ancestral comum.

Os clãs eram formados por famílias nas quais havia um chefe, ou patriarca, que governava e era o líder supremo da comunidade. Os chefes possuíam as melhores terras e subordinavam a população aos seus interesses.

A cidade-estado

Séculos antes de Cristo, diversas sociedades, como as dos sumérios, fenícios e babilônios, que habitavam a Ásia Menor em uma área conhecida como Crescente Fértil, formaram as **cidades-estado**, uma forma de organização da área que englobava a própria cidade e áreas rurais a elas contíguas. Essas cidades eram politicamente independentes, com o poder centralizado nas mãos de uma pessoa.

A configuração social e política das cidades-estado foi se estratificando, sendo dominada pelas elites formadas por monarcas, nobres, sacerdotes e militares. Havia grandes rivalidades entre as cidades e os conflitos militares eram frequentes. Não raro, uma conseguia se sobrepujar sobre outras.

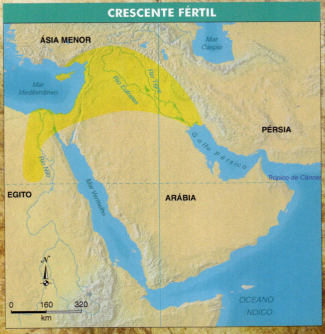

Adaptado de: Atlas da FAE.

Roma: o maior império da Antiguidade

A expansão do poder das cidades-estado, quer pela ocupação de novos espaços, quer pela anexação de áreas de influência de outras cidades, deu origem a outra forma de organização do espaço ligados a um poder central: os impérios da Antiguidade.

Grandes impérios se desenvolveram, entre eles o romano, o mais importante para a civilização ocidental, em virtude de seus legados, muitos dos quais perduram até hoje. O Império Romano iniciou sua expansão a partir da cidade de Roma, localizada na península Itálica. Roma foi a capital desse gigantesco Império, que estendeu seus limites pela maior parte do mundo conhecido na época: Europa, norte da África e Ásia Menor.

O Império Romano representou a primeira tentativa de união econômica, política e social entre o Ocidente e parte do Oriente conhecido. Durante alguns séculos, o domínio político e econômico e a estrutura social de boa parcela da população da época foram ditados por Roma.

Os romanos fundaram cidades em seus domínios. Quando começou a decadência do Império Romano, as zonas urbanas, principalmente as europeias, também entraram em decadência e perderam gradativamente suas características e importância. O ano de 476 da nossa era marca a queda desse imenso império.

Fonte: BLACK, J. (Ed.). World History Atlas. 2. ed. London: Dorling Kindersley, 2008. p. 180. Adaptação.

A Idade Média e a organização em feudos

Durante a Idade Média, o comércio esteve praticamente estagnado no continente europeu. Algumas cidades italianas, entretanto, como Veneza, Gênova e Florença, permaneceram efervescentes em suas atividades mercantis, sobretudo com os árabes, que dominavam, na época, o mar Mediterrâneo e as rotas terrestres que levavam ao Oriente, rico em mercadorias desejadas pelos europeus.

Uma nova forma de ocupação do espaço tomou conta da Europa nos séculos IX a XIV – os **feudos**: descentralizados politicamente, tendo como base a terra, eram controlados pelos chamados *senhores feudais*. Neles, os vínculos políticos, culturais e sociais eram definidos em função da propriedade.

Nos séculos XIII e XIV houve uma retomada do comércio na Europa, principalmente por meio terrestre. O movimento de caravanas e comerciantes ia se intensificando e, assim, feiras e rotas comerciais terrestres foram se multiplicando. Muitos desses locais de comércio deram origem a importantes cidades da atualidade, como Paris, capital da França. O incremento nas relações mercantis propiciou a própria reurbanização europeia, pois levou também ao aparecimento de novas cidades, muitas delas localizadas fora dos castelos medievais, ou **burgos**.

Château de Suze-la-Rousse é um castelo forte feudal do século XI. Os castelos feudais serviam de residência ao senhor feudal, sua família e seus empregados. Quando ocorriam batalhas, serviam também de quartel para suas tropas.

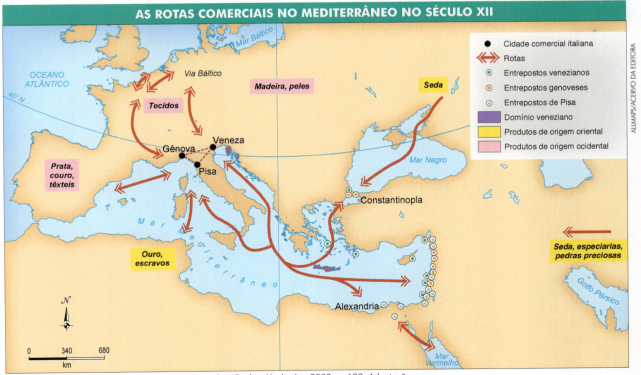

Fonte: BLACK, J. (Ed.). *World History Atlas*. 2. ed. London: Dorling Kindersley, 2008. p. 190. Adaptação.

Diferentemente dos feudos, nos burgos, que também podiam ser protegidos por muros ou não, os habitantes (conhecidos por *burgueses*) comerciavam.

À medida que a Europa se transformava, o renascimento comercial trazia consequências em todos os níveis da organização econômica, política, cultural e social. Mais uma vez, o espaço político seria alterado, como já o fora diversas vezes no passado. A dinâmica das relações políticas, econômicas, sociais e culturais modificaria a organização territorial. O contato entre a Europa e a Ásia se intensificaria por causa das rotas comerciais.

As grandes navegações

Nos séculos XV e XVI, a Europa vivia um momento de reorganização territorial e de expansão de fronteiras. Por mais difícil que seja imaginar, as Américas eram totalmente desconhecidas pelos europeus até o final do século XV.

Os europeus – recém-saídos do período medieval – redescobriram o comércio, principalmente o das especiarias vindas do Oriente, que alcançavam um altíssimo valor de troca na Europa, pois eram conservantes naturais de alimentos, sobretudo de carnes, que se deterioravam rapidamente. Porém, a rota terrestre até as Índias era controlada pelos turcos e estes não permitiam que os cristãos chegassem por terra às Índias, onde se encontravam as especiarias. Além disso, o comércio com os árabes era controlado pelos genoveses e venezianos, que dominavam as rotas comerciais do Mediterrâneo e impediam outros mercadores europeus de comerciar.

Em busca de um caminho que os levasse às Índias, portugueses e espanhóis lançaram-se ao mar e acabaram por descobrir o Novo Mundo, batizado de *América*. Nessa empreitada, visando à conquista das terras recém-descobertas, seguiram-se ingleses, franceses e holandeses.

A expansão ultramarina trouxe aos reinos europeus a possibilidade de consolidar colônias, aumentando seus domínios territoriais de além-mar.

A busca por especiarias do Oriente (cravo, canela, pimenta, por exemplo) foi um dos motivos que levaram portugueses e espanhóis para buscarem um novo caminho marítimo, diferente do terrestre ou pelo Mediterrâneo, que os levasse às Índias.

Em termos políticos, paralelamente à expansão marítima, os reinos europeus evoluíram para **Estados Nacionais**, com uma definição precisa de seus limites e cujas fronteiras delimitam o território que abriga a população desses Estados. A ideia de Nação tomou corpo, atrelada aos traços culturais e étnicos comuns. Reis com poder absoluto passaram a ter o poder político sobre áreas até então sob o domínio dos senhores feudais.

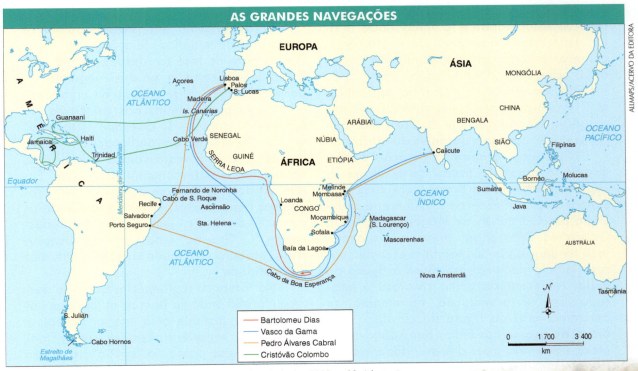

Fonte: BLACK, J. (Ed.). *World History Atlas*. 2. ed. London: Dorling Kindersley, 2008. p. 80. Adaptação.

Mas, sem sombra de dúvida, foi com a Revolução Francesa, em 1789, que o conceito que temos hoje de Nação, com base na unidade política, se desenvolveu. Os comerciantes e banqueiros formaram a burguesia, que se apoderou do poder político, e seus ideais se propagaram pelo mundo. A questão das fronteiras estáveis e rigidamente estabelecidas, como forma de controle político e econômico, ampliou o conceito de Estado, até então identificado com questões culturais, agregando a noção de sua acepção política. A questão do Estado passou a ser um dos valores burgueses e foi incorporada por diversas sociedades europeias da época.

Integrando conhecimentos

O Romantismo na formação da nação brasileira

Ao conquistar sua independência em 1822, o Brasil ainda não era uma nação. Os habitantes do aglomerado de ex-colônias da antiga América Portuguesa ainda não se reconheciam como um povo com identidade e traços culturais comuns. Assim, para garantir a estabilidade e a integridade territorial do Estado nascente, era fundamental começar a construir uma identidade nacional brasileira. Essa tarefa coube, em grande medida, ao movimento literário romântico, que se esforçou por criar símbolos nacionais e apresentar ao habitante da Corte os brasileiros das áreas mais distantes do território.

Na poesia, a primeira geração do Romantismo brasileiro tratou de enaltecer os aspectos naturais do Brasil, com suas paisagens tropicais exóticas e exuberantes. Iniciada por Gonçalves de Magalhães e tendo Gonçalves Dias como principal expoente, essa tendência poética também escolheu como símbolo nacional brasileiro a figura do índio, representado como corajoso e honrado. Essa caracterização, no entanto, se aproxima mais da figura do cavaleiro medieval do que da dos índios que habitavam o espaço que viria a ser o Brasil, denunciando a importação dos modelos do Romantismo europeu e sua mera modificação para contemplar elementos tidos como "nacionais". Contudo, a poesia romântica foi responsável por importantes obras, como a "Canção do Exílio" e o épico "I-Juca-Pirama", ambos de Gonçalves Dias.

O romantismo em prosa também se destacou pela temática indianista – em especial na obra de José de Alencar, escritor que assumia publicamente produzir segundo um projeto deliberado de criação de uma identidade nacional. Alguns dos principais romances do autor – "O Guarani", "Iracema" e "Ubirajara" – foram dedicados ao nativo brasileiro e ao contato com o colonizador, em narrativas extremamente idealizadas. Porém, Alencar também se aventurou pelos romances regionalistas, havendo escrito obras como "O Sertanejo" (sobre o Sertão nordestino) e "O Gaúcho" (sobre os Pampas gaúchos), embora sem muito sucesso em termos de qualidade.

No romance regionalista, quem se destacou foi Visconde de Taunay, militar que havia viajado bastante pelo interior do país e utilizou suas experiências para escrever "Inocência", que se passa no "sertão" da região central do Brasil.

➤ Parte da produção do romantismo brasileiro teve enfoque regionalista. Isso pode parecer uma contradição, já que o nacionalismo – no qual se inseria boa parte do movimento romântico brasileiro – tinha como grande objetivo justamente evitar a fragmentação do território. Como você explica essa aparente contradição?

NAÇÃO, ESTADO E TERRITÓRIO

Na atualidade, o conceito de Nação tornou-se fundamental para as identidades dos povos e um fator essencial para o condicionamento do comportamento dos indivíduos nas sociedades e destas como agentes políticos e sociais. Por estar essa noção profundamente arraigada no ser humano moderno, guerras foram travadas, conspirações foram tramadas, governos foram trocados, pessoas foram presas e assassinadas, enquanto outras foram aclamadas como mártires, líderes e governantes.

O cientista político Norberto Bobbio, em *Dicionário de Política*, nos relata que na "Idade Média uma pessoa deveria se sentir antes de tudo um cristão, depois um borgonhês [habitante da região da França, Borgonha] e depois um francês (sendo que o sentir-se francês tinha, então, um significado inteiramente diferente do atual). Na história recente do continente europeu, após a emergência do fenômeno nacional, foi invertida a ordem das lealdades; assim o sentimento de pertença à própria Nação adquiriu uma posição de total preponderância sobre qualquer outro sentimento de pertença territorial, religiosa ou ideológica (...)".

Para Bobbio, "O termo Nação, utilizado para designar os mesmos contextos significativos a que hoje se aplica, isto é, à França, à Alemanha, à Itália etc., faz seu aparecimento no discurso político – na Europa – durante a Revolução Francesa. (...) o conteúdo semântico do termo, apesar de sua imensa força emocional, permanece ainda entre os mais confusos e incertos do dicionário político (...). Normalmente a Nação é concebida como um grupo de pessoas unidas por laços naturais e, portanto, eternos (...) e que por causa destes laços, se torna a base necessária para a organização do poder sob a forma do Estado Nacional. (...) grupos que teriam em comum determinadas características, tais como a língua, os costumes, a religião, o território etc.".

Na atualidade, o termo Nação é aplicado a diferentes situações. Podemos ter uma nação que tenha mais de uma língua, como é o caso da Suíça, além de outros componentes culturais que a identifiquem separadamente, sem deixar de formar uma unidade nacional.

Os curdos, com tradições e cultura ancestral comum, vivem hoje em diferentes países do Oriente Médio, como veremos mais adiante nesta unidade, mas almejam se sentir pertencentes à nação curda e formar seu próprio Estado politicamente independente.

Nesse sentido, a noção de **Estado** corresponde a uma forma de organização das sociedades, para cuja existência concorrem três fatores:

- um **território** delimitado por fronteiras fixas, englobando também o espaço aéreo e o limite de águas territoriais, se houver, representado por uma porção de águas oceânicas e a costa;
- uma **população** que habite esse território e que aceite a inviolabilidade das fronteiras fixadas;
- um **poder político organizado**, isto é, um governo que exerça sua autoridade sobre a população que vive no território delimitado pelas fronteiras estabelecidas.

Entende-se por **fronteiras** os limites terrestres, marítimos e aéreos (físicos, como rios, ou abstratos, como linhas imaginárias), que separam um território de outro, delimitando o espaço que configura o território nacional (ou uma unidade política), e **território** como a porção física sobre a qual o Estado exerce sua soberania ou que contém uma Nação.

Ponto de vista

Estado e nação surgiram paralelamente, como dimensões interligadas de um mesmo processo histórico. O Estado contemporâneo ergueu-se sobre a delimitação precisa do território e a imposição de uma ordem jurídica e política homogênea. A nação ergueu-se sobre a consciência da unidade cultural e do destino de um povo, expressa nos símbolos da pátria e apoiada na distinção entre o natural e o estrangeiro. Apenas o Estado-Nação associou definitivamente os conceitos de povo e nação ao território, estabelecendo os vínculos de natureza abstrata — ou seja: ideológica — entre eles.

Esse processo é camuflado pelo nacionalismo. Na linguagem do nacionalismo, as nações são "tão antigas quanto a história". Historicamente, são um produto recente do nacionalismo, que operou "a invenção das tradições", enraizando no imaginário coletivo os sentimentos de unidade e destino nacional. (...) Os exemplos da reconstrução utilitária do passado são abundantes e, apenas na Europa do século XIX, nos conduzem do expurgo de práticas "bárbaras", como o canibalismo entre os cavaleiros francos medievais, até o expurgo das raízes semitas e africanas da cultura grega clássica.

Retirado de: MAGNOLI, D. *O Corpo da Pátria*: imaginação geográfica e política externa no Brasil (1808-1912). São Paulo: UNESP, 1997. p. 15.

> Segundo o autor do texto, o nacionalismo está associado à criação do Estado-Nação e tem como função apresentar a nação (e, consequentemente, os limites territoriais do Estado) como algo que sempre existiu. Você é capaz de identificar alguns problemas relacionados às ideologias nacionalistas no mundo atual?

Divisão regional e regionalizações do espaço brasileiro

Uma das formais mais úteis e comuns de se dividir o espaço geográfico é em regiões. É certo que não há consenso entre os geógrafos sobre como definir o conceito de região, e que se utiliza o termo para designar áreas de dimensões muito distintas — desde um agrupamento de bairros até grandes conjuntos de países. Ainda assim, a compartimentação de um espaço em regiões pode ser útil para separar partes do espaço relativamente homogêneas e distintas do entorno segundo os critérios adotados.

O Brasil, em seus mais de 8,5 milhões de quilômetros quadrados, é composto de diferentes aspectos naturais, sociais e econômicos. Por isso, e para facilitar a compreensão e a administração desse enorme território, costuma-se dividi-lo em regiões. A mais conhecida dessas divisões regionais ("regionalizações") é a elaborada polo IBGE para fins administrativos, desde 1941. A regionalização atual do IBGE identifica cinco macrorregiões, considerados critérios naturais (clima e vegetação), socioeconômicos (demografia, ocupação do solo, hierarquia urbana e estádio de desenvolvimento humano) e histórico-culturais (povoamento, hábitos e tradições de produção e consumo e heranças culturais). São as seguintes: Norte (Acre, Amazonas, Rondônia, Roraima, Pará, Amapá e Tocantins), Nordeste (Maranhão, Piauí, Ceará, Rio Grande do Norte, Paraíba, Pernambuco, Alagoas, Sergipe e Bahia), Centro-Oeste (Mato Grosso, Mato Grosso do Sul, Goiás e Distrito Federal), Sudeste (Minas Gerais, São Paulo, Rio de Janeiro e Espírito Santo) e Sul (Paraná, Santa Catarina e Rio Grande do Sul).

Fonte: ATLAS nacional do Brasil Milton Santos. Rio de Janeiro: IBGE, 2010. Adaptação.

Porém, a divisão do IBGE nem sempre foi essa. A primeira divisão do órgão que se tornaria o IBGE, em 1941, dividia o país nas macrorregiões Norte, Nordeste, Este, Sul e Centro, com base principalmente na localização dos estados dentro do território nacional e com significativas diferenças em relação à regionalização mais recente. Em 1945, outra divisão regional do órgão manteve as regiões Norte e Sul e criou as regiões Nordeste Ocidental, Nordeste Oriental, Leste Setentrional, Leste Meridional e Centro-Oeste. As cinco macrorregiões atualmente consideradas surgiram na regionalização realizada entre 1969 e 1970, e ganharam os contornos atuais após 1988, com a extinção do estado da Guanabara, a anexação de Fernando de Noronha a Pernambuco, a criação dos estados do Mato Grosso de Sul e de Tocantins, e a elevação dos Territórios Federais do Acre, Roraima e Amapá à condição de estados.

Outra divisão regional bastante utilizada é a em "complexos geoeconômicos", proposta pelo geógrafo Pedro Pinchas Geiger em 1967. A regionalização de Geiger foi feita como uma crítica à divisão regional do IBGE, que sempre respeitava os limites estaduais e que ainda apresentava resquícios de critérios naturais em uma divisão cujo objetivo principal deveria ser o de identificar variações sociais e econômicas. Por isso, as fronteiras regionais na proposta de Geiger nem sempre coincidiam com os limites estaduais. Os critérios utilizados também são predominantemente socioeconômicos, importando, sobretudo os índices sociais e o grau de desenvolvimento das atividades econômicas. O geógrafo identificou, segundo esses critérios, três grandes complexos regionais: o Nordeste, o Centro-Sul e a Amazônia.

Na divisão em complexos regionais, o Nordeste seria a região que apresentou um grande desenvolvimento no passado, durante o ciclo da cana-de-açúcar, mas que em seguida ficou largamente marginalizada das principais atividades econômicas do país – o ouro, o café, a indústria. Por esses motivos e por causa de problemas estruturais persistentes, o Nordeste seria definido como o complexo regional em que a modernização das atividades econômicas caminha com maiores dificuldades, ao mesmo tempo em que os indicadores sociais mostram um desenvolvimento humano abaixo da média nacional. O Centro-Sul, por outro lado, teria sido a região privilegiada pela concentração das principais atividades econômicas nacionais durante os últimos três séculos, apresentando, por isso, o maior dinamismo entre os três complexos regionais. No Centro-Sul se concentram a maior parte da população brasileira, as maiores taxas de urbanização, a maior parte dos serviços, a rede urbana mais desenvolvida e a maior produção industrial e agrícola, graças ao parque industrial e à agricultura mais modernos. Por fim, a Amazônia seria o complexo regional tradicionalmente isolado das atividades econômicas do restante do país, e justamente por essa razão cheio de potencialidades ainda inexploradas, com riqueza de recursos naturais e alguns grandes projetos já implantados pelo Estado e pelo capital nacional e transnacional, além de um avanço constante da ocupação em suas margens e de uma população pequena e ainda bastante ligada à paisagem natural.

Há ainda uma última regionalização, elaborada pelos geógrafos Milton Santos e Maria Laura de Oliveira. Menos conhecida e utilizada que as outras, essa divisão leva em conta critérios como a dinâmica industrial, financeira e de circulação, o desenvolvimento tecnológico e a densidade das redes de informação. Além das regiões Nordeste e Centro-Oeste, idênticas às das macrorregiões do IBGE (exceto pelo Tocantins que, nesta divisão, pertence ao Centro-Oeste), eles identificam uma região "Amazônia", semelhante ao Norte do IBGE (exceto pelo Tocantins) e uma região "Concentrada", formada pelos estados que compõem as regiões Sul e Sudeste da divisão do IBGE. A região Concentrada seria aquela com a maior densidade de redes de informação e que intensifica os fluxos globais de comércio e de capitais.

Fonte: SANTOS, M.; SILVEIRA, M. L. de O. *O Brasil*: território e sociedade no início do século XX. Rio de Janeiro: Record, 2001. Encarte 2.

A REVOLUÇÃO INDUSTRIAL

A partir do século XVIII e durante o século XIX teve início o processo de urbanização acelerada, quando a taxa de crescimento da população urbana ultrapassou a taxa de crescimento da população rural. Esse processo originou-se na Inglaterra devido à **Revolução Industrial**, que teve início em meados do século XVIII e alastrou-se rapidamente pela Europa. A Revolução Industrial caracterizou-se por um conjunto de alterações em que houve, entre outras, a introdução de máquinas a vapor para acelerar os processos de produção.

Com o aparecimento de unidades fabris, o espaço passou a ser organizado de forma diferente, o que resultou nas cidades industriais.

Em pouco tempo, a Inglaterra tornou-se a nação mais poderosa do mundo, conquistando novos territórios. Formou muitas colônias, destituindo poderes locais e consagrando a sua hegemonia política. O Império Britânico singrava os sete mares e, por onde passava, comunicava ao mundo que aqueles territórios agora lhe pertenciam. A bandeira inglesa tremulava em todos os continentes, exceção feita à inexplorada Antártida.

Federação Imperial, mapa do mundo mostrando a extensão do Império Britânico em 1886.

Fonte: BLACK, J. (Ed.). *World History Atlas*. 2. ed. London: Dorling Kindersley, 2008. p. 94-95. Adaptação.

A estratégia imperialista inglesa tinha como instrumento de dominação manter os povos subjugados dentro de seus próprios territórios, obedecendo a um estado de direito imposto pela vontade inglesa. A vastidão de seu império *onde o Sol nunca se punha* – expressão que retratava o tamanho dos domínios, pois em todos os continentes havia uma colônia ou possessão inglesa – era motivo de orgulho para os ingleses, única e exclusivamente para eles.

Na França e na Alemanha, como também em outros países europeus, a Revolução Industrial ocorreu durante o século XIX. As nações industrializadas (ou em processo de industrialização) europeias saíram pela África e Ásia fundando colônias. Essas áreas anexadas eram essenciais para os países que se industrializavam, pois garantiam o fornecimento de matérias-primas e um mercado consumidor cativo. O resultado dessa corrida pela busca de novos espaços foi trágico para o sudeste da Ásia e principalmente para a África, retalhada segundo os interesses europeus. As consequências para esse continente não poderiam ter sido mais nefastas, moldando a África do século XX. A esse processo damos o nome de **Imperialismo** ou **Partilha Colonial**.

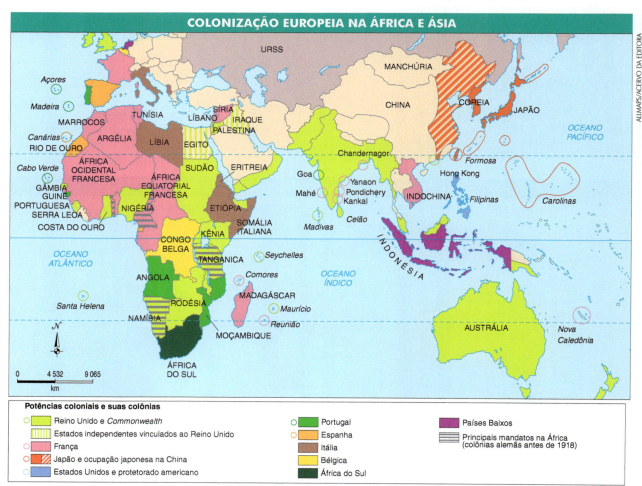

Fonte: ATLAS da História do Mundo. São Paulo: Folha de S.Paulo, 1995. p. 240-241. Adaptação.

O TURBULENTO SÉCULO XX

O século XX teve início sob forte tensão ocasionada pela corrida colonial e a disputa por mercados, fontes de energia e matérias-primas, fatores essenciais para dar continuidade e impulsionar as atividades industriais. O acirramento dessas tensões, além de um arraigado sentimento nacionalista de alemães e russos, resultou em um conflito funestamente inédito, que se estendeu por todo o continente. Em 1914 iniciava-se a Primeira Guerra Mundial.

Apesar de ser uma guerra que, de uma forma ou de outra, envolveu dezenas de países, formaram-se dois blocos importantes: de um lado, Inglaterra, Rússia e França (conhecidos como *Tríplice Entente*) e, de outro, Alemanha, Itália e Império Áustro-Húngaro (conhecidos como *Tríplice Aliança*).

Até 1917, a guerra permanecia indefinida, pois os combates não permitiam avanços de nenhum dos lados. Nesse ano, os EUA, até então neutros, decidiram lutar ao lado dos ingleses e franceses. Vale ressaltar que, de 1914 a 1917, o comércio norte-americano intensificou-se, abastecendo os dois lados beligerantes e tornando-se, assim, o maior provedor do comércio internacional. Com o fim do conflito, em 1918, uma nova configuração territorial se estabeleceu na Europa, inclusive com o desmembramento do Império Austro-Húngaro, dando origem a novos países: Iugoslávia, Polônia, Tchecoslováquia e Hungria.

No intervalo entre a Primeira e a Segunda Guerra Mundial, a Europa foi perdendo a supremacia para um jovem país que se tornaria a maior potência econômica da história: os Estados Unidos da América. Por outro lado, a URSS (União das Repúblicas Socialistas Soviéticas) passava por um período de consolidação do socialismo, implantado em 1917, deixando de ser um país agrário-feudal para despontar como outra grande potência mundial.

Os termos da rendição alemã ao final da Primeira Guerra foram humilhantes – a Alemanha perdeu territórios e foi condenada a pagar uma pesada indenização aos vencedores. A paz mal feita e a humilhação imposta aos alemães geraram novas tensões nos anos seguintes,

Adaptado do livro "Czechoslovakia: a country study". Disponível em: <http://memory.loc.gov/frd/cs/cstoc.html>(livro) e <http://www.cartoko.com/2010/05/desintegration-of-austria-hungary-1918/>(mapa). Acesso em: 21 jul. 2013.

Fonte: Encyclopedia Britannica, Inc. Disponível em: <http://global.britannica.com/EBchecked/topic/44386/Austria-Hungary>. Acesso em: 21 jul. 2013. Adaptação.

Fonte: BLACK, J. (Ed.). *World History Atlas*. 2. ed. London: Dorling Kindersley, 2008. p. 208. Adaptação.

Fonte: BLACK, J. (Ed.). *World History Atlas*. 2. ed. London: Dorling Kindersley, 2008. p. 208. Adaptação.

resultando no desenvolvimento de um forte sentimento nacionalista alemão. Administrada por um governo centralizado de extrema direita, sob a égide do nazismo, encabeçado por Adolf Hitler, a Alemanha voltou a se militarizar, tornando-se novamente uma grande potência bélica.

Em 1939, um novo conflito mundial irrompeu, envolvendo nações europeias, o Japão e, em 1941, os EUA. Era a **Segunda Guerra Mundial**, que, para muitos, foi uma consequência de situações mal resolvidas ao fim da Primeira Guerra Mundial (como o fracasso da Liga das Nações, cujo objetivo principal seria trabalhar em prol da paz entre os países), além do sentimento nacionalista e imperialista de várias nações. Nesse conflito, que durou de 1939 a 1945, também tivemos duas alianças principais: de um lado, os *Aliados* (URSS, EUA, Inglaterra e França) e, de outro, os países do *Eixo* (Alemanha, Itália e Japão). O fim desse conflito, com a vitória dos Aliados, marcou o início de uma forte disputa de caráter ideológico, político, econômico e militar entre EUA e URSS, as novas potências mundiais do pós-guerra.

Com o fim do conflito, as disputas ideológicas seriam a tônica dos 30 anos que se seguiram. O embate entre *socialismo* e *capitalismo* marcou um período de clara divisão entre os que estavam contra ou a favor de uma dessas grandes potências. O mundo bipolarizado viveu momentos de tensão que quase desencadearam uma terceira e, talvez, última guerra mundial.

Cartaz soviético de 1945 do Exército Vermelho na Grande Guerra Patriótica: "Avante! A vitória está próxima!"

Cartaz de propaganda estadunidense, em que se lê "Esta é a minha guerra também!", destinado ao público feminino (cerca de 1944).

Durante a Guerra Fria, as duas superpotências disputaram a hegemonia mundial. A propaganda foi uma das armas mais fortes nesse embate.

Infográfico

A EUROPA EM 31 DE AGOSTO DE 1939

Fonte: FREITAS NETO, J. A. de; TASINAFO, C. R. *História Geral e do Brasil*. 3 ed. São Paulo: HARBRA, 2016. p. 746.

Set. 1939
Invasão da Polônia pelas forças alemãs e da União Soviética.

Set. 1939
Inglaterra e França declaram guerra à Alemanha.

Jun. 1940
Itália declara guerra à Inglaterra e França.

Jun. 1940
Tropas alemãs entram em Paris. Queda da França.

Jul. a out. 1940
Batalha travada no ar sobre o sul da Inglaterra.

Hitler e Mussolini desfilam em carro aberto pela cidade de Munique (18 jun. 1940). Na época, Hitler desfrutava a série de vitórias do exército alemão, e buscava completar a conquista do oeste do continente europeu.

Os adeptos do nazismo perseguiram homossexuais, testemunhas de Jeová, ciganos e judeus. Levados aos campos de concentração, como o de Auschwitz, cerca de 6 milhões de judeus foram vítimas do holocau muitos deles incinerados nos fornos crematórios.

Jun. 1941
Alemanha ataca a União Soviética (Operação *Barbarossa*).

Dez. 1941
Japão ataca Pearl Harbor. Estados Unidos entram na guerra.

Dez. 1941
Alemanha declara guerra aos Estados Unidos.

Segunda Guerra Mundial

Ago. 1945
Bombas atômicas são lançadas sobre Hiroshima e Nagasaki.

Set. 1945
Japão assina sua rendição formal.

Maio 1945
Alemanha assina sua rendição.

Nov. 1944
Aviação americana inicia bombardeios aéreos sobre Japão.

Ago. 1944
Forças aliadas liberam Paris.

Jun. 1944
Dia D. Forças aliadas desembarcam na Normandia (França).

Set. 1943
Itália se rende às forças aliadas.

Jul. 1943
Forças aliadas desembarcam na Sicília.

Set. 1942
Começa o cerco alemão a Stalingrado (termina em jan. 1943).

Ago. 1942
Brasil declara guerra à Itália e Alemanha.

Vista de Hiroshima do topo do edifício da Câmara de Comércio, aproximadamente um mês depois do bombardeio atômico em 6 de agosto de 1945. Algumas pessoas circulam por entre os escombros.

PERDAS DA GUERRA (números estimados)

PRINCIPAIS POTÊNCIAS ALIADAS	TROPAS MOBILIZADAS	MILITARES MORTOS	CIVIS MORTOS
URSS	20.000.000	8.700.000	16.900.000
EUA	16.400.000	292.000	N/A
França	5.000.000	250.000	170.000
Grã-Bretanha	4.700.000	240.000	65.000
Iugoslávia	3.700.000	300.000	1.400.000
China (comunista)	1.200.000	1.100.000	4.000.000
China (nacionalista)	3.800.000	2.400.000	6.000.000
Outras*	7.110.000	888.000	7.062.000
POTÊNCIAS DO EIXO	**TROPAS MOBILIZADAS**	**MILITARES MORTOS**	**CIVIS MORTOS**
Alemanha	10.800.000	3.250.000	2.000.000
Japão	7.400.000	1.700.000	500.000
Itália	4.500.000	380.000	180.000
Romênia	600.000	200.000	460.000
Bulgária	450.000	10.000	7.000

* Na sequência, por número de tropas mobilizadas: Índia, Polônia, Bélgica, Canadá, Austrália, Países Baixos, Finlândia, Tchecoslováquia, Grécia, Nova Zelândia, África do Sul, Noruega, Dinamarca e Espanha.

Fonte: WILLMOTT, H. P.; CROSS, R.; MESSENGER, C. *Segunda Guerra Mundial*. Rio de Janeiro: Nova Fronteira, 2008. p. 303

ATIVIDADES

PASSO A PASSO

1. Explique o que são cidades-estado e como se constituíam as relações entre elas.
2. Discuta sobre o principal processo de ocupação do espaço europeu durante o período da Idade Média.
3. Como as grandes navegações modificaram a organização territorial da Europa?
4. Explique o surgimento do termo Nação.
5. Quais são as características necessárias para a existência do Estado?
6. Quais foram as consequências da Primeira Guerra Mundial para a configuração territorial do continente europeu?

IMAGEM & INFORMAÇÃO

1. Observe o mapa e responda ao que se pede.
   Qual foi o caráter inovador da formação do Império Romano?

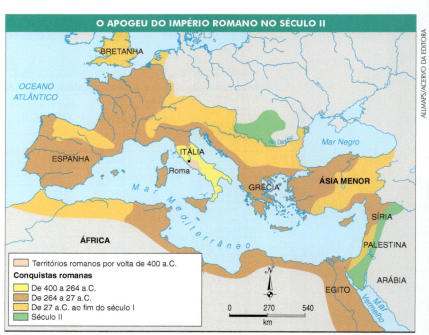

Fonte: FREITAS NETO, J. A.; TASINAFO, C. R. *História Geral e do Brasil*. 3 ed. São Paulo: HARBRA, 2016. p. 94.

2. A imagem retrata a Revolução Industrial originada na Inglaterra. Sobre ela, responda:
   a) Quais alterações esse processo gerou no espaço urbano?
   b) Explique as consequências da Revolução Industrial para os continentes asiático e africano.

TESTE SEUS CONHECIMENTOS

1. (PASES – UFV – MG) Leia o texto abaixo.

"Às vésperas da decisão do Supremo Tribunal Federal sobre o destino da reserva Raposa Serra do Sol, em Roraima, uma polêmica que opõe índios e brancos ganha força no Congresso. Parlamentares da bancada ruralista se articulam para tentar derrubar a adesão brasileira à Declaração Universal dos Direitos dos Povos Indígenas, documento assinado em setembro de 2007, com outros 157 países. A rejeição ao texto tem respaldo dos militares e reúne políticos da oposição e da bancada governista, a maioria de estados da Amazônia. Irritados com a decisão do Governo em aderir à Declaração, integrantes da Comissão de Relações Exteriores do Senado alegam que a adesão à Declaração pode permitir até a criação de nações autônomas. Por outro lado, aliados do governo atribuem a oposição ao documento à reação de fazendeiros contra a demarcação de reservas."

Adaptado de: FRANCO, B. M.
Parlamentares rejeitam declaração sobre índios.
O Globo, Rio de Janeiro, 17 ago. 2008, p. 8B.

O texto retrata uma situação de conflito envolvendo diferentes agentes em torno do uso e ocupação de uma área. Tendo em vista tal processo, assinale o conceito geográfico CORRETO para compreender as disputas em torno da reserva Raposa Serra do Sol.

a) O conceito de território, dado que explica as disputas em torno da apropriação e legitimação da reserva indígena.
b) O conceito de lugar, pois identifica as relações de sociabilidade e identidade empreendidas pelos índios.
c) O conceito de paisagem, já que assinala a porção visível e os aspectos invisíveis do espaço ocupado pelos índios.
d) O conceito de região, pois assinala uma área que apresenta características sociodemográficas semelhantes.

2. (PAES – UNIMONTES – MG) Território é um termo muito usado na geografia, tendo seu significado, em qualquer situação, relacionado à ideia de
a) região.
b) nação.
c) cultura.
d) poder.

3. (UFPR) No campo político, o nascimento do Estado moderno definiu o marco da centralidade territorial e institucional do poder político. Esta é certamente a instituição política mais importante da modernidade, responsável pela delimitação do território para o exercício do mando e da obediência, segundo normas e leis estabelecidas e reconhecidas como legítimas, sendo possível legalmente a coerção física em caso de desobediência.

CASTRO, I. E. Geografia e Política –
Território, escalas de ação e instituições.
Rio de Janeiro: Bertrand Brasil, 2005. p. 111.

Sobre as origens e características do Estado, é correto afirmar:

a) A emergência do processo de globalização, com o fim das fronteiras rígidas, faz com que influências econômicas, culturais e militares tornem legitimo o exercício da soberania em outros países, como é o caso dos EUA em relação ao Iraque e ao Afeganistão.
b) O Estado moderno tem uma dupla origem: por um lado, as cidades-estado da Grécia antiga e por outro, o ordenamento político-institucional do Império Romano.
c) No processo histórico de consolidação de poder, o Estado moderno submeteu a sociedade civil sob seu controle, comprometendo a divisão entre esfera pública e privada.
d) Estado e nação são dois conceitos imbricados, pois o território que compreende uma nação, compreende também um Estado Nacional.
e) O Estado continua sendo a Instituição que detém soberania exclusiva sobre seu território, pois os organismos supranacionais como a ONU não têm poder soberano.

4. (UEM – PE) Para Marcelo Souza (1995), o conceito de território tanto pode ser entendido no sentido de território nacional, como do ponto de vista de uma delimitação de um espaço a partir das relações de poder e de controle que um grupo exerce sobre este (SEED, 2006, p. 38).

Considerando o exposto, assinale o que for correto. O conceito de território

(01) somente pode ser aplicado quando se refere ao espaço de uma unidade geográfica: o território do Paraná, por exemplo.
(02) pode ser pensado tanto em escala internacional (a área formada pelo conjunto de países-membros de um bloco econômico), como em menor escala (a cidade, a rua, o bairro).
(04) pode ser entendido como de caráter permanente e também de caráter periódico:

o mesmo espaço pode ser território de um grupo social durante o dia e de outro grupo social à noite.

(08) também pode ser entendido como base ou espaço político para a afirmação de poder. Por exemplo: o território do MST (Movimento dos Trabalhadores Rurais Sem-Terra) na luta pela reforma agrária.

(16) significa espaço físico em que predominam áreas de terra firme, com baixo índice de pluviosidade e baixo nível de drenagem por meio de bacias hidrográficas.

5. (ESPM – SP) Observe cinco afirmações sobre geopolítica feitas por Yves Lacoste:

- A causa principal do fraco desenvolvimento da reflexão geopolítica é a verdadeira mutilação que sofreu o raciocínio geográfico.
- As reflexões geopolíticas não se situam somente no nível planetário ou em função de vastíssimos conjuntos territoriais ou oceânicos, mas também no quadro de cada Estado.
- Os professores de geografia propagaram na opinião essa concepção muito mutilada de sua disciplina e que, durante decênios, os geógrafos, na qualidade de pesquisadores, recearam aplicar seus métodos à análise dos conflitos.
- O raciocínio geopolítico não é, por essência, de direita ou de esquerda.
- Uma notável parte da opinião começa a pressentir que é importante levar em consideração as configurações espaciais no exame das relações de forças e é isso que explica a atenção que a geografia dedica, desde há algum tempo, a tudo aquilo que faz referência à geopolítica.

LACOSTE, Y. *A Geografia* – isso serve em primeiro lugar, para fazer a guerra, 1988.

Podemos depreender como a mais pertinente dentre as afirmações feitas pelo geógrafo:

a) A primeira afirmação conduz à ideia vigente nos dias atuais de que a geografia deve se afastar da geopolítica devido a seu caráter bélico.

b) Conflitos nacionais dentro de um mesmo Estado, como na Rússia, confirmam a segunda afirmação do autor.

c) A data da obra e as ideias do geógrafo nos permitem afirmar que não houve renovação do pensamento geográfico.

d) O pensamento geopolítico surgiu na extinta União Soviética, daí a preponderância dos pensamentos geopolíticos de esquerda.

e) As configurações espaciais são de ordem urbana e sociológica e por esse motivo a geografia deixou de se interessar pela geopolítica.

1945: Início de uma Nova Era

CAPÍTULO 20

A Segunda Guerra Mundial foi um marco na história humana. Pôs fim à pretensão alemã de formar uma Alemanha de mil anos com a supremacia ariana. O poderoso Japão foi derrotado com duas bombas atômicas, uma nova arma com poder de destruição sem precedentes. A Europa imperialista saiu do conflito com suas economias destruídas e duas superpotências passaram a disputar a hegemonia mundial, Estados Unidos e União Soviética, estabelecendo suas zonas de influência.

A origem dessa disputa ideológica remonta a dois sistemas econômicos e sociais com bases totalmente diversas: o **capitalismo** e o **socialismo**, personificados pelos Estados Unidos e pela União das Repúblicas Socialistas Soviéticas, respectivamente.

Memorial na capital Washington, Estados Unidos, em homenagem aos soldados que ergueram a bandeira norte-americana após vencerem a batalha contra os japoneses em Iwo Jima, na Segunda Guerra Mundial.

SEAN PAVONE/SHUTTERSTOCK

O SISTEMA CAPITALISTA

A acumulação primitiva de capital

O mundo atual vive sob a égide do capitalismo, sistema econômico e social que surgiu na Europa por volta do século XVI.

égide: proteção, amparo, patrocínio

O fim da Idade Média caracterizou-se pela desorganização da rígida estrutura social baseada na propriedade da terra e nas relações de servidão e fidelidade entre os senhores feudais e vassalos. Diante do enfraquecimento do poder da nobreza feudal, o regime de servidão pelo qual os camponeses estavam presos à terra também foi perdendo força e, gradativamente, os servos deixaram os feudos, dirigindo-se para os burgos. Simultaneamente, houve o crescimento das atividades mercantis e manufatureiras no continente europeu.

Com o aumento das atividades comerciais, algumas regiões se sobressaíram, sobretudo cidades do norte da Itália (que já tinham intensa tradição comercial) e os Países Baixos (Holanda), que se tornaram o centro comercial e financeiro da Europa. Os maiores comerciantes ou burgueses desses polos comerciais passaram a financiar grandes empreitadas, inclusive expedições ultramarinas, além de controlar praticamente todo o comércio intercontinental da época.

Nesse período, o acúmulo de capital dava-se pela circulação das mercadorias, ou seja, pela atividade comercial. O Estado tinha um papel fundamental na geração de riquezas e na acumulação de capital, na medida em que regulava a economia, sendo também responsável por seu funcionamento. A política que norteava as ações estatais era conhecida como **mercantilismo**. A riqueza de um país era medida pela quantidade de ouro e prata que possuía em seu tesouro (metalismo) e, para isso, deveria ter uma balança comercial favorável, ou seja, exportar mais do que importar.

As expedições ultramarinas levaram à colonização do Novo Mundo recém-descoberto (Américas), lideradas pelas grandes potências dos séculos XV e XVI, Portugal e Espanha. As colônias enriqueceram suas metrópoles, fornecendo mercadorias que eram vendidas pela burguesia dessas nações a outros povos europeus, e estes revendiam as mercadorias com alta margem de lucro. Em contrapartida, as colônias compravam delas tudo de que necessitavam. Com a descoberta de ouro e prata em território americano, milhares de toneladas desses metais preciosos foram transferidas para o tesouro de Portugal e Espanha e levadas, pelas trocas mercantis, a outros países.

Esse momento do capitalismo é conhecido como **capitalismo comercial** ou período de acumulação primitiva de capital.

Da foz do rio Tejo, em Lisboa, Portugal, saíam as expedições ultramarinas portuguesas. Portugal e Espanha foram as grandes potências mercantilistas da época. Na foto, Torre de Belém na foz do rio Tejo.

A Revolução Industrial

No século XVIII, a produção artesanal na Inglaterra foi dando lugar às manufaturas, que transformavam as matérias-primas em bens a serem consumidos pela população. Essa proliferação das atividades manufatureiras e, portanto, o aumento da produção foram marcados por um incremento na circulação do dinheiro, no volume de trocas e, consequentemente, no mercado consumidor, configurando o que ficou conhecido como **Revolução Industrial**.

Um avanço tecnológico importante foi a invenção da máquina a vapor, movida a carvão, que possibilitou a mecanização da produção, gerando seu aumento em escala e o emprego do assalariado livre. Os bens de produção (máquinas, instalações) e o capital tinham um dono, o *capitalista*, que remunerava seus empregados (operários) pelo trabalho realizado, pagando-lhes salários para que produzissem mercadorias destinadas a um mercado consumidor em expansão, visando, sempre, seu próprio lucro.

A Revolução Industrial espalhou-se pela Europa no século XIX, atingindo também os Estados Unidos e o Japão e configurando a **Segunda Revolução Industrial**. As novas tecnologias mudaram o ritmo e os modos de produção; os transportes, como o trem e os grandes navios a vapor, encurtaram as distâncias; novas fontes de energia, como o petróleo e a eletricidade, transformaram a vida nas fábricas e nas cidades; o aço, produzido nas siderúrgicas, tornou-se matéria-prima essencial para muitas outras indústrias, como a de automóveis, que se tornaria ícone da produção capitalista industrial no século XX. Nesse período, houve uma maior especialização da mão de obra operária.

O capitalismo industrial

Nessa fase, a remuneração do capital deixou de estar centrada na circulação de mercadorias, passando a se basear na produção de bens. As indústrias necessitavam cada vez mais de matérias-primas e fontes de energia para aumentar o ritmo industrial; de outro lado, as mercadorias precisavam ser vendidas e havia a necessidade de aumentar o mercado consumidor. As nações europeias industrializadas voltaram-se para a África e a Ásia, tomando para si seus territórios, promovendo a partilha colonial no território africano e impondo aos povos subjugados seus interesses imperialistas.

O motor a vapor de Watt, alimentado principalmente com carvão, impulsionou a Revolução Industrial no Reino Unido e no mundo.

O liberalismo econômico

A doutrina econômica do século XVIII foi o **liberalismo**, segundo a qual o Estado não deveria intervir, de maneira alguma, na economia, ficando à mercê da livre-concorrência que por sua própria dinâmica regularia o mercado. O liberalismo econômico foi preconizado por economistas ingleses como Adam Smith e David Ricardo. Essa mudança atendia aos interesses da burguesia industrial, que se mostrava forte o suficiente para renegar a interferência do Estado, inversamente ao que aconteceu com os burgueses durante o capitalismo comercial.

As condições de trabalho eram desumanas, precárias, com homens, mulheres e crianças trabalhando incessantemente, em instalações insalubres, chegando à exaustão física causada pelas horas a fio junto às máquinas. A terrível situação de milhões de operários fabris não passou despercebida, provocando o surgimento de movimentos, no decorrer do século XIX, em defesa do operariado e uma doutrina que propunha a socialização dos meios de produção, a preponderância do Estado na condução da economia e da sociedade, conhecida como **socialismo**.

"O modo de exploração feudal ou corporativo da indústria até então não mais atendia às necessidades que aumentavam o crescimento dos novos mercados. A manufatura tomou o seu lugar. Os mestres-artesãos (*Zunftmeister*) foram suplantados pelo estamento médio industrial; a divisão do trabalho entre as diversas corporações desapareceu diante da divisão de trabalho de cada oficina.

Mas os mercados continuavam a crescer, e as necessidades continuavam a aumentar. A própria manufatura tornou-se insuficiente. Em consequência, o vapor e a maquinaria revolucionaram a produção industrial. O lugar da manufatura foi ocupado pela grande indústria moderna, o estamento médio industrial cedeu lugar aos industriais milionários, aos chefes de exércitos industriais inteiros, aos burgueses modernos.

A grande indústria criou o mercado mundial, para o qual a descoberta da América preparou terreno. O mercado mundial deu um imenso desenvolvimento ao comércio, à navegação, às comunicações por terra. Esse desenvolvimento, por sua vez, reagiu sobre a extensão da indústria; e na proporção em que a indústria, o comércio, a navegação, as ferrovias se estendiam, a burguesia também se desenvolvia, aumentava seus capitais e colocava em plano secundário todas as classes legadas pela Idade Média (...).

Cada uma dessas etapas de desenvolvimento da burguesia foi acompanhada por um progresso político correspondente (...) depois do período manufatureiro, contrapeso da nobreza na monarquia corporativa (*Standischen*) ou absoluta e, em geral, principal fundamento das grandes monarquias, a burguesia, com o estabelecimento da grande indústria e do mercado mundial, conquistou finalmente o domínio político exclusivo do Estado representativo moderno. O poder político do Estado Moderno nada mais é do que um comitê (*Ausschuss*) para administrar os negócios comuns de toda a classe burguesa.

A burguesia desempenhou na História um papel extremamente revolucionário."

Fonte: ENGELS, F.; MARX, K. *Manifesto do Partido Comunista*. Petrópolis: Vozes, 1999.

Homens e mulheres trabalhavam nas fábricas durante longos períodos e em condições precárias (ilustração publicada em Paris, ca. 1880).

➤ No trecho citado no texto acima, como a expansão geográfica do capitalismo é relacionada à consolidação do poder da burguesia?

O capitalismo monopolista

O capitalismo vem sofrendo modificações desde a Revolução Industrial até hoje. No início do século XX, quando já era o sistema predominante na Europa Ocidental e nos Estados Unidos, apresentou uma tendência à concentração de empresas e capitais. Nesse período iniciou-se a prática *monopolista* – quando uma empresa domina sozinha o mercado – e também as práticas de *oligopólios* – quando poucas empresas se unem, praticando uma política de preços e de controle de matérias-primas que impede que outras companhias pratiquem preços competitivos dentro de um mercado concorrencial, assegurando o mercado para si.

Também foi uma época de grandes fusões e incorporações de empresas e de integração do capital bancário com o industrial, dando origem ao capital financeiro. Esses grandes conglomerados evoluíram e deram origem às empresas *multinacionais*, atualmente conhecidas como *transnacionais*, pois operam em diferentes partes do globo, como as gigantes do petróleo (Exxon, Texaco), as de informática (IBM, Microsoft) e mesmo a potentíssima Nike, fabricante de artigos esportivos, entre milhares de outras. A premissa de ação dessas empresas é a internacionalização da produção e do capital, um grande incremento nas trocas em âmbito mundial e nas comunicações.

Empresas transnacionais

As empresas transnacionais são grandes corporações que têm matriz em um país, na maioria das vezes uma nação rica, e que atuam em diversos países por meio de filiais e subsidiárias. O controle das filiais é feito pela matriz, a quem são remetidos os lucros (*royalties*) de suas subsidiárias. As empresas transnacionais são consequência do capitalismo monopolista, que contou com uma grande concentração de capital em monopólios, trustes e cartéis (veremos esses conceitos mais adiante neste capítulo).

Foi depois da Segunda Guerra Mundial que se acelerou o processo de ampliação e de atuação das empresas transnacionais, muitas das quais se instalaram em países pobres principalmente para a extração de minérios e para a produção de produtos agrícolas, matérias-primas que supririam as indústrias dos países ricos. Além disso, também abasteciam o mercado interno dos países em que se instalaram.

> **transnacionais:** atualmente, muitos autores utilizam os termos multinacionais e transnacionais como sinônimos

As empresas transnacionais agem de forma altamente concorrencial.

Isso não impede que se alinhem em momentos decisivos e estratégicos, como, por exemplo, quando as chamadas "sete irmãs" da indústria petrolífera – Exxon, British Petroleum, Shell, Gulf, Texaco, Socal e Mobil – se alinharam em 1973.

Naquele ano, em face a uma grave crise gerada pelos países produtores de petróleo, essas empresas foram as que mais lucraram com a nova ordenação econômica.

Disseram a respeito...

Empresas multinacionais

Segundo o economista e professor Paulo Sandroni, empresa multinacional "caracteriza-se por desenvolver uma estratégia internacional a partir de uma base nacional, sob a coordenação de uma direção centralizada. (...) A ação das multinacionais acelerou-se após a segunda guerra mundial, alterando substancialmente as relações entre os centros hegemônicos do capitalismo e a periferia do sistema. (...) Os objetivos e formas de atuação das empresas multinacionais foram claramente expostos por um executivo norte-americano: 'É nosso objetivo estar presente em todo e qualquer país do mundo. Nós da Ford Motor Company olhamos o mapa do mundo como se não tivessem fronteiras. Não nos consideramos basicamente uma empresa americana. Somos uma empresa multinacional. E quando abordamos um governo que não gosta dos Estados Unidos, nós sempre lhes dizemos: De quem você gosta? Da Grã-Bretanha, da Alemanha? Nós temos várias bandeiras. Nós exportamos de todos os países'."

Fonte: SANDRONI, P. *Dicionário de Economia do Século XXI.* Rio de Janeiro: Record, 2008. p. 580-581.

➤ Como você viu anteriormente, as expressões "empresas multinacionais" e "empresas transnacionais" costumam ser utilizadas como sinônimos. No entanto, como acontece com a maioria dos sinônimos, as duas apresentam ligeira diferença de significado. Que diferença é essa? Qual das duas expressões reflete melhor a declaração do empresário estadunidense reproduzida no texto?

Práticas monopolistas

As bases do capitalismo propõem um mercado baseado na livre-concorrência, mas manter o monopólio era uma forma segura de aumentar de maneira drástica a lucratividade. As atividades monopolistas, por negarem o princípio da "concorrência perfeita", são combatidas por meio de leis em diversos países. Porém, na realidade, as práticas monopolistas são muito mais frequentes do que se possa imaginar, independentemente do setor.

Existem formas monopolistas que persistem, embora não de forma explícita. Entre elas, temos:

- **truste** – um conjunto de empresas se une ou se funde e faz acordos e combinações financeiras, controlando o capital conjunto e centralizando as decisões, embora muitas vezes as identidades das empresas sejam preservadas. A prática mais comum é o estabelecimento de uma política de preços elevados que assegure altas margens de lucro e vise sempre ao controle do mercado;
- **cartel** – um grupo de empresas independentes, normalmente de um mesmo setor já oligopolizado, age de comum acordo, seguindo uma mesma orientação quanto a práticas comerciais, controle de matérias-primas, divisão de mercado e cotas de produção;
- *holding* – dentro de um agrupamento de empresas, uma delas controla as outras, suas subsidiárias, por meio do controle acionário. Normalmente a *holding* não tem nenhuma atividade produtiva, mas centraliza a administração e dita a política do grupo, controlando o capital das empresas integrantes. As *holdings* são consideradas o estágio mais avançado de concentração do capital;

A crise do capitalismo

As primeiras décadas do século XX marcaram a expansão do capitalismo, com aumento da demanda e da produção industrial em larga escala. Porém, a oferta crescente de mercadorias não conseguia ser absorvida pelo mercado interno em expansão dos países já industrializados, em especial os Estados Unidos, ou mesmo pela exportação para países que ainda não tinham passado pelo processo de industrialização. Nos Estados Unidos, o excesso de oferta, aliado às especulações financeiras, resultou em uma gravíssima crise econômica.

Grandes companhias e bancos tiveram suas ações desvalorizadas e, em outubro de 1929, a Bolsa de Valores de Nova York "quebrou", levando milhares de empresas à falência e provocando desemprego e recessão que afetaram a nação norte-americana e o mundo.

Com o *crash* da bolsa de Nova York, percebeu-se que a livre-concorrência não suportava mais a dinâmica imposta até então pelo capitalismo "liberal", que pregava a não intervenção do Estado como regulador da sociedade, das ações do capital privado e das relações de produção. Nesse contexto, um plano contra a profunda crise, o *New Deal*, foi posto em prática pelo presidente americano Franklin Delano Roosevelt. O Estado passou a intervir na economia, nas relações estruturais, direcionando e elaborando planos econômicos, investindo pesado em serviços de infraestrutura e obras públicas, além de assistir a população com programas educacionais, de saúde e de previdência e seguridade social, configurando o neoliberalismo. O mentor dessa intervenção estatal que ajudou efetivamente a reerguer a economia norte-americana foi John Maynard Keynes, postulando seus princípios em sua obra *Teoria Geral*. O intervencionismo estatal funcionou bem para a economia capitalista até o início da década de 1970, quando uma nova crise econômica colocou em xeque a legitimidade do papel econômico do Estado, questionado pelos pensadores e ativistas "neoliberais".

Hoje, dizemos que o capitalismo se encontra na fase **pós-industrial**, como resultado da internacionalização da economia e das alterações profundas nas relações de produção introduzidas pela revolução tecnológica que abalou o mundo nas últimas décadas. Essa revolução tecnológica é fruto da pesquisa pura e aplicada e levou à modernização dos meios de produção. A informática, a robótica, a revolução nas telecomunicações, o barateamento dos transportes e a internet elevaram drasticamente os índices de produtividade, provocando uma reordenação na qualificação e no desempenho da mão de obra. Com as inovações, modificou-se também a distribuição espacial da indústria e a divisão internacional do trabalho.

No mundo atual, o capitalismo se impõe como o principal sistema socioeconômico, sendo sua dinâmica controlada pelos países ricos e industrializados.

A divisão do trabalho

Na fase do capitalismo industrial, que se estendeu até meados do século XX, as relações imperialistas regeram o mundo. Nesse período, as colônias ou os países latino-americanos recém-independentes forneciam matérias-primas e importavam produtos industrializados das metrópoles europeias ou dos Estados Unidos (particularmente a América Latina).

Depois da Segunda Guerra Mundial, a chamada **Divisão Internacional do Trabalho (DIT)** firmou-se em bases bastante sólidas e rígidas, nas quais os países industrializados produziam produtos manufaturados e os países pobres (ou *subdesenvolvidos*, como eram chamados na época os países que haviam sido descolonizados ou da América Latina) eram fornecedores de matérias-primas.

Na década de 1970, uma nova maneira de organizar a Divisão Internacional do Trabalho se cristalizou, com o crescimento e a expansão das empresas transnacionais, modificando as estratégias e a dinâmica econômica mundial. Novas relações de interdependência fizeram com que a produção se internacionalizasse, sempre em busca de locais em que houvesse vantagens financeiras e fiscais que se revertessem em custos operacionais e de produção mais baixos. Entre os itens mais significativos para a redução estava a mão de obra barata e abundante. Concomitantemente, houve a flexibilização do trabalho e a procura, por parte dessas megacorporações, em abranger um mercado o mais amplo possível, que se desenvolvesse em âmbito global. Essa nova perspectiva, na qual a produção deixou de ser local para tornar-se internacionalizada, provocou mudanças sem precedentes na história humana, seja por sua intensidade, seja pela velocidade em que se deram. Os fluxos se expandiram de forma espantosa e em escala mundial, em especial os de capitais, e houve o aparecimento das economias emergentes, que passaram a abrigar essas indústrias multinacionais.

Se por um lado a nova divisão do trabalho trouxe mudanças na difusão da produção industrial, por outro provocou alterações significativas no próprio trabalho industrial. De maneira geral, nos países ricos, a partir da década de 1970, a oferta de empregos industriais entrou em uma curva descendente em determinados segmentos, como o têxtil, o de confecção e vestuário, o de exploração de carvão, o siderúrgico e o metalúrgico. Essas indústrias tradicionais, forjadas basicamente durante a Segunda Revolução Industrial, não conseguiram se atualizar e continuar competitivas diante da difusão industrial em andamento. Parques industriais pesados, tecnologia obsoleta, necessidade de altíssimos investimentos e de manutenção dessas empresas fizeram com que elas perdessem competitividade, além da concorrência que sofreram por indústrias similares nos países pobres. Ao mesmo tempo, esses países passaram a receber grandes inversões de capital direto ou indireto, empréstimos, onerando suas dívidas externas, pagamento de juros, *royalties*, lucros, havendo um forte aumento no fluxo internacional de capitais, centrado nos países ricos, e acumulando-se basicamente nestes.

A Haarlem Mill, em Derbyshire, Inglaterra, foi a primeira fiação a utilizar máquinas a vapor.

Disseram a respeito...

Entende-se por divisão do trabalho "a distribuição de tarefas entre os indivíduos ou agrupamentos sociais, de acordo com a posição que cada um deles ocupa na estrutura social e nas relações de propriedade. A divisão do trabalho ocorre em relação a tarefas econômicas, políticas e culturais (...)".

Fonte: SANDRONI, P. Op. cit. p. 580-581.

Atualmente, tecnologia de ponta recebe grandes investimentos financeiros nos países mais ricos.

A divisão do trabalho é bastante significativa nos dias de hoje. Os países ricos se especializaram na produção de tecnologias sofisticadas e bens de capital. Os países pobres, em sua maioria ex-colônias europeias, são fornecedores de matérias-primas e alguns deles são produtores de bens manufaturados voltados para a exportação.

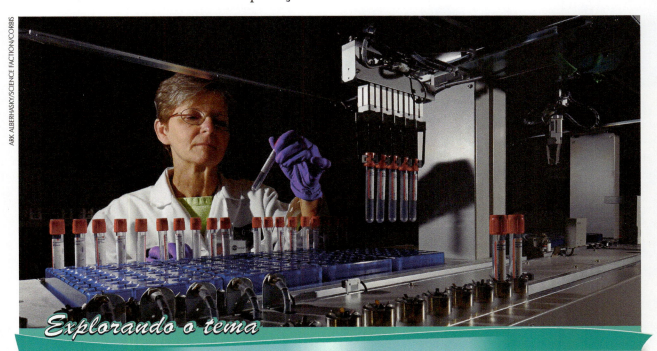

Explorando o tema

As principais características do capitalismo

- **Propriedade privada**: a propriedade é individual.
- **Livre-iniciativa**: cabe ao indivíduo a decisão de empreender, dispor de seus bens como bem lhe aprouver e escolher a ação econômica independente de outros grupos sociais.
- **Lucro**: objetivo máximo da ação empreendedora capitalista. Representa o rendimento obtido na aplicação de um capital investido.
- **Economia de mercado**: é o mercado que regula a economia, por meio da lei da oferta e da procura. A produção e o consumo dependem dessa dinâmica. Modernamente aceita-se a intervenção estatal, que só deve ocorrer em determinados momentos e situações muito específicos e no amparo da economia. A livre-concorrência perfeita, imaginada pelos ideólogos desse sistema, não existe, na medida em que o poderio econômico age na forma de monopólios e trustes.
- **Divisão de classes**: a sociedade é dividida em classes – os que detêm os meios de produção e aqueles que vendem sua força de trabalho para os detentores dos meios de produção, sendo remunerados pelas tarefas desempenhadas. A acumulação capitalista se dá pela mais-valia, a porção do trabalho executado que não é paga aos empregados e apropriada pelos capitalistas.

Colheita mecanizada.

O agronegócio

A nova dinâmica da Divisão Internacional do Trabalho (DIT) não afetou apenas as atividades industriais. A agricultura moderna também sofreu grandes avanços por causa da tecnologia aplicada a essa atividade: as mercadorias agrícolas receberam o nome de *commodities* e as atividades agropecuárias passaram, cada vez mais, a ser encaradas como empresas rurais, o chamado agronegócio. O agronegócio é o conjunto de negócios relacionados à agricultura dentro do ponto de vista econômico que envolve a produção, o processamento dos produtos, sua industrialização e sua comercialização.

Nos países ricos do Norte, a superfície cultivada diminuiu, como também o número de pessoas que se dedicam a essa atividade. Apesar disso, a produtividade aumentou consideravelmente. Dessa forma, a agricultura modernizada e altamente produtiva, em especial nas regiões temperadas, gera excedentes de tal ordem que suprem os mercados internos e permitem a exportação significativa de diversos produtos, especialmente grãos. Nos países pobres, o crescimento da agricultura comercial tem estado muito ligado à expansão de fronteiras agrícolas, sendo capitaneado, em grande parte, por indústrias multinacionais alimentícias.

Explorando o tema

O que são *commodities*?

São mercadorias ou bens econômicos. Expressão atribuída a bens comerciáveis, como produtos agropecuários e recursos naturais. Os produtos apresentam-se em estado bruto ou com um grau muito pequeno de industrialização, produzidos em escala mundial e de grande importância econômica internacional porque são amplamente negociados entre importadores e exportadores. O que torna as *commodities* muito importantes na economia é o fato de que, embora sejam mercadorias primárias, possuem cotação e "negociabilidade" globais, como petróleo, ouro e outros metais, boi gordo, café, trigo, algodão. Tudo o que for primário e que tiver alguma importância – como matéria-prima ou não – para a economia em outros níveis de produção é uma *commodity*.

Disponível em: <http://iniciantenabolsa.com/o-que-sao-commodities>.
Acesso em: 2 set. 2016.

AS IDEIAS SOCIALISTAS

As ideias socialistas surgiram no século XIX, com a expansão do capitalismo industrial e das formas de exploração dos trabalhadores nas fábricas.

No século XVIII, diante da dura realidade dos trabalhadores nos primórdios da Revolução Industrial, vários pensadores propuseram reformas e mudanças de caráter social para evitar a exploração e a injustiça a que os operários eram submetidos. O primeiro a usar o termo "socialista" foi Robert Owen, para exemplificar ideias de democracia e cooperação. Outros pensadores como Fourier e Saint-Simon também propuseram reformas que deram base ao pensamento socialista que, posteriormente, seria denominado socialismo utópico. Em meados do século XIX, Karl Marx e Friedrich Engels aprofundaram os estudos sobre as relações capitalistas de produção e a exploração do homem pelo homem. Desenvolveram uma teoria, conhecida como socialismo científico, com base na análise da História e do próprio capitalismo, acreditando que o modo de produção possui um importante papel na determinação das relações sociais. Propunham a eliminação da propriedade privada e a coletivização dos meios de produção, prevalecendo os interesses da classe trabalhadora. Dessa forma, o trabalho se daria em uma economia planificada por meio de cooperativas de produção, nas quais o gerenciamento seria feito pelos próprios trabalhadores – responsáveis pela geração da riqueza social –, que receberiam um salário por seu trabalho, com a supervisão do Estado proletário. O socialismo seria implantado com o fim do capitalismo e seria necessária a presença do Estado, por estar a sociedade ainda impregnada de valores burgueses.

Em um segundo estágio posterior ao socialismo – o do comunismo –, a própria classe trabalhadora estaria apta a gerir as relações de produção e receberia remuneração pelo trabalho segundo suas próprias necessidades; novos valores sociais e culturais surgiriam, sendo eliminada a presença do Estado.

Bandeira da ex-URSS. Nela vê-se uma estrela, simbolizando o Partido Comunista, a foice, representando os agricultores, e o martelo, simbolizando os trabalhadores das indústrias.

Ponto de vista

Todas as classes que no passado conquistaram o poder procuraram consolidar a posição já adquirida submetendo toda a sociedade às suas condições de apropriação. Os proletários não podem se apoderar das forças produtivas sociais a não ser suprimindo o modo de apropriação a elas correspondente e, com isso, todo modo de apropriação existente até hoje. (...)

Todos os movimentos precedentes foram movimentos de minorias ou no interesse de minorias. O movimento proletário é o movimento independente da imensa maioria no interesse da imensa maioria. (...)

Mas a moderna propriedade burguesa é a última e mais perfeita expressão da fabricação e apropriação de produtos que se baseia em antagonismos de classe, na exploração de uns por outros.

Nesse sentido, os comunistas podem resumir sua teoria nessa única expressão: a abolição da propriedade privada. (...)

> Ser capitalista significa ocupar na produção não somente uma posição pessoal, mas também uma posição social. O capital é um produto coletivo e só pode ser colocado em movimento pela atividade comum de muitos membros da sociedade e mesmo, em última instância, pela atividade comum de todos os membros da sociedade.
>
> O capital, portanto, não é uma potência (*Macht*) pessoal; é uma potência social. Assim, se o capital é transformado em propriedade comum, pertencente a todos os membros da sociedade, não é uma propriedade pessoal que se transforma em propriedade social. Transforma-se apenas o caráter social da propriedade. Ela perde seu caráter de classe.
>
> Fonte: ENGELS, F.; MARX, K. Op. cit.

➤ Quais foram as bases para as ideias socialistas surgidas no início do século XIX?

As ideias de Marx e Engels se propagaram pelo mundo e, em 1917, a Rússia – por meio da ação dos comunistas liderados por Lênin – foi o primeiro país a implantar um regime socialista, deflagrando uma revolução que retirou do poder o czar Nicolau II e toda a nobreza feudal. Em 1922 formou-se a URSS – União das Repúblicas Socialistas Soviéticas – com a união da Rússia e de outras repúblicas. Em 1924 a Mongólia adotou o socialismo; nos anos 1940 foi a vez da China e da Coreia; em 1959, Cuba. Nos anos 1970, Angola e Moçambique, situados na África, tornaram-se socialistas, como também o Vietnã, o Laos e o Camboja, no Sudeste Asiático.

Embora cada país tenha tido suas peculiaridades ao implantar o regime socialista, este apresentou alguns pontos comuns. Um deles foi a propriedade estatal dos meios de produção, com o controle do Estado sobre a economia e seus setores-chave.

Coube também ao Estado planificar a economia, direcionando investimentos, promovendo o desenvolvimento dos setores considerados primordiais, como a indústria de base e a agricultura, e estabelecendo metas a serem alcançadas. No campo social, o Estado deveria promover políticas que garantissem saúde, educação, emprego, cultura e lazer à população. Outra característica comum foi a centralização política e a instauração de um partido único, o Partido Comunista, detentor isolado do poder, que não permitia oposição.

No início dos anos 1990, esse sistema econômico e social ruiu na grande potência socialista, a URSS, e nos países sob sua influência na Europa Oriental. Os princípios socialistas iniciais foram desvirtuados ao longo do tempo pela burocracia estatal que controlava o Partido Comunista (e o poder) e que emperrava o desenvolvimento tecnológico e a expansão da economia nos países socialistas.

Monumento a Karl Marx e Friedrich Engels. Belgorod, Rússia.

A BIPOLARIZAÇÃO DA EUROPA

No início de 1945, os aliados já sabiam que eram os vencedores da Segunda Guerra Mundial (que terminaria em maio na Europa e em agosto no Japão) e mesmo antes da rendição alemã discutiam o futuro da Europa. O pensamento comum entre eles era que o nazismo e as formas totalitárias de governo deveriam ser banidas da Europa.

Diante da vitória iminente, o presidente estadunidense Franklin Roosevelt, o líder da URSS Josef Stálin e o primeiro-ministro inglês Winston Churchill reuniram-se em fevereiro de 1945 na Conferência de Yalta, na cidade soviética de mesmo nome, para discutir as fronteiras europeias após o término da guerra.

A primeira rodada de conversações demonstrava um clima de otimismo em relação ao futuro da Europa, com o fim de todo e qualquer resquício nazifascista e a promessa de um período de paz. Os pontos discutidos acertavam que os países da Europa Central e Oriental deveriam promover eleições livres e democráticas e ser libertados do passado totalitário.

A situação militar favorecia a URSS, pois seus exércitos haviam avançado bastante em direção à Alemanha, o que lhe deu uma posição bastante favorável para negociar a retomada de suas antigas fronteiras perdidas na Primeira Guerra Mundial. Essa superioridade militar permitiu-lhe incorporar praticamente todos os territórios perdidos, anexando a Letônia, a Estônia, a Lituânia e a porção oriental da Polônia. Essa nova configuração territorial trazia implícita uma questão fundamental para o governo de Moscou: criar uma "faixa de segurança" protegendo suas próprias fronteiras, não admitindo governos antissoviéticos eleitos democraticamente nos países do Leste Europeu. Os antagonismos ideo-

O líder da URSS Josef Stálin, o presidente estadunidense Franklin Roosevelt e o primeiro-ministro inglês Winston Churchill reuniram-se em fevereiro de 1945 na Conferência de Yalta.

lógicos, econômicos e políticos entre Estados Unidos e União Soviética eram latentes, embora a Conferência de Yalta tivesse mascarado inicialmente as profundas divergências entre as duas potências emergentes.

Dois meses após o fim da guerra, declarado em maio de 1945, os líderes aliados voltaram a se reunir na Conferência de Cúpula de Potsdam, nos arredores de Berlim, Alemanha. Do trio que estivera em Yalta, só Stálin esteve presente o tempo todo, pois Harry Truman assumiu a presidência dos Estados Unidos após a morte do presidente Roosevelt e Churchill, que dera início às conversações, foi substituído pelo novo primeiro-ministro britânico, Clement Attle. O clima mudara significativamente da Conferência de Yalta para a de Potsdam: a cordialidade deu lugar a divergências e a disputas abertas que beiraram o impasse.

Um fato novo que marcaria o futuro das relações mundiais já era de conhecimento da União Soviética: os Estados Unidos possuíam a bomba atômica, que já havia sido testada, e estavam prestes a detoná-la contra seu último inimigo, o Japão – como realmente o fizeram em 6 e 9 de agosto de 1945, nas cidades de Hiroxima e Nagasáqui, respectivamente. Por outro lado, Berlim, capital da Alemanha derrotada, estava ocupada por tropas soviéticas, e os exércitos dos Estados Unidos e do Reino Unido estavam a muitos quilômetros de distância.

Essa nova correlação de forças provocou intensas e duras negociações. Após muitas discussões, ficou decidido que Berlim seria dividida em três partes, respeitando-se a ocupação militar dos três exércitos aliados, sem considerar a França, que também tinha tropas estacionadas na Alemanha, mas só mais tarde pode participar dessa "divisão".

Berlim tornou-se um dos principais focos de tensão durante a Conferência, pois a URSS não desejava desocupá-la nem ceder parte do território da capital alemã para os demais aliados, que reagiram de forma violenta diante da intenção soviética.

Em face da reação de estadunidenses, ingleses e franceses e da possibilidade de um impasse bastante perigoso, Stálin viu-se obrigado a ceder, e Berlim foi dividida em duas, ficando o lado oriental com a URSS e o ocidental inicialmente com americanos e ingleses e, pouco depois, também com os franceses.

A delicadeza da situação fez com que os participantes decidissem que outro assunto mais polêmico e conflituoso, a reunificação da Alemanha ocupada, seria tratado em ocasião oportuna.

Em Potsdam, o líder estadunidense e os representantes da França e da Inglaterra aceitaram tacitamente a hegemonia

DIVISÃO DE BERLIM APÓS A SEGUNDA GUERRA

Fonte: DIERCKE Internacional Atlas. Disponível em: <http://www.diercke.com/kartenansicert.xtp?artid=978-3-14-100790-9&site=36&id=17472&kartennr=4>. Acesso em: 2 set. 2016.

soviética no Leste Europeu, na medida em que concordaram com a administração soviética e polonesa em determinados locais alemães. Estava claro que a União Soviética desejava manter o Leste Europeu sob seu controle, conservando-o como zona de influência, o que contrariava os interesses ocidentais. Para evitar o agravamento das tensões, os demais líderes presentes na Conferência exigiram que Stálin garantisse eleições democráticas nos países do Leste Europeu. Essa condição jamais foi cumprida.

A Conferência de Potsdam teve uma importância fundamental para as décadas seguintes, pois ficou claro que Estados Unidos e União Soviética, as nações que saíram mais fortalecidas da Segunda Guerra e que se tornariam as duas grandes potências do pós-guerra, estavam em campos opostos em termos ideológicos e desejavam ampliar suas áreas de influência no planeta.

O palco para os confrontos entre as duas grandes potências abria-se ao mundo e as cortinas começavam a ser levantadas.

Conferência de Potsdam. Clement Attlee, Harry S. Truman, Joseph Stálin e seus principais assessores.

Fonte: DIERCKE International Atlas, p. 34. Disponível em: <http://www.diercke.com/kartenansicht.xtp?artId=978-3-14-100790-9&seite=36&id=17472&kartennr=4> e <http://migre.me/esnós>. Adaptação.

A GUERRA FRIA

Winston Churchill.

As relações entre os Estados Unidos e a União Soviética iam se tornando mais tensas. Em 1946, o ex-primeiro-ministro britânico Winston Churchill, em visita aos Estados Unidos, atacou duramente a URSS, acusando-a de estar "satelizando" os países do Leste Europeu sob sua influência. Em um discurso inflamado, conclamou os Estados Unidos a tomar a liderança contra a "tirania" soviética na Europa e ressaltou que a verdadeira intenção de Moscou era expandir sua área de influência. Nessa ocasião, foi usada uma expressão de retórica que se tornou famosa, "Cortina de Ferro", para designar a fronteira política e ideológica que separava os países socialistas e capitalistas na Europa.

A busca pelo aumento de suas zonas de influência e a tentativa de conter o avanço da potência antagônica levaram o presidente Truman a fazer um discurso ao Congresso americano, alegando a necessidade de intervir nos países europeus, desde que o motivo fosse man-

Fonte: BLACK, J. (Ed.). *World History Atlas*. 2. ed. London: Dorling Kindersley, 2008. p. 212. Adaptação.

ter a soberania e a liberdade dos povos submetidos ou ameaçados pela União Soviética. Com isso surgiu a Doutrina Truman, que justificava a intervenção americana diante da necessidade de manter a soberania e a liberdade dos povos submetidos ou ameaçados pela URSS. Os Estados Unidos assumiram o papel de paladinos da liberdade, o contraponto do real e totalitário expansionismo soviético. Os dois lados se preparavam para medir forças, e a corrida armamentista seria um dos maiores parâmetros dessa desenfreada busca pela hegemonia mundial.

Iniciava-se, nessa época, uma guerra não declarada entre as duas superpotências, conhecida como Guerra Fria, que bipolarizou o mundo e fez com que ambas se armassem de uma maneira jamais igualada na História.

O Plano Marshall

A política dos Estados Unidos não é dirigida contra um país ou uma ideologia, mas contra a fome, a pobreza, o desespero e o caos. Quem tentar bloquear a reconstrução de outros países não pode esperar ajuda.

Discurso de George Marshall, secretário de Estado estadunidense, em 5 de junho de 1947.

A Europa saiu arrasada da Segunda Guerra Mundial. Sua reconstrução era vital para os Estados Unidos, que, assim, teriam a Europa Ocidental sob sua influência. Com base na Doutrina Truman, em 1948 os Estados Unidos traçaram um plano de recuperação econômica que previa a inversão de grandes capitais nos países europeus. Nascia o Plano Marshall, que levou o nome de seu mentor, o secretário de Estado estadunidense George Marshall.

O plano inicial incluía os países sob influência soviética, acenando com bilhões de dólares para as combalidas economias da Europa Central. A sedução dos dólares estadunidenses melindrou os soviéticos, temerosos de que seus países-satélites, com suas débeis economias, se bandeassem para o lado dos Estados Unidos, pondo em risco sua própria faixa de segurança. Dessa forma, os países do Leste Europeu ficaram fora do plano. A partir das principais necessidades econômicas europeias, os Estados Unidos fariam doações diretas e empréstimos aos países beneficiados pelo plano. No início de 1948, o Plano Marshall foi aceito pelos países da Europa Ocidental, que receberam cerca de 14 bilhões de dólares entre 1948 e 1951, sendo os mais beneficiados a Inglaterra, a Alemanha (sob influência dos Estados Unidos), a Itália e a França. Pelo plano, os Estados Unidos forneceram matérias-primas, produtos e capital na forma de cré-

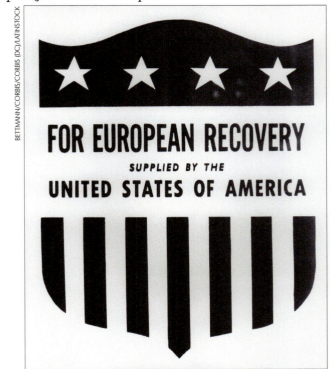

Cópia do emblema de estrelas coloridas e listras que era estampado em cada pacote de ajuda enviado para a Europa. Dessa forma, os estadunidenses sinalizavam aos europeus que não estavam sozinhos (24 ago. 1948).

ditos e doações. Em contrapartida, os europeus evitaram impor qualquer restrição à atividade das empresas estadunidenses. A resposta foi rápida e, em pouco tempo, houve a retomada do crescimento econômico (industrial e agrícola) em patamares elevados, incrementando, ainda, o comércio internacional.

A União Soviética, incapaz de fazer o mesmo, fortaleceu sua influência sobre os países do Leste Europeu, privando-os do contato direto com o Ocidente, inclusive para bloquear a constante imigração de mão de obra do Leste para o Oeste, muito mais pujante naquele momento de reconstrução europeia.

O JAPÃO

No século XIX, o Japão passou por um processo de modernização e industrialização (Era Meiji) que resultou em uma agressiva política expansionista na Ásia em busca de matérias-primas e de mercado consumidor, basicamente por ter um território pobre em recursos minerais. Esse expansionismo culminou com o confronto com os Estados Unidos, levando ao ataque de Pearl Harbor em 1941, incidente que marcou o ingresso das tropas estadunidenses na Segunda Guerra Mundial. Depois de Hiroxima e Nagasáqui, o Japão se rendeu incondicionalmente e foi ocupado, até 1952, por tropas estadunidenses, que impuseram uma Constituição nos moldes ocidentais. Em 1954 foi firmado um tratado de defesa mútua entre Japão e Estados Unidos, que restringiu as forças militares japonesas a uma força de autodefesa. Os Estados Unidos assim agiram temerosos de que o Japão retomasse seu antigo poder bélico e sua política expansionista.

Em 1949, um fato mudou a correlação de forças no Extremo Oriente: a China, com apoio soviético, tornou-se socialista. Os estadunidenses, temendo que a Revolução Socialista se espalhasse na Ásia, uma área tão estratégica, resolveram fortalecer a economia japonesa, fazendo grandes investimentos principalmente em seu setor industrial, que rapidamente se recuperou, tornando-se o mais forte aliado americano na Ásia.

Fonte: BLACK, J. (Ed.). *World History Atlas*. 2. ed. London: Dorling Kindersley, 2008. p. 212. Adaptação.

O AUGE DA COMPETIÇÃO

Em 1948, um fato mostrou ao mundo que a rivalidade e a disputa pela hegemonia não eram uma questão de retórica ou de debates em fóruns internacionais. Os soviéticos bloquearam Berlim, interrompendo a comunicação tanto por terra como pelos rios, por meio do setor da cidade por eles controlado.

A causa imediata dessa ação foi uma reforma monetária implantada em Berlim Ocidental, resultante do Plano Marshall, e o receio da desestabilização da economia no setor alemão sob a influência soviética. Porém, para alguns, o verdadeiro motivo foi a vontade de os russos pressionar estadunidenses, franceses e ingleses a sair de Berlim. A situação ficou muito tensa e os governos desses três países providenciaram rapidamente uma ponte aérea que descarregava diariamente oito mil toneladas de suprimentos, inclusive carvão mineral, para suas tropas estacionadas e para a população no setor Ocidental. Durante onze meses, os aviões ocidentais abasteceram Berlim Ocidental e a cidade continuou dividida.

Em maio de 1949, o bloqueio foi suspenso e a Alemanha foi dividida em duas: a República Federal Alemã (RFA) ou Alemanha Ocidental, capitalista, e a República Democrática Alemã (RDA) ou Alemanha Oriental, socialista. Essa divisão perduraria até a década de 1990.

As alianças militares: OTAN e o Pacto de Varsóvia

A delicada questão do bloqueio de Berlim fez com que os americanos pensassem em uma força militar de defesa com base na aliança entre vários países. Assim formou-se a OTAN – Organização do Tratado do Atlântico Norte, contando inicialmente com a participação da Bélgica, Dinamarca, França, Reino Unido, Islândia, Itália, Luxemburgo, Holanda, Noruega, Portugal, Canadá e Estados Unidos. A OTAN foi criada em 1949 em virtude do Tratado do Atlântico Norte, também chamado de Tratado de Washington.

Pelos termos do artigo 5.º do Tratado do Atlântico Norte, os Estados-membros da OTAN se comprometem a assegurar sua defesa mútua. Esse artigo estipula que todo ataque militar contra um ou mais dos subscritores do Tratado, na Europa ou na América do Norte, seria considerado como um ataque dirigido contra todos os Estados-membros. Durante a Guerra Fria, a OTAN despendeu todos os seus esforços para a manutenção de uma defesa coletiva, baseando-se nas fronteiras ideológicas que dividiam a Europa.

Na década seguinte, em 1952, foram admitidas Grécia e Turquia; em 1955, no auge da disputa entre as duas superpotências, foi a vez da República Federal Alemã (Alemanha Ocidental); a Espanha ingressou apenas em 1982, após o fim da ditadura do general Franco e, em 1999, integraram essa aliança Polônia, Hungria e República Tcheca, ex-países socialistas. Em 2004, foi a vez de Estônia, Letônia, Lituânia, Romênia e Bulgária. Em alguns momentos houve atritos entre os países-membros, como em 1996, envolvendo a França. Nesse episódio, os franceses contrariaram a orientação estadunidense na questão da não proliferação de arsenais nucleares próprios, retirando-se do Comitê Militar da OTAN.

Com a OTAN, a Europa passou a contar com a presença de bases militares e de tropas conjuntas dos países da aliança, que se respaldavam na Doutrina Truman e no papel estadunidense de salvaguardar os países sob ameaça do expansionismo soviético. Seus objetivos foram alcançados com êxito, pois sua presença assegurou a tutela estadunidense sobre a frágil segurança europeia. Por outro lado, a inclusão da Alemanha Ocidental na OTAN e o seu reaparelhamento militar foram feitos sob a vigilância direta dos Estados Unidos. Também não devemos esquecer que essa aliança permitiu aos Estados Unidos controlar de perto a delicada questão do crescimento do arsenal nuclear por parte de seus aliados europeus.

Criada dentro do espírito de disputa da Guerra Fria, a OTAN quase ficou sem função após a queda do mundo socialista europeu e soviético, pois seus inimigos haviam desaparecido. Apesar disso, ela se fortaleceu com a entrada de nações do antigo bloco socialista e seu objetivo se tornou promover a estabilidade e a coesão da Europa pela cooperação militar, assegurando que eventuais crises políticas e bélicas pudessem ser tratadas de forma coletiva, visando à manutenção da paz no continente. Ela foi acionada nas guerras balcânicas da década de 1990 sob o pretexto de defender os povos ameaçados pelos sérvios.

A resposta soviética à OTAN, em especial ao fato de a Alemanha ter sido admitida como país-membro da aliança, veio em 1955 com o Pacto de Varsóvia, a aliança do bloco europeu socialista firmada com vistas a uma cooperação militar para defesa mútua, em caso de agressão por outros países. Na realidade, essa força militar coordenada por Moscou levou à unificação da política externa de todos os países do Leste Europeu em torno de seus interesses hegemônicos. O Pacto de Varsóvia não restringiu suas ações em manobras com o objetivo de reagir a possíveis ataques dos países integrantes da OTAN. Esse enorme poderio bélico foi usado para reprimir revoltas e movimentos de oposição nos países-satélites, que punham em xeque a hegemonia russa e ameaçavam a unidade imprescindível para manter a sua geopolítica no espaço oriental da Europa. Importantes repressões ocorreram na Hungria, em 1956, e na Tchecoslováquia (Primavera de Praga), em 1968.

As tropas soviéticas marcham em Praga, em setembro de 1968, depois de invadir a cidade para frear o ímpeto das reformas democráticas instituídas durante a "Primavera de Praga". Após a invasão, uma presença permanente soviética foi estabelecida na Tchecoslováquia para impedir novas reformas.

A separação física e ideológica: o muro de Berlim

Em 1961, o mundo foi surpreendido com a construção de um muro de concreto que dividiu fisicamente a cidade de Berlim, erguido pela Alemanha Oriental, impedindo a passagem não autorizada de alemães para o lado Ocidental. O muro passou a ser um ícone da separação ideológica entre o Ocidente e o bloco soviético, e serviu como barreira ao forte êxodo de mão de obra que se dava no sentido leste-oeste, como resultado do grande desenvolvimento econômico, principalmente da Alemanha Ocidental.

A expansão do socialismo fora da Europa

As ideias de uma revolução socialista espalharam-se pelo mundo, concretizando-se em diversos lugares. Os Partidos Comunistas recebiam subsídios soviéticos para promover a revolução armada e a tomada do poder, determinando o fim do Estado burguês e a implantação do governo do proletariado, mesmo em países essencialmente agrários e sem proletariado urbano.

Em 1949, a imensa e populosa China, liderada por Mao Tsé-tung, tornou-se a República Popular da China, sob um regime socialista. O "perigo" vermelho estendia-se pela Ásia, ameaçando a hegemonia americana na região.

A liderança de Mao Tsé-tung foi marcante para a China e os 50 anos da revolução comunista, em 1.º de outubro de 1999, foram comemorados com uma imponente parada militar em Beijing.

O INTRICADO SUDESTE ASIÁTICO

O Sudeste Asiático foi tomado pelos europeus no século XIX, sob a forma de protetorados e possessões nos territórios já politicamente organizados. A chegada dos neocolonizadores desestruturou grande parte da vida econômica, cultural e política dos povos que aí viviam, pois foram obrigados a se submeter aos interesses imperialistas europeus.

No pós-guerra houve um processo de descolonização, muitas vezes pouco pacífico, na direção da independência e da autodeterminação desses povos. Porém, nesse período o mundo vivia o bipolarismo, ou seja, a divisão entre as duas superpotências. A Ásia não escapou desse intricado jogo político e estratégico. Nas décadas de 1950 e 1960, o Sudeste Asiático foi palco de violentos conflitos armados: a Guerra da Coreia e a Guerra do Vietnã.

Fonte: ATLAS Geográfico Escolar/IBGE. 6. ed. Rio de Janeiro: IBGE, 2012. p. 51. Adaptação.

A Guerra da Coreia (1950-1953)

Desde o fim da Segunda Grande Guerra, a Coreia estava dividida, ocupada no sul por tropas estadunidenses e no norte por tropas soviéticas. A ocupação acabou por criar dois países: a Coreia do Sul, pró-estadunidenses, e a Coreia do Norte, pró-soviéticos. Em 1950, a Coreia do Norte invadiu a do Sul para tentar reunificar o país. O conflito contou com a intervenção de tropas estadunidenses depois que os chineses enviaram "voluntários" para ajudar os norte-coreanos. Depois de três anos, o conflito terminou, mas a Coreia continuou dividida pelo paralelo 38°.

A Guerra do Vietnã (1960-1975)

Na década de 1960, mais um conflito teve início no Sudeste Asiático, dessa vez envolvendo o Vietnã do Norte (comunista) e o Vietnã do Sul (capitalista). Os norte-vietnamitas iniciaram o conflito na tentativa de unir o país. Porém, os Estados Unidos viam com extrema preocupação a possível unificação do Vietnã sob regime comunista. Assim, acabaram se envolvendo nessa guerra, enviando, além de apoio militar, tropas para auxiliar o regime pró-Estados Unidos de Saigon, antiga capital do Vietnã do Sul. Em 1969, mais de 500 mil estadunidenses tinham ido lutar no Vietnã.

Os dois Vietnãs faziam fronteira com países pobres, como o Laos e o Camboja, onde as ideias socialistas já tinham muitos adeptos, e o perigo de as duas nações se tornarem comunistas, caso o Vietnã do Norte vencesse o conflito, era grande. O envolvimento estadunidense era altamente estratégico e se deu na defesa de seus interesses.

No início dos anos de 1970, a situação agravou-se. A guerra alastrou-se por Laos e Camboja por incursões estadunidenses que visavam bloquear a rota de suprimentos aos inimigos e atacar núcleos guerrilheiros. As baixas estadunidenses foram significativas: o conflito provocou a morte de mais de 50 mil estadunidenses. O conflito só terminou em 1975, com a vitória do Vietnã do Norte, que incorporou o Vietnã do Sul. Os Estados Unidos, apesar de todo o seu poderio militar, saíram derrotados, amargando o seu primeiro grande fracasso militar. A influência estadunidense na região caiu, pois, além de perderem o Vietnã, o Laos e o Camboja também se tornaram comunistas.

CUBA

Talvez o momento mais crucial de toda a Guerra Fria tenha se dado em Cuba, em outubro de 1962, quando a possibilidade de um confronto efetivo entre as duas superpotências esteve muito próxima de se tornar realidade. Em 1959, Cuba, uma pequena ilha do Caribe situada a pouco mais de 100 km do Estado estadunidense da Flórida, foi palco de uma revolução liderada por Fidel Castro, que depôs um regime pró-Estados Unidos e nacionalizou os investimentos estadunidenses na ilha. Em 1961, Cuba tornou-se socialista. A reação americana foi decretar um bloqueio econômico e diplomático contra o novo governo de Havana que, em consequência, se aproximou ainda mais de Moscou.

Os Estados Unidos, em 1962, fizeram uma tentativa fracassada de invadir a ilha (a invasão da Baía dos Porcos), com o intuito de depor o governo comunista.

Em 16 de outubro de 1962, o então presidente estadunidense John F. Kennedy chamou seus principais assessores. Em um ambiente de grande tensão, mostrou fotografias aéreas tiradas por um avião-espião estadunidense, nas quais mísseis de médio e longo alcance apareciam instalados no sul da ilha. No decorrer

Fidel Castro (13.08.26-25.11.16).

da semana, os voos espiões descobriram que o arsenal militar russo era muito maior do que se imaginava, inclusive com reservatórios especiais para ogivas nucleares. Nesse momento, os russos haviam detectado a operação estadunidense de espionagem.

A tensão agravou-se e o presidente foi à televisão comunicar ao povo estadunidense o que estava acontecendo, frisando tratar-se de um embate direto entre Estados Unidos e União Soviética. Imediatamente Washington determinou um bloqueio naval à ilha, impedindo a circulação de navios soviéticos.

O mundo assistia à evolução da crise, e efetivamente quase foi deflagrado um conflito militar (e nuclear) entre as superpotências. No dia 28 de outubro, o então primeiro-ministro Nikita Krushev cedeu à pressão e ordenou a retirada dos mísseis soviéticos do território cubano.

Cuba, mesmo depois de ter sido o pivô dessas crises com ressonância mundial, continuou tendo uma importância estratégica tanto para os russos quanto para os estadunidenses, na medida em que oferecia diversos treinamentos de guerrilha de esquerda para que os "Estados burgueses" fossem derrubados e neles se instalassem governos comunistas, "exportando" assim a Revolução Comunista já instaurada na ilha de Fidel.

O perigo de os grupos comunistas conseguirem assumir o poder em países da América Latina alinhados com os Estados Unidos tirava o sono dos governantes estadunidenses. Diante dessa ameaça, Washington patrocinou e apoiou a instauração de ditaduras militares, principalmente em países sul-americanos.

Disseram a respeito...

Discurso do secretário de estado norte-americano John Foster Dulles em 11 de outubro de 1953

"As coisas que estão acontecendo em algumas partes do mundo devem-se ao fato de as práticas políticas e sociais terem sido separadas do conteúdo espiritual.

Essa separação é quase total no mundo comunista soviético. Lá os governantes seguem o credo materialista que nega a existência da lei moral. Nega que os homens são seres espirituais. Nega que existam coisas como verdades eternas.

Em virtude disso, as instituições soviéticas tratam os seres humanos como basicamente importantes sob o aspecto do quanto podem ser forçados a produzir para a glorificação do Estado. A mão de obra é, em essência, mão de obra escrava, que trabalha para construir o poderio militar e material do Estado, de modo que aqueles que dirigem possam assegurar-se um poderio cada vez maior e mais ameaçador (...)

As doutrinas dominantes da CIA, sobre as quais como antigo embaixador posso falar com conhecimento de causa, compreendiam uma importante modificação do conceito de Dulles quanto à Guerra Fria. A CIA concordava com a ideia de que os soviéticos estavam propensos a desencadear uma revolução de âmbito universal. Isso compreendia uma reação seletiva à propaganda política soviética. Quando os soviéticos afirmavam esta meta, ninguém duvidava deles. Quando falaram de coexistência pacífica, como aconteceu mais tarde, foram considerados hipócritas.

Além das ambições em todos os países não comunistas (o que, mais do que por acaso, exigiu que uma força de represália fosse desenvolvida em todos os países), os comunistas demonstraram ser brilhantes e inexoravelmente inescrupulosos. Isso condizia perfeitamente com a doutrina Dulles de uma confrontação entre a moralidade e a imoralidade, entre o certo e o errado, na qual os comunistas eram os imorais.

Mas aí surgiu um problema, como acontece quando uma Nação busca a aprovação de regras universais. Embora a batalha fosse entre moralidade e imoralidade, não se podia lutar contra a imoralidade e continuar puro, imaculado (...). A CIA era mais prática. Por isso, para combater o comunismo, ela foi especificamente isenta do aspecto ético da doutrina Dulles: os seus doutos membros receberam uma licença especial para exercer a imoralidade.

Fonte: GALBRAITH, J. K. Op. cit.

> Segundo o texto, como os Estados Unidos utilizavam a ideia de moralidade para legitimar sua posição na Guerra Fria? Qual contradição surgia a partir disso?

A DESCOLONIZAÇÃO DA ÁFRICA E DA ÁSIA DURANTE A GUERRA FRIA

Durante a Guerra Fria, o mundo foi sacudido por um intenso processo de descolonização que deu origem a um grande número de novos países, principalmente na África e na Ásia.

O colonialismo do século XIX "justificava-se" pela necessidade de as potências europeias industrializadas ou recém-industrializadas obterem fontes de matérias-primas e dominarem mercados consumidores para darem prosseguimento à expansão de suas atividades industriais. O resultado foi uma corrida imperialista e colonialista nos territórios asiático e africano, sendo que este último era majoritariamente dividido em áreas tribais.

No pós-guerra, os países europeus perderam grande parte de sua supremacia e hegemonia mundial e apresentaram dificuldades para manter seus antigos impérios coloniais. As posições imperialistas não eram condizentes com a luta travada pelas nações vencedoras (Inglaterra e França) – as grandes metrópoles imperialistas – contra o totalitarismo e as pretensões hegemônicas nazistas. No mundo todo crescia o apoio à autodeterminação dos povos, conforme foi exposto na Carta que criou a ONU (Carta de São Francisco). Simultaneamente foram tomando corpo movimentos nacionalistas de caráter separatista nas colônias, muitos deles armados e violentos. A união desses fatores resultou no surgimento de muitos países entre 1945 e 1970.

A descolonização africana

Na África, a expansão imperialista em busca de novos territórios delimitou novas fronteiras em um espaço já habitado, onde viviam etnias diferentes, com organização social tribal, desenvolvimento e culturas bastante diversos. O imperialismo europeu não respeitou as diferenças e semelhanças das diversas etnias e tribos, agrupando-as em um mesmo território, administrado e explorado por uma potência europeia. Em 1885, no Congresso de Berlim, quatorze países europeus, além de Estados Unidos e

Rússia, decidiram o futuro da África Subsaariana, a região que se estende do sul do Saara até o extremo sul do continente, formada basicamente por populações negras, com organização tribal. Nesse encontro determinaram as regras para a continuidade da expansão imperialista e definiram as fronteiras das colônias nesse continente. A África Subsaariana passou a significar fonte exportadora de recursos naturais e de produtos agrícolas tropicais, conforme as necessidades das metrópoles europeias. O preço pago pelas populações locais foi a desorganização de sua estrutura social, o agravamento das precárias condições econômicas e a pauperização absoluta dos habitantes nativos.

As duas guerras mundiais em território europeu desorganizaram a antiga estrutura imperialista e colonial. Até 1910, em toda a África, só eram independentes a Libéria e a antiga Abissínia (Etiópia). Nesse ano, a União Sul-Africana conseguiu sua independência, e em 1922 foi a vez do Egito. Na África, o forte dos movimentos de independência deu-se nas décadas de 1960 e 1970, resultando em uma configuração territorial muito próxima da que têm hoje os países africanos.

A paupérrima África é o continente que apresenta os maiores focos de instabilidade política, seja pela sucessão de golpes de Estado, seja por guerras civis ou entre países, a maioria derivada de antigas rivalidades tribais. As fronteiras impostas no século XIX pelos colonizadores europeus provocaram o esfacelamento da organização do espaço existente, gerando países com instituições

Fonte: FREITAS NETO, J. A. de; TASINAFO, C. R. História Geral e do Brasil. 3 ed. São Paulo: HARBRA, 2016. p. 842.

extremamente frágeis, além de acirrar a disputa pela hegemonia dos territórios de sociedades que ainda permanecem tribais ou semitribais.

Os novos países, principalmente os da África Subsaariana, não conseguiram superar as limitações impostas pelos interesses europeus, conseguindo uma independência política que não foi seguida da econômica. As relações de dependência entre metrópole e ex-colônia continuaram fortes. Muitos mergulharam em terríveis guerras civis, joguetes dos interesses estratégicos do mundo bipolarizado entre União Soviética e Estados Unidos que financiaram facções rivais em disputa pelo poder, como no caso de Angola.

Por outro lado, a vocação das antigas colônias de simples fornecedoras de matérias-primas modelou as frágeis economias atuais, condenando esses países a se submeter a políticas neocolonialistas e figurar como a região mais pobre do mundo em termos econômicos e sociais.

Explorando o tema

Os não alinhados: o bloco do "Terceiro Mundo"

Em 1952, o economista francês Alfred Sauvy criou a expressão Terceiro Mundo para caracterizar o conjunto de países que não queriam automaticamente fazer parte dos dois blocos hegemônicos da época, encabeçados por Estados Unidos e União Soviética. Esses países possuíam fortes semelhanças na questão do desenvolvimento econômico, muito aquém dos países europeus ocidentais, Japão, Estados Unidos e Canadá. O bloco de países do Terceiro Mundo era formado basicamente por nações africanas e asiáticas recém-saídas do domínio colonial. A partir dos anos de 1960, os países latino-americanos também passaram a incorporar o bloco terceiro-mundista.

A existência política do bloco terceiro-mundista aconteceu em 1955, na Conferência de Bandung, Indonésia. Apesar das divergências ideológicas entre os participantes, chegou-se a resoluções nas quais as 25 nações presentes repudiavam o bipolarismo e o colonialismo e reafirmavam o direito à autodeterminação dos povos. Em 1961, os princípios do não alinhamento foram reafirmados na Conferência de Belgrado, sob a liderança de Tito (Iugoslávia), Gamal Abdel Nasser (Egito) e Jawaharlal Nehru (Índia).

Na década de 1990, com o esfacelamento do socialismo e o fim da União Soviética, o bloco terceiro-mundista perdeu seu significado no cenário da geopolítica global.

O COLAPSO DO SOCIALISMO E O FIM DA GUERRA FRIA

A URSS conheceu um período de grande desenvolvimento econômico no pós-guerra e na década de 1950. Na área social, os avanços foram incontestáveis, como a redução drástica das taxas de mortalidade infantil, estendendo a escolarização a praticamente toda a população e oferecendo assistência médica de qualidade.

A estagnação em termos tecnológicos era um sério impedimento para o crescimento industrial. A corrida espacial e armamentista consumia bilhões de dólares por ano, sem a contrapartida do crescimento econômico para subsidiar esses altos investimentos. Além disso, os burocratas do Partido Comunista formavam uma verdadeira "casta" que, encastelada em seus gabinetes, não conseguia mais dar ao país diretrizes que levassem a União Soviética a ter condições de competir com as economias ocidentais desenvolvidas.

Em 1985, ascendeu ao cargo de Secretário Geral do Partido Comunista Soviético Mikhail Gorbatchev, que acreditava nos princípios comunistas, porém estava ciente da urgência de grandes reformas na União Soviética. O líder soviético provocou uma verdadeira mudança ao propor a *perestroika* (reconstrução), que previa a liberalização econômica, e a *glasnost* (transparência) nas ações políticas e administrativas.

Os reflexos das ações de Gorbatchev não tardaram a aparecer nos países do Leste Europeu. Com a abertura política e sem a ajuda financeira de Moscou, os Estados ditatoriais foram desmoronando.

Mas o fato mais espetacular se deu de forma inesperada, em Berlim, a 9 de novembro de 1989. Nessa noite fria de outono, os atônitos guardas da RDA foram surpreendidos pela população alemã do setor oriental, armada com picaretas e martelos, que subiu no topo do muro que dividia as duas cidades para destruí-lo, até que uma retroescavadeira pôs abaixo parte dele, abrindo passagem entre os dois lados.

A noite de 9 de novembro de 1989 ficará marcada na memória de toda uma geração. A Alemanha dividida, não só na sua ex-capital, punha abaixo a fronteira física imposta em 1961 e ícone da Guerra Fria, fruto dos interesses de um mundo bipolarizado. A queda do muro simbolizava também o fim da Guerra Fria.

A queda do muro de Berlim significou o fim de uma era.

Em 1991 deu-se a desintegração da União Soviética, o que originou a CEI (Comunidade dos Estados Independentes), sendo a Rússia a maior de suas repúblicas. Ela é integrada por 12 das 15 repúblicas da antiga URSS. São elas: Armênia, Azerbaijão, Belarus, Cazaquistão, Federação Russa, Moldávia, Quirguistão, Tadjiquistão, Turcomenistão, Ucrânia, Uzbequistão e Geórgia.

Fonte: BLACK, J. (Ed.). World History Atlas. 2. ed. London: Dorling Kindersley, 2008. p. 214-215. Adaptação.

O mapa da Europa foi redesenhado mais uma vez, em termos de territórios e fronteiras. O fim da União Soviética marcou a independência de inúmeras repúblicas. Com o término da Guerra Fria, as fronteiras impostas nos séculos XIX e XX caíram; países se desmembraram; outros, como a ex-Iugoslávia, deram uma demonstração de como limites políticos são infinitamente menores do que traços culturais, históricos e geográficos, para unir e desunir etnias.

Com toda essa movimentação e os acontecimentos do início do século XXI, os Estados Unidos da América se firmaram como a maior potência econômica e militar em âmbito mundial, tendo grande influência no destino da humanidade.

A NOVA ORGANIZAÇÃO DOS ANOS 1990

A queda do muro de Berlim levou à reunificação das duas Alemanhas em 1990, em virtude da desestruturação completa da economia da RDA. A reunificação política não conseguiu esconder as grandes diferenças entre elas.

CAPÍTULO 20 – 1945: Início de uma Nova Era • 537

EUROPA NA DÉCADA DE 1990

Disponível em: <http:// www.news.bbc.co.uk/2/hi/europeu/7972232.stm>. Adaptação.

Cartão postal impresso na Alemanha dedicado à Reunificação Alemã, por volta de 1990.

A ex-RFA era uma das economias mais pujantes da Europa, e também do mundo, com mão de obra altamente especializada, alto grau de desenvolvimento tecnológico, um poderoso parque industrial e indústrias de ponta.

A porção oriental incorporada, embora com um razoável parque industrial, levando-se em conta os padrões socialistas de produção, estava muito aquém do lado ocidental. O resultado foi uma enorme migração no sentido leste-oeste, onde melhores condições salariais atraíam os trabalhadores orientais.

A situação caótica exigiu altíssimos investimentos do governo alemão na reconstrução da economia oriental, na tentativa de reverter esse fluxo imigratório. Essas grandes levas migratórias não criaram apenas problemas econômicos, mas também provocaram o aumento da tensão entre a população nativa e os imigrantes. Nessa época, a Alemanha já contava com milhares de imigrantes, principalmente turcos, usados como mão de obra barata e não qualificada.

A hostilidade aos imigrantes em geral foi crescendo juntamente com a xenofobia, alimentada por grupos neonazistas que acusaram os imigrantes de estarem tomando seus lugares no disputado mercado de trabalho. As ações dos neonazistas ultrapassaram a retórica violenta e se concretizaram em atos de provocações, espancamentos e até assassinatos.

Essa situação agravou-se em toda a Europa Ocidental.

Os países imperialistas coloniais receberam, milhares de imigrantes de suas ex-colônias, que supriram suas necessidades de mão de obra barata. Porém, o colapso do mundo socialista levou romenos, búlgaros, tchecos, entre outros, a procurar as nações mais ricas da Europa em busca de emprego e de melhores condições de vida. Além disso, também houve a intensificação do fluxo de países africanos e asiáticos em direção a essas economias.

Com o fim da Guerra Fria e da bipolarização do planeta apareceram novas correlações de força no cenário mundial, embora sob a tutela dos Estados Unidos, a grande potência da atualidade. Nesse contexto, a Europa Ocidental e o Japão surgiram como novos polos de influência regional. Também como consequência do fim da ordem mundial estabelecida, tivemos o crescimento do neoliberalismo como política econômica mundial, capitaneada pelos Estados Unidos, o crescimento da globalização e a emersão do BRIC, grupo de economias emergentes que passaram a se destacar no cenário econômico mundial, como veremos nos próximos capítulos.

ATIVIDADES

PASSO A PASSO

1. O que é a Divisão Internacional do Trabalho?
2. Discuta as principais diferenças entre o regime capitalista e o comunista.
3. Por que a cidade de Berlim foi dividida após a Segunda Guerra Mundial?
4. O que foi o Plano Marshall?
5. Explique os conflitos ocorridos na Ásia durante a Guerra Fria.
6. Qual foi o processo que levou à queda do Muro de Berlim? O que esse acontecimento representou na história da humanidade?

IMAGEM & INFORMAÇÃO

1. Sobre a figura, que circula na internet, responda ao que se pede.
   a) Identifique o período retratado na imagem.
   b) Quais as principais características desse momento?

Fonte:

2. Observe o mapa ao lado que mostra os países-membros quando da formação da OTAN e do Pacto de Varsóvia. Você diria que há uma relação direta entre número de países que pertenciam a essas entidades e sua força?

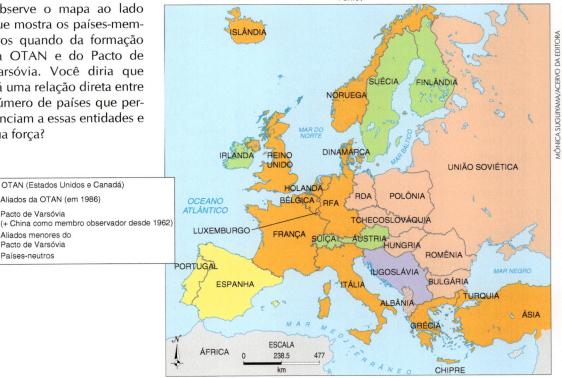

TESTE SEUS CONHECIMENTOS

1. (SSA – UPE – adaptada) As superpotências do planeta impuseram a hegemonia sobre os países dos diversos continentes, estabelecendo uma espécie de bipolaridade de poder, que acabou gerando a "Guerra Fria".

   Sobre as características da Guerra Fria, analise os itens abaixo.
   1. Provocou transformações na organização do espaço mundial;
   2. ameaças frequentes do chamado "holocausto nuclear";
   3. defesa dos interesses e da consolidação de territórios pelas superpotências;
   4. oposição entre sistemas econômicos;
   5. desenvolvimento vertiginoso de tecnologia militar e arsenais nucleares;
   6. conflitos locais assumiram contornos mundiais.

   Estão CORRETOS
   a) apenas 2 e 6.
   b) apenas 1, 2 e 3.
   c) apenas 2, 5 e 6.
   d) apenas 3, 4, 5 e 6.
   e) 1, 2, 3, 4, 5 e 6.

2. (UERN) Leia.

   Alguma coisa está fora da ordem
   Fora da nova ordem mundial
   Alguma coisa está fora da ordem
   Fora da nova ordem mundial.
   Caetano Veloso

   A música "Fora da ordem" foi composta por Caetano Veloso e lançada no disco *Circuladô* (1991), já fazendo uma previsão de alguns acontecimentos internacionais, não estando de acordo com a ordem mundial vigente. Dentre as coisas que estão "fora da ordem", está
   a) a criação de blocos econômicos.
   b) a unificação das Alemanhas.
   c) a guerra do Iraque.
   d) o fortalecimento do capitalismo.

3. (IFCE – adaptada) É uma das principais mudanças registradas no cenário mundial a partir do final da década de 1980:
   a) aumento dos conflitos relacionados a questões políticas e ideológicas.
   b) expansão do capitalismo neoliberal.
   c) equilíbrio econômico-social entre os países do Norte e os do Sul.
   d) aumento da estatização dos meios de produção.

4. (UFSC) Sobre os temas capitalismo e globalização, assinale a(s) proposição(ões) correta(s) e dê sua soma ao final.
   (01) No Brasil, a base material da reprodução da sociedade capitalista foi fundamentada na dominação consentida das classes subalternas sobre a burguesia.
   (02) A regulação do capitalismo se dá por uma relação dialética do mercado, que através dos preços regula a quantidade e as técnicas de produção de mercadorias.
   (04) Atualmente, a globalização extrapola as relações comerciais e financeiras. As pessoas estão cada vez mais descobrindo na rede mundial de computadores (internet) uma maneira rápida e eficiente de entrar em contato com pessoas de outros países ou, até mesmo, de conhecer aspectos culturais e sociais de várias partes do planeta.
   (08) Mesmo antes do que seria conhecido como globalização, a maior internacionalização das economias permitiu às grandes corporações produzirem seus produtos em diversas partes do mundo, buscando principalmente a redução de custos.
   (16) A sociedade capitalista foi gestada em meio à dissolução da ordem feudal, particularmente nos países asiáticos, considerando-se o fortalecimento da relação de servidão em detrimento do trabalho assalariado.
   (32) O neoliberalismo se caracteriza como uma doutrina baseada em um conjunto de ideias políticas e econômicas capitalistas que defendem a ampla participação do Estado na economia.

5. (UEPA) O período geopolítico considerado bipolar se configurou como rearranjo do espaço mundial delineado pelas duas nações vitoriosas do conflito, os Estados Unidos e a ex-União Soviética, que regionalizaram a terra não em critérios geográficos e sim ideológicos, criando uma disputa inédita, entre dois modos distintos de produção. Em relação a essas disputas ideológicas no período mencionado, é correto afirmar que o(s) a(s):
   a) socialismo tinha por objetivo ampliar sua influência pelos continentes através do convencimento de uma sociedade justa e igualitária, contra os valores mercantis do capitalismo.
   b) Estados Unidos combateu o socialismo soviético, através da articulação com alguns

países asiáticos como o Japão, que desejava enviar armas nucleares para a ex-União Soviética, após a catástrofe que sofrera na Segunda Guerra Mundial.

c) bipolaridade teve como uma das principais lógicas a expansão do socialismo, fortemente combatida pelo capitalismo, que tinha como uma de suas premissas atenuar os desníveis socioeconômicos entre os países, o que foi fortemente combatido pelo capitalismo.

d) modo de produção capitalista e socialista divergiram pelas conquistas de áreas de influência, ocasionando problemas políticos sem interferência nos acordos de não proliferação de armas nucleares.

e) o espaço mundial sofreu uma divisão equilibrada, na medida em que a Europa, Ásia e América optaram por aderir ao modo de produção capitalista e a África, Oceania e Antártida ao socialista.

6. (CEFET – MG) Nos Estados Unidos, o endividamento médio das famílias cresceu algo em torno de 22% nos últimos oito anos – tempos de uma prosperidade que parecia não ter precedente. A soma total das aquisições com cartões de crédito não ressarcidas cresceu 15%. E a dívida, talvez ainda mais perigosa, dos estudantes universitários, futura elite política, econômica e espiritual da nação, dobrou de tamanho.

BAUMAN, Z. *Vida a Crédito*.
Rio de Janeiro: Zahar, 2010.

O texto apresenta uma realidade vivenciada pelas sociedades ocidentais na atual etapa do capitalismo globalizado. Nesse contexto, a probabilidade de ocorrência de crises socioeconômicas tem-se ampliado devido a(o):

a) restrição dos empréstimos à população de maior poder aquisitivo que amplia as desigualdades sociais.

b) esgotamento do modelo consumista que inviabiliza o aumento da produção nos países desenvolvidos.

c) esvaziamento do papel normatizador do Estado que desloca sua atuação para o setor produtivo.

d) enfraquecimento das agências bancárias que financiam as políticas públicas nos países centrais.

e) utilização do capital especulativo que fragiliza a economia interna de regiões em desenvolvimento.

7. (IFCE) Sobre a Guerra Fria, é falsa a afirmativa:

a) é o momento em que se inicia a bipolarização mundial, com a divisão do mundo em dois polos de poder.

b) a corrida espacial foi um marco na disputa entre os blocos capitalistas e socialistas.

c) durante a Guerra Fria, eliminou-se a possibilidade de uma corrida armamentista, uma vez que o cerne do conflito era apenas ideológico e as principais nações envolvidas temiam o desencadeamento de um conflito de maior porte.

d) os soviéticos foram os primeiros a lançar um satélite e a enviar um homem ao espaço, enquanto os estadunidenses organizaram a primeira expedição tripulada até a Lua. Desse modo, a Guerra Fria teve sentido tecnológico, ideológico e cultural.

e) além da corrida espacial, durante a Guerra Fria, ocorreu a chamada corrida armamentista, que teve início com o lançamento das bombas atômicas sobre o Japão. Estados Unidos e União Soviética esforçavam-se em produzir bombas nucleares com poder de destruição cada vez maior.

8. (UFG – GO) A Coreia do Norte tem gerado tensões geopolíticas em decorrência de sua capacidade nuclear, do seu isolamento político e das disputas territoriais com sua vizinha Coreia do Sul. Atualmente separadas por uma faixa desmilitarizada, a divisão que criou as duas Coreias se originou:

a) no final da Primeira Guerra Mundial, com o controle da Península Coreana pelo Japão.

b) logo em seguida ao fim da revolução comunista na China, com a expansão de seus domínios territoriais até a Península Coreana.

c) após a Segunda Guerra Mundial, em um conflito regional que envolveu Estados Unidos da América, União Soviética e China.

d) no decorrer da Guerra Fria, com os Estados Unidos da América procurando ampliar sua influência no continente asiático.

e) no final dos anos 1980, com o enfraquecimento da União Soviética e a retirada de suas tropas do território coreano.

CAPÍTULO 21
A Globalização

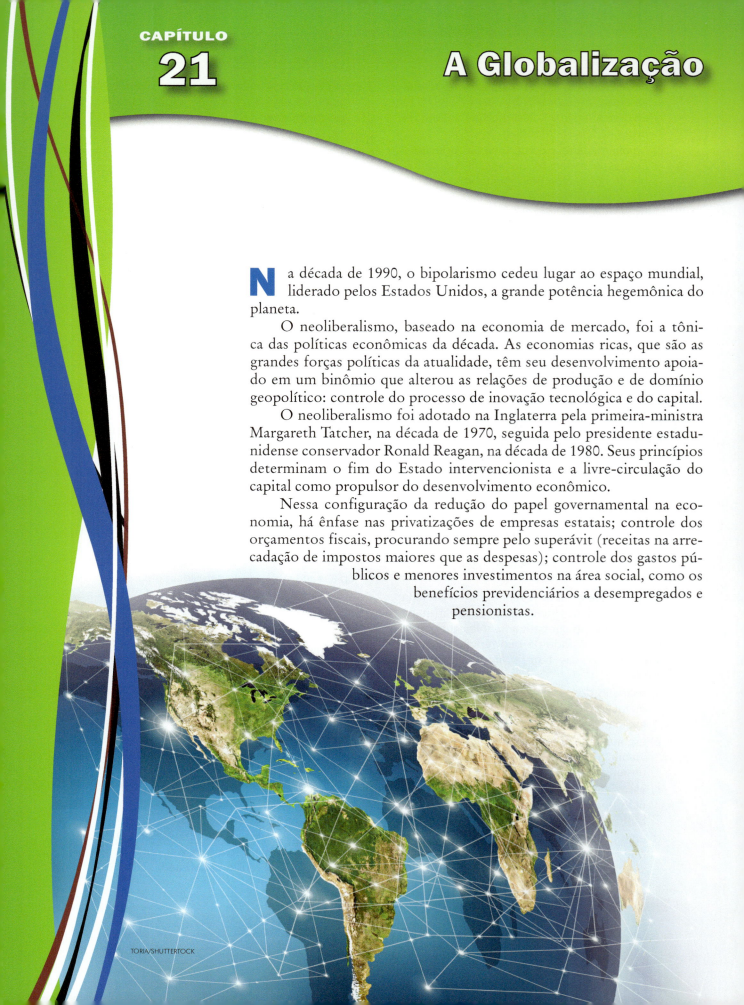

Na década de 1990, o bipolarismo cedeu lugar ao espaço mundial, liderado pelos Estados Unidos, a grande potência hegemônica do planeta.

O neoliberalismo, baseado na economia de mercado, foi a tônica das políticas econômicas da década. As economias ricas, que são as grandes forças políticas da atualidade, têm seu desenvolvimento apoiado em um binômio que alterou as relações de produção e de domínio geopolítico: controle do processo de inovação tecnológica e do capital.

O neoliberalismo foi adotado na Inglaterra pela primeira-ministra Margareth Tatcher, na década de 1970, seguida pelo presidente estadunidense conservador Ronald Reagan, na década de 1980. Seus princípios determinam o fim do Estado intervencionista e a livre-circulação do capital como propulsor do desenvolvimento econômico.

Nessa configuração da redução do papel governamental na economia, há ênfase nas privatizações de empresas estatais; controle dos orçamentos fiscais, procurando sempre pelo superávit (receitas na arrecadação de impostos maiores que as despesas); controle dos gastos públicos e menores investimentos na área social, como os benefícios previdenciários a desempregados e pensionistas.

Disseram a respeito...

Neoliberalismo

Doutrina político-econômica que representa uma tentativa de adaptar os princípios do liberalismo econômico às condições do capitalismo moderno. (...)

Como a escola liberal clássica, os neoliberais acreditam que a vida econômica é regida por uma ordem natural formada a partir das livres decisões individuais e cuja mola mestra é o mecanismo de preços. Entretanto, defendem o disciplinamento da economia de mercado, não para asfixiá-la, mas para garantir-lhe a sobrevivência pois, ao contrário dos antigos liberais, não acreditam na autodisciplina espontânea do sistema. Assim, por exemplo, para que o mecanismo de preços exista ou se torne possível, é imprescindível assegurar a estabilidade financeira e monetária: sem isso, o movimento dos preços torna-se viciado. O disciplinamento da ordem econômica seria feito pelo Estado, para combater os excessos da livre-concorrência, e pela criação dos chamados mercados concorrenciais, do tipo do Mercado Comum Europeu. Alguns adeptos do neoliberalismo pregam a defesa da pequena empresa e o combate aos grandes monopólios, na linha das leis antitruste dos Estados Unidos.

No plano social, o neoliberalismo defende a limitação da herança e das grandes fortunas e o estabelecimento de condições de igualdade que possibilitem a concorrência.

Fonte: SANDRONI, P. Op. cit.

O MUNDO GLOBALIZADO

Desde o século XIX, o mundo conheceu uma intensificação das trocas comerciais, da produção e mesmo do trânsito de pessoas. Para se ter uma ideia, o comércio mundial entre 1800 e meados da década de 1910 cresceu aproximadamente vinte e cinco vezes. Depois da Segunda Guerra Mundial, essas trocas e a produção global aumentaram ainda mais, em um ritmo jamais registrado, os números apontando para um incremento em volume e valor 50 vezes maior do que o registrado na primeira metade do século XX.

Nessa nova perspectiva, a economia deixou de ser local, espalhando-se pelo mundo, sendo movida pelo intenso comércio internacional. Em 1970, 14% da produção econômica mundial assentava-se nas trocas; já em 2000, o fluxo internacional de comércio representava 28% do total de bens e serviços produzidos no globo. Houve uma sensível modificação na qualidade dessas trocas, registrando-se o predomínio de produtos manufaturados nas exportações em detrimento dos produtos primários.

O aumento das transações foi acompanhado por mudanças significativas na **distribuição espacial da produção**, com a internacionalização desta. Ou seja, a produção descentralizou-se e está sediada em diversos locais do planeta, voltada para um mercado global, em vez de estar restrita ao consumo nacional ou ao de poucos países. Seguiu-se também a internacionalização do capital e o aumento considerável do fluxo de capitais pelo mundo.

A economia mundial passou por grandes transformações nos últimos anos. Nessa configuração contemporânea, os paradigmas sofreram grande transmutação. A revolução tecnológica adquiriu um papel preponderante não só nas relações humanas, como também nas de produção, sendo responsável pela aceleração na divulgação e propagação das informações, o que alterou as noções de proximidade e de distância geográfica. A informática, as telecomunicações e os transportes assumiram novas feições e passaram a ser sustentáculos da economia globalizada, agentes facilitadores da operacionalização das mais diversas transações e trocas. Assim, satélites, cabos e fibras ópticas são peças estratégicas na geopolítica, na geoeconomia e na cultura do mundo contemporâneo e na divulgação e circulação da informação e do conhecimento, que é gerado de maneira intensa. A simultaneidade e as transmissões em tempo real são as peças mais importantes para a comunicação entre seres e as mais variadas instituições. O uso da tecnologia tem impacto na economia como um todo, pois a sua utilização facilita a racionalização nas empresas, em especial na produção, ganho de produtividade, agilidade na tomada de decisões, melhora no fluxo de informações etc.

A economia globalizada tem nas empresas multinacionais um de seus principais agentes. Essas empresas atuam de modo global, deixando de individualizar mercados, sendo o faturamento de algumas delas superiores ao PIB de muitos países.

Podemos definir **globalização** como a intensificação das trocas e da circulação de pessoas e do conhecimento, a integração cada vez mais intensa dos mercados, dos meios de transporte e das telecomunicações, o que gera a interdependência de todos os povos e países da superfície terrestre.

Na globalização, a produção foi fragmentada espacialmente, buscando-se sempre a maior eficiência e o aumento da produtividade em um mercado mundial cada vez mais competitivo.

Nessa nova lógica de produção e espacialização da produção, as empresas passaram a recorrer ao *global sourcing*, ou seja, o abastecimento dos insumos industriais ou de componentes dos produtos são disponibilizados por fornecedores estabelecidos em diferentes partes do mundo e que oferecem menores custos e maior qualidade.

A indústria automobilística tem se adaptado à globalização com alianças internacional e nacional, adaptando constantemente seus processos de produção, as tecnologias de informatização e as novas modalidades de negócios. Na foto, fábrica da montadora Skoda, em Mlada Boleslav, República Tcheca, que em 2015 completou 120 anos de atividade.

Integrando conhecimentos

Matemáticos revelam rede capitalista que domina o mundo

Além das ideologias

Uma análise das relações entre 43.000 empresas transnacionais concluiu que um pequeno número delas – sobretudo bancos – tem um poder desproporcionalmente elevado sobre a economia global.

A conclusão é de três pesquisadores da área de sistemas complexos [sistemas de funções e equações com muitas variáveis, interagindo inclusive de forma não linear] do Instituto Federal de Tecnologia de Lausanne, na Suíça. "A realidade é complexa demais, nós temos que ir além dos dogmas, sejam eles das teorias da conspiração ou do livre mercado", afirmou James Glattfelder, um dos autores do trabalho.

Rede de controle econômico mundial

A análise usa a mesma matemática empregada há décadas para criar modelos dos sistemas naturais e para a construção de simuladores dos mais diversos tipos. Agora ela foi usada para estudar dados corporativos disponíveis mundialmente.

O resultado é um mapa que traça a rede de controle entre as grandes empresas transnacionais em nível global. Estudos anteriores já haviam identificado que algumas poucas empresas controlam grandes porções da economia, mas esses estudos incluíam um número limitado de empresas e não levavam em conta os controles indiretos de propriedade. O novo estudo pode falar sobre isso com a autoridade de quem analisou uma base de dados com 37 milhões de empresas e investidores. A análise identificou 43.060 grandes empresas transnacionais e traçou as conexões de controle acionário entre elas, construindo um modelo de poder econômico em escala mundial.

Poder econômico mundial

Refinando ainda mais os dados, o modelo final revelou um núcleo central de 1.318 grandes empresas com laços com duas ou mais outras empresas - na média, cada uma delas tem 20 conexões com outras empresas.

Mais do que isso, embora este núcleo central de poder econômico concentre apenas 20% das receitas globais de venda, as 1.318 empresas em conjunto detêm a maioria das ações das principais empresas do mundo - as chamadas *blue chips* nos mercados de ações.

Em outras palavras, elas detêm um controle sobre a economia real que atinge 60% de todas as vendas realizadas no mundo todo. E isso não é tudo.

Super-entidade econômica

Quando os cientistas desfizeram o emaranhado dessa rede de propriedades cruzadas, eles identificaram uma "super-entidade" de 147 empresas intimamente inter-relacionadas que controla 40% da riqueza total daquele primeiro núcleo central de 1.318 empresas.

"Na verdade, menos de 1% das companhias controla 40% da rede inteira," diz Glattfelder. E a maioria delas são bancos.

Os pesquisadores afirmam em seu estudo que a concentração de poder em si não é boa e nem ruim, mas essa interconexão pode ser. Como o mundo viu durante a crise de 2008, essas redes são muito instáveis: basta que um dos nós tenha um problema sério para que o problema se propague automaticamente por toda a rede, levando consigo a economia mundial.

A questão real, colocam eles, é saber se esse núcleo global de poder econômico pode exercer um poder político centralizado intencionalmente. Eles suspeitam que as empresas podem até competir entre si no mercado, mas agem em conjunto no interesse comum – e um dos maiores interesses seria resistir a mudanças na própria rede.

Adaptado de: <http://www.inovacaotecnologica.com.br/noticias/noticia.php?artigo=rede-capitalista-domina-mundo&id=010150111022>. Acesso em: 7 out. 2016.

> Como a rede interligada de empresas "mapeada" pelos matemáticos do instituto suíço se relaciona com a ideia de globalização?

A lógica espacial da globalização

A globalização, antes de mais nada, é um fenômeno fundamentalmente geográfico que tem como base de inegável valor o território.

A dinâmica da globalização volta-se para a difusão em escala mundial, com a implantação de indústrias onde há baixos salários e outras vantagens fiscais. Porém, ao mesmo tempo que ocorre a descentralização espacial da indústria, concentram-se as mais importantes atividades das grandes empresas nas metrópoles ou megalópoles. Essa situação reafirma a assimetria que regula a dinâmica mundial da globalização, na qual ficam muito claros os espaços dominantes e os periféricos. Cada vez mais, as regiões excluídas tendem a ficar de fora. As nações com economias emergentes são aquelas que se apropriam melhor do processo de globalização, pois podem se inserir de alguma forma nessa intensificação das trocas comerciais, de capital, culturais etc.

Ponto de vista

Globalização

Este mundo globalizado, visto como fábula, erige verdade um certo número de fantasias, cuja repetição, entretanto, acaba por se tornar uma base aparentemente sólida de sua interpretação (Maria Conceição Tavares, *Destruição Criadora*, 1999).

A máquina ideológica que sustenta as ações preponderantes da atualidade é feita de peças que se alimentam mutuamente e põem em movimento os elementos essenciais à continuidade do sistema. Damos aqui alguns exemplos. Fala-se, por exemplo, em aldeia global para fazer crer que a difusão instantânea de notícias realmente informa as pessoas. A partir desse mito e do encurtamento das distâncias – para aqueles que realmente podem viajar – também se difunde a noção de tempo e espaço contraídos. É como se o mundo se houvesse tornado, para todos, ao alcance das mãos. Um mercado avassalador dito global é apresentado como capaz de homogeneizar o planeta quando, na verdade, as diferenças são aprofundadas. Há uma busca de uniformidade, a serviço dos atores hegemônicos, mas o mundo se torna menos unido, tornando mais distante o sonho de uma cidadania verdadeiramente universal. Enquanto isso, o culto ao consumo é estimulado.

Fala-se, igualmente, com insistência, na morte do Estado, mas o que estamos vendo é seu fortalecimento para atender aos reclamos da finança e de outros grandes interesses internacionais, em detrimento dos cuidados com as populações cuja vida se torna mais difícil.

Esses poucos exemplos, recolhidos numa lista interminável, permitem indagar se, no lugar do fim da ideologia proclamado pelos que sustentam a bondade dos presentes processos de globalização, não estaríamos, de fato, diante da presença de uma ideologização maciça, segundo a qual a realização do mundo atual exige como condição essencial o exercício das fabulações.

O mundo como é: a globalização como perversidade.

De fato, para a maior parte da humanidade a globalização está se impondo como uma fábrica de perversidades. O desemprego crescente torna-se crônico. A pobreza aumenta e as classes médias perdem qualidade de vida. O salário médio tende a baixar. A fome e o desabrigo se generalizam em todos os continentes. Novas enfermidades como a SIDA se instalam e velhas doenças, supostamente extirpadas, fazem seu retorno triunfal. A mortalidade infantil permanece, a despeito dos progressos médicos e da informação. A educação de qualidade é cada vez mais inacessível. Alastram-se e aprofundam-se males espirituais e morais, como os egoísmos, os cinismos, a corrupção.

A perversidade sistêmica que está na raiz dessa evolução negativa da humanidade tem relação com a adesão desenfreada aos comportamentos competitivos que atualmente caracterizam as ações hegemônicas. Todas essas mazelas são direta ou indiretamente imputáveis ao presente processo de globalização.

Fonte: SANTOS, M. *Por uma outra Globalização*. Rio de Janeiro: Record, 2000.

> ➤ Eleja um dos exemplos citados por Milton Santos no segundo e no terceiro parágrafos do texto e explique com maiores detalhes por que é possível afirmar que se trata de uma "fábula" sobre a globalização.

A exclusão na globalização

Em toda a história da humanidade nunca se produziu tanta riqueza como nos tempos de hoje. Desde o pós-guerra até os dias atuais, a produção mundial está em curva ascendente, embora tenha tido alguns percalços, como na década de 1970, quando os choques do petróleo provocaram uma redução na produção. O grande problema é que o crescimento que a globalização trouxe apenas aprofundou as desigualdades. Estudos da ONU, mostram que 1% dos mais ricos possuem o mesmo que 57% da população mundial mais pobre. Para piorar, cerca de 1,8 bilhão de pessoas no mundo vivem com menos de dois dólares por dia. Mesmo países como Índia e China, que tiveram um grande crescimento econômico, pautaram suas economias em modelos exportadores de produtos manufaturados. Mesmo assim, as desigualdades continuaram muito fortes dentro desses países.

A Organização Mundial da Saúde, em 1990, definiu o que se entende por pobreza no mundo. Trata-se de uma noção complexa. Pobreza humana designa a privação de possibilidades de realizar um potencial existente. O desenvolvimento humano designa o processo que aumenta o leque de opções ofertadas para as pessoas, para que elas possam realizar suas potencialidades. Hoje deixou-se de medir exclusivamente os ganhos materiais para se chegar à noção mais ampla de bem-estar humano, refletido por um conjunto multifatorial.

Devemos entender desenvolvimento como um conjunto de melhorias para a população: aumento da expectativa de vida, do nível de emprego, do acesso à educação e à cultura, entre outros. Assim, a não ser nos países desenvolvidos, onde a qualidade de vida é alta, as desigualdades são encontradas dentro de um mesmo país, com áreas com melhores condições e outras muito ruins, como, por exemplo, as periferias das cidades ou zonas rurais pobres. O que a globalização provocou nos países pobres foi a acentuação da dependência dos países ricos na questão tecnológica, comercial, financeira e cultural.

Em setembro de 2000, um encontro com 189 países aconteceu em Nova York, nos Estados Unidos, com o intuito de diminuir a pobreza do mundo. Dele saiu a Declaração do Milênio, que propõe ações para a redução da pobreza, da fome, da má qualidade de saúde a que bilhões de pessoas estão submetidas, a diminuição das diferenças e desigualdades entre os sexos e medidas para permitir o acesso à água potável a milhões de excluídos, além de meios de evitar a degradação ambiental. Esses objetivos foram traçados e deveriam ser atingidos até 2015. O objetivo principal, no entanto, diz respeito à diminuição da população que sobrevive hoje com menos de um dólar por dia.

Estima-se que a população da comunidade da Rocinha, Rio de Janeiro, seja de 70 mil pessoas aproximadamente.

Explorando o tema

Objetivos de Desenvolvimento do Milênio (ODM)

 1 Erradicar a extrema pobreza e a fome

 2 Atingir o ensino básico universal

 3 Promover a igualdade entre os sexos e a autonomia das mulheres

 4 Reduzir a mortalidade infantil

 5 Melhorar a saúde materna

 6 Combater o HIV/AIDS, a malária e outras doenças

 7 Garantir a sustentabilidade ambiental

 8 Estabelecer uma Parceria Mundial para o Desenvolvimento

O ano de 2015 apresentou uma oportunidade histórica e sem precedentes para reunir os países e a população global e decidir sobre novos caminhos, melhorando a vida das pessoas em todos os lugares.

Essas decisões determinarão o curso global de ação para acabar com a **pobreza**, promover a **prosperidade** e o **bem-estar** para todos, proteger o meio ambiente e enfrentar as **mudanças climáticas**.

Em 2015, os países tiveram a oportunidade de adotar a nova agenda de desenvolvimento sustentável e chegar a um acordo global sobre a mudança climática.

As ações tomadas em 2015 resultaram nos novos Objetivos de Desenvolvimento Sustentável (ODS), que se baseiam nos oito Objetivos de Desenvolvimento do Milênio (ODM).

As Nações Unidas trabalharam junto aos governos, sociedade civil e outros parceiros para aproveitar o impulso gerado pelos ODM e levar à frente uma **agenda de desenvolvimento pós-2015** ambiciosa (...). As Nações Unidas definiram os **Objetivos de Desenvolvimento Sustentável (ODS)** como parte de uma nova agenda de desenvolvimento sustentável que deve finalizar o trabalho dos ODM e não deixar ninguém para trás:

- **Objetivo 1** – Acabar com a pobreza em todas as suas formas, em todos os lugares.
- **Objetivo 2** – Acabar com a fome, alcançar a segurança alimentar e melhoria da nutrição e promover a agricultura sustentável.
- **Objetivo 3** – Assegurar uma vida saudável e promover o bem-estar para todos, em todas as idades.
- **Objetivo 4** – Assegurar a educação inclusiva e equitativa e de qualidade, e promover oportunidades de aprendizagem ao longo da vida para todos.
- **Objetivo 5** – Alcançar a igualdade de gênero e empoderar todas as mulheres e meninas.
- **Objetivo 6** – Assegurar a disponibilidade e gestão sustentável da água e saneamento para todos.
- **Objetivo 7** – Assegurar o acesso confiável, sustentável, moderno e a preço acessível à energia para todos.
- **Objetivo 8** – Promover o crescimento econômico sustentado, inclusivo e sustentável, emprego pleno e produtivo e trabalho decente para todos.
- **Objetivo 9** – Construir infraestruturas resilientes, promover a industrialização inclusiva e sustentável e fomentar a inovação.
- **Objetivo 10** – Reduzir a desigualdade dentro dos países e entre eles.
- **Objetivo 11** – Tornar as cidades e os assentamentos humanos inclusivos, seguros, resilientes e sustentáveis.
- **Objetivo 12** – Assegurar padrões de produção e de consumo sustentáveis.
- **Objetivo 13** – Tomar medidas urgentes para combater a mudança climática e seus impactos*.
- **Objetivo 14** – Conservação e uso sustentável dos oceanos, dos mares e dos recursos marinhos para o desenvolvimento sustentável.
- **Objetivo 15** – Proteger, recuperar e promover o uso sustentável dos ecossistemas terrestres, gerir de forma sustentável as florestas, combater a desertificação, deter e reverter a degradação da terra e deter a perda de biodiversidade.
- **Objetivo 16** – Promover sociedades pacíficas e inclusivas para o desenvolvimento sustentável, proporcionar o acesso à justiça para todos e construir instituições eficazes, responsáveis e inclusivas em todos os níveis.
- **Objetivo 17** – Fortalecer os meios de implementação e revitalizar a parceria global para o desenvolvimento sustentável.

* Reconhecendo que a Convenção Quadro das Nações Unidas sobre Mudança do Clima [UNFCCC] é o fórum internacional intergovernamental primário para negociar a resposta global à mudança do clima.

Disponível em: <https://nacoesunidas.org/pos2015/> e <https://nacoesunidas.org/pos2015/agenda2030/>.
Acesso em: 25 ago. 2016.

Disponível em: <http://www.odmbrasil.gov.br>.
Acesso em: 17 out. 2016.

OS BLOCOS ECONÔMICOS

Você com certeza ouve falar com bastante frequência na União Europeia (UE), no Mercosul e nos acordos internacionais que os países pobres fazem com o Fundo Monetário Internacional (FMI). As siglas dessas e de outras entidades e organismos estão presentes no nosso dia a dia, apresentando uma tendência a agrupar os países em grandes blocos regionais, com integração econômica, política e social. Essa tendência aparece como forma de as diferentes nações se fortalecerem diante da impossibilidade de superarem a concorrência sozinhas, em uma economia altamente competitiva como a que vivemos atualmente.

Os megablocos regionais produzem uma geoeconomia planetária, embora isoladamente cada país-membro lute para manter sua identidade como nação, acirrando a luta pela conquista e manutenção de mercados nos quatro cantos do planeta.

Veremos a seguir quais são os grandes blocos econômicos da atualidade.

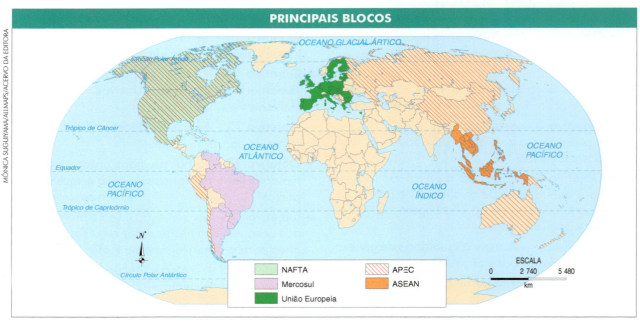

Fontes: APEC. Disponível em: <http://www.apec.org/About-Us/About-APEC/Member-Economies.aspx>.
Secretariado do Mercosul. Disponível em: <http://www.mercosur.int/t_generic.jsp?contentid=467&ste=1&channel=secretaria>.
Secretariado do NAFTA. Disponível em: <http://www.nafta-sec-alena.org/en/view.aspx?conID=775#What%20is%20the%20NAFTA>.
ASEAN. Disponível em: <http://www.asean.org/asean/asean-member-states>.

União Europeia

Com o fim da Segunda Guerra Mundial, países pequenos, como Países Baixos (Holanda), Bélgica e Luxemburgo, diante das dificuldades econômicas impostas pela guerra, sentiam-se incapazes de se reerguerem sozinhos e por isso se uniram, criando, em 1944, o Benelux (Bélgica, Holanda e Luxemburgo), com o intuito de estabelecer vantagens fiscais e aduaneiras entre eles e visando, em última instância, ao aumento do comércio entre si.

Em 1950, diante das restrições impostas pelo consumo reduzido de países europeus individualmente, foi traçado o Plano Schuman, que propunha a criação de um mercado comum, unificando e centralizando a produção de aço e carvão da Alemanha e da França, com a perspectiva de abrir esse acordo para outras nações europeias. Em 1951, pelo Tratado de Paris, foi criada a CECA (Comunidade Europeia do Carvão e do Aço), formada por Alemanha, França, Itália, Bélgica, Holanda e Luxemburgo (Benelux).

O sucesso conseguido pelo Benelux e pela CECA fez com que esses embriões de zonas de livre-comércio se expandissem e se transformassem no Mercado Comum Europeu, ou Comunidade Econômica Europeia (CCE), por meio do Tratado de Roma de 1957, incorporando mais três países europeus (França, Alemanha e Itália), com o objetivo de eliminar tarifas alfandegárias e promover a livre-circulação de mercadorias entre os países-membros. Além disso, a formação do Mercado Comum Europeu também tinha como objetivo recolocar a Europa Ocidental em condições de competir econômica e tecnologicamente com os Estados Unidos e a União Soviética.

Em 1992, foi assinado o Tratado de Maastricht, que entrou em vigor em 1993, mudando o nome da CEE para União Europeia (UE) ou "Europa dos 15". Os países-membros eram: Alemanha, Áustria, Bélgica, Dinamarca, Holanda, França, Itália, Reino Unido, Irlanda, Luxemburgo, Espanha, Grécia, Portugal, Suécia, Finlândia.

Os objetivos da União Europeia são:

- livre circulação entre os países integrantes. O estabelecimento de uma cidadania comum a todos (passaporte europeu e manutenção de direitos políticos fundamentais);
- integração econômica. Criação de uma moeda única (já estabelecida), desenvolvimento de um mercado interno e de outras políticas econômicas que facilitem o processo;
- colaboração em determinadas questões de segurança e política;
- manutenção do papel europeu no cenário mundial mediante uma política comum de segurança e de assuntos internacionais;
- integração de assuntos sociais (aspectos ambientais, de desenvolvimento regional etc.).

O tratado estabeleceu a adoção de uma moeda única pelos membros da UE, o euro, que passou a ser moeda corrente em 1.º de janeiro de 2002, substituindo as moedas nacionais, como o franco francês, o marco alemão etc. Em 2004, o número de integrantes passou de 15 membros para 25, acolhendo, assim, mais 10 países do Leste Europeu, em 2007 entraram Bulgária e Romênia e em 2013, a Croácia. A estrutura econômica desses novos países-membros da UE é totalmente diferente do resto do bloco. Neles encontramos grandes disparidades, com ilhas de modernidade e áreas onde predominam setores arcaicos como a indústria de base e a agricultura. Para os países tornarem-se membros da zona do euro foram instituídos vários critérios, como, por exemplo:

- obter uma taxa de inflação que possua uma diferença de até 1% em relação à média dos três países com as menores taxas de inflação;
- as taxas de juros a longo prazo devem ser inferiores, no período do último ano, à dos países com as menores taxas de inflação;
- obter uma taxa de câmbio sem grandes oscilações nos últimos anos;
- manter possíveis dívidas governamentais inferiores a 60% do PIB do país.

Também previu a unificação das taxas de juros e uma política monetária comum. Não aderiram ao euro o Reino Unido, a Suécia e a Dinamarca. Um grande passo para a unificação da moeda foi a criação do Banco Central Europeu, em 1998, que propõe políticas comuns de combate à inflação e de controle orçamentário e fiscal. O Tratado de Maastricht resultou em acordos que visam à integração dos países-membros e de políticas e leis em diversas áreas – como a ambiental, de desenvolvimento industrial e de infraestrutura – e, ainda, à modernização dos transportes e telecomunicações etc., facilitando a integração e a livre circulação de bens e pessoas. Os principais órgãos da União Europeia são: o **Conselho Europeu** e o **Parlamento Europeu** (eleito pelo voto dos cidadãos dos países-membros), o **Conselho da União Europeia** (cada país é representado por um ministro) e a **Comissão Europeia**, o órgão executivo da organização, contando com um presidente e dois vice-presidentes, além de outros representantes que são todos submetidos à aprovação do Parlamento Europeu. O período de mandato da Comissão é quinquenal.

A coesão da União Europeia tem se mostrado forte o suficiente para permitir que outros países europeus passem a integrá-la.

Esse tipo de integração econômica já ocorreu no passado, quando os países ibéricos (Portugal e Espanha) e a Grécia, naquele momento com grande disparidade no desenvolvimento econômico em relação aos demais integrantes, passaram a ser membros da UE, em 1986 e 1981, respectivamente.

São candidatos a países-membros da União Europeia: Turquia, Macedônia, Montenegro, Sérvia e Islândia. Porém, para a admissão de novos integrantes do bloco, as condições são cada vez mais rígidas.

A Turquia enfrenta muitos obstáculos para ser admitida na UE. Entre eles estão o fato de 70% da população do país serem muçulmanos, o que abriria a Europa para um contato mais estreito com o mundo islâmico; pelo fato de dominar militarmente o norte do Chipre, país já integrante da UE, e por não reconhecer o genocídio dos armênios em 1915, ponto em que se mostram inflexíveis.

O Tratado de Lisboa

A proposta de uma Constituição para a Europa foi rejeitada em 2005 por Holanda e França. No final de 2007, os países-membros da União Europeia assinaram o **Tratado de Lisboa**, pelo qual se previa uma Constituição Europeia que deveria ser ratificada por todos os países-membros. As cláusulas do tratado previam que:

- o Parlamento Europeu passaria a ter maior poder decisório em assuntos comuns e internos da UE, de maneira similar à uma federação com um poder central;
- a legislação nacional dos países teria de seguir a orientação da legislação da UE;
- o presidente da UE seria eleito pelo Conselho Europeu para um mandato de dois anos e meio sem possibilidade de reeleição;
- haveria um ministro das Relações Exteriores para a UE;
- a Comissão Europeia seria reduzida para 18 membros, o que significaria que 9 países não teriam representantes.

O tratado foi ratificado por 18 países. Por votação popular, a Irlanda disse "não" em 2008, com medo da perda de sua identidade nacional.

"Foto de família" após a assinatura do Tratado no Mosteiro dos Jerónimos.

Explorando o tema

Brexit: a saída do Reino Unido da União Europeia

O termo Brexit é a união das palavras *Britain* (Grã-Bretanha) e *Exit* (saída, em inglês). O que estava em discussão no Reino Unido era a permanência ou não como membro da União Europeia (UE). As nações do Reino Unido são a Inglaterra, a Irlanda do Norte, a Escócia e o País de Gales.

Com 52% dos votos a favor, o Reino Unido deixa a União Europeia após 43 anos de participação, segundo resultado do referendo realizado em 23 de junho de 2016. O Reino Unido é o primeiro país a sair desse bloco.

Mas o que muda a partir de agora? Para entender o novo cenário e os reflexos da decisão no bloco e no resto do mundo, o Portal EBC conversou com o professor Creomar Souza Lima, assessor de Relações Internacionais e professor da Universidade Católica de Brasília (UCB).

Quem perde: Reino Unido ou União Europeia?

Perdem todos. Simbolicamente, a saída do Reino Unido alimenta uma série de forças anti-integração em todo o continente. Perde o Reino Unido em âmbito concreto – ao suprimir a possibilidade de mais laços econômicos e de integração –; e do ponto de vista simbólico perdem todos porque é afastado o diálogo de que "todos são europeus".

Quais são os próximos passos?

A saída de um país de um bloco econômico não é uma questão simples e pode demorar anos para se concretizar. O que se deve observar em um futuro próximo é a chegada de um novo governo que deve estruturar esse processo. "Há análises que dizem que esse processo pode durar de seis meses a um ano. Outras falam em até dois anos. O que sabemos efetivamente é que se tornou uma decisão e ela terá de ser cumprida. A saída será encaminhada. A questão é como isso será feito", aponta.

Impactos econômicos

De acordo com o professor, a saída do bloco afeta de forma fundamental e economia do Reino Unido porque uma série de benefícios comerciais do bloco serão revistos. Mas ainda é cedo para traçar uma previsão. "Resta saber se a União Europeia vai querer negociar essas questões em separado e, ainda, como as autoridades do Reino Unido vão organizar uma ofensiva comercial para conquistar novos mercados", ressalta.

A decisão representa uma vitória do conservadorismo?

"Mais do que conservadorismo, uma vez que em algum sentido David Cameron [primeiro-ministro britânico] era representante de um tipo de conservadorismo. É uma vitória que está além disso, muito vinculada ao movimento de nacionalismo e de valores tradicionais, um discurso anti-imigração", opina o professor.

NOELLE, O; CIEGLINSKI, A (Ed.). Brexit: entenda o significado do referendo que decidiu retirar o Reino Unido da União Europeia. Disponível em: <http://www.ebc.com.br/noticias/internacional/2016/06/brexit-economia-relacoes-com-o-brasil-e-o-futuro-da-uniao-europeia>. 25 ago. 2016.

NAFTA

Diante do sucesso da UE e da aceleração dos níveis de troca em âmbito mundial, em 1993 foi ratificado um acordo de livre-comércio, o NAFTA (North America Free Trade Agreement), que une o comércio regional dos três países da América do Norte – Estados Unidos, Canadá e México – formando um megabloco capaz de concorrer com a União Europeia.

Os desníveis das economias desses integrantes do Nafta são significativos. A economia estadunidense é a mais poderosa do mundo; o Canadá, embora ocupe as primeiras posições no *ranking* do IDH – índice da ONU que mede a qualidade de vida de quase 200 nações – e apresente uma economia diversificada e desenvolvida, depende muito dos investimentos e do capital estadunidense. Os ricos e industrializados Estados Unidos e Canadá abriram suas fronteiras econômicas para o México, uma economia emergente, anos-luz aquém da estadunidense e canadense, porém um mercado consumidor cativo dos dois países. Por mais estranho que pareça, a explicação para a presença mexicana nesse bloco econômico é simples: além de mercado ativo, o México é grande produtor de petróleo, fonte de energia vital para as duas economias, e fornece mão de obra barata e abundante para a economia estadunidense.

Acordos comerciais têm incentivado investimentos estadunidenses em território mexicano. Essa ação visa à geração de empregos

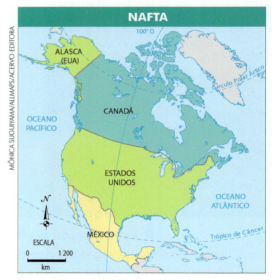

Fonte: ATLAS Geográfico Escolar/IBGE. 6. ed. Rio de Janeiro: IBGE, 2012. p. 37. Adaptação.

para tentar barrar o intenso fluxo migratório ilegal mexicano e facilitar a instalação de unidades fabris estadunidenses do outro lado da fronteira, com a finalidade de obter produções a custos menores, que serão totalmente absorvidas pelo mercado dos Estados Unidos.

Desde o início da década de 1990, os Estados Unidos, tradicionais defensores do multilateralismo, adotaram a estratégia de "liberalização competitiva". Isso significa dar prioridade aos acordos bilaterais e regionais.

Os Estados Unidos pretendiam implementar a ALCA (Tratado de Livre Comércio das Américas), que englobaria todos os países estadunidenses, exceção feita a Cuba. A ALCA alargaria o comércio dos EUA para toda a América, concorrendo diretamente com os produtos nacionais. Brasil e Argentina não concordaram com a proposta estadunidense, e a ALCA não vingou. O resultado foi a intensificação de acordos bilaterais com diversos países centro e sul-americanos, como Chile, Nicarágua, Guatemala, Costa Rica etc.

APEC

Em 1993 surgiu a Cooperação da Ásia e do Pacífico, um bloco econômico regional, com o intuito de criar uma zona de livre-comércio entre os países que a compõem até o ano de 2020. Reúne cerca de 60% do PIB mundial (PIB mundial de US$ 73,17 trilhões em 2015). Conta com cerca de 2,84 bilhões de pessoas e tem um PIB de US$ 44,1 trilhões.

APEC é um bloco econômico regional que pretende implantar a livre-circulação de mercadorias, capitais e serviços entre os estados-membros e poder concorrer com a União Europeia. É composto por 21 países banhados pelo Oceano Pacífico: Austrália, Brunei, Canadá, Indonésia, Japão, Malásia, Nova Zelândia, Filipinas, Cingapura, Coreia do Sul, Tailândia, Estados Unidos, China, Hong Kong (China), Taiwan, México, Papua-Nova Guiné, Chile, Peru, Rússia e Vietnã.

NAFTA	
PIB (em trilhões de US$)	20,6 (2015)
População	482,4 milhões (jul. 2016)
Número de países-membros	3 (Canadá, Estados Unidos e México)

Fonte: Câmara dos Deputados, 2016.
Disponível em: <http://www.camara.leg.br/mercosul/blocos/NAFTA.html. Acesso em: 4 out. 2016.

APEC	
PIB (em trilhões de US$)	44,1 (2014)
População	2,84 bilhões (2015)
Número de países-membros	21 (Austrália, Brunei, Canadá, Indonésia, Japão, Malásia, Nova Zelândia, Filipinas, Cingapura, Coreia do Sul, Tailândia, Estados Unidos, China, Hong Kong (China), Taiwan, México, Papua-Nova Guiné, Chile, Peru, Rússia e Vietnã

Disponível em: <http://fr.apec.org/>. Acesso em: 29 set. 2016.

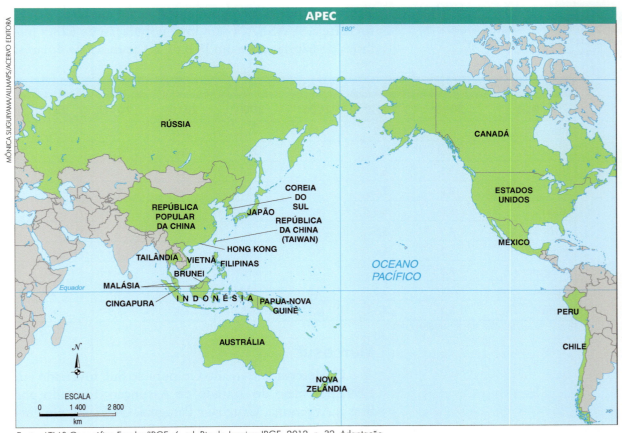

Fonte: ATLAS Geográfico Escolar/IBGE. 6. ed. Rio de Janeiro: IBGE, 2012. p. 32. Adaptação.

Fonte: ATLAS Geográfico Escolar/IBGE. 6. ed. Rio de Janeiro: IBGE, 2012. p. 51. Adaptação.

ASEAN	
PIB (em trilhões de US$)	2,4 (2015)
População	628,9 milhões (2015)
Número de países-membros	10 (Indonésia, Malásia, Filipinas, Cingapura, Tailândia, Brunei, Vietnã, Mianmar, Laos e Camboja)

Disponível em: <http://www.asean.org/images/2013/resources/statistics/Selected%20Key%20Indicators_/SummaryTable.pdf>. Acesso em: 29 set. 2016.

ASEAN

A Associação das Nações do Sudeste Asiático foi criada em 1967 para fortalecer o desenvolvimento e a estabilidade dos países da região, área onde se desenvolvia a Guerra do Vietnã. A ASEAN é formada por Brunei, Mianmar, Camboja, Filipinas, Indonésia, Laos, Malásia, Cingapura, Tailândia e Vietnã. Esses países apresentam altas taxas de crescimento econômico e, junto com a China, formam o motor econômico do planeta. Os líderes respeitaram o princípio da ASEAN de não interferir em assuntos internos e evitaram falar dos conflitos do Sudeste Asiático, apesar de reconhecerem que sem estabilidade política não há desenvolvimento econômico.

Nessa associação regional de países encontra-se parte das nações conhecidas como Tigres Asiáticos, países capitalistas que tiveram um grande desenvolvimento econômico nas décadas de 1970 e 1980. São eles: Cingapura, Malásia, Filipinas, Tailândia e Indonésia (Taiwan e a Coreia do Sul fazem parte dos Tigres Asiáticos, porém não pertencem à ASEAN). Eles abriram suas portas para o capital internacional, oferecendo uma série de vantagens fiscais aos investidores industriais e financeiros que lá se instalassem, além de mão de obra barata e abundante. Em pouco tempo, as economias dos Tigres Asiáticos firmaram-se como grandes exportadores de produtos manufaturados, principalmente têxteis, eletroeletrônicos e componentes para a indústria de informática. A ASEAN tem uma população de 628,9 milhões de habitantes e um PIB de 2,4 trilhões de dólares.

CRESCIMENTO ECONÔMICO DOS PAÍSES DA ASEAN (EM %)							
País	2006*	2007*	2008*	2009*	2010*	2011*	2015**
Brunei	4,4	0,2	-1,9	-1,8	2,6	2,2	-0,6
Camboja	10,8	10,2	6,7	0,1	6,0	7,1	7,1
Indonésia	5,5	6,3	6,0	4,6	6,2	6,5	4,8
Laos	8,6	7,6	7,8	7,5	8,5	8,0	7,6
Malásia	5,6	6,3	4,8	-1,5	7,2	5,1	5,0
Mianmar	6,9	5,6	--	--	--	--	7,1
Filipinas	5,2	6,6	4,2	1,1	7,6	3,9	5,8
Cingapura	8,8	8,9	1,7	-1,0	14,8	4,9	2,0
Tailândia	5,1	5,0	2,5	-2,3	7,8	0,1	2,8
Vietnã	8,2	8,5	6,3	5,3	6,8	5,9	6,7

Fontes: *Banco Mundial, 2013. **ASEAN.ORG

Mercosul

O Mercosul, Mercado Comum do Sul, foi criado em 1991, por meio do Tratado de Assunção, formado por Brasil, Argentina, Uruguai e Paraguai. Os Estados-membros do Mercosul são Argentina, Brasil, Paraguai, Uruguai e Venezuela, sendo que a entrada da Bolívia aguarda ratificação.

Esse bloco econômico tem por objetivo principal o estabelecimento de um mercado comum, o que significa, na prática, a construção de um espaço econômico comum entre os países que o compõem. O Mercosul é hoje uma realidade econômica; um PIB acumulado de mais de 3,2 trilhões de dólares.

As origens do Mercosul remontam à crise das economias argentina e brasileira de meados da década de 1980, quando elas encontravam-se altamente endividadas, estagnadas e com dificuldades de atrair capitais produtivos internacionais, correndo o risco de ver o sucateamento de seus parques industriais, principalmente na questão da renovação tecnológica e, assim, perder competitividade nas exportações.

Nesse quadro, os dois países iniciaram políticas de abertura e aproximação econômica e comercial, com o objetivo de juntar forças em um mercado internacional altamente concorrencial. A incorporação do Uruguai, do Paraguai e da Venezuela ampliou a possibilidade de cooperação econômica, embora a sustentação dessa relação estivesse com Brasil e Argentina, as economias mais fortes do bloco.

O Mercosul apoia-se em uma verdadeira "espinha dorsal" representada pela Bacia do Prata, que drena Brasil, Paraguai, Uruguai e Argentina. Os rios Paraguai, Paraná e Uruguai têm sido aproveitados economicamente pelos países que banham e têm promovido um fluxo de trocas de mercadorias transportadas por essas vias fluviais.

A união comercial entre os países-membros do bloco prevê a instauração de uma política de alíquotas para importação comum de não membros, ou seja, a união alfandegária que se baseia na TEC – tarifa externa comum – e a isenção de tarifas alfandegárias entre os países-membros. Este último item não está totalmente implementado, pois temeu-se que a isenção total de tarifas pudesse prejudicar alguns setores industriais tidos como prioritários para os países-membros. Outros países sul-americanos manifestaram interesse em integrar o bloco. Chile, Bolívia, Peru, Colômbia e Equador. assinaram tratados e tornaram-se membros associados ao Mercosul, mas ainda não foi estendida a eles a política aduaneira que rege as relações comerciais entre os países-membros.

Mas será que essas economias, com acentuados desníveis de desenvolvimento, conseguem superar suas diferenças e formar um eficiente bloco econômico? Na realidade, há fortes divergências, principalmente entre Argentina e Brasil, em questões como a instalação de unidades montadoras transnacionais automotivas e a política monetária dos dois países. Apesar disso, os dados confirmam uma intensificação nos níveis de troca e a maior interligação entre as economias dos países-membros.

Fonte: ATLAS Geográfico Escolar/IBGE. 6. ed. Rio de Janeiro: IBGE, 2012. p. 41. Adaptação.

MERCOSUL	
PIB (em trilhões de US$)	3,2 (2015)
População	285,5 milhões (2015)
Número de países-membros	5 (Venezuela, Brasil, Paraguai, Uruguai, Argentina)

Disponível: <http://www.itamaraty.gov.br>.
Acesso em: 29 set. 2016.

A integração comercial propiciada pelo Mercosul também favoreceu realizações nos mais diferentes setores, como educação, justiça, cultura, transportes, energia, meio ambiente e agricultura. Neste sentido, vários acordos foram firmados, desde o reconhecimento de títulos universitários e a revalidação de diplomas até, entre outros, o estabelecimento de protocolos de assistência mútua em assuntos penais e a criação de um "selo cultural" para promover a cooperação, o intercâmbio e a maior facilidade no trânsito aduaneiro de bens culturais.

BRICS

Na década de 2000, em virtude da própria globalização e da procura por vantagens comparativas na redistribuição espacial da indústria, quatro países se destacaram e foram chamados de BRIC – Brasil, Rússia, Índia, China –, atraindo investimentos diretos em grandes proporções e crescendo mais do que a média mundial. Posteriormente juntou-se a esses países a República da África do Sul, passando o bloco a ser conhecido por BRICS.

Os países do BRICS têm um parque industrial respeitável, grande extensão territorial, elevado número de habitantes, subsolos ricos, mão de obra barata e os governos oferecem vantagens às empresas estrangeiras que queiram investir neles. Isso significa que a disponibilidade de alimentos terá de aumentar rapidamente, assim como a oferta de bens de consumo e de fontes de energia. Em contrapartida, será mais intenso do que nunca o comércio mundial.

OS PAÍSES DO BRICS

Alguns indicadores da importância atual do grupo de países formado por Brasil, Rússia, Índia, China e África do Sul

População (em bilhões de habitantes)	3,07
PIB (em trilhões de dólares)	16,92
Participação do BRICS na população mundial: 53,4%	
Participação do BRICS no PIB mundial: 23,1%	

Disponível: <http://www.itamaraty.gov.br>.
Acesso em: 20 set. 2016.

ASCENÇÃO NO RANKING

Nas próximas décadas, a economia dos países do BRICS deverá superar a maioria das que hoje são líderes mundiais

Produto interno bruto em 2011 (em trilhões de dólares)		Produto interno bruto em 2030 (em trilhões de dólares)		Produto interno bruto em 2050 (em trilhões de dólares)	
1º Estados Unidos	15,0	1º China	24,4	1º China	48,5
2º China	7,3	2º Estados Unidos	23,4	2º Estados Unidos	38,0
3º Japão	5,9	3º Índia	7,9	3º Índia	26,9
4º Alemanha	3,6	4º Japão	6,8	4º Brasil	9,0
5º França	2,8	5º Brasil	4,9	5º Japão	8,1
6º Brasil	2,5	6º Alemanha	4,4	6º Federação Russa	7,1
7º Reino Unido	2,4	7º Federação Russa	4,0	7º México	6,7
8º Itália	2,2	8º França	3,8	8º Indonésia	5,9
9º Índia	1,9	9º Reino Unido	3,6	9º Alemanha	5,8
10º Federação Russa	1,9	10º México	2,8	10º França	5,7
11º Canadá	1,7	11º Itália	2,8	11º Reino Unido	5,6
12º Espanha	1,5	12º Indonésia	2,5	12º Turquia	4,5

Fonte: World in 2050 Report, PWC, 2013 e Banco Mundial, 2013.

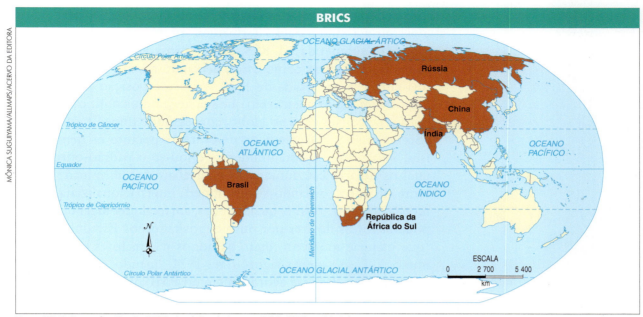

Fonte: ATLAS Geográfico Escolar/IBGE. 6. ed. Rio de Janeiro: IBGE, 2012. p. 32. Adaptação.

REGULANDO A ECONOMIA MUNDIAL

Com o fim da Segunda Guerra Mundial, tornou-se imperativo que novas regras estabelecessem a dinâmica econômica mundial e sua sistematização. As nações arrasadas pela guerra precisavam dessa ordenação para reorganizarem suas economias e de novos fluxos de capitais que pudessem alavancar suas economias. Assim, em julho de 1944, mesmo antes do final do grande conflito mundial, 44 países reuniram-se no Hotel Mount Washington, em Bretton Woods, New Hampshire, nos Estados Unidos, para definirem uma Nova Ordem Econômica Mundial. Procurou-se definir regras que permitissem aos países manter níveis sustentados de desenvolvimento econômico. Para tal, as economias domésticas teriam de se submeter a critérios mais internacionalizados, estabelecidos por organismos supranacionais. O que todos temiam era que o fim da guerra provocasse uma grande depressão econômica, nos moldes da de 1929, o que seria catastrófico para a economia mundial.

O acordo de Bretton Woods

Duas figuras se destacaram nesse encontro: Harry Dexter White, secretário-assistente do Departamento do Tesouro dos Estados Unidos, e Lorde Keynes, economista britânico. Os dois expoentes em Bretton Woods tinham visões opostas sobre o encaminhamento a ser seguido na conferência, cada um refletindo os interesses maiores (e divergentes) de seus países. Apesar disso, ambos concordavam que não deveria se deixar as nações lançadas a sua própria sorte, diante de um mundo com tantas turbulências, indefinições, conflitos, crises, como os presenciados no decorrer do século XX. Lembravam de como o isolamento imposto à Alemanha depois da Primeira Guerra Mundial mostrou-se pernicioso e permitiu a militarização germânica, ou mesmo o isolacionismo a que foi submetida a URSS, como forma de tentar controlar a expansão das ideias comunistas, deixando-a à margem da economia europeia na década de 1920. Venceu a posição dos Estados Unidos em um momento em que sua hegemonia política e econômica já se consolidava no globo, conseguindo impedir que a Grã-Bretanha se impusesse economicamente perante os demais países. Pela proposta estadunidense, criou-se o padrão-ouro, pelo qual os dólares estadunidenses equivaliam a determinado montante em ouro, tornando-se uma moeda internacionalizada e nova moeda corrente. Assim, qualquer um, em qualquer lugar do globo, poderia trocar dólares por ouro depositado nos Estados Unidos (que naquele momento eram os donos das maiores reservas do mundo). Esse sistema vigorou até 1971, quando o padrão-ouro foi suspenso. Por esse acordo, além do **FMI** também foi criado o **Banco Mundial** ou **World Bank**.

Pelo acordo firmado pelos delegados das 44 nações presentes, criou-se um fundo encarregado de dar estabilidade ao sistema financeiro internacional, bem como um banco responsável pelo financiamento da reconstrução dos países atingidos pela guerra: o FMI (Fundo Monetário Internacional) e o Banco Internacional para a Reconstrução e o Desenvolvimento, ou World Bank, Banco Mundial, apelidados então de os "Pilares da Paz".

Previa-se que o novo organismo abrigaria todos os países que dele quisessem participar, segundo o princípio de representação igualitária, inclusive a URSS de Stálin, que aceitou integrar o fundo, mas dele retirou-se em 1945. Haveria a contribuição de todos os seus membros (as subscrições dos Estados Unidos atingiram US$ 2,75 bilhões de dólares, de um total de US$ 6,8 bilhões) e teria como função primordial amparar os países em dificuldades, assim como orientar o fluxo dos empréstimos internacionais e estimular diretamente os investimentos produtivos nas economias dos países-membros. Ao criar-se um sistema internacional interligado e mutuamente dependente, pretendia-se evitar as possibilidades de um novo conflito. O FMI cuidaria para que problemas isolados nas economias nacionais não contaminassem todo o sistema mundial. Veja o relato de Lorde Maynard Keynes sobre o encontro:

John Maynard Keynes.

(...) talvez nós conseguimos alcançar aqui em Bretton Woods algo bem mais significativo do que consta nesta ata final. Demonstramos que 44 nações podem trabalhar juntas numa tarefa construtiva, em amizade e em concórdia inalterável. Poucos acreditavam que isso fosse possível. Se nós podemos continuar uma tarefa bem mais vasta da que começamos com esta tarefa limitada, há esperanças para o mundo (...). Aprendemos a trabalhar juntos. Se nós pudermos continuar assim, se desvanecerá este pesadelo [a guerra mundial], no qual todos os que aqui estão presentes empregaram a parte mais importante das nossas vidas. A fraternidade entre os homens será então algo mais do que uma frase.

Fonte: HARROD, R. F. *La Vida de John Maynard Keynes*. México: F.C.E, 1993.

Decorridos mais de 70 anos do acordo de Bretton Woods, as intenções originais perderam-se ao longo do tempo. As instituições mudaram, como também as regras de relacionamento econômico entre as nações. Por um lado, a instabilidade monetária internacional continua existindo. Por outro, o papel do FMI passou a ser principalmente o de emprestar dólares para países ricos e pobres com dificuldades de pagar suas dívidas públicas ou com baixas reservas de moeda estrangeira.

Em virtude, entretanto, da intensificação das trocas comerciais e do fluxo internacional do capital, ambos comandados pelos países ricos, ocorreu um aprofundamento da relação de dependência econômica (quer em investimentos, quer em empréstimos) entre nações ricas e pobres. Por conta dos princípios capitalistas, o capital gerado basicamente nas economias ricas deve ser remunerado, por exemplo, por meio de investimentos produtivos ou pelo pagamento de juros incidentes sobre empréstimos. As nações pobres necessitam de dinheiro para investir e girar suas economias, visto que suas poupanças internas são pequenas. Para implantar grandes projetos são obrigadas a recorrer às agências internacionais de financiamento. O grande problema é que elas são dirigidas pelas nações ricas que, em última instância, são as detentoras do capital a ser emprestado. Desse modo, são as economias desenvolvidas que determinam a forma dos empréstimos, as taxas de juro, prazos e, mais do que isso, as condições necessárias para a concessão de empréstimos. Em outras palavras, as nações que enfrentam dificuldade devem ajustar-se às normas e "sugestões" impostas pelos agentes financiadores internacionais.

Fundo Monetário Internacional (FMI)

Organismo sediado em Washington, que tem como finalidade promover a cooperação monetária no mundo capitalista, evitar que as desvalorizações cambiais levem a um desequilíbrio nas relações comerciais e financeiras entre os países, como também auxiliar as nações em dificuldades econômicas. Os países-membros participam do Fundo com cotas preestabelecidas, sendo os maiores cotistas as nações mais ricas e desenvolvidas, que detêm a direção do Fundo. Os empréstimos às nações com problemas de ordem financeira preveem acordos com o estabelecimento de metas a serem atingidas, e para isso é necessário o cumprimento das propostas descritas na "cartilha" do FMI, baseadas em uma política monetarista que prevê ajustes orçamentários, cortes nos gastos públicos, manutenção da taxa cambial, freio no consumo via contenção de salários etc.

Sempre que solicitado por países-membros em dificuldades, o FMI envia agentes para avaliar a situação e propor medidas que auxiliem na solução dos problemas enfrentados. Assim, rapidamente tenta-se sanar as dificuldades, tendo como premissa evitar o colapso econômico (ou a perda de controle) e impedir que os problemas internos tenham reflexo no comércio internacional.

Geralmente as soluções monetaristas não consideram as necessidades do país em questão, provocando recessão econômica, com custos sociais elevados.

Banco Mundial (World Bank)

O BIRD, Banco Internacional de Reconstrução e Desenvolvimento, ou Banco Mundial, sediado em Washington, Estados Unidos, inicialmente tinha como objetivo auxiliar a reconstrução das economias destruídas durante a Segunda Guerra.

Em 2016 reunia 189 países que contribuíam para o capital do banco. O direito de voto e o valor da cota são decididos conforme a participação do país no comércio internacional. O maior acionista são os Estados Unidos, que detêm poder de veto sobre todas as decisões desse organismo. O Banco Mundial é uma grande agência de financiamentos para que os governos realizem obras de grande porte de infraestrutura (transporte, geração de energia, saneamento básico etc.) e executem programas de desenvolvimento econômico na agricultura e na indústria, como também de cunho social e ambiental. Grandes corporações podem ter linhas de crédito do banco, desde que comprovem capacidade de execução dos projetos aprovados e recebam o aval dos governos locais, garantindo o pagamento dos empréstimos concedidos. Além de fazer financiamentos, o BIRD presta assessoria técnica aos países-membros na elaboração, implantação e execução dos projetos por ele aprovados.

Organização Mundial do Comércio (OMC)

Com a intensificação das trocas em escala planetária, da internacionalização de capitais e da produção, da dependência dos países pobres em relação a capital e investimentos traduzidos em financiamentos, empréstimos e investimentos diretos provenientes de recursos dos países ricos, é cada vez mais importante a atuação de organismos e agências financiadoras internacionais na economia mundial.

O poder de pressão dos países ricos é indubitavelmente maior do que o dos países pobres, mesmo que, em algumas questões, estes possam agir de forma conjunta. Diante desse quadro, torna-se importante um fórum em que as questões de caráter comercial possam ser discutidas e avaliadas sempre que alguma nação se sinta prejudicada.

Desse modo, a Organização Mundial do Comércio (OMC), com sede em Genebra, Suíça, tem uma importância vital dentro da nova ordem econômica, equiparando-se ao Fundo Monetário Internacional (FMI) e ao Banco Mundial.

Em julho de 2016, a OMC contava com a participação de 164 países e seus objetivos são: administrar e aplicar os acordos comerciais multilaterais e plurilaterais que em conjunto configuram o novo sistema de comércio; servir de foro para as negociações multilaterais; administrar o entendimento relativo às normas e procedimentos que regulam as soluções de controvérsias; supervisionar as políticas comerciais nacionais; e cooperar com as demais instituições internacionais que participam da fomentação de políticas econômicas em nível mundial – FMI, BIRD e organismos conexos.

A OMC substituiu o GATT, Acordo Geral de Tarifas e Comércio, criado em 1947, com o intuito de promover o livre-comércio, regido pelos princípios de tratamento não diferenciado para qualquer nação nas questões comerciais, a redução das alíquotas de importação e a gradativa retirada das cotas de importação.

O maior problema que a OMC enfrenta são as questões de caráter protecionista, como as mantidas pela UE, que impõe barreiras alfandegárias à importação de produtos agrícolas, protegendo sua agricultura. Na realidade, os países ricos querem que as medidas protecionistas caiam por terra, mas não em seus territórios.

Mas o que se entende por protecionismo? Para evitar a competição comercial estrangeira, os países adotam mecanismos para proteger sua economia, em geral sob a forma de tarifas à importação.

Existem, porém, meios mais sutis para impedir a entrada de determinados produtos, como o sistema de cotas e as barreiras sanitárias. Segundo a OMC, os produtos agrícolas são os que possuem tarifas mais elevadas, principalmente em países desenvolvidos. Entre o grupo dos países mais ricos do mundo, as tarifas agrícolas giram em torno de 20%. Ao contrário, nações em desenvolvimento cobram sobretaxas pequenas para importar gêneros alimentícios, mas cobram muito sobre máquinas e equipamentos. Essa diferença de políticas entre os países impede o consenso nas reuniões da OMC para acabar com as barreiras do comércio mundial.

A OMC também desempenha o papel de árbitro quando duas nações estão em conflito comercial ou se sentem lesadas por atitudes protecionistas de uma das partes. O Canadá recorreu à OMC para que julgasse procedente ou não a acusação de que a Embraer, fabricante de aviões e concorrente direta da Bombardier canadense, estaria recebendo subsídios do governo brasileiro, o que lhe traria vantagens competitivas no mercado internacional, contrariando as regras da OMC. Na realidade, as duas empresas estavam brigando por um mercado altamente competitivo e lucrativo.

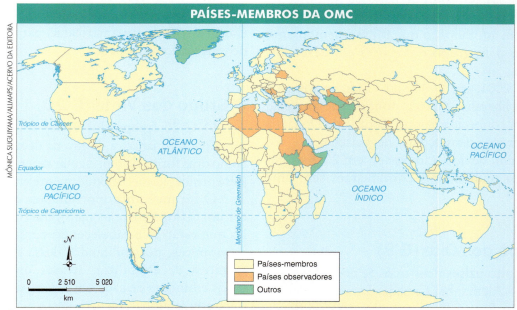

Fonte: ATLAS Geográfico Escolar/IBGE. 6. ed. Rio de Janeiro: IBGE, 2012. p. 32. Adaptação.

Rodada do milênio

A Conferência Ministerial da Organização Mundial do Comércio (OMC), realizada em Seattle (2000), não conseguiu atingir o consenso para lançar a "Rodada do Milênio" da OMC, que negociaria medidas multilaterais para aprofundar a liberalização comercial em nível mundial.

O cerne do impasse foi a oposição de interesses entre países desenvolvidos e em desenvolvimento. Como forma de estimular seu próprio desenvolvimento, os países mais pobres, em geral produtores de matérias-primas e produtos agrícolas, reclamaram uma maior abertura comercial dos países desenvolvidos às importações. As barreiras protecionistas dos ricos funcionam, na prática, como sérios entraves ao desenvolvimento dos pobres.

Por outro lado, os países em desenvolvimento acusaram os países desenvolvidos, em especial os Estados Unidos e a União Europeia, de lançar mão de uma política injusta de subsídios na área agrícola, protegendo os seus produtores ineficientes, que, de outra forma, não poderiam competir com os produtos oriundos de países com menor custo de produção e que não aplicam subsídios. E, o que é pior, graças à política de subsídios, os produtos agrícolas dos países desenvolvidos, mesmo tendo um custo maior, vão competir em condições desiguais com os produtos dos países em desenvolvimento em terceiros mercados.

Os países desenvolvidos, tendo os Estados Unidos à frente, acusaram, por sua vez, os países em desenvolvimento de ter uma produção mais competitiva à custa de menor proteção aos trabalhadores e destruição do meio ambiente. Sugeriram que padrões mínimos de garantias trabalhistas e de preservação ambiental fossem adotados, o que foi veementemente rejeitado pelo grupo dos países em desenvolvimento.

Em 2001, em Doha, no Catar, voltou-se a discutir a liberalização total do comércio mundial, que ficou conhecida como a Rodada de Doha, na qual se propôs o avanço das negociações.

Porém, devido a impasses, em 2015 as negociações multilaterais continuaram sem uma solução.

O Grupo dos Oito (G-8)

Os oito países mais ricos (e poderosos) do mundo – Alemanha, Canadá, Estados Unidos, Federação Russa, França, Japão, Itália e Reino Unido – reúnem-se em um fórum em que discutem políticas globais, tentando promover a globalização e a integração econômica mundial, como, por exemplo, a maior ou menor abertura dos mercados, questões ambientais e outros problemas do mundo contemporâneo. O discurso dos líderes quer que se acredite que a adoção de certas políticas globais beneficia a todos, diminuindo as diferenças entre ricos e pobres. Porém, na prática, o que se verifica é diametralmente o oposto a isso: as ações econômicas, como a limitação ou ampliação dos mercados, acabam trazendo benefícios diretos a eles, muitas vezes em detrimento das nações mais fracas e pobres; as questões ambientais estão diretamente ligadas às ações desses países, pois são eles os mais industrializados e urbanizados, consequentemente, os que mais poluem o ar, o solo e as águas, e suas propostas não oferecem solução definitiva ao problema; muitas vezes o que propõem são atitudes paliativas.

Em 1975, Alemanha, Estados Unidos, Reino Unido, França, Japão e Itália se reuniram para discutir problemas globais de ordem político-econômica que pudessem trazer desequilíbrios regionais ou mesmo mundiais. No ano seguinte, o Canadá também participou das discussões, tendo o grupo sido chamado de Grupo dos Sete ou G-7. Em 1998, a Rússia foi admitida neste seleto grupo. Embora o G-8 tente manter uma linguagem comum, em todos os seus encontros ficam claras as diferenças e os interesses individuais como, por exemplo, o protecionismo da União Europeia e as pressões norte-americanas para a abertura dos mercados europeus.

O Grupo dos Vinte (G-20)

O G-20 (grupo dos vinte) foi criado, em meio à crise financeira do fim da década de 1990, como uma forma de representar determinados países considerados economicamente emergentes.

O fórum é uma oportunidade de estabelecer um diálogo entre os mais poderosos e aqueles que estão se estabelecendo como potências econômicas, possibilitando, dessa forma, uma tentativa de estabilizar, através de diferentes pesos e funções de cada um dentro do mercado, a economia global. Dentro desse plano, os possíveis objetivos do G-20 são:

- facilitar a movimentação de capital internacional e a realização de investimentos estrangeiros de maneira mais direta;
- obter, em certo grau, uma liberalização do comércio mundial através de embates com a OMC (Organização Mundial do Comércio);
- criar condições de mercado mais flexíveis;
- garantir determinados direitos de propriedade, entre outras possibilidades que se abrem com estas discussões.

Fazem parte do G-20, liderados por seus respectivos ministros de finanças e chefes dos Bancos Centrais: África do Sul, Alemanha, Arábia Saudita, Argentina, Austrália, Brasil, Canadá, China, Estados Unidos, França, Índia, Indonésia, Itália, Japão, México, Reino Unido, Coreia do Sul, Rússia, Turquia e, como vigésimo membro, o Banco Central Europeu, representando a União Europeia.

Em setembro de 2016, representantes dos países que compõem o G-20 se reuniram em Hangzhou, China, para mais uma rodada de negociações.
Fonte: <http://www.casarosada.gob.ar/informacion/actividad-oficial/9-noticias/37211-macri-junto-a-los-lideres-en-la-apertura-de-la-cumbre-del-g-20-en-hangzhou>. Acesso em: 27 out. 2016.

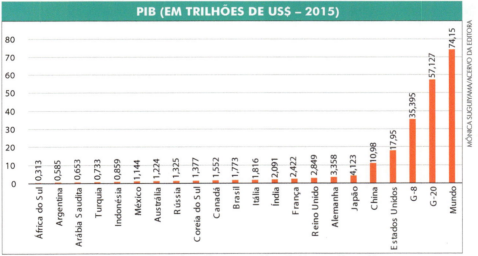

Fonte: CIA World Factbook. Disponível em: <https://www.cia.gov/library/publications/the-world-factbook/geos/us.html>. Acesso em: 2 set. 2016.

A GEOPOLÍTICA AMBIENTAL: UMA NOVA ORDEM MUNDIAL

O desenvolvimento técnico-científico que a Revolução Industrial trouxe foi aumentando em escala exponencial e para atender aos mercados consumidores em expansão novas fontes de energia e matérias-primas foram sendo cada vez mais utilizadas. O consumo cresceu vertiginosamente não só pelo aumento da oferta, mas porque a população mundial sextuplicou em ape-

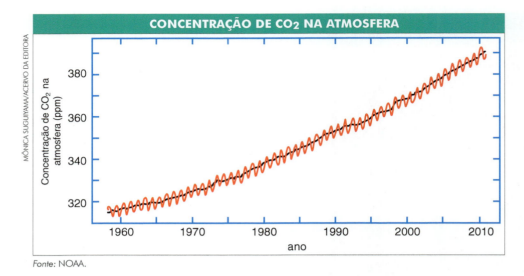

Fonte: NOAA.

nas dois séculos. Porém, toda essa metamorfose econômica, social e tecnológica trouxe altos custos ambientais, sentidos com grande intensidade no último quarto do século XX. A poluição ambiental, a degradação do meio ambiente, o desmatamento, a exploração desmedida de recursos naturais, a ameaça de extinção de espécies e a escassez de água são alguns dos problemas que nos afligem e que têm se agravado nas últimas duas décadas.

Mas quem causa tais problemas? Por que as decisões de preservação do ambiente são tão difíceis de serem tomadas e implantadas? A resposta não é tão simples quanto possa parecer. Os países ricos (Europa Ocidental, Japão, Estados Unidos e Canadá) são, sem sombra de dúvida, os maiores consumidores de recursos naturais, os mais industrializados, os mais urbanizados e os que provocam maior poluição. A economia dessas nações é muito desenvolvida e, por exemplo, reduzir as emissões de gases que poluem o ambiente – como dióxido de carbono, cuja principal fonte é a queima de combustíveis fósseis (petróleo e carvão mineral) – significa fazer investimentos altíssimos no controle desse tipo de emissão e desacelerar o ritmo da produção industrial, o que, por sua vez, implicaria crescer menos, gerar menos empregos e lucros. Isto é visto com muitas reservas pelos grandes conglomerados econômicos e, em consequência, pelos governos desses países. Os altos custos de controle da poluição, segundo eles, necessariamente se refletirão em um aumento de custos, que precisarão ser incorporados aos produtos. Dessa forma, ficando mais caros, com certeza perdem competitividade no mercado internacional e, mesmo, nacional.

O nascimento da consciência ambiental

O ser humano sempre teve com a natureza uma relação antropocêntrica, ou seja, de que a natureza foi feita para servi-lo, o que absolutamente não é verdadeiro. Dessa forma, nunca houve preocupação em preservar ou usar racionalmente os recursos de que necessitamos para as nossas atividades cotidianas e econômicas.

O mundo foi varrido na década de 1960 por manifestações estudantis, o movimento *hippie*, o avanço das esquerdas e as ideias liberais, provocando mudanças na maneira de pensar e agir de muitas pessoas. Foi nessa década que surgiram as primeiras Organizações Não Governamentais (ONGs), preocupadas com a questão ambiental. Também nesse período tivemos a Conferência da Biosfera, em 1968, em Paris, França. Dessa conferência participaram 64 países. O evento contou com o patrocínio de instituições e organismos internacionais, como, por exemplo, a Unesco, a FAO e a OMS. Nessa ocasião, a pauta de discussões foi centrada nos impactos que a ação antrópica causa no meio ambiente.

Nas décadas de 1970 e 1980, organismos internacionais, como a Unicef, por exemplo, preocupados com a questão preservacionista ambiental, promoveram outras conferências internacionais sobre a temática ambientalista e educação ambiental. Porém, nada se compara à importância da I Conferência sobre o Meio Ambiente Humano, em Estocolmo, Suécia, 1972, em que foram discutidos problemas ambientais como a chuva ácida e o controle da poluição do ar, inaugurando uma nova forma de relacionamento internacional, centrado na questão ambiental. Esse encontro contou com a presença de 400 instituições (governamentais e não governamentais) de 113 países e resultou em um documento inédito sobre questões ambientais, preservação e utilização dos recursos naturais em âmbito global.

Estocolmo foi um marco, pois, pela primeira vez, o mundo voltava-se para discussões como a pressão demográfica sobre os recursos naturais e a poluição atmosférica. O mundo acordava para a ameaça da ação humana no meio ambiente.

Em 1992, aconteceu no Rio de Janeiro a Conferência das Nações Unidas sobre Meio Ambiente e Desenvolvimento (Eco-92), que contou com a presença de 178 chefes de Estado, organizações governamentais e não governamentais, e cujo objetivo maior era a obtenção de acordos para minimizar os impactos

Riocentro, local em que foi realizada a Eco-92.

sobre a ação humana no meio ambiente. Da Eco-92 saíram tratados internacionais (Convenções), duas declarações, uma carta de princípios pela preservação da vida na Terra e a Declaração de Florestas, esta última sobre a necessidade de se manterem as reservas florestais no mundo. Também foi elaborada a Agenda 21, documento que expõe um plano de ação preservacionista/conservacionista do meio ambiente terrestre. Infelizmente, como foi constatado em 1997, na reunião Rio+5, muito pouco do que foi acordado na Eco-92 tinha sido implementado.

No segundo semestre de 2002, uma nova avaliação ocorreu na segunda Conferência das Nações Unidas sobre Desenvolvimento Sustentável (Rio+10), em Johannesburgo, África do Sul. Esse encontro terminou de forma melancólica, pois houve um esvaziamento nas discussões, resultado do pouco empenho de algumas nações ricas, em especial os Estados Unidos. As conclusões de Johannesburgo foram pífias diante das prementes necessidades do meio ambiente.

Tratado de Kyoto

Em 1997, na cidade de Kyoto, Japão, ocorreu a Quarta Conferência das Partes da Convenção Mundial do Clima, com o intuito de colocar em prática medidas para o controle de emissão de gases poluentes causadores do efeito estufa. Dessa reunião foi elaborado o protocolo de Kyoto, expondo as medidas acordadas pelos chefes de Estado e representantes das nações participantes. Entre elas estava alcançar, no período de 2008 a 2012, a redução de gases de efeito estufa em, pelo menos, 5,2% sobre o que emitiam em 1990. A meta estabelecida não foi igual para todos os países.

Porém, seguir à risca o Protocolo de Kyoto traz alterações no modelo econômico atual, alterações na atividade industrial e, consequentemente, diminuição no ritmo econômico, quem sabe com a queda do nível de emprego. Essa perspectiva fez com que os Estados Unidos se recusassem a ratificar Kyoto, deixando-o de lado, o que gerou indignação em âmbito global.

O Protocolo de Kyoto tornou-se, em fevereiro de 2005, um tratado legalmente reconhecido, pelo qual 55 países industrializados se comprometem a reduzir a emissão de gases poluentes, como o gás carbônico, até 2012. Apesar da ausência norte-americana (os maiores poluidores da atmosfera, responsáveis por 25% do total das emissões), a adesão da Rússia ao protocolo foi considerada uma grande vitória a favor do meio ambiente e viabilizou Kyoto. Na época, o presidente Bush, em uma ofensiva contra o protocolo, declarou que os Estados Unidos não poderiam pagar a conta sozinhos, pois grandes países, como a China, não eram obrigados a reduzir suas emissões de gases imediatamente. Não podemos nos esquecer, entretanto, que o desmembramento da antiga URSS e a recessão econômica fizeram com que a atual Rússia não tivesse de diminuir em nada sua emissão de gases.

Pelo Protocolo, os países podem vender Certificados de Emissão Reduzida, ou seja, podem comprar créditos de países que reduzem suas emissões de gases e que não estão na lista daqueles obrigados a fazê-lo. Dessa forma, as nações mais industrializadas ganham mais flexibilidade para atingir metas de redução da emissão de dióxido de carbono e outros gases causadores do efeito estufa. A quantidade de créditos russos excedentes seria suficiente para cumprir as metas assumidas por todos os outros países em Kyoto.

Os países emergentes, dentre eles o Brasil, já preparam projetos de Mecanismo de Desenvolvimento Limpo (MDL) que lhes permitirá emitir certificados de redução e, assim, vendê-los no mercado que agora se inicia.

Rio+20 e o impasse nas discussões sobre desenvolvimento sustentável

Quarenta anos depois da Conferência de Estocolmo e vinte anos depois da Eco-92, diplomatas, chefes de Estado, empresários e membros da sociedade civil organizada voltaram a se reunir no Rio de Janeiro, em 2012, para discutir estratégias para um desenvolvimento sustentável. A Conferência das Nações Unidas para o Desenvolvimento Sustentável ou, simplesmente, Rio+20, tinha dois objetivos bem delimitados: debater a definição de uma estrutura institucional capaz de implantar medidas para um desenvolvimento sustentável e promover a criação de uma "economia verde", isto é, de um capitalismo que gere lucros ao mesmo tempo que garanta inclusão social e proteção ao meio ambiente. Esses temas foram discutidos ao longo dos dez dias de conferência, mas sem grandes resultados práticos.

O ambiente em que foi realizada a conferência já era de descrença na possibilidade de se firmarem acordos ousados, como os que saíram do Rio de Janeiro vinte anos antes. Essa sensação se reforçou com a falta de consenso nas reuniões preparatórias, que deveriam elaborar o rascunho da declaração a ser assinada na Rio+20.

Um dos principais pontos de discussão era o "princípio das responsabilidades comuns, porém diferenciadas". Segundo ele, todos os países são responsáveis por colaborar nos desafios ambientais de escala global, porém os poluidores antigos (países que se industrializaram primeiro) deveriam arcar com uma parte maior dos custos nesse esforço conjunto. O princípio havia norteado os acordos ambientais desde 1992, e esperava-se que pudesse servir de base para definir a distribuição dos custos para o desenvolvimento de uma economia verde. No entanto, a conferência foi realizada em um período em que os países desenvolvidos enfrentavam uma profunda crise econômica, enquanto países emergentes, como China, Índia, Brasil e África do Sul, cresciam consistentemente e aumentavam suas emissões de poluentes. Assim, os primeiros exigiam que as responsabilidades fossem divididas igualmente.

O desafio da Rio+20 era o de conciliar interesses extremamente distintos. Para chegar a um consenso, os negociadores encarregados de acordar a declaração final da conferência foram obrigados a redigir um texto, considerado vazio, que apenas reafirmava compromissos anteriores com o desenvolvimento sustentável e a erradicação da pobreza.

Sem definição de metas, prazos ou mecanismos de financiamento para enfrentar os desafios colocados na conferência, o documento final, intitulado "O Futuro que Queremos", foi considerado pouco ambicioso por representantes da sociedade civil, por intelectuais e até mesmo por políticos e diplomatas experientes.

Disseram a respeito...

Acordo de Paris

Na 21.ª Conferência das Partes (COP21) da UNFCCC, em Paris, foi adotado um novo acordo com o objetivo central de fortalecer a resposta global à ameaça da mudança do clima e de reforçar a capacidade dos países para lidar com os impactos decorrentes dessas mudanças.

O Acordo de Paris foi aprovado pelos 195 países-parte da UNFCCC para reduzir emissões de gases de efeito estufa (GEE) no contexto do desenvolvimento sustentável. O compromisso ocorre no sentido de manter o aumento da temperatura média global em bem menos de 2 °C acima dos níveis pré-industriais e de envidar esforços para limitar o aumento da temperatura a 1,5 °C acima dos níveis pré-industriais.

Para que comece a vigorar, necessita da ratificação de pelo menos 55 países responsáveis por 55% das emissões de GEE. O secretário-geral da ONU, numa cerimônia em Nova York, no dia 22 de abril de 2016, abriu o período para assinatura oficial do acordo, pelos países signatários. Este período se estende até 21 de abril de 2017.

Para o alcance do objetivo final do Acordo, os governos se envolveram na construção de seus próprios compromissos, a partir das chamadas Pretendidas Contribuições Nacionalmente Determinadas (iNDC, na sigla em inglês). Por meio das iNDCs, cada nação apresentou sua contribuição de redução de emissões dos gases de efeito estufa, seguindo o que cada governo considera viável a partir do cenário social e econômico local.

A iNDC do Brasil compromete-se a reduzir as emissões de gases de efeito estufa em 37% abaixo dos níveis de 2005, em 2025, com uma contribuição indicativa subsequente de reduzir as emissões de gases de efeito estufa em 43% abaixo dos níveis de 2005, em 2030. Para isso, o país se compromete a aumentar a participação de bioenergia sustentável na sua matriz energética para aproximadamente 18% até 2030, restaurar e reflorestar 12 milhões de hectares de florestas, bem como alcançar uma participação estimada de 45% de energias renováveis na composição da matriz energética em 2030.

A iNDC do Brasil corresponde a uma redução estimada em 66% em termos de emissões de gases de efeito estufa por unidade do PIB (intensidade de emissões) em 2025 e em 75% em termos de intensidade de emissões em 2030, ambas em relação a 2005. O Brasil, portanto, reduzirá emissões de gases de efeito estufa no contexto de um aumento contínuo da população e do PIB, bem como da renda *per capita*, o que confere ambição a essas metas.

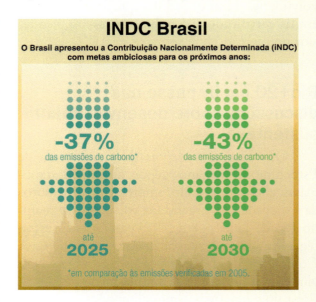

No que diz respeito ao financiamento climático, o Acordo de Paris determina que os países desenvolvidos deverão investir 100 bilhões de dólares por ano, em medidas de combate à mudança do clima e adaptação, em países em desenvolvimento. Uma novidade no âmbito do apoio financeiro é a possibilidade de financiamento entre países em desenvolvimento, chamada "cooperação Sul-Sul", o que amplia a base de financiadores dos projetos.

Observa-se no texto a preocupação em formalizar o processo de desenvolvimento de contribuições nacionais, além de oferecer requisitos obrigatórios para avaliar e revisar o progresso das mesmas. Esse mecanismo vai exigir que os países atualizem continuamente seus compromissos, permitindo que ampliem suas ambições e aumentem as metas de redução de emissões, evitando qualquer retrocesso. Para tanto, a partir do início da vigência do acordo, acontecerão ciclos de revisão desses objetivos de redução de gases de efeito estufa a cada cinco anos.

Disponível em: <http://www.mma.gov.br/clima/convencao-das-nacoes-unidas/acordo-de-paris>. Acesso em: 29 nov. 2016.

ATIVIDADES

PASSO A PASSO

1. Qual é a influência do fenômeno da globalização para a distribuição espacial da produção?
2. Discuta a lógica espacial da globalização.
3. Explique a existência dos blocos econômicos.
4. Qual foi o processo de formação da União Europeia?
5. Sobre o Mercosul, responda:
    a) Qual é o principal objetivo desse bloco econômico?
    b) Por que existem dificuldades para que o Mercosul se desenvolva plenamente?
6. O Banco Mundial e o FMI foram criados no Acordo de Bretton Woods, logo após a Segunda Guerra Mundial. Por que esses organismos foram criados? Quais as suas funções na economia da Nova Ordem Mundial?
7. Qual é a incoerência entre o discurso e a prática realizados pelo Grupo dos Oito (G-8)?

IMAGEM & INFORMAÇÃO

1. O fenômeno representado na imagem é característico da globalização.
   Sobre ele, responda:
   a) Identifique o fenômeno retratado e pontue algumas de suas causas.
   b) Que medidas você sugere para tentar amenizar esse fenômeno?

Vista aérea do bairro São Conrado e favela da Rocinha – zona sul da cidade do Rio de Janeiro.

2. Na anamorfose a seguir, as áreas dos países são proporcionais às suas emissões de gases do efeito estufa. A partir do que foi estudado neste capítulo, relacione a imagem ao cenário atual da geopolítica ambiental.

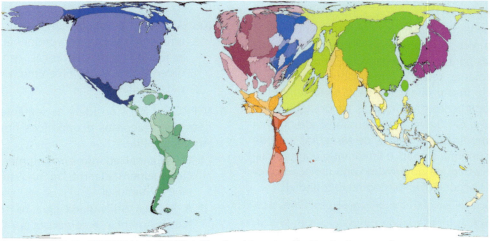

Fonte: DORLING, D.; NEWMAN, M.; BARFORD, A. The atlas of the real world – Mapping the way we live. London: Thames & Hudson, 2008. Adaptação.

TESTE SEUS CONHECIMENTOS

1. (PASES – UFV – MG) Leia com atenção o texto abaixo:

A globalização é, de certa forma, o ápice do processo de internacionalização do mundo capitalista (...). No século XX e graças aos avanços da ciência, produziu-se um sistema de técnicas da informação, que passaram a exercer um papel de elo entre as demais, unindo-as e assegurando ao novo sistema técnico uma presença planetária.

SANTOS, M. Por uma outra Globalização:
do pensamento único à consciência universal.
Rio de Janeiro: Record, 2000. p. 23.

A partir da análise do texto, é CORRETO definir globalização como:

a) um conjunto de mudanças em curso na esfera econômica, comercial, social e cultural, estabelecendo níveis de inter-relação e integração diferenciados entre os lugares, regiões e países do mundo.

b) um processo em curso que representa uma nova fase do capitalismo, comandado principalmente pelo fortalecimento dos Estados-nação que passaram a intervir mais na economia dos países.

c) um conjunto de modificações exclusivas aos padrões culturais, visto que na esfera econômica não tem se verificado a homogeneização do modo de produção capitalista em escala global.

d) um fenômeno que teve seu início apenas a partir da queda do Muro de Berlim e da dissolução da URSS, pondo fim à bipolarização entre os mundos capitalista e socialista.

2. (PAES – Unimontes – MG) Leia o texto abaixo.

G-20 será principal
fórum econômico mundial,
diz comunicado inicial

O grupo dos 20 maiores países desenvolvidos e emergentes (G-20) vai se tornar o principal fórum econômico mundial e criará regras mais rígidas para o sistema bancário, anunciaram os governantes reunidos em Pittsburgh, em comunicado inicial divulgado nesta sexta-feira (25). O documento disse que as nações que compõem o G-20 têm a "responsabilidade perante a comunidade de países de assegurar a saúde da economia global" e firmaram o compromisso de assegurar no próximo ano um acordo sobre as negociações do comércio mundial.

Disponível em: <G1.com.br>. Acesso em: 25 set. 2009.

Sobre o assunto tratado no texto, assinale a alternativa **INCORRETA**.

a) O G-20 é formado por países desenvolvidos e por países considerados emergentes no mercado global.

b) O fortalecimento do G-20 implica a destruição do G-8, que deixa de ter importância no comando da economia mundial.

c) O principal objetivo do G-20 é tentar desenvolver uma política que promova o crescimento sustentável da economia mundial.

d) A criação do G-20, inicialmente, destinava-se à defesa dos interesses dos países em desenvolvimento, nas negociações agrícolas internacionais.

3. (UECE) A sigla da organização sediada em Nova York, criada com a finalidade de preservar a paz e a segurança mundiais, promover a cooperação internacional e atuar em questões econômicas, sociais, políticas, culturais e humanitárias é:

a) OTAN.
b) FAO.
c) ONU.
d) CEPAL.

4. (UEPG – PR) Com relação à União Europeia, indique as alternativas corretas e dê sua soma ao final.

(01) O MCE – Mercado Comum Europeu (1957) foi o início da União Europeia, que é o estágio mais avançado do processo de formação de blocos econômicos no contexto da globalização.

(02) Todos os países europeus fazem parte da União Europeia e adotaram o euro como moeda comum.

(04) A União Europeia conta com Parlamento, Comissão e Conselho europeus e criou uma moeda própria – o euro; os bancos dos países da zona do euro foram centralizados pelo Banco Central Europeu.

(08) A União Europeia conseguiu criar um ambiente de paz no continente europeu acabando com diferenças econômicas, divergências e conflitos étnicos e territoriais seculares.

5. (UFRGS – RS) Considere as seguintes afirmações sobre acordos econômicos firmados na América Latina.

I. O principal acordo em volume de negócios e superfície territorial na América Latina é o Mercosul.

II. A Aliança Bolivariana para os "Povos de Nossa América" é composta por Cuba, Bolívia, Equador e Venezuela.

III. Chile, Peru e Colômbia firmaram o Tratado de Livre Comércio com os Estados Unidos.

Quais estão corretas?

a) Apenas I.
b) Apenas II.
c) Apenas I e II.
d) Apenas II e III.
e) I, II e III.

6. (UNIMONTES – MG) Após a Segunda Guerra Mundial, além de se formarem os grandes blocos, diversos países se reuniram em organizações geopolíticas e econômicas, constituindo blocos econômicos regionais de diversos tipos.

TERRA, L.; COELHO, M. de A. *Geografia Geral e Geografia do Brasil*: O espaço natural e socioeconômico. São Paulo: Moderna, 2005.

Considerando a integração econômica que ocorre no interior dos blocos regionais, relacione as colunas.

1 – Mercado comum.
2 – Zona de livre comércio.
3 – União aduaneira.

( ) Circulação de bens com taxas alfandegárias reduzidas ou eliminadas.
( ) Padronização de tarifas para diversos itens relacionadas ao comércio com países que não pertencem ao bloco.
( ) Livre circulação comercial e financeira de pessoas, bens e serviços.

Assinale a sequência correta.

a) 1, 2, 3.
b) 3, 2, 1.
c) 2, 3, 1.
d) 2, 1, 3.

7. (UNESP) O BRICS – Brasil, Rússia, Índia, China e África do Sul – vem negociando cuidadosamente o estabelecimento de mecanismos independentes de financiamento e estabilização, como o Arranjo Contingente de Reservas (Contingent Reserve Arrangement – CRA) e o Novo Banco de Desenvolvimento (New Development Bank – NDB). O primeiro será um fundo de estabilização entre os cinco países; o segundo, um banco para financiamento de projetos de investimento no BRICS e outros países em desenvolvimento.

<www.cartamaior.com.br>. Adaptado.

O Arranjo Contingente de Reservas e o Novo Banco de Desenvolvimento procuram suprir a escassez de recursos nas economias emergentes. Tais iniciativas constituem uma alternativa:

a) às instituições de crédito privadas, encerrando a sujeição econômica dos países emergentes e evitando a assinatura de termos regulatórios coercitivos sobre as práticas de produção.
b) aos bancos centrais dos países do BRICS, reduzindo os problemas econômicos de curto prazo e maximizando o poder de negociação do grupo.
c) às instituições criadas na Conferência de Bretton Woods, definindo novos mecanismos de autodefesa e estimulando o crescimento econômico.
d) ao norte-americano Plano Marshall, elegendo com autonomia o destino da ajuda econômica e os investimentos públicos em áreas estratégicas.
e) à hegemonia do Banco Mundial, deslocando o centro do sistema capitalista e os fluxos de informação para os países em desenvolvimento.

8. (FGV) Em julho de 2014, foi criado, em Fortaleza (Brasil), o Novo Banco de Desenvolvimento, idealizado para ser uma alternativa ao Banco Mundial. O banco terá capital de US$ 50 bilhões, que pode ser ampliado para US$ 100 bilhões, para financiar projetos de infraestrutura e sustentabilidade em países emergentes, sem se submeter às imposições dos países ricos do Banco Mundial da ONU.

Foi estabelecido, também, um Arranjo Contingente de Reservas, que funcionará como um fundo de emergência inicial de US$ 100 bilhões que pode ser sacado pelos países em épocas de crise no balanço de pagamentos. Todos os países do grupo assumirão a presidência do banco, obedecendo a rotatividade a cada cinco anos.

Folha de S.Paulo, São Paulo, 13 jul. 2014. Adaptado.

O texto refere-se à criação do Banco entre os países do:

a) Mercosul.
b) BIRD.
c) BRICS.
d) Nafta.
e) FMI.

CAPÍTULO 22
Conflitos e Tensões

A globalização não conseguiu resolver problemas antigos como reivindicações nacionalistas, em especial nos Estados multiétnicos do Leste Europeu, as contestações fronteiriças e rivalidades étnicas na África subsaariana resultantes da colonização europeia no continente, além de conflitos religiosos, disputas territoriais e de áreas de influência, e mesmo disputas calcadas em arsenais nucleares entre Índia e Paquistão. Além disso, o mundo não se tornou um local onde as liberdades civis e os direitos humanos sejam respeitados. Boa parte da humanidade sofre cerceamentos políticos e do exercício pleno da liberdade de imprensa e de expressão.

Este mapa foi elaborado pela ONG *Freedom House* e levou em consideração dois critérios: a situação da vida política (multipartidarismo, eleições livres) e as liberdades coletivas (direitos da pessoa, independência de justiça, liberdade de imprensa e de expressão).
Fonte: *Le Monde*, 2 fev. 2003.

PRINCIPAIS FOCOS DE TENSÃO

África

Na África subsaariana concentram-se os países mais pobres do mundo e na maior parte de seu território sobrevivem estruturas tribais, compostas por diversas etnias.

Com a descolonização que teve seu auge nos anos de 1960 e 1970, ficou evidente, nessa área, a tragédia provocada pelo colonialismo europeu no século XIX. O continente africano foi retalhado conforme os interesses europeus, não respeitando a organização social e política (tribal) nem as diferenças étnicas e as rivalidades existentes entre as tribos. Para constatar como as fronteiras foram impostas de modo artificial, basta observar um mapa e ver que grande parte dos atuais limites geográficos são retos e lineares.

A África foi "celeiro" de mão de obra durante mais de 300 anos, fornecendo escravos para o Novo Mundo. No século XIX, passou a ser um importante fornecedor de matérias-primas para os países europeus industrializados ou em processo de industrialização, sendo explorada, economicamente, pelo uso da mão de obra local barata e sem especialização. Com o processo de independência, surgiram Estados fracos, instabilidade política, recrudescimento das disputas territoriais e tribais, o que provocou inúmeras guerras entre nações e, principalmente, entre civis.

Em termos econômicos, a situação também é catastrófica, pois grande parte da população pratica a agricultura de subsistência e os países exportam produtos primários.

Os conflitos entre etnias rivais têm chegado, muitas vezes, à barbárie e ao genocídio. Da **Somália**, que vive um conflito que já dura anos, chegam ao Ocidente imagens de pessoas esquálidas e famélicas, que não conseguem plantar o mínimo para sobreviver por pertencerem à etnia rival que está no poder.

Em **Serra Leoa** – classificada pela ONU como o lugar onde a população tem o pior nível de vida do planeta –, uma guerra civil consumiu o país e obrigou que fosse enviada uma força de paz da ONU para que os acordos entre as facções fossem respeitados. Mesmo assim, Serra Leoa teve confrontos armados na região de

África Ocidental, a aldeia de Yongoro na frente de Freetown, criança e o cão na frente de sua casa. Yongoro, Serra Leoa – 03 de junho de 2013.

fronteira com a **Libéria** e **Guiné**, aumentando as possibilidades de uma guerra na área.

Além disso, outros fatores têm complicado as relações entre povos e etnias africanas. A tropicalidade de grande parte do território, associada à exploração arcaica da terra e dos recursos naturais, provoca grande perda de solos férteis em muitos locais havendo a necessidade de expansão/transferências das áreas agrícolas. Também o aumento demográfico das diversas etnias provoca a necessidade de expandir as áreas cultivadas para a comunidade. Tendo em vista a degradação ambiental e o esgotamento de solos, muitas vezes as áreas férteis são intensamente disputadas. Um dos mais sangrentos conflitos ocorreu em **Ruanda**, em 1994, quando as etnias tutsis e hutus se enfrentaram por uma rivalidade secular e também pela disputa de terras férteis, em um território onde a densidade demográfica é de aproximadamente 300 habitantes por quilômetro quadrado. O resultado dessa disputa foi trágico, transformando-se em um genocídio que matou um milhão de pessoas.

A mais antiga guerra civil do continente, a do **Sudão**, que teve início em 1950, chegou ao fim somente em 31 de dezembro de 2004, quando foi assinado um cessar-fogo permanente. Essa guerra é tratada como um conflito étnico-religioso entre o Norte árabe e muçulmano, que controla o poder central, e o Sul negro e cristão ou animista. A esses fatores somou-se, no fim dos anos 1970, a descoberta de petróleo no Sul, com reservas calculadas em mais de 2 bilhões de barris. O governo central foi acusado de, junto com as milícias árabes, promover genocídio na região de **Darfur**, matando mais de 50.000 pessoas e desalojando mais de um milhão. Na África Ocidental (Libéria, Serra Leoa, Costa do Marfim), graves conflitos têm sido responsáveis por milhões de vítimas.

As guerras e conflitos africanos provocam também fugas em massa para países vizinhos, e essas populações se estabelecem em campos de refugiados. Esses acampamentos são precários, com falta de infraestrutura e assistência médica. Por outro lado, esse contingente de pessoas não encontra trabalho e concorre diretamente com os habitantes do lugar, gerando graves tensões.

Darfur

Em 2008, mais de 300 mil pessoas foram obrigadas a deixar suas casas em Darfur, no Sudão. A região, composta pelos estados de Darfur do Sul, Darfur do Norte e Darfur do Oeste, passa por uma terrível crise humanitária em meio a uma guerra civil.

Darfur representa quase um sexto da área total do Sudão, o maior país da África. Desde 1956, quando o Sudão se tornou independente da Inglaterra, os "árabes" do norte do país dominam o poder político e econômico, concentrado em Cartum, sua capital. O ditador do Sudão, Omar al-Bashir, chegou ao poder em 1989, após um golpe de estado organizado por fundamentalistas

Omar Hassan Ahmad al-Bashir, acusado de genocídio e crimes de guerra.

CAPÍTULO 22 – Conflitos e Tensões • **577**

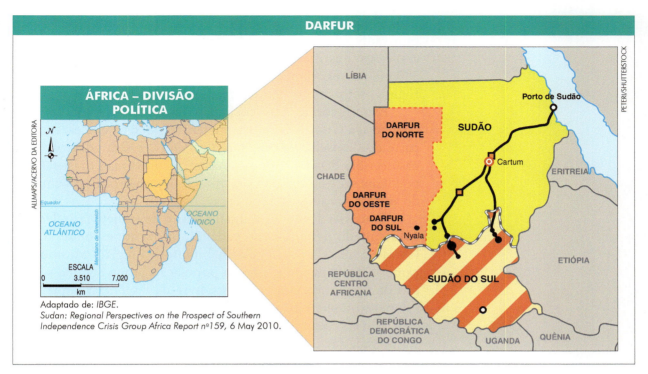

islâmicos. Em 2003, tribos majoritárias descontentes com os sucessivos governos corruptos do país rebelaram-se contra o regime instaurado. Alegando combater os rebeldes, o governo sudanês começou a bombardear aldeias da região de Darfur. Também passou a apoiar uma milícia armada que se autoproclama árabe, os Janjaweeds. Essa milícia tem como missão dar fim às outras etnias. Além das mortes indiscriminadas, o grupo também protago-

Nos campos de refugiados, as condições são precárias e a fome é companheira constante.

niza saques às aldeias e estupros coletivos. O conflito teria sido motivado pela propagação da ideologia da supremacia islâmico-árabe, que justificaria o genocídio dos "não árabes". Cerca de 300 mil pessoas morreram e mais de 2 milhões foram forçadas a fugir de seus lares durante o conflito.

Exportador de petróleo, Sudão tem como principal parceiro comercial a China. É importante lembrar que os chineses fazem parte do Conselho de Segurança da ONU e têm poder de veto nas decisões dessa instituição. Assim, medidas mais drásticas que poderiam ser tomadas pela organização internacional acabam sendo adiadas por influência chinesa.

O acesso de ajudas humanitárias e de jornalistas a Darfur é dificultado pelo governo sudanês, que tenta esconder a violência e a miséria vivida pelos habitantes da região. Mesmo nos campos de refugiados, onde a população busca alguma sensação de segurança, ninguém está livre da violência: a qualquer momento o exército ou os Janjaweeds podem atacar esses locais. Nesses campos de refugiados, como o de Kalma, em Darfur do Sul, que concentra cerca de 80 mil pessoas, as condições de vida são bastante precárias, pois a população não tem meios de produzir alimento e é obrigada a improvisar na construção de moradias.

Explorando o tema

Sudão do Sul

Em julho de 2011, foi formalmente declarada a independência do Sudão Sul, o 193º Estado-membro das Nações Unidas. A separação ocorreu após mais de décadas de conflitos armados entre o governo central sudanês e rebeldes sulistas, que resultaram em um acordo de paz assinado em 2005. Nesse acordo, ficava previsto um plebiscito para que os habitantes do sul decidissem se criariam um novo país ou se permaneceriam ligados ao norte. Apesar dos temores de retrocesso no processo de paz, o plebiscito acabaria mesmo sendo realizado em 2011, com quase 99% dos votantes escolhendo pela separação.

Os conflitos que levaram à divisão do Sudão se explicam em parte pelas grandes diferenças entre o Sudão do Sul e os vizinhos do norte. O sul, de terras férteis e florestas, tem a enorme maioria da população composta por cristãos e seguidores de religiões nativas (animistas), ao passo que o norte desértico tem predominância da religião e da cultura árabes. Também é na parte sul que se concentram a maior parte das significativas reservas de petróleo do antigo Sudão, mas é justamente nessa área que a infraestrutura é mais deficiente e que os índices de pobreza, analfabetismo e falta de saúde são mais alarmantes. A disparidade entre as duas regiões, somadas às repetidas tentativas do governo central em impor sua cultura ao sul, inclusive por meio de patrocínio à ação de guerrilhas islâmicas, foram as principais razões para que o sentimento separatista se tornasse tão forte entre a população sulista.

Apesar das enormes potencialidades em termos de exploração agrícola e mineral, o novo Estado já surge precisando lidar com alguns dos piores indicadores sociais do mundo e com ações armadas de tribos rebeldes, além de precisar administrar questões pendentes em sua relação com o Sudão.

A independência do Sudão do Sul ocorreu sem que suas fronteiras ao norte estivessem completamente definidas, e uma série de impasses ainda ameaça colocar os dois países em outra guerra. Por exemplo, o estatuto de Abyei, região muito rica em petróleo e reivindicada por Sudão e Sudão do Sul permanece à espera de um acordo definitivo. Outras questões, como a divisão das receitas do petróleo do sul, as taxas pagas pelo uso de oleodutos e refinarias do norte, a divisão da dívida pública do antigo Sudão e o estatuto dos sul-sudaneses que vivem no norte, vão sendo só aos poucos definidas, com avanços e retrocessos que ameaçam a estabilidade dos dois países.

Mesmo com todas as dificuldades, o processo de independência do Sudão do Sul ainda é visto com esperança pela maioria dos analistas. Eles enxergam na separação do Sudão um modelo para movimentos semelhantes no restante da África, visto que foi realizada observando o resultado de consultas democráticas à população e de negociações diplomáticas, além de ter sido uma das primeiras independências a mexer com sucesso nos até então quase invioláveis limites fronteiriços impostos pela ocupação colonial.

Ponto de vista

É genocídio?

Em julho de 2004, os Estados Unidos iniciaram uma investigação sobre se as atrocidades em Darfur constituíam genocídio. A conclusão, anunciada pelo então secretário de Estado, Colin Powell, era que sim. Mas, para desalento dos ativistas, Powell disse que isto não resultaria em nenhuma mudança na política americana. Em vez disso, ele encaminhou o assunto para o Conselho de Segurança da ONU, cujas investigações apontaram que ocorreram crimes de guerra e outras violações "tão hediondas quanto genocídio" em Darfur, mas que a acusação de genocídio era injustificada. O Conselho de Segurança encaminhou o assunto ao Tribunal Penal Internacional.

Grandes organizações de direitos humanos e agências humanitárias se recusam a usar o termo "genocídio" em Darfur. A análise delas é de que Darfur não se trata de uma tentativa deliberada de exterminar um grupo, como no Holocausto e em Ruanda, mas sim de crimes contra a humanidade cometidos ao longo de uma contrainsurreição.

Fonte: WAAL, A. de. *Darfur – a crise explicada.*
Disponível em: <http://wap.noticias.uol.com.br/midiaglobal/prospect/2007/02/22/darfur-a-crise-explicada.htm>. Acesso em: 6 out. 2016.

> ➤ Faça uma breve pesquisa para definir o que é genocídio. Qual é a diferença entre dizer que as ações em Darfur constituem um genocídio e dizer que são "tão graves quanto genocídio"?

Comício em Washington, EUA, contra as atrocidades em Darfur.

Américas
Colômbia

A Colômbia convive com os movimentos guerrilheiros FARC – Forças Armadas Revolucionárias da Colômbia – e o Exército de Libertação Nacional (ELN) há mais de 30 anos, além de ser o maior produtor mundial de cocaína, havendo uma enorme influência do narcotráfico no país.

As FARC e o ELN, ambos de orientação marxista, controlam 40% do território colombiano e têm no narcotráfico sua principal fonte de renda. Para se ter uma ideia, um levantamento realizado pelo governo colombiano estimou em até 3,5 milhões de dólares estadunidenses o lucro líquido anual das FARC com a produção e comercialização de narcóticos e com a proteção a agricultores que plantam coca. Com a pressão exercida pelas forças armadas oficiais contra a produção e tráfico de coca, os grupos guerrilheiros também buscaram outras fontes de renda, como a mineração ilegal.

Ao mesmo tempo, a presença da guerrilha de esquerda provocou o aparecimento de grupos paramilitares de extrema direita e de esquadrões da morte sob a sigla de Autodefesas da Colômbia (AUC), com o intuito de combatê-la. Desarmada após um acordo de paz em 2006, a AUC deu origem a várias gangues criminosas, batizadas de "bacrim", que também têm ligações com o narcotráfico e a mineração ilegal, o que exacerbou a violência no país: sequestros, assassinatos, chacinas e altos níveis de corrupção fazem da Colômbia um dos países mais violentos do planeta.

A tática das FARC era sequestrar personalidades e civis mantendo-os em cativeiros escondidos na selva, na tentativa de receber dinheiro pela soltura dos prisioneiros.

Fonte: ATLAS Geográfico Escolar/IBGE. 6. ed. Rio de Janeiro: IBGE, 2012. Adaptação.

Ingrid Betancourt, ex-candidata à presidência e refém por seis anos dos guerrilheiros (entre centenas de outros), foi libertada pela inteligência do exército colombiano. A libertação de Ingrid teve repercussão internacional e diminuiu o apoio que os guerrilheiros tinham fora da Colômbia.

Em 1999, deu-se início a um processo de negociações de paz entre o governo e as FARC. Porém, elas não prosseguiram e nunca saíram do papel, pois uma das exigências dos guerrilheiros é que os grupos paramilitares deponham suas armas e sejam desmobilizados, o que não aconteceu.

Desde 2008, a guerrilha sofreu sérios golpes, pois vários dos seus líderes foram mortos pelas tropas governistas. Nos últimos anos, como consequência desse novo quadro, as FARC vêm libertando muitas das pessoas que haviam sido sequestradas e seu poder de ação parece significativamente reduzido.

Disseram a respeito...

Entenda o acordo entre as FARC e o governo colombiano

Depois de mais de cinquenta anos de conflito armado entre o governo colombiano e as Forças Armadas Revolucionárias da Colômbia (FARC), um acordo de paz foi selado em 26 de setembro de 2016. O objetivo é evitar mais vítimas e tornar o país mais seguro e estável.

Segundo o governo da Colômbia, as FARC se comprometeram a entregar todas as suas armas às Nações Unidas; a não se envolver em crimes como sequestro, extorsão ou recrutamento de crianças; romper ligações com o tráfico de drogas; e cessar ataques contra as forças de segurança e civis.

O acordo diz que haverá justiça e reparação às vítimas e as FARC poderão fazer política sem usar armas. O texto assinado inclui um plano para o desenvolvimento agrícola integral, dando aos ex-guerrilheiros acesso à terra e a serviços, além de criar uma estratégia para a substituição sustentável de cultivos ilícitos.

Com esse documento, será criado um sistema de justiça para punir os responsáveis por crimes no qual as vítimas terão algum tipo de reparação. As punições incluem restrição de liberdade e, no caso de o autor não reconhecer o crime, pode ir para a cadeia comum por até 20 anos.

Fim das plantações de coca

O governo colombiano também irá desenvolver um plano de investimentos para o desenvolvimento do campo para dar aos agricultores oportunidades de ter renda e qualidade de vida de maneira lícita, sem o cultivo e produção de drogas.

As FARC ainda se comprometeram a romper os laços com o mercado de drogas, além de apoiar os esforços do governo para combater o narcotráfico. Os movimentos sociais que estão na base das FARC receberão garantias de que poderão fazer política sem armas.

O acordo tem todo o apoio do Brasil, que faz fronteira com a Colômbia. Em discurso na Assembleia Geral das Nações Unidas, o presidente da República, Michel Temer, mencionou o acordo de paz e, durante conversa com o presidente colombiano, Juan Manuel Santos, manifestou apoio ao acordo.

Quais os benefícios do acordo?
1. O fim das FARC como um movimento armado.
2. Entrega das armas e a volta dos guerrilheiros à vida civil.
3. O fim do sequestro, extorsão e hostilidade contra a população e o poder público.
4. Reparação e justiça às vítimas.
5. Paz com oportunidades legais para o desenvolvimento do campo sem drogas.
6. Fortalecimento das instituições democráticas e estaduais da Colômbia.
7. A luta mais eficaz contra as organizações criminosas e o tráfico de drogas.

Fonte: Portal do Planalto, com informações do governo da Colômbia.

Haiti

A República do Haiti situa-se na América Central Insular, junto ao mar do Caribe ou das Antilhas, no oceano Atlântico. Seu território ocupa, com a República Dominicana, a ilha Hispaniola, a segunda em extensão na região do Caribe. Está localizada na porção centro-oeste da ilha e sua área de 27.750 km² (equivalente à área de Alagoas) abriga uma população de 10,48 milhões de habitantes (jul. 2016). Sua capital é Porto Príncipe, com 2,44 milhões de habitantes, sendo a maior e a mais importante cidade do país.

A paisagem natural paradisíaca, colorida, alegre, comum à região, que tanto impressionou os colonizadores europeus, pode também apresentar sua força destruidora a qualquer momento. Além de ser uma região de furacões constantes entre os meses de junho e outubro, a ilha Hispaniola situa-se em uma zona de instabilidade tectônica, área de contato entre duas placas tectônicas e que está sujeita a grandes terremotos. Toda a ilha encontra-se entre a placa tectônica Norte-americana e a placa do Caribe. Nessa área, as placas se movimentam paralela uma à outra, sendo conhecida como área de borda transformante.

No dia 12 de janeiro de 2010, um terremoto de 7 graus na escala Richter atingiu o país mais pobre do continente america-

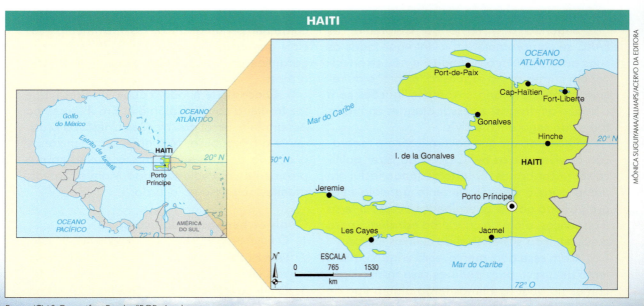

Fonte: ATLAS Geográfico Escolar/IBGE. 6. ed. Rio de Janeiro: IBGE, 2012. Adaptação.

Porto Príncipe, Haiti.

no – a República do Haiti. Esse tremor matou mais de 230 mil pessoas, destruindo, ainda mais, um país já arruinado por uma sucessão de erros históricos, sociais e econômicos. Entre os mortos estavam militares e civis brasileiros, entre estes Zilda Arns, médica, sanitarista, fundadora e coordenadora da Pastoral da Criança e da Pastoral da Pessoa Idosa, indicada para o Prêmio Nobel da Paz pelo trabalho realizado na área social.

Zilda Arns Neumann.

Sem estrutura ou trabalho suficiente, as cidades não estão capacitadas para receber o fluxo de migrantes do campo que chega a cada ano. A economia do país se baseia em atividades simples, como a indústria de vestuário e a produção de frutas. As dificuldades de produção, associadas a uma grande desorganização econômica interna, não favorecem o comércio internacional, dificultando a criação de reservas. Mesmo antes do terremoto de 2010, parte dos haitianos já estava desempregada, sobrevivendo de programas de ajuda internacionais. Mas por que essa situação? A resposta está na história política e econômica desse país.

Uma história de erros

A população nativa foi quase totalmente dizimada no início da ocupação do território pelos europeus. A Espanha cedeu a região à França em 1697 e, sob domínio francês, recebeu forte fluxo de escravos, tornando-se uma colônia rica e importante em virtude da produção de açúcar. O final do século XVIII e o início do século XIX foram marcados por profundas mudanças – o fim da escravidão e o processo de independência, que terminou em 1804 (depois dos Estados Unidos, o Haiti foi a primeira colônia da América a tornar-se independente). Entretanto, o que parecia caminhar bem não resistiu a uma sucessão de governos envolvidos em disputas internas e interesses econômicos, tanto locais como internacionais, que acabavam, na maioria das vezes, com o presidente deposto ou assassinado.

No século XX, em 1957, teve início o governo do médico François Duvalier, conhecido pela população como "Papa Doc". O que parecia ser a tentativa da construção de um novo país tornou-se o maior pesadelo haitiano. Papa Doc mostrou-se um ditador implacável, apoiado em sua polícia secreta, conhecida como *tontons macoutes* (bichos-papões). Mortes, torturas, sequestros, corrupção e o aprofundamento cada vez maior da pobreza marcaram seu governo. Não bastasse esse período trágico que terminou em 1971 com a morte de Duvalier, seu filho, Jean-Claude Duvalier, o "Baby Doc", assumiu o governo e comandou o Haiti até 1986, quando foi derrubado como resultado de forte pressão popular.

Mesmo com a queda de Baby Doc, o Haiti não conseguiu, nos anos seguintes, organizar suas instituições democráticas. Disputas políticas internas levaram à troca de vários presidentes.

Diante da irresponsabilidade da elite política e econômica do país, não houve estímulo para a entrada de capital produtivo – bem ao contrário –, e a economia local muitas vezes não só não progrediu como regrediu, ficando pior do que já estava.

Em 2004, depois de um grande processo de negociação interno e externo, foi formado um governo provisório e a ONU constituiu a Missão para a Estabilização do Haiti (Minustah), com o objetivo de garantir a segurança e a estabilização do país. Nessa missão, o Brasil ficou responsável pelo comando da força militar, que até hoje atua no país.

Ásia

Coreia do Norte e Coreia do Sul

A divisão da antiga Coreia, em dois países, foi resultado direto do embate ideológico posterior à Segunda Guerra Mundial e seus reflexos se sentem até hoje, fazendo com que essa área permaneça em elevada tensão.

Antes da separação, a Coreia foi uma área de influência de diversos países do Oriente. De 1910 ao fim da Segunda Guerra Mundial, a região esteve sob o domínio japonês. No entanto, após a vitória dos Aliados, ficou estabelecido que os países ocupados pelo Japão poderiam se tornar independentes.

Com a intenção de preservar a liberdade da Coreia e manter a influência japonesa cada vez mais distante, o país teve a região norte ocupada por tropas soviéticas e a porção sul por estadunidenses. Essa divisão foi demarcada através do "paralelo 38", linha imaginária que estabeleceria uma espécie de fronteira entre as áreas. O clima da Guerra Fria e a bipolarização não possibilitaram que este plano fosse consolidado, e os resultados se mostraram bem diferentes do que se pretendia. A região tornou-se palco de uma disputa ideológica entre os Estados Unidos e a URSS.

A Guerra da Coreia teve início em junho de 1950 e durou cerca de três anos. Em 1953, sem grandes alterações dentro do cenário inicial da guerra, mais uma vez o "paralelo 38" foi utilizado para ressaltar não somente uma fronteira definitiva entre os dois territórios, mas para estabelecer uma zona desmilitarizada no local.

Ainda no período da Guerra Fria, o desenvolvimento político e econômico se deu de maneira bem diferente entre a Coreia do Norte e a do Sul. A economia no Sul, regida durante um grande período por um governo ditatorial e com apoio dos Estados Unidos, crescia rapidamente. A do Norte, com apoio soviético, se desenvolvia de maneira significativa. Com o desmantelamento da URSS, porém, esse país não foi capaz de manter o mesmo crescimento.

As forças armadas de ambos os países se concentram ao redor do "paralelo 38". Os investimentos feitos pela Coreia do Norte na indústria bélica foram bastante significativos, no final do século XX (mais de 10% do seu orçamento estava destinado para o setor militar).

Já a Coreia do Sul que possui, em números, um exército inferior em relação ao de sua vizinha, alega maior capacitação de seus soldados e melhores tecnologias; entretanto, o ponto mais relevante no lado sul-coreano é a presença permanente de uma quantidade considerável de soldados norte-americanos em seu território.

Atualmente, o principal ponto de desentendimento local gira em torno do programa nuclear desenvolvido pela Coreia do Norte. Nos últimos anos, alguns testes foram feitos evidenciando seu poderio, o que não foi bem visto no cenário mundial, muito menos pela Coreia do Sul, acentuando o clima de conflito e, em algumas ocasiões, promovendo respostas militares dos sul-coreanos.

No final de 2011, morreu de causas naturais o líder supremo da Coreia do Norte, Kim Jong-Il. Jong-Il governava o fechado regime norte-coreano desde 1994, ano da morte de seu pai, e protagonizou momentos polêmicos, como o rompimento do país com o Tratado de Não-Proliferação de Armas Nucleares em 2003 e a realização do primeiro teste de bombas nucleares em 2006. Após a morte do mandatário, seu filho, Kim Jong-Un foi declarado seu sucessor.

Integrando conhecimentos

Armas nucleares

A grande preocupação com as aplicações militares do programa nuclear norte-coreano se deve ao alto poder destrutivo das bombas nucleares, cuja fabricação já é feita em instalações nucleares da Coreia do Norte desde meados da década de 2000. As primeiras bombas desse tipo foram desenvolvidas pelo Projeto Manhattan, dos Estados Unidos, durante a Segunda Guerra Mundial. Em seguida, outros países desenvolveram a tecnologia necessária para a produção desses artefatos, gerando um clima de instabilidade associado à possível ocorrência de guerras nucleares.

O funcionamento das bombas nucleares está relacionado aos processos de fissão e de fusão de núcleos de determinados átomos. No primeiro caso, um núcleo com grande massa é bombardeado por um nêutron, tornando-se instável e dando origem a dois outros núcleos. No segundo caso, dois núcleos leves colidem em altas temperaturas, formando um único núcleo. Nos dois casos, uma pequena parte da massa dos reagentes: é convertida em energia, segundo a famosa equação $E = mc^2$, que relaciona uma massa qualquer em repouso à uma energia equivalente. Como o valor da constante c (velocidade da luz no vácuo – aproximadamente 3×10^6 km$\times$ s^{-1}) é muito alto, mesmo uma pequena massa convertida é suficiente para liberar enormes quantidades de energia.

No caso mais comum de fissão nuclear, um nêutron é lançado contra um átomo de Urânio-235. Ao colidir com o núcleo do U^{235}, esse se decompõe em bário-141 e em criptônio-92, além de liberar três nêutrons e energia. Os três nêutrons ejetados podem colidir com outros núcleos de U^{235} próximos, causando novas fissões. Na fissão para usos civis, o prosseguimento da reação é controlado. Já no caso das bombas nucleares, a alta concentração de U^{235} (amostras enriquecidas a 90% de U^{235}) e a existência de uma massa acima da chamada massa crítica permitem que essa sucessão gere uma reação em cadeia, com a liberação destrutiva de uma enorme quantidade de energia.

Para evitar a disseminação das armas de destruição em massa baseadas na utilização militar da tecnologia nuclear, foi assinado em 1968 o Tratado de Não Proliferação das Armas Nucleares (TNP). Com adesão de 190 países, esse tratado cria regras para tentar limitar a posse de armas nucleares aos cinco países que já dispunham da tecnologia no final dos anos 1960: Estados Unidos, Rússia (então parte da União Soviética, da qual herdou o arsenal nuclear), Inglaterra, França e China.

Em troca do compromisso de não desenvolverem bombas atômicas e de submeterem seus programas nucleares à fiscalização da Agência Internacional de Energia Atômica (AIEA) da ONU, as demais nações receberam dos cinco Estados com armas nucleares as promessas de redução progressiva dos arsenais e de transferência de tecnologia nuclear para fins pacíficos. Embora esse último item praticamente não tenha saído do papel, o TNP teve sucesso relativo em evitar a proliferação das armas nucleares: apenas Índia, Paquistão e Israel não assinaram o acordo, detendo arsenais nucleares considerados ilegais. A Coreia do Sul foi signatária do acordo até 2003, quando rompeu com a AIEA, tendo realizado seu primeiro teste com armas nucleares em 2006.

> ➤ O Brasil também já teve projetos de produção de armas nucleares durante o regime militar (1964-1985). Porém, o país hoje é signatário do TNP e tem em sua Constituição um dispositivo que proíbe o uso não-pacífico da tecnologia nuclear. Qual é a importância da recusa brasileira em desenvolver um arsenal nuclear para a estabilidade regional?

Oriente Médio

Denomina-se Oriente Médio à região da Ásia que compreende Afeganistão, Arábia Saudita, Bahrein, Catar (ou Qatar), Emirados Árabes Unidos, Iêmen, Irã, Iraque, Israel, Jordânia, Kuwait, Líbano, Omã, Sinai (Egito), Síria e Turquia.

Tanto por razões históricas como pela riqueza em petróleo, essa é uma região de muitos conflitos, uma preocupação constante para a maioria dos países.

Fonte: UN Cartographic Section. Disponível em: <https://www.un.org/Cartographic/map/profile/midestr.pkd>. Acesso em: 28 maio 2013. Adaptação.

Um projeto de paz que levou à guerra

Para entender um pouco melhor a crise entre árabes e israelenses é preciso voltar à Primeira Guerra Mundial (1914-1918). Naquela época, líderes do Reino Unido incentivaram os árabes do Império Otomano a se rebelarem contra os turcos em busca de sua independência, acentuando o clima de guerra na região.

Fonte: FREITAS NETO, J. A. de; TASINAFO, C. R. *História Geral e do Brasil*. 3. ed. São Paulo: HARBRA, 2016.

Em 1917, o então Secretário do Exterior do governo britânico, Arthur Balfour, prometeu apoio à criação de um lar nacional sionista na Palestina. A criação desse Estado já havia sido reivindicada por Theodor Herzl, no Congresso Sionista Mundial ocorrido na cidade suíça da Basileia em 1897, frente ao crescente movimento antissemita que ocorria na Rússia.

Com o fim da Primeira Guerra, a Grã-Bretanha ficou encarregada de governar a Palestina, tendo o apoio da Liga das Nações, e se defrontou com o desapontamento tanto de sionistas quanto de nacionalistas árabes pelo fato de o fim da guerra não ter levado à independência de seus povos.

A Primeira Guerra Mundial deixou consequências seríssimas – e não apenas pelo número de mortos e feridos. O processo de paz foi mal resolvido em muitos aspectos (o que levou posteriormente à Segunda Guerra Mundial), e um deles foi a questão dos Estados para sionistas e palestinos. As dificuldades enfrentadas pelos britâ-

sionista: relativo ao movimento que, no início do século XX, defendia a implantação de um Estado para os judeus

Liga das Nações: organismo internacional criado com o objetivo principal de desenvolver medidas para a manutenção da paz

nicos foram muitas, levando-os a restringir a imigração de sionistas para a região, que fugiam das perseguições na Europa, e abafando grandes manifestações de palestinos no final da década de 1930.

A explosão da Segunda Guerra Mundial em 1939 e os eventos que se sucederam levaram à morte cerca de 70 milhões de pessoas, dentre elas 6 milhões de judeus mortos durante o Holocausto. Essa perseguição fez com que houvesse um aumento da imigração de sionistas para a Palestina e do apoio à criação dos dois Estados.

Com o final da Segunda Guerra Mundial, a discussão sobre a partilha do que restava da antiga Palestina (uma parte já havia sido transformada anteriormente na Transjordânia) passou para a ONU que, em novembro de 1947 (pela Resolução 181), decidiu pela criação do Estado judeu e do Estado palestino, e de uma região sob controle internacional (Belém e Jerusalém). Porém, a Liga Árabe se opôs veementemente.

O Estado de Israel foi implementado em 1948 e o Estado Palestino não se estruturou.

O conflito árabe-israelense

Com o fim do mandato britânico na Palestina, em 14 de maio de 1948, David Ben Gurion, líder do movimento sionista e posteriormente primeiro primeiro-ministro, proclamou a independência do Estado de Israel. No dia seguinte, os exércitos de cinco países árabes (Egito, Síria, Transjordânia, Líbano e Iraque) invadiram o recém-criado Estado de Israel.

Nessa primeira guerra, que só terminou em 1949, os exércitos árabes eram mais bem equipados, porém os israelenses tinham um comando mais eficiente. Ao final desse conflito, Israel havia conquistado e expandido seu território, com exceção das terras ocupadas pela Jordânia (a Oeste do rio Jordão) e pelo Egito (Faixa de Gaza). O término dessa guerra não pôs fim ao clima de beligerância, muito pelo contrário.

Os ânimos continuaram exaltados e com acusações e desconfiança de todos os lados até que, em 1955, o governo egípcio de Gamal Abdel Nasser decidiu fechar a única saída de Israel para o Mar Vermelho, além de nacionalizar o Canal de Suez, que era explorado por franceses e britânicos. Alegando uma possível invasão por parte dos egípcios, Israel invadiu o Egito em 29 de outubro de 1956, conseguindo levantar o bloqueio a Eilat (saída para o Mar Vermelho).

Passado o foco principal da crise, os egípcios foram em busca de armamentos soviéticos e os israelenses de arsenal britânico, estadunidense e francês. Sob o pretexto de que Israel estaria preparando uma invasão à Síria, Abdel Nasser e os líderes da Jordânia, Iraque e Síria posicionam suas tropas ao longo da fronteira de Israel. Com o ataque iminente, em 5 de junho de 1967 Israel antecipa-se e ataca as forças aéreas do Egito, da Síria e da Jordânia, ocupando toda a península do Sinai e chegando ao canal de Suez no dia 8 de junho daquele ano.

Liga Árabe: organização fundada em 1945 por sete países: Egito, Síria, Líbano, Transjordânia (que em 1949 passou a chamar-se Jordânia), Iraque, Arábia Saudita e Iêmen

David Ben Gurion.

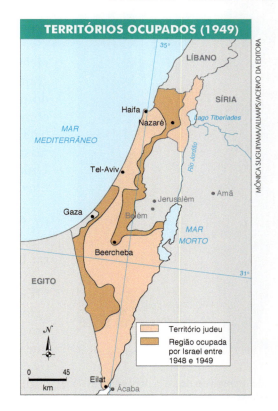

Quando os combates cessaram no dia 10 de junho, Israel havia ocupado toda a margem ocidental da Jordânia, as colinas de Golã (pertencentes à Síria) e Jerusalém, cidade sagrada para as maiores religiões monoteístas do planeta: cristianismo, judaísmo e islamismo. Em apenas seis dias, em um ataque relâmpago que surpreendeu os árabes e o mundo, Israel aumentou suas fronteiras e sua influência no instável Oriente Médio. Segundo Israel, essas áreas recém-incorporadas eram essenciais para a sua segurança e sobrevivência.

Essa guerra, conhecida como a Guerra dos Seis Dias, também não trouxe paz à região – ao contrário, em agosto de 1967 os líderes derrotados fizeram uma declaração de não reconhecimento do Estado de Israel e de que não aceitariam uma paz negociada. Durante os anos que se seguiram, os egípcios conduziram vários bombardeios à região de Suez até que, em 1973, Anwar Sadat, o então líder egípcio, planejou com a Síria um ataque surpresa a Israel no dia 6 de outubro daquele ano, dia do Yom Kippur.

Yom Kippur: feriado judaico, também conhecido como Dia do Perdão, em que os que professam o judaísmo jejuam e se mantêm em oração

Naquele dia, forças egípcias cruzaram o Canal de Suez e com foguetes neutralizaram as forças israelenses – em apenas um dia, mais de 100 aviões foram postos fora de combate. As forças egípcias penetraram excessivamente no território israelense e por volta do dia

Fonte: FERREIRA, Graça Maria Lemos. *ATLAS Geográfico:* espaço mundial. São Paulo: Moderna, 2003. p. 70. Adaptação.

O Muro da Lamentação, em Jerusalém, é local de prece e reverência.

Ariel Sharon.

Intifada: neste contexto, caracterizada como uma campanha de represália em que são utilizadas ações terroristas (como o suicídio de homens-bomba) e severas represálias contra israelenses

9 de outubro já se encontravam com o apoio logístico a suas tropas comprometido. Em contrapartida, os israelenses se reequiparam e em meados do mesmo mês contra-atacaram: atravessaram o Canal de Suez, cercando parte do exército egípcio em uma de suas margens, e contiveram as tropas sírias nas Colinas de Golã, em uma batalha sangrenta, estacionando a 40 km da capital Damasco. Com a imposição do cessar-fogo pelas Nações Unidas em 22 de outubro, teve fim aquela que ficou conhecida como a Guerra do Yom Kippur.

Em 1982, a península do Sinai foi devolvida ao Egito, fruto de um acordo firmado entre Israel e Egito em separado. No entanto, o estado de tensão continuou entre Israel e os demais países árabes.

Com o fim da Guerra Fria, a correlação de forças no Oriente Médio também mudou. Em 1993, patrocinados pelos Estados Unidos, palestinos e israelenses assinaram um acordo histórico, conhecido como o **Acordo de Oslo**, que previa concessões políticas de ambos os lados. Porém, os extremistas israelenses e palestinos não concordavam com a paz negociada, pois, segundo eles, representaria uma derrota para sua causa. O radicalismo levou, em 1995, ao assassinato do arquiteto do acordo de paz, o primeiro-ministro Yitzhak Rabin, por um judeu ortodoxo, causando grande comoção tanto em Israel quanto no restante do mundo.

Em 1998, o então presidente norte-americano Bill Clinton pressionou palestinos e judeus, o que resultou na assinatura do **acordo de Wye Plantation**, o qual retomava as linhas mestras dos Acordo de Oslo. Segundo este, os israelenses devolveriam parte dos territórios ocupados na Cisjordânia; em contrapartida, os palestinos revogariam a cláusula da Carta Nacional Palestina que prediz o fim do Estado de Israel. O novo acordo não foi reconhecido por extremistas dos dois lados.

O conflito entre árabes e israelenses se manteve presente todos esses anos, em maior ou menor grau. Alegando a necessidade de impedir atentados, em 2001 o primeiro-ministro de Israel Ariel Sharon autorizou a construção de 500 km de um muro de segurança que separaria Israel da Cisjordânia. Essa decisão acirrou os ânimos e intensificou a Intifada.

Em 2005, em virtude de negociações políticas do governo israelense de Ariel Sharon com os ultradireitistas religiosos, houve a retirada dos assentamentos judaicos da Faixa de Gaza. Apesar dos protestos dos colonos, muitos deles residiam na localidade desde a Guerra dos Seis Dias, suas casas foram destruídas e os moradores retirados e levados para outras localidades de Israel. Sem dúvida, esse gesto trouxe mais esperança de paz. A contrapartida foi o compromisso de que os terroristas islâmicos não praticariam atentados com homens-bomba contra Israel.

Para impedir a circulação de armas e munição e também para que os palestinos não invadissem seu território, o Egito iniciou a substituição da barreira de separação por um muro de concreto de 3 m de altura ao longo da fronteira com a Faixa de Gaza.

Sucessivas articulações têm sido feitas em favor de uma paz negociada, mas intransigências e atentados impedem que esses processos cheguem a bom termo.

De ambos os lados, há ação para colocar fim à beligerância. Na foto, da esquerda para a direita, Yitzhak Rabin e Shimon Peres, agraciados com o Premio Nobel da Paz de 1994, por suas ações em favor da paz entre palestinos e judeus.

Em 1º de setembro de 2010, o presidente estadunidense Barack Obama reuniu-se em Washington com o primeiro-ministro de Israel, Benjamin Netanyahu (ao centro) e o presidente da Autoridade Palestina, Mahmoud Abbas. Buscando a paz para o Oriente Médio. Também estiveram presentes ao encontro o presidente egípcio Hosni Mubarak e o Rei Abdullah, da Jordânia, importantes personalidades para auxiliar na busca do entendimento.

Em 27 de setembro de 2016, morre em Israel, aos 93 anos, o ex-presidente Shimon Peres. Em uma demonstração política importante, o presidente palestino Mahmound Abbas, à esquerda, comparece ao sepultamento e cumprimenta o primeiro-ministro de Israel, Benjamin Netanyahu (à direita).

Disseram a respeito...

O Hamas

O Hamas é uma organização radical palestina que não reconhece a existência do Estado de Israel e que, desde junho de 2007, controla a Faixa de Gaza. Hamas é a abreviatura para Harakat Al-Muqawama al-Islamia (Movimento de Resistência Islâmica).

O Hamas é, ao mesmo tempo, um partido político e um movimento militar, as Brigadas Qassam. São elas que organizam os ataques com mísseis contra Israel.

As origens do grupo remontam à Irmandade Islâmica, organização fundamentalista criada em 1928 no Egito. Com o início da primeira Intifada (insurreição, em árabe) contra Israel, em 1987, a Irmandade Islâmica criou um braço armado, o qual chamou de Hamas.

A organização ficou conhecida somente em 14 de dezembro de 1987, quando o nome Hamas surgiu num panfleto em que o grupo anunciava sua luta contra Israel. O Hamas prega o fim do Estado de Israel e a sua substituição por um Estado palestino que ocuparia a área onde hoje estão Israel, a Faixa de Gaza e a Cisjordânia.

Apesar das posições radicais do Hamas, Israel no início apoiou o braço político-assistencial do grupo, numa tentativa de enfraquecer a Organização para a Libertação da Palestina (OLP), então liderada por Yasser Arafat e sediada em Túnis.

A intenção era mostrar que havia forças nas zonas ocupadas que poderiam representar melhor os palestinos do que a OLP. Anos antes, Israel já havia tentado provar que a OLP não era o único representante dos palestinos.

O Hamas é considerado uma organização terrorista pela União Europeia, pelos Estados Unidos, pelo Canadá, pelo Japão e, claro, por Israel.

Para muitos palestinos, entretanto, trata-se de uma organização beneficente, que presta ajuda e assistência nos lugares onde a Autoridade Nacional Palestina (ANP) falha.

Foi também graças à atuação do Hamas que foram inaugurados hospitais, jardins de infância, escolas e pontos de distribuição de sopa nos territórios em conflito, o que permitiu que a organização ganhasse amparo junto à parte pobre da população palestina.

O Hamas virou um partido político em 2005. Em janeiro do ano seguinte, venceu as eleições parlamentares palestinas, derrotando o Fatah e ficando com a maioria das cadeiras.

Em junho de 2007, a chamada Batalha de Gaza resultou na expulsão do Fatah da Faixa de Gaza, que passou a ser controlada pelo Hamas. Em resposta, o presidente palestino, Mahmud Abbas, retirou representantes do Hamas do governo da Autoridade Nacional Palestina na Cisjordânia.

O Hamas é parte de uma vertente política do Islã que, com as Revoltas Árabes, está sendo combatida em toda a região – primeiro no Egito (com a saída da Irmandade Muçulmana), mas também em países do Golfo. Até seu aliado Irã deixou de apoiá-lo.

Por sua longa história de ataques e sua recusa em renunciar à violência, o Hamas é considerado uma organização terrorista, mas para seus apoiadores, como Qatar e Turquia, o Hamas é visto como um movimento de resistência legítimo.

O grupo islâmico não aceita as condições propostas pela comunidade internacional para ser um ator global legítimo: reconhecer Israel, aceitar os acordos anteriores e renunciar à violência.

Disponível em: <http://www.dw.de/saiba-o-que-%C3%A9-o-hamas/a-1873524>. Acesso em: 6 out. 2016.
Disponível em: <http://g1.globo.com/mundo/noticia/2014/07/g1-explica-o-que-e-o-hamas.html>. Acesso em: 3 out. 2016.

Iraque

Em 1979, triunfou no Irã a Revolução Islâmica dos aiatolás fundamentalistas xiitas, depondo a monarquia pró-ocidental que lá existia. O novo regime islâmico e teocrático proclamou os Estados Unidos seu inimigo número 1. Em 1980, o Iraque invadiu o Irã, desencadeando uma guerra entre os dois países. Os iraquianos, liderados pelo ditador Saddam Hussein, contaram com o apoio dos Estados Unidos, da União Soviética, além dos países árabes mais conservadores, temendo que a Revolução Fundamentalista chegasse a seus territórios. A guerra estendeu-se até 1988, matando quase um milhão de pessoas, sem que nenhum dos lados tivesse saído vencedor.

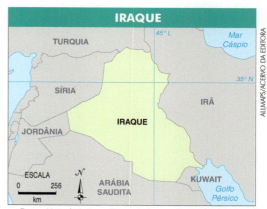

Fonte: United Nations. Disponível em: <https://www.un.org/Depts/Cartographic/map/profile/iraq.pdf>.
Acesso em: 3 jun. 2013.

Em 1990, o Iraque invadiu o Kuwait e o anexou, visando ao seu fortalecimento geopolítico na região por meio da incorporação das gigantescas reservas petrolíferas kuwaitianas. Essa anexação também serviria para eliminar o pagamento de sua grande dívida com esse país, que contraíra durante a Guerra Irã *versus* Iraque. Era o argumento que faltava para os Estados Unidos intervirem na área, com o objetivo de reafirmar sua posição de líderes mundiais e reforçar sua influência na área, bem como de garantir a manutenção da política internacional de petróleo, evitando alterações nos preços e nos níveis de abastecimento mundial. O resultado foi a formação de uma coalizão de mais de 30 países, liderada pelos Estados Unidos, que invadiu o Iraque em janeiro de 1991 com a anuência da ONU. A Guerra do Golfo, como ficou conhecida, foi curta, terminando com a derrota do Iraque e a volta do Kuwait como Estado independente, tendo provocado a morte de mais de 100.000 iraquianos, 30.000 kuwaitianos e 520 soldados da coalizão internacional.

Soldados dos EUA baixam suas cabeças em oração antes de partirem para mais uma missão de combate.

Na década de 1990, Saddam Hussein tornou-se o grande inimigo dos Estados Unidos, acusado de apoiar o terrorismo islâmico e desenvolver armas químicas, biológicas e mesmo nucleares de destruição em massa. Diante da recusa do ditador iraquiano em permitir que técnicos da ONU fizessem inspeção em seu arsenal militar, foi decretado por esse organismo um embargo ao país.

Em março de 2003, o presidente George W. Bush ordenou que uma coalizão liderada pelos Estados Unidos invadisse o Iraque, alegando que Saddam Hussein estaria produzindo e armazenando armas de destruição em massa, pondo em risco a segurança dos Estados Unidos e iniciando a Segunda Guerra do Golfo. Em pouco tempo, Saddam Hussein foi derrubado do poder e preso, acabando executado em 2006 após ser condenado por crimes contra a humanidade em um tribunal iraquiano. O governo estadunidense foi obrigado a admitir que não encontrou nenhuma arma de destruição. A ameaça à segurança não passava de uma grande desculpa para que a maior potência do mundo conseguisse ter uma forte base aliada no instável Oriente Médio, além de ter como controlar as segundas maiores reservas de petróleo do mundo, que estão em solo iraquiano.

Embora a guerra tenha sido ganha formalmente, a instabilidade política no país é imensa, e atos terroristas, sequestros, embates entre as forças ocupantes de um lado e rebeldes e a resistência iraquiana de outro têm provocado centenas de mortes nas tropas estadunidenses. A mídia estadunidense e internacional noticiou de forma bastante ampla que na prisão iraquiana de Abu Ghraib soldados e oficiais estadunidenses infligiram tortura aos presos iraquianos.

O fim da ditadura fez com que antigas rivalidades entre sunitas e xiitas se intensificassem, mergulhando o Iraque em uma verdadeira guerra civil. Apesar da grande instabilidade, o governo dos Estados Unidos completou a retirada de suas tropas do país em finais de 2011, seguindo os passos da Inglaterra, que havia feito o mesmo em 2009. Com isso, a frágil situação da segurança no Iraque ficou sob responsabilidade das autoridades locais.

Irã

Em 1979, assumiu o poder no Irã o clero fundamentalista xiita, proclamando a República Islâmica do Irã, de caráter teocrático. A Revolução Iraniana que uniu Estado e religião se isola e se afasta do Ocidente, proclamando os Estados Unidos como o grande Satanás. A revolução e seus ideais fundamentalistas ganham espaço em países muçulmanos com grande tradição religiosa. Em 2002, o Irã foi nominalmente acusado de ser integrante do chamado Eixo do Mal (Coreia do Norte, Iraque e Irã) pelo presidente George W. Bush, que acusou o país de tentar produzir armas nucleares e de colocar ogivas nucleares em seus mísseis.

O Irã de hoje não é mais monolítico como depois da revolução de 1979. De um lado estão os fundamen-

Fonte: United Nations. Disponível em: <https://www.un.org/Depts/Cartographic/map/profile/iran.pdf>.
Acesso em: 3 jun. 2013. Adaptação.

talistas que ainda dominam o país e, do outro, os reformistas que propõem a liberalização do regime, buscando uma maior aproximação com o Ocidente. Com a ascensão do presidente Mahmoud Ahmadinejad ao poder em 2005, apoiada pelos conservadores, o Irã voltou a ser fonte de preocupações para a comunidade internacional. Os atritos do país com a Agência Internacional de Energia Atômica e a retórica belicista que suas autoridades mantêm contra Israel provocam a desconfiança com relação aos fins do programa nuclear iraniano. O Irã afirma seu direito de manter um programa nuclear pacífico, mas as potências ocidentais acusam o governo iraniano de tentar produzir armas nucleares secretamente. Graças a isso, várias rodadas de sanções foram aprovadas na ONU para pressionar o Irã.

Curdistão

O povo curdo é composto por mais de 30 milhões de pessoas de um mesmo grupo étnico e com as mesmas raízes culturais, que se identifica principalmente pela organização social baseada na divisão em clãs. Esse povo habita a região do Curdistão que está, em sua maior parte, em território turco, iraniano e iraquiano. O desejo de formarem um Estado curdo tem sido violentamente reprimido, principalmente pelos governos da Turquia e do Iraque. Neste último, os curdos vivem em uma área rica em petróleo e o governo iraquiano de Saddam Hussein já usou, na década de 1980, armas químicas proibidas por tratados internacionais, matando 5.000 curdos que se rebelaram contra ele. Por causa disso, o Iraque foi pressionado a negociar um projeto de autonomia para os curdos, tendo sido criada uma zona de segurança ao norte do país, onde estão concentrados.

Em meados da década de 1980 surgiu um movimento separatista curdo na Turquia, muito ativo até a prisão de seu líder, Abdullah Ocalan, em 1998. O embate entre as forças turcas e os guerrilheiros já provocou a morte de mais de 40.000 pessoas.

O povo curdo reivindica há muitos anos a criação de um Estado curdo, o Curdistão.
Fonte: <http://mondediplo.com/maps/kurdistanborders>. Acesso em: 3 de jun. 2013. Adaptação.

Explorando o tema

Os curdos são um povo organizado em clãs e que têm no pastoreio e na fabricação artesanal de tapetes suas principais atividades econômicas. Na década de 1920, esse povo conseguiu ser reconhecido, e os Tratados de Sévres (1920) e de Lausanne (1923) previam a implantação de um Estado curdo nos territórios por eles habitados. Porém, o governo turco não cumpriu a determinação e impôs uma política de assimilação forçada para os habitantes curdos em seu território, o que resultou em uma série de revoltas violentamente reprimidas por Ancara. Nos anos de 1945 e 1946, chegou a existir a República Democrática Curda, situada no atual Irã.

Os curdos entraram em confronto por quase dez anos (1961-1970) com os governos iraniano e iraquiano por sua independência, o que resultou em acordos pela autonomia curda, que jamais foram implementados.

Afeganistão

É um dos países mais pobres do mundo, situado na Ásia Central, e com um vasto território em áreas desérticas e montanhosas.

No Afeganistão convivem mais de 50 etnias e grupos tribais, muitos dos quais também se encontram em países vizinhos. A população é basicamente muçulmana, sendo 20% xiita e 80% sunita. Dos 30,4 milhões de afegãos, cerca de 3,5 milhões procuraram refúgio nos países vizinhos, devido a rivalidades tribais ou a guerras que assolam o país há mais de 20 anos.

Fonte: United Nations. Disponível em: <https://www.un.org/Depts/Cartographic/map/profile/afghanis.pdf>. Acesso em: 3 jun. 2013.

Nuvens de fumaça no World Trade Center Towers como resultado do ataque terrorista em 11 de setembro geo de 2001.

Em 1979, tropas soviéticas invadiram o Afeganistão com o intuito de respaldar o regime pró-soviético recém-instaurado e acabar com a guerrilha islâmica de oposição, bem como ampliar sua área de influência, dando um grande passo para a concretização de um eventual e sonhado acesso russo ao oceano Índico. (Cuidado: observe no mapa que o Afeganistão não é banhado por esse oceano. A posse desse espaço colocaria os russos mais próximos do Índico.)

Os soviéticos pensaram que seu poderio militar venceria facilmente a resistência local. Estavam enganados. Depois de 10 anos em território afegão, as tropas soviéticas voltaram para casa, sem conseguir seu intento. A difícil topografia do país, as adversidades do clima desértico e invernos muito rigorosos, além do apoio americano, iraniano e paquistanês a grupos rebeldes, deram substancial vantagem aos afegãos. Com a saída dos soviéticos, as milícias guerrilheiras retomaram a luta pelo poder.

Diante de um impasse, a ONU interveio para garantir um governo de coalizão; porém, em 1995, a milícia islâmica fundamentalista taleban, apoiada pelo Paquistão, conseguiu avançar, ocupando em 1996 cerca de 70% do território afegão. Esse grupo radical instituiu um regime islâmico, adotando a *sharia*, o rigoroso código islâmico, interpretando-o com um rigor inigualável. As mulheres foram as mais prejudicadas com a implantação do novo código, pois foram impedidas de estudar e trabalhar, só podendo sair às ruas acompanhadas por seus pais, maridos ou irmãos, além de serem obrigadas a se cobrir, dos pés à cabeça, com uma vestimenta chamada burka.

Em 1998, o taleban dominava 90% do Afeganistão. Embora proibido pela sharia, o imposto cobrado pelo tráfico de drogas era a principal fonte de renda da milícia, e o Afeganistão tornou-se o maior produtor de ópio do mundo. Os mulás, os líderes religiosos do taleban, deram abrigo ao milionário saudita Osama bin Laden, acusado de manter uma rede terrorista, a Al-Qaeda, e campos de treinamento no país.

Com os atentados de 11 de setembro às Torres Gêmeas, os Estados Unidos exigiram que o taleban entregasse Osama bin Laden, acusado de ser o mandante e mentor dos atentados. Os mulás se negaram a entregá-lo enquanto não existissem provas da participação do saudita.

Apoiadas pela Aliança do Norte, frente de oposição formada por grupos étnicos que controlava o noroeste do país, tropas internacionais lideradas pelos EUA iniciaram a caça a bin Laden e ao governo taleban em território afegão. Em 7 de outubro de 2001, o Paquistão, o maior aliado de Cabul (a capital afegã), ficou ao lado dos EUA, retirando o principal apoio internacional ao taleban. A difícil topografia dos terrenos e a existência de uma rede de milhares de cavernas incrustadas nas montanhas serviram de esconderijos perfeitos e dificultaram a busca.

As tropas da Aliança do Norte, apoiadas por ingleses e estadunidenses, com homens e maciços bombardeios, tomaram Cabul, depondo os talebans. No início de 2002, mais de 90% do território afegão já era controlado pelos rebeldes, que formaram um governo de coalizão multiétnico. Mas isso não significou o fim das lutas e disputas internas nesse país que há mais de 20 anos convive com a guerra. Um dos principais objetivos do governo eleito em 2004 no Afeganistão foi acabar com as milícias que se digladiaram durante mais de duas décadas de conflitos. O alto comissariado da ONU acredita que o número de refugiados que voltou ao país depois da queda do taleban seja de aproximadamente 4 milhões de pessoas.

Em 2011, Osama bin Laden foi finalmente localizado pelos serviços de inteligência dos Estados Unidos, dando fim a uma busca de quase dez anos por seu paradeiro. O terrorista estava escondido em uma mansão em Abbottabad, cidade próxima à capital do Paquistão. Em uma operação autorizada pelo presidente Barack Obama, forças de elite da marinha estadunidense invadiram o espaço aéreo paquistanês e mataram bin Laden, deixando a Al-Qaeda sem seu grande mentor e líder. No entanto, apesar dos esforços dos Estados Unidos, células relativamente autônomas da organização permanecem ativas em diversos países. Ao mesmo tempo, no Afeganistão, milícias talibãs continuam desafiando as tropas ocidentais e seus aliados locais.

Defensores do Jamiat Ulema-e--Islam-Nazaryati, partido político paquistanês, gritam *slogans* contra a morte de Osama bin Laden, durante protesto em maio 2 de 2011 em Quetta, Paquistão.

A Primavera Árabe

O ano de 2011 foi marcado por uma inesperada série de levantes populares no Mundo Árabe. Ditadores, há décadas instalados no poder, caíram como resultado de intensos protestos por democracia e liberdades individuais. Como resultado, o já complicado tabuleiro geopolítico da região acabaria significativamente redesenhado. Ao conjunto desses movimentos contra os governos autoritários locais deu-se o nome de "Primavera Árabe".

O estopim para a onda de revoltas contra os regimes autoritários que governavam grande parte do Mundo Árabe foi a morte de Mohammed Bouazizi, um jovem vendedor de legumes tunisiano que ateou fogo ao próprio corpo em protesto contra a ação de autoridades que o haviam agredido e confiscado os produtos que garantiam o sustento de sua família. A Tunísia, conhecida por sua estabilidade,

enfrentava altas taxas de desemprego decorrentes da estagnação do turismo, além de conviver com a ditadura corrupta do presidente Zine El-Abdine Ben Ali desde 1987. Nesse cenário, o episódio trágico da morte de Bouazizi serviu de motivação para a exigência de reformas econômicas, principalmente por parte do largo setor da população tunisiana composto por jovens desempregados e de alta escolaridade. Após protestos massivos, que juntaram outros setores insatisfeitos da população, a principal reivindicação dos manifestantes passou a ser a abertura à democracia e a saída de Ben Ali.

General Rachid Ammar, chefe do Estado Maior das Forças Armadas da Tunísia, que não aceitou as ordens de Ben Ali de atirar contra os manifestantes.
No momento da foto (24 de janeiro de 2011), ele se dirigia às pessoas, que chegavam à capital (Tunís), vindas das pequenas cidades para clamar pelo fim do governo.

Após tentativas sem sucesso de reprimir os protestos e de fazer concessões emergenciais, Ben Ali se viu obrigado a fugir da Tunísia, apenas dez dias depois do início das manifestações: era a primeira vez que um governante árabe deixava o poder por conta de um movimento popular pacífico. O surpreendente sucesso daquela que ficaria conhecida como "Revolução de Jasmim" causaria um efeito dominó no Mundo Árabe. Depois da Tunísia, seria a vez de Marrocos, Bahrein, Síria, Líbia, Iêmen e Egito enfrentarem revoltas populares.

No Egito, uma tradicional potência do Mundo Árabe, os protestos ganhariam relevância e projeção internacional muito maiores. Em um país cuja população é dois terços composta por jovens com menos de 30 anos, dos quais 90% estavam desempregados em 2011, o terreno foi fértil para o crescimento do movimento trazido da Tunísia. O alvo dos manifestantes egípcios era o presidente Hosni Mubarak, que há 30 anos governava uma ditadura militar no país. Articulando-se por meio das novas tecnologias de comunicação, jovens laicos de classe média conseguiram, a partir de protestos inicialmente pequenos, convocar milhões de pessoas de todas as tendências políticas e religiosas para exigir nas ruas a renúncia de Mubarak e a realização de eleições livres. De fato, com a recusa do exército em reprimir os protestos, que

Fonte: ATLAS Geográfico Escolar. 6. ed. Rio de Janeiro: IBGE, 2012. Adaptação.

já duravam 18 dias, o ditador acabou deixando o poder para um Conselho Militar, encarregado de governar o país até a conclusão do processo de abertura.

Se, no Egito, as agitações se resolveram de forma relativamente pacífica e favorável à onda pró-democracia, nos demais países do Mundo Árabe a conclusão não seria sempre a mesma. No Marrocos e na Jordânia, bem como em outras monarquias menos afetadas pelos distúrbios, o caminho adotado foi o da realização de concessões e benefícios por parte dos governantes. Já no minúsculo Bahrein, forças militares cedidas pela Arábia Saudita ajudaram a esmagar as manifestações da maioria xiita, que reivindicava à monarquia sunita concessões democráticas e o fim das discriminações por preferência religiosa. Da mesma forma, no Iêmen, os protestos por democracia e contra o presidente Ali Abdullah Saleh agravaram o quadro de instabilidade marcado por disputas tribais e pela ação de guerrilhas islâmicas extremistas.

Na Líbia, as manifestações contra o excêntrico líder Muamar Kadafi, instalado há quase 42 anos no poder, também reacenderam antigas rivalidades tribais e regionais. Lá, porém, a violenta repressão lançada contra os manifestantes foi tal que acabou provocando uma divisão nas forças de segurança e a formação de um governo paralelo decidido a derrubar Kadafi. O enfrentamento entre o exército e as forças de oposição levou a uma sangrenta guerra civil, inicialmente com grande desvantagem para os oposicionistas. No entanto, em nome de impedir um massacre das populações civis com a entrada do exército de Kadafi nas bases das forças rebeldes, o Conselho de Segurança da ONU autorizou a intervenção de aviões da OTAN na Líbia. Com a ajuda do Ocidente, os rebeldes líbios acabaram por depor e executar Kadafi, e instalar um governo de transição.

A Primavera Árabe, porém, revelou-se efêmera: ao fim do turbulento ano de 2011, a atmosfera no Mundo Árabe era de incerteza. Na Síria, milhares de manifestantes haviam morrido na repressão aos protestos contra a ditadura de 40 anos da família Al-Assad, e a situação se encaminhava para uma guerra civil semelhante à que ocorreu na Líbia, ainda que sem intervenção estrangeira direta. Na Tunísia, havia sido formado um governo provisório, mas a situação econômica e social continuava preocupante. O Egito, centro difusor da Primavera Árabe, se via dividido entre os militares, que tentavam não entregar o poder; os jovens laicos e seus apoiadores, revolucionários de primeira hora; e os islâmicos, opositores antigos do regime, mas que despertam desconfiança do Ocidente por sua suposta intenção de transformar o país em uma teocracia. Por fim, Iêmen e Líbia permaneciam mergulhados em rivalidades internas, sendo que, neste último, ainda não estava claro o papel das potências que contribuíram com a queda de Kadafi no futuro do país, um importante exportador de petróleo. No restante do Mundo Árabe, os regimes autoritários sobreviveram e as agitações pareciam controladas – fosse por meio de concessões, fosse pelo uso da força.

Síria

Com o fim do Império Otomano, ao término da Primeira Guerra Mundial, o território da atual Síria ficou sob a administração dos franceses até sua independência em 1946. Mas a independência não trouxe estabilidade política, e o país sofreu uma série de golpes até que em novembro de 1970 um sangrento movimento levou ao poder Hafez al-Assad, que governou a Síria de forma muito rígida até sua morte em 2000. Com a morte do pai, assume a presidência da Síria, em julho daquele ano, Bashar al-Assad, que foi referendado para um segundo turno em maio de 2007.

Em março de 2011, estudantes que haviam se manifestado na cidade de Deraa contra o governo foram presos e barbaramente torturados, o que gerou uma onda de protestos, também influenciada pela Primavera Árabe em marcha na região.

As manifestações também foram consequência de vários problemas econômicos e sociais, como o desemprego, por exemplo, que assolavam o país. A população também se manifestou pela legalização de partidos políticos, pelo fim de leis extremamente restritivas e da corrupção em larga escala.

A repressão das forças de segurança foi de tal monta que os insurgentes passaram a pedir a renúncia de Al-Assad. Protestos de um lado e repressão de outro transformaram-se em violenta guerra civil.

O confronto perdura porque há mais envolvidos na questão: a Rússia apoia Assad, pois tem interesses na região; os EUA querem a renúncia do presidente sírio em vista das atrocidades cometidas; e o Irã precisa do apoio de Assad para permitir o envio de armamentos para o grupo Hezbollah.

Estima-se que morreram cerca de 300.000 pessoas (até 2016). Mas os mortos são uma parte do problema. A violência das forças do governo sírio, com o apoio da Rússia (2015) sob o pretexto de colocar fim à guerra e também de eliminar os adeptos do Estado Islâmico, fez com que as forças do governo reconquistassem várias áreas que haviam sido perdidas aos opositores.

A guerra na Síria tem consequências desastrosas: cerca de 13,5 milhões de pessoas necessitam de ajuda humanitária (2016), 6,5 milhões migraram e 4,8 milhões buscaram refúgio em outros países.

A Síria, ao final de 2016 era o país que sofria a maior crise.

Sírios, fugindo da guerra civil, chegaram aos milhares na Europa, arriscando-se ao mar em botes infláveis ou embarcações superpovoadas. Mas a vida nos campos de refugiados é de incerteza e de muita necessidade.

Os conflitos entre as tropas fiéis a Bashar al-Assad e os opositores ao regime trouxeram destruição, fome e morte a boa parte da Síria.

Europa

A questão basca

No nordeste da Espanha e sudoeste da França encontramos um território ocupado pelo povo basco, que há 40 anos luta por sua autonomia política. O ETA (Euskadi ta Askatsuna ou Pátria Basca e Liberdade), reivindica a independência de Euskal Herria, um País Basco que vai de Adour até Ebro e que inclui a região autônoma espanhola do País Basco, Navarra, e o País Basco francês, no sudoeste do país vizinho.

Os bascos são um povo de origem desconhecida, que teria chegado à península ibérica há mais de 2.000 anos. Mesmo tendo passado por longos períodos sob dominação, conseguiu conservar a identidade cultural, mantendo até hoje sua língua (o euskara ou vasconço), costumes e tradições.

Em 1959 surgiu nessa região o movimento ETA, um grupo de tendência socialista e com ideais separatistas. A ação do ETA centrou-se nas táticas de guerrilha urbana, privilegiando os atentados contra autoridades governamentais ligadas ao ditador Francisco Franco que governava a Espanha desde 1939. Em 1973 o grupo matou o primeiro-ministro espanhol Carreno Blanco, o provável sucessor do ditador Francisco Franco.

Mesmo tendo optado pela luta armada, o movimento separatista contava com grande apoio da população espanhola. Em 1978, três anos após a morte de Franco, a Constituição espanhola estabeleceu uma certa autonomia para o País Basco. Essa situação criou cisões no movimento, pois parte dele preferiu criar partidos políticos e continuar lutando dessa forma, abrindo mão de ações violentas e depondo as armas. Uma ala mais radical do ETA não aceitou a via política e continuou com a luta armada, praticando violentos assassinatos e provocando explosões.

Na década de 1990, a ação terrorista basca matou militares, políticos regionais, policiais, juízes, muitas vezes sem qualquer ligação direta contra o ETA ou sua causa. Diante disso, a população espanhola deixou de apoiar o ETA e passou a fazer grandes manifestações para demonstrar seu repúdio. Em 1997, mais de um milhão de pessoas foram ao centro de Madri para condenar os assassinatos praticados pelo ETA, levando-o a um grande isolamento.

Em 1998 foi decretado um cessar-fogo, para se buscar uma solução negociada. Para tal, o governo exigiu a desmobilização do ETA, o que fez a trégua ser interrompida em 1999, voltando às ações armadas. Em dezembro de 2001, a União Europeia incluiu o ETA na lista de organizações terroristas, e os Estados Unidos também tomaram idêntica medida.

O Batasuna, braço político do ETA, foi declarado ilegal na Espanha, em 2003. Pressionado e isolado, o ETA declarou, em 2004, uma trégua indefinida em toda a Catalunha, nordeste da Espanha, palco da maioria de suas ações.

Fonte: ATLAS Geográfico Escolar/IBGE. 6. ed. Rio de Janeiro: IBGE, 2012. Adaptação.

Explorando o tema

Principais atentados do ETA

- **1959** – Euskadi ta Askatasuna (ETA – Pátria Basca e Liberdade) é fundado durante a ditadura de Francisco Franco para lutar pela independência do País Basco.
- **1968** – O primeiro ato terrorista do ETA matou o chefe de polícia de San Sebastian, capital do País Basco.
- **1973** – O primeiro-ministro Luis Carrero Blanco é morto na explosão de um carro-bomba em Madri.
- **1980** – O ETA intensifica os atos terroristas, matando centenas de pessoas.
- **1995** – O líder do Partido Popular (PP), José María Aznar, eleito primeiro-ministro, salva-se de um atentado graças à blindagem de seu carro.
- **1997** – Assassinatos de políticos influentes e até mesmo de policiais sem nenhuma expressão nacional ou regional.
- **1997** – Manifestação na Plaza Del Sol, Madri, reúne mais de 1.000.000 de pessoas em repúdio às ações do ETA que causaram a morte de policiais, vereadores, prefeitos.
- **Setembro de 1998** – O ETA anuncia trégua unilateral.
- **Novembro de 1999** – O ETA diz que a trégua terminaria em 3 de dezembro de 1999.
- **2000** – O ETA matou 23 pessoas durante esse ano, entre elas o ex-ministro socialista da Saúde e Defesa do Consumidor, Ernest Lhuch, assassinado em Barcelona e considerado um elemento pró-independência basca. Sua morte gerou grande indignação e mais de 1.000.000 de pessoas se reuniram em Barcelona para protestar contra a morte do ex-ministro.
- **Fevereiro de 2001** – É preso na França Francisco Xabier Garcia Gastelú, o Txapote, um dos principais líderes do ETA. O braço político do ETA, o radical Batasuna, foi derrotado nas eleições para o Parlamento do País Basco, perdendo 50% das cadeiras que possuía, dando lugar a políticos mais moderados do Partido Nacionalista Basco.
- **Dezembro de 2006** – Atentado com um carro-bomba em terminal causa múltiplos danos e duas vítimas fatais.
- **Setembro de 2008** – Três atentados com carros-bombas causam dezenas de vítimas e uma morte.
- **Julho de 2009** – Atentados contra um quartel da Guarda Civil e um escritório dessa Guarda, ambos com carro-bomba, deixaram dois mortos e vários feridos.
- **em 2011** – o grupo, já muito enfraquecido, declarou o fim da luta armada como forma de alcançar seus objetivos separatistas.

IRLANDA DO NORTE (ULSTER)

Fonte: ATLAS Geográfico Escolar/IBGE. 6. ed. Rio de Janeiro: IBGE, 2012. Adaptação.

Irlanda do Norte

A Irlanda do Norte (Ulster) faz parte do Reino Unido, ou seja, está subordinada ao governo de Londres. Nela, a minoria católica luta há mais de 30 anos para conseguir se unir à República da Irlanda contra a maioria protestante que deseja continuar integrando o Reino Unido. As origens dos conflitos entre católicos e protestantes remontam há séculos.

O Ulster foi invadido por ingleses e escoceses que tomaram as terras dos habitantes nativos, e os primeiros impuseram sua religião, o protestantismo.

Com o passar do tempo, os protestantes ingleses e escoceses dominaram economicamente os católicos, gerando profunda desconfiança e sentimentos de hostilidade.

No início do século XX, a Irlanda (Eire) tornou-se independente, não ocorrendo o mesmo com o Ulster. Na década de 1960, os católicos passaram a exigir direitos e liberdades civis, o que provocou a reação dos protestantes, levando à radicalização dos católicos e à ativação do Exército Republicano Irlandês (IRA). Em 1972, no dia 30 de janeiro, tropas britânicas abriram fogo contra manifestantes católicos, matando cerca de treze pessoas. Esse dia ficou conhecido como "Domingo Sangrento", desencadeando a ação do IRA. Nesse mesmo ano, a Inglaterra mandou tropas para Belfast, capital da Irlanda do Norte, em apoio aos protestantes. O IRA desenvolveu sua ação centrada na guerrilha urbana e em atentados terroristas, primeiro contra alvos na Irlanda do Norte, depois estendendo sua ação até o território inglês. Os protestantes, por sua vez, incentivaram e apoiaram a criação de grupos paramilitares e de esquadrões da morte que atacavam os ativistas católicos. A violência explodiu na Irlanda do Norte e assim continuou nos trinta anos seguintes.

Em 1994 iniciaram-se as conversações de paz com o Sinn Féin (Nós Sozinhos), o braço político do IRA, que terminaram em um acordo de paz assinado em abril de 1998. Na realidade, o acordo de paz não conseguia superar as diferenças entre protestantes e católicos, pois os primeiros se recusavam a governar com o Sinn Féin enquanto o IRA não depusesse as armas. Em meados de 2005, o IRA anunciou formalmente que deporia as armas, deixando de ser a luta armada uma opção para atingir seus objetivos.

Alguns grupos dissidentes do IRA, porém, decidiram não aderir ao processo de paz, formando assim uma nova organização armada, o Exército Republicano Irlandês.

Explorando o tema

Religiões no mundo

Atualmente, questões que envolvem credos religiosos vêm ocupando grande espaço na mídia. Essas questões muitas vezes não são apenas religiosas, mas englobam disputas de caráter político, geopolítico, militar e econômico.

Vejamos quais são as principais religiões do planeta:

Fonte: Central Intelligence Agency.

- **Cristianismo** – cerca de um terço da humanidade declara-se cristã, ou seja, aproximadamente dois bilhões de pessoas. Os cristãos são monoteístas e acreditam que Jesus Cristo veio à Terra para salvar a humanidade. Os cristãos estão divididos em:
    - **católicos** – aqueles pertencentes à Igreja Católica Apostólica Romana e subordinados ao papa. Os católicos são hoje mais de um bilhão de pessoas;
    - **ortodoxos** – derivam de uma cisão que houve na Igreja Católica Romana no século XI, difundindo-se no Oriente. Os seus fiéis concentram-se em várias igrejas, entre elas a Católica Ortodoxa e a Ortodoxa Russa;
    - **protestantes** – surgiram em virtude de uma dissidência da Igreja Católica, no século XVI, conhecida como Reforma, liderada inicialmente por Martinho Lutero, que, entre outras coisas, rebelou-se contra a venda de indulgências pelo clero. Lutero contestou dogmas do catolicismo, como, por exemplo, a infalibilidade do papa e a existência de santos. Os adeptos do protestantismo se dividem em diversas igrejas, como as presbiterianas, batistas, luteranas, entre outras.
- **Islamismo** – essa religião monoteísta originou-se no século VII, na península arábica, e foi estabelecida por Maomé, seu maior profeta. Seus seguidores obedecem ao Corão, o livro sagrado dos muçulmanos. Conta hoje com mais de um bilhão de seguidores em todo o mundo, estando estes concentrados na Ásia, seguida pela África.
- **Budismo** – seu fundador foi o príncipe Sidarta Gautama, também chamado de Buda, que vivia na Índia, no século VI a.C. Essa religião não possui uma hierarquia formal como as cristãs e não é monoteísta, pois Buda é seu líder espiritual, e não um deus. Seus seguidores concentram-se na Ásia e o contingente de adeptos é de aproximadamente 400 milhões de pessoas.
- **Hinduísmo** – é a terceira religião do mundo em número de adeptos, que estão concentrados na Ásia. Baseia-se em uma série de preceitos, doutrinas e práticas religiosas conforme Vedas, livro fundamental do hinduísmo, que apresenta uma compilação dos textos sagrados; inclui hinos de louvor e rituais.
- **Judaísmo** – essa religião remonta ao século XVII a.C. e surgiu na Palestina, sendo a primeira grande religião monoteísta. Seu patriarca foi Abraão e o judaísmo caracteriza-se por uma postura que identifica cultural e etnicamente seus seguidores.

O número de adeptos é pequeno comparado com as demais religiões vistas acima, não ultrapassando cerca de 14 milhões no mundo todo. O Estado de Israel não é o local que abriga o maior número de judeus, mas sim a América, em especial a América do Norte.

> **infalibilidade:** quem ou aquilo que não falha; infalível

A península balcânica

Na península balcânica convivem diversos povos: sérvios, croatas, eslovenos, montenegrinos, macedônios, bósnios e albaneses. As diferenças culturais e religiosas e as rivalidades entre eles são históricas.

A instabilidade na região balcânica está ligada principalmente ao nacionalismo e às questões étnicas. A Sérvia sempre teve pretensões hegemônicas sobre os Bálcãs, pretendendo dominar todos os povos dessa região que tivessem os mesmos traços étnicos e culturais para criar a Grande Sérvia. A Croácia também alimentava pretensões hegemônicas. Por outro lado, os povos de origem eslava acreditavam que todos eles deveriam estar reunidos em uma só nação, o que originou o pan-eslavismo. Essas questões se agravaram com a desintegração do Império Áustro-Húngaro e do Império Otomano no início do século XX.

Fonte: BLACK, J. (Ed.). *World History Atlas*. 2. ed. London: Dorling Kindersley, 2008. p. 215. Adaptação.

As seis repúblicas balcânicas formavam a antiga Iugoslávia, que se tornou socialista após a Segunda Guerra, sob o comando férreo do Marechal Tito. Com a sua morte, em 1980, as rivalidades e os conflitos afloraram. Com o colapso do socialismo no início da década de 1990, houve o desmembramento da Iugoslávia, declarando-se independentes a Croácia (1991) e a Eslovênia (1991). A Sérvia, junto com Montenegro, declarou-se a sucessora da antiga Iugoslávia, voltando a demonstrar suas pretensões hegemônicas. Em 1991, a Bósnia-Herzegovina, seguindo as repúblicas croata e eslovena, declarou sua independência, fato rejeitado por Belgrado, capital da Iugoslávia. A Croácia saiu em defesa dos bósnios. Em 1992 teve início uma sangrenta guerra, na qual as milícias sérvias agiram com uma crueldade inacreditável contra os muçulmanos bósnios, promovendo uma verdadeira "limpeza étnica", massacrando, torturando e expulsando-os de seus territórios. Em 1995, após grande pressão internacional, o governo de Belgrado aceitou um acordo de paz pelo qual a Bósnia-Herzegovina tornou-se um Estado independente, mas administrada por croatas, muçulmanos e sérvios. Nessa época, a ONU enviou forças com 40.000 soldados para implementar o acordo de paz.

A Província de Kosovo, de maioria albanesa, situada na Sérvia, tinha uma determinada autonomia que foi retirada pelos sérvios em 1989. Diante disso, surgiu um movimento guerrilheiro pela independência da província. Em resposta, o governo de Belgrado, liderado por Slobodan Milosevic, implantou uma política de agressão contra as populações não sérvias de Kosovo, com a prática de assassinatos em massa, estupros, torturas etc.

DESMEMBRAMENTO DA IUGOSLÁVIA

1989 — IUGOSLÁVIA

1991 — ESLOVÊNIA, CROÁCIA, IUGOSLÁVIA, MACEDÔNIA

1992 — ESLOVÊNIA, CROÁCIA, BÓSNIA-HERZEGOVINA, IUGOSLÁVIA, MACEDÔNIA

1999 — ESLOVÊNIA, CROÁCIA, BÓSNIA-HERZEGOVINA, IUGOSLÁVIA (Kosovo, Montenegro), MACEDÔNIA

2002 — ESLOVÊNIA, CROÁCIA, BÓSNIA-HERZEGOVINA, SÉRVIA E MONTENEGRO (Sérvia, Montenegro, Kosovo), MACEDÔNIA

2006 — ESLOVÊNIA, CROÁCIA, BÓSNIA-HERZEGOVINA, SÉRVIA (Kosovo), MONTENEGRO, MACEDÔNIA

2008 — ESLOVÊNIA, CROÁCIA, BÓSNIA E HERZEGOVINA, SÉRVIA, MONTENEGRO, KOSOVO, MACEDÔNIA

Fonte: United Nation. Disponível em: <http://www.un.org/depts/Cartographic/map/profile/frmryugo.pdf>. Acesso em: 10 jun. 2013. Adaptação.

Em 1999 eclodiu a guerra entre Sérvia e os kosovares, que repetiu as atrocidades e a "limpeza étnica" da guerra da Bósnia. Porém, houve a intervenção militar da OTAN, bombardeando sistematicamente posições e alvos estratégicos sérvios. A resposta sérvia foi endurecer ainda mais as represálias contra os kosovares de origem albanesa.

Em junho de 1999, após três meses de intenso bombardeio pelas forças da OTAN, Milosevic cedeu e negociou o fim do confronto.

No início de 2002, pressionada pela União Europeia, que temia novos conflitos, a Iugoslávia foi extinta, passando a ser constituída pela união de duas unidades federais, Sérvia e Montenegro.

Em maio de 2006, um referendo popular deu maioria àqueles que desejavam a separação de Montenegro da Sérvia. Em junho do mesmo ano, Montenegro tornou-se um país independente. O Kosovo declarou sua independência, que não foi reconhecida pela Rússia e pela Sérvia, também nação autônoma após a separação de Montenegro.

Região do Cáucaso

Geórgia

A Rússia ainda mantém sua influência sobre as repúblicas da Ásia Central que integravam a ex-União Soviética. Essa região é rica em petróleo e gás natural, tendo, por isso, uma grande importância estratégica na geopolítica mundial. O governo russo faz grandes esforços para que esses países não fechem acordos econômicos e militares com o Ocidente, para não prejudicar os seus interesses. A Europa vem diversificando seu abastecimento de gás e petróleo para ter mais autonomia em relação ao Oriente Médio, e essas fontes de energia da Ásia Central e da Rússia tornam-se vitais para os europeus. Já existem gasodutos que levam gás para a Europa e há outros em construção ou em projeto. As novas nações passaram a vender gás e a fazer consórcios com empresas ocidentais para a construção de gasodutos que não passem pelo território russo.

Em 2008, duas regiões da Geórgia, Abecásia (ou Abcásia) e Ossétia do Sul, se declararam independentes, embora nenhum país tenha reconhecido sua independência. Os habitantes da Ossétia do Sul desejam se unir à Ossétia do Norte, uma república autônoma dentro da Federação Russa. A comunidade de origem étnica georgiana é minoria na Ossétia do Sul, representando menos de um terço da população. O número de russos que moram na Ossétia e na Abecásia é grande, e a Rús-

sia teria feito uma proposta, aceita pela população, de integrar esse território ao país.

A Geórgia, cada vez mais ligada ao Ocidente, deverá integrar a OTAN (Organização do Tratado do Atlântico Norte), aliança militar formada por países da Europa e Estados Unidos. Para manter seu domínio, a Geórgia usou força militar na Ossétia e os russos intervieram militarmente para garantir seus interesses estratégicos. Depois de duas semanas de enfrentamento, houve um acordo de paz entre a Geórgia e a Rússia.

A Rússia vem se rearmando e modernizando seu arsenal militar, o que lhe confere mais poder sobre a região do Cáucaso, e acredita que conseguirá manter essa área sob sua influência.

Em uma demonstração de força, a Rússia interrompeu o fornecimento de gás para a Ucrânia no final de 2008, utilizando como pretexto divergências sobre o preço do produto. Como o gasoduto que leva o gás natural para a Europa vem da Rússia e passa pela Ucrânia, com esse impasse a população europeia teve uma enorme redução no fornecimento de gás.

A crise do gás foi um exemplo de como os russos usam seu poderio energético como arma política para defender seus interesses econômicos e, no caso da Ucrânia, para instigar tensões políticas dentro desse país, cujo governo tem boas relações com o Ocidente.

Chechênia

O desmantelamento da URSS em 1991 fez com que aflorassem as rivalidades entre as diversas etnias e sentimentos nacionalistas nos territórios das repúblicas que formavam a ex-URSS. Só na Rússia encontram-se, além da maioria russa, cerca de 130 povos. A região do Cáucaso é um dos mais nevrálgicos pontos de tensão, por abrigar diversas etnias – eslava, turca, persa, mongol etc. Uma das áreas de maior problema é a Chechênia.

A Chechênia é uma pequena república muçulmana que declarou sua independência da Rússia em 1991. Moscou não aceitou o fato e, em 1994, tropas russas invadiram seu território. Mesmo tendo chegado até a sua capital, Grósnia, o exército russo foi derrotado pela resistência chechena. Em 1996, um acordo de paz pôs fim ao conflito.

Em 1999, os guerrilheiros chechenos invadiram uma república vizinha para criar um Estado Islâmico. Novamente as tropas russas intervieram para evitar o crescimento da ação dos militantes separatistas e retomaram 80% do território checheno. Em junho de 2000 a República da Chechênia passou a ser administrada diretamente do Kremlin, a sede do governo russo. Isso não impediu que a guerrilha continuasse. Moscou teme que a causa separatista e o fundamentalismo islâmico se alastrem por outras regiões, encorajando outras etnias e grupos religiosos a seguirem o mesmo caminho. Além disso, atravessa a Chechênia um importante oleoduto que vai da Rússia ao Mar Cáspio. Perder este território traria sérios problemas para os russos.

Em 2004, um ato terrorista na Ossétia do Norte, uma república vizinha à Chechênia, chocou o mundo. Rebeldes tomaram de assalto uma escola na cidade de Beslan, fazendo mais de 1,3 mil reféns, a maioria crianças, durante 3 dias. Eles exigiam a retirada de tropas russas da Chechênia. Tropas do exército entraram em ação, havendo um massacre no qual morreram mais de 300 pessoas, inclusive terroristas. As questões separatistas ainda são relevantes, e manter a Chechênia sob sua tutela é prioridade para a Rússia, visto que há outras regiões que desejam se tornar um Estado independente.

Ásia Meridional
Índia e Paquistão

Com a independência em 1947 e a saída das tropas britânicas, os antigos conflitos entre muçulmanos e hindus recrudesceram. Em vista disso, o território da Índia colonial foi dividido em dois: o Paquistão, com população predominantemente muçulmana, e a Índia, de maioria hinduísta. Uma área fronteiriça entre os dois países, a montanhosa e fria Caxemira, de maioria muçulmana, ficou em território indiano, o que não satisfez os paquistaneses, que reivindicam sua posse. A rivalidade entre os grupos religiosos sempre esteve presente na vida independente das duas nações.

A tensão pela disputa da Caxemira é grande e continuamente há atentados, movimentação de tropas nessa área e escaramuças militares. O maior problema está no fato de os dois lados possuírem armas atômicas e, nos últimos tempos, terem dado demonstrações de força, realizando testes nucleares. Essa rivalidade já provocou dois conflitos armados convencionais entre eles, e teme-se pelo uso de bombas nucleares em um eventual novo conflito.

Fonte: United Nation. Disponível em: <http://www.un.org/depts/Cartographic/map/profile/Souteast-Asia.pdf>. Acesso em: 10 jun. 2013. Adaptação.

Fonte: University of Texas Libraries. Disponível em: <http://www.lib.utexas.edu/maps/middle_east_and_asia/kashmir_region_2004.pdf>. Acesso em: 10 jun. 2013. Adaptação.

UM PROBLEMA PLANETÁRIO – O CRIME ORGANIZADO

Além dos focos de tensão e conflitos declarados, o mundo atual conhece uma nova forma de tensão, provocada pelo crime organizado. A droga é o carro-chefe dessas atividades ilícitas que se subdividem em tráficos de toda ordem, contravenção e corrupção. Tornando-se cada vez mais empresariais, com controles rígidos dos métodos de administração, movimentam centenas de bilhões de dólares em uma rede internacional com base nos paraísos fiscais, onde ocorre a lavagem de dinheiro. Ou seja, o dinheiro obtido de forma ilegal transforma-se, por meio de empresas fantasmas e aplicações bancárias, em dinheiro legal.

O narcotráfico se posiciona como uma das mais lucrativas atividades da atualidade, movimentando centenas de bilhões de dólares anualmente e, também, como um dos maiores poderes de desestabilização das instituições preestabelecidas, na medida em que se vale da corrupção e da força para impor seus interesses.

O tráfico internacional de drogas é um negócio gerido nos moldes das grandes corporações transnacionais: seus produtos são comercializados com métodos modernos de administração, com canais de distribuição eficientes, visando sempre à conquista de novos mercados e com produção em larga escala.

A Colômbia é o maior produtor de cocaína do mundo, se bem que muitas ações têm sido tomadas no sentido de coibir a plantação o que leva a uma diminuição na oferta. Além do custo humano do tráfico e uso de cocaína, há a agressão ao meio ambiente. Estima-se que somente na Colômbia foram perdidos 290.000 hectares de floresta para o plantio de coca no período de 2001 a 2013. Além disso, a queima das plantações e o uso de pesticidas e fertilizantes têm levado à erosão da terra. O narco-

Fonte: UNITED NATIONS. New York, 2015. Adaptação.

tráfico necessita do apoio de diferentes segmentos da sociedade para continuar seus negócios. Assim, a corrupção nos mais altos escalões é integrada ao cotidiano, não só nos países produtores, mas também em nações que são escoadouros ou servem como entrepostos da droga. Porém, nem todos são corruptíveis e usa-se uma estratégia para garantir o bom andamento dos negócios.

O narcotráfico financia campanhas para cargos eletivos daqueles que não se opõem ou mesmo defendem seus interesses. Quando não é possível vencer os obstáculos impostos por aqueles ligados à repressão, intimidação e assassinatos são armas poderosas para calar essas vozes.

O narcotráfico desestabiliza as instituições e o Estado, na medida em que a corrupção torna ineficaz ou minimiza boa parte das ações repressivas no combate ao tráfico. A droga invade fronteiras e organiza o espaço conforme seus interesses.

A força do tráfico não está apenas no dinheiro. Os traficantes possuem verdadeiros exércitos privados, contando com armamentos ultramodernos, o que os aproxima de grupos guerrilheiros, propiciando acordos com os rebeldes. Na Colômbia, as FARC têm no narcotráfico uma fonte segura de renda para manter o movimento e para a compra de armas.

Com a prisão e morte dos antigos líderes dos cartéis colombianos, a distribuição da droga se tornou um negócio mais independente, concentrado nas mãos das máfias italiana, japonesa e russa. A temida máfia russa também é acusada de dominar o tráfico de armas na Europa e de estar assumindo o controle do tráfico de drogas naquele continente.

Muitos países fazem vista grossa para o tráfico, permitindo que seu território sirva de "corredor" para escoar a produção ou como base de distribuição.

O Afeganistão, um país pobre e dividido por etnias e pela questão fundamentalista islâmica, é o maior plantador de papoulas do mundo, das quais se produz o ópio e a heroína, sem dúvida uma das mais letais das drogas ilícitas. Com o dinheiro do tráfico, as milícias se armam e prolongam a disputa pela liderança do país.

O lucro fácil, a possibilidade de enriquecimento quase imediato, a lavagem e a legalização do "dinheiro sujo" são atrativos muito fortes para uma grande parcela de pessoas. A lavagem de dinheiro já tem vários pontos do mundo "especializados" nessa atividade (os paraísos fiscais), e poderosas instituições financeiras não perguntam a origem do dinheiro de seus clientes.

Essa poderosa "indústria" estende seus tentáculos em várias direções, agindo conforme sua lógica e impondo seus métodos, que desconhecem as noções de território e de Estado. A questão da soberania nacional é um mero detalhe dentro dessa lógica.

Alguns cientistas sociais apontam para uma nova perspectiva, extremamente sombria: essa força transnacional pode redesenhar o espaço mundial segundo sua própria lógica e critérios.

Papoula. Dessa planta é retirado o ópio.

ATIVIDADES

PASSO A PASSO

1. Explique o conflito na região de Darfur.
2. Até o século XIX, o Haiti era o segundo país da América a conseguir sua independência e a ter o fim da escravidão. Esse que parecia um quadro favorável acabou gerando um dos países mais pobres do mundo. Quais foram os fatores na história do Haiti que contribuíram para o quadro apresentado hoje?
3. Qual é o contexto da criação do Estado de Israel?
4. Discuta sobre os dois grandes conflitos ocorridos entre Estados Unidos e Iraque.
5. Sobre o ETA, responda:
   a) Qual foi seu processo de criação e objetivo inicial?
   b) Como a população espanhola enxerga esse movimento hoje? Por quê?
6. Explique a importância da região do Cáucaso para a Rússia e o porquê do aumento de movimentos separatistas naquela região.
7. Por que a Caxemira é uma região fruto de conflitos entre paquistaneses e indianos?

IMAGEM & INFORMAÇÃO

1. Observe o mapa e responda.

   A região representada no mapa é palco de conflitos desde o fim da Segunda Guerra Mundial. Qual foi o processo de formação dessa região? Qual é a relação entre esses países hoje?

   Fonte: ATLAS Geográfico Escolar. 6. ed. Rio de Janeiro: IBGE, 2012. Adaptação.

2. Observe o mapa e responda.

   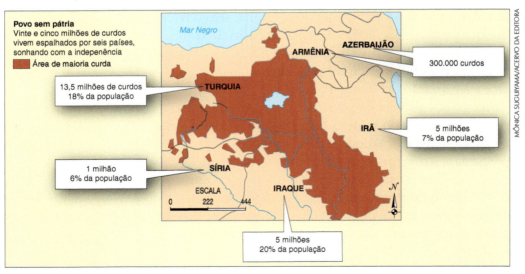

   Fonte: ATLAS Geográfico Escolar. 6. ed. Rio de Janeiro: IBGE, 2012. Adaptação.

   a) Quem são os curdos?
   b) Quais os dois países em que os curdos têm maior representatividade na população?

TESTE SEUS CONHECIMENTOS

1. (PSS – UFPB) A região basca, situada entre a Espanha e a França, possui uma cultura própria, sobretudo pela língua de origem não latina, e nessa região sobrevive um movimento nacionalista que remonta ao século XIX. Desse movimento surgiu um grupo radical, considerado como organização terrorista por vários governos mundiais.

   Considerando o exposto, identifique o grupo descrito e sua respectiva proposta:
   a) Tupamaro, grupo não armado que luta pela liberdade de credo para os católicos na região basca.
   b) IRA, grupo armado que luta pela pluralidade religiosa e por maior autonomia do País Basco.
   c) FARC, grupo armado que luta pela independência do País Basco, com autonomia para os protestantes.
   d) ETA, grupo armado que luta pela criação e independência do País Basco.
   e) Sendero Luminoso, grupo não armado que luta pela independência da região basca.

2. (PSS – UEPG – PR) Muitos conflitos internacionais surgiram ao longo do tempo e influenciaram na configuração do espaço geográfico. Outros ainda hoje provocam instabilidade em determinadas regiões do planeta. Nesse contexto, indique as alternativas corretas e dê sua soma ao final.

   (01) No conflito árabe-israelense, embora a Faixa de Gaza e algumas cidades da Cisjordânia sejam administradas pela Autoridade Palestina, a atuação do governo temporário é dificultada pela ação militar de Israel nesses territórios.
   (02) O Afeganistão, território que se encontra em posição geográfica estratégica, foi invadido por tropas norte-americanas após os atentados de 11 de setembro de 2001 em Nova York, numa ofensiva contra o taleban e a Al-Qaeda.
   (04) A Questão de Quebec, um conflito entre os Estados Unidos e o Canadá pela posse da região dos Grandes Lagos, onde se localizam as Cataratas do Niágara, surgiu no final do século XX e ainda não encontrou uma solução definitiva.
   (08) A disputa pela Caxemira, região do nordeste indiano, entre a Índia e Bangladesh, arrasta-se desde a independência da região do domínio inglês.

3. (UNICAMP – SP) Apesar de ter começado no inverno de 2010, a chamada Primavera Árabe – uma alusão à Primavera de Praga de 1968 – resultou de protestos por mudanças sociais e políticas no Oriente Médio e, sobretudo, no norte da África.

   Assinale a alternativa que indica corretamente o período da estação de inverno no norte da África e um país dessa região convulsionado pela Primavera Árabe.
   a) De 21 de dezembro a 20 de março; Síria.
   b) De 21 de junho a 20 de setembro; Líbia.
   c) De 21 de dezembro a 20 de março; Egito.
   d) De 21 de junho a 20 de setembro; Irã.

4. (UERJ) A Declaração Universal dos Direitos Humanos (ONU, 1948) conta hoje com a adesão da maioria dos estados-nacionais. O conteúdo desse documento, no entanto, permanece como um ideal a ser alcançado.

   Observe o que está disposto em seu artigo XV:

   1. Toda pessoa tem direito a uma nacionalidade.
   2. Ninguém será arbitrariamente privado de sua nacionalidade, nem do direito de mudar de nacionalidade.

   portal.mj.gov.br

   Desde a década de 1960, em virtude de conflitos, o direito expresso nesse artigo vem sendo sonegado à maior parte da população pertencente ao seguinte povo e respectivo recorte espacial:
   a) árabe – regiões ocupadas pela Índia.
   b) esloveno – distritos anexados pela Sérvia.
   c) palestino – territórios controlados por Israel.
   d) afegão – províncias dominadas pelo Paquistão.

5. (UECE) Atente à seguinte descrição: a luta contra o regime ditatorial desse governo que está no poder há quase 50 anos comandado pelo mesmo partido, o Baath, teve início em março de 2011. Seu governante anterior proibiu a criação de partidos de oposição. Contudo, em fevereiro de 2012, foi anunciada a criação de uma nova constituição que entraria em vigor após as eleições presidenciais de 2014, e que previa o pluripartidarismo.

   O país árabe que passou por essa questão política, que influenciou os conflitos armados posteriores é o(a)
   a) Tunísia.

b) Egito.
c) Síria.
d) Turquia.

6. (ESPM – SP) O Oriente Médio atravessou o século XX como o mais importante e instável conjunto geopolítico do globo e adentrou o XXI na mesma condição. Ora de forma mais intensa, ora mais branda, a verdade é que a região não sai do noticiário."

Carta Escola, ago.2014.

Sobre o Oriente Médio e sua conturbada geopolítica no ano de 2014, podemos afirmar corretamente que:

a) Israel reagiu violentamente ao Hamas ocupando e atacando a Cisjordânia no primeiro semestre de 2014.
b) A queda do presidente sírio Bashar al-Assad trouxe mais instabilidade ao país e a maioria xiita deve assumir o poder.
c) Os extremistas da facção palestina al Fatah lutam por um Estado teocrático na Palestina e não reconhecem o direito da existência de Israel.
d) O retorno ao poder do presidente Hosni Mubarak no Egito lança novas dúvidas sobre o sucesso da "Primavera Árabe".
e) O Iraque corre o risco de fragmentar-se territorialmente, especialmente após o surgimento e crescimento do grupo Estado Islâmico.

7. (UFG – GO) A "Primavera Árabe" é um fenômeno político e social no Oriente Médio e no Norte da África, que teve início em 18 de dezembro de 2010 na Tunísia e que desencadeou ondas revolucionárias com protestos, guerras civis e passeatas. A atuação dos jovens por meio das mídias sociais foi fundamental para a derrocada de governos tradicionais e autoritários, sobretudo pela rápida difusão das informações proporcionadas pelos meios de comunicação, *blogs* e outros. Tendo como base esses protestos e seus efeitos,

a) apresente apenas duas causas que motivaram esses protestos e as revoluções nos países árabes;
b) cite apenas dois países árabes cujos chefes de Estado foram depostos nesses eventos.

8. (FATEC – SP) Os recentes distúrbios no Egito formam um capítulo do processo deflagrado ainda em dezembro de 2010, quando o mundo árabe foi varrido por uma série de manifestações populares, derrubando governos e reconfigurando a geopolítica do Oriente Médio e Norte da África.

SILVA, E. A. C. Futuro incerto.
Carta na Escola, ago. 2013.

Sobre as manifestações que reconfiguraram a geopolítica do Oriente Médio e Mundo Árabe e que ficaram conhecidas como A Primavera Árabe, está correto afirmar que

a) a Tunísia foi pioneira no processo ao derrubar um regime fundamentalista e posteriormente eleger um regime laico.
b) a queda de Bashar al-Assad na Síria foi produto de um conflito religioso entre a maioria alauíta e a minoria sunita.
c) a pressão popular levou à queda da ditadura de Mubarak e à eleição do primeiro presidente eleito da história do Egito, presidente este igualmente derrubado.
d) Muammar Kadafi, mesmo com o apoio ocidental, não resistiu à insatisfação popular e foi executado na Líbia o que levou a uma nova crise do petróleo.
e) tiveram como ápice a traumática derrubada de Saddam Hussein, no Iraque, após décadas de tirania, e que pôs fim à hegemonia dos xiitas no país.

9. (UEL – PR) Recentemente, o mundo assistiu a uma série de revoltas populares nos países árabes. A imprensa internacional destacou o papel das redes sociais nessas mobilizações contra os ditadores e a repressão dos governos sobre a população civil.

Sobre esses conflitos, assinale a alternativa correta.

a) A Jordânia viu seu rei ser deposto devido ao apoio dos países ocidentais e de Israel aos movimentos revoltosos.
b) Na Tunísia, o processo revoltoso de setores populares foi sufocado por empréstimos vultosos da União Europeia.
c) No Marrocos, a permanência da violência deve-se aos conflitos entre cristãos, muçulmanos e membros de religiões tribais.
d) O Egito manteve Hosni Mubarak no poder devido à intervenção da Liga Árabe, com apoio norte-americano.
e) O governo da Síria, apesar dos protestos internacionais, atacou os revoltosos com a anuência do Irã, da Rússia e da China.

10. (UNESP) Há grande diversidade entre aqueles que procuram inspiração em sua fé no Islã. A monarquia vaabita da Arábia Saudita e os líderes religiosos xiitas do Irã têm profundas discordâncias políticas e divergem igualmente em questões socioeconômicas.

Em termos mais amplos, ocorre nos movimentos islamitas um debate sobre se a meta correta é mesmo chegar ao poder estatal, assim como sobre a democracia, a diversidade social, o papel das mulheres e da educação e sobre a maneira de interpretar o Corão. E, embora a maioria dos islamitas aceite a realidade da existência dos atuais Estados e suas fronteiras, uma minoria mais radical procura destruir todo o sistema e estabelecer um califado que abarque a região inteira [do Oriente Médio].

Dan Smith. *O Atlas do Oriente Médio*, 2008.

O argumento principal do texto pode ser ilustrado por meio da comparação entre

a) o respeito a todas as orientações sexuais nos países que vivem sob regime islâmico e a perseguição a homossexuais no Paquistão e na Índia.

b) o apoio unânime dos grupos islâmicos ao atentado ao World Trade Center, em Nova Iorque, e a invasão militar norte-americana no Iraque.

c) a situação e os direitos das mulheres nos países do Ocidente e nas áreas em que prevalecem regimes políticos islâmicos.

d) a invasão norte-americana no Afeganistão e o apoio soviético ao regime liderado pelo talibã naquele país.

e) os islâmicos que protestaram contra o atentado à redação do jornal Charlie Hebdo, em Paris, e a ação militar do Estado Islâmico.

11. (ESPM – SP) A imagem a seguir nos remete:

a) À Guerra Civil da Síria
b) À ocupação do Iraque por tropas estrangeiras.
c) Às tropas brasileiras no Haiti.
d) Aos distúrbios no Egito.
e) À instabilidade política do Irã.

OS PRINCIPAIS ATORES

UNIDADE 6

CAPÍTULO 23
Estados Unidos da América

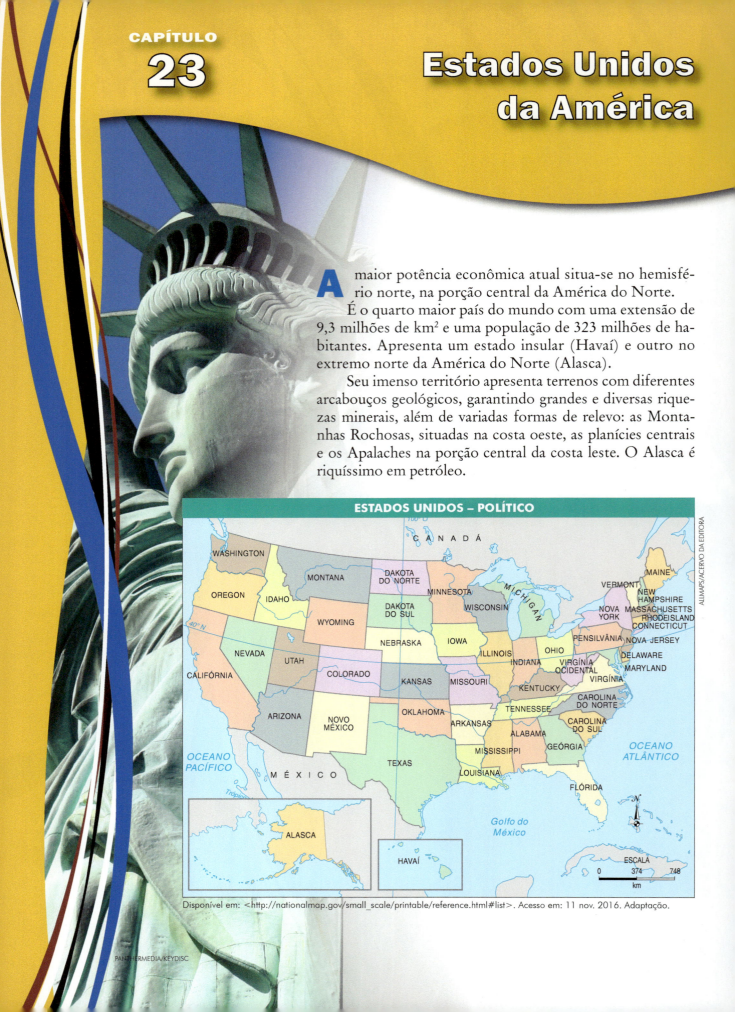

A maior potência econômica atual situa-se no hemisfério norte, na porção central da América do Norte. É o quarto maior país do mundo com uma extensão de 9,3 milhões de km² e uma população de 323 milhões de habitantes. Apresenta um estado insular (Havaí) e outro no extremo norte da América do Norte (Alasca).

Seu imenso território apresenta terrenos com diferentes arcabouços geológicos, garantindo grandes e diversas riquezas minerais, além de variadas formas de relevo: as Montanhas Rochosas, situadas na costa oeste, as planícies centrais e os Apalaches na porção central da costa leste. O Alasca é riquíssimo em petróleo.

Disponível em: <http://nationalmap.gov/small_scale/printable/reference.html#list>. Acesso em: 11 nov. 2016. Adaptação.

O clima dominante nos Estados Unidos é o temperado; na área das Rochosas encontramos o frio de montanhas; a sudoeste temos o clima árido e semiárido e ao sul, o subtropical.

É o exemplo mais contundente do capitalismo pós-industrial. O domínio dos processos tecnológicos de ponta, a informação e o conhecimento conjugados são os maiores responsáveis pelo crescimento e bem-estar da população; porém, vale lembrar que esse crescimento não é igualmente apropriado pela população, como se vê pelo aumento da concentração de renda e problemas de ordem social. Mesmo detendo a maior economia do mundo, os Estados Unidos costumam ficar atrás de países bem menores em *rankings* como o do IDH, que leva em consideração índices sociais, e não só econômicos.

O PIB nominal estadunidense é de cerca de 73,2 trilhões de dólares, o mais alto entre todos os países mensurados em 2015, o que lhes confere a liderança do comércio e das finanças internacionais.

Fonte: BERKIN, C. et al. America – yesterday and today. Glenview: Scott, Foresman, p. 45. Adaptação.

Casa Branca, residência oficial do presidente dos EUA e sede do poder executivo.

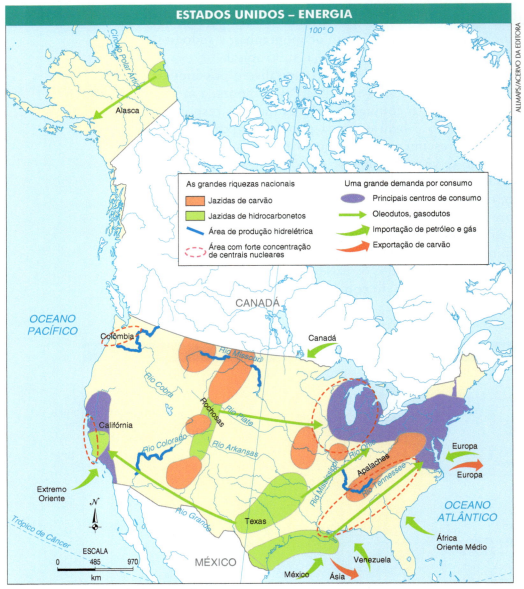

Fonte: JOYEUX, d'Alain (Coord.). Op. cit. p.120.

UMA COLÔNIA DIFERENTE

A Inglaterra iniciou sua colonização na América do Norte a partir do século XVI, ocupando, inicialmente, a região conhecida como Nova Inglaterra, que corresponde ao Nordeste do atual território estadunidense.

A formação da colônia norte-americana deu-se de um modo diferente do que nas demais colônias europeias da América. A população que para lá se deslocou deixou o Reino Unido com a intenção de efetivamente se fixar no Novo Continente. Essa colonização permitiu o aparecimento de pequenas e médias propriedades no norte, de um emergente mercado interno e o desenvolvimento de cidades como Boston e Nova York.

No sul, desenvolveu-se a forma de colonização baseada nas *plantations*, grandes lavouras monocultoras voltadas para o mercado externo, produzindo algodão e tabaco, e com o uso intensivo de mão de obra escrava negra.

As manufaturas e indústrias floresceram no Nordeste, que contava com bons portos além de grandes jazidas de carvão nos Apalaches e minério de ferro, fundamentais no início do processo de industrialização estadunidense. Após a independência, o Nordeste dos Estados Unidos não tardou a desenvolver uma poderosa indústria siderúrgica e têxtil; no início do século XX surgiu a indústria automobilística, ícone da sociedade americana.

Disseram a respeito...

O povoamento da América

Por que os Estados Unidos são tão ricos e o Brasil, não? (...)

As colônias de exploração, é claro, seriam as ibéricas. Como aprende-se na definição, as áreas colonizadas por Portugal e Espanha existiriam apenas para enriquecer as metrópoles. Nesse tipo de colônia, as pessoas sairiam da Europa apenas para enriquecer e retornar ao país de origem. Esta verdade tão cômoda explicaria o subdesenvolvimento de países como Peru, Brasil e México: todos eles foram colônias de exploração.

O oposto das colônias de exploração seriam as colônias de povoamento. Para essas, as pessoas iriam não com o objetivo de enriquecer e voltar, mas para morar na nova terra. Logo, sua atitude não seria predatória, mas preocupada com o desenvolvimento local. Isto explicaria o grande desenvolvimento das áreas anglo-saxônicas como os EUA e Canadá. (...)

Decorridos cem anos do início da colonização, caso comparássemos as duas Américas constataríamos que a ibérica [terras de Portugal e Espanha] tornou-se muito mais urbana e possuía mais comércio, maior população e produções artísticas e culturais mais "desenvolvidas" que a inglesa. Nesse fato vai residir a maior facilidade dos colonos norte-americanos em proclamarem a sua independência (...). A falta de um efetivo projeto de colonização aproximou os EUA de sua independência. As 13 colônias nascem sem a tutela direta do Estado. Por ter sido "fraca" (...) a colonização inglesa deu origem à primeira independência vitoriosa da América.

Fonte: KARNAL, L. Estados Unidos: a formação da nação. São Paulo: Contexto, 2001. p. 13, 17.

➤ Que tese é refutada no texto pelo autor? Que explicação alternativa ele oferece para explicar o maior desenvolvimento das antigas colônias inglesas na América, em comparação com as antigas colônias ibéricas?

A NAÇÃO MAIS PODEROSA DO MUNDO

A década de 1980 foi especialmente difícil para a poderosa indústria estadunidense (concentrada no nordeste do país), pois esta enfrentava, com desvantagens, a fortíssima concorrência dos países asiáticos que conseguiam colocar no mercado produtos similares aos estadunidenses com preços muito mais competitivos. O resultado foi uma relativa decadência dessa importante área industrial, que levou gigantes da indústria automobilística a perder a liderança mundial no setor.

Surpreendendo a muitos, na década de 1990 o Nordeste estadunidense conseguiu uma rápida recuperação, retomando a liderança global em alguns setores, como no automobilístico e no de aços especiais, revitalizando e remodelando o seu extenso parque industrial apoiado no binômio informática/alta tecnologia.

A reciclagem e a modernização baseadas na introdução de inovações tecnológicas foram a solução para que a mais antiga área industrial não se tornasse totalmente obsoleta. Porém, nem todas as empresas conseguiram dar este salto e algumas foram substituídas por novos ramos em expansão, como a informática e a microeletrônica.

Juntamente com a incorporação de tecnologia aconteceu uma nova forma de controle do capital; grandes empresas se associaram a concorrentes (GM estadunidense e Suzuki japonesa; Chrysler estadunidense e Daimler – Mercedes-Benz – alemã; IBM estadunidense, Siemens alemã e Toshiba japonesa) ou se fundiram em megacorporações, criando estruturas mais competitivas em uma economia globalizada com um grau concorrencial jamais atingido até então.

Enquanto o Nordeste se recuperava, novos polos industriais cresciam rapidamente no *Sun Belt* (Cinturão do Sol), sobretudo no sul e na Costa Oeste, onde as indústrias de informática, microeletrônica, aeroespacial e de biotecnologia se multiplicavam e se desenvolviam de maneira assombrosa.

Esse crescimento se deu graças à conjugação de diversos fatores, como a proximidade a grandes centros de pesquisa, geralmente universidades geradoras de alta tecnologia, a disponibilidade de mão de obra imigrante barata e a abundância de fontes de energia como carvão e petróleo, além da facilidade de escoamento da produção, graças a uma sofisticada rede de transportes e de portos bem equipados.

Fonte: BLIJ, H. J. de. *World Geography* – a physical and cultural Study. Glenview: Scott, Foresman, p. 147, 150, 155, 162. Adaptação.

Manufacturing Belt

A região entre os Grandes Lagos, o Centro-Oeste e o Nordeste estadunidense forma o cinturão industrial estadunidense com base na indústria têxtil, eletrônica, mecânica, automobilística e siderúrgica. Atualmente encontra-se revitalizada e indústrias tradicionais foram substituídas por empresas *high-tech*, contando com a tecnologia e inovações geradas nos grandes centros de pesquisa, como o MIT – Massachusetts Institute of Technology – e as Universidades de Columbia e Harvard, para a modernização do parque industrial. Essa área responde por parte significativa da produção industrial estadunidense.

Sun Belt

Novos núcleos industriais desenvolveram-se pela costa oeste e sul do país a partir da década de 1950, tendo como base a poderosa indústria aero-militar-espacial. Essas regiões receberam altos investimentos públicos em obras de infraestrutura, visando descentralizar a concentração industrial do nordeste estadunidense. Essas mudanças devem-se, entre outros fatores, à importância estratégica do Oeste para o comércio internacional (Bacia do Pacífico) e para a segurança americana.

Veja os principais polos industriais:

- **Seattle e Portland** – desenvolve-se a indústria de *softwares*, de biotecnologia e grandes indústrias eletroeletrônicas. Sede da Microsoft (informática) e Boeing (aviões);
- **Califórnia** – o Vale do Silício concentra grande parte da indústria de informática e eletrônica; foi a primeira região a se desenvolver no *Sun Belt*;
- **Texas** – destacam-se, em Austin, gigantescas indústrias ligadas à informática e, em Houston, a militar-espacial, além de ser o centro de comando da NASA;
- **Dallas** – aeronáutica ao lado das indústrias de informática. Ao longo da costa do Golfo do México, concentram-se indústrias petroquímicas e de alumínio. Na sua fronteira com o México, aparecem indústrias *maquiladoras*;
- **Flórida** – a base de lançamento da NASA em Cabo Canaveral foi um fator que atraiu centros de pesquisa e empresas de alta tecnologia;
- **Sul Velho** – Atlanta desponta como polo do Sul estadunidense onde sobressai a indústria da construção aeroespacial e têxtil.

INDÚSTRIAS "ESTRANGEIRAS"?

Ao longo da fronteira mexicana (e em menor escala na canadense) aparecem empresas com tecnologia e capital estadunidenses que aí se instalaram para utilizar mão de obra barata e contornar, em parte, a questão dos altos custos da mão de obra estadunidense. Assim, surgem as indústrias maquiladoras ou montadoras, que atravessam a fronteira, mas têm suas produções voltadas para o mercado interno americano ou para a exportação via Estados Unidos. As mercadorias são apenas montadas ou recebem acabamento na região fronteiriça.

Do lançamento do primeiro foguete em Cabo Canaveral, na Flórida, em julho de 1950 (foto ao lado), aos modernos ônibus espaciais (foto maior), a agência espacial NASA tem sido a porta para a exploração estadunidense do Universo.

Por outro lado, torna-se uma prática cada vez mais frequente a internacionalização da produção, que se dá de forma segmentada em diversos locais do planeta, dentro da perspectiva de globalização. A gigantesca Nike produz os seus artigos esportivos quase que integralmente fora dos Estados Unidos, com algumas unidades fabris terceirizadas em diversos países, sobretudo no Sudeste da Ásia e China. Essa prática também é seguida por setores poderosos como o da indústria automobilística e da informática, entre outros.

Fonte: RIGOU, G. (Org.). *Géografie*. Paris: Hatier, p. 107. Adaptação.

A mais forte economia

A economia estadunidense, sem sombra de dúvida, é a própria expressão do capitalismo e de sua dinâmica. Caracteriza-se pelo predomínio das grandes corporações que são responsáveis por aproximadamente 13,5% do trilhardário PIB do país.

Os investimentos em pesquisa nos Estados Unidos são imensos e vêm se intensificando nos últimos anos, sendo hoje o mais importante e maior fornecedor de tecnologia de informação e comunicação do planeta. Parte desses investimentos é subsidiada por recursos públicos. As duas maiores empresas de equipamentos eletroeletrônicos e de telefonia são estadunidenses. Cinco entre as dez primeiras empresas de telecomunicações também são estadunidenses, e dez das primeiras de informática (Microsoft, Oracle, Pentium, entre outras).

A indústria estadunidense vem passando por grandes transformações em virtude da desconcentração industrial e da transferência de complexos industriais para países onde os custos da mão de obra são menores e há vantagens fiscais, como as economias emergentes do Sudeste Asiático, China e México. Ao mesmo tempo, os serviços se tornam cada vez mais importantes na economia estadunidense, ocupando quatro entre cinco pessoas economicamente ativas do país. Esses números se traduzem na potência bancária e financeira do país no mundo, como também no seu fortíssimo turismo, como os parques temáticos da Disneylândia, Epcot Center etc.

Os Estados Unidos são os maiores importadores do globo, concentrando seu comércio com o Nafta (Canadá e México), os países da UE, Japão e a China. Porém, seu enorme déficit comercial é um problema gigantesco e que se agrava continuamente. Em outras palavras, os Estados Unidos compram mais do exterior do que exportam; consequentemente, têm sua balança comercial altamente deficitária (exportações de US$ 1,5 trilhão e importações de US$ 2,3 trilhões em 2015).

Esse saldo negativo é compensado pela balança de serviços e de pagamentos que são muito vigorosas e superavitárias. O fato de o dólar ser a moeda corrente internacional lhes traz vantagens. Somado a isso, a mais importante e dinâmica Bolsa de Valores do planeta é a de Nova York, sendo, em última instância, reguladora da economia mundial.

Em 2008, uma forte crise econômica teve início nos Estados Unidos, estendendo-se principalmente aos países ricos. O governo de Barack Obama socorreu empresas e bancos que estavam à beira da falência, como a General Motors, injetando mais de um trilhão de dólares na economia.

AGRICULTURA

A agricultura estadunidense é a mais eficiente e pujante do planeta, apresentando índices de produtividade três vezes maiores do que a agricultura dos países mais desenvolvidos da União Europeia. Os Estados Unidos produzem quantidades gigantescas de grãos, sendo os maiores exportadores de grãos do planeta, exportando 15% do total mundial.

Para conseguir esses resultados, a produção agrícola é altamente mecanizada, utilizando-se amplamente da biotecnologia e da tecnologia, além de ter irrigadas extensas áreas áridas de seu território. A produção abastece o mercado interno, e o excedente é exportado.

A atividade agrícola é cada vez mais controlada pelas agroindústrias que controlam todas as etapas de produção até a comercialização e a distribuição. As empresas são grandes conglomerados, e a maioria localiza-se na região central do país.

As relações intensivas capitalistas de produção no campo levaram a um alto grau de automação e mecanização, e hoje a população ativa que trabalha diretamente no campo é ínfima. Além de serem os maiores produtores agrícolas do planeta, também dominam o comércio internacional, na medida em que a Bolsa de Chicago é o local onde se estabelecem as cotações internacionais de diversos produtos agrícolas.

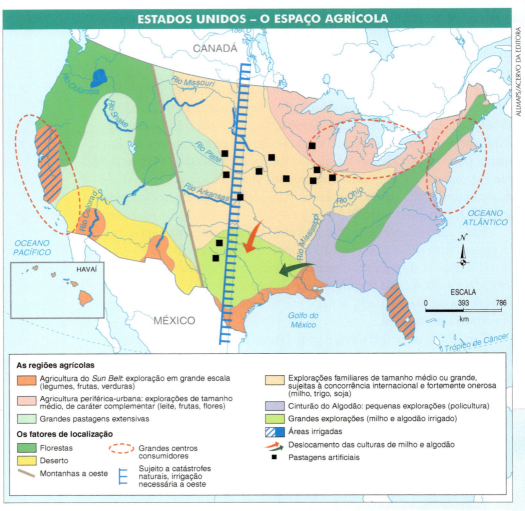

Fonte: RIGOU, G. (Org.). *Géografie*. Paris: Hatier, p. 107. Adaptação.

O milho é cada vez mais importante para os EUA, pois, além de fazer parte da dieta estadunidense, é dele que se extrai o etanol para a produção de biocombustíveis no país.

Os cinturões

Na região das grandes planícies e próximas aos Grandes Lagos, aparecem eficientes agriculturas monocultoras conhecidas como Cinturão do Milho (*Corn Belt*) e Cinturão do Trigo (*Wheat Belt*). Essa região vem passando por transformações significativas na medida em que áreas monocultoras vão cedendo espaço a novas culturas, como a do sorgo, e à pecuária, esta última visando ao abastecimento das agroindústrias que processam a carne.

Na região dos Apalaches encontra-se o Cinturão Verde (*Green Belt*), composto por áreas que produzem hortifrutigranjeiros para abastecer a região mais urbanizada do país, juntamente com a criação de gado leiteiro e a avicultura.

Do Texas até a Virgínia predomina o Cinturão do Algodão (*Cotton Belt*), onde as áreas áridas texanas são irrigadas. Também se destaca a pecuária. Áreas anteriormente ocupadas pelo algodão vão sendo substituídas, principalmente pela avicultura.

A cultura de frutas e cítricos espalha-se pelas áreas costeiras do país, do Golfo do México até a porção central da costa leste, na chamada "agricultura do Sol".

Na costa oeste desenvolve-se nas áreas áridas uma agricultura irrigada, onde se cultivam frutas, além de ser uma importante região vinícola. No sul da Califórnia aparecem as *dry farmings*, uma forma de explorar o solo revolvendo-o com o uso de máquinas agrícolas, trazendo para a superfície as camadas mais úmidas, mais fáceis de serem trabalhadas, aliada à irrigação.

O dinamismo da agricultura estadunidense apresenta algumas fragilidades, entre elas o problema dos subsídios aos produtores das regiões menos desenvolvidas.

Integrando conhecimentos

O Homestead Act

A atual configuração do espaço agropecuário dos Estados Unidos é, em grande medida, herança do período de expansão do território estadunidense ao longo do século XIX. Conhecido como a "Marcha para Oeste", esse processo ocorreu por meio de acordos bilaterais, compras de terras, massacres das populações nativas e guerras com o México. De qualquer modo, o avanço foi sempre no sentido de expandir as fronteiras do território antes limitado à costa atlântica da América do Norte rumo à costa do oceano Pacífico.

Porém, para que a ocupação dos novos territórios fosse efetiva, era necessário atrair pessoas para aquelas áreas distantes e muitas vezes inóspitas. A saída encontrada pelo governo estadunidense foi estimular a vinda de migrantes da costa atlântica e da Europa, por meio da doação de terras públicas. A lei que regulamentava essa solução foi promulgada em 1862 e ficou conhecida como *Homestead Act* (Lei da Propriedade Rural).

Considerada até hoje uma das peças legislativas mais importantes da história dos Estados Unidos, o *Homestead Act* realizou a distribuição de terras federais devolutas para a propriedade particular de agricultores. Segundo a lei, qualquer chefe de família poderia reivindicar um lote de até 160 acres (cerca de 65 hectares) de terras de domínio público ainda não reclamadas, bastando, para tanto, que fosse maior de 21 anos e que nunca houvesse lutado contra os Estados Unidos em um conflito. Era necessário apenas se dirigir a um Escritório de Terras e pagar uma taxa administrativa de 12 dólares para ter acesso temporário ao lote.

O fato de praticamente não haver condições para o acesso à terra foi importante não só para atrair os pequenos proprietários da costa leste para o interior e a costa oeste, como também para estimular a migração de europeus para ocupar as novas terras. Ainda assim, as consequências da opção de distribuição de terras representada pelo *Homestead Act* não se limitaram ao crescimento populacional decorrente do fluxo migratório rumo ao país.

A própria estrutura fundiária estadunidense é marcada até hoje pelo *Homestead Act*: em um mapa como o abaixo, é fácil perceber que as propriedades com maior tamanho médio se concentram no oeste. Por um lado, os tamanhos médios das propriedades são menores no território original dos Estados Unidos em razão de sua densidade populacional tradicionalmente maior. Por outro, a doação de grandes lotes de terras federais para proprietários privados após a promulgação do *Homestead Act* deu origem às grandes "*farmings*", inicialmente de propriedade familiar, mas que foram crescendo em tamanho conforme a concorrência no mercado favorecia alguns agricultores em detrimento de outros – até dar origem às grandes propriedades com trabalho assalariado que hoje podem ser encontradas nas Planícies Centrais e na costa oeste estadunidenses.

ESTADOS UNIDOS – TAMANHO MÉDIO DAS PROPRIEDADES RURAIS, EM ACRES (2012)

Acres
- menos de 50
- 50 - 179
- 180 - 499
- 500 - 1.999
- 2.000 ou mais

Disponível em: <https://www.agcensus.usda.gov/Publications/2012/Online_Resources/Ag_Atlas_Maps/Farms/Size/12-M003-RGBChor-largetext.pdf>. Acesso em: 30 nov. 2016.

➤ Mais ou menos ao mesmo tempo em que os Estados Unidos discutiam e promulgavam o *Homestead Act*, o Brasil promulgava sua Lei de Terras (1850). Primeira legislação a disciplinar o uso da terra desde a Independência, a Lei de Terras limitava a apropriação das terras ainda não ocupadas àqueles que pudessem pagar por elas altas taxas ao Estado. Essa mesma estratégia também foi proposta por agricultores escravistas do sul dos Estados Unidos como solução para a ocupação do Oeste estadunidense. Com relação aos diferentes caminhos adotados por Brasil e Estados Unidos para a questão da terra, quais foram as consequências para o modelo de desenvolvimento agrário – e econômico, de forma geral – desses dois países?

POPULAÇÃO

A população estadunidense é de aproximadamente 323 milhões (est. jul. 2016) e apresenta crescimento populacional maior do que a média dos países ricos graças aos grandes fluxos imigratórios, pois os Estados Unidos continuam a ser o maior polo de atração de população do mundo.

O número de imigrantes ilegais que entram todos os anos no país é muito grande, embora as leis estadunidenses de imigração sejam bastante rígidas para conceder o *green card*, documento que permite aos imigrantes fixar residência, trabalhar e usufruir do sistema de saúde estadunidense.

Se, por um lado, a legislação é rigorosa, a economia estadunidense utiliza em grande escala esse contingente de imigrantes, legais ou não, que se sujeitam a executar trabalhos pesados e pouco qualificados.

Fonte: ARIAS, S. (Coord.). Op. cit. p. 122.

No Nordeste estadunidense, houve uma diminuição do crescimento populacional nas últimas décadas, em função do desenvolvimento de outros polos urbanos e industriais e da relativa decadência dessa área; porém, com a retomada econômica dos últimos anos, esse quadro pode se reverter.

Hoje, as migrações internas são bastante fortes, sendo o *Sun Belt* o principal polo de atração. Veja o mapa ao lado.

Fonte: RIGOU, G. (Org.). *Géografie*. Paris: Hatier, p. 111. Adaptação.

As taxas de natalidade e fecundidade dos Estados Unidos são mais altas do que nos demais países ricos e variam conforme o grupo étnico e regiões do país. Por exemplo, elas são mais altas entre os hispânicos do que no restante da população. Também são mais altas no *Sun Belt* do que no Nordeste, a região mais industrializada estadunidense. Assim mesmo, em âmbito nacional, as taxas de natalidade estão em declínio. A imigração foi responsável pelo crescimento de mais de 20% da população estadunidense nas últimas décadas. Atualmente, a migração interna é da ordem de 3,9 migrantes por mil (est. 2016).

As minorias étnicas são discriminadas em termos econômicos e sociais, estando entre as mais pobres do país e, nas últimas décadas, acentuou-se a tendência de separação física e espacial das comunidades étnicas minoritárias.

A segregação é uma característica dessa sociedade multiétnica, que tem na imigração um componente importante para o seu poderio, mas que não absorve amplamente os imigrantes e seus descendentes, havendo a supremacia econômica e cultural dos brancos. Apesar disso, uma poderosa e atuante classe média negra está se firmando.

Mesmo sendo uma população com renda *per capita* alta e com boa qualidade de vida, estudos apontam que 15,1% da população em 2014 estava abaixo da linha de pobreza. Esta concentra-se nas populações hispânica e negra, principalmente nos estados do Sul, como Alabama, Tennessee, Louisiana e Mississippi. Essa situação explica-se pela queda de empregos industriais e pela diminuição no número de pequenos agricultores.

Atualmente, os Estados Unidos também são um polo importante de imigração de mão de obra qualificada, em um processo conhecido como *Brain Drain*.

Milhares de pessoas altamente qualificadas radicam-se anualmente nos Estados Unidos, sendo por isso bem remuneradas, em especial nos centros de pesquisa, nos centros financeiros e nas empresas de alta tecnologia e universidades.

Um país urbano

Cerca de 98% da população estadunidense exerce atividades ligadas ao setor urbano. O processo de metropolização acontece no interior do *Sun Belt*, nos mais recentes polos industriais que passaram a ser metrópoles nacionais.

O Nordeste ainda é a área mais urbanizada, onde se encontra a megalópole Boston-Washington (*Boswash*).

Ponto de vista

Os limites éticos da "guerra ao terror"

O palestino Khader Adnan, membro do grupo terrorista Jihad Islâmica, passou 66 dias em greve de fome para protestar contra sua prisão em Israel. Ele voltou a comer (...), depois que as autoridades israelenses aceitaram soltá-lo antes do tempo previsto (...). A pressão por causa de seu estado de saúde era evidente: a morte de Adnan na prisão certamente seria o estopim de uma revolta dos palestinos. O caso, porém, é mais importante porque mostra os limites legais e éticos da chamada "guerra ao terror", uma vez que Adnan estava preso sem acusação formal, com base numa lei israelense que permite deter suspeitos de terrorismo por seis meses, período renovável indefinidamente.

Países democráticos que sofrem com o terrorismo tiveram de elaborar uma legislação específica para lidar com o problema, por razões óbvias: sociedades cujos filhos morrem assassinados por homens-bomba quando estão em pizzarias ou discotecas demandam uma resposta excepcionalmente firme a essa covardia. O problema é que essa legislação com frequência se choca com direitos individuais consagrados no Estado democrático de direito, como o de ampla defesa e o da presunção da inocência.

Um exemplo paradigmático é o da prisão de Guantánamo, onde os EUA mantêm suspeitos de terrorismo presos indefinidamente, sem direito a julgamento e submetidos a tortura, enquanto se reúnem as evidências contra eles ou enquanto eles possam ser úteis para fornecer informações que ajudem a evitar atentados. Os presos vivem um limbo jurídico, uma vez que não são acusados formalmente de nada. É precisamente o caso de Adnan e de outras centenas de presos em Israel.

Adnan não é um santo. Já foi preso diversas vezes, inclusive pelos próprios palestinos. Contudo, Israel não revela o motivo pelo qual o detém desta vez, sob o argumento de que as investigações correm em sigilo – e é esse o problema central.

Israel, assim como os EUA, o Reino Unido, a Espanha e outros países que são alvos de terroristas, entende que o combate a eles só pode se dar nas sombras, de modo assimétrico e irregular, porque eles não são criminosos comuns. Há uma boa dose de razão nessa estratégia, porque os terroristas são fanáticos que obedecem a regras completamente diferentes das regras da sociedade que atacam. O alvo considerado "legítimo" pelos terroristas é simplesmente qualquer um – crianças, mulheres e idosos, inclusive – porque o objetivo é disseminar o pânico de modo permanente.

No entanto, a legislação excepcional para lidar com o terrorismo, com todos os dilemas éticos que ela carrega, dá munição aos simpatizantes dos grupos radicais, que cinicamente fazem equivalência moral entre o terror e suas vítimas. Gente como Adnan acaba sendo objeto de campanhas humanitárias estridentes, com a óbvia intenção de constranger países ocidentais que são alvo de terrorismo, enquanto as vítimas inocentes dos terroristas recebem desses "humanistas" apenas o silêncio cínico.

Nada disso, porém, deve servir de desculpa para o fato de que, no frigir dos ovos, o palestino Adnan e outros tantos como ele, por mais assassinos frios e sanguinários que sejam, tiveram sonegados os direitos que são universais. Em nome da luta contra a barbárie, governos democráticos estão descendo ao nível dos bárbaros.

Fonte: GUTERMAN, M. Disponível em: <http://blogs.estadao.com.br/marcos-guterman/os-limites-eticos-da-%E2%80%9Cguerra-ao-terror%E2%80%9D/>. Acesso em: 11 out. 2016.

➤ No texto, qual justificativa é atribuída aos países vítimas de terrorismo para a sua estratégia de combate ao terror?

➤ Quais argumentos o autor apresenta para, mesmo assim, recusar esse tipo de estratégia?

ATIVIDADES

PASSO A PASSO

1. O que diferencia a colônia norte-americana das demais do continente americano?

2. Explique a formação do *Sun Belt*.

3. O que são as *maquiladoras* ou montadoras?

4. Como se caracteriza a produção agrícola dos Estados Unidos?

5. Por que as taxas de natalidade e fecundidade são maiores nos Estados Unidos do que nos demais países ricos?

IMAGEM & INFORMAÇÃO

1. O gráfico abaixo apresenta a produção anual de milho nos Estados Unidos.

Fonte: U.S. Dept. of Agriculture, Economic Research Service.

a) A partir de que década há uma acentuada alteração na produção desse cereal?
b) Sugira uma possível explicação para essa mudança e caracterize a área em que o milho é produzido.

2. O mapa abaixo indica de onde vêm os imigrantes que se encontram nos EUA.
   a) Que região do planeta contribui com maior número de imigrantes para os EUA?
   b) Que explicação você sugere para esse fenômeno?

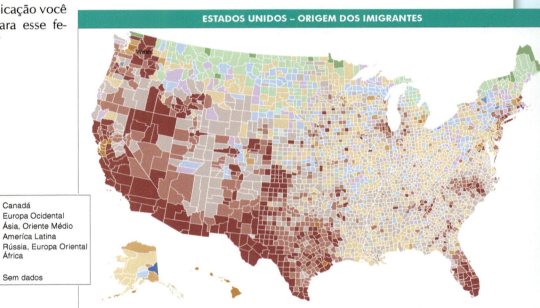

Disponível em: http://www.nytimes.com/interactive/2009/03/10/us/20090310-immigration-explorer.html?exampleSessionId=1236783802046&exampleUserLabel=nytimes&_r=0>. Acesso em: 30 nov. 2016.

TESTE SEUS CONHECIMENTOS

1. (UEPG – PR) Sobre tipos de colonização e exploração colonial nas Américas, assinale o que for correto e dê a soma ao final.
   (01) As colônias de exploração, a exemplo do Brasil Colônia, tinham sua economia baseada na grande propriedade, na monocultura e na grande utilização do trabalho escravo de índios e negros.
   (02) As colônias da América espanhola e portuguesa tinham total liberdade de comercialização de seus produtos (açúcar, tabaco, ouro, diamantes, algodão) com qualquer nação do mundo além da metrópole.
   (04) As colônias eram tidas como instrumento de poder das metrópoles e as de exploração tinham o papel de servir de instrumentos geradores de riquezas para essas metrópoles.
   (08) O colonialismo português no Brasil objetivava desenvolver atividades voltadas para os interesses internos da colônia.

(16) As colônias de povoamento da América temperada (parte norte da costa atlântica dos Estados Unidos), colonizadas por perseguidos religiosos da Inglaterra, foram ocupadas por pequenos proprietários rurais policultores e artesãos. O desenvolvimento da produção manufatureira estava voltado para o mercado interno.

2. (UDESC) O México e os Estados Unidos são vizinhos com problemas. Sobre esta relação de vizinhança é correto afirmar, exceto:

a) O México foi uma das primeiras vítimas do nascente imperialismo norte-americano do século XIX. Explorando as instabilidades internas do México, os Estados Unidos conquistaram 1 milhão de km² de territórios originalmente mexicanos. Esses territórios correspondem aos atuais estados do Texas, Arizona, Novo México e Califórnia.

b) Os problemas existentes entre México e Estados Unidos foram resolvidos com a eleição de Barack Obama, que flexibilizou, por meio de leis, a entrada dos mexicanos nos Estados Unidos.

c) A maioria dos norte-americanos tende a menosprezar, ser indiferente ou simplesmente ignorar os ressentimentos históricos mexicanos. A imagem passada pelo cinema norte-americano a respeito dos mexicanos é geralmente depreciativa.

d) O México pode se tornar um problema geopolítico para os Estados Unidos, se as falhas políticas e econômicas do regime mexicano acirrarem os sentimentos antinorte americanos.

e) Os mexicanos buscam postos de trabalho nos Estados Unidos, o que aumenta muito o fluxo migratório legal e ilegal para o país americano.

3. (UEL – PR) No início do século XX, o desenvolvimento industrial das cidades criou as condições necessárias para aquilo que Thomas Gounet denominou "civilização do automóvel". Nesse contexto, um nome se destacou, o de Henri Ford, cujas indústrias aglutinavam contingentes de trabalhadores maiores que o de pequenas cidades com menos de 10.000 habitantes. O nome de Ford ficou marcado pela forma de organização de trabalho que propôs para a indústria.

Com base nos conhecimentos sobre a organização do trabalho nos princípios propostos por Ford, assinale a alternativa correta.

a) A organização dos sindicatos de trabalhadores dentro da fábrica transformou-os em colaboradores da empresa.

b) A implantação da produção flexível de automóveis garantiu uma variedade de modelos para o consumidor.

c) A produção em massa foi substituída pela de pequenos lotes de mercadorias, a fim de evitar estoques de produtos.

d) O método de Ford potencializou o parcelamento de tarefas, largamente utilizado por Taylor.

e) Para obter ganhos elevados, a organização fordista implicava uma drástica redução dos salários dos trabalhadores.

4. (UNESP) Na agricultura moderna, os cultivos transgênicos foram adotados para:

a) eliminar o uso de agrotóxicos e garantir a segurança alimentar da população.

b) aumentar a produtividade e proporcionar maior rentabilidade ao produtor.

c) preservar a função social da terra e diminuir os custos de produção.

d) superar deficiências das áreas agricultáveis e expandir as práticas orgânicas.

e) oferecer novos alimentos ao mercado e gerar renda às pequenas comunidades rurais.

5. (UPE) Analise o texto a seguir:

Há um modo de pensar a superação da crise a partir da teoria keynesiana, mediante o aumento dos gastos sociais, socializando os custos da reprodução social, numa linha oposta à neoliberal, de privatização de tais custos em termos de previdência, de educação. A socialização de tais custos me parece um bom caminho inicial. A outra peça da teoria keynesiana é o investimento em infraestrutura. Os chineses perderam 30 milhões de empregos entre 2008 e 2009, por conta do colapso das indústrias de exportação. Em 2009, eles tiveram uma perda líquida de só três milhões de empregos, o que significa dizer que eles criaram 27 milhões de empregos em cerca de nove meses. Isso foi resultado de uma opção pela construção de novos edifícios, novas cidades, novas estradas, represas, todo o desenvolvimento de infraestrutura, liberando uma vasta quantidade de dinheiro para os municípios, para que suportassem o desenvolvimento. Essa é uma clássica solução "sinokeynesiana" e me parece que uma coisa semelhante aconteceu no Brasil, por meio do

Bolsa-Família e de programas de investimento estatal em infraestrutura.

David Harvey, 2012. *Revista do IPEA*. Adaptado.

O autor cita a teoria keynesiana e sua linha oposta, o neoliberalismo.

Sobre as diferenças entre essas duas posições teóricas, é CORRETO afirmar que o:

a) keynesianismo é um conjunto de ideias, que propõe a intervenção estatal na vida econômica, enquanto o neoliberalismo é um sistema econômico, que prega uma participação mínima do Estado na economia.

b) ideário do neoliberalismo tem como ponto forte o aumento da participação estatal nas políticas públicas, enquanto a ideologia keynesiana fomenta a liberdade e a competitividade de mercados.

c) neoliberalismo estimula os valores da solidariedade social conduzida pelo Estado máximo, enquanto o keynesianismo faz a defesa de um mercado forte em que a iniciativa privada deve intervir como promotora de privatizações.

d) ideário do keynesianismo defende um mercado autorregulador no qual o indivíduo tem mais importância que o Estado, enquanto o neoliberalismo argumenta que quanto maior for a participação do Estado na economia mais a sociedade pode se desenvolver, buscando o bem-estar social.

e) poder da publicidade na sociedade de consumo para satisfazer a população é um grande aliado da política keynesiana, enquanto as ideias neoliberais não são favoráveis a soluções de mercado, opondo-se ao corporativismo empresarial.

6. (PPS – UFAL) Observe o mapa que apresenta a megalópole Boswash no Nordeste dos Estados Unidos e analise as afirmações.

0) A megalópole se define pelo elevado grau de urbanização; nela não há lugar para pequenas e médias cidades ou áreas de produção de hortifrutigranjeiros.

1) A formação desta concentração urbana no Nordeste dos Estados Unidos tem um forte componente histórico, pois esta região foi a primeira do país a se industrializar e atrair imigrantes.

2) Ocupando a parte central da megalópole, Nova York é a grande metrópole organizadora do espaço pois, representa o principal polo econômico da região e do país.

3) A megalópole do Nordeste dos Estados Unidos apresenta uma forte concentração demográfica. A região abriga 1/3 dos atuais 300 milhões de habitantes do país.

4) Nesta área urbanizada se destacam várias características, dentre elas o grande mercado consumidor que atrai atividades econômicas muito diversificadas.

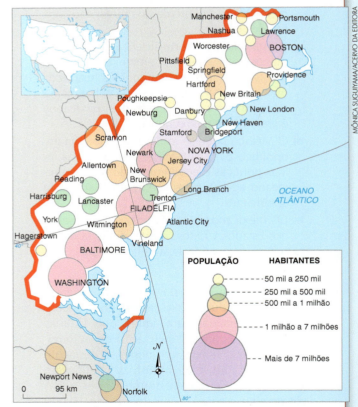

MAGNOLI, D.; ARAÚJO, R. *Projeto de Ensino de Geografia*: geografia geral. São Paulo: Moderna, 2000. p. 152.

União Europeia

CAPÍTULO 24

Integrando grande parte dos países da Europa, a União Europeia congrega Alemanha, Áustria, Bélgica, Chipre, Croácia, Dinamarca, Espanha, Eslováquia, Eslovênia, Estônia, Finlândia, França, Grécia, Malta, Holanda, Hungria, Irlanda, Itália, Letônia, Lituânia, Luxemburgo, Polônia, Portugal, Reino Unido, República Tcheca, Suécia, Romênia e Bulgária.

UMA EUROPA INTEGRADA

- Estados-membros da União Europeia
- Prováveis ou possíveis futuras inclusões
- Países que refutaram a integração na UE
- Economias que adotaram o euro como moeda
- ★ Bruxelas, Luxemburgo e Estrasburgo, centros políticos
- S Frankfurt, capital financeira
- ⊙ Paris e Londres, metrópoles mundiais

Disponível em: <http://europa.eu/about-eu/countries/index_pt.htm> e <http://europa.eu/about-eu/basic-information/money/euro/index_pt.htm>. Acesso em: 11 nov. 2016. Adaptação.

Essa porção do continente europeu se caracteriza, em termos físicos, pela presença de grandes planícies que se estendem do norte da França até a Alemanha. Porém, o relevo europeu predominante é o de velhos maciços e baixos platôs, exceção feita à sua porção meridional, onde encontramos grandes dobramentos recentes, como os Alpes, os Pirineus e os Apeninos, estes últimos cortando a Itália no sentido norte-sul.

Grandes rios cortam essa porção do continente tendo uma importância vital para a economia dos países que drenam, além de terem um papel integrador entre os países que são banhados por suas bacias. Sem dúvida, o mais importante deles é o Reno, com 1.320 km de extensão, que nasce na França, corta a Suíça e a Alemanha, desaguando na Holanda. O Reno é hoje a mais importante via de navegação fluvial da Europa, sendo navegável em toda a sua extensão.

O clima que predomina nessa porção europeia é o temperado, sendo que nas regiões mais centrais os invernos são bastante rigorosos.

INDÚSTRIA

Os recursos energéticos da União Europeia são relativamente escassos; a extração de carvão e de ferro está em curva descendente, sendo o carvão uma importante fonte de energia para os europeus. A exploração de petróleo no mar do Norte fez com que diminuísse sensivelmente a dependência europeia dessa vital fonte de energia e matéria-prima. A *espinha dorsal* desse grande bloco econômico tem sua base na indústria e estende-se do sudeste da Inglaterra ao norte da Itália, em especial o vale do Reno-Rhur, a região mais industrializada da UE.

Nos últimos anos, a indústria tradicional, formada pela siderurgia, indústria têxtil e construção, tem enfrentado uma grande crise. A solução encontrada foi remodelá-la com base no binômio informática/tecnologia, como foi feito no Nordeste estadunidense. Porém, as dificuldades para executar essa tarefa são imensas, e vem se registrando queda física na produção de importantes segmentos industriais, como o siderúrgico. O resultado foi uma drástica redução no número de empregos, em âmbito continental. Isso, no entanto, não significou uma diminuição da importância da atividade industrial na economia europeia. A redução de emprego foi compensada por aumentos de produtividade em virtude da automação industrial.

A indústria têxtil tem sido fortalecida pelos membros da UE a fim de garantir seu desenvolvimento e a competitividade sustentável da indústria europeia de têxteis. Porém, este setor tradicional é considerado parcialmente obsoleto, não conseguindo concorrer com a moderna indústria têxtil, principalmente do Sudeste Asiático e China. A Itália apresenta-se como a maior produtora têxtil da UE.

A indústria química é a mais importante do mundo e concentra-se nas mãos de grandes grupos, superando a dos Estados Unidos e do Japão. A Alemanha tem o maior número de indústrias químicas, seguida pela Bélgica e a Holanda. A indústria automobilística promoveu fusões e associações, o que lhe deu mais fôlego, além de ter incorporado tecnologia, conseguindo se modernizar e recuperando mercados perdidos para os japoneses, sul-coreanos e estadunidenses. Entre as mais importantes estão as alemãs Daimler-Benz (Mercedes-Benz), e a Volkswagen (a maior do mercado europeu), que comprou a Rolls-Royce-Bentley, Lamborghini e Bugatti. As indústrias de ponta ocupam um espaço cada vez maior na economia europeia, empregando grande quantidade de pessoas altamente qualificadas. Embora receba altos investimentos, este segmento é considerado o terceiro do mundo, atrás do estadunidense e japonês.

Típicas da era do capitalismo pós-industrial, as indústrias de ponta enfrentam problemas para conseguir crescer e suprir a demanda, sendo os setores mais afetados o da informática e o eletroeletrônico. Para tentar superar os obstáculos, os países europeus mais desenvolvidos (onde se concentram as indústrias *high-tech*) viram-se compelidos a promover a cooperação supranacional em termos econômicos e na área de pesquisa e tecnologia, de modo a enfrentar os concorrentes estadunidenses e japoneses. Dentro dessa perspectiva, na indústria aeronáutica destaca-se a *Airbus*, um consórcio formado por Alemanha, França, Reino Unido e Espanha, além de empresas belgas e holandesas associadas. Diversos outros grandes projetos multinacionais na área da pesquisa pura e aplicada encontram-se em desenvolvimento.

A industrialização e a geração de riquezas não se dão de forma homogênea na União Europeia. Irlanda, Portugal, Espanha, Grécia e a área correspondente à antiga Alemanha Oriental, como também os países incorporados por último, são muito menos industrializados, com altas taxas de desemprego e um PIB por habitante muito inferior à média da própria União Europeia.

Vista aérea da zona industrial e parque tecnológico de Karlov, subúrbio da cidade de Pilsen na República Checa.

CERN e o Grande Colisor de Hádrons

O uso de tecnologia avançada nas indústrias e na agricultura é sem dúvida uma marca da economia europeia, garantindo-lhe maior competitividade nos mercados internacionais. Isso não significa, porém, que não haja espaço no projeto de integração europeu para a chamada "ciência pura", aquela sem aplicação tecnológica imediata. Ao contrário, o maior e mais sofisticado laboratório de Física de Partículas do mundo se encontra em território europeu e é uma das mais antigas iniciativas de cooperação regional do continente: trata-se da Organização Europeia para a Pesquisa Nuclear, o CERN, localizado na fronteira franco-suíça e dirigido por vinte Estados-membros europeus.

O CERN foi fundado em 1954, como resultado de uma reinvindicação de cientistas europeus desde o final da Segunda Guerra Mundial pela criação de um laboratório regional de física nuclear, com o duplo objetivo de fomentar a integração científica em nível continental e de reduzir os custos com pesquisa nesse campo. Atualmente, seus laboratórios empregam milhares de cientistas e recebem cerca de metade dos físicos de partículas do mundo como cientistas visitantes. Entre seus feitos, pode-se citar a criação em 1989 da World Wide Web (www), serviço de informações associado hoje largamente disseminado, mas inicialmente criado para permitir a comunicação entre a comunidade de cientistas ligados ao CERN.

Mais recentemente, o projeto que vem dando visibilidade ao CERN é o Grande Colisor de Hádrons (LHC). A construção desse gigantesco acelerador circular de partículas custou cerca de três bilhões de euros, em grande parte bancados pelo CERN, e sua operação desde 2008 deve prover os físicos de partículas com os dados recolhidos em seis sofisticados detectores de partículas. Seu objetivo fundamental é responder a algumas perguntas que o chamado "Modelo Padrão" da Física de Partículas tem em aberto: como era a matéria nos primeiros instantes após o Big Bang? Por que a matéria foi criada em maior quantidade do que a antimatéria? Qual é a natureza da matéria escura? O que é a massa e porque algumas partículas têm massas maiores do que as outras?

Para responder a essas e a várias outras perguntas, foi necessário construir um sofisticado complexo de aceleradores de partículas. Primeiramente, são utilizados processos para obter conjuntos de prótons ou de núcleos de chumbo (ambos chamados de hádrons). Em seguida, esses hádrons são injetados em uma série de aceleradores de partículas menores, nos quais são submetidos a campos magnéticos e elétricos que aumentam sua velocidade até injetá-los em feixes no LHC já quase à velocidade da luz. No LHC, os feixes são acelerados em sentidos opostos a 99,9999991% da velocidade da luz e colidem nas proximidades dos quatro detectores e dois experimentos menores montados ao longo dos 27 km de circunferência do aparelho. Para que tudo isso ocorra perfeitamente, é necessário não só a existência de potentes eletroímãs operando com grande consumo de energia, mas também de um vácuo e de um resfriamento quase perfeitos. Tudo isso faz com que o LHC seja, além de a maior máquina já construída pelo homem, também o local mais vazio e mais frio do Universo conhecido.

> **Física de Partículas:** ramo da Física que se dedica ao estudo das partes muito pequenas da matéria, muito menores do que o átomo

> **antimatéria:** partículas semelhantes às da matéria que conhecemos, exceto por apresentar cargas elétricas opostas. Matéria e antimatéria se aniquilam mutuamente e deveriam ter surgido em quantidades iguais após o Big Bang, mas um ligeiro excesso de matéria em relação ao seu par deu origem ao Universo tal como o conhecemos

> **matéria escura:** tipo de matéria de difícil estudo, que corresponderia a 96% da matéria do Universo e cuja existência só pode ser inferida por sua interação gravitacional com a matéria ordinária

> ➤ Os experimentos do CERN normalmente custam aos seus países-membros importantes recursos em dinheiro. O próprio Banco Europeu de Investimento, órgão da União Europeia, chegou a financiar 300 milhões de euros para a construção do LHC. Por que há interesse em realizar tamanho investimento em pesquisas de "ciência pura", se essa não promete retornos imediatos de competitividade?

AGRICULTURA

A agricultura da União Europeia é bastante moderna, mecanizada e produtiva, só ficando atrás da estadunidense. A diversidade de culturas nos diferentes países não impediu que a UE criasse uma política comum para a agricultura (PAC), baseada na livre circulação de produtos agrícolas, financiamentos que proporcionam garantia de preços mínimos e incentivos para que os países se abasteçam dentro da própria UE.

Essa política vem permitindo que se consigam excedentes nas lavouras de grãos e legumes, na produção vinícola e de laticínios, que são exportados. Por outro lado, estas medidas protecionistas impedem que a agricultura se torne verdadeiramente competitiva, além de consumir grandes somas de dinheiro da União Europeia. As principais culturas plantadas são trigo, cevada, milho, beterraba (que fornece o açúcar) e batata, além das vinícolas que garantem à UE o primeiro lugar na produção mundial de vinho.

Graças aos grandes volumes e à qualidade dos produtos obtidos, cresce a importância das agroindústrias, que são controladas por grandes grupos.

A moderna agricultura permite que haja excedentes significativos para a exportação. Ao mesmo tempo em que essa dinâmica agrícola do Norte e Oeste europeus mostra-se altamente produtiva e substancial no comércio internacional, subsiste uma agricultura sem a pujança e a utilização de recursos técnicos e tecnológicos da agricultura ocidental, centrada no Leste Europeu. Essa agricultura apresenta os ranços do modelo planificado nos antigos países socialistas da Europa Central e do Leste.

A pecuária é uma atividade muito importante para grande parte dos membros da UE. O maior rebanho é o bovino, com destaque para a pecuária leiteira, seguido pelo ovino e caprino. Os rebanhos leiteiros conferem à UE o primeiro lugar na produção mundial de leite e são criados de forma intensiva, como no noroeste da França e na porção ocidental da Inglaterra ou associados às culturas de cereais, como na região central do Reino Unido. Áreas de montanhas com tradição na criação de bovinos, em especial nos Alpes e Pirineus, estão em decadência.

Vista aérea de terrenos agrícolas na Holanda.

GRANDE CENTRO COMERCIAL

A União Europeia é responsável hoje por 16,5% do volume global de exportações e importações do mundo, sendo que dois terços das trocas acontecem entre países da União Europeia.

O seu mercado consumidor potencial é de 500 milhões de pessoas com alto poder aquisitivo, e só nos países com as maiores economias – Alemanha, França, Reino Unido, Itália e Espanha – vivem 315 milhões de habitantes. A UE é hoje um dos mais importantes centros econômicos e tecnológicos do mundo, contando com um parque industrial forte e diversificado, com alto nível de sofisticação. Além disso, a agricultura intensiva e altamente mecanizada é das mais produtivas e rentáveis da atualidade. Porém, nem todos os países têm o mesmo desenvolvimento econômico, social e tecnológico. Os que mais se destacam nesse cenário são Alemanha, Reino Unido, França e Itália.

UE – EXPORTAÇÕES E IMPORTAÇÕES

Exportações (2015)
- Alemanha: 28,2%
- Outros membros da EU: 20,5%
- Reino Unido: 12,9%
- França: 10,5%
- Itália: 10,4%
- Holanda: 7,0%
- Bélgica: 5,6%
- Espanha: 5,0%

Importações (2015)
- Outros membros da EU: 19,6%
- Alemanha: 18,8%
- Reino Unido: 15,2%
- Holanda: 14,4%
- França: 9,5%
- Itália: 8,9%
- Bélgica: 7,3%
- Espanha: 6,4%

Disponível em: <http://ec.europa.eu/eurostat/statistics-explained/index.php/File:Extra_EU-28_trade,_2015_(%25_share_of_EU-28_exports_imports)_YB16.png>. Acesso em: 11 nov. 2016.

O coração da UE, a Europa Renana

A Europa Renana, banhada pelo rio Reno que corta França, Alemanha, Suíça e deságua no mar do Norte, na Holanda, é a região mais desenvolvida de toda a Europa e a mais industrializada. O rio e seus afluentes são importantes escoadouros de mercadorias que chegam ao principal porto europeu, Roterdã, na Holanda, vindas do mundo todo. Essa região é também a mais urbanizada da Europa e a mais densamente povoada. O transporte não se limita ao fluvial, mas conta com um importante complexo intermodal, interligando o rio com autoestradas, vias férreas, canais fluviais, oleodutos, gasodutos e aeroportos. A internacionalização fluvial data do século XIX, mais precisamente 1868, quando França, Alemanha e Holanda garantiram a livre circulação e gratuidade na navegação sobre o Reno. Essa região industrializou-se ainda no século XIX, abrigando indústrias pesadas como as siderúrgicas. Hoje, parte desse parque industrial está em transformação, dando espaço para as indústrias de alta tecnologia.

União Europeia, um espaço desigual

O centro dinâmico da União Europeia concentra-se na faixa que se estende de Londres (Reino Unido) até o norte da Itália, passando pela Holanda, Frankfurt (Alemanha) e Milão (Itália). Mas isto não significa que outras regiões europeias não apresentem grande dinamismo.

Eslovênia, Polônia, Eslováquia e Hungria são países que vêm se caracterizando como fortes áreas de atração de investimentos europeus, assistindo à chegada de empresas da UE interessadas em baixar seus custos industriais, atraídas pela mão de obra mais barata e pelas facilidades de transportes, visto que estão localizados em áreas perfeitamente integradas à porção ocidental do continente. As áreas menos desenvolvidas e integradas à UE são o interior de Portugal, o sul da Itália e a Grécia.

Um dos casos mais significativos é a Eslováquia. Situada na região da Europa central, possui cerca de 49.010 km² e uma população de 5,5 milhões de habitantes. Entre os seus atrativos estão a mão de obra qualificada, o dinamismo do parque industrial e do setor terciário, além de investimentos no setor de transportes que permitem a rápida saída da produção.

UMA POPULAÇÃO DE CABELOS BRANCOS

A distribuição da população não se dá de forma homogênea pelo território da União Europeia. A área mais industrializada é também a mais densamente povoada, e vai da Holanda à Alemanha, correspondendo ao vale do Reno-Rhur, seguida pela rica planície do Pó, na Itália, e pelo sudeste do Reino Unido. Em contraposição, há áreas muito pouco povoadas devido às adversidades climáticas, como as zonas áridas da Espanha e Grécia ou as zonas muito frias da Suécia e norte da Escócia. A UE é a área mais urbanizada do mundo, encontrando-se em um processo de metropolização, sendo que somente no eixo Londres-Milão vivem cerca de 180 milhões de pessoas.

A questão das baixas taxas de natalidade é um fator de preocupação para os países integrantes da UE. Atualmente, a taxa de fecundidade é de 1,6 filho por mulher, já não sendo suficiente para a reposição da população. Alguns países apresentam um crescimento demográfico próximo a zero, e as projeções apontam para um crescimento negativo nos próximos anos. Na Suécia, na Alemanha e na Itália o número de idosos é maior que o de jovens.

A pirâmide etária da UE apresenta-se com base estreita e topo largo, o que configura uma população velha. A expectativa de vida dos seus habitantes é uma das mais elevadas do planeta, sendo de 77,2 anos para os homens e 83 anos para as mulheres. No pós-guerra, os países que formam a UE, em especial os mais desenvolvidos da Europa Ocidental, tornaram-se centros de atração de população.

A Alemanha é o país que tem o maior número de estrangeiros imigrantes, perfazendo um total de 8 milhões, vindos principalmente da Europa Oriental e da Turquia. Nos anos de 2015 e 2016, no entanto, milhares de pessoas fugindo de guerras e perseguições buscaram a Europa, e em especial a Alemanha.

Na Alemanha não vigora o sistema de territorialidade, ou seja, não é porque alguém nasceu em território alemão que é cidadão desse país. Para tal, é necessário que tenha ascendentes alemães, o que cria uma gama imensa de pessoas marginalizadas, descendentes e/ou imigrantes no país.

Imigração: um fato incontestável

A imigração é um fato importante na realidade da UE. Os imigrantes são, sem sombra de dúvida, parte integrante e ativa da economia, política e da cultura europeia. Porém, comunidades se fecham em guetos étnicos por não se integrarem à vida do país onde vivem, sendo discriminadas e alvo da xenofobia. O discurso xenófobo encontra eco em grande parte da população europeia que culpa os imigrantes pela falta de empregos, acusando-os de tomarem seus empregos (escassos) e de terem, direta ou indiretamente, de ser sustentados pelo Estado.

Os imigrantes ocupam a escala social mais baixa, exercendo funções pouco qualificadas e mal remuneradas, em postos de trabalho rejeitados pela seleta e qualificada mão de obra europeia ocidental.

> **xenofobia**: antipatia, desconfiança ou aversão a pessoas e coisas estrangeiras

Ponto de vista

A UE se afasta da Turquia

Passei minha vida inteira nas fronteiras da Europa continental. Da janela de minha casa ou de meu escritório, olhava para o Bósforo para ver a Ásia do outro lado. Assim, pensando em Europa e em modernidade, eu sempre me sentia, como o restante do mundo, um pouquinho provinciano.

Como os muitos milhões que vivem fora do Ocidente, tive de entender minha própria identidade enquanto observava a Europa de longe e, assim, no processo de elaborar minha identidade, com frequência me perguntei o que a Europa poderia representar para mim e para todos nós.

Essa é uma experiência que compartilho com a maioria da população mundial, mas como Istambul, minha cidade, está situada justo onde a Europa começa – ou, talvez, onde ela termine – meus pensamentos e ressentimentos têm sido um pouco mais urgentes e constantes.

Venho de uma das muitas famílias de classe média alta de Istambul que abraçaram de todo coração as reformas ocidentalizantes e secularizantes introduzidas nos anos 20 e 30 por Kemal Ataturk, fundador da República da Turquia. Para nós, a Europa era mais do que um lugar para encontrarmos um emprego, fazer negócios ou cujos investidores nós procuraríamos atrair. Era, principalmente, um farol de civilização. (...)

Sete anos atrás, eu costumava tentar persuadir plateias de como seria maravilhoso para nós se a Turquia ingressasse na União Europeia (UE). Em outubro de 2005, as relações entre a Turquia e a UE haviam atingido seu auge.

A opinião pública e a maior parte da imprensa turca pareciam felizes com o começo das conversações oficiais entre UE e Turquia. Alguns jornais turcos especularam otimisticamente que as coisas poderiam avançar com muita presteza, de fato, e a Turquia poderia gozar da condição de membro pleno da UE até 2014.

Outros jornais escreviam relatos de contos de fadas sobre os privilégios que os cidadãos turcos finalmente conseguiriam quando essa participação plena fosse assegurada. Mais importante, os investimentos seriam feitos e tesouros incontáveis chegariam de vários fundos da UE para a Turquia de modo que, como os gregos, nós também subiríamos mais um degrau na escala social e poderíamos viver com tanto conforto quanto os demais europeus.

(...) Ao mesmo tempo, o coro europeu de protestos conservadores e nacionalistas contra a possível entrada da Turquia no bloco estava se tornando cada vez mais audível, em especial na Alemanha e na França. Eu me vi apanhado nesse debate e comecei a me perguntar o que a Europa realmente significa.

Se é a religião que demarca suas fronteiras, eu pensei, então a Europa é uma civilização cristã – nesse caso, a Turquia, cuja população é 99% muçulmana, pode ser geograficamente europeia, mas não tem lugar na UE.

No entanto, será que os europeus se satisfariam com uma definição tão estreita de seu continente? Afinal, não foi o cristianismo que transformou a Europa em um exemplo para pessoas que vivem no mundo não ocidental, mas uma série de mudanças sociais e econômicas e as ideias que elas criaram ao longo dos anos.

Essa força intangível que fez da Europa um ímã para o restante do mundo, ao longo dos dois últimos séculos, é, em poucas palavras, a modernidade. (...) Alguns anos atrás, sempre que o tópico da UE surgia numa discussão, eu costumava dizer que a Turquia ingressaria na UE desde que ela pudesse respeitar os princípios de liberdade, igualdade e fraternidade. (...)

Hoje, no momento em que a Europa se debate com a crise do euro e a expansão da UE se desacelera, pouquíssimos de nós ainda nos damos o trabalho de pensar e falar sobre essas questões. E, infelizmente, o interesse positivo que cerca uma futura possível participação da Turquia também enfraqueceu.

(...) Isso ocorreu, em parte, porque a liberdade de pensamento continua lamentavelmente subdesenvolvida na Turquia. No entanto, a principal razão é, sem dúvida, o grande afluxo de migrantes muçulmanos do norte da África e da Ásia para a Europa que, aos olhos de muitos europeus, lançou uma sombra escura de dúvida e de medo sobre a ideia de um país predominantemente muçulmano ingressar no bloco.

Está claro que esse medo está levando a Europa a erguer muros em suas fronteiras e afastar-se gradualmente do mundo. Com o progressivo esquecimento do *slogan* da liberdade, igualdade e fraternidade, a Europa se tornará, infelizmente, um lugar cada vez mais conservador e dominado por identidades étnicas e religiosas.

Disponível em: <http://internacional.estadao.com.br/noticias/geral,a-ue-se-afasta-da-turquia-imp-,954113>. Acesso em: 11 nov. 2016.

➤ Quais razões podem ser apontadas para a resistência à entrada da Turquia na União Europeia?

ATIVIDADES

PASSO A PASSO

1. Caracterize a indústria tradicional da União Europeia.
2. Como funciona a política de organização interna da agricultura na UE?
3. Explique a diferença de desenvolvimento econômico das nações dentro da UE.
4. Por que a Eslováquia é polo atrativo de investimentos na Europa?
5. Quais as consequências do envelhecimento da população europeia?

IMAGEM & INFORMAÇÃO

1. Explique a charge ao lado.

2. Observe o rio Reno presente no mapa e, sobre ele, responda: qual é a sua importância para a União Europeia e o que caracteriza sua área?

TESTE SEUS CONHECIMENTOS

1. (UFMG) Analise o planisfério abaixo, em que estão representados os fluxos de comércio internacional de acordo com o valor das trocas realizadas.

Esses fluxos estabelecem-se porque os recursos naturais, o espaço e a população não se distribuem de forma homogênea entre os países e, também, em resposta à atuação da Organização Mundial do Comércio (OMC), em nível internacional, bem como dos blocos econômicos regionais, que defendem a intensificação do comércio como fonte de prosperidade para os participantes.

a) Considerando que, no planisfério, se evidencia uma concentração do comércio e do valor das trocas internacionais no Hemisfério Norte, responda:

Como essa concentração de valor é influenciada:
– pelas mercadorias envolvidas nos fluxos comerciais?
– pela distribuição mundial da população?

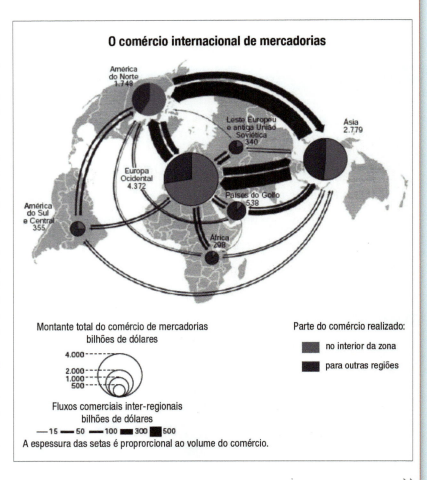

b) Considerando que o Hemisfério Sul, como também se evidencia no planisfério, tem uma participação modesta no valor gerado pelo comércio internacional e que, além disso, as trocas intrazonais são, percentualmente, muito menores que as registradas no Hemisfério Norte,

– Apresente dois fatores que justificam a fraqueza das trocas intrazonais no Hemisfério Sul.

– Cite uma razão que explique o baixo valor da participação do Hemisfério Sul no comércio mundial.

2. (PPS – UFPB) Com o Tratado de Maastricht em 1992, o antigo Mercado Comum Europeu foi transformado em União Europeia (UE), a qual deixa de possuir um caráter puramente econômico para assumir também caráter político. Naquela data, a UE era constituída por 12 países; atualmente ela é composta por 27 associados. Essa expansão abrangeu, principalmente, nações do antigo bloco comunista, uma vez que esse período coincide com o fim da Guerra Fria.
Considerando o exposto e a literatura sobre o assunto, identifique as consequências externas e internas da expansão da União Europeia.

( ) Consequência interna: aumento do horizonte geográfico e socioeconômico da UE, pois agrega territórios, populações e produção.

( ) Consequência externa: transformação da UE em uma organização com peso centrado na esfera bélica, uma vez que a incorporação desses países representou maior número de integrantes na Organização do Tratado do Atlântico Norte (OTAN).

( ) Consequência interna: aumento do domínio da "velha" Europa Ocidental sobre as áreas mais pobres desse continente, na perspectiva da globalização e do neoliberalismo. Isso se traduz na agregação de matérias-primas, mão de obra e na incorporação de mercado consumidor.

( ) Consequência externa: surgimento de uma nova Guerra Fria, retratando agora a disputa entre as duas maiores economias do mundo capitalista: EUA x UE, brigando, pela hegemonia econômica e militar no mundo globalizado.

( ) Consequência interna: transformação de sua natureza econômica em uma entidade supranacional de caráter político, assumindo moldes de uma confederação de Estados independentes, a partir da criação de certas instituições: conselho de ministros, parlamento, judiciário, ministério das relações exteriores, moeda, bandeira e polícia de intervenção rápida.

3. (UEPB) Observe a charge ao lado. A sua leitura nos mostra a crítica que o cartunista francês Plantum faz em relação:

a) ao aquecimento global provocado pelos países industrializados, que se recusam a diminuir a emissão de gases para a atmosfera.

b) à divisão internacional do trabalho entre Norte e Sul, que se processa com base nas relações desiguais de troca, visto que os produtos comercializados pelo terceiro mundo têm pouco valor agregado.

c) à recessão que atingiu as economias dos Estados Unidos, Japão e União Europeia com forte repercussão em toda a economia global.

d) ao primeiro choque do petróleo ocorrido em 1973, quando os países produtores do Oriente Médio reduziram sua produção, elevaram o preço do barril e embargaram as vendas para os EUA e a Europa.

e) à Revolução Verde, que disseminou novas sementes e práticas agrícolas para aumentar a produção em países subdesenvolvidos durante as décadas de 1960/70, mas criou a dependência tecnológica em tais nações agrícolas.

Fonte: VESENTINI. J. Geografia Crítica. v. 3. São Paulo: Ática, 1998.

4. (PUC – RJ) Em relação à União Europeia (UE), o tratado econômico realizado em 1992 que iniciou o processo de circulação da moeda regional, o Euro, foi o de:
a) Amsterdã.
b) Maastricht.
c) Lisboa.
d) Roma.
e) Nice.

5. (FUVEST – SP) Logo após a entrada de milhares de imigrantes norte-africanos na Itália, em abril deste ano, o presidente da França, Nicolas Sarkozy, e o primeiro-ministro da Itália, Silvio Berlusconi, fizeram as seguintes declarações a respeito de um consenso entre países da União Europeia (UE) e associados.

Queremos mantê-lo vivo, mas para isso é preciso reformá-lo.

Nicolas Sarkozy.

Não queremos colocá-lo em causa, mas em situações excepcionais acreditamos que é preciso fazer alterações, sobre as quais decidimos trabalhar em conjunto.

Silvio Berlusconi.
<http://pt.euronews.net>. Acesso em jul. 2011. Adaptado.

Sarkozy e Berlusconi encaminharam pedido à UE, solicitando a revisão do:
a) Tratado de Maastricht, o qual concede anistia aos imigrantes ilegais radicados em países europeus há mais de 5 anos.
b) Acordo de Schengen, segundo o qual Itália e França devem formular políticas sociais de natureza bilateral.
c) Tratado de Maastricht, que implementou a União Econômica Monetária e a moeda única em todos os países da UE.
d) Tratado de Roma, que criou a Comunidade Econômica Europeia (CEE) e suprimiu os controles alfandegários nas fronteiras internas.
e) Acordo de Schengen, pelo qual se assegura a livre circulação de pessoas pelos países signatários desse acordo.

6. (UFMG) **Eurocopa & eurocrises**

Sempre gostei da Eurocopa. O futebol é um pormenor. As minhas razões são políticas. Gosto da Eurocopa porque ela é a expressão tangível (e bem ruidosa) da diversidade nacional europeia que nenhuma construção federal será capaz de suprimir.

Dias atrás, a chanceler Angela Merkel [alemã] declarou em entrevista: a solução para os problemas do euro passa por mais "integração" dos países da zona do euro. (...)

Angela Merkel, claro, não lê a imprensa portuguesa. Se lesse, veria o que escreveram a respeito do jogo Alemanha x Portugal (que os portugueses, injustamente, perderam por 1 a 0). A retórica antigermânica era violenta, o que se entende; o país está sob resgate financeiro internacional, com a bênção punitiva da Alemanha.

Mas as rivalidades que a Eurocopa oferece não são apenas explicadas por crises econômicas momentâneas. Existem também memórias históricas que persistem em retornar à superfície. Jogos como Polônia x Rússia ou França x Inglaterra são evocações fantasmagóricas de lutas seculares que deixaram sua pegada arqueológica. Quando essas equipes se voltarem a enfrentar na Eurocopa, não será apenas de futebol que a mídia irá falar. (...)

Na Europa, não existe um único país; nem sequer como pretendem os federalistas, diferentes "regiões" que podem fazer parte de um super Estado com capital em Bruxelas.

O que existe são nações múltiplas que, na hora do confronto desportivo, regressam a um sentimento primordial de pertença: a uma língua, uma cultura, uma identidade.

COUTINHO, J. P. In: *Folha de S.Paulo*. São Paulo, 12 jun. 2012. Ilustrada. p. E6. Adaptado.

A partir da análise e interpretação desse trecho, FAÇA o que se pede:
a) O jornalista português João Pereira Coutinho estabelece uma relação entre o comportamento das torcidas, a história e a situação econômica europeia atual. APRESENTE **dois** argumentos que comprovam a relação estabelecida pelo autor.
b) Pode-se perceber pela leitura do trecho que o jornalista tem uma posição com relação à integração europeia. EXPLIQUE qual é essa posição, justificando-a.

7. (UPE) Os desafios da imigração na Europa

O aumento da pressão migratória sobre a Europa, ano após ano, teve um pico no primeiro semestre de 2015. Isso, associado ao expressivo aumento de mortos nas rotas do Mediterrâneo, colocou em evidência o problema das migrações.

Revista Carta Capital, jun. 2015.

Sobre a conjuntura geopolítica das condições imigratórias no mundo, é **CORRETO** afirmar que:

a) Organização Internacional para as Migrações (OIM), órgão intergovernamental, define a imigração como uma das questões globais determinantes do início do século XXI.

b) os fluxos migratórios resultam da proximidade entre a riqueza dos países desenvolvidos e as condições de pobreza das populações indo-asiáticas que enfrentam diariamente guerras civis e períodos prolongados de seca.

c) a ausência da incorporação de políticas neoliberais fragilizou as economias de países subdesenvolvidos, enfraquecendo as relações trabalhistas e expulsando grandes contingentes populacionais de seus países de origem.

d) a evolução tecnológica globalizada diminuiu a informatização do sistema financeiro, absorvendo, cada vez menos, trabalhadores de alta qualificação e desalojando territorialmente uma grande parcela populacional do norte da África.

e) os fluxos imigratórios dos países que fazem fronteira com o Mediterrâneo se dirigem numerosamente aos países europeus e são atraídos pelas políticas de acolhimento internacional aos migrantes irregulares.

8. (FEEVALE – RS) Leia a notícia referente às recentes migrações que ocorrem em direção à Europa.

Nove migrantes sírios morrem afogados em tentativa de chegar à Grécia

Pelo menos nove migrantes sírios morreram no naufrágio de duas embarcações que haviam partido da cidade turca de Bodrum e tentavam chegar à ilha grega de Kos. (...) O primeiro barco, que transportava 16 pessoas, afundou em águas internacionais, segundo uma fonte da Guarda Costeira turca que pediu anonimato. A imagem de um policial turco carregando o corpo de uma criança, uma das nove vítimas do naufrágio, circulou entre os veículos de imprensa do mundo todo e virou símbolo do drama dos refugiados que tentam chegar à Europa a todo o custo.

Disponível em: <http://zh.clicrbs.com.br/rs/noticias/noticia/2015/09/nove-migrantes-sirios-morrem-afogados-em-tentativa-de-chegar-a-grecia-4838651.html>.
Acesso em: 3 set. 2015.

A respeito do tema e da notícia, fazem-se as seguintes afirmações.

I. A maior parte dos migrantes sírios foge da guerra civil que afeta seu país, especialmente das áreas dominadas pelos fundamentalistas do Estado Islâmico.

II. As migrações para a Europa provêm também da África, sendo que milhares de refugiados atravessam o mar Mediterrâneo visando a entrar no continente por regiões como o sul da Itália.

III. Os governos da União Europeia não têm encontrado soluções eficazes para a crise migratória, contribuindo para o aumento da xenofobia e da intolerância em relação aos estrangeiros.

Marque a alternativa correta.

a) Apenas a afirmação I está correta.
b) Apenas a afirmação II está correta.
c) Apenas as afirmações I e II estão corretas.
d) Todas as afirmações estão corretas.
e) Nenhuma afirmação está correta.

9. (FATEC – SP) Palavras de ordem, símbolos, propaganda, atos públicos, vandalismo e violência são, atualmente, manifestações de hostilidade frequentes contra estrangeiros na Europa. Os países onde mais intensamente têm ocorrido conflitos são Alemanha, França, Inglaterra, Bélgica e Suíça.

MOREIRA, I.; AURICCHIO, E.
Construindo o Espaço Mundial. 3. ed.
São Paulo: Ática, 2007. p. 37.
Adaptado.

Sobre o fenômeno social enfocado pelo texto, é válido afirmar que se trata de conflitos

a) civis e militares, relacionados às formas históricas de exploração dos países do chamado Terceiro Mundo.

b) ligados ao nacionalismo, ao racismo e à xenofobia, no contexto globalizado das grandes migrações internacionais.

c) entre imigrantes das diversas nacionalidades que invadem a Europa, atualmente, na disputa por empregos e por melhores condições de vida.

d) culturais, principalmente causados pelo conflito armado entre países católicos e protestantes, mas também, sobretudo, conflitos contra países islâmicos.

e) étnicos e sociais decorrentes das dificuldades de desenvolvimento de países europeus em continuar a sua industrialização nos setores tecnológicos de ponta.

CAPÍTULO 25
Japão

O Japão é um país formado por um arquipélago montanhoso com quatro ilhas principais – Kyushu, Honshu, Shikoku e Hokkaido – e mais três mil pequenas ilhas. Situado no Extremo Oriente, nas costas da Ásia, o Japão é banhado pelo oceano Pacífico. Devido à sua longitude, o Japão tem fuso horário de mais 12 horas em relação ao horário de Brasília.

A área do Japão é de 372.000 km² e abriga uma população de 126,7 milhões de habitantes (est. jul. 2016), que se concentra nas escassas áreas de planície, junto ao litoral.

O Japão apresenta um relevo bastante acidentado e está localizado na borda da placa eurasiana, em uma área sujeita a intenso vulcanismo, terremotos e maremotos (tsunamis).

A região ainda sofre a ação de tufões, sendo assolada, em média, por dois grandes tufões no final do verão. O clima é temperado ao norte, com invernos muito rigorosos e fortes tempestades de neve. Ao sul, o clima é subtropical.

Um grande problema do Japão é a falta de riqueza de seu subsolo, que o torna dependente de matérias-primas e fontes de energia importadas.

Muito do seu expansionismo pela Ásia esteve ligado a essa carência, em busca de recursos naturais. Apesar disso, é hoje a terceira potência econômica do mundo.

Fonte: ATLAS Geográfico Escolar. 6. ed.
Rio de Janeiro: IBGE, 2012. p. 47. Adaptação.

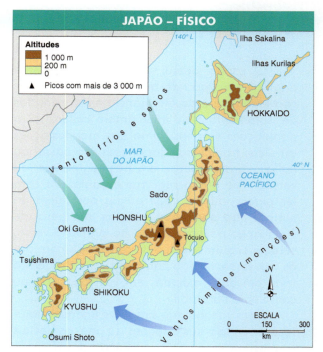

Fonte: ATLAS Geográfico Escolar. 6. ed.
Rio de Janeiro: IBGE, 2012. p. 46. Adaptação.

UMA SOCIEDADE TRADICIONAL

Até meados do século XIX, o Japão se caracterizou por seu isolacionismo e pela descentralização política, baseado no poder de grandes proprietários de terras, os *xoguns*. Nessa época teve início a *Era Meiji (governo esclarecido)* que se estendeu de 1868 até 1912, pondo fim ao feudalismo e restaurando o poder político centralizado nas mãos de um imperador. Nesse período, o país passou por uma rápida modernização, baseando-se na importação de tecnologia, na expansão do mercado interno e externo, em grandes investimentos industriais, em obras de infraestrutura, como a modernização dos portos, e na educação em massa, desatrelando-se de suas arcaicas estruturas feudais e abrindo-se para o Ocidente e também para seus vizinhos asiáticos.

As grandes corporações japonesas, os *zaibatsus*, organizaram-se de acordo com a estrutura dos clãs, base social e política do *xogunato* e, contando com o apoio do imperador, cresceram rapidamente.

O Monte Fuji, além de ser um dos vulcões mais conhecidos do mundo, é um dos principais símbolos da identidade japonesa.

Integrando conhecimentos

Haicai no Brasil

O Japão possui uma cultura bastante original, resultado da antiguidade da civilização japonesa e da alternância entre períodos de isolamento e de intercâmbio cultural com populações vizinhas. Uma das manifestações artísticas tradicionais japonesas é o *haicai* ou *haikai*, forma poética em três segmentos (ou versos) que busca registrar instantes de contemplação da natureza ou da passagem do tempo. São pequenos poemas, em geral de 17 sílabas poéticas (cinco no primeiro verso, sete no segundo, cinco no terceiro) e com duas frases de sentido completo, que dividem o texto em duas metades em sutil oposição ou complementaridade.

Com vocabulário simples e ligado à natureza e ao ciclo das estações do ano, os haicais surgiram em oposição ao Renga, forma poética japonesa mais cerimoniosa e rebuscada. Tradicionalmente, eles não apresentam rimas e nem título, pois prezam pela simplicidade e pela objetividade – um bom haicaísta procura descrever uma cena de modo que a própria beleza da natureza baste para evocar sentimentos em seu leitor.

A partir dos séculos XIX e XX, o haicai começou a ser visto com interesse por poetas e estudiosos ocidentais. No Brasil, o haicai foi apresentado no final do século XIX, por meio de relatos de viagens. No início do século seguinte, ao mesmo tempo em que aumentava o fluxo migratório de japoneses para o Brasil, o haicai começava a ser apresentado na literatura brasileira por Afrânio Peixoto. Ao longo dos anos seguintes, outros autores começaram a produzir haicais "abrasileirados". Um exemplo é Guilherme de Almeida, autor do poema abaixo:

O haicai
Lava, escorre, agita
a areia. E enfim, na bateia,
fica uma pepita.

A popularização do haicai brasileiro, no entanto, veio somente com a sua apropriação pelo movimento concretista, que envolveu nomes como Décio Pignatari e os irmãos Haroldo e Augusto de Campos nos anos 1950. Além dos concretistas, interessados no poder sintético e na preocupação dos haicais com a forma, outros autores também utilizaram a forma poética japonesa em suas produções desde os anos 1970. É o caso de Millôr Fernandes e de Paulo Leminski, ambos com predileção pelo uso de humor nos seus poemas. No caso de Leminski, não só os haicais constituíram uma parte importante da sua produção poética, como ele também se dedicou a escrever uma biografia de Matsuo Bashô, mestre do haicai no Japão. Leia a seguir um dos haicais de Leminski:

o mar o azul o sábado
liguei pro céu
mas dava sempre ocupado

> ➤ Escolha um dos dois haicais reproduzidos e descreva as diferenças entre esses haicais brasileiros e o modelo tradicional japonês.

Porém, a falta de riquezas naturais impunha-se como um fator limitante para o seu desenvolvimento econômico. A solução foi buscar fora do seu território os insumos vitais para abastecer a sua crescente indústria. No final do século XIX, o Japão já despontava como uma grande potência militar e econômica e iniciou-se o expansionismo e o imperialismo japonês na Ásia. Em 1937, o expansionismo nipônico atingiu o seu auge e o Japão declarou guerra à China. Suas conquistas não pararam, e o Sudeste Asiático e diversas ilhas do Pacífico foram ocupados. Em plena Segunda Guerra, em 1941, a marinha e a aviação japonesas atacaram o porto americano de Pearl Harbor, no Havaí – unidade da federação estadunidense composta por um arquipélago no Pacífico –, provocando a entrada estadunidense na guerra, o que resultaria na derrota japonesa e sua rendição incondicional em 1945, após ter sido palco da explosão de duas bombas nucleares sobre as cidades de Hiroshima e Nagasaki.

Com a rendição do Japão, último país a depor armas na Segunda Guerra, o império nipônico foi obrigado a se desmilitarizar, tornando-se o mais importante aliado estadunidense no Extremo Oriente. A sua posição estratégica fez com que os Estados Unidos passassem a vê-lo como peça fundamental na sua área de influência.

Depois que a China se tornou comunista, em 1949, os Estados Unidos temiam que o socialismo se espalhasse pela Ásia. Nessa época, houve uma grande ofensiva capitalista estadunidense que se traduziu em investimentos maciços na economia japonesa, principalmente no setor industrial. Os investimentos estadunidenses resultaram na retomada do crescimento econômico e foram a mola propulsora para o Japão ocupar o terceiro lugar entre as potências da atualidade.

A rendição japonesa, em 1945, significou o fim da Segunda Guerra Mundial.

AS NOVAS FRONTEIRAS

No litoral, junto às áreas portuárias, concentram-se as principais cidades e regiões industriais japonesas. Os portos têm uma importância brutal para o Japão, pois através deles chegam as matérias-primas importadas, vitais para as indústrias, e grande parte de sua imensa produção industrial segue para os quatro cantos do mundo. A escassez de recursos minerais obriga o Japão a comprar no exterior entre 90% e 100% do ferro, carvão, petróleo e gás natural que consome, matérias-primas e fontes de energia básicas para a sobrevivência industrial.

Entre 1955 e 1973 ocorreu o "milagre japonês", período no qual a economia japonesa cresceu a taxas superiores a 10% ao ano e com forte incremento de suas exportações.

Muitos acreditam que o fator determinante do *boom* da economia japonesa esteja associado apenas aos investimentos estadunidense do pós-guerra. Porém, a realidade é mais complexa e os resultados atingidos são fruto de uma somatória de fatores internos, aliados à presença do capital estadunidense. Entre eles, destacou-se a existência de um enorme contingente de mão de obra barata, relativamente qualificada e altamente disciplinada, proporcionando maior competitividade aos seus produtos perante as demais economias capitalistas desenvolvidas: a europeia e a estadunidense. Hoje, a situação da mão de obra japonesa é bastante diferente, sendo altamente qualificada e uma das mais bem-remuneradas do globo.

O planejamento e a intervenção moderada do Estado também contribuíram de forma decisiva para que o Japão se tornasse uma das mais poderosas economias mundiais, na medida em que este investiu pesadamente na área da educação, na pesquisa e no desenvolvimento de novas tecnologias. Além disso, estabeleceram-se políticas e diretrizes econômicas que contavam com o apoio das grandes corporações, conjugando as ações da iniciativa privada e do governo. O Japão apresenta características sociais bastante peculiares. A cultura da obediência está arraigada na estrutura social, baseada na rígida hierarquia, no respeito à autoridade e no cumprimento de regras. Há um profundo sentimento de fidelidade em relação à família, que também se manifesta nas relações de trabalho.

UMA SOCIEDADE TECNOLÓGICA

Nas últimas duas décadas, a tecnologia também vem transformando a indústria japonesa. A introdução da robótica em larga escala trouxe mais competitividade aos produtos japoneses. Ao mesmo tempo proliferam as indústrias *high-tech* tais como de biotecnologia, informática, micromecânica, microeletrônica, que vêm modificando a distribuição espacial da indústria, avançando pelo interior.

Essa nova configuração do espaço industrial é resultado de uma política de descentralização promovida pelo governo, dada a grande concentração de indústrias na faixa litorânea. O sucesso dessa empreitada pode ser creditado às excelentes redes de comunicação, que unem os novos centros industriais à área da megalópole, estendendo-se, esta, de Tóquio a Kyoto.

O comércio japonês é um dos maiores do mundo, tanto em volume de importações como de exportações. Porém, o país usa medidas protecionistas, dificultando a entrada de produtos estrangeiros de consumo. Nos últimos anos, os Estados Unidos foram substituídos pelos países asiáticos como seus principais parceiros no comércio. O Japão é hoje importantíssimo para as economias asiáticas, em especial as dos Tigres Asiáticos e China, estando entre os principais investidores nesses países.

Fonte: FMI. Disponível em: <http://migre.me/evSGE>. Acesso em: 13 nov. 2016.

Em 2008/2009, a crise financeira mundial afetou bastante Japão, trazendo uma diminuição em seu PIB e o aumento do desemprego.

A recuperação econômica do Japão ainda foi afetada pelo maior terremoto já registrado no país, ocorrido em 2011 e com 9 graus na escala Richter. O terremoto foi seguido de um tsunami que avariou o sistema de refrigeração de uma importante usina nuclear localizada à beira do mar, provocando um sério incidente com liberação de radiação e levando à uma prolongada crise no fornecimento de energia elétrica no país.

Ponto de vista

Disciplina dos japoneses na crise

Naturalmente, muitos que não conhecem mais profundamente os japoneses estranham alguns comportamentos deles em situação de emergência (...). Na realidade, os japoneses têm uma cultura que determina uma disciplina que se diferencia da de outros povos mais individualistas. Os interesses coletivos são considerados acima de eventuais divergências de posição ideológicas, religiosas ou de opiniões técnicas, para permitir uma convivência razoável dentro de um arquipélago limitado em recursos naturais e sujeitos a grandes desastres provocados pela natureza.

Vamos dar alguns exemplos para permitir uma compreensão melhor do comportamento dos japoneses. Estávamos no Japão quando da primeira crise petrolífera, junto com um ministro brasileiro, quando o ministro de finanças do Japão foi à televisão informando a situação crítica em que se encontravam, pois dependem totalmente da importação desta matéria-prima vital. Ele pedia o sacrifício de todos para manter o nível de emprego. O experiente ministro brasileiro duvidou do efeito deste tipo de apelo.

No dia seguinte, fomos à agência do Banco do Brasil, e para surpresa dos visitantes brasileiros, antes do início do expediente, os funcionários da agência, inclusive brasileiros, tinham feito uma reunião aceitando o corte de 10% no salário de todos, para que não houvesse um corte de empregos na agência. O mesmo tinha acontecido em todas as empresas japonesas. (...)

Na atual crise, os estrangeiros devem ter observado que as dramáticas cenas dos tsunamis só envolvem danos materiais, sem a presença de pessoas em pânico. (...) Para evitar o pânico da população, recomendou-se que só fossem utilizadas cenas dos tipos divulgados de danos patrimoniais. As entrevistas concedidas foram recomendadas serem dadas somente pelas autoridades com base em informações confirmadas, de forma a evitar boatos que podem ser prejudiciais. (...) Não se trata de censura, mas uma consciência coletiva que enfrentam uma grande emergência, e o pânico em nada contribui para resolver os problemas.

O Japão está economizando energia, com um rodízio no seu fornecimento ou uma cota de gasolina para cada carro. A população está se mobilizando para contribuir com mais, reduzindo suas viagens desnecessárias, redução dos luminosos, e todas as medidas para evitar o congestionamento das comunicações, limitando-se ao mínimo necessário.

Mesmo as centenas de milhares de pessoas atingidas pelo tsunami ou outras que foram deslocadas preventivamente (...) evitam manifestar os seus desconfortos com faltas de lugares para se abrigarem, de água, alimentos e cobertores. (...) Paciente e resignadamente, enfrentam as limitações, esperando que as medidas que estão sendo tomadas possam minorar suas dificuldades. Medidas começam a ser adotadas, como do Banco do Japão, para que não faltem recursos para a recuperação. Ainda não é hora de pensar nas obras de reconstrução, mas muitas delas terão efeitos sobre outras áreas localizadas junto às falhas onde as placas tectônicas se encontram, e que estão sendo sujeitas a acidentes como os que ocorreram no Japão. (...)

Disponível em: <http://www.asiacomentada.com.br/2011/03/disciplina-dos-japoneses-na-crise/>. Acesso em: 13 nov. 2016.

➤ Você considera que, no Brasil, em caso de catástrofe natural, somos ágeis para resolver de forma satisfatória o problema dos atingidos?

➤ O que você sugere para agilizar o atendimento aos mais necessitados?

O Estado japonês tem incentivado, particularmente na grande megalópole japonesa e na costa oriental do país, as empresas "tradicionais", muitas tidas como obsoletas, a fazerem a reconversão para indústrias de alta tecnologia ou se estabelecerem em países próximos onde os custos industriais são mais baratos.

A AGRICULTURA E A PESCA

O acidentado relevo não permite que se cultive mais do que 4,5% de seu território, fazendo com que a produção de alimentos seja de apenas 2/3 das necessidades alimentares da população.

Assim, o governo é obrigado a importar grandes quantidades de grãos e cereais, inclusive o arroz, sua principal lavoura e base da alimentação de seus habitantes.

A agricultura japonesa caracteriza-se pela exploração intensiva baseada na estrutura familiar e era fortemente subsidiada até pouco tempo atrás.

A pesca foi uma das importantes atividades econômicas do Japão, porém na última década entrou em declínio, perdendo a liderança e ocupando hoje o sexto lugar na produção mundial. A atividade pesqueira como um todo sofreu restrições, inclusive os grandes navios pesqueiros que industrializavam o pescado em alto-mar, deixando-o pronto para o consumo, devido aos tratados internacionais de proteção à fauna marinha que proíbem a pesca em determinadas épocas do ano ou em determinados locais. Também a poluição da costa japonesa tem sido outro fator restritivo à atividade pesqueira, na medida em que houve uma diminuição dos cardumes em tais áreas.

Fonte: FAO. Disponível em: <http://faostat3.fao.org/>. Acesso em: 13 nov. 2016.

A PEQUENA ÁREA DISPONÍVEL

A maior parte da população japonesa se comprime nas reduzidas áreas de planícies litorâneas, onde se concentram as grandes cidades. Contribuem para este fato o relevo acidentado, a presença de vulcões ativos e as diversidades climáticas mais ao norte. A densidade populacional média é de 335 hab/km², um índice considerado bastante alto.

A população é majoritariamente urbana, sendo que grande parte dela vive na megalópole de Tokaido, formada pela conurbação de Tóquio, Nagoya e Osaka, e que ocupa 6% do território japonês. A falta de espaço é um problema tão sério que os japoneses criam novos espaços graças ao aterramento de baías em seu litoral. Também se desenvolve muito intensamente a construção de ilhas flutuantes (plataformas flutuantes), uma maneira moderna de aumentar a área de ocupação humana sobre o mar. Na baía de Tóquio, Yokisuba, há uma grande plataforma flutuante em caráter experimental e outras estão em construção. Estas deverão substituir os aterros, tecnicamente mais difíceis e muito mais caros. A alta concentração industrial teve um grande ônus para o meio ambiente da megalópole. A questão da poluição ambiental tomou grandes proporções, alertando para situações alarmantes como o grau de poluição atmosférica e a diminuição da riqueza da fauna marinha. Medidas rigorosas vêm sendo tomadas para reduzir ou evitar o aumento da poluição nas áreas mais afetadas. Mesmo assim, a questão ambiental é gravíssima, sendo assustador o volume de dejetos industriais e residenciais lançados na baía de Tóquio. Cresce o controle da poluição ambiental em virtude do Tratado de Kyoto, e na reconversão das indústrias tradicionais tem-se adotado, principalmente devido à pressão popular, o uso de filtros antipoluentes nas fábricas.

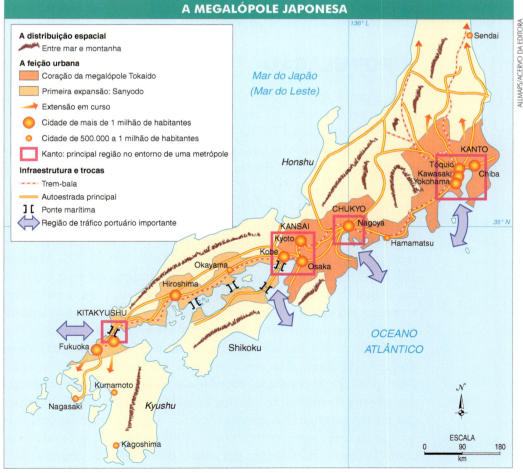

Fonte: JOYEUX, d'Alain. Op. cit. p. 219.

A megalópole japonesa é interconectada por uma eficiente e intricada rede de transportes, beneficiada por um fantástico entroncamento ferroviário.

A rede ferroviária japonesa além de extensa conta com o *shinkansen*, o famoso trem-bala, que chega a atingir mais de 350 km/h, permitindo rapidez no transporte de pessoas e de cargas. O sistema ferroviário de transporte japonês, no entanto, está saturado e é difícil prever como poderá ser substituído. A malha rodoviária é mais densa que a média dos países ricos e os portos são muito bem equipados, com caráter intermodal.

A reconversão de Tóquio em áreas industriais de ponta pode ser sentida, por exemplo, pelo forte crescimento das atividades ligadas à alta tecnologia. Os tecnopolos proliferam com a cidade de Tsukuba, na megalópole japonesa, onde encontramos empresas de biotecnologia, novos materiais em pesquisa, eletrônica e também farmacêutica, microeletrônica, mecatrônica e química. Os laboratórios de pesquisa são em sua maioria privados e subdivisões de grandes grupos financeiro-industriais de Tóquio ou de Kansai (Kobe-Kyoto-Osaka).

A cidade científica, como Tsukuba é chamada, está perfeitamente integrada à paisagem local, respeitando o quadro natural. Pauta-se por ser uma cidade basicamente acadêmica que concentra parte da intelectualidade japonesa, obedecendo ao planejamento urbano para sua expansão.

POPULAÇÃO

A população japonesa vinha crescendo em ritmo bastante lento e preocupante há alguns anos. Em 2016 a taxa de crescimento da população foi de –0,19%, o que significa um crescimento demográfico negativo, levando à diminuição da sua população em números absolutos. A taxa de mortalidade infantil era de 2,0 mortes a cada 1.000 nascidos vivos.

Diante da necessidade de mão de obra pouco qualificada para os padrões japoneses, as autoridades incentivaram e permitiram a entrada de descendentes japoneses do Brasil e Peru, que imigraram, principalmente, na primeira metade do século XX. Mais de 300 mil descendentes "nisseis e sanseis" imigraram para o Japão em busca de trabalho. A maioria deles já vem para o país com emprego em fábricas e contratos com determinação estipulada de tempo, normalmente dois anos, renováveis por mais dois.

Com a crise financeira mundial, muitos imigrantes brasileiros no Japão perderam seus empregos e não tiveram como retornar ao Brasil por falta de condições econômicas. Alguns deles foram obrigados a se tornar moradores de rua, vivendo como indigentes. A situação foi se agravando e o governo brasileiro tomou medidas para evitar que os *dekasseguis* enfrentassem ainda piores condições de vida, como facilitar o movimento das contas dos fundos de garantia obtidos por esses imigrantes enquanto eles ainda trabalhavam no Brasil.

Disseram a respeito...

Os migrantes brasileiros no Japão

De acordo com o Ministério da Justiça japonês, 312.979 brasileiros estavam registrados como residentes no Japão no final de 2006. Pouco menos de 20 anos antes, esse número não passava de 1.995. O fluxo *dekassegui*, como é conhecido no Brasil o movimento migratório de descendentes de japoneses para a Terra do Sol Nascente, não pode ser entendido fora do contexto das migrações internacionais contemporâneas. Por outro lado, algumas de suas especificidades não devem ser ignoradas. Uma delas é o fato de se tratar de um fluxo de retorno.

Não o outrora proclamado retorno do migrante em si — embora isso tenha ocorrido em alguns casos — mas de membros de um mesmo grupo étnico. Também merece destaque o embasamento legal que promove este movimento migratório. De acordo com a lei de imigração japonesa, alterada em 1990, descendentes de japoneses de outras nacionalidades até a terceira geração — bem como seus cônjuges e filhos — podem obter vistos que lhes permitem residir e trabalhar no país. Por fim, deve-se, ainda, destacar como peculiar desse fluxo migratório a concessão do direito à entrada e permanência vinculada a um laço consanguíneo.

Em seu limiar, o movimento migratório de brasileiros descendentes de japoneses para a terra de seus ancestrais teve como característica marcante a estadia relativamente curta do migrante, fruto das facilidades de circulação — financiamento dos custos de transporte por parte dos empregadores, visto de reentrada no Japão expedido sem muitas exigências — entre os dois distantes países. No entanto, os problemas socioeconômicos do Brasil e a permanente necessidade de mão de obra no Japão, dentre outros fatores, vêm prolongando a estadia dos brasileiros em solo nipônico. Estas "facilidades" na entrada/reentrada no país receptor bem como as contradições da sociedade brasileira produziram um migrante "permanentemente temporário", em outras palavras, um indivíduo para quem as portas do Brasil e do Japão estão, aparentemente, sempre abertas. Essa condição gera uma expectativa permanente de retorno ao país de origem e uma ilusão de "temporariedade" que é facilmente desconstruída por números que apontam que os brasileiros estão ficando cada vez mais tempo no Japão e que a grande maioria dos que retornam para o Brasil acabam vivendo novas experiências migratórias. Essa ilusão — produzida e reproduzida pelo migrante e sua família, pelos órgãos planejadores do governo japonês e por outros atores desse processo social — gera uma série de interpretações do fenômeno migratório que, por sua vez, geram confrontos de interesses entre migrante e nativo, governo e sociedade, capital e trabalho que estouram em situações-limite que vêm colocando em xeque uma sociedade para a qual o controle — da natureza, do ser social, do indivíduo por si próprio — é umas das mais prezadas características. (...)

Fonte: MAXWELL, R. *Migrantes Brasileiros em Yaizu, Shizuoka, Japão – Um perfil socioeconômico*
Disponível em: <http://www.overmundo.com.br/banco/politicas-publicas-para-imigrantes-brasileiros-em-yaizu-shizuoka-japao>. Acesso em: 30 nov. 2016..

➢ Em 20 anos observou-se um crescimento vertiginoso do número de brasileiros que vivem no Japão. De acordo com o texto, quais fatores contribuíram para esse aumento expressivo?

ATIVIDADES

PASSO A PASSO

1. Sem possuir uma quantidade significativa em recursos naturais, o Japão teve de investir em tecnologia para poder tornar seu produto competitivo. Cite quais as principais áreas da indústria japonesa.

2. A dificuldade em lidar com o restrito espaço territorial japonês trouxe algumas medidas inovadoras na tentativa de solucionar esse problema; no entanto, a questão ambiental entra em pauta, colocando muitas "soluções" em xeque. Exemplifique um tipo de degradação ambiental que ocorre no Japão.

3. Caracterize a pirâmide etária japonesa.

4. Qual é a situação dos imigrantes brasileiros no Japão?

5. Cite as maiores cidades japonesas.

6. Qual é o quadro da agricultura no Japão?

IMAGEM & INFORMAÇÃO

1. O que é possível observar na imagem abaixo, que caracteriza a indústria automobilística, principalmente a japonesa?

MICHAEL S. YAMASHITA/CORBIS/LATINSTOCK

TESTE SEUS CONHECIMENTOS

1. (CFT – MG) Observe o cartaz ao lado, escrito em japonês e português, divulgado no Japão.

   A tradução "(...) é proibido dormir embaixo da ponte de cidade japonesa" não evidencia:
   a) a demissão em massa dos *dekasseguis* pelas montadoras de equipamentos eletroeletrônicos do país.
   b) a ausência generalizada de dispositivos legais que protegem o trabalhador estrangeiro nos países asiáticos.
   c) o aumento do número de sem-teto nas grandes cidades dinamizadas pelo capitalismo financeiro-informacional.
   d) a falta de moradia adequada aos imigrantes ilegais, atingidos pela hipertrofia do setor terciário da economia nacional.

Disponível em: <http://gazetaonline.com.br>.

2. (FATEC – SP) O Japão é um dos países mais industrializados do mundo. Esse país passou por momentos de abertura e fechamento de suas fronteiras, chegando a ficar quase anos isolado. Quando reabriu os portos, no século XIX, teve início o seu processo de industrialização, que contou com importantes investimentos estatais em educação, preparando mão de obra barata e disciplinada. Os investimentos também ocorreram no setor de infraestrutura, principalmente em portos e vias de circulação.

Outro fator do processo de industrialização do Japão foram os *zaibatsus*, que tinham grande influência sobre o governo e obtinham diversas vantagens. Sobre os *zaibatsus*, podemos afirmar corretamente que eram:

a) Tigres Asiáticos que alavancaram a industrialização do Japão no pós-Primeira Guerra Mundial até a década de 1970, quando migraram para a Coreia do Sul, Taiwan, Cingapura e Hong Kong.

b) empresas europeias de grande porte que, para conseguir maiores lucros, dominaram o processo de industrialização do Japão, desde a assinatura do Tratado de Kanagawa até a década de 1960.

c) grupos industriais e financeiros que se organizaram como conglomerados, atingindo grande tamanho e poder na economia japonesa entre a Era Meiji (1868-1912) e o final da Segunda Guerra Mundial.

d) pequenos industriais que foram favorecidos com a instituição da "lei das indústrias", durante o governo do Conselho Supremo das Potências Aliadas, comandado pelo general Douglas McArthur, que durou até 1952.

e) membros do partido nacionalista japonês que incentivaram o desenvolvimento endógeno da economia ao assinar, no fim do século XIX, a emenda Sakoku, que proibia a instalação de empresas estrangeiras no país.

3. (UFSJ – MG) A imagem abaixo ilustrou a capa de uma revista que trazia como manchete o envelhecimento da população mundial.

Sobre esse envelhecimento, é INCORRETO afirmar que:

a) em países asiáticos, como Japão e China, resulta em uma pirâmide etária com uma base larga e um ápice estreito.

b) é dinâmico e se estabelece em etapas sucessivas, o que é conhecido como "transição demográfica".

c) é um fenômeno que predomina em escala mundial, sendo mais frequente nos países mais desenvolvidos.

d) o continente que apresenta a maior taxa de idosos em relação à população total é o continente europeu.

4. (UECE) A posição do Japão no sistema mundial vem assumindo notável proeminência, com especial destaque no período que se segue à Segunda Guerra Mundial. Isto significa dizer que a presença japonesa pelo mundo afora se traduz, mais explicitamente, pela crescente conquista de fatias do mercado internacional.

Marque a opção FALSA a respeito da realidade japonesa.

a) O Japão teria tudo para ser apenas mais um arquipélago do oceano Pacífico, compondo um arco montanhoso e vulcânico, não fossem alguns traços que lhe conferem uma individualização em seu contexto sócio-espacial, ligada a seu caráter de potência industrial; sua capacidade de incorporar inovações ocidentais, partindo por vias autônomas para uma revolução tecnológica e uma interpenetração entre tradição e modernidade que permite falar numa "versão japonesa" de desenvolvimento.

b) Apesar do destaque no desenvolvimento econômico, o Japão enfrenta grandes adversidades naturais, reveladas pela grande distância que separa a costa japonesa do setor continental mais próximo; pelas dificuldades climáticas vinculadas a um regime monçônico e por uma instabilidade geológica expressiva.

c) A história econômica japonesa é marcada por dois momentos cruciais: o primeiro deles reporta-se à Restauração ou Revolução Meiji, ainda no século XIX, e o segundo está ligado ao período do "Milagre" Japonês, já depois da Segunda Guerra Mundial.

d) O processo de modernização no Japão, gerador de uma realidade urbano-industrial, desenvolveu a produtividade de todos os setores da economia, com destaque para a indústria de alta tecnologia e para a agricultura moderna de frutas, responsáveis pela exportação dos produtos japoneses mais consumidos nos mercados europeu e norte-americano.

CAPÍTULO 26

Rússia

A Federação Russa é o maior país do mundo em extensão territorial, com 17.075.400 km², localizada no leste da Europa e norte da Ásia. Nesse imenso território aparecem os Montes Urais que a cortam no sentido norte-sul, como também o Cáucaso no sul; na porção europeia e na Sibéria ocidental predominam extensas planícies.

O clima predominante é o temperado continental, com invernos muito rigorosos e ao norte temos o clima polar.

RÚSSIA – MAPA FÍSICO

Altitudes
- até 200 m
- de 200 m a 500 m
- de 500 m a 1.000 m
- de 1.000 m a 2.000 m
- acima de 3.000 m

Fonte: MATHIEU, J-L. (Org.). Géografie. ed. 2008. Paris: Nathan, p. 340. Adaptação.

A Federação Russa é formada por vinte e uma repúblicas, sendo a mais importante delas a Rússia; apresenta diferentes etnias e 128 nacionalidades com diferentes línguas, culturas e religiões. A maioria da população é russa, sendo cerca de 22,3% de não russos, o que significa pouco mais de 32 milhões de pessoas.

A população russa, com cerca de 142,3 milhões de habitantes (est. jul. 2016), distribui-se de maneira irregular e pouco homogênea pelo extenso território. Na porção europeia encontramos 78% do total de habitantes.

A imensidão territorial e o variado arcabouço geológico são responsáveis pelas grandes reservas naturais de matérias-primas e de fontes de energia. A Rússia é a segunda produtora de petróleo no mundo, a primeira produtora de gás natural e está entre os cinco maiores produtores de carvão, diamantes, minério de ferro, níquel, fosfatos, potássio e urânio.

Porém, essas riquezas não se distribuem de maneira uniforme pelo território. A maior parte delas concentra-se na Sibéria, no extremo oriental e no extremo norte. A porção europeia, embora represente apenas 15% de sua área, é a mais desenvolvida economicamente e mais densamente povoada e não apresenta subsolo rico.

O setor energético é vital para a economia russa, tanto para o consumo interno quanto para as exportações. O petróleo e o gás russo são vitais para a Europa e Japão, que são abastecidos por oleodutos e gasodutos oriundos das áreas produtoras na Sibéria. A participação da produção de petróleo e gás natural no PIB da Federação é muito alta. Apesar disso, o PIB da Rússia caiu, passando de US$ 497,8 bilhões em 2014 para US$ 341 bilhões em 2015.

A exploração dessas riquezas e o seu transporte sofrem limitações devido ao frio intenso, que cobre de neve extensas áreas durante meses, e à falta de infraestrutura dos meios de transporte, que não conseguem interligar de maneira eficiente esse imenso país. O problema com os meios de transporte se agravou depois da desintegração da URSS, já que entroncamentos e trechos de malhas ferroviárias e rodoviárias pertencem hoje a nações independentes. Dessa forma, os esforços russos se concentram na modernização de sua rede de transportes, na racionalização de seu uso, na implantação de plataformas de conexões de transportes intermodais e na ampliação e modernização das redes de transmissão de energia elétrica, como também das de telecomunicações.

SÉCULO XX, PALCO DE MUDANÇAS RADICAIS

A Rússia, no século XX, foi protagonista de importantes acontecimentos que mudaram o mundo. Os czares russos conquistaram um imenso império que se estendia, no século XVIII, das margens do Báltico ao mar Negro e Cáspio e que, no século XIX, passou a integrar também a Ásia Central e o Cáucaso.

No início do século XX, o czar Nicolau II governava o império, que apresentava fortes características feudais. Em 1917, em plena Primeira Guerra Mundial, houve a Revolução Russa, que pôs fim ao czarismo e na qual o Partido Bolchevique, liderado por Vladmir Lênin, acabou por implantar um regime socialista no país, com a economia centralizada e planejada.

Em 1922, foi criada a hoje extinta União das Repúblicas Socialistas Soviéticas (URSS).

Com o fim da Segunda Guerra Mundial, a URSS tornou-se uma grande potência, disputando a hegemonia política, econômica, ideológica e militar no planeta com os Estados Unidos, tendo como pano de fundo desta disputa a Guerra Fria.

A URSS foi dissolvida em 1991, devido aos enormes problemas decorrentes de um Estado centralizado e extremamente burocrático, que entravou o desenvolvimento tecnológico e o crescimento econômico desse país. A desintegração do Estado soviético deixou como herança grandes entraves e problemas para as repúblicas, que se tornaram independentes, e para a própria Federação Russa.

Uma economia em destaque

Em 1998 uma grave crise financeira atingiu a economia russa, decorrente da transição econômica do socialismo para a economia de mercado. Naquele ano, a Rússia declarou moratória da dívida externa privada e adiou o pagamento de títulos a vencer. O FMI socorreu a Rússia com 22 bilhões de dólares. Depois disso, para contornar seus graves problemas orçamentários e fiscais, a Rússia adotou uma série de medidas administrativas, jurídicas, bancárias, promoveu a reestruturação de sua grande dívida externa, bem como uma forte desvalorização do rublo, o que deu grande impulso à exportação. Esse período foi marcado pela interferência do Estado na economia, principalmente na agricultura, que efetuou a reforma fundiária e iniciou a privatização das terras no país. Dessa forma, voltando-se cada vez mais para a exportação de gás, petróleo e derivados, a Rússia conseguiu retomar o crescimento econômico, como mostra o gráfico abaixo.

Disponível em: <https://upload.wikimedia.org/wikipedia/commons/0/06/Russian_economy_since_fall_of_Soviet_Union.PNG>. Acesso em: 15 nov. 2016.

A INDÚSTRIA RUSSA

A grande concentração industrial no território russo dá-se na porção europeia, mais populosa e desenvolvida. Décadas depois do fim das economias socialistas, o setor industrial guarda resquícios da política industrial comunista que o tornou pouco competitivo e atrasado tecnologicamente perante as ricas economias capitalistas.

A União das Repúblicas Socialistas Soviéticas (URSS) privilegiou a indústria de base, deixando em segundo plano as inústrias de bens de consumo. Hoje, as consequências das diretrizes industriais adotadas se fazem sentir e a produção mostra-se muito aquém da demanda existente, apresentando produtos de baixa qualidade.

Por outro lado, a desintegração trouxe outros problemas ligados ao abastecimento de matérias-primas, pois muitas delas encontram-se em repúblicas independentes, provocando aumento de custos nos insumos industriais. Na década de 1990, a crise da economia russa foi um fator que agravou a situação, pois dificultou a substituição e reposição de equipamentos e a informatização das empresas, bem como a qualificação profissional.

O resultado é que alguns setores conseguem sobreviver melhor do que outros. Os que estão mais estruturados são o metalúrgico, o químico, o siderúrgico e os derivados de petróleo, enquanto o de bens de consumo é considerado bastante ineficiente. O capital estrangeiro tem investido na Rússia; porém, sua economia é tida atualmente como de risco pela comunidade internacional. A indústria automobilística já mostra uma nova face modernizada pelo fato de ter se juntado a grandes fábricas, tais como a italiana Fiat e a francesa Renault.

A política econômica russa visa a atrair capitais estrangeiros que levem à descentralização industrial, com a criação de zonas francas industriais, visto que os principais polos industriais são Moscou e São Petersburgo. Os principais parceiros comerciais da Rússia em 2015 foram, China, Holanda, Alemanha, Itálica e Belarus.

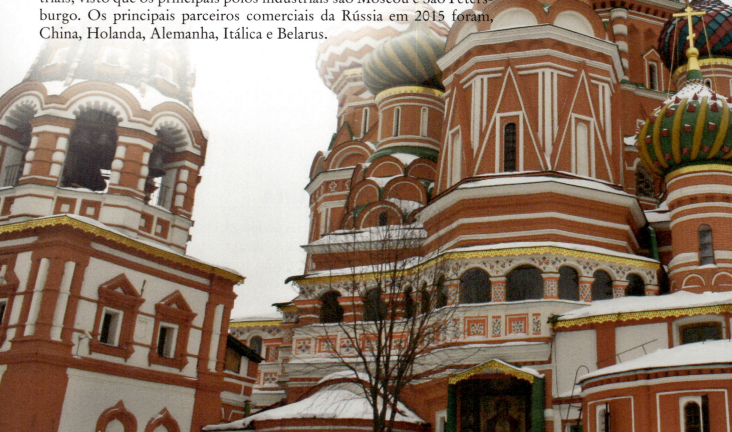

Ponto de vista

Exportação russa de armas desdenha questão ética

(...) Mísseis para Síria e Irã, aviões para Venezuela e Myanmar, helicópteros para o Sudão – a Rússia avança no mercado de armas, aparentemente imune ao debate ético que afeta o setor em outros lugares. (...)

E enquanto a Casa Branca luta para convencer o Congresso a aprovar um acordo nuclear EUA-Índia, que desperta temores de uma corrida armamentista, a Rússia está concluindo duas usinas atômicas para Nova Délhi.

A indústria de armas é um dos poucos setores da Rússia capazes de competir em pé de igualdade com as empresas do Ocidente, além de ser fonte de prestígio e de abertura de mercados.

"Não tenhamos ilusões: se pararmos de exportar armas, outros irão fazê-lo", disse Sergei Chemezov, diretor da Rosoboronexport (estatal de exportação bélica), em uma rara entrevista, no ano passado, à revista de negócios Itogi.

"O comércio de armas é lucrativo demais para que o mundo o evite. Felizmente, a Rússia entendeu isso. O período de romantismo democrático mudou para um período de pragmatismo empresarial", disse Chemezov, amigo íntimo do presidente Vladimir Putin desde que ambos trabalhavam na KGB (agência de inteligência soviética).

Mas tal pragmatismo atrai críticas internacionais, e alguns especialistas dizem que a aparente saúde das exportações russas esconde um declínio do setor, que ainda ganha dinheiro com o que restou do passado militar da União Soviética.

A Rússia fatura cerca de 5 bilhões de dólares por ano com o comércio de armas – cifra ofuscada por suas exportações de energia, metais e madeira.

Seus principais clientes são Índia e China, mas também há encomendas de Irã, Síria, Venezuela e da Autoridade Palestina – compradores que alguns países ocidentais rejeitam.

A Rússia diz cumprir estritamente os embargos internacionais e não aceitar negócios com regimes proscritos. Mas entidades de direitos humanos criticam Moscou por não impor limites unilaterais.

A Rede Internacional de Ação para Armas Pequenas diz que a Rússia vendeu armas a países cujas forças cometem abusos. "No sistema de controle de exportações da Rússia, não há virtualmente nenhuma referência ao controle de exportações bélicas por razões ligadas ao respeito aos direitos humanos internacionais e à lei humanitária", disse a ONG em documento divulgado neste mês.

Disponível em: <http://migre.me/cPiln>.
Acesso em: 15 jan. 2013.

➤ Discuta a legalização do comércio de armas e seus reflexos sobre a violência urbana.

A AGRICULTURA

A exploração agrícola ocupa 13,1% do território russo e ainda guarda grandes resquícios da agricultura estatal socialista. Essas grandes áreas de produção tornaram-se, ao longo dos anos, muito pouco eficientes e com baixíssima produtividade. Assim, os maiores problemas encontrados são a falta de equipamentos e de aplicação de tecnologia, utilização de mão de obra não suficientemente qualificada, além de dificuldades com a estocagem e o escoamento da produção.

Diante de um quadro bastante negativo, o governo privatizou a terra em 2003, mas os reflexos dessa ação ainda são pequenos e pouco perceptíveis na economia russa. Em virtude disso, a Rússia é grande importadora de produtos agrícolas.

A pecuária da Rússia apresenta-se pouco produtiva e bastante arcaica, tendo passado ao largo da modernização ocorrida nos países mais desenvolvidos e mesmo em alguns países de economia emergente.

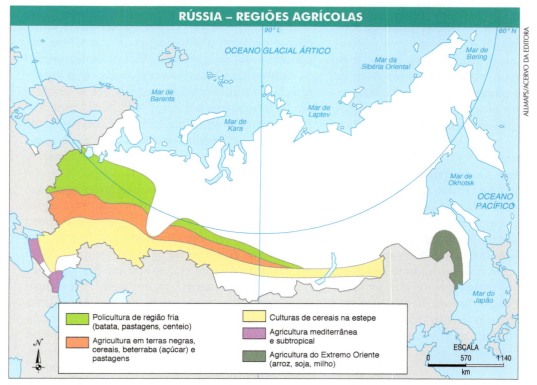

Fonte: ATLAS Geográfico Escolar. 6. ed. Rio de Janeiro: IBGE, 2012. Adaptação.

Integrando conhecimentos

A agricultura soviética tinha sérios problemas de produtividade, que se refletem até hoje no espaço rural da Rússia e de outras ex-repúblicas soviéticas. Além do atraso tecnológico, outro fator fundamental para explicar as dificuldades nos campos de cultivo soviéticos é a política agrícola desastrada adotada pelo regime de Moscou a partir da época em que Stálin foi secretário-geral do Partido Comunista da União Soviética. Essa política agrícola baseava-se em uma corrente local da ciência biológica denominada "mitchurinismo", estreitamente ligada à teoria da evolução elaborada por Jean-Baptiste de Monet, o Cavaleiro de Lamarck — então já largamente abandonada em favor da teoria da evolução de Darwin e da genética derivada dos trabalhos de Mendel. Leia abaixo trechos de um texto do historiador da ciência Orival Freire Jr. em que ele trata da discussão científica em torno dessas duas correntes na URSS:

"A polêmica na URSS sobre as teorias referentes à hereditariedade antecede a Segunda Guerra. Formaram-se basicamente duas escolas. A primeira delas sustentava na URSS a Teoria da Hereditariedade de Mendel/Morgan. Esta teoria situa-se no desenvolvimento do paradigma firmado por Charles Darwin com a Teoria da Evolução e buscava decifrar o enigma da hereditariedade. Entre os anos 1850 e 1860 Mendel estudou o cruzamento de ervilhas e formulou uma série de leis para explicar a transmissão de caracteres. (...) Morgan em 1910 retomou estes trabalhos cotejando-os a uma série de experiências realizadas com o cruzamento da mosca-da-fruta (...) e propôs que os fatores que intervinham nas leis de Mendel deviam ser unidades físicas concretas localizadas nos cromossomos (nos núcleos das células) e deu a estes fatores o nome de "genes". Esta teoria abria uma nova área de conhecimento, a genética, e se punha o desafio não só de formular as leis da transmissão dos caracteres, mas explicar a própria natureza dos genes. (...)

A outra corrente foi liderada por T. D. Lyssenko e apoiava-se no mitchurinismo – experiência soviética de massas no desenvolvimento de novos métodos na agricultura – para defender seus pontos de vista. Esta corrente divergia da teoria de Mendel/Morgan desde a base, pois sustentava que a interação do organismo vivo com meio ambiente produzia no organismo alterações que seriam transmitidas aos seus descendentes. É evidente que esta teoria ligava-se à Teoria dos Caracteres Adquiridos, formulada por Lamarck no início do século XIX e superada pelos trabalhos de Darwin. (...)

Já nos anos 1930 os partidários de Mendel/Morgan sofreram variadas restrições e no pós-guerra este debate foi reavivado tendo o seu desfecho numa sessão da Academia Lênin de Ciências Agrícolas em agosto de 1948. O discurso de T. D. Lyssenko nesta sessão é uma peça célebre na história da ciência e da URSS (...).

Na abertura ele (...) considera, referindo-se a Darwin, que "sua teoria sobre a seleção é um resumo das seculares experiências práticas dos criadores de plantas e animais". A defesa de sua teoria enquanto uma teoria de transmissão dos caracteres adquiridos é explícita: "A teoria materialista da evolução da natureza viva compreende o reconhecimento da necessidade de transmissão hereditária de características individuais adquiridas pelo organismo nas condições de sua vida; ela é incompreensível sem o reconhecimento da hereditariedade de caracteres adquiridos". Também é explícita a vinculação de sua teoria ao pensamento de Lamarck: "Em primeiro lugar, as conhecidas teses lamarckianas, que reconhecem o papel ativo das condições exteriores na formação do ser vivo, e a hereditariedade de caracteres adquiridos, ao contrário da metafísica do neodarwinismo (...) não são absolutamente errôneas. Elas são perfeitamente verdadeiras e científicas". (...)

Contudo, a força da argumentação de Lyssenko, que leva à Academia a aprovação de seu relatório, reside em outros terrenos. O primeiro está na carga da argumentação ideológica. A teoria de Mendel/Morgan seria idealista e reacionária. A luta na Biologia seria parte da Guerra Fria em curso. Nas suas palavras: "Na época atual de luta entre dois mundos, as duas correntes opostas e antagônicas que penetram nos fundamentos mesmos de quase todos os ramos da Biologia estão definidas de maneira particularmente aguda". (...) Mas, o seu principal argumento é de autoridade: o apoio do partido soviético e de Stálin a sua teoria. Embora não haja resoluções formais do partido soviético a respeito deste tema o apoio não oficial é amplamente usado por Lyssenko no seu discurso. Afirma: é a "(...) doutrina de Mitchurin, a corrente mitchurinista na ciência, apoiada pelo Partido Bolchevique e pela realidade soviética". (...) "O Partido, o Governo, e Stálin, pessoalmente, dedicaram um interesse inabalável ao futuro desenvolvimento da doutrina de Mitchurin". (...)"

Disponível em: <http://migre.me/cSLh6>.
Acesso em: 19 jan. 2013.

> ➤ A partir do texto lido, justifique por que costuma ser inadequado definir o cientista como um observador neutro e independente dos fenômenos que ele descreve e explica. Nesse sentido, mostre também as consequências práticas de considerar iguais as ideias de "científico" e de "verdadeiro".

POPULAÇÃO

A população russa concentra-se na porção europeia do país. A região central, onde se encontra Moscou, é a principal concentração industrial e urbana, com mais de 40 milhões de habitantes. Moscou é uma metrópole com mais de 12 milhões de habitantes, que exerce uma forte atração populacional.

A Rússia enfrenta uma grave crise demográfica, com uma taxa de fecundidade de 1,61 filho por mulher (2016). A taxa de natalidade é de 11,3 nascimentos por mil, o crescimento demográfico é de –0,06% (2016) e a taxa de mortalidade é alta (13,6‰), inclusive a infantil, ficando nos mesmos níveis de muitos países pobres em vias de desenvolvimento. A esperança de vida para mulheres é de 76,8 anos e de 65 anos para os homens.

A entrada do país na economia de mercado fez com que disparassem as desigualdades sociais, havendo forte concentração de renda.

ATIVIDADES

PASSO A PASSO

1. Caracterize a economia russa após a crise e o desmantelamento da URSS.
2. Analise a pirâmide etária russa.
3. Por que há, por parte das autoridades, uma preocupação em desconcentrar as atividades industriais no país?
4. Que relação é possível estabelecer entre a população e a extensão territorial do país?
5. Apesar de abundante, há uma dificuldade em promover a extração dos recursos naturais na Rússia. Qual é essa dificuldade?

IMAGEM & INFORMAÇÃO

1. Analise a imagem abaixo e explique por que se dá essa concentração.

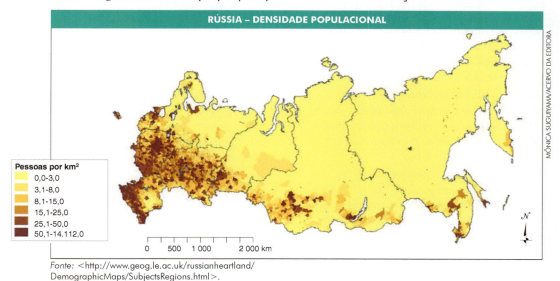

Fonte: <http://www.geog.le.ac.uk/russianheartland/DemographicMaps/SubjectsRegions.html>.

2. A imagem abaixo representa uma importante fonte de energia para a Rússia. Que fonte é essa? Pela imagem é possível saber como ela é transportada?

TESTE SEUS CONHECIMENTOS

1. (MACKENZIE – SP) **Rússia: Moscou bate recorde de natalidade**

Segundo informação da vice-prefeita e responsável pela política social da capital, Liudmila Shvetsova, em agosto deste ano foram registrados em Moscou 12 mil nascimentos – um evento a ser comemorado no momento em que a Rússia, preocupada com o decréscimo de sua população, faz campanhas de natalidade.

Ainda de acordo com Shvetsova, em Moscou a natalidade está crescendo e a mortalidade diminuindo, resultado que tranquiliza a vice-prefeita, ela mesma incentivadora e participante de campanhas pelo aumento da população nacional.

http://www.diariodarussia.com.br

Relacionadas à notícia dada, considere as afirmações I, II e III.

I. O envolvimento do país em conflitos na região do Cáucaso, como na Chechência, Daguestão, Iguchétia e Estônia, foi responsável por um expressivo aumento nos índices de mortalidade do país, equivalente ao que ocorreu na Segunda Guerra Mundial.

II. A baixa natalidade, comum a diversos países europeus, é um fator que preocupa as autoridades do país em relação à sustentabilidade do sistema previdenciário e à reposição de mão de obra.

III. Além da questão socioeconômica, há questões étnico-religiosas, pois muitos russos se preocupam com o maior ritmo de crescimento demográfico entre minorias com religião islâmica, o que poderia acentuar conflitos e tensões já existentes no país.

Dessa forma:

a) apenas I e II estão corretas.
b) apenas II e III estão corretas.
c) apenas I e III estão corretas.
d) I, II e III estão corretas.
e) apenas I está correta.

2. (UNIFOR – CE) Em março último, parte do território da Ucrânia foi anexada pela Rússia após a realização de referendo, no qual a população dessa região decidiu por sua separação do país do qual anteriormente fazia parte, trazendo de volta para a Europa e para o mundo a ameaça de conflito entre países ocidentais, liderados pelos Estados Unidos e a Rússia.

Acerca dessa crise, é CORRETO afirmar que:

a) denomina-se de Chechênia a região que, separada da Ucrânia, foi anexada pela Rússia.

b) como 30% do gás natural consumido nos países da Europa Ocidental é fornecido por ela, a Rússia ameaça cortar esse fornecimento como forma de pressionar os países europeus contrários aos interesses russos.

c) a Ucrânia, país localizado às margens do mar Báltico, desde sua independência, no final da Segunda Guerra Mundial, tem fortes ligações com os países europeus ocidentais.

d) o Brasil assumiu uma posição clara em favor do respeito da integridade da Ucrânia, congelando suas relações diplomáticas com a Rússia.

e) A crise política na Ucrânia teve início a 21 de novembro, com manifestações de milhares de pessoas para protestar contra a decisão do presidente de reforçar os laços econômicos e comerciais com a União Europeia.

3. (UNESP) O tratado de adesão da Crimeia foi assinado no Kremlin dois dias após o povo da Crimeia aprovar em um referendo a separação da Ucrânia e a reunificação com a Rússia. O referendo foi condenado por Kiev, pela União Europeia e pelos Estados Unidos, que o consideraram ilegítimo.

Antes do anúncio do acordo, Putin fez um discurso ao Parlamento afirmando que o referendo foi feito de acordo com os procedimentos democráticos e com a lei internacional, e que a Crimeia "sempre foi e sempre será parte da Rússia".

http://g1.globo.com

No início de 2014, a incorporação da Crimeia à Rússia reacendeu o debate sobre as lógicas de organização política do espaço geográfico na Nova Ordem Mundial.

Durante a Velha Ordem Mundial qual era a relação política e territorial entre a Rússia e a Ucrânia? Explique por que a incorporação da Crimeia à Rússia difere da tendência de organização política do espaço geográfico mundial após o estabelecimento da Nova Ordem Mundial.

4. (UFU – MG) Durante quase 50 anos, a União Soviética foi o único país a fazer frente ao poder econômico e militar dos Estados Unidos. Mesmo com o seu esfacelamento territorial e político, no início da década de 1990, a Rússia ainda preserva parte do seu antigo poder.

Considerando o texto e os principais desafios enfrentados pela Rússia e a região onde ela está localizada, é correto afirmar que:

a) o intenso processo migratório entre a Rússia e as repúblicas autônomas é considerado de grande importância para a economia local e tem promovido a unificação regional.

b) grande parte das indústrias da Rússia continua voltada à produção de armamentos e veículos militares, o que a torna a maior fornecedora de material bélico no mundo.

c) a Rússia mantém a unidade territorial devido às melhorias nas condições socioeconômicas da população e ao aumento da renda *per capita* nas repúblicas autônomas.

d) a Rússia, na atualidade, pode ser considerada um dos países com maior diversidade de etnias convivendo em seu território e é o principal centro de poder político e militar na região.

5. (UCS – RS) Apesar de ser o maior país do mundo, a Rússia tem dificuldade de encontrar uma saída permanente para o mar nas proximidades de suas principais cidades. Na parte norte do país, os rios ficam congelados, assim como em parte do mar Báltico e do oceano Glacial Ártico. No sul, o rio Volga desemboca no mar Cáspio, que é fechado. Para contornar esse problema, foram construídos inúmeros canais que interligam os principais rios aos litorais. O canal Lênin, por exemplo, faz a ligação do rio Volga com o Don, que desemboca no mar de Azov, que dá acesso ao mar Negro. Desse modo, a Rússia tem acesso (via mar Negro) ao mar Mediterrâneo, utilizando-se também do estreito de Bósforo, do mar de Mármara e do estreito de Dardanelos.

TAMDJIAN, J. O. *Geografia:* estudos para a compreensão do espaço. v. único. 2. ed. São Paulo: FTD, 2013. p. 100.

Assinale a alternativa que indica a problemática abordada no texto.

a) Problema ambiental com desdobramento econômico.

b) Problema geopolítico com desdobramento econômico.

c) Problema hidroclimático com desdobramento geopolítico.

d) Problema econômico com desdobramento ambiental.

e) Problema geopolítico com desdobramento hidroclimático.

6. (UFG – GO) Os recentes protestos de uma parte da população na Ucrânia contra o governo, a partir de novembro de 2013, têm gerado tensões internacionais e atraído os interesses da União Europeia, da Rússia e dos Estados Unidos. A atual situação política na Ucrânia decorreu:

a) do conflito entre os governos da Ucrânia e da Rússia, a partir da ameaça do gabinete presidencial russo em suspender o fornecimento de gás.

b) da desistência do governo da Ucrânia em se associar à União Europeia (UE), o que provocou a queda do primeiro-ministro ucraniano.

c) da mudança do comando administrativo da Rússia, o que impossibilitou novos investimentos na Ucrânia.

d) do conflito russo da Chechênia, o que desencadeou crises econômicas nos países do Cáucaso.

e) do desentendimento entre os governos da Ucrânia e dos EUA, a partir da ameaça sobre medidas protecionistas contra os produtos ucranianos.

CAPÍTULO 27
China, Índia e África do Sul

CHINA

A República Popular da China localiza-se no leste da Ásia, com um território de 9.536.499 km². É o país mais populoso do planeta, contando com 1,37 bilhão de pessoas (est. jul. 2016). Este vasto território conta com extensos planaltos que se estendem na direção oeste-leste; a sudoeste aparece o Himalaia, a mais alta cadeia montanhosa do planeta; na porção oeste e centro situa-se o Planalto do Tibet; ao norte, o deserto de Gobi e o planalto da Mongólia; a nordeste, a planície da Manchúria; e ao sul, a planície da China.

CHINA – FÍSICO

Altitudes:
- até 200 m
- de 200 m a 500 m
- de 500 m a 1.000 m
- de 1.000 m a 2.000 m
- de 2.000 m a 3.000 m
- de 3.000 m a 4.000 m
- acima de 4.000 m

Fonte: ATLAS Geográfico Escolar. Rio de Janeiro: IBGE, 2012. p. 46. Adaptação.

A China apresenta grande diversidade de climas, sendo o norte árido e frio, e na Cordilheira e altos planaltos prevalece o frio de montanha; ao sul o clima de monções, com seus ventos carregados com muita umidade no verão; no nordeste e leste do país predomina o clima temperado.

O subsolo chinês é rico em diversos recursos minerais, sendo o maior produtor mundial de carvão mineral, e também o quinto produtor mundial de petróleo (2015). Também encontramos estanho, ferro e alumínio.

Tempos turbulentos

No século XIX, países ocidentais com interesses imperialistas passaram a ter a China como alvo. A Inglaterra, a maior potência da época, travou duas guerras, conhecidas como Guerras do Ópio, para impor seus interesses e, com a vitória, passou a controlar os portos e o comércio chinês com o Ocidente, inclusive fazendo de Hong Kong uma colônia inglesa em território chinês.

A interferência estrangeira na China não se restringiu à Inglaterra; também estadunidenses e franceses conseguiram privilégios comerciais. Em 1858, foi invadida pela Rússia e perdeu grandes extensões do seu território setentrional. Na segunda metade do século XIX, foi obrigada a ceder o atual Vietnã para a França e perdeu a Coreia e Taiwan para o Japão.

Na década de 1920, iniciou-se uma disputa entre nacionalistas, liderados por Chiang Kai-shek, e comunistas, cujo líder máximo era Mao Tsé-tung. Enfraquecida por uma guerra civil, foi invadida pelo Japão em 1937, que ocupou a Manchúria, colocando no poder um governo controlado por Tóquio.

Com a rendição em 1945, o Japão deixou de ser um inimigo em potencial. Na segunda metade da década de 1940, as forças do Partido Comunista (PC) chinês voltaram-se contra Chiang Kai-shek, que mesmo com a ajuda estadunidense não conseguiu impedir a tomada de Pequim pelos comunistas em 1.º de outubro de 1949. Chiang Kai-shek fugiu para a ilha de Formosa (Taiwan), instaurando a República da China, e tornou-se forte aliado do Ocidente. No continente foi instalada a República Popular da China.

No início do governo comunista, a Rússia foi sua grande aliada. Mas, em 1960, o governo de Moscou suspendeu a ajuda econômica e militar à China Popular, e antigas disputas territoriais e ideológicas marcaram o relacionamento dos dois países. Mao proclamou a via chinesa do socialismo, que serviria como modelo para os países do Terceiro Mundo.

Mao Tsé-tung – o Grande Timoneiro – alternou períodos de poder supremo com outros de menor poder, momentos nos quais o comando do país esteve nas mãos de elementos da ala mais moderada do Partido. Em 1958, Mao lançou o "Grande Salto para Frente", uma campanha que pretendia tornar a China uma nação desenvolvida e socialmente igualitária. O resultado não foi o esperado; a economia chinesa ficou totalmente desorganizada e milhões de pessoas morreram de fome.

Após o fracasso do Grande Salto, a economia chinesa priorizou a instalação de indústrias de base que se desenvolveram próximas às jazidas de carvão, de minério de ferro e de petróleo.

Em 1966, querendo retomar o poder absoluto, perdido parcialmente com o fracasso do Grande Salto, Mao liderou a Revolução Cultural, apoiando-se na ala mais radical de esquerda do PC e na Guarda Vermelha, milícia formada por jovens, o que desencadeou um período de perseguições políticas em proporção inimaginável, com acusações, prisões, torturas e morte de desafetos ou de qualquer um que fosse considerado "inimigo do povo".

Em 1975, a ala moderada do Partido retomou o poder com Deng Xiaoping, que havia caído em desgraça durante a Revolução Cultural. Mao morreu em 1976.

No final da década de 1970, Deng iniciou uma série de reformas conhecidas como as "Quatro Grandes Modernizações" – da indústria, da agricultura, da ciência e tecnologia e das Forças Armadas. Dentro da visão pragmática da cúpula de poder chinesa, foi implantada a "economia socialista de mercado", ou seja, a liberalização econômica dentro de uma vivência política e ideológica socialista. Assim, foram criadas, em 1980, as **ZEEs, Zonas Econômicas Especiais**, áreas no litoral abertas ao capital estrangeiro, onde se produzem mercadorias voltadas para a exportação e também há incentivo para a exploração agrícola privada. Em pouco tempo, os resultados dessas medidas surpreenderam o mundo, pois as taxas de crescimento de sua economia ficaram entre 9% e 10% ao ano.

A construção da "Grande Muralha" da China levou mais de mil anos. Essa enorme construção tem 21.196 km de extensão e cerca de 7 m de altura

Os produtos chineses passaram a ser consumidos no mundo inteiro, dada a sua alta competitividade alcançada graças a um enorme contingente de mão de obra barata, levando vantagens sobre seus principais concorrentes, os Tigres Asiáticos. A política de abertura não significou a adesão completa a uma economia de mercado pura e simples, pois o Estado mantém o monopólio da energia e de sua potente indústria de base. Além disso, a existência de grande quantidade de fontes de energia, principalmente o carvão e o petróleo, é o que dá sustentação ao desenvolvimento industrial.

As principais áreas industriais concentram-se no litoral.

A agricultura

Preocupado em alimentar sua enorme população, o governo iniciou uma política de modernização do campo para alcançar maior produtividade.

A China tem 54,7% de terras que podem ser cultivadas, concentradas principalmente nas planícies do Nordeste e Norte, nos cursos médios e inferiores do Rio Changjiang, no delta do Zhujiang e na depressão de Sichuan. A redução de sua área cultivada se deu pelo aumento da urbanização. Preocupadas com essa situação, as autoridades chinesas decidiram fechar e desativar zonas de desenvolvimento industrial próximas ao litoral e proibir edificações e o uso das áreas cultivadas para fins não agrícolas. Essa diminuição tem graves reflexos na alimentação da população chinesa, fazendo com que aumente a necessidade de importação de alimentos, se agravem as deficiências alimentares e, também, as desigualdades já existentes.

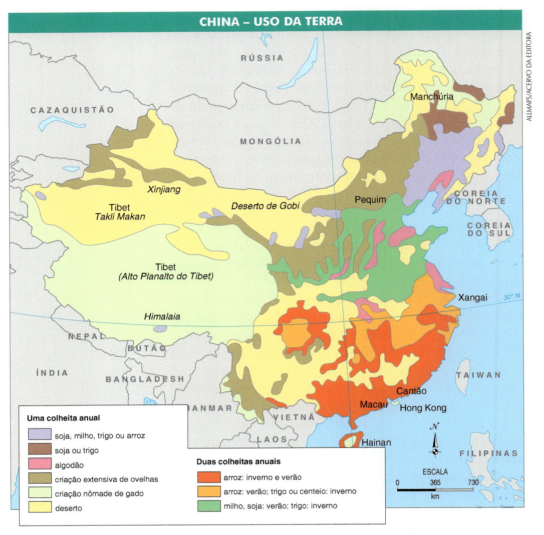

Fonte: Library of Congress. Disponível em: <http://www.loc.gov/item/2007628758>. Acesso em: 15 nov. 2016. Adaptação.

Quando falamos de um bilhão de pessoas, fica difícil imaginar o real significado desse número e qual o peso que ele tem para um país, ainda mais com um ritmo acelerado de crescimento. No período de 1950 a 2016, a população quase triplicou, passando de 540 milhões de habitantes para 1,37 bilhão (est. jul. 2016).

Essa população não é homogênea em termos étnicos, embora a etnia Han seja majoritária, representando 92% do total de habitantes. O governo reconhece cinquenta e seis *minorias nacionais* que se espalham pelo vasto território, com seus diferentes dialetos e culturas. Diante do rápido crescimento demográfico, o governo chinês passou a se preocupar com um problema eminente de *superpopulação*, ou seja, o excesso de população em determinada área, em relação aos recursos existentes. Em 1956 e 1962 foram lançadas as primeiras campanhas para redução da natalidade, baseadas em casamento mais tardio, no uso de métodos contraceptivos e na prática de aborto. Essas campanhas tiveram sucesso nas áreas urbanas, sem, entretanto, atingir a população rural (cerca de 44,4% dos habitantes).

A partir de 1970, diante da pouca eficiência das políticas de natalidade no campo, foi introduzida uma severa política de controle da natalidade, com o objetivo de reduzir a média de filhos por casal de seis para dois. Em 1979, visto que os números não atendiam às expectativas governamentais, foi proposta uma redução ainda mais radical na taxa de natalidade, concretizada pela política do filho único, ou seja, cada casal poderia ter apenas um filho. Dessa vez, porém, o governo não restringiu sua ação ao controle da natalidade, mas garantiu benefícios àqueles que tivessem apenas um filho e impôs sanções aos que tivessem dois filhos ou mais.

A cultura chinesa valoriza muito o filho do sexo masculino e, por isso, muitos casais não aceitaram a política do filho único. É elevadíssimo o número de gestações interrompidas, mesmo em adiantado estado, quando a ultrassonografia revela que o bebê é do sexo feminino. Nas áreas rurais, muitas recém-nascidas são literalmente abandonadas ou deixadas em orfanatos para que o casal possa tentar o tão sonhado "menino".

Aliada a essa política governamental radical, o crescimento da urbanização, a melhora na qualidade de vida e a maior escolaridade fizeram com que a China tenha hoje uma taxa de natalidade de 12,4‰ ao ano (est. jul. 2016), menor do que muitos países desenvolvidos.

A população chinesa não se distribui de maneira uniforme pelo território. A maioria absoluta dos habitantes concentra-se na costa oriental do país, com seus vales e deltas bastante férteis, onde se encontram as grandes cidades, como Xangai, as conurbadas Pequim-Tianjin e também Hong Kong-Shenzen-Guangzhou. O oeste e o norte são pouco povoados e há ações governamentais que visam a sua ocupação.

A China vem enfrentando um forte êxodo rural, principalmente depois da criação das ZEEs e das terras que foram descoletivizadas. O crescimento da população urbana se dá de forma bastante rápida, sendo dez vezes maior do que o aumento da população rural. Cerca de 6% dos chineses vive abaixo da linha de pobreza.

Por outro lado, o desenvolvimento econômico fez com que surgisse uma "classe média chinesa" com melhor qualidade de vida, maior nível de consumo e aberta aos valores ocidentais. Essa classe média é um mercado de aproximadamente 300 milhões de pessoas (o que o torna extremamente atrativo para as grandes empresas transnacionais), concentrado nas regiões sul e sudeste do país.

Hong Kong é da China

Na primeira Guerra do Ópio, em 1842, a ilha de Hong Kong foi cedida aos ingleses. Em 1860, no final da segunda Guerra do Ópio, a península de Kowloon, território continental chinês, também passou para o controle britânico. Em 1898, a Grã-Bretanha arrendou por 99 anos a área de Hong Kong.

A partir da década de 1960, preocupada em atrair capitais estrangeiros, a administração de Hong Kong optou pela elimina-

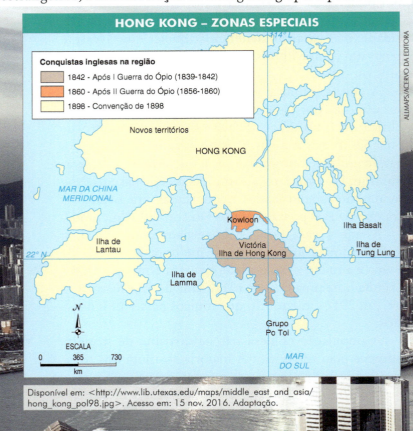

Disponível em: <http://www.lib.utexas.edu/maps/middle_east_and_asia/hong_kong_pol98.jpg>. Acesso em: 15 nov. 2016. Adaptação.

Hong Kong é um dos principais polos do capitalismo asiático. A China recuperou a ex-colônia britânica em 1997, passando de oitava para sétima maior economia do mundo.
Área: 1.078 km².
População: 7,2 milhões (est. jul. 2016).

ção de barreiras alfandegárias e de encargos sociais e fiscais. Assim, a possessão inglesa atraiu grandes investimentos externos e tornou-se uma das mais pujantes representantes da economia capitalista do mundo.

Em 1.º de julho de 1997, Hong Kong voltou a integrar a República Popular da China. A partir dessa data, o quarto mercado financeiro e um dos mais movimentados portos do planeta voltou ao domínio chinês, incrementando sua economia. Embora o PC chinês mantenha a questão ideológica e política sob rígido controle, a reintegração não significou a adesão de Hong Kong ao sistema socialista. Pragmáticos, os chineses afirmam que a posse da antiga colônia britânica foi feita sob o lema "um só país, dois sistemas". Para evitar fuga de capitais, a China se comprometeu a manter o sistema capitalista até 2047 e a preservar a autonomia administrativa da ex-colônia, cabendo a Pequim tratar de sua defesa e dar as diretrizes de sua política externa.

Em 1984, quando o acordo de devolução foi firmado, muitos habitantes não acreditaram que o governo de Pequim o respeitasse integralmente. Porém, esse medo se mostrou infundado, pois com a abertura econômica chinesa diversas empresas de Hong Kong cruzaram a fronteira, instalando-se em território chinês. O inverso também foi verdadeiro e hoje se calcula que mais de 60% dos investimentos externos chineses estejam em Hong Kong.

pragmáticos: práticos

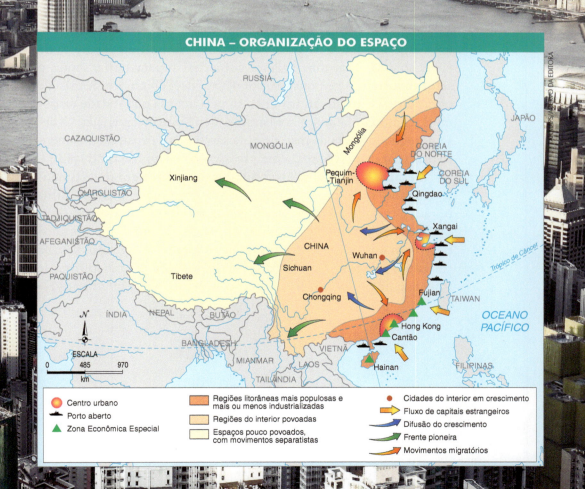

A potência emergente

A China vem investindo maciçamente em desenvolvimento tecnológico e científico para fazer frente aos países industrializados e aos emergentes, como os Tigres Asiáticos, e, assim, manter seus produtos altamente competitivos. Dessa forma, o setor de telecomunicações e de infraestrutura receberam grandes recursos, bem como créditos destinados à pesquisa e à educação. Um esforço concentrado se deu na formação de jovens universitários, notadamente nas áreas ligadas à produção industrial, como a engenharia.

As principais zonas industriais e urbanas encontram-se na faixa litorânea, nas cidades de Pequim e Xangai. A média da densidade populacional da China é de 144 hab./km², com distribuição desequilibrada, pois no litoral leste alcança mais de 400 hab./km², nas regiões centrais mais de 200 hab./km² e no noroeste há menos de 10 hab./km². Nos últimos anos, a China vem empreendendo um gigantesco movimento para interiorizar o desenvolvimento praticamente restrito às zonas litorâneas.

Para garantir o desenvolvimento econômico, o governo chinês realizou grandes obras de infraestrutura, como a usina hidrelétrica de Três Gargantas e da transposição de águas do rio Yangtsé, a criação de mais de 8,5 mil quilômetros de novas ferrovias, visando à interligação do interior com as regiões litorâneas de maior dinamismo econômico.

O PIB chinês é de 10,33 trilhões de dólares, ou 67,67 trilhões de yuanes em 2015, o segundo do mundo, e sua economia mantém um ritmo acelerado há mais de uma década, ficando por volta de 6,9% ao ano, com uma balança comercial superavitária, sendo o setor industrial o responsável por 40,9% do PIB chinês. A mão de obra chinesa é muito atrativa não só pela imensa quantidade disponível, como também por ser barata e altamente disciplinada. O desemprego e a oferta de mão de obra são freios à expansão e aumento dos salários e à consequente pressão nos custos de produção.

A indústria chinesa atrai bilhões de dólares em investimentos, sendo responsável praticamente por quase toda a "linha branca" (geladeiras, *freezers*, fogões) de eletrodomésticos estadunidenses. Em outras palavras, os estadunidenses (e o mundo) compram tais produtos todos *made in China*. A situação está se tornando complicada para países tradicionalmente receptores de transnacionais industriais, como o México, visto que os investidores dos países ricos preferem a China a essas nações, sobretudo pela redução de custos advinda do baixo valor da mão de obra chinesa. Em termos de uso de fontes de energia, analistas apontam o crescimento da demanda de petróleo por chineses, como fator de alta do produto no mercado internacional. O aumento do mercado interno chinês também significa aumento do uso de matérias-primas e fontes de energia em larga escala. Os problemas de poluição ambiental passam a preocupar as autoridades chinesas e do mundo em geral.

ÍNDIA

A República da Índia localiza-se na porção Centro-Sul da Ásia, com uma área de 3.287.782 km² e uma população que já atingiu 1,27 bilhão de habitantes em 2016.

O território indiano apresenta grandes diferenças em termos de relevo e também em relação ao clima. Ao norte aparece a cordilheira do Himalaia, com diversos pontos com mais de 6.000 m de altitude; a maior parte do país encontra-se no planalto do Decã, rico em ferro e manganês; na porção oeste do planalto aparecem escarpas mais elevadas, chamadas de *Ghatts* (altiplanos). Entre o Himalaia e esse extenso planalto aparece a planície indo-gangética, com solos bastante férteis.

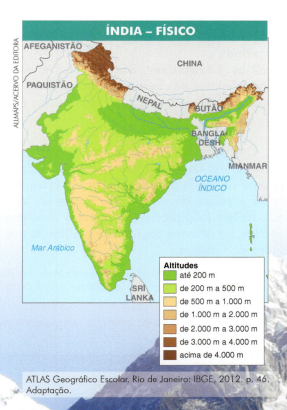

ATLAS Geográfico Escolar. Rio de Janeiro: IBGE, 2012. p. 46. Adaptação.

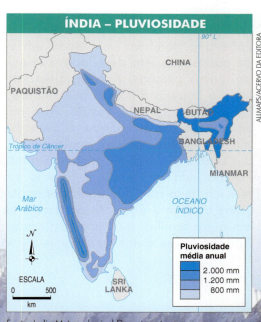

Fonte: India Meteorological Department. Disponível em: <http://www.imd.gov.in/section/climate/annual-rainfall.htm>. Acesso em: 15 de jul. 2013. Adaptação.

Em relação ao clima podemos afirmar que existem *duas Índias*: uma seca e outra bastante úmida, devido ao clima de monções. Na porção noroeste aparece o deserto de Thar, onde as precipitações são inferiores a 500 mm ao ano; também são secos o extremo norte, a região do Himalaia e a faixa central do país. Nas demais regiões, as altas temperaturas e a umidade trazida pelas monções de verão caracterizam o clima.

A imensa população guarda uma diversidade enorme de línguas e culturas. A religião predominante é a hindu, sendo seguida por 79,8% da população, que se dividia em castas. Seguem-se os muçulmanos (14,2%), cristãos (2,3%), *sikhs* (1,7%), e outros (2%). Muçulmanos e a maioria hindu travam constantes conflitos desde a independência da Índia, em 1947.

A Índia apresenta uma população predominantemente rural, sendo que cerca de 70% dela vive da agricultura de subsistência. Os 30% restantes são responsáveis por uma grande produção agrícola, sendo grandes produtores de arroz, pluma, algodão, amendoim, feijão, legumes e frutas, como banana e manga.

Disseram a respeito...

O sistema de castas na Índia

A Índia deu ao mundo, uma série de coisas entre elas: a filosofia, arquitetura e as histórias que têm ocupado a cabeça de gerações de pessoas em todo o mundo. Entretanto, também, tem dado um sistema de castas que tem desafiado a imaginação de muitas pessoas, e, além disto, escandalizou o Império Britânico que sempre se viu como o exemplo do mundo. Para muitos o sistema de castas impediu o avanço da Índia por muitos séculos, mesmo hoje, com a Constituição indiana que não permite tal coisa, ainda vemos que o sistema é atuante e tem feito com que muitas pessoas sejam vistas de forma diferente por terem nascido em outra família, ou então, em outra casta. Este sistema se divide da seguinte forma:

- brâmanes – sacerdotes considerados puros, privilegiados, "saídos dos lábios de Brama";
- xátrias ou guerreiros – "saídos dos braços de Brama", "que protegiam todos contra a maldade";
- vaicias – lavradores, comerciantes e artesãos, "saídos das pernas de Brama";
- sudras – servos e escravos, "saídos dos pés de Brama".

Os chamados "impuros" ou "párias" não pertencem a nenhuma casta. Eram nascidos de uma união de pessoas de castas diferentes ou de expulsos de suas castas por terem violado as leis religiosas. Não podiam viver nas cidades, ler os livros sagrados e banhar-se nas águas do Ganges.

Disponível em: <http://www.midiaindependente.org/pt/blue/2003/07/259125.shtml>. Acesso em: 15 jul. 2013.

➢ O sistema de castas indiano estava ligado às crenças religiosas predominantes na Índia? Explique.

Antiga civilização

A civilização hindu remonta a 2500 a.C., tendo se originado às margens do rio Indo, local que se situa hoje no muçulmano Paquistão. A sociedade indiana era dividida em castas – camadas sociais hereditárias e endógamas (os casamentos se dão entre membros da mesma casta), cujos membros pertencem (neste caso específico) à mesma religião, o hinduísmo. Em um sistema de castas, a divisão social é muito rígida; não havendo mobilidade social, os indivíduos nascem e morrem em uma mesma casta.

Na segunda metade do século XVIII, o imperialismo britânico consolidou-se também na Índia. Porém, no século seguinte, os ingleses tiveram de usar suas tropas para sufocar uma série de rebeliões de caráter nacionalista e anticolonialista.

No século XX, o sentimento anticolonialista foi crescendo e, liderados por Mohanda Ghandi (também chamado de Mahatma – a Grande Alma) e Nehru, os indianos aderiram a uma forma pacífica de demonstrar seu descontentamento, deixando de pagar impostos e não consumindo produtos ingleses, em um movimento amplo de *desobediência civil*.

Em 1947, a Índia conseguiu a sua tão sonhada independência; porém, dada a divisão da população entre dois grandes grupos religiosos, o país foi dividido em duas partes: uma muçulmana, que deu origem ao Paquistão, e outra hinduísta, constituindo a Índia hinduísta. A partilha não aconteceu de forma pacífica, e mais de 200 mil pessoas morreram nos conflitos entre muçulmanos e

Taj Mahal, o mais famoso monumento da Índia e símbolo do amor eterno.

Integrando conhecimentos

O críquete na descolonização indiana

Durante os quase noventa anos em que o subcontinente indiano permaneceu sob controle direto ou indireto da Coroa britânica, não foram poucas as trocas culturais entre colonizados e colonizadores. Muitas formas culturais provenientes desse intercâmbio persistiram mesmo após a descolonização, mais ou menos adaptadas aos novos contextos sociais e políticos. Esse é o caso do críquete, esporte surgido no Reino Unido que acabou por ganhar grande relevância nas suas ex-colônias.

O críquete se parece com o beisebol e com um jogo conhecido no Brasil como "taco" (ou "bete"), mas é jogado em times de onze pessoas e pode durar até seis dias, dependendo da variedade. O jogo é dividido em dois tempos, cada um com uma equipe arremessando e a outra rebatendo. O objetivo da equipe arremessadora é desmontar um dos dois conjuntos de estacas (*wicket*) defendidos pela equipe adversária. Para isso, um de seus jogadores tem seis tentativas para acertar a bola de couro e cortiça no *wicket* antes de ser substituído; outro jogador do time fica atrás de um dos *wickets* recebendo as bolas arremessadas, e os outros nove são defensores externos que pegam a bola se ela for rebatida e a arremessam. Já o time rebatedor tem apenas dois jogadores em campo, com o objetivo de defender os *wickets*, rebatendo as bolas lançadas: se um deles rebate a bola arremessada, os jogadores trocam de posições, acumulando pontos para cada troca bem sucedida; já se a bola for pega no ar pelo receptor adversário ou se o *wicket* for desmontado enquanto um rebatedor corre, ele é eliminado e substituído por outro de sua equipe. Um tempo termina quando dez rebatedores são eliminados, ou quando se chega a um número limite de arremessos.

Ainda que de forma segregada entre colonizadores e nativos, a difusão do críquete na Índia foi estimulada de forma não oficial pelos ingleses. Eles confiavam que o críquete poderia ajudar a unificar o fragmentado conjunto de colonizados conforme os valores da elite vitoriana, traduzidos pelo código de conduta do jogo. Patrocinado pela pequena nobreza nativa e procurado por jogadores talentosos e pobres como forma de limitada mobilidade social, esse críquete indiano começou a se destacar ainda nas primeiras décadas do século XX, inclusive com a chegada de profissionais brancos de classe baixa contratados para treinar as equipes indianas. Mas foi por causa da própria demanda dos ingleses pela criação de um time da "Índia" – considerada como entidade unificada – contra qual pudesse jogar o time da Inglaterra que o críquete passou a se identificar com um nacionalismo indiano, mesmo que esse processo tenha ocorrido de forma independente do nacionalismo que começava a mobilizar o campo político em prol da descolonização.

Segundo Arjun Appadurai, antropólogo indiano responsável por importantes análises sobre o processo de descolonização do críquete em seu país, a "indianização" do esporte inglês teve a participação essencial dos meios de comunicação (rádios, televisão, revistas, jornais...), que permitiram que o vocabulário inglês do críquete fosse absorvido pelas línguas locais e que desassociaram o jogo dos valores da elite vitoriana que tradicionalmente o caracterizavam.

Ao mesmo tempo, e enquanto o críquete rapidamente se transformava em uma paixão coletiva e em uma fonte de identidade nacional, foi também apropriado por empresários e patrocinadores indianos como forma de lucro e de publicidade.

Assim, para Appadurai, por um lado o críquete hoje corre o risco de ser "recolonizado" pelo capital estrangeiro interessado na sua lucratividade enquanto espetáculo. Por outro lado, o autor garante que a própria transformação do jogo em espetáculo – completamente contrária à ética vitoriana –, bem como sua apropriação por diversos grupos da sociedade indiana como forma de lidar com sua nacionalidade, torna o críquete hoje plenamente indiano.

➢ O que é, para você, uma "comunidade"?
➢ A partir do que você leu, como o esporte pode funcionar para criar um sentimento de "comunidade nacional"?

hindus, calculando-se que 12 milhões de muçulmanos cruzaram a fronteira rumo ao Paquistão. A região da gelada Caxemira, no extremo noroeste da Índia, de maioria muçulmana, foi palco de disputa militar entre os dois lados e acabou sendo dividida entre eles. Até hoje essa região é um foco de tensão permanente, agravada pelo fato de que ambos possuem arsenal nuclear.

Em 1971, houve uma nova guerra entre o Paquistão e a Índia, que durou apenas duas semanas e teve como resultado a separação da província do Paquistão Oriental – distante do Paquistão por quase 2.000 km –, apoiada pela Índia, que deu origem a um novo país: Bangladesh.

O rural predomina

A Índia é um país essencialmente rural, e grande parte de sua população pratica agricultura de subsistência com técnicas bastante rudimentares. Ao lado de milhões que cultivam só para sobreviver, encontramos uma agricultura comercial que lhe permitiu ser em 2015 o segundo produtor mundial de arroz e de algodão, além de amendoim, cana-de-açúcar e trigo.

A questão agrícola na Índia é muito séria, pois a população cresce mais rápido do que a área cultivada, que se encontra no seu limite de aproveitamento em relação a terras agricultáveis (cerca de 60,5% do território).

Depois de sua independência, aconteceram maciços investimentos na agricultura para alcançar melhores resultados, diversificar a produção e ampliar as áreas de lavouras através da irrigação.

Nas décadas de 1950 e 1960, com a chamada *Revolução Verde*, ocorrida primeiramente no México e, na década seguinte, nas Filipinas, na Índia, no Paquistão e no Quênia, foram introduzidas sementes selecionadas e modificadas com o intuito de obter maior produtividade agrícola e conseguir lavouras mais resistentes a pragas e com maior adaptabilidade ao clima da região, visando à autossuficiência alimentar.

Em meados da década de 1970 esses esforços resultaram na autossuficiência indiana de grãos, e o excedente das safras de arroz e trigo passou a ser exportado.

Porém, os resultados da Revolução Verde não foram exatamente os esperados: as sementes modificadas mostraram-se muito menos resistentes do que se imaginava, necessitando do uso intensivo de agrotóxicos para combater as pragas. Além disso, para conseguir excedentes agrícolas significativos, é necessária toda uma modernização da atividade agrária, inclusive com armazenamento e escoamento da produção, que não acompanhou o ritmo da melhora no campo. Um outro fator para que a Revolução Verde não acabasse com a fome foi a opção por culturas exportadoras, geralmente ocupando as melhores terras, em detrimento de uma produção voltada para o mercado interno, além de não ocorrer uma reforma na estrutura agrária.

A modernização da Índia

Com uma população de mais de um bilhão de habitantes, existe um perigo real de que a demanda e a oferta de produtos agrícolas entrem em um descompasso extremamente perigoso e a fome cresça. O governo vem tentando tomar medidas para evitar o caos. Porém, a realidade é mais perversa do que se pode imaginar, pois faltam terras para cultivar, apesar de o governo ter irrigado extensas áreas e estabelecido em muitas regiões o teto de menos do que 6 ha para as propriedades agrícolas. Para agravar ainda mais o problema, temos as monoculturas exportadoras, as *plantations*, que ocupam grandes áreas, diminuindo aquelas destinadas ao abastecimento do mercado interno.

A Índia passou a se destacar na prestação e exportação de serviços de informática e de *callcenter*, reunindo as maiores empresas do mundo que têm seu *callcenter* principalmente na região de Bangalore. Essa expansão está calcada na abundância de mão de obra especializada, porém barata, no investimento pesado em informática, computação e engenharia, além de o inglês ser língua oficial, herança da colonização britânica.

Explorando o tema

A visão das grandes cidades indianas como Nova Délhi, Calcutá e Bombaim é assustadora: o trânsito caótico, serviços de infraestrutura precários, enormes favelas, lixões a céu aberto onde milhares buscam a sua sobrevivência, crianças de rua mendigando, entre muitos outros problemas. A pobreza e a miséria são constantes nessas áreas urbanas.

Programas governamentais visam a reduzir as pressões do crescimento urbano concentrado através da implantação de novos polos industriais, distribuindo-os em regiões menos industrializadas, e estimulando a agricultura regional, sem que tenham conseguido obter êxito nessa empreitada.

Por outro lado, nas áreas mais desenvolvidas, como Bangalore, a ascensão da classe média e da elite que trabalha nos setores de tecnologia faz com que proliferem, por exemplo, *shopping centers* de luxo, e cria uma bolha de prosperidade na extremamente desigual Índia.

Indústria

O crescimento industrial indiano foi bastante grande desde a época da independência até os dias de hoje, colocando a Índia como uma potência industrial emergente.

Nos anos 1950, os antigos centros artesanais e manufatureiros foram sendo ampliados e modernizados, disso resultando a formação de um respeitável parque industrial. A Índia fez uma opção por um modelo econômico nacionalista que previa a planificação econômica flexível, mas sem apropriação coletiva da terra ou dos bens de produção. Durante a Guerra Fria, a Índia recebeu da URSS maciços investimentos direcionados prioritariamente para a instalação de indústrias de base, de geração de energia e também para os transportes e para a indústria de armamentos.

Atualmente, a Índia vem se destacando na produção industrial de alta tecnologia, como de eletroeletrônicos, agroindustriais, informática, biotecnologia, tornando-se exportadora desses produtos cuja concorrência é feita, principalmente, por países ricos. Além disso, indústrias tradicionais como a têxtil, a siderúrgica (ferro e aço) e a química continuam tendo destaque.

Os investimentos estrangeiros cresceram significativamente na Índia nos últimos anos, e grandes empresas multinacionais se estabeleceram no país. A descentralização industrial foi o fator que beneficiou esse crescimento, além de privilegiar setores de alta tecnologia ligados à informática.

Um bilhão de pessoas

A Índia foi o segundo país do mundo a atingir a cifra de um bilhão de habitantes, apresentando-se como a segunda nação mais populosa do mundo, equivalendo às populações europeia e dos Estados Unidos somadas. A população indiana quadruplicou no século XX, e as previsões não são muito otimistas para o século XXI. A taxa de natalidade é 19,3‰ (est. jul. 2016) e no ritmo de crescimento atual, em 2050 a população atingirá a casa dos 2 bilhões de habitantes.

Enquanto no sul e no leste do país os indicadores demográficos mostram acentuadas quedas nas taxas de fecundidade, no norte e noroeste os índices são bastante altos. Esse fato se explica pela predominância da população rural pobre e pouco instruída dessas regiões.

Diante desse incremento anual de quase 20 milhões de novos habitantes, o governo vem desenvolvendo campanhas que enfocam tanto os métodos anticoncepcionais como a educação das mulheres jovens. Na Índia, a política de controle da natalidade implantada no final do século XX não surtiu o efeito desejado.

A sociedade indiana, como a chinesa, privilegia o nascimento de filhos do sexo masculino, muitas vezes desprezando ou mesmo cometendo infanticídio contra as meninas recém-nascidas ou ainda em final de gestação. Diante dessa cultura tão arraigada que exalta o filho de sexo masculino como único provedor de sua futura família e os únicos passíveis de receber heranças, muitas meninas têm uma qualidade de vida inferior à dos meninos, pois recebem menos instrução e cuidados médicos.

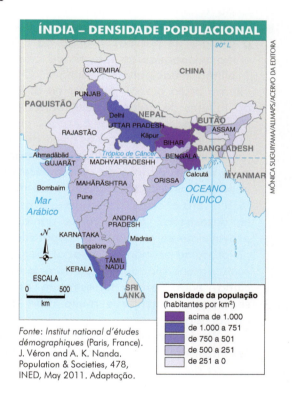

Fonte: *Institut national d'études démographiques* (Paris, France). J. Véron and A. K. Nanda. Population & Societies, 478, INED, May 2011. Adaptação.

As maiores cidades se encontram na zona úmida indiana, principalmente nas estreitas áreas de planícies litorâneas, na planície indo-gangética e nas encostas de áreas do planalto do Decã. As metrópoles nacionais e regionais como Bombaim, Calcutá, Nova Délhi, Benares e Bangalore são as cidades que recebem maior número de migrantes.

Ponto de vista

Gigantes em movimento

Quando o assunto é sustentabilidade, China e Índia sempre foram parte do problema. A boa nova é que, aos poucos, estão virando solução

Liderada pela Ásia, a participação dos mercados emergentes na economia global cresceu consistentemente nas últimas décadas. Para os países asiáticos – em especial seus gigantes em ascensão, China e Índia –, o crescimento sustentável já não é apenas uma questão distante, o desafio global de cuidar do meio ambiente. Tornou-se algo estratégico para a manutenção do crescimento nacional. Isso assinala uma mudança radical na estrutura global dos incentivos para alcançar a sustentabilidade.

Nas próximas décadas, quase todo o crescimento mundial em energia, consumo, urbanização, uso de automóveis, viagens de avião e emissões de carbono virá de economias emergentes. Em meados do século, o número de pessoas vivendo no que serão então economias de alta renda crescerá do 1 bilhão atual para 4,5 bilhões. O produto interno bruto global, atualmente de cerca de 60 trilhões de dólares, pelo menos triplicará nos próximos 30 anos. Se as economias emergentes tentarem alcançar os níveis de renda de países avançados seguindo, aproximadamente, o mesmo padrão de seus antecessores, o impacto nos recursos naturais e no meio ambiente será enorme, arriscado e, possivelmente, desastroso. Um ou vários pontos críticos provavelmente causarão uma parada brusca no processo econômico e social. Segurança e custo da energia, qualidade do ar e da água, clima, ecossistemas terrestres e oceânicos, segurança alimentar e muito mais estariam ameaçados.

Por enquanto, quase todos os indicadores mostram uma tendência declinante em termos de concentração do poder econômico global. Mantendo-se essa tendência, o desafio da sustentabilidade se tornaria cada vez maior. Com mais países pressionando os recursos naturais, haveria um estímulo para que cada um esperasse os outros agirem para tirar de si a necessidade de se mexer. É um problema clássico na teoria dos jogos, batizado de "carona" – já que cada um tentaria "pegar carona" na solução ambiental jogando os custos para os outros. Nesse caso, seriam necessários complexos entendimentos globais que impusessem cobranças de acordo com as taxas de crescimento de cada país. A tendência à concentração se inverterá dentro de uma década em razão do tamanho e das taxas de crescimento de Índia e China, que juntas abrigam quase 40% da população mundial. Embora seu PIB combinado ainda seja uma parcela relativamente pequena da produção global (em torno de 15%), essa participação está crescendo de maneira acelerada. Até meados do século, os dois países terão 2,5 bilhões dos 3,5 bilhões de pessoas que serão adicionadas à parcela de habitantes do planeta com renda alta. Só esse fato fará o PIB global ao menos dobrar nas próximas três décadas, mesmo na ausência de crescimento em qualquer outro país.

Em busca de um novo rumo

A boa nova é que a sustentabilidade virou questão-chave para o crescimento de longo prazo de Índia e China. Seus padrões e estratégias de crescimento, e as escolhas que elas fizerem no que diz respeito a estilo de vida, urbanização, transporte, meio ambiente e eficiência energética, determinarão, em grande medida, se as duas economias poderão completar a longa transição para níveis de renda avançados. Chineses e indianos sabem disso. Há uma consciência crescente entre dirigentes políticos, empresários e cidadãos nos dois países (e na Ásia de maneira mais ampla) de que os caminhos de crescimento histórico que seus antecessores seguiram simplesmente não funcionarão – e de que a rota antiga não servirá para uma economia mundial com o triplo do tamanho atual.

Disponível em: <http://planetasustentavel.abril.com.br/noticia/desenvolvimento/china-india-sustentabilidade-problema-virando-solucao-685040.shtml>. Acesso em: 15 nov. 2016.

➤ Visite o endereço eletrônico <http://www.wwf.org.br/natureza_brasileira/especiais/pegada_ecologica/> e calcule sua pegada ecológica. A partir dos resultados, que medidas você pode implementar para reduzir as "pegadas" que você está deixando no planeta?

ÁFRICA DO SUL

Localizada ao extremo sul do continente africano, a República da África do Sul – ou apenas África do Sul – possui uma área de 1.210.090 km² e seu território inclui as ilhas Marion e Príncipe Edwards. Com 5.244 km de fronteira terrestre, faz divisa com Botswana, Lesoto (um enclave no território sul-africano), Moçambique, Namíbia, Suazilândia e Zimbábue.

enclave: um território que se localiza totalmente dentro dos limites de outro território

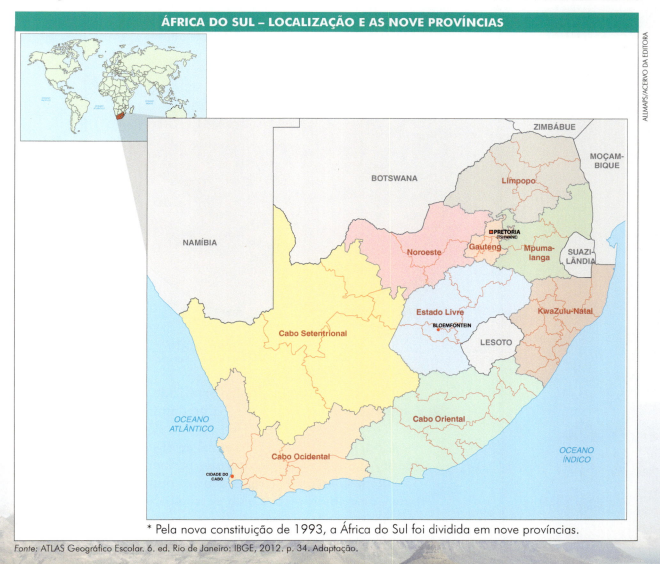

* Pela nova constituição de 1993, a África do Sul foi dividida em nove províncias.

Fonte: ATLAS Geográfico Escolar. 6. ed. Rio de Janeiro: IBGE, 2012. p. 34. Adaptação.

Cidade do Cabo.

Em termos de relevo, em seu território se encontra parte do deserto de Kalahari na porção oeste e noroeste (com elevação média de aproximadamente 1.000 m de altitude). Na região sudeste encontramos uma área de planaltos e uma estreita faixa de planície costeira.

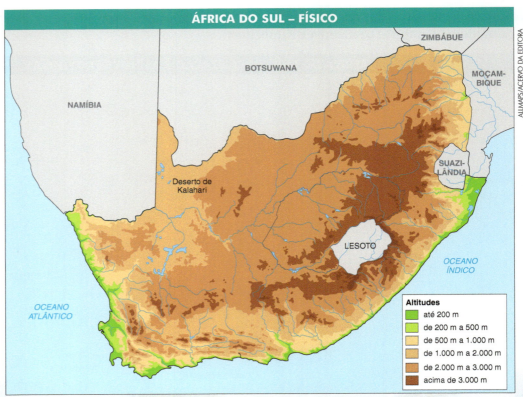

Fonte: ATLAS Geográfico Escolar/IBGE. 6. ed. Rio de Janeiro: IBGE, 2012. p. 44. Adaptação.

O clima predominante é o semiárido, com dias quentes e noites frias. Já na costa leste, há predomínio do clima subtropical.

Com pluviosidade média anual de 464 mm (média mundial é de 857 mm), apresenta frequentes períodos de seca.

O subsolo sul-africano é rico em ouro, carvão, manganês, níquel, diamantes, platina, cobre, crômio, vanádio, fosfatos, sal e gás natural.

Devido aos poucos rios e lagos que cortam o território, são necessários cuidados adicionais com a disponibilidade de água e sua distribuição (área irrigada era de 16.700 km² em 2012). No entanto, nota-se poluição em alguns rios, fruto de resíduos da agricultura e de esgotos urbanos.

A África do Sul, uma república parlamentarista, possui três capitais: Pretória, que é a capital executiva, Cidade do Cabo, a capital legislativa e Bloemfontein, a capital judiciária. O presidente é eleito por via indireta (pela Assembleia Nacional) para um período de 5 anos, podendo ser reeleito uma vez.

Fonte: ATLAS Geográfico Escolar. 6. ed. Rio de Janeiro: IBGE, 2012. p. 44. Adaptação.

Uma história de muitas lutas

Nos séculos XVI e XVII, os europeus buscavam a expansão de seus domínios, bem como caminhos alternativos para as índias, ricas em especiarias, que não fosse pelo mar Mediterrâneo, dominado pelos otomanos.

Na tentativa de contornar o continente africano rumo às índias, em 1652 os holandeses estabeleceram no sul daquele continente um ponto de parada, fundando o que posteriormente se tornou a Cidade do Cabo. Durante os séculos XVII a XIX os holandeses foram se estabelecendo e desenvolvendo o comércio no Sul da África, fazendo uso não só de escravos nativos, como também trazendo trabalhadores da China e das Índias.

No final do século XIX, as pretensões expansionistas dos ingleses os levaram ao sul do continente africano, região em que já estavam os descentes dos holandeses (chamados bôeres). Em 1899 os ingleses iniciaram uma batalha contra os bôeres, fazendo com que estes se deslocassem rumo ao norte.

Em seu deslocamento, subjugando populações negras nativas, os descendentes de holandeses encontraram regiões ricas em ouro e diamante, o que chamou a atenção e cobiça dos ingleses. A chamada "Guerra dos Bôeres" travada com ingleses encerrou-se em 1902, com o domínio inglês sobre um grande território denominado União Sul-Africana.

Para evitar que os negros (em maioria) ameaçassem os brancos, uma rígida política de segregação racial foi imposta.

Essa política segregacionista, denominada *apartheid* (que quer dizer separação), tornou-se oficial em 1948, com a chegada do Partido Nacional ao poder.

Com isso, os negros, em imensa maioria, foram impedidos por uma minoria branca de participar politicamente, tiveram negado o acesso à propriedade da terra, foram isolados

Nelson Mandela (1918-2013).

em determinadas áreas e proibidas as relações sexuais entre pessoas de etnias diferentes. Os opositores eram presos e isolados e muitas líderes, como Nelson Mandela, ficaram décadas na prisão.

Com um referendo em que só os brancos votaram, a União Sul-Africana tornou-se uma república em 1961, passando a se chamar República da África do Sul.

Protestos e boicotes de diferentes nações e entidades contra a África do Sul, em virtude de sua política segregacionista, fizeram com que fosse negociado um período de transição política pacífico, pondo fim ao *apartheid*.

Em 1993 Mandela foi liberado, uma nova constituição foi redigida e as primeiras eleições multirraciais que se seguiram após o fim do *apartheid* ocorreram em 1994, sendo Mandela eleito presidente.

Ninguém nasce odiando outra pessoa pela cor de sua pele, por sua origem ou ainda por sua religião. Para odiar, as pessoas precisam aprender e, se podem aprender a odiar, podem ser ensinadas a amar.

Discurso presidencial de Nelson Mandela, 1994.

Disseram a respeito...

Discurso de posse de Nelson Mandela como presidente

Hoje, através da nossa presença aqui e das celebrações que têm lugar noutras partes do nosso país e do mundo, conferimos glória e esperança à liberdade recém-conquistada.

Da experiência de um extraordinário desastre humano que durou demais, deve nascer uma sociedade da qual toda a humanidade se orgulhará.

Os nossos comportamentos diários como sul-africanos comuns devem dar azo a uma realidade sul-africana que reforce a crença da humanidade na justiça, fortaleça a sua confiança na nobreza da alma humana e alente as nossas esperanças de uma vida gloriosa para todos.

Devemos tudo isto a nós próprios e aos povos do mundo, hoje aqui tão bem representados.

Sem a menor hesitação, digo aos meus compatriotas que cada um de nós está tão intimamente enraizado no solo deste belo país como estão as célebres jacarandás de Pretória e as mimosas do *bushveld*.

Cada vez que tocamos no solo desta terra, experimentamos uma sensação de renovação pessoal. O clima da nação muda com as estações.

Uma sensação de alegria e euforia comove-nos quando a erva se torna verde e as flores desabrocham.

Esta união espiritual e física que partilhamos com esta pátria comum explica a profunda dor que trazíamos no nosso coração quando víamos o nosso país despedaçar-se em um terrível conflito, quando o víamos desprezado, proscrito e isolado pelos povos do mundo, precisamente por se ter tornado a sede universal da perniciosa ideologia e prática do racismo e da opressão racial.

dar azo: ser uma oportunidade

Nós, o povo sul-africano, sentimo-nos realizados pelo fato de a humanidade nos ter de novo acolhido em seu seio; por nós, proscritos até há pouco tempo, termos recebido hoje o privilégio de acolhermos as nações do mundo no nosso próprio território. (...)

Chegou o momento de sarar as feridas.

Chegou o momento de transpor os abismos que nos dividem.

Chegou o momento de construir.

Conseguimos finalmente a nossa emancipação política. Comprometemo-nos a libertar todo o nosso povo do continuado cativeiro da pobreza, das privações, do sofrimento, da discriminação sexual e de quaisquer outras.

Conseguimos dar os últimos passos em direção à liberdade em condições de paz relativa. Comprometemo-nos a construir uma paz completa, justa e duradoura.

Triunfamos no nosso intento de implantar a esperança no coração de milhões de compatriotas.

Assumimos o compromisso de construir uma sociedade na qual todos os sul-africanos, quer sejam negros ou brancos, possam caminhar de cabeça erguida, sem receios no coração, certos do seu inalienável direito à dignidade humana: uma nação arco-íris, em paz consigo própria e com o mundo.

Como símbolo do seu compromisso de renovar o nosso país, o novo governo provisório de Unidade Nacional abordará, com maior urgência, a questão da anistia para várias categorias de pessoas que se encontram atualmente cumprindo penas de prisão.

Dedicamos o dia de hoje a todos os heróis e heroínas deste país e do resto do mundo que se sacrificaram de diversas formas e deram as suas vidas para que nós pudéssemos ser livres.

Os seus sonhos tornaram-se realidade. A sua recompensa é a liberdade.

Sinto-me simultaneamente humilde e elevado pela honra e privilégio que o povo da África do Sul me conferiu ao eleger-me o primeiro Presidente de um governo unido, democrático, não racista e não sexista. Mesmo assim, temos consciência de que o caminho para a liberdade não é fácil.

Sabemos muito bem que nenhum de nós pode ser bem-sucedido agindo sozinho. Por conseguinte, temos de agir em conjunto, como um povo unido, pela reconciliação nacional, pela construção da nação, pelo nascimento de um novo mundo.

Que haja justiça para todos.

Que haja paz para todos.

Que haja trabalho, pão, água e sal para todos.

Que cada um de nós saiba que o seu corpo, a sua mente e a sua alma foram libertados para se realizarem.

Nunca, nunca e nunca mais voltará esta maravilhosa terra a experimentar a opressão de uns sobre os outros, nem a sofrer a humilhação de ser a escória do mundo.

Que reine a liberdade.

O sol nunca se porá sobre um tão glorioso feito humano.

Que Deus abençoe a África!

Nelson Mandela, Pretória, 10 de maio de 1994, "Chegou o momento de construir".

> O que quis dizer Nelson Mandela com a expressão "uma nação arco-íris, em paz consigo própria e com o mundo"?

População

Apesar de multirracial, 80,2% da população sul-africana, estimada em 54.300.704 habitantes (jul. 2016), é formada por negros, 8,8% mestiços, 8,4% brancos e apenas 2,5% de asiáticos e/ou indianos. Por sua diversidade, são onze os idiomas, sendo que o africâner e o inglês são falados por apenas 13,5% e 9,6% da população, respectivamente. Tão diverso quanto os idiomas são as religiões da África do Sul, sendo que os protestantes estão em maior número (36,6% da população).

A taxa de fertilidade caiu de 6 filhos por mulher na década de 1960 para apenas 2,2 filhos por mulher em 2014. A taxa de crescimento populacional atual está em torno de 1% ao ano.

No entanto, o aumento da expectativa de vida ao nascer vem aumentando gradualmente: de 43 anos em 2008, para 50 anos em 2014 e para 63,1 anos em 2016. Contribui para essa aumento, entre outros fatores, a melhoria do saneamento básico – ainda que haja muito por fazer, cerca de 66,4% da população já tem acesso a esse benefício.

Logo após o *apartheid*, houve uma evasão de "cérebros", principalmente de brancos que não concordaram com as novas regras políticas. Esforços foram feitos, principalmente na melhoria do sistema educacional, e a evasão das melhores cabeças diminuiu, principalmente depois da crise financeira mundial de 2008, mas ainda há muito para melhorar, principalmente no tocante a tecnologia e saúde.

Em termos de saúde pública, são muito frequentes os casos de febre tifoide, diarreia bacteriana, hepatite A, esquistossomose e a AIDS. A infecção pelo vírus HIV é o caso mais preocupante de saúde pública, com 19,2% da população contaminada em 2015, o que tornava a África do Sul o quarto país no mundo em porcentagem de população infectada (percentualmente, os países mais infectados pelo vírus são Suazilândia, com 27,7%, Botswana, com 25,2% e Lesoto, com 23,4%).

Em termos absolutos, no entanto, a África do Sul é o país com o maior número de pessoas infectadas por HIV (estimativa de 6.984.600 pessoas com o vírus HIV em 2015.

As sucessivas campanhas contra a AIDS têm feito com que o número de infectados se estabilize. Os esforços por parte do governo e de entidades assistenciais na administração em mais larga escala de drogas antirretrovirais têm feito com que os infectados tenham uma vida mais longa, mais saudável e que haja uma redução na transmissão materno-fetal.

Quanto à pirâmide etária sul-africana, tem-se uma população relativamente jovem, sendo formada por

- 0-14 anos: 28,34%,
- 15-24 anos: 18,07%,
- 25-54 anos: 41,44%,
- 55-64 anos: 6,59%,
- maiores de 65 anos: 5,57%.

A taxa de desemprego na África do Sul é alta, principalmente entre os jovens: estima-se que 51,3% das pessoas entre 15-24 anos estavam buscando emprego no início de 2015.

O relativo crescimento econômico sul-africano atraiu muitos refugiados dos países vizinhos e pessoas em busca de asilo. Estima-se que na década de 1980 cerca de 350.000 moçambicanos fugiram da guerra em seu país e buscaram refúgio na África do Sul. Mais recentemente, somalis, etíopes e congoleses buscaram abrigo naquele país.

Economia

Um dos países emergentes, e o mais novo membro dos BRICS, a África do Sul está entre as 20 maiores economias do mundo. Possui um sistema financeiro bem organizado, o país é rico em recursos naturais, sistemas de energia e de transporte razoavelmente adequados, com alguma instabilidade em termos de geração e fornecimento de energia elétrica.

Seu crescimento econômico tem sofrido certa desaceleração nos últimos anos, mas o governo tem realizado todos os esforços para controlar a inflação. Analistas sugerem que o crescimento da economia sul-africana não pode superar os 3% anuais enquanto os problemas de energia elétrica não forem resolvidos.

Na composição do PPC *per capita*, que em 2015 foi estimado em US$ 13.200, o setor que mais contribuiu foi o de serviços, com 68,7%, seguido pela indústria, com 28,9%, e agricultura, com 2.4%.

Quase 80% do território sul-africano pode ser utilizado para a agropecuária, sendo trigo, cana-de-açúcar, vegetais, gado e frango os principais produtos desse setor.

A África do Sul é o maior produtor mundial de platina, crômio e ouro, além de ser riquíssima em diamantes. As exportações desses produtos e de máquinas e equipamentos somaram US$ 81,63 bilhões em 2015, tornando-se o 38.º país em termos de volume de exportações. Seus principais parceiros são, por ordem de importância, China, EUA, Alemanha, Namíbia, Botswana, Japão, Reino Unido e Índia.

Se as exportações se deram em bom volume, as importações também o foram, fazendo com que a balança comercial não ficasse de todo equilibrada. Em 2015, as importações somaram US$ 84,3 bilhões, e os principais produtos importados foram equipamentos, produtos químicos, petróleo, instrumentos científicos, além de alimentos. As importações ocorreram principalmente da China, Alemanha, EUA, Nigéria, Índia e Arábia Saudita.

O minério de ferro é transportado em vagões pela estrada de ferro até o terminal da baía de Saldanha, na costa ocidental da África do Sul.

ATIVIDADES

PASSO A PASSO

1. Quais são as principais agriculturas produzidas na China?
2. Que consequências existem para a China e a Índia por possuírem uma população superior a 1 bilhão de habitantes?
3. Qual a atual situação de Hong Kong em relação à China?
4. Que tipo de produção industrial se destaca na Índia?
5. Há semelhanças entre as pirâmides etárias da Índia e da China? Explique.
6. Quais são os principais produtos de exportação da África do Sul?
7. Por que as dificuldades na geração e transmissão de energia elétrica são fatores limitantes para o crescimento da África do Sul?

IMAGEM & INFORMAÇÃO

1. A imagem abaixo é da cidade indiana de Mumbai (jul. 2016).

Estabeleça, por meio da foto, uma relação entre o processo de modernização pelo qual passou a Índia e sua densidade populacional.

2. A foto ao lado é da usina de Três Gargantas (a maior do mundo), na China. Analise as condições sob as quais está, hoje, a China e estabeleça a importância nos mais diversos aspectos (econômico, social, ambiental etc.).

TESTE SEUS CONHECIMENTOS

1. (PISM – UFJF – MG – adaptada) Durante os próximos 15 anos, estima-se que a classe média indiana salte de 5% da população para 41%, passando a incluir mais 583 milhões de pessoas. Cite um efeito dessa mudança para a economia indiana.

2. (PSS – UFPB – adaptada) A Índia configura-se no contexto geopolítico mundial, como um país emergente que vem passando por grandes transformações socioeconômicas e culturais.
   Sobre esse país, é correto afirmar:
   a) apresenta um mercado consumidor em expansão, e os investimentos estrangeiros têm provocado melhoria nas condições socioeconômicas e promovido reformas culturais consideradas bem-vindas por toda a sociedade.
   b) é atualmente difusor de costumes e tradições para todo o mundo via filmes de Bollywood, o que estimula a renda em todas as camadas sociais.
   c) tem atraído grandes investimentos estrangeiros por apresentar mão de obra barata e mercado consumidor em expansão, o que promove distribuição de renda igualitária.
   d) tem recebido grandes investimentos estrangeiros, embora apenas uma pequena parcela da população seja, de fato, consumidora, uma vez que a maioria está abaixo da linha de pobreza.
   e) tem atraído mão de obra qualificada dos países ricos, devido a sua emergência no cenário internacional, provocando melhoria nos salários e na qualidade de vida de toda população.

3. (IFCE) A China, como resultado de uma política industrial implantada por Deng Xiaoping, no início dos anos de 1980, é o país que mais cresce no mundo. Nas últimas décadas, a China tem ocupado horários nobres na mídia. Esse arsenal de dados sobre a China nos informa que:
   a) a China é um país totalmente agrícola e sua economia não tem apresentado nenhuma forma de crescimento nos últimos anos.
   b) a China continua sendo governada pela dinastia Manchu, que centraliza todas as decisões nas mãos do imperador.
   c) a China sofreu uma profunda abertura econômica e procura a expansão de seus mercados, vendendo produtos baratos.
   d) as reformas econômicas pelas quais tem passado o governo chinês têm criado um entrave para a entrada do capital estrangeiro no país.
   e) o processo de abertura econômica não estimula a iniciativa privada, já que, no sistema planificado da economia, este é um direito que se estende a todos.

4. (UNIOESTE – PR) A China é o país mais populoso do planeta e uma potência militar que tem conseguido atrair investimentos estrangeiros em grande proporção, sustentando um crescimento econômico que lhe confere um papel estratégico e de crescente projeção no cenário mundial. Sobre a China, assinale a alternativa INCORRETA.
   a) Em 1949 foi proclamada a República Popular da China, sob liderança de Mao Tsé-Tung. O socialismo implantado rompeu a dominação colonial e imperialista que havia explorado a China por quase cinco séculos.
   b) A partir do final da década de 1970 o governo toma uma série de medidas econômicas liberalizantes que propiciaram a abertura e a modernização da economia por meio de uma política estatal elaborada e controlada firmemente pelos líderes do Partido Comunista.
   c) Em busca de prover a demanda de energia no mesmo ritmo do crescimento econômico do país foi construída, no rio Yangtzé, a usina hidrelétrica de Três Gargantas, que se encontra entre as maiores centrais hidrelétricas do mundo.
   d) A China caracteriza-se pela maior concentração populacional na sua extensa faixa litorânea, local de maior dinamismo econômico no país e onde foram criadas as Zonas Econômicas Especiais (ZEEs), áreas específicas para a entrada de capital internacional que, por intermédio de *joint ventures* – associação entre empresas estrangeiras e locais – produzem para a exportação.
   e) No contexto da Nova Divisão Internacional do Trabalho, a China destaca-se por contar com uma mão de obra abundante, altamente qualificada e bem remunerada o que favorece seu comércio interno.

5. (FGV – SP) Sobre os minerais conhecidos como "terras raras" e a polêmica envolvendo o seu comércio internacional, assinale a alternativa correta:
   a) A China detém a totalidade das reservas mundiais de "terras raras", o que explica o

controle que o país exerce sobre os preços internacionais desses minerais.

b) As "terras raras" são essenciais para a economia chinesa, já que são capazes de elevar a produtividade dos solos agrícolas.

c) Para alavancar a venda de "terras raras" no mercado mundial, a China vem praticando preços artificialmente baixos, que desconsideram os enormes impactos ambientais da produção.

d) A disponibilidade de "terras raras" e os entraves à sua exportação tendem a ampliar a vantagem competitiva da China em alguns setores produtivos.

e) No estágio tecnológico atual, as "terras raras" não podem ser utilizadas nos processos industriais.

6. (UEPG – PR) Com relação aos fatores que fizeram da China a segunda maior economia do mundo e um grande importador e exportador, assinale o que for correto.

(01) Incentivos oficiais às exportações.

(02) A adoção de política econômica que mescla aspectos de uma economia estatizada com outros de economia capitalista propriamente dita.

(04) Mão de obra barata e disciplinada, uma vez que não há no país sindicalismo organizado e nem outras formas de reivindicações trabalhistas.

(08) Proibição de investimentos estrangeiros na economia chinesa.

(16) A existência de um enorme e praticamente inexplorado mercado consumidor chinês com aproximadamente 1,4 bilhão de pessoas e a existência de vastas reservas minerais no país.

7. (UPE) A China é um país comandado por um partido único, o Partido Comunista, porém vem assumindo um perfil de desenvolvimento típico de sistema capitalista e desempenhando um estratégico papel na economia mundial.

Com relação a esse assunto, analise as proposições a seguir:

1. Nas últimas décadas, o conjunto de reformas desencadeadas na China transformou esse país numa das grandes potências mundiais com um modelo de crescimento que executa políticas estratégicas nacionais de industrialização ajustadas ao movimento de expansão da economia global.

2. As Zonas de Proteção às Exportações, áreas com economia mais voltada para o socialismo, ainda são áreas de pouco desenvolvimento na China. São regiões agrícolas localizadas na porção Nordeste e habitadas por população de maioria tibetana.

3. O estabelecimento de Zonas Econômicas Especiais na China, inicialmente nas zonas litorâneas, permitiu a abertura para os investimentos de capitais estrangeiros, elevando a produção global desse país mediante uma política efetiva de incentivos fiscais.

4. As migrações em massa de camponeses das zonas litorâneas, na porção leste, para os centros urbanos do interior da China, onde se concentram as indústrias têxtil, de calçados e de brinquedos, revelam as disparidades sociais e regionais ainda presentes nesse país.

Estão CORRETAS:

a) 1 e 2.
b) 3 e 4.
c) 1 e 3.
d) 2 e 4.
e) 1, 2, 3 e 4.

8. (UFG – GO) A cultura chinesa sempre foi motivo de estudos, haja vista as grandes contribuições que trouxe para a humanidade, tais como a invenção do papel, da bússola e da pólvora. Nos dias atuais, a China é a segunda economia do planeta e responde por quase 10% do PIB mundial anual. O cenário se deve ao fato de o governo chinês, após a morte de Mao Tsé-tung, em 1976, ter intensificado reformas econômicas, abrindo o país para o mercado mundial. Considerando a China neste contexto,

a) cite o nome do modelo de organização econômica do país e apresente duas características desse modelo;

b) apresente apenas uma das iniciativas do governo chinês para reduzir as emissões de carbono.

9. (UEPB) O Brasil, a Rússia, a Índia, a China e, mais recentemente, a África do Sul formam os países emergentes da economia globalizada denominados de BRICS, os quais detêm, juntos, aproximadamente 40% da população do globo, 1/4 do território terrestre e 18% do PIB mundial.

Podemos identificar como características comuns desses países, que lhes garantem a posição de destaque no cenário mundial:

I. O índice de desenvolvimento humano elevado.

II. O mercado consumidor interno em crescimento.

III. O parque industrial amplo e a economia em expansão.

IV. A população expressiva com possibilidade de ampliação do consumo.

Estão corretas apenas as proposições:
a) I, II e III.
b) I e IV.
c) II e III.
d) I, III e IV.
e) II, III e IV.

10. (UNICAMP – SP) Graças ao tamanho continental e à imensa população do país, as políticas implementadas pelo governo permitiram à China combinar as vantagens da industrialização voltada para a exportação, induzida em grande parte pelo investimento estrangeiro, com as vantagens de uma economia nacional centrada em si mesma e protegida informalmente pelo idioma, pelos costumes, pelas instituições e pelas redes, aos quais os estrangeiros só tinham acesso por intermediários locais. Uma boa ilustração dessa combinação são as imensas ZPEs que o governo da China ergueu do nada e que hoje abrigam dois terços do total mundial de trabalhadores em zonas desse tipo.

Adaptado de: ARRIGHI, G. *Adam Smith em Pequim*: origens e fundamentos do século XXI. São Paulo: Boitempo, 2008. p. 362.

a) Indique duas ações políticas do governo chinês que produziram as condições internas para a ascensão econômica do país.

b) Aponte as estratégias geopolíticas utilizadas pela China para a obtenção de recursos naturais em distintas partes do mundo, que possibilitam a manutenção do atual modelo de produção industrial em larga escala no país.

11. (UFTM – MG) O país é referência mundial na exportação de serviços de tecnologia da informação (TI) e de negócios, que incluem atividades como gestão de servidores, programação e suporte técnico, concentrados em Bangalore, conhecida como a capital da tecnologia da informação. As empresas ganharam o mercado internacional no final da década de 1990, quando empresas americanas procuraram quem resolvesse os problemas relacionados ao *Bug* do Milênio, que faria os computadores deixarem de funcionar em 1.º de janeiro de 2000. Mas, é um país com incríveis contrastes sociais, com a adoção de castas, grande número de analfabetos, predomínio de população rural e a presença de megacidades como Mumbai.

O Estado de S. Paulo, 29 abril 2010. Adaptado.

O país a que se refere o texto é a:
a) China.
b) Índia.
c) África do Sul.
d) Alemanha.
e) Indonésia.

12. (UECE) A relação entre os processos políticos e sua consequente espacialização determinam muitas vezes as relações internacionais e intranacionais. Os principais conflitos geopolíticos que ocorrem no mundo expressam, quase sempre, as disputas por territórios, como é o caso das minorias etnorreligiosas que vivem no Paquistão e estão em conflitos constantes com a:
a) China.
b) Indonésia.
c) Índia.
d) Síria.

13. (UCS – RS) Em 2001, o economista Jim O-Neill, do banco de investimentos Goldman Sachs, publicou um estudo sobre grandes economias emergentes, com índices de crescimento promissores e poucos riscos para investimentos. Com as iniciais de Brasil, Rússia, Índia e China, criou a sigla BRIC, que ainda remetia à palavra 'tijolo' em inglês, num paralelo com essa nova arquitetura econômica mundial em construção. Anos depois, os BRICS saíram do papel e ganharam mais um integrante, a África do Sul (o S da sigla vem de South África). Relacione os países, apresentados na COLUNA A, com as características que os identificam, listadas na COLUNA B.

Coluna A
1. China
2. Rússia
3. África do Sul
4. Índia

Coluna B
( ) Petróleo e gás fazem desta nação uma potência no setor mundial de energia. O país possui mão de obra bem qualifi-

cada, distorções sociais evidentes e uma política que alterna promessas de ser uma opção aos grandes do Ocidente com os desejos de ser reconhecido como uma superpotência.

( ) Desigual, moderna, antiga e expoente da tecnologia da informação, é um país vibrante e cheio de possibilidades. Segundo país mais populoso do mundo, tem mais de cinco vezes a população brasileira. Tudo é enorme. A riqueza e a pobreza também. As melhores escolas localizam-se nos centros urbanos, mas 60% das pessoas vivem na zona rural.

( ) Com 11 línguas oficiais e três capitais, é o país que tem mais semelhanças com o Brasil no grupo. Apesar de uma infraestrutura bastante renovada nos últimos anos, o país ainda carrega o peso de uma grande desigualdade social e luta contra os altos índices de violência, desemprego, analfabetismo e a herança deixada pelo apartheid.

( ) Com 1,4 bilhão de habitantes, chega a quase ser uma ironia chamar a economia desse país de emergente. É hoje o parceiro que mais atrai e também assusta o mundo inteiro, até porque não é uma questão de saber se irá ultrapassar, mas quando o país vai superar os EUA como principal economia do mundo.

Assinale a alternativa que preenche correta e respectivamente os parênteses, de cima para baixo.

a) 3 – 4 – 2 – 1
b) 2 – 1 – 3 – 4
c) 2 – 4 – 1 – 3
d) 3 – 4 – 1 – 2
e) 2 – 4 – 3 – 1

14. (UEM – PR) Assinale a(s) alternativa(s) que se refere(m) corretamente a países emergentes indicados no texto abaixo.

Lagarde diz que emergentes têm de se acostumar à moeda alta

A diretora-gerente do Fundo Monetário Internacional, Christine Lagarde, mandou um recado na manhã de hoje para os países dos BRICS. "A Europa não é o único lugar onde é preciso agir. Os mercados emergentes também devem tratar de seus problemas", afirmou a número 1 do Fundo em entrevista coletiva na véspera da reunião semestral da entidade em Washington.

Disponível em: <http://tools.folha.com.br>.
Acesso em: 19 abri. 2012.

(01) Bélgica, Rússia e México.
(02) Brasil, Índia e China.
(04) Bulgária, China e Índia.
(08) Brasil, China e Argentina.
(16) Brasil, China e Rússia.

Gabarito das Questões Objetivas Parte III

Capítulo 19 – A Construção do Espaço
1. a
2. d
3. e
4. Estão corretas 02, 04 e 08.
5. b

Capítulo 20 – 1945: Início de uma Nova Era
1. e
2. c
3. b
4. Estão corretas 02, 04 e 08; portanto, soma = = 14.
5. a
6. e
7. c
8. c

Capítulo 21 – A Globalização
1. a
2. b
3. c
4. Estão corretas 01 e 04; portanto, soma = = 05.
5. c
6. c
7. c
8. c

Capítulo 22 – Conflitos e Tensões
1. d
2. Estão corretas 01 e 02; portanto, soma = = 03.
3. c
4. c
5. c
6. e
8. c
9. e
10. e
11. b

Capítulo 23 – Estados Unidos da América
1. Estão corretas 01, 04, 16; portanto, soma = = 21
2. b
3. d
4. b
5. a
6. F V V F V

Capítulo 24 – União Europeia
2. V F V F V
3. b
4. b
5. e
7. a
8. d
9. b

Capítulo 25 – Japão
1. a
2. c
3. a
4. d

Capítulo 26 – Rússia
1. b
2. b
4. d
5. c
6. b

Capítulo 27 – China, Índia e África do Sul
2. d
3. c
4. e
5. d
6. Estão corretas 01, 02, 04 e 16.
7. c
9. e
10. b
12. c
13. e
14. Estão corretas 02 e 16.

GEOGRAFIA
Geral e do Brasil
5ª edição
CADERNO DE EXERCÍCIOS

PAULO ROBERTO MORAES

Doutor e Mestre em Geografia Física pela
Universidade de São Paulo

Professor da Pontifícia Universidade Católica de São Paulo

Membro do Instituto Histórico e Geográfico de São Paulo
e da Royal Geographical Society (Inglaterra).

Professor de cursos pré-vestibulares

Direção Geral:	Julio E. Emöd
Supervisão Editorial:	Maria Pia Castiglia
Programação Visual e Capa:	Mônica Roberta Suguiyama
Cartografia e Iconografia:	Mário Yoshida
	Stella Bellicanta Ribas
	Mônica Roberta Suguiyama
Auxiliares de Produção:	Camila C. Diasas
	Letícia Socchi de Mello
Editoração Eletrônica:	AM Produções Gráficas Ltda.
Fotografia da Capa:	Shutterstock
Impressão e Acabamento:	Gráfica Forma Certa

GEOGRAFIA GERAL E DO BRASIL – volume único – 5ª edição
Caderno de Exercícios
Copyright © 2017 por editora HARBRA ltda.
Rua Mauro, 400 – Saúde
04055-041 – São Paulo – SP
Tel.: (0.xx.11) 5084-2482
Site: www.harbra.com.br

Todos os direitos reservados. Nenhuma parte desta edição pode ser utilizada ou reproduzida – em qualquer meio ou forma, seja mecânico ou eletrônico, fotocópia, gravação etc. – nem apropriada ou estocada em sistema de banco de dados, sem a expressa autorização da editora.

ISBN 978-85-294-0492-9

Impresso no Brasil   *Printed in Brazil*

Sumário

UNIDADE 1 – A Geografia 5
Capítulo 1 – Um pouco da Ciência Geográfica 5
Capítulo 2 – A Aplicação da Cartografia nos Estudos Geográficos 13

UNIDADE 2 – Planeta Azul 21
Capítulo 3 – Terra 21
Capítulo 4 – A Evolução Geológica da Terra 31
Capítulo 5 – As Formas da Superfície Terrestre 43
Capítulo 6 – Solos 52
Capítulo 7 – O Planeta Água 57
Capítulo 8 – Clima 74
Capítulo 9 – Biogeografia 83

UNIDADE 3 – População 88
Capítulo 10 – A População Mundial 88
Capítulo 11 – A Estrutura da População 100
Capítulo 12 – A População Brasileira 108
Capítulo 13 – Geografia da Saúde 125

UNIDADE 4 – O Urbano e o Rural 137
Capítulo 14 – Urbanização e Metropolização 137
Capítulo 15 – Indústria 153
Capítulo 16 – Fontes de Energia 166
Capítulo 17 – O Mundo Rural 181
Capítulo 18 – Século XXI – a Seara da Tecnologia 197

UNIDADE 5 – Geopolítica 202
Capítulo 19 – A Construção do Espaço 202
Capítulo 20 – 1945: Início de uma Nova Era 204
Capítulo 21 – A Globalização 207
Capítulo 22 – Conflitos e Tensões 210

UNIDADE 6 – Os Principais Atores 213
Capítulo 23 – Estados Unidos da América 213
Capítulo 24 – União Europeia 216
Capítulo 25 – Japão 220
Capítulo 26 – Rússia 224
Capítulo 27 – China, Índia e África do Sul 226

Gabarito das Questões Objetivas 231

ENEM – Matriz de Referência de Ciências Humanas e suas Tecnologias

Competência de área 1 – Compreender os elementos culturais que constituem as identidades.

H1 – Interpretar historicamente e/ou geograficamente fontes documentais acerca de aspectos da cultura.

H2 – Analisar a produção da memória pelas sociedades humanas.

H3 – Associar as manifestações culturais do presente aos seus processos históricos.

H4 – Comparar pontos de vista expressos em diferentes fontes sobre determinado aspecto da cultura.

H5 – Identificar as manifestações ou representações da diversidade do patrimônio cultural e artístico em diferentes sociedades.

Competência de área 2 – Compreender as transformações dos espaços geográficos como produto das relações socioeconômicas e culturais de poder.

H6 – Interpretar diferentes representações gráficas e cartográficas dos espaços geográficos.

H7 – Identificar os significados histórico-geográficos das relações de poder entre as nações.

H8 – Analisar a ação dos estados nacionais no que se refere à dinâmica dos fluxos populacionais e no enfrentamento de problemas de ordem econômico-social.

H9 – Comparar o significado histórico-geográfico das organizações políticas e socioeconômicas em escala local, regional ou mundial.

H10 – Reconhecer a dinâmica da organização dos movimentos sociais e a importância da participação da coletividade na transformação da realidade histórico-geográfica.

Competência de área 3 – Compreender a produção e o papel histórico das instituições sociais, políticas e econômicas, associando-as aos diferentes grupos, conflitos e movimentos sociais.

H11 – Identificar registros de práticas de grupos sociais no tempo e no espaço.

H12 – Analisar o papel da justiça como instituição na organização das sociedades.

H13 – Analisar a atuação dos movimentos sociais que contribuíram para mudanças ou rupturas em processos de disputa pelo poder.

H14 – Comparar diferentes pontos de vista, presentes em textos analíticos e interpretativos, sobre situação ou fatos de natureza histórico-geográfica acerca das instituições sociais, políticas e econômicas.

H15 – Avaliar criticamente conflitos culturais, sociais, políticos, econômicos ou ambientais ao longo da história.

Competência de área 4 – Entender as transformações técnicas e tecnológicas e seu impacto nos processos de produção, no desenvolvimento do conhecimento e na vida social.

H16 – Identificar registros sobre o papel das técnicas e tecnologias na organização do trabalho e/ou da vida social.

H17 – Analisar fatores que explicam o impacto das novas tecnologias no processo de territorialização da produção.

H18 – Analisar diferentes processos de produção ou circulação de riquezas e suas implicações sócio-espaciais.

H19 – Reconhecer as transformações técnicas e tecnológicas que determinam as várias formas de uso e apropriação dos espaços rural e urbano.

H20 – Selecionar argumentos favoráveis ou contrários às modificações impostas pelas novas tecnologias à vida social e ao mundo do trabalho.

Competência de área 5 – Utilizar os conhecimentos históricos para compreender e valorizar os fundamentos da cidadania e da democracia, favorecendo uma atuação consciente do indivíduo na sociedade.

H21 – Identificar o papel dos meios de comunicação na construção da vida social.

H22 – Analisar as lutas sociais e conquistas obtidas no que se refere às mudanças nas legislações ou nas políticas públicas.

H23 – Analisar a importância dos valores éticos na estruturação política das sociedades.

H24 – Relacionar cidadania e democracia na organização das sociedades.

H25 – Identificar estratégias que promovam formas de inclusão social.

Competência de área 6 – Compreender a sociedade e a natureza, reconhecendo suas interações no espaço em diferentes contextos históricos e geográficos.

H26 – Identificar em fontes diversas o processo de ocupação dos meios físicos e as relações da vida humana com a paisagem.

H27 – Analisar de maneira crítica as interações da sociedade com o meio físico, levando em consideração aspectos históricos e(ou) geográficos.

H28 – Relacionar o uso das tecnologias com os impactos sócio-ambientais em diferentes contextos histórico-geográficos.

H29 – Reconhecer a função dos recursos naturais na produção do espaço geográfico, relacionando-os com as mudanças provocadas pelas ações humanas.

H30 – Avaliar as relações entre preservação e degradação da vida no planeta nas diferentes escalas.

1 UNIDADE | A GEOGRAFIA

Capítulo 1 – Um pouco da Ciência Geográfica

ENEM

1. (ENEM – H9) Embora haja dados comuns que dão unidade ao fenômeno da urbanização na África, na Ásia e na América Latina, os impactos são distintos em cada continente e mesmo dentro de cada país, ainda que as modernizações se deem com o mesmo conjunto de inovações.

ELIAS, D. Fim do século e urbanização no Brasil
Revista Ciência Geográfica, ano IV, n. 11, set.-dez. 1988.

O texto aponta para a complexidade da urbanização nos diferentes contextos socioespaciais. Comparando a organização socioeconômica das regiões citadas, a unidade desse fenômeno é perceptível no aspecto:
a) espacial, em função do sistema integrado que envolve as cidades locais e globais.
b) cultural, em função da semelhança histórica e da condição de modernização econômica e política.
c) demográfico, em função da localização das maiores aglomerações urbanas e continuidade do fluxo campo-cidade.
d) territorial, em função da estrutura de organização e planejamento das cidades que atravessam as fronteiras nacionais.
e) econômico, em função da revolução agrícola que transformou o campo e a cidade e contribui para a fixação do homem ao lugar.

Questões objetivas, discursivas e PAS

2. (UPE – SSA) A qual princípio da Ciência Geográfica estão relacionadas às características apresentadas no esboço esquemático a seguir?

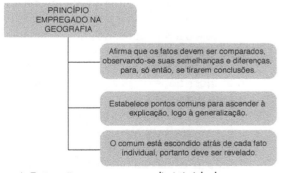

a) Extensão.
b) Analogia.
c) Causalidade.
d) Atividade.
e) Conexidade.

3. (UEPG – PR) Com relação ao desenvolvimento dos conceitos da Ciência Geográfica, indique as alternativas corretas e dê sua soma ao final.
(01) Uma das propostas relacionadas ao conceito de território refere-se à discussão realizada por Marcelo Lopes de Souza (1995). Segundo esse autor, o território é um espaço definido e delimitado por e a partir de relações de poder, composto pela tríade espaço, fronteira e poder.
(02) Segundo Milton Santos e Maria Laura Silveira (2001), vivemos um momento espacial chamado técnico-científico-informacional. Esse momento presencia uma união entre ciência e tecnologia que, iniciada a partir da década de 1970, se revigora a partir da globalização.
(04) Segundo o geógrafo Yi-Fu Tuan (1979), o espaço geográfico é considerado, na perspectiva da Geografia Humanista, como composto pela imbricação de relações econômicas que dão sentido à própria organização espacial.
(08) Segundo Roberto Lobato Corrêa (1995), a Geografia, enquanto ciência social, tem por objeto de estudo a sociedade, compreensão esta orientada à ação humana, modelando a superfície da Terra.

4. (UFSM – RS) Observe o esquema:

MOREIRA, I. *O Espaço Geográfico*: geografia geral e do Brasil.
São Paulo: Ática, 2002. p. 22.

Com base no esquema e nos seus conhecimentos, é INCORRETO afirmar:
a) quanto mais a natureza é utilizada, mais artificializado torna-se o espaço produzido pelos homens, e a relação do homem com a natureza passa a ser mediada pelas conquistas da técnica alimentada pela ciência.
b) na intermediação da técnica e da ciência, as grandes cidades materializam no espaço o melhor modelo do atual estágio da civilização.
c) sendo estimulada por uma verdadeira corrida tecnológica e objetivando a acumulação de riquezas, a produção diversifica-se e os bens pro-

duzidos, inclusive os instrumentos de trabalho, tornam-se obsoletos e impõem sua substituição.

d) a paisagem geográfica já existe mesmo antes do surgimento do homem, sendo irrelevante, portanto, considerar a sua atuação na construção do espaço geográfico.

e) ocorre um consumo cada vez maior de recursos naturais, reforçado pela visão cada vez mais aprofundada da natureza como um manancial à disposição dos homens.

5. (UFV – MG – adaptada) Observe as figuras adiante, que representam o uso do espaço de uma cidade em dois momentos distintos:

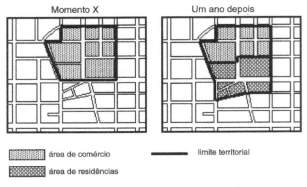

SOUZA, M. J. L. O Território: sobre espaço e poder, autonomia e desenvolvimento. In: CASTRO, I. E. de; CORRÊA, R. L.; GOMES, P. C. da C. (Org.). *Geografia*: conceitos e temas. Rio de Janeiro: Bertrand Brasil, 2001.

O uso e a apropriação de determinados espaços pelos agentes sociais definem fronteiras que são determinadas por relações de poder. Tal processo estabelece uma ordem espacial, em que um grupo exerce poder sobre o espaço.

Assinale o conceito geográfico que está relacionado às práticas espaciais expressas nas figuras acima.
a) Região.
b) Paisagem.
c) Lugar.
d) Território.
e) Ambiente.

6. (UECE) A caça é uma ocupação de alto risco. Até na vivificante floresta dos pigmeus há javalis e elefantes que podem se tornar violentos e ameaçadores quando encurralados. Os esquimós, ao contrário dos pigmeus, são grandes caçadores que precisam enfrentar enormes feras do mar e da terra (...). Mas os esquimós não temem os animais. Eles temem mais é a sua ausência – sua falta em tempos de necessidade.
TUAN, Y-Fu. *Paisagens do Medo*. São Paulo: Ed. da UNESP, 2005.

O texto acima revela:
a) a relação entre o homem e a natureza enquanto processo de superação e domínio de territórios.
b) que o constante estado de ansiedade em que os seres humanos vivem sugere processos ritualísticos para sua sobrevivência.
c) a dimensão da paisagem em que pigmeus e esquimós comungam dos mesmos sentimentos produzindo, assim, os mesmos gêneros de vida.
d) que as florestas são lugares turbulentos e devem ser evitados pelo homem.

7. (UEPB) Meu _____
Arlindo Cruz

O meu tem samba até de manhã/ uma ginga em cada andar / o meu _____ é cercado de luta e suor / esperança de um mundo melhor / e cerveja pra comemorar / o meu _____ tem mitos e seres de luz / o meu _____ é sorriso, é paz e prazer / O seu nome é doce dizer / Madureira, lá laiá / ah meu _____ / a saudade me faz relembrar / dos amores que eu tive lá / é difícil esquecer / doce _____ / que é eterno no meu coração / aos poetas traz inspiração /pra contar e escrever / ah meu _____ / quem não viu a tia Eulalia dançar/ vó Maria o terreiro benzer / ah meu _____ / tem mil coisas pra gente dizer / difícil é saber terminar / Madureira lá laia.

Todos os conceitos abaixo são ferramentas de análise do espaço. De acordo com os seus conhecimentos sobre as categorias geográficas aplicadas ao espaço, identifique a que preenche as lacunas e se enquadra na música do sambista Arlindo Cruz.
a) Lugar.
b) Espaço geográfico.
c) Território.
d) Espaço natural.
e) Espaço humanizado.

8. (UEM – PR) Sobre os termos geográficos a seguir, indique as alternativas corretas e dê sua soma ao final.

(01) Lugar é um termo geográfico que designa o espaço no qual as pessoas vivem seu cotidiano e que faz parte de sua identidade.

(02) Território é uma porção da superfície terrestre, delimitada por uma fronteira política e submetida a um poder político.

(04) Região é o termo utilizado para designar uma área que apresenta somente características naturais próprias, não se relacionando, por quaisquer tipos de fluxos, com outras áreas ao seu entorno.

(08) Os fluxos de mercadorias, de capitais e de informações que atravessam o mundo não alteram a vida cotidiana vivida no lugar.

(16) Nação é o agrupamento social unido por um passado histórico comum, que gerou uma identidade cultural e uma consciência nacional.

9. (UEM – PR) Espaço, lugar, território e paisagem constituem conceitos dos estudos geográficos. Sobre o significado desses termos para a Geografia, indique as alternativas corretas e dê sua soma ao final.
(01) O território constitui para a Geografia apenas o domínio político de um Estado dentro de um determinado espaço geográfico. Território e espaço, portanto, têm exatamente o mesmo significado.
(02) O espaço geográfico, ou simplesmente espaço, é analisado levando em conta os lugares, as regiões, os territórios e as paisagens.
(04) Tudo aquilo que vemos e que nossa visão alcança é a paisagem. A dimensão da paisagem é a dimensão da percepção, o que chega aos nossos sentidos.
(08) A paisagem é o conjunto das formas construídas pelo homem moderno em função de recursos tecnológicos. O espaço é composto por essas formas e pela vida que as anima. Portanto paisagem e espaço são sinônimos, têm o mesmo significado.
(16) O lugar é um espaço produzido ao longo de um determinado tempo. Apresenta singularidades, é carregado de simbolismo e agrega ideias e sentidos produzidos por aqueles que o habitam.

10. (UNIMONTES – MG) A soma do trabalho das gerações passadas dota esta categoria geográfica de uma historicidade cujo resultado é um produto histórico-social: histórico porque foi constituído no decorrer do tempo histórico ou pelas gerações que aí viveram ou se sucederam, e social porque é o resultado do trabalho conjunto das pessoas que formam uma sociedade ou porque ele foi e é construído socialmente.
ADAS, M. *Geografia*: construção do espaço geográfico brasileiro.
São Paulo: Moderna, 2002.

Qual categoria geográfica o texto enfatiza?
a) Espaço geográfico.   c) Paisagem.
b) Região.   d) Lugar.

11. (ESPM – SP) Uma importante contribuição do geógrafo Milton Santos na análise do espaço geográfico foi:
a) a teoria sobre a tectônica de placa que auxiliou a esclarecer a ocorrência dos grandes terremotos e tsunâmis no planeta.
b) a elaboração da "Teoria dos mundos" que regionaliza o mundo em Primeiro, Segundo e Terceiro mundo.
c) a introdução do conceito de meio técnico-científico-informacional na análise do espaço geográfico.
d) a elaboração da teoria dos domínios morfoclimáticos sobre a combinação dos elementos naturais na composição do relevo.
e) a difusão da máxima de que a "Geografia serve, antes de mais nada, para fazer a guerra".

12. (UECE) Adotando o positivismo lógico como método de conhecimento da realidade, esse novo paradigma da geografia buscava leis ou regularidades representadas sob a forma de ordenamentos espaciais. Empregava-se o uso de técnicas estatísticas e modelos matemáticos como método de apreensão do real, assumindo uma pretensa neutralidade científica para o ordenamento espacial.

A corrente do pensamento geográfico que se relaciona com o enunciado acima é denominada:
a) Possibilismo.
b) Geografia Crítica.
c) Nova Geografia.
d) Determinismo Ambiental.

13. (UPE) O espaço geográfico, ao contrário do espaço natural, é um produto da ação do homem. O homem, sendo um animal social, naturalmente atua em conjunto, em grupo, daí ser o espaço geográfico eminentemente social.

(...) A ação do homem não ocorre de forma uniforme no espaço e no tempo. Ela se faz de forma mais intensa em determinados momentos e nas áreas onde se pode empregar uma tecnologia mais avançada ou em que se dispõe de capitais mais do que naquelas em que se dispõe de menores recursos e conhecimentos. Daí a necessidade de uma visão do processo histórico, levando-se em conta tanto o processo evolutivo linear como os desafios que se contrapõem a este processo e que barram ou desviam da linha por ele seguida. Para melhor compreender o processo de produção do espaço geográfico, é indispensável a utilização de conceitos hoje largamente aceitos nas ciências sociais, como os de modo de produção e de formação econômico-sociais. Ao analisarmos a evolução da humanidade e da conquista da natureza pelo homem, temos que admitir que esse começou a produzir o espaço geográfico na ocasião em que pôde abandonar as atividades de caça, pesca e coleta como principais e passou a realizar trabalhos agrícolas e de criação de animais. Claro que a passagem foi feita lentamente e que o homem, transformado em agricultor e criador de animais, continuou a caçar e a pescar, como o faz até os dias atuais, mas essas atividades, antes exclusivas, tornaram-se complementares.
ANDRADE, M. C. de. *Geografia Econômica*.
São Paulo: Atlas, 1987. Adaptado.

É CORRETO afirmar que o autor, no texto que você acabou de ler,
a) opõe-se à posição filosófica assumida pelos geógrafos que defendem a Geografia Crítica.
b) estabelece os mais importantes princípios que norteiam o Determinismo Geográfico, uma das

correntes fundamentais da Geografia Clássica que explica a produção do espaço geográfico.
c) defende que o espaço natural, por suas características particulares, assemelha-se ao espaço social e que deve ser estudado pela História e pela Geografia.
d) advoga que a produção do espaço geográfico é uma função dos níveis técnico e econômico em que se encontra a sociedade.
e) propõe que, para o equilíbrio do Sistema Terra, é necessário os seres humanos retornarem às atividades extrativas, especialmente a caça e a pesca, e também à agricultura tradicional.

14. (UFPE) Os geógrafos, ao lado de outros cientistas sociais, devem se preparar para colocar os fundamentos de um espaço verdadeiramente humano, um espaço que una os homens por e para seu trabalho, mas não em seguida os separar entre classes, entre exploradores e explorados; um espaço matéria inerte trabalhado pelo homem, mas não para se voltar contra ele; um espaço Natureza social aberta à contemplação direta dos seres humanos, e não um artifício; um espaço instrumento de reprodução da vida, e não uma mercadoria trabalhada por uma outra mercadoria, o homem artificializado.

SANTOS, M. *Por uma Geografia Nova. Da crítica da geografia a uma geografia crítica.* São Paulo: Hucitec, 1990. p. 219.

Considerando o texto e as bases da evolução da Geografia, podemos afirmar que:
( ) A Geografia, muitas vezes, foi articulada a serviço da dominação e, na perspectiva da Geografia Crítica, a referida ciência necessita ser reformulada para ser uma ciência da paisagem.
( ) O novo saber dos espaços deve apresentar a tarefa fundamental de denunciar todas as mistificações que as ciências do espaço puderam criar e confundir.
( ) Os geógrafos que invocam o marxismo o fazem a partir de uma perspectiva muito mais limitada, como uma filiação ideológica ou como mais uma crença em uma via metodológica única, que será aquela da "verdadeira" Geografia, e se reconhecem a importância e a riqueza de outras condutas possíveis na Geografia.
( ) Ao considerar o quadro da Geografia de análise marxista, o espaço deve ser considerado como produto ambiental, isto é, ele só pode ser explicado recorrendo aos aspectos fundamentais que organizam o Estado.
( ) O subjetivismo e até mesmo o irracionalismo marcam, desde o início, a Geografia Crítica, mas é nos textos mais atuais que esses traços aparecem mais marcada e explicitamente. Destacam-se, na referida escola geográfica, também, os conceitos relativos à função e ao caráter nodal dos espaços urbanos, na perspectiva dos estudos regionais desenvolvidos por Paul Vidal de La Blache.

15. (UECE) Atente ao excerto a seguir: "Assim, não distinguimos natureza e fenômenos naturais, uma vez que concebemos a natureza decalcando nosso conceito nos corpos da percepção sensível. Vemos a natureza vendo o relevo, as rochas, os climas, a vegetação, os rios etc. (...) Dito de outro modo, a natureza que concebemos é a da experiência sensível, cujo conhecimento organizamos numa linguagem geométrico-matemática".

MOREIRA, R. *Para onde Vai o Pensamento Geográfico?* Por uma epistemologia crítica. São Paulo: Contexto. 2006. p. 47.

Ao ler o trecho acima, pode-se concluir acertadamente que a categoria da geografia que mais se aproxima do pensamento do autor é o(a):
a) lugar.
b) região.
c) território.
d) paisagem.

16. (Fac. Albert Einstein – SP) Considere que as relações socioeconômicas no mundo contemporâneo dependem muito das características do espaço geográfico das diversas realidades sociais (países, por exemplo). Indique qual das alternativas dá consistência a essa afirmação.
a) Infraestruturas espaciais, como sistemas de circulação de bens e pessoas e sistemas de informação, aumentam a quantidade de relações socioeconômicas e podem ser entendidas como elementos que contribuem para a própria construção social.
b) Configurações geográficas com certas características naturais, tais como territórios menos recortados e mais planos, facilitam a circulação de pessoas e mercadorias e oneram muito menos a administração pública.
c) As relações socioeconômicas são mais eficientes e mais baratas em espaços menores, daí a vantagem econômica de países com territórios pequenos, pois nesses investe-se menos em infraestruturas e em circulação de longa distância.
d) Países cujos territórios são plenos de recursos naturais têm, em sua maioria, um quadro de relações socioeconômicas bastante intenso, o que gera coesão social e distribuição mais igualitária da riqueza econômica.

17. (UECE) A partir dos anos 1980, quando gradativamente espalharam-se pelo mundo as grandes empresas e as novas tecnologias, como a internet, os satélites e os meios digitais, ocorreu um fenômeno global que favoreceu o aumento da produtividade econômica e a aceleração dos fluxos de capitais, mercadorias, informações e pessoas. Esse processo, predominante em países desenvolvidos e alguns países emergentes, for-

mou, nos territórios, um meio conhecido como:
a) científico-agrário.
b) técnico-científico-informacional.
c) técnico-informacional-agroindustrial.
d) acadêmico-industrial.

18. (UERJ) **Os sertões***

Edeor de Paula

Marcado pela própria natureza
O Nordeste do meu Brasil
Oh! solitário sertão
De sofrimento e solidão
A terra é seca
Mal se pode cultivar
Morrem as plantas e foge o ar
A vida é triste nesse lugar
Sertanejo é forte
Supera miséria sem fim
Sertanejo homem forte
Dizia o Poeta assim

Foi no século passado
No interior da Bahia
O Homem revoltado com a sorte
do mundo em que vivia
Ocultou-se no sertão
espalhando a rebeldia
Se revoltando contra a lei
Que a sociedade oferecia
Os Jagunços lutaram
Até o final
Defendendo Canudos
Naquela guerra fatal

*Samba de enredo da G.R.E.S. Em cima da Hora, em 1976.

No livro *Os sertões*, Euclides da Cunha aborda o episódio da Guerra de Canudos (1896-1897), organizando seu texto em três partes: a terra, o homem, a luta.

A letra do samba, inspirada nessa obra, apresenta uma imagem do sertão nordestino vinculada ao seguinte aspecto:
a) mandonismo local.
b) miscigenação racial.
c) continuísmo político.
d) determinismo ambiental.

19. (UECE) Atente à seguinte letra de música:

Por ser de lá do sertão, lá do cerrado
Lá do interior do mato
Da caatinga, do roçado
Eu quase não saio
Eu quase não tenho amigos
Eu quase não consigo
Ficar na cidade, sem viver contrariado

Lamento Sertanejo, Dominguinhos

A letra da canção apresenta elementos que estão associados:
a) ao aspecto visível das formas da natureza, considerando principalmente os domínios morfoclimáticos.
b) à estrutura social e econômica de uma determinada sociedade.
c) aos movimentos migratórios que ensejam transformações socioespaciais.
d) ao sentimento de pertencimento e experiência vivida pelo indivíduo.

20. (UEM – PR) Espaço, paisagem e território constituem termos muito utilizados na Geografia. Sobre o significado desses termos, indique as alternativas corretas e dê sua soma ao final.

(01) A soma das riquezas produzidas em um país no decorrer de um ano pelos diversos setores da economia é entendida como território econômico. De acordo com as características das riquezas, esse território subdivide-se em primário, secundário e terciário.

(02) Espaço natural é o espaço criado pela natureza e que nunca foi modificado pelo homem. A ação do homem sobre a natureza transforma o espaço natural em espaço geográfico.

(04) Paisagem e espaço têm o mesmo significado para a Geografia. Os dois termos indicam o conjunto de atividades produtivas desenvolvidas pelo homem, no sentido de transformar matérias-primas em produtos industrializados.

(08) Paisagem é o conjunto de formas que, num dado momento, exprimem as heranças que representam as sucessivas relações localizadas entre o homem e a natureza. Espaço são essas formas mais a vida que as anima.

(16) Território é entendido como uma porção da superfície terrestre delimitada por uma fronteira política ou submetida a um poder político. Assim, território pode representar o espaço ocupado por um país e também a área de domínio de um grupo. Exemplo: área de influência de uma cooperativa de agricultores.

21. (UECE) Com a afirmação da Geografia moderna, a noção de território no seu sentido mais puro, isto é, assimilado ao Estado, torna-se uma categoria tão basilar quanto longeva. No seu sentido mais restrito, território é um nome político para a extensão de um país. Há mais de um século, Ratzel insistia em que aquele resultava da apropriação de uma porção da superfície da Terra para um grupo humano.

SILVEIRA, M. L. *Acta Geográfica*. Cidades na Amazônia Brasileira. Ed. Especial, 2011. p.151-163.

Com base nas informações do texto acima, assinale a opção que corresponde ao conceito de território, elaborado por Ratzel:

a) gêneros de vida.
b) rugosidade espacial.
c) espaço vital.
d) espaço absoluto.

22. (UDESC) A Geografia é uma ciência que transita por muitas áreas de conhecimento e agrega esses saberes de uma forma particular, procurando sempre dar-lhe significado espacial. Assim sendo, observe a expressão destacada e assinale a alternativa **incorreta** em relação ao seu conceito.
a) **Biosfera** – chamada de esfera da vida, ela compreende desde o topo das mais altas montanhas até as profundezas dos oceanos. Ela é delimitada pela presença de seres vivos.
b) **Biodiversidade** – total de espécies da flora e da fauna encontradas em um ecossistema. Quanto maior o número de espécies, maior a biodiversidade.
c) **Biodinâmica** – ramo da Geografia que estuda o clima, em especial as dinâmicas do tempo que mudam várias vezes ao dia.
d) **Bioma** – complexo biótico de plantas e animais observados no ambiente físico ou *habitat*.
e) **Biomassa** – qualquer matéria orgânica, de origem animal ou vegetal, utilizada como fonte renovável de energia.

23. (UECE) O conceito de gênero de vida, entre outras coisas, abrange o conjunto de técnicas e costumes construídos e passados socialmente, exprimindo uma relação entre a população e os recursos. Esta ideia foi proposta por:
a) La Blache.   c) Ratzel.
b) Hartshorne.   d) Humboldt.

24. (UFRGS – RS) No bloco superior abaixo, estão listados quatro termos; no inferior, definições de conceitos referentes a três desses termos. Associe adequadamente o bloco inferior ao superior.

1. Região.   3. Biosfera.
2. Território.   4. Bioma.

( ) Parcela da superfície terrestre que forma uma unidade distinta em virtude de determinadas características temáticas.
( ) Apropriação de uma parcela geográfica por um indivíduo ou uma coletividade.
( ) Um conjunto de ecossistemas.

A sequência correta de preenchimento dos parênteses, de cima para baixo, é:
a) 1 – 2 – 4.
b) 1 – 2 – 3.
c) 2 – 3 – 1.
d) 3 – 4 – 2.
e) 3 – 4 – 1.

25. (UESPI) Vidal de La Blache foi um dos nomes mais destacados da Corrente Possibilista da Geografia. O que preconiza, em linhas gerais, essa corrente teórica?
a) Existem muitas possibilidades de a Natureza impor sérios obstáculos ao desenvolvimento do espaço geográfico.
b) Nas relações entre o homem e o meio natural, aquele não é um mero elemento passivo; é, sobretudo um agente, e sua ação é tanto mais antiga quando mais avançado seu grau de cultura e mais desenvolvida a técnica de que é portador.
c) As sociedades humanas são um produto da superfície terrestre, dos elementos do meio natural; o desenvolvimento dessas sociedades é uma função inversa das adversidades naturais.
d) As possibilidades dos conflitos sociais nos espaços geográficos tropicais são maiores na faixa de baixas latitudes, onde o meio natural é mais adverso.
e) Os seres humanos produzem espaços geográficos, mas essa produção é determinada fundamentalmente pelos elementos que compõem o quadro natural.

26. (UFPR) Caracterize os elementos que formam uma paisagem natural e escolha pelo menos dois desses elementos, demonstrando como interagem entre si, formando a paisagem.

27. (UFSJ – MG) A materialidade artificial pode ser datada, exatamente, por intermédio das técnicas: técnicas da produção, do transporte, da comunicação, do dinheiro, do controle, da política e, também, técnicas da sociabilidade e da subjetividade. As técnicas são um fenômeno histórico. Por isso, é possível identificar o momento de sua origem. Essa datação é tanto possível à escala de um lugar quanto à escala do mundo. Ela é também possível à escala de um país, ao considerarmos o território nacional como um conjunto de lugares.

SANTOS, M. *A Natureza do Espaço*.
São Paulo: Hucitec, 1996. p. 46.

A partir do texto acima, é **CORRETO** afirmar que:
a) a escala matemática permite a compreensão dos espaços nas escalas do lugar, da região, do território nacional bem como estas se articulam.
b) o espaço possui múltiplas dimensões e a compreensão dos fenômenos espaciais requer um estudo que considere as diferentes escalas geográficas.
c) os fenômenos mundiais se sobrepõem e definem a cultura do lugar que, com a globalização, perdeu sua importância.
d) as paisagens humanas que compõem o território, em uma sociedade globalizada, tendem a inviabilizar os fluxos de ideias, pessoas e mercadorias.

28. (UFPE) Os seres humanos fazem parte do ambiente em que vivem, retirando dele os alimentos, o seu sustento e até sua diversão. A forte interação desses seres com o ambiente torna ambos sujeitos a perigos e riscos. Sobre esse assunto, é correto afirmar que:

( ) para evitar ou prevenir certos riscos geológicos, é preciso que se estude o próprio perigo e a localidade onde potencialmente eles existem; um desses riscos são os movimentos de massa que ocorrem em encostas.

( ) a Geografia Física busca, também, analisar o perigo e avaliar os riscos geológicos em áreas costeiras, nas faixas tectonicamente ativas, onde podem acontecer sismos e maremotos.

( ) no que se refere à aplicação de agrotóxicos nas atividades agrícolas, é possível afirmar que são perigosos, mas que não representam riscos para o lençol freático, em face da sua grande profundidade.

( ) a avaliação de riscos é importante para priorizar ações e tomadas de decisões pelo Poder Público, evitando-se, assim, danos maiores ao ambiente; na ordem democrática, contudo, essas ações são inviáveis.

( ) existem perigos ambientais que são facilmente perceptíveis e identificáveis; outros perigos são imperceptíveis, mas podem ocorrer em longo prazo, e/ou quando submetidos a determinadas condições, sendo, assim, denominados "perigos potenciais".

29. (UFBA) A natureza é fonte de vida essencial para a sobrevivência do homem sobre a superfície terrestre, porém, existem inúmeras formas de sua apropriação e comercialização.

Com base nessas considerações e nos conhecimentos sobre o estudo geográfico da natureza, indique as alternativas corretas e dê sua soma ao final.

(01) A atividade turística promove um grande consumo do espaço geográfico, provoca impactos diversos na natureza e na cultura, podendo também mobilizar forças no sentido de revitalizar regiões estagnadas.

(02) Os diversos recursos da natureza são considerados mercadorias, ou seja, possuem valor de troca, a exemplo da exploração de minérios de ferro e manganês em terrenos do embasamento cristalino brasileiro.

(04) Os imóveis construídos voltados para o oeste são menos valorizados financeiramente, pois têm maior incidência frontal da luz solar no período da tarde.

(08) A intensa verticalização urbana é marca do pleno desenvolvimento social e vem crescendo cada vez mais, em função do aumento de terras devolutas, pouco valorizadas e geralmente ocupadas por invasões espontâneas.

(16) A chamada "indústria da seca", que se implantou recentemente no sertão nordestino brasileiro, vem solucionando, gradativamente, o problema ocasionado pelas estiagens e, ao mesmo tempo, proporcionando novas frentes de trabalho para a população castigada ao longo de vários anos.

(32) A usina hidrelétrica de Balbina, construída na Amazônia, representa um dos melhores projetos de exploração da natureza, sem provocar danos ecológicos para a região, pois o local onde está instalada possui condições topográficas com grandes desníveis.

30. (UEPB) Associe os conceitos da coluna 1 às respectivas definições na coluna 2.

COLUNA 1	COLUNA 2
(1)	povo
(2)	raça
(3)	etnia
(4)	nação

( ) O termo é derivado do grego e era tipicamente utilizado para se referir a povos não-gregos. Tinha também conotação de "estrangeiro". A palavra deixou de ser relacionada ao paganismo, significado dado pelo catolicismo romano, em princípios do século XVIII. O uso do sentido moderno, mais próximo do original grego, começou na metade do século XX, tendo se intensificado desde então, com o sentido de grupo de pessoas que tem uma identidade comum, mas que também se diferencia dos demais grupos humanos em função de aspectos históricos, linguísticos, culturais, religiosos etc.

( ) Conceito usado vulgarmente para categorizar diferentes populações de uma espécie biológica por suas características fenotípicas (ou físicas). Foi muito utilizado entre os séculos XVII e XX pela antropologia, que o usou para classificar os grupos humanos. O termo aparecia normalmente nos livros científicos até a década de 1970; a partir de então, começou a desaparecer e a ser cientificamente questionável e pouco utilizado pelo caráter discriminatório do qual é portador.

( ) Ideia que surgiu na história recente da humanidade e que, embora seja muito associada à constituição de um Estado, tem, de fato, conotação cultural, pois se refere à soma das pessoas que comungam a origem, língua e história comum. A criação artificial dos Estados modernos não fez desaparecer as identidades e os sentimentos de pertencimentos com tal sentido, que ganharam força na última década do século XX e são motivos de conflitos separatistas em vários países.

( ) Termo pode ter significados distintos que variam conforme seu emprego em épocas distintas, mas, do ponto de vista jurídico moderno, pode ser entendido como o conjunto de cidadãos que está vinculado a um regime jurídico e a um Estado.

Assinale a alternativa que traz a sequência correta da enumeração da coluna 2.
a) 3 – 4 – 1 – 2.
b) 3 – 2 – 4 – 1.
c) 2 – 1 – 3 – 4.
d) 4 – 2 – 1 – 3.
e) 1 – 2 – 4 – 3.

31. (UECE) Atente para o seguinte texto:

Serra da Boa Esperança, esperança que encerra
No coração do Brasil um punhado de terra
No coração de quem vai, no coração de quem vem
Serra da Boa Esperança meu último bem
Parto levando saudades, saudades deixando
Murchas caídas na serra lá perto de Deus
Oh minha serra eis a hora do adeus vou-me embora
Deixo a luz do olhar no teu olhar Adeus

Lamartine Babo

O conceito de lugar foi utilizado durante muito tempo na geografia para expressar o sentido de localização de um determinado sítio. Atualmente, este conceito vai além da simples localização de fenômenos geográficos, expressando uma contextualização simbólica que compreende um conjunto de significados. Portanto, com base no texto acima e na perspectiva atual de lugar, pode-se afirmar corretamente que:

a) para o autor do texto, a serra representa uma dimensão da paisagem na qual o sentimento de posse está relacionado a sua perspectiva econômica.

b) a simbologia representada pela serra é motivada por laços emocionais que foram construídos na dimensão do espaço vivido.

c) a relação sujeito-lugar é percebida na perspectiva de uma relação simplesmente natural envolvendo apenas os elementos da natureza.

d) a serra constitui-se enquanto aspecto morfológico como um espaço vazio de conteúdo, sem história, refletindo apenas uma porção da natureza desprovida de afetividade.

32. (UEPG – PR) Segundo William Frey e Zachary Zimmer (2001), em comparação com toda a história da evolução humana, só muito recentemente que as pessoas começaram a viver em aglomerações urbanas relativamente densas. No entanto, a velocidade com que as sociedades têm se urbanizado é impressionante. Assim, com relação à Geografia Urbana, indique as alternativas corretas e dê sua soma ao final.

(01) Até 1850, nenhuma sociedade poderia ser descrita como sendo fundamentalmente urbana por natureza. Hoje, todas as nações industriais, e muitos dos países menos desenvolvidos, poderiam ser descritos como sendo sociedades urbanas.

(02) Uma das principais diferenças entre as áreas rurais e urbanas refere-se à diversidade e à concentração de funções que caracterizam as duas áreas.

(04) O continente europeu foi agrário até a metade do século XX, quando, a partir de incrementos nas atividades industriais, as populações que viviam no campo migraram para as cidades em busca de melhores condições de vida.

(08) Segundo as Nações Unidas, os níveis de urbanização, medidos pelo percentual da população vivendo em áreas urbanas, estão aumentando tanto nos países menos desenvolvidos quanto nos países mais desenvolvidos. Contudo, o aumento de urbanização é mais dramático nos países mais desenvolvidos.

33. (UFPE) Analise as proposições:

1. Grande foi a contribuição dos gregos e romanos à Geografia. Os romanos, por exemplo, expandindo as suas fronteiras políticas graças às conquistas militares, contribuíram - através dos livros de Júlio César e de Plínio - para ampliar o conhecimento geográfico.

2. O método geográfico baseia-se em cinco princípios. No princípio da "Extensão", o geógrafo localiza, delimitando em um mapa, a paisagem ou fato geográfico que pretende estudar.

3. Na Antiguidade, era admitida a esfericidade da Terra, devido à sombra redonda projetada pelo nosso planeta na Lua, durante os eclip-

ses. Tal descoberta foi realizada pelo sábio grego Filolaus.

4. A Geografia Agrária é a parte da Geografia que estuda a distribuição dos vegetais e animais sobre a superfície da Terra.

5. O conhecimento geográfico tem uma dupla finalidade. Contribui para a formação cultural do indivíduo e pode ser utilizado na solução de problemas no meio ambiente.

Estão corretos os itens:
a) 1, 3 e 4.
b) 2, 4 e 5.
c) 3, 4 e 5.
d) 1, 2 e 5.
e) 1, 2 e 3.

34. (MACKENZIE – SP) O que significa estudar geograficamente o mundo ou parte do mundo? A Geografia se propõe a algo mais que descrever paisagens, pois a simples descrição não nos fornece elementos suficientes para uma compreensão global daquilo que pretendemos conhecer geograficamente. As paisagens que vemos são apenas manifestações aparentes de relações estabelecidas (...)

Pereira, Santos e Carvalho. Geografia – Ciência do espaço.

Sobre o conceito geográfico de paisagem é INCORRETO afirmar que:

a) as paisagens que vemos são as manifestações físicas dos movimentos da natureza; e o elemento determinante das paisagens de hoje é a sociedade humana.
b) as paisagens resultam da complexa relação dos homens entre si e desses com todos os elementos da natureza.
c) o estudo da Geografia deve responder por que a paisagem que vemos é tal qual se apresenta.
d) a Geografia tem na paisagem a mera aparência: a descrição da paisagem não é suficiente para o entendimento do espaço.
e) paisagens, em diferentes lugares, nunca fazem parte de um mesmo espaço, mesmo que sejam integradas no mesmo processo.

Capítulo 2 – A Aplicação da Cartografia nos Estudos Geográficos

ENEM

1. (ENEM – H6)

QUEIROZ FILHO. A. P.; BIASI, M. Técnicas de cartografia. In: VENTURI, L. A. B. (Org.). Geografia: práticas de campo, laboratório e sala de aula. São Paulo: Sarandi, 2011. Adaptado.

As figuras representam a distância real (D) entre duas residências e a distância proporcional (d) em uma representação cartográfica, as quais permitem estabelecer relações espaciais entre o mapa e o terreno. Para a ilustração apresentada, a escala numérica correta é:

a) 1/50.
b) 1/5.000.
c) 1/50.000.
d) 1/80.000.
e) 1/80.000.000.

2. (ENEM – H6) O Projeto Nova Cartografia Social da Amazônia ensina indígenas, quilombolas e outros grupos tradicionais a empregar o GPS e técnicas modernas de georreferenciamento para produzir mapas artesanais, mas bastante precisos, de suas próprias terras.

LOPES, R. J. O novo mapa da floresta. Folha de S.Paulo, 7 maio 2011. Adaptado.

A existência de um projeto como o apresentado no texto indica a importância da cartografia como elemento promotor da:

a) expansão da fronteira agrícola.
b) remoção de populações nativas.
c) superação da condição de pobreza.
d) valorização de identidades coletivas.
e) implantação de modernos projetos agroindustriais.

Questões objetivas, discursivas e PAS

3. (UERJ – adaptada) Como se ilustra no mapa, elaborado em 1886, a associação entre cartografia e arte era comum no século XIX. Essa prática, porém, cedeu espaço aos avanços técnicos.

Cite dois recursos tecnológicos, utilizados atualmente na confecção de mapas, que não estavam disponíveis para os cartógrafos do século XIX.

4. (IFSUL – RS) (...) Conjunto de estudos e operações científicas, artísticas e técnicas, baseado nos resultados de observações diretas ou de análise de documentação, com vistas à elaboração e preparação de cartas, planos e outras formas de expressão, bem como sua utilização.

DUARTE, P. A. *Fundamentos de Cartografia.*
Florianópolis: Ed. da UFSC, 2008. p. 15.

Qual conceito está sendo apresentado no texto?
a) Geografia.
b) Cartografia.
c) Biogeografia.
d) Historiografia.

5. (UFU – MG) Para a prática da ciência cartográfica é de fundamental importância à utilização de recursos técnicos, e o principal deles é a projeção cartográfica. A projeção cartográfica é definida como um traçado sistemático de linhas numa superfície plana, destinado à representação de paralelos de latitude e meridianos de longitude da Terra ou de parte dela, sendo a base para a construção dos mapas. A representação da superfície terrestre em mapas nunca será isenta de distorções. Nesse sentido, as projeções cartográficas são desenvolvidas para minimizarem as imperfeições dos mapas e proporcionarem maior rigor científico à cartografia.

Disponível em: <http://www.brasilescola.com/geografia/
projecoes-cartograficas.htm>.
Acesso em: jun. de 2012. (fragmento).

A primeira carta produzida sobre bases científicas da astronomia e da trigonometria foi criada por Gerardus Mercator e, não fugindo à regra, não está isenta de distorções, tais como:

a) as áreas aumentam na proporção direta da latitude; a escala não é fixa, ficando as distâncias distorcidas entre as áreas; há desproporção de áreas, apesar de os rumos serem corretos; a carta reforça o Eurocentrismo, ou seja, coloca a Europa no centro do mundo.

b) a região temperada aparece sem deformações; fora da faixa temperada, porém, as áreas aparecem bastante deformadas; contudo, os rumos são corretos; a carta reforça o Eurocentrismo, ou seja, coloca a Europa no centro do mundo.

c) as linhas retas, em qualquer direção, representam a distância mais curta entre dois pontos; as áreas são mantidas na sua real proporção, permitindo comparar fenômenos que se distribuem por área; os rumos são corretos; a carta reforça o Eurocentrismo, ou seja, coloca a Europa no centro do mundo.

d) as áreas são deformadas e também os contornos; não tem utilidade técnica, apenas ilustrativa, sendo muito usada como mapa escolar; os rumos são corretos; a carta reforça o Eurocentrismo, ou seja, coloca a Europa no centro do mundo.

6. (ULBRA – RS) A Cartografia é a parte da ciência que trata da concepção, produção, difusão, utilização e estudo das representações cartográficas. Assinale com V (verdadeiro) ou F (falso) as afirmações abaixo.

( ) Em um mapa de escala 1 : 5.000.000, a distância no terreno entre dois pontos é de 50 km, o que correspondente a 1 cm no mapa.
( ) Em todas as projeções cilíndricas, os meridianos e os paralelos são representados por segmentos de reta, sendo que os meridianos são linhas que representam os valores de longitude.
( ) A rede cartográfica ou geográfica dá-nos a indicação das coordenadas geográficas.
( ) Os meridianos são linhas semicirculares, isto é, linhas de 190°, que vão do Polo Norte ao Polo Sul e cruzam com os paralelos.

A sequência correta de preenchimento dos parênteses, de cima para baixo, é a seguinte:
a) V – V – V – V.
b) V – F – V – V.
c) F – F – V – V.
d) F – V – V – V.
e) V – V – V – F.

7. (PUC – RS) Responda à questão com base nas informações e afirmativas que tratam da representação do espaço através da Cartografia.

Os mapas não são representações completas da realidade; são simplificações do espaço geográfico. Sobre a elaboração de mapas, afirma-se:

I. O cartógrafo necessita realizar uma seleção prévia daquilo que irá mapear.
II. O mapa representa política e ideologicamente o seu idealizador.
III. Não existe uma projeção mais correta para um mapa, e sim a que melhor atende aos interesses de quem o está construindo.
IV. A produção de símbolos cartográficos pode ser comparada à elaboração de um texto.

Estão corretas as afirmativas:
a) I e III, apenas.
b) II e IV, apenas.
c) I, II e IV, apenas.
d) II, III e IV, apenas.
e) I, II, III e IV.

8. (UNICAMP – SP) Escala, em Cartografia, é a relação matemática entre as dimensões reais do objeto e a sua representação no mapa. Assim, em um mapa de escala 1 : 50.000, uma cidade que tem 4,5 km de extensão entre seus extremos será representada com
a) 9 cm.
b) 90 cm.
c) 225 mm.
d) 11 mm.

9. (CFT – MG) Analise a imagem abaixo.

DUARTE, P. A. *Fundamento de Cartografia.*
Florianópolis: UFSC, 2002. Adaptado.

Sobre a projeção de Lambert, afirma-se que:
I. Exibe meridianos com linhas retas e convergentes.
II. É ideal para representar regiões maiores.
III. É elaborada a partir de uma forma cilíndrica.
IV. Possui maior deformação na base.

Estão corretas as afirmativas:
a) I e II.
b) I e IV.
c) II e III.
d) III e IV.

10. (UEM – PR) As diversas tecnologias utilizadas nos estudos geográficos dinamizaram a elaboração de produtos cartográficos.

Assinale o que for correto sobre tecnologias e produtos cartográficos.

(01) Um Sistema Global de Posicionamento (GPS) é utilizado fundamentalmente para localizar um objeto. Esse sistema é composto basicamente por três segmentos: espacial, controle terrestre e usuários.

(02) Foi só a partir da década de 1970 que a produção de materiais cartográficos foi desenvolvida no Brasil, pois foi a partir desse período que a cartografia digital começou a ser mais amplamente utilizada.

(04) Algumas tecnologias permitem utilizar uma combinação de mapas digitais, oriundos de diversas escalas, com informações georreferenciadas que lhes conferem maior grau de confiabilidade dos dados.

(08) As técnicas utilizadas no Sensoriamento Remoto para produção de diversos tipos de mapas, de cartas e de plantas estão em desuso, pois os sensores remotos que obtêm essas informações necessitam tocar a superfície terrestre para realizar a captura das informações, e isso inviabiliza a técnica devido às condições adversas do relevo terrestre.

(16) O Sistema de Informações Geográficas (SIG) permite coletar, armazenar, processar, recuperar, correlacionar e analisar diversas informações sobre o espaço geográfico.

11. (IFPE) Observe a tirinha:

A representação cartográfica da superfície terrestre implica uma forma de ver e conceber a realidade. Na figura ao lado, a personagem estabelece uma comparação entre o mundo real e o mundo representado

Disponível em: <http://geografianovest.blogspot.com.br/2011/10/geografia-da-mafalda.html>. Acesso em: 3 set. 2013.

através do globo terrestre. Analise as afirmações a seguir e identifique qual(is) dela(s) se identifica(m) com a ideia emitida pela tirinha.

I. Os problemas reais do mundo não podem ser expressos nesta representação cartográfica da Terra.
II. Em qualquer representação cartográfica se pode perceber a beleza da Terra.
III. Os mapas e as representações cartográficas, em geral, mostram que o mundo é um desastre.
IV. A redução do espaço terrestre através da cartografia não reduz os problemas do mundo.

Está(ão) correta(s), apenas:
a) I.
b) III.
c) I e II.
d) I e IV.
e) III e IV.

12. (UFG – GO) Analise o quadro e leia o texto a seguir.

TIPOS DE PAPEL	TAMANHO (mm)
A1	594,0 mm x 841,0 mm
A2	420,0 mm x 594,0 mm
A3	297,0 mm x 420,0 mm
A4	210,0 mm x 297,0 mm
A5	148,0 mm x 210,0 mm

Para qualquer trabalho de mapeamento de determinada área, a primeira preocupação deve ser com relação à escala a ser adotada. A escolha da escala deve considerar a finalidade desse mapeamento e o tamanho do papel no qual será impresso. Mesmo que esse mapa seja armazenado em arquivo digital, a escala original de sua concepção determina a precisão do mapeamento.

FITZ, P. R. *Cartografia Básica.*
São Paulo: Oficina de Textos. 2008. p. 24. Adaptado.

Considere que um agrimensor pretenda elaborar um mapa de uma fazenda, de formato retangular (40 km × 20 km) em uma escala de 1: 50 000. Com base na análise do quadro, na leitura do texto e na intenção do agrimensor, conclui-se que esse agrimensor pretendia imprimir esse mapa em uma folha de tamanho:

a) A5.   b) A4.   c) A3.   d) A2.   e) A1.

13. (UEL – PR) Na cartografia, a escala é a relação matemática entre as dimensões do terreno e a representação no mapa, e constitui-se em um de seus elementos essenciais. Considere uma viagem do Rio de Janeiro até Belo Horizonte, passando por Vitória. Para uma viagem mais segura, é importante calcular a distância do trajeto e a direção geográfica a seguir, desde o ponto de partida até o destino.

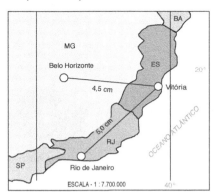

Com base no texto e na figura,
a) calcule a distância entre Rio de Janeiro e Vitória e entre Vitória e Belo Horizonte.
   Apresente os cálculos utilizados para encontrar essas distâncias.
b) indique a direção geográfica do ponto de partida até o destino (Rio de Janeiro a Vitória e Vitória a Belo Horizonte).

14. (UERJ 2014) Os mapas são representações da superfície terrestre, elaborados com base em critérios previamente convencionados. Observe o mapa a seguir, que difere da representação usual do Brasil.

Adaptado de: <aprendendofisica.pro.br>.

Considerando as normas da cartografia, indique se o mapa está corretamente elaborado e apresente uma justificativa para essa resposta.

15. (UCS – RS) Apesar de o globo terrestre ser a melhor representação do planeta, em função de seu formato tridimensional, sua utilização nem sempre é possível. Os mapas são outra forma de representação, plana, de toda ou parte da superfície da Terra. Sempre haverá distorções na representação plana do geoide, que é a forma da Terra. A cartografia é a ciência que, entre outros temas, desenvolveu técnicas para minimizar as distorções na representação da Terra. Leia as sentenças a seguir, quanto às projeções cartográficas, e assinale a alternativa correta.

a) As distorções nas projeções cônicas se acentuam quanto maior a latitude, tendo sua menor deformidade próxima à linha do Equador.
b) As projeções planas têm somente um dos hemisférios cartografados, sendo ideal para mapear as zonas temperadas por apresentarem menor distorção e, por essa razão, sua utilização é restrita no Brasil.
c) As projeções cilíndricas são também denominadas de tangenciais, azimutais ou polares. Essas projeções possuem aplicabilidade restrita a especialistas e técnicos aeroviários e navais, sendo comuns as derivações desse tipo de projeção nas telas de radares e demais instrumentos de localização.
d) As projeções conformes possuem o centro do mapa em qualquer parte do Planeta; permitem determinar rotas e rumos com maior precisão.
e) A projeção a ser escolhida depende do que se pretende projetar, como a forma dos objetos cartografados ou a distância entre as localida-

des a serem percorridas, ou ainda, a área específica dos pontos a serem representados.

16. (UERJ) O problema básico das projeções cartográficas é a representação de uma superfície curva em um plano. Pode-se dizer que todas as representações de superfícies curvas em um plano envolvem "extensões" ou "contrações", que resultam em distorções ou "rasgos". Diferentes técnicas de representação são aplicadas no sentido de alcançar resultados que possuam certas propriedades favoráveis para um propósito específico.

Adaptado de: IBGE. *Noções Básicas de Cartografia*. Rio de Janeiro: IBGE, 1999.

Para o propósito específico de reduzir as distorções tanto de forma quanto de área dos continentes, os resultados mais adequados são alcançados pela seguinte projeção cartográfica:

a)
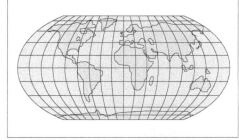
<geography.wise.edu>.

b)
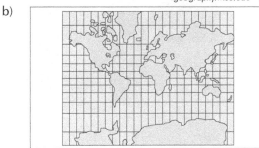
<mapsfordesign.com>.

c)
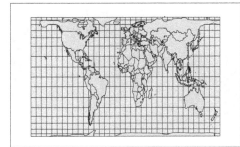
<heliheyn.de>.

d)
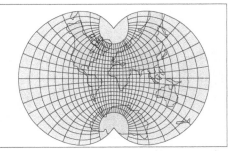
<progonos.com>.

17. (MACKENZIE – SP) Considere o seguinte conceito de cartografia:

A cartografia apresenta-se como o conjunto de estudos e operações científicas, técnicas e artísticas que, tendo por base os resultados de observações diretas ou da análise de documentação, se voltam para a elaboração de **mapas**, **cartas** e outras formas de expressão ou representação de objetos, elementos, fenômenos e ambientes físicos e socioeconômicos, bem como a sua utilização. (grifos nossos)

Disponível em: <http://www.ibge.gov.br/home/geociencias/cartografia/manual_nocoes/introducao.html>.

Em relação aos **mapas** e **cartas**, analise as assertivas abaixo.

I. Os mapas são representações detalhadas da superfície terrestre, normalmente em escala grande e, por isto mesmo, apresentam evidente e acentuado caráter técnico-científico especializado.

II. As cartas são representações detalhadas da superfície terrestre e, por isto mesmo, são apresentadas em pequenas escalas.

III. Os mapas são representações planas, geralmente em escala pequena e são destinados a fins temáticos, culturais ou ilustrativos.

IV. As cartas são representações planas, geralmente de escala média e grande e são destinadas, principalmente, à avaliação precisa de direções, distâncias e localização de pontos, áreas e detalhes.

Assinale:
a) se apenas as assertivas I, II e III estão corretas.
b) se apenas as assertivas I e IV estão corretas.
c) se apenas as assertivas III e IV estão corretas.
d) se apenas a assertiva II está correta.
e) se apenas a assertiva IV está correta.

18. (UECE) As escalas representam um elemento fundamental para a cartografia. Sua utilização baseia-se nas relações de proporção entre o tamanho real e o tamanho da representação. Sobre esse assunto, analise as afirmações abaixo.

I. Quanto maior a escala, menor a área representada e menor é o nível de detalhe.

II. Escala é a relação que há entre a área do mapa pela área real, assim, E = d/D.

III. Se a escala de um mapa é 1 : 500 significa que cada centímetro do mapa representa 500 centímetros do espaço real.

Está correto o que se afirma apenas em:
a) I e III.   b) I.   c) II e III.   d) II.

19. (PUC – MG) As representações cartográficas não são neutras. Ao longo da história, a cartografia foi utilizada como instrumento estratégico de dominação e de disseminação de uma visão ideológica acerca do mundo. No ano de 1945 foi criada a ONU – Organização das Nações Unidas, uma organização internacional com sede em Nova Iorque. Com objetivo de promover a paz mundial, promovendo o direito internacional, o desenvolvimento social e econômico, e os direitos humanos, a organização serviu também para legitimar a nova ordem internacional que se esboçava a partir de então. O símbolo da ONU, representado abaixo, foi elaborado a partir de uma projeção cartográfica cuidadosamente selecionada, de forma a destacar o novo contexto geopolítico que se consolidava a partir de então. A análise desse símbolo permite concluir:

<www.onu.org.br>.

a) a projeção escolhida procurou reforçar uma visão eurocêntrica do mundo, aspecto essencial num contexto em que a reconstrução do continente europeu tornava-se prioritária na agenda mundial.
b) a projeção deu grande destaque ao continente africano, a partir de então escolhido como área prioritária de ação da Organização das Nações Unidas, em virtude do grande número de conflitos políticos e problemas sociais e econômicos.
c) a utilização de uma projeção polar, elaborada a partir do polo norte, destacou a centralidade de uma região que assumiu, a partir de então, uma importância geopolítica estratégica, em razão da hegemonia de duas novas superpotências.
d) a projeção foi produzida a partir de uma visão terceiro-mundista, visto que os continentes mais pobres ganharam destaque no centro da projeção cartográfica.

20. (UERN) A escala é um dos elementos fundamentais da cartografia. Para se calcular a distância real entre dois pontos em um mapa, sabendo-se que sua escala é de 1 : 200.000 e a distância entre os dois pontos é de 15 cm, qual é a distância real entre os dois pontos?
a) 30 km
b) 120 km
c) 300 km
d) 1.200 km

21. (CFT – MG) A questão refere-se à representação a seguir.
Sobre a localização das massas continentais, é INCORRETO afirmar que a
a) Europa encontra-se ao norte do Equador.
b) América localiza-se a leste de Greenwich.
c) Ásia concentra-se no hemisfério oriental.
d) África distribui-se pelos quatro hemisférios.

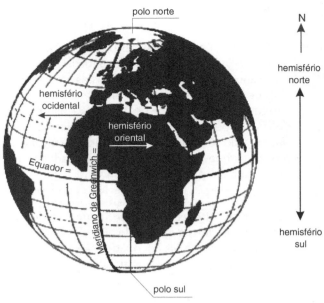

FITZ, Paulo Roberto. *Cartografia Básica*. São Paulo: Oficina de Textos, 2008. p. 65.

22. (CFT – RJ) Leia o texto e analise a imagem com os mapas:

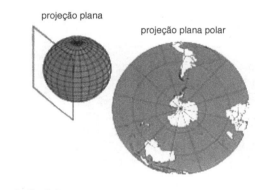

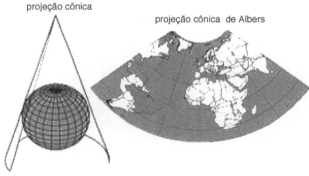

ATLAS Geográfico Escolar. 5. ed. Rio de Janeiro: IBGE, 2009. p. 21.

A confecção de uma carta exige o estabelecimento de um método, segundo o qual, a cada ponto da superfície da Terra corresponda um ponto da carta e vice-versa. Diversos métodos podem ser empregados para se obter essa correspondência de pontos, constituindo os chamados "sistemas de projeções". O problema básico é a representação da superfície curva em um plano. A forma de nosso planeta é representada, para fins de mapeamento, por uma esfera que é considerada a superfície de referência à qual estão relacionados todos os elementos que desejamos representar.

Disponível em: <http://www.ibge.gov.br/home/geociencias/cartografia/manual_nocoes/representacao.html>. Acesso em: 7 set. 2015. Adaptado.

Uma vantagem que a projeção plana apresenta sobre as outras para a navegação é representada pela propriedade da:

a) conformidade, já que mantém a forma dos continentes.
b) equivalência, já que preserva a área do espaço mapeado.
c) esfericidade, pois permite uma melhor noção da forma da Terra.
d) equidistância, pois possibilita o cálculo preciso do intervalo entre dois pontos.

23. (UERJ) Compare as imagens a seguir. Na Imagem 1, apresenta-se o desenho original do perfil de uma cabeça humana sobre uma representação possível do globo terrestre. Na Imagem 2, esse mesmo desenho é apresentado em um planisfério elaborado com a projeção cartográfica de Mercator, que é utilizada desde o período das grandes navegações.

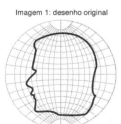
Imagem 1: desenho original

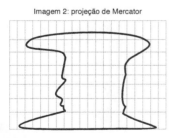
Imagem 2: projeção de Mercator

MENEZES. P.: FERNANDES, M. *Roteiro de Cartografia*. São Paulo: Oficina de Textos, 2013.

Com base na comparação entre essas imagens, conclui-se que o território das Américas que tem a área mais ampliada com o uso da projeção de Mercator é:

a) Brasil.
b) México.
c) Argentina.
d) Groenlândia.

24. (IFSP) Com relação à cartografia, a projeção utilizada na imagem a seguir é classificada como:

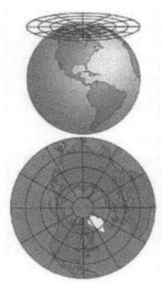

Disponível em: <http://www.sogeografia.com.br/Conteudos/GeografiaFisica/Cartografia/?pg=3>. Acesso em: 28 out. 2015.

a) cônica transversal.
b) cilíndrica transversal.
c) alifática, pois reduz as distorções.
d) plana ou azimutal.
e) tangente e redutiva.

25. (UERJ) Parece improvável, mas é verdade: o Polo Norte Magnético está se movendo mais depressa do que em qualquer outra época da história da humanidade, ameaçando mudar de meios de transporte a rotas tradicionais de migração de animais. O ritmo atual de distanciamento do norte magnético da Ilha de Ellesmere, no Canadá, em direção à Rússia, está fazendo as bússolas errarem em cerca de um grau a cada cinco anos.

Adaptado de: *O Globo*, 8 mar. 2011.

O fenômeno natural descrito acima não afeta os aparelhos de GPS – em português, Sistema de Posicionamento Global. Isso se explica pelo fato de esses aparelhos funcionarem tecnicamente com base na:

a) recepção dos sinais de rádio emitidos por satélites.
b) gravação prévia de mapas topográficos na memória digital.
c) programação do sistema com as tabelas da variação do Polo Norte.
d) emissão de ondas captadas pela rede analógica de telefonia celular.

26. (UEM – PR) Em relação à posição geográfica e à porção que ocupa o Estado do Paraná, indique as alternativas corretas e dê sua soma ao final.

(01) O Estado do Paraná situa-se nos hemisférios meridional e ocidental da Terra, na Região Sul do Brasil, sendo ele o mais setentrional entre os estados dessa região.

(02) Seus limites terrestres são compostos por fronteiras internacionais com a República da

Argentina e República do Paraguai; fronteiras interestaduais com os estados do Mato Grosso do Sul, São Paulo e Santa Catarina; e fronteira marítima com o oceano Atlântico.

(04) Por ser cortado pelo Trópico de Câncer, a sua porção ao norte dessa linha se encontra na zona temperada do hemisfério sul, e a sua porção ao sul dessa linha se encontra na zona equatorial desse mesmo hemisfério.

(08) Devido a sua extensão longitudinal no sentido leste-oeste, o Estado do Paraná possui dois fusos horários distintos: sua porção oriental se encontra no horário oficial do Brasil e a sua porção ocidental apresenta-se adiantada uma hora em relação ao fuso oficial do país.

(16) Apesar de ocupar somente pouco mais de 2,3% do território nacional, a área ocupada pelo Estado do Paraná é ainda bastante expressiva, se comparada com alguns países do mundo, pois é maior que o Uruguai, Portugal, Holanda, Bélgica, entre outros.

27. (PUC – SP) No mapa a seguir estão assinaladas as posições dos quatro pontos cardeais: Tramontana (Norte); Ostro (Sul); Levante (Leste); Poente (Oeste). Observando as técnicas de construção cartográfica pode ser dito que

Acervo cedido pela Justiça Federal para a Universidade de São Paulo.

a) o ponto de vista do navegante que abordava a costa brasileira foi utilizado como orientação desse mapa do Brasil.
b) o mapa possui controle matemático das reduções da superfície terrestre realizadas, o que é denominado escala cartográfica.
c) a ausência de maior conhecimento do terreno interior não impedia a precisão geométrica do mapa, que era obtida pelo uso de coordenadas geográficas.
d) a linguagem cartográfica empregada, a despeito de muitos elementos representados serem imaginados, é ainda bem recomendada para os mapas modernos.
e) a orientação do mapa, apesar de sua antiguidade, já era a mesma utilizada nos mapas contemporâneos.

28. (UNESP) Observe a figura:

<ufrgs.br/museudetopografia>.

É o mapa mais antigo que sobreviveu até hoje, foi encontrado na região da Mesopotâmia e representa o mapa de Ga-Sur. Desenhado por volta de 2300 a.C., em um tablete de argila cozida, medindo 7 centímetros, tão pequeno que cabe na palma da mão, ele representa o rio Eufrates cercado por montanhas.

Adaptado de: OLIVEIRA, C. de. *Cartografia Histórica*, 2000.

A indicação do mapa e o texto demonstram que essa região histórica e geográfica está, hoje, localizada:

a) no Egito.
b) no Iraque.
c) na Arábia Saudita.
d) no Nepal.
e) no Irã.

29 (UERJ) Os mapas constituem uma representação da realidade. Observe, na imagem abaixo, dois mapas presentes na reportagem intitulada *Um estudo sobre impérios*, publicada em 1940.

 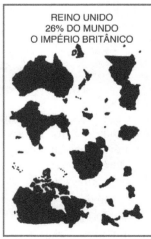

Adaptado de: MONMONIER, M. *How to Lie with Maps*. [Como Mentir com Mapas]. Chicago/Londres: The University of Chicago Press, 1996.

O uso da cartografia nessa reportagem evidencia uma interpretação acerca da Segunda Guerra Mundial.

Naquele contexto é possível reconhecer que essa representação cartográfica tinha como finalidade:

a) criticar o nacionalismo alemão.
b) justificar o expansionismo alemão.
c) enfraquecer o colonialismo britânico.
d) destacar o multiculturalismo britânico.

30. (IFSUL – RG) Constitui-se no maior país do mundo em extensão longitudinal. Ao todo, 11 fusos horários e mais de 10 mil quilômetros separam a região oeste do extremo leste. Assim, quando é meio-dia na capital, Moscou, já são 9 horas da noite nas cidades do extremo leste.

Adaptado de: LUCCI, E. A; BRANCO, A. L; MENDONÇA, C. *Território e Sociedade no Mundo Globalizado.* São Paulo: Saraiva, 2010. p. 33.

A qual país o texto faz referência?
a) Rússia.
b) Ucrânia.
c) Lituânia.
d) Moldávia.

2 UNIDADE | PLANETA AZUL

Capítulo 3 – Terra

ENEM

1. (ENEM – H6) Um grupo de pescadores pretende passar um final de semana do mês de setembro, embarcado, pescando em um rio. Uma das exigências do grupo é que, no final de semana a ser escolhido, as noites estejam iluminadas pela Lua o maior tempo possível. A figura a seguir representa as fases da Lua no período proposto.

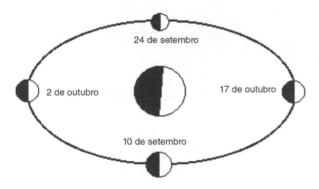

Considerando-se as características de cada uma das fases da Lua e o comportamento desta no período delimitado, pode-se afirmar que, dentre os fins de semana, o que melhor atenderia às exigências dos pescadores corresponde aos dias:

a) 8 e 9 de setembro.
b) 15 e 16 de setembro.
c) 22 e 23 de setembro.
d) 29 e 30 de setembro.
e) 6 e 7 de outubro.

2. (ENEM – H6) No Brasil, verifica-se que a Lua, quando está na fase cheia, nasce por volta das 18 horas e se põe por volta das 6 horas. Na fase nova, ocorre o inverso: a Lua nasce às 6 horas e se põe às 18 horas, aproximadamente. Nas fases crescente e minguante, ela nasce e se põe em horários intermediários. Sendo assim, a Lua na fase ilustrada na figura a seguir poderá ser observada no ponto mais alto de sua trajetória no céu por volta de:

a) meia-noite
b) três horas da madrugada
c) nove horas da manhã
d) meio-dia
e) seis horas da tarde

3. (ENEM – H6) Quando é meio-dia nos Estados Unidos, o Sol, todo mundo sabe, está se deitando na França. Bastaria ir à França num minuto para assistir ao pôr do sol.

SAINT-EXUPÉRY, A. *O Pequeno Príncipe.* Rio de Janeiro: Agir, 1996.

A diferença espacial citada é causada por qual característica física da Terra?

a) Achatamento de suas regiões polares.
b) Movimento em torno de seu próprio eixo.
c) Arredondamento de sua forma geométrica.
d) Variação periódica de sua distância do Sol.
e) Inclinação em relação ao seu plano de órbita.

Questões objetivas, discursivas e PAS

4. (IFSUL – RS) A grande maioria dos astrônomos é favorável à ideia de que o Universo surgiu de uma gigantesca explosão ocorrida entre 10 e 20 bilhões de anos. Pouco depois dessa grande explosão, formaram-se os elementos constituintes básicos da matéria, que mais tarde tornaram-se as grandes unidades astronômicas hoje conhecidas: planetas, estrelas, galáxias etc.

ROSA, R. Astronomia Elementar. Uberlândia:
Ed. da Universidade Federal de Uberlândia, 1994. p. 159.

Como se denomina a teoria que admite o surgimento do Universo a partir de uma grande explosão?
a) Teoria da Acreção.
b) Teoria do *Big Bang*.
c) Teoria do *Big Splach*.
d) Teoria do *Big Crunch*.

5. (UEPG – PR) Sobre o Sistema Solar e as teorias a ele relacionadas, indique as alternativas corretas e dê sua soma ao final.
(01) A teoria de um sistema solar geocêntrico foi proposta pelo astrônomo grego Ptolomeu e, mais tarde, contestada por Nicolau Copérnico.
(02) A teoria heliocêntrica foi defendida por Galileu Galilei, que aceitou as ideias propostas por Nicolau Copérnico.
(04) Os planetas internos são gasosos e os externos são os planetas terrestres.
(08) Os maiores planetas do Sistema Solar estão mais próximos do Sol enquanto os menores, por sofrerem menor atração gravitacional, estão mais afastados.

6. (UEPG – PR) No que diz respeito apenas a termos e nomes relacionados ao nosso Sistema Solar, aos astros que dele fazem parte e a fenômenos e movimentos que nele ocorrem, indique as alternativas corretas e dê sua soma ao final.
(01) Júpiter, asteroides, cometas, eclipses solares, movimentos de rotação e satélites naturais.
(02) Urano, nebulosas, constelações, movimentos de translação, planetas com anéis, quasares e poeira cósmica.
(04) Saturno, ocultação de satélite, fases da lua, erupções vulcânicas, tempestades magnéticas e auroras polares.
(08) Marte, galáxia de Andrômeda, protuberâncias solares, movimentos de revolução e nutação, constelação do Cruzeiro do Sul e pulsares.

7. (UEPG – PR) Sobre a Terra no espaço, seus astros vizinhos, localização e suas relações com o Sol e a Lua, indique as alternativas corretas e dê sua soma ao final.
(01) O primeiro pouso tripulado em Marte ocorreu em 1969, no chamado Mar da Tranquilidade.
(02) Em épocas de maior atividade, o Sol emite partículas eletrizadas (vento solar) em maior quantidade que o normal, capazes de afetar aparelhos elétricos, satélites artificiais e provocar sobrecargas em linhas de alta tensão na Terra.
(04) A Terra, o terceiro planeta a partir do Sol, tem uma atmosfera composta principalmente de nitrogênio e oxigênio que a protege da radiação solar e tem constituição rochosa formada na maior parte por ferro, oxigênio, magnésio, silício e níquel.
(08) O Sistema Solar do qual faz parte a Terra, localiza-se no braço de Órion, a dois terços da distância do centro da Via Láctea, uma galáxia espiralada.
(16) Apenas um lado da Lua é visível da Terra devido ao nosso satélite natural não possuir movimento de rotação.

8. (UCS – RS) Os eclipses ocorrem quando um astro, na sua movimentação pelo espaço sideral, oculta momentaneamente outro astro.
Observe o desenho.

Adaptado de: NASA/Goddard Space Flight Center – Eclipses.

O desenho acima está representando o eclipse:
a) total da Terra.
b) parcial da Lua.
c) parcial da Terra.
d) total da Lua.
e) parcial do Sol.

9. (UEM – PR) Com relação ao movimento de translação da Terra em torno do Sol, indique as alternativas corretas e dê sua soma ao final.
(01) A Terra realiza seu movimento de translação em torno do Sol em uma órbita elíptica, com o Sol posicionado no centro da elipse.
(02) No periélio, a velocidade de translação da Terra atinge o valor máximo.
(04) No solstício, a duração do dia (período claro) é a mesma que a duração da noite (período escuro).
(08) A intensidade da força gravitacional que o Sol exerce sobre a Terra é maior no periélio.
(16) As estações do ano decorrem direta e unicamente do movimento de translação da Terra em torno do Sol.

10. (PUC – RS) Considerando a posição da Terra em relação ao Sol e seus efeitos sobre o clima do planeta, podemos afirmar que

I. A quantidade de radiação solar incidente sobre o topo da atmosfera da Terra depende de três fatores: latitude, longitude e altitude.

II. As regiões de baixa latitude do planeta recebem a luz solar de maneira mais direta e concentrada; já as regiões de alta latitude recebem a insolação de forma oblíqua e difusa.

III. As terras atravessadas pela linha do Equador possuem dois máximos de insolação nos solstícios e dois mínimos nos equinócios.

IV. O Sol só poderá incidir diretamente sobre a cabeça de um observador (ângulo de 90° ou zênite), ao meio-dia, nas terras do planeta localizadas entre as latitudes 30°N e 30°S respectivamente.

Está/Estão correta(s) apenas a(s) afirmativa(s)
a) I.
b) II.
c) I e III.
d) II e IV
e) III e IV.

11. (UFRGS – RS) Assinale a alternativa que preenche corretamente as lacunas do enunciado abaixo, na ordem em que aparecem.

O fenômeno da super Lua ocorre quando a Lua está em sua fase _____, o satélite está _____ da Terra, situação chamada de _____, e a sua aparência é _____ em relação ao normal.

a) cheia – mais perto – perigeu – maior.
b) nova – mais perto – apogeu – menor.
c) cheia – mais perto – apogeu – maior.
d) nova – mais distante – perigeu – maior.
e) cheia – mais distante – perigeu – menor.

12. (UCS – RS) A Lua, corpo celeste mais próximo de nós, é o satélite natural da Terra. Ela executa três movimentos e apresenta quatro fases diferentes.

As fases da Lua vista do hemisfério sul

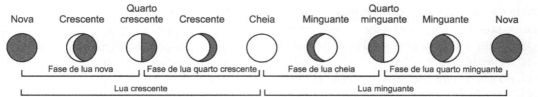

The Great World Atlas. New York, American Map Corporation, 1989. p. 75.

O intervalo de tempo entre duas luas novas consecutivas dura cerca de 29 dias e meio e recebe o nome de:
a) perigeu.
b) lunação.
c) equinócio.
d) eclipse.
e) fase.

13. (UFJF – MG – PISM) (...) desde pequenos ouvimos que o Sol nasce no leste e se põe no oeste.

Nos livros, existem até aqueles desenhos em que um homenzinho com os braços totalmente abertos, em forma de cruz, nos ensina a colocar o direito na direção do nascer do Sol, o "leste", para deduzirmos que o norte fica à nossa frente, o sul nas costas e o oeste na direção do braço esquerdo, oposta ao leste. O detalhe é que a aplicação desse método, como nos é apresentado pelo desenho tradicional, raramente funciona.

Disponível em: <http://migre.me/rZES5>. Acesso em: 29 out. 2015.

O Sol nasce no leste e se põe no oeste somente em dois dias ao ano:
a) no começo e no término do horário de verão.
b) no início do perigeu e do apogeu da Terra.
c) no início do plantio e no início da colheita.
d) nos dias em que o Sol passa pelos polos.
e) nos equinócios de outono e primavera.

14. (UNISC – RS) Leia o fragmento da notícia abaixo.

Sexta-feira é marcada por eclipse solar, equinócio e superlua

Esta sexta-feira (dia 20/03/15) é marcada pela coincidência de três eventos astronômicos: o único eclipse solar total de 2015, que pode ser visto em países do hemisfério Norte; o equinócio; e uma superlua.

Disponível em: <http://zh.clicrbs.com.br/rs/noticias/planetaciencia/noticia/2015/03/sexta-feira-e-marcada-por-eclipse-solarequinocio-e-superlua-4722592.html>. Acesso em: 18 abr.2015. Adaptado.

Sobre os três fenômenos citados acima podemos dizer que:

I. O equinócio nessa data marca o fim do verão e a chegada do outono no hemisfério Sul, quando o dia e a noite têm exatamente a mesma duração (12 horas).

II. O alinhamento entre Sol, Terra e Lua, com a Lua mais próxima da Terra, resulta no fenômeno conhecido como superlua.

III. Eclipse é o escurecimento parcial ou total de um corpo celeste, provocado pela interposição de um outro corpo celeste. O eclipse solar é um fenômeno astronômico que ocorre toda vez que a Terra fica entre o Sol e a Lua.

IV. O equinócio nessa data marca o fim do verão e a chegada da primavera no hemisfério Sul, quando o dia e a noite têm exatamente a mesma duração (12 horas).

V. O dia e a hora do início dos equinócios mudam de ano para ano; consequentemente, a duração da estação de cada ano também varia.

Assinale a alternativa correta.
a) Somente as afirmativas I, II e IV estão corretas.
b) Somente as afirmativas III, IV e V estão corretas.
c) Somente as afirmativas I, III e IV estão corretas.
d) Somente as afirmativas I, II e V estão corretas.
e) Todas as afirmativas estão corretas.

15. (UFRGS – RS) Um menino que mora em uma cidade localizada sobre a linha do Equador (latitude 0°) quer construir uma casa para a morada de pássaros, de forma que possa aproveitar melhor a entrada de raios de Sol. O menino deve colocar a entrada da casa orientada no sentido:
a) norte, pois assim terá Sol na maior parte do ano.
b) oeste, pois terá sempre o Sol da manhã nas estações de inverno e verão.
c) sul, pois terá sempre o Sol na estação do inverno, mas não no verão.
d) norte, pois terá sempre o Sol na estação do inverno, mas não no verão.
e) leste, pois sempre terá o Sol da manhã nas estações de inverno e verão.

16. (UEM – PR) A respeito dos movimentos da Terra e das estações do ano, indique as alternativas corretas e dê sua soma ao final.
(01) As estações do ano são bem definidas em todos os lugares da Terra, inclusive nas calotas polares.
(02) Os equinócios e solstícios são datas que marcam a metade do período de cada estação do ano. Eles foram estabelecidos em função dos movimentos de acresção da Terra.
(04) A inclinação do eixo de rotação da Terra e o seu movimento de translação influenciam na distribuição desigual de luz e de calor solar durante o ano.
(08) O movimento de rotação da Terra é de oeste para leste, sendo também responsável pela alternância entre dia e noite e pela circulação dos ventos e das correntes marítimas.
(16) Devido aos movimentos da Terra e à sua forma, as regiões próximas ao Equador recebem os raios solares quase verticalmente durante todo o ano.

17. (UEPG – PR) Sobre características, movimentos e posição do planeta Terra no espaço sideral, indique as alternativas corretas e dê sua soma ao final.
(01) A forma aproximadamente esférica do planeta Terra faz com que a intensidade de radiação solar recebida seja desigual nas diferentes latitudes.
(02) O movimento de translação do planeta Terra se completa em um período de cerca de 365 dias e 6 horas.
(04) A insolação de um mesmo ponto na superfície do planeta Terra varia ao longo do ano devido ao fato de o eixo imaginário de rotação do planeta possuir uma inclinação de 23°27'.
(08) A relação entre os movimentos de translação, rotação e inclinação do eixo de rotação do planeta Terra produz áreas que são denominadas de zonas de iluminação.

18. (UEG – PR) A linha imaginária que circula a Terra a 23°27' de latitude norte denomina-se:
a) Círculo polar Ártico.
b) Meridiano de Greenwich.
c) Trópico de Câncer.
d) Trópico de Capricórnio.

19. (UFRGS – RS) A coluna da esquerda a seguir apresenta os movimentos de rotação e translação, responsáveis por diversos fenômenos; a da direita, alguns desses fenômenos.

Associe adequadamente a coluna da direita à da esquerda.

1. Rotação   ( ) Afélio e periélio
              ( ) Desvios dos ventos
2. Translação ( ) Movimento aparente do Sol
              ( ) Estações do ano

A sequência correta de preenchimento dos parênteses, de cima para baixo, é:
a) 2 – 1 – 1 – 2.   d) 2 – 2 – 1 – 1.
b) 1 – 2 – 1 – 2.   e) 1 – 1 – 2 – 2.
c) 1 – 2 – 2 – 1.

20. (UFRGS – RS) Observe as cidades A e B e suas posições geográficas em relação ao círculo de iluminação solar, a partir da dinâmica do movimento de rotação da Terra.

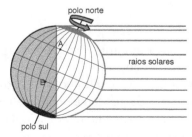

Adaptado de: <http://www.cdcc.usp.br/cda/producao/sbpc93/>.
Acesso em: 17 set. 2013.

Considere as seguintes afirmações sobre as cidades.
I. Os moradores da cidade B terão uma longa noite pela frente.
II. Um morador da cidade A, ao amanhecer, prepara-se para as atividades do dia.
III. Os moradores da cidade A têm os seus relógios adiantados em relação aos moradores da cidade B.

Quais estão corretas?
a) Apenas I.
b) Apenas II.
c) Apenas III.
d) Apenas I e II.
e) Apenas II e III.

21. (UFRGS – RS) Observe o mapa abaixo.

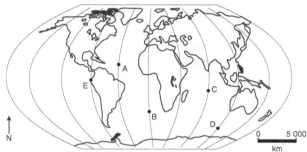

Disponível em: <http://minhageografiadissotudo.blogspot.com.br/2014/0-04-01-archives.html>. Acesso em: 26 ago. 2015.

Sobre a localização geográfica dos pontos marcados no planisfério, é correto afirmar que:
a) o ponto C está no hemisfério ocidental.
b) os pontos C e E têm aproximadamente a mesma distância longitudinal do meridiano de Greenwich.
c) o ponto B está no paralelo 0°.
d) o ponto A está em maior latitude que o ponto D.
e) o ponto E está em menor longitude que o ponto A.

22. (PUC – RJ)

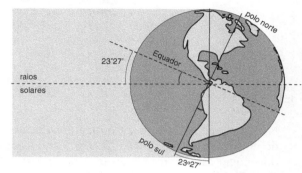

Disponível em: <http://apaginaff1.blogspot.com.br/2010/03/dias-mais-curtos-climas-mais-acentualdos.html>. Acesso em: 8 ago. 2012. Adaptado.

Levando-se em consideração a posição do planeta Terra apresentada no cartograma acima, conclui-se que as populações localizadas na faixa latitudinal 45° N estão sob a seguinte estação do ano:
a) verão.
b) outono.
c) inverno.
d) primavera.
e) em transição.

23. [(UNESP) Durante os meses de julho e agosto, período em que as temperaturas se elevam significativamente, amanhece mais cedo e o Sol se põe apenas por volta das 22 horas.

Assim, das 24 horas do dia, o local permanece iluminado por pelo menos 18 horas, e a noite torna-se apenas um fenômeno passageiro.

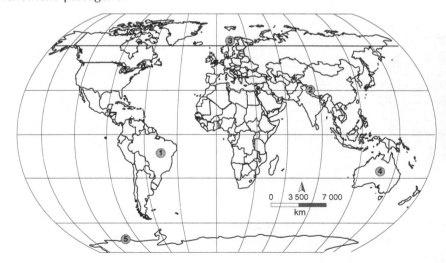

Considerando conhecimentos geográficos sobre a incidência dos raios solares no planeta ao longo das diferentes épocas do ano, é correto afirmar que o local abordado no texto está representado no mapa pelo número:
a) 5.
b) 2.
c) 1.
d) 4.
e) 3.

24. (UFG – GO) Analise a figura a seguir.

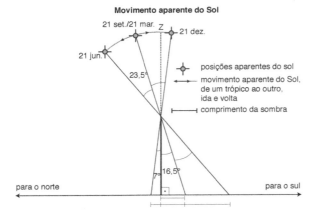

Na figura, um relógio de sol vertical está localizado em Goiânia (latitude 16°30′ Sul). O marcador do relógio está representado pela barra vertical. Quando iluminado pelo Sol, ao longo do ano, o relógio projeta sombras ao meio-dia (representadas na figura). Visto a partir das localidades intertropicais, o Sol passa (movimento aparente) duas vezes pelo zênite, o ponto mais alto do céu (Z). Considerando-se a figura e que, em uma situação ideal, o deslocamento do Sol seja uniforme, conclui-se que os meses, aproximadamente, nos quais o Sol passará duas vezes pelo zênite de Goiânia, serão:

a) dezembro e fevereiro.
b) novembro e janeiro.
c) dezembro e março.
d) novembro e março.
e) janeiro e fevereiro.

25. (UFRGS – RS) Observe a figura a seguir.

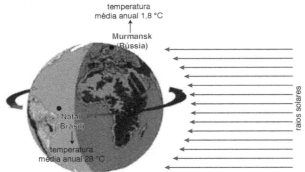

Disponível em: <http://www.geografiaparatodos.com.br/capitulo_2_a_localizacao_no_espaco_e_os_sistemas_de_informacoes_geograficas_files/image046.gif>.
Acesso em: 26 ago. 2015.

Considere as afirmações sobre a posição geográfica de Natal (Brasil) e Murmansk (Rússia) e suas médias anuais de temperatura.

I. Murmansk localiza-se em altas latitudes (zona glacial), onde os raios solares atingem a superfície de forma muito inclinada, registrando baixas temperaturas ao longo do ano.

II. Natal localiza-se na zona temperada, onde os raios solares atingem a superfície verticalmente, elevando as temperaturas.

III. A curvatura da superfície da Terra e a inclinação do eixo de rotação em relação aos raios solares são fatores que, combinados, explicam a diferença nas médias anuais de temperatura entre Natal e Murmansk.

Quais estão corretas?
a) Apenas I.
b) Apenas II.
c) Apenas III.
d) Apenas I e III.
e) I, II e III.

26. (UEPG – PR) O ano de 2016 será um ano bissexto. Sobre os anos bissextos, fusos horários ou estações do ano, indique as alternativas corretas e dê sua soma ao final.

(01) Como a Terra leva 365,25 dias para completar uma volta em torno do Sol e os calendários não marcam dias fracionados, muda-se o ano ao se completarem 365 dias inteiros. Com isso, 0,25 dia (6 horas) vai se acumulando a cada ano que passa. A cada 4 anos, para fazer a correção do calendário, acrescenta-se um dia ao mês de fevereiro, que fica com 29 dias, e o ano com 366 dias. Este é o ano bissexto.

(02) O Brasil e todos os países de grande extensão possuem, no máximo, três fusos horários. Todos os países do mundo adotam o horário de verão.

(04) Com relação às estações do ano, as maiores variações de luz e calor se dão nas latitudes baixas. Nas latitudes médias e altas não há grande variação desses elementos.

(08) A linha internacional da data é uma linha reta, sem sinuosidades ou deslocamentos, e isso faz com que em arquipélagos como Kiribati e Fiji nem todas as ilhas tenham a mesma data, pois ficam em fusos horários diferentes.

(16) 2004, 2008, 2012 foram anos bissextos, assim como serão 2016, 2020, 2024, 2028, 2032 e, assim, sucessivamente. Todo ano bissexto é divisível por 4.

27. (IMED – SP) Rotação e translação são os movimentos da Terra. Dentre as consequências do movimento de rotação da Terra estão:

I. A sucessão dos dias e das noites.
II. Os fusos horários.
III. A formação das correntes marinhas.

Quais estão corretas?
a) Apenas II.
b) Apenas I e II.
c) Apenas I e III.
e) I, II e III.
d) Apenas II e III.

28. (UCS – RS) Analise as proposições a seguir, quanto à sua veracidade (V) ou falsidade (F).

( ) As longitudes variam de zero até 180° tanto para Leste quanto para Oeste.
( ) As latitudes variam de zero até 90° tanto para Norte como para Sul.
( ) Longitude é uma distância em quilômetros em relação ao Meridiano de Greenwich.
( ) As latitudes variam de zero até 90° para Leste e para Oeste.
( ) Além da Linha do Equador, os principais paralelos são: os círculos polares Ártico e Antártico e os trópicos de Câncer e de Capricórnio.

Assinale a alternativa que preenche correta e respectivamente os parênteses, de cima para baixo.
a) V – V – F – F – V.
b) V – F – F – V – V.
c) F – F – V – V – V.
d) F – V – F – V – F.
e) V – F – V – F – V.

29. (UFRGS – RS) Assinale o alternativo que preenche corretamente as lacunas do enunciado abaixo, na ordem em que aparecem.

Uma família residente em Porto Alegre, Brasil, mudará para Maputo, em Moçambique. Pretende levar suas plantas de jardim e saber como o sol incidirá sobre elas no novo local. Nessa situação, é importante saber que, em Moçambique, o Sol nasce no ...., passa pelo .... e se põe no .... As plantas expostas na face .... receberão luz solar durante todo o dia.

a) oeste — norte — leste — sul.
b) leste — sul — oeste — norte.
c) oeste — sul — leste — norte.
d) leste — sul — oeste — sul.
e) leste — norte — oeste — norte.

30. (UFG – GO) Os movimentos do planeta Terra são explicados pela força de atração que o Sol exerce sobre os astros que orbitam à sua volta. Dois desses movimentos, combinados com a inclinação do eixo da Terra, exercem, cotidianamente, influência sobre a vida no planeta. Com base nesta afirmação, descreva os dois movimentos executados pela terra em relação ao Sol, que exercem influência direta sobre a vida na Terra e explicite uma dessas influências.

31. (UEM – PR) Sobre os círculos ou linhas imaginárias da Terra, as coordenadas geográficas e as zonas térmicas terrestre, indique as alternativas corretas e dê sua soma ao final.

(01) Meridianos são semicircunferências que têm o mesmo tamanho e convergem para os polos. De um extremo ao outro, um meridiano guarda consigo a mesma longitude.
(02) A origem da contagem das coordenadas geográficas se dá no cruzamento da linha do equador, onde a latitude é 0°, com o meridiano de Greenwich, onde a longitude é também de 0°.
(04) O meridiano de Greenwich divide a Terra em dois hemisférios: o hemisfério norte e o hemisfério sul. Já a linha do equador a divide em hemisfério ocidental e hemisfério oriental.
(08) Os trópicos de Câncer e de Capricórnio delimitam a zona tórrida, tropical ou intertropical; esta é a única zona da Terra que recebe os raios do sol, perpendicularmente.
(16) A latitude varia de 0° a 180°, a partir do meridiano de Greenwich, no sentido leste-oeste, e a longitude varia de 0° a 90° do equador aos polos, no sentido norte-sul.

32. (UEG – GO) As causas responsáveis pela ocorrência das estações do ano (outono, inverno, primavera e verão) sobre a superfície terrestre são:
a) a inclinação do eixo da Terra em 23°27' e o seu movimento de translação.
b) a inclinação do eixo de eclíptica do Sol e 23°27' e o movimento de rotação.
c) a rotação da Terra e a inclinação do eixo solar em 23°27', na linha do equador.
d) o afastamento do Sol em 23°27', em relação à distancia média da Terra.

33. (UFRN) Quando os raios solares atingirem verticalmente o Trópico de Capricórnio, iluminando com mais intensidade o hemisfério Sul, ocorrerá o dia mais longo e a noite mais curta do ano nesse hemisfério. Esse fenômeno é conhecido como:
a) equinócio de primavera.
b) solstício de verão.
c) equinócio de outono.
d) solstício de inverno.

34. (UFBA)

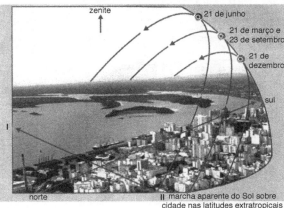

Fundamentado na ilustração, nos conhecimentos relativos à questão da orientação sobre o espaço geográfico e na observação das diferentes posições do Sol na linha do horizonte, em diferentes períodos do ano, sobre uma cidade localizada em latitudes médias,

- identifique **em que hemisfério** se localiza a cidade mostrada na ilustração, explicando o motivo pelo qual o Sol, ao meio dia, em 21 de junho, encontra-se posicionado no ponto mais alto da linha do horizonte.
- identifique, na cidade apresentada na figura, as estações do ano e os períodos de solstício ou equinócio em

    21 de março: período:
    23 de setembro: período:
- cite duas consequências geográficas ligadas à trajetória da luz do Sol, na linha do horizonte, ao se deslocar no sentido de I para II.

35. (UEG – GO) Sobre os movimentos do planeta Terra, é CORRETO afirmar:

a) equinócio corresponde ao momento em que os raios solares encontram-se perpendicularmente à linha do Equador, fazendo com que o dia e a noite apresentem a mesma duração nos hemisfério sul e norte.

b) afélio refere-se ao momento em que a Terra encontra-se mais próxima do Sol, enquanto o periélio corresponde ao momento em que a Terra está mais afastada do Sol.

c) ao período em que os dias são mais curtos e frios no hemisfério sul, e mais longos e quentes no hemisfério norte, denomina-se de solstício de verão para o hemisfério sul.

d) solstício é o momento em que o planeta se encontra menos inclinado em seu eixo de rotação, em relação ao Sol.

36. (UFJF – MG) Leia a figura abaixo.

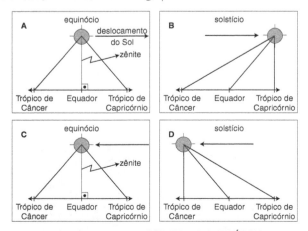

COIMBRA, P. J.; TIBÚRCIO, J. A. M.
Geografia: uma análise do espaço geográfico. 3. ed.
São Paulo: HARBRA, 2006. p. 17.
Adaptado.

a) Por que se utiliza a expressão "deslocamento aparente do Sol"?

b) Os equinócios e os solstícios determinam o início das: _____

c) Os trópicos de Câncer e Capricórnio são linhas imaginárias que passam a 23°27' ao norte e ao sul da linha do Equador.
Com base na figura, o que explica esse valor: 23°27' N e S?

37. (UDESC) Sobre o movimento de translação da Terra, pode-se afirmar que:

I. É o movimento responsável pelas estações do ano.
II. É o movimento que a Terra faz ao redor do Sol.
III. As datas que marcam o início das estações do ano são chamadas de solstícios (verão e inverno) e equinócios (primavera e outono).
IV. Sua rota é elíptica.
V. Periélio é a denominação dada à menor distância entre a Terra e o Sol.
VI. Afélio é o ponto máximo de afastamento entre a Terra e o Sol.

Assinale a alternativa correta.
a) Somente as afirmativas I, II, III são verdadeiras.
b) Somente as afirmativas II, III e VI são verdadeiras.
c) Somente as afirmativas IV, V e VI são verdadeiras.
d) Somente as afirmativas I, II, III, V e VI são verdadeiras.
e) Todas as afirmativas são verdadeiras.

38. (UDESC) Sobre o movimento de rotação, pode-se afirmar que:

I. Consiste na volta que a terra dá em torno do seu próprio eixo (de si mesma) e é realizado de oeste para leste.
II. Tem duração de aproximadamente 24 horas e é responsável pela incidência da luz solar por todo o Equador.
III. É responsável pela alternância entre os dias e as noites.

Assinale a alternativa correta.
a) Somente as afirmativas I e III são verdadeiras.
b) Somente as afirmativas II e III são verdadeiras.
c) Somente as afirmativas I e II são verdadeiras.
d) Somente a afirmativa II é verdadeira.
e) Todas as afirmativas são verdadeiras.

39. (UFPB) A rosa dos ventos corresponde à volta completa do horizonte e surgiu da necessidade de indicar exatamente uma direção. A utilização da rosa dos ventos é comum em todos os sistemas de navegação antigos e atuais. Seu desenho em forma de estrela tem a finalidade única de facilitar a visualização.

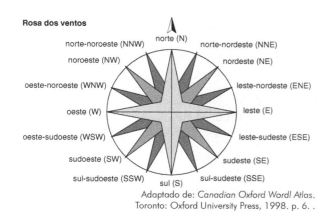

Rosa dos ventos

Adaptado de: *Canadian Oxford Wordl Atlas.* Toronto: Oxford University Press, 1998. p. 6.

Considerando o exposto, a imagem e a literatura sobre o tema, identifique as afirmativas corretas:

( ) Todos os pontos mostrados são chamados de cardeais.
( ) Os pontos cardeais são apenas os de quadrante 0°, 90°, 180° e 270°.
( ) Os pontos subcolaterais são nordeste, sudeste, sudoeste e noroeste.
( ) Os pontos colaterais estão situados em 45°, 135°, 225° e 315°.
( ) A rosa dos ventos possui 4 pontos cardeais, 4 pontos colaterais e 8 pontos subcolaterais.

40. (UFG – GO) Observe as figuras a seguir.

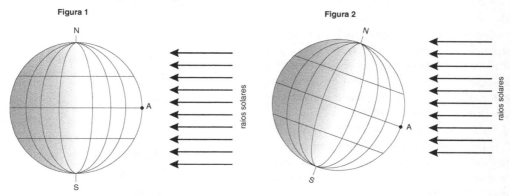

Disponível em: <http://www.novaterraesoterico.blogspot.com>. Ilustração esquemática, sem escala. Acesso em: 18 set. 2010. Adaptada.

Os ângulos de incidência dos raios solares sobre a superfície da Terra, demonstrados nas figuras, apresentam duas situações distintas, que caracterizam os solstícios e os equinócios. Em ambas as figuras, o ponto A representa uma cidade sobre a linha do equador, ao meio-dia. A Figura 2 mostra a incidência do sol três meses após a situação ilustrada na Figura 1. A Figura 1 representa o:

a) equinócio de primavera no hemisfério sul, quando a incidência dos raios solares é oblíqua à superfície da Terra em A.
b) equinócio de primavera no hemisfério sul, quando a incidência dos raios solares é perpendicular à superfície da Terra em A.
c) equinócio de outono no hemisfério sul, quando a incidência dos raios solares é perpendicular à superfície da Terra em A.
d) solstício de verão no hemisfério norte, quando a incidência dos raios solares é oblíqua à superfície da Terra em A.
e) solstício de inverno no hemisfério sul, quando a incidência dos raios solares é oblíqua à superfície da Terra em A.

41. (UEG – GO) A seguinte figura representa algumas linhas de latitude e longitude da Terra. Com base nesta representação cartográfica, é correto afirmar:

a) a América do Sul está localizada sob o meridiano 60°E.
b) as longitudes 180°E e 180°W estão sob o mesmo meridiano.
c) a linha do Equador corta a América Central na sua porção norte.
d) o continente europeu está localizado entre os paralelos cujas latitudes são respectivamente 10°N e 80°S.

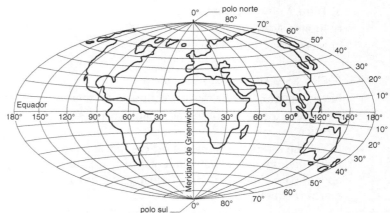

Disponível em: <http://gmariano.com.br>. Acesso em: 15 ago. 2010.

42. (UEM – PR) Em uma pesquisa hipotética feita com 1.500 professores sobre a influência das estações do ano no desempenho de seus alunos, 250 deles responderam que as estações do ano não causam influência no desempenho dos alunos, 7% dos professores não opinaram e os demais responderam que as estações causam algum tipo de influência.

A partir do resultado dessa pesquisa e dos conhecimentos sobre as estações do ano, indique as alternativas corretas e dê sua soma ao final.

(01) Apenas 1/6 dos professores pesquisados acham que as estações do ano não causam influência no desempenho dos alunos.

(02) O outono, no hemisfério Sul, ocorre no período de 21 de março a 20 de junho, o que equivale a 92 dias.

(04) Nos equinócios, a maior radiação incide perpendicularmente no Equador e os dois hemisférios, Norte e Sul, recebem a mesma insolação. O fenômeno ocorre em dois dias específicos durante o ano, no início da primavera e no início do outono.

(08) Na época do solstício de verão do hemisfério Sul, os raios solares incidem perpendicularmente ao Trópico de Câncer. Isso significa que o hemisfério Norte está recebendo maior insolação.

(16) Dos 1.500 professores entrevistados, 1.150 acham que as estações do ano causam alguma influência no desempenho dos alunos.

43. (UTFPR) "A translação ou órbita da Terra ao redor do Sol constitui a causa da existência das estações do ano em nosso planeta."

Esta afirmação está:

a) incompleta, pois a inclinação do eixo terrestre explica a desigualdade de insolação.
b) correta, pois à medida que a Terra completa sua órbita a posição do Sol se modifica.
c) incorreta, já que o movimento de rotação da Terra influencia a altura do Sol no céu.
d) incompleta, uma vez que a precessão dos equinócios vai determinar se é verão ou inverno.
e) incorreta, porque é a distância que a Terra está do Sol que vai determinar as estações.

44. (IFSUL – RS) Qual é a antípoda de 0° de latitude e 0° de longitude, respectivamente?

a) 0° de latitude e 0° de longitude.
b) 0° de latitude e 180° de longitude.
c) 90° de longitude e 180° de latitude.
d) 90° de latitude e 180° de longitude.

45. (IFSP) A figura apresenta a inclinação do eixo de rotação dos planetas do Sistema Solar relacionada à eclíptica que cada um descreve em torno do Sol, que é responsável pela ocorrência das estações do ano.

São Paulo. SEE. *Caderno do Professor*: Ciências, Ensino fundamental – 8.º ano. v. 2. 2014-2017.

Observando os planetas (Mercúrio, Vênus, Terra, Marte, Júpiter, Saturno, Urano e Netuno, nessa ordem), assinale a alternativa contendo três planetas que não apresentam estações definidas durante a duração do seu ano.

a) Terra, Vênus e Saturno.
b) Júpiter, Marte e Urano.
c) Mercúrio, Urano e Netuno.
d) Terra, Marte e Saturno.
e) Mercúrio, Vênus e Júpiter.

46. (UPE – SSA) Leia o texto a seguir:

No equinócio, Europa registra eclipse solar total. Fenômeno pode ser observado também na Ásia e África

O eclipse foi total nas regiões árticas, porém, em países europeus centrais, a cobertura ocorreu apenas parcialmente. O dia 20 de março também marca o equinócio.

Disponível em: <http://www.jb.com.br>.
Acesso em: 20 mar. de 2015.

A manchete destaca a ocorrência de um fenômeno natural, denominado equinócio.

Sobre suas características, analise os itens a seguir:

1. Duração do dia idêntica à da noite.
2. Hemisférios Norte e Sul recebendo a mesma quantidade de luz.
3. Ocorre duas vezes ao ano.

4. Raios solares incidindo perpendicularmente à linha do Equador.
5. Noites com duração prolongada de 16 horas e dias mais curtos.

Estão CORRETOS, apenas:

a) 1 e 3.
b) 1, 2 e 3.
c) 2, 4 e 5.
d) 1, 4 e 5.
e) 1, 2, 3 e 4.

47. (IFSC 2015) Com base na figura ao lado, assinale a alternativa CORRETA.
   a) A linha do Equador passa sobre uma única longitude.
   b) A projeção do mapa está incorreta, pois se encontra virado para baixo.
   c) O Trópico de Capricórnio está projetado curvo e ao norte do Equador.
   d) A longitude de São Paulo (SP) é menor do que a de Rio Branco (AC).
   e) O Trópico de Capricórnio passa por diversas latitudes.

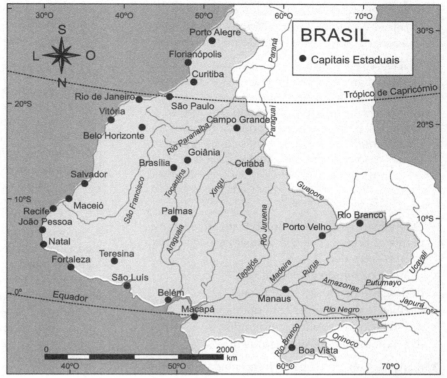

Mapa do Brasil – Projeção cônica de Lambert
Imagem disponível em: <http://mapas.mma.gov.br/3aeo/datadownload.html>. Acesso em: 3 maio 2014.

48. (UTFPR) Um avião que se desloca sobre o meridiano 120° Oeste da direção sul para o norte, a partir do paralelo 45° Norte, pode apenas:
   a) atingir o Equador antes do Círculo Polar Ártico.
   b) alcançar a linha do Trópico de Câncer antes do Polo Sul.
   c) alcançar a linha do Trópico de Capricórnio antes do Polo Norte.
   d) atingir o Círculo Polar Antártico antes do paralelo 90° Norte.
   e) atingir o Círculo Polar Ártico antes do paralelo 90° Norte.

Capítulo 4 – A Evolução Geológica da Terra

ENEM

1. (ENEM – H27) As plataformas ou crátons correspondem aos terrenos mais antigos e arrasados por muitas fases de erosão. Apresentam uma grande complexidade litológica, prevalecendo as rochas metamórficas muito antigas (Pré-Cambriano Médio e Inferior). Também ocorrem rochas intrusivas antigas e resíduos de rochas sedimentares. São três as áreas de plataforma de crátons no Brasil: a das Guianas, a Sul-Amazônica e a do São Francisco.

ROSS, J. L. S. Geografia do Brasil.
São Paulo: Edusp, 1998.

As regiões cratônicas das Guianas e a Sul-Amazônica têm como arcabouço geológico vastas extensões de escudos cristalinos, ricos em minérios, que atraíram a ação de empresas nacionais e estrangeiras do setor de mineração e destacam-se pela sua história geológica por:

a) apresentarem áreas de intrusões graníticas, ricas em jazidas minerais (ferro, manganês).
b) corresponderem ao principal evento geológico do Cenozoico no território brasileiro.
c) apresentarem áreas arrasadas pela erosão, que originaram a maior planície do país.
d) possuírem em sua extensão terrenos cristalinos ricos em reservas de petróleo e gás natural.
e) serem esculpidas pela ação do intemperismo físico, decorrente da variação de temperatura.

2. (ENEM – H27) De repente, sente-se uma vibração que aumenta rapidamente; lustres balançam, objetos se movem sozinhos e somos invadidos pela estranha sensação de medo do imprevisto. Segundos parecem horas, poucos minutos são uma eternidade. Estamos sentindo os efeitos de um terremoto, um tipo de abalo sísmico.

ASSAD, L. Os (não tão) imperceptíveis movimentos da Terra. *ComCiência*: Revista Eletrônica de Jornalismo Científico, n. 117, abr. 2010. Disponível em: <http://comciencia.br>. Acesso em: 2 mar. 2012.

O fenômeno físico descrito no texto afeta intensamente as populações que ocupam espaços próximos às áreas de:
a) alívio da tensão geológica.
b) desgaste da erosão superficial.
c) atuação do intemperismo químico.
d) formação de aquíferos profundos.
e) acúmulo de depósitos sedimentares.

3. (ENEM – H6) No mapa, é apresentada a distribuição geográfica de aves de grande porte e que não voam.

Há evidências mostrando que essas aves, que podem ser originárias de um mesmo ancestral, sejam, portanto, parentes. Considerando que, de fato, tal parentesco ocorra, uma explicação possível para a separação geográfica dessas aves, como mostrada no mapa, poderia ser:
a) a grande atividade vulcânica, ocorrida há milhões de anos, eliminou essas aves do hemisfério norte.
b) na origem da vida, essas aves eram capazes de voar, o que permitiu que atravessassem as águas oceânicas, ocupando vários continentes.
c) o ser humano, em seus deslocamentos, transportou essas aves, assim que elas surgiram na Terra, distribuindo-as pelos diferentes continentes.
d) o afastamento das massas continentais, formadas pela ruptura de um continente único, dispersou essas aves que habitavam ambientes adjacentes.
e) a existência de períodos glaciais muito rigorosos, no hemisfério Norte, provocou um gradativo deslocamento dessas aves para o Sul, mais quente.

4. (ENEM – H27) No dia 28 de fevereiro de 1985, era inaugurada a Estrada de Ferro Carajás, pertencente e diretamente operada pela Companhia Vale do Rio Doce (CVRD), na Região Norte do país, ligando o interior ao principal porto da região, em São Luís. Por seus, aproximadamente, 900 quilômetros de linha, passam, hoje, 5.353 vagões e 100 locomotivas.

Disponível em: <http://www.transportes.gov.br>. Acesso em: 27 jul. 2010. Adaptado.

A ferrovia em questão é de extrema importância para a logística do setor primário da economia brasileira, em especial para porções dos estados do Pará e Maranhão. Um argumento que destaca a importância estratégica dessa porção do território é a:
a) produção de energia para as principais áreas industriais do país.
b) produção sustentável de recursos minerais não metálicos.
c) capacidade de produção de minerais metálicos.
d) logística de importação de matérias-primas industriais.
e) produção de recursos minerais energéticos.

Questões objetivas, discursivas e PAS

5. (ACAFE – SC) A litosfera é a camada sólida mais superficial de nosso planeta. Ela é formada por rochas e minerais e faz parte do cenário onde se desenvolve a vida, juntamente com outras camadas ou esferas.

Sobre a litosfera, todas as alternativas estão corretas, exceto a:
a) As bacias sedimentares resultam de acúmulos de sedimentos em depressões a partir da era Paleozoica e nelas são encontrados os combustíveis fosseis como o carvão mineral e o petróleo.
b) A litosfera está dividida em placas tectônicas que flutuam sobre um material pastoso e cujos limites estão sempre em movimento, provocando instabilidades geológicas como vulcanismo e abalos sísmicos.

c) As relações entre a litosfera, a atmosfera e a hidrosfera não interferem no modelado terrestre, não afetam o ciclo das águas e nem os fenômenos meteorológicos, pois cada camada ou esfera age independente uma da outra.

d) Das três estruturas geológicas que aparecem na crosta terrestre, ou seja, os maciços ou escudos antigos, as bacias sedimentares e os dobramentos modernos, somente a terceira estrutura não existe no Brasil.

6. (UEG – GO) A superfície da Terra não é homogênea, apresentando uma grande diversidade de desníveis, seja na crosta continental ou oceânica. No decorrer do tempo, esses desníveis sofrem alterações exercidas por forças endógenas e exógenas. Sobre o assunto, é correto afirmar:

a) as forças endógenas como temperatura, ventos, chuvas, cobertura vegetal e ação antrópica, entre outras, modelam o relevo terrestre, dando-lhe o aspecto que apresenta hoje.

b) aterros, desmatamentos, terraplanagens, canais e represas são exemplos da ação exógena provocada pela força das enchentes e dos tsunamis, independente da ação do homem.

c) a forma inicial do relevo terrestre tem sua origem na ação de forças exógenas, enquanto o modelamento feito ao longo de milhões de anos é produto de forças endógenas que atuam na superfície.

d) vulcanismo, terremotos e maremotos são movimentos provocados pelo tectonismo proveniente da ação das forças endógenas que também constituíram as cadeias orogênicas e os escudos cristalinos.

7. (UPF – RS) A Terra é um sistema vivo, com sua dinâmica evolutiva própria. Montanhas e oceanos nascem, crescem e desaparecem, num processo dinâmico. Enquanto os vulcões e os processos orogênicos trazem novas rochas à superfície, os materiais são intemperizados e mobilizados pela ação dos ventos, das águas e das geleiras. Os rios mudam seus cursos, e fenômenos climáticos alteram periodicamente as condições de vida e o balanço entre as espécies.

Cordani e Taioli. In: Almeida e Rigolin, 2008, p. 39

Sobre a dinâmica interna da Terra afirma-se:

I. Os _____ compreendem os deslocamentos e deformações das rochas que constituem a crosta terrestre.

II. Os _____ ocorrem quando as rochas sofrem uma série de deformações quando submetidas a um esforço proveniente do interior da Terra.

III. Os _____ ocorrem quando as rochas são submetidas a um esforço interno de grande intensidade no sentido vertical ou inclinado.

IV. Os _____ são uma montanha que se forma da erupção de material magmático em estado de fusão. Um dos maiores desastres causados por esse fenômeno ocorreu em 1883 em Sonda, no arquipélago da Indonésia, tirando do mapa uma parte da ilha, destruindo cidades e vilas e matando milhares de pessoas.

V. Uma das manifestações mais temidas e destruidoras dos movimentos da crosta terrestre são os _____, que são causados pela ruptura das rochas provocadas por acomodações geológicas de camadas internas da crosta ou pela movimentação das placas tectônicas.

A alternativa que completa corretamente as afirmativas é:

a) movimentos tectônicos; dobramentos; falhamentos; vulcões; terremotos.

b) terremotos; falhamentos; dobramentos; vulcões; movimentos tectônicos.

c) vulcões; falhamentos; terremotos; movimentos tectônicos; dobramentos.

d) movimentos tectônicos; falhamentos; dobramentos; terremotos; vulcões.

e) terremotos; vulcões; falhamentos; dobramentos; movimentos tectônicos.

8. (UDESC) Observando a figura abaixo, sobre o interior da Terra, pode-se afirmar.

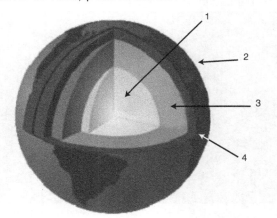

a) O manto, representado na figura pelo número 3, está dividido em manto interno e manto externo, sendo o externo mais próximo à superfície, onde se encontram vidas animais.

b) O manto, representado na figura pelo número 1, com cerca de 2.900 quilômetros de espessura, possui partes de consistência pastosa, formado por rochas derretidas e temperatura que variam em torno de 1.000 a 3.000 °C.

c) A crosta terrestre, representada na figura pelo número 2, é a camada mais fina da Terra.

d) O magma, lava ou núcleo, encontra-se representado na figura pelo número 2, onde ocorrem os vulcões.

e) A crosta terrestre, representada na figura pelo número 4, é a camada anterior à superfície terrestre, onde estão o fundo dos mares e os grandes lagos.

9. (UEM – PR) Assinale o que for correto sobre o modelado da crosta terrestre.

   (01) Os movimentos das placas tectônicas são responsáveis pelos agentes modificadores do relevo originados no interior da Terra.

   (02) Os escudos cristalinos estão presentes em várias partes do modelado da Terra e são resultantes de dobramentos modernos como a Cordilheira dos Andes na América do Sul.

   (04) Nos diversos tipos de paisagens no Brasil encontram-se escarpas conhecidas por sua beleza natural devido às rochas expostas conhecidas como "paredões".

   (08) Existem várias classificações do relevo brasileiro, mas atualmente as três grandes unidades reconhecidas são os planaltos, as planícies e as depressões.

   (16) A última década do planeta Terra foi considerada como um registro no modelo padrão de mudança do relevo terrestre, devido à homogeneidade de formas no relevo, resultantes das ações humanas.

10. (FUVEST – SP) Observe a figura, com destaque para a Dorsal Atlântica.

Student Atlas of the World. National Geographic, 2009.

Avalie as seguintes afirmações:

   I. Segundo a teoria da tectônica de placas, os continentes africano e americano continuam se afastando um do outro.

   II. A presença de rochas mais jovens próximas à Dorsal Atlântica comparada à de rochas mais antigas, em locais mais distantes, é um indicativo da existência de limites entre placas tectônicas divergentes no assoalho oceânico.

   III. Semelhanças entre rochas e fósseis encontrados nos continentes que, hoje, estão separados pelo oceano Atlântico são consideradas evidências de que um dia esses continentes estiveram unidos.

   IV. A formação da cadeia montanhosa Dorsal Atlântica resultou de um choque entre as placas tectônicas norte-americana e africana.

Está correto o que se afirma em:
a) I, II e III, apenas.
b) I, II e IV, apenas.
c) II, III e IV, apenas.
d) I, III e IV, apenas.
e) I, II, III e IV.

11. (UEL – PR) A crosta terrestre sofreu, no decorrer da história da Terra, processos endógenos presentes na formação do relevo.

Em relação aos processos endógenos presentes nessa formação, considere as afirmativas a seguir.

   I. Orogenia de dobramento resulta de pressões horizontais que formam ondulações no terreno em estruturas plásticas.

   II. Orogenia de falhamento é submetida a um esforço interno de grande intensidade (vertical ou inclinado) sobre rochas de estruturas rígidas que se quebram.

   III. Diastrofismo resulta de movimentos da crosta produzidos por processos tectônicos provocados e propagados pela energia interna da Terra.

   IV. Dobramentos geológicos resultam de pressões verticais que ocorrem, geralmente, sobre as rochas basálticas.

Assinale a alternativa correta.
a) Somente as afirmativas I e II são corretas.
b) Somente as afirmativas I e IV são corretas.
c) Somente as afirmativas III e IV são corretas.
d) Somente as afirmativas I, II e III são corretas.
e) Somente as afirmativas II, III e IV são corretas.

12. (UECE) As placas litosféricas podem ser de natureza oceânica ou, de uma forma mais comum, compostas por porções da crosta continental e da crosta oceânica. Analise as afirmações abaixo sobre essas placas, e assinale com V as verdadeiras e com F as falsas.

   ( ) As características das crostas continental e oceânica são bastante distintas quanto a suas composições química, litológica, morfológica e dinâmica.

   ( ) Os limites divergentes dessas placas são marcados por processos de intenso magmatismo. Nesses limites podem ocorrer fossas e províncias vulcânicas, como ocorrem na placa Pacífica.

   ( ) A crosta oceânica tem composição litológica mais homogênea do que a continental, sendo formada por rochas ígneas básicas que podem estar cobertas por camadas sedimentares.

( ) Quando placas oceânicas colidem, a mais antiga, mais densa, mais fria e mais espessa mergulha sob a outra em direção ao manto, carregando os sedimentos acumulados sobre ela.

A sequência correta, de cima para baixo, é:
a) F – V – V – F.
b) V – F – V – V.
c) F – V – F – F.
d) V – F – F – V.

13. (UEPG – PR) A respeito do relevo terrestre e dos agentes que o modificam, indique as alternativas corretas e dê sua soma ao final.
    (01) O trabalho erosivo dos ventos é representativo apenas das regiões elevadas da Terra onde predominam os climas frios.
    (02) A erosão pluvial, relacionada ao trabalho dos rios, ocorre nas regiões úmidas do planeta e é inexistente nos desertos.
    (04) A erosão é o processo responsável em remover sedimentos e transportá-los de um lugar para outro, sendo que os rios são um agente poderoso de erosão, criando e aprofundando vales por meio da abrasão e da dissolução.
    (08) O intemperismo físico pode ser provocado pelo aquecimento solar diurno das rochas e resfriamento noturno o que, pela expansão e contração das rochas, provoca o seu desagregamento, bastante significativo nas regiões de desertos de baixas latitudes.

14. (UECE) Com referência às ações erosivas na superfície da Terra, assinale a afirmação correta.
    a) As ações erosivas pluviais são mais eficazes, em função da alta densidade da cobertura vegetal e da existência de relevos com baixas declividades.
    b) Nos climas secos ou semiáridos, há ação predominante do intemperismo químico que decompõe os minerais constituintes das rochas.
    c) Nos climas úmidos, a evolução da superfície terrestre decorre da primazia do intemperismo físico e do baixo entalhe dos vales pela rede de drenagem.
    d) Nas ações fluviais, quanto maiores forem o volume da água e a velocidade do escoamento, maior será a capacidade dos rios de escavar os seus vales.

15. (UEM – PR) Em várias localidades da Terra, foram encontrados fósseis de diversas espécies. Eles auxiliam nas pesquisas que buscam entender a dinâmica natural atual com a comparação da dinâmica natural de épocas passadas.

    Assinale a(s) alternativa(s) correta(s) sobre fósseis e a dinâmica natural do planeta Terra.

    (01) Os registros fósseis, encontrados em rochas de diversas partes do mundo, auxiliaram na elaboração do tempo geológico. Ele costuma ser dividido em éons, eras, períodos e épocas geológicas que caracterizam as ocorrências de evidências evolutivas das espécies e da dinâmica física da Terra.
    (02) No supercontinente Pangeia, ocorreu a formação dos depósitos de carvão que são utilizados até os dias atuais nas indústrias siderúrgicas. Isso ocorreu devido à existência abundante de pântanos e de florestas de samambaias e de coníferas.
    (04) Os primeiros fósseis registrados na literatura científica foram os de dinossauros. Eles viveram espalhados ao redor do mundo.
    (08) Os fósseis de animais vertebrados são encontrados, na forma direta ou na indireta, registrados em rochas ígneas ou magmáticas.
    (16) A teoria da deriva continental, que destaca a similaridade do contorno cartográfico entre o litoral da África ocidental e o do leste da América do Sul, indica também a ocorrência de fósseis da mesma espécie em ambos os lugares.

16. (MACKENZIE – SP)

Observando a figura, podemos afirmar que:

I. Alfred Wegener, meteorologista alemão, levantou a hipótese, no início do século XX, afirmando que, há 220 milhões de anos, os continentes formavam uma única massa denominada Pangeia, rodeada por um oceano chamado Pantalassa. Essa suposição foi rejeitada pela comunidade científica da época.

II. A litosfera encontra-se em movimento, uma vez que é composta por placas tectônicas seccionadas que flutuam deslocando-se lentamente sobre a astenosfera.

III. A cordilheira dos Andes é um dobramento recente. Datado do período Terciário da era Cenozoica, surge do intenso entrechoque das placas do Pacífico e Sul-Americana, promovendo o fenômeno de obducção.

IV. A Dorsal Atlântica estende-se desde as costas da Groenlândia até o sul da América do Sul.

Os movimentos divergentes entre as placas Africana e Sul-Americana permitiram intensos derramamentos magmáticos originando rochas basálticas que foram incorporadas às bordas das referidas placas.

Estão corretas.
a) I e III, apenas.
b) II e III, apenas.
c) I, II e III, apenas.
d) I, II e IV, apenas.
e) I, II, III e IV.

17. (CEFET – MG)

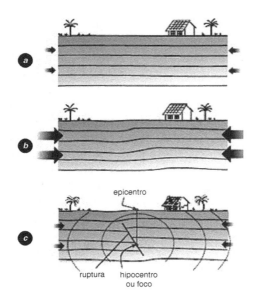

TEIXEIRA, W et al. Decifrando a Terra. São Paulo: Oficina de Textos, 2000.

Sobre a dinâmica geológica apresentada, é correto afirmar que se:
a) observa a geração de um sismo por liberação de esforços em uma ruptura.
b) evidenciam áreas de subducção com mergulho de uma camada sobre a outra.
c) percebem camadas que se comprimem e acumulam energia no núcleo terrestre.
d) destacam diferentes linhas de ruptura que propagam vibrações para a superfície.
e) ressalta uma zona de metamorfismo com deformação de rochas sedimentares químicas.

18. (UFRGS – RS) Assinale com V (verdadeiro) e F (falso) as afirmações abaixo, referentes à dinâmica das placas litosféricas.

( ) A primeira teoria a defender que a crosta terrestre é uma camada composta de fragmentos móveis e não uma camada rígida inteiriça de rochas ficou conhecida como Teoria do Ciclo Geográfico.

( ) O afastamento ou a colisão entre placas litosféricas é um movimento muito lento, que ocorre a uma velocidade média de dois a três centímetros por ano.

( ) O deslocamento das placas litosféricas é decorrente de forças endógenas do planeta, geradas pelas correntes de convecção no interior do manto terrestre.

( ) O movimento entre duas placas, em sentido contrário, provoca grandes dobramentos em suas bordas de contato, devido ao fenômeno de subducção.

A sequência correta de preenchimento dos parênteses, de cima para baixo, é:
a) V – F – F – V.
b) F – V – V – F.
c) V – F – F – F.
d) F – F – V – V.
e) F – V – F – F.

19. (UEM – PR) Sobre o planeta Terra, sua idade e evolução, indique as alternativas corretas e dê sua soma ao final.

(01) A Terra se originou há, aproximadamente, 9,6 bilhões de anos, juntamente com o início da formação do universo. As primeiras formas de vida na Terra surgiram na Era Mesozoica. Atualmente, nos encontramos na Era Paleozoica, no período Cretáceo.

(02) O método de datação realizado a partir do carbono quatorze (C14), que é um elemento radioativo absorvido pelos seres vivos, é muito utilizado para a investigação da idade de achados arqueológicos mais recentes, de origem orgânica, pois sua meia-vida é de 5.700 anos.

(04) O tempo geológico é dividido em Éons, Eras, Períodos e Épocas. A sua sistematização cronológica é conhecida como escala de tempo geológico. A partir dessa sistematização, foi possível estabelecer uma sucessão de eventos desde o presente até a formação da Terra.

(08) A deriva dos continentes se iniciou na Era Cenozoica, por volta de 100 mil anos atrás, quando só existia um único continente chamado de Gondwana. Posteriormente, no Holoceno, este continente se dividiu em cinco outros continentes, chegando à configuração atual.

(16) Geocronologia são as diferentes formas de investigação da escala de tempo das rochas, da evolução da vida e da própria Terra. O método de datação mais utilizado na Geocronologia envolve a medição da quantidade de energia emitida pelos elementos radioativos presentes nas rochas e minerais.

20. (UEM – PR) O planeta Terra apresenta estrutura interna constituída de três camadas praticamente concêntricas, denominadas crosta, manto e núcleo. Propriedades físicas, químicas e mineralógicas representam os principais aspectos diferenciadores dessas camadas. Considerando essas informações, indique as alternativas corretas e dê sua soma ao final.

(01) A Sismologia possibilita, de forma clara e direta, o estudo da composição química das camadas do globo terrestre.

(02) O conceito de grau geotérmico está relacionado ao aumento contínuo da temperatura, desde a crosta até o núcleo.

(04) O estudo sismológico, voltado para a caracterização do manto, é importante para a identificação e a localização de terremotos e de emanações vulcânicas.

(08) As rochas ígneas de maior densidade encontram-se no núcleo.

(16) As zonas de transição encontradas no interior do planeta representam a mudança na composição química, na densidade e na velocidade de propagação das ondas sísmicas.

21. (UEM – PR) Considerando o processo de formação e classificação de rochas e o conhecimento sobre o assunto, indique as alternativas corretas e dê sua soma ao final.

(01) Quanto menor a profundidade de consolidação do magma, maior o tamanho dos cristais constituintes. Portanto, um granito é exemplo de rocha extrusiva, pois seu resfriamento é mais rápido porque ela se forma em contato ou próxima à atmosfera.

(02) O basalto é uma rocha extrusiva, pois se consolida na superfície terrestre. Seu resfriamento rápido não permite o desenvolvimento completo da estrutura cristalina.

(04) O processo de alteração química das rochas é chamado meteorização. A disponibilidade de nutrientes no solo – como nitrogênio, fósforo, potássio, cálcio, magnésio, enxofre, ferro etc., além de matéria orgânica e água – vai depender da combinação entre o tipo de rocha, o clima e a vegetação.

(08) A terra roxa é um solo fértil, comumente encontrado no Terceiro Planalto paranaense. Esse tipo de solo resulta da alteração química de rochas basálticas que possuem altas concentrações de Fe^{3+}. O Fe^{3+} pode ser encontrado, por exemplo, em Fe_2O_3.

(16) As rochas metamórficas se formam a partir de transformações de quaisquer tipos de rochas. Esses processos de transformação resultam de longas fases de erosão e deposição de sedimentos em bacias sedimentares. São exemplos o quartzito, o mármore, o gnaisse.

22. (UPE) As lavas mais antigas estão justamente nas ilhas mais afastadas da Cadeia Médio-Atlântica; por outro lado, as mais jovens são encontradas nas ilhas adjacentes à referida Cadeia. Esta ocupa posição mediana no Atlântico, acompanhando paralelamente as sinuosidades da costa da África e da América do Sul. Portanto, o assoalho submarino está em processo de expansão.

Esses dados mencionados apoiam a ideia de um importante modelo teórico empregado pela Geografia Física e pela Geologia. Qual alternativa contém esse modelo?

a) Uniformitarismo das cadeias oceânicas.
b) Teoria da Tectônica Global.
c) Modelo da Litosfera Quebradiça.
d) Teoria do Quietismo Crustal.
e) Migração dos Polos Geográficos.

---

23. (UFSC) No mês de julho deste ano, a entrada em erupção do vulcão Puyehue, 870 quilômetros ao sul de Santiago, provocou "uma explosão que causou uma coluna de cinzas com uma altura aproximada de dez quilômetros e cinco de extensão", informou o Serviço Nacional de Geologia e Minas (Sernageomin) do Chile. O vulcão Puyehue, com 2.240 metros de altura, situa-se na Cordilheira dos Andes. A sua última grande erupção tinha acontecido na década de 1960, depois do sismo de Valdivia, de magnitude 9,5 na escala de Richter.

Texto disponível em: <http://www.publico.pt/mundo/vulcao-no-chile-acordou-passados-50-anos-e-obrigou-a-fuga-de-3500-pessoas_1497551>. Acesso em: 11 jul. 2011. Adaptado.

(01) No continente americano, na sua porção ocidental, estão concentradas as áreas de maior incidência de atividades sísmicas.

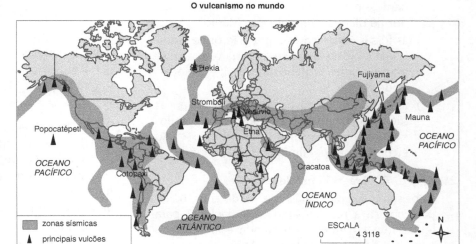

Mapa disponível em: FILIZOLA, R.. Geografia: ensino médio. v. único. São Paulo: IBEP, 2005. p. 77.

(02) No passado geológico, a movimentação das placas tectônicas deu origem aos atuais Dobramentos Modernos, como o da Cordilheira dos Andes e o do Escudo Cristalino Brasileiro.

(04) De acordo com o mapa, os continentes mais afetados pelas atividades sísmicas e vulcânicas são o europeu e o africano.

(08) Os desastres naturais são fenômenos extremos ou intensos que atingem um sistema social. Os agentes endógenos e/ou exógenos do relevo podem ser responsáveis por esses fenômenos.

(16) (...) "uma coluna de cinzas", citada no texto, refere-se às lavas – materiais rochosos em estado de ebulição que chegam à superfície terrestre.

(32) De acordo com o texto anterior e com o mapa, grande parte dos terremotos e dos vulcões está localizada no chamado "Círculo de Fogo do Índico".

24. (UFPE) A teoria da Tectônica de Placas foi elaborada no século XX. Baseou-se, de certa maneira, na hipótese levantada por Alfred Wegener no início do século mencionado. Trata-se de um paradigma de extrema importância para as geociências, em especial para a Geologia, a Geografia e a Geofísica. Sobre os fundamentos dessa teoria, é correto afirmar que:

( ) as dorsais oceânicas, como por exemplo, a Dorsal Média do Atlântico, são limites entre placas tectônicas nos quais essas placas se afastam umas das outras; são denominados de limites divergentes.

( ) as grandes cordilheiras observadas, por exemplo, no continente asiático, se verificam nas áreas em que as placas se afastam e, consequentemente, se formam falhas geológicas de afundamento.

( ) a separação da crosta terrestre expõe na superfície o magma oriundo de uma área interior do planeta denominada "Manto".

( ) as fossas oceânicas são a região onde é destruída a crosta antiga, e a crosta oceânica se introduz sob a crosta continental; é o processo de subducção.

( ) as zonas de subducção de placas litosféricas são aquelas em que se registram os abalos sísmicos intensos e mais profundos; esse fato é comum nas proximidades da Indonésia.

25. (FMP – RS) **Tragédia no Nepal**

Após sofrer sua pior catástrofe em 80 anos, o Nepal começa a receber ajuda internacional para tentar resgatar vítimas que ainda estão sob escombros, depois de um terremoto de 7,8 graus na escala Richter ter atingido ontem o país, matando pelo menos 1.457 pessoas, incluindo vítimas na região que abrange ainda Índia, Bangladesh e Tibete. (...) Em 1934, o pior terremoto do país matou quase 10 mil pessoas. "A cada 50 anos, um terremoto acontece. Temos medo de que o próximo aconteça dentro de pouco", disse em dezembro de 2014, o redator-chefe do jornal "Nepali Times", Kunda Dixit.

O Globo, 26 abr. 2015, Mundo, p. 40. Adaptado.

O fenômeno natural mencionado foi provocado pelo seguinte agente:

a) movimento de massas.
b) deslizamento de terra.
c) tectonismo.
d) intemperismo.
e) vulcanismo.

26. (EsPCEx – SP) O relevo é o resultado da atuação de forças de origem interna e externa, as quais determinam as reentrâncias e as saliências da crosta terrestre. Sobre esse assunto, podemos afirmar que:

I. O surgimento das grandes cadeias montanhosas, como os Andes, os Alpes e o Himalaia, resulta dos movimentos orogenéticos, caracterizados pelos choques entre placas tectônicas.

II. O intemperismo químico é um agente esculpidor do relevo muito característico das regiões desérticas, em virtude da intensa variação de temperatura nessas áreas.

III. Extensas planícies, como as dos rios Ganges, na Índia, e Mekong, no Vietnã, são resultantes do trabalho de deposição de sedimentos feito pelos rios, formando as planícies aluviais.

IV. Os planaltos brasileiros caracterizam-se como relevos residuais, pois permaneceram mais altos que o relevo circundante, por apresentarem estrutura rochosa mais resistente ao trabalho erosivo.

V. por situar-se em área de estabilidade tectônica, o Brasil não possui formas de relevo resultantes da ação do vulcanismo.

Assinale a alternativa que apresenta todas as afirmativas corretas:

a) I, II e III.
b) I, III e IV.
c) II, IV e V.
d) I, II e V.
e) III, IV e V.

27. (UECE) O processo de transformação de uma rocha do tipo protólito, em estado sólido, através do aumento da temperatura e/ou pressão sem que seja atingido o ponto de fusão dessa rocha é denominado:

a) diastrofismo.
b) vulcanismo.
c) metamorfismo.
d) magmatismo.

28. (UCS – RS) Observe o mapa abaixo.

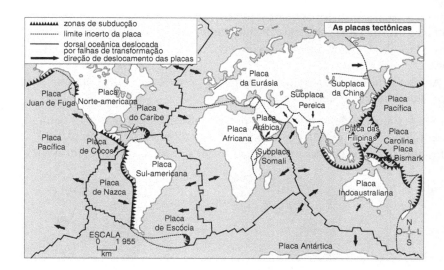

Assinale a alternativa que melhor explicita a relação entre as placas tectônicas.

a) As placas tectônicas deslizam sobre o núcleo externo, formado por um material quente e líquido, que é integrante do manto inferior, cuja movimentação se dá em virtude do calor que emana de dentro da Terra, formando as células de reflexão, transferindo energia e massa: o material aquecido afunda e o resfriado ascende.

b) Os possíveis encontros de placas, presentes nos limites convergentes são de três tipos: encontro de placas oceânica e continental, em que a placa mais densa – a continental – mergulha sobre a menos densa – a placa oceânica; entre placas oceânica e oceânica, cujo resultado consiste em uma compressão e dobramento das rochas, originando as cadeias de montanhas; e entre placas continental e continental, em que os fenômenos geológicos que se constituem podem ser subducção, sismos e vulcanismo.

c) Os limites de placas tectônicas são três: divergentes ou destrutivos, em que o mais comum é a ocorrência do afastamento de fossas e destruição de vulcões; convergentes ou construtivos, que são resultantes do choque das placas; e degenerativos ou transformantes, em que as placas se afastam uma em relação à outra, sem que haja fusão ou geração de crosta.

d) Os limites entre as placas tectônicas constituem áreas de intensas atividades geológicas, suscetíveis à ocorrência de vulcões, como o Kilauea no Havaí; terremotos, como os que acometem os Andes e formação de cordilheiras, como a do Himalaia.

e) Os dois tipos de movimentos existentes e divergentes entre placas, ou seja, entre placas oceânica e continental, que geram o afundamento dos oceanos, geração de sismos e vulcanismo intrusivo e, entre continental e oceânica, constituem um sistema de sismos, cujos fenômenos geológicos que ocorrem com o dobramento dos continentes, geram vulcanismo.

29. (UEM – PR) O vulcão Calbuco, que entrou em erupção no Chile no dia 22/04/2015, continua expulsando cinzas, e ainda existe o risco de nova atividade.

Disponível em: <http://agenciabrasil.ebc.com.br/internacional/notícias/2015-04>.

Com base no texto e a partir dos conhecimentos sobre o assunto, assinale o que for correto.

(01) O vulcão Calbuco foi classificado na categoria de catástrofe natural de origem geológica.

(02) No vulcão ativo ocorre o derramamento de material fluido vindo do magma e conhecido como lava.

(04) As cinzas vulcânicas ficam restritas ao cone vulcânico.

(08) Do processo de vulcanismo pode ser extraído uma fonte de energia do tipo térmica.

(16) Os solos que se formam dos materiais vulcânicos são pobres em nutrientes devido à temperatura elevada da lava, que inibe o desenvolvimento deles.

30. (UEPG – PR) Assinale onde todas as expressões estejam corretamente relacionadas ao item em destaque.

(01) Vulcão – Vulcanismo, atividade extrusiva, lavas, cratera, câmara magmática, basalto, Cinturão de Fogo do Pacífico, Etna e Vesúvio.

(02) Mar – Agente externo, abrasão marinha, erosão eólica, morainas, meandros, marés, ondas e atividades efusivas.
(04) Terremoto – Abalo sísmico, agentes internos, causas tectônicas, movimentos naturais que se propagam através de vibrações, sismógrafos, hipocentro, magnitude, escala Richter e epicentro.
(08) Geleira – Erosão glaciária, agente interno, fiordes, restingas, tômbolos, dunas, morenas, vales em U e lixiviação.
(16) Rio – Agente externo, erosão fluvial, deltas, jusante, estuários, montante, leitos superior, médio e inferior, fluviômetros e meandros.

31. (FUVEST – SP) Na atualidade, o número de pessoas atingidas por desastres naturais, no mundo, vem aumentando. Em 2012, foram registrados 905 grandes eventos desse tipo no planeta.
Esses eventos podem ser de natureza geofísica, climática, meteorológica e hidrológica, entre outras.

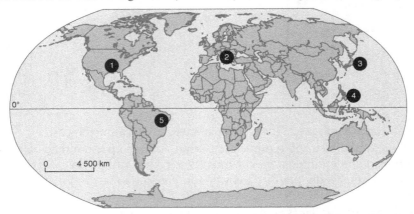

Münchener Rückversicherungs-Gessellschaft, *Geo Risks Research*, 2012. Adaptado.

No mapa acima, estão indicadas áreas mais suscetíveis à ocorrência de alguns tipos de desastres naturais.

A área assinalada no mapa e os fenômenos mais suscetíveis de nela ocorrer estão corretamente indicados em:

a)	1	Terremoto e vulcanismo intensos, com presença de falhas ativas resultantes do encontro da placa do Pacífico com a da América do Norte.
b)	2	Entradas de fortes ondas de frio, provenientes do avanço de massas de ar árticas, provocando o congelamento do lençol freático.
c)	3	Longos períodos de estiagem, com incêndios florestais e tempestades elétricas resultantes da ocorrência de centros de alta pressão estacionários.
d)	4	Formação de tufões, que são centros de muito baixa pressão e grande mobilidade, responsáveis por fortes vendavais, em regiões litorâneas.
e)	5	Formação de tufões, que são centros de muito baixa pressão e grande mobilidade, responsáveis por fortes vendavais, em regiões litorâneas.

32. (UNESP) As quatro afirmações que se seguem serão correlacionadas aos seguintes termos: (1) vulcanismo – (2) terremoto – (3) epicentro – (4) hipocentro.

a) Os movimentos das placas tectônicas geram vibrações, que podem ocorrer no contato entre duas placas (caso mais frequente) ou no interior de uma delas. O ponto onde se inicia a ruptura e a liberação das tensões acumuladas é chamado de foco do tremor.

b) Com o lento movimento das placas litosféricas, da ordem de alguns centímetros por ano, tensões vão se acumulando em vários pontos, principalmente perto de suas bordas. As tensões, que se acumulam lentamente, deformam as rochas; quando o limite de resistência das rochas é atingido, ocorre uma ruptura, com um deslocamento abrupto, gerando vibrações que se propagam em todas as direções.

c) A partir do ponto onde se inicia a ruptura, há a liberação das tensões acumuladas, que se projetam na superfície das placas tectônicas.

d) É a liberação espetacular do calor interno terrestre, acumulado através dos tempos, sendo considerado fonte de observação científica das entranhas da Terra, uma vez que as lavas, os gases e as cinzas fornecem novos conhecimentos de como os minerais são formados. Esse fluxo de calor, por sua vez, é o componente essencial na dinâmica de criação e destruição da crosta, tendo papel essencial, desde os primórdios da evolução geológica.

TEIXEIRA W. et al. *Decifrando a Terra*, 2003. Adaptado.

Os termos e as afirmações estão corretamente associados em:
a) 1d, 2b, 3a, 4c.
b) 1b, 2a, 3c, 4d.
c) 1c, 2d, 3b, 4a.
d) 1a, 2c, 3d, 4b.
e) 1d, 2b, 3c, 4a.

33. (UFSJ – MG) Observe a figura abaixo.

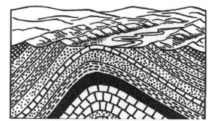

Disponível em: <http://marlivieira.blogspot.com/com/2010/12/>. Acesso em: 15 jul. 2011.

Sobre o fenômeno representado pela figura, é CORRETO afirmar que se trata de:
a) ação de agentes exógenos responsáveis por movimentos orogenéticos que atuam sobre a crosta terrestre.
b) formação do relevo terrestre por agentes internos ocorridos predominantemente no Período Devoniano.
c) formação de cadeias montanhosas ou cordilheiras em função de movimentos verticais provocados pela divergência de placas tectônicas.
d) forças tectônicas provocando dobramentos sobre estruturas formadas por rochas magmáticas e sedimentares pouco resistentes.

34. (UNICAMP – SP) Rocha é um agregado natural composto por um ou vários minerais e, em alguns casos, resulta da acumulação de materiais orgânicos. As rochas são classificadas como ígneas, metamórficas ou sedimentares.
a) Quais são os processos de formação das rochas metamórficas?
b) A Região Sul do Brasil destaca-se na produção de carvão mineral, que é extraído de rochas sedimentares do período Carbonífero. Que condições ambientais permitiram a acumulação desse material orgânico e que processos levaram à posterior formação do carvão mineral?

35. (UEG – GO) Os movimentos orogenéticos, resultantes da deriva continental e dinâmica de placas, são os responsáveis pela formação de grandes cadeias de montanhas no planeta, que surgem em virtude do enrugamento ou soerguimento de extensas porções da crosta terrestre. A cordilheira dos Andes resulta dessa dinâmica, e sua origem está relacionada ao choque entre as placas:

a) do Pacífico e Norte-Americana.
b) de Nazca e Norte-Americana.
c) do Pacífico e Sul-Americana.
d) de Nazca e Sul-Americana.

36. (UFRGS – RS) Júlio Verne, ao escrever *Viagem ao Centro da Terra*, trouxe para a ficção o conhecimento científico que estava sendo desenvolvido na época. Assim, a escolha da Islândia como cenário para sua narrativa justifica-se pelas suas características geográficas, mas também pela sua posição na crosta terrestre.

Considere as afirmações sobre a Islândia e sobre as camadas da Terra.

I. A Islândia, localizada em área de afastamento de placas tectônicas, possui vulcões ativos, áreas geotermais e uma falha que corta o país de norte a sul.
II. O manto localizado sob a crosta terrestre é fluido e se movimenta através de correntes convectivas que se formam pela diferença de temperatura existente no interior do planeta.
III. O núcleo, que apresenta uma parte interna sólida e uma parte externa líquida, é a camada mais quente da Terra, e estima-se que sua temperatura pode atingir 6.000 °C.

Quais estão corretas?
a) Apenas I.
b) Apenas II
c) Apenas III.
d) Apenas II e III.
e) I, II e III.

37. (FATEC – SP) A Teoria da Tectônica de Placas afirma que a crosta terrestre, mais precisamente a litosfera, está fracionada em um determinado número de placas tectônicas rígidas, que se deslocam com movimentos horizontais.

Em faixas de contato onde ocorrem choques entre as placas tectônicas, uma placa submerge sob outra placa. Esse fenômeno, conhecido como subducção ocorre em bordas:
a) destrutivas, quando a pressão entre as placas tectônicas faz com que uma delas mergulhe debaixo da outra.
b) divergentes, em decorrência de erupções vulcânicas que colaboram com a deformação e ruptura das placas tectônicas.
c) construtivas, devido à ação de forças, verticais ou inclinadas, sobre as placas tectônicas que as fraturam, gerando as falhas.
d) conservativas, pois uma placa tectônica, ao deslizar ao longo de outra, provoca o desmoronamento do assoalho oceânico.
e) transformantes, em função do movimento lateral da litosfera, que provoca o rebaixamento e o soerguimento das placas tectônicas.

38. (UFG – GO) Leia o texto a seguir.

O problema é que, de tempos em tempos, esse campo enfraquece em uma direção antes de inverter sua orientação. Conforme essas rochas, compostas de ferro e outros elementos, vão se solidificando após deixar o interior tórrido da crosta terrestre, os *spins* acabam tendo uma componente média resultante não nula ao longo da direção desse campo. A questão é que, conforme rochas mais e mais antigas eram estudadas, os geólogos passaram a verificar que essa orientação às vezes estava invertida.

Disponível em: <http://super.abril.com.br/universo/735779.shtml>. Acesso em: 20 set. 2013. Adaptado.

Com base nas informações contidas no texto, conclui-se que o fenômeno físico, ao qual ele se refere, associa-se às rochas:
a) metamórficas e ao campo gravitacional.
b) metamórficas e ao campo magnético.
c) ígneas e ao campo magnético.
d) ígneas e ao campo gravitacional.
e) metamórficas e ao campo elétrico.

39. (UPE) Leia e analise as afirmativas a seguir, referentes a temas relacionados a alguns aspectos da litosfera.
1. As rochas ígneas ou plutônicas intrusivas, como os quartzitos e os gnaisses, formam-se a partir da extrusão e consequente consolidação do material magmático, advindo do manto terrestre.
2. A crosta sólida do planeta Terra é constituída de uma variedade enorme de materiais minerais e rochosos, embora apenas dois desses materiais nela predominem: o alumínio e o silício.
3. Existem, na superfície terrestre, rochas que resultam de transformações químicas sofridas por materiais em suspensão existentes nas águas; o sal-gema e a gipsita exemplificam esses corpos rochosos.
4. As rochas metamórficas resultam de transformações sofridas, em sua composição e em sua estrutura, por rochas preexistentes, quando entram em contato com rochas magmáticas ou quando submetidas a elevadas pressões e temperaturas.
5. Em um mesmo meio bioclimático, rochas ígneas e rochas sedimentares resultam em relevos iguais porque a erosão independe da qualidade do material rochoso, existente na parte superficial da crosta terrestre e se subordina muito mais às condições climáticas do ambiente.

Estão corretas
a) 1 e 4.
b) 2 e 5.
c) 3, 4 e 5.
d) 2, 3 e 4.
e) 1, 2, 3, 4 e 5.

40. (PUC – PR) Terremotos são gerados pelos movimentos naturais das placas tectônicas da Terra, que causam ajustes na crosta terrestre, afetando a organização das sociedades. Em relação aos sismos naturais, é correto afirmar que eles são causados por:
a) forças endógenas incontroláveis.
b) energias exógenas excepcionais.
c) forças antrópicas descontroladas.
d) energias antrópicas excepcionais.
e) forças endógenas e antrópicas.

41. (UECE) Os terremotos são fenômenos que demonstram nitidamente o caráter dinâmico da Terra. Considerando esses eventos, analise as afirmações abaixo.
I. Os abalos sísmicos que ocorrem no Brasil são de baixa intensidade e, na sua grande maioria, resultam das forças geológicas que atuam em toda a placa que contém o continente sul-americano.
II. Os terremotos podem ocorrer na área de contato entre duas placas, assim como no interior das mesmas.
III. Quando ocorre um abalo sísmico, são geradas ondas sísmicas capazes de se propagar em todas as direções.

Está correto o que se afirma em:
a) I e III apenas.
b) I e II apenas.
c) II e III apenas.
d) I, II e III.

42. (UPE) A parte mais superficial da litosfera é composta basicamente por rochas, sedimentos e solos. As rochas são incluídas, segundo os mecanismos genéticos, em três grandes grupos, apresentando composição química e estruturação física bastante diversificada.

Sobre esse assunto, observe a ilustração abaixo:

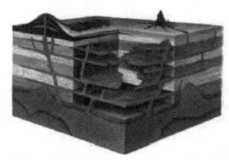

Assinale a alternativa que indica o tipo de rochas predominantes que aparecem esquematicamente representadas, de acordo com a gênese.
a) Calcárias.
b) Magmáticas.
c) Metamórficas extrusivas.
d) Sedimentares intrusivas argilosas.
e) Sedimentares organógenas.

Capítulo 5 – As Formas da Superfície Terrestre

ENEM

1. (ENEM – H29)

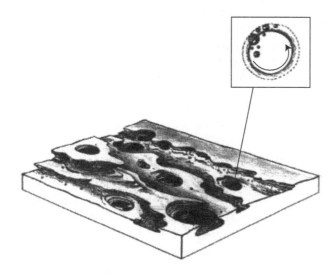

Disponível em: http://www.sol.pt/fotosNG/2013/2/9/big/ng1325497_435x190.png. Acesso em: 7 mai. 2015.

A imagem representa o resultado da erosão que ocorre em rochas nos leitos dos rios, que decorre do processo natural de:

a) fraturamento geológico, derivado da força dos agentes internos.
b) solapamento de camadas de argilas, transportadas pela correnteza.
c) movimento circular de seixos e areias, arrastados por águas turbilhonares.
d) decomposição das camadas sedimentares, resultante da alteração química.
e) assoreamento no fundo do rio, proporcionado pela chegada de material sedimentar.

2. (ENEM – H16) Os movimentos de massa constituem-se no deslocamento de material (solo e rocha) vertente abaixo pela influência da gravidade. As condições que favorecem os movimentos de massa dependem principalmente da estrutura geológica, da declividade da vertente, do regime de chuvas, da perda de vegetação e da atividade antrópica.

BIGARELLA, J. J. *Estrutura e Origem das Paisagens Tropicais e Subtropicais*. Florianópolis: UFSC, 2003. Adaptado.

Em relação ao processo descrito, sua ocorrência é minimizada em locais onde há:

a) exposição do solo.
b) drenagem eficiente.
c) rocha-matriz resistente.
d) agricultura mecanizada.
e) média pluviométrica elevada.

3. (ENEM – H6)

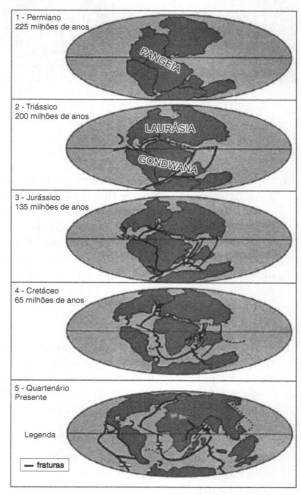

Disponível em: <http://www.telescopionaescola.pro.br>. Acesso em: 3 abr. 2014. Adaptado.

A partir da análise da imagem, o aparecimento da Dorsal Mesoatlântica está associado ao (à):

a) separação da Pangeia a partir do período Permiano.
b) deslocamento de fraturas no período Triássico.
c) afastamento da Europa no período Jurássico.
d) formação do Atlântico Sul no período Cretáceo.
e) constituição de orogêneses no período Quaternário.

Questões objetivas, discursivas e PAS

4. (FMP – RS) Na imagem a seguir, registra-se uma determinada forma do relevo terrestre.

Nessa imagem, observa-se a seguinte forma de relevo:

Disponível em: http://www.sol.pt/fotosNG/2013/2/9/big/ng1325497_435x190.png. Acesso em: 7 mai. 2015.

a) inselberg.
b) chapada.
c) fiorde.
d) restinga.
e) falésia.

5. (UECE) Em ambientes carbonáticos sujeitos à atuação da água nas fendas e diaclases das rochas, pode ocorrer a formação de feições como grutas. Quando o teto dessas estruturas desaba devido à perda de resistência, surge, na superfície do terreno, uma feição que pode ter um tamanho considerável semelhante a um funil, que é conhecida como:

a) inselberg.
b) riólito.
c) falésia.
d) dolina.

6. (IFSP) De acordo com o geógrafo Jurandyr Ross, "(...) consolidam-se na parte externa da superfície da Terra e por isso passam por um processo de esfriamento rápido. Entre os exemplos mais comuns estão o basalto, o riolito, o fonolito e as obsidianas".

ROSS, J. L. S. (Org.).*Geografia do Brasil.*
São Paulo: Edusp, 2008. p. 40.

Com base na descrição, o autor se refere a:
a) rochas ígneas efusivas ou vulcânicas.
b) rochas magmáticas.
c) rochas sílex.
d) rochas puri-sedimentares.
e) rochas metamórficas.

7. (UFPR) A geomorfologia é o campo do conhecimento técnico e científico que estuda as formas do relevo e os processos pretéritos e presentes envolvidos. Em regiões sob a influência de clima tropical e subtropical, o relevo, em grande parte, está sendo moldado pela ação das chuvas, que promove o intemperismo nas rochas e o transporte e deposição dos sedimentos. Apesar de esses processos participarem da dinâmica natural, eles podem ser influenciados pela ação humana. A alteração no seu equilíbrio pode trazer graves consequências à sociedade.

Sobre os processos geomorfológicos que têm sido intensificados pela influência humana, considere as seguintes afirmativas:

1. O processo de assoreamento tem ocorrido com grande frequência nas áreas mais elevadas do relevo, onde as declividades são mais íngremes, trazendo prejuízos por afetar os chamados topos de morros.
2. Os escorregamentos e as corridas de detritos e lama, que são deflagrados por grande volume de chuvas e ocorrem, predominantemente, em regiões serranas e nas encostas com maiores inclinações, estão entre os processos geomorfológicos que trazem maiores danos à sociedade.
3. A erosão pluvial em vertentes, que traz grandes prejuízos econômicos e ambientais, está condicionada, além de às características do relevo, também aos tipos de solo, à dinâmica das chuvas, à cobertura da vegetação e ao tipo de uso antrópico.

Assinale a alternativa correta.
a) Somente a afirmativa 3 é verdadeira.
b) Somente as afirmativas 1 e 2 são verdadeiras.
c) Somente as afirmativas 1 e 3 são verdadeiras.
d) Somente as afirmativas 2 e 3 são verdadeiras.
e) As afirmativas 1, 2 e 3 são verdadeiras.

8. (IFSP) Considere o texto e a imagem a seguir.

Para Suertegaray, "praias são depósitos, geralmente, lineares de sedimentos acumulados por agentes de transporte marinho ao longo do litoral. Normalmente o sedimento predominante das praias são as areias, o que não significa que não haja praias formadas de cascalhos, seixos e outros sedimentos finos além das areias. A largura dessa feição tem relação direta com as marés que são responsáveis pelo seu constante movimento e retrabalhamento".

SUERTEGARAY, D. A. M. *Terra* – feições ilustradas.
Porto Alegre: UFRGS, 2008. p. 188.

Disponível em: http://hoteisabeiramar.com.br/wp-content/uploads/2013/09/pria-dos-artistas-vista-bonita1.jpg. Acesso em: 2 set. 2015.

( ) Os tipos de depósito recebidos pelas praias dependem das marés.
( ) Uma praia pode conter sedimentos como areia, cascalho e outros.
( ) O acúmulo de sedimentos no litoral forma a praia.
( ) Maré e sedimentos estão associados e juntos contribuem para a formação da praia.
( ) O transporte de sedimentos marinhos não é responsável pela formação da praia.
( ) As marés dificultam a formação da praia e o transporte de sedimentos marinhos.

Identifique as afirmações com (V) para verdadeiro ou (F) para falso, sendo a sequência de cima para baixo, e marque a alternativa correta.
a) V, V, F, V, F, V.
b) V, F, V, V, V, F.
c) V, V, V, V, F, F.
d) F, F, V, V, V, V.
e) F, V, V, V, V, F.

9. (UFJF – MG) De acordo com a representação morfológica, a área em destaque é:

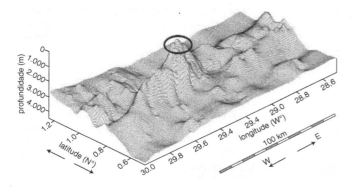

Disponível em: <http://upload.wikimedia.org/wikipedia/commons/a/a5/Motoki_Aspsp_br_Fig04_c_AbyssalMorphology.jpg>. Acesso em: 28 out. 2015.

a) um arquipélago.
b) um planalto.
c) um tsunami.
d) uma cratera.
e) uma escarpa.

10. (UPE) Observe, atentamente, as ilustrações a seguir:

 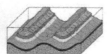

Pelas características observadas, é CORRETO afirmar que a sequência de ilustrações exibe esquematicamente a:
a) formação de extensas voçorocas em terrenos cristalinos.
b) separação de grandes placas litosféricas.
c) gênese e a evolução de morfoestruturas em estruturas geológicas dobradas.
d) formação de grandes vales em estruturas tectonicamente falhadas.
e) evolução de uma dorsal mesoceânica.

11. (CPS – SP) No decorrer do tempo geológico, apenas uma porcentagem muito pequena das espécies que um dia habitaram a biosfera terrestre preservou-se nas rochas. Muitas espécies surgiram e desapareceram sem deixar vestígios.

Em rochas muito antigas, não são encontrados vestígios de animais atuais, o que sugere que eles apareceram muito depois. Porém, nessas camadas antigas, são encontrados restos de animais que não existem mais, o que poderia indicar que se extinguiram.

Os vestígios de organismos que existiram no passado e se mantiveram preservados, como pedaços de troncos de árvores, conchas, ossos, dentes, cascas de ovos, esqueletos e carapaças são denominados fósseis. O modo de fossilização pode ser determinado por vários fatores como, por exemplo, a rapidez do soterramento e da decomposição bacteriológica após a morte dos organismos; a composição química e estrutural do esqueleto e as condições químicas, que imperavam no meio ambiente durante esse processo. Assim, quando um organismo morre e suas partes moles são decompostas, as partes duras, como os ossos, ao longo do tempo, podem ser encobertas por camadas de sedimentos, sofrendo fossilização.

Com base nessas informações, é correto afirmar que:
a) os fósseis representam os restos preservados somente dos animais que viveram no passado.
b) os fósseis evidenciam que todos os organismos existentes no passado desapareceram sem deixar vestígios.
c) as camadas de rochas mais antigas apresentam fósseis dos seres vivos atuais, evidenciando que eles se extinguiram.
d) os registros fósseis se formaram apenas a partir de organismos que, depois de mortos, foram totalmente decompostos.
e) os fósseis podem ser originados a partir de organismos que, depois de mortos, sofreram decomposição, e suas partes duras foram preservadas.

12. (UTFPR) A caracterização da Terra como um dos planetas rochosos relaciona-se com a sua constituição externa e interna. A esse respeito somente podemos afirmar que:
a) a diferença de temperatura e pressão encontrada no interior da Terra produz diferentes camadas geológicas.
b) do interior para a superfície encontramos na Terra o manto pastoso, o nife central e a crosta externa.
c) a porção exterior é constituída pelo material do núcleo, onde predomina o magma e silicatos.
d) as rochas mais antigas da crosta são as sedimentares, que deram origem às rochas magmáticas.
e) vulcões e terremotos relacionam-se com os movimentos que a Terra executa como a translação.

13. (UECE) O conceito de risco geológico pode ser expresso como uma situação de perigo, perda ou dano ao homem e suas propriedades, em razão da possibilidade de ocorrência de processos geológicos, induzidos ou não. Constituem áreas onde o risco geológico é maior os locais caraterizados por:
a) locais planos situados sobre terrenos da Formação Barreiras em área rural ocupado por vegetação nativa de tabuleiro.

b) encostas ocupadas por edificações em áreas urbanas com declividade acentuada, onde ocorreram movimentos de massa anteriores associados a chuvas intensas.

c) terrenos planos do embasamento cristalino em áreas urbanas submetidas ao clima sazonal semiárido.

d) áreas urbanas situadas sobre relevos tabulares da Formação Barreiras.

14. (UECE) Assinale a única alternativa que contém exclusivamente ambientes e feições que estão presentes nas planícies costeiras.
a) Deltas, estirâncio e marisma.
b) Faixa praial, restinga e boulder.
c) Dunas, alofana e mangue.
d) Dallas, falésias e estuários.

15. (UFRGS – RS) Escavando a partir da superfície, um geólogo encontrou os seguintes depósitos nesta ordem: argila, areia, argila com fósseis de vegetais, cascalhos e argila com fósseis de peixes.

A respeito dessas descobertas, foram feitas as afirmações abaixo.

I. Os fósseis de peixes formaram-se sobre a camada de cascalho.

II. Os sedimentos cronologicamente mais recentes são a camada de argila seguida pela de areia.

III. Os fósseis de vegetais encontrados são mais antigos que os fósseis de peixes.

Quais estão corretas?
a) Apenas I.
b) Apenas II.
c) Apenas III.
d) Apenas II e III.
e) I, II e III.

16. (IMED – SP) Barreira próxima à praia que diminui ou bloqueia o movimento das ondas. Pode ser de origem biológica, quando constituída por carapaças de animais marinhos, ou arenosa, quando formada por uma restinga que se consolida em rocha sedimentar.

O trecho acima conceitua uma morfologia litorânea denominada:
a) recife.
b) península.
c) cabo.
d) golfo.
e) enseada.

17. (IFSC)

SUERTEGARAY, D. M. A. (Org.) *Terra: feições ilustradas.* Porto Alegre: EduFRGS, 2003. Adaptado.

O cimento portland é o mais importante material de construção, com vastíssimo campo de aplicação, incluindo desde a construção civil de habitações, estradas e barragens, a diversos tipos de produtos acabados, como telhas de fibrocimento, pré-moldados, caixas d'água e outros. A produção de cimento portland depende principalmente dos produtos minerais calcário, argila e gipso, e da disponibilidade de combustíveis, óleo ou carvão e energia elétrica. O calcário é o carbonato de cálcio que se apresenta na natureza com impurezas.

<small>Disponível em: <http://www.bndes.gov.br/SiteBNDES/export/sites/default/bndes_pt/Galerias/Arquivos/conhecimento/relato/cim.pdf.> Acesso em: 10 ago. 2014. Adaptado.</small>

Assinale a alternativa CORRETA. Em relação a sua origem podemos classificar o calcário como uma rocha:
a) magmática.
b) metamórfica.
c) sedimentar.
d) plutônica.
e) extrusiva.

18. (MACKENZIE – SP) Observe a imagem para responder à questão.

Fonte: Prefeitura de São Paulo, Secretaria Municipal da Coordenação das Subprefeituras.

A imagem retrata um tipo de ocupação muito comum no Brasil, relacionada muitas vezes a um grave problema socioambiental. A esse respeito, considere as afirmativas a seguir:

I. A ocupação irregular das encostas tende a elevar a exposição dos solos às enxurradas, contribuindo para deslizamentos que trazem perdas humanas e materiais.

II. Os escorregamentos de solos ocorrem por ocasiões das chuvas mais fortes, evidenciando o caráter acidental desse fenômeno. O processo erosivo provocado pelas chuvas de menor intensidade não é um fator de maior importância neste caso.

III. A ocupação das encostas é uma decorrência da exclusão social que dificulta o acesso de muitas pessoas à moradia. Portanto, esse fenômeno nunca atinge pessoas com melhores condições socioeconômicas, pois suas moradias estão sempre localizadas em áreas fora de risco.

IV. A irregular ocupação das encostas envolve problemas diferentes que, combinados, resultam nos deslizamentos de solos. Entre esses problemas estão: ineficiência da fiscalização dos agentes públicos na ocupação de áreas de risco; dificuldade de acesso a habitação entre os mais pobres; monitoramento inexistente ou insuficiente para minimizar o problema.

Estão corretas apenas as afirmativas:
a) I e II.
b) I e III.
c) II e IV.
d) II e III.
e) I e IV.

19. (UEM – PR) No planeta Terra, formado há cerca de 4,5 bilhões de anos, os processos geológicos responsáveis pela movimentação e pela reorganização das placas tectônicas promoveram e continuam promovendo a formação de cadeias montanhosas, de ilhas vulcânicas, e a evolução de cadeias meso-oceânicas. Nesses ambientes geológicos distintos, dá-se a diversificação da vida, cujo surgimento data de cerca de 3,5 bilhões de anos. Com relação a estas duas esferas do planeta – litosfera e biosfera – indique as alternativas corretas e dê sua soma ao final.

(01) A escala do tempo geológico, medida em milhões e bilhões de anos, reproduz a história geológica e da vida terrestre desde o éon Arqueano, quando surgiram os primeiros organismos multicelulares em ambiente lagunar.

(02) Os processos de meteorização químico-biológico do globo terrestre manifestam-se notadamente a partir da degradação da densa biodiversidade, como a observada na vegetação mediterrânea, típica da zona climática tropical úmida.

(04) As cadeias montanhosas dos Andes resultaram da convergência da placa oceânica do Pacífico com a placa continental Sul-americana, sendo constituídas de material originalmente sedimentar marinho com registro fossilífero paleozoico, como trilobitas.

(08) A existência de água em estado líquido, de moléculas orgânicas e de uma fonte de energia para as reações químicas, foi condição fundamental para o surgimento da vida na Terra.

(16) Segundo a hipótese autotrófica, os primeiros organismos vivos eram fotossintetizantes e, a partir deles, surgiram os seres que realizam a fermentação e os organismos heterotróficos aeróbios.

20. (UNISC – RS) O município de Caçapava do Sul, RS, está localizado em uma formação geológica de escudos cristalinos antigos. Suponha que a prefeitura local pretenda estimular a pesquisa e o aproveitamento econômico dessa área. Que minérios poderiam ser encontrados nesse tipo de formação geológica? Marque a alternativa que contém os minérios encontrados nessa formação geológica.

a) Granito, ouro, quartzo, carvão mineral.
b) Ouro, cobre, zinco, chumbo.
c) Carvão mineral, ouro, xisto betuminoso, granito.
d) Calcário, granito, ouro, carvão mineral.
e) Granito, xisto betuminoso, carvão mineral, chumbo.

21. (UECE) As histórias que cercam o Buraco das Araras em Jardim, a de Campo Grande, são parte do passeio. Os turistas que visitam o atrativo turístico ouvem dos guias as teorias para o surgimento da dolina.

Com direito a lendas, Buraco das Araras é passeio imperdível em MS.
26/12/2013 06h11 - Atualizado em 26/12/2013 06h15
http://g1.globo.com/mato-grosso-do-sul/noticia/2013/12/com-direito-lendas-buraco-das-araras-e-passeio-imperdivel-em-ms.html.

As dolinas são depressões que podem ocorrer em litologias cársticas. Sobre esta forma de relevo, é correto afirmar que:

a) pode ser formada pela dissolução de rochas calcárias ou pelo desmoronamento do teto de grutas da mesma litologia.
b) é comumente encontrada em relevos sedimentares, formada a partir de litologias compostas por rochas como quartzito.
c) sua origem está associada à atuação da vegetação nos movimentos de terra das áreas de encosta onde o relevo é predominantemente cristalino.
d) pode surgir em qualquer tipo de terreno como consequência das práticas de extração da caulinita sem o manejo adequado.

22. (IFSUL – RS) Há 300 milhões de anos, a Terra era coberta por imensos pântanos. Quando as samambaias, as cavalinhas e os licopódios morriam, eram enterradas na lama. Eras se passaram; os resíduos foram carregados para debaixo do solo e ali transformados, por lentas etapas, num sólido orgânico duro que chamamos de carvão.

SAGAN, C. *Bilhões e Bilhões*.
São Paulo: Companhia das Letras, 2008. p. 118.

Em qual era geológica deu-se o início do surgimento do carvão mineral?
a) Cenozoica.
b) Mesozoica.
c) Paleozoica.
d) Arqueozoica.

23. (UPF – RS) Os agentes externos desgastam, destroem e reconstroem o relevo, modelando a superfície terrestre numa ação denominada erosão. Relacione as colunas, ligando o tipo de erosão às características/informações correspondentes.

1. Erosão eólica ( ) Forma, como ação construtiva ou de acumulação, as restingas e os recifes, e, como ação destrutiva ou de desgaste, provoca as falésias.

2. Erosão fluvial ( ) Torna mais intensa sua ação sobre solos sem cobertura vegetal. Seu tipo mais agressivo forma as voçorocas, que resultam em prejuízos às lavouras.

3. Erosão glaciária ( ) É responsável por escavar o leito, modelando vertentes e formando vales. Transporta materiais de grandes altitudes e distâncias, originando planícies e deltas.

4. Erosão marinha ( ) Atua principalmente nos desertos e nas praias, onde o depósito de materiais resulta em uma acumulação típica de areias móveis, denominadas dunas.

5. Erosão pluvial ( ) Atua em regiões de altas latitudes ou de altas montanhas e, ao longo de eras geológicas, sua ação forma os fiordes. As morainas são ações típicas dessa forma de erosão.

A sequência correta de preenchimento dos parênteses, de cima para baixo, é:
a) 2 – 5 – 3 – 4 – 1.
b) 1 – 2 – 5 – 4 – 3.
c) 4 – 2 – 1 – 5 – 3.
d) 4 – 5 – 2 – 1 – 3.
e) 3 – 5 – 2 – 1 – 4.

24. (UFPR) As formas ou conjuntos de formas de relevo participam da composição das paisagens em diferentes escalas. Relevos de grandes dimensões, ao serem observados em um curto espaço de tempo, mostram aparência estática e imutável; entretanto, estão sendo permanentemente trabalhados por processos erosivos ou deposicionais, desencadeados pelas condições climáticas existentes. Esses processos, originados pelas forças exógenas, promovendo, ao longo de grandes períodos de tempo, a degradação (erosão) das áreas topograficamente elevadas e a agradação (deposição) nas áreas topograficamente baixas, conduzem a uma tendência de nivelamento da superfície terrestre. Isso só se completará caso não haja interferência das forças endógenas, que podem promover soerguimentos ou rebaixamentos terrestres. Há que se considerar, ainda, a ação conjunta das duas forças e as implicações altimétricas geradas por ocorrências de variações do nível do mar.

Adaptado de: MARQUES, J. S. Ciência Geomorfológica. In: GUERRA, A. J. T.; CUNHA, S. B. (Orgs.). *Geomorfologia:* uma atualização de bases e conceitos. Rio de Janeiro: Bertrand,1994. p. 23-45.

Tendo como referência o texto acima e os conhecimentos de geomorfologia, a ciência que estuda as formas do relevo, identifique as seguintes afirmativas como verdadeiras (V) ou falsas (F):

( ) O relevo é o resultado da atuação das chamadas forças endógenas e exógenas. Os processos endógenos estão associados à dinâmica das placas tectônicas e os exógenos relacionados à atuação climática.

( ) Durante a era Cenozoica, as formas de relevo, em grande escala, permaneceram estáveis em consequência do equilíbrio entre forças exógenas e endógenas.

( ) Os deslizamentos de terra, fluxos de lama e detritos, que ocorrem em grandes maciços rochosos, como é o caso da Serra do Mar, apesar de resultarem muitas vezes em catástrofes e danos à população, podem ser processos naturais de degradação, que participam da evolução das formas do relevo.

( ) Os processos de agradação ocorrem predominantemente no Brasil em relevo de planícies.

Assinale a alternativa que apresenta a sequência correta, de cima para baixo.
a) V – V – F – F.
b) F – V – F – V.
c) F – F – V – V.
d) V – F – V – V.
e) V – F – V – F.

25. (PUC – RS) Associe algumas formas de relevo do território brasileiro com sua descrição.
1. Chapada
2. Planalto
3. Planície
4. Depressão

( ) Relevo aplainado, rebaixado em relação ao seu entorno e com predominância de processos erosivos.
( ) Forma predominantemente plana em que os processos de sedimentação superam os de erosão.
( ) Terreno com extensa superfície plana em área elevada.

A sequência correta de preenchimento dos parênteses, de cima para baixo, é:
a) 1 – 2 – 3.
b) 3 – 1 – 4.
c) 3 – 4 – 2.
d) 4 – 3 – 1.
e) 4 – 1 – 2.

26. (CPS – SP) Os processos intempéricos e erosivos causados por diversos agentes desagregam as rochas e os solos, gerando sedimentos que são transportados por agentes como a água e o vento que, na maioria das vezes, levam esses sedimentos até rios e lagos.

As matas ciliares têm o papel de filtrar esses sedimentos para que eles não se depositem no leito dos rios e lagos.

Com a ausência das matas ciliares, os rios e lagos ficam sujeitos ao acúmulo desses sedimentos, que altera a vazão e a capacidade de armazenagem da água e, muitas vezes, pode impedir a navegação. O acúmulo desses sedimentos nos rios e lagos constitui o processo denominado:
a) assoreamento.
b) epirogênese.
c) vulcanismo.
d) tectonismo.
e) orogênese.

27. (PUC – RJ) O movimento de massa que forma, lentamente, a paisagem natural da gravura selecionada é conhecido por:

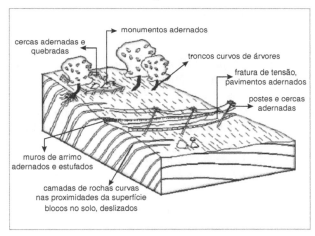

Disponível em: <http://www.rc.unesp.br/igce/aplicada/ead/recos/risca11b.html>. Acesso em: 4 maio 2015.

a) voçoramento.
b) queda.
c) rastejo.
d) escorregamento.
e) clivagem.

28. (UFJF – MG) E, mais do que tudo, a Gruta do Maquiné, tão inesperadamente grande, com seus sete salões encobertos, diversos, seus enfeites de tantas cores e tantos formatos de sonho, rebrilhando de riscos de luz. Ali dentro a gente se esquecia numa admiração esquisita, mais forte que o juízo de cada um, com mais glória resplandecente do que uma festa, do que uma igreja.

João Guimarães Rosa
Disponível em: <http://mondego.com.br/gruta-do-maquine/>. Acesso em: 29 out. 2015.

Disponível em: <http://www.grutadomaquine.tur/galerias/fotos/Gruta%20do%20Maquine/Gruta%20do%20Maquine%20(43).JPG>. Acesso em: 29 out. 2015.

A imagem apresenta uma das feições pendentes no teto de cavernas:
a) aluviais.
b) calcárias.
c) graníticas.
d) tectônicas.
e) vulcânicas.

29. (UPE) A fotografia a seguir mostra uma paisagem geomorfológica litorânea. Observe-a com atenção.

De acordo com os aspectos morfológicos e litológicos presentes na paisagem, é CORRETO afirmar que a área indicada pela seta é uma morfoescultura do tipo:
a) falésia morta.
b) baía de colmatação.
c) estuário.
d) tômbolo.
e) restinga.

30. (CEFET – MG) A dinâmica das áreas de convergência e divergência das placas tectônicas, associada à deriva continental teve como consequência a:
a) homogeneização da fauna marinha na Antártida.
b) desconcentração de maremotos no oceano Índico.

c) localização peculiar de formas biológicas na Austrália.
d) constituição de subducção entre as placas de Nazca e Pacífico.
e) formação de dobramentos recentes entre América do Sul e África.

31. (IFSC) A Cordilheira dos Andes é uma grande cadeia de montanhas que se localiza no Oeste da América do Sul, atravessando 7 países: Venezuela, Colômbia, Peru, Bolívia, Equador, Chile e Argentina. Sua imponência no continente sul-americano pode ser deduzida pelo fato de apresentar as maiores altitudes da região, com destaque para o Monte Aconcágua que possui 6.962 metros, entre a Argentina e o Chile. Sobre essa importante formação geológica, indique as alternativas corretas e dê sua soma ao final.

(01) Apesar de não estar presente no território brasileiro, possui grande importância para o país, porque abriga as nascentes da bacia do rio Amazonas.
(02) É uma região geologicamente mais instável que o Brasil, por se localizar mais próxima ao limite entre as placas tectônicas Sul-Americana e de Nazca.
(04) A Cordilheira dos Andes é considerada um dobramento moderno, ou seja, uma área cuja elevação é resultante de um choque de placas geologicamente recentes (datado da Era Cenozoica).
(08) Cidades andinas como La Paz, capital da Bolívia, que se encontram há mais de 4.000 metros de altitude, possuem, em função da maior quantidade de oxigênio, temperaturas mais elevadas e maior pressão atmosférica.
(16) A Floresta Amazônica é a principal formação fitogeográfica da Cordilheira dos Andes, o que torna sua paisagem semelhante à da Região Norte do Brasil.

32. (UECE) Os mapas de importância para a indicação de reservas minerais e para o planejamento agrícola são, respectivamente, o:
a) geomorfológico e o geológico.
b) geológico e o pedológico.
c) pedológico e o fitoecológico.
d) geológico e o geomorfológico.

33. (UFPE) Leia o texto a seguir.
Nessa porção do relevo submarino, as profundidades aumentam rapidamente de 130 m para 1.500 a 3.500 m. É nesta unidade morfoestrutural que ocorre a transição entre a crosta continental e a crosta oceânica.
Qual é essa unidade?
a) plataforma continental
b) "rift" oceânico
c) talude continental
d) arco de ilhas
e) planície abissal

34. (PUC – RJ) A superfície da Terra tem morfologias muito distintas, de acordo com o posicionamento continental ou oceânico da litosfera.

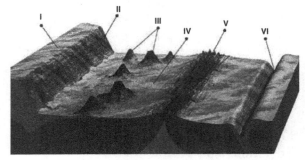

Esquema da morfologia do assoalho marinho

Disponível em: <http://????delemos.blogaliza.org/2010>.
Acesso em: 26 jul. 2013. Adaptado

A partir da morfologia do assoalho marinho, assinale a opção que apresenta a única sequência correta (I / II / III / IV / V / VI).
a) Talude / plataforma continental / dorsal oceânica / fossa oceânica / ilhas vulcânicas / dorsal oceânica.
b) Plataforma continental / talude / ilhas vulcânicas / bacia oceânica / dorsal oceânica / fossa marinha.
c) Talude / plataforma continental / ilhas vulcânicas / bacia oceânica / dorsal oceânica / fossa marinha.
d) Plataforma continental / dorsal oceânica / ilhas vulcânicas / talude / fossa marinha / bacia oceânica.
e) Talude / plataforma continental / dorsal oceânica / ilhas vulcânicas / fossa marinha / bacia oceânica.

35. (UPE) A superfície terrestre encontra-se em permanente evolução. Algumas mudanças que ocorrem são imperceptíveis de observação na escala temporal humana, enquanto outras podem ser facilmente verificadas, como a percebida no desenho esquemático a seguir. Observe-o.

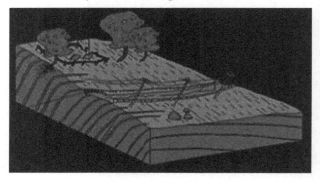

Pelas características visualizadas, é CORRETO afirmar que essa encosta está submetida ao seguinte processo físico-geográfico:
a) erosão fluvial.
b) movimento de massa lento.
c) falhamento normal.
d) desmoronamento.
e) deslizamento.

36. (UECE) Ao processo de aumento do nível do mar, motivado por diminuição das áreas cobertas por geleiras, em face das fases de aquecimento global, dá-se a denominação de:
a) transgressão marinha.   c) glaciação.
b) eustatismo negativo.   d) tectonismo.

37. (UPF - RS) Pela sua extensão e posição, a América do Sul apresenta uma variedade de paisagens naturais. É característica natural da América do Sul a existência de:
a) áreas sujeitas a abalos sísmicos nas porções setentrional e oriental.
b) rios que drenam a vertente do Pacífico, mais caudalosos e extensos do que aqueles que deságuam no Atlântico.
c) vegetação de pradarias na porção norte e de coníferas no sul.
d) maciços antigos no centro-leste; planícies sedimentares no centro, dobramentos modernos no extremo oeste.
e) clima temperado úmido no norte; clima desértico quente no oeste e clima tropical no sul.

38. (IFCE) Existem diversos agentes que modelam o relevo terrestre, provocando as modificações que ocorrem na crosta e as formas que assumem essas alterações. Com base nisso, é correto dizer-se que:
a) a crosta terrestre sofre modificações intensas através da ação das plantas, que é o mais determinante aspecto para a formação dos relevos.
b) os elementos astronômicos, como a queda de meteoritos e meteoros, determinam definitivamente a formação do relevo terrestre.
c) as águas correntes e seu trabalho fluvial não provocam modificações intensas no relevo, já que não representam agentes de erosão e sedimentação.
d) a ação de manadas de gados, fruto da ambição desenfreada de pecuaristas, tem representado um forte modificador do relevo, visto que provoca alterações substanciais através do pisoteio massivo do gado e configura-se como um grande desafio ao desenvolvimento sustentável atual.
e) os movimentos tectônicos, que provocam dobras e falhas, são os mais duradouros e os que mais profundas alterações determinam nas paisagens.

39. (CEFET – MG) A questão refere-se à imagem abaixo:

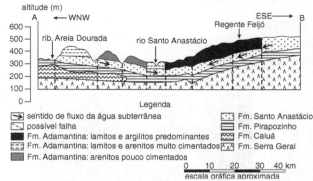

Fonte: GODOY, M. C. T. A geomorfologia aplicada a estudos de recarga de aquíferos subterrâneos, exemplo de pesquisa na Bacia Bauru (K). In: NUNES, J. O. et al (Orgs.). *Geomorfologia*: aplicação e metodologias. São Paulo: Expressão Popular, 2008. p. 13-31.

A análise do perfil permite a verificação de uma área de alta vulnerabilidade à contaminação dos aquíferos da região. Nesse sentido, deve-se evitar prioritariamente a ocupação superficial:
a) em Regente Feijó, pela porosidade do material geológico superficial.
b) na formação Adamantina, pela proximidade do canal fluvial principal.
c) na formação Santo Anastácio, onde se encontra a recarga do sistema hídrico.
d) nas margens do Rio Santo Anastácio, pelo contato direto com os recursos hídricos.
e) no oeste-nordeste do Ribeirão Areia Dourada, devido à baixa vazão das águas pluviais.

40. (UPF – RS) A dinâmica interna e a externa da Terra provocam modificações no relevo terrestre. São considerados, respectivamente, agentes modeladores internos (endógenos) e externos (exógenos) da Terra:
a) erosão e intemperismo.
b) águas correntes e vulcanismo.
c) geleiras e vento.
d) vulcanismo e tectonismo.
e) tectonismo e intemperismo.

41. (Cesgranrio – RJ) A estrutura geológica, os tipos de rochas e de solos e a morfologia do relevo devem ser levados em conta na organização do espaço, pois estão relacionados com a(o):
I. ocorrência ou não de fenômenos como o vulcanismo e terremotos.
II. ocupação e distribuição geográfica da população.
III. traçado e implantação de rodovias e ferrovias.

Assinale a opção que contém a(s) afirmativa(s) correta(s):
a) apenas I.   d) apenas II.
b) apenas II e III.   e) todas.
c) apenas I e III.

Capítulo 6 – Solos

ENEM

1. (ENEM – H19) Na imagem, visualiza-se um método de cultivo e as transformações provocadas no espaço geográfico.

Disponível em: <http://BP.blogspot.com>. Acesso em: 24 ago. 2011.

O objetivo imediato da técnica agrícola utilizada é:
a) controlar a erosão laminar.
b) preservar as nascentes fluviais.
c) diminuir a contaminação química.
d) incentivar a produção transgênica.
e) implantar a mecanização intensiva.

2. (ENEM – H17) O acúmulo gradual de sais nas camadas superiores do solo, um processo chamado salinização, retarda o crescimento das safras, diminui a produção das culturas e, consequentemente, mata as plantas e arruína o solo. A salinização mais grave ocorre na Ásia, em especial na China, na Índia e no Paquistão.

MILLER, G. Ciência Ambiental. São Paulo: Thomson, 2007.

O fenômeno descrito no texto representa um grande impacto ambiental em áreas agrícolas e tem como causa direta o(a):
a) rotação de cultivos.
b) associação de culturas.
c) plantio em curvas de nível.
d) manipulação genética das plantas.
e) instalação de sistemas de irrigação.

3. (ENEM – H17) Os desequilíbrios que se registram nas encostas ocorrem, na maioria das vezes, em função da participação do clima e de alguns aspectos das características das encostas que incluem a topografia, geologia, grau de intemperismo, solo e tipo de ocupação.

CUNHA, S. B; GUERRA, A. J. T. Degradação ambiental. In: GUERRA, A. J. T; CUNHA, S. B. (Org.). Geomortologia e Meio Ambiente. Rio de Janeiro: Bertrand Brasil, 1996.

Os desequilíbrios resultantes da atuação humana junto às vertentes íngremes do relevo são fortemente ligados ao(à):
a) aumento da atividade industrial.
b) crescimento populacional urbano desordenado.
c) desconcentração das atividades comerciais e dos serviços.
d) instalação de equipamentos urbanos na periferia da cidade.
e) construção de projetos habitacionais voltados à população de baixa renda.

Questões objetivas, discursivas e PAS

4. (UNICAMP – SP) A figura abaixo apresenta a sequência evolutiva de um perfil de solo.

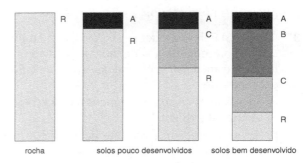

a) Quais são os fatores ambientais que interagem para o desenvolvimento de um perfil de solo?
b) A ação humana pode interferir no desenvolvimento de um perfil de solo como o apresentado. Como pode ser essa interferência?

5. (UPE) Examine a sequência de figuras a seguir.

Ela corresponde CORRETAMENTE à:
a) gênese dos solos.
b) formação e evolução das rochas metamórficas.
c) evolução das florestas de coníferas.
d) erosão de rochas cristalinas.
e) origem de neossolos hidromórficos.

6. (COL. NAVAL – RJ) Chamamos de solo à camada superficial que recobre a litosfera. Essa camada é formada de materiais decompostos de rochas sob a ação combinada das outras três esferas da Terra: atmosfera, hidrosfera e biosfera. Com relação à realidade que envolve a formação e os tipos de solos existentes, assinale a opção correta.
a) À transformação que a porção superficial da crosta terrestre sofre, resultante da interação com

elementos climáticos – água e seres vivos, tanto física (desagregação) como química (decomposição) –, damos o nome de intemperismo.

b) As formações dos solos resultam de combinações independentes das condições geológicas, geomorfológicas, climáticas e biológicas. Tais fatores implicam o predomínio de solos arenosos no país.

c) A decomposição química exerce pouca influência na formação dos solos ricos em material orgânico, por isso se observa no Sertão nordestino o domínio de solos ricos em materiais dessa natureza, onde a ação das elevadas temperaturas comprova essa realidade.

d) O solo descende diretamente da "rocha-mãe", o que implica dizer que o mesmo tipo de rocha dá origem sempre ao mesmo tipo de solo, pois as condições físicas, químicas e biológicas, apesar de serem importantes, são secundárias nessa formação.

e) O conjunto de sedimentos que surge de uma rocha decomposta torna-se solo mesmo antes da ação dos ditos agentes externos (ar, vento e água), pois o solo, para se formalizar, depende somente da junção de vida microbiana em sua composição.

7. (UNICAMP – SP) Solo é a camada superior da superfície terrestre, onde se fixam as plantas, que dependem de seu suporte físico, água e nutrientes. Um perfil de solo é representado na figura abaixo.

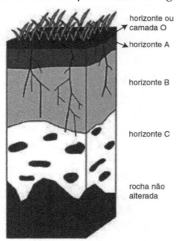

Sobre o perfil apresentado é correto afirmar que:

a) o horizonte (ou camada) **O** corresponde ao acúmulo de material orgânico que é gradualmente decomposto e incorporado aos horizontes inferiores, acumulando-se nos horizontes **B** e **C**.

b) o horizonte **A** apresenta muitos minerais não alterados da rocha que deu origem ao solo, sendo normalmente o horizonte menos fértil do perfil.

c) o horizonte **C** corresponde à transição entre solo e rocha, apresentando, normalmente, em seu interior, fragmentos da rocha não alterada.

d) o horizonte **B** apresenta baixo desenvolvimento do solo, sendo um dos primeiros horizontes a se formar e o horizonte com a menor fertilidade em relação aos outros horizontes.

8. (UEMG) **Bangcoc afunda, em média, dez milímetros por ano, segundo especialistas.**

"De acordo com as conclusões do estudo, Bangcoc afunda em média dez milímetros ao ano, embora haja certas áreas da capital que cheguem aos 20 milímetros." Durante anos, a cidade foi chamada de "a Veneza do Leste" por sua complexa rede de canais provenientes das águas do rio Chao Phraya, sendo as embarcações a principal forma de transporte tanto humano como de mercadorias. A partir da década de 1950 as autoridades taparam grande parte dos canais por motivos higiênicos, mas ainda hoje restam alguns que sulcam a capital entre casas e mercados flutuantes. Esta obstrução de forma precipitada de canais é uma das causas pelas quais o solo tende a afundar-se com o peso dos inumeráveis edifícios que são erguidos na cidade, ressaltou o especialista de recursos hídricos. "O controle urbanístico da cidade não é nada conveniente, com a construção desenfreada de edifícios e com materiais não adequados ao tipo de solo da capital."

Disponível em: <http://noticias.terra.com.br/mundo/asia/bangcoc-afunda-10-milimetros-por-ano-devido-a-erosao-do-solo-26/09/2015>.

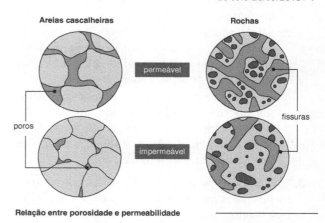

Disponível em: <http://www.notapositiva.com/pt/trbestbs/geologia/11_aguas_subterraneas_d.htm>.

A textura de um solo e sua aparência, ou "sensação de toque" dependem de tamanhos relativos e formas das partículas, bem como da faixa ou distribuição de tamanhos.

Levando-se em consideração o tipo de solo na construção da paisagem urbana, da capital tailandesa, e as informações obtidas no texto e ilustração acima, é **CORRETO** afirmar que se refere a um tipo de solo:

a) arenoso, com baixo teor de matéria orgânica, pouca capacidade de retenção de água e menor escoamento superficial.

b) argiloso que retém muita água, mais compacto e maior escoamento superficial.

c) argiloso, de baixa porosidade, pouco arejado, impermeável e dificuldade de drenagem.

d) arenoso, que possui pequenos grãos, de baixa porosidade, pouco permeável e com maior fertilidade.

9. (IFCE) O material de origem, o clima, o relevo, os organismos e a ação do tempo são os fatores determinantes para a origem e evolução dos solos. O solo é formado na camada mais superficial da litosfera, lugar onde as plantas extraem água, bem como outros nutrientes. Sobre o solo, é **incorreto** afirmar-se que:

a) são características dos solos importantes para a agricultura: possuir rochas decompostas, ricas em minerais e possuir quantidade suficiente de partículas pequenas (argilas, por exemplo) para reter a umidade junto às raízes.

b) é importante que o solo para a agricultura esteja sujeito à laterização, que é o nome dado ao processo de adubação natural dos solos e se caracteriza por possuir elementos químicos e orgânicos necessários à nutrição das plantas.

c) é resultante da desagregação das rochas originais e da decomposição química delas, formando uma camada superficial composta de água e minerais que se vai enriquecendo de matéria orgânica com o tempo.

d) para a agricultura, é ideal que se tenham partículas maiores, como areia ou pequenas pedras, para que haja porosidade e a planta possa receber o ar necessário para viver.

e) a vegetação do cerrado desenvolve-se sobre solos pobres e ácidos que, apesar de sustentar a diversidade biológica desse ambiente, necessitam de insumos agrotecnológicos para o desenvolvimento da cultura da soja.

10. (UECE) Os solos são o produto da desagregação das rochas pelos processos físicos, químicos e biológicos, sendo constituídos, do ponto de vista pedológico, por matéria mineral, ar, água, matéria orgânica e atividade biológica. Os latossolos são solos:

a) pouco evoluídos, com ausência de horizonte B.
b) altamente evoluídos e ricos em argilominerais.
c) essencialmente orgânicos.
d) derivados de rochas calcárias.

11. (UNICAMP – SP) A erosão dos solos é um fenômeno natural e acontece em áreas onde existe certa declividade. O delta do rio Nilo, por exemplo, é historicamente conhecido pela deposição de sedimentos férteis que provêm da erosão dos solos na Etiópia, ou seja, em alguns lugares a erosão e a deposição dos sedimentos contribuem para a manutenção da fertilidade natural dos solos. Durante séculos a fertilidade do rio Nilo se manteve, mas a construção de barragens, para controle do regime hídrico, alterou esse equilíbrio. Os problemas relacionados à erosão são agravados quando as taxas de perda de solo ultrapassam certos níveis naturais, o que normalmente resulta da falta de práticas conservacionistas.

Adaptado de: GUERRA, A. T.; JORGE, M. do C. O. *Processos Erosivos e Recuperação de Áreas Degradadas*. São Paulo: Editora Oficina de Textos, 2013. p. 8.

a) Explique o que são erosão e assoreamento.

b) Em rios das áreas tropicais, que sinal evidencia a ocorrência de erosão? Aponte uma causa da erosão em áreas urbanas periféricas das grandes cidades de regiões tropicais.

12. (UFG – GO) Leia o poema a seguir.

A PEDRA

O vento vinha e ficava brincando com a pedra.
Depois o vento ia embora.
Vinha a chuva e ficava brincando com a pedra.
Era como um dilúvio.
Depois a chuva ia embora.
Vinha o sol. Uma rosa vermelha.
Cobria a pedra com o seu manto dourado.
Cobria a pedra de carinho e dor.
Em seu âmago, como se um abismo estrelado,
a pedra perdia-se em quietude e delírio.
Passavam-se os dias e os anos.
A pedra vinha perdendo todo o seu brilho.
A pedra vinha ficando verde.
O seu ardente sonho de voar era ruína.
Depois a pedra não sonhava mais.
A pedra ficava sozinha.

GARCIA, J. G. *Poesias*. Brasília: Thessaurus, 1999. p. 49.

No texto, o autor faz uma descrição poética de um processo natural, diretamente relacionado à alteração das rochas na superfície terrestre. Interpretando-se os versos em sua sequência, evidencia-se a referência:

a) à erosão de origem eólica; à erosão de origem pluvial; ao intemperismo físico; e ao intemperismo químico-biológico.

b) ao intemperismo químico de origem pluvial; ao intemperismo físico; à erosão de origem eólica; e ao intemperismo químico-biológico.

c) ao intemperismo físico; ao intemperismo químico-biológico; ao intemperismo físico; e à erosão de origem pluvial.

d) ao intemperismo químico-biológico; à erosão de origem eólica; à erosão de origem pluvial; ao intemperismo físico.

e) à erosão de origem pluvial; ao intemperismo químico-biológico; à erosão de origem eólica; e ao intemperismo físico.

13. (MACKENZIE – SP) É a desintegração das rochas da crosta terrestre pela atuação de processos inteiramente mecânicos. É o processo predominante em regiões áridas, de precipitação anual muito baixa, tais como desertos e zonas glaciais. Nestas regiões de condições climáticas extremas a desagregação das rochas é controlada por variações bruscas de temperatura, insolação, alívio de pressão, crescimento de cristais, congelamento etc.

Disponível em: <http://www.ebah.com.br/>.

A definição acima corresponde:
a) ao intemperismo físico, no Brasil, sua ação é predominante no Sertão Nordestino.
b) ao intemperismo químico, muito comum na Amazônia.
c) ao intemperismo físico, típico de ambientes, como os mares de morros florestados.
d) à laterização, processo químico, típico da Região Centro-Oeste do Brasil.
e) ao intemperismo químico, muito comum no norte do Canadá, norte da Rússia e Centro da África.

14. (UESPI) A fotografia abaixo mostra um fenômeno que acarreta sérios danos ambientais, sobretudo às atividades agrícolas. Assinale-o.

a) Erosão areolar.
b) Erosão eólica em áreas de desertificação.
c) Vales eólicos acelerados.
d) Zonas de laterização.
e) Voçorocamento.

15. (UPE) Observa-se, na figura a seguir, um problema ambiental que decorre, indiretamente e, sobretudo, das ações antrópicas sobre a natureza.

Examine a fotografia e depois assinale a alternativa que apresenta esse problema.
a) Formação de voçorocas.
b) Assoreamento.
c) Lixiviação dos latossolos.
d) Laterização de leito fluvial.
e) Movimentos de massa rápidos.

16. (UFSJ – MG) Observe a imagem abaixo.

TEIXEIRA, W. et al. (Org.). *Decifrando a Terra*. São Paulo: Companhia Editora Nacional, 2009.

Tendo como ponto de partida a imagem, assinale a alternativa que apresenta uma consequência para o meio ambiente provocada pelas boçorocas ou voçorocas.
a) Assoreamento de rios e lagos.
b) Elevação do lençol freático.
c) Retirada integral da cobertura vegetal.
d) Diminuição do escoamento superficial da água.

17. (UECE) Os impactos ambientais resultantes do rompimento da barragem de uma mineradora em Mariana, MG, no mês de novembro, são os mais diversos, estendendo-se pelos meios bióticos, abióticos e sociais, e ainda estão longe de ser totalmente mitigados.

Conceitualmente, impacto ambiental pode ser entendido como:
a) qualquer alteração das propriedades físicas, químicas e biológicas do meio ambiente, que afetam a saúde, a segurança e o bem-estar da população, as atividades sociais e econômicas, a biota, as condições estéticas e sanitárias do meio ambiente e a qualidade dos recursos ambientais.
b) modificações ou alterações naturais de ordem física ocorridas sobre os recursos hídricos de uma determinada bacia hidrográfica apenas de forma direta e com longa duração.
c) os desequilíbrios ocorridos nos ecossistemas associados necessariamente aos recursos hídricos de origem antrópica ou natural, que podem ser mensurados em matrizes de impacto ambiental e previstos em EIA-RIMA.
d) a mudança de um determinado parâmetro ambiental, num determinado período e numa determinada área, resultante de uma dada atividade, com impactos somente no meio socioeconômico.

18. (FATEC – SP) Apenas 11% dos solos terrestres são agricultáveis e até mesmo esse pequeno espaço é constantemente agredido com o uso de práticas nocivas. De acordo com a Organização das Nações Unidas (ONU), aproximadamente 75 milhões de toneladas de solos férteis se perdem todos os anos no mundo. Essas perdas acontecem fundamentalmente pela ação dos processos erosivos, que agem de três formas distintas.

Assinale a alternativa que apresenta a sequência correta da ação dos processos erosivos.

a) Transporte, desagregação e deposição.
b) Deposição, transporte e desagregação.
c) Transporte, deposição e desagregação.
d) Deposição, desagregação e transporte.
e) Desagregação, transporte e deposição.

19. (UFSJ – MG) Observe a imagem abaixo:

A área de risco representada pela imagem está associada:

a) à construção em encostas.
b) à ocupação de planície de inundação.
c) à grande quantidade de chuva ao longo do ano.
d) ao lixo acumulado no solo.

20. (UNESP) Observe as figuras.

Adaptado de: GIOMETTI, A. et al. (Org.). Pedagogia Cidadã – ensino de Geografia, 2006.

Faça uma análise espaço-temporal da paisagem, identificando quatro transformações feitas pelo homem.

21. (UFPE) Examine, com atenção, a fotografia a seguir.

Sobre os elementos paisagísticos observados, é correto afirmar que:

( ) a área fotografada, por não apresentar floresta de galeria, possui uma nítida tendência a que se verifiquem intensos processos de erosão areolar, repercutindo, assim, nos processos de assoreamento.

( ) uma das vertentes do vale se mostra menos sujeita aos processos erosivos em face do revestimento biológico mais denso; é uma área em relativo equilíbrio morfodinâmico.

( ) a estrutura subsuperficial dessa paisagem contém marcas evidentes de um tectonismo plástico, responsável por um forte enrugamento do terreno onde se instalou o vale fluvial.

( ) o vale fluvial que se identifica na paisagem não possui nenhuma relação com a litomassa da área, fato muito frequente em ambientes quentes e úmidos, onde o escoamento fluvial é intenso.

( ) a forma do vale fluvial, observada na fotografia, permite afirmar que ele é totalmente assimétrico e não se encontra submetido a processos de erosão lateral, pois a existência de uma falha, no lado direito, impede a ação das águas pluviais.

22. (UFG – GO) Leia os textos a seguir.

Os rios "(...) são fundamentais para o escoamento das águas das chuvas (...) e o homem sempre se beneficiou dessas águas superficiais para sua preservação e sua manutenção".

RICCOMINI, C. et al. Processos fluviais e lacustres e seus registros. In: TEIXEIRA, W. et al. (Org.). Decifrando a Terra. São Paulo, Companhia Editora Nacional, 2009. p. 306.

Em Goiânia (...) "o Corpo de Bombeiros registrou 17 pontos de alagamento principalmente na região Norte da cidade. (...) Ruas se transformaram em rios. (...) Os moradores perderam quase tudo".

SASSINE, V. J. Meia Ponte invade casas na capital. O Popular, Goiânia, 5 abr. 2010. In: Ministério Público do Estado de Goiás. Disponível em: <http://www.mp.go.gov.br/portalweb/1/noticia/bd5482456bf06a1062c6daa0b78b5e6f.html>. Acesso em: 17 set. 2011. Adaptado.

Estes dois textos tratam de processos associados à dinâmica do escoamento das águas e à apropriação do solo urbano, gerando modificações, com alterações significativas nas vazões desses mananciais. Considerando o exposto, as inundações:

a) são advindas da saturação do solo pelo aumento da infiltração das águas das chuvas, em vertentes com baixas declividades.

b) são intensificadas pela diminuição da infiltração e pelo aumento da quantidade e da velocidade das águas de escoamento superficial na vertente.

c) originam-se na alteração topográfica, advinda da intervenção humana em terrenos inclinados, em solos pouco profundos.

d) evoluem em consequência do aumento do peso sobre solos lixiviados pela água da chuva, em terrenos com altas inclinações.
e) decorrem de chuvas bem distribuídas ao longo do tempo, o que acarreta a diminuição da velocidade de chegada da água ao curso fluvial.

23. (IFSP) Leia o texto.

ONU adverte para efeitos da desertificação

Fenômeno ocorre mais intensamente por conta do aquecimento global, diz diretor de programa para o meio ambiente. Vítimas podem chegar a 1 bilhão. A desertificação e a degradação dos solos ameaçam cerca de um bilhão de pessoas em mais de cem países, advertiu hoje o Programa das Nações Unidas Ambiente (PNUMA).

Disponível em: <http://www.ecodebate.com.br>.

Dentre os processos de degradação dos solos que têm contribuído para o avanço da desertificação no mundo, pode-se destacar:
a) a utilização de máquinas na colheita, visando maior produtividade agrícola.
b) a prática do plantio em terraços, reduzindo a velocidade da erosão fluvial.
c) o uso da irrigação por gotejamento, para evitar a salinização do solo.
d) a utilização de estufas, como forma de criar ambientes artificiais.
e) o pastoreio excessivo, reduzindo a vegetação rasteira e deixando o solo exposto.

24. (UNIMONTES – MG) A desertificação causa impactos ambientais, sociais e econômicos que, por sua vez, interferem uns nos outros. A combinação desses fatores faz com que as referidas áreas apresentem certas características comuns.

Adaptado de: SILVEIRA, I. *Geografia da Gente*. São Paulo: Ática, 2003.

Constituem características das áreas em processo de desertificação, exceto:
a) O combate ao avanço do processo de desertificação ocorre com a inserção da pastagem, para criação de gado, em áreas degradadas.
b) As práticas inadequadas do manejo dos recursos naturais explicam, em parte, o processo de desertificação.
c) As áreas em processo de desertificação são dispersoras de população que busca, na cidade, melhores condições de vida.
d) O padrão de vida da população é expresso por consumos alimentares menores que os níveis recomendados pela OMS.

Capítulo 7 – O Planeta água

ENEM

1. (ENEM – H29) Comparando o escoamento natural das águas de chuva com o escoamento em áreas urbanas, nota-se que a urbanização promove maior:
a) vazão hídrica nas estruturas artificiais construídas pelas atividades humanas.
b) armazenagem subterrânea, uma vez que, nas áreas urbanizadas, o ciclo hidrológico é alterado pelas atividades antrópicas.
c) evapotranspiração, pois, nas áreas urbanas, a diminuição da cobertura vegetal promove aumento no processo de transpiração.
d) transferência de descarga subterrânea, pois, ao aumentar a impermeabilização, traz-se como consequência maior alimentação do lençol freático.
e) infiltração, pois, ao aumentar a impermeabilização, estabelece-se uma relação diretamente proporcional desses elementos na composição do ciclo hidrológico.

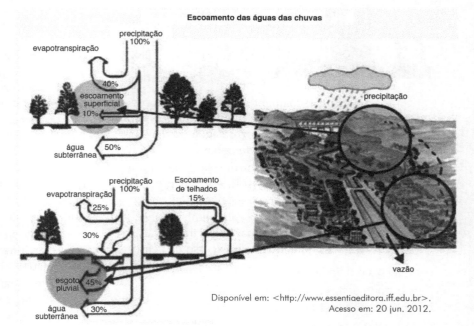

Disponível em: <http://www.essentiaeditora.iff.edu.br>. Acesso em: 20 jun. 2012.

2. (ENEM – H29) No esquema abaixo, o problema atmosférico relacionado ao ciclo da água acentuou-se após as revoluções industriais.

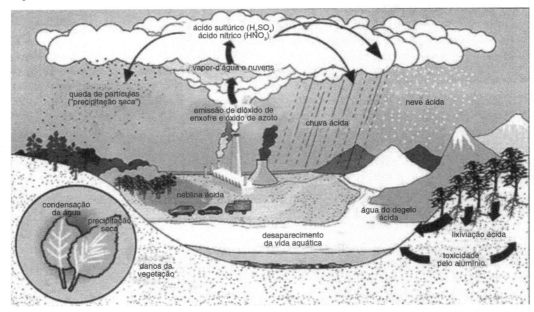

Disponível em: <http://blig.ig.com.br>. Acesso em: 23 ago. 2011. Adaptado.

Uma consequência direta desse problema está na:
a) redução da flora.
b) elevação das marés.
c) erosão das encostas.
d) laterização dos solos.
e) fragmentação das rochas.

3. (ENEM – H6) Considerando o ciclo da água e a dispersão dos gases, analise as seguintes possibilidades:

I. As águas de escoamento superficial e de precipitação que atingem o manancial poderiam causar aumento de acidez da água do manancial e provocar a morte de peixes.

II. A precipitação na região rural poderia causar aumento de acidez do solo e exigir procedimentos corretivos, como a calagem.

III. A precipitação na região rural, embora ácida, não afetaria o ecossistema, pois a transpiração dos vegetais neutralizaria o excesso de ácido.

Dessas possibilidades,
a) pode ocorrer apenas a I.
b) pode ocorrer apenas a II.
c) podem ocorrer tanto a I quanto a II.
d) podem ocorrer tanto a I quanto a III.
e) podem ocorrer tanto a II quanto a III.

4. (ENEM – H29) Nos peixamentos – designação dada à introdução de peixes em sistemas aquáticos, nos quais a qualidade da água reduziu as populações nativas de peixes – podem ser utilizados peixes importados de outros países, peixes produzidos em unidades de piscicultura ou, como é o caso da grande maioria dos peixamentos no Brasil, de peixes capturados em algum ambiente natural e liberados em outro. Recentemente começaram a ser utilizados peixes híbridos, como os "paquis", obtidos por cruzamentos entre pacu e tambaqui; também é híbrida a espécie conhecida como surubim ou pintado, piscívoro de grande porte.

Em alguns julgamentos de crimes ambientais, as sentenças, de modo geral, condenam empresas culpadas pela redução da qualidade de cursos d'água a realizarem peixamentos. Em geral, os peixamentos tendem a ser repetidos muitas vezes numa mesma área.

A respeito da realização de peixamentos pelas empresas infratoras, pode-se considerar que essa penalidade:
a) não leva mais em conta os efeitos da poluição industrial, mas sim as suas causas.
b) faz a devida diferenciação entre quantidade de peixes e qualidade ambiental.
c) é indutora de ação que reverte uma das causas básicas da poluição.
d) confunde quantidade de peixes com boa qualidade ambiental dos cursos d'água.

e) obriga o poluidor a pagar pelos prejuízos ambientais que causa e a deixar de poluir.

5. (ENEM – H30) Aquífero Guarani se estende por 1,2 milhão de km² e é um dos maiores reservatórios de águas subterrâneas do mundo. O aquífero é como uma "esponja gigante" de arenito, uma rocha porosa e absorvente, quase totalmente confinada sob centenas de metros de rochas impermeáveis. Ele é recarregado nas áreas em que o arenito aflora à superfície, absorvendo água da chuva. Uma pesquisa realizada em 2002 pela Embrapa apontou cinco pontos de contaminação do aquífero por agrotóxico, conforme a figura.

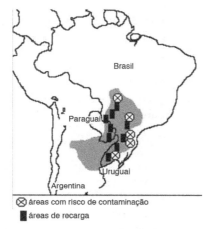

Considerando as consequências socioambientais e respeitando as necessidades econômicas, pode-se afirmar que, diante do problema apresentado, políticas públicas adequadas deveriam:
a) proibir o uso das águas do aquífero para irrigação.
b) impedir a atividade agrícola em toda a região do aquífero.
c) impermeabilizar as áreas onde o arenito aflora.
d) construir novos reservatórios para a captação da água na região.
e) controlar a atividade agrícola e agroindustrial nas áreas de recarga.

6. (ENEM – H30) O aquífero Guarani, megarreservatório hídrico subterrâneo da América do Sul, com 1,2 milhão de km², não é o "mar de água doce" que se pensava existir. Enquanto em algumas áreas a água é excelente, em outras, é inacessível, escassa ou não potável. O aquífero pode ser dividido em quatro grandes compartimentos. No compartimento Oeste, há boas condições estruturais que proporcionam recarga rápida a partir das chuvas e as águas são, em geral, de boa qualidade e potáveis. Já no compartimento Norte-Alto Uruguai, o sistema encontra-se coberto por rochas vulcânicas, a profundidades que variam de 350 m a 1.200 m. Suas águas são muito antigas, datando da Era Mesozoica, e não são potáveis em grande parte da área, com elevada salinidade, sendo que os altos teores de fluoretos e de sódio podem causar alcalinização do solo.

Scientific American Brasil, n. 47, abr. 2006. Adaptado.

Em relação ao aquífero Guarani, e correto afirmar que:
a) seus depósitos não participam do ciclo da água.
b) águas provenientes de qualquer um de seus compartimentos solidificam-se a 0 °C.
c) é necessário, para utilização de seu potencial como reservatório de água potável, conhecer detalhadamente o aquífero.
d) a água é adequada ao consumo humano direto em grande parte da área do compartimento Norte-Alto Uruguai.
e) o uso das águas do compartimento Norte-Alto Uruguai para irrigação deixaria ácido o solo.

7. (ENEM – H30) O uso intenso das águas subterrâneas sem planejamento tem causado sérios prejuízos à sociedade, ao usuário e ao meio ambiente. Em várias partes do mundo, percebe-se que a exploração de forma incorreta tem levado a perdas do próprio aquífero.

Adaptado de: TEIXEIRA, W. et al. (Org.). Decifrando a Terra. São Paulo: Companhia Editora Nacional, 2009.

No texto, apontam-se dificuldades associadas ao uso de um importante recurso natural. Um problema derivado de sua utilização e uma respectiva causa para sua ocorrência são:
a) contaminação do aquífero – contenção imprópria do ingresso direto de água superficial.
b) intrusão salina – extração reduzida da água doce do subsolo.

c) superexploração de poços – construção ineficaz de captações subsuperficiais.
d) rebaixamento do nível da água – bombeamento do poço equivalente à reposição natural.
e) encarecimento da exploração sustentável – conservação da cobertura vegetal local.

8. (ENEM – H30) Algumas regiões do Brasil passam por uma crise de água por causa da seca. Mas, uma região de Minas Gerais está enfrentando a falta de água no campo tanto em tempo de chuva como na seca. As veredas estão secando no norte e no noroeste mineiro. Ano após ano, elas vêm perdendo a capacidade de ser a caixa-d'água do grande sertão de Minas.

VIEIRA, C. *Degradação do Solo Causa Perda de Fontes de Água de Famílias de MG.* Disponível em: <http://g1.globo.com>. Acesso em: 1º nov. 2014.

As veredas têm um papel fundamental no equilíbrio hidrológico dos cursos de água no ambiente do Cerrado, pois:
a) colaboram para a formação de vegetação xerófila.
b) formam os leques aluviais nas planícies das bacias.
c) fornecem sumidouro para as águas de recarga da bacia.
d) contribuem para o aprofundamento dos talvegues à jusante.
e) constituem um sistema represador da água na chapada.

9. (ENEM – H30) A situação atual das bacias hidrográficas de São Paulo tem sido alvo de preocupações ambientais: a demanda hídrica é maior que a oferta de água e ocorre excesso de poluição industrial e residencial. Um dos casos mais graves de poluição da água é o da bacia do alto Tietê, onde se localiza a região metropolitana de São Paulo. Os rios Tietê e Pinheiros estão muito poluídos, o que compromete o uso da água pela população.

Avalie se as ações apresentadas abaixo são adequadas para se reduzir a poluição desses rios.

I. Investir em mecanismos de reciclagem de água utilizada nos processos industriais.
II. Investir em obras que viabilizem a transposição de águas de mananciais adjacentes para os rios poluídos.
III. Implementar obras de saneamento básico e construir estações de tratamento de esgotos.

É adequado o que se propõe:
a) apenas em I.
b) apenas em II.
c) apenas em I e III.
d) apenas em II e III.
e) em I, II e III.

10. (ENEM – H30) O uso da água aumenta de acordo com as necessidades da população no mundo. Porém, diferentemente do que se possa imaginar, o aumento do consumo de água superou em duas vezes o crescimento populacional durante o século XX.

TEIXEIRA, W. et al. (Org.). *Decifrando a Terra.* São Paulo: Companhia Editora Nacional, 2009.

Uma estratégia socioespacial que pode contribuir para alterar a lógica de uso da água apresentada no texto é a:
a) ampliação de sistemas de reutilização hídrica.
b) expansão da irrigação por aspersão das lavouras.
c) intensificação do controle do desmatamento de florestas.
d) adoção de técnicas tradicionais de produção.
e) criação de incentivos fiscais para o cultivo de produtos orgânicos.

11. (ENEM – H27) Encontram-se descritas a seguir algumas das características das águas que servem três diferentes regiões.

Região I — Qualidade da água pouco comprometida por cargas poluidoras, casos isolados de mananciais comprometidos por lançamento de esgotos; assoreamento de alguns mananciais.
Região II — Qualidade comprometida por cargas poluidoras urbanas e industriais; área sujeita a inundações; exportação de carga poluidora para outras unidades hidrográficas.
Região III — Qualidade comprometida por cargas poluidoras domésticas e industriais e por lançamento de esgotos; problemas isolados de inundação; uso da água para irrigação.

De acordo com essas características, pode-se concluir que:
a) a região I é de alta densidade populacional, com pouca ou nenhuma estação de tratamento de esgoto.
b) na região I ocorrem tanto atividades agrícolas como industriais, com práticas agrícolas que estão evitando a erosão do solo.
c) a região II tem predominância de atividade agrícola, muitas pastagens e parque industrial inexpressivo.
d) na região III ocorrem tanto atividades agrícolas como industriais, com pouca ou nenhuma estação de tratamento de esgotos.
e) a região III é de intensa concentração industrial e urbana, com solo impermeabilizado e com amplo tratamento de esgotos.

12. (ENEM – H29) Considerando a riqueza dos recursos hídricos brasileiros, uma grave crise de água em nosso país poderia ser motivada por:
a) reduzida área de solos agricultáveis.

b) ausência de reservas de águas subterrâneas.
c) escassez de rios e de grandes bacias hidrográficas.
d) falta de tecnologia para retirar o sal da água do mar.
e) degradação dos mananciais e desperdício no consumo.

13. (ENEM – H29) A irrigação da agricultura é responsável pelo consumo de mais de 2/3 de toda a água retirada dos rios, lagos e lençóis freáticos do mundo. Mesmo no Brasil, onde achamos que temos muita água, os agricultores que tentam produzir alimentos também enfrentam secas periódicas e uma competição crescente por água.

MARAFON, G. J. et al. *O Desencanto da Terra:*
produção de alimentos, ambiente e sociedade.
Rio de Janeiro: Garamond, 2011.

No Brasil, as técnicas de irrigação utilizadas na agricultura produziram impactos socioambientais como:
a) redução do custo de produção.
b) agravamento da poluição hídrica.
c) compactação do material do solo.
d) aceleração da fertilização natural.
e) redirecionamento dos cursos fluviais.

14. (ENEM – H27) O artigo 1º da Lei Federal nº 9.433/1997 (Lei das Águas) estabelece, entre outros, os seguintes fundamentos:

I. A água é um bem de domínio público.
II. A água é um recurso natural limitado, dotado de valor econômico.
III. Em situações de escassez, os usos prioritários dos recursos hídricos são o consumo humano e a dessedentação de animais.
IV. A gestão dos recursos hídricos deve sempre proporcionar o uso múltiplo das águas.

Considere que um rio nasça em uma fazenda cuja única atividade produtiva seja a lavoura irrigada de milho e que a companhia de águas do município em que se encontra a fazenda colete água desse rio para abastecer a cidade. Considere, ainda, que, durante uma estiagem, o volume de água do rio tenha chegado ao nível crítico, tornando-se insuficiente para garantir o consumo humano e a atividade agrícola mencionada. Nessa situação, qual das medidas abaixo estaria de acordo com o artigo 1.º da Lei das Águas?
a) Manter a irrigação da lavoura, pois a água do rio pertence ao dono da fazenda.
b) Interromper a irrigação da lavoura, para se garantir o abastecimento de água para consumo humano.
c) Manter o fornecimento de água tanto para a lavoura quanto para o consumo humano, até o esgotamento do rio.
d) Manter o fornecimento de água tanto para a lavoura quanto para o consumo humano, até o esgotamento do rio.
e) Interromper o fornecimento de água para a lavoura e para o consumo humano, a fim de que a água seja transferida para outros rios.

15. (ENEM – H27) A falta de água doce no planeta será, possivelmente, um dos mais graves problemas deste século. Prevê-se que, nos próximos vinte anos, a quantidade de água doce disponível para cada habitante será drasticamente reduzida. Por meio de seus diferentes usos e consumos, as atividades humanas interferem no ciclo da água, alterando:
a) a quantidade total, mas não a qualidade da água disponível no planeta.
b) a qualidade da água e sua quantidade disponível para o consumo das populações.
c) a qualidade da água disponível, apenas no subsolo terrestre.
d) apenas a disponibilidade de água superficial existente nos rios e lagos.
e) o regime de chuvas, mas não a quantidade de água disponível no planeta.

16. (ENEM – H30) Considerando os custos e a importância da preservação dos recursos hídricos, uma indústria decidiu purificar parte da água que consome para reutilizá-la no processo industrial.
De uma perspectiva econômica e ambiental, a iniciativa é importante porque esse processo:
a) permite que toda água seja devolvida limpa aos mananciais.
b) diminui a quantidade de água adquirida e comprometida pelo uso industrial.
c) reduz o prejuízo ambiental, aumentando o consumo de água.
d) torna menor a evaporação da água e mantém o ciclo hidrológico inalterado.
e) recupera o rio onde são lançadas as águas utilizadas.

17. (ENEM – H30) Segundo a análise do Prof. Paulo Canedo de Magalhães, do Laboratório de Hidrologia da COPPE, UFRJ, o projeto de transposição das águas do rio São Francisco envolve uma vazão de água modesta e não representa nenhum perigo para o Velho Chico, mas pode beneficiar milhões de pessoas. No entanto, o sucesso do empreendimento dependerá do aprimoramento da capacidade de gestão das águas nas regiões doadora e receptora, bem como no exercício cotidiano de operar e manter o sistema transportador. Embora não seja contestado que o reforço hídrico poderá beneficiar o interior do Nordeste, um grupo de cientistas e técnicos, a convite da SBPC, numa análise isenta, aponta algumas incertezas no projeto de transposição das águas do rio São Francisco. Afirma também que a água por si só não gera desenvolvimento e será preciso implantar sistemas de escoamento de produção, capacitar e educar pessoas, entre outras ações.

Adaptado de: *Ciência Hoje*, Rio de Janeiro, v. 37, n. 217, jul. 2005.

Os diferentes pontos de vista sobre o megaprojeto de transposição das águas do rio São Francisco quando confrontados indicam que:

a) as perspectivas de sucesso dependem integralmente do desenvolvimento tecnológico prévio da região do semiárido nordestino.
b) o desenvolvimento sustentado da região receptora com a implantação do megaprojeto independe de ações sociais já existentes.
c) o projeto deve limitar-se às infraestruturas de transporte de água e evitar induzir ou incentivar a gestão participativa dos recursos hídricos.
d) o projeto deve ir além do aumento de recursos hídricos e remeter a um conjunto de ações para o desenvolvimento das regiões afetadas.
e) as perspectivas claras de insucesso do megaprojeto inviabilizam a sua aplicação, apesar da necessidade hídrica do semiárido.

18. (ENEM – H27)

Sobradinho

O homem chega, já desfaz a natureza
Tira gente, põe represa, diz que tudo vai mudar
O São Francisco lá pra cima da Bahia
Diz que dia menos dia vai subir bem devagar
E passo a passo vai cumprindo a profecia do beato que dizia que o Sertão ia alagar.

SÁ E GUARABYRA. Disco *Pirão de Peixe com Pimenta*. Som Livre, 1977. Adaptado.

O trecho da música faz referência a uma importante obra na região do rio São Francisco. Uma consequência socioespacial dessa construção foi:
a) a migração forçada da população ribeirinha.
b) o rebaixamento do nível do lençol freático local.
c) a preservação da memória histórica da região.
d) a ampliação das áreas de clima árido.
e) a redução das áreas de agricultura irrigada.

Texto para as questões **19** e **20**.

A possível escassez de água é uma das maiores preocupações da atualidade, considerada por alguns especialistas como o desafio maior do novo século. No entanto, tão importante quanto aumentar a oferta é investir na preservação da qualidade e no reaproveitamento da água de que dispomos hoje.

19. (ENEM – H29) A ação humana tem provocado algumas alterações quantitativas e qualitativas da água:

I. Contaminação de lençóis freáticos.
II. Diminuição da umidade do solo.
III. Enchentes e inundações.

Pode-se afirmar que as principais ações humanas associadas às alterações I, II e III são, respectivamente,
a) uso de fertilizantes e aterros sanitários / lançamento de gases poluentes / canalização de córregos e rios.
b) lançamento de gases poluentes / lançamento de lixo nas ruas / construção de aterros sanitários.
c) uso de fertilizantes e aterros sanitários / desmatamento / impermeabilização do solo urbano.
d) lançamento de lixo nas ruas / uso de fertilizantes / construção de aterros sanitários.
e) construção de barragens / uso de fertilizantes / construção de aterros sanitários.

20. (ENEM – H30) Algumas medidas podem ser propostas com relação aos problemas da água:

I. Represamento de rios e córregos próximos às cidades de maior porte.
II. Controle da ocupação urbana, especialmente em torno dos mananciais.
III. Proibição do despejo de esgoto industrial e doméstico sem tratamento nos rios e represas.
IV. Transferência de volume de água entre bacias hidrográficas para atender às cidades que já apresentam alto grau de poluição em seus mananciais.

As duas ações que devem ser tratadas como prioridades para a preservação da qualidade dos recursos hídricos são:
a) I e II.
b) I e IV.
c) II e III.
d) II e IV.
e) III e IV.

21. (ENEM – H6) Boa parte da água utilizada nas mais diversas atividades humanas não retorna ao ambiente com qualidade para ser novamente consumida. O gráfico mostra alguns dados sobre esse fato, em termos dos setores de consumo.

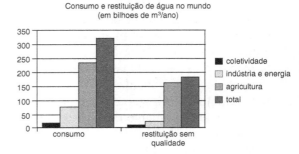

Adaptado de: MARGAT, J-F. A água ameaçada pelas atividades humanas. In: WIKOWSKI, N. (Coord.). *Ciência e Tecnologia Hoje*. São Paulo: Ensaio, 1994.

Com base nesses dados, é possível afirmar que:
a) mais da metade da água usada não é devolvida ao ciclo hidrológico.
b) as atividades industriais são as maiores poluidoras de água.
c) mais da metade da água restituída sem qualidade para o consumo contém algum teor de agrotóxico ou adubo.
d) cerca de um terço do total da água restituída sem qualidade é proveniente das atividades energéticas.
e) o consumo doméstico, dentre as atividades humanas, é o que mais consome e repõe água com qualidade.

22. (ENEM – H30) Os dois principais rios que alimentavam o mar de Aral, Amurdarya e Sydarya, mantiveram o nível e o volume do mar por muitos séculos. Entretanto, o projeto de estabelecer e expandir a produção de algodão irrigado aumentou a dependência de várias repúblicas da Ásia Central da irrigação e monocultura. O aumento da demanda resultou no desvio crescente de água para a irrigação, acarretando redução drástica do volume de tributários do mar de Aral. Foi criado na Ásia Central um novo deserto, com mais de 5 milhões de hectares, como resultado da redução em volume.

TUNDISI, J. G. *Água no Século XXI*: enfrentando a escassez. São Carlos: Rima, 2003.

A intensa interferência humana na região descrita provocou o surgimento de uma área desértica em decorrência da:
a) erosão.
b) salinização.
c) laterização.
d) compactação.
e) sedimentação.

23. (ENEM – H30) Segundo uma organização mundial de estudos ambientais, em 2025, "duas de cada três pessoas viverão situações de carência de água, caso não haja mudanças no padrão atual de consumo do produto".
Uma alternativa adequada e viável para prevenir a escassez, considerando-se a disponibilidade global seria:
a) desenvolver processos de reutilização de água.
b) explorar leitos de água subterrânea.
c) ampliar a oferta de água, captando-a em outros rios.
d) captar águas pluviais.
e) importar água doce de outros estados.

Questões objetivas, discursivas e PAS

24. (UECE) A água na Terra está presente nos oceanos, na atmosfera e nos continentes. Os mananciais mais acessíveis e utilizados para satisfazer as necessidades sociais e econômicas do homem são:
a) as águas subterrâneas.
b) os rios e lagos de água doce.
c) os oceanos.
d) as águas das chuvas.

25. (UECE) Um dos principais mecanismos que impulsionam o ciclo da água no planeta é a radiação solar. Sobre este processo, é correto afirmar que:
a) seu fluxo na superfície é positivo, resultando na vazão dos rios.
b) seu comportamento nos oceanos é negativo, com maior precipitação do que evaporação.
c) a água importada dos oceanos é reciclada sobre os continentes através do processo de precipitação-evaporação, e não mais retorna aos ambientes oceânicos.
d) a água que participa do ciclo hidrológico não entra nos processos relacionados à circulação geral da atmosfera.

26. (PUC – RJ)

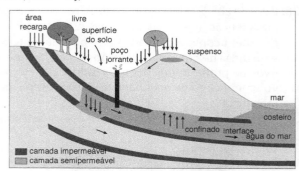

Adaptado de: PEREIRA (2000). Disponível em: <http://valeverdeemacao.blogspot.com.br/>. Acesso em: 30 mar. 2014.

Entendendo que as setas do esquema significam a água entrando na superfície, ou dela saindo, os nomes LIVRE, SUSPENSO, CONFINADO e COSTEIRO referem-se a determinada estrutura líquida do planeta chamada:
a) gêiser.
b) aquífero.
c) nascente.
d) bacia.
e) foz.

27. (IFSC) Com base na charge abaixo, leia e analise as seguintes afirmações:

Disponível em: <http://www.hydrology.nl/iahpublications/201-groundwater-cartoons.html>. Acesso em: 10 ago. 2014. Adaptado.

I. A zona saturada de água no subsolo foi dividida pela cerca, permitindo o acesso somente para uma pessoa.
II. A charge satiriza a exclusão ao acesso a um recurso vital.
III. As águas subterrâneas podem ser encontradas quando um meio de acesso atinge o nível do lençol freático.
IV. O acesso à água é importante para garantir a agricultura e o abastecimento humano.
V. Parte da população mundial utiliza a água subterrânea para suas necessidades diárias de consumo.

Assinale a alternativa CORRETA.
a) Apenas as afirmações II, III, IV e V são verdadeiras.
b) Apenas as afirmações II, III e V são verdadeiras.
c) Apenas as afirmações I, II, III e V são verdadeiras.
d) Apenas as afirmações I, III, IV e V são verdadeiras.
e) Todas as afirmações são verdadeiras.

28. (FAC. ALBERT EINSTEIN – SP) A recuperação e manutenção das áreas próximas às nascentes e rios, bem como a ocupação disciplinada da terra e medidas de controle da erosão têm efeitos positivos na proteção dos recursos hídricos, tanto no volume quanto na qualidade da água presente no manancial.

DIBIESO, E. A fonte do conhecimento.
São Paulo: Jornal da Unesp, n. 309, abr. 2015, p. 8.

Disponível em: <http//www.ciliosdoribeira.org.br>.

Não basta apenas chover. Ações de proteção de recursos hídricos estocados em mananciais são de grande importância. A esse respeito é correto dizer que
a) matas ciliares que protegem nossos rios e represas estão perdendo sua eficácia na proteção, pois com as constantes secas que nos atingem, elas estão desaparecendo.
b) a principal forma de proteção dos recursos hídricos nos rios e nos mananciais é a recuperação e a manutenção, em dimensões adequadas, de matas ciliares.
c) em vista da gravidade das crises hídricas, nossas leis ambientais têm se tornado mais rígidas, o que já gera efeitos positivos nas áreas de mananciais urbanos.
d) o essencial em termos de recursos hídricos é a proteção das nascentes com a manutenção de florestas. Com isso garante-se a existência adequada de um rio.

29. (UFRN) A ação intensiva do ser humano sobre o meio, em virtude da ocupação do solo, tanto no espaço urbano quanto no rural, altera as condições ambientais originais.
Observe as figuras a seguir, que ressaltam a hidrografia como um elemento marcante da paisagem.

Figura 1 – Rio em área rural

Disponível em: <http://ihaa.com.br/>. Acesso em 20 jun. 2011.

Figura 2 – Rio em área urbana

Disponível em: <http://gaianet.wordpress.com/2009/06/26/alteraes-climticas-ambientais-e-sanitrias>.

a) Suponha que, na área rural em que se localiza o rio mostrado na figura 1, ocorreram chuvas intensas. Justifique por que o rio, nessa área, apresenta menor predisposição para transbordar.
b) Mencione e explique um problema socioambiental provocado pelo transbordamento de rios em áreas urbanas.

30. (UERJ) O lixo gerado especialmente nas cidades mais populosas se tornou, no último século, um dos fatores causadores de impactos ambientais nem sempre reversíveis a curto prazo.

Gilmar
agitors.com

Um dos problemas e uma das soluções relativos ao acúmulo do lixo em áreas urbanas estão apresentados em:

a) poluição de ecossistemas fluviais – coleta seletiva.
b) aumento da emissão de gases – remodelação de áreas de risco.
c) destruição de reservas florestais – reciclagem de resíduos tóxicos.
d) diminuição dos reservatórios de água – redistribuição de núcleos populacionais.

31. (ACAFE – SC) A água é um recurso renovável, porém limitado. O seu uso vem aumentando consideravelmente, trazendo junto enorme preocupação. A cidade de São Paulo vem sentindo neste segundo semestre a falta desse líquido precioso.

Sobre a água, **todas** as alternativas estão corretas, **exceto** a:

a) O aumento populacional do globo, o crescimento das cidades sem planejamento, o desperdício e a poluição dos recursos hídricos vêm reduzindo cada vez mais a disponibilidade de água no planeta.
b) A região hidrográfica Amazônica, a mais extensa do Brasil, é atravessada pela bacia do rio Amazonas, dotada do maior potencial hidrelétrico, ainda pouco utilizado, mas já gerador de projetos polêmicos como a usina de Belo Monte, no rio Xingu.
c) O modelo atual de desenvolvimento assegura a equidade no acesso à água em todo o mundo e, desta maneira, não há necessidade de alteração do processo em curso, cujas projeções futuras são favoráveis a todas as gerações.
d) A utilização inadequada, a distribuição irregular na superfície terrestre e o consumo desigual entre os países e entre setores econômicos tornam o abastecimento de água mais preocupante para as futuras gerações.

32. (UERN) O espaço geográfico de muitos países é organizado em torno dos cursos fluviais. Cerca de um terço das fronteiras entre os países é delimitada por rios ou lagos e dois terços dos rios mais extensos do mundo têm suas águas partilhadas por diversas nações. A respeito do uso e utilização dos recursos hídricos, é INCORRETO afirmar que:

a) obras hidráulicas ou atividades poluentes na jusante de um rio podem prejudicar o fluxo de água no país vizinho, que utiliza as águas da montante.
b) considerados em conjunto, os rios que drenam o território brasileiro são responsáveis pela maior descarga fluvial de água doce do mundo e, ainda assim, há um *deficit* d'água em várias áreas do país.
c) os países mais ricos da África do Norte e do Oriente Médio utilizam técnicas modernas e caras para a obtenção de água; eles perfuram poços extremamente profundos ou até mesmo fazem a dessalinização das águas marinhas.
d) no continente africano, o Nilo está no foco das disputas geopolíticas. As águas dessa bacia são comuns ao Egito, à Etiópia, à Tanzânia, à Uganda e ao Sudão, países com vasta extensão de áreas desérticas e que dependem dessas águas para as atividades agrícolas e geração de energia.

33. (UPE) Os mais antigos filósofos gregos já afirmavam que tudo provém da água. A ciência tem, por sua vez, demonstrado que a vida se originou na água e que ela se constitui como a matéria predominante em todos os corpos vivos. Por mais que tentemos, não somos capazes de imaginar um tipo de vida em sociedade que dispense o uso da água: água para beber e cozinhar, para a higiene do lar e das cidades; para uso industrial, irrigação das plantações, geração de energia, navegação, transporte de detritos (...). As águas constituíram sempre o elemento, que possibilitou a descoberta de novos mundos: o caminho para as Índias e para a América, a passagem de Magalhães, a penetração pelos continentes. Foram os rios que permitiram o desbravamento do interior brasileiro pelos bandeirantes e a ampliação do território nacional.

Adaptado de: BRANCO, S. M. *Água, Origem, Uso e Preservação*. São Paulo: Moderna, 1993.

Com base no texto transcrito e nos seus conhecimentos, analise as afirmativas a seguir:

1. A água, que provém dos complexos mecanismos de formação de chuvas, alimenta, em parte, o lençol freático, contudo a infiltração dessas águas é mais intensa exatamente nos corpos litológicos ígneos intrusivos.
2. A água em estado líquido desempenhou um papel decisivo no resfriamento do planeta, dissolvendo grande parte do gás carbônico atmosférico, transformando-o em carbonatos, que se precipitaram nos oceanos e nos mares.
3. Uma bacia hidrográfica tem um regime fluvial do tipo sazonal intermitente, quando atravessa áreas onde o índice de evapotranspiração potencial durante o ano é inferior ao índice pluviométrico anual.
4. O ar encontra-se saturado de umidade no momento em que esta começa a se condensar, originando a neblina. Quando a temperatura é baixa, a neblina se forma em quantidades muito menores de vapor de água que quando a temperatura se encontra mais elevada.
5. A quantidade de água existente na natureza terrestre é constante, ou seja, ela não se per-

de. Contudo, a sua distribuição no tempo e no espaço pode ser alterada em função da periodicidade das chuvas e de outros fenômenos que alteram o ciclo hidrológico normal.

Assinale
a) se apenas 1 e 5 estiverem corretas.
b) se apenas 2 e 3 estiverem corretas.
c) se apenas 2, 4 e 5 estiverem corretas.
d) se apenas 1, 2 e 5 estiverem corretas.
e) se 1, 2, 3, 4 e 5 estiverem corretas.

34. (IFPE) Analise a figura e o texto a seguir para responder à questão.

Disponível em: <http://afabiobrasilcronicas.blogspot.com.br/2012/05/rosa-mistica-antes-e-depois.html>. Acesso em: 3 set. 2013.

Da falta de saneamento básico à ausência de asfalto, os obstáculos variam – até a localização do assentamento pode ser um problema. "As favelas costumam surgir em regiões que outros empreendimentos imobiliários não ocuparam: sob pontes e viadutos, à beira de córregos ou em encostas de morros", diz Alex Abiko, professor de engenharia civil da USP. A urbanização de favelas no Brasil é recente. Nos anos 60, os moradores eram simplesmente removidos. Depois, por volta dos anos 80, programas do governo passaram a resolver questões pontuais, como redes de água. Hoje, os projetos incluem não só infraestrutura, mas também melhora na qualidade de vida.

Disponível em: <http://planetasustentavel.abril.com.br/noticia/cidade/qualidade-de-vida-favela-urbanizacaosaneamnto-493951.shtml>. Acesso em: 3 set. 2013.

Assinale a alternativa que descreve corretamente a forma de ocupação observada na imagem, tão comum em muitas cidades brasileiras.
a) Construções em área sujeita a inundações periódicas nas épocas mais chuvosas.
b) Área assistida pelo Poder Público, em relação ao problema de *deficit* habitacional.
c) Ocupação ilegal em área de unidade de conservação ambiental.
d) Construções em encosta com obras de contenção e drenagem das águas da chuva.
e) Ocupação de área risco, em encosta sujeita a deslizamentos de terra.

35. (UEM – PR) Bacias hidrográficas constituem, em linhas gerais, as terras drenadas por um conjunto de cursos d'água que apresentam importância geomorfológica, ambiental, econômica, social, cultural e religiosa. Refletindo sobre esse conceito, indique a(s) alternativa(s) **correta(s)** e dê sua soma ao final.

(01) Os recursos hídricos e sua apropriação são vistos como um problema geopolítico mundial, particularmente no Oriente Médio.

(02) A formação de um rio tem relação direta com a distribuição do lençol freático no terreno.

(04) Bacias hidrográficas situadas no litoral brasileiro são menos poluídas por esgotos doméstico e industrial do que aquelas situadas no interior do continente.

(08) A bacia hidrográfica Tocantins-Araguaia, em relação à bacia Amazônica, é a que mais sofre impacto decorrente do desmatamento da Floresta Amazônica.

(16) A bacia hidrográfica não é a melhor unidade para o manejo dos recursos naturais.

36. (UNISC – RS) Conforme o Relatório Nacional das Águas (2013), o Brasil apresenta uma situação confortável em termos globais quanto aos recursos hídricos. A disponibilidade hídrica *per capita*, determinada a partir de valores totalizados para o país, indica uma situação satisfatória, quando comparada aos valores dos demais países informados pela Organização das Nações Unidas (ONU). Entretanto, apesar desse aparente conforto, existe uma distribuição espacial desigual dos recursos hídricos no território brasileiro, entre outras questões que preocupam a gestão dos recursos hídricos. Para responder à questão abaixo considere o assunto águas continentais do Brasil.

I. Cerca de 80% da disponibilidade hídrica estão concentrados na região hidrográfica Amazônica, onde se encontra o menor contingente populacional e valores reduzidos de demandas de consumo.

II. O regime de um rio está relacionado à variação do nível de suas águas. Os rios brasileiros possuem regime pluvial, isto é, são alimentados pelas chuvas. Apresentam cheias e vazantes de acordo com as regiões climáticas em que estão situados.

III. O projeto de transposição do rio São Francisco é um tema bastante polêmico, pois engloba a suposta tentativa de solucionar um problema que há muito afeta as populações do cerrado brasileiro. Trata-se de um projeto delicado do ponto de vista ambiental, pois irá afetar um dos rios mais importantes do Brasil, tanto pela sua extensão e importância na manutenção da biodiversidade, quanto pela sua utilização em transportes e abastecimento.

IV. A maioria dos rios que formam a Bacia do Paraná apresenta algum comprometimento na qualidade das águas; além disso, a demanda hídrica é maior que a oferta de água. Ocorre também o excesso de poluição industrial e residencial, sendo adequado que se invista em mecanismos de reciclagem e reutilização de água utilizada pelas indústrias, bem como implementar obras de saneamento básico e construir estações de tratamento de esgotos.

V. O ciclo hidrológico, em condições naturais, pode ser considerado um sistema em equilíbrio; porém, com a crescente urbanização das bacias hidrográficas percebem-se alterações que promovem modificações na dinâmica do ciclo da água. Em áreas urbanizadas, fatores como a impermeabilização do solo, a canalização de cursos fluviais e a remoção da vegetação desencadeiam ou agravam os processos de erosão e de inundações, pondo em risco o balanço hídrico.

Assinale a alternativa correta.

a) Somente as afirmativas I, II, IV e V estão corretas.
b) Somente as afirmativas I, II e III estão corretas.
c) Somente as afirmativas I, II, III e IV estão corretas.
d) Somente as afirmativas I, III e IV estão corretas.
e) Todas as afirmativas estão corretas.

37. (PUC – PR) A Agência Nacional das Águas (ANA) afirma que "as causas da crise hídrica não podem ser reduzidas apenas às menores taxas pluviométricas verificadas nos últimos anos, pois outros fatores relacionados à gestão da demanda e à garantia da oferta são importantes para agravar ou atenuar sua ocorrência".

ANA – Encarte especial sobre a crise hídrica, 2014.

USO DE ÁGUA NAS REGIÕES HIDROGRÁFICAS BRASILEIRAS					
REGIÕES	**HUMANA URBANA**	**HUMANA RURAL**	**INDUSTRIAL**	**IRRIGAÇÃO**	**ANIMAL***
Amazônica	30%	7%	6%	29%	27%
Tocantins-Araguaia	25%	4%	4%	39%	28%
Parnaíba	32%	7%	3%	47%	12%
São Francisco	18%	3%	10%	64%	5%
Uruguai	05%	1%	3%	86%	5%
Paraná	33%	2%	33%	24%	7%
Paraguai	28%	2%	3%	22%	46%
Brasil	27%	3%	18%	46%	7%

*Uso animal: inclui dessedentação, higiene e demais usos de água para permitir a atividade de criação.

Adaptado de: Agência Nacional das Águas – ANA. *GEO Brasil Recursos Hídricos*. Componente da Série de Relatórios sobre o Estado e Perspectivas do Meio Ambiente no Brasil.Brasília, DF, 2007.
Disponível em: <www.ana.gov.br>. Acesso em: 28 ago. 2015.

Uma reflexão sobre o uso da água nas principais bacias hidrográficas e a crise hídrica que afeta algumas regiões brasileiras alerta que o uso racional da água exige:

a) redução no desperdício de alimentos e técnicas de irrigação mais eficientes, pois, no Brasil, o setor agropecuário utiliza mais de 50% da água disponível para consumo.
b) métodos mais eficientes para a utilização da água no cultivo agrícola e criação de animais, atividades que, segundo a ANA, mais consomem água em cada uma das grandes regiões hidrográficas.
c) reeducação no consumo urbano da água, afinal, o desperdício das grandes cidades é o principal responsável pela falta desse importante recurso natural.
d) uma valorização do recurso hídrico como bem público inesgotável e a conscientização de que a diminuição do consumo de carne reduz a demanda por água para dessedentação.
e) políticas públicas que pressionem as propriedades agropecuárias para uma redução no consumo de água, setor que não atingiu o equilíbrio entre oferta e demanda de água verificado nos demais setores usuários.

38. (UFPR) O Brasil apresenta uma situação confortável, em termos globais, quanto aos recursos hídricos. A disponibilidade hídrica *per capita*, determinada a partir de valores totalizados para o país, indica uma situação satisfatória (...). Entretanto, apesar desse aparente conforto, existe uma distribuição espacial desigual dos recursos hídricos no território brasileiro. (...) O conhecimento da distribuição espacial da precipitação e, consequentemente, o da oferta de água, é de fundamental importância para determinar o balanço hídrico nas bacias brasileiras.

Disponível em: < http://arquivos.ana.gov.br/institucional/spr/conjuntura/webSite_relatorioConjuntura/projeto/index.hml >. p. 37. Acesso em: 9 set. 2014.

Sobre o uso, a gestão e disponibilidade dos recursos hídricos no país, assinale a alternativa INCORRETA.

a) A disponibilidade espacial dos recursos hídricos pode variar em função da sazonalidade, haja vista a diferença da precipitação, segundo os meses do ano e as regiões brasileiras.

b) A região hidrográfica do rio São Francisco tem como característica os menores índices de precipitação do Brasil, enquanto na região hidrográfica da Amazônia são observados os maiores índices de precipitação.

c) Uma das características do sistema de abastecimento de água para consumo humano no Brasil é a preponderância do uso dos mananciais superficiais.

d) Há uma forte relação entre cobertura vegetal e água, pois o desmatamento pode provocar aumento do escoamento superficial e redução da infiltração, o que pode alterar o ciclo hidrológico.

e) Os problemas de abastecimento de água observados no Brasil são consequências de alterações da sazonalidade das chuvas causadas pelas mudanças climáticas globais, e do aumento da demanda.

---

39. (UEMG) **Chuvas aliviam problemas, mas não resolvem**

A falta de chuva e o calor recorde têm trazido sérios problemas para uma das maiores matrizes de abastecimento de água do mundo. A capacidade dos reservatórios do Sistema Cantareira atingiu o menor nível em toda história. O Sistema, que é formado por várias represas e abastece 47% da Grande São Paulo, atingiu a marca preocupante de 19,4% segundo a Sabesp. Isso acontece porque a chuva tem sido insuficiente sobre as nascentes das principais bacias hidrográficas do Sudeste (...).

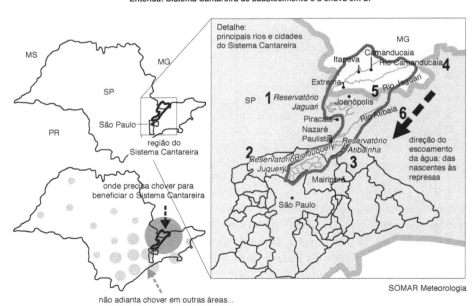

Entenda: Sistema Cantareira de abastecimento e a chuva em SP

1 – Reservatório Jaguari
2 – Reservatório Juquery
3 – Reservatório Atibainha
4 – Rio Camanducaia
5 – Rio Jaguari
6 – Rio Atibaia

Disponível em: < http://jgazetaregional.com.br/meio-ambiente/2014/02/17/chuvas-aliviam-problemas-mas-nao-resolvem >. Acesso em: 21 ago. 2014. Texto e mapa adaptados.

Com base na análise do texto e das imagens da página anterior, é CORRETO afirmar que, para aliviar a situação dos reservatórios do Sistema Cantareira, seria necessário(a):
a) uma sequência de dias chuvosos, do sul de Minas Gerais até o norte de São Paulo, onde se encontram as nascentes dos principais rios.
b) um aumento de chuvas durante o período seco, entre outubro e dezembro, quando é normal, mais uma vez, o desabastecimento dos reservatórios.
c) uma acumulação de chuvas na cidade de São Paulo, aumentando o reabastecimento do *deficit* hídrico de todo o Sistema Cantareira.
d) um aumento significativo dos índices pluviais entre as cidades de Mairiporã e São Paulo, onde se encontram os reservatórios.

40. (UCS – RS) O Brasil, apesar de possuir bacias hidrográficas importantes em todas as regiões, vem dando atenção à questão da água, em virtude da sistemática deterioração dos recursos hídricos e da crescente escassez desses recursos. No tocante a esse tema, assinale a alternativa que se relaciona a esta problemática ambiental.
a) A degradação dos recursos hídricos, em especial das águas subterrâneas, é ocasionada pela poluição, oriunda principalmente dos esgotos domésticos e dos rejeitos das práticas de aviação.
b) O esgoto urbano é o *locus* dos depósitos oriundos das residências, empresas e indústrias, principal poluidor dos rios; entretanto, no caso do rio Tietê, que atravessa a região metropolitana de São Paulo, a situação é crítica somente em virtude do regime de chuvas que é escasso na região.
c) Ter rede de esgoto não significa que se está evitando a poluição, pois canalizar e não tratar os efluentes jogados nos rios apenas leva para mais distante, a poluição produzida nas áreas urbanas e rurais.
d) O país é rico em rios, de drenagem endorreica, a maioria perene, porém alguns rios são temporários. Estes estão, em sua maioria, compondo as bacias hidrográficas da região Nordeste do Brasil.
e) O tratamento dos rios poluídos se dá também por conta do desperdício de água, pois se esse recurso fosse utilizado de modo controlado não haveria essa necessidade, pois o ciclo da água naturalmente elimina as impurezas.

41. (UECE) Analise as afirmações que tratam sobre o ciclo hidrológico e bacias hidrográficas. Assinale com **V** as afirmações verdadeiras e com **F** as afirmações falsas.
( ) Esse movimento circulatório comandado pela radiação solar retira água da superfície dos oceanos e da superfície terrestre.
( ) A construção de grandes açudes e usinas hidrelétricas no Brasil não afeta o ciclo hidrológico.
( ) O fluxo do ciclo hidrológico sobre a superfície terrestre é positivo e dado por precipitação menos evaporação.
( ) Os processos hidrológicos longitudinais em uma bacia hidrográfica correspondem a: precipitação, evaporação e umidade do solo.

A sequência correta, de cima para baixo, é:
a) V – F – V – F.
b) F – V – F – V.
c) V – V – V – F.
d) V – F – V – V.

42. (IFSC) Uma enorme dimensão física formada por fauna, flora, rios e diversos ecossistemas, componentes fundamentais de manutenção do equilíbrio dinâmico da Terra e de relevância estratégica para toda a humanidade: não é de hoje que a região amazônica atrai olhares do mundo inteiro. A biodiversidade da maior floresta tropical do planeta é tida como uma fonte inestimável de possibilidades econômicas à espera de estudos e descobertas. E é nesse cenário que se localiza o Aquífero Alter do Chão, uma reserva com cerca de 86,4 quatrilhões de litros de água subterrânea, suficiente para abastecer a população mundial em cerca de 100 vezes.

Disponível em: <http://www.cemig.ufpa.br/index.php?option=com_content&view=article&id=242&Itemid=22>.
Acesso em: 9 set. 2013.
Adaptado.

Adaptado de: Faculdade de Geologia/Instituto de Geociências da Universidade Federal do Pará.

Com base nos seus conhecimentos e no mapa sobre os aquíferos, leia e analise as afirmações abaixo:
I. Assim como os rios, também as reservas de água subterrânea correm o risco de serem contaminadas pela ação humana.

II. Em alguns estados do Centro-Sul, boa parte da água subterrânea abastece hospitais, condomínios residenciais e plantas industriais.

III. O gerenciamento efetivo das bacias hidrográficas brasileiras pode auxiliar na gestão dos recursos hídricos.

IV. A formação dos aquíferos se dá nos Escudos Cristalinos de rochas ígneas do Centro-Sul e Norte do Brasil.

Assinale a alternativa CORRETA.

a) Apenas as afirmações III e IV são verdadeiras.
b) Apenas as afirmações I e IV são verdadeiras.
c) Apenas as afirmações II, III e IV são verdadeiras.
d) Apenas as afirmações I, II e III são verdadeiras.
e) Todas as afirmações são verdadeiras.

43. (UEL – PR) Analise o mapa, a foto e leia os textos a seguir.

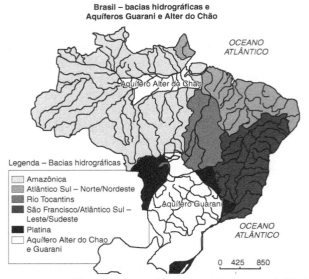

Adaptado de: <http://www.portalsaofrancisco.com.br/alfa/baciashidrograficas/imagens/bacia-hidrografica-2jpg>. Acesso em: 7 set. 2012.

a) O Brasil apresenta um cenário hídrico privilegiado. Dispõe de um dos maiores complexos hidrográficos superficiais, com aproximadamente 8% de toda água doce que está na superfície do planeta, e subterrâneo, como os aquíferos Guarani e Alter do Chão, conforme o mapa ao acima. Possui a maior bacia fluvial do mundo, a Amazônica. Somente o rio Amazonas deságua no mar um quinto de toda a água doce que é despejada nos oceanos; apesar da abundância desse recurso natural no cenário hídrico brasileiro, os órgãos governamentais e não governamentais têm intensificado sua preocupação com relação à sua qualidade e quantidade. Aponte três motivos dessa preocupação e enumere três ações que poderiam ser implantadas para assegurar a qualidade e a quantidade da água destinada ao abastecimento da sociedade e dos ecossistemas naturais.

b) A foto e a manchete do jornal, a seguir, apresentam a ocorrência de enchentes nos últimos anos em Londrina. Cite três alterações ambientais causadas pelo processo de urbanização sobre o solo de uma bacia hidrográfica.

Disponível em: <http://molinacuritiba.blogspot.com.br/2011/10/pior-enchente-ocorrida-em-londrina.html>. Acesso em: 21 jun. 2012.

Após estiagem de 20 horas, volta a chover em Londrina

Até às 15 horas de quarta, já choveu 264,6 milímetros na cidade. O número é mais de três vezes maior que a média prevista para todo o mês de junho, de 87 milímetros.

Jornal de Londrina, 21 jun. 2012, ano 23, n. 7172.

44. (UEPG – PR) Com relação aos recursos das bacias hidrográficas brasileiras e de seu aproveitamento, além de outros recursos hídricos, indique as alternativas corretas e dê sua soma ao final.

(01) As regiões brasileiras com maior disponibilidade de água são as regiões Norte e Centro-Oeste que, no entanto, são as menos povoadas e que menos consomem, sendo que o consumo maior de água está no Sudeste, seguido pelo Nordeste e pelo Sul, e é nessas três regiões que o potencial hidrelétrico é mais aproveitado.

(02) O consumo maior de água disponível é na irrigação nas regiões Nordeste, Sul, Centro-Oeste e Sudeste, e apenas na região Norte o consumo urbano é maior do que na irrigação.

(04) Os recursos hídricos brasileiros são apenas superficiais, relacionados às suas bacias hidrográficas, uma vez que o território brasileiro é pobremente servido de água subterrânea (aquíferos).

(08) Embora o Brasil possua a maior reserva mundial de recursos hídricos, o país não está livre de escassez de água, o que afeta, sobretudo, os habitantes das regiões metropolitanas, uma vez que os mananciais estão sendo prejudicados principalmente por resíduos domésticos e industriais.

(16) As bacias hidrográficas brasileiras asseguram a disponibilidade quase infinita de água para consumo urbano, industrial e na irrigação, já que no país não ocorre o uso predatório dos recursos hídricos, poluição significativa mesmo que por mercúrio nas atividades de garimpo, assoreamento dos rios e desperdício na distribuição de água, além de outros fatores.

45. (UEM – PR) Passam sede hoje no mundo 748 milhões de pessoas, apesar de outras 2,3 bilhões terem conquistado o acesso à água nos últimos 25 anos. Esse é o balanço da Década da Água para a Vida, instituída pela ONU (Organização das Nações Unidas) em 2005, que termina neste domingo (22).

Folha de S.Paulo, São Paulo, 22 mar. 2015. Caderno Especial.

Em relação ao tema água, assinale a(s) alternativa(s) **correta(s)**.

(01) A água se encontra distribuída de maneira uniforme na Terra, no entanto ela não é um recurso renovável.

(02) A ANA (Agência Nacional de Águas) é a responsável no Brasil por implementar e coordenar a gestão compartilhada e integrada dos recursos hídricos.

(04) Quando um país polui as águas de um rio a montante, ele afeta a qualidade da água para os países que o utilizam a jusante.

(08) Quanto menor o nível de desenvolvimento de um país, maior é o consumo de água no setor doméstico.

(16) A reutilização das águas residuais e a dessalinização são tecnologias que procuram auxiliar na resolução da crise de abastecimento de água em várias cidades mundiais.

46. (UFU – MG) Provavelmente, no século XXI, as guerras que acontecerem no Oriente Médio estarão mais relacionadas à água do que ao petróleo. Essa advertência, que soaria descabida na década de 1970, parece cada vez mais concreta.

OLIC, N. B. *Conflitos no Mundo*. São Paulo: Moderna, 2000. p. 42.

Sobre a questão tratada no texto, é **INCORRETO** afirmar que:

a) O elevado crescimento demográfico na região do Oriente Médio tem gerado demandas crescentes por água.

b) Do ponto de vista natural, a água no Oriente Médio é escassa devido à sua localização em região de climas desérticos.

c) No que diz respeito à utilização dos recursos hídricos comuns, os desacordos entre países constitui um grave problema que pode gerar conflitos.

d) O problema de água na região é consequência da contaminação dos recursos hídricos por produtos químicos utilizados na agricultura.

47. (UEPG – MG) Sobre a água potável do planeta, poluição dos rios e a disputa que poderá ocorrer em relação a esse recurso natural, indique as alternativas corretas e dê sua soma ao final.

(01) Aproximadamente um bilhão de pessoas não têm acesso à água potável no planeta.

(02) Obras hidráulicas ou atividades poluentes na montante de um rio podem prejudicar o fluxo e a qualidade de águas da jusante, já que muitos rios têm suas águas partilhadas por diversos países.

(04) A água insalubre e o saneamento básico deficiente causam por volta de 80% das doenças do mundo em desenvolvimento.

(08) A utilização excessiva de águas subterrâneas para beber e para efeitos de irrigação não provocam problemas de abastecimento desse recurso hídrico, pois não alteram o nível dessas águas.

(16) O controle político e estratégico dos recursos hídricos tem como exemplo o controle exercido por Israel na água que abastece a Cisjordânia, proveniente do rio Jordão e do mar da Galileia.

48. (UEMA) Considere os fragmentos a seguir:

A água potável se tornou um recurso estratégico e provavelmente se converterá num gerador de novos focos de tensão em nações que já enfrentem escassez de água potável, sobretudo na África Subsaariana e em áreas do Oriente Médio, na Ásia.

COIMBRA, P. J.; TIBURCIO, J. A. *Geografia*: uma análise do espaço geográfico. 3. ed. São Paulo: HARBRA, 2006.

O consumo de água para uma pessoa por dia é de aproximadamente 110 litros, segundo a ONU. A água que usamos hoje pode não ter a mesma qualidade no futuro.

Projeto Recuperação das águas degradadas de recarga e descarga do Aquífero Barreiras da Sub-bacia do Rio Maracanã – n.º 574484/2008.

Um mundo onde a pobreza é endêmica estará sempre sujeito a catástrofes ecológicas, hídricas ou de outra natureza.

REBOUÇAS, A. da C. *Águas Doces no Brasil*: capital ecológico, uso e conservação. 2. ed. São Paulo: Escrituras, 2012.

Os fragmentos permitem perceber a necessidade da sustentabilidade no uso da água. A proposta de hipótese com argumentação consistente sobre o problema apresentado está indicada na seguinte assertiva:

a) As condições de potabilidade da água estão presentes na natureza como recurso inesgotável, bem como sua deterioração sistemática e crescente escassez.

b) As enchentes e os deslizamentos de encostas em áreas rurais estão diretamente relacionados ao uso sustentável e à disponibilidade de água potável no mundo.

c) O desperdício de água se reflete tanto no consumo doméstico quanto no industrial e na irrigação agrícola o que levará à escassez e à necessidade de buscar água em regiões de difícil acesso.

d) A água que circula na Terra é a responsável por sucederem-se secas e chuvas torrenciais em determinadas áreas, ocasionando escassez, o grande problema atual sobre a utilização sustentável da água.

e) A água é a única responsável por absorver e por irradiar energia, por transformar o relevo, por erodir e por modelar a litosfera, criando impactos ambientais que geram o grande problema do seu uso sustentável atual.

49. (MACKENZIE – SP) Diferentes estudos avaliam o potencial risco da escassez de água no mundo. De um modo geral, esses estudos comparam a oferta de água doce disponível aos diferentes tipos de consumo pelas sociedades humanas. Além disso, são feitas estimativas de crescimento demográfico e econômico para se estabelecer o grau de segurança futura para cada país ou região.

Risco de excassez de água em diferentes países do mundo.

Disponível em: <http://www.mlit.go.jp/english/2006/c_l_and_w_bureau/01_worldwater/>.

Com base nessas informações e em seus conhecimentos a respeito do tema, considere as afirmações:

I. O baixo risco de escassez no Egito, Sudão e Líbia se justifica pela abundância de água do Nilo, cuja bacia detém o maior volume d'água do continente africano.

II. A região metropolitana de São Paulo tem riscos devido ao desperdício, os vazamentos na distribuição, o comprometimento dos mananciais e o elevado consumo, apesar da situação relativamente confortável do Brasil em relação a países como Índia e Peru.

III. A Europa Oriental, a China e o México apresentam riscos de escassez maiores do que o Brasil, em razão de consideráveis contingentes populacionais em áreas urbanas e produção industrial diversificada, setores que consomem mais água do que a agropecuária em todo o mundo.

Assinale a alternativa correta.
a) Apenas a afirmação I está correta.
b) Apenas a afirmação II está correta.
c) Apenas a afirmação III está correta.
d) Apenas as afirmações I e II estão corretas.
e) Apenas as afirmações II e III estão corretas.

50. (UERJ) O Índice de Pobreza em Água é um indicador criado com a finalidade de estabelecer relações entre o acesso à água potável e as características do meio natural e de cada sociedade.

Adaptado de: *Jornal Mundo*. São Paulo: Pangea, mar. 2013.

Com base no mapa, a maior presença de países em situação crítica quanto ao acesso à água potável está no subcontinente denominado:
a) Oriente Médio.
b) Ásia Meridional.
c) América andina.
d) África subsaariana.

51. (FUVEST – SP) Observe o mapa abaixo e leia o texto a seguir.

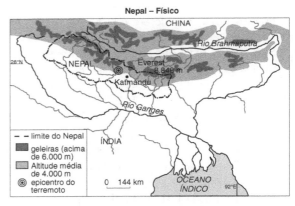

Serviço Geológico dos Estados Unidos (USGS), 2015. Adaptado.

O terremoto ocorrido em abril de 2015, no Nepal, matou por volta de 9.000 pessoas e expôs um governo sem recursos para lidar com eventos geológicos catastróficos de tal magnitude (7,8 na escala Richter). Índia e China dispuseram-se a ajudar de diferentes maneiras, fornecendo desde militares e médicos até equipes de engenharia, e também por meio de aportes financeiros.

Considere os seguintes motivos, além daqueles de razão humanitária, para esse apoio ao Nepal:

I. Interesse no grande potencial hidrológico para a geração de energia, pois a Cadeia do Himalaia, no Nepal, representa divisor de águas das bacias hidrográficas dos rios Ganges e Brahmaputra, caracterizando densa rede de drenagem.

II. Interesse desses países em controlar o fluxo de mercadorias agrícolas produzidas no Nepal, através do sistema hidroviário Ganges-Brahmaputra, já que esse país limita-se, ao sul, coma Índia e, ao norte, com a China.

III. Necessidades da Índia e, principalmente, da China, as quais, com o aumento da população e da urbanização, demandam suprimento de água para abastecimento público, tendo em vista que o Nepal possui inúmeros mananciais.

Está correto o que se indica em:

a) I, apenas.
b) II, apenas.
c) I e III, apenas.
d) II e III, apenas.
e) I, II e III.

52. (EsPCEx – SP) Relatórios da ONU alertam que se o padrão de consumo não mudar, em 2025, 1.8 bilhão de pessoas estarão vivendo em regiões com absoluta escassez de água, e dois terços da população do mundo poderá estar vivendo sob condições de estresse hídrico.

Disponível em: < redeglobo.globo.com/globoecologia/noticia/2013/05/mundoenfrenta.crise-de-agua-doce >.

Sobre os fatores relacionados à crise de abastecimento de água potável no mundo, podemos afirmar que:

I. Embora a água doce disponível no mundo ultrapasse largamente as necessidades de consumo atuais, a crise da água é uma realidade no planeta.

II. Em muitos países, as reservas de água subterrâneas renovam-se em velocidade menor que a retirada de água, provocando a secagem de poços e um efeito de subsidência (rebaixamento) bastante pronunciado em suas áreas urbanas, que compromete a estrutura das construções e dos monumentos históricos.

III. A construção de barragens em rios compartilhados por diferentes países, viabilizando projetos de irrigação e beneficiando as atividades agrícolas, tem contribuído para a redução do estresse hídrico entre esses países.

IV. O aquífero Guarani é uma importante reserva estratégica de recursos hídricos para o Centro-Sul do Brasil, a qual ainda não está sendo explorada, haja vista as abundantes chuvas que alimentam os rios, os quais, por si só, garantem o abastecimento da região mais dinâmica do país.

V. Entre os diversos usos da água, o uso industrial é o que apresenta as maiores taxas de desperdício em termos globais.

Assinale a alternativa em que todas as afirmativas estão corretas:

a) I e II.
b) II e III.
c) II e IV.
d) I, IV e V.
e) II, III e V.

53. (CEFET – MG) A crise sobre a escassez de água é uma das maiores preocupações socioambientais da atualidade. É considerada por alguns especialistas como o maior desafio do novo século e mostrou-se agravada no cenário brasileiro a partir de 2012. Assim, medidas de reeducação de hábitos e reaproveitamento desse recurso vital tornam-se necessárias.

No Brasil, algumas destas medidas voltadas para melhorar o aproveitamento da água foram listadas a seguir.

I. Diminuição da perda nos sistemas de distribuição.
II. Aproveitamento da água pluvial em sistemas coletores.
III. Aplicação de técnicas mais eficientes de irrigação.
IV. Individualização dos hidrômetros.
V. Reaproveitamento da água tratada.

Entre as medidas listadas, as únicas que **NÃO** podem ser aplicadas amplamente em todos os setores da economia do país são:

a) I e IV.
b) I e V.
c) II e III.
d) II e V.
e) III e IV.

54. (CEFET – MG) O homem, não diferente das demais espécies, modifica seu meio. Dessa maneira, interfere nos ecossistemas, embora, na maior parte das vezes, com significativos impactos ambientais, em função, principalmente, do atual modelo de desenvolvimento adotado pela maioria dos países. O atual padrão de desenvolvimento caracteriza-se pela exploração excessiva e constante dos recursos naturais e pela geração maciça de resíduos, além da crescente exclusão social. De modo geral, os impactos ambientais estão relacionados com a necessidade energética do homem e sua consequente exploração ambiental.

Adaptado de: PAPINI, S. *Vigilância em Saúde Ambiental*: uma nova área da ecologia. São Paulo: Atheneu, 2009. p. 95.

Nesse contexto, afirma-se que:

I. Os processos de despoluição do ambiente são utilizados para evitar a geração de resíduos primários, como a remediação.
II. As técnicas poupadoras de recursos naturais assemelham-se ao uso da reciclagem da água em processos industriais.
III. Os métodos de controle reduzem níveis de emissões de efluentes e garantem a sustentabilidade de um determinado espaço.
IV. As tecnologias mais limpas apresentam um menor coeficiente de emissões de poluentes por unidade de produto.

Estão corretas apenas as afirmativas:

a) I e II.
b) I e IV.
c) II e III.
d) II e IV.
e) III e IV.

Capítulo 8 – Clima

ENEM

1. (ENEM – H6) A água é um dos fatores determinantes para todos os seres vivos, mas a precipitação varia muito nos continentes, como podemos observar no mapa abaixo.

Mapa de distribuição dos grandes desertos e das áreas úmidas

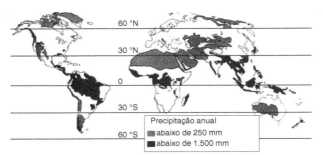

LATITUDE (°)/ HEMISFÉRIO	TEMPERATURA MÉDIA (°C)
60 / NORTE	0
30 / NORTE	10
10 / NORTE	24
10 / SUL	28
30 / SUL	14
60 / SUL	9

RICKLEFS, R. E. *A Economia da Natureza*. 3. ed. Rio de Janeiro: Guanabara Koogan, 1996. p. 55.

Ao examinar a tabela da temperatura média anual em algumas latitudes, podemos concluir que as chuvas são mais abundantes nas maiores latitudes próximas do Equador, porque:

a) as grandes extensões de terra fria das latitudes extremas impedem precipitações mais abundantes.
b) a água superficial é mais quente nos trópicos do que nas regiões temperadas, causando maior precipitação.
c) o ar mais quente tropical retém mais vapor de água na atmosfera, aumentando as precipitações.
d) o ar mais frio das regiões temperadas retém mais vapor de água, impedindo as precipitações.
e) a água superficial é fria e menos abundante nas latitudes extremas, causando menor precipitação.

2. (ENEM – H19) O clima é um dos elementos fundamentais não só na caracterização das paisagens naturais, mas também no histórico de ocupação do espaço geográfico.

Tendo em vista determinada restrição climática, a figura que representa o uso de tecnologia voltada para a produção é:

a)

Exploração vinícola no Chile

b)

Pequena agricultura praticada em região andina

c)

Parque de engorda de bovinos nos EUA

d)

Zonas irrigadas por aspersão na Arábia Saudita

e)

Parque eólico na Califórnia

3. (ENEM – H29) À medida que a demanda por água aumenta, as reservas desse recurso vão se tornando imprevisíveis. Modelos matemáticos que analisam os efeitos das mudanças climáticas sobre a disponibilidade de água no futuro indicam que haverá escassez em muitas regiões do planeta. São esperadas mudanças nos padrões de precipitação, pois

a) o maior aquecimento implica menor formação de nuvens e, consequentemente, a eliminação de áreas úmidas e subúmidas do globo.

b) as chuvas frontais ficarão restritas ao tempo de permanência da frente em uma determinada localidade, o que limitará a produtividade das atividades agrícolas.

c) as modificações decorrentes do aumento da temperatura do ar diminuirão a umidade e, portanto, aumentarão a aridez em todo o planeta.

d) a elevação do nível dos mares pelo derretimento das geleiras acarretará redução na ocorrência de chuvas nos continentes, o que implicará a escassez de água para abastecimento.

e) a origem da chuva está diretamente relacionada com a temperatura do ar, sendo que atividades antropogênicas são capazes de provocar interferências em escala local e global.

4. (ENEM – H27) As figuras a seguir representam a variação anual de temperatura e a quantidade de chuvas mensais em dado lugar, sendo chamadas de climogramas. Neste tipo de gráfico, as temperaturas são representadas pelas linhas, e as chuvas pelas colunas.

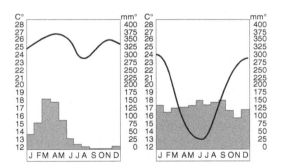

Leia e analise: a distribuição das chuvas no decorrer do ano, conforme mostrado nos gráficos, é um parâmetro importante na caracterização de um clima.

A respeito podemos dizer que a afirmativa:

a) está errada, pois o que importa é o total pluviométrico anual.

b) está certa, pois, juntamente com o total pluviométrico anual, são importantes variáveis na definição das condições de umidade.

c) está errada, pois a distribuição das chuvas não tem nenhuma relação com a temperatura.

d) está certa, pois é o que vai definir as estações climáticas.

e) está certa, pois este é o parâmetro que define o clima de uma dada área.

5. (ENEM – H27) A interface clima/sociedade pode ser considerada em termos de ajustamento à extensão e aos modos como as sociedades funcionam em uma relação harmônica com seu clima. O homem e suas sociedades são vulneráveis às variações climáticas. A vulnerabilidade é a medida pela qual uma sociedade é suscetível de sofrer por causas climáticas.

Adaptado de: AYOADE, J. O.
Introdução à Climatologia para os Trópicos.
Rio de Janeiro: Bertrand Brasil, 2010.

Considerando o tipo de relação entre ser humano e condição climática apresentado no texto, uma sociedade torna-se mais vulnerável quando:

a) concentra suas atividades no setor primário.

b) apresenta estoques elevados de alimentos.

c) possui um sistema de transportes articulado.

d) diversifica a matriz de geração de energia.

e) introduz tecnologias à produção agrícola.

6. (ENEM – H29) **Lucro na adversidade**

Os fazendeiros da região sudoeste de Bangladesh, um dos países mais pobres da Ásia, estão tentando adaptar-se às mudanças acarretadas pelo aquecimento global. Antes acostumados a produzir arroz e vegetais, responsáveis por boa parte da produção nacional, eles estão migrando para o cultivo do camarão. Com a subida do nível do mar, a água salgada penetrou nos rios e mangues da região, o que inviabilizou a agricultura, mas, de outro lado, possibilitou a criação de crustáceos, uma atividade até mais lucrativa. O lado positivo da situação termina por aí. A maior parte da população local foi prejudicada, já que os fazendeiros não precisam contratar mais mão de obra, o que aumentou o desemprego. A flora e a fauna do mangue vêm sendo afetadas pela nova composição da água. Os lençóis freáticos da região foram atingidos pela água salgada.

Globo Rural, jun. 2007, p.18. Adaptado.

A situação descrita acima retrata:

a) o fortalecimento de atividades produtivas tradicionais em Bangladesh em decorrência dos efeitos do aquecimento global.

b) a introdução de uma nova atividade produtiva que amplia a oferta de emprego.

c) a reestruturação de atividades produtivas como forma de enfrentar mudanças nas condições ambientais da região.

d) o dano ambiental provocado pela exploração mais intensa dos recursos naturais da região a partir do cultivo do camarão.

e) a busca de investimentos mais rentáveis para Bangladesh crescer economicamente e competir no mercado internacional de grãos.

7. (ENEM – H) Os seres humanos podem tolerar apenas certos intervalos de temperatura e umidade relativa (UR), e, nessas condições, outras variáveis, como os efeitos do sol e do vento, são necessárias para produzir condições confortáveis, nas quais as pessoas podem viver e trabalhar. O gráfico mostra esses intervalos:

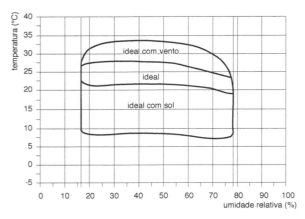

A tabela mostra temperaturas e umidades relativas do ar de duas cidades, registradas em três meses do ano.

	MARÇO		MAIO		OUTUBRO	
	T (°C)	UR (%)	T (°C)	UR (%)	T (°C)	UR (%)
Campo Grande	25	82	20	60	25	58
Curitiba	27	72	19	80	18	75

Com base nessas informações, pode-se afirmar que condições ideais são observadas em:

a) Curitiba com vento em março, e Campo Grande, em outubro.
b) Campo Grande com vento em março, e Curitiba com sol em maio.
c) Curitiba, em outubro, e Campo Grande com sol em março.
d) Campo Grande com vento em março, Curitiba com sol em outubro.
e) Curitiba, em maio, e Campo Grande, em outubro.

Questões objetivas, discursivas e PAS

8. (IMED – SP) Dentre as camadas da atmosfera, está a exosfera. Sobre essa camada, analise as assertivas abaixo:

I. É a última camada da atmosfera, na fronteira com o espaço sideral.
II. Nela, está localizada a camada de ozônio.
III. Nessa camada, ocorre a maioria dos fenômenos climáticos.

Quais estão corretas?
a) Apenas I.
b) Apenas I e II.
c) Apenas I e III.
d) Apenas II e III.
e) I, II e III.

9. (UPE) A atmosfera é uma mistura de nitrogênio, de oxigênio e de diversos outros gases, que envolve a Terra. Essa camada gasosa encontra-se dividida em várias subcamadas com características particulares. Sobre esse importante assunto da Climatologia, são corretas as afirmativas a seguir, **EXCETO:**

a) Troposfera é, das camadas da atmosfera terrestre, a que apresenta a maior parte dos fenômenos meteorológicos e a que é mais fortemente influenciada pelas ações antrópicas, como a poluição atmosférica.
b) A atmosfera terrestre se aquece de baixo para cima, em face da emissão da radiação de ondas longas pela superfície do planeta. O Sol, por outro lado, emite para a Terra radiação de ondas curtas.
c) A temperatura do ar atmosférico pode ser modificada pela influência de fatores geográficos estáticos e dinâmicos, tais como a cobertura vegetal, as correntes marítimas e as superfícies frontais.
d) As diferenças de calor específico, verificadas entre as massas continentais e as massas oceânicas, explicam as diferenciações de aquecimento e resfriamento do ar atmosférico. As áreas mais afastadas das superfícies oceânicas possuem amplitudes térmicas diárias mais enfáticas.
e) A ionosfera, em face de suas características físicas e químicas, bloqueia e evita que alguns perigosos raios emitidos pelo Sol atinjam a superfície terrestre. É nessa camada atmosférica que se situa a ozonosfera ou camada protetora do ar.

10. (UPE) A imagem de satélite a seguir mostra uma parte considerável do planeta Terra e alguns aspectos relacionados à dinâmica atmosférica. Observe-a atentamente.

Com relação à área delimitada e indicada pelo número 1, o que é CORRETO afirmar?

a) É uma região geográfica constantemente submetida a ventos periódicos, denominados monções de verão que provocam considerável redução hídrica local.
b) As frentes frias boreais, avançando para o sul, provocam, na região, fortes aguaceiros de caráter convectivo e que duram apenas três meses, reconstituindo os biomas locais.
c) Essa região encontra-se submetida, frequentemente, à ação de um vasto centro anticiclônico, responsável pelo clima que domina na área.
d) A ação sazonal de intensos centros ciclônicos na região, especialmente no inverno boreal, produz a instalação de um ambiente climático caracterizado pelo permanente *deficit* hídrico.
e) É uma região geográfica absolutamente desértica, cujas condições climáticas foram determinadas pelas milenares ações antrópicas sobre os solos, gerando os processos de desertificação.

11. (UECE) Sabendo que o clima tem uma inequívoca ação dinâmica, manifesta no sistema oceano-continente-atmosfera, pode-se afirmar corretamente que alguns dos seus principais elementos formadores são:

a) relevo, vegetação e temperatura.
b) umidade, solos e hidrografia.
c) temperatura, umidade e pressão.
d) pressão, geologia e massas de ar.

12. (UPE – SSA) Observe, atentamente, a imagem a seguir:

**Passagem de frente fria
pela região de Campinas derruba temperatura**

05/07/2015 09h09

Mínima registrada no município foi de 11°C às 0h40, segundo o Centro de Pesquisas Meteorológicas e Climáticas Aplicadas à Agricultura (CEPAGRI). Sensação de frio nesta madrugada foi de quase −3 °C, pelos ventos fortes.

Mulheres tentam se proteger do frio no Centro de Campinas.
<http://g1.globo.com/>.

Sobre o fenômeno climático nela apresentado, é **CORRETO** afirmar que ele ocorre quando:

a) a massa de ar frio avança, fazendo o ar quente recuar, causando o esfriamento do ar quente e produzindo temperaturas mais baixas. As frentes frias tipicamente causam mudanças rápidas e fortes na temperatura, e suas ocorrências durante o inverno são mais fortes.
b) a massa de ar quente se move em direção à massa de ar frio. O ar frio recua para a baixa altitude, pois é mais pesado. Nos mapas meteorológicos, esse fenômeno é mostrado por uma linha verde com setas azuis salientes.
c) as nuvens *cirrus* e *cumulonimbus* forçam o ar quente para baixo rapidamente, criando trovoadas, tempestades de neve e tornados. Esse fenômeno, quando ocorre durante o verão, se apresenta mais intensamente, produzindo padrões climáticos mais amenos. Suas temperaturas elevadas duram vários dias.
d) a zona de transição entre uma massa de ar quente e outra de ar frio se forma em regiões de homogeneidade térmica. Ocasionalmente, bloqueia a ocorrência de geadas em locais de alta altitude, sobretudo nos meses de outono e inverno.
e) o planeta Terra sofre um aquecimento diferenciado, provocando uma zona de transição entre as regiões tropicais e as regiões polares. Desse modo, o ar aquecido perde energia e desce, e o ar mais frio desloca-se em direção à zona subtropical.

13. (UNESP) As equipes de resgate trabalham contra o tempo neste domingo [23.06.2013] para salvar os milhares de pessoas que permanecem ilhadas no norte da Índia devido aos deslizamentos de terra e às inundações provocadas pelas chuvas, que podem ter provocado mil mortes. As pesadas chuvas, que atingem o subcontinente de junho a setembro, costumam provocar alagamentos, mas começaram mais cedo este ano, pegando muitas pessoas de surpresa e expondo a falta de preparo para prever e enfrentar a situação.

Adaptado de: <http://noticias.terra.com.br>.

As chuvas torrenciais abordadas pelo texto estão associadas ao fenômeno climático denominado:

a) monções de verão.
b) *El Niño*.
c) *La Niña*.
d) monções de inverno.
e) aquecimento global.

14. (UEM – PR) Sobre os ventos que ocorrem no planeta, indique as alternativas corretas e dê sua soma ao final.

(01) As brisas são ventos que se originam a partir da diferença de temperatura entre a terra e o mar. Durante o dia, a terra se aquece mais

rapidamente, formando um centro de baixa pressão, fazendo com que a brisa marinha sopre do mar para a terra. Durante a noite, essa situação se inverte, ou seja, a brisa continental sopra da terra para o mar.

(02) O mistral é um vento úmido e quente, mais frequente no outono e no verão, que sopra da zona de convergência intertropical (ZCIT), do Pacífico em direção à Oceania. Esse vento causa fortes chuvas, principalmente na Austrália e Nova Zelândia.

(04) Monções são ventos periódicos que se manifestam com maior intensidade na Ásia. Durante o verão, o vento sopra do oceano Índico para o Sudeste Asiático e Índia, trazendo nuvens e chuvas para o continente. Já no inverno, as monções secas sopram do continente para o mar.

(08) O siroco é um vento frio, muito úmido, que sopra das altas latitudes do hemisfério norte em direção aos países da península escandinava, na Europa, e para o Norte da Sibéria, na Ásia. Esse vento causa fortes chuvas no curto verão nessas regiões.

(16) O vento minuano é o nome dado à corrente de ar que tipicamente avança em direção ao Rio Grande do Sul e Sul de Santa Catarina. É um vento frio de origem polar. Ocorre após a passagem das frentes frias de outono e de inverno, geralmente depois das chuvas.

15. (UNIMONTES – MG) A disposição da massa de terras asiáticas e do oceano Índico gera uma circulação atmosférica singular: o regime dos ventos de monções.

MAGNOLI, D.; ARAÚJO, R.. *Geografia*: paisagem e território. São Paulo: Moderna, 2001.

Considerando o regime dos ventos de monções, é incorreto afirmar que:

a) caracteriza o verão, com chuvas torrenciais nos vales fluviais e inundações em áreas urbanas.
b) se refere ao movimento de gangorra dos centros de baixa pressão atmosférica que se alternam sazonalmente entre o oceano e o continente.
c) se trata de uma dinâmica permanente que caracteriza o clima semiárido da Ásia Ocidental e do Sudeste Asiático.
d) se percebe que os atrasos das chuvas, a sua escassez ou excesso causam perdas de safras e graves prejuízos a uma imensa população.

16. (UDESC) Os três principais tipos de chuva são: 1) chuva frontal, 2) chuva de relevo ou orográfica, e 3) chuva de convecção ou chuva de verão. Analise as proposições sobre os tipos de chuva.

I. As chuvas orográficas ocorrem em alguns lugares do planeta onde barreiras de relevo obrigam as massas de ar a atingir altitudes superiores, o que causa queda de temperatura e condensação do vapor.

II. Chuvas de convecção ocorrem quando o ar quente próximo à superfície fica leve e sobe para as camadas superiores da atmosfera, carregando umidade. Ao atingir altitudes superiores, a temperatura diminui e o vapor se condensa em gotículas pequenas que permanecem em suspensão. Esse processo se repete até formar nuvens muito grandes, que se precipitam no final do dia.

III. A chuva frontal acontece na zona de contato entre duas massas de ar (frente) de características diferentes (uma fria e outra quente), onde ocorrem a condensação do vapor e a precipitação da água.

IV. As chuvas de relevo costumam ser intermitentes e finas e são muito comuns nas regiões Nordeste e Sudeste do Brasil, onde as serras e chapadas dificultam a penetração, para o interior do continente, das massas úmidas de ar provenientes do oceano Atlântico.

V. Chuvas de convecção são aquelas que ocorrem em dias quentes.

Assinale a alternativa correta.
a) Somente as afirmativas I e V são verdadeiras.
b) Somente as afirmativas I, III e IV são verdadeiras.
c) Somente as afirmativas II e IV são verdadeiras.
d) Somente a afirmativa V é verdadeira.
e) Todas as afirmativas são verdadeiras.

17. (UECE) Um dos principais sistemas produtores de chuva que atuam no norte do Nordeste brasileiro é a Zona de Convergência Intertropical do Atlântico – ZCIT. Este sistema:

a) é o mais importante gerador de chuvas sobre a região equatorial dos oceanos Atlântico, Pacífico e Índico.
b) provoca chuvas convectivas intensas entre os meses de setembro e outubro no litoral do Nordeste.
c) permanece quase todo o ano estacionado sobre as latitudes mais próximas ao Trópico de Capricórnio.
d) não recebe a influência da umidade dos oceanos Atlântico e Pacífico, mas sim da Amazônia.

18. (EsPCEx – SP) Nas áreas urbanas, em média, a precipitação anual é 5% superior e o número de dias de chuva é 10% maior do que nas áreas rurais adjacentes. Além disso, as chuvas torrenciais são mais comuns nas cidades.

MAGNOLI, D.; ARAÚJO, R.. *Geografia*: paisagem e território. São Paulo: Moderna, 2004. p. 176.

O fenômeno descrito acima deve-se a alguns fatores comuns às grandes cidades, dentre os quais pode ser citado:

a) o acúmulo de praças e grandes áreas verdes na porção central das grandes cidades.

b) o excesso de concreto, que transfere calor para o ambiente e diminui a temperatura das áreas centrais.

c) a elevada presença de material particulado em suspensão, contribuindo para a condensação da água na atmosfera e precipitação de chuva.

d) a elevada evapotranspiração nas cidades, especialmente em áreas de canais e esgotos.

e) a presença de massas de ar frias nas áreas centrais e consequente aumento da precipitação de chuva.

19. (UFSJ – MG) É um fenômeno atmosférico-oceânico caracterizado por um aquecimento anormal das águas superficiais no oceano Pacífico Tropical, e que pode afetar o clima regional e global, mudando os padrões de vento em nível mundial e afetando, assim, os regimes de chuva em regiões tropicais e de latitudes médias.

Disponível em: <www.http://enos.cptec.inpe.br/>.
Acesso em: 30 jun. 2011.

O texto refere-se à/ao

a) El Niño.
b) La Niña.
c) efeito estufa.
d) aquecimento global.

20. (ACAFE – SC) **Fenômeno El Niño se consolida no oceano Pacífico Equatorial**

O monitoramento das condições oceânicas nos últimos dias em agosto, indica a persistência de anomalias positivas de TSM (Temperatura da Superfície do Mar) na região do Pacífico Equatorial de até 4 °C o que indica o pleno estabelecimento do fenômeno El Niño-Oscilação Sul (ENOS).

Disponível em: <http://enos.cptec.inpe.br/>.
Acesso em: 24 ago. 2015.

O título e o parágrafo inicial do artigo do Instituto Nacional de Pesquisas Espaciais (INPE) abordam a consolidação do fenômeno El Niño.

Sobre ele, assinale a alternativa **correta**.

a) El Niño representa um fenômeno oceânico-atmosférico que se caracteriza por um esfriamento anormal nas águas superficiais do oceano Pacífico Tropical, com reflexos em várias regiões do mundo, impactadas com longas estiagens.

b) Este é um fenômeno em que a interação atmosfera-oceano desaparece, proporcionando padrões normais da Temperatura da Superfície do Mar (TSM) e dos ventos alísios entre a costa brasileira e o litoral africano.

c) El Niño é um fenômeno atmosférico-oceânico caracterizado por um aquecimento anormal das águas superficiais no oceano Pacífico Tropical que pode afetar o clima regional e global, mudando os padrões de vento em escala mundial e afetando, assim, os regimes de chuva em regiões tropicais e de latitudes médias.

d) A consolidação do fenômeno El Niño e sua atuação até fins do verão 2015-2016 provocarão no Brasil alterações no comportamento pluviométrico com ausência de chuvas nas regiões Norte, Nordeste, Sudeste, Sul e Centro-Oeste.

21. (UEMA) Analise os climogramas. Esses são gráficos que registram o comportamento da temperatura e das precipitações ao longo dos meses do ano de qualquer tipo climático.

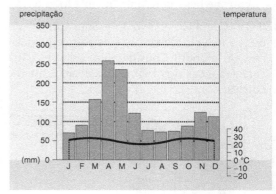

Entebbe – Uganda

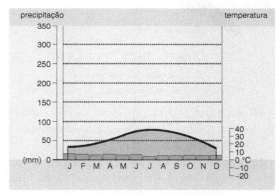

Entebbe – Uganda

MAGNOLI, D.; ARAÚJO, R.. Projeto de Ensino de Geografia: natureza, tecnologia, sociedades. São Paulo: Moderna, 2000.

a) Descreva as características dos climas representados nos climogramas de cada localidade.

b) Identifique quais são esses climas.

22. (UTFPR) A análise do gráfico a seguir permite concluir corretamente apenas que:

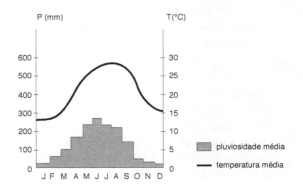

a) representa o clima típico das áreas equatoriais de monções, onde chuvas e secas se alternam ao ano.
b) é um clima dominado o ano todo por massas de ar tropicais alternadamente secas e úmidas.
c) representa o climograma típico de uma cidade do sul do Brasil, com invernos secos e verões úmidos.
d) se trata da representação de um clima temperado do hemisfério norte, com inverno seco e frio.
e) é um clima frio, de latitudes mais elevadas, com chuva e neve constante durante todo o ano.

23. (FGV) O gráfico abaixo apresenta a relação entre duas variáveis climáticas e os seis principais biomas do mundo. Considerando essa relação e as características dos biomas, assinale a alternativa correta:

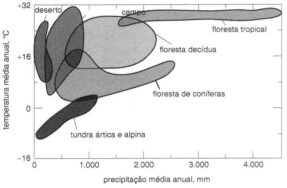

ODUM, E. P. *Ecologia*. Rio de Janeiro: Guanabara, 1988. p. 351.

a) Nas tundras ártica e alpina, a baixa precipitação é o fator limitante para a ocorrência do estrato arbóreo.
b) Nas florestas de coníferas, a baixa amplitude térmica anual funciona como fator limitante para o desenvolvimento dos estratos arbustivos e herbáceos.
c) As florestas decíduas ocorrem em climas quentes e úmidos, e, por isso, apresentam grande biodiversidade, se comparadas às demais formações florestais.
d) Os desertos, que apresentam extensas áreas sem cobertura vegetal, ocorrem somente em climas quentes e secos.
e) As florestas tropicais são mais limitadas em termos de distribuição pelo gradiente de temperatura e apresentam diferentes estratos arbóreos.

24. (UECE) Atente ao seguinte excerto: "O tratamento do clima urbano, como um dos componentes da qualidade do ambiente, não poderá ser considerado insignificante para o mundo moderno. Com isso, há um envolvimento, se não metafísico, pelo menos ideológico no seu sentido mais puro. Ele se reveste de um anseio, uma expectativa em participar das cruzadas pró-ambiente, às quais se filiam muitos idealistas ou ecoativistas, como às vezes são designados àqueles que almejam melhor qualidade de vida para a sociedade".

MONTEIRO, C. A. de F. Teoria e clima urbano, um projeto e seus caminhos.
In: *Clima Urbano*. São Paulo: Contexto, 2009. p.14.

Considerando o excerto, a partir da concepção do autor, pode-se concluir acertadamente que:
a) o estudo do clima urbano não é uma tarefa simples ou sem importância. Pelo contrário, é por demais relevante para a qualidade ambiental nos grandes centros urbanos e no planeta como um todo.
b) o estudo do clima urbano interessa apenas aos habitantes das grandes metrópoles e a uma minoria de pesquisadores e ambientalistas.
c) apenas as condições físicas e ambientais das grandes cidades, como as principais características do seu relevo e da sua geologia, influenciam no clima urbano.
d) muito embora a temática do clima urbano seja importante para o melhor entendimento da relação homem × natureza nas cidades, ainda são insignificantes os estudos nessa área.

25. (UFRGS – RS) Observe o gráfico abaixo.

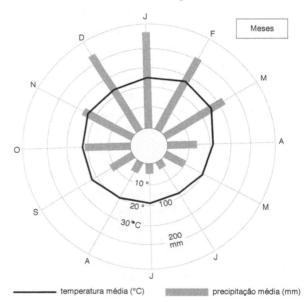

Assinale a alternativa que indica corretamente o tipo climático representado e suas características.
a) Clima temperado, com temperaturas acima de 30 °C no verão e abaixo de 10 °C no inverno, com chuvas regulares durante o ano.
b) Clima semiárido, com chuvas abaixo de 20 mm durante todo o ano.
c) Clima tropical, com verão chuvoso e temperaturas acima de 20 °C, inverno seco com temperaturas mais amenas.
d) Clima equatorial, com temperaturas elevadas, durante todo o ano, e precipitações regulares.

e) Clima subtropical com inverno chuvoso e temperaturas amenas, verão seco com temperaturas acima de 20 °C.

26. (FATEC – SP) As correntes marítimas são grandes porções de água que se deslocam pelos oceanos, com características próprias de salinidade, temperatura e sentido de direção. Elas influenciam diretamente o clima do nosso planeta.

A corrente marítima fria de Humboldt, retratada no mapa, se origina nas proximidades da Antártida e se desloca para o norte, tangenciando parte da costa ocidental da América do Sul.

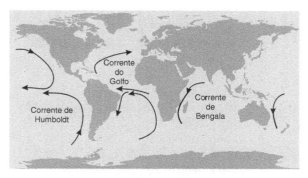

Essa corrente é um dos fatores responsáveis:
a) pelo fenômeno das monções, na Ásia.
b) pelo aquecimento da costa da Noruega, na Europa.
c) pela existência do deserto do Atacama, na América do Sul.
d) pela exuberância da flora na ilha de Madagascar, na África.
e) pela imensa quantidade de chuvas no arquipélago do Havaí, na Oceania.

27. (UFRGS – RS) Considere as seguintes afirmações em relação à ocorrência dos desertos.

   I. A presença dos ventos alísios nas zonas tropicais é determinante para a ocorrência de desertos.
   II. As correntes frias oceânicas, a exemplo das correntes de Humboldt e Benguela, contribuem para as formações desérticas do Atacama e da Namíbia.
   III. A presença dos ventos das monções é a causa principal da formação desértica do Saara, o maior deserto do planeta.

Quais estão corretas?
a) Apenas I.
b) Apenas II.
c) Apenas III.
d) Apenas II e III.
e) I, II e III.

28. (UNESP) Leia os textos a seguir.

Em países como Bélgica, França e Portugal, a temperatura chegou à casa dos 40 °C e a população precisou buscar maneiras de se refrescar. Parques, especialmente aqueles com fontes, têm sido o destino de muitos moradores. A idosos e crianças tem sido recomendado não sair às ruas nos horários de calor mais intenso para evitar problemas de saúde.

Adaptado de: <www.terra.com.br>. Acesso em: jul. 2010.

A onda de frio na Europa já matou 28 pessoas. A nevasca que atinge do Reino Unido à Lituânia suspendeu milhares de voos e prejudicou as viagens de trens. Estradas estão bloqueadas. Na Polônia, os termômetros chegaram a registrar –33 °C.

Disponível em: <www.g1.com.br>. Acesso em: dez. 2010.

O tipo climático onde tradicionalmente se verifica essa grande variação de temperatura entre as estações do ano é o:
a) equatorial.
b) tropical.
c) semiárido.
d) polar.
e) temperado.

29. (UEL – PR) Analise a figura a seguir.

Disponível em: <http://www.google.com.br/search?hl=pt-BR&q=mapas%20meteorologicos%20do%20brasil&gs_sm=c&gs_upl=1984l12468l0l12l1l2l1l1l1l1l10l422l3030l2-3.5.1l9&bav=on.2,or.r_gc.r_pw.&biw=1260&bih=837&wrapid=tlif130866236209311&um=1&ie=UTF-8&tbm=isch&source=og&sa=N&tab=wi> <http://www.climatempo.com.br/>.
Acesso em: 21 jun. 2011.

A figura ilustra as massas de ar que atuam na dinâmica atmosférica do Brasil: equatoriais, tropicais e polares, que resultam em diferentes tipos climáticos.
a) Quais são as massas que atuam na região Sul do Brasil?
b) Como é denominado o tipo climático predominante e quais são as características do clima que atua nessa região?

30. (UFBA) A antiga lenda grega de Pandora e da caixa que abriu libertando as pragas e desastres é um mito que podemos evocar na atualidade. Dessa forma, em uma aplicação do mito da caixa de Pandora, o desenvolvimento técnico-científico, médico e militar atual parece ter desencadeado forças de consequências perigosas que se voltam contra nós. Já temos sinais evidentes de advertência dados pelo ambiente global: terras cultiváveis estão sendo envenenadas por produtos químicos, o ar das grandes cidades é perigoso para respirar; florestas são derrubadas, rios e lagos estão cada vez mais poluídos por despejos de resíduos quí-

micos. As vastas quantidades de poluentes que entram no oceano, quase um milhão de substâncias tóxicas, estão envenenando a vida marinha, especialmente as diatomáceas que absorvem o dióxido de carbono e produzem oxigênio.

MORAES, P. R. *Geografia Geral e do Brasil*. 4. ed. São Paulo: HARBRA, 2011. p. 168.

Com base nas informações do texto e nos conhecimentos sobre os grandes problemas ambientais ocorridos no mundo contemporâneo, indique as alternativas corretas e dê sua soma ao final.

(01) O assoreamento dos rios e das nascentes é um problema causado pela perda do solo, pois a remoção da mata ciliar faz com que as águas pluviais carreguem maior quantidade de sedimentos para os leitos fluviais, reduzindo, assim, a vazão e a profundidade dos canais de drenagem.

(02) A poluição do ar nas grandes cidades localizadas em fundo de vales, como a cidade do México, agrava-se substancialmente, sobretudo durante o verão, uma vez que o ar mais aquecido favorece o aprisionamento dos poluentes em suspensão, concentrando-os nos níveis mais altos da atmosfera.

(04) O mar de Aral, localizado no extremo norte da Ásia, representa, na atualidade, um símbolo de preservação ambiental, no tocante ao uso de suas águas, pois conseguiu manter, ao longo das últimas décadas, a extensão original de sua área geográfica, sem alterar a salinidade.

(08) A silvicultura representa um agente modificador das florestas tropicais, uma vez que essa atividade substitui a mata original por outros tipos de árvores plantadas de forma homogênea, visando a atender, dentre outras, a produção de celulose.

(16) Os grandes centros urbanos vêm apresentando, cada vez mais, uma redução das áreas verdes e um contínuo aumento da permeabilidade dos solos, dificultando o escoamento superficial e ocasionando uma diminuição do lençol subterrâneo.

(32) Os oceanos recebem uma quantidade muito grande de poluentes, sobretudo nas desembocaduras dos canais fluviais, seja por descarga deliberada e transportada, seja por condições de arraste natural ou, ainda, por canais efluentes, comprometendo a qualidade das praias e a estrutura dos corais.

(64) O processo de desertificação que vem se alastrando no sudeste do Rio Grande do Sul advém de fatores climáticos associados ao uso intensivo do solo agrícola para produção de cereais, em terrenos de estrutura geológica cristalina, gerando uma verdadeira degradação ambiental denominada de "arenização".

31. (UFPR) O equilíbrio ambiental está na agenda da discussão social e política contemporânea. Uma das questões relacionadas à questão ambiental é o consumo. Explique de que forma essas duas questões estão relacionadas.

32. (UFRGS – RS) As figuras abaixo representam as alterações nos volumes de balanço hídrico entre um cenário sem urbanização e um urbanizado no Brasil.

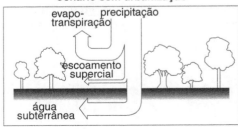

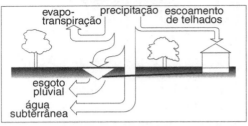

Adaptado de: TUCCI, C. E. M. *Inundações Urbanas*. Porto Alegre: ABRH/RHAMA, 2007. p. 96.

Considere as seguintes afirmações sobre os efeitos da urbanização na dinâmica do balanço hídrico.

I. A infiltração no solo é reduzida, mantendo estável o nível do lençol freático.

II. O volume de escoamento superficial aumenta devido à retirada da superfície permeável e da cobertura vegetal.

III. As perdas por evapotranspiração são mais intensas no cenário urbanizado.

Quais estão corretas?
a) Apenas I.
b) Apenas II.
c) Apenas III.
d) Apenas I e III.
e) I, II e III.

33. (UESPI) A biosfera pode ser definida como a região do planeta que contém todo o conjunto de seres vivos e na qual a vida é permanentemente possível. Sobre esse assunto, analise as afirmações seguintes.

1. A composição da biosfera varia continuamente como decorrência principalmente da própria atividade biológica que nela se realiza há milhões de anos.

2. A existência de vida no planeta depende da presença das chamadas condições de sobrevivência, representadas, de um lado, pela ocorrência de elementos indispensáveis à composição dos seres vivos e, de outro, pela ausência de fatores que lhe sejam nocivos.

3. Três componentes são indispensáveis à vida, sendo a sua presença obrigatória na biosfera: o calor, a água e a luz, que é a fonte de energia mais importante para a síntese dos compostos orgânicos constituintes dos seres vivos.

4. Embora a ampla distribuição das espécies na superfície terrestre dê a impressão de a biosfera ser de uma extensão quase ilimitada, ela é, entretanto, muito estreita em relação ao diâmetro da Terra.

Está(ão) correta(s):
a) 1 apenas.
b) 1 e 4 apenas.
c) 2 e 3 apenas.
d) 2 e 4 apenas.
e) 1, 2, 3 e 4.

Capítulo 9 – Biogeografia

ENEM

1. (ENEM – H1) As florestas tropicais estão entre os maiores, mais diversos e complexos biomas do planeta. Novos estudos sugerem que elas sejam potentes reguladores do clima, ao provocarem um fluxo de umidade para o interior dos continentes, fazendo com que essas áreas de floresta não sofram variações extremas de temperatura e tenham umidade suficiente para promover a vida. Um fluxo puramente físico de umidade do oceano para o continente, em locais onde não há florestas, alcança poucas centenas de quilômetros. Verifica-se, porém, que as chuvas sobre florestas nativas não dependem da proximidade do oceano. Esta evidência aponta para a existência de uma poderosa "bomba biótica de umidade" em lugares como, por exemplo, a bacia amazônica. Devido à grande e densa área de folhas, as quais são evaporadores otimizados, essa "bomba" consegue devolver rapidamente a água para o ar, mantendo ciclos de evaporação e condensação que fazem a umidade chegar a milhares de quilômetros no interior do continente.

Adaptado de: NOBRE, A. D. *Almanaque Brasil Socioambiental*. São Paulo: Instituto Socioambiental, 2008. p. 368-9.

As florestas crescem onde chove, ou chove onde crescem as florestas? De acordo com o texto,
a) onde chove, há floresta.
b) onde a floresta cresce, chove.
c) onde há oceano, há floresta.
d) apesar da chuva, a floresta cresce.
e) no interior do continente, só chove onde há floresta.

2. (ENEM – H27) A imagem a seguir retrata a araucária, árvore que faz parte de um importante bioma brasileiro que, no entanto, já foi bastante degradado pela ocupação humana.

Disponível em: <http://www.ra-bugio.org.br>. Acesso em: 28 jul. 2010.

Uma das formas de intervenção humana relacionada à degradação desse bioma foi:
a) o avanço do extrativismo de minerais metálicos voltados para a exportação na Região Sudeste.
b) a contínua ocupação agrícola intensiva de grãos na Região Centro-Oeste do Brasil.
c) o processo de desmatamento motivado pela expansão da atividade canavieira no Nordeste brasileiro.
d) o avanço da indústria de papel e celulose a partir da exploração da madeira, extraída principalmente no Sul do Brasil.
e) o adensamento do processo de favelização sobre áreas da Serra do Mar na Região Sudeste.

3. (ENEM – H26) Na figura, observa-se uma classificação de regiões da América do Sul segundo o grau de aridez verificado.

Disponível em: <http://www.mutirao.com.br>. Acesso em: 5 ago. 2009.

Em relação às regiões marcadas na figura, observa-se que:
a) a existência de áreas superáridas, áridas e semiáridas é resultado do processo de desertificação, de intensidade variável, causado pela ação humana.
b) o emprego de modernas técnicas de irrigação possibilitou a expansão da agricultura em determinadas áreas do semiárido, integrando-as ao comércio internacional.
c) o semiárido, por apresentar déficit de precipitação, passou a ser habitado a partir da Idade

Moderna, graças ao avanço científico e tecnológico.

d) as áreas com escassez hídrica na América do Sul se restringem às regiões tropicais, onde as médias de temperatura anual são mais altas, justificando a falta de desenvolvimento e os piores indicadores sociais.

e) o mesmo tipo de cobertura vegetal é encontrado nas áreas superáridas, áridas e semiáridas, mas essa cobertura, embora adaptada às condições climáticas, é desprovida de valor econômico.

4. (ENEM – H26)

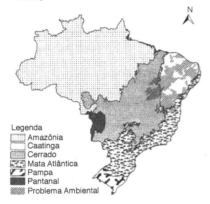

Brasil. Ministério do Meio Ambiente/IBGE. Biomas. 2004. Adaptado.

No mapa estão representados os biomas brasileiros que, em função de suas características físicas e do modo de ocupação do território, apresentam problemas ambientais distintos. Nesse sentido, o problema ambiental destacado no mapa indica

a) desertificação das áreas afetadas.
b) poluição dos rios temporários.
c) queimadas dos remanescentes vegetais.
d) desmatamento das matas ciliares.
e) contaminação das águas subterrâneas.

5. (ENEM – H30) O mapa a seguir representa um problema ambiental que tem se agravado no bioma brasileiro da Caatinga.

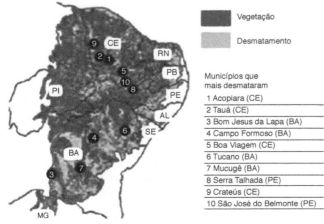

Disponível em: <www1.folha.uol.com.br>. Acesso em: 16 jun. 2011. Adaptado.

As causas desse problema estão associadas ao

a) uso da lenha para obtenção de energia pela indústria local.
b) extrativismo vegetal da madeira pelas indústrias moveleiras.
c) uso da terra pelas fazendas monocultoras mecanizadas.
d) extrativismo mineral praticado pelas empresas mineradoras.
e) uso do solo para pastagem pela agropecuária extensiva.

Questões objetivas, discursivas e PAS

6. (UEM – PR) Sobre os ecossistemas da Terra, indique as alternativas corretas e dê sua soma ao final.
   (01) Os ecossistemas agrupam somente os fatores abióticos e cada um deles pertence a um único bioma.
   (02) As estações do ano, independentemente do hemisfério, interferem de maneira diferenciada na dinâmica dos ecossistemas, como nas regiões tropicais, que apresentam pouca variação na quantidade de radiação solar recebida ao longo do ano.
   (04) Todos os ecossistemas da Terra formam um conjunto denominado litosfera.
   (08) No ecossistema marinho, a dinâmica da vida do plâncton, do nécton e dos bentos depende diretamente das células de convecção, que resultam de um efeito combinado de ar quente e ar frio.
   (16) Os solos também interferem na evolução dos diversos ecossistemas. Entre os tipos de solos existentes está o lodoso, que dificulta a fixação de árvores de grande porte.

7. (PUC – PR) Em seus trabalhos, Aziz Ab'Sáber (1924-2012) destaca a necessidade de um melhor conhecimento sobre a complexa realidade brasileira. O excerto abaixo é uma pequena amostra da lucidez de suas críticas e ideias.

"Para a infelicidade do destino da biodiversidade amazônica, o mais alto dignitário da nação, através de um ato falho verbal, acenou com uma liberação inoportuna para todos os especuladores devastadores. A frase dele foi 'a Amazônia não pode ser intocável'. O problema é outro: em primeiro lugar há que se saber como ela vem sendo 'tocada'. E, ao mesmo tempo, realizar um esforço imenso para planejar um desenvolvimento econômico e social com o máximo de florestas em pé."

AB'SÁBER, A. N. *Escritos Ecológicos*. São Paulo: Lazuli, 2006.

O texto acima permite entender que Ab'Sáber, geógrafo e ambientalista sempre atento às grandes mazelas que assolam o país, insistia que a melhor maneira de se preservar a biodiversidade amazônica é por intermédio

a) de uma série de estudos que priorizem a temática natural do bioma amazônico em detrimento do custo social.
b) de uma discussão científica, em que a ausência de políticas públicas deixaria de comprometer a biodiversidade amazônica.
c) da criação de Unidades de Proteção Integral na Amazônia Legal, devido à fragilidade natural desse bioma, além da devastação provocada pelo homem nas últimas décadas.
d) de políticas públicas pautadas em estudos científicos que aliem a preservação da biodiversidade com os interesses socioeconômicos.
e) da manutenção das atuais políticas públicas que, a *priori*, são suficientes para garantir o bem-estar das populações nativas e a biodiversidade da floresta.

8. (UECE) É evidente que o conservacionismo numa área subdesenvolvida e dotada de elevadas taxas demográficas encontra obstáculos, às vezes, intransponíveis. O próprio grau de dependência funcional, de que são possuidores os constituintes da biosfera, representa empecilho imediato.

SOUZA, M. J. N. de. Subsídios para uma Política Conservacionista dos Recursos Naturais Renováveis do Ceará. p. 81. Terra Livre 5. O Espaço em questão. AGB – Associação dos Geógrafos Brasileiros. Ed. Marco Zero. 1988.

Considerando o excerto, assinale a única alternativa que apresenta elementos para uma política de conservação da natureza.

a) Construção de açudes e adutoras como suporte às atividades industriais e agroindustriais.
b) Monitoramento de efluentes, exploração dos solos argilosos e abertura de novas áreas de pastagem.
c) Retirada da vegetação ciliar no bioma da caatinga e construção de barragens subterrâneas.
d) Manejo dos solos, proteção das áreas de nascentes e controle do desmatamento.

9. (FUVEST – SP) O estrato entre a crosta e a atmosfera, onde ocorre vida no planeta Terra, caracteriza-se por apresentar trocas de matéria e energia, o que influi na distribuição de biomassa e biodiversidade no planeta. Os fenômenos de radiação solar (R) e de precipitação (P) estão diretamente correlacionados com a distribuição da biomassa e da biodiversidade e variam, em grande medida, latitudinalmente. De modo geral, quanto mais quente e mais úmida for uma região, maiores serão a biomassa e a biodiversidade das espécies; por outro lado, quanto mais fria e mais seca for a região, menores serão tanto a biomassa quanto a biodiversidade das espécies.

a) Com base nas informações fornecidas e em seus conhecimentos, represente no gráfico abaixo a localização do extremo com maior biomassa e biodiversidade e os dois extremos com menor biomassa e biodiversidade. Para a representação, utilize a legenda indicada.

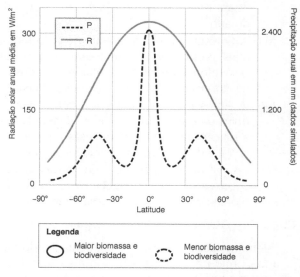

HARTMANN, D. L. *Global Physical Climatology*, 1994 e NOAA, 2011. Adaptado.

b) Indique outro fator, além da radiação solar e da precipitação, que pode afetar a distribuição de biomassa e de biodiversidade no planeta. Explique, apontando dois exemplos.

10. (UPF – RS) Em relação ao Código Florestal Brasileiro, só não é correto afirmar:

a) O Código Florestal regulamenta as áreas de proteção e de preservação ambiental, além disso, atribui aos produtores rurais a responsabilidade no que concerne ao uso das propriedades.
b) As Áreas de Preservação Permanente (APPs) podem ser cobertas ou não por vegetação nativa e têm a finalidade de preservar os recursos hídricos e a estabilidade geológica e de proteger o solo, assegurando o bem-estar dos humanos.
c) A Reserva Legal é um percentual mínimo de vegetação nativa a ser preservado nas propriedades e deve corresponder a 35% do total da propriedade, em todos os biomas.
d) As matas ciliares, que aparecem às margens de mananciais como nascentes, rios, lagos e reservatórios, são exemplos de Áreas de Preservação Permanente (APPs).
e) Os cuidados com os recursos hídricos estão contemplados no Código Florestal, por meio das Áreas de Preservação Permanente (APPs) que incluem as faixas de proteção dos recursos hídricos.

11. (UEM – PR) A respeito das características dos biomas terrestres, indique as alternativas corretas e dê sua soma ao final.

(01) As florestas tropicais e equatoriais são típicas das áreas intertropicais, que são em geral quentes e úmidas.

(02) A tundra, formada há 10.000 anos, é o bioma mais jovem e mais frio da Terra. Essa formação vegetal é constituída de musgos, liquens e gramíneas, e germina num curto período do ano.

(04) A floresta temperada é atualmente o bioma mais preservado do ambiente continental. Esse bioma abrange as maiores extensões territoriais na Europa e na América do Norte.

(08) A floresta boreal conhecida como taiga é marcada por grande biodiversidade. Ela tem a função de regular as diversas espécies de fauna e de flora para as gerações futuras.

(16) Os ecótonos são as áreas de transição onde ocorre a junção da vegetação típica de um bioma com a de outro bioma diferente.

12. (UFG – GO) Leias os textos a seguir.

Além de causas naturais, a fragmentação do bioma Cerrado em Goiás tem sido associada à expansão das atividades humanas, resultando em uma expressiva quantidade de fragmentos vegetacionais, distribuídos de forma desigual, formando muitos grupos pequenos e isolados.

CUNHA, H. F.; FERREIRA, A. A.; BRANDÃO, D.
Composição e fragmentação do Cerrado em Goiás usando Sistema de Informação Geográfica (SIG).
Boletim Goiano de Geografia. Goiânia,
v. 27, n. 2, jan.-jun., 2007. p. 139-152.
Adaptado.

Art.1.º Corredor entre remanescentes caracteriza-se como sendo faixa de cobertura vegetal existente entre remanescentes de vegetação primária, em estágio médio e avançado de regeneração (...).

Disponível em:
<www.mma.gov.br/port/conama/res/res96/res0996.html>.
Acesso em: 17 abr. 2014.
Resolução n. 9 de 24 out. 1996.

Considerando os textos apresentados,

a) descreva um fator que evidencia a importância direta dos corredores ecológicos para a conservação da biodiversidade do Cerrado;

b) cite uma atividade humana que contribuiu para a apropriação e consequente fragmentação do Cerrado goiano.

13. (ACAFE – SC) Podemos definir bioma como um conjunto de ecossistemas que funcionam de forma estável. Um bioma é caracterizado por um tipo principal de vegetação (num mesmo bioma podem existir diversos tipos de vegetação). Os seres vivos de um bioma vivem de forma adaptada às condições da natureza (vegetação, chuva, umidade, calor etc.) existentes. Os biomas brasileiros caracterizam-se, no geral, por uma grande diversidade de animais e vegetais (biodiversidade).

Disponível em:
<http://www.suapesquisa.com/geografia/biomas_brasileiros.htm>.

Nesse sentido, assinale a alternativa correta.

a) A diversidade biológica é maior nos ecossistemas que nos biomas.

b) Biomas e ecossistemas são sinônimos, com características distintas.

c) Pelo que se depreende do texto, nos diferentes biomas encontramos ecossistemas diversos, isto é, cada bioma pode conter vários ecossistemas.

d) Os ecossistemas brasileiros apresentam maior diversidade biológica que os biomas.

14. (FGV) No Brasil há a presença de variados biomas e ecossistemas ricos em espécies animais, vegetais e microrganismos. É o país com maior diversidade de anfíbios do mundo: 516 espécies. Possui 522 espécies de mamíferos, das quais 68 são endêmicas; 468 espécies de répteis, das quais 172 são endêmicas, e 1.622 espécies de aves (uma em cada seis espécies de aves do mundo ocorre no Brasil).

Adaptado de: *Conhecer para conservar:*
As Unidades de Conservação do Estado de São Paulo.
Secretaria do Meio Ambiente do Estado de São Paulo.
1999. p. 66.

Essas informações sobre a biogeografia do território brasileiro permitem concluir:

a) O Brasil é um país com grande diversidade biológica devido, antes de tudo, às políticas de conservação engendradas nos últimos 40 anos, com criação e consolidação de diversas unidades de conservação em todos os biomas de nosso território.

b) O Brasil tem uma biodiversidade comprometida em razão da excessiva invasão de espécies exóticas, o que é demonstrado pelo baixo número de espécies endêmicas de mamíferos. Isso coloca em risco de extinção espécies nativas, o que diminui nossa biodiversidade.

c) A biodiversidade de espécies animais no Brasil não corresponde à biodiversidade de espécies vegetais, essa, sim, muito ameaçada pelo desmatamento nas diversas regiões do país. Diferentemente, as políticas de proteção da fauna têm sido bem-sucedidas.

d) A condição de elevada biodiversidade no Brasil só não é mais importante porque a maior parte do nosso espaço encontra-se na faixa intertropical, o que homogeneíza as coberturas vegetacionais, diminuindo o potencial de diversidade biológica.

e) O Brasil é um país de megadiversidade biológica em parte graças à sua extensão, que abrange por volta de 40º de latitude e 40º de longitude, o que corresponde a condições ambientais múltiplas, fator importante na determinação da biodiversidade.

15. (UNESP) Analise o gráfico.

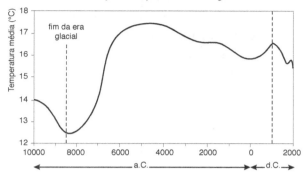

ROSS, J. L. S. (Org.). *Geografia do Brasil.*
São Paulo: Edusp, 2001.
Adaptado.

Considerando as relações existentes entre condições climáticas, dinâmica hidrológica e distribuição dos biomas no planeta, faça uma comparação do nível médio dos oceanos e da distribuição das florestas tropicais e equatoriais nos momentos em que a temperatura média do planeta alcançou um ponto de mínimo e de máximo no período destacado pelo gráfico.

16. (UPF – RS) Estabeleça a relação entre as duas colunas, considerando as principais formações vegetais do planeta.

Coluna 1

1. Floresta Tropical
2. Mediterrânea
3. Pradaria
4. Taiga

Coluna 2

( ) Própria de verões quentes e secos e invernos amenos. No sul da Europa foi intensamente desmatada para o cultivo de oliveiras e videiras.

( ) Ocorre em altas latitudes do hemisfério norte, típica de clima temperado. Predominam as coníferas, bastante exploradas para a utilização de madeira e fabricação de papel.

( ) Composta basicamente por gramíneas, ocorre em áreas de clima temperado e solos ricos em matéria orgânica.

( ) Ocorre em áreas delimitadas pelos trópicos, com temperaturas e pluviosidade elevadas. Concentra a maior biodiversidade entre os demais biomas.

( ) Utilizada como pastagem, é encontrada nos Pampas argentinos, no Uruguai e no sul do Brasil. Originalmente, ocupou praticamente metade da área do Rio Grande do Sul.

A ordem correta da relação estabelecida está na opção:

a) 2, 4, 3, 1, 3.   d) 2, 1, 4, 3, 4.
b) 1, 4, 3, 2, 3.   e) 3, 1, 4, 1, 3.
c) 2, 1, 3, 2, 4.

17. (UEPB) Observe as localizações das unidades de conservação da Paraíba descritas na coluna 1 e as associe aos respectivos biomas na coluna 2.

Coluna 1

(1) Área de Proteção Ambiental das Onças – São João do Tigre
(2) Estação Ecológica Pau-Brasil – Mamanguape
(3) Parque Estadual Pico do Jabre – Matureia e Mãe D'água
(4) Parque Estadual Mata do Pau-Ferro – Areia
(5) Parque Estadual Marinho de Areia Vermelha – Cabedelo

Coluna 2

( ) Mata Serrana e Caatinga
( ) Mata Latifoliada Tropical de Encosta (ou Mata Atlântica)
( ) Corais
( ) Mata Latifoliada Tropical de Altitude (ou mata de Brejo)
( ) Caatinga

Assinale a alternativa que traz a sequência correta da enumeração da coluna 2.

a) 2 – 4 – 3 – 5 – 1   d) 3 – 2 – 5 – 4 – 1
b) 1 – 3 – 5 – 4 – 2   e) 1 – 2 – 5 – 4 – 3
c) 3 – 1 – 2 – 4 – 5

18. (FGV) Sobre as causas e/ou as consequências das mudanças registradas na dinâmica espacial da cultura de soja no Brasil ocorridas entre o Censo Agropecuário de 1996 e o de 2006, assinale a alternativa correta:

a) A política de incremento da produção de alimentos para o consumo interno resultou em intenso crescimento da produção de soja no Centro-Oeste brasileiro.

b) Nos cerrados nordestinos, o aumento da área plantada resultou no parcelamento das grandes propriedades e na democratização do acesso à terra.

c) A diminuição da área plantada nos estados do sul ocorreu em virtude da implementação do novo Código Florestal brasileiro.

d) O aumento da área plantada nas franjas meridionais da Amazônia pode ser relacionado ao fim da obrigatoriedade da manutenção de uma reserva legal nas propriedades rurais.

e) O Cerrado foi o bioma brasileiro mais afetado pelo avanço da fronteira agrícola e pelo aumento da área plantada.

19. (UNICAMP – SP) Para o Ministério do Meio Ambiente, o processo de desertificação gera uma perda de cinco bilhões de dólares por ano ao Brasil (cerca de 1% do Produto Interno Bruto) e já atinge gravemente 66 milhões de hectares no semiárido brasileiro e 15 milhões de pessoas em áreas do bioma Cerrado e da Caatinga. No Brasil, 62% das áreas suscetíveis à desertificação estão em zonas originalmente ocupadas por caatinga, sendo que muitas já estão bastante alteradas.

Ministério do Meio Ambiente (2011).
Disponível em: <http://www.mma.gov.br/sitio/index.php>.
Acesso em: 15 ago. 2011.

Considerando o texto acima, responda:
a) O que é desertificação e quais são suas causas?
b) Quais os impactos sociais associados à desertificação?

3 UNIDADE POPULAÇÃO

Capítulo 10 – A População Mundial

ENEM

1. (ENEM – H26) O quadro apresenta as 10 cidades mais populosas do mundo em 1900 e os resultados de projeções das populações para 2001 e 2015.

1900	POP.*	2001	POP.*	2015	POP.*
Londres	6,6	Tóquio	29	Tóquio	29
Nova York	3,4	Cidade do México	18	Bombaim	26
Paris	2,7	São Paulo	17	Lagos, Nigéria	25
Berlim	1,9	Bombaim	17	São Paulo	20
Chicago	1,7	Nova York	16	Karachi, Paquistão	19
Viena	1,7	Xangai	14	Dacar, Bangladesh	19
Tóquio	1,5	Los Angeles	13	Cidade do México	19
Wuhan, China	1,5	Lagos, Nigéria	13	Xangai	18
Filadélfia	1,3	Calcutá	13	Nova York	18
São Petersburgo	1,3	Buenos Aires	12	Calcutá	17

* em milhões de habitantes. *Veja*, São Paulo, 26 jan. 2001.

As variações populacionais apresentadas no quadro permitem observar que:
a) as maiores cidades do mundo atual devem crescer mais nos primeiros 15 anos deste século do que cresceram em todo o século XX.
b) atualmente as cidades mais populosas do mundo pertencem aos países subdesenvolvidos.
c) Tóquio, que hoje é a maior cidade do mundo, no início do século XX ainda não era considerada uma grande cidade.
d) no início do século XX, as cidades com mais de 1 milhão de habitantes estavam localizadas em países que hoje são desenvolvidos.
e) o crescimento populacional das grandes cidades, nas primeiras décadas do século XXI, ocorrerá principalmente nos países hoje subdesenvolvidos.

Texto comum para as questões 2 e 3.

Em material para análise de determinado *marketing* político, lê-se a seguinte conclusão: a explosão demográfica que ocorreu a partir dos anos 50, especialmente no Terceiro Mundo, suscitou teorias ou políticas demográficas divergentes. Uma primeira teoria, dos neomalthusianos, defende que o crescimento demográfico dificulta o desenvolvimento econômico, já que provoca uma diminuição na renda nacional *per capita* e desvia os investimentos do Estado para setores menos produtivos. Diante disso, o país deveria desenvolver uma rígida política de controle de natalidade. Uma segunda, a teoria reformista, argumenta que o problema não está na renda *per capita* e sim na distribuição irregular da renda, que não permite o acesso à educação e saúde. Diante disso o país deve promover a igualdade econômica e a justiça social.

2. (ENEM – H13) Qual dos "slogans" a seguir poderia ser utilizado para defender o ponto de vista neomalthusiano?
a) "Controle populacional – nosso passaporte para o desenvolvimento."
b) "Sem reformas sociais o país se reproduz e não produz."
c) "População abundante, país forte!"
d) "O crescimento gera fraternidade e riqueza para todos."
e) "Justiça social, sinônimo de desenvolvimento."

3. (ENEM – H13) Qual dos "slogans" a seguir poderia ser utilizado para defender o ponto de vista dos reformistas?
   a) "Controle populacional já, ou país não resistirá."
   b) "Com saúde e educação, o planejamento familiar virá por opção!"
   c) "População controlada, país rico!"
   d) "Basta mais gente, que o país vai pra frente!"
   e) "População menor, educação melhor!"

4. (ENEM – H13) O governo de Cingapura, que vem enfrentando reclamações de residentes que precisam competir com estrangeiros por emprego, endureceu as regras para que empresas contratem funcionários de outros países para posições de nível médio. A partir de janeiro de 2012, um estrangeiro precisa ganhar 3.000 dólares cingapurianos (2.493 dólares americanos) ou mais por mês antes de se qualificar para um visto de trabalho que lhe permitirá trabalhar em Cingapura.

   Cingapura endurece regras para contratação de estrangeiros.
   Disponível em: <www.estadao.com.br.>
   Acesso em: 17 ago. 2011.
   Adaptado.

   As medidas adotadas pelo governo de Cingapura objetivam favorecer a:
   a) inserção da mão de obra local no mercado de trabalho.
   b) participação de população imigrante no setor terciário.
   c) ação das empresas estatais na economia nacional.
   d) expansão dos trabalhadores estrangeiros no setor primário.
   e) captação de recursos financeiros internacionais.

5. (ENEM – H18) A humanidade conhece, atualmente, um fenômeno espacial novo: pela primeira vez na história humana, a população urbana ultrapassa a rural no mundo. Todavia, a urbanização é diferenciada entre os continentes.

   DURAND, M. F. et al. ATLAS da Mundialização: compreender o espaço mundial contemporâneo. São Paulo: Saraiva, 2009.

   No texto, faz-se referência a um processo espacial de escala mundial. Um indicador das diferenças continentais desse processo espacial está presente em:
   a) orientação política de governos locais.
   b) composição religiosa de povos originais.
   c) tamanho desigual dos espaços ocupados.
   d) distribuição etária dos habitantes do território.
   e) grau de modernização de atividades econômicas.

6. (ENEM – H10) Foi lento o processo de transferência da população para as cidades, pois durante séculos o Brasil foi um país agrário. Foi necessário mais de um século (século XVIII a século XIX) para que a urbanização brasileira atingisse a maturidade; e mais um século para que assumisse as características atuais.

   ENDLICH, A. M. Perspectivas sobre o urbano e o rural.
   In: SPOSITO, M. E. B.; WHITACKER, A. M. (Orgs.).
   Cidade e Campo: relações e contradições entre o urbano e o rural.
   São Paulo: Expressão Popular, 2006. Adaptado.

   A dinâmica populacional descrita indica a ocorrência do seguinte processo:
   a) migração intrarregional.
   b) migração pendular.
   c) transumância.
   d) êxodo rural.
   e) nomadismo.

Questões objetivas, discursivas e PAS

7. (PUC – RS) Considere o quadro abaixo, que apresenta estimativas sobre a evolução da população mundial por continente entre 1750 e 2050, em milhões de habitantes.

CONTINENTE	PERÍODO				
	1750	1850	1950	2013	2050
Ásia	498	801	1350	4305	5284
África	106	111	222	1101	2435
Europa	125	208	392	740	726
América	18	64	328	958	1228
Oceania	2	2	13	38	58

Adaptado de: Trewartha, Glenn e World Population Prospects, ONU.

Pela análise dos dados, é INCORRETO afirmar que:
a) o crescimento populacional africano, nos períodos de 1850 a 1950 e de 1950 a 2013, pode ser respectivamente explicado, entre outros fatores, pelo fim da escravidão e pela redução nas taxas de mortalidade em boa parte do continente.
b) a redução das taxas de crescimento populacional nos países americanos, na projeção para 2050, pode ser atribuída à queda nos índices de natalidade, principalmente na América Latina.
c) a redução populacional no continente europeu projetada para 2050 deve-se, em grande parte, ao aumento nas taxas de emigração e à queda nas taxas de mortalidade.
d) o significativo aumento no número de habitantes na Ásia está relacionado com a redução dos índices de mortalidade nos países em desenvolvimento do continente.
e) o aumento populacional registrado na Oceania está diretamente ligado ao aumento do número de imigrantes entre 1950 e 2013.

8. (UNICAMP – SP) O gráfico a seguir apresenta as progressões do tamanho da população e do incremento populacional, por décadas, de 1750 até a projeção para 2050.

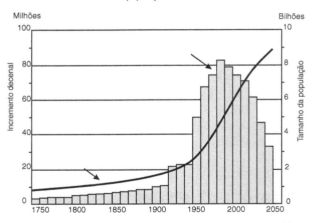

Crescimento da população mundial de 1750 a 2050

A partir de 1990, verifica-se uma importante mudança de comportamento do incremento. Contudo, a população continua a crescer porque o incremento populacional:
a) continua positivo.
b) passou a ser negativo.
c) manteve-se constante.
d) está em queda.

9. (UECE) O Japão é um dos países mais povoados do mundo, com uma área de 372.812 km² e uma população de 127,9 milhões de habitantes.

ONU, 2012

A definição de país povoado nos remete a um conceito geodemográfico de:
a) população relativa.
b) população absoluta.
c) crescimento vegetativo.
d) transição demográfica.

10. (UERN) Analise.

A Nigéria é considerada superpovoada.
PORQUE
Os recursos socioeconômicos do país não conseguem atender às necessidades básicas da população.

A partir da análise das afirmativas é possível inferir que:
a) as duas afirmativas estão incorretas.
b) a 1.ª afirmativa está incorreta e a 2.ª, correta.
c) a 1.ª afirmativa está correta e a 2.ª, incorreta.
d) a 1.ª afirmativa está correta e a 2.ª é uma explicação da 1.ª.

11. (ACAFE – SC) A população, seja mundial ou brasileira, necessita ser estudada e analisada quanto ao seu crescimento, estrutura, deslocamentos, urbanização e desenvolvimento sustentável. Para um conhecimento mais profundo de sua população, um governo deve conhecer as tendências acima para melhor planejar a vida dos seus cidadãos.

Sobre a população mundial e brasileira, todas as alternativas estão corretas, exceto a:
a) O Brasil, país urbano, tem nas cidades de São Paulo e Rio de Janeiro duas metrópoles nacionais, cuja área de influência é o território brasileiro, sendo que a primeira, além de ser considerada uma megacidade, é citada como cidade global.
b) O crescimento populacional ou demográfico pode ser explicado por dois fatores: o crescimento vegetativo – diferença entre o número de nascimentos e o de mortes – e o saldo das migrações. O conhecimento desses dados é fundamental para se adequar os investimentos ao perfil da população.
c) As mulheres, maioria no Brasil e também em idade ativa, são minoria na população ocupada e ainda sofrem preconceitos, salários mais baixos e têm dupla jornada de trabalho.
d) Na atualidade, as correntes imigratórias têm direção Sul-Sul e ocorrem, sobretudo, por motivos relacionados aos fenômenos da natureza. Quando chegam aos lugares de destino, os imigrantes sofrem perseguições e ameaças, não podendo contar com a proteção dos seus países de origem.

12. (UFRGS– RS) Observe o mapa abaixo.

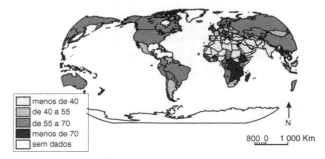

Mulheres economicamente ativas 2010

Disponível em: <http://atlasescolar.ibge.gov.br/mapas/atlas/mapas_mundo/mundo_mulheres_economicamente_ativas.pdf>. Acesso em: 11 set. 2015.

Considere as informações abaixo, contidas no mapa sobre Mulheres Economicamente Ativas em 2010 no mundo.

I. Os países mais ricos têm, proporcionalmente, maior quantidade de mulheres que participam do mercado de trabalho.

II. O mapa mostra que a participação da mulher nas atividades econômicas está presente na maior parte dos países.

III. Os países considerados menos desenvolvidos possuem a maior participação relativa das mulheres na população economicamente ativa.

Quais estão corretas?
a) Apenas I.
b) Apenas II.
c) Apenas I e III.
d) Apenas II e III.
e) I, II e III.

13. (FATEC – SP) No final do século XVIII, o economista inglês Thomas Malthus escreveu um livro, no qual trabalhou a ideia de que a fome e a miséria são decorrentes do descompasso entre o crescimento populacional e a produção de alimentos. Segundo Malthus,
a) o ritmo do crescimento populacional tende a diminuir à medida que os investimentos em educação aumentam.
b) o crescimento demográfico acelera a retirada dos recursos naturais, causando danos irreversíveis ao meio ambiente.
c) o crescimento acelerado da população nos países subdesenvolvidos é consequência e não a causa da miséria e da pobreza.
d) o aumento da população ocorre em progressão geométrica e a produção de alimentos aumenta em progressão aritmética.
e) o aumento da população faz com que os governos invistam cada vez mais em saúde, deixando de lado os investimentos produtivos.

14. (EsPCEx – SP) No estudo sobre demografia, são utilizados vários instrumentos, teóricos e práticos, que possibilitam aos organismos internacionais a obtenção de subsídios para elaboração de políticas econômicas e sociais. A curva de crescimento demográfico é um exemplo. A partir desta, é possível obter informações acerca do estágio da transição demográfica em que se encontram determinadas sociedades, isto é, torna-se possível conhecer a dinâmica de suas taxas de natalidade e de mortalidade ao longo do tempo.
A partir da análise da curva de crescimento da população mundial, pode-se afirmar que:
I. A humanidade, como um todo, percorre o último estágio da transição demográfica, considerando-se apenas as taxas médias de crescimento da população mundial.
II. As taxas de natalidade apresentam nítido declínio, enquanto as taxas de mortalidade praticamente se estabilizam; contudo, na Europa, as taxas de mortalidade tendem a crescer um pouco.
III. A quase totalidade dos países em desenvolvimento já exibe taxas de crescimento vegetativo iguais às dos países desenvolvidos.
IV. A África ainda apresenta as taxas de natalidade mais elevadas do planeta, enquanto a Ásia já alcançou a média mundial de crescimento vegetativo.
V. O Oriente Médio, assim como a Ásia e a América Latina, apresenta dinâmica de crescimento populacional que avança para o último estágio da transição demográfica.

Assinale a alternativa que apresenta todas as afirmativas corretas.

a) I, III e IV.
b) II, III e V.
c) II, IV e V.
d) I, II e IV.
e) I, III e V.

15. (UNISC – RS) Leia as afirmativas abaixo, acerca de aspectos relacionados à demografia, e preencha os parênteses com (V) para verdadeiro e (F) para falso.
( ) Transição demográfica é o nome dado à inversão no número de habitantes entre diferentes países. Ela indica a migração de pessoas em busca de melhores condições de vida, seja por necessidades econômicas ou por contextos naturais que podem colocar em risco a vida de diferentes populações.
( ) Bônus demográfico ocorre quando a população economicamente ativa supera a inativa em determinados lugares. Desse modo, é considerada uma situação que oportuniza o desenvolvimento da economia. Foi alcançado, no Brasil, nos últimos anos.
( ) O crescimento vegetativo é definido pela diferença entre as taxas de natalidade e mortalidade. Nas situações em que as taxas de natalidade são maiores que as de mortalidade, classifica-se como positivo, caso contrário, negativo. No Brasil, mesmo sendo positivo, o crescimento vegetativo está em declínio.
( ) A mortalidade infantil é definida por meio do número de crianças que morrem, com menos de 10 anos de vida, a cada 100 ou 1.000 nascimentos.

A sequência correta de preenchimento dos parênteses, de cima para baixo, é:
a) V – V – V – V.
b) F – V – V – F.
c) F – F – F – F.
d) F – V – V – V.
e) V – V – V – F.

16. (UEM – PR) No que se refere a deslocamentos populacionais entre os espaços rural e urbano, indique as alternativas corretas e dê sua soma ao final.
(01) Os deslocamentos ocorrem sempre no sentido do espaço rural para o espaço urbano. A causa inicial e principal desse deslocamento é o excedente populacional provocado pelas taxas de fecundidade (número de filhos por mulher), que na zona rural é, pelo menos, o dobro quando comparadas às mesmas taxas na zona urbana.
(02) O êxodo rural ocorre em função de dois condicionantes interligados: a expulsão da força de trabalho no campo e a atração da força de trabalho para as cidades.
(04) O estado de equilíbrio entre as populações urbana e rural, mantido durante período de, no mínimo, um ano, é denominado de população relativa ou estacional. Atualmente,

apenas países desenvolvidos têm conseguido manter esse estado.

(08) Urbanização é o crescimento da população das cidades a taxas superiores à média nacional. Ou seja: se a população do país cresce 3% ao ano, e se a população das cidades cresce 5% ao ano, está havendo urbanização, com o deslocamento de pessoas das zonas rurais para as zonas urbanas.

(16) A urbanização está fortemente ligada à industrialização, ou seja, às transformações provocadas na cidade pela indústria, notadamente quanto à geração de emprego.

17. (MACKENZIE – SP) Leia o texto a seguir para responder a questão.

População idosa da Europa é um desafio para o sistema previdenciário

Jornal do Brasil

O equilíbrio no sistema previdenciário europeu é um dos grandes desafios do continente para as próximas décadas, acreditam os especialistas. Os que vivem de aposentadorias deverão atingir a maioria da população europeia, com cerca de 30% do total em 2050. Porém, a crise econômica que se alastra no Velho Mundo já desempregou cerca de 10% do continente, causando um desequilíbrio que deverá afetar os Estados no futuro.

Disponível em: <http://www.jb.com.br/economia/noticias/2012/02/03/>.

O trecho da reportagem acima retrata parte do problema do chamado "*deficit* previdenciário". Este problema envolve aspectos demográficos, econômicos e políticos. A esse respeito, assinale a alternativa correta.

a) O *deficit* previdenciário é um problema grave da Europa, pois sua população ainda se encontra na primeira fase do processo de transição demográfica, apresentando redução constante dos índices de mortalidade e aumento da expectativa de vida. Os índices elevados de natalidade, pouco superiores às médias mundiais, não têm sido suficientes para a reposição da mão de obra e, consequentemente, das contribuições previdenciárias.

b) A população europeia encontra-se na segunda fase do processo de transição demográfica, caracterizando-se por uma queda recente dos índices de natalidade, o que garante a mão de obra compatível com as contribuições previdenciárias. Desse modo, o problema do *deficit* se justifica apenas pela crise econômica deflagrada em 2008.

c) A contínua elevação da expectativa de vida fez aumentar a proporção de idosos no continente europeu, ao mesmo tempo em que a reduzida taxa de natalidade fez com que a proporção da população economicamente ativa não acompanhasse esse crescimento. Esses dois fenômenos, combinados, provocam o *deficit* previdenciário, agravado pela crise econômica.

d) A população europeia é chamada de "madura" ou "envelhecida", pois a proporção média de idosos (pessoas acima de 60 anos) nos países do continente ultrapassa os 60% da população total. Nesse contexto, os gastos com aposentadorias e pensões tornam-se muito superiores ao volume das contribuições previdenciárias.

e) A grande participação de imigrantes ilegais é a principal causa do *deficit* previdenciário nos países europeus, sobretudo na sua porção ocidental. Países como França e Alemanha apresentam grandes percentuais de estrangeiros irregulares, notadamente argelinos e turcos. Esses imigrantes, por serem ilegais, não trabalham, mas consomem os recursos previdenciários sob a forma de aposentadorias e pensões.

18. (EsPCEx – SP) Nas últimas décadas do século XX, o número de migrantes internacionais aumentou de forma significativa (...) por causa das disparidades econômicas entre os países.

TERRA, L.; ARAÚJO, R.; GUIMARÃES, R. *Conexões*: estudos de geografia geral. São Paulo: Moderna, 2009. p. 327.

Sobre as migrações no contexto da globalização, podemos afirmar que:

I. A globalização tem facilitado as migrações, devido tanto à redução do custo dos transportes quanto à expansão dos meios de comunicação.

II. Embora os EUA e o núcleo mais próspero da União Europeia sejam as duas maiores zonas de atração de fluxos migratórios do mundo, países situados no Oriente Médio são os que possuem maior percentagem de imigrantes na população.

III. A crescente necessidade de mão de obra imigrante por parte da Austrália tem levado esse país a estimular a imigração através de políticas imigratórias menos seletivas.

IV. No México, o recebimento de remessas financeiras de seus milhares de emigrados constitui uma das maiores fontes de divisas do país.

V. As restrições cada vez mais rígidas impostas pelos países desenvolvidos à imigração clandestina, aliada à constante vigilância de suas fronteiras, têm impedido o crescimento do número de imigrantes ilegais no mundo.

Assinale a alternativa em que todas as afirmativas estão corretas.

a) I e III.
b) III e IV.
c) I, II e IV.
d) II, III e V.
e) I, IV e V.

19. (UEPB) Fome tem cor? Fome tem dia marcado? Deve existir o dia da fome?

Geografia – Guia prático do estudante – 2013.

Os braços estendidos dessas crianças africanas não diferem dos braços de crianças brasileiras nos bolsões de pobreza nas periferias de cidades brasileiras, nos lixões à procura de alimentos para sobreviver.

I. Segundo Josué de Castro, em sua obra *Geopolítica da Fome*, a humanidade se divide em dois grupos: o grupo dos que não comem e o grupo dos que não dormem com receio da revolta dos que não comem.

II. A fome está intimamente ligada ao crescimento populacional e aos problemas ambientais.

III. Josué de Castro destaca em sua obra que a humanidade é capaz de produzir mais alimentos do que os que consome. É necessário analisar que, no Brasil, a lógica da produção agrícola obedece ao modelo comercial exportador, o espaço agrário é predominantemente ocupado por latifúndios monocultores. Há alimentos para todos, o que falta é dinheiro para adquiri-los.

IV. A persistência da fome, ainda hoje, é uma necessidade hipócrita. "Quem entende de necessidades básicas da população são os governantes." Eles sabem muito bem por que precisam da fome. A Bolsa Família é uma realidade de toda uma máquina estrutural. Logo, concluímos que a fome é um flagelo feito por homens para outros homens.

Estão corretas:
a) Apenas as proposições I e II.
b) Apenas as proposições I, III e IV.
c) Apenas as proposições II e IV.
d) Apenas as proposições II, III e IV.
e) Todas as proposições.

20. (UPE) Observe o diagrama e analise os itens a seguir:

I. O crescimento das metrópoles brasileiras teve seu círculo concêntrico organizado a partir do centro em direção às periferias, fato que agravou, consideravelmente, até os dias atuais, a mobilidade da população.

II. Em países pobres, as periferias tiveram seus círculos concêntricos organizados territorialmente em grupos comunitários de bairros afastados dos grandes centros e próximos dos polos modais de transporte público.

III. Somente após a década de 1950, o planejamento urbano das grandes metrópoles brasileiras foi organizado, considerando-se os postos de trabalho situados em locais próximos às moradias dos trabalhadores.

IV. Os núcleos metropolitanos possuem seus círculos concêntricos organizados a partir das periferias para os grandes centros urbanos. Essa dinâmica no espaço geográfico brasileiro dificultou a mobilidade diária da população.

Está CORRETO o que se afirma em:
a) I.   c) I e III.   e) I, II, III e IV.
b) II.   d) II, III e IV.

21. (UFSM – RS) Observe a notícia:

FAO recomenda alimentação com insetos para combater a fome

Insetos são ricos em nutrientes, têm baixo custo de produção, são ecológicos e "deliciosos".

Insetos comestíveis em Pequim.

Disponível em: <www.zh.com.br>. Acesso em: 29 maio 2013. Adaptado.

Assinale verdadeira (V) ou falsa (F) em cada afirmativa.

( ) A criação de insetos é uma opção aos problemas ambientais decorrentes da agricultura e da pecuária extensiva, que usam muita água e produzem gases do efeito estufa.

( ) Os insetos são abundantes em todo o mundo e uma rica fonte de proteínas e minerais.

( ) Muitas culturas ao redor do mundo utilizam, há muito tempo, os insetos para alimentação da população e para fins medicinais.

A sequência correta é:
a) V – V – V.   d) F – F – V.
b) V – F – V.   e) F – V – F.
c) V – F – F.

22. (CEFET – MG) A questão refere-se ao seguinte cartograma.

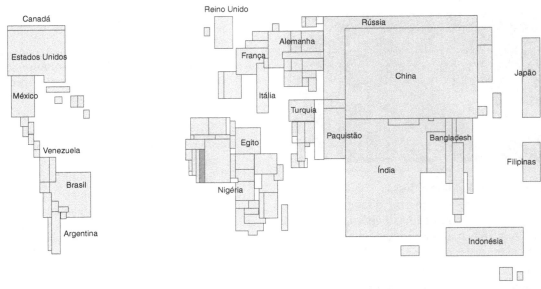

SIMIELLI, M. E. *Geoatlas*. São Paulo: Ática, 2009.

Novas formas de representação do espaço têm sido criadas para subsidiar pesquisas e práticas de planejamento. Nesse sentido, esse cartograma pode contribuir para o estudo:

a) geopolítico, pois demonstra a posição estratégica dos estados-nação.
b) demográfico, pois revela o quantitativo populacional nos países do globo.
c) sociológico, pois permite a mensuração da qualidade de vida da população.
d) geodésico, pois garante a localização correta dos continentes no planisfério.
e) econômico, pois apresenta dados do desenvolvimento financeiro contemporâneo.

---

23. (UERJ) Pense no seguinte: a população da Terra levou milhares de anos, desde a aurora da humanidade até o início do século XIX, para atingir um bilhão de pessoas. Então, de forma estarrecedora, precisou apenas de uns cem anos para duplicar e chegar a dois bilhões, na década de 1920. Depois disso, em menos de cinquenta anos, a população tornou a duplicar para quatro bilhões, na década de 1970. Como a senhora pode imaginar, muito em breve chegaremos aos oito bilhões. Pense nas implicações. (...)
Espécies animais estão entrando em extinção num ritmo aceleradíssimo. A demanda por recursos naturais cada vez mais escassos é astronômica. É cada vez mais difícil encontrar água potável.

BROWN, D. *Inferno*. São Paulo: Arqueiro, 2013.

A fala do personagem no trecho citado ilustra o ponto de vista defendido por uma teoria demográfica.
Nomeie essa teoria e explicite o ponto de vista que ela defende. Nomeie, também, a teoria demográfica que defende o ponto de vista contrário.

24. (IFCE) O subdesenvolvimento é uma realidade do sistema capitalista que atinge a maior parte dos países do mundo. Dentre as suas características, destacam-se, exceto:

a) dependência econômica e alto endividamento externo e interno.
b) predominância do setor primário na ocupação da população economicamente ativa na grande maioria de países.
c) grandes desigualdades sociais e concentração de renda.
d) baixo nível de instrução e qualificação da maioria da população.
e) alto Índice de Desenvolvimento Humano (IDH) e alta esperança de vida ao nascer.

25. (UEM – PR) Sobre a distribuição e o crescimento da população mundial, indique as alternativas corretas e dê sua soma ao final.

(01) Em geral, o crescimento demográfico é bem menor nas áreas com fraca industrialização e grande população rural do que em áreas com forte industrialização e grande população urbana.

(02) O crescimento vegetativo de um país é a diferença entre o número de pessoas que saíram do país (imigrantes) e o número de pessoas que entraram no país (emigrantes).

(04) Considera-se mortalidade infantil o número de crianças não vacinadas que morrem antes de completar doze anos, idade em que a criança entra na fase da adolescência.

(08) A teoria malthusiana, formulada no final do século XVIII pelo pastor Thomas Robert Malthus, relatava que a produção mundial de ali-

mentos cresceria em progressão aritmética, enquanto a população mundial cresceria em progressão geométrica.

(16) Considere que a Índia tenha 1.145.000.000 de habitantes e uma densidade demográfica de 370 habitantes por km² e que Bangladesh tenha 154.000 habitantes e uma densidade demográfica de 1.090 habitantes por km². A partir dessas informações, pode-se afirmar que Bangladesh é mais povoada do que a Índia.

26. (UPE) Tendências globais em fecundidade

A população mundial ultrapassou os 7 bilhões e está projetada para alcançar 9 bilhões até 2050. Em termos gerais, o crescimento populacional é maior nos países mais pobres, onde as preferências de fecundidade são mais altas, onde os governos carecem de recursos para atender à crescente demanda por serviços e infraestrutura, onde o crescimento dos empregos não está acompanhando o número de pessoas que entram para a força de trabalho e onde muitos grupos populacionais enfrentam grandes dificuldades no acesso à informação e aos serviços de planejamento familiar.

Population Reference Bureau, 2011.

Com base no texto, é CORRETO afirmar que:

a) as taxas de nascimento da população mundial têm declinado vagarosamente, contudo há grandes disparidades entre as regiões mais e menos desenvolvidas, como na África Subsaariana, onde as mulheres têm três vezes mais filhos, em média, que as das regiões mais desenvolvidas do mundo.

b) a pobreza, a desigualdade de gênero e as pressões sociais revelam acesso desigual aos meios de prevenção à gravidez, mas não são consideradas nos índices demográficos como indicadores da persistente alta da taxa de fecundidade no mundo em desenvolvimento.

c) o aumento do uso de contraceptivos é consideravelmente responsável pelo aumento das taxas de fecundidade nos países desenvolvidos. Globalmente, cerca de quatro mulheres escolarizadas, sexualmente ativas e na idade reprodutiva não adotam o planejamento familiar.

d) a taxa de fecundidade total é uma medida mais direta do nível de longevidade que a taxa bruta de natalidade, uma vez que se refere ao envelhecimento da população feminina. Esse indicador mostra o potencial das mudanças de gênero nos países.

e) uma média de cinco filhos por mulher é considerada a taxa de substituição de uma população, provocando uma relativa instabilidade em termos de números absolutos. Taxas acima de cinco filhos indicam população crescendo em tamanho cuja idade média está em ascensão.

27. (UEPB) Observe os quatro fragmentos de reportagens capturados na internet.

I. No Afeganistão, o risco de morte relacionada à gestação ou parto é de uma em oito, a segunda maior taxa em todo o mundo.

Disponível em: <http://www.unicef.org/brazil/sowc9pt/cap3-dest4.htm>.

II. Diarreia é a segunda maior causa de morte de crianças no mundo.

A lista dos países é liderada pela Índia, onde se estima que morrem, por ano, quase 390 mil crianças por doenças associadas à diarreia. Em seguida estão Nigéria, República Democrática do Congo, Afeganistão e Etiópia.

Disponível em: http://noticias.cancaonova.com/noticia.php?id=274418>.

III. Dos 1,2 milhão de habitantes deste país africano, 200 mil estão contaminados com o vírus HIV, o que faz com que a Suazilândia tenha o recorde em números de casos no mundo.

Disponível em:http://www.rnw.nl/porlugues/article/suazil%C3%A2ndia-plano-ambicioso-para-frear-o-hiv>.

IV. Metade dos adultos dos EUA será de obesa até 2030, projeta estudo.

Hoje, 35,7% dos adultos e 16,9% das crianças e adolescentes são obesos. Relatório também prevê aumento de diabetes e doenças cardíacas.

Disponível em: <http://g1.globo.com/bemestar/noticia/2012/09/metade-dos-adultos-dos-eua-sera-de-obesos-ate-2030-projeta-estudo.html>.

Assinale com (V) ou com (F) as proposições, conforme sejam, respectivamente, Verdadeiras ou Falsas em relação à distribuição geográfica das doenças e das causas-morte no mundo.

( ) As doenças transmissíveis são as principais causas das mortes entre os pobres, causadas pelas péssimas condições sanitárias e as dificuldades de acesso ao atendimento médico e às vacinas.

( ) O acesso à saúde no mundo é uma questão econômica e social, mas também de gênero, em especial para países islâmicos, nos quais a condição da mulher é de inferioridade e de negação de seus direitos.

( ) A população dos países desenvolvidos, por dispor de maior assistência médica e sanitária, melhor acesso aos meios de comunicação e à alimentação saudável, tem reduzido drasticamente os males causados por doenças crônicas não transmissíveis e enfermidades adquiridas.

( ) A mortalidade por causas banais, que poderiam ser facilmente evitadas, é a consequência da desigualdade entre ricos e pobres, situação que persiste e até se aprofunda no mundo globalizado.

Assinale a sequência correta das assertivas.
a) V – F – F – V.
b) F – F – F – F.
c) V – V – V – V.
d) F – F – V – F.
e) V – V – F – V.

28. (MACKENZIE – SP) Constitui, pois, a luta contra a fome, concebida em termos objetivos, o único caminho para a sobrevivência de nossa civilização, ameaçada em sua substância vital por seus próprios excessos, pelos abusos do poder econômico, por sua orgulhosa cegueira – numa palavra, por seu egocentrismo político, sua superada visão ptolomaica do mundo.

Josué de Castro. Disponível em:
<http://pensador.uol.com.br/autor/josue_de_castro/>.

No ano de 2008, o mundo celebrou o centenário do nascimento de Josué de Castro, pernambucano que foi presidente do Conselho Executivo da Organização das Nações Unidas para a Agricultura e Alimentação (FAO). Foi indicado três vezes para o prêmio Nobel: de medicina, em 1954, e da paz, em 1963 e 1970.

De acordo com seus conhecimentos a respeito do tema da fome e, com base na frase acima, está correto afirmar que o pensamento de Josué de Castro é coerente com a teoria demográfica:
a) malthusiana, pois relaciona a fome ao descompasso entre a produção de alimentos, que cresce em progressão aritmética, ao crescimento populacional, que ocorre em progressão geométrica.
b) neomalthusiana, ao conceber os abusos do poder econômico como consequência dos elevados índices de natalidade.
c) econeomalthusiana, uma vez que defende a tese de que a degradação ambiental provocada pelo fenômeno da superpopulação compromete a vida na Terra.
d) reformista, ao entender que o problema da fome decorre de relações econômicas e socais injustas e desiguais.
e) alarmista, ao supervalorizar os efeitos negativos da superpopulação e omitir fatores sociais, econômicos e políticos.

29. (UTFPR)

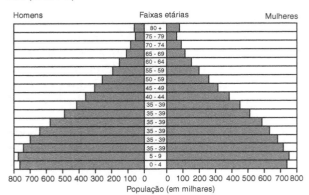

A análise da pirâmide etária desta questão somente permite concluir que:
a) reflete uma política rigorosa de controle de natalidade como podemos observar nos países ricos da Europa.
b) pertence a um país que vem reduzindo suas elevadas taxas de natalidade, como observado na base da pirâmide.
c) representa o comportamento demográfico de um país envelhecido como o Japão, por exemplo.
d) é a pirâmide média dos dois países representantes da América Anglo-Saxônica.
e) mostra a projeção futura da pirâmide da América Latina onde a natalidade tende sempre a crescer.

30. (UPF – RS) Analise as afirmativas sobre as teorias demográficas e marque V para verdadeiro e F para falso.
( ) A teoria malthusiana, formulada em 1798 por Thomas Robert Malthus, afirmava que a capacidade de produção de alimentos cresceria em progressão aritmética enquanto a população cresceria em progressão geométrica.
( ) A teoria reformista defende que a pobreza é que gera a superpopulação e que o surgimento de novas tecnologias aumenta a capacidade produtiva dos meios de sobrevivência.
( ) A teoria neomalthusiana defendia o controle da natalidade ao afirmar que o alto crescimento demográfico causava a generalização da pobreza em áreas subdesenvolvidas, exigindo grandes investimentos sociais e reduzindo a capacidade de investimentos nos setores produtivos.
( ) Segundo a teoria malthusiana, as doenças não seriam um mecanismo natural de controle do tamanho da população, pois os avanços na área da medicina seriam eficientes para o controle das doenças.

A sequência correta de preenchimento dos parênteses, de cima para baixo, é:
a) V – V – V – F.
b) V – F – F – V.
c) F – F – V – V.
d) V – V – F – F.
e) F – V – F – V.

31. (UEL – PR) Os indicadores demográficos e socioeconômicos têm possibilitado avaliar o desenvolvimento da população nas cidades, estados ou países. Sobre os indicadores sociais, assinale a alternativa correta.
a) População absoluta é o índice obtido com base no número de óbitos ocorridos durante um ano em uma população pela multiplicação do número total da população por mil e dividido pelo número de óbitos.
b) Taxa bruta de natalidade é o número total de habitantes de um lugar diretamente relaciona-

da com a renda familiar *per capita*, refletindo na qualidade da alimentação, higiene e assistência médica.
c) Taxa de crescimento vegetativo ou natural é a diferença entre a taxa de natalidade e a taxa de mortalidade expressa por mil habitantes, verificada em uma população de um determinado período, geralmente de um ano.
d) Taxa de fecundidade é o índice obtido com base no número de nascimentos ocorridos durante um ano em uma determinada população, podendo ser expresso por mil habitantes ou em percentagem.
e) Taxa de mortalidade infantil é obtida pelo cálculo da diferença entre a taxa de natalidade e a de mortalidade observada em uma população em um determinado período, podendo ser positiva, negativa ou nula.

32. (UFPE) Leia atentamente o seguinte texto:

China e Índia são, respectivamente, os dois países mais populosos do mundo, com o primeiro concentrando cerca de 1,35 bilhão de pessoas e o segundo, 1,2 bilhão de pessoas. Uttar Pradesh, um estado indiano, possui sozinho 199.581.477 pessoas, mais do que toda a população brasileira. Somadas, as populações de China e Índia equivalem a pouco mais de um terço de toda a população mundial.

MORAES, G. T. de. *Questões Demográficas na Índia e na China.*

Sobre o tema tratado no texto, podemos afirmar que:

( ) O governo da China criou, em 1978, a política do filho único, como uma tentativa de aliviar os problemas sociais, econômicos e ambientais do Estado. Essa política se baseia em uma série de legislações e incentivos econômicos que beneficiam as famílias com apenas um filho e punem economicamente as famílias que têm mais de uma criança.

( ) A política do filho único, na China, encontrou barreiras na tradição confuciana, segundo a qual cabe ao filho homem apoiar os pais na velhice. O resultado é um aumento do número de mortes e abandonos de meninas recém-nascidas.

( ) Na Índia, as políticas de controle demográfico são extremamente rígidas, em parte devido a uma intensa reação pública em relação aos processos de vasectomias voluntárias iniciados na década de 1970, como forma de controle populacional.

( ) A distribuição espacial da população no território chinês é consideravelmente homogênea, em face, sobretudo, da adoção do planejamento populacional e dos impedimentos legais de migrações adotadas pelo governo maoista.

( ) O desafio para a Índia e a China é de encontrar um ponto de equilíbrio entre questões de desenvolvimento econômico, consumo de recursos e alimentos e equidade de gênero. Apresenta-se como impossibilidade que essas sociedades retornem à situação de que partiram, na segunda metade do século XX, quando suas explosões demográficas intensificaram-se.

33. (CEFET – MG) A partir da análise do gráfico, é correto afirmar que, nos países centrais, existe uma relação direta entre desenvolvimento humano e:
a) crise econômica.
b) *superavit* comercial.
c) produção tecnológica.
d) distribuição de renda.
e) quantidade populacional.

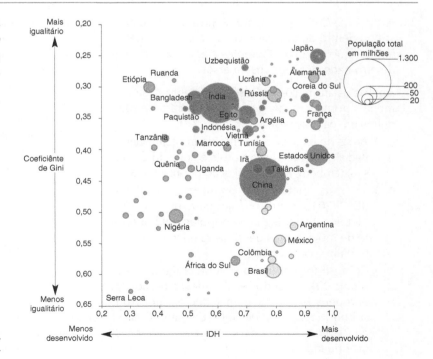

Fonte: ATLAS Le Monde Diplomatique 2006, Paris: Le Monde Diplomatique, 2006, p. 82.

34. (UEPB) Estamos chegando a 9 bilhões de pessoas no planeta e, nos últimos anos, a fome no mundo aumentou em vez de diminuir. Não é uma questão de produtividade porque, apesar deste (aumento na produção de alimentos) ter crescido muito, temos hoje quase 1 bilhão de pessoas que passam fome. (...) Especular em cima da vida e da morte das pessoas sempre foi um grande negócio – antes era a guerra, agora também é a comida.

SARAGOUSSI, M. Cresça. *Le Monde Diplomatique Brasil.* Ano 5, n. 58, maio 2012. Encarte. p. 2 e 3.

De acordo com o fragmento do texto de Saragoussi, podemos concluir que:
a) O ritmo de crescimento da produção de alimentos, que pode ser comparado a uma progressão aritmética (1, 2, 3, 4...), não teve como acompanhar o ritmo de crescimento da população mundial, que aumentou em um ritmo muito mais rápido, comparado a uma progressão geométrica (1, 2, 4, 8...).
b) Malthus estava certo ao alertar para o fato de que o crescimento desordenado da população acarretaria a falta de alimentos para a população e a fome como consequência.
c) O excedente populacional do planeta acarreta o subdesenvolvimento e a fome, pois não há recursos para suprir as necessidades de tanta gente.
d) A oferta de alimentos no mundo segue a lógica do mercado capitalista, tem acesso quem tem recursos para adquiri-lo.
e) A fome no planeta só será resolvida quando os países ricos disseminarem pelos países subdesenvolvidos práticas agrícolas intensivas, com mecanização da produção e o uso de sementes geneticamente melhoradas.

35. (UPF – RS) O deslocamento de pessoas entre países ou dentro de um mesmo país é um fenômeno antigo, que envolve diferentes classes sociais e é determinado por motivos diversos.

Analise as afirmações que seguem sobre deslocamentos populacionais e marque V para as verdadeiras e F para as falsas.
( ) Áreas de expansão recente de fronteiras agropecuárias, como centro-oeste e norte do Brasil, são, também, áreas de atração populacional.
( ) Mais da metade da população brasileira (IBGE/2010) reside em agrupamentos de municípios cuja integração populacional decorre de movimentos pendulares relacionados a trabalho ou estudo.
( ) O Brasil foi um típico país de emigração no século XIX, quando recebeu levas de povos europeus que ocuparam extensas áreas do sul do Rio Grande do Sul e de Santa Catarina, dedicando-se à agricultura em pequenas propriedades.
( ) França e Alemanha são os países que mais receberam fluxos migratórios na primeira década dos anos 2000.
( ) É crescente o número de campos de refugiados em diversos países, os quais abrigam pessoas buscando proteção contra perseguições políticas, étnicas ou religiosas, o que tipifica deslocamentos forçados da população.

A sequência correta de preenchimento dos parênteses, de cima para baixo, é:
a) V – V – F – F – V.
b) V – F – V – F – V.
c) V – V – F – V – V.
d) F – F – V – V – F.
e) F – V – V – F – F.

36. (FGV – RJ) Mais de três quartos dos migrantes internacionais vão para um país com um nível mais elevado de desenvolvimento humano do que o do seu país de origem. Porém, são significativamente restringidos por políticas que impõem obstáculos à sua entrada e pela escassez de recursos disponíveis que lhes permitam a deslocação. As pessoas de países pobres são as que menos se mudam: por exemplo, o número de africanos que se mudou para a Europa é inferior a 1%.

ONU/PNUD. *Relatório de Desenvolvimento Humano 2009.* Ultrapassar barreiras: mobilidade e desenvolvimento humano. Coimbra: Almedina, 2009. p. 2

Considerando o texto e os seus conhecimentos sobre os deslocamentos populacionais, assinale a alternativa correta:
a) As desigualdades mundiais em termos de desenvolvimento econômico não afetam os fluxos migratórios, já que a taxa de emigração é praticamente nula nos países mais pobres.
b) Ainda que não afete os países mais pobres, a migração a partir de países em desenvolvimento em direção aos países desenvolvidos constitui a quase totalidade dos deslocamentos populacionais da atualidade.
c) Os trabalhadores com poucas qualificações têm mais facilidade em se estabelecer legalmente nos países desenvolvidos, já que os migrantes qualificados disputam, com os nativos, os melhores empregos.
d) A taxa de migrantes internacionais entre a população mundial triplicou nos últimos 50 anos, acompanhando a intensificação dos fluxos de capitais e informações associados à globalização.
e) Entre as razões que limitam as taxas de emigração dos países mais pobres, destacam-se os elevados custos de transporte e as restrições políticas à travessia de fronteiras internacionais.

37. (IFSUL – RS) (...) as migrações de mão de obra (...) estão constantemente aumentando quer em número quer em distância; esses dois fatos são apenas duas manifestações da influência do progresso técnico sobre a vida e a atividade humanas. Os modernos meios de transporte estão favorecendo o que se tornou necessidade econômica (...).

BEAUJEU-GARNIER, J. *Geografia de População*. São Paulo: Ed. Nacional, 1980. p. 292.

Ao movimento migratório diário em que os trabalhadores deslocam-se de suas casas para o local de trabalho e vice-versa, dá-se o nome de:

a) êxodo rural.
b) nomadismo.
c) transumância.
d) migração pendular.

38. (UEPG – PR) Sobre grupos raciais, divisões e suas características mensuráveis ou descritivas, indique as alternativas corretas e dê sua soma ao final.

(01) A raça mongoloide constitui 50% da humanidade e algumas de suas características são: pele entre clara e quase chocolate, cabelo mole, ondulado ou liso com várias colorações, desde o louro ao negro, nariz afilado e lábios delgados. Essa raça divide-se em meridional ou indo-mediterrânea e setentrional ou atlanto-báltica.

(02) Com o núcleo principal situado no continente africano, as características da raça negroide são: pele escura, cabelos e olhos escuros, cabelo crespo, sistema piloso do rosto e corpo pouco desenvolvido, largura da face pequena, lábios grossos, nariz achatado e de abas largas.

(04) No Brasil, o IBGE, para fins estatísticos, considera os seguintes grupos raciais: branco, preto, pardo (mulatos, caboclos, cafuzos, mestiços, entre outros), amarelos (japoneses, coreanos, chineses, entre outros) e indígenas, e essa classificação é imposta arbitrariamente, mesmo que o indivíduo não aceite a classificação que lhe foi dada.

(08) A raça europoide compreende 40% da população terrestre, e as características dessa raça amarela são: pele clara ou bronzeada, cabelos duros, lisos e pretos e sistema piloso corporal pouco desenvolvido. Essa raça engloba os indígenas americanos.

(16) Os grupos humanos foram divididos, de forma arbitrária, de acordo com traços morfológicos hereditários, como cor da pele e o tipo de cabelo, sendo que essa noção é etnologicamente rejeitada, pois se considera que a proximidade cultural tenha maior relevância que o fator racial.

39. (UFSM – RS) Através da figura a seguir, pode-se observar a relação entre produção e distribuição dos alimentos.

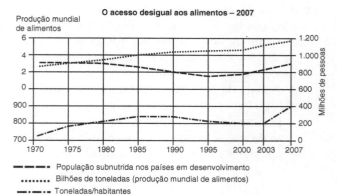

TERRA, L.; ARAÚJO, R.; GUIMARÃES, R. B. *Conexões: estudos de geografia geral e do Brasil*. v. 1. São Paulo: Moderna, 2010. p. 164. Adaptado.

O gráfico permite visualizar que:

a) a produção de alimentos por habitante apresenta tendência decrescente, sobretudo na última década.
b) a linha da produção de alimentos mantém uma tendência de contínuo decréscimo.
c) o total de subnutridos mostra tendência de queda no período representado.
d) o total de subnutridos vem aumentando, sobretudo nos dez últimos anos.
e) existe uma tendência de manutenção na distribuição desigual de acesso aos alimentos, à medida que ocorre uma redução na produção mundial de alimentos.

40. (FGV) De acordo com a Eurostat, agência oficial de estatísticas da União Europeia (UE), em julho de 2012, a média de desemprego entre os países da Zona do Euro foi de 11,3% da população ativa, atingindo um total de 18 milhões de pessoas.

Sobre o desemprego nos países que compõem a Zona do Euro, é correto afirmar:

a) As taxas de desemprego tendem a ser maiores nos países que apresentam custos de produção mais elevados, tais como a Áustria e a Holanda.
b) As taxas de desemprego tendem a ser menores entre os jovens de 15 a 24 anos, já que eles recém-ingressaram no mercado de trabalho.
c) Na Espanha e na Grécia, países fortemente atingidos pela crise econômica, mais de 1/5 da população ativa está desempregada.
d) A elevação do desemprego na região resulta da adoção de tecnologias pouco intensivas em mão de obra, pois contrasta com os sucessivos aumentos da produção industrial registrados na região desde o início de 2012.
e) Ainda que continuem elevadas, as taxas de desemprego registradas em julho de 2012 são menores do que as registradas no mesmo período de 2011, quando os países da região estavam em plena crise econômica.

41. (CFT – RJ) De acordo com as projeções das Nações Unidas, o continente africano deverá ter um aumento de 60% da sua população absoluta entre 2010 e 2050, com a população urbana triplicando no mesmo período.

A respeito da população africana e de sua evolução, podemos afirmar que:

a) tem surgido no continente um grande número de megacidades, o que é comum em outros continentes da periferia do capitalismo;

b) se tem verificado uma concentração populacional quase sempre em uma cidade, a chamada "cidade global";

c) ocorreu um intenso fluxo imigratório internacional para o continente, partindo de diferentes regiões do planeta.

d) a preocupação com o desenvolvimento sustentável tem garantido um crescimento populacional sem grandes impactos ambientais.

Capítulo 11 – A Estrutura da População

ENEM

1. (ENEM – H18) Em 1999, o Programa das Nações Unidas para o Desenvolvimento elaborou o Relatório do Desenvolvimento Humano, do qual foi extraído o trecho a seguir:

Nos últimos anos da década de 1990, o quinto da população mundial que vive nos países de renda mais elevada tinha:

- 86% do PIB mundial, enquanto o quinto de menor renda, apenas 1%;
- 82% das exportações mundiais, enquanto o quinto de menor renda, apenas 1%;
- 74% das linhas telefônicas mundiais, enquanto o quinto de menor renda, apenas 1,5%; 93,3% das conexões com a Internet, enquanto o quinto de menor renda, apenas 0,2%.

A distância da renda do quinto da população mundial que vive nos países mais pobres – que era de 30 para 1, em 1960 – passou para 60 para 1, em 1990, e chegou a 74 para 1, em 1997.

De acordo com esse trecho do relatório, o cenário do desenvolvimento humano mundial, nas últimas décadas, foi caracterizado pela:

a) diminuição da disparidade entre as nações.
b) diminuição da marginalização de países pobres.
c) inclusão progressiva de países no sistema produtivo.
d) crescente concentração de renda, recursos e riqueza.
e) distribuição equitativa dos resultados das inovações tecnológicas.

2. (ENEM – H30) As sociedades modernas necessitam cada vez mais de energia. Para entender melhor a relação entre desenvolvimento e consumo de energia, procurou-se relacionar o Índice de Desenvolvimento Humano (IDH) de vários países com o consumo de energia nesses países. O IDH é um indicador social que considera a longevidade, o grau de escolaridade, o PIB (Produto Interno Bruto) per capita e o poder de compra da população. Sua variação é de 0 a 1. Valores do IDH próximos de 1 indicam melhores condições de vida. Tentando-se estabelecer uma relação entre o IDH e o consumo de energia per capita nos diversos países, no biênio 1991-1992, obteve-se o gráfico abaixo, onde cada ponto isolado representa um país, e a linha cheia, uma curva de aproximação.

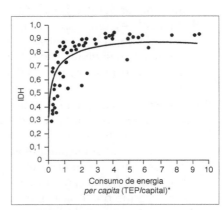

* TEP: tonelada equivalente de petróleo
GOLDEMBERG, J. *Energia, Meio Ambiente e Desenvolvimento.*
São Paulo: Edusp, 1998.

Com base no gráfico, é correto afirmar que:

a) quanto maior o consumo de energia *per capita*, menor é o IDH.
b) os países onde o consumo de energia *per capita* é menor que 1 TEP não apresentam bons índices de desenvolvimento humano.
c) existem países com IDH entre 0,1 e 0,3 com consumo de energia *per capita* superior a 8 TEP.
d) existem países com consumo de energia *per capita* de 1 TEP e de 5 TEP que apresentam aproximadamente o mesmo IDH, cerca de 0,7.
e) os países com altos valores de IDH apresentam um grande consumo de energia *per capita* (acima de 7 TEP).

3. (ENEM – H18) Analise o quadro acerca da distribuição da miséria no mundo, nos anos de 1987 a 1998.

MAPA DA MISÉRIA					
População que vive com menos de US$ 1 por dia (em %)					
Região	1987	1990	1993	1996	1998*
Extremo Oriente e Pacífico	26,6	27,6	25,2	14,9	15,3
Europa e Ásia Central	0,2	1,6	4,0	5,1	5,1
América Latina e Caribe	15,3	16,8	15,3	15,6	15,6
Oriente Médio e Norte da África	4,3	2,4	1,9	1,8	1,9
Sul da Ásia	44,9	44,0	42,4	42,3	40,0
África Subsaariana	46,6	47,7	49,7	48,5	46,3
Mundo	28,3	29,0	28,1	24,5	24,0

* Preliminar.
Banco Mundial.
Adaptado de: Gazeta Mercantil, 17 out. 2001, p. A-6.

A leitura dos dados apresentados permite afirmar que, no período considerado,

a) no sul da Ásia e na África subsaariana está, proporcionalmente, a maior concentração da população miserável.
b) registra-se um aumento generalizado da população pobre e miserável.
c) na África subsaariana, o percentual de população pobre foi crescente.
d) em números absolutos a situação da Europa e da Ásia Central é a melhor dentre todas as regiões consideradas.
e) o Oriente Médio e o Norte da África mantiveram o mesmo percentual de população miserável.

---

4. (ENEM – H15) As tiras a seguir ironizam uma célebre fábula e a conduta dos governantes.

Tendo como referência o estado atual dos países periféricos, pode-se afirmar que nessas histórias está contida a seguinte ideia:

a) crítica à precária situação dos trabalhadores ativos e aposentados.
b) necessidade de atualização crítica de clássicos da literatura.
c) menosprezo governamental com relação a questões ecologicamente corretas.
d) exigência da inserção adequada da mulher no mercado de trabalho.
e) aprofundamento do problema social do desemprego e do subemprego.

5. (ENEM – H12)
Texto I
Em março de 2004, o Brasil reconheceu na Organização das Nações Unidas a existência, no país, de pelo menos 25 mil pessoas em condição análoga à escravidão — e esse é um índice conside-

rado otimista. De 1995 a agosto de 2009, cerca de 35 mil pessoas foram libertadas em ações dos grupos móveis de fiscalização do Ministério do Trabalho e Emprego.

<small>Mentiras mais contadas sobre trabalho escravo. Disponível em <www.reporterbrasil.com.br>. Acesso em: 22 ago. 2011. Adaptado.</small>

Texto II

O Brasil subiu quatro posições entre 2009 e 2010 no *ranking* do Índice de Desenvolvimento Humano (IDH), divulgado pelo Programa das Nações Unidas para Desenvolvimento. Mas, se o IDH levasse em conta apenas a questão da escolaridade, a posição do Brasil no *ranking* mundial ficaria pior, passando de 73 para 93.

<small>UCHINAKA, F.; CHAVES-SCARELLI, T. Brasil é país que mais avança, apesar da variável "educação" puxar IDH para baixo. Disponível em: <http://noticias.uol.com.br>. Acesso em: 22 ago. 2011. Adaptado.</small>

Estão sugeridas nos textos duas situações de exclusão social, cuja superação exige, respectivamente, medidas de:

a) redução de impostos e políticas de ações afirmativas.
b) geração de empregos e aprimoramento do poder judiciário.
c) fiscalização do Estado e incremento da educação nacional.
d) nacionalização de empresas e aumento da distribuição de renda.
e) sindicalização dos trabalhadores e contenção da migração interna.

Questões objetivas, discursivas e PAS

6. (PUC – RJ) O conceito de "bônus demográfico" está ligado ao momento em que uma sociedade possui uma estrutura etária capaz de facilitar o crescimento econômico.

<small>Disponível em: <http://www.medicinageriatrica.com.br/2007/03/01/o-bonus-demografico/>. Acesso em: 28 jul. 2013.</small>

Levando-se em consideração esse conceito:

a) compare a capacidade de crescimento do país em 1960 e em 2020, explicando o seu diferencial entre os períodos assinalados.
b) analise as tendências das curvas "somente idosos (65 ou mais)" e "somente crianças (0 a 14)", a partir de 1960, e as associe com futuras políticas sociais que devem ser implementadas no país, a partir de agora.

7. (UFSM – RS) Nas últimas décadas, houve diversas mudanças estruturais na economia brasileira, como a industrialização e a urbanização, que alteraram o comportamento reprodutivo da população. Um gráfico em forma de pirâmide – em cuja ordenada aparecem os grupos de idade, e em cuja abscissa encontra-se o contingente populacional em números absolutos ou percentuais – é a forma usual de representar a estrutura etária de uma população.

<small>Adaptado de: OLIC, N. B.; SILVA, A. C. da; LOZANO, R. *Vereda Digital Geografia*. São Paulo: Moderna, 2012. p. 387-388.</small>

Observe o gráfico:

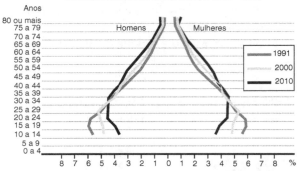

<small>OLIC, N. B.; SILVA, A. C. da; LOZANO, R. *Vereda Digital Geografia*. São Paulo: Moderna, 2012. p. 388.</small>

Com relação à evolução da pirâmide etária do Brasil no período de 1991 a 2010, considere as afirmativas a seguir.

I. A população adulta (20 a 59 anos) superou a jovem (0 a 19 anos), indicando uma tendência de que o Brasil não será mais um país jovem.
II. Ocorre redução relativa das faixas etárias inferiores na população total e também aumento significativo de todas as faixas etárias superiores a 20 anos.
III. Existe uma tendência de envelhecimento da população, evidenciada no estreitamento da base e alargamento do topo da pirâmide, refletindo as mudanças estruturais que aconteceram nas últimas décadas.
IV. Há uma tendência de manutenção na estrutura etária da população com a preponderância de jovens demonstrando estagnação da transição demográfica no país.

Está(ão) correta(s):
a) apenas II.
b) apenas III.
c) apenas IV.
d) apenas I e IV.
e) apenas I, II e III.

8. (UFU – MG) Observe o gráfico a seguir.

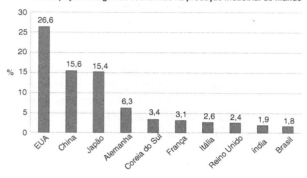

Participação de algumas economias na produção industrial do mundo

EUA 26,6; China 15,6; Japão 15,4; Alemanha 6,3; Coreia do Sul 3,4; França 3,1; Itália 2,6; Reino Unido 2,4; Índia 1,9; Brasil 1,8

Disponível em: <http://economia.estadao.com.br/noticias/economia.superado-pela-india-brase-e-10-maior-produtor-industrial-do-mundo,14393.0.htm>. Acesso em: junho de 2012.

De acordo com o gráfico, verifica-se que a produção industrial ocorre de forma desigual no planeta, pois tende a se localizar em países que apresentam:
a) abundância de matéria-prima e energia, que são os fatores fundamentais para a concentração e a centralização de atividades industriais, sobretudo aquelas consideradas de alta tecnologia.
b) o modo de produção capitalista como ordenamento social, político e econômico exclusivo, sendo promotor de processos industriais com significativa automação e pouco dependente de mão de obra especializada.
c) alto índice de IDH (Índice de Desenvolvimento Humano), baixa taxa de natalidade e fecundidade, alta expectativa de vida, grande mercado consumidor e sistema viário eficiente.
d) condições políticas favoráveis aos empreendimentos e um expressivo contingente populacional, responsável por consumir parte da produção industrial e fornecer mão de obra necessária para a atividade produtiva.

9. (UEM – PR) O terciário é o setor mais representativo da Revolução Técnico-Científico-Informacional e apresentou uma forte expansão no decorrer do século XX e início do século XXI, em função dos avanços da microeletrônica, promovendo o incremento de atividades de telecomunicações, transportes e serviços financeiros.
TERRA, L.; ARAUJO, R.; GUIMARÃES, R. B. *Conexões*: estudos de geografia do Brasil. São Paulo: Moderna, 2010.

Sobre o setor terciário é correto afirmar que:
(01) O desenvolvimento das tecnologias da informação e comunicação gerou uma tendência de transformação de setores inteiros de prestação de serviços, de atendimento ou mesmo de pesquisa, com consequências positivas para países em desenvolvimento, onde mesmo a mão de obra mais qualificada é remunerada com salários mais baixos.
(02) Nos países centrais, o setor de serviços que mais cresce está ligado à propaganda e ao *marketing*, e é resultante das estratégias de inovação tecnológica que buscam alcançar maior competitividade, preços melhores e integração com padrões internacionais de qualidade dos produtos.
(04) No Brasil, o crescimento do consumo tem levado grandes empresas transnacionais a investirem pesadamente na aquisição ou na formação de redes de comércio varejista. Grandes redes de hipermercados vêm se instalando no país, que é parte do fluxo de investimentos ligados ao consumo de bens duráveis e não duráveis.
(08) No mundo das redes digitais, das teleconferências e da transmissão quase ilimitada de dados, os mercados locais perdem sua razão de ser, pois não existem mais motivos para a concentração geográfica das atividades comerciais.
(16) Os fluxos da informação têm repercussão na vida social e na organização do espaço geográfico. As atividades geradas neste contexto oferecem oportunidades de negócios inovadores, contudo, como dependem de tecnologias cada vez mais sofisticadas, essas atividades produzem novas singularidades espaciais, recriam aglomerações e reproduzem as desigualdades sociais.

10. (FATEC – SP) A distribuição da População Economicamente Ativa (PEA) por setores de atividades econômicas (primário, secundário e terciário) pode fornecer dados interessantes sobre o desenvolvimento de um país. A distribuição não é uniforme e imutável, ela se altera, em função das especificidades econômicas e sociais de cada país.
No Brasil, a distribuição da PEA por setores de atividades mostra que:
a) a maior parte da PEA encontra-se no setor primário, evidenciando o caráter agroexportador da economia brasileira.
b) a PEA alocada no setor secundário ultrapassa os 50% do seu total, indicando que o Brasil é, efetivamente, um país industrializado.
c) o setor terciário, por concentrar atividades extrativistas e de mineração, vem se destacando como principal setor empregador do Brasil.
d) o setor terciário é onde se encontra a maior parte da PEA, revelando a crescente importância desse setor na economia brasileira.
e) o rápido processo de urbanização ocorrido a partir da segunda metade do século XX tornou o setor secundário o maior empregador brasileiro.

11. (PUC – RS) Não é simples estabelecer critérios para aferir as condições de vida de uma população, mas é sempre verdade que quem não tem o que comer está em situação de carência extrema. A Organização das Nações Unidas para Agricultura e Alimentação (FAO) calculou a existência de 923 milhões de pessoas com fome no mundo em 2007. Um fator agravante para esse fato é/são

a) a desigualdade de acesso (de poder de compra) aos alimentos, cada vez mais caros, que exclui parcelas de população já comprometidas com a falta de uma nutrição adequada.

b) o índice de crescimento vegetativo mundial, que tem sido superior ao índice de produção de alimentos no planeta, reafirmando a teoria malthusiana.

c) as beligerâncias civis, regionais e internacionais, que assolam as populações famintas que vivem em países ricos.

d) as novas tecnologias utilizadas na produção alimentar, que originam alimentação deficitária e crise nutricional.

e) as empresas que dominam o comércio de grãos no mercado internacional e tendem a garantir apenas em seus países de origem um consumo ideal de calorias/homem/dia, do tipo *fast-food*.

12. (FEEVALE – RS – adaptada) O relatório do Desenvolvimento Humano 2011, divulgado (...) pelo Programa das Nações Unidas para o Desenvolvimento (Pnud), classifica o Brasil na 84.ª posição entre 187 países avaliados pelo índice.

Disponível em: < http://g1.globo.com/brasil/noticia >.
Acesso em: 4 nov. 2011.

Sobre o IDH (Índice de Desenvolvimento Humano), que pesquisa a qualidade de vida das populações, e os resultados deste ano, são feitas algumas afirmações.

I. A Noruega, neste ano, tem o IDH mais elevado, portanto, ocupa a 1.ª posição do *ranking*.

II. O Brasil está no grupo dos países considerados de desenvolvimento humano elevado, tendo os melhores indicadores da América Latina.

III. O IDH analisa dados referentes à renda, saúde e escolaridade. No caso brasileiro, a média de escolaridade da população não chega ao Ensino Fundamental completo.

Marque a alternativa correta.

a) Apenas a afirmação I está correta.
b) Apenas as afirmações I e II estão corretas.
c) Apenas as afirmações I e III estão corretas.
d) Apenas as afirmações II e III estão corretas.
e) Todas as afirmações estão corretas.

13. (UEPA) O surgimento de grandes centros urbanos com crescimento desordenado, as migrações de populações inteiras provocadas pela escassez de alimentos e por guerras, a poluição e o desemprego resultaram em aumento da mortalidade nos países mais pobres e no agravamento de problemas de saúde.

Geopolítica das Doenças.
Atualidades Vestibular, São Paulo, 2008. p.196.

A partir da leitura do texto e de seus conhecimentos geográficos sobre o desenvolvimento urbano-industrial e a dinâmica populacional, é correto afirmar que:

a) a presença dos programas de prevenção e tratamento instituídos pelo sistema público de saúde, em países pobres, reduz as taxas de doenças crônicas na infância e baixa os níveis da mortalidade infantil para 0%.

b) nos últimos anos tem ocorrido uma diminuição entre a esperança de vida dos países desenvolvidos e os subdesenvolvidos devido às melhorias infraestruturais: como o acesso à água potável, a uma alimentação adequada e a eficiência dos programas de saúde pública para toda a população.

c) a ocorrência das epidemias, das guerras civis, as condições socioeconômicas das pessoas, bem como a deficiência na qualidade e quantidade de serviços públicos existentes (hospitais, escolas e saneamento básico) em países pobres, interferem diretamente no IDH (Índice de Desenvolvimento Humano) e no agravamento das desigualdades sociais.

d) as aplicações de políticas públicas em países pobres, nas áreas de urbanização descontrolada, contribuíram para solucionar os problemas de infraestrutura urbana dos bairros degradados das periferias, com a construção de condomínios fechados que atendem prioritariamente à classe menos privilegiada.

e) o destaque da produção mundial de grãos, cereais, açúcar, café, entre outros, nos países pobres, reduz os índices da fome e da mortalidade infantil, visto que o lucro das exportações desses produtos é revertido em políticas públicas que atendem, principalmente, à população de baixa renda.

14. (UNIOESTE – PR) Ao se estudar as fases do processo de desenvolvimento do capitalismo percebe-se que este não se deu de forma igual em todos os países do mundo. Como um dos resultados desse desenvolvimento desigual tem-se os países classificados como "desenvolvidos" e "subdesenvolvidos". Sabe-se, também, que somente índices econômicos não são suficientes para compreender se um país possibilita boa qualidade de vida para a população ou não. Por isso foi desenvolvido, pelo Programa das Nações Unidas para o Desenvolvimento (PNUD) o Índice de Desenvolvimento Humano (IDH).

Analisando as afirmativas seguintes, que se referem ao IDH, assinale a alternativa correta.
a) Varia de 0 a 10,0.
b) Quanto mais próximo de 0, melhor a qualidade de vida da população.
c) Não consegue mostrar a evolução das desigualdades sociais entre os países.
d) Segundo esse índice os países podem ser classificados como de alto IDH (maior que 0,5) e os de baixo IDH (menor que 0,5).
e) Considera, em seus cálculos, a expectativa de vida, níveis de educação e renda (através do PIB *per capita*), que são consideradas as três dimensões básicas de desenvolvimento humano de uma sociedade ou país.

15. (UEPG – PR) Com relação aos indicadores sociais e econômicos de um país ou de uma determinada região, indique as alternativas corretas e dê sua soma ao final.
    (01) O Índice de Desenvolvimento Humano – IDH, criado pelo Programa das Nações Unidas para o Desenvolvimento – PNUD, leva em consideração a expectativa de vida (medida pela longevidade e saúde da população), escolaridade (medida pela taxa de analfabetismo e tempo médio de escolaridade) e Produto Interno Bruto – PIB *per capita* (que mede o nível de vida da população).
    (02) Apenas a renda *per capita* de um país não exprime a sua realidade socioeconômica interna, pois não informa a respeito da distribuição desigual de renda e nem sobre o bem-estar humano desse país.
    (04) Para avaliar o desenvolvimento social e humano de um país ou região muitos são os índices utilizados, dentre os quais se incluem dados sobre a contagem da população, analfabetismo, taxa de escolaridade, acesso à água potável e à rede de esgoto, mortalidade infantil e fecundidade, expectativa de vida e cálculo do Produto Interno Bruto – PIB.
    (08) No Brasil, em praticamente todos os quesitos normalmente utilizados para avaliar o desenvolvimento social e humano, as regiões Sul e Sudeste têm desempenho superior aos das regiões Norte, Centro-Oeste e, especialmente, do Nordeste.
    (16) O Índice de Desenvolvimento Humano – IDH, que vai de um a zero, é alto nos países como Noruega, Suécia, Austrália, Canadá e Holanda, dentre outros, e baixo na maioria dos países africanos subdesenvolvidos.

16. (FUVEST – SP) Observe os seguintes mapas do Brasil.

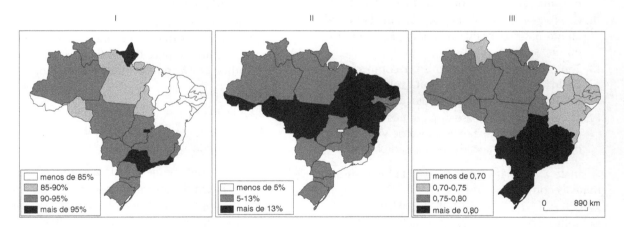

Os mapas representam, respectivamente, os temas

	I	II	III
a)	natalidade	mortalidade infantil	IDH
b)	mortalidade infantil	alfabetização	trabalho infantil
c)	alfabetização	trabalho infantil	IDH
d)	natalidade	IDH	trabalho infantil
e)	alfabetização	mortalidade infantil	natalidade

17. (UFJF – MG) Leia o texto a seguir:

O Brasil faz parte de um grupo relativamente pequeno de países que melhoraram seu Índice de Desenvolvimento Humano (IDH) em 2011, segundo o relatório anual divulgado pelo Programa das Nações Unidas para o Desenvolvimento (Pnud). Entre 187 nações avaliadas, 151 mantiveram ou perderam posição no ano, e o Brasil está entre as 36 nações restantes com um desempenho aceitável.

MONTOLA, P. O Brasil avança devagar no *ranking* mundial do IDH. *GE Atualidades*, São Paulo, ed. 15, p. 99, jan.-jun. 2012.

a) Antes do IDH, utilizava-se o cálculo da renda *per capita* para avaliação do bem-estar das populações. Por que o cálculo da renda *per capita* não representa a real situação social de uma nação?

b) O cálculo do IDH é obtido a partir da média de três indicadores para medir o bem-estar. Quais são esses indicadores?

c) Apesar de apresentar melhora no IDH e de ter uma renda *per capita* relativamente alta, a 84ª posição do Brasil no *ranking* mostra as debilidades do país. De acordo com o Censo 2010, 10% dos brasileiros mais ricos detêm 44,5% da renda nacional. Como esses dados provocam as debilidades do país?

18. (EsPCEx – SP) Sobre os indicadores socioeconômicos podemos afirmar que:

I. O IDH do Brasil não reflete as condições de vida vigentes no país como um todo, em virtude de este apresentar fortes desigualdades regionais.

II. O PIB *per capita* é, por si só, um dado suficiente para se avaliar as condições socioeconômicas de um país.

III. Tanto a taxa de analfabetismo como o nível de instrução possuem estreita relação com o rendimento (renda) da população.

IV. O cálculo do IDH baseia-se em três indicadores socioeconômicos: a expectativa de vida, o nível de instrução e a taxa de mortalidade infantil.

Assinale a alternativa que apresenta todas as afirmativas corretas:
a) I e II.
b) I e III.
c) I, II e IV.
d) II, III e IV.
e) III e IV.

19. (ESPM – SP) O gráfico abaixo está retratando a(o):

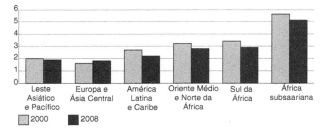

World Bank, 2012.

a) taxa de analfabetismo.
b) taxa de fertilidade.
c) IDH.
d) envelhecimento.
e) concentração de renda.

20. (UFSM – RS) Observe o gráfico:

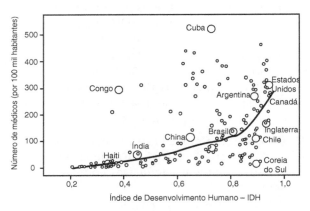

Disponível em: <http://www.scielo.oh>. Acesso em: 02 jun. 2013. Adaptado.

Conforme o gráfico, é correto afirmar:

I. Há uma tendência que revela a relação entre o número de médicos por habitante e o Índice de Desenvolvimento Humano dos países.

II. Identificam-se grupos de países que apresentam distribuição aleatória em relação a número de médicos por habitante e Índice de Desenvolvimento Humano.

III. Estados Unidos, Canadá e Inglaterra são exemplos de países que apresentam relação significativa entre número de médicos por habitante e Índice de Desenvolvimento Humano.

Está(ão) correta(s):
a) apenas I.
b) apenas III.
c) apenas I e II.
d) apenas II e III.
e) I, II e III.

21. (FGV) Leia atentamente o texto a seguir:

As Nações Unidas estimam que, até 2025, dois terços da população mundial sofrerão escassez, moderada ou severa, de água. Essa situação tem sido interpretada como resultante da falta física de água doce para o atendimento da demanda das populações da Terra. Entretanto, no plano geral, há água suficiente no mundo (...) para satisfazer as necessidades de todos. De fato, este cenário de escassez significa que, no ano 2025, apenas um terço da humanidade deverá dispor de dinheiro suficiente para pagar o serviço de abastecimento d'água decente, isto é, com regularidade de fornecimento e qualidade garantida da água.

REBOUÇAS, A. O ambiente brasileiro: 500 anos de exploração. In: RIBEIRO, W. C. (Org.). *Patrimônio Ambiental Brasileiro*. São Paulo: Edusp, 2003. p. 206.

Considerando os argumentos do texto, é correto afirmar que:

a) a "crise da água" resulta do elevado crescimento da população dos países mais pobres.
b) a "crise da água" não pode ser enfrentada com as tecnologias disponíveis, por isso tende a se aprofundar.
c) no cenário projetado pela ONU, a escassez de água tenderá a se agravar devido à continuidade do processo de urbanização.
d) fatores sociais e econômicos desempenham um papel importante no problema da escassez de água.
e) a água é um recurso natural renovável, portanto, a escassez resulta apenas da distribuição desigual desse recurso pela superfície da Terra.

22. (IFAL) No ano de 1990, já existiam mais de 10 milhões de pessoas infectadas pelo HIV naquele continente. Desde o início da epidemia de AIDS, nos anos 1980, até os dias atuais, esse número já ultrapassou o de 40 milhões de infectados.

A AIDS é um dos problemas que tem dificultado os avanços sociais no continente, mantendo piora na esperança de vida e na configuração negativa do IDH (Índice de Desenvolvimento Humano) do continente, onde a mortalidade é muito alta. Na zona meridional, entre os anos 1980 e 2000, foram registradas as mortes de mais de 11 milhões de pessoas vítimas do vírus da AIDS.

Em 1997, na zona mais pobre, cerca de 1,5 milhão de crianças ficaram órfãs devido à AIDS. Nos últimos anos, seus países perderam considerável camada da população profissionalmente ativa, comprometendo o desenvolvimento econômico e social do continente. Nos países onde a situação é mais grave, a taxa dessa perda varia entre 20%, 25% e 33% Nos demais países, essa média é de 5%.

Porém, no continente a AIDS atinge todas as classes sociais e profissionais, de professores a agricultores.

Adaptado de: <http://www.infoescola.com/doencas/aids-na-africa/>.

O continente de que trata o texto é:
a) América do Sul.
b) Ásia.
c) Oceania.
d) Europa.
e) África.

23. (UNIFOR – CE – adaptada) Entre os 30 países de maior carga tributária do mundo, o Brasil é o que oferece o menor retorno em serviços públicos de qualidade à população, conforme pesquisa divulgada, em 16.04.2013, pelo Instituto Brasileiro de Planejamento Tributário (IBPT). Esta é a quarta vez seguida que o país aparece no último lugar no ranking que relaciona volume de impostos à qualidade de vida. Para chegar ao índice de retorno, o IBPT considerou a carga tributária dos países em 2011, de acordo com a Organização para Cooperação e Desenvolvimento Econômico (OCDE), e o Índice de Desenvolvimento Humano (IDH) de 2012, do Programa das Nações Unidas para o Desenvolvimento (PNUD).

Disponível em: <http://g1.globo.com/economia/noticia/2013/04/brasil-e-ultimo-colocado-em-ranking-sobre-poucoretorno-dos-impostos.html>.

A propósito dos assuntos envolvidos na matéria acima, é CORRETO afirmar que:

a) o Brasil permaneceu na 30.ª posição no ranking em função de sua carga tributária e de sua posição no IDH.
b) para realizar o cálculo do Índice de Desenvolvimento Humano (IDH), o PNUD leva em consideração a taxa de inflação do país, o que prejudica bastante a situação do Brasil.
c) apesar de se manter nessa posição incômoda no ranking do IBPT, o Brasil ainda é o mais bem colocado entre os países da América do Sul e o segundo da América Latina.
d) com suas políticas de transferências de renda, o Brasil vem subindo consideravelmente no ranking do IDH do PNUD, porém a carga tributária tem crescido mais rapidamente.
e) em função dos serviços oferecidos, a Dinamarca e a Finlândia são os países que mais dão retorno à população em comparação aos impostos cobrados.

24. (FUVEST – SP) Considere o mapa do IDHM-Renda (Índice de Desenvolvimento Humano Municipal-Renda) da Região Sudeste.

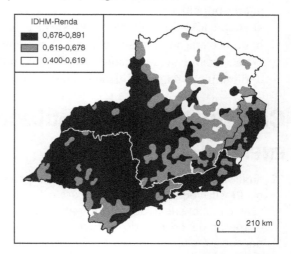

PNUD, IPEA e FJP.
ATLAS do desenvolvimento humano no Brasil, 2013. Adaptado.

A leitura do mapa permite identificar que o IDHM-Renda, no Sudeste, é, predominantemente,

a) alto no Vale do Paraíba do Sul e no Vale do Jequitinhonha.
b) médio no Polígono das Secas e no Vale do Aço mineiro.

c) baixo no Pontal do Paranapanema e no norte do Espírito Santo.
d) baixo no Polígono das Secas e no Vale do Jequitinhonha.
e) médio na área petrolífera da Bacia de Campos e no Triângulo Mineiro.

25. (UEMA) O Brasil subiu uma posição no *ranking* do Índice de Desenvolvimento Humano (IDH) da ONU e, pela primeira vez, ficou acima da média da América Latina e do Caribe.

Revista Carta Capilta. IDH/ O Brasil melhora.
Ano 20, n. 810, São Paulo: Confiança, 2014.

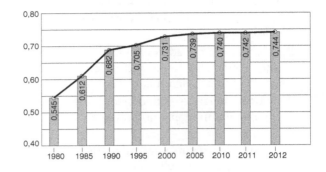

Considerando que o IDH mede as condições básicas de vida de uma sociedade, por meio dos indicadores expectativa de vida ao nascer, nível de instrução ou escolaridade e PIB *per capita*,
a) explique como essas transformações ocorreram no Brasil, no período referenciado no gráfico.
b) apresente dois elementos que contribuíram para melhorias dos indicadores definidos no IDH.

26. (UERJ) O Índice de Desenvolvimento Humano Municipal (IDH-M) é composto por três indicadores: longevidade, educação e renda. No Brasil, o IDH-M cresceu 47,5% entre 1991 e 2010, conforme os mapas.

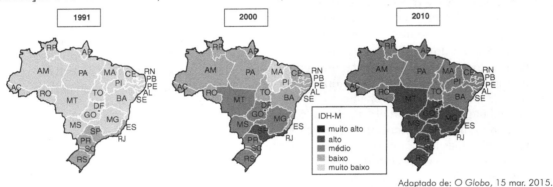

Adaptado de: O Globo, 15 mar. 2015.

Geograficamente, o desenvolvimento humano no Brasil apresenta mudanças decorrentes dos seguintes fatores principais:
a) erradicação do analfabetismo – elevação do PIB.
b) desaceleração do desemprego – incremento da industrialização.
c) decréscimo da natalidade – crescimento da qualificação profissional.
d) diminuição da mortalidade infantil – aumento da expectativa de vida.

Capítulo 12 – A População Brasileira

ENEM

1. (ENEM – H18) Depois de estudar as migrações, no Brasil, você lê o seguinte texto: o Brasil, por suas características de crescimento econômico, e apesar da crise e do retrocesso das últimas décadas, é classificado como um país moderno. Tal conceito pode ser, na verdade, questionado se levarmos em conta os indicadores sociais: o grande número de desempregados, o índice de analfabetismo, o déficit de moradia, o sucateamento da saúde, enfim, a avalanche de brasileiros envolvidos e tragados num processo de repetidas migrações (...).

Adaptado de: VALIN. *Migrações*: da perda de terra à exclusão social. São Paulo: 1966. p. 50.

Analisando os indicadores citados no texto, você pode afirmar que:
a) o grande número de desempregados no Brasil está exclusivamente ligado ao grande aumento da população.
b) existe uma "exclusão social" que é resultado da grande concorrência existente entre a mão de obra qualificada.
c) o déficit da moradia está intimamente ligado à falta de espaços nas cidades grandes.
d) os trabalhadores brasileiros não qualificados engrossam as fileiras dos "excluídos".
e) por conta do crescimento econômico do país, os trabalhadores pertencem à categoria de mão de obra qualificada.

2. (ENEM – H25) Leia o texto I de Josué de Castro, publicado em 1947:

O Brasil, como país subdesenvolvido, em fase de acelerado processo de industrialização, não conseguiu ainda se libertar da fome. Os baixos índices de produtividade agrícola se constituíram como fatores de base no condicionamento de um abastecimento alimentar insuficiente e inadequado às necessidades alimentares do nosso povo.

CASTRO, J. de. *Geografia da Fome*. Adaptado.

Leia o texto II sobre a fome no Brasil, publicado em 2001:

Uma das evidências contidas no mapa da fome consiste na constatação de que o problema alimentar no Brasil não reside na disponibilidade e produção interna de grãos e dos produtos tradicionalmente consumidos no país, mas antes no descompasso entre o poder aquisitivo de ampla parcela da população e o custo de aquisição de uma quantidade de alimentos compatível com as necessidades do trabalhador e de sua família.

Disponível em: <http://www.mct.gov.br>.

Comparando os textos I e II podemos concluir que a persistência da fome no Brasil resulta principalmente:

a) da renda insuficiente dos trabalhadores.
b) de uma rede de transporte insuficiente.
c) da carência de terras produtivas.
d) do processo de industrialização.
e) da pequena produção de grãos.

3. (ENEM – H18)

I – A situação de um trabalhador

Paulo Henrique de Jesus está há quatro meses desempregado. Com o Ensino Médio completo, ou seja, 11 anos de estudo, ele perdeu a vaga que preenchia há oito anos de encarregado numa transportadora de valores, ganhando R$ 800,00. Desde então, e com 50 currículos já distribuídos, só encontra oferta para ganhar R$ 300,00, um salário mínimo. Ele aceitou trabalhar por esse valor, sem carteira assinada, como garçom numa casa de festas para fazer frente às despesas.

O Globo, 20 jul. 2005.

II – Uma interpretação sobre o acesso ao mercado de trabalho

Atualmente, a baixa qualificação da mão de obra é um dos responsáveis pelo desemprego no Brasil.

A relação que se estabelece entre a situação (I) e a interpretação (II) e a razão para essa relação aparece em:

a) II explica I – Nos níveis de escolaridade mais baixos há dificuldade de acesso ao mercado de trabalho.
b) I reforça II – Os avanços tecnológicos da Terceira Revolução Industrial garantem somente o acesso ao trabalho para aqueles de formação em nível superior.
c) I desmente II – O mundo globalizado promoveu desemprego especialmente para pessoas entre 10 e 15 anos de estudo.
d) II justifica I – O desemprego estrutural leva a exclusão de trabalhadores com escolaridade de nível médio incompleto.
e) II complementa I – O longo período de baixo crescimento econômico acirrou a competição, e pessoas de maior escolaridade passam a aceitar funções que não correspondem a sua formação.

4. (ENEM – H2) Cândido Portinari (1903-1962), um dos mais importantes artistas brasileiros do século XX, tratou de diferentes aspectos da nossa realidade em seus quadros.

Sobre a temática dos "Retirantes", Portinari também escreveu o seguinte poema:

(...)

Os retirantes vêm vindo com trouxas e embrulhos
Vêm das terras secas e escuras; pedregulhos
Doloridos como fagulhas de carvão aceso

Corpos disformes, uns panos sujos,
Rasgados e sem cor, dependurados

Homens de enorme ventre bojudo
Mulheres com trouxas caídas para o lado

Pançudas, carregando ao colo um garoto
Choramingando, remelento

(...)

Cândido Portinari. *Poemas*. Rio de Janeiro: José Olympio, 1964.

Das quatro obras reproduzidas, assinale aquelas que abordam a problemática que é tema do poema.
a) 1 e 2.   c) 2 e 3.   e) 2 e 4.
b) 1 e 3.   d) 3 e 4.

5. (ENEM – H3) "Pecado nefando" era expressão correntemente utilizada pelos inquisidores para a sodomia. Nefandus: o que não pode ser dito. A Assembleia de clérigos reunida em Salvador, em 1707, considerou a sodomia "tão péssimo e horrendo crime", tão contrário à lei da natureza, que "era indigno de ser nomeado" e, por isso mesmo, nefando.

Adaptado de: NOVAIS, F.; MELLO E SOUZA L. *História da Vida Privada no Brasil*. v. 1. São Paulo: Companhia das Letras. 1997.

O número de homossexuais assassinados no Brasil bateu o recorde histórico em 2009. De acordo com o Relatório Anual de Assassinato de Homossexuais (LGBT – Lésbicas, Gays, Bissexuais e Travestis), nesse ano foram registrados 195 mortos por motivação homofóbica no país.

Disponível em: <www.alemdanoticia.com.br/utimas_noticias.php?codnoticia=3871>. Acesso em: 29 abr. 2010. Adaptado.

A homofobia é a rejeição e menosprezo à orientação sexual do outro e, muitas vezes, expressa-se sob a forma de comportamentos violentos. Os textos indicam que as condenações públicas, perseguições e assassinatos de homossexuais no país estão associados:

a) à baixa representatividade política de grupos organizados que defendem os direitos de cidadania dos homossexuais.
b) à falência da democracia no país, que torna impeditiva a divulgação de estatísticas relacionadas à violência contra homossexuais.
c) à Constituição de 1988, que exclui do tecido social os homossexuais, além de impedi-los de exercer seus direitos políticos.
d) a um passado histórico marcado pela demonização do corpo e por formas recorrentes de tabus e intolerância.
e) a uma política eugênica desenvolvida pelo Estado, justificada a partir dos posicionamentos de correntes filosófico-científicas.

6. (ENEM – H15) Os textos referem-se à integração do índio à chamada civilização brasileira.

I. Mais uma vez, nós, os povos indígenas, somos vítimas de um pensamento que separa e que tenta nos eliminar cultural, social e até fisicamente. A justificativa é a de que somos apenas 250 mil pessoas e o Brasil não pode suportar esse ônus. (...) É preciso congelar essas ideias colonizadoras, porque elas são irreais e hipócritas e também genocidas. (...) Nós, índios, queremos falar, mas queremos ser escutados na nossa língua, nos nossos costumes.

Marcos Terena, presidente do Comitê Intertribal Articulador dos Direitos Indígenas na ONU e fundador das Nações Indígenas. *Folha de S.Paulo*, 31 ago. 1994.

II. O Brasil não terá índios no final do século XXI (...). E por que isso? Pela razão muito simples que consiste no fato de o índio brasileiro não ser distinto das demais comunidades primitivas que existiram no mundo. A história não é outra coisa senão um processo civilizatório, que conduz o homem, por conta própria ou por difusão da cultura, a passar do paleolítico ao neolítico e do neolítico a um estágio civilizatório.

Hélio Jaguaribe, cientista político, *Folha de S.Paulo*, 2 set. 1994.

Pode-se afirmar, segundo os textos, que:

a) tanto Terena quanto Jaguaribe propõem ideias inadequadas, pois o primeiro deseja a aculturação feita pela "civilização branca", e o segundo, o confinamento de tribos.
b) Terena quer transformar o Brasil numa terra só de índios, pois pretende mudar até mesmo a língua do país, enquanto a ideia de Jaguaribe é anticonstitucional, pois fere o direito à identidade cultural dos índios.
c) Terena compreende que a melhor solução é que os brancos aprendam a língua tupi para entender melhor o que dizem os índios. Jaguaribe é de opinião que, até o final do século XXI, seja feita uma limpeza étnica no Brasil.
d) Terena defende que a sociedade brasileira deve respeitar a cultura dos índios e Jaguaribe acredita na inevitabilidade do processo de aculturação dos índios e de sua incorporação à sociedade brasileira.
e) Terena propõe que a integração indígena deve ser lenta, gradativa e progressiva, e Jaguaribe propõe que essa integração resulte de decisão autônoma das comunidades indígenas.

7. (ENEM – H15) Trata-se de um gigantesco movimento de construção de cidades, necessário para o assentamento residencial dessa população, bem como de suas necessidades de trabalho, abastecimento, transportes, saúde, energia, água etc. Ainda que o rumo tomado pelo crescimento urbano não tenha respondido satisfatoriamente a todas essas necessidades, o território foi ocupado e foram construídas as condições para viver nesse espaço.

MARICATO, E. *Brasil, cidades*: alternativas para a crise urbana. Petrópolis: Vozes, 2001.

A dinâmica de transformação das cidades tende a apresentar como consequência a expansão das áreas periféricas pelo(a):

a) crescimento da população urbana e aumento da especulação imobiliária.
b) direcionamento maior do fluxo de pessoas, devido à existência de um grande número de serviços.
c) delimitação de áreas para uma ocupação organizada do espaço físico, melhorando a qualidade de vida.

d) implantação de políticas públicas que promovem a moradia e o direito à cidade aos seus moradores.

e) reurbanização de moradias nas áreas centrais, mantendo o trabalhador próximo ao seu emprego, diminuindo os deslocamentos para a periferia.

8. (ENEM – H13)

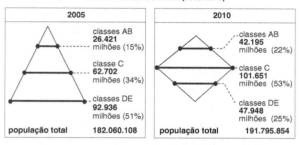

Fonte: Cotalam-ipsos, 2010. O Globo, 23 mar. 2011. Adaptado.

A mudança na distribuição das classes de 2005 a 2010 implicou uma expressiva alteração no formato do primeiro para o segundo gráfico. Um processo associado a essa mudança está indicado no(a):

a) expansão do mercado interno.
b) concentração da renda nacional.
c) persistência da crise internacional.
d) crescimento demográfico acelerado.
e) fracasso das políticas redistributivas.

9. (ENEM – H16)

IBGE. Censo demográfico 2010: resultados gerais da amostra. Disponível em: <ftp://ttp.ibge.gov.br>. Acesso em: 12 mar. 2013.

O processo registrado no gráfico gerou a seguinte consequência demográfica:

a) Decréscimo da população absoluta.
b) Redução do crescimento vegetativo.
c) Diminuição da proporção de adultos.
d) Expansão de políticas de controle da natalidade.
e) Aumento da renovação da população economicamente ativa.

Questões objetivas, discursivas e PAS

10. (UFPE) Leia, com atenção, o texto a seguir:

A população brasileira vem apresentando transformações na sua estrutura etária ao longo das distintas fases da transição demográfica. Diferentemente do que ocorria antes, quando a população apresentava uma estrutura etária expressivamente jovem, realçada em pirâmides etárias de bases amplas, na atualidade, constatam-se mudanças significativas no formato da pirâmide. Esta progressiva ampliação da expectativa de vida da população brasileira tem sido objeto de estudos e conduzido a demandas de políticas públicas que atendam aos novos desafios impostos por essa nova conjuntura e perspectiva demográfica. Comumente essas transformações são relacionadas à atuação de cada um dos principais componentes da dinâmica demográfica, tais como, fecundidade, mortalidade e migração.

Com base no texto e nos conhecimentos que possui sobre o tema enfocado, analise as proposições abaixo.

( ) A fecundidade no Brasil foi diminuindo ao longo dos anos, basicamente como consequência das transformações ocorridas na sociedade.

( ) Os avanços da Medicina e as melhorias nas condições gerais de vida da população repercutem no sentido de elevar a média de vida do brasileiro.

( ) As taxas de natalidade iniciaram sua trajetória de declínio em meados de 1960, com a introdução e a difusão dos métodos anticonceptivos orais no Brasil.

( ) O Brasil apresenta diminuição crescente da mortalidade infantil decorrente, dentre outros fatores, da ampliação de acesso a serviços de saúde e saneamento básico. Entretanto, ainda possui elevado número de óbitos quando se compara com alguns países da América do Sul.

( ) A migração internacional é um dos fatores de maior impacto na composição atual da estrutura etária e na expectativa de vida no país.

11. (UFRN) O Brasil vivencia uma mudança na estrutura etária de sua população que repercute nas políticas estatais. As pirâmides etárias constituem uma forma de representação de dados importante para planejar e implementar políticas que visem à melhoria da qualidade de vida da população.

Observe as pirâmides a seguir.

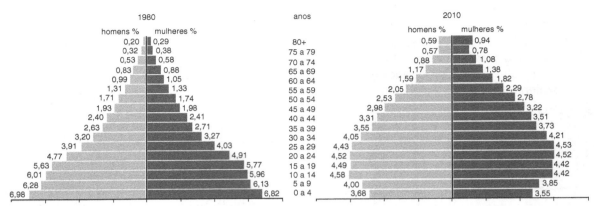

Censo demográfico 1980 e 2010. Disponível em: <www.ibge.gov.br/sidra>. Acesso em: 14 jun. 2012. Adaptado.

Levando em conta as informações das pirâmides e as perspectivas de melhoria da qualidade de vida da população brasileira, as políticas governamentais atuais devem considerar:

a) o aumento da população de idosos, que gera demandas de aposentadorias e adequações no sistema de saúde.
b) o aumento da população de crianças, que implica a necessidade de ampliação da rede de escolas e creches.
c) a diminuição da população de crianças, que exige a adoção de programas de incentivo à natalidade e de distribuição de renda.
d) a diminuição da população de idosos, que requer a melhoria no sistema de previdência e assistência social.

---

12. (FUVEST – SP) Com base nos números apresentados na tabela ao lado, identifique e explique o fator determinante para o aumento populacional registrado entre:
a) 1700 e 1770;
b) 1920 e 1970.

ANO	POPULAÇÃO EM MILHARES DE HABITANTES (INCLUI POPULAÇÕES INDÍGENAS E ESCRAVAS)
1700	300
1770	2.000
1810	4.000
1870	10.000
1920	30.600
1970	100.000

Disponível em: <www.ibge.gov.br>. Acesso em: 18 nov. 2014. Adaptado.

13. (UNESP) Analise a figura ao lado.

Sobre as causas e os possíveis efeitos da previsão de mudança da estrutura etária brasileira entre 2000 e 2035, pode-se afirmar que:

a) a expansão do topo da pirâmide está associada à tendência de crescimento da expectativa de vida no Brasil e um de seus efeitos deverá ser a diminuição de demanda por serviços de saúde dirigidos à população idosa do país.
b) a redução do topo da pirâmide etária está associada à tendência de crescimento da expectativa de vida no Brasil e um de seus efeitos deverá ser o aumento dos serviços turísticos destinados especialmente à população idosa do país.
c) a redução da base da pirâmide está associada à queda da taxa de natalidade e um dos seus efeitos deverá ser a diminuição do número de jovens em idade escolar no país.
d) a redução da base da pirâmide está associada ao aumento da taxa de fecundidade e um dos seus efeitos deverá ser o aumento total do número de jovens em idade escolar no país.
e) o aumento proporcional da população adulta no país está associado ao aumento da taxa de natalidade e um dos seus efeitos deverá ser a constituição de uma situação de pleno emprego junto à população adulta do país.

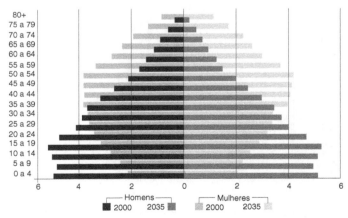

Brasil: distribuição etária da população por sexo, 2000 e 2035.

<http://noticias.uol.com.br.>

14. (UEPB) A queda nas taxas de mortalidade infantil é um bom indicador das melhorias nas condições de vida de uma população.

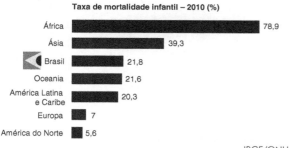

IBGE/ONU.

Com base na análise do gráfico e em seus conhecimentos, podemos concluir:

I. Os primeiros resultados do Censo do IBGE, em 2010, mostram que a taxa de mortalidade infantil continua caindo no Brasil, chegando a 21,8 óbitos para cada mil crianças nascidas vivas. Em 1990, esse número era superior a 40‰. Esse avanço é resultado das políticas públicas, voltadas para a saúde da mulher (gestação e parto), como também mudanças no padrão cultural da população de baixa renda em relação ao pré-natal.

II. Apesar dos avanços significativos, o índice brasileiro ainda é elevado se comparado à América Latina, estando muito acima dos verificados na Europa e América do Norte.

III. Uma das metas brasileiras estabelecidas pelo Programa de Desenvolvimento do Milênio é a redução da taxa de mortalidade infantil para 15 óbitos para cada mil crianças nascidas com vida até 2015.

IV. Na Região Nordeste, as taxas de mortalidade infantil caíram de tal maneira que superaram as taxas do Rio Grande do Sul.

Estão corretas:
a) Apenas as proposições II e IV.
b) Apenas as proposições I e II.
c) Apenas as proposições I, II e III.
d) Apenas as proposições I e IV.
e) Todas as proposições.

15. (UEG – GO) Considere o quadro a seguir:

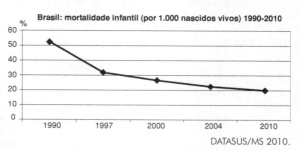

DATASUS/MS 2010.

Parte da queda da taxa de mortalidade infantil observada no quadro é resultado

a) da adoção de políticas públicas de saneamento básico e de um conjunto de programas sociais, visando à saúde da população, como as campanhas de vacinação e aleitamento materno, além da melhoria na qualidade de vida das famílias.

b) de altos investimentos na saúde pública através da construção de creches e hospitais, os quais passaram a atender toda a população, além de inserir a mulher no mercado de trabalho.

c) do processo de migração da população do campo para a cidade, o que possibilitou a esta população acesso a mais emprego, melhoria das condições de vida e aumento salarial.

d) do aumento da produção de alimentos, sobretudo da soja, que foi incorporada à dieta das populações de baixa renda, eliminando assim a fome e a desnutrição.

16. (UERJ) Existe uma relação direta entre o dinamismo das práticas sociais e as transformações nos indicadores demográficos das sociedades. Observe, nos gráficos, um exemplo de alteração de comportamento social no Brasil.

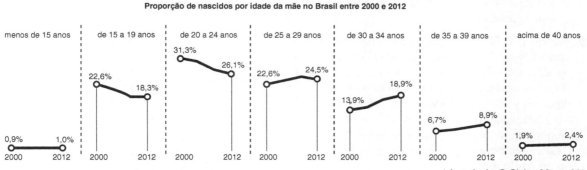

Adaptado de: *O Globo*, 30 out. 2014.

As mudanças verificadas entre os anos de 2000 e 2012 ocasionam o seguinte comportamento demográfico:
a) elevação da expectativa de vida.
b) ampliação da população escolar.
c) redução da taxa de fecundidade.
d) diminuição da mortalidade infantil.

17. (UFRGS – RS) Assinale a alternativa que preenche as lacunas do enunciado abaixo, na ordem em que aparecem.

A população brasileira, em razão _____ da taxa de _____, deve começar a decrescer a partir de 2040. Essa situação é chamada de _____. O fenômeno é _____ na cidade que no campo.

a) da diminuição – natalidade – transição demográfica – menor.
b) da manutenção – mortalidade – declínio demográfico – igual.
c) da diminuição – fecundidade – transição demográfica – maior.
d) da manutenção – natalidade – estabilidade demográfica – maior.
e) do aumento – fecundidade – transição demográfica – menor.

18. (UFRGS – RS) Observe o gráfico abaixo.

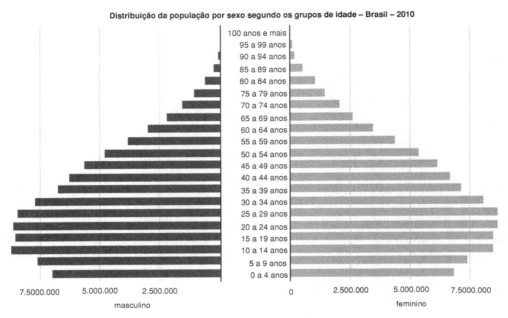

IBGE: *Censo demográfico 2010.*

Sobre a distribuição da população mostrada pelo gráfico, é correto afirmar que:

a) a base estreita é o resultado da baixa fecundidade atual no Brasil, ao mesmo tempo em que se percebe a expectativa de vida maior das mulheres.
b) a base estreita é o resultado da alta taxa de natalidade, ao mesmo tempo em que se percebe a baixa expectativa de vida da população.
c) a base estreita é o resultado da alta taxa de mortalidade, ao mesmo tempo em que se percebe a igualdade entre os sexos.
d) a base estreita é o resultado da alta taxa de mortalidade infantil, ao mesmo tempo em que se percebe a maior quantidade de população masculina.
e) as causas da base estreita da pirâmide, com os dados disponíveis atualmente no país, não podem ser determinadas.

19. (FUVEST – SP) A ocupação da atual Amazônia Legal Brasileira ocorreu em diferentes épocas, teve diferentes origens e envolveu distintas atividades. No período compreendido entre os séculos XVI e XVIII, destacou-se a ocupação portuguesa. A ocupação, na atualidade, é marcada por diferentes atividades econômicas, algumas delas voltadas ao mercado externo.

Com base em seus conhecimentos, complete a legenda no mapa ao lado. Para isso, nomeie as ocupações ou atividades econômicas correspondentes a cada símbolo.

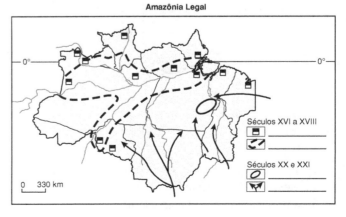

20. (CEFET – MG)

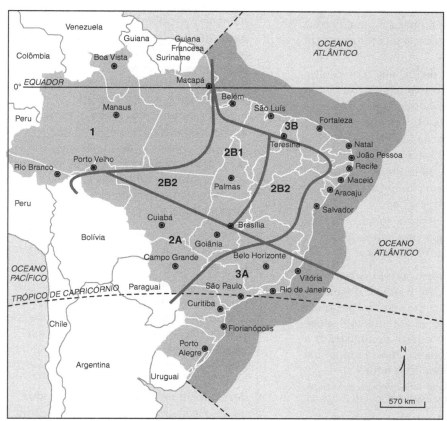

Fonte: Brasil-Ministério do Planejamento. Estudo da Dimensão Territorial para o Planejamento. Brasília, 2008. Disponível em: <www.planejamento.gov.br>. Acesso em: 3 abr. 2013.

Para atender as novas tendências econômicas e demográficas, a divisão regional para fins de planejamento territorial nem sempre segue os limites dos estados. Nesse contexto, a relação entre a região e sua respectiva característica está correta em:

a) 2B1: registra dados de ocupação recente, baixo nível de desenvolvimento socioeconômico e renda.
b) 2B2: configura-se por ocupação antiga, elevado nível de pobreza e alto potencial econômico.
c) 3B: revela focos de ocupação antiga, baixo grau de urbanização e reduzido nível de renda *per capita*.
d) 1: apresenta elevado nível de povoamento, busca de produção sustentável de bens e geração de riquezas.
e) 2A: expressa baixo dinamismo econômico, presença de fronteira agropecuária dinâmica e forte processo de desenvolvimento infraestrutural.

21. (UNICAMP – SP) No século XXI, a participação do Produto Interno Bruto (PIB) do Nordeste no PIB brasileiro vem aumentando paulatinamente, o que indica que a região passa por um ciclo de crescimento econômico. Os principais fatores responsáveis por esse fenômeno são:

a) investimentos de grandes empresas em empreendimentos voltados para a promoção de economias solidárias e para o desenvolvimento de atividades de pequenos produtores agroextrativistas.
b) investimentos públicos em infraestrutura, concessões estatais de créditos e incentivos fiscais a empresas, e o aumento do consumo da população mais pobre, que passa a ter acesso ao crédito.
c) investimentos de bancos privados em grandes obras de infraestrutura direcionadas para a transposição do rio São Francisco e para a melhoria dos sistemas de transporte rodoviário e ferroviário da região.
d) investimentos de bancos estrangeiros em empreendimentos voltados para a aquisição de grandes extensões de terras e para a instalação de rede hoteleira nas áreas litorâneas da região.

22. (UNESP) Brasília simbolizou na ideologia nacional-desenvolvimentista o "futuro do Brasil", o arremate e a obra monumental da nação a ser construída pela industrialização coordenada pelo Estado planificador, pela ação das "forças do progresso" (aquelas voltadas para o desenvolvimento do "capitalismo nacional"), que paulatinamente iriam derrotar as "forças do atraso" (o imperialismo, o latifúndio e a política tradicional, demagógica e "populista").

VESENTINI, J. W. A *Capital da Geopolítica*, 1986.

Segundo o texto, a construção de Brasília deve ser entendida:

a) como uma tentativa de limitar a migração para o Centro do país e de reforçar o contingente de mão de obra rural.
b) dentro de um conjunto de iniciativas de caráter liberal, que buscava eliminar a interferência do Estado nos assuntos econômico-financeiros.
c) dentro do rearranjo político do pós-Segunda Guerra Mundial, que se caracterizava pelo clima de paz nas relações internacionais.
d) dentro de um amplo projeto de redimensionamento da economia e da política brasileiras, que pretendia modernizar o país.
e) como um esforço de internacionalização da economia brasileira, que provocaria aumento significativo da exportação agrícola.

23. (UFPA) É o uso do território, e não o território em si mesmo, o que faz dele o objeto da análise social (...). O que ele tem de permanente é ser nosso quadro de vida. Seu entendimento é, pois, fundamental para afastar o risco da alienação, o risco de perda do sentido da existência individual e coletiva, o risco de renúncia ao futuro.

SANTOS, M. O retorno do território. In: *Da Totalidade ao Lugar*. São Paulo: Edusp. 2005. p. 138. Adaptado.

Os usos do território na Amazônia são marcados por conflitos que envolvem vários sujeitos e intenções com vistas a estabelecer seus interesses. Os conflitos ocorrem tanto no interior das políticas do governo federal para a região, quanto nos setores econômicos; envolvem ainda as chamadas populações tradicionais que são afetadas pelas ações políticas e econômicas. Neste sentido, é correto afirmar:

a) No interior das ações políticas do governo federal para Amazônia, temos a proposta ambientalista do Programa de Aceleração do Crescimento, cujo vetor principal são as obras de infraestrutura energética e viária, como, por exemplo, a construção do complexo hidrelétrico de Belo Monte e o asfaltamento da BR-163.
b) As propostas desenvolvimentistas do governo federal para a região, sintetizadas no Plano Amazônia Sustentável, conjunto de proposições estruturadas no desenvolvimento sustentável, na biodiversidade, na sociodiversidade e no respeito às populações tradicionais, que objetivam a construção da economia sustentável, encontram maiores dificuldades para serem executadas.
c) A região do Baixo Amazonas é marcada por acordos de convivência que envolvem empresas mineradoras, madeireiros, pecuaristas e populações tradicionais, sobretudo ribeirinhas e quilombolas, acerca dos usos dos recursos naturais: florestas, água, solo e subsolo.
d) Os acordos entre instituições estatais, empresários e populações tradicionais foram fundamentais para demarcação de parques nacionais, reservas biológicas, estações ecológicas, áreas de particular interesse ecológico, reservas extrativistas, florestas nacionais, terras indígenas. Permitiram, assim, que os conflitos por recursos naturais tenham praticamente sido eliminados da dinâmica regional da Amazônia.
e) A ação unificada e harmoniosa do Incra, Ibama e Sudam contém o desmatamento, protege as unidades de conservação, amplia o número de assentamentos e titulações de áreas quilombolas, bem como garante extensas áreas para as monoculturas e pecuária.

24. (IFSP) Leia o texto que é parte de uma declaração dada, em abril de 2012, pelo índio Raoni, cacique e pajé kaiapó.

Ninguém aqui quer essa obra, porque vai ser ruim pra nós. Vai ser ruim pro branco que mora por aqui também. Vai ser muito ruim porque a nossa vida tá ligada ao rio, tá ligada à floresta, tá ligada ao peixe e à caça. Tá ligada à terra, que é nossa...

Disponível em: <www.controversia.com.br/indexphp?act=textos&id=12229>. Acesso em: 30 set. 2012. Adaptado.

O depoimento de Raoni está relacionado:

a) ao desmatamento provocado pela construção de uma siderúrgica na região da Serra dos Carajás.
b) ao aumento da área urbana de Manaus, devido à expansão das indústrias eletroeletrônicas da Zona Franca.
c) à expansão da pecuária e ao consequente aumento do número de trabalhadores temporários no sul do Pará.
d) aos problemas socioambientais provocados pela construção de uma hidrelétrica na Amazônia.
e) à construção de canais que farão a transposição das águas do rio São Francisco para o sertão nordestino.

25. (UERJ) No I Congresso Mundial das Raças, ocorrido em Londres em 1911, o médico João Baptista de Lacerda ilustrou suas reflexões sobre a sociedade brasileira analisando a tela "A redenção de Cam", que retrata três gerações de uma família.

"A redenção do Cam" (1895), do Modesto Brocos y Gomes.

<Itaucultural.org.br>.

Essa pintura foi utilizada na época para indicar a seguinte tendência demográfica no Brasil:
a) controle de natalidade.
b) branqueamento da população.
c) equilíbrio entre faixas etárias.
d) segregação dos grupos étnicos.

26. (UEMA) A imagem a seguir apresenta um dos estágios da transição demográfica no Brasil, ou seja, o processo de passagem de altas taxas para o de baixas taxas de natalidade e de mortalidade, iniciado no período pós II Guerra Mundial.

COHEN, D. O Brasil em 2020.
In: *Revista Época*, ed. 575.
Rio de Janeiro: Globo, 2009.

A transição demográfica é um fenômeno que pode ser explicado pelas seguintes características:
a) inserção de estrangeiros no mercado de trabalho, introdução de programas de vacinação em massa, difusão geral do saneamento básico.
b) aumento do fluxo de saída de homens para o exterior, elevada produtividade da economia e avanços na tecnologia médica.
c) urbanização, entrada da mulher no mercado de trabalho e uso de métodos contraceptivos.
d) redução da desigualdade social, melhores condições de saneamento no campo, urbanização com igualitária distribuição de renda.
e) urbanização, revolução médico-sanitária no campo, oferta abundante de emprego.

27. (CFT – RJ) **Quase 20 milhões de pessoas migraram em 2007; mais da metade eram nordestinos**.
Quase 20 milhões de pessoas migraram entre as grandes regiões do Brasil em 2007, segundo a Síntese de Indicadores Sociais 2008, divulgada pelo IBGE (Instituto Brasileiro de Geografia e Estatística) (...). Mais da metade dos migrantes eram nordestinos (53,5%), que foram, em sua maioria, morar no Sudeste (66,7%), seguidos por aqueles que nasceram no Sudeste (20%) e, também majoritariamente, foram morar no Centro-Oeste (36%), atraídos pelo crescimento da região.

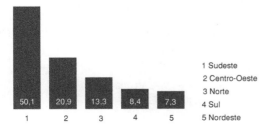

A reportagem se insere no contexto da abertura das fronteiras econômicas na Região Centro-Oeste, desencadeada na segunda metade do século XX. Como aspectos marcantes desse processo, aponta-se:

I. A expansão da agricultura e da pecuária promoveu a expropriação dos pequenos e médios proprietários em favor de grandes latifundiários e grupos empresariais, transformando o Centro-Oeste numa das regiões brasileiras de grande concentração fundiária.
II. O processo de ocupação do Centro-Oeste tem sido ambientalmente mais equilibrado do que o ocorrido no restante do país, fato comprovado pelo baixo nível de degradação do cerrado na região.
III. No início da intensificação da ocupação da região deflagrada na segunda metade do século XX, predominava uma agropecuária tradicional em que se cultivavam produtos de base alimentar e utilizava-se mão de obra familiar.
IV. Apesar da intensa migração, as cidades da região não apresentam problemas urbanos típicos das cidades brasileiras atingidas por forte crescimento populacional, pois a maior parte da população ativa está empregada no setor primário.

Marque a opção que apresenta a(s) afirmativa(s) incorreta(s):
a) I, II, III e IV.   c) I e III.
b) I, III e IV.   d) II e IV.

28. (UERN) O setor industrial do Rio Grande do Norte vem passando por uma fase bastante promissora. Várias indústrias localizadas no Sul e Sudeste estão se deslocando para o estado, atraídas por vários incentivos. De acordo com o trecho anterior, analise as afirmativas.

I. Desenvolvimento do setor têxtil do estado devido à disponibilidade de mão de obra e matéria-prima, além da posição geográfica privilegiada em relação aos outros continentes.
II. Eficiência do PROADI (Programa de Apoio ao Desenvolvimento Industrial), que tem beneficiado várias empresas dos setores têxtil e alimentício.
III. Isenção fiscal para a produção do açúcar e do álcool devido ao excelente desempenho da indústria nos últimos anos.
IV. Infraestrutura oferecida pelo município de Macaíba com a instalação do centro industrial avançado.

Estão corretas apenas as afirmativas:
a) I, II e IV.   c) II, III e IV.
b) I, II e III.   d) I, III e IV.

29. (UERJ) A taxa de dependência total corresponde ao percentual do conjunto da população jovem (menores de 15 anos) e idosa (com 60 anos ou mais) em relação à população total. Ela expressa a proporção da população sustentada pela população economicamente ativa.

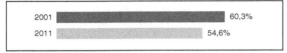

Adaptado de: <veja.abril.com.br>.
Acesso em: 28 nov. 2012.

A manutenção da tendência apresentada no gráfico pode favorecer o seguinte impacto sobre as despesas governamentais nas próximas duas décadas:

a) redução do déficit da previdência social.
b) diminuição das verbas para a rede de saúde.
c) elevação dos investimentos na educação infantil.
d) ampliação dos recursos com seguro-desemprego.

30. (UERN) A urbanização do Brasil está ligada de modo inseparável à industrialização. Na realidade, esses dois processos são partes de um todo, uma forma de desenvolvimento do capitalismo nos quadros do subdesenvolvimento. A cidade é um local onde contradições e conflitos urbanos ocorrem, e os atores sociais são excluídos e selecionados no mesmo espaço.

VESENTINI, J. W. *Geografia*: o mundo em transição.
São Paulo: Ática, 2010. p. 311.

De acordo com o trecho anterior é correto afirmar que:

a) o desenvolvimento do capitalismo sempre gera industrialização e urbanização homogênea.
b) a cidade hoje é o local de moradia da maioria dos brasileiros, refletindo bem a característica do capitalismo globalizado.
c) no Brasil, um elemento essencial na forma de desenvolvimento capitalista é a mão de obra qualificada, que impede a formação de um exército reserva de mão de obra.
d) as organizações populares tornaram-se fortes devido à democracia política que permitiriam com que as decisões do Estado fossem tomadas de forma horizontal, considerando os interesses populares.

31. (UEPB) Em uma aula de geografia, o professor apresentou as figuras a seguir. Depois, solicitou que dois alunos viessem à frente da turma para falar sobre o tema em pauta. O aluno que demonstrou mais conhecimento sobre o tema escreveu F para as proposições falsas e V para as proposições verdadeiras.

( ) Ao longo da nossa história, não houve necessidade de políticas públicas específicas para o setor de habitação, visto que o processo natural de produção do espaço urbano brasileiro sempre criou oportunidades de ocupação no solo urbano de moradia digna para todos.

( ) As desigualdades espaciais que ocorrem nas cidades denunciam que as populações em cidades de países pobres têm sido submetidas a processo de segregação voluntária, uma vez que são induzidas a deslocamentos para áreas nobres, tendo como consequência a proliferação de doenças endêmicas.

( ) A falta de acesso ao solo urbano apropriado tem aumentado a procura por espaços para habitação em áreas de proteção ambiental pelas populações mais pobres, gerando a disseminação de ocupações irregulares, que coloca a população de baixo poder aquisitivo em efetiva situação de abandono.

( ) A cidade tornou-se palco das diferenças sociais. Uma grande parte das áreas periféricas (aquelas não ocupadas pelos condomínios horizontais fechados) sofre com a falta de infraestrutura e serviços básicos.

( ) Os movimentos sociais que lutam por moradia nas cidades reivindicam um direito que é previsto na Constituição Brasileira.

A alternativa que apresenta a sequência correta é:
a) V – F – V – F – V.
b) V – V – V – F – F.
c) F – F – V – V – V.
d) F – V – F – V – V.
e) F – F – F – F – V.

32. (FGV) Observe atentamente o gráfico ao lado.

Com base nele e em seus conhecimentos, responda:

a) Desde a década de 1970, a população rural brasileira está diminuindo em termos relativos. Procure explicar esse fenômeno.

b) O ritmo de crescimento da população urbana vem diminuindo significativamente desde a década de 1960. Procure explicar esse fenômeno.

c) O processo de urbanização da sociedade brasileira ainda estava em curso entre 2000 e 2010? Justifique sua resposta.

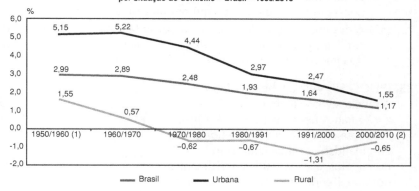

IBGE: *Censo Demográfico 2010.*
Características da população e dos domicílios. Resultados do universo.
Disponível em: <http://www.ibge.gov.br/home/estatística/população/
censo2010/características_da_população/resultados_do_universo.pdf>.

33. (UERN) O controle de natalidade e educação sexual é fundamental para combater a pobreza nos países em desenvolvimento, segundo um relatório da ONU. O trabalho, conduzido pelo Fundo das Nações Unidas para a população, sugere que há uma ligação direta entre demografia e crescimento econômico. A ONU usa o caso brasileiro como exemplo, dizendo que a queda nas taxas de natalidade do país tem relação com o seu crescimento econômico.

VESENTINI, J. W. *Geografia*: o mundo em transição.
São Paulo: Ática, 2010. p. 262.

O declínio das taxas de natalidade está associado a dois fatores principais, que são

a) o controle de determinadas doenças infecciosas e parasitárias e a expansão das redes de esgoto e água encanada.

b) a obrigatoriedade da educação sexual nas escolas de ensino fundamental e a distribuição de cartilhas educativas pelas ONG's.

c) o processo de urbanização e a introdução de inúmeras leis que, pouco a pouco, garantiram a aposentadoria dos trabalhadores idosos.

d) a revolução médico-sanitária que divulgou padrões de higiene e a assistência aos bairros mais carentes, onde foram verificadas várias doenças.

34. (IFSC) Santa Catarina tem o menor índice de mortalidade infantil e a maior esperança de vida no Brasil: dados compilados pelo IBGE mostram a evolução dos índices entre 1980 e 2010.

O IBGE (Instituto Brasileiro de Geografia e Estatística) divulgou (...) um estudo sobre mortalidade no Brasil. Santa Catarina é destaque em três índices: apresenta as menores taxas de mortalidade infantil e mortalidade na infância e a maior esperança de vida ao nascer. O estudo é intitulado "Tábuas de Mortalidade por Sexo e Idade" e traz comparações entre dados de 1980 e 2010.

Em 1980, Santa Catarina ocupava a terceira posição na taxa de mortalidade infantil, que na época era de 46,1 mortos para cada 1 mil nascidos. Trinta anos depois, em 2010, este número passou para 9,2. O maior índice pertence a Alagoas, com 30,2.

Santa Catarina também subiu à posição líder na esperança de vida. A estimativa para quem nascia em 1980 era viver, em média, 66,6 anos (correspondia à terceira posição no *ranking* dos estados). Em 2010 a idade passou a ser de 76,8 anos. O Maranhão ocupa a última posição com uma esperança de vida ao nascer de 68,7 anos.

NDONLINE. Disponível em: <http://ndonline.com.br/florianopolis/
noticias/91898-santa-catarina-tem-o-menor-indice-de-mortalidade-
infantil-e-a-maior-esperanca-de-vida-no-brasil.html>.
Acesso em: 9. mar. 2014.
Adaptado.

Através das informações contidas no texto e de seus conhecimentos sobre demografia e qualidade de vida, assinale a soma da(s) proposição(ões) CORRETA(S).

(01) A taxa de mortalidade infantil mede o número de óbitos até um ano de vida a cada 1.000 nascidos vivos.

(02) Os bons índices alcançados como o aumento da expectativa de vida e a diminuição da taxa de mortalidade infantil em Santa Catarina refletem a melhoria das condições médico-sanitárias no Estado entre 1980 e 2010.

(04) A expectativa de vida em Santa Catarina é a mesma alcançada pelo Japão, que é o país que possui mais idosos no mundo.

(08) Santa Catarina tem como principal fator de sua qualidade de vida o tratamento de esgoto, que atende 96% das moradias do Estado, colocando-o como primeiro lugar no *ranking* brasileiro que mede esse quesito.

(16) Santa Catarina, por ser o estado brasileiro com a menor população, acaba reforçando a tese de que é necessário frear o crescimento populacional para gerar a melhoria da qualidade de vida.

(32) A desigualdade socioeconômica de Santa Catarina, que é menor se comparada à de Alagoas, ajuda a explicar, principalmente o porquê da sua taxa de mortalidade infantil ser menor se comparada à taxa do citado estado nordestino.

35. (PUC – SP) Veja a tabela ao lado.
A tabela se baseia em dados da Organização Pan-Americana da Saúde (OPAS). Para essa entidade um índice normal de criminalidade se situa entre zero e cinco homicídios a cada 100 mil habitantes por ano. Tendo em vista a tabela e essa última informação pode ser dito que:

HOMICÍDIOS POR ANO PARA CADA 100 MIL HABITANTES (AMÉRICA LATINA E SUB-REGIÕES)			
	1980	1991	2006
México	18,1	19,6	10,9
América Central	35,6	27,6	23,0
Brasil	11,5	19,0	31,0
Países Andinos	12,1	39,5	45,4
Cone Sul	3,1	3,5	7,7
América Latina e Caribe	12,5	21,3	25,1

SEN, A. B. KLIKSBERG, B. *As Pessoas em Primeiro Lugar: a ética do desenvolvimento e os problemas do mundo globalizado.* São Paulo: Companhia das Letras, 2010. p. 260.

a) nos países (e nas sub-regiões) nos quais as taxas de homicídio vêm num crescente, encontra-se ainda o predomínio de populações rurais isoladas e, portanto, indefesas.

b) a América Latina possui um nível epidêmico de criminalidade, e que seus índices tão elevados contam com grande contribuição dos países de maior população e economia.

c) as políticas de combate à produção e ao tráfico de drogas na área, levaram à queda da criminalidade nos países anteriormente mais afetados por essas práticas criminosas.

d) a despeito de as taxas serem elevadas (e graves), mesmo nos países de economia forte, neles elas nunca ultrapassam 3 vezes o índice de normalidade.

e) fica evidente que nos países de maior economia as taxas de homicídio vêm declinando consistentemente, ao contrário daqueles de menor economia.

36. (UEPB) Essa pirâmide etária diz respeito aos dados do censo de 2010 divulgados pelo IBGE. Sua analise é de fundamental importância para o planejamento socioeconômico do país. As informações oferecem subsídios para elaboração de políticas públicas e programas sociais. O Brasil vive uma fase de transição demográfica. Logo, podemos observar:

I. A queda das taxas de natalidade, decorrente do aumento do nível da escolaridade da mulher, acesso à informação e às práticas contraceptivas. Esse processo vai determinar novos arranjos demográficos no país.

II. O acelerado processo de envelhecimento da população brasileira é decorrente da elevação da expectativa de vida, de políticas públicas voltadas para a melhoria da saúde e da incorporação de hábitos de vida mais saudáveis.

III. Segundo o IBGE, até 2050, quase 30% da população do país terá acima de 60 anos e a expectativa de vida acima de 81 anos.

IV. O ritmo do crescimento populacional do Brasil é, ainda hoje, igual ao da década de 1950, fato que, conjugado ao aumento da expectativa de vida, faz do Brasil um país densamente povoado.

Está(ão) correta(s):
a) Apenas as proposições I, II e III.
b) Apenas a proposição I.
c) Apenas a proposição II.
d) Apenas a proposição III.
e) Todas as proposições.

37. (IBMEC – RJ) A diferença entre o número médio de filhos das mulheres mais pobres e mais ricas no Brasil caiu significativamente na década passada. Dados do Censo do IBGE tabulados pelo Ministério do Desenvolvimento Social revelam que a maior redução da fecundidade aconteceu entre a população que vive abaixo da linha de miséria, com menos de R$ 70,00 per capita mensais.

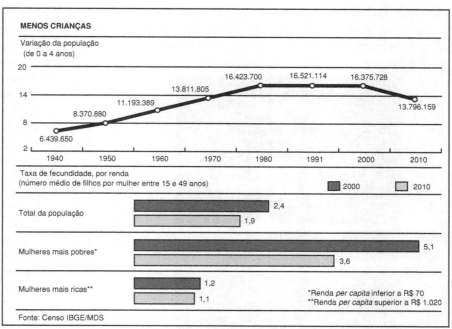

O Globo, Rio de Janeiro, Domingo, 12 ago. 2012. Adaptado.

A respeito da queda das taxas de fecundidade no Brasil, e considerando os dados acima, todas as afirmativas a seguir estão corretas, À EXCEÇÃO DE UMA, assinale-a.

a) Um número menor de crianças facilita a tarefa do poder público de aumentar os investimentos per capita na infância, e também na sustentabilidade da Previdência, pois chegou o momento dos idosos ocuparem seu espaço numa sociedade cada vez mais envelhecida.
b) A queda da fecundidade em todas as faixas de renda tem impactos significativos em políticas públicas, pois, com os dados, se dependesse só da população de crianças de até 4 anos, o país já estaria em ritmo acelerado de encolhimento populacional.
c) A taxa de fecundidade caiu mais entre mulheres de menor renda, enquanto isso, entre a população mais rica, a taxa média de filhos por mulher praticamente se estabilizou próximo ao patamar de apenas um filho por mulher.
d) Vendo reduzir rapidamente o número de crianças e simultaneamente crescer o número de pessoas mais velhas, no Brasil, surgem novas exigências de políticas públicas, além de inserção dos idosos na vida social, que têm estrutura para atendê-los considerada precária.
e) Com a maior queda da taxa de fecundidade ocorrendo no grupo mais pobre, as famílias numerosas passaram a ser exceção, e não mais a regra, pois do total de mulheres abaixo da linha da miséria, 57% têm dois filhos ou menos, e somente 18%, cinco filhos ou mais.

38. (IFSP) Observe o mapa a seguir.

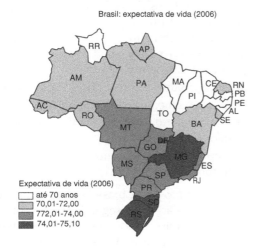

ATLAS Geográfico Escolar. Rio de Janeiro: IBGE, 2010. p. 55

As informações do mapa permitem concluir que a expectativa de vida do brasileiro

a) está relacionada às condições climáticas, pois, nos estados onde as temperaturas são mais elevadas, vive-se mais.
b) é mais baixa onde as dificuldades de abastecimento de água e energia são maiores, fato que diminui as condições de vida.
c) está relacionada à infraestrutura social oferecida à população, observando-se que, nos estados mais desenvolvidos, há mais tempo de vida.
d) é mais elevada onde há equilíbrio entre a população residente nas áreas urbanas e rurais, pois se vive melhor no campo.
e) está relacionada ao processo de transição demográfica, ou seja, onde há maior taxa de natalidade, a esperança de vida é maior.

39. (UNICAMP – SP) A foto A mostra famílias de colonos imigrantes alemães que participaram do povoamento do Paraná e a foto B mostra colonos italianos na cidade de Caxias do Sul (RS).

FOTO A
Disponível em: <http://www.infoescola.com/historia/colonizacaoalema-no-sul-do-brasil/>. Acesso em: 16 out. 2012.

FOTO B
Disponível em: <http://www.infoescola.com/historia/colonizacao-italiana-no-sul-do-brasil/>. Acesso em: 16 out. 2012.

A primeira grande política regional executada pelo nascente Estado nacional brasileiro foi a colonização dirigida na Região Sul do Brasil.

a) Identifique os objetivos do governo brasileiro quando formulou a política de povoamento da Região Sul com populações imigrantes, especialmente europeus.
b) Aponte duas características que predominaram no tipo de povoamento empreendido pela colonização dirigida na Região Sul, uma referente ao regime de propriedade da terra adotado e uma referente às formas de cultivo da terra.

40. (FUVEST – SP) Observe os gráficos.

População urbana e rural do Brasil (em milhões de habitantes)

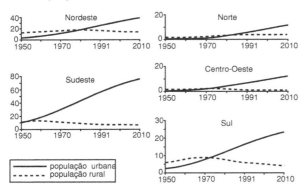

<www.seriespetalisticas.ibge.gov.br.> Acesso em: jul. 2012.

Com base nos gráficos e em seus conhecimentos, assinale a alternativa correta.

a) Em função de políticas de reforma agrária levadas a cabo no Norte do país, durante as últimas décadas, a população rural da região superou, timidamente, sua população urbana.
b) O aumento significativo da população urbana do Sudeste, a partir da década de 1950, decorreu do desenvolvimento expressivo do setor de serviços em pequenas cidades da região.
c) O avanço do agronegócio no Centro-Oeste, a partir da década de 1970, fixou a população no meio rural, fazendo com que esta superasse a população urbana na região, a partir desse período.
d) Em função da migração de retorno de nordestinos, antes radicados no chamado Centro-Sul, a população urbana do Nordeste superou a população rural, a partir da década de 1970.
e) A maior industrialização na Região Sul, a partir dos anos 1970, contribuiu para um maior crescimento de sua população urbana, a partir desse período, acompanhado do decréscimo da população rural.

41. (UERJ) O exame da distribuição de renda da população auxilia na avaliação do grau de justiça social, da qualidade da ação previdenciária do Estado e da eficácia das políticas públicas de combate à pobreza.

Observe o gráfico que indica a razão entre a renda anual dos 10% mais ricos e a renda anual dos 40% mais pobres, no Brasil, nos anos de 2001 a 2008.

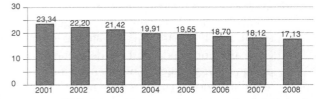

LUCCI, E. A. et al. *Território e Sociedade no Mundo Globalizado*: geografia geral e do Brasil. São Paulo: Saraiva, 2010.

Considerando os dados apresentados, é possível afirmar que a principal ação governamental que contribuiu para a mudança verificada na distribuição da renda na sociedade brasileira durante o período indicado foi:

a) elevação do valor real do salário mínimo.
b) redução da carga tributária do setor produtivo.
c) diminuição da taxa básica de juros ao consumidor.
d) ampliação do investimento público em infraestrutura.

42. (UERN) O Nordeste brasileiro constitui a terceira maior região e é a segunda mais populosa do país. Entretanto, vários dos seus indicadores sociais continuam muito abaixo dos índices apresentados por outras regiões, apesar da economia nordestina ter superado a média nacional. Diante do exposto, marque V para as afirmativas verdadeiras e F para as falsas.

( ) Na década de 90, a maioria dos nordestinos que havia migrado para as grandes cidades continuou a viver em meio à pobreza, pois as metrópoles enfrentavam a crise econômica e a saturação do mercado, gerando queda na oferta de emprego, qualidade na educação e má distribuição de renda.

( ) Segundo o levantamento de informações do UNICEF, divulgado em 1999, as 150 cidades com maior taxa de desnutrição do país estavam no Nordeste. Nelas, 33% das crianças menores de 5 anos são desnutridas.

( ) A população nordestina está bem distribuída pelo seu território, apesar do constante movimento migratório entre a região do sertão e a zona da mata nordestina.

( ) A população das cidades nordestinas, principalmente das capitais, dispõe de ótimo sistema de transportes, contando com a presença de trens urbanos. Há previsões de que seja implantado em Natal e em João Pessoa o sistema de metrô.

A sequência está correta em:
a) F – F – F – V.   c) V – V – F – F.
b) V – V – V – F.   d) V – F – V – F.

43. (PUC – RJ) Levando-se em consideração os dados do gráfico que indicam uma mudança do perfil das classes sociais brasileiras, responda ao que se pede a seguir.

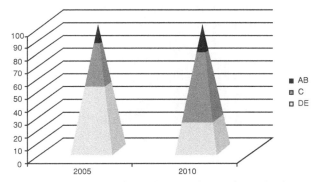

Disponível em: <http://www.logisticadescomplicada.com/as-classes-sociais-e-a-desigualdade-no-brasil/>. Acesso em: 3 ago. 2012.

a) Indique DOIS fatores econômicos responsáveis pela mudança observada no Brasil, entre 2005 e 2010.
b) Para os críticos dessa mudança, o aumento do consumo tem sido confundido com cidadania. Comente essa afirmação.

44. (UEPB) Uma professora de geografia, querendo lembrar brincadeiras de sua infância, convidou seus alunos para brincar e estabeleceu este diálogo:

PROFESSORA: – Boquinha de forno?
ALUNOS: – Forno.
PROFESSORA: – Pra onde eu mandar?
ALUNOS: – Vou.
PROFESSORA: – Senhor Rei mandou perguntar como anda o trabalho infantil no Brasil.

Os alunos, de posse das fotografias abaixo, as enviaram para o Rei.

Posteriormente, a professora apresentou as seguintes proposições, conforme propostas sugeridas pelo Rei. Com base nos seus conhecimentos sobre o tema, analise-as e marque a alternativa correta.

I. Quando a renda dos pais é insuficiente para a sobrevivência da família, as crianças são empurradas para a mineração, olarias, carvoarias, pedreiras, aos lixões etc., onde passam o dia cavando, quebrando pedras, cortando e transportando lenha, em contato com agentes cancerígenos, como o mercúrio, expostas a temperaturas elevadas e ruídos insuportáveis, sem falar do uso como prostitutas em bordéis nas rodovias brasileiras. Nesses locais de trabalho foi passada a borracha nos artigos da Constituição que trata dos diretos das crianças e adolescentes.

II. Segundo a Organização do Trabalho Infantil – OIT, o que mais preocupa nas cidades nordestinas é a questão das meninas-mães. Na maioria das vezes abandonadas pelo namorado, pela sociedade e muitas vezes pela própria família, sem qualificação educacional e profissional, sem amparo para sustentar a si mesmo e à criança, sujeitam-se à prostituição, ao tráfico de drogas e ao trabalho doméstico, vivendo, em algumas situações, sob regime de escravidão.

III. É comum ouvirmos a expressão "órfãos da violência": não são apenas meninas e meninos cujos pais morreram, mas também crianças cuja ausência de pais vivos é sentida logo cedo. Sem família, sem escola, sem abrigo, estas crianças ficam expostas ao tráfico de drogas, aos pedófilos que usam seus corpos e como matéria-prima para espetáculos pornográficos.

IV. Apesar dos avanços e da fiscalização do Ministério Público do Trabalho, da OIT e da UNICEF, em relação à exploração do trabalho infantil, a historiografia brasileira ainda não conseguiu banir definitivamente de suas páginas essa nódoa que tanto envergonha qualquer sociedade.

Está(ão) correta(s):
a) Apenas a proposição I.
b) Todas as proposições.
c) Apenas a proposição II.
d) Apenas a proposição III.
e) Apenas a proposição IV.

45. (MACKENZIE – SP) Leia o texto para responder à questão.

A seguir, nos Censos de 1900 e 1920, as informações sobre cor ou raça não foram coletadas e, em 1910 e 1930, não foram realizadas operações censitárias no país (...). Os Censos 1950 e 1960 reincorporaram o grupo pardo à categorização de cor, como unidade de coleta e análise, sendo os primeiros levantamentos que orientaram explicitamente nas suas instruções de preenchimento a respeitar a resposta da pessoa recenseada, constituindo a primeira referência explícita ao princípio de autodeclaração. No Censo 1970, mais uma vez a variável foi excluída da pesquisa, sendo que a partir do Censo 1980 o quesito voltou a ser pesquisado, desta vez no questionário da amostra. Em 1991, foi acrescentada a categoria indígena às já mencionadas, após um século de ausência desta identificação, passando a pergunta a ser denominada como de "raça ou cor" e, no Censo 2000, de "cor ou raça". Em 2010, último censo realizado, repetiram-se as mesmas categorias de classificação da pergunta, que voltou ao questionário básico aplicado à totalidade da população, sendo que, pela primeira vez, as pessoas identificadas como indígenas foram indagadas a respeito de sua etnia e língua falada.

Disponível em: <http://www.ibge.gov.br/home/estatistica/populacao/caracteristicas_raciais/>.

De acordo com o texto e com as características de formação étnica da população brasileira, assinale a alternativa correta.

a) A população brasileira, a despeito de sua composição étnica de origens variadas, apresenta histórica homogeneidade de características, tais como a cor da pele. Esse fato torna discutível a inclusão dos termos "pardos" e "indígenas", restritos às características físicas e não culturais desses grupos.

b) O recenseamento da população segundo a cor da pele é importante para o estabelecimento de políticas públicas de correção de desigualdades. Contudo, a heterogeneidade da população é um fato de difícil medição, a exemplo da histórica dificuldade da definição de alguns termos como "pardos" e "indígenas".

c) A população brasileira é um exemplo de "democracia racial", em que todos os grupos classificados pelo IBGE, segundo a cor da pele, apresentam equilíbrio nos dados de escolaridade, expectativa de vida e rendimentos. A retirada dos termos "pardos" e "indígenas" comprova essa tese.

d) No Brasil, o princípio da "autodeclaração" confere amplos poderes ao Estado para determinar a classificação da população de acordo com a cor da pele. Desse modo, os recenseadores aplicam a metodologia correta, cientificamente aceita e sem distorções, como historicamente podemos comprovar.

e) A homogeneidade da população brasileira segundo a cor da pele pode ser modificada pela mudança dos critérios do IBGE para os diferentes recenseamentos. Desse modo, a afirmação de que o Brasil é heterogêneo, deriva muito mais das mudanças nos critérios de recenseamento do que propriamente das características da população.

46. (UPE) Analise o gráfico a seguir:

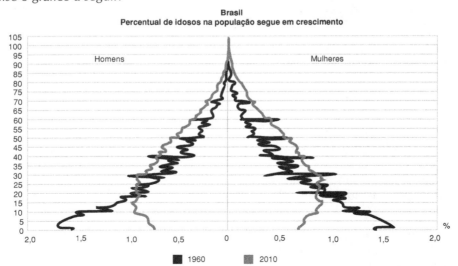

Fonte: IBGE, Censo Demongráfico 1960/2010.

Considerando os indicadores apresentados no gráfico e as atuais mudanças no processo de envelhecimento da população brasileira, é CORRETO afirmar que:

a) a expectativa de vida no Brasil vem aumentando muito célere, consequentemente apresentando taxas de longevidade acima da de países com índice de desenvolvimento humano elevado em aspectos, como saúde, escolarização e nutrição.
b) de acordo com os indicadores demográficos, o Brasil se encontra no início do estágio de transição de país jovem para país maduro. O percentual de idosos é semelhante ao de países, como Suécia, Itália e Serra Leoa.
c) apesar das mudanças ocorridas na estrutura etária da população brasileira, entre as décadas de 1960 e 2010, o país continua demograficamente jovem, com elevadas taxas de natalidade e de mortalidade e com uma baixa expectativa de vida para a população em geral.
d) a taxa de fecundidade no Brasil vem declinando, e a proporção de idosos vem crescendo mais rapidamente que a proporção de crianças. Contudo, esse processo de envelhecimento populacional não ocorre de maneira uniforme, em todas as regiões brasileiras.
e) o envelhecimento da população brasileira é oriundo do intenso processo de urbanização em todas as suas regiões. Por isso, o aspecto triangular da pirâmide etária vem apresentando, nas últimas décadas, um aumento percentual do bônus demográfico de homens e mulheres.

Capítulo 13 – Geografia da Saúde

ENEM

1. (ENEM – H6) Algumas doenças que, durante várias décadas do século XX, foram responsáveis pelas maiores percentagens das mortes no Brasil, não são mais significativas neste início do século XXI. No entanto, aumentou o percentual de mortalidade devida a outras doenças, conforme se pode observar no diagrama:

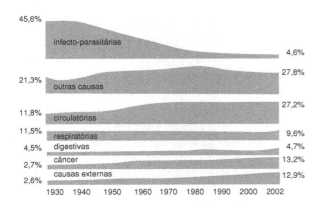

MS/SVS/DASIS/CGIAE/Sistema de Informação sobre Mortalidade – ENSP/Fiocruz.

No período considerado no diagrama, deixaram de ser predominantes, como causas de morte, as doenças:

a) infecto-parasitárias, eliminadas pelo êxodo rural que ocorreu entre 1930 e 1940.
b) infecto-parasitárias, reduzidas por maior saneamento básico, vacinas e antibióticos.
c) digestivas, combatidas pelas vacinas, vermífugos, novos tratamentos e cirurgias.
d) digestivas, evitadas graças à melhoria do padrão alimentar do brasileiro.
e) respiratórias, contidas pelo melhor controle da qualidade do ar nas grandes cidades.

2. (ENEM – H14) Entre 1975 e 1999, apenas 15 novos produtos foram desenvolvidos para o tratamento da tuberculose e de doenças tropicais, as chamadas doenças negligenciadas. No mesmo período, 179 novas drogas surgiram para atender portadores de doenças cardiovasculares.

Desde 2003, um grande programa articula esforços em pesquisa e desenvolvimento tecnológico de instituições científicas, governamentais e privadas de vários países para reverter esse quadro de modo duradouro e profissional.

Sobre as doenças negligenciadas e o programa internacional, considere as seguintes afirmativas:

I. As doenças negligenciadas, típicas das regiões subdesenvolvidas do planeta, são geralmente associadas à subnutrição e à falta de saneamento básico.

II. As pesquisas sobre as doenças negligenciadas não interessam à indústria farmacêutica porque atingem países em desenvolvimento sendo economicamente pouco atrativas.

III. O programa de combate às doenças negligenciadas endêmicas não interessa ao Brasil porque atende a uma parcela muito pequena da população.

Está correto apenas o que se afirma em:

a) I.   c) III.   e) II e III.
b) II. d) I e II.

3. (ENEM – H30) A maior parte dos veículos de transporte atualmente é movida por motores a combustão que utilizam derivados de petróleo. Por causa disso, esse setor é o maior consumidor de petróleo do mundo, com altas taxas de crescimento ao longo do tempo. Enquanto outros setores têm obtido bons resultados na redução do consumo, os transportes tendem a concentrar ainda mais o uso de derivados do óleo.

Adaptado de: MURTA, A. *Energia: o vício da civilização*.
Rio de Janeiro: Garamond, 2011.

Um impacto ambiental da tecnologia mais empregada pelo setor de transportes e uma medida para promover a redução do seu uso, estão indicados, respectivamente, em:

a) aumento da poluição sonora – construção de barreiras acústicas.
b) incidência da chuva ácida – estatização da indústria automobilística.
c) derretimento das calotas polares – incentivo aos transportes de massa.
d) propagação de doenças respiratórias – distribuição de medicamentos gratuitos.
e) elevação das temperaturas médias – criminalização da emissão de gás carbônico.

4. (ENEM – H6) A tabela abaixo apresenta algumas das principais causas de mortes no Brasil, distribuídas por região.

	TAXA POR 10.000 HABITANTES					
	Brasil	Região K	Região X	Região W	Região Y	Região Z
Causas mal definidas	9	5	15	8	6	6
Causas externas	7	8	5	5	7	9
Neoplasias (Cânceres)	6	5	3	3	9	9
Doenças respiratórias	6	4	3	2	8	7

São conhecidas ainda as seguintes informações sobre as causas de óbitos:

• A dificuldade na obtenção de informações, a falta de notificação e o acesso precário aos serviços de saúde são fatores relevantes na contabilização dos óbitos por causas mal definidas.
• O aumento da esperança de vida faz com que haja cada vez mais pessoas com maiores chances de desenvolver algum tipo de câncer.
• As mortes por doenças do aparelho respiratório estão estreitamente associadas à poluição nos grandes centros urbanos.
• Os acidentes de trânsito e os assassinatos representam a quase totalidade das mortes por causas externas.
• A Região Norte é a única que apresenta todas as taxas por 10.000 habitantes abaixo da taxa média brasileira.

Levando em consideração essas informações e o panorama social, econômico e ambiental do Brasil, pode-se concluir que as regiões K, X, W, Y e Z da tabela indicam, respectivamente, as regiões:

a) Sul, Norte, Nordeste, Sudeste e Centro-Oeste.
b) Centro-Oeste, Sudeste, Norte, Nordeste e Sul.
c) Centro-Oeste, Nordeste, Norte, Sul e Sudeste.
d) Norte, Nordeste, Sul, Centro-Oeste e Sudeste.
e) Norte, Sudeste, Centro-Oeste, Nordeste e Sul.

Questões objetivas, discursivas e PAS

5. (UFG – GO) Leia as informações a seguir.

De acordo com dados do IBGE, a distribuição da população brasileira por gênero se enquadra nos padrões mundiais; nascem mais homens que mulheres. Entretanto, as pirâmides etárias, na fase adulta, mostram uma parcela ligeiramente maior de população feminina. Segundo esse órgão, em 2010, a população brasileira compreendia 49,2% de homens e 50,8% de mulheres.

Disponível em: <http://www.ibge.gov.br>.
Acesso: em 26 nov. 2012.

O texto menciona a existência de uma diferença entre o número de homens e mulheres na população brasileira. Algumas medidas diretamente voltadas para redução dessa diferença, na fase adulta, incluem:

a) a geração de emprego na construção civil e a vacinação contra a gripe.
b) a implementação de programa de saúde direcionado à população feminina e a vacinação contra a hepatite.
c) o controle da natalidade e o uso de equipamento de proteção individual no trabalho.
d) a geração de emprego direcionada à população masculina e a redução da mortalidade infantil.
e) a redução da criminalidade e a implementação de programa de saúde direcionado à população masculina.

6. (UEPB) O corpo nos dias atuais é pouco dotado de espontaneidade, de naturalidade, por estar condicionado, ou seja, regulado pelos interesses da sociedade globalizada, que visa o consumo da estética e da beleza. A mídia vem reforçando a cada dia, através da indústria do corpo (academias de ginástica, clínicas de estética, spas, revistas e estilistas etc), a ilusão de que ao tornar o corpo saudável, forte e belo, as pessoas se sentirão melhores e felizes. A beleza almejada muitas vezes está relacionada à forma de como alguém seduz o olhar do outro e de como a cultura o concebe, mas ao se padronizar o corpo, nega-se a singularidade do detalhe. A mídia,

também atendendo a um desejo social, vem supervalorizando a juventude como única forma de felicidade, atitude que reforça o sentimento de medo e angústia no enfrentamento da velhice como sendo um castigo. Cuidar do corpo é fundamental, desde que o objetivo principal seja a melhoria da qualidade de vida e da saúde. Na maioria das vezes, adequar o modelo do corpo às exigências da cultura leva as pessoas a adotarem apenas as estratégias utilizadas pela mídia para atrair o consumo dos produtos impostos pela moda.

A partir do fragmento do texto, podemos afirmar:

I. A obsessão pelo emagrecimento e pelo padrão de beleza estabelecido pela cultura, divulgado pelas revistas e manuais de moda, tem-se tornado urna necessidade de afirmação para mulheres e homens na sociedade contemporânea. A sedução das celebridades da TV, da música e do cinema apresentados pelos meios de comunicação vem servindo de padrão e modelo para que muitas pessoas mergulhem na busca de perfis iguais a esses.

II. O envelhecimento, que antes era associado à perda de prestígio e ao afastamento do convívio social, atualmente é visto com outro olhar, com a inclusão da população idosa no mercado de consumo inerente a essa população.

III. A obesidade e a gordura passaram a ter critérios determinantes de feiura, opondo-se aos ovos tempos que exigem corpos turbinados e atléticos, independente de que malefícios essa conquista possa trazer a saúde.

IV. Os exercícios físicos passaram a ser prescritos por profissionais de saúde para melhoria da qualidade devida, objetivando que crianças, jovens e adultos tenham urna vida saudável.

Estão corretas:
a) apenas as proposições II e III.
b) apenas as proposições I e II.
c) todas as proposições.
d) apenas as proposições I e IV.
e) apenas as proposições II e IV.

7. (UERJ)

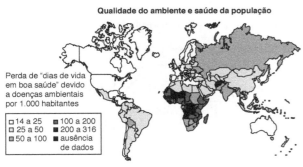

Adaptado de: ATLAS do Meio Ambiente – Le Monde Diplomatique Brasil. São Paulo: Instituto Poas, 2008.

A qualidade do ambiente no qual vivem os grupos sociais, tanto no campo quanto na cidade, tem impacto direto sobre a saúde de seus integrantes.

Com base no mapa, cite um dos países onde a taxa de perda de "dias de vida em boa saúde" devido a doenças ambientais está no nível mais baixo e identifique o continente em que a média dessa taxa é mais elevada.

Em seguida, apresente dois exemplos de políticas públicas capazes de reduzir os efeitos de um ambiente degradado sobre a saúde pública.

8. (IBMEC – RJ) O PNUD (Programa das Nações Unidas para o Desenvolvimento) criou o Índice de Pobreza Multidimensional (IPM) para medir privação não apenas nos padrões de renda, mas também no acesso à saúde, educação e saneamento.

Agora, para sustentar o crescimento e consolidar os avanços conquistados, será preciso aprimorar a educação e também o sistema público de saúde, tanto em termos de cobertura da população como no que diz respeito à qualidade.

Considerando o conhecimento sobre as características da pobreza no Brasil, assinale a afirmativa correta.

a) Não existe incompatibilidade entre desenvolvimento econômico e humano no Brasil, pois os mais pobres participam dos benefícios que o crescimento econômico traz em melhorias de saúde, educação e saneamento.
b) A falta de construção de uma política constitucional explica a pouca atenção dada ao tema do saneamento básico, um dos indicadores do IPM, pois a coleta e o tratamento de esgotos é, no Brasil, responsabilidade do governo federal.
c) No Brasil, ao se analisar os indicadores do IPM, percebe-se que enquanto os acessos aos bens de consumo duráveis registrou acentuado crescimento, o acesso à rede de coleta e de tratamento de esgoto ainda é um sonho para quase metade dos lares brasileiros.
d) No Brasil, compatível com o crescimento médio da população, a expansão da rede de esgoto junto com o aumento de renda e a diminuição do trabalho infantil, fizeram milhões de brasileiros, no último ano, deixarem a linha da pobreza multidimensional.
e) Ao anunciar, ano passado, a linha da pobreza extrema que adotará como critério para delimitar o total de miseráveis no Brasil – renda de R$70 mensais por pessoa – o Ministério do Desenvolvimento Social está considerando todos os indicadores de IPM do PNUD, para o Brasil.

9. (UFG – GO) Uma polêmica que se arrasta há anos tem levado à proibição de uma matéria-prima utilizada principalmente na produção de telhas.

Pertencente aos grupos de minerais serpentinas (crisotilas) e anfibólios, foi classificada pela Organização Mundial de Saúde (OMS) como prejudicial à saúde humana, e já foi proibida em vários países, inclusive em alguns estados brasileiros. No município goiano de Minaçu encontra-se a maior mina do Brasil, de onde esse recurso é extraído. Considerando-se estas informações,

a) cite qual é essa matéria-prima;

b) descreva um impacto que ela causa à saúde humana.

10. (FGV) Em média, crianças que vivem em áreas urbanas têm maior probabilidade de sobreviver à fase inicial da vida e à primeira infância, de ter melhores condições de saúde e de contar com maiores oportunidades educacionais do que crianças que vivem em áreas rurais. Frequentemente, esse efeito é considerado "vantagem urbana". No entanto, a escala de desigualdades nas áreas urbanas causa grande preocupação. Algumas vezes, as diferenças entre ricos e pobres em cidades médias e grandes podem ser iguais ou maiores do que aquelas encontradas em áreas rurais.

Disponível em: < http://www.unicef.org/brazil/pt/PT-BR_SOWC_2012.pdf >.

O trecho reproduzido acima foi extraído de um relatório da ONU dedicado a analisar a situação das crianças que vivem em ambientes urbanos.

Assinale a alternativa coerente com os argumentos nele apresentados.

a) Nas grandes cidades, a proximidade física dos serviços essenciais garante o atendimento de qualidade para a maior parte da população infantil, fato que configura a mencionada "vantagem urbana".

b) A urbanização figura entre os processos indutores da situação de pobreza e de exclusão que afeta parcelas crescentes da população infantil, sobretudo nos continentes africano e asiático, onde ela ocorre em ritmo acelerado.

c) Apesar das imensas desigualdades que marcam a cidade, as situações de pobreza e privação sempre afetam mais as crianças que vivem em áreas rurais do que aquelas que vivem em áreas urbanas.

d) As áreas rurais tendem a apresentar padrões homogêneos de distribuição de riqueza, enquanto áreas urbanas são marcadas pelas desigualdades e pela exclusão.

e) As desigualdades sociais e as situações de privação que atingem parcela da população infantil que vive nas cidades, sobretudo nos países mais pobres, podem anular parcialmente os efeitos da "vantagem urbana" mencionada no texto.

11. (UFSM – RS) Observe a figura:

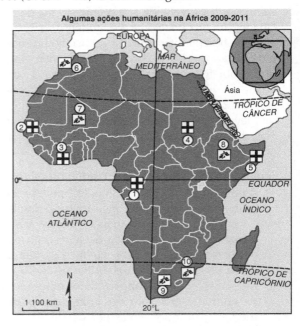

ADAS, M.; ADAS, S. Expedições Geográficas. São Paulo: Moderna, 2011. p. 200. Adaptado.

De acordo com o mapa, é possível afirmar que as ações humanitárias na África, entre 2009 e 2011, aconteceram:

a) nos países onde existem mulheres vítimas de violência sexual e mutilação, pessoas desnutridas e portadores de DSTs.

b) apenas nos países localizados dentro dos grandes desertos.

c) principalmente na Somália, devido à ocorrência de grandes furacões em 2010.

d) em países muçulmanos, que não permitem a utilização da medicina ocidental em sua população.

e) nos países mais pobres do continente africano.

12. (UFSM – RS) Observe a figura:

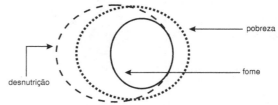

MONTEIRO, C. A. Fome, desnutrição e pobreza: além da semântica. Saúde e Sociedade. v. 12, n. 1, p. 9, jan-jun 2003. Adaptado.

A partir da observação da figura e de seus conhecimentos, é correto afirmar:

I. Pobreza corresponde à condição de não satisfação de necessidades básicas, como comida, abrigo, vestuário, educação e assistência à saúde.
II. Desnutrição pode ser motivada pela pobreza e pela fome; entretanto, nem sempre está relacionada com esses problemas.
III. Embora pobreza, fome e desnutrição sejam problemas de natureza e dimensão distintas, a pobreza promove a fome, e a fome leva à desnutrição.

Está(ão) correta(s):
a) apenas I.
b) apenas III.
c) apenas I e II.
d) apenas II e III.
e) I, II e III.

13. (UFSM) Observe o gráfico:

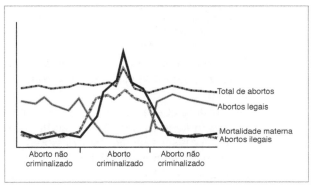

Abortamento como problema de saúde pública.
Revista da Saúde Sexual e Reprodutiva. Edição número 18, julho 2005.
Disponível em: <http://www.aede.org.br/revista/julho05.html?>.
Acesso em: 31 maio 2013.
Adaptado.

Em relação ao visualizado no gráfico, assinale verdadeira (V) ou falsa (F) em cada uma das afirmações.
( ) A criminalização do aborto constitui uma medida que promove a diminuição das taxas de mortalidade materna.
( ) O aborto não criminalizado constitui-se em um grande responsável pela mortalidade materna, pois se observa uma relação entre as taxas de abortamento e a morte materna.
( ) Quando o aborto é criminalizado, há aumento nos abortos ilegais e no total de abortos, bem como na mortalidade materna.

A sequência correta é:
a) V – V – F.
b) F – V – F.
c) F – F – V.
d) V – F – F.
e) F – V – V.

14. (UNESP) Examine o gráfico.

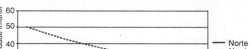
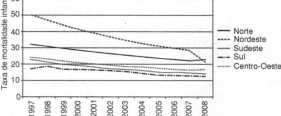

Sobre a evolução da mortalidade infantil no Brasil e suas possíveis causas, é correto afirmar que, no período analisado,
a) o Nordeste apresentou a maior redução no período, devido à melhoria no acesso da população aos serviços de saúde pública e de saneamento básico.
b) o Centro-Oeste conservou seus índices durante o período, devido à estagnação na oferta de serviços de saúde pública e à manutenção da renda da população.
c) o Norte, contrariando a tendência do gráfico, encerrou 2008 com o pior índice de todo o período, devido à precariedade de serviços de saúde pública e de saneamento básico.
d) o Sudeste conservou o menor índice devido à ampliação dos serviços de saúde pública e à melhora nos níveis de renda da população.
e) o Sul apresentou piora em seu índice devido à ausência de serviços de saúde pública e de infraestruturas de saneamento básico satisfatórios.

15. (UNIFOR – CE) O Governo Federal instituiu, por meio da Medida Provisória nº 621, de 18 de julho de 2013, o programa "Mais Médicos", objetivando reduzir as deficiências na prestação dos serviços de saúde pública nas regiões carentes do país, como os municípios do interior e as periferias das grandes cidades. Sobre tal programa e os serviços de saúde no País, assinale a alternativa CORRETA.
a) Entre seus objetivos, consta a promoção do aprimoramento da formação médica no País e da maior experiência no campo de prática médica durante o processo de formação.
b) O programa "Mais Médicos" recebeu o apoio integral das entidades brasileiras representativas dos médicos por possibilitar o maior intercâmbio com médicos estrangeiros, especialmente aqueles vindos de Cuba.
c) As vagas do programa "Mais Médicos" serão oferecidas prioritariamente a médicos estrangeiros, em razão da menor qualificação dos profissionais brasileiros interessados em atuar nas regiões onde faltam profissionais.
d) Atualmente, o Brasil possui 1,8 médicos por mil habitantes, índice superior ao de outros pa-

íses da América Latina, tais como Argentina e Uruguai, distribuídos de forma homogênea em todos estados e municípios brasileiros.

e) O programa "Mais Médicos" não prevê investimentos em infraestrutura, mas, apenas a vinda de médicos estrangeiros necessários à substituição dos médicos brasileiros menos qualificados.

16. (ESPM – SP) Lançado pela Presidenta da República, Dilma Rousseff, no dia 8 de julho, o Mais Médicos faz parte de um amplo pacto de melhoria do atendimento aos usuários do SUS, com objetivo de acelerar os investimentos em infra-estrutura nos hospitais e unidades de saúde e ampliar o número de médicos nas regiões carentes do país, como os municípios do inte¬rior e as periferias das grandes cidades.

Disponível em: <http://www.onu.org.br>.
Acesso em: 24 ago. 2013.

Assinale a afirmativa que informa correta¬mente sobre o programa Mais Médicos.

a) Trata-se de um programa que visa ao recrutamento de médicos cubanos para substituir os médicos brasileiros que atendem no SUS - Sistema Único de Saúde.

b) Trata-se de um programa que visa à contratação de médicos estrangeiros com formação em medicina especializada e de alta complexidade, para atuar em áreas carentes do país.

c) Trata-se de um programa que pretende garantir a assistência médica em locais onde o número de médicos para cada mil habitantes é inferior à média nacional ou insuficiente.

d) Trata-se de um programa que prioriza a contratação de médicos estrangeiros e brasileiros formados em instituições estrangeiras, habilitados para o exercício de medicina no exterior.

e) Trata-se de um programa que pretende ampliar a presença de médicos estrangeiros e disseminar a técnica eurocêntrica, nas regiões Norte e Nordeste do país.

17. (UEMA) A saúde pública está se transformando cada vez mais em objeto de disputa política entre diferentes atores sociais (...). Por meio da expansão de seus serviços, a saúde pública está inserida no território e é parte constitutiva da divisão social e técnica do trabalho (...). A saúde é um campo no qual as relações sociais são baseadas em políticas de classe.

ARROUYO, M. et al. Questões Territoriais na América Latina.
São Paulo: Universidade de São Paulo, 2006.

Os requisitos fundamentais para a saúde no território devem ser os seguintes:

a) O investimento, a habitação, o trabalho, a dignidade, as técnicas, as segregações e a urbanização.

b) A paz, a educação, a habitação, a renda, um ecossistema estável, a justiça social e a equidade.

c) O desenvolvimento, a vida, a política pública, o novo paradigma sanitário, a paz, a riqueza e o consumo.

d) A economia, a liberdade, a prosperidade, o saneamento básico, a poupança, o poder e a exclusão social.

e) A saúde, a educação, a água potável, a energia elétrica, os movimentos sociais, a globalização e o lucro.

18. (PUC – SP) No final da semana passada a epidemia de ebola na África do Oeste atingiu uma cifra sinistra. Segundo a Organização Mundial de Saúde (OMS), o número de mortos pela doença ultrapassou mil pessoas, num total de casos suspeitos ou confirmados. Um estudo feito pelos Centers for Disease Control (CDC), rede de órgão do governo americano, cuja sede se encontra perto de Atlanta, indica que a cada dias o número de novos casos diários de ebola triplica. Na hipótese mais pessimista haveria milhões de pessoas contaminadas na África do Oeste, no próximo mês de janeiro.

ALENCASTRO, L. F. de O ebola é um desafio da saúdepública no século 21. Disponível em: <http://noticias.uol.com.br/blogs-ecolunas/coluna/luiz-felipe-alencastro/2014/09/29/o-ebola-e-umdesafio-da-saude-publica-no-seculo-21.htm, 29/09/2014>.

Considerando essa epidemia e as condições geográficas das regiões onde ela se origina pode ser afirmado que:

a) ela está restrita apenas às zonas rurais e mais florestadas (que no caso da África são bastante habitadas), pois seus agentes transmissores não sobrevivem em ambientes urbanos.

b) a falta de meios e ações preventivas, assim como de assistência nas concentrações urbanas dos países do oeste africano, aumenta o risco de a epidemia ganhar outras localidades do planeta.

c) a baixa conexão entre a África e outros continentes, que implica uma movimentação mínima das pessoas desses países, diminui o risco de essa epidemia atingir outras partes do mundo.

d) essa doença é própria dos climas tropicais e sua área possível de expansão terá de ter as mesmas características, o que elimina os riscos dessa epidemia no hemisfério norte temperado.

e) ela está confinada a apenas alguns países africanos, pois a circulação intracontinental é ínfima por falta de ligações geográficas, logo não há risco de essa doença se espalhar no continente.

19. (ACAFE – SC) Em setembro de 2000, foram aprovadas pela Assembleia Geral das Nações Unidas, em Nova York, as resoluções da Declaração do Milênio. Nesse encontro, foram estabelecidas as Metas do Desenvolvimento do Milênio.

Sobre essas metas, todas as alternativas estão corretas, exceto a:

a) O relatório da Organização das Nações Unidas para Alimentação e Agricultura (FAO), em setembro de 2014, apontou avanços na luta global contra a insegurança alimentar e colocou o Brasil fora do mapa da fome, embora ainda existam pessoas que sofrem restrição alimentar.

b) A educação básica universal, uma das metas do Desenvolvimento do Milênio, deve ser buscada todos os dias e ela aparece na composição do calculo do Índice de Desenvolvimento Humano – IDH, juntamente com a saúde e a renda per capita.

c) A fome é uma das principais consequências da extrema pobreza e envolve também questões relacionadas à insegurança alimentar e a saúde, colocando-a, por isso, como o primeiro objetivo da Declaração do Milênio.

d) Os avanços para atingir as Metas do Desenvolvimento do Milênio têm sido equilibrados e iguais nas diferentes regiões do planeta, o que demonstra o empenho de todas as nações em alcançar e garantir a sustentabilidade para todos.

20. (UFG – GO) A "globesidade" é um termo criado pela Organização Mundial da Saúde para se referir a um processo de modificações sociais e biológicas do indivíduo, decorrentes do avanço do processo da globalização. Essas modificações devem-se, respectivamente,

a) à melhoria da qualidade dos serviços de saneamento e aos maus hábitos alimentares.

b) ao crescimento acelerado da população urbana e à inversão da pirâmide alimentar.

c) à melhoria da qualidade dos serviços de saneamento e à ingestão de gorduras insaturadas.

d) ao crescimento acelerado da população urbana e à ingestão de gorduras saturadas.

e) ao processo de modernização da agricultura e ao comprometimento da longevidade nas áreas rurais.

21. (IFSUL – RS) Devido a alguns acontecimentos mundiais que levaram pânico e medo às populações do planeta, o bioterrorismo ou terrorismo químico-biológico, como também é chamado, voltou a estar em alta nas manchetes. É conceituado como sendo a liberação intencional de produtos químicos ou agentes infecciosos prejudiciais à saúde e ao meio ambiente.

A grande preocupação com os ataques dessa natureza está relacionada:

a) à facilidade de manipulação dos agentes infecciosos por laboratórios não oficiais sob domínio de grupos que se dedicam a esta modalidade de ataque.

b) ao processo de globalização que acabou "encurtando" as distâncias e deixando as pessoas mais próximas desses atentados.

c) à quantidade de vírus e bactérias que são manipulados diariamente por cientistas e que podem sofrer mutações dificultando seu extermínio.

d) à falta de planejamento estratégico das instituições de saúde que se preocupam basicamente com outros agentes infecciosos como a tuberculose e o sarampo.

22. (ESPM – SP) Leia a matéria e observe o mapa de regionalização africana.

Após décadas de um suposto controle do vírus ebola, em agosto passado, a Organização Mundial da Saúde (OMS) declarou a nova epidemia como uma emergência pública internacional. Este é o surto mais longo desde a sua descoberta, em 1976.

Revista Espaço Aberto USP, n.º 167, USP, São Paulo, COSEAS?USP< 2014.

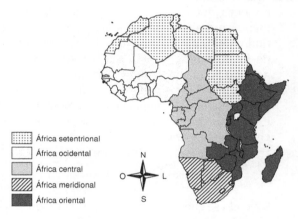

A região mais atingida pela epidemia retratada na matéria é:

a) África setentrional.
b) África ocidental.
c) África central.
d) África meridional.
e) África oriental.

23. (FGV) A existência nacional da Libéria está "seriamente ameaçada" pelo vírus mortal do Ebola, que está "se espalhando como fogo e devorando tudo em seu caminho", disse o ministro da Defesa do país ao Conselho de Segurança da Organização das Nações Unidas (ONU) nesta terça-feira (09/09/2014).

Disponível em: <http://exame.abril.com.br/mundo/noticias/ebola-ameaca-seriamente-a-existencia-da-liberia-diz-ministro>.

Sobre esse tema, é correto afirmar:

a) A epidemia está presente em países como Libéria, Guiné e Serra Leoa, mas a Organização Mundial de Saúde (OMS) declarou que se trata de um problema da região e que não há risco de disseminação internacional.

b) Na Libéria, os efeitos da atual epidemia de Ebola se fazem sentir não apenas na infraestrutura do sistema de saúde, já sobrecarregada, mas também na segurança pública e no conjunto da economia.

c) Contrariando recomendações da Organização Mundial de Saúde (OMS), a Libéria se recusou a estabelecer áreas de quarentena e a impor toque de recolher, fato que aumenta as possibilidades de contaminação.

d) Por causa da epidemia, a Organização Mundial de Saúde (OMS) recomendou a suspensão de viagens aéreas para a Libéria e demais países afetados, mesmo de aviões de carga que levem alimentos e remédios.

e) Apesar da epidemia, nenhum país africano fechou fronteiras ou adotou restrições comerciais com as áreas atingidas, seguindo orientações da União Africana (UA).

24. (UEL – PR) Uma enorme quantidade de rejeitos minerais, que formam uma espessa lama com elementos químicos nocivos à saúde, desceu por 2,8 quilômetros até atingir parte do pequeno distrito de Bento Rodrigues, em Mariana-MG. As barragens do Fundão e Santarém fazem parte da Mina de Germano, que pertence à Samarco. A barragem Santarém, de menor porte, rompeu primeiro e sobrecarregou a do Fundão, que gerou a avalanche de lama e rejeitos.

Disponível em: <http://www.em.com.br/app/noticia/gerais/2015/11/06/interna_gerais,705182/infografico-mostra-como-aconteceu-orompimento-das-barragens-em-mariana.shtml>. Acesso em: 10 dez. 2015.

Sabendo-se que o desastre de Mariana afetou não só o rio Doce como também o litoral do Espírito Santo, indique quatro impactos causados por esse evento.

25. (FUVEST – SP) É preocupante a detecção de resíduos de agrotóxicos no planalto mato-grossense [Planaltos e Chapada dos Parecis], onde nascem o rio Paraguai e parte de seus afluentes, cujos cursos dirigem-se para a Planície do Pantanal. Em termos ecológicos, o efeito crônico da contaminação, mesmo sob baixas concentrações, implica efeitos na saúde e no ambiente a médio e longo prazos, como a diminuição do potencial biológico de espécies animais e vegetais.

Dossiê Abrasco – Associação Brasileira de Saúde Coletiva, Rio de Janeiro/São Paulo: EPSJV/Expressão Popular, 2012. Adaptado.

Com base no texto e em seus conhecimentos, é correto afirmar:

a) No Mato Grosso do Sul, prevalece a criação de caprinos nas chapadas, ocasionando a contaminação dos lençóis freáticos por resíduos de agrotóxicos.

b) No Mato Grosso, ocorre grande utilização de agrotóxicos, em virtude, principalmente, da quantidade de soja, milho e algodão nele cultivada.

c) Em Goiás, com o avanço do cultivo da laranja transgênica voltada para exportação, aumentou a contaminação a montante do rio Cuiabá.

d) No Mato Grosso, estado em que há a maior área de silvicultura do país, há predominância da pulverização aérea de agrotóxicos sobre as florestas cultivadas.

e) No Mato Grosso do Sul, um dos maiores produtores de feijão, trigo e maçã do país, verifica-se significativa contaminação do solo por resíduos de agrotóxicos.

26. (CEFET – SP) Em 2011, a Prefeitura de São Paulo identificou mais de duzentos terrenos contaminados na cidade, o que representa riscos à saúde e ao meio ambiente. Os imóveis com as maiores taxas de concentração tóxica no solo estão nos bairros que, no passado, tiveram uso industrial significativo: esse é o caso do distrito da Mooca, o campeão, com dezoito áreas contaminadas. Depois, vêm dois distritos na zona sul – Campo Grande, com dezessete e Santo Amaro, com onze. Também aparecem em destaque bairros da zona oeste, como a Vila Leopoldina, com dez, e a Barra Funda, com sete terrenos contaminados.

Disponível em: <http://tinyurl.com/p6zusx6>. Acesso em: 28 ago. 2015. Adaptado.

De acordo com o texto, é correto afirmar que:

a) o distrito da Mooca, onde está o maior número de terrenos contaminados na cidade de São Paulo, teve relevante atividade industrial no passado.

b) os riscos à saúde e ao meio ambiente foram eliminados, após o novo uso dado aos terrenos industriais, como a criação de parques e áreas de lazer.

c) a cidade de São Paulo, hoje com atividade industrial de pouca relevância, está procurando descontaminar os solos para recuperar essa atividade.

d) bairros de uso predominantemente industrial no passado não apresentam índices significativos de contaminação do solo no presente.

e) os solos dos bairros de Santo Amaro, Barra Funda e Vila Leopoldina, na zona sul da capital, foram mais contaminados pela atividade industrial do que os da Mooca.

27. (UERJ) De acordo com dados e informações referentes ao ano de 1990, no sul da Polônia, um carvão de linhito com elevado teor de enxofre era a principal fonte de combustível. Em Leuna, na Alemanha Oriental, 60% da população sofria de doenças respiratórias, sendo que quatro em cada cinco crianças desenvolviam bronquite crônica ou doenças do coração na idade de sete anos. Em Telpice, uma cidade no noroeste da Tchecoslováquia, a contaminação atmosférica mantinha as crianças dentro de casa cerca de um terço do inverno. Na tentativa de preservar as crianças com boa saúde, as aulas eram realizadas em cidades mais limpas seis semanas por ano.

Adaptado de: <www.cato.org>.

Os países do extinto bloco socialista europeu sofreram os impactos ambientais legados pelas suas respectivas políticas de desenvolvimento econômico. Esses impactos ambientais estavam associados, principalmente, à seguinte causa:

a) controle estatal acentuado, ocasionando a censura à ação política da sociedade civil.
b) indústria de base incipiente, promovendo o crescimento dos setores industriais mais poluentes.
c) mão de obra desqualificada, inviabilizando o desenvolvimento de equipamentos de redução das emissões tóxicas.
d) fiscalização governamental ineficaz, estimulando a busca de lucros exorbitantes pelas empresas instaladas nesse bloco.

28. (UERJ) O Ministério da Saúde do Haiti informou que 4.030 pessoas morreram até 24 de janeiro de 2011, em decorrência da epidemia de cólera. A situação se agrava, pois o país ainda busca a reconstrução depois do terremoto de 12 de janeiro de 2010, que devastou a capital Porto Príncipe e outras cidades importantes.

Adaptado de: <http://operamundi.uol.com.br>.
Acesso em: 28 jan. 2011. 28/01/2011

Japão reconstrói em seis dias estrada destruída pelo terremoto de 11/03/2011

Disponível em: <http://noticias.uol.com.br>. Acesso em: 24 mar. 2011.

As diferenças entre a reparação dos efeitos das catástofres ocorridas no Japão e no Haiti estão relacionadas, respectivamente, a:

a) desenvolvimento tecnológico – IDH baixo.
b) mão de obra qualificada – economia de base agrícola.
c) centralismo estatal – recursos internacionais escassos.
d) distribuição equilibrada de renda – criminalidade elevada.

29. (PUCRS) Leia as informações sobre a febre Ebola e analise o mapa da África com alguns países numerados.

Uma epidemia mortal e sem precedentes assombra a África. É o surto da Ebola, uma febre hemorrágica transmitida por contato direto com o sangue, os fluidos ou os tecidos dos indivíduos infectados, e para a qual não existe tratamento específico. Os países africanos atingidos pela febre estão marcados no mapa com os números 1, 2 e 3.

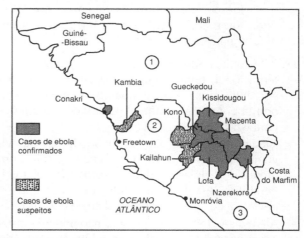

A alternativa que apresenta a correta identificação dos países numerados, em ordem crescente, é:

a) Guiné – Serra Leoa – Libéria.
b) Camarões – Guiné Equatorial – Togo.
c) República do Congo – Eritreia – Chade.
d) Nigéria – Níger – Mauritânia.
e) Marrocos – Argélia – Tunísia.

30. (UFG – GO) Leia o mapa a seguir.

Brasil: áreas de fome epidêmica e endêmica e subnutrição – 1940

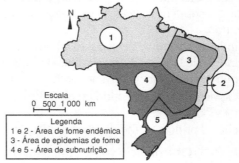

VASCONCELOS, F. de Assis G. de, Josué de Castro e a geografia da fome no Brasil. Cadernos Saúde Pública. Rio de Janeiro, v. 24, n. 11. p. 2710-2717, nov. 2008. p. 2712. Disponível em: <http://www.scielobr/pdf/csp/v24n11/27.pdf>. Acesso em: 21 set. 2010. Adaptado.

O mapa representa as áreas de ocorrência da fome e subnutrição no Brasil, em um estudo realizado pelo geógrafo e médico Josué de Castro e publicado em 1946, intitulado Geografia da fome. Esse autor propôs uma regionalização do território brasileiro, cuja referência era o quadro nutricional das populações pesquisadas, classificando a fome de duas formas: endêmica, se as deficiências no quadro nutricional são permanentes; e epidêmica, se as deficiências são transitórias ou esporádicas.

Com base no exposto,
a) apresente duas das quatro sub-regiões do Nordeste, conforme classificação do IBGE, que correspondem à área de epidemia de fome segundo o mapa apresentado;
b) apresente e explique dois fatores econômicos e socioespaciais que influenciaram a ocorrência da fome endêmica na área 1 e 2, sendo um fator para cada área.

31. (UFBA) Segundo uma importante organização internacional, entre 1950 e 2000, o PIB mundial aumentou oito vezes, enquanto, no mesmo período, a população mundial passou de 2,5 bilhões para 6,1 bilhões.

Atualmente, cerca de 1,2 bilhão de pessoas vivem em estado de extrema pobreza, ou seja, com menos de 1 dólar por dia, expostos à fome, à vulnerabilidade a doenças, analfabetismo, baixa expectativa de vida e enorme índice de desnutrição. Além disso, milhões de pessoas não podem satisfazer as necessidades básicas de habitação, vestuário e alimentação. Entretanto, existem grandes diferenças na distribuição da renda ou PIB per capita, quando examinamos as várias regiões do planeta.

A situação da pobreza envolve questões relacionadas à renda, saúde, educação e, sobretudo, a fome. Diante do fenômeno da pobreza, foram estabelecidos vários índices para determinar as desigualdades na qualidade de vida no mundo. (ALMEIDA; RIGOLIN, 2005, p. 225).

A partir das informações do texto e dos conhecimentos sobre os índices da pobreza no Brasil e no mundo,
• indique a instituição responsável pela criação do Índice de Desenvolvimento Humano (IDH) e explique a importância e a utilidade desse índice;
• explique a função do Índice de Pobreza Humana (IPH);
• cite os principais indicadores do IPH-1.

32. (UNESP) Os condicionantes ambientais constituem fatores que podem favorecer a incidência de determinadas doenças. São estados brasileiros onde o risco de incidência da malária é relativamente elevado:

a) Rondônia, Mato Grosso e Santa Catarina.
b) Amazonas, Pará e Roraima.
c) Mato Grosso, Sergipe e Rio Grande do Sul.
d) Amazonas, Pará e Santa Catarina.
e) Pará, Mato Grosso e Rio Grande do Sul.

TEXTO PARA A PRÓXIMA QUESTÃO:

Leia o texto a seguir e responda à questão.

O levantamento sobre a dengue no Brasil tem como objetivo orientar as ações de controle, que possibilitam aos gestores locais de saúde antecipar as prevenções a fim de minimizar o caos gerado por uma epidemia. O Ministério da Saúde registrou 87 mil notificações de casos de dengue entre janeiro e fevereiro de 2014, contra 427 mil no mesmo período em 2013. Apesar do resultado expressivo de diminuição da doença, o Ministério da Saúde ressalta a importância de serem mantidos o alerta e a continuidade das ações preventivas. Os principais criadouros em 2014 são apresentados na tabela a seguir.

REGIÃO	ARMAZENAMENTO DA ÁGUA	DEPÓSITOS DOMICILIARES (%)	LIXO (%)
Norte	20,2	27,4	52,4
Nordeste	75,3	18,2	6,5
Sudeste	15,7	55,7	28,6
Centro-Oeste	28,9	27,3	43,8
Sul	12,9	37,0	50,1

Adaptado de: BVS Ministério da Saúde.
Disponível em: <www.brasil.gov.br/saude/2014>.
Acesso em: 21 abr. 2015.

33. (UEL – PR) Com base no texto, na tabela e nos conhecimentos sobre a transmissão da dengue nas regiões do Brasil, atribua V (verdadeiro) ou F (falso) às afirmativas a seguir.
( ) Na Região Nordeste, o lixo exerce menor impacto como espaço de desenvolvimento da doença, devido à dificuldade de acesso da população aos bens de consumo.
( ) Apesar de o bioma Amazônico, com extensa bacia hidrográfica, estar localizado na região Norte, uma das causas da proliferação da doença é o lixo, devido ao desequilíbrio ambiental que diminuiu os predadores do mosquito.
( ) Apesar das campanhas públicas de controle dos focos do mosquito, os depósitos domiciliares ainda possuem alto índice na Região Sudeste.
( ) Na Região Sul, o lixo constitui o principal criadouro do Aedes aegypti, em decorrência da facilidade de acesso da população aos bens de consumo e da insuficiente política de educação ambiental.

( ) Os baixos índices dos depósitos domiciliares como criadouros da doença nas regiões Norte, Nordeste e Centro-Oeste significam a resposta positiva destas populações às campanhas preventivas.

Assinale a alternativa que contém, de cima para baixo, a sequência correta.
a) V, V, F, F, F.
b) V, F, F, V, V.
c) F, V, V, V, F.
d) F, V, F, F, V.
e) F, F, V, F, V.

34. (UERJ) A malária humana é uma doença parasitária, transmitida pela picada de mosquitos. Apesar de ter cura, pode evoluir para suas formas agudas em poucos dias se não for diagnosticada e tratada rapidamente. Diagnosticar e começar o tratamento correto na fase inicial da doença pode fazer a diferença entre a vida e a morte. Essa medida também diminui a possibilidade de ocorrência de novos casos, se o doente com malária permanecer nas áreas de transmissão.

Áreas com risco de transmissão da malária

■ alto risco de transmissão da malária
□ risco limitado de transmissão da malária

Adaptado de: <fiocruz.br>.

Com base nas informações do texto e na análise do mapa, apresente um fator ambiental responsável pelo contágio da malária nas regiões com alto risco de transmissão. Apresente, também, uma justificativa socioeconômica para o elevado número de mortes associadas a essa doença em algumas dessas regiões.

35. (CFT – MG)

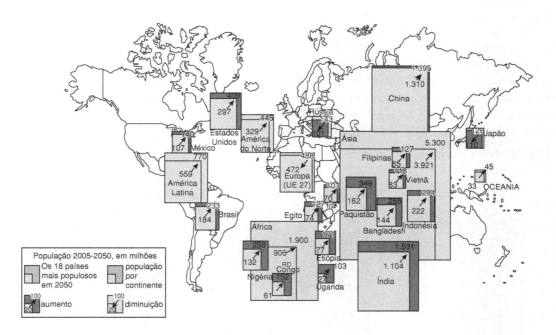

BONIFACE, P.; VÉDRINE, H. ATLAS do Mundo Global. São Paulo: Estação Liberdade, 2009. p. 40.

A partir da análise desses dados, é correto inferir que:
a) a África continuará a apresentar o maior crescimento populacional relativo, independente do controle da pandemia de AIDS atual.
b) as teorias neomalthusianas permanecem ineficientes, apesar da ampliação do crescimento vegetativo no país mais populoso do mundo.
c) a taxa de crescimento natural dos Estados Unidos se estabilizará, mesmo com o incremento demográfico advindo das imigrações ilegais.
d) os problemas do aumento populacional negativo na Europa e Rússia serão sanados, uma vez que existem políticas imigratórias nessas regiões.

36. (UFSM – RS) Observe a figura:

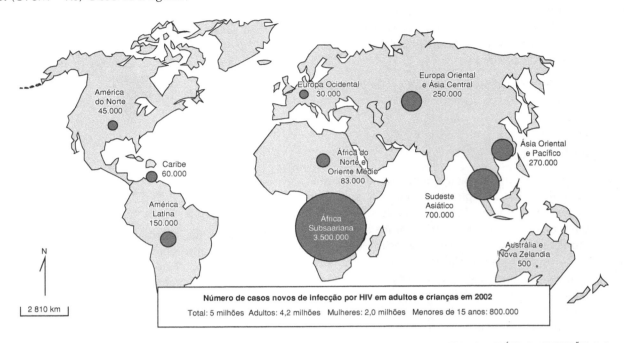

TERRA, L.; ARAÚJO, R.; GUIMARÃES. R. B.
Conexões: estudos de geografia geral e do Brasil. v. 1. São Paulo: Moderna, 2010. p. 61. Adaptado.

A representação cartográfica, juntamente com as informações apresentadas,

a) mostra uma linguagem de correlação e síntese, uma vez que permite identificar facilmente onde está o maior número de infectados pelo vírus HIV.
b) tem como objetivo central a precisão na localização do objeto geográfico; no caso, o número de novas infecções por HIV em adultos e crianças.
c) constitui-se num mapa topográfico que utiliza estatísticas colocadas no meio das unidades territoriais.
d) apresenta uma configuração preliminar, em que o fenômeno é apresentado na forma de croqui.
e) revela a intenção de, ao representar o fenômeno geográfico, deformar intencionalmente as superfícies reais para a visualização do número de novas infecções por HIV em adultos e crianças.

37. (UNESP) Analise o mapa anamórfico.

Mortalidade infantil
(Dados de 2002 que computam a morte no primeiro ano de vida.)

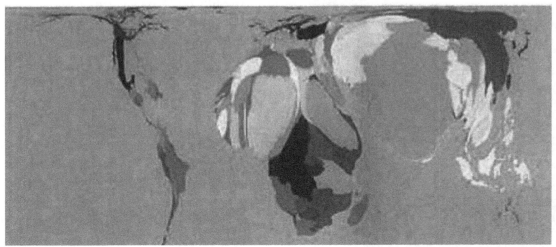

Disponível em: <www.worldmapper.org>.

Explique essa representação cartográfica e mencione dois exemplos de regiões geográficas mundiais com maiores e dois com menores taxas de mortalidade infantil.

4 UNIDADE | O URBANO E O RURAL

Capítulo 14 – Urbanização e Metropolização

ENEM

1. (ENEM – H19) Além dos inúmeros eletrodomésticos e bens eletrônicos, o automóvel produzido pela indústria fordista promoveu, a partir dos anos 50, mudanças significativas no modo de vida dos consumidores e também na habitação e nas cidades. Com a massificação do consumo dos bens modernos, dos eletroeletrônicos e também do automóvel, mudaram radicalmente o modo de vida, os valores, a cultura e o conjunto do ambiente construído. Da ocupação do solo urbano até o interior da moradia, a transformação foi profunda.

Adaptado de: MARICATO, E. *Urbanismo na Periferia do Mundo Globalizado*: metrópoles brasileiras. Disponível em: <http://www.scielo.b>r. Acesso em: 12 ago. 2009.

Uma das consequências das inovações tecnológicas das últimas décadas, que determinaram diferentes formas de uso e ocupação do espaço geográfico, é a instituição das chamadas cidades globais, que se caracterizam por:

a) possuírem o mesmo nível de influência no cenário mundial.
b) fortalecerem os laços de cidadania e solidariedade entre os membros das diversas comunidades.
c) constituírem um passo importante para a diminuição das desigualdades sociais causadas pela polarização social e pela segregação urbana.
d) terem sido diretamente impactadas pelo processo de internacionalização da economia, desencadeado a partir do final dos anos 1970.
e) terem sua origem diretamente relacionadas ao processo de colonização ocidental do século XIX.

2. (ENEM – H6) A tabela apresenta a taxa de desemprego dos jovens entre 15 e 24 anos estratificada com base em diferentes categorias.

REGIÃO	HOMENS	MULHERES
Norte	15,3	23,8
Nordeste	10,7	18,8
Cenro-Oeste	13,3	20,6
Sul	11,6	19,4
Sudeste	16,9	25,7
GRAU DE INSTRUÇÃO		
Menos de 1 ano	7,4	16,1
De 1 a 3 anos	8,9	16,4
De 4 a 7 anos	15,1	22,8
De 8 a 10 anos	17,8	27,8
De 11 a 14 anos	12,6	19,6
Mais de 15 anos	11,0	7,3

PNAD/IBGE, 1998

Considerando apenas os dados da tabela e analisando as características de candidatos a emprego, é possível concluir que teriam menor chance de consegui-lo,

a) mulheres, concluintes do ensino médio, moradoras da cidade de São Paulo.
b) mulheres, concluintes de curso superior, moradoras da cidade do Rio de Janeiro.
c) homens, com curso de pós-graduação, moradores de Manaus.
d) homens, com dois anos do ensino fundamental, moradores de Recife.
e) mulheres, com ensino médio incompleto, moradoras de Belo Horizonte.

3. (ENEM – H26) No período 750-338 a. C., a Grécia antiga era composta por cidades-Estado, como por exemplo Atenas, Esparta, Tebas, que eram independentes umas das outras, mas partilhavam algumas características culturais, como a língua grega. No centro da Grécia, Delfos era um lugar de culto religioso frequentado por habitantes de todas as cidades-Estado.

No período 1200-1600 d. C., na parte da Amazônia brasileira onde hoje está o Parque Nacional do Xingu, há vestígios de quinze cidades que eram cercadas por muros de madeira e que tinham até dois mil e quinhentos habitantes cada uma. Essas cidades eram ligadas por estradas a centros cerimoniais com grandes praças. Em torno delas havia roças, pomares e tanques para a criação de tartarugas. Aparentemente, epidemias dizimaram grande parte da população que lá vivia.

Folha de S.Paulo, ago. 2008. Adaptado.

Apesar das diferenças históricas e geográficas existentes entre as duas civilizações elas são semelhantes pois:

a) as ruínas das cidades mencionadas atestam que grandes epidemias dizimaram suas populações.
b) as cidades do Xingu desenvolveram a democracia, tal como foi concebida em Tebas.
c) as duas civilizações tinham cidades autônomas e independentes entre si.
d) os povos do Xingu falavam uma mesma língua, tal como nas cidades-Estado da Grécia.
e) as cidades do Xingu dedicavam-se à arte e à filosofia tal como na Grécia.

4. (ENEM – H28) Em 2006, foi realizada uma conferência das Nações Unidas em que se discutiu o problema do lixo eletrônico, também denominado *e-waste*. Nessa ocasião, destacou-se a necessidade de os países em desenvolvimento serem protegidos das doações nem sempre bem-intencionadas dos países mais ricos. Uma vez descartados ou doados, equipamentos eletrônicos chegam a países em desenvolvimento com o rótulo de "mercadorias recondicionadas", mas acabam deteriorando-se em lixões, liberando chumbo, cádmio, mercúrio e outros materiais tóxicos.

Disponível em: <g1.globo.com>. Adaptado.

A discussão dos problemas associados ao e-*waste* leva à conclusão de que:

a) os países que se encontram em processo de industrialização necessitam de matérias-primas recicladas oriundas dos países mais ricos.

b) o objetivo dos países ricos, ao enviarem mercadorias recondicionadas para os países em desenvolvimento, é o de conquistar mercados consumidores para seus produtos.

c) o avanço rápido do desenvolvimento tecnológico, que torna os produtos obsoletos em pouco tempo, é um fator que deve ser considerado em políticas ambientais.

d) o excesso de mercadorias recondicionadas enviadas para os países em desenvolvimento é armazenado em lixões apropriados.

e) as mercadorias recondicionadas oriundas de países ricos melhoram muito o padrão de vida da população dos países em desenvolvimento

5. (ENEM – H27) Um poeta, habitante da cidade de Poços de Caldas, MG, assim externou o que estava acontecendo em sua cidade:

Hoje, o planalto de Poços de Caldas não
serve mais. Minério acabou.
Só mancha, "nunclemais".
Mas estão "tapando os buracos", trazendo para cá "Torta II"*,
aquele lixo do vizinho que você não gostaria
de ver jogado no quintal da sua casa.
Sentimentos mil: do povo, do poeta e do Brasil.

*Torta II – lixo radioativo de aspecto pastoso.
Hugo Pontes. In: HELENE, M. E. M. A Radioatividade
e o Lixo Nuclear. São Paulo: Scipione, 2002. p. 4.

A indignação que o poeta expressa no verso "Sentimentos mil: do povo, do poeta e do Brasil" está relacionada com:

a) a extinção do minério decorrente das medidas adotadas pela metrópole portuguesa para explorar as riquezas minerais, especialmente em Minas Gerais.

b) a decisão tomada pelo governo brasileiro de receber o lixo tóxico oriundo de países do Cone Sul, o que caracteriza o chamado comércio internacional do lixo.

c) a atitude de moradores que residem em casas próximas umas das outras, quando um deles joga lixo no quintal do vizinho.

d) as chamadas operações tapa-buracos, desencadeadas com o objetivo de resolver problemas de manutenção das estradas que ligam as cidades mineiras.

e) os problemas ambientais que podem ser causados quando se escolhe um local para enterrar ou depositar lixo tóxico.

6. (ENEM – H10) A poluição e outras ofensas ambientais ainda não tinham esse nome, mas já eram largamente notadas no século XIX, nas grandes cidades inglesas e continentais. E a própria chegada ao campo das estradas de ferro suscitou protestos. A reação antimaquinista, protagonizada pelos diversos luddismos, antecipa a batalha atual dos ambientalistas. Esse era, então, o combate social contra os miasmas urbanos.

Adaptado de: SANTOS, M. A Natureza do Espaço: técnica e tempo,
razão e emoção. São Paulo: EDUSP, 2002.

O crescente desenvolvimento técnico-produtivo impõe modificações na paisagem e nos objetos culturais vivenciados pelas sociedades. De acordo com o texto, pode-se dizer que tais movimentos sociais emergiram e se expressaram por meio:

a) das ideologias conservacionistas, com milhares de adeptos no meio urbano.

b) das políticas governamentais de preservação dos objetos naturais e culturais.

c) das teorias sobre a necessidade de harmonização entre técnica e natureza.

d) dos boicotes aos produtos das empresas exploradoras e poluentes.

e) da contestação à degradação do trabalho, das tradições e da natureza.

7. (ENEM – H28) Em 1872, Robert Angus Smith criou o termo "chuva ácida", descrevendo precipitações ácidas em Manchester após a Revolução Industrial. Trata-se do acúmulo demasiado de dióxido de carbono e enxofre na atmosfera que, ao reagirem com compostos dessa camada, formam gotículas de chuva ácida e partículas de aerossóis. A chuva ácida não necessariamente ocorre no local poluidor, pois tais poluentes, ao serem lançados na atmosfera, são levados pelos ventos, podendo provocar a reação em regiões distantes. A água de forma pura apresenta pH 7, e, ao contatar agentes poluidores, reage modificando seu pH para 5,6 e até menos que isso, o que provoca reações, deixando consequências.

Disponível em: <http://www.brasilescola.com>.
Acesso em: 18 maio 2010. Adaptado.

O texto aponta para um fenômeno atmosférico causador de graves problemas ao meio ambiente: a chuva ácida (pluviosidade com pH baixo). Esse fenômeno tem como consequência:

a) a corrosão de metais, pinturas, monumentos históricos, destruição da cobertura vegetal e acidificação dos lagos.

b) a diminuição do aquecimento global, já que esse tipo de chuva retira poluentes da atmosfera.

c) a destruição da fauna e da flora, e redução dos recursos hídricos, com o assoreamento dos rios.

d) as enchentes, que atrapalham a vida do cidadão urbano, corroendo, em curto prazo, automóveis e fios de cobre da rede elétrica.

e) a degradação da terra nas regiões semiáridas, localizadas, em sua maioria, no Nordeste do nosso país.

8. (ENEM – H27) Subindo morros, margeando córregos ou penduradas em palafitas, as favelas fazem parte da paisagem de um terço dos municípios do país, abrigando mais de 10 milhões de pessoas, segundo dados do Instituto Brasileiro de Geografia e Estatística (IBGE).

MARTINS, A. R. *A Favela como um Espaço da Cidade.*
Disponível em: <http://www.revistaescola.abril.com.br>.
Acesso em: 31 jul. 2010.

A situação das favelas no país reporta a graves problemas de desordenamento territorial. Nesse sentido, uma característica comum a esses espaços tem sido:

a) o planejamento para a implantação de infraestruturas urbanas necessárias para atender às necessidades básicas dos moradores.

b) a organização de associações de moradores interessadas na melhoria do espaço urbano e financiadas pelo poder público.

c) a presença de ações referentes à educação ambiental com consequente preservação dos espaços naturais circundantes.

d) a ocupação de áreas de risco suscetíveis a enchentes ou desmoronamentos com consequentes perdas materiais e humanas.

e) o isolamento socioeconômico dos moradores ocupantes desses espaços com a resultante multiplicação de políticas que tentam reverter esse quadro.

9. (ENEM – H27) Trata-se de um gigantesco movimento de construção de cidades, necessário para o assentamento residencial dessa população, bem como de suas necessidades de trabalho, abastecimento, transportes, saúde, energia, água etc. Ainda que o rumo tomado pelo crescimento urbano não tenha respondido satisfatoriamente a todas essas necessidades, o território foi ocupado e foram construídas as condições para viver nesse espaço.

MARICATO. E. *Brasil, cidades*: alternativas para a crise urbana.
Petrópolis: Vozes, 2001.

A dinâmica de transformação das cidades tende a apresentar como consequência a expansão das áreas periféricas pelo(a):

a) crescimento da população urbana e aumento da especulação imobiliária.

b) direcionamento maior do fluxo de pessoas, devido à existência de um grande número de serviços.

c) delimitação de áreas para uma ocupação organizada do espaço físico, melhorando a qualidade de vida.

d) implantação de políticas públicas que promovem a moradia e o direito à cidade aos seus moradores.

e) reurbanização de moradias nas áreas centrais, mantendo o trabalhador próximo ao seu emprego, diminuindo os deslocamentos para a periferia.

10. (ENEM – H1) **Os benefícios do pedágio dentro da cidade**

A prefeitura de uma grande cidade brasileira pretende implantar um pedágio nas suas avenidas principais, para reduzir o tráfego e aumentar a arrecadação municipal. Um estudo do Banco Nacional de Desenvolvimento Econômico e Social (BNDES) mostra o impacto de medidas como essa adotadas em outros países.

CINGAPURA

Adotado em 1975, na área central de Cingapura, o pedágio fez o uso de ônibus crescer 15% e a velocidade média no trânsito subir 10 km por hora.

INGLATERRA

Desde 2003, cobra-se o equivalente a 35 reais por dia dos motoristas que utilizam as ruas do centro de Londres. A medida reduziu em 30% o número de veículos que trafegam na região.

NORUEGA

Em 1990, a capital, Oslo, instalou pedágio apenas para aumentar sua receita tributária. Hoje arrecada 70 milhões de dólares por ano com a taxa.

COREIA DO SUL

Desde 1996, a capital, Seul, cobra o equivalente a 4,80 reais por carro que passe por duas de suas avenidas, com menos de dois passageiros. A quantidade de veículos nessas avenidas caiu 34% e a velocidade subiu 10 quilômetros por hora.

Veja, 28 jun. 2006. Adaptado.

Com base nessas informações, assinale a opção **correta** a respeito do pedágio nas cidades mencionadas.

a) A preocupação comum entre os países que adotaram o pedágio urbano foi o aumento de arrecadação pública.

b) A Europa foi pioneira na adoção de pedágio urbano como solução para os problemas de tráfego em avenidas.

c) Caso a prefeitura da cidade brasileira mencionada adote a cobrança do pedágio em vias urbanas, isso dará sequência às experiências implantadas sucessivamente em Cingapura, Noruega, Coreia do Sul e Inglaterra.

d) Nas experiências citadas, houve redução do volume de tráfego coletivo e individual na proporção inversa do aumento da velocidade no trânsito.

e) O número de cidades europeias que já adotaram o pedágio urbano corresponde ao dobro do número de cidades asiáticas que o fizeram.

11. (ENEM – H9) Uma pesquisadora francesa produziu o seguinte texto para caracterizar nosso país:

O Brasil, quinto país do mundo em extensão territorial, é o mais vasto do hemisfério Sul. Ele faz parte essencialmente do mundo tropical, à exceção de seus estados mais meridionais, ao sul de São Paulo. O Brasil dispõe de vastos territórios subpovoados, como o da Amazônia, conhece também um crescimento urbano extremamente rápido, índices de pobreza que não diminuem e uma das sociedades mais desiguais do mundo. Qualificado de "terra de contrastes", o Brasil é um país moderno do Terceiro Mundo, com todas as contradições que isso tem por consequência.

Adaptado de: DROULERS, M. *Dictionnaire Geopolitique des États*. Organizado por Yves Lacoste. Paris: Éditions Flamarion,1995.

O Brasil é qualificado como uma "terra de contrastes" por:

a) fazer parte do mundo tropical, mas ter um crescimento urbano semelhante ao dos países temperados.

b) não conseguir evitar seu rápido crescimento urbano, por ser um país com grande extensão de fronteiras terrestres e de costa.

c) possuir grandes diferenças sociais e regionais e ser considerado um país moderno do Terceiro Mundo.

d) possuir vastos territórios subpovoados, apesar de não ter recursos econômicos e tecnológicos para explorá-los.

e) ter elevados índices de pobreza, por ser um país com grande extensão territorial e predomínio de atividades rurais.

Questões objetivas, discursivas e PAS

12. (UPF – RS) Analise as informações sobre o processo de industrialização mundial e marque V para as afirmativas verdadeiras e F para as falsas.

( ) Os tecnopolos concentram indústrias de alta tecnologia associados a pesquisas de inovação técnica, garantindo formação de pesquisadores. Exemplo: o tecnopolo do Vale do Silício, no litoral atlântico dos Estados Unidos.

( ) As incubadoras de empresas, surgidas nas universidades americanas no início do século XXI, desenvolvem-se em espaço virtual e oferecem suporte técnico a grandes empresas. Exemplo: os parques científicos do Brasil.

( ) A tendência recente é de muitas indústrias abandonarem áreas tradicionais e de aglomeração. Exemplo: as indústrias de alta tecnologia, em expansão nos Estados Unidos, na Europa e no Japão, buscam localização em subúrbios afastados ou em cidades interioranas.

( ) O advento de empresas multinacionais promoveu a instalação de indústrias de grande porte em países com fraca industrialização, inserindo-os na economia internacional, mas causando comprometimentos e subordinação. Exemplo: Brasil e México, que sofreram urbanização desordenada e degradação ambiental.

( ) A reforma industrial chinesa passou pela criação das Zonas Econômicas Especiais (ZEEs), verdadeiros enclaves econômicos internacionalizados, cuja produção se destina ao mercado externo. Exemplo: a orla litorânea concentra a maior parte das ZEEs chinesas e registra a maior renda *per capita*.

A sequência correta de preenchimento dos parênteses, de cima para baixo, é:

a) V – F – V – V – F.
b) V – V – V – F – F.
c) F – F – V – V – V.
d) F – V – V – F – F.
e) V – F – V – V – V.

13. (UEG – GO) A questão do subdesenvolvimento está ligada à dominação política e econômica e ao tipo de relação estabelecida entre metrópole e colônia. A independência política das colônias não foi acompanhada da independência econômica. Nos países pobres e subdesenvolvidos, resguardando-se suas diferenças, é possível identificar algumas características comuns a todos eles. Entre essas diferenças, destacam-se as seguintes:

a) apresentam indicadores socioeconômicos favoráveis, embora com grande dívida externa.

b) apresentam grandes desigualdades sociais, dependência financeira e tecnológica.

c) dispõem de desenvolvimento tecnológico autônomo e importam mão de obra qualificada.

d) são exportadores de matéria-prima e possuem balança comercial favorável.

14. (FGV – RJ) Vivemos numa era verdadeiramente global, em que o global se manifesta horizontalmente e não por meio de sistemas de integração verticais, como o Fundo Monetário Internacional e o sistema financeiro. Muito da literatura sobre a globalização foi incapaz de ver que o global se constitui nesses densos ambientes locais.

Saskia Sassen, 13 de ago. de 2011.
Disponível em: <http://www.estadao.com.br/noticias/suplementos-a-globalizacao-do-protesto,758135,0.htm>.

Assinale a alternativa que contém uma proposição coerente com os argumentos apresentados no texto:

a) As metrópoles não apenas sofrem os efeitos da globalização, mas são espaços que produzem a globalização.

b) As forças globais, tais como o FMI e os sistemas financeiros, não afetam os ambientes locais, desde que eles sejam densos.

c) Na escala global, os agentes operam horizontalmente, enquanto, na escala local, os agentes operam verticalmente.

d) A noção de escala global deixou de ter importância em geografia, já que o global só se revela por meio do local.

e) A globalização conferiu densidade a todos os ambientes locais, na medida em que suas forças atingem todos os lugares.

15. (UEM – PR) A paisagem não tem nada de fixo, de imóvel. Cada vez que a sociedade passa por um processo de mudança, as relações sociais e políticas também mudam, em ritmos e intensidades variados. (...) As alterações por que passa a paisagem são apenas parciais. De um lado alguns de seus elementos não mudam – pelo menos na aparência – enquanto a sociedade evolui. São testemunhas do passado. (...) A paisagem, assim como o espaço, altera-se continuamente para poder acompanhar as transformações da sociedade. "A forma é alterada, renovada e suprimida, para dar lugar a uma nova forma que atenda às necessidades novas da estrutura social."

SANTOS, M. Pensando no Espaço do Homem.
São Paulo: Hucitec, 1986. p. 37-38.

No texto, o autor trata de permanências e mudanças da paisagem e do espaço. Sobre esses processos, indique as alternativas corretas e dê sua soma ao final.

(01) Na Holanda, desde o século XVIII, a horticultura era praticada nos pôlders, criados com a drenagem dos solos que se encontravam abaixo do nível do mar e com a energia gerada pelos moinhos de vento. Ainda hoje, os moinhos e os canteiros de flores estão presentes na paisagem, mas a produção de flores e bulbos é feita em novos espaços construídos – as estufas.

(02) A paisagem do ABC paulista reflete mudanças estruturais nas economias das metrópoles. A expansão do comércio e dos serviços acompanhou o declínio industrial. Os novos *shoppings centers* e as redes de varejo se instalaram em antigos edifícios de fábricas e depósitos industriais. O automóvel, o *shopping* e o hipermercado tornaram-se os principais componentes organizadores do espaço.

(04) Em cidades europeias, como Paris, Londres, Madri e Roma, as construções mais antigas são preservadas no espaço central. No centro monumental, estão preservadas as construções, inclusive os usos e as funções urbanas da época em que foram criadas.

(08) Nos Estados Unidos, a área central das cidades sofreu um processo de desvalorização, devido à concentração de prédios antigos e sem conservação, atraindo a população de menor renda para a área. A partir da década de 1990, com projetos de revitalização e de revalorização dessas áreas degradadas, em cidades como Nova York, Detroit e Chicago, a população pobre teve de se deslocar para os subúrbios.

(16) O crescimento econômico da China, nos últimos anos, foi intenso e promoveu a transformação do espaço com a modernização e a reestruturação industrial, acirrando as desigualdades regionais. As províncias próximas ao litoral apresentam crescimento intenso, são densamente povoadas, urbanizadas e industrializadas. O Oeste é pouco povoado e caracterizado por atividades adaptadas ao ambiente das montanhas e dos desertos.

16. (UEMG) **Urbanização planetária**

Estudos feitos (...) informam que o número de habitantes nas cidades cresce a uma velocidade assustadora: 65,7 milhões a mais por ano, segundo o Banco Mundial. Nos próximos 30 anos, elas receberão mais dois bilhões de pessoas, segundo estimativas da Organização das Nações Unidas (ONU), passando de 3,9 bilhões atuais para mais de seis bilhões, concentrando em zonas urbanas mais de dois terços da população do planeta. Gente que precisará de transporte, segurança, habitação, energia, água, saneamento, saúde e inúmeros outros serviços da administração pública. Para as prefeituras e governos centrais, é um desafio gigantesco. Para as empresas que desenvolvem soluções para o setor, uma oportunidade de tamanho idêntico – há previsões como as do Índice de Desenvolvimento das Cidades (IDC), por exemplo, segundo as quais esse já é um mercado de US$ 6,1 bilhões por ano para as empresas de tecnologia, e alcançará US$ 20,2 bilhões em 2020. Para a totalidade das empresas, o mercado é muito maior — só a China está gastando o equivalente a US$ 10,8 bilhões este ano em soluções para "cidades inteligentes". (...)

Adaptado de: ISTOÉ, 16 ago. 2013.

De acordo com as informações obtidas no texto, é CORRETO afirmar que:

a) o inchaço das cidades é provocado pelo crescimento ordenado de sua infraestrutura, que atende às necessidades da população urbana planetária.
b) as dimensões e a complexidade dos problemas urbanos, bem como a urgência para resolvê-los passaram a exigir soluções que contenham inovação e tecnologia.
c) os investimentos governamentais nas chamadas cidades inteligentes eliminarão o processo acelerado de urbanização planetária.
d) a urbanização planetária desestimula as disparidades sociais, pois trata-se da redistribuição demográfica de populações rurais em assentamentos urbanos.

17. (UFSC) Sobre urbanização, indique as alternativas corretas e dê sua soma ao final.

(01) A forte urbanização brasileira pode ser explicada por vultosos investimentos em áreas degradadas dos principais centros urbanos, o que atraiu grande contingente de trabalhadores.
(02) É possível haver crescimento urbano sem que haja urbanização. Esta só ocorre quando o crescimento urbano é superior ao rural.
(04) A indústria se tornou forte atrativo para as cidades, o que ocasionou intenso êxodo rural.
(08) O crescimento urbano no Brasil se deu de forma harmoniosa, não havendo grandes diferenças entre as regiões e as cidades industriais em franca expansão.
(16) A cidade capitalista é a expressão do próprio modo de produção capitalista, com suas contradições e resistências de grupos menos privilegiados em relação a outros com maiores benefícios.

18. (EsPCEx – SP) No passado, a fumaça das chaminés servia para distinguir os países desenvolvidos dos países subdesenvolvidos.

MAGNOLI & ARAÚJO, 2004. p.126.

Até a década de 1930, eram considerados países desenvolvidos aqueles cuja economia estivesse fundamentada na produção industrial e países subdesenvolvidos aqueles em que a economia estivesse assentada na agricultura ou exploração mineral. Atualmente, com algumas exceções, no panorama global, funciona como importante critério para separar os países desenvolvidos dos subdesenvolvidos o:

a) elevado nível de urbanização.
b) predomínio do Setor Terciário na absorção da população ativa.
c) predomínio das exportações sobre as importações no comércio mundial.
d) controle sobre o conhecimento e sobre as tecnologias de ponta.
e) controle de matérias-primas pesadas e o uso intensivo de energia.

19. (UEPB) Mumbai é o principal centro financeiro e de entretenimentos e a maior cidade da Índia, com mais de 14 milhões de habitantes e uma região metropolitana que ultrapassa 22 milhões de pessoas. As fotos abaixo mostram respectivamente o principal centro econômico da cidade, Nariman Point, e a favela de Dharavi, que é a maior da Ásia.

Fonte: <http://www.Indofeph.xo.uk/trvel/picturegalleries/4307258/Slmdog-Milionre-Mumbais-real-slumdogs.html>.

Fonte: <http://glygly.com/15-pictures-of-overflowing-garbage.html>.

Tais paisagens exemplificam que:

I. A ocupação desordenada do solo urbano ocorre em todas as grandes cidades dos países subdesenvolvidos, nas quais a segregação espacial se expressa na conivência entre espaços luxuosos que contrastam com a miséria das favelas.
II. As segregações espaciais e sociais ocorrem simultaneamente na urbanização do terceiro mundo, e se materializam na cidade formal dotada de toda infraestrutura e na cidade informal dos subúrbios pobres e destituídos de serviços e equipamentos urbanos.
III. O crescimento dos grandes centros urbanos nos países de economia emergente está condicionado à melhoria da qualidade de vida, pois a metrópole oferece aos seus habitantes maior acesso ao emprego, à saúde, à educação, ao consumo, à cultura, à tecnologia, ao lazer etc.
IV. A especulação imobiliária torna o solo urbano uma mercadoria cara e inacessível à maioria da população, que tem como única solução

de moradia a construção precária em locais inadequados e de risco, que não se presta para a população de maior poder econômico.

Estão corretas apenas as alternativas:
a) II, III e IV.
b) I e IV.
c) II e III.
d) I, II e IV.
e) I, II e III.

20. (FGV – adaptada) O lançamento do relatório "Estado das Cidades da América Latina e Caribe", produzido pelo Programa das Nações Unidas para os Assentamentos Humanos (ONU-HABITAT), (...) repercutiu intensamente na mídia impressa e digital.

Sobre o tema desse relatório, é correto afirmar:
a) Com cerca de 80% de sua população vivendo em cidades, a região formada pela América Latina e pelo Caribe figura entre as mais urbanizadas do mundo.
b) A maior parte da população urbana da América Latina e do Caribe vive em aglomerações urbanas com mais de 10 milhões de habitantes, conhecidas como megacidades.
c) Apesar do recente incremento da urbanização, estima-se que mais da metade do PIB da América Latina e Caribe seja produzido em áreas rurais, onde se concentram as atividades ligadas ao agronegócio.
d) O número de cidades da América Latina e Caribe vem diminuindo nos últimos cinquenta anos, graças ao padrão concentrador que caracteriza a urbanização regional.
e) Na América Latina e Caribe, as elevadas taxas de fecundidade vigentes entre a população rural alimentam um crescente êxodo migratório do campo para as cidades.

21. (UPE) Leia o texto seguinte:

A América Latina passou, no século XX, por uma série de transformações conduzidas sob um modelo econômico dominante, que produziu grandes mudanças demográficas e sociais. A riqueza gerada e os modestos avanços alcançados na luta contra a pobreza desde 1990 não têm significado uma redução relevante da enorme desigualdade. Amplos setores da população urbana vivem submetidos a círculos viciosos de pobreza com cidades divididas social e espacialmente, mesmo com as múltiplas oportunidades de desenvolvimento econômico e social que oferece a urbanização.

ONU, 2012. Disponível em: <www.onuhabitat.org>. Adaptado.

Com base no texto e no conhecimento sobre a América Latina, considere as afirmativas a seguir:

1. O êxodo migratório do campo para a cidade tem perdido força na maioria dos países da América Latina. As migrações são agora mais complexas e se produzem fundamentalmente, entre cidades. Também são relevantes os movimentos entre os centros das cidades e suas periferias.

2. Atualmente, a evolução demográfica das cidades da América Latina é oriunda do aumento considerável da taxa de natalidade. Os altos índices de fecundidade, em muitos países dessa região, aumentam consideravelmente o crescimento natural e, consequentemente, a segregação social e espacial, mecanismos que tendem a reforçar-se mutuamente.

3. A América Latina é uma região pobre em fontes renováveis de água doce. Por essa razão, algumas áreas, especialmente zonas áridas e semiáridas da Venezuela, América Central e Região Platina, sofrem uma escassez estacional que é acentuada com baixas precipitações de chuva, fato que agrava, nesses lugares, os círculos viciosos de pobreza.

4. Em períodos mais recentes, a expansão física das cidades da América Latina e o seu desenvolvimento econômico têm propiciado o aparecimento de novas expressões urbanas sobre o território e consolidado fenômenos, como as conurbações, as áreas metropolitanas, as megarregiões e os corredores urbanos. Essa concentração de população significa, também, concentração de pobreza.

Estão CORRETAS:
a) 1 e 3.
b) 1 e 4.
c) 2 e 4.
d) 1, 2 e 3.
e) 2, 3 e 4.

22. (UEM – PR) Com quase 80% de sua população nas cidades, a América Latina é uma das regiões mais urbanizadas do mundo, mas convive com redução do crescimento demográfico e praticamente com o fim da migração campo-cidade, responsável pelo "boom" da urbanização até os anos 90.

Folha de S. Paulo, 22 ago. de 2012, p. A15.

Considerando o enunciado e seus conhecimentos sobre demografia, indique as alternativas corretas e dê sua soma ao final.

(01) A redução do crescimento demográfico tem como causa principal a incapacidade de o continente latino-americano gerar postos de trabalhos por meio da industrialização. Na última década, por exemplo, enquanto em outros continentes a industrialização avançou 10% ao ano, ela não atingiu 3% ao ano na América Latina.

(02) A urbanização é um sinal característico da modernização econômica. A transferência da população do meio rural para o meio urbano acompanha a transição de um padrão de vida econômico, apoiado na produção agrícola, para outro padrão, baseado na indústria, no comércio e nos serviços.

(04) Com o início do processo de globalização, no ano 2010, a urbanização foi intensificada na América Latina. Na época, a implantação dos blocos econômicos regionais ampliou o mercado de trabalho urbano, o que estimulou os deslocamentos populacionais da zona rural para a zona urbana.

(08) A redução do crescimento demográfico na América Latina deve-se às políticas de controle da natalidade, patrocinadas pelos governos nacionais. Em muitos países, famílias foram proibidas de terem o segundo filho como estratégia para manter um crescimento populacional de, no máximo, 1% ao ano.

(16) A concentração da propriedade das terras agrícolas e a precariedade das condições de vida no campo levam grandes parcelas da população rural a migrarem para as cidades, de modo que estas, às vezes, crescem desordenadamente. Na paisagem urbana de alguns países latinos, são comuns as submoradias, a falta de saneamento básico e outras situações que denotam más condições de vida.

23. (IFCE) África do Sul, Brasil, México e Índia, dentre outros, são classificados, por vezes, como países subdesenvolvidos industrializados, países emergentes ou economias de transição. Esses países apresentam, entre si, uma série de características sociais e econômicas comuns. Sobre eles, é correto afirmar-se que
a) têm grandes diversidades étnicas, linguísticas e religiosas.
b) têm grandes desigualdades sociais e regionais.
c) têm carência de recursos minerais, sobretudo energéticos.
d) o ramo industrial mais dinâmico é o petroquímico, face à presença de importantes jazidas de petróleo.
e) têm moderado processo de urbanização, com tendência à concentração populacional nos médios e pequenos centros urbanos.

24. (IFSC) A poluição causa impactos ambientais especialmente sobre os centros urbanos. Políticas públicas vêm sendo desenvolvidas para enfrentar o problema. Indique as alternativas corretas e dê sua soma ao final.
(01) A poluição ambiental não tem origem antropogênica: refere-se a uma causa natural de ciclos climáticos.
(02) O poder público de todos os países tem se esforçado para mitigar a questão ambiental. Exemplo desse fato são o Protocolo de Quioto e a adesão voluntária de todos os países do mundo na superação das metas estabelecidas por esse acordo.
(04) O desenvolvimento econômico é compatível em seus moldes atuais com a preservação ambiental, pois através do uso intensivo dos combustíveis fósseis reduzimos os efeitos nocivos ao ambiente, como a chuva ácida.
(08) O acúmulo de lixo doméstico e industrial é um dos maiores passivos provocados pela urbanização e industrialização, tanto nos países desenvolvidos quanto nos países em desenvolvimento.
(16) As empresas privadas não têm nenhuma responsabilidade sobre o destino dos dejetos que produzem, pois cabe apenas ao poder público dar a devida destinação a eles.
(32) A produção de lixo eletrônico e de consumo de bens duráveis aumenta rapidamente à medida que esses produtos são projetados para uma vida mais curta e rapidamente repostos por modelos mais novos. Esse processo apoiado por ferramentas de propaganda tem o nome de obsolescência programada.

25. (UEPA) O avanço das comunicações tem estreita relação com o aperfeiçoamento tecnológico dos objetos usados pelos homens para tal fim, proporcionando significativas repercussões espaciais como a expansão do modo de vida urbano que ultrapassa os contornos e estruturas espaciais das cidades, chegando ao campo e proporcionando novos conteúdos. Neste contexto, é correto afirmar que:
a) nas últimas décadas, este avanço teve um processo de aceleração harmônico no espaço mundial, atingindo todos os continentes com a presença cada vez maior das inovações tecnológicas que permitiram não só aumento da área cultivada como também maior oferta de empregos no meio rural.
b) de um modo geral, o uso de modernas técnicas agrícolas ocasionou a elevação dos índices de produtividade de gêneros alimentícios, em especial os oriundos da agricultura de subsistência, proporcionando uma diminuição crescente da fome endêmica em muitos países, sobretudo no continente africano.

c) esta expansão atribuiu um novo sentido à ideia de urbanização, pois possibilitou a propagação de formas espaciais urbanas, valores socioculturais e equipamentos, que ultrapassaram os limites territoriais das cidades, penetrando em lugares onde os valores e formas espaciais eram outros.

d) o avanço tecnológico propiciou profundas mudanças nas áreas rurais, em especial nos países mais desenvolvidos tecnologicamente, como os Estados Unidos, eliminando a subordinação das atividades agropecuárias em relação a fenômenos da natureza, a exemplo de geadas e furacões.

e) nos países menos desenvolvidos tecnologicamente, onde a base econômica é constituída de atividades agropecuárias, a exemplo do Brasil e México, este avanço foi reduzido, mas nos lugares onde ocorreu, provocou completas mudanças nas relações de trabalho rurais, extinguindo parcerias e o trabalho escravo.

26. (UPF – RS) Embora a Índia venha, nos últimos anos, demonstrando um expressivo crescimento econômico, o país ainda é marcado por uma grande diversidade de povos e culturas e pela disparidade socioeconômica entre esses grupos.
Analise as afirmações sobre esse país.

I. Segundo país mais populoso do mundo e o mais poderoso da Ásia Meridional, apresenta grande diversidade religiosa, sendo o hinduísmo a religião majoritária entre a população.

II. As acentuadas industrialização e urbanização recentes fizeram com que o país ingressasse no século XXI com uma população predominantemente urbana.

III. Marcada por grandes contrastes socioeconômicos, a Índia apresentou elevado IDH, conforme Pnud/2013 (acima de 0,800), graças ao seu desenvolvimento tecnológico; entretanto, a expectativa de vida ao nascer nãoultrapassa 50 anos.

IV. O país é um dos maiores exportadores de produtos da área de tecnologia da informação, cujas empresas se concentram em torno do tecnopolo de Bangalore.

Está correto apenas o que se afirma em:
a) I e II.
b) I e IV.
c) II e III.
d) II e IV.
e) III e IV.

27. (UFRGS – RS) Assinale a alternativa correta em relação ao processo de urbanização no Brasil.
a) As cidades de São Paulo e do Rio de Janeiro são chamadas de megalópoles regionais, pois seus parques tecnológicos incrementam o desenvolvimento de indústrias na Região Sudeste.
b) A rede urbana da Região Nordeste é muito preparada para o turismo internacional e conta com quatro metrópoles nacionais, como as cidades de Recife, Salvador, Fortaleza e São Luís.
c) A verticalização das cidades é um termo que se utiliza quando a cidade cresce em áreas de grande declividade do terreno.
d) Uma região metropolitana é assim considerada apenas quando o município integrante encontra-se em conurbação.
e) A chamada terceirização das cidades é o fenômeno de especialização com elevada parte da sua população trabalhando no setor de serviços.

28. (UNIMONTES – MG) O entendimento de megalópole pressupõe uma área que compreende grandes aglomerações urbanas, formadas por cidades diversas, incluindo metrópoles com limites que se interpenetram, devido à conurbação. Considerando a formação de megalópoles no mundo, assinale a alternativa incorreta.
a) A formação das megalópoles no mundo está condicionada, entre outros fatores, à exigência de grandes espaços geográficos.
b) A formação de uma megalópole no Brasil ocorre no Vale do Paraíba, entre a Grande São Paulo e o Grande Rio de Janeiro.
c) A chamada Boswash corresponde a uma megalópole estadunidense que compreende o espaço entre Boston e Washington.
d) A área que compreende uma megalópole é geradora de grandes investimentos urbanos, suscitando uma demanda de serviços de infraestrutura modernos.

29. (UPF – RS) Um olhar recente sobre o comportamento do processo de urbanização na América Latina permite afirmar que:
a) em torno de 80% da população vive em áreas urbanas e apresenta cinco megacidades com mais de cinco milhões de habitantes: Cidade do México, Buenos Aires, Brasília, São Paulo e Montevidéu.
b) a grande oferta de moradias verificada na última década, resultante de políticas governamentais e empreendimentos privados da construção civil, praticamente eliminou o *deficit* habitacional, estabelecendo um equilíbrio entre demanda e oferta nesse setor.
c) o acelerado crescimento econômico do Brasil, verificado na última década, acelerou, também, a taxa de urbanização, a redução do nível de pobreza e a desigualdade econômica, colocando-o entre os primeiros países na igualdade de distribuição de renda, ao lado de Guatemala, Argentina e Uruguai.
d) nas últimas décadas, o crescimento demográfico tem se apresentado mais lento. Reduziram,

também, o ritmo de crescimento da aglomeração nas grandes metrópoles e o deslocamento do campo para a cidade.

e) o desenvolvimento sustentável das cidades acompanha a sensível melhoria da qualidade de vida da população, a eliminação da pobreza e da desigualdade e a redução da violência.

30. (UEM – PR) Na era da globalização e dos avanços da revolução técnico-científica, a sociedade mundial atual enfrenta uma generalização dos problemas e das soluções ambientais. Indique as alternativas corretas e dê sua soma ao final.

(01) As primeiras organizações internacionais voltadas para a problemática ambiental surgiram em meados do século XIX, como tentativa de impor padrões de gestão de recursos naturais de forma a evitar que o seu esgotamento trouxesse a ruína econômica de comunidades inteiras.

(02) Muitos países, principalmente os desenvolvidos, utilizam usinas nucleares para a produção de energia solar. Devido ao ganho ambiental que esse tipo de tecnologia oferece, vários países em desenvolvimento estão importando essa tecnologia.

(04) A desertificação ocorre em vários locais do planeta, predominantemente em climas árido e semiárido. As causas da desertificação, além das naturais, estão relacionadas com o uso excessivo e inadequado do solo para a agricultura e a pastagem, devido a práticas como o desmatamento e as queimadas.

(08) A China, além de utilizar seus próprios recursos de forma ecologicamente correta, vem subsidiando programas de Educação Ambiental em vários países africanos, como contrapartida das compras volumosas de matérias-primas que ela efetua desses países.

(16) Na rede de metrópoles mundiais, é raro ocorrer o fenômeno das ilhas de calor, pois a concentração de edifícios, em diversas alturas, favorece a circulação atmosférica.

31. (UEA – AM) No contexto da revolução técnico-científica, governantes e empresas de países desenvolvidos, como Estados Unidos, Canadá, Alemanha, França e Japão, têm estimulado a criação de arranjos territoriais chamados tecnopolos, caracterizados por:

a) centros tecnológicos de pesquisa e desenvolvimento que apresentam concentração de mão de obra qualificada capaz de gerar novos produtos de alta tecnologia que poderão ser absorvidos pelas indústrias.

b) centros tecnológicos de pesquisa e desenvolvimento instalados em fazendas que utilizam ferramentas tradicionais e mão de obra intensiva para realizar estudos que aumentem a produtividade.

c) áreas centrais das grandes cidades que apresentam alta concentração de compra e venda de produtos tecnológicos e serviços de manutenção com mão de obra pouco qualificada.

d) conjuntos empresariais voltados para a prestação de serviços avançados à distância com o emprego de mão de obra barata adaptada ao uso de sistemas de comunicação e informação.

e) áreas centrais das grandes metrópoles que apresentam elevado dinamismo para a recepção de eventos e congressos especializados em biotecnologia e saúde para soluções de demandas em mercados emergentes.

32. (IFCE) O mundo sempre se apresentou dividido, seja geográfica, econômica ou politicamente. Houve o momento em que o mundo se dividia, basicamente, entre colônias e metrópoles, depois entre países do Primeiro, Segundo e Terceiro mundo, países do norte e países do sul, países ricos e países pobres, países desenvolvidos e países subdesenvolvidos e, de forma mais recente, países desenvolvidos, países em desenvolvimento e países emergentes. Nessa lógica, a divisão internacional do trabalho também passou por variações e, hoje, países como o Brasil, a Argentina e o México, que são industrializados, inserem-se na Nova Divisão Internacional do Trabalho e caracterizam-se por uma:

a) industrialização de ponta, onde, além de produtos industrializados, remetem capital às nações desenvolvidas.

b) produção industrial com bases nacionais e elevado teor tecnológico.

c) produção industrial voltada apenas para o mercado interno, possuindo, no entanto, uma dependência tecnológica internacional.

d) industrialização com baixo nível tecnológico que não agrega tanto valor aos produtos exportados.

e) produção industrial dependente de capital e tecnologias nacionais.

33. (UNEB – BA) Em relação ao processo de industrialização, mundial e no Brasil, é correto afirmar:

a) A descentralização das indústrias, nas últimas décadas, possibilitou uma significativa redução do desemprego estrutural, tanto nos países periféricos quanto nos centrais.

b) As indústrias germinativas se caracterizam por serem tradicionais e oriundas da Primeira Revolução Industrial.

c) Nos países centrais, as indústrias germinativas são tradicionais e estão concentradas nas metrópoles.

d) As indústrias de bens de capital são responsáveis por equipar outras indústrias, como a agricultura e os serviços de infraestrutura.
e) As indústrias de bens intermediários tendem a se localizar próximas aos centros consumidores, porém, no Brasil, elas são as mais dispersas.

34. (EsPCEx – SP) Apesar de exceções como as metrópoles de São Francisco, Los Angeles e Dallas, "(...) o ritmo frenético da urbanização e o aparecimento de novas megacidades nas últimas décadas são fenômenos característicos do mundo subdesenvolvido".

MAGNOLI & ARAÚJO, 2004. p.1 70.

Sobre o acelerado crescimento das cidades nos países subdesenvolvidos, podemos afirmar que:

I. A urbanização desses países repete o processo vivido pela Europa, pois o crescimento de suas grandes cidades tem sido tão rápido quanto foi o das cidades europeias.
II. As novas megacidades nesses países crescem principalmente sobre a base da expansão dos empregos no Setor Terciário.
III. O processo de urbanização gerou uma complexa hierarquia urbana nesses países, na qual as metrópoles convivem com uma rede densa de cidades médias, que concentra a maior parte da população urbana.
IV. O acelerado crescimento das megacidades gerou, nesses países, o chamado *deficit* habitacional, o qual figura como um dos mais graves problemas característicos das metrópoles.

Assinale a alternativa em que todas as afirmativas estão corretas.
a) I e II.
b) I e III.
c) II e IV.
d) III e IV.
e) I, III e IV.

35. (EsPCEx – SP) A aceleração dos fluxos de informação propiciada pelas inovações no meio técnico-científico-informacional tem repercutido em toda a vida social e econômica e, consequentemente, na organização do espaço geográfico mundial. Dentre essas repercussões, podemos destacar:
a) o aprofundamento da divisão técnica do trabalho, a ampliação da escala de produção e a utilização intensiva de energia na atividade industrial.
b) a diminuição da disparidade tecnológica entre países ricos e pobres, pois a difusão da internet e o acesso às redes virtuais têm sido igualmente intensos nos dois grupos de países.
c) a redução dos fluxos migratórios internacionais, uma vez que as inovações tecnológicas contribuem para a criação de novos empregos, especialmente no Setor Primário dos países subdesenvolvidos.
d) o desenvolvimento de uma hierarquia urbana mais complexa, pois as cidades pequenas e médias adquiriram novas possibilidades de acesso aos bens e serviços através do relacionamento direto com as principais metrópoles do seu país.
e) a opção da indústria de alta tecnologia dos EUA e do Japão, por exemplo, de localizar-se junto às aglomerações urbano-industriais mais tradicionais desses países, buscando as vantagens de um amplo mercado consumidor e o fácil acesso às vias de comunicação e transporte.

36. (UCS – RS) O processo de industrialização brasileiro pode ser dividido em quatro fases, sendo a primeira, entre 1808 a 1929, caracterizada como pequena e insuficiente; a segunda, entre 1930 a 1955, caracterizada pela industrialização nacionalista; a terceira, entre 1956 a 1990, caracterizada pela industrialização impulsionada por capitais estatais, nacionais e transnacionais e, a quarta fase, a partir dos anos 1990. Sobre esta quarta fase, assinale a alternativa correta.
a) Consequência de uma realocação geográfica do capitalismo mundial, típica do processo de globalização, que culminou em significativo crescimento das trocas comerciais entre os países, conduzindo a um importante incremento dos investimentos das empresas transnacionais nos países subdesenvolvidos emergentes, como o Brasil.
b) Caracterizada pelas atividades econômicas dispersas pelo território nacional, voltadas quase que integralmente para o mercado externo, com eliminação das barreiras alfandegárias, importação de máquinas e equipamentos, comprados principalmente da Inglaterra, culminando numa dependência externa, que se expressa na formação dos blocos econômicos.
c) Acelerado ritmo de industrialização em virtude da crise cafeeira, baseia-se no capital nacional de diversos setores, cuja força de trabalho é oriunda principalmente do campo, promovendo o aumento das cidades e metrópoles, bem como do mercado consumidor, em parte, subsidiado pelo capital estatal, que modernizou a infraestrutura e multiplicou as indústrias de base.
d) Caracterizado, como o que inegavelmente alguns autores denominam de industrialização tardia, se comparada àquela verificada em fins do século XVIII, no Reino Unido, que liderou a Revolução Industrial. Apesar da diferença no tempo e espaço, essa fase em nada perde para o processo de industrialização verificado nos países mais industrializados.
e) Fase da construção das grandes usinas hidrelétricas que impulsionam e abastecem a energia motora da indústria brasileira. É marcada pelo grande estímulo às indústrias pesadas, como as

naval e mecânica. Para atrair investimentos estrangeiros e dinamizar a indústria, promoveu-se a abertura das fronteiras ao capital internacional mediante incentivos fiscais e tarifários.

37. (PUC – RS) Considere o texto e os itens que podem completá-lo.

Uma megalópole é uma grande aglomeração populacional, constituindo uma reunião articulada de várias áreas metropolitanas. A formação de megalópoles ocorre quando os fluxos de pessoas, capitais, informações, mercadorias e serviços entre duas metrópoles, como transportes e telecomunicações, estão plenamente integrados.

São exemplos de megalópoles os eixos
1. Rio de Janeiro – São Paulo
2. Tóquio – Osaka/Kobe
3. Boston – Chicago
4. Reno – Ruhr

Estão corretos apenas os itens:
a) 1 e 2.
b) 1 e 3.
c) 2 e 3.
d) 1, 2 e 4.
e) 2, 3 e 4.

38. (CEFET – MG) Observe o mapa abaixo.

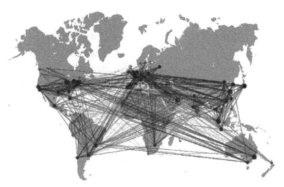

Disponível em: <http://www.lboro.ac.uk/>. Acesso em: 2 abr. 2015.

A informação cartografada no mapa refere-se ao fluxo e à hierarquia de espaços urbanos conhecidos como:
a) megalópoles.
b) megacidades.
c) cidades globais.
d) metrópoles nacionais.
e) regiões metropolitanas.

39. (UNISC – RS) O conceito de _____ foi criado por especialistas da Organização das Nações Unidas, na década de 1990, com o objetivo de nomear aglomerados urbanos com mais de 10 milhões de habitantes. Não se trata de um conceito ligado à qualidade de vida das populações urbanas ou à influência econômica destas cidades sobre outras, mas à quantificação de seus habitantes. Marque a alternativa que apresenta o conceito que preenche a lacuna.

a) cidade global
b) metrópole
c) megacidade
d) rede urbana
e) área metropolitana

40. (UERJ) Observe nas imagens a área urbanizada em quatro metrópoles nos anos de 1990 e de 2000.

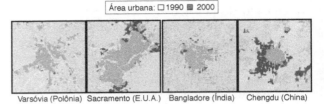

Adaptado de: *O Globo Amanhã*, 11 jun. 2013.

No período 1990-2000, o processo de periferização ocorreu de forma mais intensa na área metropolitana de:
a) Varsóvia.
b) Chengdu.
c) Bangalore.
d) Sacramento.

41. (CEFET – MG) Nas figuras a seguir as setas indicam movimento pendular diário: residência/local de trabalho/residência.

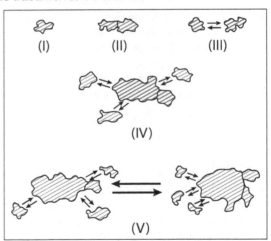

SOUZA, M. L. *ABC do Desenvolvimento Urbano*. Rio de Janeiro: Bertrand Brasil, 2011.

As imagens I, II, III, IV e V representam, respectivamente, os seguintes elementos da rede urbana:
a) centro isolado, aglomeração com conurbação, aglomeração sem conurbação, metrópole e megalópole.
b) aglomeração sem conurbação, megalópole, centro isolado, metrópole, aglomeração com conurbação.
c) metrópole, megalópole, aglomeração sem conurbação, aglomeração com conurbação, centro isolado.
d) megalópole, centro isolado, aglomeração com conurbação, metrópole, aglomeração sem conturbação.

e) aglomeração com conurbação, centro isolado, aglomeração sem conurbação, megalópole, metrópole.

42. (UERJ) Observe a diferença entre a expansão das redes de metrô nas cidades do Rio de Janeiro e de Xangai.

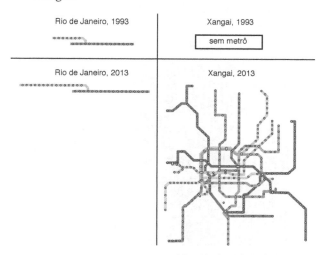

Adaptado de: <diariodorio.com>.

As escolhas feitas pelo poder público, no que se refere às modalidades de transporte urbano, são muito importantes para a compreensão dos fenômenos sociais e ambientais verificados em cada cidade.

Caso a evolução do metrô de Xangai entre 1993 e 2013 tivesse ocorrido em proporção semelhante à do metrô carioca, uma provável consequência espacial sobre a metrópole chinesa seria:

a) supressão da inversão térmica.
b) aumento da poluição atmosférica.
c) redução da segregação residencial.
d) crescimento da especialização comercial.

43. (UEM – PR) No contexto do espaço urbano, indique as alternativas corretas e dê sua soma ao final.

(01) A rede urbana é formada pelo sistema de cidades de um mesmo país ou de países vizinhos que se interligam por meio de transportes e de comunicações, através dos quais ocorrem os fluxos de pessoas, mercadorias, informações e capitais.

(02) A lei do parcelamento do solo urbano tem como principal atribuição estabelecer o tamanho mínimo dos lotes urbanos, o que acaba determinando o grau de adensamento de um bairro ou zona da cidade.

(04) Por processo de urbanização, chama-se a transformação de espaços naturais e rurais em espaços urbanos, concomitantemente à transferência de população do campo para a cidade que, quando acontece em larga escala, é chamada de êxodo rural.

(08) Segundo a ONU, uma aglomeração urbana é um conjunto de cidades conurbadas, ou seja, interligadas pela expansão periférica da malha urbana ou pela integração socioeconômica comandada pelo processo de industrialização e de desenvolvimento das demais atividades econômicas.

(16) Apesar dos avanços tecnológicos na área da informática, os SIGs (sistema de informações geográficas) não acompanharam totalmente esses avanços, o que acarretou a baixa eficácia na coleta, no armazenamento e no processamento de dados georreferenciados. Isso tem dificultado a elaboração de plantas e de mapas e tem inviabilizado ações e estratégias para o planejamento urbano.

44. (MACKENZIE – SP) O mapa a seguir apresenta o mais antigo tecnopolo do mundo.

A respeito do surgimento das cidades tecnopolos, é INCORRETO afirmar que:

a) são regiões que concentram indústrias de alta tecnologia, centros de pesquisas e inovações tecnológicas abrigando grandes universidades capazes de garantir a formação de novos pesquisadores.

b) o Vale do Silício localiza-se na Costa Oeste dos Estados Unidos no Estado da Califórnia. A concentração industrial estrutura-se em torno da Baía de São Francisco onde foram instaladas centenas de empresas dedicadas à produção de computadores e *softwares* de alta tecnologia.

c) a cidade de Boston, na Costa Leste dos Estados Unidos, também representa um importante tecnopolo do país. Nessa região, além da indústria bélica encontram-se diversas companhias que produzem tecnologia de ponta.

d) no Japão, a ilha de Hokkaido abriga os dois maiores tecnopolos do país, Sapporo e Kushiro, especializados em alta tecnologia informacional.

e) na Índia, Bangalore representa um tecnopolo especializado em alta tecnologia e telecomunicações e é classificada como uma das dez cidades mais empreendedoras do mundo.

45. (UEM – PR) Sobre as cidades antigas e modernas, sua localização geográfica e sua importância histórica, indique as alternativas corretas e dê sua soma ao final.

(01) A primeira cidade do mundo foi Nankyn, localizada a Leste da Ásia. Nankyn foi fundada no século XV a.C. e foi tombada pela ONU como patrimônio da humanidade.

(02) Entre as cidades da Antiguidade, a mais influente foi Roma. Capital do Império Romano, polarizava não só a Europa, mas também o Norte da África e parte do Oriente.

(04) As cidades da Antiguidade, em sua maioria, eram cidades naturais. Apresentavam baixo índice de planejamento urbano e eram instaladas naturalmente em locais estratégicos, sob o ponto de vista da segurança e da comunicação.

(08) Com a Revolução Industrial, em meados do século XVIII, houve uma grande expansão das cidades, que ganharam melhor estrutura e se tornaram mais densas e mais integradas.

(16) A Organização das Nações Unidas (ONU) classifica as cidades mais importantes em duas categorias básicas: megacidades, as que possuem mais de 10 milhões de habitantes, e cidades globais, as que estendem sua influência econômica em escala planetária.

46. (UESPI) Com relação ao tema "Divisão Internacional do Trabalho", são feitas as considerações a seguir. Uma delas, no entanto, não corresponde à realidade. Assinale-a.

a) O centro da economia mundial representa local do poder de comando, sendo predominantes as atividades de controle do excedente das cadeias produtivas, assim como de produção e difusão de novas tecnologias.

b) Um pequeno bloco de economias de mercado, apesar de ser dependente de tecnologia, conseguiu alcançar uma posição socioeconômica intermediária, mas ainda permanece dominado pela estrutura de poder de comando decorrente do centro capitalista mundial.

c) A combinação entre o poder militar e as formas superiores de produção na Inglaterra possibilitou a este país uma posição de hegemonia na economia mundial ao longo do século XIX.

d) A Divisão Internacional do Trabalho não tende a expressar diferentes fases da evolução histórica do sistema capitalista e, sim, as diferentes etapas da especialização dos trabalhadores, sobretudo nas indústrias.

e) As dificuldades de acesso à segunda Revolução Industrial e Tecnológica tornaram bem mais complexas as possibilidades de transição de nações periféricas para as nações do centro capitalista.

47. (PUC – SP) Cidade × Cidadania

William Klein, Nova York, 1954, http://artblart.com/tag/william-klein/

Ano Novo de 1954-5. William Klein. Nova York, 1954.

Eu disse "espaço para todos", mas em tudo que li e em todas as fotos que vi, na realidade de Times Square [Nova York] antes da Segunda Guerra Mundial, "todos" significava mais exatamente todos os brancos. A guerra mudou as coisas. Mesmo quando os Estados Unidos abriam as asas de seu poder imperial sobre o mundo, uma porção cada vez maior desse mundo abria caminho na Square. Essa dialética é dramatizada (...) numa maravilhosa fotografia da Square tirada por William Klein no Ano-Novo de 1954-5 (foto acima). Ali estão algumas das novas faces na multidão [latinos e negros], e ali está a Square evoluindo para adotá-las.

BERMAN, M. *Um Século em Nova York*: espetáculos em Times Square. São Paulo: Companhia das Letras, 2009. p. 38.

Redija uma dissertação sobre a relação entre cidade e cidadania (direitos civis, direitos políticos e acesso aos recursos urbanos):

– no processo de urbanização moderna, do século XIX em diante;

– no quadro da atual vida urbana.

48. (FGV) A urbanização – o aumento da parcela urbana na população total – é inevitável e pode ser positiva. A atual concentração da pobreza, o crescimento das favelas e a ruptura social nas cidades compõem, de fato, um quadro ameaçador. Contudo, nenhum país na era industrial conseguiu atingir um crescimento econômico significativo sem a urbanização. As cidades concentram a pobreza, mas também representam a melhor oportunidade de se escapar dela.

> *Situação da População Mundial 2007:*
> desencadeando o potencial de crescimento urbano.
> Fundo de População das Nações Unidas (UNFPA), 2007, p. 1.

Assinale a alternativa que apresenta uma afirmação coerente com os argumentos do texto.
a) No mundo contemporâneo, os governos devem substituir políticas públicas voltadas ao meio rural por políticas destinadas ao meio urbano.
b) A urbanização só terá efeitos positivos nas economias mais pobres se for controlada pelos governos, por meio de políticas de restrição ao êxodo rural.
c) A concentração populacional em grandes cidades é uma das principais causas da disseminação da pobreza nas sociedades contemporâneas.
d) Nos países mais pobres, o processo de urbanização é responsável pelo aprofundamento do ciclo vicioso da exclusão econômica e social.
e) Os benefícios da urbanização não são automáticos, pois há necessidade da contribuição das políticas públicas para que eles se realizem.

49. (UEM – PR) Sobre o planejamento urbano e a urbanização, indique as alternativas corretas e dê sua soma ao final.
(01) O crescimento desordenado das cidades ampliou os mecanismos especulativos que norteiam o mercado imobiliário e ampliou a segregação socioespacial.
(02) O Estatuto da Terra confere ao município poder de induzir o aproveitamento do terreno ocioso e subutilizado em áreas urbanas dotadas de infraestrutura.
(04) O instrumento do Imposto Urbano Progressivo gerou uma concentração fundiária e um estoque de terras urbanas, ampliando o *deficit* habitacional.
(08) A Zona Especial de Interesse Social compreende áreas delimitadas pelo Poder Público para serem destinadas exclusivamente às habitações populares.
(16) A legislação conhecida como o Estatuto da Cidade procura regularizar o uso e a ocupação do solo urbano e garantir uma gestão democrática das cidades.

---

50. (FUVEST – SP) Observe os mapas com as maiores aglomerações urbanas no mundo.

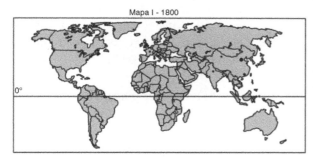
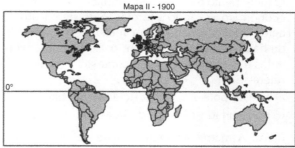
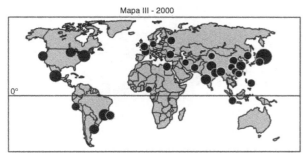
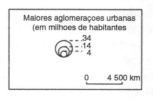

Le Monde Diplomatique, 2010, Similli, 2012. Adaptado.

Com base nos mapas e em seus conhecimentos,
a) identifique um fator natural e um fator histórico que favoreceram a concentração de cidades mais populosas na Europa Ocidental, no ano de 1900. Explique.
b) explique o processo de urbanização mundial considerando o mapa III.

51. (UERN) Analise as seguintes afirmativas.

I. São comuns nas grandes cidades as paisagens que mostram lado a lado o moderno e o tradicional, o excessivamente luxuoso e o paupérrimo, bairros ricos ao lado de imensas favelas.

Favela globalizada

CASTROGIOVANI, A. C. et al. Ensino de Geografia: caminhos e encantos. 2. ed. Porto Alegre: Edipucrs, 2011. p. 59.

II. A imagem constitui resultado do desnível entre urbanização e a oferta de novos empregos urbanos.

Assinale a alternativa correta.
a) As duas afirmativas são falsas.
b) A primeira afirmativa é falsa e a segunda é verdadeira.
c) As duas afirmativas são verdadeiras e a segunda é uma justificativa correta da primeira.
d) As duas afirmativas são verdadeiras, mas a segunda não é uma justificativa correta da primeira.

52. (CFT – MG) A urbanização intensificou-se com o advento do capitalismo industrial, causando transformações no espaço geográfico.

O incremento da tecnologia impactou o segmento econômico, levando à formação de significativos aglomerados urbanos com mais de dez milhões de habitantes, sobretudo em países subdesenvolvidos e emergentes. Nesse contexto, esse espaço refere-se às:
a) megalópoles.
b) megacidades.
c) cidades globais.
d) áreas conurbadas.

53. (FGV) A matriz energética desse país é baseada em carvão mineral, transportado por ferrovias, que usam muito diesel; o minério segue em navios, que consomem muito combustível, e o país ainda tem demanda grande de petroquímicos, por conta da construção civil e bens de consumo e da sua crescente urbanização. Em 2010, tornou-se o maior consumidor mundial de petróleo, ultrapassando os Estados Unidos. Em 2003, o valor das exportações de petróleo do Brasil para esse país era 0,5% do total, e, em 2013, as exportações brasileiras saltaram para 8,7%, confirmando a liderança comercial desse país com o Brasil.

Valor Econômico, 23 ago. 2014

O texto refere-se à:
a) Alemanha.
b) Itália.
c) China.
d) Austrália.
e) Índia.

54. (IFSUL – RS) A humanidade de hoje tem a habilidade de desenvolver-se de uma forma sustentável, entretanto é preciso garantir as necessidades do presente sem comprometer as habilidades das futuras gerações em encontrar suas próprias necessidades.

Disponível em: < http://www.mma.gov.br/responsabilidade-sócioambiental/agenda-21 >. Acesso em: 5 abr. 2015.

A melhor definição para "desenvolvimento sustentável" é:
a) capacidade de utilizar os recursos e os bens da natureza sem comprometer a disponibilidade desses elementos para as gerações futuras.
b) solidariedade para com as gerações futuras, preservando o ambiente de modo que elas tenham oportunidade de viver com dignidade.
c) sistema social que garante emprego, segurança social e respeito a outras culturas, etnias e raças e que tem como meta o fim do preconceito.
d) controle da urbanização selvagem e integração entre campo e cidades para que as necessidades básicas sejam satisfeitas.

55. (UEPG – PR) Com relação aos problemas naturais, antrópicos ou sociais que podem ocorrer, principalmente, nos maiores centros urbanos, indique as alternativas corretas e dê sua soma ao final.

(01) Poluição do ar, ocupação de áreas de risco, deficiência no abastecimento de água e facilidade de comunicação.
(02) Segregação espacial, segregação étnica, ilhas de calor e poluição sonora e visual.
(04) Inversão térmica, chuvas ácidas, especulação imobiliária e maior opção de cultura e lazer.
(08) Favelização, inchaço urbano, inundações-relâmpago devido à impermeabilização do solo urbano e excesso na geração de lixo.

56. (UFRGS – RS) Observe a figura abaixo.

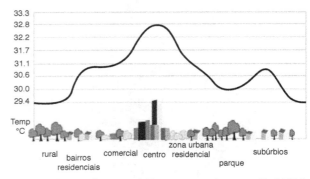

Disponível em: <reurb.blogspot.com>. Acesso em: 7 jul. 2015.

O fenômeno representado na figura é chamado de
a) chuva ácida.
b) efeito estufa.
c) ilha de frescor.
d) ilha de calor.
e) inversão térmica.

Capítulo 15 – Indústria

ENEM

1. (ENEM – H6) O gráfico mostra a porcentagem da força de trabalho brasileira em 40 anos, com relação aos setores agrícola, de serviços e industrial/mineral.

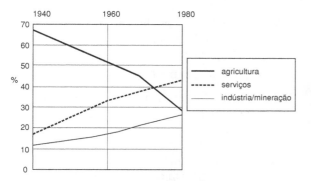

A leitura do gráfico permite constatar que:
a) em 40 anos, o Brasil deixou de ser essencialmente agrícola para se tornar uma sociedade quase que exclusivamente industrial.
b) a variação da força de trabalho agrícola foi mais acentuada no período de 1940 a 1960.
c) por volta de 1970, a força de trabalho agrícola tornou-se equivalente à industrial e de mineração.
d) em 1980, metade dos trabalhadores brasileiros constituía a força de trabalho do setor agrícola.
e) de 1960 a 1980, foi equivalente o crescimento percentual de trabalhadores nos setores industrial/mineral e de serviços.

2. (ENEM – H16)

Disponível em: <http://primeira-serie.blogspot.com.br>.
Acesso em: 7 dez. 2011. Adaptado.

Na imagem do início do século XX, identifica-se um modelo produtivo cuja forma de organização fabril baseava-se na:
a) autonomia do produtor direto.
b) adoção da divisão sexual do trabalho.
c) exploração do trabalho repetitivo.
d) utilização de empregados qualificados.
e) incentivo à criatividade dos funcionários.

3. (ENEM – H18) Na imagem a seguir, estão representados dois modelos de produção.

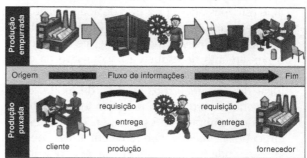

Disponível em: <http://ensino.univates.br>.
Acesso em: 11 maio 2013. Adaptado.
(Foto: Reprodução)

A possibilidade de uma crise de superprodução é distinta entre eles em função do seguinte fator:
a) origem de matéria-prima.
b) qualificação de mão de obra.
c) velocidade de processamento.
d) necessidade de armazenamento.
e) amplitude do mercado consumidor.

4. (ENEM – H21) A partir dos anos 70, impõe-se um movimento de desconcentração da produção industrial, uma das manifestações do desdobramento da divisão territorial do trabalho no Brasil. A produção industrial torna-se mais complexa, estendendo-se, sobretudo, para novas áreas do Sul e para alguns pontos do Centro-Oeste, do Nordeste e do Norte.

SANTOS, M.; SILVEIRA, M. L.
O Brasil: território e sociedade no início do século XXI.
Rio de Janeiro: Record, 2002 (fragmento).

Um fator geográfico que contribui para o tipo de alteração da configuração territorial descrito no texto é:
a) obsolescência dos portos.
b) estatização de empresas.
c) eliminação de incentivos fiscais.
d) ampliação de políticas protecionistas.
e) desenvolvimento dos meios de comunicação.

Questões objetivas, discursivas e PAS

5. (UEM – PR) São os segmentos maiores da grande reta evolutiva dos últimos quinze séculos, os séculos que formaram a Europa medieval e, a partir dos descobrimentos, plasmaram as nações coloniais da

América e da África. A historiografia econômica já explorou detidamente os mecanismos pelos quais estas eras, que são nomeadas pelos respectivos sistemas de produção, ganharam fisionomia própria, uma identidade, entraram em crise, sendo enfim substituídas implacavelmente em escala mundial. O feudalismo foi dissolvido pelo capital mercantil, e este, passado o processo de acumulação, deu lugar ao capitalismo industrial. O imperialismo é o ápice do processo capitalista e, até bem pouco, o pensamento de esquerda ancorava-se na certeza de que o socialismo universalizado tomaria o lugar dos imperialismos em luta de morte. Estrutura serial dentro de um processo teleológico. (...) Convém lembrar que esse cânon está enxertado em certezas maiores que remetem à ideia de progresso, vinda das Luzes, e à ideia de evolução formulada no século XIX.

BOSI, A. O tempo e os tempos. In NOVAES, A. *Tempo e História*. São Paulo: Companhia das Letras, 1992. p. 21-22.

Com base nesta afirmação de Alfredo Bosi, assinale o que for correto:

(01) Do ponto de vista dos mecanismos de produção, cultura de subsistência (feudalismo), descoberta de novas terras (mercantilismo//colonialismo) e desenvolvimento industrial em larga escala se equivalem, pois utilizam o trabalho assalariado.

(02) O que possibilita a perspectiva filosófica deste viés canônico de leitura da historiografia econômica é a associação entre os conceitos de progresso e de evolução, provenientes respectivamente do iluminismo, no século XVIII, e do darwinismo, no século XIX.

(04) As transformações sucessivas dos mecanismos de produção, controle e acúmulo do capital, ao longo da história, revelaram o sistema capitalista como modelo de atividade econômica não imperialista.

(08) A corrida armamentista, a conquista do espaço e a Guerra Fria são consequências de sistemas antagônicos em disputa por hegemonias econômica, política, ideológica e cultural.

(16) Com a exaltação da ciência que acompanhou a origem e o fortalecimento da organização técnico-industrial da sociedade moderna, o positivismo afirma a crença no progresso e na superação da História.

6. (IFSP) Leia o texto a seguir.

A General Eletric, líder mundial na fabricação de produtos eletrônicos, reduziu seu número de funcionários em todo o mundo de 400 mil em 1981 para menos de 230 mil em 1993, triplicando suas vendas ao mesmo tempo. A GE achatou sua hierarquia gerencial nos anos 80 e começou a introduzir novos equipamentos de automação na fábrica. Na GE em Charlottesville, Virgínia, novos equipamentos de alta tecnologia montam componentes eletrônicos nas placas de circuitos, na metade do tempo da tecnologia anterior.

Disponível em: <http://www.ime.usp.br>.

As transformações no mundo do trabalho mostradas no texto podem ser relacionadas à:
a) Terceira Revolução Industrial.
b) industrialização periférica.
c) expansão das empresas estatais.
d) formação do Terceiro Mundo.
e) expansão do capitalismo.

7. (UEM – PR) Eu, James Watt, de Glasgow, na Escócia, comerciante, dirijo a minha saudação a todos quantos virem este documento... O meu processo para reduzir o consumo de vapor, portanto de combustível, nas máquinas a fogo, repousa sobre os seguintes princípios: em primeiro lugar, o recipiente no qual a pressão do vapor é aplicada para fazer funcionar a máquina, que nas máquinas correntes se chama cilindro, e a que eu chamo câmara do vapor, deve ser, enquanto a máquina está em marcha, mantido numa temperatura tão elevada como a do vapor no momento da sua admissão... Em segundo lugar, nas máquinas funcionando como condensação total ou parcial do vapor, é preciso que o vapor seja condensado num recipiente separado do cilindro e posto de tempos a tempos em comunicação com ele; a este recipiente chamo condensador...

FREITAS, G. James Watt, Patente de Invenção, In: *900 Textos e Documentos de História*. Livro II. Lisboa: Plantano Editora, 1976. p. 48-49.

Com base no fragmento acima, indique as alternativas corretas e dê sua soma ao final.

(01) As máquinas da Revolução Industrial foram utilizadas apenas na indústria siderúrgica e somente no século XX passaram a ser parte do processo produtivo de outros setores industriais.

(02) A máquina a vapor foi uma das principais invenções da Revolução Industrial, uma vez que foi criada para substituir a utilização da energia hidráulica na produção.

(04) Ao substituir parte da produção realizada pelas mãos do homem, a máquina a vapor marcou um passo importante no processo produtivo moderno.

(08) A máquina a vapor foi uma invenção que tinha por finalidade substituir a mão de obra infantil e a feminina que predominava nas fábricas inglesas durante a Revolução Industrial.

(16) James Watt foi um cientista que também redescobriu e divulgou as invenções e as utilidades das máquinas projetadas por Leonardo da Vinci.

8. (UFSM – RS) Leia o texto:

Do mesmo modo que em outros ramos industriais, a indústria cultural transforma matéria-prima em mercadorias, criando novos padrões de consumo, voltados para atender às demandas de um determinado público-alvo.

TERRA, L.; ARAUJO, R.; GUIMARÃES, R. B. *Conexões – estudos de Geografia do Brasil*. São Paulo: Moderna, 2009. p.134.

Em relação ao monopólio da informação no Brasil, assinale verdadeira (V) ou falsa (F) em cada afirmativa a seguir.

( ) Existe a concentração da veiculação dos produtos culturais nas mãos de poderosos grupos empresariais.

( ) As concessões de rádio e TV têm sido utilizadas como moeda de troca nas negociações que estabelecem alianças políticas.

( ) Os grandes grupos econômicos puderam, por meio de investimentos no controle das inovações tecnológicas em comunicações, ampliar espacialmente sua influência, ditando novos padrões de consumo.

A sequência correta é:
a) V – V – V.
b) F – F – V.
c) V – F – V.
d) F – V – F.
e) V – F – F.

9. (UFRGS – RS) Observe o mapa abaixo.

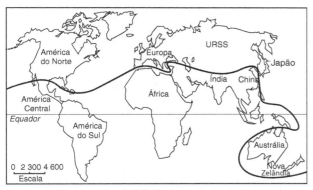

LOWE, N. *História do Mundo Contemporâneo*. Porto Alegre: Penso, 2011. p. 605.

Este mapa representa a divisão entre
a) países industrializados e os de Terceiro Mundo.
b) países de economia monoprodutora e os de economia diversificada.
c) países de clima quente e os de clima frio.
d) países colonizadores e suas respectivas colônias no século XVI.
e) países signatários do Protocolo de Kioto e os não signatários.

10. (UDESC) São exemplos da indústria de bens de consumo (ou leve):
a) indústria de autopeças e de alumínio.
b) indústria de automóveis e de eletrodomésticos.
c) indústria de plásticos e borracha e de alimentos.
d) indústria de máquinas e de aço.
e) indústria de ferramentas e chapas e ferro.

11. (UEM – PR) A inserção dos países na economia mundial ocorre de forma desigual. O crescimento econômico mundial, de alguma forma, tem estado associado à história do desenvolvimento do capitalismo, e o crescimento de alguns países foi conseguido em detrimento de outros. Assim, diante da temática envolvendo desenvolvimento *versus* subdesenvolvimento, indique as alternativas corretas e dê sua soma ao final.

(01) Todos os países inseridos no grupo dos Tigres Asiáticos apresentam processo de industrialização retardatária baseada em plataforma de exportações de baixa tecnologia.

(02) Nos anos de 1980, com o fim da Guerra Fria, acentuou-se a consciência das desigualdades econômicas e sociais entre o Norte e o Sul: entre os países mais ricos ou desenvolvidos, chamados países do Norte, e os países mais pobres ou menos desenvolvidos, denominados países do Sul.

(04) A grande concentração da População Economicamente Ativa (PEA), empregada no setor primário, é utilizada como indicador de subdesenvolvimento das economias. A maior parte dos países da África e da Ásia meridional apresenta elevados índices de população empregados no setor agropecuário, indicando que essas regiões são subdesenvolvidas.

(08) A renda *per capita* de um país não reflete a desigualdade social da mesma forma que os índices de pobreza absoluta.

(16) Os países considerados economicamente mais desenvolvidos apresentam uma estrutura da população economicamente ativa (PEA) com amplo predomínio do setor terciário, marcado pela importância das atividades financeiras e comerciais e das atividades de prestação de serviços especializados.

12. (IFAL) O comércio internacional tem sido um dos principais impulsionadores da globalização, fundamental para o aumento da interdependência entre as nações. Brasil, Rússia, Índia e China – países conhecidos como BRIC –, têm chamado a atenção e despertado o interesse de alguns países desenvolvidos industrializados devido ao grande e rápido crescimento econômico desse conjunto de países em um mundo cada vez mais globalizado. Os países que constituem o BRIC destacam-se, entre as demais nações do mundo, devido a características como:

a) significativa extensão territorial; elevada população absoluta e mercado consumidor; ricos em reservas minerais.

b) grandes reservas minerais; baixíssima população absoluta; grande destaque na pecuária para exportação.
c) são países socialistas; elevado mercado consumidor; grandes produtores de petróleo; todos são países desenvolvidos.
d) são países subdesenvolvidos; elevada densidade demográfica; mercado consumidor em potencial; agropecuária voltada para exportação.
e) pequena extensão territorial; grande população absoluta; baixo mercado consumidor; são países socialistas.

13. (UEM – PR) Sobre a nova divisão internacional do trabalho, indique as alternativas corretas e dê sua soma ao final.

(01) Os países industrializados centrais iniciaram sua industrialização ainda no século XIX, formando uma indústria nacional e consolidando um mercado interno. Como exemplo, podem-se citar os Estados Unidos, Alemanha, França, Reino Unido, entre outros.

(02) As sete nações mais industrializadas são os Estados Unidos, Alemanha, Bélgica, Suíça, Japão, Finlândia, e Holanda, que fazem parte do G-7. Em alguns casos, a China integra esse grupo, que passa a ser denominado G-8.

(04) Os Tigres Asiáticos têm aumentado sua participação nas exportações mundiais de bens manufaturados, constituindo uma indústria nacional voltada para o mercado internacional, abastecendo-o com produtos de tecnologia avançada.

(08) Os países semiperiféricos, exportadores mais dinâmicos, que respondem por até 80% das exportações dos países em desenvolvimento, de baixa, média e alta tecnologia, são apenas sete: China, Coreia do Sul, Malásia, Cingapura, Taiwan, México e Índia.

(16) A sigla "BRIC", reúne as iniciais de Brasil, Romênia, Indonésia e Chile, países que, apesar de serem considerados a elite dos mercados emergentes, com crescente importância na economia mundial, não contribuíram efetivamente, nos últimos anos, com o crescimento do produto global.

14. (UTFPR) A América Latina é uma das regiões onde se encontram os denominados "países do sul", na sua maioria exportadores de matérias-primas e pouco industrializados. Contudo, alguns países da região se industrializaram e hoje apresentam grande parte de sua população economicamente ativa e de produto interno bruto baseado nos setores industriais e de serviços. Sobre o processo de industrialização da América Latina é correto afirmar apenas que:

a) Brasil, Argentina e México lideram a produção industrial latino-americana, com parques industriais diversificados e dinâmicos, contrastando com o restante da região.
b) O Chile, ainda que menos industrializado que Brasil e Argentina, possui uma das maiores e mais dinâmicas economias da região, sendo superado no setor industrial somente pelos dois países citados e pela Colômbia.
c) A Venezuela é o país mais industrializado da região, visto que possui grande oferta de petróleo e teve sua indústria capitaneada pela Organização dos Países Exportadores de Petróleo (OPEP).
d) O México possui o parque industrial menos diversificado e dinâmico da região, visto que importa quase que todos os produtos industrializados que consome dos Estados Unidos, devido à proximidade geográfica entre ambos.
e) Cuba, apesar da industrialização tardia, é um exemplo de economia desenvolvida para a região, pois se tornou um país considerado desenvolvido, a despeito de sofrer bloqueio econômico por parte dos Estados Unidos desde a década de 1960.

15. (IFSP) Observe o mapa.

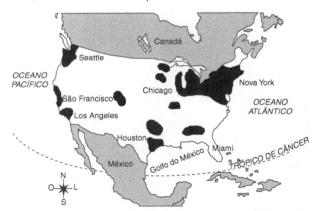

Trabalhando com Mapas: As Américas. São Paulo: Ática, 2007.

O mapa dos Estados Unidos tem como tema as áreas:
a) de agricultura irrigada (*dry farming*).
b) industriais.
c) de exploração de petróleo.
d) com baixa densidade demográfica.
e) de pecuária intensiva.

16. (IFSP) Leia o texto.

(...) abrange várias cidades dos Estados Unidos e é composto por um conjunto de empresas com o objetivo de gerar inovações científicas e tecnológicas, destacando-se na produção de *chips*. Entre as empresas que fazem parte desse complexo de desenvolvimento tecnológico, estão as gigantes Apple, Google, NVIDIA Corporation, Eletronic

Arts, AMD (Advanced Micro Devices), Yahoo!, HP (Hewllet-Packard), Intel, Microsoft, entre outras.

Adaptado de: <http://www.techlider.com.br/2010/07/>.

O texto descreve a região:

a) dos Grandes Lagos, na divisa com o Canadá, o berço da indústria de automóveis.
b) do sul da Flórida, onde se localiza a sede da Disneyworld, um dos centros de lazer mais visitados do mundo.
c) da megalópole San-San, área urbana contínua que concentra mais de 60% da população dos Estados Unidos.
d) do oeste do Texas, a principal área de exploração de petróleo e onde se concentram as refinarias.
e) do Vale do Silício, na Califórnia, onde se concentram muitas empresas de informática.

17. (PUC – RS) Observe as assertivas abaixo:

I. Embora o modelo econômico adotado pela grande maioria dos países industrializados produza bens de consumo sem a preocupação de atender às necessidades dos seus habitantes, as empresas transnacionais utilizam os recursos naturais de forma sustentável.

II. A industrialização acelerou o emprego de matérias-primas retiradas de oceanos, florestas e até mesmo de áreas semidesérticas, muitas vezes sem preocupação com a sustentabilidade.

III. Fazemos parte de uma sociedade solidária, que valoriza os diferentes tipos de produção porque procura ser democrática no acesso aos bens de consumo, estendendo-os a todos que fazem parte dela.

IV. A utilização racional e sustentável dos recursos naturais tornou-se fundamental para a manutenção da cadeia alimentar, já que favorece a sobrevivência das espécies que vivem na Terra.

Estão corretas apenas as afirmativas:
a) I e II.   d) II e IV.
b) I e III.   e) III e IV.
c) II e III.

18. (UDESC) Para alguns autores, a globalização é a fase mais recente da expansão capitalista. Nesta etapa alguns chefes de Estado têm feito conferências e decidido sobre as maiores operações industriais e financeiras do mundo. As ações deste grupo privilegiado, também conhecido como G-8, são decisivas para a economia mundial.

Assinale a alternativa que contém os países que compõem o G-8.

a) Estados Unidos, Japão, Alemanha, França, Canadá, Itália, Reino Unido e Rússia.
b) Israel, França, Holanda, Dinamarca, China, Taiwan, Suíça e Reino Unido.
c) Alemanha, França, Reino Unido, Espanha, Japão, China, Rússia e Canadá.
d) Japão, China, Estados Unidos, Itália, Bélgica, Holanda, Luxemburgo e Suíça.
e) Alemanha, Itália, Israel, Polônia, Rússia, Canadá, Dinamarca e Grécia.

19. (FUVEST – SP) A economia da Índia tem crescido em torno de 8% ao ano, taxa que, se mantida, poderá dobrar a riqueza do país em uma década. Empresas indianas estão superando suas rivais ocidentais. Profissionais indianos estão voltando do estrangeiro para seu país, vendo uma grande chance de sucesso empresarial.

BECKETT et al., 2007. Disponível em: <http://www.wsj-asia.com/pdf>. Acesso em: jun. 2011. Adaptado.

O significativo crescimento econômico da Índia, nos últimos anos, apoiou-se em vantagens competitivas, como a existência de:

a) diversas zonas de livre-comércio distribuídas pelo território nacional.
b) expressiva mão de obra qualificada e não qualificada.
c) extenso e moderno parque industrial de bens de capital, no noroeste do país.
d) importantes "cinturões" agrícolas, com intenso uso de tecnologia, produtores de *commodities*.
e) plena autonomia energética propiciada por hidrelétricas de grande porte.

20. (UFRGS – RS) Assinale com V (verdadeiro) ou F (falso) as seguintes afirmações sobre questões econômicas da atualidade.

( ) A recente ascensão de países da Ásia e da América Latina tem provocado uma nova organização nas forças políticas e econômicas do sistema financeiro internacional.

( ) A industrialização acelerada na América do Norte, nos países europeus e nos países asiáticos tem acarretado problemas ambientais de âmbito global.

( ) A crise da economia europeia tem provocado a diminuição da população em países como a Espanha e Portugal, pois tanto o cidadão imigrante quanto o nacional estão procurando novas oportunidades de trabalho em outros países.

( ) Os altos custos de produção industrial nos "tigres do Pacífico" (Cingapura, Taiwan, Coreia do Sul e China) ocasionou, por parte dos países do norte, a redução de investimentos naqueles países.

A sequência correta de preenchimento dos parênteses, de cima para baixo, é:
a) F – F – V – V.   d) V – V – F – V.
b) V – V – V – F.   e) F – F – V – F.
c) V – F – F – V.

21. (UERJ) Denomina-se intermodalidade a estratégia de integração entre diferentes meios de transporte, como nos exemplos abaixo:

1. "Rodoviária rolante" ou "autoestrada ferroviária": transporte de caminhões e seus motoristas em um vagão-leito.

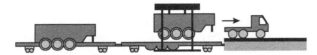
2. Transporte combinado: apenas as caçambas, encaixadas em vagões, seguem viagem.

3. Técnica de contêineres: a operação é feita com um guindaste, os contêineres são içados sobre um caminhão com caçamba.

4. Técnica do semitrem: as caçambas repousam sobre vagões descobertos.

Adaptado de: ATLAS do Meio Ambiente – Le Monde Diplomatique. São Paulo: Instituto Pólis, 2009.

Cite quatro consequências da intermodalidade para a organização da produção industrial em escala global.

22. (UFF – RJ) O economista grego Arghiri Emmanuel forneceu um retrato realista do processo histórico de industrialização no Terceiro Mundo, tomando como exemplo o caso indiano. O autor constata que a Índia, quando era ainda colônia britânica, limitava-se à produção de algodão e comprava os tecidos da Grã-Bretanha; em etapa posterior, passou a produzir tecidos, mas comprava as máquinas de tecelagem na antiga metrópole; mais tarde, passou a produzir ela mesma essas máquinas, enquanto a Grã-Bretanha e outros países desenvolvidos forneciam equipamentos e financiavam a industrialização.

Adaptado de: DOWBOR, L. A Formação do Terceiro Mundo. São Paulo: Brasiliense, 1981. p. 69.

O aspecto da industrialização periférica evidenciado na situação retratada é a:
a) dominação político-ideológica das elites.
b) exploração de recursos naturais.
c) desigualdade social dos trabalhadores.
d) cooperação técnica das empresas.
e) dependência da produção tecnológica.

23. (UPF – RS) Observe na figura os diversos modelos locacionais da indústria siderúrgica e analise as afirmativas que seguem.

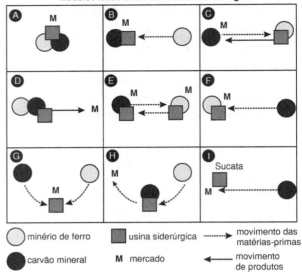

Terra e Araújo, 2008, p. 410.

I. Nos modelos locacionais da figura, a usina é atraída pelas reservas de ambas as matérias-primas (carvão e ferro).
II. Nos modelos locacionais da figura, a usina é atraída pelas reservas de ambas as matérias-primas (carvão e ferro), pelas reservas de uma dessas matérias-primas ou pelo mercado de consumo.
III. No modelo locacional "G", a localização da usina está relacionado à presença de matérias-primas.
IV. Nos modelos locacionais "G" e "I", a localização da usina não está relacionada à presença de matérias-primas, o que acontece com frequência em siderurgias implantadas nas últimas décadas.

São incorretas as afirmativas:
a) I, II e III.
b) I, II e IV.
c) I e III.
d) II e IV.
e) I, II, III e IV.

24. (UEM – PR) Nas últimas décadas do século XX, com o esgotamento do fordismo, da emergência da revolução tecnocientífica e da flexibilização da produção, a desconcentração espacial da indústria provoca o surgimento de novos polos produtivos, afastados das aglomerações tradicionais. Sobre essa desconcentração, indique as alternativas corretas e dê sua soma ao final.

(01) Atualmente, as empresas ligadas à produção de mercadorias com alta tecnologia buscam lugares que tenham grande concentração de mão de obra mais barata e mercado consumidor significativo, situado na periferia dos grandes centros industriais.

(02) A maior parte das regiões industriais formadas em torno das bacias carboníferas e do minério de ferro apresentam diminuição das atividades produtivas, perda de dinamismo e elevadas taxas de desemprego. No caso dos EUA, o processo de desconcentração originou o chamado Sun Belt, Cinturão do Sol, que abrange as áreas emergentes do sul e do oeste.

(04) O esforço do governo federal brasileiro, para promover a industrialização em outras áreas, provocou o surgimento de um polo de indústrias de alta tecnologia nos principais centros urbanos da Região Norte, especialmente no Pará.

(08) No Japão, até a década de 1970, o padrão da localização industrial era o de concentração no eixo Tóquio, Yokoyama, Osaka, Nagoia, Kobe e Kyoto. A perda da competitividade levou o governo japonês a incentivar a desconcentração para outras regiões do arquipelago e para países da orla da Ásia e do Pacífico.

(16) Na década de 1990, a desconcentração do setor automobilístico da Grande São Paulo propiciou a instalação de uma série de indústrias na Região Metropolitana de Curitiba. O Estado do Paraná ofereceu uma série de medidas governamentais na forma de incentivos fiscais e isenção de impostos.

25. (IFBA) Tendo por referência a dinâmica e o desenvolvimento do modo de produção capitalista em relação à organização do espaço geográfico e aos problemas ambientais, analise:

I. A internacionalização dos problemas ambientais durante a 2ª Revolução Industrial foi uma consequência das disputas interimperialistas ocorridas a partir da unificação alemã e italiana, que se constituíram como novos países capitalistas.

II. O espaço geográfico mundial, após a crise de 1929, teve uma intensa reorganização produtiva, considerando a aplicação da política de bem-estar social, o taylorismo/fordismo e o *just in time*, estruturas administrativas que possibilitam a produção/reprodução ampliada do capital.

III. Os problemas da organização do espaço geográfico têm relação direta com as categorias de análise central da geografia, como paisagem, região, espaço, território e lugar, sendo estes, em muitos momentos, adjetivados como meio ambiente.

IV. A produção em série e o consumo de massa, implantados com o *New Deal*, estão na base da crise pela qual passa a economia americana nos dias atuais.

São corretas:
a) I, II, III, IV.   c) II, IV.   e) I, II, III.
b) II, III, IV.   d) II, III.

26. (FUVEST – SP) Observe o mapa.

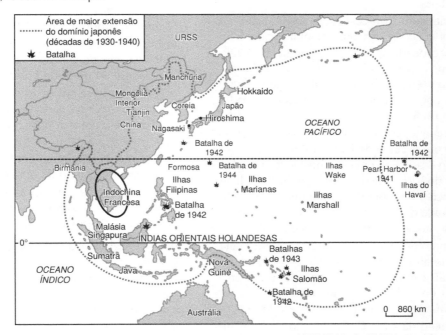

VICENTINO, C. ATLAS Histórico Geral e do Brasil, 2011.

a) Explique uma razão do expansionismo japonês nas décadas de 1930 e 1940.
b) Aponte um país atual da região da antiga Indochina Francesa, destacada no mapa, e caracterize sua posição no contexto industrial mundial do século XXI.

27. (UNIMONTES – MG) Embora as atividades industriais na segunda metade do século XX tenham se dispersado para áreas consideradas periféricas, o que se nota é que elas permanecem bastante concentradas nos países centrais onde há importantes pesquisas em novas tecnologias, o mercado é mais dinâmico e os recursos financeiros são abundantes.

Considerando, nesse contexto, as indústrias nos países do G7, assinale a alternativa incorreta.

a) A política imperialista dos Estados Unidos, através da expansão mundial das empresas multinacionais, fortaleceu a indústria estadunidense.
b) A reunificação das duas Alemanhas, em 1990, revelou que as indústrias da porção oriental operavam com tecnologias arcaicas.
c) A entrada de capitais através do Plano Marshall e a ampliação de mercado consumidor foram decisivos para o desenvolvimento da indústria italiana no pós-Segunda Guerra Mundial.
d) A abundância em recursos naturais e a política protecionista com predomínio de empresas estatais foram fatores determinantes para o crescimento da indústria japonesa, no período de 1950 a 1990.

28. (UEM – PR) Sobre a industrialização brasileira, indique as alternativas corretas e dê sua soma ao final.

(01) A implantação da usina de Volta Redonda, no Rio de Janeiro, na década de 1940, durante a ditadura de Getúlio Vargas, representa um marco importante na industrialização brasileira.
(02) O chamado "processo de substituição de importação de produtos manufaturados" foi desencadeado após a crise mundial de 1929. Por meio dele, os industriais e o Estado brasileiro pretenderam substituir os manufaturados importados pelos manufaturados produzidos no Brasil.
(04) O primeiro surto de industrialização começou com a vinda da Família Real portuguesa para o Brasil. Sob os conselhos de José Bonifácio e do Visconde de Cairu, em 1808 D. João VI decretou o "Ato do Monopólio" proibindo a entrada de produtos industrializados estrangeiros, favorecendo a indústria brasileira.
(08) Por meio do "Plano de Metas", a presidência de Juscelino Kubitsckek (1956-1961) atraiu capitais estrangeiros e desencadeou um processo de industrialização nos setores automobilístico, farmacêutico e de alimento.
(16) Por meio da CLT (Consolidação das Leis de Trabalho – 1943), Getúlio Vargas procurou regular os direitos dos trabalhadores e solucionar os conflitos trabalhistas, inclusive no setor industrial, por meios legais.

29. (UCS – RS) A indústria é a conjugação do trabalho e do capital para transformar a matéria-prima em bens de produção e consumo.

Analise as proposições abaixo sobre a industrialização.

I. Indústrias de bens de consumo ou leves podem produzir bens não duráveis, semiduráveis ou duráveis. Essa produção destina-se ao grande mercado consumidor.
II. Quarta economia do planeta, a França foi o terceiro país do mundo a se industrializar. Sua arrancada industrial ocorreu no início do século XX, após a consolidação da burguesia no poder, como resultado da Revolução Francesa de 1889.
III. O nordeste dos Estados Unidos é a região de maior concentração urbano-industrial do continente. Ali surgiu um cinturão industrial conhecido como *Manufacturing Belt*, que abrange a costa leste, a região dos Apalaches, indo até as margens dos Grandes Lagos.

Das proposições acima, pode-se afirmar que:

a) apenas I está correta.
b) apenas I e II estão corretas.
c) apenas I e III estão corretas.
d) apenas II e III estão corretas.
e) I, II e III estão corretas.

30. (UDESC) Em relação à localização das indústrias italianas, é correto afirmar:

a) Existe uma concentração no Norte do país decorrente do renascimento comercial e urbano, que facilitou a concentração de capitais e o aumento da população urbana.
b) Desenvolveu-se, sobretudo nos arredores de Roma, em função do enorme crescimento da cidade e do porto de Roma.
c) Concentrou-se na região de Nápoles, que agrupa também boa parte do turismo e da produção de gás natural, usado pelas indústrias.
d) A indústria italiana se localiza nas regiões da Sicília e da Sardenha, em função da facilidade de comércio, mão de obra e matérias-primas.
e) O Sul da Itália é mais industrializado, contrastando com o Norte, mais agrícola e menos densamente povoado.

31. (UEPA) A globalização configura-se um processo que tem uma base histórica e está diretamente relacionada às mudanças na estruturação da produção na sociedade capitalista. Seus aspectos se associam às transformações das técnicas e formas de produção, localização, circulação e acumulação dentro do capitalismo.

A partir da leitura do texto e de seus conhecimentos geográficos sobre as transformações geradas pelo processo de globalização, é correto afirmar que:

a) atualmente, tem ocorrido uma redução das instalações de multinacionais em países emergentes como a China devido à abundância de mão de obra especializada e maiores custos de matéria-prima associado aos altos salários, possibilitando que esse país tenha custos de produção inferiores aos de outros países e maiores margens de lucro.

b) a partir do novo padrão tecnológico, existe uma desigual distribuição espacial da produção de alto valor agregado, ou seja, aqueles produtos que necessitam de um intenso uso de tecnologia de ponta em sua produção, se concentram especialmente, nos países economicamente desenvolvidos.

c) no atual contexto de globalização, países emergentes assumem o papel de fornecedores de matéria-prima e de produtos industrializados que necessitam de baixa tecnologia, em razão de suas economias concentrarem-se em pequenos avanços na informática, nas telecomunicações e nas tecnologias de ponta, a exemplo do que ocorre na Índia.

d) as multinacionais, atualmente, concentram suas filiais em países economicamente desenvolvidos na busca de mercados consumidores em expansão com o objetivo de investir na produção de bens para além de suas fronteiras nacionais.

e) na atual fase da globalização, empresas multinacionais subcontratam outras, desenvolvem centros gestores e uma estrutura de produção e organização concentrada. É nesse momento que as redes passam a ter menor relevância na circulação de informações, capitais e mercadorias nos países economicamente desenvolvidos.

32. (UEM – PR) As técnicas são quase tão antigas quanto a humanidade (...). Mas apenas no final do século XVIII, com a Revolução Industrial, a capacidade produtiva humana tornou-se suficiente para transformar extensa e profundamente a superfície terrestre (...). Os ciclos iniciais da era industrial abriram as portas para a formação da economia no mundo, ou seja, para a incorporação de todos os povos e todos os continentes nos fluxos mercantis e circuitos de investimentos centralizados pelas potências industriais.

TERRA, L.; ARAÚJO, R.; GUIMARÃES R. B. *Conexões*: estudos de geografia geral e do Brasil. 2. ed. São Paulo: Moderna, 2010. p.15.

Sobre essas transformações, indique as alternativas corretas e dê sua soma ao final.

(01) Em suas duas primeiras fases, a Revolução Industrial foi um fenômeno exclusivamente urbano, de modo que seu efeito sobre a agricultura europeia foi praticamente nulo. A agricultura só foi revolucionada no século XX, com o desenvolvimento da química e da genética.

(02) O transporte ferroviário e a navegação transoceânica a vapor tiveram extraordinário impacto na economia mundial. A invenção da ferrovia está associada ao inglês George Stephenson, e a da navegação a vapor, ao norte-americano Robert Fulton.

(04) Em meados do século XIX, diante dos desequilíbrios ambientais provocados pela Revolução Industrial, Thomas Malthus alertou seus contemporâneos sobre a iminência do esgotamento dos recursos naturais e sobre os perigos representados pelo aquecimento global.

(08) A Revolução Industrial criou imensas riquezas e melhorou a vida de milhões de indivíduos, mas também gerou tensões e conflitos sociais. Por meio da encíclica *Rerum Novarum*, editada em 1891 pelo papa Leão XIII, a Igreja Católica reconheceu a gravidade dos problemas sociais e defendeu reformas visando à melhora das condições de vida e de trabalho dos operários industriais.

(16) Na segunda metade do século XIX, a Revolução Industrial entrou em nova fase com invenções de grande impacto na vida do homem: o dínamo, a lâmpada de iluminação, o telégrafo, o telefone e o motor de explosão. Este último deu origem à indústria automobilística, de profundo impacto nos séculos XX e XXI.

33. (FGV) Analise o gráfico para responder à questão.

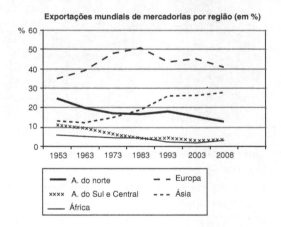

A análise do gráfico e os conhecimentos sobre o comércio mundial permitem afirmar que, entre 1953 e 2008,

a) as exportações norte-americanas de produtos de baixa tecnologia perderam importância no mundo devido à concorrência com os produtos europeus.

b) os países da América do Sul e Central reduziram o percentual de exportações porque encontraram dificuldades para se integrarem em blocos econômicos.

c) o comércio exterior europeu sofreu oscilações e entrou em declínio quando os países do leste da Europa iniciaram a transição para o sistema capitalista.
d) o crescimento das exportações asiáticas foi expressivo devido à ascensão econômico-industrial dos Tigres Asiáticos e, posteriormente, da China.
e) o continente africano, exportador de *commodities* agrícolas, vem reduzindo a participação no comércio mundial devido aos sérios problemas ambientais que enfrenta.

34. (UERJ) O capitalismo já conta com mais de dois séculos de história e, de acordo com alguns estudiosos, vive-se hoje um modelo pós-fordista ou toyotista desse sistema econômico. Observe o anúncio publicitário:

Adaptado de: *Casa Cláudia*, dez. 2006.

Uma estratégia própria do capitalismo pós-fordista presente neste anúncio é:
a) concentração de capital, viabilizando a automação fabril.
b) terceirização da produção, massificando o consumo de bens.
c) flexibilização da indústria, permitindo a produção por demanda.
d) formação de estoque, aumentando a lucratividade das empresas.

35. (UFPR) O termo BRICS tem sido utilizado para designar os países Brasil, Rússia, Índia, China e África do Sul. Sobre esses países, é correto afirmar que:
a) formam um bloco econômico que, a exemplo do Mercosul e da União Europeia, estão estabelecendo um conjunto de tratados e acordos visando a integração da economia.
b) são considerados países emergentes, embora possuam diferenças expressivas entre si, no que diz respeito à população, território, recursos naturais e industrialização.
c) sua importância como bloco econômico e político tem reformulado a geopolítica mundial e rivalizado com outras entidades supranacionais, a exemplo da ONU.
d) Uma das suas características é a semelhança no regime político adotado, mostrando que o mundo ainda se divide por questões de natureza ideológica.
e) sua emergência como bloco foi consequência da alta capacidade em articular necessidades globais com interesses regionais, acima dos interesses econômicos e políticos.

36. (IFCE) Sobre as relações entre o processo de industrialização e as fontes naturais de energia, é correto dizer-se que:
a) A industrialização – na sua primeira fase, caracterizada pelo padrão siderúrgico e pela energia carbonífera – estruturou-se em torno das jazidas de petróleo, que se tornaram os focos das regiões fabris e das cidades operárias.
b) O desenvolvimento das técnicas de prospecção e de produção de petróleo permitiu o advento da primeira revolução industrial na Inglaterra que, durante todo o século XIX, foi o maior consumidor de petróleo do mundo.
c) As indústrias de ponta da revolução técnico-científica – a chamada segunda revolução industrial – caracterizam-se por uma tecnologia baseada, predominantemente, na informação, ao contrário das etapas anteriores, que se baseavam, principalmente, em insumos energéticos, como urânio e bicombustíveis.
d) A campanha "O petróleo é nosso", que se desenvolveu na gênese da criação da Petrobras, representou um posicionamento nacional quanto à importância das reservas naturais de petróleo para o desenvolvimento industrial em curso no Brasil.
e) A política de estatizações, implementada pelo atual governo brasileiro, se insere em um plano articulado de desenvolvimento autossustentado, que não compromete o controle estatal das reservas energéticas do país.

37. (UFRGS – RS) Considere as seguintes afirmações sobre a globalização mundial.
I. Existe uma grande proteção alfandegária à produção industrial nacional.
II. A produção industrial dirige suas ações para a redução de estoques e pronto fornecimento (*Just-in-time*).

III. As unidades da federação praticam a renúncia fiscal para atrair investimentos externos, descentralizando a produção industrial.

Quais estão corretas?
a) Apenas I.
b) Apenas II.
c) Apenas I e III.
d) Apenas II e III.
e) I, II e III.

38. (UPE) O contrato social entre capital e trabalho, que fundamentou a estabilidade do modelo keynesiano de crescimento capitalista, passou por um processo de reestruturação que define, atualmente, o capitalismo global. As afirmações a seguir contribuem para entender esse contexto, EXCETO a que se encontra na alternativa:
a) Houve um aprofundamento da lógica capitalista de busca de lucro nas relações capital/trabalho por meio da transformação organizacional, com enfoque na flexibilidade.
b) A produtividade do trabalho e do capital aumentou consideravelmente com a velocidade e a eficiência da reestruturação, sob o comando da nova tecnologia da informação.
c) A produção, a circulação e os mercados foram globalizados, aproveitando a oportunidade das condições mais vantajosas para a realização de lucros em todos os lugares.
d) O apoio estatal foi direcionado para ganhos de produtividade e competitividade das economias nacionais, muitas vezes em detrimento da proteção social.
e) O informacionalismo foi dissociado da expansão e do rejuvenescimento do capitalismo e substituído pelo industrialismo nas regiões e sociedades de todo o mundo.

39. (FUVEST – SP) Observe os gráficos.

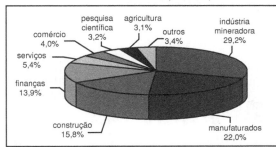

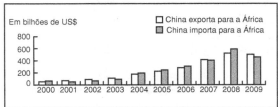

<www.mofcom.gov.on>. Acesso em jul. de 2012.

Com base nos gráficos e em seus conhecimentos, assinale a alternativa correta.
a) O comércio bilateral entre China e África cresceu timidamente no período e envolveu, principalmente, bens de capital africanos e bens de consumo chineses.
b) As exportações chinesas para a África restringem-se a bens de consumo e produtos primários destinados a atender ao pequeno e estagnado mercado consumidor africano.
c) A implantação de grandes obras de engenharia, com destaque para rodovias transcontinentais, ferrovias e hidrovias, associa-se ao investimento chinês no setor da construção civil na África.
d) O agronegócio foi o principal investimento da China na África em função do exponencial crescimento da população chinesa e de sua grande demanda por alimentos.
e) O investimento chinês no setor minerador, na África, associa-se ao crescimento industrial da China e sua consequente demanda por petróleo e outros minérios.

40. (UERN)

LUCCI, E.; BRANCO, A. L.; MENDONÇA, C. *Geografia Geral e do Brasil*: ensino médio. 3. ed. São Paulo: Saraiva, 2005.

A ilustração apresentada mostra algumas mudanças tecnológicas que trouxeram repercussões econômicas e sociais importantes para o espaço geográfico e para o modo de vida em sociedade. A forma e a organização industrial atual estão relacionadas a um país e um modelo.

Assinale a associação correta.
a) Fordismo – EUA.
b) Toyotismo – China.
c) Taylorismo – EUA.
d) *Just-in-time* – Japão.

41. (CFT – RJ) A atividade industrial dos Estados Unidos é de grande importância; responde por cerca de 23% da produção total da indústria mundial. Essa produção industrial teve papel de grande importância nas modificações do espaço norte-americano.

Assinale a opção que apresenta uma afirmativa CORRETA sobre a dinâmica industrial dos Estados Unidos.
a) A atividade industrial foi iniciada na costa do Pacífico, em razão do aproveitamento de condições naturais e históricas favoráveis ao seu desenvolvimento.
b) O nordeste dos Estados Unidos vem aumentando de forma expressiva sua participação na produção industrial norte-americana.
c) O crescimento da atividade industrial da costa oeste resultou da instalação de um forte setor siderúrgico, aproveitando os recursos minerais encontrados na região.
d) A descoberta e exploração de imensas reservas de petróleo, sobretudo no Texas e no Golfo do México, favoreceram o crescimento industrial do sul.

42. (UNESP) As figuras ilustram dois modelos de organização da produção industrial que revolucionaram o mundo do trabalho durante o século XX.

MODELO 1

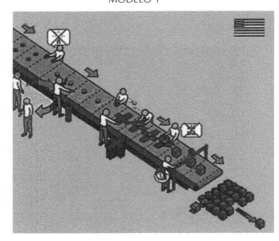

MODELO 2

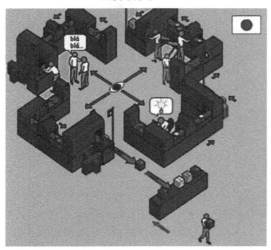

Tincho Suferes. <www.berharce.net>. Adaptado.

Identifique esses modelos e discorra sobre duas características de cada um deles.

43. (UEPB) **Empresa global e o fim do *made in***

Apesar de ter sua sede empresarial em Portland, nos Estados Unidos, a Nike não produz tênis no país. (...) A Nike vende tênis no mundo todo, mas não tem uma só fábrica nem emprega um só operário. Ela compra os calçados de indústrias instaladas principalmente no leste asiático. Essa é uma característica essencial de uma empresa global: a facilidade de identificar locais onde existam as condições mais atraentes para suas operações. (...) a tendência atual das empresas transnacionais é produzir seguindo um padrão comum nos diversos países. Essa prática tende a colocar um fim à identidade nacional dos produtos, o chamado *made in*.

Folha de S. Paulo (2 fev. 1997). Apud: COELHO, M. A.; TERRA, L. Geografia – o espaço natural e socioeconômico. 5. ed. Reform. e atual. São Paulo: Moderna, 2005.

Assinale com V ou com F as proposições conforme estejam respectivamente Verdadeiras ou Falsas em relação às ideias apresentadas pelo texto.

( ) Uma das características da globalização é a universalização das técnicas.
( ) A tendência do capitalismo é a desconcentração espacial da produção e do consumo, mas a concentração do comando.
( ) Com o advento do modelo flexível de produção, desaparece a divisão internacional do trabalho.
( ) A terceirização na produção surge como uma alternativa de flexibilização das empresas que aumentam a extração da mais-valia, desobrigando-se dos custos sociais com operários.

Assinale a sequência correta das assertivas:
a) V – V – V – V.
b) F – F – V – F.
c) F – F – F – F.
d) V – V – F – V.
e) V – F – V – F.

44. (FGV) Observe a charge a seguir.

<http://33pensoes.volta.net/dess/n.html>.

Com base na leitura da charge e nos conhecimentos sobre a conjuntura econômica mundial, pode-se concluir que:

a) a revolução técnico-científica tem redefinido o mercado de trabalho, esvaziando os setores primário e terciário dos países mais desenvolvidos.
b) o crescimento da interdependência econômica entre os países tem transformado o mundo do trabalho em uma aldeia global.
c) a mundialização do consumo de bens industriais tem exigido cada vez mais mão de obra qualificada para atender à demanda mundial.
d) as migrações internacionais têm representado a introdução de mão de obra jovem em áreas cuja população se caracteriza pelo envelhecimento.
e) a reorganização do espaço industrial no mundo avança com o surgimento de novos países emergentes e as crises de desemprego nos velhos países industriais.

45. (UERJ) Os fatores locacionais da indústria passaram por grandes modificações, desde o século XVIII, alterando as decisões estratégicas das empresas acerca da escolha do local mais rentável para seu empreendimento.

O esquema abaixo apresenta alguns modelos de localização da siderurgia, considerando os fatores locacionais mais importantes para esse tipo de indústria: minério de ferro, carvão mineral, mercado e sucata.

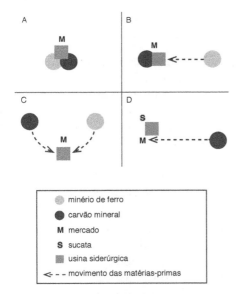

TERRA, L. et al.. *Conexões: estudos de geografia geral e do Brasil.* São Paulo: Moderna, 2006.

No caso dos modelos C e D, as mudanças socioeconômicas que justificam as escolhas de novos locais para instalação de usinas siderúrgicas nas últimas décadas são, respectivamente:
a) dispersão dos mercados consumidores – revalorização das economias de aglomeração.
b) eliminação dos encargos com a mão de obra – generalização das redes de telecomunicação.
c) diminuição dos preços das matérias-primas – substituição de fontes de energia tradicionais.
d) redução dos custos com transporte – ampliação das práticas de sustentabilidade ambiental.

46. (MACKENZIE – SP) Na segunda metade do século XX, o mundo passou a conviver com a chamada "Terceira Revolução Industrial", fenômeno decorrente da alteração dos meios de produção, em função dos avanços tecnológicos, resultando uma nova plasticidade da dinâmica capitalista.

A respeito da denominada "Terceira Revolução Industrial", sua definição, características e implicações nas relações políticas e sociais, analise as afirmações a seguir.

I. Trata-se da consolidação da "Segunda Revolução Industrial", caracterizada pelo grande investimento e implementação de novas tecnologias, notadamente por fazer cessar o processo de obsolescência de tecnologias verificado no estágio antecedente.

II. As contínuas e expressivas transformações tecnológicas desta nova realidade têm determinado maciços investimentos na área de capacitação de pessoal em um processo de demanda contínua por mão de obra cada vez mais qualificada.

III. Ocorre em substituição ao esgotamento do sistema fordista, conservando, entretanto, o conceito de produção em série, já que é a única maneira possível de atender a um aumento de demanda sempre crescente em função da globalização da economia.

IV. Processo que culminou com expressivos investimentos em pesquisa tecnológica, oferta de incentivos fiscais e de um reordenamento econômico assentado nos ideais de competitividade, redução de custos de produção e distribuição para um mercado cada vez mais global.

V. Determinou a adoção de uma produção mais flexível, visando atender a mercados específicos com bens particularizados e, em consequência, na reorganização do espaço industrial. A instalação de unidades industriais em determinada localidade fica vinculada, além de outros aspectos, à localização de outras indústrias fornecedoras de peças, de eventuais incentivos fiscais, de mão de obra qualificada e potencial mercado consumidor.

Estão corretas, somente,
a) I, II, III e V.
b) I, II e IV.
c) I, IV e V.
d) II, IV e V.
e) III, IV e V.

47. (FUVEST – SP) Os centros de inovação tecnológica são exemplos de transformações espaciais originados da chamada Terceira Revolução Industrial.

Com base no mapa ao lado e em seus conhecimentos,

a) aponte duas características da Terceira Revolução Industrial que favoreceram o aparecimento dos centros de inovação tecnológica. Explique.

b) identifique e caracterize o conjunto de centros de inovação tecnológica destacado na porção sudoeste dos Estados Unidos.

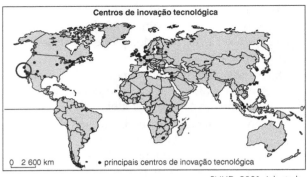

PNUD, 2001. Adaptado.

Capítulo 16 – Fontes de Energia

ENEM

Texto comum para as questões **1** e **2**.

O diagrama abaixo representa a energia solar que atinge a terra e sua utilização na geração de eletricidade. A energia solar é responsável pela manutenção do ciclo da água, pela movimentação do ar, e pelo ciclo do carbono que ocorre através da fotossíntese dos vegetais, da decomposição e da respiração dos seres vivos, além da formação de combustíveis fosseis.

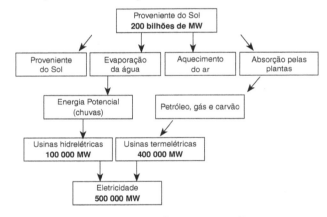

1. (ENEM – H6) De acordo com esse diagrama, uma das modalidades de produção de energia elétrica envolve combustíveis fósseis. A modalidade de produção, o combustível e a escala de tempo típica associada à formação desse combustível são, respectivamente,

a) hidrelétricas – chuvas – um dia.
b) hidrelétricas – aquecimento do solo – um mês.
c) termelétricas – petróleo – 200 anos.
d) termelétricas – aquecimento do solo – 1 milhão de anos.
e) termelétricas – petróleo – 500 milhões de anos.

2. (ENEM – H30) No diagrama estão representadas as duas modalidades mais comuns de usinas elétricas, as hidrelétricas e as termelétricas. No Brasil, a construção de usinas hidrelétricas deve ser incentivada porque essas:

I. Utilizam fontes renováveis, o que não ocorre com as termelétricas que utilizam fontes que necessitam de bilhões de anos para serem reabastecidas.

II. Apresentam impacto ambiental nulo, pelo represamento das águas no curso normal dos rios.

III. Aumentam o índice pluviométrico da região de seca do Nordeste, pelo represamento de águas.

Das três afirmações acima, somente:

a) I está correta.
b) II está correta.
c) III está correta.
d) I e II estão corretas.
e) II e III estão corretas.

3. (ENEM – H29) Há estudos que apontam razões econômicas e ambientais para que o gás natural possa vir a tornar-se, ao longo deste século, a principal fonte de energia em lugar do petróleo. Justifica-se essa previsão, entre outros motivos, porque o gás natural:

a) além de muito abundante na natureza é um combustível renovável.
b) tem novas jazidas sendo exploradas e é menos poluente que o petróleo.
c) vem sendo produzido com sucesso a partir do carvão mineral.
d) pode ser renovado em escala de tempo muito inferior à do petróleo.
e) não produz CO_2 em sua queima, impedindo o efeito estufa.

4. (ENEM – H28) O crescimento da demanda por energia elétrica no Brasil tem provocado discussões sobre o uso de diferentes processos para sua geração e sobre benefícios e problemas a eles associados. Estão apresentados no quadro alguns argumentos favoráveis (ou positivos, P_1, P_2 e P_3) e outros desfavoráveis (ou negativos, N_1, N_2 e N_3) relacionados a diferentes opções energéticas.

ARGUMENTOS FAVORÁVEIS	
P₁	Elevado potencial no país do recurso utilizado para a geração de energia.
P₂	Diversidade dos recursos naturais que pode utilizar para a geração de energia.
P₃	Fonte renovável de energia.
ARGUMENTOS DESFAVORÁVEIS	
N₁	Destruição de áreas de lavoura e deslocamento de populações.
N₂	Emissão de poluentes.
N₃	Necessidade de condições climáticas adequadas para sua instalação.

Ao se discutir a opção pela instalação, em uma dada região, de uma usina termelétrica, os argumentos que se aplicam são:
a) P_1 e N_2.
b) P_1 e N_3.
c) P_2 e N_1.
d) P_2 e N_2.
e) P_3 e N_3.

5. (ENEM – H29) Do ponto de vista ambiental, uma distinção importante que se faz entre os combustíveis é serem provenientes ou não de fontes renováveis. No caso dos derivados de petróleo e do álcool de cana, essa distinção se caracteriza:
a) pela diferença nas escalas de tempo de formação das fontes, período geológico no caso do petróleo e anual no da cana.
b) pelo maior ou menor tempo para se reciclar o combustível utilizado, tempo muito maior no caso do álcool.
c) pelo maior ou menor tempo para se reciclar o combustível utilizado, tempo muito maior no caso dos derivados do petróleo.
d) pelo tempo de combustão de uma mesma quantidade de combustível, tempo muito maior para os derivados do petróleo do que do álcool.
e) pelo tempo de produção de combustível, pois o refino do petróleo leva dez vezes mais tempo do que a destilação do fermento de cana.

6. (ENEM – H30) A Idade da Pedra chegou ao fim, não porque faltassem pedras; a era do petróleo chegará igualmente ao fim, mas não por falta de petróleo.

Xeque Yamni, ex-ministro do Petróleo da Arábia Saudita.
O Estado de S. Paulo, 20 ago. 2001.

Considerando as características que envolvem a utilização de matérias-primas citadas no texto em diferentes contextos histórico-geográficos, é correto afirmar que, de acordo com o autor, a exemplo do que aconteceu na Idade da Pedra, o fim da era do petróleo estaria relacionado:
a) à redução e esgotamento das reservas de petróleo.
b) ao desenvolvimento tecnológico e à utilização de novas fontes de energia.
c) ao desenvolvimento dos transportes e consequente aumento do consumo de energia.
d) ao excesso de produção e consequente desvalorização do barril do petróleo.
e) à diminuição das ações humanas sobre o meio ambiente.

7. (ENEM – H27) Para compreender o processo de exploração e o consumo dos recursos petrolíferos, é fundamental conhecer a gênese e o processo de formação do petróleo descritos no texto a seguir.

O petróleo é um combustível fóssil, originado provavelmente de restos de vida aquática acumulados no fundo dos oceanos primitivos cobertos por sedimentos. O tempo e a pressão do sedimento sobre o material depositado no fundo do mar transformaram esses restos em massas viscosas de coloração negra denominadas jazidas de petróleo.

Adaptado de: TUNDISI, J. G. Usos de Energia.
São Paulo: Atual Editora, 1991.

a) o petróleo é um recurso energético renovável a curto prazo, em razão de sua constante formação geológica.
b) a exploração de petróleo é realizada apenas em áreas marinhas.
c) a extração e o aproveitamento do petróleo são atividades não poluentes dada sua origem natural.
d) o petróleo é um recurso energético distribuído homogeneamente, em todas as regiões, independentemente da sua origem.
e) o petróleo é um recurso não renovável a curto prazo, explorado em áreas continentais de origem marinha ou em áreas submarinas.

8. (ENEM – H6) Os dados abaixo referem-se à origem do petróleo consumido no Brasil em dois diferentes anos.

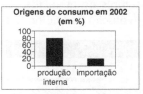
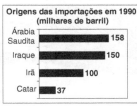
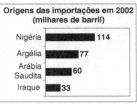

Analisando os dados, pode-se perceber que o Brasil adotou determinadas estratégias energéticas, dentre as quais podemos citar:

a) a diminuição das importações dos países muçulmanos e redução do consumo interno.
b) a redução da produção nacional e diminuição do consumo do petróleo produzido no Oriente Médio.
c) a redução da produção nacional e o aumento das compras de petróleo dos países árabes e africanos.
d) o aumento da produção nacional e redução do consumo de petróleo vindo dos países do Oriente Médio.
e) o aumento da dependência externa de petróleo vindo de países mais próximos do Brasil e redução do consumo interno.

9. (ENEM – H28) As previsões de que, em poucas décadas, a produção mundial de petróleo possa vir a cair têm gerado preocupação, dado seu caráter estratégico. Por essa razão, em especial no setor de transportes, intensificou-se a busca por alternativas para a substituição do petróleo por combustíveis renováveis. Nesse sentido, além da utilização de álcool, vem se propondo, no Brasil, ainda que de forma experimental,
a) a mistura de percentuais de gasolina cada vez maiores no álcool.
b) a extração de óleos de madeira para sua conversão em gás natural.
c) o desenvolvimento de tecnologias para a produção de biodiesel.
d) a utilização de veículos com motores movidos a gás do carvão mineral.
e) a substituição da gasolina e do diesel pelo gás natural.

Texto comum para as questões **10** e **11**.

Para se discutirem políticas energéticas, é importante que se analise a evolução da Oferta Interna de Energia (OIE) do país. Essa oferta expressa as contribuições relativas das fontes de energia utilizadas em todos os setores de atividade. O gráfico a seguir apresenta a evolução da OIE no Brasil, de 1970 a 2002.

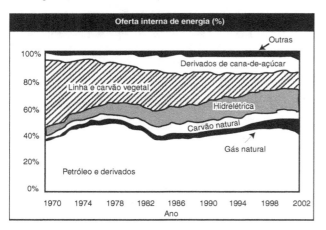

10. (ENEM – H28) Com base nos dados do gráfico, verifica-se que, comparado ao do ano de 1970, o percentual de oferta de energia oriunda de recursos renováveis em relação à oferta total de energia, em 2002, apresenta contribuição:
a) menor, pois houve expressiva diminuição do uso de carvão mineral, lenha e carvão vegetal.
b) menor, pois o aumento do uso de derivados da cana-de-açúcar e de hidroeletricidade não compensou a diminuição do uso de lenha e carvão vegetal.
c) maior, pois houve aumento da oferta de hidroeletricidade, dado que esta utiliza o recurso de maior disponibilidade no país.
d) maior, visto que houve expressivo aumento da utilização de todos os recursos renováveis do país.
e) maior, pois houve pequeno aumento da utilização de gás natural e dos produtos derivados da cana-açúcar.

11. (ENEM – H6) Considerando-se que seja mantida a tendência de utilização de recursos energéticos observada ao longo do período 1970-2002, a opção que melhor complementa o gráfico como projeção para o período 2002-2010 é:

a) 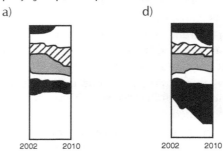 d)

b) 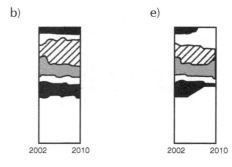 e)

c)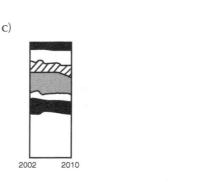

12. (ENEM – H28) O debate em torno do uso da energia nuclear para produção de eletricidade permanece atual. Em um encontro internacional para a discussão desse tema, foram colocados os seguintes argumentos:

I. Uma grande vantagem das usinas nucleares é o fato de não contribuírem para o aumento do efeito estufa, uma vez que o urânio, utilizado como "combustível", não é queimado, mas sofre fissão.

II. Ainda que sejam raros os acidentes com usinas nucleares, seus efeitos podem ser tão graves que essa alternativa de geração de eletricidade não nos permite ficar tranquilos.

A respeito desses argumentos, pode-se afirmar que:
a) o primeiro é válido e o segundo não é, já que nunca ocorreram acidentes com usinas nucleares.
b) o segundo é válido e o primeiro não é, pois de fato há queima de combustível na geração nuclear de eletricidade.
c) o segundo é valido e o primeiro é irrelevante, pois nenhuma forma de gerar eletricidade produz gases do efeito estufa.
d) ambos são válidos para se compararem vantagens e riscos na opção por essa forma de geração de energia.
e) ambos são irrelevantes, pois a opção pela energia nuclear está se tornando uma necessidade inquestionável.

13. (ENEM – H20) O funcionamento de uma usina nucleoelétrica típica baseia-se na liberação de energia resultante da divisão do núcleo de urânio em núcleos de menor massa, processo conhecido como fissão nuclear. Nesse processo, utiliza-se uma mistura de diferentes átomos de urânio, de forma a proporcionar uma concentração de apenas 4% de material físsil. Em bombas atômicas, são utilizadas concentrações acima de 20% de urânio físsil, cuja obtenção é trabalhosa, pois, na natureza, predomina o urânio não físsil.

Em grande parte do armamento nuclear hoje existente, utiliza-se, então, como alternativa, o plutônio, material físsil produzido por reações nucleares no interior do reator das usinas nucleoelétricas. Considerando-se essas informações, é **correto** afirmar que:
a) a disponibilidade do urânio na natureza está ameaçada devido à sua utilização em armas nucleares.
b) a proibição de se instalarem novas usinas nucleoelétricas não causará impacto na oferta mundial de energia.
c) a existência de usinas nucleoelétricas possibilita que um de seus subprodutos seja utilizado como material bélico.
d) a obtenção de grandes concentrações de urânio físsil é viabilizada em usinas nucleoelétricas.
e) a baixa concentração de urânio físsil em usinas nucleoelétricas impossibilita o desenvolvimento energético.

14. (ENEM – H20) Empresa vai fornecer 230 turbinas para o segundo complexo de energia à base de ventos, no sudeste da Bahia. O Complexo Eólico Alto Sertão, em 2014, terá capacidade para gerar 375 MW (megawatts), total suficiente para abastecer uma cidade de 3 milhões de habitantes.

MATOS, C. GE busca bons ventos e fecha contrato de R$ 820 mi na Bahia.
Folha de S.Paulo, 2 dez. 2012.

A opção tecnológica retratada na notícia proporciona a seguinte consequência para o sistema energético brasileiro:
a) redução da utilização elétrica.
b) ampliação do uso bioenergético.
c) expansão das fontes renováveis.
d) contenção da demanda urbano-industrial.
e) intensificação da dependência geotérmica.

15. (ENEM – H29) Uma fonte de energia que não agride o ambiente, é totalmente segura e usa um tipo de matéria-prima infinita é a energia eólica, que gera eletricidade a partir da força dos ventos. O Brasil é um país privilegiado por ter o tipo de ventilação necessária para produzi-la. Todavia, ela é a menos usada na matriz energética brasileira. O Ministério de Minas e Energia estima que as turbinas eólicas produzam apenas 0,25% da energia consumida no país. Isso ocorre porque ela compete com uma usina mais barata e eficiente: a hidrelétrica, que responde por 80% da energia do Brasil. O investimento para se construir uma hidrelétrica é de aproximadamente US$ 100 por quilowatt. Os parques eólicos exigem investimento de cerca de US$ 2 mil por quilowatt e a construção de uma usina nuclear, de aproximadamente US$ 6 mil por quilowatt. Instalados os parques, a energia dos ventos é bastante competitiva, custando R$ 200,00 por megawatt-hora frente a R$ 150,00 por megawatt-hora das hidrelétricas e a R$ 600,00 por megawatt-hora das termelétricas.

Época, 21 abr. 2008. Adaptado.

De acordo com o texto, entre as razões que contribuem para a menor participação da energia eólica na matriz energética brasileira, inclui-se o fato de:
a) haver, no país, baixa disponibilidade de ventos que podem gerar energia elétrica.
b) o investimento por quilowatt exigido para a construção de parques eólicos ser de aproximadamente 20 vezes o necessário para a construção de hidrelétricas.

c) o investimento por quilowatt exigido para a construção de parques eólicos ser igual a 1/3 do necessário para a construção de usinas nucleares.

d) o custo médio por megawatt-hora de energia obtida após instalação de parques eólicos ser igual a 1,2 multiplicado pelo custo médio do megawatt-hora obtido das hidrelétricas.

e) o custo médio por megawatt-hora de energia obtida após instalação de parques eólicos ser igual a 1/3 do custo médio do megawatt-hora obtido das termelétricas.

16. (ENEM – H29) "Águas de março definem se falta luz este ano." Esse foi o título de uma reportagem em jornal de circulação nacional, pouco antes do início do racionamento do consumo de energia elétrica, em 2001. No Brasil, a relação entre a produção de eletricidade e a utilização de recursos hídricos, estabelecida nessa manchete, se justifica porque:

a) a geração de eletricidade nas usinas hidrelétricas exige a manutenção de um dado fluxo de água nas barragens.

b) o sistema de tratamento da água e sua distribuição consomem grande quantidade de energia elétrica.

c) a geração de eletricidade nas usinas termelétricas utiliza grande volume de água para refrigeração.

d) o consumo de água e de energia elétrica utilizada na indústria compete com o da agricultura.

e) é grande o uso de chuveiros elétricos, cuja operação implica abundante consumo de água.

17. (ENEM – H29) Entre outubro e fevereiro, a cada ano, em alguns estados das regiões Sul, Sudeste e Centro-Oeste, os relógios permanecem adiantados em uma hora, passando a vigorar o chamado horário de verão. Essa medida, que se repete todos os anos, visa

a) promover a economia de energia, permitindo um melhor aproveitamento do período de iluminação natural do dia, que é maior nessa época do ano.

b) diminuir o consumo de energia em todas as horas do dia, propiciando uma melhor distribuição da demanda entre o período da manhã e da tarde.

c) adequar o sistema de abastecimento das barragens hidrelétricas ao regime de chuvas, abundantes nessa época do ano nas regiões que adotam esse horário.

d) incentivar o turismo, permitindo um melhor aproveitamento do período da tarde, horário em que os bares e restaurantes são mais frequentados.

e) responder a uma exigência das indústrias, possibilitando que elas realizem um melhor escalonamento das férias de seus funcionários.

18. (ENEM – H6) Muitas usinas hidrelétricas estão situadas em barragens. As características de algumas das grandes represas e usinas brasileiras estão apresentadas no quadro abaixo:

USINA	ÁREA ALAGADA (km²)	POTÊNCIA (mW)	SISTEMA HIDROGRÁFICO
Tucuruí	2 430	4 240	Rio Tocantins
Sobradinho	4 214	1 050	Rio São Francisco
Itaipu	1 350	12 600	Rio Paraná
Ilha Solteira	1 077	3 230	Rio Paraná
Furnas	1 450	1 312	Rio Grande

A razão entre a área da região alagada por uma represa e a potência produzida pela usina nela instalada é uma das formas de estimar a relação entre o dano e o benefício trazidos por um projeto hidrelétrico. A partir dos dados apresentados no quadro, o projeto que mais onerou o ambiente em termos de área alagada por potência foi:

a) Tucuruí.   d) Ilha Solteira.
b) Furnas.   e) Sobradinho.
c) Itaipu.

19. (ENEM – H15) A usina hidrelétrica de Belo Monte será construída no rio Xingu, no município de Vitória de Xingu, no Pará. A usina será a terceira maior do mundo e a maior totalmente brasileira, com capacidade de 11,2 mil megawatts. Os índios do Xingu tomam a paisagem com seus cocares, arcos e flechas. Em Altamira, no Pará, agricultores fecharam estradas de uma região que será inundada pelas águas da usina.

BACOCCINA, D.; QUEIROZ, G.; BORGES, R. Fim do leilão, começo da confusão. *IstoÉ Dinheiro*, ano 13, n. 655, 28 abri 2010. Adaptado.

Os impasses, resistências e desafios associados à construção da usina hidrelétrica de Belo Monte estão relacionados:

a) ao potencial hidrelétrico dos rios no Norte e Nordeste quando comparados às bacias hidrográficas das regiões Sul, Sudeste e Centro-Oeste do país.

b) à necessidade de equilibrar e compatibilizar o investimento no crescimento do país com os esforços para a conservação ambiental.

c) à grande quantidade de recursos disponíveis para as obras e à escassez dos recursos direcionados para o pagamento pela desapropriação das terras.

d) ao direito histórico dos indígenas à posse dessas terras e à ausência de reconhecimento desse direito por parte das empreiteiras.

e) ao aproveitamento da mão de obra especializada disponível na região Norte e o interesse das construtoras na vinda de profissionais do Sudeste do país.

20. (ENEM – H28) O setor residencial brasileiro é, depois da indústria, o que mais consome energia elétrica. A participação do setor residencial no consumo total de energia cresceu de forma bastante acelerada nos últimos anos. Esse crescimento pode ser explicado:

I. Pelo processo de urbanização no país, com a migração da população rural para as cidades.
II. Pela busca por melhor qualidade de vida, com a maior utilização de sistemas de refrigeração, iluminação e aquecimento.
III. Pela substituição de determinadas fontes de energia – a lenha, por exemplo – pela energia elétrica.

Dentre as explicações apresentadas
a) apenas III é correta.
b) apenas I e II são corretas.
c) apenas I e III são corretas.
d) apenas II e III são corretas.
e) I, II e III são corretas.

21. (ENEM – H27) Há diversas maneiras de o ser humano obter energia para seu próprio metabolismo utilizando energia armazenada na cana-de-açúcar. O esquema abaixo apresenta quatro alternativas dessa utilização.

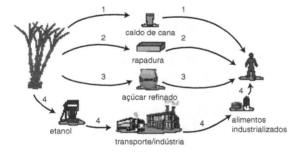

A partir dessas informações, conclui-se que:
a) a alternativa 1 é a que envolve maior diversidade de atividades econômicas.
b) a alternativa 2 é a que provoca maior emissão de gás carbônico para a atmosfera.
c) as alternativas 3 e 4 são as que requerem menor conhecimento tecnológico.
d) todas as alternativas requerem trabalho humano para a obtenção de energia.
e) todas as alternativas ilustram o consumo direto, pelo ser humano, da energia armazenada na cana.

22. (ENEM – H30) As pressões ambientais pela redução na emissão de gás estufa, somadas ao anseio pela diminuição da dependência do petróleo, fizeram os olhos do mundo se voltarem para os combustíveis renováveis, principalmente para o etanol. Líderes na produção e no consumo de etanol, Brasil e Estados Unidos da América (EUA) produziram, juntos, cerca de 35 bilhões de litros do produto em 2006. Os EUA utilizam o milho como matéria-prima para a produção desse álcool, ao passo que o Brasil utiliza cana-de-açúcar. O quadro abaixo apresenta alguns índices relativos ao processo de obtenção de álcool nesses dois países.

	CANA	MILHO
Produção de etanol	8 mil litros/ha	3 mil litros/ha
gasto de energia fóssil para produzir 1 litro de álcool	1.600 kcal	6.600 kcal
balanço energético	positivo gasta-se 1 caloria de combustível fóssil para a produção de 3,24 calorias de etanol	negativo gasta-se 1 caloria de combustível fóssil para a produção de 0,77 caloria de etanol
custo de produção/litro	US$ 0,28	US$ 0,45
preço de venda/litro	US$ 0,42	US$ 0,92

Globo Rural, jun. 2007. Adaptado.

Considerando-se as informações do texto, é correto afirmar que:
a) o cultivo de milho ou de cana-de-açúcar favorece o aumento da biodiversidade.
b) o impacto ambiental da produção estadunidense de etanol é o mesmo da produção brasileira.
c) a substituição da gasolina pelo etanol em veículos automotores pode atenuar a tendência atual de aumento do efeito estufa.
d) a economia obtida com o uso de etanol como combustível, especialmente nos EUA, vem sendo utilizada para a conservação no meio ambiente.
e) a utilização de milho e de cana-de-açúcar para a produção de combustíveis renováveis favorece a preservação das características originais do solo.

23. (ENEM – H30) A Lei Federal n.º 11.097/2005 dispõe sobre a introdução do *biodiesel* na matriz energética brasileira e fixa em 5%, em volume, o percentual mínimo obrigatório a ser adicionado ao óleo diesel vendido ao consumidor. De acordo com essa lei, biocombustível é "derivado de biomassa renovável para uso em motores a combustão interna com ignição por compressão ou, conforme regulamento, para geração de outro tipo de energia, que possa substituir parcial ou totalmente combustíveis de origem fóssil".

A introdução de biocombustíveis na matriz energética brasileira:
a) colabora na redução dos efeitos da degradação ambiental global produzida pelo uso de combustíveis fósseis, como os derivados do petróleo.

b) provoca uma redução de 5% na quantidade de carbono emitido pelos veículos automotores e colabora no controle do desmatamento.
c) incentiva o setor econômico brasileiro a se adaptar ao uso de uma fonte de energia derivada de uma biomassa inesgotável.
d) aponta para pequena possibilidade de expansão do uso de biocombustíveis, fixado, por lei, em 5% do consumo de derivados do petróleo.
e) diversifica o uso de fontes alternativas de energia que reduzem os impactos da produção do etanol por meio da monocultura da cana-de-açúcar.

24. (ENEM – H20) O potencial brasileiro para gerar energia a partir da biomassa não se limita a uma ampliação do Pró-álcool. O país pode substituir o óleo diesel de petróleo por grande variedade de óleos vegetais e explorar a alta produtividade das florestas tropicais plantadas. Além da produção de celulose, a utilização da biomassa permite a geração de energia elétrica por meio de termelétricas a lenha, carvão vegetal ou gás madeira, com elevado rendimento e baixo custo.

Cerca de 30% do território brasileiro é constituído por terras impróprias para a agricultura, mas aptas à exploração florestal. A utilização de metade dessa área, ou seja, de 120 milhões de hectares, para a formação de florestas energéticas, permitiria produção sustentada do equivalente a cerca de 5 bilhões de barris de petróleo por ano, mais que o dobro do que produz a Arábia Saudita atualmente.

Adaptado de: VIDAL, J. W. B. *Desafios Internacionais para o Século XXI*. Seminário da Comissão de Relações Exteriores e de defesa Nacional da Câmara dos Deputados, ago. 2002.

Para o Brasil, as vantagens da produção de energia a partir da biomassa incluem:
a) implementação de florestas energéticas em todas as regiões brasileiras com igual custo ambiental e econômico.
b) substituição integral, por biodisel, de todos os combustíveis fósseis derivados do petróleo.
c) formação de florestas energéticas em terras impróprias para a agricultura.
d) importação de biodisel de países tropicais, em que a produtividade das florestas seja mais alta.
e) regeneração das florestas nativas em biomas modificados pelo homem, como o Cerrado e a Mata Atlântica.

25. (ENEM – H30) Os sistemas de cogeração representam uma prática de utilização racional de combustíveis e de produção de energia. Isto já se pratica em algumas indústrias de açúcar e de álcool, nas quais se aproveita o bagaço da cana, um de seus subprodutos, para produção de energia. Esse processo está ilustrado no esquema que segue.

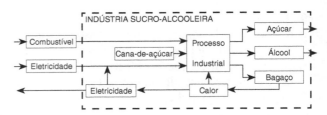

Entre os argumentos favoráveis a esse sistema de cogeração pode-se destacar que ele:
a) otimiza o aproveitamento energético, ao usar queima do bagaço nos processos térmicos da usina e na geração de eletricidade.
b) aumenta a produção de álcool e de açúcar, ao usar o bagaço como insumo suplementar.
c) economiza na compra da cana-de-açúcar, já que o bagaço também pode ser transformado em álcool.
d) aumenta a produtividade, ao fazer uso do álcool para a geração de calor na própria usina.
e) reduz o uso de máquinas e equipamentos na produção de açúcar e álcool, por não manipular o bagaço da cana.

26. (ENEM – H30) Suponha que você seja um consultor e foi contratado para assessorar a implantação de uma matriz energética em um pequeno país com as seguintes características: região plana, chuvosa e com ventos constantes, dispondo de poucos recursos hídricos e sem reservatórios de combustíveis fósseis.

De acordo com as características desse país, a matriz energética de menor impacto e riscos ambientais é a baseada na energia:
a) dos biocombustíveis, pois tem menos impacto ambiental e maior disponibilidade.
b) solar, pelo seu baixo custo e pelas características do país favoráveis à sua implantação.
c) nuclear, por ter menos risco ambiental a ser adequada a locais com menor extensão territorial.
d) hidráulica, devido ao relevo, à extensão territorial do país e aos recursos naturais disponíveis.
e) eólica, pelas características do país e por não gerar gases do efeito estufa nem resíduos de operação.

Questões objetivas, discursivas e PAS

27. (IFSC) Como todos nós sabemos, a energia nuclear é uma das alternativas energéticas mais debatidas no mundo: comenta-se, entre outros tópicos, se valerá a pena implementar centrais de produção nuclear ou se devemos apostar noutro tipo de

energias que sejam renováveis, pois como sabemos a energia nuclear não é renovável, uma vez que a sua matéria-prima são elementos químicos, como o urânio.

<small>Disponível em: <http://energiaeambiente.wordpress.com/2008/02/01/energia-nuclear-vantagens-e-desvantagens>. Acesso em: 10 out. 2013. Adaptado.</small>

Leia e analise as afirmações abaixo:

I. O carvão vegetal, assim como o urânio, é classificado como recurso natural não renovável.

II. A energia nuclear é a fonte mais concentrada de geração de energia.

III. Uma das desvantagens da energia nuclear está na dificuldade de armazenar os resíduos, principalmente em questão de localização e segurança.

IV. A energia nuclear de forma geral polui o ar com gases de enxofre, nitrogênio, particulados etc.

Assinale a alternativa CORRETA.
a) Apenas as afirmações I e II são verdadeiras.
b) Apenas a afirmação III é verdadeira.
c) Apenas as afirmações I e IV são verdadeiras.
d) Apenas as afirmações II, III e IV são verdadeiras.
e) Apenas as afirmações II e III são verdadeiras.

28. (UNIMONTES – MG) O acidente em Fukushima reaviva o trauma nuclear no Japão e leva o mundo a debater se essa fonte de energia é realmente segura e imprescindível. Países cancelam ou reavaliam seus planos atômicos.

Veja, 23 mar. 2011.

Considerando o texto e seus conhecimentos referentes à produção, uso e consumo da energia nuclear, é incorreto afirmar:
a) A alta do petróleo é um fator favorável para que haja investimentos em energia nuclear, considerando o custo benefício.
b) O acidente de Chernobyl assim como o de Fukushima desencadeiam movimentos sociais antienergia nuclear.
c) A produção de energia nuclear torna-se uma medida viável para os países com limitação de potencial hidrelétrico.
d) A produção de energia nuclear brasileira é sabidamente eficiente por sua origem em tecnologia alemã, com altos padrões de exigência para o funcionamento.

29. (PUC – RJ) A produção de energia é um dos setores econômicos mais controvertidos nos dias atuais, quando as questões de ordem ambiental tomam a dianteira nos projetos de desenvolvimento de sociedades diversas.

Usina termelétrica 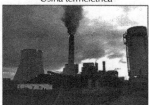 Barragem de uma usina hidrelétrica

<small>Fonte: google.imagens.com</small>

a) Avalie as formas de produção energética apresentadas nas imagens, a partir da concepção de "produção de energias limpas".
b) Identifique UMA vantagem econômica da produção de energia termelétrica sobre a hidrelétrica e UMA limitação física da produção hidrelétrica em relação à termelétrica.

30. (FATEC – SP) As fontes de energia que utilizamos são chamadas de renováveis e não renováveis. As renováveis são aquelas que podem ser obtidas por fontes naturais capazes de se recompor com facilidade em pouco tempo, dependendo do material do combustível. As não renováveis são praticamente impossíveis de se regenerarem em relação à escala de tempo humana. Elas utilizam-se de recursos naturais existentes em quantidades fixas ou que são consumidos mais rapidamente do que a natureza pode produzi-los.

A seguir, temos algumas formas de energia e suas respectivas fontes.

FORMAS DE ENERGIA	FONTES
Solar	Sol
Eólica	Ventos
Hidráulica (usina hidrelétrica)	Rios e represas de água doce
Nuclear	Urânio
Térmica	Combustíveis fósseis e carvão mineral
Maremotriz	Marés e ondas do oceano

Assinale a alternativa que apresenta somente as formas de energias renováveis.
a) Solar, térmica e nuclear.
b) Maremotriz, solar e térmica.
c) Hidráulica, maremotriz e solar.
d) Eólica, nuclear e maremotriz.
e) Hidráulica, térmica e nuclear.

31. (UEL – PR) Assinale a alternativa que apresenta o conceito correto de agroenergia.
a) É a energia proveniente do gás natural e do hidrogênio.
b) É a energia proveniente da biomassa, ou seja, dos produtos e subprodutos das atividades agrícolas, pecuárias e florestais.

c) É a nova energia descoberta nos estudos das células fotovoltaicas com ampla utilização na agropecuária.

d) É a energia proveniente de combustíveis originários, sobretudo, das plantas soterradas há milhões de anos.

e) É a energia utilizada na agropecuária e obtida a partir do calor proveniente da Terra, mais precisamente do seu interior.

32. (EsPCEx – SP) Assinale a alternativa que ordena, de forma decrescente, a participação de cada uma das fontes de energia em relação ao total consumido no mundo.
a) Nuclear e carvão.
b) Hidrelétrica e gás natural.
c) Gás natural e petróleo.
d) Hidrelétrica e petróleo.
e) Petróleo e carvão

33. (UEPA) O fim da guerra fria e outros acontecimentos do final do século XX, não colaboraram para a construção de um mundo pacificado em que prevaleça o respeito mútuo entre culturas, povos, raças, línguas e nações. Ocorre uma série de conflitos especialmente ligados à exploração dos recursos naturais das nações menos desenvolvidas. Neste contexto, é correto afirmar que:

a) os países do norte da África, grandes produtores de petróleo, tiveram recentemente suas produções alteradas devido aos conflitos sociopolíticos que aí ocorrem. Tais conflitos provocaram problemas internos na produção desse recurso e elevação do seu preço em escala mundial.

b) os países tecnologicamente desenvolvidos praticamente monopolizam a produção de energia nuclear, devido especialmente à alta tecnologia empregada. A intensificação do uso desta forma de energia tem atenuado as divergências geopolíticas mundiais.

c) a eletricidade obtida através de hidrelétricas que aproveitam a água dos rios tem sofrido aumento de utilização, se considerado o contexto mundial, especialmente em áreas antes consideradas hidroconflitivas, como é o caso do Oriente Médio, que hoje utiliza as reservas de aquíferos.

d) a nacionalização do gás venezuelano gerou impactos econômicos e diplomáticos em diferentes países sul-americanos com destaque para os acordos bilaterais entre Brasil e Venezuela, esse último principal produtor latino-americano deste recurso natural energético.

e) a utilização da energia eólica e solar vem crescendo significativamente mais do que a das energias convencionais, principalmente nos países tecnologicamente desenvolvidos, notadamente nos Estados Unidos, que muito se preocupam com o imperativo ambiental, respeitando os acordos das Conferências Ambientais Internacionais.

34. (UERJ)

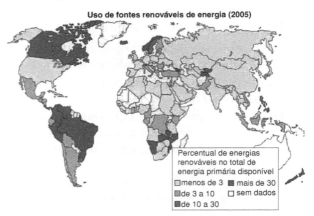

Adaptado de: ATLAS Geográfico Escolar: ensino fundamental do 6º ao 9º ano. Rio de Janeiro: IBGE, 2010.

O uso de fontes renováveis de energia passou a ser encarado como fundamental para a superação das contradições ecológicas do modelo econômico atual. As fontes renováveis que mais contribuem para o percentual verificado na matriz energética brasileira são:
a) solar e eólica.
b) biomassa e solar.
c) eólica e hidráulica.
d) hidráulica e biomassa.

35. (UERN) Segundo dados do Banco Mundial, um estadunidense consome tanta energia quanto dois europeus, 55 indianos e 900 nepaleses. Em outubro de 2011, a população mundial chegou à casa dos 7 bilhões de habitantes. Caso a população mundial continue crescendo pode-se

a) adotar o modelo de consumo do mundo desenvolvido, porque é totalmente voltado para a sustentabilidade.

b) causar preocupação, porque a pressão sobre os recursos naturais será muito alta, principalmente por parte das nações desenvolvidas.

c) adotar uma postura consumista, já que cada vez mais preocupa-se com as questões ambientais.

d) continuar consumindo, porque os produtos são biodegradáveis, não oferecendo nenhum risco para o ambiente.

36. (UFRN) Um empresário deseja instalar uma indústria no Brasil, em uma localidade produtora de energia renovável e limpa. Avaliadas as condições geográficas das regiões brasileiras, o empresário escolheu estabelecer sua empresa no Nordeste, porque esta é a região que:

a) possui a maior quantidade de usinas hidrelétricas instaladas.
b) possui a maior capacidade instalada de energia eólica.
c) se destaca como principal produtora de energia a partir da biomassa.
d) se destaca pelo maior número de usinas termelétricas em funcionamento.

37. (UFSJ – MG) Leia o texto abaixo.

O petróleo faz parte de diversos produtos do nosso dia a dia. Além dos combustíveis, ele também está presente em fertilizantes, plásticos, tintas, borracha, (...). Outros produtos obtidos a partir do petróleo são os petroquímicos. Eles substituem uma grande quantidade de matérias-primas, como madeira, vidro, algodão, metais, celulose e até mesmo as de origem animal, como lã, couro e marfim.

Disponível em: < http://www.petrobras.com.br/pt/energia-e-tecnologia/fontes-de-energia/petroleo/>.
Acesso em: 5 ago. 2011.

Sobre o petróleo, sua formação, distribuição e geopolítica, é CORRETO afirmar que:
a) tem o seu preço controlado pela OPEP (Organização dos Países Exportadores de Petróleo), que é composta pelos países mais ricos do mundo.
b) é um hidrocarboneto fóssil de origem inorgânica encontrado em bacias sedimentares.
c) constitui a principal fonte de energia utilizada no mundo e é de grande importância estratégica para o desenvolvimento econômico dos países.
d) a disputa pelo controle de reservas de petróleo é a causa principal dos conflitos entre judeus e palestinos.

38. (UFPB) Os recursos energéticos utilizados atualmente podem ser classificados de várias formas, sendo usual a distinção baseada na possibilidade de renovação desses recursos (renováveis e não renováveis), numa escala de tempo compatível com a expectativa de vida do ser humano.

Considerando o exposto e o conhecimento sobre, o tema abordado, é correto afirmar:
a) O petróleo é uma fonte de energia renovável, pois novas descobertas, a exemplo do petróleo extraído do pré-sal, comprovam que é um recurso permanente e inesgotável.
b) O carvão mineral é uma fonte de energia renovável, pois a utilização de lenha para sua produção pode ser suprida através de projetos de reflorestamento.
c) O gás natural é uma fonte de energia renovável, pois é produzido concomitantemente ao petróleo, através de processos geológicos de duração reduzida, semelhantes à escala de tempo humana.
d) A biomassa é uma fonte de energia renovável, pois é produzida a partir do refino do petróleo, que é um recurso não renovável, mas pode ser reciclado.
e) A energia eólica é uma fonte de energia renovável, pois é produzida a partir do movimento do ar, o que a torna inesgotável.

39. (EsPCEx –SP) Sobre as fontes de energia e poluição ambiental, podemos afirmar que:

I. As usinas hidrelétricas utilizam um recurso natural renovável, portanto não provocam impactos ambientais que causam, por exemplo, prejuízos à flora e à fauna.
II. Uma importante vantagem da produção de energia nuclear é a de que suas usinas, mantendo seu funcionamento normal, não lançam partículas poluentes na atmosfera.
III. A queima de combustíveis fósseis, como o carvão mineral, provoca a chuva ácida, polui o ar e destrói vegetação, dentre outros impactos.
IV. A energia eólica é uma fonte de energia ilimitada nos lugares que apresentam as condições adequadas, mas emite poluentes no ar durante a operação.

Assinale a alternativa que apresenta todas as afirmativas corretas:
a) I e II.
b) I, II e IV.
c) I, III e IV.
d) II e III.
e) III e IV.

40. (UNIOESTE – PR) A produção de energia apresenta sempre algum tipo de impacto ambiental. Esses impactos variam, contudo, em função das fontes energéticas, das tecnologias de produção e das políticas de desenvolvimento econômico adotadas por determinado país. Sobre as matrizes energéticas, assinale a alternativa INCORRETA.
a) O Brasil tem sua matriz de energia elétrica baseada sobretudo nas usinas hidrelétricas, as quais aproveitam o grande potencial de nossas bacias hidrográficas para a geração de energia. Nossas duas usinas atômicas em atividade, Angra 1 e 2, fornecem uma parte pequena da eletricidade que o país consome.
b) Os "choques do petróleo" (elevação do preço do barril de petróleo no mercado internacional) estiveram na raiz do lançamento do Programa Nacional do Álcool – Pró-álcool pelo governo brasileiro, na década de 1970, que tinha como objetivo a substituição paulatina da gasolina pelo etanol nos carros de passeio.
c) Acidentes envolvendo usinas nucleares, como a de Fukushima (Japão), em 2011, e como a de Chernobyl (Ucrânia), na década de 1980,

revelam a necessidade dos governos avaliarem os problemas com essa fonte de energia para além da destinação correta dos resíduos radioativos.

d) As fontes de energia consideradas alternativas e que apresentam potencial de desenvolvimento são: a biomassa e os biodigestores, o Sol (energia solar), o hidrogênio, o calor proveniente do centro da Terra (energia geotérmica), as marés e outras.

e) Atualmente, a maior parte das reservas mundiais conhecidas de petróleo e carvão mineral localizam-se no Oriente Médio, particularmente na Arábia Saudita, no Iraque, no Kuwait e no Irã.

---

41. (FGV – RJ) O gráfico ao lado revela as mudanças ocorridas na matriz energética mundial entre 1973 e 2006. Observe-o.

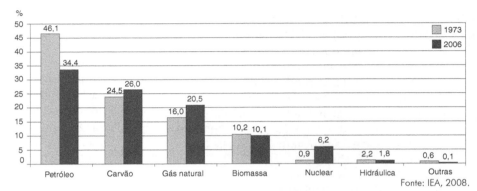

Sobre as causas e as consequências dessas mudanças, assinale a alternativa correta:

a) O aumento da participação do carvão resultou do esforço de substituição do petróleo por alternativas menos poluentes.

b) O recuo da biomassa resultou da crise do setor de biocombustível, que afetou sobretudo o Brasil e os Estados Unidos.

c) A queda da participação da energia hidráulica na matriz energética global reflete a escassez de novos investimentos na geração dessa forma de energia, cujo potencial já está praticamente esgotado em todas as regiões do mundo.

d) Apesar do aumento significativo na matriz energética global, a geração de energia nuclear permanece fortemente concentrada nos países desenvolvidos.

e) O aumento da participação do gás natural reflete o aumento da proporção da energia global consumida pela China, detentora das maiores reservas mundiais desse combustível.

---

42. (UEM – PR) Uma fonte de energia primária, fornecida diretamente pela natureza, é o gás natural. Indique as alternativas corretas e dê sua soma ao final. É correto afirmar que o gás natural

(01) tem como seu principal constituinte o metano (CH_4), podendo apresentar outros componentes, como o etano (C_2H_6) e o propano (C_3H_8).

(02) apresenta um consumo mundial decrescente de maneira acelerada nas últimas décadas, devido à demanda de outras fontes de energia primária.

(04) é utilizado no Brasil, nos últimos anos, para substituir o óleo combustível na indústria, o óleo diesel e a gasolina nos transportes e para a geração de termeletricidade, como na usina de Araucária, no Paraná.

(08) emite, na combustão, mais partículas de CO e SO_2 do que outras fontes de energia primária, como o carvão mineral ou os derivados de petróleo.

(16) é um combustível fóssil encontrado em estruturas geológicas sedimentares, sendo, portanto, esgotável.

43. (PUC – RJ) O incêndio na Usina Nuclear de Fukushima, no Japão, após o tsunami do dia 11 de março de 2011, reacendeu as discussões internacionais sobre a sustentabilidade desse tipo de energia.

Usina nuclear de Fukushima, Japão (após o incêndio)

Disponível em: <www.kotaku.com.br>. Acesso em: 30 jul. 2012.

Os defensores da produção de energia nuclear afirmam que uma das suas vantagens é:
a) a necessidade nula de armazenamento de resíduos radioativos.
b) o menor custo quando comparado às demais fontes de energia.
c) a baixa produção de resíduos emissores de radioatividade.
d) o reduzido grau de interferência nos ecossistemas locais.
e) a contribuição zero para o efeito de estufa global.

44. (PUC – RS) Leia o texto a seguir, sobre fontes de energia, e selecione as palavras/expressões que preenchem correta e coerentemente as lacunas.

O _____ foi importante fonte de energia para a Primeira Revolução Industrial. Atualmente as maiores reservas estão localizadas no hemisfério _____. É um dos principais responsáveis pela _____, pois sua queima libera grande quantidade de óxido de enxofre na atmosfera.

a) carvão mineral – norte – chuva ácida.
b) petróleo – sul – poluição dos oceanos.
c) petróleo – sul – chuva ácida.
d) carvão mineral – sul – poluição dos oceanos.
e) petróleo – norte – chuva ácida.

45. (UFG – GO) Analise os gráficos a seguir.

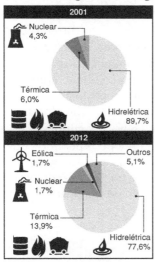

VEJA, São Paulo, n. 2.305, ano 46, n. 4. 23 jan. 2013, p. 58.

Os gráficos revelam uma variação significativa nos porcentuais das diversas fontes de geração de energia elétrica no Brasil, entre os anos de 2001 e 2012. Com base na interpretação desses resultados,
a) explicite um problema associado à pequena participação das usinas eólicas na matriz energética brasileira;
b) explique por que houve uma ampliação da participação das usinas térmicas e uma redução dos porcentuais relacionados às usinas hidrelétricas no período supracitado.

46. (UDESC) Analise as proposições acerca da produção mundial de petróleo.

I. A sua utilização como fonte de energia iniciou em 1859, na Pensilvânia – EUA, quando Edwin Drake encontrou petróleo e passou a comercializá-lo com as cidades para ser utilizado na iluminação pública.
II. A bacia de Campos no Rio de Janeiro possui as maiores reservas de petróleo do Brasil.
III. A Arábia Saudita é o país que mais exporta petróleo, e os EUA, o país que mais importa petróleo.
IV. A Venezuela tem uma produção maior de petróleo que o seu consumo.
V. A partir da década de 80, houve um aumento da produção de petróleo no Brasil e uma consequente diminuição da dependência externa.

Assinale a alternativa correta.
a) Somente as afirmativas I, II, III e IV são verdadeiras.
b) Somente as afirmativas II, III, IV e V são verdadeiras.
c) Somente as afirmativas III, IV e V são verdadeiras.
d) Somente as afirmativas IV e V são verdadeiras.
e) Todas as afirmativas são verdadeiras.

47. (UFSM – RS) Observe a figura:

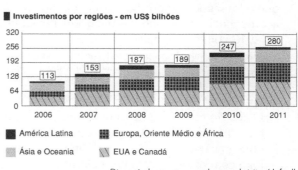

Disponível em: <www.valor.com.brisites/defaulb/files/gn/12/06/arte18esp-111-renove-a15.jpg>.
Acesso em: 18 jun. 2012.
Adaptado.

A respeito da produção de energia limpa no mundo, analise as afirmativas a seguir, considerando seu conhecimento prévio e os dados da figura.

I. Estados Unidos e Canadá foram os países que mais investiram em energia limpa entre 2006 e 2011, pois, até então, sua matriz de produção energética baseava-se, majoritariamente, em fontes poluidoras e não renováveis, como o carvão e o petróleo utilizados nas usinas termelétricas.
II. A América Latina foi a região que apresentou menor investimento, uma vez que a matriz energética latino-americana é de natureza mais limpa que a das demais regiões.

III. O aumento dos investimentos em energia limpa em todo o mundo foi motivado pela intensificação das discussões em relação ao aquecimento global e às mudanças climáticas.

Está(ão) correta(s):
a) apenas I.
b) apenas II.
c) apenas I e III.
d) apenas II e III.
e) I, II e III.

48. (UFSJ – MG) Sobre as fontes de energia, é INCORRETO afirmar que
a) a energia nuclear possui a vantagem de não liberar gases que potencializam o efeito estufa, uma vez que o vapor que movimenta as turbinas é vapor-d'água.
b) as termelétricas produzem energia a partir da queima de combustíveis fósseis, como carvão e petróleo, e, consequentemente, são responsáveis pela liberação de gás carbônico na atmosfera.
c) a produção de energia solar é favorecida em baixas latitudes, como no Brasil; contudo, essa fonte de energia ainda é pouco aproveitada.
d) a hidreletricidade é a fonte de energia mais utilizada no mundo em função de ser a mais barata e por ser uma energia limpa.

49. (FGV) A Agência Internacional de Energia Atômica (AIEA) confirmou, em um novo relatório, que o Irã segue cumprindo o pactuado no grande acordo nuclear interino assinado em novembro de 2013 com seis grandes potências.

Disponível em: <http://exame.abril.com.br/mundo/noticias/ira-segue-cumprindo-acordo-nuclear-interino-diz-aiea>.
Acesso em: 22 mar. 2014.

Sobre o tema da reportagem, é correto afirmar:
a) O acordo mencionado foi uma iniciativa de Israel, que considera o arsenal nuclear iraniano uma ameaça ao seu próprio território e ao diálogo com os representantes palestinos.
b) A Arábia Saudita, tradicional aliada do governo iraniano, saudou o acordo mencionado, considerando seus efeitos positivos para os países do Oriente Médio.
c) Nos termos do acordo mencionado, estão suspensas temporariamente todas as sanções estadunidenses e europeias ao setor de energia iraniano, inclusive aquelas que incidiam sobre o comércio de petróleo.
d) O acordo mencionado, que teve participação dos Estados Unidos, tem como objetivo interromper o programa nuclear iraniano de objetivo militar.
e) Nos termos do acordo mencionado, todas as instalações nucleares iranianas devem ser imediatamente desativadas e abertas à inspeção da comunidade internacional.

50. (FUVEST – SP) O gráfico abaixo exibe a distribuição percentual do consumo de energia mundial por tipo de fonte.

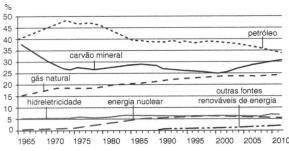

Statistical Review of World Energy, 2012.

Com base no gráfico e em seus conhecimentos, identifique, na escala mundial, a afirmação correta.
a) A queda no consumo de petróleo, após a década de 1970, é devida à acentuada diminuição de sua utilização no setor aeroviário e, também, à sua substituição pela energia das marés.
b) O aumento relativo do consumo de carvão mineral, a partir da década de 2000, está relacionado ao fato de China e Índia estarem entre os grandes produtores e consumidores de carvão mineral, produto que esses países utilizam em sua crescente industrialização.
c) A participação da hidreletricidade se manteve constante, em todo o período, em função da regulamentação ambiental proposta pela ONU, que proíbe a implantação de novas usinas.
d) O aumento da participação das fontes renováveis de energia, após a década de 1980, explica-se pelo crescente aproveitamento de energia solar, proposto nos planos governamentais, em países desenvolvidos de alta latitude.
e) O aumento do consumo do gás natural, ao longo de todo o período coberto pelo gráfico, é explicado por sua utilização crescente nos meios de transporte, conforme estabelecido no Protocolo de Cartagena.

51. (CEFET – MG)

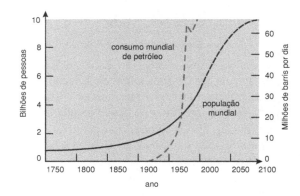

Com o avanço do consumo como lógica de expansão capitalista, a demanda por energia tende a crescer em todo o mundo. A partir da análise do gráfico, é correto inferir que a(o):

a) estabilização do crescimento da população assegurará o decréscimo da utilização de petróleo.
b) consumo gradativo do combustível fóssil possibilitará a equalização do acesso ao recurso no mundo.
c) relação direta entre natalidade e utilização energética permitirá o controle de crises nos formigueiros humanos.
d) ampliação gradual do uso do hidrocarboneto revelará a inserção crescente da população no circuito consumista.
e) limitação espacial das reservas de petróleo impedirá a expansão industrial nas áreas economicamente desenvolvidas.

52. (IFSP) Analise os gráficos a seguir.

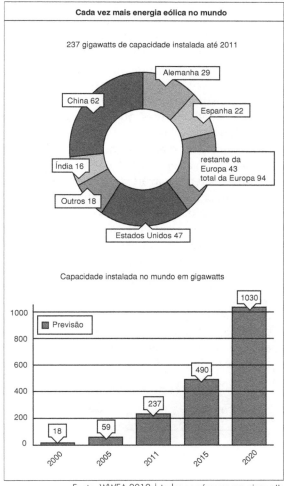

Fonte: WWEA 2012 | todos os números em gigawatts

Disponível em: <http://www.ihu.unisino.br/noticias/509062-energia-eolica-deve-superar-a-gerada-por-usinas-no-mundo-ate-2020>. Acesso em: 17 jan. 2013.

A leitura do gráfico e os conhecimentos sobre a produção de energia no mundo permitem afirmar que:

a) a China é líder na geração de energia eólica, embora apresente elevado consumo de energia obtida da queima de carvão mineral.
b) a Alemanha e a Espanha são países europeus que têm substituído a energia obtida de usinas nucleares por energia eólica.
c) o avanço dos Estados Unidos na geração de energia eólica o transforma no principal consumidor de energias renováveis.
d) a China e a Índia são responsáveis pela geração de quase metade da energia eólica instalada no mundo.
e) a geração de energia eólica se concentra nos países temperados, onde atuam os ventos alísios, inexistentes nos países tropicais.

53. (FGV) Os impasses sobre a Ucrânia elevaram tensões entre a Rússia e o Ocidente a níveis sem precedentes desde a Guerra Fria. As autoridades americanas e europeias alertaram para a possibilidade de a Rússia enfrentar sanções de amplo alcance em áreas como energia, finanças, manufaturas e agronegócios.

O papel mais importante da Rússia, na economia global, refere-se à produção e exportação de:

a) bauxita e urânio.
b) cana-de-açúcar e soja.
c) produtos da agropecuária (trigo e carne).
d) petróleo e gás natural.
e) armamentos e produtos microeletrônicos.

54. (PUC – RS) Analise o mapa abaixo, que representa duas fontes de consumo de energia nas áreas indicadas no planisfério, e complete a legenda preenchendo os parênteses.

Região 1 ( ) petróleo e gás natural
Região 2 ( ) petróleo e produção eólica
Região 3 ( ) gás natural e carvão mineral
Região 4 ( ) carvão mineral e petróleo

A alternativa que preenche corretamente os parênteses, de cima para baixo, é:

a) 1 – 3 – 2 – 4.
b) 1 – 4 – 3 – 2.
c) 2 – 1 – 3 – 4.
d) 4 – 1 – 3 – 2.
e) 4 – 3 – 2 – 1.

55. (UNESP)

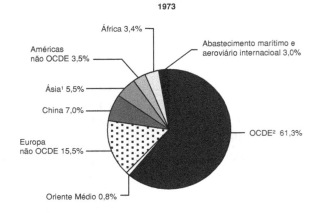
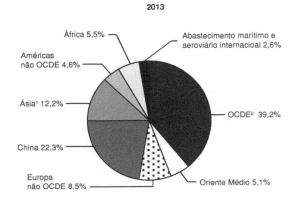

1. Ásia, exceto China.
2. Organização para a Cooperação e Desenvolvimento Econômico.

<www.iea.org>. Adaptado.

Considerando os cenários encontrados nos gráficos e os conhecimentos sobre o consumo mundial de energia primária, é correto afirmar que:

a) os países membros da OCDE diminuíram sua participação percentual no consumo mundial de energia primária em resposta ao aumento em seu padrão de consumo.
b) o consumo mundial de energia primária entre os países desenvolvidos aumentou em razão da crise econômica no período.
c) a China aumentou sua participação percentual no consumo mundial de energia primária devido ao seu desligamento do bloco dos Tigres Asiáticos.
d) os países subdesenvolvidos aumentaram sua participação percentual no consumo mundial de energia primária em função do aumento em seu dinamismo econômico.
e) o Oriente Médio registrou o maior aumento percentual no consumo mundial de energia primária devido ao crescimento de sua produção industrial.

56. (UEPB) Todas as atividades humanas, desde o surgimento da humanidade na Terra, implicam o chamado "consumo" de energia. Isto porque para produzir bens necessários à vida, produzir alimentos, prazer e bem-estar, não há como não consumir energia, ou melhor, não converter energia. Vida humana e conversão de energia são sinônimos e não existe qualquer possibilidade de separar um do outro.

WALDMAN, M. *Para onde vamos?* s.d., p. 10. Disponível em: <http://www.mw.pro.br/mw/eco_para_onde_vamos.pdf>.

Apesar de toda importância do consumo de energia para a vida moderna, podemos afirmar que sua forma de utilização no mundo contemporâneo continua a ser insustentável porque:

a) o consumo de energia é desigual entre ricos e pobres, sendo que os pobres continuam a utilizar fontes arcaicas que são muito mais danosas ao meio.
b) as chamadas fontes alternativas que são não-poluentes são de custos elevadíssimos e só podem ser produzidas em pequena escala para consumo muito reduzido.
c) a energia hidrelétrica que assumiu a liderança no consumo mundial necessita da construção de grandes represas que causam grandes impactos ambientais.
d) as principais matrizes energéticas do mundo continuam a ser o petróleo e o carvão, que são fontes não-renováveis e muito poluentes.
e) a energia nuclear, que é a solução mais viável para a questão energética do mundo, depende do enriquecimento do urânio, cuja tecnologia é controlada por poucos países e inacessível para a grande maioria.

57. (UNESP) A partir do gráfico abaixo que mostra a tendência do preço do barril de petróleo no mercado internacional, entre julho de 2014 e janeiro de 2015, indique o impacto dessa tendência na exploração do Pré-sal brasileiro e nas economias da Venezuela e da Rússia.

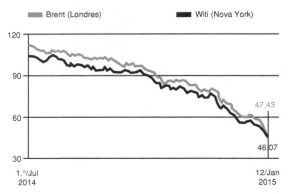

MING, C. O Petróleo Derrete.
Disponível em: <http://economia.estadao.com.br>.

Capítulo 17 – O Mundo Rural

ENEM

1. (ENEM – H27) O gráfico mostra o percentual de áreas ocupadas, segundo o tipo de propriedade rural no Brasil, no ano de 2006.

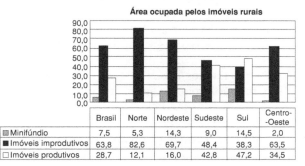

MDA/INCRA (DIEESE, 2006). Disponível em: <http://www.sober.org.br>. Acesso em: 6 ago. 2009.

De acordo com o gráfico e com referência à distribuição das áreas rurais no Brasil, conclui-se que:

a) imóveis improdutivos são predominantes em relação às demais formas de ocupação da terra no âmbito nacional e na maioria das regiões.

b) imóveis produtivos são predominantes em relação às demais formas de ocupação da terra no âmbito nacional e na maioria das regiões.

c) o percentual de imóveis improdutivos iguala-se ao de imóveis produtivos somados aos minifúndios, o que justifica a existência de conflitos por terra.

d) a Região Norte apresenta o segundo menor percentual de imóveis produtivos, possivelmente em razão da presença de densa cobertura florestal, protegida por legislação ambiental.

e) a Região Centro-Oeste apresenta o menor percentual de área ocupada por minifúndios, o que inviabiliza políticas de reforma agrária nesta região.

2. (ENEM – H14) Os textos abaixo relacionam-se a momentos distintos da nossa história.

A integração regional é um instrumento fundamental para que um número cada vez maior de países possa melhorar a sua inserção num mundo globalizado, já que eleva o seu nível de competitividade, aumenta as trocas comerciais, permite o aumento da produtividade, cria condições para um maior crescimento econômico e favorece o aprofundamento dos processos democráticos. A integração regional e a globalização surgem assim como processos complementares e vantajosos.

Declaração de Porto, VIII Cimeira Ibero-Americana, Porto, Portugal, 17 e 18 de outubro de 1998.

Um considerável número de mercadorias passou a ser produzido no Brasil, substituindo o que não era possível ou era muito caro importar. Foi assim que a crise econômica mundial e o encarecimento das importações levaram o governo Vargas a criar as bases para o crescimento industrial brasileiro.

POMAR, W. *Era Vargas* – a modernização conservadora.

É correto afirmar que as políticas econômicas mencionadas nos textos são:

a) opostas, pois, no primeiro texto, o centro das preocupações são as exportações e, no segundo, as importações.

b) semelhantes, uma vez que ambos demonstram uma tendência protecionista.

c) diferentes, porque, para o primeiro texto, a questão central é a integração regional e, para o segundo, a política de substituição de importações.

d) semelhantes, porque consideram a integração regional necessária ao desenvolvimento econômico.

e) opostas, pois, para o primeiro texto, a globalização impede o aprofundamento democrático e, para o segundo, a globalização é geradora da crise econômica.

3. (ENEM – H6) O gráfico a seguir representa a relação entre o tamanho e a totalidade dos imóveis rurais no Brasil.

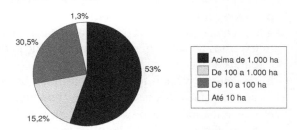

INCRA, Estatísticas cadastrais 1988.

Que característica da estrutura fundiária brasileira está evidenciada no gráfico apresentado?

a) A concentração de terras nas mãos de poucos.
b) A existência de poucas terras agricultáveis.
c) O domínio territorial dos minifúndios.
d) A primazia da agricultura familiar.
e) A debilidade dos plantations modernos.

4. (ENEM – H27) Apesar do aumento da produção no campo e da integração entre a indústria e a agricultura, parte da população da América do Sul ainda sofre com a subalimentação, o que gera conflitos pela posse de terra que podem ser verificados em várias áreas e que frequentemente chegam a provocar mortes.

Um dos fatores que explica a subalimentação na América do Sul é:

a) a baixa inserção de sua agricultura no comércio mundial.

b) a quantidade insuficiente de mão de obra para o trabalho agrícola.

c) a presença de estruturas agrárias arcaicas formadas por latifúndios improdutivos.

d) a situação conflituosa vivida no campo, que impede o crescimento da produção agrícola.

e) os sistemas de cultivo mecanizado voltados para o abastecimento do mercado interno.

5. (ENEM – H27) Na região sul da Bahia, o cacau tem sido cultivado por meio de diferentes sistemas. Em um deles, o convencional, a primeira etapa de preparação do solo corresponde à retirada da mata e à queimada dos tocos e das raízes. Em seguida, para o plantio da quantidade máxima de cacau na área, os pés de cacau são plantados próximos uns dos outros. No cultivo pelo sistema chamado cabruca, os pés de cacau são abrigados entre as plantas de maior porte, em espaço aberto criado pela derrubada apenas das plantas de pequeno porte. Os cacaueiros dessa região têm sido atacados e devastados pelo fungo chamado vassoura-de-bruxa, que se reproduz em ambiente quente e úmido por meio de esporos que se espalham no meio aéreo. As condições ambientais em que os pés de cacau são plantados e as condições de vida do fungo vassoura-de-bruxa, mencionadas acima, permitem supor que sejam mais intensamente atacados por esse fungo os cacaueiros plantados por meio do sistema:

a) convencional, pois os pés de cacau ficam mais expostos ao sol, o que facilita a reprodução do parasita.

b) convencional, pois a proximidade entre os pés de cacau facilita a disseminação da doença.

c) convencional, pois o calor das queimadas cria as condições ideais de reprodução do fungo.

d) cabruca, pois os cacaueiros não suportam a sombra e, portanto, terão seu crescimento prejudicado e adoecerão.

e) cabruca, pois, na competição com outras espécies, os cacaueiros ficam enfraquecidos e adoecem mais facilmente.

6. (ENEM – H15)

Texto I

A nossa luta é pela democratização da propriedade da terra, cada vez mais concentrada em nosso país. Cerca de 1% de todos os proprietários controla 46% das terras. Fazemos pressão por meio da ocupação de latifúndios improdutivos e grandes propriedades, que não cumprem a função social, como determina a Constituição de 1988. Também ocupamos as fazendas que têm origem na grilagem de terras públicas.

Disponível em: <www.mst.org.br>. Acesso em: 25 ago. 2011. Adaptado.

Texto II

O pequeno proprietário rural é igual a um pequeno proprietário de loja: quanto menor o negócio, mais difícil de manter, pois tem de ser produtivo e os encargos são difíceis de arcar. Sou a favor de propriedades produtivas e sustentáveis e que gerem empregos. Apoiar uma empresa produtiva que gere emprego é muito mais barato e gera muito mais do que apoiar a reforma agrária.

LESSA, C. Disponível em: <www.observadorpolitico.org.br>. Acesso em: 25 ago. 2011. Adaptado.

Nos fragmentos dos textos, os posicionamentos em relação à reforma agrária se opõem. Isso acontece porque os autores associam a reforma agrária, respectivamente, à:

a) redução do inchaço urbano e à crítica ao minifúndio componês.

b) ampliação da renda nacional e à prioridade ao mercado externo.

c) contenção da mecanização agrícola e ao combate ao êxodo rural.

d) privatização de empresas estatais e ao estímulo ao crescimento econômico.

e) correção de distorções históricas e ao prejuízo ao agronegócio.

7. (ENEM – H15) Coube aos Xavante e aos Timbira, povos indígenas do Cerrado, um recente e marcante gesto simbólico: a realização de sua tradicional corrida de toras (de buriti) em plena Avenida Paulista (SP), para denunciar o cerco de suas terras e a degradação de seus entornos pelo avanço do agronegócio.

Adaptado de: RICARDO, B.; RICARDO, F. *Povos Indígenas do Brasil*: 2001-2005. São Paulo: Instituto Socioambiental, 2006.

A questão indígena contemporânea no Brasil evidencia a relação dos usos socioculturais da terra com os atuais problemas socioambientais, caracterizados pelas tensões entre:

a) a expansão territorial do agronegócio, em especial nas regiões Centro-Oeste e Norte, e as leis de proteção indígena e ambiental.

b) os grileiros articuladores do agronegócio e os povos indígenas pouco organizados no Cerrado.

c) as leis mais brandas sobre o uso tradicional do meio ambiente e as severas leis sobre o uso capitalista do meio ambiente.

d) os povos indígenas do Cerrado e os polos econômicos representados pelas elites industriais paulistas.

e) o campo e a cidade no Cerrado, que faz com que as terras indígenas dali sejam alvo de invasões urbanas.

Texto comum para as questões **8** e **9**.

Em uma disputa por terras, em Mato Grosso do Sul, dois depoimentos são colhidos: o do proprietário de uma fazenda e o de um integrante do Movimento dos Trabalhadores Rurais sem Terras:

Depoimento 1

A minha propriedade foi conseguida com muito sacrifício pelos meus antepassados. Não admito invasão. Essa gente não sabe de nada. Estão sendo manipulados pelos comunistas. Minha resposta será à bala. Esse povo tem que saber que a Constituição do Brasil garante a propriedade privada. Além disso, se esse governo quiser as minhas terras para a Reforma Agrária terá que pagar, em dinheiro, o valor que eu quero.

Proprietário de uma fazenda no Mato Grosso do Sul.

Depoimento 2

Sempre lutei muito. Minha família veio para a cidade porque fui despedido quando as máquinas chegaram lá na Usina. Seu moço acontece que eu sou um homem da terra. Olho pro céu, sei quando é tempo de plantar e de colher. Na cidade não fico mais. Eu quero um pedaço de terra, custe o que custar. Hoje eu sei que não estou sozinho. Aprendi que a terra tem um valor social. Ela é feita para produzir alimento. O que o homem come vem da terra. O que é duro é ver que aqueles que possuem muita terra e não dependem dela para sobreviver, pouco se preocupam em produzir nela.

Integrante do Movimento dos Trabalhadores Rurais Sem Terra (MST), de Corumbá, MS.

8. (ENEM – H15) A partir da leitura do depoimento 1, os argumentos utilizados para defender a posição do proprietário de terras são:

I. A Constituição do país garante o direito à propriedade privada, portanto, invadir terras é crime.

II. O MST é um movimento político controlado por partidos políticos.

III. As terras são o fruto do árduo trabalho das famílias que as possuem.

IV. Este é um problema político e depende unicamente da decisão da justiça.

Estão corretas as proposições:

a) I, apenas.
b) I e IV, apenas.
c) II e IV, apenas.
d) I, II e III, apenas.
e) I, III e IV, apenas.

9. (ENEM – H15) A partir da leitura do depoimento 2, quais os argumentos utilizados para defender a posição de um trabalhador rural sem terra?

I. A distribuição mais justa da terra no país está sendo resolvida, apesar de que muitos ainda não têm acesso a ela.

II. A terra é para quem trabalha nela e não para quem a acumula como bem material.

III. É necessário que se suprima o valor social da terra.

IV. A mecanização do campo acarreta a dispensa de mão de obra rural.

Está(ão) correta(s) a(s) proposição(ões):

a) I, apenas.
b) II, apenas.
c) II e IV, apenas.
d) I, II e III, apenas.
e) III, I e IV, apenas.

10. (ENEM – H15) A luta pela terra no Brasil é marcada por diversos aspectos que chamam a atenção. Entre os aspectos positivos, destaca-se a perseverança dos movimentos do campesinato e, entre os aspectos negativos, a violência que manchou de sangue essa história. Os movimentos pela reforma agrária articularam-se por todo o território nacional, principalmente entre 1985 e 1996, e conseguiram de maneira expressiva a inserção desse tema nas discussões pelo acesso à terra. O mapa seguinte apresenta a distribuição dos conflitos agrários em todas as regiões do Brasil nesse período, e o número de mortes ocorridas nessas lutas.

Comissão Pastoral da Terra — CPT OLIVEIRA, A. U. A longa marcha do campesinato brasileiro: movimentos sociais, conflitos e reforma agrária. Revista Estudos Avançados. v. 15, n. 43, São Paulo, set.-dez. 2001.

Com base nas informações do mapa acerca dos conflitos pela posse de terra no Brasil, a região:

a) conhecida historicamente como das Missões Jesuíticas é a de maior violência.

b) do Bico do Papagaio apresenta os números mais expressivos.

c) conhecida como oeste baiano tem o maior número de mortes.

d) do norte do Mato Grosso, área de expansão da agricultura mecanizada, é a mais violenta do país.

e) da Zona da Mata mineira teve o maior registro de mortes.

11. (ENEM – H18)

Texto I

Ao se emanciparem da tutela senhorial, muitos camponeses foram desligados legalmente da antiga terra. Deveriam pagar, para adquirir propriedade ou arrendamento. Por não possuírem recursos, engrossaram a camada cada vez maior de jornaleiros e trabalhadores volantes, outros, mesmo tendo propriedade sobre um pequeno lote, suplementavam sua existência com o assalariamento esporádico.

Adaptado: MACHADO, P. P. *Política e Colonização no Império*. Porto Alegre: EdUFRGS, 1999.

Texto II

Com a globalização da economia ampliou-se a hegemonia do modelo de desenvolvimento agropecuário, com seus padrões tecnológicos, caracterizando o agronegócio. Essa nova face da agricultura capitalista também mudou a forma de controle e exploração da terra. Ampliou-se, assim, a ocupação de áreas agricultáveis e as fronteiras agrícolas se estenderam.

Adaptado de: SADER, E.; JINKINGS, I. *Enciclopédia Contemporânea da América Latina e do Caribe*. São Paulo: Boitempo, 2006.

Os textos demonstram que, tanto na Europa do século XIX quanto no contexto latino-americano do século XXI, as alterações tecnológicas vivenciadas no campo interferem na vida das populações locais, pois:

a) induzem os jovens ao estudo nas grandes cidades, causando o êxodo rural, uma vez que, formados, não retornam à sua região de origem.
b) impulsionam as populações locais a buscar linhas de financiamento estatal com o objetivo de ampliar a agricultura familiar, garantindo sua fixação no campo.
c) ampliam o protagonismo do Estado, possibilitando a grupos econômicos ruralistas produzir e impor políticas agrícolas, ampliando o controle que tinham dos mercados.
d) aumentam a produção e a produtividade de determinadas culturas em função da intensificação da mecanização, do uso de agrotóxicos e cultivo de plantas transgênicas.
e) desorganizam o modo tradicional de vida impelindo-as à busca por melhores condições no espaço urbano ou em outros países em situações muitas vezes precárias.

12. (ENEM – H18) A singularidade da questão da terra na África Colonial é a expropriação por parte do colonizador e as desigualdades raciais no acesso à terra. Após a independência, as populações de colonos brancos tenderam a diminuir, apesar de a proporção de terra em posse da minoria branca não ter diminuído proporcionalmente.

MOYO, S. A terra africana e as questões agrárias: o caso das lutas pela terra no Zimbábue. In: FERNANDES, B. M.; MARQUES, M. I. M.; SUZUKI, J. C. (Org.). *Geografia Agrária*: teoria e poder. São Paulo: Expressão Popular, 2007.

Com base no texto, uma característica socioespacial e um consequente desdobramento que marcou o processo de ocupação do espaço rural na África subsaariana foram:

a) exploração do campesinato pela elite proprietária — domínio das instituições fundiárias pelo poder público.
b) adoção de práticas discriminatórias de acesso a terra — controle do uso especulativo da propriedade fundiária.
c) desorganização da economia rural de subsistência — crescimento do consumo interno de alimentos pelas famílias camponesas.
d) crescimento dos assentamentos rurais com mão de obra familiar — avanço crescente das áreas rurais sobre as regiões urbanas.
e) concentração das áreas cultiváveis no setor agroexportador — aumento da ocupação da população pobre em territórios agrícolas marginais.

Questões objetivas, discursivas e PAS

13. (UEG – GO) A finalidade primordial da agricultura é a produção de alimentos. Todavia, apesar dos avanços e das conquistas tecnológicas, o número de famintos no mundo continua alto.

COELHO, M. A.; TERRA, L. *Geografia Geral*: o espaço natural e socioeconômico. 5. ed. São Paulo: Moderna, 2005. p. 349.

Com relação a esse tema, é correto afirmar:

a) a fome no mundo deve-se mais a fatores relacionados às condições naturais adversas, como secas prolongadas, excesso de chuvas, pobreza do solo, entre outras.
b) a existência da fome no mundo é reflexo do preço elevado dos alimentos, da falta de acesso à terra, do controle das multinacionais no mercado agrícola, entre outras causas.
c) a modernização da agricultura gerou oferta recorde e excedente de alimentos para alimentar toda a humanidade, debelando, assim, a fome nos países pobres.
d) nos países subdesenvolvidos, nos quais a principal atividade econômica é a agropecuária, o problema da fome é menor devido à produção de alimentos básicos.

14. (UERJ) Multinacionais de alimentos agravam pobreza

Documento da ActionAid, apresentado no Fórum Social Mundial de 2011, revela que um pequeno grupo de empresas domina a maior parte do comércio mundial de itens como trigo, café, chá e bananas. Um terço de todo o alimento processado do planeta está nas mãos de apenas 30 empresas. Outras 5 controlam 75% do comércio internacional de grãos. Do total da produção e da venda de agrotóxicos, também 75% são dominados por 6 companhias, e uma única multinacional, a Monsanto, detém 91% do setor de produção e venda de sementes.

Adaptado de: < http://www.observatoriosocial.org.br >.

O texto faz referência ao processo de modernização da agropecuária mundial, com a formação e a expansão de complexos agroindustriais.

Defina o que são complexos agroindustriais.

Com base na reportagem, aponte duas consequências socioeconômicas negativas resultantes da situação de reduzida concorrência no setor agrícola.

---

15 (UFG – GO) Analise a figura a seguir e leia os textos que a acompanham.

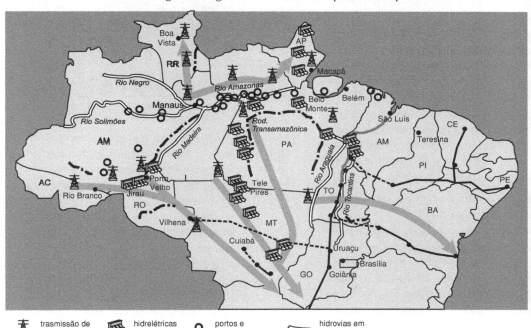

WIZIACK, J.; BRITO, A. Amazônia vira motor do desenvolvimento. *Folha de S.Paulo*, São Paulo, 16 out. 2011. p. A1. Ilustração esquemática, sem escala. Disponível em: <http://acervo.folha.com.br/fsp/>. Acesso em: 26 jan. 2012. Adaptado.

O governo federal e o setor privado inauguraram um novo ciclo de desenvolvimento e ocupação da Amazônia Legal, onde vivem 24,4 milhões de pessoas e que representa só 8% do PIB brasileiro.

Folha de S.Paulo, São Paulo, 16 out. 2011, p. B1.

(...) Assim, ao invés de reproduzir, como nas antigas áreas de incorporação agrícola, estruturas produtivas preexistentes, a expansão recente da fronteira agropecuária na Amazônia constitui, antes de mais nada, uma fronteira tecnológica na qual a inovação científica é o elemento central de explicação do novo perfil produtivo do agrorregional.

Disponível em: < www.ibge.gov.br/home/geociencias/geografia/mapasdoc3.shtm >. Acesso em: 8 mar. 2011.

Considerando-se a figura e os textos apresentados e a grande diversidade natural, social, econômica, tecnológica e cultural da Amazônia Legal, evidencia-se uma região em crescente processo de diferenciação. Esse processo contraria a imagem difundida pelo mundo de um espaço homogêneo, caracterizado pela presença de uma cobertura vegetal, que a identifica tanto interna quanto externamente. Desse modo, o novo modelo de desenvolvimento e de ocupação da Amazônia Legal, atualmente, baseia-se

a) na articulação dos setores de produção de energia elétrica, transporte, mineração e agronegócio.

b) no desenvolvimento de estratégias de preservação e controle da exploração dos recursos naturais.

c) na estratégia geopolítica baseada no binômio desenvolvimento e segurança.

d) na ocupação militar explicitada pelo projeto Calha Norte.

e) nas estratégias que visam ao aprofundamento da internacionalização da Amazônia.

16. (UFPB) Considerando a chamada modernização da agropecuária brasileira, julgue os itens a seguir:

( ) A denominação "modernização conservadora" justifica-se por se tratar de um processo que revela, ao mesmo tempo, o avanço tecnológico e o retrocesso do ponto de vista social e ambiental.

( ) Os principais fatores que permitiram a modernização da agropecuária nacional foram: a mecanização, a invenção de defensivos e de fertilizantes químicos e a biotecnologia.

( ) A modernização do processo produtivo, tanto da agricultura quanto da pecuária, colocou o Brasil como um dos mais importantes exportadores de produtos agropecuários do mercado global.

( ) A biotecnologia avança na produção de sementes mais aptas a diversos tipos de solos e climas, a exemplo da criação de sementes transgênicas que aumentou a produção de alimentos, especificamente, para o mercado interno.

( ) A agroecologia se beneficiou do avanço biotecnológico da produção de sementes transgênicas, possibilitando cultivos livres da utilização dos agrotóxicos e independentes de grandes empresas multinacionais.

17. (CFT – RJ) **Valor da produção agropecuária brasileira pode crescer mais em 2011**

A melhora das perspectivas da safra de grãos e a continuidade de bons preços levaram a CNA (Confederação Nacional de Agricultura) a elevar sua projeção do desempenho do setor agropecuário brasileiro para 2011. Segundo a entidade, o valor bruto da produção agropecuária deve chegar a quase 272 bilhões de reais neste ano, o que representaria um crescimento superior a 7% sobre 2010.

14 de março de 2011 – Band News

Apesar do otimismo contido na reportagem acima, sabemos que o setor agropecuário, ao mesmo tempo em que apresenta alguns resultados positivos, apresenta também alguns problemas. Qual das afirmativas abaixo se relaciona corretamente à situação atual do espaço agrário brasileiro?

a) O papel de destaque que o setor agrícola desempenha faz com que empregue mais de dois terços da população economicamente ativa e responda por cerca de metade do PIB anual brasileiro.

b) A maior parte dos agricultores brasileiros vive em grandes propriedades de base familiar e são elas que respondem pela maior parte da produção de alimentos; os pequenos e médios proprietários limitam-se a exportar sua produção, pois não conseguem atender à demanda do mercado interno.

c) A produtividade média da agricultura brasileira é bastante elevada quando comparada à dos demais países produtores; na pecuária esta situação se inverte e sua baixa produção transforma o país em um dos maiores importadores de carne bovina.

d) Embora os minifúndios representem grande parte do número de estabelecimentos rurais, os estabelecimentos caracterizados como grandes propriedades são em número muito menor, mas absorvem um elevado percentual da área agrícola.

18. (UFSM – RS) Leia a charge:

TERRA, L.; ARAÚJO, R.; GUIMARÃES, R. B. Conexões: estudos de geografia do Brasil. São Paulo: Moderna, 2009. p. 192.

Ao considerar a charge como uma forma artística de expressão, a figura refere-se a uma das principais formações vegetais do Brasil: o cerrado. Nele,

I. A característica da vegetação está relacionada com estratos arbóreos, formando uma cobertura contínua que abriga diversas espécies de epífitas, além de bambus, palmeiras e samambaias.

II. A vegetação está composta por dois estratos de plantas: um, arbóreo, com árvores de pequeno porte retorcidas e esparsas, e outro, herbáceo, de gramíneas ou vegetação rasteira.

III. As atividades agropecuárias promovem a devastação cujas causas principais são o desmatamento e as queimadas para a incorporação de novas áreas para a agricultura comercial.

Está(ão) correta(s):
a) apenas I.
b) apenas I e II.
c) apenas III.
d) apenas II e III.
e) I, II e III.

19. (FGV) Analise o gráfico para responder à questão.

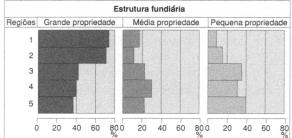

FERREIRA, G. M. L. ATLAS Geográfico: espaço mundial. São Paulo: Moderna, 2010. p. 143.

A leitura do gráfico permite afirmar que 1:

a) e 2 correspondem, respectivamente, ao Centro-Oeste e ao Norte, regiões de ocupação agropecuária mais recente.
b) e 2 apresentam a distribuição das propriedades de terra nas regiões Centro-Oeste e Nordeste, ambas com forte concentração fundiária.
c) identifica a estrutura fundiária do Sul, tradicionalmente a região com maior avanço tecnológico no setor agropecuário.
d) destaca o predomínio das grandes propriedades no Nordeste, historicamente a região com maiores desigualdades sociais.
e) apresenta a distribuição das propriedades no Norte, região com fraca participação da agricultura familiar em pequenas propriedades.

20. (IBME – CRJ) Com relação à modernização da agricultura, a partir do desenvolvimento do capitalismo que determinou uma nova ordenação territorial do campo brasileiro, é correto afirmar que:

a) Ao longo das transformações que implicaram modernização tecnológica das atividades agropecuárias, no Brasil, as condições de trabalho no meio rural se deterioraram apesar da melhor distribuição de terra.
b) Desde o fim da década de 1960, a ocupação das fronteiras e a modernização do campo no Brasil, com base nas grandes unidades produtoras, acabaram mantendo os trabalhadores no interior das propriedades.
c) Apesar da dificuldade de competir numa produção altamente tecnicizada, o padrão de modernização do campo, no Brasil, fez que muitos pequenos produtores mantivessem suas terras, eliminando suas dívidas com base na mecanização.
d) A questão agrária no Brasil não se associa ao debate sobre a soberania alimentar, pois a modernização do campo se deu com a preservação de determinados produtos e hábitos alimentares dos grupos sociais envolvidos no processo.
e) O problema da reforma agrária continua como um impasse da política brasileira e, com a modernização do campo, se intensifica aumentando a exclusão social, gerada pelo desemprego estrutural.

21. (FGV – RJ) Sobre a agricultura canavieira no Brasil, assinale a alternativa correta.

a) O avanço da monocultura canavieira figura entre os principais fatores de desmatamento do bioma amazônico.
b) O avanço da monocultura canavieira é responsável por um volume crescente de empregos agrícolas, pois ainda não foram desenvolvidos maquinários capazes de substituir a mão de obra na fase de colheita.
c) Os estados nordestinos ampliaram sua participação na produção nacional de cana de açúcar na última década, pois apresentam vantagens comparativas relacionadas ao preço da mão de obra.
d) Na Região Centro-Oeste, os canaviais foram substituídos por atividades agropecuárias mais lucrativas, tais como o cultivo de soja e a criação de gado.
e) Na Região Sudeste, a expansão do plantio ocorrida na última década resultou do aumento da demanda pelo álcool combustível.

22. (UEPA) Após a revolução verde, houve significativas mudanças socioespaciais no espaço rural mundial. Como repercussão das mudanças ocorridas nas nações subdesenvolvidas, verifica-se que:

a) intensificou a relação campo-cidade, devido aos avanços nos transportes e telecomunicações, o que permitiu a circulação da população rural em direção à cidade, sem que tal mobilidade acompanhasse a mobilidade social.
b) a configuração do espaço rural sofreu reduzidas mudanças, devido à concentração das tecnologias na cidade e ao baixo incentivo dos governos para novos investimentos no campo, fazendo com que a organização sociopolítica e econômica do espaço rural fosse pouco alterada.
c) o espaço rural passou a se urbanizar pela grande concentração de novas tecnologias, atraindo sobremaneira a população agrária que trouxe valores da cidade, além de garantir a manutenção dos camponeses neste espaço.
d) as incrementações tecnológicas do espaço rural, após a revolução verde, mostraram-se eficazes na medida em que criaram condições para o surgimento da agricultura orgânica, que estimulou o barateamento da produção.
e) as transformações do espaço rural como a modernização da agropecuária, repercutiram no barateamento dos alimentos nos países pobres e o encarecimento nos países ricos, reduzindo as desigualdades internacionais entre os dois grupos de países.

23. (IFSC) Indique as alternaivas corretas e dê sua soma ao final.

(01) A maioria das áreas que apresentam alto valor na produção agropecuária faz parte do que se denomina como Região Concentrada, isso é, a porção do território brasileiro mais equipado com estrutura técnico-científica. Na agricultura, isso se traduz em maior aplicação de tecnologia no campo, pela utilização de maquinários modernos, pela adoção de insumos de origem industrial ou de conhecimentos em biotecnologia.

(02) A forma atual da produção agropecuária brasileira mostra resultados do modelo capita-

lista agroexportador que se desenvolveu ao longo do século XX. Seus principais produtos são *commodities*, entre as quais se destacam a soja, a cana-de-açúcar e seus derivados, carnes, café e fumo.

(04) Na Região Sul, a maioria dos trabalhadores rurais se encontra em situação de assalariamento, enquanto na Região Nordeste predomina o modelo conhecido como agricultura familiar. Essa situação pode ser considerada um reflexo do desenvolvimento desigual do capitalismo brasileiro e uma das causas do fluxo de migrantes em direção aos estados sulinos.

(08) No estado de Santa Catarina, a porção oeste apresenta maior valor de produção agropecuária. Isso se deve à utilização prioritária de suas terras para produção de cana-de-açúcar com o objetivo de produzir etanol. A valorização recente dos biocombustíveis fez do Oeste Catarinense uma das áreas mais ricas do país.

(16) Embora faça parte de uma das áreas que apresentam maior valor da produção agropecuária, o estado de São Paulo não está isento de problemas sociais no campo. O estado paulista é frequentemente palco de ações de movimentos sociais que criticam a estrutura fundiária brasileira, marcada pela forte concentração de terras em poucas mãos e pela existência de numerosas famílias expropriadas, e que defendem a reforma agrária.

(32) O estado de Rondônia, na Região Norte, é um exemplo de alternativa ao modelo agroexportador. Atualmente, a maior parte de sua produção é baseada em critérios sustentáveis e na produção de gêneros para o mercado interno, como feijão, arroz, aipim e aves.

24. (UERJ)

Modernização na agropecuária brasileira

Adaptado de: THERY, H.; MELLO, N. ATLAS do Brasil; disparidades e dinâmicas do território. São Paulo: Edusp/Imprensa Oficial, 2008.

No Brasil, o setor agropecuário se caracteriza tanto por áreas que ainda adotam práticas tradicionais como por aquelas em que há forte presença de modernização, como se observa no mapa.

Aponte o complexo regional que concentra o uso mais intenso de práticas agropecuárias modernas e a que concentra o uso menos intenso. Em seguida, cite duas características presentes no processo de modernização agropecuária do país.

25. (FGV) A diferenciação espaço-temporal da produção agrícola constitui o conteúdo próprio daquilo que alguns autores chamam de heterogeneidade estrutural da agropecuária brasileira (...). Como a modernização da agricultura significou, em um primeiro momento, a integração técnica com a indústria e, em um segundo momento, a integração de capitais, também ela esteve concentrada em algumas regiões, beneficiando grupos econômicos específicos identificados por seus produtos.

Disponível em: <http://www.ipea.gov.br/portal/images/stories/PDFs/livros/livros/livro_brasil_desenvolvimento2013_vol03.pdf>.
Acesso em: 20 mar. 2013.

Sobre a nova geografia da agricultura brasileira, é correto afirmar:

a) As empresas rurais mais integradas estão concentradas nos espaços internacionalizados, especialmente na Região Centro-Oeste, em São Paulo, em Minas Gerais e no Paraná.

b) A agricultura familiar, caracterizada pelo uso intensivo de mão de obra, avança do Semiárido na direção dos cerrados do Nordeste.

c) A proporção de assalariados rurais é maior na Região Norte, sobretudo nas áreas da fronteira agrícola marcadas por violentos conflitos fundiários.

d) Na Região Sul, encontra-se o setor menos capitalizado da agricultura familiar, que apresenta baixo grau de integração aos complexos agroindustriais.

e) Nas Regiões Norte e Nordeste, a maior parte da mão de obra ativa está empregada na agropecuária, caracterizada pela baixa intensidade técnica.

26. (UFPR) A BRF, dona das marcas Sadia e Perdigão, foi condenada a pagar indenização por dano moral coletivo de R$ 1 milhão por condições degradantes de trabalho. A condenação é resultado da ação do Ministério Público do Trabalho (MPT) em Umuarama (PR), ajuizada em 2012, após investigação que flagrou trabalhadores em condições análogas à escravidão (...). No início de 2012, o MPT-PR em Umuarama constatou graves irregularidades trabalhistas na Fazenda Jaraguá, em Iporã. Os problemas iam desde jornada excessiva e condições precárias dos alojamentos, até a contaminação da água fornecida aos trabalhadores para consumo. "A situação encontrada configura trabalho degradante, já que foram desrespeitados os direitos mais básicos da legislação trabalhista, causando repulsa e indignação, o que fere o senso ético da sociedade", afirma o procurador do Trabalho Diego Jimenez Gomes, responsável pelo caso. A BRF é uma gigante do ramo de produtos alimentícios que surgiu a partir da fusão entre Sadia e Perdigão, além de ser detentora de marcas como Batavo, Elegê e Qualy. A empresa tem 49 fábricas em todas as regiões do país e mais de 100 mil funcionários. Em 2013, a receita líquida foi R$ 30,5 bilhões e o lucro líquido consolidado foi de R$ 1,1 bilhão.

Portal Instituto Unisinos, 29 ago. 2014.
Disponível em: < http://www.ihu.unisinos.br/noticias/534749 >.

Com base no texto e no conhecimento de geografia agrária, assinale a alternativa correta.

a) A organização da produção agropecuária no Brasil apresenta contradições estruturais entre as formas de organização do trabalho e as estratégias empresariais de incremento dos lucros.
b) Apenas os estados brasileiros com formas de produção no campo mais atrasadas mantêm práticas de trabalho degradantes.
c) A expansão das relações capitalistas no campo e a modernização da agricultura permitiram abandonar relações de produção pré-capitalistas.
d) A fusão de grandes empresas produtoras de alimentos implica em uma separação entre indústria e agricultura.
e) A ausência de mão de obra capacitada para atender as novas tecnologias aplicadas à produção agropecuária leva empresas a suprir sua demanda, utilizando trabalhadores em condições análogas à escravidão.

27. (UERN) A respeito dos padrões de uso da terra e da política agrícola brasileira, marque V para as afirmativas verdadeiras e F para as falsas.
( ) O protecionismo e os fortes subsídios agrícolas dos EUA, da UE e do Japão constituem um fator de estrangulamento das exportações brasileiras e de outros países.
( ) O Brasil possui condições estruturais para se tornar o maior exportador mundial de alimentos, tais como extensa área agricultável, condições naturais favoráveis e formação de mão de obra qualificada em universidades e escolas técnicas.
( ) A modernização das técnicas agrícolas não permitiu a subordinação da agropecuária ao capital industrial. Com isso, as pequenas propriedades familiares puderam aumentar suas produções.
( ) A configuração dos complexos agroindustriais desacelerou a valorização da terra e o aprofundamento da concentração fundiária.

A sequência está correta em:
a) V, F, F, V.
b) V, V, F, F.
c) F, V, F, V.
d) F, F, V, F.

28. (UEG – GO) A produção agropecuária na atualidade requer a adoção de sistemas de produção (intensivos e extensivos) rural, que dependem principalmente
a) do tamanho da propriedade e da presença de recursos hídricos abundantes para a implantação de pivôs centrais.
b) da existência de fatores naturais como clima úmido, solos férteis, relevo plano e proximidade das vias de transportes.
c) das condições físico-geográficas de uma região, da cultura e do nível de desenvolvimento econômico de uma dada sociedade.
d) do uso de agrotóxicos e sementes transgênicas, da utilização de mão de obra barata e de técnicas tradicionais de produção.

29. (IFBA) Com relação ao papel desempenhado pela agricultura e pela indústria na organização do espaço geográfico brasileiro, é correto afirmar:
a) A estrutura fundiária brasileira sofreu uma modificação estrutural importante na passagem do século XIX para o século XX, pois deixou de ser do tipo arquipélago para se constituir como centro-periferia.
b) Devido ao processo histórico da formação do espaço geográfico brasileiro, a agricultura praticada desde o período colonial tem se caracterizado como sistema intensivo de exploração da terra.
c) A agricultura de subsistência implantada com a colonização moderna no século XIX contribuiu para diversificar a produção agrícola no mercado interno, pois tinha um caráter policultor.
d) A modernização da agricultura brasileira tem relação com o papel desempenhado pela EMBRAPA, ao desenvolver pesquisas com a finalidade de aperfeiçoar a produção de sementes no Brasil, mas também com a reestruturação da estrutura fundiária, como foi acordado com o MST.
e) O oeste baiano, a partir de meados da década de 70, começou a se inserir como polo produtor de *commodities* importantes devido à migração da população gaúcha, que aí desenvolveu a cultura da soja.

30. (UNESP)

A configuração da questão agrária brasileira

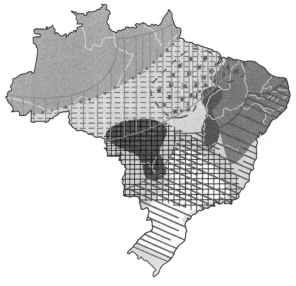

 concentração das ocupações de terra realizadas pelos movimentos socioterritoriais camponeses

 concentração das famílias assentadas pelos governos por meio da política de assentamentos rurais

 _____

 principal região agropecuária do país: agropecuária diversificada, alta produtividade, responsável por grande parte da quantidade produzida no país e PEA¹ agropecuária com altas rendas

 alto grau de especialização no agronegócio da soja, milho e algodão

 o Nordeste: grande população rural, alto grau de ruralização, baixo rendimento da PEA agropecuária, predominância de mão de obra familiar nos estabelecimentos agropecuários, baixa tecnologia na agropecuária e produção diversificada, em especial de gêneros da dieta alimentar regional

 altas proporções de mão de obra assalariada nos estabelecimentos agropecuários e de PEA agropecuária residente em zonas urbanas

 áreas da Amazônia brasileira com graus mais elevados de antropização. Intenso processo de incorporação de novas áreas à estrutura fundiária e abertura de novas áreas para a formação de pastagens

 região da Amazônia brasileira que apresenta menor grau de ação antrópica, grande parte das terras indígenas e das unidades de conservação

¹PEA: População Economicamente Ativa.

Disponível em: <www.fct.unesp.br>. Adaptado.

Considerando a questão agrária no Brasil, é correto afirmar que a lacuna presente na legenda corresponde a áreas de:

a) resgate e valorização de antigas práticas de cultivo.
b) concentração da violência contra trabalhadores rurais e camponeses.
c) cultivo experimental orgânico e sustentável.
d) reflorestamento e recuperação da biodiversidade.
e) implantação de núcleos urbanos planejados.

31. (UEPB) Nos meses de setembro e outubro, período em que ocorre o corte da cana na Mata pernambucana, trabalhadores rurais do Agreste da Paraíba chamados de "corumbas" ou "catingueiros" migram para trabalhar nas usinas da Zona canavieira do Estado de Pernambuco, onde permanecem precariamente instalados, até o fim da colheita, nos meses de março ou abril, quando caem as primeiras chuvas do Agreste e estes retornam para suas casas e seus roçados.

Este tipo de migração ainda presente no Estado da Paraíba é do tipo:

a) nomadismo.
b) pendular.
c) êxodo rural.
d) forçada.
e) sazonal.

32. (UEL – PR) É possível identificar no Brasil vários municípios cuja urbanização se deve diretamente à expansão da fronteira agrícola moderna, formando cidades funcionais ao campo denominadas de "cidades do agronegócio".

Adaptado de: ELIAS, D.; PEQUENO, R.
Desigualdades socioespaciais nas cidades do agronegócio.
Revista Brasileira de Estudos Urbanos e Regionais.
2007. v. 9, n. 1, p. 25-29.

Sobre a expansão da fronteira agrícola moderna e o surgimento das "cidades do agronegócio", assinale a alternativa correta.

a) A expansão da fronteira agrícola moderna e a criação das cidades do agronegócio ocorreram a partir de 1970, com a incorporação das terras do cerrado, impulsionada por políticas públicas voltadas à ocupação de terras e ao desenvolvimento local.
b) A fronteira agrícola moderna e o aparecimento das cidades do agronegócio estão associados às políticas do governo Vargas direcionadas à agricultura, com a criação, em 1951, do Sistema Nacional de Crédito Rural.
c) A fronteira agrícola moderna e o aparecimento das cidades do agronegócio ocorreram após investimentos dos Estados Unidos, na década de 1950, em território brasileiro para produção destinada à exportação.
d) As cidades do agronegócio estão localizadas predominantemente no Paraná, Rio Grande do Sul e Santa Catarina, estados onde ocorreu a expansão da fronteira agrícola moderna a partir da década de 1960.
e) Por intermédio da expansão da fronteira agrícola moderna e da criação das cidades do agronegócio, a partir da década de 1950, houve uma difusão do meio técnico-científico-informacional em todo o território nacional.

33. (UFSM – RS) Observe a figura:

TERRA, L.; ARAÚJO, R.; GUIMARÃES, R. B.
Conexões: estudos de geografia geral e do Brasil.
São Paulo: Moderna, 2008. p. 378.

O autor da pintura fornece pistas da região de origem dos migrantes e revela uma situação comum a muitas famílias. O quadro sugere uma paisagem da região do(a):

a) pampa do Sul, e a migração ocorrida é intrarregional.
b) semiárido do Nordeste, e a migração ocorrida é o êxodo rural.
c) Agreste do Nordeste, e a migração ocorrida é a pendular.
d) Zona da Mata do Nordeste, e a migração ocorrida é a sazonal.
e) cerrado do Centro-Oeste, e a migração ocorrida é a emigração.

34. (FGV) Analise o mapa a seguir.

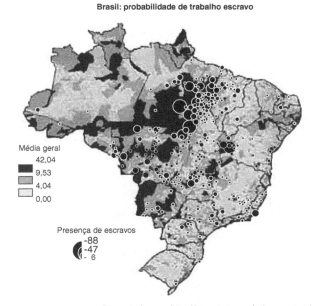

Disponível em: <http://amazonia.org.br/wp-content/uploads/2012/06/Atlas-do-Trabalho-Escravo.pdf>.

Pesquisas realizadas para a elaboração de um atlas do trabalho escravo no Brasil traçaram um perfil típico do escravo brasileiro do século XXI: ele é um migrante maranhense, do norte de Tocantins ou do oeste do Piauí, de sexo masculino e analfabeto funcional.

Analisando o mapa, observa-se a maior concentração de escravos em áreas onde ocorrem predominantemente atividades como:

a) extrativismo vegetal da seringueira, pecuária semiextensiva e cultivos de grãos destinados à exportação.
b) desmatamento, queima de madeira para a fabricação do carvão vegetal e formação de pastagens.
c) garimpos de ouro e de cassiterita, pecuária extensiva e construção civil nas áreas de novos municípios.
d) obras de infraestrutura, como rodovias, extrativismo mineral e cultivos de grãos.
e) construção de barragens, exploração ilegal de madeira e extrativismo da carnaúba.

35. (UEM – PR) Sobre distribuição e dinâmica da população, indique as alternativas corretas e dê sua soma ao final.

(01) As cidades são áreas onde se concentram os maiores contingentes populacionais, característica dos países ou das regiões que se industrializaram e mecanizaram as atividades agrícolas.

(02) O crescimento rápido e desordenado das cidades, nos países considerados subdesenvolvidos, provocado pelos deslocamentos populacionais, não é acompanhado no mesmo ritmo pela melhoria da infraestrutura. Por isso, esses espaços são deficientes em redes de água tratada, escolas, habitação etc.

(04) A reforma agrária foi a solução encontrada pelos países desenvolvidos para, ao mesmo tempo, modernizarem a agricultura, deslocarem as populações dos espaços urbanos para os espaços rurais e acabarem com os problemas ambientais da zona rural.

(08) As atividades agrícolas, ao se modernizarem com a incorporação de avançados recursos tecnológicos, passam a empregar baixa quantidade de mão de obra e contribuem para a expulsão de trabalhadores que se deslocam para os espaços urbanos.

(16) Ao proteger árvores que são símbolos de sobrevivência dos povos da floresta, caso do guaraná e das castanheiras, o novo Código Florestal do Brasil conseguiu acabar com os impactos ambientais e com o esvaziamento populacional das áreas de fronteira, como o Centro-Oeste e a região Amazônica.

36. (FUVEST – SP) Observe o mapa a seguir.

THERY et al. ATLAS do Trabalho Escravo no Brasil, 2009. Adaptado.

Considere o "trabalho análogo à escravidão" no meio rural brasileiro.
a) Indique dois elementos que caracterizam essa condição de trabalho. Explique.
b) Identifique as três Regiões Administrativas do país em que há maior área de concentração desse fenômeno e indique duas atividades significativas nas quais os trabalhadores, submetidos a essa condição, estão inseridos.
c) Descreva uma das formas de arregimentação de pessoas para essa condição de trabalho.

37. (UEPB) Gostaria de nunca mais elaborar essa questão e que fotografias dessa natureza fossem banidas de nossa história. (Autor desconhecido)

Geografia – Guia Prático do Estudante – 2013.

De acordo com a foto e seu conhecimento sobre o tema, é correto afirmar:

I. A crueldade do trabalho infantil é um processo social grave em nosso país. A dignidade de milhões de crianças brasileiras está sendo roubada diante do desrespeito aos direitos humanos, fundamentais que não lhes são reconhecidos.

II. Todo o trabalho infantil está atrelado ao descaso do poder público, quando não atua de forma prioritária e efetiva, mais também à culpa de muitas famílias e da sociedade que se omitem diante de posturas individualistas que caracterizam os regimes sócias do capitalismo contemporâneo sem conteúdo ético.

III. O empobrecimento da população tanto urbana como rural tem levado muitas crianças nas mais diversas faixas etárias para o trabalho infantil, objetivando ajudar na complementação da renda familiar.

IV. A geografia da pobreza delimita muito bem a população no espaço geográfico. Nas áreas nobres as crianças têm direito à escola, à brinquedoteca, a aulas de inglês, de música, de informática, manuseiam muito bem *iphone*, *tablet* etc... etc. Nos centros de muitas cidades brasileiras, estão milhares de crianças das periferias, fora da escola, nos semáforos pedindo esmolas, vendendo balas, sendo introduzidas ao mundo do crime por traficantes, expostas a pedófilos e à prostituição. Perguntamos: que país é esse? Será que o estatuto da criança e do adolescente é um "samba de uma nota só" como cantava Tom Jobim?

Estão corretas:
a) Apenas as proposições I e II.
b) Apenas as proposições I, III e IV.
c) Todas as proposições.
d) Apenas as proposições II e IV.
e) Apenas as proposições II, III e IV.

38. (FATEC – SP) Os dados a seguir, obtidos no sítio (site) do IBGE, no mês de abril de 2012, mostram a distribuição da população do Estado de São Paulo, no período de 1970 a 2010, residente em domicílio particular permanente, de acordo com a localização na região urbana ou na região rural.

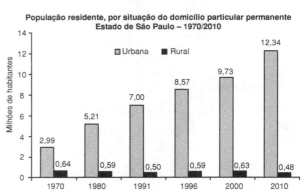

Analisando o gráfico, pode-se afirmar que,
a) em 1970, a população rural era um terço da população urbana.
b) em 1991, a população urbana era quatorze vezes a população rural.

c) em 2000, de cada dez habitantes do Estado exatamente sete tinham domicílio urbano.
d) no período de 1970 a 2010, a população rural decresceu continuamente.
e) no período de 2000 a 2010, a população urbana aumentou em 261 mil habitantes.

39. (UESPI) Examine atentamente o gráfico a seguir.

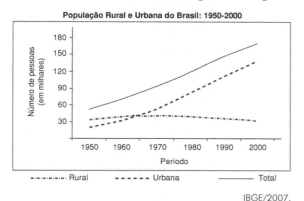

IBGE/2007.

Com base nesse gráfico, é correto afirmar que:

1. Nas décadas de 1970 e 1980, do século passado, a maior parte da população economicamente ativa exercia atividades remuneradas no setor Secundário da economia.
2. Antes da década de 1960, a população brasileira era dominantemente rural; esse quadro modifica-se sensivelmente de 1970 em diante.
3. De 1965 até 2000, a população total permaneceu estável, enquanto a população rural atravessava um crescimento considerável, refletindo, assim, um nítido processo de urbanização do país.
4. As migrações internas da população diminuem consideravelmente a partir de 1965, em face das políticas proibitivas adotadas pelo regime de exceção instalado em 1964.

Está(ão) correta(s) apenas:
a) 1.
b) 2.
c) 1 e 4.
d) 3 e 4.
e) 2 e 3.

40. (UEPB) A MIGRAÇÃO SAZONAL DO AGRESTE do Estado da Paraíba para a *plantation* canavieira na Mata Seca do Estado de Pernambuco remonta pelo menos até princípios do século XX. Apesar desta longa tradição, tem ocorrido uma intensificação do uso de trabalhadores migrantes localmente chamados corumbas desde a década de 80. (...) Durante a safra, um número maior de trabalhadores é necessário. (...) para atender esta demanda (...) (grifo nosso)

MENEZES, M. A. de. Experiência social e identidades: trabalhadores migrantes na *plantation* canavieira. p. 49. História Oral, 3, 2000, p. 49-68. Disponível em: <http://revista.historiaoral.org.br/index.php?journal=rho&Page=article&op=viewFile&path[]=22&path[]=1>.

A migração abordada pela autora é do tipo:
a) *commuting*.
b) pendular.
c) transumância.
d) êxodo rural.
e) nomadismo.

41. (PUC – RS) Nas economias modernas, o mundo rural é amplamente conectado ao mundo urbano. Critérios para distinguir o urbano do rural precisam ser definidos, nos diferentes países, por normatizações e legislações específicas. Contemplando essa complexidade, afirma-se:

I. No Brasil, são consideradas áreas urbanas as sedes dos municípios ou distritos municipais, independentemente do número de habitantes.
II. Em 2010, pela primeira vez na história, o número de pessoas vivendo em áreas rurais foi igual ao número de pessoas que vivem em áreas urbanas no planeta.
III. O crescimento e o processo de ocupação e organização das cidades é resultado do fenômeno conhecido por êxodo rural, ou seja, da migração urbano-rural.
IV. Muitos países desenvolvidos adotam critérios funcionais para separar o urbano do rural, só definindo como cidades as áreas que possuem infraestrutura e equipamentos coletivos – escolas, postos de saúde, agências bancárias etc.

Estão corretas apenas as afirmativas:
a) I e II.
b) I e IV.
c) II e III.
d) III e IV.
e) II, III e IV.

42. (UEPB) Identifique a alternativa que preenche corretamente as lacunas do texto.

A estrutura produtiva do país passou por dois ciclos de profundas alterações nas últimas décadas. O primeiro refere-se ao projeto de _____ da economia, consolidado com o desenvolvimento _____ a partir da década de 1960. Juntamente com a modernização do _____, desde então se redesenhou a ocupação do espaço brasileiro. A reorganização econômica e geográfica não se faz de forma isolada. A crescente importância da _____ na produção da riqueza nacional trouxe consequências para a divisão _____ do trabalho. As mudanças de rumo do capitalismo internacional decorrentes da crise do _____ e do endividamento do Estado, alteraram os padrões da _____ brasileira. As _____ tornaram-se peças fundamentais do cenário econômico do país. No final da década de 1980 e inicio de 1990 inaugura-se um novo ciclo de mudanças: reestruturação do papel do _____, busca de qualidade, redução de custos para elevar a produtividade do país no comércio internacional e alterações na divisão setorial do trabalho.

A alternativa que preenche corretamente as lacunas do texto é:

a) industrialização / do Estado / multinacional / indústria petrolífera / agropecuária / meio inter-regional / modernização / industrial / campo.

b) industrialização / do Estado / multinacional / indústria petrolífera / agropecuária / meio inter-regional / vida campestre / redes industriais / ciclo de modernização.

c) modernização / do campo / inter-regional / industrialização / estatal / meio industrial / agropecuária / pesquisa petrolífera / produto multinacional.

d) modernização / industrial / campo / agropecuária / inter-regional / estado / empresa multinacional / industrialização / petróleo.

e) modernização / industrial / campo / agropecuária / inter-regional / petróleo / industrialização / multinacionais / Estado.

43. (UEG – GO) O gráfico abaixo indica a evolução e distribuição da população economicamente ativa (PEA) no Brasil, entre 1940 e 2006.

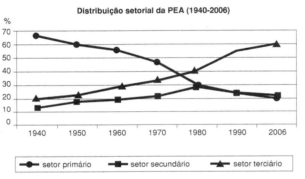

IBGE, *Estatísticas históricas do Brasil*. PNAD 1990 e 2006.

Com base na análise do gráfico, é correto afirmar:

a) atualmente, a parcela da PEA engajada no comércio e nos serviços supera em muito os trabalhadores da agropecuária e da indústria.

b) com a urbanização do país, há o decréscimo constante da população ligada à agropecuária, enquanto o setor secundário se sobrepõe ao setor dos serviços e do comércio.

c) entre 1940 e 1970, o crescimento do setor primário acompanha o do setor secundário.

d) o número de empregados na indústria cresce gradativamente a partir de 1950, acelerando o crescimento industrial a partir de 1980.

44. (PUC – PR) Há poucos meses, dados do Fundo das Nações Unidas para a Alimentação e a Agricultura (FAO) indicaram a redução da fome no Brasil, fazendo com que o país deixasse de figurar no Mapa Mundial da Fome em 2014. No entanto, historicamente, o Brasil sempre foi tratado como um país com diversos problemas no referido tema. Uma referência no assunto é o livro "Geografia da Fome", de Josué de Castro, de onde se reproduz a citação a seguir:

"O país abrange pelo menos cinco diferentes áreas alimentares, cada uma delas dispondo de recursos típicos, com sua dieta habitual apoiada em determinados produtos regionais e com seus efetivos humanos refletindo em muitas de suas características, tanto somáticas como psíquicas, tanto biológicas como culturais, a influência marcante dos seus tipos de dieta. Cinco áreas bem caracterizadas e assim distribuídas: 1) Área da Amazônia; 2) Área da Mata do Nordeste; 3) Área do Sertão do Nordeste; 4) Área do Centro-Oeste; 5) Área do Extremo Sul. Felizmente, dessas cinco áreas, nem todas são, a rigor, áreas de fome (...). Consideramos áreas de fome aquelas em que pelo menos a metade da população apresenta nítidas manifestações carenciais no seu estado de nutrição, sejam estas manifestações permanentes (áreas de fome endêmica), sejam transitórias (áreas de epidemia de fome)".

Com base no texto e em seus conhecimentos prévios, assinale a alternativa INCORRETA.

a) A área do sertão nordestino era caracterizada até então como uma região de fome endêmica, devido, principalmente, aos períodos de forte seca e consequente crise da produção agropecuária.

b) Áreas de fome endêmica podem ser definidas como regiões de fome constante ou de repetidas crises de fome, onde o problema se instalou de tal forma que se tornou sua marca característica.

c) Dentre as cinco diferentes áreas mencionadas no texto citado e que formam o mosaico alimentar brasileiro, pode-se afirmar que a Área Amazônica, a da Mata no Nordeste e a do Sertão Nordestino, historicamente, são as que se apresentam como regiões mais críticas no que se refere ao acesso à alimentação.

d) Para Josué de Castro, um aspecto importante para caracterizar uma área como sendo uma área de fome é seu aspecto demográfico, com uma parcela superior à metade da população do local com algum tipo de deficiência alimentar.

e) A área do extremo sul, marcada por uma fraca industrialização, implementação desigual de recursos do Estado e crises de produção de alimentos, sempre foi caracterizada por um estado de fome endêmica.

45. (MACKENZIE – SP) Realidades, como essa da ilustração, sempre foram comuns no Brasil. Os fluxos migratórios internos determinaram a ocupação de grandes extensões de seu território. Nos séculos XVII e XVIII, a procura por metais preciosos levou paulistas e nordestinos a Minas Gerais, Goiás e Mato Grosso. Com a expansão do café pelo interior de São Paulo, chegavam levas de mineiros e nordestinos. No século XIX, o ciclo da borracha ajudou a povoar a Região Norte por nordestinos. No século XX, as atividades agrícolas e industriais levaram ao Sudeste milhares de brasileiros de todas as partes, principalmente, nordestinos.

http://www.atirateprochao.blogspot.com

A respeito das migrações internas atuais, é incorreto afirmar que:
a) nos últimos anos, o Centro-Oeste foi a região que mais recebeu migrantes devido à expansão do agronegócio da cana-de-açúcar e aos investimentos destinados à implantação industrial, fruto da descentralização do Sudeste.
b) a Região Sudeste, grande atrativo de migrantes durante anos, já constata declínio migratório em razão do aumento do desemprego. Em 2005, atinge seu ponto mais alto de perdas, 269 mil moradores, segundo dados do Instituto de Pesquisa Econômica Aplicada (IPEA).
c) os movimentos migratórios estão mais intensos dentro dos próprios estados, com o desenvolvimento de polos industriais dentro e fora das grandes capitais.
d) os fluxos migratórios, muitas vezes, desestabilizam famílias que, sem condições de sobrevivência, abandonam suas regiões de origem sem perspectivas imediatas de satisfazê-las em outras áreas do país.
e) a Região Nordeste mantém sua tendência histórica, pois ainda é a principal área de origem dos migrantes no Brasil.

46. (UFPB) Os movimentos sociais no Brasil não se resumem à luta pela terra rural. Na história recente, identificam-se vários movimentos sociais que reivindicam melhorias das condições de vida da população, como, por exemplo, a União por Moradia Popular que também se organiza na Paraíba, em cidades como, João Pessoa, Alagoa Grande e Bayeux. Considerando o tema luta por moradia e sua relação com a dinâmica social, é correto afirmar:

a) O *deficit* de moradia é uma realidade que atinge todas as médias e grandes cidades brasileiras, onde se encontram os Movimentos de Sem Teto, que reúnem representantes de todas as classes sociais.
b) A falta de moradias é uma realidade que atinge somente as grandes cidades, devido ao seu desenvolvimento industrial e, consequentemente, ao grande fluxo migratório do interior para as capitais dos estados.
c) O projeto do Governo Federal "Minha Casa, Minha Vida" é uma importante política de habitação popular que visa distribuir, gratuitamente, casas aos moradores de rua e de favelas.
d) A história da urbanização brasileira mostra formas desiguais e segregacionistas de organização do espaço urbano, bem como exprime as diferenças entre classes sociais.
e) O Movimento de Sem Teto é caracterizado pela luta por moradia, pela implantação de postos de saúde e pela ampliação e democratização das empresas imobiliárias privadas.

47. (UERN) O processo de desertificação ocorre em inúmeros lugares no Brasil e no mundo. Assinale a alternativa que NÃO retrata fatores relacionados a esse fenômeno.
a) O êxodo da população é um dos efeitos severos do processo de desertificação. Há migração e abandono das casas e das terras exauridas pela superexploração e pela deterioração dos sistemas ecológicos.
b) O processo de desertificação ocorre especialmente nas terras de zonas áridas, semiáridas e subúmidas secas. No Brasil, cerca de 13% do território é vulnerável à desertificação que atinge porções do Nordeste, o cerrado tocantinense, o norte de Mato Grosso e os pampas gaúchos.
c) A vulnerabilidade às secas que impactam diretamente a agricultura de sequeiro e a pecuária, o desmatamento resultante da pecuária extensiva e o uso de madeira para fins energéticos, além de técnicas de irrigação do solo sem as devidas precauções, provocam a erosão e a salinização do solo gerando a desertificação.
d) A desertificação agrava o desequilíbrio regional principalmente quanto ao desenvolvimento econômico e social das regiões mais pobres. Porém, no núcleo do Seridó, localizado no Centro-Sul do Rio Grande do Norte, o advento da atividade ceramista trouxe emprego e renda para os trabalhadores rurais, fator que freou o uso inadequado do solo e, consequentemente, minimizou o avanço do processo de desertificação.

48. (UEPB) Não se sabe ao certo a forma de introdução da cochonilha no país. Os primeiros relatos de danos à palma forrageira ocorreram no Município de Sertânia, PE, em 1998. Existem fortes indícios de que houve uma introdução errônea da espécie *Dactylopius coccus* com o objetivo de produção do corante "carmim cochonilha" em escala experimental.

<small>Disponível em: <http://www.agricultura.gov.br/arq_editor/file/ vegetal/Importacao/Requisitos%20Sanit%C3%A1rios/ Rela%C3%A7%C3%A3o%20de%20Pragas/Cochonilha%20do%20 Carmim%20na%20Palma%20Forrageira.pdf25/5/2010>.</small>

Praga na palma forrageira ameaça pecuária da Paraíba

A palma forrageira, (...) Surgiu como uma alternativa de sobrevivência do rebanho no semiárido. (...) Toda essa riqueza passou a ser ameaçada por uma praga nascida de uma desastrosa pesquisa desenvolvida no final da década de 90 em um laboratório de Pernambuco. Em pouco mais de sete anos, a praga da cochonilha-do-carmim destruiu plantações inteiras da cultura em municípios da Paraíba, Pernambuco, Ceará e Rio Grande do Norte.

<small>Disponível em: <http://www.db.com.br/noticias/?77457>
Postado: Domingo, 27 de Jan. de 2008, 14h51.</small>

Com auxílio dos fragmentos dos textos, assinale com V ou com F as proposições, conforme sejam respectivamente Verdadeiras ou Falsas.

( ) O Cariri paraibano, que tem na palma forrageira uma das principais alternativas de sobrevivência dos rebanhos durante a estação seca, está com sua economia seriamente comprometida pela cochonilha que vem destruindo esta cactácea.

( ) A cochonilha-do-carmim vem se tornando uma importante alternativa de geração de rendas para as famílias pobres do Cariri paraibano que cultivam este inseto para produção do corante muito requisitado pelas indústrias alimentícia, farmacêutica e cosmética.

( ) A introdução de espécies exógenas sempre é um risco ao meio, pois, ao sair do controle de quem as manipula, tanto pode provocar danos ambientais quanto socioeconômicos.

( ) A problemática da cochonilha é um novo discurso das elites paraibanas na tentativa de manter velhos privilégios adquiridos com "indústria da seca", visto que os velhos argumentos foram ultrapassados com as atuais políticas de convívio com o semiárido.

Assinale a sequência correta das assertivas:
a) F – V – F – V.
b) V – F – V – F.
c) V – F – V – V.
d) F – V – F – F.
e) V – V – V – F.

49. (UFRN) O Brasil, nas últimas décadas, transformou-se em um dos maiores celeiros de produção de gêneros alimentícios do mundo. Essa transformação foi impulsionada, entre outros fatores, pelo cultivo de soja.

Observe os mapas a seguir, cujos círculos representam áreas do cultivo de soja no território brasileiro, em diferentes períodos.

<small>TERRA, L. et al. Conexões. v. 3. São Paulo; Moderna, 2010. p. 152/163; 268/269.</small>

a) A partir dos mapas, que mudança pode ser observada na dinâmica espacial da produção de soja?
b) Mencione dois fatores que justificam essa mudança.
c) Cite e explique um problema ambiental decorrente do cultivo da soja no Brasil.

50. (UEPB) Um geógrafo brasileiro tem convicção de que as charges constituem ricos instrumentos de leitura do mundo. Rabiscou algumas charges, em seguida enviou-as via *e-mail* para um amigo geógrafo que mora no Canadá.

<small>Disponível em: <www.pelicanocartum.net>.</small>

Após análise das charges, essa acima levou os geógrafos a concluírem que: o desmatamento na Amazônia, apesar de ter diminuído nas últimas décadas, ainda origina diversos prejuízos socioambientais na região. Sua leitura reflete:

I. Diminuição da fertilidade dos solos, comprometendo a potencialidade agrícola.
II. A exploração madeireira feita clandestinamente, na maioria das vezes com a conivência de governantes inescrupulosos insensíveis aos problemas socioambientais.
III. Aumento da poluição do ar, provocando chuvas ácidas que impedem o desenvolvimento da agricultura.
IV. A implantação de projetos agrominerais e da instalação de barragens para geração de energia à base de hidreletricidade que, inevitavelmente, provocam desequilíbrios ambientais.

Está(ão) correta(s) apenas:
a) a proposição IV.
b) as proposições II e III.
c) a proposição III.
d) as proposições I, II e IV.
e) as proposições I e III.

Capítulo 18 – Século XXI – A Seara da Tecnologia

ENEM

1. (ENEM – H26) De todas as transformações impostas pelo meio técnico-científico-informacional à logística de transportes, interessa-nos mais de perto a intermodalidade. E por uma razão muito simples: o potencial que tal "ferramenta logística" ostenta permite que haja, de fato, um sistema de transportes condizente com a escala geográfica do Brasil.

Adaptado de: HUERTAS. D. M. O papel dos transportes na expansão recente da fronteira agrícola brasileira. *Revista Transporte y Territorio*. Universidade de Buenos Aires, n. 3, 2010.

A necessidade de modais de transporte interligados, no território brasileiro, justifica-se pela(s):
a) variações climáticas no território, associadas à interiorização da produção.
b) grandes distâncias e a busca da redução dos custos de transporte.
c) formação geológica do país, que impede o uso de um único modal.
d) proximidade entre a área de produção agrícola intensiva e os portos.
e) diminuição dos fluxos materiais em detrimento de fluxos imateriais.

2. (ENEM – H27) Leia as características geográficas dos países **X** e **Y**.

País X
- desenvolvido
- pequena dimensão territorial
- clima rigoroso com congelamento de alguns rios e portos
- intensa urbanização
- autossuficiência de petróleo

País Y
- subdesenvolvido
- grande dimensão territorial
- ausência de problemas climáticos, rios caudalosos e extensos litorais
- concentração populacional e econômica na faixa litorânea
- exportador de produtos primários de baixo valor agregado

A partir da análise dessas características é adequado priorizar as diferentes modalidades de transporte de carga, na seguinte ordem:
a) país X – rodoviário, ferroviário e aquaviário.
b) país Y – rodoviário, ferroviário e aquaviário.
c) país X – aquaviário, ferroviário e rodoviário.
d) país Y – rodoviário, aquaviário e ferroviário.
e) país X – ferroviário, aquaviário e rodoviário.

3. (ENEM – H28) O excesso e os congestionamentos em grandes cidades são temas de frequentes reportagens. Os meios de transportes utilizados e a forma como são ocupados têm reflexos nesses congestionamentos, além de problemas ambientais e econômicos. No gráfico a seguir, podem-se observar valores médios do consumo de energia por passageiro e por quilômetro rodado, em diferentes meios de transporte, para veículos em duas condições de ocupação (número de passageiros): ocupação típica e ocupação máxima.

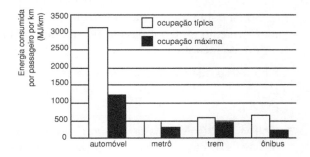

Esses dados indicam que políticas de transporte urbano devem também levar em conta que a maior eficiência no uso de energia ocorre para os:

a) ônibus, com ocupação típica.
b) automóveis, com poucos passageiros.
c) transportes coletivos, com ocupação máxima.
d) automóveis, com ocupação máxima.
e) trens, com poucos passageiros.

4. (ENEM – H6) A tabela mostra a evolução da frota de veículos leves, e o gráfico, a emissão média do poluente monóxido de carbono (em g/km) por veículo da frota, na região metropolitana de São Paulo, no período de 1992 a 2000.

ANO	FROTA A ÁLCOOL (em milhares)	FROTA A GASOLINA (em milhares)
1992	1250	2500
1993	1300	2750
1994	1350	3000
1995	1400	3350
1996	1350	3700
1997	1250	3950
1998	1200	4100
1999	1100	4400
2000	1050	4800

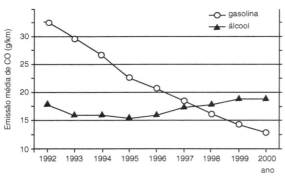

Adaptado de: *Cetesb* – relatório do ano 2000.

Comparando-se a emissão média de monóxido de carbono dos veículos a gasolina e a álcool, pode-se afirmar que:

I. No transcorrer do período 1992-2000, a frota a álcool emitiu menos monóxido de carbono.
II. Em meados de 1997, o veículo a gasolina passou a poluir menos que o veículo a álcool.
III. O veículo a álcool passou por um aprimoramento tecnológico.

É correto o que se afirma apenas em:

a) I.   c) II.   e) II e III.
b) I e II.   d) III.

5. (ENEM – H16) A soma do tempo gasto por todos os navios de carga na espera para atracar no porto de Santos é igual a 11 anos – isso, contando somente o intervalo de janeiro a outubro de 2011. O problema não foi registrado somente nesse ano. Desde 2006 a perda de tempo supera uma década.

Folha de S.Paulo, 25 dez. 2011. Adaptado.

A situação descrita gera consequências em cadeia, tanto para a produção quanto para o transporte. No que se refere à territorialização da produção no Brasil contemporâneo, uma dessas consequências é a:

a) realocação das exportações para o modal aéreo em função da rapidez.
b) dispersão dos serviços financeiros em função da busca de novos pontos de importação.
c) redução da exportação de gêneros agrícolas em função da dificuldade para o escoamento.
d) priorização do comércio com países vizinhos em função da existência de fronteiras terrestres.
e) estagnação da indústria de alta tecnologia em função da concentração de investimentos na infraestrutura de circulação.

6. (ENEM – H16) A situação abordada na tira torna explícita a contradição entre:

a) relações pessoais e avanço tecnológico.
b) inteligência empresarial e ignorância dos cidadãos.
c) inclusão digital e modernização das empresas.
d) economia neoliberal e reduzida atuação do Estado.
e) revolução informática e exclusão digital.

7. (ENEM – H21) Os meios de comunicação funcionam como um elo entre os diferentes segmentos de uma sociedade. Nas últimas décadas, acompanhamos a inserção de um novo meio de comunicação que supera em muito outros já existentes, visto que pode contribuir para a democratização da vida social e política da sociedade à medida que possibilita a instituição de mecanismos eletrônicos para a efetiva participação política e disseminação de informações.

Constitui o exemplo mais expressivo desse novo conjunto de redes informacionais a:

a) internet.
b) fibra óptica.
c) TV digital.
d) telefonia móvel.
e) portabilidade telefônica.

8. (ENEM – H16) A chegada da televisão

A caixa de pandora tecnológica penetra nos lares e libera suas cabeças falantes, astros, novelas, noticiários e as fabulosas, irresistíveis, garotas-propaganda, versões modernizadas do tradicional homem-sanduíche.

SEVCENKO, N. (Org.). *História da Vida Privada no Brasil*.
República: da Belle Époque à Era do Rádio.
São Paulo: Cia. das Letras, 1998.

A TV, a partir da década de 1950, entrou nos lares brasileiros provocando mudanças consideráveis nos hábitos da população. Certos episódios da história brasileira revelaram que a TV, especialmente como espaço de ação da imprensa, tornou-se também veículo de utilidade pública, a favor da democracia, na medida em que:

a) amplificou os discursos nacionalistas e autoritários durante o governo Vargas.
b) revelou para o país casos de corrupção na esfera política de vários governos.
c) maquiou indicadores sociais negativos durante as décadas de 1970 e 1980.
d) apoiou, no governo Castelo Branco, as iniciativas de fechamento do parlamento.
e) corroborou a construção de obras faraônicas durante os governos militares.

9. (ENEM PPL – H19) Dubai é uma cidade-estado planejada para estarrecer os visitantes. São tamanhos e formatos grandiosos, em hotéis e centros comerciais reluzentes, numa colagem de estilos e atrações que parece testar diariamente os limites da arquitetura voltada para o lazer. O maior *shopping* do tórrido Oriente Médio abriga uma pista de esqui, a orla do Golfo Pérsico ganha milionárias ilhas artificiais, o centro financeiro anuncia para breve a torre mais alta do mundo (a Burj Dubai) e tem ainda o projeto de um campo de golfe coberto! Coberto e refrigerado, para usar com sol e chuva, inverno e verão.

Disponível em: <http://viagem.uol.com.br>.
Acesso em: 30 jul. 2012.
Adaptado.

No texto, são descritas algumas características da paisagem de uma cidade do Oriente Médio. Essas características descritas são resultado do(a):

a) criação de territórios políticos estratégicos.
b) preocupação ambiental pautada em decisões governamentais.
c) utilização de tecnologia para transformação do espaço.
d) demanda advinda da extração local de combustíveis fósseis.
e) emprego de recursos públicos na redução de desigualdades sociais.

10. (ENEM – H20) Atualmente, as represálias econômicas contra as empresas de informática norte-americanas continuam. A Alemanha proibiu um aplicativo dos Estados Unidos de compartilhamento de carros; na China, o governo explicou que os equipamentos e serviços de informática norte-americanos representam uma ameaça, pedindo que as empresas estatais não recorram a eles.

SCHILLER, D. Disponível em: <http://www.diplomatique.org.br>.
Acesso em: 11 nov. 2014.
Adaptado.

As ações tomadas pelos países contra a espionagem revelam preocupação com o(a):

a) subsídio industrial.
b) hegemonia cultural.
c) protecionismo dos mercados.
d) desemprego tecnológico.
e) segurança dos dados.

11. (ENEM – H28) Como os combustíveis energéticos, as tecnologias da informação são, hoje em dia, indispensáveis em todos os setores econômicos. Através delas, um maior número de produtores é capaz de inovar e a obsolescência de bens e serviços se acelera. Longe de estender a vida útil dos equipamentos e a sua capacidade de reparação, o ciclo de vida desses produtos diminui, resultando em maior necessidade de matéria-prima para a fabricação de novos.

GROSSARD, C. *Le Monde Diplomatique Brasil*, ano 3, n. 36, 2010. Adaptado.

A postura consumista de nossa sociedade indica a crescente produção de lixo, principalmente nas áreas urbanas, o que, associado a modos incorretos de deposição,

a) provoca a contaminação do solo e do lençol freático, ocasionando assim graves problemas socioambientais, que se adensarão com a continuidade da cultura do consumo desenfreado.
b) produz efeitos perversos nos ecossistemas, que são sanados por cadeias de organismos decompositores que assumem o papel de eliminadores dos resíduos depositados em lixões.
c) multiplica o número de lixões a céu aberto, considerados atualmente a ferramenta capaz de resolver de forma simplificada e barata o problema de deposição de resíduos nas grandes cidades.
d) estimula o empreendedorismo social, visto que um grande número de pessoas, os catadores, têm livre acesso aos lixões, sendo assim incluídos na cadeia produtiva dos resíduos tecnológicos.
e) possibilita a ampliação da quantidade de rejeitos que podem ser destinados a associações e cooperativas de catadores de materiais recicláveis, financiados por instituições da sociedade civil ou pelo poder público.

Questões objetivas, discursivas e PAS

12. (UNESP) Presenciamos um imperativo das exportações, presente no discurso e nas políticas do Estado e na lógica das empresas, que tem promovido uma verdadeira commoditização da economia e do território. A lógica das *commodities* não se caracteriza apenas por uma invenção econômico-financeira, entendida como um produto primário ou semielaborado, padronizado mundialmente, cujo preço é cotado nos mercados internacionais, em bolsas de mercadorias. Trata-se também de uma expressão política e geográfica, que resulta na exacerbação de especializações regionais produtivas.

SAMUEL, F. *Revista Geografia*, 2012. Adaptado.

Por "commoditização do território" entende-se:
a) a diminuição das especializações regionais baseadas na produção de bens de capital e recursos minerais.
b) a diminuição das especializações regionais baseadas na produção de bens de alta tecnologia e produtos agrícolas.
c) a ampliação e o aprofundamento das especializações regionais baseadas na produção de bens de capital e bens de consumo duráveis.
d) a ampliação e o aprofundamento das especializações regionais baseadas na produção de bens agrícolas e recursos minerais.
e) a ampliação e o aprofundamento das especializações regionais baseadas na produção de bens de alta tecnologia e recursos minerais.

13. (IFCE) Na atual fase de desenvolvimento do capitalismo, o processo da globalização econômica vem marcando profundamente as sociedades em todas as partes do mundo. Sobre a globalização, leia as proposições abaixo.

I. A globalização é uma fase do desenvolvimento capitalista marcada pelo crescimento do capital financeiro, nunca visto anteriormente.

II. A formação dos blocos econômicos são estratégias dos Estados-Nações para se protegerem do capital especulativo em virtude das medidas protetivas às suas indústrias de base.

III. A revolução técnico-cientifica é uma característica da globalização, especialmente do setor de transportes e comunicações.

IV. O intenso crescimento de máquinas na produção industrial vem substituindo muitos trabalhadores, especialmente nos países mais industrializados. Essas tecnologias obrigam os trabalhadores a buscarem mais qualificação no enfrentamento do desemprego estrutural implantado por elas.

V. Desigualdades regionais foram acentuadas com a globalização, apesar do surgimento de novos polos econômicos mundiais.

Está(ão) correta(s):
a) somente I, II, III e IV.
b) I, II, III, IV e V.
c) somente I, III, IV e V.
d) somente II.
e) somente I e III.

14. (UNISC – RS) O processo de industrialização pode ser considerado um dos principais propulsores da modernização das sociedades. Sobre isso, é importante ressaltar que as dinâmicas industriais passaram por diferentes etapas até se configurarem da maneira como as conhecemos atualmente. Leia as afirmativas que se seguem acerca dessas etapas.

I. Primeira Revolução Industrial: foi a primeira etapa do processo de industrialização, ocorrida entre meados do século XVIII e final do século XIX. O Reino Unido era considerado a grande potência industrial e as técnicas industriais, quando comparadas ao que conhecemos hoje, eram simples. Predominavam questões acerca da máquina a vapor, da indústria têxtil e do carvão mineral como fonte de energia. As empresas da época, em sua maioria, eram de pequeno ou médio porte e davam forma ao contexto do capitalismo concorrencial ou liberal.

II. Segunda Revolução Industrial: teve início a partir das últimas décadas do século XIX. Aos poucos, o Reino Unido foi cedendo seu lugar de liderança a países como Estados Unidos que apresentavam economias mais dinâmicas. Foi uma fase marcada pelas mudanças técnicas e tecnológicas relacionadas ao surgimento da eletricidade e à utilização do petróleo como fontes de energia. Muitas empresas passaram por processos de expansão enquanto o capitalismo monopolista passou a se fortalecer. Neste contexto, emergiu o Fordismo.

III. Terceira Revolução Industrial: também conhecida como Revolução Técnico-Científica-Informacional, iniciou-se em meados do século XX. É uma fase marcada pelo avanço dos conhecimentos e das tecnologias que envolvem as dinâmicas industriais. Destacam-se, nesta fase, a informática, a robótica, a biotecnologia, entre outros.

Assinale a alternativa correta.
a) Somente a afirmativa II está correta.
b) Somente as afirmativas I e II estão corretas.
c) Somente as afirmativas II e III estão corretas.
d) Somente as afirmativas I e III estão corretas.
e) Todas as afirmativas estão corretas.

15. (UFJF – MG) O desempenho do mercado de trabalho americano em setembro (2015) foi decepcionante, levantando dúvidas sobre o ritmo de expansão da economia dos EUA. A criação de empregos ficou muito abaixo do esperado, os salários ficaram estagnados em relação a agosto e há uma fatia muito expressiva da população fora do mercado de trabalho. Dois dos problemas são o dólar forte e o fraco crescimento global (...).

Valor Econômico, 3, 4 e 5 de out. 2015. Sergio Lamuci, A9.

a) Como o fraco crescimento global interfere na criação de empregos nos Estados Unidos?

b) Como a alta do dólar interfere positivamente no turismo no Brasil?

16. (UFSJ – MG) **China dobra participação na economia mundial em cinco anos**

O PIB (Produto Interno Bruto, soma das riquezas produzidas por um país) da China alcançou ao fim de 2010 a marca de 9,5% do total mundial, com o que duplicou a participação que havia registrado cinco anos antes, (...) A China também tomou do Japão o posto de segunda maior economia do mundo em 2010.

Disponível em: <http://noticias.r7.com/economia/
noticias/china-dobra-participacao-na-economia-mundial-
em-cinco-anos-20110325.html>.
Acesso em: 15 ago. 2011.

Vários países-membros da OMC (Organização Mundial do Comércio) criticam uma prática presente na economia chinesa que contribuiu para o seu crescimento, mas que, segundo esses países, é prejudicial à economia mundial.

Assinale a alternativa que apresenta a crítica feita por membros da OMC às práticas comerciais da China.

a) Fim do protecionismo chinês em relação aos produtos oriundos de outros mercados.

b) Barateamento dos produtos chineses no mercado mundial por meio da desvalorização artificial da moeda chinesa em relação ao dólar.

c) Elevação das importações chinesas e sobrevalorização do preço dos produtos no mercado mundial.

d) Aumento dos investimentos externos na China em função das altas taxas de juros pagas pelo governo chinês.

17. (CFT – RJ) A China chegou a crescer 13% em 2007 e 10,4% em 2010, mantendo o ritmo em patamares elevados até o ano passado. Este ano, o crescimento esperado do PIB chinês em torno de 7% está abaixo da expectativa. O Fundo Monetário Internacional (FMI) previu em seu último relatório que a China deve crescer 6,8% em 2015 – a menor taxa anual para o país em 25 anos. A "bolha" da economia chinesa começou a estourar depois de vários anos de crescimento robusto. Agora, está virando uma bola de neve e levando a "bolsa" junto. Com o forte avanço do PIB chinês nos últimos anos, a China tentou mudar o perfil de sua economia de um modelo predominantemente voltado ao exterior, para uma economia voltada ao consumo interno. O Banco Central da China se comprometeu a apoiar o crescimento "sustentável" do país e passou a limitar investimentos do exterior. As vendas, que apoiavam a economia chinesa, passaram a cair e o governo precisou desvalorizar o iuan.

Disponível em: <http://g1.globo.com/economia/mercados/
noticia/2015/08/entenda-o-que-esta-acontecendo-na-china-
e-os-reflexos-nosmercados.html>.
Acesso em: 5 set.2015.

Um elemento presente no texto que colaborou para a construção do milagre econômico chinês foi a:

a) produção de tecnologia de ponta.

b) exploração da mão de obra barata.

c) transformação no regime de poder.

d) criação de plataformas de exportação.

18. (FUVEST – SP) Observe o mapa.

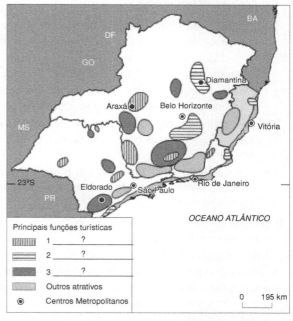

IBGE, 2012. Adaptado.

Identifique a alternativa que completa corretamente a legenda do mapa.

	1	2	3
a)	Histórico-cultural	Ecoturismo	Hidromineral
b)	Ecoturismo	Histórico-cultural	Hidromineral
c)	Hidromineral	Ecoturismo	Histórico-cultural
d)	Ecoturismo	Hidromineral	Histórico-cultural
e)	Hidromineral	Histórico-cultural	Ecoturismo

UNIDADE 5 | GEOPOLÍTICA

Capítulo 19 – A Construção do Espaço

ENEM

1. (ENEM – H27) Se compararmos a idade do planeta Terra, avaliada em quatro e meio bilhões de anos, com a de uma pessoa de 45 anos, então, quando começaram a florescer os primeiros vegetais, a Terra já teria 42 anos. Ela só conviveu com o homem moderno nas últimas quatro horas e, há cerca de uma hora, viu-o começar a plantar e a colher. Há menos de um minuto percebeu o ruído de máquinas e de indústrias e, como denuncia uma ONG de defesa do meio ambiente, foram nesses últimos sessenta segundos que se produziu todo o lixo do planeta!

   O texto acima, ao estabelecer um paralelo entre a idade da Terra e a de uma pessoa, pretende mostrar que:
   a) a agricultura surgiu logo em seguida aos vegetais, perturbando desde então seu desenvolvimento.
   b) o ser humano só se tornou moderno ao dominar a agricultura e a indústria, em suma, ao poluir.
   c) desde o surgimento da Terra, são devidas ao ser humano todas as transformações e perturbações.
   d) o surgimento do ser humano e da poluição é cerca de dez vezes mais recente que o do nosso planeta.
   e) a industrialização tem sido um processo vertiginoso, sem precedentes em termos de dano ambiental.

2. (ENEM – H22) A Revolução Industrial ocorrida no final de século XVIII transformou as relações do homem com o trabalho. As máquinas mudaram as formas de trabalhar, e as fábricas concentraram-se em regiões próximas às matérias-primas e grandes portos, originando vastas concentrações humanas. Muitos dos operários vinham da área rural e cumpriam jornadas de trabalho de 12 a 14 horas, na maioria das vezes em condições adversas. A legislação trabalhista surgiu muito lentamente ao longo do século XIX e a diminuição da jornada de trabalho para oito horas diárias concretizou-se no início do século XX. Pode-se afirmar que as conquistas no início deste século, decorrentes da legislação trabalhista, estão relacionadas com:
   a) a expansão do capitalismo e a consolidação dos regimes monárquicos constitucionais.
   b) a expressiva diminuição da oferta de mão de obra, devido à demanda por trabalhadores especializados.
   c) a capacidade de mobilização dos trabalhadores em defesa dos seus interesses.
   d) o crescimento do Estado ao mesmo tempo em que diminuía a representação operária nos parlamentos.
   e) a vitória dos partidos comunistas nas eleições das principais capitais europeias.

3. (ENEM – H16) Considere o papel da técnica no desenvolvimento da constituição de sociedades e três invenções tecnológicas que marcaram esse processo: invenção do arco e flecha nas civilizações primitivas, locomotiva nas civilizações do século XIX e televisão nas civilizações modernas.
   A respeito dessas invenções, são feitas as seguintes afirmações:

   I. A primeira ampliou a capacidade de ação dos braços, provocando mudanças na forma de organização social e na utilização de fontes de alimentação.
   II. A segunda tornou mais eficiente o sistema de transporte, ampliando possibilidades de locomoção e provocando mudanças na visão de espaço e de tempo.
   III. A terceira possibilitou um novo tipo de lazer que, envolvendo apenas participação passiva do ser humano, não provocou mudanças na sua forma de conceber o mundo.

   Está correto o que se afirma em:
   a) I.   b) I e II.   c) I e III.   d) II e III.   e) I, II e III.

4. (ENEM – H16) A prosperidade induzida pela emergência das máquinas de tear escondia uma acentuada perda de prestígio. Foi nessa idade de ouro que os artesãos, ou os tecelões temporários, passaram a ser denominados, de modo genérico, tecelões de teares manuais. Exceto em alguns ramos especializados, os velhos artesãos foram colocados lado a lado com novos imigrantes, enquanto pequenos fazendeiros-tecelões abandonaram suas pequenas propriedades para se concentrar na atividade de tecer. Reduzidos à completa dependência dos teares mecanizados ou dos fornecedores de matéria-prima, os tecelões ficaram expostos a sucessivas reduções dos rendimentos.

   Adaptado de: THOMPSON, E. P. *The Making of the English Working Class*. Harmondsworth: Penguin Books, 1979.

   Com a mudança tecnológica ocorrida durante a Revolução Industrial, a forma de trabalhar alterou-se porque:
   a) a invenção do tear propiciou o surgimento de novas relações sociais.
   b) os tecelões mais hábeis prevaleceram sobre os inexperientes.

c) os novos teares exigiam treinamento especializado para serem operados.

d) os artesãos, no período anterior, combinavam a tecelagem com o cultivo de subsistência.

e) os trabalhadores não especializados se apropriaram dos lugares dos antigos artesãos nas fábricas.

5. (ENEM – H7) Embora o aspecto mais óbvio da Guerra Fria fosse o confronto militar e a cada vez mais frenética corrida armamentista, não foi esse o seu grande impacto. As armas nucleares nunca foram usadas. Muito mais óbvias foram as consequências políticas da Guerra Fria.

HOBSBAWM, E. *Era dos Extremos:* o breve século XX: 1914-1991. São Paulo: Companhia das Letras, 1999. Aadaptado.

O conflito entre as superpotências teve sua expressão emblemática no(a):

a) formação do mundo bipolar.
b) aceleração da integração regional.
c) eliminação dos regimes autoritários.
d) difusão do fundamentalismo islâmico.
e) enfraquecimento dos movimentos nacionalistas.

Questões objetivas, discursivas e PAS

6. (FUVEST – SP) Considere este mapa, que representa uma região com histórico de migrações e disputas territoriais e que já abrigou, desde antes da Era Cristã, várias civilizações.

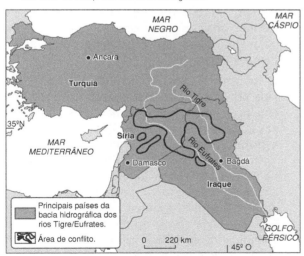

Folha de S.Paulo, 15 nov. 2015. Adaptado.

a) Mencione duas características da bacia hidrográfica dos rios Tigre/Eufrates, relacionando-as com sua ocupação na Antiguidade. Justifique.

b) Identifique um importante conflito que, atualmente, ocorre na área indicada no mapa e apresente uma motivação político-religiosa para esse conflito.

7. (UFTM – MG) A ordem mundial baseada na bipolaridade foi desmontada durante os anos 1990. Com o término da Guerra Fria, compôs-se um novo cenário político, econômico e social, no qual

a) as zonas de tensão foram controladas pelas políticas monetárias da União Europeia.

b) as chamadas forças de paz da Organização das Nações Unidas (ONU) realizaram, junto ao exército russo, operações militares nos países aliados ao regime soviético.

c) os conflitos étnico-culturais e religiosos deram lugar ao enfrentamento entre Estados nacionais.

d) a nova ordem mundial restabeleceu um período de paz e solidariedade entre os povos.

e) os conflitos deixaram de ter a conotação ideológica capitalismo *versus* socialismo.

8. (UPE) Sobre o contexto geopolítico, apresentado na figura a seguir, é CORRETO afirmar que:

CartoonArts International. Disponível em: <www.nytsyn.com/cartoons>.

a) os Estados Unidos da América pretendem reforçar o regime absolutista da Turquia, país que está situado no limite entre a Europa e a Ásia e vem enfrentando uma série de críticas do Mercosul sobre a falta de respeito às liberdades públicas.

b) Israel, Arábia Saudita, Síria, Jordânia e Turquia são países aliados militares dos Estados Unidos e promovem, em conjunto, uma geopolítica de enfrentamento ao território curdo, que briga pelo uso das águas dos rios Tigre e Eufrates.

c) os países, literalmente referidos na figura, localizam-se no Oriente Médio e possuem grande importância econômica e geoestratégica. Essa região é de grande interesse de potências mundiais, além de apresentar, de forma geral, conflitos religiosos, sociais e territoriais.

d) Israel, Arábia Saudita, Síria, Jordânia e Turquia concentram parte das reservas mundiais de petróleo e também de gás natural, razões pelas quais esses países de tradição islamita se unem politicamente contra os Estados Unidos.

e) a Jordânia é o único país do Oriente Médio onde a água é foco de disputas e, até, de conflitos militares. Com o crescimento econômico e a expansão da agricultura, esse país vem recebendo apoio incondicional dos Estados Unidos.

Capítulo 20 – 1945: Início de uma Nova Era

ENEM

1. (ENEM – H16) Um trabalhador em tempo flexível controla o local do trabalho, mas não adquire maior controle sobre o processo em si. A essa altura, vários estudos sugerem que a supervisão do trabalho é muitas vezes maior para os ausentes do escritório do que para os presentes. O trabalho é fisicamente descentralizado e o poder sobre o trabalhador, mais direto.

Adaptado de: SENNETT, R. *A Corrosão do Caráter* – consequências pessoais do novo capitalismo. Rio de Janeiro: Record, 1999.

Comparada à organização do trabalho característica do taylorismo e do fordismo, a concepção de tempo analisada no texto pressupõe que:

a) as tecnologias de informação sejam usadas para democratizar as relações laborais.
b) as estruturas burocráticas sejam transferidas da empresa para o espaço doméstico.
c) os procedimentos de terceirização sejam aprimorados pela qualificação profissional.
d) as organizações sindicais sejam fortalecidas com a valorização da especialização funcional.
e) os mecanismos de controle sejam deslocados dos processos para os resultados do trabalho.

2. (ENEM – H18) Um dos maiores problemas da atualidade é o aumento desenfreado do desemprego. O texto abaixo destaca esta situação.

O desemprego é hoje um fenômeno que atinge e preocupa o mundo todo. (...) A onda de desemprego recente não é conjuntural, ou seja, provocada por crises localizadas e temporárias. Está associada a mudanças estruturais na economia, daí o nome de desemprego estrutural. O desemprego manifesta-se hoje na maioria das economias, incluindo a dos países ricos. A OIT estima em 1 bilhão – um terço da força de trabalho mundial – o número de desempregados em todo o mundo em 1998. Desse total, 150 milhões encontram-se abertamente desempregados e entre 750 e 900 milhões estão subempregados.

[CD-ROOM] *Almanaque Abril 1999*. São Paulo: Abril.

Pode-se compreender o desemprego estrutural em termos da internacionalização da economia associada:

a) a uma economia desaquecida que provoca ondas gigantescas de desemprego, gerando revoltas e crises institucionais.
b) ao setor de serviços que se expande provocando ondas de desemprego no setor industrial, atraindo essa mão de obra para este novo setor.
c) ao setor industrial que passa a produzir menos, buscando enxugar custos, provocando, com isso, demissões em larga escala.
d) a novas formas de gerenciamento de produção e novas tecnologias que são inseridas no processo produtivo, eliminando empregos que não voltam.
e) ao emprego informal que cresce, já que uma parcela da população não tem condições de regularizar o seu comércio.

3. (ENEM – H16) Um banco inglês decidiu cobrar de seus clientes cinco libras toda vez que recorressem aos funcionários de suas agências. E o motivo disso é que, na verdade, não querem clientes em suas agências; o que querem é reduzir o número de agências, fazendo com que os clientes usem as máquinas automáticas em todo tipo de transações. Em suma, eles querem se livrar de seus funcionários.

Adaptado de: HOBSBAWM, E. *O Novo Século*. São Paulo: Companhia das Letras, 2000.

O exemplo mencionado permite identificar um aspecto da adoção de novas tecnologias na economia capitalista contemporânea. Um argumento utilizado pelas empresas e uma consequência social de tal aspecto estão em:

a) qualidade total e estabilidade no trabalho.
b) pleno emprego e enfraquecimento dos sindicatos.
c) diminuição dos custos e insegurança no emprego.
d) responsabilidade social e redução do desemprego.
e) maximização dos lucros e aparecimento de empregos.

4. (ENEM – H18) Em dezembro de 1998, um dos assuntos mais veiculados nos jornais era o que tratava da moeda única europeia. Leia a notícia destacada a seguir.

O nascimento do euro, a moeda única a ser adotada por onze países europeus a partir de 1º de janeiro, é possivelmente a mais importante realização deste continente nos últimos dez anos que assistiu à derrubada do Muro de Berlim, à reunificação das Alemanha, à libertação dos países da Cortina de Ferro e ao fim da União Soviética. Enquanto todos esses eventos têm a ver com a desmontagem de estruturas do passado, o euro é uma ousada aposta no futuro e uma prova da vitalidade da sociedade europeia. A "Euroland", região abrangida por Alemanha, Áustria, Bélgica, Espanha, Finlândia, França, Holanda, Irlanda, Itália, Luxemburgo e Portugal, tem um PIB (Produto Interno Bruto) equivalente a quase 80% do americano, 289 milhões de consumidores e responde por cerca de 20% do comércio internacional. Com este cacife, o euro vai disputar com o dólar a condição de moeda hegemônica.

Gazeta Mercantil, 30 dez. 1998.

A matéria refere-se à "desmontagem das estruturas do passado" que pode ser entendida como:
a) o fim da Guerra Fria, período de inquietação mundial que dividiu o mundo em dois blocos ideológicos opostos.
b) a inserção de alguns países do Leste Europeu em organismos supranacionais, com o intuito de exercer o controle ideológico no mundo.
c) a crise do capitalismo, do liberalismo e da democracia, levando à polarização ideológica da antiga URSS.
d) a confrontação dos modelos socialistas e capitalistas para deter o processo de unificação das duas Alemanhas.
e) a prosperidade das economias capitalistas e socialistas, com o consequente fim da Guerra Fria entre EUA e a URSS.

5. (ENEM – H21) O mundo entrou na era do globalismo. Todos estão sendo desafiados pelos dilemas e horizontes que se abrem com a formação da sociedade global. Um processo de amplas proporções envolvendo nações e nacionalidades, regimes políticos e projetos nacionais, grupos e classes sociais, economias e sociedades, culturas e civilizações.

IANNI, O. *A Era do Globalismo*.
Rio de Janeiro: Civilização Brasileira, 1997.

No texto, é feita referência a um momento do desenvolvimento do capitalismo. A expansão do sistema capitalista de produção nesse momento está fundamentada na:
a) difusão de práticas mercantilistas.
b) propagação dos meios de comunicação.
c) ampliação dos protecionismos alfandegários.
d) manutenção do papel controlador dos Estados.
e) conservação das partilhas imperialistas europeias.

Questões objetivas, discursivas e PAS

6. (UPE) A partir do século XIII, na Europa Ocidental, o mundo feudal foi sendo gradativamente substituído pelo modo de produção capitalista, cujo processo de desenvolvimento foi lento e ocorreu de maneira diferenciada, nas diversas regiões do planeta.

TERRA, L.; COELHO, M. A. *Geografia Geral –
O espaço natural e socioeconômico*.

Com base nessa leitura e considerando-se outros conhecimentos sobre o assunto, é INCORRETO afirmar que:
a) um conjunto de fatores possibilitou o surgimento do capitalismo, que é um sistema econômico regulado pelo mercado e fundamentado na propriedade privada.
b) o comércio criou para a nova classe social surgida nas cidades, a burguesia, que passou a controlar o crescimento econômico.
c) na fase do capitalismo financeiro, que ocorreu no século XVIII, especialmente na Inglaterra e na Alemanha, a principal prática econômica foi o mercantilismo.
d) no início do século XX, a livre concorrência ficou em segundo plano, e o capitalismo se transformou em um sistema mais monopolista e menos competitivo.
e) o capitalismo produziu um novo espaço geoeconômico, ou seja, um espaço da produção industrial, agrícola, pecuária e extrativa.

7. (UEM – PR) Sobre o capitalismo e sua relação com os processos de industrialização, indique as alternativas corretas e dê sua soma ao final.
(01) O capitalismo, como modelo econômico, surgiu na Inglaterra no século XVII como alternativa ao modelo socialista implantado, no mesmo período, na União Soviética. No que se refere às indústrias, o modelo estabelecia que a atividade deveria ser de responsabilidade do capital público.
(02) Capitalismo comercial ou pré-capitalismo corresponde ao período das grandes navegações e do colonialismo europeu, quando novas terras, principalmente no continente americano, tornaram-se conhecidas.
(04) Na segunda metade do século XVIII, quando a atividade produtiva era caracterizada pelo artesanato e pela manufatura, ocorreram várias mudanças tecnológicas, sociais e econômicas, que ficaram conhecidas como Revolução Industrial.
(08) No decorrer da Segunda Guerra Mundial (1942-1946) surgiu a chamada indústria de ponta, destinada à produção de armas contundentes, armamentos de combate e também de ferramentas de trabalho (exemplos: espadas, facas, facões).
(16) O surgimento e a expansão de invenções e do uso de novas fontes de energia, como máquinas a vapor movidas a carvão, transformaram a produção de mercadorias e multiplicaram a produtividade do trabalho.

8. (FATEC – SP) Durante o período da chamada Guerra Fria, o continente europeu foi o grande palco das disputas geopolíticas entre as duas potências militares antagônicas daquele período, a União Soviética e os Estados Unidos.

Um fato marcante que ocorreu em território europeu que indica a tensão da disputa bipolar foi a

a) criação de pequenos Estados como o Vaticano, Andorra, San Marino e Liechtenstein, imposta pelos Estados Unidos, como forma de dificultar a circulação de tropas soviéticas no continente.
b) constituição da União Europeia, incentivada pela União Soviética, para conter a entrada de capitais estadunidenses que pudessem atrair as frágeis economias da Europa Oriental.
c) construção do Muro de Berlim, a mando do governo da então Alemanha Oriental, como uma forma de impedir que seus cidadãos fugissem para a Berlim Ocidental.
d) ocupação da Hungria e da Tchecoslováquia por tropas britânicas, na tentativa de inibir a expansão de revoltas populares contra o capitalismo.
e) aplicação do *welfare state* (Estado do Bem-Estar Social), organizado pela Polônia, no sentido de evitar conflitos bélicos no continente.

9. (IFSUL – RS) O plano de recuperação econômica do Japão, a partir do término da Segunda Guerra Mundial, plano este que possuía por objetivo moldar a nação nipônica aos parâmetros do capitalismo estadunidense, ficou conhecido como Plano:
a) Truman.
b) Marshall.
c) Colombo.
d) Roosevelt.

10. (UFRN) Em 1989, foi derrubado o Muro de Berlim após quase três décadas de existência. Nesse momento, ocorreram comemorações em diversas partes do planeta por se acreditar que uma era de paz mundial estava se iniciando. Entretanto, verifica-se que, atualmente, situações de conflitos persistem e muros continuam a existir, por exemplo, o muro na fronteira entre EUA e México. Observe as imagens a seguir.

Muro de Berlim (derrubado em 1989)

Disponível em: <http://www.planetaeducacao.com.br/portal/artigo.asp?artigo=186>. Acesso em 20 jun. 2011.

Muro entre EUA e México

Disponível em: <http://www.midiaindependente.org/pt/blue/2009/12/461822.shtml>. Acesso em: 20 jun. 2011.

a) O Muro de Berlim foi construído durante o período da Guerra Fria. Mencione e explique uma característica desse período da geopolítica mundial.
b) Descreva o contexto político-econômico em que os EUA construíram o muro na fronteira com o México.

11. (UFPB) Ao final da II Guerra Mundial, a derrota das forças do Eixo – Alemanha, Japão e Itália – e o enfraquecimento econômico, militar e político das potências europeias levaram o mundo a um período de grandes transformações geopolíticas, organizadas, especialmente, pelos Estados Unidos da América e pela então União Soviética. Esse processo de reorganização estendeu-se até o final dos anos de 1980. Durante esse período, o mundo passou por vários momentos de tensão, colocando as forças armadas desses dois países em alerta máximo, com a iminência de uma guerra nuclear.

No âmbito da geopolítica mundial, é correto afirmar que, durante a chamada Guerra Fria, um dos momentos mais tensos entre Estados Unidos da América e União Soviética foi:
a) a Guerra da Coreia, em que a porção norte, apoiada pelos Estados Unidos, invadiu a porção sul, apoiada pela União Soviética, causando a divisão do território coreano.
b) a instalação, pela União Soviética, de mísseis balísticos de longo alcance nos países-membros da OTAN localizados no leste europeu.
c) a Guerra do Vietnã, em que a porção sul apoiada pelos Estados Unidos invadiu a porção norte apoiada pela União Soviética, ocasionando a divisão do território vietnamita.
d) a instalação, pelos Estados Unidos, de mísseis balísticos nos países-membros do Pacto de Varsóvia, localizados no oeste europeu.
e) a instalação secreta, pela União Soviética, de mísseis balísticos em Cuba, país localizado no continente americano que se orientou para o socialismo.

Capítulo 21 – A Globalização

ENEM

1. (ENEM – H9) O G-20 é o grupo que reúne os países do G-7, os mais industrializados do mundo (EUA, Japão, Alemanha, França, Reino Unido, Itália e Canadá), a União Europeia e os principais emergentes (Brasil, Rússia, Índia, China, África do Sul, Arábia Saudita, Argentina, Austrália, Coreia do Sul, Indonésia, México e Turquia). Esse grupo de países vem ganhando força nos fóruns internacionais de decisão e consulta.

ALLAN, R. Crise Global.
Disponível em: <http://conteudoclippingmp.planejamento.gov.br>. Acesso em: 31 jul. 2010.

Entre os países emergentes que formam o G-20, estão os chamados BRIC (Brasil, Rússia, Índia e China), termo criado em 2001 para referir-se aos países que:

a) apresentam características econômicas promissoras para as próximas décadas.
b) possuem base tecnológica mais elevada.
c) apresentam índices de igualdade social e econômica mais acentuados.
d) apresentam diversidade ambiental suficiente para impulsionar a economia global.
e) possuem similaridades culturais capazes de alavancar a economia mundial.

2. (ENEM – H20) Não acho que seja possível identificar apenas com a criação de uma economia global, embora este seja seu ponto focal e sua característica mais óbvia. Precisamos olhar além da economia. Antes de tudo, a globalização depende da eliminação de obstáculos técnicos, não de obstáculos econômicos. Isso tornou possível organizar a produção, e não apenas o comércio, em escala internacional.

Adaptado de: HOBSBAWM, E. O Novo Século: entrevista a Antonio Polito. São Paulo: Companhia das Letras, 2000.

Um fator essencial para a organização da produção, na conjuntura destacada no texto, é a:

a) criação de uniões aduaneiras.
b) difusão de padrões culturais.
c) melhoria na infraestrutura de transportes.
d) supressão das barreiras para comercialização.
e) organização de regras nas relações internacionais.

Questões objetivas, discursivas e PAS

3. (UCS – RS) Os blocos regionais surgiram devido às reformas econômicas impulsionadas pelo processo de globalização, pelo desenvolvimento das comunicações e pela ampliação das trocas comerciais. O objetivo era facilitar o comércio entre os países-membros. Analise a veracidade (V) ou a falsidade (F) das proposições abaixo sobre os blocos econômicos.

NÍVEL DE INTEGRAÇÃO	CARACTERÍSTICAS/ OBJETIVOS	EXEMPLOS
( ) Zona de Livre Comércio	Eliminação de algumas barreiras tarifárias e de tarifas que incidem sobre o comércio entre os países do Grupo	Mercosul
( ) União Econômica e Monetária	Os países-membros de uma zona de livre comércio adotam uma mesma tarifa nas importações provenientes de mercados externos, a Tarifa Externa Comum (TEC), com moeda única	Nafta
( ) Mercado Comum	Adoção de níveis tarifários preferenciais: tarifas comerciais entre os países-membros do Grupo são inferiores às tarifas cobradas de países não membros	União Europeia

Assinale a alternativa que completa correta e respectivamente os parênteses, de cima para baixo.

a) V – V – V.
b) V – F – F.
c) F – V – V.
d) V – F – V.
e) F – F – F.

4. (IFSC) Após a Segunda Guerra Mundial, as empresas transnacionais passaram a controlar grande parte dos capitais existentes no mundo, o que lhes permitiu novos investimentos no setor de tecnologia e do conhecimento científico.

KRAJEWSKI, A. C. Geografia: pesquisa e ação. v. único. São Paulo: Moderna, 2005. p. 257.

Indique as alternativas corretas e dê sua soma ao final.

(01) O Mercado Comum do Sul (Mercosul) consolidado desde os anos 1990, a exemplo da União Europeia (UE) além da livre circulação de mercadorias e de pessoas, eliminou todas as tarifas alfandegárias e todos os seus países membros adotaram o austral como moeda única.

(02) Um dos princípios que norteiam o Acordo de Livre Comércio da América do Norte (Nafta)

é o livre trânsito dos trabalhadores entre os países-membros, justamente para que possam buscar melhores condições de vida nas áreas de fronteiras.

(04) Além do Mercosul, o Brasil faz parte de outro bloco econômico – BRICS, implementado desde o final da Guerra Fria, do qual é líder econômico pois é considerado o maior exportador de eletroeletrônicos e de produtos têxteis para outros mercados econômicos emergentes como Rússia, México, Cuba, Angola, China e Coreia do Norte.

(08) Uma das formas de manter os mercados globalizados sob o controle dos Estados, sobretudo a partir da Segunda Guerra Mundial, foi a criação de blocos econômicos regionais.

(16) O domínio da tecnologia de ponta garantiu ao Japão, além do desenvolvimento de sua indústria automobilística, um rápido crescimento econômico.

(32) Na década de 1980, as políticas neoliberais foram amplamente difundidas pelo Reino Unido e pelos Estados Unidos; elas propõem o enxugamento do Estado e sua menor participação na economia.

5. (UERN) A globalização tem sido viabilizada pela expansão das multinacionais e a dependência econômica mundial. Sobre esse processo, assinale a afirmativa INCORRETA.

a) Muitos recursos tecnológicos produzidos na modernidade estão estampados nas paisagens dos lugares, tais como no campo e principalmente nas cidades.

b) A maior parte da produção técnico-científica está concentrada nos países desenvolvidos, porém, nas últimas décadas, vem ocorrendo uma fragmentação do processo produtivo mundial.

c) As transmissões de informações em tempo recorde e os avanços dos meios de transporte possibilitaram um incremento de volume nos negócios entre empresas e governos de diferentes países.

d) A aplicação de inovação tecnológica no processo produtivo vem estafando diferentes setores econômicos e diminuindo a impregnação de elementos científicos e informacionais no espaço mundial.

6. (UNESP) O comércio internacional tem sido marcado por uma proliferação sem precedentes de acordos preferenciais de comércio regionais, sub-regionais, inter-regionais e, em especial, bilaterais (denominados Acordos Preferenciais de Comércio – APC). Atualmente, são poucos os países que ainda não fazem parte desses acordos. Com o impasse nas negociações da Rodada Doha da OMC, a alternativa das principais economias do mundo, como Estados Unidos, União Europeia e China, foi buscar a celebração de APC como forma de consolidar e ter acesso a novos mercados. O receio de boa parte dos países desenvolvidos, de economias em transição e em desenvolvimento de perderem espaço em suas exportações levou-os a aderir maciçamente aos APC.

CELLI Jr., U.; ELEOTÉRIO, B. E.
O Brasil, o Mercosul e os acordos preferenciais de comércio.
In: IGLESIAS, H. et al. (Orgs.).
Os Desafios da América Latina no Século XXI, 2015.

É correto afirmar que a Rodada Doha, iniciada pela Organização Mundial do Comércio em 2001, constitui:

a) um encontro multipolar que procura orientar o modo de produção e as questões relativas à organização, distribuição e consumo nos países centrais e periféricos.

b) uma reunião eletiva que busca regularizar os fluxos comerciais entre blocos econômicos e o seu período de duração.

c) um conjunto normativo que procura regularizar a exportação de produtos desenvolvidos pelas economias periféricas sem o pagamento de royalties.

d) uma cartilha de diretrizes que busca padronizar os custos de produção e os preços finais de produtos agrícolas básicos.

e) um fórum internacional que objetiva solucionar impasses em questões tarifárias, sobre patentes e ações protecionistas entre países desenvolvidos e em desenvolvimento.

7. (PUC – RS) Com o desenvolvimento da economia informacional e da globalização, estruturou-se, mais uma vez, a Divisão Internacional do Trabalho (DIT). Sobre essa nova DIT, é correto afirmar que:

I. circunscreve-se aos limites territoriais dos países envolvidos.

II. se estabelece entre os agentes econômicos localizados em uma estrutura global de redes e fluxos.

III. compreende agentes que podem aparecer em posições diferentes em um mesmo país.

IV. envolve os produtores de matérias-primas provenientes de recursos naturais que estão nos países centrais, eliminando as desigualdades internacionais.

Estão corretas as afirmativas:

a) I e II, apenas.
b) II e III, apenas.
c) I, II e III, apenas.
d) II, III e IV, apenas.
e) I, II, III e IV.

8. (IFCE) Com o fim da Segunda Guerra Mundial, muitos países passaram a se organizar com o objetivo de promover maior integração econômica, culminando com o surgimento de blocos econômicos. A diminuição ou até a eliminação de barreiras alfandegárias facilitaria maior troca comercial de mercadorias e serviços. O primeiro bloco econômico a se formar foi a União Europeia (UE), em 1957, batizado com o nome de Comunidade Econômica Europeia (CEE). Sobre os blocos econômicos, é incorreto dizer-se que:

a) o acordo Norte-Americano de Livre Comércio (NAFTA) entrou em vigor em janeiro de 1994. Assinado entre os Estados Unidos, Canadá e México, foi, inicialmente, precedido por um tratado entre Estados Unidos e Canadá em 1988. Tendo os Estados Unidos sua principal força econômica, seu principal objetivo é ampliar sua área de abrangência para toda a América, que se chamaria ALCA (Área de Livre Comércio das Américas).

b) o Mercado Comum do Sul (MERCOSUL) foi formalizado no Tratado de Assunção com a participação de Brasil, Argentina, Paraguai, Uruguai e Chile. Dentre suas medidas, está a implantação da Tarifa Externa Comum (TEC).

c) os blocos econômicos podem se organizar de diversas formas: uniões econômicas, mercados comuns, zonas de livre comércio e uniões aduaneiras.

d) a Cooperação Econômica Ásia-Pacífico foi fundada em 1989 com a participação de mais de 20 países da Ásia e de outros países banhados pelo oceano Pacífico e incluía também países da América do Sul, a exemplo de Chile e Peru.

e) as zonas de livre comércio têm como objetivo apenas a liberalização do fluxo de mercadorias e capitais e não pretendem maior integração como nos mercados comuns.

9. (UEL – PR) Analise o mapa a seguir.

KUGLER, H. *Ciência Hoje On-line*.
Disponível em: <http://cienciahoje.uol.com.br/noticias/2013/09/brics-a-geopolítica-de-um-mundo-novo>.
Acesso em: 7 jul. 2015.

a) Identifique o grupo de países que formam o BRICS e o principal objetivo desse grupo.

b) Indique e descreva três características geográficas desses países destacados no mapa, chamados de "potências emergentes".

10. (UPE) A recente desaceleração econômica global afetou negativamente 16 países, inclusive os do BRICS.
Essa desaceleração acarretou nesses países:

I. A diminuição da estabilidade política.
II. A queda na espiral inflacionária.
III. O aumento dos riscos e impactos nos investimentos.
IV. A queda na estabilidade jurídica.
V. Aumento das taxas de emprego no setor secundário da economia.

Estão CORRETOS, apenas, os itens:
a) I e II.
b) II e IV.
c) I, IV e V.
d) I, III e IV.
e) II, III, IV e V.

11. (UECE) Sobre a geografia política do mundo atual, assinale a afirmação correta.

a) A partir da década de 1990, países emergentes como Argentina e México lideram o bloco de países periféricos no que concerne aos interesses do bloco latino-americano.

b) A atual crise econômica mundial expõe a fragilidade momentânea da economia europeia, gerando, portanto, uma nova cartografia e favorecendo o surgimento de novos Estados como o país Basco e a Calábria.

c) A formação de um bloco de países conhecidos por BRICS – Brasil, Rússia, Índia, África do Sul e China provocou o retorno à unilateralidade, tendo em vista a profunda crise de economias sólidas representadas pela Europa e pelos Estados Unidos.

d) Com o advento da globalização, os meios técnico-científicos produziram meios para um reordenamento dos espaços mundiais, tendo a internet um papel fundamental para a disseminação de movimentos além-fronteiras.

12. (UFG – GO) Envolvido por uma grave crise que se estende desde o ano de 2008, o continente europeu vive um de seus momentos mais delicados depois da criação da União Europeia, quando se constituiu em uma das maiores economias do mundo. Como consequência dessa crise existem dificuldades para a manutenção da unificação dos países europeus. Considerando-se o exposto,

a) apresente dois aspectos que caracterizam a crise atual da União Europeia;

b) indique dois países da União Europeia que optaram por manter sua moeda própria.

Capítulo 22 – Conflitos e Tensões

ENEM

1. (ENEM – H15)

AP Wide World Photos/William Kratzke, 2001.
Disponível em: http://nymag.com. Acesso em: 29 fev. 2012.

Os eventos ocorridos no dia 11 de setembro de 2001 geraram mudanças sociais nos Estados Unidos, que

a) ampliaram o isolacionismo e autossuficiência da economia norte-americana.
b) mitigaram o patriotismo e os laços familiares em razão das mortes causadas.
c) atenuaram o xenofobismo e a tensão política entre os países do Oriente e Ocidente.
d) aumentaram o preconceito contra os indivíduos de origem árabe e religião islâmica.
e) diminuíram a popularidade e legitimidade imediata do chefe de Estado para lidar com o evento.

2. (ENEM – H5) A Unesco condenou a destruição da antiga capital assíria de Nimrod, no Iraque, pelo Estado Islâmico, com a agência da ONU considerando o ato como um crime de guerra. O grupo iniciou um processo de demolição em vários sítios arqueológicos em uma área reconhecida como um dos berços da civilização.

Unesco e especialistas condenam destruição de cidade assíria pelo Estado Islâmico. Disponível em: <http://oglobo.globo.com>. Acesso em: 30 mar. 2015. Adaptado.

O tipo de atentado descrito no texto tem como consequência para as populações de países como o Iraque a desestruturação do(a)

a) homogeneidade cultural.
b) patrimônio histórico.
c) controle ocidental.
d) unidade étnica.
e) religião oficial.

Questões objetivas, discursivas e PAS

3. (UFG – GO) O conflito árabe-israelense caracteriza-se por motivos religiosos, político-territoriais, históricos, naturais e pelos diferentes períodos de trocas da posse das terras do vale do rio Jordão e de Gaza, por hebreus e muçulmanos, durante vários séculos. A importância da localização estratégica da Palestina pode ser confirmada pela

a) posição política de Israel, que é aliado aos Estados Unidos e, no Oriente Médio, negocia constantemente com os Estados árabes o reconhecimento de sua autonomia na região.
b) deflagração da Guerra da Independência, que estabeleceu o Estado de Israel por meio da posse das terras destinadas aos palestinos que viviam na região.
c) resolução da ONU, que ordenou a retirada dos israelenses dos territórios que foram invadidos e tomados dos árabes durante a Guerra dos Seis Dias na região.
d) decisão do Conselho Nacional Palestino, que fundou o Estado Palestino em Gaza e na Cisjordânia, o que estava em oposição aos interesses de Israel, que tem o controle na região.
e) descoberta de reservas de gás marítimas, que intensificou uma disputa entre Palestina e Israel, visando à exploração e ao controle de oleodutos e dos recursos naturais na região.

4. (UNEB – BA) Sobre a Síria, marque V nas afirmativas verdadeiras e F, nas falsas.

( ) O clima do litoral sírio é do tipo subtropical, o que explica as elevadas densidades demográficas da porção ocidental do país.
( ) A Síria faz fronteira com a Turquia e o Iraque, na sua porção meridional.
( ) O apoio que o governo sírio presta ao grupo islâmico Hezbollah é um dos motivos da ocupação das Colinas de Golã, antigo território sírio, pelos israelenses.
( ) A economia síria é baseada nas atividades secundárias, com destaque para a indústria bélica e de precisão.
( ) A atual guerra civil na Síria abalou décadas de convivência pacífica entre os diversos grupos étnicos que habitam o país.

A alternativa que indica a sequência correta, de cima para baixo, é a

a) F – V – F – F – V
b) F – V – F – V – V
c) V – F – V – V – F
d) F – F – V – F – V
e) V – F – V – F – F

5. (UEPG – PR) Sobre o Islamismo, grupos que agem sob seu nome, fundamentalismo e radicalização, indique as alternativas corretas e dê sua soma ao final.

(01) O Islamismo teve sua origem na Ásia e é nesse continente e na África que estão muitos

dos países adeptos dessa religião. Nesses continentes é que se encontram os grupos radicais como Al Qaeda, Estado Islâmico e Boko Haram, que agem espalhando o terror, mas não têm o apoio dos menos radicais e não radicais.

(02) Grupos islâmicos fundamentalistas sequestram meninas, matam homens, mulheres e crianças, principalmente se forem de outra religião. Um exemplo é o grupo Boko Haram, na Nigéria, que se opõe à democracia, à educação ocidental e à convivência pacífica entre muçulmanos e cristãos.

(04) A ação de componentes de grupos radicais islâmicos pode ocorrer em qualquer parte do mundo, como aconteceu nos Estados Unidos no World Trade Center e, mais recentemente, na França, em ataque às instalações do jornal Charlie Hebdo.

(08) O denominado Estado Islâmico, que age no Iraque e na Síria, é um grupo jihadista (Jihad = = Guerra Santa), autoproclamado como um califado que afirma sua autoridade religiosa sobre todos os muçulmanos do mundo, mas é pacífico, é a favor da educação das mulheres e não apela para a violência contra quem quer que seja, apenas divulga a sua religião.

(16) O Paquistão, país de maioria islâmica, é um dos poucos a não ter ocorrências de ações terroristas em seu território, principalmente relacionadas ao talibã, que permite a educação feminina e que age mais livremente no Afeganistão.

6. (UCS – RS) O atentado que teve como alvo a redação do jornal satírico Charlie Hebdo, em Paris, em 7 de janeiro de 2015, trouxe novamente para a Europa o horror e a incerteza provocados pelo terrorismo. A motivação dos dois homens para o assassinato de doze pessoas teria sido as charges e artigos publicados no Semanário, que ridicularizavam a figura do profeta Maomé e zombavam de fundamentalistas islâmicos.

Adaptado de: *Guia do Estudante Atualidades*, 1º sem. 2015. p. 27.

Além dessa ação terrorista, o mundo tem assistido, estarrecido, às ações brutais do autodenominado Estado Islâmico (EI), grupo que instalou um califado em territórios

a) do Irã e da Jordânia.
b) da Síria e do Iraque.
c) da Síria e do Afeganistão.
d) do Iraque e do Egito.
e) da Tunísia e do Marrocos.

7. (FGV – RJ) Com relação aos recentes fluxos migratórios para a Europa, analise as afirmações a seguir.

I. Os imigrantes que atravessam o Mediterrâneo clandestinamente provêm, principalmente, de regiões em conflito na África, como, por exemplo a Nigéria, campo de atuação da guerrilha de Boko Haram.

II. As motivações que mobilizam os imigrantes são a fuga das áreas de conflito, a obtenção de refúgio político e a possibilidade de ingressar no mercado de trabalho da União Europeia.

III. Os fluxos migratórios estão associados às dinâmicas geopolíticas dos países e regiões de origem dos imigrantes, como no caso dos refugiados da guerra na Síria, agravada pela atuação do grupo Estado Islâmico na região.

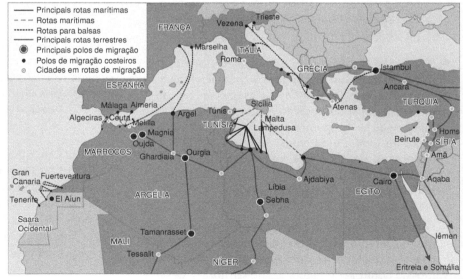

Disponível em: <http://g1.globo.com/mundo/noticias/2013/11/com-reforco-de-fronteiras-na-europa-imigrantes-optam-por-rotas-da-morte.html>.

Está correto o que se afirma em
a) III, apenas.   b) I e II, apenas.   c) I, apenas.   d) II, apenas.   e) I, II e III.

8. (UFJF – PISM – MG) Os conflitos – os essencialmente geopolíticos – manifestam-se com grande amplitude, seja nas lutas de povos ou nações oprimidas em busca de liberdade (nos seus próprios Estados, que procuram formar), seja nas opressões de grupos hegemônicos pela manutenção ou ampliação dos seus territórios e poder, bem como na apropriação de novos espaços com mais recursos naturais.

Disponível em: < http://www.galizacig.gal/vella/actualidade/200111/non_geografia_geopolitica_e_conflictos.htm >.
Acesso em: 14 nov. 2015.

Os conflitos contemporâneos apresentam causas diversas, tais como:

a) pela disputa de territórios contendo recursos minerais importantes, tais como água, petróleo, ouro, diamantes, cobre, carvão, ferro. Exemplo: Israel x Palestina (água).
b) um grupo étnico nacionalista que procura constituir o seu próprio Estado-Nação, impondo seus ideais religiosos. Exemplo: Índia x Paquistão.
c) lutas resultantes de um ideal anticolonialista, reivindicações democráticas ou de reconhecimento de identidades (indígena). Exemplo: Ruanda x Burundi (África).
d) grupos que tentam impor sua própria ideologia ou visão de mundo a todos os cidadãos. Exemplo: Chiapas (México).
e) grupos de diferentes identidades que lutam pela posse de territórios e por vezes caracterizam-se pela chamada "limpeza étnica". Exemplo: Argélia (África).

9. (FGV – RJ) As explosões que abalam Gaza e Israel abafaram um ruído que é potencialmente muito mais perigoso. Refiro-me às declarações do primeiro-ministro Binyamin Netanyahu de que Israel tem de se assegurar de que "não haverá outra Gaza na Judeia e Samaria" (como os judeus se referem ao território que a comunidade internacional trata por Cisjordânia e é habitado majoritariamente pelos palestinos). Mais especificamente, Netanyahu declarou:

"Acho que o povo de Israel compreende agora o que eu sempre disse: não pode haver uma situação, sob qualquer acordo, na qual nós renunciemos ao controle de segurança no território a oeste do rio Jordão" (de novo, os territórios palestinos).

Disponível em: < http://www1.folha.uol.com.br/colunas/clovisrossi/2014/07/1487168-palestina-o-sonho-acabou.shtml >.

Assinale a alternativa que apresenta uma interpretação correta das declarações do primeiro-ministro Binyamin Netanyahu.

a) Os palestinos que vivem na Cisjordânia, ao contrário daqueles que vivem na Faixa de Gaza, estão fortemente comprometidos com a "solução dos dois Estados", e não constituem uma ameaça real para Israel.
b) A segurança israelense nos territórios a oeste do rio Jordão é necessária apenas para proteger a população palestina da violência do grupo fundamentalista islâmico Hamas.
c) O Estado Palestino livre e soberano terá que ser estabelecido apenas a oeste do rio Jordão e à revelia da população de Gaza, que optou pela guerra e pelo terrorismo.
d) A criação de um Estado Palestino livre e plenamente soberano não pode ser admitida em nenhuma hipótese, pois colocaria em risco a segurança de Israel.
e) A Judeia e a Samaria serão inexoravelmente anexadas ao Estado de Israel, com a concessão de cidadania israelense plena aos habitantes dessas regiões.

10. (UFJF – PISM – MG) O ano de 2014 testemunhou o dramático aumento do deslocamento forçado em todo o mundo causado por guerras e conflitos, registrando níveis sem precedentes na história recente. (...) em 2013, o Alto Comissariado das Nações Unidas para os Refugiados (ACNUR) anunciou que os deslocamentos forçados afetavam 51,2 milhões de pessoas, o número mais alto desde a Segunda Guerra Mundial. Doze meses depois, a cifra chegou a impressionantes 59,5 milhões de pessoas, um aumento de 8,3 milhões de pessoas forçadas a fugir.

(...) A Síria é o país que gerou o maior número tanto de deslocados internos (7,6 milhões de pessoas) quanto de refugiados (3,8 milhões). Em seguida estão Afeganistão (2,59 milhões de refugiados) e Somália (1,1 milhão de refugiados).

Disponível em: < http://www.acnur.org/t3/portugues/recursos/estatisticas/ >.
Acesso em: 22 out. 2015.

Qual é a causa dos deslocamentos internos e forçados nos países em destaque?

a) Na Síria, os deslocados internos marcham em direção aos territórios dominados por paquistaneses.
b) Na Somália, a facção do Estado Islâmico controla grande parte do país, expulsando os milicianos.
c) No Afeganistão, os deslocados internos migram para o norte em busca de emprego na mineração.
d) Os refugiados da Síria fugiram, principalmente, em função da guerra civil que tenta derrubar Assad.
e) Os refugiados deixaram o Afeganistão devido à intensificação do recrutamento para o serviço militar.

11. (MACKENZIE – SP) Observe a sequência de mapas para responder a questão.

A partilha da Palestina (1947)   **Israel ao fim da Guerra dos Seis Dias (1967)**

KINDER, H; HIGEMANN, W. ATLAS Histórico Mundial.

De acordo com os mapas e a evolução histórica da chamada "Questão Árabe-Israelense", é correto afirmar que

a) o acordo de Paz de 1994 foi plenamente cumprido. As eventuais divergências entre palestinos e israelenses partem de grupos minoritários dos dois lados que não representam maiores consequências para a segurança da região.

b) o território governado pela Autoridade Nacional Palestina que abriga a Cisjordânia goza de plena autonomia. Trata-se de um Estado soberano recentemente reconhecido pela ONU e pelo Estado de Israel.

c) o Hamas é um grupo extremista israelense que, ao desferir ataques a partir da Faixa de Gaza, contribui para dificultar um diálogo de paz entre os dois lados em conflito.

d) a manutenção das colônias israelenses na Cisjordânia e o controle dos recursos hídricos do rio Jordão estão entre os pontos de divergência dos lados em conflito.

e) os conflitos entre israelenses e palestinos derivam do fanatismo religioso islâmico e não têm qualquer relação com interesses territoriais.

6 UNIDADE | OS PRINCIPAIS ATORES

Capítulo 23 – Estados Unidos da América

ENEM

1. (ENEM – H6) O gráfico compara o número de homicídios por grupo de 100.000 habitantes entre 1995 e 1998 nos EUA, em estados com e sem pena de morte.

Com base no gráfico, pode-se afirmar que:

a) a taxa de homicídios cresceu apenas nos estados sem pena de morte.

b) nos estados com pena de morte a taxa de homicídios é menor que nos estados sem pena de morte.

c) no período considerado, os estados com pena de morte apresentaram taxas maiores de homicídios.

d) entre 1996 e 1997, a taxa de homicídios permaneceu estável nos estados com pena de morte.

e) a taxa de homicídios nos estados com pena de morte caiu pela metade no período considerado.

Questões objetivas, discursivas e PAS

2. (FUVEST – SP) Observe o mapa.

ATLAS Geográfico Escolar, IBGE, 2012.

Com base no mapa e em seus conhecimentos sobre os EUA,
a) aponte duas razões da importância geopolítica desse país, na atualidade, considerando sua localização e dimensão territorial;
b) explique a importância econômica, para esse país, da região circundada no mapa, considerando os recursos naturais e os aspectos humanos.

---

3. (ESPM – SP – adaptada) Sobre a regionalização dos Estados Unidos, é correto afirmar:
a) No sudeste, na Flórida, está a megalópole de San-San, a maior do continente e uma das mais importantes do mundo.
b) Desde a região dos Grandes Lagos até Seattle no extremo oeste, acompanhando toda a franja fronteiriça com o vizinho do norte, desponta o *Sun Belt*, importante cinturão agrícola que abastece ambos os países.
c) No estado sulista, terceiro mais rico do país, encontra-se a tradicional indústria petroquímica, associada à ocorrência de petróleo, além do importante setor da biotecnologia.
d) Chipits é uma importante megalópole na porção meridional e seu crescimento está relacionado à vanguarda tecnológica do Vale do Silício.
e) O amplo desenvolvimento industrial e tecnológico junto à porção central do país, deslocou a agricultura para outras áreas, tornando esta uma atividade secundária e retirando o país da posição de grande potência agrícola mundial.

4. (UDESC) A região onde se concentra a indústria de tecnologia de ponta, nos Estados Unidos, é:
a) Costa Leste.
b) Grandes Lagos.
c) Golfo do México.
d) Costa Oeste.
e) Vale do Mississipi-Missouri.

5. (UFJF – MG) Apple Inc. é uma empresa multinacional norte-americana que tem o objetivo de projetar e comercializar produtos eletrônicos de consumo, *software* de computador e computadores pessoais. Os produtos de *hardware* mais conhecidos da empresa incluem a linha de computadores Macintosh, o iPod, o iPhone, o iPad, a Apple TV e o Apple Watch.

Disponível em: <https://pt.wikipedia.org/wiki/Apple>. Acesso em: 26 nov. 2015.

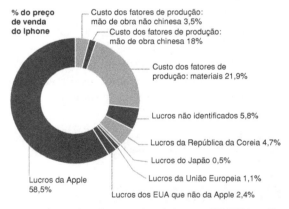

Disponível em: <http://www.pnud.org.br/arquivos/RDH2014pt.pdf>. Acesso em: 30 set. 2015.

Os componentes do preço de venda do Iphone representam:
a) a centralização das unidades produtivas no país sede da Apple.
b) a introdução de métodos fordistas na fabricação do *smartphone*.
c) a desproporcional diferença entre a demanda e a oferta do produto.
d) o domínio do modelo clássico da divisão internacional do trabalho.
e) o padrão atual da distribuição territorial das atividades econômicas.

6. (UEG – GO) O maior estoque de ouro do mundo, mantido pelo governo americano, está guardado em Fort Knox, no estado de Kentucky, sob um forte esquema de segurança. Lá, está depositada grande parte das reservas de quase 9 mil toneladas mantidas pelos EUA, avaliada em US$ 550 bilhões.

<small>Disponível em: <www.economia.ig.br/mercados/veja-onde-estao-guardados-os-maiores-depositos-de-ouro-do-mundo/n15970933600.html>. Acesso em: 20 ago. 2012.</small>

O fato de os EUA possuírem as maiores reservas de ouro mundial se explica:

a) pela manutenção do padrão-ouro que regula o sistema financeiro internacional, estabilizando o dólar.

b) pela produtividade incomum do metal retirado na chamada "corrida do ouro da Califórnia".

c) pelo emprego do ouro na produção tecnológica de ponta nas indústrias do Vale do Silício.

d) pelo seu poder econômico que permitiu concentrar o ouro produzido em vários lugares do mundo.

7. (IFSUL – RS) O governo Reagan na década de 1980 propôs o programa de "Iniciativa de defesa estratégica", popularmente conhecido como _____. O Presidente e seus assessores militares desejavam que os Estados Unidos se tornassem um Estado líder e vitorioso numa eventual guerra com a União Soviética, e que seus sistemas militares e aeroespaciais pudessem deter qualquer invasão do país por mísseis soviéticos.

<small>ADAS, M. Geografia: o quadro político e econômico atual. 3. ed. v. 4. São Paulo: Moderna, 1994, p. 206.</small>

A partir do texto, qual é a alternativa que preenche corretamente a lacuna acima?

a) Guerra Atômica.
b) Guerra Espacial.
c) Guerra nas Estrelas.
d) Guerra Armamentista.

8. (UFJF – MG) Depois de cinco anos de negociações, os Estados Unidos e o Japão selaram (...) o Acordo de Associação Transpacífico (TPP, em sua sigla em inglês) com outros dez países. O pacto de livre comércio une 40% da economia mundial e pode se transformar no maior acordo regional da história.

<small>Disponível em: <http://brasil.elpais.com/brasil/2015/10/05/economia/1444048323_601347.html>. Acesso em: 24 out. 2015.</small>

Os outros países envolvidos nas negociações do acordo são Austrália, Brunei, Canadá, Chile, Malásia, México, Nova Zelândia, Peru, Cingapura e Vietnã. Mas economias asiáticas como a Coreia do Sul, Taiwan e Filipinas, e sul-americanas como a Colômbia, já estão na fila para aderir.

<small>Disponível em: <http://www1.folha.uol.com.br/asmais/2015/10/1690329-7-pontos-para-entender-aparceria-transpacifico-acordo-entre-eua-japao-e-mais-dez-paises.shtml>. Acesso em: 20 out. 2015.</small>

Os Estados Unidos, ao criarem uma zona econômica na bacia do Pacífico, objetivam:

a) extinguir o trabalho escravo nas indústrias asiáticas.

b) contrabalançar o peso econômico de Pequim na região.

c) impedir os tratados da Organização Mundial do Comércio.

d) melhorar as relações com os países da Polinésia Oriental.

e) neutralizar a influência da Rússia na Península do Mecong.

9. (ACAFE – SC) É comum um telefone celular ir ao lixo com menos de oito meses de uso ou uma impressora nova durar apenas um ano. Em 2005, mais de 100 milhões de telefones celulares foram descartados nos Estados Unidos. Uma CPU de computador, que nos anos 1990 durava até sete anos, hoje dura dois anos. Telefones celulares, computadores, aparelhos de televisão, câmeras fotográficas caem em desuso e são descartados com uma velocidade assustadora. Bem-vindo ao mundo da obsolescência planejada.

<small>Revista Fórum, n. 74, set. de 2013.</small>

A partir da leitura do texto acima, assinale a alternativa correta.

a) O padrão de sociedade citado é a "sociedade de consumo", que teve seu inicio na sociedade americana com o "american way of life" e cujo modelo se espalhou pelo mundo, atingindo todos os países.

b) A mudança dos bens de consumo citados é um processo natural, decorrente do crescimento econômico e do aumento do poder aquisitivo da população.

c) A obsolescência é planejada pelos próprios consumidores, que detêm o controle do consumo, bem como do padrão de qualidade dos produtos consumidos.

d) A obsolescência de que fala o texto é o resultado de um modelo de consumo e de crescimento irracional, que leva a não sustentabilidade ambiental.

10. (UEPB) Com a finalidade de gerar excedentes e se tornarem altamente competitivos no mercado internacional, os Estados Unidos desenvolveram uma agricultura comercial bastante especializada, que se utiliza de técnicas modernas e está bastante integrada à indústria e ao comércio daquele país, denominada de:

a) belts ou cinturões agrícolas.
b) agricultura de jardinagem.
c) kibutz.
d) kolkhozes.
e) plantation.

11. (MACKENZIE – SP) Observe o mapa a seguir.

Cinturões agrícolas nos Estados Unidos

Assinale a alternativa que indica, respectivamente, as atividades agrícolas tradicionalmente praticadas nos espaços assinalados no mapa com os números 1, 2 e 3.
a) 1 – *Cotton Belt* (algodão), 2 – *Corn Belt* (milho), 3 – *Wheat Belt* (trigo).
b) 1 – *Wheat Belt* (trigo), 2 – *Cotton Belt* (algodão), 3 – *Sun Belt* (frutas).
c) 1 – *Corn Belt* (milho), 2 – *Dairy Belt* (sorgo), 3 – *Wheat Belt* (trigo).
d) 1 – *Dairy Belt* (sorgo), 2 – *Corn Belt* (milho), 3 – *Cotton Belt* (algodão).
e) 1 – *Rice Belt* (arroz), 2 – *Dairy Belt* (sorgo), 3 – *Corn Belt* (milho).

12. (UEPB) A figura mostra o muro que separa o México dos Estados Unidos nas proximidades de Tijuana.
Assinale a alternativa que traz a categoria geográfica que melhor explica a presença desse elemento de separação entre os dois países.

Foto disponível em: <http://dignidaderebelde.blogspot.com/2009/03/o-muro-da-vergonha.html>.

a) Paisagem, por ser um elemento geográfico que está ao alcance visual da população desses países.
b) Espaço, pois explica as relações sociedade/natureza e as contradições presentes na construção histórica desses dois países.
c) Território, pois estabelece a linha divisória de apropriação e delimitação dos poderes entre duas nações.
d) Lugar, pois representa o zelo e a necessidade de preservação do povo americano pelo país ao qual pertence, vive suas relações cotidianas e dedica o sentimento patriótico.
e) Região, pois a cidade de Tijuana é o mais importante centro metropolitano de influência na região de fronteira entre o México e os Estados Unidos.

Capítulo 24 – União Europeia

ENEM

1. (ENEM – H13) As diferentes formas em que as sociedades se organizam socioeconomicamente visam a atender suas necessidades para a época. O liberalismo, atualmente, assume papel crescente, com os Estados diminuindo sua atuação em várias áreas, inclusive vendendo empresas estatais. Da ideia de interferência estatal na economia, do "Estado de Bem-Estar", da assistência social ampla e emprego garantido por lei, e, às vezes, à custa de subsídios (na Europa defendido pela Social-Democracia), caminha-se para um Estado enxuto e ágil, onde a manutenção do progresso econômico e uma maior liberdade na conquista do mercado são as formas de assegurar ao cidadão o acesso ao bem-estar. Nem sempre a população concorda.

Neste contexto, as eleições gerais na Alemanha, em 1998, poderão levar Helmuth Kohl, com longa e frutuosa carreira à frente daquele país, a entregar o posto ao social-democrata Gerhard Schroeder. O desemprego na Alemanha atinge seu ponto máximo. A moeda única europeia será o fim do marco alemão. A imagem de Helmuth Kohl começa a desvanecer-se. Conseguirá vencer este ano? Seja como for, ele luta. Mas recebeu um novo e tremendo golpe: o Partido Liberal (FDP) deixou Kohl. O secretário-geral do FDP, Guido Westerwelle, declarou: Começou o fim da era Kohl!

A Alemanha ajuda a concretizar o bloco econômico da União Europeia. A participação nesse bloco implica a adoção de um sistema socioeconômico que:

a) dificulte a livre iniciativa econômica, inclusive das grandes empresas na Alemanha.
b) ofereça mercado europeu mais restrito aos produtos e serviços alemães.
c) diminua as oportunidades de iniciativa econômica para os alemães em outros países e vice-versa.
d) garanta o emprego, na Alemanha, pelo afastamento da concorrência de outros países da própria União Europeia.
e) por meio da união de esforços com os países da União Europeia, permita à economia alemã concorrer em melhores condições com países de fora da União Europeia.

2. (ENEM – H30) O Protocolo de Kyoto — uma convenção das Nações Unidas que é marco sobre mudanças climáticas, — estabelece que os países mais industrializados devem reduzir até 2012 a emissão dos gases causadores do efeito estufa em pelo menos 5% em relação aos níveis de 1990. Essa meta estabelece valores superiores ao exigido para países em desenvolvimento. Até 2001, mais de 120 países, incluindo nações industrializadas da Europa e da Ásia, já haviam ratificado o protocolo. No entanto, nos EUA, o presidente George W. Bush anunciou que o país não ratificaria "Kyoto", com os argumentos de que os custos prejudicariam a economia americana e que o acordo era pouco rigoroso com os países em desenvolvimento.

Adaptado de: *Jornal do Brasil*, 11 abr. 2001.

Na tabela encontram-se dados sobre a emissão de CO_2:

PAÍSES	EMISSÕES DE CO_2 DESDE 1950 (BILHÕES DE TONELADAS)	EMISSÕES ANUAIS DE CO_2 PER CAPITA
Estados Unidos	186,1	16 a 36
União Europeia	127,8	7 a 16
Rússia	68,4	7 a 16
China	57,6	2,5 a 7
Japão	31,2	7 a 16
Índia	15,5	0,8 a 2,5
Polônia	14,4	7 a 16
África do Sul	8,5	7 a 16
México	7,8	2,5 a 7
Brasil	6,6	0,8 a 2,5

World Resources 2000/2001.

Considerando os dados da tabela, assinale a alternativa que representa um argumento que se contrapõe à justificativa dos EUA de que o acordo de Kyoto foi pouco rigoroso com países em desenvolvimento.

a) A emissão acumulada da União Europeia está próxima à dos EUA.
b) Nos países em desenvolvimento as emissões são equivalentes às dos EUA.
c) A emissão *per capita* da Rússia assemelha-se à da União Europeia.
d) As emissões de CO_2 nos países em desenvolvimento citados são muito baixas.
e) A África do Sul apresenta uma emissão anual *per capita* relativamente alta.

3. (ENEM – H6) A poluição ambiental tornou-se grave problema a ser enfrentado pelo mundo contemporâneo. No gráfico seguinte, alguns países estão agrupados de acordo com as respectivas emissões médias anuais de CO_2 *per capita*.

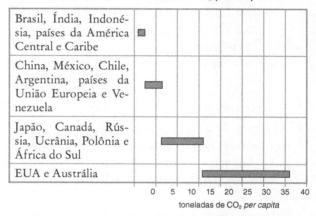

O Estado de S. Paulo, 22 jul. 2004. Adaptado.

Considerando as características dos países citados, bem como as emissões médias anuais de CO_2 *per capita* indicadas no gráfico, assinale a opção correta.

a) O índice de emissão de CO_2 *per capita* dos países da União Europeia se equipara ao de alguns países emergentes.
b) A China lança, em média, mais CO_2 *per capita* na atmosfera que os EUA.
c) A soma das emissões de CO_2 *per capita* de Brasil, Índia e Indonésia é maior que o total lançado pelos EUA.
d) A emissão de CO_2 é tanto maior quanto menos desenvolvido é o país.
e) A média de lançamento de CO_2 em regiões e países desenvolvidos é superior a 15 toneladas por pessoa ao ano.

Questões objetivas, discursivas e PAS

4. (UEPG – PR) Sobre as novas migrações internacionais, indique as alternativas corretas e dê sua soma ao final.

(01) Nos dias atuais, grande parte dos imigrantes são de um grupo especial: os refugiados, pessoas que fogem da guerra ou de perseguições em seus países.

(02) A ONU – Organização das Nações Unidas, através do ACNUR – Alto Comissariado das Nações Unidas para Refugiados, é que cuida e mantém sob sua proteção os refugiados, asilados, repatriados e outros, sendo que na Ásia é que estão os maiores números de refugiados.

(04) As migrações por motivos econômicos se realizam, dentre outras regiões, da Europa para a África, uma vez que o continente africano apresenta grande oferta de empregos na atualidade.

(08) A xenofobia e a intolerância, o racismo e a perseguição a certas minorias ocorrem em países da União Europeia e outros, devido, principalmente, pela concorrência ao mercado de trabalho.

(16) Os refugiados podem ou não voltar aos seus países de origem, porque normalmente correm o risco de serem mortos por perseguições religiosas, políticas e raciais.

5. (FUVEST – SP) Se não conseguirmos uma distribuição justa dos refugiados, muitos vão questionar Schengen e isso é algo que não queremos.
[Declaração da chanceler alemã, Angela Merkel.]
O Estado de S. Paulo, 1º set. 2015.

A Europa vive uma das mais graves crises migratórias de sua história recente. Segundo a Agência das Nações Unidas para Refugiados (ACNUR), são esperados ao menos 1,4 milhão de refugiados entre 2015 e 2016.
O Estado de S. Paulo, 19 out. 2015.

Considerando o contexto da União Europeia (UE), as informações acima e as respectivas datas de publicação, responda:
a) O que é o Espaço Schengen?
b) O que é a Zona do Euro? Cite um país da UE que não faz parte dessa Zona.
c) Explique qual foi o posicionamento da UE e o papel da Alemanha frente à intensificação desse fluxo migratório.

6. (UPE) Analise o conteúdo da charge a seguir:

Chargeonline.com.br – @ Copyright do autor

As restrições impostas à economia grega pela União Europeia e pelo FMI (Fundo Monetário Internacional) estão associadas a algumas medidas. Sobre elas, analise os itens a seguir:

1. Corte de gastos públicos
2. Demissões
3. Aumento de impostos
4. Redução de salários
5. Redução de pensões

Estão CORRETOS
a) apenas 1 e 2.
b) apenas 3 e 4.
c) apenas 3, 4 e 5.
d) apenas 1, 2 e 5.
e) 1, 2, 3, 4 e 5

7. (UERJ) Os casos de mortes de imigrantes ilegais que tentam chegar à Europa por via marítima têm ocupado os noticiários. Na figura abaixo, os pontos indicam os locais onde ocorreram essas mortes, de janeiro de 2000 a julho de 2015.

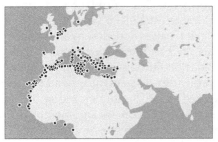

<telegraph.co.uk>.

Identifique os dois continentes de procedência da maior parte desses imigrantes. Em seguida, apresente duas justificativas socioeconômicas que têm levado essas pessoas a deixar os continentes de origem em direção à Europa.

8. (UNICAMP – SP) Imigrantes cruzam a Macedônia para chegar ao Norte da Europa.

Disponível em: <http://internacional.estadao.com.br/noticias/geral. imigrantescruzam-a-macedonia-para-chegar-ao-norte-daeuropa, 1749226>.

Indique a afirmação correta a respeito dos grandes fluxos migratórios atuais no contexto da globalização.
a) Envolvem imigrantes da América Latina, do norte da África e do Oriente Médio, atraídos pela industrialização fordista da Europa e dos Estados Unidos, que gera trabalho nas fábricas e na construção civil.
b) Direcionam-se para os países ricos ou em crescimento econômico e envolvem aquelas áreas

de expulsão, cujas populações de origem sempre tiveram culturalmente vocação para a realização de grandes deslocamentos.
c) Resultam das diferenças entre a situação econômica dos países pobres e ricos e se direcionam para os lugares em que as populações falam a mesma língua ou possuem proximidades culturais.
d) Assumem distintas direções, sendo que uma das rotas dos imigrantes para a Europa inicia-se em países do Oriente Médio e da costa oriental do norte da África, indo até a Grécia, com travessia pelo mar Mediterrâneo.

9. (UEL – PR) Analise a figura a seguir.

Todos os europeus são ilegais neste continente desde 1492.

Disponível em: <http://la.indymedia.org/uploads/2006/04/since-1492.jpg>. Acesso em: 23 jul. 2014.

Desde o lema Liberdade, Igualdade, Fraternidade, proveniente da Revolução Francesa e, posteriormente, inserido no atual mundo globalizado e neoliberal, o trânsito de mercadorias, capitais e pessoas passou a ser regulado por acordos nacionais e internacionais construídos por governos de países em diferentes escalas de poder financeiro e militar.
Assinale a alternativa que apresenta, corretamente, um aspecto em que a globalização e o neoliberalismo se expressam.

a) Pela dispensa de controle dos Estados no comércio de mercadorias de alto valor agregado.
b) Na constituição do sistema bancário internacional, que regula plenamente o fluxo de capitais nos paraísos fiscais.
c) Na liberdade cultuada pelo sistema financeiro neoliberal, que expande socialmente a disseminação das riquezas.
d) No poderio bélico militar dos estados nacionais, efetivamente controlado pela ONU.
e) No estabelecimento de normas rígidas para condicionar a imigração ao controle do Estado.

10. (UFRGS – RS) Observe o mapa abaixo.

Alto Comissariado das Nações Unidas para os Refugiados (ACNUR). Disponível em: <http://www.unhor.org/54aa91d89.html>. Acesso em: 5 out. 2015.

Considere as afirmações abaixo, sobre a questão dos refugiados.

I. Os refugiados procuram principalmente países considerados ricos e desenvolvidos.
II. Estados Unidos, Alemanha e França são os países que mais recebem refugiados.
III. O maior número de refugiados localiza-se em países da África e da Ásia.

Quais estão corretas?
a) Apenas I.
b) Apenas II.
c) Apenas III.
d) Apenas I e II.
e) I, II e III.

11. (UERJ) A despeito das taxas de fecundidade apresentadas, a estabilidade demográfica, projetada para vários países desenvolvidos em 2050, baseia-se em fenômenos atuais, com destaque para:

a) redução da natalidade, estabelecida pela maior expectativa de vida.
b) expansão da mortalidade, provocada pelo envelhecimento dos grupos etários.
c) deslocamento populacional, condicionado pelas disparidades socioeconômicas.
d) demanda por mão de obra qualificada, favorecida por políticas governamentais.

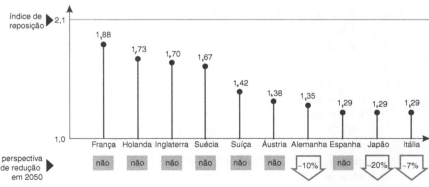

Adaptado de: <veja.abril.com.br>.

Capítulo 25 – Japão

Questões objetivas, discursivas e PAS

1. (FATEC – SP) Um ano depois do terremoto seguido de tsunami que atingiu o Japão em 11 de março de 2011, causando o comprometimento da usina de Fukushima, a energia nuclear voltou a ser debatida pelos cientistas, ecologistas e pela sociedade civil que vêm destacando vantagens e desvantagens deste tipo de energia.

   Sobre a energia nuclear é correto afirmar que:
   a) requer grandes espaços e estoques para seu funcionamento, mas sua tecnologia é barata e acessível a todos os países.
   b) provoca grandes impactos sobre a biosfera e necessita de grandes estoques de combustível para produzir energia.
   c) é considerada energia limpa e renovável, mas depende da sazonalidade climática e dos efeitos de fenômenos tectônicos.
   d) apresenta mínima interferência no efeito estufa, mas um de seus maiores problemas é o destino final do lixo nuclear.
   e) consome o urânio, que é considerado abundante em todos os continentes, mas produz gases de enxofre e particulados.

2. (PUC – PR) Nas fábricas Toyota, no Japão, um quarto dos operários de montagem foi substituído por robôs. Na Citroen, na França, a soldagem das carrocerias dos CX é realizada por um robô que faz o trabalho de trinta operários. Na mesma fábrica, cinquenta motoristas de empilhadeiras foram substituídos por cinco programadores sentados diante de suas mesas: os distribuidores de peças isoladas são automatizados e os carros que apanham e distribuem as peças são comandados por um computador (...).

   GORZ, A.

   Sobre o texto acima, é INCORRETO afirmar que:
   a) Na época da automação, a maior parte das indústrias, na verdade, pode ou poderá produzir mais com menos operários.
   b) Em países industrializados como a Bélgica, Alemanha, EUA, a redução progressiva da jornada de trabalho para 36, 35 ou 30 horas semanais, sem redução salarial, já é um fato consumado.
   c) Devido ao avanço recente na informática, nas telecomunicações, na pesquisa científica e tecnológica, o setor terciário é o que mais vem crescendo nas últimas décadas, em especial nos países desenvolvidos.
   d) Desde os anos 80, os níveis de desemprego estão diminuindo nos países desenvolvidos. Devido às mudanças econômicas, o setor secundário está empregando cada vez mais operários, evitando assim a crise do desemprego.
   e) Os novos setores de ponta em tecnologia e na indústria representam aplicações de conhecimentos científicos da microfísica, da ecologia, da genética, pois a importância da ciência e da tecnologia avançada mudou radicalmente nos anos 70 e 80.

3. (IFSC) A usina nuclear de Fukushima sofreu um forte dano em sua estrutura devido a um terremoto seguido por um tsunami em 2011. Leituras mais recentes realizadas perto do local indicam que o nível de radiação chegou a um patamar crítico, a ponto de se tornar letal com menos de quatro horas de exposição.

   Disponível em: <http://www.bbc.co.uk/portuguese/noticias/2013/09/130831_fukushima_niveis_radiacao_18_vezes_lgb.shtml>. Acesso em: 19 mar. 2014. Adaptado.

   Sobre a geração de energia elétrica e centrais nucleares, indique as alternativas corretas e dê sua soma ao final.

   (01) Acidentes como os ocorridos em plantas nucleares como Fukushima, no Japão, e Chernobyl, na antiga União Soviética, não podem ocorrer no Brasil, pois o país está isento de terremotos, fator causador dos dois desastres.

   (02) A geração de energia elétrica a partir da reação de fissão nuclear apresenta riscos que podem ser calculados e previstos em projetos de engenharia. Os riscos são completamente zerados, pois mesmo erros humanos e fatores naturais não são inesperados.

   (04) Cabe à sociedade brasileira debater sobre a viabilidade da geração elétrica a partir da fissão nuclear. Em países tropicais úmidos como o nosso, a geração de hidreletricidade e mesmo novas tecnologias, como a fotovoltaica, podem ser mais baratas e seguras para o ambiente e para a população.

   (08) Danos causados por acidentes nucleares são muito graves, pois deixam um passivo não apenas para a atualidade como para as futuras gerações. Podem demandar décadas ou mesmo séculos para que os efeitos de um grave desastre nuclear parem de causar danos à sociedade e à natureza.

   (16) No Brasil existem duas usinas nucleares, Angra I e Angra II, que atendem parcialmente às necessidades do Sistema Nacional de Energia Elétrica. Essas usinas foram planejadas há mais de 20 anos e apesar de não terem causado acidentes são motivo de preocupação ambiental, sobretudo para a população fluminense.

(32) O acidente em Goiânia com césio-137, ocorrido em 1987, não é considerado um acidente nuclear, pois a cápsula contendo césio era utilizada para fins medicinais e não militares ou de geração de energia.

4. (UERN) Analise.

Disponível em: <http://www.francoanicley.com/2011_03_archive_html>.

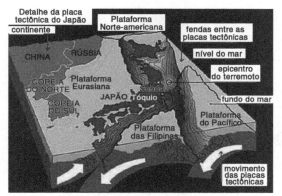

Disponível em: <http://projetolojapao.blogspot.com/2011/06/conheca-os-aspctos-geograficos-do-html>.

A tragédia no Japão começou em 11 de março com o mais violento terremoto já registrado no país: 9 graus na escala Richter. A ele, seguiu-se o tsunami que arrasou a costa nordeste do território. Morreram mais de 15 mil pessoas e milhares estão desaparecidas. Estradas e ferrovias foram destruídas. Faltam água, comida e combustível. Segundo o premiê japonês, Naoto Kan, é a pior crise desde a II Guerra Mundial. E o país atravessa agora a mais grave crise nuclear desde o desastre de Chernobyl, há 25 anos, na extinta União Soviética.

Disponível em: <http://veja.abril.com.br/tema/tsunami-no-japao>.

A charge, a gravura e o texto destacam o drama vivido pelo território nipônico, em março de 2011. Os fenômenos sísmicos apresentados ocorrem:

a) em qualquer parte do planeta, não havendo nenhuma relação com o limite das placas tectônicas.

b) em áreas continentais apenas, pois os sismos ocorrem somente de forma eventual nas áreas oceânicas.

c) em áreas de bacias sedimentares e maciços antigos, onde há o contato de placas tectônicas.

d) em áreas de contato de placas tectônicas, tanto oceânicas quanto terrestres, dando origem aos tsunamis.

5. (FGV – RJ) Um relatório divulgado pelo governo japonês mostra que o número de crianças e adolescentes com até 14 anos é estimado em 17,25 milhões, o número mais baixo desde 1950. É o 28º ano de queda consecutiva. O grupo representa apenas 13,5% de toda população japonesa – calculada em cerca de 127 milhões de pessoas.

Disponível em: <http://www.bbc.co.uk/portuguese/noticias/2009/05/090504_japaocriancaset_fp.shtml>.

a) Procure explicar os fatores responsáveis pela atual dinâmica demográfica japonesa, e quais as consequências futuras para a sociedade japonesa.

b) Esses fatores também podem ser usados para explicar a dinâmica demográfica de outros países do mundo? Em caso positivo, o que existe em comum entre eles?

6. (UFU – MG)

a) Por que motivo a pirâmide etária do Japão vem modificando substancialmente sua forma a partir de 1950?

b) Apresente duas consequências socioeconômicas enfrentadas pelo Japão, levando em consideração as alterações na estrutura de sua pirâmide etária.

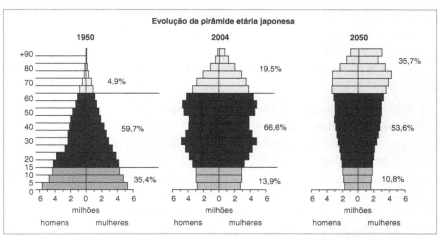

Fonte: Statistics Bureau, MIC; Ministry of Health, Labour and Welfare

7. (UFJF – MG) Leia o seguinte texto:

No último mês de março, a Terra teve um de seus piores desastres naturais: o Japão foi atingido pelo maior terremoto de sua história, seguido por um tsunami, que varreu uma vasta área da costa nordeste do país. Com uma força equivalente ao poder de 30.000 bombas de Hiroshima, os estragos foram imensos e a situação de calamidade foi potencializada pela explosão de uma usina nuclear e pelo vazamento radioativo na província de Fukushima, a 270 quilômetros ao norte de Tóquio.

Disponível em: <http://www.macroplan.com.br/Documentos/NoticiaMacroplan201146101445.pdf>.
Acesso em: 25 set. 2011. Adaptado.

a) Qual é a relação entre o terremoto e o tsunami?

Observe as imagens, ao lado, que retratam os efeitos que chuvas torrenciais provocaram na região serrana do Estado do Rio de Janeiro, em 2011.

b) As chuvas fortes (e devastadoras) de verão não vão deixar de acontecer. Elas fazem parte do ciclo natural do clima e, com o aquecimento global, deverão ficar ainda mais intensas. Nessa área, como a ação humana potencializou a ação da natureza?

Disponível em: <http://www.google.com.br/images>.
Acesso em: 26 set. 2011.

8. (FUVEST – SP) O mapa ao lado retrata a distribuição espacial, no planeta, de núcleos urbanos com mais de 10 milhões de habitantes, as megacidades. Sobre megacidades e os processos que as geraram, é correto afirmar que:

a) a maior do mundo, Tóquio, teve vertiginoso crescimento após a Segunda Guerra Mundial, em razão do expressivo desenvolvimento econômico do Japão nesse período.

Disponível em: <www.un.org/esa/population>. Acesso em: 22 set. 2007. Adaptado.

b) as latino-americanas cresceram em razão das riquezas geradas por atividades primárias e do dinamismo econômico decorrente de suas funções portuárias.

c) a maior parte delas localiza-se em países de elevado PIB *per capita*, tendo sua origem ligada a índices expressivos de crescimento vegetativo e êxodo rural.

d) as localizadas em países de economia menos dinâmica cresceram lentamente devido à expansão do setor primário.

e) as localizadas no Oriente Médio são expressivas em número, em razão do desenvolvimento econômico gerado pelo petróleo.

9. (CFT – CE) Após a Segunda Guerra Mundial, o Japão entrou em um novo período de recuperação da economia e da industrialização. São fatores responsáveis por essa recuperação, EXCETO:

a) ressurgimento de grandes empresas ou de grupos industriais com uso crescente de tecnologias avançadas.

b) a não-existência de gastos militares.

c) isolamento em relação aos Estados Unidos, já que os mesmos foram o grande responsável pelas bombas atômicas que levaram à sua derrota na Segunda Guerra Mundial.

d) grande mercado interno e de alto poder aquisitivo.

e) grande oferta e abundância de mão de obra após a Guerra, além da capacidade técnica e disciplinar do povo japonês.

10. (UFMS – MT) Após a Segunda Guerra Mundial, o Japão passou por uma fase de crescimento econômico extraordinário, chegando a apresentar taxas de crescimento médio de 14,6% no período de 1966-1970. No início dos anos 90, a economia japonesa perdeu fôlego, apresentando baixo crescimento em alguns anos e recessão em outros. O crescimento do PIB japonês, em 1993, foi de menos 0,53% e, em 1998, de menos 2,5%.

Assinale a(s) proposição(ões) que indica(m) fatores que explicam o crescimento pós-guerra e o declínio na década de 1990. Indique as alternativas corretas e dê sua soma ao final.

(01) Crescimento, propiciado pelo final da Segunda Guerra Mundial, das economias dos países vitoriosos, entre eles o Japão, que se beneficiou da sua aproximação com os Aliados. A crise econômica japonesa está associada ao desprestígio de seus produtos no mercado internacional.

(02) Participação do Estado, aliado aos grandes conglomerados empresariais na conquista de mercados externos. A população japonesa nos anos 90 do século XX, em função da crise financeira do país, diminuiu o consumo e passou a poupar aumentando exageradamente a taxa de poupança interna.

(04) Utilização das Forças Armadas na conquista de mercados na Ásia. Ingerência dos EUA no sentido de barrar o crescimento da economia japonesa, com a criação de grupos de países contrários à política industrial japonesa.

(08) Associação com os países asiáticos, formando o Bloco Econômico da Ásia, o que facilitou a entrada dos produtos japoneses nos mercados americano e europeu. A falta de matéria-prima para a manutenção do crescimento da indústria japonesa levou à queda do crescimento e à migração de japoneses para países ocidentais nos anos 90.

(16) Combinação eficiente de livre mercado com planejamento estatal. Estouro da bolha especulativa, construída nos anos 70 e 80, provocando a falência de empresas e bancos.

11. (FATEC – SP) Esse espaço particular condicionou a formação de um determinado tipo de povoamento. O isolamento contribuiu para a formação de um povo singular, portador de uma língua singular (...). A insularidade contribuiu para que as ilhas sofressem mudanças mais rápidas e profundas do que aquelas observadas nos países continentais, cuja evolução foi mais lenta (...).

PITTE, J. R. *Geografia*. São Paulo, FTD, 1998. p. 52. Adaptado.

Assinale a alternativa que indica o país descrito.
a) Austrália.
b) China.
c) Japão.
d) Grécia.
e) Coreia do Norte.

12. (UFPR) Para acompanhar o desenvolvimento tecnológico ocidental, o Estado japonês investiu na instalação de fábricas nos setores em que o capital privado não tinha condições de atuar. Mais tarde, algumas dessas indústrias foram vendidas a baixo preço a empresários particulares. Surgiram assim os zaibatsu, verdadeiros monopólios privados que se desenvolveram muito no período entre guerras devido às inúmeras vantagens e privilégios assegurados pelo Estado. De 1955 a 1973, o crescimento industrial japonês foi maior que o dos Estados Unidos e o da Europa Ocidental, o que demonstra a eficácia da participação do Estado na reorganização industrial ocorrida no Pós-Guerra.

VESENTINI, J. W.; VLACH, V. *Geografia Crítica*. 18. ed. São Paulo: Ática, 1997. v. 3. p.187-189.

Sobre a industrialização japonesa, indique as alternativas corretas e dê sua soma ao final

(01) Assim como nos Estados Unidos e na Europa, os estágios iniciais da industrialização japonesa foram possibilitados pela disponibilidade de carvão e ferro, minérios que hoje estão esgotados no país devido à exploração intensiva.

(02) Os setores em que o Estado japonês teve que intervir mais intensamente para alavancar a industrialização foram aqueles que compõem a chamada "indústria pesada", principalmente siderurgia, construção naval e petroquímica.

(04) Graças à ação diligente do Estado e à importância simbólica da natureza na cultura nacional, o Japão logrou industrializar-se sem comprometer a qualidade de vida com poluição sonora ou do ar.

(08) O trecho citado descreve com propriedade algumas características básicas do "modelo japonês" de desenvolvimento, mas não leva em conta a profunda crise que esse modelo vem experimentando desde o início dos anos 90, com estagnação econômica e aumento do desemprego.

(16) Ao contrário de países como Estados Unidos e Inglaterra, cujas empresas industriais transferem fábricas para países subdesenvolvidos a fim de tirar proveito dos baixos salários ali vigentes, o "modelo japonês" tem a virtude de manter a competitividade industrial mesmo pagando altos salários, sem a necessidade de transferir parte de sua produção para países menos desenvolvidos.

Capítulo 26 – Rússia

Questões objetivas, discursivas e PAS

1. (UFES) **Ucrânia protesta contra inclusão de clubes da Crimeia no futebol russo**

Disponível em: <http://www1.folha.uol.com.br/mundo/2014/03/1422015-entenda-porque-ucrania-e-russia-brigam-pelo-controle-da-crimeia.shtml>. Acesso em: 30 ago. 2014.

UEFA anunciou que não vai reconhecer os jogos de times da península disputados como membros da União de Futebol da Rússia.

Em agosto de 2014, três clubes de futebol da Crimeia – que foi incorporada à Rússia – estrearam no campeonato nacional russo. Em resposta ao ato, a União das Associações Europeias de Futebol (UEFA) anunciou que não vai reconhecer os jogos dos clubes da Crimeia disputados sob os auspícios da União de Futebol da Rússia (RSF), mas ao mesmo tempo não impôs sanções contra o país.

Disponível em: <http://br.rbth.com/esporte/2014/08/27/ucrania_protesta_contra_inclusao_de_clubes_da_crimeia_no_futebol_russ_27099.html>. Acesso em: 30 ago. 2014.

A crise, no final de 2013, que levou ao separatismo verificado entre comunidades situadas na região Sul da Ucrânia, representa um fenômeno político e cultural. Com base nesse fato,

a) explique o conceito de Estado Nacional e como ele se diferencia do conceito Nação.

b) indique qual desses dois conceitos é manifestado pelos habitantes da Crimeia em relação à Ucrânia.

2. (UDESC) O ano de 2014 foi marcado por fortes conflitos entre a Rússia e a Ucrânia. Analise as proposições sobre a Ucrânia.

I. Está politicamente dividida, com sua porção ocidental desejosa de estreitar laços com a União Europeia e a porção oriental, com a Rússia.

II. Pelo país passam importantes gasodutos que transportam o gás natural da região do mar Cáspio para a Europa, cujo controle interessa tanto à União Europeia quanto à Rússia.

III. Vem tentando se aproximar da Rússia desde 1991, quando deixou a União Europeia.

V. Possui grandes extensões de solos muito férteis, sendo grande produtora de cereais.

V. Ainda padece dos efeitos da poluição radioativa, decorrente do acidente nuclear de Chernobyl, em 1986.

Assinale a alternativa correta.

a) Somente as afirmativas I, II, III e IV são verdadeiras.
b) Somente as afirmativas I, II, IV e V são verdadeiras.
c) Somente as afirmativas II, III, IV e V são verdadeiras.
d) Somente as afirmativas III e IV são verdadeiras.
e) Somente as afirmativas I e V são verdadeiras.

3. (FATEC – SP) O leste europeu é um celeiro de grandes bailarinos. Dentre eles, podemos citar Vaslav Nijinsky, nascido na Ucrânia, Rudolf Nureyev, nascido na Rússia e Mikhail Baryshnikov, nascido na Letônia.

Em um determinado período do século XX, os três países citados fizeram parte:

a) do Mercado Comum Europeu (MCE), bloco que deu origem a atual União Europeia.
b) da União das Repúblicas Socialistas Soviéticas (URSS), que se desintegrou em 1991.
c) da Organização do Tratado do Atlântico Norte (OTAN), que existe até os dias de hoje.
d) do bloco de países capitalistas do leste europeu (CEI), que integravam a antiga Iugoslávia.
e) do Movimento dos Países Não Alinhados (MNA), que propunha uma terceira via econômica.

4. (ESPM – SP) O Kremlin anunciou que faria parte do projeto e, segundo diplomatas, não se exclui a possibilidade de esse envolvimento abrir espaço para uma presença militar mais forte de russos na América Latina.

O Estado de S. Paulo. Disponível em: <http://internacional.estadao.com.br/noticias/geral,china-e-russia-se-unem-em-plano-imp,1559870>.

O texto faz referência a projeto de uma obra estratégica de grande envergadura tocada pelo consórcio China-Rússia. Trata-se do(a):

a) terminal de Mariel, em Cuba.
b) transporte energético América-Ásia.
c) canal da Nicarágua.
d) modernização do Canal do Panamá.
e) integração energética sul-americana.

5. (FMP – RS) Analise a imagem a seguir.

Disponível em: <http://operamundi.uol.com/media/Images/mapacrimeiaanexada.jpg>. Acesso em: 7 maio 2015.

A anexação à Rússia da região ucraniana destacada na imagem provocou a seguinte situação geopolítica:

a) rompimento dos laços diplomáticos entre os governos de Kiev e de Washington.
b) sanções da União Europeia e dos Estados Unidos contra o governo russo.
c) suspensão das manobras militares russas no leste da Ucrânia.
d) incremento das exportações russas de gás natural para a União Europeia.
e) ações geoestratégicas da China pelo controle do gás ucraniano.

6. (UFJF – MG) Leia o texto e o mapa a seguir.

Prêmios Nobel pessimistas

Grandes nomes da economia apontam que já existe uma nova Guerra Fria que poderia contribuir para a decadência da Europa
POR GRAÇA MAGALHÃES-RUETHER / CORRESPONDENTE

BERLIM – Desde a queda do Muro de Berlim, há quase 25 anos, o perigo de uma guerra na Europa nunca foi tão grande quanto atualmente. A conclusão é de 17 prêmios Nobel de economia, que estiveram reunidos (...) em Lindau, no sul da Alemanha, para o seu encontro anual, mas também de Volker Ruhe, ex-ministro da defesa da Alemanha. Em uma pesquisa de opinião feita pelo jornal "Die Welt", os gênios da economia afirmaram que já existe uma nova Guerra Fria, o que poderia contribuir para a decadência da Europa também do ponto de vista econômico.

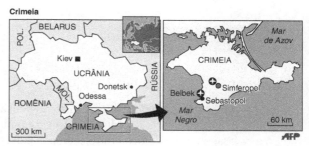

Disponível em: <http://jornalnh.com.br/_midias/jpg/2014/03/03/info_crimela-110194.jpg>/ Acesso em: 30 ago. 2014.

a) Por que a Rússia anexou a Crimeia?
b) Por que o conflito na Ucrânia está sendo considerado como a causa de uma "nova" Guerra Fria?

7. (PUC – RS) O geógrafo brasileiro Jose William Vesentini, referindo-se à dissolução da União Soviética, escreveu *Novos Países, Problemas Antigos* (2010). Esse título serve para explicar o início dos confrontos entre a Rússia e a Ucrânia, tendo como foco a disputa pela península:

a) de Kola.
b) de Yamal.
c) da Crimeia.
d) da Geórgia.
e) de Kamtchatka.

8. (UFPE) Na ex-URSS, as atividades agrícolas apresentavam uma série de problemas. Sobre esse assunto, podem ser mencionados, entre outros, os seguintes problemas:

( ) solos pobres, em consequência das condições climáticas.
( ) menor interesse do agricultor na produção coletiva.
( ) grandes espaços com climas desfavoráveis.
( ) excesso de umidade nas áreas quentes.
( ) falta de planificação da economia do setor agrícola.

9. (MACKENZIE – SP) Em relação à distribuição dos recursos naturais da Federação Russa, considere as afirmativas:

I. É considerado um dos países mais ricos em recursos minerais, devido a sua imensa extensão territorial e por possuir uma estrutura geológica diversificada.

II. É o maior exportador de gás natural do mundo. Atualmente atravessa uma crise geopolítica com sua vizinha Ucrânia, antiga república soviética, culminando com a independência da península da Crimeia.

III. Nas extensas bacias sedimentares dos Montes Urais o país dispõe de grandes reservas minerais das quais são exploradas, principalmente, jazidas de ferro, bauxita, cobre, potássio e amianto.

IV. Há importantes usinas hidrelétricas localizadas nos rios da bacia do Volga e nos rios lenissei e Angara, que cortam os planaltos da Sibéria Ocidental.

Estão corretas, apenas,
a) I e II.
b) II e III.
c) III e IV.
d) I, II e III.
e) I, II e IV.

10. (UEA – AM) Na década de 1970, a União Soviética começou a apresentar baixo dinamismo econômico e defasagem tecnológica em relação aos países capitalistas. Neste cenário, em 1985, Mikhail Gorbatchev iniciou reformas com o intuito de recolocar o país no mesmo patamar dos concorrentes ocidentais, com medidas que promoveram:
a) a criação da Comunidade dos Estados Independentes e a promoção da democracia.
b) a implantação da ditadura do proletariado e a condenação dos líderes da resistência.
c) a reestruturação da economia soviética e a abertura política da nação.
d) a estatização dos meios de produção e a elaboração de planos quinquenais.
e) a implantação do autoritarismo militar e o fechamento do Parlamento.

11. (PUC – RJ) A taxa de crescimento populacional atual da Rússia é negativa: a população do país diminuiu em 286 mil pessoas no primeiro quadrimestre deste ano. O número de mortes no país é, em média, 70% superior ao número de nascimentos. A diminuição vem ocorrendo desde o desmantelamento da União Soviética, em 1991.

Essa situação é decorrência:
a) dos fluxos migratórios em direção à Europa Ocidental.
b) da rigorosa política de governo de controle da natalidade.
c) do aumento da mortalidade na base e no corpo da pirâmide etária.
d) do elevado número de idosos e da baixa taxa de fecundidade.
e) das mudanças ocorridas na economia do país a partir da desestruturação da União Soviética.

12. (UFPR – adaptada) Nos últimos 25 anos, cerca de 250 milhões de chineses saíram da pobreza. Entretanto, duplicou a disparidade na distribuição de renda entre moradores de zonas urbanas e rurais.

Uma pessoa que vive na cidade recebe em média US$ 1 mil (cerca de R$ 3,5 mil) por ano, enquanto um morador do campo recebe US$ 300 (cerca de R$ 1.050). Em média, um chinês que vive na cidade vive mais de cinco anos do que um agricultor.

PNUD Brasil. *"Milagre chinês" aumenta desigualdade.*
Disponível em: <http://www.pnud.org.br>.
Acesso em: 7 jan. 2006.

As mudanças descritas no texto são resultado das reformas econômicas efetuadas na China para superar a crise do modelo de economia planificada, o qual era a base do chamado "socialismo real". Comente as causas e consequências da crise desse modelo e as reformas econômicas adotadas por países como a China e a Rússia para superá-lo.

13. (FUVEST – SP) Após o término da bipolaridade, característica do período da Guerra Fria, os conflitos armados:
a) aumentaram, devido à inegável supremacia militar dos Estados Unidos no mundo.
b) diminuíram, devido ao surgimento de outros polos de poder no mundo.
c) diminuíram, devido à derrota do socialismo soviético.
d) aumentaram, devido à retomada de antigas diferenças étnicas e religiosas entre povos.
e) aumentaram, devido ao crescimento de países que detêm armas nucleares.

14. (UFV – MG) A prisão do ex-presidente iugoslavo Slobodan Milosevic, em junho de 2001, foi mais um capítulo dos intensos conflitos separatistas e étnicos que eclodiram na Europa durante a década de 90 do século XX. Um dos elementos que contribuíram para a emergência desses conflitos foi:
a) a intensificação do processo de repressão aos cultos religiosos por parte do governo central de Moscou.
b) a entrada da Iugoslávia na OTAN, contrariando os interesses militares do bloco socialista na Europa.
c) a formalização da União Europeia, contrariando interesses da Iugoslávia e da Sérvia.
d) o fim da URSS, ampliando a autonomia das antigas repúblicas soviéticas.
e) as disputas por terra entre colonos judeus e separatistas sérvios, em território iugoslavo.

Capítulo 27 – China, Índia e África do Sul

ENEM

1. (ENEM – H7) Os chineses não atrelam nenhuma condição para efetuar investimentos nos países africanos. Outro ponto interessante é a venda e compra de grandes somas de áreas, posteriormente cercadas. Por se tratar de países instáveis e com governos ainda não consolidados, teme-se que algumas nações da África tornem-se literalmente protetorados.

BRANCOLI, F. *China e os novos Investimentos na África:*
neocolonialismo ou mudanças na arquitetura global?
Disponível em: <http://opiniaoenoticia.com.br>.
Acesso em: 29 abr. 2010. Adaptado.

A presença econômica da China em vastas áreas do globo é uma realidade do século XXI. A partir do texto, como é possível caracterizar a relação econômica da China com o continente africano?

a) Pela presença de órgãos econômicos internacionais como o Fundo Monetário Internacional (FMI) e o Banco Mundial, que restringem os investimentos chineses, uma vez que estes não se preocupam com a preservação do meio ambiente.
b) Pela ação de ONG (Organizações Não Governamentais) que limitam os investimentos estatais chineses, uma vez que estes se mostram desinteressados em relação aos problemas sociais africanos.
c) Pela aliança com os capitais e investimentos diretos realizados pelos países ocidentais, promovendo o crescimento econômico de algumas regiões desse continente.
d) Pela presença cada vez maior de investimentos diretos, o que pode representar uma ameaça à soberania dos países africanos ou manipulação das ações destes governos em favor dos grandes projetos.
e) Pela presença de um número cada vez maior de diplomatas, o que pode levar à formação de um Mercado Comum Sino-Africano, ameaçando os interesses ocidentais.

2. (ENEM – H7) Os chineses não atrelam nenhuma condição para efetuar investimentos nos países africanos. Outro ponto interessante é a venda e compra de grandes somas de áreas, posteriormente cercadas. Por se tratar de países instáveis e com governos ainda não consolidados, teme-se que algumas nações da África tornem-se literalmente protetorados.

> BRANCOLI, F. *China e os novos Investimentos na África*: neocolonialismo ou mudanças na arquitetura global? Disponível em: <http://opiniaoenoticia.com.br>. Acesso em: 29 abr. 2010. Aadaptado.

A presença econômica da China em vastas áreas do globo é uma realidade do século XXI. A partir do texto, como é possível caracterizar a relação econômica da China com o continente africano?

a) Pela presença de órgãos econômicos internacionais como o Fundo Monetário Internacional (FMI) e o Banco Mundial, que restringem os investimentos chineses, uma vez que estes não se preocupam com a preservação do meio ambiente.
b) Pela ação de ONG (Organizações Não Governamentais) que limitam os investimentos estatais chineses, uma vez que estes se mostram desinteressados em relação aos problemas sociais africanos.
c) Pela aliança com os capitais e investimentos diretos realizados pelos países ocidentais, promovendo o crescimento econômico de algumas regiões desse continente.
d) Pela presença cada vez maior de investimentos diretos, o que pode representar uma ameaça à soberania dos países africanos ou manipulação das ações destes governos em favor dos grandes projetos.
e) Pela presença de um número cada vez maior de diplomatas, o que pode levar à formação de um Mercado Comum Sino-Africano, ameaçando os interesses ocidentais.

3. (ENEM – H6)

PERFIL DO COMÉRCIO BRASIL-CHINA
Em 2010

Vendas do Brasil para a China

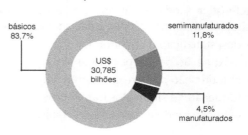

Vendas da China para o Brasil

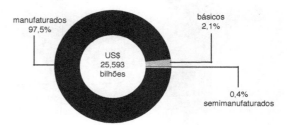

Ministério do Desenvolvimento, Indústria e Comércio Exterior.
ALVARENGA, D. Disponível em: <http://g1.globo.com>.
Acesso em: 1º dez. 2012 (fragmento).

Nas últimas décadas, tem se observado um incremento no comércio entre o Brasil e a China. A comparação entre os gráficos demonstra a:

a) posição do Brasil como grande exportador de *commodities*.
b) falta de complementaridade produtiva entre os dois países.
c) vantagem competitiva da China no setor de produção agrícola.
d) proporcionalidade entre as trocas de bens de alto valor agregado.
e) restrita participação de bens de alta tecnologia no comércio bilateral.

4. (ENEM – H18) O principal articulador do atual modelo econômico chinês argumenta que o mercado é só um instrumento econômico, que se emprega de forma indistinta tanto no capitalismo como no socialismo. Porém os próprios chineses já estão sentindo, na sua sociedade, o seu real significado: o mercado não é algo neutro, ou um instrumental técnico que possibilita à sociedade utilizá-lo para a construção e edificação do socialismo. Ele é, ao contrário do que diz o articulador, um instrumento do capitalismo e é inerente à sua estrutura como modo de produção. A sua utilização está levando a uma polarização da sociedade chinesa.

OLIVEIRA, A. A Revolução Chinesa.
Caros Amigos, 31 jan. 2011.
Adaptado.

No texto, as reformas econômicas ocorridas na China são colocadas como antagônicas à construção de um país socialista. Nesse contexto, a característica fundamental do socialismo, à qual o modelo econômico chinês atual, se contrapõe é a

a) desestatização da economia.
b) instauração de um partido único.
c) manutenção da livre concorrência.
d) formação de sindicatos trabalhistas.
e) extinção gradual das classes sociais.

5. (ENEM – H18)

TEXTO I

Disponível em: <http://twistedsifter.com>.
Acesso em: 5 nov. 2013.
Adaptado.

TEXTO II

A Índia deu um passo alto no setor de teleatendimento para países mais desenvolvidos, como os Estados Unidos e as nações europeias. Atualmente mais de 245 mil indianos realizam ligações para todas as partes do mundo a fim de oferecer cartões de créditos ou telefones celulares ou cobrar contas em atraso.

Disponível em: <www.conectacallcenter.com.br>.
Acesso em: 12 nov. 2013.
Adaptado.

Ao relacionar os textos, a explicação para o processo de territorialização descrito está no(a):

a) aceitação das diferenças culturais.
b) adequação da posição geográfica.
c) incremento do ensino superior.
d) qualidade da rede logística.
e) custo da mão de obra local.

Questões objetivas, discursivas e PAS

6. (UERJ) **Associação chinesa pede boicote a mineradoras**

O presidente da Associação de Ferro e Aço da China pediu ontem que os importadores licenciados do país boicotem as três grandes empresas de minério de ferro nos próximos dois meses. O pedido é uma clara referência à brasileira Vale e às anglo-australianas BHP Billiton e Rio Tinto, que vêm impondo mudanças nos acordos de compra e venda do minério, determinando preços mais elevados.

Adaptado de: *O Globo*, 3 abr. 2010.

O comportamento adotado pelas três empresas mineradoras, caso seja comprovado, configuraria a seguinte prática econômica:

a) cartel.
b) *holding*.
c) *dumping*.
d) incorporação.

7. (UEMG) **A população e as questões de reprodução humana na África e na China**

Segundo a projeção média da ONU, devido às diferenças nas taxas de fecundidade, o ritmo de crescimento demográfico será completamente diferente entre a África e a China no século XXI (...). A pressão ambiental vai ser muito grande. A China, mesmo com a população em declínio, deve apresentar muito crescimento econômico com grande aumento do consumo. Na África, a combinação de crescimento econômico com crescimento desigual do consumo pode provocar uma situação de agravamento da pobreza social e ambiental. Portanto, mesmo com enormes diferenças do ritmo de crescimento populacional, os desafios serão enormes para ambos (...).

Disponível em: <http://www.ecodebate.com.br>.
Acesso em: 13 jul. 2012. Adaptado.

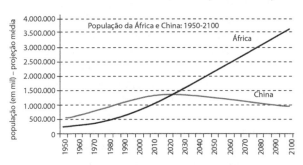

Publicado em: 13 de julho de 2012 po HC. Adaptado.

Com base nas informações obtidas acima, é CORRETO afirmar que:

a) a população da China era de 751 milhões de habitantes em 1950, enquanto a população de

todo o continente africano era de 230 milhões de habitantes.
b) em 1970, a população da China era de 815 milhões, e a da África era de 368 milhões; portanto, ainda havia 3,2 chineses para cada africano.
c) segundo a projeção média da ONU, a população da China vai cair para 941 milhões de habitantes em 2100, e a população da África deve alcançar 3,57 bilhões de habitantes.
d) em 2045, a população da África, com 1,42 bilhão de habitantes, será maior do que a população da China, com 1,39 bilhão de habitantes.

8. (IFCE) A China é o terceiro maior país do mundo em extensão e abriga a maior população do planeta. A partir da década de 1980, reformas econômicas facilitaram a expansão da atividade industrial, colocando a China em uma posição de destaque no cenário mundial, no entanto é um país de profundos contrastes. Sobre a China, analise as afirmativas em V (verdadeiro) ou F (falso).

   I. Os chineses investem bilhões de dólares em projetos aeroespaciais, no entanto a localidade de onde são lançadas as naves, a Província de Gansu, é uma das mais pobres do país, cuja população vive com cerca de 1 dólar por dia.
   II. Apesar do seu grande volume populacional, a China possui vazios demográficos, o que reforça os diversos contrastes vividos por essa nação.
   III. A Revolução Cultural Chinesa foi um período de transformação implantado por Mao Tsé-Tung a partir de 1966, com o objetivo, entre outros, de radicalizar o regime comunista, face ao isolamento internacional, durante toda a década de 1960.
   IV. Junto com o Brasil, Rússia, Índia e África do Sul, compõem o BRICS – denominação formada pelas iniciais desses países que se destacam por suas economias e pelas possibilidades de crescimento das mesmas.

   Estão corretas:
   a) apenas I, II e III.
   b) I, II, III e IV.
   c) apenas I e II.
   d) apenas II e IV.
   e) apenas II, III e IV.

9. (UFJF – MG) Leia o seguinte texto:

   A China divulgou um plano para permitir que milhões de agricultores migrem para as cidades ao longo dos próximos anos, numa tentativa de impulsionar o crescimento econômico, que parece estar desacelerando.
   (...)
   O plano prevê que a China tenha cerca de 60% de seus mais de 1,3 bilhão de habitantes vivendo em áreas urbanas até 2020, comparado com 52,6% no fim de 2012.
   (...) A urbanização é um motor potente para manter o crescimento econômico num ritmo sustentável e numa direção saudável(...).

   Disponível em: <http://br.wsj.com/news/articles/SB10001424052702304017604579445870559911930?tesla=y>.
   Acesso em: 1º set. 2014.

   a) Considerando os indicadores quantitativos apontados no texto, qual é o processo intensificado por esta dinâmica demográfica?
   b) Explique a seguinte afirmativa do governo chinês: "A urbanização é um motor potente para manter o crescimento econômico num ritmo sustentável e numa direção saudável".

10. (UNESP) A charge retrata um movimento ocorrido em 2014 na cidade de Hong Kong.

<www.latuffcartoons.wordpress.com>.

Identifique este movimento e sua motivação. Como o lema "Um país, dois sistemas" relaciona-se à situação de Hong Kong perante a China?

11. (IFCE) Sobre algumas nações do continente asiático, sua população e algumas de suas características, é correto dizer-se que
    a) tendo superado o problema do crescimento demográfico e o da expansão populacional das cidades, a Índia tem apresentado um grande desenvolvimento promovido pela estatização econômica e pela liberalização comercial.
    b) a Indonésia integra o grupo dos Tigres Asiáticos e sofre com o agravamento da degradação ambiental decorrente da exploração acentuada de suas imensas jazidas minerais.
    c) a presença de grandes jazidas de carvão e de petróleo são os elementos principais que estabelecem a disputa pelo controle territorial da Caxemira entre a Índia e a China.

d) as reformas econômicas pelas quais tem passado o governo chinês têm criado um entrave para a entrada do capital estrangeiro.

e) a Índia possui uma grande diversidade étnica, cultural e social, pois o sistema de castas, apesar de oficialmente extinto, continua a segregar classes através de privilégios, preconceitos e costumes.

12. (UERJ) O governo chinês anunciou, nesta quinta-feira, que decidiu pôr fim à política do filho único. Por mais de três décadas, impediu-se que casais tivessem mais de uma criança, o que causou impacto na sociedade e na economia do país. Segundo a agência de notícias estatal Xinhua, o Partido Comunista determinou que, agora, os casais poderão ter dois filhos.

Adaptado de: <bbc.com>. Acesso em: 29 out. 2015.

A principal justificativa para a decisão do governo chinês está apontada em:

a) ampliar o poder de consumo do mercado.
b) reduzir o custo da mão de obra da indústria.
c) viabilizar a proposta de democratização do estado.
d) retardar o processo de envelhecimento da população.

13. (UERJ)

REPÚBLICA POPULAR DA CHINA (2013)	
Superfície territorial	9.600.000 km²
Longitude do ponto extremo oeste do território	74° leste
Longitude do ponto extremo leste do território	134°30' leste

IBGE.

Apesar de ser um país mais extenso do que o Brasil, a China possui apenas um horário oficial para todo o território nacional.

Caso os chineses adotassem o sistema internacional baseado no horário de Greenwich, o número aproximado de fusos horários que haveria no país seria de:

a) 2. b) 4. c) 6. d) 8.

GABARITO DAS QUESTÕES OBJETIVAS

Capítulo 1

1. c **2.** b **3.** 01, 02 e 08 = 11 **4.** d **5.** d **6.** a
7. a **8.** 01, 02 e 16 = 19 **9.** 02, 04 e 16 = 22 **10.** a
11. c **12.** c **13.** d **14.** F V V F F **15.** d **16.** a
17. b **18.** d **19.** d **20.** 02, 08 e 16 = 26 **21.** c **22.** c
23. a **24.** b **25.** b **27.** b **28.** V V F F V
29. 01, 02 e 04 = 07 **30.** b **31.** b **32.** 01 e 02 = 03
33. d **34.** e

Capítulo 2

1. c **2.** d **4.** b **5.** a **6.** e **7.** e **8.** a **9.** b
10. 01, 04 e 16 = 21 **11.** d **12.** e **15.** e **16.** a **17.** c
18. c **19.** c **20.** a **21.** b **22.** c **23.** d **24.** d **25.** a
26. 01, 02 e 16 = 19 **27.** a **28.** b **29.** b **30.** a

Capítulo 3

1. d **2.** e **3.** b **4.** b **5.** 01 e 02 = 03
6. 01 e 04 = 05 **7.** 02, 04 e 08 = 14 **8.** d
9. 02 e 08 = 10 **10.** b **11.** a **12.** b **13.** e **14.** d
15. e **16.** 04, 08 e 16 = 28 **17.** 01, 02, 04 e 08 = 15
18. c **19.** a **20.** b **21.** b **22.** c **23.** e **24.** b **25.** d
26. 01 e 16 = 17 **27.** e **28.** a **29.** e
31. 01, 02 e 08 = 11 **32.** a **33.** b **35.** a **37.** e **38.** e
39. F V F V V **40.** c **41.** b **42.** 01, 02 e 04 = 07
43. a **44.** b **45.** e **46.** e **47.** d **48.** e

Capítulo 4

1. a **2.** a **3.** d **4.** c **5.** c **6.** d **7.** a **8.** c
9. 01, 02 e 08 = 11 **10.** a **11.** d **12.** b
13. 04 e 08 = 12 **14.** d **15.** 01, 02 e 16 = 19 **16.** d
17. a **18.** b **19.** 02, 04 e 16 = 22 **20.** 04, 08 e 16 = 28
21. 02, 04 e 08 = 14 **22.** b **23.** 01 e 08 = 09
24. V F V V V **25.** c **26.** b **27.** c **28.** d
29. 01, 02 e 08 = 11 **30.** 01, 04 e 16 = 21 **31.** d **32.** e
33. d **35.** d **36.** e **37.** a **38.** c **39.** d **40.** a **41.** d
42. b

Capítulo 5

1. c **2.** b **3.** d **4.** e **5.** d **6.** a **7.** d **8.** c
9. a **10.** c **11.** e **12.** a **13.** b **14.** a **15.** b **16.** a
17. c **18.** e **19.** 04 e 08 = 12 **20.** b **21.** a **22.** c
23. d **24.** d **25.** d **26.** a **27.** c **28.** b **29.** d **30.** c
31. 01, 02 e 04 = 07 **32.** b **33.** c **34.** b **35.** b **36.** a
37. d **38.** e **39.** c **40.** e **41.** e

Capítulo 6

1. a **2.** e **3.** b **5.** a **6.** a **7.** c **8.** c **9.** b
10. b **12.** a **13.** a **14.** e **15.** b **16.** a **17.** a **18.** e
19. a **21.** F V F F F **22.** b **23.** e **24.** a

Capítulo 7

1. a **2.** a **3.** c **4.** d **5.** e **6.** c **7.** a **8.** e
9. c **10.** a **11.** d **12.** e **13.** e **14.** b **15.** b **16.** b
17. d **18.** a **19.** c **20.** c **21.** c **22.** b **23.** a **24.** b
25. a **26.** b **27.** e **28.** b **30.** a **31.** c **32.** a **33.** c
34. e **35.** 01, 02 e 08 = 11 **36.** a **37.** a **38.** e **39.** a
40. c **41.** a **42.** d **44.** 01, 02 e 08 = 11
45. 02, 04 e 16 = 22 **46.** d **47.** 01, 02, 04 e 16 = 23
48. c **49.** b **50.** d **51.** c **52.** a **53.** e **54.** d

Capítulo 8

1. c **2.** d **3.** e **4.** b **5.** a **6.** c **7.** a **8.** a
9. e **10.** c **11.** c **12.** a **13.** d **14.** 01, 04 e 16 = 21
15. c **16.** e **17.** a **18.** c **19.** a **20.** c **22.** d **23.** e
24. a **25.** c **26.** c **27.** b **28.** e **30.** 01, 08 e 32 = 41
32. b **33.** e

Capítulo 9

1. b **2.** d **3.** b **4.** a **5.** e **6.** 02 e 16 = 18
7. d **8.** d **10.** c **11.** 01, 02 e 16 = 19 **13.** c **14.** e
16. a **17.** d **18.** e

Capítulo 10

1. e **2.** a **3.** b **4.** a **5.** e **6.** d **7.** c **8.** a
9. a **10.** d **11.** d **12.** d **13.** d **14.** d **15.** b
16. 02, 08 e 16 = 26 **17.** c **18.** c **19.** b **20.** a **21.** a
22. b **24.** e **25.** 08 e 16 = 24 **26.** a **27.** e **28.** d
29. b **30.** a **31.** c **32.** V V F F V **33.** d **34.** d
35. a **36.** e **37.** d **38.** 02 e 16 = 18 **39.** d **40.** c
41. d

Capítulo 11

1. d **2.** d **3.** a **4.** a **5.** c **7.** e **8.** d
9. 01, 04 e 16 = 21 **10.** d **11.** a **12.** c **13.** c **14.** e

15. 02, 04, 08 e 16 = 30   16. c   18. b   19. b   20. e
21. d   22. e   23. a   24. d   26. d

Capítulo 12

1. d   2. a   3. e   4. c   5. d   6. d   7. a   8. a
9. b   10. V V V V F   11. a   13. c   14. c   15. a
16. c   17. c   18. a   20. a   21. b   22. d   23. b   24. d
25. b   26. c   27. d   28. a   29. a   30. b   31. c   33. c
34. 01, 02 e 32 = 35   35. b   36. a   37. a   38. c   40. e
41. a   42. c   44. b   45. b   46. d

Capítulo 13

1. b   2. d   3. d   4. c   5. e   6. c   8. c   10. e
11. a   12. e   13. c   14. a   15. a   16. c   17. b   18. b
19. d   20. d   21. a   22. b   23. b   25. b   26. a   27. a
28. a   29. a   32. b   33. c   35. a   36. a

Capítulo 14

1. d   2. e   3. c   4. c   5. e   6. e   7. a   8. d
9. a   10. c   11. c   12. c   13. b   14. a
15. 01, 02, 08 e 16 = 27   16. b   17. 04 e 16 = 20
18. d   19. d   20. a   21. b   22. 02 e 16 = 18   23. b
24. 08 e 32 = 40   25. c   26. b   27. e   28. a   29. d
30. 01 e 04 = 05   31. a   32. d   33. d   34. c   35. d
36. a   37. d   38. c   39. c   40. b   41. a   42. b
43. 01, 02, 04 e 08 = 15   44. d
45. 02, 04, 08 e 16 = 30   46. d   48. e
49. 01, 08 e 16 = 25   51. c   52. b   53. c   54. a
55. 02 e 08 = 10   56. d

Capítulo 15

1. e   2. c   3. d   4. e   5. 02, 08 e 16 = 26   6. a
7. 02 e 04 = 06   8. a   9. a   10. b
11. 02, 04, 08 e 16 = 30   12. a   13. 01, 04 e 08 = 13
14. a   15. b   16. e   17. d   18. a   19. b   20. b   22. e
23. c   24. 02, 08 e 16 = 26   25. b   27. d
28. 01, 02, 08 e 16 = 27   29. c   30. a   31. b
32. 02, 08 e 16 = 26   33. d   34. c   35. b   36. d   37. d
38. e   39. e   40. d   41. d   43. d   44. e   45. d   46. d

Capítulo 16

1. e   2. a   3. b   4. d   5. a   6. b   7. e   8. d
9. c   10. b   11. c   12. d   13. c   14. c   15. b   16. a
17. a   18. e   19. b   20. e   21. d   22. c   23. a   24. c
25. a   26. e   27. e   28. d   30. c   31. b   32. e   33. a
34. d   35. b   36. b   37. c   38. e   39. d   40. e   41. d
42. 01, 04 e 16 = 21   43. e   44. a   46. e   47. e   48. d
49. d   50. b   51. d   52. a   53. d   54. a   55. d   56. d

Capítulo 17

1. a   2. c   3. a   4. c   5. b   6. e   7. a   8. d
9. b   10. b   11. e   12. e   13. b   15. a
16. V V V F F   17. d   18. d   19. a   20. e   21. e
22. a   23. 01 02 e 16 = 19   25. a   26. a   27. b   28. c
29. e   30. b   31. e   32. a   33. b   34. b
35. 01, 02 e 08 = 11   37. c   38. b   39. b   40. c   41. b
42. e   43. a   44. e   45. a   46. d   47. d   48. b   50. d

Capítulo 18

1. b   2. a   3. c   4. b   5. c   6. a   7. a   8. b
9. c   10. e   11. a   12. d   13. c   14. e   16. b   17. d
18. e

Capítulo 19

1. e   2. c   3. b   4. d   5. a   7. e   8. c

Capítulo 20

1. e   2. d   3. c   4. a   5. b   6. c
7. 02, 04 e 16 = 22   8. c   9. c   11. e

Capítulo 21

1. a   2. c   3. e   4. 08, 16 e 32 = 56   5. d   6. e
7. b   8. b   10. d   11. d

Capítulo 22

1. d   2. b   3. e   4. d   5. 01, 02 e 04 = 07   6. b
7. e   8. a   9. d   10. d   11. d

Capítulo 23

1. c   3. c   4. c   5. e   6. d   7. c   8. b   9. d
10. a   11. a   12. c

Capítulo 24

1. e   2. d   3. a   4. 01, 02, 08 e 16 = 27   6. e
8. d   9. e   10. c   11. c

Capítulo 25

1. d   2. d   3. 04, 08 e 16 = 28   4. d   8. a   9. c
10. 02 e 16 = 18   11. c   12. 02 e 08 = 10

Capítulo 26

2. b   3. b   4. c   5. b   7. c   8. V V V F F
9. e   10. c   11. d   13. d   14. d

Capítulo 27

1. d   2. d   3. a   4. e   5. e   6. a   7. c   8. b
11. e   12. d   13. b